专利复审和无效审查决定汇编丛书

专利复审和无效审查决定汇编

（2008）

化　学（第一卷）

国家知识产权局专利复审委员会　编

知识产权出版社
全国百佳图书出版单位

图书在版编目（CIP）数据

专利复审和无效审查决定汇编．2008．化学/国家知识产权局专利复审委员会编．—北京：知识产权出版社，2016.1

ISBN 978-7-5130-1615-5

Ⅰ.①专…　Ⅱ.①国…　Ⅲ.①专利权法—案例—中国　Ⅳ.①D923.425

中国版本图书馆 CIP 数据核字（2012）第 246941 号

内容提要

本书汇集了专利复审委员会 2008 年作出的化学专利复审和无效审查决定及相关审查决定和司法判决（根据法律规定需要保密的除外），比较全面地反映了专利复审委员会的审查工作和人民法院专利行政案件审理工作取得的进展，对专利工作者具有一定的借鉴和指导作用，也有利于当事人及广大公众对专利复审委员会的审查工作进行监督。

责任编辑：宋　云　　　　**责任校对**：董志英

责任出版：卢运霞　　　　**封面设计**：品　序

专利复审和无效审查决定汇编丛书

专利复审和无效审查决定汇编（2008）

化　学（第一卷）

国家知识产权局专利复审委员会　编

出版发行：知识产权出版社有限责任公司　　网　　址：http：//www.ipph.cn

社　　址：北京市海淀区马甸南村 1 号（邮编：100088）　　天猫旗舰店：http：//zscqcbs.tmall.com

责编电话：82000860 转 8388　　责编邮箱：songyun@cnipr.com

发行电话：010-82000860 转 8101/8102　　发行传真：010-82000893/82005070/82000270

印　　刷：北京中献拓方科技发展有限公司　　经　　销：各大网上书店、新华书店及相关专业书店

开　　本：880mm×1230mm　1/16　　印　　张：115

版　　次：2016 年 1 月第 1 版　　印　　次：2016 年 1 月第 1 次印刷

字　　数：3308 千字　　定　　价：500.00 元（全 2 卷）

ISBN 978-7-5130-1615-5

前　言

随着经济全球化和我国国民经济的飞速发展，专利制度在经济活动中的作用和地位越来越突出，国民的专利意识也在不断增强。目前，我国专利申请总量超过1170万件，每年专利复审与无效宣告请求案件已超过2万件，2012年达到20261件。作为专利复审和无效宣告请求案件审查的专属机构，专利复审委员会每年都要作出数以千计的审查决定。与之相应，人民法院每年要作出数百篇司法判决。每一篇审查决定和判决书都凝聚着审查员和审判人员的心血和智慧。通过审查员和审判人员结合具体案情的创作型劳动，生硬的法律条文变得鲜活和丰满，形成一笔宝贵的精神财富和公共资源，并不断有专利代理机构、专利代理人以及审查员希望专利复审委员会能够出版专利复审和无效审查决定，作为学习和工作时的重要参考资料。

除根据法律规定需要保密的外，《专利复审和无效审查决定汇编（2008）》汇集了专利复审委员会2008年作出的审查决定，包括针对相应审查决定的司法判决，以便读者了解审查决定的法律状态并对照阅读和分析。本汇编按照技术专业领域将分为8大册，共31分卷：机械（5卷）、电学（5卷）、通信（2卷）、医药（4卷）、化学（2卷）、材料（4卷）、光电（4卷）、外观设计（5卷）。因此，本汇编比较全面地反映了专利复审委员会的审查工作和人民法院专利行政案件审理工作取得的进展。

我们相信，本汇编对专利工作者具有一定的借鉴和指导作用，也有利于当事人及广大公众对专利复审委员会的审查工作进行监督。本汇编也将为推动专利复审委员会的发展，促进专利代理业务水平的提高，为《国家知识产权战略纲要》进一步实施尽微薄之力。

本书编委会

2013年8月

目　录

复审请求审查决定

无效宣告请求审查决定

复审请求审查决定

001

（2R，3S）-3-叔丁氧基羰基氨基-2-羟基-3-苯基丙酸紫杉-11-烯-13α-酯二水合物及其制备方法

复审请求审查决定（第11456号）

决 定 号 第11456号
决 定 日 2007年9月5日
发明创造名称 （2R，3S）-3-叔丁氧基羰基氨基-2-羟基-3-苯基丙酸紫杉-11-烯-13α-酯二水合物及其制备方法
国际分类号 C07D305/14，A61K31/335
复审请求人 阿文蒂斯药物股份有限公司
申 请 号 96199005.8
申 请 日 1996年12月9日
优 先 权 日 1995年12月14日
公 开 日 1999年1月6日
合议组组长 孙跃飞
主 审 员 任晓兰
参 审 员 李 娟

法 律 依 据 专利法第26条第3款
决 定 要 点

当要求保护的发明为化合物本身时，说明书中除了应当记载该化合物的化学名称、结构式外，还应当记载与发明要解决的技术问题相关的化学、物理性能参数（例如各种定性或者定量数据和谱图等），使要求保护的化合物能被清楚地确认。如果说明书所提供的信息没有充分到足以使本领域技术人员能够确认所述化合物的程度，则说明书对于该化合物的公开不满足专利法第26条第3款的规定。

一、案由

本复审请求案涉及发明名称为“（2R，3S）-3-叔丁氧基羰基氨基-2-羟基-3-苯基丙酸紫杉-11-烯-13α-酯二水合物及其制备方法”的96199005.8号发明专利申请（下称本申请），申请人为罗纳-布朗克罗莱尔股份有限公司，2002年2月1日变更为阿文蒂斯药物股份有限公司，申请日为1996年12月9日，优先权日为1995年12月14日，公开日为1999年1月6日。

国家知识产权局原审查部门对本申请进行实质审查，于2001年11月30日发出《第一次审查意

见通知书》，指出：在对比文件1（CN 1094720A，公开日为1994年11月9日）中公开的化合物与权利要求1所要求保护的化合物结构极为相似，区别仅在于权利要求1的化合物为水合物，但是，将化合物制成其水合物并预料其与所述化合物具有相同的药理活性是本领域技术人员的公知常识，而且，尽管申请人声称二水合物有更高的稳定性，但却没有任何数据证明这一点，因此，权利要求1不具备创造性，不符合专利法第22条第3款的规定。对于权利要求2~6的方法来说，由于将化合物用含水溶剂结晶是有机合成的常规技术，因此，方法的创造性依赖于化合物本身的创造性，在权利要求1的二水合物不具备创造性的情况下，权利要求2~6的方法也不具备创造性。另外，本申请涉及二水合物，却没有给出能够证明该水合物存在的X-射线衍射图，从而使本领域技术人员无法确认该水合物能否按说明书所述的方法得到，因此，不符合专利法第26条第3款的规定。

针对《第一次审查意见通知书》，申请人于2002年5月14日提交了意见陈述书，认为：对比文件1完全未提及本发明的化合物，因此未对本发明二水合物的存在给出任何教导，与此同时还提供了二水合物与干燥后的二水合物（损失0.76% H_2O）在相对湿度大于或等于40%的气氛中各自的水分含量数据，以期证明二水合物较无水形式具有更高的稳定性，从而证明权利要求1~6具有创造性。另外，申请人还认为，在说明书中已经详细描述了化合物的制备过程、产物的理化参数测定方法及产物特性，本领域技术人员根据这些描述完全能确认所述水合物能够按照说明书所提供的方法制备。在答复《第一次审查意见通知书》时，申请人提交了修改的权利要求1~8。

2002年10月11日，针对申请人于2002年5月14日提交的权利要求第1~8项、进入中国国家阶段时提交的国际申请文件的说明书第1~3页和说明书摘要，以及国际初步审查报告附件中的说明书第4~6页，国家知识产权局以权利要求1不具备创造性、说明书不符合专利法第26条第3款的规定为由驳回了本申请。

驳回决定认为：本申请权利要求1要求保护一种二水合物，而对比文件1实施例3已经公开了其无水形式，两者结构的相似性不言而喻，虽然本申请说明书中提供了二水合物结晶水的稳定性，但它不能说明所述化合物本身稳定，更不能说明其与无水物相比更稳定，因此，没有任何数据证明与现有技术相比本发明的化合物具有突出的实质性特点和显著的进步，因此，权利要求1不具备创造性，不符合专利法第22条第3款的规定；另外，说明书中未能提供能够证明本发明化合物区别于现有技术的有利证据，导致本领域技术人员无法确定所述二水合物是否已经制备得到，因此，本申请的说明书不符合专利法第26条第3款的规定。

驳回决定针对的权利要求1为：

"1.（2R，3S）-3-叔丁氧基羰基氨基-2-羟基-3-苯基丙酸4，10-二乙酰氧基-2-苯甲酰氧基-5，20-环氧-1-羟基-9-氧代-19-去甲-环丙烷并［g］紫杉-11-烯-13-酯二水合物。"

2003年1月27日，申请人阿文蒂斯药物股份有限公司（下称请求人）对上述驳回决定不服，向专利复审委员会提出复审请求，请求人在提出复审请求时增加了说明书附图第1~5页。请求人在复审请求中重申了其在答复《第一次审查意见通知书》时的理由，并提供了本发明二水合物的X-射线衍射图谱，以证实本发明的化合物本身能够稳定存在并已经制备得到。

经形式审查合格后，专利复审委员会受理了该请求，并于2003年2月19日向请求人发出了《复审请求受理通知书》，同时将本申请转送至国家知识产权局原审查部门进行前置审查。

在《前置审查意见书》中，国家知识产权局原审查部门认为权利要求1依然不具备创造性，因此坚持原驳回决定。

专利复审委员会组成合议组，对本复审请求案进行了审理。合议组于2007年3月26日发出《复审通知书》指出：（1）请求人在提出复审请求时提交的附图1~5在原始提交的申请文件（包括原始提交的国际申请文件）中从未出现过，尽管在实施例部分提及过诸如“采用 ATG（图 5）测定含 3.8% 水……”、“图 1 所示的 DPRX 图（粉末 X-射线衍射图）表明……”等文字，但是从这些文字描述中并不能确切地了解到图 1~5 的具体内容，无法直接地、毫无疑义地确定其中所提及的图 1~5 即为补充提交的附图 1~5。因此，请求人通过增加说明书附图而对说明书内容所做的修改不符合专利法第 33 条的规定，不能被接受。（2）就驳回决定所针对的文本而言，从说明书公开的内容无法清楚地确认其中公开的物质即为权利要求 1 要求保护的二水合物，因此，说明书对于所述二水合物的公开不满足专利法第 26 条第 3 款的规定。

2007 年 7 月 10 日，请求人针对上述《复审通知书》作出答复，删除了在提出复审请求时提交的附图 1~5。请求人认为：本申请说明书在技术方案详细描述部分和实施例部分均对本发明产物的制备过程、产物的理化参数测定方法及产物特性进行了详细描述，完全能够使本领域技术人员确认该水合物能够按照说明书描述的方法制备，而且所要求保护的化合物也能够得到确认。

经合议，合议组认为本案事实清楚，可以作出审查决定。

二、决定的理由

1. 关于审查文本

合议组以驳回决定所针对的审查文本为基础进行审查。

2. 关于专利法第 26 条第 3 款

专利法第 26 条第 3 款规定：说明书应当对发明或者实用新型作出清楚、完整的说明，以所属技术领域的技术人员能够实现为准。

当要求保护的发明为化合物本身时，说明书中除了应当记载该化合物的化学名称、结构式外，还应当记载与发明要解决的技术问题相关的化学、物理性能参数（例如各种定性或者定量数据和谱图等），使要求保护的化合物能被清楚地确认。如果说明书所提供的信息没有充分到足以使本领域技术人员能够确认所述化合物的程度，则说明书对于该化合物的公开不满足专利法第 26 条第 3 款的规定。

就本案而言，权利要求 1 要求保护一种具体的化合物，（2R，3S）-3-叔丁氧基羰基氨基-2-羟基-3-苯基丙酸-4，10-二乙酰氧基-2-苯甲酰氧基-5，20-环氧-1-羟基-9-氧代-19-去甲-环丙烷并［g］紫杉-11-烯-3-酯二水合物。根据权利要求 2~8 及说明书的描述，该二水合物是通过将所述化合物的无水物或水合物在含水溶剂中结晶并减压干燥得到的。关于该二水合物结构的确认，在说明书中仅仅提到：用 ATG（参见说明书第 3 页第 5~6 行、实施例 1）或卡尔费休法（参见实施例 2 和 4）测定其水含量约为 4%（3%~5%），通过 DPRX 表明其具有二水合物的特征（参见实施例 1~4），但是却未给出相关的 DPRX 谱图，也未描述任何能表明所述二水合物结构的相关 DPRX 特征峰。

因此，本案的焦点在于，依据说明书的上述内容能否清楚地确认所述物质即为所述二水合物。

首先，对于一种纯的具体化合物来说，只要其结构确定，其某一组成部分的含量就是确定的，不会随着外界环境的变化而变化。如果该组成部分的含量发生了变化，则表明或者该物质本身发生了变化，变成了其他物质，或者其纯度发生了变化，变成了该物质与其他物质的混合物。对于本申请中所述的二水合物来说，当其为纯化合物且结构确定时，其水分含量应当是确定的，为 4.15%，并且如果该物质稳定存在，这一数值将不会随着外界条件的变化而变化。也就是说，只有在确认该化合物是纯的，且其水分含量为 4.15% 时，才能确认该化合物是二水合物。然而，从说明书所给出的实施例 1、2 和 4 中测定的水分含量分别为 3.8%、4.0% 和 4.3% 可以看出，在不同条件下制备得到的产物的水分含量并不相同，但请求人将其均归属为所述二水合物。同时，从请求人在复审请求书中提供的数据也可以看出，被请求人归属为所述二水合物的物质的水分含量随着湿度的增加甚至可以从 3.51% 一直变化到 4.63%。对于这一事实，合议组认为，由于说明书中并没有表明所述物质的纯度，因此，可能存在以下两种情况：(1) 如果制备得到的所述物质是纯的，那么，在其水分含量不是确定地为4.15%，而是随外界条件的不同发生如此大变化的情况下，本领域技术人员并不能将其确切地归属为二水合物；(2) 如果制备得到的所述物质不是纯化合物，那么仅凭水分含量更不能唯一地将其确认为二水合物，因为它有可能是各种各样不同的混合物，如二水合物与无水物的混合物、三水合物与无水物的混合物、三水合物与一水合物的混合物等。

其次，由于本申请要解决的技术问题是制备二水合物，因此，在说明书中除了二水合物的化学名称之外，还应当给出能将所述产物与现有技术中已知的无水物区别开来的二水合物特定的化学、物理性能参数。然而，除了水分含量之外，说明书没有给出任何其他可能将二水合物与无水物区别开来的参数，虽然实施例中提及过 DPRX 图能表明二水合物的特征，但是在原始申请文件中却没有提供相关的谱图。因此，在仅凭所述水分含量尚不能清楚地确认二水合物的情况下，也没有其他的证据能使本领域技术人员确认所述二水合物确实能通过说明书中所述的方法制备得到。在此情况下，合议组认为说明书没有公开到使本领域技术人员能够确认所述化合物的程度，即，说明书对于该化合物的公开不满足专利法第 26 条第 3 款的规定。

请求人在答复《复审通知书》时认为，本申请说明书在技术方案详细描述部分和实施例部分均对本发明产物的制备过程、产物的理化参数测定方法及产物特性进行了详细描述，完全能够使本领域技术人员确认该水合物能够按照说明书描述的方法制备，而且所要求保护的化合物也能够得到确认。对此，合议组认为：化学是一门实验科学，制备过程能否顺利进行、经过一系列步骤能否获得希望的产物等都要依赖于实验结果才能证实，在没有化合物表征数据的情况下，即使本领域技术人员根据所述方法重复了实验，也无法确定其所得到的产品就是本申请中所述的产品，因此，说明书中应当充分公开确认所述二水合物结构的鉴定数据。

基于上述理由，合议组作出如下决定。

三、决定

维持国家知识产权局于 2002 年 10 月 11 日对 96199005.8 号发明专利申请作出的驳回决定。

复审请求人对本决定不服的，可根据专利法第 41 条第 2 款的规定，自收到本决定之日起三个月内向北京市第一中级人民法院起诉。

002

EPROSARTAN 二水合物及其制备和制剂方法

复审请求审查决定（第 11457 号）

决　定　号　第 11457 号
决　定　日　2007 年 9 月 4 日
发明创造名称　EPROSARTAN 二水合物及其制备和制剂方法
国 际 分 类 号　C07D233/02，233/04，233/54，A61K31/415
复 审 请 求 人　史密丝克莱恩比彻姆公司
申　请　号　97193471.1
优 先 权 日　1996 年 3 月 29 日
申　请　日　1997 年 3 月 26 日
公　开　日　1999 年 4 月 21 日
合 议 组 组 长　孙跃飞
主　审　员　任晓兰
参　审　员　李　娟

法 律 依 据　专利法第 22 条第 3 款
决 定 要 点

在判断创造性时，首先要将权利要求的技术方案和最接近对比文件公开的技术方案进行特征对比，找出二者的区别技术特征，随后判断该方案是否显而易见。在此过程中，除了考虑对比文件中直接公开的技术信息之外，还应当考虑本领域技术人员能从现有技术中获得的技术教导或启示。如果所述区别特征是本领域的公知常识，本领域技术人员在此基础上有动机改进最接近的对比文件并获得权利要求的技术方案，则该技术方案是显而易见的。对于作为实验科学的化合物发明而言，在现有技术结构与之接近的情况下，是否具有预料不到的用途或效果对于创造性的判断起着决定性作用。

一、案由

本复审请求涉及名称为“EPROSARTAN 二水合物及其制备和制剂方法”的 97193471.1 号发明专利申请（下称本申请），申请人为史密丝克莱恩比彻姆公司，申请日为 1997 年 3 月 26 日，优先权日为 1996 年 3 月 29 日，公开日为 1999 年 4 月 21 日。

2002 年 6 月 21 日，国家知识产权局原审查部门以申请人于 2001 年 5 月 11 日提交的权利要求 1~8，1998 年 9 月 29 日提交的说明书 1~10 页、说明书附图 1~3 页以及说明书摘要为基础，以权利要求 1~8 不具备创造性为由驳回了本申请。

驳回决定所针对的权利要求书为：

“1. 一种化合物即（E）-α-［2-正丁基-1-［（4-羧基苯基）甲基］-1-H-咪唑-5-基］亚甲基-2-噻吩丙酸单甲烷磺酸酯二水合物。

2. 权利要求1所述化合物的制备方法，该方法包括在含有酸的水溶液中将无水形式的（E）-α-［2-正丁基-1-［（4-羧基苯基）甲基］-1-H-咪唑-5-基］亚甲基-2-噻吩丙酸单甲烷磺酸酯进行重结晶。

3. 按照权利要求2的方法，其中的酸是甲磺酸。

4. 含有权利要求1的化合物和可药用的载体的药物组合物。

5. 权利要求1的化合物作为制备适于用阻断血管紧张肽Ⅱ受体来治疗疾病的药物的应用。

6. 权利要求1的化合物作为制备治疗高血压的药物方面的应用。

7. 权利要求1的化合物作为制备治疗充血性心力衰竭的药物方面的应用。

8. 权利要求1的化合物作为制备治疗肾衰竭的药物方面的应用。”

该驳回决定指出：对比文件1（US 5185351A，公开日为1993年2月9日）中已经公开了化合物（E）-3-［2-正丁基-1-｛(4-羧基苯基）甲基｝-1-1H-咪唑-5-基］-2-（2-噻吩基）甲基-2-丙烯酸单磺酸酯的无水形式，而通过重结晶或其他常用方法将化合物的无水形式转化为二水合物对本领域技术人员来说是公知常识；虽然申请人提到二水合物较无水形式具有更好的紧密性，而该性能对于药物制剂来说是非常重要的，但从说明书中却无法看出本申请的化合物相对于对比文件1的化合物来说具有怎样显著的进步，因此，权利要求1~8不具备创造性。

申请人史密丝克莱恩比彻姆公司（以下称请求人）对上述驳回决定不服，于2002年10月8日向专利复审委员会提交了复审请求。请求人在提出复审请求时没有修改申请文件。请求人认为：首先，权利要求1要求保护的化合物未包含在包括对比文件1在内的任何现有技术中；其次，对比文件1中对于（E）-α-［2-正丁基-1-［（4-羧基苯基）甲基］-1-H-咪唑-5-基］亚甲基-2-噻吩丙酸单甲烷磺酸酯的二水合物与其无水形式相比“在固体剂型下具有更好的紧密性”这一技术效果没有任何教导，而这一性能对于制剂来说是非常重要的，因此，本申请权利要求1~8的技术方案具有创造性。

形式审查合格后，专利复审委员会受理了该复审请求，并于2002年11月11日向请求人发出《复审请求受理通知书》，同时将案卷转送到原审查部门进行前置审查。

原审查部门对本复审请求进行了前置审查，在《前置审查意见书》中，原审查部门仍然认为本申请所述的二水合物是本领域技术人员可以从对比文件1推导出来的，而且，请求人所主张的“紧密性”既未克服现有技术的缺陷，也没有产生意想不到的效果，因此坚持驳回决定。

专利复审委员会组成合议组，对本复审请求案进行了审理。

合议组于2004年2月2日向请求人发出了《复审通知书》，其中指出：本申请的权利要求1与对比文件1公开的（E）-α-［2-正丁基-1-［(4-羧基苯基）甲基］-1-H-咪唑-5-基］亚甲基-2-噻吩丙酸单甲烷磺酸酯的无水形式相比，其区别仅在于权利要求1要求保护的化合物是二水合物而对比文件1公开的是该化合物的无水形式，但是，本领域技术人员公知，出于制剂性能的考虑，经常将制剂中的活性化合物制成其水合物形式，且化合物的水合物与其无水形式在结构上极其接近；另外，请求人提供的证据不足以充分证明所述二水合物较其无水形式具有更好的理化性能（即，请求人强调的“紧密性”），因此，本领域技术人员无从确认权利要求1的技术方案相对于现有技术具有意想不到的有益效果，从而权利要求1不具备创造性。此外，由于通过重结晶等方法将化合物的无水形式转化为二水合物是化学合成的常规技术，并且在对比文件1中已经公开了无水形式的所述化合物的各种用途，因此，在权利要求1不具备创造性的前提下，权利要求2~8中要求保护的制备方法、药物组合物及用途也不具备创造性。

请求人于2004年3月17日提交了意见陈述书并提供了一份对比实验报告。在该实验报告中，请求人从硬度与崩解时间两个方面对二水合物与无水化物的片剂进行了比较，结果表明，两种片剂的硬度类似，但无水化物的崩解时间过长，不适合用于制片。

至此，合议组认为本案事实已经清楚，可以作出复审决定。

二、决定的理由

1. 关于审查文本

合议组以驳回决定所针对的审查文本为基础进行审查。

2. 关于创造性

专利法第22条第3款规定，创造性，是指同申请日以前已有的技术相比，发明具有突出的实质性特点和显著的进步。

在判断创造性时，首先要将权利要求的技术方案和最接近对比文件公开的技术方案进行特征对比，找出二者的区别技术特征，随后判断该方案是否显而易见。在此过程中，除了考虑对比文件中直接公开的技术信息之外，还应当考虑本领域技术人员能从现有技术中获得的技术教导或启示。如果所述区别特征是本领域的公知常识，本领域技术人员在此基础上有动机改进最接近的对比文件并获得权利要求的技术方案，则该技术方案是显而易见的。对于作为实验科学的化合物发明而言，在现有技术结构与之接近的情况下，是否具有预料不到的用途或效果对于创造性的判断起着决定性作用。

就本案而言，权利要求1要求保护Eprosartan甲磺酸酯的二水合物，即，（E）-α-［2-正丁基-1-［（4-羧基苯基）甲基］-1-H-咪唑-5-基］亚甲基-2-噻吩丙酸单甲烷磺酸酯二水合物（下称二水合物）。对比文件1（US 5185351A，公开日为1993年2月9日）实施例41中公开了化合物(E)-3-［2-正丁基-1-｛（4-羧基苯基）甲基｝-1-1H-咪唑-5-基］-2-（2-噻吩基）甲基-2-丙烯酸单磺酸酯的无水形式（下称无水物）。将权利要求1所要求保护的技术方案与对比文件1实施例41所公开的内容相比，区别仅在于：权利要求1中的化合物是二水合物，而对比文件1公开的是无水物。

根据说明书第1页第28~29行的描述，二水合物与无水物相比，在固体剂型下具有更好的紧密性，请求人认为，这一性质对于药物制剂是非常重要的。然而，在说明书中仅就该二水合物的制备与表征进行了描述，没有提供任何证据证明二水合物较无水物具有更好的紧密性，因此，本申请实际要解决的技术问题仅仅是提供活性化合物Eprosartan甲磺酸酯的一种可供选择的形式。故而，本案的争议焦点在于，现有技术中是否存在将活性化合物制成其水合物的启示。

由于对本领域技术人员来说，出于制剂性能的考虑，经常将其中的活性化合物制成其水合物形式，因此，当本领域技术人员面对本申请要解决的上述技术问题，即，提供Eprosartan甲磺酸酯的一种可供选择的形式时，容易想到尝试通过常规的结晶方法来获得活性化合物的水合物形式；而且，化合物的水合物与其无水物在结构上极其接近，本申请中没有任何证据证明二水合物较无水物具有更好的性能，在此情况下，权利要求1相对于对比文件1不具有创造性，不符合专利法第22条第3款的规定。

请求人在答复《复审通知书》时提供了一份对比实验报告，对比了二水合物与无水物在硬度和崩解时间上的不同。请求人认为，实验表明，两种片剂的硬度类似，但无水片剂的崩解时间过长（大于50分钟），不能接受，而二水合物片剂的崩解时间在5分钟左右，因此，二水合物与无水物相比，在崩解性能方面具有更优越的性质，从而具有突出的实质性特点和显著的进步，具备专利法第22条第3款规定的创造性。

对此，合议组认为：首先，在原始申请文件中仅仅提到二水合物较无水物在固体剂型下具有更好的紧密性，从来没有提及过二水合物比无水物的崩解性能更好；其次，本申请中未对“紧密性”给出明确的定义，在其英文文本中为compactable。根据本领域技术人员通常的理解，compactable又称可压性，是物料在压制成片剂时的成型性能，一般来说，可压性强的物料，由于压片时易产生塑性变形，片剂的孔隙率较小，崩解性能较差，溶出变慢，因而，崩解性能好并不能说明物料的紧密性好。因此，请求人提供的二水合物较无水物崩解性能好的数据并不是用来证明原始申请文件中提到的二水合物较无水物在固体剂型下具有更好的紧密性，而是用来证明一种在原始申请文件中未明确提及的二水合物的新技术效果，这一效果未记载在原始申请文件中，因此，不能被接受作为证明二水合物具有创造性的依据。

权利要求2要求保护权利要求1化合物的制备方法，该方法包括在含有酸的水溶液中将无水形式的Eprosartan甲磺酸酯进行重结晶。对比文件1实施例41公开了无水形式的Eprosartan甲磺酸酯的制备方法。将权利要求2与对比文件1所公开的技术内容相比，其区别仅在于将无水形式化合物重结晶形成二水合物。然而，本领域技术人员知道通过重结晶或其他常规方法转化为二水合物的制备方法是化学合成的常规技术，其本身无任何实质性特点。因此，权利要求2的创造性依赖于化合物本身的创造性。在化合物权利要求不具备创造性的情况下，根据上述同样的理由，权利要求2也不具备创造性。

权利要求3为权利要求2的从属权利要求，只是对重结晶的酸溶液的进一步限定，该附加技术特征并没有给本发明带来任何预想不到的技术效果。因此，在其引用的权利要求2不具备创造性的前提下，权利要求3也不具备创造性。

权利要求4要求保护含有权利要求1的化合物和可药用载体的药物组合物，对比文件1公开了含有其无水形式化合物和可药用载体的药物组合物（参见对比文件1实施例108~111），由此可见，权利要求4要求保护的药物组合物与现有技术的区别特征仅在于化合物本身。在化合物权利要求不具备创造性的情况下，基于上述同样的理由，权利要求4也不具备创造性。

权利要求5~8分别要求保护权利要求1的化合物作为制备适于用阻断血管紧张肽Ⅱ受体来治疗疾病、治疗高血压、治疗充血性心力衰竭、治疗肾衰竭的药物的应用，对比文件1已经公开了将无水形式的Eprosartan甲磺酸酯用于上述用途（参见对比文件1权利要求28~31），由此可见，权利要求5~8要求保护的应用与现有技术的区别仅在于化合物本身。在化合物权利要求不具备创造性的情况下，基于上述同样的理由，权利要求5~8也不具备创造性。

综上所述，合议组认为，本申请权利要求1~8均不具备创造性，不符合专利法第22条第3款的规定。

基于上述理由，合议组作出如下决定。

三、决定

维持国家知识产权局于2002年6月21日对97193471.1号发明专利申请作出的驳回决定。

复审请求人对本决定不服的，可根据专利法第41条第2款的规定，自收到本决定之日起三个月内向北京市第一中级人民法院起诉。

003

卫生灭菌消毒剂

复审请求审查决定（第11718号）

决　定　号　第11718号
决　定　日　2007年10月11日
发明创造名称　卫生灭菌消毒剂
国际分类号　A01N 55/00，A61L 2/18
复审请求人　王祥文
申　请　号　00132321.0
申　请　日　2000年11月4日
公　布　日　2001年5月30日
合议组组长　马文霞
主　审　员　周英姿
参　审　员　魏春宝

法律依据　专利法第33条，第26条第3款
决定要点

在判断申请人对申请文件的修改是否符合专利法第33条规定时，应当从本领域普通技术人员的角度来考察修改后的内容是否可以从原始文本中直接地、毫无疑义地确定，而不应仅从字面含义对比修改后的文本与原始文本是否一致。

一、案由

本复审请求涉及于2000年11月4日申请、2001年5月30日公开、名称为“卫生灭菌消毒剂”的第00132321.0号发明专利申请（下称本申请），复审请求人为王祥文。

国家知识产权局实审部门于2002年11月15日发出《第一次审查意见通知书》，认为本申请说明书未对发明作出清楚、完整的说明，没有充分公开“氯胺基甲苯钒钠”为何种物质，导致所属技术领域的技术人员不能实现该发明，不符合专利法第26条第3款的规定。

申请人于2003年1月10日提交了意见陈述，其中主张本申请“氯氨基甲苯矾钠”是“氯胺T”，并且举证说明氯胺T是已知的灭菌消毒剂。

国家知识产权局于2003年6月20日驳回了该申请，驳回的理由是：由于原申请中采用了“氯胺基甲苯钒钠”的错误组分名称，导致本领域技术人员无法确认该组分为何种物质，并且公众不能够得到，本申请不符合专利法第26条第3款的规定。

驳回决定所针对的权利要求书为：

“1. 一种卫生灭菌消毒剂，其特征在于该消毒剂是由氯胺基甲苯矾钠、十二烷基硫酸钠、氯化钠、亚碲酸钠、羧甲基纤维素钠及水组成；各组分配比为：以每1000毫升为基数：

氯胺基甲苯矾钠	80~120克
十二烷基硫酸钠	80~120克
氯化钠	5.0~6.5克
亚碲酸钠	0.01~0.1克
羧甲基纤维素钠	0.01~0.1克
水	余量

2. 根据权利要求1所述的卫生灭菌消毒剂的制备方法，其特征在于将各组分原料称取后放入水中溶解，过滤即可得到成品；其中溶解温度为60~80℃。”

申请人王祥文（下称请求人）对上述驳回决定不服，于2003年7月22日向专利复审委员会提出复审请求，请求人提出复审请求的同时提交新的说明书（共4页）、权利要求书（1页共2项）和摘要（1页），其中将原申请文件中的“氯胺基甲苯矾钠”替换为“氯胺基甲苯砜钠”。请求人认为，申请文件中组分“氯胺基甲苯矾钠”中的“矾”应为“砜”。在答复中大量的篇幅阐明本申请记载有可获得专利权的实质内容。同时，提供本申请日之前新疆维吾尔自治区卫生厅批准的本发明的《使用说明书》复印件1份，以证明本发明的消毒剂在自治区进行过分析测试。该请求由于未按时缴费视为未提出。此后，请求人于2003年10月28日再次提出复审请求，其意见陈述和经修改的申请文件与2003年7月22日的相同并且提交了相同的附件。

形式审查合格后，专利复审委员会受理了该复审请求，并于2003年11月27日向请求人发出《复审请求受理通知书》，随后将本申请移交原实审部门进行前置审查。

原实审部门对本复审请求进行了前置审查，坚持原驳回决定。

专利复审委员会组成合议组，对本案的复审请求进行了审理。于2005年3月8日向请求人发出《复审通知书》。《复审通知书》指出：（1）本申请原始说明书和权利要求书中均没有记载过“氯胺基甲苯砜钠”，该词属于新出现的技术内容。尽管请求人认为“氯胺基甲苯砜钠”为“氯胺T”并提供《试剂手册》（第二版，1985年11月第2版，1986年7月第4次印刷）来说明“氯胺T”的别名为“氯氨基甲苯砜钠”，并且指出本申请中的“矾”为错字。但是，由原始申请文件不但难以毫无疑义地导出所述卫生消毒剂中使用的“氯胺基甲苯矾钠”就是“氯胺T（即氯氨基甲苯砜钠）”，而且请求人也没有提供有力的证据来说明对打字错误造成的“氯胺基甲苯矾钠”唯一合理的解释即为“氯氨基甲苯砜钠”，基于上述理由，请求人提交的复审文本不符合专利法第33条的规定。请求人在请求复审时提交的《使用说明书》中仅仅记载“斯特瑞灭菌消毒液”主要成分为氯胺T，但无法看出该文件中的消毒液与本申请的消毒剂存在必然联系。综上所述，修改后的权利要求书、说明书和说明书摘要超出了原申请文件记载的范围，不符合专利法第33条的规定。（2）即使请求人将上述修改超范围的内容恢复为原始申请文件记载的内容，所属领域技术人员由于无法确认和得到“氯胺基甲苯矾钠”，从而导致无法实施本申请的技术方案，因此，本申请说明书不符合专利法第26条第3款的规定。

针对《复审通知书》指出的问题，请求人于2005年3月31日提交了意见陈述书，其中认为：“氯胺基甲苯砜钠”即“氯胺T”，具有杀菌消毒功效，这是本领域技术人员公知的，很清楚地知道作为消毒剂的原料必定是“氯胺基甲苯砜钠”，不会认为是新的化合物。并且在前审的一通和驳回决定中也出现了“钒”的打字错误。另外，请求人是由于口音发音的原因将“砜”错误地念为“矾”，校对时也未发觉，“氯胺基甲苯矾钠”与“氯胺基甲苯砜钠”两者之间七个字有六个字相同。本申请的修改仅仅是将错误的名称修改为正确的名称，没有超出原文件记载的范围，符合专利法第33条和第26条第3款的规定。

至此，合议组认为本案事实清楚，可以作出审查决定。

二、决定的理由

1. 文本认定

本复审请求审查决定是以请求人于2003年10月28日提出复审请求时提交的说明书第1~4页、权利要求书第1~2项和说明书摘要第1页为审查文本，作出以下决定。

2. 判断申请人对申请文件的修改是否符合专利法第33条规定

专利法第33条规定，申请人可以对其专利申请文件进行修改，但是，对发明和实用新型专利申请文件的修改不得超出原说明书和权利要求书记载的范围。

在判断申请人对申请文件的修改是否符合专利法第33条规定时，应当从本领域普通技术人员的角度来考察修改后的内容是否可以从原始文本中直接地、毫无疑义地确定，而不应仅从字面含义对比修改后的文本与原始文本是否一致。

本案中，本申请要求保护一种卫生灭菌消毒剂，其中含有“氯胺基甲苯矾钠”、十二烷基硫酸钠、氯化钠、亚碲酸钠、羧甲基纤维素钠和水。请求人于2003年10月28日对原始申请文件进行修改时将“氯胺基甲苯矾钠”全文替换为“氯胺基甲苯砜钠”，请求人主张“氯胺基甲苯矾钠”为公知消毒组分“氯胺T”并且在前审中提供了公知常识证据来证明“氯胺T”的化学名称为“氯胺基甲苯砜钠”，本申请中的“氯胺基甲苯矾钠”应当修改为“氯胺基甲苯砜钠”。

首先，从“氯胺基甲苯矾钠”和“氯胺基甲苯砜钠”两者的字面上看，“矾”和“砜”的汉语发音和字形都接近，在拼音、书写及校对时都易混淆。而且，本申请的发明目的在于提供一种灭菌消毒剂（参见本说明书第1页最后1段至第2页第1段中），并且所述的消毒剂可广泛用于医疗、餐饮、家庭及公共场所的消毒，故本领域技术人员在阅读本申请说明书记载的上述内容后会理解所述的产品应当包含具有灭菌消毒等功效且可应用于医疗、餐饮和公共场所的有效化学物质和灭菌消毒剂领域的组分，在上述七种组分中，十二烷基硫酸钠、氯化钠、羧甲基纤维素钠和水是常规的辅剂和载体，具有一定抑菌作用的亚碲酸钠通常无法用于医疗、餐饮和公共场所的消毒杀菌，而“氯胺基甲苯砜钠”作为已知的化合物备可广泛用于上述领域的消毒灭菌，而且根据《化工词典》（第三版，1992年7月第3版，1996年9月第6次印刷）的记载，“矾”是指一价或三价金属的硫酸盐的含水复盐，故“氯胺基甲苯矾钠”本身并不是一个合理的化合物，因此，原申请文本中的“矾”应当为明显笔误，本领域技术人员根据本申请说明书记载的内容和现有技术的常识应当直接地、毫无疑义地确定“氯胺基甲苯矾钠”应当为本领域公知的有效消毒成分“氯胺基甲苯砜钠”，修改后的申请文件符合专利法第33条的规定。

修改后的说明书中记载了公众可以获知和得到的组分“氯胺基甲苯砜钠”，因此，本申请说明书已经克服了驳回决定中指出的本申请说明书不符合专利法第26条第3款规定的缺陷。

根据以上事实和理由，本案合议组作出如下审查决定。

三、决定

撤销国家知识产权局于2003年6月20日对00132321.0号发明专利申请作出的驳回决定。由原审查部门在申请人于2003年10月28日提交的权利要求第1~2项、说明书第1~4页和说明书摘要的基础上继续进行审查。

复审请求人对本决定不服的，可以根据专利法第41条第2款的规定，自收到本决定之日起三个月内向北京市第一中级人民法院起诉。

004

可提高和/或稳定易被微生物腐败制品的保藏性能的添加剂

复审请求审查决定（第11796号）

决　定　号　第11796号
决　定　日　2007年10月19日
发明创造名称　可提高和/或稳定易被微生物腐败制品的保藏性能的添加剂
国际分类号　A01N31/16，A01N31/04，A23L3/349，A23L3/3472，A61K7/00
复审请求人　乔格·彼得·舒尔
申　请　号　98807616.0
优先权日　1997年6月23日
申　请　日　1998年6月22日
公　开　日　2000年8月30日
合议组组长　郭　婷
主　审　员　刘　锋
参　审　员　魏春宝

法律依据　专利法第22条第3款
决定要点

创造性是指同申请日以前已有的技术相比，该发明具有突出的实质性特点和显著的进步。如果有证据表明发明所要求保护的技术方案相对于现有技术产生了预料不到的技术效果，则一方面说明发明具有显著的进步，同时也反映出发明的技术方案是非显而易见的，具有突出的实质性特点，该发明具备创造性。

一、案由

本复审请求涉及发明名称为“可提高和/或稳定易被微生物腐败制品的保藏性能的添加剂”的第98807616.0号发明专利申请（下称本申请），申请人为乔格·彼得·舒尔，优先权日为1997年6月23日，申请日为1998年6月22日，公开日为2000年8月30日。

2004年5月28日，国家知识产权局以权利要求1~15相对于对比文件1不具备专利法第22条第3款规定的创造性为由驳回了本申请，驳回决定所针对的专利申请文件是：申请人于2000年1月26日进入中国国家阶段时提交的按照国际初步审查报告附件的中文译文的权利要求第1~15项，2000年1月26日进入中国国家阶段时提交的国际申请文件中文译文的说明书第1~27页和说明书摘要。

驳回决定所针对的权利要求书为：

“1. 一种可提高和/或稳定易被微生物腐败制品的保藏性能的添加剂，含有：(i)

（a）多酚和

（b）苯甲醇以及任选其他公认安全的香味醇类组成的混合物；或（ii）

（c）苯甲醇和

（d）至少一种其他的公认安全的香味醇；

其中组分（a）：（b）或（c）：（d）的混合比例为：1∶1至1∶10，000，或10，000∶1至1∶1，其中所述公认安全的香味醇类选自：乙酰甲基甲醇，乙醇，1-丙醇，2-丙醇，丙二醇，丙三醇，正丁醇，2-甲基-1-丙醇，已醇，L-薄荷醇，辛醇，肉桂醇，1-苯乙醇，庚醇，1-戊醇，3-甲基-1-丁醇，4-甲氧基苯甲醇，香茅醇，正癸醇，香叶醇，3-已烯醇，十二烷醇，沉香醇，橙花叔醇，壬二烯醇，壬醇，玫瑰醇，松油醇，龙脑，桉树醇，茴香醚，枯茗醇，10-十一碳烯-1-醇，1-十六醇。

2. 权利要求1所述添加剂，其中混合物（i）和（ii）含有至少一种具有2~10个碳原子，优选具有2~7个碳原子的单羟基或多羟基醇。

3. 权利要求1或2所述添加剂，其中所述添加剂含有至少一种具有1~15个碳原子，优选具有2~10个碳原子的有机酸和/或至少一种其生理可接收的盐。

4. 权利要求1至3中任一项所述添加剂，其中所述分别为组分（e）至（k）的添加剂含有酚类物质、乙酸酯（盐）类物质、酯类物质、萜烯类物质、乙缩醛类物质和/或香精油。

5. 权利要求1至4中任一项所述添加剂，其中所述添加剂含有组分（1）作为增溶剂，特别是甘油、丙二醇、水、植物油或脂肪。

6. 权利要求1至5中任一项所述添加剂，其中组分（a）：（b）或（c）：（d）的混合比例为：1∶1至1∶1000或1000∶1至1∶1，优选1∶1至1∶100或100∶1至1∶1。

7. 权利要求2所述添加剂，其中组分（a）、（b）、（c）和/或（d）与其他醇类物质分别混合的比例为：1∶1至1∶10，000或10，000∶1至1∶1，优选1∶1至1∶1000或1000∶1至1∶1。

8. 权利要求1至7中任一项所述添加剂，其中组分（a）或（c）与组分（e）、（f）、（g）、（h）、（i）、（j）、（k）、（1）的混合比例分别为：1∶1至1∶10，000或10，000∶1至1∶1，优选1∶1至1∶1000或1000∶1至1∶1。

9. 一种提高和/或稳定易被微生物腐败制品的保藏性能的方法，其特征在于将权利要求1至8中任一项所述混合物加入到易被微生物腐败的制品中。

10. 权利要求9所述方法，其中所述添加剂以1ppm至10%重量的用量加入到易被微生物腐败的制品中。

11. 权利要求9或10所述方法，其中所述添加剂以0.001%至0.5%重量的用量加入到易被微生物腐败的制品中。

12. 权利要求8至11中任一项所述方法，其中所述添加剂以0.002%至0.25%重量的用量加入到易被微生物腐败的制品中。

13. 权利要求8至12中任一项所述方法，其特征在于对制品的表面和/或它们所处的环境，尤其是与制品直接或间接接触的周围空气和/或设备表面或其他材料，在产品的制造、加工、或包装时或工艺完成后，使用一种或多种加工助剂进行处理，该加工助剂优选含有至少两种具有杀微生物活性的香味剂。

14. 权利要求13所述方法，其中所述加工助剂的用量为0.01至5g/kg食品，优选0.05至2g/kg食品或当用于周围空气中时，其用量为0.001至$10g/m^3$空气或当用于设备表面时，其用量为0.000001至$0.1g/cm^2$表面积。

15. 权利要求1至8中任一项所述添加剂的用途为用于提高和/或稳定易被微生物腐败制品，尤其是食品和化妆品的保藏性能。”

驳回决定认为：（1）就权利要求1而言，根据对比文件1（WO9629895A1，公开日：1996年10月3日，参见说明书第7页第5~25行、第9页第12行、第10页第25~33行、配方实施例1~62）直接公开的技术方案，结合本专业技术人员能从该对比文件中获得的技术教导或启示，可以容易地获得权利要求要求保护的技术方案（i）和（ii），而且申请人没有提供使人信服的证据支持其产生效果的优异性或意外性，因此权利要求1不具有专利法第22条第3款规定的创造性。权利要求2~8的附加技术特征在对比文件1（参见说明书第7页第10~25行、第10页第23~33行、第11页第1~5行）中公开，因而其也不具有专利法第22条第3款规定的创造性。权利要求9要求保护提高和/或稳定易被微生物腐败制品的保藏性能的方法，其特征在于将权利要求1~8中任一项所述混合物加入到易被微生物腐败的制品中，对比文件1已经公开了该方法（参见说明书第5页第19~27行）；权利要求10~14作为权利要求9的从属权利要求，其附加技术特征也在对比文件1（参见说明书第5页第29行至第6页第2行，第5页第19~27行）中公开，因而权利要求9~14也不具有专利法第22条第3款规定的创造性。同理，权利要求15要求保护的权利要求1至8中任一项所述添加剂的用途也不具有专利法第22条第3款规定的创造性。（2）申请人在答复《第一次审查意见通知书》时提交的对比试验数据是将（单宁［多酚］+苯甲醇［GRAS芳香剂］）和（苯甲醇［GRAS芳香剂］+丙二醇［GRAS芳香剂］）与单独的成分单宁、苯甲醇和丙二醇的抗菌活性进行比较，该对比试验数据仅证实了这两种组合物的效果，并不能代表权利要求中所有要求保护的组合物都具有这样的效果，并且对比文件1的实施例18（苯甲醇和乙醇的组合物）和实施例11（异子丁香酚和苯甲醇的组合物）分别给出了获得这两种组合物的技术教导和启示，因而申请人提供的对比实验不足以证明本发明具备创造性。

申请人乔格·彼得·舒尔（下称请求人）对上述驳回决定不服，于2004年9月13日向专利复审委员会提出复审请求，请求人在提出复审请求时没有提交修改文本。请求人认为：（1）请求人在答复《第一次审查意见通知书》时提交的实验证据表明本发明所述的组合物（i）和（ii）对于细菌和发霉是非常有效的，由多元酚和CRAS-芳香醇组成的组合物（i）比组合物（ii）更为有效，组合物比单独的芳香剂具有好得多的效果；（2）提供的证据已足以证明权利要求1的组合物相对于对比文件1公开的单一组分和组合物具有更好的性能，提供在本发明权利要求范围之内所有可能的组合物对比实验数据，如果不是不可能的话，也是非常困难的；（3）权利要求1的组合物含有多元酚作为必要组分，对比文件1实施例18中的乙醇和实施例11中的异子丁香酚都不属于多酚类，从乙醇或异子丁香酚得到的结论作为多酚的效果只是一种推测，因此对比文件1的实施例11和18没有给出获得本发明权利要求所述技术方案的教导和启示。因此，本发明权利要求1~15相对于对比文件1具备创造性。

经形式审查合格后，专利复审委员会受理了该复审请求，并于2004年9月27日向请求人发出《复审请求受理通知书》，同时，将本申请案卷转送至原审查部门进行前置审查。

原审查部门对本复审请求进行了前置审查，认为请求人没有修改权利要求书，且其陈述理由不具有说服力，故坚持原驳回决定。此外，针对请求人的意见陈述进一步指出：（1）请求人提交的对比试验数据不是同最接近现有技术的技术方案进行对比；（2）请求人认为多酚是其组合物的必要组分，而对比文件中都不含多酚，但这与其申请文件中“苯甲醇+丙二醇”的优选技术方案自相矛盾。

专利复审委员会组成合议组，对本复审请求案进行了审理。并于2006年4月7日发出《复审通知书》，《复审通知书》中指出：（1）权利要求1请求保护的是一种可提高和/或稳定易被微生物腐败制品的保藏性能的添加剂，其中有两个可选择的技术方案：(i) 含有多酚和苯甲醇以及任选其他公认安全的香味醇类组成的混合物的添加剂；或者（ii）含有苯甲醇和至少一种公认安全的香味醇的添加剂。对比文件1也公开了一种提高和/或稳定易被微生物腐败制品的保藏性能的添加剂，与对比文件1配方实施例11相比，权利要求1所述技术方案（i）的区别在于用多酚代替非多酚性酚类物质异子丁香酚；而与配方实施例57相比，权利要求1所述技术方案（i）的区别在于用苯甲醇代替苯乙醇。根据常识，多酚与非多酚性酚类物质的差别在于酚羟基数目的不同，苯甲醇与苯乙醇的差别在于苯环上的烷基取代基不同，而依据这种差别不能预期其对本申请这类添加剂的杀微生物活性有实质性的影响，这些替代性选择属于本领域技术人员对两种结构和性质相似的物质所作出的显而易见的选择，因此权利要求1所述技术方案（i）不具备突出的实质性特点。同时本申请说明书中也没有记载权利要求1所述技术方案（i）的这种组合产生预料不到的技术效果。另一方面，与对比文件1说明书第10页第25~33行所述的技术方案（即对比文件1中的添加剂优选包含少于50%重量的乙醇、异丙醇或苯甲醇，或者这些化合物的混合物）相比，权利要求1中的技术方案（ii）的区别在于在该对比文件所述的有限的相同可能性的几个技术方案中选择了一个技术方案，即苯甲醇与香味醇（如乙醇）的组合，而本申请说明书也没有记载权利要求1所述技术方案（ii）的这种组合产生预料不到的技术效果。由此可见，对比文件1不仅提供了获得提高和/或稳定易被微生物腐败制品的保藏性能的添加剂的一般性指导，还进一步提供了许多可供直接应用或参照使用的优选的具体实施方案，而权利要求1记载的两个技术方案不仅包含在该对比文件的一般性概括描述之中，还显而易见地反映在该对比文件所述具体实施方案的构思之中，并且相对于对比文件1没有取得预料不到的技术效果，因此权利要求1相对于对比文件1不具备专利法第22条第3款规定的创造性。(2) 虽然请求人在针对第一次审查意见的答复中提交了对比实验数据，但该对比实验只是将权利要求1中的技术方案（i）和（ii）中的优选实施方案，即（单宁［多酚］+苯甲醇［GRAS芳香剂］）和（苯甲醇［GRAS芳香剂］+丙二醇［GRAS芳香剂］）与单独的成分单宁、苯甲醇和丙二醇的抗菌活性进行比较，其结果只能用于证明这些组分组合后的抗菌效果比单独组分的抗菌效果好，而不能证明权利要求1中的技术方案（i）和（ii）所要求保护的组合物相对于与其最接近的现有技术即对比文件1所述的相应技术方案具有预料不到的技术效果。因此，请求人提供的对比实验数据无助于权利要求1创造性的确立。而请求人在复审请求中所述的“提供在本发明权利要求范围之内所有可能的组合物对比实验数据，如果不是不可能的话，也是非常困难的”并不能成为该实验数据在创造性评价中应予采信和免除请求人举证责任的合理理由。(3) 根据权利要求1和说明书实施例11~15的描述，多酚只是作为权利要求1所述技术方案（i）的必要组分，而不是技术方案（ii）的必要组分，因此请求人在复审请求中认定多酚作为本发明的必要组分，并以此作为认定对比文件1没有给出本发明权利要求技术方案以教导和启示的基础是缺乏事实依据的，同样不能予以采信。(4) 基于对比文件1公开的相应事实及提供的技术教导，结合对权利要求1所要求保护技术方案的不具备创造性的论证，权利要求2~15相对于对比文件1也不具备专利法第22条第3款规定的创造性。

2006年5月22日，请求人针对《复审通知书》进行答复，并提交了修改后的权利要求书全文替换页和新的对比试验数据（包括表I和II），请求人对于权利要求书的修改仅涉及权利要求1，修改方式为：删除权利要求1中的乙醇、2-丙醇，将其中的3-已烯醇修改为3-己烯醇，其余权利要求未做修改，修改后的权利要求1如下：

“1. 一种可提高和/或稳定易被微生物腐败制品的保藏性能的添加剂，含有：(i)

(a) 多酚和

(b) 苯甲醇以及任选其他公认安全的香味醇类组成的混合物；或（ii）

（c）苯甲醇和

（d）至少一种其他的公认安全的香味醇；

其中组分（a）：（b）或（c）：（d）的混合比例为：1∶1至1∶10，000，或10，000∶1至1∶1，其中所述公认安全的香味醇类选自：乙酰甲基甲醇，1-丙醇，丙二醇，丙三醇，正丁醇，2-甲基-1-丙醇，已醇，L-薄荷醇，辛醇，肉桂醇，1-苯乙醇，庚醇，1-戊醇，3-甲基-1-丁醇，4-甲氧基苯甲醇，香茅醇，正癸醇，香叶醇，3-已烯醇，十二烷醇，沉香醇，橙花叔醇，壬二烯醇，壬醇，玫瑰醇，松油醇，龙脑，桉树醇，茴香醚，枯茗醇，10-十一碳烯-1-醇，1-十六醇。”

请求人认为：（1）尽管可以认为对比文件1公开了苯甲醇与乙醇或2-丙醇的混合物，但对比文件1没有公开苯甲醇与多酚或权利要求1所定义的其他醇组分的混合物。（2）表I中的“A”和“B”及“A”和“C”对比试验数据表明，含有苯甲醇和多酚的混合物与苯甲醇和异丁香酚的混合物、或苯乙醇和多酚的混合物相比，具有明显更高的活性；表II中的组合物D、E、F与组合物A、B、C对比试验数据表明，苯甲醇与丙二醇、苯甲醇与沉香醇、苯甲醇与茴香醚的混合物比苯甲醇和异丙醇和/或乙醇的混合物的抗生物活性更有效。因此，修改后的权利要求1~15具有创造性。

经审查，合议组认为本案事实清楚，可以作出复审决定。

二、决定的理由

1. 针对的文本

请求人于2006年5月22日提交的权利要求1~15的修改符合专利法第33条和专利法实施细则第60条第1款的规定。因此，本复审请求审查决定所针对的文本是：请求人于2006年5月22日提交的权利要求第1~15项，2000年1月26日进入中国国家阶段时提交的国际申请文件中文译文的说明书第1~27页和说明书摘要。

2. 关于专利法第22条第3款

专利法第22条第3款规定，创造性是指同申请日以前已有的技术相比，该发明具有突出的实质性特点和显著的进步。

如果有证据表明发明所要求保护的技术方案相对于现有技术产生了预料不到的技术效果，则一方面说明发明具有显著的进步，同时也反映出发明的技术方案是非显而易见的，具有突出的实质性特点，该发明具备创造性。

本申请权利要求1请求保护的是一种可提高和/或稳定易被微生物腐败制品的保藏性能的添加剂，含有：（i）（a）多酚和（b）苯甲醇以及任选其他公认安全的香味醇类组成的混合物；或（ii）（c）苯甲醇和（d）至少一种公认安全的香味醇；其中组分（a）：（b）或（c）：（d）的混合比例为：1∶1至1∶10000或10000∶1至1∶1，其中所述公认安全的香味醇类选自：乙酰甲基甲醇，1-丙醇，丙二醇，丙三醇，正丁醇，2-甲基-1-丙醇，已醇，L-薄荷醇，辛醇，肉桂醇，1-苯乙醇，庚醇，1-戊醇，3-甲基-1-丁醇，4-甲氧基苯甲醇，香茅醇，正癸醇，香叶醇，3-已烯醇，十二烷醇，沉香醇，橙花叔醇，壬二烯醇，壬醇，玫瑰醇，松油醇，龙脑，桉树醇，茴香醚，枯茗醇，10-十一碳烯-1-醇，1-十六醇。也就是说，权利要求1请求保护的是两个并列可选择的技术方案。

对比文件1（WO9629895A1，公开日：1996年10月3日）公开了一种提高和/或稳定易被微生物腐败制品的保藏性能的添加剂，并具体公开了以下的技术特征“该添加剂中含有选自下列的至少一种具有杀微生物活性的芳香物质：（I）醇如苯甲醇、乙醇、丙醇、丙二醇、丙三醇等……（IX）多酚（参见该对比文件的说明书第7页第5~25行以及第9页第12行）……该添加剂优选包含少于50%重量的乙醇、异丙醇或苯甲醇，或者这些化合物的混合物，所用的添加剂中包含苯甲醇和至少一种其他芳香物质，其中苯甲醇的比例可以大于50%重量（参见该对比文件的说明书第10页第25~33

行)。此外在说明书所列举的配方实施例 1~62 中公开了大量的芳香物质单独或与其他物质组合的具体配方，例如配方实施例 11 中公开了苯甲醇、异子丁香酚和富马酸的组合，配方实施例 57 公开了没食子单宁（一种多酚)、苯乙醇和戊酸的组合，配方实施例 62 公开了没食子单宁（一种多酚)、枯茗醇和枯茗醛的组合。

关于技术方案（i)，原审查部门及《复审通知书》认为，权利要求 1 所述技术方案（i）与配方实施例 11 相比，区别在于用多酚代替非多酚性酚类物质异子丁香酚；而与配方实施例 57 相比，区别在于用苯甲醇代替苯乙醇。这些替代性选择属于本领域技术人员对两种结构和性能相似的物质所作出的显而易见的选择，因而权利要求 1 的技术方案（i）不具备突出的实质性特点，同时说明书中也没有记载技术方案（i）这种组合产生了预料不到的技术效果。然而请求人在 2006 年 5 月 22 日答复《复审通知书》时提交了根据本申请中公开的定量悬浮试验获得的对比试验数据（见表 I)，对比试验数据表明：与对比文件 1 所述的苯甲醇和异丁香酚的组合物（表 1 中的“B”）和苯乙醇和多酚的组合物（表 1 中的“C”）相比，本申请权利要求 1 技术方案（i）的含有多酚和苯甲醇的组合物（表 I 中的“A”）产生了更高的活性，组合物“A”对于乳酸菌、粪链球菌、黑曲霉的灭活效果是组合物“B”、“C”的几十甚至成百上千倍，可见，权利要求 1 技术方案（i）所述含有多酚和苯甲醇以及任选其他公认安全的香味醇类组成的混合物所表现的高杀微生物活性的技术效果是本领域技术人员预料不到的。因而，该证据足以表明权利要求 1 所述技术方案（i）相对于对比文件 1 具有突出的实质性特点和显著的进步，因此权利要求 1 所述技术方案（i）相对于对比文件 1 具备专利法第 22 条第 3 款规定的创造性。

关于技术方案（ii)，原审查部门及《复审通知书》认为，驳回决定针对的权利要求 1 中的技术方案（ii）与对比文件 1 说明书第 10 页第 25~33 行所述的技术方案（即对比文件 1 中的添加剂优选包含少于 50% 重量的乙醇、异丙醇或苯甲醇，或者这些化合物的混合物）相比，区别在于在该对比文件所述的有限的相同可能性的几个技术方案中选择了一个技术方案，即苯甲醇与香味醇（如乙醇）的组合，本申请说明书也未记载权利要求 1 技术方案（ii）的这种组合产生了预料不到的技术效果。然而请求人在新提交的权利要求 1 中已经删除了“乙醇”和“2-丙醇”，修改后的权利要求 1 技术方案（ii）与对比文件 1 公开的内容不同。此外，请求人在 2006 年 5 月 22 日答复《复审通知书》时提交了根据本申请中公开的定量悬浮试验获得的对比试验数据（见表 II)，对比试验数据表明：苯甲醇与丙二醇、苯甲醇与沉香醇、苯甲醇与茴香醚的组合物（表 II 中的 D、E、F）与对比文件 1 的苯甲醇和异丙醇和/或乙醇的组合物（表 II 中的 A、B、C）相比活性明显更高，组合物 D、E、F 对于乳酸菌、粪链球菌、黑曲霉的灭活效果是组合物 A、B、C 的数倍、甚至成百上千倍，可见，该技术方案（ii）所述组合物所表现的高杀微生物活性的技术效果是本领域技术人员预料不到的。因而，该证据足以表明权利要求 1 所述技术方案（ii）相对于对比文件 1 具有突出的实质性特点和显著的进步，因此权利要求 1 所述技术方案（ii）相对于对比文件 1 具备专利法第 22 条第 3 款规定的创造性。

从属权利要求 2~8 直接或间接对权利要求 1 进行限定，因而，当权利要求 1 相对于对比文件 1 具有创造性时，权利要求 2~8 相对于对比文件 1 也具备专利法第 22 条第 3 款规定的创造性。

权利要求 9 要求保护提高和/或稳定易被微生物腐败制品的保藏性能的方法，该方法包括将权利要求 1~8 中任一项的混合物加入到易被微生物腐败的制品中。与对比文件 1 公开的方法（参见该对比文件 1 说明书第 5 页第 19~27 行）相比，权利要求 9 的区别在于使用了权利要求 1~8 中任一项的混合物（即添加剂)。由于前面的论证已表明这些混合物相对于对比文件 1 所述的添加剂具备创造性，因此使用这些混合物的权利要求 9 的方法相对于对比文件 1 所述的方法也具备专利法第 22 条第 3 款规定的创造性。

从属权利要求10~14直接或间接对权利要求9进行限定，因而，当权利要求9相对于对比文件1具有创造性时，权利要求10~14相对于对比文件1也具备专利法第22条第3款规定的创造性。

权利要求15要求保护权利要求1至8中任一项所述添加剂的用途为用于提高和/或稳定易被微生物腐败制品，尤其是食品和化妆品的保藏性能，依据与评述权利要求9相同的道理，由于前面的论证已表明这些添加剂相对于对比文件1所述的添加剂具备创造性，因此权利要求15所述的这些添加剂的用途相对于对比文件1也具备专利法第22条第3款规定的创造性。

综上所述，鉴于请求人提供的证据足以表明权利要求1~15相对于对比文件1产生了预料不到的技术效果，因而合议组认为，权利要求1~15相对于对比文件1符合专利法第22条第3款有关创造性的规定。

基于上述理由，合议组作出如下决定。

三、决定

撤销国家知识产权局于2004年5月28日对第98807616.0号发明专利申请作出的驳回决定。原审查部门在请求人于2006年5月22日提交的权利要求第1~15项，2000年1月26日进入中国国家阶段时提交的国际申请文件中文译文的说明书第1~27页和说明书摘要的基础上继续审查程序。

复审请求人对本决定不服的，可以根据专利法第41条第2款的规定，自收到本决定之日起三个月内向北京市第一中级人民法院起诉。

005

芳香羧酸酐类产品的结晶造粒和纯化方法

复审请求审查决定（第 11933 号）

决　定　号　第 11933 号
决　定　日　2007 年 12 月 6 日
发明创造名称　芳香羧酸酐类产品的结晶造粒和纯化方法
国际分类号　C07C51/42，C07C51/43
复审请求人　天津理工学院
申　请　号　200410019481.7
申　请　日　2004 年 6 月 4 日
公　开　日　2005 年 2 月 23 日
合议组组长　李彦涛
主　审　员　李亚林
参　审　员　刘　磊

法律依据　专利法第 33 条
决定要点

如果申请的内容通过增加、改变和/或删除其中的一部分，致使所属技术领域的技术人员看到的信息与原申请公开的信息不同，而且又不能从原申请公开的信息中直接地、毫无疑义地确定，那么，这种修改就是不允许的；反之，则是允许的。

一、案由

本复审请求案涉及发明名称为“芳香羧酸酐类产品的结晶造粒和纯化方法”的 200410019481.7 号发明专利申请（下称本申请），申请人为天津理工学院，申请日为 2004 年 6 月 4 日，公开日为 2005 年 2 月 23 日。

2006 年 4 月 7 日，针对申请人于 2005 年 11 月 2 日提交的权利要求书第 1~11 项、说明书第 1~4 页以及说明书摘要，国家知识产权局以本申请不符合专利法第 33 条的规定为由驳回了本申请。驳回决定指出，说明书和权利要求书中修改的下列内容超出了原说明书和权利要求书记载的范围：（1）权利要求 1 和 2 以及说明书中的“丁酸酐、戊酸酐、戊二酸酐”；（2）权利要求 1 和说明书中的“0.05~10 小时”；（3）权利要求 2 和 11 以及说明书中的“0.05~20 小时”；（4）权利要求 5 和 6 以及说明书中的“0.05~100 份”；（5）权利要求 7 和说明书中的“0.05%~20%”；（6）权利要求 8 的技术方案；（7）说明书第 4 页第 13 行中的“20~30 分钟”。

驳回决定所针对的权利要求书为：

“1. 一种芳香羧酸酐类产品的结晶造粒和纯化方法，其特征在于所述的方法是：在反应釜中加入低级脂肪族羧酸酐如：醋酸酐、丙酸酐、丁酸酐、戊酸酐、丁二酸酐、戊二酸酐中的一种或其混合物中的一种，或含有上述低级脂肪族羧酸酐的混合溶剂，加热，在搅拌下加入粗品芳香羧酸酐或芳香羧酸多酐中的一种和相当于上述物料份数0~50%的吸附脱色剂，吸附作用0.05~10小时，热过滤，滤液浓缩或不浓缩，冷却、过滤、干燥，制得精品芳香羧酸酐或芳香羧酸多酐粒状结晶。

2. 一种芳香羧酸酐类产品的结晶造粒和纯化方法，其特征在于所述的方法是：在反应釜中加入前述的低级脂肪族羧酸酐如：醋酸酐、丙酸酐、丁酸酐、戊酸酐、丁二酸酐、戊二酸酐中的一种或其混合物中的一种，或含有前述的低级脂肪族羧酸酐的混合溶剂，搅拌下加入粗品芳香羧酸酐或芳香羧酸多酐中的一种，加热，使其部分或全部溶解，热煮作用0.05~20小时，物料浓缩或不浓缩，冷却、过滤、干燥，制得精品芳香羧酸酐或芳香羧酸多酐粒状结晶。

3. 根据权利要求1或2所述的芳香羧酸酐类产品的结晶造粒和纯化方法，其特征在于所述的芳香羧酸酐或芳香羧酸多酐为以下物料中的一种：均苯四甲酸二酐，1，2，3，4-苯四甲酸二酐，1-羧基苯酐，2-羧基苯酐，1-氯苯酐，2-氯苯酐，1，4-二氯苯酐，2，3-二氯苯酐，1，2，3，4-四氯苯酐，1-氟苯酐，2-氟苯酐，1，4-二氟苯酐，2，3-二氟苯酐，1，2，3，4-四氟苯酐，1-氰基苯酐，2-氰基苯酐，1-硝基苯酐，2-硝基苯酐，3，4，3′，4′-联苯四甲酸二酐，2，3，2′，3′-联苯四甲酸二酐，1，2-萘酐，2，3-萘酐，2，3，6，7-萘四甲酸二酐，1，2，5，6-萘四甲酸二酐，2，3，9，10-菲四甲酸二酐，2，3，4，5-噻吩二酐中的一种，特别是均苯四甲酸二酐，1，2，3，4-苯四甲酸二酐，3，4，3′，4′-联苯四甲酸二酐，2，3，2′，3′-联苯四甲酸二酐，2，3，6，7-萘四甲酸二酐，1，2，5，6-萘四甲酸二酐，2，3，9，10-菲四甲酸二酐。

4. 根据权利要求1或2所述的芳香羧酸酐类产品的结晶造粒和纯化方法，其特征在于前述的低级脂肪族羧酸酐的混合溶剂中，前述的低级脂肪族羧酸酐以外的其他成分是乙酸、丙酮、丁酮、乙酸乙酯、乙醚、苯、甲苯、四氢呋喃中的一种或其混合物中的一种；所用前述的低级脂肪族羧酸酐或含有前述的低级脂肪族羧酸酐的混合溶剂用量的范围是芳香羧酸酐：溶剂为1∶1~20。

5. 根据权利要求1或2所述的芳香羧酸酐类产品的结晶造粒和纯化方法，其特征在于在所述含有前述的低级脂肪族羧酸酐的混合溶剂的组成为低级脂肪族羧酸酐：低级脂肪族羧酸酐以外的成分为0.05~100∶1的任意比例。

6. 根据权利要求4所述的芳香羧酸酐类产品的结晶造粒和纯化方法，其特征在于在前述的含有低级脂肪族羧酸酐的混合溶剂的组成为低级脂肪族羧酸酐：低级脂肪族羧酸酐以外的成分为0.05~100∶1的任意比例。

7. 根据权利要求1所述的芳香羧酸酐类产品的结晶造粒和纯化方法，其特征在于所述吸附脱色剂是活性碳、中性或酸性氧化铝、高岭土、分子筛中的一种或其混合物中的一种，最好为活性碳；所述吸附脱色剂的用量为芳香羧酸酐份数的0.05%~20%。

8. 根据权利要求1所述的芳香羧酸酐类产品的结晶造粒和纯化方法，其特征在于所述的吸附作用，热过滤，滤液浓缩或不浓缩处理的温度为从常温至物系回流温度间的任意温度。

9. 根据权利要求1所述的芳香羧酸酐类产品的结晶造粒和纯化方法，其特征在于所述的热煮作用的温度为从常温至物系回流温度间的任意温度。

10 根据权利要求1或2所述的芳香羧酸酐类产品的结晶造粒和纯化方法，其特征在于对所述热过滤或热煮处理后得到的物料，在常压或真空下进行浓缩处理。

11. 根据权利要求2所述的芳香羧酸酐类产品的结晶造粒和纯化方法，其特征在于热煮处理时间为0.05~20小时。”

2006年6月18日，申请人天津理工学院（下称请求人）向专利复审委员会提出复审请求，同时提交了权利要求书、说明书及其摘要的全文替换页，对申请文件进行了如下修改：（1）删除权利要求1、2以及说明书和摘要中的“丁酸酐、戊酸酐、戊二酸酐”；（2）将权利要求1以及说明书和摘要中的“0.05~10小时”修改为“0.1~10小时”；（3）将权利要求2、11以及说明书和摘要中的“0.05~20小时”修改为“0.1~10小时”；（4）将权利要求5和6以及说明书中的“0.05~100份”修改为0.11~100份；（5）将权利要求7和说明书中的“0.05%~20%”修改为“1%~20%”；（6）依据原始权利要求7的内容修改权利要求8的技术方案；（7）删除说明书第4页第13行中出现的“20~30分钟”；请求人同时删除权利要求9。

修改后的权利要求书为：

“1. 一种芳香羧酸酐类产品的结晶造粒和纯化方法，其特征在于所述的方法是：在反应釜中加入低级脂肪族羧酸酐如：醋酸酐、丙酸酐、丁二酸酐中的一种或其混合物中的一种，或含有上述低级脂肪族羧酸酐的混合溶剂，加热，在搅拌下加入粗品芳香羧酸酐或芳香羧酸多酐中的一种和相当于上述物料份数0%~50%的吸附脱色剂，吸附作用0.1~10小时，热过滤，滤液浓缩或不浓缩，冷却、过滤、干燥，制得精品芳香羧酸酐或芳香羧酸多酐粒状结晶。

2. 一种芳香羧酸酐类产品的结晶造粒和纯化方法，其特征在于所述的方法是：在反应釜中加入前述的低级脂肪族羧酸酐如：醋酸酐、丙酸酐、丁二酸酐中的一种或其混合物中的一种，或含有前述的低级脂肪族羧酸酐的混合溶剂，搅拌下加入粗品芳香羧酸酐或芳香羧酸多酐中的一种，加热，使其部分或全部溶解，热煮作用0.1~10小时，物料浓缩或不浓缩，冷却、过滤、干燥，制得精品芳香羧酸酐或芳香羧酸多酐粒状结晶。

3. 根据权利要求1或2所述的芳香羧酸酐类产品的结晶造粒和纯化方法，其特征在于所述的芳香羧酸酐或芳香羧酸多酐为以下物料中的一种：均苯四甲酸二酐，1，2，3，4-苯四甲酸二酐，1-羧基苯酐，2-羧基苯酐，1-氯苯酐，2-氯苯酐，1，4-二氯苯酐，2，3-二氯苯酐，1，2，3，4-四氯苯酐，1-氟苯酐，2-氟苯酐，1，4-二氟苯酐，2，3-二氟苯酐，1，2，3，4-四氟苯酐，1-氰基苯酐，2-氰基苯酐，1-硝基苯酐，2-硝基苯酐，3，4，3′，4′-联苯四甲酸二酐，2，3，2′，3′-联苯四甲酸二酐，1，2-萘酐，2，3-萘酐，2，3，6，7-萘四甲酸二酐，1，2，5，6-萘四甲酸二酐，2，3，9，10-菲四甲酸二酐，3，4，9，10-苝四甲酸二酐，2，3，4，5-噻吩二酐中的一种，特别是均苯四甲酸二酐，1，2，3，4-苯四甲酸二酐，3，4，3′，4′-联苯四甲酸二酐，2，3，2′，3′-联苯四甲酸二酐，2，3，6，7-萘四甲酸二酐，1，2，5，6-萘四甲酸二酐，2，3，9，10-菲四甲酸二酐，3，4，9，10-苝四甲酸二酐。

4. 根据权利要求1或2所述的芳香羧酸酐类产品的结晶造粒和纯化方法，其特征在于前述的低级脂肪族羧酸酐的混合溶剂中，前述的低级脂肪族羧酸酐以外的其他成分是乙酸、丙酮、丁酮、乙酸乙酯、乙醚、苯、甲苯、四氢呋喃中的一种或其混合物中的一种；所用前述的低级脂肪族羧酸酐或含有前述的低级脂肪族羧酸酐的混合溶剂用量的范围是芳香羧酸酐：溶剂为1：1~20。

5. 根据权利要求1或2所述的芳香羧酸酐类产品的结晶造粒和纯化方法，其特征在于在所述含有前述的低级脂肪羧酸酐的混合溶剂的组成为低级脂肪族羧酸酐：低级脂肪族羧酸酐以外的成分为0.11~100：1的任意比例。

6. 根据权利要求4所述的芳香羧酸酐类产品的结晶造粒和纯化方法，其特征在于在前述的含有低级脂肪羧酸酐的混合溶剂的组成为低级脂肪族羧酸酐：低级脂肪族羧酸酐以外的成分为0.11~100：1的任意比例。

7. 根据权利要求1所述的芳香羧酸酐类产品的结晶造粒和纯化方法，其特征在于所述吸附脱色剂是活性碳、中性或酸性氧化铝、高岭土、分子筛中的一种或其混合物中的一种，最好为活性碳；所述吸附脱色剂的用量为芳香羧酸酐份数的1%～20%。

8. 根据权利要求1或2所述的芳香羧酸酐类产品的结晶造粒和纯化方法，其特征在于所述的所述重结晶或热处理的温度为从常温至物系回流温度间的任意温度。

9. 根据权利要求1或2所述的芳香羧酸酐类产品的结晶造粒和纯化方法，其特征在于对所述热过滤或热煮处理后得到的物料，在常压或真空下进行浓缩处理。

10. 根据权利要求2所述的芳香羧酸酐类产品的结晶造粒和纯化方法，其特征在于热煮处理时间为0.1～20小时。”

经形式审查合格后，专利复审委员会受理了该请求，并于2006年9月29日向请求人发出了《复审请求受理通知书》，同时将本申请转送至国家知识产权局原审查部门进行前置审查。

在《前置审查意见书》中，国家知识产权局原审查部门认为请求人在提交复审请求时所提交的修改文本仍不符合专利法第33条的规定，因此坚持驳回决定。

专利复审委员会组成合议组，对本复审请求案进行了审理。

2007年8月2日，合议组向请求人发出《复审通知书》，指出：

（1）请求人在提交复审请求时修改了权利要求3，将原申请中的“3，4，9，10-四甲酸二酐”修改为“3，4，9，10-苝四甲酸二酐”，在原申请文件没有任何有关“3，4，9，10-苝四甲酸二酐”的记载，这样的修改无法根据原申请文件记载的内容直接地、毫无疑义地确定，超出了原申请文件记载的范围。在说明书第2页倒数第2段中存在同样的修改超出的缺陷。

（2）请求人将权利要求5和6中低级脂肪族羧酸酐与低级脂肪族羧酸酐以外的成分的比例修改为“0.11～100：1”，原申请文件中记载的相应比例为“0～100：1”。请求人认为其修改的依据为实施例5，在实施例5中具体记载了使用270份醋酸和30份醋酸酐，虽然由此可以推断醋酸酐与醋酸的比例可以为0.11：1，但醋酸酐和醋酸分别仅是低级脂肪族羧酸酐和低级脂肪族羧酸酐以外的成分中的一种个例，醋酸酐与醋酸之比的含义和低级脂肪族羧酸酐与低级脂肪族羧酸酐之比的含义并不完全相同，这样修改超出了原申请文件记载的范围。在说明书第3页第3行中存在同样的修改超出的缺陷。

（3）请求人在提交复审请求时在说明书第3页第11行增加了“所述吸附脱色的时间可以为0.1～20小时”的内容，关于其时间段的上限，即“20小时”，在原始申请文件中没有相应的记载，这样增加的内容无法根据原申请文件记载的内容直接地、毫无疑义地确定。

（4）请求人将实施例2中的“3g活性碳”修改为“3份活性碳”，原申请文件中并未记载“g”与“份”之间存在某种对应关系，这样修改的内容无法根据原申请文件记载的内容直接地、毫无疑义地确定。

因此，本申请中仍存在不符合专利法第33条规定的缺陷。

2007年9月4日，针对上述《复审通知书》，请求人提交意见陈述书以及权利要求书、说明书和摘要的全文替换页，再次对申请文件进行修改：（1）删除权利要求3和说明书中的“3，4，9，10-苝四甲酸二酐”；（2）删除权利要求5和6并将说明书中的“0.11～100份：1份”修改为“0～100份”；（3）将说明书第3页第11行增加的“所述吸附脱色的时间可以为0.1～20小时”修改为“所述吸附脱色的时间可以为0.1～10小时”；（4）将实施例2中的“3份活性碳”修改为原始实施例2中的“3g活性碳”。

修改后的权利要求书为：

“1. 一种芳香羧酸酐类产品的结晶造粒和纯化方法，其特征在于所述的方法是：在反应釜中加入低级脂肪族羧酸酐如：醋酸酐、丙酸酐、丁二酸酐中的一种或其混合物中的一种，或含有上述低级脂肪族羧酸酐的混合溶剂，加热，在搅拌下加入粗品芳香羧酸酐或芳香羧酸多酐中的一种和相当于上述物料份数 0~50% 的吸附脱色剂，吸附作用 0.1~10 小时，热过滤，滤液浓缩或不浓缩，冷却、过滤、干燥，制得精品芳香羧酸酐或芳香羧酸多酐粒状结晶。

2. 一种芳香羧酸酐类产品的结晶造粒和纯化方法，其特征在于所述的方法是：在反应釜中加入前述的低级脂肪族羧酸酐如：醋酸酐、丙酸酐、丁二酸酐中的一种或其混合物中的一种，或含有前述的低级脂肪族羧酸酐的混合溶剂，搅拌下加入粗品芳香羧酸酐或芳香羧酸多酐中的一种，加热，使其部分或全部溶解，热煮作用 0.1~10 小时，物料浓缩或不浓缩，冷却、过滤、干燥，制得精品芳香羧酸酐或芳香羧酸多酐粒状结晶。

3. 根据权利要求 1 或 2 所述的芳香羧酸酐类产品的结晶造粒和纯化方法，其特征在于所述的芳香羧酸酐或芳香羧酸多酐为以下物料中的一种：均苯四甲酸二酐，1，2，3，4-苯四甲酸二酐，1-羧基苯酐，2-羧基苯酐，1-氯苯酐，2-氯苯酐，1，4-二氯苯酐，2，3-二氯苯酐，1，2，3，4-四氯苯酐，1-氟苯酐，2-氟苯酐，1，4-二氟苯酐，2，3-二氟苯酐，1，2，3，4-四氟苯酐，1-氰基苯酐，2-氰基苯酐，1-硝基苯酐，2-硝基苯酐，3，4，3′，4′-联苯四甲酸二酐，2，3，2′，3′-联苯四甲酸二酐，1，2-萘酐，2，3-萘酐，2，3，6，7-萘四甲酸二酐，1，2，5，6-萘四甲酸二酐，2，3，9，10-菲四甲酸二酐，2，3，4，5-噻吩二酐中的一种，特别是均苯四甲酸二酐，1，2，3，4-苯四甲酸二酐，3，4，3′，4′-联苯四甲酸二酐，2，3，2′，3′-联苯四甲酸二酐，2，3，6，7-萘四甲酸二酐，1，2，5，6-萘四甲酸二酐，2，3，9，10-菲四甲酸二酐。

4. 根据权利要求 1 或 2 所述的芳香羧酸酐类产品的结晶造粒和纯化方法，其特征在于前述的低级脂肪族羧酸酐的混合溶剂中，前述的低级脂肪族羧酸酐以外的其他成分是乙酸、丙酮、丁酮、乙酸乙酯、乙醚、苯、甲苯、四氢呋喃中的一种或其混合物中的一种；所用前述的低级脂肪族羧酸酐或含有前述的低级脂肪族羧酸酐的混合溶剂用量的范围是芳香羧酸酐：溶剂为 1：1~20。

7. 根据权利要求 1 所述的芳香羧酸酐类产品的结晶造粒和纯化方法，其特征在于所述吸附脱色剂是活性碳、中性或酸性氧化铝、高岭土、分子筛中的一种或其混合物中的一种，最好为活性碳；所述吸附脱色剂的用量为芳香羧酸酐份数的 1%~20%。

8. 根据权利要求 1 或 2 所述的芳香羧酸酐类产品的结晶造粒和纯化方法，其特征在于所述的所述重结晶或热处理的温度为从常温至物系回流温度间的任意温度。

9. 根据权利要求 1 或 2 所述的芳香羧酸酐类产品的结晶造粒和纯化方法，其特征在于对所述热过滤或热煮处理后得到的物料，在常压或真空下进行浓缩处理。

10. 根据权利要求 2 所述的芳香羧酸酐类产品的结晶造粒和纯化方法，其特征在于热煮处理时间为 0.1~20 小时。”

至此，合议组认为本案事实清楚，可以作出审查决定。

二、决定的理由

1. 关于文本

本复审请求审查决定针对的文本是：请求人于 2007 年 9 月 4 日提交的权利要求书、说明书第 1~4 页以及说明书摘要。

2. 关于专利法第 33 条

专利法第 33 条规定：申请人可以对其专利申请文件进行修改，但是，对发明专利申请文件的修改不得超出原说明书和权利要求书记载的范围。

如果申请的内容通过增加、改变和/或删除其中的一部分，致使所属技术领域的技术人员看到的信息与原申请公开的信息不同，而且又不能从原申请公开的信息中直接地、毫无疑义地确定，那么，这种修改就是不允许的；反之，则是允许的。

请求人于2007年9月4日提交的申请文件克服了驳回决定中指出的不符合专利法第33条规定的缺陷，具体理由如下：

（1）请求人删除权利要求1和2以及说明书中增加的“丁酸酐、戊酸酐、戊二酸酐”，此处修改删除了申请文件中所增加的超范围的内容，从而克服了所增加的上述内容超范围的缺陷；同理，请求人删除权利要求5和6并删除说明书中的“0.05~100份”，请求人删除说明书第4页第13行中出现的“20~30分钟”，也均符合专利法第33条的规定。

（2）请求人依据原始权利要求1和权利要求9将权利要求1和说明书中的“0.05~10小时”修改为“0.1~10小时”，原权利要求1记载了吸附作用“0~10小时”且原权利要求9公开了0.1小时这一时间点，由此将吸附作用修改为“0.1~10小时”没有超出原申请文件记载的范围；同理，请求人依据原始权利要求2和权利要求10将权利要求2和11以及说明书中的“0.05~20小时”修改为“0.1~10小时”，依据原始权利要求6将权利要求7和说明书中的“0.05%~20%”修改为“1%~20%”，也均符合专利法第33条的规定。

（3）请求人依据原始权利要求7的内容修改权利要求8的技术方案，原权利要求7包括一个范围较宽的技术方案和一个优选的范围较窄的技术方案，修改后的权利要求8与原权利要求7范围较宽的技术方案相一致，这样的修改没有超出原申请文件记载的范围。

（4）请求人删除了权利要求3和说明书中的“3，4，9，10-苝四甲酸二酐”、将实施例2中的“3份活性碳”修改为原始实施例2中的“3g活性碳”，这些修改可由原申请文件记载的信息直接地、毫无疑义地确定，因此，也克服了《复审通知书》中指出的缺陷。

鉴于请求人于2007年9月4日提交的经修改的申请文件克服了驳回决定和《复审通知书》所指出的缺陷，驳回理由所依据的事实已不存在，因此撤销驳回决定。

根据上述事实和理由，合议组作出如下审查决定。

三、决定

撤销国家知识产权局于2006年4月7日针对200410019481.7号发明专利申请作出的驳回决定，由国家知识产权局原审查部门以请求人于2007年9月4日提交的权利要求书第1~10项、说明书第1~4页以及说明书摘要为基础继续审批程序。

复审请求人对本决定不服的，可以根据专利法第41条第2款的规定，自收到本决定之日起三个月内向北京市第一中级人民法院起诉。

006

液体防臭氧剂和含它们的橡胶组合物

复审请求审查决定（第11946号）

决　定　号　第11946号
决　定　日　2007年11月29日
发明创造名称　液体防臭氧剂和含它们的橡胶组合物
国际分类号　C08K 5/18，C07C 209/26，C08L 21/00
复审请求人　尤尼罗亚尔化学公司
申　请　号　01808337.4
申　请　日　2001年4月2日
优先权日　2000年4月19日
公　开　日　2003年6月18日
合议组组长　李　越
主　审　员　张家祥
参　审　员　李彦涛

法律依据　专利法第22条第3款
决定要点

如果权利要求的技术方案与现有技术的区别特征在本领域是公知的技术，而本领域技术人员在现有技术的基础上结合上述公知技术得到所要求保护的技术方案是显而易见的，则该权利要求不具有创造性。

一、案由

本复审请求涉及发明名称为“液体防臭氧剂和含它们的橡胶组合物”的01808337.4号发明专利申请（下称本申请），申请人为尤尼罗亚尔化学公司，申请日为2001年4月2日，优先权日为2000年4月19日，公开日为2003年6月18日。

2005年6月17日，国家知识产权局针对2004年7月2日提交的权利要求第1~15项、2002年10月18日进入中国国家阶段时提交的国际申请中文译文的说明书第1~7页以及说明书摘要，以权利要求1~15不符合专利法第22条第3款的规定为由驳回了本申请。驳回决定所针对的权利要求书如下：

“1. 一种制备液体防臭氧剂混合物的方法，所述方法包括在还原性烷基化催化剂存在下，使至少一种具有如下通式的未取代的和/或取代的对苯二胺化合物与包含丙酮和至少一种其他羰基化合物的羰基化合物混合物同时反应，

其中，R^1 和 R^2 相同或不同和是氢、支链的或直链的烷基、链烯基、烷氧基、芳烷基、苯基、烷芳基、羟烷基或杂环基，和其中所述其他羰基化合物选自含 4～12 个碳原子的酮、含 1～12 个碳原子的醛及其混合物。

2. 权利要求 1 的方法，其中，所述对苯二胺化合物选自下组：对苯二胺、对氨基二苯胺、N，N′-二（1-甲基庚基）-对苯二胺、N，N′-二（1-乙基-3-甲基戊基）-对苯二胺、N，N′-二（1，4-二甲基戊基）-对苯二胺、N，N-二-β-萘基-对苯二胺、N-邻甲苯基-N′-苯基-对苯二胺、N，N-二-对甲苯基-对苯二胺、N-1，3-二甲基丁基-N′-苯基-对苯二胺、N-1，4-二甲基戊基-N′-苯基-对苯二胺、N-异丙基-N′-苯基-对苯二胺、N-1-甲基丙基-N′-苯基-对苯二胺、N-环己基-N′-苯基-对苯二胺、N，N′-二（1-乙基-3-甲基戊基）-对苯二胺、N，N′-二（1，4-二甲基戊基）-对苯二胺、N，N′-二（1-甲基丙基）-对苯二胺、N-苯基-N′-（1，3-二甲基丁基）-对苯二胺、N-苯基-N′-异丙基-对苯二胺、N-苯基-N′-（1-甲基庚基）-对苯二胺、N-苯基-N′-环己基-对苯二胺、混合的二芳基-对苯二胺、N，N′-二（1-甲基庚基）-对苯二胺、N-苯基-N′-对甲苯磺酰-对苯二胺、N-苯基-N′-烷基-对苯二胺及其组合。

3. 权利要求 1 的方法，其中，所述酮选自下组酮：丁酮、二乙基甲酮、甲基丙基酮、甲基异丙基酮、乙基丙基酮、乙基异丙基酮、二丙基酮、二异丙基酮、甲基丁基酮、甲基异丁基酮、甲基仲丁基酮、甲基叔丁基酮、乙基丁基酮、乙基异丁基酮、乙基仲丁基酮、乙基叔丁基酮、丙基丁基酮、异丙基丁基酮、丙基异丁基酮、丙基仲丁基酮、丙基叔丁基酮、异丙基异丁基酮、异丙基仲丁基酮、异丙基叔丁基酮、二丁基酮、二异丁基酮、二仲丁基酮、二叔丁基酮、丁基异丁基酮、丁基仲丁基酮、丁基叔丁基酮、异丁基仲丁基酮、异丁基叔丁基酮、仲丁基叔丁基酮、5-庚酮、5-甲基-2-己酮、4-甲基-2-己酮、3-甲基-2-己酮、3，4-二甲基-2-戊酮、3，3-二甲基-2-戊酮、4，4-二甲基-2-戊酮、3-辛酮、4-甲基-3-庚酮、5-甲基-3-庚酮、6-甲基-3-庚酮、4，4-二甲基-3-己酮、4，5-二甲基-3-己酮、5，5-二甲基-3-己酮、4-壬酮、5-甲基-4-辛酮、6-甲基-4-辛酮、7-甲基-4-辛酮、5，5-二甲基-4-庚酮、5，6-二甲基-4-庚酮、6，6-二甲基-4-庚酮、2-十一烷酮、环丙酮、环丁酮、环戊酮、环己酮、环庚酮、环辛酮、环壬酮、环癸酮、环十一酮、环十二酮及其组合。

4. 权利要求 1 的方法，其中，所述醛选自下组醛：甲醛、乙醛、丙醛、丁醛、2-甲基丙醛、戊醛、2-甲基-丁醛、己醛、己醛、庚醛、辛醛、壬醛、癸醛、十一醛、十二醛、苯甲醛、苯乙醛及其组合。

5. 权利要求 1 的方法，其中，在羰基化合物混合物中丙酮与其他羰基化合物的摩尔比是 1：99～75：25。

6. 权利要求 1 的方法，其中，在羰基化合物混合物中丙酮与其他羰基化合物的摩尔比为 10：90～50：50。

7. 权利要求 1 的方法，其中，所述对苯二胺选自对苯二胺和对氨基二苯胺，而所述羰基化合物混合物是由丙酮和丁酮、环戊酮、环己酮、甲基异丁基酮和甲基异戊基酮形成的。

8. 权利要求 1 的方法，其中，所述羰基化合物混合物与对苯二胺化合物的摩尔比为 1.2：1。

9. 权利要求 1 的方法，其中，所述还原烷基化催化剂是第Ⅷ族金属。

10. 权利要求 9 的方法，其中，第Ⅷ族金属选自下组：铂、钯、铑、钌、镍、钴和它们的硫化物。

11. 权利要求 1 的方法，其中，所述还原烷基化催化剂是硫化铂。

12. 一种橡胶组合物，它包含：（a）橡胶成分；以及（b）通过权利要求 1 的方法制备的液体防臭氧剂混合物。

13. 权利要求12的橡胶组合物，其中，所述橡胶成分选自下组物质：天然橡胶、共轭二烯均聚物、共轭二烯和乙烯基不饱和单体的共聚物及其混合物。

14. 权利要求12的橡胶组合物，其中，所述防臭氧剂混合物存在的量在2~6份/100份橡胶成分聚合物范围内。

15. 权利要求12的橡胶组合物在轮胎、马达座、橡胶刷、传动带、印刷辊、橡胶鞋跟和鞋底、橡胶地板砖、转向轮、弹性体密封剂和密封垫、传送带罩、绞拧器、硬橡胶电池盒、汽车地面垫、卡车挡泥胶片、球磨机内衬或防风罩刮水片制造中的用途。”

驳回决定认为，对比文件1（US4900868，公开日为1990年2月13日）公开了一种制备橡胶抗降解剂混合物的方法，通过两种或多种N，N′-二取代的对苯二胺与两种或多种酮进行还原烷基化反应，所述酮选自丙酮、甲基异丁酮和环已酮等等，酮的进料顺序分先后，使用的还原烷基化催化剂为铂。权利要求1与对比文件1的区别仅在于加入酮的方式不同，权利要求1中对苯二胺与两种或多种羰基化合物混合物同时反应的确有可能提供额外的反应路线，从而导致所得产物与对比文件1中的产物不同，但从说明书中看不出该区别所带来的预料不到的技术效果。经申请人多次陈述意见，也始终没有拿出证据来证明，而仅仅将顺序加料进行反应改为同时反应，对本领域技术人员而言是很容易想到的，因此，权利要求1不具备创造性。权利要求2、3、7、9和10的附加技术特征在对比文件1中均已公开，上述权利要求也不具备创造性。权利要求4中的醛类化合物在结构上与酮相似，在本发明中的作用相同，本领域技术人员很容易想到用醛代替酮，因此，权利要求4不具有创造性。权利要求5和6对丙酮和羰基化合物的摩尔比进行了限定，权利要求8对羰基化合物与对苯二胺的摩尔比进行了限定，由对比文件1中的实施例1可知，若将其中的第一种酮类化合物甲基异戊基酮用丙酮替代，则丙酮与第二种酮类化合物甲基异丁基酮的摩尔比为0.494∶1.2，甲基异丁基酮与对苯二胺的摩尔比为1.2∶1，其摩尔比与权利要求5~6和8中的范围相同，而做这样的替换对本领域技术人员来说是显而易见的，因此，上述权利要求不具有创造性。权利要求11中的硫化铂和铂一样，是本领域常用的催化剂，该权利要求不具有创造性。权利要求12也不具备创造性。权利要求13中的橡胶成分是橡胶领域常见的物质，权利要求14限定的防臭氧剂混合物在橡胶中的用量是本领域技术人员所熟悉的，因此，权利要求13~14不具备创造性。权利要求15要求保护橡胶组合物的用途，在该橡胶组合物不具有创造性的前提下，这一用途权利要求也不具有创造性。

申请人尤尼罗亚尔化学公司（下称请求人）对上述驳回决定不服，于2005年9月29日向专利复审委员会提出复审请求，请求人没有对申请文件进行修改。请求人认为：对比文件1中的酮为顺序加料，所加入的酮在另一种酮加入前已反应完全。顺序反应是严格控制的反应，每一步仅有一种特定的主要反应发生、有一个特定的反应速率。然而，额外的羰基化合物的引入为产物“过分”还原性烷基化提供了机会，即当起始氮/胺基团化合物与加入的各羰基化合物之间的主反应进行的同时，可发生具有完全不同速率的副反应。而本申请中的起始氮/胺基团化合物与各种羰基化合物是同时反应，反应速率不同，副反应的反应速率也大大不同，每一所得产物将具有许多额外反应的路线和可能，所以本申请中所有的组分同时反应所获得的混合物产品不同于对比文件1中的顺序反应所获得的混合物产品，因此，权利要求1相对于对比文件1具有创造性。在权利要求1具有创造性的前提下，其他权利要求也具有创造性。

经形式审查合格后，专利复审委员会受理了该请求，并于2005年10月25日向请求人发出了《复审请求受理通知书》，同时将本申请转送至国家知识产权局原审查部门进行前置审查。

国家知识产权局原审查部门对本复审请求进行了前置审查，坚持驳回决定。

专利复审委员会组成合议组，对本案的复审请求进行了审理，并于 2006 年 11 月 17 日向请求人发出《复审通知书》，指出：权利要求 1~15 相对于对比文件 1 不具有创造性，不符合专利法第 22 条第 3 款的规定。

针对《复审通知书》指出的问题，请求人于 2007 年 2 月 15 日提交了意见陈述书。请求人除坚持其在复审理由中的观点外，还认为，对比文件 1 中的顺序加料反应和本申请中的同时加料反应不仅导致副产物的种类发生了变化，也导致了产物种类和数量的不同，在本申请中将导致反应混合物中有额外的更多种产物，如本申请说明书第 2 页最后一段所述，不同的防臭氧剂液体产物具有不同的迁移率，因此更多种防臭氧剂液体产物提供了更大的防臭氧侵袭的保护作用，从而延长了橡胶组合物的耐用期限，且在维持其液体状态方面具有更大的对比温度稳定性。而在本申请日之前，本领域技术人员根本没有考虑到用同时反应替代现有技术中的顺序反应，根本没有意识到同时反应带来的上述优点。因此，本申请的权利要求 1 具有创造性。

至此，合议组认为本案事实清楚，可以作出审查决定。

二、决定的理由

1. 关于文本

本复审决定是以请求人于 2004 年 7 月 2 日提交的权利要求第 1~15 项、2002 年 10 月 18 日进入中国国家阶段时提交的国际申请中文译文的说明书第 1~7 页以及说明书摘要为基础作出的。

2. 关于专利法第 22 条第 3 款

专利法第 22 条第 3 款规定：发明的创造性，是指同申请日以前已有的技术相比，该发明有突出的实质性特点和显著的进步。

如果权利要求的技术方案与现有技术的区别特征在本领域是公知的技术，而本领域技术人员在现有技术的基础上结合上述公知技术得到所要求保护的技术方案是显而易见的，则该权利要求不具有创造性。

本申请权利要求 1 要求保护一种制备液体防臭氧剂混合物的方法，所述方法包括在还原性烷基化催化剂存在下，使至少一种具有如下通式的未取代的和/或取代的对苯二胺化合物与包含丙酮和至少一种其他羰基化合物的混合物同时反应，

其中，R^1 和 R^2 相同或不同和是氢、支链的或直链的烷基、链烯基、烷氧基、芳烷基、苯基、烷芳基、羟烷基或杂环基，和其中所述其他羰基化合物选自含 4~12 个碳原子的酮、含 1~12 个碳原子的醛及其混合物。对比文件 1 公开了一种制备两种或多种不同的 N，N′-二取代的对苯二胺混合物的方法，在氢和催化剂的存在下，通过将选自 4-硝基二苯胺、4-氨基二苯胺、对硝基苯胺和苯二胺的含氮化合物与选自以下的两种或多种酮进行还原烷基化来制备，

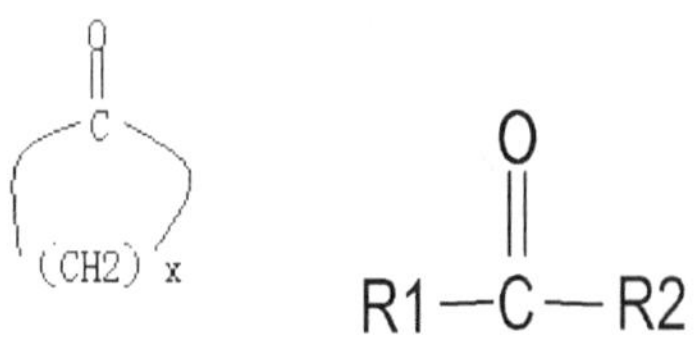

其中 x 是 2~9 的整数，R^1 和 R^2 是 C_{1-8}烷基，条件是 R^1 和 R^2 中碳原子总数为 9 或更少，顺次加入酮，每种酮在加入另一种酮之前已基本反应完毕，其中的酮选自丙酮、甲乙酮、甲基异丁酮、甲基异戊酮、环己酮等，其中的催化剂是镍和/或铂，优选铂（参见权利要求 1~2 和 8，说明书第 1 栏第

56 行至第 3 栏第 12 行，实施例 I~IV)。上述的 N，N′-二取代的对苯二胺可在橡胶中用作抗降解剂，能有效地防止臭氧对橡胶的侵蚀。权利要求 1 所要求保护的技术方案与对比文件 1 所公开的内容相比，其所使用的原料相同或者类似，并且作为本申请的优选原料恰恰被公开于对比文件 1 中，产物均为防臭氧对橡胶侵蚀的混合物，二者主要区别在于：权利要求 1 中的酮是同时加入，而对比文件 1 中的酮是顺次加入的；另外，权利要求 1 中的丙酮是一种必需的原料，而对比文件 1 中的丙酮是任选加入的。然而，在化学领域，考虑到副反应和副产物，对多步化学反应，多采用顺次反应（即，化学原料都是顺次加入的)，一步反应完成后，进行分离和提纯，再加入另一种原料，或者不进行分离和提纯直接加料，当然，也可以将原料同时加入同时反应，这要视具体情况而定。对比文件 1 中的酮是顺次加入的，但每一步所得的中间产物均没有进行副产物的分离和提纯即进行了下一步反应，每一步的产物均是一种混合物，本领域技术人员根据本领域的常识可以想到，既然该混合物不需要分离和提纯，那么其也可以将原料同时加入，以节约时间和成本，并且本领域技术人员可以预知，选择顺次加入还是同时加入酮有可能产生不同种类的副产物，但即便副产物不同却也不一定，甚至于一般不会使最终产品的性能发生本质上的改变，而就本申请而言，则没有证据表明这种副产物的不同以及由此导致产品相对于现有技术产生了任何意想不到的变化，或者使产品的制备方法产生某种意想不到的益处。另外，丙酮是最简单和最常用的酮，本领域技术人员在选择酮时如果可以使用丙酮，则一般会首先考虑使用丙酮。因此在对比文件 1 的基础上将酮的加入顺序由顺次加入改为同时加入并从中选用丙酮作为必需的原料对本领域技术人员来说同样是显而易见的，且没有证据表明这种选择带来意想不到的技术效果，权利要求 1 不具备创造性，不符合专利法第 22 条第 3 款的规定。

同理，权利要求 2~4、7、9~10 分别对反应中所使用的对苯二胺、酮、醛以及催化剂作了选择，但这些选择并未为本发明带来出人意料的效果，也不具备创造性。

权利要求 5~6 对权利要求 1 的羰基化合物混合物中的丙酮与其他羰基化合物的摩尔比进行了限定，对比文件 1（实施例 I）中公开了甲基异戊酮与甲基异丁酮的摩尔比为 0.494：1.2，其落入了权利要求 5 和 6 限定的比例范围之中，本领域技术人员在对比文件 1 的基础上用丙酮来代替甲基异戊酮是显而易见的，因此权利要求 5~6 不具备创造性。权利要求 8 将权利要求 1 中的羰基化合物混合物与对苯二胺化合物的摩尔比限定为 1.2：1，这与对比文件 1 中的甲基异丁酮和对苯二胺的摩尔比相同，因此，该权利要求不具备创造性。权利要求 11 将权利要求 1 中的还原烷基化催化剂限定为硫化铂，对比文件 1 已经公开了可使用铂作为催化剂，在此基础上本领域技术人员选用硫化铂作催化剂不需要付出创造性的劳动，因此该权利要求也不具备创造性。

权利要求 12 要求保护一种橡胶组合物，包含（a）橡胶成分；以及（b）通过权利要求 1 的方法制备的液体防臭氧剂混合物。对比文件 1 公开了两种或多种不同的 N，N′-二取代的对苯二胺的混合物，所述混合物由以下方法来制备：在氢和催化剂的存在下，通过将选自 4-硝基二苯胺、4-氨基二苯胺、对硝基苯胺和苯二胺的含氮化合物与选自以下的两种或多种酮进行还原烷基化，

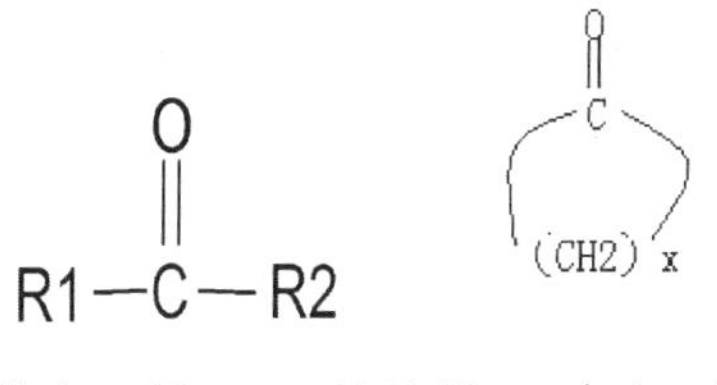

其中 x 是 2~9 的整数，R^1 和 R^2 是 C_{1-8}烷基，条件是 R^1 和 R^2 中碳原子总数为 9 或更少，改进之处包括顺次加入酮，每种酮在加入另一种酮之前已基本反应完毕，其中的酮选自丙酮、甲乙酮、甲基异丁酮、甲基异戊酮、环己酮等，其中的催化剂是镍和/或铂，优选铂（参见权利要求 1~2 和 8，说

明书第1栏第56行至第3栏第12行，实施例I~IV)。上述的N，N'-二取代的对苯二胺可在橡胶中用作抗降解剂，能有效地防止臭氧对橡胶的侵蚀。该权利要求所要求保护的技术方案与对比文件1所公开的内容相比，其区别仅在于：权利要求12的液体防臭氧剂混合物中含有的副产物与对比文件1不同，并且包含橡胶成分。然而，由于混合物制备方法的不同，可能获得不同种类的副产物是本领域技术人员可以预见到的，就权利要求12所请求保护的橡胶组合物而言，尤为重要的是，没有证据表明本申请的防臭氧剂混合物与对比文件1中的产物相比具有本质的不同，也就是说，副产物种类的不同并没有对产品的性能产生本质的影响，而橡胶成分是制备橡胶组合物的必备组分，总之，没有任何证据表明由于副产物可能不同而使权利要求12的橡胶组合物相对于现有技术中的橡胶组合物具有任何意想不到的技术效果，因此在对比文件1的基础上将防臭氧剂混合物加入到橡胶组分中从而获得该权利要求所述的橡胶组合物对本领域技术人员来说是显而易见的，该权利要求不具备创造性。

权利要求13~14分别对权利要求12中的橡胶成分和防臭氧剂混合物存在的量进行了限定，权利要求13中的橡胶成分在橡胶制备中是常用的成分，而上述量在对比文件1（说明书第6栏第44~46行）中有所体现，产物在橡胶中的量为0.5~5重量份/100重量份橡胶，因此上述权利要求也不具备创造性。

权利要求15要求保护权利要求12的橡胶组合物在轮胎等中的用途。橡胶可以用来制备轮胎等在本领域是公知的，因此在该橡胶组合物不具有创造性的情况下，该权利要求也不具备创造性。

针对请求人在复审理由中的观点和答复《复审通知书》时的意见陈述，合议组认为：(1)复审理由中所述的反应步骤和所得的副产物是由请求人经过推理得到的，而是否真正发生了所述的反应并得到了所述的副产物是需要通过实验结果以及相关证据来证实的，而请求人在答复《复审通知书》时既没有提供上述实验结果和相关证据，也没有通过现有技术中的已有证据证实其所述的反应以及副产物确实存在；(2)本申请和对比文件1中的制备方法虽然有差异，但主要是酮加入顺序的不同。即使发生了请求人所述的反应，本申请的混合物中还是存在副产物，只是副产物的种类发生了变化，而这种变化对于本领域技术人员来说是在现有技术的基础上可以预见到的，并且也没有证据表明副产物种类的改变对产品的性能及其制备方法带来了本质的难以意料的影响；(3)虽然说明书第2~3页中声称液体防臭氧剂混合物在橡胶组合物中具有不同的迁移率，本申请提供了更大的防臭氧侵袭的保护作用，延长了橡胶组合物的耐用期限，且在维持其液体状态方面具有更大的对比温度稳定性，但这并不是因为副产物的种类多而是由大量另外的具有不同迁移率的羰基化合物导致的（参见说明书第6页第17~24行），另外，请求人也没有提供证据来证明本申请中的液体防臭氧剂混合物具有上述效果，更没有提供证据来证明其相对于对比文件1产生了预料不到的技术效果。因此，合议组对请求人的上述主张不予支持。

基于以上事实和理由，本案合议组作出如下决定。

三、决定

维持国家知识产权局于2005年6月17日对01808337.4号发明专利申请作出的驳回决定。

复审请求人对本决定不服的，可以根据专利法第41条第2款的规定，自收到本决定之日起三个月内向北京市第一中级人民法院起诉。

007

用于钻井液和储层流体的聚合物及其用途

复审请求审查决定（第11949号）

决　定　号　第11949号
决　定　日　2007年11月30日
发明创造名称　用于钻井液和储层流体的聚合物及其用途
国际分类号　C09K7/02
复审请求人　希巴特殊化学水处理有限公司
申　请　号　96194883.3
申　请　日　1996年5月22日
公　开　日　1998年7月22日
优先权日　1995年5月23日
合议组组长　李彦涛
主　审　员　娄　宁
参　审　员　危　峰

法律依据　专利法第22条第3款、第31条第1款
决定要点
一项权利要求是否具备创造性应从所属领域、要解决的技术问题和所产生的技术效果整体上考察，如果现有技术没有给出将各区别技术特征结合使用的任何启示，所解决的技术问题也与本发明不同，则该权利要求具备创造性。

一、案由

本复审请求涉及名称为“用于钻井液和储层流体的聚合物及其用途”的96194883.3号发明专利申请（下称本申请），申请日为1996年5月22日，优先权日为1995年5月23日，公开日为1998年7月22日，原申请人为联合胶体有限公司，2000年2月18日申请人变更为希巴特殊化学水处理有限公司。

2004年5月14日，针对申请人于2003年11月26日提交的权利要求书1~10、进入中国国家阶段时提交的说明书及其摘要，国家知识产权局以申请不具备创造性、单一性为由驳回了本申请。

驳回决定认为：对比文件1公开的含水黏土基钻井浆料组合物含有一种丙烯酰胺和N-乙烯基酰胺的共聚物，所述的共聚物具有至少5%的N-乙烯基酰胺水解为N-乙烯基胺单元，水解前该共聚物含有10%~95%摩尔丙稀酰胺单元和5%~90%摩尔N-乙烯基酰胺单元，其平均分子量为104~106。权利要求1与对比文件1（DE3936698，公开日1990年5月10日）相比，区别仅在于聚合物的重均

分子量小于等于 200000，然而这仅是对聚合物分子量不同的表示方式，属于本领域的公知常识，一般来说，同一聚合物的重均分子量>平均分子量，因此权利要求 1 无创造性；虽然申请人强调本发明的共聚物中没有 N-乙烯基胺，对比文件 1 聚合物中的主要组成是 N-乙烯基胺单元，而不是 N-乙烯基酰胺；但由于对比文件 1 中已经明确指出水解前的共聚物组成，并且在表 2、3 中列出了多种水解比例（包括 5%、10%、25%、50%、100%等），未必 100%水解，也就是说权利要求 1 中不含有水解的 N-乙烯基胺，也不具有任何意想不到的效果，因此，权利要求 1 不具有创造性；由于独立权利要求 1 不具备创造性，其与其他权利要求 8~10 之间没有特定技术特征，不具备单一性。

驳回针对的权利要求书为：

“1. 一种水基钻井液或储层流体中所含溶解有一种作为页岩或黏土抑制剂的、由烯属不饱和单体或单体混合物聚合而成的聚合物，其特征在于该聚合物是由 50~100（摩尔）%式（I）单体：

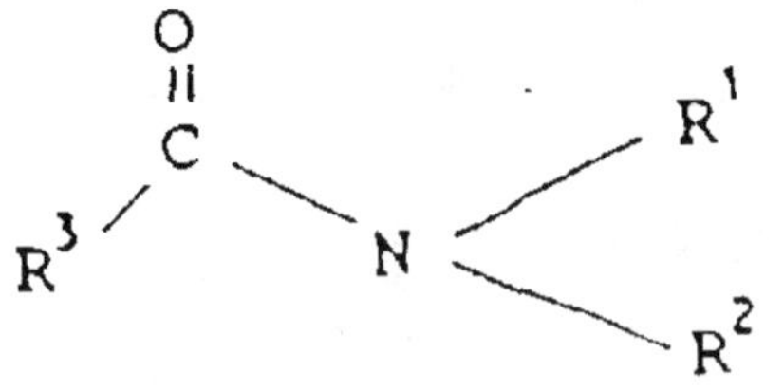

式中 R^1 选自 H 及 C_1-C_3 烷基基团，

R^2 选自 C_1-C_3 烷基基团、$-C(CH_3)_2CH_2COCH_3$、$-CH=CH_2$ 及 $-C(CH_3)=CH_2$，

R^3 选自 H、C_1-C_3 烷基基团、$CH_2=CH-$ 及 $CH_2=C(CH_3)-$；

其中当 R^3 是 H 或 C_1-C_3 烷基时，则 R^1 是 H 和 R^2 是 $-CH=CH_2$ 或 $-C(CH_3)=CH_2$，

及当 R^2 是 $-C(CH_3)_2CH_2COCH_3$，则 R^1 是 H；

0~50（摩尔）%其他非离子型烯属不饱和单体，选自丙烯酰胺、甲基丙烯酰胺、乙酸乙烯酯和丙烯酸羟乙酯聚合的，并且该单体或单体混合物基本上不含离子型烯属不饱和单体；

该聚合物的重均分子量为 200000 或低于 200000。

2. 根据权利要 1 的聚合物，其中 R^1 选自 H 及 C_1-C_3 烷基基团；R^2 选自 C_1-C_3 烷基基团、$-C(CH_3)_2CH_2COCH_3$、$-CH=CH_2$ 及 $-C(CH_3)=CH_2$；以及 R^3 选自 H、C_1-C_3 烷基基团、$CH_2=CH-$ 及 $CH_2=C(CH_3)-$。

3. 根据上述任一项权利要求的聚合物，其中式（I）单体选自 C_1-C_3 烷基和二烷基（甲基）丙烯酰胺、N-乙烯基甲酰胺、N-乙烯基乙酰胺以及二丙酮丙烯酰胺。

4. 根据上述任一项权利要求的聚合物，其中式（I）单体选自 N，N-二甲基丙烯酰胺和 N-乙烯基甲酰胺。

5. 根据上述任-项权利要求的聚合物，其中其他非离型单体包括丙烯酰胺。

6. 根据上述任一项权利要求的聚合物，其中单体混合物包含至少 70%式（Ⅰ）单体。

7. 根据上述任一项权利要求的聚合物，其中溶解的聚合物量达流体重量的 3%。

8. 一种在含页岩的岩石中钻井的方法，其中采用水基钻井液将岩屑从岩石中冲洗出来并带至井面，其中水基钻井液溶解有由烯属不饱和单体或单体混合物聚合的聚合物，其特征在于该聚合物是由 50~100（摩尔）%式（I）单体：

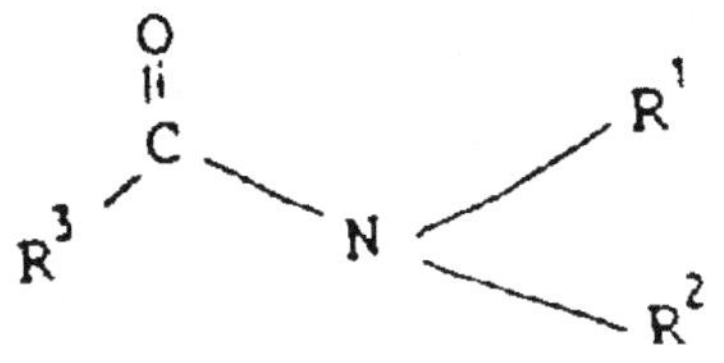

式中 R^1 选自 H 及 C_1-C_3 烷基基团，

R^2 选自 C_1-C_3 烷基基团、-C（CH_3）$_2CH_2COCH_3$、-CH=CH_2 及 -C（CH_3）=CH_2，

R^3 选自 H、C_1-C_3 烷基基团、CH_2=CH- 及 CH_2=C（CH_3）-；

其中当 R^3 是 H 或 C_1-C_3 烷基时，则 R^1 是 H 和 R^2 是-CH=CH_2 或-C（CH_3）=CH_2，

及当 R^2 是-C（CH_3）$_2CH_2COCH_3$ 时，则 R^1 是 H；

0~50（摩尔）%其他非离子型烯属不饱和单体，选自丙烯酰胺、甲基丙烯酰胺、乙酸乙烯酯和丙烯酸羟乙酯聚合的，并且该单体或单体混合物基本上不含离子型烯属不饱和单体；

该化合物的重均分子量为 200000 或低于 200000。

9. 在含页岩的岩石中钻井的方法，其中采用水基钻井液将岩屑从岩石中冲洗出来并带至井面，该法包括鉴定钻探穿过含页岩岩石的井筒，并包括将由烯属不饱和单体或单体混合物聚合的溶解的聚合物溶入钻井液中，其中该聚合物是由 50~100（摩尔）%式（Ⅰ）单体：

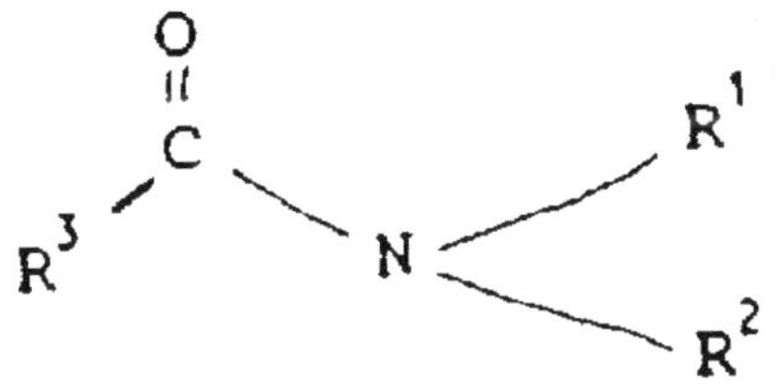

式中 R^1 选自 H 及 C_1-C_3 烷基基团；

R^2 选自 C_1-C_3 烷基基团、-C（CH_3）$_2CH_2COCH_3$、-CH=CH_2 及-C（CH_3）=CH_2，

R^3 选自 H、C_1-C_3 烷基基团、CH_2=CH-及 CH_2=C（CH_3）-，

其中当 R^3 是 H 或 C_1-C_3 烷基时，则 R^1 是 H 和 R^2 是-CH=CH_2 或-C（CH_3）=CH_2，

及当 R^2 是-C（CH_3）$_2CH_2COCH_3$ 时，则 R^1 是 H；

0~50（摩尔）%其他非离子型烯属不饱和单体，选自丙烯酰胺、甲基丙烯酰胺、乙酸乙烯酯和丙烯酸羟乙酯聚合的，并且该单体或单体混合物基本上不含离子型烯属不饱和单体；

该化合物的重均分子量为 200000 或低于 200000。

10. 一种溶解在水基钻井液中的聚合物在抑制含页岩岩石中的井壁的水合作用和坍塌，以及从井筒中除去岩屑方面的用途，其中该聚合物是一种由烯属不饱和单体或单体混合物聚合的溶解的聚合物，其特征在于该聚合物是由 50~100（摩尔）%式（Ⅰ）单体：

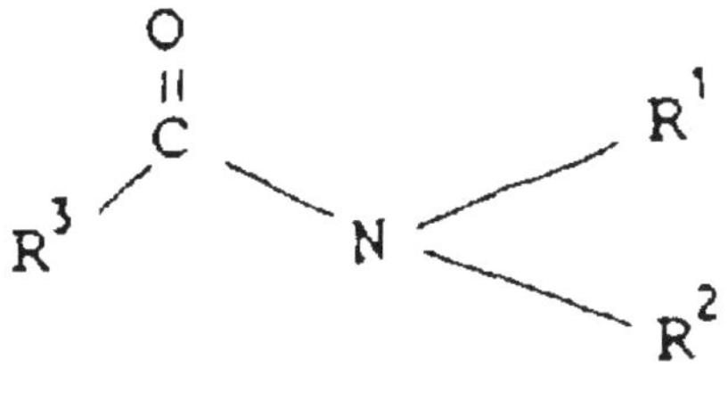

式中 R^1 选自 H 及 C_1-C_3 烷基基团，

R^2 选自 C_1-C_3 烷基基团、-C（CH_3）$_2CH_2COCH_3$、-CH=CH_2 及-C（CH_3）=CH_2，

R^3 选自 H、C_1-C_3 烷基基团、$CH_2=CH-$及 $CH_2=C(CH_3)-$；

其中当 R^3 是 H 或 C_1-C_3 烷基时，则 R^1 是 H 和 R^2 是$-CH=CH_2$ 或$-C(CH_3)=CH_2$，

及当 R^2 是$-C(CH_3)_2CH_2COCH_3$ 时，则 R^1 是 H；

0~50（摩尔）%其他非离子型烯属不饱和单体，选自丙烯酰胺、甲基丙烯酰胺、乙酸乙烯酯和丙烯酸羟乙酯聚合的，并且该单体或单体混合物基本上不含离子型烯属不饱和单体；

该化合物的重均分子量为200000或低于200000。”

2004年8月30日，申请人希巴特殊化学水处理有限公司（下称请求人）对上述驳回决定不服，向专利复审委员会提出复审请求，请求人在提出复审请求时提交了修改后的权利要求书，并且提供了《高级有机化学》（Jerry March 编）第250~251页复印件，以证明质子化脂肪族伯胺的pKa值为10~11。并且修改文本中在权利要求1中进一步明确“溶解的聚合物具有如单体混合物所定义的单体单元的组成”，修改后的权利要求1如下：

“1. 一种水基钻井液或储层流体中所含溶解有一种作为页岩或黏土抑制剂的、由烯属不饱和单体或单体混合物聚合而成的聚合物，其特征在于该聚合物是由50~100摩尔%式（Ⅰ）单体：

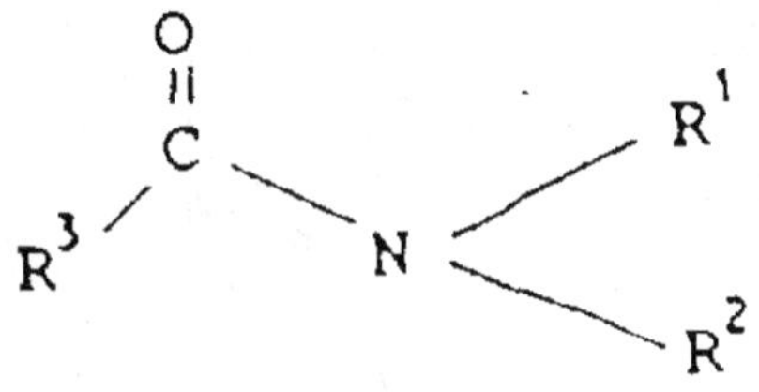

式中 R^1 选自 H 及 C_1-C_3 烷基基团，

R^2 选自 C_1-C_3 烷基基团、$-C(CH_3)_2CH_2COCH_3$、$-CH=CH_2$ 及$-C(CH_3)=CH_2$，

R^3 选自 H、C_1-C_3 烷基基团、$CH_2=CH-$及 $CH_2=C(CH_3)-$；

其中当 R^3 是 H 或 C_1-C_3 烷基时，则 R^1 是 H 和 R^2 是$-CH=CH_2$ 或$-C(CH_3)=CH_2$，

及当 R^2 是$-C(CH_3)_2CH_2COCH_3$，则 R^1 是 H；

0~50摩尔%其他非离子型烯属不饱和单体，选自丙烯酰胺、甲基丙烯酰胺、乙酸乙烯酯和丙烯酸羟乙酯聚合的，并且该单体或单体混合物基本上不含离子型烯属不饱和单体；以及其中溶解的聚合物具有如单体混合物所定义的单体单元的组成；

该聚合物的重均分子量为200000或低于200000。”

请求人认为，修改后的权利要求书已经区别于现有技术，在其中进一步明确所述“溶解的聚合物具有如单体混合物所定义的单体单元的组成”；本发明与对比文件1钻井液的差异在于本发明钻井液包含一种聚合物，该聚合物由最多50（摩尔）mol% N-乙烯基甲酰胺形成，而不含最多22mol% N-乙烯基甲酰胺；并且由用于形成该聚合物的单体单元组成，而不是部分单体单元组成；以及该聚合物是非离子型的，而不是阳离子型的，不含阳离子聚合物的钻井液优点在于对海洋生物无毒性，因此本发明具备创造性；在权利要求1有创造性的条件下，其与权利要求8~10之间也符合单一性要求。

经形式审查合格后，专利复审委员会受理了该请求，并于2004年9月20日向请求人发出了《复审请求受理通知书》，同时将本申请转送至国家知识产权局原审查部门进行前置审查。

在《前置审查意见书》中，国家知识产权局原审查部门认为申请人对权利要求1增加的附加技术特征“其中溶解的聚合物具有如单体混合物所定义的单体单元的组成”，对本领域技术人员来说显而易见；而本申请的共聚物水解后不会成为阳离子聚合物，属于聚合物使用方法的区别特征，不能构成聚合物产品具有创造性的依据，因此坚持原驳回决定。

专利复审委员会组成合议组，对本复审请求案进行了审理。经合议，合议组认为本案事实清楚，

可以作出审查决定。

二、决定的理由

1. 关于文本

请求人在提出复审请求时提交了修改后的权利要求书，其修改之处为权利要求1中增加了“以及其中溶解的聚合物具有如单体混合物所定义的单体单元的组成”，由于说明书第8页第12~14行中明确记载了上述内容，因此该修改未超出原说明书合权利要求书记载范围，符合专利法第33条的规定。

本复审决定针对的文本是2004年8月30日请求人提起复审请求时提交的权利要求第1~10项，本申请进入中国国家阶段时提交的说明书第1~17页及其摘要。

2. 关于专利法第22条3款

专利法第22条3款规定，创造性是指同申请日以前已有的技术相比，该发明有突出的实质性特点和显著的进步。

一项权利要求是否具备创造性应从所属领域、技术方案本身、要解决的技术问题和所产生的技术效果整体上考察，如果现有技术没有给出将各区别技术特征结合使用的任何启示，所解决的技术问题也与本发明不同，则该权利要求具备创造性。

具体本案而言，权利要求1请求保护一种水基钻井液或储层流体，包括溶解有一种作为页岩或黏土抑制剂的、由烯属不饱和单体或单体混合物聚合而成的聚合物，并且该聚合物是由50~100摩尔%式（Ⅰ）单体：

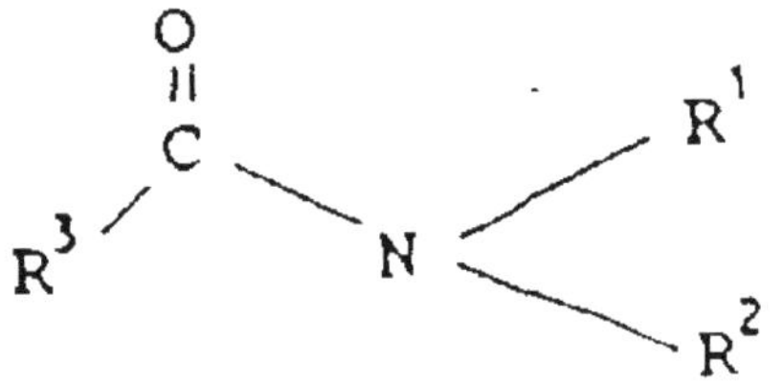

和0~50摩尔%其他非离子型烯属不饱和单体聚合的，并且该单体或单体混合物基本上不含离子型烯属不饱和单体；以及其中溶解的聚合物具有如单体混合物所定义的单体单元的组成；该聚合物的重均分子量为200000或低于200000。

根据说明书的记载，发明要解决的技术问题是提供一种聚合物可用于抑制页岩崩解或膨胀以及水对黏土的渗透作用（说明书第1页第1段），其对海洋生物无毒性（说明书第4页末段~第5页第1段），并且通过实验评价了聚合物在防止页岩崩解方面的性能。

对比文件1（DE3936698，公开日1990年5月10日）中公开了一种含有丙烯酰胺与N-乙烯基酰胺共聚物的钻井泥浆组合物，该共聚物具有至少5%的N-乙烯基酰胺单元水解为N-乙烯基胺单元，而所述共聚物水解前含有10~95mol% N-乙烯基甲酰胺和5~90mol%丙烯酰胺（参见其同族US4921621权利要求1），其平均分子量为10000至1000000（同族US4921621第8栏第52~54行），用于钻井液的聚合物溶液pH值为8.5（同族US4921621第6栏第36行）。该组合物的作用是控制钻井液失水（同族US4921621第1栏第18行，第1栏第64行至第2栏第4行），而如果失水过多会造成井壁坍塌（同族US4921621第1栏第46~50行）。

正如驳回决定所指出的那样，对比文件1中涉及两种不同的聚合物，分别为水解之前丙烯酰胺与N-乙烯基酰胺的共聚物（1）、至少5%的N-乙烯基酰胺单元水解为N-乙烯基胺单元之后的共聚物（2）。由说明书及实施方案可见（同族US4921621表2、3），对比文件1中能解决失水过多、井壁坍塌等技术问题，并带来有益效果的方案是“至少5%水解的共聚物（2）”，而水解前的聚合物(1)所解决的技术问题是提供一种聚合物作为水解前体。因此，对比文件1中水解后的共聚物（2）应当作为本发明最接近的现有技术。

将本申请权利要求1与对比文件1的技术方案相比，区别在于：（1）本申请权利要求1的钻井液或储层流体中包含一种聚合物，该聚合物由N-乙烯基甲酰胺与丙烯酰胺等非离子型烯属不饱和单体聚合形成，而不含离子型烯属不饱和单体如N-乙烯基胺，其重均分子量为200000或低于200000；而对比文件1中的聚合物是含有丙烯酰胺和N-乙烯基酰胺、N-乙烯基胺单元的共聚物，其平均分子量为10000至1000000；（2）本申请的聚合物是非离子型的，而对比文件中用于钻井液的聚合物溶液pH值为8.5，根据质子化伯胺的pKa值条件推测（参见《高级有机化学》（Jerry March）第250~251页），此时的聚合物胺官能团质子化，已成为聚合物阳离子。

研究本申请与对比文件1所要解决的技术问题后发现，本申请着眼于抑制页岩或黏土的崩解，而上述问题出现的原因在于钻井液中的水被吸收到页岩或黏土中，本申请聚合物的作用原理包括抑制水从水基钻井液或储层流体中渗入到页岩或黏土中；而对比文件1也具有抑制水从钻井液向钻孔渗透的作用。由此可见，两者具有相同的作用，但是本申请权利要求1的技术方案使用了不同结构、种类的聚合物，带来了降低的毒性、较高的抑制性能（本发明说明书第4页末段至第5页第3段），以及预料不到的稳定化效果（本申请实施例3~7），而对比文件1中并不存在关于具有本发明中结构的聚合物，能产生上述技术效果、解决所述技术问题的启示。因此，权利要求1与对比文件1相比，具有突出的实质性特点和显著的进步，符合专利法第22条第3款的规定。

3. 关于专利法第31条第1款

专利法第31条第1款规定，一件发明或者实用新型专利申请应当限于一项发明或者实用新型。属于一个总的发明构思的两项以上的发明或者实用新型，可以作为一件申请提出。

如果一组权利要求中记载的技术方案包含了使它们在技术上相互关联的一个或者多个相同或者相应的特定技术特征，则发明满足单一性要求。“特定技术特征”是指在发明或者实用新型对现有技术作出的贡献中起实质性作用的那些技术特征。

就本案而言，权利要求8~10涉及采用权利要求1的聚合物在含页岩的岩石中钻井的方法或该聚合物的用途。在权利要求1具有创造性的条件下，权利要求1中的聚合物即成为权利要求8~10中相同或相应的对现有技术作出贡献的特定技术特征，此时，权利要求8~10所要求保护的主题与权利要求1之间在技术上相关联、属于同一个总的发明构思。因此，满足专利法第31条第1款关于单一性的规定。

根据上述事实和理由，合议组作出如下审查决定。

三、决定

撤销国家知识产权局于2004年5月14日，针对96194883.3号发明专利申请作出的驳回决定。由原审查部门根据请求人2004年8月30日提交的权利要求书、驳回决定所针对的说明书和摘要继续审查程序。

复审请求人对本决定不服的，可以根据专利法第41条第2款的规定，自收到本决定之日起三个月内向北京市第一中级人民法院起诉。

008

异羟肟酸和羧酸衍生物

复审请求审查决定（第11953号）

决　定　号　第11953号
决　定　日　2007年12月7日
发明创造名称　异羟肟酸和羧酸衍生物
国际分类号　C07C317/44，C07C317/46，A61K 31/19
复审请求人　达尔文发现有限公司
专利申请号　99802493.7
申　请　日　1999年1月29日
最早优先权日　1998年1月30日
公　开　日　2001年3月28日
合议组组长　任晓兰
主　审　员　娄　宁
参　审　员　李亚林

法律依据　专利法第26条第4款
决定要点

权利要求书中的每一项权利要求所要求保护的技术方案应当是所属技术领域的技术人员能够从说明书中公开的内容中得到或概括得出的技术方案，并且不得超出说明书公开的范围。

一、案由

本复审请求案涉及发明名称为“异羟肟酸和羧酸衍生物”的99802493.7号发明专利申请（下称本申请），申请人为达尔文发现有限公司，申请日为1999年1月29日，最早优先权日为1998年1月30日，公开日为2001年3月28日。

2005年2月18日，针对申请人在申请进入国家阶段时提交的原始申请文件中文译文的说明书第2~17页、说明书摘要，2004年9月29日提交的权利要求第1~9项、说明书第1页，国家知识产权局以权利要求1~8不符合专利法第26条第4款的规定为由驳回了本申请。

驳回决定认为：权利要求1~8要求保护的化合物的各基团定义使用了宽范围的上位概念，包含了大量的不同化合物。依据申请文件所记载的内容，特别是由说明书所提供的具体技术情报，所属领域的技术人员无法预见要求保护的所有化合物均能达到本发明的目的。因此这些权利要求得不到说明书的支持。

驳回决定针对的权利要求书如下：

"1. 式（I）化合物、其盐或N-氧化物：

$B-X-(CH_2)_m-(CR^1R^2)_n-N(OR^8)-COH$　　　　（I）

其中

m=0-2；

n=1-2，条件是当m=0时，n=2；

X是$S(O)_{0-2}$；

R^1是H或任选地由R^7取代的下列基团，所述基团选自C_{1-6}烷基、C_{2-6}链烯基、芳基、C_{1-6}烷基-芳基、杂芳基、C_{1-6}烷基-杂芳基、杂环烷基、C_{1-6}烷基-杂环烷基、环烷基和C_{1-6}烷基-环烷基；并且

R^2是H或C_{1-6}烷基，条件是$(CR^1R^2)_n$不是$(CH_2)_n$；

或者CR^1R^2是任选地由R^7取代的或者任选地由R^7取代的下列基团取代的环烷基或者杂环烷基环，所述基团选自C_{1-6}烷基、芳基、C_{1-6}烷基-芳基、杂芳基和C_{1-6}烷基-杂芳基；

B是C_{1-6}烷基-芳基、C_{1-6}烷基、环烷基、C_{1-6}烷基-环烷基、环烯基、杂环烯基、C_{1-6}烷基-杂芳基、杂环烷基、C_{1-6}烷基-杂环烷基、芳基或杂芳基，所述任一基团都可以是任选地由下列取代基取代的，所述取代基选自R^3、C_{1-6}烷基$-R^3$、C_{2-6}链烯基$-R^3$、任选地由R^3取代的芳基、芳基$-C_{1-6}$烷基$-R^3$、任选地由R^3取代的C_{1-6}烷基-芳基、任选地由R^3取代的C_{1-6}烷基-杂芳基、芳基$-C_{2-6}$链烯基$-R^5$、任选地由R^3取代的杂芳基、杂芳基$-C_{1-6}$烷基$-R^3$、任选地由R^3取代的环烷基或任选地由R^3取代的杂环烷基；

R^3是C_{1-6}烷基，卤素、CN、NO_2、$N(R^4)_2$、OR^4、COR^4、$C(=NOR^6)R^4$、CO_2R^8、$CON(R^4)_2$、NR^4R^5、$S(O)_{0-2}R^6$或$SO_2N(R^4)_2$；

R^4是H或下列基团，所述基团选自C_{1-6}烷基、芳基、C_{1-6}烷基-芳基、杂芳基、C_{1-6}烷基-杂芳基、环烷基、C_{1-6}烷基-环烷基、杂环烷基和C_{1-6}烷基-杂环烷基，其中所述基团是任选地由R^6、COR^6、$S(O)_{0-2}R^6$、CO_2R^6、OR^6、$CONR^8R^6$、NR^8R^6、卤素、CN、$SO_2NR^8R^6$或NO_2取代并且对于各种情形的$N(R^4)_2$来说，R^4是相同的或不同的，或者$N(R^4)_2$是任选地由R^6、COR^6、$S(O)_{0-2}R^6$、CO_2R^6、OR^6、$CONR^8R^6$、NR^8R^6、卤素、CN、$SO_2R^8R^6$或NO_2取代的杂环烷基；

R^5是COR^4、$CON(R^4)_2$、CO_2R^6或SO_2R^6；

R^6是C_{1-6}烷基、芳基、C_{1-6}烷基-芳基、杂芳基或C_{1-6}烷基-杂芳基；

R^7是OR^4、COR^4、CO_2R^8、$CON(R^4)_2$、NR^4R^5、$S(O)_{0-2}R^6$、$SO_2N(R^4)_2$、卤素、CN或任选地R^8取代的环二酰亚胺基；并且

R^8是H或C_{1-6}烷基。

2. 权利要求1的化合物，其中R^1是任选地取代的C_{1-6}烷基、C_{1-6}烷基-杂芳基，或C_{1-6}烷基-杂环烷基；或者CR^1R^2形成所述任选地取代的环。

3. 权利要求1或2的化合物，其中B环烷基、杂环烷基、芳基或杂芳基，所述任一基团都可以是任选地由选自R^3、任选地由R^3取代的芳基和任选地由R^3取代的杂芳基的取代基取代的。

4. 权利要求1或2的化合物，其中R^3是OR^4或COR^4。

5. 权利要求1或2的化合物，其中R^4是任选地取代的芳基、C_{1-6}烷基-芳基、杂芳基或C_{1-6}烷基-杂芳基。

6. 权利要求1或2的化合物，其中R^7是CO_2R^8、$CON(R^4)_2$、NR^4R^5、$S(O)_{0-2}R^6$、$SO_2N(R^4)_2$或任选地取代的环二酰亚胺基。

7. 权利要求1或2的化合物，其中X是SO或SO_2。

8. 权利要求 7 的化合物，其中 X 是 SO_2。

9. 权利要求 1 的化合物，是 N-｛1S-［4-（4-氯苯基）哌嗪-1-磺酰基甲基］-2-甲基丙基｝-N-羟基甲酰胺。”

2005 年 6 月 6 日，达尔文发现有限公司（下称请求人）对上述驳回决定不服，向专利复审委员会提出复审请求，2005 年 6 月 20 日请求人对权利要求书进行了主动修改，将权利要求 2、3、5、8 的内容合并到了权利要求 1 中，修改后的权利要求书为：

“1. 式（I）化合物、其盐、或 N-氧化物：

B-X-（CH_2）$_m$-（CR^1R^2）$_n$ - N（OR^8）-COH （I）

其中

m=1；

n=1；

X 是 SO_2；

R^1 是 H 或任选地由 R^7 取代的 C_{1-6}烷基、C_{1-6}烷基-杂芳基、C_{1-6}烷基-杂环烷基；

R^2 是 H 或 C_{1-6}烷基，条件是（CR^1R^2）$_n$ 不是（CH_2）$_n$；

或者 CR^1R^2 是任选地由 R^7 取代的或者是任选地由 R^7取代的下列基团取代的环烷基或者杂环烷基环，所述基团选自 C_{1-6}烷基、芳基、C_{1-6}烷基-芳基、杂芳基和 C_{1-6}烷基-杂芳基；

B 选自环烷基、杂环烷基、芳基或杂芳基，所述任一基团都可以是任选地由选自 R^3、任选被 R^3 取代的芳基和任选被 R^3 取代的杂芳基的取代基取代的；

R^3 选自 C_{1-6} 烷基，卤素、CN、NO_2、N（R^4）$_2$、OR^4、COR^4、C（=NOR^6）R^4、CO_2R^8、CON（R^4）$_2$、NR^4R^5、S（O）$_{0-2}R^6$ 或 SO_2N（R^4）$_2$；

R^4 是 H 或者是任选的取代的芳基、C_{1-6}烷基-芳基、杂芳基、C_{1-6}烷基-杂芳基；其中所述取代基选自：R^6、COR^6、S（O）$_{0-2}R^6$、CO_2R^6、OR^6、$CONR^8R^6$、NR^8R^6、卤素、CN、$SO_2NR^8R^6$ 和 NO_2，并且对于各种情形的 N（R^4）$_2$ 来说，R^4 是相同的或不同的，或者 N（R^4）$_2$ 是任选地由 R^6、COR^6、S（O）$_{0-2}R^6$、CO_2R^6、OR^6、$CONR^8R^6$、NR^8R^6、卤素、CN、$SO_2NR^8R^6$ 或 NO_2 取代的杂环烷基；

R^5 是 COR^4、CON（R^4）$_2$、CO_2R^6 或 SO_2R^6；

R^6 是 C_{1-6}烷基、芳基、C_{1-6}烷基-芳基、杂芳基或 C_{1-6}烷基-杂芳基；

R^7 是 OR^4、COR^4、CO_2R^8、CON（R^4）$_2$、NR^4R^5、S（O）$_{0-2}R^6$、SO_2N（R^4）$_2$、卤素、CN 或任选地由 R^8 取代的环二酰亚胺基；并且

R^8 是 H 或 C_{1-6}烷基。

2. 权利要求 1 的化合物，R^3 是 OR^4 或 COR^4。

3. 权利要求 1 或 2 的化合物，其中 R^7 是 CO_2R^8、CON（R^4）$_2$、NR^4R^5、S（O）$_{0-2}R^6$、SO_2N（R^4）$_2$ 或任选地取代的环二酰亚胺基。

4. 权利要求 1 的化合物，是 N-｛1S-［4-（4-氯苯基）哌嗪-1-磺酰基甲基］-2-甲基丙基｝-N-羟基甲酰胺。”

请求人认为修改后的权利要求得到了说明书的支持，符合专利法第 26 条第 4 款的规定。

经形式审查合格后，专利复审委员会受理了该请求，并于 2005 年 6 月 30 日向请求人发出了《复审请求受理通知书》，同时将本申请转送至国家知识产权局原审查部门进行前置审查。

在《前置审查意见书》中，国家知识产权局原审查部门坚持驳回决定。

专利复审委员会组成合议组，对本复审请求案进行了审理。合议组于 2007 年 4 月 16 日向请求人发出《复审通知书》，指出：首先，权利要求 1 要求保护的通式 I 化合物中存在 B、R^1、R^2、R^8 等多

个变量，并且存在如R^7、R^6、R^4等多重变量的多次取代，所述的多种组合方式可得到大量结构不同的化合物，在式I的主体结构都不能确定的情况下，根据说明书中提供的唯一一个实施方案N-｛1S-［4-（4-氯苯基）哌嗪-1-磺酰基甲基］-2-甲基丙基｝-N-羟基甲酰胺，即B为（4-氯苯基）哌嗪、R^1及R^2分别为异丙基和氢、R^8为氢的化合物，本领域技术人员无法判断，除此以外的其他结构、其他取代基定义的化合物能否解决本发明的技术问题、并具有本申请所述活性。此外，取代基定义中的任选取代、芳基、杂芳基、环烷基、杂环烷基等，既未指明取代方式、位置，也未指明碳原子个数和结构，对于那些与说明书实施例部分所述的结构不同的基团组合而成的化合物是否都具有本申请所述活性，都能解决本发明的技术问题，是难以预测的。因此，根据本申请说明书公开的内容，本领域技术人员不足以概括出权利要求1所述的技术方案，即该权利要求得不到说明书的支持，不符合专利法第26条第4款的规定；虽然从属权利要求2~3对取代基中的一个做了具体限定，但其他部分仍使用了与权利要求1相同的定义范围，根据同样的理由，权利要求2~3也得不到说明书的支持问题，不符合专利法第26条第4款规定。

2007年7月26日，请求人针对上述《复审通知书》提交了意见陈述书和经修改的权利要求书，根据实施例对权利要求1要求保护的化合物中的各种基团进行了进一步限定。修改后的权利要求书如下：

“1. 式（I）化合物或其盐：

$B\text{-}X\text{-}(CH_2)_m\text{-}(CR^1R^2)_n\text{-}N(OR^8)\text{-}COH$　　　　（I）

其中

$m=1$；

$n=1$；

X是SO_2；

R^1是H或C_{1-6}烷基；

R^2是H或C_{1-6}烷基；

B是被选自芳基和杂芳基的基团取代的杂环烷基，所述芳基和杂芳基任选地被卤素取代；

所述杂环烷基是指具有3~6个碳原子和一个或多个选自N、O、S及其氧化型的杂原子的饱和杂环部分；

所述芳基为苯基；

所述杂芳基为具有5~10个原子的，并且其中至少一个原子选自O、N和S的芳香族环系统；

R^8是H。

2. 权利要求1的化合物，是N-｛1S-［4-（4-氯苯基）哌嗪-1-磺酰基甲基］-2-甲基丙基｝-N-羟基甲酰胺。”

至此，合议组认为本案事实已经清楚，可以作出复审决定。

二、决定的理由

1. 审查针对的文本

本复审请求审查决定针对的文本是：请求人于2004年9月29日提交的说明书第1页，本申请进入中国国家阶段时提交的国际申请文件的说明书第2~17页、说明书摘要，2007年7月26日提交的权利要求第1~2项。

2. 关于专利法第26条第4款

专利法第26条第4款规定：权利要求书应当以说明书为依据，说明要求专利保护的范围。

权利要求书中的每一项权利要求所要求保护的技术方案应当是所属技术领域的技术人员能够从说

明书充分公开的内容得到或概括得出的技术方案，并且不得超出说明书公开的范围。

就本案而言，权利要求1要求保护式I化合物（具体内容参见案由部分），驳回决定认为：权利要求1要求保护的化合物的各基团定义使用了宽范围的上位概念，包括了大量的不同化合物。本领域技术人员依据申请文件所记载的内容，尤其是说明书所提供的具体技术情报，无法预见要求保护的所有化合物均能达到本发明的目的。合议组在《复审通知书》中也指出，权利要求1要求保护的通式I化合物中存在多个变量以及多重变量的多次取代，所述的多种组合方式可得到大量结构不同的化合物，在式I的主体结构都不能确定的情况下，根据说明书中提供的唯一一个实施方案本领域技术人员无法判断，除此以外的其他结构、其他取代基定义的化合物能否解决本发明的技术问题、并具有本申请所述活性。此外，取代基定义中的任选取代、芳基、杂芳基、环烷基、杂环烷基等，既未指明取代方式、位置，也未指明碳原子个数和结构。因此，权利要求1得不到说明书的支持，不符合专利法第26条第4款的规定。

请求人于2007年7月26日提交的权利要求书中，只包括两项权利要求，其中权利要求2要求保护对应于实施例的具体化合物，请求人将权利要求1中的m、n、X、R^8均根据实施例限定为唯一一个定义，将R^1、R^2的范围大大缩小为选自H和C_{1-6}烷基，将B限定为被苯基或杂芳基取代的杂环烷基，并对苯基上的取代基、杂芳基以及杂环烷基进行了具体限定，从而大大缩小了原权利要求1的范围。

在此基础上，合议组认为修改后的权利要求1和2已经克服了驳回决定和复审通知书所指出的权利要求概括过宽，不符合专利法第26条第4款之规定的缺陷。

根据上述事实和理由，合议组作出如下审查决定。

三、决定

撤销国家知识产权局于2005年2月18日对99802493.7号发明专利申请作出的驳回决定，由原实审部门以请求人在进入中国国家阶段时提交的说明书第2~17页、说明书摘要，2004年9月29日提交的说明书第1页，2007年7月26日提交的权利要求第1~2项为基础继续审批程序。

复审请求人对本决定不服的，可以根据专利法第41条第2款的规定，自收到本决定之日起三个月内向北京市第一中级人民法院起诉。

009

以取代的苯基磺酰基氨基羰基三唑啉酮为基础的选择性除草剂

复审请求审查决定（第 11964 号）

决　定　号　第 11964 号
决　定　日　2007 年 11 月 29 日
发明创造名称　以取代的苯基磺酰基氨基羰基三唑啉酮为基础的选择性除草剂
国 际 分 类 号　A01N 47/38
复 审 请 求 人　阿瑞斯塔生命科学北美公司
申　请　号　99811707.2
优 先 权 日　1998 年 10 月 2 日
申　请　日　1999 年 9 月 21 日
公　开　日　2001 年 11 月 7 日
合 议 组 组 长　李人久
主　审　员　高桂莲
参　审　员　杨加黎

法 律 依 据　专利法第 22 条第 3 款
决 定 要 点

如果要求保护的发明与对比文件公开的一个技术方案相比存在区别技术特征，而该对比文件的其他部分内容记载并教导了所述区别技术特征，则该对比文件给出了获得要求保护的发明的技术启示，从而使要求保护的发明不具有突出的实质性特点和显著的进步。

一、案由

本复审请求涉及申请号为 99811707.2、名称为“以取代的苯基磺酰基氨基羰基三唑啉酮为基础的选择性除草剂”的发明专利申请（下称本申请），申请日为 1999 年 9 月 21 日，优先权日为 1998 年 10 月 2 日，公开日为 2001 年 11 月 7 日，申请人为拜尔公司（于 2003 年 10 月 17 日变更为阿瓦斯塔公司，之后又于 2006 年 6 月 30 日变更为阿瑞斯塔生命科学北美公司）。本申请公开时权利要求书包括 6 项权利要求，具体如下：

“1. 选择性除草组合物，特征在于它们含有有效量的式（I）化合物 2-（2-三氟甲氧基-苯基磺酰基氨基羰基）-4-甲基-5-甲氧基-2，4-二氢-3H-1，2，4-三唑-3-酮和/或式（I）化合物的盐。

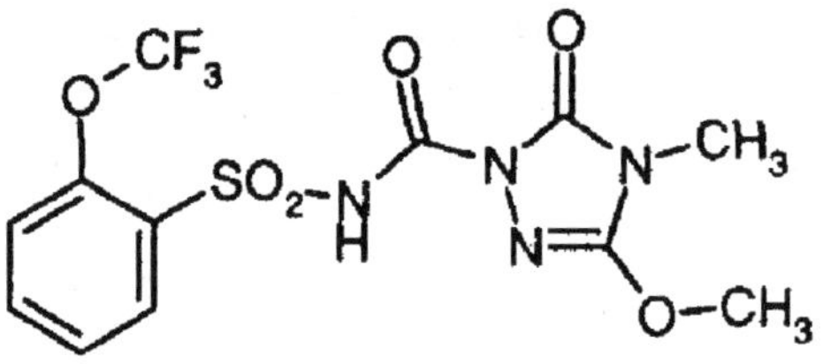

(I)

2. 根据权利要求1的选择性除草组合物，特征在于它们含有有效量的式（I）化合物的钠盐。

3. 权利要求1中的式（I）化合物2-（2-三氟甲氧基-苯基磺酰基氨基羰基）-4-甲基-5-甲氧基-2，4-二氢-3H-1，2，4-三唑-3-酮和/或式（I）化合物的盐选择性防治谷类作物中的杂草的用途。

4. 权利要求1中的式（I）化合物2-（2-三氟甲氧基-苯基磺酰基氨基羰基）-4-甲基-5-甲氧基-2，4-二氢-3H-1，2，4-三唑-3-酮的钠盐选择性防治谷类作物中的杂草的用途。

5. 权利要求1中的式（I）化合物2-（2-三氟甲氧基-苯基磺酰基氨基羰基）-4-甲基-5-甲氧基-2，4-二氢-3H-1，2，4-三唑-3-酮和/或式（I）化合物的盐选择性防治小麦作物中的杂草的用途。

6. 选择性防治谷类作物中的杂草的方法，特征在于将权利要求1中的式（I）化合物2-（2-三氟甲氧基-苯基磺酰基氨基羰基）-4-甲基-5-甲氧基-2，4-二氢-3H-1，2，4-三唑-3-酮和/或式（I）化合物的盐与表面活性剂和/或常规扩充剂一起施用于谷类作物。”

应申请人的请求，国家知识产权局实质审查部门依法对本申请进行了实质审查，于2004年3月5日发出第一次审查意见通知书，指出本申请权利要求1的技术方案在如下对比文件1中公开，因此其相对于对比文件1不符合专利法第22条第2款有关新颖性的规定；权利要求2的技术方案被对比文件2所公开，因此权利要求2相对于对比文件2不符合专利法第22条第2款有关新颖性的规定；而权利要求3~6的技术方案本领域技术人员在对比文件2的基础上受到启示，进一步得到其技术方案是显而易见的，因此权利要求3~6不符合专利法第22条第3款有关创造性的规定。

所引用的对比文件如下：

对比文件1：US5534486A，其公开日为1996年7月9日；

对比文件2：WO98/12923A1，其公开日为1998年4月2日。

针对上述审查意见通知书，申请人于2004年8月23日提交了意见陈述书，申请人认为：对比文件1公开了式（Ⅰ）所示的磺酰基氨基羰基三唑啉酮类化合物，但是对比文件1的实施例却将注意力放在除了审查员在第一次审查意见通知书中提到的79号化合物之外的其他化合物上，而这些化合物对杂草具有更强的作用，因此对比文件1对于本领域技术人员应用第79号化合物而言构成了技术偏见；对比文件2的实施例中虽使用了化合物［Ⅰ-2，Na盐］，但其目的在于说明该化合物与另一种已知除草剂的组合所表现出的协同作用，在于说明对比文件2中由第1组活性化合物和第2组活性化合物组成的组合物表现出的重量比协同效应，并没有记载表明化合物［Ⅰ-2，Na盐］本身优异性能的实验数据；因此对比文件1和对比文件2公开的技术信息不同于本发明所公开的技术信息，本申请相对于对比文件1或2具有新颖性，相对于对比文件1或2、或其结合具备创造性。关于权利要求1，申请人认为对比文件1公开了用通式表示的化合物，也具体公开了大量具体化合物，但却没有公开本发明权利要求1中的化合物的优异的除草性能；关于权利要求2，对比文件2没有公开该化合物的钠盐的优异性能；此外权利要求3~6相对于对比文件2也具备创造性。

经过上述实质审查程序后，国家知识产权局实质审查部门结合所用的对比文件1和2以本申请权利要求1、2不符合专利法第22条第2款有关新颖性的规定，权利要求3~6不符合专利法第22条第3款有关创造性的规定为由，于2005年2月25日做出了驳回本申请的决定，驳回决定中针对申请人的意见陈述作出如下评述：首先即使权利要求1的化合物比对比文件的化合物在某些方面的除草性能优异或具有某一新的应用也不能构成一种新的物质，因此权利要求1和2的化合物和其盐是不具备新颖性的；再次，对比文件2中明确公开了权利要求1的化合物或其钠盐防治杂草的效果实验数据，在说明书的技术方案的相应部分中已存在选择性防治谷类（小麦）作物中的杂草的启示的基础上获得权利要求3~6的技术方案是不需要创造性劳动的。

申请人（下称复审请求人）不服上述驳回决定，于2005年6月6日向专利复审委员会提出复审请求，同时提交了权利要求书和说明书第11~12页的修改替换页，在修改文本中删除原权利要求1~5，并将原权利要求6修改为新的权利要求1，并增加新的从属权利要求2~7。复审请求人认为，新修改的权利要求1~7相对于对比文件1具备新颖性和创造性。

经形式审查合格后，专利复审委员会依法受理了上述请求，并于2005年6月30日向复审请求人发出了复审请求受理通知书，同时向原审查部门发出前置审查通知书。

原审查部门对该复审请求做出前置审查意见，在前置审查意见中认为本申请说明书中将“春（播种）小麦”修改为“夏小麦”，超出了原说明书和权利要求书记载的范围，不符合专利法第33条的规定；修改后的权利要求1~7相对于对比文件2仍然不符合专利法第22条第3款创造性的有关规定，因此坚持驳回决定。

专利复审委员会依法成立合议组，对该复审请求进行审查，于2007年5月31日发出复审通知书，指出：①复审请求人在提出复审请求时提交的权利要求2、6和说明书第11、12页中，将“夏小麦”修改为“春（播种）小麦”，这种修改超出了原说明书和权利要求书记载的范围，不符合专利法第33条的规定。②对比文件2的实施例公开了式（Ⅰ）化合物的钠盐（Ⅰ-2，Na盐）单独施用时具有除草效果，当施用量为15g/ha时，对风草、狗尾草、黑雀麦的除草活性的实测值达到60%~90%，对比文件2的说明书记载了包含式（Ⅰ）化合物或其盐的组合物可用于小麦等作物中防治冰草属、燕麦属、荠属、黑麦草属、芥属、婆婆纳属等单子叶和双子叶杂草，该部分内容对谷类作物中防治相应杂草给出了教导。同时指出对比文件2表A-1和A-2的数据，其仅表明单独使用式（Ⅰ）化合物的钠盐（Ⅰ-2，Na盐）的效果要差于式（Ⅰ）化合物的钠盐（Ⅰ-2，Na盐）与其他活性物质混合使用的效果，但并不表明式（Ⅰ）化合物的钠盐（Ⅰ-2，Na盐）不能用于对比文件2所述的施用作物范围和除草范围。因此，权利要求1相对于对比文件2不具备创造性。此外，从属权利要求2~7也不符合专利法第22条第3款有关创造性的规定。

针对上述复审通知书，复审请求人于2007年9月13日提交了意见陈述书和说明书第11~12页以及权利要求书的修改替换页，将说明书及权利要求书中的“春（播种）小麦”改为“夏小麦”，并对此进行了解释，同时对权利要求1增加了药效限定的技术特征，修改后的权利要求书共包括7项权利要求，具体为：

“1. 在谷类作物中选择性控制至少一种杂草的方法，所述杂草选自冰草属、燕麦属、芸苔属、荠属、黑麦草属、芥属、遏蓝菜属、婆婆纳属及其组合，该方法包括将有效量的式（I）化合物2-（2-三氟甲氧基-苯基磺酰基氨基羰基）-4-甲基-5-甲氧基-2，4-二氢-3H-1，2，4-三唑-3酮

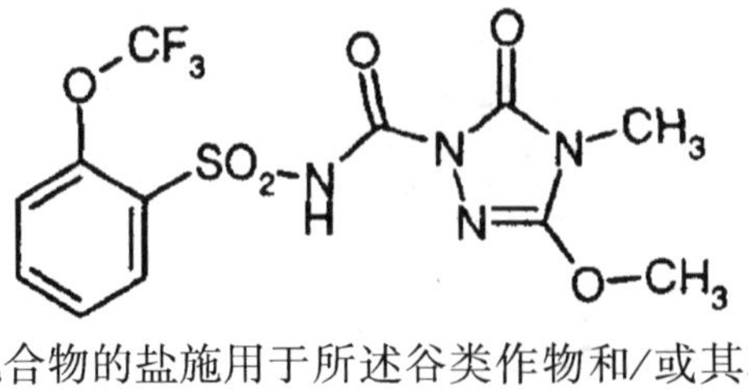

(I)

和/或式（Ⅰ）化合物的盐施用于所述谷类作物和/或其环境中，其中对至少一种杂草的药效百分比为70%至100%。

2. 根据权利要求 1 的方法，其中所述作物包括春（播种）小麦。

3. 根据权利要求 1 的方法，其中所述至少一种杂草选自冰草属、燕麦属、黑麦草属和婆婆纳属。

4. 根据权利要求 1 的方法，其中所述至少一种杂草包括燕麦属。

5. 根据权利要求 1 的方法，其中所述式（Ⅰ）化合物 2-（2-三氟甲氧基-苯基磺酰基氨基羰基）-4-甲基-5-甲氧基-2，4-二氢-3H-1，2，4-三唑-3 酮

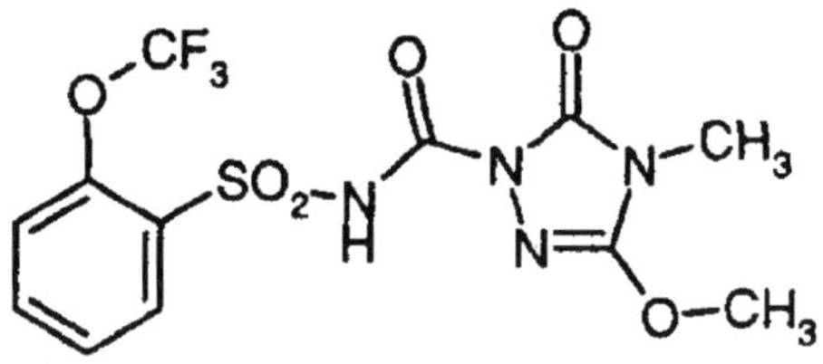

(I)

和/或它的盐以 30g/ha 至 60g/ha 的施用比例被施用。

6. 根据权利要求 1 的方法，其中所述至少一种杂草包括燕麦属，所述作物包括春（播种）小麦。

7. 如权利要求 6 的方法，其中所述式（Ⅰ）化合物 2-（2-三氟甲氧基-苯基磺酰基氨基羰基）-4-甲基-5-甲氧基-2，4-二氢-3H-1，2，4-三唑-3 酮

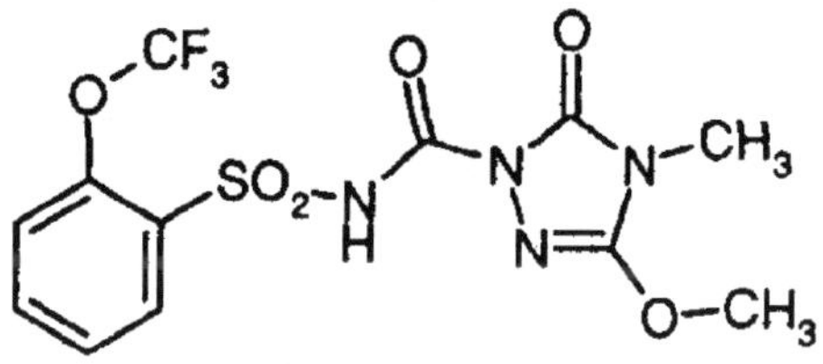

(I)

和/或它的盐作为 70WP 或 70WG 的配方被施用。

复审请求人在意见陈述书中认为，修改后的权利要求 1 其中对至少一种杂草的药效百分比为 70% 至 100% 予以限定，这一点在对比文件 2 中没有教导和启示；此外，对比文件 2 涉及两种不同类型的除草剂的协同组合，不是单个的除草剂，鉴于对比文件 2 的协同组合，对比文件 2 将不会促使本领域普通技术人员使用权利要求 1 的化合物来去除描述的杂草，即冰草属、燕麦属、芸苔属、荠属、黑麦草属、芥属、遏蓝菜属或婆婆纳属，因为本领域技术人员根据对比文件 2 无法预料到权利要求 1 的化合物单独对所有这些特定的杂草具有 70% 至 100% 的持续稳定高水平活性。因此权利要求 1~7 相对于现有技术具有创造性。

至此，合议组认为本案事实已经清楚，现依法作出复审决定。

二、决定的理由

1. 关于审查文本

本复审决定以复审请求人于 2007 年 9 月 13 日提交的权利要求第 1~7 项、说明书第 11、12 页，2001 年 4 月 2 日提交的说明书第 1~10、13 页以及说明书摘要作为审查基础。

2. 关于专利法第 33 条

专利法第 33 条规定：申请人可以对其专利申请文件进行修改，但是，对发明和实用新型专利申请文件的修改不得超出原说明书和权利要求书记载的范围，对外观设计专利申请文件的修改不得超出原图片或者照片表示的范围。

复审请求人在 2007 年 9 月 13 日提交的修改文本中将术语“春（播种）小麦”重新改为原始文本记载的“夏小麦”，没有超出原始说明书和权利要求书记载的范围；此外，修改文本的权利要求 1 中增加的药效限定的技术特征，在原始说明书第 10 页的相关内容中有记载，因此，上述修改文本符合专利法第 33 条的规定。

3. 关于专利法第22条第3款

专利法第22条第3款规定：创造性，是指同申请日以前已有的技术相比，该发明有突出的实质性特点和显著的进步，该实用新型有实质性特点和进步。

如果要求保护的发明与对比文件公开的一个技术方案相比存在区别技术特征，而该对比文件的其他部分内容记载并教导了所述区别技术特征，则该对比文件给出了获得要求保护的发明的技术启示，从而使要求保护的发明相对于该对比文件不具有突出的实质性特点和显著的进步，不具备创造性。

（1）本案中，权利要求1要求保护一种使用式（Ⅰ）和/或其盐在谷类作物中选择性地控制选自冰草属、燕麦属、芸苔属、荠属、黑麦草属、芥属、遏蓝菜属、婆婆纳属的杂草的方法，此外还限定了对至少一种所述杂草的药效百分比为70%至100%。

对比文件2（WO98/12923A1，其公开日为1998年4月2日）公开了一种除草组合物，该组合物含有式（Ⅰ）化合物或其盐以及另一种除草剂以及表面活性剂和/或常规扩充剂（参见对比文件2说明书第21页第20~25行），所述组合物除草剂具有特别高的除草活性，可用于各种作物特别是小麦中以去除杂草，杂草种类包括冰草属、燕麦属、荠属、黑麦草属、芥属、婆婆纳属等单子叶和双子叶杂草（参见对比文件2说明书第20页第3~8行，第20~30行）。同时，该对比文件实施例中具体公开了以下实验例，“式（Ⅰ）化合物的钠盐（Ⅰ-2，Na盐）单独施用具有除草效果，当施用量为15g/ha时，除草（风草、狗尾草、黑雀麦）活性的实测值达到60%~90%”（参见对比文件2的表A-1和表A-2）。

将权利要求1要求保护的技术方案与对比文件2公开的上述技术内容进行比较可知，其区别在于：权利要求1中将式（Ⅰ）化合物的钠盐（Ⅰ-2，Na盐）具体限定应用于谷类作物，并具体限定用于去除冰草属、燕麦属、芸苔属、荠属、黑麦草属、芥属、遏蓝菜属、婆婆纳属杂草，以及对上述至少一种杂草的药效百分比为70%至100%。然而，如上所述，对比文件2的说明书第20页记载了包含式（Ⅰ）化合物或其盐的组合物可用于小麦等作物中防治冰草属、燕麦属、荠属、黑麦草属、芥属、婆婆纳属等单子叶和双子叶杂草，尽管该内容是关于含有式（Ⅰ）化合物或其盐与另一种除草剂的组合物的施用范围和除草范围，但其也教导所属技术领域的技术人员可以将有效量的式（Ⅰ）化合物或其盐应用于谷类作物防治冰草属、燕麦属、荠属、黑麦草属、芥属、婆婆纳属等杂草中。对于对比文件2表A-1和A-2的数据，其仅表明单独使用式（Ⅰ）化合物的钠盐（Ⅰ-2，Na盐）的效果要差于式（Ⅰ）化合物的钠盐（Ⅰ-2，Na盐）与其他活性物质混合使用的效果，但并不表明式（Ⅰ）化合物的钠盐（Ⅰ-2，Na盐）不能用于对比文件2所述的施用作物范围和除草范围，由此可见由对比文件披露的技术内容和给出的启示可以得知采用式（Ⅰ）化合物或其盐可以去除谷类作物中相关的杂草，虽然其没有给出去除以上杂草具体的药效百分比，但是仅就一种使用相应的除草剂去除杂草的方法而言，该药效百分比的高低并不能影响到除草剂去除杂草的方法步骤，也即本领域技术人员在对比文件2披露的除草剂可以除谷类作物中相关的杂草的基础上，并不会因为其对某几种杂草的药效没有披露，而放弃这种除草方法。因此，对本领域技术人员来说在对比文件2的基础上结合本领域的普通技术知识得到权利要求1的技术方案是显而易见的，该权利要求1不具有突出的实质性特点和显著的进步，不具备专利法第22条第3款规定的创造性。

由于复审请求人在答复复审通知书中的意见仅是因为其修改文本增加了对除草剂药效的限定，而认为权利要求1具备创造性，对此上述有关权利要求1的创造性评价已进行了具体解释，不再赘述，故此复审请求人的观点合议组不予支持。

（2）权利要求2、3、4、6为权利要求1的从属权利要求，其附加技术特征是对作物或杂草的种类作进一步的限定。但是，这些附加技术特征已经在对比文件 2 中（参见对比文件 2 的说明书第 20 页第 3~8 行，第 20~30 行）公开，在其分别引用的权利要求 1 不具备创造性的基础上从属权利要求 2、3、4、6 也不具备专利法第 22 条第 3 款规定的创造性。

（3）权利要求 5 为权利要求 1 的从属权利要求，其附加技术特征限定式（Ⅰ）化合物和/或其盐的施用比例是 30g/ha 至 60g/ha，对比文件 2 公开的施用量是 15g/ha，然而所属领域的技术人员知道，增加用量会提高除草活性，显然，在对比文件 2 的基础上，为了提高除草活性而适当增加施用量对所属领域技术人员来说是显而易见的，因此，在权利要求 1 不具备创造性的基础上，该从属权利要求 5 也不具备专利法第 22 条第 3 款规定的创造性。

（4）权利要求 7 是权利要求 6 的从属权利要求，其附加技术特征限定以 70WP 或 70WG 的配方被施用，对比文件 2 公开了可溶性粉剂（WP）（参见说明书第 21 页第 15~20 行），在此基础上，所属领域的技术人员想到和确定出以 70WP 或 70WG 的配方被施用是不需要付出创造性劳动的，而且该附加技术特征也没有为权利要求 7 的技术方案带来意想不到的技术效果，因此，在权利要求 6 不具备创造性的基础上，从属权利要求 7 也不具备专利法第 22 条第 3 款规定的创造性。

综上所述，本申请权利要求 1~7 不符合专利法第 22 条第 3 款有关创造性的规定，本案合议组依法作出以下审查决定。

三、决定

维持国家知识产权局于 2005 年 2 月 25 日对 99811707.2 号发明专利申请作出的驳回决定。

复审请求人对本决定不服的，可以根据专利法第 41 条第 2 款的规定，自收到本决定之日起三个月内向北京市第一中级人民法院起诉。

北京市第一中级人民法院
行政判决书

（2008）一中行初字第 628 号

原告阿瑞斯塔生命科学北美公司，住所地美国加利福尼亚州。法定代表人威廉姆·M. 刘易斯，总裁。

委托代理人赵蓉民，北京纪凯知识产权代理有限公司专利代理人。

委托代理人路小龙，北京纪凯知识产权代理有限公司专利代理人。

被告中华人民共和国国家知识产权局专利复审委员会，住所地中华人民共和国北京市海淀区北四环西路 9 号银谷大厦 10~12 层。法定代表人廖涛，副主任。

委托代理人杨加黎，女，中华人民共和国国家知识产权局专利复审委员会审查员。

委托代理人刘妍，女，中华人民共和国国家知识产权局专利复审委员会审查员。

原告阿瑞斯塔生命科学北美公司不服被告中华人民共和国国家知识产权局专利复审委员会于 2007 年 11 月 29 日作出的第 11964 号专利复审请求审查决定（以下简称第 11964 号决定），向本院提起行政诉讼。本院受理后，依法组成合议庭，于 2008 年 6 月 30 日公开开庭审理了本案。原告的委托代理人路小龙，被告的委托代理人杨加黎、刘妍到庭参加了诉讼。本案现已审理终结。

2007 年 11 月 29 日，被告作出第 11964 号决定，维持国家知识产权局于 2005 年 2 月 25 日对 99811707.2 号发明专利申请（以下简称本申请）作出的驳回决定。被告认为：

1. 关于审查文本。

本复审决定以原告于 2007 年 9 月 13 日提交的权利要求第 1~7 项、说明书第 11、12 页，2001 年 4 月 2 日提交的说明书第 1~10、13 页以及说明书摘要作为审查基础。

2. 关于《中华人民共和国专利法》（以下简称《专利法》）第三十三条。

原告在 2007 年 9 月 13 日提交的修改文本中将术语“春（播种）小麦”重新改为原始文本记载的“夏小麦”，没有超出原始说明书和权利要求书记载的范围；此外，修改文本的权利要求 1 中增加的药效限定的技术特征，在原始说明书第 10 页的相关内容中有记载，因此，上述修改文本符合《专利法》第三十三条的规定。

3. 关于《专利法》第二十二条第三款。

（1）本案中，权利要求 1 要求保护一种使用式（Ⅰ）和/或其盐在谷类作物中选择性地控制选自冰草属、燕麦属、芸苔属、荠属、黑麦草属、芥属、遏蓝菜属、婆婆纳属的杂草的方法，此外还限定了对至少一种所述杂草的药效百分比为 70% 至 100%。

对比文件 2（WO98/12923A1，其公开日为 1998 年 4 月 2 日）公开了一种除草组合物，该组合物含有式（Ⅰ）化合物或其盐以及另一种除草剂以及表面活性剂和/或常规扩充剂（参见对比文件 2 说明书第 21 页第 20~25 行），所述组合物除草剂具有特别高的除草活性，可用于各种作物特别是小麦中以去除杂草，杂草种类包括冰草属、燕麦属、荠属、黑麦草属、芥属、婆婆纳属等单子叶和双子叶杂草（参见对比文件 2 说明书第 20 页第 3~8 行，第 20~30 行）。同时，该对比文件实施例中具体公开了以下实验例，“式（Ⅰ）化合物的钠盐（Ⅰ-2，Na 盐）单独施用具有除草效果，当施用量为 15g/ha 时，除草（风草、狗尾草、黑雀麦）活性的实测值达到 60%~90%”（参见对比文件 2 的表 A-1和 A-2）。

将权利要求 1 要求保护的技术方案与对比文件 2 公开的上述技术内容进行比较可知，其区别在于：权利要求 1 中将式（Ⅰ）化合物的钠盐（Ⅰ-2，Na 盐）具体限定应用于谷类作物，并具体限定用于去除冰草属、燕麦属、芸苔属、荠属、黑麦草属、芥属、遏蓝菜属、婆婆纳属杂草，以及对上述至少一种杂草的药效百分比为 70% 至 100%。然而，如上所述，对比文件 2 的说明书第 20 页记载了包含式（Ⅰ）化合物或其盐的组合物可用于小麦等作物中防治冰草属、燕麦属、荠属、黑麦草属、芥属、婆婆纳属等单子叶和双子叶杂草，尽管该内容是关于含有式（Ⅰ）化合物或其盐与另一种除草剂的组合物的施用范围和除草范围，但其也教导所属技术领域的技术人员可以将有效量的式（Ⅰ）化合物或其盐应用于谷类作物防治冰草属、燕麦属、荠属、黑麦草属、芥属、婆婆纳属等杂草中。对于对比文件 2 表 A-1 和 A-2 的数据，其仅表明单独使用式（Ⅰ）化合物的钠盐（Ⅰ-2，Na 盐）的效果要差于式（Ⅰ）化合物的钠盐（Ⅰ-2，Na 盐）与其他活性物质混合使用的效果，但并不表明式（Ⅰ）化合物的钠盐（Ⅰ-2，Na 盐）不能用于对比文件 2 所述的施用作物范围和除草范围，由此可见由对比文件披露的技术内容和给出的启示可以得知采用式（Ⅰ）化合物或其盐可以去除谷类作物中相关的杂草，虽然其没有给出去除以上杂草具体的药效百分比，但是仅就一种使用相应的除草剂去除杂草的方法而言，该药效百分比的高低并不能影响到除草剂去除杂草的方法步骤，也即本领域技术人员在对比文件 2 披露的除草剂可以除谷类作物中相关的杂草的基础上，并不会因为其对某几种杂草的药效没有披露，而放弃这种除草方法。因此，对本领域技术人员来说在对比文件 2 的基础上结合本领域的普通技术知识得到权利要求 1 的技术方案是显而易见的，该权利要求 1 不具有突出的实质性特点和显著的进步，不具备《专利法》规定的创造性。

由于原告在答复复审通知书中的意见仅是因为其修改文本增加了对除草剂药效的限定，而认为权利要求 1 具备创造性，对此上述有关权利要求 1 的创造性评价已进行了具体解释，不再赘述，故此原告的观点被告不予支持。

（2）权利要求2、3、4、6为权利要求1的从属权利要求，其附加技术特征是对作物或杂草的种类作进一步的限定。但是，这些附加技术特征已经在对比文件2中（参见对比文件2的说明书第20页第3~8行，第20~30行）公开，在其分别引用的权利要求1不具备创造性的基础上从属权利要求2、3、4、6也不具备《专利法》规定的创造性。

（3）权利要求5为权利要求1的从属权利要求，其附加技术特征限定式（I）化合物和/或其盐的施用比例是30至60g/ha，对比文件2公开的施用量是15g/ha，然而所属领域的技术人员知道，增加用量会提高除草活性，显然，在对比文件2的基础上，为了提高除草活性而适当增加施用量对所属领域技术人员来说是显而易见的，因此，在权利要求1不具备创造性的基础上，该从属权利要求5也不具备《专利法》规定的创造性。

（4）权利要求7是权利要求6的从属权利要求，其附加技术特征限定以70WP或70WG的配方被施用，对比文件2公开了可溶性粉剂（WP）（参见说明书第21页第15~20行），在此基础上，所属领域的技术人员想到和确定出以70WP或70WG的配方被施用是不需要付出创造性劳动的，而且该附加技术特征也没有为权利要求7的技术方案带来意想不到的技术效果，因此，在权利要求6不具备创造性的基础上，从属权利要求7也不具备《专利法》规定的创造性。

综上所述，本申请权利要求1~7不符合《专利法》第二十二条第三款有关创造性的规定。

在法定举证期限内，被告向本院提交了下列证据用以证明被诉决定认定事实清楚、适用法律正确、程序合法：（1）本申请的公开文本；（2）WO98/12923A1（即对比文件2）；（3）原告于2005年6月6日提交的复审请求书；（4）被告于2007年5月31日发出的复审通知书；（5）原告于2007年9月13日提交的意见陈述书。

原告诉称：（1）对比文件2的表A-1中的化合物Ⅰ-1，Na-Salt与本申请权利要求中所述的式（Ⅰ）的化合物是不同的，因此，对比文件2表A-1中的数据与本申请权利要求的创造性不相关。（2）即使结构上相似的化合物也可能具有非常不同的杂草控制活性。在进行有效的测试之前，特定的化合物，甚至结构高度相似的化合物，是否对杂草有效用是不可预测的。尽管对比文件2一般性地提到了杂草的控制，但没有数据表明冰草属、燕麦属、芸苔属、荠属、黑麦草属、芥属、遏蓝菜属、婆婆纳属中的任何杂草能够被式（Ⅰ）化合物控制，更别提本申请权利要求1中所述的70%至100%的功效百分比。所以，对本领域普通技术人员而言，以权利要求所述的方法使用式（Ⅰ）化合物是非显而易见的。（3）由于对比文件1或2中缺少式（Ⅰ）化合物对谷类作物几乎不造成损害或完全不造成损害的数据，以及鉴于结构高度相似的化合物对谷类作物造成损害的不可预知性，本领域普通技术人员无法合理的预知式（Ⅰ）化合物可被安全地应用于谷类作物和/或它的环境中，如本申请要求保护的方法所述的。因此，在本申请之前，由于式（Ⅰ）化合物有可能与化合物（B）一样对谷类作物造成过度损害，所以对本领域普通技术人员而言，以权利要求所述的方法使用式（Ⅰ）化合物是非显而易见的。综上，本申请权利要求1~7具有创造性，原告请求法院撤销第11964号决定。

在法定举证期限内，原告向本院提交了如下证据，用以证明本申请具有创造性：（1）第99811707.2号发明专利申请的申请公开文本（即本申请）。（2）本申请的审查历史资料，包括：①第一次审查意见通知书；②针对第一次审查意见通知书的意见陈述书；③驳回决定；④复审请求书；⑤复审通知书；⑥针对复审通知书的意见陈述书；（3）美国专利US5534486（即对比文件1）。（4）国际专利申请WO98/12923A1（PCT/EP97/04947）中与本案有关部分的内容（即对比文件2）。（5）对比文件2的全文复印件。（6）对比文件2的中文翻译。（7）对比文件1的全文及相关中文译文。

被告辩称：（1）对比文件 2 的表 A-2 中公开的钠盐（Ⅰ-2，Na 盐）披露了本申请的式（Ⅰ）化合物，而不是原告认为的表 A-1 中的化合物Ⅰ-1；（2）对比文件 2 没有披露式（Ⅰ）化合物对谷类作物造成损害，并且在对比文件 2 的说明书第 20 页记载了包含式（Ⅰ）化合物或其盐的组合物可用于小麦等作物中防治冰草属、燕麦属、荠属、黑麦草属、芥属、婆婆纳属等单子叶和双子叶杂草，尽管该内容是关于含有式（Ⅰ）化合物或其盐与另一种除草剂的组合物的施用范围和除草范围，但其也教导所属技术领域的技术人员可以将有效量的式（Ⅰ）化合物或其盐应用于谷类作物防治冰草属、燕麦属、荠属、黑麦草属、芥属、婆婆纳属等杂草中。综上，被告坚持第 11964 号决定中关于创造性认定的理由，认为第 11964 号决定认定事实清楚、适用法律正确、审理程序合法，原告的诉讼理由不能成立，被告请求法院驳回原告诉讼请求，维持第 11964 号决定。

经庭审质证，原告对被告提交证据的关联性、合法性、真实性没有异议，但不同意被告主张的证明作用。被告对原告提交的证据 1~6 没有异议，但不同意原告主张的证明作用，认为原告提交的证据 7 与本案没有关联性。本院认为，被告提交的证据以及原告提交的证据 1~6 与第 11964 号决定有关，且符合证据合法性的要求，各方当事人对其真实性亦无异议，能够作为认定被诉具体行政行为合法性的事实依据。原告提交的证据 7 与本案没有关联性，本院不予采纳。

根据上述经确认的有效证据以及当事人无争议的陈述，本院认定如下事实：

本案涉及申请日为 1999 年 9 月 21 日，申请号为 99811707.2，名称为“以取代的苯基磺酰基氨基羰基三唑啉酮为基础的选择性除草剂”的发明专利申请（即本申请），优先权日为 1998 年 10 月 2 日，公开日为 2001 年 11 月 7 日，申请人为拜尔公司（于 2003 年 10 月 17 日变更为阿瓦斯塔公司，之后又于 2006 年 6 月 30 日变更为阿瑞斯塔生命科学北美公司，即本案原告）。本申请公开时权利要求书包括 6 项权利要求，具体如下：

“1. 选择性除草组合物，特征在于它们含有有效量的式（Ⅰ）化合物 2-（2-三氟甲氧基-苯基磺酰基氨基羰基）-4-甲基-5-甲氧基-2，4-二氢-3H-1，2，4-三唑-3-酮和/或式（Ⅰ）化合物的盐。

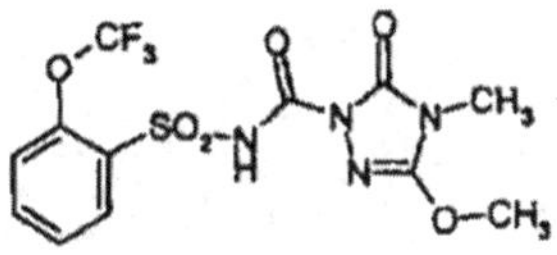

(I)

2. 根据权利要求 1 的选择性除草组合物，特征在于它们含有有效量的式（Ⅰ）化合物的钠盐。

3. 权利要求 1 中的式（Ⅰ）化合物 2-（2-三氟甲氧基-苯基磺酰基氨基羰基）-4-甲基-5-甲氧基-2，4-二氢-3H-1，2，4-三唑-3-酮和/或式（Ⅰ）化合物的盐选择性防治谷类作物中的杂草的用途。

4. 权利要求 1 中的式（Ⅰ）化合物 2-（2-三氟甲氧基-苯基磺酰基氨基羰基）-4-甲基-5-甲氧基-2，4-二氢-3H-1，2，4-三唑-3-酮的钠盐选择性防治谷类作物中的杂草的用途。

5. 权利要求 1 中的式（Ⅰ）化合物 2-（2-三氟甲氧基-苯基磺酰基氨基羰基）-4-甲基-5-甲氧基-2，4-二氢-3H-1，2，4-三唑-3-酮和/或式（Ⅰ）化合物的盐选择性防治小麦作物中的杂草的用途。

6. 选择性防治谷类作物中的杂草的方法，特征在于将权利要求 1 中的式（Ⅰ）化合物 2-（2-三氟甲氧基-苯基磺酰基氨基羰基）-4-甲基-5-甲氧基-2，4-二氢-3H-1，2，4-三唑-3-酮和/或式（Ⅰ）化合物的盐与表面活性剂和/或常规扩充剂-起施用于谷类作物。”

应原告的请求，国家知识产权局实质审查部门依法对本申请进行了实质审查，于 2004 年 3 月 5 日发出第一次审查意见通知书，指出本申请权利要求 1 的技术方案在如下对比文件 1 中公开，因此其相对于对比文件1不符合《专利法》第二十二条第二款有关新颖性的规定；权利要求2的技术方案被对比文件2所公开，因此权利要求2相对于对比文件2不符合《专利法》第二十二条第二款有关新颖性的规定；而权利要求3~6的技术方案本领域技术人员在对比文件2的基础上受到启示，进一步得到其技术方案是显而易见的，因此权利要求3~6不符合《专利法》第二十二条第三款有关创造性的规定。

所引用的对比文件为：对比文件1：US5534486A，其公开日为1996年7月9日；对比文件2：WO98/12923A1，其公开日为1998年4月2日。

针对上述审查意见通知书，原告于2004年8月23日提交了意见陈述书，认为：对比文件1公开了式（Ⅰ）所示的磺酰基氨基羰基三唑啉酮类化合物，但是对比文件1的实施例却将注意力放在除了审查员在第一次审查意见通知书中提到的79号化合物之外的其他化合物上，而这些化合物对杂草具有更强的作用，因此对比文件1对于本领域技术人员应用第79号化合物而言构成了技术偏见；对比文件2的实施例中虽使用了化合物［Ⅰ-2，Na盐］，但其目的在于说明该化合物与另一种已知除草剂的组合所表现出的协同作用，在于说明对比文件2中由第1组活性化合物和第2组活性化合物组成的组合物表现出的重量比协同效应，并没有记载表明化合物［Ⅰ-2，Na盐］本身优异性能的实验数据；因此对比文件1和对比文件2公开的技术信息不同于本发明所公开的技术信息，本申请相对于对比文件1或2具有新颖性，相对于对比文件1或2、或其结合具备创造性。关于权利要求1，申请人认为对比文件1公开了用通式表示的化合物，也具体公开了大量具体化合物，但却没有公开本发明权利要求1中的化合物的优异的除草性能；关于权利要求2，对比文件2没有公开该化合物的钠盐的优异性能；此外权利要求3~6相对于对比文件2也其备创造性。

经过上述实质审查程序后，国家知识产权局实质审查部门结合所用的对比文件1和2以本申请权利要求1、2不符合《专利法》第二十二条第二款有关新颖性的规定，权利要求3~6不符合《专利法》第二十二条第三款有关创造性的规定为由，于2005年2月25日作出了驳回本申请的决定，驳回决定中针对原告的意见陈述作出如下评述：首先即使权利要求1的华合物比对比文件的化合物在某些方面的除草性能优异或具有某一新的应用也不能构成一种新的物质，因此权利要求1和2的化合物和其盐是不具备新颖性的；再次，对比文件2中明确公开了权利要求1的化合物或其钠盐防治杂草的效果实验数据，在说明书的技术方案的相应部分中已存在选择性防治谷类（小麦）作物中的杂草的启示的基础上获得权利要求3~6的技术方案是不需要创造性劳动的。

原告不服上述驳回决定，于2005年6月6日向被告提出复审请求，同时提交了权利要求书和说明书第11~12页的修改替换页，在修改文本中删除原权利要求1~5，并将原权利要求6修改为新的权利要求1，并增加新的从属权利要求2~7。原告认为，新修改的权利要求1~7相对于对比文件1具备新颖性和创造性。

经形式审查合格后，被告依法受理了上述请求，并于2005年6月30日向原告发出了复审请求受理通知书，同时向原审查部门发出前置审查通知书。

原审查部门对该复审请求做出前置审查意见，认为本申请说明书中将“春（播种）小麦”修改为“夏小麦”，超出了原说明书和权利要求书记载的范围，不符合《专利法》第三十三条的规定；修改后的权利要求1~7相对于对比文件2仍然不符合《专利法》第二十二条第三款创造性的有关规定，因此坚持驳回决定。

被告于2007年5月31日发出复审通知书，指出：①原告在提出复审请求时提交的权利要求2、6和说明书第11、12页中，将“夏小麦”修改为“春（播种）小麦”，这种修改超出了原说明书和权利要求书记载的范围，不符合《专利法》第三十三条的规定。②对比文件2的实施例公开了式（Ⅰ）

化合物的钠盐（Ⅰ-2，Na 盐）单独施用时具有除草效果，当施用量为 15g/ha 时，对风草、狗尾草、黑雀麦的除草活性的实测值达到 60% ~90%，对比文件 2 的说明书记载了包含式（Ⅰ）化合物或其盐的组合物可用于小麦等作物中防治冰草属、燕麦属、荠属、黑麦草属、芥属、婆婆纳属等单子叶和双子叶杂草，该部分内容对谷类作物中防治相应杂草给出了教导。同时指出对比文件 2 表 A-1 和 A-2 的数据，其仅表明单独使用式（Ⅰ）化合物的钠盐（Ⅰ-2，Na 盐）的效果要差于式（Ⅰ）化合物的钠盐（Ⅰ-2，Na 盐）与其他活性物质混合使用的效果，但并不表明式（Ⅰ）化合物的钠盐（Ⅰ-2，Na 盐）不能用于对比文件 2 所述的施用作物范围和除草范围。因此，权利要求 1 相对于对比文件 2 不具备创造性。此外，从属权利要求 2~7 也不符合《专利法》第二十二条第三款有关创造性的规定。

针对上述复审通知书，原告于 2007 年 9 月 13 日提交了意见陈述书和说明书第 11~12 页以及权利要求书的修改替换页，将说明书及权利要求书中的“春（播种）小麦”改为“夏小麦”，并对此进行了解释，同时对权利要求 1 增加了药效限定的技术特征，修改后的权利要求书共包括 7 项权利要求，具体为：

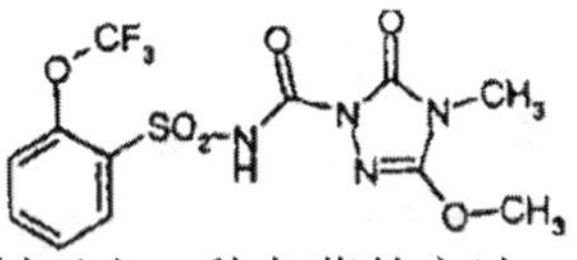

(I)

“1. 在谷类作物中选择性控制至少一种杂草的方法，所述杂草选自冰草属、燕麦属、芸苔属、荠属、黑麦草属、芥属、遏蓝菜属、婆婆纳属及其组合，该方法包括将有效量的式（I）化合物 2-（2-三氟甲氧基-苯基磺酰基氨基羰基）-4-甲基-5-甲氧基-2，4-二氢-3H-1，2，4-三唑-3 酮和/或式（Ⅰ）化合物的盐施用于所述谷类作物和/或其环境中，其中对至少一种杂草的药效百分比为 70% 至 100%。

2. 根据权利要求 1 的方法，其中所述作物包括春（播种）小麦。

3. 根据权利要求 1 的方法，其中所述至少一种杂草选自冰草属、燕麦属、黑麦草属和婆婆纳属。

4. 根据权利要求 1 的方法，其中所述至少一种杂草包括燕麦属。

5. 根据权利要求 1 的方法，其中所述式（Ⅰ）化合物 2-（2-三氟甲氧基-苯基磺酰基氨基羰基）-4-甲基-5-甲氧基-2，4-二氢-3H-1，2，4-三唑-3 酮和/或它的盐以 30 至 60g/ha 的施用比例被施用。

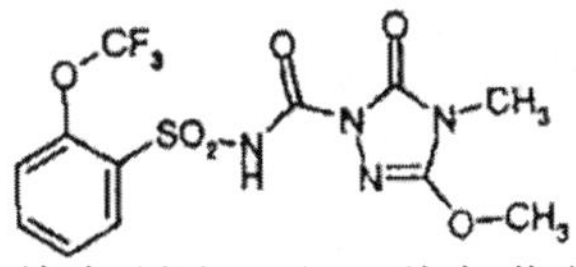

(I)

6. 根据权利要求 1 的方法，其中所述至少一种杂草包括燕麦属，所述作物包括春（播种）小麦。

7. 如权利要求 6 的方法，其中所述式（I）化合物 2-（2-三氟甲氧基-苯基磺酰基氨基羰基）-4-甲基-5-甲氧基-2，4-二氢-3H-1，2，4-三唑-3 酮和/或它的盐作为 70WP 或 70WG 的配方被施用。

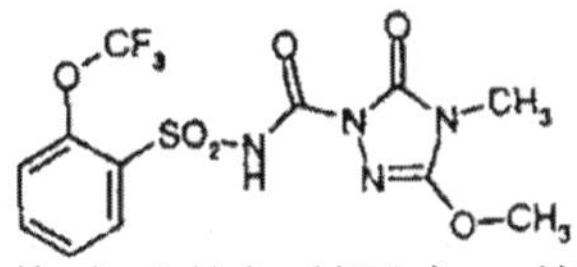

(I)

原告在意见陈述书中认为，修改后的权利要求 1 其中对至少一种杂草的药效百分比为 70% 至 100% 予以限定，这一点在对比文件 2 中没有教导和启示；此外，对比文件 2 涉及两种不同类型的除草剂的协同组合，不是单个的除草剂，鉴于对比文件 2 的协同组合，对比文件 2 将不会促使本领域普通技术人员使用权利要求 1 的化合物来去除描述的杂草，即冰草属、燕麦属、芸苔属、荠属、黑麦草属、芥属、遏蓝菜属或婆婆纳属，因为本领域技术人员根据对比文件 2 无法预料到权利要求 1 的化合物单独对所有这些特定的杂草具有70%至100%的持续稳定高水平活性。因此权利要求1~7相对于现有技术具有创造性。

至此，被告认为本案事实已经清楚，于2007年11月29日作出第11964号决定。原告不服该决定在法定期限内向本院提起行政诉讼。

本院认为：鉴于原告明确表示对于第11964号决定作出的行政程序、案由部分记载的内容、关于审查决定依据的文本的认定、关于《专利法》第三十三条的认定、关于权利要求1与对比文件2的区别技术特征的认定均无异议，本院经审查，对其合法性予以确认。

本案的争议焦点在于：第11964号决定关于本申请创造性的认定是否正确。根据《专利法》第二十二条第三款的规定，创造性是指同申请日以前已有的技术相比，该发明有突出的实质性特点和显著的进步，该实用新型有实质性特点和进步。

本案中，将权利要求1要求保护的技术方案与对比文件2公开的技术内容进行比较，其区别在于：权利要求1中将式（Ⅰ）化合物的钠盐（Ⅰ-2，Na盐）具体限定应用于谷类作物，并具体限定用于去除冰草属、燕麦属、芸苔属、荠属、黑麦草属、芥属、遏蓝菜属、婆婆纳属杂草，以及对上述至少一种杂草的药效百分比为70%至100%。然而，对比文件2的说明书第20页记载了包含式（Ⅰ）化合物或其盐的组合物可用于小麦等作物中防治冰草属、燕麦属、荠属、黑麦草属、芥属、婆婆纳属等单子叶和双子叶杂草，尽管该内容是关于含有式（Ⅰ）化合物或其盐与另一种除草剂的组合物的施用范围和除草范围，但其也教导所属技术领域的技术人员可以将有效量的式（Ⅰ）化合物或其盐应用于谷类作物防治冰草属、燕麦属、荠属、黑麦草属、芥属、婆婆纳属等杂草中。对于对比文件2表A-1和A-2的数据，其仅表明单独使用式（Ⅰ）化合物的钠盐（Ⅰ-2，Na盐）的效果要差于式（Ⅰ）化合物的钠盐（Ⅰ-2，Na盐）与其他活性物质混合使用的效果，但并不表明式（Ⅰ）化合物的钠盐（Ⅰ-2，Na盐）不能用于对比文件2所述的施用作物范围和除草范围由对比文件披露的技术内容和给出的启示可以得知采用式（Ⅰ）化合物或其盐可以去除谷类作物中相关的杂草，虽然其没有给出去除以上杂草具体的药效百分比，但是仅就一种使用相应的除草剂去除杂草的方法而言，该药效百分比的高低并不能影响到除草剂去除杂草的方法步骤，也即本领域技术人员在对比文件2披露的除草剂可以除谷类作物中相关的杂草的基础上，并不会因为其对某几种杂草的药效没有披露，而放弃这种除草方法。因此，对本领域技术人员来说在对比文件2的基础上结合本领域的普通技术知识得到权利要求1的技术方案是显而易见的，该权利要求1不具有突出的实质性特点和显著的进步，不具备《专利法》规定的创造性。

权利要求2、3、4、6为权利要求1的从属权利要求，其附加技术特征是对作物或杂草的种类作进一步的限定。但是，这些附加技术特征已经在对比文件2中（参见对比文件2的说明书第20页第3~8行，第20~30行）公开，在其分别引用的权利要求1不具备创造性的基础上从属权利要求2、3、4、6也不具备《专利法》规定的创造性。

权利要求5为权利要求1的从属权利要求，其附加技术特征限定式（Ⅰ）化合物和/或其盐的施用比例是30g/ha至60g/ha，对比文件2公开的施用量是15g/ha，然而所属领域的技术人员知道，增加用量会提高除草活性，显然，在对比文件2的基础上，为了提高除草活性而适当增加施用量对所属领域技术人员来说是显而易见的，因此，在权利要求1不具备创造性的基础上，该从属权利要求5也不具备《专利法》规定的创造性。

权利要求7是权利要求6的从属权利要求，其附加技术特征限定以70WF或70WG的配方被施用，对比文件2公开了可溶性粉剂（WP），在此基础上，所属领域的技术人员想到和确定出以70WP或70WG的配方被施用是不需要付出创造性劳动的，而且该附加技术特征也没有为权利要求7的技术方案带来意想不到的技术效果，因此，在权利要求6不具备创造性的基础上，从属权利要求7也不具备《专利法》规定的创造性。

综上，被告作出的第11964号决定认定事实清楚，适用法律正确，审查程序合法，本院应予支持。原告的诉讼理由缺乏事实及法律依据，其诉讼请求本院不予支持。据此，依照《中华人民共和国行政诉讼法》第五十四条第（一）项之规定，判决如下：

维持被告中华人民共和国国家知识产权局专利复审委员会于二〇〇七年十一月二十九日作出的第11964号复审请求审查决定。

案件受理费人民币100元，由原告阿瑞斯塔生命科学北美公司负担（已交纳）。

如不服本判决，原告阿瑞斯塔生命科学北美公司可在本判决书送达之日起30日内，被告中华人民共和国国家知识产权局专利复审委员会可在本判决书送达之日起15日内，向本院递交上诉状，并按对方当事人人数提出副本，预交上诉案件受理费人民币100元，上诉于中华人民共和国北京市高级人民法院。

审 判 长 齐 莹
代理审判员 乔 军
代理审判员 何君慧
二〇〇八年十二月十九日
书 记 员 李轶萌

北京市高级人民法院
行政判决书

（2009）高行终字第719号

上诉人（一审原告）阿瑞斯塔生命科学北美公司，住所地美国加利福尼亚州。

法定代表人威廉姆·M·刘易斯，总裁。

委托代理人路小龙，男，北京纪凯知识产权代理有限公司专利代理人。

委托代理人陆惠中，男，北京纪凯知识产权代理有限公司专利代理人。

被上诉人（一审被告）中华人民共和国国家知识产权局专利复审委员会，住所地中华人民共和国北京市海淀区北四环西路9号银谷大厦10~12层。

法定代表人张茂于，副主任。

委托代理人高桂莲，女，中华人民共和国国家知识产权局专利复审委员会审查员。

委托代理人柴爱军，女，中华人民共和国国家知识产权局专利复审委员会审查员。

上诉人阿瑞斯塔生命科学北美公司（以下简称阿瑞斯塔公司）因专利复审请求审查决定一案，不服中华人民共和国北京市第一中级人民法院（2008）一中行初字第628号行政判决，向本院提起上诉。本院受理后，依法组成合议庭，于2009年7月20日对本案进行了公开审理。上诉人阿瑞斯塔公司的委托代理人路小龙、陆惠中，被上诉人中华人民共和国国家知识产权局专利复审委员会（以下简称复审委）的委托代理人高桂莲、柴爱军到庭参加了诉讼。本案现已审理终结。

2007年11月29日，复审委作出第11964号专利复审请求审查决定（以下简称被诉决定），决定维持中华人民共和国国家知识产权局（以下简称国知局）于2005年2月25日对阿瑞斯塔公司的“以取代的苯基磺酰基氨基羰基三唑啉酮为基础的选择性除草剂”发明专利申请（以下简称本申请）作出的驳回决定。阿瑞斯塔公司不服被诉决定，向中华人民共和国北京市第一中级人民法院（以下简称一审法院）提起行政诉讼。

一审法院经审理认为，复审委作出的被诉决定认定事实清楚，适用法律正确，审查程序合法。依照《中华人民共和国行政诉讼法》第五十四条第（一）项之规定，判决维持了该决定。

阿瑞斯塔公司不服一审判决，提起上诉。该公司认为，对比文件 1 在本申请实质审查阶段曾被引用，且引用的目的是评价本申请的创造性；该对比文件的内容也涉及了具有除草性质的磺酰基氨基三唑啉酮化合物，因此，该对比文件与本申请具有关联性，一审法院对该对比文件的中文译文即证据 5 不予认可，理由不足。

对比文件 2 提供的是多种多样的组合物，这些组合物在所列举的杂草种类以及作物种类上的作用因植物种类不同而不同，且随具体组合物的组成成分不同而不同。当去除组合物的一个成分之后，其效果会降低，功能缺陷会出现，违背了对比文件 2 的技术主张——组合使用、获得协同作用。至于作物的受害问题，对比文件 2 则只字未提。同时，该对比文件也没有教导需要缩小它所公开的杂草种类以及作物种类的范围。因此，复审委对对比文件 2 的认识有悖客观事实。

本申请权利要求 1 与对比文件 2 相比较，除被诉决定总结的区别特征外，还有以下区别特征，即：本申请是单独一种除草剂［式（Ⅰ）化合物］的使用，而对比文件 2 是磺酰基氨基羰基三唑啉酮类化合物与其他除草剂的组合物；本申请式（Ⅰ）化合物还可以施用于出苗之前的种子。另外，本申请与对比文件 2 所要解决的技术问题也不同，对比文件 2 要解决的是因磺酰基氨基羰基三唑啉酮类化合物有缺陷、需要通过与其他除草剂的协同组合作用而克服这种缺陷。而本申请要解决的问题是提供单独的式（Ⅰ）化合物的出人意料的在特定作物上对特定杂草种类的除草作用，它没有类似磺酰基氨基羰基三唑啉酮类化合物的活性缺陷。所以，本申请与对比文件 2 的区别并非显而易见。

复审委虽然注意到了本申请权利要求 1 与对比文件 2 的一些区别，但对该对比文件的技术内容理解仍然有误。(1) 对比文件 2 没有公开适用于小麦的具体组合物；(2) 本申请的权利要求 1 相对于对比文件 2 在杂草种类和作物种类上显著减少和变化；(3) 和对比文件 1 相比，对比文件 2 的杂草种类还有扩展的趋势，其提供的是扩大使用范围的技术教导，而没有缩小杂草范围和作物范围的技术教导；(4) 对比文件 2 是以添加第 2 组活性化合物克服磺酰基氨基羰基三唑啉酮化合物的功能缺陷。而该组活性化合物在对比文件 2 技术方案中必不可少，单独使用（Ⅰ-2，Na 盐）的除草效果远远低于对比文件 2 的组合物，组合物中的两类化合物具有协同作用，这就会使本领域技术人员不去考虑使用单一化合物控制杂草的可能性。因此，该对比文件的内容阻止了本领域技术人员研究单一化合物控制杂草的方法。(5) 对比文件 2 中表 A-1、A-2 涉及的除草物质有五种情况，即两种组合物，涉及的杂草有三种，但没有涉及作物，没有指出组合物的具体使用范围，仅说明含式 (I) 化合物的钠盐和赛克津的组合物在一种杂草上效果为 90%，在另一种上为 60%，对作物的使用情况没有对应性描述。

“药效百分比为 70%～100%”是本申请中涉及的化合物所具有的优异性质的体现，也是本申请揭示的化合物的预料不到的优异功能的体现，有别于以前使用此类化合物的除草方法，并且没有被对比文件 2 所公开或者提示［在两种不同杂草上的除草数据，一个是 60%，一个是 90%，没有（Ⅰ）化合物在多种杂草上的一致高活性的性质揭示］。

本申请相对于现有技术具有显著进步。(1) 首次证明了式（Ⅰ）化合物对谷类作物没有任何伤害；(2) 揭示了式（Ⅰ）化合物对权利要求 1 中的多种杂草具有除草活性，并得出 70%～100% 的药效百分比；(3) 揭示了属于磺酰基氨基羰基三唑啉酮类化合物的式（Ⅰ）化合物是一种具有独特的活性性质的化合物，单独施用时具有良好的除草效果；(4) 发现了（Ⅰ）化合物可以施用于出苗前

(即施用于种子)，在除去杂草时，不会对作物种子产生伤害。

本申请相对于现有技术取得了预料不到的技术效果。本申请从对比文件1化合物中结构相似的化合物中找到了一种性质很好的化合物，在谷类作物上，对冰草属、燕麦属、芸苔属、荞属、黑麦草属、芥属、遏蓝莱属或婆婆纳属的杂草控制，获得高度一致的高活性以及和作物的相容性。这些从对比文件1、2是无法预料到的。

本申请权利要求2的作物限定为春（播种）小麦，但对比文件2没有关于小麦播种时间的说明。权利要求3的杂草限定为四个属。这个属的选定以及针对它们的高效除草性质，不是从对比文件2可以预料出来的；权利要求4将杂草种类限定为一个属，从对比文件2不能预料出来；权利要求5限定（Ⅰ）化合物和/或它的盐施用此例是60g/ha。高于对比文件2的15g/ha；由于对比文件2没有在作物上的试验数据，所以对作物的安全性没有涉及，用量也不可能盲目高到这样的程度；权利要求6限定杂草为一个属，作物为一种。对比文件2没有关于小麦播种时间的说明；权利要求7限定施用方式是70WP或70WG，这是与本申请的高施用量相一致的，对比文件2没有公开这些内容；综上，权利要求2~7是具有创造性的。

综上，阿瑞斯塔公司认为本申请具有创造性。一审判决和被诉决定认定事实不清，请求二审法院予以撤销。

复审委答辩坚持其在被诉决定中的审查结论。关于阿瑞斯塔公司提出的证据问题，该委认为对比文件1及其中文译文在复审阶段并未涉及，故该对比文件及中文译文与本案并无关联性。

关于被诉决定认定的事实。对比文件2明确记载“上述式（Ⅰ）的芳基磺酰基氨基羰基三唑啉酮活性化合物与上述第2组活性化合物的组合具有特别高的除草活性”，而关于上述式（Ⅰ）化合物的优选方案在［0047］段中有明确表述“式（Ⅰ）的混合组分是……和2-（2-三氟甲氧基-苯磺酰基氨基羰基）-4-甲基-5-甲氧基-2，4-二氢-3H-1，2，4-三唑-3-酮以及它们的钠盐（Ⅰ-2，Na-salt）”，而关于它的除草活性在实施例的表格A-2中有明确的记载，因此，被诉决定的事实是清楚的。

关于本申请权利要求1的创造性。由于对比文件2没有披露式（Ⅰ）化合物会对谷类作物造成损害，本领域技术人员不会因为对比文件2公开的内容而认为式（Ⅰ）化合物会对谷类作物造成危害，从而形成偏见。此外，在对比文件2的说明书中记载了包含式（Ⅰ）化合物或其盐的组合物可用于小麦等作物中防治冰草属、燕麦属、黑麦草属、芥属、婆婆纳属等单子叶和双子叶杂草，尽管该内容是关于含有式（Ⅰ）化合物或其盐与另一种除草剂的组合物的施用范围和除草范围，但也教导所属技术领域的技术人员可以将有效量的式（Ⅰ）化合物或其盐应用于谷类作物防治冰草属、燕麦属、黑麦草属、芥属、婆婆纳属等杂草。综上，复审委认为其被诉决定和一审法院判决认定事实清楚，适用法律正确，程序合法，请求予以维持。

一审法院审理期间，复审委提交了：

（1）本申请的公开文本；

（2）对比文件2：于1998年4月2日公开的WO98/12923A1及中文译文；

（3）阿瑞斯塔公司于2005年6月6日提交的复审请求书；

（4）复审委于2007年5月31日发出的复审通知书；

（5）阿瑞斯塔公司于2007年9月13日提交的意见陈述书。

阿瑞斯塔公司向一审法院提交了：

（1）本申请的审查资料，包括：①第一次审查意见通知书；②针对第一次审查意见通知书的意见陈述书；③驳回决定；④复审请求书；⑤复审通知书；⑥针对复审通知书的意见陈述书；

（2）对比文件 1：美国专利 US5534486 及中文译文；

（3）对比文件 2 及中文译文。

上述证据已随案移送本院。经审查，复审委提交的证据及阿瑞斯塔公司提交的证据 1、3 来源合法，内容真实，为本申请复审审查中关于创造性确认的主要事实依据，复审委及一审法院予以采纳是正确的；阿瑞斯塔公司在一审期间提交的对比文件 1 及中文译文，因复审委在复审审查中未作为确认相关事实的依据，故一审法院未接纳该对比文件，并无不妥。

经审理查明，本申请原为拜尔公司于 1999 年 9 月 21 日申请的“以取代的苯基磺酰基氨基羰基三唑啉酮为基础的选择性除草剂”的发明专利申请，申请号为 99811707.2，优先权日为 1998 年 10 月 2 日，公开日为2001 年 11 月 7 日。2003 年 10 月 17 日，本申请的申请人变更为阿瓦斯塔公司，2006 年 6 月 30 日变更为阿瑞斯塔公司。

本申请公开时权利要求书包括 6 项权利要求，具体如下：

“1. 选择性除草组合物，特征在于它们含有有效量的式（I）化合物 2-（2-三氟甲氧基-苯基磺酰基氨基羰基）-4-甲基-5-甲氧基-2，4-二氢-3H-1，2，4-三唑-3-酮和/或式（I）化合物的盐。

2. 根据权利要求 1 的选择性除草组合物，特征在于它们含有有效量的式（Ⅰ）化合物的钠盐。

3. 权利要求 1 中的式（Ⅰ）化合物 2-（2-三氟甲氧基-苯基磺酰基氨基羰基）-4-甲基-5-甲氧基-2，4-二氢-3H-1，2，4-三唑-3-酮和/或式（Ⅰ）化合物的盐选择性防治谷类作物中的杂草的用途。

4. 权利要求 1 中的式（Ⅰ）化合物 2-（2-三氟甲氧基-苯基磺酰基氨基羰基）-4-甲基-5-甲氧基-2，4-二氢-3H-1，2，4-三唑-3-酮的钠盐选择性防治谷类作物中的杂草的用途。

5. 权利要求 1 中的式（Ⅰ）化合物 2-（2-三氟甲氧基-苯基磺酰基氨基羰基）-4-甲基-5-甲氧基-2，4-二氢-3H-1，2，4-三唑-3-酮和/或式（Ⅰ）化合物的盐选择性防治小麦作物中的杂草的用途。

6. 选择性防治谷类作物中的杂草的方法，特征在于将权利要求 1 中的式（Ⅰ）化合物 2-（2-三氟甲氧基-苯基磺酰基氨基羰基）-4-甲基-5-甲氧基-2，4-二氢-3H-1，2，4-三唑-3-酮和/或式（Ⅰ）化合物的盐与表面活性剂和/或常规扩充剂一起施用于谷类作物。”

应阿瑞斯塔公司的请求，国知局实质审查部门依法对本申请进行了实质审查，实质审查期间，国知局引入了对比文件 1：US5534486A，其公开日为 1996 年 7 月 9 日；对比文件 2：WO98/12923A1，其公开日为 1998 年 4 月 2 日。

国知局经审查，于 2004 年 3 月 5 日发出第一次审查意见通知书，指出本申请权利要求 1 的技术方案已在对比文件 1 中公开，因此其相对于对比文件 1 不符合《中华人民共和国专利法》（以下简称《专利法》）第二十二条第二款有关新颖性的规定；权利要求 2 的技术方案被对比文件 2 公开，因此权利要求 2 相对于对比文件 2 不符合《专利法》第二十二条第二款有关新颖性的规定；而权利要求 3~6的技术方案本领域技术人员在对比文件 2 的启示下，进一步得到其技术方案是显而易见的，因此权利要求 3~6 不符合《专利法》第二十二条第三款有关创造性的规定。

针对上述审查意见通知书，阿瑞斯塔公司于 2004 年 8 月 23 日提交了意见陈述书。对审查意见通知书作出了回应。

经过实质审查，国知局结合对比文件 1、2，以本申请权利要求 1、2 不具有新颖性、权利要求 3~6不具有创造性为由，于 2005 年 2 月 25 日作出了驳回本申请的决定。阿瑞斯塔公司不服上述驳回决定，于 2005 年 6 月 6 日向复审委提出复审请求，同时提交了本申请权利要求书和说明书第 11~12 页的修改替换页，在修改文本中删除了原权利要求 1~5，并将原权利要求 6 修改为新的权利要求 1，增加了新的从属权利要求 2~7。

复审委经审查于 2005 年 6 月 30 日向阿瑞斯塔公司发出了复审请求受理通知书，同时向国知局审查部门发出前置审查通知书。

国知局审查部门在提交的前置审查意见中提出，本申请说明书中将“夏小麦”修改为“春（播种）小麦”，超出了原说明书和权利要求书记载的范围，不符合《专利法》第三十三条的规定；修改后的权利要求 1~7 相对于对比文件 2 仍然不符合《专利法》第二十二条第三款创造性的有关规定。综上坚持驳回决定。

复审委于 2007 年 5 月 31 日向阿瑞斯塔公司发出复审通知书，指出：一、该公司在提出复审请求时提交的权利要求 2、6 和说明书第 11、12 页中，将“夏小麦”修改为“春（播种）小麦”，这种修改超出了原说明书和权利要求书记载的范围，不符合《专利法》第三十三条的规定。二、对比文件 2 的实施例公开了式（Ⅰ）化合物的钠盐（Ⅰ-2，Na 盐）单独施用时具有除草效果，当施用量为 15g/ha时，对风草、狗尾草、黑雀麦的除草活性的实测值达到 60%~90%，对比文件 2 的说明书记载了包含式（Ⅰ）化合物或其盐的组合物可用于小麦等作物中防治冰草属、燕麦属、荠属、黑麦草属、芥属、婆婆纳属等单子叶和双子叶杂草，该部分内容对谷类作物中防治相应杂草给出了教导。对比文件 2 表 A-1 和 A-2 的数据，仅表明单独使用式（Ⅰ）化合物的钠盐（Ⅰ-2，Na 盐）的效果要差于式（Ⅰ）化合物的钠盐（Ⅰ-2，Na 盐）与其他活性物质混合使用的效果，但并不表明式（Ⅰ）化合物的钠盐（Ⅰ-2，Na 盐）不能用于对比文件 2 所述的施用作物范围和除草范围。因此，权利要求 1 相对于对比文件 2 不具备创造性。此外，从属权利要求 2~7 也不具有创造性。

针对上述复审通知书，阿瑞斯塔公司于 2007 年 9 月 13 日提交了意见陈述书和说明书第 11~12 页以及权利要求书的修改替换页，将说明书及权利要求书中的“春（播种）小麦”重新修改为“夏小麦”，同时对权利要求 1 增加了药效限定的技术特征，修改后的权利要求书共包括 7 项权利要求，具体为：

“1. 在谷类作物中选择性控制至少一种杂草的方法，所述杂草选自冰草属、燕麦属、芸苔属、荠属、黑麦草属、芥属、遏蓝菜属、婆婆纳属及其组合，该方法包括将有效量的式（Ⅰ）化合物 2-（2-三氟甲氧基-苯基磺酰基氨基羰基）-4-甲基-5-甲氧基-2，4-二氢-3H-1，2，4-三唑-3 酮和/或式（Ⅰ）化合物的盐施用于所述谷类作物和/或其环境中，其中对至少一种杂草的药效百分比为 70%~100%。

2. 根据权利要求 1 的方法，其中所述作物包括春（播种）小麦。

3. 根据权利要求 1 的方法，其中所述至少一种杂草选自冰草属、燕麦属、黑麦草属和婆婆纳属。

4. 根据权利要求 1 的方法，其中所述至少一种杂草包括燕麦属。

5. 根据权利要求 1 的方法，其中所述式（Ⅰ）化合物 2-（2-三氟甲氧基-苯基磺酰基氨基羰基）-4-甲基-5-甲氧基-2，4-二氢-3H-1，2，4-三唑-3 酮和/或它的盐以 30 至 60g/ha 的施用比例被施用。

6. 根据权利要求 1 的方法，其中所述至少一种杂草包括燕麦属，所述作物包括春（播种）小麦。

7. 如权利要求 6 的方法，其中所述式（I）化合物 2-（2-三氟甲氧基-苯基磺酰基氨基羰基）-4-甲基-5-甲氧基-2，4-二氢-3H-1，2，4-三唑-3 酮和/或它的盐作为 70WP 或 70WG 的配方被施用。

阿瑞斯塔公司在意见陈述书中提出，修改后的权利要求 1 对至少一种杂草的药效百分比为 70% 至 100% 予以限定，这一点对比文件 2 没有教导和启示；对比文件 2 涉及两种不同类型的除草剂的协同组合，不是单个的除草剂，由于本领域技术人员根据对比文件 2 无法预料到本申请权利要求 1 的化合物单独对所有这些特定的杂草具有 70% 至 100% 的持续稳定高水平活性，故该对比文件将不会促使本领域普通技术人员使用权利要求 1 的化合物来去除描述的杂草，即冰草属、燕麦属、芸苔属、荠属、黑麦草属、芥属、遏蓝菜属或婆婆纳属。因此本申请权利要求1~7相对于现有技术具有创造性。

经审查，复审委确认对本申请的审查以阿瑞斯塔公司于2007年9月13日提交的权利要求第1~7项、说明书第11、12页，2001年4月2日提交的说明书第1~10、13页以及说明书摘要为审查文本。

该委认为，阿瑞斯塔公司在2007年9月13日提交的修改文本中将术语“春（播种）小麦”重新改为原始文本记载的“夏小麦”，没有超出原始说明书和权利要求书记载的范围；此外，修改文本的权利要求1中增加的药效限定的技术特征，在原始说明书第10页的相关内容中有记载，因此，上述修改文本符合《专利法》第三十三条的规定。

本申请权利要求1要求保护一种使用式（Ⅰ）和/或其盐在谷类作物中选择性地控制选自冰草属、燕麦属、芸苔属、荠属、黑麦草属、芥属、遏蓝菜属、婆婆纳属的杂草的方法，此外还限定了对至少一种所述杂草的药效百分比为70%至100%。

对比文件2在其说明书（第21页第20~25行、第20页第3~8行、第20~30行）中公开了一种除草组合物，该组合物含有式（Ⅰ）化合物或其盐以及另一种除草剂以及表面活性剂和/或常规扩充剂，所述组合物除草剂具有特别高的除草活性，可用于各种作物特别是小麦中以去除杂草，杂草种类包括冰草属、燕麦属、荠属、黑麦草属、芥属、婆婆纳属等单子叶和双子叶杂草。同时，在实施例的表A-1、A-2中具体公开了“式（Ⅰ）化合物的钠盐（Ⅰ-2，Na盐）单独施用具有除草效果，当施用量为15g/ha时，除草（风草、狗尾草、黑雀麦）活性的实测值达到60-90%”。

将权利要求1要求保护的技术方案与对比文件2公开的上述技术内容进行比较，其区别在于：权利要求1中将式（I）化合物的钠盐（I-2，Na盐）具体限定应用于谷类作物，并具体限定用于去除冰草属、燕麦属、芸苔属、荠属、黑麦草属、芥属、遏蓝菜属、婆婆纳属杂草，以及对上述至少一种杂草的药效百分比为70%至100%。然而，如上所述，对比文件2记载了包含式（I）化合物或其盐的组合物可用于小麦等作物中防治冰草属、燕麦属、荠属、黑麦草属、芥属、婆婆纳属等单子叶和双子叶杂草，尽管该内容是关于含有式（I）化合物或其盐与另一种除草剂的组合物的施用范围和除草范围，但其也教导所属技术领域的技术人员可以将有效量的式（I）化合物或其盐应用于谷类作物防治冰草属、燕麦属、荠属、黑麦草属、芥属、婆婆纳属等杂草中。对于对比文件2表A-1、A-2的数据，仅表明单独使用式（I）化合物的钠盐（I-2，Na盐）的效果要差于式（I）化合物的钠盐（I-2，Na盐）与其他活性物质混合使用的效果，并不表明式（I）化合物的钠盐（I-2，Na盐）不能用于对比文件2所述的施用作物范围和除草范围。由此可见，由对比文件2披露的技术内容和给出的启示，可以得知采用式（I）化合物或其盐可以去除谷类作物中相关的杂草，虽然其没有给出去除以上杂草具体的药效百分比，但是仅就一种使用相应的除草剂去除杂草的方法而言，该药效百分比的高低并不能影响到除草剂去除杂草的方法步骤，也即本领域技术人员在对比文件2披露的除草剂可以去除谷类作物中相关杂草的基础上，并不会因为其对某几种杂草的药效没有披露，而放弃这种除草方法。因此，对本领域技术人员来说，在对比文件2的基础上结合本领域的普通技术知识得到权利要求1的技术方案是显而易见的，该权利要求1不具有突出的实质性特点和显著的进步，不具有创造性。

阿瑞斯塔公司提出其在修改文本增加了对除草剂药效的限定为由，认为其权利要求1具备创造性，复审委对此观点不予支持。

本申请权利要求2、3、4、6为权利要求1的从属权利要求，其附加技术特征是对作物或杂草的种类作进一步的限定。但是，这些附加技术特征已经在对比文件2说明书（第20页第3~8行，第20~30行）中公开，在其分别引用的权利要求1不具备创造性的基础上，从属权利要求2、3、4、6也不具有创造性。

权利要求5为权利要求1的从属权利要求，其附加技术特征限定式（Ⅰ）化合物和/或其盐的施用比例是 30 至 60g/ha，对比文件 2 公开的施用量是 15g/ha。然而所属领域的技术人员知道，增加用量会提高除草活性，显然，在对比文件 2 的基础上，为了提高除草活性而适当增加施用量对所属领域技术人员来说是显而易见的，因此，在权利要求 1 不具备创造性的基础上，该从属权利要求 5 也不具有创造性。

权利要求 7 是权利要求 6 的从属权利要求，其附加技术特征限定以 70WP 或 70WG 的配方被施用，对比文件 2 说明书（第 21 页第 15~20 行）公开了可溶性粉剂（WP），在此基础上，所属领域的技术人员能够想到和确定以 70WP 或 70WG 的配方是不需要付出创造性劳动的，而且该附加技术特征也没有为权利要求 7 的技术方案带来意想不到的技术效果，因此，在权利要求 6 不具备创造性的基础上，从属权利要求 7 也不具有创造性。

综上所述，该委认为本申请权利要求 1~7 不符合《专利法》第二十二条第三款的规定，作出了被诉决定。

本院认为，根据《专利法》第二十二条第三款的规定，创造性是指同申请日前已有的技术相比，该发明有突出的实质性特点和显著的进步。

本案专利申请涉及了一种使用单一化合物作为除草剂的技术方案。作为针对谷类作物的除草剂的化合物，当然以除草效果好且对谷物没有损害为最终目的，因此，其研发既包括由单一化合物的使用发展为对组合物的选择，同时随科学及实践的需要，由组合物再转向对更高效的单一化合物的选择也将成为可能。而本申请应属后者，即在对比文件 2 两类化合物协同作用的技术方案的基础上，选择使用单一化合物作为谷类作物中选择性的控制至少一种杂草的方法。但作为发明专利的技术方案，对于上述后者的选择，与在先技术方案相比较，应当具有突出的实质性特点和显著的进步。

根据本申请和对比文件 2 的记载，两技术方案均属针对谷类作物的除草剂。虽然本申请选择了单一化合物，在权利要求 1 中将式（Ⅰ）化合物的钠盐（Ⅰ-2，Na 盐）具体限定的应用范围为谷类作物，并具体限定了其所针对的杂草以及药效，但对比文件 2 明确记载的包含式（Ⅰ）化合物或其盐的组合物也可应用于小麦等作物的防治冰草属、燕麦属、荠属、黑麦草属、芥属、婆婆纳属等杂草。尽管对比文件 2 是关于含有式（Ⅰ）化合物或其盐与另一种除草剂的组合物的施用范围和除草范围，也即阿瑞斯塔公司在上诉书中所述的"协同作用"，但复审委在被诉决定中所述的"虽然对比文件 2 表 A-1 和 A-2 的数据，表明单独使用式（Ⅰ）化合物的钠盐（Ⅰ-2，Na 盐）的效果要差于式（Ⅰ）化合物的钠盐（Ⅰ-2，Na 盐）与其他活性物质混合使用的效果，但并不表明式（Ⅰ）化合物的钠盐（Ⅰ-2，Na 盐）不能用于对比文件 2 所述的施用作物范围和除草范围，即对比文件 2 也可使所属技术领域的技术人员知道有效量的式（Ⅰ）化合物或其盐可应用于谷类作物防治冰草属、燕麦属、荠属、黑麦草属、芥属、婆婆纳属等杂草；且该领域技术人员将式（Ⅰ）化合物的钠盐（Ⅰ-2，Na 盐）用于其他谷类的除草，只需对不同谷类、不同药量进行选择及效果比对，无须付出创造性劳动。对比文件 2 虽然其没有给出去除以上杂草具体的药效百分比，但是仅就一种使用除草剂去除杂草的方法而言，该药效百分比的高低并不能影响到本领域技术人员对除草剂去除杂草的方法、步骤的理解和认识，即在对比文件 2 披露的除草剂可以除谷类作物中相关杂草的基础上，本领域技术人员并不会因为其对某几种杂草的药效没有披露，而影响对这种除草方法的认识和理解。因此，就本申请权利要求 1 的技术来讲，对比文件 2 已经给出了相应的启示"的确认有事实依据，且析理充分、客观。

阿瑞斯塔公司关于复审委对本申请与对比文件 2 的 3 点区别认定外，还存在区别特征 4、本申请权利要求 1 是单独一种除草剂［式（Ⅰ）化合物］的使用，而对比文件 2 是磺酰基氨基羰基三唑啉酮类化合物与其他除草剂的组合物；区别特征 5、本申请式（Ⅰ）化合物还用于环境，即可以施用于出苗之前的种子。至于第 4 项区别，复审委在被诉决定前述的本申请权利要求 1 与对比文件 2 的区别特征部分中已有分析，故该“区别特征”仍属上述区别特征的范围，本院不再赘述。关于第5点区别特征，在权利要求1中并无记载，故阿瑞斯塔公司就该项区别的主张无法得到本院的支持。

关于对比文件1。由于复审委在其作出的被诉决定中未以该份对比文件作为审查本申请创造性的事实依据，故该对比文件不能构成在司法审查中对被诉决定合法性审查的事实依据。阿瑞斯塔公司关于对比文件1与被诉决定具有关联性的主张不能成立。

综上所述并结合对其他相关事实、法律适用以及被诉决定做出程序的审查，本院认为被诉决定事实清楚，适用法律正确，程序合法，一审法院判决维持符合《中华人民共和国行政诉讼法》第五十四条第（一）项的规定；阿瑞斯塔公司的上诉主张不能成立，本院不予支持。据此，依据《中华人民共和国行政诉讼法》第六十一条第（一）项的规定，判决如下：

驳回上诉，维持一审判决。

二审案件受理费人民币100元，由上诉人阿瑞斯塔生命科学北美公司负担（已交纳）。

本判决为终审判决。

审　判　长　郭　宜

审　判　员　赵宇晖

代理审判员　景　滔

二〇〇九年十二月十五日

书　记　员　程钰玮

010

芳基甲基-羰基氨基-噻唑衍生物及其作为抗肿瘤剂的用途

复审请求审查决定（第 12039 号）

决　　定　　号　第 12039 号
决　　定　　日　2007 年 12 月 10 日
发明创造名称　芳基甲基-羰基氨基-噻唑衍生物及其作为抗肿瘤剂的用途
国 际 分 类 号　C07D277/46，C07D417/12；C07D417/14，A61K31/426，A61K31/427，A61K31/4439，A61K31/454，A61K31/497，A61P35/00
复 审 请 求 人　法玛西雅意大利公司
申　　请　　号　00812733.6
申　　请　　日　2000 年 8 月 11 日
优　先　权　日　1999 年 8 月 12 日
公　　开　　日　2003 年 6 月 18 日
合 议 组 组 长　李　越
主　　审　　员　汪送来
参　　审　　员　娄　宁

法　律　依　据　专利法第 26 条第 4 款
决　定　要　点
由于修改后的权利要求已经克服了驳回决定和复审通知书中所指出的缺陷，因此驳回理由不再成立。

一、案由

本复审请求案涉及发明名称为“芳基甲基-羰基氨基-噻唑衍生物及其作为抗肿瘤剂的用途”的第 00812733.6 号发明专利申请（下称本申请），申请人为法玛西雅意大利公司，申请日为 2000 年 8 月 11 日，优先权日为 1999 年 8 月 12 日，公开日为 2003 年 6 月 18 日。

2005 年 6 月 24 日，针对申请人于 2005 年 4 月 1 日提交的权利要求第 1~21 项，2002 年 3 月 11 日进入中国国家阶段时提交的国际申请文件的中文译文的说明书第 1~21、25~45 页和说明书摘要，2002 年 3 月 11 日依据专利合作条约第 41 条规定所提交的修改文件的说明书第 22~24 页，国家知识产权局以本申请不符合专利法第 26 条第 4 款的规定为由驳回了本申请。

驳回决定认为：（1）权利要求 13 中对 R 基团的定义范围包括甚广，但是在说明书给予确认的具体技术方案中只给出了其为卤素、异丙基、羟基丙基等非环状取代基，而且其分子数及空间位阻都不大，并未给出取代基团的结构较为复杂，空间位阻等比较大的例子，如链烃和多取代的芳基或杂芳基的性质可能差别很大，本领域技术人员无法预料烷烃和芳烃等取代基会有类似的作用，R^1～R^4 也具有类似的问题；（2）权利要求 7 请求保护的内容为联合用药的问题，说明书中并未出现任何有关本发明的药物可以与其他药物进行联合用药的论述，其得不到说明书支持，请求人没有对该问题进行陈述，也未进行任何修改。因此权利要求 7 和 13 不符合专利法第 26 条第 4 款的规定。

驳回决定针对的权利要求 7 和 13 如下：

“7. 权利要求 1 的用途，进一步包括对需要治疗的哺乳动物进行放疗或与至少一种细胞抑制剂或细胞毒药物联合进行化疗。

13. 式（I）或（II）所示的 2-氨基-1，3-噻唑衍生物或其可药用盐：

其中 L 是苯基或含有一个或多个选自氮、氧和硫的杂原子的 5 或 6 元芳香族杂环；

R 是（i）卤原子、硝基或选自 1-吡咯烷基、4-吗啉基、1-哌嗪基、N-烷基-1-哌嗪基、N-芳基-1-哌嗪基、N-芳基烷基-1-哌嗪基、1-哌啶基和氮杂双环［3.2.2］壬烷的基团；或

（ii）选择性地被一个或多个基团进一步取代的氨基，这些基团可以相同或不同，选自烷基、芳基、芳基烷基、烷基磺酰基、芳基磺酰基、芳基烷基磺酰基、烷基羰基、芳基羰基和芳基烷基羰基，其中的烷基部分可以选择性地被一个或多个羟基或氨基进一步取代；或

（iii）选择性地被直链或支链 C_1-C_6 烷基取代的 C_3-C_6 环烷基；或

（iv）直链或支链的 C_1-C_6 烷基或芳基烷基，其选择性地被一个或多个卤素、氰基、羧基、羟基、硝基、烷硫基、烷氧基、直链或支链的 C_1-C_6 烷基、芳硫基、芳氧基、氨基、烷基氨基、二烷基氨基、芳基氨基、芳基烷基氨基、羟基氨基羰基、烷氧基氨基羰基、C_2-C_4 链烯基、C_2-C_4 链炔基、C_3-C_6 环烷基、烷基-C_3-C_6 环烷基、烷基羰基、芳基羰基、芳基烷基羰基、烷基磺酰基、芳基磺酰基、芳基烷基磺酰基、氨基磺酰基、烷基氨基磺酰基、芳基氨基磺酰基、二烷基氨基磺酰基、烷基羰基氨基、芳基烷基氨基磺酰基、芳基羰基氨基、芳基烷基羰基氨基、烷基磺酰基氨基、芳基磺酰基氨基、芳基烷基磺酰基氨基、烷氧基羰基、芳氧基羰基、氨基羰基、烷基氨基羰基、二烷基氨基羰基、芳基氨基羰基、芳基烷基氨基羰基、1-吡咯烷基、4-吗啉基、1-哌嗪基、N-烷基-1- 哌嗪基、N-芳基-1-哌嗪基、N-芳基烷基-1-哌嗪基、1-哌啶基或氮杂双环［3.2.2］壬烷取代基所取代；或

（v）选择性地被一个或多个选自下列的取代基取代的芳基：卤素、氰基、羧基、羟基、硝基、烷硫基、烷氧基、直链或支链的 C_1-C_6 烷基、芳硫基、芳氧基、氨基、烷基氨基、二烷基氨基、芳基氨基、芳基烷基氨基、羟基氨基羰基、烷氧基氨基羰基、C_2-C_4 链烯基、C_2-C_4 链炔基、C_3-C_6 环烷基、烷基 C_3-C_6 环烷基、烷基羰基、芳基羰基、芳基烷基羰基、烷基磺酰基、芳基磺酰基、芳基烷基磺酰基、氨基磺酰基、烷基氨基磺酰基、芳基氨基磺酰基、二烷基氨基磺酰基、烷基羰基氨基、芳基烷基氨基磺酰基、芳基羰基氨基、芳基烷基羰基氨基、烷基磺酰基氨基、芳基磺酰基氨基、芳基烷基磺酰基氨基、烷氧基羰基、芳氧基羰基、氨基羰基、烷基氨基羰基、二烷基氨基羰基、芳基氨基羰基、芳基烷基氨基羰基、1-吡咯烷基、4-吗啉基、1-哌嗪基、N-烷基-1-哌嗪基、N-芳基-1-哌嗪基、N-芳基烷基-1-哌嗪基、1-哌啶基和氮杂双环［3.2.2］壬烷；

R^1 是氢原子或选择性地被一个或多个羟基、烷氧基、氨基、烷基氨基或二烷基氨基取代的直链或支链的 C_1-C_4 烷基；

R^2 和 R^3 可以相同或不同，是氢原子、环烷基、直链或支链的 C_1-C_6 烷基或芳基，这些基团可以选择性地按照以上关于 R 的描述被取代；或者

R^2 和 R^3 与它们所连接的氮原子合在一起形成 4-吗啉基、1-哌嗪基、N-烷基-哌嗪基、N-芳基-哌嗪基、N-芳基烷基-哌嗪基、哌啶基、吡咯烷基、2-氧代-1-吡咯烷基、咪唑基或 3-氮杂双环［3.2.2］壬基环；

R^4 是羧基、全氟代烷基、C_2-C_4 链烯基、C_2-C_4 链炔基、2-氧代-吡咯烷基、哌啶基或直链或支链的 C_1-C_6 烷基或芳基，其选择性地按照以上关于 R 的描述被取代。"

2005 年 10 月 8 日，申请人法玛西雅意大利公司（下称请求人）对上述驳回决定不服，向专利复审委员会提出复审请求，请求人在提出复审请求时删除了之前申请文本中的权利要求 7，并对权利要求 13 进行了修改，修改后成为目前的权利要求书 12，即：

"12. 式（I）或（II）所示的 2-氨基-1，3-噻唑衍生物或其可药用盐：

其中 L 是苯基或含有一个或多个选自氮、氧和硫的杂原子的 5 或 6 元芳香族杂环；

R 是（i）卤原子或硝基；或

（ii）选择性地被一个或多个烷基进一步取代的氨基，其中的烷基部分可以选择性地被一个或多个羟基或氨基进一步取代；或

（iii）选择性地被直链或支链 C_1-C_6 烷基取代的 C_3-C_6 环烷基；或

（iv）直链或支链的 C_1-C_6烷基，其选择性地被一个或多个卤素、氰基、羧基、羟基、硝基、烷硫基、烷氧基、直链或支链的 C_1-C_6 烷基、芳硫基、芳氧基、氨基、烷基氨基、二烷基氨基、C_2-C_4 链烯基、C_2-C_4 链炔基、C_3-C_6 环烷基或烷基-C_3-C_6 环烷基取代基所取代；或

R^1 是氢原子或选择性地被一个或多个羟基、烷氧基、氨基、烷基氨基或二烷基氨基取代的直链或支链的 C_1-C_4 烷基；

R^2 和 R^3 可以相同或不同，是氢原子、环烷基、直链或支链的 C_1-C_6 烷基或芳基，这些基团可以选择性地按照以上关于 R 的描述被取代；或者

R^2 和 R^3 与它们所连接的氮原子合在一起形成 4-吗啉基、1-哌嗪基、N-烷基-哌嗪基、N-芳基-哌嗪基、N-芳基烷基-哌嗪基、哌啶基、吡咯烷基、2-氧代-1-吡咯烷基、咪唑基或 3-氮杂双环［3.2.2］壬基环；

R^4 是羧基、全氟代烷基、C_2-C_4 链烯基、C_2-C_4 链炔基、2-氧代-吡咯烷基、哌啶基或直链或支链的 C_1-C_6 烷基或芳基，其选择性地按照以上关于 R 的描述被取代。"

请求人认为：基于本说明书中实施方案和教导，本领域普通技术人员不需要过度的实验完全能够制备如目前的权利要求 13 中所定义的 R、R^1-R^4 全部范围内的本发明的化合物，即可以通过对取代基进行修饰得到并施用其他取代基定义的通式化合物，并能够合理地预料到这类化合物将具有需要的活性，说明书足以教导本领域的技术人员如何使用这类化合物治疗增生性疾病，目前权利要求书所要求的范围是合理的，符合专利法第 26 条第 4 款的规定。

经形式审查合格后，专利复审委员会受理了该请求，并于 2005 年 11 月 2 日向请求人发出了《复审请求受理通知书》，同时将本申请转送至国家知识产权局原审查部门进行前置审查。

在《前置审查意见书》中，国家知识产权局原审查部门认为，（1）对于权利要求 12 中 R 基团不能为环状基团的情况，请求人既没有修改也没有提供该取代基可以使用的理由和证据；（2）在上述权利要求中还出现了"烷基、芳基"等定义，请求人并未对这些基团进行进一步限定，也未给出未进行限定的理由和证据。因此坚持驳回决定。

专利复审委员会组成合议组，对本复审请求案进行了审理，并于 2007 年 8 月 22 日向请求人发出《复审通知书》，指出：（1）a. 权利要求 12 要求保护式（I）或（II）所示的 2-氨基-1，3-噻唑衍生物或其可药用盐，说明书仅仅公开了其中 R 为异丙基的式（II）化合物的活性数据，在说明书的制备实施例中也仅公开了 R 为异丙基和（3-羟基丙基）（甲基）氨基的情形，而在权利要求 12 中，R 却被概括为如此大的范围，其包含了请求人推测的内容，而其效果又难于预先确定和评价，这种概括超出了说明书公开的范围；b. 同样权利要求 12 对 L、R^1、R^2、R^3、R^4 的概括也超出了说明书公开的范

围；c. 在权利要求 12 对取代基的定义中包括“烷基”、“烷硫基”、“烷氧基”、“芳硫基”、“芳氧基”、“烷基氨基”、“二烷基氨基”、“烷基-C_3-C_6 环烷基”、“环烷基”、“芳基”等上位的取代基术语，这些术语概括的范围明显过宽，超出了说明书公开的范围，因此，权利要求 12 得不到说明书的支持，不符合专利法第 26 条第 4 款的规定；（2）同理，权利要求 1、9、15 不符合专利法第 26 条第 4 款的规定，引用权利要求 1 或 12 但没有对式（I）或（II）进一步限定的权利要求 2~8、11、13~14、17~20 同样不符合专利法第 26 条第 4 款的规定。

针对上述《复审通知书》，请求人于 2007 年 10 月 8 日提交了意见陈述书和权利要求书替换页，对权利要求 1、9、12 和 15 进行了修改，修改后的权利要求 1、9、12 和 15 如下：

“1. 式（I）或（II）所示的化合物或其可药用盐用于制备治疗与改变的细胞依赖型激酶活性有关的细胞增殖性疾病的药物的用途：

其中 L 是苯基或噻唑；

R 是（i）卤原子或硝基；或

（ii）选择性地被一个或多个 C_1-C_6 烷基基团进一步取代的氨基，其中的 C_1-C_6 烷基部分可以选择性地被一个或多个羟基或氨基或 OC（=O）甲基进一步取代；或

（iii）直链或支链的 C_1-C_6 烷基；

R^1 是氢原子；

R^2 和 R^3 可以相同或不同，是氢原子、C_1-C_6 烷基、1-乙基-4-甲基哌嗪、-CH_2-$CONMe_2$ 或-CH_2-$CONH_2$；或

R^2 和 R^3 与它们所连接的氮原子合在一起形成 2-氧代-1-吡咯烷基环；

R^4 是羧基、全氟代 C_1-C_6 烷基、卤代 C_1-C_6 烷基、叔丁氧基、甲氧基甲基、2-氧代丙酸、羟基 C_1-C_6 烷基或氨基 C_1-C_6 烷基。

9. 权利要求 1 的用途，其中 L 是苯基或噻唑；R 是（i）卤原子，（ii）直链或支链的 C_1-C_4 烷基。

12. 式（I）或（II）所示的 2-氨基-1，3-噻唑衍生物或其可药用盐：

其中 L 是苯基或噻唑；

R 是（i）卤原子或硝基；或

（ii）选择性地被一个或多个 C_1-C_6 烷基基团进一步取代的氨基，其中的 C_1-C_6 烷基部分可以选择性地被一个或多个羟基或氨基或 OC（=O）甲基进一步取代；或

（iii）直链或支链的 C_1-C_6 烷基；

R^1 是氢原子；

R^2 和 R^3 可以相同或不同，是氢原子、C_1-C_6 烷基、1-乙基-4-甲基哌嗪、-CH_2-$CONMe_2$ 或-CH_2-$CONH_2$；或

R^2 和 R^3 与它们所连接的氮原子合在一起形成 2-氧代-1-吡咯烷基环；

R^4 是羧基、全氟代 C_1-C_6 烷基、卤代 C_1-C_6 烷基、叔丁氧基、甲氧基甲基、2-氧代丙酸、羟基 C_1-C_6 烷基或氨基 C_1-C_6 烷基。

15. 权利要求 12 所述的 2-氨基-1，3-噻唑衍生物或其可药用盐，其中 L 是苯基或噻唑；R 是（i）卤原子，（ii）直链或支链的 C_1-C_4 烷基。”

请求人认为：修改后的权利要求书所要求的范围是合理的，可以得到说明书实施例的实质性支持，符合专利法第 26 条第 4 款的规定。

至此，合议组认为本案事实已经清楚，可以作出审查决定。

二、决定的理由

1. 审查文本

本复审决定所针对的申请文本是：请求人于2002年3月11日进入中国国家阶段时提交的国际申请文件中文译文的说明书第1~21页、第25~45页和说明书摘要，依据专利合作条约第41条修改的说明书第22~24页，2007年10月8日提交的权利要求书。

2. 专利法第26条第4款

专利法第26条第4款规定，权利要求书应当以说明书为依据，说明要求专利保护的范围。

就本案而言，驳回决定所针对的权利要求7和13分别要求保护化合物用途及化合物，具体内容见案由部分。驳回决定认为，(1) 权利要求13中R、R^1-R^4定义的范围太宽，导致权利要求13得不到说明书的支持；(2) 说明书中并未出现任何有关本发明的药物可以与其他药物进行联合用药的论述，权利要求7请求保护的内容为联合用药的问题，得不到说明书支持。

请求人在提出复审请求时对权利要求书进行修改，其中删除了驳回决定所针对的权利要求7，对驳回决定所针对的权利要求13进行了修改，修改后编号为权利要求12，具体修改内容参见案由部分。

专利复审委于2007年8月22日向请求人发出《复审通知书》，针对请求人于提出复审请求之时所提交的权利要求书，指出权利要求12中R、L、R^1、R^2、R^3、R^4的定义范围以及权利要求12中的"烷基"、"烷硫基"、"烷氧基"、"芳硫基"、"芳氧基"、"烷基氨基"、"二烷基氨基"、"烷基-C_3-C_6环烷基"、"环烷基"、"芳基"等术语所概括的范围超出了说明书的公开范围，得不到说明书的支持，同理，权利要求1、9、15得不到说明书支持，引用权利要求1或12但没有对式(I)或(II)进一步限定的权利要求2~8、11、13~14、17~20同样得不到说明书支持，不符合专利法第26条第4款的规定。

针对上述《复审通知书》，请求人于2007年10月8日提交了权利要求书替换页，对权利要求1、9、12和15进行了修改，在该权利要求书中，驳回决定所针对的权利要求7已被删除，驳回决定所针对的权利要求13对应于该权利要求书中的权利要求12，该权利要求12请求保护式(I)或(II)所示的2-氨基-1，3-噻唑衍生物或其可药用盐，其中在R定义中删除了1-吡咯烷基等杂环、C_3-C_6环烷基、芳基烷基、芳基等原审查部门认为位阻较大、结构较复杂的基团，R的定义已被修改为："R是(i)卤原子或硝基；或(ii)选择性地被一个或多个C_1-C_6烷基基团进一步取代的氨基，其中的C_1-C_6烷基部分可以选择性地被一个或多个羟基或氨基或OC(=O)甲基进一步取代；或(iii)直链或支链的C_1-C_6烷基"。同时，对L、R^1、R^2、R^3、R^4也进行了修改，而且，修改后的权利要求书中不再有"芳基"等概括范围明显过宽的术语，对所有"烷基"术语也都用碳原子数C_1-C_6或C_1-C_4进行了限定，缩小了原权利要求13的范围。

根据说明书的记载，本发明的目的之一是提供具有cdk/细胞周期蛋白激酶抑制活性的化合物。在说明书第19~22页介绍了本申请化合物的一般制备方法，并在实施例中具体制备了其中L为苯基、噻唑，R为异丙基、乙酰氧基丙氨基、(3-羟基丙基)(甲基)氨基等，R^1为氢原子，R^2、R^3为-CH_2-$CONMe_2$、甲基、(4-甲基-1-哌嗪基)乙基等，R^4为2-氧代丙酸等的相应化合物(参见实施例4、实施例7、实施例10~11、实施例17、实施例18等)，说明书中还公开了2-[2-(乙酰基氨基)-1，3-噻唑-4-基]-N-(5-异丙基-1，3-噻唑-2-基)乙酰胺对CDk2/细胞周期蛋白A复合物的抑制活性数据，并且，在现有技术中，公开了R为5-乙基-噁唑-2-基甲硫基的类似化合物对CDk2/细胞周期蛋白E激酶和CDk4/细胞周期蛋白D1激酶的IC50值小于50μm(WO9924416A1，公开日为1999年5月20日，说明书第18页第1段，实施例2)。由此可见，修改后的权利要求12已经克服了驳回决定和复审通知书中所指出的缺陷，同理，权利要求 1、9、15 也克服了复审通知书中所指出的缺陷，且引用这些权利要求的权利要求 2~8、11、13~14、17~20 相应地也克服了复审通知书中所指出的缺陷。因此，驳回理由不再成立。

根据上述事实和理由，合议组作出如下审查决定。

三、决定

撤销国家知识产权局于 2005 年 6 月 24 日针对 00812733.6 号发明专利申请作出的驳回决定，由国家知识产权局原审查部门以本复审决定理由部分所认定的申请文本为基础继续审批程序。

复审请求人对本决定不服的，可以根据专利法第 41 条第 2 款的规定，自收到本决定之日起三个月内向北京市第一中级人民法院起诉。

011

含硫肥料组合物及其制备方法

复审请求审查决定（第12058号）

决　定　号　第12058号
决　定　日　2007年12月14日
发明创造名称　含硫肥料组合物及其制备方法
国际分类号　C05C1/00，C05B 1/00，C05B 1/06，C05D 9/00
复审请求人　美盛公司
申　请　号　01801260.4
申　请　日　2001年5月2日
优先权日　2000年5月17日
公　开　日　2002年11月20日
合议组组长　刘　亚
主　审　员　张家祥
参　审　员　吴红权

法律依据　专利法第31条第1款、第22条第2款
决定要点
如果权利要求的技术方案与现有技术对比文件所公开的方案相比，二者存在区别特征，技术方案实质上不同，则该权利要求相对于该对比文件具有新颖性。

一、案由

本复审请求案涉及发明名称为“含硫肥料组合物及其制备方法”的01801260.4号发明专利申请（下称本申请），申请人为嘉吉有限公司（后变更为美盛公司），申请日为2001年5月2日，优先权日为2000年5月17日，公开日为2002年11月20日。

2006年3月3日，针对申请人于2002年1月14日进入中国国家阶段时提交的权利要求第1~48项、说明书第1~5页以及说明书附图和摘要，国家知识产权局以权利要求1和17不符合专利法第31条第1款的规定、权利要求1不符合专利法第22条第2款的规定为由驳回了本申请。驳回决定所针对的权利要求1和17如下：

“1. 一种含有多个颗粒的肥料组合物，其特征在于，所述颗粒含有：

（a）肥料部分；和

（b）包埋在所述肥料部分中的多个分散硫片晶。

17. 一种制备肥料组合物的方法，其特征在于，该方法包括：

（a）用（a）元素硫，然后用（b）含有肥料或其前体的浆液喷雾第一含有肥料的多个颗粒；和

（b）硬化步骤（a）的产物，形成第二多个颗粒，所述颗粒含有（i）肥料部分和（ii）包埋在所述肥料部分内的多个分散硫片晶。”

驳回决定认为：（1）权利要求 1 所述肥料中的硫片晶分散（互不接触地）包埋在肥料部分中，而权利要求 17 所述方法制备的颗粒状肥料中的硫片晶是连续接触的，因此二者不是同一种肥料，权利要求 1 和 17 不符合专利法第 31 条第 1 款的规定。（2）由于权利要求 1 所要求保护的肥料不包括“第一含有肥料的多个颗粒”，而且硫片晶“分散”包埋于肥料部分中，专业人员无从辨别该肥料与对比文件 1（US5571303A，公开日为 1996 年 11 月 5 日）中肥料的区别，因此权利要求 1 不符合专利法第 22 条第 2 款的规定。

2006 年 6 月 2 日，申请人嘉吉有限公司（下称请求人）对上述驳回决定不服，向专利复审委员会提出复审请求，请求人在提出复审请求时对权利要求书进行了修改，在权利要求 17 的步骤（a）中增加了“所述元素硫不覆盖所述颗粒的全部表面”。修改后的权利要求 1、2、4~7、13~17 和 33 为：

“1. 一种含有多个颗粒的肥料组合物，其特征在于，所述颗粒含有：

（a）肥料部分；和

（b）包埋在所述肥料部分中的多个分散硫片晶。

2. 如权利要求 1 所述的肥料组合物，其特征在于，所述片晶的厚度不大于约 100 微米。”

“4. 如权利要求 1 所述的肥料组合物，其特征在于，所述肥料部分选自磷酸盐、硝酸盐、尿素、碳酸钾及其组合。

5. 如权利要求 1 所述的肥料组合物，其特征在于，所述肥料部分选自磷酸一铵盐、磷酸氢铵、单过磷酸钙、三元过磷酸钙及其组合。

6. 如权利要求 1 所述的肥料组合物，其特征在于，所述肥料部分含有磷酸二氢铵。

7. 如权利要求 1 所述的肥料组合物，其特征在于，所述肥料部分含有磷酸氢铵。”

“13. 如权利要求 1 所述的肥料组合物，其特征在于，所述颗粒还含有硫酸盐。

14. 如权利要求 13 所述的肥料组合物，其特征在于，所述硫酸盐选自硫酸钙、硫酸镁、硫酸铵及其组合。

15. 如权利要求 1 所述的肥料组合物，其特征在于，所述颗粒还含有微量营养，选自锌、锰、铁、铜、钼、硼、氯、钴、钠及其组合。

16. 如权利要求 1 所述的肥料组合物，其特征在于，所述颗粒还含有次级养分，选自钙、镁及其组合。

17. 一种制备肥料组合物的方法，其特征在于，该方法包括：

（a）用（a）元素硫，然后用（b）含有肥料或其前体的浆液喷雾第一含有肥料的多个颗粒，所述元素硫不覆盖所述颗粒的全部表面；和

（b）硬化步骤（a）的产物，形成第二多个颗粒，所述颗粒含有（i）肥料部分和（ii）包埋在所述肥料部分内的多个分散硫片晶。”

“33. 一种将硫传送给土壤，包括用含有多个颗粒的肥料组合物处理土壤的方法，其特征在于，所述颗粒含有（a）肥料部分和（b）包埋在所述肥料部分中的多个分散硫片晶。”

请求人认为：（1）权利要求 17 所得的颗粒含有（i）肥料部分和（ii）包埋在所述肥料部分内的多个分散硫片晶，与权利要求 1 中的肥料颗粒相同，因此权利要求 1 和 17 具有相同的特定技术特征，二者具有单一性。（2）对比文件 1 所述的颗粒状硫基肥料包含硫和至少一种选自硫酸铵、磷酸铵或其混合物的均匀分散体，通常，均匀分散体表示各种组分混合在所述颗粒全部体积内，所述颗粒的表

面也应该包括硫组分，但是，在权利要求1的肥料组合物中，多个分散的硫片晶包埋在肥料部分中，所述颗粒的表面没有硫组分，因此，二者具有明显的区别，权利要求1相对于对比文件1来说具有新颖性。(3) 权利要求1相对于对比文件1具有非显而易见性，另外，在储存和运输过程中，本发明的硫片晶不会掉落，施肥时分布均匀，而对比文件1所述分散体的表面会存在硫，在储存和运输中容易脱落，导致硫不能被均匀施用，并且在生产过程中容易产生相分离。

经形式审查合格后，专利复审委员会受理了该请求，并于2006年7月12日向请求人发出了《复审请求受理通知书》，同时将本申请转送至国家知识产权局原审查部门进行前置审查。

在《前置审查意见书》中，国家知识产权局原审查部门坚持驳回决定。

专利复审委员会组成合议组，对本案的复审请求进行了审理，并于2006年11月23日向请求人发出《复审通知书》，指出：权利要求1的硫片晶与对比文件1的硫颗粒实质上是相同的；权利要求1的硫片晶与对比文件1的硫颗粒均是硫单体，且都是分散的，在肥料中所起的作用相同；权利要求1中的硫片晶包埋在肥料部分中，此处的术语"包埋"所对应的WO0187803A1中的英文原文为"embed"，"embed"即有嵌入、插入的意思，也有包埋的意思，由此可见，本申请权利要求1中的"包埋"即包括完全埋入，也包括部分埋入。当肥料颗粒的表面嵌有硫片晶时，权利要求1所要求保护的技术方案与对比文件1所公开的内容实质上是相同的，因此，权利要求1不具备新颖性。权利要求2的附加技术特征将权利要求1中的片晶厚度限定为不大于约100微米，而对比文件1已经公开了硫颗粒的平均颗粒大小为100μm或更小，因此，该权利要求也不具备新颖性。另外，由于对比文件1中已经公开其所述的磷酸铵包括$NH_4H_2PO_4$、$(NH_4)_2HPO_4$和$(NH_4)_3PO_4$中的一种或多种，硫酸铵包括$(NH_4)_2SO_4$和NH_4HSO_4中的一种或多种，且所述硫颗粒肥料还可包含至少一种选自锌、镁、锰、铁、铜、钙及其混合物的微量元素（参见说明书第3栏第9~24行），因此，在权利要求1不具备新颖性的情况下，从属权利要求4~7和13~16也不具备新颖性，不符合专利法第22条第2款的规定。

针对《复审通知书》指出的问题，请求人于2006年12月22日提交了意见陈述书。请求人认为，(1) 根据审查指南第3部分第2章第3.2节所述，对于PCT申请进入中国国家阶段的中国专利申请，作为实质审查基础的文本为原始提交的国际申请的中文译文；请求人已经在进入中国国家阶段时将"embed"翻译成"包埋"，也就是说已经将"嵌入或者插入"的技术方案从本申请的保护范围中排除了；将"embed"翻译成"包埋"也与说明书第3页第14~24行的描述相一致，硫片晶包埋在MAP、DAP或其组合内。(2) 对比文件1中的颗粒状硫基肥料是包含硫和至少一种选自硫酸铵、磷酸铵或其混合物的均匀分散体，各种组分混合在所述颗粒全部体积内，所述颗粒的表面也应该包括硫组分，而在权利要求1所述的肥料组合物中，多个分散的硫片晶包埋在肥料部分中，所述颗粒的表面没有硫组分，二者具有明显的区别，权利要求1相对于对比文件1具有新颖性，在此前提下，其从属权利要求也具有新颖性。(3) 权利要求1及其从属权利要求也具有创造性。

2007年8月10日，国家知识产权局发出《手续合格通知书》，本案请求人由嘉吉有限公司变更为美盛公司。

因合议组成员变更，本案合议组于2007年9月13日向请求人发出合议组成员告知通知书，将合议组成员的变更情况告知请求人。请求人逾期未答复。

2007年11月22日，请求人针对上述《复审通知书》再次提交了意见陈述书，同时提交了经修改的权利要求书，对权利要求1、17和33进行了修改。修改后的权利要求1、17和33为：

"1. 一种含有多个颗粒的肥料组合物，其特征在于，所述颗粒含有：

(a) 肥料部分；和

（b）均包埋在所述肥料部分中的多个分散硫片晶。

17. 一种制备肥料组合物的方法，其特征在于，该方法包括：

（a）用（a）元素硫，然后用（b）含有肥料或其前体的浆液喷雾第一含有肥料的多个颗粒，所述元素硫不覆盖所述颗粒的全部表面；和

（b）硬化步骤（a）的产物，形成第二多个颗粒，所述颗粒含有（i）肥料部分和（ii）均包埋在所述肥料部分内的多个分散硫片晶。

33. 一种将硫传送给土壤，包括用含有多个颗粒的肥料组合物处理土壤的方法，其特征在于，所述颗粒含有（a）肥料部分和（b）均包埋在所述肥料部分中的多个分散硫片晶。”

至此，合议组认为本案事实清楚，可以作出审查决定。

二、决定的理由

1. 关于审查文本

本复审决定是以请求人于2007年11月22日提交的权利要求第1~48项、2002年1月14日进入中国国家阶段时提交的说明书第1~5页以及说明书附图和摘要为基础作出的。

2. 关于专利法第31条第1款

专利法第31条第1款规定：一件发明或者实用新型专利申请应当限于一项发明或者实用新型。属于一个总的发明构思的两项以上的发明或者实用新型，可以作为一件申请提出。

驳回决定认为，权利要求1所述肥料中的硫片晶分散（互不接触地）包埋在肥料部分中，而权利要求17所述方法制备的颗粒状肥料中的硫片晶是连续接触的，因此二者不是同一种肥料，权利要求1和17不符合专利法第31条第1款的规定。

请求人于2007年11月22日提交的权利要求1和17中，权利要求17的步骤（a）增加了“所述元素硫不覆盖所述颗粒的全部表面”，权利要求1和17中“包埋在所述肥料部分内的多个分散硫片晶”修改为“均包埋在所述肥料部分内的多个分散硫片晶”。该修改后的权利要求17的硫片晶是不连续接触的，并且也得到了说明书的支持（参见说明书第1页倒数第3行、第3页第6~9行和第14~19行）。另外，修改后的权利要求1所述肥料组合物中的颗粒和修改后的权利要求17制备肥料组合物的方法最终形成的颗粒中均含有（a）肥料部分和（b）均包埋在所述肥料部分中的多个分散硫片晶，因此，合议组认为，修改后的权利要求1和17具有相同的特定技术特征，属于一个总的发明构思，具有单一性，符合专利法第31条第1款的规定。

3. 关于专利法第22条第2款

专利法第22条第2款规定：新颖性是指在申请日以前没有同样的发明或者实用新型在国内外出版物上公开发表过、在国内公开使用过或者以其他方式为公众所知，也没有同样的发明或者实用新型由他人向国务院专利行政部门提出过申请并且记载在申请日以后公布的专利申请文件中。

如果权利要求的技术方案与现有技术对比文件所公开的方案相比，二者存在区别特征，技术方案实质上不同，则该权利要求相对于该对比文件具有新颖性。

本申请权利要求1要求保护一种含有多个颗粒的肥料组合物，其特征在于，所述颗粒含有：（a）肥料部分；和（b）均包埋在所述肥料部分中的多个分散硫片晶。对比文件1公开了一种含硫颗粒肥料，肥料的每个颗粒包含（i）硫颗粒和（ii）硫酸铵、磷酸铵或其混合物的均匀分散体；其中硫颗粒的平均颗粒大小约100μm或更小（参见该对比文件的权利要求1）。

将权利要求1的技术方案与对比文件1公开的内容进行对比可知，权利要求1所述肥料组合物中的多个分散的硫片晶均包埋在肥料部分中，所述颗粒的表面没有硫组分，而对比文件1中的颗粒状硫基肥料是包含硫和至少一种选自硫酸铵、磷酸铵或其混合物的均匀分散体，所述颗粒的表面应该包含

硫组分。鉴于两者颗粒表面的组成不同，两者属于不同的产品，故权利要求 1 的技术方案与对比文件 1 所公开的内容相比存在区别特征，二者实质上是不同的，因此，权利要求 1 相对于对比文件 1 具有新颖性，符合专利法第 22 条第 2 款的规定。

鉴于驳回决定中没有涉及创造性问题，因此，合议组对此不予评述。

基于以上事实和理由，本案合议组作出如下决定。

三、决定

撤销国家知识产权局于 2006 年 3 月 3 日针对 01801260.4 号发明专利申请作出的驳回决定，由国家知识产权局原审查部门以请求人于 2007 年 11 月 22 日提交的权利要求第 1~48 项、2002 年 1 月 14 日进入中国国家阶段时提交的说明书第 1~5 页以及说明书附图和摘要为基础继续审批程序。

复审请求人对本决定不服的，可以根据专利法第 41 条第 2 款的规定，自收到本决定之日起三个月内向北京市第一中级人民法院起诉。

012

按半幅路权进行路口交通流分离的方法和交通信号机

复审请求审查决定（第 12146 号）

决　　定　　号　第 12146 号
决　　定　　日　2007 年 12 月 18 日
发明创造名称　按半幅路权进行路口交通流分离的方法和交通信号机
国 际 分 类 号　G08G 1/00，G08G 1/09
复 审 请 求 人　王　茜
申　　请　　号　01118121.4
申　　请　　日　2001 年 5 月 17 日
公　　开　　日　2001 年 11 月 28 日
合 议 组 组 长　刘颖杰
主　　审　　员　沈乐平
参　　审　　员　宋　瑞

法 律 依 据　专利法第 33 条，专利法实施细则第 2 条第 1 款
决 定 要 点

如果一项权利要求的方法是为了规定在平面交叉路口如何行车的，不构成技术内容，所采用的手段属于人为规定的行车规则，不受自然规律的约束，没有获得符合自然规律的技术效果，则该权利要求的所述解决方案不属于技术方案，不符合专利法实施细则第 2 条第 1 款的规定。

一、案由

本复审请求涉及申请号为 01118121.4、发明名称为“按半幅路权进行路口交通流分离的方法和交通信号机”的发明专利申请（下称本申请），其申请日为 2001 年 5 月 17 日，公开日为 2001 年 11 月 28 日，申请人为王茜。

国家知识产权局专利局实质审查部门依法对本申请进行了实质审查，于 2004 年 5 月 14 日以本申请权利要求 1~5 不符合专利法第 25 条第 1 款第 2 项的规定为由作出驳回本申请的决定，驳回决定所针对的申请文件为：申请人于 2004 年 3 月 5 日提交的权利要求第 1~5 项、说明书第 1~24 页、说明书摘要；于 2001 年 5 月 17 日提交的说明书附图第 1 页和摘要附图。驳回决定所针对的独立权利要求书 1 为：

“1. 一种由交通信号控制的平面交叉路口的分离不同流向的交通流的交通冲突点的时空分离方法，其特征是：

1）在每一种左转或直行的机动车车流的路口内渠化线的最左侧，在其与每一种由左向右的交通

流的交通冲突点附近足够安全的位置上分别设置一条半幅安全线；把每种交通流在路口内渠化的整幅路面都由其半幅安全线分成两个半幅路面，进入路口的半幅路面称作前半幅路面，离开路口的半幅路面称作后半幅路面；按每个半幅路面的具体交通情况合理统筹安排交通信号机的整幅路权的相位时序，分离交通冲突点，使一些交通流在其获得整幅路面通行路权前的一个相位时间内，其路口内渠化道路的前半幅路面上无其他左转或直行的机动车有路权；可在交通冲突点分离的前提下保证安全，允许这些交通流在其获得整幅路面通行路权前最近的一个相位时间或不足一个相位的一段时间内获得前半幅路权，顺次由停止线前移到其停止线前面的半幅安全线的后面排队，前移将近半幅路面的路程；

2）对各种交通流分别规定了与控制其整幅路面通行的交通指挥灯信号不同的前半幅路权信号和后半幅路权信号，指挥同一个交通流的前半幅路权信号、整幅路面放行的绿灯信号、后半幅路权信号三者所在的相位顺次相连，这三个信号出现的时间也顺次相连，后面一个信号出现时前面一个信号熄灭；当前半幅路权信号出现期间，表示允许此信号控制的交通流可以顺次由其停止线前移到其停止线前面的半幅安全线的后面排队，前移半幅路面的路程；在控制此交通流整幅路面放行的绿灯信号出现时，此交通流通过整个路口，缩短了这些交通流在获得整幅路面通行路权时的过路路程和使用时间；当控制此交通流的整幅路面放行的绿灯信号转为后半幅路权信号时，则表示后半幅路面仍可继续通行，而未进入前半幅路面的交通流已不准进入路口，但已进入路口的可以继续通行，但要加快速度，尽快脱离整幅路面；在禁止此交通流通行的红灯亮时后半幅路权信号熄灭；所有的信号灯都分别设置于其所控制的交通流等候放行时的队首能够醒目地看到的位置上；

3）在这样的路口设置既能控制整幅路面路权指挥灯信号，又能控制半幅路面路权指挥灯信号的交通信号机。”

驳回决定认为：权利要求 1~5 的技术方案是申请人通过自己的思维想出来的一种交通行车方法，属于专利法第 25 条第 1 款第 2 项规定的智力活动的规则和方法的范围，因而不能被授予专利权。

申请人王茜（下称复审请求人）不服上述驳回决定，于 2004 年 5 月 18 日向专利复审委员会提出复审请求，同时提交了权利要求书第 1~2 页的修改替换页和说明书第 6~8 页的修改替换页。此次修改后的权利要求 1 如下：

“1. 一种由交通信号控制的平面交叉路口的分离不同流向的交通流的交通冲突点的时空分离方法，其特征是：

1）在每一种左转或直行的机动车车流的路口内渠化线的最左侧，在其与每一种由左向右的交通流的交通冲突点附近足够安全的位置上分别设置一条半幅安全线；把要进行半幅路权控制的每种交通流在路口内渠化的整幅路面都由其半幅安全线分成两个半幅路面，进入路口的半幅路面称作前半幅路面，离开路口的半幅路面称作后半幅路面；

2）对要进行半幅路权控制的各种交通流分别规定了与控制其整幅路面通行的交通指挥灯信号不同的前半幅路权信号和后半幅路权信号，指挥同一个交通流的前半幅路权信号、整幅路面放行的绿灯信号、后半幅路权信号三者所在的相位顺次相连，这三个信号出现的时间也顺次相连，后面一个信号出现时前面一个信号熄灭；当前半幅路权信号出现期间，表示允许此信号控制的交通流可以顺次由其停止线前移到其停止线前面的半幅安全线的后面排队，前移半幅路面的路程；在控制此交通流整幅路面放行的绿灯信号出现时，此交通流通过整个路口，缩短了这些交通流在获得整幅路面通行路权时的过路路程和使用时间；当控制此交通流的整幅路面放行的绿灯信号转为后半幅路权信号时，则表示后半幅路面仍可继续通行，而未进入前半幅路面的交通流已不准进入路口，但已进入路口的可以继续通行，但要加快速度，尽快脱离整幅路面；在禁止此交通流通行的红灯亮时后半幅路权信号熄灭；所有的信号灯都分别设置于其所控制的交通流等候放行时的队首能够醒目地看到的位置上；

3）在这样的路口设置既能控制整幅路面路权指挥灯信号，又能控制半幅路面路权指挥灯信号的交通信号机；按每个半幅路面的具体交通情况合理统筹安排交通信号机的整幅路权的相位时序，分离交通冲突点，使一些交通流在其获得整幅路面通行路权前的一个相位时间内，其路口内渠化道路的前半幅路面上无其他左转或直行的机动车有路权；可在交通冲突点分离的前提下保证安全，允许这些交通流在其获得整幅路面通行路权前最近的一个相位时间或不足一个相位的一段时间内获得前半幅路权，顺次由停止线前移到其停止线前面的半幅安全线的后面排队，前移将近半幅路面的路程。”

复审请求人在复审请求书中认为：本申请不是仅“指导人们对其表达的信息进行思维、识别、判断和记忆，而没有采用技术手段或者利用自然法则”，而是采用了大量的高新技术手段，构成完整的技术方案，具备技术特征，解决了技术问题并产生了积极的技术效果，因此驳回决定的理由不成立。

经形式审查合格后，专利复审委员会受理了上述复审请求，并于2004年6月7日向复审请求人发出复审请求受理通知书，同时向原实质审查部门发出前置审查通知书，并将本案送至原实质审查部门进行前置审查。

原实质审查部门对该复审请求做出前置审查意见，仍然坚持原驳回决定。

专利复审委员会于2005年1月7日收到复审请求人提交的复审请求书的补充意见，认为本申请的创新点涉及路口路面的道路渠化标线的绘制和众多新半幅路权信号灯组的设置，都明显属于对目前路口交通工程设施现有技术的贡献。

针对上述复审请求，专利复审委员会依法成立合议组对本案进行审理。

本案合议组于2007年3月16日向复审请求人发出第一次复审通知书，指出：权利要求1~5的方案的目的是为了解决交通管理的问题，除了应用了公知的在平面交通路口设置的信号灯和交通信号机外，其他的内容都没有利用自然规律，属于人为规定，达到的效果也是交通管理的效果，因此不符合专利法实施细则第2条第1款的规定。

复审请求人针对上述复审通知书于2007年4月26日提交了意见陈述书，同时提交了权利要求书全文的修改替换页2页、说明书全文的修改替换页11页、说明书摘要的修改替换页1页，修改后的权利要求书只有1项权利要求1，内容如下：

“1. 一种在交叉路口控制不同交通流的交通信号自动控制方法和系统，包括交通标线、交通信号灯、交通信号控制机和控制左转机动车、直行机动车、非机动车、与直行机动车同方向行人等交通流的方法，其特征是：

1）所述的交通标线是指，在左转机动车、直行机动车、非机动车、与直行机动车同方向行人等交通流中，至少有一种交通流的路口内渠化道路中部附近设置了一条横断渠化道路的交通标线，称作半幅安全线；所述的半幅安全线把所述的渠化道路一个整幅路面分成前后两段半幅路面，进入路口的半幅路面称作前半幅路面，离开路口的半幅路面称作后半幅路面；

2）所述的交通信号灯是指，在路口停止线的附近地面上方设置了前半幅信号灯，在所述的半幅安全线的附近地面上方设置了后半幅信号灯；所述的前半幅信号灯的放行信号A工作时，控制所述交通流越过所述的路口停止线；所述的后半幅信号灯的放行信号B工作时，控制所述交通流越过所述的半幅安全线；所有的信号灯符合《道路交通信号灯安装规范》；

3）所述的交通信号机是指，在所述的路口附近设置了交通信号机，通过有效途径，既控制整幅信号灯信号，又控制半幅信号灯信号；

4）所述的控制左转机动车、直行机动车、非机动车、与直行机动车同方向行人等交通流的方法是指，通过交通信号机程序实现的包括如下四个技术措施的自动控制：

a）控制使所有左转和直行的机动车信号的整幅路权相位中，任何两个相邻接的相位时序满足：在后一个信号相位时间阶段才有整幅路权的左转机动车交通流或直行机动车、非机动车、与直行机动车同方向行人等交通流，在其前半幅路面上，在前一个信号相位时间阶段内，无其他的左转或直行机动车可以行走；

b）控制所述的交通流，在其获得整幅路面通行路权前最近的一个信号相位时间，或不足一个信号相位时间的一段时间内，让控制所述交通流的所述前半幅信号灯的放行信号 A 进入工作状态；控制所述交通流顺次越过其路口停止线前移到前面的半幅安全线的后面排队；

c）紧跟着控制所述交通流的前半幅信号灯的放行信号 A 工作时间阶段的是，控制所述交通流整幅路面放行的绿灯信号的一个信号相位工作时间阶段；控制所述交通流通过整个路口；

d）紧跟着控制所述交通流整幅路面放行的绿灯信号的一个相位工作时间阶段的是，控制所述交通流的所述的后半幅信号灯的放行信号 B 还在工作的时间阶段；控制未越过路口停止线的所述交通流停止越线，顺次在线外排队；但因所述的后半幅路面仍在继续放行，仍控制来不及停在路口停止线外的所述交通流继续通行，加快速度，尽快脱离整幅路面；

对于路口其他的左转机动车交通流或直行机动车、非机动车及与直行机动车同方向行人等交通流，也依照此 b）、c）、d）三个技术措施进行控制。”

复审请求人在此次意见陈述书中认为：通过此次修改，本申请方案符合专利法实施细则第 2 条第 1 款的规定，并要求对本案举行口头审理。

针对复审请求人的上述意见陈述和修改后的申请文件，本案合议组于 2007 年 7 月 20 日向复审请求人发出第二次复审通知书，指出：复审请求人对本申请说明书和权利要求书的修改多处超范围，不符合专利法第 33 条的规定；权利要求 1 的主题名称既包含了产品权利要求又包含了方法权利要求，导致权利要求 1 请求保护的类型不清楚，进而导致权利要求 1 请求保护的范围不确定，不符合专利法实施细则第 20 条第 1 款的规定；权利要求 1 的方案并非利用自然规律的技术方案，不符合专利法实施细则第 2 条第 1 款的规定；对于复审请求人提出的要求举行口头审理的要求，合议组认为本案事实清楚，无需举行口头审理。

专利复审委员会于 2007 年 8 月 21 日收到复审请求人针对上述第二次复审通知书提交的意见陈述书，复审请求人同时还提交了说明书第 1～7 页的修改替换页、权利要求书全文以及说明书摘要的修改替换页，并明确表示申请文件的其余部分以 2004 年 5 月 8 日提交的意见陈述书中所确定的内容为准。复审请求人此次修改后的权利要求书为：

“1. 一种由交通信号控制的平面交叉路口的分离不同流向的交通流的交通冲突点的时空分离方法，其特征是：

第一步，按每个半幅路面的具体交通情况合理统筹安排交通信号机的整幅路权的相位时序，分离交通冲突点，使一些交通流在其获得整幅路面通行路权前的一个相位时间内，其路口内渠化道路的前半幅路面上无其他左转或直行的机动车有路权；可在交通冲突点分离的前提下保证安全，允许这些交通流在其获得整幅路面通行路权前最近的一个相位时间或不足一个相位的一段时间内获得前半幅路权，顺次由停止线前移到其停止线前面的半幅安全线的后面排队，前移将近半幅路面的路程；

第二步，在第一步的条件下，指挥同一个交通流的前半幅路权信号 A、整幅路面放行的绿灯信号、后半幅路权信号 B 三者所在的相位顺次相连，这三个信号出现的时间也顺次相连，后面一个信号出现时前面一个信号熄灭；当前半幅路权信号 A 出现期间，表示允许此信号控制的交通流可以顺次由其停止线前移到其停止线前面的半幅安全线的后面排队，前移半幅路面的路程；在控制此交通流整幅路面放行的绿灯信号出现时，此交通流通过整个路口，缩短了这些交通流在获得整幅路面通行路权时的过路路程和使用时间；当控制此交通流的整幅路面放行的绿灯信号转为后半幅路权信号 B 时，则表示后半幅路面仍可继续通行，而未进入前半幅路面的交通流已不准进入路口，但已进入路口的可以继续通行，但要加快速度，尽快脱离整幅路面；在禁止此交通流通行的红灯亮时后半幅路权信号 B 熄灭；所有的信号灯都分别设置于其所控制的交通流等候放行时的队首能够醒目地看到的位置上。

2. 一种具有按半幅路权进行控制的新功能的交通信号机，包括其对整幅路权信号灯的控制能力和其内部具有的安排整幅路权信号灯信号相位和相位顺序的相位时序程序，其特征是：

1）既能控制整幅路面路权指挥灯信号，又能控制半幅路面路权指挥灯信号；能显示前半幅路权放行信号 A 的前半幅信号灯设置在前半幅交通流在停止线外等候放行时的队首能够醒目地看到的位置上；能显示后半幅路权放行信号 B 的后半幅信号灯设置在后半幅交通流在半幅安全线等候放行时的队首能够醒目地看到的位置上；

2）按每个半幅路面的具体交通情况合理统筹安排交通信号机的整幅路权的相位时序，分离交通冲突点，使一些交通流在其获得整幅路面通行路权前的一个相位时间内，其路口内渠化道路的前半幅路面上无其他左转或直行的机动车有路权；

3）在 2）的条件下，让指挥同一个交通流的前半幅路权信号 A、整幅路面放行的绿灯信号、后半幅路权信号 B 三者所在的相位顺次相连，这三个信号出现的时间也顺次相连，后面一个信号出现时前面一个信号熄灭；即：

在前半幅路权信号 A 所在的相位里，此信号控制的交通流可以顺次由其停止线前移到其停止线前面的半幅安全线的后面排队，前移半幅路面的路程；

在控制此交通流整幅路面放行的绿灯信号所在的相位里，此交通流通过整个路口，缩短了这些交通流在获得整幅路面通行路权时的过路路程和使用时间；

在控制此交通流的整幅路面放行的绿灯信号转为后半幅路权信号 B 工作的相位里，后半幅路面仍可继续通行，而未进入前半幅路面的交通流已不准进入路口，但已进入路口的可以继续通行，但要加快速度，尽快脱离整幅路面；

在禁止此交通流通行的红灯亮时后半幅路权信号熄灭。”

经过上述审查程序，合议组认为本案事实已经清楚，可以依法作出审查决定。

二、决定的理由

1. 关于审查基础

本复审决定以专利复审委员会于 2007 年 8 月 21 日收到的复审请求人提交的权利要求第 1~2 项、说明书第 1~7 页、说明书摘要，复审请求人于 2004 年 5 月 18 日提交的说明书第 8 页，于 2004 年 3 月 5 日提交的说明书第 9~24 页，于 2001 年 5 月 17 日提交的说明书附图第 1 页以及摘要附图作为审查基础。

2. 关于专利法第 33 条

专利法第 33 条规定：申请人可以对其专利申请文件进行修改，但是，对发明和实用新型专利申请的修改不得超出原说明书和权利要求书记载的范围，对外观设计专利申请文件的修改不得超出原图片或者照片表示的范围。

本案中，复审请求人在本申请权利要求 2 中增加了如下技术特征“包括其对整幅路权信号灯的控制能力和其内部具有的安排整幅路权信号灯信号相位和相位顺序的相位时序程序”，但是在本申请原始申请文件中并没有记载本申请所述的信号机内部具有安排整幅路权信号灯信号相位和相位顺序的相位时序程序，且上述内容也不能从原始申请文件中直接地、毫无疑义地确定，因此复审请求人对权利要求 2 的修改超出了原始申请文件记载的范围，不符合专利法第 33 条的规定。

3. 关于专利法实施细则第 2 条第 1 款

专利法实施细则第 2 条第 1 款规定：专利法所称发明，是指对产品、方法或者其改进所提出的新的技术方案。

审查指南第二部分第一章第 2 节规定：技术方案是对要解决的技术问题所采取的利用了自然规律的技术手段的集合。技术手段通常是由技术特征来体现的。

本申请独立权利要求 1 请求保护一种由交通信号控制的平面交叉路口的分离不同流向的交通流的交通冲突点的时空分离方法，其目的是要提供一种车辆通过平面交叉路口时的交通行车规则，并具体规定了平面交叉路口内半幅安全线的设置位置、路口各种信号灯的工作次序和车辆按照上述信号灯信号行驶的规则，权利要求 1 中虽然也涉及交通信号机和信号灯，但是权利要求 1 中的交通信号机和信号灯仅仅是为了满足上述人为规定的行车规则而设置的公知设备，并且权利要求 1 的方法所执行的行车规则没有给这些公知设备的性能带来任何改进，也没有给它们的构成和功能带来任何技术上的改变。权利要求 1 的方法是为了规定在平面交叉路口如何行车的规则，不构成技术问题；所采用的手段是人为规定的行车规则，不受自然规律的约束，因而未采用技术手段；执行该方法所获得的效果是实现了对于车辆在平面交叉路口中行车的管理，没有获得符合自然规律的技术效果。因此权利要求 1 的所述方案不属于技术方案，不符合专利法实施细则第 2 条第 1 款的规定。

本申请独立权利要求 2 请求保护一种具有按半幅路权进行控制的新功能的交通信号机，其实质上是利用公知的交通信号机设备来执行权利要求 1 中的行车规则，从权利要求 2 的内容可以看出，所述行车规则没有给交通信号机的性能带来任何改进，也没有给信号灯和信号机的构成和功能带来任何技术上的改变。所述交通信号机是为了按照行车规则指挥在平面交叉路口中如何行车，不构成技术问题；所采用的手段是人为规定的行车规则，不受自然规律的约束，因而未采用技术手段；所述交通信号机所获得的效果是实现了依照权利要求 1 中的行车规则对车辆在平面交叉路口中行车的管理，并没有获得符合自然规律的技术效果。因此权利要求 2 的所述方案不属于技术方案，不符合专利法实施细则第 2 条第 1 款的规定。

复审请求人在专利复审委员会于 2007 年 8 月 21 日收到的意见陈述中认为，修改后的权利要求书中凸显了本发明技术方案中本质性的利用自然规律且具有物质实体的技术手段，即由信号灯设置的新数量和新位置构成的方案形状结构特征，以及由信号机相位和相位顺序的新时序程序构成的方案计算机程序结构特征，因而凸显了本申请技术方案所具有的可专利性。

对此，合议组认为，首先，如上所述，复审请求人为了强调本申请所具有的技术特征而对权利要求 2 的修改超出了原始文件记载的范围，不符合专利法第 33 条的规定；其次，本申请权利要求中对信号灯数量和位置的设置、信号机中具有的相应相位顺序的计算机程序也都是利用公知设备对人为规定的交通行车规则的实施，没有给交通信号机、信号灯本身的性能带来任何改进，也没有给它们的构成和功能带来任何技术上的改变，权利要求中所采用的手段是人为规定的行车规则，不受自然规律的约束，并没有获得符合自然规律的技术效果。因此复审请求人的上述意见不成立。

三、决定

维持国家知识产权局于 2004 年 5 月 14 日对 01118121.4 号发明专利申请作出的驳回决定。

复审请求人对本决定不服的，可根据专利法第 41 条第 2 款的规定，自收到本决定之日起三个月内向北京市第一中级人民法院起诉。

北京市第一中级人民法院
行政判决书

（2008）一中行初字第305号

原告王茜，女，1977年5月8日出生。汉族，北京市移动通讯有限责任公司工程师，户籍所在地北京市东城区东中街58号，住北京市崇文区广渠门外忠实南街6号楼远洋德邑B座5单元602室。

委托代理人王大海（原告王茜之父）。1948年10月1日出生，河北省科学院自动化研究所退休博士研究员，住北京市崇文区广渠门外忠实南街6号楼远洋德邑B座5单元602室。

被告国家知识产权局专利复审委员会，住所地北京市海淀区北四环西路银谷大厦。

法定代表人廖涛，副主任。

委托代理人宋瑞，男，国家知识产权局专利复审委员会干部。

委托代理人田华，女，国家知识产权局专利复审委员会干部。

原告王茜不服被告国家知识产权局专利复审委员会于2007年12月18日作出的第12146号复审请求审查决定（以下简称第12146号决定），于2008年2月1日向本院提起行政诉讼。本院于2008年2月15日受理后，依法组成合议庭，并于2008年3月17日公开开庭审理了本案。原告王茜的委托代理人王大海，被告的委托代理人宋瑞、田华到庭参加了诉讼。本案现已审理终结。

2007年12月18日，被告依据原告的复审请求，作出第12146号决定，认为申请号为01118121.4号"按半幅路权进行路口交通流分离的方法和交通信号机"的发明专利申请（申请日为2001年5月17日，公开日为2001年11月28日，以下简称本申请）权利要求2不符合《中华人民共和国专利法》（以下简称《专利法》）第二条第一款的规定以及本申请权利要求1、2不符合《中华人民共和国专利法实施细则》（以下简称《实施细则》）第二条第一款的规定，决定维持国家知识产权局专利局对本申请作出的驳回决定。

被告在法定期限内，向本院提交了如下证据，用以证明被告作出的第12146号决定认定事实清楚，适用法律正确，审查程序合法：

（1）申请号为01118121.4的发明专利原始申请文件；

（2）第12146号决定依据的审查文本；

（3）被告分别于2007年3月16日和7月20日发出的复审通知书。

原告诉称：1.关于权利要求2"超范围"的问题。被告认定的这些所谓"超范围"文字出现在权利要求2前序部分，属于对最接近的现有技术的描述，是一种公知知识，不涉及发明本身。即使不能在权利要求的公知技术特征部分增加这些文字，也应该允许删除这些文字，使本申请文件达到可以授权的水平，而不应停止一切修改，对本申请进行全盘否定。事实上，删除这些所谓"超范围"的描述文字，并不影响如下权利要求2技术方案文字的完整性。2.权利要求2是要求保护一种交通信号机产品。该信号机内运行着一组能在交叉口内对各个具有待行区的交通流进行二次控制通过交叉口的计算机程序参数代表的控制技术方案。在本申请之前，没有任何信号机有过这种在交叉口内进行二次控制的新程序参数代表的控制技术方案，因而本申请具有创造性、新颖性。这些控制方案确实属于技术方案，而不是被告所谓的人为规定的"行车规则"。而且涉及信号机整体性能的程序参数代表的控制技术方案的设计技术几乎涵盖了"交通信号控制"整个技术学科领域。本申请的权利要求2在信号机上运行了含新参数代表的控制技术方案的程序从而实现对外部交通信号进行控制所反映的是遵循自然规律的技术手段，并由此提升了信号机的整体控制效能。3. 权利要求 1 与权利要求 2 的文字基本相同，区别只是对“方法”而不是对“产品”的描述。权利要求 1 通过新相位阶段结构参数和相位顺序结构参数代表的交通信号控制技术方案确实提出一种控制交通流过交叉口的新方法、即在交叉口内二次控制交通流通过的方法。本申请权利要求 1 申请保护的并不是这个新“过路口方法”，而是实现这个新方法的一种“二次控制交通流通过”的高新技术方案。4. 本申请权利要求 1 这些二次控制交通流通过的高新技术方案，是由在交叉口内的路口道路渠化技术方案、新信号灯的设置技术方案和含参数的信号机程序控制技术方案组合而成的一个信号控制整体系统。属于《审查指南》指出的那种“组合发明”。被告回避本申请对整体信号控制系统性能的进步和改变、而强调“没有给交通信号机、信号灯本身的性能带来改进，也没有给它们的构成和功能带来技术上的改变”，是对本发明提出了一种超出专利法的额外要求。5. 关于信号灯职能及被告所谓的公知信号机和公知信号灯。设置在指挥交通现场的传统的信号灯绿灯被赋予的是一次指挥交通流通过整个交叉口的职能。而在本申请中，却是只赋予设置在指挥交通现场的信号灯绿灯一次指挥交通流通过半个交叉口路面的职能。而且同样的信号灯绿灯随设置在指挥交通现场的位置不同而指挥这是对信号灯指令内容的实质性的改变，提升了整个系统的性能，已经不再是原来意义上的公知信号灯和公知信号机。6. 本申请的高新技术组合方案具备实用性，是符合自然规律的。我们在证据中提交了三个已经由国家知识产权局明确授权的专利。这些专利所描述的方案与本申请是类似的，属于同一个技术领域，具有相同的发明目的，使用了同样的公知信号机和信号灯，使用了完全类似的技术手段，解决了类似的交通问题，遵循着类似的交通自然规律，也取得了类似的技术效果。这些类似的专利申请获得授权，而本申请未予授权显然是不公平的。综上，原告请求人民法院：1. 撤销被告作出的第 12146 号决定；2. 责令被告重新组织合议组审查本申请。

原告在法定期限内、向本院提交了如下证据，用以证明其主张：

（1）01118121.4 号发明专利申请（去除所谓“超范围”文字后的新稿）；

（2）第 12146 号决定；

（3）北京市政府采购中心中标结果公告，京政采中标［2002］017 号；

（4）聂世锦 ZL97225147.2 号实用新型专利说明书；

（5）王培绿 ZL99804885.2 号发明专利说明书；

（6）王大海 ZL200520011383.9 号实用新型专利说明书。

被告辩称：1. 第 12146 号决定中认定的本申请权利要求 2 中增加的技术特征在本申请的原始申请文件中并没有记载，且增加的内容不能从原始申请文件中直接地、毫无疑义地确定，因此原告对权利要求 2 的修改超出了原始申请文件记载的范围，不符合《专利法》第三十三条的规定。2. 本申请独立权利要求 1 请求保护一种交通信号控制的平面交叉路口的分离不同流向的交通流的交通冲突点的时空分离方法，其目的是要提供一种车辆通过平面交叉路口时的交通行车规则，并具体规定了平面交叉路口内半幅安全线的设置位置、路口各种信号灯的工作次序和车辆按照上述信号灯行驶的规则，权利要求 1 中虽然也涉及到交通信号机和信号灯，但是权利要求 1 中的交通信号机和信号灯仅仅是为了满足上述人为规定的行车规则而设置的公知设备，并且权利要求 1 的方法所执行的行车规则没有给这些公知设备的性能带来任何改进，也没有给它们的构成和功能带来任何技术上的改变。权利要求 1 的方法是为了规定在平面交叉路口如何行车的规则，不构成技术问题；所采用的手段是人为规定的行车规则，不受自然规律的约束，因而未采用技术手段；执行该方法所获得的效果是实现了对于车辆在平面交叉路口中行车的管理，没有获得符合自然规律的技术效果。因此权利要求1的所述技术方案不符合《专利法实施细则》第二条第一款的规定。从权利要求2的内容可以看出，所述行车规则没有给交通信号机的性能带来任何改进，也没有给信号灯和信号机的构成和功能带来任何技术上的改变。所述交通信号机是为了按照行车规则指挥在平面交叉路口中如何行车，不构成技术问题；所采用的手段是人为规定的行车规则，不受自然规律的约束，因而未采用技术手段；所述交通信号机所获得的效果是实现了依照权利要求1中的行车规则对车辆在平面交叉路口中行车的管理，并没有获得符合自然规律的技术效果。因此权利要求2不符合《专利法实施细则》第二条第一款的规定。因此，第12146号决定认定事实清楚、适用法律正确，审理程序合法，请求人民法院予以维持。

经庭审质证，原告对被告提交的证据的关联性、真实性、合法性没有异议。被告对原告提交的证据2没有异议，认为原告提交的证据1、证据3~6与本案没有关联性。本院认为，被告提交的证据，能够证明案件事实，本院予以确认。原告提交的证据1因不是第12146号决定所针对的审查文本，不能作为评价被诉具体行政行为是否合法的证据，故本院不予采纳；证据2是第12146号决定系被告作出具体行政行为的载体，不能作为证据使用；证据3~6系其他专利的权利要求书节录，不能作为审查被告作出第12146号决定是否合法的依据，与本案没有关联性，本院亦不予采纳。

经审理查明，2001年5月17日，原告王茜向国家知识产权局专利局提出名称为“按半幅路权进行路口交通流分离的方法和交通信号机”发明创造的申请。2004年5月14日，国家知识产权局专利局以本申请权利要求1~5不符合《专利法》第二十五条第一款第（二）项的规定为由，作出驳回本申请的决定。该驳回决定所针对的申请文件为：原告于2004年3月5日提交的权利要求第1~5项、说明书第1~24页、说明书摘要；于2001年5月17日提交的说明书附图第1页和摘要附图。上述驳回决定所针对的独立权利要求书1为：

“1. 一种由交通信号控制的平面交叉路口的分离不同流向的交通流的交通冲突点的时空分离方法。其特征是：

1）在每一种左转或直行的机动车车流的路口内渠化线的最左侧，在其与每一种由左向右的交通流的交通冲突点附近足够安全的位置上分别设置一条半幅安全线；把每种交通流在路口内渠化的整幅路面都由其半幅安全线分成两个半幅路面，进入路口的半幅路面称作前半幅路面，离开路口的半幅路面称作后半幅路面；按每个半幅路面的具体交通情况合理统筹安排交通信号机的整幅路权的相位时序，分离交通冲突点，使一些交通流在其获得整幅路面通行路权前的一个相位时间内，其路口内渠化道路的前半幅路面上无其他左转或直行的机动车有路权；可在交通冲突点分离的前提下保证安全，允许这些交通流在其获得整幅路面通行路权前最近的一个相位对间或不足一个相位的一段时间内获得前半幅路权，顺次由停止线前移到其停止线前面的半幅安全线的后面排队，前移将近半幅路面的路程；

2）对各种交通流分别规定了与控制其整幅路面通行的交通指挥灯信号不同的前半幅路权信号和后半幅路权信号，指挥同一个交通流的前半幅路权信号、整幅路面放行的绿灯信号、后半幅路权信号三者所在的相位顺次相连，这三个信号出现的时间也顺次相连，后面一个信号出现时前面一个信号熄灭；当前半幅路权信号出现期间，表示允许此信号控制的交通流可以顺次由其停止线前移到其停止线前面的半幅安全线的后面排队，前移半幅路面的路程；在控制此交通流整幅路面放行的绿灯信号出现时，此交通流通过整个路口，缩短了这些交通流在获得整幅路面通行路权时的过路路程和使用时间；当控制此交通流的整幅路面放行的绿灯信号转为后半幅路权信号时，则表示后半幅路面仍可继续通行，而未进入前半幅路面的交通流已不准进入路口，但已进入路口的可以继续通行，但要加快速度，尽快脱离整幅路面；在禁止此交通流通行的红灯亮时后半幅路权信号熄灭；所有的信号灯都分别设置于其所控制的交通流等候放行时的队首能够醒目地看到的位置上；

3）在这样的路口设置既能控制整幅路面路权指挥灯信号，又能控制半幅路面路权指挥灯信号的交通信号机。”

原告不服上述驳回决定，于2004年5月18日向被告提出复审请求，同时提交了权利要求书第1~2页的修改替换页和说明书第6~8页的修改替换页。经形式审查合格后，被告受理了上述复审请求，并于2004年6月7日向原告发出复审请求受理通知书，同时向原实质审查部门发出前置审查通知书，并将本案送至原实质审查部门进行前置审查。原实质审查部门对该复审请求做出前置审查意见，仍然坚持原驳回决定。2005年1月7日，被告收到原告提交的复审请求书的补充意见，认为本申请的创新点涉及路口路面的道路渠化标线的绘制和众多新半幅路权信号灯组的设置，都明显属于对目前路口交通工程设施现有技术的贡献。

针对上述复审请求，被告依法成立合议组对本案进行审理。合议组于2007年3月16日向原告发出第一次复审通知书，指出：权利要求1~5的方案的目的是为了解决交通管理的问题，除了应用了公知的在平面交通路口设置的信号灯和交通信号机外，其他的内容都没有利用自然规律，属于人为规定，达到的效果也是交通管理的效果，因此不符合《专利法实施细则》第二条第一款的规定。原告针对上述复审通知书于2007年4月26日提交了意见陈述书，同时提交了权利要求书全文的修改替换页2页、说明书全文的修改替换页11页、说明书摘要的修改替换页1页。原告认为，通过此次修改，本申请方案符合《专利法实施细则》第二条第一款的规定，并要求对本案举行口头审理。

针对原告的上述意见陈述和修改后的申请文件，合议组于2007年7月20日向原告发出第二次复审通知书，指出：原告对本申请说明书和权利要求书的修改多处超范围，不符合《专利法》第三十三条的规定；权利要求1的主题名称既包含了产品权利要求又包含了方法权利要求，导致权利要求1请求保护的类型不清楚、进而导致权利要求1请求保护的范围不确定，不符合《专利法实施细则》第二十条第一款的规定；权利要求1的方案并非利用自然规律的技术方案，不符合《专利法实施细则》第二条第一款的规定；对于原告提出的要求举行口头审理的要求，合议组认为本案事实清楚，无需举行口头审理。

2007年8月21日，被告收到原告针对上述第二次复审通知书提交的意见陈述书，原告还提交了说明书第1~7页的修改替换页、权利要求书全文以及说明书摘要的修改替换页，并明确表示申请文件的其余部分以2004年5月8日提交的意见陈述书中所确定的内容为准。原告此次修改后的权利要求书为：

“1. 一种由交通信号控制的平面交叉路口的分离不同流向的交通流的交通冲突点的时空分离方法，其特征是：

第一步，按每个半幅路面的具体交通情况合理统筹安排交通信号机的整幅路权的相位时序，分离交通冲突点，使一些交通流在其获得整幅路面通行路权前的一个相位时间内，其路口内渠化道路的前半幅路面上无其他左转或直行的机动车有路权；可在交通冲突点分离的前提下保证安全，允许这些交通流在其获得整幅路面通行路权前最近的一个相位时间或不足一个相位的一段时间内获得前半幅路权，顺次由停止线前移到其停止线前面的半幅安全线的后面排队，前移将近半幅路面的路程；

第二步，在第一步的条件下，指挥同一个交通流的前半幅路权信号A，整幅路面放行的绿灯信号、后半幅路权信号B三者所在的相位顺次相连，这三个信号出现的时间也顺次相连，后面一个信号出现时前面一个信号熄灭；当前半幅路权信号A出现期间，表示允许此信号控制的交通流可以顺次由其停止线前移到其停止线前面的半幅安全线的后面排队，前移半幅路面的路程；在控制此交通流整幅路面放行的绿灯信号出现时，此交通流通过整个路口，缩短了这些交通流在获得整幅路面通行路权时的过路路程和使用时间；当控制此交通流的整幅路面放行的绿灯信号转为后半幅路权信号B时，则表示后半幅路面仍可继续通行，而未进入前半幅路面的交通流已不准进入路口但已进入路口的可以继续通行，但要加快速度，尽快脱离整幅路面；在禁止此交通流通行的红灯亮时后半幅路权信号B熄灭；所有的信号灯都分别设置于其所控制的交通流等候放行时的队首能够醒目地看到的位置上。

2. 一种具有按半幅路权进行控制的新功能的交通信号机，包括其对整幅路权信号灯的控制能力和其内部具有的安排整幅路权信号灯信号相位和相位顺序的相位时序程序，其特征是；

1）既能控制整幅路面路权指挥灯信号，又能控制半幅路面路权指挥灯信号；能显示前半幅路权放行信号A的前半幅信号灯设置在前半幅交通流在停止线外等候放行时的队首能够醒目地看到的位置上；能显示后半幅路权放行信号B的后半幅信号灯设置在后半幅交通流在半幅安全线等候放行时的队首能够醒目地看到的位置上；

2）按每个半幅路面的具体交通情况合理统筹安排交通信号机的整幅路权的相位时序，分离交通冲突点，使一些交通流在其获得整幅路面通行路权前的一个相位时间内，其路口内渠化道路的前半幅路面上无其他左转或直行的机动车有路权；

3）在2）的条件下，让指挥同一个交通流的前半幅路权信号A、整幅路面放行的绿灯信号、后半幅路权信号B三者所在的相位顺次相连，这三个信号出现的时间也顺次相连，后面一个信号出现时前面一个信号熄灭；即：

在前半幅路权信号A所在的相位里，此信号控制的交通流可以顺次由其停止线前移到其停止线前面的半幅安全线的后面排队，前移半幅路面的路程；

在控制此交通流整幅路面放行的绿灯信号所在的相位里，此交通流通过整个路口，缩短了这些交通流在获得整幅路面通行路权时的过路路程和使用时间；

在控制此交通流的整幅路面放行的绿灯信号转为后半幅路权信号B工作的相位里，后半幅路面仍可继续通行，而未进入前半幅路面的交通流已不准进入路口、但已进入路口的可以继续通行，但要加快速度，尽快脱离整幅路面；

在禁止此交通流通行的红灯亮时后半幅路权信号熄灭。”

被告经审理认为：1. 关于审查基础。第12146号决定以专利复审委员会于2007年8月21日收到的原告提交的权利要求第1~2项、说明书第1~7页、说明书摘要，原告于2004年5月18日提交的说明书第8页，于2004年3月5日提交的说明书第9~24页，于2001年5月17日提交的说明书附图第1页以及摘要附图作为审查基础。2. 关于《专利法》第三十三条。本案中，原告在本申请权利要求2中增加了如下技术特征：“包括其对整幅路权信号灯的控制能力和其内部具有的安排整幅路权信号灯信号相位和相位顺序的相位时序程序”，但是在本申请原始申请文件中并没有记载本申请所述的信号机内部具有安排整幅路权信号灯信号相位和相位顺序的相位时序程序，且上述内容也不能从原始申请文件中直接地、毫无疑义地确定，因此原告对权利要求2的修改超出了原始申请文件记载的范围，不符合《专利法》第三十三条的规定。3. 关于《专利法实施细则》第二条第一款。本申请独立权利要求1请求保护一种由交通信号控制的平面交叉路口的分离不同流向的交通流的交通冲突点的时空分离方法，其目的是要提供一种车辆通过平面交叉路口时的交通行车规则，并具体规定了平面交叉路口内半幅安全线的设置位置、路口各种信号灯的工作次序和车辆按照上述信号灯信号行驶的规则，权利要求1中虽然也涉及到交通信号机和信号灯，但是权利要求1中的交通信号机和信号灯仅仅是为了满足上述人为规定的行车规则而设置的公知设备，并且权利要求1的方法所执行的行车规则没有给这些公知设备的性能带来任何改进，也没有给它们的构成和功能带来任何技术上的改变。权利要求1

的方法是为了规定在平面交叉路口如何行车的规则，不构成技术问题；所采用的手段是人为规定的行车规则，不受自然规律的约束，因而未采用技术手段；执行该方法所获得的效果是实现了对于车辆在平面交叉路口中行车的管理，没有获得符合自然规律的技术效果。因此权利要求 1 的所述方案不属于技术方案、不符合《实施细则》第二条第一款的规定。本申请独立权利要求 2 请求保护一种具有按半幅路权进行控制的新功能的交通信号机，其实质上是利用公知的交通信号机设备来执行权利要求 1 中的行车规则，从权利要求 2 的内容可以看出，所述行车规则没有给交通信号机的性能带来任何改进，也没有给信号灯和信号机的构成和功能带来任何技术上的改变。所述交通信号机是为了按照行车规则指挥在平面交叉路口中如何行车，不构成技术问题；所采用的手段是人为规定的行车现则，不受自然规律的约束，因而未采用技术手段；所述交通信号机所获得的效果是实现了依照权利要求 1 中的行车规则对车辆在平面交叉路口中行车的管理，并没有获得符合自然规律的技术效果。因此权利要求 2 的所述方案不属于技术方案，不符合《专利法实施细则》第二条第一款的规定。据此，被告作出第 12146 号决定。原告对该决定不服，向本院提起行政诉讼。

在本院庭审中，原告对被告作出第 12146 号决定的行政程序的合法性以及第 12146 号决定中关于审查基础的认定没有异议。

本院认为，根据当事人无争议的陈述，本院经审查，对被告作出第 12146 号决定的行政程序以及该决定中关于审查基础的认定的合法性予以确定。《专利法》第三十三条规定：“申请人可以对其专利申请文件进行修改，但是，对发明和实用新型专利申请文件的修改不得超出原说明书和权利要求书记载的范围，对外观设计专利申请文件的修改不得超出原图片或者照片表示的范围。”根据上述法律规定，原告作为申请人有权对其申请文件进行修改，但对发明申请文件的修改不能超出原说明书和权利要求书记载的范围。原告在本申请权利要求 2 中增加了“包括其对整幅路权信号灯的控制能力和其内部具有的安排整幅路权信号灯信号相位和相位顺序的相位时序程序”作为其权利要求保护的范围，而该技术内容并未记载在原始申请文件中，亦不能从原始申请文件中直接地、毫无疑义地确定，故该修改已超出原权利要求书记载的范围。第 12146 号决定认定本申请权利要求 2 的修改不符合《专利法》第三十三条规定正确，本院应予支持。原告关于上述修改并未超范围并认为该修改是一种公知技术不涉及发明本身的诉讼理由，缺乏事实和法律依据，本院不予支持。

《专利法实施细则》第二条第一款规定：“专利法所称发明，是指对产品、方法或者改进所提出的新的技术方案。”这种技术方案是指对要解决的技术问题所采取的利用了自然规律的技术手段的集合。本申请是“按半幅路权进行路口交通流分离的方法和交通信号机”发明专利申请，其权利要求 1 请求保护的是一种由交通信号控制的平面交叉路口的分离不同流向的交通流的交通冲突点的时空分离方法，该方法规定了管理平面交叉路口如何行车的规则。这种人为规定的行车规则，未采用技术手段解决技术问题，以获得符合自然规律的技术效果的方案，故不属于《专利法实施细则》第二条第一款规定的技术方案。本申请权利要求 2 请求保护的是一种具有按半幅路权进行控制的新功能的交通信号机，所述交通信号机是为了执行权利要求 1 中的行车规则，指挥在平面交叉路口如何行车，所采用的技术手段是人为规定的行车规则。因此，所述的技术特征并没有给交通信号机带来任何技术上的改进。故，第 12146 号决定认定本申请不符合《专利法实施细则》第二条第一款规定正确，本院应予维持。

综上，第 12146 号决定认定事实清楚，适用法律正确，程序合法，本院应予维持。原告要求撤销第 12146 号决定并责令被告重新审查本申请的诉讼请求，缺乏事实和法律依据，本院不予支持。依照《中华人民共和国行政诉讼法》第五十四条第（一）项之规定，判决如下：

维持被告国家知识产权局专利复审委员会作出的第12146号复审请求审查决定。

案件受理费100元，由原告王茜负担（已交纳）。

如不服本判决，可于本判决书送达之日起15日内，向本院递交上诉状，按对方当事人的人数提交副本并预交上诉费，上诉于北京市高级人民法院。上诉人在接到人民法院预交诉讼费用的通知后七日内未预交又不提出缓交申请的，按自动撤回上诉处理。

审　判　长　吴　月
审　判　员　李纪红
代理审判员　张靛卿
人民陪审员　欧万雄
二〇〇八年四月二十八日
书　记　员　殷　悦

北京市高级人民法院
行政判决书

（2008）高行终字第587号

上诉人（一审原告）王茜，女，1977年5月8日出生，汉族，北京市移动通讯有限责任公司工程师，户籍所在地北京市东城区东中街58号，住北京市崇文区广渠门外忠实里南街6号楼远洋德邑B座5单元602室。

委托代理人王大海（王茜之父），男，1948年10月1日出生，汉族，河北省科学院自动化研究所退休博士研究员，住北京市崇文区广渠门外忠实里南街6号楼远洋德邑B座5单元602室。

被上诉人（一审被告）国家知识产权局专利复审委员会，住所地北京市海淀区北四环西路9号银谷大厦。法定代表人廖涛，副主任。

委托代理人宋瑞，男，国家知识产权局专利复审委员会审查员。

委托代理人田华，女，国家知识产权局专利复审委员会审查员。

上诉人王茜因专利复审请求审查决定，不服北京市第一中级人民法院（2008）一中行初字第305号行政判决，向本院提起上诉。本院受理后，依法组成合议庭，对本案进行了公开审理。上诉人王茜的委托代理人王大海，被上诉人国家知识产权局专利复审委员会（以下简称复审委）的委托代理人宋瑞、田华到庭参加了诉讼。本案现已审理终结。

2007年12月18日，复审委作出第12146号复审请求审查决定（以下简称第12146号决定），认为申请号为01118121.4号“按半幅路权进行路口交通流分离的方法和交通信号机”的发明专利申请（以下简称本申请）权利要求2不符合《中华人民共和国专利法》（以下简称《专利法》）第二条第一款的规定，权利要求1、2不符合《中华人民共和国专利法实施细则》（以下简称《专利法实施细则》）第二条第一款的规定，决定维持国家知识产权局专利局（以下简称专利局）于2004年5月14日对本申请作出的驳回决定。

王茜不服该决定，向北京市第一中级人民法院（以下简称一审法院）提起行政诉讼。

一审法院经审理，对复审委作出第12146号决定的行政程序以及关于审查基础的认定的合法性予以确定。同时该院认为，根据《专利法》第三十三条的规定，申请人有权对发明专利的申请文件进行修政，但修改不能超出原说明书和权利要求书记载的范围。王茜在本申请权利要求2中增加了“包括其对整幅路权信号灯的控制能力和其内部具有的安排整幅路权信号灯信号相位和相位顺序的相位时序程序”作为其权利要求保护的范围，而该技术内容并未记载在原始申请文件中，亦不能从原始申请文件中直接地、毫无疑义地确定，故王茜对本申请的上述该修改超出了原权利要求书记载的范围。第12146号决定认定本申请权利要求2不符合《专利法》第三十三条规定正确。王茜关于上述修改未超范围，该修改是一种公知知识，不涉及发明本身的诉讼理由缺乏事实和法律依据。

一审法院认为，本申请权利要求1要求保护的是一种由交通信号控制的平面交叉路口的分离不同流向的交通流的交通冲突点的时空分离方法，该方法规定了管理平面交叉路口如何行车的规则。这种人为规定的行车规则，未采用技术手段解决技术问题，以获得符合自然规律的技术效果的方案，故不属于《专利法实施细则》第二条第一款规定的技术方案。本申请权利要求2要求保护的是一种具有按半幅路权进行控制的新功能的交通信号机，所述交通信号机是为了执行权利要求1中的行车规则，指挥在平面交叉路口如何行车，所采用的技术手段是人为规定的行车规则。因此，所述的技术特征并没有给交通信号机带来任何技术上的改进。综上认为，第12146号决定认定事实清楚，适用法律正确，程序合法。王茜要求撤销第12146号决定并责令复审委重新审查本申请的诉讼请求，缺乏事实和法律依据。依照《中华人民共和国行政诉讼法》第五十四条第（一）项之规定，判决维持了第12146号决定。

王茜不服一审判决，提起上诉。王茜认为，《联合国北京交通培训中心指定工具书——现代道路交通管理词典》对“交通信号控制配对时方案”的定义为“周期、各信号阶段所包括的相位、各相位绿灯时间和绿灯间隔时间、各相位绿灯开始时间与结束的条件以及某指定阶段与参照时刻的起始时差（即相位差）等参数的组合”。该定义中“参数的组合”就是“利用了自然规律的技术手段的集合”，其构成“控制配时方案”的“参数的组合”也不是杂乱组合，也是对要解决的交通叉口交通信号控制的技术问题所采取的“利用了自然规律”的技术手段的“有机组合”。而本申请权利要求1请求保护的“一种在平面交叉路口由交通信号控制分离不同流向交通的交通冲突点的时空分离方法”，就属于对交叉口交通信号控制技术问题所采取的由“参数的组合”构成的交通信号控制配时方案，属于《专利法实施细则》第二条第一款规定的技术方案。

王茜认为，其在一审期间提交的证据2、3、4，分别为城市道路路口交通管理的装置、控制方法和设备及信号控制系统的已授权的专利文件，其中证据2、3与本申请的区别是前者在交叉口外面的进口道上增加设置的多道停止线，而本申请和证据4则是在交叉口内增加设置的停止线。但证据2~4与本申请的权利要求1所描述的方案是类似的，属于同一个技术领域，具有同样的发明目的，使用了类似的公知的信号机和信号灯，使用了完全类似的技术手段，解决了类似的交通问题，遵循着比较类似的交通信号控制科学自然规律，也取得了比较类似的技术效果。

本申请权利要求2保护的是“运行了含有新控制方案程序参数的交通信号机整体”，其实现对外部交通信号控制，利用了遵循交通自然规律的技术手段，改进并提升了化整为零缩小约束条件、把行人和非机动车对机动车的干扰放在了机动车慢速进入待行区阶段、增加多车道的整体饱和流量的问题。故一审法院关于“所述技术特征并没有给交通信号机带来任何技术上的改进”，属认定事实不清。

交通信号自动控制，是通过交通信号机合理控制信号灯色变化，控制各种守法的车辆、行人的“行”与“停”，以达到减少交通堵塞、保证道路通畅和避免发生事故等目的，而不可能制定“交通行车规则”。本申请的交通信号自动控制方法和信号机，属于可以授予专利权的交通控制系统，与“交通行车规则”没有关系。

本申请权利要求1确实提出在交叉口内一种通过信号机控制信号二次控制交通流过交叉口的高新

技术方案，但该权利要求要求保护的是通过新相位阶段结构参数和相位顺序结构的参数组合的一种实现这个方法的信号机控制信号灯信号的高新技术方案，而非二次控制交通流通过交叉口的新“过路口方法”。

其提交的ZL200410039490.2为“原有十字路口改变交通管理模式的设置”专利已被授权，说明即使是“规定了管理平面交叉路口如何行车”的专利申请也可以获得专利权，国家知识产权局的具体授权政策的掌握尺度是与时俱进并在发展中。

综上王茜认为第12146号决定和一审判决认定事实不清，请求予以撤销。

复审委答辩认为，王茜在对本申请的修改中在权利要求2中增加了“包括其对整幅路权信号灯的控制能力和其内部具有的安排整幅路权信号灯信号相位的相位顺序的相位时序程序”的技术特征。但在本申请原始申请文件中并没有记载本申请所述的信号机内部具有安排整幅路权信号灯信号相位和相位顺序的相位时序程序，且上述内容也不能从原始申请文件中直接地、毫无疑义地确定，因此王茜对权利要求2的修改超出了原始申请文件记载的范围，不符合《专利法》第三十三条的规定。

本申请独立权利要求1要求保护的是一种由交通信号控制的平面交叉路口的分离不同流向的交通流的交通冲突点的时空分离方法，其目的是要提供一种车辆通过平面交叉路口时的交通行车规则，并具体规定了平面交叉路口内半幅安全线的设置位置、路口各种信号灯的工作次序和车辆按照上述信号灯信号行驶的规则，权利要求1中虽然也涉及到交通信号机和信号灯，但是权利要求1中的交通信号机和信号灯仅仅是为了满足上述人为规定的行车规则而设置的公知设备，并且权利要求1的方法所执行的行车规则没有给这些公知设备的性能带来任何改进，也没有给它们的构成和成功带来任何技术上的改变。权利要求1的方法是为了规定在平面交叉路口如何行车的规则，不构成技术问题；所采用的手段是人为规定的行车规则，不受自然规律的约束，因而未采用技术手段；执行该方法所获得的效果是实现了对于车辆在平面交叉路口中行车的管理，没有获得符合自然规律的技术效果。因此，权利要求1不属于技术方案，不符合《专利法实施细则》第二条第一款的规定。

本申请独立权利要求2请求保护的是一种具有按半幅路权进行控制的新功能的交通信号机，其实质上是利用公知的交通信号机设备来执行权利要求1中的行车规则，从权利要求1的内容可见，所述行车规则没有给交通信号机的性能带来任何改进，也没有给信号灯和信号机的构成和功能带来任何技术上的改变。所述交通信号机是为了按照行车规则指挥在平面交叉路口如何行车，不构成技术问题；所采用的手段是人为规定行车规则，不受自然规律的约束，因而未采用技术手段，所述交通信号机所获得的效果是实现了依照权利要求1中的行车规则对车辆在平面交叉路口中行车的管理，并没有获得符合自然规律的技术效果。因此，权利要求2的所述方案不属于技术方案，不符合《专利法实施细则》第二条第一款的规定。综上认为，该委作出的12146号决定和一审法院的判决认定事实清楚，适用法律正确，审理程序合法，请求予以维持。

一审法院审理期间，复审委提交了：（1）申请号为01118121.4的发明专利原始申请文件；（2）12146号复审决定依据的审查文本；（3）复审委分别于2007年3月16日和7月20日发出的复审通知书。

王茜提交了：（1）01118121.4号发明专利申请（去除所谓“超范围”文字后的新稿）；（2）北京市政府采购中心中标结果公告，京政采中标［2002］017号；（3）聂世锦ZL97225147.2号专利实用新型专利说明书；（4）王培绿ZL99804885.2号发明专利说明书；（5）王大海ZL200520011383.9号实用新型专利说明书。

经审查，复审委提交的证据来源合法，内容真实，其中证据1、2能够证明该委在第12146号决定中确认的相关事实，证据3能够证明复审程序，一审法院予以采纳正确。王茜提交的证据1并非第

12146号决定所针对的审查文本，不能作为评价第12146号决定是否合法的证据，证据2~5系其他专利的权利要求书节录，不能作为审查第12146号决定是否合法的依据，与本案没有关联性，一审法院未予采纳，本院不持异议。

经审理查明，本申请为王茜于2001年5月17日提出的“按半幅路权进行路口交通流分离的方法和交通信号机”的发明专利申请，该申请的公开日为2001年11月28日，申请号为01118121.4。在国家知识产权局专利局（以下简称专利局）实质审查期间，王茜于2004年3月5日提交了权利要求第1~5项、说明书第1~24页、说明书摘要；于2001年5月17日提交了说明书附图第1页和摘要附图。其中本申请的独立权利要求书1为：

“1. 一种由交通信号控制的平面交叉路口的分离不同流向的交通流的交通冲突点的时空分离方法，其特征是：

1）在每一种左转或直行的机动车车流的路口内渠化线的最左侧，在其与每一种由左向右的交通流的交通冲突点附近足够安全的位置上分别设置一条半幅安全线；把每种交通流在路口内渠化的整幅路面都由其半幅安全线分成两个半幅路面，进入路口的半幅路面称作前半幅路面，离开路口的半幅路面称作后半幅路面；按每个半幅路面的具体交通情况合理统筹安排交通信号机的整幅路权的相位时序，分离交通冲突点，使一些交通流在其获得整幅路面通行路权前的一个相位时间内，其路口内渠化道路的前半幅路面上无其他左转或直行的机动车有路权；可在交通冲突点分离的前提下保证安全，允许这些交通流在其获得整幅路面通行路权前最近的一个相位时间或不足一个相位的一段时间内获得前半幅路权，顺次由停止线前移到其停止线前面的半幅安全线的后面排队，前移将近半幅路面的路程。

2）对各种交通流分别规定了与控制其整幅路面通行的交通指挥灯信号不同的前半幅路权信号和后半幅路权信号，指挥同一个交通流的前半幅路权信号、整幅路面放行的绿灯信号、后半幅路权信号三者所在的相位顺次相连，这三个信号出现的时间也顺次相连，后面一个信号出现时前面一个信号熄灭；当前半幅路权信号出现期间，表示允许此信号控制的交通流可以顺次由其停止线前移到其停止线前面的半幅安全线的后面排队，前移半幅路面的路程；在控制此交通流整幅路面放行的绿灯信号出现时，此交通流通过整个路口，缩短了这些交通流在获得整幅路面通行路权时的过路路程和使用时间；当控制此交通流的整幅路面放行的绿灯信号转为后半幅路权信号时，则表示后半幅路面仍可继续通行，而未进入前半幅路面的交通流已不准进入路口，但已进入路口的可以继续通行，但要加快速度，尽快脱离整幅路面；在禁止此交通流通行的红灯亮时后半幅路权信号熄灭；所有的信号灯都分别设置于其所控制的交通流等候放行时的队首能够醒目地看到的位置上。

3）在这样的路口设置既能控制整幅路面路权指挥灯信号，又能控制半幅路面路权指挥灯信号的交通信号机。”

专利局经审查，以本申请权利要求1~5不符合《专利法》第二十五条第一款第（二）项的规定为由，于2004年5月14日作出驳回本申请的决定。

王茜不服驳回决定，于2004年5月18日向复审委提出复审请求，同时提交了权利要求书第1~2页的修改替换页和说明书第6~8页的修改替换页。经形式审查合格后，复审委受理了上述复审请求，并于2004年6月7日向王茜发出复审请求受理通知书，同时向原实质审查部门发出前置审查通知书，并将本案送至原实质审查部门进行前置审查。原实质审查部门坚持原驳回决定。2005年1月7日，复审委收到王茜提交的复审请求书的补充意见，认为本申请的创新点涉及路口路面的道路渠化标线的绘制和众多新半幅路权信号灯组的设置，都明显属于对目前路口交通工程设施现有技术的贡献。

针对上述复审请求，复审委依法成立合议组对本案进行审理。合议组于2007年3月16日向王茜发出第一次复审通知书，指出：权利要求1~5的方案的目的是为了解决交通管理的问题，除了应用了公知的在平面交通路口设置的信号灯和交通信号机外，其他的内容都没有利用自然规律，属于人为规定，达到的效果也是交通管理的效果，因此不符合《专利法实施细则》第二条第一款的规定。针对上述复审通知书，王茜于2007年4月26日提交了意见陈述书及权利要求书修改替换页2页、说明书的修改替换页11页、说明书摘要的修改替换页1页，同时要求对本案举行口头审理。

针对王茜的意见陈述和修改后的申请文件，复审委于2007年7月20日发出第二次复审通知书，指出：王茜对本申请说明书和权利要求书的修改多处超范围，不符合《专利法》第三十三条的规定；权利要求1的主题名称既包含了产品权利要求又包含了方法权利要求，导致权利要求1请求保护的类型不清楚，进而导致权利要求1请求保护的范围不确定，不符合《专利法实施细则》第二十条第一款的规定；权利要求1的方案并非利用自然规律的技术方案，不符合《专利法实施细则》第二条第一款的规定；对于王茜提出的要求举行口头审理的要求，合议组认为本案事实清楚，无需举行口头审理。

2007年8月21日，复审委收到王茜针对上述第二次复审通知书提交的意见陈述书、说明书第1~7页的修改替换页、权利要求书全文以及说明书摘要的修改替换页，王茜表示申请文件的其余部分以2004年5月8日提交的意见陈述书中所确定的内容为准。经修改后的本申请权利要求为：

"1. 一种由交通信号控制的平面交叉路口的分离不同流向的交通流的交通冲突点的时空分离方法，其特征是：

第一步，按每个半幅路面的具体交通情况合理统筹安排交通信号机的整幅路权的相位时序，分离交通冲突点，使一些交通流在其获得整幅路面通行路权前的一个相位时间内，其路口内渠化道路的前半幅路面上无其他左转或直行的机动车有路权；可在交通冲突点分离的前提下保证安全，允许这些交通流在其获得整幅路面通行路权前最近的一个相位时间或不足一个相位的一段时间内获得前半幅路权，顺次由停止线前移到其停止线前面的半幅安全线的后面排队，前移将近半幅路面的路程；

第二步，在第一步的条件下，指挥同一个交通流的前半幅路权信号A、整幅路面放行的绿灯信号、后半幅路权信号B三者所在的相位顺次相连，这三个信号出现的时间也顺次相连，后面一个信号出现时前面一个信号熄灭；当前半幅路权信号A出现期间，表示允许此信号控制的交通流可以顺次由其停止线前移到其停止线前面的半幅安全线的后面排队，前移半幅路面的路程；在控制此交通流整幅路面放行的绿灯信号出现时，此交通流通过整个路口，缩短了这些交通流在获得整幅路面通行路权时的过路路程和使用时间；当控制此交通流的整幅路面放行的绿灯信号转为后半幅路权信号B时，则表示后半幅路面仍可继续通行，而未进入前半幅路面的交通流已不准进入路口，但已进入路口的可以继续通行，但要加快速度，尽快脱离整幅路面；在禁止此交通流通行的红灯亮时后半幅路权信号B熄灭；所有的信号灯都分别设置于其所控制的交通流等候放行时的队首能够醒目地看到的位置上。

2. 一种具有按半幅路权进行控制的新功能的交通信号机，包括其对整幅路权信号灯的控制能力和其内部具有的安排整幅路权信号灯信号相位和相位顺序的相位时序程序，其特征是：

1）既能控制整幅路面路权指挥灯信号，又能控制半幅路面路权指挥灯信号；能显示前半幅路权放行信号A的前半幅信号灯设置在前半幅交通流在停止线外等候放行时的队首能够醒目地看到的位置上；能显示后半幅路权放行信号B的后半幅信号灯设置在后半幅交通流在半幅安全线等候放行时的队首能够醒目地看到的位置上；

2）按每个半幅路面的具体交通情况合理统筹安排交通信号机的整幅路权的相位时序，分离交通冲突点，使一些交通流在其获得整幅路面通行路权前的一个相位时间内，其路口内渠化道路的前半幅路面上无其他左转或直行的机动车有路权；

3）在2）的条件下，让指挥同一个交通流的前半幅路权信号A、整幅路面放行的绿灯信号、后半幅路权信号B三者所在的相位顺次相连，这三个信号出现的时间也顺次相连，后面一个信号出现时前面一个信号熄灭；即：

在前半幅路权信号A所在的相位里，此信号控制的交通流可以顺次由其停止线前移到其停止线前面的半幅安全线的后面排队，前移半幅路面的路程；

在控制此交通流整幅路面放行的绿灯信号所在的相位里，此交通流通过整个路口，缩短了这些交通流在获得整幅路面通行路权时的过路路程和使用时间；

在控制此交通流的整幅路面放行的绿灯信号转为后半幅路权信号B工作的相位里，后半幅路面仍可继续通行，而未进入前半幅路面的交通流已不准进入路口，但已进入路口的可以继续通行，但要加快速度，尽快脱离整幅路面；

在禁止此交通流通行的红灯亮时后半幅路权信号熄灭。”

复审委经审理确定对本申请的审查以王茜于2007年8月21日提交的权利要求第1~2项、说明书第1~7页、说明书摘要，王茜于2004年5月18日提交的说明书第8页，于2004年3月5日提交的说明书第9~24页，于2001年5月17日提交的说明书附图第1页以及摘要附图作为审查基础。

复审委经审查认为，王茜在本申请权利要求2中增加了如下技术特征：“包括其对整幅路权信号灯的控制能力和其内部具有的安排整幅路权信号灯信号相位和相位顺序的相位时序程序”，但是在本申请原始申请文件中并没有记载本申请所述的信号机内部具有安排整幅路权信号灯信号相位和相位顺序的相位时序程序，且上述内容也不能从原始申请文件中直接地、毫无疑义地确定，因此王茜对权利要求2的修改超出了原始申请文件记载的范围，不符合《专利法》第三十三条的规定。

本申请独立权利要求1请求保护一种由交通信号控制的平面交叉路口的分离不同流向的交通流的交通冲突点的时空分离方法，其目的是要提供一种车辆通过平面交叉路口时的交通行车规则，并具体规定了平面交叉路口内半幅安全线的设置位置、路口各种信号灯的工作次序和车辆按照上述信号灯信号行驶的规则，权利要求1中虽然也涉及到交通信号机和信号灯，但是权利要求1中的交通信号机和信号灯仅仅是为了满足上述人为规定的行车规则而设置的公知设备，并且权利要求1的方法所执行的行车规则没有给这些公知设备的性能带来任何改进，也没有给它们的构成和功能带来任何技术上的改变。权利要求1的方法是为了规定在平面交叉路口如何行车的规则，不构成技术问题；所采用的手段是人为规定的行车规则，不受自然规律的约束，因而未采用技术手段；执行该方法所获得的效果是实现了对于车辆在平面交叉路口中行车的管理，没有获得符合自然规律的技术效果。因此权利要求1的所述方案不属于技术方案，不符合《专利法实施细则》第二条第一款的规定。

本申请独立权利要求2请求保护一种具有按半幅路权进行控制的新功能的交通信号机，其实质上是利用公知的交通信号机设备来执行权利要求1中的行车规则，从权利要求2的内容可以看出，所述行车规则没有给交通信号机的性能带来任何改进，也没有给信号灯和信号机的构成和功能带来任何技术上的改变。所述交通信号机是为了按照行车规则指挥在平面交叉路口中如何行车，不构成技术问题；所采用的手段是人为规定的行车规则，不受自然规律的约束，因而未采用技术手段；所述交通信号机所获得的效果是实现了依照权利要求1中的行车规则对车辆在平面交叉路口中行车的管理，并没有获得符合自然规律的技术效果。因此权利要求2的所述方案不属于技术方案，不符合《专利法实施细则》第二条第一款的规定。据此，复审委作出第12146号决定。

一审法院审理期间，王茜对复审委作出第12146号决定的行政程序的合法性以及第12146号决定中关于审查基础的认定未提出异议。

本院认为，基于本院对第12146号决定作出的程序和法律适用进行的审查，未发现有违法之情节，故本院同意一审法院对第12146号决定适用法律正确，程序合法的确认。

《专利法实施细则》第二条第一款规定了专利法所要保护的发明是指对产品、方法或者其改进所提出的“技术方案”。本申请虽名称为“按半幅路权进行路口交通流分离的方法和交通信号机”，其说明书也有“本发明涉及城市交通管理，特别是涉及平面交叉路口交通管理的不同流向的交通冲突点的时空分离方法、交通指挥信号灯和交通信号机控制技术”的记载，但本申请的权利要求1仅涉及了“由交通信号控制的平面交叉路口的分离不同流向的交通流的交通冲突点的时空分离方法”，即通过对半幅路面的合理统筹安排，由交通信号机调整整幅路面的相位时序，对交叉路口的交通分流提前一个相位时间，达到分离交通冲突点和快速分流的目的的方法。权利要求2虽涉及了“一种具有按半幅路权进行控制的新功能的交通信号机”，但其特征部分对“信号机”的记载为“既能控制整幅路面路权指挥灯信号，又能控制半幅路面路权指挥灯信号；能显示前半幅路权放行信号A的前半幅信号灯设置在前半幅交通流在停止线外等候放行时的队首能够醒目地看到的位置上；能显示后半幅路权放行信号B的后半幅信号灯设置在后半幅交通流在半幅安全线等候放行时的队首能够醒目地看到的位置上。其核心为“指挥同一个交通流的前半幅路权信号A、整幅路面放行的绿灯信号、后半幅路权信号B三者所在的相位顺次相连，这三个信号出现的时间也顺次相连，后面一个信号出现时前面一个信号熄灭”。仍为对现有信号机的“使用”，即以信号机控制交叉路口的交通分离方法，并未涉及对信号机本身结构、功能的技术性改造。综观本申请的权利要求1、2，均系对其说明书中“以半幅路权为单位疏通路口交通流，达到充分利用路口路面，规范交通秩序，提高路口通行能力的目的，也能达到提高行人的过路能力的目的，还能达到缩小机动车路口信号控制中‘最小绿灯时间’的限制目的，确实实现路口交通的安全、有序、快捷、高效”的进一步阐述，并非利用自然规律完成的对产品、方法的技术改进，属人为制定的快速分离交叉路口交通流的规则。故复审委关于本申请权利要求1的方法是为了规定在平面交叉路口如何行车的规则，不构成技术问题，权利要求2所述的行车规则没有给交通信号机的性能带来任何改进，也没有给信号灯和信号机的构成和功能带来任何技术上的改变。所述交通信号机是为了按照行车规则指挥在平面交叉路口中如何行车，不构成技术问题，本申请不符合《专利法实施细则》第二条第一款规定的确认事实依据充分。

鉴于本申请存在的上述事实错误已经成为授予其专利权的法定障碍，故本院对本申请权利要求和说明书修改中存在的问题不再论述。

综上，第12146号决定认定事实清楚，适用法律正确，审查程序合法；一审法院判决维持符合《中华人民共和国行政诉讼法》第五十四条第（一）项的规定；王茜关于本申请权利要求1请求保护的“一种在平面交叉路口由交通信号控制分离不同流向交通的交通冲突点的时空分离方法”，属于对交叉口交通信号控制技术问题所采取的由“参数的组合”构成的交通信号控制配时方案，权利要求2请求保护的是“运行了含有新控制方案程序参数的交通信号机整体”，实现了对外部交通信号控制，利用了遵循交通自然规律的技术手段的上诉主张没有事实依据，本院不予支持。据此，依据《中华人民共和国行政诉讼法》第六十一条第（一）项的规定，判决如下：

驳回上诉，维持一审判决。

二审案件受理费人民币100元由上诉人王茜负担（已交纳）。

本判决为终审判决。

审 判 长 郭 宜
审 判 员 张学磊
代理审判员 朱海宏
二〇〇八年十二月十二日
书 记 员 程钰玮

013

利用农业废弃物生产生物有机肥的方法

复审请求审查决定（第12206号）

决　定　号　第12206号
决　定　日　2007年12月11日
发明创造名称　利用农业废弃物生产生物有机肥的方法
国际分类号　C05F15/00，C05F17/00，C05F11/08，C05G5/00
复审请求人　谷　洁
申　请　号　03134513.1
申　请　日　2003年8月26日
公　开　日　2004年5月5日
合议组组长　李彦涛
主　审　员　汪送来
参　审　员　李新芝

法律依据　专利法第26条第3款
决定要点

对于一项发明来说，如果说明书中给出了技术手段，但是对所属技术领域的技术人员来说，该手段是含糊不清的，根据说明书记载的内容无法具体实施，则认为该发明由于缺乏解决技术问题的技术手段而无法实现。

一、案由

本复审请求案涉及发明名称为“利用农业废弃物生产生物有机肥的方法”的03134513.1号发明专利申请（下称本申请），申请人为谷洁，申请日为2003年8月26日，公开日为2004年5月5日。

2005年3月11日，针对申请人于申请日提交的权利要求第1~7项、说明书第1~4页、说明书附图第1页以及说明书摘要和摘要附图，国家知识产权局以本申请不符合专利法第26条第3款的规定为由驳回了本申请。

驳回决定认为：（1）本申请要求保护一种利用农业废弃物生产生物有机肥的方法，在说明书的技术方案中提到，这种生产生物有机肥的方法的特殊之处在于包括以下操作步骤“……接种速腐微生物复合菌剂发酵……上述速腐微生物复合菌剂由酵母菌、细菌、真菌、放线菌组成”，并且在具体实施例中也只是讲到速腐微生物复合菌剂是有益微生物；（2）“酵母菌、细菌、真菌、放线菌”均属于上位概念，本领域技术人员很难预见一个属或一个种内的所有菌株都能起到作用并产生效果；（3）说明书没有具体说明酵母菌、细菌、真菌、放线菌的生物学名称；（4）没有说明酵母菌、细菌、真菌、放线菌的来源。因此，说明书没有对发明作出清楚完整的说明，致使所属领域的技术人员不能实现本发明，不符合专利法第 26 条第 3 款的规定。

驳回决定针对的权利要求 1~7 如下：

"1. 一种利用农业废弃物生产生物有机肥的方法，其特征在于包括以下操作步骤：调整农业废弃物的碳氮比，接种速腐微生物复合菌剂发酵，加入造粒剂造粒。

2. 根据权利要求 1 所述的利用农业废弃物生产生物有机肥的方法，其特征在于：所述速腐复合菌剂由酵母菌、细菌、真菌、放线菌组成。

3. 根据权利要求 2 所述的利用农业废弃物生产生物有机肥的方法，其特征在于包括以下操作步骤：对农业废弃物畜禽粪便经过预处理后，加入农作物秸秆，调整农业废弃物的碳氮比，然后调节待腐解废弃物水分含量，接种速腐复合微生物菌接种剂，高温发酵，经过腐解后，中温干燥，加入造粒剂造粒，然后进一步烘干、过筛、检验、包装。

4. 根据权利要求 3 所述的利用农业废弃物生产生物有机肥的方法，其特征在于：所述农业废弃物腐解最适碳氮比在 30~35：1 之间。

5. 根据权利要求 4 所述的利用农业废弃物生产生物有机肥的方法，其特征在于：所述农业废弃物的碳氮比 $C/N = (C_1+C_2)/(N_1+N_2)$，式中 C/N 为腐解时调节目标碳氮比，$C_1$、$C_2$、$N_1$、$N_2$ 分别为畜禽粪便与添加物秸秆的碳、氮含量。

6. 根据权利要求 5 所述的利用农业废弃物生产生物有机肥的方法，其特征在于：所述农业废弃物腐解最适含水率为 55%~65%。

7. 根据权利要求 6 所述的利用农业废弃物生产生物有机肥的方法，其特征在于：所述农业废弃物最适氧气供量为 0.6~1.2m^3/天·kg。"

2005 年 6 月 27 日，申请人谷洁（下称请求人）对上述驳回决定不服，向专利复审委员会提出复审请求，请求人在提出复审请求时没有对申请文件进行修改。

请求人认为：(1) 本申请中所使用的速腐微生物复合菌剂是目前市场上的商品，该商品上标明其组成微生物分属于酵母菌、细菌、放线菌、真菌四大类，公众根据属类可以确定酵母菌、细菌、放线菌、真菌中的任何一种具体商品，并且从市场上得到，因此不需要再具体说明其来源；(2) 本申请要求保护的对象是利用农业废弃物生产生物有机肥的方法，而不是微生物复合菌剂本身，微生物复合菌剂只是本发明所使用的原料，本领域普通技术人员完全能够清楚复合菌剂的具体来源；(3) 使用现有的微生物复合菌剂腐解农业废弃物是重要环节，同时还包括其他工艺技术、流程和参数。

经形式审查合格后，专利复审委员会受理了该请求，并于 2005 年 11 月 7 日向请求人发出了《复审请求受理通知书》，同时将本申请转送至国家知识产权局原审查部门进行前置审查。

在《前置审查意见书》中，国家知识产权局原审查部门坚持驳回决定。

专利复审委员会组成合议组，对本复审请求案进行了审理，并于 2007 年 6 月 18 日向请求人发出《复审通知书》，指出：(1) 在本申请说明书中，仅仅公开了速腐微生物复合菌剂由酵母菌、细菌、真菌、放线菌组成，如果采用新微生物，则没有按照专利法实施细则第 25 条的规定在请求书和说明书中写明微生物保藏的相关内容，以及提供这些微生物特征的资料；如果采用已知微生物，则没有说明使用的是哪一些已知的微生物，如何获得这些已知的微生物，即说明书中没有说明组成速腐微生物复合菌剂的微生物的具体来源，说明书中的速腐微生物复合菌剂及其组成酵母菌、细菌、真菌、放线菌对于本领域技术人员来说是不清楚的，无法具体实施，导致无法实现与现有技术相比能够缩短腐解周期、腐解更彻底、腐解过程中养分损失少、恶臭气体产生量少、成粒度好等优异效果的利用农业废弃物生产生物有机肥的方法。(2) 请求人没有证明本发明在现有技术基础上对碳氮比、最适含水率和最适氧气供量等速腐微生物复合菌剂以外的其他工艺参数进行了优化，从而获得具有上述优越效果的利用农业废弃物生产生物有机肥的方法。因此，请求专利保护的发明由于缺乏解决技术问题的技术手段而无法实现，说明书不符合专利法第 26 条第 3 款的规的。

针对上述《复审通知书》，请求人于 2007 年 8 月 3 日提交了意见陈述书，请求人认为：（1）在本申请中微生物复合菌剂只是起到缩短腐解周期的作用，在说明书第 2 页给出了其制作过程，其中选择具有优良腐解性能的微生物种群，对腐解微生物进行扩繁等都是现有技术；（2）本申请的发明点在于利用农业废弃物畜禽粪便和农作物秸秆制成有机肥料，只是在宏观上筛选获得具有优良腐解性能的微生物种群，对腐解微生物进行扩繁，制成废弃物速腐微生物复合菌剂，至于具体采用何种细菌、何种细菌发挥何种作用并不是本发明要解决的问题，况且说明书第 2 页也指出了微生物在腐解不同阶段发挥着不同作用；（3）现有的各种具有腐解作用的微生物都可作为微生物复合菌剂的原料；（4）在说明书第 4 页指出了本申请的技术方案腐解彻底，腐解后（C/N 终）/（C/N 始）比值小于 0.65，发芽率指数（GI）大于 90%，利用废弃物的腐解产物制成的生物肥料的成粒度好，肥料颗粒抗压强度高，这些效果正是采用本申请的技术步骤和工艺参数所达到的技术效果。

至此，合议组认为本案事实已经清楚，可以作出审查决定。

二、决定的理由

1. 审查文本

本复审决定所针对的申请文本是：请求人于申请日提交的权利要求书、说明书、说明书附图、说明书摘要以及摘要附图。

2. 专利法第 26 条第 3 款

专利法第 26 条第 3 款规定：说明书应当对发明或者实用新型作出清楚、完整的说明，以所属技术领域的技术人员能够实现为准。

对于一项发明来说，如果说明书中给出了技术手段，但是对所属技术领域的技术人员来说，该手段是含糊不清的，根据说明书记载的内容无法具体实施，则认为该发明由于缺乏解决技术问题的技术手段而无法实现。

在本案中，独立权利要求 1 要求保护一种利用农业废弃物生产生物有机肥的方法，其特征在于包括以下操作步骤：调整农业废弃物的碳氮比，接种速腐微生物复合菌剂发酵，加入造粒剂造粒。

如说明书所述，与现有技术相比，本发明具有如下优点和效果：（1）筛选获得具有优良腐解性能的微生物种群，对腐解微生物进行扩繁，制成废弃物速腐微生物复合菌剂。速腐微生物复合菌剂由酵母菌、细菌、真菌、放线菌组成，这些微生物在腐解不同阶段发挥着不同作用。在腐解发热阶段，中温性的酵母菌分解废弃物中的糖类、淀粉、释放热量。在高温阶段，嗜热性的真菌、放线菌分解纤维素、半纤维素、果胶类物质，产生大量热量。在降温阶段，中温性的真菌、放线菌起主要作用。在后期保温阶段，嫌气性细菌起作用；（2）对农业废弃物接种筛选的高效速腐微生物复合菌剂可以缩短腐解周期，腐解过程最高温度可达 65～75℃，该温度可持续 24～36 小时，足以杀灭农业废弃物中的病虫卵、病菌，加快腐解进程；（3）腐解过程养分损失少，恶臭气体产生量少；（4）腐解彻底；（5）利用废弃物的腐解产物制成的生物肥料的成粒度好；（6）生物有机肥中有益微生物分泌的激素、酶、氨基酸、螯合物可以活化养分，提高养分的生物有效性。

但本领域公知的是，对于利用农业废弃物生产生物有机肥的方法，发酵微生物的选择非常关键，其直接关系到该方法是否能够达到上述效果，在不同菌群中，菌和菌之间甚至可能出现拮抗作用。在众多的发酵微生物中筛选合适的菌种、菌株进行组合制成具有上述效果的速腐微生物复合菌剂需要过度的、创造性的劳动。然而，在本申请说明书中，仅仅公开了速腐微生物复合菌剂由酵母菌、细菌、真菌、放线菌组成，倘若速腐微生物复合菌剂采用的是新的微生物，则本申请没有按照专利法实施细则第25条的规定在请求书和说明书中写明微生物保藏的相关内容，以及提供这些微生物特征的资料，这使得本领域技术人员因缺少必要物质条件而无法再现本发明；若速腐微生物复合菌剂采用的是已知微生物，则说明书没有说明使用哪一些已知的微生物，如何获得这些已知的微生物，也就是说，说明书中没有说明组成速腐微生物复合菌剂的微生物的具体来源，在这种情况下，本领域技术人员无法根据说明书公开的内容获得这些微生物并制备本申请所述的速腐微生物复合菌剂，因此，说明书中速腐微生物复合菌剂及其组成酵母菌、细菌、真菌、放线菌对于本领域技术人员来说是不清楚的，无法具体实施，从而导致无法实现与现有技术相比能够缩短腐解周期、腐解更彻底、腐解过程中养分损失少、恶臭气体产生量少、成粒度好等优异效果的利用农业废弃物生产生物有机肥的方法。

针对请求人在答复《复审通知书》时所陈述的几点意见，合议组认为，（1）在说明书中没有说明采用什么样的方法进行筛选的情况下，本领域普通技术人员并不能确定采用何种方法进行筛选可以获得具有优良腐解性能的微生物种群，也没有在请求书和说明书中写明微生物保藏的相关内容，以及提供这些微生物特征的资料，或者说明组成速腐微生物复合菌剂的微生物的具体来源，在这种情况下，本领域技术人员无法获得具有优良腐解性能的微生物种群，从而无法实施本申请请求保护的技术方案，解决本发明所要解决的技术问题，达到上述技术效果；（2）就本申请中速腐微生物复合菌剂以外的其他工艺参数如碳氮比、最适含水率和最适氧气供量而言，其仅仅是一些常规的参数范围，而不是对于任意的速腐微生物复合菌剂、任意的利用农业废弃物生产生物有机肥的方法都是一种优化的参数，请求人并没有在说明书中公开任何采用具体的已知速腐微生物复合菌剂的实验，以证明采用本申请说明书所述的其他工艺技术参数能够达到如上所述的比现有技术更好的技术效果，即没有证明本发明在现有技术基础上对速腐微生物复合菌剂以外的其他工艺参数进行了优化，从而获得具有上述优越效果的利用农业废弃物生产生物有机肥的方法；（3）如上所述，对于利用农业废弃物生产生物有机肥的方法，发酵微生物的选择直接关系到该方法是否能够达到上述效果，在不同菌群中，菌和菌之间甚至可能出现拮抗作用。根据说明书和现有技术的内容并不能确定现有的各种具有腐解作用的微生物作为微生物复合菌剂的原料，都可以解决本发明所述的技术问题，达到上述技术效果。

综上所述，说明书中的速腐微生物复合菌剂及其组成酵母菌、细菌、真菌、放线菌对于本领域技术人员来说是含糊不清的，无法具体实施，并且也没有证据表明采用本申请说明书所述的速腐微生物复合菌剂以外的其他工艺技术参数就能够达到如上所述的技术效果，因此，请求专利保护的发明由于缺乏解决技术问题的技术手段而无法实现，说明书不符合专利法第26条第3款的规的。

根据上述事实和理由，合议组作出如下审查决定。

三、决定

维持国家知识产权局于2005年3月11日针对03134513.1号发明专利申请作出的驳回决定。

复审请求人对本决定不服的，可以根据专利法第41条第2款的规定，自收到本决定之日起三个月内向北京市第一中级人民法院起诉。

014

杀真菌混合物

复审请求审查决定（第 12207 号）

决　　定　　号 第 12207 号
决　　定　　日 2007 年 12 月 12 日
发明创造名称 杀真菌混合物
国 际 分 类 号 A01N 47/24
复 审 请 求 人 巴斯福股份公司
申　　请　　号 97194054. 1
申　　请　　日 1997 年 4 月 23 日
最早的优先权日 1996 年 4 月 26 日
公　　开　　日 1999 年 5 月 12 日
合 议 组 组 长 孙跃飞
主　　审　　员 郭鹏鹏
参　　审　　员 程　强

法 律 依 据 专利法第 26 条第 4 款，专利法实施细则第 20 条第 1 款
决 定 要 点

权利要求书应当以说明书为依据，是指权利要求应当得到说明书的支持。权利要求书中的每一项权利要求所要求保护的技术方案应当是所属技术领域的技术人员能够从说明书充分公开的内容中得到或概括得出的技术方案，并且不得超出说明书公开的范围。

权利要求书应当说明发明或者实用新型的技术特征，清楚、简要地表述请求保护的范围。权利要求书应当清楚，其含义包括每项权利要求所确定的保护范围应当清楚。

一、案由

本复审请求案涉及申请人巴斯福股份公司于 1997 年 4 月 23 日申请、1999 年 5 月 12 日公开，名称为“杀真菌混合物”的 97194054. 1 号发明专利申请（下称本申请），其最早优先权日为 1996 年 4 月 26 日。

国家知识产权局原审查部门于 2002 年 1 月 4 日发出第一次审查意见通知书，认为本申请说明书不符合专利法第 26 条第 3 款的规定、权利要求 1~7 不符合专利法第 26 条第 4 款的规定。

申请人于 2002 年 5 月 15 日提交了意见陈述书及权利要求书替换页，新的权利要求书包括权利要求第 1~7 项。申请人认为，修改后的权利要求能够得到说明书的充分支持。

2002 年 9 月 20 日，针对申请人于 2002 年 5 月 15 日提交的权利要求第 1~7 项和进入中国国家阶

段时提交的国际申请文件文本译文的说明书第1~24页以及1998年10月23日提交的说明书摘要，国家知识产权局以权利要求1、5~7不符合专利法第26条第4款的规定、权利要求1不符合专利法实施细则第20条第1款为由，驳回了本申请。驳回决定针对的权利要求书如下：

“1. 杀真菌混合物，它包含增效活性量的

a）式Ⅰ的氨基甲酸酯

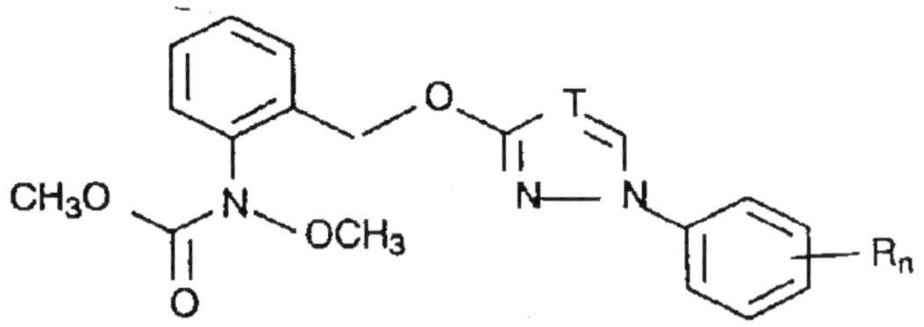

Ⅰ

其中T是CH或N，n是0、1或2，且R是卤素、C_1-C_4-烷基或C_1-C_4-卤代烷基，当n是2时基团R可以不同，和至少一种选自c）~d）

中的化合物

c.1）式Ⅲa的肟醚羧酸酯

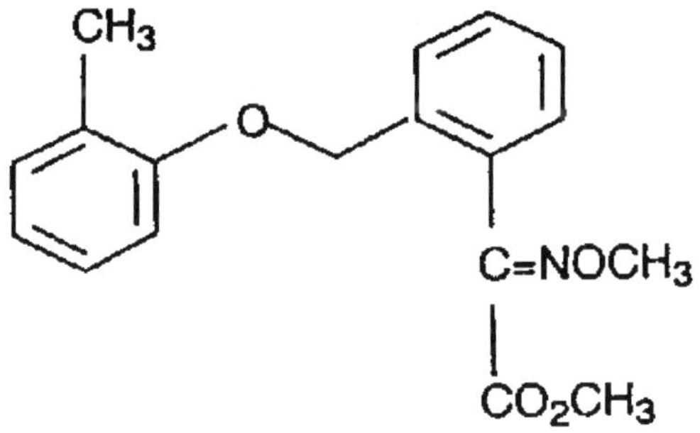

(Ⅲa)

c.2）式Ⅲb的肟醚羧酰胺

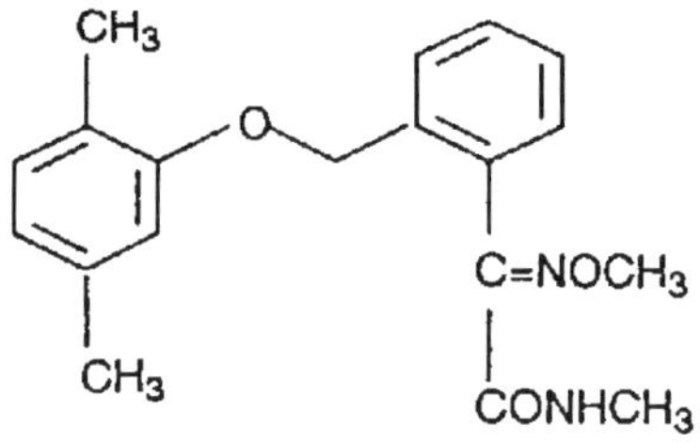

(Ⅲb)

c.3）式Ⅲc的甲氧基丙烯酸酯

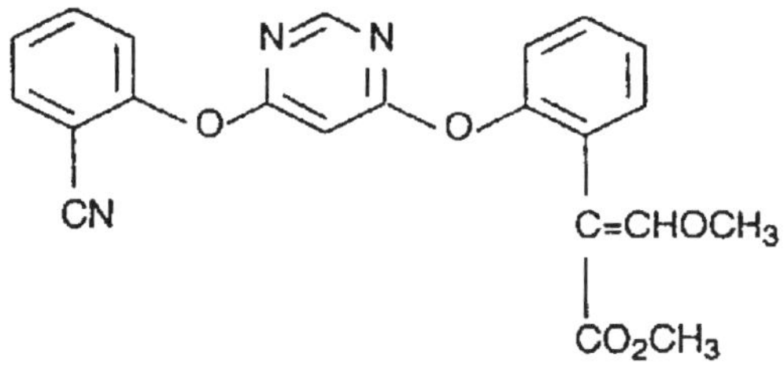

(Ⅲc)

或

d）选自下列化合物的唑衍生物Ⅳ

-（Z）-2-（1H-1，2，4-三唑-1-基甲基）-2-（4-氟苯基）-3-（2-氯苯基）环氧乙烷（Ⅳ-5）

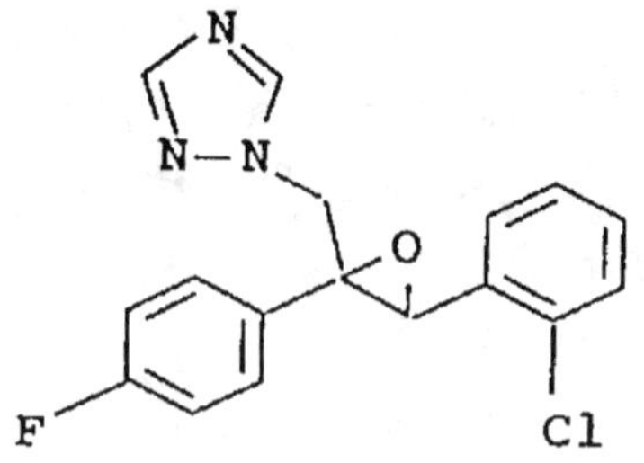

-双（4-氟苯基）（甲基）（1H-1，2，4-三唑-1-基甲基）-甲硅烷（Ⅳ.8）

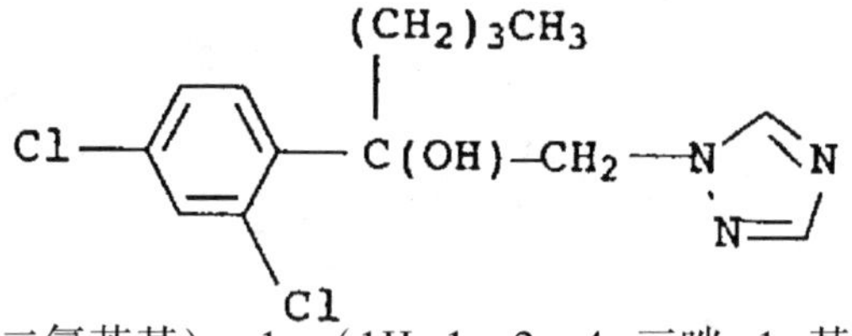

-（R，S）-2-（2，4-二氯苯基）-1-（1H-1，2，4-三唑-1-基）-己-2-醇（Ⅳ.9）

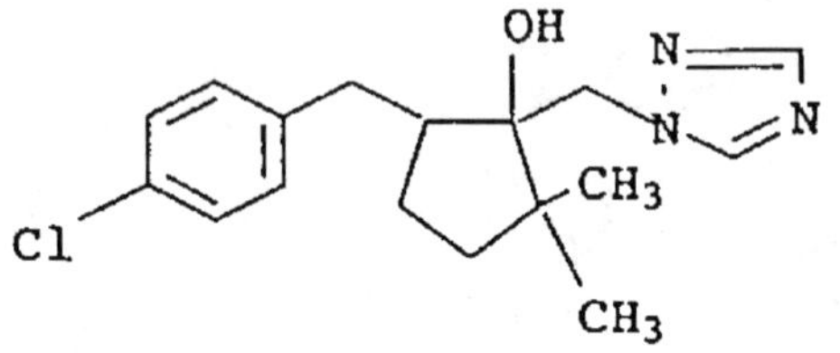

-（1RS，5RS；1RS，5SR）-5-（4-氯苄基）-2，2-二甲基-1-（1H-1，2，4-三唑 -1-基甲基）环戊醇（Ⅳ.10）

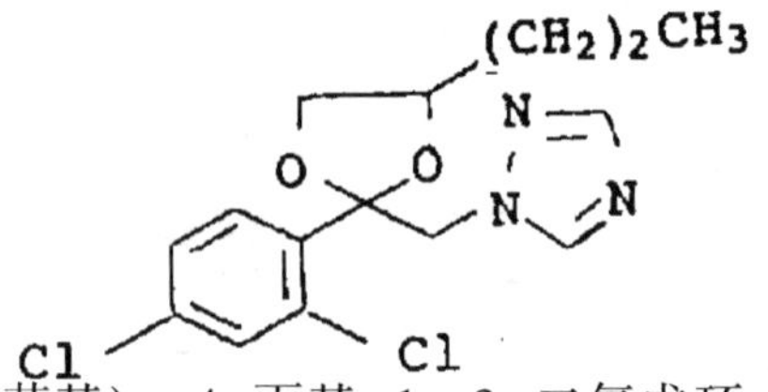

-（+）-1-［2-（2，4-二氯苯基）-4-丙基-1，3-二氧戊环-2-基甲基］-1H- 1，2，4-三唑(Ⅳ.12)

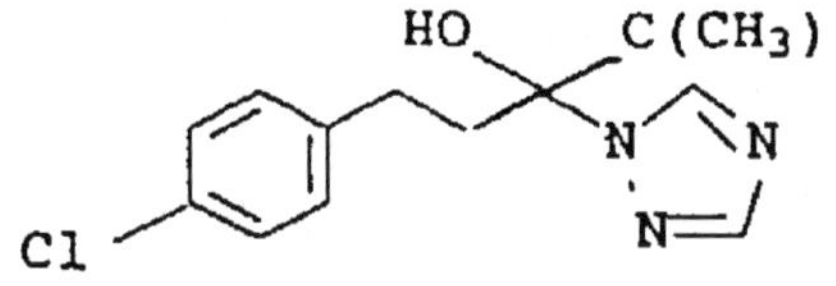

-（R，S）-1-（4-氯苯基）-4，4-二甲基-3-（1H-1，2，4-三唑-1-基甲基）戊-3-醇（Ⅳ.13）

2. 根据权利要求 1 的杀真菌混合物，它包含Ⅲa。

3. 根据权利要求 1 的杀真菌混合物，它包含Ⅲb。

4. 根据权利要求 1 的杀真菌混合物，它包含Ⅲc。

5. 根据权利要求 1 的杀真菌混合物，它包含一种或多种唑衍生物Ⅳ.5 和/或 IV. 10。

6. 防治有害真菌的方法，它包括用权利要求 1 中所述的式Ⅰ化合物和权利要求 1 中所述的式Ⅲ和/或Ⅳ化合物，处理有害真菌、它们的环境或者意欲不受真菌侵染的植物、种子、土壤、区域、材料或空间。

7. 根据权利要求 6 的方法，其中权利要求 1 中所述的化合物 I 以 0.005~0.5 千克/公顷的量处理有害真菌、它们的环境或者意欲不受真菌侵染的植物、种子、土壤、区域、材料或空间。”

驳回决定认为：(1) 权利要求 1、5~7 中使用的式 IV 化合物包含的 IV10、IV13 与式 I 化合物复配的技术方案没有得到说明书的实质支持，其协同作用的效果属于推测难以预先确定和评价。(2) 权利要求 1 中出现的“增效活性量”为含义不确定的措辞，导致该权利要求保护范围不清楚。

巴斯福股份公司（以下称请求人）对上述驳回决定不服，于 2002 年 12 月 13 日向专利复审委员会提出复审请求，请求人在提出复审请求时未对申请文件进行修改。请求人同时提交了下述证据以证明本申请中式 IV 的 6 个化合物作用机理相同，均为甾醇脱甲基化抑制剂。

证据 1：《国外农药品种手册》新版合订本，化工部农药信息总站，1996 年 8 月，复印件共 10 页。

请求人认为：(1) 现有技术中化合物 IV. 10、IV. 13 与实施例中的 IV. 5、IV. 8、IV. 9、IV. 12 均为三唑类化合物，现有技术中的相关文献已知这些化合物的机理是相同的，均为甾醇生物合成中 C-14 脱甲基化酶的抑制剂，所以由本申请说明书实施例公开的内容，本领域技术人员结合常规知识可以得出化合物 IV. 10、IV. 13 也可能实现本发明的目的。(2) 权利要求 1 中的“增效活性量”的措辞表达是对“各组分的配比”的功能性限定，它限定了一种技术效果，这种限定符合审查指南中有关功能性限定的要求；这一功能性限定也构成了一个本申请要求保护的混剂所必需满足的可试验的标准，其含义是清楚的；而且，本发明权利要求 1 的实质在于式 I 和式 III 化合物或式 IV 化合物的特定组合上，而并不在两种化合物之间的具体配比关系上。

形式审查合格后，专利复审委员会受理了该复审请求，并于 2002 年 12 月 30 日向请求人发出《复审请求受理通知书》，随后将本申请转送国家知识产权局原审查部门进行前置审查。

国家知识产权局原审查部门对本复审请求进行了前置审查，前置审查意见书认为：(1) 在农药领域，两种已知的活性成分混配后能否增效需要实验证实，(2) 权利要求 1 中“增效活性量”的技术特征未提供关于两种成分配比的实质内容，是不清楚的。审查部门坚持原驳回决定。

专利复审委员会组成合议组对本复审请求案进行了审理，于 2007 年 4 月 3 日向请求人发出《复审通知书》。

《复审通知书》指出：(1) 本申请权利要求 1 要求保护式 I 的氨基甲酸酯类化合物，与至少一种选自三种式 III、以及六种式 IV 的化合物，形成的杀真菌混合物；但是，本申请说明书中实施例中仅包括了式 I 中 T 选 CH 的化合物，与选自式 IIIa、IIIb、IIIc，以及 IV. 5、IV. 8、IV. 9、IV. 12 的协同增效实验效果数据，并没有记载式 I 中 T 选 N 的化合物与其他两类化合物复配、以及式 I 化合物与化合物 IV. 10、IV. 13 复配的实施例及其实验数据。当式 I 中的 T 取 N 时，其所代表的化合物与 T 取 CH 时所代表的化合物具有完全不相同的主结构；同样，化合物 IV. 10、IV. 13 与化合物 IV. 5、IV. 8、IV. 9、IV. 12 中的任一个相比，也不具有相同的主结构；所以，根据本申请说明书记载的实施例，本领域技术人员不能确定上述与实施例中化合物不同结构的化合物，其混配时也能具备协同增效的杀真菌效果。因此，权利要求 1 得不到说明书的支持，不符合专利法第 26 条第 4 款的规定。基于相同的理由，权利要求 2~7 也得不到说明书的支持。(2) 权利要求 1 中出现了限定“增效活性量的”，这是一种功能或效果特征的限定。对于本领域技术人员来说，“增效活性量的”，涵盖了所有能够使两种化合物产生增效效果的配比比例范围，本申请说明书中仅公开了两种化合物单剂 1∶1 配比的实施例，对于本领域技术人员来说，从说明书公开的内容仅能得出两种化合物单剂 1∶1 配比时能产生增效的效果，无法通过简单的逻辑推理或推测得到其他所有能产生增效效果的比例范围。因此，权利要求 1

得不到说明书的支持。基于相同的理由，权利要求 2~7 也得不到说明书的支持。

2007 年 7 月 18 日，请求人针对上述《复审通知书》提交了意见陈述书和新修改的权利要求书，认为经修改的文本已经克服《复审通知书》所指出的各个缺陷。

2007 年 10 月 9 日，请求人再次提交了意见陈述书和新修改的权利要求书。修改后的权利要求书如下：

“1. 杀真菌混合物，它包含增效活性量的

a）式 I 的氨基甲酸酯

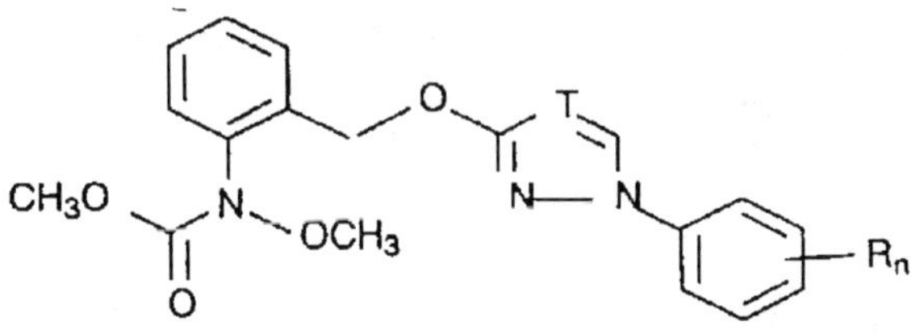

I

其中 T 是 CH，n 是 1，且 R 是卤素、C_1-C_4-烷基，和一种选自 c）~d）中的化合物：

c. 1）式Ⅲa 的肟醚羧酸酯

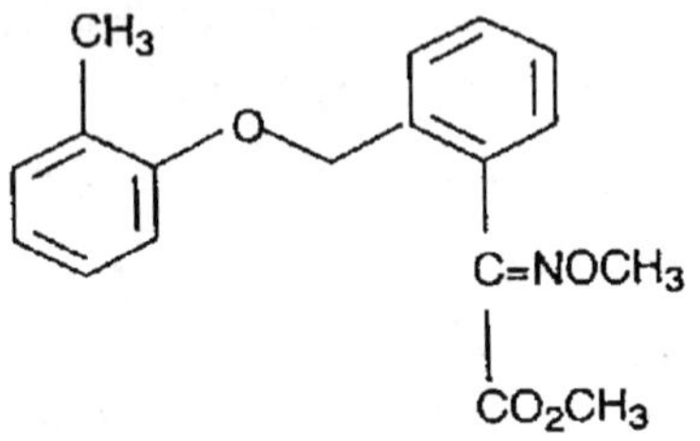

(IIIa)

c. 2）式Ⅲb 的肟醚羧酰胺

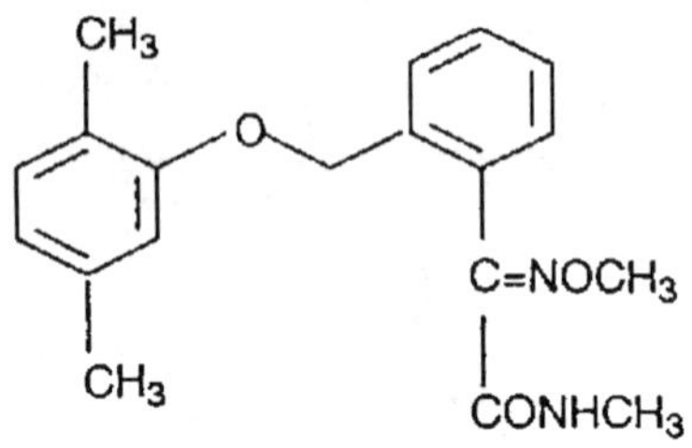

(IIIb)

c. 3）式Ⅲc 的甲氧基丙烯酸酯

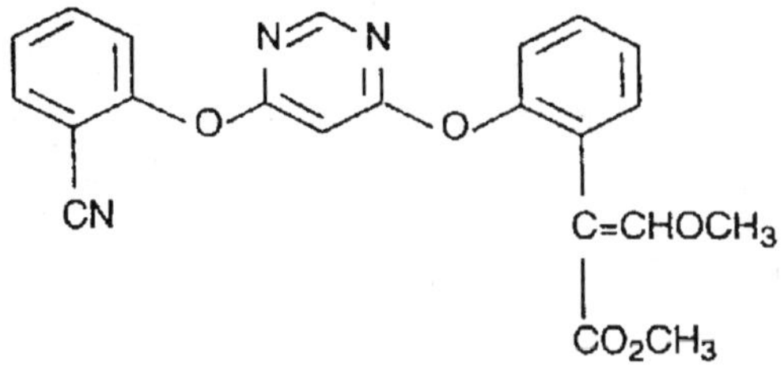

(IIIc)

或

d）选自下列化合物的唑衍生物Ⅳ

-（Z）-2-（1H-1，2，4-三唑-1-基甲基）-2-（4-氟苯基）-3-（2-氯苯基）环氧乙烷（Ⅳ.5）

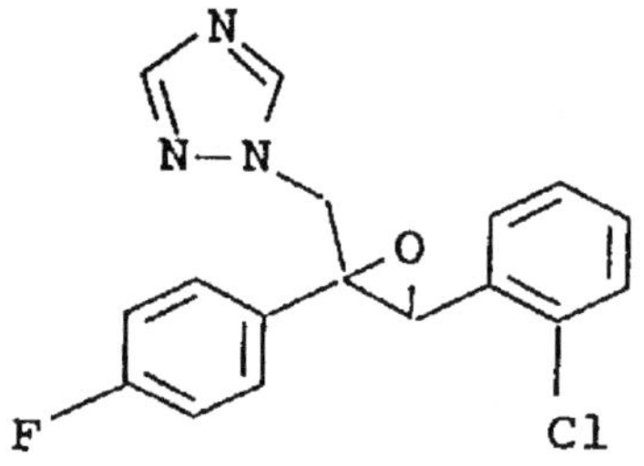

-双（4-氟苯基）（甲基）（1H-1，2，4-三唑-1-基甲基）-甲硅烷（Ⅳ.8）

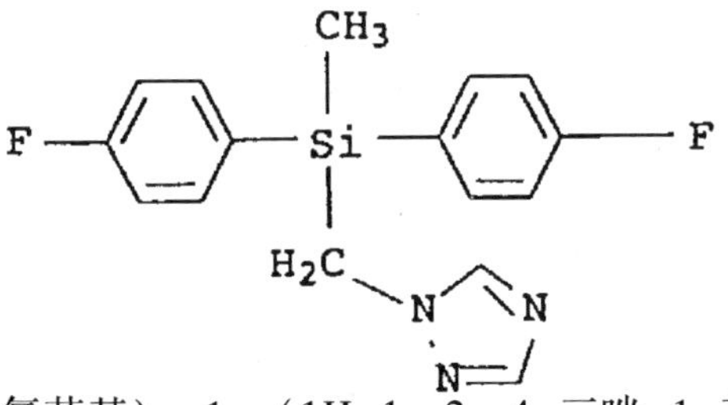

-（R，S）-2-（2，4-二氯苯基）-1-（1H-1，2，4-三唑-1-基）-己-2-醇（Ⅳ.9）

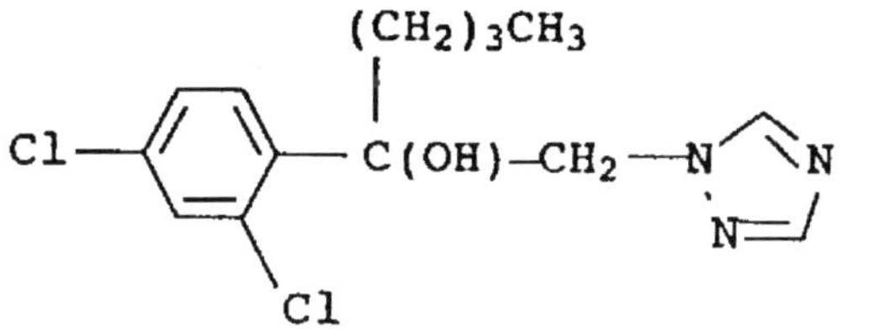

-（+）-1-［2-（2，4-二氯苯基）-4-丙基-1，3-二氧戊环-2-基甲基］-1H- 1，2，4-三唑（Ⅳ.12）

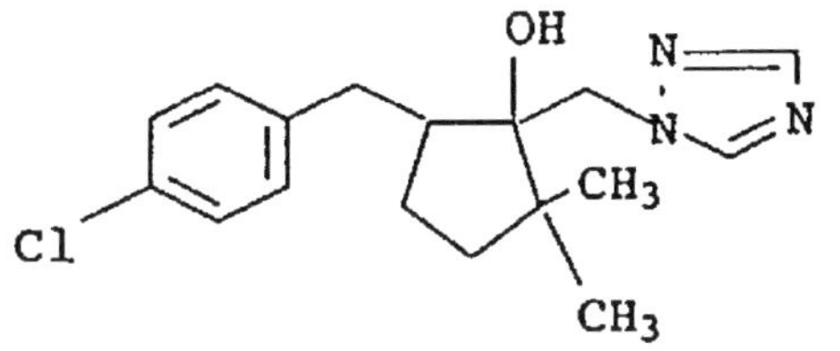

其中化合物Ⅰ和Ⅲ的重量比为10：1~0.1：1，化合物Ⅰ和Ⅳ的重量比为10：1~0.1：1。

2. 根据权利要求1的杀真菌混合物，它包含Ⅲa。

3. 根据权利要求1的杀真菌混合物，它包含Ⅲb。

4. 根据权利要求1的杀真菌混合物，它包含Ⅲc。

5. 根据权利要求1的杀真菌混合物，它包含Ⅳ.5。

6. 防治有害真菌的方法，它包括用权利要求1中所述的式Ⅰ化合物和权利要求1中所述的式Ⅲ或Ⅳ化合物，处理有害真菌、它们的环境或者意欲不受真菌侵染的植物、种子、土壤、区域、材料或空间。

7. 根据权利要求6的方法，其中权利要求1中所述的化合物Ⅰ以0.005~0.5千克/公顷的量处理有害真菌、它们的环境或者意欲不受真菌侵染的植物、种子、土壤、区域、材料或空间。”

请求人在意见陈述书中指出：（1）申请人将式Ⅰ化合物中的T限定为CH，同时限定n=1、R=卤素或C_1-C_4烷基，并删除混合物方案中的式Ⅳ.10和Ⅳ.13的化合物，经过上述限定后权利要求中的技术方案可以得到说明书中实施例的支持；（2）本发明的核心在于发现了式I化合物和式III、IV化合物组合使用的增效杀真菌的效果，说明书中具体例举的混合比例仅仅是用来例证证明所述组合物的组分之间存在增效作用，而这两种组分的增效活性不会局限于一个或几个点。

经过上述审查程序，本案合议组认为，本案事实已经清楚，可以作出复审决定。

二、决定的理由

1. 关于审查文本

本复审决定是以下述文本为基础作出的：请求人于2007年10月9日提交的权利要求1~7项，和进入中国国家阶段时提交的国际申请文件文本的说明书第1~24页以及1998年10月23日提交的说明书摘要。

2. 关于专利法第26条第4款和专利法实施细则第20条第1款

专利法第26条第4款规定：权利要求书应当以说明书为依据，说明要求专利保护的范围。

权利要求书应当以说明书为依据，是指权利要求应当得到说明书的支持。权利要求书中的每一项权利要求所要求保护的技术方案应当是所属技术领域的技术人员能够从说明书充分公开的内容中得到或概括得出的技术方案，并且不得超出说明书公开的范围。如果权利要求的概括包括了申请人推测的内容，而其效果又难于预先确定和评价，应当认为这种概括超出了说明书公开的范围，而得不到说明书的支持。

专利法实施细则第20条第1款规定，权利要求书应当说明发明或者实用新型的技术特征，清楚、简要地表述请求保护的范围。

权利要求书应当清楚，其含义包括每项权利要求所确定的保护范围应当清楚。

请求人在2007年10月9日提交的新修改的权利要求书中，删除了原权利要求1中得不到说明书支持的式I中T选N的化合物与其他两类化合物复配、以及式I化合物与化合物IV.10、IV.13复配的技术方案。修改后的权利要求1中包括了式I的氨基甲酸酯类化合物中T为CH的化合物，与一种选自式IIIa、IIIb、IIIc、或IV.5、IV.8、IV.9、IV.12的化合物形成的混合物的技术方案，且其中化合物I和III的重量比为10∶1~0.1∶1、化合物I和IV的重量比为10∶1~0.1∶1。本申请说明书记载了权利要求1中所述一定配比的混合物的技术方案，同时，还记载了上述混合物增效的杀菌效果的实验方法和评价方法，并记载了具体的实施例以及试验测试结果，试验结果表明一定配比的上述混合物实际杀菌效力明显高于预期。基于说明书记载的上述内容，所属领域的技术人员结合本领域的常识可以预期，权利要求1所述的配比范围内式I化合物与一种选自式IIIa、IIIb、IIIc、或IV.5、IV.8、IV.9、IV.12的化合物，能够显示出增效的杀菌效果，本领域技术人员利用本申请说明书中记载的实验方法结合本领域的常规试验手段可以获得上述混合物的增效效果。

同时，对于权利要求1中的“增效活性量”这一技术特征，权利要求1中将其进一步限定为“化合物I和III的重量比为10∶1~0.1∶1，化合物I和IV的重量比为10∶1~0.1∶1”。在权利要求1明确了所述混合物的两种组分重量配比范围的条件下，权利要求1的限定所确定的保护范围是清楚的，符合专利法实施细则第20条第1款的规定。

综上，合议组认为，权利要求1已经克服了驳回决定和复审通知书指出的缺陷，符合专利法第26条第4款和专利法实施细则第20条第1款的规定。同理，权利要求2~7也能够得到说明书的支持，符合专利法第26条第4款的规定。

根据以上事实和理由，本案合议组作出如下审查决定。

三、决定

撤销国家知识产权局于 2002 年 9 月 20 日对 97194054.1 号发明专利申请作出的驳回决定。由原审查部门以本决定所依据的文本为基础继续审查。

复审请求人对本决定不服的，可以根据专利法第 41 条第 2 款的规定，自收到本决定之日起三个月内向北京市第一中级人民法院起诉。

015

异氰酸酯乳液胶粘剂制备方法

复审请求审查决定（第12237号）

决　定　号　第12237号
决　定　日　2007年12月6日
发明创造名称　异氰酸酯乳液胶粘剂制备方法
国际分类号　C09J 175/04
复审请求人　东北林业大学
申　请　号　00129121.1
申　请　日　2000年9月29日
公　开　日　2002年4月24日
合议组组长　李人久
主　审　员　郝兴辉
参　审　员　张晓飞

法律依据　专利法第26条第3款
决定要点

说明书给出的技术手段是含糊不清的，缺少实现发明所需的完整的具体实施方式，导致所属技术领域的技术人员不能实现该发明的技术方案，解决其技术问题，并且产生预期的技术效果，该说明书不符合专利法第26条第3款的规定。

一、案由

本复审请求涉及名称为“异氰酸酯乳液胶粘剂制备方法”的第00129121.1号发明专利申请（下称本申请），申请人为东北林业大学，申请日为2000年9月29日，公开日为2002年4月24日。

2003年4月18日，国家知识产权局向申请人发出第一次审查意见通知书，其审查意见为：说明书未对发明作出清楚、完整的说明，不符合专利法第26条第3款的规定，权利要求1~3不能得到说明书的支持，不符合专利法第26条第4款的规定。

申请人于2003年6月13日提交了补正书和修改后的说明书第1~6页。

2003年10月17日，国家知识产权局向申请人发出《第二次审查意见通知书》，其审查意见为：修改后的说明书增加了新内容，补入了具体化合物，并更改了反映温度、时间、加入量等要素，导致修改后的说明书超出了原始公开的说明书记载的范围，不符合专利法第33条的规定。

申请人分别于2003年12月4日和2004年1月7日提交了意见陈述书、补正书和修改后的申请文件替换页，又于2004年1月9日提交了更换后的意见陈述书和更换后的补正书。

国家知识产权局于2004年4月2日驳回了本申请，其理由为：修改后的说明书对第3页第五段、实施例1、第3页最后一段、第4页第1段、实施例2、第4页表1的修改，与原始申请文件相比构成了新的技术方案，所使用的化合物“十七烷氧基聚氧乙烯-25醚”在原始公开的说明书和权利要求中没有记载，因此该申请说明书的修改超出了原始申请文件公开的范围，不符合专利法第33条的规定。驳回决定针对的权利要求书为：

“1. 一种异氰酸酯乳液胶黏剂制备方法，属于聚氨酯胶黏剂制备方法，其特征在于采用多异氰酸脂类物质，分子式如下：

OCN-R-NCO　　　　（Ⅰ）

式中，R为6~20个碳原子的烷基、环烷基、芳香基或烷芳基，或由苯胺与甲醛合成含一定量的多胺混合物后再光气化而得到PAPI（多亚甲基多苯基多异氰酸酯），分子式如下：

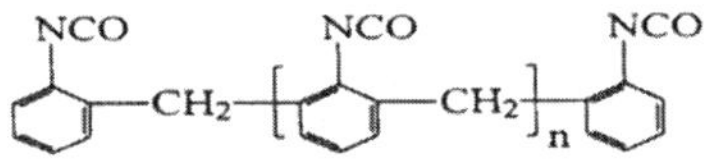

（Ⅱ）

式中n为大于1的整数。

和经真空减压脱水后的多元醇类物质，分子式如下：

$R'-（CH_2-CH_2-O）_m-H$　　　　（Ⅲ）

式中R′为环氧基、烷氧基、芳氧基或H，m为5~50的整数，按摩尔比20-200：1分别称取，加入洁净干燥的装有搅拌器和温度计的三口瓶中，经氮气保护加热，升温，保温得到异氰酸酯基封端预聚体，取异氰酸酯预聚体，与乳化液水溶液、稳定剂水溶液搅拌混合，制成异氰酸酯乳液胶黏剂。

2. 如权利要求1所述的异氰酸酯乳液胶黏剂制备方法，其特征在30~100℃之间加热升温，保温2~4小时。

3. 如权利要求1所述的异氰酸酯乳液胶黏剂制备方法，其特征在于乳化剂水溶液浓度为0.1%~10%，稳定剂水溶液浓度为0.1%~10%，异氰酸酯预聚体固体含量为30%~40%。”

申请人东北林业大学（下称请求人）对上述驳回决定不服，于2004年5月11日向专利复审委员会提出复审请求，认为修改后的说明书没有增加技术特征、也没有构成新的技术方案，没有超出原始申请文件公开的范围。

形式审查合格后，专利复审委员会受理了该复审请求，于2005年3月2日向复审请求人发出《复审请求受理通知书》，并将案卷转送至原审查部门进行前置审查。

原审查部门对本复审请求进行了前置审查，认为说明书第3页第5段增加了具体实施方案，实施例中将通式化合物修改为具体化合物，这些增加和修改超出了原始申请文件的范围，坚持驳回决定。

专利复审委员会组成合议组，对本复审请求案进行了审理，于2005年10月9日发出《第一次复审通知书》，指出与申请日提交的原说明书和权利要求书相比，修改后的说明书和权利要求书超范围，不符合专利法第33条的规定。

请求人于2005年11月8日提交了意见陈述书，并提交了说明书摘要、权利要求书、说明书的全文替换页。

合议组于2007年7月31日发出《第二次复审通知书》，指出说明书的具体实施方式一中的反应原料“结构式（Ⅲ）的化合物”是通式化合物，在实施方式中没有描述具体的化合物，并且“乳化剂水溶液”和“稳定剂水溶液”的具体物质和浓度仅在说明书中列举了一定的范围，在具体实施方式中没有描述具体的物质和浓度，而且乳化的具体步骤也不清楚；同样，说明书的具体实施方式二中的反应原料“结构式（Ⅱ）的化合物”和“结构式（Ⅲ）的化合物”也都是通式化合物，没有描述具体的化合物；表2列出了各种刨花板物理力学性能，但是所属技术领域的技术人员不能明了制备各种刨花板的异氰酸脂乳液胶粘剂的具体成分。修改后的说明书中具体实施方式一和具体实施方式二所用的反应原料、制备步骤以及制得的产物均不清楚，所属技术领域的技术人员根据说明书记载内容，无法实施该异氰酸脂乳液胶粘剂制备方法，并解决其技术问题。因此，说明书给出的技术手段是含糊不清的，缺少实现发明所需的完整的具体实施方式，导致所属技术领域的技术人员不能实现该发明的技术方案，解决其技术问题，并且产生预期的技术效果，说明书不符合专利法第 26 条第 3 款的规定。另外，说明书没有清楚、完整地公开制备异氰酸脂乳液胶粘剂的方法，没有足够的实施例支持权利要求 1 的方法中采用通式化合物（Ⅰ）、（Ⅱ）、（Ⅲ）均能解决技术问题，即根据说明书记载的内容所属技术领域的技术人员无法确定该通式化合物概括的具体化合物均能解决其技术问题，并达到相同的技术效果，因此权利要求 1~3 要求保护的技术方案不符合专利法第 26 条第 4 款的规定。

针对上述复审通知书，请求人于 2007 年 8 月 31 日提交了意见陈述书和修改后的权利要求第 1~2 项、说明书第 1~2 页。请求人认为：新权利要求 1 中多亚甲基多苯基多异氰酸酯和多元醇类物质以通式的形式给出，但多亚甲基多苯基多异氰酸酯是化工产品，可以购买得到，说明书对多元醇类物质中的 R′各基团进行了具体的限定和描述；本发明所限定的多元醇类物质形成的预聚体空间结构统一，都具有自乳化功能，所以制备出的异氰酸酯封端预聚体均能解决异氰酸酯水乳液不稳定的技术问题，达到技术效果，因此新权利要求 1 和 2 符合专利法第 26 条第 4 款的规定；在多元醇物质与多亚甲基多苯基多异氰酸酯比例确定的情况下，预聚体在水中的稳定性能基本相同，因此即使具体实施方式一和二中没有具体说明多元醇物质，也不影响本领域技术人员的实施，修改后的申请文件给出的技术手段清楚，不缺少实现本发明的具体实施方式，本领域技术人员能够实现本发明的技术方案，说明书符合专利法第 26 条第 3 款的规定。修改后的权利要求书为：

“1. 一种异氰酸酯封端预聚体的制备方法，其特征在于将多亚甲基多苯基多异氰酸酯与真空减压脱水后的多元醇类物质按 120~180：1 摩尔比加入洁净干燥的装有搅拌器和温度计的三口瓶中，经氮气保护加热，升温，保温得到异氰酸酯封端预聚体；

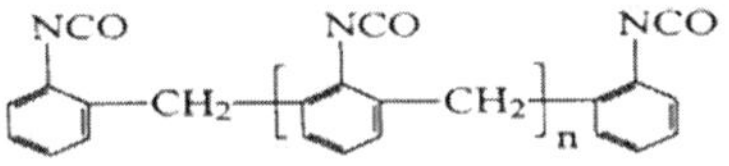
（Ⅱ）

多亚甲基多苯基多异氰酸酯分子式如下：

多亚甲基多苯基多异氰酸酯分子式中 n 为大于 1 的整数；多元醇类物质分子

式如下：

$$R'-(CH_2-CH_2-O)'_m-H \qquad (\text{Ⅲ})$$

多元醇类物质分子式中 R′为环氧基、烷氧基、芳氧基或 H，m 为 5~50 的整数。

2. 如权利要求 1 所述的一种异氰酸酯封端预聚体的制备方法，其特征在于加热升温在 30~100℃之间，保温 2~4 小时。”

据此，合议组认为本案事实清楚，可以作出复审决定。

二、决定的理由

1. 文本认定

本复审决定依据的审查文本为请求人于 2007 年 8 月 31 日提交的权利要求 1~2，说明书第1~2页，于 2005 年 11 月 8 日提交的说明书第 3~5 页及说明书摘要。

2. 专利法第 26 条第 3 款

专利法第 26 条第 3 款规定，说明书应当对发明或者实用新型作出清楚、完整的说明，以所属技术领域的技术人员能够实现为准。

如说明书和权利要求书所述，本申请涉及一种异氰酸酯封端预聚体的制备方法，其要解决的技术问题是实现减少异氰酸酯基与水反应的比例，制备成稳定的水性异氰酸酯乳液胶粘剂。然而，说明书的具体实施方式一中的反应原料“结构式（Ⅲ）的化合物”是通式化合物，在实施方式中没有描述具体的化合物；同样，说明书的具体实施方式二中的反应原料“结构式（Ⅲ）的化合物”也是通式化合物，没有描述具体的化合物。结构式（Ⅲ）的化合物为多元醇类物质，分子式中 R′为环氧基、烷氧基、芳氧基或 H，m 为 5~50 的整数，因此结构式（Ⅲ）的化合物包含大量的化合物，由于说明书的具体实施方式中并未限定结构式（Ⅲ）的化合物中的 m 值和 R′，当与多亚甲基多苯基多异氰酸酯反应时可能出现大量的聚合方式，而说明书的具体实施方式中没有描述具体的结构式（Ⅲ）的化合物，使得所属技术领域的技术人员无法明了结构式（Ⅲ）化合物的何种具体物质与多亚甲基多苯基多异氰酸酯反应能解决其技术问题，并且产生预期的技术效果。因此，具体实施方式一和具体实施方式二所用的反应原料结构式（Ⅲ）的化合物不清楚，所属技术领域的技术人员根据说明书记载的内容，无法具体实施该异氰酸酯封端预聚体的制备方法，并解决其技术问题。因此，说明书给出的技术手段含糊不清，缺少实现发明所需的完整的具体实施方式，导致所属技术领域的技术人员不能实现该发明的技术方案，解决其技术问题，并且产生预期的技术效果，说明书不符合专利法第 26 条第 3 款的规定。

请求人认为本发明预聚体的性能取决于其分子的空间结构，而本发明预聚体的空间结构取决于多元醇类物质与多亚甲基多苯基多异氰酸酯之间的比例，而与多元醇物质本身 R′基团关系不大，因此即使具体实施方式一和具体实施方式二没有具体说明多元醇物质也不影响本领域技术人员的实施和试验数据的证明力和说服力。合议组认为，多元醇类物质包含大量的化合物，而在本发明说明书的具体实施方式中没有记载多元醇类物质的具体物质的情况下，本领域的技术人员无法得到说明书中的试验数据。专利说明书公开的意义在于指导本领域技术人员去实施和再现本发明所请求保护的技术方案以解决所述技术问题，获得有益的技术效果，本申请缺乏足以证明发明的技术方案可以实现所述效果的具体技术手段，而且本领域的技术人员无法依据现有技术预测所述的效果或作用，导致本领域的技术人员无法实现本申请所述的技术方案。

基于上述理由，合议组特作出如下决定。

三、决定

维持国家知识产权局于 2004 年 4 月 2 日对第 00129121.1 号发明专利申请作出的驳回决定。

请求人如对本决定不服的，可以根据专利法第 41 条第 2 款 的规定，自收到本决定之日起三个月内向北京市第一中级人民法院起诉。

016

在工业规模上纯化α-羟基酸的方法

复审请求审查决定（第12278号）

决　定　号　第12278号
决　定　日　2007年12月21日
发明创造名称　在工业规模上纯化α-羟基酸的方法
国际分类号　C07C 51/43，C07C 59/08，C07C 59/06，C07C 59/01，A61K 31/19
复审请求人　普拉克生化公司
申　请　号　01818874.5
优先权日　2000年9月15日
申　请　日　2001年9月14日
公　开　日　2004年2月11日
合议组组长　刘　静
主　审　员　危　峰
参　审　员　侯　曜

法律依据　专利法第22条第3款
决定要点

如果要求保护的技术方案相对于最接近的现有技术存在区别特征，同时现有技术中没有给出将上述区别特征应用到该最接近现有技术以解决本发明实际解决的技术问题的启示，并且要求保护的技术方案能够产生有益的技术效果，则认为该发明具有突出的实质性特点和显著的进步，符合专利法第22条第3款关于创造性的规定。

一、案由

本复审请求案涉及发明名称为“在工业规模上纯化α-羟基酸的方法”的01818874.5号发明专利申请（下称本申请），申请人为普拉克生化公司，申请日为2001年9月14日，优先权日为2000年9月15日，公开日为2004年2月11日。

2006年5月19日，针对申请人于进入中国国家阶段时提交的说明书及其摘要，2005年9月9日提交的权利要求书，国家知识产权局以本申请权利要求1～12不符合专利法第22条第3款为由驳回了本申请。

驳回决定认为：（1）权利要求1请求保护在工业规模上纯化发酵制备的α-羟基酸的方法。对比文件1（“the Preparation of Crystalline Lactic Acid”，Borsook，Huffman，Liu，JOURNAL OF BIOLOGICAL CHEMISTRY，102，第449～459页，1933年）中也公开了一种提纯乳酸的方法（第449～459页），

公开了使用溶剂（1∶1乙醚和异丙醚的混合溶剂）经过三次结晶得到乳酸晶体，其中使用的结晶方法正是权利要求1提及的冷却结晶方法（第451页倒数第1行至第452页第1行），其中表II显示了得到的三种乳酸晶体（d、l以及dl）及其纯度，从表II的结果看，对比文件1得到的乳酸晶体纯度相当的高（杂质含量低于0.1%）。权利要求1相对于对比文件1公开的技术方案，其区别仅在于（1）本申请使用的是水作为重结晶的溶剂或者不使用溶剂，（2）强调原料是发酵得到，并且颜色不大于10，000个APHA单位。所述区别特征①在对比文件2（CA2182224A，公开日为1996年9月22日）或对比文件3（WO92/05138A1，公开日为1992年4月2日）中已经公开。对比文件2、3中明确公开了使用水作为重结晶的溶剂（参见对比文件2第2页18~22行，对比文件3说明书第1页第31行至第5页35行），本领域普通技术人员在解决避免引入其他杂质（如其他有机溶剂）的问题时，完全有可能从对比文件2、3中得到足够的技术启示，将对比文件1中重结晶溶剂换成水，从而获得本申请的技术方案；对于区别技术特征②，无论原料的来源是否相同，对比文件1~3都是通过重结晶来纯化α-羟基酸，其目的和原理都是通过去除原料中残留的杂质，使用的方法并没有因为原料的不同而导致与现有技术存在实质上的区别，也不能认为与现有技术相比，该方法仅仅因原料的不同而具有实质上的区别。同理，权利要求1限定的原料的颜色也不会导致方法与现有技术公开的方法之间存在实质上的区别。因此，相对于对比文件1和2或对比文件1和3，权利要求1不具有创造性。（2）从属权利要求2~12的附加技术特征或是在对比文件1~3中公开或是属于本领域中的惯用技术手段。由此可见，权利要求2~12也不具备创造性。

驳回决定针对的权利要求书如下：

“1. 在工业规模上纯化发酵制备的α-羟基酸的方法，其中将颜色不大于10，000个APHA单位的α-羟基酸进行至少两个使用水作为溶剂或不使用任何溶剂的结晶步骤，结晶步骤在冷却结晶装置、熔化结晶装置、蒸发结晶装置和/或绝热结晶装置中进行。

2. 如权利要求1所述的方法，其中α-羟基酸是乳酸或乙醇酸。

3. 如权利要求2所述的方法，其中α-羟基酸是乳酸。

4. 前述权利要求中的任何一项所述的方法，其中应用两个结晶步骤。

5. 如权利要求1所述的方法，其中通过离心分离法或利用一个或多个洗涤塔的分离法将结晶步骤的产物物流分离成母液和α-羟基酸晶体。

6. 如权利要求1所述的方法，其中，如果可行的话，α-羟基酸的手性纯度至少为90%，其颜色不大于10000个APHA单位。

7. 如权利要求6所述的方法，其中，所用α-羟基酸的手性纯度至少为95%。

8. 如权利要求1所述的方法，其中α-羟基酸是发酵制备的，其颜色不大于3000个APHA单位。

9. 如权利要求1所述的方法，其中冷却结晶通过直接冷却α-羟基酸的浓缩的液体浓缩液或蒸馏液来进行。

10. 如权利要求1所述的方法，其中熔化结晶通过直接冷却含有溶化态的α-羟基酸的浓缩的液体浓缩液或蒸馏液来进行。

11. 如权利要求1所述的方法，其中蒸发结晶通过（1）用水稀释α-羟基酸的浓缩的液体浓缩液或蒸馏液和（2）蒸发水分来进行。

12. 如权利要求1所述的方法，其中绝热结晶通过在没有供给热量的条件下蒸发水分来进行。”

2006年9月28日，申请人普拉克生化公司（下称请求人）对上述驳回决定不服，向专利复审委员会提出复审请求，请求人在提出复审请求时没有对申请文件进行修改。

请求人认为：（1）本申请无需使用有机溶剂，也不破坏手性纯度，即可除去例如残余糖类的着色有机杂质（A）和除去损害感官特性的杂质（B），并获得颜色不大于10000APHA单位且不含有有机溶剂残留物的α-羟基酸（C）。(2) 对比文件1在于获得不含水、脱水物和丙交酯的纯净乳酸晶体(第449页)，对于除此之外的杂质并没有给出任何信息；对比文件2的羟基乙酸通过合成制得，其副产物中并没有本发明所要求除去的着色有机杂质（A）；纯化的羟基乙酸是要用于纺织品、皮革等，并未提到所获得的羟基乙酸具备用于食品及药品应用中的品质；对比文件2所采用的是熔融结晶，其并没有教导或暗示通过反复的熔融结晶（即，用对比文件2中公开的反复的熔融结晶步骤代替对比文件1中公开的使用有机溶剂的重结晶步骤）就能够减少α-羟基酸中着色有机杂质的含量。(3) 对比文件3的羟基乙酸也是通过合成方法制得，其产物中也不存在诸如残余糖类的着色有机副产物，高纯羟基乙酸被用于化学合成，且其并未提及所述羟基乙酸的感官特性以及在食品和药品中的应用，对比文件3并没有教导或暗示通过用水代替有机溶剂作为结晶溶剂，就能够减少α-羟基酸中着色有机杂质的含量，并获得改善的感官性能。因此，相对于对比文件1与2或3的结合，本申请权利要求具备专利法第22条第3款规定的创造性。

经形式审查合格后，专利复审委员会受理了该请求，并于2006年11月17日向请求人发出了《复审请求受理通知书》，同时将本申请转送至国家知识产权局原审查部门进行前置审查。

在《前置审查意见书》中，国家知识产权局原审查部门认为请求人在复审请求书所附的意见陈述中并没有提供新的理由和证据，因此坚持驳回决定。

专利复审委员会组成合议组，对本复审请求案进行了审理。

经审查，合议组认为本案事实清楚，可以作出审查决定。

二、决定的理由

1. 关于文本

本复审请求审查决定针对的文本是：国家知识产权局原审查部门驳回决定所针对的文本，即，2005年9月9日提交的权利要求第1~12项、进入中国国家阶段时提交的说明书第1~9页及说明书摘要。

2. 关于专利法第22条第3款

专利法第22条第3款规定：创造性，是指同申请日以前已有的技术相比，该发明有突出的实质性特点和显著的进步。

如果要求保护的技术方案相对于最接近的现有技术存在区别特征，同时现有技术中没有给出将上述区别特征应用到该最接近现有技术以解决本发明实际解决的技术问题的启示，并且要求保护的技术方案能够产生有益的技术效果，则认为该发明具有突出的实质性特点和显著的进步，符合专利法第22条第3款关于创造性的规定。

本申请权利要求1要求保护一种在工业规模上纯化发酵制备的α-羟基酸的方法，其中将颜色不大于10000个APHA单位的α-羟基酸进行至少两个使用水作为溶剂或不使用任何溶剂的结晶步骤，结晶步骤在冷却结晶装置、熔化结晶装置、蒸发结晶装置和/或绝热结晶装置中进行。

对比文件1中也公开了一种提纯乳酸的方法（参见对比文件1的第449~459页），公开了使用溶剂(乙醚和异丙醚1∶1的混合溶剂）经过三次结晶得到乳酸晶体，其中使用的原料为商品糖浆（其通常含有约50%的乳酸、30%的脱水物和丙交酯，以及15%的水），使用的结晶方法为冷却结晶方法（第451页倒数第1行至第452页第1行），其中表II显示了得到的三种乳酸晶体（d、l以及dl）及其纯度，从表II的结果看，对比文件1得到的乳酸晶体中杂质如水、脱水物和丙交酯的含量低于0.1%。

将本申请权利要求1与对比文件1公开的技术方案相比可知，相同之处在于二者均是采用溶剂多次结晶来纯化乳酸，不同之处在于：(1) 溶剂不同，权利要求1中采用水作为溶剂或者不使用溶剂，而对比文件1中使用乙醚和异丙醚1∶1的混合溶剂（即使用有机溶剂）；(2) 原料不同，权利要求1

中使用的原料为发酵得到的α-羟基酸且颜色不大于10000个APHA单位，而对比文件1中使用的原料为商品糖浆，通常含有约50%的乳酸、30%的脱水物和丙交酯及15%的水。

本申请说明书中提到，发酵制得的乳酸纯度足够高，但是产物仍含有残余糖类。产物的颜色也是黄色的，一旦受热，其通过杂质的分解而变成褐色至黑色。此外，在感官性能方面经常有某些缺陷（参见本申请说明书第1页第4段）。根据实施例提供的数据来看，本申请通过将颜色（新制备）不大于10000个APHA单位的乳酸进行两个结晶步骤之后，大大降低了乳酸的颜色、残余糖类含量和总氮含量，手性纯度进一步提高；所获得的乳酸适用于手性合成以及药物应用。由此可见，本申请实际解决的技术问题是，通过使用水作溶剂或者不使用溶剂的至少两个结晶步骤，除去具有特定性能的发酵乳酸中的着色有机杂质即残余糖类等。

对比文件2公开了一种由乙醇酸溶液制备结晶乙醇酸的方法，其包括在高温下从乙醇酸水溶液中除去水形成熔体，将该获得的熔体与结晶核混合并将该熔体冷却（即，不使用溶剂的结晶）（参见对比文件2的权利要求1）。所述乙醇酸水溶液是通过公知的合成方法制得（第3页第17~23行），其含有约20wt%~57wt%或70wt%的乙醇酸，其中经常存在聚乙交酯副产物（第1页第32行至第2页第10行）。但对比文件2中并未提及副产物中存在诸如残余糖类的着色有机杂质，也没有公开上述区别特征（2），因此对比文件2并未给出通过不使用溶剂的结晶并选择具有特定性能的乳酸作为原料来除去发酵制得的乳酸中的着色有机杂质等的启示。

对比文件3公开了一种制备高纯度羟基乙酸晶体的方法，其结晶过程包括将羟基乙酸水溶液冷却后加入晶体羟基乙酸作为晶种诱导结晶（即，使用水作为溶剂的结晶）（参见对比文件3的说明书第1页第31行至第2页第3行，权利要求1）。所述羟基乙酸是通过合成方法（参见对比文件3的说明书第1页第19~30行）制得的。对比文件3中也未提及产物中存在诸如残余糖类的着色有机杂质，也没有公开上述区别特征2，因此对比文件3并未给出使用水作为溶剂的结晶并选择具有特定性能的乳酸作为原料来除去发酵制得的乳酸中的着色有机杂质等的启示。

因此，当本领域技术人员面对本申请实际要解决的技术问题，即除去发酵制得的乳酸中的着色有机杂质等以提供适用于手性合成以及药物应用的乳酸时，不会从对比文件2或3中得到启示，将所述不使用溶剂的结晶步骤或使用水作为溶剂的结晶步骤应用到对比文件1中代替使用有机溶剂的结晶，从而能够解决本申请要解决的上述技术问题；本领域技术人员更不会从对比文件1~3中得到启发，在除去发酵制得的乳酸中的着色有机杂质等时要选择具有特定性能（即颜色不大于10000个APHA单位）的乳酸作为原料。

综上所述，合议组认为，对比文件1~3没有给出解决本申请技术问题的启示，同时本申请权利要求1的技术方案产生了有益的技术效果：大大降低了乳酸的颜色、残余糖类含量和含氮总量，手性纯度进一步提高。因此，本申请权利要求1相对于对比文件1与2或对比文件1与3的结合具备突出的实质性特点和显著的进步，符合专利法第22条第3款关于创造性的规定。

在权利要求1具备创造性的前提下，其从属权利要求2~12也具备创造性，符合专利法第22条第3款的规定。

根据上述事实和理由，合议组作出如下审查决定。

三、决定

撤销国家知识产权局于2006年5月19日针对01818874.5号发明专利申请作出的驳回决定，由国家知识产权局原审查部门以驳回决定所针对的文本为基础继续审批程序。

复审请求人对本决定不服的，可以根据专利法第41条第2款的规定，自收到本决定之日起三个月内向北京市第一中级人民法院起诉。

017

化学机械抛光用淤浆及其形成方法和半导体器件制造方法

复审请求审查决定（第12320号）

决 定 号 第12320号
决 定 日 2007年12月20日
发明创造名称 化学机械抛光用淤浆及其形成方法和半导体器件制造方法
国 际 分 类 号 C09K3/14，C08J5/14，H01L21/302
复 审 请 求 人 株式会社东芝
申 请 号 01122494.0
优 先 权 日 2000年7月14日
申 请 日 2001年7月13日
公 开 日 2002年1月30日
合 议 组 组 长 孙跃飞
主 审 员 吴红权
参 审 员 李 娟

法 律 依 据 专利法第33条
决 定 要 点

如果申请的内容通过修改增加、改变了其中的一部分，所属技术领域的技术人员能够从原申请记载的信息中直接地、毫无疑义地确定修改后的信息，则这种修改是允许的。

一、案由

本复审请求涉及发明名称为“化学机械抛光用淤浆及其形成方法和半导体器件制造方法”的01122494.0号发明专利申请（下称本申请），申请人为株式会社东芝，申请日为2001年7月13日，优先权日为2000年7月14日，公开日为2002年1月30日。

2005年7月1日，针对申请人于2004年6月24日提交的权利要求第1~10项、2004年1月8日提交的说明书第1~10页，申请日提交的说明书附图第1~6页、说明书摘要及摘要附图，国家知识产权局以申请的修改不符合专利法第33条的规定为由驳回了本申请。驳回决定认为：权利要求1中将“液体”修改为“纯水”、将“至少一种以上的有机粒子”和“至少一种以上的无机粒子”修改为“至少一个以上的有机粒子”和“至少一个以上的无机粒子”既未明确记载在原说明书和权利要求书中，也不能由原说明书和权利要求书所记载的内容直接导出，因此超出了原说明书和权利要求书的范围，不符合专利法第33条的规定。驳回决定针对的权利要求1~14如下：

“1. CMP用淤浆，它包括：纯水；包含于此纯水中的多个研磨粒子，此研磨粒子包含至少一个以

上的有机粒子和至少一个以上的无机粒子，而所述有机粒子与无机粒子通过热结合而一体化，

其中所述有机粒子所用材料包含从甲基丙烯酸树脂、酚醛树脂、尿素树脂、蜜胺树脂、聚苯乙烯树脂、聚缩醛树脂与聚碳酸酯树脂组成的材料组中所选出的一种，

所述无机粒子包括二氧化锰、二氧化铈、铁、银、钌、钛、氧化铝与硅石中的一种。

2. 权利要求1所述的CMP用淤浆，其中所述研磨粒子包含一个有机粒子和多个无机粒子。

3. 权利要求1所述的CMP用淤浆，其中所述无机粒子具有氧化作用。

4. 权利要求1所述的CMP用淤浆，其中还含有氧化剂，而且所述无机粒子具有促进上述氧化剂分解的催化作用。

5. 权利要求1所述的CMP用淤浆，其中所述无机粒子与有机粒子的一次粒子粒度为5~1000nm。

6. CMP用淤浆的形成方法，它包括：将多个有机粒子与多个无机粒子于粉体状态下混合，而且利用机械融合现象将上述多个有机粒子中的至少一个以上与上述多个无机粒子中的至少一个以上一体化，形成多个研磨粒子；将这多个研磨粒子添加到纯水中，

其中所述有机粒子所用材料包含从甲基丙烯酸树脂、酚醛树脂、尿素树脂、蜜胺树脂、聚苯乙烯树脂、聚缩醛树脂与聚碳酸酯树脂组成的材料组中所选出的一种，

所述无机粒子包括二氧化锰、二氧化铈、铁、银、钌、钛、氧化铝与硅石中的一种。

7. 权利要求6所述CMP用淤浆的形成方法，其中在上述CMP用淤浆中还添加氧化剂。

8. 权利要求7所述CMP用淤浆的形成方法，上述氧化剂是过氧化氢、过氧化硫酸铵、过硫酸铵、磷酸、硝酸与硝酸铵中的至少一种。

9. 半导体器件的制造方法，它包括：于衬底上形成导电膜；由CMP用淤浆研磨所述导电膜，而此CMP用淤浆包括：纯水；包含于此纯水中的多个研磨粒子，此研磨粒子包含至少一个以上的有机粒子和至少一个以上的无机粒子，而所述有机粒子与无机粒子通过热结合而一体化，

其中所述有机粒子所用材料包含从甲基丙烯酸树脂、酚醛树脂、尿素树脂、蜜胺树脂、聚苯乙烯树脂、聚缩醛树脂与聚碳酸酯树脂组成的材料组中所选出的一种，

所述无机粒子包括二氧化锰、二氧化铈、铁、银、钌、钛、氧化铝与硅石中的一种。

10. 权利要求9所述的半导体器件的制造方法，其中所述衬底包括半导体衬底和于此半导体衬底上形成的在表面上形成有配线沟的绝缘膜，而为了埋入上述配线沟于所述绝缘膜上形成上述导电膜，同时为了除去此配线沟外的所述导电膜而研磨所述导电膜。

11. 权利要求10所述的半导体器件的制造方法，其中所述导电膜是由下述材料中的至少一种构成：从Cu、Al、W、Ti、Mo、Nb、Ta、Ag、V、Ru与Pt所组成的元素组中选择的金属；从这组元素中选取的至少一种元素为主要成分的合金；以上述元素为主要成分的氮化物；以上述元素为主要成分的硼化物；以上述元素为主要成分的氧化物以及以上述元素为主要成分的混合物。

12. 权利要求9所述的半导体器件的制造方法，其中所述研磨粒子包含一个有机粒子和多个无机粒子。

13. 权利要求9所述的半导体器件的制造方法，其中所述无机粒子具有氧化作用。

14. 权利要求9所述的半导体器件的制造方法，其中所述无机粒子包括二氧化锰与二氧化铈两者中的至少一种。”

申请人株式会社东芝（下称请求人）对上述驳回决定不服，于2005年10月17日向专利复审委员会提出复审请求，请求人在提出复审请求时对权利要求书进行了修改，将权利要求1和9中的“此研磨粒子包含至少一个以上的有机粒子和至少一个以上的无机粒子”修改为“上述多个研磨粒子分别包含至少一个以上的有机粒子和至少一个以上的无机粒子”，其余的权利要求没有进行修改。请求

人认为：（1）原始说明书第一实施例部分的第二段最后记载了“将上述研磨粒子加到纯水中便得到W-CMP用淤浆”，因此将“液体”修改为“纯水”没有超出原申请说明书所记载的范围；（2）“至少一种以上的有机粒子/无机粒子”修改为“至少一个以上的有机粒子/无机粒子”没有超出原始申请文件的范围：“个”是“种”的下位概念，将上位概念根据说明书和附图的描述具体限定为下位概念得到审查指南和具体审查实践的支持。在说明书附图中明确标识出本发明所使用的粒子仅仅存在“两种”，没有存在“多种”的情况。本领域普通技术人员从附图中可以清楚地看出，本发明所使用的粒子仅存在包括两种的情况，一种是“一个”，另一种是“多个”。因此，对这些权利要求的修改完全遵照了说明书附图原始公开的范围，而且本领域普通技术人员根据自身的知识通过阅读本申请说明书的描述也能够得出同样的结论。

复审请求时提交的权利要求1~14为：

“1. CMP用淤浆，它包括：纯水；包含于此纯水中的多个研磨粒子，上述多个研磨粒子分别包含至少一个以上的有机粒子和至少一个以上的无机粒子，而所述有机粒子与无机粒子通过热结合而一体化，

其中所述有机粒子所用材料包含从甲基丙烯酸树脂、酚醛树脂、尿素树脂、蜜胺树脂、聚苯乙烯树脂、聚缩醛树脂与聚碳酸酯树脂组成的材料组中所选出的一种，

所述无机粒子包括二氧化锰、二氧化铈、铁、银、钌、钛、氧化铝与硅石中的一种。

2. 权利要求1所述的CMP用淤浆，其中所述研磨粒子包含一个有机粒子和多个无机粒子。

3. 权利要求1所述的CMP用淤浆，其中所述无机粒子具有氧化作用。

4. 权利要求1所述的CMP用淤浆，其中还含有氧化剂，而且所述无机粒子具有促进上述氧化剂分解的催化作用。

5. 权利要求1所述的CMP用淤浆，其中所述无机粒子与有机粒子的一次粒子粒度为5~1000nm。

6. CMP用淤浆的形成方法，它包括：将多个有机粒子与多个无机粒子于粉体状态下混合，而且利用机械融合现象将上述多个有机粒子中的至少一个以上与上述多个无机粒子中的至少一个以上一体化，形成多个研磨粒子；将这多个研磨粒子添加到纯水中，

其中所述有机粒子所用材料包含从甲基丙烯酸树脂、酚醛树脂、尿素树脂、蜜胺树脂、聚苯乙烯树脂、聚缩醛树脂与聚碳酸酯树脂组成的材料组中所选出的一种，

所述无机粒子包括二氧化锰、二氧化铈、铁、银、钌、钛、氧化铝与硅石中的一种。

7. 权利要求6所述CMP用淤浆的形成方法，其中在上述CMP用淤浆中还添加氧化剂。

8. 权利要求7所述CMP用淤浆的形成方法，上述氧化剂是过氧化氢、过氧化硫酸铵、过硫酸铵、磷酸、硝酸与硝酸铵中的至少一种。

9. 半导体器件的制造方法，它包括：于衬底上形成导电膜；由CMP用淤浆研磨所述导电膜，而此CMP用淤浆包括：纯水；包含于此纯水中的多个研磨粒子，上述多个研磨粒子分别包含至少一个以上的有机粒子和至少一个以上的无机粒子，而所述有机粒子与无机粒子通过热结合而一体化，

其中所述有机粒子所用材料包含从甲基丙烯酸树脂、酚醛树脂、尿素树脂、蜜胺树脂、聚苯乙烯树脂、聚缩醛树脂与聚碳酸酯树脂组成的材料组中所选出的一种，

所述无机粒子包括二氧化锰、二氧化铈、铁、银、钌、钛、氧化铝与硅石中的一种。

10. 权利要求9所述的半导体器件的制造方法，其中所述衬底包括半导体衬底和于此半导体衬底上形成的在表面上形成有配线沟的绝缘膜，而为了埋入上述配线沟于所述绝缘膜上形成上述导电膜，同时为了除去此配线沟外的所述导电膜而研磨所述导电膜。

11. 权利要求10所述的半导体器件的制造方法，其中所述导电膜是由下述材料中的至少一种构

成：从 Cu、Al、W、Ti、Mo、Nb、Ta、Ag、V、Ru 与 Pt 所组成的元素组中选择的金属；从这组元素中选取的至少一种元素为主要成分的合金；以上述元素为主要成分的氮化物；以上述元素为主要成分的硼化物；以上述元素为主要成分的氧化物以及以上述元素为主要成分的混合物。

12. 权利要求 9 所述的半导体器件的制造方法，其中所述研磨粒子包含一个有机粒子和多个无机粒子。

13. 权利要求 9 所述的半导体器件的制造方法，其中所述无机粒子具有氧化作用。

14. 权利要求 9 所述的半导体器件的制造方法，其中所述无机粒子包括二氧化锰与二氧化铈两者中的至少一种。”

经形式审查合格后，专利复审委员会受理了该请求，并于 2005 年 11 月 8 日向请求人发出了《复审请求受理通知书》，同时将本申请转送至国家知识产权局原审查部门进行前置审查。

在《前置审查意见书》中，国家知识产权局原审查部门认为，将原权利要求中的“至少一种以上的有机粒子”、“至少一种以上的无机粒子”、“将多种有机粒子与多种无机粒子于粉体状态下混合”修改为“至少一个以上的有机粒子”、“至少一个以上的无机粒子”、“将多个有机粒子与多个无机粒子于粉体状态下混合”不符合专利法第 33 条的规定，同时也不符合实际情况，因为在 CMP 用淤浆中不可能存在以“一个”或“多个”计的有机粒子和无机粒子，因此坚持驳回决定。

专利复审委员会组成合议组，对本案进行了审理。

合议组于 2006 年 7 月 31 日向请求人发出《复审通知书》，指出：相对于原始申请文件公开的内容，请求人将权利要求 1、2、6、9、12 中的“一种”修改为“一个”，将“多种”修改为“多个”，对说明书也做此相应修改，这种修改没有在原始申请文件中明确记载，也不能由原始申请文件公开的信息中直接、毫无疑义地确定，因此请求人对权利要求书和说明书的这种修改超出了原始申请文件记载的范围，不符合专利法第 33 条的规定。

针对上述《复审通知书》所指出的问题，请求人于 2006 年 9 月 15 日提交了意见陈述书，请求人认为：尽管在原申请文件中并没有明确记载该修改后的“一个”和“多个”这样的措辞，但本领域技术人员通过阅读申请文件的内容，能够从原申请文件所公开的信息中直接地、毫无疑义地导出修改后的权利要求中所限定的技术方案。

2007 年 12 月 12 日，请求人针对《复审通知书》再次提交了意见陈述书及修改的权利要求书，请求人将权利要求 1、2、6、9 和 12 中所涉及的“个”修改为“种”，修改后的权利要求书如下：

“1. CMP 用淤浆，它包括：纯水；包含于此纯水中的多种研磨粒子，上述多种研磨粒子分别包含至少一种以上的有机粒子和至少一种以上的无机粒子，而所述有机粒子与无机粒子通过热结合而一体化，

其中所述有机粒子所用材料包含从甲基丙烯酸树脂、酚醛树脂、尿素树脂、蜜胺树脂、聚苯乙烯树脂、聚缩醛树脂与聚碳酸酯树脂组成的材料组中所选出的一种，

所述无机粒子包括二氧化锰、二氧化铈、铁、银、钌、钛、氧化铝与硅石中的一种。

2. 权利要求 1 所述的 CMP 用淤浆，其中所述研磨粒子包含一种有机粒子和多种无机粒子。

3. 权利要求 1 所述的 CMP 用淤浆，其中所述无机粒子具有氧化作用。

4. 权利要求 1 所述的 CMP 用淤浆，其中还含有氧化剂，而且所述无机粒子具有促进上述氧化剂分解的催化作用。

5. 权利要求 1 所述的 CMP 用淤浆，其中所述无机粒子与有机粒子的一次粒子粒度为 5~1000nm。

6. CMP 用淤浆的形成方法，它包括：将多种有机粒子与多种无机粒子于粉体状态下混合，而且利用机械融合现象将上述多种有机粒子中的至少一种以上与上述多种无机粒子中的至少一种以上一体

化，形成多种研磨粒子；将这多种研磨粒子添加到纯水中，

其中所述有机粒子所用材料包含从甲基丙烯酸树脂、酚醛树脂、尿素树脂、蜜胺树脂、聚苯乙烯树脂、聚缩醛树脂与聚碳酸酯树脂组成的材料组中所选出的一种，

所述无机粒子包括二氧化锰、二氧化铈、铁、银、钌、钛、氧化铝与硅石中的一种。

7. 权利要求6所述CMP用淤浆的形成方法，其中在上述CMP用淤浆中还添加氧化剂。

8. 权利要求7所述CMP用淤浆的形成方法，上述氧化剂是过氧化氢、过氧化硫酸铵、过硫酸铵、磷酸、硝酸与硝酸铵中的至少一种。

9. 半导体器件的制造方法，它包括：于衬底上形成导电膜；由CMP用淤浆研磨所述导电膜，而此CMP用淤浆包括：纯水；包含于此纯水中的多种研磨粒子，上述多种研磨粒子分别包含至少一种以上的有机粒子和至少一种以上的无机粒子，而所述有机粒子与无机粒子通过热结合而一体化，

其中所述有机粒子所用材料包含从甲基丙烯酸树脂、酚醛树脂、尿素树脂、蜜胺树脂、聚苯乙烯树脂、聚缩醛树脂与聚碳酸酯树脂组成的材料组中所选出的一种，

所述无机粒子包括二氧化锰、二氧化铈、铁、银、钌、钛、氧化铝与硅石中的一种。

10. 权利要求9所述的半导体器件的制造方法，其中所述衬底包括半导体衬底和于此半导体衬底上形成的在表面上形成有配线沟的绝缘膜，而为了埋入上述配线沟于所述绝缘膜上形成上述导电膜，同时为了除去此配线沟外的所述导电膜而研磨所述导电膜。

11. 权利要求10所述的半导体器件的制造方法，其中所述导电膜是由下述材料中的至少一种构成：从Cu、Al、W、Ti、Mo、Nb、Ta、Ag、V、Ru与Pt所组成的元素组中选择的金属；从这组元素中选取的至少一种元素为主要成分的合金；以上述元素为主要成分的氮化物；以上述元素为主要成分的硼化物；以上述元素为主要成分的氧化物以及以上述元素为主要成分的混合物。

12. 权利要求9所述的半导体器件的制造方法，其中所述研磨粒子包含一种有机粒子和多种无机粒子。

13. 权利要求9所述的半导体器件的制造方法，其中所述无机粒子具有氧化作用。

14. 权利要求9所述的半导体器件的制造方法，其中所述无机粒子包括二氧化锰与二氧化铈两者中的至少一种。”

至此，合议组认为本案事实已经清楚，可以作出审查决定。

二、决定的理由

1. 关于决定的文本

本复审决定是针对请求人于2007年12月12日提交的权利要求第1~14项、2004年1月8日提交的说明书第1~10页、2001年7月13日提交的说明书附图第1~6页、说明书摘要及摘要附图作出的。

2. 关于专利法第33条

专利法第33条规定：申请人可以对其专利申请文件进行修改，但是，对发明和实用新型专利申请文件的修改不得超出原说明书和权利要求书记载的范围。

如果申请的内容通过修改增加、改变了其中的一部分，所属技术领域的技术人员能够从原申请记载的信息中直接地、毫无疑义地确定修改后的信息，则这种修改是允许的。

就本案而言，修改后的权利要求1要求保护一种CMP用淤浆，它包括：纯水；包含于此纯水中的多种研磨粒子，上述多种研磨粒子分别包含至少一种以上的有机粒子和至少一种以上的无机粒子，而所述有机粒子与无机粒子通过热结合而一体化，其中所述有机粒子所用材料包含从甲基丙烯酸树脂、酚醛树脂、尿素树脂、蜜胺树脂、聚苯乙烯树脂、聚缩醛树脂与聚碳酸酯树脂组成的材料组中所选出的一种，所述无机粒子包括二氧化锰、二氧化铈、铁、银、钌、钛、氧化铝与硅石中的一种。

原权利要求1要求保护一种CMP用淤浆，它包括：液体；包含于此液体中的多种研磨粒子，此研磨粒子包含至少一种以上的有机粒子和至少一种以上的无机粒子，而所述有机粒子与无机粒子通过热结合而一体化。

将原权利要求1与权利要求1相比，权利要求1进行了如下修改：(1) 将原权利要求1中的液体修改为纯水；(2) 权利要求1还增加了如下内容"其中所述有机粒子所用材料包含从甲基丙烯酸树脂、酚醛树脂、尿素树脂、蜜胺树脂、聚苯乙烯树脂、聚缩醛树脂与聚碳酸酯树脂组成的材料组中所选出的一种，所述无机粒子包括二氧化锰、二氧化铈、铁、银、钌、钛、氧化铝与硅石中的一种"。对于上述修改(1)，原说明书第3页倒数第11行记载了如下内容："将上述研磨粒子加到纯水中便得到W-CMP用淤浆"，因此本领域技术人员根据该内容可以直接确定"纯水"这一技术特征。对于上述修改(2)，原权利要求4、原说明书第8页倒数第6行至倒数第3行、说明书第5页倒数第2行、说明书第6页倒数第10行至倒数第9行以及实施例三和四中记载了所采用的有机粒子材料和无机粒子材料，根据上述记载，本领域技术人员可以直接地、毫无疑义地确定上述修改(2)的内容，因此上述(1)和(2)的内容的修改符合专利法第33条的规定。

根据上述事实和理由，合议组作出如下审查决定。

三、决定

撤销国家知识产权局于2005年7月1日针对01122494.0号发明专利申请作出的驳回决定，由国家知识产权局原审查部门以请求人于2007年12月12日提交的权利要求第1~14项、2004年1月8日提交的说明书第1~10页、2001年7月13日提交的说明书附图第1~6页、说明书摘要及摘要附图为基础继续审批程序。

复审请求人对本决定不服的，可以根据专利法第41条第2款的规定，自收到本决定之日起三个月内向北京市第一中级人民法院起诉。

018

新药物

复审请求审查决定（第12333号）

决　　定　　号　第12333号
决　　定　　日　2007年12月14日
发明创造名称　新药物
国际分类号　C07D 417/12，A61K 31/4427，A61P 3/06//（C07D 417/12，213：72，277：04）
复审请求人　史密丝克莱恩比彻姆有限公司
申　　请　　号　01800001.0
优先权日　2000年3月14日
申　　请　　日　2001年3月14日
公　　开　　日　2002年7月10日
合议组组长　叶　娟
主　　审　　员　姚　云
参　　审　　员　尹　昕

法律依据　专利法第22条第2款
决定要点

如果一项权利要求所限定的技术方案中实质含有未被现有技术公开的技术特征，则该权利要求相对于该现有技术具备专利法第22条第2款规定的新颖性。

一、案由

本复审请求涉及2001年3月14日申请、2002年7月10日公开、名称为“新药物”的第01800001.0号发明专利申请（下称本申请），本申请的优先权日为2000年3月14日，本申请的申请人为史密丝克莱恩比彻姆有限公司。

国家知识产权局于2004年8月20日以权利要求1~9不符合专利法第22条第2款的规定为由驳回了本申请。

驳回决定所针对的权利要求书为：

“1. 基本上非水合的和非吸湿性或轻微吸湿性的5-［4-［2-（N-甲基-N-（2-吡啶基）氨基）乙氧基］苄基］噻唑烷-2，4-二酮的盐酸盐。

2. 化合物5-［4-［2-（N-甲基-N-（2-吡啶基）氨基）乙氧基］苄基］噻唑烷-2，4-二酮盐酸盐，其特征在于该盐酸盐：

（i）可以产生含有位于约 1745，1516，1257，1056 和 803cm^{-1}处的峰的红外光谱；

（ii）可以产生含有位于约 10.1，13.4，17.2，22.2 和 29.4°2$^{\theta}$ 处的峰的 X-射线粉末衍射（XR-PD）图型；和/或

（iii）可以产生含有位于约 1314，1242，1185，918 和 404cm^{-1}处的峰的拉曼光谱。

3. 权利要求 2 的化合物，其中的盐酸盐可以产生基本如图 I 所示的红外光谱。

4. 权利要求 2 或权利要求 3 的化合物，其中的盐酸盐可以产生基本如图 II 所示的 X-射线粉末衍射图型（XRPD）。

5. 权利要求 2~4 中任意一项所述的化合物，其中的盐酸盐可以产生基本如图 III 所示的拉曼光谱。

6. 权利要求 1 所述的盐酸盐的制备方法，其特征在于，将 5-［4-［2-（N-甲基-N-（2-吡啶基）氨基）乙氧基］苄基］噻唑烷-2，4-二酮（化合物 I）或其盐，优选分散或溶解在适宜的溶剂中，与可以提供氯化氢的物质反应；然后回收盐酸盐。

7. 权利要求 6 的方法，其中的反应在无水条件下进行。

8. 权利要求 1~5 中任意一项所述的化合物在制备用于治疗和/或预防糖尿病、与糖尿病有关的病症及其某些并发症的药物中的用途。

9. 药物组合物，含有 5-［4-［2-（N-甲基-N-（2-吡啶基）氨基）乙氧基］苄基］噻唑烷-2，4-二酮盐酸盐和可药用载体。”

驳回决定认为：（1）权利要求 1~2 均请求保护 5-［4-［2-（N-甲基-N-（2-吡啶基）氨基）乙氧基］苄基］噻唑烷-2，4-二酮的盐酸盐，尽管权利要求 1~2 中分别用“基本上非水合的和非吸湿性或轻微吸湿性的”和图谱进行限定，但对于一个名称和结构均很明确的化合物而言，这些措辞和所限定的参数并不能对化合物起到使其能够区别于现有技术的作用，即权利要求 1~2 请求保护的实质就是 5-［4-［2-（N-甲基-N-（2-吡啶基）氨基）乙氧基］苄基］噻唑烷-2，4-二酮（下称“化合物 I”）的盐酸盐。对比文件 1（CN1101911A，公开日为 1995 年 4 月 26 日）公开了化合物 I 与酸的加成盐，并且在说明书第 2 页第 11 行中公开了该化合物 I 的可接受的酸包括盐酸；在说明书第 4 页第 11~20 行公开了将化合物 I 与抗衡离子源 M-反应，制备该化合物的酸加成盐，其中抗衡离子源包括盐酸；在说明书第 5 页第 2 段公开了该反应在常规的成盐条件下进行。可见，对比文件 1 公开了权利要求 1~2 请求保护的化合物 I 盐酸盐的制备方法，本领域的技术人员根据对比文件 1 公开的信息能够制备该化合物，因而权利要求 1~2 相对于对比文件 1 不具备专利法第 22 条第 2 款规定的新颖性。基于相同的理由，权利要求 3~5 也不具备专利法第 22 条第 2 款规定的新颖性。（2）权利要求 6~9分别请求保护化合物的制备方法、制药用途和含该化合物的药物组合物，上述内容也已被对比文件 1 公开，因而权利要求 6~9 不具备专利法第 22 条第 2 款规定的新颖性。（3）虽然申请人主张本发明的化合物 I 盐酸盐是一种新的同质多晶体形式，但申请人并没有提供任何对比数据以证明本申请中请求保护的化合物 I 盐酸盐与对比文件 1 中可制备出的化合物 I 盐酸盐是两种不同的晶体，而基于对比文件 1 与本申请采用相同的制备方法，其获得相同结构的化合物也是可以确定的，因而，申请人的意见陈述不足以使权利要求 1~9 具备新颖性。

申请人史密丝克莱恩比彻姆有限公司（下称请求人）对上述驳回决定不服，于 2004 年 12 月 6 日向专利复审委员会提出复审请求，请求人在提出复审请求时提交了新修改的权利要求书（共 1 页 8 项）。所作修改仅为：删除驳回决定所针对的权利要求书中的权利要求 1，并将其余的权利要求重新编号。

在修改后的权利要求书的基础上，请求人认为：（1）权利要求 1 请求保护的是具有权利要求 1 中

特性参数所定义的特定物理形态的化合物Ⅰ的盐酸盐（下称“化合物A”），其并不包含化合物A的所有物理形态。对比文件1仅一般性地公开了利用无机酸，如氢溴酸、盐酸和硫酸，或有机酸，如甲磺酸、酒石酸和马来酸制备其中所述通式Ⅰ所包含的化合物（化合物Ⅰ仅为其中一种）的盐的选择，其既没有公开特定的化合物A，更没有公开化合物A能够以一种以上的物理形态存在。（2）已知化合物A可以以一水合物、二水合物和非水合物的形式存在，而不同物理形态的化合物A的熔点和吸湿性质明显不同，通过试验已证实，本发明请求保护的非水合物的熔点远高于一水合物、二水合物，且其吸湿性要比申请号为01801078.4的专利申请（作出此意见陈述时尚未审结）中公开和要求保护的化合物A的非水合物的吸湿性低得多。因而，本发明请求保护的具有特定物理形态的化合物A具备新颖性和创造性，国家知识产权局的驳回理由不成立。

形式审查合格后，专利复审委员会受理了该复审请求，并于2004年12月30日向请求人发出《复审请求受理通知书》，同时将本申请案卷移交原审查部门进行前置审查。

原审查部门对本复审请求进行了前置审查，在《前置审查意见书》中，原审查部门坚持原驳回决定，理由是：首先，权利要求1所限定的图谱数据并不能对结构很明确的该盐酸盐化合物起到使其能够区别于现有技术即对比文件1所述盐酸盐的作用；其次，在未提交与对比文件1中所述盐酸盐的对比数据而仅提交一水合物、二水合物、另一申请中的非水合物的对比数据的基础上，其不足以使本领域技术人员确认本申请所要求保护的盐酸盐是一种区别于对比文件1所述的盐酸盐的同质多晶形式，因而，新权利要求1~8仍然不具备新颖性。

针对该复审请求，专利复审委员会组成合议组，对本案进行审理。

经审查，合议组认为本案事实已经清楚，可以作出复审决定。

二、决定的理由

1. 文本的认定

本复审决定所针对的文本为：请求人于2004年12月6日提交的权利要求1~8、请求人于2001年4月12日本申请进入中国国家阶段时提交原始国际申请文件中文译文的说明书第1~9页、说明书附图第1~3页和说明书摘要。

2. 专利法第22条第2款

专利法第22条第2款规定：“新颖性，是指在申请日以前没有同样的发明或者实用新型在国内外出版物上公开发表过，在国内公开使用过或者以其他方式为公众所知，也没有同样的发明或者实用新型由他人向国务院专利行政部门提出过申请并且记载在申请日以后公布的专利申请文件中”。

如果一项权利要求所限定的技术方案中实质含有未被现有技术公开的技术特征，则该权利要求相对于该现有技术具备专利法第22条第2款规定的新颖性。

（1）权利要求1请求保护化合物A，其特征在于其：（i）可以产生含有位于约1745，1516，1257，1056和803cm^{-1}处的峰的红外光谱；（ii）可以产生含有位于约10.1，13.4，17.2，22.2和29.4°2^{θ}处的峰的X-射线粉末衍射（XRPD）图型；和/或（iii）可以产生含有位于约1314，1242，1185，918和404cm^{-1}处的峰的拉曼光谱。对比文件1（参见对比文件1说明书第1~4页）公开了化合物Ⅰ和药学上可接受的酸形成的盐，其中，优选的药学上可接受的酸包括无机酸，例如氢溴酸、盐酸和硫酸，以及有机酸，例如甲磺酸、酒石酸和马来酸；其制备方法为：将化合物Ⅰ与药学上可接受的酸反应，该反应通常在常规的成盐条件下进行，例如，在溶剂中通常为C_1-C_4链烷醇溶剂如乙醇，于可提供生成所需化合物的适宜速率的任意温度下，通常于升高的温度例如溶剂的回流温度下，较适宜地是以约等摩尔但优选用稍过量的药学上可接受的酸的情况下将化合物Ⅰ与药学上可接受的酸混合并结晶出所需产物。将权利要求1请求保护的化合物与对比文件1公开的内容进行比较，首先，尽管对比文件1记载了可以从诸多酸中选择盐酸与化合物I反应形成化合物A，但并没有记载该具体的化合物A，也没有记载该化合物A的红外光谱、X-射线粉末衍射图谱和/或拉曼图谱，即：对比文件1并没有公开如权利要求1所述的特性参数所限定的具有特定物理形态的化合物A；其次，尽管对比文件1中提示可以用常规方法制备化合物A，但并未给出具体的制备过程，而且，在请求人所提供的申请号为01801078.4的专利申请中，虽然其采用的是与本申请制备方法相同的流程（采用化合物I和盐酸作为原料，丙-2-醇作为反应溶剂），可以确定其得到的是对比文件1中的一种化合物I的盐酸盐，但由于制备工艺参数不同，导致所获产品也不同，将权利要求1请求保护的化合物A与申请号为01801078.4的专利申请公开和要求保护的化合物A相比，其吸湿性差异较大，由于吸湿性是产品所固有的特性，两种产品的吸湿性存在较大差异隐含了两种产品的物理形态必然存在差异，可见，请求人提交的对比数据足以表明本申请请求保护的化合物A是一种区别于对比文件1中泛泛提到可用化合物I与盐酸经常规方法制得的化合物A的同质多晶体形式。本领域的技术人员已知，对于同一化合物，由于结晶条件的差异，其分子可以不同的方式进行排列，由此生成完全不同种类的晶体，即所谓的同质多晶现象。尽管分子式相同，不同的同质多晶体之间物理性质和化学稳定性均存在差异，而红外光谱、X-射线粉末衍射图谱和/或拉曼光谱则是研究同质多晶体的重要手段。如上所述，本申请通过红外光谱、X-射线粉末衍射图谱和/或拉曼图谱这些特性参数的限定已经隐含了物理形态这一化合物产品技术特征的改变，从而使本申请请求保护的产品与对比文件1的产品相区别。由此可以认定，对比文件1中并未公开本申请权利要求书中请求保护的用各物理参数限定的具体化合物A，因此原审查部门认为对比文件1公开的内容破坏本申请权利要求1新颖性的理由不成立，权利要求1相对于对比文件1具备专利法第22条第2款规定的新颖性。

在权利要求1相对于对比文件1具备专利法第22条第2款规定的新颖性的基础上，其从属权利要求2~4、请求保护权利要求1所述化合物的制备方法的权利要求5~6、请求保护权利要求1所述化合物的制药用途的权利要求7以及请求保护含有权利要求1所述化合物的药物组合物的权利要求8也具备专利法第22条第2款规定的新颖性。

根据以上事实和理由，本案合议组作出如下审查决定。

三、决定

撤销国家知识产权局于2004年8月20日对01800001.0号发明专利申请作出的驳回决定。由原审查部门在本复审决定所针对的文本的基础上继续进行审查。

复审请求人对本决定不服的，可以根据专利法第41条第2款的规定，自收到本决定之日起三个月内向北京市第一中级人民法院起诉。

019

被保护的苯酚硅烷

复审请求审查决定（第12337号）

决　　定　　号　第12337号
决　　定　　日　2007年12月21日
发明创造名称　被保护的苯酚硅烷
国 际 分 类 号　C07F 7/18
复 审 请 求 人　通用电气公司
申　　请　　号　00810973.7
优　先　权　日　1999年7月29日
申　　请　　日　2000年7月20日
公　　开　　日　2002年8月21日
合 议 组 组 长　李人久
主　　审　　员　卢　阳
参　　审　　员　田　芳

法 律 依 据　专利法第22条第3款
决 定 要 点

在创造性判断过程中，当所要求保护的发明与最接近现有技术的区别特征为公知常识时，通常认为现有技术中存在将上述区别特征应用到最接近现有技术以解决其存在的技术问题的技术启示，发明是显而易见的，不具备突出的实质性特点。

一、案由

本复审请求涉及名称为“被保护的苯酚硅烷”的第00810973.7号发明专利申请（下称本申请），优先权日为1999年7月29日，申请日为2000年7月20日，公开日为2002年8月21日，申请人为通用电气公司（原申请人为克鲁普顿公司，2007年3月30日变更为现申请人）。

经实质审查，国家知识产权局于2004年8月6日以权利要求1～19不符合专利法第22条第3款的规定为由驳回了本申请。具体理由为：苯酚硅烷是本领域已知的偶联剂，其结构以及不稳定的性质也是公知的，权利要求1与对比文件1（US4328346A，公开日为1982年5月4日）的区别在于保护基不同，但本发明采用的甲酰基、乙酰基或1～4个碳原子的烷基碳酸酯是本领域中常用的酚羟基保护基，因此，结合对比文件1和本领域常规技术获得权利要求1的技术方案是显而易见的，根据所述保护基的理化性质，本发明所述的效果也是可以预见的，因此权利要求1不具备创造性；在权利要求1不具备创造性的情况下，权利要求2～19也不具备创造性。

驳回决定所针对的权利要求书如下：

“1. 含有下述通式结构硅烷的组合物：

$(R^1C(=O)O)_yC_6R^{II}_{6-y-z}[C_xH_{2x}Si(OR^{III})_{3-a}(R^{IV})_a]_z$

其中 R^1 是 H、CH_3 或 R^VO；R^{II}是 H 或 R^VO；R^{III}是具有 1~6 个碳原子的烷基、苯基或酰基；R^{IV}是氢、具有 1~6 个碳原子的烷基或苯基；R^V 是直链或支链的具有 1~4 个碳原子的烷基；y 是 1~3 的整数；z 是 1~3 的整数；x 是 2~6 的整数，且 a 是 0~2 的整数。

2. 权利要求 1 的组合物，其中 R^1 是甲基。

3. 权利要求 1 的组合物，其中 R^1 是 RVO。

4. 权利要求 3 的组合物，其中 R^1 选自乙氧基、丁氧基、异丙氧基和丙氧基。

5. 权利要求 1 的组合物，其中 R^{III}是选自甲基、甲酰基。

6. 权利要求 5 的组合物，其中 a 是 0，x=3，y=1 且 z=1。

7. 按照权利要求 1 的组合物，选自下列化合物：

4-乙酰氧基-1-（2-三甲氧基甲硅烷基乙基）苯，

2-乙酰氧基-5-（3-三甲氧基甲硅烷基丙基）苯甲醚，

2-甲氧基-5-（3-三甲氧基甲硅烷基丙基）苯基甲酸酯，

4-乙酰氧基-1-（1-三乙酰氧基甲硅烷基丙基）苯，

（3-三乙氧基甲硅烷基丙基）苯基碳酸甲酯，

2-乙酰氧基-4，6-双-（3-三甲氧基甲硅烷基丙基）苯甲醚，

1-乙酰氧基-2，4，6-三（3-三甲氧基甲硅烷基丙基）苯，

1，2-二甲氧基-6-乙酰氧基-4-（3-三乙氧基甲硅烷基丙基）苯，

4-［3-（甲基二乙氧基甲硅烷基）丙基］苯基甲酸酯，和

4-［3-二甲基甲氧基甲硅烷基丙基］-2-甲氧基苯基甲酸酯。

8. 按照权利要求 1 的组合物，其中硅烷与无机基质键合。

9. 按照权利要求 1 的组合物，其中硅烷是乳化的。

10. 包括脱保护下式所示的硅烷产生苯酚硅烷的方法：

$(R^1C(=O)O)_yC_6R^{II}_{6-y-z}[C_xH_{2x}Si(OR^{III})_{3-a}(R^{IV})_a]_z$

其中 R^1 是 H、CH_3 或 R^VO；R^{II}是 H 或 R^VO；R^{III}是具有 1~6 个碳原子的烷基、苯基或酰基；R^{IV}是氢、具有 1~6 个碳原子的烷基或苯基；R^V 是直链或支链的具有 1~4 个碳原子的烷基；y 是 1~3 的整数；z 是 1~3 的整数；x 是 2~6 的整数，且 a 是 0~2 的整数。

11. 权利要求 10 的方法，其中脱保护通过水解完成。

12. 权利要求 10 的方法，其中脱保护通过醇解完成。

13. 权利要求 10 的方法，其中存在催化剂。

14. 权利要求 10 的方法，其中存在酸且 pH 小于 3。

15. 权利要求 10 的方法，其中温度在 60℃~100℃之间。

16. 生产权利要求 1 的硅烷的方法，包括：

a. 酰化烯基苯酚形成苯酚中间体；

b. 硅氢化苯酚中间体生成烷氧基硅烷或氯硅烷。

17. 按照权利要求 16 的方法，其中用酰氯、酯或酸酐进行酰化。

18. 按照权利要求 17 的方法，其中苯酚中间体在烷氧基硅烷上硅氢化，制成的硅烷具有下式结构：

$(R^1C\ (=O)\ O)_yC_6R^{II}_{6-y-z}\ [C_xH_{2x}Si\ (OR^{III})_{3-a}\ (R^{IV})_a]_z$

其中 R^1 是 H、CH_3 或 R^VO；R^{II}是 H 或 R^VO；R^{III}是具有 1~6 个碳原子的烷基、苯基或酰基；R^{IV} 是氢、具有 1~6 个碳原子的烷基或苯基；R^V 是直链或支链的具有 1~4 个碳原子的烷基；y 是 1~3 的整数；z 是 1~3 的整数；x 是 2~6 的整数，且 a 是 0~2 的整数。

19. 按照权利要求 18 的方法，其中苯酚中间体是二链烯基或三链烯基苯酚。"

申请人克鲁普顿公司（下称请求人）对上述驳回决定不服，于 2004 年 11 月 18 日向专利复审委员会提出复审请求。复审请求人认为权利要求 1~19 具有创造性，理由为：对比文件 1 公开了一种用作紫外掩蔽剂前体的苯甲酰基保护的苯酚硅烷，其通过辐射使苯酚硅烷脱保护，该对比文件中没有教导或暗示权利要求 1 的技术方案，因此本发明权利要求 1 的技术方案是非显而易见的，满足专利法第 22 条第 3 款有关创造性的规定；在权利要求 1 具有创造性的情况下，权利要求 2~19 也满足专利法第 22 条第 3 款有关创造性的规定。

形式审查合格后，专利复审委员会受理了该复审请求，并于 2004 年 12 月 14 日向请求人发出《复审请求受理通知书》，随后将本申请移交原审查部门进行前置审查。

原审查部门对本复审请求进行了前置审查，坚持原驳回决定。

2007 年 3 月 30 日，请求人由克鲁普顿公司变更为通用电气公司。

专利复审委员会组成合议组，对本案的复审请求进行了审理。合议组于 2007 年 4 月 9 日向请求人发出复审通知书，指出：

（1）权利要求 1 所要求保护的含有酰基或碳酸酯保护的苯酚硅烷的组合物与对比文件 1（US4328346A）中公开的苯甲酰基保护的苯酚硅烷相比，区别仅在于保护基不同，根据本领域的公知常识和说明书中公开的内容可知，该区别技术特征实际要解决的技术问题是使脱保护后产生的副产物易于除去。然而，甲酰基、乙酰基或 1~4 个碳原子的烷基碳酸属于本领域公知的酚羟基保护基（参见 E. Haslam "Protection of Phenols and Catechols" in J. F. W McOmie "Protective groups in Organic Chemistry", Plenum Press N. Y. 1973，第 146 页），其脱保护后产生的副产物易于挥发也是本领域的公知常识，即现有技术中存在应用上述保护基以使脱保护后产生的副产物易于除去的技术启示，由此可见，本领域技术人员在对比文件 1 的基础上结合上述公知常识获得权利要求 1 的技术方案是显而易见的，而根据说明书的记载，权利要求 1 所述的组合物也没有产生任何意想不到的技术效果，因此，权利要求 1 不具备创造性，不符合专利法第 22 条第 3 款的规定；基于类似的理由，权利要求 2~9 也不具备创造性，不符合专利法第 22 条第 3 款的规定。

（2）权利要求 10~15 和权利要求 16~19 分别要求保护脱保护权利要求 1 所述硅烷产生苯酚硅烷以及制备权利要求 1 所述硅烷的方法，其对于现有技术的贡献均在于权利要求 1 的硅烷，因此，在权利要求 1 不具备创造性的情况下，权利要求 10~19 也不具备创造性，不符合专利法第 22 条第 3 款的规定。

请求人于 2007 年 7 月 24 日提交了意见陈述书，认为：对比文件 1 与本发明的目的不同，其所涉及的是防紫外线剂前体，并没有公开或暗示任何保护基团的挥发性问题，相反，对比文件 1 的教导（摘要、第 1 栏第 29~37 行）会使本领域技术人员不愿意使用挥发性基团，因此，对比文件 1 并不能启发本领域技术人员使用形成挥发性副产物的保护基团，本领域技术人员也不会想到去改变对比文件 1 的基团。

在上述程序的基础上，合议组认为本案事实已经清楚，可以作出审查决定。

二、决定的理由

1. 审查文本的认定

本决定依据的文本为申请人于 2004 年 6 月 17 日提交的权利要求 1~19、说明书第 1 页，于 2002

年1月29日进入中国国家阶段时提交的国际申请文件译文的说明书第2~9页及说明书摘要。

2. 关于专利法第22条第3款

根据专利法第22条第3款的规定，发明的创造性是指同申请日以前已有的技术相比，该发明具有突出的实质性特点和显著的进步。

在创造性判断过程中，当所要求保护的发明与最接近现有技术的区别特征为公知常识时，通常认为现有技术中存在将上述区别特征应用到最接近现有技术以解决其存在的技术问题的技术启示，发明是显而易见的，不具备突出的实质性特点。

本案中，权利要求1要求保护含有酰基或碳酸酯保护的苯酚硅烷的组合物，而对比文件1（US4328346A，公开日为1982年5月4日）中已经公开了一种含有苯甲酰基保护的苯酚硅烷的组合物，两者相比，都是通过保护苯酚硅烷上的酚羟基使苯酚硅烷稳定，区别仅在于保护基不同：权利要求1中采用的是甲酰基、乙酰基或1~4个碳原子的烷基碳酸，对比文件1中采用的是苯甲酰基。鉴于如说明书中所认可的，苯酚硅烷是本领域公知的偶联剂，因此，上述区别技术特征实际要解决的技术问题是使脱保护后产生的副产物易于除去以便所述组合物发挥苯酚硅烷的偶联剂作用。

然而，本领域技术人员公知甲酰基、乙酰基或1~4个碳原子的烷基碳酸均属于本领域常用的酚羟基保护基（参见 E. Haslam “Protection of Phenols and Catechols” in J. F. W McOmie “Protective groups in Organic Chemistry”，Plenum Press N. Y. 1973，第146页），其脱保护后产生的副产物易于挥发是本领域的公知常识，即现有技术中存在应用上述保护基以使脱保护后产生的副产物易于除去的技术启示，因此，虽然对比文件1中并未公开酰基或碳酸酯保护的苯酚硅烷，但是本领域技术人员在对比文件1的基础上结合上述公知常识获得权利要求1的技术方案是显而易见的，而根据说明书的记载，权利要求1所述的组合物也没有产生任何意想不到的技术效果，因此，权利要求1不具备突出的实质性特点。

请求人认为对比文件1与本发明的目的不同，其所涉及的是防紫外线剂前体，因此本领域技术人员不会想到去改变对比文件1的基团。对此，合议组认为：虽然对比文件1中仅提及苯甲酰基保护的苯酚硅烷作为防紫外线剂前体的应用，但是其中的苯酚硅烷是本领域熟知的偶联剂，本领域技术人员在面对苯酚硅烷不稳定并且需要使被保护的苯酚硅烷脱保护后产生的副产物易于除去的技术问题时，容易想到改变保护基以使所述化合物发挥苯酚硅烷的偶联剂作用。

请求人还认为对比文件1中并没有公开或暗示任何保护基团的挥发性问题，相反，对比文件1的教导会使本领域技术人员不愿意使用挥发性基团。对此，合议组认为：（1）虽然对比文件1中没有公开或暗示采用挥发性基团，但是采用副产物易于挥发的酚羟基保护基可使副产物易于除去进而减少副产物对偶联剂的影响是本领域的公知常识，根据该技术启示，本领域技术人员在面对使具有酚羟基保护基的苯酚硅烷能够发挥苯酚硅烷的偶联剂作用这一技术问题时，有动机采用副产物易于挥发的酚羟基保护基以避免副产物对苯酚硅烷偶联剂作用的影响；（2）对比文件1摘要及第1栏第29~37行所记载的内容暗示本领域技术人员在用作防紫外线剂前体的被保护的苯酚硅烷中不应使用挥发性的酚羟基保护基，以防止挥发性副产品的逸出会降低其防紫外线剂的能力，但该部分内容并不涉及用于其他用途的被保护的苯酚硅烷中酚羟基保护基的选择，因此不会妨碍本领域技术人员在用作偶联剂的被保护的苯酚硅烷中采用副产物易于挥发的酚羟基保护基。

综上所述，权利要求1不符合专利法第22条第3款的规定。基于类似的理由，权利要求2~9也不具备创造性，不符合专利法第22条第3款的规定。

权利要求10~15和权利要求16~19分别要求保护脱保护权利要求1所述硅烷产生苯酚硅烷以及制备权利要求1所述硅烷的方法，其对于现有技术的贡献均在于权利要求1的硅烷，因此，在权利要求1不具备创造性的情况下，权利要求10~19也不具备创造性，不符合专利法第22条第3款的规定。

根据以上事实和理由，本案合议组作出如下审查决定。

三、决定

维持国家知识产权局于2004年8月6日对00810973.7号发明专利申请作出的驳回决定。

复审请求人对本决定不服的，可以根据专利法第41条第2款的规定，自收到本决定之日起三个月内向北京市第一中级人民法院起诉。

020

具有预防和治疗动脉粥样硬化功能的化合物及其在生物医药学中的应用

复审请求审查决定（第12338号）

决定号 第12338号
决定日 2007年12月22日
发明创造名称 具有预防和治疗动脉粥样硬化功能的化合物及其在生物医药学中的应用
国际分类号 C07F9/576，C07F9/645，C07F9/6521，C07D295/14，C07D295/28，C07D213/74，C07D209/02，C07D317/60，C07D307/54，C07D333/24，C07D401/04，C07D471/08，A61K31/496
复审请求人 中国人民解放军军事医学科学院毒物药物研究所
申请号 01137273.7
申请日 2001年11月2日
公开日 2003年5月7日
合议组组长 孙跃飞
主审员 任晓兰
参审员 汪送来

法律依据 专利法第31条第1款
决定要点

对于马库什要素是化合物的权利要求，如果满足：（1）所有可选择化合物具有共同的性能或作用；和（2）所有可选择化合物具有共同的结构，该共同结构能够构成它与现有技术的区别特征，并对所有可选择化合物的共同性能或作用是必不可少的，则认为所有可选择化合物具有类似的性质，该权利要求具备单一性。

一、案由

本复审请求案涉及发明名称为“具有预防和治疗动脉粥样硬化功能的化合物及其在生物医药学中的应用”的第01137273.7号发明专利申请（下称本申请），申请人为中国人民解放军军事医学科学院毒物药物研究所，申请日为2001年11月2日，公开日为2003年5月7日。

2005年9月9日，针对申请人于2005年1月7日提交的权利要求第1~8项、申请日提交的说明书第1~47页、说明书附图第1页及说明书摘要，国家知识产权局以权利要求1~8不具备单一性，不符合专利法第31条第1款的规定为由驳回了本申请。

驳回决定认为：权利要求 1 中涉及通式 $R_1R_2N-CH(R_3)-Y$ 的化合物，其唯一共有的结构单元是“-N-CH-”，该结构首先不占整个结构的大部分，其次，该结构部分不是新的，不能成为与现有技术的区别特征，不能仅因为通式（I）化合物都是胺类就认为其具备单一性，因此，权利要求 1 不符合专利法第 31 条第 1 款的规定。同理，从属权利要求 2~8 也不具备单一性，不符合专利法第 31 条第 1 款的规定。

驳回决定针对的权利要求 1~8 如下：

“1. 通式 I 所示的化合物、其衍生物、其异构体、消旋体、其药用盐或其溶剂化物在制备可用于预防或治疗心脑血管疾病的药物中的应用，或作为用于研究这些疾病的工具药的用途

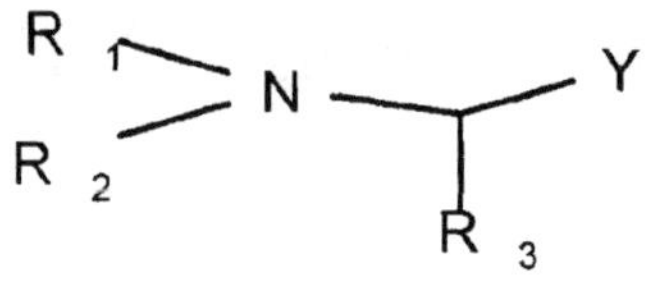

I

其中：

R_1 或 R_2 分别为甲基、乙基、丙基、异丙基、丁基、异丁基、叔丁基、2-羟基乙基、2-甲氧基乙基、2-乙氧基乙基、2-丙氧基乙基、2-异丙氧基乙基、2-丁氧基乙基、2-异丁氧基乙基、2-叔丁氧基乙基、2-氨基乙基、2-甲胺基乙基、2-乙胺基乙基、2-丙胺基乙基、2-异丙胺基乙基、2-丁胺基乙基、2-异丁胺基乙基、2-叔丁胺基乙基、2-（二甲胺基）乙基、2-（二乙胺基）乙基、2-（二丙胺基）乙基、2-（二丙胺基）乙基、2-（二丁胺基）乙基、2-（二异丁胺基）乙基、2-（二叔丁胺基）乙基、2-吗啉基乙基、2-哌啶基乙基、2-哌嗪基乙基、2-（4-甲基哌嗪基）乙基、3-羟基丙基、3-甲氧基丙基、3-乙氧基丙基、3-丙氧基丙基、3-异丙氧基丙基、3-丁氧基丙基、3-异丁氧基丙基、3-叔丁氧基丙基、3-氨基丙基、3-甲胺基丙基、3-乙胺基丙基、3-丙胺基丙基、3-异丙胺基丙基、3-丁胺基丙基、3-异丁胺基丙基、3-叔丁胺基丙基、3-（二甲胺基）丙基、3-（二丙胺基）丙基、3-（二丙胺基）丙基、3-（二丙胺基）丙基、3-（二丁胺基）丙基、3-（二异丁胺基）丙基、3-（二叔丁胺基）丙基、3-吗啉基丙基、3-哌啶基丙基、3-哌嗪基丙基、3-（4-甲基哌嗪基）丙基、；或者，

R_1R_2N 为吗啉基、哌嗪基、4-甲基哌嗪基、4-（2-吡啶基）哌嗪基、4-（4-甲基-2-吡啶基）哌嗪基、4-（4-哌啶甲基-2-吡啶基）哌嗪基、4-（3-吡啶基）哌嗪基、4-（4-吡啶基）哌嗪基、4-（2-嘧啶基）哌嗪基、4-（4-嘧啶基）哌嗪基、4-（5-嘧啶基）哌嗪基、4-（6-嘧啶基）哌嗪基、4-（2-哒嗪基）哌嗪基、4-（4，6-二甲氧基-2-三嗪基）哌嗪基、4-（2-氯苯基）哌嗪基、4-（3-氯苯基）哌嗪基、4-（4-氯苯基）哌嗪基、4-（2-氟苯基）哌嗪基、4-（3-氟苯基）哌嗪基、4-（4-氟苯基）哌嗪基、4-（2-氯苯基）哌嗪基、4-（3，4-二氯苯基）哌嗪基、4-（5-氯-2-甲基苯基）哌嗪基、4-（2-甲氧基苯基）哌嗪基、4-（3-甲氧基苯基）哌嗪基、4-（4-甲氧基苯基）哌嗪基、4-双（4-氟苯基）甲基哌嗪基、4-氨甲酰基-4-哌啶基哌啶基；

R_3 代表氢原子、甲基、C_{2-12}的烃基、C_{3-8}环烃基、C_{6-12}芳烃基、取代的 C_{6-12}芳烃基、C_{4-12}杂环芳烃基、取代的 C_{4-12}杂环芳烃基，其中，每个带有取代基的基团的取代基选自：卤素，羟基，氰基，硝基，C_{1-6}烃基，C_{4-6}芳烃基，C_{1-6}烷氧基，C_{1-6}烷硫基，一、二或三卤代 C_{1-6}烷基，氨基，C_{1-10}烃胺基，C_{1-10}烃酰氧基，C_{6-10}芳酰氧基或 C_{1-10}烃酰胺基，取代基可有一、二、三或四个，可相同或不同；

Y 代表氰基、羧基、C_{1-10}烃氧基羰基、氨甲酰基、C_{1-10}烃胺基羰基、膦酸基、一 C_{1-10}烃氧基膦酰基、二 C_{1-10}烃氧基膦酰基、C_{1-10}烃氧基 C_{1-10}烃胺基膦酰基、一 C_{1-10}烃胺基膦酰基、二 C_{1-10}烃胺基膦酰基、咪唑基、吡唑基、三氮唑基、四氮唑基、噁唑基、噻唑基、咪唑啉基、吡唑啉基、噁唑啉基、

噻唑啉基。

2. 权利要求1的应用，其中，所述的 R_1R_2N 为吗啉基、哌嗪基、4-甲基哌嗪基、4-（2-吡啶基）哌嗪基、4-（4-甲基-2-吡啶基）哌嗪基、4-（4-哌啶甲基-2-吡啶基）哌嗪基、4-（3-吡啶基）哌嗪基、4-（4-吡啶基）哌嗪基、4-（2-嘧啶基）哌嗪基、4-（4-嘧啶基）哌嗪基、4-（5-嘧啶基）哌嗪基、4-（6-嘧啶基）哌嗪基、4-（2-哒嗪基）哌嗪基、4-（4，6-二甲氧基-2-三嗪基）哌嗪基、4-（2-氯苯基）哌嗪基、4-（3-氯苯基）哌嗪基、4-（4-氯苯基）哌嗪基、4-（2-氟苯基）哌嗪基、4-（3-氟苯基）哌嗪基、4-（4-氟苯基）哌嗪基、4-（2-氯苯基）哌嗪基、4-（3，4-二氯苯基）哌嗪基、4-（5-氯-2-甲基苯基）哌嗪基、4-（2-甲氧基苯基）哌嗪基、4-（3-甲氧基苯基）哌嗪基、4-（4-甲氧基苯基）哌嗪基、4-双（4-氟苯基）甲基哌嗪基与4-氨甲酰基-4-哌啶基哌啶基。

3. 权利要求1或2的应用，其中，所述的 R_1R_2N 为4-（2-吡啶基）哌嗪基，Y为二乙氧膦酰基。

4. 如权利要求1的应用，其中，所述的药用盐是药用酸加成的盐，选自盐酸盐、硫酸盐、磷酸盐、氢溴酸盐；或者是乙酸盐、草酸盐、柠檬盐、葡萄糖酸盐、琥珀酸盐、酒石酸盐、对甲苯磺酸盐、甲磺酸盐、苯甲酸盐、乳酸盐或马来酸盐。

5. 权利要求1的应用，其中所述的药用盐是与碱形成的盐，选自碱金属盐，碱土金属盐，与有机碱形成的盐或与手性碱形成的盐。

6. 权利要求1或2的应用，其中式I化合物选自

2-（3，5-二甲氧基-4-羟基苯基）-2-［4-（2-吡啶基）哌嗪基］甲基膦酸二乙酯；

2-（4-羟基-3-甲氧基苯基）-2-［4-（2-吡啶基）哌嗪基］甲基膦酸二乙酯；

2-（4-羟基-3-甲氧基苯基）-2-（4-甲基哌嗪基）甲基膦酸二乙酯；

1-（氰甲基）-4-甲基哌嗪；

2-（3，4-亚甲二氧基苯基）-2-（4-甲基哌嗪基）乙腈；

2-（2-呋喃基）-2-（4-甲基哌嗪基）乙腈；

2-氰基-1，4-二苄基哌嗪

2-氰基-1-甲基-1-氮杂双环［3，2，1］-2-庚烯（2-氰基-2-托品烯）

8-苄基-6β-氰基-8-氮杂双环［3，2，1］辛-3-烯-2-酮；和

2-吗啉基-2-（3，4，5-三甲氧基苯基）乙酸。

7. 如权利要求1或2的应用，其中，所述的化合物是2-（4-羟基-3-甲氧基苯基）-2-［4-（2-吡啶基）哌嗪基］甲基膦酸二乙酯·盐酸盐。

8. 如权利要求1的应用，其中，所述的应用是指在制备预防或治疗动脉粥样硬化、高血脂、冠心病、脑卒中的心脑血管疾病药物中用途。”

2005年12月20日，中国人民解放军军事医学科学院毒物药物研究所（下称请求人）对上述驳回决定不服，向专利复审委员会提出复审请求，请求人在提出复审请求时没有对申请文件进行修改。请求人认为：本申请权利要求1~8涉及的化合物具有共同的性能或作用，并且均为胺类化合物，满足所有可选择化合物在该发明的相关技术中被认为是属于同一类化合物的条件，因此，权利要求1~8具有单一性，符合专利法第31条第1款的规定。

经形式审查合格后，专利复审委员会受理了该请求，并于2006年1月19日向请求人发出了《复审请求受理通知书》，同时将本申请转送至国家知识产权局原审查部门进行前置审查。

在《前置审查意见书》中，国家知识产权局原审查部门依然认为权利要求1~8不符合专利法第

31 条第 1 款的规定，因此坚持驳回决定。

专利复审委员会组成合议组，对本复审请求案进行了审理。合议组于 2006 年 8 月 28 日发出《复审通知书》指出：（1）本申请说明书中仅公开了 R_1R_2N 为哌嗪环或吗啉环的化合物具有抗氧化效应，有希望用于动脉粥样硬化性疾病的治疗及自由基相关的疾病的治疗，但权利要求 1 中 R_1、R_2、以及 R_1R_2N 除了 R_1R_2N 合起来为哌嗪环或吗啉环之外还有多种其他可能的选择，说明书公开的内容不足以证明所有可选择的化合物都具有共同的性能和作用；（2）即使根据请求人所述，认为权利要求 1 所要求保护的化合物具有共同的性能和作用，都可用于治疗心脑血管疾病，由于其共同的结构单元“-N-CH-”不能够构成本申请与现有技术的区别特征，同时，权利要求 1 的化合物也不属于“在不能有共同结构的情况下，所有的可选择要素属于该发明所属领域中公认的同一化合物类别”的情形，因此，权利要求 1 不满足关于马库什权利要求单一性的要求，不符合专利法第 31 条第 1 款的规定。在此基础上，权利要求 4~5 和 8 也不具备单一性，不符合专利法第 31 条第 1 款的规定。

2006 年 11 月 22 日，请求人针对上述《复审通知书》作出答复并修改了权利要求书，将 R_1R_2N 限定为哌嗪基或取代的哌嗪基，R3 限定为 C_{6-12}芳烃基或取代的 C_{6-12}芳烃基，Y 限定为膦酸基或膦酰基。请求人认为修改后的权利要求 1 可以理解为是取代的哌嗪膦酰衍生物，因此满足单一性的规定。修改后的权利要求书为：

“1. 通式 I 所示的化合物、其衍生物、其异构体、消旋体、其药用盐或其溶剂化物在制备可用于预防或治疗心脑血管疾病的药物中的应用，或作为用于研究这些疾病的工具药的用途，

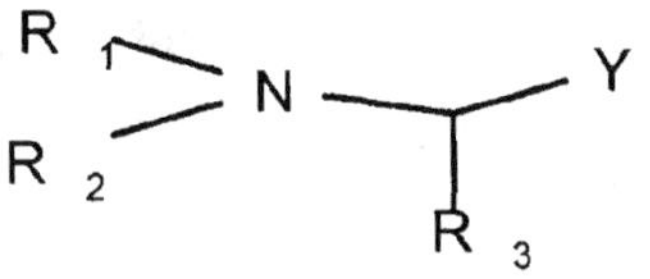

I

其中：

R_1R_2N 为哌嗪基、4-甲基哌嗪基、4-（2-吡啶基）哌嗪基、4-（4-甲基-2-吡啶基）哌嗪基、4-（4-哌啶甲基-2-吡啶基）哌嗪基、4-（3-吡啶基）哌嗪基、4-（4-吡啶基）哌嗪基、4-（2-嘧啶基）哌嗪基、4-（4-嘧啶基）哌嗪基、4-（5-嘧啶基）哌嗪基、4-（6-嘧啶基）哌嗪基、4-（2-哒嗪基）哌嗪基、4-（4，6-二甲氧基-2-三嗪基）哌嗪基、4-（2-氯苯基）哌嗪基、4-（3-氯苯基）哌嗪基、4-（4-氯苯基）哌嗪基、4-（2-氟苯基）哌嗪基、4-（3-氟苯基）哌嗪基、4-（4-氟苯基）哌嗪基、4-（2-氯苯基）哌嗪基、4-（3，4-二氯苯基）哌嗪基、4-（5-氯-2-甲基苯基）哌嗪基、4-（2-甲氧基苯基）哌嗪基、4-（3-甲氧基苯基）哌嗪基、4-（4-甲氧基苯基）哌嗪基、4-双（4-氟苯基）甲基哌嗪基；

R_3 代表 C_{6-12}芳烃基、取代的 C_{6-12}芳烃基，其中，每个带有取代基的基团的取代基选自：卤素，羟基，氰基，硝基，C_{1-6}烃基，C_{4-6}芳烃基，C_{1-6}烷氧基，C_{1-6}烷硫基，一、二或三卤代 C_{1-6}烷基，氨基，C_{1-10}烃胺基，C_{1-10}烃酰氧基，C_{6-10}芳酰氧基或 C 1-10烃酰胺基，取代基可有一、二、三或四个，可相同或不同；

Y 代表膦酸基、一 C_{1-10}烃氧基膦酰基、二 C_{1-10}烃氧基膦酰基、C_{1-10}烃氧基 C_{1-10}烃胺基膦酰基、一 C_{1-10}烃胺基膦酰基、二 C_{1-10}烃胺基膦酰基。

2. 权利要求 1 的应用，其中，所述的 R_1R_2N 为 4-（2-吡啶基）哌嗪基，Y 为二乙氧膦酰基。

3. 如权利要求 1 的应用，其中，所述的药用盐是药用酸加成的盐，选自盐酸盐、硫酸盐、磷酸盐、氢溴酸盐；或者是乙酸盐、草酸盐、柠檬盐、葡萄糖酸盐、琥珀酸盐、酒石酸盐、对甲苯磺酸

盐、甲磺酸盐、苯甲酸盐、乳酸盐或马来酸盐。

4. 权利要求1的应用，其中所述的药用盐是与碱形成的盐，选自碱金属盐，碱土金属盐，与有机碱形成的盐或与手性碱形成的盐。

5. 权利要求1或2的应用，其中式I化合物选自

2-（3，5-二甲氧基-4-羟基苯基）-2-［4-（2-吡啶基）哌嗪基］甲基膦酸二乙酯；

2-（4-羟基-3-甲氧基苯基）-2-［4-（2-吡啶基）哌嗪基］甲基膦酸二乙酯；

2-（4-羟基-3-甲氧基苯基）-2-（4-甲基哌嗪基）甲基膦酸二乙酯。

6. 如权利要求1~3任一的应用，其中，所述的化合物是2-（4-羟基-3-甲氧基苯基）-2-［4-（2-吡啶基）哌嗪基］甲基膦酸二乙酯·盐酸盐。

7. 如权利要求6的应用，其中，所述的应用是指在制备预防或治疗动脉粥样硬化、高血脂、冠心病、脑卒中的心脑血管疾病药物中用途。”

经合议，合议组认为本案事实已经清楚，可以作出审查决定。

二、决定的理由

1. 关于审查文本

本复审决定所针对的申请文本是：2006年11月22日提交的权利要求第1~7项，申请日提交的说明书第1~47页、说明书附图第1页及说明书摘要。

2. 关于单一性

专利法第31条第1款规定：一件发明或者实用新型专利申请应当限于一项发明或者实用新型。属于一个总的发明构思的两项以上的发明或者实用新型，可以作为一件申请提出。

对于马库什要素是化合物的权利要求，如果满足：（1）所有可选择化合物具有共同的性能或作用；和（2）所有可选择化合物具有共同的结构，该共同结构能够构成它与现有技术的区别特征，并对所有可选择化合物的共同性能或作用是必不可少的，则认为所有可选择化合物具有类似的性质，该权利要求具备单一性。

就本案而言，权利要求1请求保护通式I所示的化合物、其衍生物、其异构体、消旋体、其药用盐或其溶剂化物在制备可用于预防或治疗心脑血管疾病的药物中的应用，或作为用于研究这些疾病的工具药的用途。

首先，由说明书第1页和第44~47页的内容可知，权利要求1通式I所示的哌嗪膦酰衍生物具有抗氧化效应，有希望用于动脉粥样硬化疾病的治疗及自由基相关的疾病的治疗，因此可以用于制备用于预防或治疗这类疾病的药物中，或作为用于研究此类疾病的工具药，在无相反证据的情况下，合议组认为权利要求1满足在马库什权利要求单一性评价时的上述条件（1），即，“所有可选择化合物具有共同的性能或作用”。

其次，在通式I所示的所有化合物中，均具有哌嗪甲基膦酰基的共同结构，该共同结构构成了通式I的主体结构，在没有相反证据认为这一主体结构已经被现有技术公开、对通式I中所有可选化合物的抗心脑血管疾病的用途来说不是必不可少的情况下，可以认为这一主体结构对于权利要求1所述的用途是必不可少的，并且构成了所有可选择化合物与现有技术的区别特征。

综上，合议组认为，在现有证据的基础上，权利要求1满足：（1）通式I所示的所有可选择化合物具有共同的性能或作用；和（2）通式I所示的所有可选择化合物具有共同的结构，该共同结构能够构成它与现有技术的区别特征，并对所有可选择化合物的共同性能或作用是必不可少的。因此，通式I所示的所有可选择化合物具有类似的性质，符合专利法第31条第1款有关单一性的规定。也就是说，请求人通过进一步将R1R2N限定为哌嗪基或取代的哌嗪基，R_3限定为C_{6-12}芳烃基或取代的

C_{6-12}芳烃基，Y 限定为膦酸基或膦酰基，已经克服了驳回决定和复审通知书中所指出的“权利要求 1 不具备单一性”的缺陷。

在权利要求 1 具备单一性的情况下，作为权利要求 1 从属权利要求的权利要求 2~7 必然具备单一性，符合专利法第 31 条第 1 款的规定。

根据上述事实和理由，合议组作出如下审查决定。

三、决定

撤销国家知识产权局于 2005 年 9 月 9 日针对第 01137273.7 号发明专利申请作出的驳回决定，由国家知识产权局原审查部门以请求人于 2006 年 11 月 22 日提交的权利要求 1~7 项，申请日提交的说明书第 1~47 页、说明书附图第 1 页及说明书摘要为基础继续审批程序。

复审请求人对本决定不服的，可以根据专利法第 41 条第 2 款的规定，自收到本决定之日起三个月内向北京市第一中级人民法院起诉。

021

十三元氮杂大环内酯类化合物及其作为抗生剂的应用

复审请求审查决定（第12343号）

决　定　号　第12343号
决　定　日　2007年12月24日
发明创造名称　十三元氮杂大环内酯类化合物及其作为抗生剂的应用
国际分类号　C07H 17/08，A61K 31/70
复审请求人　辉瑞产品公司
申　请　号　99813464.3
优先权日　1998年11月20日
申　请　日　1999年11月9日
公　开　日　2001年12月12日
合议组组长　刘　亚
主　审　员　周英姿
参　审　员　李亚林

法律依据　专利法第26条第3款
决定要点

在化学领域中，要求保护的发明为化学产品本身的，说明书中应当公开化学产品的确认、化学产品的制备以及化学产品的用途。由于化学领域属于实验性学科，如果本领域技术人员无法根据现有技术预测所述新的药用化合物能够实现所述医药用途、药理作用，则应当记载对于本领域技术人员来说，足以证明发明的技术方案可以解决预期所解决的技术问题或者达到预期的技术效果的实验室实验或者临床试验的定性或者定量数据。

一、案由

本复审请求涉及名称为“十三元氮杂大环内酯类化合物及其作为抗生剂的应用”的99813464.3号发明专利申请（下称本申请），其申请人为辉瑞产品公司，申请日为1999年11月9日，优先权日为1998年11月20日，公开日为2001年12月12日。

2003年10月24日，针对申请人于2003年8月26日提交的权利要求1~34项、进入中国国家阶段时提交的国际申请文件中文译文的说明书第1~44页和摘要，国家知识产权局以说明书不符合专利法第26条第3款为由驳回本申请。驳回决定所针对的涉及产品的独立权利要求和涉及用途的独立权利要求如下：

“1. 式1的化合物或其可药用盐：

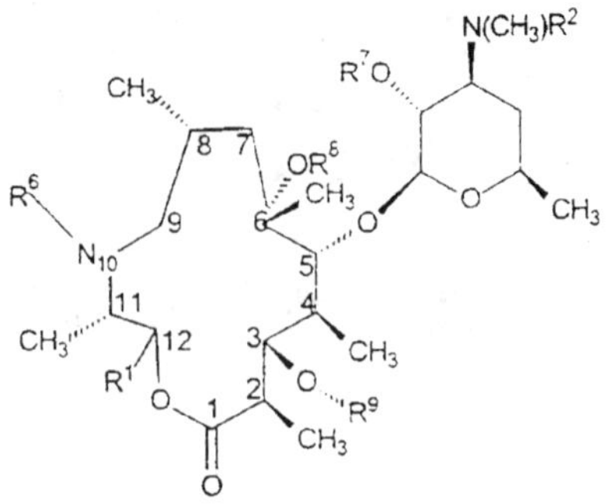

1

其中：

R^1是

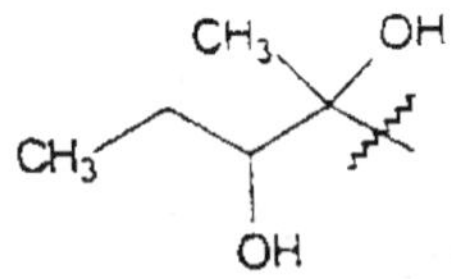、乙酰基、3-N，N-二甲基氨基-2-丙烯酰基、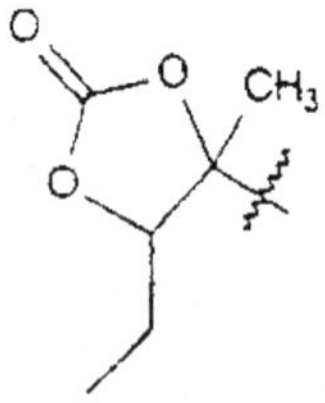、

1-N-甲基-5-吡唑基、3-吡唑基、1-甲基-N-3-吡唑基、1-N-苄基-3-吡唑基、1-N-（3-羟基苄基）-3-吡唑基、3-异噁唑基、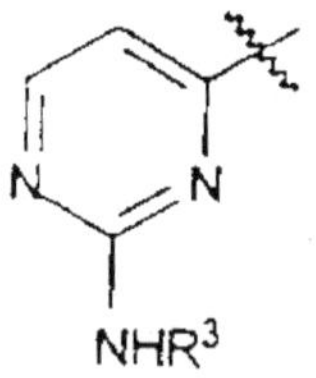或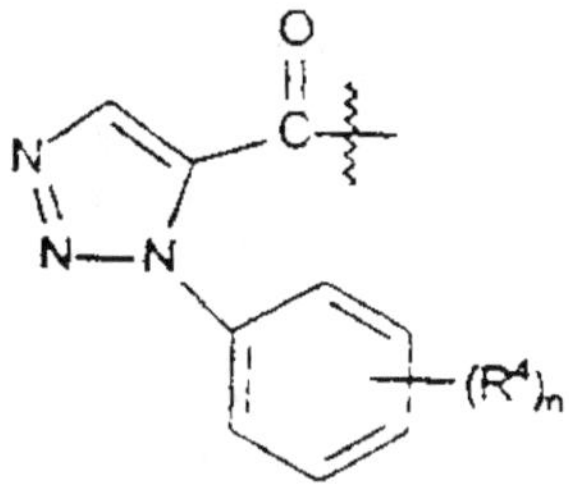；

R^2 是氢或 C_1-C_4 烷基；

R^3 是氢、C_1-C_{10}烷基、C_2-C_{10}链烯基、C_2-C_{10}炔基、-（CH_2）$_m$（C_6-C_{10}芳基）、-（CH_2）$_m$（C_6-C_{10}杂环）或芳基，除了氢以外，它们各自任选地被1-3个独立选自如下的取代基取代：卤素、氰基、硝基、三氟甲基、叠氮基、-C（O）C_1-C_{10}烷基、-C（O）C_2-C_{10}链烯基、-C（O）C_2-C_{10}炔基、-OC（O）C_1-C_{10}烷基、-OC（O）C_2-C_{10}链烯基、-OC（O）C_2-C_{10}炔基、-N（氢，C_1-C_{10}烷基，C_2-C_{10}链烯基或C_2-C_{10}炔基）C（O）（C_1-C_{10}烷基，C_2-C_{10}链烯基或C_2-C_{10}炔基）、-C（O）N（氢，C_1-C_{10}烷基，C_2-C_{10}链烯基或C_2-C_{10}炔基）（氢，C_1-C_{10}烷基，C_2-C_{10}链烯基或C_2-C_{10}炔基）、-N（氢，C_1-C_{10}烷基，C_2-C_{10}链烯基或C_2-C_{10}炔基）（氢，C_1-C_{10}烷基，C_2-C_{10}链烯基或C_2-C_{10}炔基）、C_1-C_{10}烷氧基、C_6-C_{10}芳基、5-10元杂环、羟基、甲氧基、C_1-C_{10}烷基、C_2-C_{10}链烯基、C_2-C_{10}炔基、2-吡啶基、3-吡啶基、4-吡啶基、2-嘧啶基、4-嘧啶基、2-吡 啶基甲基、3-吡啶基甲基、4-吡啶基甲基、2-吡啶基乙基、3-吡啶基乙基和4-吡啶基乙基；

m 是 0~4 的整数；

各个R^4是氢、-（CH_2）$_m$（C_6-C_{10}芳基）或-（CH_2）$_m$（C_6-C_{10}杂环基），除了氢以外，它们各自任选地被1-3个独立选自如下的取代基取代：卤素、氰基、硝基、三氟甲基、叠氮基、-C（O）C_1-C_{10}烷基、-C（O）C_2-C_{10}链烯基、-C（O）C_2-C_{10}炔基、-OC（O）C_1-C_{10}烷基、-OC（O）C_2-C_{10}链烯基、-OC（O）C_2-C_{10}炔基、-N（氢，C_1-C_{10}烷基，C_2-C_{10}链烯基或C_2-C_{10}炔基）C（O）（C_1-C_{10}烷基，C_2-C_{10}链烯基或C_2-C_{10}炔基）、-C（O）N（氢，C_1-C_{10}烷基，C_2-C_{10}链烯基或C_2-C_{10}炔

基）（氢，C_1-C_{10}烷基，C_2-C_{10}链烯基或 C_2-C_{10}炔基）、-N（氢，C_1-C_{10}烷基，C_2-C_{10}链烯基或C_2-C_{10}炔基）（氢，C_1-C_{10}烷基，C_2-C_{10}链烯基或 C_2-C_{10}炔基）、C_1-C_{10}烷氧基、C_6-C_{10}芳基和 5~10 元杂环，

n 是 0~5 的整数；

R^6 是氢或甲基；

各个 R^7 独立地是氢、C_1-C_{20}烷基、C_2-C_{20}链烯基、C_2-C_{20}炔基、-C（O）C_1-C_{20}烷基、-C（O）C_2-C_{20}链烯基、-C（O）C_2-C_{20}炔基、-C（O）N（H）C_1-C_{10}烷基、-C（O）N（H）C_2-C_{20}链烯基、-C（O）N（H）C_2-C_{20}炔基、$-SO_2$（O）C_1-C_{20}烷基、$-SO_2$（O）C_2-C_{20}链烯基、苄氧羰基、$-SO_2$（O）C_2-C_{20}炔基或$-PO_4^{2-}$；

R^8 是氢或甲基；

R^9 是

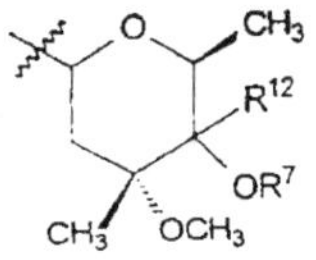

或 4″-氧代二脱氧甲基已糖基；和

R^{12}是 C_1-C_{10}烷基、C_2-C_{10}链烯基、C_2-C_{10}炔基、氰基、$-CH_2S$（O）pC_1-C_{10}烷基、$-CH_2S$（O）pC_2-C_{10}链烯基、$-CH_2S$（O）pC_2-C_{10}炔基，其中 p 是 0~2 的整数；$-CH_2O$（C_1-C_{10}烷基）、$-CH_2O$（C_2-C_{10}链烯基）、$-CH_2O$（C_2-C_{10}炔基）、$-CH_2N$（氢，C_1-C_{10}烷基，C_2-C_{10}链烯基或 C_2-C_{10}炔基）（氢，C_1-C_{10}烷基，C_2-C_{10}链烯基或 C_2-C_{10}炔基）、-（CH_2）$_m$（C_6-C_{10}芳基）或-（CH_2）$_m$（5~10 元杂芳基），其中 m 是 0~4 的整数，和其中上述的烷基、链烯基、炔基、芳基和杂芳基部分任选地被1~3 个独立选自如下的取代基取代：卤素、氰基、硝基、三氟甲基、叠氮基、-C（O）C_1-C_{10}烷基、-C（O）C_2-C_{10}链烯基、-C（O）C_2-C_{10}炔基、-OC（O）C_1-C_{10}烷基、-OC（O）C_2-C_{10}链烯基、-OC（O）C_2-C_{10}炔基、-N（氢，C_1-C_{10}烷基，C_2-C_{10}链烯基或 C_2-C_{10}炔基）C（O）（C_1-C_{10}烷基，C_2-C_{10}链烯基或 C_2-C_{10}炔基）、-C（O）N（氢，C_1-C_{10}烷基，C_2-C_{10}链烯基或 C_2-C_{10}炔基）（氢，C_1-C_{10}烷基，C_2-C_{10}链烯基或 C_2-C_{10}炔基）、-N（氢，C_1-C_{10}烷基，C_2-C_{10}链烯基或 C_2-C_{10}炔基）（氢，C_1-C_{10}烷基，C_2-C_{10}链烯基或 C_2-C_{10}炔基）、C_1-C_{10}烷氧基、C_6-C_{10}芳基和 5~10 元杂环、羟基、C_1-C_6 烷基、C_1-C_6 烷氧基、C_6-C_{10}芳基和 5~10 元杂芳基。

2. 式 15 的化合物或其可药用盐：

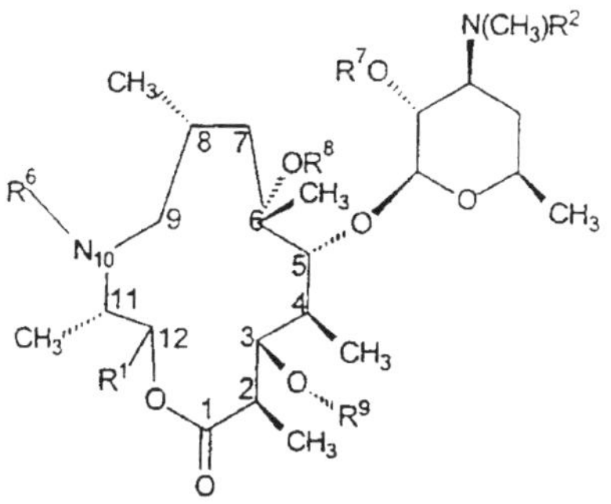

式 15

其中：

R^1 是 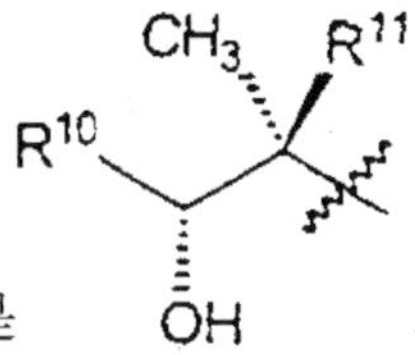 、乙酰基、3-N，N-二甲基氨基-2-丙烯酰基、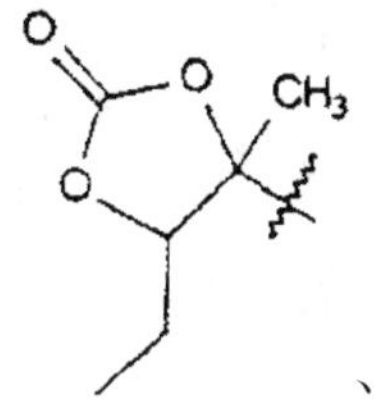 、1-N-甲基-5-吡唑基、3-吡唑基、1-甲基-N-3-吡唑基、1-N-苄基-3-吡唑基、1-N-（3-羟基苄基）-3-吡唑基、3-异噁唑基、

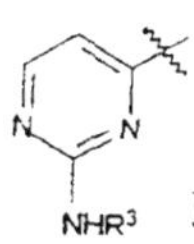 或 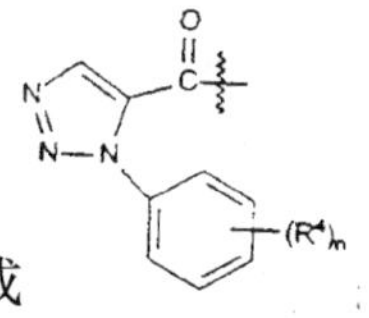

R^2 是氢或 C_1-C_4 烷基；

R^3 是氢、C_1-C_{10}烷基、C_2-C_{10}链烯基、C_2-C_{10}炔基、-（CH_2）$_m$（C_6-C_{10}芳基）、-（CH_2）$_m$（C_6-C_{10}杂环）或芳基，除了氢以外，它们各自任选地被 1~3 个独立选自如下的取代基取代：卤素、氰基、硝基、三氟甲基、叠氮基、-C（O）C_1-C_{10}烷基、-C（O）C_2-C_{10}链烯基、-C（O）C_2-C_{10}炔基、-OC（O）C_1-C_{10}烷基、-OC（O）C_2-C_{10}链烯基、-OC（O）C_2-C_{10}炔基、-N（氢，C_1-C_{10}烷基，C_2-C_{10}链烯基或 C_2-C_{10}炔基）C（O）（C_1-C_{10}烷基，C_2-C_{10}链烯基或 C_2-C_{10}炔基）、-C（O）N（氢，C_1-C_{10}烷基，C_2-C_{10}链烯基或 C_2-C_{10}炔基）（氢，C_1-C_{10}烷基，C_2-C_{10}链烯基或 C_2-C_{10}炔基）、-N（氢，C_1-C_{10}烷基，C_2-C_{10}链烯基或 C_2-C_{10}炔基）（氢，C_1-C_{10}烷基，C_2-C_{10}链烯基或 C_2-C_{10}炔基）、C_1-C_{10}烷氧基、C_6-C_{10}芳基、5-10 元杂环、羟基、甲氧基、C_1-C_{10}烷基、C_2-C_{10}链烯基、C_2-C_{10}炔基、2-吡啶基、3-吡啶基、4-吡啶基、2-嘧啶基、4-嘧啶基、2-吡啶基甲基、3-吡啶基甲基、4-吡啶基甲基、2-吡啶基乙基、3-吡啶基乙基和 4-吡啶基乙基；

m 是 0~4 的整数；

各个 R^4是氢、-（CH_2）$_m$（C_6-C_{10}芳基）或-（CH_2）$_m$（C_6-C_{10}杂环基），除了 氢以外，它们各自任选地被 1~3 个独立选自如下的取代基取代：卤素、氰基、硝基、三氟甲基、叠氮基、-C（O）C_1-C_{10}烷基、-C（O）C_2-C_{10}链烯基、-C（O）C_2-C_{10}炔基、-OC（O）C_1-C_{10}烷基、-OC（O）C_2-C_{10}链烯基、-OC（O）C_2-C_{10}炔基、-N（氢，C_1-C_{10}烷基，C_2-C_{10}链烯基或 C_2-C_{10}炔基）C（O）（C_1-C_{10}烷基，C_2-C_{10}链烯基或 C_2-C_{10}炔基）、-C（O）N（氢，C_1-C_{10}烷基，C_2-C_{10}链烯基或 C_2-C_{10}炔基）（氢，C_1-C_{10}烷基，C_2-C_{10}链烯基或 C_2-C_{10}炔基）、-N（氢，C_1-C_{10}烷基，C_2-C_{10}链烯基或 C_2-C_{10}炔基）（氢，C_1-C_{10}烷基，C_2-C_{10}链烯基或 C_2-C_{10}炔基）、C_1-C_{10}烷氧基、C_6-C_{10}芳基和 5~10 元杂环，

n 是 0~5 的整数；

R^6 是氢或甲基；

各个 R^7 独立地是氢、C_1-C_{20}烷基、C_2-C_{20}链烯基、C_2-C_{20}炔基、-C（O）C_1-C_{20}烷基、-C（O）C_2-C_{20}链烯基、-C（O）C_2-C_{20}炔基、-C（O）N（H）C_1-C_{10}烷基、-C（O）N（H）C_2-C_{20}链烯基、-C（O）N（H）C_2-C_{20}炔基、-SO_2（O）C_1-C_{20}烷基、-SO_2（O）C_2-C_{20}链烯基、-SO_2（O）C_2-C_{20}炔基或-PO_4^{2-}；

R^8 是氢或甲基；

R^9 是

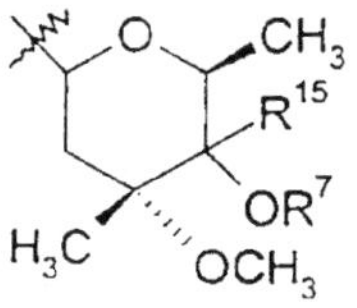

或4″-氧代二脱氧甲基己糖基；

R^{10}是α-支链C_2-C_8烷基、链烯基、炔基、烷氧基烷基或烷硫基烷基，任何这些基团任一可以任选地被一个或多个羟基取代；C_5-C_8环烷基烷基，其中烷基是α-支链C_2-C5烷基；C_3-C_8环烷基或C_5-C_8环烯基，这两种基团任一可以任选地被甲基或一个或多个羟基、一个或多个C_1-C_4烷基或卤素原子取代；或3-6元含氧或硫杂环，该杂环可以是饱和的，或全部或部分不饱和，并且可以任选地被一个或多个C_1-C_4烷基 或卤素原子取代；或R^{10}是可以被至少一个选自如下的取代基任选取代的苯基：C_1-C_4烷基、C_1-C_4烷硫基、卤素原子、羟基、三氟甲基和氰基；

或R^{10}可以具有下式（a）：

a

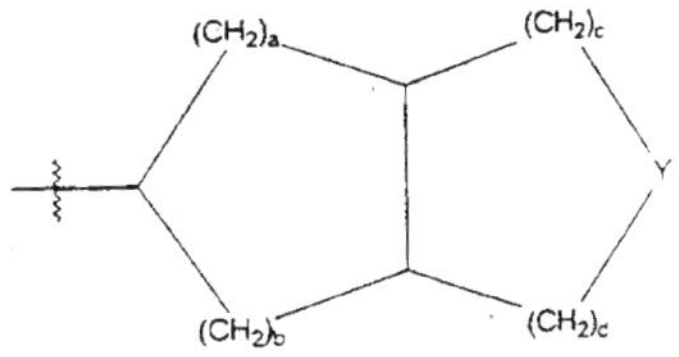

其中Y是O、S或$-CH_2-$，a、b、c和d分别独立地是0~2的整数且a +b+c+d≤5；

R^{11}是氢或 -OH ；和

R_{15}是H、C_1-C_{10}烷基、C_2-C_{10}链烯基、C_2-C_{10}炔基、氰基、$-CH_2S$（O）pC_1-C_{10}烷基、$-CH_2S$（O）pC_2-C_{10}链烯基、$-CH_2S$（O）pC_2-C_{10}炔基，其中p是0~2的 整数；$-CH_2O$（C_1-C_{10}烷基）、$-CH_2O$（C_2-C_{10}链烯基）、$-CH_2O$（C_2-C_{10}炔基）、$-CH_2N$（氢，C_1-C_{10}烷基，C_2-C_{10}链烯基或C_2-C_{10}炔基）（氢，C_1-C_{10}烷基，C_2-C_{10}链烯基或C_2-C_{10}炔基）、-（CH_2）$_m$（C_6-C_{10}芳基）或-（CH_2）$_m$（5~10元杂芳基），其中m是0~4的整数，和其中上述的烷基、链烯基、炔基、芳基和杂芳基部分任选地被1~3个独立选自如下的取代基取代：卤素、氰基、硝基、三氟甲基、叠氮基、-C（O）C_1-C_{10}烷基、-C（O）C_2-C_{10}链烯基、-C（O）C_2-C_{10}炔基、-OC（O）C_1-C_{10}烷基、-OC（O）C_2-C_{10}链烯基、-OC（O）C_2-C_{10}炔基、-N（氢，C_1-C_{10}烷基，C_2-C_{10}链烯基或C_2-C_{10}炔基）C（O）（C_1-C_{10}烷基，C_2-C_{10}链烯基或C_2-C_{10}炔基）、-C（O）N（氢，C_1-C_{10}烷基，C_2-C_{10}链烯基或C_2-C_{10}炔基）（氢，C_1-C_{10}烷基，C_2-C_{10}链烯基或C_2-C_{10}炔基）、-N（氢，C_1-C_{10}烷基，C_2-C_{10}链烯基或C_2-C_{10}炔基）（氢，C_1-C_{10}烷基，C_2-C_{10}链烯基或C_2-C_{10}炔基）、C_1-C_{10}烷氧基、C_6-C_{10}芳基和5~10元杂环、羟基、C_1-C_6烷基、C_1-C_6烷氧基、C_6-C_{10}芳基和5-10元杂芳基，除了当R_{15}是H时，R^{10}不是乙基。

12. 具有式3的化合物：

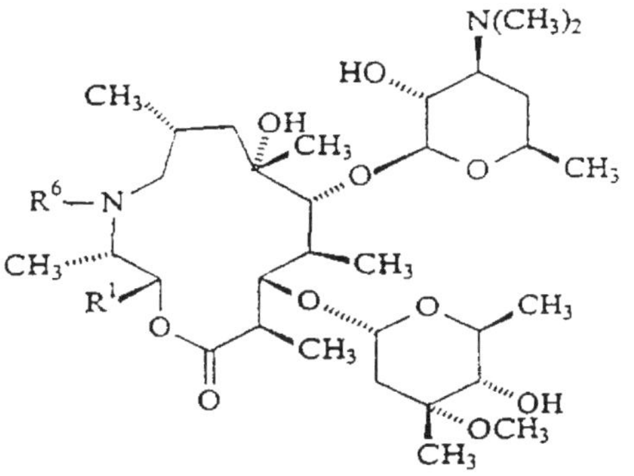

选自：

其中 R^1 是乙酰基和 R^6 是氢的化合物；

其中 R^1 是 3-N，N-二甲基氨基-2-丙烯酰基和 R^6 是氢的化合物；

其中 R^1 是 3-吡唑基和 R^6 是氢的化合物；

其中 R^1 是乙酰基和 R^6 是甲基的化合物；

其中 R^1 是 3-N，N-二甲基氨基-2-丙烯酰基和 R^6 是甲基的化合物；

其中 R^1 是 3-吡唑基和 R^6 是甲基的化合物；

其中 R^1 是 1-N-甲基-3-吡唑基和 R^6 是甲基的化合物；

其中 R^1 是 1-N-苄基-3-吡唑基和 R^6 是甲基的化合物；

其中 R^1 是 1-N-（3-羟基苄基）-3-吡唑基和 R^6 是甲基的化合物；

其中 R^1 是 2-（4-氟苯基）-3-嘧啶基和 R^6 是甲基的化合物；

其中 R^1 是 2-（苯基氨基）-3-嘧啶基和 R^6 是甲基的化合物；和

其中 R^1 是 1-N-甲基-5-吡唑基和 R^6 是甲基的化合物。

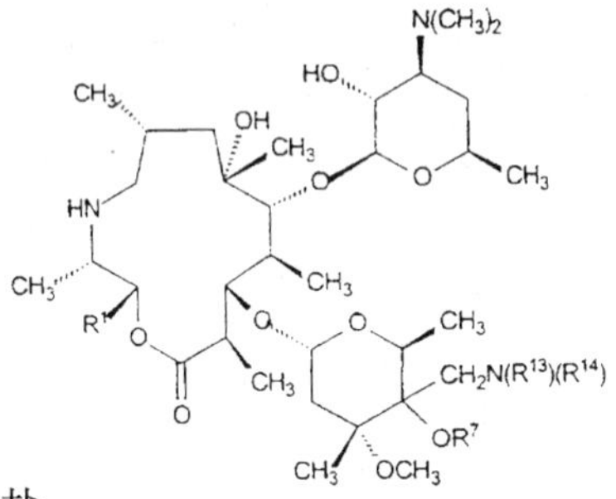

13. 式 14 的化合物或其可药用盐：

其中：

R^1 是 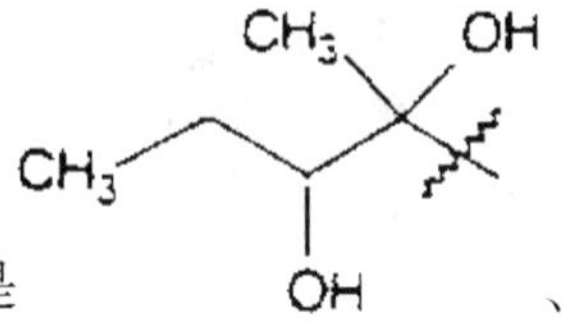、乙酰基、3-N，N-二甲基氨基-2-丙烯酰基、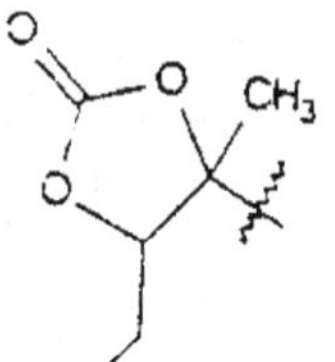、1-N-甲基-5-吡唑基、3 一吡唑基、1-甲基-N-3-吡唑基、1-N-苄基-3-吡唑基、1-N-（3-羟基苄基）-3-吡唑基、3-异噁唑基、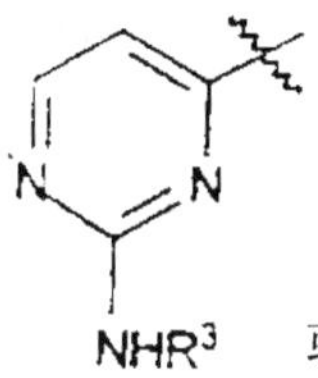 或 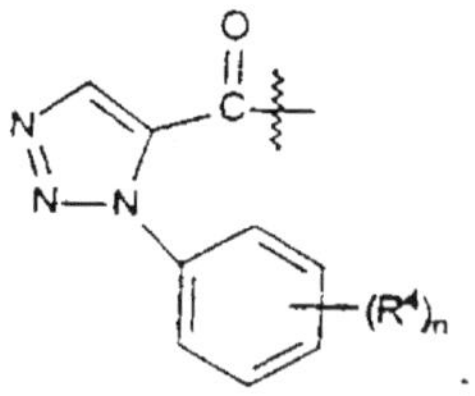；

R^3、R^4、m 和 n 的定义如权利要求 1 中所述；

R 7 独立地为氢、C_1-C_{20}烷基、C_2-C_{20}链烯基、C_2-C_{20}炔基、-C（O）C_1-C_{20}烷基、-C（O）C_2-C_{20}链烯基、-C（O）C_2-C_{20}炔基、-C（O）N（H）C_1-C_{10}烷基、-C（O）N（H）C_2-C_{20}链烯基、-C（O）N（H）C_2-C_{20}炔基、$-SO_2$（O）C_1-C_{20}烷基、$-SO_2$（O）C_2-C_{20}链烯基、$-SO_2$（O）C_2-C_{20}炔基或$-PO_4^{2-}$；

和 R^{13}和 R_{14}独立地是氢或 C_1-C_{10}烷基、C_2-C_{10}链烯基或 C_2 – C_{10}炔基。

14. 式 14 的化合物或其可药用盐：

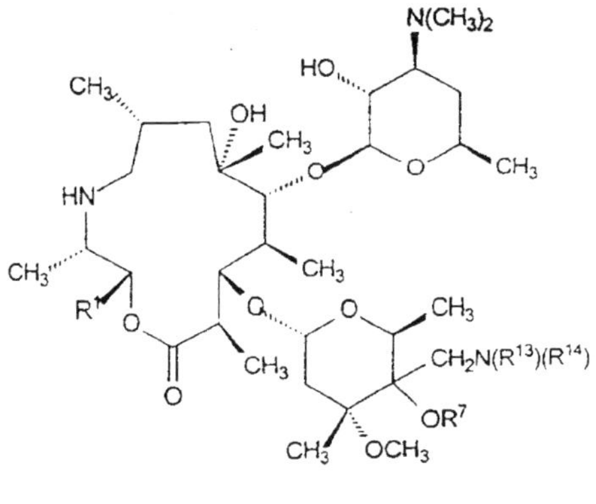

式 14

其中：R^1 是 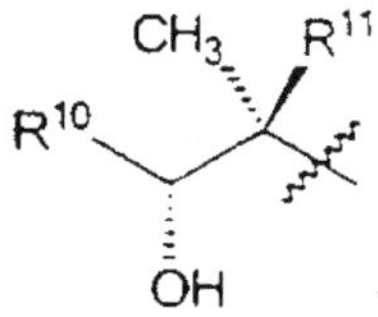 、乙酰基、3-N，N-二甲基氨基-2-丙烯酰基、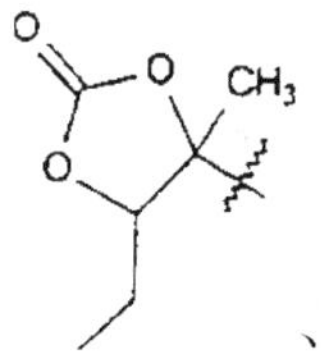 、1-N-甲基-5-吡唑基、3-吡唑基、1-甲基-N-3-吡唑基、1-N-苄基-3-吡唑基、1-N-（3-羟基苄基）-3-吡唑基、3-异噁唑基、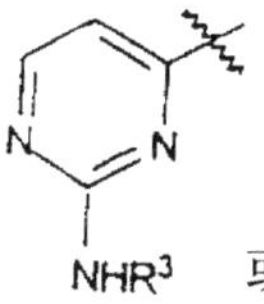 或 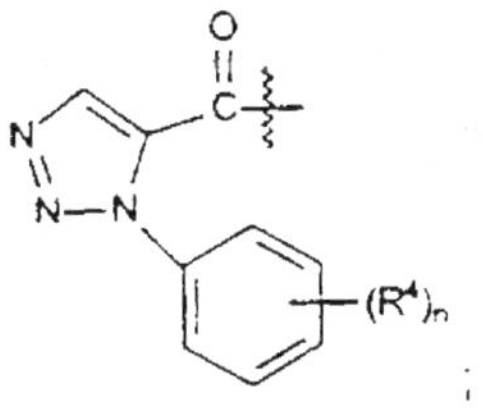；

R^{10}、R^{11}、R^3、R^4、m 和 n 的定义如权利要求 2 中所述；

R^7 独立地为氢、C_1-C_{20}烷基、C_2-C_{20}链烯基、C_2-C_{20}炔基、-C（O）C_1-C_{20}烷基、-C（O）C_2-C_{20}链烯基、-C（O）C_2-C_{20}炔基、-C（O）N（H）C_1-C_{10}烷基、-C（O）N（H）C_2-C_{20}链烯基、-C（O）N（H）C_2-C_{20}炔基、$-SO_2$（O）C_1-C_{20}烷基、$-SO_2$（O）C_2-C_{20}链烯基、$-SO_2$（O）C_2-C_{20}炔基或$-PO_4^{2-}$；和 R^{13}和 R_{14}独立地是氢或 C_1-C_{10}烷基、C_2-C_{10}链烯基或 C_2-C_{10}炔基。

17. 式 2 的化合物或其可药用盐，

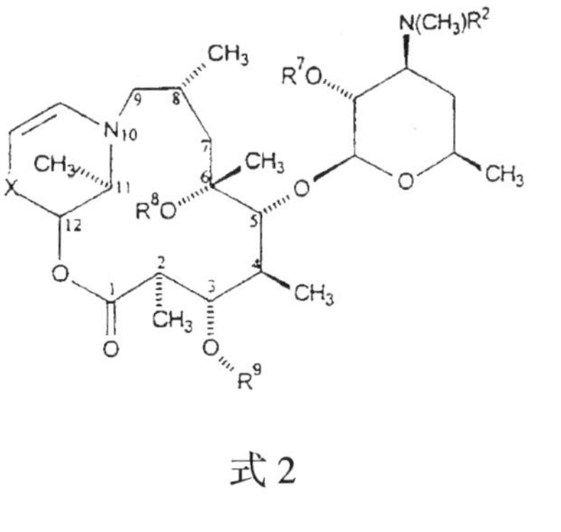

式 2

其中：

X 是-C（O）-或-CH（OR^7）-；和

R^2 是氢或 C_1-C_4 烷基；

各个 R^7 独立地是氢、C_1-C_{20}烷基、C_2-C_{20}链烯基、C_2-C_{20}炔基、-C（O）C_1-C_{20}烷基、-C（O）C_2-C_{20}链烯基、-C（O）C_2-C_{20}炔基、-C（O）N（H）C_1-C_{10}烷基、-C（O）N（H）C_2-C_{20}链烯

基、$-C(O)N(H)C_2-C_{20}$炔基、$-SO_2(O)C_1-C_{20}$烷基、$-SO_2(O)C_2-C_{20}$链烯基、$-SO_2(O)C_2-C_{20}$炔基或$-PO_4^{2-}$；

R^8 为氢或甲基；

R^9 是

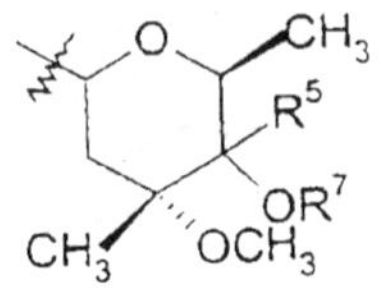

或4″-氧代二甲基脱氧己糖基；和

R^5 是H、C_1-C_{10}烷基、C_2-C_{10}链烯基、C_2-C_{10}炔基、氰基、$-CH_2S(O)pC_1-C_{10}$烷基、$-CH_2S(O)pC_2-C_{10}$链烯基、$-CH_2S(O)pC_2-C_{10}$炔基，其中p是0~2的 整数；$-CH_2O(C_1-C_{10}$烷基)、$-CH_2O(C_2-C_{10}$链烯基)、$-CH_2O(C_2-C_{10}$炔基)、$-CH_2N$(氢，C_1-C_{10}烷基，C_2-C_{10}链烯基或C_2-C_{10}炔基)(氢，C_1-C_{10}烷基，C_2-C_{10}链烯基或C_2-C_{10}炔基)、$-(CH_2)_m(C_6-C_{10}$芳基)或$-(CH_2)_m$(5-10元杂芳基)，其中m是0~4的整数，和其中上述的烷基、链烯基、炔基、芳基和杂芳基部分任选地被1-3个独立选自如下的取代基取代：卤素、氰基、硝基、三氟甲基、叠氮基、$-C(O)C_1-C_{10}$烷基、$-C(O)C_2-C_{10}$链烯基、$-C(O)C_2-C_{10}$炔基、$-OC(O)C_1-C_{10}$烷基、$-OC(O)C_2-C_{10}$链烯基、$-OC(O)C_2-C_{10}$炔基、$-N$(氢，C_1-C_{10}烷基，C_2-C_{10}链烯基或C_2-C_{10}炔基)$C(O)(C_1-C_{10}$烷基，C_2-C_{10}链烯基或C_2-C_{10}炔基)、$-C(O)N$(氢，C_1-C_{10}烷基，C_2-C_{10}链烯基或C_2-C_{10}炔基)(氢，C_1-C_{10}烷基，C_2-C_{10}链烯基或C_2-C_{10}炔基)、$-N$(氢，C_1-C_{10}烷基，C_2-C_{10}链烯基或C_2-C_{10}炔基)(氢，C_1-C_{10}烷基，C_2-C_{10}链烯基或C_2-C_{10}炔基)、C_1-C_{10}烷氧基、C_6-C_{10}芳基和5~10元杂环、羟基、C_1-C_6烷基、C_1-C_6烷氧基、C_6-C_{10}芳基和5-10元杂芳基。

22. 一种用于治疗哺乳动物、鱼类或鸟类中的细菌性感染或原生动物感染的药物组合物，其中含有治疗有效量的权利要求1或2的化合物和可药用载体。

24. 权利要求1或2的化合物用于制备治疗哺乳动物、鱼类或鸟类中的细菌性感染或原生动物感染的药物的用途”。

驳回决定认为：本申请说明书的17个制备实施例仅仅给出终产物的颜色、形态和收率，本领域普通技术人员无法获知反应是否完全按照申请人的设计进行，仅由产物的颜色、形态和收率也无法断定得到的是否是所需目标化合物。而且，本领域技术人员无法从说明书记载的内容获知哪些化合物进行了所述抗菌性试验，哪些化合物表现出抗菌活性，因此，本说明书没有对发明作出清楚、完整的说明。化学作为实验科学，产品的定义不是公开的充分条件。化合物的确认应当公开达到使本领域普通技术人员能够确认该化合物已经存在。另外，请求人虽然在审查过程中提交了药理试验报告，但无法判断该试验在申请日前已经完成。

申请人辉瑞产品公司（以下称请求人）对上述驳回决定不服，于2004年2月6日向专利复审委员会提出复审请求，同时提交下列附件1~3，但未对申请文本进行新的修改。

附件1：“相关化合物的理化数据分析”，英文复印件共25页；

附件2：附件1的中文译文，共26页；

附件3：“有关补充实施例及效果数据的问题”，刘稚，《中国专利与商标》，2001年第4期，复印件共2页。

请求人提出复审请求的理由为：本申请说明书已经详细描述了本发明化合物的合成路线、代表性化合物的详细制备过程，例如16个实施例，通过这些反应物和制备过程必然会得到所述终产物。说明书还详细介绍了化合物的作用机理，其活性的测定方法，本领域技术人员根据本发明的描述可以预见或者获得有关数据。请求人提交附件1和2，其中特别描述了化合物1N、1B和1O的理化数据分析，可以证明在递交本申请之时已经完成本发明。没有证据证明说明书记录的内容与所述理化数据所证明的化合物结构之间有任何冲突。本申请说明书已经对本发明技术方案进行了清楚的描述，符合专利法第26条第3款的规定。附件3支持可以接受补充实施例或数据的观点。

形式审查合格后，专利复审委员会受理了本复审请求，并于2004年3月1日向请求人发出《复审请求受理通知书》。同时，将本申请案卷移交回国家知识产权局原审查部门进行前置审查。

原审查部门对本复审请求进行了前置审查。在前置审查意见书中，原审查部门认为：在化学领域中，必须充分公开能确认并能获得化合物的技术情报，主要包括确认化学结构的各类特性参数以使本领域普通技术人员能够确定该化合物已经存在。本申请说明书中没有提供任何证据表明原始公开的化合物与补充的理化数据之间存在关系，附件1~3不足以证实本申请说明书公开充分，故坚持原驳回决定。

专利复审委员会组成合议组，对本复审请求案进行了审理。

本案合议组于2007年6月15日发出《复审通知书》，指出：本申请权利要求1~21请求保护新的式1、式15、式3、式14或式2的化合物。本申请说明书中描述了合成路线1和2，参见本申请说明书第20~24页。虽然在上述合成路线中提供了所用的酸、碱、温度、加热时间、溶剂、纯化条件等内容，但这些内容仅仅是对合成路线反应过程的一般性描述，通过这些反应路线最终得到何种具体化合物仍然需要相关的化学、物理性能参数予以清楚确认。在本申请说明书全部实施例（实施例1~17）中，仅仅记载了所得目标产物的颜色、形态和产率，本领域技术人员不能区分目标化合物和副产物、起始原料等可能共存的其他化学物质，也无法确认最终反应得到的化合物具有本申请所示的化学结构或分子式和其中指定的全部取代基。本申请请求保护新的13元氮杂大环内酯类化合物和其制备方法及其作为抗生剂的医药用途。尽管本申请说明书描述了所述化合物的作用机理、设计了测定活性的试验Ⅰ~Ⅳ，并在说明书第33页中指出“本发明的化合物在上述试验之一，尤其是试验Ⅳ中表现出抗菌活性”，然而，本申请说明书没有记载利用何种结构的具体的十三元氮杂大环内酯类化合物进行活性试验，也没有记载在这些活性试验中哪些十三元氮杂大环内酯类化合物具有所述抗菌效果的定性或定量实验数据，使本领域技术人员无法得出本申请请求保护的十三元氮杂大环内酯类化合物具有抗菌活性的结论。对于请求人提供的附件，它们既不是申请日（优先权日）之前公众能够得知的现有技术，也不是本申请原始说明书记载的内容，因此无法证实本申请说明书已经充分公开。

请求人于2007年7月26日提交了意见陈述书，并提交了新修改的权利要求书（共1项）。修改后的权利要求书如下：

“1. 具有下式的化合物1N或其药学上可接受的盐：

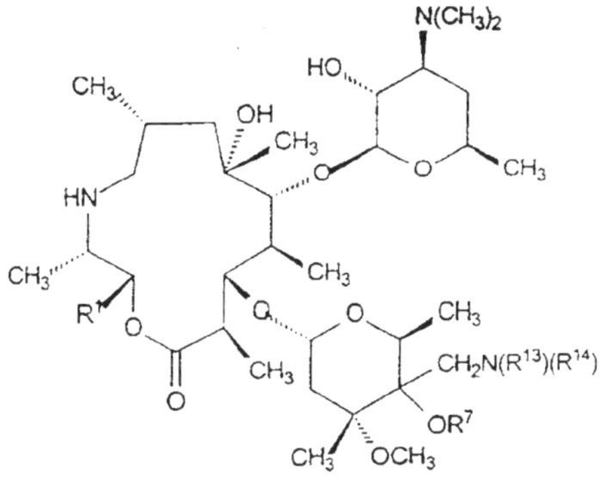

其中 R^1 为

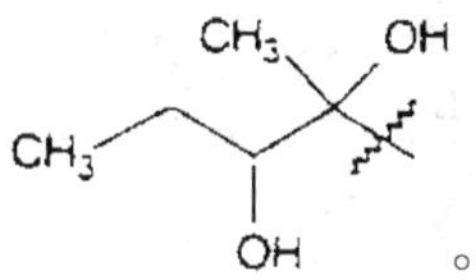

。”

请求人认为：专利法第 26 条没有要求数据和性质的证明，也没有规定实施例作为唯一的公开充分部分。修改后的权利要求要求保护化合物 1N，本申请说明书实施例 15 和 16 描述了该化合物的制备，特别是在合成过程中用 TCL 和 HPLC 对反应过程进行检测。说明书还介绍了化合物的作用机理、活性测定，本领域技术人员根据本申请说明书的描述可以预期化合物的活性或获得有关数据。附件 1 和 2 给出了化合物的理化数据，因此，按照说明书记载的内容肯定会得到所要保护的化合物并将其用于作为抗生素的用途。

据此，合议组认为本案事实清楚，可以作出复审决定。

二、决定的理由

1. 文本的认定

本复审请求审查决定是在请求人于 2007 年 7 月 26 日提交的权利要求第 1 项、进入中国国家阶段时提交的国际申请文件中文译文的说明书第 1~44 页和摘要的基础上作出的。

2. 有关专利法第 26 条第 3 款

专利法第 26 条第 3 款规定，说明书应当对发明或者实用新型作出清楚、完整的说明，以所属技术领域的技术人员能够实现为准。

在化学领域中，要求保护的发明为化学产品本身的，说明书中应当公开化学产品的确认、化学产品的制备以及化学产品的用途。由于化学领域属于实验性学科，如果本领域技术人员无法根据现有技术预测所述新的药用化合物能够实现所述医药用途、药理作用，则应当记载对于本领域技术人员来说，足以证明发明的技术方案可以解决预期所解决的技术问题或者达到预期的技术效果的实验室实验或者临床试验的定性或者定量数据。

修改后的权利要求 1 要求保护化合物 1N，该化合物是一种具体的十三元氮杂大环内酯化合物，本申请说明书实施例 15 和 16 分别描述了该具体化合物的不同制备方法，但是实施例 15 和 16 均没有对合成的最终产物进行任何定性的描述，更没有给出任何可以确认已经制备得到的化合物的理化参数。请求人认为通过实施例 15 和 16 中记载的反应物和制备过程必然会得到所述终产物 1N，该观点没有依据。化合物 1N 为十三元氮杂大环内酯类化合物，具有多个取代基且具有 18 个手性中心。从其结构来看，本领域技术人员可以预知在制备该化合物的合成过程中容易产生副产物，最终能否得到该化合物需要实验结果加以证实。此外，请求人也未提供现有技术的证据证明根据实施例 15 或 16 的方法无需付出创造性劳动即可获得化合物 1N，故本领域技术人员无法合理预期能制备得到化合物 1N。

根据本申请说明书记载的内容，本申请的十三元氮杂大环内酯化合物具有抗菌活性，可用于治疗细菌性感染或原生动物感染。对于新结构的化合物来说，作为具有抗菌活性的抗生剂的医药用途，由于本领域技术人员根据现有技术无法预测到此类十三元氮杂大环内酯类化合物能够具有所述效果和用途，也无法根据现有技术得出其具有抗菌活性的结论，因而，本申请说明书应当记载对于本领域技术人员来说，足以证明此类化合物具有上述用途或达到预期效果的实验室试验或临床试验的定性或定量实验数据。其次，本申请中提及阿齐红霉素类大环内酯类化合物具有抗菌活性，此类化合物均不是十三元氮杂大环内酯类化合物，请求人也未提供证明这种母环结构差异可以产生相同或相似抗菌活性的证据，故本领域技术人员无法预测到化合物 1N 具有所述的技术效果和医药用途。

本申请说明书描述了所述化合物的作用机理、设计了测定活性的试验 I~IV，并在说明书第 33 页中指出“本发明的化合物在上述试验之一，尤其是试验IV中表现出抗菌活性”，然而，本申请说明书并未记载利用权利要求1所述的十三元氮杂大环内酯化合物1N进行活性试验，也没有记载该化合物具有所述抗菌效果的定性或定量实验数据，使本领域技术人员无法得出本申请请求保护的十三元氮杂大环内酯化合物1N具有抗菌活性的结论。

无论请求人在实审阶段提供的有关活性数据的附件，还是请求人在提出复审请求时提交的附件1和2，它们既不是申请日（优先权日）之前公众能够得知的现有技术，也不是本申请原始说明书记载的内容，对于这些申请日之后补交的实验数据合议组不予考虑。附件3的内容与本申请的技术内容无关。

至此，基于上述理由，合议组作出如下决定。

三、决定

维持国家知识产权局于2003年10月24日对99813464.3号发明专利申请作出的驳回决定。

复审请求人对本决定不服的，可以根据专利法第41条第2款的规定，自收到本决定之日起三个月内向北京市第一中级人民法院起诉。

022

能热塑成型、特别是用来生产洁具的自增强半成品、其生产方法和由其生产的模塑品

复审请求审查决定（第12355号）

决　定　号　第12355号
决　定　日　2007年12月22日
发明创造名称　能热塑成型、特别是用来生产洁具的自增强半成品、其生产方法和由其生产的模塑品
国际分类号　C08J5/18，C08L33/00，C08L33/08，C08L33/10
复审请求人　罗姆两合公司
申　请　号　01800140.8
申　请　日　2001年1月17日
优先权日　2000年2月3日
公　开　日　2002年8月7日
合议组组长　孙跃飞
主　审　员　汪送来
参　审　员　刘　静

法律依据　专利法第22条第3款
决定要点

如果发明与现有技术的区别技术特征对于本领域技术人员来说属于公知常识或者是在现有技术基础上于常规技术范围内进行的改变或选择，并且该发明的技术效果是本领域技术人员完全可以预见的，则该发明对于本领域技术人员来说是显而易见的。

一、案由

本复审请求案涉及发明名称为“能热塑成型、特别是用来生产洁具的自增强半成品、其生产方法和由其生产的模塑品”的01800140.8号发明专利申请（下称本申请），申请人为罗姆两合公司，申请日为2001年1月17日，优先权日为2000年2月3日，公开日为2002年8月7日。

2004年12月31日，针对申请人于2001年9月28日提交的说明书第1~7、11~20、23~27页及说明书摘要，2004年5月10日提交的说明书第8页，2004年10月21日提交的说明书第9~10、21~22页和权利要求第1~36项，国家知识产权局以本申请不符合专利法第22条第3款的规定为由驳回了本申请。

驳回决定认为：（1）①对比文件 1（US 5851606，公开日为 1998 年 12 月 22 日）已经公开了一种可热塑成型并也是自增强的丙烯酸树脂的层状产品，并且在权利要求 12 中指出其中要将至少 70%的颗粒沉降到树脂层的下半部分中，如果将对比文件 1 中的平均填料含量也设定为 Fm，则明显能看出这种片材也是下侧面上填料丰富且大于 Fm，而上侧面是贫乏的；②对比文件 1 与本申请权利要求 1 的区别在于，后者在说明书中具体定义了其中上侧面 U 是以后将要和水接触的一面，即在成型时，这两种片材的弯曲方向或者说是放置位置是相反的。但是权利要求仅仅是对该片材的上下两个面定义不同，这不能赋予该产品以突出的实质性特点和显著的进步；③不需要附加增强体以及成型制品具有不同的梯度并非由该“半成品”本身结构所带来的，而是由后续的加工方式所带来的。因此权利要求 1 不具备创造性。（2）权利要求 26 请求保护生产片材半成品的方法，根据对比文件 1 的几个实施例，该产品的生产步骤与权利要求 26 中的是完全一致的，而对于组合物聚合前的黏度参数，则由于该黏度是由组合物本身所含组分所决定，并且在此仅仅列举了所达到的效果并没有描述具体的技术方案，因此不具有实质性的特点，因此权利要求 26 不具备创造性。（3）结合第二次审查意见通知书的内容，权利要求 2~25、27~36 也不具备创造性；

驳回决定针对的权利要求 1~36 如下：

“1. 能够热塑成型的自增强半成品，由填充聚（甲基）丙烯酸酯制成的单层片材组成，其中半成品片材有一以重量百分数计的平均填料含量 Fm，以其总重为基础，上侧 U 和下侧 L，其特征在于半成品片材上侧 U 填料贫乏而下侧 L 填料丰富，每种情况都是相对于 Fm 而言。

2. 权利要求 1 的半成品，特征是从横截面看厚度 d 从 U 向 L 延伸，使得 U 处 d 值为 0 而 L 处 d 值是 1 · d，其中半成品片材 0 和 0. 1 · d 之间的截面平均填料含量 FU，以 wt% 计，小于 Fm，而半成品片材 0. 9d 和 1 · d 之间的截面平均填料含量 FL，以 wt% 计，大于 Fm。

3. 权利要求 1 或 2 的半成品，特征在于填料含量 F m 的范围是 20wt% ~80wt %。

4. 前述权利要求 1 或 2 的半成品，特征在于从 U 到 L 不连续的填料浓度梯度相应于随片材厚度增加而不连续变化。

5. 权利要求 2 的半成品，特征在于表面 U 的 0-0. 01 · d 区域处，填料浓度是零。

6. 权利要求 5 的半成品，特征在于表面 U 的 0-0. 05 · d 处，填料浓度为零。

7. 权利要求 5 的半成品，特征在于表面 U 的 0-0. 1 · d 处，填料浓度为零。

8. 权利要求 1 的半成品，特征在于该半成品用于生产洁具。

9. 权利要求 1 的半成品，特征在于该半成品是通过热成型法生产的。

10. 权利要求 1 或 2 的半成品，特征在于填料是滑石、白云石、滑石和白云石的天然并生体、云母、石英、绿泥石、氧化铝、氢氧化铝、黏土、二氧化硅、硅酸盐、碳酸盐、磷酸盐、硫酸盐、硫化物、金属氧化物、玻璃粉、玻璃珠、陶瓷、高岭土、瓷、白硅石、长石、白垩、炭和/或惰性气体填充的空心微粒。

11. 权利要求 1 或 2 的半成品，特征在于所用的填料颗粒具有薄片形或针形。

12. 权利要求 1 或 2 的半成品，特征在于所用的填料颗粒是层状填料。

13. 权利要求 1 或 2 的半成品，特征在于所用填料的平均粒径范围是 0. 01 ~ 80μm。

14. 权利要求 13 的半成品，特征在于所用填料的平均粒径范围是 0. 05 ~ 30μm。

15. 权利要求 13 的半成品，特征在于所用填料的平均粒径范围是 0. 1 ~ 20μm。

16. 权利要求 1 或 2 的半成品，特征在于所用填料在 20μm 筛网时的残余物在 2wt% 以下。

17. 权利要求 2 的半成品，特征在于厚度 d 的范围 1 ~ 12mm。

18. 权利要求 17 的半成品，特征在于厚度 d 的范围 2 ~ 10mm。

19. 权利要求 17 的半成品，特征在于厚度 d 的范围 4~8mm。

20. 权利要求 1 或 2 的半成品，由（甲基）丙烯酸酯体系经浇铸方法聚合而得，其中可聚合体系包括：

A）a）（甲基）丙烯酸酯　　50wt%~100wt%

a1）（甲基）丙烯酸甲酯　　0~99.99wt%

a2）（甲基）丙烯酸 C_2-C_4酯　　0~99.99wt%

a3）（甲基）丙烯酸≥C_5 酯　　0~50wt%

a4）两个或更高官能度的（甲基）丙烯酸酯　　0.01wt%~50wt%

b）共聚单体　　0~50wt%

b1）乙烯基芳族化合物　　0~50wt%

b2）乙烯基酯　　0~50wt%

其中选择组分 a）和 b）使得它们总共达 100wt% 的可聚合组分 A），

B）对 1 重量份 A），0~15 重量份可在 A）中溶解或溶胀的预聚合物，

C）引发剂，其量要足以固化组分（A），

D）适当的话，体系黏度调节剂，

E）对 1 重量份 A），最高到 3 重量份的常规添加剂和

F）对 1 重量份的组分（A）-E）的总量，0.25~4 重量份填料。

21. 权利要求 20 的半成品，由室浇铸法或其变体方案而得。

22. 权利要求 20 的半成品，由（甲基）丙烯酸酯体系聚合而得，该体系在聚合前黏度范围是 0.02~0.1Pa · S。

23. 权利要求 22 的半成品，特征在于所述黏度范围是 0.03~0.08Pa · S。

24. 权利要求 22 的半成品，特征在于所述黏度范围是 0.04~0.06Pa · S。

25. 权利要求 22 的半成品，特征在于所述黏度范围是 0.05Pa · S。

26. 生产权利要求 1~25 任一项的片材形式的半成品的方法，其中：

a）制备可聚合的填充（甲基）丙烯酸酯组合物，

b）制备的组合物倾倒入准备的模具中，

c）组合物在高于室温的温度下在模具中聚合，得到片型半成品，和

d）将半成品脱模，

其特征在于：可聚合的高度填充（甲基）丙烯酸酯组合物在模具中聚合之前的黏度值调节到 0.02~0.1Pa·S 范围内。

27. 权利要求 26 的方法，其特征在于所述黏度值调节到 0.03~0.08Pa·S。

28. 权利要求 26 的方法，其特征在于所述黏度值调节到 0.04~0.06Pa·S。

29. 权利要求 26 的方法，其特征在于所述黏度值调节到 0.05 Pa·S。

30. 权利要求 26 的方法，其特征在于通过变化组合物中预聚合物与可聚合单体的重量比来调整组合物的黏度。

31. 权利要求 26 的方法，特征在于通过变化黏度调节剂的比例来调整组合物黏度。

32. 权利要求 31 的方法，特征在于使用一种乳化剂作为黏度调节剂。

33. 权利要求 32 的方法，特征在于使用一种或多种卵磷脂作为黏度调节剂。

34. 由前述权利要求 1~25 任一项的半成品片材制成的模塑品。

35. 权利要求 34 的模塑品，特征在于该模塑品是半成品片材热塑成型生产的一种洁具。

36. 权利要求 34 的模塑品，特征在于该模塑品是半成品片材热成型生产的淋浴池。”

2005 年 4 月 15 日，申请人罗姆两合公司（下称请求人）对上述驳回决定不服，向专利复审委员会提出复审请求，请求人在提出复审请求时提交了附件 1（制品的机械性能数据）和附件 2（填料的技术数据），但没有对申请文件进行修改。

请求人认为：（1）对比文件 1 是 EP0734828 的同族专利申请，在本申请国际检索报告中被归类为“A”；（2）对比文件 1 涉及一种生产可热塑成型的丙烯酸树脂片材的方法，该片材具有花岗岩状的外观，其在显示面富含填料，教导了与本发明相反的填料梯度；（3）本发明中填料在片材截面上的非均匀性的特殊分布构成了本发明制品的一个结构上的特征，并使本发明制品具有良好的耐化学品性质和优异的外观性能，如光泽性，也带来了机械性能方面的技术效果（证据参见附件 1 和附件 2）；（4）对比文件 1 教导了通过在浴室管材的外测喷涂玻璃纤维和液态聚酯的混合物制造成型制品的增强体，以增强成型制品的整体强度，对比文件 1 中的附加增强具有许多缺点；而本发明的成型制品并不需要这样一个增强措施，因为本发明的成型制品是自增强的。因此本发明具有创造性。

经形式审查合格后，专利复审委员会受理了该请求，并于 2005 年 5 月 19 日向请求人发出了《复审请求受理通知书》，同时将本申请转送至国家知识产权局原审查部门进行前置审查。

在《前置审查意见书》中，国家知识产权局原审查部门坚持驳回决定。

专利复审委员会组成合议组，对本复审请求案进行了审理，并于 2007 年 4 月 25 日向请求人发出《复审通知书》，指出：权利要求 1、8 相对于对比文件 1 不具备新颖性，不符合专利法第 22 条第 2 款的规定；权利要求 2~7、10~19、21~33、36 不具备创造性，不符合专利法第 22 条第 3 款的规定；在所引用的权利要求不具备新颖性或创造性的情况下，权利要求 20、34~35 不具备新颖性或创造性，不符合专利法第 22 条第 2 款或第 3 款的规定；权利要求 9 的修改不符合专利法第 33 条的规定。

针对上述《复审通知书》，请求人于 2007 年 8 月 10 日提交了意见陈述书和权利要求书替换页，将之前文本中权利要求 10 的特征并入权利要求 1 中，将惰性气体填充的空心微粒限定为由玻璃、金属或金属氧化物制成的空心微粒，同时删除了原权利要求 10，并对权利要求 9 进行了修改，且相应地修改了权利要求的编号。修改后的权利要求 1 和权利要求 9 如下：

“1. 能够热塑成型的自增强半成品，由填充聚（甲基）丙烯酸酯制成的单层片材组成，其中半成品片材有一以重量百分数计的平均填料含量 Fm，以其总重为基础，上侧 U 和下侧 L，其特征在于半成品片材上侧 U 填料贫乏而下侧 L 填料丰富，每 种情况都是相对于 Fm 而言，其中所述填料是滑石、白云石、滑石和白云石的天然并生体、云母、石英、绿泥石、氧化铝、氢氧化铝、黏土、二氧化硅、硅酸盐、碳酸盐、磷酸盐、硫酸盐、硫化物、金属氧化物、玻璃粉、玻璃珠、陶瓷、高岭土、瓷、白硅石、长石、白垩、炭和/或惰性气体填充的由玻璃、金属或金属氧化物制成的空心微粒。

9. 权利要求 8 的半成品，特征在于该半成品用于通过热成型法生产洁具。”

请求人认为：（1）本发明目的是使制备的聚（甲基）丙烯酸酯片材在机械参数方面具有较高或提高的数值，当然还有说明书第 2~4 页所述的优点和好处。对比文件 1 的发明目的是为了使由丙烯酸酯树脂片材制成的产品具有花岗岩状外观并具有平滑的表面（；2）本发明中使用了无机颗粒作为填料，其起到增强基质机械强度的作用，而对比文件 1 使用的是甲基丙烯酸甲酯树脂颗粒，在制造上要求所述颗粒具有一定的交联度，其被加入到同种类型的基质材料甲基丙烯酸酯中，具有通过与基质不同的颜色而赋予基质以花岗岩状外观的作用，与由不添加所述树脂颗粒的基质得到的产品相比，其机械强度并不会有明显的区别，不会起到增强基质机械强度的作用；（3）本发明与对比文件 1 在各自片材的方向性上是正好相反的，对比文件 1 中只能是其富含树脂颗粒的一面朝上，否则不能实现提供具有花岗岩状外观的发明目的。而本发明要求上侧 U 填料贫乏而下侧 F 填料丰富，在材料的进一步加工中上侧 U 必然成为相应的显示面，这样可以实现增强机械强度的作用。因此，修改后的权利要求 1 以及引用权利要求 1 的其他权利要求相对于对比文件 1 具有新颖性和创造性。

至此，合议组认为本案事实清楚，可以作出审查决定。

二、决定的理由

1. 关于审查文本

本复审决定所针对的申请文本是：请求人于 2001 年 9 月 28 日提交的说明书第 1~7、11~20、23~27 页及说明书摘要，2004 年 5 月 10 日提交的说明书第 8 页，2004 年 10 月 21 日提交的说明书第 9~10、21~22 页，2007 年 8 月 10 日提交的权利要求第 1~35 项。

2. 关于创造性

专利法第 22 条第 3 款规定：创造性是指同申请日以前已有的技术相比，该发明有突出的实质性特点和显著的进步。

如果发明与现有技术的区别技术特征对于本领域技术人员来说属于公知常识或者是在现有技术基础上于常规技术范围内进行的改变或选择，并且该发明的技术效果是本领域技术人员完全可以预见的，则该发明对于本领域技术人员来说是显而易见的。

在本案中，权利要求 1 请求保护能够热塑成型的自增强半成品，具体技术方案参见案由部分。

本发明所解决的技术问题主要是使片材具有自增强性能等提高的机械性能，另外还使其具有高光泽度的表面（参见说明书第 1~5 页的描述）。

对比文件 1 公开了一种可热塑成型的丙烯酸树脂片材，该片材热塑成型后具有花岗岩样外观并具有平滑的表面。其制造步骤包括：将粒径小于 1mm 的通过 0.005wt% ~0.2wt% 多官能单体稍微交联的甲基丙烯酸甲酯树脂研磨颗粒以 0.3wt% ~1.5wt% 的量与液体甲基丙烯酸甲酯基质树脂组合物混合，该基质树脂含有足以使基质树脂交联度等于或高于研磨树脂颗粒的量的交联单体，树脂颗粒和基质树脂组合物至少其中之一含有着色物质（可以是滑石、高岭土等，见说明书第 3 栏第 47~49 行）以使两者颜色不同，然后将液体混合物加入到模具中，在模具中放置足够时间，使至少 70wt% 颗粒下沉到树脂片材的下半部分，然后使混合物聚合成型，制得可热塑成型的丙烯酸树脂片材（参见对比文件 1 权利要求 1，12）。由该片材制得的浴盆等模塑品具有花岗岩样外观和平滑、光亮的表面，无裂缝产生，所得制品具有优良的机械强度性能，适合于长期使用（参见对比文件 1 说明书第 1 栏第 41~47 行、第 7 栏第 17~21 行）。

将本申请权利要求 1 与对比文件 1 的片材进行对比可知，两者均为用于制造洁具等模塑品的可热塑成型的填充丙烯酸树脂单层片材，相对于重量百分数计的平均填料含量而言，两者均为一侧填料贫乏而另一侧填料丰富，两者的区别技术特征在于，本申请使用的填料是如权利要求 1 中所述的无机填料，而对比文件 1 中使用的是稍微交联的甲基丙烯酸甲酯树脂研磨颗粒。

合议组认为，权利要求 1 中所述的填料都是本领域公知的填料，并且这些填料具有增强基质材料的机械强度的作用也是本领域公知的。在对比文件 1 公开了使用稍微交联的甲基丙烯酸甲酯树脂研磨颗粒作为填料，并且使片材一侧填料贫乏而另一侧填料丰富，可以使片材具有增强的机械强度和平滑、光泽表面的情况下，本领域技术人员知道，在对比文件 1 的片材中，将稍微交联的甲基丙烯酸甲酯树脂研磨颗粒填料替换为如权利要求 1 所述的无机填料，同样会具有增强的机械性能和平滑、光泽表面，也就是说，对比文件 1 结合公知常识，给出了用无机填料替换对比文件 1 中的稍微交联的甲基丙烯酸甲酯树脂研磨颗粒从而获得本申请权利要求 1 的技术方案并解决其所解决的技术问题的启示，因此，对于本领域技术人员而言，权利要求 1 相对于对比文件 1 是显而易见的。

如上所述，请求人认为，本发明与对比文件 1 相比，两者发明目的不同、使用的填料不同、填料所起的作用不同、各自片材的方向性相反，因而权利要求 1 相对于对比文件 1 具有新颖性和创造性。

对此，合议组认为，(1) 本发明目的是使制备的聚（甲基）丙烯酸酯片材在机械强度方面有所提高，同时使其具有高光泽度的表面。对比文件 1 公开了其一个发明目的是提供一种制备可热塑成型的丙烯酸树脂片材的方法，该片材可以热成型制成具有花岗岩外观且具有优良机械强度的成型品，可以避免开裂，从而能够显著延长成型品的使用寿命（参见对比文件 1 第 1 栏第 41~47 行），另外，对比文件 1 中制得的成型品具有平滑、光泽的表面（参见对比文件 1 第 7 栏第 3 段）。由此可见，本领域技术人员可以确定对比文件 1 能够实现本发明所述的目的；(2) 请求人关于由对比文件 1 的片材制得的产品与由不添加甲基丙烯酸甲酯树脂研磨颗粒的基质制得的产品相比机械强度没有区别这一主张没有任何依据，请求人没有提供任何证据证明这一点，相反，在本申请中，优选使用的由塑料制成的空心微球包括由聚丙烯酸酯制得的空心微球，说明在聚丙烯酸酯基质中添加由聚丙烯酸酯制得的空心微球也具有增强机械性能的作用，从而否定了请求人的上述主张；(3) 请求人所述的显示面，是指在制成的模塑品例如洁具中作为内侧表面的面，例如与水接触的面。首先，在权利要求 1 中并没有限定显示面的技术特征，此外，合议组认为，虽然对比文件 1 在制造模塑品时实际采用富含填料的面作为内表面，但这仅仅是基于外观的角度考虑的，本领域技术人员在制作模塑品时完全可以使用填料贫乏的面作为内侧面，富含填料的面作为外侧面，从而制得具有与本申请权利要求 1 相同效果的半成品乃至模塑品。

综上所述，权利要求 1 相对于对比文件 1 不具备突出的实质性特点，不具备创造性。

权利要求 2 是权利要求 1 的从属权利要求，其附加技术特征进一步限定片材在 0 和 0.1d 之间的截面平均填料含量 FU 以 wt% 计小于 Fm，0.9d 和 1d 之间的截面平均填料含量 FL 以 wt% 计大于 Fm。将权利要求 2 与对比文件 1 的技术方案对比可知，两者的区别在于，权利要求 2 中填料的分布如上述附加技术特征所示，而对比文件 1 中为至少 70wt% 颗粒下沉到树脂片材的下半部分。合议组认为，对比文件 1 已经公开了片材下半部分填料含量至少为 70wt%，即下半部分填料含量大于平均填料含量，并且用所述片材制得的模塑品具有平滑、光亮的表面和优良的机械强度。在对比文件 1 的基础上，权利要求 2 中所述填料的分布对于本领域技术人员来说属于在常规技术范围进行的填料分布选择，本领域技术人员能够预见当片材中填料如本申请权利要求 2 的附加技术特征所示进行分布时，其本身以及用其制造的模塑品同样具有平滑、光亮的表面和优良的机械强度。因此，在权利要求 1 不具备创造性的情况下，权利要求 2 对于本领域技术人员来说是显而易见的，不具备突出的实质性特点和显著的进步，不具备创造性。

权利要求 3 是权利要求 1 或 2 的从属权利要求，进一步限定 Fm 的范围是 20wt%~80wt%。合议组认为，通过填料（增强剂）改善塑料等的机械性能已是本领域的公知常识，根据材料基质、填料以及用途等的不同而确定填料的含量是本领域的常规技术手段，因此，对于本领域技术人员来说，在权利要求 1 和 2 不具备创造性的情况下，权利要求 3 相对于对比文件 1 和公知常识的结合是显而易见的，不具备突出的实质性特点和显著的进步，不具备创造性。

基于与权利要求 2~3 同样的理由，权利要求 4~7 不具备创造性。

权利要求 8~9 分别进一步限定了半成品用于生产洁具和用于通过热成型法生产洁具。对比文件 1 公开了其中的片材用于通过热成型法制成浴盆（参见对比文件 1 第 7 栏第 2 段）。因此，在权利要求 1 不具备创造性的情况下，权利要求 8~9 相对于对比文件 1 也不具备创造性。

权利要求 10~11 是权利要求 1 或 2 的从属权利要求，对填料的形状进行了限定。合议组认为，在对比文件 1 的基础上，根据需要选择合适形状的填料是本领域的常规技术，本领域技术人员通过有限的实验即可确定，因此，在权利要求 1 和 2 不具备创造性的情况下，权利要求 10~11 相对于对比文件 1 也不具备创造性。

权利要求 12~15 对填料的粒径进行了进一步限定。合议组认为，根据基质、填料以及用途等的不同而确定片材中的粒径属于本领域的常规技术，本领域技术人员通过有限的实验即可确定，因此，在权利要求 12~15 所引用的权利要求不具备创造性的情况下，权利要求 12~15 也不具备创造性。

权利要求 16~18 对半成品厚度 d 进行了进一步限定。对比文件 1 公开了其片材的厚度为 3~6mm，落在权利要求 16~18 中的 d 的范围内，因此，在其引用的权利要求不具备创造性的情况下，权利要求 16~18 也不具备创造性。

权利要求 19 是权利要求 1 或 2 的从属权利要求，对半成品的制备方法进行了限定，对比文件 1 中实施例是由甲基丙烯酸甲酯体系经过浇铸方法聚合而得的，其可聚合体系包括：100kg 预聚物（甲基丙烯酸甲酯：AIBN（引发剂）：硬脂酸（脱模剂）：廷纳芬 P（紫外线吸收剂）= 1200kg：960g：600g：360g），甲基丙烯酸（即多官能团共聚单体）20g，萜品烯（链转移剂）40g，BDMA（交联剂）60g，颜料糊母料 1500g，着色研磨颗粒（即填料）0.90kg。对比文件 1 的上述可聚合体系落在权利要求 20 的可聚合体系范围内，因此，在权利要求 1 和 2 不具备创造性的情况下，权利要求 19 也不具备创造性。

权利要求 21~24 对（甲基）丙烯酸酯体系在聚合前黏度范围进行了限定。对比文件 1 实施例中甲基丙烯酸甲酯体系在聚合前的黏度范围为 300mPa. s，略大于权利要求 21~24 所限定的范围。对此，合议组认为，根据填料颗粒沉降等的需要确定聚合体系的黏度范围是本领域的常规技术，对比文件 1 第 2 栏第 2 段公开了预聚物黏度可以为 100~500mPa. s，优选 200~400mPa. s。在对比文件 1 的基础上，本领域技术人员可以通过有限的实验确定合适的黏度范围，因此，在所引用的权利要求不具备创造性的情况下，权利要求 21~24 相对于对比文件 1 也不具备创造性。

权利要求 25 请求保护生产权利要求 1~24 任一项的片材形式的半成品的方法，对比文件 1 实施例中公开了制造片材的方法，其包括将研磨颗粒加入到基质组合物中，制备可聚合的填充的基质树脂组合物，将组合物倒入模具中，将其依次在 70℃、120℃ 聚合，然后脱模。两者工艺方面的区别技术特征仅为填充组合物在聚合之前的黏度不同，如上述对权利要求 21~24 的评述，在权利要求 1~24 不具备创造性的情况下，权利要求 25 也不具备创造性。同样地，权利要求 26~28 不具备创造性。

权利要求 29~32 对调节黏度的方法进行了进一步限定，对此，合议组认为，通过调整聚合组合物的组分含量比例以及通过调整黏度调节剂的含量比例来调节黏度是本领域的常规技术手段，因此，在所引用的权利要求不具备创造性的情况下，权利要求 29~32 也不具备创造性。

权利要求 33 请求保护由权利要求 1~24 任一项的半成品片材制成的模塑品。对比文件 1 已经公开了由其片材制成的浴盆，在所引用的权利要求 1~24 不具备创造性的情况下，权利要求 33 也不具备创造性。

权利要求 34 和 35 是权利要求 33 的从属权利要求，分别进一步限定模塑品是半成品片材热塑成型生产的一种洁具和沐浴池，在对比文件 1 实施例中公开了用其片材通过热成型法制备浴盆的情况下，用所述材料通过热成型法制造的洁具、淋浴池对于本领域技术人员来说都是显而易见的，因此在权利要求 33 不具备创造性的情况下，权利要求 34~35 也不具备创造性。

综上所述，权利要求 1~19、21~35 均不具备创造性，不符合专利法第 22 条第 3 款的规定。

根据上述事实和理由，合议组作出如下审查决定。

三、决定

维持国家知识产权局于 2004 年 12 月 31 日针对 01800140.8 号发明专利申请作出的驳回决定。

复审请求人对本决定不服的，可以根据专利法第 41 条第 2 款的规定，自收到本决定之日起三个月内向北京市第一中级人民法院起诉。

023

适于提供特殊性能增塑溶胶的氯乙烯基聚合物及其制备方法

复审请求审查决定（第12364号）

决　定　号　第12364号
决　定　日　2007年12月25日
发明创造名称　适于提供特殊性能增塑溶胶的氯乙烯基聚合物及其制备方法
国际分类号　C08F114/06，C08F2/06
复审请求人　埃尔夫阿托化学有限公司
申　请　号　99127897.6
优先权日　1998年12月29日
申　请　日　1999年12月28日
公　开　日　2000年7月19日
合议组组长　李　越
主　审　员　刘　亚
参　审　员　徐洁玲

法律依据　专利法第22条第3款
决定要点

在判断一项发明是否具备创造性时，首先应当确定与发明的权利要求所述的技术方案最接近的现有技术，然后将权利要求所述的技术方案与最接近的现有技术方案进行技术特征的对比分析，找出二者之间的区别特征。如果该区别特征是所属技术领域的技术人员由最接近的现有技术方案公开的相应技术特征容易想到的通常替换，而且该区别特征也没有给权利要求所述的技术方案带来预料不到的技术效果，则该发明的权利要求所述的技术方案不具备创造性。

一、案由

本复审请求案涉及发明名称为“适于提供特殊性能的增塑溶胶的氯乙烯基聚合物及其制备方法”的第99127897.6号发明专利申请（下称本申请），申请人为埃尔夫阿托化学有限公司，申请日为1999年12月28日，优先权日为1998年12月29日，公开日为2000年7月19日。

2004年2月27日，针对申请人于2003年10月9日提交的权利要求书、2003年2月26日提交的说明书第1页、2003年6月18日提交的说明书第2页、申请日提交的说明书第3～10页及说明书摘要，国家知识产权局以本申请权利要求1～17不符合专利法第22条第3款的规定为由驳回了本申请。

驳回决定认为：（1）对比文件 1（EP0826702A，公开日 1998 年 3 月 4 日）公开了一种制备含有氯乙烯基聚合颗粒胶乳的方法，该方法包括在水、水溶性金属盐、阴离子乳化剂、作为还原剂的偏亚硫酸氢盐、含有至少一种有机可溶性引发剂的第一种子聚合物以及第二种子聚合物中，在微悬浮条件下聚合相应的单体，其中所述水溶性金属盐一般选自铜盐和铁盐，所述阴离子乳化剂选自脂肪酸皂盐等，其中相对于所用单体，乳化剂用量可以高达 3% 重量；权利要求 1 与对比文件 1 公开的内容相比，区别仅在于对比文件 1 提及了用脂肪酸皂盐作为阴离子乳化剂，没有公开权利要求 1 所述的“一种或多种含 8~22 个碳原子的脂肪酸的碱金属或铵盐”；但上述区别特征已被对比文件 2（US5290890，公开日 1994 年 3 月 1 日，说明书第 3 栏第 19~36 行）披露，本申请权利要求 1 的方法中乳化剂所起的作用与对比文件 2 中的作用相同，将对比文件 2 的乳化剂结合到对比文件 1 的方法中从而得到权利要求 1 的方案，对于本领域技术人员来说是显而易见的，而且结合没有产生预料不到的技术效果，因此权利要求 1 与对比文件 1 和 2 相比不具备创造性。（2）在权利要求 1 不具备创造性的情况下，权利要求 2~17 也不具备创造性，不符合专利法第 22 条第 3 款的规定。

驳回决定针对的权利要求书如下：

“1. 制备含有氯乙烯基聚合物颗粒的胶乳的方法，该方法为：在水、一种或多种选自组（M）的水溶性金属盐，一种或多种含 8~22 个碳原子的脂肪酸的碱金属或铵盐，至少一种选自由碱金属次硫酸盐，亚硫酸盐和偏亚硫酸氢盐组成的组（S）的还原剂，至少一种种子聚合物（P1），该聚合物的颗粒含有至少一种有机可溶引发剂，以及视需要的至少一种种子聚合物（P2）存在下，以微悬浮形式聚合相应单体；

其中该水溶性金属盐选自由铁，铜，钴，镍，锌，钛，钒，锰，铬，铈，锡和银的盐组成的组（M）。

2. 权利要求 1 的方法，其特征在于，该脂肪酸盐的碱金属或铵盐含有 12~22 个碳原子。

3. 权利要求 1 的方法，其特征在于，所用的水溶性金属盐对单体的质量比率为 0.01~100ppm。

4. 权利要求 2 的方法，其特征在于，所用的水溶性金属盐对单体的质量比率为 0.01~100ppm。

5. 权利要求 1 的方法，其特征在于，该水溶性金属盐为铜盐。

6. 权利要求 2 的方法，其特征在于，该水溶性金属盐为铜盐。

7. 权利要求 3 的方法，其特征在于，该水溶性金属盐为铜盐。

8. 权利要求 4 的方法，其特征在于，该水溶性金属盐为铜盐。

9. 权利要求 1~8 的任一方法，其特征在于，相对于所使用的单体，脂肪酸碱金属或铵盐的用量为 0.3~3 重量%。

10. 权利要求 1~8 的任一方法，其特征在于，选自组（S）的还原剂为碱金属亚硫酸盐或偏亚硫酸氢盐。

11. 权利要求 9 的方法，其特征在于，选自组（S）的还原剂为碱金属亚硫酸盐或偏亚硫酸氢盐。

12. 权利要求 1~8 的任一方法，其特征在于，该还原剂可与常规还原剂结合使用。

13. 权利要求 9 的方法，其特征在于，该还原剂可与常规还原剂结合使用。

14. 权利要求 10 的方法，其特征在于，该还原剂可与常规还原剂结合使用。

15. 权利要求 11 的方法，其特征在于，该还原剂可与常规还原剂结合使用。

16. 制备氯乙烯基聚合物的方法，特征在于，还包括在权利要求 1~15 中任一项的方法后干燥所获得的胶乳的步骤。

17. 制备氯乙烯基增塑溶胶的方法，其特征在于，还包括在权利要求 1~15 中任一项的方法后干燥所获得的胶乳以及把干燥后所得的胶乳与增塑剂混合的步骤。”

2004年5月27日，申请人埃尔夫阿托化学有限公司（下称请求人）对上述驳回决定不服，向专利复审委员会提出复审请求，请求人在提出复审请求时对权利要求书进行了修改，删除了权利要求2及与之有关的从属权利要求，修改其他权利要求的引用关系，将权利要求1划分为前序部分和特征部分，并将权利要求1中“一种或多种含8~22个碳原子的脂肪酸的碱金属或铵盐”修改为“一种或多种含12~22个碳原子的脂肪酸的铵盐”。此次提交的权利要求书如下：

“1. 制备含有氯乙烯基聚合物颗粒的胶乳的方法，该方法为：在水、一种或多种选自组（M）的水溶性金属盐，至少一种种子聚合物（P1），该聚合物的颗粒含有至少一种有机可溶引发剂，以及视需要的至少一种种子聚合物（P2）存在下，以微悬浮形式聚合相应单体；其中该水溶性金属盐选自由铁，铜，钴，镍，锌，钛，钒，锰，铬，铈，锡和银的盐组成的组（M），其特征在于；

所述聚合也可以在一种或多种含12~22个碳原子的脂肪酸的铵盐和至少一种选自由碱金属次硫酸盐，亚硫酸盐和偏亚硫酸氢盐组成的组（S）的还原剂存在下进行。

2. 权利要求1的方法，其特征在于，所用的水溶性金属盐对单体的质量比率为0.01~100ppm。

3. 权利要求1的方法，其特征在于，该水溶性金属盐为铜盐。

4. 权利要求2的方法，其特征在于，该水溶性金属盐为铜盐。

5. 权利要求1的方法，其特征在于，相对于所使用的单体，脂肪酸铵盐的用量为0.3~3重量%。

6. 权利要求2的方法，其特征在于，相对于所使用的单体，脂肪酸铵盐的用量为0.3~3重量%。

7. 权利要求3的方法，其特征在于，相对于所使用的单体，脂肪酸铵盐的用量为0.3~3重量%。

8. 权利要求4的方法，其特征在于，相对于所使用的单体，脂肪酸铵盐的用量为0.3~3重量%。

9. 权利要求1~8的任一方法，其特征在于，选自组（S）的还原剂为碱金属亚硫酸盐或偏亚硫酸氢盐。

10. 权利要求1~8的任一方法，其特征在于，该还原剂可与常规还原剂结合使用。

11. 权利要求9的方法，其特征在于，该还原剂可与常规还原剂结合使用。

12. 制备氯乙烯基聚合物的方法，特征在于，还包括在权利要求1~8中任一项的方法后干燥所获得的胶乳的步骤。

13. 制备氯乙烯基聚合物的方法，特征在于，还包括在权利要求9的方法后干燥所获得的胶乳的步骤。

14. 制备氯乙烯基聚合物的方法，特征在于，还包括在权利要求10的方法后干燥所获得的胶乳的步骤。

15. 制备氯乙烯基聚合物的方法，特征在于，还包括在权利要求11的方法后干燥所获得的胶乳的步骤。

16. 制备氯乙烯基增塑溶胶的方法，其特征在于，还包括在权利要求1~8中任一项的方法后干燥所获得的胶乳以及把干燥后所得的胶乳与增塑剂混合的步骤。

17. 制备氯乙烯基增塑溶胶的方法，其特征在于，还包括在权利要求9的方法后干燥所获得的胶乳以及把干燥后所得的胶乳与增塑剂混合的步骤。

18. 制备氯乙烯基增塑溶胶的方法，其特征在于，还包括在权利要求10的方法后干燥所获得的胶乳以及把干燥后所得的胶乳与增塑剂混合的步骤。

19. 制备氯乙烯基增塑溶胶的方法，其特征在于，还包括在权利要求11的方法后干燥所获得的胶乳以及把干燥后所得的胶乳与增塑剂混合的步骤。”

请求人认为：修改后的权利要求1与现有技术的区别主要在于本申请结合使用特定的脂肪酸铵盐和特定的还原剂；本申请的比较例4和表1的结果表明本申请具有意想不到的技术效果，从对比文件

1 不可能得到本申请胶乳所具有的意想不到的效果；从对比文件 2 也不能得到本申请胶乳所具有的意想不到的效果，对比文件 2 制备分散液树脂的配方含有月桂酸铵，但其方法是乳液聚合法，与本申请的微悬浮聚合法不同；本申请将脂肪铵盐作为阴离子乳化剂与特定还原剂结合，采用微悬浮法对氯乙烯单体进行聚合而得到胶乳是非显而易见的，与对比文件 1 和/或 2 相比本申请权利要求 1 具备创造性。同样，从属权利要求 2~11 和独立权利要求 12~19 也具备创造性。

经形式审查合格后，专利复审委员会受理了该请求，并于 2004 年 7 月 7 日向请求人发出了《复审请求受理通知书》，同时将本申请转送至国家知识产权局原审查部门进行前置审查。

在《前置审查意见书》中，国家知识产权局原审查部门认为请求人提复审请求时提交的权利要求 1 存在修改超范围的缺陷，因此坚持驳回决定。

专利复审委员会组成合议组，对本复审请求案进行了审理。合议组于 2005 年 1 月 18 日向请求人发出《复审通知书》，指出：

（1）原说明书和权利要求书记载的方法是"在……一种或多种含 8~22 个碳原子的脂肪酸的碱金属或铵盐，至少一种选自由碱金属次硫酸盐、亚硫酸盐和偏亚硫酸氢盐组成的组（S）的还原剂，……存在下以微悬浮形式聚合相应单体"，可见，所述脂肪酸的铵盐（或碱金属）与还原剂的存在是必须的，因此请求人提复审请求时提交的权利要求 1 中"所述聚合也可以在一种或多种含 12~22 个碳原子的脂肪酸的铵盐，至少一种选自由碱金属次硫酸盐、亚硫酸盐和偏亚硫酸氢盐组成的组（S）的还原剂存在下进行"超出了原说明书和权利要求书记载的范围，不符合专利法第 33 条的规定。

（2）即使请求人将权利要求 1 中的"所述聚合也可以在一种或多种含 12~22 个碳原子的脂肪酸的铵盐，至少一种选自由碱金属次硫酸盐、亚硫酸盐和偏亚硫酸氢盐组成的组（S）的还原剂存在下进行"修改为"所述聚合是在一种或多种含 12~22 个碳原子的脂肪酸的铵盐，至少一种选自由碱金属次硫酸盐、亚硫酸盐和偏亚硫酸氢盐组成的组（S）的还原剂存在下进行"，权利要求 1~19 相对于对比文件 1（EP0826702A1，公开日为 1998 年 3 月 4 日）也不具备突出的实质性特点和显著的进步，不具备专利法第 22 条第 3 款规定的创造性。

针对上述《复审通知书》，请求人于 2005 年 5 月 8 日提交了意见陈述书，同时提交了修改的权利要求书，包括权利要求第 1~21 项。请求人将权利要求 1 中的"所述聚合也可以"修改为"所述聚合是"，增加了新的从属权利要求 2 和 3，修改了权利要求的引用关系并将其顺序编号。此次提交的权利要求书为：

"1. 制备含有氯乙烯基聚合物颗粒的胶乳的方法，该方法为：在水、一种或多种选自组（M）的水溶性金属盐，至少一种种子聚合物（P1），该聚合物的颗粒含有至少一种有机可溶引发剂，以及视需要的至少一种种子聚合物（P2）存在下，以微悬浮形式聚合相应单体；其中该水溶性金属盐选自由铁，铜，钴，镍，锌，钛，钒，锰，铬，铈，锡和银的盐组成的组（M），其特征在于；

所述聚合是在一种或多种含 12~22 个碳原子的脂肪酸的铵盐和至少一种选自由碱金属次硫酸盐，亚硫酸盐和偏亚硫酸氢盐组成的组（S）的还原剂存在下进行。

2. 权利要求 1 的方法，其特征在于所用的含 12~22 个碳原子的脂肪酸的铵盐为月桂酸、豆蔻酸、棕榈酸或硬脂酸的铵盐。

3. 权利要求 1 的方法，其特征在于还原剂为碱金属次硫酸盐或亚硫酸盐。

4. 权利要求 1 的方法，其特征在于，所用的水溶性金属盐对单体的质量比率为 0.01~100ppm。

5. 权利要求 1 的方法，其特征在于，该水溶性金属盐为铜盐。

6. 权利要求 4 的方法，其特征在于，该水溶性金属盐为铜盐。

7. 权利要求 1 的方法，其特征在于，相对于所使用的单体，脂肪酸铵盐的用量为 0.3~3 重量%。

8. 权利要求 4 的方法，其特征在于，相对于所使用的单体，脂肪酸铵盐的用量为 0.3~3 重量%。

9. 权利要求 5 的方法，其特征在于，相对于所使用的单体，脂肪酸铵盐的用量为 0.3~3 重量%。

10. 权利要求 6 的方法，其特征在于，相对于所使用的单体，脂肪酸铵盐的用量为 0.3~3 重量%。

11. 权利要求 1~2 和 4~10 的任一方法，其特征在于，选自组（S）的还原剂为碱金属亚硫酸盐或偏亚硫酸氢盐。

12. 权利要求 1~10 的任一方法，其特征在于，该还原剂可与常规还原剂结合使用。

13. 权利要求 11 的方法，其特征在于，该还原剂可与常规还原剂结合使用。

14. 制备氯乙烯基聚合物的方法，特征在于，还包括在权利要求 1~10 中任一项的方法后干燥所获得的胶乳的步骤。

15. 制备氯乙烯基聚合物的方法，特征在于，还包括在权利要求 11 的方法后干燥所获得的胶乳的步骤。

16. 制备氯乙烯基聚合物的方法，特征在于，还包括在权利要求 12 的方法后干燥所获得的胶乳的步骤。

17. 制备氯乙烯基聚合物的方法，特征在于，还包括在权利要求 13 的方法后干燥所获得的胶乳的步骤。

18. 制备氯乙烯基增塑溶胶的方法，其特征在于，还包括在权利要求 1~10 中任一项的方法后干燥所获得的胶乳以及把干燥后所得的胶乳与增塑剂混合的步骤。

19. 制备氯乙烯基增塑溶胶的方法，其特征在于，还包括在权利要求 11 的方法后干燥所获得的胶乳以及把干燥后所得的胶乳与增塑剂混合的步骤。

20. 制备氯乙烯基增塑溶胶的方法，其特征在于，还包括在权利要求 12 的方法后干燥所获得的胶乳以及把干燥后所得的胶乳与增塑剂混合的步骤。

21. 制备氯乙烯基增塑溶胶的方法，其特征在于，还包括在权利要求 13 的方法后干燥所获得的胶乳以及把干燥后所得的胶乳与增塑剂混合的步骤。"

请求人认为，权利要求 1 与对比文件 1 相比具备创造性：（1）发明领域不同，本申请涉及制备具有特殊性能的聚氯乙烯聚合物增塑溶胶的方法，而对比文件 1 涉及具有两类聚氯乙烯颗粒的胶乳和其制备方法，二者的具体领域不同；（2）所要解决的技术问题不同，本申请的目的是提供一种具有良好脱泡性和各种稳定性、耐褪色性等组合的增塑溶胶，而对比文件 1 的目的是从同一种胶乳既可得到流体增塑溶胶，又可得到高细胞性能的泡沫；（3）技术方案不同；（4）本申请相对于对比文件 1 具有预料不到的技术效果，在 PVC 胶乳的微悬浮聚合中，根据对比文件 1 第 3 页第 34~38 行，本领域技术人员将预期脂肪酸皂与烷基磺酸盐具有相同性能，本申请实施例 1~3 的方法使用含 12~22 个碳原子的脂肪酸铵盐，获得的干燥胶乳和增塑溶胶具有良好的脱泡性和热稳定性或耐变色性，而使用烷基磺酸盐（十二烷基苯磺酸钠）的对比例 4 的脱泡性和热稳定性或耐变色性明显地差，由此可见本申请相对于对比文件 1 取得了预料不到的技术效果。请求人还认为，权利要求 1 的从属权利要求和制备增塑溶胶的权利要求也具备创造性。

至此，合议组认为本案事实清楚，可以作出审查决定。

二、决定的理由

1. 关于审查文本

本复审决定是以下述文本为基础作出的：请求人于 2005 年 5 月 8 日提交的权利要求书、2003 年

2 月 26 日提交的说明书第 1 页、2003 年 6 月 18 日提交的说明书第 2 页、申请日提交的说明书第 3~10 页及说明书摘要。

2. 关于创造性

在判断一项发明是否具备创造性时，首先应当确定与发明的权利要求所述的技术方案最接近的现有技术，然后将权利要求所述的技术方案与最接近的现有技术方案进行技术特征的对比分析，找出二者之间的区别特征。如果该区别特征是所属技术领域的技术人员由最接近的现有技术方案公开的相应技术特征容易想到的通常替换，而且该区别特征也没有给权利要求所述的技术方案带来预料不到的技术效果，则该发明的权利要求所述的技术方案不具备创造性。

（1）就本案而言，权利要求 1 要求保护一种制备含有氯乙烯基聚合物颗粒的胶乳的方法，该方法是在下述物质存在下以微悬浮形式聚合相应单体：①水，②一种或多种选自由铁、铜、钴、镍、锌、钛、钒、锰、铬、铈、锡和银的盐组成的组（M）的水溶性金属盐，③一种或多种含 12~22 个碳原子的脂肪酸的铵盐，④至少一种选自由碱金属次硫酸盐、亚硫酸盐和偏亚硫酸氢盐组成的组（S）的还原剂，⑤含有至少一种有机可溶引发剂的至少一种种子聚合物（P1），⑥视需要的至少一种种子聚合物（P2）。

对比文件 1（EP0826702A1，公开日为 1998 年 3 月 4 日）公开了一种制备含有氯乙烯基聚合物颗粒胶乳的方法，该方法包括在微悬浮条件下，在水、阴离子乳化剂、可溶性金属盐、碱金属的偏亚硫酸氢盐（作为还原剂）、含有至少一种有机可溶性引发剂的第一种子聚合物（P1）以及第二种子聚合物（P2）存在下，微悬浮聚合相应单体（参见对比文件 1 的权利要求 1）。其中所述可溶性金属盐中的金属选自铁、铜、钴、镍、锌、钛、钒、锰、铬和银，且优选铜，所述阴离子乳化剂优选选自碱性烷基磷酸盐、烷基磺基琥珀酸盐、烯丙基磺酸盐、乙烯基磺酸盐、烷基芳基磺酸盐、烷基磺酸盐、乙氧化烷基硫酸盐、烷基硫酸盐、脂肪酸皂，乳化剂用量可以最多 3wt%（参见第 3 页第 27~39 行）。

本申请与对比文件 1 均涉及通过种子微悬浮聚合来制备含有氯乙烯基聚合物颗粒的胶乳的方法，二者属于相同的技术领域，并且对比文件 1 所制得的胶乳也可用于制备液体增塑溶胶（参见说明书第 4 页第 13~14 行），因此二者的用途也相同。

权利要求 1 的技术方案与对比文件 1 公开的内容相比，区别在于，权利要求 1 中使用含 12~22 个碳原子的脂肪酸的铵盐，而对比文件 1 仅提及使用脂肪酸皂作为阴离子乳化剂。众所周知，脂肪酸皂一般是 C_{12}、C_{14}、C_{16}、C_{18}饱和脂肪酸和 C_{18}-烯酸的碱金属盐，而在种子微悬浮聚合反应中，脂肪酸的碱金属盐和铵盐都是常用的阴离子乳化剂，通常可以替换使用。在对比文件 1 给出了可选择脂肪酸皂作为氯乙烯基单体种子微悬浮聚合的阴离子乳化剂的教导下，所属技术领域的技术人员容易想到使用一定碳原子数的脂肪酸的铵盐作为阴离子乳化剂，从而得到权利要求 1 的技术方案；而且这种替换也没有给权利要求 1 的方案带来预料不到的技术效果。虽然请求人强调将本申请实施例 1~3 与比较例 4 对比可以证明本申请相对于对比文件 1 具有预料不到的技术效果，但本申请实施例 1~3 使用豆蔻酸铵作为阴离子乳化剂和偏亚硫酸氢钾作为还原剂，比较例 4 则不但使用十二烷基苯磺酸钠替换豆蔻酸铵，而且使用抗坏血酸替换了偏亚硫酸氢钾，因而比较例 4 与本申请最接近的上述对比文件 1 公开的方案不同，实施例 1~3 与比较例 4 的对比不能证明本申请相对于对比文件 1 取得了预料不到的技术效果。

因此，权利要求 1 不具有突出的实质性特点和显著的进步，不具备专利法第 22 条第 3 款规定的创造性。

（2）权利要求 4 进一步从水溶性金属盐的用量方面限定权利要求 1。对比文件 1 公开了可溶性金属盐与有机可溶性引发剂的摩尔比优选 0.001 至 0.1，且该有机可溶性引发剂的用量相对于所用单体的量在10~100ppm范围内（参见对比文件1第3页第29~31行和第47~49行）。因此，权利要求4所限定的水溶性金属盐对单体的重量比与对比文件1公开的数值范围重叠。

权利要求5和6所限定的附加技术特征（水溶性金属盐为铜盐）已在对比文件1的第3页第30~31行被公开。

权利要求7~10限定的附加技术特征（脂肪酸铵的用量）已在对比文件1的第3页第39行被公开。

权利要求11限定的附加技术特征（还原剂为碱金属亚硫酸盐或偏亚硫酸盐）已在对比文件1的权利要求1中被公开。

权利要求14~17限定的干燥步骤已在对比文件1的第4页第12~14行被公开。

在其引用的权利要求1不具备创造性的情况下，权利要求4~11、14~17也不具备创造性，不符合专利法第22条第3款的规定。

（3）权利要求12和13进一步限定了可结合常规还原剂使用所述的还原剂。虽然对比文件1中没有公开这一点，但对于本领域技术人员来说，在对比文件1的基础上根据其所具有的一般知识而想到结合使用常规还原剂是不需要花费创造性劳动的，而且本申请说明书中既没有公开结合使用还原剂的实施例，也没有公开这种结合所带来的预料不到的技术效果。因此，在其引用的权利要求1不具备创造性的情况下，权利要求12~13也不具备突出的实质性特点和显著的进步，不具备专利法第22条第3款规定的创造性。

（4）权利要求18~21涉及制备氯乙烯基增塑溶胶的方法。对比文件1公开了将所制得的胶乳进一步干燥，且干燥后所得粉末状产物适于制备液体增塑溶胶（对比文件1的第4页第13~14行）。权利要求18~21请求保护的技术方案与对比文件1相比，除了制备胶乳时所用的阴离子乳化剂不同之外，区别还在于，前者进一步限定了将干燥后获得的胶乳与增塑剂混合的步骤。但在增塑溶胶中加入增塑剂来改善其加工性能是本领域惯常采用的技术手段，在权利要求1、11、12、13所述的制备胶乳的方法不具备创造性的情况下，权利要求18~21也不具备突出的实质性特点和显著的进步，不具备专利法第22条第3款规定的创造性。

根据上述事实和理由，合议组作出如下审查决定。

三、决定

维持国家知识产权局于2004年2月27日针对99127897.6号发明专利申请作出的驳回决定。

复审请求人对本决定不服的，可以根据专利法第41条第2款的规定，自收到本决定之日起三个月内向北京市第一中级人民法院起诉。

024

新型医药

复审请求审查决定（第12374号）

决　　定　　号　第12374号
决　　定　　日　2007年12月21日
发明创造名称　新型医药
国 际 分 类 号　C07D 277/04，A61K 31/426，A61P 3/10
复 审 请 求 人　史密丝克莱恩比彻姆有限公司
申　　请　　号　01801078.4
申　　请　　日　2001年9月5日
优　先　权　日　2000年9月6日
公　　开　　日　2002年8月28日
合 议 组 组 长　叶　娟
主　　审　　员　郝兴辉
参　　审　　员　王　冬

法 律 依 据　专利法实施细则第13条第1款
决 定 要 点

同样的发明创造只能被授予一项专利。同样的发明创造是指两件或两件以上申请（或专利）中存在保护范围相同的权利要求。如果一件专利申请的一项权利要求与另一件专利申请的各权利要求的保护范围不同，则它们不属于同样的发明创造。

一、案由

本复审请求涉及名称为“新型医药”的第01801078.4号发明专利申请（下称本申请），申请人为史密丝克莱恩比彻姆有限公司，申请日为2001年9月5日，公开日为2002年8月28日，优先权日为2000年9月6日。

国家知识产权局于2004年8月6日驳回了本申请，理由是本申请不符合专利法实施细则第13条第1款的规定。驳回决定所针对的审查文本为本申请进入中国国家阶段时提交的原始申请中文译文，包括说明书第1~11页，权利要求1~10，说明书附图第1~4页以及说明书摘要，其中权利要求书具体内容如下：

“1. 一种化合物5-［4-［2-（N-甲基-N-（2-吡啶基）氨基）乙氧基］苄基］噻唑烷-2，4-二酮盐酸盐，其特征在于它提供：

（i）一种实质上与图1一致的红外光谱；和/或

（ii）一种实质上与图 2 一致的拉曼光谱；和/或

（iii）一种实质上与图 3 一致的 X-射线粉末衍射（XRPD）图；和

（iv）一种实质上与图 4 一致的固态^{13}C NMR 谱。

2. 按照权利要求 1 的化合物，其特征在于它提供下列各项中的两项或更多项：

（i）一种实质上与图 1 一致的红外光谱；

（ii）一种实质上与图 2 一致的拉曼光谱；

（iii）一种实质上与图 3 一致的 X-射线粉末衍射（XRPD）图；

（iv）一种实质上与图 4 一致的固态^{13}C NMR 谱；和

（v）在 160~168℃范围内的熔点。

3. 按照权利要求 1 或权利要求 2 的化合物，呈精制形式。

4. 按照权利要求 1 或权利要求 2 的化合物，呈一种固体剂型。

5. 按照权利要求 1 或权利要求 2 的化合物，呈一种能研磨的医药上可接受形式或呈一种经研磨的形式。

6. 按照权利要求 1 或权利要求 2 的化合物，呈一种医药上可接受形式并具有良好流动性能。

7. 按照权利要求 1 的盐酸盐的制备工艺，其特征在于，较好分散或溶解于一种适当溶剂中的 5-［4-［2-（N-甲基-N-（2-吡啶基）氨基）乙氧基］苄基］噻唑烷-2，4-二酮（化合物Ⅰ）或其盐与一种氯离子源反应；然后，回收该盐酸盐。

8. 一种医药组合物，其包含按照权利要求 1 的盐酸盐及其医药上可接受载体。

9. 按照权利要求 1 的盐酸盐，其用来作为一种有效治疗物质。

10. 按照权利要求 1 的盐酸盐用于糖尿病、与糖尿病相联系的病症及其某些并发症的治疗和/或预防用药剂制造的用途。”

驳回决定的具体理由是：

（1）权利要求 1 要求保护 5-［4-［2-（N-甲基-N-（2-吡啶基）氨基）乙氧基］苄基］噻唑烷-2，4-二酮盐酸盐（下称化合物 A），只是用说明书中的图 1~4 的图谱对该化合物进行了限定。对比文件 1（CN1358184A，申请日为 2001 年 3 月 14 日，公开日是 2002 年 7 月 10 日）是相同申请人提出的另一件发明专利申请，其权利要求 1 要求保护基本上非水合的和非吸湿性的化合物 A。两份申请的技术领域、解决的技术问题、预期的技术效果相同，并且技术方案实质上相同。本申请化合物 A 熔点范围 160~168℃与对比文件 1 的化合物 A 熔点 168~170℃基本相同，只是熔点降低，而且熔化范围明显变大，这只能说明本申请制备的化合物较对比文件 1 制备的化合物纯度低，而不能说明它们是两种不同的“结晶形态”。本申请化合物与对比文件 1 公开的化合物红外光谱的细微差异是由于物质纯度不同，以及本申请化合物的红外光谱是分散在矿物油中进行的，而对比文件 1 红外光谱使用液体石蜡研糊进行的。同样由于纯度原因，本申请化合物的粉末 X-衍射图、拉曼光谱图也基本上与对比文件 1 的图谱相同。本申请的化合物和对比文件 1 的化合物的制备方法相同，不同的只是文字描述方式不同。本申请说明书中也指出了本申请化合物并非纯物质，而是含有 2.1% 的丙-2-醇。因此，权利要求 1 要求保护的化合物与对比文件 1 权利要求 1 要求保护的化合物完全相同，属于相同的发明创造。

（2）从属权利要求 2~6 要求保护的化合物与权利要求 1 属于同一物质，只是增加了理化数据对该物质作了进一步限定。理化参数属于化合物本身具有的属性，发现化合物新的理化参数，并不能表示发现新的化合物。因此，权利要求 2~6 要求保护的化合物与对比文件 1 权利要求 1~5 所要求保护的化合物属于同样的发明创造。权利要求 7 要求保护的制备方法与对比文件 1 的权利要求 6 和 7 要求保护的制备方法相同，权利要求 8 要求保护的组合物与对比文件 1 的权利要求 10 要求保护的组合物相同。权利要求 9 和 10 要求保护的用途与对比文件 1 的权利要求 8 和 9 要求保护的用途相同。因此，权利要求 2~10 分别与对比文件 1 的权利要求 2~10 相同，属于同样的发明创造。由于本申请的申请日在后，申请人对两份申请的意见陈述中均拒绝选择，坚持两份申请均进行审查，在此情况下，在后申请不符合专利法实施细则第 13 条第 1 款的规定。因此，对本申请予以驳回。

申请人史密丝克莱恩比彻姆有限公司（下称请求人）不服上述驳回决定，于 2004 年 11 月 22 日向专利复审委员会提出复审请求，请求撤销上述驳回决定，具体理由是：

（1）化合物可以以一种以上的物理形式（例如多晶型物）存在，多晶型物不一定具有不同的名称，但其物理特征存在差别；本发明的多晶型物可以通过在丙-2-醇中用盐酸处理 5-［4-［2-（N-甲基-N-（2-吡啶基）氨基）乙氧基］苄基］噻唑烷-2，4-二酮（下称化合物Ⅰ），并在结晶期间使反应混合物保持在 70~75℃而制备，而对比文件 1 通过使反应混合物保持在约 60℃而引发结晶来进行制备，对比文件 1 公开的制备方法显然不同于制备本发明新型多晶型物所用方法；权利要求 1 的化合物的熔点为 160~168℃，而对比文件 1 的化合物的熔点为 168~170℃，本领域的技术人员应当理解在加热时一种多晶型物可以转化为另一种具有较高熔点的多晶型物，熔点测定本身未必能够区分不同的多晶型物，需要测量其他物理性能来证实和确认不同晶型的存在。（2）本发明多晶型物 XRPD 值与对比文件 1 的多晶型物 XRPD 值的比较显示两种晶型显然不同，例如，本申请图 3 中 5.5、6.7、11.1 处的特征带在对比文件 1 的图Ⅱ中显然不存在，并且对比文件 1 的图Ⅱ中 16.3、17.7、22.2 和 23.6 处的强谱带显然未出现在本申请图 3 中，技术人员也可从两种不同形式化合物 A 的拉曼和红外光谱数据中发现其差别。因此，本申请和对比文件 1 涉及化合物的不同多晶型物，不属于同一发明。

形式审查合格后，专利复审委员会受理了该复审请求，并于 2004 年 12 月 14 日向请求人发出《复审请求受理通知书》。同时，将本申请案卷移交原审查部门进行前置审查。

在前置审查意见书中，原审查部门坚持原驳回决定，其理由为：

（1）申请人在复审请求书中指出本申请实施例 1 和 2 的方法与对比文件 1 实施例 1 的方法在结晶温度上有细微差别，但这种差别是否会导致所制备的产品的不同，申请人并没有证明，而且这种不同也没有出现在本申请的权利要求中；（2）对于权利要求 1~6 所要求保护的化合物相对于对比文件 1 中化合物熔点降低，熔程变长的问题，申请人辩称是由于加热导致晶型的变化，但未提供任何证据来证明该推论，而本领域技术人员的常识为杂质的引入会导致熔点的降低，熔程的变长；（3）在产品纯度没有得到确认的前提下，比较 XRPD 的不同说明不了任何问题，申请人无法证明本申请化合物与对比文件 1 化合物在红外光谱和拉曼光谱中的差别。

专利复审委员会针对本复审请求成立合议组，合议组审理后，认为本案事实清楚，可以作出审查决定。

二、决定的理由

1. 审查文本

本复审决定依据的审查文本为驳回决定所针对的文本。

2. 关于专利法实施细则第 13 条第 1 款

专利法实施细则第 13 条第 1 款规定同样的发明创造只能被授予一项专利。

同样的发明创造是指两件或两件以上申请（或专利）中存在保护范围相同的权利要求。如果一件专利申请的一项权利要求与另一件专利申请的各权利要求的保护范围不同，则它们不属于同样的发明创造。

本申请的图 1~4 的红外光谱、拉曼光谱、X-射线粉末衍射（XRPD）图、固态 ^{13}C NMR 谱是对实施例 1 产品表征的数据。权利要求 1 采用与图 1~4 “实质上一致”的表述方式来限定权利要求 1 的化合物 A 的物理特征，其要求保护的化合物范围中包含实施例 1 的产品。

权利要求 1 要求保护的化合物与对比文件 1 的权利要求 1 要求保护的化合物相比，其区别在于：本申请的权利要求 1 使用红外光谱、拉曼光谱、X-射线粉末衍射（XRPD）图、固态^{13}C NMR 谱对化合物进行了限定，其保护范围小于对比文件 1 的权利要求 1 要求保护的化合物范围。

本申请的权利要求 1 所述的 X-射线粉末衍射（XRPD）图与对比文件 1 的权利要求 2-5 中任何一项权利要求相比，两者的 XRPD 图谱、红外光谱、拉曼光谱均存在差别，例如，本申请化合物 A 的的 XRPD 图谱（图 3）中的某些特征带如 5.5、6.7、11.1 在对比文件 1 的图Ⅱ中不存在，对比文件 1 的图Ⅱ中的某些特征带如 16.3、17.7、22.2、23.6 未出现在本申请的图 3 中。因此，从限定化合物的参数来看，本申请的权利要求 1 要求保护的范围与对比文件 1 的权利要求 2~5 中任何一项要求保护的范围不相同。

驳回决定认为本申请化合物不但熔点降低，而且熔化范围明显变大，说明本申请制备的化合物较对比文件 1 制备的化合物纯度低，而不能说明它们是两种不同的“结晶形态”。但是，实施例 1 的产品的熔点为 167℃，Tonset 为 165℃，其熔点是确定的，不能必然得出纯度不同从而无法说明结晶形态的结论，该驳回理由所依据的证据不足。而从本发明化合物 A 的制备方法与对比文件 1 公开的制备方法来看，二者虽均为将化合物Ⅰ与丙-2-醇的混合物搅拌并加热，添加氯化氢，并使反应混合物在一定温度下保持一段时间，从而制得结晶化合物 A。但二者所采用的各步骤、温度、时间等均有差异，而本领域技术人员可知，通过改变药物结晶温度、结晶速度等条件，可以获得药物的不同晶型。因此，驳回决定认为制备本发明化合物所用方法与对比文件 1 公开的制备方法相同，从而制得的化合物也相同的结论证据不足。

综上所述，驳回决定所认定的权利要求 1 要求保护的化合物的晶型与对比文件 1 要求保护的化合物完全相同，从而本申请的权利要求 1 与对比文件 1 的权利要求 1 所要求保护的化合物属于相同的发明创造的结论，其依据的证据不足。

同理，驳回决定认为从属权利要求 2~6 要求保护的化合物与对比文件 1 的权利要求 1~5 要求保护的化合物属于同样的发明创造，权利要求 7 要求保护的制备方法与对比文件 1 的权利要求 6 和 7 要求保护的制备方法相同，权利要求 8 要求保护的医药组合物与对比文件 1 的权利要求 10 要求保护的组合物相同、权利要求 9、10 要求保护的用途与对比文件 1 的权利要求 8、9 要求保护的用途相同，均证据不足。

基于上述理由，本案合议组作出如下决定。

三、决定

撤销国家知识产权局于 2004 年 8 月 6 日对第 01801078.4 号发明专利申请作出的驳回决定。由原审查部门根据本复审决定所针对文本的基础上继续审查程序。

复审请求人对本决定不服的，可以根据专利法第 41 条第 2 款的规定，自收到本决定之日起三个月内向北京市第一中级人民法院起诉。

025

色淀的1-萘酚磺酸基单偶氮颜料

复审请求审查决定（第12378号）

决　定　号　第12378号
决　定　日　2007年12月22日
发明创造名称　色淀的1-萘酚磺酸基单偶氮颜料
国际分类号　C09B63/00
复审请求人　科莱恩产品（德国）有限公司
申　请　号　02815904.7
申　请　日　2002年7月27日
优　先　权　日　2001年8月14日
公　开　日　2004年10月27日
合议组组长　孙跃飞
主　审　员　任晓兰
参　审　员　张家祥

法律依据　专利法第22条第3款
决定要点

在判断创造性时，首先要将权利要求所述的技术方案和最接近的现有技术进行特征对比，找出区别特征，进而根据该区别特征所能达到的技术效果确定发明实际要解决的技术问题，然后判断现有技术中是否给出将所述区别特征应用于所述最接近的现有技术中以解决其所存在的技术问题的技术启示，使得本领域技术人员在面对所述技术问题时，有动机改进该最接近的现有技术并获得所要求保护的发明。如果现有技术中不存在这样的技术启示，则发明是非显而易见的。

一、案由

本复审请求案涉及发明名称为"色淀的1-萘酚磺酸基单偶氮颜料"的第02815904.7号发明专利申请（下称本申请），申请人为科莱恩产品（德国）有限公司（由科莱恩有限公司变更而来），申请日为2002年7月27日，优先权日为2001年8月14日，公开日为2004年10月27日。

2005年8月19日，针对申请人原始提交的权利要求1~7、说明书第1~10页及说明书摘要，国家知识产权局以权利要求1~7不具备创造性为由驳回了本申请。驳回决定认为：对比文件1~3（分别为公开日为1904年6月14日的FR 339606A，公开日为1904年11月3日的FR 344395A和公开日为1958年10月14日的US 2856397A）分别公开了在权利要求1范围内的单偶氮颜料前体，其与权利要求1的区别仅在于在色淀金属不同，但在对比文件4（CN 1068030C，授权公告日为2001年7月4

日）中已经公开了钙、钡、锶、锰等可以作为色淀金属用于单偶氮色淀颜料。由于这些金属在对比文件4中与其在本发明中所起的作用相同，本领域技术人员将对比文件1~3的任一篇与对比文件4结合得到权利要求1的技术方案是显而易见的，因此，权利要求1不具备创造性。从属权利要求2~5对一些取代基及其位置做了进一步限定，本领域技术人员根据对比文件2和3中给出的取代基种类及其位置的启示，结合其公知常识得到权利要求2~5的技术方案是显而易见的，故权利要求2~5也不具备创造性。对于权利要求6的制备方法来说，由于对比文件3公开了与权利要求6类似的方法，本领域技术人员将对比文件4中的色淀金属用于对比文件3得到权利要求6的方法是显而易见的，因此，权利要求6不具备创造性。至于权利要求7的用途，由于在对比文件4中已经公开了这类化合物的用途，所以权利要求7也不具备创造性。

驳回决定针对的权利要求如下：

"1. 通式（1）的化合物

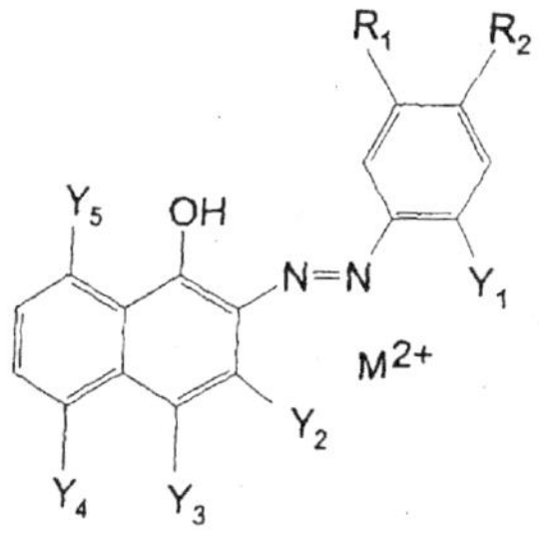

(1)

其中

R_1 是指 H、Cl 或 CH_3，

R_2 是指 H 或 Cl，

M^{2+}是指 Mg^{2+}、Mn^{2+}或 Sr^{2+}，

$Y_1=COO^-$或 SO_3^-，和

$Y_2=SO_3^-$，$Y_3=Y_4=Y_5=H$；或 $Y_3=SO_3^-$，$Y_2=Y_4=Y_5=H$；或

$Y_4=SO_3^-$，$Y_2=Y_3=Y_5=H$；或 $Y_5=SO_3^-$，$Y_2=Y_3=Y_4=H$。

2. 根据权利要求1的化合物，其特征为，$R_1=Cl$，$R_2=H$，$M^{2+}=Sr^{2+}$，$Y_1=COO^-$和 $Y_2=Y_3=Y_5=H$，$Y_4=SO_{3-}$。

3. 根据权利要求1的化合物，其特征为，$R_1=Cl$，$R_2=H$，$M^{2+}=Mn^{2+}$，$Y_1=COO^-$和 $Y_2=Y_3=Y_4=H$，$Y_5=SO_3^-$。

4. 根据权利要求1的化合物，其特征为，$R_1=H$，$R_2=H$，$M^{2+}=Sr^{2+}$，$Y_1=COO^-$和 $Y_3=Y_4=Y_5=H$，$Y_2=SO_3^-$。

5. 根据权利要求1的化合物，其特征为，$R_1=CH_3$，$R_2=Cl$，$M^{2+}=Mg^{2+}$，$Y_1=SO_3^-$和 $Y_2=Y_4=Y_5=H$，$Y_3=SO_3^-$。

6. 一种用于制备根据权利要求1~5中至少一项的化合物的方法，其特征为，将通式（2）的胺重氮化，将形成的重氮盐与通式（3）的萘酚磺酸偶合，并将形成的单偶氮化合物用镁盐、锶盐或锰盐进行色淀。

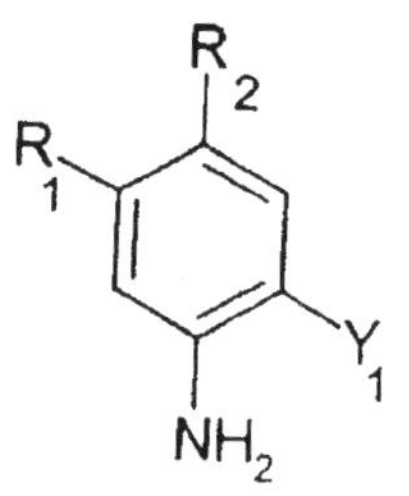

(2)

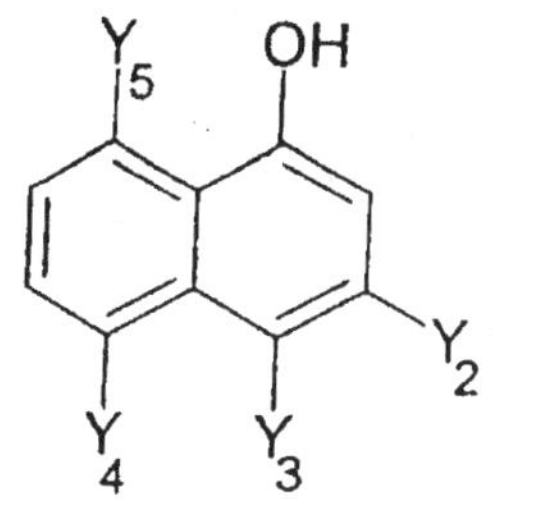

(3)

7. 根据权利要求1~5中至少一项的化合物用于将高分子量有机材料、将涂料、油漆、印刷油墨、电子照相调色剂和显影剂、粉末和粉末涂料、墨水加以着色，以及将种子染色的用途”。

2005年11月9日，科莱恩有限公司（后变更为科莱恩产品（德国）有限公司，下称请求人）对上述驳回决定不服，向专利复审委员会提出复审请求。请求人认为：本申请通过三种已知组分，即特定的重氮组分、偶合剂和色淀金属的特定结合，形成同时具有高耐光牢度和高颜色强度的单偶氮色淀颜料。与此相比，对比文件1和2公开了特定的重氮组分与偶合剂的特定结合，但使用的色淀金属是钡；对比文件3公开了可使用钴、铬、铜、铝作为色淀金属，但没有提到镁、锰和锶；而对比文件4虽然公开了在其他种类的颜料制备中可使用镁、锰、锶作为色淀金属，但所得颜料的各种性能很差，因此，不会启发本领域技术人员在对比文件1~3中使用对比文件4提到的镁、锰、锶作为色淀金属；而且对比文件4中暗示的是钙、钡、锶、锰与α-羟基萘甲酸的结合，而本申请的化合物则衍生自-羟基萘磺酸，由于申请人在对比例中已经证明α-羟基萘甲酸（或萘磺酸）即使与锶、钙结合也不会形成同时具有高颜色强度和耐光牢度的颜料，因此，本领域技术人员难以预见用-羟基萘磺酸代替对比文件4中的α-羟基萘甲酸会产生更好的技术效果，因此，本申请所述化合物是非显而易见的，具有创造性。相应地，其制备方法和用途也具有创造性。

经形式审查合格后，专利复审委员会受理了该请求，并于2005年12月14日向请求人发出了《复审请求受理通知书》，同时将本申请转送至国家知识产权局原审查部门进行前置审查。

在《前置审查意见书》中，国家知识产权局原审查部门认为：本申请要求保护的化合物是由三种已知组分结合而成的，对比文件1~3公开了特定的重氮组分与偶合剂的特定组合，对比文件4公开了色淀金属，因此本领域技术人员将对比文件1~4结合得到本申请的化合物是显而易见的，从而坚持驳回决定。

专利复审委员会组成合议组，对本复审请求案进行了审理。

经合议，合议组认为本案事实清楚，可以作出审查决定。

二、决定的理由

1. 关于审查文本

合议组以驳回决定所针对的申请文本（即，请求人原始提交的权利要求第1~7项、说明书第1~10页及说明书摘要）为基础进行审查。

2. 关于创造性

专利法第22条第3款规定，创造性，是指同申请日以前已有的技术相比，发明具有突出的实质性特点和显著的进步。

在判断创造性时，首先要将权利要求所述的技术方案和最接近的现有技术进行特征对比，找出区别特征，进而根据该区别特征所能达到的技术效果确定发明实际要解决的技术问题，然后判断现有技术中是否给出将所述区别特征应用于所述最接近的现有技术中以解决其所存在的技术问题的技术启示，使得本领域技术人员在面对所述技术问题时，有动机改进该最接近的现有技术并获得所要求保护的发明。如果现有技术中不存在这样的技术启示，则发明是非显而易见的。

就本案而言，权利要求1要求保护具有以下通式（1）的化合物：

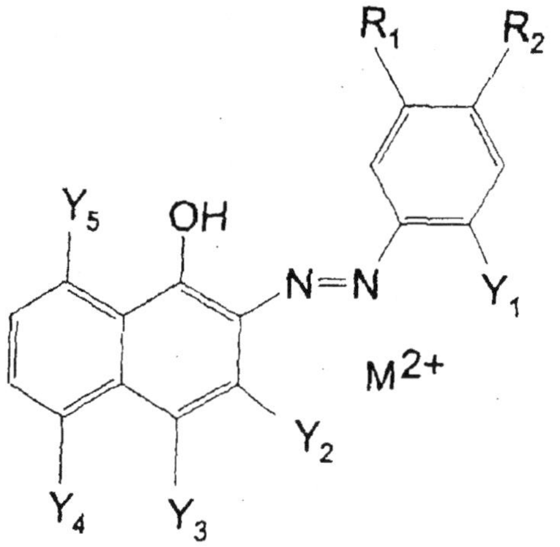

(1)

其中

R_1 是指 H、Cl 或 CH_3，

R_2 是指 H 或 Cl，

M^{2+}是指 Mg^{2+}、Mn^{2+}或 Sr^{2+}，

$Y_1=COO^-$或 SO_3^-，和

$Y_2=SO_3^-$，$Y_3=Y_4=Y_5=H$；或 $Y_3=SO_3^-$，$Y_2=Y_4=Y_5=H$；或

$Y_4=SO_3^-$，$Y_2=Y_3=Y_5=H$；或 $Y_5=SO_3^-$，$Y_2=Y_3=Y_4=H$。

对比文件 1（FR 339606A，公开日为 1904 年 6 月 14 日）公开了一种色淀的单偶氮颜料（见对比文件 1 的实施例），其中，单偶氮颜料是由偶氮化的邻氨基苯甲酸与 1-萘酚-3-磺酸形成的（即，相当于权利要求 1 中 $R_1=R_2=H$、$Y_1=COO^-$、$Y_2=SO_3^-$、$Y_3=Y_4=Y_5=H$ 的情况），色淀金属是铝。

对比文件 2（FR 344395A，公开日为 1904 年 11 月 3 日）公开了三种色淀的单偶氮颜料（见对比文件 2 的实施例 1、2 和 6），其中，单偶氮颜料分别由偶氮化的邻氨基苯磺酸与 1-萘酚-4-磺酸（即，相当于权利要求 1 中 $R_1=R_2=H$、$Y_1=SO_3^-$、$Y_3=SO_3^-$、$Y_2=Y_4=Y_5=H$ 的情况）、偶氮化的邻氨基苯磺酸与 1-萘酚-5-磺酸（即，相当于权利要求 1 中 $R_1=R_2=H$、$Y_1=SO_3^-$、$Y_4=SO_3^-$、$Y_2=Y_3=Y_5=H$ 的情况）、偶氮化的对甲基间磺酸苯胺与 1-萘酚-4-磺酸（即，相当于权利要求 1 中 $R_1=H$、$R_2=CH_3$、$Y_1=SO_3^-$、$Y_3=SO_3^-$、$Y_2=Y_4=Y_5=H$ 的情况）形成、色淀金属是铝。

对比文件 3（US 2856397A，公开日为 1958 年 10 月 14 日）公开了色淀的单偶氮颜料（见对比文件 3 的实施例 5），其中，单偶氮颜料由偶氮化的 1-氨基苯甲酸与 1-羟基萘-4-磺酸形成（即，相当于权利要求 1 中 $R_1=R_2=H$、$Y_1=SO_3^-$、$Y_3=SO_3^-$、$Y_2=Y_4=Y_5=H$ 的情况）、色淀金属是铬。

由此可见，对比文件 1~3 分别公开了权利要求 1 中由 α-羟基萘磺酸衍生的单偶氮颜料，本申请权利要求 1 与它们的区别均在于使用的色淀金属不同，在权利要求 1 中使用镁、锰和锶作为色淀金属，而在对比文件 1~3 中使用的是铝或铬。

根据本申请说明书的描述并结合其在耐光牢度与颜色强度方面的数据可以看出，现有技术的萘酚磺酸系列色淀单偶氮颜料或者耐光牢度差且颜色强度不足，或者具有改善的牢度却不具有高的颜色强度，因此，本申请所要解决的技术问题是，通过特定的单偶氮颜料与特定的色淀金属的结合而使颜料同时具有高的耐光牢度的高的颜色强度。

在对比文件 4（CN 1068030C，授权公告日为 2001 年 7 月 4 日）中公开了一种由色淀单偶氮颜料、松香、胶印油墨用载色体和水组成的胶印油墨用含水颜料膏，其中在色淀的单偶氮颜料中使用钙、钡、锶、锰等作为色淀金属，其单偶氮颜料是芳香胺（如对甲苯胺间磺酸）偶氮化后与偶合剂

(如β-羟基萘甲酸)偶合而得到的颜料。尽管在该对比文件中提到了锶、锰等可以作为色淀金属与单偶氮颜料形成色淀的单偶氮颜料，但是对比文件4是通过这种色淀单偶氮颜料、松香、胶印油墨用载色体和水的结合而降低颜料膏中松香的用量，没有提及或者暗示出锶、锰等金属与单偶氮颜料结合时会改善色淀后颜料的耐光牢度和颜料强度。也就是说，在对比文件4中并没有给出将诸如镁、锶和锰这些特定的金属与由-羟基萘磺酸衍生的单偶氮颜料结合可以改善色淀后颜料的耐光牢度和颜料强度这样的技术启示。当本领域技术人员需要使颜料同时具有高的耐光牢度和高的颜料强度时，并没有动机将对比文件4中提到的色淀金属与对比文件1~3中由α-羟基萘磺酸衍生的单偶氮颜料相结合而得到本申请权利要求1要求保护的技术方案。而且，从本申请说明书实施例与比较例的数据对比可以看出，通过使用由α-羟基萘磺酸衍生的单偶氮颜料与特定色淀金属镁、锰、锶的结合，可以获得比使用β-羟基萘磺酸与锶的组合（比较例1和2）或α-羟基萘磺酸与其他金属的组合（如钙，参见比较例3a）更好的耐光牢度和颜料强度。

因此，合议组认为，对比文件1~3与4的结合并不足以破坏权利要求1的创造性。在独立权利要求1具有创造性的情况下，其从属权利要求2~5、用于制备权利要求1~5中任一项的化合物的方法（权利要求6）及权利要求1~5中任一项的化合物用于着色的用途（权利要求7）也具有创造性。

基于上述事实和理由，合议组作出如下决定。

三、决定

撤销国家知识产权局于2005年8月19日对02815904.7号发明专利申请作出的驳回决定，由国家知识产权局原审查部门以请求人于2004年2月13日提交的权利要求第1~7项，说明书第1~10页及说明书摘要为基础继续审批程序。

复复审请求人对本决定不服的，可根据专利法第41条第2款的规定，自收到本决定之日起三个月内向北京市第一中级人民法院起诉。

026

一种单甲脒盐酸盐可溶性粉剂及其制备方法

复审请求审查决定（第12408号）

决　定　号　第12408号
决　定　日　2007年12月19日
发明创造名称　一种单甲脒盐酸盐可溶性粉剂及其制备方法
国际分类号　A01N37/52，A01N25/14
复审请求人　阴太安
申　请　号　200510007624.7
优先权日　2004年12月15日
申　请　日　2005年2月7日
公　开　日　2005年8月3日
合议组组长　刘　静
主　审　员　吴红权
参　审　员　侯　曜

法律依据　专利法第26条第3款
决定要点

所属技术领域技术人员能够实现，是指所属技术领域的技术人员按照说明书记载的内容，就能够实现该发明的技术方案，解决其技术问题，并产生预期的技术效果。对于化学产品的充分公开，应包括化学产品的确认、化学产品的制备和化学产品的用途和/或使用效果。

一、案由

本复审请求涉及发明名称为“一种单甲脒盐酸盐可溶性粉剂及其制备方法”的第200510007624.7号发明专利申请（下称本申请），申请人为阴太安，申请日为2005年2月7日，优先权日为2004年12月15日，公开日为2005年8月3日。

国家知识产权局原审查部门针对申请人于申请日提交的文本对本申请进行实质审查，于2005年11月25日发出《第一次审查意见通知书》，指出：说明书未提供足以证明本申请的技术方案可以达到预期要解决的技术问题或效果的试验数据，因此说明书公开不充分，不符合专利法第26条第3款的规定。

针对《第一次审查意见通知书》，申请人于2006年2月23日，提交了意见陈述书，认为：说明书第2页第14~22行的内容提供了足以证明本申请技术方案可以达到预期要解决的技术问题或效果的理论和稳定性能数据，因此说明书所公开的内容充分，符合专利法第26条第3款的规定。

2006年4月21日，针对申请人于申请日提交的权利要求书、说明书及其摘要，国家知识产权局以本申请不符合专利法第26条第3款的规定为由驳回了本申请。

驳回决定认为：(1) 本申请的目的是提供一种将单甲脒盐酸盐制成稳定的可溶性粉剂的技术方案，但说明书没有提供必要的试验数据如对比效果试验数据或其性能数据等，因此说明书公开不充分，不符合专利法第26条第3款的规定；(2) 说明书第2页第14~22行公开的内容不明确，如对比药剂的具体配方等，因此不能证明本申请技术方案可以达到预期要解决的技术问题或效果。

驳回决定针对的权利要求1~6如下：

“1. 一种单甲脒盐酸盐可溶性粉剂，其特征在于它由下述方法制成：

(1) 重量百分比浓度为25%的单甲脒盐酸盐水剂减压蒸发浓缩为重量百分比浓度40%~60%的浓缩液，浓缩条件为：真空度0.05~0.09Mpa、温度60~90℃；

(2) 向步骤(1)得到的浓缩液中加入氢氧化钠，使得浓缩液的pH值为4.5~5.2；

(3) 向步骤(2)得到的浓缩液中加入浓缩液重量的10%~15%的盐析剂，搅拌，在-5~5℃下冷却，结晶析出单甲脒盐酸盐，过滤得到单甲脒盐酸盐粉剂半成品；

(4) 将步骤(3)得到的单甲脒盐酸盐粉剂半成品在30~70℃下减压干燥得到单甲脒盐酸盐粉剂成品；

(5) 向步骤(4)得到的粉剂成品中加入有机胺，有机胺的加入量为粉剂成品重量的2%~5%，混合均匀得到本发明的单甲脒盐酸盐可溶性粉剂。

2. 根据权利要求1所述的单甲脒盐酸盐可溶性粉剂，其特征在于，所述的盐析剂为氯化钠、硫酸钠。

3. 根据权利要求1所述的单甲脒盐酸盐可溶性粉剂，其特征在于，所述的有机胺为N，N-二甲基苯胺、N，N-二乙基苯胺或六亚甲基四胺。

4. 根据权利要求1所述的单甲脒盐酸盐可溶性粉剂的制备方法，其特征在于它包括以下步骤：

(1) 重量百分比浓度为25%的单甲脒盐酸盐水剂减压蒸发浓缩为重量百分比浓度40%~60%的浓缩液，浓缩条件为：真空度0.05~0.09Mpa、温度60~90℃；

(2) 向步骤(1)得到的浓缩液中加入氢氧化钠，使得浓缩液的pH值为4.5~5.2；

(3) 向步骤(2)得到的浓缩液中加入浓缩液重量的10%~15%的盐析剂，搅拌，在-5~5℃下冷却，结晶析出单甲脒盐酸盐，过滤得到单甲脒盐酸盐粉剂半成品；

(4) 将步骤(3)得到的单甲脒盐酸盐粉剂半成品在30~70℃下减压干燥得到单甲脒盐酸盐粉剂成品；

(5) 向步骤(4)得到的粉剂成品中加入有机胺，有机胺的加入量为粉剂成品重量的2%~5%，混合均匀得到本发明的单甲脒盐酸盐可溶性粉剂。

5. 根据权利要求4所述的制备方法，其特征在于，所述的盐析剂为氯化钠、硫酸钠。

6. 根据权利要求4所述的制备方法，其特征在于，所述的有机胺为N，N-二甲基苯胺、N，N-二乙基苯胺或六亚甲基四胺。”

2006年7月10日，申请人阴太安（下称请求人）对上述驳回决定不服，向专利复审委员会提出复审请求，请求人在复审理由中提供了两组试验数据（即表1和表2），并且提交了附件1（《农药生产与合成》，陈万义主编，封面、出版信息页和第267~268页，化学工业出版社，2000年6月出版，复印件共4页），请求人没有对申请文件进行修改。

请求人认为：(1) 说明书背景技术部分已经阐述了现有技术存在的缺陷和不足（参见说明书第1页背景部分第2~3段），本申请实际解决的技术问题是提供一种克服上述缺陷的制备单甲脒盐酸盐可溶性粉剂的方法。（2）请求人对用现有技术方法制备的、未加稳定剂的单甲脒盐酸盐粉剂的稳定性进行了多次试验测试，其常温稳定性能见表1；请求人同时对本申请的单甲脒盐酸盐可溶性粉剂的稳定性进行了多次试验测试，其热贮稳定性能参见表2。根据上述试验的结果，在说明书第2页第17~20行提供了证明本申请的技术方案可以达到预期效果的实验数据和对比数据。（3）附件1说明单甲脒盐酸盐含量的检测是现有技术。（4）本发明的目的是提供一种稳定的单甲脒盐酸盐可溶性粉剂，该产品是由制备工艺所限定的，本发明通过将25%的单甲脒盐酸盐水剂浓缩到40%~60%，达到减少35%以上的盐析剂；控制pH值为4.5~5.2，提高该可溶性粉剂的稳定性；若pH值过高，易生成单甲脒游离碱，进而造成分解，pH值越高，分解率越高；加入有机胺的操作方法提高该单甲脒盐酸盐可溶性粉剂的稳定性，权利要求中已经对工艺的操作条件和药剂作了明确的限定，且说明书第2页第14~22行也可以清楚地看出提到的药剂就是单甲脒盐酸盐及单甲脒盐酸盐加入本发明的有机胺。

2006年8月15日，请求人提交了补正书，并再次提交了附件1（封面、出版信息页和第267~268页，复印件共4页）。

经形式审查合格后，专利复审委员会受理了该请求，并于2006年12月7日向请求人发出了《复审请求受理通知书》，同时将本申请转送至国家知识产权局原审查部门进行前置审查。

在《前置审查意见书》中，国家知识产权局原审查部门认为：请求人在复审请求时所提交的效果数据没有在原申请文件中记载，并且说明书第2页第14~22行所述的数据说明了有无有机胺对单甲脒盐酸盐的影响，但无法确定本申请的单甲脒盐酸盐可溶性粉剂的效果，因此坚持驳回决定。

专利复审委员会组成合议组，对本复审请求案进行了审理。

经合议，合议组认为本案事实清楚，可以作出审查决定。

二、决定的理由

1. 关于审查文本

本复审决定是针对请求人于申请日提交的权利要求书、说明书及其摘要作出的。

2. 关于专利法第26条第3款

专利法第26条第3款规定：说明书应当对发明或者实用新型作出清楚、完整的说明，以所属技术领域的技术人员能够实现为准。

所属技术领域技术人员能够实现，是指所属技术领域的技术人员按照说明书记载的内容，就能够实现该发明的技术方案，解决其技术问题，并产生预期的技术效果。对于化学产品的充分公开，应包括化学产品的确认、化学产品的制备和化学产品的用途和/或使用效果。

本申请要求保护一种单甲脒盐酸盐可溶剂粉剂及其制备方法（具体内容详见案由部分）。在本申请说明书中详细描述了现有技术存在的缺陷和不足，即目前国内生产的单甲脒盐酸盐均是25%的水剂，造成运输、贮存上的不便，另外，由于水剂含有游离酸，在与其他农药复配使用受到限制……另外没有加入稳定剂，制成的粉剂不稳定，容易分解（详见说明书第1页背景技术部分第2~3段），在发明内容部分描述了本申请要解决的技术问题是，克服现有单甲脒盐酸盐水剂的运输储存不便和其他农药复配受限制的问题，以及现有单甲脒盐酸盐可溶性粉剂及其制备方法存在的上述缺陷，提供一种稳定的单甲脒盐酸盐可溶性粉剂及其制备方法。本申请说明书第1页倒数第7行至第2页第10行详细给出了本申请的单甲脒盐酸盐可溶性粉剂的制备方法，说明书第2页第17~19行描述了未加入有机胺的情况下，单甲脒盐酸盐的月相对降解率为20%左右，而加入有机胺后，单甲脒盐酸盐的年相对降解率为2%，此外，实施例1~3给出了单甲脒盐酸盐可溶性粉剂的具体制备方法。

在上述查明事实的基础上，合议组认为，对于化学产品的充分公开，应包括化学产品的确认、化学产品的制备和化学产品的用途和/或使用效果。就本申请而言，说明书已详细记载了单甲脒盐酸盐可溶性粉剂的制备方法，本领域技术人员按照说明书记载的内容，能够制备得到单甲脒盐酸盐可溶性粉剂，因此已经充分公开了单甲脒盐酸盐可溶性粉剂的确认和制备，并且制得的单甲脒盐酸盐可溶性粉剂也取得了有益的技术效果，所述的技术效果记载在说明书第 2 页第 17~19 行中，即现有技术的单甲脒盐酸盐的月相对降解率为 20% 左右，而本申请的单甲脒盐酸盐可溶性粉剂的年相对降解率为 2%。虽然在本申请中没有详细记载降解稳定性试验的方法，但是降解稳定性试验方法在现有技术中是已知的，本领域技术人员知道如何进行稳定性试验，并测定得到说明书所记载的技术效果。基于上述理由，说明书已经对本申请的单甲脒盐酸盐可溶性粉剂的确认、制备和使用效果进行了充分描述，满足了化学产品充分公开的要求，符合专利法第 26 条第 3 款的规定。

国家知识产权局原审查部门在《前置审查意见书》中认为，说明书第 2 页第 14~22 行所述的数据说明了有无有机胺对单甲脒盐酸盐的影响，但无法确定本申请的单甲脒盐酸盐可溶性粉剂的效果。对此，合议组认为，说明书第 2 页第 17~19 行记载的效果数据虽然描述的是加入有机胺后降解率的变化，但是，根据说明书技术方案和实施例的描述，在本申请的制备方法中，加入有机胺是制备方法的最后一个步骤，应该认为加入有机胺后降解率的变化是指本申请最终产品单甲脒盐酸盐可溶性粉剂的降解率的变化。因此，本领域技术人员根据说明书描述的内容，可以确定所述的降解率变化是指最终产品单甲脒盐酸盐可溶性粉剂的降解率的变化。

根据上述事实和理由，合议组作出如下审查决定。

三、决定

撤销国家知识产权局于 2006 年 4 月 21 日针对 200510007624.7 号发明专利申请作出的驳回决定，由国家知识产权局原审查部门以驳回决定所针对的文本为基础继续审批程序。

复审请求人对本决定不服的，可以根据专利法第 41 条第 2 款的规定，自收到本决定之日起三个月内向北京市第一中级人民法院起诉。

027

艾纳香总黄酮提取物及其提取方法和药物应用

复审请求审查决定（第12428号）

决　定　号　第12428号
决　定　日　2007年12月11日
发明创造名称　艾纳香总黄酮提取物及其提取方法和药物应用
国际分类号　C07D311/30
复审请求人　深圳海王药业有限公司
申　请　号　02134927.4
申　请　日　2002年10月8日
公　开　日　2003年3月19日
合议组组长　任晓兰
主　审　员　李新芝
参　审　员　吴红权

法律依据　专利法第22条第2款、第3款
决定要点

如果一项发明专利申请与现有技术的相关内容相比，其技术领域、所要解决的技术问题和技术方案实质上相同、预期效果相同，则认为两者为同样的发明，否则为不同的发明，具有新颖性。

对于用方法特征表征的产品权利要求，如果该方法特征中采用的技术手段是本领域技术人员很容易想到的，同时这些技术手段没有给所述产品带来意想不到的技术效果，则该产品权利要求不具有创造性。

一、案由

本复审请求案涉及发明名称为“艾纳香总黄酮提取物及其提取方法和药物应用”的02134927.4号发明专利申请（下称本申请），申请人为深圳海王药业有限公司，申请日为2002年10月8日，公开日为2003年3月19日。

2004年4月2日，针对申请人于2004年2月2日提交的权利要求书和说明书，2002年10月8日提交的说明书附图第1页和说明书摘要，国家知识产权局以申请不符合专利法第22条第2款和第22条第3款的规定为由驳回了本申请。

驳回决定针对的权利要求1~8如下：

“1. 一种艾纳香总黄酮提取物，其特征在于：从艾纳香植物中提取获得，黄酮类化合物之总量占提取物总重量的25%~100%，所述的黄酮类化合物是指化学结构属于黄酮类、黄酮醇类、二氢黄酮

类、二氢黄酮醇类、花色素类、黄烷醇类、双苯吡酮类，异黄酮类、查尔酮类、二氢查尔酮类、橙酮类、高异黄酮类的化合物以及它们与单糖或寡糖形成的糖甙。

2. 权利要求1所述的提取物的提取方法，其特征在于：用艾纳香植物作原料，采用含水或不含水的有机溶剂作提取溶剂，提取过程包括：

（1）提取：用含水或不含水的脂肪醇或脂肪酮，包括甲醇、乙醇、丙酮作溶剂，将艾纳香植物或其粉碎料加入重量5~30倍的溶剂中，经浸泡、渗漉后在一定的温度下提取或回流提取至黄酮类显色剂检测不出黄酮类物质为止，静置、过滤、浓缩并经澄清得提取液，然后，

（2）采用吸附树脂柱进行纯化处理，上柱过程中以黄酮类显色剂检测流出液确定树脂是否吸附饱和，先后用1~5倍树脂柱体积的水、0.5~5倍树脂柱体积的体积浓度为5%~20%的乙醇水溶液洗涤，再用3~10倍树脂柱体积、体积浓度为50%~80%的乙醇水溶液洗脱，浓缩，并将浓缩液进行喷雾干燥或冷冻干燥，得黄酮类提取物，或者

（3）用无机酸将浓缩液pH值调至3或以下，常温或低温静置，分离沉淀并干燥得黄酮类提取物，所得的总黄酮提取物为提取物总重量的25%~80%。

3. 含权利要求1所述提取物的药用组合物，其特征在于：包括艾纳香总黄酮提取物以及药学上可接受的载体或赋形剂。

4. 权利要求3所述的药用组合物，其特征在于：其单位剂型中艾纳香总黄酮提取物的含量为5~1000mg。

5. 根据权利要求3所述的药用组合物，其特征在于：其制剂剂型为片剂，每片所含的艾纳香总黄酮提取物为10~100mg。

6. 根据权利要求3所述的药用组合物，其特征在于：其制剂剂型为胶囊剂，其每粒胶囊所含的艾纳香总黄酮提取物为10~100mg。

7. 根据权利要求3所述的药用组合物，其特征在于：其制剂剂型为注射液，其单位剂型中所含总黄酮提取物为10~100mg。

8. 权利要求1的提取物在制备抗心肌缺血及降血脂药物中的用途。”

驳回决定认为：

（1）权利要求1不具有新颖性，不符合专利法第22条第2款的规定。

权利要求1要求保护一种从艾纳香植物中提取得到的艾纳香总黄酮提取物，黄酮类化合物占提取物总重量的25%~100%，而在对比文件1（《波谱学杂志》，13（5），1996年，pp.447~448）公开了从艾纳香中提取分离得到的两种黄酮化合物（I）、（II），其占提取物总重量的100%，权利要求1的技术方案已在对比文件1中公开，所以权利要求1不具有新颖性。

（2）权利要求1~8不具有创造性，不符合专利法第22条第3款的规定。

①对于权利要求1中黄酮类化合物占提取物总重量不足100%的技术方案，由于在现有技术中已知艾纳香植物中含有黄酮类化合物，因此本领域技术人员很容易想到从艾纳香中提取黄酮含量越高越好，因此权利要求1中要求保护的占提取物总重量25%~100%的黄酮类化合物不具有创造性；②权利要求2要求保护黄酮类化合物的提取方法，而在对比文件1中已经公开了为得到化合物（I）和（II），采用用95%乙醇浸泡抽提、硅胶柱层析分离，用石油醚-乙酸乙酯溶剂洗脱的方法。其与权利要求2的技术方案的区别在于溶剂用量、用乙醇进行梯度洗脱以及用酸使黄酮类物质析出，这些区别均是本领域技术人员的常规技术手段，而且也未带来任何意想不到的技术效果，因此权利要求2不具有创造性；③权利要求3要求保护含艾纳香黄酮提取物的药物组合物，而在对比文件2（CN1284331A，公开日：2001年2月21日）中已经公开了从艾纳香中提取到的黄酮化合物I可以用

作药物，因此权利要求3不具有创造性。权利要求4~7进一步限定了权利要求3的药物组合物，但这些限定并不能使药物组合物具有任何意想不到的技术效果，因此权利要求4~7也不具有创造性；④在对比文件2中已经公开了从艾纳香中提取得到的黄酮化合物具有降血脂、抗动脉硬化、抗脑缺血的作用，本领域技术人员很容易想到艾纳香黄酮类提取物具有抗心肌缺血、降血脂的作用，因此权利要求8不具有创造性。

（3）此外，针对申请人答复《第一次审查意见通知书》时的如下意见陈述：①艾纳香总黄酮是指从植物艾纳香茎叶中获得的由一系列化学结构类似的植物化学成分组成的有效部位，而对比文件1仅报道了两个单体化合物的结构，二者的物质组成和概念内涵完全不同，因此权利要求1具有新颖性；②混合物比单一化合物稳定，且艾纳香总黄酮的活性高于单一化合物的活性，此外总黄酮制备简单，因此权利要求1具有创造性；③控制洗脱参数以使提取物中不含有冰片是不容易想到的，且硅胶柱层析不适合于产物的大量制备，因此权利要求2具有创造性；④总黄酮的活性较单一黄酮化合物的活性高且稳定，因此权利要求3~8具有创造性，审查员认为：①权利要求1并没有确定提取物中的黄酮类化合物一定是不同结构黄酮化合物的混合物，因此权利要求1已被对比文件1所公开，不具有新颖性。②对比文件1、2中的化合物都是稳定存在的，无证据表明混合物一定比单一化合物稳定；说明书中只定性鉴定了得到的提取物中含有黄酮类化合物，因而无法确定它们之间具有协同作用；此外制备过程简单并不能赋予提取物创造性，因此权利要求1不具有创造性。③由于冰片与黄酮类化合物极性差别很大，冰片及其他挥发性油不溶于乙醇，因此用乙醇提取和洗脱是很容易想到的，而且通过吸附树脂进行纯化是本领域惯用的纯化手段，因而在权利要求1不具有创造性的基础上，权利要求2也不具有创造性。④本发明中的实施例1并不能代表权利要求1，申请人并未说明只要提取物的黄酮含量为25%~100%，就比现有技术中的单一黄酮化合物活性高，因此权利要求3~8不具有创造性。

2004年7月7日，申请人深圳海王药业有限公司（下称请求人）对上述驳回决定不服，向专利复审委员会提出复审请求，请求人在提出复审请求时对权利要求书和说明书进行了修改，提交了新的权利要求书和说明书第4页替换页，并提交了如下附件1~6：

附件1：申请号为02134927.4的发明专利申请公开说明书（即本申请公开文本），复印件共17页；

附件2：国家知识产权局针对本申请的《第一次审查意见通知书》及相应的对比文件，复印件共26页；

附件3：请求人针对《第一次审查意见通知书》提交的《意见陈述书》，复印件共23页；

附件4：国家知识产权局针对本申请作出的《驳回决定》，复印件共5页；

附件5：请求人针对《驳回决定》所提交的对说明书第4页和权利要求书的《补正书》，复印件共3页；

附件6：署名为“深圳海王药业有限公司赵金华博士”、题目为“（5，3′，5′-三羟基-7-甲氧基二氢黄酮）与重要艾纳香之间不存在可以确认的相关性”的文章及该文章中所提及的3篇参考文献（相对于请求人的意见陈述），复印件共62页。

修改后的权利要求书为：

“1. 一种艾纳香总黄酮提取物，其特征在于用下述方法提取获得：艾纳香用含水或不含水的甲醇、乙醇、丙酮或其混合作溶剂回流提取，分离得到提取液，提取液经浓缩后经过大孔吸附树脂纯化处理或者酸性处理得到的提取物，其中黄酮类化合物占提取物总重量的25%~80%。

2. 含权利要求1所述提取物的药用组合物，其特征在于：包括艾纳香总黄酮提取物以及药学上可接受的载体或赋形剂。

3. 根据权利要求2所述的药用组合物，其特征在于：其制剂剂型为片剂，每片所含的艾纳香总黄酮提取物为10~100mg。

4. 根据权利要求2所述的药用组合物，其特征在于：其制剂剂型为胶囊剂，其每粒胶囊所含的艾纳香总黄酮提取物为10~100mg。

5. 根据权利要求2所述的药用组合物，其特征在于：其制剂剂型为注射液，其单位剂型中所含总黄酮提取物为10~100mg。

6. 权利要求1的提取物在制备抗心肌缺血及降血脂药物中的用途。”

请求人认为：（1）修改后的权利要求1请求保护由黄酮类化合物和非黄酮类化合物构成的混合物，该混合物相对于对比文件1所公开的纯净物黄酮单体（I）和（II）具有新颖性。（2）对比文件1的研究对象是特定的单体化合物，而本申请权利要求1针对的是以同类化合物为主要组分的混合物，对特定单体化合物的认识不能取代对含该单体化合物第的混合物的认识，其获得方法和手段也迥然有别；由于本混合物除单体（I）外还含有其他单体和非黄酮类化合物，因此这样的混合物是否可用作药用、是否还具有降血脂、抗心肌缺血等作用及其使用剂量对本领域技术人员来说都是难以事先预料的，因此权利要求1具有创造性。（3）根据对比文件2中5，3′，5-三羟基-7-甲氧基-二氢黄酮（I）的生理活性不能确认艾纳香提取物的生理活性；而且，由附件6可知，对比文件2所述5，3′，5′-三羟基-7-甲氧基-二氢黄酮与中药艾纳香之间不存在可以确认的相关性，因此对比文件2实际上不能成为影响本发明新颖性和创造性的依据；再者，艾纳香混合物的分离工艺比单体黄酮类化合物的分离工艺要简单得多，在能源消耗、经济效益和环保等方面具有显著的进步和积极的效果，因此权利要求3和8具有创造性。

经形式审查合格后，专利复审委员会受理了该请求，并于2004年8月16日向请求人发出了《复审请求受理通知书》，同时将本申请转送至国家知识产权局原审查部门进行前置审查。

在《前置审查意见书》中，国家知识产权局原审查部门认为，虽然请求人在权利要求中加入了提取方法对艾纳香总黄酮提取物进行限定，但该方法只是一般的提取黄酮类化合物的方法，而且说明书中并没有给出提取物的组成，因此坚持驳回决定。

专利复审委员会组成合议组，对本复审请求案进行了审理。

合议组于2007年6月6日向请求人发出《复审通知书》，指出：（1）请求人对权利要求1的修改超出了原申请文件记载的范围，不符合专利法第33条的规定；（2）同时，为了节约程序，合议组还认为，对于驳回决定所针对的权利要求书，权利要求1不具有新颖性，不符合专利法第22条第2款的规定；权利要求1~8不具有创造性，不符合专利法第22条第3款的规定。

针对上述《复审通知书》，请求人于2007年7月20日提交了意见陈述书，并对权利要求书进行了修改，修改后的权利要求书如下：

“1. 一种具有抗心肌缺血及降血脂作用的艾纳香总黄酮提取物，其中黄酮类化合物占所述提取物总重量的25%~80%，所述提取物的特征在于采用下述方法获得：

（1）以艾纳香为原料，用含水或不含水甲醇、乙醇、丙酮或其类似物之一种或几种任意比例的混合物作溶剂，将艾纳香植物或其粉碎料加入重量5~30倍的溶剂中，经浸泡、渗漉后在一定的温度下提取或回流提取，至黄酮类显色剂检测不出黄酮类物质为止，静置、过滤、浓缩并澄清得澄明提取液，然后，

（2）采用吸附树脂柱进行纯化处理，上柱过程中以黄酮类显色剂检测流出液确定树脂是否吸附饱和，先后用1~5倍树脂柱体积的水、0.5~5倍树脂柱体积的重量浓度为5%~20%的溶剂洗涤，再用

3~10 倍树脂柱体积、重量浓度为 50%~80% 的溶剂洗脱，浓缩，并将浓缩液进行喷雾干燥或冷冻干燥，得黄酮类提取物，或者

（3）用无机酸将浓缩液 pH 值调至 3 或以下，常温或低温静置，分离沉淀并干燥得黄酮类提取物。

2. 一种具有抗心肌缺血及降血脂作用的艾纳香总黄酮提取物，其中黄酮类化合物占所述提取物总重量的 25%~80%，所述提取物的制备方法：

（1）以艾纳香为原料，用含水或不含水甲醇、乙醇、丙酮或其类似物之一种或几种任意比例的混合物作溶剂，将艾纳香植物或其粉碎料加入重量 5~30 倍的溶剂中，经浸泡、渗漉后在一定的温度下提取或回流提取，至黄酮类显色剂检测不出黄酮类物质为止，静置、过滤、浓缩并澄清得澄明提取液，然后，

（2）采用吸附树脂柱进行纯化处理，上柱过程中以黄酮类显色剂检测流出液确定树脂是否吸附饱和，先后用 1~5 倍树脂柱体积的水、0.5~5 倍树脂柱体积的重量浓度为 5%~20% 的溶剂洗涤，再用 3~10 倍树脂柱体积、重量浓度为 50%~80% 的溶剂洗脱，浓缩，并将浓缩液进行喷雾干燥或冷冻干燥，得黄酮类提取物，或者

（3）用无机酸将浓缩液 pH 值调至 3 或以下，常温或低温静置，分离沉淀并干燥得黄酮类提取物。

3. 含权利要求 1 所述提取物的药用组合物，其特征在于：包括艾纳香总黄酮提取物以及药学上可接受的载体或赋形剂。

4. 根据权利要求 3 所述的药用组合物，其特征在于：其制剂剂型为片剂，每片所含的艾纳香总黄酮提取物为 10~100mg。

5. 根据权利要求 3 所述的药用组合物，其特征在于：其制剂剂型为胶囊剂，其每粒胶囊所含的艾纳香总黄酮提取物为 10~100mg。

6. 根据权利要求 3 所述的药用组合物，其特征在于：其制剂剂型为注射液，其单位剂型中所含总黄酮提取物为 10~100mg。

7. 权利要求 1 的提取物在制备抗心肌缺血及降血脂药物中的用途。"

请求人认为：（1）由于本发明所述提取物中并不存在对比文件 2 所述式 I 化合物，因此其药理活性与对比文件 2 所述式 I 化合物的药理活性并不存在必然的相关性；（2）由于对比文件 2 中引用的"《中山大学学报》，1988（2），PP.77~80"（下称学报）中所述化合物结构解析存在错误，其所述化合物并非对比文件 2 之式 I 化合物，因此以对比文件 2 判断本发明新颖性和创造性的前提条件就不复存在；（3）在知道从艾纳香中分离纯黄酮化合物的前提下，本领域技术人员可以预期获得单一化合物的工艺比获得混合物的工艺复杂，但获得什么样的混合物才有价值，以什么样的简捷工艺才能够获得有应用价值的混合物则不是本领域技术人员容易预期的；（4）对比文件 2 中提及的是脑缺血，而本申请的治疗活性是抗心肌缺血。

至此，合议组认为本案事实清楚，可以作出审查决定。

二、决定的理由

1. 关于审查文本

请求人于 2007 年 7 月 20 日新提交了权利要求书，对权利要求 1 进行了修改，以原申请文件中具体记载的总黄酮提取物的提取方法，即原申请文件中权利要求 2 所述的提取方法对艾纳香总黄酮提取物进行了限定，因此修改后的权利要求 1 已克服了《复审通知书》中所指出的权利要求 1 修改超范围的缺陷，本复审决定是以请求人于 2007 年 7 月 20 日提交的权利要求书和驳回决定所针对的其他文本为基础作出的。

2. 关于专利法第 22 条第 2 款

专利法第 22 条第 2 款规定：新颖性，是指在申请日以前没有同样的发明或者实用新型在国内外出版物上公开发表过、在国内公开使用过或者以其他方式为公众所知，也没有同样的发明或者实用新型由他人向国务院专利行政部门提出过申请并且记载在申请日以后公布的专利申请文件中。

如果一项发明专利申请与现有技术的相关内容相比，其技术领域、所要解决的技术问题和技术方案实质上相同、预期效果相同，则认为两者为同样的发明，否则为不同的发明，具有新颖性。

就本申请而言，请求人于 2007 年 7 月 20 日提交的权利要求书中，将驳回决定所针对的权利要求 1 中的特征“黄酮化合物之总量占提取物总重量的 25%～100%”修改为“黄酮类化合物占所述提取物总重量的 25%～80%”。由于请求人在修改后的权利要求 1 中已经删除了提取物全部为黄酮化合物的技术方案，因此修改后权利要求 1 不同于对比文件 1 中黄酮化合物占提取物 100% 的技术方案，具有新颖性。

3. 关于专利法第 22 条第 3 款

专利法第 22 条第 3 款规定：创造性是指同申请日以前已有的技术相比，该发明有突出的实质性特点和显著的进步。

对于用方法特征表征的产品权利要求，如果其方法特征中采用的技术手段是本领域技术人员很容易想到的，同时这些技术手段没有给所述产品带来意想不到的技术效果，则该产品权利要求不具有创造性。

具体到本案而言，权利要求 2 要求保护一种艾纳香总黄酮提取物的的制备方法，该制备方法包括：（1）以艾纳香为原料，用含水或不含水甲醇、乙醇、丙酮或其类似物之一种或几种任意比例的混合物作溶剂，将艾纳香植物或其粉碎料加入重量 5～30 倍的溶剂中，经浸泡、渗漉后在一定的温度下提取或回流提取，至黄酮类显色剂检测不出黄酮类物质为止，静置、过滤、浓缩并澄清得澄明提取液，然后，（2）采用吸附树脂柱进行纯化处理，上柱过程中以黄酮类显色剂检测流出液确定树脂是否吸附饱和，先后用 1～5 倍树脂柱体积的水、0.5～5 倍树脂柱体积的重量浓度为 5%～20% 的溶剂洗涤，再用 3～10 倍树脂柱体积、重量浓度为 50%～80% 的溶剂洗脱，浓缩，并将浓缩液进行喷雾干燥或冷冻干燥，得黄酮类提取物，或者（3）用无机酸将浓缩液 pH 值调至 3 或以下，常温或低温静置，分离沉淀并干燥得黄酮类提取物。”

也就是说，该权利要求包括了吸附树脂柱提取和酸化处理两种艾纳香提取物的制备方法。对比文件 1 公开了从艾纳香植物中提取式（I）和（II）黄酮类化合物的方法，包括用 95% 乙醇浸提，减压浓缩后用石油醚-乙酸乙酯溶剂经硅胶柱层析分离（参见对比文件 1 第 448 页第 2 段）。将该权利要求 2 的提取方法与对比文件 1 所公开的内容相比，其区别在于柱分离方法中所用柱的类型、洗脱液和用量的选择以及酸化处理的提取方法。由于在天然产物的分离中，对于柱分离提取方法而言，选择大孔吸附树脂用于中草药有效成分如黄酮类化合物等的提取是本领域常用的技术手段，而洗脱液及其用量的选择则是本领域技术人员易于实现的；对于酸化处理的技术方案而言，由于黄酮甙类难溶于酸性水溶液，在其中加入酸性水溶液时会使黄酮类化合物从溶液中析出，这也是黄酮类化合物的提取中惯常使用的技术手段，因此，在对比文件 1 已经通过用乙醇溶液浸泡、用柱层析提取得到单体黄酮化合物的情况下，本领域技术人员从对比文件 1 中所获得的技术启示是：在艾纳香植物中存在黄酮化合物，且可以通过用乙醇浸泡、用柱层析来提取这种化合物，在此情况下，本领域技术人员采用吸附树脂柱提取或酸化处理得到含黄酮混合物的提取物是易于实现的，而且说明书中也没有提供证据证明本申请提取方法中条件的微小改变产生了怎样意想不到的技术效果，所以权利要求 2 不具有创造性，不符合专利法第 22 条第 3 款的规定。

权利要求1要求保护一种用权利要求2所述方法提取得到的总黄酮提取物，由上述对于权利要求2的评述可知，权利要求1的提取物与对比文件1的区别在于：对比文件1得到的是从艾纳香中提取到的单体黄酮化合物，而本申请权利要求1得到的则是黄酮类化合物的混合物。本领域技术人员知道，在中草药的提取中，混合物的提取相对于单体化合物的提取是易于实现的，而且从本申请的说明书中也并不能看出该总黄酮提取物相对于对比文件1的单体黄酮化合物具有预料不到的技术效果，所以权利要求1不具有创造性，不符合专利法第22条第3款的规定。

权利要求3要求保护含权利要求1的艾纳香总黄酮提取物的药物组合物，对比文件2（参见权利要求1，说明书第1页）中已经公开了从艾纳香中提取到的黄酮化合物I可以用作治疗高血脂症、脑缺血、动脉硬化等的药物，也就是说，对比文件2已经给出了将从艾纳香中提取得到的黄酮类化合物用于药物组合物的技术启示，因此在权利要求1的提取物不具备创造性的情况下，权利要求3不具有创造性，不符合专利法第22条第3款的规定。

权利要求4~6是权利要求3的从属权利要求，其对权利要求3的药物组合物的剂型及黄酮提取物含量作了进一步的限定，所述的剂型和活性物质含量范围是本领域技术人员已知的常见剂型和含量范围，并且这种限定并没有给其技术方案带来突出的实质性特点和意想不到的技术效果，因此在其引用的权利要求3不具有创造性的前提下，从属权利要求4~6也不具有创造性，不符合专利法第22条第3款的规定。

权利要求7要求保护权利要求1的提取物在制备抗心肌缺血及降血脂药物中的应用。由于对比文件2已经公开了从艾纳香中提取到的黄酮化合物I可以用于治疗高血脂症、脑缺血、动脉硬化等病症，因此，对比文件2已经给出了从艾纳香中提取到的黄酮类化合物可用于制备抗心肌缺血及降血脂药物的技术启示，所以权利要求7也不具有创造性，不符合专利法第22条第3款的规定。

针对请求人答复《复审通知书》所陈述的意见，合议组认为，（1）首先，请求人对于本申请所述提取物中不含对比文件2所述式I化合物的主张未提供充分的证据支持；（2）其次，由对比文件2中的下述描述“5，3′，5′-三羟基-7-甲氧基二氢黄酮（简称式I化合物）可从中药艾纳香（Bluemea balsamifera）叶中分离获得［中山大学学报，1988（2），77~88］”（见对比文件2说明书第1页第17~18行）可以看出，对比文件2中所述的式I化合物实质上对应于“学报”中述及的从艾纳香中提取获得的黄酮化合物，并且在对比文件2已经给出了该黄酮化合物治疗高血脂、脑缺血、动脉硬化等疾病的治疗活性的情况下，由于请求人未提供充分的证据证明本申请的总黄酮提取物中不含“学报”中所述及的从艾纳香中提取获得的黄酮化合物，因此可以认定对比文件2已经给出了可从艾纳香中提取黄酮化合物并将其用于治疗高血脂、脑缺血、动脉硬化等疾病的技术启示；（3）针对对比文件2提及的是脑缺血，而本申请的治疗活性为抗心肌缺血的区别，合议组认为，脑缺血与心肌缺血均属于缺血性心血管疾病，一般都是由于供血障碍引起的，而其中脑缺血与心肌缺血的病理基础或发病机制均包括例如动脉粥样硬化等血管病变，从而由于血管闭塞导致血流中断，因此在对比文件2已经明确给出了从艾纳香中提取的黄酮化合物可用于预防动脉硬化和脑缺血的前提下，本领域技术人员很自然会想到将含该黄酮化合物的混合物用于心肌缺血的治疗，因此，本申请中艾纳香提取物用于抗心肌缺血的用途尚不能成为使该提取物具有创造性的依据。

根据上述事实和理由，合议组作出如下审查决定。

三、决定

维持国家知识产权局于2004年4月2日针对02134927.4号发明专利申请作出的驳回决定。

复审请求人对本决定不服的，可以根据专利法第41条第2款的规定，自收到本决定之日起三个月内向北京市第一中级人民法院起诉。

028

取代的噻唑烷二酮衍生物，其制备过程及其药学用途

复审请求审查决定（第12432号）

决　　定　　号　第12432号
决　　定　　日　2007年12月27日
发明创造名称　取代的噻唑烷二酮衍生物，其制备过程及其药学用途
国 际 分 类 号　C07D417/12，A61K31/425，A61K31/44
复 审 请 求 人　史密丝克莱恩比彻姆有限公司
申　　请　　号　98812091.7
申　　请　　日　1998年12月14日
优　先　权　日　1997年12月16日
公　　开　　日　2001年2月28日
合 议 组 组 长　任晓兰
主　　审　　员　汪送来
参　　审　　员　李彦涛

法 律 依 据　专利法第22条第2款、第3款
决 定 要 点

对于包含参数、制备方法等特征的产品权利要求，如果所属技术领域的技术人员根据该参数、制备方法等特征无法将请求保护的产品与对比文件产品区分开，且请求人不能证明权利要求中包含参数、制备方法等特征的产品与对比文件产品在结构和/或组成上不同，则可推定请求保护的产品与对比文件产品相同，即该权利要求不具备新颖性。

对于制备结晶水合物的方法发明，如果现有技术已经给出了可以通过常规的方法制得该结晶水合物的启示，而发明的方法本身属于一种常规方法，则该方法不具备创造性。

一、案由

本复审请求案涉及发明名称为“取代的噻唑烷二酮衍生物，其制备过程及其药学用途”的98812091.7号发明专利申请（下称本申请），申请人为史密丝克莱恩比彻姆有限公司，申请日为1998年12月14日，优先权日为1997年12月16日，公开日为2001年2月28日。

2003年12月5日，针对申请人于2003年9月1日提交的权利要求第1~14项、说明书第1~2，6~8页、2000年6月12日进入中国国家阶段时提交的说明书第3~5和第9页、附图第1~4页和摘要，国家知识产权局以本申请不符合专利法第22条第3款为由驳回了本申请。

驳回决定认为：（1）对比文件1（WO94/05659A1，公开日为1994年3月17日）公开了与本申

请化合物具有相同药学活性的5-［4-［2-（N-甲基-N-（2-吡啶基）氨基）乙氧基］苄基］噻唑烷-2，4-二酮马来酸盐（以下简称为化合物I），并在其说明书中提示可以制得该盐的水合物，其中实施例1使用乙醇作为溶剂，所得产物的核磁共振氢谱中发现2~5ppm的宽峰，被认为是溶剂中残余水和酸质子所至，即教导其可以以水合物形式存在，两者方法没有实质性区别，均使用了乙醇作为结晶溶剂，其制得的产物也不会有实质性的差别，并且两者具有相同的用途和效果。申请人并没有提供充分的证据证明本申请水合物相对于现有技术的化合物I具有更有利的物理特性，以及如何更适于大规模工业制备等，因此权利要求1不具备创造性。同理权利要求2~6也不具备创造性。（2）对比文件1已经教导了利用乙醇作为结晶溶剂，利用含水乙醇作为结晶溶剂来制备水合物也是本领域技术人员常用的处理手段，采用本发明的制备方法也没有带来任何预料不到的技术效果，因此权利要求11~12也不具备创造性。（3）对比文件1公开了包含化合物I的药用组合物及其用途，因此权利要求13~14不具备创造性。

驳回决定针对的权利要求1~14如下：

“1. 5-［4-［2-（N-甲基-N-（2-吡啶基）氨基）乙氧基］苄基］噻唑烷-2，4-二酮，马来酸盐的水合物，所述水合物：

（i）含有0.3~0.6摩尔当量的水；并具有至少一种下列特征：

（ii）提供含有1757，1331，1290，1211和767cm^{-1}处峰的红外光谱；

（iii）提供含有1758，1610，1394，1316和1289 cm^{-1}处峰的拉曼光谱；

（iv）提供含有基本如表1所列化学位移的固态核磁共振谱；

（v）提供基本如图4所示的X-射线粉末衍射图案。

2. 根据权利要求1的水合物，其中含水量范围是0.3~0.5摩尔当量。

3. 根据权利要求1或2的水合物，其提供与图1基本一致的红外光谱。

4. 根据权利要求1或2的水合物，其提供与图2基本一致的拉曼光谱。

5. 根据权利要求1或2的水合物，其提供与图3基本一致的固体核磁共振谱。

6. 根据权利要求1或2的水合物，其提供与图4基本一致的X-射线粉末衍射图案。

7. 根据权利要求1或2的水合物，其为分离形式或与其他物质混合。

8. 根据权利要求1或2的水合物，其为纯化形式。

9. 根据权利要求1或2的水合物，其为结晶形式。

10. 权利要求1或2的水合物，其为脱水形式，并且可重新水合为所述水合物。

11. 根据权利要求1的水合物的制备方法，其特征在于5-［4-［2-（N-甲基-N-（2-吡啶基）氨基）乙氧基］苄基］噻唑烷-2，4-二酮，马来酸盐从含水乙醇中结晶出来。

12. 根据权利要求11的制备方法，其中含水乙醇中含有2~15体积%的水。

13. 含有有效、无毒量的权利要求1的水合物和其药学上可接受的载体的药用组合物。

14. 权利要求1的水合物在用于治疗和/或预防糖尿病、与糖尿病相关的症状以及糖尿病并发症的药物生产中的用途。”

2004年3月20日，申请人史密丝克莱恩比彻姆有限公司（下称请求人）对上述驳回决定不服，向专利复审委员会提出复审请求，请求人在提出复审请求时对权利要求书进行了修改，修改后的权利要求书为：

“1. 一种制备5-［4-［2-（N-甲基-N-（2-吡啶基）氨基）乙氧基］苄基］噻唑烷-2，4-二酮，马来酸盐的结晶水合物的方法，所述水合物的特征在于：

（i）含有0.3~0.6摩尔当量的水；并具有至少一种下列特征：

（ii）提供含有 1757，1331，1290，1211 和 767cm^{-1}处峰的红外光谱；

（iii）提供含有 1758，1610，1394，1316 和 1289 cm^{-1}处峰的拉曼光谱；

（iv）提供含有基本如表 1 所列化学位移的固态核磁共振谱；

（v）提供基本如图 4 所示的 X-射线粉末衍射图案，

所述方法包括：

将 5-［4-［2-（N-甲基-N-（2-吡啶基）氨基）乙氧基］苄基］噻唑烷-2，4-二酮，马来酸盐溶解于选自下列的含水溶剂中：

（1）含有 7%～12%体积水的含水乙醇；

（2）含有 2%～15%体积水的异丙醇、乙腈、丁酮或四氢呋喃；

（3）含有 1%～15%体积水的乙酸乙酯；

（4）含有 2%～5%体积乙酸的水；

并且将所述水合物从所述含水溶液中结晶出来。

2. 根据权利要求 1 的方法，其中水合物的含水量范围是 0.3～0.5 摩尔当量。

3. 根据权利要求 1 或 2 的方法，其中水合物提供与图 1 基本一致的红外光谱。

4. 根据权利要求 1、2 或 3 的方法，其中水合物提供与图 2 基本一致的拉曼光谱。

5. 根据权利要求 1～4 中任一项的方法，其中水合物提供与图 3 基本一致的固体核磁共振谱。

6. 根据权利要求 1～5 中任一项的方法，其中水合物提供与图 4 基本一致的 X-射线粉末衍射图案。

7. 根据权利要求 1～6 中任一项的方法，其中水合物以纯化形式分离或以与其他物质的混合物形式获得。

8. 根据权利要求 7 的方法，其中水合物以与无水 5-［4-［2-（N-甲基-N-（2-吡啶基）氨基）乙氧基］苄基］噻唑烷-2，4-二酮，马来酸盐的混合物形式获得。

9. 用于治疗和/或预防人类糖尿病、与糖尿病相关的症状以及糖尿病并发症的药用组合物，含有有效、无毒量的权利要求 1～8 中任一项的方法获得的水合物和其药学上可接受的载体。

10. 根据权利要求 1～8 中任一项的方法获得的水合物在用于治疗和/或预防人类和动物糖尿病、与糖尿病相关的症状以及糖尿病并发症的药物生产中的用途。

11. 根据权利要求 1～8 中任一项的方法获得的 5-［4-［2-（N-甲基-N-（2-吡啶基）氨基）乙氧基］苄基］噻唑烷-2，4-二酮，马来酸盐的结晶水合物，所述水合物的特征在于：

（i）含有 0.3～0.6 摩尔当量的水；并具有至少一种下列特征：

（ii）提供含有 1757，1331，1290，1211 和 767cm^{-1}处峰的红外光谱；

（iii）提供含有 1758，1610，1394，1316 和 1289 cm^{-1}处峰的拉曼光谱；

（iv）提供含有基本如表 1 所列化学位移的固态核磁共振谱；

（v）提供基本如图 4 所示的 X-射线粉末衍射图案。"

请求人认为：（1）对比文件 1 中公开的是化合物（I）的无水形式，而不是水合物形式，对比文件 1 实施例 1 中提到的质子核磁共振谱中的较宽信号是由于核磁共振使用的溶剂，而不是马来酸盐制备中使用的溶剂，也不是马来酸盐的一部分，这种信号的存在不表示存在化合物（I）的水合物形式；（2）没有任何内容向本领域技术人员指出在新权利要求 1 中指明的溶剂中所用的不同水量，本领域技术人员不能想出一种可再现性提供由新权利要求 1 的方法得到的具体水合物的方法；（3）对比文件 1 中"其药学上可接受的溶剂化物是在先笼统的公开，没有明确公开任何水合物的制备，因此权利要求 1 所述的制备具体水合物的方法以及水合物都具备创造性。

经形式审查合格后，专利复审委员会受理了该请求，并于2004年4月12日向请求人发出了《复审请求受理通知书》，同时将本申请转送至国家知识产权局原审查部门进行前置审查。

在《前置审查意见书》中，国家知识产权局原审查部门在驳回决定理由的基础上还指出，对比文件1实施例1使用的是沸腾的乙醇，实施例2使用的是回流的乙醇，没有特别指明所使用的乙醇为无水乙醇，由于乙醇具有比较强的吸湿性，除非有特别说明，所使用的乙醇一般都含有一定水分。请求人并没有提供足够的证据证明对比文件1中“较宽信号”全部由核磁共振溶剂中残余水所带来的，因此本领域普通技术人员完全可以认为对比文件1实际上已经披露了使用含一定水分的含水乙醇进行结晶以得到所述结晶水合物的方法，并且含水乙醇属于常见的结晶溶剂，即权利要求1所述的方法为本领域常规结晶方法。因此，权利要求1~11不具备创造性，坚持驳回决定。

专利复审委员会组成合议组，对本复审请求案进行了审理，并于2007年5月17日向请求人发出《复审通知书》，指出：（1）权利要求11请求保护一种根据权利要求1~8中任一项的方法获得的化合物I的结晶水合物，对比文件1公开了由实施例1和实施例2制备的化合物，本领域技术人员无法根据结晶水合物中的水含量、参数特征、方法特征将权利要求11的产品与对比文件1实施例1和实施例2的产品区分开来，因此可以推定本申请权利要求11相对于对比文件1不具备新颖性；对比文件1还公开了包括其所制备的化合物的药用组合物以及将所述化合物用于生产治疗和/或预防高血糖症、高血脂症等的药物中的用途，结合对权利要求11的评述，本申请权利要求9~10也不具备新颖性，不符合专利法第22条第2款的规定；（2）（a）即使请求人提供了充分的证据证明了权利要求9~11具备新颖性，由于对比文件1教导了可以通过常规的化学方法制备得到化合物I的结晶水合物，而本申请权利要求11的产品也是由常规结晶溶剂、常规化学方法获得的，请求人并没有提供任何充分的理由和证据证明权利要求11的结晶水合物在技术效果方面与本领域技术人员根据对比文件1所预期的相比会更好，因此权利要求11的结晶水合物对于本领域技术人员来说是显而易见的，不具备创造性，结合上述对权利要求9~10新颖性的评述可知，权利要求9~10也不具备创造性；（b）权利要求1请求保护一种制备方法，其中的含水溶剂都是本领域的常规结晶溶剂，所采用的结晶方法是本领域的常规实验手段，并且含水溶剂中水的含量也是本领域技术人员采用常规的实验手段通过有限的实验可以确定的，在权利要求11不具备新颖性或创造性的情况下，权利要求1不具备创造性；同理权利要求2~8不具备创造性，不符合专利法第22条第3款的规定。

针对上述《复审通知书》，请求人于2007年9月3日提交了意见陈述书以及下述证据1，

证据1：实验报告以及表1~表3，共33页。

请求人认为：（1）证据1表明，本发明水合物与对比文件1化合物的IR不同，本申请权利要求1中列举的5个IR值是本发明水合物的特征，这5个值在对比文件1的IR中均没有，证据1确定了本发明的水合物与对比文件1的化合物是不同的，因此具有新颖性，符合专利法第22条第2款的规定；（2）（a）证据1的技术数据显示对比文件1实施例1中所认为的“水”是来自NMR溶剂，而不是来自结晶溶剂，要重复实施例1的本领域技术人员会认为使用的是基本无水的乙醇，其不会考虑如权利要求1所定义的那样故意加水到7%的水平，因此，即使假设按照审查意见加上染有4.4%的水的乙醇，也得不到本发明；（b）本申请公开了一种具有特定的准确水含量的乙醇和水的特定混合物，其可以用于结晶特定的未水合的盐，并预料不到地得到一种具有商业用途价值、独特限定的和预期不到的水合物结构，因此本发明的权利要求中技术方案相对于对比文件1具备创造性；（c）预料不到的特征并非创造性的必不可少的基本要求。

2007年9月28日，请求人提交了意见陈述书，并提交了证据1的中文译文（含表1~3）共35页。

2007 年 10 月 16 日，请求人再次提交了意见陈述书，指出之前所提交的证据 1 不完整，重新提交了证据 1 及其中文译文（不包括表 1~3）共 94 页。

至此，合议组认为本案事实清楚，可以作出审查决定。

二、决定的理由

1. 审查文本

本复审决定所针对的申请文本是：请求人于 2000 年 6 月 12 日进入中国国家阶段时提交的说明书第 3~5、9 页、说明书附图第 1~4 页和说明书摘要，2003 年 9 月 1 日提交的说明书第 1~2、6~8 页，2004 年 3 月 20 日提交的权利要求第 1~11 项。

2. 专利法第 22 条第 2 款

专利法第 22 条第 2 款规定，新颖性，是指在申请日以前没有同样的发明或者实用新型在国内外出版物上公开发表过、在国内公开使用过或者以其他方式为公众所知，也没有同样的发明或者实用新型由他人向国务院专利行政部门提出过申请并且记载在申请日以后公布的专利申请文件中。

对于包含参数、制备方法等特征的产品权利要求，如果所属技术领域的技术人员根据该参数、制备方法等特征无法将请求保护的产品与对比文件产品区分开，且请求人不能证明权利要求中包含参数、制备方法等特征的产品与对比文件产品在结构和/或组成上不同，则可推定请求保护的产品与对比文件产品相同，即该权利要求不具备新颖性。

在本案中，权利要求 11 请求保护一种根据权利要求 1~8 中任一项的方法获得的化合物 I 的结晶水合物，其含有 0.3~0.6 摩尔当量的水，并具有（ii）~（v）中的至少一种参数特征，具体技术方案参见案由部分。

对比文件 1 公开了化合物 I，其通过将 5-［4-［2-（N-甲基-N-（2-吡啶基）氨基）乙氧基］苄基］噻唑烷-2，4-二酮和马来酸溶于沸腾的乙醇中或者在回流的乙醇中搅拌，经过滤、在搅拌下缓慢冷却后，在冰箱中于 0~5℃下放置几小时，再经过过滤、洗涤、干燥，获得产物（参见实施例 1 和实施例 2）。

请求人提供证据 1 用来证明本发明的结晶水合物与对比文件 1 的化合物在 XRPD 以及 IR 上存在区别，从而证明本发明的结晶水合物不同于对比文件 1 的化合物。由权利要求 11 的描述可知，权利要求 11 中的结晶水合物具有（ii）~（v）中的至少一种参数特征，表明权利要求 11 包括了同时不含第（ii）的红外光谱和第（v）的 X-射线粉末衍射图案的技术方案。对于这些技术方案，无法基于红外光谱和 X-射线粉末衍射图案将其与对比文件 1 实施例 1 和实施例 2 中所制备的产品区分开来。而在拉曼光谱和固体核磁共振谱方面，也没有证据表明两者存在区别。

对于权利要求 11 中所包括的含水量这一技术特征，合议组认为，虽然对比文件 1 中记载的是采用乙醇作为溶剂，且也没有明确说明所得产物是水合物，但是，众所周知的是，乙醇具有吸湿性，在大气环境下沸腾或搅拌，以及在大气环境下放置，很容易吸湿。并且在工业生产中，在不特别要求无水环境的情况下，通常使用的乙醇均为含有约 4.4% 水的工业乙醇，而不是无水乙醇。用乙醇作为溶剂在大气环境下结晶所制得的化合物 I 极有可能就是一种水合物，对比文件 1 实施例 1 产物的核磁共振氢谱中出现了 2~5ppm 范围内的宽峰，也说明了该产物为水合物的可能性，而且，并不能排除对比文件 1 的产品中含水量落在 0.3~0.6 摩尔当量（或 0.3~0.5 摩尔当量，引用权利要求 2 时）范围内。因此，本领域普通技术人员无法根据结晶水合物中的水含量与对比文件 1 的实施例 1 和实施例 2 的产品区分开来。

对于权利要求 11 中所包括的制备方法特征，合议组认为，在包括制备方法特征的化学产品发明的新颖性评价中，需要考察的是由所述方法制备的化学产品是否与现有技术的化学产品存在区别，而不是考察该制备方法特征与现有技术的方法特征的区别。如果不能证明通过该方法制备的产品与现有技术的产品不同，则即使方法特征不同，也不能认定该方法特征使该产品具有新颖性。权利要求 11 中用于限定结晶水合物的方法特征为权利要求 1~8 任一项的方法特征。合议组认为，虽然权利要求 11 用上述方法特征对其结晶水合物进行限定，但是，并没有任何证据表明通过所述的任一方法制备的结晶水合物与对比文件 1 实施例 1 和实施例 2 的产物都不同，本领域技术人员并不能根据该方法特征将权利要求 11 的结晶水合物与对比文件 1 的实施例 1 和实施例 2 的产品区分开。

综上所述，对于权利要求 11 中不具有第（ii）项所述的红外光谱和第（v）项所述的 X-射线粉末衍射图案的结晶水合物这些技术方案，请求人没有提供充分的证据证明，其与对比文件 1 实施例 1 和实施例 2 中制备的化合物在结构和含水量上存在区别的情况下，因此，可以推定本申请权利要求 11 相对于对比文件 1 不具备新颖性。

权利要求 9 请求保护用于治疗和/或预防人类糖尿病、与糖尿病相关的症状以及糖尿病并发症的药用组合物，含有有效、无毒量的权利要求 1~8 中任一项的方法获得的水合物和其药学上可接受的载体。对比文件 1 公开了包括其通式化合物（包括上述化合物 I）的药用组合物，通过给予有效、无毒量的通式化合物治疗和/或预防人类或非人类哺乳动物的高血糖症、高血脂症等的方法，活性成分以上述定义的组合物的形式给药（参见说明书第 6 页第 5 段至第 7 页第 3 段）。根据本申请说明书第 3 页第 3 段的记载，与糖尿病有关的疾病包括高血糖等。结合对权利要求 11 的评述可知，对比文件 1 已经公开了权利要求 9 的技术方案，因此权利要求 9 不具备新颖性。

权利要求 10 请求保护根据权利要求 1~8 中任一项的方法获得的水合物在用于治疗和/或预防人类和动物糖尿病、与糖尿病相关的症状以及糖尿病并发症的药物生产中的用途。对比文件 1 公开了其通式化合物用于生产治疗和/或预防高血糖症、高血脂症的药物中的用途（参见说明书第 7 页第 25 行至 32 行）。结合对权利要求 11 的评述可知，对比文件 1 已经公开了权利要求 10 的技术方案，因此权利要求 10 不具备新颖性。

3. 专利法第 22 条第 3 款

专利法第 22 条第 3 款规定：创造性，是指同申请日以前已有的技术相比，该发明有突出的实质性特点和显著的进步，该实用新型有实质性特点和进步。

对于制备结晶水合物的方法发明，如果现有技术已经给出了可以通过常规的方法制得该结晶水合物的启示，而发明的方法本身属于一种常规方法，则该方法不具备创造性。

权利要求 1 请求保护一种制备结晶水合物的方法，该结晶水合物即权利要求 11 所述的结晶水合物，该制备方法包括：将化合物 I 溶解于选自下列的含水溶剂中：（1）含有 7%~12% 体积水的含水乙醇；（2）含有 2%~15% 体积水的异丙醇、乙腈、丁酮或四氢呋喃；（3）含有 1%~15% 体积水的乙酸乙酯；（4）含有 2%~5% 体积乙酸的水；并且将所述水合物从所述含水溶液中结晶出来。根据以上新颖性评述中关于对比文件 1 的内容可以知道，权利要求 1 与对比文件 1 的区别实质上在于结晶溶剂不同。对此，合议组认为，上述含水溶剂都是本领域的常规结晶溶剂，通过将化合物 I 溶解于上述含水溶剂中并将所述水合物从所述含水溶剂中结晶出来的制备化合物 I 的结晶水合物的方法是本领域的常规方法，并且含水溶剂中水的含量也是本领域技术人员采用常规的试验手段通过有限的试验可以确定的。对比文件 1 还公开了通式化合物（其范围包括化合物 I）的溶剂化物，合适的溶剂化物包括水合物，在通式化合物制备方法中公开了根据需要包括制备溶剂化物的步骤，通式化合物的溶剂化物可以采用常规的化学方法制备（参见说明书第 1 页倒数第 2 段，第 3 页倒数第 2 段，第 4 页第 1 段、倒数第 3 段）。也就是说对比文件 1 教导了可以通过常规的化学方法制备得到化合物 I 的结晶水合物。因此，在权利要求 11 不具备新颖性的情况下，权利要求 1 的制备方法对于本领域技术人员来说是显而易见的，不具备突出的实质性特点和显著的进步，不具备创造性。

权利要求 2、4~5 是权利要求 1 的从属权利要求，分别对水合物进一步用含水量、拉曼光谱、固态核磁共振谱进行了限定。同样，在不具有第（ii）项所述的红外光谱和第（v）项所述的 X 射线粉末衍射图案的情况下，本领域技术人员无法将权利要求 2、4~5 中的结晶水合物与对比文件 1 实施例 1 和 2 的产物区分开来，因此，基于与对权利要求 1 同样的理由，权利要求 2、4~5 不具备创造性。

权利要求 7 是权利要求 1 的从属权利要求，进一步限定水合物以纯化形式分离或以与其他物质的混合物形式获得。合议组认为，权利要求 1 的水合物没有说明是与其他物质的混合形式，在这种情况下应当理解为是一种分离的形式。因此，基于与对权利要求 1 的评述中同样的理由，权利要求 7 不具备创造性。

权利要求 8 是权利要求 7 的从属权利要求，进一步限定其中水合物以与无水化合物 I 的混合物形式获得。合议组认为，在权利要求 7 的方法不具备创造性的情况下，通过简单的组合获得这种水合物与无水形式晶体的混合物对于本领域技术人员来说是显而易见的，因此权利要求 8 不具备突出的实质性特点，不具备创造性。

权利要求 3、6 是权利要求 1 的从属权利要求，分别对水合物用红外光谱和 X-射线粉末衍射图案进行了进一步限定。合议组认为，由请求人所提供的证据 1 可知，权利要求 3 和 6 中所限定的 XRPD 和 IR 与对比文件 1 产品的 XRPD 和 IR 存在区别（参见证据 1 中的附录 I（b）、附录 I（c）、II（b）、附录 II（c）、附录 VIII（a）、附录 VIII（b）、附录 V（a）、附录 IX（a）），据此，本领域技术人员可以确定两者属于化合物 I 的不同晶体形式。

根据本申请说明书第 1 页第 10~12 行的记载，化合物 I 存在新的水合物形式，其特别适合于大量制备和处理，这种高效、经济和可重复生产的制备过程尤其适用于大规模生产。但是，本领域技术人员根据说明书和现有技术的内容并不能确定权利要求 3、6 所制得的结晶水合物在这方面效果上与对比文件 1 的晶体相比产生了更好的技术效果，也不能确定在其他方面具有更好的技术效果。因此，合议组认为，权利要求 3、6 的技术方案实际解决的技术问题仅仅是提供一种与现有技术不同的水合物的结晶形式。判断这两个技术方案是否具备创造性，焦点在于判断现有技术中是否存在将化合物 I 制成结晶水合物的技术启示。

合议组注意到，对比文件 1 已公开了其通式化合物（其范围包括化合物 I）的溶剂化物，合适的溶剂化物包括水合物，在通式化合物制备方法中公开了根据需要包括制备溶剂化物的步骤，通式化合物的溶剂化物可以采用常规的化学方法制备（参见说明书第 1 页倒数第 2 段，第 3 页倒数第 2 段，第 4 页第 1 段、倒数第 3 段）。也就是说，对比文件 1 已经教导了可以通过常规的化学方法制备得到化合物 I 的结晶水合物。

请求人认为，（1）证据 1 的技术数据显示对比文件 1 实施例 1 中所认为的“水”是来自 NMR 溶剂，而不是来自结晶溶剂，要重复实施例 1 的本领域技术人员会认为使用的是基本无水的乙醇，其不会考虑如权利要求 1 所定义的那样故意加水到 7% 的水平，因此，即使假设按照审查意见加上染有 4.4% 的水的乙醇，也得不到本发明；（2）本申请公开了一种具有特定的准确水含量的乙醇和水的特定混合物，其可以用于结晶特定的未水合的盐，并预料不到地得到一种具有商业用途价值、独特限定的和预期不到的水合物结构，因此本发明的权利要求中技术方案相对于对比文件 1 具备创造性；（3）预料不到的特征并非创造性的必不可少的基本要求。

对于上述意见（1），合议组认为，证据 1 的数据可以表明权利要求 3、6 的水合物与对比文件 1 的化合物属于化合物 I 的不同结晶形式，但是并不能说明书两者在水含量上存在区别，也不能说明对比文件 1 实施例 1 产物的核磁共振氢谱中出现的 2~5ppm 范围内的宽峰是由 NMR 溶剂中的水产生的。

在对比文件1教导了可以通过常规的化学方法制备得到化合物I的结晶水合物的情况下，溶剂中的水含量是本领域技术人员通过有限的常规实验可以确定的，并且也没有证据表明使用含有4.4%的水的乙醇或者暴露于空气中的乙醇作为结晶溶剂不能获得含水量落在权利要求1或2所限定的范围内的结晶水合物；对于上述意见（2）和（3），合议组认为，如上所述，对比文件1已经教导了可以通过常规的化学方法由化合物I制备其结晶水合物，也就是说，对比文件1已经给出了制备化合物I的结晶水合物的启示，在这种情况下，如果权利要求3和6的水合物相对于对比文件1的晶体或化合物I的其他晶体或结晶水合物没有产生预料不到的技术效果，则不能使权利要求3和6具有创造性。可见，权利要求3和6中的水合物并没有使得这两项权利要求所请求保护的方法具备创造性，结合上述对权利要求1的评述，权利要求3和6的方法对于本领域技术人员来说是显而易见的，不具备创造性。

综上所述，权利要求9~11不具备新颖性，不符合专利法第22条第2款的规定；权利要求1~8不具备创造性，不符合专利法第22条第3款的规定。

根据上述事实和理由，合议组作出如下审查决定。

三、决定

维持国家知识产权局于2003年12月5日针对98812091.7号发明专利申请作出的驳回决定。

复审请求人对本决定不服的，可以根据专利法第41条第2款的规定，自收到本决定之日起三个月内向北京市第一中级人民法院起诉。

029

5-［4-［2-（N-甲基-N-（2-吡啶基）氨基）乙氧基］苄基］噻唑烷-2，4-二酮马来酸盐的水合物

复审请求审查决定（第12433号）

决　定　号　第12433号
决　定　日　2007年12月27日
发明创造名称　5-［4-［2-（N-甲基-N-（2-吡啶基）氨基）乙氧基］苄基］噻唑烷-2，4-二酮马来酸盐的水合物
国际分类号　C07D417/12，A61K31/425
复审请求人　史密丝克莱恩比彻姆有限公司
申　请　号　98812092.5
申　请　日　1998年12月14日
优 先 权 日　1997年12月16日
公　开　日　2001年1月24日
合议组组长　任晓兰
主　审　员　汪送来
参　审　员　李彦涛

法律依据　专利法第22条第3款
决定要点

对于化合物的结晶水合物发明，如果现有技术已经公开了该化合物的一种晶体，并且教导了可以通过常规的实验手段获得该化合物的结晶水合物，并且该发明与现有技术的晶体相比没有产生预料不到的技术效果，则该发明对于本领域技术人员来说是显而易见的。

一、案由

本复审请求案涉及发明名称为“5-［4-［2-（N-甲基-N-（2-吡啶基）氨基）乙氧基］苄基］噻唑烷-2，4-二酮马来酸盐的水合物”的98812092.5号发明专利申请（下称本申请），申请人为史密丝克莱恩比彻姆有限公司，申请日为1998年12月14日，优先权日为1997年12月16日，公开日为2001年1月24日。

2003年12月5日，针对申请人于2003年9月22日提交的权利要求第1~12项、说明书第1~7页，进入中国国家阶段时提交的附图第1~2页和说明书摘要，国家知识产权局以本申请不符合专利法第22条第3款的规定为由驳回了本申请。

驳回决定认为：（1）对比文件1（WO94/05659A1，公开日为1994年3月17日）公开了与本申请化合物具有相同药学活性的5-［4-［2-（N-甲基-N-（2-吡啶基）氨基）乙氧基］苄基］噻唑烷-2，4-二酮马来酸盐（以下简称为化合物I），并在其说明书中提示可以制得该盐的水合物，其中实施例1使用乙醇作为溶剂，所得产物的核磁共振氢谱中发现2~5ppm的宽峰，被认为是溶剂中残余水和酸质子所致，即教导其可以以水合物形式存在，两者方法没有实质性区别，均使用了乙醇作为结晶溶剂，其制得的产物也不会有实质性的差别，并且两者具有相同的用途和效果。申请人并没有提供充分的证据证明本申请水合物相对于现有技术的化合物I具有更有利的物理特性，以及如何更适于大规模工业制备等，因此权利要求1不具备创造性。同理权利要求2~4也不具备创造性；（2）对比文件1已经教导了利用乙醇作为结晶溶剂，利用含水乙醇作为结晶溶剂来制备水合物也是本领域技术人员常用的处理手段，采用本发明的制备方法也没有带来任何预料不到的技术效果，因此权利要求9~10也不具备创造性；（3）对比文件1公开了包含化合物I的药用组合物及其用途，因此权利要求11~12不具备创造性。

驳回决定针对的权利要求1~12如下：

“1. 5-［4-［2-（N-甲基-N-（2-吡啶基）氨基）乙氧基］苄基］噻唑烷-2，4-二酮，马来酸盐的水合物，所述水合物含有：

（i）0.2%~1.1% w/w摩尔当量的水；以及还具有以下之一的特征

（ii）包括764和579cm^{-1}处峰的红外光谱；

（iii）基本如同如下的X射线粉末衍射图案：

其中光谱是采用下列取数条件，使用Cu X射线源的PW1710 X射线粉末衍射仪生成的光谱：

管阳极：	Cu
发生器电压：	40 kV
发生器电流：	30mA
起始角度：	3.5°2θ
结束角度：	35.0°2θ
步长：	0.020
每步时间：	4.550秒

该水合物的X射线粉末衍射角度和计算的点阵间距特征为：

单位为°2θ的衍射角度	单位为埃的点阵间距
7.6	11.65
8.9	9.90
9.7	9.09
15.1	5.85
15.6	5.68
17.0	5.22
17.5	5.08
17.9	4.96
19.2	4.62
20.1	4.41
20.6	4.30
22.2	4.00

23.8	3.73
24.4	3.64
25.2	3.54
25.9	3.44
26.7	3.34
27.5	3.25
28.0	3.19
29.9	2.99
31.5	2.84。

2. 权利要求1的水合物，其中所述水含量为0.5~0.6% w/w。

3. 权利要求1或2的水合物，它提供基本如下的红外光谱：该光谱是用Nicolet 710 FT-IR分光计于2cm^{-1}分辨率获得该水合物的矿物油分散体的红外吸收光谱，按1 cm^{-1}间隔将数据数字化，峰位置如下：3129、2776、1756、1747、1706、1641、1617、1586、1542、1512、1413、1351、1331、1290、1264、1246、1210、1182、1163、1108、1078、1064、1031、1005、975、955、926、865、764、738、719、662、619、579、557、532、525和508cm^{-1}。

4. 权利要求1或2的水合物，它提供基本如下的X射线粉末衍射图案：

其中光谱是采用下列取数条件，使用Cu X射线源的PW1710 X射线粉末衍射仪生成的光谱：

管阳极：	Cu
发生器电压：	40 kV
发生器电流：	30mA
起始角度：	3.5°2θ
结束角度：	35.0°2θ
步长：	0.020
每步时间：	4.550秒

该水合物的X射线粉末衍射角度和计算的点阵间距特征为：

单位为°2θ的衍射角度	单位为埃的点阵间距
7.6	11.65
8.9	9.90
9.7	9.09
15.1	5.85
15.6	5.68
17.0	5.22
17.5	5.08
17.9	4.96
19.2	4.62
20.1	4.41
20.6	4.30
22.2	4.00
23.8	3.73
24.4	3.64

25.2	3.54
25.9	3.44
26.7	3.34
27.5	3.25
28.0	3.19
29.9	2.99
31.5	2.84。

5. 分离形式或与其他材料混合形式的权利要求1或2的水合物。

6. 纯净形式的权利要求1或2的水合物。

7. 结晶形式的权利要求1或2的水合物。

8. 权利要求1或2的水合物的脱水形式的化合物，该化合物能够再水合成所述水合物。

9. 制备权利要求1的水合物的方法，特征在于5-［4-［2-（N-甲基-N-（2-吡啶基）氨基）乙氧基］苄基］噻唑烷-2，4-二酮，马来酸盐从乙醇水溶液中结晶出来。

10. 权利要求9的方法，其中所述乙醇水溶液含有2体积%～2.5体积%的水。

11. 含有有效、无毒量的权利要求1的水合物及其药学上可接受的载体的药用组合物。

12. 权利要求1～7任一项的水合物在用于治疗和/或预防糖尿病、与糖尿病有关的疾病及其某些并发症的药物生产中的用途。”

2004年3月20日，申请人史密丝克莱恩比彻姆有限公司（下称请求人）对上述驳回决定不服，向专利复审委员会提出复审请求，请求人在提出复审请求时对权利要求书进行了修改，修改后的权利要求书为：

“1. 一种制备5-［4-［2-（N-甲基-N-（2-吡啶基）氨基）乙氧基］苄基］噻唑烷-2，4-二酮，马来酸盐的结晶水合物的方法，所述水合物特征在于：

（i）具有0.2～1.1%w/w的含水量；以及还具有至少以下之一的特征：

（ii）提供764和579cm^{-1}处峰的红外光谱；

（iii）提供基本如同图2的X射线粉末衍射图案：

所述方法包括：

将5-［4-［2-（N-甲基-N-（2-吡啶基）氨基）乙氧基］苄基］噻唑烷-2，4-二酮，马来酸盐溶解于含有2～2.5%体积水的含水乙醇中，并且将所述水合物从所述含水溶液中结晶出来。

2. 权利要求1的方法，其中所述乙醇是变性乙醇。

3. 权利要求1或2的方法，其中所述水合物的水含量是0.5%～0.6%重量。

4. 权利要求1、2或3的方法，其中所述水合物的红外光谱基本如同图1。

5. 权利要求1～4中任一项的方法，其中所述水合物的X射线粉末衍射图案基本如同图2。

6. 权利要求1～5中任一项的方法，其中所述水合物以纯化形式分离或以与其他物质的混合物形式获得。

7. 根据权利要求6的方法，其中水合物以与无水5-［4-［2-（N-甲基-N-（2-吡啶基）氨基）乙氧基］苄基］噻唑烷-2，4-二酮，马来酸盐的混合物形式获得。

8. 用于治疗和/或预防人类糖尿病、与糖尿病相关的症状以及糖尿病并发症的药用组合物，含有有效、无毒量的权利要求1～7中任一项的方法获得的水合物和其药学上可接受的载体。

9. 根据权利要求1～7中任一项的方法获得的水合物在用于治疗和/或预防人类和动物糖尿病、与糖尿病相关的症状以及糖尿病并发症的药物生产中的用途。

10. 根据权利要求1~7中任一项的方法获得的5-［4-［2-（N-甲基-N-（2-吡啶基）氨基）乙氧基］苄基］噻唑烷-2，4-二酮，马来酸盐的结晶水合物，所述水合物特征在于：

（i）具有0.2%~1.1%w/w的含水量；以及还具有至少以下之一的特征：

（ii）提供764和579 cm^{-1}处峰的红外光谱；

（iii）提供基本如同图2的X射线粉末衍射图案。”

请求人认为：（1）对比文件1中公开的是化合物I的无水形式，而不是水合物形式，对比文件1实施例1中提到的质子核磁共振谱中的较宽信号是由于核磁共振使用的溶剂，而不是马来酸盐制备中使用的溶剂，也不是马来酸盐的一部分，这种信号的存在不表示存在化合物I的水合物形式；（2）没有任何内容向本领域技术人员指出在新权利要求1中指明的溶剂中所用的不同水量，本领域技术人员不能想出一种可再现性提供由新权利要求1的方法得到的具体水合物的方法；（3）对比文件1中“其药学上可接受的溶剂化物是在先笼统的公开，没有明确公开任何水合物的制备，因此权利要求1所述的制备具体水合物的方法以及水合物都具备创造性。

经形式审查合格后，专利复审委员会受理了该请求，并于2004年4月13日向请求人发出了《复审请求受理通知书》，同时将本申请转送至国家知识产权局原审查部门进行前置审查。

在《前置审查意见书》中，国家知识产权局原审查部门在驳回决定理由的基础上还指出，对比文件1实施例1使用的是沸腾的乙醇，实施例2使用的是回流的乙醇，没有特别指明所使用的乙醇为无水乙醇，由于乙醇具有比较强的吸湿性，除非有特别说明，所使用的乙醇一般都含有一定水分。请求人并没有提供足够的证据证明对比文件1中“较宽信号”全部由核磁共振溶剂中残余水所带来的，因此本领域普通技术人员完全可以认为对比文件1实际上已经披露了使用含一定水分的含水乙醇进行结晶以得到所述结晶水合物的方法，并且含水乙醇属于常见的结晶溶剂，即权利要求1所述的方法为本领域常规结晶方法。因此，权利要求1~10不具备创造性，坚持驳回决定。

2004年6月14日，请求人提交了意见陈述书及如下附件1和附件2：

附件1：英国有关酒精的规格，共2页，

附件2：联合国有关酒精的规格，共1页。

请求人认为，酒精分为食用酒精和无水酒精。无水酒精的酒精含量不低于99.5%。审查员引用的是零售的食用级别的酒精（含95%的乙醇）。因此，本发明达到效果的技术手段“故意加水”是真实的。

专利复审委员会组成合议组，对本复审请求案进行了审理，并于2007年5月17日向请求人发出《复审通知书》，指出：（1）权利要求10请求保护一种根据权利要求1~7中任一项方法获得的化合物I的结晶水合物，对比文件1公开了由其实施例1和实施例2制备的化合物，本领域普通技术人员无法根据结晶水合物中的水含量、参数特征、方法特征将权利要求10的产品与对比文件1实施例1和实施例2的产品区分开来，因此可以推定本申请权利要求10相对于对比文件1不具备新颖性；对比文件1公开了包括其通式化合物（其中包括上述化合物I）的药用组合物以及所述化合物用于生产治疗和/或预防高血糖症、高血脂症的药物中的用途，结合对权利要求10的评述，权利要求8~9也不具备新颖性，不符合专利法第22条第2款的规定。（2）（a）即使请求人提供了充分的证据证明了权利要求8~10具备新颖性，由于对比文件1可以通过常规的化学方法制备制得化合物I的结晶水合物，而本申请权利要求10请求保护的结晶水合物也是通过常规的结晶溶剂、常规的化学方法获得的，请求人并没有提供任何充分的理由和证据证明权利要求10的结晶水合物在技术效果方面与本领域技术人员根据对比文件1所预期的相比会更好，因此，权利要求10的结晶水合物对于本领域技术人员来说是显而易见的，不具备创造性；结合上述对权利要求8~9新颖性的评述可知，权利要求8~9也不具备创造性；（b）权利要求1请求保护一种制备方法，其中的含水乙醇是本领域的常规结晶溶剂，所采用的结晶方法是本领域的的常规实验手段，并且含水乙醇中水的含量也是本领域技术人员采用常规的实验手段通过有限的实验可以确定的，在权利要求10不具备新颖性或创造性的情况下，权利要求1不具备创造性；同理，权利要求2~7不具备创造性，不符合专利法第22条第3款的规定。

针对上述《复审通知书》，请求人于2007年9月3日提交了意见陈述书以及下述附件3（编号续前）：

附件3：实验报告以及表1~3，共33页。

请求人认为：（1）附件3表明，本发明水合物与对比文件1化合物的IR不同，本申请权利要求1中列举的2个IR值是本发明水合物的特征，这两个值在对比文件1的IR中均没有，附件3确定了本发明的水合物与对比文件1的化合物是不同的，因此具有新颖性，符合专利法第22条第2款的规定；（2）（a）附件3的技术数据显示对比文件1实施例1中所认为的“水”是来自NMR溶剂，而不是来自结晶溶剂，要重复实施例1的本领域技术人员不会使用已暴露于大气的乙醇，因为有不确定量的水会引起控制不了的副反应的可能性；（b）本申请公开了一种具有特定的准确水含量的乙醇和水的特定混合物，其可以用于结晶特定的未水合的盐，并预料不到地得到一种具有商业用途价值、独特限定的和预期不到的水合物结构，因此本发明的权利要求中技术方案相对于对比文件1具备创造性；（c）预料不到的特征并非创造性的必不可少的基本要求。

2007年9月28日，请求人提交了附件3的中文译文共35页及相应的意见陈述。

2007年10月16日，请求人认为其于2007年9月28日提交的附件3的中文译文不完整，重新提交了附件3及其中文译文共83页（不含表1~3）。

至此，合议组认为本案事实已经清楚，可以作出审查决定。

二、决定的理由

1. 审查文本

本复审决定所针对的申请文本是：请求人于2000年6月12日进入中国国家阶段时提交的说明书附图第1~2页和说明书摘要，2003年9月22日提交的说明书第1~7页，2004年3月20日提交的权利要求第1~10项。

2. 专利法第22条第3款

专利法第22条第3款规定：创造性，是指同申请日以前已有的技术相比，该发明有突出的实质性特点和显著的进步，该实用新型有实质性特点和进步。

对于化合物的结晶水合物发明，如果现有技术已经公开了该化合物的一种晶体，并且教导了可以通过常规的实验手段获得该化合物的结晶水合物，并且该发明与现有技术的晶体相比没有产生预料不到的技术效果，则该发明对于本领域技术人员来说是显而易见的。

在本案中，权利要求10请求保护一种根据权利要求1~7中任一项的方法获得的化合物I的结晶水合物，其具有0.2%~1.1%w/w的含水量，以及具有（ii）~（iii）中的至少一种参数特征，具体技术方案参见案由部分。

对比文件1公开了化合物I，其通过将5-［4-［2-（N-甲基-N-（2-吡啶基）氨基）乙氧基］苄基］噻唑烷-2，4-二酮和马来酸溶于沸腾的乙醇中或者在回流的乙醇中搅拌，经过滤、在搅拌下缓慢冷却后，在冰箱中于0~5℃下放置几小时，再经过过滤、洗涤、干燥，获得产物（参见实施例1和实施例2）。

由请求人所提供的附件3可知，本申请权利要求10的结晶水合物与对比文件1的产品在XRPD和/或IR上存在区别，例如权利要求10中所限定的764和579cm^{-1}处的红外光谱峰在对比文件1的化合物中没有出现，权利要求10中所限定的X射线粉末衍射图案与对比文件1的化合物的图案也不相同（参见附件3中的附录I（b）、附录I（c）、II（b）、附录II（c）、附录VI（a）、附录VI（b）、附录V（a）、附录VII（a））。

对于权利要求10中所包括的制备方法特征，合议组认为，在包括制备方法特征的化学产品发明的创造性评价中，需要考察的是由所述方法制备的化学产品是否与现有技术的化学产品存在区别以及该产品区别是否使得该发明具备创造性，而不是考察该制备方法特征与现有技术的方法特征的区别。权利要求10的结晶水合物包括权利要求1~7任一项的方法特征，本领域技术人员根据这些方法特征，结合上述附件3，同样只能确定本申请权利要求10的结晶水合物与对比文件1实施例1和实施例2的产品在XRPD和/或IR上存在区别，不能进一步确定还存在其他方面的区别。

对于权利要求10中所包括的含水量这一技术特征，合议组认为，虽然对比文件1中记载的是采用乙醇作为溶剂，且也没有明确说明所得产物是水合物，但是，众所周知的是，乙醇具有吸湿性，在大气环境下沸腾或搅拌，以及在大气环境下放置，很容易吸湿。并且在工业生产中，在不特别要求无水环境的情况下，通常使用的乙醇均为含有约4.4%水的工业乙醇，而不是无水乙醇。根据本申请实施例1也可知道，使用甲醇作为溶剂，在大气环境下进行结晶，可以获得水含量为0.54% w/w的水合物。由此可知，用乙醇作为溶剂在大气环境下结晶所制得的化合物I极有可能就是一种水合物，对比文件1实施例1产物的核磁共振氢谱中出现了2~5ppm范围内的宽峰，也说明了该产物为水合物的可能性。附件3虽然能够证明本申请权利要求10的结晶水合物与对比文件1实施例1和实施例2的产品在XRPD和/或IR上存在区别，但是并不能确定这些区别是由两者含水量的不同而导致的。由此可见，并不能排除对比文件1的产品中含水量落在0.2%~1.1% w/w（或0.5%~0.6%重量，引用权利要求3时）范围内。

因此，本申请权利要求10的结晶水合物与对比文件1实施例1和实施例2的产品的区别技术特征在于两者的XRPD和/或IR不同，据此，本领域技术人员可以确定两者属于化合物I的不同晶体形式。

根据本申请说明书第1页第12~14行的记载，化合物I可以以特别适合于大批生产和处理的新形式存在，其可以通过特别适合于大规模制备的有效的、经济的和可再现的方法制备。但是，本领域技术人员根据说明书和现有技术的内容并不能确定权利要求10的结晶水合物在这方面效果上与对比文件1的晶体相比更优越，也不能确定在其他方面具有更好的技术效果。因此，合议组认为，本申请实际解决的技术问题仅仅是提供一种可供选择的另一种晶体形式。判断权利要求10是否具备创造性，焦点在于判断现有技术中是否存在使化合物I形成结晶水合物的技术启示。

对比文件1公开了其通式化合物（包括化合物I）的溶剂化物，合适的溶剂化物包括水合物，在通式化合物制备方法中公开了根据需要包括制备溶剂化物的步骤，溶剂化物可以采用常规的化学方法制备（参见说明书第1页倒数第2段，第3页倒数第2段，第4页第1段、倒数第3段）。也就是说，对比文件1教导了可以通过常规的化学方法制备得到化合物I的结晶水合物。

请求人认为，（a）附件3的技术数据显示对比文件1实施例1中所认为的“水”是来自NMR溶剂，而不是来自结晶溶剂，要重复实施例1的本领域技术人员不会使用已暴露于大气的乙醇，因为有不确定量的水会引起控制不了的副反应的可能性；（b）本申请公开了一种具有特定的准确水含量的乙醇和水的特定混合物，其可以用于结晶特定的未水合的盐，并预料不到地得到一种具有商业用途价值、独特限定的和预期不到的水合物结构，因此本发明的权利要求中技术方案相对于对比文件1具备创造性；（c）预料不到的特征并非创造性的必不可少的基本要求。

对于上述意见（a），合议组认为，附件3的数据可以表明权利要求10的水合物与对比文件1的化合物属于化合物I的不同结晶形式，但是并不能说明书两者在水含量上存在区别，也不能说明对比文件1实施例1产物的核磁共振氢谱中出现的2~5ppm范围内的宽峰是由NMR溶剂中的水产生的。根据本领域的普通知识，没有理由说明对比文件1的实施例必须在无水条件下进行，因此请求人认为本领域技术人员不会使用暴露于空气中的乙醇没有依据；对于上述意见（b）和（c），合议组认为，如上所述，对比文件1已经教导了可以通过常规的化学方法由化合物I制备其结晶水合物，也就是说，对比文件1已经给出了制备化合物I的结晶水合物的启示，在这种情况下，如果权利要求10的水合物相对于对比文件1的晶体或化合物I的其他晶体或结晶水合物没有产生预料不到的技术效果，则不具备创造性。

另外，请求人还提交了附件1和附件2，拟用于证明酒精分为食用酒精和无水酒精，无水酒精的酒精含量不低于99.5%，原审查部门的审查员引用的是零售的食用级别的酒精（含95%的乙醇）。本发明达到效果的技术手段“故意加水”是真实的。

对此，合议组认为，酒精除包括食用酒精和无水酒精以外，还有工业乙醇，在工业上，若不是特别需要在无水环境下反应，作为溶剂的乙醇通常为工业乙醇，而不是无水乙醇。而工业乙醇含有约4.4%的水。要制备化合物（A）的结晶水合物并不一定要特意向溶剂中加入水，其可以是工业乙醇中所含的水，并且乙醇是具有吸湿性的，因而结晶水合物中的水也可以来源于制备过程中吸附的水。

综上所述，合议组认为，现有技术已经给出了可以通过常规的实验手段由化合物I制备其结晶水合物的启示，而权利要求10的结晶水合物与对比文件1的晶体相比并不具有预料不到的技术效果，因此权利要求10的结晶水合物对于本领域技术人员来说是显而易见的，不具备突出的实质性特点，不具备创造性。

权利要求8请求保护用于治疗和/或预防人类糖尿病、与糖尿病相关的症状以及糖尿病并发症的药用组合物，含有有效、无毒量的权利要求1~7中任一项的方法获得的水合物和其药学上可接受的载体。其中权利要求1~7中任一项的方法获得的水合物即权利要求10中所述的结晶水合物。对比文件1公开了包括其通式化合物（包括上述化合物I）的药用组合物，通过给予有效、无毒量的通式化合物治疗和/或预防人类或非人类哺乳动物的高血糖症、高血脂症等的方法，活性成分以上述定义的组合物的形式给药（参见说明书第6页第5段至第7页第3段）。根据本申请说明书第3页第3段的记载，与糖尿病有关的疾病包括高血糖等。因此，在权利要求10相对于对比文件1不具备创造性的情况下，权利要求8相对于对比文件1也不具备创造性。

权利要求9请求保护根据权利要求1~7中任一项的方法获得的水合物在用于治疗和/或预防人类和动物糖尿病、与糖尿病相关的症状以及糖尿病并发症的药物生产中的用途。同样权利要求1~7中任一项的方法获得的水合物即权利要求10中所述的结晶水合物。对比文件1公开了其通式化合物（包括上述化合物I）用于生产治疗和/或预防高血糖症、高血脂症的药物中的用途（参见说明书第7页第25~32行）。因此，在权利要求10相对于对比文件1不具备创造性的情况下，权利要求9相对于对比文件1也不具备创造性。

权利要求1请求保护一种制备结晶水合物的方法，该结晶水合物即权利要求10所述的结晶水合物，该制备方法包括：将化合物I溶解于含有2%~2.5%体积水的含水乙醇中，并且将所述水合物从所述含水溶液中结晶出来。合议组认为，含水乙醇是本领域的常规结晶溶剂，通过将化合物I溶解于含水乙醇中并将所述水合物从该溶剂中结晶出来的制备化合物I的结晶水合物的方法是本领域的常规实验手段，并且含水乙醇中水的含量也是本领域技术人员采用常规的试验手段通过有限的试验可以确定的。因此，在权利要求10不具备创造性的情况下，权利要求1的制备方法对于本领域技术人员来说是显而易见的，不具备突出的实质性特点，不具备创造性。

权利要求2是权利要求1的从属权利要求，将乙醇进一步限定为变性乙醇，合议组认为，选择变性乙醇并没有产生预料不到的技术效果，与上述同理，权利要求2也不具备创造性。

权利要求3~5是权利要求1的从属权利要求，对化合物I的水合物的含水量和参数进行了进一步限定。基于与对权利要求1同样的理由，权利要求3~5不具备创造性。

权利要求6是权利要求1的从属权利要求，进一步限定所述水合物以纯化形式分离或以与其他物质的混合物形式获得，合议组认为，权利要求1的水合物没有说明是与其他物质的混合形式，在这种情况下应当理解为是一种纯化分离的形式。因此，基于与对权利要求1同样的理由，权利要求6不具备创造性。

权利要求7是权利要求6的从属权利要求，进一步限定其中水合物以与无水化合物I的混合物形式获得。合议组认为，在权利要求6的方法不具备创造性的情况下，通过简单的组合获得这种水合物与无水形式晶体的混合物对于本领域技术人员来说是显而易见的，因此权利要求7不具备突出的实质性特点，不具备创造性。

综上所述，权利要求1~10不具备创造性，不符合专利法第22条第3款的规定。

根据上述事实和理由，合议组作出如下审查决定。

三、决定

维持国家知识产权局于2003年12月5日针对98812092.5号发明专利申请作出的驳回决定。

复审请求人对本决定不服的，可以根据专利法第41条第2款的规定，自收到本决定之日起三个月内向北京市第一中级人民法院起诉。

030

杀虫剂组合物

复审请求审查决定（第12435号）

决　定　号　第12435号
决　定　日　2007年12月26日
发明创造名称　杀虫剂组合物
国际分类号　A01N 25/08，A01N 25/28，A01N 25/34，A01N 57/16
复审请求人　雷克特本克斯尔（澳大利亚）有限公司
申　请　号　97199475.7
优先权日　1996年9月5日
申　请　日　1997年9月5日
公　开　日　1999年11月24日
合议组组长　许　磊
主　审　员　巩克栋
参　审　员　卢　阳

法律依据　专利法第22条第3款
决定要点

在判断一项发明专利权利要求的创造性时，应当将权利要求限定的技术方案与现有技术中最接近的对比文件中公开的技术方案相对比，找出其区别特征，如果现有技术中给出了将该区别特征应用于最接近的对比文件以解决其存在的技术问题的启示，则该权利要求的技术方案是显而易见的，如果区别特征是公知常识，则通常认为现有技术中存在上述技术启示。

一、案由

本复审请求涉及申请日为1997年9月5日，公开日为1999年11月24日，优先权日为1996年9月5日，名称为“杀虫剂组合物”的第97199475.7号发明专利申请（以下称本申请），本申请的申请人于2003年11月14日由“雷克特和科尔曼产品有限公司”变更为“R和C资产有限公司”，后于2005年9月9日变更为雷克特本克斯尔（澳大利亚）有限公司。

2003年8月1日，国家知识产权局发出第一次审查意见通知书，指出权利要求1~19相对于对比文件1（JP 7-324004 A，公开日为1995年12月12日）和/或对比文件2（GB 2231797 A1，公开日为1990年11月28日）存在不具备专利法第22条第3款规定的创造性等缺陷。

2004年2月16日，申请人提交了意见陈述书和说明书摘要、权利要求书第1~27项、说明书第1~10页全文替换页，认为修改后的申请文件符合专利法及其实施细则的相关规定。

2004 年 3 月 26 日，国家知识产权局发出第二次审查意见通知书，指出对于所属技术领域的技术人员来说，本申请的第一杀伤试剂和第二杀伤试剂就是没有微胶囊化和微胶囊化的杀虫剂，尽管对比文件 1 没有具体说明该组合物含有第一杀伤试剂和第二杀伤试剂，但明确披露该组合物含有没有微胶囊化和微胶囊化的杀虫剂，其实质上起第一杀伤试剂和第二杀伤试剂的作用，权利要求 1 相对于对比文件 1 仍然不具备创造性，并且基于如第一次审查意见通知书所述，其从属权利要求也不具备创造性。

2004 年 6 月 28 日，申请人提交了意见陈述书，未对申请文件进行修改。

2004 年 8 月 6 日，国家知识产权局以权利要求 1 不符合专利法第 22 条第 3 款为由驳回了本申请。具体驳回理由为：权利要求 1 的技术方案与对比文件 1 公开的杀虫剂饵组合物相比，区别仅在于将微胶囊化的杀虫剂附着在饵组合物表面或是分散在组合物中，但对于本领域技术人员而言，选择将微胶囊化的杀虫剂附着在饵组合物表面或是分散在组合物中属于常用技术手段，并且说明书中也没有证明权利要求 1 的技术方案中对杀虫剂混合方式的选择产生了任何意想不到的技术效果，因此，权利要求 1 不具备专利法第 22 条第 3 款规定的创造性。

驳回决定所针对的权利要求书为：

“1. 杀虫剂饵组合物，其含有包括昆虫的食物材料的固体或半固体饵基料，和作为第一杀伤试剂的 0.01~5% w/w 一种或多种没有微胶囊化的杀虫剂和作为第二杀伤试剂的 0.01~5% w/w 一种或多种微胶囊化的杀虫剂，该微胶囊化的杀虫剂不包括拟除虫菊酯，没有微胶囊化的杀虫剂和微胶囊化的杀虫剂是相同或不同的，并且分散在所述饵组合物中。

2. 权利要求 1 的杀虫剂饵组合物，其中饵基料浓度是 85~99.9% w/w。

3. 权利要求 2 的杀虫剂饵组合物，其中饵基料浓度是 90~99.9% w/w。

4. 权利要求 3 的杀虫剂饵组合物，其中饵基料浓度是 95~99.8% w/w。

5. 权利要求 1 的杀虫剂饵组合物，其中该组合物含有 0.01~5% w/w 引诱剂。

6. 权利要求 2 的杀虫剂饵组合物，其中没有微胶囊化的杀虫剂的量是 0.02~3% w/w。

7. 权利要求 6 的杀虫剂饵组合物，其中没有微胶囊化的杀虫剂的量是 0.04~1% w/w。

8. 权利要求 2 的杀虫剂饵组合物，其中微胶囊化的杀虫剂的量是 0.05~1.0% w/w。

9. 权利要求 8 的杀虫剂饵组合物，其中微胶囊化的杀虫剂的量是 0.05~0.5% w/w。

10. 杀虫剂饵组合物，其含有：

(i) 含有昆虫食物材料的呈固体或半固体形式的 85~99.9% 饵基料；

(ⅱ) 呈没有微胶囊化形式的 0.01~5% 杀虫剂，

(ⅲ) 0.01%~5% 微胶囊化杀虫剂；和

(iv) 0%~5% 昆虫引诱剂。

11. 权利要求 10 的杀虫剂饵组合物，其中没有微胶囊化的杀虫剂选自拟除虫菊酯，阿微菌素，伏蚁腙，氟化的硫氟酰胺，有机磷酸酯，包括二嗪农和毒死蜱，吡唑类，包括氟虫氰，氨基甲酸酯类和腙。

12. 权利要求 10 的杀虫剂饵组合物，其中微胶囊化的杀虫剂选自阿微菌素，伏蚁腙，氟化的硫氟酰胺，有机磷酸酯，包括二嗪农和毒死蜱，吡唑类，包括氟虫氰，氨基甲酸酯类和腙。

13. 权利要求 11 的杀虫剂饵组合物，其中没有微胶囊化的杀虫剂是毒死蜱。

14. 权利要求 12 的杀虫剂饵组合物，其中微胶囊化的杀虫剂是毒死蜱。

15. 杀死群居接触昆虫的方法，包括使昆虫种群暴露于杀虫剂饵组合物，所述组合物含有包括昆虫的食物材料的固体或半固体饵基料，和作为第一杀伤试剂的 0.01~5% w/w 一种或多种没有微胶囊化的杀虫剂和作为第二杀伤试剂的0.01~5%w/w一种或多种微胶囊化的杀虫剂，该微胶囊化的杀虫剂不包括拟除虫菊酯，没有微胶囊化的杀虫剂和微胶囊化的杀虫剂是相同或不同的，并且分散于所述饵组合物中。

16. 权利要求15的杀群居接触昆虫的方法，其中饵基料浓度是85~99.9%w/w。

17. 权利要求16的杀群居接触昆虫的方法，其中饵基料浓度是90~99.9%w/w。

18. 权利要求17的杀群居接触昆虫的方法，其中饵基料浓度是95~99.8%w/w。

19. 权利要求16的杀群居接触昆虫的方法，其中没有微胶囊化的杀虫剂的量是0.02~3%w/w。

20. 权利要求19的杀群居接触昆虫的方法，其中没有微胶囊化的杀虫剂的量是0.04~1%w/w。

21. 权利要求16的杀群居接触昆虫的方法，其中微胶囊化的杀虫剂的量是0.05~1.0%w/w。

22. 权利要求21的杀群居接触昆虫的方法，其中微胶囊化的杀虫剂的量是0.05~0.5%w/w。

23. 权利要求15的杀群居接触昆虫的方法，其中没有微胶囊化的杀虫剂选自拟除虫菊酯，阿微菌素，伏蚁腙，氟化的硫氟酰胺，有机磷酸酯，包括二嗪农和毒死蜱，氨基甲酸酯类，吡唑类包括氟虫氰和腙。

24. 权利要求15的杀群居接触昆虫的方法，其中微胶囊化的杀虫剂选自阿微菌素，伏蚁腙，氟化的硫氟酰胺，有机磷酸酯，包括二嗪农和毒死蜱，氨基甲酸酯类，吡唑类，包括氟虫氰和腙。

25. 权利要求23的杀群居接触昆虫的方法，其中没有微胶囊化的杀虫剂是毒死蜱。

26. 权利要求24的杀群居接触昆虫的方法，其中微胶囊化的杀虫剂是毒死蜱。

27. 权利要求15的杀群居接触昆虫的方法，其中昆虫是蟑螂。"

申请人（下称请求人）对上述驳回决定不服，于2004年11月19日向国家知识产权局专利复审委员会提出了复审请求，请求人在提出复审请求时未对申请文件进行修改。

请求人认为：(1) 将微胶囊化的杀虫剂附着在饵组合物的表面或者分散在组合物中是本领域技术人员的常用技术手段，但对比文件1的胶囊化的杀虫剂是速效杀虫剂，未胶囊化的杀虫剂是长效杀虫剂，因此必须将胶囊化的速效杀虫剂粘附在毒饵组合物片剂的表面，而将具有长效作用的未胶囊化的长效杀虫剂放在毒饵的内部，它们之间不能以任何其他的方式混合；(2) 本申请只需要一种杀虫剂，只要其一部分是胶囊化的，另一部分是未胶囊化的，就可以使其具有不同的对抗消化作用，而对比文件1没有提出任何可以将同一杀虫剂胶囊化或未胶囊化而赋予该杀虫剂不同的对抗消化的作用，因此权利要求1具备创造性。

经形式审查合格后，专利复审委员会受理了该复审请求，并于2004年12月27日向请求人发出复审请求受理通知书，同时将本申请案卷移交原审查部门进行前置审查。

国家知识产权局原审查部门对本复审请求进行了前置审查，坚持原驳回决定。

专利复审委员会依法成立合议组，对本复审请求进行审查。

2007年7月9日，专利复审委员会向请求人发出《复审通知书》，指出：权利要求1所要求保护的技术方案与对比文件1中公开的杀虫组合物相比，区别在于权利要求1明确了胶囊化与未胶囊化的杀虫剂的含量，以及胶囊化与未胶囊化的杀虫剂分散在所述饵料组合物中，但是对比文件1和本发明要解决的技术问题相同，而对比文件1给出了将具有不同起效速度的杀虫剂组合在同一种组合物中的教导和在同一种组合物中采用胶囊化和未胶囊化杀虫剂的教导，在这种情况下，上述区别技术特征均属于本领域技术人员易于作出的常规选择，没有给本发明的技术方案带来实质性特点，也没有给权利要求1的技术方案带来任何意想不到的技术效果，因此，权利要求1不具备创造性，不符合专利法第22条第3款的规定；基于同样的理由，独立权利要求10也不具备创造性；在所要求保护的产品不具备创造性的情况下，方法独立权利要求15相对于对比文件1也不具备创造性；从属权利要求2~9、

11~14、16~27 的附加技术特征均被对比文件 1 所公开或者是本领域技术人员公知的，因此在其引用的独立权利要求不具备创造性的情况下，这些权利要求也不具备创造性。

针对复审通知书指出的问题，请求人分别于 2007 年 8 月 21 日和 2007 年 12 月 21 日提交了意见陈述书和权利要求书全文替换页（共 27 项权利要求）。其中 2007 年 12 月 21 日提交的修改后的权利要求书如下：

“1. 杀虫剂饵组合物，其含有包括昆虫的食物材料的固体或半固体饵基料，和作为第一杀伤试剂的 0.01~5% w/w 一种或多种没有微胶囊化的杀虫剂和作为第二杀伤试剂的被对昆虫的消化有抗性的材料微胶囊化的 0.01~5% w/w 一种或多种微胶囊化的杀虫剂，该微胶囊化的杀虫剂不包括拟除虫菊酯，没有微胶囊化的杀虫剂和微胶囊化的杀虫剂是相同或不同的，并且分散在所述饵组合物中。

2. 权利要求 1 的杀虫剂饵组合物，其中饵基料浓度是 85~99.9% w/w。

3. 权利要求 2 的杀虫剂饵组合物，其中饵基料浓度是 90~99.9% w/w。

4. 权利要求 3 的杀虫剂饵组合物，其中饵基料浓度是 95~99.8% w/w。

5. 权利要求 1 的杀虫剂饵组合物，其中该组合物含有 0.01~5% w/w 引诱剂。

6. 权利要求 2 的杀虫剂饵组合物，其中没有微胶囊化的杀虫剂的量是 0.02~3% w/w。

7. 权利要求 6 的杀虫剂饵组合物，其中没有微胶囊化的杀虫剂的量是 0.04~1% w/w。

8. 权利要求 2 的杀虫剂饵组合物，其中微胶囊化的杀虫剂的量是 0.05~1.0% w/w。

9. 权利要求 8 的杀虫剂饵组合物，其中微胶囊化的杀虫剂的量是 0.05~0.5% w/w。

10. 杀虫剂饵组合物，其含有：

（i）含有昆虫食物材料的呈固体或半固体形式的 85%~99.9% 饵基料；

（ⅱ）呈没有微胶囊化形式的 0.01%~5% 杀虫剂；

（ⅲ）被对昆虫的消化有抗性的材料微胶囊化的 0.01%~5% 微胶囊化杀虫剂；和

（iv）0%~5% 昆虫引诱剂。

11. 权利要求 10 的杀虫剂饵组合物，其中没有微胶囊化的杀虫剂选自拟除虫菊酯，阿微菌素，伏蚁腙，氟化的硫氟酰胺，有机磷酸酯，包括二嗪农和毒死蜱，吡唑类，包括氟虫氰，氨基甲酸酯类和腙。

12. 权利要求 10 的杀虫剂饵组合物，其中微胶囊化的杀虫剂选自阿微菌素，伏蚁腙，氟化的硫氟酰胺，有机磷酸酯，包括二嗪农和毒死蜱，吡唑类，包括氟虫氰，氨基甲酸酯类和腙。

13. 权利要求 11 的杀虫剂饵组合物，其中没有微胶囊化的杀虫剂是毒死蜱。

14. 权利要求 12 的杀虫剂饵组合物，其中微胶囊化的杀虫剂是毒死蜱。

15. 杀死群居接触昆虫的方法，包括使昆虫种群暴露于杀虫剂饵组合物，所述组合物含有包括昆虫的食物材料的固体或半固体饵基料，和作为第一杀伤试剂的 0.01~5% w/w 一种或多种没有微胶囊化的杀虫剂和作为第二杀伤试剂的被对昆虫的消化有抗性的材料微胶囊化的 0.01~5% w/w 一种或多种微胶囊化的杀虫剂，该微胶囊化的杀虫剂不包括拟除虫菊酯，没有微胶囊化的杀虫剂和微胶囊化的杀虫剂是相同或不同的，并且分散于所述饵组合物中。

16. 权利要求 15 的杀群居接触昆虫的方法，其中饵基料浓度是 85~99.9% w/w。

17. 权利要求 16 的杀群居接触昆虫的方法，其中饵基料浓度是 90~99.9% w/w。

18. 权利要求 17 的杀群居接触昆虫的方法，其中饵基料浓度是 95~99.8% w/w。

19. 权利要求 16 的杀群居接触昆虫的方法，其中没有微胶囊化的杀虫剂的量是 0.02~3% w/w。

20. 权利要求 19 的杀群居接触昆虫的方法，其中没有微胶囊化的杀虫剂的量是 0.04~1% w/w。

21. 权利要求 16 的杀群居接触昆虫的方法，其中微胶囊化的杀虫剂的量是 0.05~1.0% w/w。

22. 权利要求 21 的杀群居接触昆虫的方法，其中微胶囊化的杀虫剂的量是 0.05~0.5% w/w。

23. 权利要求 15 的杀群居接触昆虫的方法，其中没有微胶囊化的杀虫剂选自拟除虫菊酯，阿微菌素，伏蚁腙，氟化的硫氟酰胺，有机磷酸酯，包括二嗪农和毒死蜱，氨基甲酸酯类，吡唑类包括氟虫氰和腙。

24. 权利要求 15 的杀群居接触昆虫的方法，其中微胶囊化的杀虫剂选自阿微菌素，伏蚁腙，氟化的硫氟酰胺，有机磷酸酯，包括二嗪农和毒死蜱，氨基甲酸酯类，吡唑类，包括氟虫氰和腙。

25. 权利要求 23 的杀群居接触昆虫的方法，其中没有微胶囊化的杀虫剂是毒死蜱。

26. 权利要求 24 的杀群居接触昆虫的方法，其中微胶囊化的杀虫剂是毒死蜱。

27. 权利要求 15 的杀群居接触昆虫的方法，其中昆虫是蟑螂。"

请求人认为：在权利要求 1、10 和 15 中加入技术特征"被对昆虫的消化有抗性的材料微胶囊化的 0.01~5% w/w 一种或多种微胶囊化的杀虫剂"后，对比文件 1 没有公开、暗示或建议使用对昆虫的消化有抗性的材料进行微胶囊化，而对比文件 1 教导胶囊化的唯一理由就是克服害虫对杀虫剂的忌避性。本发明用分散在毒饵组合物中的未胶囊化的杀虫剂来达到更加迅速地杀死害虫的目的，而第二和更长效的杀灭作用则是通过胶囊化的杀虫剂来完成的，而本领域的技术人员从对比文件 1 获得的是刚好相反的教导。本发明取得了预料不到的技术效果，而现有技术的毒饵组合物根本不可能达到这种相同的效果。因此本发明相对于对比文件 1 具备创造性。

至此，合议组认为本案事实已经清楚，可以依法作出审查决定。

二、决定的理由

1. 关于文本

本决定是在请求人于 2007 年 12 月 21 日提交的权利要求书第 1~27 项以及于 2004 年 2 月 16 日提交的说明书第 1~10 页和说明书摘要的基础上做出的。

2. 关于专利法第 22 条第 3 款

专利法第 22 条第 3 款规定，创造性，是指同申请日以前已有的技术相比，该发明有突出的实质性特点和显著的进步，该实用新型有实质性特点和进步。

在判断一项发明专利权利要求的创造性时，应当将权利要求限定的技术方案与现有技术中最接近的对比文件中公开的技术方案相对比，找出其区别特征，如果现有技术中给出了将该区别特征应用于最接近的对比文件以解决其存在的技术问题的启示，则该权利要求的技术方案是显而易见的，如果区别特征是公知常识，则认为现有技术中存在上述技术启示。

权利要求 1 要求保护一种"杀虫剂饵组合物，其含有包括昆虫的食物材料的固体或半固体饵基料，和作为第一杀伤试剂的 0.01~5% w/w 一种或多种没有微胶囊化的杀虫剂和作为第二杀伤试剂的被对昆虫的消化有抗性的材料微胶囊化的 0.01~5% w/w 一种或多种微胶囊化的杀虫剂，该微胶囊化的杀虫剂不包括拟除虫菊酯，没有微胶囊化的杀虫剂和微胶囊化的杀虫剂是相同或不同的，并且分散在所述饵组合物中"。对比文件 1 公开了一种杀虫剂组合物，该杀虫剂组合物含有昆虫食物的饵料，在饵料中含有未胶囊化的杀虫成分，在饵料表面含有胶囊化的速效杀虫成分（见对比文件 1 说明书第 1 栏第 32 行~第 2 栏第 4 行，实施例 1~2）。权利要求 1 要求保护的技术方案与对比文件 1 披露的技术方案的区别在于：（1）权利要求 1 中限定微胶囊化的材料为对昆虫的消化有抗性的材料；（2）权利要求 1 中明确了未胶囊化的杀虫剂含量为 0.01~5% w/w，胶囊化的杀虫剂含量为 0.01~5% w/w，且胶囊化和非胶囊化的杀虫剂分散在所述饵料组合物中。其中区别技术特征（1）实际要解决的技术问题是减缓杀虫剂的释放，区别技术特征（2）所要解决的技术问题则是使所述杀虫组合物能够诱杀昆虫。

但是，对于区别技术特征（1）而言，对本领域技术人员而言显而易见的是，相对于未胶囊化的杀虫剂，胶囊化杀虫剂所用的胶囊材料自然会起到一定的抵抗昆虫消化的作用，因此“对昆虫的消化有抗性”的功能性限定并未给所述材料带来任何区别于对比文件1中所用材料的实质性特征，此外从说明书的描述来看，本发明采用的也是现有技术中已知的常用材料，而且相对于未胶囊化的活性剂而言，用胶囊包封后活性剂的释放变慢是本领域技术人员可预期的，其效果与对比文件1的效果相同，因此该区别技术特征也没有产生任何预料不到的技术效果；对于区别技术特征（2）而言，将杀虫剂分散在饵料中以诱使昆虫食用也是本领域的常用技术手段，至于上述饵料中各类杀虫剂（胶囊化与非胶囊化的）的含量也是本领域技术人员根据常规技术手段易于确定的常规性选择，因此也不会给权利要求1的技术方案带来任何突出的实质性特点或产生任何预料不到的技术效果。综上所述，在对比文件1要解决的技术问题与本发明相同，即也是要在同一种饵料中同时提供具有不同杀灭作用的杀虫剂而且给出了在同一种组合物中采用胶囊化和未胶囊化杀虫剂的教导的情况下，本领域技术人员在对比文件1的基础上结合上述公知常识获得权利要求1的技术方案不需要创造性劳动，而且权利要求1所述的杀虫组合物也没有产生任何意想不到的技术效果，因此，权利要求1不具备突出的实质性特点和显著的进步，不符合专利法第22条第3款有关创造性的规定。

请求人认为：（1）本发明胶囊化材料为对昆虫的消化有抗性的材料，具有长效作用，而对比文件1中胶囊化的杀虫剂是速效杀虫剂（相对于本申请的第一杀伤剂），未胶囊化的是长效杀虫剂（相当于本申请的第二杀伤剂），因而该对比文件所给出的是刚好完全相反的教导；（2）虽然将胶囊化的杀虫剂附着在饵料组合物的表面或分散在组合物中是本领域的常用手段，但对比文件1中所期望的目的使得必须将胶囊化杀虫剂附着在毒饵组合物表面，而具有未胶囊化的杀虫剂在毒饵内部；（3）对比文件1中胶囊化的杀虫剂和未胶囊化的杀虫剂必须是两种不同的杀虫剂，没有将同一种杀虫剂胶囊化或未胶囊化以使其具有第一杀伤效果和第二杀伤效果的启示；（4）对比文件1的毒饵在2天内就达到了100%杀死害虫的效果，而本申请的毒饵组合物具有长达21天的长效第一杀灭性和15天的第二杀灭性，即本申请的毒饵组合物可以通过消化了杀虫剂的害虫达到对害虫群落进一步的杀灭效果。

对此，合议组认为：（1）如上所述，胶囊材料本身自然对消化具有抗性，该限定未给本发明带来任何实质性特点，此外，根据对比文件1中的记载（见对比文件1说明书第1栏第32行至第2栏第4行，实施例1-2），其中胶囊化的杀虫剂可以是二嗪农等有机磷酸酯和氨基甲酸酯及毒死蜱，而未胶囊化的杀虫剂是灭蚁腙，这些选择与本申请中关于胶囊化与未胶囊化杀虫剂的选择并不矛盾，即对比文件1中并未给出与本申请完全相反的教导；（2）对比文件1中将胶囊化和未胶囊化的杀虫剂分别置于饵料表面和内部是其为实现特定目的作出的技术选择，其中并不存在不能将其分散在饵料中的技术偏见，即不会影响本领域技术人员根据公知常识将胶囊化和未胶囊化的杀虫剂分散在饵料中；（3）权利要求1中没有明确限定没有胶囊化的杀虫剂和微胶囊化的杀虫剂是相同或不同的，因此权利要求1和对比文件1一样，都有胶囊化的杀虫剂和未胶囊化的杀虫剂采用不同种类杀虫剂的技术方案；（4）采用慢性毒饵杀灭蟑螂，不但能够杀灭取食的蟑螂，还能杀灭食取带毒蟑螂粪便或尸体的第二代蟑螂，从而实现连锁灭蟑，这是本领域已知的常规效果，因此，具有缓释效果的微胶囊化杀虫剂能够实现第二杀伤效果是本领域技术人员可以预期的，而且由于对比文件1中并未对所述杀虫组合物的第二杀伤性进行测试，其所具体使用的杀虫剂类型、测试条件等也与本申请实施例中的有所不同，因此请求人对对比文件1和本申请实验效果的进行的比较并不足以说明本申请的技术方案相对于现有技术而言产生了预料不到的灭杀效果，因此请求人陈述的理由也不能证明权利要求1具备创造性。

综上所述，权利要求1不具备创造性，不符合专利法第22条第3款的规定。

权利要求2~4的附加技术特征为对饵料浓度的限定，权利要求6~9的附加技术特征为对未胶囊化杀虫剂和微胶囊化杀虫剂含量的限定，对于所属技术领域的技术人员来说，该饵料浓度和胶囊化及未胶囊化杀虫剂含量，是在常规含量范围内的具体选择，该选择是显而易见的，其产生的效果也是可以预见的，因此在其引用的权利要求不具备创造性时，权利要求2~4、6~9要求保护的技术方案也不具备突出的实质性特点和显著的进步，不符合专利法第22条第3款有关创造性的规定。

权利要求5的附加技术特征为“该组合物含有0.01~5% w/w引诱剂”，对于所属技术领域的技术人员来说，在毒饵组合物中添加适当含量的引诱剂，是所述技术领域的常规技术手段，因此将该常规技术手段应用到对比文件1中，从而得出权利要求5所要求保护的技术方案，是显而易见的，因此在其引用的权利要求不具备创造性时，权利要求5要求保护的技术方案也不具备突出的实质性特点和显著的进步，不符合专利法第22条第3款有关创造性的规定。

权利要求10要求保护一种“杀虫剂饵组合物，其含有：（i）含有昆虫食物材料的呈固体或半固体形式的85~99.9%饵基料；（ⅱ）呈没有微胶囊化形式的0.01%~5%杀虫剂，（ⅲ）被对昆虫的消化有抗性的材料微胶囊化的0.01%~5%微胶囊化杀虫剂；和（iv）0%~5%昆虫引诱剂”。对比文件1也公开了一种杀虫剂饵组合物，该杀虫剂组合物含有昆虫食物的饵料，在饵料中含有未胶囊化的杀虫成分，在饵料表面含有胶囊化的速效杀虫成分（对比文件1说明书第1栏第32行至第2栏第4行，实施例1~2）。由于权利要求10中昆虫引诱剂的含量可以为0，因此权利要求10要求保护的技术方案与对比文件1披露的技术方案的区别在于：（1）未胶囊化的杀虫剂含量为0.01~5% w/w，胶囊化的杀虫剂含量为0.01~5% w/w；（2）明确限定微胶囊的材料为对昆虫的消化有抗性的材料。但是，首先对于所属技术领域的技术人员来说，未胶囊化和胶囊化杀虫剂的含量是所属技术领域常规含量的常规选择，该选择是显而易见的，而且即使昆虫引诱剂的含量不为0，在毒饵组合物中添加适当含量的引诱剂，也是所述技术领域的常规技术手段。其次，如上面评价权利要求1时所述，用对“对昆虫的消化有抗性”进行的限定不会给该技术方案带来任何突出的实质性特点和预料不到的技术效果。因此在对比文件1的基础上结合公知常识，本领域技术人员得出权利要求10要求保护的技术方案是显而易见的，且其产生的效果也是可以预见的，因此权利要求10要求保护的技术方案不具备突出的实质性特点和显著的进步，不符合专利法第22条第3款有关创造性的规定。

权利要求11、12、14对其引用的权利要求做了进一步限定，其附加技术特征也已经在对比文件1中被公开：未胶囊化的杀虫剂是灭蚁腙，胶囊化的杀虫剂是二嗪农等有机磷酸酯和氨基甲酸酯及毒死蜱（见对比文件1说明书第1栏第32行至第2栏第4行，实施例1~2）。因此在其引用的权利要求不具备创造性时，权利要求11、12、14所要求保护的技术方案也不具备突出的实质性特点和显著的进步，不符合专利法第22条第3款有关创造性的规定。

权利要求13对权利要求11做了进一步限定，其附加技术特征为“没有胶囊化的杀虫剂是毒死蜱”，对于所属技术领域的技术人员来说，毒死蜱是常用毒饵，因此在其引用的权利要求不具备创造性时，权利要求13所要求保护的技术方案也不具备突出的实质性特点和显著的进步，不符合专利法第22条第3款有关创造性的规定。

权利要求15要求保护一种杀死群居接触昆虫的方法，对比文件1也公开了一种杀死群居接触昆虫的方法，二者的区别仅在于所用杀虫剂饵组合物存在如评述权利要求1时所述的区别，如评述权利要求1时所述，饵料之间的这种区别不会给饵料带来任何意想不到的效果，在使用的饵组合物不具备创造性的情况下，权利要求15要求保护的使用该饵组合物杀死昆虫的方法也不具备突出的实质性特点和显著的进步，不符合专利法第22条第3款有关创造性的规定。

权利要求16~18对饵料浓度做了进一步限定，权利要求19~22分别对未胶囊化的杀虫剂含量和胶囊化的杀虫剂含量作了进一步限定，如上所述，对于所属技术领域的技术人员来说，该含量是在所属技术领域的常规含量范围内进行的常规选择，且其产生的效果也是可以预见的，因此在其引用的权利要求不具备创造性时，权利要求16~22所要求保护的技术方案也不具备突出的实质性特点和显著的进步，不符合专利法第22条第3款有关创造性的规定。

权利要求23、24、26、27对其引用的权利要求做了进一步限定，其附加技术特征已经在对比文件1中披露：未胶囊化的杀虫剂是灭蚁腙，胶囊化的杀虫剂是二嗪农等有机磷酸酯和氨基甲酸酯及毒死蜱，所述昆虫是蟑螂（见对比文件1说明书第1栏第32行至第2栏第4行，实施例1~2）。因此在其引用的权利要求不具备创造性时，权利要求23、24、26、27所要求保护的技术方案也不具备突出的实质性特点和显著的进步，不符合专利法第22条第3款有关创造性的规定。

权利要求25对权利要求23做了进一步限定，其附加技术特征为“没有胶囊化的杀虫剂是毒死蜱”，对于所属技术领域的技术人员来说，毒死蜱是常用毒饵，因此在其引用的权利要求不具备创造性时，权利要求25所要求保护的技术方案也不具备突出的实质性特点和显著的进步，不符合专利法第22条第3款有关创造性的规定。

综上所述，本案合议组认为，本申请权利要求1~27不符合专利法第22条第3款的规定。

基于上述理由，合议组作出下述决定。

三、决定

维持国家知识产权局于2004年8月6日对第97199475.7号发明专利申请作出的驳回决定。

复审请求人对本决定不服的，可以根据专利法第41条第2款的规定，自收到本决定之日起三个月内向北京市第一中级人民法院起诉。

031

一种纳米型活性有机精腐肥及制作方法

复审请求审查决定（第12437号）

决　定　号　第12437号
决　定　日　2007年8月15日
发明创造名称　一种纳米型活性有机精腐肥及制作方法
国际分类号　C05G1/00，C05F11/02，C05F11/08
复审请求人　武兴战
申　请　号　02139321.4
申　请　日　2002年7月30日
公　开　日　2004年2月4日
合议组组长　刘　静
主　审　员　李新芝
参　审　员　侯　曜

法律依据　专利法第26条第3款
决定要点

对于化学产品发明，如果说明书中已经具体记载了该化学产品的确认、制备及其用途，本领域的技术人员按照说明书记载的内容，能够实现该发明的技术方案，解决其技术问题，并且产生预期的技术效果，则说明书的描述满足了充分公开的要求。

一、案由

本复审请求案涉及发明名称为“一种纳米型活性有机精腐肥及制作方法”的02139321.4号发明专利申请（下称本申请），申请人为武兴战，申请日为2002年7月30日，公开日为2004年2月4日。

2006年5月19日，针对申请人于2006年2月7日提交的说明书第2、5页，2002年7月30日提交的权利要求书、说明书第1、3~4、6~10页、说明书附图第1页及说明书摘要和摘要附图，国家知识产权局以说明书不符合专利法第26条第3款的规定为由驳回了本申请。

驳回决定认为：本申请的说明书未对发明作出清楚、完整的说明，致使所属技术领域的技术人员不能实现该发明，公开不充分主要表现在：（1）腐肥配方以及腐酸铵原料配方表述不清楚，因为各种原料的重量单位为kg/T，而说明书记载的各种原料的最下限重量之和均大于1吨；（2）说明书中提到的“中草药有效成分”和“微生物群菌种”是一个不清楚的概念，而且添加剂中包括的六种微量元素之间的关系及其各自含量和比例在说明书中没有给出清楚的说明；（3）制备方法第3步中的炭铵辅助添加剂（说明书第5页第8行及第7页第3行等）是指什么以及制备方法第3步和第4步中所加微量元素比例不清楚。

驳回决定针对的独立权利要求1和9如下：

“1. 一种纳米型活性有机精腐肥，其特征在于包括以下组分：腐酸铵、添加剂、工艺水。

9. 一种纳米型活性有机精腐肥的制作方法，其特征在于包括以下操作步骤：1）原料筛选；2）预选精磨处理；3）生物、化学反应；4）加入辅助添加剂；5）造粒筛选；6）复配、干燥、冷却；7）包膜处理；8）筛选处理。”

2006年9月4日，申请人武兴战（下称请求人）对上述驳回决定不服，向专利复审委员会提出复审请求，请求人在提出复审请求时对权利要求书和说明书进行了修改，其中删去了原说明书中的实施例1并根据实施例2~4修改了权利要求书。修改后的权利要求书为：

“1. 一种纳米型活性有机精腐肥，其特征在于包括以下组分：腐酸铵（含量HA30%~40%、氮5%），500kg/T；有机氮（尿素含氮46%），120kg/T；普通过磷酸钙（含量18%），200kg/T；磷铵（含量磷46%、氮17%），60kg/T；有机钾（含量40%~80%），120kg/T；辅助添加剂（Fe、Cu、Mn、Zn、B、Mo），20kg/T；工艺水480kg/T。

2. 一种纳米型活性有机精腐肥，其特征在于包括以下组分：腐酸铵（含量HA30%~40%、氮5%），450kg/T；有机氮（尿素含氮46%），160kg/T；聚磷酸铵（含量P2O5，12%~20%），200kg/T；磷铵（含量磷46%、氮17%），100kg/T；焦磷酸钾（含量30%~50%），100kg/T；辅助添加剂（黄腐酸Fe、Cu、Mn、Zn、B、Mo），50kg/T；工艺水320kg/T。

3. 一种纳米型活性有机精腐肥，其特征在于包括以下组分：腐酸铵（含量HA30%~40%、氮5%），500kg/T；普通过磷酸钙（含量20%），350kg/T；有机氮（尿素含氮46%），60kg/T；有机钾（含量80%），50kg/T；辅助添加剂（Fe、Cu、Mn、Zn、B、Mo），8kg/T；工艺水320kg/T。

4. 根据权利要求1、2或3所述的一种纳米型活性有机精腐肥的制作方法，其特征在于包括以下操作步骤：

1）原料筛选：

将泥炭褐煤经清洗处理为活性有机精腐肥原料；

2）预选精磨处理：

通过球磨精研，并水洗去杂。

3）生物、化学反应：

将制成的腐酸铵原料与反应物质氨水或碳铵加水混合均匀，在反应池中密封，熟化即生成腐酸铵，将过磷酸钙与炭铵、微量元素（Fe、Cu、Mn、Zn、B、Mo）加工艺水混合并反应；

4）加入辅助添加剂：

加入有机氮、聚磷酸铵、钾肥、氨基酸、微量元素（Fe、Cu、Mn、Zn、B、Mo）；

5）造粒筛选：

①造粒、②缩水处理、筛选、③包膜定型；

6）复配、干燥、冷却：

7）包膜处理：

采用粘合剂包膜处理成型，在舍成处理时加入植物有效杀菌物质。

8）筛选处理：

将有机精腐肥成品包装。”

请求人认为：（1）由实施例中原料之和明显大于1吨可以推断说明书中出现的重量单位指的是

制造每吨成品所需原料的重量，并不是指原材料的重量之和为1吨；（2）本发明的发明点在于各组分的具体配比和具体工艺步骤，而不在于Fe、Cu、Mn、Zn、B、Mo六种微量元素添加剂的比例；而且本行业技术人员根据实施例中的用量并结合公知技术和常识，完全能够实施本发明。因此，本申请说明书对技术方案作出了清楚、完整的说明。

经形式审查合格后，专利复审委员会受理了该请求，并于2006年11月15日向请求人发出了《复审请求受理通知书》，同时将本申请转送至国家知识产权局原审查部门进行前置审查。

在《前置审查意见书》中，国家知识产权局原审查部门认为原驳回决定中的缺陷依然存在，因此坚持驳回决定。

专利复审委员会组成合议组，对本复审请求案进行了审理。

2007年6月8日请求人对权利要求书和说明书进行了主动补正，其中删除了请求人在提出复审请求时提交的权利要求书中的权利要求4，并将说明书恢复为与申请日提交的原申请文件一致。修改后的权利要求书如下：

"1. 一种纳米型活性有机精腐肥，其特征在于包括以下组分：腐酸铵（含量HA30%~40%、氮5%），500kg/T；有机氮（尿素含氮46%），120kg/T；普通过磷酸钙（含量18%），200kg/T；磷铵（含量磷46%、氮17%），60kg/T；有机钾（含量40%~80%），120kg/T；辅助添加剂（Fe、Cu、Mn、Zn、B、Mo），20kg/T；工艺水480kg/T。

2. 一种纳米型活性有机精腐肥，其特征在于包括以下组分：腐酸铵（含量HA30%~40%、氮5%），450kg/T；有机氮（尿素含氮46%），160kg/T；聚磷酸铵（含量P2O5，12%~20%），200kg/T；磷铵（含量磷46%、氮17%），100kg/T；焦磷酸钾（含量30%~50%），100kg/T；辅助添加剂（黄腐酸Fe、Cu、Mn、Zn、B、Mo），50kg/T；工艺水320kg/T。

3. 一种纳米型活性有机精腐肥，其特征在于包括以下组分：腐酸铵（含量HA30%~40%、氮5%），500kg/T；普通过磷酸钙（含量20%），350kg/T；有机氮（尿素含氮46%），60kg/T；有机钾（含量80%），50kg/T；辅助添加剂（Fe、Cu、Mn、Zn、B、Mo），8kg/T；工艺水320kg/T。"

经合议，合议组认为本案事实清楚，可以作出审查决定。

二、决定的理由

1. 关于审查文本

本复审决定是以请求人于2007年6月8日提交的权利要求第1~3项、说明书第1~10页，2002年7月30日提交的说明书附图第1页、说明书摘要及摘要附图为基础作出的。

2. 关于充分公开

专利法第26条第3款规定：说明书应当对发明或者实用新型作出清楚、完整的说明，以所属技术领域的技术人员能够实现为准。

对于化学产品发明，如果说明书中已经具体记载了该化学产品的确认、制备及其用途，本领域的技术人员按照说明书记载的内容，能够实现该发明或者实用新型的技术方案，解决其技术问题，并且产生预期的技术效果，则说明书的描述满足了充分公开的要求。

具体到本案而言，其发明目的在于提供一种具有控制植物生长、改良土壤、抗病杀菌等功能的纳米型活性有机精腐肥及其制备方法，为此，请求人提供了如权利要求1、2或3所述的纳米型活性有机精腐肥。

合议组认为，权利要求1、2、3所述的纳米型活性有机精腐肥配方分别相应于本申请说明书实施例2、3、4所述的纳米型活性有机精腐肥配方，也就是说，在本申请的说明书中已明确具体地记载了独立权利要求1、2、3所述的纳米型活性有机精腐肥的配方组成，并在本申请的说明书中描述了权利要求1、2、3所述的纳米型活性有机精腐肥的制作方法同实施例1（见说明书第8页），也就是说权利要求1、2、3所述纳米型活性有机精腐肥的制备方法与实施例1相同，包括的步骤有：（1）原料筛选；（2）预选精磨处理；（3）生物、化学反应；（4）加入辅助添加剂；（5）造粒筛选；（6）复配、干燥、冷却；（7）包膜处理；（8）筛选处理。此外，在本申请说明书中还公开了上述纳米型活性有机精腐肥的用途或效果，例如提高了植物养分利用率，使粮食作物增产20%－36%、苹果增产28%、经济作物增产25%～38%等（见说明书第3页倒数第2～5行）。由此可知，在本申请的说明书中已经具体地记载了独立权利要求1、2、3所述纳米型活性有机精腐肥的配方组成、制备方法及其用途，本领域技术人员按照说明书记载的内容，完全能够实现该发明或者实用新型的技术方案，解决其技术问题，并且产生预期的技术效果，因此本申请说明书的描述满足了充分公开的要求，符合专利法第26条第3款的规定。

原审查部门在驳回决定中认为本申请的说明书公开不充分主要表现在以下几个方面：（1）说明书中涉及的腐肥配方表述不清楚，因为各种原料的重量单位为kg/T，而说明书记载的各种原料的最下限重量之和大于1吨，致使其技术方案无法实施；（2）说明书中提到的“中草药有效成分”和“微生物群菌种”是一个不清楚的概念，而且添加剂中包括的六种微量元素之间的关系及其各自比例在说明书中没有给出清楚的说明；（3）制备方法第3步中的炭铵辅助添加剂是指什么以及制备方法第3步和第4步中所加微量元素的比例不清楚。

对此，合议组认为，（1）对于重量单位表述不清的问题，在复合肥料领域中，在计算各种原料的用量时，通常都会以生产1吨肥料所需各种原料的量来计算，因此请求人在本申请的说明书中将各种原料的重量单位写为kg/T并不会使本领域技术人员误以为在制备本发明的精腐肥时各种原料的重量之和应为1吨，而且请求人在答复《第一次审查意见通知书》时也已对该重量单位的含义进行了澄清说明，因此该重量单位并不足以导致本领域技术人员依照说明书的描述无法实施其技术方案；（2）对于“中草药有效成分”和“微生物群菌种”不清楚的问题，由于请求人于2007年6月8日提交的权利要求书第1～3项中已经不涉及“中草药有效成分”和“微生物菌群”，因此上述权利要求的技术方案已不存在原审查部门所指的“中草药有效成分”和“微生物群菌种”不清楚的问题；（3）对于说明书未清楚说明六种微量元素之间的关系及各自比例的问题，合议组认为，如说明书所述，上述六种微量元素在本申请权利要求1、2、3所述纳米型活性有机精腐肥配方中仅仅是作为辅助添加剂，而且上述各种微量元素对于作物的作用在本领域是已知的，本领域技术人员通常是根据不同的土壤条件和所施用作物的不同施加不同的微量元素，因此在本申请说明书已明确给出了精腐肥配方中各微量元素总用量的情况下，本领域技术人员根据土壤条件和作物的不同而施加不同的微量元素并调节各微量元素间的配比是易于实现的，在无相反证据的情况下，应认为制备方法中所加入的各种微量元素之间的比例并不是实现本发明目的的必要技术特征；（4）对于制备方法第3步中的炭铵辅助添加剂指的是什么不清楚的问题，合议组认为，该炭铵明显应为碳铵，这是本领域技术人员能够识别出的明显文字错误，对其理解不会影响本领域技术人员对本申请技术方案的实施；而对于驳回决定中指出的所述制备方法中未记载第3步和第4步所加微量元素的比例的问题，合议组认为，在没有证据证明上述两步中所加微量元素的比例是实现本发明目的的必要技术特征时，应理解为无论第3步和第4步所加微量元素的比例为多少，按照本申请说明书所述的制备方法均能制得实现本发明目的的纳米型活性有机精腐肥，也就是说，制备方法第3步和第4步所加微量元素的比例并不影响本领域技术人员对本申请技术方案的实施。

综上所述，原驳回决定中所指出的缺陷已被克服，对于本申请权利要求1、2、3所述的纳米型活性有机精腐肥，说明书已经具体描述了其组成、制备及其用途，本领域技术人员按照说明书记载的内容，完全能够实现本发明的技术方案，解决其技术问题，并产生预期的技术效果，因此说明书的描述满足了充分公开的要求。

根据上述事实和理由，合议组作出如下审查决定。

三、决定

撤销国家知识产权局于2006年5月19日针对02139321.4号发明专利申请作出的驳回决定，由国家知识产权局原审查部门以请求人于2007年6月8日提交的权利要求第1~3项、说明书第1~10页，2002年7月30日提交的说明书附图第1页、说明书摘要及摘要附图为基础继续审批程序。

复审请求人对本决定不服的，可以根据专利法第41条第2款的规定，自收到本决定之日起三个月内向北京市第一中级人民法院起诉。

032

选择的环己烷-1，3-及-1，4-二羧酸酯

复审请求审查决定（第12488号）

决　定　号　第12488号
决　定　日　2008年1月6日
发明创造名称　选择的环己烷-1，3-及-1，4-二羧酸酯
国 际 分 类 号　C07C69/75，C07C67/303，C08K5/12
复 审 请 求 人　巴斯福股份公司
申　请　号　00809140.4
申　请　日　2000年6月9日
公　开　日　2002年7月3日
优 先 权 日　1999年6月18日
合议组组长　李彦涛
主　审　员　刘　静
参　审　员　危　峰

法 律 依 据　专利法第26条第3款
决 定 要 点

所属技术领域的技术人员能够实现，是指所属技术领域的技术人员按照说明书记载的内容，就能够实现该发明或者实用新型的技术方案，解决其技术问题，并且产生预期的技术效果。

一、案由

本复审请求案涉及发明名称为“选择的环己烷-1，3-及-1，4-二羧酸酯”的00809140.4号发明专利申请（下称本申请），申请人为巴斯福股份公司，申请日为2000年6月9日，优先权日为1999年6月18日，公开日为2002年7月3日。

2005年4月8日，针对申请人于2004年11月2日提交的权利要求书，进入中国国家阶段时提交的说明书第1、8~13、15、16、18~20页，2004年1月6日提交的说明书第2~7、14、17页，以及进入中国国家阶段时提交的摘要，国家知识产权局以本申请不符合专利法第26条第3款为由驳回了本申请。驳回决定认为：本申请的说明书中虽然公开了制备环己烷-1，3-及-1，4-二羧酸酯的方法，且具体描述了该方法所用的反应原料、催化剂，并给出了具体化合物对苯二酸二（2-乙基己基）酯的制备实施例，但说明书中没有给出所述环己烷-1，3-及-1，4-二羧酸酯化合物的任何理化参数，说明书中对化合物性质的文字性描述不能使本领域技术人员确认环己烷-1，3-及1，4-二羧酸酯已经存在。

驳回决定针对的权利要求书如下：

“1. 通过化学文摘登记号 CAS No. 1528-64-9 的间苯二酸二异丁基酯氢化得到的环己烷-1，3-二羧酸二异丁基酯；

通过 CAS No. 4654-16-4 的间苯二酸二戊基酯氢化得到的环己烷-1，3-二羧酸二戊基酯；

通过 CAS No. 75151-01-8 的间苯二酸双（1-甲基丁基）酯氢化得到的环己烷-1，3-二羧酸双（1-甲基丁基）酯；

通过 CAS No. 4654-17-5 的间苯二酸二庚基酯氢化得到的环己烷-1，3-二羧酸二庚基酯；

通过 CAS No. 4654-19-7 的间苯二酸二壬基酯氢化得到的环己烷-1，3-二羧酸二壬基酯；

通过 CAS No. 52284-35-2 的间苯二酸二异癸基酯氢化得到的环己烷-1，3-二羧酸二异癸基酯；

通过 CAS No. 18699-46-2 的间苯二酸双十一烷基酯氢化得到的环己烷-1，3-二羧酸双十一烷基酯；

通过 CAS No. 18699-47-3 的间苯二酸双十二烷基酯氢化得到的环己烷-1，3-二羧酸双十二烷基酯；

通过 CAS No. 75150-99-1 的间苯二酸双（1-甲基丙基）酯氢化得到的环己烷-1，3-二羧酸双（1-甲基丙基）酯；

通过 CAS No. 117769-95-6 的间苯二酸双（1，1-二甲基丙基）酯氢化得到的环己烷-1，3-二羧酸双（1，1-二甲基丙基）酯；

通过 CAS No. 75151-03-0 的间苯二酸双（2-甲基丁基）酯氢化得到的环己烷-1，3-二羧酸双（2-甲基丁基）酯；

通过 CAS No. 1528-63-8 的间苯二酸双（3-甲基丁基）酯氢化得到的环己烷-1，3-二羧酸双（3-甲基丁基）酯；

通过 CAS No. 166391-29-3 的间苯二酸双（1-乙基-2-甲基丙基）酯氢化得到的环己烷-1，3-二羧酸双（1-乙基-2-甲基丙基）酯；

通过 CAS No. 166391-28-2 的间苯二酸双（1-乙基丁基）酯氢化得到的环己烷-1，3-二羧酸双（1-乙基丁基）酯；

通过 CAS No. 166391-27-1 的间苯二酸双（1，2，2-三甲基丙基）酯氢化得到的环己烷-1，3-二羧酸双（1，2，2-三甲基丙基）酯；

通过 CAS No. 166391-25-9 的间苯二酸双（2-乙基丁基）酯氢化得到的环己烷-1，3-二羧酸双（2-乙基丁基）酯；

通过 CAS No. 159375-22-1 的间苯二酸双（4-甲基戊基）酯氢化得到的环己烷-1，3-二羧酸双（4-甲基戊基）酯；

通过 CAS No. 166391-26-0 的间苯二酸双（1，3-二甲基丁基）酯氢化得到的环己烷-1，3-二羧酸双（1，3-二甲基丁基）酯；

通过 CAS No. 123095-15-8 的间苯二酸双（1，1-二乙基丙基）酯氢化得到的环己烷-1，3-二羧酸双（1，1-二乙基丙基）酯；

通过 CAS No. 145530-74-1 的间苯二酸双（1-乙基-1-甲基丙基）酯氢化得到的环己烷-1，3-二羧酸双（1-乙基-1-甲基丙基）酯；

通过 CAS No. 166391-48-6 的间苯二酸双［2-甲基-1-（1-甲基乙基）丙基］酯氢化得到的环己烷-1，3-二羧酸双［2-甲基-1-（1-甲基乙基）丙基］酯；

通过 CAS No. 17673-11-9 的间苯二酸双（2，2-二甲基己基）酯氢化得到的环己烷-1，3-二羧酸双（2，2-二甲基己基）酯；

通过 CAS No. 127474-92-4 的间苯二酸双［3-甲基-1-（2-甲基丙基）丁基］酯氢化得到的环己烷-1，3-二羧酸双［3-甲基-1-（2-甲基丙基）丁基］酯；

通过 CAS No. 208527-97-3 的间苯二酸双（3，3，5-三甲基己基）酯氢化得到的环己烷-1，3-二羧酸双（3，3，5-三甲基己基）酯；

通过 CAS No. 123892-24-0 的间苯二酸双（2-乙基-1，1-二甲基己基）酯氢化得到的环己烷-1，3-二羧酸双（2-乙基-1，1-二甲基己基）酯；

通过 CAS No. 166391-30-6 的间苯二酸 1-庚基-3-己基酯氢化得到的环己烷二羧酸 1-庚基-3-己基酯；

通过 CAS No. 166391-41-9 的间苯二酸 1-［2-乙基丁基］-3-庚基酯氢化得到的环己烷二羧酸 1-［2-乙基丁基］-3-庚基酯；

通过 CAS No. 166391-43-1 的间苯二酸 1-庚基-3-［1，2，2-三甲基丙基］酯氢化得到的环己烷二羧酸 1-庚基-3-［1，2，2-三甲基丙基］酯；

通过 CAS No. 166391-42-0 的间苯二酸 1-二甲基丁基-3-庚基酯氢化得到的环己烷二羧酸 1-二甲基丁基-3-庚基酯；

通过 CAS No. 166391-44-2 的间苯二酸 1-［1-乙基丁基］-3-庚基酯氢化得到的环己烷二羧酸 1-［1-乙基丁基］-3-庚基酯；

通过 CAS No. 166391-45-3 的间苯二酸 1-［1-乙基-2-甲基丙基］-3-庚基酯氢化得到的环己烷二羧酸 1-［1-乙基-2-甲基丙基］-3-庚基酯；

通过 CAS No. 154064-19-4 的间苯二酸 1-癸基-3-己基酯氢化得到的环己烷二羧酸 1-癸基-3-己基酯；

通过 CAS No. 166391-46-4 的间苯二酸 1-己基-3-［2-甲基-1-（1-甲基乙基）丙基］酯氢化得到的环己烷二羧酸 1-己基-3-［2-甲基-1-（1-甲基乙基）丙基］酯；

通过 CAS No. 154147-75-8 的间苯二酸 1-十二烷基-3-己基酯氢化得到的环己烷二羧酸 1-十二烷基-3-己基酯；

通过 CAS No. 154147-74-7 的间苯二酸 1-壬基-3-辛基酯氢化得到的环己烷二羧酸 1-壬基-3-辛基酯；

通过 CAS No. 18699-48-4 的对苯二酸二异丁基酯氢化得到的环己烷-1，1-二羧酸二异丁基酯，化学文摘登记号；

通过 CAS No. 1818-95-7 的对苯二酸二戊基酯氢化得到的环己烷-1，4-二羧酸二戊基酯；

通过 CAS No. 75151-02-9 的对苯二酸双（1-甲基丁基）酯氢化得到的环己烷-1，4-二羧酸双（1-甲基丁基）酯；

通过 CAS No. 4654-25-5 的对苯二酸二庚基酯氢化得到的环己烷-1，4-二羧酸二庚基酯；

通过 CAS No. 27937-24-2 的对苯二酸二异辛基酯氢化得到的环己烷-1，4-二羧酸二异辛基酯；

通过 CAS No. 4654-27-7 的对苯二酸二壬基酯氢化得到的环己烷-1，4-二羧酸二壬基酯；

通过 CAS No. 59802-05-0 的对苯二酸二异壬基酯氢化得到的环己烷-1，4-二羧酸二异壬基酯；

通过 CAS No. 111204-04-7 的对苯二酸双十一烷基酯氢化得到的环己烷-1，4-二羧酸双十一烷基酯；

通过 CAS No. 18749-84-3 的对苯二酸双十二烷基酯氢化得到的环己烷-1，4-二羧酸双十二烷基酯；

通过 CAS No. 64445-74-5 的对苯二酸双（1-甲基丙基）酯氢化得到的环己烷-1，4-二羧酸双（1-甲基丙基）酯；

通过 CAS No. 117769-96-7 的对苯二酸双（1，1-二甲基丙基）酯氢化得到的环己烷-1，4-二羧酸双（1，1-二甲基丙基）酯；

通过 CAS No. 75151-04-1 的对苯二酸双（2-甲基丁基）酯氢化得到的环己烷-1，4-二羧酸双（2-甲基丁基）酯；

通过 CAS No. 18699-49-5 的对苯二酸双（3-甲基丁基）酯氢化得到的环己烷-1，4-二羧酸双（3-甲基丁基）酯；

通过 CAS No. 166391-32-8 的对苯二酸双（1-乙基丁基）酯氢化得到的环己烷-1，4-二羧酸双（1-乙基丁基）酯；

通过 CAS No. 159375-21-0 的对苯二酸双（4-甲基戊基）酯氢化得到的环己烷-1，4-二羧酸双（4-甲基戊基）酯；

通过 CAS No. 166391-33-9 的对苯二酸双［2-甲基-1-（1-甲基乙基）丙基］酯氢化得到的环己烷-1，4-二羧酸双［2-甲基-1-（1-甲基乙基）丙基］酯；

通过 2-甲基 CAS No. 51248-91-0 的对苯二酸双（2-乙基己基）酯氢化得到的 2-甲基环己烷-1，4-二羧酸双（2-乙基己基）酯；

通过 CAS No. 87321-19-5 的对苯二酸双（1-甲基庚基）酯氢化得到的环己烷-1，4-二羧酸双（1-甲基庚基）酯；

通过 CAS No. 59726-62-4 的对苯二酸双（2-乙基-4-甲基戊基）酯氢化得到的环己烷-1，4-二羧酸双（2-乙基-4-甲基戊基）酯；

通过 CAS No. 83789-07-5 的对苯二酸双（2-甲基庚基）酯氢化得到的环己烷-1，4-二羧酸双（2-甲基庚基）酯；

通过 CAS No. 90062-57-0 的对苯二酸双（1，1，3，3-四甲基丁基）酯氢化得到的环己烷-1，4-二羧酸双（1，1，3，3-四甲基丁基）酯；

通过 CAS No. 129951-42-4 的对苯二酸双（7-甲基辛基）酯氢化得到的环己烷-1，4-二羧酸双（7-甲基辛基）酯；

通过 CAS No. 129951-40-2 的对苯二酸双（8-甲基壬基）酯氢化得到的环己烷-1，4-二羧酸双（8-甲基壬基）酯；

通过 CAS No. 129951-39-9 的对苯二酸 1-［8-甲基壬基］-4-辛基酯氢化得到的环己烷二羧酸 1-［8-甲基壬基］-4-辛基酯；

通过 CAS No. 129951-41-3 的对苯二酸 1-癸基-4-辛基酯氢化得到的环己烷二羧酸 1-癸基-4-辛基酯。

2. 制备如权利要求 1 所述的一种或多种环己烷-1，3-或-1，4-二羧酸酯的方法，是通过相应的间苯二酸酯或对苯二酸酯或由其中的两种或多种组成的混合物的氢化来制备，该方法是在催化剂的存在下，将一种或多种相应的间苯二酸酯或对苯二酸酯与含氢的气体相接触，该催化剂包括，周期表中第八过渡族的金属，以其单独的形式或与周期表中第一或第七过渡族的金属一起，作为活性金属施于载体上，其中包括采用具有大孔的载体。

3. 如权利要求 2 所述的方法，其中催化剂包括，周期表中第八过渡族的金属，以其单独的形式或与周期表中第一或第七过渡族的金属一起，作为活性金属施于载体上，其中载体具有平均孔径至少为 50 纳米，且 BET 表面积不超过 30 平方米/克，活性金属的量为 0.01%～30% 重量，基于催化剂的总重量。

4. 如权利要求2所述的方法，其中催化剂包括，基于催化剂总重量的0.01%~30%重量的周期表中第八过渡族的金属，以其单独的形式或与周期表中第一或第七过渡族的金属一起，作为活性金属施于载体上，其中载体孔体积的10%~50%是由孔径为50~10000纳米的大孔构成，且载体孔体积的50%~90%是由孔径为2~50纳米的中孔构成，其中孔体积比例之和为100%。

5. 如权利要求2所述的方法，其中催化剂包括，基于催化剂总重量的0.01%~30%重量的周期表中第八过渡族的金属，以其单独的形式或与周期表中第一或第七过渡族的金属一起，作为活性金属施于载体上，其中载体具有平均孔径至少为0.1微米，且BET表面积不超过15平方米/克。

6. 如权利要求2所述的方法，其中载体包括活性炭，碳化硅，氧化铝，二氧化硅，二氧化钛，二氧化锆，氧化镁，氧化锌或其中的两种或多种组成的混合物。

7. 如权利要求3所述的方法，其中载体包括活性炭，碳化硅，氧化铝，二氧化硅，二氧化钛，二氧化锆，氧化镁，氧化锌或其中的两种或多种组成的混合物。

8. 如权利要求4所述的方法，其中载体包括活性炭，碳化硅，氧化铝，二氧化硅，二氧化钛，二氧化锆，氧化镁，氧化锌或其中的两种或多种组成的混合物。

9. 如权利要求5所述的方法，其中载体包括活性炭，碳化硅，氧化铝，二氧化硅，二氧化钛，二氧化锆，氧化镁，氧化锌或其中的两种或多种组成的混合物。

10. 如权利要求2所述的方法，其中氢化是在溶剂或稀释剂存在下进行。

11. 如权利要求3所述的方法，其中氢化是在溶剂或稀释剂存在下进行。

12. 如权利要求4所述的方法，其中氢化是在溶剂或稀释剂存在下进行。

13. 如权利要求5所述的方法，其中氢化是在溶剂或稀释剂存在下进行。

14. 如权利要求2所述的方法，其中氢化是连续进行。

15. 如权利要求3所述的方法，其中氢化是连续进行。

16. 如权利要求4所述的方法，其中氢化是连续进行。

17. 如权利要求5所述的方法，其中氢化是连续进行。

18. 如权利要求1所述的环己烷-1，3-或-1，4-二羧酸酯或其中两种或多种组成的混合物的用途，是作为塑料中的增塑剂。

19. 如权利要求1所述的环己烷-1，3-或-1，4-二羧酸酯或由其中的两种或多种组成的混合物的用途，是作为制备具有毒理学优势的塑料的增塑剂，其中当每日口服剂量为每千克体重1000毫克适当的环己烷-1，3-或-1，4-二羧酸酯或由其中的两种或多种组成的混合物，通过胃管经过至少14天的周期在啮齿动物上进行实验时，与未处理的对照动物相比，处理后肝脏的重量没有明显的升高，并且在肝脏组织匀浆中测试的氰化物-非敏感棕榈酰-CoA氧化酶的比活度没有加倍。”

2005年7月22日，申请人巴斯福股份公司（下称请求人）对上述驳回决定不服，向专利复审委员会提出复审请求，请求人在提出复审请求时没有对申请文件进行修改。请求人认为：（1）本申请说明书的第2页第6段、第14~15页以及实施例的记载公开了氢化的方法和催化剂的细节，因此所述制备方法已被详细公开，应用本申请的技术情报，本领域技术人员能够把握该方法必然能获得哪些产品，这些产品可以使用本领域技术人员已知的简单技术手段表征，因此产品已经在说明书中充分公开；（2）说明书第15页第3段描述了所述产品的性能的细节，其中描述了使用本发明的化合物作为增塑剂制备的塑料的性质，因此说明书中对该化合物的公开充分地满足了审查指南中有关的规定。

经形式审查合格后，专利复审委员会受理了该请求，并于2005年8月23日向请求人发出了《复审请求受理通知书》，同时将本申请转送至国家知识产权局原审查部门进行前置审查。

在《前置审查意见书》中，国家知识产权局原审查部门坚持驳回决定。

专利复审委员会组成合议组，对本复审请求案进行了审理，并于2007年4月13日向请求人发出《复审通知书》，指出：（1）就本申请而言，权利要求1要求保护60种具体的化合物。审查指南第二部分第十章3.1（1）规定，对于化合物发明而言，说明书中应当说明该化合物的化学名称及结构式或者分子式，对化学结构的说明应当明确到使本领域的技术人员能确认该化合物的程度；并应当记载与发明要解决的技术问题相关的化学、物理性能参数（例如各种定性或者定量数据和谱图等），使要求保护的化合物能被清楚地确认。但是本申请的说明书仅仅给出了一个化合物环已烷-1，4-二羧酸二（2-乙基己基）酯的制备实施例，没有提供其他59种化合物的具体制备方法，而且说明书通篇也没有提供任何化合物相关的化学、物理性能参数，本领域技术人员无法确认要求保护的60种化合物已被真正制备出来并具有说明书所述的技术效果。因此，本发明要求保护的具体化合物公开不充分，不符合专利法第26条第3款的规定。（2）说明书第2页第6段、第14~15页仅仅是制备方法的概述，实施例的表1和2也仅仅给出了制备环已烷-1，3-二羧酸酯、环已烷-1，4-二羧酸酯的原料来源，整个说明书都没有一一公开要求保护的60种化合物的具体制备方法、化合物的理化参数等。本领域技术人员公知，根据化学领域的普通知识，化合物的结构式或者分子式是容易想到的，但仅凭结构式和原理性的反应方案不能使本领域技术人员确认要求保护的60种化合物在申请日之前已经一一按照氢化反应原理，在所述催化剂的存在下被真正制备出来。化学是一门实验学科，一个新化合物的发明必须公开具体制备方法以及化合物的理化参数来证实该化合物在申请日以前可以实际制备得到。

针对上述《复审通知书》，请求人于2007年7月30日提交了意见陈述书以及权利要求书的修改替换页。请求人将权利要求1限定到实施例具体公开的化合物环已烷-1，4-二羧酸二（2-乙基己基）酯，将权利要求2修改为60种具体化合物的制备方法。请求人认为，复审通知书中没有反驳所述方法权项未被充分公开，本发明说明书已经记载了所用的原料物质、工艺步骤和工艺条件，对于方法所用的原料物质，说明书也已经充分公开了其成分、性能、制备方法或者来源，因此权利要求2的方法技术特征在说明书中进行了充分的公开。

针对请求人于2007年7月30日提交的权利要求书，合议组于2007年9月13日发出《第二次复审通知书》，指出：（1）修改后的权利要求2要求保护制备环已烷-1，3-及-1，4-二羧酸酯的方法，其中列举了60种具体的化合物。本申请的说明书仅仅给出了一个化合物环已烷-1，4-二羧酸二（2-乙基己基）酯的制备实施例，没有提供其他59种化合物的具体制备方法，而且说明书通篇也没有提供任何化合物相关的化学、物理性能参数，因此本领域技术人员无法确认权利要求2涉及的60种具体化合物已经按照权利要求2的方法被真正制备出来并具有说明书所述的技术效果。因此本申请不符合专利法第26条第3款的规定。（2）充分公开的大前提就是说明书应当对发明或者实用新型作出清楚、完整的说明，以所属技术领域的技术人员能够实现为准。而所属技术领域的技术人员能够实现，是指所属技术领域的技术人员按照说明书记载的内容，就能够实现该发明或者实用新型的技术方案，解决其技术问题，并且产生预期的技术效果。本申请的说明书虽然给出了制备环已烷-1，3-二羧酸酯、环已烷-1，4-二羧酸酯的原料来源，但整个说明书都没有一一公开要求保护的60种化合物的具体制备方法、化合物的理化参数等。一个制备新化合物的方法发明必须公开具体制备的步骤以及化合物的理化参数来证实该方法在申请日以前已实际完成制备得到其目标产物。因此，本领域技术人员根据说明书的记载，无法确定按照权利要求2的方法在申请日以前能够一一制备出对应的60种具体化合物，因此请求人的主张合议组不予支持。

针对上述《第二次复审通知书》，请求人于2007年10月29日提交了意见陈述书以及权利要求书的修改替换页。请求人将权利要求2限定到实施例具体公开的化合物环已烷-1，4-二羧酸二（2-乙基己基）酯的制备方法，并相应地修改了用途权利要求 18、19。修改后的权利要求书如下：

“1. 通过对苯二酸（2-乙基己基）酯氢化得到的环己烷-1，4-二羧酸二（2-乙基己基）酯。

2. 制备如权利要求 1 所述的环己烷-1，4-二羧酸二（2-乙基己基）酯的方法，是通过对苯二酸二（2-乙基己基）酯的氢化来制备，该方法是在催化剂的存在下，将对苯二酸二（2-乙基己基）酯与含氢的气体相接触，该催化剂包括，周期表中第八过渡族的金属，以其单独的形式或与周期表中第一或第七过渡族的金属一起，作为活性金属施于载体上，其中包括采用具有大孔的载体。

3. 如权利要求 2 所述的方法，其中催化剂包括，周期表中第八过渡族的金属，以其单独的形式或与周期表中第一或第七过渡族的金属一起，作为活性金属施于载体上，其中载体具有平均孔径至少为 50 纳米，且 BET 表面积不超过 30 平方米/克，活性金属的量为 0.01% ~30% 重量，基于催化剂的总重量。

4. 如权利要求 2 所述的方法，其中催化剂包括，基于催化剂总重量的 0.01% ~30% 重量的周期表中第八过渡族的金属，以其单独的形式或与周期表中第一或第七过渡族的金属一起，作为活性金属施于载体上，其中载体孔体积的 10% ~50% 是由孔径为 50 ~10000 纳米的大孔构成，且载体孔体积的 50% ~90% 是由孔径为 2 ~50 纳米的中孔构成，其中孔体积比例之和为 100%。

5. 如权利要求 2 所述的方法，其中催化剂包括，基于催化剂总重量的 0.01% ~30% 重量的周期表中第八过渡族的金属，以其单独的形式或与周期表中第一或第七过渡族的金属一起，作为活性金属施于载体上，其中载体具有平均孔径至少为 0.1 微米，且 BET 表面积不超过 15 平方米/克。

6. 如权利要求 2 所述的方法，其中载体包括活性炭，碳化硅，氧化铝，二氧化硅，二氧化钛，二氧化锆，氧化镁，氧化锌或其中的两种或多种组成的混合物。

7. 如权利要求 3 所述的方法，其中载体包括活性炭，碳化硅，氧化铝，二氧化硅，二氧化钛，二氧化锆，氧化镁，氧化锌或其中的两种或多种组成的混合物。

8. 如权利要求 4 所述的方法，其中载体包括活性炭，碳化硅，氧化铝，二氧化硅，二氧化钛，二氧化锆，氧化镁，氧化锌或其中的两种或多种组成的混合物。

9. 如权利要求 5 所述的方法，其中载体包括活性炭，碳化硅，氧化铝，二氧化硅，二氧化钛，二氧化锆，氧化镁，氧化锌或其中的两种或多种组成的混合物。

10. 如权利要求 2 所述的方法，其中氢化是在溶剂或稀释剂存在下进行。

11. 如权利要求 3 所述的方法，其中氢化是在溶剂或稀释剂存在下进行。

12. 如权利要求 4 所述的方法，其中氢化是在溶剂或稀释剂存在下进行。

13. 如权利要求 5 所述的方法，其中氢化是在溶剂或稀释剂存在下进行。

14. 如权利要求 2 所述的方法，其中氢化是连续进行。

15. 如权利要求 3 所述的方法，其中氢化是连续进行。

16. 如权利要求 4 所述的方法，其中氢化是连续进行。

17. 如权利要求 5 所述的方法，其中氢化是连续进行。

18. 如权利要求 1 中所定义的环己烷-1，4-二羧酸二（2-乙基己基）酯的用途，是作为塑料中的增塑剂。

19. 如权利要求 1 中所定义的环己烷-1，4-二羧酸二（2-乙基己基）酯的用途，是作为制备具有毒理学优势的塑料的增塑剂，其中当每日口服剂量为每千克体重 1000 毫克适当的环己烷-1，4-二羧酸二（2-乙基己基）酯，通过胃管经过至少 14 天的周期在啮齿动物上进行实验时，与未处理的对照动物相比，处理后肝脏的重量没有明显的升高，并且在肝脏组织匀浆中测试的氰化物-非敏感棕榈酰-CoA 氧化酶的比活度没有加倍。”

至此，合议组认为本案事实清楚，可以作出审查决定。

二、决定的理由

1. 关于文本

本复审请求审查决定针对的文本是：请求人于2007年10月29日提交的权利要求第1~19项，进入中国国家阶段时提交的说明书第1、8~13、15、16、18~20页，2004年1月6日提交的说明书第2~7、14、17页，以及进入中国国家阶段时提交的摘要。

2. 关于专利法第26条第3款

专利法第26条第3款规定：说明书应当对发明或者实用新型作出清楚、完整的说明，以所属技术领域的技术人员能够实现为准。

所属技术领域的技术人员能够实现，是指所属技术领域的技术人员按照说明书记载的内容，就能够实现该发明或者实用新型的技术方案，解决其技术问题，并且产生预期的技术效果。

请求人于2007年10月29日提交的权利要求书中，独立权利要求1、2、18、19分别要求保护具体的化合物环己烷-1，4-二羧酸二（2-乙基己基）酯、该化合物的制备方法、以及该化合物的用途。由于本申请说明书的实施例2公开了环己烷-1，4-二羧酸二（2-乙基己基）酯的制备方法，其中包括具体的原料、催化剂、具体的工艺步骤、工艺条件以及对应目标产物的产率，因此在驳回决定没有提出进一步证据的前提下，本领域技术人员没有理由怀疑本申请在申请日前没有制备出该化合物。同时，本领域技术人员根据说明书第1页第2~3段和说明书第15页记载的内容能够合理预期所述的环己烷-1，4-二羧酸二（2-乙基己基）酯作为增塑剂的用途。因此，本申请中，环己烷-1，4-二羧酸二（2-乙基己基）酯的公开符合专利法第26条第3款的规定。相应地，该化合物的制备方法以及用途也符合专利法第26条第3款的规定。

根据上述事实和理由，合议组作出如下审查决定。

三、决定

撤销国家知识产权局于2005年4月8日针对00809140.4号发明专利申请作出的驳回决定，由国家知识产权局原审查部门以请求人于2007年10月29日提交的权利要求第1~19项，进入中国国家阶段时提交的说明书第1、8~13、15、16、18~20页，2004年1月6日提交的说明书第2~7、14、17页，以及进入中国国家阶段时提交的摘要为基础继续审批程序。

复审请求人对本决定不服的，可以根据专利法第41条第2款的规定，自收到本决定之日起三个月内向北京市第一中级人民法院起诉。

033

新药物

复审请求审查决定（第 12494 号）

决　定　号　第 12494 号
决　定　日　2007 年 12 月 26 日
发明创造名称　新药物
国 际 分 类 号　C07D 417/12，A61K 31/427，A61P 3/10
复 审 请 求 人　史密丝克莱恩比彻姆有限公司
申　请　号　00801941. X
优 先 权 日　1999 年 4 月 20 日
申　请　日　2000 年 4 月 19 日
公　开　日　2001 年 12 月 19 日
合 议 组 组 长　任晓兰
主　审　员　危　峰
参　审　员　李亚林

法 律 依 据　专利法第 22 条第 3 款
决 定 要 点

在判断一项权利要求是否具有创造性时，首先，应当确定与该权利要求所述技术方案最接近的现有技术的技术方案；继而，将该权利要求中所述技术方案和现有技术中最接近的技术方案进行特征分析，确定二者之间的区别技术特征，并客观分析以确定要求保护的发明相对于最接近的现有技术实际解决的技术问题；然后，从最接近的现有技术和发明实际解决的技术问题出发，判断要求保护的发明对本领域的技术人员来说是否显而易见。如果现有技术中给出了将上述区别特征应用到该最接近的现有技术以解决其存在的技术问题的启示，则该权利要求所保护的技术方案对本领域的技术人员来说是显而易见的，不具备创造性。

一、案由

本复审请求案涉及发明名称为“新药物”的 00801941. X 号发明专利申请（下称本申请），申请人为史密丝克莱恩比彻姆有限公司，申请日为 2000 年 4 月 19 日，优先权日为 1999 年 4 月 20 日，公开日为 2001 年 12 月 19 日。

国家知识产权局原审查部门对本申请进行实质审查，于 2003 年 8 月 29 日发出《第一次审查意见通知书》，其中指出：权利要求 1~11 相对于对比文件 1（CN1101911A，公开日为 1995 年 4 月 26 日）或对比文件 2（WO93/10254A1，公开日为 1993 年 5 月 27 日）不具备专利法第 22 条第 3 款规定的创造性。

针对《第一次审查意见通知书》，申请人于2004年3月8日提交了权利要求书替换页和意见陈述书，认为：对比文件1并未特别地涉及化合物5-［4-［2-（N-甲基-N-（2-吡啶基）氨基）乙氧基］苄基］噻唑烷-2，4-二酮（罗格列酮）的盐酸盐二水合物，其教导制备的是马来酸盐，对比文件2所教导的为单一异构体-R（+）异构体-的未水合的盐酸盐；而本申请获得了一种稳定的结晶二水合物，其特别适合于进行批量生产和操作。因此，权利要求1~11具备专利法第22条第3款规定的创造性。

2004年8月13日，针对申请人于2004年3月8日提交的权利要求书，进入中国国家阶段时提交的说明书、说明书附图及其摘要，国家知识产权局以本申请不符合专利法第22条第3款的规定为由驳回了本申请。

驳回决定认为：对比文件1公开了5-［4-［2-（N-甲基-N-（2-吡啶基）氨基）乙氧基］苄基］噻唑烷-2，4-二酮的酸加成盐和其溶剂化物，以及这些化合物在治疗和/或预防糖尿病、与糖尿病相关的病症及其一些并发症方面的用途，在说明书第2页第11行具体公开了其盐酸盐。对比文件2在第10页第11行公开了5-［4-［2-（N-甲基-N-（2-吡啶基）氨基）乙氧基］苄基］噻唑烷-2，4-二酮的药用盐和其药学上可接受的溶剂化物；在第10页第6段指出特别适合的溶剂化物包括水合物；在第21页实施例4中具体公开了R-（+）-5-［4-［2-（N-甲基-N-（2-吡啶基）氨基）乙氧基］苄基］噻唑烷-2，4-二酮盐酸盐的水合物及其制备方法。由此可见，本申请的罗格列酮盐酸盐二水合物、制备方法及其药用组合物对于本领域技术人员来说是显而易见的。因此，权利要求1~9不具备专利法第22条第3款规定的创造性。

对比文件2实施例4中公开了反应产物进一步用盐酸处理，得到R-（+）-5-［4-［2-（N-甲基-N-（2-吡啶基）氨基）乙氧基］苄基］噻唑烷-2，4-二酮盐酸盐的水合物（mp 123.5-124℃，water），括号中的“水”只能唯一地被理解为晶体在溶化时释放出的结晶水，即最终产物就是盐酸盐的水合物。申请人声称“本申请的盐酸盐二水合物结晶形式特别适合进行批量生产和操作”，但并未提供任何证据来加以证明。即使申请人能够证明盐酸盐二水合物结晶形式特别适合进行批量生产和操作，这些内容也可以由本领域技术人员根据现有技术的启示，经过常规实验而获得。

驳回决定针对的权利要求如下：

“1. 5-［4-［2-（N-甲基-N-（2-吡啶基）氨基）乙氧基］苄基］噻唑烷-2，4-二酮盐酸盐二水合物，其特征在于：

（i）其提供了包含位于3392、2739、1751、1325和713cm^{-1}的峰的红外光谱；和/或

（ii）其提供了包含位于9.1、12.0、15.7、16.3和19.8°2θ的峰的X-射线粉末衍射（XRPD）图案。

2. 权利要求1的水合物，其提供了包含位于3392、3139、3094、2739、1758、1751、1706、1643、1632、1610、1583、1545、1513、1412、1357、1325、1297、1265、1251、1216、1179、1152、1138、1110、1080、1053、1033、1010、985、953、931、909、827、822、812、769、739、724、713、660、620、604、593、562、539、529和508cm^{-1}的峰的红外光谱。

3. 权利要求1或2的水合物，其提供了包含位于9.1、12.0、15.7、16.3、18.2、18.6、19.8、20.9、21.6、22.8、24.1、24.7、25.4、26.0、27.5、27.7、28.7、31.4、31.6、32.1、33.1、33.6和34.6°2θ的峰的X-射线粉末衍射（XRPD）图案。

4. 权利要求1~3任一项的水合物，其为纯的形式或与其他物质混合的形式。

5. 权利要求4的水合物，其为纯的形式。

6. 权利要求1~5任一项的水合物，其为结晶的形式。

7. 制备权利要求1的水合物的方法，其特征在于，使用用于形成盐酸盐水合物的合适盐酸盐反荷离子源和适当量的水处理5-［4-［2-（N-甲基-N-（2-吡啶基）氨基）乙氧基］苄基］噻唑烷-2，4-二酮（化合物I）；然后收集所需化合物。

8. 一种药物组合物，其包含有效无毒量的权利要求1的水合物和其可药用载体。

9. 权利要求1的水合物在制备用于治疗和/或预防下列疾病的药物中的应用：糖尿病、与糖尿病有关的病症及其一些并发症，这些并发症包括肾病、糖尿病性肾病、肾小球性肾炎、肾小球硬化、肾病性综合症、高血压性肾硬化和晚期肾病。”

2004年11月17日，申请人史密丝克莱恩比彻姆有限公司（下称请求人）对上述驳回决定不服，向专利复审委员会提出复审请求，请求人在提出复审请求时没有对申请文件进行修改，提交了如下附件1~3：

附件1. B. C. C. Cantello等，J. Chem. Soc.，Perkin Trans. I，1994，第3319~3324页，复印件共6页；

附件2. 溶解性对比实验数据，英文及其中文译文，共2页；

附件3. 相应主题的申请在欧亚大陆专利局的授权文本EA004232B1，复印件共6页，和在欧洲专利局的授权文本EP1173436B1，复印件共10页。

请求人认为：（1）附件1证实对比文件2的盐酸盐水合物为一水合物，且该一水合物为罗格列酮盐酸盐的单一异构体的一水合物。对比文件1提出了包括水合物，但没有明确地公开水合物。（2）由附件2的溶解性对比实验数据来看，盐酸盐二水合物相对于马来酸盐具有改进的溶解度，其优异的溶解度是无法预期的；这种特殊溶剂化形式（二水合物）的盐酸盐使得其特别适于批量制备和加工。因此，本申请具备专利法第22条第3款规定的创造性。

经形式审查合格后，专利复审委员会受理了该请求，并于2004年12月27日向请求人发出了《复审请求受理通知书》，同时将本申请转送至国家知识产权局原审查部门进行前置审查。

在《前置审查意见书》中，国家知识产权局原审查部门认为，请求人在提出复审请求时提供了对比实验数据证明盐酸盐二水合物的溶解度高于马来酸盐，但是请求人并未说明溶解度的提高为什么会“使得该盐酸盐二水合物特别适于批量制备和加工”，二者之间看不出存在必然的联系；事实上，目前以马来酸盐为活性成分的“文迪亚”已在多国上市，证明马来酸盐适于批量制备和加工。因此坚持驳回决定。

专利复审委员会组成合议组，对本复审请求案进行了审理。于2007年5月18日发出《复审通知书》，指出基于本申请说明书中并未提供任何证据证明所述罗格列酮盐酸盐二水合物适于批量制备和加工，因此，相对于对比文件1或2，本申请实际解决的技术问题在于提供现有罗格列酮盐酸盐溶剂化物的替换形式，而对比文件1或2中已存在制备罗格列酮的盐酸盐水合物的技术启示，由此权利要求1~9相对于对比文件1或2不具备专利法第22条第3款规定的创造性。

针对上述《复审通知书》，请求人于2007年8月8日提出请求，要求进行口头审理，以当面陈述意见，合议组于2007年8月8日向请求人发出《复审请求口头审理通知书》，定于2007年8月28日对本案进行口头审理。

2007年8月28日，口头审理如期进行。请求人委托代理人出席了口头审理，并当庭提交了意见陈述书以及下列证据：

证据1. B. C. C. Cantello等，J. Chem. Soc.，Perkin Trans. I，1994，第3319~3324页，复印件共6页（同附件1）；

证据 2. G. Pifferi 等，European Journal of Drug Metabolism and Pharmacokinetics，1995，20（1），第 15~25 页，复印件共 11 页；

证据 3. EP 0 306 228 A1 欧洲专利申请说明书，公开日为 1989 年 3 月 8 日，复印件共 47 页；

证据 4. WO 99/23095 A1 PCT 专利申请说明书，公开日为 1999 年 5 月 14 日，复印件共 11 页；

证据 5. WO 98/37073 A1 PCT 专利申请说明书，公开日为 1998 年 8 月 27 日，复印件共 26 页；

证据 6. Oljan Repic，Principles of Process Research and Chemical Development in the Pharmaceutical Industry，John Wiley & Sons，Inc. 1998，封面、扉页、出版信息页及第 99~100 页，复印件共 5 页；

证据 7. D. J. Parks 等，Biorganic & Medicinal Chemistry Letters，1998，8，第 3657-3658 页，复印件共 2 页；

证据 8. T. Sohda 等，Chem. Pharm. Bull.，1984，32（11），第 4460~4465 页，复印件共 6 页；

证据 9. R. W. Abbott 等，Methodol. Surv. Bioanal. Drugs，1994，信息页及第 255~256 页，复印件共 3 页；

证据 10. 第 99120250.3 号中国发明专利申请公开说明书，公开日为 2000 年 5 月 17 日，复印件共 6 页；

证据 11：罗格列酮盐酸盐二水合物的制备，英文及其中文译文，共 2 页；

证据 12：罗格列酮盐酸盐一水合物和二水合物的单个晶胞和四个晶胞的排列图 1~4，共 4 页。

口头审理过程中，合议组就《复审通知书》指出的事实及证据逐一进行了调查，请求人充分陈述了意见，请求人认为：（1）对比文件 1 公开了通式（1）化合物，其中的抗衡离子 M-由药学上可接受的酸提供，虽然说明书公开了优选的酸包括氢溴酸、氢氯酸、硫酸等无机酸和甲磺酸、酒石酸、马来酸等有机酸，但在实施例中没有具体公开罗格列酮盐酸盐，更无罗格列酮盐酸盐二水合物，实际上唯一公开的却是罗格列酮马来酸盐，因此对比文件 1 不存在罗格列酮盐酸盐的启示，而且不能预期本发明的罗格列酮盐酸盐二水合物，因此权利要求 1 相对于对比文件 1 是非显而易见的。（2）i）证据 12 表明本申请的罗格列酮盐酸盐二水合物是由 1∶1 的 R-对映体和 S-对映体构成的外消旋化合物，这与对比文件 2 中单一的 R-罗格列酮盐酸盐一水合物不同，而且，本申请引证了 WO94/05669（对比文件 1）和 EP0306228（证据 3）中罗格列酮的制备方法，特别是根据证据 3 实施例 30 的方法可见本申请的罗格列酮是外消旋体；ii）本申请罗格列酮盐酸盐二水合物的晶体结构与对比文件 2 的 R-罗格列酮盐酸盐一水合物的晶体结构不同，这一点由证据 12 得以证明；iii）对比文件 2 中没有任何内容启示本领域技术人员考虑制备盐酸盐。（3）本申请的罗格列酮二水合物特别适于批量生产和加工，原因在于：i）制备外消旋罗格列酮的产率远高于制备 R-罗格列酮的产率（证据 4、5 证明还原亚苄基从而制备罗格列酮的产率高达 70%~88%，证据 6 表明由外消旋体拆分对映体时不可避免地导致损失至少一半的原料，对比文件 2 表明在立体选择性条件下还原亚苄基的产率仅为 18%），证据 11 证明制备罗格列酮盐酸盐二水合物的产率可高达 82%；ii）罗格列酮对映体在生理条件下易于外消旋化（参见证据 9）且罗格列酮外消旋体与单一对映体的抗糖尿病活性基本相同（参见证据 7、8）；iii）良好的溶解度对于药物化合物而言是一种优点（参见证据 10）。

至此，合议组认为本案的事实清楚，可以作出审查决定。

二、决定的理由

1. 关于文本

本复审请求审查决定针对的文本是：驳回决定所针对的文本，即 2004 年 3 月 8 日提交的权利要求第 1~9 项，2001 年 5 月 11 日进入中国国家阶段时提交的说明书译文第 1~7 页、说明书附图第1~2 页以及说明书摘要。

2. 关于专利法第22条第3款

专利法第22条第3款规定：创造性，是指同申请日以前已有的技术相比，该发明有突出的实质性特点和显著的进步。

在判断一项权利要求是否具有创造性时，首先，应当确定与该权利要求所述技术方案最接近的现有技术的技术方案；继而，将该权利要求中所述技术方案和现有技术中最接近的技术方案进行特征分析，确定二者之间的区别技术特征，并客观分析以确定要求保护的发明相对于最接近的现有技术实际解决的技术问题；然后，从最接近的现有技术和发明实际解决的技术问题出发，判断要求保护的发明对本领域的技术人员来说是否显而易见。如果现有技术中给出了将上述区别特征应用到该最接近的现有技术以解决其存在的技术问题的启示，则该权利要求所保护的技术方案对本领域的技术人员来说是显而易见的，不具备创造性。

就本申请而言，权利要求1要求保护5-［4-［2-（N-甲基-N-（2-吡啶基）氨基）乙氧基］苄基］噻唑烷-2，4-二酮（罗格列酮）盐酸盐二水合物，其特征在于：（i）其提供了包含位于3392、2739、1751、1325和713cm^{-1}的峰的红外光谱；和/或（ii）其提供了包含位于9.1°2θ、12.0°2θ、15.7°2θ、16.3°2θ和19.8°2θ的峰的X-射线粉末衍射（XRPD）图案。

对比文件1（CN1101911A，公开日为1995年4月26日）公开了罗格列酮的酸加成盐和其溶剂化物，以及这些化合物在治疗和/或预防糖尿病、与糖尿病相关的病症及其一些并发症方面的用途，在说明书第2、4和5页具体公开了酸加成盐可以是盐酸盐，溶剂化物可以是水合物，并公开了其制备方法，实施例中具体制备了罗格列酮马来酸盐。

对比文件2（WO93/10254A1，公开日为1993年5月27日）在第10页第11行公开了罗格列酮的药用盐和其药学上可接受的溶剂化物；在第10页第6段指出特别适合的溶剂化物包括水合物；在第21页实施例4中具体公开了R-（+）-罗格列酮盐酸盐的水合物（mp 123.5~124℃，water）及其制备方法，括号中的“水”只能唯一地被理解为晶体在溶化时释放出的结晶水，即最终产物为盐酸盐的水合物。请求人在提交复审请求时提交的附件1（同口头审理中提交的证据1）中第3323页公开了与对比文件2实施例4等同的制备方法并制得具有相同熔点的（R）-（+）-罗格列酮盐酸盐的水合物，由此可以认定二者的产品相同；即，证实了对比文件2的盐酸盐水合物为一水合物，且该一水合物为罗格列酮盐酸盐的单一异构体的一水合物。

本申请所要求保护的技术方案与对比文件1或2的区别在于：本申请提供的是罗格列酮的盐酸盐二水合物；而对比文件1公开的是罗格列酮盐酸盐溶剂化物，包括水合物，对比文件2公开的是罗格列酮盐酸盐的单一异构体的一水合物。

申请人在说明书中声称本申请在于提供适于批量制备和加工的结晶形式的罗格列酮盐酸盐水合物，然而本申请说明书中并未提供任何证据证明所述罗格列酮盐酸盐二水合物适于批量制备和加工。由此可见，本申请实际解决的技术问题在于提供现有罗格列酮盐酸盐溶剂化物的替换形式。由此，本案的焦点在于：现有技术中是否存在制备罗格列酮的盐酸盐二水合物的技术启示。

首先，从结构角度来看，由于对比文件1和对比文件2已经指出罗格列酮可以生成盐酸盐，而该盐酸盐又可以与水结合形成水合物，因此根据以上启示，本领域技术人员容易想到罗格列酮盐酸盐有可能存在不同的水合形式。由于权利要求1中的罗格列酮盐酸盐二水合物与对比文件1的罗格列酮盐酸盐水合物或对比文件2的罗格列酮盐酸盐一水合物在结构上极为相近，因此在已知罗格列酮盐酸盐水合物具有治疗糖尿病活性的情形下，可以推断出其含水量不同的盐酸盐水合物也将适用于相同的用途，且本申请说明书中未提供任何证据证明罗格列酮盐酸盐二水合物能产生意料不到的技术效果。

其次，从制备方法来看，对比文件1已公开了罗格列酮的盐酸盐溶剂化物（包括水合物）及其制备方法，对比文件 2 也已公开了罗格列酮盐酸盐一水合物及其制备方法，其均是将罗格列酮在盐酸水溶液中处理制得结晶形式的罗格列酮盐酸盐水合物。根据以上启示，本领域技术人员容易想到通过类似于对比文件 1 或 2 的常规化学实验，将罗格列酮与盐酸在溶液中反应制得罗格列酮盐酸盐二水合物；并且从本申请记载的内容来看，也没有证据表明上述方法使所获得的罗格列酮盐酸盐二水合物本身具有任何有益的效果。

基于以上理由，权利要求 1 要求保护的罗格列酮盐酸盐二水合物不具备突出的实质性特点和显著的进步，不具备专利法第 22 条第 3 款规定的创造性。

类似地，其从属权利要求 2~6 从罗格列酮盐酸盐二水合物的物理性能方面对权利要求 1 作出进一步限定，没有证据表明所述进一步限定使罗格列酮盐酸盐二水合物具有任何有益的效果。因此，权利要求 2~6 也不具备专利法第 22 条第 3 款规定的创造性。

权利要求 7 要求保护该盐酸盐二水合物的制备方法，其制备方法与对比文件 1 或 2 中的制备方法相似，属于本领域技术人员制备碱性有机物的盐酸盐水合物的常用手段。权利要求 8 要求保护含有该盐酸盐二水合物的药物组合物，权利要求 9 要求保护该盐酸盐二水合物在制备用于治疗和/或预防糖尿病等的药物中的应用。相对于对比文件 1 或 2 所公开的内容，在权利要求 1 不具备创造性的前提下，权利要求 7~9 也不具备专利法第 22 条第 3 款规定的创造性。

3. 关于请求人的意见答复

（1）对比文件 1 不存在罗格列酮盐酸盐的启示。

请求人认为对比文件 1 不存在罗格列酮盐酸盐的启示，而且不能预期本发明的罗格列酮盐酸盐二水合物，因此本申请权利要求 1 相对于对比文件 1 是非显而易见的。对此，合议组认为：实施例是对发明技术方案的举例说明，虽然对比文件 1 实施例中具体制备的是罗格列酮马来酸盐，但本领域技术人员从对比文件 1 所获得的信息并不是罗格列酮只能形成马来酸盐。本领域技术人员根据说明书中教导的盐酸盐及水合物，会尝试采用常规的制备水合物的方法进行制备，并可预期所得水合物仍具备与罗格列酮相似的活性。从本申请说明书可见，采用常规的方法即可制备得到本申请的罗格列酮盐酸盐二水合物，且从说明书中无法获知其具有预料不到的技术效果。因此，请求人的上述理由不能成立。

（2）对比文件 2 公开的罗格列酮单一异构体的盐酸盐一水合物与本申请权利要求 1 的罗格列酮盐酸盐二水合物存在差别。

①关于外消旋体。

请求人在提出复审请求时认为本申请涉及的是 R-，S-异构体的外消旋混合物，但在答复《复审通知书》以及在口头审理过程中强调本申请权利要求 1 要求保护的二水合物是外消旋化合物，并认为每个该外消旋化合物由 1∶1 的 R-罗格列酮盐酸盐二水合物和 S-罗格列酮盐酸盐二水合物构成。对此合议组认为：

i）本申请的原始申请文件中并未记载本申请所述的二水合物是外消旋化合物，从本申请说明书中所给出的 IR 及 XRD 谱图也无法得出这一结论；

ii）请求人试图使用证据 12 证明本申请权利要求 1 的罗格列酮盐酸盐二水合物为外消旋化合物，但证据 12 仅为 R-罗格列酮盐酸盐一水合物和罗格列酮盐酸盐二水合物的晶胞结构示意图，既无信息表明该图的来源，也没有公开测试晶胞参数的条件和方法，在其真实性尚存疑的情况下，无法确认本申请的罗格列酮盐酸盐二水合物的晶胞结构确如证据 12 所示；

iii）请求人主张本申请说明书中记载了用于制备罗格列酮盐酸盐二水合物的罗格列酮是根据 EP0306228（即证据 3）和 WO94/05659 的方法制得的（参见本申请说明书第 1 页第 7~9 行以及说明书第 2 页第 32 行至第 3 页第 1 行），特别是可以预期证据 3 中公开的亚苄基还原方法是非立体选择的，因此，本申请所用的反应物——罗格列酮为外消旋体，其所得产物——罗格列酮盐酸盐二水合物也为外消旋体。合议组注意到，在证据3和WO94/05659中并未明确指出其制得了罗格列酮外消旋体，更未对此予以结构表征，而且，本申请也未强调其使用的是罗格列酮外消旋体，证据3和WO94/05659以及本申请中并不关注其制备的或使用的罗格列酮是否是R构型和S构型对映体以1∶1比例组成的外消旋体还是以其他比例组成的混合物，因此，对请求人认为本申请中罗格列酮仅限于罗格列酮外消旋体的主张合议组不予支持。

②关于晶体结构。

请求人主张本申请的罗格列酮盐酸盐二水合物与对比文件2中的R-罗格列酮盐酸盐一水合物的晶体结构不同。虽然通过本申请说明书中记载的罗格列酮盐酸盐二水合物的X-射线粉末衍射角和计算的晶格间距特征与证据1的内容，可以表明其与对比文件2的水合物的晶体结构不同。但是，关于创造性争论的焦点不在于本申请的罗格列酮盐酸盐二水合物与对比文件2的一水合物是否具有不同，而在于所述不同是否能够使得罗格列酮盐酸盐二水合物具备创造性。由于对比文件2公开了由R-罗格列酮制备R-罗格列酮盐酸盐一水合物的方法，而且本领域技术人员已知罗格列酮与单一异构体的罗格列酮具有基本相同的抗糖尿病活性（正如请求人在意见陈述书第11页所述），并可预期使用罗格列酮替换R-罗格列酮从而制备得到罗格列酮盐酸盐的水合物也具有基本相同的抗糖尿病活性，而且，本领域技术人员借鉴对比文件2的方法或根据现有技术中制备盐酸盐水合物的常规方法通过有限的实验即可制得罗格列酮盐酸盐二水合物，在此情况下，除非请求人能够证明该罗格列酮盐酸盐二水合物具有预料不到技术效果，否则，所述发明将不具备创造性。故而请求人所主张的本申请与对比文件2的水合物在晶体结构上的差别在不能证明本申请的罗格列酮盐酸盐二水合物具有预料不到的技术效果的情况下，尚不能成为使本申请具备创造性的依据。

③关于技术启示。

请求人认为对比文件2制备R-罗格列酮盐酸盐的原因在于使用HCl降低pH值以减缓外消化过程，也就是说，对比文件2所制得的R-罗格列酮盐酸盐仅是在制备R-罗格列酮对映体过程中为了提高R-罗格列酮的纯度而采取的技术手段的伴生产物，在对比文件2中没有任何内容启示本领域技术人员考虑制备罗格列酮盐酸盐。对此，合议组认为：

首先，对比文件2说明书第10页第2段记载了优选罗格列酮和/或其药学上可接受的盐和/或其药学上可接受的溶剂化物的内容，并且在全部的5个实施例中都只制备了唯一的罗格列酮的盐的溶剂化物—R-罗格列酮盐酸盐一水合物，可见，对比文件2明确地给出了制备罗格列酮盐酸盐的教导。

其次，对比文件2说明书第13页第9~25行记载了在使用微生物还原酶还原亚苄基过程中需要酸性pH，实施例4通过对比试验表明pH值为3.0、3.5和4时产品中R-罗格列酮对映体的比率依次提高，但所需的酸性环境仅存在于使用酶还原的过程中。根据实施例4（参见说明书第21页第21~26行）可见，通过碱化反应液、有机溶剂萃取实际上已经得到了R-罗格列酮。对比文件2在已完成了对映体制备的情况下，继续制备了R-罗格列酮盐酸盐一水合物，可见对比文件2中进行的R-罗格列酮盐酸盐一水合物的制备是有意而为，给出了制备罗格列酮盐酸盐的明确教导。

（3）本申请的罗格列酮盐酸盐二水合物特别适于批量生产和加工。

①在提出复审请求时，请求人认为本申请的罗格列酮盐酸盐二水合物特别适于批量生产和加工的原因在于其具有良好的水溶性（罗格列酮盐酸盐二水合物在水中的溶解度为11.7mg/mL，而对比文件1中的罗格列酮马来酸盐在水中的溶解度为3.7mg/mL），在答复《复审通知书》时，请求人提交了证据10试图证明良好的溶解度对于药学活性物质在制剂方面具有有利的性质。对此，合议组认为：

i）证据10的公开日为2000年5月17日，在本申请的优先权日（1999年4月20日）之后，在本申请优先权成立的情况下，证据10不能作为本申请的现有技术；

ii）能够用以证明创造性的效果应当是本领域技术人员在申请日之前根据说明书中公开的内容能够确信的效果，在本申请说明书中仅泛泛提及本申请的二水合物适合于批量生产和加工，并未提及罗格列酮盐酸盐二水合物具有良好的水溶性，本领域技术人员根据说明书公开的内容无法确定罗格列酮盐酸盐二水合物比已知的罗格列酮马来酸盐具有更好的水溶性，也无法得知罗格列酮盐酸盐二水合物水溶性的增加与其特别适于批量生产和加工之间存在何种必然的联系，因而，此效果尚不能证明本申请的罗格列酮盐酸盐二水合物具备创造性。

②在答复《复审通知书》时，请求人认为相对于对比文件2而言，本申请的罗格列酮盐酸盐二水合物特别适于批量生产和加工的原因在于其具有高收率。为此，请求人提交了证据4、5、6和11试图证明相对于单一对映体的罗格列酮盐酸盐一水合物而言可以以高收率制备外消旋化的罗格列酮盐酸盐二水合物，基于之前“关于外消旋体”部分中所作的评述，即，由现有证据无法确认本申请的二水合物为外消旋化合物，因此，基于外消旋体与单一对映体相比较而得出的本申请具备创造性的主张，合议组不予支持。

③请求人还认为作为原料的罗格列酮外消旋体易得而使用R-罗格列酮的成本则较高，并且还提供证据7~9证明罗格列酮对映体在生理条件下倾向于发生外消旋化因而罗格列酮对映体与外消旋体在动物模型中表现出基本相同的抗糖尿病活性，由此，可以低成本地制备与对比文件2中R-罗格列酮盐酸盐一水合物的活性基本相同的罗格列酮盐酸盐二水合物。对此，合议组认为：请求人关于该效果的主张也是基于本申请为外消旋化合物而提出的。在无法确认本申请的罗格列酮盐酸盐二水合物确为外消旋化合物的情况下，尚不能据此而认定本申请的罗格列酮盐酸盐二水合物具备创造性。

综上，请求人的所有主张均不能成立。

根据上述事实和理由，合议组作出如下审查决定。

三、决定

维持国家知识产权局于2004年8月13日针对00801941.X号发明专利申请作出的驳回决定。

复审请求人对本决定不服的，可以根据专利法第41条第2款的规定，自收到本决定之日起三个月内向北京市第一中级人民法院起诉。

北京市第一中级人民法院
行政判决书

（2008）一中行初字第1179号

原告史密丝克莱恩比彻姆有限公司（SMITHKLINEBEECHAMPLC），住所地大不列颠及北爱尔兰联合王国英格兰米德尔塞克斯郡TW89GS，布伦特福德，西大街980号。

法定代表人彼得·约翰·吉汀（PeterJohnGIDDINGS），授权代表。

委托代理人吴玉和，中国专利代理（香港）有限公司专利代理人。

委托代理人温宏艳，中国专利代理（香港）有限公司专利代理人。

被告中华人民共和国国家知识产权局专利复审委员会，住所地中华人民共和国北京市海淀区北四环西路9号银谷大厦。

法人代表廖涛，副主任。

委托代理人危峰，中华人民共和国国家知识产权局专利复审委员会审查员。

委托代理人郭鹏鹏，中华人民共和国国家知识产权局专利复审委员会审查员。

原告史密丝克莱恩比彻姆有限公司（SMITHKLINEBEECHAMPLC）不服被告中华人民共和国国家知识产权局专利复审委员会作出的第12494号复审请求审查决定（以下简称被诉决定），向本院提起行政诉讼。本院受理后，依法组成合议庭，向被告送达了起诉状副本及应诉通知书。本院于2008年11月12日公开开庭审理了本案。原告的委托代理人吴玉和、温宏艳，被告的委托代理人危峰、郭鹏鹏到庭参加了诉讼。本案现已审理终结。

被告于2007年12月26日依据《中华人民共和国专利法》（以下简称《专利法》）第二十二条第三款的规定作出被诉决定：维持中华人民共和国国家知识产权局（以下简称国知局）于2004年8月13日针对原告第00801941.X号发明专利申请（以下简称本申请）作出的驳回决定。

被告为证明被诉决定的合法性，在法定举证期限内向本院提供了以下证据：1. 本申请说明书；2. 原告于2004年3月8日提交的本申请权利要求书，即被诉决定针对的权利要求书；3. 公开日为1995年4月26日公开号为CN1101911A的中国发明专利申请公开说明书（即被诉决定中的对比文件1）；4. 公开日为1993年5月27日公开号为WO93/10254A1的PCT专利文献（即被诉决定中的对比文件2）；5. 复审请求书；6. 原告提出复审请求时提交的溶解性对比实验数据英文及其中文译文（即原告在提出复审请求时提交的附件2）；7. 被告作出的《复审通知书》；8. 复审口头审理记录表；9. 原告向被告提交的意见陈述书及其附件1~12（即被诉决定中的证据1~12）。

原告诉称：本申请相对于现有技术具有突出的实质性特点和显著的进步，其权利要求1~9具备《专利法》第二十二条第三款所规定的创造性，而被告基于对比文件1、对比文件2作出本申请不具有创造性的结论事实不清、证据不足，并且存在法律适用问题，请求法院撤销被诉决定，并责令被告重新作出决定。理由如下：

1. 关于对比文件1。对比文件1公开了通式（I）化合物，其具有抗衡离子M-，其中适宜的M-是由药物上可接受的酸提供的，其进一步公开了一种制备通式（I）所包括的化合物的盐的选择，使用无机酸例如氢溴酸、盐酸和硫酸，或者有机酸如甲磺酸、酒石酸和马来酸。此外，对比文件1公开了制备式（I）化合物的溶剂化物包括水合物的可能性，但没有制备任何种类的溶剂化物。在对比文件1中，5-［4-［2-（N-甲基-N-（2-吡啶基）氨基）乙氧基］苄基］噻唑烷-2，4-二酮的马来酸盐，一种式（I）化合物的例子，是其中唯一具体公开的化合物。对比文件1中没有具体公开5-［4-［2-（N-甲基-N-（2-吡啶基）氨基）乙氧基］苄基］噻唑烷-2，4-二酮的盐酸盐，也没有具体公开任何盐酸盐的溶剂化物，更不用提本申请的稳定的结晶形式的盐酸盐二水合物盐了。本申请要解决的问题是提供特别适于批量制备和加工形式的5-［4-［2-（N-甲基-N-（2-吡啶基）氨基）乙氧基］苄基］噻唑烷-2，4-二酮，该问题的解决方法在于提供特殊溶剂化形式（二水合物）的5-［4-［2-（N-甲基-N-（2-吡啶基）氨基）乙氧基］苄基］噻唑烷-2，4-二酮的特种盐（盐酸盐），已经出乎意料地发现，本申请的该特种盐酸盐二水合物显示出比对比文件1所公开的5-［4-［2-（N-甲基-N-（2-吡啶基）氨基）乙氧基］苄基］噻唑烷-2，4-二酮的马来酸盐改进的溶解度。在对比文件1中没有公开5-［4-［2-（N-甲基-N-（2-吡啶基）氨基）乙氧基］苄基］噻唑烷-2，4-二酮的盐酸盐，而且没有暗示本申请的特种二水合物优越于任何其他的溶剂化物。另外，对比文件1没有提供关于本申请的盐酸盐二水合物会显示出比对比文件1的马来酸盐改进的溶解度的教导。对比文件1的实际上的教导是与制备盐酸盐背道而驰的，其没有提供制备任何非马来酸盐的盐的启示，因为马来酸盐是唯一一个制备出来的实施例。对比文件1描述了马来酸盐是优选的抗衡离子，既使本领域技术人员决定制备不同的盐，但是也不存在在其他可能的盐中制备盐酸盐的启示。本申请的盐酸盐二水合物与对比文件 1 的马来酸盐的溶解度比较实验数据显示：对比文件 1 公开的马来酸盐在水中的溶解度为 3.7mg/ml，而本申请的盐酸盐二水合物在相同条件下的溶解度为 11.7mg/ml，这一改进性能使得该盐酸盐二水合物特别适于批量制备和加工。在本申请权利要求 1 中所定义的盐酸盐二水合物相对于对比文件 1 是非显而易见的，本申请的盐酸盐二水合物优异的溶解度是根本无法从对比文件 1 的公开内容中预期的，本申请的盐酸盐二水合物相对于对比文件 1 是具有创造性的。

2. 关于对比文件 2。本申请要求保护的主题涉及的是 5-［4-［2-（N-甲基-N-（2-吡啶基）氨基）乙氧基］苄基］噻唑烷-2，4-二酮的盐酸盐的水合形式（以二水合物的形式），其特征在于，红外光谱和 X-射线数据。对比文件 2 具体公开了（+）-5-［4-［2-（N-甲基-N-（2-吡啶基）氨基）乙氧基］苄基］噻唑烷-2，4-二酮的盐酸盐的水合形式（以一水合物的形式）。对比文件 2 的盐的公开内容不是仅以马库什形式的选择的公开内容的马赛克拼凑的结果，对比文件 2 的盐是一个真实的实体，其已经被制备了、分离出了并且进行了特征化。对比文件 2 而不是对比文件 1 应当被认为是确定本申请要求保护的主题的创造性的最接近的现有技术。对比文件 2 涉及的是一种用于通过酵母还原酶制备药物活性的噻唑烷或者唑烷化合物的方法，其具体公开了（+）-5-［4-［2-（N-甲基-N-（2-吡啶基）氨基）乙氧基］苄基］噻唑烷-2，4-二酮盐酸盐作为水合物（熔点 123.5-124℃，水）。对比文件 2 没有公开作为本申请主题的二水合物，对比文件 2 所获得的一水合物是罗格列酮盐酸盐的单一异构体的一水合物，对比文件 2 的方法需要小心进行以获得单一的异构体产物。本申请涉及的是异构体的外消旋混合物，无需任何特殊的方法，却令人惊讶地提供了一种二水合物化合物，不能显而易见地从对比文件 2 的公开内容得出也可以获得二水合物形式的罗格列酮盐酸盐。对比文件 2 的公开内容与本申请要求保护的主题之间的区别在于本申请的盐是二水合物而不是一水合物，而且是外消旋化合物而不是单一异构体。因此，对于每一有机分子而言，现有技术对比文件 2 的盐仅含有 R-（+）-5-［4-［2-（N-甲基-N-（2-吡啶基）氨基）乙氧基］苄基］噻唑烷-2，4-二酮以及一分子的氯化氢和一分子的水。对于每一有机分子而言，本申请的盐含有 R-（+）和 S-（-）-异构体二者，以 1：1 的比例，以及一分子的氯化氢和两分子的水。两个盐的成分的不同导致在固态中的分子排列的不同，而且随后导致不同的物理性质。现有技术的盐中所有的有机分子都呈 R-（+）-异构体的形式，并且因此在形状上是相同的，而且可以以规则的重复的图案叠加在一起。本申请的盐含有相同数目的 R-（+）和 S-（-）-异构体。这些 R-（+）和 S-（-）-异构体彼此是镜像，而且是不可重迭的，所以不能将它们通过以与现有技术中的盐相同的方式叠加来排列。分子因此在固态中必须采取不同的排列，其中一种是就在重复图案中两种异构体的结合而言在能量上是有利的。此外，在本申请的盐中存在两倍数目的水分子。明显地，所有的水分子在二水合物中都参与形成氢键。因此，在二水合物的固态结构中存在增加数量的氢键，与一水合物相比较而言，而且这对于以其固体形式的盐的空间排列和所得的性质都有贡献。在晶体结构方面的差别将会导致在物质的物理特征方面的差别。R-（+）-盐酸盐一水合物的晶胞的空间群不含有反对称的形式，而且是手性化合物（即单一异构体）的特征。本申请的盐的空间群是中心对称的空间群，而且是外消旋化合物的特征。对比文件 2 的盐酸盐一水合物的单一异构体与本申请的外消旋盐酸盐二水合物的固态结构是明显不同的。综上，本申请相对于对比文件 2 具有创造性，在本申请权利要求 1 具有创造性的情况下，直接或间接地从属权利要求 1 或引用了权利要求 1 的权利要求 2~9 也具有创造性。

3. 被告关于外消旋体的判断问题。被诉决定中认为“申请人没有证实本申请涉及的是外消旋混合物”，进而否定本申请基于外消旋混合物的一切技术效果。被告未查实当按本申请所述方法制备时，本申请的化合物到底是外消旋混合物还是旋光异构体。在有机化学领域，对于含有手性碳原子的分子结构而言，最基本的公知常识是：化合物分子以左旋或右旋两种形式存在，在自然状态下化合物以等量的左旋和右旋混合物存在。本申请的盐酸盐二水合物是外消旋化合物，因为晶胞表明 R-（+）和S-（-）-异构体两者是以相同的数目存在的，含有产生立体中心的药物分子的化学合成一般导致生成没有旋光活性的外消旋混合物。本申请化合物的制备方法，亦决定本申请化合物是外消旋混合物。此外，在本申请中文说明书中所公开的本申请产品的原料，即 EP0306228A1 实施例 30 的“化合物 I”，就是外消旋的原料。

4. 本申请要求保护的化合物与已经公开的 5-［4-［2-（N-甲基-N-（2-吡啶基）氨基）乙氧基］苄基］噻唑烷-2，4-二酮以及此化合物的其他的盐具有相同的治疗效果。但一种药用产品能够成功商业化的一个重要因素不仅在于其治疗效果，还在于此产品是否能够在工业规模中以及在小规模实验室过程中也容易制备和操作。对 5-［4-［2-（N-甲基-N-（2-吡啶基）氨基）乙氧基］苄基］噻唑烷-2，4-二酮的稳定结晶形式，在本申请中指化合物（1）经过大量研究后，出乎意料地发现用盐酸在权利要求 7 所述的条件下处理化合物（I），能够重复地获得一种稳定的结晶二水合物，这种二水合物可以用权利要求 1 给出的红外和 X 射线数据唯一特征化，如本申请所公开的那样，这种稳定的结晶形式特别适合进行批量生产和操作。单一的对映体的制备一般是通过立体控制的合成方法、从手性结构单元制备，和/或从外消旋混合物中通过手性拆分单个对映体的分离来实现的。立体选择性合成途径通常比非手性合成更长并且更敏感（例如对于外消旋化作用）。少数反应产生的对映体过量大于 98%。在使用商业上可以获得的结构单元中所遇到的困难包括高成本和可获得的结构单元的有限的品种，使得需要超多的合成步骤，而且可能发生外消旋化作用。外消旋体的单个的异构体的分离通过某些形式的手性拆分不可避免地导致损失至少一半的原料，因此，手性合成，如在对比文件 2 中所描述的方法，是费时的而且是挑战性的，导致增加生产和研发的成本。本申请的外消旋盐酸盐二水合物的优点在于，它可以更便宜地而且以较高的产率制备，使得它在商业上是更可行的选择。良好的溶解度对于药物化合物而言是一种优点，从本申请说明书的实施例可以看出，盐酸盐二水合物可以以高度结晶形式以高产率得到。因此，原告认为被告的假定即具有良好溶解度的产品不能适于批量制备和加工是不正确的。既使一种化合物是高度溶解的，但是本领域技术人员将会知道如何适应改进生产方法以给出产品的良好产率，因此，可以看出，高溶解度不是以高产率获得纯产品的障碍。良好的溶解度的性质可以有利于批量制备，因为这可以使得使用较小体积的溶剂（因此具有更高效的容器占用率和/或较小的反应容器）。这可以导致在溶剂成本和时间两方面的降低，因此提供更大的效率。在实践中的药物化合物的制备和加工不会以活性药物化合物的制备和分离而终止。该化合物然后必须被配制成适于给药的药物组合物。良好的水溶性在制备某种类型的药物制剂期间是有利的。因此可以看出，本申请的盐酸盐二水合物的良好的溶解度使得其适于批量制备和加工。

5. 被告未确定最接近的现有技术。被告在进行创造性判断时，没有从现有技术对比文件 1 和对比文件 2 中的技术方案中确定最接近的现有技术的技术方案。在没有选定最接近的现有技术的技术方案，被告将本申请与两篇现有技术同时进行对比，以至于出现了对比对象、技术问题判断错误，以及非显而易见性判断的出发点不明等问题。

6. 被告对于本申请实际解决的技术问题的判断错误。被告错误地判断了技术问题，即本申请实际解决的问题是提供现有罗格列酮盐酸盐溶剂化物的替换形式。原告认为，本申请的目的是提供一种适于批量制备和加工的、结晶形式的 5-［4-［2-（N-甲基-N-（2-吡啶基）氨基）乙氧基］苄基］噻唑烷-2，4-二酮的可供选择的盐。

7. 被告没有明确回答“现有技术中是否存在制备罗格列酮的盐酸盐的二水合物的技术启示”。被告认为“本案的焦点在于‘现有技术中是否存在制备罗格列酮的盐酸盐的二水合物的技术启示’”。但是，在被诉决定中对此却没有明确回答。被诉决定谈到了对比文件 1 的技术启示，认为“本领域技术人员根据说明书中教导的盐酸盐和水合物，会尝试采用常规的制备水合物的方法制备”，但是，没有明确说明对比文件 1 在何处给出了“制备罗格列酮的盐酸盐的二水合物的技术启示”。事实上，根据对比文件 1 中教导的盐酸盐和水合物，考虑到对比文件 2 具体公开盐酸盐的一水合物，本领域技术人员应当被教导去制备盐酸盐的一水合物，却没有动因考虑和制备盐酸盐的二水合物。被诉决定谈到了对比文件 2 的技术启示，认为“对比文件 2……给出了制备罗格列酮的盐酸盐的明确教导”。在此，被告同样没有明确回答现有技术中是否存在制备罗格列酮的盐酸盐的二水合物的技术启示。

8. 被告对证据 12 的错误理解。被告认为证据 12 的真实性存在疑问。被告的这一认定，是因为其缺乏对证据 12 的图谱的理解。X-光晶胞结构图本身能够解释证据 12 的图谱数据是如何获得的，也能够解释对比文件 2 的盐和本申请盐的区别。

原告为支持其诉讼主张，在举证期限内向本院提供了以下证据：1. 本申请说明书；2. 国知局作出的《第一次审查意见通知书》；3. 原告向国知局提交的《意见陈述书》；4. 国知局作出的《驳回决定》；5. 复审请求书；6. 被告作出的《复审通知书》；7. 原告向被告提交的意见陈述书及其附件 1~12；8. 大学本科阶段教材《有机化学》（上册）［美］R. T. 莫里森 R. N. 博伊德著，1983 年科学出版社出版及公证书；9. 境外大学本科阶段教材《Organic Chemistry》公证认证复印件及其中文译文；10. 北京紫图知识产权司法鉴定中心出具的《咨询意见报告书》。

被告辩称：被诉决定认定事实清楚、适用法律正确、程序合法。针对原告的诉讼理由，被告坚持被诉决定中的相关论述和认定。请求法院驳回原告诉讼请求，维持被诉决定。

经庭审质证，本院审查认为，被告提供的证据和原告提供的证据 1~7 与本案具有关联性、且真实合法，均为有效证据，本院予以采纳。原告提供的证据 8~10 未在复审程序中向被告提交，与被诉决定的合法性审查缺乏关联性，本院不予采纳。根据上述有效证据及各方当事人在庭审中无争议的陈述，本院认定事实如下：

本申请发明名称为“新药物”，申请人为原告，申请日为 2000 年 4 月 19 日，优先权日为 1999 年 4 月 20 日，公开日为 2001 年 12 月 19 日。

国知局对本申请进行实质审查，于 2003 年 8 月 29 日发出《第一次审查意见通知书》，其中指出：权利要求 1~11 相对于对比文件 1 或对比文件 2 不具备《专利法》第二十二条第三款规定的创造性。

针对《第一次审查意见通知书》，申请人于 2004 年 3 月 8 日提交了权利要求书替换页和意见陈述书，认为：对比文件 1 并未特别地涉及化合物 5-［4-［2-（N-甲基-N-（2-吡啶基）氨基）乙氧基］苄基］噻唑烷-2，4-二酮（罗格列酮）的盐酸盐二水合物，其教导制备的是马来酸盐，对比文件 2 所教导的为单一异构体-R（+）异构体-的未水合的盐酸盐；而本申请获得了一种稳定的结晶二水合物，其特别适合于进行批量生产和操作。因此，权利要求 1~11 具备《专利法》第二十二条第三款规定的创造性。

2004 年 8 月 13 日，针对申请人于 2004 年 3 月 8 日提交的权利要求书，进入中国国家阶段时提交的说明书、说明书附图及其摘要，国知局以本申请不符合《专利法》第二十二条第三款的规定为由驳回了本申请。

驳回决定认为：对比文件 1 公开了 5-［4-［2-（N-甲基-N-（2-吡啶基）氨基）乙氧基］苄基］噻唑烷-2，4-二酮的酸加成盐和其溶剂化物，以及这些化合物在治疗和/或预防糖尿病、与糖尿病相关的病症及其一些并发症方面的用途，在说明书第 2 页第 11 行具体公开了其盐酸盐。对比文件 2 在第 10 页第 11 行公开了 5-［4-［2-（N-甲基-N-（2-吡啶基）氨基）乙氧基］苄基］噻唑烷-2，4-二酮的药用盐和其药学上可接受的溶剂化物；在第 10 页第 6 段指出特别适合的溶剂化物包括水合物；在第 21 页实施例 4 中具体公开了 R-（+）-5-［4-［2-（N-甲基-N-（2-吡啶基）氨基）乙氧基］苄基］噻唑烷-2，4-二酮盐酸盐的水合物及其制备方法。由此可见，本申请的罗格列酮盐酸盐二水合物、制备方法及其药用组合物对于本领域技术人员来说是显而易见的。因此，权利要求1~9不具备《专利法》第二十二条第三款规定的创造性。

对比文件2实施例4中公开了反应产物进一步用盐酸处理，得到R-（+）-5-［4-［2-（N-甲基-N-（2-吡啶基）氨基）乙氧基］苄基］噻唑烷-2，4-二酮盐酸盐的水合物（mp123.5-124℃，water），括号中的“水”只能唯一地被理解为晶体在溶化时释放出的结晶水，即最终产物就是盐酸盐的水合物。申请人声称“本申请的盐酸盐二水合物结晶形式特别适合进行批量生产和操作”，但并未提供任何证据来加以证明。即使申请人能够证明盐酸盐二水合物结晶形式特别适合进行批量生产和操作，这些内容也可以由本领域技术人员根据现有技术的启示，经过常规实验而获得。

驳回决定针对的权利要求如下：

“1.5-［4-［2-（N-甲基-N-（2-吡啶基）氨基）乙氧基］苄基］噻唑烷-2，4-二酮盐酸盐二水合物，其特征在于：

（i）其提供了包含位于3392、2739、1751、1325和713cm^{-1}的峰的红外光谱；和/或

（ii）其提供了包含位于9.1、12.0、15.7、16.3和19.8°2θ的峰的X-射线粉末衍射（XRPD）图案。

2. 权利要求1的水合物，其提供了包含位于3392、3139、3094、2739、1758、1751、1706、1643、1632、1610、1583、1545、1513、1412、1357、1325、1297、1265、1251、1216、1179、1152、1138、1110、1080、1053、1033、1010、985、953、931、909、827、822、812、769、739、724、713、660、620、604、593、562、539、529和508cm^{-1}的峰的红外光谱。

3. 权利要求1或2的水合物，其提供了包含位于9.1、12.0、15.7、16.3、18.2、18.6、19.8、20.9、21.6、22.8、24.1、24.7、25.4、26.0、27.5、27.7、28.7、31.4、31.6、32.1、33.1、33.6和34.6°2θ的峰的X-射线粉末衍射（XRPD）图案。

4. 权利要求1~3任一项的水合物，其为纯的形式或与其他物质混合的形式。

5. 权利要求4的水合物，其为纯的形式。

6. 权利要求1~5任一项的水合物，其为结晶的形式。

7. 制备权利要求1的水合物的方法，其特征在于，使用用于形成盐酸盐水合物的合适盐酸盐反荷离子源和适当量的水处理5-［4-［2-（N-甲基-N-（2-吡啶基）氨基）乙氧基］苄基］噻唑烷-2，4-二酮（化合物I）；然后收集所需化合物。

8. 一种药物组合物，其包含有效无毒量的权利要求1的水合物和其可药用载体。

9. 权利要求1的水合物在制备用于治疗和/或预防下列疾病的药物中的应用：糖尿病、与糖尿病有关的病症及其一些并发症，这些并发症包括肾病、糖尿病性肾病、肾小球性肾炎、肾小球硬化、肾病性综合症、高血压性肾硬化和晚期肾病。”

2004年11月17日，原告对上述驳回决定不服，向被告提出复审请求，请求人（即原告）在提出复审请求时没有对申请文件进行修改，提交了如下附件1~3：

附件1：B. C. C. Cantello等，J. Chem. Soc.，PerkinTrans. I，1994，第3319~3324页，复印件共6页；

附件2：溶解性对比实验数据，英文及其中文译文，共2页；

附件3：相应主题的申请在欧亚大陆专利局的授权文本EA004232B1，复印件共6页，和在欧洲专利局的授权文本EP1173436B1，复印件共10页。

请求人认为：（1）附件1证实对比文件2的盐酸盐水合物为一水合物，且该一水合物为罗格列酮

盐酸盐的单一异构体的一水合物。对比文件1提出了包括水合物，但没有明确地公开水合物。(2)由附件2的溶解性对比实验数据来看，盐酸盐二水合物相对于马来酸盐具有改进的溶解度，其优异的溶解度是无法预期的；这种特殊溶剂化形式（二水合物）的盐酸盐使得其特别适于批量制备和加工。因此，本申请具备《专利法》第二十二条第三款规定的创造性。

经形式审查合格后，被告受理了该请求，并于2004年12月27日向请求人发出了《复审请求受理通知书》，同时将本申请转送至国知局进行前置审查。

在《前置审查意见书》中，国知局认为，请求人在提出复审请求时提供了对比实验数据证明盐酸盐二水合物的溶解度高于马来酸盐，但是请求人并未说明溶解度的提高为什么会“使得该盐酸盐二水合物特别适于批量制备和加工”，二者之间看不出存在必然的联系；事实上，目前以马来酸盐为活性成分的“文迪亚”已在多国上市，证明马来酸盐适于批量制备和加工。因此坚持驳回决定。

被告对本复审请求案进行了审理。于2007年5月18日发出《复审通知书》，指出基于本申请说明书中并未提供任何证据证明所述罗格列酮盐酸盐二水合物适于批量制备和加工，因此，相对于对比文件1或2，本申请实际解决的技术问题在于提供现有罗格列酮盐酸盐溶剂化物的替换形式，而对比文件1或2中已存在制备罗格列酮的盐酸盐水合物的技术启示，由此权利要求1~9相对于对比文件1或2不具备《专利法》第二十二条第三款规定的创造性。

针对上述《复审通知书》，请求人于2007年8月8日提出请求，要求进行口头审理，以当面陈述意见，被告于2007年8月8日向请求人发出《复审请求口头审理通知书》，定于2007年8月28日对本案进行口头审理。

2007年8月28日，口头审理如期进行。请求人委托代理人出席了口头审理，并提交了意见陈述书以及下列证据：

证据1：B. C. C. Cantello等，J. Chem. Soc.，PerkinTrans. I，1994，第3319~3324页，复印件共6页（同附件1）；

证据2：G. Pifferi等，EuropeanJournalofDrugMetabolismandPharmacokinetics，1995，20（1），第15~25页，复印件共11页；

证据3：EP0306228A1欧洲专利申请说明书，公开日为1989年3月8日，复印件共47页；

证据4：WO99/23095A1PCT专利申请说明书，公开日为1999年5月14日，复印件共11页；

证据5：WO98/37073A1PCT专利申请说明书，公开日为1998年8月27日，复印件共26页；

证据6：OljanRepic，PrinciplesofProcessResearchandChemicalDevelopmentinthePharmaceuticalIndustry，JohnWiley&Sons，Inc. 1998，封面、扉页、出版信息页及第99~100页，复印件共5页；

证据7：D. J. Parks等，Biorganic&MedicinalChemistryLetters，1998，8，第3657~3658页，复印件共2页；

证据8：T. Sohda等，Chem. Pharm. Bull.，1984，32（11），第4460~4465页，复印件共6页；

证据9：R. W. Abbott等，Methodol. Surv. Bioanal. Drugs，1994，信息页及第255~256页，复印件共3页；

证据10：第99120250.3号中国发明专利申请公开说明书，公开日为2000年5月17日，复印件共6页；

证据11：罗格列酮盐酸盐二水合物的制备，英文及其中文译文，共2页；

证据12：罗格列酮盐酸盐一水合物和二水合物的单个晶胞和四个晶胞的排列图1~4，共4页。

口头审理过程中，被告就《复审通知书》指出的事实及证据逐一进行了调查，请求人充分陈述了意见，请求人认为：(1) 对比文件1公开了通式（1）化合物，其中的抗衡离子M-由药学上可接受的酸提供，虽然说明书公开了优选的酸包括氢溴酸、氢氯酸、硫酸等无机酸和甲磺酸、酒石酸、马来酸等有机酸，但在实施例中没有具体公开罗格列酮盐酸盐，更无罗格列酮盐酸盐二水合物，实际上唯一公开的却是罗格列酮马来酸盐，因此对比文件 1 不存在罗格列酮盐酸盐的启示，而且不能预期本发明的罗格列酮盐酸盐二水合物，因此权利要求 1 相对于对比文件 1 是非显而易见的。(2) i) 证据 12 表明本申请的罗格列酮盐酸盐二水合物是由 1：1 的 R-对映体和 S-对映体构成的外消旋化合物，这与对比文件 2 中单一的 R-罗格列酮盐酸盐一水合物不同，而且，本申请引证了 WO94/05669（对比文件 1）和 EP0306228（证据 3）中罗格列酮的制备方法，特别是根据证据 3 实施例 30 的方法可见本申请的罗格列酮是外消旋体；ii）本申请罗格列酮盐酸盐二水合物的晶体结构与对比文件 2 的 R-罗格列酮盐酸盐一水合物的晶体结构不同，这一点由证据 12 得以证明；iii）对比文件 2 中没有任何内容启示本领域技术人员考虑制备盐酸盐。(3) 本申请的罗格列酮二水合物特别适于批量生产和加工，原因在于：i）制备外消旋罗格列酮的产率远高于制备 R-罗格列酮的产率（证据 4、5 证明还原亚苄基从而制备罗格列酮的产率高达 70%～88%，证据 6 表明由外消旋体拆分对映体时不可避免地导致损失至少一半的原料，对比文件 2 表明在立体选择性条件下还原亚苄基的产率仅为 18%），证据 11 证明制备罗格列酮盐酸盐二水合物的产率可高达 82%；ii）罗格列酮对映体在生理条件下易于外消旋化（参见证据 9）且罗格列酮外消旋体与单一对映体的抗糖尿病活性基本相同（参见证据 7、8）；iii）良好的溶解度对于药物化合物而言是一种优点（参见证据 10）。

至此，被告认为该案的事实清楚，可以作出审查决定。被告根据以下事实和理由，作出被诉决定：

1. 关于文本。

被诉决定针对的文本是：驳回决定所针对的文本，即 2004 年 3 月 8 日提交的权利要求第 1～9 项，2001 年 5 月 11 日进入中国国家阶段时提交的说明书译文第 1～7 页、说明书附图第 1～2 页以及说明书摘要。

2. 关于《专利法》第二十二条第三款。

《专利法》第二十二条第三款规定：创造性，是指同申请日以前已有的技术相比，该发明有突出的实质性特点和显著的进步。

在判断一项权利要求是否具有创造性时，首先，应当确定与该权利要求所述技术方案最接近的现有技术的技术方案；继而，将该权利要求中所述技术方案和现有技术中最接近的技术方案进行特征分析，确定二者之间的区别技术特征，并客观分析以确定要求保护的发明相对于最接近的现有技术实际解决的技术问题；然后，从最接近的现有技术和发明实际解决的技术问题出发，判断要求保护的发明对本领域的技术人员来说是否显而易见。如果现有技术中给出了将上述区别特征应用到该最接近的现有技术以解决其存在的技术问题的启示，则该权利要求所保护的技术方案对本领域的技术人员来说是显而易见的，不具备创造性。

就本申请而言，权利要求 1 要求保护 5-［4-［2-（N-甲基-N-（2-吡啶基）氨基）乙氧基］苄基］噻唑烷-2，4-二酮（罗格列酮）盐酸盐二水合物，其特征在于：（i）其提供了包含位于 3392、2739、1751、1325 和 713cm^{-1} 的峰的红外光谱；和/或（ii）其提供了包含位于 9.1、12.0、15.7、16.3 和 19.8°2θ 的峰的 X-射线粉末衍射（XRPD）图案。

对比文件 1 公开了罗格列酮的酸加成盐和其溶剂化物，以及这些化合物在治疗和/或预防糖尿病、与糖尿病相关的病症及其一些并发症方面的用途，在说明书第 2、4 和 5 页具体公开了酸加成盐可以是盐酸盐，溶剂化物可以是水合物，并公开了其制备方法，实施例中具体制备了罗格列酮马来酸盐。

对比文件 2 在第 10 页第 11 行公开了罗格列酮的药用盐和其药学上可接受的溶剂化物；在第 10

页第 6 段指出特别适合的溶剂化物包括水合物；在第 21 页实施例 4 中具体公开了 R-（+）-罗格列酮盐酸盐的水合物（mp123.5~124℃，water）及其制备方法，括号中的“水”只能唯一地被理解为晶体在溶化时释放出的结晶水，即最终产物为盐酸盐的水合物。请求人在提交复审请求时提交的附件 1（同口头审理中提交的证据 1）中第 3323 页公开了与对比文件 2 实施例 4 等同的制备方法并制得具有相同熔点的（R）-（+）-罗格列酮盐酸盐的水合物，由此可以认定二者的产品相同；即，证实了对比文件 2 的盐酸盐水合物为一水合物，且该一水合物为罗格列酮盐酸盐的单一异构体的一水合物。

本申请所要求保护的技术方案与对比文件 1 或 2 的区别在于：本申请提供的是罗格列酮的盐酸盐二水合物；而对比文件 1 公开的是罗格列酮盐酸盐溶剂化物，包括水合物，对比文件 2 公开的是罗格列酮盐酸盐的单一异构体的一水合物。

申请人在说明书中声称本申请在于提供适于批量制备和加工的结晶形式的罗格列酮盐酸盐水合物，然而本申请说明书中并未提供任何证据证明所述罗格列酮盐酸盐二水合物适于批量制备和加工。由此可见，本申请实际解决的技术问题在于提供现有罗格列酮盐酸盐溶剂化物的替换形式。由此，本案的焦点在于：现有技术中是否存在制备罗格列酮的盐酸盐二水合物的技术启示。

首先，从结构角度来看，由于对比文件 1 和对比文件 2 已经指出罗格列酮可以生成盐酸盐，而该盐酸盐又可以与水结合形成水合物，因此根据以上启示，本领域技术人员容易想到罗格列酮盐酸盐有可能存在不同的水合形式。由于权利要求 1 中的罗格列酮盐酸盐二水合物与对比文件 1 的罗格列酮盐酸盐水合物或对比文件 2 的罗格列酮盐酸盐一水合物在结构上极为相近，因此在已知罗格列酮盐酸盐水合物具有治疗糖尿病活性的情形下，可以推断出其含水量不同的盐酸盐水合物也将适用于相同的用途，且本申请说明书中未提供任何证据证明罗格列酮盐酸盐二水合物能产生意料不到的技术效果。

其次，从制备方法来看，对比文件 1 已公开了罗格列酮的盐酸盐溶剂化物（包括水合物）及其制备方法，对比文件 2 也已公开了罗格列酮盐酸盐一水合物及其制备方法，其均是将罗格列酮在盐酸水溶液中处理制得结晶形式的罗格列酮盐酸盐水合物。根据以上启示，本领域技术人员容易想到通过类似于对比文件 1 或 2 的常规化学实验，将罗格列酮与盐酸在溶液中反应制得罗格列酮盐酸盐二水合物；并且从本申请记载的内容来看，也没有证据表明上述方法使所获得的罗格列酮盐酸盐二水合物本身具有任何有益的效果。

基于以上理由，权利要求 1 要求保护的罗格列酮盐酸盐二水合物不具备突出的实质性特点和显著的进步，不具备《专利法》第二十二条第三款规定的创造性。

类似地，其从属权利要求 2~6 从罗格列酮盐酸盐二水合物的物理性能方面对权利要求 1 作出进一步限定，没有证据表明所述进一步限定使罗格列酮盐酸盐二水合物具有任何有益的效果。因此，权利要求 2~6 也不具备《专利法》第二十二条第三款规定的创造性。

权利要求 7 要求保护该盐酸盐二水合物的制备方法，其制备方法与对比文件 1 或 2 中的制备方法相似，属于本领域技术人员制备碱性有机物的盐酸盐水合物的常用手段。权利要求 8 要求保护含有该盐酸盐二水合物的药物组合物，权利要求 9 要求保护该盐酸盐二水合物在制备用于治疗和/或预防糖尿病等的药物中的应用。相对于对比文件 1 或 2 所公开的内容，在权利要求 1 不具备创造性的前提下，权利要求 7~9 也不具备《专利法》第二十二条第三款规定的创造性。

3. 关于请求人的意见答复。

（1）对比文件 1 不存在罗格列酮盐酸盐的启示。

请求人认为对比文件 1 不存在罗格列酮盐酸盐的启示，而且不能预期本发明的罗格列酮盐酸盐二水合物，因此本申请权利要求 1 相对于对比文件 1 是非显而易见的。对此，被告认为：实施例是对发明技术方案的举例说明，虽然对比文件 1 实施例中具体制备的是罗格列酮马来酸盐，但本领域技术人员从对比文件1所获得的信息并不是罗格列酮只能形成马来酸盐。本领域技术人员根据说明书中教导的盐酸盐及水合物，会尝试采用常规的制备水合物的方法进行制备，并可预期所得水合物仍具备与罗格列酮相似的活性。从本申请说明书可见，采用常规的方法即可制备得到本申请的罗格列酮盐酸盐二水合物，且从说明书中无法获知其具有预料不到的技术效果。因此，请求人的上述理由不能成立。

（2）对比文件2公开的罗格列酮单一异构体的盐酸盐一水合物与本申请权利要求1的罗格列酮盐酸盐二水合物存在差别。

①关于外消旋体。

请求人在提出复审请求时认为本申请涉及的是R-，S-异构体的外消旋混合物，但在答复《复审通知书》以及在口头审理过程中强调本申请权利要求1要求保护的二水合物是外消旋化合物，并认为每个该外消旋化合物由1∶1的R-罗格列酮盐酸盐二水合物和S-罗格列酮盐酸盐二水合物构成。对此被告认为：

i）本申请的原始申请文件中并未记载本申请所述的二水合物是外消旋化合物，从本申请说明书中所给出的IR及XRD谱图也无法得出这一结论；

ii）请求人试图使用证据12证明本申请权利要求1的罗格列酮盐酸盐二水合物为外消旋化合物，但证据12仅为R-罗格列酮盐酸盐一水合物和罗格列酮盐酸盐二水合物的晶胞结构示意图，既无信息表明该图的来源，也没有公开测试晶胞参数的条件和方法，在其真实性尚存疑的情况下，无法确认本申请的罗格列酮盐酸盐二水合物的晶胞结构确如证据12所示；

iii）请求人主张本申请说明书中记载了用于制备罗格列酮盐酸盐二水合物的罗格列酮是根据EP0306228（即证据3）和WO94/05659的方法制得的，特别是可以预期证据3中公开的亚苄基还原方法是非立体选择的，因此，本申请所用的反应物—罗格列酮为外消旋体，其所得产物—罗格列酮盐酸盐二水合物也为外消旋体。被告注意到，在证据3和WO94/05659中并未明确指出其制得了罗格列酮外消旋体，更未对此予以结构表征，而且，本申请也未强调其使用的是罗格列酮外消旋体，证据3和WO94/05659以及本申请中并不关注其制备的或使用的罗格列酮是否是R构型和S构型对映体以1∶1比例组成的外消旋体还是以其他比例组成的混合物，因此，对请求人认为本申请中罗格列酮仅限于罗格列酮外消旋体的主张被告不予支持。

②关于晶体结构。

请求人主张本申请的罗格列酮盐酸盐二水合物与对比文件2中的R-罗格列酮盐酸盐一水合物的晶体结构不同。虽然通过本申请说明书中记载的罗格列酮盐酸盐二水合物的X-射线粉末衍射角和计算的晶格间距特征与证据1的内容，可以表明其与对比文件2的水合物的晶体结构不同。但是，关于创造性争论的焦点不在于本申请的罗格列酮盐酸盐二水合物与对比文件2的一水合物是否具有不同，而在于所述不同是否能够使得罗格列酮盐酸盐二水合物具备创造性。由于对比文件2公开了由R-罗格列酮制备R-罗格列酮盐酸盐一水合物的方法，而且本领域技术人员已知罗格列酮与单一异构体的罗格列酮具有基本相同的抗糖尿病活性，并可预期使用罗格列酮替换R-罗格列酮从而制备得到罗格列酮盐酸盐的水合物也具有基本相同的抗糖尿病活性，而且，本领域技术人员借鉴对比文件2的方法或根据现有技术中制备盐酸盐水合物的常规方法通过有限的实验即可制得罗格列酮盐酸盐二水合物，在此情况下，除非请求人能够证明该罗格列酮盐酸盐二水合物具有预料不到技术效果，否则，所述发明将不具备创造性。故而请求人所主张的本申请与对比文件2的水合物在晶体结构上的差别在不能证明本申请的罗格列酮盐酸盐二水合物具有预料不到的技术效果的情况下，尚不能成为使本申请具备创造性的依据。

③关于技术启示。

请求人认为对比文件 2 制备 R－罗格列酮盐酸盐的原因在于使用 HCl 降低 pH 值以减缓外消化过程，也就是说，对比文件 2 所制得的 R－罗格列酮盐酸盐仅是在制备 R－罗格列酮对映体过程中为了提高 R－罗格列酮的纯度而采取的技术手段的伴生产物，在对比文件 2 中没有任何内容启示本领域技术人员考虑制备罗格列酮盐酸盐。对此，被告认为：

首先，对比文件 2 说明书第 10 页第 2 段记载了优选罗格列酮和/或其药学上可接受的盐和/或其药学上可接受的溶剂化物的内容，并且在全部的 5 个实施例中都只制备了唯一的罗格列酮的盐的溶剂化物—R－罗格列酮盐酸盐一水合物，可见，对比文件 2 明确地给出了制备罗格列酮盐酸盐的教导。

其次，对比文件 2 说明书第 13 页第 9～25 行记载了在使用微生物还原酶还原亚苄基过程中需要酸性 pH，实施例 4 通过对比试验表明 pH 值为 3.0、3.5 和 4 时产品中 R－罗格列酮对映体的比率依次提高，但所需的酸性环境仅存在于使用酶还原的过程中。根据实施例 4 可见，通过碱化反应液、有机溶剂萃取实际上已经得到了 R－罗格列酮。对比文件 2 在已完成了对映体制备的情况下，继续制备了 R－罗格列酮盐酸盐一水合物，可见对比文件 2 中进行的 R－罗格列酮盐酸盐一水合物的制备是有意而为，给出了制备罗格列酮盐酸盐的明确教导。

（3）本申请的罗格列酮盐酸盐二水合物特别适于批量生产和加工。

①在提出复审请求时，请求人认为本申请的罗格列酮盐酸盐二水合物特别适于批量生产和加工的原因在于其具有良好的水溶性（罗格列酮盐酸盐二水合物在水中的溶解度为 11.7mg/mL，而对比文件 1 中的罗格列酮马来酸盐在水中的溶解度为 3.7mg/mL），在答复《复审通知书》时，请求人提交了证据 10 试图证明良好的溶解度对于药学活性物质在制剂方面具有有利的性质。对此，被告认为：

i）证据 10 的公开日为 2000 年 5 月 17 日，在本申请的优先权日（1999 年 4 月 20 日）之后，在本申请优先权成立的情况下，证据 10 不能作为本申请的现有技术；

ii）能够用以证明创造性的效果应当是本领域技术人员在申请日之前根据说明书中公开的内容能够确信的效果，在本申请说明书中仅泛泛提及本申请的二水合物适合于批量生产和加工，并未提及罗格列酮盐酸盐二水合物具有良好的水溶性，本领域技术人员根据说明书公开的内容无法确定罗格列酮盐酸盐二水合物比已知的罗格列酮马来酸盐具有更好的水溶性，也无法得知罗格列酮盐酸盐二水合物水溶性的增加与其特别适于批量生产和加工之间存在何种必然的联系，因而，此效果尚不能证明本申请的罗格列酮盐酸盐二水合物具备创造性。

②在答复《复审通知书》时，请求人认为相对于对比文件 2 而言，本申请的罗格列酮盐酸盐二水合物特别适于批量生产和加工的原因在于其具有高收率。为此，请求人提交了证据 4、5、6 和 11 试图证明相对于单一对映体的罗格列酮盐酸盐一水合物而言可以以高收率制备外消旋化的罗格列酮盐酸盐二水合物，基于之前“关于外消旋体”部分中所作的评述，即，由现有证据无法确认本申请的二水合物为外消旋化合物，因此，基于外消旋体与单一对映体相比较而得出的本申请具备创造性的主张，被告不予支持。

③请求人还认为作为原料的罗格列酮外消旋体易得而使用 R－罗格列酮的成本则较高，并且还提供证据 7～9 证明罗格列酮对映体在生理条件下倾向于发生外消旋化因而罗格列酮对映体与外消旋体在动物模型中表现出基本相同的抗糖尿病活性，由此，可以低成本地制备与对比文件 2 中 R－罗格列酮盐酸盐一水合物的活性基本相同的罗格列酮盐酸盐二水合物。对此，被告认为：请求人关于该效果的主张也是基于本申请为外消旋化合物而提出的。在无法确认本申请的罗格列酮盐酸盐二水合物确为外消旋化合物的情况下，尚不能据此而认定本申请的罗格列酮盐酸盐二水合物具备创造性。

综上，请求人的所有主张均不能成立。

本院认为：根据《专利法》第二十二条第三款的规定，创造性，是指同申请日以前已有的技术相比，该发明有突出的实质性特点和显著的进步。

根据《中华人民共和国专利法实施细则》第三十条的规定，《专利法》第二十二条第三款所称已有的技术，是指申请日（有优先权的，指优先权日）前在国内外出版物上公开发表、在国内公开使用或者以其他方式为公众所知的技术，即现有技术。本案中，对比文件 1 公开日为 1995 年 4 月 26 日，对比文件 2 的公开日为 1993 年 5 月 27 日，均早于本申请的优先权日 1999 年 4 月 20 日，均已构成了本申请前的已有的技术，被告以对比文件 1、对比文件 2 与本申请进行对比并无不妥。

《审查指南》第二部分第四章第 3.2.1.1 节规定，在审查中应当客观分析并确定发明实际解决的技术问题。为此，首先应当分析要求保护的发明与最接近的现有技术相比有哪些区别特征，然后根据该区别特征所能达到的技术效果确定发明实际解决的技术问题。审查过程中，由于审查员所认定的最接近的现有技术可能不同于申请人在说明书中所描述的现有技术，因此，基于最接近的现有技术重新确定的该发明实际解决的技术问题，可能不同于说明书中所描述的技术问题，在这种情况下，应当根据审查员所认定的最接近的现有技术重新确定发明实际解决的技术问题。重新确定的技术问题可能要依据每项发明的具体情况而定。作为一个原则，发明的任何技术效果都可以作为重新确定技术问题的基础，只要本领域的技术人员从该申请说明书中所记载的内容能够得知该技术效果即可。本案中，本申请权利要求 1 要求保护 5-［4-［2-（N-甲基-N-（2-吡啶基）氨基）乙氧基］苄基］噻唑烷-2，4-二酮（罗格列酮）盐酸盐二水合物，其特征在于：（i）其提供了包含位于 3392、2739、1751、1325 和 713cm^{-1}的峰的红外光谱；和/或（ii）其提供了包含位于 9.1、12.0、15.7、16.3 和 19.8°2θ 的峰的 X-射线粉末衍射（XRPD）图案。对比文件 1 公开了罗格列酮的酸加成盐和其溶剂化物，以及这些化合物在治疗和/或预防糖尿病、与糖尿病相关的病症及其一些并发症方面的用途，具体公开了酸加成盐可以是盐酸盐，溶剂化物可以是水合物，并公开了其制备方法，实施例中具体制备了罗格列酮马来酸盐。对比文件 2 公开了罗格列酮的药用盐和其药学上可接受的溶剂化物，指出特别适合的溶剂化物包括水合物，具体公开了 R-（+）-罗格列酮盐酸盐的水合物（mp123.5~124℃，water）及其制备方法，括号中的“水”只能唯一地被理解为晶体在溶化时释放出的结晶水，即最终产物为盐酸盐的水合物。本申请所要求保护的技术方案与对比文件 1 或 2 的区别在于：本申请提供的是罗格列酮的盐酸盐二水合物；而对比文件 1 公开的是罗格列酮盐酸盐溶剂化物，包括水合物，对比文件 2 公开的是罗格列酮盐酸盐的单一异构体的一水合物。原告认为本申请在于提供适于批量制备和加工的结晶形式的罗格列酮盐酸盐水合物，然而本申请说明书中并未提供证据证明所述罗格列酮盐酸盐二水合物适于批量制备和加工。本领域技术人员根据说明书公开的内容亦无法确定所述罗格列酮盐酸盐二水合物适于批量制备和加工。因此，被告认定本申请实际解决的技术问题在于提供现有罗格列酮盐酸盐溶剂化物的替换形式并无不妥。

《审查指南》第二部分第四章第 2.2 节规定，发明有突出的实质性特点，是指对所属技术领域的技术人员来说，发明相对于现有技术是非显而易见的。如果发明是所属技术领域的技术人员在现有技术的基础上仅仅通过合乎逻辑的分析、推理或者有限的试验可以得到的，则该发明是显而易见的，也就不具备突出的实质性特点。本案中，对比文件 1 和对比文件 2 已经指出罗格列酮可以生成盐酸盐，而该盐酸盐又可以与水结合形成水合物，根据以上启示，本领域技术人员容易想到罗格列酮盐酸盐有可能存在不同的水合形式。由于权利要求 1 中的罗格列酮盐酸盐二水合物与对比文件 1 的罗格列酮盐酸盐水合物或对比文件 2 的罗格列酮盐酸盐一水合物在结构上极为相近，因此在已知罗格列酮盐酸盐水合物具有治疗糖尿病活性的情形下，可以推断出其含水量不同的盐酸盐水合物也将适用于相同的用途。本申请说明书中未提供任何证据证明罗格列酮盐酸盐二水合物能产生意料不到的技术效果。对比文件1已公开了罗格列酮的盐酸盐溶剂化物（包括水合物）及其制备方法，对比文件2也已公开了罗格列酮盐酸盐一水合物及其制备方法，其均是将罗格列酮在盐酸水溶液中处理制得结晶形式的罗格列酮盐酸盐水合物。根据以上启示，本领域技术人员容易想到通过类似于对比文件1或2的常规化学实验，将罗格列酮与盐酸在溶液中反应制得罗格列酮盐酸盐二水合物。基于此，被告对本申请权利要求1的创造性的认定并无不当。本申请从属权利要求2~6从罗格列酮盐酸盐二水合物的物理性能方面对权利要求1作出进一步限定，没有证据表明所述进一步限定使罗格列酮盐酸盐二水合物具有任何有益的效果。被告对本申请权利要求2~6创造性的认定并无不当。权利要求7要求保护该盐酸盐二水合物的制备方法，其制备方法与对比文件1或2中的制备方法相似，属于本领域技术人员制备碱性有机物的盐酸盐水合物的常用手段。权利要求8要求保护含有该盐酸盐二水合物的药物组合物，权利要求9要求保护该盐酸盐二水合物在制备用于治疗和/或预防糖尿病等的药物中的应用。相对于对比文件1或2所公开的内容，被告认为在权利要求1不具备创造性的前提下，权利要求7-9也不具备《专利法》第二十二条第三款规定的创造性的认定并无不当。

综上，被诉决定认定事实清楚、适用法律正确、程序合法，本院应予维持。原告的诉讼请求缺乏事实和法律依据，本院不予支持。据此，依照《中华人民共和国行政诉讼法》第五十四条第（一）项之规定，判决如下：

维持被告中华人民共和国国家知识产权局专利复审委员会于二〇〇七年十二月二十六日作出的第12494号复审请求审查决定。

案件受理费人民币100元，由原告史密丝克莱恩比彻姆有限公司负担（已交纳）。

如不服本判决，原告史密丝克莱恩比彻姆有限公司可在本判决书送达之日起30日内，被告中华人民共和国国家知识产权局专利复审委员会可在本判决书送达之日起15日内，向本院递交上诉状，并按对方当事人的人数提交副本，上诉于中华人民共和国北京市高级人民法院。

审　判　长　吴　月
代理审判员　胡华峰
代理审判员　毛天鹏
二〇〇九年六月五日
书　记　员　汪　明

北京市高级人民法院
行政判决书

（2009）高行终字第1397号

上诉人（一审原告）史密丝克莱恩比彻姆有限公司（SMITHKLINE BEECHAM PLC），住所地大不列颠及北爱尔兰联合王国英格兰米德尔塞克斯郡TW8 9GS，布伦特福德，西大街980号。

法定代表人彼得·约翰·吉汀（Peter John GIDDINGS），授权代表。

委托代理人吴玉和，男，中国专利代理（香港）有限公司专利代理人。

委托代理人温宏艳，女，中国专利代理（香港）有限公司专利代理人。

被上诉人（一审被告）中华人民共和国国家知识产权局专利复审委员会，住所地中华人民共和国北京市海淀区北四环西路9号银谷大厦。

法人代表人张茂于，副主任。

委托代理人危峰，男，中华人民共和国国家知识产权局专利复审委员会审查员。

委托代理人郭鹏鹏，男，中华人民共和国国家知识产权局专利复审委员会审查员。

上诉人史密丝克莱恩比彻姆有限公司因专利复审请求审查决定一案，不服中华人民共和国北京市第一中级人民法院（2008）一中行初字第1179号行政判决，向本院提出上诉。本院受理后依法组成合议庭公开开庭审理了本案。上诉人史密丝克莱恩比彻姆有限公司（以下简称史密丝公司）的委托代理人温宏艳、吴玉和，被上诉人中华人民共和国国家知识产权局专利复审委员会的委托代理人危峰、郭鹏鹏出庭参加了诉讼。本案现已审理终结。

2007年12月26日，中华人民共和国国家知识产权局专利复审委员会（以下简称专利复审委）作出第12494号复审请求审查决定（以下简称第12494号决定），以史密丝公司对名称为"新药物"的第00801941. X号发明专利申请（以下简称本申请）不具备创造性，不符合《中华人民共和国专利法》（以下简称《专利法》）第二十二条第三款的规定为由，维持中华人民共和国国家知识产权局（以下简称中国知识产权局）于2004年8月13日对本申请作出的驳回决定（以下简称驳回决定）。史密丝公司不服，向中华人民共和国北京市第一中级人民法院（以下简称一审法院）提起行政诉讼。

一审法院判决认定，根据《中华人民共和国专利法实施细则》第三十条的规定，《专利法》第二十二条第三款所称已有的技术，是指申请日（有优先权的，指优先权日）前在国内外出版物上公开发表、在国内公开使用或者以其他方式为公众所知的技术，即现有技术。本案中，对比文件1公开日为1995年4月26日，对比文件2的公开日为1993年5月27日，均早于本申请的优先权日1999年4月20日，均已构成了本申请前的已有的技术，专利复审委以对比文件1、对比文件2与本申请进行对比并无不妥。

《审查指南》第二部分第四章第3. 2. 1. 1节规定，在审查中应当客观分析并确定发明实际解决的技术问题。为此，首先应当分析要求保护的发明与最接近的现有技术相比有哪些区别特征，然后根据该区别特征所能达到的技术效果确定发明实际解决的技术问题。审查过程中，由于审查员所认定的最接近的现有技术可能不同于申请人在说明书中所描述的现有技术，因此，基于最接近的现有技术重新确定的该发明实际解决的技术问题，可能不同于说明书中所描述的技术问题，在这种情况下，应当根据审查员所认定的最接近的现有技术重新确定发明实际解决的技术问题。重新确定的技术问题可能要依据每项发明的具体情况而定。作为一个原则，发明的任何技术效果都可以作为重新确定技术问题的基础，只要本领域的技术人员从该申请说明书中所记载的内容能够得知该技术效果即可。本案中，本申请权利要求1要求保护5-［4-［2-（N-甲基-N-（2-吡啶基）氨基）乙氧基］苄基］噻唑烷-2，4-二酮（罗格列酮）盐酸盐二水合物，其特征在于：（i）其提供了包含位于3392、2739、1751、1325和713cm^{-1}的峰的红外光谱；和/或（ii）其提供了包含位于9. 1、12. 0、15. 7、16. 3和19. 8°2θ的峰的X-射线粉末衍射（XRPD）图案。对比文件1公开了罗格列酮的酸加成盐和其溶剂化物，以及这些化合物在治疗和/或预防糖尿病、与糖尿病相关的病症及其一些并发症方面的用途，具体公开了酸加成盐可以是盐酸盐，溶剂化物可以是水合物，并公开了其制备方法，实施例中具体制备了罗格列酮马来酸盐。对比文件2公开了罗格列酮的药用盐和其药学上可接受的溶剂化物，指出特别适合的溶剂化物包括水合物，具体公开了R-（+）-罗格列酮盐酸盐的水合物（mp 123. 5-124℃，water）及其制备方法，括号中的"水"只能唯一地被理解为晶体在溶化时释放出的结晶水，即最终产物为盐酸盐的水合物。本申请所要求保护的技术方案与对比文件1或2的区别在于：本申请提供的是罗格列酮的盐酸盐二水合物；而对比文件1公开的是罗格列酮盐酸盐溶剂化物，包括水合物，对比文件2公开的是罗格列酮盐酸盐的单一异构体的一水合物。史密丝公司认为本申请在于提供适于批量制备和加工的结晶形式的罗格列酮盐酸盐水合物，然而本申请说明书中并未提供证据证明所述罗格列酮盐酸盐二水合物适于批量制备和加工。本领域技术人员根据说明书公开的内容亦无法确定所述罗格列酮盐酸盐二水合物适于批量制备和加工。因此，专利复审委认定本申请实际解决的技术问题在于提供现有罗格列酮盐酸盐溶剂化物的替换形式并无不妥。

《审查指南》第二部分第四章第2.2节规定，发明有突出的实质性特点，是指对所属技术领域的技术人员来说，发明相对于现有技术是非显而易见的。如果发明是所属技术领域的技术人员在现有技术的基础上仅仅通过合乎逻辑的分析、推理或者有限的试验可以得到的，则该发明是显而易见的，也就不具备突出的实质性特点。本案中，对比文件1和对比文件2已经指出罗格列酮可以生成盐酸盐，而该盐酸盐又可以与水结合形成水合物，根据以上启示，本领域技术人员容易想到罗格列酮盐酸盐有可能存在不同的水合形式。由于权利要求1中的罗格列酮盐酸盐二水合物与对比文件1的罗格列酮盐酸盐水合物或对比文件2的罗格列酮盐酸盐一水合物在结构上极为相近，因此在已知罗格列酮盐酸盐水合物具有治疗糖尿病活性的情形下，可以推断出其含水量不同的盐酸盐水合物也将适用于相同的用途。本申请说明书中未提供任何证据证明罗格列酮盐酸盐二水合物能产生意料不到的技术效果。对比文件1已公开了罗格列酮的盐酸盐溶剂化物（包括水合物）及其制备方法，对比文件2也已公开了罗格列酮盐酸盐一水合物及其制备方法，其均是将罗格列酮在盐酸水溶液中处理制得结晶形式的罗格列酮盐酸盐水合物。根据以上启示，本领域技术人员容易想到通过类似于对比文件1或2的常规化学实验，将罗格列酮与盐酸在溶液中反应制得罗格列酮盐酸盐二水合物。基于此，专利复审委对本申请权利要求1的创造性的认定并无不当。本申请从属权利要求2~6从罗格列酮盐酸盐二水合物的物理性能方面对权利要求1作出进一步限定，没有证据表明所述进一步限定使罗格列酮盐酸盐二水合物具有任何有益的效果。专利复审委对本申请权利要求2~6创造性的认定并无不当。权利要求7要求保护该盐酸盐二水合物的制备方法，其制备方法与对比文件1或2中的制备方法相似，属于本领域技术人员制备碱性有机物的盐酸盐水合物的常用手段。权利要求8要求保护含有该盐酸盐二水合物的药物组合物，权利要求9要求保护该盐酸盐二水合物在制备用于治疗和/或预防糖尿病等的药物中的应用。相对于对比文件1或2所公开的内容，专利复审委认为在权利要求1不具备创造性的前提下，权利要求7~9也不具备《专利法》第二十二条第三款规定的创造性的认定并无不当。

综上，第12494号决定认定事实清楚、适用法律正确、程序合法，应予维持。史密丝公司的诉讼请求缺乏事实和法律依据，故不予支持。依照《中华人民共和国行政诉讼法》第五十四条第（一）项之规定，判决维持第12494号决定。

史密丝公司不服一审判决，向本院提出上诉。主要理由是：一审法院存在三方面的主要问题，1. 一审法院没有确定“最接近的现有技术”，违背了《审查指南》的规定。在没有确定本申请最接近现有技术的前提下，就无法确定“发明与最接近的现有技术相比的区别特征”，进而不能对发明实际解决的技术问题进行判断。一审法院对本申请创造性的评断结论错误。2. 一审法院没有客观分析发明及现有技术区别，没对争议的重大事实问题进行调查和评述，对专利复审委有关技术问题的认定和支持缺乏依据。一审法院没有分析本申请与现有技术相比有哪些区别特征。而且，虽然发明的任何技术效果都可以作为重新确定技术问题的基础，但一审法院却未客观分析本申请的有关技术效果。本申请所取得的优异技术效果，说明本申请克服了现有技术中的技术问题，体现了创造性。3. 一审法院未采信史密丝公司证据8~10，不符合行政诉讼证据规则的规定及司法实践。证据8、9均为公知常识性证据，证据10为有独立司法鉴定资格的鉴定机构出具的咨询报告。证据8-10是作为复审程序证据的补强证据，进一步补充加强说明有关事实问题。一审法院在判决中并未进行详细评述，应予纠正。本案的焦点问题是关于本申请的创造性判断。该问题的意见坚持一审起诉状中的内容。综上，请求二审法院撤销专利复审委所作第12494号决定，撤销一审判决。

专利复审委答辩认为，本案针对本申请评价创造性是相对于对比文件1或者对比文件2，其实际解决的技术问题均相同，即提供现有罗格列酮盐酸盐溶剂化合物的替换形式。从本申请以及对比文件1、2的罗格列酮盐酸盐水合物制备方法来看，罗格列酮盐酸盐水合物是否以外消旋体形式存在，均是由其制备原料罗格列酮的立体构型所决定的。在现有技术中已存在罗格列酮盐酸盐二水合物的技术启示前提下，其制备原料罗格列酮的立体构型（外消旋体）所带来的效果对于本领域技术人员是显而易见的，本申请中没有任何证据表明其产生了医疗不到的技术效果。关于本申请化合物的良好水溶性：首先，本申请原始申请文件中并未提及其水溶性问题，由此，史密丝公司提交本申请化合物的水溶性数据来证实其具备创造性缺乏依据；其次，本领域技术人员也无法得知罗格列酮盐酸盐二水合物水溶性的增加与其特别适于批量生产和加工之间存在何种必然的联系，因而此效果尚不能证明本申请的罗格列酮盐酸盐二水合物具备创造性。其他认定，均坚持第12494号决定中的评述。一审判决认定事实清楚，适用法律正确，审理程序合法。请求二审法院驳回上诉，维持一审判决，维持第12494号决定。

一审法院审理期间，专利复审委向法院提交了以下证据：1. 本申请说明书；2. 2004年3月8日史密丝公司提交的本申请权利要求书；3. 对比文件1：即公开日为1995年4月26日，公开号为CN1101911A的中国发明专利申请公开说明书；4. 对比文件2：即公开日为1993年5月27日，公开号为WO93/10254A1的PCT专利文献；5. 复审请求书；6. 史密丝公司提出复审请求时提交的附件2，即溶解性对比实验数据英文及其中文译文；7. 复审通知书；8. 口头审理记录表；9. 史密丝公司向专利复审委提交的意见陈述书及其附件1~12。

一审法院审理期间，史密丝公司向法院提交了以下证据：1. 本申请说明书；2. 中国知识产权局作出的《第一次审查意见通知书》；3. 史密丝公司向中国知识产权局提交的《意见陈述书》；4. 中国知识产权局作出的《驳回决定》；5. 复审请求书；6. 专利复审委作出的《复审通知书》；7. 史密丝公司向专利复审委提交的意见陈述书及其附件1~12；8. 大学本科阶段教材《有机化学》（上册）［美］R. T. 莫里森 R. N. 博伊德著，1983年科学出版社出版及公证书；9. 境外大学本科阶段教材《Organic Chemistry》公证认证复印件及其中文译文；10. 北京紫图知识产权司法鉴定中心出具的《咨询意见报告书》。

一审法院经审查认为，专利复审委提交的证据和史密丝公司提交的证据1~7与本案具有关联性、且真实合法，均为有效证据，予以采纳。史密丝公司提供的证据8~10未在复审程序中向专利复审委提交，与第12494号决定的合法性审查缺乏关联性，故不予采纳。

上述证据均随案移送本院。二审期间，专利复审委、史密丝公司均未向本院提交新证据。经本院审查，一审法院的认证意见正确，本院予以确认。

本院根据合法有效的证据，认定如下事实：

2000年4月19日，史密丝公司提出名称为“新药物”的发明专利申请，即本申请。优先权日为1999年4月20日，公开日为2001年12月19日。

中国知识产权局对本申请进行实质审查，于2003年8月29日发出《第一次审查意见通知书》指出，本申请权利要求1~11相对于对比文件1或对比文件2，不具备《专利法》第二十二条第三款规定的创造性。

针对《第一次审查意见通知书》，史密丝公司于2004年3月8日提交了权利要求书替换页和意见陈述书认为，对比文件1并未特别地涉及化合物5-［4-［2-（N-甲基-N-（2-吡啶基）氨基）乙氧基］苄基］噻唑烷-2，4-二酮（罗格列酮）的盐酸盐二水合物，其教导制备的是马来酸盐，对比文件2所教导的为单一异构体-R（+）异构体-的未水合的盐酸盐；而本申请获得了一种稳定的结晶二水合物，其特别适合于进行批量生产和操作。因此，权利要求1~11具备《专利法》第二十二条第三款规定的创造性。

2004年8月13日，中国知识产权局针对史密丝公司于2004年3月8日提交的权利要求书，以及进入中国国家阶段时提交的说明书及附图和摘要，以本申请不符合《专利法》第二十二条第三款的规定为由，驳回本申请。驳回决定认为，对比文件1公开了5-［4-［2-（N-甲基-N-（2-吡啶基）氨基）乙氧基］苄基］噻唑烷-2，4-二酮的酸加成盐和其溶剂化物，以及这些化合物在治疗和/或预防糖尿病、与糖尿病相关的病症及其一些并发症方面的用途，在说明书第2页第11行具体公开了其盐酸盐。对比文件2在第10页第11行公开了5-［4-［2-（N-甲基-N-（2-吡啶基）氨基）乙氧基］苄基］噻唑烷-2，4-二酮的药用盐和其药学上可接受的溶剂化物；在第10页第6段指出特别适合的溶剂化物包括水合物；在第21页实施例4中具体公开了R-（+）-5-［4-［2-（N-甲基-N-（2-吡啶基）氨基）乙氧基］苄基］噻唑烷-2，4-二酮盐酸盐的水合物及其制备方法。由此可见，本申请的罗格列酮盐酸盐二水合物、制备方法及其药用组合物对于本领域技术人员来说是显而易见的。因此，权利要求1~9不具备《专利法》第二十二条第三款规定的创造性。对比文件2实施例4中公开了反应产物进一步用盐酸处理，得到R-（+）-5-［4-［2-（N-甲基-N-（2-吡啶基）氨基）乙氧基］苄基］噻唑烷-2，4-二酮盐酸盐的水合物（mp 123.5-124℃，water），括号中的“水”只能唯一地被理解为晶体在溶化时释放出的结晶水，即最终产物就是盐酸盐的水合物。史密丝公司称“本申请的盐酸盐二水合物结晶形式特别适合进行批量生产和操作”，但并未提供任何证据来加以证明，即使其能够证明盐酸盐二水合物结晶形式特别适合进行批量生产和操作，这些内容也可以由本领域技术人员根据现有技术的启示，经过常规实验而获得。

驳回决定所针对的本申请权利要求书载明如下内容：

1.5-［4-［2-（N-甲基-N-（2-吡啶基）氨基）乙氧基］苄基］噻唑烷-2，4-二酮盐酸盐二水合物，其特征在于：

（i）其提供了包含位于3392、2739、1751、1325和713cm^{-1}的峰的红外光谱；和/或

（ii）其提供了包含位于9.1、12.0、15.7、16.3和19.8°2θ的峰的X-射线粉末衍射（XRPD）图案。

2. 权利要求1的水合物，其提供了包含位于3392、3139、3094、2739、1758、1751、1706、1643、1632、1610、1583、1545、1513、1412、1357、1325、1297、1265、1251、1216、1179、1152、1138、1110、1080、1053、1033、1010、985、953、931、909、827、822、812、769、739、724、713、660、620、604、593、562、539、529和508cm^{-1}的峰的红外光谱。

3. 权利要求1或2的水合物，其提供了包含位于9.1、12.0、15.7、16.3、18.2、18.6、19.8、20.9、21.6、22.8、24.1、24.7、25.4、26.0、27.5、27.7、28.7、31.4、31.6、32.1、33.1、33.6和34.6°2θ的峰的X-射线粉末衍射（XRPD）图案。

4. 权利要求1~3任一项的水合物，其为纯的形式或与其他物质混合的形式。

5. 权利要求4的水合物，其为纯的形式。

6. 权利要求1~5任一项的水合物，其为结晶的形式。

7. 制备权利要求1的水合物的方法，其特征在于，使用用于形成盐酸盐水合物的合适盐酸盐反荷离子源和适当量的水处理5-［4-［2-（N-甲基-N-（2-吡啶基）氨基）乙氧基］苄基］噻唑烷-2，4-二酮（化合物I）；然后收集所需化合物。

8. 一种药物组合物，其包含有效无毒量的权利要求1的水合物和其可药用载体。

9. 权利要求1的水合物在制备用于治疗和/或预防下列疾病的药物中的应用：糖尿病、与糖尿病有关的病症及其一些并发症，这些并发症包括肾病、糖尿病性肾病、肾小球性肾炎、肾小球硬化、肾病性综合症、高血压性肾硬化和晚期肾病。

2004年11月17日，史密丝公司不服上述驳回决定，向专利复审委提出复审请求，此时，史密丝公司未对申请文件进行修改，并提交了如下三个附件：

附件1、B. C. C. Cantello 等，J. Chem. Soc.，PerkinTrans. I，1994，第3319－3324页，复印件共6页；

附件2、溶解性对比实验数据，英文及其中文译文，共2页；

附件3、相应主题的申请在欧亚大陆专利局的授权文本EA004232B1，复印件共6页，和在欧洲专利局的授权文本EP1173436B1，复印件共10页。

史密丝公司认为，1. 附件1证实对比文件2的盐酸盐水合物为一水合物，且该一水合物为罗格列酮盐酸盐的单一异构体的一水合物。对比文件1提出了包括水合物，但没有明确地公开水合物。2. 由附件2的溶解性对比实验数据来看，盐酸盐二水合物相对于马来酸盐具有改进的溶解度，其优异的溶解度是无法预期的；这种特殊溶剂化形式（二水合物）的盐酸盐使得其特别适于批量制备和加工。因此，本申请具备《专利法》第二十二条第三款规定的创造性。

经形式审查合格后，专利复审委受理复审请求，并于2004年12月27曰向史密丝公司发出《复审请求受理通知书》，并将本申请转送至中国知识产权局进行前置审查。

在《前置审查意见书》中，中国知识产权局认为，史密丝公司在提出复审请求时，提供了对比实验数据证明盐酸盐二水合物的溶解度高于马来酸盐，但其并未说明溶解度的提高为什么会“使得该盐酸盐二水合物特别适于批量制备和加工”，二者之间看不出存在必然的联系；事实上，目前以马来酸盐为活性成分的“文迪亚”已在多国上市，证明马来酸盐适于批量制备和加工。故坚持驳回决定。

2007年5月18日，专利复审委发出《复审通知书》，指出基于本申请说明书中并未提供任何证据证明所述罗格列酮盐酸盐二水合物适于批量制备和加工，因此，相对于对比文件I或2，本申请实际解决的技术问题在于提供现有罗格列酮盐酸盐溶剂化物的替换形式，而对比文件1或2中已存在制备罗格列酮的盐酸盐水合物的技术启示，由此权利要求1~9相对于对比文件1或2不具备《专利法》第二十二条第三款规定的创造性。

2007年8月8日，史密丝公司请求口头审理，以当面陈述意见。2007年8月28日，专利复审委举行口头审理。史密丝公司提交了意见陈述书以及下列证据：

证据1. B. C. C. Cantello 等，J. Chem. Soc.，PerkinTrans. I，1994，第3319–3324页，复印件共6页（司附件1）；

证据2. G. Pifferi 等，European Journal of DrugMetabolism and Pharmacokinetics，1995，20（1），第15~25页，复印件共11页；

证据3. EP 0 306 228 A1欧洲专利申请说明书，公开曰为1989年3月8日，复印件共47页；

证据4. WO 99/23095 A1 PCT专利申请说明书，公开日为1999年5月14日，复印件共11页；

证据5. W0 98/37073 A1 PCT专利申请说明书，公开日为1998年8月27日，复印件共26页；

证据6. 01jan Repic，Principles of Process Researchand Chemical Development in the PharmaceuticalIndustry，John Wiley & Sons，Inc. 1998，封面、扉页、出版信息页及第99~100页，复印件共5页；

证据7. D. J. Parks 等，Biorganic & MedicinalChemistry Letters，1998，8，第3657~3658页，复印件共2页；

证据8. T. Sohda 等，Chem. Pharm. Bull.，1984，32（11），第4460~4465页，复印件共6页；

证据9. R. W. Abbott 等，Methodol. Surv. Bioanal. Drugs，1994，信息页及第255~256页，复印件共3页；

证据10. 第99120250.3号中国发明专利申请公开说明书，公开日为2000年5月17日，复印件共

6 页；

证据 11. 罗格列酮盐酸盐二水合物的制备，英文及其中文译文，共 2 页；

证据 12. 罗格列酮盐酸盐一水合物和二水合物的单个晶胞和四个晶胞的排列图 1-4，共 4 页。

口头审理中，史密丝公司认为：（1）对比文件 1 公开了通式（1）化合物，其中的抗衡离子 M-由药学上可接受的酸提供，虽然说明书公开了优选的酸包括氢溴酸、氢氯酸、硫酸等无机酸和甲磺酸、酒石酸、马来酸等有机酸，但在实施例中没有具体公开罗格列酮盐酸盐，更无罗格列酮盐酸盐二水合物，实际上唯一公开的却是罗格列酮马来酸盐，因此对比文件 1 不存在罗格列酮盐酸盐的启示，而且不能预期本发明的罗格列酮盐酸盐二水合物，因此权利要求 1 相对于对比文件 1 是非显而易见的。（2）i）证据 12 表明本申请的罗格列酮盐酸盐二水合物是由 1∶1 的 R-对映体和 S-对映体构成的外消旋化合物，这与对比文件 2 中单一的 R-罗格列酮盐酸盐一水合物不同，而且，本申请引证了对比文件 1 和证据 3 中罗格列酮的制备方法，特别是根据证据 3 实施例 30 的方法，可见本申请的罗格列酮是外消旋体；ii）本申请罗格列酮盐酸盐二水合物的晶体结构与对比文件 2 的 R-罗格列酮盐酸盐一水合物的晶体结构不同，这一点由证据 12 得以证明；iii）对比文件 2 中没有任何内容启示本领域技术人员考虑制备盐酸盐。（3）本申请的罗格列酮二水合物特别适于批量生产和加工，原因在于：i）制备外消旋罗格列酮的产率远高于制备 R-罗格列酮的产率（证据 4、5 证明还原亚苄基从而制备罗格列酮的产率高达 70%~88%，证据 6 表明由外消旋体拆分对映体时不可避免地导致损失至少一半的原料，对比文件 2 表明在立体选择性条件下还原亚苄基的产率仅为 18%），证据 11 证明制备罗格列酮盐酸盐二水合物的产率可高达 82%；ii）罗格列酮对映体在生理条件下易于外消旋化（参见证据 9）且罗格列酮外消旋体与单一对映体的抗糖尿病活性基本相同（参见证据 7、8）；iii）良好的溶解度对于药物化合物而言是一种优点（参见证据 10）。

2007 年 12 月 26 日，专利复审委作出第 12494 号决定。具体内容如下。

1. 关于文本

驳回决定所针对的文本，即 2004 年 3 月 8 日史密丝公司提交的权利要求第 1~9 项，2001 年 5 月 11 日进入中国国家阶段时提交的说明书译文第 1~7 页、说明书附图第 1~2 页以及说明书摘要。

2. 关于《专利法》第二十二条第三款

《专利法》第二十二条第三款规定：创造性，是指同申请日以前已有的技术相比，该发明有突出的实质性特点和显著的进步。

在判断一项权利要求是否具有创造性时，首先，应当确定与该权利要求所述技术方案最接近的现有技术的技术方案；继而，将该权利要求中所述技术方案和现有技术中最接近的技术方案进行特征分析，确定二者之间的区别技术特征，并客观分析以确定要求保护的发明相对于最接近的现有技术实际解决的技术问题；然后，从最接近的现有技术和发明实际解决的技术问题出发，判断要求保护的发明对本领域的技术人员来说是否显而易见。如果现有技术中给出了将上述区别特征应用到该最接近的现有技术以解决其存在的技术问题的启示，则该权利要求所保护的技术方案对本领域的技术人员来说是显而易见的，不具备创造性。

本申请权利要求 1 要求保护 5-［4-［2-（N-甲基-N-（2-吡啶基）氨基）乙氧基］苄基］噻唑烷-2，4-二酮（罗格列酮）盐酸盐二水合物，其特征在于：（i）其提供了包含位于 3392、2739、1751、1325 和 713cm^{-1}的峰的红外光谱；和/或（ii）其提供了包含位于 9.1、12.0、15.7、16.3 和 19.8° 2θ 的峰的 X-射线粉末衍射（XRPD）图案。

对比文件 1 公开了罗格列酮的酸加成盐和其溶剂化物，以及这些化合物在治疗和/或预防糖尿病、与糖尿病相关的病症及其一些并发症方面的用途，在说明书第 2、4 和 5 页具体公开了酸加成盐可以是盐酸盐，溶剂化物可以是水合物，并公开了其制备方法，实施例中具体制备了罗格列酮马来酸盐。

对比文件2在第10页第11行公开了罗格列酮的药用盐和其药学上可接受的溶剂化物；在第10页第6段指出特别适合的溶剂化物包括水合物；在第21页实施例4中具体公开了R-（+）-罗格列酮盐酸盐的水合物（mp 123.5~124℃，water）及其制备方法，括号中的“水”只能唯一地被理解为晶体在溶化时释放出的结晶水，即最终产物为盐酸盐的水合物。请求人在提交复审请求时提交的附件1（同口头审理中提交的证据1）中第3323页公开了与对比文件2实施例4等同的制备方法并制得具有相同熔点的（R）-（+）-罗格列酮盐酸盐的水合物，由此可以认定二者的产品相同；即证实了对比文件2的盐酸盐水合物为一水合物，且该一水合物为罗格列酮盐酸盐的单一异构体的一水合物。

本申请所要求保护的技术方案与对比文件1或2的区别在于：本申请提供的是罗格列酮的盐酸盐二水合物；而对比文件1公开的是罗格列酮盐酸盐溶剂化物，包括水合物，对比文件2公开的是罗格列酮盐酸盐的单一异构体的一水合物。

史密丝公司在说明书中声称本申请在于提供适于批量制备和加工的结晶形式的罗格列酮盐酸盐水合物，然而本申请说明书中并未提供任何证据证明所述罗格列酮盐酸盐二水合物适于批量制备和加工。由此可见，本申请实际解决的技术问题在于提供现有罗格列酮盐酸盐溶剂化物的替换形式。由此，本案的焦点在于：现有技术中是否存在制备罗格列酮的盐酸盐二水合物的技术启示。

首先，从结构角度来看，由于对比文件I和对比文件2已经指出罗格列酮可以生成盐酸盐，而该盐酸盐又可以与水结合形成水合物，根据以上启示，本领域技术人员容易想到罗格列酮盐酸盐有可能存在不同的水合形式。由于权利要求1中的罗格列酮盐酸盐二水合物与对比文件1的罗格列酮盐酸盐水合物或对比文件2的罗格列酮盐酸盐一水合物在结构上极为相近，因此在已知罗格列酮盐酸盐水合物具有治疗糖尿病活性的情形下，可以推断出其含水量不同的盐酸盐水合物也将适用于相同的用途，且本申请说明书中未提供任何证据证明罗格列酮盐酸盐二水合物能产生意料不到的技术效果。

其次，从制备方法来看，对比文件1已公开了罗格列酮的盐酸盐溶剂化物（包括水合物）及其制备方法，对比文件2也已公开了罗格列酮盐酸盐一水合物及其制备方法，其均是将罗格列酮在盐酸水溶液中处理制得结晶形式的罗格列酮盐酸盐水合物。根据以上启示，本领域技术人员容易想到通过类似于对比文件1或2的常规化学实验，将罗格列酮与盐酸在溶液中反应制得罗格列酮盐酸盐二水合物；并且从本申请记载的内容来看，也没有证据表明上述方法使所获得的罗格列酮盐酸盐二水合物本身具有任何有益的效果。

基于以上理由，权利要求1要求保护的罗格列酮盐酸盐二水合物不具备突出的实质性特点和显著的进步，不具备《专利法》第二十二条第三款规定的创造性。

本申请从属权利要求2~6从罗格列酮盐酸盐二水合物的物理性能方面对权利要求1作出进一步限定，没有证据表明所述进一步限定使罗格列酮盐酸盐二水合物具有任何有益的效果。因此，权利要求2~6也不具备《专利法》第二十二条第三款规定的创造性。

权利要求7要求保护该盐酸盐二水合物的制备方法，其制备方法与对比文件1或2中的制备方法相似，属于本领域技术人员制备碱性有机物的盐酸盐水合物的常用手段。权利要求8要求保护含有该盐酸盐二水合物的药物组合物，权利要求9要求保护该盐酸盐二水合物在制备用于治疗和/或预防糖尿病等的药物中的应用。相对于对比文件1或2所公开的内容，在权利要求1不具备创造性的前提下，权利要求7~9也不具备《专利法》第二十二条第三款规定的创造性。

3. 关于史密丝公司的意见答复

（1）对比文件1不存在罗格列酮盐酸盐的启示。

史密丝公司认为，对比文件1不存在罗格列酮盐酸盐的启示，而且不能预期本发明的罗格列酮盐酸盐二水合物，因此本申请权利要求1相对于对比文件1是非显而易见的。专利复审委认为，实施例是对发明技术方案的举例说明，虽然对比文件1实施例中具体制备的是罗格列酮马来酸盐，但本领域技术人员从对比文件1所获得的信息并不是罗格列酮只能形成马来酸盐。本领域技术人员根据说明书中教导的盐酸盐及水合物，会尝试采用常规的制备水合物的方法进行制备，并可预期所得水合物仍具备与罗格列酮相似的活性。从本申请说明书可见，采用常规的方法即可制备得到本申请的罗格列酮盐酸盐二水合物，且从说明书中无法获知其具有预料不到的技术效果。因此，史密丝公司的上述理由不能成立。

（2）对比文件2公开的罗格列酮单一异构体的盐酸盐一水合物与本申请权利要求1的罗格列酮盐酸盐二水合物存在差别。

①关于外消旋体。

史密丝公司在提出复审请求时认为本申请涉及的是R-，S-异构体的外消旋混合物，但在答复《复审通知书》以及在口头审理过程中强调本申请权利要求1要求保护的二水合物是外消旋化合物，并认为每个该外消旋化合物由1∶1的R-罗格列酮盐酸盐二水合物和S-罗格列酮盐酸盐二水合物构成。对此专利复审委认为：

i）本申请的原始申请文件中并未记载本申请所述的二水合物是外消旋化合物，从本申请说明书中所给出的IR及XRD谱图也无法得出这一结论；

ii）史密丝公司试图使用证据12证明本申请权利要求1的罗格列酮盐酸盐二水合物为外消旋化合物，但证据12仅为R-罗格列酮盐酸盐一水合物和罗格列酮盐酸盐二水合物的晶胞结构示意图，既无信息表明该图的来源，也没有公开测试晶胞参数的条件和方法，在其真实性尚存疑的情况下，无法确认本申请的罗格列酮盐酸盐二水合物的晶胞结构确如证据12所示；

iii）主张本申请说明书中记载了用于制备罗格列酮盐酸盐二水合物的罗格列酮是根据EP0306228（即证据3）和WO94/05659的方法制得的，特别是可以预期证据3中公开的亚苄基还原方法是非立体选择的，因此，本申请所用的反应物—罗格列酮为外消旋体，其所得产物—罗格列酮盐酸盐二水合物也为外消旋体。专利复审委注意到，在证据3和WO94/05659中并未明确指出其制得了罗格列酮外消旋体，更未对此予以结构表征，而且，本申请也未强调其使用的是罗格列酮外消旋体，证据3和WO94/05659以及本申请中并不关注其制备的或使用的罗格列酮是否是R构型和S构型对映体以1∶1比例组成的外消旋体还是以其他比例组成的混合物，因此，专利复审委对史密丝公司认为本申请中罗格列酮仅限于罗格列酮外消旋体的主张不予支持。

②关于晶体结构。

史密丝公司主张本申请的罗格列酮盐酸盐二水合物与对比文件2中的R-罗格列酮盐酸盐一水合物的晶体结构不同。虽然通过本申请说明书中记载的罗格列酮盐酸盐二水合物的X-射线粉末衍射角和计算的晶格间距特征与证据1的内容，可以表明其与对比文件2的水合物的晶体结构不同。但是，关于创造性争论的焦点不在于本申请的罗格列酮盐酸盐二水合物与对比文件2的一水合物是否具有不同，而在于所述不同是否能够使得罗格列酮盐酸盐二水合物具备创造性。由于对比文件2公开了由R-罗格列酮制备R-罗格列酮盐酸盐一水合物的方法，而且本领域技术人员已知罗格列酮与单一异构体的罗格列酮具有基本相同的抗糖尿病活性，并可预期使用罗格列酮替换R-罗格列酮从而制备得到罗格列酮盐酸盐的水合物也具有基本相同的抗糖尿病活性，而且，本领域技术人员借鉴对比文件2的方法或根据现有技术中制备盐酸盐水合物的常规方法通过有限的实验即可制得罗格列酮盐酸盐二水合物，在此情况下，除非史密丝公司能够证明该罗格列酮盐酸盐二水合物具有预料不到技术效果，否则，所述发明将不具备创造性。故而史密丝公司所主张的本申请与对比文件2的水合物在晶体结构上的差别在不能证明本申请的罗格列酮盐酸盐二水合物具有预料不到的技术效果的情况下，尚不能成为使本申请具备创造性的依据。

③关于技术启示。

史密丝公司认为对比文件 2 制备 R-罗格列酮盐酸盐的原因在于使用 HCl 降低 pH 值以减缓外消化过程，也就是说，对比文件 2 所制得的 R-罗格列酮盐酸盐仅是在制备 R-罗格列酮对映体过程中为了提高 R-罗格列酮的纯度而采取的技术手段的伴生产物，在对比文件 2 中没有任何内容启示本领域技术人员考虑制备罗格列酮盐酸盐。对此，专利复审委认为：

首先，对比文件 2 说明书第 10 页第 2 段记载了优选罗格列酮和/或其药学上可接受的盐和/或其药学上可接受的溶剂化物的内容，并且在全部的 5 个实施例中都只制备了唯一的罗格列酮的盐的溶剂化物-R-罗格列酮盐酸盐一水合物，可见，对比文件 2 明确地给出了制备罗格列酮盐酸盐的教导。

其次，对比文件 2 说明书第 13 页第 9~25 行记载了在使用微生物还原酶还原亚苄基过程中需要酸性 pH，实施例 4 通过对比试验表明 pH 值为 3.0、3.5 和 4 时产品中 R-罗格列酮对映体的比率依次提高，但所需的酸性环境仅存在于使用酶还原的过程中。根据实施例 4 可见，通过碱化反应液、有机溶剂萃取实际上已经得到了 R-罗格列酮。对比文件 2 在已完成了对映体制备的情况下，继续制备了 R-罗格列酮盐酸盐一水合物，可见对比文件 2 中进行的 R-罗格列酮盐酸盐一水合物的制备是有意而为，给出了制备罗格列酮盐酸盐的明确教导。

（3）本申请的罗格列酮盐酸盐二水合物特别适于批量生产和加工。

①在提出复审请求时，史密丝公司认为本申请的罗格列酮盐酸盐二水合物特别适于批量生产和加工的原因在于其具有良好的水溶性（罗格列酮盐酸盐二水合物在水中的溶解度为 11.7mg/mL，而对比文件 1 中的罗格列酮马来酸盐在水中的溶解度为 3.7mg/mL），在答复《复审通知书》时，史密丝公司提交了证据 10 试图证明良好的溶解度对于药学活性物质在制剂方面具有有利的性质。对此，专利复审委认为：

i）证据 10 的公开日为 2000 年 5 月 17 日，在本申请的优先权日（1999 年 4 月 20 日）之后，在本申请优先权成立的情况下，证据 10 不能作为本申请的现有技术；

ii）能够用以证明创造性的效果应当是本领域技术人员在申请日之前根据说明书中公开的内容能够确信的效果，在本申请说明书中仅泛泛提及本申请的二水合物适合于批量生产和加工，并未提及罗格列酮盐酸盐二水合物具有良好的水溶性，本领域技术人员根据说明书公开的内容无法确定罗格列酮盐酸盐二水合物比已知的罗格列酮马来酸盐具有更好的水溶性，也无法得知罗格列酮盐酸盐二水合物水溶性的增加与其特别适于批量生产和加工之间存在何种必然的联系，因而，此效果尚不能证明本申请的罗格列酮盐酸盐二水合物具备创造性。

②在答复《复审通知书》时，史密丝公司认为相对于对比文件 2 而言，本申请的罗格列酮盐酸盐二水合物特别适于批量生产和加工的原因在于其具有高收率。为此，史密丝公司提交了证据 4、5、6 和 11 试图证明相对于单一对映体的罗格列酮盐酸盐一水合物而言可以以高收率制备外消旋化的罗格列酮盐酸盐二水合物，基于之前“关于外消旋体”部分中所作的评述，即，由现有证据无法确认本申请的二水合物为外消旋化合物，因此，基于外消旋体与单一对映体相比较而得出的本申请具备创造性的主张，专利复合物不予支持。

③史密丝公司还认为作为原料的罗格列酮外消旋体易得而使用 R-罗格列酮的成本则较高，并且还提供证据 7~9 证明罗格列酮对映体在生理条件下倾向于发生外消旋化因而罗格列酮对映体与外消旋体在动物模型中表现出基本相同的抗糖尿病活性，由此，可以低成本地制备与对比文件 2 中 R-罗格列酮盐酸盐一水合物的活性基本相同的罗格列酮盐酸盐二水合物。对此，专利复审委认为，史密丝公司关于该效果的主张也是基于本申请为外消旋化合物而提出的。在无法确认本申请的罗格列酮盐酸盐二水合物确

为外消旋化合物的情况下，尚不能据此而认定本申请的罗格列酮盐酸盐二水合物具备创造性。

基于上述理由，专利复审委作出第 12494 号决定。史密丝公司不服，遂诉至一审法院。

本院认为，本案争议的焦点问题是：本申请是否具有创造性。根据《专利法》第二十二条第三款的规定，创造性是指同申请日以前已有的技术相比，该发明有突出的实质性特点和显著的进步。

本申请的创造性判断在于：现有技术中是否存在制备罗格列酮的盐酸盐二水合物的技术启示。

本申请权利要求 1 要求保护罗格列酮盐酸盐二水合物。对比文件 1 公开了罗格列酮的酸加成盐和其溶剂化物，并具体公开了酸加成盐可以是盐酸盐，溶剂化物可以是水合物，实施例中具体制备了罗格列酮马来酸盐。对比文件 2 公开了罗格列酮的药用盐和其药学上可接受的溶剂化物、溶剂化物包括水合物，并具体公开了罗格列酮盐酸盐的水合物及其制备方法。本申请与对比文件 1 或 2 的区别在于：本申请提供的是罗格列酮的盐酸盐二水合物。对比文件 1 公开的是罗格列酮盐酸盐溶剂化物，包括水合物；对比文件 2 公开的是罗格列酮盐酸盐的单一异构体的一水合物。

由于对比文件 1 和对比文件 2 已指出罗格列酮可以生成盐酸盐，而该盐酸盐又可以与水结合形成水合物，本申请罗格列酮盐酸盐二水合物与对比文件 1 的罗格列酮盐酸盐水合物或对比文件 2 的罗格列酮盐酸盐一水合物在结构上极为相近，本领域技术人员可以推断出其含水量不同的盐酸盐水合物也将适用于相同的用途。另外，对比文件 1 已公开了罗格列酮的盐酸盐溶剂化物（包括水合物）及其制备方法，对比文件 2 也已公开了罗格列酮盐酸盐一水合物及其制备方法，根据该技术启示，本领域技术人员通过常规实验，可将罗格列酮与盐酸在溶液中反应制得罗格列酮盐酸盐二水合物。史密丝公司并未在本申请说明书中证明相对于现有技术，罗格列酮盐酸盐二水合物本身能产生意料不到的有益的技术效果。在水合物结构和制备方法都存有技术启示的情况下，专利复审委认定本申请权利要求 1 要求保护的罗格列酮盐酸盐二水合物不具备突出的实质性特点和显著的进步，不具备《专利法》第二十二条第三款规定的创造性正确。

本申请从属权利要求 2~6 从罗格列酮盐酸盐二水合物的物理性能方面对权利要求 1 作出进一步限定，且无证据表明所述进一步限定使罗格列酮盐酸盐二水合物具有任何有益的效果；权利要求 7 要求保护该盐酸盐二水合物的制备方法，其与对比文件 1 或 2 中的制备方法相似，属本领域技术人员的常用手段；权利要求 8 要求保护含有该盐酸盐二水合物的药物组合物；权利要求 9 要求保护该盐酸盐二水合物在制备用于治疗和/或预防糖尿病等的药物中的应用。专利复审委基于认定本申请权利要求 1 不具备创造性的前提下，权利要求 2~9 不具备《专利法》第二十二条第三款规定的创造性正确。

专利复审委在对本申请创造性进行评述和认定后，对史密丝公司相关意见的逐一答复正确。

综上，专利复审委所作第 12494 号决定合法，一审判决维持正确，本院应予维持。史密丝公司的上诉理由缺乏事实和法律依据，本院不予支持。依照《中华人民共和国行政诉讼法》第六十一条第（一）项的规定，判决如下：

驳回上诉，维持一审判决。

二审案件受理费人民币 100 元，由上诉人史密丝克莱恩比彻姆有限公司负担（已交纳）。

本判决为终审判决。

审 判 长　赵宇晖

审 判 员　朱世宽

代理审判员　刘　行

二〇一〇年六月十八日

书 记 员　张　怡

034

抑制血小板衍生生长因子和/或 p56lck 酪氨酸激酶的喹啉和喹喔啉化合物

复审请求审查决定（第 12623 号）

决 定 号 第 12623 号
决 定 日 2007 年 12 月 24 日
发明创造名称 抑制血小板衍生生长因子和/或 p56lck 酪氨酸激酶的喹啉和喹喔啉化合物
国 际 分 类 号 C07D241/44，C07D405/10，C07D215/20，C07D215/38，A61K31/47，A61K31/495
复 审 请 求 人 阿温蒂斯药物公司
申 请 号 98806430.8
优 先 权 日 1997 年 5 月 28 日
申 请 日 1998 年 5 月 28 日
公 开 日 2000 年 7 月 26 日
合 议 组 组 长 李彦涛
主 审 员 李亚林
参 审 员 刘 磊

法 律 依 据 专利法第 22 条第 3 款
决 定 要 点
在判断一项发明是否具有创造性时，首先，应当确定与该发明所述技术方案最接近的现有技术的技术方案，继而，将该发明所述技术方案和最接近的现有技术中的技术方案进行特征分析，找出其区别技术特征；如果这些区别技术特征是本领域的技术人员为解决其技术问题，根据现有技术的教导而容易引入的，且其引入没有产生预料不到的技术效果，则该权利要求所保护的技术方案不具备创造性。

一、案由

本复审请求案涉及发明名称为“抑制血小板衍生生长因子和/或 p561ck 酪氨酸激酶的喹啉和喹喔啉化合物”的 98806430.8 号发明专利申请（下称本申请），申请人为阿温蒂斯药物公司（于 2000 年 11 月 9 日由“罗纳·布朗克罗尔药制品有限公司”变更而成），申请日为 1998 年 5 月 28 日，最早优先权日为 1997 年 5 月 28 日，公开日为 2000 年 7 月 26 日。

2003 年 9 月 26 日，针对申请人于 2003 年 7 月 18 日提交的权利要求书第 1~64 项，进入中国国家阶段时提交的国际申请文件中文译文的说明书第 1~3、5~9、11~57 页和摘要，以及于 1999 年 12 月 21 日提交的依据专利合作条约第 41 条修改的说明书第 4、10 页，国家知识产权局以不符合专利法第

22 条第 3 款和不符合实施细则第 20 第 1 款的规定为由驳回了该申请。

驳回决定认为，申请人所宣称的本申请化合物的羟基化这一区别技术特征并没有在权利要求中体现出来，本申请权利要求中包括大量非羟基化的喹喔啉化合物，本申请全部权利要求相对于对比文件 1（US 5480883 A）不具备突出的实质性特点和显著的进步；此外，权利要求 1~3、7 中的“取代和未取代的”措辞，没有定义权利要求中的基团被什么取代基“取代”，导致请求保护的范围不清楚。驳回决定所针对的权利要求书中的权利要求 1 如下：

“1. 式 I 化合物或其 N-氧化物、其水合物、其溶剂化物、其前药或其可药用盐：

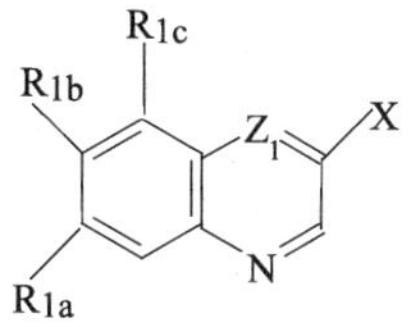

(I)

其中：

X 为 L_1 或 L_2Z_2；

L_1 为（$CR_{3a}R_{3b}$）rH 或（$CR_{3a}R_{3b}$）m-Z_3-（$CR_{3'a}R_{3'b}$）nH；

L_2 为（$CR_{3a}R_{3b}$）p-Z_4-（$CR_{3'a}R_{3'b}$）$_q$ 或亚乙烯基；

Z_1 为 CH 或 N；

Z_2 为取代和未取代的环烷基，取代和未取代的环烯基，取代和未取代的杂环基或取代和未取代的杂环烯基；

Z_3 为 O，NR_4，S，SO 或 SO_2；

Z_4 为 O，NR_4，S，SO，SO_2 或价键；

m 为 0 或 1；

n 为 2 或 3，且 n+m=2 或 3；

p 和 q 独立地为 0，1，2，3 或 4，并且当 Z_4 为价键时，p+q=0，1，2，3 或 4，而当 Z_4 不为价键时，则 p+q=0，1，2 或 3；

r 为 2，3 或 4；

R_{1a} 和 R_{1b} 独立地为取代和未取代的烷基，取代和未取代的芳基，取代和未取代的杂芳基，羟基，酰氧基，取代和未取代的烷氧基，取代和未取代的环烷氧基，取代和未取代的杂环氧基，取代和未取代的杂环羰氧基，取代和未取代的芳氧基，取代和未取代的杂芳氧基，氰基，R_5R_{6N} 或酰基 R_5N^-，或者 R_{1a} 和 R_{1b} 之一为氢或卤素，而另一个为取代和未取代的烷基，取代和未取代的芳基，取代和未取代的杂芳基，羟基，酰氧基，取代和未取代的烷氧基，取代和未取代的环烷氧基，取代和未取代的杂环氧基，取代和未取代的杂环羰氧基，取代和未取代的芳氧基，取代和未取代的杂芳氧基，氰基，$R_5R_6N^-$ 或酰基 R_5N^-；

R_{1c} 为氢，取代和未取代的烷基，取代和未取代的芳基，取代和未取代的杂芳基，羟基，酰氧基，取代和未取代的烷氧基，取代和未取代的环烷氧基，取代和未取代的杂环氧基，取代和未取代的芳氧基，取代和未取代的杂芳氧基，卤素，氰基，$R_5R_6N^-$ 或酰基 R_5N^-；

R_{3a}，R_{3b}，$R_{3'a}$ 和 $R_{3'b}$ 独立地为氢或烷基；

R_4 为氢，烷基或酰基；和

R_5 和 R_6 独立地为氢或烷基，或者 R_5 和 R_6 与它们所连接的氮原子一起形成氮杂杂环基。”

2004 年 1 月 12 日，申请人（下称请求人）对上述驳回决定不服，向专利复审委员会提出复审请求，请求人在提出复审请求时没有对申请文件进行修改。

请求人认为本申请所述羟基化的喹喔啉及其衍生物与现有技术中化合物相比出人意料地增加了化合物的生物利用度，并且提供了五个化合物在大鼠体内的口服生物利用度对比实验数据和两个羟基化喹喔啉化合物在微型猪体内的药代动力学数据以证明本申请的创造性。针对驳回所指出的不清楚的缺陷，请求人认为可以结合说明书中的定义予以认定，并表示，需要时可以将所述基团的具体取代基内容补入权利要求书中。

经形式审查合格后，专利复审委员会受理了该请求，并于 2004 年 3 月 9 日向请求人发出了《复审请求受理通知书》，同时将本申请转送至国家知识产权局原审查部门进行前置审查。

在《前置审查意见书》中，国家知识产权局原审查部门认为请求人并未针对非羟基化的喹喔啉化合物进行答复或修改权利要求书；此外，尽管说明书对于取代基作出了一些说明，但是说明书中取代基众多，且有上位概念的基团，也有下位概念的基团，还有实施例中的具体基团，申请人要求保护怎样的一个取代基的范围是不清楚的，因此坚持驳回决定。

专利复审委员会组成合议组，对本复审请求案进行了审理。2007 年 4 月 16 日，合议组向请求人发出《复审通知书》，其中指出：

（1）对比文件 1（US5480883A，公开日为 1996 年 1 月 2 日）的第 34 栏表 X 中第 15~19 行以及第 35 栏第 1 行公开的化合物分别为：3-（1-环戊-1-烯基）-6，7-二甲氧基喹啉盐酸盐（即对比文件 1 的第 49~50 栏第 4 个化合物）、3-环戊基-6，7-二甲氧基喹啉盐酸盐、3-环已基乙基-6，7-二甲氧基喹啉，这些化合物落入了本申请权利要求的范围内，导致权利要求 1、2、3、5、7、8、12、13、15、26、27、28 和 41 不符合专利法第 22 条第 2 款有关新颖性的规定，并由此导致涉及含有上述化合物的组合物、上述化合物的用途的权利要求 47~64 也不具备第 22 条第 2 款规定的新颖性。

（2）对比文件 1 第 47~48 栏的倒数第 3 行公开了一种喹啉化合物、第 37 栏第 53 行公开了一种喹喔啉化合物，它们与本申请化合物的结构相近，用途相同，导致本申请全部权利要求 1~64 相对于对比文件 1 而言不符合专利法第 22 条第 3 款有关创造性的规定。

（3）权利要求 1~3、7 和 12 中多处出现“取代和未取代”的措辞，却没有对取代基的范围进行限定，由此，该措辞应当理解为所属技术领域通常具有的含义，即，可以被任意的取代基以符合价键构造的方式取代或者不被取代，这就包含了无限多的化学基团，本领域技术人员根据说明书的描述无法预见由化学领域的所有化学基团构成的化合物都能同样地被制备得到，并都将具有抑制血小板衍生生长因子和/或 p56lck 酪氨酸激酶的活性，因此，权利要求 1~3、7 和 12 没有以说明书为依据，不符合专利法第 26 条第 4 款的规定。

2007 年 8 月 1 日，针对上述《复审通知书》，请求人提交了意见陈述书和权利要求书替换页，请求人声称删除了权利要求中不具备新颖性的技术方案，并根据说明书中的内容对于权利要求书涉及的“取代和未取代的”表述进行了限定。修改后的权利要求 1 为：

“1. 式 I 化合物或其 N-氧化物、其水合物、其溶剂化物、其前药或其可药用盐：

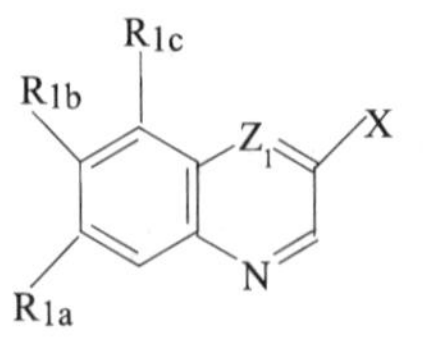

(I)

其中：

X 为 L_1 或 L_2Z_2；

L_1 为（$CR_{3a}R_{3b}$）rH 或（$CR_{3a}R_{3b}$）m-Z3-（$CR_{3'a}R_{3'b}$）nH；

L_2 为（$CR_{3a}R_{3b}$）p-Z_4-（$CR_{3'a}R_{3'b}$）$_q$；

Z_1 为 CH 或 N；

Z_2 为取代和未取代的环烷基，其中所述环烷基是指含有 3~10 个碳原子的非芳香性单-或多环环系且环烷基任选地被烷基，羟基，酰氧基，烷氧基，为氟、氯、溴、碘的卤素，R_5R_6N-，酰基 R_5N-,羧基或 R_5R_6NCO-取代基，或位于两个相邻碳原子的二价氧（-O-）取代；或取代和未取代的环烯基，其中所述环烯基是指含有碳-碳双键和 3~10 个碳原子的非芳香族单环或多环环系，环烯基任选地被上述环烷基取代基取代；或取代和未取代的杂环基，其中所述杂环基是指 4~10 元单环或多环环系；或取代和未取代的杂环基，其中所述杂环基是指 4~10 元单环或多环环系，其中杂环基任选地被上述环烷基的取代基取代；或取代和未取代的杂环烯基，其中所述杂环烯基是指部分饱和的 4~10 元单环或多环环系，环系中一个或多个原子为选自氮、氧或硫的非碳原子，杂环烯基任选地被上述环烷基的取代基取代；

Z_3 为 O，NR_4，S，SO 或 SO_2；

Z_4 为 O，NR_4，S，SO，SO_2；

m 为 0 或 1；

n 为 2 或 3，且 n+m=2 或 3；

p 和 q 独立地为 0，1，2，3 或 4，并且 p+q=0，1，2 或 3；

r 为 2，3 或 4；

R_{1a}和 R_{1b}独立地为取代和未取代的烷基，其中烷基是具有 1 到 10 个碳原子的支链或直链，烷基还可以任选地被烷氧基，卤素，羧基，羟基或 R_5R_6N-取代；或取代和未取代的芳基，其中芳基是含有 6~10 个碳原子的芳香族碳环基团且芳基任选的被氢，羟基，卤素，烷基，烷氧基，烷氧羰基或 Y1Y2NCO-取代，其中 Y1 和 Y2 独立地为氢或烷基；或取代和未取代的杂芳基，其中杂芳基是指约 5-至约 10-元芳香单环或多环烃环系，且任选的被上述芳基的取代基取代；或羟基；酰氧基；或取代和未取代的烷氧基，其中烷氧基是指烷基-O-基团，其中烷氧基任选地被氨基、烷氧基、羧基、烷氧羰基、羧基芳基、氨基甲酰基或杂环基基团取代；或取代和未取代的环烷氧基，其中环烷氧基是指环烷基-O-基团，其中环烷基如上所述；或取代和未取代的杂环氧基，其中杂环氧基是指杂环基-O-基团，其中的杂环基如上所述；或取代和未取代的杂环羰氧基，其中杂环羰氧基是指杂环基-C（O）O-基团，其中的杂环基如上定义；或取代和未取代的芳氧基，其中芳氧基是指芳基-O-基团，其中芳基任选的被如上所述针对芳基的取代基取代；或取代和未取代的杂芳氧基，其中杂芳氧基是指杂芳基-O-基团，其中杂芳基任选的被如上所述针对芳基的取代基取代；或氰基，R_5R_6N-或酰基 R_5N-，或者 R_{1a}和 R_{1b}之一为氢或卤素，而另一个为取代和未取代的烷基；

R_{1c}为氢，如前述定义的取代和未取代的烷基，取代和未取代的芳基，取代和未取代的杂芳基，羟基，酰氧基，取代和未取代的烷氧基，取代和未取代的环烷氧基，取代和未取代的杂环氧基，取代和未取代的芳氧基，取代和未取代的杂芳氧基，卤素，氰基，R_5R_6N-或酰基 R_5N-；

R_{3a}，R_{3b}，$R_{3'a}$和 $R_{3'b}$独立地为氢或烷基；

R_4 为氢，烷基或酰基；和

R_5 和 R_6 独立地为氢或烷基，或者 R_5 和 R_6 与它们所连接的氮原子一起形成氮杂杂环基。”

请求人重申，本申请化合物与现有技术的喹喔啉化合物区别在于其取代基 Z_2 上为一个羟基化的非芳香环，对现有技术中喹喔啉基化合物的羟基化出人意料地增加了所述化合物的生物利用度，并再次提供如前的对比实验数据以证明本申请的创造性。

至此，合议组认为本案事实清楚，可以作出审查决定。

二、决定的理由

1. 关于文本

本复审请求审查决定针对的文本是：请求人于 2007 年 8 月 1 日提交的权利要求书第 1~64 项，进入中国国家阶段时提交的国际申请文件中文译文的说明书第 1~3、5~9、11~57 页和摘要，以及于 1999 年 12 月 21 日提交的依据专利合作条约第 41 条修改的说明书第 4、10 页。

2. 关于专利法第 26 条第 4 款

专利法第 26 条第 4 款规定：权利要求书应当以说明书为依据，说明要求专利保护的范围。

请求人根据说明书记载的内容对于权利要求中多处出现的“取代和未取代”的措辞进行了限定，修改后“取代”基团的范围明确具体，从而克服了《复审通知书》指出的没有以说明书为依据的缺陷。

3. 关于专利法第 22 条第 2 款

专利法第 22 条第 2 款规定：新颖性，是指在申请日以前没有同样的发明或者实用新型在国内外出版物上公开发表过、在国内公开使用过或者以其他方式为公众所知，也没有同样的发明或者实用新型由他人向国务院专利行政部门提出过申请并且记载在申请日以后公布的专利申请文件中。

请求人修改了权利要求书，其中缩小了权利要求 1 的保护范围，将《复审通知书》所指出的化合物排除在其范围之外，从而克服了《复审通知书》指出的不具备新颖性的缺陷，同理，权利要求 2、3、5、7、8、12、13、15、26、27、28、41 以及 47~64 也均符合专利法第 22 条第 2 款的规定。

4. 关于专利法第 22 条第 3 款

专利法第 22 条第 3 款规定：创造性是指同申请日以前已有的技术相比，该发明有突出的实质性特点和显著的进步，该实用新型有实质性特点和进步。

在判断一项发明是否具有创造性时，首先，应当确定与该发明所述技术方案最接近的现有技术的技术方案，继而，将该发明所述技术方案和最接近的现有技术中的技术方案进行特征分析，找出其区别技术特征；如果这些区别技术特征是本领域的技术人员为解决其技术问题，根据现有技术的教导而容易引入的，且其引入没有产生预料不到的技术效果，则该权利要求所保护的技术方案不具备创造性。

本申请权利要求 1 要求保护具有蛋白质酪氨酸激酶抑制活性的通式化合物，其化合物分为两大类，当 Z_1 为 CH 时，要求保护的是喹啉化合物，而当 Z_1 为 N 时，要求保护的是喹喔啉化合物。

对比文件 1（US5480883A，公开日 1996 年 1 月 2 日）公开了具有蛋白质酪氨酸激酶抑制活性的一系列化合物，具体公开了下述化合物：3-苯甲氨基-6，7-二甲氧基喹啉盐酸盐（参见第 47~48 栏的倒数第 3 个化合物）。该化合物与本申请权利要求 1 中 Z_1 为 CH、X 为 L_2Z_2、L_2 为（$CR_{3a}R_{3b}$）p-Z_4-（$CR_{3'a}R_{3'b}$）q、Z_4 为 NR_4、R_4 为 H、R_{3a}，R_{3b}，$R_{3'a}$和 $R_{3'b}$独立地为氢、p+q=1、R_{1a}和 R_{1b}分别为烷氧基、R_{1c}为氢的喹啉化合物相比，区别在于相对于对比文件 1 中的苯环取代基的位置，本申请权利要求 1 中被非芳香环基团 Z_2 替代。

但对比文件 1 还公开了下式的喹啉化合物（参见第 4 栏 Ib 化合物）：

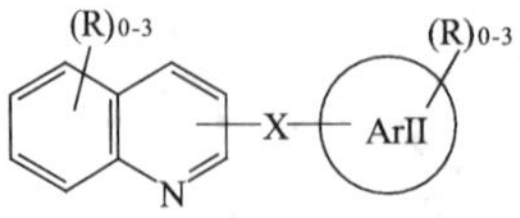

Ib

其中 R 的定义包括烷基、羟基、烷氧基、酰氧基、卤素、氨基、单-和二-烷基氨基、酰氨基、羧基以及单-和二-烷基酰氨基等（参见第 3 栏第 29~36 行）；X 的定义包括（CHR_1）m-Z-（CHR_1）n，其中 Z 是 O、NR′、S、SO 或 SO_2，R′独立是氢或烷基，m 和 n 是 0~3 且 m+n=0~3（参见第 2 栏第 49~52 行）；ArII 优选苯基、噻吩基、萘基或环烷基（参见第 6 栏第 50~55 行），在进一步特定的实施方案中，ArII 是环烷基，优选环戊基、环己基和环庚基（参见第 3 栏第 43~45 行）。由于对比文件 1 第 6 栏第 50~55 行明确教导了基团 ArII 可以是苯基、环烷基等，而且用途相同，均是抑制蛋白质酪氨酸激酶活性，因此，对于本领域的技术人员来说，用环烷基替代该化合物中的苯基得到权利要求 1 中的上述化合物是显而易见的。而且，如前所述，对比文件 1 说明书中教导了 Ib 化合物具有抑制蛋白质酪氨酸激酶的活性，也就是说，对比文件 1 给出了使用 Ib 中定义的各基团替代具体公开化合物的相应基团后仍具有相似活性的教导，本领域技术人员在对比文件 1 的基础上，可以轻易地得到权利要求 1 的 Z_2 为取代和未取代环烷基的喹啉化合物并且可以合理地预期这些化合物也具有抑制蛋白质酪氨酸激酶的活性，因此，权利要求 1 中有关喹啉化合物的技术方案不具有突出的实质性特点和显著的进步。

此外，对比文件 1 中还公开了具有抑制蛋白质酪氨酸激酶活性的喹喔啉化合物（参见第 5 栏 Ik 化合物）：

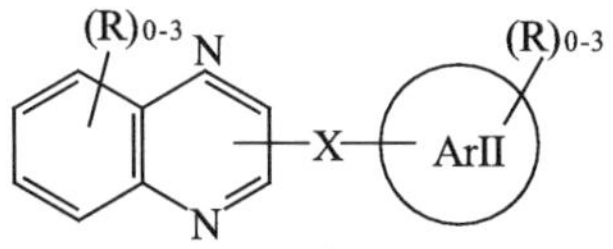

Ik

其中各基团的定义与上述 Ib 化合物中的定义相同，可见，对比文件 1 给出了喹喔啉基与喹啉基可以相互替换而仍保留抑制蛋白质酪氨酸激酶活性的教导，本领域技术人员在对比文件 1 的基础上，可以轻易地得到权利要求 1 的 Z_2 为取代和未取代环烷基的喹喔啉化合物并且可以合理地预期这些化合物也具有抑制蛋白质酪氨酸激酶的活性，因此，权利要求 1 中有关喹喔啉化合物的技术方案不具有突出的实质性特点和显著的进步。综上，权利要求 1 不符合专利法第 22 条第 3 款有关创造性的规定。

请求人在意见陈述书中主张，由于本发明喹喔啉化合物取代基 Z_2 上为一个羟基化的非芳香环，这出人意料地增加了所述化合物的生物利用度，请求人同时提交了化合物 1~5 在大鼠体内的口服生物利用度对比实验数据和两个羟基化喹喔啉化合物（化合物 3 和 5）在微型猪体内的药代动力学数据，请求人具体比较了羟基化的喹喔啉化合物 3、4 和 5 与非羟基化羟基化的喹喔啉化合物 1 和 2 之间在大鼠体内口服生物利用度的差异。对于请求人的上述主张，合议组认为：首先，请求人并未针对权利要求 1 中的喹啉化合物不具备创造性的审查意见提出反对意见；其次，对于权利要求 1 中的喹喔啉化合物而言，权利要求 1 中包含了大量 Z_2 不为羟基化的非芳香环的喹喔啉化合物，请求人未针对这些化合物不具备创造性的审查意见提出反对意见；而且，权利要求 1 的从属权利要求 46 要求保护的全部 50 个具体化合物的 Z_2 均不是羟基化的非芳香环，可见，Z_2 为羟基化的非芳香环的化合物并非本发明的主流也非本发明的核心；再者，就请求人在提出复审请求时和答复《复审通知书》时先后二次提供的对比实验数据而言，请求人比较了化合物 3、4 和 5 与化合物 1 和 2 之间在大鼠体内口服生物利用度的差异，但是化合物 2 既在对比文件 1 式 Ik 范围内又在本申请权利要求 1 范围内，该化合物性能的优劣无法证明本申请权利要求 1 相对于对比文件 1 是否具备创造性，化合物 4 和化合物 5 并非本申请已完成的化合物，因而有效的比较仅存乎化合物 3 与化合物 1 之间，化合物 1（2-（3-噻吩基）-6，7-二甲氧基喹喔啉）和化合物 3（反式-4-（6，7-二甲氧基喹喔啉-2 基氨基）-环己醇）分别是对比文件 1 和本申请中公开的具体化合物，但仅根据这两个化合物在口服生物利用度上的差别无法判断这种差别是偶然所致或是由于羟基化的非芳香环引起的，或者还可能有其他的原因，因为这两个化合物在结构上的差别不仅在于取代基 Z_2 上有无羟基化的非芳香环，其 Z_2 上的环系构成以及与该环系喹喔啉的连接方式均存在差异；另外，请求人提供了化合物 3 和 5 的药代动力学实验数据，如前所述化合物 5 并非本申请公开的化合物，化合物 3 虽为本申请公开的化合物，但并没有提供现有技术化合物的相关实验数据与之进行比较，因而无法对其药代动力学的优劣进行判断。基于上面的评述，可见，请求人仅主张了权利要求 1 中的一部分化合物（即，取代基 Z_2 上为羟基化的非芳香环的喹喔啉化合物）具备创造性，就这一部分化合物而言，请求人所提供的实验数据不足以证明其具有预料不到的技术效果，不足以支持其具备创造性的主张。

权利要求 2~46 是权利要求 1 的从属权利要求，对权利要求 1 作了进一步的限定，但这些限定在对比文件 1 中也有明确教导和启示，本领域技术人员根据对比文件 1 的教导得到这些权利要求的技术方案是显而易见的，且从说明书中并不能得出这些进一步限定的技术内容给本申请的技术方案带来了预料不到的技术效果的结论，因此，权利要求 2~46 也不符合专利法第 22 条第 3 款有关创造性的规定。

权利要求 47 涉及以权利要求 1 所述化合物为活性成分的组合物，权利要求 48 和 49 涉及以上述化合物为活性成分抑制酪氨酸激酶活性的方法，权利要求 50~64 涉及上述化合物的用途。在对比文件 1 中公开了含有其活性化合物的药物组合物（第 2 栏第 28~31 行），活性化合物适用作蛋白酪氨酸激酶抑制剂（在药理学测试部分说明了活性化合物对于 GSF1、lck 激酶以及 PDGF-R 等的抑制作用），并例举了可用其活性化合物治疗的疾病（第 1 栏第 42~49 行）。由此可见，权利要求 47~64 也不具备突出的实质性特点和显著的进步，不符合专利法第 22 条第 3 款有关创造性的规定。

根据上述事实和理由，合议组作出如下审查决定。

三、决定

维持国家知识产权局于 2003 年 9 月 26 日针对 98806430.8 号发明专利申请作出的驳回决定。

复审请求人对本决定不服的，可以根据专利法第 41 条第 2 款的规定，自收到本决定之日起三个月内向北京市第一中级人民法院起诉。

035

包含N-［（4，6-二甲氧基嘧啶-2-基）氨基羰基］-5-甲基亚磺酰氨基甲基-2-烷氧基羰基苯磺酰胺的除草组合物

复审请求审查决定（第12625号）

决　定　号　第12625号
决　定　日　2008年1月18日
发明创造名称　包含N-［（4，6-二甲氧基嘧啶-2-基）氨基羰基］-5-甲基亚磺酰氨基甲基-2-烷氧基羰基苯磺酰胺的除草组合物
国际分类号　A01N 47/36
复审请求人　赫彻斯特-舍林农业发展有限公司
申　请　号　97180401.X
优先权日　1996年12月7日
申　请　日　1997年11月18日
公　开　日　1999年12月29日
合议组组长　李人久
主　审　员　李晓娜
参　审　员　周　航

法律依据　专利法第31条第1款，专利法实施细则第60条第1款
决定要点

对于其中一种组分为可选择化合物的组合物马库什权利要求而言，在作为马库什要素的可选择化合物具有共同的性能或作用且具有共同结构的情况下，如果该共同结构对可选择化合物的共同性能或作用是必不可少的，且现有技术中不存在包括所述共同结构的物质与另一种组分的组合物，则该共同结构构成了发明与现有技术的区别技术特征，该组合物马库什权利要求具备单一性。

一、案由

本复审请求涉及申请号为97180401.X，名称为“包含N-［（4，6-二甲氧基嘧啶-2-基）氨基羰基］-5-甲基亚磺酰氨基甲基-2-烷氧基羰基苯磺酰胺的除草组合物”的PCT发明专利申请（下称本申请），其申请人为赫彻斯特-舍林农业发展有限公司，申请日为1997年11月18日，优先权日为1996年12月7日，进入中国国家阶段的日期为1999年6月7日，公开日为1999年12月29日。

国家知识产权局实质审查部门于2004年8月6日针对申请人按国际初步审查报告附件提交的权利要求第1~17项、按进入中国国家阶段时提交的说明书第1~75页和说明书摘要，以本申请独立权利要求1不具备专利法第31条第1款规定的单一性为由驳回了本申请。

驳回决定所针对的权利要求书共有17项权利要求，其中独立权利要求1如下：

“1. 一种除草组合物，它包含

A）至少一种来自式I的取代苯基磺酰基脲及其农业上可接受的盐的组的化合物

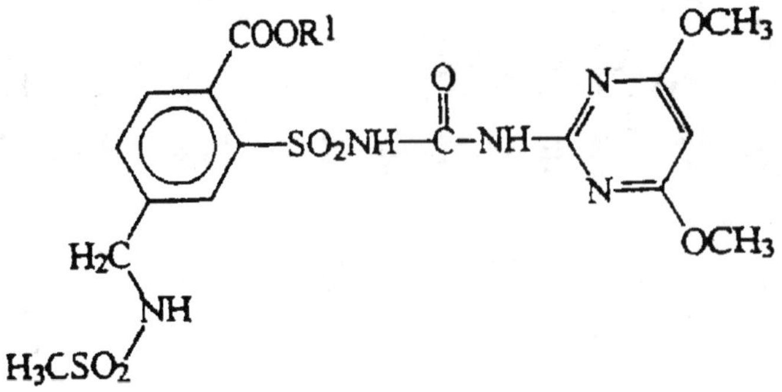

(I)

其中R^1是（C_1-C_8）烷基、（C_3-C_4）链烯基、（C_3-C_4）炔基或由选自卤素和（C_1-C_2）烷氧基组成的组的基团单至四取代的（C_1-C_4）烷基，和

B）至少一种来自下列这组化合物的除草活性化合物：

Ba）选择性地作用于禾谷类中的禾草的除草剂，它来自于下列除草剂组成的一组中，

B1）噁唑禾草灵、高噁唑禾草灵

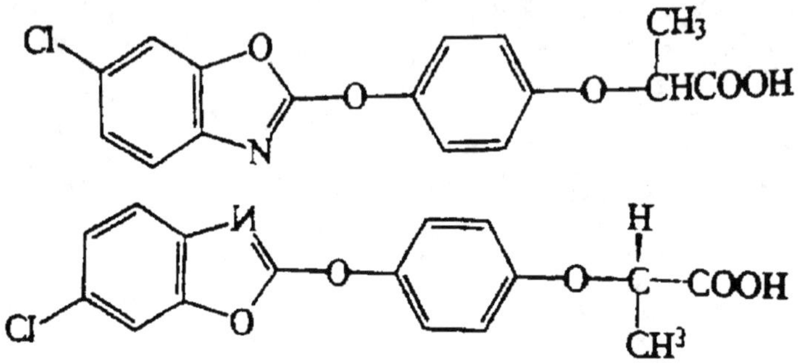

B2）异丙隆

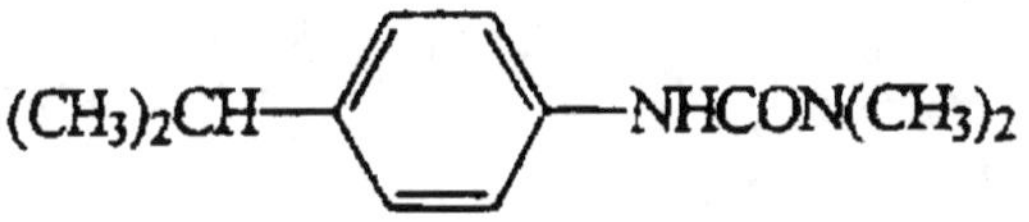

B3）禾草灵

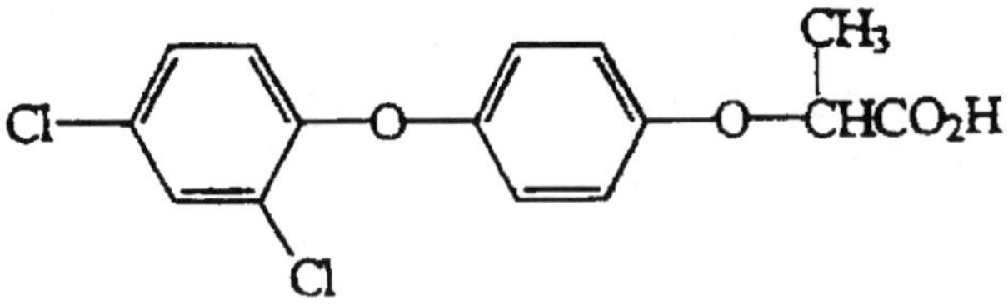

B4）clodinafop

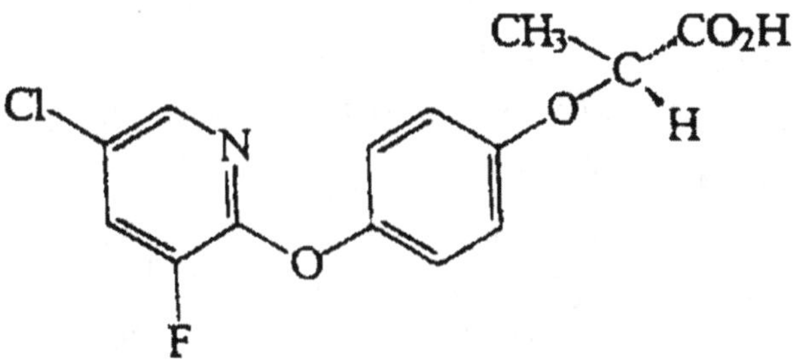

B5）B4）与 cloquintocet 的混合物

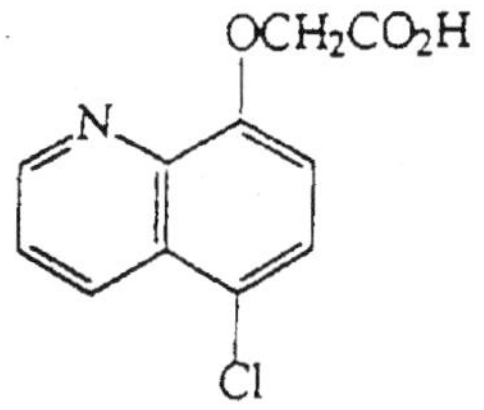

，

B6）绿麦灵

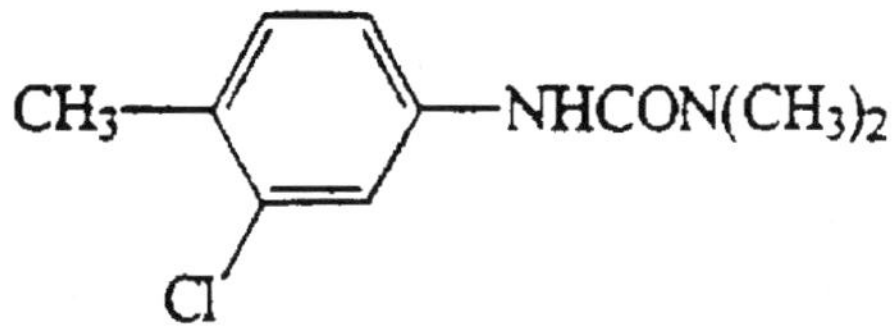

，

B7）甲基苯噻隆

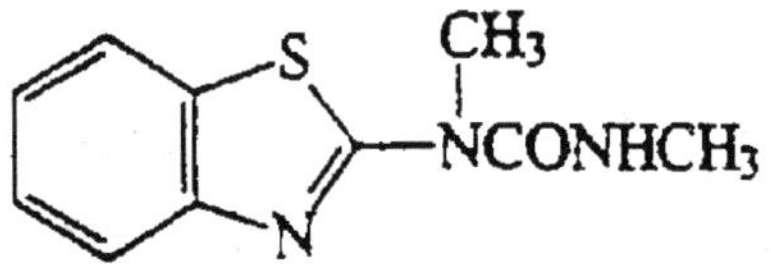

，

B8）咪草酯

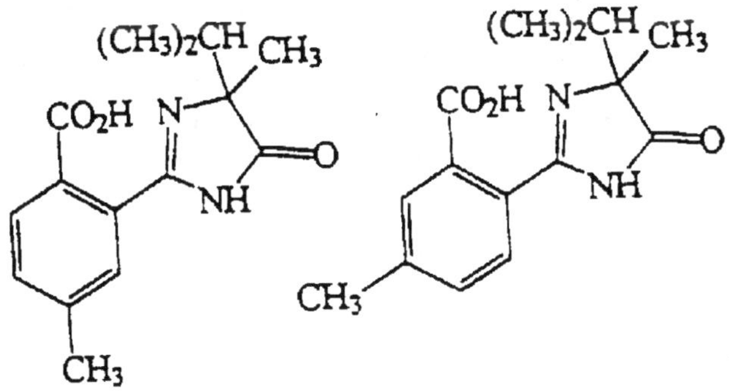

，

B9）肟草酮

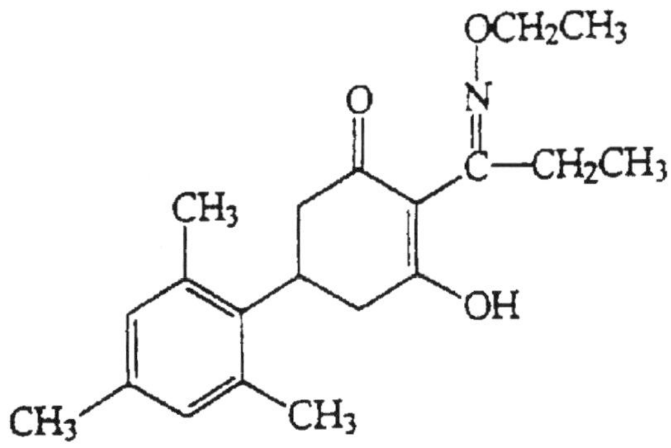

，

B10）双苯唑快

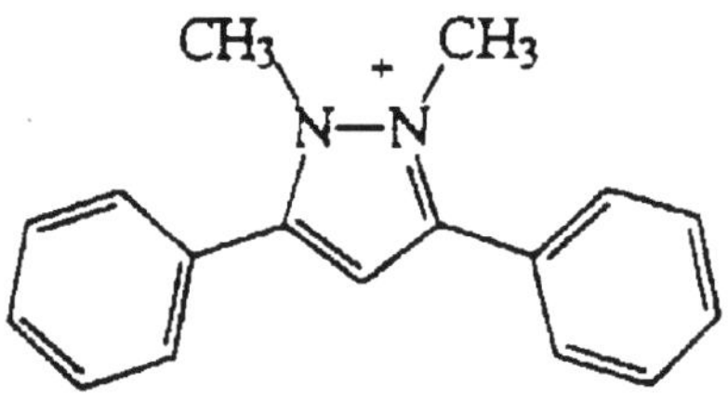

，

B11）麦草伏、麦草伏 M

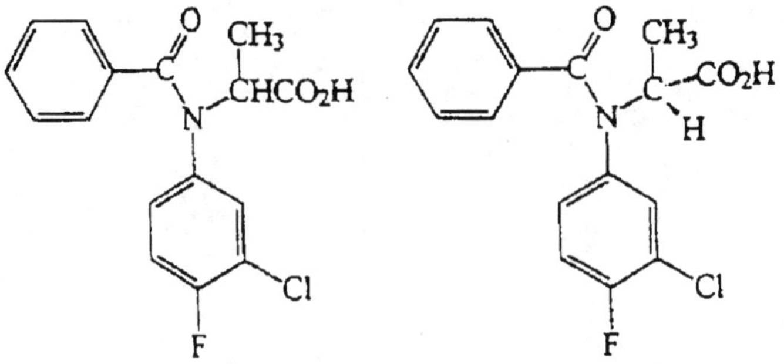

和

B12）二甲戊乐灵

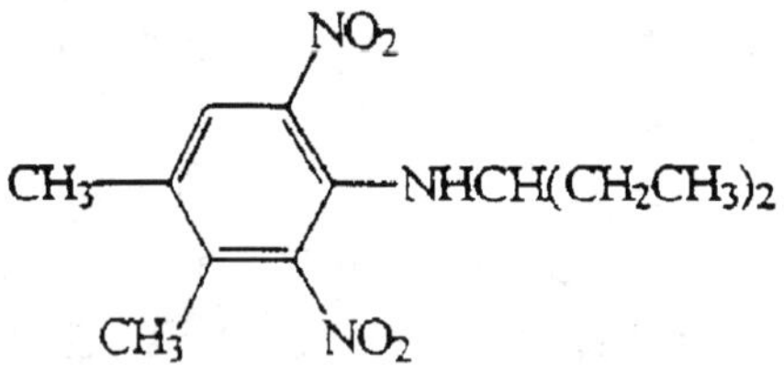

Bb）选择性地作用于禾谷类中的双子叶植物的除草剂，它来自与下列除草剂组成的一组中，

B13）2 甲 4 氯丙酸、高 2 甲 4 氯丙酸

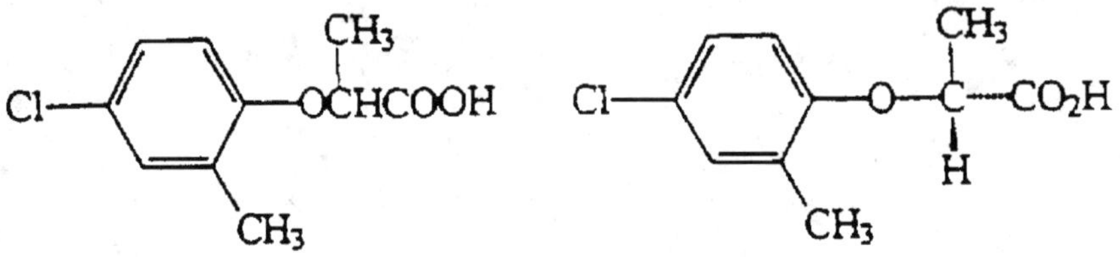

，

B14）2 甲 4 氯

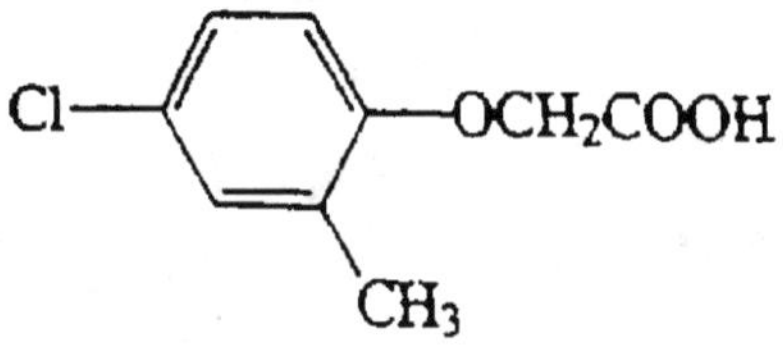

，

B15）2，4-滴丙酸、高 2，4-滴丙酸

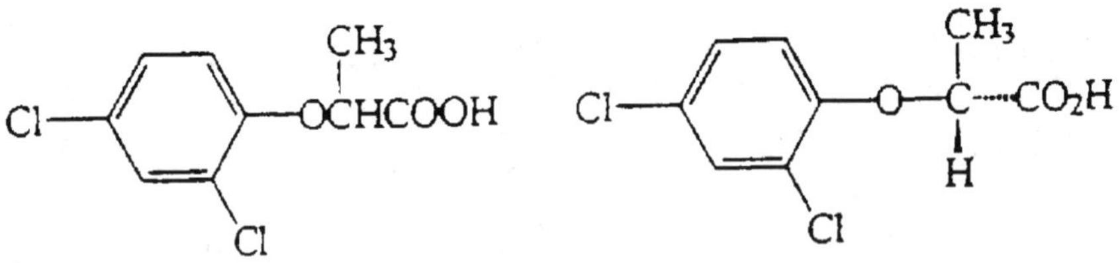

，

B16）2，4-滴

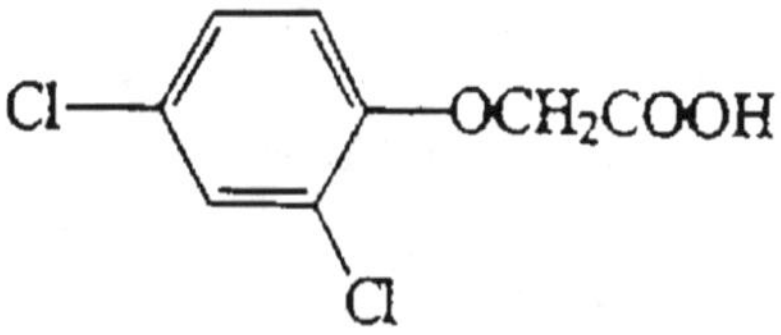

，

B17）麦草畏

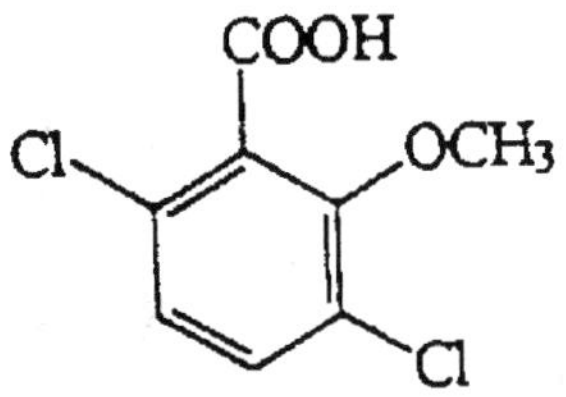

B18）氟草烟

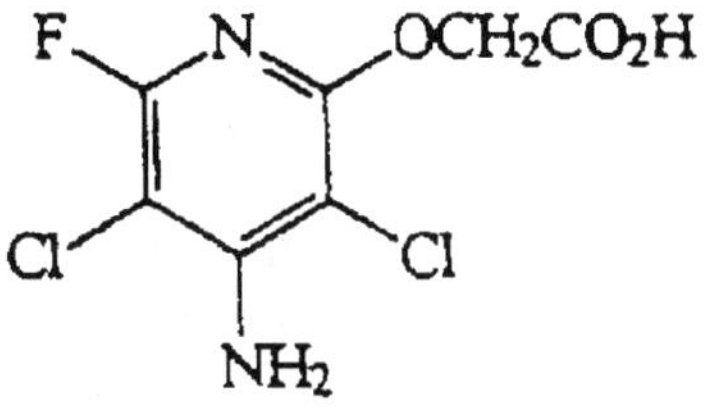

B19）碘苯腈

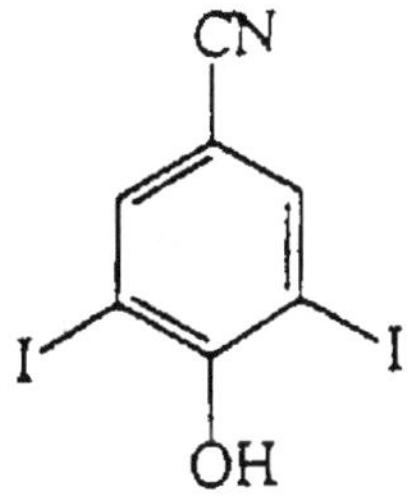

B20）溴苯腈

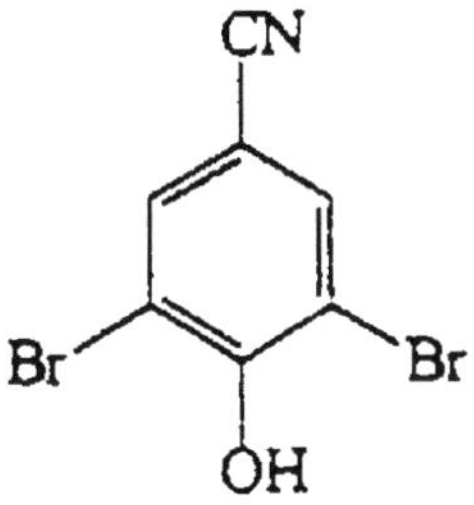

B21）甲羧除草醚

5-（2，4-二氯苯氧基）-2-硝基苯甲酸甲酯

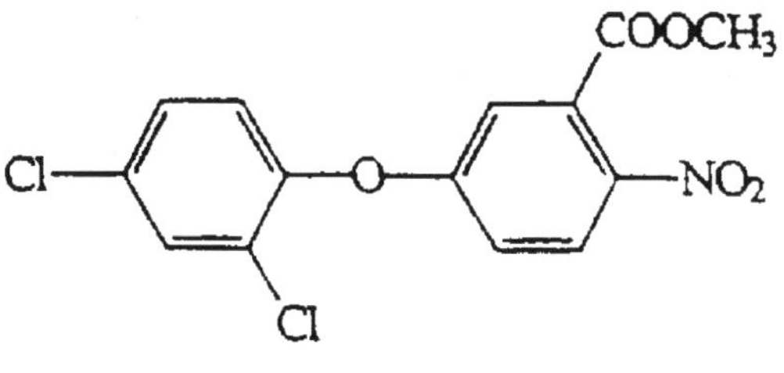

，

B22）乙羧氟草醚

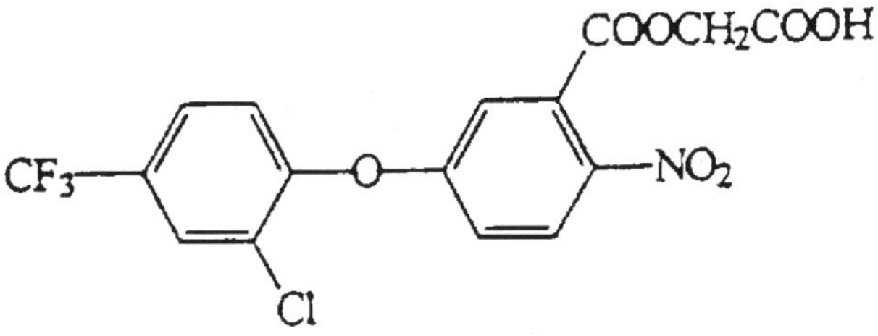

，

B23）乳氟禾草灵

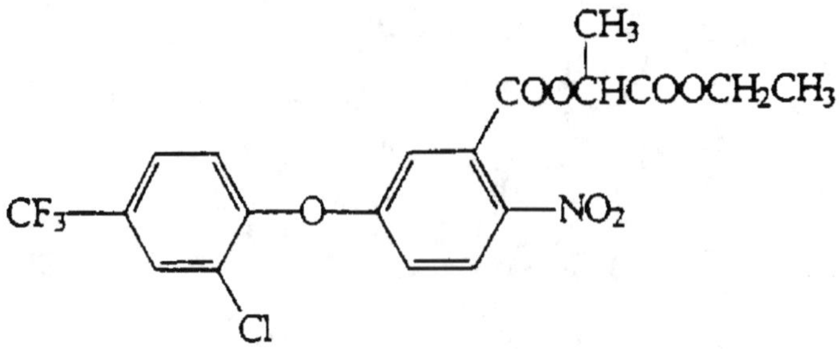

B24）氟黄胺草醚

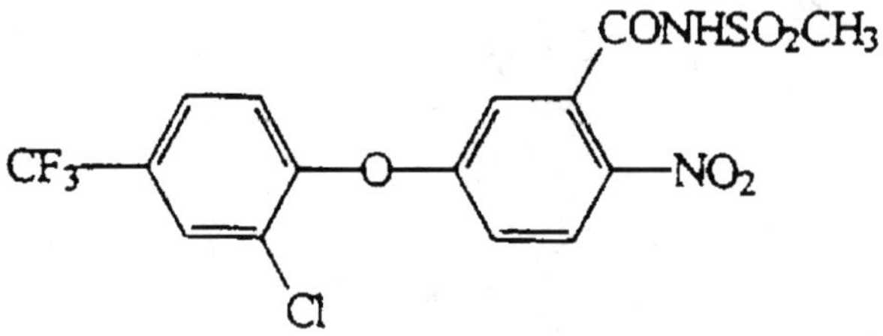

B25）乙氧氟草醚

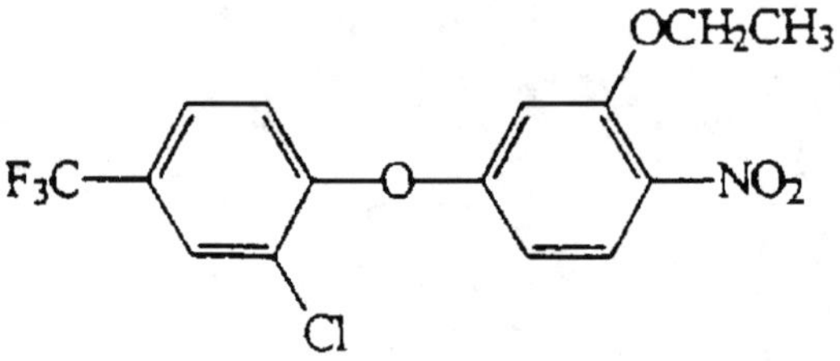

B26）ET-751

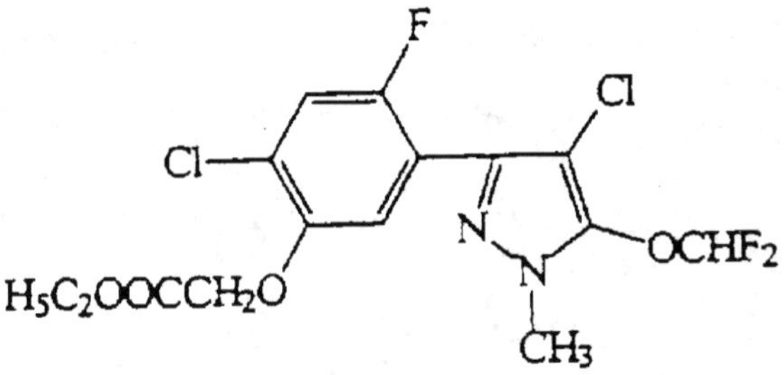

，

B27）式 II 的唑类

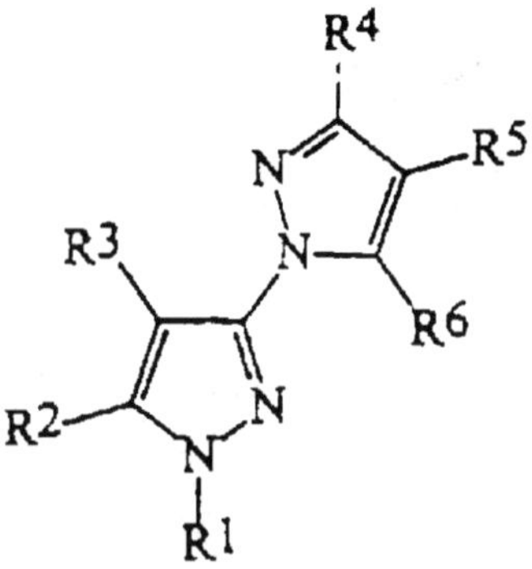

（II）

，

其中

R^1 是（C_1-C_4）烷基，R^2 是（C_1-C_4）烷基、（C_1-C_4）烷硫基或（C_1-C_4）烷氧基，这些基团各可以由一或多个卤原子取代，或 R^1 和 R^2 一起形成基团（CH_2）$_m$，其中 m=3 或 4，R^3 是氢或卤素，

R^4 是氢或（C_1-C_4）烷基，R^5 是氢、硝基、氰基或下列基团之一：-COOR^7、-C（=X）NR^7 R^8 或-C（=X）R^{10}，R^6 是氢、卤素、氰基、（C_1-C_4）烷基、（C_1-C_4）烷硫基或-NR^{11}R^{12}，R^7 和 R^8 相同或不同且是氢或（C_1-C_4）烷基，或 R^7 和 R^8 与之所键合的氮原子一起形成饱和的 5-或 6-元碳环，R^{10}是氢或（C_1-C_4）烷基，后者可以任选由一或多个卤原子取代，且 R^{11} 和 R^{12} 相同或不同且是氢、（C_1-C_4）烷基或（C_1-C_4）烷氧基羰基，其中 R^{11} 和 R^{12} 可与之所键合的氮原子一起形成 3-、5-或 6-元碳环或芳环，其中一个碳原子可以任选由氧原子替代，和

B28）F8426

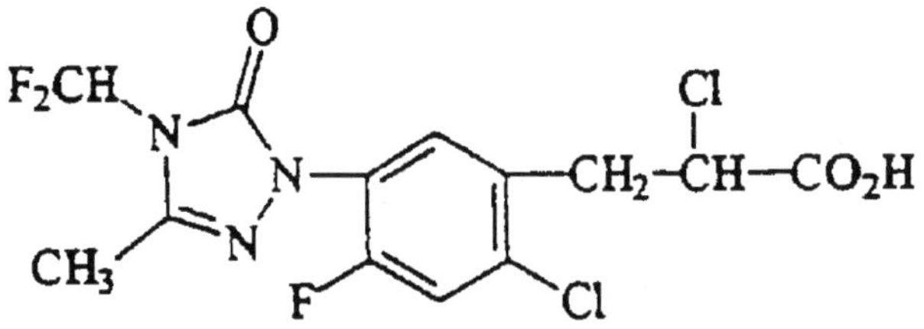

B29）吡氟草胺

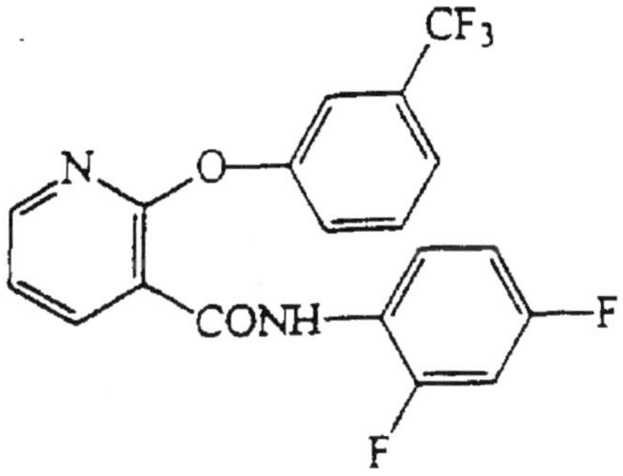

B30）灭草松

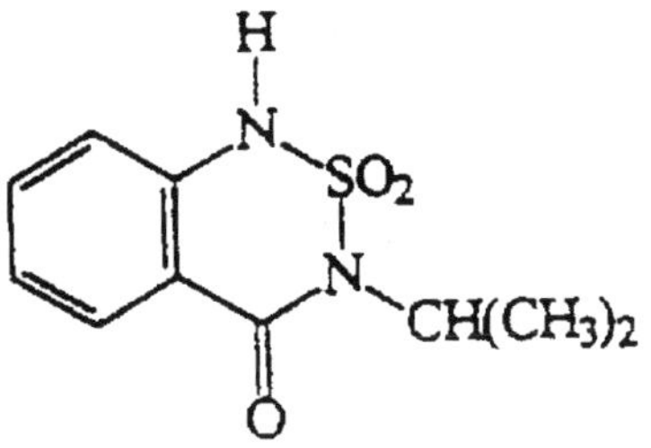

Bc）选择性地作用于禾谷类中的禾草和双子叶植物的除草剂，它来自于下列除草剂组成的一组中，

B31）嗪草酮

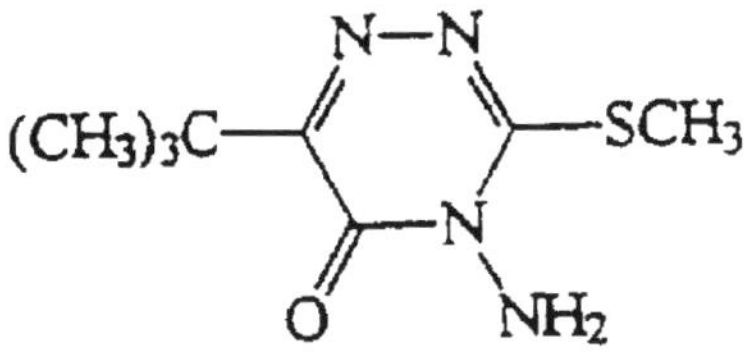

B32）Metosulam

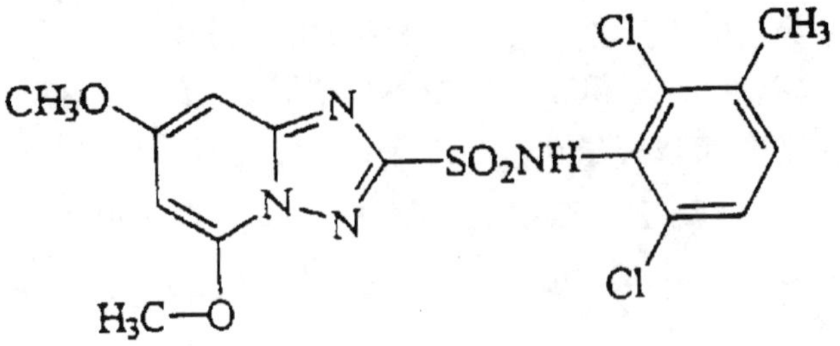

B32a）胺草唑

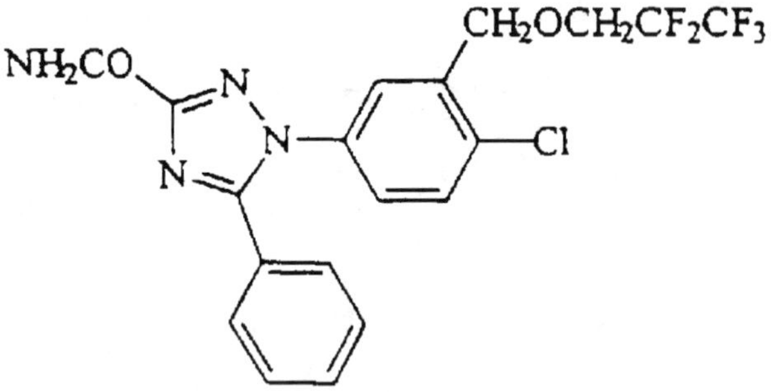

B33）苄草丹

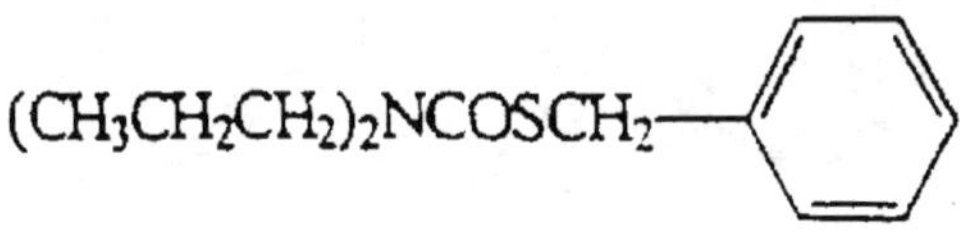

B34）呋草酮

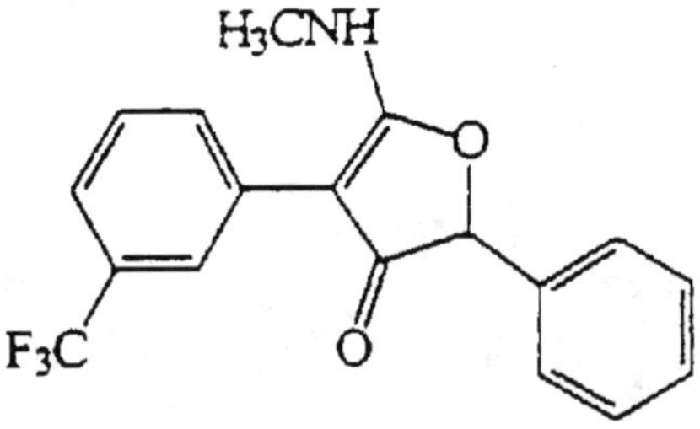

B35）amidosulfuron

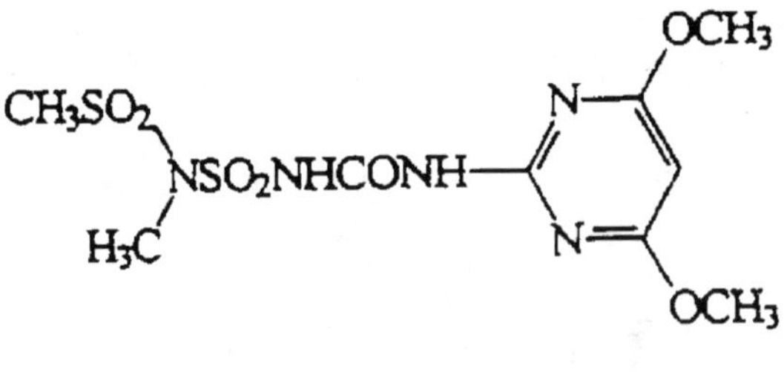

B36）甲黄隆

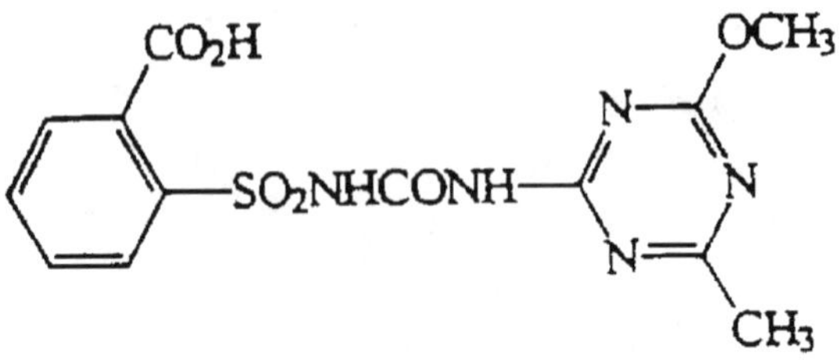

B37）苯黄隆

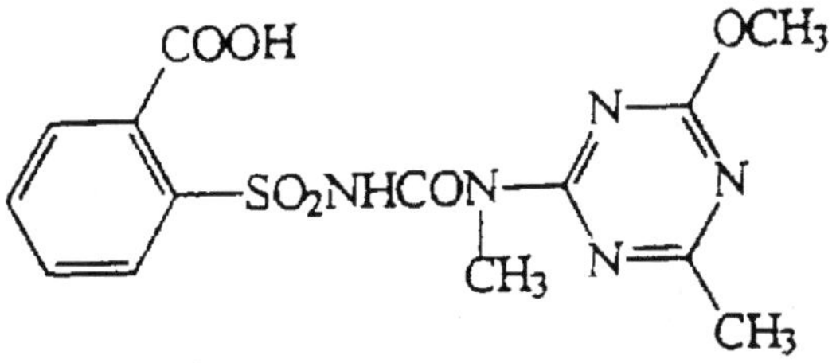

B38）噻黄隆

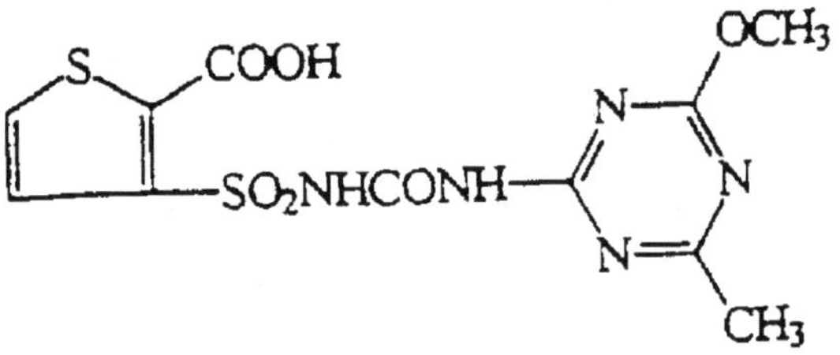

B39）醚苯黄隆

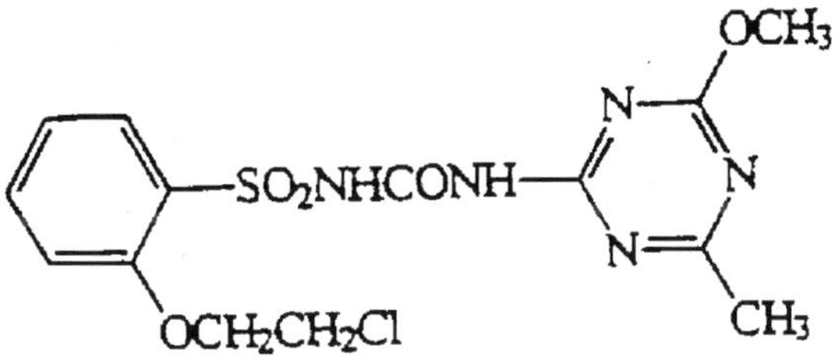

B40）绿黄隆

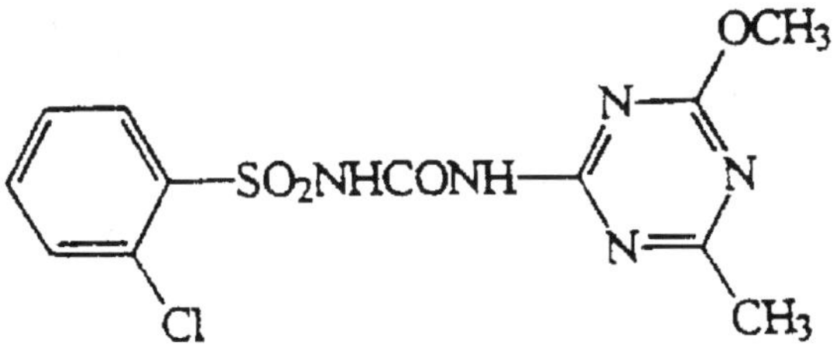

B41）式 III 的磺酰脲类

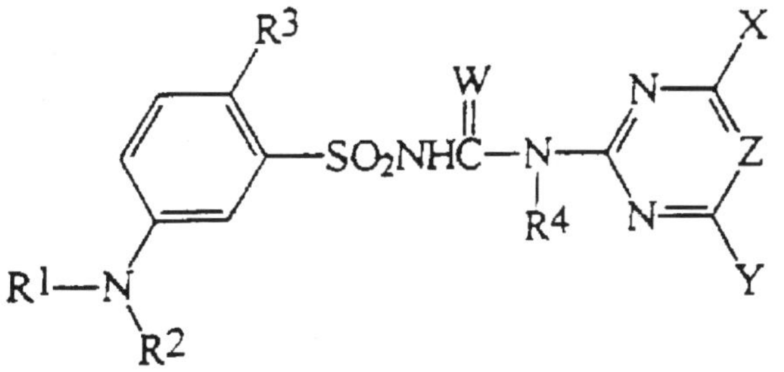

(III)

其中 R^1 是甲基、乙基、正丙基、异丙基或烯丙基，

R^2 是 $CO-R^5$、$COOR^6$、$CO-NR^8R^9$、$CS-NR^{10}R^{11}$、SO_2R^{14}或$SO_2NR^{15}R^{16}$，R^3是 COR^{17}、$COOR^{18}$、$CONR^{19}R^{20}$或 $COON=CR^{22}R$ 23，R^4 是氢或（C_1-C_4）烷基，R^5 是氢、（C_1-C_4）烷基、（C_1-C_2）卤代烷基、环丙基、苯基、苄基或带有 5 或 6 个环原子的杂芳基，其中最后提及的 3 个基团是未取代的或被 1 或多个卤原子取代，R^6 是（C_1-C_4）烷基、烯丙基、炔丙基或环丙基，R^8 是氢、（C_1-C_4）烷基、（C_1-C_4）卤代烷基或（C_1-C_4-烷氧基）羰基，R^9-R^{11} 相互独立地相同或不同，是 H 或（C_1-C_4）烷基，R^{14}

是（C_1-C_4）烷基，R^{15}和R^{16}相互独立地相同或不同，是H或（C_1-C_4）烷基，R^{17}是氢、（C_1-C_4）烷基、（C_1-C_4）卤代烷基、（C_3-C_6）环烷基、苯基或杂芳基，最后提到的二个基团是未取代或取代的，R^{18}是氢、（C_1-C_4）烷基、（C_2-C_6）链烯基或（C_2-C_6）炔基，最后提到的三个基团是未取代的或由一或多个选自下列的基团取代：卤素、（C_1-C_4）烷氧基、（C_1-C_4）烷硫基和$NR^{31}R^{32}$，或是（C_3-C_6）环烷基或（C_3-C_6）环烷基-（C_1-C_3）-烷基，R^{19}类似于R^8，R^{20}类似于R^9，R^{22}和R^{23}相互独立且相同或不同，是氢或（C_1-C_2）烷基，R^{31}和R^{32}相互独立且相同或不同，是氢或（C_1-C_4）烷基，W是氧或硫，X是（C_1-C_4）烷基、（C_1-C_4）烷氧基、（C_1-C_4）卤代烷基、（C_1-C_4）烷硫基、卤素或单-或二（C_1-C_2-烷基）氨基，Y是（C_1-C_4）烷基、（C_1-C_4）烷氧基、（C_1-C_4）卤代烷基或（C_1-C_4）烷硫基，且Z是CH或N，

B42）式IV的磺酰脲和其农业上耐受的并可接受的盐

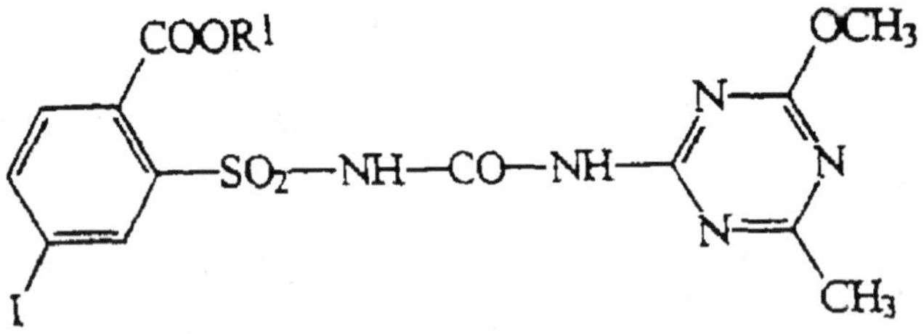

（IV）

其中R^1是（C_1-C_8）烷基、（C_3-C_4）链烯基、（C_3-C_4）炔基或被选自卤素和（C_1-C_2）烷氧基的基团单至四取代的（C_1-C_4）烷基，这里特别优选其中R^1是甲基的式（IV）或其盐的除草剂；以及通过-SO_2-NH-CO-基团中的氢被选自碱金属、碱土金属和铵的阳离子，优选钠离子替代而形成的式（IV）除草剂的盐是那些具有特别有利活性的盐，

B43）flupyrsulfuron（DPX-KE459）

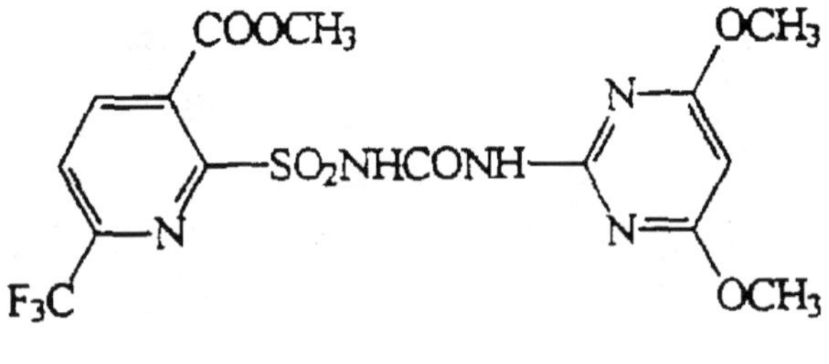

B44MON48500

和

B45）sulfosulfuron（MON37500）

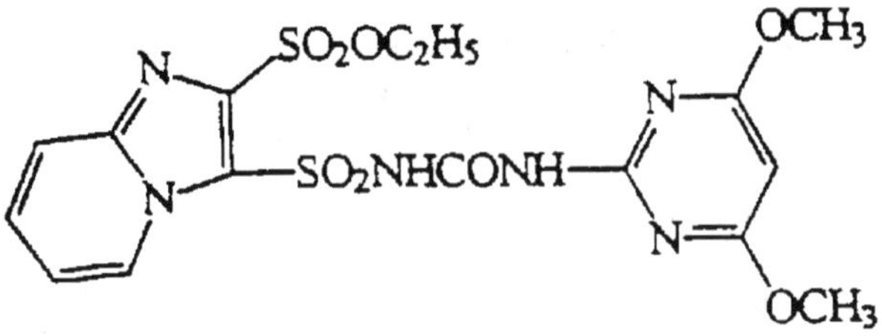

和

Bd）对禾草和阔叶杂草有活性且是在非作物区域或多年生作物（种植园）中是非选择性的和/或在转基因作物中是选择性的除草剂，它来自于下列除草剂组成的一组中，

B46）草铵膦、高草铵膦

和

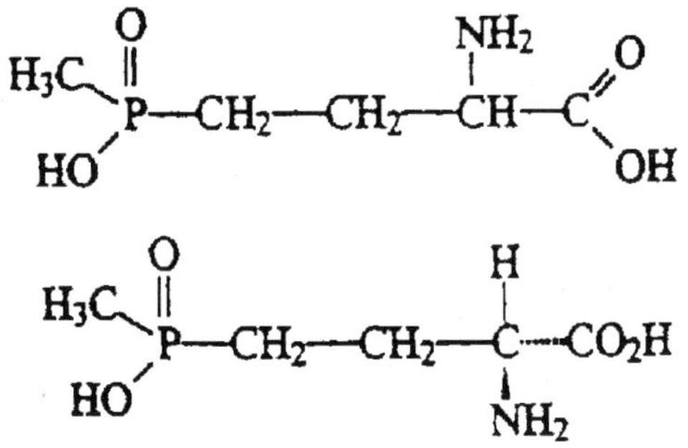

B47）草甘膦

其中式I化合物或其盐（A类化合物）和来自B组的化合物的重量比为1：2500~20：1的。”

驳回决定指出：本申请独立权利要求1属于马库什权利要求，其中的A成分和B成分均为已知除草剂，而B成分的可选择除草剂彼此不具有共同的结构，在除草剂领域也不被认为属于同一类化合物，因此不符合马库什权利要求满足单一性要求时对可选择要素的规定，所以独立权利要求1所要求保护的技术方案相互之间不属于一个总的发明构思，技术上无相互关联，没有相同或者相应的特定技术特征，不具备单一性，因此不符合专利法第31条第1款的规定。

申请人赫彻斯特-舍林农业发展有限公司（下称复审请求人）对上述驳回决定不服，于2004年11月22日向专利复审委员会提出复审请求，但没有修改申请文件。复审请求人在复审请求理由中认为：（1）本申请基于寻找式（I）苯磺酰脲（成分A）的增效剂的总构思，使式（I）的苯磺酰脲（成分A）首次用作增效除草组合物中的增效组合组分，这一特征构成了特定技术特征，因此本申请权利要求1的增效除草组合物包含了相同的特定技术特征，属于一个总的发明构思，符合单一性的要求；（2）B成份中的除草剂都能起到A成份的增效剂的作用，应被认为是属于同一类化合物，因而权利要求1满足专利法第31条的规定（就此方面，请参阅第3275号复审决定）。

经形式审查合格后，专利复审委员会受理了该复审请求，并于2004年12月14日向复审请求人发出复审请求受理通知书，同时将案卷转送至原实质审查部门进行前置审查。

原实质审查部门在前置审查意见书中坚持原驳回决定。

专利复审委员会依法成立合议组对该复审请求案进行审理，于2007年6月25日发出复审通知书（下称第一次复审通知书），其中指出：（1）根据权利要求1的内容可知，成分B中的各类化合物之间并没有共同的结构，也不能根据本领域内的现有技术预期这些马库什要素B的各类化合物在作除草活性化合物成分时可以相互替代并且得到相同结果，因而在该申请的相关技术中所述B类可选择化合物也不能被认为是属于同一类化合物，因此所述马库什要素B并不具有类似的性质，该马库什权利要求1不具有专利法第31条第1款规定的单一性；（2）关于复审请求的理由，合议组认为，①虽然复审请求人认为成分A首次用作增效除草组合物的增效组合组分，但权利要求1中均涉及不同的增效除草组合物（如上面第（1）点所述，B类化合物不具有类似的性质），并且成分A的性质或用途并不能作为产品权利要求的技术特征；此外，即使复审请求人认为权利要求1中各组合物之间的相同技术特征是A成分，由于A成份是现有技术中已知的除草剂化合物，其不能构成本申请共有的特定技术特征，权利要求1仍不具备单一性。②虽然复审请求人主张所有B组分中的除草剂均能起到A组分增效剂的作用，但这属于本申请说明书中记载的内容，本领域内现有技术并不能预期所有这些可选择的B组分化合物可以互相替代且达到相同的效果，因此不能被认为属于所属领域中公认的同一类化合物；至于3275号复审决定，其与本案无关。

针对上述复审通知书，复审请求人于2007年9月10日提交了意见陈述书，同时提交了权利要求书全文的修改替换页，修改后的权利要求书中，共包括21项权利要求。修改后的独立权利要求1中将有关B）成分的内容限定为：

“B）至少一种来自下列这组化合物的除草活性化合物

Bc）选择性地作用于禾谷类中的禾草和双子叶植物的除草剂。”

可以看出，修改后的权利要求1中删除了原先有关Ba）、Bb）、Bd）组化合物的内容和Bc）组化合物的具体结构式。此外，权利要求书中还增加了3项新的权利要求即权利要求5、8和10。

复审请求人在意见陈述书中认为：现将权利要求1中的组分B）限定到唯一的Bc）组化合物，相应地将权利要求5~15和20~21删除，这样，保留的Bc）组化合物都属于相同的一类化合物，而且每一种化合物也可以相互替代，并可以预期所要达到的效果是相同的，都可以与组分A）组合后作为增效组分，因此修改后的权利要求1具备单一性。

本案合议组于2007年10月15日发出第二次复审通知书，指出：驳回决定和第一次复审通知书所针对的权利要求1中，限定了Bc）组除草剂来自于许多种不同结构的除草剂B31）-B45），而此次修改后的权利要求1中并无限定Bc）组除草剂的具体种类，由此可知，修改后的权利要求1相对于驳回决定所针对的权利要求1扩大了保护范围。此外修改后的权利要求5、8、10的内容并未记载在驳回决定所针对的权利要求书中，为复审请求人增加的权利要求。因此复审请求人对权利要求书的上述修改不符合专利法实施细则第60条第1款规定；而且，驳回决定所针对的文本仅有17项权利要求，而复审请求人在意见陈述书中声称“将权利要求5~15和20~21删除”，因而复审请求人所作的修改并不是在驳回决定所针对文本的基础上进行的；因此对目前的修改文本，合议组不予接受，合议组仍然以之前能够接受的文本即驳回决定所针对的文本作为审查文本，如同第一次复审通知书所述，其中的独立权利要求1仍不具备专利法第31条第1款规定的单一性。

针对第二次复审通知书，复审请求人于2007年11月26日提交了意见陈述书，同时提交了权利要求书全文的修改替换页。此次复审请求人基于驳回决定所针对的权利要求书进行了修改，修改后的权利要求书中，共包括16项权利要求，其中删除了原权利要求5，将从属权利要求引用部分的表述“之一或多项”改为“之一”，并将原独立权利要求1中Ba）组化合物、Bb）组化合物、Bc）组的化合物B31）-B34）以及Bd）组化合物删除。修改后的独立权利要求1中将有关B）成分的内容限定为：

B）至少一种来自下列这组化合物的除草活性化合物：

Bc）选择性地作用于禾谷类中的禾草和双子叶植物的除草剂，它来自于下列除草剂组成的一组中，

B35）-B45）（具体名称及分子式略）。

复审请求人认为，修改后权利要求1中B）组分中的B35）-B45）化合物显然都属于磺酰脲类的除草剂化合物，具有共同的结构特征，因而满足了马库什化合物单一性的要求。

至此，合议组认为，本案事实已经清楚，现依法作出审查决定。

二、决定的理由

1. 审查文本

本复审决定所针对的审查文本是：复审请求人于2007年11月26日提交的权利要求第1~16项，本申请进入中国国家阶段时提交的说明书第1~75页和说明书摘要。

2. 关于专利法实施细则第 60 条第 1 款

专利法实施细则第 60 条第 1 款规定：请求人在提出复审请求或者在对专利复审委员会的复审通知书作出答复时，可以修改专利申请文件；但是，修改应当仅限于消除驳回决定或者复审通知书指出的缺陷。

第二次复审通知书中指出，复审请求人于 2007 年 9 月 10 日提交的修改文本扩大了权利要求 1 的保护范围，增加了新的权利要求 5、8、10，不符合专利法实施细则第 60 条第 1 款的规定，且所述修改文本并非在驳回决定针对的文本上作出的。

针对上述复审通知书，复审请求人于 2007 年 11 月 26 日提交了权利要求书全文的修改替换页，其中在驳回决定所针对的文本上删除了原权利要求 5，将从属权利要求引用部分的表述“之一或多项”改为“之一”，并将原独立权利要求 1 中 Ba）组化合物、Bb）组化合物、Bc）组的化合物 B31）–B34）以及 Bd）组化合物删除，保留了与所删除化合物并列的 Bc）组中的化合物 B35）–B45）。合议组经审查认为，上述修改文本克服了第二次复审通知书所指出的缺陷，所作修改属于为消除驳回决定或者复审通知书所指出的缺陷而进行的修改，符合专利法实施细则第 60 条第 1 款的规定，同时上述修改并没有超出原说明书和原权利要求书记载的范围，符合专利法第 33 条的规定。

3. 关于专利法第 31 条第 1 款

专利法第 31 条第 1 款规定，一件发明或者实用新型专利申请应当限于一项发明或者实用新型。属于一个总的发明构思的两项以上的发明或者实用新型，可以作为一件申请提出。

对于其中一种组分为可选择化合物的组合物马库什权利要求，在作为马库什要素的可选择化合物具有共同的性能或作用且具有共同结构的情况下，如果该共同结构对可选择化合物的共同性能或作用是必不可少的，且现有技术中不存在包括所述共同结构的物质与另一种组分的组合物，则该共同结构构成了发明与现有技术的区别技术特征，该组合物马库什权利要求具备单一性。

对本案而言，修改后的权利要求 1 请求保护一种除草组合物，该组合物包括 A 和 B 两种成分，A 成分为通式（I）的化合物，B 成分为至少一种来自以下组化合物的除草活性化合物：Bc）选择性地作用于禾谷类中的禾草和双子叶植物的除草剂，其来自于 11 种磺酰脲类除草剂 B35）–B45）；这 11 种磺酰脲类除草剂具有共同的结构即磺酰脲部分—SO_2NHCON—。

可以看出，在该马库什权利要求 1 中，B 类化合物为马库什要素，其中可选择的化合物 B35）–B45）具有共同的性能或作用即都是作用于禾谷类中的禾草和双子叶植物的除草剂、用作 A 成分的通式（I）化合物的增效活性化合物，并且 B35）–B45）具有上述共同的结构。

虽然 A 成份与 B 成分是现有技术已知的除草剂，但由于在权利要求 1 所要求保护的除草组合物中，B 成分的可选择化合物 B35）–B45）具有上述共同的性能或作用，具有上述共同的结构，该共同结构对可选择化合物的共同性能或作用是必不可少的，而且根据本申请说明书的内容（参见说明书第 2 页第 5~10 行及第 4 页第 6~10 行）可知，B 成分中具有所述共同结构的化合物与 A 成分通式（I）化合物的组合形成了新的增效除草组合物，同时目前尚没有证据表明现有技术中存在这样的增效除草组合物，因此 B 成分中所述共同结构体现了本申请对现有技术的贡献，构成了权利要求 1 所述的除草组合物与现有技术的区别特征，故该马库什权利要求 1 所要求保护的技术方案相互之间具备相同的特定技术特征，在技术上相互关联，属于一个总的发明构思，具备单一性，符合专利法第 31 条第 1 款的规定。

综上所述，本申请的独立权利要求 1 具备单一性，符合专利法第 31 条第 1 款的规定。

基于上述理由，合议组作出如下决定。

三、决定

在修改文本的基础上，撤销国家知识产权局于2004年8月6日对97180401.X号发明专利申请做出的驳回决定。由原审查部门依据本决定所针对的文本继续审查。

复审请求人对本决定不服的，可以根据专利法第41条第2款的规定，自收到本决定之日起三个月内向北京市第一中级人民法院起诉。

036

用作抗增殖剂的新型苯并咪唑衍生物

复审请求审查决定（第12674号）

决　定　号　第12674号
决　定　日　2007年11月12日
发明创造名称　用作抗增殖剂的新型苯并咪唑衍生物
国际分类号　C07D401/14
复审请求人　辉瑞产品公司
申　请　号　00816482.7
申　请　日　2000年11月10日
优 先 权 日　1999年11月30日
公　开　日　2003年3月12日
合议组组长　李彦涛
主　审　员　李新芝
参　审　员　刘　静

法律依据　专利法第22条第3款
决定要点

如果一项发明所要求保护的化合物与现有技术公开的化合物化学结构十分接近，两者具有相同的主要结构单元，其区别仅在于取代基团有所不同，如果取代基的替换是本领域技术人员的常规替换，并且它们又具有相同的用途，则申请人应当提供该发明化合物与对比文件最接近化合物相比具有意想不到的有益效果的证据，否则不能认定该发明具有创造性。

一、案由

本复审请求案涉及发明名称为"用作抗增殖剂的新型苯并咪唑衍生物"的00816482.7号发明专利申请（下称本申请），申请人为辉瑞产品公司，申请日为2000年11月10日，优先权日为1999年11月30日，公开日为2003年3月12日。

2004年12月24日，针对申请人于2004年11月24日提交的权利要求第1~20项、2002年5月30日进入中国国家阶段时提交的说明书及其摘要，国家知识产权局以权利要求1~15、19、20不符合专利法第22条第3款，权利要求1、14、15不符合专利法第26条第4款和专利法实施细则第20条第1款的规定为由驳回了本申请。

驳回决定认为（1）权利要求1与对比文件1（WO9916755A，权利要求书及实施例）中X=N的化合物相比其区别仅在于苯并咪唑N上的取代基不同本申请为带取代基的喹啉，对比文件1为苯基、噻吩基、噻唑基等芳基或杂芳基。对本领域技术人员而言，寻找活性化合物的通常做法是在已知活性化合物的母核结构上进行基团修饰，因此本领域技术人员根据对比文件1的教导用喹啉基代替苯基、噻吩基或噻唑基作取代基是一种显而易见的替换手段，无需付出创造性的劳动；而且，其相对于对比文件1也没有取得预料不到的技术效果，所以权利要求1相对于对比文件1不具有创造性。

（2）基于与上述相似的理由，权利要求1相对于对比文件2（J. MED. CHEM.，1998，41，5457~5465）或对比文件3（J. MED. CHEM.，1999，42，2373~2382）也不具有创造性，不符合专利法第22条第3款的规定。

（3）基于与上述相似的理由，权利要求2~15、19、20相对于对比文件1~3也不具有突出的实质性特点和显著的进步，不符合专利法第22条第3款有关创造性的规定。

（4）权利要求1、14、15中要求保护化合物的"前体药物"和"溶剂合物"，但本领域普通技术人员不能预知其结构和性质，也不能从说明书中直接推知，因此权利要求1、14、15得不到说明书的实质性支持，不符合专利法第26条第4款的规定。

此外，说明书中仅仅给出了X为CH_3的技术情报，当X为N时，本领域普通技术人员无法预知也不能从说明书中直接推知其是否仍能实现本发明的目的，因此权利要求1得不到说明书的实质性支持，不符合专利法第26条第4款的规定。

（5）权利要求1中R^1的定义"环烷基、芳基和杂环R^1结构部分任选地稠合到苯环"表述不清楚，导致权利要求1的保护范围不清楚，不符合专利法实施细则第20条第1款的规定。权利要求14、15的保护范围重叠，不符合专利法实施细则第20条第1款的规定。

驳回决定针对的权利要求1~20如下：

"1. 通式1的化合物

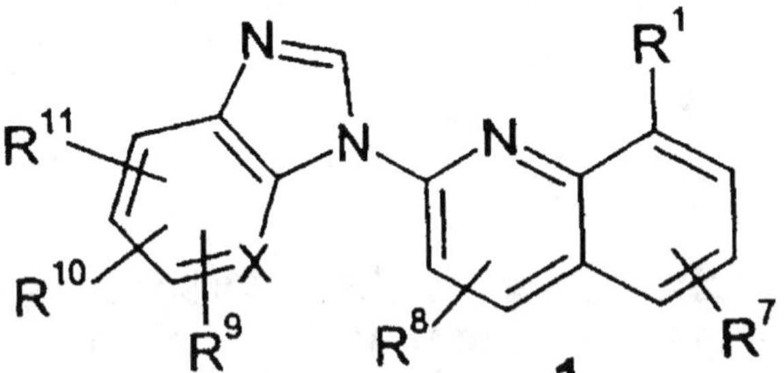

1

和涉及它们的可药用的盐类，前体药物和溶剂化物，其中

X是CH_3或N；

R^1选自－（CR^4R^5）$_t$C（O）OR^3，－（CR^4R^5）$_t$C（O）NR^3R^4，－（CR^4R^5）$_t$$OR^3$，－（$CR^4R^5$）$_t$C（O）（$C_3$－$C_{10}$环烷基），－（$CR^4R^5$）$_t$C（O）（$C_6$－$C_{10}$芳基），－（$CR^4R^5$）$_t$C（O）（4~10员杂环），－（$CR^4R^5$）$_t$（$C_3$－$C_{10}$环烷基），－（$CR^4R^5$）$_t$（$C_6$－$C_{10}$芳基），和－（$CR^4R^5$）$_t$（4~10员杂环），其中每个t独立地是0~5的整数；环烷基，芳基和杂环R^1结构部分任选地稠合到苯环，C_5－C_8环烷基或4~10员杂环基上；前述R^1基团的－（CR^4R^5）$_t$－结构部分任选包括碳－碳双键或叁键，其中t是2~5的整数；前面的R^1基团各自任选被独立地选自－NR^3R^4、－OR^3、C_1－C_{10}烷基、C_2－C_{10}链烯基和C_2－C_{10}炔基中的1或2个基团取代，其中该烷基、链烯基和炔基被独立地选自－NR^3R^4和－OR^3中的1或2个基团取代；和前面R^1基团任选被1~3个R^2基团取代；

各R^2独立地选自H，C_1－C_{10}烷基，C_2－C_{10}链烯基，C_2－C_{10}炔基，C_3－C_{10}环烷基，氧代，卤素，氰基，硝基，三氟甲基，二氟甲氧基，三氟甲氧基，叠氮基，－OR^3，－C（O）R^3，－C（O）OR^3，－NR^4C（O）OR^6，－OC（O）R^3，－$NR^4SO_2R^6$，－$SO_2NR^3R^4$，－NR^4C（O）R^3，－C（O）NR^3R^4，－

NR^5C（O）NR^3R^4，$-NR^3R^4$，-S（O）$_j$（CR^4R^5）m（C_6-C_{10}芳基），-S（O）$_j$（C_1-C_6烷基），其中j是0~2的整数，-（CR^4R^5）m（C_6-C_{10}芳基），-O（CR^4R^5）m（C_6-C_{10}芳基），$-NR^4$（CR^4R^5）m（C_6-C_{10}芳基），-O（CR^4R^5）m（4~10员杂环），$-NR^4$（CR^4R^5）m（4~10员杂环），-（CR^4R^5）m（4~10员杂环），和-（CR^4R^5）m（C_3-C_{10}环烷基），其中各m独立地是0~4的整数；该烷基，链烯基和炔基任选含有1或2个选自O，-S（O）$_j$-和-N（R^3）-的杂化结构部分，其中j是0~2的整数，前提条件是两个O原子，两个S原子，或O和S原子彼此不直接相连，和前提条件是，O原子，S原子或N原子不直接连接于叁键或非芳族双键；该环烷基，芳基和杂环R^2基团任选稠合到C_6-C_{10}芳基，C_5-C_8环烷基，或4~10员杂环基上；以及该烷基，环烷基，芳基和杂环R^2基团任选被1~5个取代基所取代，该取代基独立地选自氧代（=O），卤素，氰基，硝基，三氟甲基，二氟甲氧基，三氟甲氧基，叠氮基，$-NR^4SO_2R^6$，$-SO_2NR^3R^4$，-C（O）R^3，-C（O）OR^3，-OC（O）R^3，$-NR^4C$（O）OR^6，$-NR^4C$（O）R^3，-C（O）NR^3R^4，$-NR^3R^4$，$-OR^3$，C_1-C_{10}烷基，-（CR^4R^5）m（C_6-C_{10}芳基），和-（CR^4R^5）m（4~10员杂环），其中每个m独立地是0~4的整数；

各R^3独立地选自H，C_1-C_{10}烷基，-（CR^4R^5）m（C_6-C_{10}芳基），和-（CR^4R^5）m（4~10员杂环），其中每个m独立地是0~4的整数；该烷基任选包括选自O，-S（O）$_j$-，其中j是0~2的整数，和-N（R^4）-中的1或2个杂化结构部分，前体条件是两个O原子，两个S原子，或O和S原子彼此不直接相连；该环烷基，芳基和杂环R^3基团任选稠合到C_6-C_{10}芳基，C_5-C_8环烷基，或4~10员杂环基上；以及前面的R^3取代基，除H外，任选被1~5个取代基所取代，该取代基独立地选自氧代，卤素，氰基，硝基，三氟甲基，二氟甲氧基，三氟甲氧基，叠氮基，-C（O）R^4，-C（O）OR^4，-OC（O）R^4，$-NR^4C$（O）R^5，-C（O）NR^4R^5，$-NR^4R^5$，羟基，C_1-C_6烷基，和C_1-C_6烷氧基；

各R^4和R^5独立地是H或C_1-C_6烷基；

或，当R^4和R^5连接于同一碳或氮原子上时，R^4和R^5与该碳或氮一起相连形成了属于碳环或杂环的4~10员环；

各R^6选自在R^3的定义中提供的取代基，只是R^6不是H；

R^7，R^8，R^9，R^{10}和R^{11}各自独立地选自在R^2的定义中提供的取代基。

2. 根据权利要求1的化合物，其中R^1是C_6-C_{10}芳基或4~10员杂环，其中前述R^1基团各自被独立地选自$-NR^3R^4$，$-OR^3$和C_1-C_3烷基中的1或2个基团取代，其中该烷基被独立地选自$-NR^3R^4$和$-OR^3$中的1或2个基团取代；和前述R^1基团任选被1~3个R^2基团取代；

各R^2独立地选自H，C_1-C_{10}烷基，C_3-C_{10}环烷基，氧代（=O），$-OR^3$，-C（O）R^3，-C（O）OR^3，$-NR^4C$（O）R^3，-C（O）NR^3R^4，$-NR^3R^4$，$-NR^4SO_2R^6$，$-SO_2NR^3R^4$，-（CR^4R^5）m（4~10员杂环），和（CR^4R^5）m（C_3-C_{10}环烷基）；和该烷基任选含有选自O，-S（O）$_j$-，其中j是0~2的整数，和-N（R^3）-中的1个或2个杂化结构部分，前体条件是两个O原子，两个S原子，或O和S原子彼此不直接相连；和该烷基和环烷基R^2基团任选被1~5个取代基取代，该取代基独立地选自氧代，氰基，三氟甲基，三氟甲氧基，$-NR^4SO_2R^6$，$-SO_2NR^3R^4$，-C（O）R^3，-C（O）OR^3，$-NR^4C$（O）OR^6，$-NR^4C$（O）R^3，-C（O）NR^3R^4，$-NR^3R^4$，$-OR^3$，和C_1-C_{10}烷基，其中各m独立地是0~4的整数。

3. 根据权利要求1的化合物，其中R^1是哌啶基，哌嗪基，或苯基，其中R^1基团被$-NR^3R^4$，氧代（=O），$-OR^3$和C_1-C_3烷基所取代，其中该烷基任选被独立地选自$-NR^3R^4$和$-OR^3$中的1或2个基团所取代；和前述R^1基团任选被1~3个R^2基团取代。

4. 根据权利要求2的化合物，其中R^1基团被$-NR^3R^4$，氧代（=O），OR^3，或C_1-C_3烷基取代，其中该烷基被$-NR^3R^4$取代。

5. 根据权利要求1的化合物，其中R^1是被吡咯烷-1-基取代的苯基，该吡咯烷-1-基任选被独立地选自氧代，氰基，三氟甲基，三氟甲氧基，$-NR^4SO_2R^6$，$-SO_2NR^3R^4$，$-C(O)R^3$，$-C(O)OR^3$，$-NR^4C(O)OR^6$，$-NR^4C(O)R^3$，$-C(O)NR^3R^4$，$-NR^3R^4$，$-OR^3$，和C_1-C_{10}烷基中的1~3个取代基所取代；和R^{11}是$-OR^3$。

6. 根据权利要求5的化合物，其中R^1是4-吡咯烷-1-基甲基-苯基，它任选被独立地选自氧代，氰基，三氟甲基，三氟甲氧基，$-NR^4SO_2R^6$，$-SO_2NR^3R^4$，$-C(O)R^3$，$-C(O)OR^3$，$-NR^4C(O)OR^6$，$-NR^4C(O)R^3$，$-C(O)NR^3R^4$，$-NR^3R^4$，$-OR^3$，和C_1-C_{10}烷基中的1~3个取代基所取代；和R^{11}是$-OR^3$。

7. 根据权利要求6的化合物，其中R^{11}连接在通式1的化合物的苯并咪唑结构部分的5位上并且是OR^3。

8. 根据权利要求7的化合物，其中R^{11}连接在通式1的化合物的苯并咪唑结构部分的5位上并且是2-甲氧基乙氧基。

9. 根据权利要求1的化合物，其中R^1是吡咯烷-1-基或哌啶-1-基，该R^1任选被独立地选自氧代，氰基，三氟甲基，三氟甲氧基，$-NR^4SO_2R^6$，$-SO_2NR^3R^4$，$-C(O)R^3$，$-C(O)OR^3$，$-NR^4C(O)OR^6$，$-NR^4C(O)R^3$，$-C(O)NR^3R^4$，$-NR^3R^4$，$-OR^3$，和C_1-C_{10}烷基中的1~3个取代基所取代。

10. 根据权利要求9的化合物，其中R^1是吡咯烷-1-基或哌啶-1-基并任选被独立地选自氧代，氰基，三氟甲基，三氟甲氧基，$-NR^4SO_2R^6$，$-SO_2NR^3R^4$，$-C(O)R^3$，$-C(O)OR^3$，$-NRC(O)OR^6$，$-NR^4C(O)R^3$，$-C(O)NR^3R^4$，$-NR^3R^4$，$-OR^3$，和C_1-C_{10}烷基中的1或2个取代基所取代；和R^{11}是$-OR^3$。

11. 根据权利要求10或权利要求9的化合物，其中R^{11}连接在通式1的化合物的苯并咪唑结构部分的5位上并且是OR^3，R^9和R^{10}两个都是H。

12. 根据权利要求10或9的化合物，其中R^{11}连接在通式1的化合物的苯并咪唑结构部分的5位上并且是2-甲氧基乙氧基，R^9和R^{10}两个都是H。

13. 根据权利要求1的化合物，其中R^9是$-C(O)R^3$，其中R^3是吡咯烷-1-基或氮杂环丁烷-1-基，其中该R^3基团任选被独立地选自氧代，卤素，氰基，硝基，三氟甲基，二氟甲氧基，三氟甲氧基，叠氮基，$-C(O)R^4$，$-C(O)OR^4$，$-OC(O)R^4$，$-NR^4C(O)R^5$，$-C(O)NR^4R^5$，$-NR^4R^5$，羟基，C_1-C_6烷基，和C_1-C_6烷氧基中的1~3个取代基所取代。

14. 根据权利要求1的化合物，选自

[1-[2-(5-甲氧基-苯并咪唑-1-基)-喹啉-8-基]-哌啶-4-基胺；

1-[8-(4-氨基-哌啶-1-基)-喹啉-2-基]-1H-苯并咪唑-5-醇；

1-(2-[5-(吡啶-2-基甲氧基)-苯并咪唑-1-基]-喹啉-8-基)-哌啶-4-基胺；

{1-[2-(5-甲氧基-苯并咪唑-1-基)-喹啉-8-基]-哌啶-4-基}-二甲基-胺；

{4-[2-(5-甲氧基-苯并咪唑-1-基)-喹啉-8-基]-苄基}-甲基-胺；

{4-[2-(5-甲氧基-苯并咪唑-1-基)-喹啉-8-基]-苄基}-二甲基-胺；

环丙基-{4-[2-(5-甲氧基-苯并咪唑-1-基)-喹啉-8-基]-苄基}-胺；

叔丁基-{4-[2-(5-甲氧基-苯并咪唑-1-基)-喹啉-8-基]-苄基}-胺；

4-[2-(5-甲氧基-苯并咪唑-1-基)-喹啉-8-基]-苄胺；

1-[2-(5-乙氧基苯并咪唑-1-基)-喹啉-8-基]-哌啶-4-基胺；

{1-［2-（5-乙氧基-苯并咪唑-1-基）-喹啉-8-基］-哌啶-4-基｝-二甲胺；
1-［2-（5-三氟甲氧基-苯并咪唑-1-基）-喹啉-8-基］-哌啶-4-基胺；
{4-［2-（5-乙氧基-苯并咪唑-1-基）-喹啉-8-基］-苄基｝-甲基-胺；
环丙基-{4-［2-（5-乙氧基-苯并咪唑-1-基）-喹啉-8-基］-苄基｝-胺；
叔丁基-{4-［2-（5-乙氧基-苯并咪唑-1-基）-喹啉-8-基］-苄基｝-胺；
{4-［2-（5-乙氧基-苯并咪唑-1-基）-喹啉-8-基］-苄基｝-二甲基-胺；
1-［2-（5-甲氧基-苯并咪唑-1-基）-喹啉-8-基］-哌啶-4-酮；
1-［2-（5-乙氧基-苯并咪唑-1-基）-喹啉-8-基］-哌啶-4-酮；
1-［2-（5-乙氧基-苯并咪唑-1-基）-喹啉-8-基］-哌啶-4-醇；
叔丁基-{1-［2-（5-乙氧基-苯并咪唑-1-基）-喹啉-8-基］-哌啶-4-基｝-胺；
{1-［2-（5-甲氧基-苯并咪唑-1-基）-喹啉-8-基］-哌啶-4-基｝-甲基-胺；
2-（5-甲氧基-苯并咪唑-1-基）-8-（1-氧杂-6-氮杂-螺［2.5］辛-6-基）-喹啉；
4-二甲基氨基甲基-1-［2-（5-甲氧基-苯并咪唑-1-基）-喹啉-8-基］-哌啶-4-醇；
1-［2-（5-甲氧基-苯并咪唑-1-基）-喹啉-8-基］-4-甲基氨基甲基-哌啶-4-醇；
4-氨甲基-1-［2-（5-甲氧基-苯并咪唑-1-基）-喹啉-8-基］-哌啶-4-醇；
1-［2-（5-甲氧基-苯并咪唑-1-基）-喹啉-8-基］-吡咯烷-3-基胺；
1-（2-苯并咪唑-1-基-喹啉-8-基）-哌啶-4-基胺；
1-（2-咪唑并［4，5-b］吡啶-3-基-喹啉-8-基）-哌啶-4-基胺；
1-{2-［5-（4-甲氧基-苯基）-苯并咪唑-1-基］-喹啉-8-基｝-哌啶-4-基胺；
1-［2-（5-环丙基甲氧基-苯并咪唑-1-基）-喹啉-8-基］-哌啶-4-基胺；
1-{2-［5-（3-二甲基氨基-丙氧基）-苯并咪唑-1-基］-喹啉-8-基｝-哌啶-4-基胺；
1-{2-［5-（3-氨基-丙氧基）-苯并咪唑-1-基］-喹啉-8-基｝-哌啶-4-基胺；
1-{2-［5-（2-二甲基氨基-乙氧基）-苯并咪唑-1-基］-喹啉-8-基｝-哌啶-4-基胺；
1-{2-［5-（吡啶-2-基甲氧基）-苯并咪唑-1-基］-喹啉-8-基｝-哌啶-4-基胺；
1-［2-（5-苄氧基-苯并咪唑-1-基）-喹啉-8-基］-哌啶-4-基胺；
1-{2-［5-（吡啶-3-基甲氧基）-苯并咪唑-1-基］-喹啉-8-基｝-哌啶-4-基胺；
1-{2-［5-（2-甲氧基-乙氧基）-苯并咪唑-1-基］-喹啉-8-基｝-哌啶-4-基胺；
1-［2-（5-甲氧基-苯并咪唑-1-基）-喹啉-8-基］-哌啶-4-羧酸乙酯；
1-［2-（5-甲氧基-苯并咪唑-1-基）-喹啉-8-基］-哌啶-4-羧酸；
4-二甲基氨基甲基-1-［2-（5-甲氧基-苯并咪唑-1-基）-喹啉-8-基］-哌啶-4-醇；
N-{1-［2-（5-甲氧基-苯并咪唑-1-基）-喹啉-8-基］-哌啶-4-基｝-乙酰胺；
N-{1-［2-（5-环丙基甲氧基-苯并咪唑-1-基）-喹啉-8-基］-哌啶-4-基｝-乙酰胺；
1-{2-［5-（2-甲氧基-乙氧基）-苯并咪唑-1-基］-喹啉-8-基｝-哌啶-4-醇；
{1-［2-（5-甲氧基-苯并咪唑-1-基）-喹啉-8-基］-哌啶-4-基｝-脲；
4-氨甲基-1-{2-［5-（吡啶-2-基甲氧基）-苯并咪唑-1-基］-喹啉-8-基｝哌啶-4-醇；
环丙基-（1-{2-［5-（2-甲氧基-乙氧基）-苯并咪唑-1-基］-喹啉-8-基｝-哌啶-4-基）-胺；
（1-{2-［5-（2-甲氧基-乙氧基）-苯并咪唑-1-基］-喹啉-8-基｝-哌啶-4-基）二甲基-胺；
1-{2-［5-（2-甲氧基-乙氧基）-苯并咪唑-1-基］-喹啉-8-基｝-哌啶-4-基）-甲胺；

{1-（2-［5-（3-二甲基氨基-丙氧基）-苯并咪唑-1-基］-喹啉-8-基}-哌啶-4-基）-二甲基-胺；

{1-［2-（5-环丙基甲氧基-苯并咪唑-1-基）-喹啉-8-基］-哌啶-4-基}-甲胺；

{1-［2-（5-环丙基甲氧基-苯并咪唑-1-基）-喹啉-8-基］-哌啶-4-基}-二甲基-胺；

2-氨基-N-（1-{2-［5-（2-甲氧基-乙氧基）-苯并咪唑-1-基］-喹啉-8-基}-哌啶-4-基）-乙酰胺；

-（S）-2-氨基-N-（1-{2-［5-（2-甲氧基-乙氧基）-苯并咪唑-1-基］-喹啉-8-基}哌啶-4-基）-丙酰胺；

-（R）-2-氨基-N-（1-{2-［5-（2-甲氧基-乙氧基）-苯并咪唑-1-基］-喹啉-8-基}-哌啶-4-基）-丙酰胺；

2-氨基-N-（1-{2-［5-（2-甲氧基-乙氧基）-苯并咪唑-1-基］-喹啉-8-基}-哌啶-4-基）-异丁酰胺；

1-（1-{2-［5-（2-甲氧基-乙氧基）-苯并咪唑-1-基］-喹啉-8-基}-哌啶-4-基氨基）-2-甲基-丙烷-2-醇；

（1-{2-［5-（2-甲氧基-乙氧基）-苯并咪唑-1-基］-喹啉-8-基}-哌啶-4-基）-吡啶-2-基甲基-胺；

（1-{2-［5-（2-甲氧基-乙氧基）-苯并咪唑-1-基］-喹啉-8-基}-哌啶-4-基）-吡啶-3-基甲基-胺；

4-{2-［5-（2-甲氧基-乙氧基）-苯并咪唑-1-基］-喹啉-8-基}-苯酚；

［2-（4-{2-［5-（2-甲氧基-乙氧基）-苯并咪唑-1-基］-喹啉-8-基}-苯氧基）-乙基］-二甲基-胺；

2-［5-（2-甲氧基-乙氧基）-苯并咪唑-1-基］-8-哌嗪-1-基-喹啉；

［2-（4-{2-［5-（2-甲氧基-乙氧基）-苯并咪唑-1-基］-喹啉-8-基}-哌嗪-1-基）-乙基］-二甲基-胺；

2-［5-（2-甲氧基-乙氧基）-苯并咪唑-1-基］-8-（4-吡啶-2-基甲基-哌嗪-1-基）-喹啉；

2-［5-（2-甲氧基-乙氧基）-苯并咪唑-1-基］-8-（4-吡啶-3-基甲基-哌嗪-1-基）-喹啉；

2-氨基-1-（4-{2-［5-（2-甲氧基-乙氧基）-苯并咪唑-1-基］-喹啉-8-基}-哌嗪-1-基）-2-甲基-丙烷-1-酮；

（S）-2-氨基-1-（4-{2-［5-（2-甲氧基-乙氧基）-苯并咪唑-1-基］-喹啉-8-基}-哌嗪-1-基）-丙烷-1-酮；

（S）-2-氨基-1-（4-{2-［5-（2-甲氧基-乙氧基）-苯并咪唑-1-基］-喹啉-8-基}-哌嗪-1-基）-丙烷-1-酮；

2-氨基-1-（4-{2-［5-（2-甲氧基-乙氧基）-苯并咪唑-1-基］-喹啉-8-基}-哌嗪-1-基）-乙酮；

（1-氨基-环丙基）-（4-{2-［5-（2-甲氧基-乙氧基）-苯并咪唑-1-基］-喹啉-8-基}-哌嗪-1-基）-甲酮；

2-（4-{2-［5-（2-甲氧基-乙氧基）-苯并咪唑-1-基］-喹啉-8-基}-哌嗪-1-基）乙胺；

（R）-2-氨基-3-（4-{2-［5-（2-甲氧基-乙氧基）-苯并咪唑-1-基］-喹啉-8-基}哌嗪-1-基）-丙烷-1-醇；

3-{2-［5-（2-甲氧基-乙氧基）-苯并咪唑-1-基］-喹啉-8-基}-3-氮杂-双环［3.1.0］

己-6-基胺；

（S）-1-｛2-［5-（2-甲氧基-乙氧基）-苯并咪唑-1-基］-喹啉-8-基｝-吡咯烷-3-基胺；

（R）-1-｛2-［5-（2-甲氧基-乙氧基）-苯并咪唑-1-基］-喹啉-8-基｝-吡咯烷-3-基胺；

2-［5-（2-甲氧基-乙氧基）-苯并咪唑-1-基］-8-吡啶-3-基-喹啉；

2-［5-（2-甲氧基-乙氧基）-苯并咪唑-1-基］-8-（6-甲氧基-吡啶-3-基）-喹啉；

4-｛2-［5-（2-甲氧基-乙氧基）-苯并咪唑-1-基］-喹啉-8-基｝-苯甲酸甲酯；

1-｛2-［5-（2-甲氧基-乙氧基）-苯并咪唑-1-基］-喹啉-8-基｝-4-甲基-哌啶-4-基胺；

1-［2-（6，7-二氢-5，8-二氧杂-1，3-二氮杂-环戊［b］萘-1-基）-喹啉-8-基］哌啶-4-基胺；

2-｛1-［8-（4-氨基-哌啶-1-基）-喹啉-2-基］-1H-苯并咪唑-5-基氧基｝-乙醇；

4-环丙基氨基甲基-1-｛2-［5-（2-甲氧基-乙氧基）-苯并咪唑-1-基］-喹啉-8-基｝-哌啶-4-醇；

1-［8-（4-氨基-哌啶-1-基）-喹啉-2-基］-1H-苯并咪唑-5-磺酸二甲基酰胺；

1-［2-（6-甲氧基-苯并咪唑-1-基）-喹啉-8-基］-哌啶-4-基胺；

1-［2-（5，6-二甲氧基-苯并咪唑-1-基）-喹啉-8-基］-哌啶-4-基胺；

2-二甲基氨基-1-（4-｛2-［5-（2-甲氧基-乙氧基）-苯并咪唑-1-基］-喹啉-8-基｝哌嗪-1-基）-乙酮；

1-［2-（5-苄氧基-苯并咪唑-1-基）-喹啉-8-基］-4-甲基-哌啶-4-醇；

（4-｛2-［5-（2-甲氧基-乙氧基）-苯并咪唑-1-基］-喹啉-8-基｝-苄基）-二甲基-胺；

（4-｛2-［5-（2-甲氧基-乙氧基）-苯并咪唑-1-基］-喹啉-8-基｝-苄基）-甲基-胺；

2-［5-（2-甲氧基-乙氧基）-苯并咪唑-1-基］-8-（4-吗啉-4-基甲基-苯基）-喹啉；

2-（4-｛2-［5-（2-甲氧基-乙氧基）-苯并咪唑-1-基］-喹啉-8-基｝-苄基氨基）-乙醇；

4-｛2-［5-（2-甲氧基-乙氧基）-苯并咪唑-1-基］-喹啉-8-基｝-苄胺；

2-［5-（2-甲氧基-乙氧基）-苯并咪唑-1-基］-8-（4-吡咯烷-1-基甲基-苯基）喹啉；

2-［5-（2-甲氧基-乙氧基）-苯并咪唑-1-基］-8-（4-吡咯烷-1-基甲基-苯基）-喹啉；

2-［5-（2-甲氧基-乙氧基）-苯并咪唑-1-基］-8-（4-吡咯烷-1-基甲基-苯基）-喹啉；

1-（4-｛2-［5-（2-甲氧基-乙氧基）-苯并咪唑-1-基］-喹啉-8-基｝-苄基）-cis-吡咯烷-3，4-二醇；

R，R-（1-（4-｛2-［5-（2-甲氧基-乙氧基）-苯并咪唑-1-基］-喹啉-8-基｝-苄基）-trans-吡咯烷-3，4-二醇）；

1-（4-｛2-［5-（2-甲氧基-乙氧基）-苯并咪唑-1-基］-喹啉-8-基｝-苄基）-吡咯烷-3-醇；

R-（1-（4-｛2-［5-（2-甲氧基-乙氧基）-苯并咪唑-1-基］-喹啉-8-基｝-苄基）-吡咯烷-3-醇）；

S-（1-（4-｛2-［5-（2-甲氧基-乙氧基）-苯并咪唑-1-基］-喹啉-8-基｝-苄基）-吡咯烷-3-醇）；

1-（4-｛2-［5-（2-甲氧基-乙氧基）-苯并咪唑-1-基］-喹啉-8-基｝-苄基）-氮杂环丁烷-3-醇；

2-［5-（2-甲氧基-乙氧基）-苯并咪唑-1-基］-8-［4-（4-甲基-哌嗪-1-基甲基）-苯基］-喹啉；

4-（4-｛2-［5-（2-甲氧基-乙氧基）-苯并咪唑-1-基］-喹啉-8-基｝-苄基）-哌嗪-1-羧酸叔丁基酯；

［1-（4-｛2-［5-（2-甲氧基-乙氧基）-苯并咪唑-1-基］-喹啉-8-基｝-苄基）-哌啶-4-基］-氨基甲酸叔丁基酯；

1-（4-｛2-［5-（2-甲氧基-乙氧基）-苯并咪唑-1-基］-喹啉-8-基｝-苄基）-哌啶-4-基胺；

（1-｛2-［5-（2-甲氧基-乙氧基）-苯并咪唑-1-基］-喹啉-8-基｝-哌啶-4-基）甲醇；

（1-｛2-［5-（2-甲氧基-乙氧基）-苯并咪唑-1-基］-喹啉-8-基｝-哌啶-4-基甲基）甲基-胺；

2-［5-（2-甲氧基-乙氧基）-苯并咪唑-1-基］-8-［4-（4-甲基-哌嗪-1-基甲基）哌啶-1-基］-喹啉；

（1-｛2-［5-（2-甲氧基-乙氧基）-苯并咪唑-1-基］-喹啉-8-基｝-哌啶-4-基甲基）-二甲基-胺；

1-（1-｛2-［5-（2-甲氧基-乙氧基）-苯并咪唑-1-基］-喹啉-8-基｝-哌啶-4-基甲基）-吡咯烷-3-醇；

C-（1-｛2-［5-（2-甲氧基-乙氧基）-苯并咪唑-1-基］-喹啉-8-基｝-哌啶-4-基）甲胺；

1-｛2-［5-（2-二甲基氨基-乙氧基）-苯并咪唑-1-基］-喹啉-8-基｝-4-甲基哌啶-4-醇；

1-｛2-［5-（2-二甲基氨基-乙氧基）-苯并咪唑-1-基］-喹啉-8-基｝-哌啶-4-醇；

S，S-（1-（4-｛2-［5-（2-甲氧基-乙氧基）-苯并咪唑-1-基］-喹啉-8-基｝-苄基）-trans-吡咯烷-3，4-二醇）；

4-｛2-［5-（3-氨基-丙氧基）-苯并咪唑-1-基］-喹啉-8-基｝-苯酚；

4-｛2-［5-（3-二甲基氨基-丙氧基）-苯并咪唑-1-基］-喹啉-8-基｝-苯酚；

1-［2-（5-苯基-苯并咪唑-1-基）-喹啉-8-基］-哌啶-4-基胺；

1-［2-（5-吡啶-4-基-苯并咪唑-1-基）-喹啉-8-基］-哌啶-4-基胺；

1-｛2-［5-（3-甲氧基-苯基）-苯并咪唑-1-基］-喹啉-8-基｝-哌啶-4-基胺；

1-［2-（5-吡啶-3-基-苯并咪唑-1-基）-喹啉-8-基］-哌啶-4-基胺；

1-｛2-［5-（6-甲氧基-吡啶-3-基）-苯并咪唑-1-基］-喹啉-8-基｝-哌啶-4-基胺；

1-｛2-［5-（4-氨甲基-苯基）-苯并咪唑-1-基］-喹啉-8-基｝-哌啶-4-基胺；

4-｛1-［8-（4-氨基-哌啶-1-基）-喹啉-2-基］-1H-苯并咪唑-5-基｝-苯甲酸甲酯；

4-｛1-［8-（4-氨基-哌啶-1-基）-喹啉-2-基］-1H-苯并咪唑-5-基｝-苯酚；

2-（5-甲氧基-苯并咪唑-1-基）-喹啉-8-羧酸甲酯；

2-［5-（2-甲氧基-乙氧基）-苯并咪唑-1-基］-喹啉-8-羧酸甲酯；

2-（5-甲氧基-苯并咪唑-1-基）-喹啉-8-羧酸（2-二甲基氨基乙基）-酰胺；

2-（5-环丙基甲氧基-苯并咪唑-1-基）-喹啉-8-羧酸甲酯；

［2-（5-环丙基甲氧基-苯并咪唑-1-基）-喹啉-8-基］-吡咯烷-1-基-甲酮；

［2-（5-环丙基甲氧基-苯并咪唑-1-基）-喹啉-8-基］-吗啉-4-基-甲酮；

［2-（5-环丙基甲氧基-苯并咪唑-1-基）-喹啉-8-基］-哌啶-1-基-甲酮；

（3-氨基-吡咯烷-1-基）-［2-（5-环丙基甲氧基-苯并咪唑-1-基）-喹啉-8-基］-甲酮；

8-烯丙氧基-2-（5-甲氧基-苯并咪唑-1-基）-喹啉；

｛2-［2-（5-甲氧基-苯并咪唑-1-基）-喹啉-8-基氧基］-乙基｝-甲基-胺；

{2-［2-（5-甲氧基-苯并咪唑-1-基）-喹啉-8-基氧基］-乙基}-二甲基-胺；

2-［2-（5-甲氧基-苯并咪唑-1-基）-喹啉-8-基氧基］-乙胺；

1-［［2-［5-（3-吗啉基乙氧基）-1H-苯并咪唑-1-基］-喹啉-8-基］］-哌啶-4-基胺三盐酸化物；

1-［［2-［5-（3-吗啉基乙氧基）-1H-苯并咪唑-1-基］-喹啉-8-基］］-哌啶-4-基胺三盐酸化物；

5-{2-［5-（2-甲氧基-乙氧基）-苯并咪唑-1-基］-喹啉-8-基}-［1，3，4］恶二唑-2-基胺；

1-［8-（4-氨基哌啶-1-基）-喹啉-2-基］-苯并咪唑-5-羧酸乙基酯；

1-［8-（4-氨基哌啶-1-基）-喹啉-2-基］-苯并咪唑-5-羧酸；

N-（4-吗啉基）乙基-1-［8-（4-氨基哌啶-1-基）-喹啉-2-基］-苯并咪唑-5-羧酰胺；

4-{1-［8-（4-氨基-哌啶-1-基）-喹啉-2-基］-1H-苯并咪唑-5-基}-苯甲醛；

1-{2-［5-（4-甲基氨基甲基-苯基）-苯并咪唑-1-基］-喹啉-8-基}-哌啶-4-基胺；

1-{2-［5-（4-二甲基氨基甲基-苯基）-苯并咪唑-1-基］-喹啉-8-基}-哌啶-4-基胺；

1-（2-{5-［2-（2-甲基-咪唑-1-基）-乙氧基］-苯并咪唑-1-基}-喹啉-8-基）哌啶-4-基胺和

1-{2-［5-（2-［1，2，4］三唑-1-基-乙氧基）-苯并咪唑-1-基］-喹啉-8-基}-哌啶-4-基胺，

和前述化合物的可药用的盐类，前体药物和溶剂化物。

15. 根据权利要求 14 的化合物，选自

1-［2-（5-甲氧基-苯并咪唑-1-基）-喹啉-8-基］-哌啶-4-基胺；

1-［8-（4-氨基-哌啶-1-基）-喹啉-2-基］-1H-苯并咪唑-5-醇；

1-{2-［5-（吡啶-2-基甲氧基）-苯并咪唑-1-基］-喹啉-8-基}-哌啶-4-基胺；

{1-［2-（5-甲氧基-苯并咪唑-1-基）-喹啉-8-基］-哌啶-4-基}-二甲基-胺；

{4-［2-（5-甲氧基-苯并咪唑-1-基）-喹啉-8-基］-苄基}-甲基-胺；

{4-［2-（5-甲氧基-苯并咪唑-1-基）-喹啉-8-基］-苄基}-二甲基-胺；

1-［2-（5-乙氧基-苯并咪唑-1-基）-喹啉-8-基］-哌啶-4-基胺；

{1-［2-（5-乙氧基-苯并咪唑-1-基）-喹啉-8-基］-哌啶-4-基}-二甲胺；

{4-［2-（5-乙氧基-苯并咪唑-1-基）-喹啉-8-基］-苄基}-甲基-胺；

{4-［2-（5-乙氧基-苯并咪唑-1-基）-喹啉-8-基］-苄基}-二甲基-胺；

{1-［2-（5-甲氧基-苯并咪唑-1-基）-喹啉-8-基］-哌啶-4-基}-甲基-胺；

4-二甲基氨基甲基-1-［2-（5-甲氧基-苯并咪唑-1-基）-喹啉-8-基］-哌啶-4-醇；

1-［2-（5-甲氧基-苯并咪唑-1-基）-喹啉-8-基］-4-甲基氨基甲基-哌啶-4-醇；

4-氨甲基-1-［2-（5-甲氧基-苯并咪唑-1-基）-喹啉-8-基］-哌啶-4-醇；

1-{2-［5-（4-甲氧基-苯基）-苯并咪唑-1-基］-喹啉-8-基}-哌啶-4-基胺；

1-［2-（5-环丙基甲氧基-苯并咪唑-1-基）-喹啉-8-基］-哌啶-4-基胺；

1-{2-［5-（3-二甲基氨基-丙氧基）-苯并咪唑-1-基］-喹啉-8-基}-哌啶-4-基胺；

1-{2-［5-（3-氨基-丙氧基）-苯并咪唑-1-基］-喹啉-8-基}-哌啶-4-基胺；

1-{2-［5-（2-二甲基氨基-乙氧基）-苯并咪唑-1-基］-喹啉-8-基}-哌啶-4-基胺；

1-{2-［5-（吡啶-4-基甲氧基）-苯并咪唑-1-基］-喹啉-8-基}-哌啶-4-基胺；

1-［2-（5-苄氧基-苯并咪唑-1-基）-喹啉-8-基］-哌啶-4-基胺；

1-｛2-［5-（吡啶-3-基甲氧基）-苯并咪唑-1-基］-喹啉-8-基｝-哌啶-4-基胺；

1-｛2-［5-（2-甲氧基-乙氧基）-苯并咪唑-1-基］-喹啉-8-基｝-哌啶-4-基胺；

4-二甲基氨基甲基-1-［2-（5-甲氧基-苯并咪唑-1-基）-喹啉-8-基］-哌啶-4-醇；

4-氨甲基-1-｛2-［5-（吡啶-2-基甲氧基）-苯并咪唑-1-基］-喹啉-8-基｝-哌啶-4-醇；

1-｛2-［5-（2-甲氧基-乙氧基）-苯并咪唑-1-基］-喹啉-8-基｝-哌啶-4-基）-二甲胺；

1-｛2-［5-（2-甲氧基-乙氧基）-苯并咪唑-1-基］-喹啉-8-基｝-哌啶-4-基）-甲胺；

｛1-（2-［5-（3-二甲基氨基-丙氧基）-苯并咪唑-1-基］-喹啉-8-基｝-哌啶-4-基）-二甲基-胺；

｛1-［2-（5-环丙基甲氧基-苯并咪唑-1-基）-喹啉-8-基］-哌啶-4-基｝-甲胺；

｛1-［2-（5-环丙基甲氧基-苯并咪唑-1-基）-喹啉-8-基］-哌啶-4-基｝二甲基-胺；

1-｛2-［5-（2-甲氧基-乙氧基）-苯并咪唑-1-基］-喹啉-8-基｝-哌啶-4-基）-吡啶-2-基甲基-胺；

（1-｛2-［5-（2-甲氧基-乙氧基）-苯并咪唑-1-基］-喹啉-8-基｝-哌啶-4-基）-吡啶-3-基甲基-胺；

4-｛2-［5-（2-甲氧基-乙氧基）-苯并咪唑-1-基］-喹啉-8-基｝-苯酚；

［2-（4-｛2-［5-（2-甲氧基-乙氧基）-苯并咪唑-1-基］-喹啉-8-基｝-苯氧基）-乙基］-二甲基-胺；

2-［5-（2-甲氧基-乙氧基）-苯并咪唑-1-基］-8-哌嗪-1-基-喹啉；

［2-（4-｛2-［5-（2-甲氧基-乙氧基）-苯并咪唑-1-基］-喹啉-8-基｝-哌嗪-1-基）-乙基］-二甲基-胺；

2-氨基-1-（4-｛2-［5-（2-甲氧基-乙氧基）-苯并咪唑-1-基］-喹啉-8-基｝-哌嗪-1-基）-2-甲基-丙烷-1-酮；

（S）-2-氨基-1-（4-｛2-［5-（2-甲氧基-乙氧基）-苯并咪唑-1-基］-喹啉-8-基｝-哌嗪-1-基）-丙烷-1-酮；

（S）-2-氨基-1-（1-4-｛2-［5-（2-甲氧基-乙氧基）-苯并咪唑-1-基］-喹啉-8-基｝哌嗪1-基）-丙烷-1-酮；

2-氨基-1-（4-｛2-［5-（2-甲氧基-乙氧基）-苯并咪唑-1-基］-喹啉-8-基｝-哌嗪-1-基）-乙酮；

2-（4-｛2-［5-（2-甲氧基-乙氧基）-苯并咪唑-1-基］-喹啉-8-基｝-哌嗪-1-基）-乙胺；

3-｛2-［5-（2-甲氧基-乙氧基）-苯并咪唑-1-基］-喹啉-8-基｝-3-氮杂-双环［3.1.0］己-6-基胺；

1-｛2-［5-（2-甲氧基-乙氧基）-苯并咪唑-1-基］-喹啉-8-基｝-4-甲基-哌啶-4-基胺；

2-｛1-［8-（4-氨基-哌啶-1-基）-喹啉-2-基］-1H-苯并咪唑-5-基氧基｝-乙醇；

1-［2-（5，6-二甲氧基-苯并咪唑-1-基）-喹啉-8-基］-哌啶-4-基胺；

1-［2-（6，7-二氢-5，8-二氧杂-1，3-二氮杂-环戊［b］萘-1-基）-喹啉-8-基］哌啶-4-基胺；

（4-｛2-［5-（2-甲氧基-乙氧基）-苯并咪唑-1-基］-喹啉-8-基｝-苄基）-二甲胺；

（4-｛2-［5-（2-甲氧基-乙氧基）-苯并咪唑-1-基］-喹啉-8-基｝-苄基）-甲基-胺；

2-（4-｛2-［5-（2-甲氧基-乙氧基）-苯并咪唑-1-基］-喹啉-8-基｝-苄基氨基）乙醇；

4-｛2-［5-（2-甲氧基-乙氧基）-苯并咪唑-1-基］-喹啉-8-基｝-苄胺；

2-［5-（2-甲氧基-乙氧基）-苯并咪唑-1-基］-8-（4-吡咯烷-1-基甲基-苯基）-喹啉；

2-［5-（2-甲氧基-乙氧基）-苯并咪唑-1-基］-8-（4-吡咯烷-1-基甲基-苯基）喹啉；

2-［5-（2-甲氧基-乙氧基）-苯并咪唑-1-基］-8-（4-吡咯烷-1-基甲基-苯基）喹啉；

1-（4-｛2-［5-（2-甲氧基-乙氧基）-苯并咪唑-1-基］-喹啉-8-基｝-苄基）-cis-吡咯烷-3，4-二醇；

R，R-（1-（4-｛2-［5-（2-甲氧基-乙氧基）-苯并咪唑-1-基］-喹啉-8-基］-苄基）-trans-吡咯烷-3，4-二醇)；

1-（4-｛2-［5-（2-甲氧基-乙氧基）-苯并咪唑-1-基］-喹啉-8-基｝-苄基）-吡咯烷-3-醇；

R-（1-（4-｛2-［5-（2-甲氧基-乙氧基）-苯并咪唑-1-基］-喹啉-8-基｝-苄基）-吡咯烷-3-醇)；

S-（1-（4-｛2-［5-（2-甲氧基-乙氧基）-苯并咪唑-1-基］-喹啉-8-基｝-苄基）-吡咯烷-3-醇)；

1-（4-｛2-［5-（2-甲氧基-乙氧基）-苯并咪唑-1-基］-喹啉-8-基｝-苄基）-氮杂环丁烷-3-醇；

2-［5-（2-甲氧基-乙氧基）-苯并咪唑-1-基］-8-［4-（4-甲基-哌嗪-1-基甲基）苯基］-喹啉；

1-（4-｛2-［5-（2-甲氧基-乙氧基）-苯并咪唑-1-基］-喹啉-8-基｝-苄基）-哌啶-4-基胺；

（1-｛2-［5-（2-甲氧基-乙氧基）-苯并咪唑-1-基］-喹啉-8-基｝-哌啶-4-基）-甲醇；

（1-｛2-［5-（2-甲氧基-乙氧基）-苯并咪唑-1-基］-喹啉-8-基｝-哌啶-4-基甲基）-甲基-胺；

2-［5-（2-甲氧基-乙氧基）-苯并咪唑-1-基］-8-［4-（4-甲基-哌嗪-1-基甲基）哌啶-1-基］-喹啉；

（1-｛2-［5-（2-甲氧基-乙氧基）-苯并咪唑-1-基］-喹啉-8-基｝-哌啶-4-基甲基）-二甲基-胺；

C-（1-｛2-［5-（2-甲氧基-乙氧基）-苯并咪唑-1-基］-喹啉-8-基｝-哌啶-4-基）-甲胺；

S，S-（1-（4-｛2-［5-（2-甲氧基-乙氧基）-苯并咪唑-1-基］-喹啉-8-基｝-苄基）-trans-吡咯烷-3，4-二醇)；

4-｛2-［5-（3-二甲基氨基-丙氧基）-苯并咪唑-1-基］-喹啉-8-基｝-苯酚；

1-［2-（5-苯基-苯并咪唑-1-基）-喹啉-8-基］-哌啶-4-基胺；

1-［2-（5-吡啶-4-基-苯并咪唑-1-基）-喹啉-8-基］-哌啶-4-基胺；

1-｛2-［5-（3-甲氧基-苯基）-苯并咪唑-1-基］-喹啉-8-基）-哌啶-4-基胺；

1-［2-（5-吡啶-3-基-苯并咪唑-1-基）-喹啉-8-基］-哌啶-4-基胺；

1-｛2-［5-（6-甲氧基-吡啶-3-基）-苯并咪唑-1-基］-喹啉-8-基｝-哌啶-4-基胺；

1-｛2-［5-（4-氨甲基-苯基）-苯并咪唑-1-基］-喹啉-8-基｝-哌啶-4-基胺；

4-｛1-［8-（4-氨基-哌啶-1-基）-喹啉-2-基］-1H-苯并咪唑-5-基｝-苯甲酸甲酯；

4-｛1-［8-（4-氨基-哌啶-1-基）-喹啉-2-基］-1H-苯并咪唑-5-基｝-苯酚；

1-［［2-［5-（3-吗啉基乙氧基）-1H-苯并咪唑-1-基］-喹啉-8-基］］-哌啶-4-基胺三盐

酸化物；

1-［8-（4-氨基哌啶-1-基）-喹啉-2-基］-苯并咪唑-5-羧酸乙基酯；

N-（4-吗啉基）乙基-1-［8-（4-氨基哌啶-1-基）-喹啉-2-基］-苯并咪唑-5-羧酰胺；

1-｛2-［5-（4-甲基氨基甲基-苯基）-苯并咪唑-1-基］-喹啉-8-基｝-哌啶-4-基胺；

1-｛2-［5-（4-二甲基氨基甲基-苯基）-苯并咪唑-1-基］-喹啉-8-基｝-哌啶-4-胺；

1-（2-｛5-［2-（2-甲基-咪唑-1-基）-乙氧基］-苯并咪唑-1-基｝-喹啉-8-基）哌啶-4-基胺和

1-｛2-［5-（2-［1，2，4］三唑-1-基-乙氧基）-苯并咪唑-1-基］-喹啉-8-基｝-哌啶-4-基胺，

和前述化合物的可药用的盐类，前体药物和溶剂化物。

16. 权利要求 1 的化合物在制备治疗哺乳动物体内的异常细胞生长的药物中的应用。

17. 根据权利要求 16 的应用，其中异常细胞生长是癌。

18. 根据权利要求 17 的应用，其中所说的癌选自肺癌，骨癌，胰腺癌，皮肤癌，头和颈的癌症，皮肤上或眼内的黑瘤，子宫癌，卵巢癌，直肠癌，肛区的癌症，胃癌，结肠癌，乳腺癌，睾丸癌，子宫癌，输卵管的癌症，子宫内膜的癌症，宫颈的癌症，阴道癌，外阴癌，肉芽肿性淋巴瘤病，食道癌，小肠癌，内分泌系统的癌症，甲状腺的癌症，副甲状腺的癌症，肾上腺的癌症，软组织的肉瘤，尿道癌，阴茎癌，前列腺癌，慢性或急性白血病，淋巴细胞性淋巴瘤，膀胱癌，肾或输尿管的癌症，肾脏细胞癌，肾盂的癌症，或中枢神经系统的肿瘤（CNS），原发性 CNS 淋巴瘤，脊柱轴肿瘤，脑干神经胶质瘤，垂体腺瘤，

或前述癌症中一种或多种的结合。

19. 治疗哺乳动物体内异常细胞生长的药物组合物，它包括含量可有效治疗异常细胞生长的权利要求 1 的化合物，和可药用的载体。

20. 权利要求 19 的药物组合物，其中该异常细胞生长是癌。”

2005 年 4 月 8 日，申请人辉瑞产品公司（下称请求人）对上述驳回决定不服，向专利复审委员会提出复审请求，请求人在提出复审请求时对权利要求书进行了修改，删除了“前体药物”，并将 X 定义为 CH。

修改后的权利要求 1 为

“1. 通式 I 的化合物

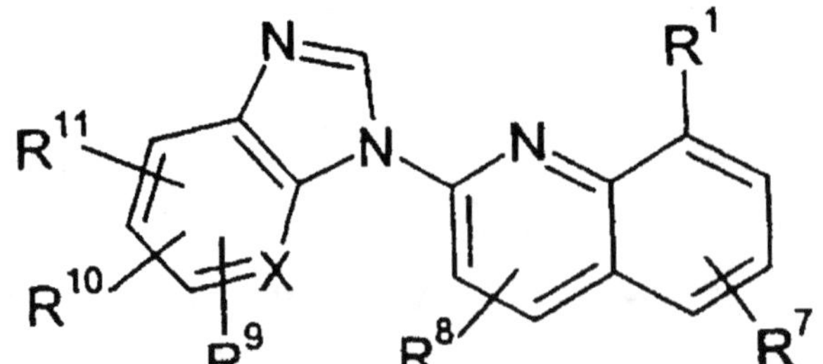

1

和涉及它们的可药用的盐类和溶剂化物，其中

X 是 CH；

R^1 选自 $-(CR^4R^5)_tC(O)OR^3$，$-(CR^4R^5)_tC(O)NR^3R^4$，$-(CR^4R^5)_tOR^3$，$-(CR^4R^5)_tC(O)(C_3-C_{10}$环烷基)，$-(CR^4R^5)_tC(O)(C_6-C_{10}$芳基)，$-(CR^4R^5)_tC(O)$（4～10 员杂环），$-(CR^4R^5)_t(C_3-C_{10}$环烷基)，$-(CR^4R^5)_t(C_6-C_{10}$芳基)，和 $-(CR^4R^5)_t$（4～10 员杂环），其中每个

t 独立地是 0~5 的整数；环烷基，芳基和杂环 R^1 结构部分任选地稠合到苯环，C_5-C_8 环烷基或 4~10 员杂环基上；前述 R^1 基团的－（CR^4R^5）$_t$－结构部分任选包括碳－碳双键或叁键，其中 t 是 2~5 的整数；前面的 R^1 基团各自任选被独立地选自－NR^3R^4、－OR^3、C_1-C_{10}烷基、C_2-C_{10}链烯基和 C_2-C_{10}炔基中的 1 或 2 个基团取代，其中该烷基、链烯基和炔基被独立地选自－NR^3R^4 和－ OR^3 中的 1 或 2 个基团取代；和前面 R^1 基团任选被 1~3 个 R^2 基团取代；

各 R^2 独立地选自 H，C_1-C_{10}烷基，C_2-C_{10}链烯基，C_2-C_{10}炔基，C_3-C_{10}环烷基，氧代，卤素，氰基，硝基，三氟甲基，二氟甲氧基，三氟甲氧基，叠氮基，－OR^3，－C（O）R^3，－C（O）OR^3，－NR^4C（O）OR^6，－OC（O）R^3，－$NR^4SO_2R^6$，－$SO_2NR^3R^4$，－NR^4C（O）R^3，－C（O）NR^3R^4，－NR^5C（O）NR^3R^4，－NR^3R^4，－S（O）$_j$（CR^4R^5）m（C_6-C_{10}芳基），－S（O）$_j$（C_1-C_6 烷基），其中 j 是 0~2 的整数，－（CR^4R^5）m（C_6-C_{10}芳基），－O（CR^4R^5）m（C_6-C_{10}芳基），－NR^4（CR^4R^5）m（C_6-C_{10}芳基），－O（CR^4R^5）m（4~10 员杂环），－NR^4（CR^4R^5）m（4~10 员杂环），－（CR^4R^5）m（4~10 员杂环），和－（CR^4R^5）m（C_3-C_{10}环烷基），其中各 m 独立地是 0~4 的整数；该烷基，链烯基和炔基任选含有 1 或 2 个选自 O，－S（O）$_j$－和－N（R^3）－的杂化结构部分，其中 j 是 0~2 的整数，前提条件是两个 O 原子，两个 S 原子，或 O 和 S 原子彼此不直接相连，和前提条件是，O 原子，S 原子或 N 原子不直接连接于叁键或非芳族双键；该环烷基，芳基和杂环 R^2 基团任选稠合到C_6-C_{10}芳基，C_5-C_8 环烷基，或 4~10 员杂环基上；以及该烷基，环烷基，芳基和杂环 R^2 基团任选被 1~5 个取代基所取代，该取代基独立地选自氧代（=O），卤素，氰基，硝基，三氟甲基，二氟甲氧基，三氟甲氧基，叠氮基，－$NR^4SO_2R^6$，－$SO_2NR^3R^4$，－C（O）R^3，－C（O）OR^3，－OC（O）R^3，－NR^4C（O）OR^6，－NR^4C（O）R^3，－C（O）NR^3R^4，－NR^3R^4，－OR^3，C_1-C_{10}烷基，－（CR^4R^5）m（C_6-C_{10}芳基），和－（CR^4R^5）m（4~10 员杂环），其中每个 m 独立地是 0~4 的整数；

各 R^3 独立地选自 H，C_1-C_{10}烷基，－（CR^4R^5）m（C_6-C_{10}芳基），和－（CR^4R^5）m（4~10 员杂环），其中每个 m 独立地是 0~4 的整数；该烷基任选包括选自 O，－S（O）$_j$－，其中 j 是 0~2 的整数，和－N（R^4）－中的 1 或 2 个杂化结构部分，前体条件是两个 O 原子，两个 S 原子，或 O 和 S 原子彼此不直接相连；该环烷基，芳基和杂环 R^3 基团任选稠合到 C_6-C_{10}芳基，C_5-C_8 环烷基，或 4~10 员杂环基上；以及前面的 R^3 取代基，除 H 外，任选被 1~5 个取代基所取代，该取代基独立地选自氧代，卤素，氰基，硝基，三氟甲基，二氟甲氧基，三氟甲氧基，叠氮基，－C（O）R^4，－C（O）OR^4，－OC（O）R^4，－NR^4C（O）R^5，－C（O）NR^4R^5，－NR^4R^5，羟基，C_1-C_6 烷基，和 C_1-C_6 烷氧基；

各 R^4 和 R^5 独立地是 H 或 C_1-C_6 烷基；

或，当 R^4 和 R^5 连接于同一碳或氮原子上时，R^4 和 R^5 与该碳或氮一起相连形成了属于碳环或杂环的 4~10 员环；

各 R^6 选自在 R^3 的定义中提供的取代基，只是 R^6 不是 H；

R^7，R^8，R^9，R^{10}和 R^{11}各自独立地选自在 R^2 的定义中提供的取代基。”。

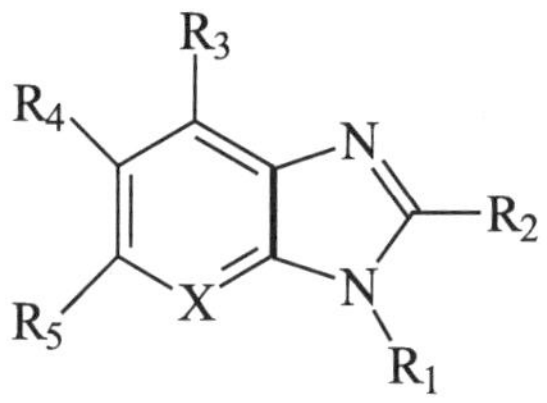

请求人认为：对比文件 1 公开了如下结构的化合物：

其中 $R^1 \sim R^5$ 定义的范围很广，但其实际合成的化合物仅仅是具有如下结构的化合物：

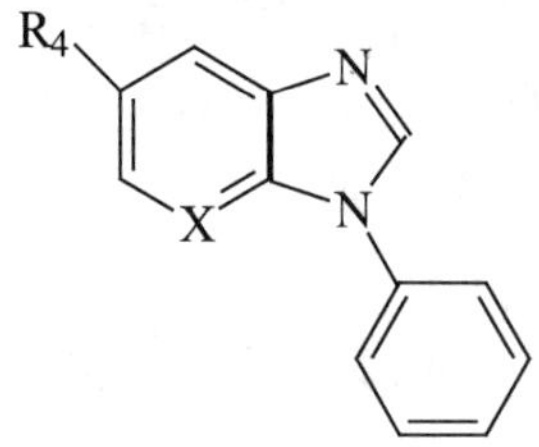

虽然对比文件 1 也列出了一些将上述苯基替换为噻吩基、噻唑基等的化合物，但未提供任何理化数据，因此不应认为是实际合成了的化合物；另一方面，对比文件 1 也未指明或暗示上述取代基为非苯基取代基时与苯基相比有任何优越性，因此对比文件 1 的内容仅限于苯基取代的苯并咪唑或吡啶并咪唑，与本发明无关。

对比文件 2 和 3 公开了如下结构的化合物：

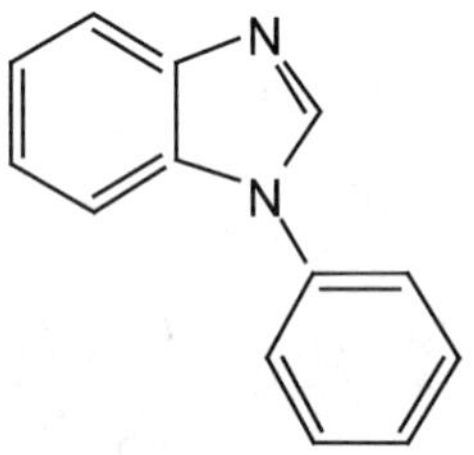

其也是苯基取代的苯并咪唑化合物，而且对比文件 2 和 3 也没有对 1 位 N 原子上的取代基是除苯基外其他基团的可能性或者该取代基是非苯基的时候可能具有类似活性作出任何建议。因此对比文件 2 和 3 与本发明无关。

而本发明的母核为如下：

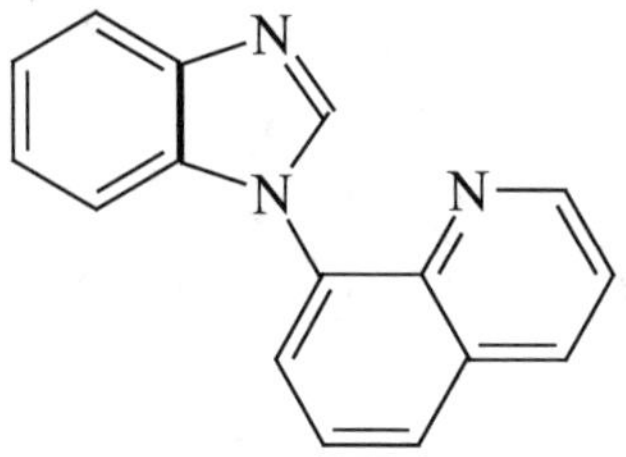

显然，对比文件 1~3 均没有公开如此杂环取代的苯并咪唑化合物，因此本领域技术人员可以容易地进行替换是没有根据的。而且，在有机化学领域，杂环化合物与碳环化合物相比，其理化性质相差甚远，不能认为将芳基替换为杂芳基是同等功能的替代。

综上，本申请化合物与对比文件 1~3 的化合物相比具有创造性。

对于溶剂化物，本领域技术人员可以合理推测可能存在的溶剂化物，因此并无不清楚。

此外，申请人认为权利要求 1 中的“环烷基、芳基和杂环 R^1 结构部分任选地稠合到苯环”是清楚的，显然根据结构 1 可知，这里“任选地稠合到苯环”是指 R^1 中的“环烷基、芳基和杂环”可以与喹啉环的苯环相稠合，并无不清楚。

经形式审查合格后，专利复审委员会受理了该请求，并于 2005 年 5 月 11 日向请求人发出了《复审请求受理通知书》，同时将本申请转送至国家知识产权局原审查部门进行前置审查。

在《前置审查意见书》中，国家知识产权局原审查部门认为原驳回决定中的缺陷依然存在，因此坚持驳回决定。

专利复审委员会组成合议组，对本复审请求案进行了审理。

合议组于2007年6月8日向请求人发出《复审通知书》，指出：

（1）对比文件2（J. Med. Chem.，1998，41，pp. 5457～5465）是与本申请最为接近的现有技术。权利要求1的技术方案与对比文件2的区别仅仅在于苯并咪唑N环上的取代基不同：本申请为带取代基的喹啉基，对比文件为2-噻吩基或3-噻吩基，因此在对比文件2已经给出了杂芳基1位取代的苯并咪唑衍生物具有酪氨酸激酶抑制剂活性的技术启示的前提下，本领域普通技术人员在对比文件2的基础上通过常规替换选择喹啉基作为取代基以得到具有酪氨酸激酶抑制剂活性的化合物是显而易见的，而且其相对于对比文件2中的噻吩基取代的苯并咪唑衍生物也没有取得任何预料不到的技术效果，所以权利要求1不具有创造性，不符合专利法第22条第3款的规定。基于同样理由，权利要求1相对于对比文件1（WO9916755A1，公开日：1999年4月8日）也不具有创造性；

（2）从属权利要求2～15对权利要求1中的取代基R^{11}，喹啉基上的取代基R^1等作了进一步限定，但这种限定并没有给其技术方案带来突出的实质性特点和意想不到的技术效果，因此在其引用的独立权利要求1不具有创造性的前提下，从属权利要求2～15也不具有创造性，不符合专利法第22条第3款的规定。

（3）由于在对比文件1或2中已经给出了苯并咪唑衍生物具有酪氨酸激酶抑制剂活性，并因此可用于治疗哺乳动物中与酪氨酸激酶有关的疾病如输尿管癌、淋巴癌、胃癌、喉癌、肺癌等。因此，对比文件1或2已经给出了将苯并咪唑衍生物用作治疗哺乳动物体内异常细胞生长的药物的技术启示，因此在其引用的权利要求1的化合物不具有创造性的前提下，权利要求16～18也不具有创造性，不符合专利法第22条第3款的规定。

（4）权利要求19～20要求保护包含权利要求1化合物和可药用载体的药物组合物，其创造性依赖于权利要求1的化合物本身，因此在其引用的权利要求1的化合物不具有创造性的前提下，权利要求19～20也不具有创造性，不符合专利法第22条第3款的规定。

针对上述《复审通知书》，请求人于2007年8月23日提交了意见陈述书。请求人认为：（1）对比文件1～3并没有公开可以采用稠合杂芳环置换苯并（或吡啶并）咪唑1位H的例子，因此本领域技术人员不会想到用性质相差甚远的含氮稠杂环的喹啉基置换含硫杂环的噻吩基；（2）由对比文件2中的表2可知，将化合物64中的1-苯基替换为化合物94或95的噻吩-2-基或噻吩-3-基后，其显示的对PDGF-β受体的IC50由0.43μm分别变为2.5μm和0.70μm，并且对于PDGF和FGF受体的IC50值之比从0.020分别上升为0.47和0.11。这样的IC50的增加和IC50比的提高都说明对PDGF-β受体酪氨酸激酶的活性和选择性的降低，从而使本领域普通技术人员得出将苯并咪唑的1-苯基用噻吩-2-基替代后活性和选择性降低的结果，因此对比文件2的教导与本申请相悖；（3）本申请的化合物是强效且选择性的PDGF-β受体酪氨酸激酶活性抑制剂，其活性IC50为1～1000nm，这是对比文件2无法预见的。

至此，合议组认为本案事实清楚，可以作出审查决定。

二、决定的理由

1. 关于审查文本

本复审决定是以请求人于2005年4月8日提交的权利要求第1～20项，进入中国国家阶段时所提交的说明书和说明书摘要为基础作出的。

2. 关于专利法第22条第3款

专利法第22条第3款规定：创造性是指同申请日以前已有的技术相比，该发明有突出的实质性特点和显著的进步。

如果一项发明所要求保护的化合物与现有技术公开的化合物化学结构十分接近，两者具有相同的主要结构单元，其区别仅在于取代基团有所不同，如果取代基的替换是本领域技术人员的常规替换，并且它们又具有相同的用途，则申请人应当提供该发明化合物与对比文件最接近化合物相比具有意想不到的有益效果的证据，否则不能认定该发明具有创造性。

具体到本案而言，对比文件2（J. Med. Chem.，1998年，41，pp. 5457~5465）公开了用作酪氨酸激酶抑制剂的苯并咪唑衍生物，并具体公开了1-（3-噻吩基）-5-甲氧基苯并咪唑的制备方法、理化性质及其PDGFr抑制剂活性，而且该对比文件通过构效关系研究表明5位甲氧基等取代可提高苯并咪唑衍生物的活性（参见对比文件2第5460页表2化合物95，第5464页右栏第44~67行）。权利要求1的技术方案与对比文件2中化合物95的区别仅仅在于苯并咪唑N环上的取代基不同：本申请为喹啉基，对比文件2为3-噻吩基。由于对比文件2已经给出了杂芳基1位取代的苯并咪唑衍生物具有酪氨酸激酶抑制剂活性的技术启示，因此本领域普通技术人员在对比文件2的基础上通过常规替换选择其他常见的杂芳基如喹啉基作为取代基，以得到具有酪氨酸激酶抑制剂活性的化合物是显而易见的，而且其相对于对比文件2中的3-噻吩基取代的苯并咪唑衍生物也没有取得任何预料不到的技术效果，所以权利要求1不具有创造性，不符合专利法第22条第3款的规定。

权利要求2~15为权利要求1的从属权利要求，其对权利要求1中的取代基R^{11}，喹啉基上的取代基R^1等作了进一步限定，但这种限定并没有给其技术方案带来突出的实质性特点和预料不到的技术效果，因此在其引用的独立权利要求1不具有创造性的前提下，从属权利要求2~15也不具有创造性，不符合专利法第22条第3款的规定。

权利要求16~18要求保护权利要求1的化合物在制备治疗哺乳动物体内异常细胞生长的药物中的应用。由于在对比文件2中已经给出了苯并咪唑衍生物具有酪氨酸激酶抑制剂活性，并因此可用作治疗癌症的药物（参见对比文件2第5457页）。由此可知，对比文件2已经给出了将苯并咪唑衍生物用作治疗哺乳动物体内异常细胞生长的药物的技术启示，因此在其引用的权利要求1的化合物不具有创造性的前提下，权利要求16~18也不具有创造性，不符合专利法第22条第3款的规定。

权利要求19~20要求保护包含权利要求1化合物和可药用载体的药物组合物，其创造性依赖于权利要求1的化合物本身，因此在其引用的权利要求1的化合物不具有创造性的前提下，权利要求19~20也不具有创造性，不符合专利法第22条第3款的规定。

针对请求人于2007年8月23日提交的意见陈述书，合议组认为，(1) 首先，噻吩环与喹啉环均为有机化学领域中的常规芳香杂环，这种杂环之间的相互替换是本领域技术人员易于想到和实现的；(2) 从作为酪氨酸激酶抑制剂的活性来看，对比文件2中化合物95显示的对PDGF-β受体的IC50值为0.70μm，而本申请化合物对PDGF-β受体的IC50值为1~1000nm，因此无法证明本申请的化合物相对于对比文件2的化合物95具有预料不到的技术效果；(3) 从药物选择性来看，请求人也没有提供相应的证据来证明本申请的化合物相对于对比文件2的3-噻吩基取代的化合物95具有更好或预料不到的技术效果；(4) 对比文件2中的杂环取代的化合物95的活性和选择性虽然低于苯基取代的化合物64，但综观对比文件2的表2，并不能得出将苯环替换为相应的杂环后，其活性和选择性一定降低的结论，而且如上所述，请求人并不能提供证据证明本申请的化合物优于对比文件2中的化合物95，同时由于在有机合成中杂环之间的相互置换是显而易见的，因此本申请要求保护的化合物不具有创造性。

根据上述事实和理由，合议组作出如下审查决定。

三、决定

维持国家知识产权局于2004年12月24日针对第00816482.7号发明专利申请作出的驳回决定。

复审请求人对本决定不服的，可以根据专利法第41条第2款的规定，自收到本决定之日起三个月内向北京市第一中级人民法院起诉。

037

具有抗痴呆作用的5-羟皂草苷配基衍生物

复审请求审查决定（第12675号）

决　　定　　号　第12675号
决　　定　　日　2008年2月18日
发明创造名称　具有抗痴呆作用的5-羟皂草苷配基衍生物
国际分类号　C07J71/00，A61K31/58，A61P25/28，A61P25/14，A61P25/16
复审请求人　植物药物公共有限公司
申　　请　　号　00813604.1
申　　请　　日　2000年9月29日
优　先　权　日　1999年9月29日
公　　开　　日　2002年10月30日
合议组组长　刘　静
主　　审　　员　汪送来
参　　审　　员　刘　磊

法　律　依　据　专利法第33条
决　定　要　点
如果修改后的内容在原申请文件中有记载或者能够从原申请记载的信息中直接地、毫无疑义地确定，则这种修改没有超范围。

一、案由

本复审请求案涉及发明名称为“具有抗痴呆作用的5-羟皂草苷配基衍生物”的00813604.1号发明专利申请（下称本申请），申请人为植物药物公共有限公司，申请日为2000年9月29日，优先权日为1999年9月29日，公开日为2002年10月30日。

2005年11月4日，针对申请人于2002年3月29日提交的说明书第2~3、7~8、10~14，16页、说明书摘要和摘要附图，2002年6月14日提交的说明书附图第1~2页，2004年1月5日提交的说明书第1、9、15页，2004年10月8日提交的说明书第4~6页，以及2004年10月25日提交的权利要求书，国家知识产权局以本申请权利要求4、6、7、9、17的修改不符合专利法第33条的规定为由驳回了本申请。

驳回决定认为：（1）权利要求4中包含的大量具体化合物及其在制备用于增加毒蕈碱受体数量或增加人类或非人类的动物中毒蕈碱受体功能的组合物中的用途在原始公开的申请文件中没有相应的记载，并且不能直接、唯一地推导出，因此权利要求4的修改超范围，不符合专利法第33条的规定，同理权利要求6~7，17不符合专利法第33条的规定；（2）权利要求9对权利要求4~7进一步限定的附加技术特征为“所述组合物用于增加患有与年龄相关的认知障碍的动物的认知功能”，该技术方案在原始公开的申请文件中没有相应的记载，并且根据原始公开的“所述组合物用于增加患有与年龄相关的认知障碍的病人的认知功能”无法直接、唯一的推导出权利要求9的技术方案，因此权利要求9修改超范围，不符合专利法第33条的规定。

驳回决定针对的权利要求4、6、7、9、17如下：

“4. 如权利要求1~3任一所述的化合物或（25R）3β-乙酰氧基-5α-羟基-螺甾烷-6-酮，（25R）3β，5α-二羟基-螺甾烷-6-酮，（25R）3β，5β-二羟基-螺甾烷-6-酮，（25R）2α，3α，5α-三羟基-螺甾烷-6-酮，（25R）2α，3α-二乙酰氧基-5α-羟基-螺甾烷-6-酮，（25R）3β，5α，6α-三羟基-螺甾烷，（25R）3β，5α，6β-三羟基-螺甾烷，（25R）3β，5α，6β-三羟基-螺甾烷的3-乙氧基羰基酯，3β，5α-二羟基-螺甾烷，3β，5α-二羟基-螺甾烷的3-乙酰基酯，3β-乙酰氧基-5α，6β-二羟基-螺甾烷，3β-乙酰氧基-5α-羟基-6-氧基-螺甾烷，螺甾烷-1，3，4，5-四醇，螺甾25（27）烯-1,3，4，5-四醇和丝兰皂苷元的5α，6α-二羟基-5β，6β-二羟基衍生物

在制备用于增加毒蕈碱受体数量或增强人类或非人类的动物中毒蕈碱受体功能的组合物中的用途。

6. 如权利要求1~3任一所述的化合物或（25R）3β-乙酰氧基-5α-羟基-螺甾烷-6-酮，（25R）3β，5α-二羟基-螺甾烷-6-酮，（25R）3β，5β-二羟基-螺甾烷-6-酮，（25R）2α，3α，5α-三羟基-螺甾烷-6-酮，（25R）2α，3α-二乙酰氧基-5α-羟基-螺甾烷-6-酮，（25R）3β，5α，6α-三羟基-螺甾烷，（25R）3β，5α，6β-三羟基-螺甾烷，（25R）3β，5α，6β-三羟基-螺甾烷的3-乙氧基羰基酯，3β，5α-二羟基-螺甾烷，3β，5α-二羟基-螺甾烷的3-乙酰基酯，3β-乙酰氧基-5α，6β-二羟基-螺甾烷，3β-乙酰氧基-5α-羟基-6-氧基-螺甾烷，螺甾烷-1，3，4，5-四醇，螺甾25（27）烯-1，3，4，5-四醇和丝兰皂苷元的5α，6α-二羟基-5β，6β-二羟基衍生物

在制备用于治疗人类或非人类动物认知障碍的组合物中的用途。

7. 如权利要求1~3任一所述的化合物或（25R）3β-乙酰氧基-5α-羟基-螺甾烷-6-酮，（25R）3β，5α-二羟基-螺甾烷-6-酮，（25R）3β，5β-二羟基-螺甾烷-6-酮，（25R）2α，3α，5α-三羟基-螺甾烷-6-酮，（25R）2α，3α-二乙酰氧基-5α-羟基-螺甾烷-6-酮，（25R）3β，5α，6α-三羟基-螺甾烷，（25R）3β，5α，6β-三羟基-螺甾烷，（25R）3β，5α，6β-三羟基-螺甾烷的3-乙氧基羰基酯，3β，5α-二羟基-螺甾烷，3β，5α-二羟基-螺甾烷的3-乙酰基酯，3β-乙酰氧基-5α，6β-二羟基-螺甾烷，3β-乙酰氧基-5α-羟基-6-氧基-螺甾烷，螺甾烷-1，3，4，5-四醇，螺甾25（27）烯-1，3，4，5-四醇和丝兰皂苷元的5α，6α-二羟基-5β，6β-二羟基衍生物

在制备治疗其特征在于存在神经原纤维紊乱和/或β-淀粉样噬菌斑症状的疾病的的组合物中的用途。

9. 根据权利要求4~7任一所述的用途，其中所述的组合物用于增加患有与年龄相关的认知障碍的动物的认知功能。

17. 一种增强认知功能的非医疗方法，包括给人或动物使用有效量的如权利要求1~3任一所述的化合物或（25R）3β-乙酰氧基-5α-羟基-螺甾烷-6-酮，（25R）3β，5α-二羟基-螺甾烷-6-酮，（25R）3β，5β-二羟基-螺甾烷-6-酮，（25R）2α，3α，5α-三羟基-螺甾烷-6-酮，（25R）2α，3α-二乙酰氧基-5α-羟基-螺甾烷-6-酮，（25R）3β，5α，6α-三羟基-螺甾烷，（25R）3β，5α，6β-三羟基-螺甾烷，（25R）3β，5α，6β-三羟基-螺甾烷的3-乙氧基羰基酯，3β，5α-二羟基-螺甾烷，3β，5α-二羟基-螺甾烷的3-乙酰基酯，3β-乙酰氧基-5α，6β-二羟基-螺甾烷，3β-乙酰氧基-5α-

羟基-6-氧基-螺甾烷，螺甾烷-1，3，4，5-四醇，螺甾25（27）烯-1，3，4，5-四醇和丝兰皂苷元的5α，6α-二羟基-5β，6β-二羟基衍生物。”

2006年2月16日，申请人植物药物公共有限公司（下称请求人）向专利复审委员会提出复审请求，请求人在提出复审请求时对权利要求书进行了修改，其中删除了权利要求9，将权利要求1所示的通式I化合物的结构以及各基团的定义写入权利要求4、6~7和17中，修改后的权利要求书如下：

“1. 通式I的化合物或它们的立体异构体或外消旋混合物，它们的可药用盐，

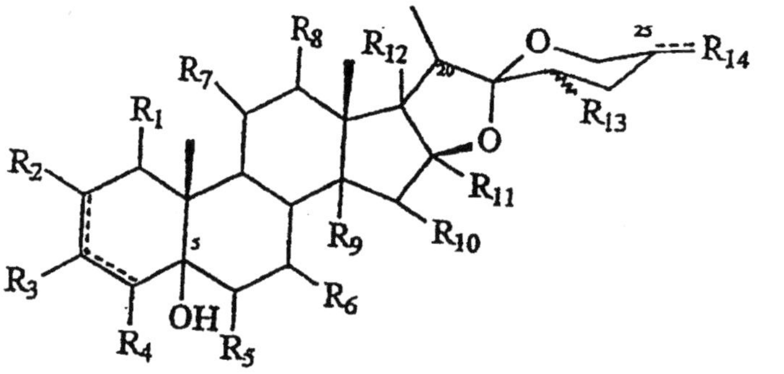

I

其中：

在通式（I）中，

$-R_1$，R_2，R_3，R_4，R_5，R_6，R_7，R_8，R_{10}，各自独立地代表H，OH，=O，或OR，其中R=C_{1-20}烷基、H-CO-或C_{1-20}烷基-CO-；

$-R_9$，R_{12}，R_{11}，R_{13}选自H，OH或OR，其中R=C_{1-20}烷基、H-CO-或C_{1-20}烷基-CO-；

—R_{14}=C_{1-20}烷基；或当C_25处的……代表双键时，R_{14}是C_{1-20}亚烷基；

—……代表任意的双键，

以及在立体化学结构中C_5可以是R或S，

但排除

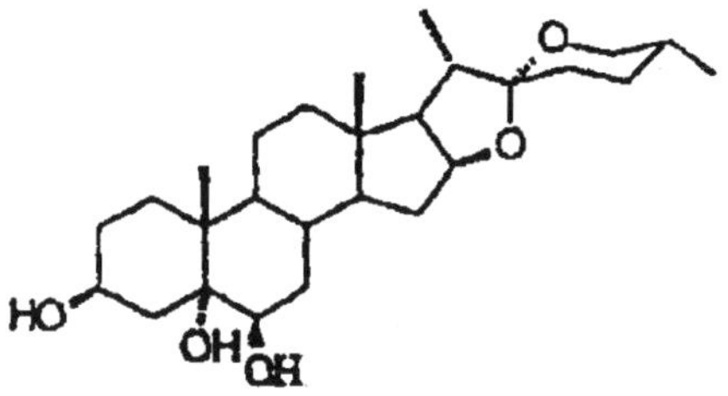

，（25R）3β-乙酰氧基-5α-羟基-螺甾烷-6-酮，（25R）3β，5α-二羟基-螺甾烷-6-酮，（25R）3β，5β-二羟基-螺甾烷-6-酮，（25R）2α，3α，5α-三羟基-螺甾烷-6-酮，（25R）2α，3α-二乙酰氧基-5α-羟基-螺甾烷-6-酮，（25R）3β，5α，6α-三羟基-螺甾烷，（25R）3β，5α，6β-三羟基-螺甾烷，（25R）3β，5α，6β-三羟基-螺甾烷的3-乙氧基羰基酯，3β，5α-二羟基-螺甾烷，3β，5α-二羟基-螺甾烷的3-乙酰基酯，3β-乙酰氧基-5α，6β-二羟基-螺甾烷，3β-乙酰氧基-5α-羟基-6-氧基-螺甾烷，螺甾烷-1，3，4，5-四醇，螺甾25（27）烯-1，3，4，5-四醇和丝兰皂苷元的5α，6α-二羟基-5β，6β-二羟基衍生物。

2. 根据权利要求1的化合物，其中在通式（I）中：

$-R_4$，R_9，R_{12}，R_{13}=H，

$-R_1$，R_2，R_3，R_5，R_6，R_7，R_8，R_{10}，各自独立地代表H，OH，=O，或OR，其中R=C_{1-20}烷

基、H-CO-或 C_{1-20}烷基-CO-；

$-R^{11}=H$，OH 或 OR，其中 R= C_{1-20}烷基、H-CO-或 C_{1-20}烷基-CO-。

3. 根据权利要求 1 或 2 的化合物，其中在通式（I）中：

$-R_1=R_2=R_4=R_6=R_7=R_8=R_{10}=R_11=R_9=R_{12}=R_{13}=H$，

$-R_3=OH$，或 $OCOCH_3$，或=O；

$-R_5=OH$，或 $OCOCH_3$，或=O；

$-R_{14}=CH_3$；或当 C_25 处的……代表双键时，R_{14}是$=CH_2$。

4. 通式 I 的化合物或它们的立体异构体或外消旋混合物或它们的可药用盐在制备用于增加毒蕈碱受体数量或增强人类或非人类的动物中毒蕈碱受体功能的组合物中的用途，

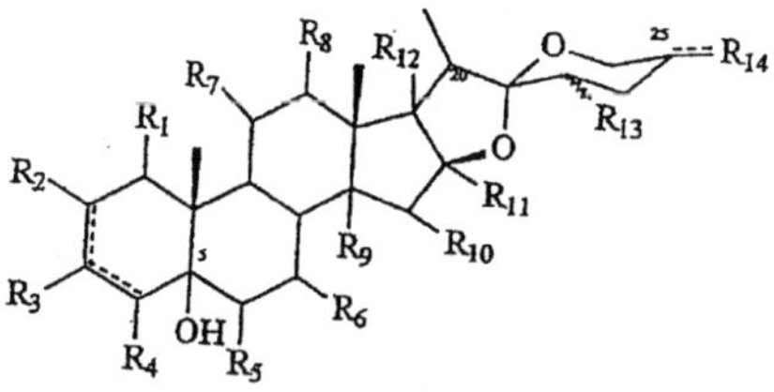

I　　　　　　　　　　其中：

在通式（I）中，

$-R_1$，R_2，R_3，R_4，R_5，R_6，R_7，R_8，R_{10}，各自独立地代表 H，OH，=O，或 OR，其中 R= C_{1-20}烷基、H-CO-或 C_{1-20}烷基-CO-；

$-R_9$，R_{12}，R_{11}，R_{13}选自 H，OH 或 OR，其中 R=C_{1-20}烷基、H-CO-或 C_{1-20}烷基-CO-；

—$R_{14}=C_{1-20}$烷基；或当 C_{25}处的……代表双键时，R_{14}是 C_{1-20}亚烷基；

—……代表任意的双键，

以及在立体化学结构中 C_5 可以是 R 或 S，

其中所述通式 I 的化合物不包括

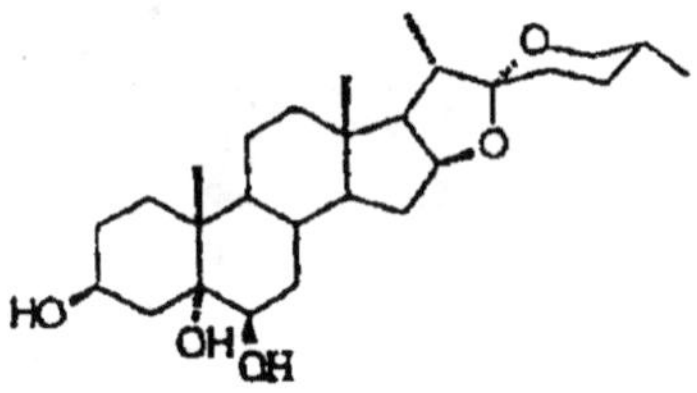

。

5. 根据权利要求 4 的用途，其中所述组合物用于治疗认知障碍。

6. 通式 I 的化合物或它们的立体异构体或外消旋混合物或它们的可药用盐在制备用于治疗人类或非人类动物认知障碍的组合物中的用途，

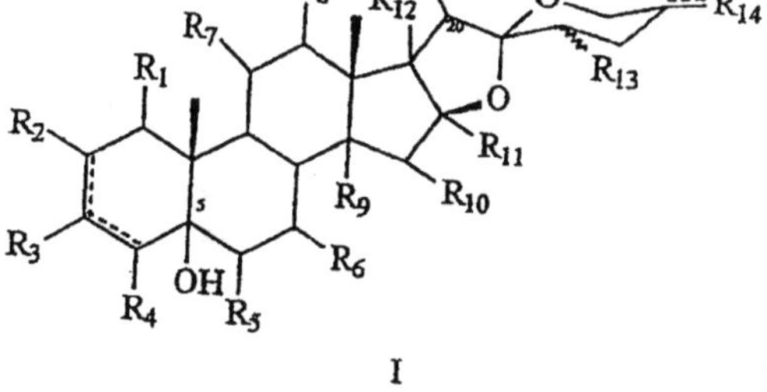

I　　　　　　　　　　其中：

在通式（I）中，

$-R_1$，R_2，R_3，R_4，R_5，R_6，R_7，R_8，R_{10}，各自独立地代表 H，OH，=O，或 OR，其中 R=

C_{1-20}烷基、H-CO-或 C_{1-20}烷基-CO-；

-R_9，R_{12}，R_{11}，R_{13}选自 H，OH 或 OR，其中 R=C_{1-20}烷基、H-CO-或 C_{1-20}烷基-CO-；

—R_{14}=C_{1-20}烷基；或当 C_{25}处的……代表双键时，R_{14}是 C_{1-20}亚烷基；

—……代表任意的双键，

以及在立体化学结构中 C5 可以是 R 或 S，

其中所述通式 I 的化合物不包括

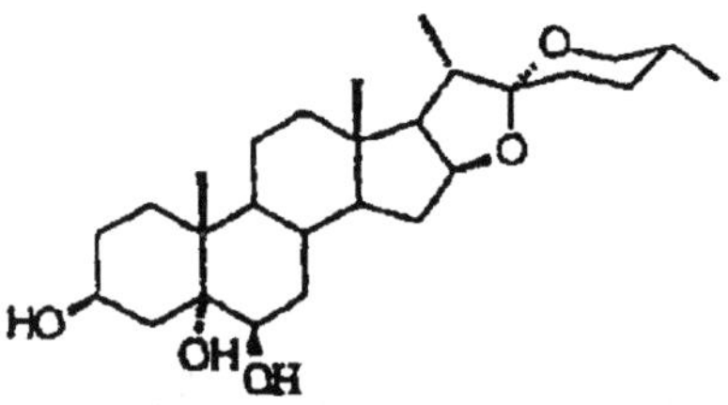

。

7. 通式 I 的化合物或它们的立体异构体或外消旋混合物或它们的可药用盐在制备治疗其特征在于存在神经原纤维紊乱和/或 β-淀粉样噬菌斑症状的疾病的组合物中的用途，

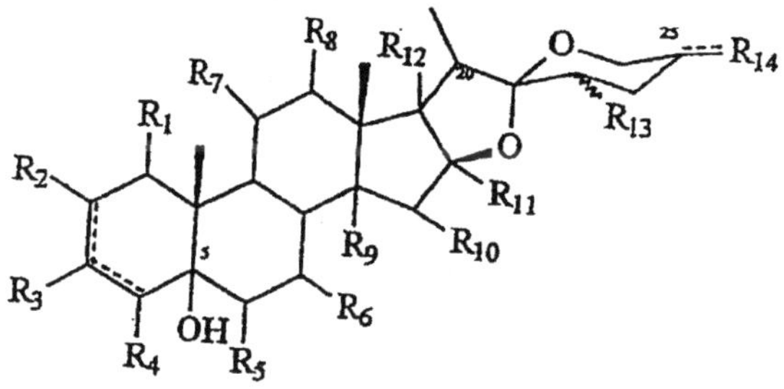

I

其中：

在通式（I）中，

-R_1，R_2，R^3，R_4，R_5，R_6，R_7，R_8，R_{10}，各自独立地代表 H，OH，=O，或 OR，其中 R=C_{1-20}烷基、H-CO-或 C_{1-20}烷基-CO-；

-R^9，R_{12}，R_{11}，R_{13}选自 H，OH 或 OR，其中 R=C_{1-20}烷基、H-CO-或 C_{1-20}烷基-CO-；

—R_{14}=C_{1-20}烷基；或当 C_25 处的……代表双键时，R_{14}是 C_{1-20}亚烷基；

—……代表任意的双键，

以及在立体化学结构中 C5 可以是 R 或 S，

其中所述通式 I 的化合物不包括

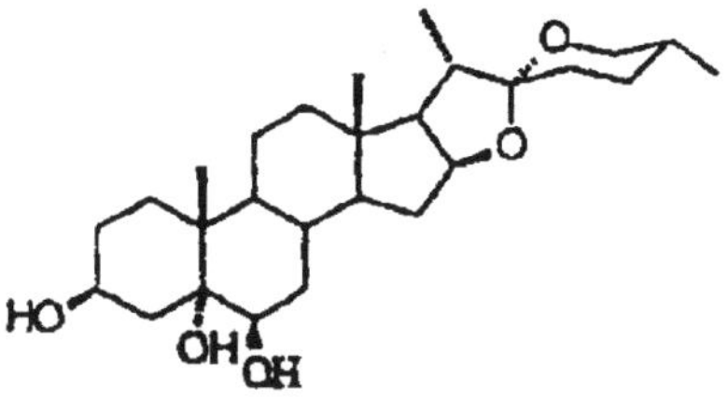

。

8. 根据权利要求 4~7 任一所述的用途，其中所述的组合物用于增加患有与年龄相关的认知障碍的病人的认知功能。

9. 根据权利要求 4~7 任一所述的用途，其中所述药物用于治疗选自早老性痴呆、早老性痴呆型的老年性痴呆、帕金森氏病、路易体痴呆、体位性低血压、孤独症、慢性疲乏综合征、重症肌无力、肌无力综合症、与海湾综合症相关的疾病和症状、暴露于有机磷化合物的职业病。

10. 根据权利要求 9 所述的用途，其中所述的组合物用于治疗早老性痴呆或早老性痴呆型的老年性痴呆。

11. 根据权利要求 9 所述的用途，其中所述的组合物用于治疗帕金森氏病。

12. 根据权利要求 4~11 任一所述的用途，其中所述的组合物是药物。

13. 根据权利要求 4~11 任一所述的用途，其中所述的组合物是食品或饮料。

14. 一种具有增强认知功能的药物组合物，它包含药学上有效量的如权利要求 1~3 任一所述的化合物。

15. 根据权利要求 14 所述的药物组合物，其中所述的化合物以源自于菝葜属、天门冬属、知母属、丝兰属或龙舌兰属的植物提取物形式存在。

16. 一种增强认知功能的非医疗方法，包括给人或动物使用有效量的通式 I 的化合物或它们的立体异构体或外消旋混合物或它们的可药用盐，

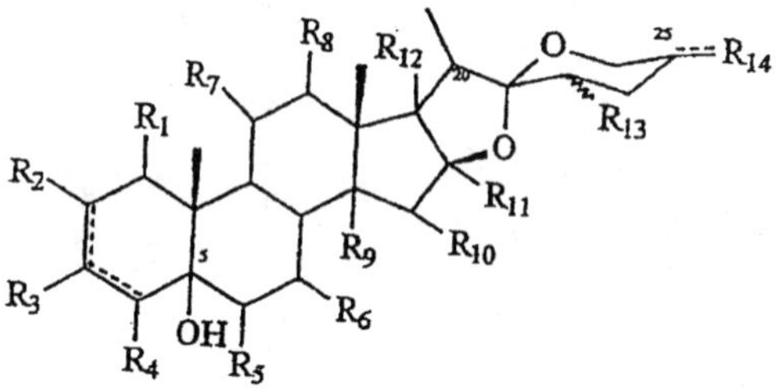

I

其中：

在通式（I）中，

$-R_1$，R_2，R_3，R_4，R_5，R_6，R_7，R_8，R_{10}，各自独立地代表 H，OH，=O，或 OR，其中 R = C_{1-20}烷基、H-CO-或 C_{1-20}烷基-CO-；

$-R^9$，R_{12}，R_{11}，R_{13}选自 H，OH 或 OR，其中 R = C_{1-20}烷基、H-CO-或 C_{1-20}烷基-CO-；

—R_{14} = C_{1-20}烷基；或当 C_{25}处的……代表双键时，R_{14}是 C_{1-20}亚烷基；

—……代表任意的双键，

以及在立体化学结构中 C5 可以是 R 或 S，

其中所述通式 I 的化合物不包括

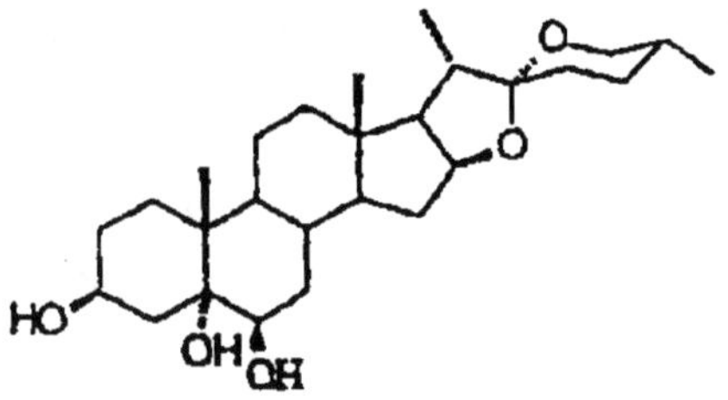

。

17. 一种食品或饮料，它包含权利要求 1~3 中任一所述的化合物。”

请求人认为修改后的权利要求书已经克服了审查员在驳回决定中指出的缺陷。

经形式审查合格后，专利复审委员会受理了该请求，并于 2006 年 3 月 15 日向请求人发出了《复审请求受理通知书》，同时将本申请转送至国家知识产权局原审查部门进行前置审查。

在《前置审查意见书》中，国家知识产权局原审查部门认为，（1）现权利要求 13 相当于请求保

护通式（I）的化合物或它们的立体异构体或外消旋混合物或它们的可药用盐在制备增加毒蕈碱受体数量或增强人类或非人类的动物中毒蕈碱受体功能、或治疗认知障碍、或治疗在神经原纤维紊乱和/或β-淀粉样噬菌斑症状的疾病，或权利要求9中限定的具体疾病的食品或饮料中的用途，而原始说明书以及权利要求13中只记载了“增强认知功能的食品或饮料中的用途”，因此权利要求13修改超范围；（2）权利要求17在原始公开的申请文件中没有相应的记载，而且原始权利要求13和说明书中对“食品和饮料”都进行了用途限定“用以增强认知功能”，从权利要求中删除在说明书中明确认定的关于具体应用范围的技术特征将导致修改超范围。因此坚持驳回决定。

专利复审委员会组成合议组，对本复审请求案进行了审理，并于2007年8月28日向请求人发出《复审通知书》，指出：（1）原权利要求书和说明书中记载的都是通式I的化合物在制备药物组合物的用途，并没有记载通式I的化合物或它们的立体异构体或外消旋混合物或它们的可药用盐在制备用于增加毒蕈碱受体数量或增强人类或非人类的动物中毒蕈碱受体功能的组合物中的用途。组合物的范围包括药物组合物、食品组合物、饮料组合物以及其他组合物，本领域技术人员根据原权利要求书和说明书的内容，即“……用于制备……的药物组合物中的用途”、“……用于制备……药物中的用途”，并不能直接地、毫无疑义地确定“……用于制备……组合物中的用途”，因此，权利要求4中的“组合物”超出了原权利要求书和说明书记载的范围，不符合专利法第33条的规定；（2）同理，权利要求5~8、10~11中的“组合物”超出了原权利要求书和说明书记载的范围，不符合专利法第33条的规定；（3）权利要求13引用了权利要求4~11，因此，权利要求13中所述的食品或饮料的应用范围包括用于增加毒蕈碱受体数量或增强人类或非人类的动物中毒蕈碱受体功能、治疗认知障碍、治疗其特征在于存在神经原纤维紊乱和/或β-淀粉样噬菌斑症状的疾病等权利要求4~11中所列适应症的治疗。原权利要求书和说明书中所述的食品和饮料都是用于治疗增强认知能力的，由原权利要求书和说明书记载的内容并不能直接毫无疑义地确认所述食品或饮料可以用于增加毒蕈碱受体数量或增强人类或非人类的动物中毒蕈碱受体功能、治疗其特征在于存在神经原纤维紊乱和/或β-淀粉样噬菌斑症状的疾病等权利要求4、7、9~11中所列适应症的治疗，因此，修改后的权利要求13超出了原权利要求书和说明书记载的范围，不符合专利法第33条的规定；（4）请求人于2004年10月8日提交的说明书第6页中，第18行“……代表任意的双键”应修改为“……代表任意的双键”。

针对上述《复审通知书》，请求人于2007年10月12日提交了意见陈述书和修改的权利要求书，将权利要求4~8、10~11中的“组合物”修改为“药物”，删除了权利要求12，对权利要求13~17进行了修改（修改后编号为权利要求12~16），并按照复审通知书的要求对说明书进行了修改。修改后的4~8、10~16如下：

“4. 通式I的化合物或它们的立体异构体或外消旋混合物或它们的可药用盐在制备用于增加毒蕈碱受体数量或增强人类或非人类的动物中毒蕈碱受体功能的药物中的用途，

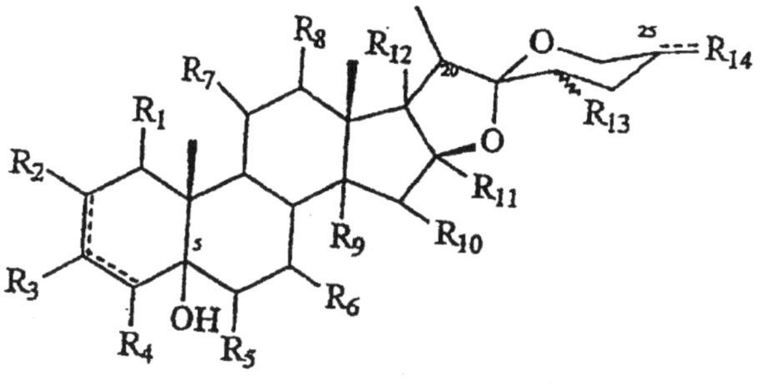

I

其中：

在通式（I）中，

$-R_1$，R_2，R_3，R_4，R_5，R_6，R_7，R_8，R_{10}，各自独立地代表 H，OH，=O，或 OR，其中 R=C_{1-20}烷基、H-CO-或 C_{1-20}烷基-CO-；

$-R_9$，R_{12}，R_{11}，R_{13}选自 H，OH 或 OR，其中 R=C_{1-20}烷基、H-CO-或 C_{1-20}烷基-CO-；

—R_{14}=C_{1-20}烷基；或当 C_{25}处的……代表双键时，R_{14}是 C_{1-20}亚烷基；

—……代表任意的双键，

以及在立体化学结构中 C5 可以是 R 或 S，

其中所述通式 I 的化合物不包括

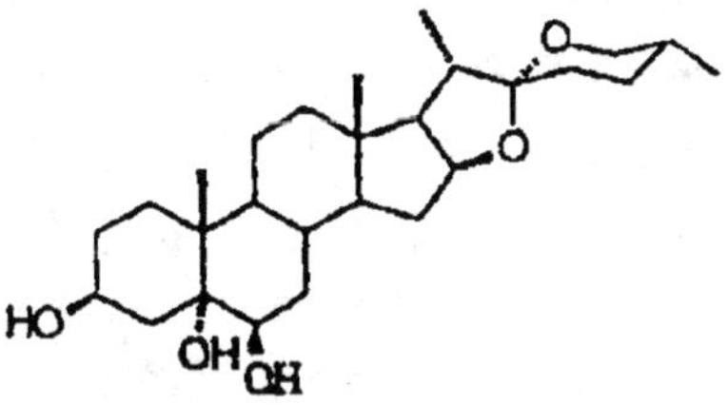

。

5. 根据权利要求 4 的用途，其中所述药物用于治疗认知障碍。

6. 通式 I 的化合物或它们的立体异构体或外消旋混合物或它们的可药用盐在制备用于治疗人类或非人类动物认知障碍的药物中的用途，

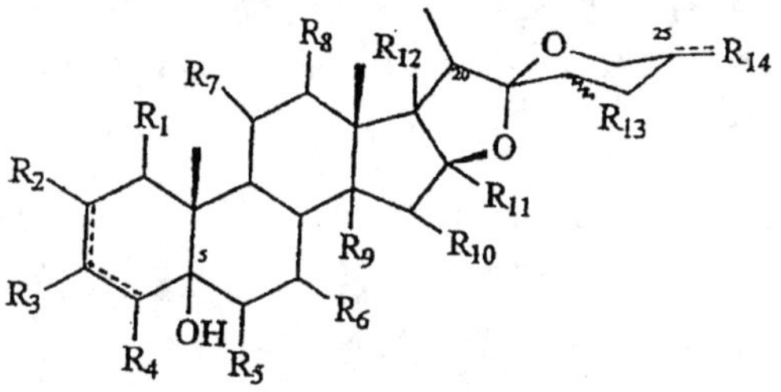

I

其中：

在通式（I）中，

$-R_1$，R_2，R_3，R_4，R_5，R_6，R_7，R_8，R_{10}，各自独立地代表 H，OH，=O，或 OR，其中 R=C_{1-20}烷基、H-CO-或 C_{1-20}烷基-CO-；

$-R_9$，R_{12}，R_{11}，R_{13}选自 H，OH 或 OR，其中 R=C_{1-20}烷基、H-CO-或 C_{1-20}烷基-CO-；

—R_{14}=C_{1-20}烷基；或当 C_{25}处的……代表双键时，R_{14}是 C_{1-20}亚烷基；

—……代表任意的双键，

以及在立体化学结构中 C_5 可以是 R 或 S，

其中所述通式 I 的化合物不包括

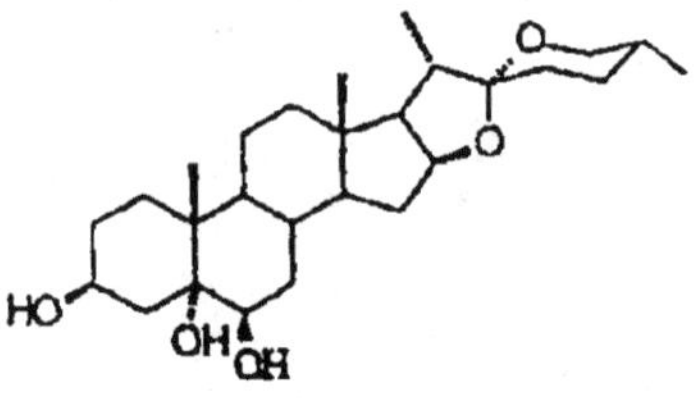

。

7. 通式 I 的化合物或它们的立体异构体或外消旋混合物或它们的可药用盐在制备治疗其特征在于存在神经原纤维紊乱和/或 β-淀粉样噬菌斑症状的疾病的药物中的用途，

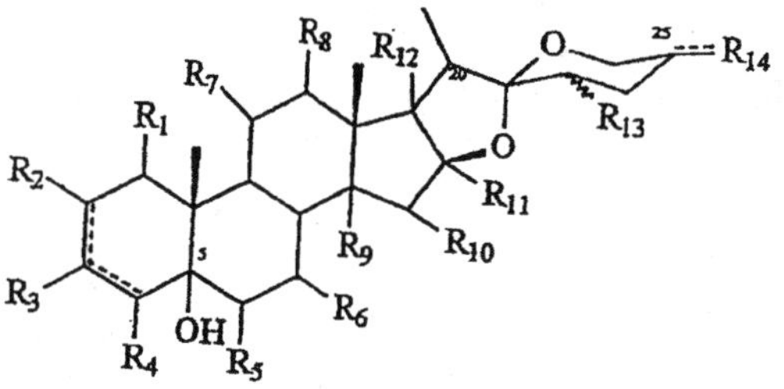

I

其中：

在通式（I）中，

$-R_1$，R_2，R_3，R_4，R_5，R_6，R_7，R_8，R_{10}，各自独立地代表 H，OH，=O，或 OR，其中 R=C_{1-20}烷基、H-CO-或 C_{1-20}烷基-CO-；

$-R_9$，R_{12}，R_{11}，R_{13}选自 H，OH 或 OR，其中 R=C_{1-20}烷基、H-CO-或 C_{1-20}烷基-CO-；

—R_{14}=C_{1-20}烷基；或当 C_{25}处的……代表双键时，R_{14}是 C_{1-20}亚烷基；

—……代表任意的双键，

以及在立体化学结构中 C5 可以是 R 或 S，

其中所述通式 I 的化合物不包括

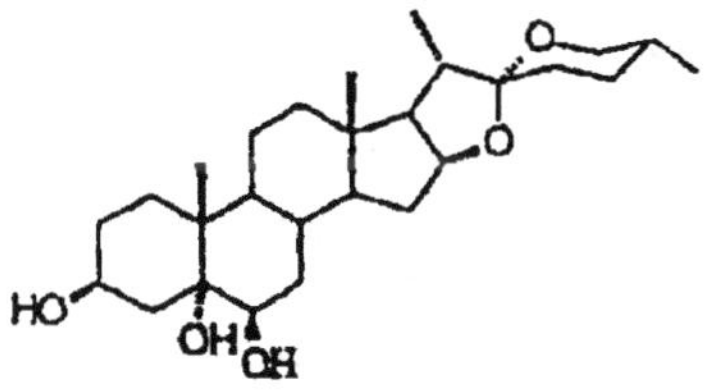

。

8. 根据权利要求 4~7 任一所述的用途，其中所述的药物用于增加患有与年龄相关的认知障碍的病人的认知功能。

10. 根据权利要求 9 所述的用途，其中所述的药物用于治疗早老性痴呆或早老性痴呆型的老年性痴呆。

11. 根据权利要求 9 所述的用途，其中所述的药物用于治疗帕金森氏病。

12. 根据权利要求 1~3 中任一项所述化合物在制备用于增强认知功能的食品或饮料中的用途。

13. 一种具有增强认知功能的药物组合物，它包含药学上有效量的如权利要求 1~3 任一所述的化合物。

14. 根据权利要求 13 所述的药物组合物，其中所述的化合物以源自于菝葜属、天门冬属、知母属、丝兰属或龙舌兰属的植物提取物形式存在。

15. 一种增强认知功能的非医疗方法，包括给人或动物使用有效量的通式 I 的化合物或它们的立体异构体或外消旋混合物或它们的可药用盐，

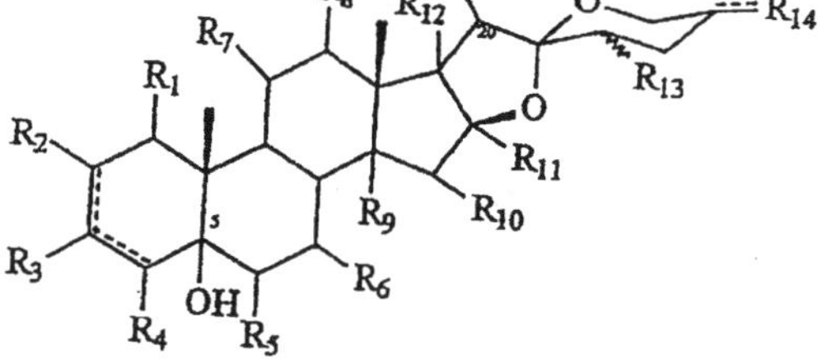

I

其中：

在通式（I）中，

$-R_1$，R_2，R_3，R_4，R_5，R_6，R_7，R_8，R_{10}，各自独立地代表 H，OH，=O，或 OR，其中 R=C_{1-20}烷基、H-CO-或 C_{1-20}烷基-CO-；

$-R_9$，R_{12}，R_{11}，R_{13}选自 H，OH 或 OR，其中 R=C_{1-20}烷基、H-CO-或 C_{1-20}烷基-CO-；

—R_{14}=C_{1-20}烷基；或当 C_{25}处的……代表双键时，R_{14}是 C_{1-20}亚烷基；

—……代表任意的双键，

以及在立体化学结构中 C_5 可以是 R 或 S，

其中所述通式 I 的化合物不包括

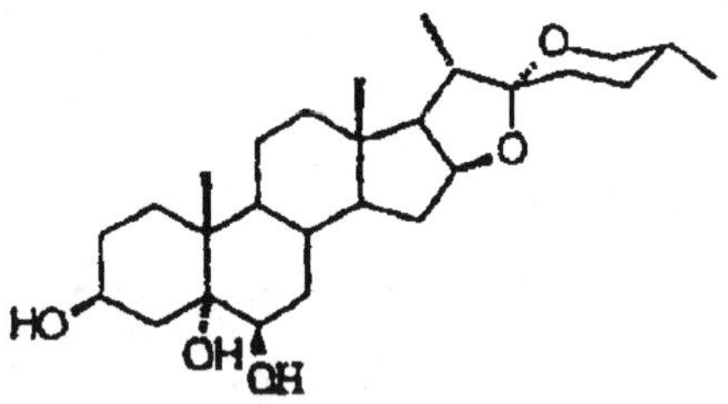

。

16. 一种食品或饮料，它包含权利要求 1~3 中任一所述的化合物。”

请求人请求在经修改的文本的基础上撤消驳回决定。

至此，合议组认为本案事实清楚，可以作出审查决定。

二、决定的理由

1. 关于审查文本

本复审决定所针对的申请文本是：请求人于 2002 年 3 月 29 日提交的说明书第 2~3、7~8、10~14，16 页、说明书摘要和摘要附图，2002 年 6 月 14 日提交的说明书附图第 1~2 页，2004 年 1 月 5 日提交的说明书第 1、9、15 页，2004 年 10 月 8 日提交的说明书第 4~5 页，以及 2007 年 10 月 12 日提交的权利要求第 1~16 项和说明书第 6 页。

2. 关于专利法第 33 条

专利法第 33 条规定：申请人可以对其专利申请文件进行修改，但是，对发明和实用新型专利申请文件的修改不得超出原说明书和权利要求书记载的范围。

如果修改后的内容在原申请文件中有记载或者能够从原申请记载的信息中直接地、毫无疑义地确定，则这种修改没有超范围。

（1）驳回决定认为，权利要求 4 中包含的大量具体化合物及其在制备用于增加毒蕈碱受体数量或增加人类或非人类的动物中毒蕈碱受体功能的组合物中的用途在原始公开的申请文件中没有相应的记载，并且不能直接、唯一地推导出，因此权利要求 4 的修改超范围，不符合专利法第 33 条的规定。驳回决定所针对的权利要求 4 相应于请求人于 2007 年 10 月 12 日提交的权利要求书中的权利要求 4，该权利要求的修改如案由中所示，其中删除了驳回决定中所述的具体化合物，通式 I 的结构式及其中的 R^1~R_{14}的定义和……的定义可以由原权利要求 1、说明书第 6~7 页“酰基”、“烷基”的定义毫无疑义地确定。因此，驳回决定中针对权利要求 4 所指出的缺陷已被克服，驳回决定中有关权利要求 4 不符合专利法第 33 条规定的理由不再成立。

基于与权利要求 4 同样的理由，驳回决定认为权利要求 6~7、17 不符合专利法第 33 条的规定。驳回决定所针对的权利要求 6~7、17 相应于请求人于 2007 年 10 月 12 日提交的权利要求书中的权利要求 6~7、15，这些权利要求的修改如案由中所示，请求人对这些权利要求进行了与权利要求 4 类似的修改。因此，基于同样的理由，驳回决定中针对权利要求 6~7、17 所指出的缺陷已被克服，驳回决定中有关权利要求 6~7、17（即修改后的权利要求 6~7、15）不符合专利法第 33 条规定的理由不再成立。

驳回决定所针对的权利要求 9 在请求人于 2007 年 10 月 12 日提交的权利要求书中已被删除，因此，驳回决定中有关权利要求 9 不符合专利法第 33 条规定的理由不再成立。

（2）原审查部门在前置审查意见中指出，请求人于 2006 年 2 月 16 日提出复审请求时所提交的权利要求书中，权利要求 13 相当于请求保护通式（I）的化合物或它们的立体异构体或外消旋混合物或它们的可药用盐在制备增加毒蕈碱受体数量或增强人类或非人类的动物中毒蕈碱受体功能、或治疗认知障碍、或治疗在神经原纤维紊乱和/或 β-淀粉样噬菌斑症状的疾病、或权利要求 9 中限定的具体疾病的食品或饮料中的用途，而原始说明书以及权利要求 13 中只记载了“增强认知功能的食品或饮料中的用途”，因此权利要求 13 修改超范围。

请求人于 2006 年 2 月 16 日提交的权利要求书中权利要求 13 相应于请求人于 2007 年 10 月 12 日提交的权利要求书中的权利要求 12，该权利要求已被修改为“根据权利要求 1~3 中任一项所述的化合物在制备用于增强认知功能的食品或饮料中的用途”。该权利要求不包括“制备增加毒蕈碱受体数量或增强人类或非人类的动物中毒蕈碱受体功能、或治疗在神经原纤维紊乱和/或 β-淀粉样噬菌斑症状的疾病、或权利要求 9 中限定的具体疾病的食品或饮料中的用途”这一范围，而“在制备用于增强认知功能的食品或饮料中的用途”可以由原权利要求 13“权利要求 1~4 中任意一项所定义的通式（I）的皂草苷配基衍生物在食品或饮料中以增强认知功能的用途”毫无疑义地确定。因此，前置意见中有关权利要求 13（即修改后的权利要求 12）超范围的理由不再成立。

原审查部门在前置审查意见中指出，请求人于 2006 年 2 月 16 日提出复审请求时所提交的权利要求书中，权利要求 17 修改超范围，不符合专利法第 33 条的规定。具体理由是原始权利要求 13 和说明书中对“食品和饮料”都进行了用途限定“用以增强认知功能”，从权利要求中删除在说明书中明确认定的关于具体应用范围的技术特征将导致修改超范围。

请求人于 2006 年 2 月 16 日提交的权利要求书中权利要求 17 相应于请求人于 2007 年 10 月 12 日提交的权利要求书中的权利要求 16。合议组认为，权利要求 16 是一种产品权利要求，主题名称是“一种食品或饮料”，其包含权利要求 1~3 中任一项所述的化合物。“增强认知功能”这一用途特征对“食品或饮料”的组成和含量没有任何限定作用，即是否用“增强认知功能”这一特征进行限定对权利要求 16 的范围没有影响，因此删除“增强认知功能”没有导致修改超范围，前置审查意见中关于权利要求 17（即修改后的权利要求 16）修改超范围的理由不成立。

（3）根据复审通知书指出的缺陷，请求人于 2007 年 10 月 12 日提交的权利要求书中将驳回决定所针对的文本中的权利要求 4~8、10~11 中的“组合物”修改为“药物”，这一特征可以由原权利要求 4~8、10~11 中的“药物”、“药物组合物”毫无疑义地确定，因此，这种修改没有超范围。此外，如前所述，复审通知书指出的驳回决定所针对的文本中权利要求 13 超范围的缺陷在请求人于 2007 年 10 月 12 日提交的权利要求书中已被克服。

综上所述，驳回决定和复审通知书中指出的导致本申请不符合专利法第 33 条规定的缺陷已被克服，驳回决定理由不再成立。

根据上述事实和理由，合议组作出如下审查决定。

三、决定

撤销国家知识产权局于 2005 年 11 月 4 日针对 00813604.1 号发明专利申请作出的驳回决定，由国家知识产权局原审查部门以请求人于 2002 年 3 月 29 日提交的说明书第 2~3、7~8、10~14、16 页、说明书摘要和摘要附图，2002 年 6 月 14 日提交的说明书附图第 1~2 页，2004 年 1 月 5 日提交的说明书第 1、9、15 页，2004 年 10 月 8 日提交的说明书第 4~5 页，以及 2007 年 10 月 12 日提交的权利要求书和说明书第 6 页为基础继续审批程序。

复审请求人对本决定不服的，可以根据专利法第 41 条第 2 款的规定，自收到本决定之日起三个月内向北京市第一中级人民法院起诉。

038

杀真菌混合物

复审请求审查决定（第 12687 号）

决　定　号　第 12687 号
决　定　日　2008 年 2 月 20 日
发明创造名称　杀真菌混合物
国际分类号　A01 N43/54
复审请求人　纳幕尔杜邦公司
申　请　号　98802133.1
申　请　日　1998 年 1 月 26 日
优先权日　1997 年 1 月 30 日
公　开　日　2000 年 3 月 1 日
合议组组长　李　越
主　审　员　张家祥
参　审　员　刘　静

法律依据　专利法第 31 条第 1 款
决定要点

对于一项农药组合物或农药混合物马库什权利要求，在作为马库什要素的可选择化合物不具有共同的结构的情况下，如果它们不能满足下列标准，则该马库什权利要求不具有单一性：（a）所有可选择化合物具有共同的性能或作用；和（b）所有可选择化合物应属于该发明所属领域中公认的同一化合物类别。“公认的同一化合物类别”是指根据本领域的知识可以预期到该类的成员对于要求保护的发明来说其表现是相同的一类化合物。

一、案由

本复审请求案涉及发明名称为“杀真菌混合物”的 98802133.1 号发明专利申请（下称本申请），申请人为纳幕尔杜邦公司，申请日为 1998 年 1 月 26 日，优先权日为 1997 年 1 月 30 日，公开日为 2000 年 3 月 1 日。

2005 年 8 月 26 日，针对申请人于 2005 年 1 月 27 日提交的权利要求第 1~16 项、说明书第 11 页，1999 年 7 月 29 日进入中国国家阶段时提交的国际申请中文译文的说明书第 1~10、12~47 页和说明书摘要，国家知识产权局以权利要求 1 和 8 不符合专利法第 31 条第 1 款的规定为由驳回了本申请。

驳回决定认为，权利要求 1 的可选择要素（2）不能同时满足马库什权利要求对单一性的要求：（a）所有可选择要素具有共同的性能和作用；和（b）所有可选择要素具有共同的结构，或者被认为属于一类化合物。以权利要求 3 中的化合物（2）为例，其中列举的四种化合物结构上差异很大，在农药领域分属三类化合物，显然不满足上述第（b）项要求。因此，该权利要求不符合专利法第 31 条第 1 款的规定。权利要求 8 的组合物中还含有第三种活性成分，使其与权利要求 1 的特定技术特征不相同或相应，因此不具有单一性。

驳回决定针对的权利要求书如下：

“1. 一种杀真菌组合物包含：

（1）至少选自通式 I 的喹唑啉酮、N-氧化物，及其农业上适用的盐中的一种化合物，

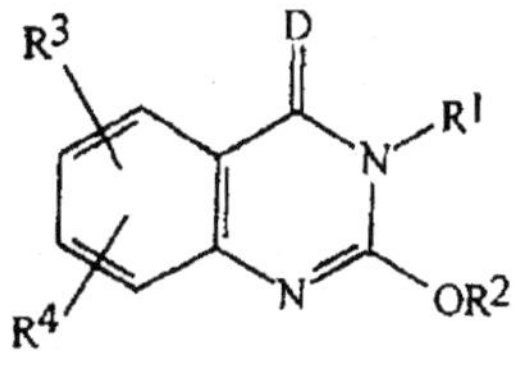

I

其中：

D 是 O 或 S；

R^1 是 C_1-C_{10}烷基；C_3-C5 环烷基；C_3-C_{10}链烯基；C_3-C_{10}链炔基；C_1-C_{10}卤代烷基；C_3-C_{10}卤代链烯基；C_3-C_{10}卤代炔基；C_2-C_{10}烷氧基烷基；C_2-C_{10}烷硫基烷基；C_2-C_{10}烷基亚磺酰烷基；C_2-C_{10}烷基磺酰烷基；C_4-C_{10}环烷基烷基；C_4-C_{10}链烯氧基烷基；C_4-C_{10}链炔氧基烷基；C_4-C_{10}（环烷基）氧烷基；C_4-C_{10}链烯基硫烷基；C_4-C_{10}链炔基硫烷基；C_4-C_{10}（环烷基）硫烷基；C_2-C_{10}卤代烷氧基烷基；C_4-C_{10}卤代链烯氧基烷基；C_4-C_{10}卤代炔氧基烷基；C_4-C_{10}烷氧基链烯基；C_4-C_{10}烷氧基炔基；C_4-C_{10}烷硫基链烯基；C_4-C_{10}烷硫基炔基；C_4-C_{10}三烷基甲硅烷基烷基；被 NR^5R^6，硝基，氰基，或可以任意地被 R^8、R^9 和 R^{10}取代的苯基取代的 C_1-C_{10}烷基；C_1-C_{10}烷氧基；C_1-C_{10}卤代烷氧基；C_1-C_{10}烷硫基；C_1-C_{10}卤代烷硫基；或者吡啶基，呋喃基，噻吩基，萘基，苯并呋喃基，苯并噻吩基，或者喹啉基，这些基团可以任意的被 R^8、R^9 和 R^{10}取代。

R^2 是 C_1-C_{10}烷基；C_3-C_7 环烷基；C_3-C_{10}链烯基；C_3-C_{10}链炔基；C_1-C_{10}卤代烷基；C_3-C_{10}卤代链烯基；C_3-C_{10}卤代炔基；C_2-C_{10}烷氧基烷基；C_2-C_{10}烷硫基烷基；C_2-C_{10}烷基亚磺酰烷基；C_2-C_{10}烷基磺酰烷基；C_4-C_{10}环烷基烷基；C_4-C_{10}链烯氧基烷基；C_4-C_{10}链炔氧基烷基；C_4-C_{10}（环烷基）氧烷基；C_4-C_{10}链烯基硫烷基；C_4-C_{10}链炔基硫烷基；C_4-C_{10}（环烷基）硫烷基；C_2-C_{10}卤代烷氧基烷基；C_4-C_{10}卤代链烯氧基烷基；C_4-C_{10}卤代炔氧基烷基；C_4-C_{10}烷氧基链烯基；C_4-C_{10}烷氧基炔基；C_4-C_{10}烷硫基链烯基；C_4-C_{10}烷硫基炔基；C_4-C_{10}三烷基甲硅烷基烷基；C_2-C_{10}氰基烷基；C_1-C_{10}硝基烷基；被 CO_2R^5，NR^5R^6，或者可以任意地被 R^7、R^9 和 R^{10}取代的苯基取代的 C_1-C_{10}烷基；任意地被 R^7、R^9 和 R^{10}取代的苯基；$-N=CR^5R^5$；或 $-NR^5R^6$；

或 R^1 和 R^2 结合在一起形成$-CH_2(CH_2)_qCH_2-$；

q 是 0，1，2，3 或 4；

R^3 是卤素；C_1-C_8 烷基；C_3-C_8 环烷基；C_2-C_8 链烯基；C_2-C_8 链炔基；C_1-C_8 卤代烷基；C_3-C_8 卤代链烯基；C_3-C_8 卤代炔基；C_1-C_8 烷氧基；C_1-C_8 卤代烷氧基；C_3-C_8 链烯基氧基；C_3-C_8 链炔基氧基；C_1-C_8 烷硫基；C_3-C_8 链烯基硫基；C_3-C_8 链炔基硫基；C_1-C_8 烷基亚磺酰基；C_1-C_8 烷基磺酰基；C_2-C_8 烷氧基烷基；C_2-C_8 烷硫基烷基；C_2-C_8 烷基亚磺酰烷基；C_2-C_8 烷基磺酰烷基；C_4-C_8 环烷基烷基；C_3-C_8 三烷基甲硅烷基；NR^5R^6；C_5-C_8 三烷基甲硅烷基炔基；或任意地被至少一个 R^7 取代的苯基；

R^4 是氢；卤素；C_1-C_4 烷基；C_1-C_4 卤代烷基；C_1-C_4 烷氧基；或 C_1-C_4 卤代烷氧基；

每一个 R^5 独立地为氢；C_1-C_4 烷基；或任意地被至少一个 R^7 取代的苯基；

每一个 R^6 独立地为氢；C_1-C_8 烷基；或任意地被至少一个 R^7 取代的苯基；

或当 R^5 和 R^6 与同一个氮原子相结合时，R^5 和 R^6 可结合在一起形成-$CH_2CH_2CH_2CH_2$-，

-CH_2（CH_2）3CH_2-，-$CH_2CH_2OCH_2CH_2$-，-CH_2CH（Me）CH_2CH（Me）CH_2-，或

-CH_2CH（Me）OCH（Me）CH_2-；

每一个 R^7 独立地为卤素；C_1-C_4 烷基；C_1-C_4 烷氧基；C_1-C_4 卤代烷基；硝基或氰基；

R^8 是 C_1-C_6 烷基；C_1-C_6 烷氧基；C_1-C_6 卤代烷基；卤素；C_2-C_8 链炔基；C_1-C_6 烷硫基；各自任意地被至少一个 R^7 取代的苯基或者苯氧基；氰基；硝基；C_1-C_6 卤代烷氧基；C_1-C_6 卤代烷硫基；C_2-C_6 链烯基；C_2-C_6 卤代链烯基；乙酰基；CO_2 Me 或 N（C_1-C_2 烷基）2；

每一个 R^9 独立地为甲基，乙基，甲氧基，甲硫基，卤素或三氟甲基；且

每一个 R^{10}独立地为卤素；

（2）至少选自作用于真菌线粒体呼吸电子传递位点中 bC_1 复合体的化合物；以及任意的

（3）至少一种表面活性剂、一种固体稀释剂、或一种液体稀释剂；

其中组分（1）和组分（2）以有效剂量存在，获得的杀真菌效果大于相同剂量的组分（1）和组分（2）单独使用时杀真菌效果的总和。

2. 根据权利要求 1 所述的杀真菌组合物，其中组分（1）和组分（2）的摩尔比约为约 30：1～1：30。

3. 根据权利要求 1 或 2 所述的杀真菌组合物，其含有

（1）至少一种化合物选自：

6-溴-3-丙基-2-丙氧基-4（3H）-喹唑啉酮、6，8-二碘-3-丙基-2-丙氧基-4（3H）-喹唑啉酮和 6-碘-3-丙基-2-丙氧基-4（3H）-喹唑啉酮；和

（2）至少一种化合物，其选自

2，4-二氢-5-甲氧基-2-甲基-4-［2-［1-［3-（三氟甲基）苯基］亚乙基］氨基］氧基］甲基］苯基］-3H-1，2，4-三唑-3-酮、醚菌酯、腈嘧菌脂、以及（E）-2-（甲氧基亚氨基）-N-甲基-2-（2-苯氧基苯基）乙酰胺。

4. 根据权利要求 3 所述的杀真菌组合物，其含有有效杀真菌剂量的

（1）6-碘-3-丙基-2-丙氧基-4（3H）-喹唑啉酮和

（2）2，4-二氢-5-甲氧基-2-甲基-4-［2-［1-［3-（三氟甲基）苯基］亚乙基］氨基］氧基］甲基］苯基］-3H-1，2，4-三唑-3-酮。

5. 根据权利要求 3 所述的杀真菌组合物，其含有有效杀真菌剂量的

（1）6-碘-3-丙基-2-丙氧基-4（3H）-喹唑啉酮和

（2）醚菌酯。

6. 根据权利要求 3 所述的杀真菌组合物，其含有有效杀真菌剂量的

（1）6-碘-3-丙基-2-丙氧基-4（3H）-喹唑啉酮和

（2）腈嘧菌脂。

7. 根据权利要求 3 所述的杀真菌组合物，其含有有效杀真菌剂量的

（1）6-碘-3-丙基-2-丙氧基-4（3H）-喹唑啉酮和

（2）（E）-2-（甲氧基亚氨基）-N-甲基-2-（2-苯氧基苯基）乙酰胺。

8. 根据权利要求 1 或 2 所述的杀真菌组合物，其还含有抑制甾醇生物合成途径来控制真菌病害的化合物。

9. 根据权利要求 8 所述的杀真菌组合物，其中所述抑制甾醇生物合成途径来控制真菌病害的化合物是三唑。

10. 根据权利要求 1 或 2 所述的杀真菌组合物，其含有有效杀真菌剂量的

（1）6-碘-3-丙基-2-丙氧基-4（3H）-喹唑啉酮和

（2）2，4-二氢-5-甲氧基-2-甲基-4-［2-［1-［3-（三氟甲基）苯基］亚乙基］氨基］氧基］甲基］苯基］-3H-1，2，4-三唑-3-酮以及氟硅唑。

11. 根据权利要求 1 或 2 所述的杀真菌组合物，其中所述式 I 的化合物具有以下结构：

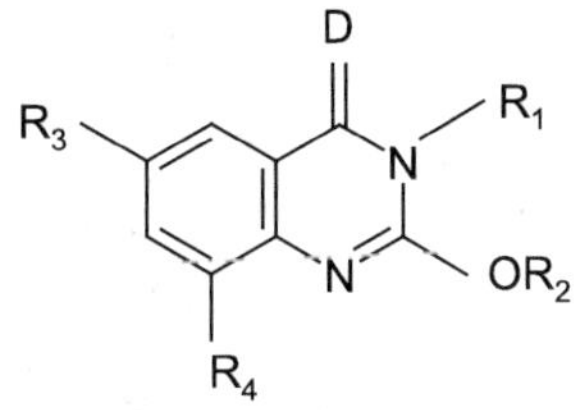

R^1 是 C_1-C_6 烷基；

R^2 是 C_1-C_6 烷基；

R^3 是卤素；

R^4 是氢或卤素。

12. 一种防治由植物病原真菌引起的植物病害的方法，包括向被保护的植物或其部分植株上，或者向植物种子或种苗上使用有效杀真菌剂量的权利要求 1 所述组合物。

13. 根据权利要求 12 的方法，其所述植物真菌病害选自小麦白粉病菌、小麦叶锈病菌、小麦根腐病菌和小麦颖枯病菌。

14. 根据权利要求 13 所述方法，其用于防治小麦白粉病菌，其中组分（1）为 6-碘-3-丙基-2-丙氧基-4（3H）-喹唑啉酮，而组分（2）选自 2，4-二氢-5-甲氧基-2-甲基-4-［2-［1-［3-（三氟甲基）苯基］亚乙基］氨基］氧基］甲基］苯基］-3H-1，2，4-三唑-3-酮、醚菌酯、腈嘧菌脂和（E）-2-（甲氧基亚氨基）-N-甲基-2-（2-苯氧基苯基）乙酰胺，且其中组分（1）和组分（2）的摩尔比约为 4：1~1：10。

15. 根据权利要求 13 所述方法，其用于防治小麦叶锈病菌和小麦颖枯病菌中的至少一种病菌，其中组分（1）为 6-碘-3-丙基-2-丙氧基-4（3H）-喹唑啉酮，而组分（2）选自 2，4-二氢-5-甲氧基-2-甲基-4-［2-［1-［3-（三氟甲基）苯基］亚乙基］氨基］氧基］甲基］苯基］-3H-1，2，4-三唑-3-酮、醚菌酯、腈嘧菌脂和（E）-2-（甲氧基亚氨基）-N-甲基-2-（2-苯氧基苯基）乙酰胺，且其中组分（1）和组分（2）的摩尔比约为 30：1~1：30。

16. 根据权利要求 13 所述方法，其用于防治小麦根腐病菌，其中组分（1）为 6-碘-3-丙基-2-丙氧基-4（3H）-喹唑啉酮，而组分（2）选自 2，4-二氢-5-甲氧基-2-甲基-4-［2-［1-［3-（三氟甲基）苯基］亚乙基］氨基］氧基］甲基］苯基］-3H-1，2，4-三唑-3-酮、醚菌酯、腈嘧菌脂和（E）-2-（甲氧基亚氨基）-N-甲基-2-（2-苯氧基苯基）乙酰胺，且其中组分（1）和组分（2）的摩尔比约为 15：1~1：15。”

2005 年 12 月 8 日，申请人纳幕尔杜邦公司（下称请求人）对上述驳回决定不服，向专利复审委员会提出复审请求，请求人在提出复审请求时没有对申请文件进行修改。

请求人认为，马库什要素是化合物的权利要求如果满足以下标准，具有单一性，（a）所有可选择化合物具有共同的性能或作用；和（b）所有可选择化合物具有共同的结构，即主要结构单元是共有的；或者在不能有共同结构的情况下，所有可选择化合物在该发明的相关技术中被认为是属于一类

化合物。其中“被认为是属于一类化合物”的含义是各马库什化合物之间相互代替后都得到相同的结果。因此，化合物的结构差异大，并不一定必然属于不同类的化合物。而在本发明中，组分（2）的化合物都是作用于真菌线粒体呼吸电子传递位点中 bC_1 复合体的化合物，权利要求 3 中的四个化合物在专利文献 WO2005/041653A2 第 13~15 页中也均列于“Gruppe（2）”中，并且它们与组分（1）化合物配合后也具有说明书所述的效果。因此，该权利要求具有单一性。权利要求 8 是权利要求 1 的从属权利要求，其限定的只是一个任选特征，任选特征也就是可有可无的特征，另外，驳回决定中也没有给出所谓的“特定技术特征”是什么。

经形式审查合格后，专利复审委员会受理了该请求，并于 2006 年 1 月 25 日向请求人发出了《复审请求受理通知书》，同时将本申请转送至国家知识产权局原审查部门进行前置审查。

在《前置审查意见书》中，国家知识产权局原审查部门坚持驳回决定。

专利复审委员会组成合议组，对本复审请求案进行了审理，于 2007 年 1 月 15 日向请求人发出《复审通知书》，指出：（1）权利要求 3 不具有单一性，不符合专利法第 31 条第 1 款的规定。由本领域的常识可知，该权利要求中的可选择化合物（2）显然不具有共同的结构。在本申请的申请日前，现有技术中并没有 2，4-二氢-5-甲氧基-2-甲基-4-［2-［1-［3-（三氟甲基）苯基］亚乙基］氨基］氧基］甲基］苯基］-3H-1，2，4-三唑-3-酮作用于真菌线粒体呼吸电子传递位点中 bC_1 复合体的记载，即使该权利要求中的可选择化合物（2）都能够作用于上述的 bC_1 复合体位点，也并不能说明它们在该发明所属领域中属于公认的同一化合物类别。（2）专利文献 WO2005/041653A2 的公开日为 2005 年 5 月 12 日，故不能作为现有技术来评价该权利要求中的四种化合物是否满足单一性的要求。

针对《复审通知书》指出的问题，请求人于 2007 年 4 月 27 日提交了意见陈述书和经修改的权利要求书，其中，将权利要求 1 中的“组分（1）和组分（2）以有效剂量存在，获得的杀真菌效果大于相同剂量的组分（1）和组分（2）单独使用时杀真菌效果的总和”修改为“组分（1）和组分（2）以足以达到协同作用的剂量存在”，同时请求人还提交了附件 3 和 4：

附件 3：WO99/27789A1，公开日为 1999 年 6 月 10 日，共 44 页；

附件 4：EP0967869B1，授权公告日为 2003 年 4 月 16 日，共 40 页。

请求人认为，审查指南中的“公认同一类”是指对于本发明来说其表现是相同的一类化合物，是在考虑了本发明之后作出的；权利要求 3 中的几个（2）中的化合物都是具有作用于真菌线粒体呼吸电子传递位点中 bC_1 复合体的化合物，在本发明的作用表现上属于一类化合物，作用方式一样，属于一个发明概念，权利要求 1 中限定组分 2 的特征同时限定从属权利要求 3，即为一个特定技术特征；不能以申请人递交的晚于本发明的文献为由而认为“不是现有技术”就不予考虑，附件 3 用于说明权利要求 3 是本领域同一类的化合物的文献，附件 4 是本发明的欧洲授权文本，用于证明权利要求 3 没有单一性问题。

2007 年 9 月 14 日，本案合议组向请求人发出《第二次复审通知书》，指出：（1）请求人对权利要求 1 的修改不符合专利法实施细则第 60 条第 1 款的规定。（2）权利要求 1 不满足马库什权利要求关于单一性的要求。该权利要求中的作用于真菌线粒体呼吸电子传递位点中 bC_1 复合体的组分（2）不一定具有共同的性能或作用，也不具有共同的结构，并且，本领域技术人员也不能预期该组分对于要求保护的发明来说其表现是相同的，在该发明所属领域中不属于公认的同一化合物类别，因此，权利要求 1 不具有单一性，不符合专利法第 31 条第 1 款的规定。同理，权利要求 2~16 也不具有单一性。（3）附件 3 的公开日为 1999 年 6 月 10 日，本申请的申请日为 1998 年 1 月 26 日，附件 4 是本申请的欧洲授权文本，附件 3 和 4 与本申请是否具有单一性无关。

针对《第二次复审通知书》指出的问题，请求人于2007年11月14日提交了意见陈述书和以下附件5：

附件5：FRAC Code list 2，Fungicides sorted by modes of action，复印件，共10页。

请求人认为，（1）特定技术特征应当理解为发明对现有技术作出贡献的技术特征，单一性需要考虑对于本发明而非任意方面的性能作用。（2）可选择要素的结构相同不是单一性的必要条件。（3）审查指南中第280页的“根据本领域的知识”不是指本发明的内容。（4）附件5说明本领域技术人员在观察如本发明的要素2能达到抗菌、协同作用时可以看作用点，而不一定只能看化学结构，归类为C_3的多种不同的嗜球果伞素具有相似的生物反应。（5）附件3可以用来说明本申请的有关化合物属于一类的事实，附件4说明本领域人员的看法。（6）权利要求1的修改属于改正明显文字表达错误。

至此，合议组认为本案事实清楚，可以作出审查决定。

二、决定的理由

1. 关于审查文本

本复审决定是在申请人于2007年4月27日提交的权利要求第1~16项，2005年1月27日提交的说明书第11页，1999年7月29日进入中国国家阶段时提交的国际申请中文译文的说明书第1~10、12~47页和说明书摘要的基础上作出的。

2. 关于专利法第31条第1款

专利法第31条第1款规定：一件发明或者实用新型专利申请应当限于一项发明或者实用新型。属于一个总的发明构思的两项以上的发明或者实用新型，可以作为一件申请提出。

对于一项农药组合物或农药混合物马库什权利要求，在作为马库什要素的可选择化合物不具有共同的结构的情况下，如果它们不能满足下列标准，则该马库什权利要求不具有单一性：（a）所有可选择化合物具有共同的性能或作用；和（b）所有可选择化合物应属于该发明所属领域中公认的同一化合物类别。“公认的同一化合物类别”是指根据本领域的知识可以预期到该类的成员对于要求保护的发明来说其表现是相同的一类化合物。

就本申请而言，权利要求1要求保护一种杀真菌组合物，包含（1）至少选自通式I的喹唑啉酮、N-氧化物、及其农业上适用的盐中的一种化合物；（2）至少选自作用于真菌线粒体呼吸电子传递位点中bC_1复合体的化合物；以及任意的（3）至少一种表面活性剂、一种固体稀释剂或一种液体稀释剂；其中组分（1）和组分（2）以足以达到协同作用的剂量存在。由此可见，权利要求1中的组分（1）和组分（2）分别限定了多个并列的可选择要素，从而构成了马库什权利要求，该权利要求应当满足马库什权利要求单一性的要求（审查指南第二部分第十章第8.1节）

首先，对于本领域技术人员来说，作用于真菌线粒体呼吸电子传递位点中bC_1复合体的化合物可能包括多种化合物，一种能够阻止细胞色素b和C_1间的电子传递，抑制真菌线粒体的呼吸作用，另一种则是促进电子传递，加快ATP的生成，还有的化合物只对bC_1复合体起作用，但对bC_1复合体的电子传递没有影响。由此可见，作用于真菌线粒体呼吸电子传递位点中bC_1复合体并不等于该类化合物均具有杀菌效果，也就是说，上述的可选择要素组分（2）并不一定具有共同的性能或作用。

其次，权利要求1中的组分（2）选自作用于真菌线粒体呼吸电子传递位点中bC_1复合体的化合物，该类化合物包含了众多结构类型的化合物，以其从属权利要求3为例，其中该化合物选自2，4-二氢-5-甲氧基-2-甲基-4-［2-［1-［3-（三氟甲基）苯基］亚乙基］氨基］氧基］甲基］苯基］-3H-1，2，4-三唑-3-酮、醚菌酯、腈嘧菌脂，以及（E）-2-（甲氧基亚氨基）-N-甲基-2-（2-苯氧基苯基）乙酰胺，由本领域的常识可知，上述四种化合物显然不具有共同的结构，可见权利要求 1 中组分（2）必然涉及不具有共同结构的化合物。

并且，根据本领域的知识，本领域技术人员也不能预期到可选择要素组分（2）的化合物对于要求保护的发明来说其表现是相同的。首先，判断组分（2）的化合物对于要求保护的发明其表现是否相同应当基于本领域的现有技术来预期，而非以本申请或者本申请之后获悉的“新”技术信息作为依据，否则就不需要“预期”，而直接用该申请说明书中的实验数据验证即可。并且，就本申请而言，也没有任何现有技术的证据表明可选择要素组分（2）在本申请所述杀真菌组合物中可以相互替代并且得到相同的结果。其次，在农药领域，杀菌剂通常根据化学结构的类型进行分类，结构相近的杀菌剂往往具有类似或相同的作用位点和杀菌机理（例如醚菌酯和腈嘧菌酯），故在无相反证据证明的基础上，本领域技术人员可以合理地预期其可以相互替代且替代后表现相同。但是，反之如本申请的组分（2）一样单纯以杀菌剂的作用机理作为判断依据则会存在下述问题：①对于某一种杀菌剂，已经发现的作用机理不一定是起主导作用的，或者说起主导作用的作用机理尚未被发现，该杀菌剂的杀菌效果也有可能是几种杀菌机理共同作用的结果，而有的杀菌剂其杀菌机理至今仍不明确；②本领域技术人员公知，具有共同作用机理的杀菌剂通常包括众多结构类型的化合物，而这些化合物由于母体机构、活性基团、理化性质的不同或存在另外的杀菌机理其杀菌效果往往是不同的，甚至会产生较大差异，进而导致其在发明中的表现也不尽相同。因此，即使请求人限定了组分（2）选自作用于真菌线粒体呼吸电子传递位点中 bC_1 复合体的化合物，在没有证据表明本申请所述杀真菌组合物的协同作用与可选择要素组分（2）作用于真菌线粒体呼吸电子传递位点中 bC_1 复合体相关的情况下，所属领域技术人员仍然不能认为组分（2）可选择的化合物对本申请来说是表现相同的一类化合物。

综上所述，由于根据本领域的知识无法预期可选择要素组分（2）的化合物对于要求保护的发明来说其表现是相同的，在该发明所属领域中不属于公认的同一化合物类别，因此，权利要求 1 不具有单一性，不符合专利法第 31 条第 1 款的规定。同理，权利要求 2~16 也不具有单一性。

请求人在答复《第二次复审通知书》时认为，权利要求 1 中作用于真菌线粒体呼吸电子传递位点中 bC_1 复合体的组分（2）是一个特定技术特征，对此，合议组认为：根据审查指南的规定，特定技术特征是对现有技术作出贡献的技术特征，如本申请说明书所述，醚菌酯、腈嘧菌脂和（E）-2-(甲氧基亚氨基）-N-甲基-2-（2-苯氧基苯基）乙酰胺均是申请日之前已知的作用于真菌线粒体呼吸电子传递位点中 bC_1 复合体的化合物，基于上文所述理由，这些化合物不具有共同的结构，根据本领域的知识也不能预期这些化合物在本申请中表现是相同的，因此，上述组分（2）所包括的化合物不具有相同或相应的特定技术特征。

一并指出的是，本申请说明书中没有记载 2，4-二氢-5-甲氧基-2-甲基-4-［2-［1-［3-（三氟甲基）苯基］亚乙基］氨基］氧基］甲基］苯基］-3H-1，2，4-三唑-3-酮可以作用于真菌线粒体呼吸电子传递位点中 bC_1 复合体，请求人也没有提供证据来证明其是现有技术，因此，本领域技术人员无法判断上述化合物一定能够作用于该位点。

请求人利用 WO2005/041653A2 和附件 3 来证明本申请中的组分（2）化合物在本领域属于公认的同一化合物类别，但是，上述证据的公开日均在本申请的申请日之后，因此，不能作为现有技术来预期上述化合物对于要求保护的发明来说其表现是相同的，基于上文所述理由，上述证据不能证明组分（2）在本领域属于公认的同一化合物类别。附件 4 是本申请的欧洲授权文本，必须指出的是，本申请是按照专利法以及相关规定进行审查的，其是否具有单一性与其在其他国家是否已经授权无关。对于附件 5，首先，该证据出处不详，未记载公开时间，合议组看不出其是否是公开出版物，更不清楚其获得途径，故无法确定该证据的真实性，此外，也无法确定其是否属于现有技术；其次，即使该证据是真实的并且可以作为本申请的现有技术，也无法证明本申请具有单一性，因为，根据附件 5 的记载，在多数情况下，杀菌剂的准确的靶位点是未知的，并且，越来越多的证据表明，同一组（group）杀菌剂间的交互抗性不是很明显，影响的程度也会因杀菌剂和真菌的种类不同而有所区别，这也恰好支持了合议组关于作用机理的观点。

根据上述事实和理由，合议组作出如下审查决定。

三、决定

维持国家知识产权局于 2005 年 8 月 26 日针对 98802133.1 号发明专利申请作出的驳回决定。

复审请求人对本决定不服的，可以根据专利法第 41 条第 2 款的规定，自收到本决定之日起三个月内向北京市第一中级人民法院起诉。

039

硅藻土橡胶补强剂

复审请求审查决定（第12690号）

决　　定　　号　第12690号
决　　定　　日　2007年8月3日
发明创造名称　硅藻土橡胶补强剂
国 际 分 类 号　C08K9/06，C08L21/00
复 审 请 求 人　马菊云
申　　请　　号　200410062795.5
申　　请　　日　2004年7月12日
公　　开　　日　2005年3月2日
合 议 组 组 长　李彦涛
主　　审　　员　李新芝
参　　审　　员　吴红权

法 律 依 据　专利法第22条第3款
决 定 要 点

在判断权利要求的创造性的过程中，涉及的最接近的现有技术为专利文献时，如果该专利文献的权利要求中存在片面概括的技术方案或不完整的技术方案，则不应以其作为创造性判断的基础，而应以该专利文献中记载的能够解决其技术问题的完整技术方案为准。

一、案由

本复审请求案涉及发明名称为“硅藻土橡胶补强剂”的200410062795.5号发明专利申请（下称本申请），申请人为马菊云，申请日为2004年7月12日，公开日为2005年3月2日。

2006年2月10日，针对申请人于2005年10月25日提交的权利要求书第1项、说明书第1~2页及2004年7月12日提交的说明书摘要，国家知识产权局以权利要求1不符合专利法第22条第3款的规定为由驳回了本申请。

驳回决定认为：（1）权利要求1要求保护一种硅藻土橡胶补强剂，对比文件1（CN1156741A，公开日：1997年8月13日，参见权利要求书）公开了一种橡胶补强剂，其选用SiO_2含量大于85%的硅藻土为原料，经焙烧、粉碎、风选出粒径在20微米以下的细粉，然后加入2‰~20‰的硅烷偶联剂。由此可知，权利要求1的技术方案与对比文件1的区别在于：①对比文件1中的加热温度为400~900℃，加热时间为35分钟至1小时，与权利要求1限定的范围有所不同；②权利要求1还限定了加热后物料的含水量小于5%。在相同时间内较高温度下干燥所得物料的含水量必定小于在较低温度下干燥所得物料的含水量，所以二者的含水量范围重叠，此外，在对比文件2（《矿物学报》，15（1），1995年3月，pp. 36~39）公开了硅藻土在200℃左右脱掉的水大多属于物理吸附作用的水，这些水在强干燥作用下容易排出，更高的加热温度会导致硅藻土的内部结构发生改变，因此对比文件2给出了可对硅藻土在200℃下进行一般干燥的技术启示，因此，本领域普通技术人员在对比文件1的基础上结合对比文件2得到权利要求1的技术方案是显而易见的，而且该技术方案没有产生预料不到的技术效果，所以权利要求1不具有创造性，不符合专利法第22条第3款的规定；（2）针对申请人所述硅藻土在不同温度下加热效果不同的陈述，审查员认为对比文件2已经给出了在不同温度下硅藻土的性能参数变化的情况，因此给出了根据需要不同来确定加热温度的技术启示，所以本领域普通技术人员在对比文件1的基础上结合对比文件2得到权利要求1的技术方案是不需要付出创造性劳动的。

驳回决定针对的权利要求1如下：

"1. 一种硅藻土橡胶补强剂，其特征是，选用原料SiO_2含量达85%以上，原料经过窑炉干燥去水后，粉碎、风选出粒经在20μm以下细粉，再加入硅烷偶联剂，物料干燥的温度为200℃，时间为1小时，干燥后物料含水量达5%以下，硅烷偶联剂的加入量为硅藻土重量的2‰~10‰。"

2006年3月28日，申请人马菊云（下称请求人）对上述驳回决定不服，向专利复审委员会提出复审请求，并同时提交了附件1（中国科学院长春应用化学研究所出具的测试报告，复印件共3页）和附件2（电镜照片，复印件共1页），请求人在提出复审请求时没有对申请文件进行修改。

请求人认为：（1）本申请与对比文件1相比在加工设备、干燥温度、时间、能源消耗及含水量方面均不同，而且本发明产品可全部替代白炭黑或炭黑作补强剂，其成本仅为复合材料成本的50%，而对比文件1的产品必须与白炭黑、炭黑制成复合型橡胶补强剂；（2）100~250℃干燥物料是一般的干燥温度范围，是众所周知的，不需参照任何文件，且对比文件2明确说明硅藻土灼烧900℃以下的衍射谱根本没有变化，因此对比文件1焙烧到900℃和申请文件干燥温度200℃对硅藻土内部结构并无任何改变。

经形式审查合格后，专利复审委员会受理了该请求，并于2006年4月25日向请求人发出了《复审请求受理通知书》，同时将本申请转送至国家知识产权局原审查部门进行前置审查。

在《前置审查意见书》中，国家知识产权局原审查部门认为原驳回决定中的缺陷依然存在，因此坚持驳回决定。

专利复审委员会组成合议组，对本复审请求案进行了审理。

经合议，合议组认为本案事实清楚，可以作出审查决定。

二、决定的理由

1. 关于审查文本

本复审决定是以请求人于2005年10月25日提交的权利要求书第1项、说明书第1~2页及2004年7月12日提交的说明书摘要为基础作出的。

2. 关于创造性

专利法第22条第3款规定：创造性，是指同申请日以前已有的技术相比，该发明有突出的实质性特点和显著的进步，该实用新型有实质性特点和进步。

在判断权利要求的创造性的过程中，涉及的最接近的现有技术为专利文献时，如果该专利文献的权利要求中存在片面概括的技术方案或不完整的技术方案，则不应以其作为创造性判断的基础，而应以该专利文献中记载的能够解决其技术问题的完整技术方案为准。

具体到本申请而言，权利要求1要求保护一种硅藻土橡胶补强剂，其特征在于选用原料SiO_2含量达85%以上，原料经过窑炉干燥去水后，粉碎、风选出粒径在20μm以下细粉，再加入硅烷偶联剂，物料干燥的温度为200℃，时间为1小时，干燥后物料含水量达5%以下，硅烷偶联剂的加入量为硅藻土重量的2‰~10‰。

对比文件1是与本申请权利要求1所述技术方案最接近的现有技术，其中在对比文件1中公开了一种复合材料橡胶补强剂，其制备过程是：选用 SiO_2 含量大于85%的硅藻土为原料，经焙烧炉内焙烧、粉碎、风选粒径在20μm以下的硅藻土粉末，加入2‰~20‰的硅烷偶联剂，然后将加入硅烷偶联剂的硅藻土粉末与白炭黑高速搅拌混合，其中焙烧温度为400~900℃，焙烧时间为35分钟至1小时（参见对比文件1说明书第1页第10~17行，实施例）。将本申请权利要求1的技术方案与对比文件1的技术方案相比，其区别在于以下两点：（1）橡胶补强剂所使用的原料不同：本申请权利要求1的补强剂为硅藻土和硅烷偶联剂；而对比文件1的补强剂则为硅藻土、硅烷偶联剂和白炭黑；（2）对硅藻土热处理方式和温度不同：本申请权利要求1是对硅藻土在200℃进行窑炉干燥，而对比文件1则是对硅藻土在400~900℃的焙烧炉内进行焙烧。相对于对比文件1，本申请实际解决的技术问题是通过用硅藻土全部替代对比文件1中的白炭黑并且改变焙烧温度从而降低成本，因此本案创造性的争议焦点在于对比文件2是否给出了通过改变对硅藻土的热处理方式并将热处理温度由400~900℃降低为200℃可实现用硅藻土全部替代白炭黑的技术启示。

对比文件2（《矿物学报》，15（1），1995年3月）公开了如下内容：标准硅藻土的DTA曲线与蛋白石的DTA曲线相同，即在100~250℃脱失水（大多数属于物理吸附作用的水，在强干燥作用下容易排出），表现为吸热峰（参见对比文件2第6页倒数第5~8行），并且取自九斗和田洋钻孔中样品的DTA曲线（图2）在300℃和370℃左右由于有机质燃烧产生发热峰（参见对比文件2第7页倒数第16~19行）。由此可知，对比文件2仅仅给出了硅藻土的一些热谱特征，而并没有给出驳回决定中所述的“根据需要不同来确定加热温度的技术启示”，也就是说，对比文件2并没有给出通过改变对硅藻土的热处理方式并将热处理温度由400~900℃降低为200℃可实现用硅藻土全部替代白炭黑的技术启示，因此本领域普通技术人员对比文件1的基础上结合对比文件2得到权利要求1的技术方案是非显而易见的，而且权利要求1的技术方案通过用硅藻土全部替代白炭黑，降低了橡胶补强剂的生产成本，简化了生产工艺，具有积极的技术效果，因此权利要求1的技术方案满足了创造性的要求，符合专利法第22条第3款的规定。

驳回决定认为，本申请权利要求1的技术方案与对比文件1中权利要求1对比，区别仅在于对硅藻土加热温度的不同，从而得出本申请权利要求1的技术方案不具有创造性的结论。

对此，合议组认为，对比文件1中权利要求1的主题为“一种复合材料橡胶补强剂”，但从其说明书对该复合材料橡胶补强剂的解释或技术方案的描述以及制备实施例均可以看出，该复合材料橡胶补强剂必然含有白炭黑或炭黑，而对比文件1的权利要求1中并没有补强剂中含有白炭黑或炭黑成分的描述，也就是说对比文件1的权利要求1相对于其要解决的技术问题而言是不完整的技术方案，不应作为创造性判断的基础，而应以对比文件1的权利要求2或其说明书中记载的技术方案为准。因此本申请与对比文件1的补强剂相比不仅热处理方式不同，更重要的是原料组成不同，而这种原料组成上的不同正体现了本申请的技术效果或其解决的技术问题。

根据上述事实和理由，合议组作出如下审查决定。

三、决定

撤销国家知识产权局于2006年2月10日针对200410062795.5号发明专利申请作出的驳回决定，由国家知识产权局原审查部门以驳回决定所针对的文本为基础继续审批程序。

复审请求人对本决定不服的，可以根据专利法第41条第2款的规定，自收到本决定之日起三个月内向北京市第一中级人民法院起诉。

040

一种直接从纯种芳樟树叶蒸馏提取天然优质芳樟醇的方法

复审请求审查决定（第12713号）

决　定　号　第12713号
决　定　日　2008年1月14日
发明创造名称　一种直接从纯种芳樟树叶蒸馏提取天然优质芳樟醇的方法
国 际 分 类 号　C07C33/02，C07C29/80
复 审 请 求 人　厦门牡丹香化实业有限公司
申　请　号　02110216.3
申　请　日　2002年4月12日
公　开　日　2003年10月29日
合 议 组 组 长　孙跃飞
主　审　员　吴红权
参　审　员　侯　曜

法 律 依 据　专利法第22条第2款、第22条第3款、第24条第（3）项
决 定 要 点

如果现有技术所公开的技术方案落入了权利要求所保护的技术方案的范围内，并且两者属于相同的技术领域，所要解决的技术问题和技术效果相同，则该现有技术破坏该权利要求的新颖性。

如果权利要求相对于最接近的现有技术的区别技术特征为本领域的公知常识，则可以认为现有技术中给出了将区别技术特征应用到最接近的现有技术以解决其存在的技术问题的启示，该权利要求是显而易见的，不具备创造性。

申请专利的发明创造在申请日以前六个月内他人未经申请人同意而泄露了其内容，若申请人在申请日以后得知的，应当在得知情况后两个月内提交证明材料。

一、案由

本复审请求涉及发明名称为“一种直接从纯种芳樟树叶蒸馏提取天然优质芳樟醇的方法”的第02110216.3号发明专利申请（下称本申请），申请人为厦门牡丹香化实业有限公司，申请日为2002年4月12日，公开日为2003年10月29日。

国家知识产权局原审查部门针对申请人于申请日提交的文本对本申请进行实质审查，于2005年9月16日发出《第三次审查意见通知书》，指出：权利要求1相对于对比文件1（“纯种芳樟及其组培苗叶油的分析报告”，林翔云等，《香料香精化妆品》，2002年2月第1期，第11~12页）不具有新颖性和创造性，权利要求2~4的附加技术特征是本领域公知常识，权利要求2~4相对于对比文件

1结合公知常识不具有创造性。

针对《第三次审查意见通知书》，申请人于2006年2月5日提交了意见陈述书，认为：评价权利要求1的新颖性时使用了同一篇文献中的两个技术方案的组合，不符合审查指南的规定，权利要求1相对于这两个技术方案都具有新颖性；权利要求限定了不同于对比文件1的具体指标数字，这些用量的变化产生完全不同的效果，因此具有创造性。

2006年7月28日，针对申请人于申请日提交的权利要求书、说明书及其摘要，国家知识产权局以权利要求1不具备新颖性、权利要求1~4不具备创造性为由驳回了本申请。

驳回决定认为：（1）对比文件1公开了选择武平1#株采叶蒸油，得到的芳叶油中含芳樟醇98.47%、桉叶素0.16%，未检出含有樟脑（参见表2和表2下第2段第1~2行），并且在将该株移栽后测定，其叶油得率为1.53%（参见对比文件1第12页右栏表），上述原料指标均落入了权利要求1所述的相应范围中，采用组织培养育苗繁殖和对种苗采叶蒸油（参见对比文件1第12页左栏第三段至右栏第二段），因此权利要求1相对于对比文件1不具备新颖性；（2）对比文件1教导了原料中桉叶素和樟脑的含量越低、芳樟醇含量越高、叶油含量越高，则蒸油得到的产品无需进一步处理就符合要求，筛选母株的方法是采叶、蒸油、分析成分，因此权利要求1不具备创造性，权利要求2~4的附加技术特征为公知常识，权利要求2~4相对于对比文件1结合公知常识不具备创造性。

驳回决定针对的权利要求1~4如下：

“1. 一种直接从樟树植物中蒸馏提取天然芳樟醇的方法，是选取芳樟优良单株，通过人工选择，其鲜叶蒸馏提油得油率不低于1.5%，叶油中芳樟醇含量不小于97%，樟脑含量不大于0.2%，桉叶油素含量不大于0.3%，选育出优良的芳樟母株繁殖，从樟树叶中蒸取芳樟醇。

2. 根据权利要求1所述的一种直接从樟树植物中蒸馏提取天然芳樟醇的方法，其特征在于所述的纯种芳樟单株无性繁殖：如组织培养、扦插、高压、嫁接无性繁殖方法育苗。

3. 根据权利要求2所述的一种直接从樟树植物中蒸馏提取天然芳樟醇的方法，其特征在于组织培养育苗，其步骤包括建立无菌材料、诱导培养、增殖培养、生根培养、移栽，得到的种苗的叶油成分中芳樟醇含量不小于96%，樟脑含量不大于0.2%。

4. 根据权利要求1所述的一种直接从樟树植物中蒸馏提取天然芳樟醇的方法，其特征在于纯种芳樟种植经3~5年即可采叶，采集的纯种芳樟叶用水蒸汽蒸馏即可得到合格的芳樟油，1年后其茎叶含芳樟醇即可达到要求。”

2006年11月8日，申请人厦门牡丹香化实业有限公司（下称请求人）对上述驳回决定不服，向专利复审委员会提出复审请求，请求人在提出复审请求时没有对申请文件进行修改。请求人同时还提交了如下附件：

附件1：厦门市公证处做出的公证书，（2006）厦证经字第7022号，共3页；

附件2：“厦门牡丹香化实业有限公司”签章的处理决定一份，共1页；

附件3：“香料香精化妆品编辑部”签章的证明一份，共1页。

请求人认为：对比文件1是未经申请人同意而泄露其内容的，属于专利法第24条规定的不丧失新颖性的情形，因此请求撤销驳回决定。

经形式审查合格后，专利复审委员会受理了该请求，并于2006年12月27日向请求人发出了《复审请求受理通知书》，同时将本申请转送至国家知识产权局原审查部门进行前置审查。

在《前置审查意见书》中，国家知识产权局原审查部门认为：请求人至少在2006年2月5日提交意见陈述时已经得知他人未经同意而泄露了其专利申请的发明创造，请求人在2006年11月8日提出的复审请求中指出对比文件1属于专利法第24条第3款的规定，因此所提交证明材料的时间超出了两个月的期限，该不丧失新颖性宽限期的要求视为未提出，因此坚持驳回决定。

专利复审委员会组成合议组，对本复审请求案进行了审理。

合议组于2007年11月6日向请求人发出《复审通知书》，指出：（1）权利要求1相对于对比文件1不具有新颖性；即使请求人通过修改数值范围克服新颖性的缺陷，其相对于对比文件1也不具有创造性；权利要求2~4相对于对比文件1与公知常识的结合不具有创造性；（2）请求人未在规定的期限内提交本申请属于他人未经请求人同意而泄露内容的证明材料，故不丧失新颖性宽限期的要求视为未提出，对请求人在复审请求时提交的不丧失新颖性宽限期的证明材料，合议组不予考虑。

针对上述《复审通知书》，请求人于2007年12月7日提交了意见陈述书，没有对申请文件进行修改。

请求人认为：由于对比文件1表面看起来像是经请求人同意发表的论文，请求人只有在调查确认后才得知对比文件1是未经其同意而公开发表的，故提出不丧失新颖性的请求符合专利法第24条和审查指南的规定。

至此，合议组认为本案事实已经清楚，可以作出审查决定。

二、决定的理由

1. 关于决定的文本

本复审决定是针对请求人于2002年4月12日提交的权利要求第1~4项、说明书第1~2页及其摘要作出的。

2. 关于专利法第22条第2款

专利法第22条第2款规定：新颖性，是指在申请日以前没有同样的发明或者实用新型在国内外出版物上公开发表过、在国内公开使用过或者以其他方式为公众所知，也没有同样的发明或者实用新型由他人向国务院专利行政部门提出过申请并且记载在申请日以后公布的专利申请文件中。

如果现有技术所公开的技术方案落入了权利要求所保护的技术方案的范围内，并且两者属于相同的技术领域，所要解决的技术问题和技术效果相同，则该现有技术破坏该权利要求的新颖性。

就本申请而言，权利要求1要求保护一种直接从樟树植物中蒸馏提取天然芳樟醇的方法，是选取芳樟优良单株，通过人工选择，其鲜叶蒸馏提油得油率不低于1.5%，叶油中芳樟醇含量不小于97%，樟脑含量不大于0.2%，桉叶油素含量不大于0.3%，选育出优良的芳樟母株繁殖，从樟树叶中蒸取芳樟醇。

对比文件1（“纯种芳樟及其组培苗叶油的分析报告”，林翔云等，《香料与香精化妆品》，2002年2月第1期，第11~12页）也公开了一种直接从芳樟植物中采叶蒸馏提取天然芳樟醇的方法，包括从众多芳樟树种中选择优良的武平1#株进行采叶蒸油，得到的芳叶油中含芳樟醇97.71%，桉叶素0.16%的芳叶油，樟脑未检出，然后将该纯种芳樟通过组织培养育苗繁殖，从樟树叶中蒸取芳樟醇，母株中检测获得的叶油得率为1.53%（参见对比文件1第12页的表2和第12页右栏表格）。对比文件1中公开的数值指标都落入了权利要求1的范围内，权利要求1的整个技术方案已经被对比文件1所公开，权利要求1的技术方案与对比文件1公开的内容相比，其技术领域、所要解决的技术问题、技术方案和技术效果相同，因此权利要求1相对于对比文件1不具有新颖性，不符合专利法第22条第2款的规定。

3. 关于专利法第22条第3款

专利法第22条第3款规定：创造性，是指同申请日以前已有的技术相比，该发明有突出的实质性特点和显著的进步。

如果权利要求相对于最接近的现有技术的区别技术特征为本领域的公知常识，则可以认为现有技术中给出了将区别技术特征应用到最接近的现有技术以解决其存在的技术问题的启示，该权利要求是显而易见的，不具备创造性。

将权利要求2~4的技术方案分别与对比文件1公开的内容相比，区别在于权利要求2~4附加技术特征部分的内容。从属权利要求2和3分别对母株的繁殖培育方法进行了限定，这些附加技术特征是本领域技术人员的公知常识，并且这些附加技术特征及其效果在本申请说明书中也没有更详细地描述；从属权利要求4对原料的采集时间和提取方法进行了限定，其中所使用的水蒸汽蒸馏提取方法是本领域的常规提取方法；采集时间也是本领域技术人员用常规的分析测定方法就可以确定的；对比文件1中也给出了"组培等无性繁殖法培育"（参见对比文件1全文，特别是第11页第2栏倒数第12行以及第12页倒数第22行）以及栽种时间的技术特征，因此，在对比文件1的基础上结合本领域的公知常识得到权利要求2~4所要求保护的技术方案，对本领域技术人员来说是显而易见的，因此权利要求2~4不具备专利法第22条第3款规定的创造性。

请求人在答复《第三次审查意见通知书》时，对权利要求的创造性问题进行了意见陈述，请求人认为，权利要求中要求保护的技术方案限定了不同于对比文件1所述的具体指标数字，这些不同具有十分重大的意义。对此，合议组认为，本申请实际解决的技术问题是提供一种直接蒸馏纯种芳樟树叶来制备芳樟醇的方法，对比文件1已经给出了通过选择理想的芳樟树进行组织培养、然后采叶蒸馏得到符合要求的芳樟醇的启示，因此本申请的技术问题在对比文件1中已经得到解决，对比文件1公开的数值都落入权利要求1中的数值范围（例如得油率不低于1.5%，叶油中芳樟醇含量不小于97%，樟脑含量不大于0.2%，桉叶油素含量不大于0.3%）内，权利要求中要求保护的技术方案在具体数值上与对比文件1公开的数值实质上相同，可以确定两者所取得的预期技术效果相同，并不存在如请求人所述的数值不同会具有十分重大的意义，并且请求人也没有提供任何证据表明这种数值上的"不同"带来何种"十分重大的意义"。

综上所述，权利要求1不具备新颖性，不符合专利法第22条第2款的规定，权利要求2~4不具备创造性，不符合专利法第22条第3款的规定。

4. 关于专利法第24条第（3）项

专利法第24条规定，申请专利的发明创造在申请日以前六个月内，有下列情形之一的，不丧失新颖性：

（1）在中国政府主办或者承认的国际展览会上首次展出的；

（2）在规定的学术会议或者技术会议上首次发表的；

（3）他人未经申请人同意而泄露其内容的。

审查指南第一部分第一章第6.3.3节规定，申请专利的发明创造在申请日以前六个月内他人未经申请人同意而泄露了其内容，若申请人在申请日前已获知，应当在提出专利申请时在请求书中声明，并在申请日起两个月内提交证明材料。若申请人在申请日以后得知的，应当在得知情况后两个月内提交证明材料。

就本申请而言，国家知识产权局原审查部门于2005年9月16日发出《第三次审查意见通知书》，其中明确指出权利要求1相对于对比文件1不具有新颖性和创造性，权利要求2~4相对于对比文件1结合公知常识不具有创造性。

2006年2月5日，请求人提交了对《第三次审查意见通知书》的意见陈述书，请求人在意见陈述书中陈述了权利要求相对于对比文件1具有新颖性和创造性的理由。

2006年7月28日，国家知识产权局作出驳回决定，驳回理由是本申请权利要求1相对于对比文件1不具有新颖性和创造性，权利要求2~4相对于对比文件1和公知常识的结合不具有创造性。

2006年11月8日，请求人对驳回决定不服，向专利复审委员会提出复审请求，同时向专利复审委员会首次提交了附件1~3，用于证明对比文件1的公开发表是对比文件1的作者之一，江崇基的个人行为未经请求人同意。

请求人认为：对比文件1属于他人未经请求人同意而泄露内容的情况，因此本申请不丧失新颖性。

通过上面查明的事实，合议组认为，请求人至少在答复《第三次审查意见通知书》之前，即2006年2月5日之前就已经得知《第三次审查通知书》的内容，并且得知存在对比文件1这样一篇非专利文献公开的事实。因此，即使对比文件1属于他人未经请求人同意而泄漏其发明创造的情形，请求人最迟已于2006年2月5日得知这一事实，应于两个月内，即2006年4月5日之前提交证明材料。但请求人直到2006年11月8日提出复审请求时才提交了他人未经请求人同意而泄露申请内容的证明材料，此时已经远远超出了两个月的举证期限。因此，请求人未在规定的期限内提交本申请属于他人未经申请人同意而泄露内容的证明材料，故不丧失新颖性宽限期的要求视为未提出，对请求人在复审请求时提交的不丧失新颖性宽限期的证明材料，合议组不予考虑。

请求人在答复《复审通知书》时指出：由于对比文件1表面看起来象是经请求人同意发表的论文，请求人只有在调查确认后才得知对比文件1是未经其同意而公开发表的，故提出不丧失新颖性的请求符合专利法第24条和审查指南的规定。对此，合议组认为：在请求人收到原审查部门发出的涉及对比文件1的审查意见通知书后，特别是在针对该通知书进行意见陈述时，即使可以推定请求人已经得知对比文件1属于他人未经同意而泄漏的事实，请求人也应当按照规定在其后两个月内履行举证责任，此外，请求人也没有提供证据证明是由于不可抗拒的事由导致其在规定的期限内无法履行举证责任，因此对于请求人答复《复审通知书》时所提出的意见，合议组不予支持。

根据上述事实和理由，合议组作出如下审查决定。

三、决定

维持国家知识产权局于2006年7月28日针对第02110216.3号发明专利申请作出的驳回决定。

复审请求人对本决定不服的，可以根据专利法第41条第2款的规定，自收到本决定之日起三个月内向北京市第一中级人民法院起诉。

北京市第一中级人民法院
行政裁定书

（2008）一中行初字第923号

原告厦门牡丹香化实业有限公司，住所地湖里悦华路157号思明工业园6~7楼。

法定代表人林翔云，董事长。

委托代理人叶勇，北京市汉卓律师事务所律师。

委托代理人张松亭，男，厦门市首创君合专利事务所有限公司职员。

被告国家知识产权局专利复审委员会，住所地北京市海淀区北四环西路9号银谷大厦10~12层。

法定代表人廖涛，副主任。

委托代理人吴红权，国家知识产权局专利复审委员会审查员。

委托代理人王伟艳，国家知识产权局专利复审委员会审查员。

原告厦门牡丹香化实业有限公司不服被告国家知识产权局专利复审委员会于2008年1月14日作出的第12713号复审请求审查决定，向本院提起行政诉讼。本院受理后，依法组成合议庭。在本案审理过程中，原告厦门牡丹香化实业有限公司向本院提出撤回起诉的申请。

经审查，本院认为，原告的撤诉申请系其真实意思表示，符合法律规定，应予准许。依照《中华人民共和国行政诉讼法》第五十一条之规定，裁定如下：

准许原告厦门牡丹香化实业有限公司撤回起诉。

案件受理费100元，减半收取50元，由原告厦门牡丹香化实业有限公司负担（已交纳）。

审　判　长　梁　菲

代理审判员　司品华

人民陪审员　欧万雄

二〇〇八年六月十六日

书　记　员　董　伟

041

锍盐化合物

复审请求审查决定（第12740号）

决　　定　　号　第12740号
决　　定　　日　2007年12月1日
发明创造名称　锍盐化合物
国 际 分 类 号　C07C381/12，C03F7/031，C08K5/43
复 审 请 求 人　和光纯药工业株式会社
申　　请　　号　00120687.7
申　　请　　日　2000年12月27日
最早优先权日　1999年12月27日
公　　开　　日　2001年7月11日
合 议 组 组 长　李彦涛
主　　审　　员　刘　静
参　　审　　员　张家祥

法 律 依 据　专利法实施细则第20条第1款，专利法第26条第4款
决 定 要 点

专利法实施细则第20条第1款规定，权利要求应当说明发明或者实用新型的技术特征，清楚、简要地表达请求保护的范围。

专利法第26条第4款规定，权利要求书应当以说明书为依据，说明要求专利保护的范围。

一、案由

本复审请求涉及申请人和光纯药工业株式会社于2000年12月27日申请，2001年7月11日公开，最早优先权日为1999年12月27日，名称为“锍盐化合物”的第00120687.7号发明专利申请（下称本申请）。

针对申请人于2004年5月20日提交的权利要求第1~30项，2003年12月30日提交的说明书第1、2、27页，2002年5月24日提交的说明书第13~17页，申请日提交的说明书第3~12、18~26、28~46页及摘要，国家知识产权局于2004年7月9日驳回了该申请，理由是：权利要求1不符合专利法实施细则第20条第1款的规定，权利要求1~15、20~30不符合专利法第26条第4款的规定。审查员认为：（1）权利要求1中“亚芳基”和“二价芳族脂肪族烃基”的概念超出了前面具体定义的集合，R^7、R^8、R^9的定义含义不清，使得保护范围不清楚；（2）权利要求1得不到说明书支持的

定义如下：R^4 除了为苯基或萘基以外的其他定义，X 除了为带有通式［6］所示的取代基的苯基以外的其他定义，Zp-除了由全氟辛酸或三氟甲基苯甲酸得到的阴离子以外的其他定义，R^5 除了为全氟辛烷基或三氟甲基苯基以外的其他定义，R^6、R^8、R^9、R^{10}、$R^2$8 的全部定义，R^7 除了为 C_1-C_6 的烷基以外的其他定义；（3）权利要求 2～15、20-30 由于直接或间接引用了权利要求 1，也不符合专利法第 26 条第 4 款的规定；（4）权利要求 22～24 中 R_{18} 除了为叔丁氧基羰基氧基、新戊酰氧基以外的其他定义得不到说明书的支持。

驳回决定所针对的权利要求 1 和 22～24 为：

“1. 通式［1］或［3］所示的三苯基锍盐化合物：

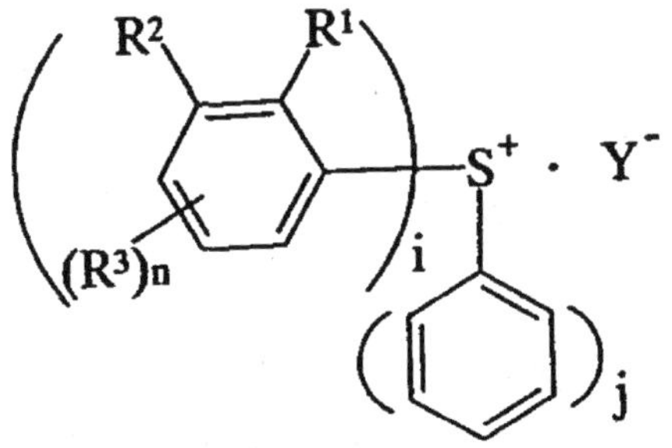
[1]

其中 R^1 和 R^2 分别独立地是氢原子或具有 1～6 个碳原子的烷基，其条件是 R^1 和 R^2 的至少一个是具有 1～6 个碳原子的烷基，R^3 是具有 1～10 个碳原子的烷基，n 是 0～3 的整数，i 是 1～3 的整数，j 是 0～2 的整数，其条件是 i+j=3，Y-是由通式［2］的磺酸得到的阴离子

R^4-SO_3H　　　［2］

其中 R^4 是具有 1～20 个碳原子的烷基，选自苯基、萘基、蒽基和芘基的基团，或具有作为取代基的 C_1-C_{10}的烷基的选自苯基、萘基、蒽基和芘基的基团，

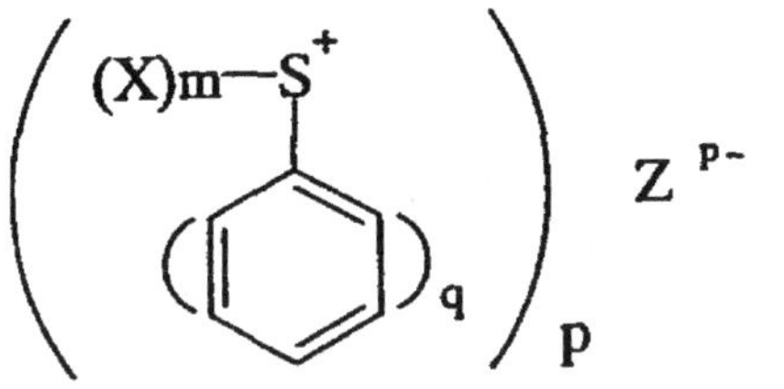
[3]

其中 X 是在邻位和/或间位上带有通式［6］、［7］、［8］或［9］所示基团作为取代基的苯基，m 是 1～3 的整数，q 是 0～2 的整数，其条件是 m+q=3，p 是 1 或 2，Zp-是由通式［4］或［5］所示的羧酸得到的阴离子，

R^5-COOH　　　［4］

其中 R^5 是氢原子，C_1-C_{20}的烷基，具有下述取代基的 C_1-C_{20}烷基，所述取代基选自卤原子、C_1-C_4 的烷基、1～7 个卤原子的卤代 C_1-C_3 烷基、C_1-C_4 烷氧基、氨基、硝基、酮基、羟基、杂环基和醛基，C_2-C_{20}的烯基，具有下述取代基的 C_2-C_{20}的烯基，所述取代基选自卤原子、C_1-C_4 烷基、1～7 个卤原子的卤代 C_1-C_3 烷基、C_1-C_4 烷氧基、氨基、硝基、酮基、羟基、杂环基和醛基，C_6-C_{20}的选自苯基、萘基、蒽基、1-芘基、紫苏烯基的基团，具有下述取代基的所述 C_6-C_{20}基团，所述取代基选自卤原子、C_1-C_4 烷基、1～7 个卤原子的卤代 C_1-C_3 烷基、C_1-C_4 烷氧基、氨基、硝基、酮基、羟基、杂环基和醛基；C_7-C_{13}的选自苄基、苯乙基、苯丙基、苯丁基、苯戊基、苯己基、苯-1-甲基己基、苯-3-环戊基的基团，具有下述取代基的所述 C_7-C_{13}基团，所述取代基选自卤原子、C_1-C_4 烷基、1～7 个卤原子的卤代 C_1-C_3 烷基、C_1-C_4 烷氧基、氨基、硝基、酮基、羟基、杂环基和醛基；

$HOOC-R^6-COOH$ [5]

其中 R^6 是直接的键，C_1-C_{10}的亚烷基，C_2-C_{10}的亚烯基，C_6-C_{11}的选自邻亚苯基、间亚苯基、对亚苯基、1，5-亚萘基、1，8-亚萘基、2，7-亚萘基、2，6-亚萘基的基团，C_7-C_{12}的选自$-CH_2-C_6H_4-$、$-C_2H_4-C_6H_4-$、$-CH(CH_3)C_6H_4-$、$-CH_2-C_6H_4-CH_2-$、$-CH(CH_3)C_6H_4-C_2H_4-$、$-C_3H_6-C_6H_4-CH_2-$、$-C_3H_6-C_6H_4-C_2H_4-$、$-C_3H_6-C_6H_4-C_3H_6-$和$-CH_2CH(CH_3)-C_6H_4-C_2H_4-$的基团，或具有下述取代基的该亚烷基、亚烯基、亚芳基或二价芳族脂族烃基，所述取代基选自卤原子，C_1-C_4的烷基，1~7 卤原子的卤代 C_1-C_3 烷基，C_1-C_4 烷氧基，氨基，硝基，酮基，羟基，杂环基和醛基，

$-R^7$ [6]

$-O-R^8$ [7]

$-S-R^9$ [8]

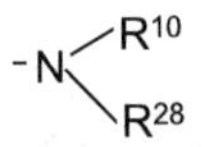
[9]

其中 R^7、R^8 和 R^9 分别独立地是卤素原子、C_1-C_6 的烷基、具有下述取代基的所述烷基，所述取代基选自卤素原子、氨基和羟基，选自苯基、萘基、蒽基和芘基的基团，具有下述取代基的所述基团，所述取代基选自 C_1-C_4 烷基，卤素原子，C_1-C_3 烷氧基，羟基，氨基以及硝基，或 C_7-C_{10}的选自苄基、苯乙基、苯丙基的基团，具有下述取代基所述基团，所述取代基选自 C_1-C_4 烷基，卤素原子，C_1-C_3 烷氧基，羟基，氨基以及硝基，R^{10}和 R^{28}分别独立地是卤素原子、C_1-C_6 的烷基，具有下述取代基的所述烷基，所述取代基选自卤素原子、氨基和羟基，选自苯基、萘基、蒽基和芘基的基团，具有下述取代基的所述基团，所述取代基选自 C_1-C_4 烷基，卤素原子，C_1-C_3 烷氧基，羟基，氨基以及硝基，C_7-C_{10}的选自苄基、苯乙基、苯丙基的基团，具有下述取代基的所述基团，所述取代基选自 C_1-C_4 烷基，卤素原子，C_1-C_3 烷氧基，羟基，氨基以及硝基，或 C_2-C_7 的酰基，R^{10}和 R^{28}可与氮原子一起形成杂环。

22. 一种正色调抗蚀剂组合物，其含有通式［24］所示的聚合物以及权利要求 1 的化合物，

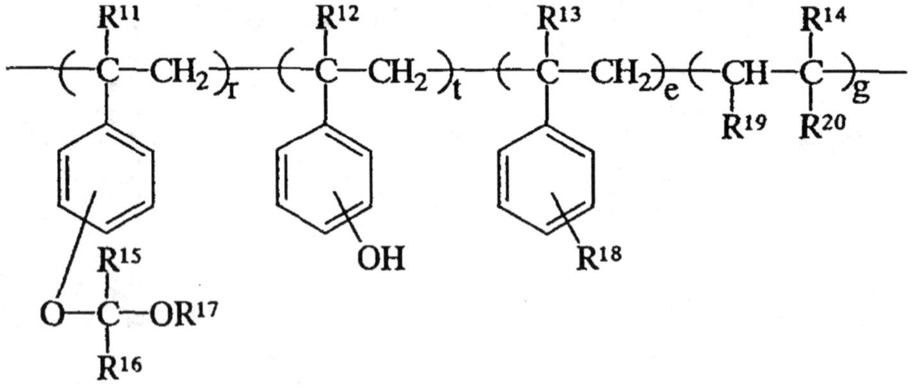

［24］

其中 R^{11}、R^{12}、R^{13}和 R_{14}分别独立地是氢原子或甲基，R_{15}是氢原子或 C_1-C_6 的烷基，R_{16}是 C_1-C_6 的烷基，R_{17}是 C_1-C_{10}的烷基，R_{18}是氢原子、C_1-C_6 的烷基、C_1-C_6 的烷氧基、四氢吡喃氧基、四氢呋喃氧基、叔丁氧基羰基氧基、叔戊氧羰基氧基、苯甲酰氧基、乙酰氧基、新戊酰氧基或叔丁氧基羰基甲基氧基，R_{19}是氢原子或氰基，R^{20}是氰基、羧基或被酯化的羧基，r、e 和 g 独立地是 0 或自然数，t 是自然数，其条件是 $0 \leq r/r+t+e+g \leq 0.5$，$0 \leq e/r+t+e+g \leq 0.3$，$0 \leq g/r+t+e+g \leq 0.3$ 和 $0.2 < r+e+g/r+t+e+g \leq 0.8$。

23. 一种正色调抗蚀剂组合物，其含有通式［10］所示的聚合物、通式［11］、［12］或［13］

所示的溶解抑制剂和权利要求 1 的化合物，

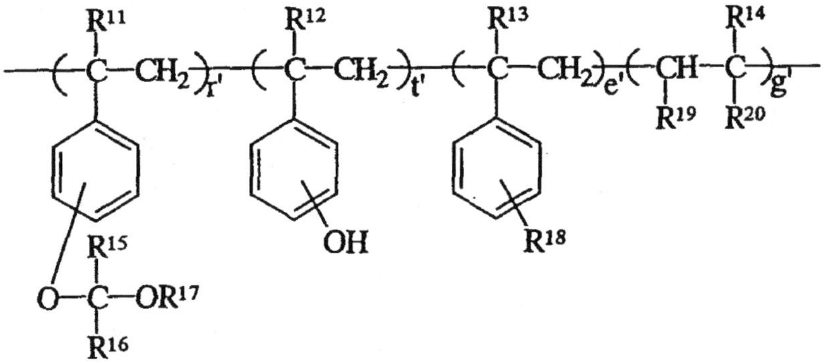
[10]

其中 R^{11}、R^{12}、R^{13}和 R_{14}分别独立地是氢原子或甲基，R_{15}是氢原子或 C_1-C_6 烷基，R_{16}是 C_1-C_6 烷基，R_{17}是 C_1-C_{10}烷基，R_{18}是氢原子、C_1-C_6 烷基、C_1-C_6 烷氧基、四氢吡喃氧基、四氢呋喃氧基、叔丁氧基羰基氧基、叔戊氧羰基氧基、苯甲酰氧基、乙酰氧基、新戊酰氧基或叔丁氧基羰基甲基氧基，R_{19}是氢原子或氰基，R^{20}是氰基、羧基或被酯化的羧基，r′、e′和 g′独立地是 0 或自然数，t′是自然数，其条件是 $0 \leqslant r'/r'+t'+e'+g' \leqslant 0.2$，$0 \leqslant e'/r'+t'+e'g' \leqslant 0.2$，$0 \leqslant g'/r'+t'+e'+g' \leqslant 0.2$ 和 $0 \leqslant r'+e'+g'/r'+t'+e'+g' \leqslant 0.2$，

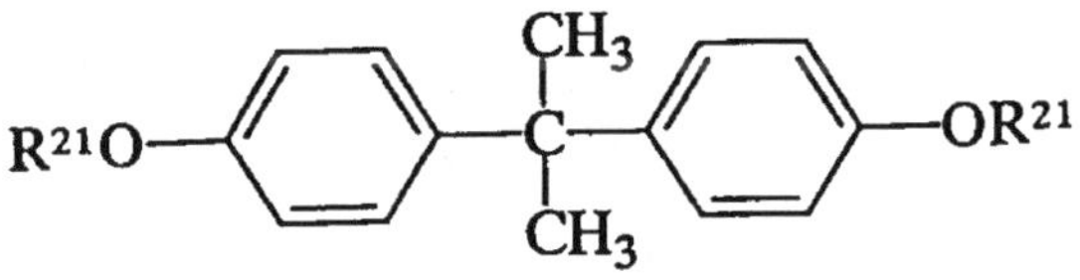
[11]

其中 R^{21}是叔丁氧基羧基、叔戊氧基羧基、四氢吡喃基、叔丁基、叔戊基、1-乙氧基乙基、1-乙基丙基、1-环已基氧基乙基、1-异丁氧基乙基，

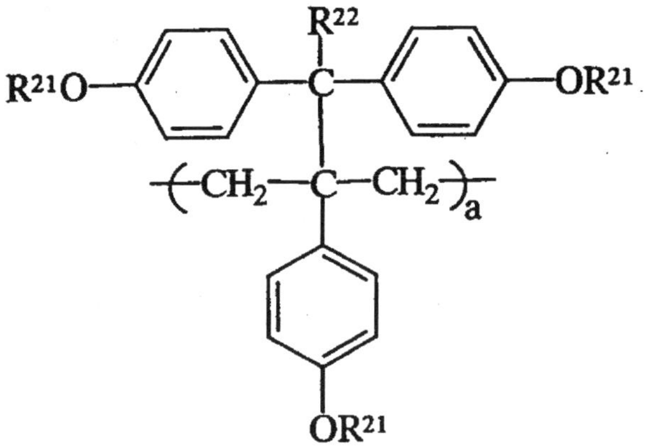
[12]

其中 R_{22}是氢原子或甲基，a 是自然数，R_{21}具有上述相同含义，

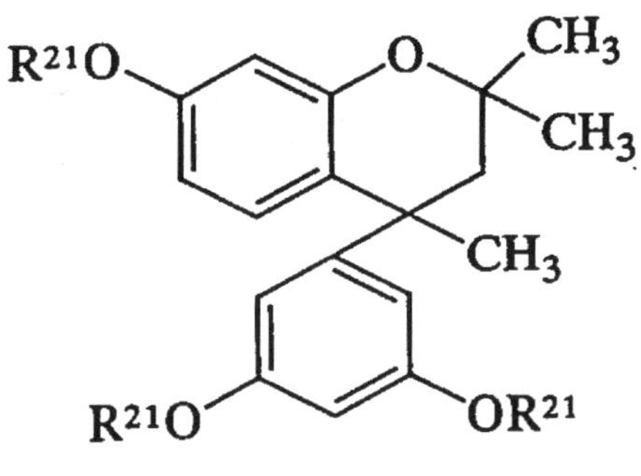
[13]

其中 R^{21} 具有上述相同含义。

24. 一种负色调抗蚀剂组合物，其含有通式［10］所示的聚合物、通式［14］或［15］所示的交联剂和权利要求 1 的化合物，

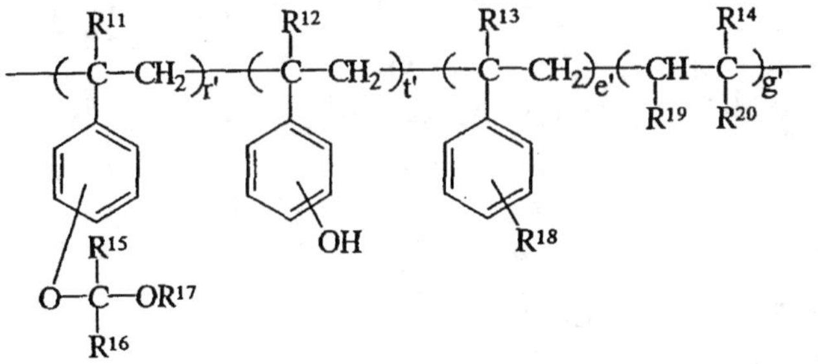

[10]

其中 R^{11}、R^{12}、R^{13} 和 R_{14} 分别独立地是氢原子或甲基，R_{15} 是氢原子或 C_1-C_6 烷基，R_{16} 是 C_1-C_6 烷基，R_{17} 是 C_1-C_{10} 烷基，R_{18} 是氢原子、C_1-C_6 烷基、C_1-C_6 烷氧基、四氢吡喃氧基、四氢呋喃氧基、叔丁氧基羰基氧基、叔戊氧羰基氧基、苯甲酰氧基、乙酰氧基、新戊酰氧基或叔丁氧基羰基甲基氧基，R_{19} 是氢原子或氰基，R^{20} 是氰基、羧基或被酯化的羧基，r′、e′和 g′独立地是 0 或自然数，t′是自然数，其条件是 $0 \leq r'/r'+t'+e'+g' \leq 0.2$，$0 \leq e'/r'+t'+e'g' \leq 0.2$，$0 \leq g'/r'+t'+e'+g' \leq 0.2$ 和 $0 \leq r'+e'+g'/r'+t'+e'+g' \leq 0.2$)，

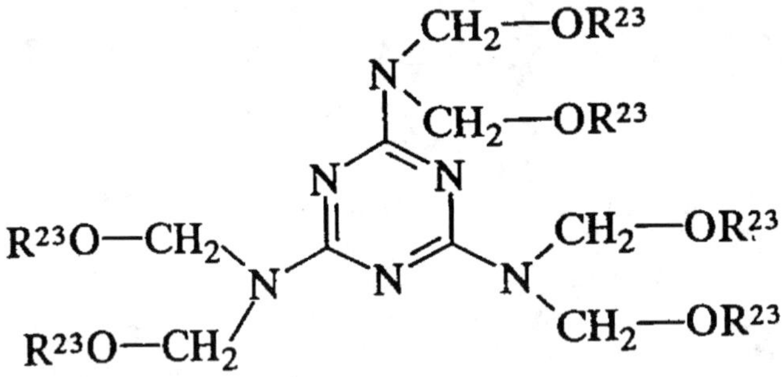

[14]

其中 R^{23} 是氢原子或 C_1-C_6 烷基，

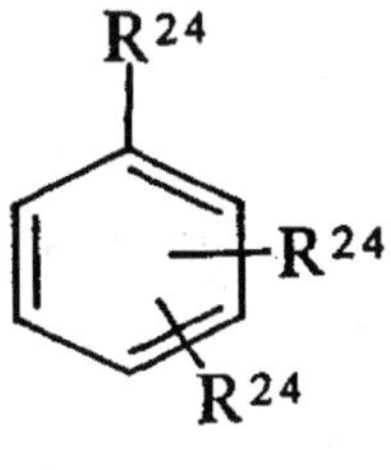

[15]

其中 R^{24} 是氢原子或烷氧基部分碳数是 1～6 的烷氧基甲基。”

申请人和光纯药工业株式会社（下称请求人）对上述驳回决定不服，于 2004 年 10 月 22 日向专利复审委员会提出复审请求，同时提交了修改后的权利要求书（共 30 项），对权利要求 1 中 R^7、R^8、R^9 定义作了修改，对其他权利要求进行了补正。申请人认为判断权利要求是否得到说明书的支持不应仅以说明书中的实施例为依据，因此不同意审查员关于权利要求 1 得不到支持的意见。修改后的权利要求 1 为：

"1. 通式［1］或［3］所示的三苯基锍盐化合物：

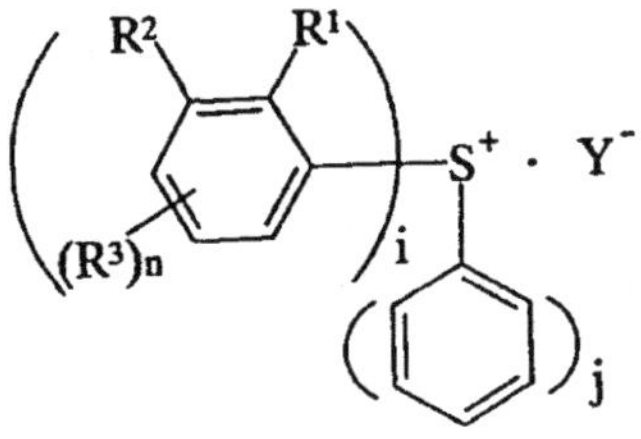

[1]

其中 R^1 和 R^2 分别独立地是氢原子或具有 1~6 个碳原子的烷基，其条件是 R^1 和 R^2 的至少一个是具有 1~6 个碳原子的烷基，R^3 是具有 1~10 个碳原子的烷基，n 是 0-3 的整数，i 是 1~3 的整数，j 是 0~2 的整数，其条件是 i+j=3，Y-是由通式［2］的磺酸得到的阴离子

R^4-SO_3H　　［2］

其中 R^4 是具有 1~20 个碳原子的烷基，选自苯基、萘基、蒽基和芘基的基团，或具有作为取代基的 C_1-C_{10}的烷基的选自苯基、萘基、蒽基和芘基的基团，

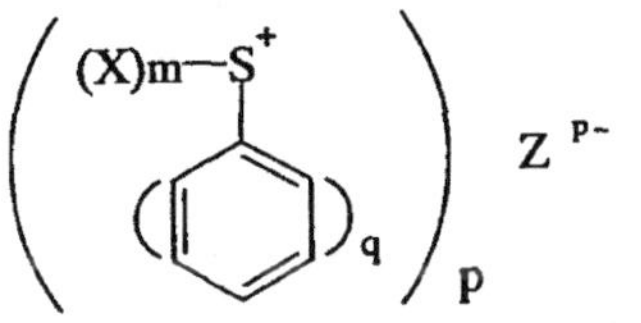

[3]

其中 X 是在邻位和/或间位上带有通式［6］、［7］、［8］或［9］所示基团作为取代基的苯基，m 是 1~3 的整数，q 是 0~2 的整数，其条件是 m+q=3，p 是 1 或 2，Zp-是由通式［4］或［5］所示的羧酸得到的阴离子，

R^5-COOH　　［4］

其中 R^5 是氢原子，C_1-C_{20}的烷基，具有下述取代基的 C_1-C_{20}烷基，所述取代基选自卤原子、C_1-C_4 的烷基、1~7 个卤原子的卤代 C_1-C_3 烷基、C_1-C_4 烷氧基、氨基、硝基、酮基、羟基、杂环基和醛基，C_2-C_{20}的烯基，具有下述取代基的 C_2-C_{20}的烯基，所述取代基选自卤原子、C_1-C_4 烷基、1~7 个卤原子的卤代 C_1-C_3 烷基、C_1-C_4 烷氧基、氨基、硝基、酮基、羟基、杂环基和醛基，C_6-C_{20}的选自苯基、萘基、蒽基、1-芘基、紫苏烯基的基团，具有下述取代基的所述 C_6-C_{20}基团，所述取代基选自卤原子、C_1-C_4 烷基、1~7 个卤原子的卤代 C_1-C_3 烷基、C_1-C_4 烷氧基、氨基、硝基、酮基、羟基、杂环基和醛基；C_7-C_{13}的选自苄基、苯乙基、苯丙基、苯丁基、苯戊基、苯己基、苯-1-甲基己基、苯-3-环戊基的基团，具有下述取代基的所述 C_7-C_{13}基团，所述取代基选自卤原子、C_1-C_4 烷基、1~7 个卤原子的卤代 C_1-C_3 烷基、C_1-C_4 烷氧基、氨基、硝基、酮基、羟基、杂环基和醛基；

$HOOC-R^6-COOH$　　［5］

其中 R^6 是直接的键，C_1-C_{10}的亚烷基，C_2-C_{10}的亚烯基，C_6-C_{11}的选自邻亚苯基、间亚苯基、对亚苯基、1，5-亚萘基、1，8-亚萘基、2，7-亚萘基、2，6-亚萘基的基团，C_7-C_{12}的选自$-CH_2-C_6H_4-$、$-C_2H_4-C_6H_4-$、$-CH(CH_3)C_6H_4-$、$-CH_2-C_6H_4-CH_2-$、$-CH(CH_3)C_6H_4-C_2H_4-$、$-C_3H_6-C_6H_4-CH_2-$、$-C_3H_6-C_6H_4-C_2H_4-$、$-C_3H_6-C_6H_4-C_3H_6-$和$-CH_2CH(CH_3)-C_6H_4-C_2H_4-$的基团，或具有下述取代基的该亚烷基、亚烯基、亚芳基或二价芳族脂族烃基，所述取代基选自卤原子，C_1-C_4 的烷基，1~7 卤原子的卤代 C_1-C_3 烷基，C_1-C_4 烷氧基，氨基，硝基，酮基，羟基，杂环基和醛基，

$-R^7$　　［6］

$-O-R^8$　［7］

$-S-R^9$　［8］

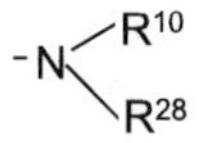

［9］

其中 R^7、R^8 和 R^9 分别独立地是卤素原子，C_1-C_6 的烷基，具有选自卤素原子、氨基或羟基取代基的 C_1-C_6 烷基，选自苯基、萘基、蒽基和芘基的基团，具有选自 C_1-C_4 烷基、卤素原子、C_1-C_3 烷氧基、羟基、氨基或硝基取代基的选自苯基、萘基、蒽基和芘基的基团，C_7-C_{10} 的选自苄基、苯乙基、苯丙基的基团，具有选自 C_1-C_4 烷基、卤素原子、C_1-C_3 烷氧基、羟基、氨基或硝基取代基的 C_7-C_{10} 的选自苄基、苯乙基、苯丙基的基团，R^{10} 和 R^{28} 分别独立地是卤素原子，C_1-C_6 的烷基，具有下述取代基的 C_1-C_6 烷基，所述取代基选自卤素原子、氨基或羟基，选自苯基、萘基、蒽基和芘基的基团，具有下述取代基的选自苯基、萘基、蒽基和芘基的基团，所述取代基选自 C_1-C_4 烷基、卤素原子、C_1-C_3 烷氧基、羟基、氨基或硝基，C_7-C_{10} 的选自苄基、苯乙基、苯丙基的基团，具有下述取代基的 C_7-C_{10} 的选自苄基、苯乙基、苯丙基的基团，所述取代基选自 C_1-C_4 烷基、卤素原子、C_1-C_3 烷氧基、羟基、氨基或硝基，或 C_2-C_7 的酰基，R^{10} 和 R^{28} 可与氮原子一起形成杂环。”

形式审查合格后，专利复审委员会受理了该复审请求，并于 2004 年 11 月 16 日向请求人发出《复审请求受理通知书》，随后将本申请移交原审查部门进行前置审查。

原审查部门对本复审请求进行了前置审查，认为权利要求 1~19，25~30 不符合专利法第 26 条第 4 款的规定。因此，审查员坚持驳回决定。

专利复审委员会组成合议组，对本案的复审请求进行了审理，并于 2007 年 4 月 9 日向请求人发出《复审通知书》。《复审通知书》指出：(1) 权利要求 1 要求保护一种通式［1］或［3］所示的三苯基锍盐化合物。该锍盐化合物可用于酸发生剂和光聚合引发剂。说明书实施例 1~12 给出了通式［1］的化合物，实施例 13、14 给出了通式［3］的化合物。但是权利要求 1 在定义通式［1］和［3］所代表的化合物时使用了过宽范围的概括：以 R^4 为例，权利要求 1 对通式［1］的 R^4 基团的定义是“R^4 是具有 1~20 个碳原子的烷基，选自苯基、萘基、蒽基和芘基的基团，或具有作为取代基的 C_1-C_{10} 的烷基的选自苯基、萘基、蒽基和芘基的基团”，说明书实施例 8、9 的 R^4 是萘基，实施例 11 的 R^4 是十二烷基，实施例 12 的 R^4 是辛基，实施例 1~7、10 的 R^4 是甲苯基、苯基或乙基苯基。由于具有蒽基和芘基的化合物与具有苯基、萘基的化合物性质、反应效果有较大差异，本领域技术人员由具有苯基、萘基的化合物的实施例不能预测出 R^4 是蒽基、芘基及其取代基时，相应的化合物也具有本发明所述的性质，也能达到相同的效果，因此权利要求 1 中 R^4 选自蒽基、芘基及其取代基的定义得不到说明书的支持。再以 X 为例，权利要求 1 对通式［3］的 X 基团的定义是“X 是在邻位和/或间位上带有通式［6］、［7］、［8］或［9］所示基团作为取代基的苯基”，说明书实施例 13、14 的 X 都是三甲基苯基，即苯基上的取代基是三个甲基，由于苯环连接 C、O、S、N 时存在本质的区别，化学性质差别较大，本领域技术人员由 X 是三甲基苯基的实施例不能预测出当苯环上连接其他 C、O、S、N 及其相应取代基时，所有的化合物都具有本发明所述的性质，都能达到相同的效果，因此权利要求 1 中 X 除了为带有通式［6］所示的取代苯基以外的其他定义得不到说明书的支持。基于同样的理由，权利要求 1 中下述基团的定义也得不到说明书的支持：Zp-为除了由全氟辛酸或三氟甲基苯甲酸得到的阴离子以外的其他定义；R^5 为除了全氟辛烷基或三氟甲基苯基以外的其他定义；R^6、R^8、R^9、R^{10}、R^{28} 的全部定义；R^7 为除了 C_1-C_6 的烷基以外的其他定义。(2) 权利要求 2~15、20~30 直接或间接涉及权利要求 1 的化合物，也存在上述缺陷，因此不符合专利法第 26 条第 4 款的规定。

针对《复审通知书》指出的问题，请求人于 2007 年 5 月 24 日提交了意见陈述书及经修改的权利要求书（共23项）。权利要求书的修改方式为：删除权利要求1，限定了权利要求2中的R^7，并将其做为新的权利要求1；删除权利要求9~15，重新编号后原权利要求22~24变为权利要求14~16；增加了权利要求23，请求保护实施例11中公开的具体化合物。修改后的权利要求1、14~16、23如下：

"1. 下式［1］或［3］的化合物：

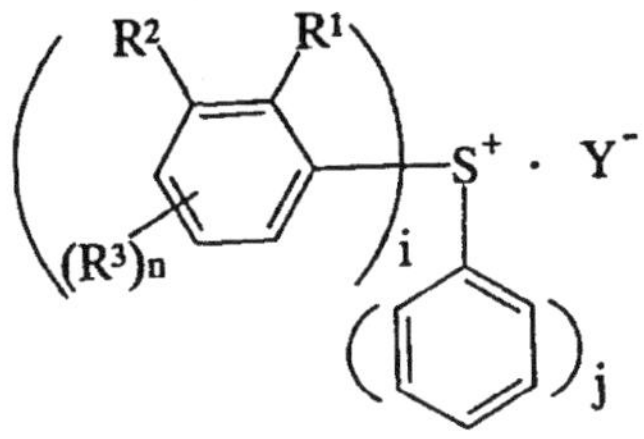

［1］

其中R^1和R^2分别独立地是氢原子或具有1~6个碳原子的烷基，其条件是R^1和R^2的至少一个是具有1~6个碳原子的烷基，R^3是具有1~10个碳原子的烷基，n是0~3的整数，i是1~3的整数，j是0~2的整数，其条件是i+j=3，Y−是由通式［2］的磺酸得到的阴离子

R^4-SO_3H　　［2］

其中R^4是具有1~20个碳原子的烷基，选自苯基和萘基的基团，或具有作为取代基的C_1-C_{10}的烷基的选自苯基和萘基的基团，

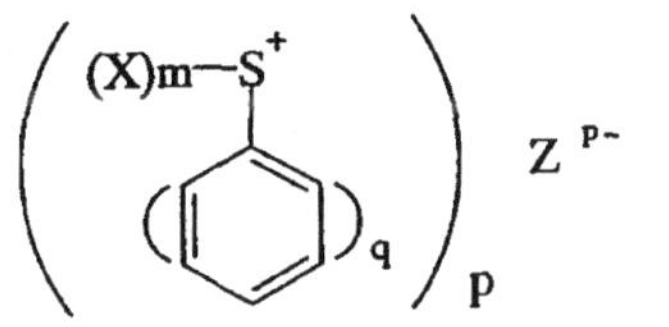

［3］

其中X是在邻位和/或间位上带有通式［6］所示基团作为取代基的苯基，

$-R^7$　　［6］

其中，R^7为具有1~6个碳原子的烷基；

m是1~3的整数，q是0~2的整数，其条件是m+q=3，p是1或2，Z p−是由全氟辛酸或三氟甲基苯甲酸得到的阴离子。

14. 一种正色调抗蚀剂组合物，其含有通式［24］所示的聚合物以及权利要求1的化合物，

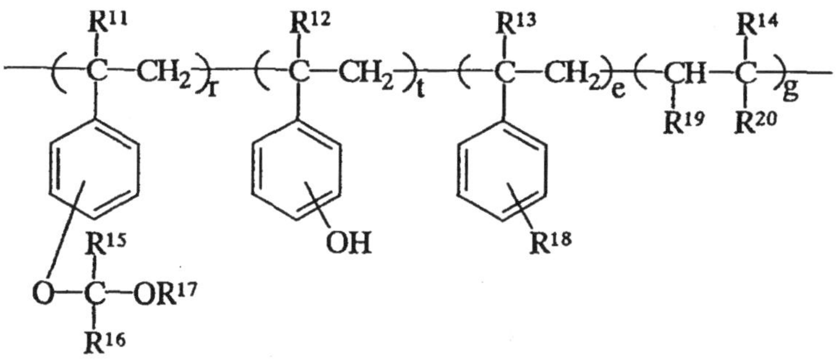

［24］

其中R^{11}、R^{12}、R^{13}和R_{14}分别独立地是氢原子或甲基，R_{15}是氢原子或C_1-C_6的烷基，R_{16}是C_1-C_6的烷基，R_{17}是C_1-C_{10}的烷基，R_{18}是氢原子、C_1-C_6的烷基、C_1-C_6的烷氧基、四氢吡喃氧基、四氢呋喃氧基、叔丁氧基羰基氧基、叔戊氧羰基氧基、苯甲酰氧基、乙酰氧基、新戊酰氧基或叔丁氧基羰基甲基氧基，R_{19}是氢原子或氰基，R^{20}是氰基、羧基或被酯化的羧基，r、e和g独立地是0或自然数，t是自然数，其条件是$0 \leq r/r+t+e+g \leq 0.5$，$0 \leq e/r+t+e+g \leq 0.3$，$0 \leq g/r+t+e+g \leq 0.3$和$0.2 < r+e+g/r+t+e+g \leq 0.8$。

15. 一种正色调抗蚀剂组合物，其含有通式［10］所示的聚合物、通式［11］、［12］或［13］

所示的溶解抑制剂和权利要求1的化合物，

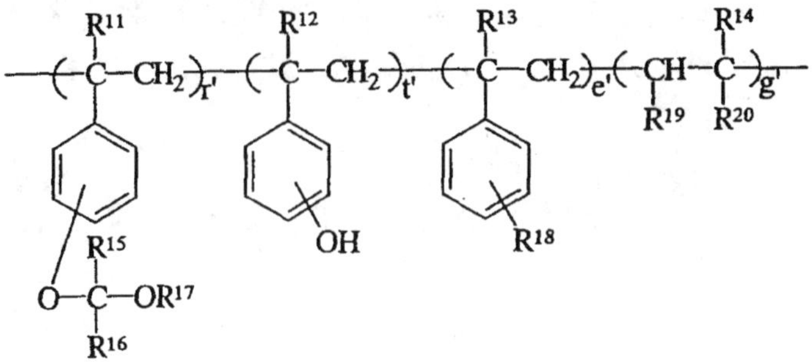

[10]

其中R^{11}、R^{12}、R^{13}和R_{14}分别独立地是氢原子或甲基，R_{15}是氢原子或C_1-C_6烷基，R_{16}是C_1-C_6烷基，R_{17}是C_1-C_{10}烷基，R_{18}是氢原子、C_1-C_6烷基、C_1-C_6烷氧基、四氢吡喃氧基、四氢呋喃氧基、叔丁氧基羰基氧基、叔戊氧羰基氧基、苯甲酰氧基、乙酰氧基、新戊酰氧基或叔丁氧基羰基甲基氧基，R_{19}是氢原子或氰基，R^{20}是氰基、羧基或被酯化的羧基，r′、e′和g′独立地是0或自然数，t′是自然数，其条件是$0 \leqslant r'/r'+t'+e'+g' \leqslant 0.2$，$0 \leqslant e'/r'+t'+e'g' \leqslant 0.2$，$0 \leqslant g'/r'+t'+e'+g' \leqslant 0.2$和$0 \leqslant r'+e'+g'/r'+t'+e'+g' \leqslant 0.2$，

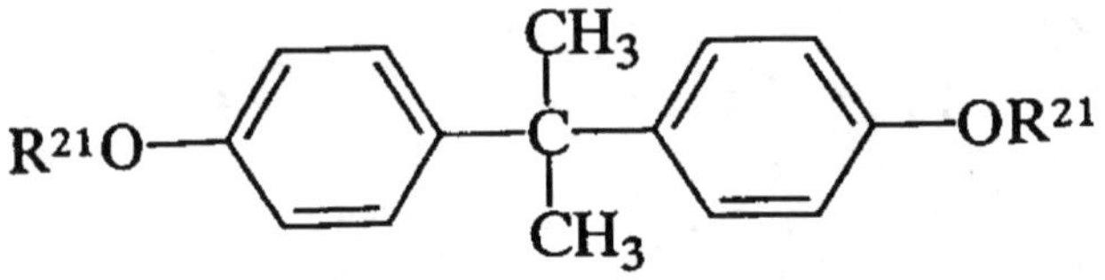

[11]

其中R^{21}是叔丁氧基羧基、叔戊氧基羧基、四氢吡喃基、叔丁基、叔戊基、1-乙氧基乙基、1-乙基丙基、1-环已基氧基乙基、1-异丁氧基乙基，

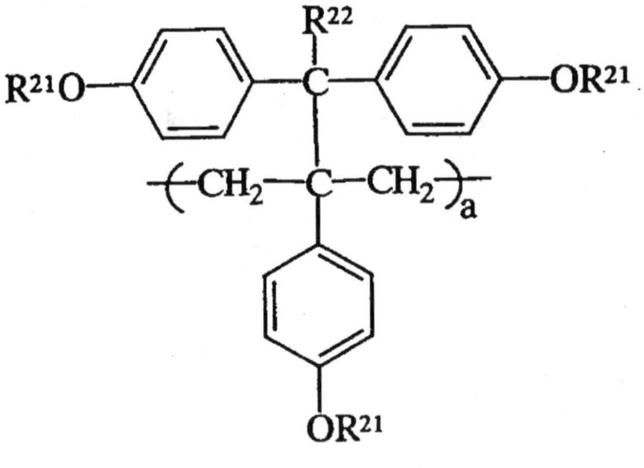

[12]

其中R_{22}是氢原子或甲基，a是自然数，R^{21}具有上述相同含义，

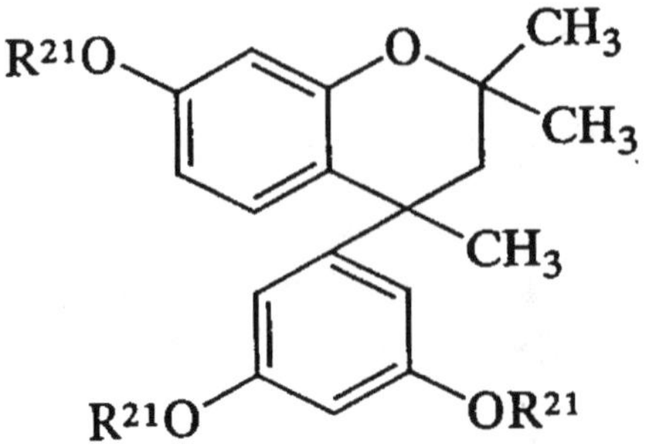

[13]

其中 R^{21}具有上述相同含义。

16. 一种负色调抗蚀剂组合物，其含有通式［10］所示的聚合物、通式［14］或［15］所示的交联剂和权利要求 1 的化合物，

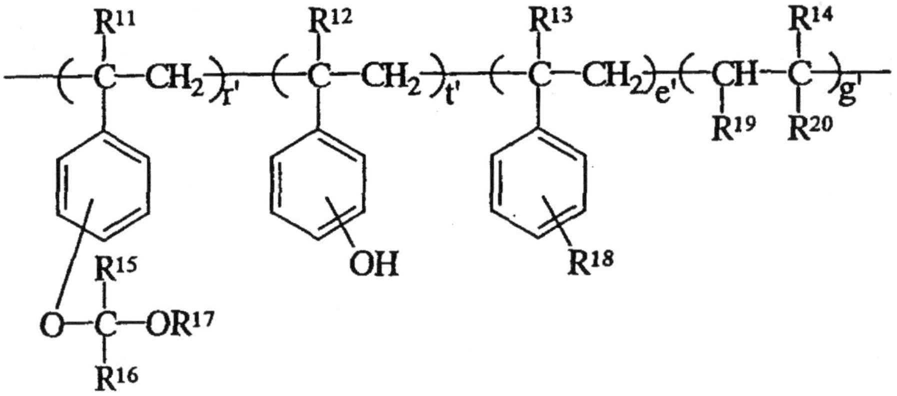

[10]

其中 R^{11}、R^{12}、R^{13}和 R_{14}分别独立地是氢原子或甲基，R_{15}是氢原子或 C_1-C_6 烷基，R_{16}是 C_1-C_6 烷基，R_{17}是C_1-C_{10}烷基，R_{18}是氢原子、C_1-C_6 烷基、C_1-C_6 烷氧基、四氢吡喃氧基、四氢呋喃氧基、叔丁氧基羰基氧基、叔戊氧羰基氧基、苯甲酰氧基、乙酰氧基、新戊酰氧基或叔丁氧基羰基甲基氧基，R_{19}是氢原子或氰基，R^{20}是氰基、羧基或被酯化的羧基，r′、e′和 g′独立地是 0 或自然数，t′是自然数，其条件是 $0\leq r'/r'+t'+e'+g'\leq 0.2$，$0\leq e'/r'+t'+e'g'\leq 0.2$，$0\leq g'/r'+t'+e'+g'\leq 0.2$ 和 $0\leq r'+e'+g'/r'+t'+e'+g'\leq 0.2$)，

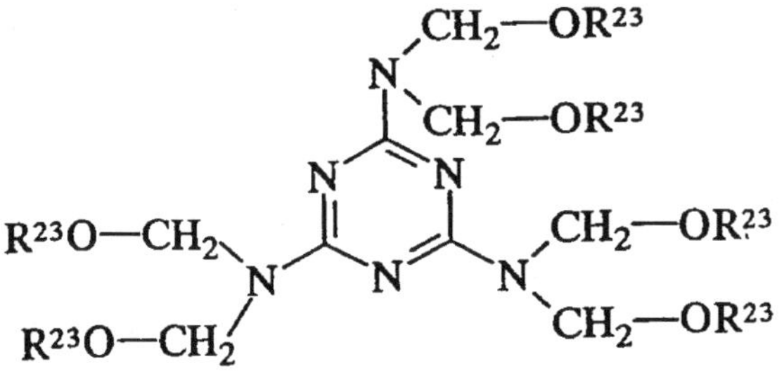

[14]

其中 R^{23}是氢原子或 C_1-C_6 烷基，

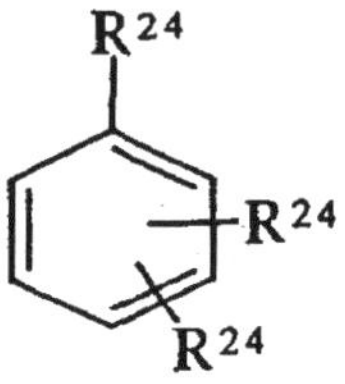

[15]

其中 R^{24}是氢原子或烷氧基部分碳数是 1~6 的烷氧基甲基。

23. 二苯基-邻甲基苯基锍十二烷基苯磺酸盐。”

2007 年 8 月 23 日，专利复审委员会发出《第二次复审通知书》，指出：(1) 权利要求 14 要求保护一种正色调抗蚀剂组合物，其含有通式［24］所示的聚合物以及权利要求 1 的化合物。说明书仅在实验实施例 1 中给出了聚（对-1-乙氧基乙氧基苯乙烯/对叔丁氧基羰基氧基苯乙烯/对羟基苯乙烯）（该聚合物对应的 R_{18}为叔丁氧基羰基氧基）与实施例 1 的化合物形成的抗蚀剂组合物，实验实施例 11~16 给出了聚（对-1-乙氧基乙氧基苯乙烯/对新戊酰氧基苯乙烯/对羟基苯乙烯）（该聚合物对应的 R_{18}为新戊酰氧基）与实施例 1~3、12~14 的化合物形成的抗蚀剂组合物。但是权利要求 14 在

定义通式［24］所示的聚合物时使用了过宽范围的概括：R_{18}是“氢原子、C_1-C_6烷基、C_1-C_6烷氧基、四氢吡喃氧基、四氢呋喃氧基、叔丁氧基羰基氧基、叔戊氧羰基氧基、苯甲酰氧基、乙酰氧基、新戊酰氧基或叔丁氧基羰基甲基氧基”。由于R_{18}选自上述基团时，对应的聚合物性质、反应效果有较大差异，本领域技术人员由R_{18}选自叔丁氧基羰基氧基、新戊酰氧基时的聚合物的实施例不能预测出R_{18}是其他取代基时，相应的聚合物与权利要求 1 的化合物组成的抗蚀剂组合物也具有本发明所述的性质，达到相同的效果，因此权利要求 14 中R_{18}除了叔丁氧基羰基氧基、新戊酰氧基外的其他定义都得不到说明书的支持，不符合专利法第 26 条第 4 款的规定。(2) 基于同样的理由，独立权利要求 15、16 也存在上述缺陷，因此不符合专利法第 26 条第 4 款的规定。(3) 权利要求 17~19 所述的方法涉及权利要求 14~16 的组合物，也存在上述缺陷，因此不符合专利法第 26 条第 4 款的规定。

针对《第二次复审通知书》指出的问题，请求人于 2007 年 10 月 8 日提交了意见陈述书及经修改的权利要求书（共 21 项），其中删除了权利要求 14 中部分R_{18}的定义，删除了权利要求 15、16。修改后的权利要求书如下：

“1. 下式［1］或［3］的化合物：

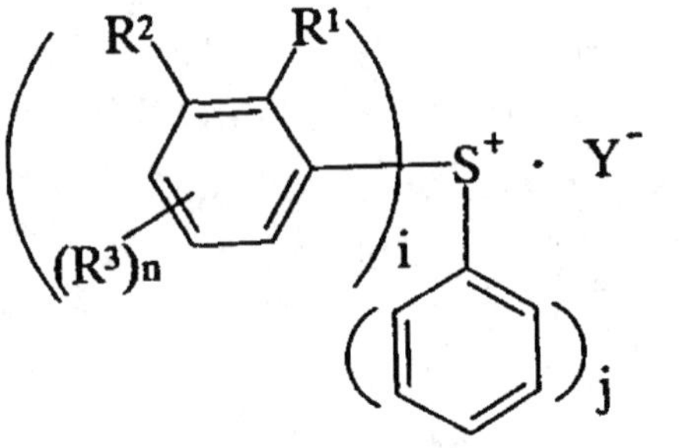

[1]

其中R^1和R^2分别独立地是氢原子或具有 1~6 个碳原子的烷基，其条件是R^1和R^2的至少一个是具有 1~6 个碳原子的烷基，R^3是具有 1~10 个碳原子的烷基，n 是 0~3 的整数，i 是 1~3 的整数，j 是 0~2 的整数，其条件是 i+j=3，Y-是由通式［2］的磺酸得到的阴离子

$$R^4-SO_3H \qquad [2]$$

其中 R 4 是具有 1~20 个碳原子的烷基，选自苯基和萘基的基团，或具有作为取代基的C_1-C_{10}的烷基的选自苯基和萘基的基团，

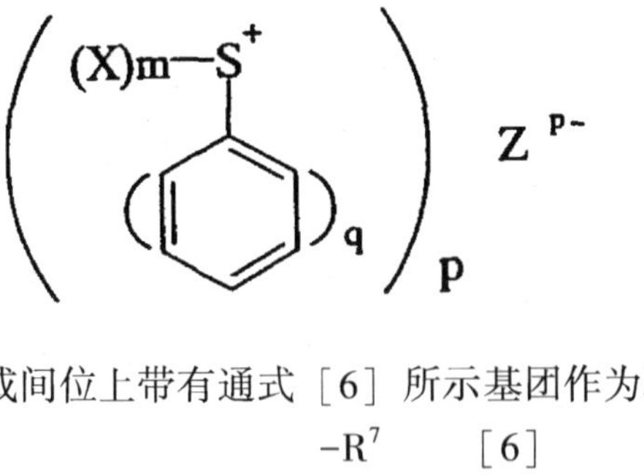

[3]

其中 X 是在邻位和/或间位上带有通式［6］所示基团作为取代基的苯基，

$$-R^7 \qquad [6]$$

其中，R^7为具有 1~6 个碳原子的烷基；

m 是 1~3 的整数，q 是 0~2 的整数，其条件是 m+q=3，p 是 1 或 2，Z p-是由全氟辛酸或三氟甲基苯甲酸得到的阴离子。

2. 权利要求 1 的化合物，其中R^1中定义的烷基是甲基或乙基。

3. 权利要求 1 的化合物，其中 n 是 0。

4. 权利要求 1 的化合物，其中通式［1］中下式所示基团

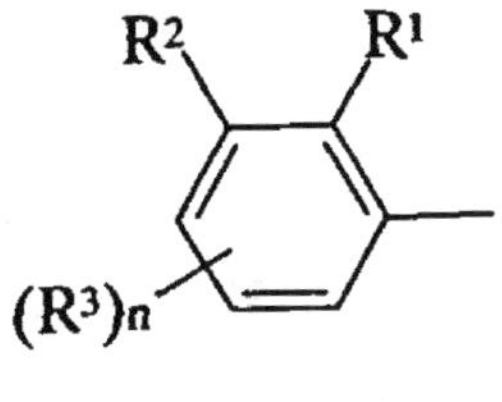

是 o-甲基苯基、m- 甲基苯基、o-乙基苯基、2，4-二甲基苯基、或 2，4，6-三甲基苯基。

5. 权利要求 1 的化合物，其中通式［2］中的 R^4 是含有 1～20 个碳原子的烷基、苯基或萘基。

6. 权利要求 1 的化合物，其中通式［2］中的 R^4 是含有 1～3 个含 1～10 个碳原子的烷基取代基的苯基。

7. 权利要求 6 的化合物，其中通式［2］中的 R^4 是 4-甲基苯基。

8. 权利要求 1 的化合物，其中通式［1］所示的化合物是二苯基-邻-甲基苯基锍对甲苯磺酸盐，二苯基-间甲基苯基锍对甲苯磺酸盐，二苯基-2，4，6-三甲基苯基锍对甲苯磺酸盐，二苯基-2，4-二甲基苯基锍对甲苯磺酸盐，二苯基-邻甲基苯基锍苯磺酸盐，二苯基-邻-乙基苯基锍对甲苯磺酸盐，二苯基-邻-甲基苯基锍 1-萘磺酸盐，二苯基-2，4，6-三甲基苯基锍 1-萘磺酸盐，二苯基-邻-甲基苯基锍 4-乙基苯磺酸盐，或二苯基-2，4，6-三甲基苯基锍 1-辛磺酸盐。

9. 权利要求 1 的化合物，其中通式［1］所示的化合物是二苯基-2，4，6-三甲基苯基锍 1-辛磺盐酸，或二苯基-2，4，6-三甲基苯基锍 p-甲苯磺酸盐。

10. 权利要求 1 的化合物，其中通式［3］所示的化合物是二苯基-2，4，6-三甲基苯基锍 1-全氟辛酸盐。

11. 权利要求 1 的化合物，其中通式［3］所示的化合物是二苯基-2，4，6-三甲基苯基锍 p-三氟甲基苯甲酸盐。

12. 用于化学增强抗蚀剂的酸发生剂，其含有权利要求 1 的化合物。

13. 用于化学增强抗蚀剂的酸发生剂组合物，其含有权利要求 1 的化合物和重氮二砜化合物。

14. 一种正色调抗蚀剂组合物，其含有通式［24］所示的聚合物以及权利要求 1 的化合物，

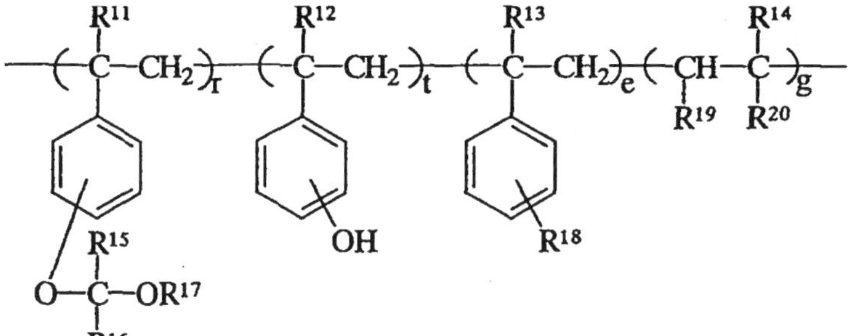

［24］

其中 R^{11}、R^{12}、R^{13}和 R_{14}分别独立地是氢原子或甲基，R_{15}是氢原子或 C_1-C_6 的烷基，R_{16}是 C_1-C_6 的烷基，R_{17}是 C_1-C_{10}的烷基，R_{18}是叔丁氧基羰基氧基或新戊酰氧基，R_{19}是氢原子或氰基，R^{20}是氰基、羧基或被酯化的羧基，r、e 和 g 独立地是 0 或自然数，t 是自然数，其条件是 $0\leq r/r+t+e+g\leq 0.5$，$0\leq e/r+t+e+g\leq 0.3$，$0\leq g/r+t+e+g\leq 0.3$ 和 $0.2<r+e+g/r+t+e+g\leq 0.8$。

15. 一种产生酸的方法，其包括用光照射权利要求 14 的组合物。

16. 权利要求 15 的方法，其中光是深 UV、KrF 准分子激光、ArF 准分子激光、F2 准分子激光、电子束或 X 射线。

17. 一种形成图案的方法，包括步骤

（1）在基质上涂布权利要求 14 的抗蚀剂组合物，

（2）在加热后用波长 220nm 以下的光通过蒙片照射基质上的抗蚀剂组合物，和

（3）在热处理后或者不经热处理，用显影溶液显影。

18. 一种阳离子型光聚合引发剂，其含有权利要求 1 的化合物。

19. 一种聚合 α，β-烯键式不饱和单体的方法，其包括使用权利要求 18 中的聚合引发剂进行聚合。

20. 权利要求 19 的方法，其中，在用光照射下进行聚合。

21. 二苯基-邻甲基苯基锍十二烷基苯磺酸盐。”

至此，合议组认为本案事实清楚，可以作出审查决定。

二、决定的理由

1. 关于审查文本

本复审决定针对的文本是请求人于 2007 年 10 月 8 日提交的权利要求第 1~21 项，2003 年 12 月 30 日提交的说明书第 1、2、27 页，2002 年 5 月 24 日提交的说明书第 13~17 页，申请日提交的说明书第 3~12、18~26、28~46 页及摘要。

2. 关于专利法实施细则第 20 条第 1 款

专利法实施细则第 20 条第 1 款规定，权利要求应当说明发明或者实用新型的技术特征，清楚、简要地表达请求保护的范围。

驳回决定指出，原权利要求 1 通式［5］是用于定义 Z^{p-} 的基团，该通式中 R^6 选自“亚芳基”和“二价芳族脂肪族烃基”的概念超出了前面具体定义的集合，使得保护范围不清楚。请求人于 2007 年 10 月 8 日提交的权利要求书中，将 Z^{p-} 具体限定为“由全氟辛酸或三氟甲基苯甲酸得到的阴离子”，Z^{p-} 选自通式［5］的定义已经全部删除，因此驳回决定指出的上述不清楚的缺陷已经克服。

3. 关于专利法第 26 条第 4 款

专利法第 26 条第 4 款规定，权利要求书应当以说明书为依据，说明要求专利保护的范围。

驳回决定以及《复审通知书》中均指出：（1）权利要求 1 得不到说明书支持的原因如下：R^4 选自蒽基、芘基及其取代基的定义，X 除了为带有通式［6］所示的取代基的苯基以外的其他定义，Zp-除了由全氟辛酸或三氟甲基苯甲酸得到的阴离子以外的其他定义，R^5 除了为全氟辛烷基或三氟甲基苯基以外的其他定义，R^6、R^8、R^9、R^{10}、R^{28} 的全部定义，R^7 除了为 C_1-C_6 的烷基以外的其他定义；（2）权利要求 2~15、20~30 由于直接或间接引用了权利要求 1，也不符合专利法第 26 条第 4 款的规定。

此外，驳回决定以及《第二次复审通知书》还指出，R_{18} 除了叔丁氧基羰基氧基、新戊酰氧基外的其他定义都得不到说明书的支持。

请求人于 2007 年 10 月 8 日提交了修改的权利要求书，其中：（1）权利要求 1 中，R^4 删除了选自蒽基、芘基及其取代基的定义，将 X 限定为带有通式［6］所示的取代基的苯基，将 Z^{p-} 限定为由全氟辛酸或三氟甲基苯甲酸得到的阴离子，R^5、R^6、R^8、R^9、R^{10}、R^{28} 都已不存在，将 R^7 限定为具有 1~6 个碳原子的烷基；（2）权利要求 14 中，将 R_{18} 限定到“叔丁氧基羰基氧基或新戊酰氧基”。由此可见，驳回决定所指出的上述不支持的缺陷已经得到克服。

根据以上事实和理由，本案合议组作出如下审查决定。

三、决定

撤销国家知识产权局于 2004 年 7 月 9 日对 00120687. 7 号发明专利申请作出的驳回决定。由原审查部门在本复审决定针对文本的基础上继续进行审查。

复审请求人对本决定不服的，可以根据专利法第 41 条第 2 款的规定，自收到本决定之日起三个月内向北京市第一中级人民法院起诉。

042

多等级沥青粉末添加剂

复审请求审查决定（第 12775 号）

决　　定　　号　第 12775 号
决　　定　　日　2008 年 3 月 6 日
发明创造名称　多等级沥青粉末添加剂
国际分类号　C08L95/00，C08K5/09
复审请求人　山东华瑞道路材料技术有限公司
申　　请　　号　02148759. 6
申　　请　　日　2002 年 11 月 15 日
优　先　权　日　2002 年 5 月 16 日
公　　开　　日　2004 年 7 月 21 日
合议组组长　汪送来
主　　审　　员　郑　君
参　　审　　员　任晓兰

法　律　依　据　专利法第 22 条第 3 款、第 26 条第 4 款、第 33 条，专利法实施细则第 20 条第 1 款

决　定　要　点

如果请求保护的技术方案相对于最接近的现有技术存在区别技术特征，并且现有技术中没有给出将上述区别技术特征应用到该最接近的现有技术中以解决其存在的技术问题的启示，并且该技术方案能够产生有益的效果，则该技术方案具有突出的实质性特点和显著的进步，符合专利法第 22 条第 3 款有关创造性的规定。

由于请求人在复审阶段提交了修改文件，克服了原驳回决定中指出的权利要求不符合专利法第 22 条第 3 款、第 26 条第 4 款和专利法实施细则第 20 条第 1 款规定的缺陷，因此在修改后文本的基础上撤销原驳回决定，由原审查部门继续进行审批程序。

一、案由

本复审请求案涉及发明名称为“多等级沥青粉末添加剂”的第 02148759. 6 号发明专利申请（下称本申请），申请人为山东华瑞道路材料技术有限公司，申请日为日 2002 年 11 月 15 日，优先权日为 2002 年 5 月 16 日，公开日为 2004 年 7 月 21 日。

2006 年 8 月 11 日，针对申请人于 2006 年 4 月 29 日提交的权利要求第 1~30 项、说明书第 8，12 页和 2002 年 11 月 15 日提交的说明书第 1~7、9~11、13~18 页及说明书摘要，国家知识产权局以本

申请不符合专利法第22条第3款、第26条第4款和专利法实施细则第20条第1款的规定为由驳回了本申请。驳回决定所依据的现有技术证据为：

1989年10月17日公开的公开号为US4874432A的美国专利说明书（下称对比文件1）。

驳回决定针对的权利要求1、9、17、23如下：

“1. 一种多等级沥青添加剂组合物，主要由以下物质的反应产物组成：a）至少一种可皂化有机酸；b）至少一种树脂酸；c）至少一种不饱和有机化合物；和d）一种碱金属碱，其特征在于水在反应过程中被移走，使得最终反应产物中水含量为0.2wt.%～1.5wt.%。

9. 一种制造多等级沥青添加剂组合物的方法，包括：a）提供至少一种可皂化有机酸；b）提供至少一种树脂酸；c）提供至少一种不饱和有机化合物；d）提供一种碱金属碱；e）将至少一种可皂化有机酸，至少一种树脂酸和碱金属碱混合，以形成一种进行皂化反应的反应混合物；f）在皂化反应过程中将水从反应混合物中移出；并且g）回收反应产物。

17. 一种多等级沥青，包括：a）预制的以下物质的反应产物：i）至少一种可皂化有机酸；ii）至少一种树脂酸；iii）至少一种非饱和有机化合物；和iv）一种碱金属碱；所述反应产物与以下物质混合在一起b）沥青物质。

23. 一种制造多等级沥青的方法，包括：a）将下述物质混合在一起并反应以形成反应产物：i）至少一种可皂化有机酸；ii）至少一种树脂酸；iii）至少一种不饱和有机化合物；和iv）一种碱金属碱；并且b）将反应产物与沥青物质相混合。”

驳回决定认为：

（1）权利要求1，17，23相对于对比文件1不具备创造性，具体理由如下：

对比文件1公开了一种多等级沥青水泥，并具体公开了以下技术方案：在基本上无水的情况下，至少一种脂肪酸和至少一种树脂酸与一种碱金属碱在液化沥青中进行皂化反应，得到多等级沥青水泥；或者将皂化反应所得产品加入到液化沥青中得到多等级沥青水泥；所述脂肪酸和有机酸以妥尔油的形式添加；所述碱金属碱为碱金属氢氧化物。

权利要求1与对比文件1相比，区别仅在于：权利要求1所述添加剂中还含有一种不饱和有机化合物。而皂化反应无需这种不饱和有机化合物参与，且其并未给本申请带来意想不到的效果。因此，权利要求1与对比文件1相比不具备突出的实质性特点和显著的进步，不符合专利法第22条第3款关于创造性的规定。

权利要求17请求保护的多等级沥青和权利要求23请求保护的制造多等级沥青的方法与对比文件1相比，区别也分别仅在于：权利要求17和权利要求23的技术方案中含有一种不饱和有机化合物。而皂化反应无需这种不饱和有机化合物参与，且其并未给本申请带来意想不到的效果。因此，权利要求17和权利要求23与对比文件1相比不具备突出的实质性特点，不符合专利法第22条第3款关于创造性的规定。

（2）权利要求9中包含“提供至少一种不饱和有机化合物”，但方法的具体步骤中上述物质并未参加反应，造成保护范围不清楚，不符合专利法实施细则第20条第1款的规定。

（3）权利要求1，9，17，23没有以说明书为依据，不符合专利法第26条第4款的规定。具体为“可皂化有机酸”、“树脂酸”、“不饱和有机化合物”和“碱金属基”概括的保护范围过宽。

2006年11月24日，申请人山东华瑞道路材料技术有限公司（下称请求人）对上述驳回决定不服，向专利复审委员会提出复审请求，请求人在提出复审请求时提交了权利要求书替换页，其中修改后的权利要求1、7、13、19对应于驳回决定所针对文本中的权利要求1、9、17、23，对其中的“可皂化有机酸”、“树脂酸”、“不饱和有机化合物”进行了具体限定。修改后的权利要求1、7、13、

19 为：

“1. 一种多等级沥青添加剂组合物，主要由以下物质的反应产物组成：a）至少一种可皂化有机酸；b）至少一种树脂酸；c）至少一种不饱和有机化合物；和 d）一种碱金属碱，其特征在于水在反应过程中被移走，使得最终反应产物中水含量为 0.2wt.% ~ 1.5wt.%，其中所述至少一种可皂化有机酸和至少一种树脂酸以松浆油的组分的形式提供，和其中所述至少一种不饱和有机化合物包含至少一种烯烃或其混合物。

7. 一种制造多等级沥青添加剂组合物的方法，包括：a）提供至少一种可皂化有机酸；b）提供至少一种树脂酸；c）提供至少一种不饱和有机化合物；d）提供一种碱金属碱；e）将至少一种可皂化有机酸，至少一种树脂酸，至少一种不饱和有机化合物和碱金属碱混合，以形成一种进行皂化反应的反应混合物；f）在皂化反应过程中将水从反应混合物中移出；并且 g）回收反应产物，其中所述至少一种可皂化有机酸和至少一种树脂酸以松浆油的组分的形式提供，和其中所述至少一种不饱和有机化合物包含至少一种烯烃或其混合物。

13. 一种多等级沥青，包括：a）预制的以下物质的反应产物：i）至少一种可皂化有机酸；ii）至少一种树脂酸；iii）至少一种非饱和有机化合物；和 iv）一种碱金属碱；所述反应产物与以下物质混合在一起，b）沥青物质，其中所述至少一种可皂化有机酸和至少一种树脂酸以松浆油的组分的形式提供，和其中所述至少一种不饱和有机化合物包含至少一种烯烃或其混合物。

19. 一种制造多等级沥青的方法，包括：a）将下述物质混合在一起并反应以形成反应产物：i）至少一种可皂化有机酸；ii）至少一种树脂酸；iii）至少一种不饱和有机化合物；和 iv）一种碱金属碱；并且 b）将反应产物与沥青物质相混合，其中所述至少一种可皂化有机酸和至少一种树脂酸以松浆油的组分的形式提供，和其中所述至少一种不饱和有机化合物包含至少一种烯烃或其混合物。”

请求人认为：（1）本申请涉及的是多等级沥青添加剂组合物，该组合物作为添加剂被加入沥青中，以改善沥青的高低温性能，添加剂本身不包含沥青作为组分，而对比文件 1 实质上是原位生产沥青的方法，需要沥青作为一种组分存在；并且本申请多等级沥青添加剂组合物中包含“至少一种不饱和有机化合物”作为必要组分，并提供了对比试验数据证明“不饱和有机化合物”对提高沥青软化点所起的作用，而对比文件 1 没有提及和建议使用该化合物。因此，权利要求 1、7、13、19 具备创造性。

（2）可以在皂化反应中使用任意类型的碱金属碱，权利要求 1，7、13、19 的“碱金属碱”得到说明书支持。

经形式审查合格后，专利复审委员会受理了该请求，并于 2006 年 12 月 30 日向请求人发出了《复审请求受理通知书》，同时将本申请转送至国家知识产权局原审查部门进行前置审查。

在《前置审查意见书》中，国家知识产权局原审查部门认为：申请人提交的修改文本并未克服审查员在驳回决定中所指出的缺陷，对比文件 1 明确给出了将皂化反应所得产品加入到液化沥青中以对其改性的技术启示，且本发明的原始申请文件中并未记载非饱和有机化合物能给本发明所述“多等级沥青添加剂”带来有益效果的数据，申请人所提交的对比数据不能被采信，因此坚持驳回决定。

专利复审委员会组成合议组，对本复审请求案进行了审理，并于 2007 年 11 月 23 日针对请求人于 2006 年 11 月 24 日提交的修改文本（下称复通文本），向请求人发出《复审通知书》，指出：

（1）权利要求 7~19、21~26 不符合专利法第 22 条第 3 款有关创造性的规定。具体理由为：（a）本申请权利要求 7 请求保护制造多等级沥青添加剂组合物的方法，对比文件 1 已经公开了一种多等级沥青水泥及其“原位”制备方法，并具体公开了以下技术方案：提供一种实质无水的液化沥青材料，将至少一种脂肪酸和至少一种树脂酸与一种碱金属碱在液化沥青中进行皂化反应，并从反应产物中除去水得到多等级沥青水泥；所述脂肪酸和树脂酸以妥尔油的形式添加，碱金属碱为碱金属氢氧化物，如氢氧化钠或含钾、锂的碱金属碱（参见对比文件1权利要求1、4、5，说明书第7栏第58~62行）。权利要求7的方法与对比文件1公开的方法的区别仅在于：①权利要求7的方法中不含沥青，②权利要求7方法中含有“烯烃或其混合物”。由于对比文件1还公开了预先制备至少一种脂肪酸和至少一种树脂酸与一种碱金属碱的皂化反应产物，并将其加入到液化沥青中，得到多等级沥青水泥的技术方案（参见对比文件1说明书第7栏第36~40行），而且聚烯烃（如聚乙烯）作为提高沥青软化点的高温改性剂加入沥青中是本技术领域的常用手段，因此，权利要求7相对于对比文件1不具备创造性，在此基础上，从属权利要求8~12也不具备创造性；（b）权利要求13请求保护一种多等级沥青，由于没有证据表明预先制备作为沥青添加剂的皂化产物，再将其加入到沥青中制备多等级沥青，与“原位”制备多等级沥青会导致两者存在差别，因此，权利要求13与对比文件1公开的多等级沥青水泥的区别在于：权利要求13制备多等级沥青的原料中含有“烯烃或其混合物”，基于与权利要求7相同的理由，权利要求13不符合专利法第22条第3款有关创造性的规定，在此基础上，从属权利要求15~18也不具备创造性；（c）权利要求14的附加技术特征限定了将皂化反应过程中的水移出，使得最终反应产物中的水含量为0.2wt%~1.5wt%。所属领域技术人员都知道，水在沥青中属于有害成分，因此很容易想到除去皂化反应过程中产生的水。根据本申请说明书的记载，预制反应产物中的水含量仅对沥青添加剂的活性有所影响，没有证据表明其对多等级沥青产品本身具有任何意想不到的技术效果，因此，权利要求14也不符合专利法第22条第3款有关创造性的规定；（d）基于与权利要求7创造性评价中类似的理由，权利要求19、21~26也不具备创造性。

（2）权利要求1、7、13、19中的“不饱和有机化合物”没有以说明书为依据，包括了申请人推测的而其效果又难以预先确定的技术方案，不符合专利法第26条第4款的规定。

（3）权利要求4和11中的“二氢松香酸”超出了原始申请文件记载的范围，不符合专利法第33条的规定。

针对上述《复审通知书》，请求人于2007年12月18日提交了修改的权利要求书及说明书第6~8页。修改之处主要在于：删除了权利要求13~18，在修改后的权利要求7和13中具体限定了最终反应产物中的水含量，将权利要求1、7、13中的“不饱和有机化合物”具体限定为改性烯烃聚合物EE-2，将权利要求4、11中的“二氢松香酸”改为“二羟化枞酸”。修改后的权利要求为：

“1. 一种多等级沥青添加剂组合物，主要由以下物质的反应产物组成：

a）至少一种可皂化有机酸；

b）至少一种树脂酸；

c）至少一种不饱和有机化合物；和

d）一种碱金属碱，

其特征在于水在反应过程中被移走，使得最终反应产物中水含量为0.2wt.%~1.5wt.%，

其中所述至少一种可皂化有机酸和至少一种树脂酸以松浆油的组分的形式提供，和

其中所述至少一种不饱和有机化合物为改性烯烃聚合物EE-2。

2. 如权利要求1所述多等级沥青添加剂组合物，其特征在于反应产物为粉末状。

3. 如权利要求1所述多等级沥青添加剂组合物，其特征在于所述至少一种可皂化有机酸至少包含硬脂酸、油酸、亚油酸、亚麻酸、有机磺酸以及这些酸的混合物中的一种。

4. 如权利要求1所述多等级沥青添加剂组合物，其特征在于所述至少一种树脂酸包括枞酸、新枞酸、二羟化枞酸、长叶松酸、异海松酸及其混合物中的至少一种。

5. 如权利要求1所述多等级沥青添加剂组合物，其特征在于所述碱金属碱包括碱金属、碱金属

氧化物、碱金属氢氧化物、碱金属盐及其混合物中的至少一种。

6. 如权利要求5所述多等级沥青添加剂组合物，其特征在于所述碱金属包括钠、钾和锂中的至少一种。

7. 一种制造多等级沥青添加剂组合物的方法，包括：

a）提供至少一种可皂化有机酸；

b）提供至少一种树脂酸；

c）提供至少一种不饱和有机化合物；

d）提供一种碱金属碱；

e）将至少一种可皂化有机酸，至少一种树脂酸，至少一种不饱和有机化合物和碱金属碱混合，以形成一种进行皂化反应的反应混合物；

f）在皂化反应过程中将水从反应混合物中移出；并且

g）回收反应产物，

其中所述至少一种可皂化有机酸和至少一种树脂酸以松浆油的组分的形式提供，所述至少一种不饱和有机化合物为改性烯烃聚合物EE-2，其特征在于水在皂化反应过程中被移走，使得最终反应产物中的水的含量为0.2wt.%~1.5wt.%。

8. 如权利要求7所述制造多等级沥青添加剂组合物的方法，其特征在于反应产物形成为粉末状。

9. 如权利要求7所述制造多等级沥青添加剂组合物的方法，其特征在于脂肪酸与树脂酸的比例在0.7~2之间。

10. 如权利要求7所述制造多等级沥青添加剂组合物的方法，其特征在于至少一种可皂化有机酸包含硬脂酸、油酸、亚油酸、亚麻酸、有机磺酸及其混合物中的至少一种。

11. 如权利要求7所述制造多等级沥青添加剂组合物的方法，其特征在于所述至少一种树脂酸包括枞酸、新枞酸、二羟化枞酸、长叶松酸、异海松酸及其混合物中的至少一种。

12. 如权利要求7所述制造多等级沥青添加剂组合物的方法，其特征在于所述碱金属碱包括碱金属、碱金属氧化物、碱金属氢氧化物、碱金属盐及其混合物中的至少一种。

13. 一种制造多等级沥青的方法，包括：

a）将下述物质混合在一起并进行皂化反应以形成反应产物：

1）提供至少一种可皂化有机酸；

2）提供至少一种树脂酸；

3）提供至少一种不饱和有机化合物；

4）提供一种碱金属碱；并且

b）将反应产物与沥青物质混合，

其中所述至少一种可皂化有机酸和至少一种树脂酸以松浆油的组分的形式提供，所述至少一种不饱和有机化合物为改性烯烃聚合物EE-2，其特征在于水在皂化反应过程中被移走，使得最终反应产物中的水的含量为0.2wt.%~1.5wt.%。

14. 如权利要求13所述的制造多等级沥青的方法，其特征在于反应产物在与沥青混合前被干燥。

15. 如权利要求13所述的制造多等级沥青的方法，其特征在于反应产物在与沥青混合前形成为粉末状。

16. 如权利要求15所述的制造多等级沥青的方法，其特征在于所述粉末的尺寸为至少80%的粉末可以通过3mm的筛孔。

17. 如权利要求13所述的制造多等级沥青的方法，其特征在于将1.6wt%~4wt.%的反应产物加入到96wt.%~98wt.%的沥青物质中。

18. 如权利要求13所述的制造多等级沥青的方法，其特征在于在第一个地点制得反应产物，在第二个地点将反应产物与沥青物质混合。

19. 如权利要求18所述的制造多等级沥青的方法，其特征在于反应产物从上述第一个地点运送到第二个地点。”

请求人认为：修改后的全部权利要求1~19相对于对比文件1具备专利法第22条第3款规定的创造性，并且符合专利法第26条第4款、专利法第33条和专利法实施细则第20条第1款的规定。

至此，合议组认为本案事实已经清楚，可以作出审查决定。

二、决定的理由

1. 关于审查文本

本复审决定所针对的文本是：请求人于2007年12月18日提交的权利要求第1~19项和说明书第6~8页，2006年4月29日提交的说明书第12页，2002年11月15日提交的说明书第1~5、9~11、13~18页及说明书摘要。

2. 关于专利法第22条第3款

专利法第22条第3款规定：创造性，是指同申请日以前已有的技术相比，该发明有突出的实质性特点和显著的进步，该实用新型有实质性特点和进步。

如果请求保护的技术方案相对于最接近的现有技术存在区别技术特征，并且现有技术中没有给出将上述区别技术特征应用到该最接近的现有技术中以解决其存在的技术问题的启示，并且该技术方案能够产生有益的效果，则该技术方案具有突出的实质性特点和显著的进步，符合专利法第22条第3款有关创造性的规定。

独立权利要求1请求保护一种多等级沥青添加剂组合物。对比文件1（US4874432A，公开日为1989年10月17日）公开了一种多等级沥青水泥及其制备方法，并具体公开了以下技术方案：提供一种实质无水的液化沥青材料，将至少一种脂肪酸和至少一种树脂酸与一种碱金属碱在液化沥青中进行皂化反应，并从反应产物中除去水得到多等级沥青水泥；所述脂肪酸和树脂酸以妥尔油的形式添加，碱金属碱为碱金属氢氧化物，如氢氧化钠或含钾、锂的碱金属碱（参见对比文件1权利要求1、4、5，说明书第7栏第58~62行），此外，对比文件1还公开了可以预先制备至少一种脂肪酸和至少一种树脂酸与一种碱金属碱的皂化反应产物，并将其加入到液化沥青中，得到多等级沥青水泥（参见对比文件1说明书第7栏第36~40行）。将权利要求1与对比文件1公开的技术方案相比，二者实质性区别在于：对比文件1未公开权利要求1中的“最终反应产物中水含量为0.2wt.%~1.5wt.%”和“改性烯烃聚合物EE-2”两个技术特征。根据说明书的描述可知，本发明的沥青添加剂加入沥青时，水是作为有害因素存在的，会引起发泡以及其他的操作问题，但如果将所有的水移出，添加剂在制造多等级膏体地沥青时会丧失活性，因此，使添加剂中的水含量保持在0.2wt.%~1.5wt.%的范围内既可防止发泡等操作问题，又可使添加剂保持活性。而沥青添加剂中含有“改性烯烃聚合物EE-2”，增加了沥青凝胶团的大小和稳定性，从而改善了软化点等沥青的使用性能。本领域技术人员在对比文件1的基础上，不会预见到将水含量控制在0.2wt.%~1.5wt.%范围内，并添加改性烯烃聚合物EE-2组分能够使沥青添加剂达到上述所有技术效果，因而，现有技术并没有给出保持添加剂的水含量在0.2wt.%~1.5wt.%范围内并在添加剂中添加改性烯烃聚合物EE-2以同时解决上述操作性、添加剂活性、软化点等沥青的使用性能等方面技术问题的启示。因此，权利要求1相对于对比文件1具备创造性，符合专利法第22条第3款的规定。

在权利要求1具备创造性的基础上，其从属权利要求2~6也具备专利法第22条第3款规定的创造性。

权利要求 7~12 和 13~19 分别请求保护制造权利要求 1~6 所述多等级沥青添加剂组合物的方法和利用权利要求 1~6 的多等级沥青添加剂组合物制造多等级沥青的方法。在权利要求 1~6 具备创造性的基础上，权利要求 7~19 也具备专利法第 22 条第 3 款规定的创造性。

3. 关于专利法实施细则第 20 条第 1 款

专利法实施细则第 20 条第 1 款规定：权利要求书应当说明发明或实用新型的技术特征，清楚、简要地表述请求保护的范围。

驳回决定指出：权利要求 9 中包含“提供至少一种不饱和有机化合物”，但上述物质在方法的具体步骤中并未参加反应，因此，权利要求 9 的技术方案不清楚，不符合专利法实施细则第 20 条第 1 款的规定。

在请求人于 2007 年 12 月 18 日提交的修改文本中，请求人已将权利要求 7（相当于驳回文本的权利要求 9）的步骤 e）修改为“e）将至少一种可皂化有机酸，至少一种树脂酸，至少一种不饱和有机化合物和碱金属碱混合，以形成一种进行皂化反应的反应混合物”，这一修改已经将“至少一种不饱和有机化合物”清楚地界定为“反应混合物”的一部分，并且得到了原始申请文件说明书第 6 页倒数第 1 行至第 7 页第 10 行内容的支持。因而已经克服了驳回决定指出的权利要求 9 不符合专利法实施细则第 20 条第 1 款规定的缺陷。

4. 关于专利法第 26 条第 4 款

专利法第 26 条第 4 款规定：权利要求书应当以说明书为依据，说明要求专利保护的范围。

驳回决定认为：权利要求 1，9，17，23 中的“可皂化有机酸”、“树脂酸”、“不饱和有机化合物”和“碱金属碱”概括的保护范围过宽，没有以说明书为依据，不符合专利法第 26 条第 4 款的规定。

对此，合议组认为：（1）在请求人于 2007 年 12 月 18 日提交的修改文本中，请求人已将独立权利要求 1、7、13 的“可皂化有机酸”和“树脂酸”具体限定为以松浆油的形式提供，将“不饱和有机化合物”具体限定为改性烯烃聚合物 EE-2。修改后的上述原料物质与本申请实施例 1 中使用的原料物质一致，其技术效果完全能够通过实施例 1 得以验证，能够得到说明书的支持。（2）关于“碱金属碱”这一特征，并不是只有苛性碱才能进行皂化反应，在说明书第 10 页第 2~4 行对其种类进行了以下描述：“碱金属基可以是碱金属、碱金属的氧化物、碱金属的氢氧化物或碱金属盐，例如金属钠、氧化钠、碳酸钠或者氢氧化钠，或者相应的钾或者锂的化合物”，本领域技术人员可以理解以上种类的碱金属碱均能用于本申请的皂化反应。因此，在没有证据表明某些“碱金属碱”不能用于本申请的皂化反应或对反应体系有不利影响的情况下，应当认为“碱金属碱”能够得到说明书支持。因此，驳回决定中有关权利要求不符合专利法第 26 条第 4 款规定的理由不再成立。

5. 关于专利法第 33 条

专利法第 33 条规定：申请人可以对其专利申请文件进行修改，但是，对发明和实用新型专利申请文件的修改不得超出原说明书和权利要求书记载的范围。

合议组在《复审通知书》中指出：权利要求 4 和 11 中的“二氢松香酸”在原始说明书和权利要求书中没有记载，由于没有证据表明其与原始申请文件中记载的“二羟化枞酸”为相同的物质，故权利要求 4 和 11 超出了原始申请文件记载的范围，不符合专利法第 33 条的规定。

对此，请求人已将权利要求 4 和 11 中的“二氢松香酸”改为“二羟化枞酸”，后者在原始申请文件的权利要求 4 和 14 中均有记载，因此，请求人对权利要求 4 和 11 的修改已经克服了《复审通知书》指出的关于修改不符合专利法第 33 条规定的缺陷。

据此，本案合议组作出如下决定。

三、决定

撤销国家知识产权局于2006年8月11日针对第02148759.6号发明专利申请作出的驳回决定，由国家知识产权局原审查部门以请求人于2007年12月18日提交的权利要求第1~19项和说明书第6~8页,2006年4月29日提交的说明书第12页，2002年11月15日提交的说明书第1~5、9~11、13~18页及说明书摘要为基础继续审批程序。

复审请求人对本决定不服的，可以根据专利法第41条第2款的规定，自收到本决定之日起三个月内向北京市第一中级人民法院起诉。

043

紫杉化合物的纯化方法

复审请求审查决定（第 12777 号）

决　　定　　号　第 12777 号
决　　定　　日　2008 年 2 月 20 日
发明创造名称　紫杉化合物的纯化方法
国 际 分 类 号　C07D305/14，A61K31/335
复 审 请 求 人　阿文蒂斯药物股份有限公司
申　　请　　号　94191548.4
申　　请　　日　1994 年 3 月 18 日
公　　开　　日　1996 年 4 月 3 日
优 先 权 日　1993 年 3 月 22 日
合 议 组 组 长　李人久
主　　审　　员　孙跃飞
参　　审　　员　李彦涛

法 律 依 据　专利法第 22 条第 3 款
决 定 要 点

对于采用分离手段 A 纯化化合物 X 的方法发明，如果本领域技术人员根据现有技术中所公开的采用功能相同的类似分离手段 A′纯化类似化合物 X′的方法，可以预见到该发明化合物 X 可以通过分离手段 A 分离纯化，并且该发明又没有产生预料不到的技术效果，则该发明相对于现有技术不具备创造性。

一、案由

本复审请求案涉及发明名称为“紫杉化合物的纯化方法”的第 94191548.4 号发明专利申请（下称本申请），申请人为罗纳－布朗克·罗莱尔股份有限公司，2003 年 5 月 30 日变更为阿文蒂斯药物股份有限公司，申请日为 1994 年 3 月 18 日，公开日为 1996 年 4 月 3 日，优先权日为 1993 年 3 月 22 日。

针对申请人于 2000 年 9 月 12 日提交的权利要求书、说明书第 2~4、6 页，1999 年 6 月 7 日提交的说明书第 1、5、7 页以及 1995 年 9 月 22 日提交的摘要，国家知识产权局于 2000 年 10 月 13 日以本申请不符合专利法第 22 条第 2、3 款及专利法第 26 条第 4 款的规定为由驳回了本申请。驳回决定的具体理由为：①申请人提交的关于塔佐泰勒三水合物的试验数据是后取得的，不能加入说明书，因此权利要求 10 不符合专利法第 26 条第 4 款的规定；②本发明方法与对比文件 1（Journal of liquid chromatography, 15 (4), 697-706 (1992)) 诸如所用原料混合物、流动相的差异不是权利要求 1 或 2 的必要技术特征。根据本领域技术人员的常识，本发明方法和对比文件 1 的方法同属于分配色谱，其关键在于选择对所分离物质具有一定溶解性能和分配系数的溶剂体系，而流动相的选用是常识性的，一如这些差异并未表述在权利要求 1 或 2 中。对比文件 1 方法的分配系数为 K=2，权利要求 1、2 的分配系数分别是 0.1~10，0.5~5，因此，权利要求 1、2 所述方法相对于对比文件 1 的方法，是惯用技术手段的替换，因而不具备新颖性，更不具备创造性；③申请人在进行有关创造性的陈述时，所依据的是 10-脱乙酰基浆果赤霉素 III 在甲基异丁酮－丙酮－水溶剂体系的情形，即权利要求 6、7 所述的方法，显然不能用来支持其他权利要求的创造性。在此情况下，权利要求 3~5、8、9 仍不符合专利法第 22 条第 3 款的规定。

驳回决定所针对的权利要求书如下：

"1. 采用在由水与不含氯和无毒的有机溶剂组成的两个部分混溶相之间离心分配色谱法纯化 10-脱乙酰浆果赤霉素 III 和塔佐泰勒的方法，所述溶剂选自醇、醚、酯、酮和脂族烃，该方法的特征在于为了纯化 10-脱乙酰浆果赤霉素 III，使用在两相之间的分配系数为 0.1~10 的脂族烃、酯、醇和水的混合物，或在两相之间的分配系数为 0.1~10 的脂族酮与水的混合物，为了纯化塔佐泰勒，使用在两相之间分配系数为 0.1~10 的脂族烃、酯、醇和水的混合物。

2. 根据权利要求 1 的方法，其特征在于在两相之间的分配系数为 0.5~5。

3. 根据权利要求 1 的方法，其特征在于两相之间的分配系数为 1。

4. 根据权利要求 1~3 中的任一项的方法，其特征在于为分离 10-脱乙酰浆果赤霉素 III，使用正庚烷、乙酸乙酯、甲醇和水的混合物。

5. 根据权利要求 4 的方法，其特征在于使用正庚烷-乙酸乙酯-甲醇-水的体积比为 1：2：1：2 的混合物。

6. 根据权利要求 1~3 中任一项的方法，其特征在于使用甲基异丁基酮、丙酮和水的混合物。

7. 根据权利要求 6 的方法，其特征在于使用甲基异丁基酮-丙酮-水的体积比为 2：3：2 的混合物。

8. 根据权利要求 1~3 中任一项的方法，其特征在于为了纯化塔佐泰勒，使用正庚烷、乙酸乙酯、甲醇和水的混合物。

9. 根据权利要求 8 的方法，其特征在于使用正庚烷-乙酸乙酯-甲醇-水的体积比为 2：4：3：2 的混合物。

10. (2R, 3S) 3-叔丁氧羰基氨基-3-苯基-2-羟基丙酸 (4-乙酸基-2α-苯甲酸基-5β, 20-桥氧基-1β, 7β, 10β-三羟基-9-氧代-11-紫杉烯-13α-基) 酯的三水合物或塔佐泰勒的三水合物。"

申请人罗纳－布朗克·罗莱尔股份有限公司（后变更为阿文蒂斯药物股份有限公司，下称请求人）不服上述驳回决定，于 2001 年 1 月 23 日向国家知识产权局专利复审委员会提出复审请求，其具体理由为：权利要求 6 和 7 涉及提纯 10-脱乙酰基浆果赤霉素（10-DAB），权利要求 8 和 9 涉及提纯塔佐泰勒。对于塔佐泰勒的提纯过程而言，溶剂混合物由庚烷/乙酸乙酯/甲醇/水（2/4/3/2）组成。在这一确切组成条件下，K=0.5（见实施例）。这表明水中的塔佐泰勒比有机溶剂中的多 2 倍。用于洗脱被固定在柱上的有机相的移动相为水相。由于这一特定组成，请求人获得稿塔佐泰勒回收率（约 88%）。对比文件 1 使用由轻质石油/乙酸乙酯/甲醇/水（60/70/80/65）组成的溶剂混合物，对于这一具体组成，K=2。这表明，有机相中紫杉酚的含量多于水相。作为移动相的有机相（第 701 页第 3 行）用于洗脱被固定在柱子上的水相，这样获得紫杉酚的产率被限制择在 40%（第 704 页第 1 段结尾）。因此，请求人认为本申请权利要求保护的技术方案与对比文件 1 相比具备中国专利法所规定的新颖性和创造性。此外，请求人提交了权利要求书的修改替换页，对权利要求 9 进行了修改，同时删除了原权利要求 10。修改后的权利要求 9 如下：

“9. 根据权利要求 8 的方法，其特征在于使用在两相之间的分配系数 K=0.5 的体积比为 2∶4∶3∶2 的正庚烷-乙酸乙酯-甲醇-水混合物并且借助作为流动相的水相进行洗脱。”

经形式审查合格后，专利复审委员会于 2001 年 2 月 27 日受理了该复审请求，并将本申请转送至国家知识产权局原审查部门进行前置审查。

在《前置审查意见书》中，国家知识产权局原审查查部门指出：实施例溶剂体系的组成只能用以说明权利要求 9 的创造性，驳回决定所指出的权利要求 1、2 的新颖性问题、权利要求 3~5、8 的创造性问题没有得到相应的答复和解决，因此坚持驳回决定。

专利复审委员会依法组成合议组，对本复审请求案进行了审理。

2003 年 6 月 30 日，专利复审委员会本案合议组向请求人发出《复审通知书》，《复审通知书》指出：①本申请权利要求 1 中使用分配系数为 0.1~10 的脂族烃、酯、醇和水的混合物的技术方案和对比文件 1 相比的区别在于被分离的目的产物和所使用的色谱法有所不同。但是，CPC 法和 HSCCC 法都是现有技术，其分离原理是相同的，对于同一化合物的分离，两种方法通常可以替换使用。本发明所分离的 10-脱乙酰浆果赤霉素 III 和塔佐泰勒，和对比文件 1 中分离的紫杉醇和紫杉烷二萜，均具有类似的结构。因此，在现有技术教导使用 HSCCC 法对于具有类似结构化合物进行分离提纯的情况下，想到使用 CPC 法对本发明的目的化合物进行提纯，对于本领域技术人员而言是显而易见的。因此权利要求 1 相对于对比文件 1 不具备创造性。②基于类似的理由，权利要求 1 的从属权利要求 2 也不具备创造性。③权利要求 3~5、8、9 均为权利要求 1 的从属权利要求，它们分别对权利要求 1 所述方法中的分配系数、溶剂组份和配比进行了具体限定，与现有技术有所差异。但是，对于本领域技术人员而言，在现有技术的上述教导下，想到和做到上述改变是很容易的。因此，在没有对比数据或其他证据证明上述改变使本发明相对于对比文件 1 所公开的技术方案具备了意想不到的效果的情况下，权利要求 3~5，8 及 9 也不具备创造性。

2003 年 8 月 15 日，请求人针对上述《复审通知书》提交了意见陈述书和权利要求书的修改替换页，用“通过半合成法获得的”对权利要求 1 中的塔佐泰勒进一步限定，同时提交了以下附件作为证据：

附件 1：薄层液相色谱法，复印件 2 页；

附件 2：HPLC 光谱，复印件 1 页；

附件 3：质谱，复印件 1 页；

附件 4：溶剂对比试验，5 页。

修改后的权利要求 1 如下：

“1. 采用在由水与不含氯和无毒的有机溶剂组成的两个部分混溶相之间离心分配色谱法纯化 10-脱乙酰浆果赤霉素 III 和通过半合成法得到的塔佐泰勒的方法，所述溶剂选自醇、醚、酯、酮和脂族烃，该方法的特征在于为了纯化 10-脱乙酰浆果赤霉素 III，使用在两相之间的分配系数为 0.1~10 的脂族烃、酯、醇和水的混合物，或在两相之间的分配系数为 0.1~10 的脂族酮与水的混合物，为了纯化塔佐泰勒，使用在两相之间分配系数为 0.1~10 的脂族烃、酯、醇和水的混合物。”

请求人认为：①对比文件 1 与本发明的区别在于研究目的、原料、所用方法、目的产物的不同，需要根据具体原料的组成和目的分离产物选择诸如分离方法、溶剂混合物的组成之类提纯条件（参见附件 1~3），对于分析化学领域的普通技术人员而言，即使在了解现有技术披露的化合物分离方法的条件下，不经过创造性劳动也无法以理想的分离效果分离提纯具有类似结构的另一化合物；②本发明在分离纯度方面取得了有益效果：由特定组成的溶剂混合物（庚烷/乙酸乙酯/甲醇/水＝2/4/3/2）在特定条件（K＝0.5）下获得的塔佐泰勒回收率为约88%，而对比文件1中紫杉酚的产率被限制在40%；③通过以水相进行洗脱而使塔佐泰勒以稳定的三水合物形式存在，这是本发明的另一有益效果；④10-DABIII与紫杉酚或塔佐泰勒表现出不同的溶解性，10-DABIII不溶于用于洗脱紫杉酚（或塔佐泰勒）溶剂体系，对于10-DABIII，唯一的适用溶剂体系是异丁基酮/丙酮/水（2/3/2）（参见附件4）；因此本发明与对比文件1相比是非显而易见的，本申请权利要求1~9具备创造性。

经过上述审查程序，本合议组认为本案事实已经清楚，可以依法作出复审决定。

二、决定的理由

1. 审查文本

本复审决定是针对请求人于2003年8月15日提交的权利要求第1~9项，2000年9月12日提交的说明书第2~4、6页，1999年6月7日提交的说明书第1、5、7页，1995年9月22日提交的摘要作出的。

2. 关于创造性

专利法第22条第3款规定：创造性，是指同申请日以前已有的技术相比，该发明有突出的实质性特点和显著的进步。

对于采用分离手段A纯化化合物X的方法发明，如果本领域技术人员根据现有技术中所公开的采用功能相同的类似分离手段A′纯化类似化合物X′的方法，可以预见到该发明化合物X可以通过分离手段A分离纯化，并且该发明又没有产生预料不到的技术效果，则该发明相对于现有技术不具备创造性。

本申请权利要求1为：采用在由水与不含氯和无毒的有机溶剂组成的两个部分混溶相之间离心分配色谱法纯化10-脱乙酰浆果赤霉素III和通过半合成法得到的塔佐泰勒的方法，所述溶剂选自醇、醚、酯、酮和脂族烃，该方法的特征在于为了纯化10-脱乙酰浆果赤霉素III，使用在两相之间的分配系数为0.1~10的脂族烃、酯、醇和水的混合物，或在两相之间的分配系数为0.1~10的脂族酮与水的混合物，为了纯化塔佐泰勒，使用在两相之间分配系数为0.1~10的脂族烃、酯、醇和水的混合物。该权利要求实际上要求保护三个并列的技术方案：

技术方案A——使用在两相之间的分配系数为0.1~10的脂族烃、酯、醇和水的混合物，采用离心分配色谱法纯化10-脱乙酰浆果赤霉素III的方法；

技术方案B——使用在两相之间的分配系数为0.1~10的脂族酮与水的混合物，采用离心分配色谱法纯化10-脱乙酰浆果赤霉素III的方法；

技术方案C——使用在两相之间的分配系数为0.1~10的脂族烃、酯、醇和水的混合物，采用离心分配色谱法纯化通过半合成法得到的塔佐泰勒的方法。

对比文件1涉及采用高速逆流液相色谱（HSCCC）法从欧洲红豆杉树皮的经预提纯的提取物中分离紫杉醇和相关的紫杉烷二萜如三尖杉宁碱的方法，与本申请的技术领域相近。对比文件1具体公开了：紫杉烷衍生物在色谱柱上的沉积问题限制了HPLC法的大规模使用。使用不需要固体载体的色谱法是有利的选择，为此使用HSCCC法，该方法使用石油醚（40°~65°）-乙酸乙酯-甲醇-水(50：70：80：65v/v）混合物作为溶剂体系。其中紫杉醇在上述溶剂体系中的分配系数K＝2（参见对比文件1第702页第3段第6~11行；第700页倒数第5~4行；第704页的第8~9行；第703页表1）。

对比文件1中的石油醚（40°~65°）、乙酸乙酯和甲醇分别是脂族烃、酯和醇的下位概念，数值分配系数K＝2落在本申请分配系数为0.1~10的范围内，因此将技术方案A、C与对比文件1公开的内容相比，区别技术特征仅在于：①采用的纯化方法不同，本申请中采用离心分配色谱法，对比文件

1 中采用高速逆流液相色谱法；②被分离的产物不同，本申请分离的是 10-脱乙酰浆果赤霉素 III 或通过半合成法得到的塔佐泰勒，对比文件 1 分离的是紫杉醇和诸如三尖杉宁碱的紫杉烷二萜。

对于区别技术特征①，首先，离心分配色谱法和高速逆流液相色谱法都是现有技术中常规的分离提纯方法，其中离心分配色谱法是一种改进的逆流液相色谱法，而高速逆流液相色谱法只是在离心分配色谱法的基础上利用一种特殊的运动模式实现在短时间内的高效分离，二者的分离原理基本相同，对溶剂的要求没有区别，通常可以替换使用。本申请说明书第 2 页第 3 段记载了“紫杉化合物的纯化，特别是塔佐泰勒和 10-7 脱乙酰浆果赤霉素 III 的纯化，可采用离心分配色谱法或高速逆流色谱法实施”，而没有对采用这两种方法所获得的效果有何不同加以说明。而根据本领域的普通知识，可以预见将离心分配色谱法替换为高速逆流液相色谱法，分离效果有所提高。在此基础上，合议组认为，区别技术特征①是相同功能的已知手段的相互替代，替换前后两者的技术效果是本领域技术人员可以预见的，并没有产生预料不到的技术效果。

对于区别技术特征②，本申请所分离的 10-脱乙酰浆果赤霉素 III（参见结构式 I）或塔佐泰勒（参见结构式 II），与对比文件 1 中分离的紫杉醇（参见结构式 III）和诸如三尖杉宁碱（参见结构式 IV）的紫杉烷二萜，均具有相同的母体结构，仅在少数取代基上有所差别。特别是对比文件 1 所分离的紫杉醇和三尖杉宁碱，两者结构非常接近，仅在 C-13 位侧链上存在细微差别。如上所述，对比文件 1 通过高速逆流色谱法采用石油醚（40°~65°）-乙酸乙酯-甲醇-水的溶剂体系可以将紫杉醇和结构非常接近的三尖杉宁碱分离纯化，由此，本领域技术人员可以预见，通过离心分配色谱法采用相同的溶剂体系可以将 10-脱乙酰浆果赤霉素 III 或塔佐泰勒与结构类似的化合物分离，并且本申请的方法也没有产生预料不到的技术效果。

因此，现有技术给出了将上述区别技术特征①、②应用到对比文件 1 中以解决本发明所解决的技术问题的启示，本申请权利要求 1 技术方案 A、C 对于本领域技术人员来说是显而易见的，不具备创造性，不符合专利法第 22 条第 3 款的规定。

请求人提交的附件 1~3 试图证明本申请待分离的物质中杂质种类、含量较多，与对比文件 1 不同，并由此认为本专利权利要求 1 具备创造性。但如上所述，由于本申请和对比文件 1 所用溶剂体系相同，采用的分离方法类似，所分离的目标产物结构类似、性质相近，并且对比文件 1 公开了通过高速逆流液相色谱法及所述溶剂体系可以将紫杉醇和三尖杉宁碱等结构如此接近的化合物分离，因此即使本申请待分离的物质中杂质种类、含量较多，本领域技术人员也能预见采用本申请的方法可以实现对 10-脱乙酰浆果赤霉素 III 或塔佐泰勒的分离提纯，请求人争辩的理由不能成立。

此外，请求人认为：①对比文件 1 分配系数 K=2，有机相是流动的，教导的是正相色谱，而本发明的分配系数 K=0.5，流动相为水相，是一种反相色谱法；本发明中塔佐泰勒的回收率为约 88%，而对比文件 1 中紫杉酚的产率被限制在 40%；②同时由于塔佐泰勒被洗脱在水相中，所以其以三水合物形式存在，其存在形式非常有利，因此权利要求 1 具有创造性。

对此，合议组认为：首先，由于本申请权利要求 1 并未限定流动相为水相，因此由此获得的技术效果不能证明权利要求 1 具备创造性；其次，上述效果②在原始说明书和权利要求书中既没有记载也不能直接得出，对于这种请求人新补入的技术效果，合议组不能接受；最后，上述塔佐泰勒的回收率为约 88% 是特定实施例的技术效果，其中使用的是具有特定配比的特定有机溶剂体系，其无法证明权利要求 1 整个范围的技术方案都具有所述效果，因而基于该效果不能说明权利要求 1 具备创造性。

基于同样的道理，对于请求人以附件 4 为证据、以使用特定的甲基异丁基酮-丙酮-水的体积比为 2∶3∶2 的混合物分离结构式 I—10-脱乙酰浆果赤霉素 III 的效果数据为基础来证明本申请权利要求 1 具备创造性的争辩理由也不能成立。

从属权利要求2引用权利要求1，将分配系数限定为0.5~5，基于类似的理由，当从属权利要求2的附加技术特征限定技术方案A、C时，权利要求2也不具备创造性，不符合专利法第22条第3款的规定。

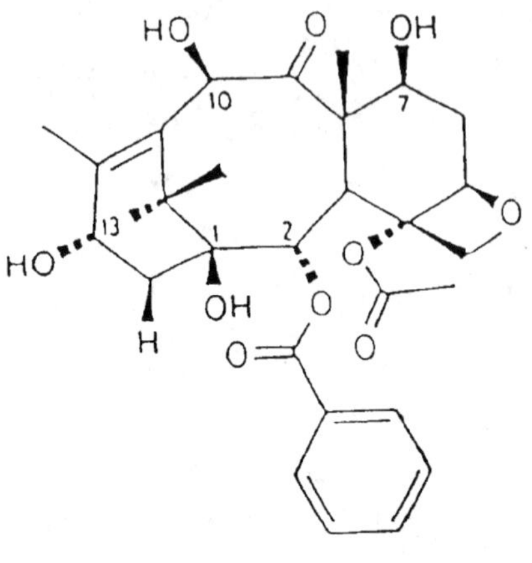

结构式I—10-脱乙酰浆果赤霉素III

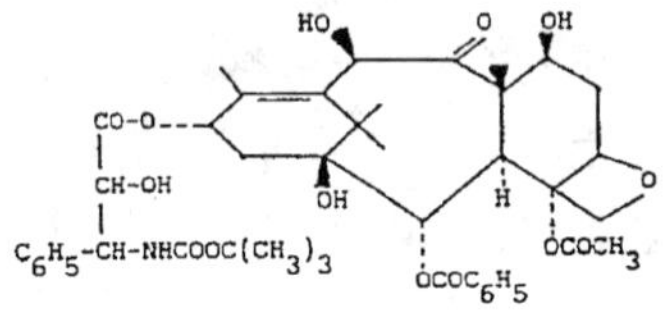

结构式II—塔佐泰勒

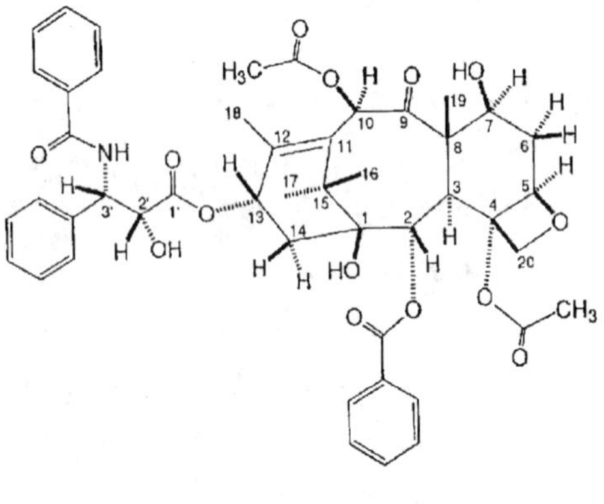

结构式III—紫杉醇

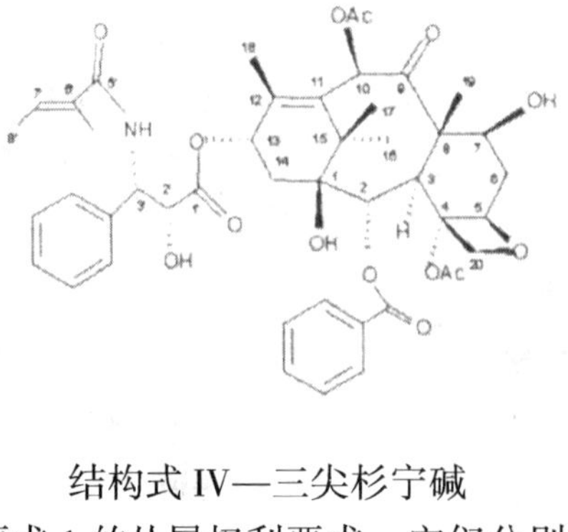

结构式IV—三尖杉宁碱

权利要求3、4和8均为权利要求1的从属权利要求，它们分别将权利要求1所述方法中的分配系数限定为1，将溶剂限定为正庚烷、乙酸乙酯、甲醇和水的混合物。这些附加技术特征均与现有技术有所差异，是相对于对比文件1的区别技术特征。但是，对于本领域技术人员而言，这些技术特征都是本领域的常规选择，同时在说明书中也没有记载基于这些区别技术特征所获得的预料不到的技术效果，因此当权利要求3、4和8的附加技术特征限定技术方案A、C时，这些权利要求不具备创造性，不符合专利法第22条第3款的规定。

基于上述理由，合议组作出下述决定。

三、决定

维持国家知识产权局于2000年10月13日作出的驳回第94191548.4号申请的决定。

复审请求人对本决定不服的，可以根据专利法第41条第2款的规定，自收到本决定之日起三个月内向北京市第一中级人民法院起诉。

044

丝氨酸蛋白酶抑制剂

复审请求审查决定（第12779号）

决　　定　　号　第12779号
决　　定　　日　2008年2月20日
发明创造名称　丝氨酸蛋白酶抑制剂
国 际 分 类 号　C07C311/51，C07C311/08，C07C311/18，C07C311/05，C07C311/13，C07C311/29，C07C311/06，C07C311/21，C07C257/16，A61K31/18
复 审 请 求 人　杰南技术公司
申　　请　　号　00804422.8
优 先 权 日　1999年1月13日
申　　请　　日　2000年1月11日
公　　开　　日　2002年3月27日
合 议 组 组 长　汪送来
主　　审　　员　刘　磊
参　　审　　员　吴红权

法 律 依 据　专利法第33条
决 定 要 点

如果修改后的内容在原申请文件中有记载或者能够从原申请记载的信息中直接地、毫无疑义地确定，则这种修改没有超范围。

一、案由

本复审请求案涉及发明名称为“丝氨酸蛋白酶抑制剂”的第00804422.8号发明专利申请（下称本申请），申请人为杰南技术公司，申请日为2000年1月11日，最早优先权日为1999年1月13日，公开日为2002年3月27日。

2005年3月11日，针对申请人于2004年11月18日提交的权利要求第1~8项、2001年8月30日进入中国国家阶段时提交的的说明书第1~5，7~121页和说明书摘要、于2004年2月16日提交的说明书第6页，国家知识产权局以权利要求1~3的修改不符合专利法第33条的规定为由驳回了本申请。

驳回决定所针对的权利要求1~3如下：

“1. 具有下面结构的化合物或其酸、碱加成盐

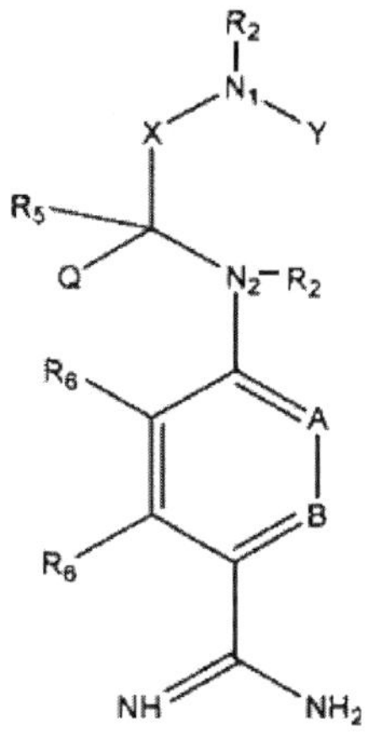

其中

A 和 B 为 CH;

X 为 C=O 或 CH_2;

Y 为 S（O）$_2$-R_1 其中 R_1 是苯基，C_1-C_6 烷基或噻吩基;

N_1 和 N_2 为氮原子;

Q 是苯基，被选自下列基团中的一个或多个基团任选取代：卤素，硝基，C_1-C_6 烷基，C_2-C_6 烯基，C_2-C_6 炔基，NR_7R_8，OR_7，SR_7，C_1-C_6 烷基-C（O）OR_7，OC_1-C_6 烷基-C（O）OR_7，C_1-C_6 烷基-OR_7，OC_1-C_6 烷基-OR_7，C_1-C_6 烷基-NR_7R_8，OC_1-C_6 烷基-NR_7R_8，C_1-C_6 烷基-C（O）NR_7R_8，OC_1-C_6 烷基-C（O）NR_7R_8，C_1-C_6 烷基-C（O）R_7，OC_1-C_6 烷基-C（O）R_7，C_1-C_6 卤代烷基，O-芳烷基，C（O）OR_7，C（O）NR_7R_8，OC（O）NR_7R_8，NHC（O）R_7，NHC（O）NR_7R_8，NR_7S（O）$_2R_1$，NR_7S（O）$_2R_7$，NR_7S（O）$_2C_1$-C_6 烷基-C（O）OR_7，S（O）$_2R_7$，OPh，OCH（CH_2Cl）Ph 和 S（O）$_2NR_7R_8$;

每个 R_2 是 H;

R_5 选自：H，C_1-C_6 烷基，C_1-C_6 烷基-OR_7，C_1-C_6 卤代烷基，C_6-C_{10}芳基，C_1-C_6 烷基-NR_7R_8，C_1-C_6 烷基-OC（O）R_7，C_1-C_6 烷基-C（O）OR_7，C_1-C_6 烷基-C（O）R_7，C（O）OR_7，C（O）R_7，吲哚基，咪唑基，其中烷基，芳基，R_7 或 R_8 独立地被一个至三个 F，Cl，Br，I，OR_7，SR_7，NR_7R_8，OC（OR_7），C（O）OR_7，C（O）R_7，C（O）NR_7R_8，NHC（NH）NH_2，或 PO_3 取代;

R_6 选自 H，C_1-C_6 烷基，C_1-C_6 烷基-OR_7，C_1-C_6 烷基-NR_7R_8，C_1-C_6 卤代烷基，卤素，氰基，OR_7，SR_7，NR_7R_8，C（O）R_7 和 OC（O）R_7；和

R_7 和 R_8 独立地是 H 或 C_1-C_6 烷基。

2. 权利要求 1 的化合物，其中 Q 具有如下的结构：

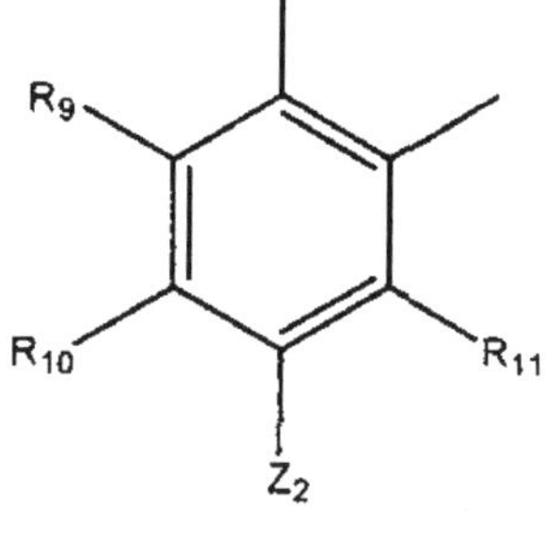

其中

R_9 和 R_{10} 独立地是 C_1-C_6 烷氧基，OCH（CH_2Cl）Ph 或 OC_1-C_6 烷基-C_6-C_{10} 芳基；

$R_1$1 是 H，$NR_7S(O)_2R_7$，或 $NR_7S(O)_2C_1-C_6$ 烷基-C（O）OR_7；

Z1 为 H；

Z2 是 H 或 C_1-C_6 烷氧基。

3. 权利要求 2 的化合物，其中 R_9 和 R_{10} 独立地选自 OCH_3，氧乙基，氧异丙基，氧异丁基，OCH_2Ph，或 OCH（CH_2Cl）Ph。”

驳回决定认为：（1）权利要求 1 对 Q 上取代基的定义增加的“S（O）$_2NR_7R_8$”和“OCH（CH_2Cl）Ph”，以及权利要求 1 中出现的“其中烷基、芳基、R_7、R_8 独立地被一个至三个 F，Cl，Br，I，OR_7，SR_7，NR_7R_8，OC（OR_7），C（O）OR_7，C（O）R_7，C（O）NR_7R_8，NHC（NH）NH_2，或 PO_3 取代”在原始公开的申请文件中没有相应的记载，并且上述修改的内容不能由原始公开的申请文件直接、唯一的推导出来，因此，权利要求 1 修改超范围，不符合专利法第 33 条第 1 款的规定；（2）同理，权利要求 2~3 中增加了 OCH（CH_2Cl）Ph 基团，使得这些权利要求不符合专利法第 33 条第 1 款的规定；（3）针对申请人陈述的意见，驳回决定指出，a）说明书中没有披露 Q 上的取代基为“S（O）$_2NR_7R_8$”；b）基团“OCH（CH_2Cl）Ph”尽管披露在化合物 299 中，但是化合物 299 是 R_{10} 为“OCH（CH_2Cl）Ph”时，与其他各取代基的特定组合，申请人将 R_{10} 为“OCH（CH_2Cl）Ph”补入权利要求 1 中，相当于“OCH（CH_2Cl）Ph”可以在苯环的任意位置，而且可以与通式中其他取代基作任意的组合，而这些化合物中除了化合物 299 之外，其他的化合物都不能由原始公开的申请文件直接、唯一的推导出来；c）原始文件中“OR_7，SR_7，NR_7R_8，OC（OR_7），C（O）OR_7，C（O）R_7，C（O）NR_7R_8，NHC（NH）NH_2，或 PO_3”为 R_5 的定义，而修改后“OR_7，SR_7，NR_7R_8，OC（OR_7），C（O）OR_7，C（O）R_7，C（O）NR_7R_8，NHC（NH）NH_2，或 PO_3”变成了烷基、芳基、R_7、R_8 上的取代基；根据说明书对烷基上的取代基的定义无法直接、唯一的推导出“芳基”上具有一个至三个 F，Cl，Br，I，OR_7，SR_7，NR_7R_8，OC（OR_7），C（O）OR_7，C（O）R_7，C（O）NR_7R_8，NHC（NH）NH_2，或 PO_3 取代基。

2005 年 6 月 27 日，杰南技术公司（下称请求人）对上述驳回决定不服，向专利复审委员会提出复审请求，同时提交了权利要求书全文替换页，其中对权利要求 1~3 和 6 进行了修改，修改后的权利要求 1~3 和 6 如下：

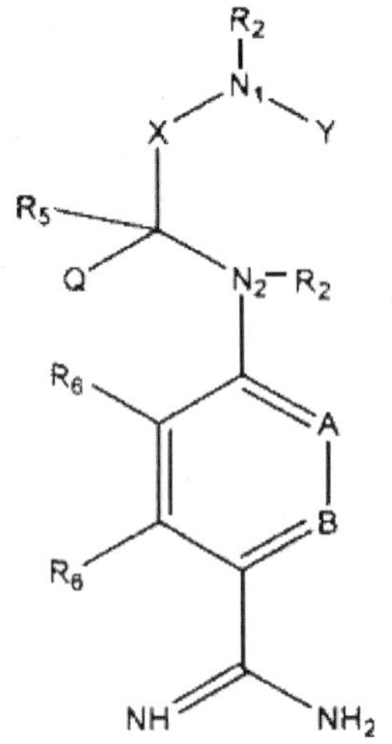

“1. 具有下面结构的化合物或其酸、碱加成盐

其中

A 和 B 为 CH；

X 为 C=O 或 CH_2；

Y 为 S（O）$_2$-R_1 其中 R_1 是苯基，C_1-C_6 烷基或噻吩基；

N_1 和 N_2 为氮原子；

Q 是苯基，被选自下列基团中的一个或多个基团任选取代：卤素，硝基，C_1-C_6 烷基，C_2-C_6 烯基，C_2-C_6 炔基，NR_7R_8，OR_7，SR_7，C_1-C_6 烷基-C（O）OR_7，OC_1-C_6 烷基-C（O）OR_7，C_1-C_6 烷基-OR_7，OC_1-C_6 烷基-OR_7，C_1-C_6 烷基-NR_7R_8，OC_1-C_6 烷基-NR_7R_8，C_1-C_6 烷基-C（O）NR_7R_8，OC_1-C_6 烷基-C（O）NR_7R_8，C_1-C_6 烷基-C（O）R_7，OC_1-C_6 烷基-C（O）R_7，C_1-C_6 卤代烷基，O-芳烷基，C（O）OR_7，C（O）NR_7R_8，OC（O）NR_7R_8，NHC（O）R_7，NHC（O）NR_7R_8，NR_7S（O）$_2R_1$，NR_7S（O）$_2R_7$，NR_7S（O）$_2C_1$-C_6 烷基-C（O）OR_7，S（O）$_2R_7$ 和 OPh；

每个 R_2 是 H；

R_5 选自：H，C_1-C_6 烷基，C_1-C_6 烷基-OR_7，C_1-C_6 卤代烷基，C_6-C_{10} 芳基，C_1-C_6 烷基-NR_7R_8，C_1-C_6 烷基-OC（O）R_7，C_1-C_6 烷基-C（O）OR_7，C_1-C_6 烷基-C（O）R_7，C（O）OR_7，C（O）R_7，吲哚基，咪唑基，其中烷基、R_7 或 R_8 独立地被一个至三个 F，Cl，Br，I，OR_7，SR_7，NR_7R_8，OC（OR_7），C（O）OR_7，C（O）R_7，C（O）NR_7R_8，NHC（NH）NH_2，或 PO_3 取代；

R_6 选自 H，C_1-C_6 烷基，C_1-C_6 烷基-OR_7，C_1-C_6 烷基-NR_7R_8，C_1-C_6 卤代烷基，卤素，氰基，OR_7，SR_7，NR_7R_8，C（O）R_7 和 OC（O）R_7；和

R_7 和 R_8 独立地是 H 或 C_1-C_6 烷基。

2. 权利要求 1 的化合物，其中 Q 具有如下的结构：

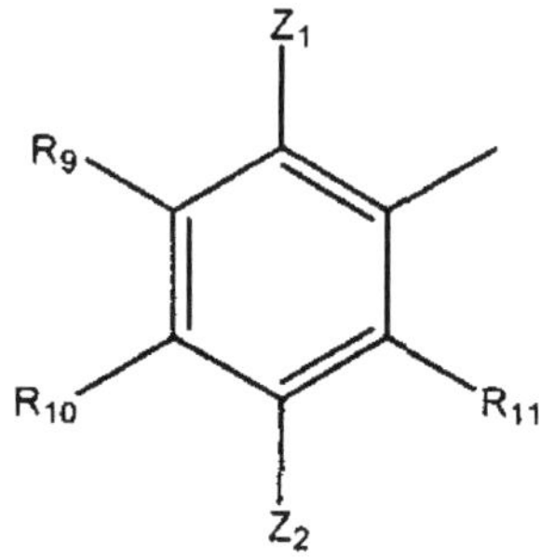

其中

R_9 和 R_{10}独立地是 C_1-C_6 烷氧基或 OC_1-C_6 烷基-C_6-C_{10}芳基；

R_{11}是 H，NR_7S（O）$_2R_7$ 或 NR_7S（O）$_2C_1$-C_6 烷基-C（O）OR_7；

Z_1 为 H；

Z_2 是 H 或 C_1-C_6 烷氧基。

3. 权利要求 2 的化合物，其中 R_9 和 R_{10}独立地选自 OCH_3，氧乙基，氧异丙基，氧异丁基或 OCH_2Ph。

6. 一种组合物，包含权利要求 1~5 中任一项的化合物以及载体或赋形剂。”

经形式审查合格后，专利复审委员会受理了该请求，并于 2005 年 8 月 29 日向请求人发出了《复审请求受理通知书》，同时将本申请转送至国家知识产权局原审查部门进行前置审查。

在《前置审查意见书》中，国家知识产权局原审查部门认为：权利要求 1 中出现的“其中烷基、R_7、R_8 独立地被一个至三个 F，Cl，Br，I，OR_7，SR_7，NR_7R_8，OC（OR_7），C（O）OR_7，C（O）R_7，C（O）NR_7R_8，NHC（NH）NH_2，或 PO_3 取代”与中文公开的“其中烷基、R_7、R_8 被一个至三个 F，Cl，Br，I 取代的基团”不一致，而且，根据原始公开的申请文件，如果申请人将“吲哚、

咪唑基”修改为对 R_5 的定义，那么，无法直接、唯一地推导出“OR_7，SR_7，NR_7R_8，OC（OR_7），C（O）OR_7，C（O）R_7，C（O）NR_7R_8，NHC（NH）NH_2，或 PO_3”是对“烷基、R_7、R_8”上的取代基的定义，上述修改的内容不能由原始公开的申请文件直接、唯一的推导出来，权利要求 1 修改超范围，不符合专利法第 33 条的规定。”因此，坚持驳回决定。

专利复审委员会依法组成合议组，对本复审请求案进行了审理。

2007 年 3 月 15 日，专利复审委员会本案合议组向请求人发出《复审通知书》，指出，对于国际申请，专利法第 33 条所说的原说明书和权利要求书是指原始提交的国际申请的说明书、权利要求书和附图。上述修改后的权利要求 1 出现了 R_5 可为吲哚基和咪唑基的内容，而在原始提交的国际申请的权利要求书中，吲哚基和咪唑基与“F，Cl，Br，I，OR_7，SR_7，NR_7R_8，OC（OR_7），C（O）OR_7，C（O）R_7，C（O）NR_7R_8，NHC（NH）NH_2 或 PO_3”一样，分别是烷基、R_7 或 R_8 的取代基，而不是作为 R_5 的基团，因此，该处修改与原始提交的国际申请记载的信息不同，且又不能从原始提交的国际申请记载的信息中直接地、毫无疑义地确定得到，不符合专利法第 33 条的规定。

2007 年 7 月 2 日，针对上述《复审通知书》，请求人提交了意见陈述书和权利要求书全文替换页，对权利要求 1~6 进行了修改，其中权利要求 1 中将原来定义为 R_5 的吲哚基和咪唑基改为 R_7 或 R_8 的取代基。请求人认为，此次修改后的权利要求书克服了合议组在《复审通知书》中指出的权利要求 1 修改超范围的问题，符合专利法第 33 条第 1 款的规定。

修改后的权利要求 1~6 如下：

“1. 具有下面结构的化合物或其酸、碱加成盐：

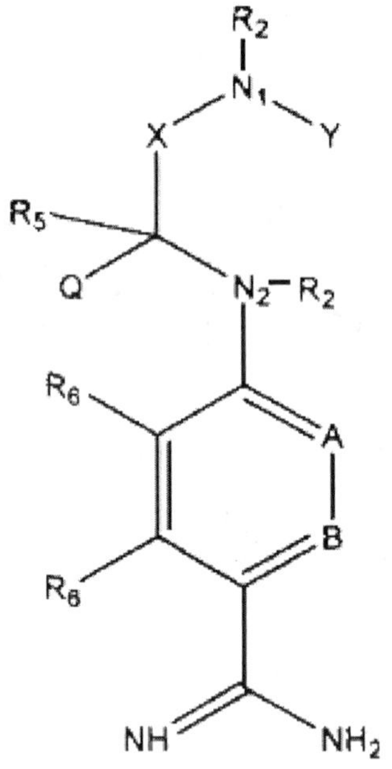

其中

A 和 B 为 CH；

X 为 C=O 或 CH_2；

Y 为 S（O）$_2R_1$ 其中 R_1 是苯基，C_1-C_6 烷基或噻吩基；

N_1 和 N_2 为氮原子；

Q 是苯基，被选自下列基团中的一个或多个基团任选取代：卤素，硝基，C_1-C_6 烷基，C_2-C_6 烯基，C_2-C_6 炔基，NR_7R_8，OR_7，SR_7，C_1-C_6 烷基-C（O）OR_7，OC_1-C_6 烷基-C（O）OR_7，C_1-C_6

烷基-OR_7，OC_1-C_6烷基-OR_7，C_1-C_6烷基-NR_7R_8，OC_1-C_6烷基-NR_7R_8，C_1-C_6烷基-C（O）NR_7R_8，OC_1-C_6烷基-C（O）NR_7R_8，C_1-C_6烷基-C（O）R_7，OC_1-C_6烷基-C（O）R_7，C_1-C_6卤代烷基，O-芳烷基，C（O）OR_7，C（O）NR_7R_8，OC（O）NR_7R_8，NHC（O）R_7，NHC（O）NR_7R_8，NR_7S（O）$_2R_1$，NR_7S（O）$_2R_7$，NR_7S（O）$_2C_1$-C_6烷基-C（O）OR_7，S（O）$_2R_7$和OPh；

每个R_2是H；

R_5选自：H，C_1-C_6烷基，C_1-C_6烷基-OR_7，C_1-C_6卤代烷基，C_6-C_{10}芳基，C_1-C_6烷基-NR_7R_8，C_1-C_6烷基-OC（O）R_7，C_1-C_6烷基-C（O）OR_7，C_1-C_6烷基-C（O）R_7，C（O）OR_7和C（O）R_7，其中所述烷基、R_7或R_8独立地被一个至三个F，Cl，Br，I，OR_7，SR_7，NR_7R_8，OC（OR_7），C（O）OR_7，C（O）R_7，C（O）NR_7R_8，NHC（NH）NH_2，PO_3，吲哚基或咪唑基取代；

R_6选自H，C_1-C_6烷基，C_1-C_6烷基-OR_7，C_1-C_6烷基-NR_7R_8，C_1-C_6卤代烷基，卤素，氰基，OR_7，SR_7，NR_7R_8，C（O）R_7和OC（O）R_7；和

R_7和R_8独立地是H或C_1-C_6烷基。

2. 权利要求1的化合物或其酸、碱加成盐，其中Q具有如下的结构

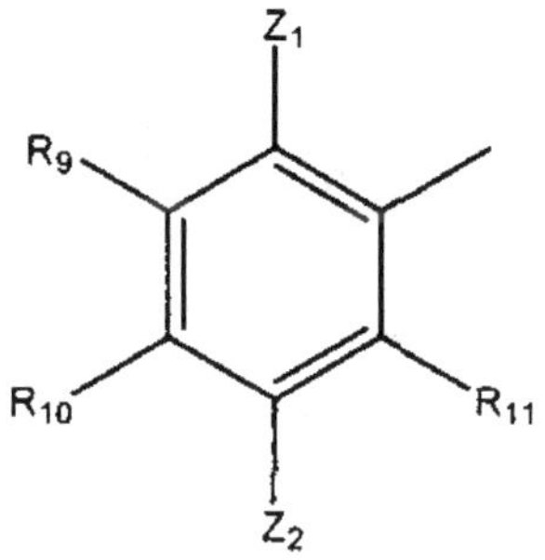

其中

R_9和R_{10}独立地是C_1-C_6烷氧基或OC_1-C_6烷基-C_6-C_{10}芳基；

$R_1$1是H，NR_7S（O）$_2R_7$或NR_7S（O）$_2C_1$-C_6烷基-C（O）OR_7；

Z1为H；

Z2是H或C_1-C_6烷氧基。

3. 权利要求2的化合物或其酸、碱加成盐，其中R_9和R_{10}独立地选自OCH_3，氧乙基，氧异丙基，氧异丁基或OCH_2Ph。

4. 权利要求1的化合物或其酸、碱加成盐，其中X为-C=O。

5. 权利要求1的化合物或其酸、碱加成盐，其中R_6为H。

6. 一种组合物，包含权利要求1~5中任一项的化合物或其酸、碱加成盐以及载体或赋形剂。”

2007年9月14日，专利复审委员会本案合议组第二次向请求人发出《复审通知书》，指出，权利要求1中出现的下述内容：“Q是苯基，被选自下列基团中的一个或多个基团任选取代：……NR_7S（O）$_2C_1$-C_6烷基-C（O）OR_7…… ……OPh……”和“R_5选自：……C_6-C_{10}芳基……”，权利要求2中出现的R_9可以是OC_1-C_6烷氧-C_6-C_{10}芳基的内容，以及权利要求3中出现的R_9可选自OCH_2Ph的内容，既没有记载在原申请中，也不能从原申请记载的信息中直接地、毫无疑义地确定，是不被允许的，即，权利要求1~3超出了原说明书和权利要求书记载的范围，不符合专利法第33条的规定。

2007年11月29日，请求人针对上述第二次《复审通知书》提交了意见陈述书以及权利要求书全文替换页，其中对权利要求1~3进行了修改。修改后的权利要求1~3如下：

“1. 具有下面结构的化合物或其酸、碱加成盐：

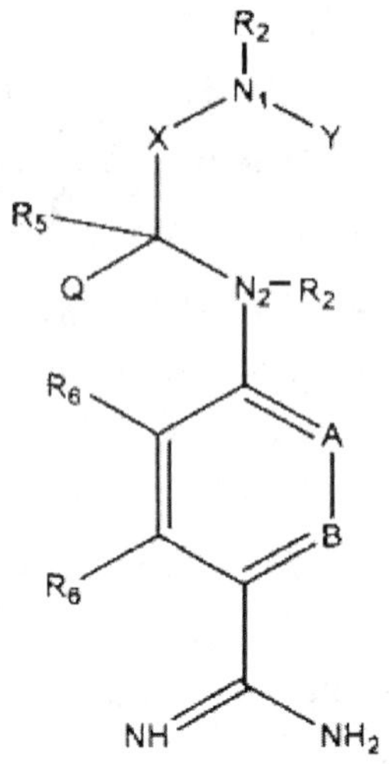

其中

A 和 B 为 CH；

X 为 C=O 或 CH_2；

Y 为 S（O）$_2R_1$ 其中 R_1 是苯基，C_1-C_6 烷基或噻吩基；

N_1 和 N_2 为氮原子；

Q 是苯基，被选自下列基团中的一个或多个基团任选取代：卤素，硝基，C_1-C_6 烷基，C_2-C_6 烯基，C_2-C_6 炔基，NR_7R_8，OR_7，SR_7，C_1-C_6 烷基-C（O）OR_7，OC_1-C_6 烷基-C（O）OR_7，C_1-C_6 烷基-OR_7，OC_1-C_6 烷基-OR_7，C_1-C_6 烷基-NR_7R_8，OC_1-C_6 烷基-NR_7R_8，C_1-C_6 烷基-C（O）NR_7R_8，OC_1-C_6 烷基-C（O）NR_7R_8，C_1-C_6 烷基-C（O）R_7，OC_1-C_6 烷基-C（O）R_7，C_1-C_6 卤代烷基，O-芳烷基，C（O）OR_7，C（O）NR_7R_8，OC（O）NR_7R_8，NHC（O）R_7，NHC（O）NR_7R_8，NR_7S（O）$_2R_1$，NR_7S（O）$_2R_7$；NR_7S（O）$_2R_7$，其中 R_7 是氢或 C_1-C_6 烷基，其中烷基任选被羧基或未取代的烷氧羰基取代；S（O）$_2R_7$ 和 OR_{12}，其中该 R_{12} 是 C_6-C_{10}芳基；

每个 R_2 是 H；

R_5 选自：H，C_1-C_6 烷基，C_1-C_6 烷基-OR_7，C_1-C_6 卤代烷基，C_1-C_6 烷基-NR_7R_8，C_1-C_6 烷基-OC（O）R_7，C_1-C_6 烷基-C（O）OR_7，C_1-C_6 烷基-C（O）R_7，C（O）OR_7 和 C（O）R_7，其中所述烷基、R_7 或 R_8 独立地被一个至三个 F，Cl，Br，I，OR_7，SR_7，NR_7R_8，OC（OR_7），C（O）OR_7，C（O）R_7，C（O）NR_7R_8，NHC（NH）NH_2，PO_3，吲哚基或咪唑基取代；

R_6 选自 H，C_1-C_6 烷基，C_1-C_6 烷基-OR_7，C_1-C_6 烷基-NR_7R_8，C_1-C_6 卤代烷基，卤素，氰基，OR_7，SR_7，NR_7R_8，C（O）R_7 和 OC（O）R_7；和

R_7 和 R_8 独立地是 H 或 C_1-C_6 烷基。

2. 权利要求 1 的化合物或其酸、碱加成盐，其中 Q 具有如下的结构：

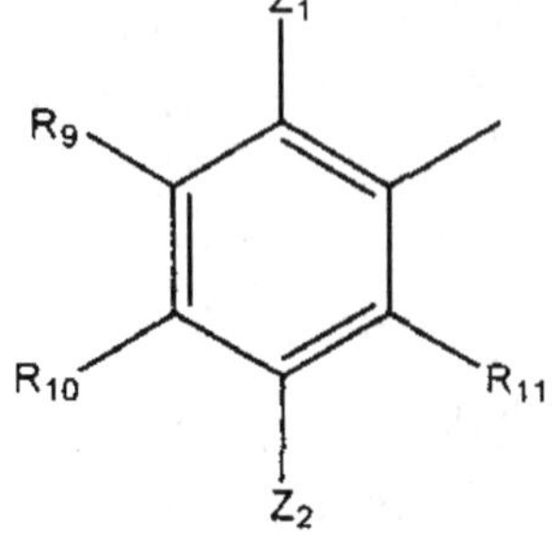

其中

R_9 是 C_1-C_6 烷氧基；

R_{10}是 C_1-C_6 烷氧基或 OC_1-C_6 烷基-C_6-C_{10}芳基；

$R_1$1 是 H，$NR_7S(O)_2R_7$ 或 $NR_7S(O)_2C_1-C_6$ 烷基-C（O）OR_7；

Z_1 为 H；

Z_2 是 H 或 C_1-C_6 烷氧基。

3. 权利要求 2 的化合物或其酸、碱加成盐，其中 R_9 是 OCH_3，氧乙基，氧异丙基或氧异丁基，且 R_{10}是 OCH_3，氧乙基，氧异丙基，氧异丁基或 OCH_2Ph。”

请求人认为，（1）权利要求 1 中的 Q 基团定义中的“$NR_7S(O)_2C_1-C_6$ 烷基-C（O）OR_7”被修改为“$NR_7S(O)_2R_7$，其中 R_7 是氢或 C_1-C_6 烷基，其中烷基任选被羧基或未取代的羰烷氧基取代”，该处修改得到了说明书第 15 页末段至第 16 页首段、原权利要求 1 和说明书第 7 页的相关内容的支持；（2）权利要求 1 中的 Q 基团定义中的“OPh”修改为“OR_{12}，其中 R_{12}为 C_6-C_{10}芳基”，该处修改得到了说明书第 16 页，R_{10}、R_{11}和 Z_2 相关内容的支持；（3）删除了权利要求 1 中 R_5 可选自 C_6-C_{10}芳基的内容，删除了权利要求 2 中的 R_9 可以是 OC_1-C_6 烷氧-C_6-C_{10}芳基的内容，以及删除了权利要求 3 中的 R_9 可选自 OCH_2Ph 的内容以后，使得对权利要求 1、2 和 3 所进行的修改符合专利法第 33 条的规定。

2008 年 1 月 30 日，请求人再次提交了意见陈述书和权利要求书替换页，在 2007 年 11 月 29 日所提交的权利要求书的基础上，将权利要求 1 中有关 Q 基团定义的内容“$NR_7S(O)_2R_7$，其中 R_7 是氢或 C_1-C_6 烷基，其中烷基任选被羧基或未取代的烷氧羰基取代”以及“OR_{12}，其中该 R_{12}是 C_6-C_{10}芳基”删除；并认为，本发明修改后的申请文件已经满足了专利法及专利法实施细则的要求。修改后的权利要求书如下：

“1. 具有下面结构的化合物或其酸、碱加成盐：

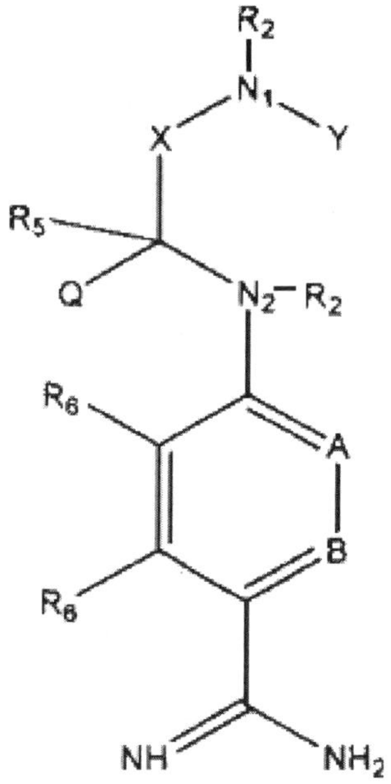

其中

A 和 B 为 CH；

X 为 C=O 或 CH_2；

Y 为 S（O）$_2R_1$ 其中 R_1 是苯基，C_1-C_6 烷基或噻吩基；

N_1 和 N_2 为氮原子；

Q 是苯基，被选自下列基团中的一个或多个基团任选取代：卤素，硝基，C_1-C_6 烷基，C_2-C_6 烯基，C_2-C_6 炔基，NR_7R_8，OR_7，SR_7，C_1-C_6 烷基-C（O）OR_7，OC_1-C_6 烷基-C（O）OR_7，C_1-C_6 烷基-OR_7，OC_1-C_6 烷基-OR_7，C_1-C_6 烷基-NR_7R_8，OC_1-C_6 烷基-NR_7R_8，C_1-C_6 烷基-C（O）NR_7R_8，OC_1-C_6 烷基-C（O）NR_7R_8，C_1-C_6 烷基-C（O）R_7，OC_1-C_6 烷基-C（O）R_7，C_1-C_6 卤代烷基，O-芳烷基，C（O）OR_7，C（O）NR_7R_8，OC（O）NR_7R_8，NHC（O）R_7，NHC（O）NR_7R_8，NR_7S（O）$_2R_1$，NR_7S（O）$_2R_7$；和 S（O）$_2R_7$；

每个 R_2 是 H；

R_5 选自：H，C_1-C_6 烷基，C_1-C_6 烷基-OR_7，C_1-C_6 卤代烷基，C_1-C_6 烷基-NR_7R_8，C_1-C_6 烷基-OC（O）R_7，C_1-C_6 烷基-C（O）OR_7，C_1-C_6 烷基-C（O）R_7，C（O）OR_7 和 C（O）R_7，其中所述烷基、R_7 或 R_8 独立地被一个至三个 F，Cl，Br，I，OR_7，SR_7，NR_7R_8，OC（OR_7），C（O）OR_7，C（O）R_7，C（O）NR_7R_8，NHC（NH）NH_2，PO_3，吲哚基或咪唑基取代；

R_6 选自 H，C_1-C_6 烷基，C_1-C_6 烷基-OR_7，C_1-C_6 烷基-NR_7R_8，C_1-C_6 卤代烷基，卤素，氰基，OR_7，SR_7，NR_7R_8，C（O）R_7 和 OC（O）R_7；和

R_7 和 R_8 独立地是 H 或 C_1-C_6 烷基。

2. 权利要求 1 的化合物或其酸、碱加成盐，其中 Q 具有如下的结构：

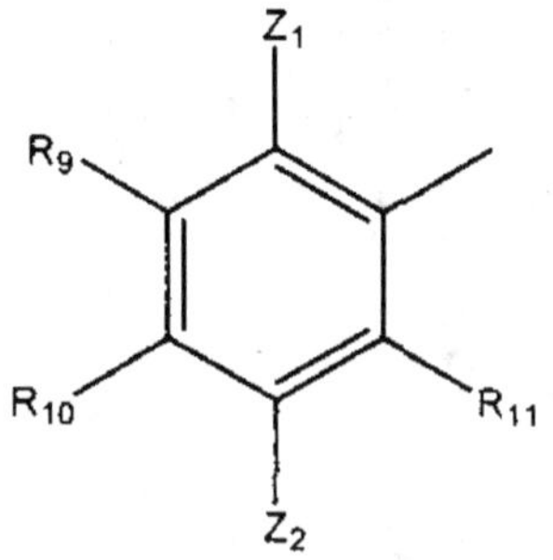

其中

R_9 是 C_1-C_6 烷氧基；

R_{10}是 C_1-C_6 烷氧基或 OC_1-C_6 烷基-C_6-C_{10}芳基；

$R_1$1 是 H，NR_7S（O）$_2R_7$ 或 NR_7S（O）$_2C_1$-C_6 烷基-C（O）OR_7；

Z1 为 H；

Z2 是 H 或 C_1-C_6 烷氧基。

3. 权利要求 2 的化合物或其酸、碱加成盐，其中 R_9 是 OCH_3，氧乙基，氧异丙基或氧异丁基，且 R_{10}是 OCH_3，氧乙基，氧异丙基，氧异丁基或 OCH_2Ph。

4. 权利要求 1 的化合物或其酸、碱加成盐，其中 X 为-C=O。

5. 权利要求 1 的化合物或其酸、碱加成盐，其中 R_6 为 H。

6. 一种组合物，包含权利要求 1~5 中任一项的化合物或其酸、碱加成盐以及载体或赋形剂。

7. 权利要求 6 的组合物在制备用于治疗 TF/因子 VIIa，因子 Xa，凝血酶或激肽释放酶介导的疾病的药物中的用途。

8. 权利要求 6 的组合物在制备用于治疗预防血栓形成或治疗异常血栓形成的药物中的用途。”

至此，合议组认为本案事实已经清楚，可以依法作出审查决定。

二、决定的理由

1. 关于决定的文本

本复审决定是针对请求人于2008年1月30日提交的权利要求第1~8项，进入中国国家阶段时提交的的说明书第1~5，7~121页和说明书摘要，以及2004年2月16日提交的说明书第6页作出的。

2. 关于专利法第33条

专利法第33条规定：申请人可以对其专利申请文件进行修改，但是，对发明和实用新型专利申请文件的修改不得超出原说明书和权利要求书记载的范围。

如果修改后的内容在原申请文件中有记载或者能够从原申请记载的信息中直接地、毫无疑义地确定，则这种修改没有超范围。

（1）驳回决定指出：权利要求1对Q上取代基的定义增加的“S（O）$_2NR_7R_8$”和“OCH（CH_2Cl）Ph”以及权利要求1中出现的“其中……芳基……独立地被一个至三个F，Cl，Br，I，OR_7，SR_7，NR_7R_8，OC（OR_7），C（O）OR_7，C（O）R_7，C（O）NR_7R_8，NHC（NH）NH_2，或PO_3取代”在原始公开的申请文件中没有相应的记载，并且上述修改的内容不能由原始公开的申请文件直接、唯一的推导出来，因此，权利要求1修改超范围，不符合专利法第33条第1款的规定。请求人于2008年1月30日提交的权利要求书中的权利要求1相应于驳回决定所针对的权利要求1，该权利要求的修改如案由部分中所示，其中删除了上述有关内容。因此，驳回决定针对权利要求1所指出的上述缺陷已被克服。

基于相同的理由，驳回决定所指出的权利要求2~3中因为对Q上取代基的定义增加了“OCH（CH_2Cl）Ph”而不符合专利法第33条第1款规定的缺陷也由于该基团在2008年1月30日提交的权利要求书中已删除而被克服。

综上所述，驳回决定中所指出的导致权利要求1~3不符合专利法第33条第1款规定的缺陷已不存在。

（2）第一次《复审通知书》指出，修改后的权利要求1出现了R_5可为吲哚基和咪唑基的内容，而在原始提交的国际申请的权利要求书中，吲哚基和咪唑基与“F，Cl，Br，I，OR_7，SR_7，NR_7R_8，OC（OR_7），C（O）OR_7，C（O）R_7，C（O）NR_7R_8，NHC（NH）NH_2或PO_3”一样，分别是烷基、R_7或R_8的取代基，而不是作为R_5的基团，因此，该处修改与原始提交的国际申请记载的信息不同，且又不能从原始提交的国际申请记载的信息中直接地、毫无疑义地确定，不符合专利法第33条的规定。请求人于2008年1月30日提交的权利要求书中的权利要求1相应于该《复审通知书》所针对的权利要求1，该权利要求的修改如案由部分中所示，其中权利要求1中将原来定义为R_5的吲哚基和咪唑基改为R_7或R_8的取代基，修改后的内容可从原始提交的国际申请的权利要求书中得到。因此，该《复审通知书》针对权利要求1所指出的上述缺陷已被克服。

（3）第二次《复审通知书》指出，权利要求1中出现的下述内容：“Q是苯基，被选自下列基团中的一个或多个基团任选取代……NR_7S（O）$_2C_1-C_6$烷基-C（O）OR_7……，……OPh……”和“R_5选自……C_6-C_{10}芳基……”，权利要求2中出现的R_9可以是OC_1-C_6烷氧-C_6-C_{10}芳基的内容，以及权利要求3中出现的R_9可选自OCH_2Ph的内容，既没有记载在原申请中，也不能从原申请记载的信息中直接地、毫无疑义地确定，是不被允许的，即，权利要求1~3超出了原说明书和权利要求书记载的范围，不符合专利法第33条的规定。请求人于2008年1月30日提交的权利要求书中的权利要求1~3相应于该《复审通知书》所针对的权利要求1~3，该权利要求的修改如案由部分中所示，其中权利要求1中将相应的“NR_7S（O）$_2C_1-C_6$烷基-C（O）OR_7”、“OPh”和“C_6-C_{10}芳基”删除，权利要求2中将相应的“OC_1-C_6烷氧-C_6-C_{10}芳基”删除，以及权利要求3中去除了“R_9可选自

OCH_2Ph”的相应内容。因此，该《复审通知书》针对权利要求1~3所指出的上述缺陷已被克服。

（4）在请求人于2008年1月30日提交的权利要求书中，相对于驳回决定所针对的权利要求书，还进行了如下修改：①将权利要求2~5中的“化合物”相应修改为“化合物或其酸、碱加成盐”；②将权利要求6中涉及的“包含权利要求1的化合物”修改为“包含权利要求1~5中任一项的化合物或其酸、碱加成盐”。其中，对于①的修改内容，在权利要求2~5所请求保护的化合物没有超出原说明书和权利要求书记载的范围的情况下，结合说明书第4页中所述的“这些目的以及将在下面的描述中明确的其他目的，均可通过本发明的具有如下所示结构式的化合物及其酸加成盐和碱和前药来实现”的内容，可以直接地、毫无疑义地确定；对于②的修改，在权利要求1~5没有超出原说明书和权利要求书记载的范围的情况下，结合原权利要求16：“一种组合物，其中包含权利要求1~15中任一项的化合物以及载体或赋形剂”以及说明书第6页中所述的“另外，本发明的目的是通过含这些化合物的组合物以及下面所描述的方法实现的”的内容，亦可直接地、毫无疑义地确定。也就是说，针对权利要求2~5所作的上述修改，符合专利法第33条的规定。

综上（1）~（4）所述，合议组认为，请求人的上述修改，已经克服了驳回决定和《复审通知书》所指出的导致本申请的修改不符合专利法第33条规定的缺陷。

根据上述事实和理由，合议组作出如下决定。

三、决定

撤销国家知识产权局于2005年3月11日针对第00804422.8号发明专利申请作出的驳回决定，由国家知识产权局原审查部门以2008年1月30日提交的权利要求第1~8项，进入中国国家阶段时提交的说明书第1~5，7~121页和说明书摘要，以及2004年2月16日提交的说明书第6页为基础继续审查。

复审请求人对本决定不服的，可以根据专利法第41条第2款的规定，自收到本决定之日起三个月内向北京市第一中级人民法院起诉。

045

从偏二氯乙烯系树脂浆液中除去和回收未反应单体的方法

复审请求审查决定（第12780号）

决　定　号　第12780号
决　定　日　2008年3月4日
发明创造名称　从偏二氯乙烯系树脂浆液中除去和回收未反应单体的方法
国 际 分 类 号　C08F6/10，C08F14/22
复 审 请 求 人　株式会社吴羽
专 利 申 请 号　02127807.5
申　请　日　2002年8月6日
优 先 权 日　2001年11月5日
公　开　日　2003年6月11日
合 议 组 组 长　李彦涛
主　审　员　娄　宁
参　审　员　李新芝

法 律 依 据　专利法第22条第3款
决 定 要 点

一项权利要求是否具备创造性应从所属技术领域、技术方案本身、所要解决的技术问题和所产生的技术效果整体上考察。从发明实际解决的技术问题出发，如果权利要求的技术方案与现有技术的差异仅为对常规条件的一般选择，并且未取得预料不到的技术效果，则该权利要求是显而易见的，不具备创造性。

一、案由

本复审请求涉及名称为"从偏二氯乙烯系树脂浆液中除去和回收未反应单体的方法"的第02127807.5号发明专利申请（下称本申请），申请人为吴羽化学工业株式会社，后变更为株式会社吴羽，申请日为2002年8月6日，优先权日为2001年11月5日，公开日为2003年6月11日。

2005年1月7日，针对申请人于2002年8月6日提交的权利要求第8~10项，说明书第1~3、5、7~10页，附图第1页和说明书摘要，2004年3月22日提交的权利要求第1~7项，说明书第4、6页，国家知识产权局以权利要求1~10不符合专利法第22条第3款的规定为由驳回了本申请。

驳回决定认为：对比文件1（CN1310726A，公开日：2001年8月29日）中公开了一种从聚合物胶乳中脱除未反应单体的装置和方法，其中胶乳在水中聚合得到，通过引入减压状态的分离塔，塔底通蒸汽加热沸腾脱除未反应单体，该方法也适于偏二氯乙烯系树脂浆液中脱除未反应单体。其中虽未教导在超过 80℃的温度进行除去反应单体的操作时偏二氯乙烯树脂会产生着色，但偏二氯乙烯树脂在较高温度下易分解变色是本领域的公知常识，故较低的处理温度可防止该类树脂在处理过程中发生分解而产生着色等品质劣化，对比文件 1 中所公开的技术方案中优选处理温度为 40～80℃，并且适合于从多种聚合物浆液脱除未反应单体，将该方法用于从偏二氯乙烯系树脂浆液中除去和回收未反应单体时，在同样的条件下（温度和压力）也能达到同样的除去未反应单体的效果，并可推知所采用的较低的处理温度有利于防止偏二氯乙烯树脂着色等品质劣化，因而并没有产生意外的效果。所以权利要求 1～10 不具备专利法第 22 条第 3 款所规定的创造性。

驳回决定针对的权利要求如下：

"1. 一种从偏二氯乙烯系树脂浆液中除去未反应单体的方法，该方法是在从使单一偏二氯乙烯单体或偏二氯乙烯单体和与其可共聚的共聚用单体的混合物于水性介质中聚合而得到的含有未反应单体的偏二氯乙烯系树脂浆液中除去未反应单体的方法，其特征在于使上述含有未反应单体的偏二氯乙烯系树脂浆液处在减压下，在 80℃以下的温度，使水性介质达到沸腾状态，使未反应单体汽化。

2. 根据权利要求 1 记载的从偏二氯乙烯系树脂浆液中除去未反应单体的方法，其中，为了将水性介质保持为沸腾状态，向含有未反应单体的偏二氯乙烯系树脂浆液中吹入蒸汽。

3. 根据权利要求 1 或 2 记载的从偏二氯乙烯系树脂浆液中除去未反应单体的方法，其中，它是一边将水性介质的沸腾状态保持在 60～80℃的温度一边进行的。

4. 根据权利要求 1 记载的从偏二氯乙烯系树脂浆液中除去未反应单体的方法，其中，向减压前的含有未反应单体的偏二氯乙烯系树脂浆液中吹入蒸汽进行预热。

5. 根据权利要求 1 记载的从偏二氯乙烯系树脂浆液中除去未反应单体的方法，其中，含有未反应的偏二氯乙烯单体的偏二氯乙烯系树脂浆液，是对聚合反应完成后的树脂浆液实施未反应单体除去处理从而使未反应单体含量降低的浆液。

6. 一种从偏二氯乙烯系树脂浆液中回收未反应单体的方法，该方法是在从使单一偏二氯乙烯单体或偏二氯乙烯单体和与其可共聚的共聚用单体的混合物于水性介质中聚合而得到的含有未反应单体的偏二氯乙烯系树脂浆液中回收未反应单体的方法，其特征在于使上述含有未反应单体的偏二氯乙烯系树脂浆液处在减压下，在 80℃以下的温度，使水性介质达到沸腾状态，使未反应单体汽化，通过冷却该汽化的未反应单体和水性介质的混合物，将水成分液化分离后，将气体状态的单体进一步冷却、液化，回收未反应单体。

7. 根据权利要求 6 记载的从偏二氯乙烯系树脂浆液中回收未反应单体的方法，其中，为了保持水性介质为沸腾状态，向含有未反应单体的偏二氯乙烯系树脂浆液中吹入蒸汽。

8. 根据权利要求 6 或 7 记载的从偏二氯乙烯系树脂浆液中回收未反应单体的方法，其中，它是一边将水性介质的沸腾状态保持在 60～80℃的温度一边进行的。

9. 根据权利要求 6 记载的从偏二氯乙烯系树脂浆液中回收未反应单体的方法，其中，向减压前的含有未反应单体的偏二氯乙烯系树脂浆液中吹入蒸汽进行预热。

10. 根据权利要求 6 记载的从偏二氯乙烯系树脂浆液中回收未反应单体的方法，其中含有未反应的偏二氯乙烯单体的偏二氯乙烯系树脂浆液，是对聚合反应完成后的树脂浆液实施未反应单体除去处理从而使未反应单体含量降低的浆液。"

2005 年 4 月 22 日，申请人株式会社吴羽（下称请求人）对上述驳回决定不服，向专利复审委员会提出复审请求，请求人在提出复审请求时对权利要求书进行了修改，其中将权利要求 2～4 及说明书部分内容加入权利要求 1 中，将权利要求 7～9 和说明书部分内容加入权利要求 6 中，修改后的权利要求书为：

"1. 一种从偏二氯乙烯系树脂浆液中除去未反应单体的方法，该方法是在从使单一偏二氯乙烯单体或偏二氯乙烯单体和与其可共聚的共聚用单体的混合物于水性介质中聚合而得到的含有未反应单体的偏二氯乙烯系树脂浆液中除去未反应单体的方法，其特征在于，使上述含有未反应单体的偏二氯乙烯系树脂浆液处在减压下，在60~80℃以下的温度下，使水性介质达到沸腾状态，使未反应单体汽化，此时向所述减压前的所述浆液吹入蒸汽，预热该浆液的同时，为了保持所述水性介质的沸腾状态，向所述浆液中吹入蒸汽，而且将聚合完成后的浆液向未反应单体除去容器传输的传输管道中的温度设定在70~100℃。

2. 根据权利要求1记载的从偏二氯乙烯系树脂浆液中除去未反应单体的方法，其中，含有未反应的偏二氯乙烯单体的偏二氯乙烯系列树脂浆液，是对聚合反应完成后的树脂浆液实施未反应单体除去处理从而使未反应单体含量降低的浆液。

3. 一种从偏二氯乙烯系树脂浆液中回收未反应单体的方法，该方法是在从使单一偏二氯乙烯单体或偏二氯乙烯单体和与其可共聚的共聚用单体的混合物于水性介质中聚合而得到的含有未反应单体的偏二氯乙烯系树脂浆液中除去未反应单体的方法，其特征在于，使上述含有未反应单体的偏二氯乙烯系树脂浆液处在减压下，在60~80℃以下的温度，使水性介质达到沸腾状态，使未反应单体汽化，此时向所述减压前的所述浆液吹入蒸汽，预热该浆液的同时，为了保持所述水性介质的沸腾状态，向所述浆液中吹入蒸汽，而且将聚合完成后的浆液向未反应单体除去容器传输的传输管道中的温度设定在70~100℃。

4. 根据权利要求3记载的从偏二氯乙烯系树脂浆液中回收未反应单体的方法，其中，含有未反应的偏二氯乙烯单体的偏二氯乙烯系树脂浆液，是对聚合反应完成后的树脂浆液实施未反应单体除去处理从而使未反应单体含量降低的浆液。"

请求人认为：对比文件1与本发明的技术课题完全不同，其中没有认识到偏二氯乙烯系树脂的着色问题，也没有相关的暗示。所述公知常识"偏二氯乙烯树脂在较高温度下易变色分解"在对比文件中并没有记载，而且"偏二氯乙烯系树脂在80℃以上会引起变色"是本发明中首次明确的。此外修改后的权利要求1和6中加入了权利要求2~4以及说明书中的内容，进一步明确了本申请的工序特征，所述工序特征在对比文件中既没有公开也没有暗示。因此，修改后的权利要求相对于对比文件1有创造性。

经形式审查合格后，专利复审委员会受理了该请求，并于2005年5月24日向请求人发出了《复审请求受理通知书》，同时将本申请转送至国家知识产权局原审查部门进行前置审查。在《前置审查意见书》中，国家知识产权局原审查部门认为：申请人于2005年4月22日提交的权利要求1~4仍不符合专利法第22条第3款有关创造性的规定，因此依据专利法实施细则第53条的规定应予以驳回。

专利复审委员会组成合议组，对本复审请求案进行了审理。

合议组于2007年6月20日向请求人发出《复审通知书》，指出本申请不符合专利法第22条第3款的规定，理由如下：

（1）本申请权利要求1和对比文件1的技术方案相比，其区别在于对比文件1没有明确公开本申请权利要求1所述的"偏二氯乙烯树脂"，和对减压前进行预热及浆液传输管道的温度的具体限定。本申请实际解决的技术问题在于"从在水性介质中聚合得到的含有以偏二氯乙烯单体为主的未反应单体的偏二氯乙烯系树脂浆液中，在防止偏二氯乙烯系树脂着色等品质恶化的同时，使浆液中的未反应单体的含量降低至1500ppm（树脂重量换算）左右以下"。

首先，偏二氯乙烯树脂在较高温度下易分解变色是本领域的公知常识。在此公知常识的基础上本领域技术人员在采用对比文件1的方法除去偏二氯乙烯树脂中未反应单体时，容易想到且能够通过常规试验将有关操作温度限定在适宜的温度之下。其次，权利要求1中虽进一步限定了减压前进行预热及浆液传输管道的温度为70~100℃，但这种预热只是分离操作中常用的手段。因此，权利要求1不具备创造性。

（2）由于权利要求2的附加技术特征仅为对偏二氯乙烯单体系列树脂浆液的限定，这也未给技术方案带来任何实质性特点和显著的进步，同理，从属权利要求2也不具有创造性。

（3）权利要求3要求保护从偏二氯乙烯系树脂浆液中回收未反应单体的方法。其与对比文件1中单体回收方式相似，虽权利要求3中进一步限定了减压前进行预热及浆液传输管道的温度为70~100℃，但这种预热只是分离操作中常用的手段。因此，权利要求3也不具备创造性。

（4）同理，权利要求4也不具有创造性。

针对上述《复审通知书》所指出的问题，请求人于2007年7月30日提交了意见陈述书和权利要求书修改替换页，其中修改了权利要求1和3，进一步限定了减压程度和处理时间，请求人认为：由于偏二氯乙烯和氯乙烯相比在沸点和热稳定性方面存在很大的不同，因此将对比文件1的方法直接应用，会产生如着色等的各种问题。本申请通过特定减压、处理温度、处理时间和其他特定手段，就可实现发明目的。从对比本申请的实施例和比较例1和2可知，修改后的权利要求1、3中特定的所有条件缺一不可，否则就会无法实现本发明的预期目的。修改后的权利要求书为：

"1. 一种从偏二氯乙烯系树脂浆液中除去未反应单体的方法，该方法是在从使单一偏二氯乙烯单体或偏二氯乙烯单体和与其可共聚的共聚用单体的混合物于水性介质中聚合而得到的含有未反应单体的偏二氯乙烯系树脂浆液中除去未反应单体的方法，其特征在于，使上述含有未反应单体的偏二氯乙烯系树脂浆液处在与浆液温度相对应的水的蒸汽压+5kPa的减压下，在60~80℃以下的温度下，并且在处理时间为0.5~3.0小时的条件下，使水性介质达到沸腾状态，使未反应单体汽化，此时向所述减压前的所述浆液吹入蒸汽，预热该浆液的同时，为了保持所述水性介质的沸腾状态，向所述浆液中吹入蒸汽，而且将聚合完成后的浆液向未反应单体除去容器传输的传输管道中的温度设定在70~100℃。

2. 根据权利要求1记载的从偏二氯乙烯系树脂浆液中除去未反应单体的方法，其中，含有未反应的偏二氯乙烯单体的偏二氯乙烯系列树脂浆液，是对聚合反应完成后的树脂浆液实施未反应单体除去处理从而使未反应单体含量降低的浆液。

3. 一种从偏二氯乙烯系树脂浆液中回收未反应单体的方法，该方法是在从使单一偏二氯乙烯单体或偏二氯乙烯单体和与其可共聚的共聚用单体的混合物于水性介质中聚合而得到的含有未反应单体的偏二氯乙烯系树脂浆液中除去未反应单体的方法，其特征在于，使上述含有未反应单体的偏二氯乙烯系树脂浆液处在与浆液温度相对应的水的蒸汽压+5kPa的减压下，在60~80℃以下的温度下，并且在处理时间为0.5~3.0小时的条件下，使水性介质达到沸腾状态，使未反应单体汽化，此时向所述减压前的所述浆液吹入蒸汽，预热该浆液的同时，为了保持所述水性介质的沸腾状态，向所述浆液中吹入蒸汽，而且将聚合完成后的浆液向未反应单体除去容器传输的传输管道中的温度设定在70~100℃。

4. 根据权利要求3记载的从偏二氯乙烯系树脂浆液中回收未反应单体的方法，其中，含有未反应的偏二氯乙烯单体的偏二氯乙烯系列树脂浆液，是对聚合反应完成后的树脂浆液实施未反应单体除去处理从而使未反应单体含量降低的浆液。"

至此，合议组认为本案事实已经清楚，可以作出审查决定。

二、决定的理由

1. 审查文本

本复审决定针对的文本是请求人于2002年8月6日提交的说明书第1~3、5、7~10页，附图第1页和说明书摘要，2004年3月22日提交的说明书第4、6页，2007年7月30日提交的权利要求第1~4项。

2. 专利法第22条第3款

专利法第22条3款规定，创造性是指同申请日以前已有的技术相比，该发明有突出的实质性特点和显著的进步。

一项权利要求是否具备创造性应从所属技术领域、技术方案本身、所要解决的技术问题和所产生的技术效果整体上考察。从发明实际解决的技术问题出发，如果权利要求的技术方案与现有技术的差异仅为对常规条件的一般选择，并且未取得预料不到的技术效果，则该权利要求是显而易见的，不具备创造性。

（1）本案中权利要求1中请求保护一种从偏二氯乙烯系树脂浆液中除去未反应单体的方法，其中特征部分限定了压力、温度、时间等条件（详见案由部分）。

而对比文件1（CN1300726A，公开日2001年8月29日）中公开了一种适合于从多种聚合物浆液中脱除未反应单体的方法（见对比文件1说明书第5~11页），其涉及从含有未反应单体的聚合物胶乳典型地如聚氯乙烯胶乳中，脱除未反应单体、然后回收未反应单体的装置和方法，其中的聚合物胶乳是通过在水中聚合得到的，胶乳中未反应单体的脱除是通过将胶乳引入减压状态的分离塔、同时在塔底通入蒸汽加热进行的，塔中胶液温度优选为40~80℃，塔中压力优选为0.004~0.07MPa。而在该温度和压力下，在应在含浆液的水溶液中达到沸腾状态时，进行未反应单体的挥发。

对比文件1和本申请权利要求1的技术方案相比，其区别在于对比文件1没有明确公开本申请权利要求1所述的原料——“偏二氯乙烯树脂”，和具体工艺参数——对减压前进行预热及浆液传输管道的温度、减压的压力、处理时间的限定。

根据说明书的记载“由于偏二氯乙烯树脂与氯乙烯系树脂相比热稳定性差，所以存在的缺点是：在80℃以上的温度长时间保持给偏二氯乙烯系树脂带来产生着色等品质上不好的结果。”（说明书第1页第18~20行），所以本申请相对于对比文件1实际解决的技术问题在于“从在水性介质中聚合得到的含有以偏二氯乙烯单体为主的未反应单体的偏二氯乙烯系树脂浆液中，在防止偏二氯乙烯系树脂着色等品质恶化的同时，使浆液中的未反应单体的含量降低至1500ppm（树脂重量换算）左右以下”（说明书第1页第26~29行）。

首先，本申请权利要求1所述的“偏二氯乙烯树脂”，属于对比文件1中的聚合物的一种，本申请与对比文件1属于相同的技术领域，采用对比文件1的方法除去偏二氯乙烯树脂中未反应单体并不存在任何技术障碍。虽然对比文件1中未明确教导在超过80℃的温度时进行除去反应单体的操作时偏二氯乙烯树脂会产生着色，但偏二氯乙烯树脂在较高温度下易分解变色是本领域的公知常识（参见：李振平，彭业领．PVDC吹膜工艺中几个问题的探讨，塑料，1998，（2），40~43，该文的概述部分），显然较低的处理温度可防止该类树脂在处理过程中发生分解而发生着色等品质劣化现象，基于此公知常识，本领域技术人员在采用对比文件1的方法除去偏二氯乙烯树脂中未反应单体时，容易想到且能够通过常规试验将有关操作温度限定在防止偏二氯乙烯变色的适宜的温度之下。也就是本申请对所述原料和温度的选择仅为本领域技术人员的常规选择。

其次，权利要求1中进一步限定了多个工艺参数，①设定减压前的预热温度及浆液传输管道的温度，②使浆液处在与浆液温度相对应的水的蒸汽压+5kPa的减压下，③在处理时间为0.5~3.0小时的条件下。

但是，对于工艺参数①，为了使原料液接近于分离操作的温度（如上述的60~80℃），预热并使浆液传输管道的温度处于适当的温度，如70~100℃的范围内是显而易见，无需付出创造性劳动；对于工艺参数②，由于减压能降低沸点是本领域的公知常识，而权利要求1的技术方案与对比文件1均是利用不同物质的沸点差异实现分离的操作方法，根据同样的分离原理，并且考虑偏二氯乙烯树脂在较高温度下易分解变色的性质，本领域技术人员容易想到采用减压条件进行所述分离操作。至于权利要求1中限定的特定压力范围，只需通过有限次常规试验即可将有关操作压力限定在适宜的范围；对于工艺参数③，一定的反应时间是包括分离操作的必要条件、也是常规的条件参数，无论现有技术采用哪种分离方法，必然需要一定的反应时间。而根据本申请说明书尤其是实施例的记载，所限定的反应时间并没有给方法带来意想不到的技术效果。

此外，合议组注意到，请求人在提出复审请求以及答复复审通知书时提出：①偏二氯乙烯与氯乙烯沸点和稳定性不同，将对比文件1的方法用于本申请并非毫无技术障碍；②本申请中未反应单体的含量可以低至1500ppm以下；③本申请的效果有赖于各参数的特定选择，说明书的实施例和比较例1、2可以证明特定条件缺一不可。

对此合议组认为：①对比文件1中所公开的技术方案适合于从多种聚合物浆液脱除未反应单体，并优选处理温度为40~80℃，该温度低于偏二氯乙烯树脂着色的温度，虽然偏二氯乙烯与氯乙烯存在一些性质上的差异，但这并不足以构成技术障碍；②由对比文件1的实施例部分公开内容可以看出，其残余未反应单体浓度可达到远低于1500ppm的效果（如对比文件1实施例1的200ppm，实施例2的200ppm）。虽然说明书中认为由于偏二氯乙烯单体沸点远高于氯乙烯，从而导致其除去未反应单体极为困难，但并未详细论述其原因。因此，所采用的较低的处理温度有利于防止偏二氯乙烯树脂着色等品质劣化，同时降低未反应单体含量也没有产生意外的技术效果；③本申请确实选择了一些温度、压力和时间的范围，但这些参数是本领域常用的技术参数，本领域技术人员进行有限的常规实验即可确定。此外，对比实施例1和比较例1可知，当采取较低的减压度29~34kPa时，会取得比较高的减压度44~51kPa更好得效果——偏二氯乙烯单体含量低。而这正是利用了本领域的公知常识——减压能降低沸点，并且考虑偏二氯乙烯树脂在较高温度下易分解变色的性质，应采用减压至较低压力条件下进行所述分离操作，这对本领域技术人员而言是显而易见，无需付出创造性劳动的，因此由比较例的结果不能说明权利要求1的创造性；对比实施例1和比较例2，由于比较例2的减压分离中无蒸汽供给、未温度调节，因此评价结果中偏二氯乙烯单体含量高。但比较例2的操作条件与对比文件1并不相似，不足以证明其相对于对比文件1有创造性。

综上所述，在对比文件1的基础上结合本领域的公知常识，对原料和工艺参数进行选择，从而得出该权利要求所要求保护的技术方案是显而易见的，而且它们的结合没有产生预料不到的技术效果，即权利要求1不具备创造性。

（2）由于权利要求2的附加技术特征仅为对偏二氯乙烯单体系列树脂浆液的限定，这也未给技术方案带来任何实质性特点和显著的进步，因此基于同上的理由，从属权利要求2也不具有创造性。

（3）权利要求3要求保护从偏二氯乙烯系树脂浆液中回收未反应单体的方法。对比文件1中也涉及了从含有未反应单体的聚合物胶乳中脱除未反应单体、然后回收未反应单体的装置和方法，在分离塔之后的步骤中从塔中脱除的单体气体还要经过冷凝器脱水、剩余气体液化回收。可见，本申请中与对比文件1中单体回收方式相似，虽权利要求3中进一步限定了多个工艺参数，其中包括条件参数①减压前进行预热温度及浆液传输管道的温度设定，②使浆液处在与浆液温度相对应的水的蒸汽压+5kPa的减压下，③在处理时间为0.5~3.0小时的条件下，但这种预热只是分离操作中常用的手段，而压力和时间也是常规反应条件的选择（具体分析参见对权利要求 1 的评述）。因此，在对比文件 1 的基础上结合本领域的公知常识得出权利要求 3 所要求保护的技术方案是显而易见的，即权利要求 3 不具备创造性。

（4）在权利要求 3 不具备创造性的前提下，从属权利要求 4 的附加技术特征与权利要求 2 完全相同，基于与（2）相同的理由，权利要求 4 也不具有创造性。

综上所述，本申请权利要求 1~4 不符合专利法第 22 条第 3 款的规定。

根据上述事实和理由，合议组作出如下审查决定。

三、决定

维持国家知识产权局于 2005 年 1 月 7 日针对第 02127807. 5 号发明专利申请作出的驳回决定。

复审请求人对本决定不服的，可以根据专利法第 41 条第 2 款的规定，自收到本决定之日起三个月内向北京市第一中级人民法院起诉。

046

一种促进果实着色的方法

复审请求审查决定（第12781号）

决　定　号　第12781号
决　定　日　2008年3月2日
发明创造名称　一种促进果实着色的方法
国际分类号　A01N43/16，A23B7/00
复审请求人　南京农业大学
申　请　号　200510094293.5
申　请　日　2005年9月9日
公　开　日　2006年5月3日
合议组组长　孙跃飞
主　审　员　郑　君
参　审　员　汪送来

法律依据　专利法第26条第3款
决定要点

如果所属领域技术人员依据说明书公开的内容，结合其所掌握的现有技术知识，能够实现发明的技术方案，解决其技术问题，并产生预期的技术效果，则说明书对该发明的说明是清楚和完整的，符合专利法第26条第3款的规定。

一、案由

本复审请求案涉及发明名称为“一种促进果实着色的方法”的第200510094293.5号发明专利申请（下称本申请），申请人为南京农业大学，申请日为2005年9月9日，公开日为2006年5月3日。

国家知识产权局对本申请进行实质审查，于2006年7月7日发出《第一次审查意见通知书》，指出本申请的说明书中的着色剂不清楚，不符合专利法第26条第3款的规定，要求申请人对此作出解释。

针对《第一次审查意见通知书》，申请人于2006年9月7日提交了意见陈述书。申请人在意见陈述书中将展着剂解释为吐温。

2006年10月27日，针对申请人于申请日提交的权利要求第1~3项、说明书第2~7页及说明书摘要和2005年12月30日提交的说明书第1页，国家知识产权局以本申请不符合专利法第26条第3款的规定为由驳回了本申请。

驳回决定认为：本申请说明书中的着色剂不清楚，不符合专利法第26条第3款的规定；申请人在意见陈述中将展着剂解释为吐温，但所属领域技术人员无法从本申请的说明书和权利要求书中得知上述含义。

驳回决定所针对的申请文件的独立权利要求1为：

“1. 一种促进果实着色的新方法，其特征在于，在果实成熟前用10~40mg/L含展着剂0.1%的金雀异黄素处理果实表面，一次即可；或者在果实采收后用10~40mg/L含展着剂0.1%的金雀异黄素处理果实表面一次，然后在人工光源或太阳光下照射3~5天，即可着色。”

2006年12月9日，申请人南京农业大学（下称请求人）对上述驳回决定不服，向专利复审委员会提出复审请求，请求人在提出复审请求时没有修改申请文件，提交了下述证据：

证据1：中国农业科学院植保所农药室编著，农业出版社出版，1982年12月第2版的《农药手册》封面页、版权信息页和第18~19页的复印件；

证据2：费有春编著，化学工业出版社出版，1985年10月第1版的《简明农药词典》封面页、封底页、目录页、版权信息页和第58~59、62~65页的复印件；

证据3：何立主编，上海科学技术出版社出版，1989年12月第1版的《植保药方手册》封面页、封底页、版权信息页和第1、26~27页的复印件；

证据4：上海辞书出版社出版，1989年版《辞海》缩印本封面页、“展着剂”相关页的复印件共2页；

证据5：华乃震，“农用助剂的进展和应用”的复印件共9页，《现代农药》第4卷第4期，2005年8月；

证据6：吴惠就，“新型除草剂——膦甘酸对桑园杂草的防除作用”，《江苏蚕业》1981年第1期第22页，复印件；

证据7：久保田 真三著，孙逊等译，“脱叶剂和果面覆膜剂在苹果上的应用”，《北方果树》1983年第3期第51页，复印件；

证据8：久保田 贞三，“植物生长调节剂在苹果生产上的应用”，《农业新技术》1983年第2期第52~55页，复印件；

证据9：张继澍，“赤霉素和乙烯利对柿果成熟的调节（简报）”，《山西果树》1988年第3期第31页，复印件；

证据10：戴冠群等，“菜青虫颗粒体病毒与农药混用对菜青虫的防治效果”，《广东农业科学》1989年第2期第37页，复印件；

证据11：肖章，“怎样在有蜡质的蔬菜上喷药”，《蔬菜》1990年第5期第28页，复印件；

证据12：J. A . Casper等著，史美棠译，“喷施PP333和赤霉素对桃幼树枝条生长的影响”，《中国果树》1990年第3期第56页，复印件；

证据13：Mitra S K等著，杨有龙译，“腐胺对荔枝座果和果实品质的影响”，《中国果树》1992年第4期第44页，复印件；

证据14：周贱平等，“GA3和2，4-D对甜橙叶片叶绿素含量和光合作用的影响”，《中国柑桔》第22卷第2期第40页，复印件，1993年；

证据15：韩风云等，“新型植物生长调节剂——PP333在果树上的应用”，《河南科技》1994年第7期第12~13页，复印件；

证据16：吕亮晓等，“二斑叶螨及其有效防治方法”，《烟台果树》1994年第4期第23~24页，复印件；

证据17：潘换来，“苹果裂果的防治”，《山西果树》1995年第2期第50页，复印件；

证据18：张惠安，“综合防治苹果树腐烂病见成效”，《河北果树》1995年第2期第24~25页，复印件；

证据19：李福生等，“打破葡萄、桃休眠期的妙药——石灰氮”，《农业科技与信息》1996年第12期第20页，复印件；

证据20：张勇健等，“秋雨过多年份苹果园管理要点”，《太原科技》1996年第6期第24页，复印件；

证据21：李玲等，“苹果园病虫防治历的改良研究”，《落叶果树》1996年第4期第29~30页，复印件；

证据22：贺吉范，“提高果园施药效果的几种方法”，《西北园艺》1997年第2期第37页，复印件；

证据23：张俊亭等，“苏云金杆菌液体剂型的研制”，《农业环境保护》1998年第4期第158页，复印件；

证据24：姚胜蕊等译，“日本富士苹果的疏花疏果技术”，《柑桔与亚热带果树信息》1999年第1期第32~33页，复印件；

证据25：赵海军等，“GA3在牡丹春节催化中的应用技术”，《林业科技通讯》2001年第6期第48页，复印件；

证据26：马文斌等，“乌海市温室葡萄栽培技术”，《内蒙古农业科技》2001年第3期第29页，复印件；

证据27：孙玉英，“提高果树病害防治效果的几点措施”，《河北农业科技》2001年第8期第39页，复印件；

证据28：王中林，“保护地葡萄利用石灰氮破眠应注意的问题”，《烟台果树》2002年第2期第53页，复印件；

证据29：张志轩等，“马铃薯苗后除草剂杜邦宝成”，《长江蔬菜》2004年第2期第53页，复印件；

证据30：吕亮晓，“几种“合剂”在葡萄管理中的应用”，《烟台果树》2004年第4期第50页，复印件；

证据31：周华等，“套袋梨园病虫害综合防治”，《中国果菜》2005年第4期，复印件共1页；

证据32：黄伟峰，“定西市甘蓝高产栽培技术”，《农业科技与信息》2005年第8期第18页，复印件；

证据33：第03143257.3号中国发明专利说明书，授权公告日2006年2月22日，复印件共5页；

证据34：第00114122.8号中国发明专利说明书，授权公告日2004年8月11日，复印件共5页；

证据35：第99108154.4号中国发明专利申请公开说明书，公开日2001年1月10日，复印件共3页；

证据36：第99104764.8号中国发明专利申请公开说明书，公开日2000年10月4日，复印件共3页；

证据37：第95106418.5号中国发明专利申请公开说明书，公开日1996年8月7日，复印件共8页；

证据38：第200410065334.3号中国发明专利检索信息页，复印件共1页；

证据39：《HortScience》编辑部的审阅意见及论文修改版本，复印件共3页。

请求人认为：（1）“展着剂”的含义是本领域的技术常识，其种类和浓度的选择是农业生产中公知公用的常规技术，本领域技术人员根据说明书完全可以实施本发明，因此，认为说明书符合专利法第26条第3款的规定；（2）审查意见和驳回理由中指出的“着色剂”在说明书中没有记载，其与“展着剂”含义有本质区别。

经形式审查合格后，专利复审委员会受理了该请求，并于2007年2月13日向请求人发出了《复审请求受理通知书》，同时将本申请转送至国家知识产权局原审查部门进行前置审查。

在《前置审查意见书》中，国家知识产权局原审查部门坚持驳回决定。

专利复审委员会组成合议组，对本复审请求案进行了审理。

经合议，合议组认为本案事实已经清楚，可以作出审查决定。

二、决定的理由

1. 关于审查文本

本复审请求审查决定针对的文本是请求人于2005年12月30日提交的说明书第1页和申请日提交的权利要求第1~3项、说明书第2~7页及说明书摘要。

2. 关于专利法第26条第3款

专利法第26条第3款规定：说明书应当对发明作出清楚、完整的说明，以所属领域的技术人员能够实现为准。

如果所属领域技术人员依据说明书公开的内容，结合其所掌握的现有技术知识，能够实现发明的技术方案，解决其技术问题，并产生预期的技术效果，则说明书对该发明的说明是清楚和完整的，符合专利法第26条第3款的规定。

基于驳回决定所针对的申请文件，本申请独立权利要求1请求保护一种促进果实着色的方法。与请求保护的技术方案相应，本申请的说明书公开了一种促进果实着色的方法，其特征在于，在果实成熟前用10~40mg/L含展着剂0.1%的金雀异黄素处理果实表面，一次即可；或者在果实采收后用10~40mg/L含展着剂0.1%的金雀异黄素处理果实表面一次，然后在人工光源或太阳光下照射3~5天，即可着色（参见说明书第2页技术方案部分）。

驳回决定认为本申请说明书中的着色剂不清楚，不符合专利法第26条第3款的规定。

合议组认为：本申请的发明目的如其说明书所述是“提供一种促进果实着色的新方法，专用于促进植物果实着色。能够更为迅速促进果实花青素合成，其效果比现有技术更为迅速而高效，安全”。虽然驳回决定提及的着色剂在说明书中没有明确记载，但根据说明书的描述可知，其为促进果实着色的试剂，具体在本申请中指的是：“10~40mg/L含展着剂0.1%的金雀异黄素”。金雀异黄素是现有技术已知化学结构的物质，展着剂是农药的常规助剂，起降低农药药液表面张力、扩大农药与植物接触面积的作用，本申请背景技术第200410065334.3号中国专利申请说明书中公开了展着剂的使用方法，其中使用的展着剂是Tween，含量体积比为0.1%。本发明展着剂种类和用量选择对所属领域技术人员而言通过常规技术手段即可实现。基于上述理由，本申请说明书中给出的果实着色试剂是清楚、明确的。

而且，本申请的说明书中给出了以10~40mg/L含展着剂0.1%的金雀异黄素处理果实表面从而促进果实着色的技术方案，实施例1~8也给出了上述技术方案的具体实施方式，并测定了金雀异黄素药液处理后果实的花青素含量，通过实验验证其能够达到迅速而高效地促进果实花青素合成的预期效果。

基于上述事实，所属领域技术人员根据说明书记载的内容以及现有技术的教导，能够实现本申请的技术方案，解决其技术问题，并产生预期的技术效果。因此，本申请的说明书符合专利法第26条第3款的规定。

根据上述事实和理由，合议组作出如下审查决定。

三、决定

撤销国家知识产权局于2006年10月27日针对第200510094293.5号发明专利申请作出的驳回决定，由国家知识产权局原审查部门以请求人于2005年12月30日提交的说明书第1页和申请日提交的权利要求第1~3项、说明书第2~7页及说明书摘要为基础继续审批程序。

复审请求人对本决定不服的，可以根据专利法第41条第2款的规定，自收到本决定之日起三个月内向北京市第一中级人民法院起诉。

047

核糖核苷酸还原酶抑制剂 3-AP 和 3-AMP 的前药形式

复审请求审查决定（第 12853 号）

决　定　号　第 12853 号
决　定　日　2008 年 3 月 9 日
发明创造名称　核糖核苷酸还原酶抑制剂 3-AP 和 3-AMP 的前药形式
国 际 分 类 号　C07D 213/02，A61K31/44
复 审 请 求 人　维奥恩药品公司
申　请　号　98805148.6
申　请　日　1998 年 5 月 14 日
优 先 权 日　1997 年 5 月 15 日
公　开　日　2000 年 6 月 14 日
合 议 组 组 长　孙跃飞
主　审　员　张家祥
参　审　员　李新芝

法 律 依 据　专利法实施细则第 20 条第 1 款
决 定 要 点

专利法实施细则第 20 条第 1 款规定：权利要求书应当说明发明或者实用新型的技术特征，清楚、简要地表述请求保护的范围。

一、案由

本复审请求涉及发明名称为“核糖核苷酸还原酶抑制剂 3-AP 和 3-AMP 的前药形式”的 98805148.6 号发明专利申请（下称本申请），申请人为维奥恩药品公司，申请日为 1998 年 5 月 14 日，优先权日为 1997 年 5 月 15 日，公开日为 2000 年 6 月 14 日。

2004 年 3 月 26 日，国家知识产权局针对申请人于 2002 年 8 月 20 日提交的权利要求第 1～22 项、进入中国国家阶段时提交的国际申请中文译文的说明书第 1～18 页、说明书附图第 1～11 页以及说明书摘要，以权利要求 1、10 和 14 不符合专利法实施细则第 20 条第 1 款的规定为由驳回了本申请。驳回决定所针对的权利要求 1、10 和 14 如下：

“1. 下式的化合物：

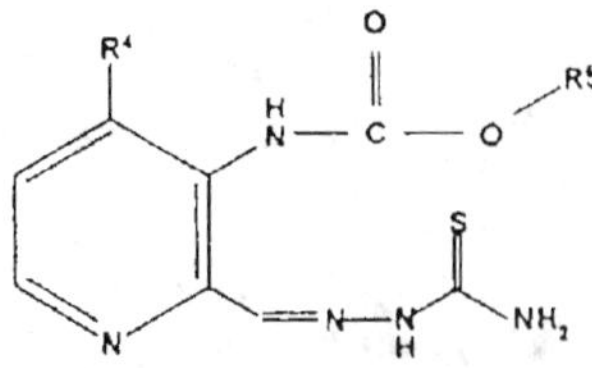

其中 R^4 是 H 或甲基；和

R^5 是 CHR、苄基或邻位或对位取代的苄基；

R 是 H、CH_3、CH_2CH_3、$CH_2CH_2CH_3$ 或 CH_3CHCH_3；

R′是游离的磷酸、磷酸盐或-S-S-R″基团；

R″是 $CH_2CH_2NHR^6$、CH_2CH_2OH、CH_2COOR^7、邻位或对位取代的 C_1-C_3 烷基苯基或邻位或对位取代的硝基苯基；

R^6 是 H、C_1-C_4 酰基、三氟乙酰基、苯甲酰基或取代的苯甲酰基，和

R^7 是 H、C_1-C_4 烷基、苯基、取代的苯基、或苄基或者取代的苄基。

10. 用于治疗动物包括人类患者肿瘤形成的组合物，其中含有治疗有效量的下式化合物：

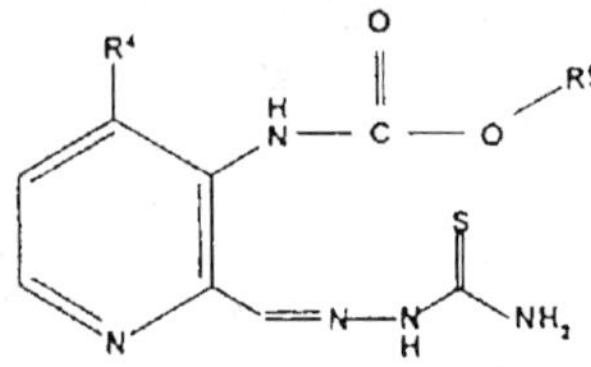

其中 R^4 是 H 或甲基，和

R^5 是 CHR、苄基或邻位或对位取代的苄基；

R 是 H、CH_3、CH_2CH_3、$CH_2CH_2CH_3$ 或 CH（CH_3）$_2$；

R′是游离的磷酸、磷酸盐或-S-S-R″基团；

R″是 $CH_2CH_2NHR^6$、CH_2CH_2OH、CH_2COOR^7、邻位或对位取代的 C_1-C_3 烷基苯基或邻位或对位取代的硝基苯基；

R^6 是 H、C_1-C_4 酰基、三氟乙酰基、苯甲酰基或取代的苯甲酰基，和

R^7 是 H、C_1-C_4 烷基、苯基、取代的苯基或苄基或者取代的苄基。

14. 权利要求 10 的组合物，其中 R^4 是 H 或甲基，R^5 是 CH_2 或

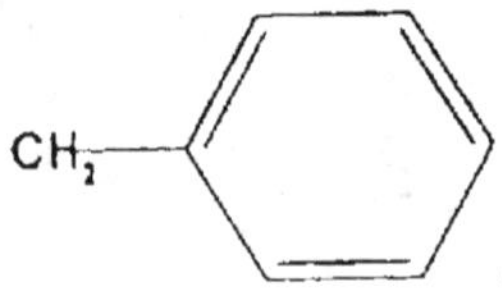

而 R^6 是对位或邻位取代的硝基苯基。”

驳回决定认为，对于本申请权利要求 1 中出现的“邻位或对位取代的苯基”、“取代的苯甲酰基、取代的苯基、取代的苄基、邻位或对位取代的硝基苯基、邻位或对位取代的 C_1-C_3 烷基苯基等”，由于在该权利要求中并未记载这些取代基的定义，从而导致其保护范围不清楚。另外，如果申请人认为“邻位或对位取代的苯基”中所述的取代在苯基的邻位或对位取代的话，应将其定义为“R′取代在邻位或对位的苯基”或类似方式表达，不然会产生歧义，可以认为除 R′外，苯基上的邻位或对位还有可能存在其他取代基，同样的问题在权利要求 10 和 14 中也存在。因此，权利要求 1、10 和 14 不符

合专利法实施细则第 20 条第 1 款的规定。

2004 年 7 月 12 日，申请人维奥恩药品公司（下称请求人）对上述驳回决定不服，向专利复审委员会提出复审请求，请求人没有对申请文件进行修改。请求人认为，(1) 结合说明书以及附图，权利要求中所使用的术语“邻位或对位取代的苄基”、“ 邻位或对位取代的 C_1-C_3 烷基苯基”、“ 邻位或对位取代的硝基苯基”等对于本领域技术人员而言是清楚的；(2) 本申请主要涉及 3-AP 和 3-AMP 化合物的前药化合物，而对于本领域技术人员来说，在 3-AP 和 3-AMP 化合物已知、并且说明书对 3-AP和 3-AMP 给出详细说明的情况下，本申请权利要求 1 的上述表述是清楚的。因此，权利要求 1、10 和 14 符合专利法实施细则第 20 条第 1 款的规定。

经形式审查合格后，专利复审委员会受理了该请求，并于 2004 年 7 月 19 日向请求人发出了《复审请求受理通知书》，同时将本申请转送至国家知识产权局原审查部门进行前置审查。

国家知识产权局原审查部门对本复审请求进行了前置审查，坚持驳回决定。

专利复审委员会组成合议组，对本案的复审请求进行了审理，于 2006 年 8 月 28 日向请求人发出《复审通知书》，指出：权利要求 1 出现的“邻位或对位取代的苄基”、“邻位或对位取代的 C_1-C_3 烷基苯基”和“邻位或对位取代的硝基苯基”没有清楚表达“邻位和对位取代”所限定的取代含义，存在歧义，因此，权利要求 1 的保护范围不清楚，不符合专利法实施细则第 20 条第 1 款的规定。同理，权利要求 10 和 14 也不符合专利法实施细则第 20 条第 1 款的规定。

针对《复审通知书》指出的问题，请求人于 2006 年 10 月 12 日提交了意见陈述书和经修改的权利要求书，其中将原权利要求 1 和 10 中的“R^5 是 CHR、苄基或邻位或对位取代的苄基”和“R″是 $CH_2CH_2NHR^6$、CH_2CH_2OH、CH_2COOR^7、邻位或对位取代的 C_1-C_3 烷基苯基或邻位或对位取代的硝基苯基”分别修改为“R^5 是 CHR、苄基或甲基在邻位或对位取代的苯基”和“R″是 $CH_2CH_2NHR^6$、CH_2CH_2OH、CH_2COOR^7、C_1-C_3 烷基在邻位或对位取代的苯基或硝基在邻位或对位取代的苯基，将原权利要求 14 中的“R^6 是对位或邻位取代的硝基苯基”修改为“R^6 是硝基在对位或邻位取代的苯基”。修改后的权利要求 1、10 和 14 为：

“1. 下式的化合物：

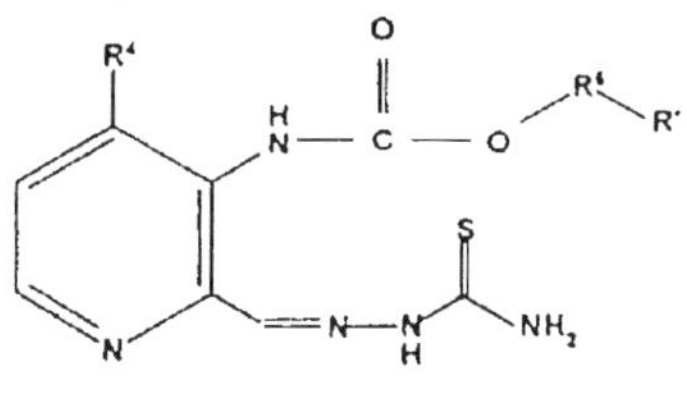

其中 R^4 是 H 或甲基；和

R^5 是 CHR、苄基或甲基在邻位或对位取代的苯基；

R 是 H、CH_3、CH_2CH_3、$CH_2CH_2CH_3$ 或 CH_3CHCH_3；

R′是游离的磷酸、磷酸盐或-S-S-R″基团；

R″是 $CH_2CH_2NHR^6$、CH_2CH_2OH、CH_2COOR^7、C_1-C_3 烷基在邻位或对位取代的苯基或硝基在邻位或对位取代的苯基；

R^6 是 H、C_1-C_4 酰基、三氟乙酰基、苯甲酰基或取代的苯甲酰基，和

R^7 是 H、C_1-C_4 烷基、苯基、取代的苯基、或苄基或者取代的苄基。

10. 用于治疗动物包括人类患者肿瘤形成的组合物，其中含有治疗有效量的下式化合物：

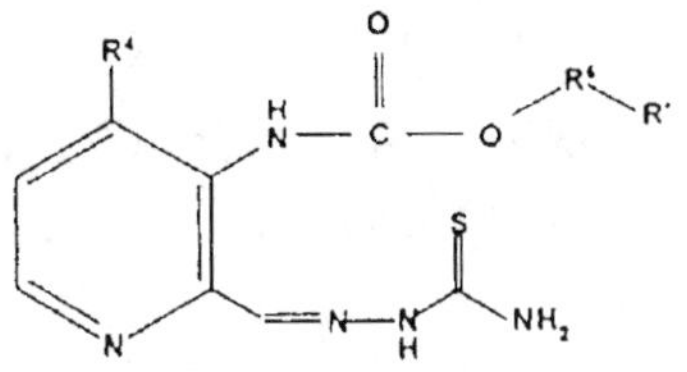

其中 R^4 是 H 或甲基，和

R^5 是 CHR、苄基或甲基在邻位或对位取代的苯基；

R 是 H、CH_3、CH_2CH_3、$CH_2CH_2CH_3$ 或 CH（CH_3）$_2$；

R′是游离的磷酸、磷酸盐或-S-S-R″基团；

R″是 $CH_2CH_2NHR^6$、CH_2CH_2OH、CH_2COOR^7、C_1-C_3 烷基在邻位或对位取代的苯基或硝基邻位或对位取代的苯基；

R^6 是 H、C_1-C_4 酰基、三氟乙酰基、苯甲酰基或取代的苯甲酰基，和

R^7 是 H、C_1-C_4 烷基、苯基、取代的苯基或苄基或者取代的苄基。

14. 权利要求 10 的组合物，其中 R^4 是 H 或甲基，R^5 是 CH_2 或

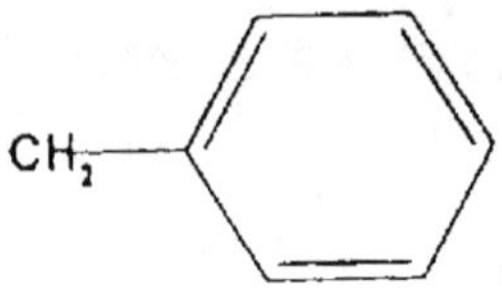

，

而 R^6 是硝基在对位或邻位取代的苯基。”

2007 年 3 月 23 日，本案合议组向请求人发出《第二次复审通知书》，指出：请求人将权利要求 1 修改为“R^5 是 CHR、苄基或甲基在邻位或对位取代的苯基”，而原始申请文件中的相应记载为“R^5 是 CHR、苄基或邻位或对位取代的苄基”，由于（1）“苄基”是通过亚甲基与主结构连接的基团，而“苯基”是通过苯环与主结构的基团，“苄基”与“甲基取代的苯基”不同；（2）修改后的权利要求 1 中出现了新的并列关系：“CHR、苄基或甲基”，因此，权利要求 1 中的上述特征在原申请文件中没有记载，也不能从原申请记载的信息中直接地、毫无疑义地确定，这种修改不符合专利法第 33 条的规定。同理，权利要求 10 也不符合专利法第 33 条的规定。修改后的权利要求 1 中 R^6 可以是“取代的苯甲酰基”，R^7 可以是“取代的苯基”或“取代的苄基”，但并没有限定用来取代苯甲酰基、苯基或苄基的基团，从而导致权利要求 1 的保护范围不清楚，不符合专利法实施细则第 20 条第 1 款的规定。同理，权利要求 10 也不符合专利法实施细则第 20 条第 1 款的规定。

针对《第二次复审通知书》指出的问题，请求人于 2007 年 5 月 8 日提交了意见陈述书和经修改的权利要求书。其中，修改了权利要求 1 和 10 中关于 R^5 基团定义的部分。修改后的权利要求 1、10 和 14 如下：

“1. 下式的化合物：

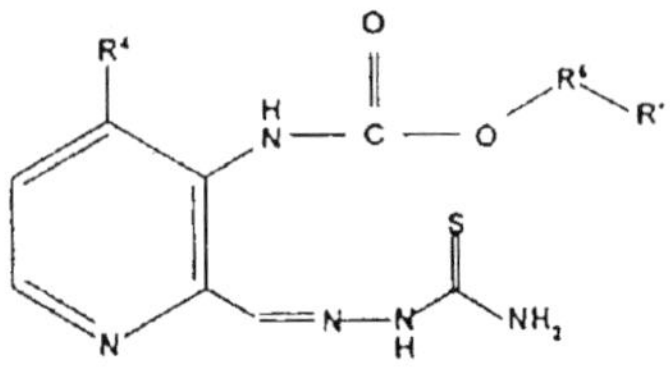

其中 R^4 是 H 或甲基，和

R^5 是 CHR；苄基；或邻位或对位取代的苄基，其中取代基是如 R′中定义的那些；

R 是 H、CH_3、CH_2CH_3、$CH_2CH_2CH_3$ 或 CH_3CHCH_3；

R′是游离的磷酸、磷酸盐或-S-S-R″基团；

R″是 $CH_2CH_2NHR^6$、CH_2CH_2OH、CH_2COOR^7、C_1-C_3 烷基在邻位或对位取代的苯基或硝基在邻位或对位取代的苯基；

R^6 是 H、C_1-C_4 酰基、三氟乙酰基或苯甲酰基，和

R^7 是 H、C_1-C_4 烷基、苯基、或苄基。

10. 用于治疗动物包括人类患者肿瘤形成的组合物，其中含有治疗有效量的下式化合物：

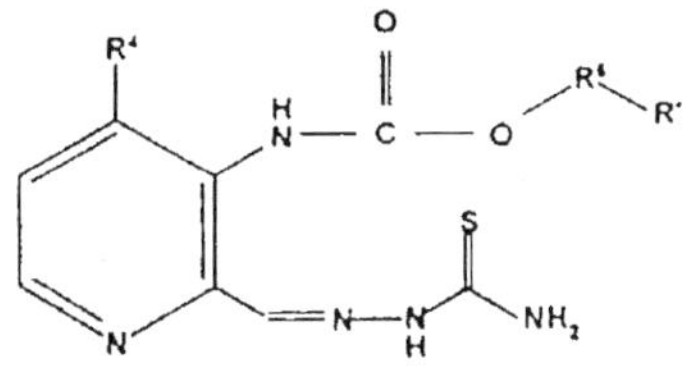

其中 R^4 是 H 或甲基，和

R^5 是 CHR、苄基；或邻位或对位取代的苄基，其中取代基是如 R′中定义的那些；

R 是 H、CH_3、CH_2CH_3、$CH_2CH_2CH_3$ 或 CH（CH_3）$_2$；

R′是游离的磷酸、磷酸盐或-S-S-R″基团；

R″是 $CH_2CH_2NHR^6$、CH_2CH_2OH、CH_2COOR^7、C_1-C_3 烷基在邻位或对位取代的苯基或硝基邻位或对位取代的苯基；

R^6 是 H、C_1-C_4 酰基、三氟乙酰基、苯甲酰基，且

R^7 是 H、C_1-C_4 烷基、苯基或苄基或者取代的苄基。

14. 权利要求 10 的组合物，其中 R^4 是 H 或甲基，R^5 是 CH_2 或

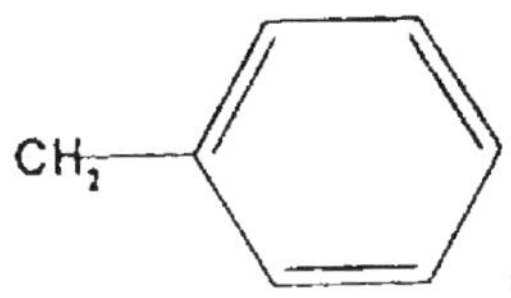

，

而 R^6 是硝基在对位或邻位取代的苯基。”

请求人认为，根据本领域已有的知识和本申请所公开的内容，“取代的苯甲酰基”、“取代的苯基”和“取代的苄基”对于本领域技术人员而言是能够理解的，无论所要求保护基团上的取代基是什么，最终的影响都是一样的，本申请的权利要求符合专利法实施细则第 20 条第 1 款的规定。

2007 年 8 月 14 日，专利复审委员会向请求人发出《合议组成员告知通知书》，期满请求人没有答复。

至此，合议组认为本案事实清楚，可以作出审查决定。

二、决定的理由

1. 关于审查文本

本复审决定是以请求人于 2007 年 5 月 8 日提交的权利要求第 1~22 项、2002 年 8 月 20 日提交的说明书第 1~4 页、进入中国国家阶段时提交的国际申请中文译文的说明书第 5~18 页、说明书附图第 1~11 页以及说明书摘要为基础作出的。

2. 关于专利法实施细则第20条第1款

专利法实施细则第20条第1款规定：权利要求书应当说明发明或者实用新型的技术特征，清楚、简要地表述请求保护的范围。

本申请权利要求10将其中的R^7定义为"H、C_1-C_4烷基、苯基或苄基或者取代的苄基"，但该权利要求并没有限定"取代的苄基"中的取代基，本领域技术人员不清楚该"取代的苄基"被何种基团以何种方式进行取代，无法得知R^7的准确定义，从而导致该权利要求的保护范围不清楚，因此，权利要求10不符合专利法实施细则第20条第1款的规定。

请求人认为，根据本领域已有的知识和本申请所公开的内容，"取代的苄基"对于本领域技术人员而言是能够理解的，无论所要求保护基团上的取代基是什么，最终的影响都是一样的。

对此，合议组认为，首先，本领域已知的取代基成百上千万，理论上，任何一种有机化合物失去一个氢原子后都可以作为取代基，而权利要求10并没有对"取代的苄基"中的取代基作出限定；其次，有些取代基由于空间位阻等原因不能对苄基进行取代，本领域技术人员也无从得知哪些基团能够进行取代，势必需要通过大量复杂的实验来进行验证；另外，取代基对主结构的影响并不均是相同的，否则，就没必要花费庞大的人力物力通过选用不同的取代基来筛选效果更好的化合物。综上所述，本领域技术人员无法清楚地界定权利要求10所要求保护的范围。

基于以上事实和理由，本案合议组作出如下决定。

三、决定

维持国家知识产权局于2004年3月26日对98805148.6号发明专利申请作出的驳回决定。

复审请求人对本决定不服的，可以根据专利法第41条第2款的规定，自收到本决定之日起三个月内向北京市第一中级人民法院起诉。

048

一种制备丙烯酸的方法

复审请求审查决定（第 12854 号）

决 定 号 第 12854 号
决 定 日 2008 年 3 月 17 日
发明创造名称 一种制备丙烯酸的方法
国 际 分 类 号 C07C 57/055，C07C 51/235
复 审 请 求 人 株式会社日本触媒
申 请 号 00119215.9
优 先 权 日 1999 年 5 月 27 日
申 请 日 2000 年 5 月 26 日
公 开 日 2000 年 12 月 27 日
合 议 组 组 长 刘 亚
主 审 员 黄 强
参 审 员 汪送来

法 律 依 据 专利法第 22 条第 3 款
决 定 要 点

当要求保护的发明与最接近的现有技术相比较，其区别特征为另一份现有技术对比文件中披露的相关技术手段，该技术手段在该对比文件中所起的作用与该区别特征在要求保护的发明中为解决技术问题所起的作用相同时，要求保护的发明对本领域技术人员而言是显而易见的，不具备创造性。

一、案由

本复审请求案涉及发明名称为“一种制备丙烯酸的方法”的第 00119215.9 号发明专利申请（下称本申请），申请人为株式会社日本触媒，申请日为 2000 年 5 月 26 日，优先权日为 1999 年 5 月 27 日，公开日为 2000 年 12 月 27 日。

2004 年 11 月 19 日，国家知识产权局以权利要求 1 和 2 相对于对比文件 1 和对比文件 2 不符合专利法第 22 条第 3 款的规定为由驳回了本申请，具体理由为：（1）对比文件 1（日本特开平 7~10802，公开日为 1995 年 1 月 13 日）公开了一种丙烯酸的制备方法，对比文件 2（US5206431A，公开日为 1993 年 4 月 27 日）公开了一种甲基丙烯酸的制备方法，由于丙烯酸和甲基丙烯酸的性质和制备方法相似，因此在对比文件 1 的基础上结合对比文件 2，得出权利要求 1 的技术方案，对所属领域的技术人员而言是显而易见的，因而权利要求 1 不具备创造性；（2）从属权利要求 2 的附加技术特征在对比文件 2 中已经公开，权利要求 2 也不具备创造性。驳回决定所针对的权利要求书如下：

“1. 一种用来制备丙烯酸的方法，是采用一种装填有催化剂的固定床管壳式反应器，通过丙烯醛或含丙烯醛气体与分子氧或含分子氧气体的气相催化氧化进行制备，该方法的特征在于在所述的固定床管壳式反应器的每个反应管中，通过将每个所述反应管的内部沿轴向分开而提供了多个反应区，并用复合不同活性水平的复合催化剂填装所述的多个反应区，填装方式应使活性水平自每个反应管的气体入口端至反应管气体出口端是增加的，

其中催化剂为复合氧化物，其金属元素组成可用下述的通式（I）表示：

$$Mo_aV_bW_cCu_dA_eQ_fR_gD_hO_i \qquad (I)$$

其中 Mo 为钼；V 为钒；W 为钨；Cu 为铜；A 为至少一种选自锆、钛和铈的元素；Q 为至少一种选自镁、钙、锶和钡的元素；R 为至少一种选自铌、锑、锡、碲、磷、钴、镍、铬、锰、锌和铋的元素；D 为至少一种选自碱金属的元素；O 为氧；a，b，c，d，e，f，g，h 和 i 分别表示 Mo，V，W，Cu，A，Q，R，D 和 O 的原子比值，其中 a 为 12，$1\leq b\leq 14$，$0<c\leq 12$，$0<d\leq 6$，$0\leq e\leq 10$，$0\leq f\leq 3$，$0\leq g\leq 10$ 和 $0\leq h\leq 5$，i 的数值取决于每种元素的氧化程度，和

其中具有不同活性水平的复合催化剂是通过改变通式（I）中 D 组元素的种类和/或含量而制得的。

2. 权利要求 1 所述的方法，其中的反应区数目为 2 或 3。”

2005 年 3 月 4 日，请求人对上述驳回决定不服，向专利复审委员会提出复审请求，在提出复审请求时没有对申请文件进行修改，请求人认为：（1）（a）在本申请中，每根反应管的多个反应区装填了不同活性等级的多种催化剂，活性等级的不同源于碱金属（D 组分）的种类和/或含量的不同（$0\leq h\leq 5$），（b）在本申请的所有实施例中，同一反应管同时装填了含有碱金属的催化剂（$h\neq 0$）和不含碱金属的催化剂（$h=0$）；（2）丙烯酸和甲基丙烯酸的性能不同，制备丙烯酸和甲基丙烯酸采用了不同的催化剂，而且两种氧化反应温度也不同；（3）对比文件 2 中的催化剂属于杂多酸催化剂，其通过改变形成盐必需的组分，即碱金属、碱土金属或铊的种类和/或含量来改变催化剂的活性，本申请的催化剂属于钼-钒催化剂，通过改变碱金属的种类和/或含量控制催化剂活性，这种催化剂中碱金属不重要，两种催化剂之间有相当的不同，因而对比文件 2 不能提供任何参考。

2005 年 3 月 30 日，经形式审查合格后，专利复审委员会受理了该请求，向请求人发出了《复审请求受理通知书》，同时向国家知识产权局原审查部门发出了前置审查意见通知书。

在《前置审查意见书》中，国家知识产权局原审查部门认为，本申请权利要求 1 存在 $h=0$，即催化剂不含碱金属的情况，这样本申请催化剂已被对比文件 1 公开，因而本申请仍不具备创造性，故坚持驳回决定。

专利复审委员会组成合议组，对本复审请求案进行了审理，并于 2007 年 11 月 1 日发出了《复审通知书》，指出：（1）与对比文件 1 公开的技术方案相比，权利要求 1 的制备方法在技术领域、解决的技术问题、制备方法的主要技术特征、反应原理等方面是相同的，区别在于权利要求 1 的技术方案通过改变催化剂中碱金属的种类和/或含量从而改变催化剂活性水平，对比文件 1 的技术方案通过改变催化剂中催化活性物质的负载率改变催化剂的活性水平，而对比文件 2 公开了一种制备甲基丙烯酸的方法，其中催化剂活性水平的改变可通过改变催化剂中的碱金属的种类和/或含量而实现，由于丙烯酸和甲基丙烯酸被认为属于同一类化合物，并且制备方法基本一致，并且可以使用相同的催化剂，因此可以将对比文件 1 和对比文件 2 的技术方案相结合，得到权利要求 1 的技术方案，这对于本领域技术人员而言是显而易见的，因而权利要求 1 不具备创造性，不符合专利法第 22 条第 3 款的规定；

（2）从属权利要求2的附加技术特征在对比文件2中已经公开，在其引用的权利要求1不具备创造性的基础上，权利要求2也不具备创造性。

2007年12月17日，针对上述《复审通知书》，复审请求人提交了意见陈述书，请求人主要意见为：（1）与丙烯酸相比，甲基丙烯酸α位上的甲基对反应活性有相当大的影响，例如对比文件2第2栏第3~30行认为"将在丙烯醛、丙烯酸等的生产中所获得的技术应用到甲基丙烯酸的生产并不足够有效"，因此在其中一个上所获得的发现不能被应用于另一个；（2）对比文件2的催化剂具有杂多酸型结构，与本申请的催化剂相比在结构上具有相当的差异，考虑催化剂的差异，本领域技术人员不能显而易见地由对比文件2中所使用的控制催化活性的手段（改变碱金属的类型和/或数量）来代替对比文件1中所使用的控制催化活性的手段（改变催化活性物质的负载率）；（3）申请人提供了一组实验数据，希望证明将从对比文件2所述的甲基丙烯酸的生产中所获得的发现应用到丙烯酸的生产中并不足够有效。

本案合议组经合议后认为本案事实已经清楚，可以作出复审决定。

二、决定的理由

1. 关于文本

本复审决定针对的文本是驳回决定所针对的文本，即2002年11月12日提交的权利要求第1和2项，申请日提交的说明书第1~9页以及说明书摘要。

2. 关于专利法第22条第3款

专利法第22条第3款规定：创造性，是指同申请日以前已有的技术相比，该发明有突出的实质性特点和显著的进步。

当要求保护的发明与最接近的现有技术相比较，其区别特征为另一份现有技术对比文件中披露的相关技术手段，该技术手段在该对比文件中所起的作用与该区别特征在要求保护的发明中为解决技术问题所起的作用相同时，要求保护的发明对本领域技术人员而言是显而易见的，不具备创造性。

就本申请而言，权利要求1请求保护的是一种用来制备丙烯酸的方法，通过丙烯醛或含丙烯醛的气体与分子氧或含分子氧的气体的气相催化氧化进行制备，其特征在于在固定床管壳式反应器的每个反应管中，通过将每个反应管的内部沿轴向分成多个反应区，并用不同活性水平的催化剂填装所述的多个反应区，填装方式使得活性水平自反应管的气体入口端至气体出口端是增加的，其中催化剂为通式（I）的复合氧化物（参见案由部分），通过改变通式（I）中的D组元素（即碱金属元素）的种类和/或含量来改变催化剂的活性水平。对比文件1（日本公开特许公报特开平7~10802，公开日为1995年1月13日）中公开了一种丙烯酸的制备方法，并公开了如下技术特征：采用装填有催化剂的固定床多管式反应器，通过丙烯醛与分子氧气体的气相催化氧化进行制备，在该方法中，通过自反应管的原料气体入口至出口依次填充催化活性物质负载率增加的催化剂来进行反应，即装填方式使活性水平自每个反应管的气体入口端至出口端是增加的（参见对比文件1的权利要求及其摘要）；因此，与对比文件1公开的技术方案相比，权利要求1请求保护的丙烯酸的制备方法在技术领域、制备方法的主要技术特征（例如反应原料（丙烯醛气体、分子氧气体）、反应设备（固定床多管式反应器）、反应原理（气相催化氧化））等方面都是相同的，并且权利要求1的技术方案和对比文件1的技术方案都是为了解决在丙烯酸的常规制备过程中催化剂产生局部反常高温，出现热点处的热量聚集这一技术问题，针对相同的技术问题，两者均是通过改变催化剂的活性水平，使催化剂活性水平自反应管的气体入口端至气体出口端逐渐增加这一技术特征进行解决，这两个技术方案之间的区别特征在于改变催化剂活性水平的具体技术特征上存在着差异：对比文件1的技术方案通过改变催化剂中催化活性物质的负载率从而改变催化剂的活性水平，而本申请权利要求 1 的技术方案是通过改变催化剂中碱金属的种类和/或含量从而改变催化剂的活性水平；因此，相对于对比文件 1 公开的技术方案而言，权利要求 1 的技术方案实际解决的技术问题是：使用不同于对比文件 1 公开的技术特征改变催化剂的活性水平；在面对此技术问题时，本领域技术人员自然而然会想到从现有技术中寻找能够解决此问题的其他技术手段，而对比文件 2（US5206431，公开日为 1993 年 4 月 27 日）公开了一种通过调节催化剂中碱金属种类和/或含量从而改变其活性水平的技术方案，具体技术方案如下：一种制备甲基丙烯酸的方法，通过选自甲基丙烯醛、异丁醛和异丁酸的至少一种化合物气体与分子氧或含分子氧的气体的气相催化氧化进行制备，包括在固定床多管式反应器的每个反应管中，通过将每个反应管的内部沿反应管轴向分成两个或多个反应区，并用不同活性水平的复合催化剂填装所述的多个反应区，填装方式是使反应管的气体出口端比气体入口端的催化剂活性高，其中催化剂活性水平的改变可通过改变催化剂中的 C 组分（即碱金属元素、碱土金属和铊）的种类和/或含量而实现（参见对比文件 2 的权利要求 1 和 2）；对于本领域普通技术人员而言，甲基丙烯酸和丙烯酸在化学结构上可被认为是属于同一类化合物，并且两者的制备方法是基本一致的（例如反应设备（固定床多管式反应器）、反应原理（气相催化氧化），并且在两者的制备过程中所使用的催化剂可以是相同的，例如将本申请的催化剂通式和对比文件 2 的催化剂通式相比较，它们可以包含相同的含磷复合氧化物作为催化剂，由此可见，对比文件 2 公开了通过改变如本申请权利要求 1 中所述的催化剂中的碱金属的种类和/或含量，而改变催化剂的活性水平的技术特征，并给出了将这一技术特征用于对比文件 1 的技术方案中，从而得到权利要求 1 的技术方案的技术启示，因此，相对于对比文件 1 和 2 的结合，权利要求 1 的技术方案对于本领域技术人员来说是显而易见的。

针对申请人在答复《复审通知书》时陈述的三方面意见，合议组认为：（1）从本领域技术人员的角度来看，丙烯酸和甲基丙烯酸属于同一类化合物，根据对比文件 1 和对比文件 2 可知，两者在制备方法上是基本一致的，例如反应设备均为固定床多管式反应器、反应原理均采用气相催化氧化等，并且两者的制备过程中所使用的催化剂可以是相同的，因而将工艺条件通常更苛刻的甲基丙烯酸制备方法中的技术手段应用于丙烯酸的制备过程，这对本领域技术人员而言是容易想到的，虽然用于生产甲基丙烯酸的反应与用于生产丙烯酸的反应相比更复杂，产率上可能存在差异，导致将在丙烯酸生产中获得的技术应用于甲基丙烯酸的生产并不总是足够有效，但是并不能说明两者就不能采用相同的催化剂，更不能说明用于生产甲基丙烯酸的催化剂不能用于生产丙烯酸；（2）本申请的催化剂与对比文件 2 的催化剂在组分选择、组分含量上极为相似，并且包含相同的化合物，因而可以认为是一类化合物，在请求人未修改权利要求 1 所述通式（I）的前提下，请求人认为对比文件 2 和本申请的催化剂结构上存在差异，分别属于不同类型的催化剂的观点没有依据；（3）对比文件 1 中改变催化活性物质的负载率的技术手段与对比文件 2 中改变碱金属的类型和/或数量的技术手段所起的作用相同，都是为了控制催化活性，将这两种技术手段相互替换对本领域技术人员而言是显而易见的；（4）对于请求人所提供的实验数据，本申请实施例 1 使用的催化剂（1）是 $Mo_{12}V_4W_{2.5}Cu_2K_{0.5}$，催化剂（2）是 $Mo_{12}V_4W_2.5Cu_2$，请求人在对比实验中使用由对比文件 2 的方法制备的催化剂（1）$Mo_{12}P_1.3V_1.09Cs_1.0Sb_{0.05}$和催化剂（2）$Mo_{12}P_1.3V_1.09Cs_1.0Sb_{0.7}$，显然本申请与对比实验所用的催化剂不同，且对比实验改变催化剂活性的手段是调整元素 Sb 的含量而不是调整其中碱金属的种类和/或含量，因此不能够证明请求人的主张。

综上所述，权利要求 1 不具备突出的实质性特点和显著的进步，不具备创造性，不符合专利法第 22 条第 3 款的规定。

权利要求 2 进一步限定了权利要求 1 中反应区的数目为 2 或 3，然而该技术特征已经被对比文件 2 公开了（参见对比文件 2 的权利要求 2），因此在权利要求 1 不具备创造性的前提下，其从属权利要求 2 也不具备创造性。

根据上述事实和理由，合议组作出如下审查决定。

三、决定

维持国家知识产权局于 2004 年 11 月 19 日针对第 00119215.9 号发明专利申请作出的驳回决定。

复审请求人对本决定不服的，可以根据专利法第 41 条第 2 款的规定，自收到本决定之日起三个月内向北京市第一中级人民法院起诉。

049

氮化镓荧光体及其制造方法

复审请求审查决定（第12896号）

决　定　号　第12896号
决　定　日　2008年3月19日
发明创造名称　氮化镓荧光体及其制造方法
国际分类号　C09K11/62
复审请求人　日亚化学工业株式会社，双叶电子工业株式会社
申　请　号　02105608.0
申　请　日　2002年4月15日
优先权日　2001年4月16日
公　开　日　2002年11月27日
合议组组长　任晓兰
主　审　员　刘　亚
参　审　员　李新芝

法律依据　专利法第33条，专利法第26条第3款
决定要点

如果申请的内容通过增加、改变和/或删除其中的一部分，致使本领域技术人员看到的信息与原申请记载的信息不同，而且又不能从原申请记载的信息中直接地、毫无疑义地确定，那么这种修改是不允许的。对于数值范围技术特征的修改，只有在修改后的数值范围的两个端值在原说明书和/或权利要求书中已确实记载且修改后的数值范围在原说明书和权利要求书记载的数值范围之内的前提下，才是允许的。

所属技术领域的技术人员能够实现，是指所属技术领域的技术人员按照说明书记载的内容，就能够实现该发明或者实用新型的技术方案，解决其技术问题，并产生预期的技术效果。如果说明书中给出了具体的技术方案，但未给出实验证据，而该方案又必须依赖实验结果加以证实才能成立，则该要求保护的发明将由于缺乏解决技术问题的技术手段而被认为无法实现。

一、案由

本复审请求案涉及发明名称为“氮化镓荧光体及其制造方法”的第02105608.0号发明专利申请（下称本申请），申请人为日亚化学工业株式会社、双叶电子工业株式会社，申请日为2002年4月15日，优先权日为2001年4月16日，公开日为2002年11月27日。

2005 年 12 月 9 日，针对申请人于 2005 年 10 月 26 日提交的权利要求书，申请日提交的说明书第 1~4 页、第 7~13 页、说明书附图第 1 页和说明书摘要，2005 年 1 月 24 日提交的说明书第 5~6 页，国家知识产权局以本申请的说明书不符合专利法第 26 条第 3 款的规定为由驳回了本申请。

驳回决定认为：本申请的说明书未对发明作出清楚、完整的说明，致使所属技术领域的技术人员不能实现该发明，不符合专利法第 26 条第 3 款的规定。具体理由是：说明书及其实施方式没有记载合成出的荧光体的化学组成配比和实验参数结果，在进行覆盖的过程中加入的覆盖物最多质量为荧光体的 10%，实施例中记载的磷含量仅仅相当于荧光体的 0.018%~0.095%，由于说明书没有公开荧光体和覆盖物的颗粒尺寸而覆盖物的质量又明显少于荧光体，并且说明书也没有公开覆盖后的实际结果参数或效果，公开的相对亮度的百分数也不能说明覆盖后的荧光体的发光情况，而多相态荧光体的混合物在多种情况下能够增强相对亮度，由于没有记载足够的技术参数和实验结果，因此不能确定合成出了在粒子表面覆盖了磷酸镓的荧光体。

驳回决定针对的权利要求书如下：

“1. 一种氮化镓荧光体，其中用磷酸镓覆盖（Ga，In）N：Zn，S 荧光体的粒子表面。

2. 一种氮化镓荧光体，其中用磷酸镓覆盖由以下通式表示的荧光体的粒子表面：

（Ga，In，X）N：Zn，S

其中 X 是 B、Al 中的至少一种。

3. 权利要求 1 或 2 记载的氮化镓荧光体，是荧光显示管用的荧光体。

4. 权利要求 1 或 2 记载的氮化镓荧光体，是场发射显示器所采用的荧光体。

5. 权利要求 1 或 2 记载的氮化镓荧光体，是投射式阴极射线管所采用的荧光体。

6. 权利要求 1 或 2 记载的氮化镓荧光体，其特征在于 P 量相对于荧光体 100 重量份为 0.0001~10.0 重量份。

7. 权利要求 1 或 2 记载的氮化镓荧光体，其中 P 量相对于荧光体 100 重量份为 0.0001~1.0 重量份。

8. 权利要求 1 或 2 记载的氮化镓荧光体，其中 P 量相对于荧光体 100 重量份为 0.001~1.0 重量份。

9. 一种氮化镓荧光体的制造方法，在含有磷酸或磷酸盐的表面处理液中加入氮化镓荧光体，制成荧光体浆液，搅拌该荧光体浆液，使磷酸镓覆盖氮化镓荧光体的表面，使荧光体从荧光体浆液中分离并干燥。

10. 一种氮化镓荧光体的制造方法，其中，在含有磷酸或磷酸盐的表面处理液中加入氮化镓荧光体，制成荧光体浆液，调整该荧光体浆液至 pH3 以上，使磷酸镓覆盖氮化镓荧光体的表面，使荧光体从荧光体浆液中分离并干燥。

11. 一种氮化镓荧光体的制造方法，其中，在加上磷酸或磷酸盐含有 Ga 的表面处理液中加入氮化镓荧光体，制成荧光体浆液，搅拌该荧光体浆液，使磷酸镓覆盖氮化镓荧光体的表面，使荧光体从荧光体浆液中分离并干燥。

12. 一种氮化镓荧光体的制造方法，其中，在加上磷酸或磷酸盐含有 Ga 的表面处理液中加入氮化镓荧光体，制成荧光体浆液，调整该荧光体浆液至 pH3 以上，使磷酸镓覆盖氮化镓荧光体的表面，使荧光体从荧光体浆液中分离并干燥。

13. 一种氮化镓荧光体的制造方法，其特征在于在溶剂中混合表面处理化合物磷酸镓和氮化镓荧光体，制成荧光体浆液，干燥该荧光体浆液，在荧光体粒子的表面上覆盖磷酸镓。”

2006年2月21日，申请人日亚化学工业株式会社、双叶电子工业株式会社（下称请求人）对上述驳回决定不服，向专利复审委员会提出复审请求，请求人在提出复审请求时没有对申请文件进行修改。

请求人认为：本申请的说明书已对本发明的技术方案进行了清楚完整的说明，符合专利法第26条第3款的规定，具体来说，(1) 由本申请实施例记载的制造方法和表1中实施例1、9、10、11的数据可知，根据说明书中公开的内容本领域技术人员即可实现本申请的目的，即提高氮化镓荧光体的发光特性；(2) 说明书第6页第30行至第7页第13行记载了进行所述表面处理（覆盖）的结果，公开了向（Ga，In）N：Zn，S荧光体覆盖磷酸镓时的荧光体的相对亮度及优选覆盖量，并且定义了相对亮度；(3) 说明书第3页第4行至第5页第7行还记载了本申请的氮化镓荧光体的制造方法，当使用磷酸或磷酸盐水溶液时，所添加的磷酸或磷酸盐并不是全部进行反应并作为磷酸镓覆盖到荧光体粒子表面，而是与残存在荧光体粒子表面的氧化镓等未反应成分进行反应，或者与析出的镓离子反应，覆盖过程并不一定是所有添加的东西全部覆盖；(4) 在本申请中，在荧光体粒子表面形成致密的磷酸盐的覆盖膜，覆盖物不仅仅是以粒子状也可以膜状（即沉淀层）覆盖到荧光体粒子表面，覆盖物的粒子尺寸很难确定；(5) 说明书第12页第4~11行给出了具体检测装置和测定结果，本申请通过相应的标准检测手段测定出本申请所制备的氮化镓荧光体粒子表面确实覆盖了磷酸镓。另外，请求人结合处理后的荧光体的P量分析了实施例1、3和6的制造过程，以说明本申请制备出了粒子表面覆盖磷酸镓的氮化镓荧光体。

经形式审查合格后，专利复审委员会受理了该请求，并于2006年4月4日向请求人发出了《复审请求受理通知书》，同时将本申请转送至国家知识产权局原审查部门进行前置审查。

在《前置审查意见书》中，国家知识产权局原审查部门认为，说明书没有对荧光体材料的覆盖作出清楚、完整的说明，没有清楚的定义“相对亮度”的含义，没有说明“覆盖”的确切含义，说明书中也没有以确切的实验参数表明形成了“致密的磷酸盐的覆盖膜”，“覆盖量大的荧光体”只是描述性的语言，没有确切的实验结果记载镓原子和磷原子的结合状态，也不能证明相对亮度的提高就是覆盖了磷酸镓，而且由于没有直接的实验参数，即使“部分覆盖”也没有确切的证明，因此坚持驳回决定。

专利复审委员会组成合议组，对本复审请求案进行了审理。

合议组于2006年9月21日依据驳回决定所针对的文本向请求人发出《复审通知书》，指出：(1) 说明书第5页第26~27行、说明书第6页第3行的修改内容“将浆液的pH调整到3以上”，以及权利要求10和12的修改内容“调整该荧光体浆液至pH3以上”既未明确地文字记载在原说明书和权利要求书中，也不能由原说明书和权利要求书文字记载的内容以及说明书附图的内容直接地、毫无疑义地确定，这样的修改超出了原申请记载的范围，不符合专利法第33条的规定。(2) 权利要求1~8用组成荧光体的众多粒子的微观结构特征“粒子表面覆盖了磷酸镓”来限定所要求保护的荧光体，权利要求9~13要求保护一种氮化镓荧光体的制备方法以使得磷酸镓覆盖氮化镓荧光体粒子的表面，上述技术方案是否成立，取决于本申请说明书公开的制备方法是否能够使磷酸镓之类的表面处理化合物覆盖在氮化镓荧光体的粒子表面上，然而，这种粒子结构层面上的变化是无法由所属领域的技术人员通过说明书的文字说明来确定的，本申请的氮化镓荧光体的粒子表面上是否覆盖了磷酸镓化合物，尚需要实验结果加以证实，在此情况下，由于本申请的说明书没有记载任何可以证明磷酸镓化合物覆盖在氮化镓荧光体的粒子表面上的令人信服的实验数据或实际测量的实验结果，导致本申请的技术方案被认为无法实现，因此本申请的说明书未充分公开发明，不符合专利法第26条第3款的规定。

（3）虽然本申请的实施例描述了对氮化镓荧光体实施表面处理的过程，给出了处理后的荧光体的 P 量，发现用低速电子射线激发处理后的氮化镓荧光体时发光亮度（相对亮度）提高，但是这些至多只能表明经过表面处理后的氮化镓荧光粉中含有或掺有不溶于水或难溶于水的磷酸镓，并不能证明磷酸镓化合物必然覆盖在荧光体的粒子表面上，本申请的氮化镓荧光体在粒子结构层面上是否发生本申请所述的变化需要通过实验测试来证明，而本申请说明书第 12 页第 4~14 行却只是简单描述了 XPS 检测方法和检测装置就断言磷酸镓覆盖在荧光体粒子表面上，实际上并未给出令人信服的实验证据证明处理后的氮化镓荧光体粒子的表面上已经覆盖了磷酸镓化合物，因而请求人复审请求的理由不能成立。

针对上述《复审通知书》，请求人于 2006 年 12 月 29 日提交了意见陈述书以及权利要求书（包括权利要求第 1~13 项）和说明书第 5~6 页的修改替换页。请求人将说明书第 5~6 页的"将浆液的 pH 调整到 pH3 以上"修改为"将浆液的 pH 调整到 pH4~5"，将权利要求 10、12 中的"至 3 以上"修改为"至 pH 为 4~5"。请求人同时还提交了以下附件：

附件 1：分析结果报告书，复印件共 5 页。

请求人认为：（1）修改后的说明书和权利要求书得到实施例的支持；（2）附件 1 是 2000 年 12 月 27 日对氮化镓荧光体进行 XPS 分析的宽频谱测定结果和窄频谱测定结果，XPS 分析是最表面的分析，分析结果表明覆盖了磷酸镓后的氮化镓荧光体中检测到了 P 元素，在荧光体的表面上存在磷酸盐，因此本申请的荧光体粒子表面被磷酸镓覆盖，本申请说明书公开充分。

至此，合议组认为本案事实清楚，可以作出审查决定。

二、决定的理由

1. 关于审查文本

本复审决定是以下述文本为基础作出的：请求人于 2006 年 12 月 29 日提交的权利要求第 1~13 项，申请日提交的说明书第 1~4 页、第 7~13 页、说明书附图第 1 页和说明书摘要，2006 年 12 月 29 日提交的说明书第 5~6 页。

2. 关于专利法第 33 条

专利法第 33 条规定：申请人可以对其专利申请文件进行修改，但是，对发明和实用新型专利申请文件的修改不得超出原说明书和权利要求书记载的范围。

如果申请的内容通过增加、改变和/或删除其中的一部分，致使本领域技术人员看到的信息与原申请记载的信息不同，而且又不能从原申请记载的信息中直接地、毫无疑义地确定，那么这种修改是不允许的。对于数值范围技术特征的修改，只有在修改后的数值范围的两个端值在原说明书和/或权利要求书中已确实记载且修改后的数值范围在原说明书和权利要求书记载的数值范围之内的前提下，才是允许的。

就本案而言，说明书第 5 页倒数第 5 行、说明书第 6 页第 3 行中的下述修改内容"用氨水等将浆液的 pH 调整到 4~5"，以及权利要求 10 和 12 中的下述修改内容"调整该荧光体浆液至 pH 为 4~5"，既未明确地记载在原说明书和权利要求书中，也不能由原说明书和权利要求书文字记载的内容以及说明书附图的内容直接地、毫无疑义地确定。具体理由为：本申请原说明书第 5 页和第 6 页仅仅记载了"将浆液的 pH 调整到 3 以下"，原说明书第 7 页和各个实施例记载了将荧光体浆液的 pH 调整到 4.0 或 5.0。虽然修改后的 pH 数值范围的端值 4.0 和 5.0 已明确记载在原申请中，但是修改后的 pH 数值范围（4~5）明显落在原申请记载的 pH 数值范围（3 以下）之外，包括了原申请未记载的处于 4.0 和 5.0 之间的新 pH 范围，这样的修改内容致使本领域技术人员看到的信息与原申请记载的信息不同，而且也不能从原申请记载的信息中直接地、毫无疑义地确定。因此请求人对说明书第5页和第6页以及权利要求10和12的修改超出了原申请记载的范围，不符合专利法第33条的规定。

3. 关于专利法第26条第3款

专利法第26条第3款规定，说明书应当对发明或者实用新型作出清楚、完整的说明，以所属技术领域的技术人员能够实现为准。

说明书对发明或者实用新型作出的清楚、完整的说明，应当达到所属技术领域的技术人员能够实现的程度。所属技术领域的技术人员能够实现，是指所属技术领域的技术人员按照说明书记载的内容，就能够实现该发明或者实用新型的技术方案，解决其技术问题，并且产生预期的技术效果。如果说明书中给出了具体的技术方案，但未给出实验证据，而该方案又必须依赖实验结果加以证实才能成立，则该要求保护的发明将由于缺乏解决技术问题的技术手段而被认为无法实现。

本申请权利要求1~8要求保护一种用磷酸镓覆盖（Ga，In）N：Zn，S荧光体或（Ga，In，X）N：Zn，S（其中X是B、Al中的至少一种）荧光体的粒子表面而得到的氮化镓荧光体，因而权利要求1~8是用荧光体的众多微细粒子的微观结构特征"粒子表面覆盖了磷酸镓"来限定所要求保护的荧光体。

由本申请的说明书可知（参见说明书第2页、第3页），现有技术中的氮化镓荧光体在被低速电子射线激发发光时发光特性低，本申请要解决的技术问题是提高氮化镓荧光体的发光特性，由此所采取的技术方案是在氮化镓荧光体的粒子表面上涂覆含有P和Sb的至少一种表面处理化合物，也就是说，在氮化镓荧光体的粒子表面上覆盖含有P和Sb的至少一种表面处理化合物，该表面处理化合物特别是磷酸镓，以期获得发光特性优良的氮化镓荧光体。根据《现代汉语词典》（修订本，1996年7月修订第3版，商务印书馆出版）第399页和第1593页的解释，覆盖是指遮盖，遮盖是指从上面遮住或掩盖。因此，本申请的技术方案是否成立，取决于本申请说明书公开的制备方法是否能够使磷酸镓之类的表面处理化合物遮盖或掩盖在氮化镓荧光体的微细粒子表面上以获得提高其发光特性的效果。然而，这种微细粒子结构层面上的变化及由此获得的效果是无法由所属领域的技术人员通过说明书的文字说明来确定的，本申请的氮化镓荧光体的粒子表面上是否覆盖了磷酸镓化合物及由此获得的发光特性，尚需要实验结果加以证实。

然而，本申请说明书第12页第4~14行只是简单描述了XPS检测方法和检测装置就断言磷酸镓覆盖在荧光体粒子表面上，实际上并未给出令人信服的实验证据证明处理后的氮化镓荧光体粒子的表面上是否已经覆盖了磷酸镓化合物。本申请说明书实施例虽然描述了对氮化镓荧光体实施表面处理的过程，给出了处理后的荧光体的P量，并给出了用低速电子射线激发处理后的氮化镓荧光体时的相对亮度，但这些至多只能表明经过表面处理后的氮化镓荧光粉中含有或掺有不溶于水或难溶于水的磷酸镓，并不能证明磷酸镓化合物必然覆盖在荧光体的微细粒子的表面上。在此情况下，由于本申请的说明书没有记载任何可以证明磷酸镓化合物遮盖或掩盖在氮化镓荧光体的微细粒子表面上的令人信服的实验数据或实际测量的实验结果，导致本申请权利要求1~8的技术方案被认为无法实现。因此，本领域技术人员按照说明书记载的内容无法实现本申请的技术方案，解决其所要解决的技术问题并产生预期的技术效果，本申请的说明书不符合专利法第26条第3款的规定。

权利要求9~13涉及氮化镓荧光体的制造方法，其中即使不考虑权利要求10和12修改超范围的问题，在本申请的说明书未充分公开权利要求1~8的技术方案的前提下，说明书也未充分公开权利要求9~13的技术方案。

在答复复审通知书的意见陈述中请求人认为，附件1可以证明覆盖了磷酸镓后的氮化镓荧光体中检测到了 P 元素，在荧光体的表面上存在磷酸盐，所以本申请的荧光体粒子表面被磷酸镓覆盖。对此，合议组认为，附件 1 是一份包括 4 页谱图的 XPS 分析结果报告，其真实性、与本申请的关联性以及形成时间无法确认，而且，附件 1 是在申请日后提交的实验结果，并未记载在原申请文件中，不能用来证明本申请说明书的充分公开。因此，请求人的上述主张不能成立。

根据上述事实和理由，合议组作出如下审查决定。

三、决定

维持国家知识产权局于 2005 年 12 月 9 日针对第 02105608.0 号发明专利申请作出的驳回决定。

复审请求人对本决定不服的，可以根据专利法第 41 条第 2 款的规定，自收到本决定之日起三个月内向北京市第一中级人民法院起诉。

050

通过控制拉速分布制造单晶硅锭和晶片的方法及其产品

复审请求审查决定（第12906号）

决　定　号　第12906号
决　定　日　2008年3月18日
发明创造名称　通过控制拉速分布制造单晶硅锭和晶片的方法及其产品
国际分类号　C30B 15/20
复审请求人　三星电子株式会社
专利申请号　98100416.4
申　请　日　1998年2月13日
最早优先权日　1997年2月13日
公　开　日　1999年2月3日
合议组组长　刘　静
主　审　员　李新芝
参　审　员　张家祥

法律依据　专利法第33条、第38条，专利法实施细则第21条第2款、第20条第1款
决定要点
如果在作出驳回决定之前，审查部门没有将驳回所依据的具体事实、理由和证据在之前的审查意见通知书中告知过申请人，则该驳回决定的作出不符合听证原则。

一、案由

本复审请求涉及名称为“通过控制拉速分布制造单晶硅锭和晶片的方法及其产品”的第98100416.4号发明专利申请（下称本申请），申请人为三星电子株式会社，申请日为1998年2月13日，最早的优先权日为1997年2月13日，公开日为1999年2月3日。

国家知识产权局原审查部门对本申请进行实质审查，于2002年6月14日发出《第一次审查意见通知书》，指出：权利要求1~5、61相对于对比文件1（JP8-330316A，公开日：1996年12月13日，见摘要）不具有创造性，不符合专利法第22条第3款的规定；权利要求1，3，5，10不符合专利法第26条第4款的规定；独立权利要求1缺乏必要技术特征，不符合专利法实施细则第21条第2款的规定等。

针对《第一次审查意见通知书》，申请人于2002年12月27日提交了意见陈述书和修改后的说明书和权利要求书替换页。

国家知识产权局原审查部门对本申请继续进行实质审查，于2003年8月1日发出《第二次审查

意见通知书》，指出：申请人在修改后的申请文件中将“空隙”修改为“填隙”超出了原申请文件记载的范围，不符合专利法第33条的规定；权利要求55~60相对于对比文件1（参见权利要求7~9）不具备新颖性，不符合专利法第22条第2款的规定；独立权利要求1，18，33，45缺乏必要技术特征，不符合专利法实施细则第21条第2款的规定；权利要求11、12的保护范围不清楚，不符合专利法实施细则第20条第1款的规定等。

针对《第二次审查意见通知书》，申请人于2003年12月16日提交了意见陈述书和修改后的权利要求书替换页。

2004年3月5日，针对申请人于2003年12月16日提交的权利要求第1~56项，2002年12月27日提交的说明书第1~14页，1998年2月13日提交的说明书附图第1~15页及说明书摘要和摘要附图，国家知识产权局以本申请不符合专利法第33条、第22条第2款和专利法实施细则第21条第2款的规定为由驳回了本申请。

驳回决定针对的权利要求1~56如下：

“1. 一种在热区炉中制造硅锭的方法，其包括下列步骤：

确定在熔融锭界面上拉晶速率与温度梯度的第一临界比（V/G）1和在所述熔融锭界面上拉晶速率与温度梯度的第二临界比（V/G）2；

为制造所述硅锭确定晶锭的拉晶速率分布；

在由热区炉中的熔融硅来拉制硅锭的拉晶速率分布下，在轴向上由热区炉中的熔融硅来拉制硅锭，所述拉晶速率分布中，拉晶速率和所述硅锭中的温度梯度的比率高于第一临界比（V/G）1，以防止填隙聚集团，且低于第二临界比（V/G）2，以便将空位聚集团限定在晶锭轴向上的富含空位区上，

其中，在由所述热区炉中熔融硅而拉制晶锭时，所述拉晶速率分布将晶锭的拉晶速率与温度梯度之比保持在所述第一临界比（V/G）1以上和第二临界比（V/G）2以下。

2. 按照权利要求1的方法，其中拉晶步骤之后是切割如此拉制的晶锭的步骤，其晶锭可切割成许多半纯晶片，该晶片在其中央上具有富含空位区，包含空位聚集团，和在富含空位区与晶片边缘之间具有纯度区，无空位聚集团和填隙聚集团。

3. 按照权利要求1的方法，其中确定第一临界比和第二临界比的步骤包括下列步骤：

在拉制速率范围内变化的拉制速率下由热区炉中熔融硅而拉制基准晶锭；

将基准锭切割成晶片；

鉴别晶片，具有最小的富含空位区，并且无填隙聚集团；和

通过鉴别晶片的拉制速率和在晶锭中鉴别晶片的位置来计算第一和第二临界比。

4. 按照权利要求3的方法，其中在拉制速率范围内变化的拉制速率下由热区炉中熔融硅而拉制基准晶锭的步骤包括下列步骤：

在一定拉制速率下由热区炉中熔融硅而拉制基准晶锭，其中拉制速率是由第一拉制速率，到低于第一拉制速率的第二拉制速率，到高于第二拉制速率的第三拉制速率的范围内变化。

5. 按照权利要求4的方法，其中拉制速率在拉制速率的范围内线性变化。

6. 按照权利要求1的方法，其中确定第一临界比和第二临界比的步骤包括下列步骤：

在拉制速率范围内变化的拉制速率下由热区炉中熔融硅而拉制基准晶锭；

轴向切割基准晶锭；

在轴向切割的基准晶锭上鉴别出至少一个轴向位置，具有最小富含空位区并无填隙聚集团；和

由轴向切割的晶锭上鉴别出的至少一个轴向位置和至少一个鉴别的轴向位置的拉制速率，来计算

第一和第二临界比。

7. 按照权利要求6的方法，其中在拉制速率范围内变化的拉制速率下由热区炉中熔融硅而拉制基准晶锭的步骤包括下列步骤：

在一定拉制速率下由热区炉中熔融硅而拉制基准晶锭，其中拉制速率是由第一拉制速率，到低于第一拉制速率的第二拉制速率，到高于第二拉制速率的第三拉制速率的范围内变化。

8. 按照权利要求7的方法，其中拉制速率在拉制速率的范围内线性变化。

9. 按照权利要求1的方法，其中确定第一临界比和第二临界比的步骤包括下列步骤：

由Voronkov理论鉴别第一和第二临界比；

通过模拟在晶锭拉制过程中热区炉的操作来确定拉制速率与径向温度梯度分布；

通过模拟在晶锭拉制过程中热区炉的操作来确定拉制速率与轴向温度梯度分布；和

通过模拟拉制速率与径向温度分布和模拟拉制速率与轴向温度分布，确定拉晶速率分布，在由热区炉中熔融硅而拉制晶锭时，保持拉制速率与晶锭中温度梯度的比在第一临界比以上和第二临界比以下。

10. 按照权利要求2的方法，其中晶片具有一晶片面积，其中纯度区为晶片面积的至少36%。

11. 按照权利要求10的方法，其中纯度区为晶片面积的至少60%。

12. 按照权利要求1的方法，其中由以下步骤确定所述晶锭的拉晶速率分布：

在拉制速率范围内变化的拉制速率下由热区炉中熔融硅而拉制基准晶锭；

将基准晶锭切割成晶片；

鉴别晶片，其具有最小富含空位区并无填隙聚集团；

通过鉴别晶片的拉制速率和晶锭上鉴别晶片的位置，对具有最小富含空位区并无填隙聚集团的晶片计算在晶锭熔融界面上的拉制速率与温度梯度的比；和

确定拉晶速率分布，其在由热区炉中熔融硅来拉制晶锭时保持所述比。

13. 按照权利要求12的方法，其中在拉制速率范围内变化的拉制速率下由热区炉中熔融硅而拉制基准晶锭的步骤包括下列步骤：

在一定拉制速率下由热区炉中熔融硅而拉制基准晶锭，其中拉制速率是由第一拉制速率，到低于第一拉制速率的第二拉制速率，到高于第二拉制速率的第三拉制速率的范围内变化。

14. 按照权利要求1的方法，其中由以下步骤确定所述晶锭的拉晶速率分布：

在拉制速率范围内变化的拉制速率下由热区炉中熔融硅而拉制基准晶锭；

轴向切割基准晶锭；

在轴向切割的基准晶锭上鉴别出至少一个轴向位置，具有最小富含空位区并无填隙聚集团；

由鉴别晶片的拉制速率和在轴向切割晶锭上鉴别出的至少一个轴向位置，对具有最小富含空位区并无填隙聚集团的至少一个轴向位置，计算在晶锭熔融界面上拉制速率与温度梯度的比；和

确定拉晶速率分布，其在由热区炉中熔融硅而拉制晶锭时保持上述比。

15. 按照权利要求14的方法，其中在拉制速率范围内变化的拉制速率下由热区炉中熔融硅而拉制基准晶锭的步骤包括下列步骤：

在一定拉制速率下由热区炉中熔融硅而拉制基准晶锭，其中拉制速率是由第一拉制速率，到低于第一拉制速率的第二拉制速率，到高于第二拉制速率的第三拉制速率的范围内变化。

16. 按照权利要求1的方法，其中由以下步骤确定所述晶锭的拉晶速率分布：

通过模拟在晶锭拉制过程中热区炉的操作来确定拉制速率与径向温度梯度分布；

通过模拟在晶锭拉制过程中热区炉的操作来确定拉制速率与轴向温度梯度分布；

通过模拟拉制速率与径向温度分布，和模拟拉制速率与轴向温度分布，以及 Voronkov 理论，确定拉晶速率分布，其将拉制速率与径向和轴向温度梯度比保持在一定范围内，以防止填隙聚集，并且将空位聚集团限定在晶锭轴向上的富含空位区上。

17. 一种在热区炉中制造硅锭的方法，其包括下列步骤：

确定在熔融锭界面上拉晶速率与温度梯度的第一临界比（G/V）1 和在所述熔融锭界面上拉晶速率与温度梯度的第二临界比（G/V）2；为制造所述硅锭确定晶锭的拉晶速率分布；

在由热区炉中熔融硅来拉制硅锭的拉晶速率分布下，由热区炉中熔融的硅来拉制硅锭，其拉晶速率分布要足够地高于第一临界比，以便防止空位聚集。

18. 按照权利要求 17 的方法，其中拉制步骤以后是将如此拉制的晶锭切割成许多纯晶片的步骤，其无空位聚集和填隙聚集。

19. 按照权利要求 18 的方法，其中确定第一临界比和第二临界比的步骤包括下列步骤：

在拉制速率范围内变化的拉制速率下由热区炉中熔融硅而拉制基准晶锭；

将基准晶锭切割成晶片；

鉴别晶片，其无空位聚集和填隙聚集；和

通过鉴别晶片的拉制速率和鉴别晶片在晶锭中的位置，计算第一和第二临界比。

20. 按照权利要求 19 的方法，其中在拉制速率范围内变化的拉制速率下由热区炉中熔融硅而拉制基准晶锭的步骤包括下列步骤：

在一定拉制速率下由热区炉中熔融硅而拉制基准晶锭，其中拉制速率是由第一拉制速率，到低于第一拉制速率的第二拉制速率，到高于第二拉制速率的第三拉制速率的范围内变化。

21. 按照权利要求 20 的方法，其中拉制速率在拉制速率范围内线性改变。

22. 按照权利要求 18 的方法，其中确定第一临界比和第二临界比的步骤包括下列步骤：

在拉制速率范围内变化的拉制速率下由热区炉中熔融硅而拉制基准晶锭；

轴向切割基准晶锭；

在轴向切割的基准晶锭上鉴别出至少一个轴向位置，无空位聚集和填隙聚集；和

通过鉴别出的至少一个轴向位置的拉制速率和轴向切割晶锭上至少一个鉴别出的轴向位置，计算第一和第二临界比。

23. 按照权利要求 22 的方法，其中在拉制速率范围内变化的拉制速率下由热区炉中熔融硅而拉制基准晶锭的步骤包括下列步骤：

在一定拉制速率下由热区炉中熔融硅而拉制基准晶锭，其中拉制速率是由第一拉制速率，到低于第一拉制速率的第二拉制速率，到高于第二拉制速率的第三拉制速率的范围内变化。

24. 按照权利要求 23 的方法，其中拉制速率在拉制速率的范围内线性变化。

25. 按照权利要求 18 的方法，其中确定第一临界比和第二临界比的步骤包括下列步骤：

由 Voronkov 理论鉴别第一和第二临界比；

通过模拟在晶锭拉制过程中热区炉的操作来确定拉制速率与径向温度梯度分布；

通过模拟在晶锭拉制过程中热区炉的操作来确定拉制速率与轴向温度梯度分布；和

通过模拟拉制速率与径向温度分布和模拟拉制速率与轴向温度分布，确定拉晶速率分布，其在由热区炉中熔融硅而拉制晶锭时，保持拉制速率与晶锭中温度梯度的比在第一临界比以上和第二临界比以下。

26. 按照权利要求 18 的方法，其中，通过下述步骤实现对第一临界比和第二临界比以及所述拉晶速率分布的确定：

在拉制速率范围内变化的拉制速率下由热区炉中熔融硅而拉制基准晶锭；

将基准晶锭切割成晶片；

鉴别晶片，无空位聚集和填隙聚集；

通过鉴别晶片的拉制速率和晶锭上鉴别晶片的位置，对无空位聚集和填隙聚集的晶片计算在晶锭熔融界面上的拉制速率与温度梯度的比；和

确定拉晶速率分布，其在由热区炉中熔融硅来拉制晶锭时保持所述比。

27. 按照权利要求26的方法，其中在拉制速率范围内变化的拉制速率下由热区炉中熔融硅而拉制基准晶锭的步骤包括下列步骤：

在一定拉制速率下由热区炉中熔融硅而拉制基准晶锭，其中拉制速率是由第一拉制速率，到低于第一拉制速率的第二拉制速率，到高于第二拉制速率的第三拉制速率的范围内变化。

28. 按照权利要求18的方法，其中，通过下述步骤实现对第一临界比和第二临界比以及所述拉晶速率分布的确定：

在拉制速率范围内变化的拉制速率下由热区炉中熔融硅而拉制基准晶锭；

轴向切割基准晶锭；

在轴向切割的基准晶锭上鉴别出至少一个轴向位置，无空位聚集和填隙聚集；

由鉴别晶片的拉制速率和在轴向切割晶锭上鉴别出的至少一个轴向位置，对无空位聚集和填隙聚集的至少一个轴向位置，计算在晶锭熔融界面上拉制速率与温度梯度的比；和

确定拉晶速率分布，其在由热区炉中熔融硅而拉制晶锭时保持上述比。

29. 按照权利要求28的方法，其中在拉制速率范围内变化的拉制速率下由热区炉中熔融硅而拉制基准晶锭的步骤包括下列步骤：

在一定拉制速率下由热区炉中熔融硅而拉制基准晶锭，其中拉制速率是由第一拉制速率，到低于第一拉制速率的第二拉制速率，到高于第二拉制速率的第三拉制速率的范围内变化。

30. 按照权利要求18的方法，其中，通过下述步骤实现对第一临界比和第二临界比以及所述拉晶速率分布的确定：

通过模拟在晶锭拉制过程中热区炉的操作，确定拉制速率与径向温度梯度分布；

通过模拟在晶锭拉制过程中热区炉的操作，确定拉制速率与轴向温度梯度分布；

通过模拟拉制速率与径向温度分布和模拟拉制速率与轴向温度分布，以及Voronkov理论，确定拉晶速率分布，其将拉制速率与径向和轴向温度梯度比保持在一定范围内，以防止空位聚集和填隙聚集。

31. 一种在热区炉中制造硅锭的方法，其包括下列步骤：

确定必须被保持以便防止填隙聚集的、在熔融锭界面上拉晶速率与温度梯度的第一临界比（V/G）1和不能被超过以便将空位聚集限定在晶锭中央上的富含空位区上的、在熔融锭界面上拉晶速率与温度梯度的的第二临界比（V/G）2；

确定一拉晶速率分布，其在由热区炉中熔融硅而拉制晶锭时，将晶锭的拉晶速率与温度梯度的比保持在第一临界比以上和第二临界比以下；

在由热区炉中的熔融硅来拉制硅锭的拉晶速率分布下，由热区炉中的熔融硅来拉制硅锭，可制成半完整晶片，该晶片在中央上具有富含空位区，其包含空位聚集，并且在富含空位区与晶片边缘之间具有纯度区，其包含填隙点缺陷，而无空位聚集和填隙聚集。

32. 按照权利要求31的方法，其中拉制步骤之后是将如此拉制的晶锭切割成许多晶片的步骤，其中晶片在中央上具有富含空位区，其包含空位聚集，并且在富含空位区与晶片边缘之间具有纯度

区，其包含填隙点缺陷，而无空位聚集和填隙聚集。

33. 按照权利要求 31 的方法，其中确定第一临界比和第二临界比的步骤包括下列步骤：

在拉制速率范围内变化的拉制速率下由热区炉中熔融硅而拉制基准晶锭；

将基准晶锭切割成晶片；

鉴别晶片，其具有最小富含空位区并无填隙聚集；和

通过鉴别晶片的拉制速率和鉴别晶片在晶锭中的位置，计算第一和第二临界比。

34. 按照权利要求 33 的方法，其中在拉制速率范围内变化的拉制速率下由热区炉中熔融硅而拉制基准晶锭的步骤包括下列步骤：

在一定拉制速率下由热区炉中熔融硅而拉制基准晶锭，其中拉制速率是由第一拉制速率，到低于第一拉制速率的第二拉制速率，到高于第二拉制速率的第三拉制速率的范围内变化。

35. 按照权利要求 34 的方法，其中拉制速率在拉制速率范围内线性改变。

36. 按照权利要求 31 的方法，其中确定第一临界比和第二临界比的步骤包括下列步骤：

在拉制速率范围内变化的拉制速率下由热区炉中熔融硅而拉制基准晶锭；

轴向切割基准晶锭；

在轴向切割的基准晶锭上鉴别出至少一个轴向位置，具有最小空位聚集并无填隙聚集；和

通过鉴别出的至少一个轴向位置的拉制速率和轴向切割晶锭上至少一个鉴别出的轴向位置，计算第一和第二临界比。

37. 按照权利要求 36 的方法，其中在拉制速率范围内变化的拉制速率下由热区炉中熔融硅而拉制基准晶锭的步骤包括下列步骤：

在一定拉制速率下由热区炉中熔融硅而拉制基准晶锭，其中拉制速率是由第一拉制速率，到低于第一拉制速率的第二拉制速率，到高于第二拉制速率的第三拉制速率的范围内变化。

38. 按照权利要求 37 的方法，其中拉制速率在拉制速率的范围内线性变化。

39. 按照权利要求 31 的方法，其中确定第一临界比和第二临界比的步骤包括下列步骤：

由 Voronkov 理论鉴别第一和第二临界比；

通过模拟在晶锭拉制过程中热区炉的操作来确定拉制速率与径向

温度梯度分布；

通过模拟在晶锭拉制过程中热区炉的操作来确定拉制速率与轴向

温度梯度分布；和

通过模拟拉制速率与径向温度分布和模拟拉制速率与轴向温度分布，确定拉晶速率分布，其在由热区炉中熔融硅而拉制晶锭时，保持拉制速率与晶锭中温度梯度的比在第一临界比以上和第二临界比以下。

40. 按照权利要求 32 的方法，其中晶片具有一定的晶片面积，并且其中纯度区至少为晶片面积的 36%。

41. 按照权利要求 40 的方法，其中纯度区至少为晶片面积的 60%。

42. 一种在热区炉中制造硅锭的方法，其包括下列步骤：

确定必须被保持以便防止填隙聚集的、在熔融锭界面上拉晶速率与温度梯度的第一临界比和不能被超过以便防止空位聚集的、在熔融锭界面上拉晶速率与温度梯度的第二临界比；确定一拉晶速率分布，其在由热区炉中熔融硅而拉制晶锭时，将拉晶速率与温度梯度的比保持在第一临界比以上和第二临界比一下；和

在由热区炉中熔融硅来拉制硅锭的拉晶速率分布下，由热区炉中熔融的硅来拉制硅锭，其可制成

完整的晶片，其只包含点缺陷而无空位聚集和填隙聚集。

43. 按照权利要求 42 的方法，其中拉制步骤以后是将如此拉制的晶锭切割成许多纯晶片的步骤，其无空位聚集和填隙聚集。

44. 按照权利要求 42 的方法，其中确定第一临界比和第二临界比的步骤包括下列步骤：

在拉制速率范围内变化的拉制速率下由热区炉中熔融硅而拉制基准晶锭；

将基准晶锭切割成晶片；

鉴别晶片，其无空位聚集和填隙聚集；和通过鉴别晶片的拉制速率和鉴别晶片在晶锭中的位置，计算第一和第二临界比。

45. 按照权利要求 44 的方法，其中在拉制速率范围内变化的拉制速率下由热区炉中的熔融硅而拉制基准晶锭的步骤包括下列步骤：

在一定拉制速率下由热区炉中熔融硅而拉制基准晶锭，其中拉制速率是由第一拉制速率，到低于第一拉制速率的第二拉制速率，到高于第二拉制速率的第三拉制速率的范围内变化。

46. 按照权利要求 45 的方法，其中拉制速率在拉制速率范围内线性改变。

47. 按照权利要求 47 的方法，其中确定第一临界比和第二临界比的步骤包括下列步骤：

在拉制速率范围内变化的拉制速率下由热区炉中熔融硅而拉制基准晶锭；

轴向切割基准晶锭；

在轴向切割的基准晶锭上鉴别出至少一个轴向位置，其无空位聚集和填隙聚集；和

通过鉴别出的至少一个轴向位置的拉制速率和轴向切割晶锭上至少一个鉴别出的轴向位置，计算第一和第二临界比。

48. 按照权利要求 47 的方法，其中在拉制速率范围内变化的拉制速率下由热区炉中的熔融硅而拉制基准晶锭的步骤包括下列步骤：

在一定拉制速率下由热区炉中熔融硅而拉制基准晶锭，其中拉制速率是由第一拉制速率，到低于第一拉制速率的第二拉制速率，到高于第二拉制速率的第三拉制速率的范围内变化。

49. 按照权利要求 48 的方法，其中拉制速率在拉制速率的范围内线性变化。

50. 按照权利要求 42 的方法，其中确定第一临界比和第二临界比的步骤包括下列步骤：

由 Voronkov 理论鉴别第一和第二临界比；

通过模拟在晶锭拉制过程中热区炉的操作来确定拉制速率与径向温度梯度分布；

通过模拟在晶锭拉制过程中热区炉的操作来确定拉制速率与轴向温度梯度分布；和

通过模拟拉制速率与径向温度分布和模拟拉制速率与轴向温度分布，确定拉晶速率分布，其在由热区炉中熔融硅而拉制晶锭时，保持拉制速率与晶锭中温度梯度的比在第一临界比以上和第二临界比以下。

51. 由一个硅锭而制成的多个半纯单晶硅片，每个半纯单晶硅片在中央具有富含空位区，包含空位聚集，和在富含空位区与晶片边缘之间具有纯度区，无空位聚集和填隙聚集，每个晶片的富含空位区具有相同的直径。

52. 按照权利要求 51 的许多半纯单晶硅片，其中每个晶片进一步包括在其上的鉴别标记，在每个晶片上的鉴别标记表明，每个晶片是由一个硅锭制成的。

53. 按照权利要求 51 的许多半纯单晶硅片，其中每个晶片具有相同的晶片面积，并且其中每个晶片的纯度区至少为晶片面积的 36%。

54. 按照权利要求 53 的许多半纯单晶硅片，其中每个晶片的纯度区至少为晶片面积的 60%。

55. 许多纯单晶硅片，其是由一个硅锭制成的，每个纯单晶硅片均无空位聚集和填隙聚集。

56. 按照权利要求55的许多纯单晶硅片，其中每个晶片进一步包括在其上的鉴别标记，在每个晶片上的鉴别标记表明，每个晶片是由一个硅锭制成的。”

驳回决定认为，（1）修改后的术语“填隙”既未明确记载在原说明书和权利要求书中，也不能由原说明书和权利要求书记载的内容直接导出，不符合专利法第33条的规定；（2）“确定两个临界比的技术措施”是实现发明目的的必要技术特征，因此权利要求1、17、31和42缺少达到发明目的的必要技术特征，不符合专利法实施细则第21条第2款的规定；（3）权利要求55~56所限定的单晶硅显然是老晶体，不具备新颖性，不符合专利法第22条第2款的规定。

2004年6月17日，申请人三星电子株式会社（下称请求人）对上述驳回决定不服，向专利复审委员会提出复审请求，请求人在提出复审请求时对权利要求书进行了修改，删除了权利要求31~50，修改了权利要求1、17、51和55。修改后的权利要求书为：

“1. 一种在热区炉中制造硅锭的方法，

其中，在预确定拉晶速率分布下，在轴向上由热区炉中的熔融硅来拉制硅锭，以产生半纯晶片，该半纯晶片具有在其中央上的、包含空位集聚团的第一区，并且具有在第一区与晶片边缘之间的第二区，第二区无空位聚集团和填隙聚集团，

其中，如下确定在熔融锭界面上的所述拉晶速率和温度梯度：

通过维持填隙点缺陷浓度低于填隙点缺陷聚结成填隙聚集团的临界填隙浓度来确定不能达到的、拉晶速率与温度梯度的第一临界比以防止填隙聚集团；

通过维持空位点缺陷浓度低于空位点缺陷聚结成空位聚集团的临界空位浓度来确定不能超过的、拉晶速率与温度梯度的第二临界比，以将空位聚集团限制在第一区；和

通过将所述拉晶速率和温度梯度的比率维持高于第一临界比并且低于第二临界比来控制拉晶速率分布。

2. 按照权利要求1的方法，其中拉晶步骤之后是切割如此拉制的晶锭的步骤，其晶锭可切割成许多半纯晶片，该晶片在其中央上具有富含空位区，包含空位聚集团，和在富含空位区与晶片边缘之间具有纯度区，无空位聚集团和填隙聚集团。

3. 按照权利要求1的方法，其中确定第一临界比和第二临界比的步骤包括下列步骤：

在拉制速率范围内变化的拉制速率下由热区炉中熔融硅而拉制基准晶锭；

将基准锭切割成晶片；

鉴别晶片，具有最小的富含空位区，并且无填隙聚集团；和

通过鉴别晶片的拉制速率和在晶锭中鉴别晶片的位置来计算第一和第二临界比。

4. 按照权利要求3的方法，其中在拉制速率范围内变化的拉制速率下由热区炉中熔融硅而拉制基准晶锭的步骤包括下列步骤：

在一定拉制速率下由热区炉中熔融硅而拉制基准晶锭，其中拉制速率是由第一拉制速率，到低于第一拉制速率的第二拉制速率，到高于第二拉制速率的第三拉制速率的范围内变化。

5. 按照权利要求4的方法，其中拉制速率在拉制速率的范围内线性变化。

6. 按照权利要求1的方法，其中确定第一临界比和第二临界比的步骤包括下列步骤：

在拉制速率范围内变化的拉制速率下由热区炉中熔融硅而拉制基准晶锭；

轴向切割基准晶锭；

在轴向切割的基准晶锭上鉴别出至少一个轴向位置，具有总小富含空位区并无填隙聚集团；和

由轴向切割的晶锭上鉴别出的至少一个轴向位置和至少一个鉴别的轴向位置的拉制速率，来计算第一和第二临界比。

7. 按照权利要求 6 的方法，其中在拉制速率范围内变化的拉制速率下由热区炉中熔融硅而拉制基准晶锭的步骤包括下列步骤：

在一定拉制速率下由热区炉中熔融硅而拉制基准晶锭，其中拉制速率是由第一拉制速率，到低于第一拉制速率的第二拉制速率，到高于第二拉制速率的第三拉制速率的范围内变化。

8. 按照权利要求 7 恩的方法，其中蜡质二指速率在拉制速率的范围内线性变化。

9. 按照权利要求 1 的方法，其中确定第一临界比和第二临界比的步骤包括下列步骤：

由 Voronkov 理论鉴别第一和第二临界比；

通过模拟在晶锭拉制过程中热区炉的操作来确定拉制速率与径向温度梯度分布；

通过模拟在晶锭拉制过程中热区炉的操作来确定拉制速率的轴向温度梯度分布；和

通过模拟拉制速率与径向温度分布和模拟拉制速率与轴向温度分布，确定拉晶速率分布，在由热区炉中熔融硅而拉制晶锭时，保持拉制速率与晶锭中温度梯度的比在第一临界比以上和第二临界比以下。

10. 按照权利要求 2 的方法，其中晶片具有一晶片面积，其中纯度区为晶片面积的至少 36%。

11. 按照权利要求 10 方法，其中纯度区为晶片面积的至少 60%。

12. 按照权利要求 1 的方法，其中由以下步骤确定所述晶锭的拉晶速率分布：

在拉制速率范围内变化的拉制速率下由热区炉中熔融硅而拉制基准晶锭；

将基准晶锭切割成晶片；

鉴别晶片，其具有最小富含空位区并无填隙聚集团；

通过鉴别晶片的拉制速率和晶锭上鉴别晶片的位置，对具有最小富含空位区并无填隙聚集团的晶片计算在晶锭熔融界面上的拉制速率与温度梯度的比；和

确定拉晶速率分布，其在由热区炉中熔融硅来拉制晶锭时保持所述比。

13. 按照权利要求 12 的方法，其中在拉制速率范围内变化的拉制速率下由热区炉中熔融硅而拉制基准晶锭的步骤包括下列步骤：

在一定拉制速率下由热区炉中熔融硅而拉制基准晶锭，其中拉制速率是由第一拉制速率，到低于第一拉制速率的第二拉制速率，到高于第二拉制速率的第三拉制速率的范围内变化。

14. 按照权利要求 1 的方法，其中由以下步骤确定所述晶锭的拉晶速率分布：

在拉制速率范围内变化的拉制速率下由热区炉中熔融硅而拉制基准晶锭；

轴向切割基准晶锭；

在轴向切割的基准晶锭上鉴别出至少一个轴向位置，具有最小富含空位区并无填隙聚集团；

由鉴别晶片的拉制速率和在轴向切割晶锭上鉴别出的至少一个轴向位置，对具有最小富含空位区并无填隙聚集团的至少一个轴向位置，计算在晶锭熔融界面上拉制速率与温度梯度的比；和

确定拉晶速率分布，其在由热区炉中熔融硅而拉制晶锭时保持上述比。

15. 按照权利要求 14 的方法，其中在拉制速率范围内变化的拉制速率下由热区炉中熔融硅而拉制基准晶锭的步骤包括下列步骤：

在一定拉制速率下由热区炉中熔融硅而拉制基准晶锭，其中拉制速率是由第一拉制速率，到低于第一拉制速率的第二拉制速率，到高于第二拉制速率的第三拉制速率的范围内变化。

16. 按照权利要求 1 的方法，其中由以下步骤确定所述晶锭的拉晶速率分布：

通过模拟在晶锭拉制过程中热区炉的操作来确定拉制速率与径向温度梯度分布；

通过模拟在晶锭拉制过程中热区炉的操作来确定拉制速率与轴向温度梯度分布；

通过模拟拉制速率与径向温度分布，和模拟拉制速率与轴向温度分布，以及 Voronkov 理论，确

定拉晶速率分布，其将拉制速率与径向和轴向温度梯度比保持在一定范围内，以防止填隙聚集，并且将空位聚集团限定在晶锭轴向上的富含空位区上。

17. 一种在热区炉中制造硅锭的方法，

其中，在预确定拉晶速率分布下，在轴向上由热区炉中的熔融硅来拉制硅锭，以产生纯晶片，该纯晶片不具有空位聚集团和填隙聚集团，

其中，如下确定在熔融锭界面上的所述拉晶速率和温度梯度：

通过维持填隙点缺陷浓度低于填隙点缺陷聚结成填隙聚集团的临界填隙浓度来确定不能达到的、拉晶速率与温度梯度的第一临界比以防止填隙聚集团；

通过维持空位点缺陷浓度低于空位点缺陷聚结成空位聚集团的临界空位浓度来确定不能超过的、拉晶速率与温度梯度的第二临界比，以将空位聚集团限制在第一区；和

通过将所述拉晶速率和温度梯度的比率维持高于第一临界比并且低于第二临界比来控制拉晶速率分布。

18. 按照权利要求17的方法，其中拉制步骤以后是将如此拉制的晶锭切割成许多纯晶片的步骤，其无空位聚集和填隙聚集。

19. 按照权利要求18的方法，其中确定第一临界比和第二临界比的步骤包括下列步骤：

在拉制速率范围内变化的拉制速率下由热区炉中熔融硅而拉制基准晶锭；

将基准晶锭切割成晶片；

鉴别晶片，其无空位聚集和填隙聚集；和

通过鉴别晶片的拉制速率和鉴别晶片在晶锭中的位置，计算第一和第二临界比。

20. 按照权利要求19的方法，其中在拉制速率范围内变化的拉制速率下由热区炉中熔融硅而拉制基准晶锭的步骤包括下列步骤：

在一定拉制速率下由热区炉中熔融硅而拉制基准晶锭，其中拉制速率是由第一拉制速率，到低于第一拉制速率的第二拉制速率，到高于第二拉制速率的第三拉制速率的范围内变化。

21. 按照权利要求20的方法，其中拉制速率在拉制速率范围内线性改变。

22. 按照权利要求18的方法，其中确定第一临界比和第二临界比的步骤包括下列步骤：

在拉制速率范围内变化的拉制速率下由热区炉中熔融硅而拉制基准晶锭；

轴向切割基准晶锭；

在轴向切割的基准晶锭上鉴别出至少一个轴向位置，无空位聚集和填隙聚集；和

通过鉴别出的至少一个轴向位置的拉制速率和轴向切割晶锭上至少一个鉴别出的轴向位置，计算第一和第二临界比。

23. 按照权利要求22的方法，其中在拉制速率范围内变化的拉制速率下由热区炉中熔融硅而拉制基准晶锭的步骤包括下列步骤：

在一定拉制速率下由热区炉中熔融硅而拉制基准晶锭，其中拉制速率是由第一拉制速率，到低于第一拉制速率的第二拉制速率，到高于第二拉制速率的第三拉制速率的范围内变化。

24. 按照权利要求23的方法，其中拉制速率在拉制速率的范围内线性变化。

25. 按照权利要求18的方法，其中确定第一临界比和第二临界比的步骤包括下列步骤：

由Voronkov理论鉴别第一和第二临界比；

通过模拟在晶锭拉制过程中热区炉的操作来确定拉制速率与径向温度梯度分布；

通过模拟在晶锭拉制过程中热区炉的操作来确定拉制速率与轴向温度梯度分布；和

通过模拟拉制速率与径向温度分布和模拟拉制速率与轴向温度分布，确定拉晶速率分布，其在由

热区炉中熔融硅而拉制晶锭时，保持拉制速率与晶锭中温度梯度的比在第一临界比以上和第二临界比以下。

26. 按照权利要求 18 的方法，其中，通过下述步骤实现对第一临界比和第二临界比以及所述拉晶速率分布的确定：

在拉制速率范围内变化的拉制速率下由热区炉中熔融硅而拉制基准晶锭；

将基准晶锭切割成晶片；

鉴别晶片，无空位聚集和填隙聚集；

通过鉴别晶片的拉制速率和晶锭上鉴别晶片的位置，对无空位聚集和填隙聚集的晶片计算在晶锭熔融界面上的拉制速率与温度梯度的比；和

确定拉晶速率分布，其在由热区炉中熔融硅来拉制晶锭时保持所述比。

27. 按照权利要求 26 的方法，其中在拉制速率范围内变化的拉制速率下由热区炉中熔融硅而拉制基准晶锭的步骤包括下列步骤：

在一定拉制速率下由热区炉中熔融硅而拉制基准晶锭，其中拉制速率是由第一拉制速率，到低于第一拉制速率的第二拉制速率，到高于第二拉制速率的第三拉制速率的范围内变化。

28. 按照权利要求 18 的方法，其中，通过下述步骤实现对第一临界比和第二临界比以及所述拉晶速率分布的确定：

在拉制速率范围内变化的拉制速率下由热区炉中熔融硅而拉制基准晶锭；

轴向切割基准晶锭；

在轴向切割的基准晶锭上鉴别出至少一个轴向位置，无空位聚集和填隙聚集；

由鉴别晶片的拉制速率和在轴向切割晶锭上鉴别出的至少一个轴向位置，对无空位聚集和填隙聚集的至少一个轴向位置，计算在晶锭熔融界面上拉制速率与温度梯度的比；和

确定拉晶速率分布，其在由热区炉中熔融硅而拉制晶锭时保持上述比。

29. 按照权利要求 28 的方法，其中在拉制速率范围内变化的拉制速率下由热区炉中熔融硅而拉制基准晶锭的步骤包括下列步骤：

在一定拉制速率下由热区炉中熔融硅而拉制基准晶锭，其中拉制速率是由第一拉制速率，到低于第一拉制速率的第二拉制速率，到高于第二拉制速率的第三拉制速率的范围内变化。

30. 按照权利要求 18 的方法，其中，通过下述步骤实现对第一临界比和第二临界比以及所述拉晶速率分布的确定：

通过模拟在晶锭拉制过程中热区炉的操作，确定拉制速率与径向温度梯度分布；

通过模拟在晶锭拉制过程中热区炉的操作，确定拉制速率与轴向温度梯度分布；

通过模拟拉制速率与径向温度分布和模拟拉制速率与轴向温度分布，以及 Voronkov 理论，确定拉晶速率分布，其将拉制速率与径向和轴向温度梯度比保持在一定范围内，以防止空位聚集和填隙聚集。

31. 通过径向切割根据权利要求 1 的方法制造的硅锭而制成的多个半纯单晶硅片，每个半纯单晶硅片都是从相同的硅锭制造出来的，并且具有位于中央的、包含空位聚集团的第一区，以及位于第一区和晶片边缘之间、无空位聚集团与填隙聚集团的第二区，所述多个晶片的多个第一区具有相同的直径。

32. 按照权利要求 31 的许多半纯单晶硅片，其中每个晶片进一步包括在其上的鉴别标记，在每个晶片上的鉴别标记表明，每个晶片是由一个硅锭制成的。

33. 按照权利要求 31 的许多半纯单晶硅片，其中每个晶片具有相同的晶片面积，并且其中每个

晶片的纯度区至少为晶片面积的 36%。

34. 按照权利要求 33 的许多半纯单晶硅片，其中每个晶片的纯度区至少为晶片面积的 60%。

35. 通过径向切割根据权利要求 17 的方法制造的硅锭而制成的多个纯单晶硅片，每个纯单晶硅片都是从相同的硅锭制造出来，并且不具有空位聚集团与填隙聚集团。

36. 按照权利要求 35 的许多纯单晶硅片，其中每个晶片进一步包括在其上的鉴别标记，在每个晶片上的鉴别标记表明，每个晶片是由一个硅锭制成的。"

请求人认为：（1）在原申请文件中已经给出了间隙点缺陷的定义，由于术语"间隙点缺陷"不是规范术语，因此申请人用规范的术语"填隙点缺陷"来代替它，并且根据电子工业出版社的《半导体器件材料》第 31 页以及中国环境科学出版社的《英汉科技词典》第 19111 页，指出"间隙"与"填隙"的含义相同，所以申请人的修改并未超出原始公开的范围；（2）独立权利要求 31、42 已经删除；对独立权利要求来说，修改后的独立权利要求 1 中已经记载了确定临界比的步骤特征，并且本发明的实施例中记载了多种确定第一临界比和第二临界比的方法，因而足以支持权利要求 1 的较为上位的确定临界比的步骤特征。根据同样的理由，权利要求 17 中有关确定临界比的技术特征的概括也是得到说明书支持的。因此独立权利要求 1、17 符合实施细则第 21 条第 2 款的规定；（3）关于新颖性，首先审查员对于新颖性的评述没有遵循"单独对比"原则，其次，请求人对驳回决定所针对的权利要求 51 和 55 作了进一步的限定，清楚地指出了缺陷的分布是如何限定的，对比文件 1 没有公开上述两项权利要求的技术方案，因此这两项权利要求满足新颖性的规定。

经形式审查合格后，专利复审委员会受理了该请求，并于 2004 年 7 月 2 日向请求人发出了《复审请求受理通知书》，同时将本申请转送至国家知识产权局原审查部门进行前置审查。

在《前置审查意见书》中，国家知识产权局原审查部门认为原驳回决定中的缺陷依然存在，因此坚持驳回决定。

专利复审委员会组成合议组，对本复审请求案进行了审理。

合议组于 2007 年 9 月 7 日向请求人发出《复审通知书》，指出：

（1）首先，在原申请文件中并没有关于术语"填隙"的记载；其次，原申请文件仅对间隙点缺陷进行了定义，对填隙或填隙点缺陷没有定义，而且请求人对其主张也没有提供证据，因此本领域技术人员根据原申请文件记载的内容无法直接地、毫无疑义地确定"填隙"具有与本申请"间隙"相同的含义，故修改不符合专利法第 33 条的规定。

（2）权利要求 1 只是描述了拉晶速率与温度梯度为第一临界比和第二临界比的效果，而没有如何确定第一临界比和第二临界比的技术手段的描述，本领域技术人员根据目前权利要求 1 的内容无法确定第一临界比和第二临界比，故不能解决本申请的技术问题，因此独立权利要求 1 缺少必要技术特征，不符合专利法实施细则第 21 条第 2 款的规定。基于同样理由，独立权利要求 17 也不符合专利法实施细则第 21 条第 2 款的规定。

（3）权利要求 17 中记载了要生产不具有空位聚集团和填隙聚集团的纯晶片，同时又记载了"以将空位聚集团限制在第一区"的内容，上述两部分内容相矛盾，导致该权利要求的保护范围不清楚，不符合专利法实施细则第 20 条第 1 款的规定。

针对上述《复审通知书》所指出的问题，请求人于 2007 年 12 月 14 日提交了意见陈述书，并提交了权利要求书、说明书的修改替换页，请求人删除了权利要求 3、19，修改了权利要求 1、6、9、17、22、25、26、28、30，并修改了权利要求书和说明书中的个别技术术语。修改后的权利要求书如下：

"1. 一种在热区炉中制造硅锭的方法，

其中，在预确定拉晶速率分布下，在轴向上由热区炉中的熔融硅来拉制硅锭，以产生半纯晶片，该半纯晶片具有在其中央上的、包含空位集聚团的第一区，并且具有在第一区与晶片边缘之间的第二区，第二区无空位聚集团和间隙聚集团，

其中，如下确定在熔融锭界面上的所述拉晶速率和温度梯度：

通过维持间隙点缺陷浓度低于间隙点缺陷聚结成间隙聚集团的临界间隙浓度来确定不能达到的、拉晶速率与温度梯度的第一临界比以防止间隙聚集团；

通过维持空位点缺陷浓度低于空位点缺陷聚结成空位聚集团的临界空位浓度来确定不能超过的、拉晶速率与温度梯度的第二临界比，以将空位聚集团限制在第一区；和

通过将所述拉晶速率和温度梯度的比率维持高于第一临界比并且低于第二临界比来控制拉晶速率分布，

其中确定第一临界比和第二临界比的步骤包括下列步骤：

在拉制速率范围内变化的拉制速率下由热区炉中熔融硅而拉制基准晶锭；

将基准晶锭切割成晶片；

鉴别晶片，具有最小的富含空位区，并且无间隙聚集团；和

通过鉴别晶片的拉制速率和在晶锭中鉴别晶片的位置来计算第一和第二临界比。

2. 按照权利要求 1 的方法，其中拉晶步骤之后是切割如此拉制的晶锭的步骤，其晶锭可切割成许多半纯晶片，该晶片在其中央上具有富含空位区，包含空位聚集团，和在富含空位区与晶片边缘之间具有纯度区，无空位聚集团和间隙聚集团。

3. 按照权利要求 2 的方法，其中在拉制速率范围内变化的拉制速率下由热区炉中熔融硅而拉制基准晶锭的步骤包括下列步骤：

在一定拉制速率下由热区炉中熔融硅而拉制基准晶锭，其中拉制速率是由第一拉制速率，到低于第一拉制速率的第二拉制速率，到高于第二拉制速率的第三拉制速率的范围内变化。

4. 按照权利要求 3 的方法，其中拉制速率在拉制速率的范围内线性变化。

5. 按照权利要求 2 的方法，其中晶片具有一晶片面积，其中纯度区为晶片面积的至少 36%。

6. 按照权利要求 5 的方法，其中纯度区为晶片面积的至少 60%。

7. 按照权利要求 1 的方法，其中由以下步骤确定确定所述晶锭的拉晶速率分布：

在拉制速率范围内变化的拉制速率下由热区炉中熔融硅而拉制基准晶锭；

将基准晶锭切割成晶片；

鉴别晶片，其具有最小富含空位区并无间隙聚集团；

通过鉴别晶片的拉制速率和晶锭上鉴别晶片的位置，对具有最小富含空位区并无间隙聚集团的晶片计算在晶锭熔融界面上的拉制速率与温度梯度的比；和

确定拉晶速率分布，其在由热区炉中熔融硅来拉制晶锭时保持所述比。

8. 按照权利要求 7 的方法，其中在拉制速率范围内变化的拉制速率下由热区炉中熔融硅而拉制基准晶锭的步骤包括下列步骤：

在一定拉制速率下由热区炉中熔融硅而拉制基准晶锭，其中拉制速率是由第一拉制速率，到低于第一拉制速率的第二拉制速率，到高于第二拉制速率的第三拉制速率的范围内变化。

9. 按照权利要求 1 的方法，其中由以下步骤确定所述晶锭的拉晶速率分布：

在拉制速率范围内变化的拉制速率下由热区炉中熔融硅而拉制基准晶锭；

轴向切割基准晶锭；

在轴向切割的基准晶锭上鉴别出至少一个轴向位置，具有最小富含空位区并无间隙聚集团；

由鉴别晶片的拉制速率和在轴向切割晶锭上鉴别出的至少一个轴向位置，对具有最小富含空位区并无间隙聚集团的至少一个轴向位置，计算在晶锭熔融界面上拉制速率与温度梯度的比；和

确定拉晶速率分布，其在由热区炉中熔融硅而拉制晶锭时保持上述比。

10. 按照权利要求 9 的方法，其中在拉制速率范围内变化的拉制速率下由热区炉中熔融硅而拉制基准晶锭的步骤包括下列步骤：

在一定拉制速率下由热区炉中熔融硅而拉制基准晶锭，其中拉制速率是由第一拉制速率，到低于第一拉制速率的第二拉制速率，到高于第二拉制速率的第三拉制速率的范围内变化。

11. 按照权利要求 1 的方法，其中由以下步骤确定所述晶锭的拉晶速率分布：

通过模拟在晶锭拉制过程中热区炉的操作来确定拉制速率与径向温度梯度分布；

通过模拟在晶锭拉制过程中热区炉的操作来确定拉制速率与轴向温度梯度分布；

通过模拟拉制速率与径向温度分布，和模拟拉制速率与轴向温度分布，以及 Voronkov 理论，确定拉晶速率分布，其将拉制速率与径向和轴向温度梯度比保持在一定范围内，以防止间隙聚集，并且将空位聚集团限定在晶锭轴向上的富含空位区上。

12. 一种在热区炉中制造硅锭的方法，

其中，在预确定拉晶速率分布下，在轴向上由热区炉中的熔融硅来拉制硅锭，以产生半纯晶片，该半纯晶片具有在其中央上的、包含空位集聚团的第一区，并且具有在第一区与晶片边缘之间的第二区，第二区无空位聚集团和间隙聚集团，

其中，如下确定在熔融锭界面上的所述拉晶速率和温度梯度：

通过维持间隙点缺陷浓度低于间隙点缺陷聚结成间隙聚集团的临界间隙浓度来确定不能达到的、拉晶速率与温度梯度的第一临界比以防止间隙聚集团；

通过维持空位点缺陷浓度低于空位点缺陷聚结成空位聚集团的临界空位浓度来确定不能超过的、拉晶速率与温度梯度的第二临界比，以将空位聚集团限制在第一区；和

通过将所述拉晶速率和温度梯度的比率维持高于第一临界比并且低于第二临界比来控制拉晶速率分布，

其中确定第一临界比和第二临界比的步骤包括下列步骤：

在拉制速率范围内变化的拉制速率下由热区炉中熔融硅而拉制基准晶锭；

轴向切割基准晶锭；

在轴向切割的基准晶锭上鉴别出至少一个轴向位置，具有最小富含空位区并无间隙聚集团；和

由轴向切割的晶锭上鉴别出的至少一个轴向位置和至少一个鉴别的轴向位置的拉制速率，来计算第一和第二临界比。

13. 按照权利要求 12 的方法，其中在拉制速率范围内变化的拉制速率下由热区炉中熔融硅而拉制基准晶锭的步骤包括下列步骤：

在一定拉制速率下由热区炉中熔融硅而拉制基准晶锭，其中拉制速率是由第一拉制速率，到低于第一拉制速率的第二拉制速率，到高于第二拉制速率的第三拉制速率的范围内变化。

14. 按照权利要求 13 的方法，其中拉制速率在拉制速率的范围内线性变化。

15. 一种在热区炉中制造硅锭的方法，

其中，在预确定拉晶速率分布下，在轴向上由热区炉中的熔融硅来拉制硅锭，以产生半纯晶片，该半纯晶片具有在其中央上的、包含空位集聚团的第一区，并且具有在第一区与晶片边缘之间的第二区，第二区无空位聚集团和间隙聚集团，

其中，如下确定在熔融锭界面上的所述拉晶速率和温度梯度：

通过维持间隙点缺陷浓度低于间隙点缺陷聚结成间隙聚集团的临界间隙浓度来确定不能达到的、拉晶速率与温度梯度的第一临界比以防止间隙聚集团；

通过维持空位点缺陷浓度低于空位点缺陷聚结成空位聚集团的临界空位浓度来确定不能超过的、拉晶速率与温度梯度的第二临界比，以将空位聚集团限制在第一区；和

通过将所述拉晶速率和温度梯度的比率维持高于第一临界比并且低于第二临界比来控制拉晶速率分布，

其中确定第一临界比和第二临界比的步骤包括下列步骤：

由 Voronkov 理论鉴别第一和第二临界比；

通过模拟在晶锭拉制过程中热区炉的操作来确定拉制速率与径向温度梯度分布；

通过模拟在晶锭拉制过程中热区炉的操作来确定拉制速率与轴向温度梯度分布；和

通过模拟拉制速率与径向温度分布和模拟拉制速率与轴向温度分布，确定拉晶速率分布，其在由热区炉中熔融硅而拉制晶锭时，保持拉制速率与晶锭中温度梯度的比在第一临界比以上和第二临界比以下。

16. 一种在热区炉中制造硅锭的方法，

其中，在预确定拉晶速率分布下，在轴向上由热区炉中的熔融硅来拉制硅锭，以产生纯晶片，该纯晶片不具有空位聚集团和间隙聚集团，

其中，如下确定在熔融锭界面上的所述拉晶速率和温度梯度：

通过维持间隙点缺陷浓度低于间隙点缺陷聚结成间隙聚集团的临界间隙浓度来确定不能达到的、拉晶速率与温度梯度的第一临界比以防止间隙聚集团；

通过维持空位点缺陷浓度低于空位点缺陷聚结成空位聚集团的临界空位浓度来确定不能超过的、拉晶速率与温度梯度的第二临界比，以防止空位聚集团；和

通过将所述拉晶速率和温度梯度的比率维持高于第一临界比并且低于第二临界比来控制拉晶速率分布，

其中确定第一临界比和第二临界比的步骤包括下列步骤：

在拉制速率范围内变化的拉制速率下由热区炉中熔融硅而拉制基准晶锭；

将基准晶锭切割成晶片；

鉴别晶片，其无空位聚集和间隙聚集团；和

通过鉴别晶片的拉制速率和鉴别晶片在晶锭中的位置，计算第一和第二临界比。

17. 按照权利要求 16 的方法，其中拉制步骤以后是将如此拉制的晶锭切割成许多纯晶片的步骤，其无空位聚集和间隙聚集。

18. 按照权利要求 17 的方法，其中在拉制速率范围内变化的拉制速率下由热区炉中熔融硅而拉制基准晶锭的步骤包括下列步骤：

在一定拉制速率下由热区炉中熔融硅而拉制基准晶锭，其中拉制速率是由第一拉制速率，到低于第一拉制速率的第二拉制速率，到高于第二拉制速率的第三拉制速率的范围内变化。

19. 按照权利要求 18 的方法，其中拉制速率在拉制速率范围内线性改变。

20. 一种在热区炉中制造硅锭的方法，

其中，在预确定拉晶速率分布下，在轴向上由热区炉中的熔融硅来拉制硅锭，以产生纯晶片，该纯晶片不具有空位聚集团和间隙聚集团，

其中，如下确定在熔融锭界面上的所述拉晶速率和温度梯度：

通过维持间隙点缺陷浓度低于间隙点缺陷聚结成间隙聚集团的临界间隙浓度来确定不能达到的、

拉晶速率与温度梯度的第一临界比以防止间隙聚集团；

通过维持空位点缺陷浓度低于空位点缺陷聚结成空位聚集团的临界空位浓度来确定不能超过的、拉晶速率与温度梯度的第二临界比，以防止空位聚集团；和

通过将所述拉晶速率和温度梯度的比率维持高于第一临界比并且低于第二临界比来控制拉晶速率分布，

其中确定第一临界比和第二临界比的步骤包括下列步骤：

在拉制速率范围内变化的拉制速率下由热区炉中熔融硅而拉制基准晶锭；

轴向切割基准晶锭；

在轴向切割的基准晶锭上鉴别出至少一个轴向位置，无空位聚集和间隙聚集；和

通过鉴别出的至少一个轴向位置的拉制速率和轴向切割晶锭上至少一个鉴别出的轴向位置，计算第一和第二临界比。

21. 按照权利要求 20 的方法，其中在拉制速率范围内变化的拉制速率下由热区炉中熔融硅而拉制基准晶锭的步骤包括下列步骤：

在一定拉制速率下由热区炉中熔融硅而拉制基准晶锭，其中拉制速率是由第一拉制速率，到低于第一拉制速率的第二拉制速率，到高于第二拉制速率的第三拉制速率的范围内变化。

22. 按照权利要求 21 的方法，其中拉制速率在拉制速率的范围内线性变化。

23. 一种在热区炉中制造硅锭的方法，

其中，在预确定拉晶速率分布下，在轴向上由热区炉中的熔融硅来拉制硅锭，以产生纯晶片，该纯晶片不具有空位聚集团和间隙聚集团，

其中，如下确定在熔融锭界面上的所述拉晶速率和温度梯度：

通过维持间隙点缺陷浓度低于间隙点缺陷聚结成间隙聚集团的临界间隙浓度来确定不能达到的、拉晶速率与温度梯度的第一临界比以防止间隙聚集团；

通过维持空位点缺陷浓度低于空位点缺陷聚结成空位聚集团的临界空位浓度来确定不能超过的、拉晶速率与温度梯度的第二临界比，以防止空位聚集团；和

通过将所述拉晶速率和温度梯度的比率维持高于第一临界比并且低于第二临界比来控制拉晶速率分布，

其中确定第一临界比和第二临界比的步骤包括下列步骤：

由 Voronkov 理论鉴别第一和第二临界比；

通过模拟在晶锭拉制过程中热区炉的操作来确定拉制速率与径向温度梯度分布；

通过模拟在晶锭拉制过程中热区炉的操作来确定拉制速率与轴向温度梯度分布；和

通过模拟拉制速率与径向温度分布和模拟拉制速率与轴向温度分布，确定拉晶速率分布，其在由热区炉中熔融硅而拉制晶锭时，保持拉制速率与晶锭中温度梯度的比在第一临界比以上和第二临界比以下。

24. 一种在热区炉中制造硅锭的方法，

其中，在预确定拉晶速率分布下，在轴向上由热区炉中的熔融硅来拉制硅锭，以产生纯晶片，该纯晶片不具有空位聚集团和间隙聚集团，

其中，如下确定在熔融锭界面上的所述拉晶速率和温度梯度：

通过维持间隙点缺陷浓度低于间隙点缺陷聚结成间隙聚集团的临界间隙浓度来确定不能达到的、拉晶速率与温度梯度的第一临界比以防止间隙聚集团；

通过维持空位点缺陷浓度低于空位点缺陷聚结成空位聚集团的临界空位浓度来确定不能超过的、

拉晶速率与温度梯度的第二临界比，以防止空位聚集团；和

通过将所述拉晶速率和温度梯度的比率维持高于第一临界比并且低于第二临界比来控制拉晶速率分布，

其中确定第一临界比和第二临界比的步骤包括下列步骤：

在拉制速率范围内变化的拉制速率下由热区炉中熔融硅而拉制基准晶锭；

将基准晶锭切割成晶片；

鉴别晶片，无空位聚集和间隙聚集；

通过鉴别晶片的拉制速率和晶锭上鉴别晶片的位置，对无空位聚集和间隙聚集的晶片计算在晶锭熔融界面上的拉制速率与温度梯度的比；和

确定拉晶速率分布，其在由热区炉中熔融硅来拉制晶锭时保持所述比。

25. 按照权利要求 24 的方法，其中在拉制速率范围内变化的拉制速率下由热区炉中熔融硅而拉制基准晶锭的步骤包括下列步骤：

在一定拉制速率下由热区炉中熔融硅而拉制基准晶锭，其中拉制速率是由第一拉制速率，到低于第一拉制速率的第二拉制速率，到高于第二拉制速率的第三拉制速率的范围内变化。

26. 一种在热区炉中制造硅锭的方法，

其中，在预确定拉晶速率分布下，在轴向上由热区炉中的熔融硅来拉制硅锭，以产生纯晶片，该纯晶片不具有空位聚集团和间隙聚集团，

其中，如下确定在熔融锭界面上的所述拉晶速率和温度梯度：

通过维持间隙点缺陷浓度低于间隙点缺陷聚结成间隙聚集团的临界间隙浓度来确定不能达到的、拉晶速率与温度梯度的第一临界比以防止间隙聚集团；

通过维持空位点缺陷浓度低于空位点缺陷聚结成空位聚集团的临界空位浓度来确定不能超过的、拉晶速率与温度梯度的第二临界比，以防止空位聚集团；和

通过将所述拉晶速率和温度梯度的比率维持高于第一临界比并且低于第二临界比来控制拉晶速率分布，

其中，通过下述步骤实现对第一临界比和第二临界比以及所述拉晶速率分布的确定：

在拉制速率范围内变化的拉制速率下由热区炉中熔融硅而拉制基准晶锭；

轴向切割基准晶锭；

在轴向切割的基准晶锭上鉴别出至少一个轴向位置，无空位聚集和间隙聚集；

由鉴别晶片的拉制速率和在轴向切割晶锭上鉴别出的至少一个轴向位置，对无空位聚集和间隙聚集的至少一个轴向位置，计算在晶锭熔融界面上拉制速率与温度梯度的比；和

确定拉晶速率分布，其在由热区炉中熔融硅而拉制晶锭时保持上述比。

27. 按照权利要求 26 的方法，其中在拉制速率范围内变化的拉制速率下由热区炉中熔融硅而拉制基准晶锭的步骤包括下列步骤：

在一定拉制速率下由热区炉中熔融硅而拉制基准晶锭，其中拉制速率是由第一拉制速率，到低于第一拉制速率的第二拉制速率，到高于第二拉制速率的第三拉制速率的范围内变化。

28. 一种在热区炉中制造硅锭的方法，

其中，在预确定拉晶速率分布下，在轴向上由热区炉中的熔融硅来拉制硅锭，以产生纯晶片，该纯晶片不具有空位聚集团和间隙聚集团，

其中，如下确定在熔融锭界面上的所述拉晶速率和温度梯度：

通过维持间隙点缺陷浓度低于间隙点缺陷聚结成间隙聚集团的临界间隙浓度来确定不能达到的、

拉晶速率与温度梯度的第一临界比以防止间隙聚集团；

通过维持空位点缺陷浓度低于空位点缺陷聚结成空位聚集团的临界空位浓度来确定不能超过的、拉晶速率与温度梯度的第二临界比，以防止空位聚集团；和

通过将所述拉晶速率和温度梯度的比率维持高于第一临界比并且低于第二临界比来控制拉晶速率分布，

其中，通过下述步骤实现对第一临界比和第二临界比以及所述拉晶速率分布的确定：

通过模拟在晶锭拉制过程中热区炉的操作，确定拉制速率与径向温度梯度分布；

通过模拟在晶锭拉制过程中热区炉的操作，确定拉制速率与轴向温度梯度分布；

通过模拟拉制速率与径向温度分布和模拟拉制速率与轴向温度分布，以及 Voronkov 理论，确定拉晶速率分布，其将拉制速率与径向和轴向温度梯度比保持在一定范围内，以防止空位聚集和间隙聚集。

29. 通过径向切割根据权利要求 1 的方法制造的硅锭而制成的多个半纯单晶硅片，每个半纯单晶硅片都是从相同的硅锭制造出来的，并且具有位于中央的、包含空位聚集团的第一区，以及位于第一区和晶片边缘之间、无空位聚集团与间隙聚集团的第二区，所述多个晶片的多个第一区具有相同的直径。

30. 按照权利要求 29 的许多半纯单晶硅片，其中每个晶片进一步包括在其上的鉴别标记，在每个晶片上的鉴别标记表明，每个晶片是由一个硅锭制成的。

31. 按照权利要求 29 的许多半纯单晶硅片，其中每个晶片具有相同的晶片面积，并且其中每个晶片的纯度区至少为晶片面积的 36%。

32. 按照权利要求 31 的许多半纯单晶硅片，其中每个晶片的纯度区至少为晶片面积的 60%。

33. 通过径向切割根据权利要求 17 的方法制造的硅锭而制成的多个纯单晶硅片，每个纯单晶硅片都是从相同的硅锭制造出来，并且不具有空位聚集团与间隙聚集团。

34. 按照权利要求 33 的许多纯单晶硅片，其中每个晶片进一步包括在其上的鉴别标记，在每个晶片上的鉴别标记表明，每个晶片是由一个硅锭制成的。”

请求人认为：（1）请求人将权利要求书及说明书中的“填隙”修改为原申请文件中的“间隙”，从而消除了修改超范围的问题；（2）请求人将权利要求 1 与记载了确定第一临界比和第二临界比技术手段的权利要求 3、6、9 合并，形成了三个新的独立权利要求；同时将权利要求 17 与记载了确定第一临界比和第二临界比技术手段的权利要求 19、22、25、26、28、30 合并，形成了新的独立权利要求。经过这样的修改，本申请的权利要求均已记载了解决技术问题的必要技术特征，符合专利法实施细则第 21 条第 2 款的规定；（3）将权利要求 17（现权利要求 16）中的“以将空位聚集团限制在第一区”修改为“以防止空位聚集团”，从而清楚地表达了保护范围，符合专利法实施细则第 20 条第 1 款的规定。

至此，合议组认为本案事实已经清楚，可以作出审查决定。

二、决定的理由

1. 决定的文本

本复审决定是以请求人于 2007 年 12 月 14 日提交的权利要求第 1~34 项和说明书第 1~14 页，1998 年 2 月 13 日提交的说明书附图第 1~15 页及说明书摘要和摘要附图为基础作出的。

2. 关于专利法第 33 条

专利法第 33 条规定：申请人可以对申请文件进行修改，但是，对发明和实用新型专利申请文件的修改不得超出原说明书和权利要求书记载的范围，对外观设计专利申请文件的修改不得超出原图片

或者照片表示的范围。

对于本申请而言，请求人于2007年12月14日提交的权利要求书和说明书中将术语“填隙”修改为术语“空隙”，由于术语“空隙”已明确记载在本申请的原申请文件中，因此请求人的上述修改未超出原申请文件记载的范围，符合专利法第33条的规定。《驳回决定》和《复审通知书》指出的本申请不符合专利法第33条的缺陷已经克服。

3. 关于专利法实施细则第21条第2款

专利法实施细则第21条第2款规定：独立权利要求应当从整体上反映发明或者实用新型的技术方案，记载解决技术问题的必要技术特征。

在一项独立权利要求由于缺乏解决技术问题的某种技术手段而缺乏必要技术特征时，如果将该技术手段补充到该独立权利要求中，则该独立权利要求满足了专利法实施细则第21条第2款的规定。

具体到本申请而言，本申请独立权利要求1要求保护一种在热区炉中制造硅锭的方法，而本申请所要解决的技术问题是：在热区炉中制造硅锭的方法中，通过调整拉晶速率分布，以便在拉制晶锭时将拉晶速率与温度梯度之比（V/G）保持在第一临界比之上和第二临界比之下，从而制备半纯硅晶片或纯硅晶片。由此可知，确定拉晶速率与温度梯度的第一临界比和第二临界比的技术手段是本申请独立权利要求1所述在热区炉中制造硅锭的方法的必要技术特征。由于请求人在2007年12月14日提交的权利要求书中已将确定第一临界比和第二临界比的技术手段加入到独立权利要求1中，从而克服了《驳回决定》和《复审通知书》所指出的本申请的独立权利要求1由于未记载确定第一临界比和第二临界比的技术手段而缺乏必要技术特征的缺陷，符合专利法实施细则第21条第2款的规定。

基于同样的理由，本申请的独立权利要求12、15、16、20、23、24、26、28也符合专利法实施细则第第21条第2款的规定。

4. 关于专利法实施细则第20条第1款

专利法实施细则第20条第1款规定：权利要求书应当说明发明或者实用新型的技术特征，清楚、简要地表述请求保护的范围。

对于本申请而言，请求人于2007年12月14日提交的权利要求书中将《复审通知书》所针对的权利要求17（现权利要求16）中的“以将空位聚集团限制在第一区”修改为“以防止空位聚集团”，从而与该权利要求所记载的“该纯晶片不具有空位聚集团和间隙聚集团”相一致，因此请求人的上述修改克服了《复审通知书》所指出的该权利要求因上述两部分内容自相矛盾而保护范围不清楚的问题，符合专利法实施细则第20条第1款的规定。

5. 关于专利法第38条

专利法第38条规定：发明专利申请经申请人陈述意见或者进行修改后，国务院专利行政部门仍然认为不符合本法规定的，应当予以驳回。

如果在作出驳回决定之前，审查部门没有将驳回所依据的具体事实、理由和证据在之前的审查意见通知书中告知过申请人，则该驳回决定的作出不符合听证原则。

具体到本申请而言，首先，原审查部门的驳回理由之一为请求人于2003年12月16日提交的权利要求55~56不具备专利法第22条第2款规定的新颖性。在驳回本申请之前，原审查部门只是在《第二次审查意见通知书》中针对请求人于2002年12月27日提交的权利要求59~60（对应于前述文本的权利要求55~56）提出过新颖性问题，其审查意见是：“对比文件1公开了一种硅晶片，并具体公开了以下的技术特征“其中包括中央区和周边区”（参见该对比文件的权利要求7~9）。由此可知，该对比文件已经公开了该权利要求的全部技术特征”。由此可见，原审查部门仅告知请求人其新颖性证据是对比文件1的权利要求7~9，并援引了法律条款，而没有按照审查指南规定的新颖性的“单独对比”的原则就各技术方案进行具体技术特征的对比，从而给出被评述的权利要求不具备新颖性的具体事实和理由。由以上分析可知，在驳回决定作出之前，原审查部门仅在《第二次审查意见通知书》中断言对比文件 1 的权利要求 7~9 公开了被评述的权利要求的全部内容并援引法律条款，而未给出本申请权利要求不符合专利法第 22 条第 2 款的规定的具体事实和理由；在此情况下，原审查部门继而以权利要求 55~56 不符合专利法第 22 条第 2 款的规定为由驳回本申请违反了听证原则，不符合专利法第 38 条的规定。

其次，具体到原审查部门所依据的新颖性证据来说，在对比文件 1 中并不存在审查员所声称的权利要求 7~9，也就是说，驳回决定做出前审查员未将其所依据的具体证据告知请求人，因此该驳回决定的作出在证据方面也违反听证原则。

根据上述事实和理由，合议组作出如下审查决定。

三、决定

撤销国家知识产权局于 2004 年 3 月 5 日针对第 98100416.4 号发明专利申请作出的驳回决定，由国家知识产权局原审查部门以请求人于 2007 年 12 月 14 日提交的权利要求第 1~34 项和说明书第 1~14 页，1998 年 2 月 13 日提交的说明书附图第 1~15 页及说明书摘要和摘要附图为基础继续审批程序。

复审请求人对本决定不服的，可以根据专利法第 41 条第 2 款的规定，自收到本决定之日起三个月内向北京市第一中级人民法院起诉。

051

含氟聚合物水分散体及含氟聚合物热塑树脂组合物的制备

复审请求审查决定（第 12907 号）

决　定　号　第 12907 号
决　定　日　2007 年 10 月 22 日
发明创造名称　含氟聚合物水分散体及含氟聚合物热塑树脂组合物的制备
国际分类号　C08L27/12，C08J3/03
复审请求人　通用电气公司
申　请　号　98101250.7
申　请　日　1998 年 4 月 3 日
优先权日　1997 年 4 月 17 日
公　开　日　1998 年 12 月 9 日
合议组组长　任晓兰
主　审　员　李新芝
参　审　员　危　峰

法律依据　专利法第 33 条
决定要点

如果对于一项产品权利要求的修改仅是将开放式权利要求的撰写措辞改为封闭式权利要求的措辞，而从修改后权利要求的整体来看，所述产品中还必定包含该权利要求未指出的其他组分，则该权利要求实质上仍为开放式权利要求，所述修改符合专利法第 33 条的规定。

一、案由

本复审请求案涉及发明名称为“含氟聚合物水分散体及含氟聚合物热塑树脂组合物的制备”的 98101250.7 号发明专利申请（下称本申请），申请人为通用电气公司，申请日为 1998 年 4 月 3 日，优先权日为 1997 年 4 月 17 日，公开日为 1998 年 12 月 9 日。

2006 年 1 月 6 日，针对申请人于 2004 年 10 月 8 日提交的权利要求第 1~10 项和说明书第 1~39 页以及 2003 年 3 月 27 日提交的说明书摘要，国家知识产权局以权利要求 1 的修改不符合专利法第 33 条的规定为由驳回了本申请。

驳回决定针对的权利要求 1 如下：

“1. 一种含氟聚合物的水分散体，由如下组分组成：每 100 重量份的分散体 1 至 80 重量份的含氟聚合物，和每 100 重量份的含氟聚合物 0.1 至 10 重量份的脂肪酸盐，以及，选择性地，一种选自

由 C_1-C_{20}的链烷，C_6-C_{20}的环烷和芳族化合物组成的组的有机化合物，其中，所述的含氟聚合物包括包含来自氟乙烯和氟丙烯的重复单元的均聚物和共聚物。”

驳回决定认为：权利要求 1 属于封闭式权利要求，而原申请文件中的权利要求 1 为开放式权利要求，二者的保护范围不同，修改后的权利要求 1 中的“由如下组分组成”的修改内容既未明确记载在原说明书和权利要求书中，而且也不能从原申请文件毫无疑义地导出，因此权利要求 1 的修改不符合专利法第 33 条的规定。

2006 年 4 月 21 日，申请人通用电气公司（下称请求人）对上述驳回决定不服，向专利复审委员会提出复审请求，请求人在提出复审请求时没有对申请文件进行修改。

请求人认为：（1）“封闭式”所限定的组合物的范围一定比“开放式”限定的范围小，因此该修改缩小了保护范围；（2）审查员所述“既未明确记载在原说明书和权利要求书中，也不能由原说明书和权利要求书所记载的内容直接导出”是在论证不支持的问题，而不是修改超范围的问题，并认为根据说明书第 6 页第 6 段的如下描述：“在高度优选的实施方案中，本发明中稳定的含氟聚合物水分散体基本上由水、含氟聚合物和脂肪酸盐组成”，权利要求 1 得到了说明书的支持。

经形式审查合格后，专利复审委员会受理了该请求，并于 2006 年 8 月 10 日向请求人发出了《复审请求受理通知书》，同时将本申请转送至国家知识产权局原审查部门进行前置审查。

在《前置审查意见书》中，国家知识产权局原审查部门认为，原驳回决定中的缺陷依然存在，因此坚持驳回决定。此外，请求人于 2004 年 10 月 8 日提交的说明书第 2 页第 2 自然段和说明书第 6 页第 6 自然段存在修改超出的问题。

专利复审委员会组成合议组，对本复审请求案进行了审理。

经合议，合议组认为本案事实清楚，可以作出审查决定。

二、决定的理由

1. 关于审查文本

本复审决定是以驳回决定所针对的文本为基础作出的。

2. 关于专利法第 33 条

专利法第 33 条规定：申请人可以对申请文件进行修改，但是，对发明和实用新型专利申请文件的修改不得超出原说明书和权利要求书记载的范围，对外观设计专利申请文件的修改不得超出原图片或者照片表示的范围。

如果对于一项产品权利要求的修改仅是将开放式权利要求的撰写措辞改为封闭式权利要求的措辞，而从修改后权利要求的整体来看，所述产品中还必定包含该权利要求未指出的其他组分，则该权利要求实质上仍为开放式权利要求，所述修改符合专利法第 33 条的规定。

就本案而言，权利要求 1 要求保护一种含氟聚合物的水分散体，由如下组分组成：每 100 重量份的分散体 1 至 80 重量份的含氟聚合物，和每 100 重量份的含氟聚合物 0.1 至 10 重量份的脂肪酸盐，以及，选择性地，一种选自由 C_1-C_{20}的链烷，C_6-C_{20}的环烷和芳族化合物组成的组的有机化合物，其中，所述的含氟聚合物包括包含来自氟乙烯和氟丙烯的重复单元的均聚物和共聚物。

国家知识产权局原审查部门在驳回决定中认为，“由如下组分组成”属于封闭式的表示方法，而原申请文件中的权利要求 1 为开放式权利要求，二者的保护范围不同，修改后的权利要求 1 中的“由如下组分组成”的修改内容既未明确记载在原说明书和权利要求书中，而且也不能从原申请文件毫无疑义地确定，因此权利要求 1 的修改不符合专利法第 33 条的规定。

对此，合议组认为，本申请原始权利要求 1 为：“一种含氟聚合物的水分散体，其特征在于，其中每 100 份重量的分散体包括 1 至 80 份重量的含氟聚合物，并且每 100 份重量的含氟聚合物包括 0.1

至 10 份重量的脂肪酸盐"，该权利要求为开放式权利要求，即所述水分散体除了该权利要求中指明的组分外，还可能包含其中未指出的成分。修改后的权利要求 1 采用了措辞"由如下组分组成"表示水分散体的组成。然而，（1）从该权利要求的主题名称来看，权利要求 1 要求保护的是含氟聚合物的水分散体，其中除权利要求所指出的组分外还必定含有水；（2）权利要求 1 的含氟聚合物的水分散体仅选择性地包含选自 C_1-C_{20}的链烷、C_6-C_{20}的环烷和芳族化合物的有机化合物，即，所述有机化合物可有可无，当权利要求 1 不包含所述有机化合物时，由权利要求 1 的下述内容"每 100 重量份的分散体 1 至 80 重量份的含氟聚合物，和每 100 重量份的含氟聚合物 0.1 至 10 重量份的脂肪酸盐"可知，在 100 重量份的水分散体中至多包含 80 重量份的含氟聚合物和 8 重量份的脂肪酸盐，也就是说，100 重量份水分散体中至少还含有 12 重量份的其他组分。

由此可知，该权利要求 1 虽然采用了"由如下组分组成"的表达方式，但其实际上并不意味着所述水分散体仅包含含氟聚合物、脂肪酸盐和选择性的有机化合物三种组分，其中还包含权利要求 1 中未指出的其他组分，这与原始权利要求和说明书中所记载的信息是一致的，因此权利要求 1 不存在驳回决定所指出的修改超范围的缺陷。

在《前置审查意见书》中，国家知识产权局原审查部门还认为修改后的说明书第 2 页第 2 自然段和说明书第 6 页第 6 自然段也存在修改超范围的问题。

对此，合议组认为，说明书第 2 页第 2 自然段所述的技术方案与权利要求 1 基本相同，基于与上述权利要求 1 相同的评述，说明书该部分的修改未超出原申请文件记载的范围；说明书第 6 页第 6 自然段所述的技术方案与原说明书第 4 页第 3 自然段的内容完全相同。因此，《前置审查意见书》所指出的关于说明书修改超范围的缺陷也不存在。

根据上述事实和理由，合议组作出如下审查决定。

三、决定

撤销国家知识产权局于 2006 年 1 月 6 日针对第 98101250.7 号发明专利申请作出的驳回决定，由国家知识产权局原审查部门以驳回决定所针对的文本为基础继续审批程序。

复审请求人对本决定不服的，可以根据专利法第 41 条第 2 款的规定，自收到本决定之日起三个月内向北京市第一中级人民法院起诉。

052

2，6-二氯苯酚化合物的生产方法

复审请求审查决定（第12908号）

决　定　号　第12908号
决　定　日　2007年3月26日
发明创造名称　2，6-二氯苯酚化合物的生产方法
国际分类号　C07C43/253，C07C41/22，C07C39/30
复审请求人　住友化学工业株式会社
申　请　号　02157121.X
申　请　日　2002年12月17日
优　先　权　日　2001年12月20日
公　开　日　2003年7月2日
合议组组长　李彦涛
主　审　员　李新芝
参　审　员　黄　强

法律依据　专利法第22条第3款
决定要点

如果要求保护的发明相对于最接近的现有技术能够产生预料不到的技术效果，则认为该发明具有突出的实质性特点和显著的进步，符合专利法第22条第3款关于创造性的要求。

一、案由

本复审请求案涉及发明名称为“2，6-二氯苯酚化合物的生产方法”的第02157121.X号发明专利申请（下称本申请），申请人为住友化学工业株式会社，申请日为2002年12月17日，优先权日为2001年12月20日，公开日为2003年7月2日。

2006年4月7日，针对申请人于2002年12月17日提交的权利要求书、说明书及其摘要，国家知识产权局以本申请不符合专利法第22条第3款的规定为由驳回了本申请。

驳回决定认为：对比文件1（《Tetrahedron Letters》，36（22），1995，P3893~3896）已经公开了一种在仲胺存在下使苯酚化合物与磺酰氯反应制备氯化苯酚的方法，其与权利要求1的区别仅在于权利要求1的反应物苯酚上有取代基，而对比文件1中的反应物为苯酚。但从本申请公开的内容来看，这种取代基的限定并没有使该申请相对于对比文件1具有突出的实质性特定和显著的进步，本领域普通技术人员通过使用对比文件1公开的氯化方法来解决该申请的技术问题是显而易见的，所以权利要求1不具有创造性；从属权利要求2~10分别对独立权利要求1中的酚类化合物取代基、仲胺、反应

温度、用量作了进一步的限定，但这些附加技术特征并没有给本申请带来突出的实质性特点和显著的进步，因此权利要求 2~10 也不具有创造性。此外，驳回决定中认为由于羟基在苯环上的给电子共轭效应大于甲氧基和卤代 2-丙烯氧基，而强活化基团对弱活化基团对取代基定位的影响大，因此本申请化合物在用磺酰氯进行氯化反应时仍会在羟基邻位进行取代，即不会改变氯化选择位置，故本申请的技术方案是显而易见的。

驳回决定针对的权利要求 1~10 如下：

"1. 一种式（1）表示的 2，6-二氯苯酚化合物的生产方法：

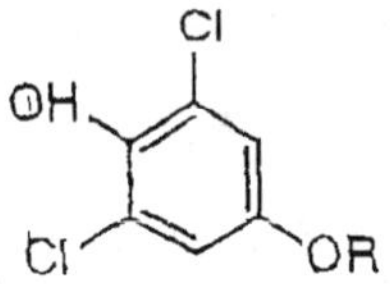

（1）

其中，R 表示 3，3-二卤代-2-丙烯基或任选地被卤素原子取代的苯甲基，该方法包括在仲胺存在下使式（2）表示的苯酚化合物与磺酰氯反应：

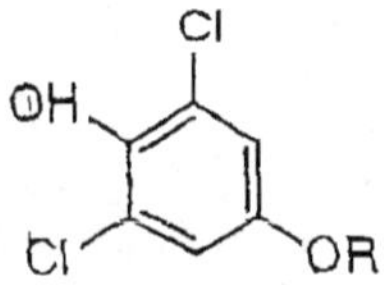

（1）

其中，R 的定义同上。

2. 根据权利要求 1 的生产方法，其中，R 表示 3，3-二卤代-2-丙烯基。

3. 根据权利要求 2 的生产方法，其中，R 表示 3，3-二氯-2-丙烯基。

4. 根据权利要求 1 的生产方法，其中，R 表示任选地被至少一个卤素原子取代的苯甲基。

5. 根据权利要求 4 的生产方法，其中，R 表示苯甲基或 4-氯苯甲基。

6. 根据权利要求 1 的生产方法，其中，仲胺是二烷基胺、二烯基胺、烷基烯基胺或二环烷基胺。

7. 根据权利要求 6 的生产方法，其中，仲胺是二乙基胺、二丙基胺、二丁基胺、二戊基胺、二己基胺、二异丙基胺、二仲丁基胺、乙基丙基胺、二烯丙基胺、二（3-丁烯基）胺、烯丙基丙基胺、二环丙基胺、二环丁基胺、二环戊基胺或二环己基胺。

8. 根据权利要求 1 的生产方法，其中，反应温度是 0~100℃。

9. 根据权利要求 1 的生产方法，其中，用于反应的仲胺与式（2）表示的苯酚化合物的用量摩尔比是 0.001：1 到 1：1。

10. 根据权利要求 1 的生产方法，其中，用于反应的磺酰氯与式（2）表示的苯酚化合物的用量摩尔比是 1.5：1 到 3.0：1。"

2006 年 7 月 6 日，申请人住友化学工业株式会社（下称请求人）对上述驳回决定不服，向专利复审委员会提出复审请求，请求人在提出复审请求时没有对申请文件进行修改。

请求人认为，（1）对比文件 1 仅仅公开了用磺酰氯对未取代的苯酚进行氯化反应，并没有公开或教导在苯酚上存在反应性取代基的化合物的氯化反应；（2）在高产率地制备 2，6-二氯苯酚化合物时，本领域技术人员不会想到采用在苯酚上带有反应性取代基的化合物作原料，这是由于本领域技术人员会认为苯酚上反应性取代基的存在会导致副反应不可避免的发生，但出人意料的是，本发明的技术方案却实现了非常高的产率，其远远高于对比文件 1 的产率。因此根据对比文件 1 的教导，本领域技术人员根本不会想到采用在苯酚上带有反应性取代基的技术方案，更是无法预期本申请采用在苯酚上带有反应性取代基的反应能够获得出人意料高的反应产率，因此权利要求 1~10 与对比文件 1 相比具有突出的实质性特点和显著的进步，具备创造性。

经形式审查合格后，专利复审委员会受理了该请求，并于2006年8月3日向请求人发出了《复审请求受理通知书》，同时将本申请转送至国家知识产权局原审查部门进行前置审查。

在《前置审查意见书》中，国家知识产权局原审查部门认为原驳回决定中缺陷依然存在，因此坚持驳回决定。

专利复审委员会组成合议组，对本复审请求案进行了审理。

经合议，合议组认为本案事实清楚，可以作出审查决定。

二、决定的理由

专利法第22条第3款规定：创造性是指同申请日以前已有的技术相比，该发明有突出的实质性特点和显著的进步。

如果要求保护的发明相对于最接近的现有技术能够产生预料不到的技术效果，则认为该发明具有突出的实质性特点和显著的进步，符合专利法第22条第3款关于创造性的要求。

就本案而言，本申请所要解决的技术问题是提供一种高产率地制备2，6-二氯苯酚化合物的生产方法。本申请权利要求1请求保护“一种式（1）表示的2，6-二氯苯酚化合物的生产方法：

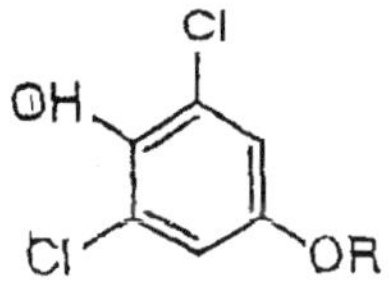

（1）

其中，R表示3，3-二卤代-2-丙烯基或任选地被卤素原子取代的苯甲基，该方法包括在仲胺存在下使式（2）表示的苯酚化合物与磺酰氯反应：

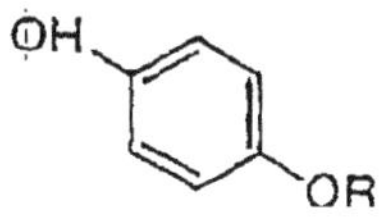

（2）

其中，R的定义同上”。对比文件1作为最接近的现有技术，公开了一种在胺的存在下用磺酰氯邻位氯化苯酚的方法，其中当磺酰氯/苯酚为2：1时，主产物2，6-二氯苯酚的产率为81.0%（参见对比文件1第3895页倒数第2段）。由此可知，本申请权利要求1与对比文件1的区别在于以下两点：（1）起始原料不同：本申请权利要求1为式（2）的烷氧基取代苯酚，而对比文件1为苯酚；（2）本申请权利要求1中催化剂为仲胺，而对比文件1中催化剂可以为伯胺、仲胺或叔胺。从技术效果来看，对比文件1中磺酰氯/苯酚=2：1时，2，6-二氯苯酚的产率为81.0%，而权利要求1中磺酰氯/式（2）苯酚化合物=2：1时，式（1）的2，6-二氯苯酚化合物的产率则高达96%和94%（参见本申请实施例1和实施例4），其明显高于对比文件1中产物的产率，因此本申请权利要求1所述技术方案通过在苯酚对位引入-OR基团（其中R为3，3-二卤代-2-丙烯基或任选被卤素原子取代的苯甲基）并选择仲胺作催化剂大大提高了2，6-二氯苯酚化合物的产率。对本领域技术人员来说，由于羟基（-OH）和烷氧基均属于强的邻对位定位基，因此在苯环的羟基对位引入烷氧基后，由于烷氧基的邻位定位效应势必削弱羟基本身的邻位定位效应，从而不利于提高2，6-二氯苯酚化合物的产率。但出人意料的是，本发明的技术方案较对比文件1却实现了非常高的产率。根据对比文件1的内容，本领域技术人员不会想到采用在苯酚上引入-OR并选择仲胺的方式来提高原料的2，6-二氯苯酚化合物的产率，也就是说对比文件1并没有给出权利要求1所述技术方案的技术启示，因此权利要求1与对比文件1相比具有突出的实质性特点和显著的进步，具备创造性。当权利要求1具备创造性时，作为对其作进一步限定的从属权利要求2~10也必然具备创造性，符合专利法第22条第3款的规定。

审查员在驳回决定及前置审查意见中均认为，由于羟基在苯环上的给电子共轭效应大于甲氧基和卤代2-丙烯氧基，因此在羟基对位引入-OR基团并不会改变氯化位置，所以说权利要求1~10的技术方案不具有创造性。

对此，合议组认为，虽然如审查员所述，-OR基团的引入不会改变苯酚化合物的氯化位置，但如前所述，对比文件1并没有教导通过在苯酚上引入-OR基团并选择仲胺作为催化剂可以明显提高2，6-二氯苯酚化合物的产率，也就是说对比文件1并没有给出解决本发明技术问题的技术启示，因此本申请权利要求1~10的技术方案具有创造性。

根据上述事实和理由，合议组作出如下审查决定。

三、决定

撤销国家知识产权局于2006年4月7日针对第02157121.X号发明专利申请作出的驳回决定，由国家知识产权局原审查部门以驳回决定所针对的文本为基础继续审批程序。

复审请求人对本决定不服的，可以根据专利法第41条第2款的规定，自收到本决定之日起三个月内向北京市第一中级人民法院起诉。

053

集装箱用天然植物杀虫、灭菌、杀鼠复合剂及其制法

复审请求审查决定（第12938号）

决　定　号　第12938号
决　定　日　2008年1月16日
发明创造名称　集装箱用天然植物杀虫、灭菌、杀鼠复合剂及其制法
国际分类号　A01N65/00
复审请求人　深圳市美中现代科技发展有限公司
申　请　号　03144522.5
申　请　日　2003年9月30日
公　开　日　2005年4月6日
合议组组长　汪送来
主　审　员　李亚林
参　审　员　任晓兰

法律依据　专利法第26条第3款
决定要点

所属技术领域的技术人员能够实现，是指所属技术领域的技术人员按照说明书记载的内容，就能够实现该发明或者实用新型的技术方案，解决其技术问题，并且产生预期的技术效果。对于组合物发明而言，如果权利要求要求保护具有某一用途的组合物，但所属技术领域的技术人员根据说明书记载的内容并结合现有技术无法合理地预期所述组合物具有权利要求中所述的用途，那么说明书对于发明的记载没有达到所属技术领域的技术人员能够实现的程度。

一、案由

本复审请求案涉及发明名称为“集装箱用天然植物杀虫、灭菌、杀鼠复合剂及其制法”的第03144522.5号发明专利申请（下称本申请），申请人为深圳市美中现代科技发展有限公司，申请日为2003年9月30日，公开日为2005年4月6日。

国家知识产权局原审查部门对本申请进行实质审查，于2006年2月10日发出《第一次审查意见通知书》，指出：说明书未提供对于所属技术领域的技术人员来说，足以证明本发明的技术方案可以达到预期要解决的技术问题或效果的试验数据，因此，说明书公开不充分，不符合专利法第26条第3款的规定。

2006年6月22日，针对《第一次审查意见通知书》，申请人提交了《意见陈述书》，认为：本申请中“制剂”和“制法”的公开充分明了，已对“产生预期的技术效果”给予了定性的说明，同时

提交下列附件1表明本申请技术方案的技术效果：

附件1："云南检验检疫技术服务部"出具的"天然植物 CO_2 制剂的使用效果"，出具日期为2004年10月26日，复印件共3页。

2006年9月8日，针对申请人于2003年9月30日提交的权利要求书、说明书及其摘要，国家知识产权局以本申请不符合专利法第26条第3款为由驳回了本申请。驳回决定重申了《第一次审查意见通知书》中的理由，并且指出，"制剂"和"制法"只是说明书的一部分内容，即使这部分内容公开充分，也无法证明说明书中的技术方案整体被充分公开，此外，申请人补充的相关试验数据在原始说明书中没有相应记载，因此，说明书公开不充分，不符合专利法第26条第3款的规定。

驳回决定针对的权利要求书如下：

"1. 一种集装箱用天然植物杀虫、灭菌、杀鼠复合剂，其特征在于它是由苦豆碱、樟树油、山苍子油、天然菊油、桉树油、茶树油混合构成精油混合物I，各份按重量0.3%~1%的比例混合一份。

2. 根据权利要求1所说的一种集装箱用天然植物杀虫、灭菌、杀鼠复合剂，其特征在于所说的精油混合物I中还可以加入松针油、迷迭香油、青嵩油、花椒油、肉桂油、冷杉油构成精油混合物II，各份按重量0.3%~1%的比例混合一份。

3. 一种根据权利要求1所说的集装箱用天然植物杀虫、灭菌、杀鼠复合剂的制法，其特征在于它是将精油混合物I或II置入容器，再加入配合剂，制得的剂型可为气雾剂、烟剂或微乳剂。

4. 根据权利要求3所说的集装箱用天然植物杀虫、灭菌、杀鼠复合剂的制法，其特征在于所说的配合剂是抛射剂或乳化剂及溶剂。

5. 根据权利要求4所说的集装箱用天然植物杀虫、灭菌、杀鼠复合剂的制法，其特征在于所说的抛射剂是惰性气体或液化气或丁烷气或其混合物。

6. 根据权利要求5所说的集装箱用天然植物杀虫、灭菌、杀鼠复合剂的制法，其特征在于所说的惰性气体可以是氮气、二氧化碳气、氩气、氦气。

7. 根据权利要求3所说的集装箱用天然植物杀虫、灭菌、杀鼠复合剂的制法，其特征在于所说的容器可以是马口铁罐或是高压钢瓶类喷射容器。

8. 根据权利要求4所说的集装箱用天然植物杀虫、灭菌、杀鼠复合剂的制法，其特征在于所说的气雾剂是由精油混合物I或II与抛射剂制得，其中精油混合物I或II有效物为总量的1%~10%。

9. 根据权利要求8所说的集装箱用天然植物杀虫、灭菌、杀鼠复合剂的制法，其特征在于所说的烟剂是由精油混合物I或II再配以乳化剂和油溶溶剂制得，其中的配比为精油混合物I或II：乳化剂：油溶溶剂为8%~12%：2%~6%：90%~82%。

10. 根据权利要求3所说的集装箱用天然植物杀虫、灭菌、杀鼠复合剂的制法，其特征在于所说的微乳剂是由精油混合物I或II与乳化剂与水制得，其中的配比为精油混合物I或II：乳化剂：水为8%~12%：2%~15%：90%~73%。"

2006年12月12日，申请人深圳市美中现代科技发展有限公司（下称请求人）对上述驳回决定不服，向专利复审委员会提出复审请求，请求人在提出复审请求时没有对申请文件进行修改。

请求人认为：本申请要求保护"集装箱用天然植物杀虫、灭菌、杀鼠复合剂及其制法"，本申请的复合剂是天然植物源组合物，说明书中对于"制剂"和"制法"的公开是充分和明了的，同时，说明书中"定性"地说明了该复合剂预期要解决的效果，其技术方案并不"依赖实验结果加以证实才能成立"。

经形式审查合格后，专利复审委员会受理了该请求，并于2007年1月18日向请求人发出了《复审请求受理通知书》，同时将本申请转送至国家知识产权局原审查部门进行前置审查。

在《前置审查意见书》中，国家知识产权局原审查部门认为说明书未提供必要的试验数据，而其技术方案却必须依赖实验结果加以证实才能成立，故坚持驳回决定。

专利复审委员会组成合议组，对本复审请求案进行了审理。

2007年7月11日，请求人提交一份《意见陈述书》，该意见陈述书既无请求人的签章，也无代理机构的签章；在该意见陈述书中提到要对权利要求书进行修改，但未提交经修改后的权利要求书替换页。

2007年10月15日，合议组依据驳回决定所针对的权利要求书、说明书及说明书摘要对本案进行审理，发出《复审通知书》，指出：本领域技术人员根据说明书公开的内容无法合理地预测本申请的复合剂将具有杀虫、灭菌和杀鼠作用，请求人应当提供现有技术的证据证明本申请所述的复合剂或其组分具有杀虫、灭菌和杀鼠作用，或者删除权利要求中由现有技术所不能预知的效果。

2007年11月28日，针对上述《复审通知书》，请求人提交了《意见陈述书》，同时提交如下附件：

附件2："赛门国际"网站关于"香樟防蛀王"的产品信息发布网页的纸件，共1页；

附件3："检测治理社区"关于"地板防蛀宝"的产品信息发布网页的纸件，共1页；

附件4："缘分联盟"网站关于"灭臭虫小窍门"的网页纸件，共1页；

附件5："www. iLib. cn"关于"除虫菊素的杀虫特性与作用机理"的网页纸件，共1页；

附件6："中华首席医学网"关于"苦豆子的研究进展"的网页纸件，共3页；

附件7："百度百科"中关于"山苍子"的介绍的网页纸件，共1页；

附件8："百度"网站关于"茶树油有什么作用"的查询结果网页纸件，共2页。

请求人认为，根据所提供的附件2~8可知，"苦豆碱、樟树油、山苍子油、天然菊油、桉树油、茶树油"具有"杀虫杀菌效果"，本申请包括将具有杀虫杀菌效果的精油混合物与惰性气体相混合所得的产品，惰性气体是对人畜有害的物质，因此，该产品在封闭的集装箱内具有"杀虫、灭菌、杀鼠"的效果。

至此，合议组认为本案事实清楚，可以作出审查决定。

二、决定的理由

1. 关于文本

本复审请求审查决定是在驳回决定所针对文本的基础上作出的。

2. 关于专利法第26条第3款

专利法第26条第3款规定：说明书应当对发明或者实用新型作出清楚、完整的说明，以所属技术领域的技术人员能够实现为准。

所属技术领域的技术人员能够实现，是指所属技术领域的技术人员按照说明书记载的内容，就能够实现该发明或者实用新型的技术方案，解决其技术问题，并且产生预期的技术效果。对于组合物发明而言，如果权利要求要求保护具有某一用途的组合物，但所属技术领域的技术人员根据说明书记载的内容并结合现有技术无法合理地预期所述组合物具有权利要求中所述的用途，那么说明书对于发明的记载没有达到所属技术领域的技术人员能够实现的程度。

就本申请而言，本申请权利要求要求保护一种集装箱用天然植物杀虫、灭菌、杀鼠复合剂及其制法，所述复合剂由苦豆碱、樟树油、山苍子油、天然菊油、桉树油、茶树油以一定比例混合而成，其预期的技术效果是实现对于集装箱的杀虫、灭菌和杀鼠作用，且在所有权利要求中均明确记载要求保护"杀虫、灭菌、杀鼠复合剂"。在本申请说明书中只声称所述复合剂具有杀虫、灭菌和杀鼠作用，没有记载任何可以证明本申请复合剂实现了上述技术效果的试验数据，同时，无论是在说明书中还是在各次陈述意见时，请求人均未提供现有技术的证据证明本申请复合剂中的苦豆碱等成分具有杀虫、灭菌和杀鼠的作用，因此，本领域技术人员无法合理地预测由这些活性成分混合而成的复合剂将具有杀虫、灭菌和杀鼠作用。

请求人在答复《第一次审查意见通知书》时提交附件1试图证明本申请的技术效果，但附件1的内容在本申请的申请日之后形成，而且其中没有记载“集装箱用天然植物杀虫、灭菌、杀鼠剂”的组分和含量，无法判断其与本申请产品是否相同，因此，附件1不能证明在申请日时本申请已经清楚、完整地公开了其发明。

请求人在答复《复审通知书》时，提交了7份附件。合议组认为，首先，所述附件2~8均为网页打印件，在没有证据证明其来源确切的情况下，无法确认其真实性。其次，即使这些证据的真实性可以得到确认，附件2中标明的发布日期为2007年1月25日，附件6中内容的公开日期为2004年12月，附件8标明的日期为2006年12月13日，均在本申请的申请日之后，不属于现有技术；从附件3和附件7中无法看出其发布时间，请求人也未提供其他证据证明其为现有技术。再者，即使不考虑这些附件的公开日期，仅考虑其内容，附件2认为樟树素具有防虫防蛀效果；附件3提到樟树油有驱杀蚂蚁、蟑螂实木中各类蛀虫的作用；附件4表明桉树油具有灭臭虫的作用；附件5表明除虫菊素具有杀虫作用；附件6表明苦豆子提取物具有驱虫灭菌活性；附件7提到山苍子的果实可治疗血吸虫病；附件8提到茶树精油具有驱虫、杀螨作用；从这些附件仅可以获知“苦豆碱、樟树油、山苍子油、天然菊油、桉树油、茶树油”具有“杀虫杀菌效果”，而不能表明其同时具有杀鼠作用。请求人认为，本申请权利要求3~6的复合剂中包含惰性气体，而惰性气体对人畜有害，因而本申请的复合剂在封闭的集装箱内能够达到杀鼠的目的。对此，合议组认为，首先，根据原申请文件公开的内容无法看出本申请复合剂含有惰性气体，本申请权利要求1和2所要求保护的杀虫、灭菌、杀鼠复合剂仅为精油混合物，其中不含惰性气体；据说明书的内容可见，惰性气体只是在气雾剂的制剂过程中被用作抛射剂，并非申请复合剂的活性成分。其次，通常情况下惰性气体对人畜无害，空气中约70%的成分是氮气，人畜却安然地生活在空气中，只有在隔绝氧气的情况下人畜才会窒息而死，但本申请中并无使用惰性气体排尽集装箱内空气的记载，而且，在对集装箱进行卫生处理时，通常无需使用惰性气体排尽箱内空气并保持绝对密闭，因而请求人关于作为抛射剂的惰性气体具有杀鼠作用的主张不能成立。

综上所述，本领域技术人员无法合理地预期本申请复合剂将具有杀虫、灭菌和杀鼠作用，因而，说明书对发明所作的说明不够清楚、完整，没有达到所属技术领域的技术人员能够实现的程度，即，本申请不符合专利法第26条第3款的规定。

根据上述事实和理由，合议组作出如下审查决定。

三、决定

维持国家知识产权局于2006年9月8日针对第03144522.5号发明专利申请作出的驳回决定。

复审请求人对本决定不服的，可以根据专利法第41条第2款的规定，自收到本决定之日起三个月内向北京市第一中级人民法院起诉。

054

制备酯取代的碳酸二芳基酯的界面方法

复审请求审查决定（第12946号）

决　定　号　第12946号
决　定　日　2008年3月20日
发明创造名称　制备酯取代的碳酸二芳基酯的界面方法
国际分类号　C07C68/02，C07C69/96
复审请求人　通用电气公司
申　请　号　02818495.5
申　请　日　2002年6月28日
优先权日　2001年7月24日
公　开　日　2004年12月22日
合议组组长　李彦涛
主　审　员　刘　亚
参　审　员　刘　磊

法律依据　专利法第33条
决定要点
如果申请中增加、改变和/或删除的内容可以从原申请记载的信息中直接地、毫无疑义地确定，那么这种增加、改变和/或删除的修改应当是允许的。

一、案由

本复审请求案涉及发明名称为“制备酯取代的碳酸二芳基酯的界面方法”的第02818495.5号发明专利申请（下称本申请），申请人为通用电气公司，申请日为2002年6月28日，优先权日为2001年7月24日，公开日为2004年12月22日。

2006年1月27日，针对申请人于2005年9月12日提交的权利要求第1~21项和说明书第6、6a页，本申请进入中国国家阶段时提交的按原始国际申请文件中文译文的说明书第1、3、5、7~9页和说明书摘要，本申请进入中国国家阶段时提交的按专利合作条约第41条修改的说明书第4页，2004年7月9日提交的说明书第2页，国家知识产权局以权利要求1~20和说明书不符合专利法第33条的规定为由驳回了本申请。

驳回决定认为：

（1）权利要求1和16所限定的光气的用量在原申请文件中没有记载，在原始国际申请文本中没有任何内容记载了权利要求1和16所述的光气的用量与酯取代的碳酸二芳基酯之间的关系，而且根据说明书具体实施例中的光气的用量与每摩尔酯取代的碳酸二芳基酯产物之间的量的关系和说明书其他部分所记载的内容也不能直接唯一推出权利要求 1 和 16 中所述的二者之间量的关系，因而修改后的权利要求 1 和 16 在原申请文件中没有记载，也不能直接推出，超出了原申请文件的记载范围，不符合专利法第 33 条的有关规定；同样，从属权利要求 2~15、17~19 也不符合专利法第 33 条的规定。

（2）不能接受申请人关于所述修改是笔误更正的意见。根据反应平衡式，光气与酯取代的碳酸二芳基酯产物的理论比为 1∶1，但实际上被反应掉的光气不可能完全转化为目的产物，也就是说光气的用量与所述酯取代的碳酸二芳基酯产物的量的关系的数值范围应该是大于或等于 1，不可能小于 1，因此修改后的权利要求 1 和 16 中所限定的光气用量与酯取代的碳酸二芳基酯产物之间的量的关系是不符合客观事实的。

（3）权利要求 20 的修改内容“所述方法包括使水杨酸甲酯在二氯甲烷中的溶液和水相的两相混合物与 0.95 至 1.20 摩尔当量的光气和每摩尔水杨酸甲酯 0.1 至 2 摩尔% 的季铵化合物接触，所述光气的摩尔当量基于所用的水杨酸甲酯的摩尔量计算”与原申请文件中记载的内容也不一致，所表达的是完全不同的数值关系，根据说明书所记载的内容也不能直接推出权利要求 20 中所述的量的关系，因此权利要求 20 的修改超出了原申请文件的记载范围，不符合专利法第 33 条的规定。

（4）说明书第 2 页第 3~4 行限定的光气的用量基于酯取代的碳酸二芳基酯产物计为大约 0.95 至大约 1.20 摩尔当量、说明书第 4 页第 7~9 行所限定的光气的用量与酯取代的碳酸二芳基酯产物的量的关系的内容在原申请文件中没有记载，而且根据说明书具体实施例中的光气的用量与每摩尔酯取代的碳酸二芳基酯产物之间的量的关系和说明书其他部分的内容也不能直接推出上述两处所述的量的关系，因此说明书的修改超出了原申请文件的记载范围，不符合专利法第 33 条的有关规定。

驳回决定针对的独立权利要求 1、16 和 20 如下：

“1. 一种制备酯取代的碳酸二芳基酯的方法，所述方法包括在有机溶剂和水相的存在下，将酯取代的苯酚和光气以及相转移催化剂接触一段时间，在整个接触时间中保持水相的 pH 值为至少 9.3，所述光气的用量为每摩尔酯取代的碳酸二芳基酯产物 0.95 至 1.20 摩尔。

16. 一种制备酯取代的碳酸二芳基酯的方法，所述方法包括在有机溶剂和水相的存在下，将酯取代的苯酚和光气、相转移催化剂以及叔胺接触一段时间，在整个接触时间中保持水相的 pH 值为至少 9.3，光气的用量基于所述酯取代的碳酸二芳基酯产物计为 0.95 至 1.10 摩尔当量，其中至少 90% 所述酯取代的苯酚被转化为酯取代的碳酸二芳基酯产物。

20. 一种制备碳酸二（甲基水杨基酯）的方法，所述方法包括使水杨酸甲酯在二氯甲烷中的溶液和水相的两相混合物与 0.95 至 1.20 摩尔当量的光气和每摩尔水杨酸甲酯 0.1 至 2 摩尔% 的季铵化合物接触，所述光气的摩尔当量基于所用的水杨酸甲酯的摩尔量计算，所述水相的 pH 通过加入氢氧化钠水溶液保持在 9.3 至 12，其中至少 90% 的水杨酸甲酯被转化为碳酸二（甲基水杨基酯）产物，其中所述季铵化合物具有式 III 的结构：

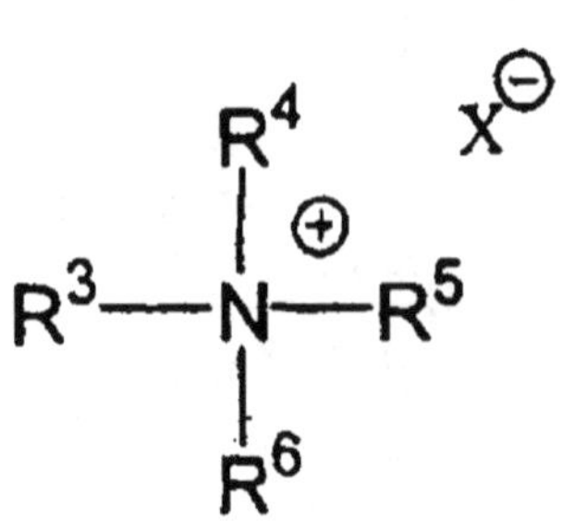

III

其中 $R^3 \sim R^6$独立为 C_1-C_{20}烷基、C_4-C_{20}环烷基或 C_4-C_{20}芳基，X －为选自氢氧根、卤离子、羧酸根、磺酸根、硫酸根、碳酸根和碳酸氢根的至少一个有机或无机阴离子。"

2006 年 5 月 11 日，申请人通用电气公司（下称请求人）对上述驳回决定不服，向专利复审委员会提出复审请求，请求人在提出复审请求时还提交了权利要求书全文替换页和说明书第 2 页的修改替换页。请求人根据说明书实施例的内容对权利要求 1、16 和 20 进行进一步的限定，并将说明书第 2 页第 3~4 行的“光气的用量基于酯取代的碳酸二芳基酯产物计为大约 0.95 至大约 1.20 摩尔当量”改回原说明书第 2 页中的“光气的用量基于所述酯取代的苯酚计为大约 0.95 至大约 1.20 摩尔当量”。请求人认为，本申请实施例 1 中水杨酸甲酯的量为 0.2821 摩尔，光气的用量为 0.1693，所述光气的用量为每摩尔酯取代的苯酚（水杨酸甲酯）为 0.600 摩尔，上述修改能够得到说明书的支持，没有超出说明书和权利要求书原始公开的范围，符合专利法第 33 条的规定。

修改后的权利要求 1、16 和 20 为：

“1. 一种制备酯取代的碳酸二芳基酯的方法，所述方法包括在有机溶剂和水相的存在下，将酯取代的苯酚和光气以及相转移催化剂接触一段时间，在整个接触时间中保持水相的 pH 值为至少 9.3，所述光气的用量为每摩尔酯取代的苯酚 0.6 摩尔。

16. 权利要求 1 的方法，其还包括叔胺，从而至少 90% 所述酯取代的苯酚被转化为酯取代的碳酸二芳基酯产物。

20. 一种制备碳酸二（甲基水杨基酯）的方法，所述方法包括使水杨酸甲酯在二氯甲烷中的溶液和水相的两相混合物与 0.6 摩尔当量的光气和 0.1 至 2 摩尔当量的季铵化合物接触，所述光气和季铵化合物的摩尔当量基于水杨酸甲酯的摩尔量计算，所述水相的 pH 通过加入氢氧化钠水溶液保持在 9.3 至 12，其中至少 90% 的水杨酸甲酯被转化为碳酸二（甲基水杨基酯）产物，其中所述季铵化合物具有式 III 的结构：

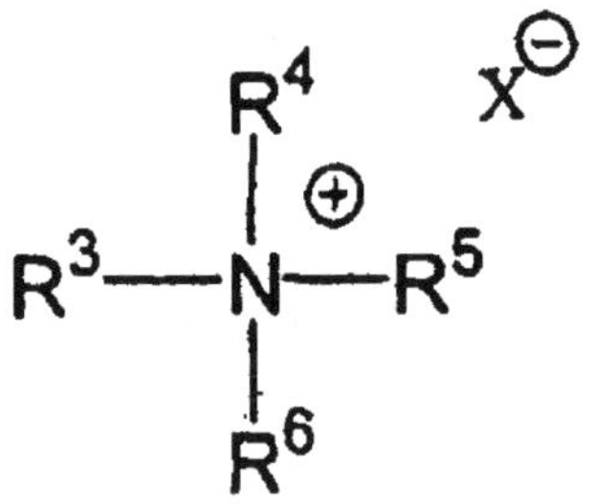

III

其中 $R^3 \sim R^6$独立为 C_1-C_{20}烷基、C_4-C_{20}环烷基或 C_4-C_{20}芳基，X －为选自氢氧根、卤离子、羧酸根、磺酸根、硫酸根、碳酸根和碳酸氢根的至少一个有机或无机阴离子。"

经形式审查合格后，专利复审委员会受理了该请求，并于 2006 年 6 月 8 日向请求人发出了《复审请求受理通知书》，同时将本申请转送至国家知识产权局原审查部门进行前置审查。

在《前置审查意见书》中，国家知识产权局原审查部门认为，①说明书第 4 页第 7~9 行限定的光气的用量与每摩尔酯取代的碳酸二芳基酯产物的量的关系在原申请文件中没有记载，超出了原申请文件的记载范围，不符合专利法第 33 条的有关规定；②权利要求 1 中限定光气的用量为每摩尔酯取代的苯酚 0.6 摩尔，数值 0.6 不在原申请文件记载的数值范围内，实施例 1 中的光气用量 0.1693 摩尔与水杨酸甲酯的用量 0.2821 摩尔表示的是具体的物质的量的多少，而不是表示物质的量的比例关系，因此权利要求 1 不符合专利法第 33 条的规定，同样权利要求 2~19 作为权利要求 1 的从属权利要求，也不符合专利法第 33 条的规定；③权利要求 16 中“还包括叔胺”的技术特征也超出原说明书和权利要求书的记载范围，原说明书和权利要求书限定将酯取代的苯酚和光气、相转移催化剂以及叔胺接触一段时间，而权利要求16中无此限定，因而不符合专利法第33条的规定；④权利要求20中限定光气的用量为水杨酸甲酯的0.6摩尔当量，基于类似的理由，权利要求20不符合专利法第33条的规定，权利要求21作为权利要求20的从属权利要求同样不符合专利法第33条的规定；因此坚持驳回决定。

专利复审委员会组成合议组，对本复审请求案进行了审理。

2006年11月24日，请求人提交了意见陈述书和权利要求书全文修改替换页以及说明书第4页的修改替换页。请求人参照权利要求1对权利要求16进行了类似修改，并将说明书第4页第7~8行中的"其中每摩尔酯取代的碳酸二芳基酯产物……"修改为"其中每摩尔酯取代的苯酚……"。修改后的权利要求16如下：

"16.一种制备酯取代的碳酸二芳基酯的方法，所述方法包括在有机溶剂和水相的存在下，将酯取代的苯酚和光气、相转移催化剂以及叔胺接触一段时间，在整个接触时间中保持水相的pH值为至少9.3，光气的用量为每摩尔酯取代的苯酚0.6摩尔，其中至少90%所述酯取代的苯酚被转化为酯取代的碳酸二芳基酯产物。"

经合议，合议组认为本案事实清楚，可以作出审查决定。

二、决定的理由

1. 关于审查文本

本复审请求审查决定书是以下述文本为基础作出的，即请求人于2006年11月24日提交的权利要求第1~21项，进入中国国家阶段时提交的按原始国际申请文件中文译文的说明书第1、3、5、7-9页和说明书摘要，2005年9月12日提交的说明书第6、6a页，2006年5月11日提交的说明书第2页，2006年11月24日提交的说明书第4页。

2. 关于专利法第33条

专利法第33条规定，申请人可以对其专利申请文件进行修改，但是对发明和实用新型专利申请文件的修改不得超出原说明书和权利要求书记载的范围。

如果申请中增加、改变和/或删除的内容可以从原申请记载的信息中直接地、毫无疑义地确定，那么这种增加、改变和/或删除的修改应当是允许的。

就本案而言，本申请权利要求1~15、16~19要求保护一种制备酯取代的碳酸二芳基酯的方法，权利要求20~21要求保护一种制备碳酸二（甲基水杨基酯）的方法。

（1）驳回决定和前置审查意见书认为，2004年7月9日提交的说明书第2页第3~4行的下述修改内容"光气的用量基于酯取代的碳酸二芳基酯产物计为大约0.95至大约1.20摩尔"修改超范围，进入中国国家阶段时提交的按专利合作条约第41条修改的说明书第4页第7~9行的下述内容"其中每摩尔酯取代的碳酸二芳基酯产物大约0.95至大约1.20摩尔，优选大约1.0至大约1.1摩尔，更优选大约1.01至大约1.05摩尔的光气"修改超范围，因此不符合专利法第33条的规定。

在2006年5月11日提交的说明书第2页和2006年11月24日提交的说明书第4页中，请求人将上述内容分别改为与本申请原始国际申请文件中文译文的说明书第2页、第4页相同，即"光气的用量基于所述酯取代的苯酚计为大约0.95至大约1.20摩尔当量"、"其中每摩尔酯取代的苯酚大约0.95至大约1.20摩尔，优选大约1.0至大约1.1摩尔，更优选大约1.01至大约1.05摩尔的光气"，由此克服了驳回决定和前置审查意见书所指出的缺陷。因此请求人于2006年5月11日提交的说明书第2页和2006年11月24日提交的说明书第4页符合专利法第33条的规定。

（2）本申请原始国际申请文件中文译文的权利要求1如下："一种制备酯取代的碳酸二芳基酯的

方法，所述方法包括在有机溶剂和水相的两相体系中，将酯取代的苯酚和光气以及相转移催化剂接触一段时间，在整个接触过程中保持水相的 pH 值为至少大约 9.3，所述光气的用量为每摩尔所述酯取代的苯酚大约 0.95 至大约 1.20 摩尔”。

请求人于 2006 年 11 月 24 日提交的权利要求 1 与之相比，修改之处在于：①将“在有机溶剂和水相的两相体系中”修改为“在有机溶剂和水相的存在下”，②将“在整个接触过程中”修改为“在整个接触时间中”，③将“光气的用量为每摩尔所述酯取代的苯酚大约 0.95 至大约 1.20 摩尔”修改为“光气的用量为每摩尔所述酯取代的苯酚 0.6 摩尔”。

前两处修改仅仅是文字上的简单变换，并未导致其技术内容发生实质改变，显然是允许的。

至于第③处修改，合议组认为，原始国际申请文件中文译文的说明书第 8 页记载了实施例 1，其中以水杨酸甲酯和光气作为反应物，水杨酸甲酯的用量为 0.2821 摩尔，光气的用量为 0.1693 摩尔。通常，对于本领域技术人员来说，反应物各自的摩尔用量不仅仅表示投入反应的各反应物的摩尔量，而且直接体现了投入反应的各反应物的摩尔配比。根据实施例 1，本领域技术人员完全可以理解，作为反应物的光气与水杨酸甲酯的摩尔量之比可以是 0.6：1。并且，本申请通过酯取代的苯酚与光气之间的反应来制备酯取代的碳酸二芳基酯，纵览说明书全文，本申请所着力探讨的即在于光气与酯取代的苯酚的投料摩尔比，而水杨酸甲酯正如说明书所记载是一种典型的酯取代的苯酚，由实施例中光气与水杨酸甲酯的投料摩尔比 0.6：1 足以毫无疑义地确定光气与酯取代的苯酚的投料摩尔比也可是 0.6：1，所以尽管原始国际申请文件的说明书和权利要求书文字明确记载的数值或数值范围不包括 0.6，但是由原始国际申请文件的说明书实施例 1 文字记载的内容本领域技术人员可直接地、毫无疑义地确定，光气的用量为每摩尔所述酯取代的苯酚 0.6 摩尔。

因此，请求人于 2006 年 11 月 24 日提交的权利要求 1 的技术方案未超出原始国际申请文件的说明书和权利要求书记载的范围，符合专利法第 33 条的规定。请求人于 2006 年 11 月 24 日提交的从属权利要求 2~15 直接或间接引用在前的权利要求 1，在权利要求 1 已克服了驳回决定指出的修改超范围缺陷的情况下，驳回决定指出的权利要求 2~15 的缺陷已不复存在。

（3）本申请原始国际申请文件中文译文的权利要求 16 如下：“一种制备酯取代的碳酸二芳基酯的方法，所述方法包括在有机溶剂和水相的两相体系中，将酯取代的苯酚和光气、相转移催化剂以及叔胺接触一段时间，在整个接触过程中保持水相的 pH 值为至少大约 9.3，光气的用量基于所述酯取代的苯酚计为大约 0.95 至大约 1.10 摩尔当量，其中至少 90% 所述酯取代的苯酚被转化为酯取代的碳酸二芳基酯产物”。

请求人于 2006 年 11 月 24 日提交的权利要求 16 与之相比，修改之处在于：①将“在有机溶剂和水相的两相体系中”修改为“在有机溶剂和水相的存在下”，②将“在整个接触过程中”修改为“在整个接触时间中”，③将“光气的用量基于所述酯取代的苯酚计为大约 0.95 至大约 1.1 摩尔当量”修改为“光气的用量为每摩尔酯取代的苯酚 0.6 摩尔”。与上述第（2）点中所述的理由相同，前两处修改仅仅是文字上的简单变换，并未导致其技术内容发生实质改变；对于第③处修改，由原始国际申请文件中文译文的实施例 1 文字记载的内容，本领域技术人员可直接地、毫无疑义地确定，光气的用量为每摩尔酯取代的苯酚 0.6 摩尔。

因此，请求人于 2006 年 11 月 24 日提交的权利要求 16 的技术方案未超出原始国际申请文件的说明书和权利要求书记载的范围，符合专利法第 33 条的规定。请求人于 2006 年 11 月 24 日提交的从属权利要求 17~19 直接或间接引用在前的权利要求 16，在权利要求 16 已克服了驳回决定指出的修改超范围缺陷的情况下，驳回决定指出的权利要求 17~19 的缺陷已不复存在。

（4）本申请原始国际申请文件中文译文的权利要求 20 如下：“一种制备碳酸二（甲基水杨基酯）

的方法，所述方法包括使水杨酸甲酯在二氯甲烷中的溶液和水相的两相混合物与大约 0.95 至大约 1.10 摩尔当量的光气和大约 0.1 至大约 2 摩尔当量的季铵化合物接触，所述光气和季铵化合物的摩尔当量基于所用的水杨酸甲酯的摩尔量计算，所述水相的 pH 通过加入氢氧化钠水溶液保持在大约 9.3 至大约 12，其中至少 90% 的水杨酸甲酯被转化为碳酸二（甲基水杨基酯）产物”。

请求人于 2006 年 11 月 24 日提交的权利要求 20 与之相比，修改在于：将“大约 0.95 至大约 1.10 摩尔当量的光气”修改为“0.6 摩尔当量的光气”，删除了“大约”和“所用的”，并增加了所述季铵化合物具有式 III 的结构。请求人删除含义不确定的措词“大约”，并删除不必要的描述文字“所用的”，这些删除内容的修改并未引入新的内容，也未导致其技术内容发生实质改变；请求人增加的关于季铵化合物的结构式在原始国际申请文件中文译文的权利要求 21 和说明书第 6 页均有相应记载；如以上第（2）点中所述，由原始国际申请文件中文译文的实施例 1 文字记载的内容可直接地、毫无疑义地确定，每摩尔水杨酸甲酯使用 0.6 摩尔当量的光气。因此，请求人于 2006 年 11 月 24 日提交的权利要求 20 的技术方案未超出原始国际申请文件的说明书和权利要求书记载的范围，符合专利法第 33 条的规定。请求人于 2006 年 11 月 24 日提交的从属权利要求 21 对应于原始国际申请文件中文译文的权利要求 22，在其引用的权利要求 20 已克服驳回决定指出的修改超范围缺陷的情况下，从属权利要求 21 也符合专利法第 33 条的规定。

综上所述，请求人于 2006 年 11 月 24 日提交的权利要求第 1~21 项和说明书第 4 页以及于 2006 年 5 月 11 日提交的说明书第 2 页已不存在驳回决定和前置审查意见书指出的修改超范围的缺陷。

根据上述事实和理由，合议组作出如下审查决定。

三、决定

撤销国家知识产权局于 2006 年 1 月 27 日针对第 02818495.5 号发明专利申请作出的驳回决定，由国家知识产权局原审查部门以本复审决定所针对的文本为基础继续审批程序。

复审请求人对本决定不服的，可以根据专利法第 41 条第 2 款的规定，自收到本决定之日起三个月内向北京市第一中级人民法院起诉。

055

用于 PVDF 的粘结剂，它作为防渗透材料的应用以及由此制得的材料

复审请求审查决定（第 12950 号）

决　定　号 第 12950 号
决　定　日 2008 年 2 月 21 日
发明创造名称 用于 PVDF 的粘结剂，它作为防渗透材料的应用以及由此制得的材料
国 际 分 类 号 C09J133/06，C09J127/16，C08L33/06，B32B27/30，B29D23/00
复 审 请 求 人 埃勒夫阿托化学有限公司
申　请　号 94194401.8
申　请　日 1994 年 10 月 24 日
公　开　日 1996 年 11 月 27 日
优 先 权 日 1993 年 10 月 25 日
合 议 组 组 长 李彦涛
主　审　员 郭鹏鹏
参　审　员 刘　亚

法 律 依 据 专利法第 26 条第 4 款
决 定 要 点

权利要求书应当以说明书为依据，是指权利要求应当得到说明书的支持。权利要求书中的每一项权利要求所要求保护的技术方案应当是所属技术领域的技术人员能够从说明书充分公开的内容中得到或概括得出的技术方案，并且不得超出说明书公开的范围。如果权利要求的概括包括了申请人推测的内容，而其效果又难于预先确定和评价，应当认为这种概括超出了说明书公开的范围。

一、案由

本复审请求涉及申请人埃勒夫阿托化学有限公司于 1994 年 10 月 24 日申请、1996 年 11 月 27 日公开、名称为“用于 PVDF 的粘结剂，它作为防渗透材料的应用以及由此制得的材料”的第 94194401.8 号发明专利申请（下称本申请），其优先权日为 1993 年 10 月 25 日。

2002 年 9 月 27 日，针对申请人于 2002 年 8 月 17 日提交的权利要求第 1~19 项、说明书第 3 页、2002 年 3 月 27 日提交的说明书第 4、6 页以及 1996 年 6 月 5 日提交的说明书第 1、2、5、7~10 页以及 1996 年 6 月 5 日提交的说明书摘要，国家知识产权局以本申请不符合专利法第 26 条第 3、4 款的规定为由，驳回了本申请。驳回决定所针对的权利要求书如下：

“1. 聚合物 A 的用途，用作能够使 PVDF 粘结至与其不能溶合成一体的的聚合物上的粘结剂，所

述聚合物 A 含有以下单元（1）

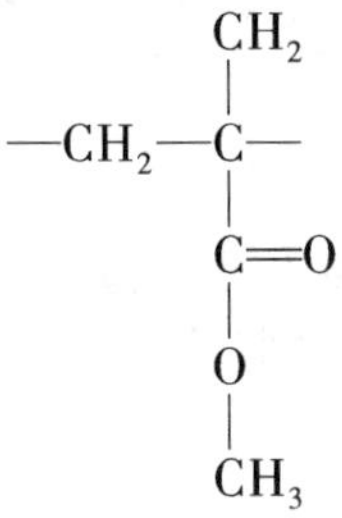

和以下单元（2），

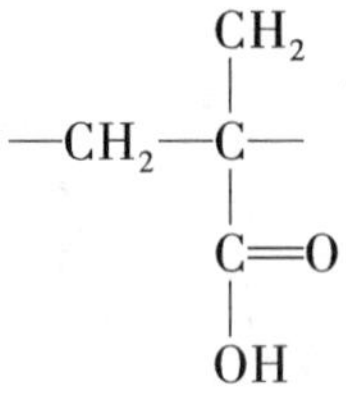

该单元（2）为酸性形式、或它的酸酐衍生物或它们的混合物并且不含亚酰胺单元。

2. 根据权利要求 1 的聚合物 A 的用途，其特征在于所述聚合物 A 包括，以摩尔量计，高达 30% 的单元（2），该单元（2）为酸性形式、或它的酸酐衍生物或它们的混合物。

3. 根据权利要求 1 或 2 的聚合物 A 的用途，其特征在于所述聚合物 A 包括，以摩尔量计，高达 15% 的单元（2），该单元（2）为酸性形式、或它的酸酐衍生物或它们的混合物。

4. 根据权利要求 1 至 3 任一项的聚合物 A 的用途，其特征在于聚合物 A 含有主要是酸性形式的单元（2）。

5. 根据权利要求 1 至 4 任一项的聚合物 A 的用途，其特征在于它包括改变其刚性或起增塑作用的能与聚合物 A 溶合成一体的添加剂或聚合物。

6. 根据权利要求 1 至 5 任一项的聚合物 A 的用途，其特征在于所述聚合物 A 含有改性或未改性的 PVDF，其含量为粘结剂重量% 的至少 30%。

7. 根据权利要求 6 的聚合物 A 的用途，其特征在于所述聚合物 A 含有改性或未改性的 PVDF，其含量为粘结剂重量% 的至少 65%。

8. 根据权利要求 6 的聚合物 A 的用途，其特征在于所述聚合物 A 含有改性或未改性的 PVDF，其含量为粘结剂重量% 的至少 80%。

9. 依次含有 PVDF 层、用途权利要求 1~8 中任一项中所限定的粘结剂层和与 PVDF 不能溶合成一体的聚合物层的材料。

10. 根据权利要求 9 的材料，其特征在于与 PVDF 不能溶合成一体的聚合物为聚酰胺。

11. 根据权利要求 9 或 10 的材料，其特征在于它在 PVDF 一侧额外包括：

（i）另一层用途权利要求 1 至 8 任一项中所限定的粘结剂和另一种与 PVDF 不能溶合成一体的聚合物；或

（ii）另一层与 PVDF 不能溶合成一体的聚合物；或

（iii）另一层另一种粘结剂和另一种与 PVDF 不能溶合成一体的聚合物。

12. 根据权利要求 9 的材料，其特征在于它依次包括聚酰胺层、用途权利要求 1 至 8 任一项中所限定的粘结剂层、PVDF 层和任选的用途按权利要求 1 至 8 任一项中所限定的粘结剂层、以及聚酰胺层。

13. 依次包括与 PVDF 不能溶合成一体的聚合物层、权利要求 7 或 8 中所限定的粘结剂层、与 PVDF 不能溶合成一体的聚合物层的材料。

14. 根据权利要求 13 的材料，其特征在于它依次包括聚酰胺层、权利要求 7 或 8 中所限定的粘结剂层和聚酰胺层。

15. 根据权利要求 9 至 14 任一项的材料，其特征在于所述不能溶合成一体的聚合物层包括已研磨并循环使用的不能溶合成一体的聚合物为基础的材料和/或所述不能溶合成一体的聚合物层包括插入粘结剂和不能溶合成一体的聚合物之间层，该层由已研磨并循环使用的不能溶合成一体的聚合物为基础的材料所制造。

16. 由权利要求 9 至 15 任一项的材料制得的管，其特征在于它包括 PVDF 层，该 PVDF 层定位成朝向管的内侧。

17. 根据权利要求 16 的管，其特征在于它包括 PVDF 内层、用途权利要求 1 至 8 任一项中所限定的粘结剂层及聚酰胺外层。

18. 根据权利要求 16 的管，其特征在于它包括聚酰胺内层、权利要求 7 或 8 中所限定的粘结剂层和聚酰胺外层。

19. 根据权利要求 16 至 18 任一项的管的用途，用于给发动机提供汽油。"

驳回决定认为：(1) 本申请说明书不符合专利法第 26 条第 3 款的规定：①本申请说明书中对聚合物 A 的表述不清楚，说明书中没有记载优选的聚合物 A 的结构或组成，也没有实施例或实施方案证明这些不同结构的聚合物 A 都能达到本发明之目的的实验数据；②说明书中对粘结剂的组成成分表述不清楚，既未提供单独使用聚合物 A 作粘结剂的技术方案，也未提供主要含 PVDF 的粘结剂和使用聚合物 A 和 PVDF 混合物作粘结剂的技术方案，因此说明书中只给出了任务和/或设想，未给出任何使所述领域技术人员能够实施其技术方案的技术手段及使用效果；③说明书对用本申请的粘结剂制得的材料的描述不清楚。(2) 本申请权利要求未得到说明书的实质支持，不符合专利法第 26 条第 4 款的规定：权利要求 1 中含有甲基丙烯酸甲酯单元和甲基丙烯酸单元或其酸酐衍生物的聚合物 A 在说明书中没有具体公开，说明书中也没有具体公开使用权利要求 1 的聚合物 A 作为粘结剂用于粘结 PVDF 和与其不能溶合成一体的聚合物的具体技术方案，此外，从属权利要求 6~8 中的技术特征"其特征在于所述聚合物 A 含有改性或未改性的 PVDF"在说明书中没有记载也不能导出，所以权利要求 1~8 得不到说明书的支持；基于相同的原因，权利要求 9~19 也得不到说明书的支持。

申请人埃勒夫阿托化学有限公司（下称请求人）对上述驳回决定不服，于 2003 年 1 月 7 日向专利复审委员会提出复审请求并提交了新的权利要求 1~15，将权利要求 2 和 6 并入权利要求 1，将权利要求 10 并入了权利要求 9，将权利要求 14 并入权利要求 13。请求人认为：(1) 本申请权利要求 1 是一种用途发明，而不是聚合物本身，所以该聚合物 A 的单元 (1) 和单元 (2) 的含量任意或优选限定，也可以通过本领域技术人员在其知识范围内决定它们的含量范围，主要含有单元 (1) 或单元 (2) 的聚合物都在本发明所包括的范围内；(2) 粘结剂的含量对本发明所要求的主题没有影响，因为权利要求 1 中的限定排除了不存在聚合物 A 的情况，说明书中也的确说明了聚合物 A 的用途，这些内容可以说明权利要求 1 所要求的用途；(3) 说明书第 7 页倒数第 2 段的内容对应于权利要求 11 的内容，即本申请要求保护的材料的组分可以在本发明的基础上，根据本领域技术人员的知识确定额外粘结剂和聚合物层的定义，因此，这些先有的技术不需要在说明书中详细说明。

形式审查合格后，专利复审委员会受理了该复审请求，并于 2003 年 2 月 10 日向请求人发出《复审请求受理通知书》，随后将本申请移交原审查部门进行前置审查。

原审查部门对本复审请求进行了前置审查，坚持原驳回决定。

专利复审委员会组成合议组对本复审请求案进行了审理，于 2007 年 6 月 4 日向请求人发出《复审通知书》。《复审通知书》指出：

(1) 本申请权利要求 1 要求保护聚合物 A 用作粘结剂的用途，所述粘结剂能够使 PVDF 粘结至与其不能结合成一体的聚合物上，所述粘合剂含有至少 30% 重量的改性或未改性的 PVDF。根据本申请背景技术部分引用的现有技术文献（EP 0450994A，公开日 1991 年 10 月 9 日）记载，聚甲基丙烯酸烷基酯和/或丙烯酸弹性体作为主要成分的组合物，能使 PVDF 与几种特定的聚合物树脂（例如苯乙烯类聚合物）粘合；并且，该组合物中聚甲基丙烯酸烷基酯或甲基丙烯酸弹性体在组合物中的含量在特定的配比范围内（例如，27%～50%）。所以，对于本领域技术人员来讲，含有本申请聚合物A的粘结剂能否实现使PVDF与不相容的聚合物之间的粘合以及粘合强度，与该粘结剂组成成分和各组分之间的配比密切相关，即，该粘结剂组合物的各成分之间的配比以及粘合效果都需要实验来证实。本申请权利要求1要求保护的技术方案中，所述的粘结剂包含0～70wt%的聚合物A、30wt%及以上的PVDF与任意添加成分的组合物，落入上述范围的所有组合物的技术方案是否都能够实现PVDF与所有与PVDF不相容的聚合物之间的粘结这一技术效果，尚需要具体的实验数据来证实；本申请说明书中并未公开任何具体的实验数据能证明所有上述粘结剂都能达到粘合PVDF与所有不与PVDF溶合成一体的聚合物（尤其是聚酰胺）的目的。所以，根据本申请公开的内容，即使结合现有技术，本领域技术人员也无法确定本申请权利要求1中限定的采用聚合物A和PVDF制造的粘结剂都能达到期望的效果。因此，权利要求1包括了申请人推测且效果难于预先确定和评价的内容，其得不到说明书的支持，不符合专利法第26条第4款的规定。基于同样的理由，权利要求2～15也得不到说明书的支持，不符合专利法第26条第4款的规定。（2）权利要求5中限定的"……其特征在于所述聚合物A含有改性或未改性的PVDF，其含量为粘结剂重量%的至少65%"，导致权利要求5要求保护的范围不清楚，不符合专利法实施细则第20条第1款的规定。基于同样的理由，权利要求6也不符合专利法实施细则第20条第1款的规定。（3）对于请求人在复审请求时陈述的意见，合议组认为，权利要求1的主题固然是聚合物A用做一种粘结剂的用途，但权利要求1还限定了该粘结剂具备能够使PVDF与其不相容的聚合物粘结的效果，并且该粘结剂概括的范围涵盖所有由0～70wt%的聚合物A、30wt%及以上的PVDF，以及任意添加成分构成的组合物；而根据现有技术和本申请说明书公开的内容，本领域技术人员无法确定聚合物A能用于所有权利要求1中的粘结剂并实现所述的使PVDF"能够粘合到与它不能溶合成一体的聚合物上"的用途，所以，权利要求1得不到说明书的支持，请求人的理由不能成立。

2007年9月19日，请求人针对上述《复审通知书》提交了意见陈述书和新修改的权利要求书。修改后的权利要求书如下：

"1. 聚合物A的用途，用作能够使PVDF粘结至聚酰胺上的粘结剂，所述聚合物A含有以下单元（1）

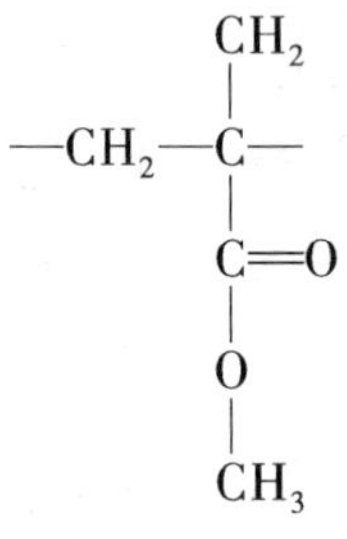

和以摩尔量计，高达30%的下单元（2），

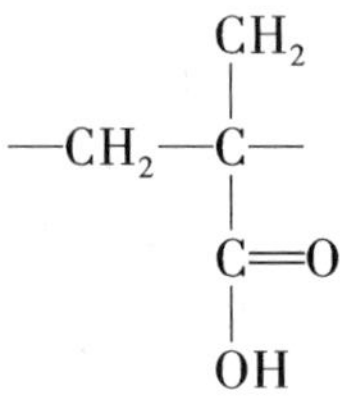

该单元（2）为酸性形式、或它的酸酐衍生物或它们的混合物并且不含亚酰胺单元，所述粘结剂含有改性或未改性的PVDF，其含量为粘结剂重量%的至少30%。

2. 根据权利要求1的聚合物A的用途，其特征在于所述聚合物A包括，以摩尔量计，高达15%的单元（2），该单元（2）为酸性形式、或它的酸酐衍生物或它们的混合物。

3. 根据权利要求1或2的聚合物A的用途，其特征在于聚合物A含有主要是酸性形式的单元（2）。

4. 根据权利要求1至3任一项的聚合物A的用途，其特征在于它包括改变其刚性或起增塑作用的能与聚合物A溶合成一体的添加剂或聚合物。

5. 根据权利要求1的聚合物A的用途，其特征在于所述聚合物A含有改性或未改性的PVDF，该改性或未改性的 PVDF 的含量为粘结剂重量% 的至少 65% 。

6. 根据权利要求 5 的聚合物 A 的用途，其特征在于所述聚合物 A 含有改性或未改性的 PVDF，该改性或未改性的 PVDF 的含量为粘结剂重量% 的至少 80% 。

7. 依次含有 PVDF 层、用途权利要求 1~6 任一项中所限定的粘结剂层和与聚酰胺层。

8. 根据权利要求 7 的材料，其特征在于它依次包括聚酰胺层、用途权利要求 1 至 6 任一项中所限定的粘结剂层、PVDF 层和任选的用途按权利要求 1 至 6 任一项中所限定的粘结剂层、以及聚酰胺层。

9. 依次包括聚酰胺层、权利要求 5 或 6 中所限定的粘结剂层和聚酰胺层。

10. 由权利要求 7 至 9 任一项的材料制得的管，其特征在于它包括 PVDF 层，该 PVDF 层定位成朝向管的内侧。

11. 根据权利要求 10 的管，其特征在于它包括 PVDF 内层、用途权利要求 1 至 6 任一项中所限定的粘结剂层及聚酰胺外层。

12. 根据权利要求 10 的管，其特征在于它包括聚酰胺内层、权利要求 5 或 6 中所限定的粘结剂层和聚酰胺外层。

13. 根据权利要求 10~12 任一项的管的用途，用于给发动机提供汽油。”

请求人同时提交了以下证据：

附件 1：专利号为 5419374 的美国专利文献，公告日为 1995 年 5 月 30 日，复印件共 3 页；

附件 2：专利号为 5795939 的美国专利文献，公告日为 1998 年 8 月 18 日，复印件共 6 页；

附件 3：专利号为 6040025 的美国专利文献，公告日为 2000 年 3 月 21 日，复印件共 6 页；

附件 4：专利号为 6041826 的美国专利文献，公告日为 2000 年 3 月 28 日，复印件共 4 页；

请求人认为，（1）修改后的权利要求 1 能够得到说明书的支持；（2）修改后的权利要求 5、权利要求 6 符合专利法实施细则第 20 条第 1 款的规定；（3）从上述附件 1~4 中可以看出聚合物 A 以及聚合物 A 和 PVDF 构成的粘结剂可以保证 PVDF 和聚酰胺之间的粘合度。

至此，合议组认为本案事实清楚，可以作出审查决定。

二、决定的理由

1. 关于审查文本

本复审决定是以下述文本为基础作出的：申请人于 2007 年 9 月 19 日提交的权利要求第 1~13 项、2002 年 8 月 17 日提交的说明书第 3 页、2002 年 3 月 27 日提交的说明书第 4、6 页以及 1996 年 6 月 5 日提交的说明书第 1、2、5、7~10 页以及 1996 年 6 月 5 日提交的说明书摘要。

2. 关于专利法第 26 条第 4 款

专利法第 26 条第 4 款规定：权利要求书应当以说明书为依据，说明要求专利保护的范围。

权利要求书应当以说明书为依据，是指权利要求应当得到说明书的支持。权利要求书中的每一项权利要求所要求保护的技术方案应当是所属技术领域的技术人员能够从说明书充分公开的内容中得到或概括得出的技术方案，并且不得超出说明书公开的范围。如果权利要求的概括包括了申请人推测的内容，而其效果又难于预先确定和评价，应当认为这种概括超出了说明书公开的范围。

就本申请而言，权利要求 1~6 涉及聚合物 A 用作粘结剂的用途，该粘结剂能够使 PVDF 粘结至聚酰胺。权利要求 7~9 涉及含有聚合物 A 的粘结剂的材料。权利要求 10~13 涉及用上述材料制得的管及其用途。

本申请权利要求 1 要求保护聚合物 A 用作粘结剂的用途，该聚合物 A 是以甲基丙烯酸单元和甲基丙烯酸甲酯单元为基础的共聚物并且其中不含亚酰胺单元，所述粘结剂能够使 PVDF 与聚酰胺粘合，粘合 PVDF 与聚酰胺时，粘结剂中还含有以重量% 计至少 30% 的 PVDF。

根据本申请说明书背景技术部分的记载，在本申请之前，聚甲基丙烯酸烷基酯或其类似物并不能使 PVDF 与所有与其不能溶合成一体的聚合物实现良好的粘结，特别是使 PVDF 与聚酰胺实现良好粘结（参见本申请说明书第 1~2 页“背景技术”部分）。本申请背景技术部分引用的现有技术文献（EP 0450994A，公开日 1991 年 10 月 9 日）记载，聚甲基丙烯酸甲酯和丙烯酸或甲基丙烯酸弹性体作为主要成分并包括 PVDF 成分的组合物，能提高 PVDF 与 ABS 的粘结性，但该文献并没有公开该组合物可以使 PVDF 与聚酰胺实现粘合。

对于本领域技术人员来讲，聚合物 A 即甲基丙烯酸和甲基丙烯酸甲酯的共聚物中不含有亚酰胺单元，当包含聚合物 A 的粘结剂也没有掺混聚酰胺时，本申请的聚合物 A 以及含有本申请聚合物 A 和 PVDF 的粘结剂能否实现 PVDF 与聚酰胺的粘合以及粘合效果，都需要具体的实验结果来证实。本申请说明书中并未公开任何具体的实验结果能证明聚合物 A 以及含有聚合物 A 和 PVDF 的粘结剂能达到良好粘合 PVDF 与聚酰胺的效果。所以，根据本申请公开的内容，即使结合现有技术，本领域技术人员也无法确定权利要求 1 中的聚合物 A 以及含有聚合物 A 和 PVDF 的粘结剂能实现所述粘结 PVDF 与聚酰胺的用途，并达到期望的效果。因此，权利要求 1 包括了申请人推测且效果难于预先确定和评价的内容，其得不到说明书的支持，不符合专利法第 26 条第 4 款的规定。

基于上述相同的理由，权利要求 2~13 也得不到说明书的支持，不符合专利法第 26 条第 4 款的规定。

请求人在答复《复审通知书》时认为，（1）附件 1 公开的内容可以说明聚合链上含有羰基基团的共聚物能够实现 PVDF 和聚酰胺之间的粘合，而本申请中的聚合物 A 就是含有羰基的聚合物；（2）附件 2、附件 3 中公开了 PVDF/粘结剂/PA 的粘结度的测试；（3）附件 4 公开了由聚合物 A 和 PVDF 的混合物组成的粘结剂。由此可以看出修改后的权利要求 1 没有包括申请人推测的内容，其效果能够预先确定和评价。合议组认为：（1）请求人作为证据所列举的附件 1~4 均为公开日在本申请申请日之后的美国专利文献，这些文献所记载的内容本身并不是本申请的现有技术，不能证明权利要求 1 得到说明书的支持；（2）请求人指出附件 1 的同族专利 FR2687619 在本专利优先权日之前公开，但是，首先，请求人并未证明其所引用的部分在 FR2687619 和 US5419374 中是否一致，故其引用 US5419374 的内容作为本专利的现有技术依据不足，即使考虑 US5419374 中请求人所引用的内容，附件 1 中也并没有具体公开与本申请中聚合物 A 相同的聚合物能够实现 PVDF 与聚酰胺粘结的实验或效果数据；（3）同时，附件 2~4 中所记载的作为粘结剂使用的聚合物要么含有酰亚胺单元，要么并非包含甲基丙烯酸或甲基丙烯酸烷基酯单元的聚合物，其与本申请的聚合物 A 不同类的聚合物。因此，请求人的上述理由不能成立。

根据以上事实和理由，本案合议组作出如下审查决定。

三、决定

维持国家知识产权局于 2002 年 9 月 27 日对 94194401.8 号发明专利申请作出的驳回决定。

复审请求人对本决定不服的，可以根据专利法第 41 条第 2 款的规定，自收到本决定之日起三个月内向北京市第一中级人民法院起诉。

056

α，β-不饱和羰基化合物的选择性液相加氢

复审请求审查决定（第 12993 号）

决　定　号　第 12993 号
决　定　日　2008 年 3 月 27 日
发明创造名称　α，β-不饱和羰基化合物的选择性液相加氢
国 际 分 类 号　C07C 49 /04，C07C 45 /62
复 审 请 求 人　BASF 公司
专 利 申 请 号　99105566.7
优　先　权　日　1998 年 4 月 2 日
申　请　日　1999 年 4 月 2 日
公　开　日　1999 年 11 月 10 日
合 议 组 组 长　任晓兰
主　审　员　娄　宁
参　审　员　刘　磊

法　律　依　据　专利法第 26 条第 4 款
决　定　要　点

权利要求的范围应当适当，其概括不应当宽到超出说明书公开的范围，包括申请人推测的、效果难以预先确定和评价的内容，同时也不应当窄到有损于申请人由于公开其发明内容而应当获得的利益。对于化学产品的制备方法发明，如果发明核心在于设备和工艺的选择，反应点并不涉及原料中某一个位置的取代基，同时本领域技术人员依据现有技术和其公知常识能够选择所述位置上适当的取代基，则该取代基概括范围较大尚不足以成为质疑权利要求不符合专利法第 26 条第 4 款的理由。

一、案由

本复审请求涉及名称为“α，β-不饱和羰基化合物的选择性液相加氢”的第 99105566.7 号发明专利申请（下称本申请），申请人为 BASF 公司，申请日为 1999 年 4 月 2 日，公开日为 1999 年 11 月 10 日，优先权日为 1998 年 4 月 2 日。

2006 年 9 月 8 日，针对申请人于 1999 年 4 月 2 日提交的说明书第 1、4~5 页和说明书摘要，1999 年 5 月 7 日提交的附图第 1~2 页，2003 年 6 月 6 日提交的说明书第 2 页，2005 年 11 月 9 日提交的说明书第 3 页，2006 年 6 月 21 日提交的权利要求书（共 29 项权利要求），国家知识产权局以不符合专利法第 26 条第 4 款为由驳回了本申请。驳回理由如下：

权利要求 1 没有以说明书为依据，不符合专利法第 26 条第 4 款的规定。权利要求 1 中对 R1 的定

义是“氢或有机基团”，“有机基团”涵盖了很宽的范围，包括容易在权利要求1的反应条件下发生加氢反应的基团，例如当R_1代表“$-C(R_2)=C(R_3)-C(R_4)=O$”时，显然此时式（I）化合物的左右完全对称，那么如果加氢反应能够在其右侧的碳碳双键上进行，也必然会在其左侧的碳碳双键上进行，也就是说，此时R_1基团会发生加氢反应。所以，在说明书实施例只给出了式（I）化合物为柠檬醛的情况下，依据本申请文件所记载的内容，所属技术领域的技术人员难于预见式（I）化合物所包括的除本申请实施例之外的所有化合物都均能解决其技术问题，因此该权利要求得不到说明书的支持。

驳回决定针对的权利要求1为：

“1. 一种在粉状钯和/或铑催化剂的存在下以及在有机碱的存在下使用氢气，将式（I）的α，β-不饱和羰基化合物进行选择性液相加氢，以得到式（II）的饱和羰基化合物的方法，

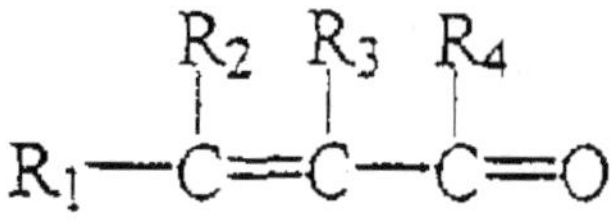

(I)

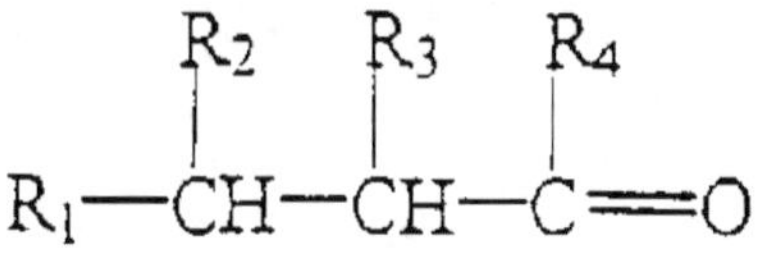

(II)

其中R_1是氢或有机基团，R_2、R_3和R_4彼此独立的为氢或C_1~C_4烷基，

该方法包括在带有产物循环和循环氢气的填充泡罩塔反应器中进行加氢作用。”

2006年12月25日，申请人BASF公司（下称请求人）对上述驳回决定不服，向专利复审委员会提出复审请求，请求人在提出复审请求时未修改申请文件。

请求人认为：本发明的关键点并不涉及通式（I）α，β-不饱和羰基化合物中R_1的具体类型，选择出适当的R_1用以实施本发明在本领域技术人员所具有的知识范围内，即本领域技术人员在不付出创造性劳动的情况下就可以很容易地选出适宜的R_1并识别出应排除掉的另外一些基团。本发明代表一类新工艺方法，可广泛地用于大量α，β-不饱和羰基化合物。柠檬酸实施例只是举例说明性的而非限制发明的范围。

经形式审查合格后，专利复审委员会受理了该请求，并于2007年2月14日向请求人发出了《复审请求受理通知书》，同时将本申请转送至国家知识产权局原审查部门进行前置审查。

在《前置审查意见书》中，国家知识产权局原审查部门认为复审请求人陈述的意见仍然不被接受，因而坚持驳回决定。

专利复审委员会组成合议组，对本复审请求案进行了审理。

经合议，合议组认为本案事实已经清楚，可以作出审查决定。

二、决定的理由

1. 关于审查文本

合议组以驳回决定所针对的文本为基础进行审查。

2. 关于专利法第26条第4款

专利法第26条第4款规定，权利要求书应当以说明书为依据，说明要求专利保护的范围。

权利要求的范围应当适当，其概括不应当宽到超出说明书公开的范围，包括申请人推测的、效果

难以预先确定和评价的内容，同时也不应当窄到有损于申请人由于公开其发明内容而应当获得的利益。对于化学产品和制备方法发明，如果发明核心在于设备和工艺的选择，反应点并不涉及原料中某一个位置的取代基，同时本领域技术人员依据现有技术和其公知常识能够选择所述位置上适当的取代基，则该取代基概括范围较大尚不足以成为质疑权利要求不符合专利法第 26 条第 4 款的理由。

对于本案而言，权利要求 1 中要求保护一种在粉状钯和/或铑催化剂的存在下以及在有机碱的存在下使用氢气，将式（I）的α，β-不饱和羰基化合物进行选择性液相加氢，以得到式（II）的饱和羰基化合物的方法，

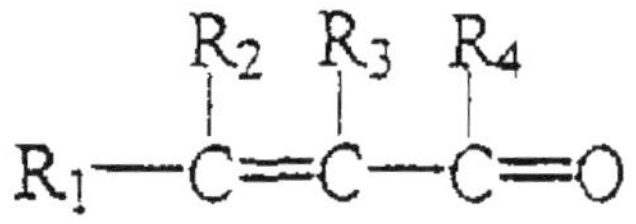

(I)

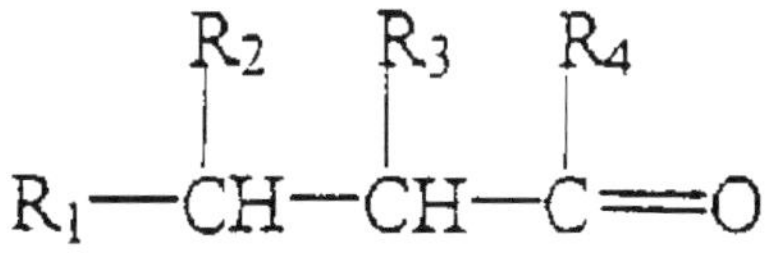

(II)

其中 R_1 是氢或有机基团，R_2、R_3 和 R_4 彼此独立的为氢或 $C_1 \sim C_4$ 烷基，

该方法包括在带有产物循环和循环氢气的填充泡罩塔反应器中进行加氢作用。

驳回决定指出的缺陷为：R_1 定义中的“有机基团”涵盖了很宽的范围，包括容易在权利要求 1 的反应条件下发生加氢反应的基团，而在说明书实施例只给出了式（I）化合物为柠檬醛（即 R_1 为 1-甲基戊烯）的情形，因此该权利要求得不到说明书的支持。

对此，合议组认为：

（1）根据说明书中记载内容可知（说明书第 1 页至第 2 页第 10~17 行），在钯催化剂和有机碱的存在下，使用氢气对α，β-不饱和羰基化合物进行选择性液相加氢在现有技术中是已知的，但缺点是反应时间过长或成本不经济，本申请中通过在带有产物循环和循环氢气的填充泡罩塔反应器中进行加氢作用，使得催化加氢反应进行时，催化剂表面低浓度的氢气膜通过使用该反应器产生涡动，从而使外部的氢气与饱和液体的交换成为可能，加速氢气扩散到催化剂表面的速率；并且该反应器的使用可增加催化剂颗粒相对于液相和氢气泡的相对运动，从而有利于更好地利用催化剂。由此可见，本申请方法的关键在于这种具有循环模式的加氢反应器的选择，而非对原料的选择。当本领域技术人员实施本申请的方法时，会参考其知晓的现有技术选择适当的原料。

（2）众所周知，α，β-不饱和醛酮是根据其结构特点进行的一个特殊分类，即 1，2-位的碳氧双键和 3，4-位的碳碳双键形成 1，4-共轭体系，由于共轭体系中碳-碳双键比羰基的碳-氧双键易于还原，因此用催化剂进行催化氢化可以选择性地使碳-碳双键还原，同时保留羰基的碳-氧双键，即，发生专一性的羰基α，β-位双键的加氢，反应点并不涉及其他基团，例如本申请中通式 I 所示α，β-不饱和羰基化合物的 R^1。当本领域技术人员进行通式（I）所示α，β-不饱和羰基化合物的碳-碳双键的选择性加氢时，本领域技术人员根据现有技术和其常识，能够选择并确定适当的 R^1。

即使，如驳回决定所述，当 R^1 代表“$-C(R^2)=C(R^3)-C(R^4)=O$”时，R^1 上的 C=C 也会被加氢，此时原料中的 R^1 将与产物中的 R^1 不同，这一方案将自然被排除在权利要求 1 的保护范围之外。

并且，在本申请示例性的实施方案中对柠檬醛进行了选择性加氢，从其结果可以看出，柠檬醛（参见下图 a 和 b）被加氢形成香茅醛（参见下图 c），柠檬醛中相应的 R^1 基团上的额外双键在反应

中并没有被氢化还原，因此该实施例有代表性地证明了采用本申请的方法进行选择加氢是可以实现的。

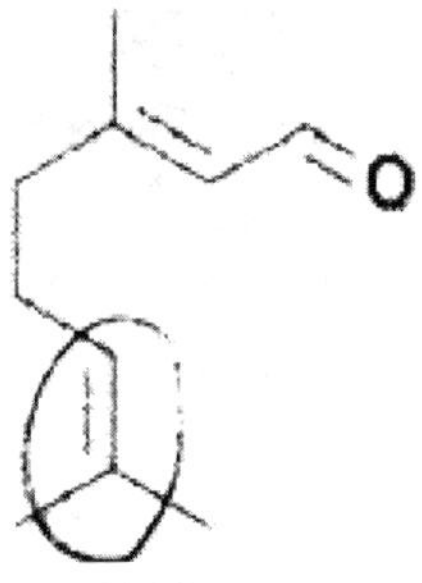

柠檬醛 a

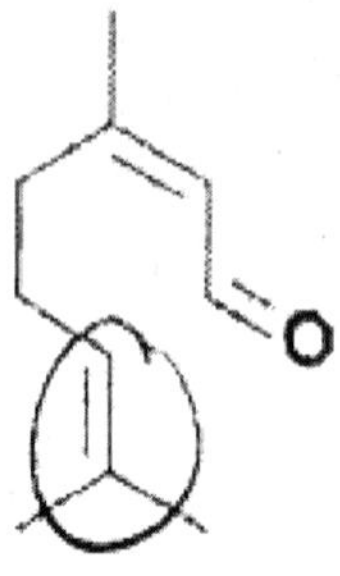

柠檬醛 b

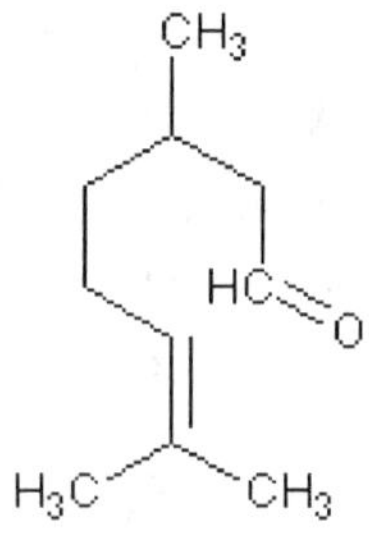

香茅醛 c

综上所述，本领域技术人员根据说明书公开的内容能够合理预测到本申请权利要求 1 中的 α，β-不饱和羰基类化合物选择性液相加氢的方法。因此，权利要求 1 的技术方案能够得到说明书的支持，符合专利法第 26 条第 4 款的规定。

根据上述事实和理由，合议组作出如下审查决定。

三、决定

撤销国家知识产权局于 2006 年 9 月 8 日针对第 99105566.7 号发明专利申请作出的驳回决定，由国家知识产权局原审查部门以驳回决定所针对的文本为基础继续审批程序。

复审请求人对本决定不服的，可以根据专利法第 41 条第 2 款的规定，自收到本决定之日起三个月内向北京市第一中级人民法院起诉。

057

吡唑及其制备和使用方法

复审请求审查决定（第 13052 号）

决　定　号　第 13052 号
决　定　日　2007 年 12 月 1 日
发明创造名称　吡唑及其制备和使用方法
国 际 分 类 号　A01N43/58，43/60，43/42，43/40，A61K35/54，31/501，31/495，31/497，31/47，31/50，31/4965，31/44
复 审 请 求 人　比奥根艾迪克 MA 公司
申　请　号　200480009623. X
优 先 权 日　2003 年 2 月 12 日
申　请　日　2004 年 2 月 12 日
公　开　日　2006 年 5 月 10 日
合 议 组 组 长　孙跃飞
主　审　员　李亚林
参　审　员　任晓兰

法 律 依 据　专利法第 38 条
决 定 要 点

听证原则是专利审查程序中的一个重要原则，其目的是为了保障专利审查的客观公正。基于客观公正的目的，审查员在作出驳回决定之前，应当给申请人提供至少一次针对驳回所依据的事实、理由和证据陈述意见和/或修改申请文件的机会，并且应当基于申请人所陈述的意见和/或修改后申请文件重新评价审查意见中所指出的缺陷是否依然存在，若审查员认为缺陷仍然存在，则应当说明其理由并对申请人陈述的意见进行必要的评述。

一、案由

本复审请求案涉及发明名称为“吡唑及其制备和使用方法”的第 200480009623. X 号发明专利申请（下称本申请），申请人为比奥根艾迪克 MA 公司，申请日为 2004 年 2 月 12 日，优先权日为 2003 年 2 月 12 日，公开日为 2006 年 5 月 10 日。

国家知识产权局原审查部门对本申请进行实质审查，于 2006 年 7 月 28 日发出《分案通知书》，指出：权利要求 1 属于马库什权利要求，但其可选择要素即式 I 化合物不满足马库什权利要求对单一性的要求，即，不具有共同的结构，也不属于同一类化合物，因此该权利要求不具备单一性，不符合专利法第 31 条第 1 款的规定。

针对《分案通知书》，申请人于 2006 年 10 月 12 日提交了意见陈述书并对权利要求书进行了修改，将原权利要求 1 R^2 定义中的“杂芳基，或者化学键”修改为“或杂芳基”。申请人认为：修改后的权利要求 1 排除了吡唑的 1-N 未取代的化合物。修改后的权利要求 1 的化合物具有共同的性能，即能调节 TGFβ，从而能治疗 TGFβ 介导的各种的病症或疾病；并且，修改后的权利要求 1 的化合物具有共同的结构，即，1-N 取代的 3-（吡啶-2-基）吡唑，该共同结构能构成它与现有技术的区别特征，并对通式化合物的共同性能是必不可少的。因此，修改后的权利要求 1 具有单一性，符合专利法第 31 条的规定。修改后的权利要求 1 如下：

“1. 下面式（1）的化合物，或者其 N—氧化物或可药用的盐：

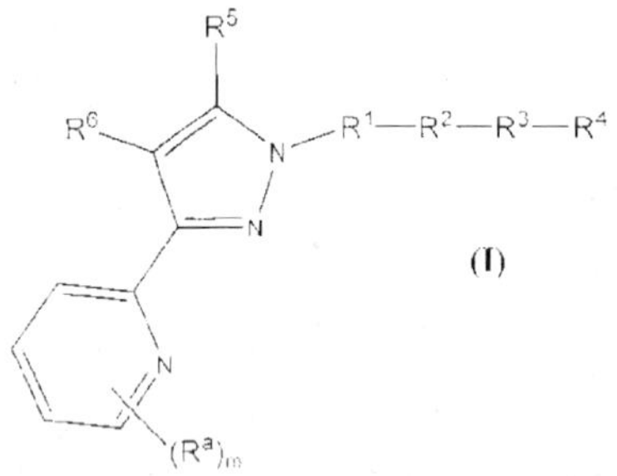

(I)

式中

每个 R^a 独立地为烷基，链烯基，炔基，烷氧基，酰基，卤素，羟基，氨基，硝基，氧代，硫代，氰基，胍基，脒基，羧基，磺基，巯基，烷基硫基，烷基亚硫酰基，烷基硫酰基，氨羰基，烷基羰基氨基，芳基羰基氨基，杂芳基羰基氨基，烷基磺酰基氨基，芳基磺酰基氨基，杂芳基磺酰基氨基，烷氧基羰基，烷基羰氧基，脲，硫脲，氨磺酰基，磺酰胺，氨甲酰基，环烷基，环烷氧基，环烷基硫基，环烷基羰基，杂环烷基，杂环烷氧基，杂环烷基硫基，杂环烷基羰基，芳基，芳氧基，芳硫基，芳酰基，杂芳基，杂芳氧基，杂芳硫基，或者杂芳酰基；

R^1 为化学键，亚烷基，亚链烯基，亚炔基，或者-（CH_2）$_{r1}$-O-（CH_2）r2-，这里 r1 和 r2 各自独立地为 2 或 3；

R^2 为环烷基，杂环烷基，环烯基，杂环烯基，芳基或杂芳基；

R^3 为-C（O）-，-C（O）O-，-OC（O）-，-C（O）-N（Rb）-，-N（Rb）-C（O）-，-O-C（O）-N（Rb），-N（Rb）-C（O）-O-，-O-S（O）p-N（Rb）-，-N（Rb）-S（O）p-O-，-N（Rb）-C（O）-N（Rc）-，-N（Rb）-S（O）p-N（Rb）-，-C（O）-N（Rb）-S（O）p-，-S（O）p-N（Rb）-C（O）-，-S（O）p-N（Rb）-，-N（Rb）-S（O）p-，-N（Rb）-，-S（O）p-，-O-，-S-，-（C（Rb）（Rc））$_q$-，或者化学键；这里 Rb 和 Rc 各自独立地为氢，羟基，烷基，芳基，芳烷基，杂环烷基，杂芳基，或者杂芳烷基；p 为 1 或 2；及 q 为 1~4；

R^4 为氢，烷基，链烯基，炔基，环烷基，（环烷基）烷基，杂环烷基，（杂环烷基）烷基，环烯基，（环烯基）烷基，杂环烯基，（杂环烯基）烷基，芳基，芳烷基，杂芳基，或者杂芳烷基；

R^5 为氢，未取代的烷基，卤素取代的烷基，烷氧基，烷基亚硫酰基，氨基，链烯基，炔基，环烷基，环烷氧基，环烷基亚硫酰基，杂环烷基，杂环烷氧基，杂环烷基亚硫酰基，芳基，芳氧基，芳基亚硫酰基，杂芳基，杂芳氧基，或者杂芳基亚硫酰基；

R^6 为（1）5~6-员杂环基，其包含 1~3 个选自-O-、-S-、-N=和-NR^d-的杂环原子，这里，R^d 为氢，烷基，环烷基，环烷基烷基，芳基，芳烷基，杂环烷基，杂环烷基烷基，杂芳基，或者杂芳烷基；该杂环基被 R^e 取代，并任选被 1~2 个 R^f 取代；其中 R^e 为氧代，硫代，烷氧基，烷基亚硫酰基，$-NH_2$，-NH（未取代的烷基），或者-N（未取代的烷基）2，而 R^f 为烷基，链烯基，炔基，烷氧基，酰基，卤素，羟基，氨基，硝基，氧代，硫代，氰基，胍基，脒基，羧基，磺基，巯基，烷基硫基，烷基亚硫酰基，烷基硫酰基，氨羰基，烷基羰基氨基，烷基磺酰基氨基，烷氧基羰基，烷基羰氧基，脲，硫脲，氨磺酰基，磺酰胺，氨甲酰基，环烷基，环烷氧基，环烷基硫基，杂环烷基，杂环烷氧基，杂环烷基硫基，芳基，芳氧基，芳硫基，芳酰基，杂芳基，杂芳氧基，杂芳硫基，或者杂芳酰基；或者

（2）稠环杂芳基，其选自：

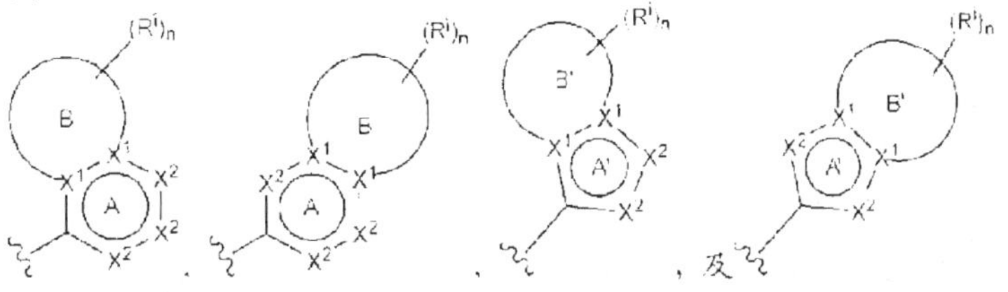

这里，环 A 为含 0~4 个杂环原子的芳环，而环 B 为含 0~4 个杂环原子的 5~7-员芳环或非芳香性环；条件是环 A 和环 B 中至少一个环包含一个或多个杂环原子；环 A′为含 0~4 个杂环原子的芳环，而环 B′为包含 0~4 个杂环原子的 5~7-员饱和或不饱和环；条件是环 A′和环 B′中的至少一个环包含一个或多个杂环原子；每个杂环原子为-O-，-S-，-N=，或者-NR^g-；每个 X1 独立地为 N 或 C；每个 X^2 独立地为-O-，-S-，-N=，-NR^g-，或者-CHR^h-；这里，Rg 为氢，烷基，环烷基，环烷基烷基，芳基，芳烷基，杂环烷基，杂环烷基烷基，杂芳基，或者杂芳烷基；Rh 和 Ri 各自独立地为烷基，链烯基，炔基，烷氧基，酰基，卤素，羟基，氨基，硝基，氧代，硫代，氰基，胍基，脒基，羧基，磺基，巯基，烷基硫基，烷基亚硫酰基，烷基硫酰基，氨羰基，烷基羰基氨基，芳基羰基氨基，杂芳基羰基氨基，烷基磺酰基氨基，芳基磺酰基氨基，杂芳基磺酰基氨基，烷氧基羰基，烷基羰氧基，脲，硫脲，氨磺酰基，磺酰胺，氨甲酰基，环烷基，环烷氧基，环烷基硫基，环烷基羰基，杂环烷基，杂环烷氧基，杂环烷基硫基，杂环烷基羰基，芳基，芳氧基，芳硫基，芳酰基，杂芳基，杂芳氧基，杂芳硫基，或者杂芳酰基；及 n 为 0~2；以及

m 为 0~3；条件是当 m≥2 时，两个相邻的 R^a 基团可以连接在一起，形成 4~8-员任选取代的环状部分；

条件是，如果 R^6 为 2-萘啶基，4-喹啉基，咪唑并［1，2-a］吡啶基，或者苯并咪唑基，则-R^1-R^2-R^3-R^4 不为 H，未取代的烷基，$-CH_2$-C（O）-N（H）-烷基，$-CH_2$-C（O）-N（alkyl)$_2$，或者苄基。”

2006 年 11 月 17 日，针对申请人于 2006 年 10 月 12 日提交权利要求书，进入中国国家阶段时提交的国际申请文件的说明书第 1~58 页和说明书摘要，国家知识产权局以本申请不符合专利法第 31 条第 1 款的规定为由驳回了本申请。

驳回理由全文如下：“权利要求 1 不具备单一性，不符合专利法第 31 条第 1 款的规定。权利要求 1 属于马库什权利要求，但其可选择要素不满足马库什权利要求对单一性的要求，即不具有共同的结构，也不属于同一类化合物，因此该权利要求不具备单一性。”

2007 年 3 月 2 日，申请人比奥根艾迪克 MA 公司（下称请求人）对上述驳回决定不服，向专利复审委员会提出复审请求，请求人认为：本发明权利要求 1 的式 I 化合物具有相应的特定技术特征，即在 1-N 位取代的 3-（吡啶-2-基）吡唑，并且该特定技术特征明显区别于现有技术。因此，权利要求 1 具有单一性，符合专利法第 31 条第 1 款的规定。请求人在提出复审请求时没有对申请文件进行修改。

经形式审查合格后，专利复审委员会受理了该请求，并于2007年4月6日向请求人发出了《复审请求受理通知书》，同时将本申请转送至国家知识产权局原审查部门进行前置审查。

在《前置审查意见书》中，国家知识产权局原审查部门坚持驳回决定。

专利复审委员会组成合议组，对本复审请求案进行了审理。

经合议，合议组认为本案事实清楚，可以作出审查决定。

二、决定的理由

1. 关于文本

本复审请求审查决定是在驳回决定所针对文本的基础上作出的。

2. 关于专利法第38条

专利法第38条规定：发明专利申请经申请人陈述意见或者进行修改后，国务院专利行政部门依然认为不符合本法规定的，应当予以驳回。

听证原则是专利审查程序中的一个重要原则，其目的是保障专利审查的客观公正。基于客观公正的目的，审查员在作出驳回决定之前，应当给申请人提供至少一次针对驳回决定所依据的事实、理由和证据陈述意见和/或修改申请文件的机会，并且应当基于申请人所陈述的意见和/或修改后申请文件重新评价审查意见中所指出的缺陷是否依然存在，若审查员认为缺陷仍然存在，则应当说明其理由并对申请人陈述的意见进行必要的评述。

在依据专利法第31条对马库什权利要求进行单一性的审查并依此规定对一项专利申请进行驳回之前，应当根据审查指南第二部分第十章第8.1.1节的规定，对所述马库什权利要求是否具有共同的结构或者在没有共同结构的情况下是否属于同一化合物类别作出分析，并将所依据的具体事实和理由告知申请人，使申请人能够对此有至少一次陈述意见和/或对文件进行修改的机会，否则该驳回决定的作出将违反实质审查程序中的听证原则。

就本案而言，在本申请的实质审查过程中，原审查部门在作出驳回决定之前仅发过一次《分案通知书》，在《分案通知书》中只笼统地给出了审查结论，即权利要求1的化合物不具有共同的结构也不属于同一化合物类别，没有阐述得到该结论的具体理由和所依据的事实，甚至，在仅通过观察权利要求1的式（I）结构即可看出式（I）化合物至少具有3-（吡啶-2-基）-吡唑这一共同结构单元的情况下，《分案通知书》中也没有说明其否认上述结构单元为权利要求1化合物的共同结构的理由。请求人在答复《分案通知书》时修改了权利要求1，指出修改后权利要求1的式（I）化合物具有共同的结构，即，1-N取代的3-（吡啶-2-基）吡唑，针对请求人的上述修改和意见陈述，驳回决定也未进行任何评价，只是笼统地重复了《分案通知书》中的结论，因此，原审查部门在作出不利于请求人的驳回决定之前，没有完整地将驳回所依据的事实告知请求人，也没有充分说明理由，由此导致请求人失去针对具体的事实和理由进行解释和/或修改文件的机会，综上，合议组认为，驳回决定的作出违反了实质审查程序中的听证原则，不符合专利法第38条的规定。

根据上述事实和理由，合议组作出如下审查决定。

三、决定

撤销国家知识产权局于2006年11月17日针对第200480009623.X号发明专利申请作出的驳回决定，由国家知识产权局原审查部门以驳回决定所针对的文本为基础继续审批程序。

复审请求人对本决定不服的，可以根据专利法第41条第2款的规定，自收到本决定之日起三个月内向北京市第一中级人民法院起诉。

058

富含铜、硒的植物营养调节剂、其使用方法和用途

复审请求审查决定（第13089号）

决　定　号　第13089号
决　定　日　2008年4月23日
发明创造名称　富含铜、硒的植物营养调节剂、其使用方法和用途
国际分类号　A01N 59/20
复审请求人　赵晓东
申　请　号　200510011670.4
申　请　日　2005年4月29日
公　开　日　2005年11月9日
合议组组长　张家祥
主　审　员　李亚林
参　审　员　刘　磊

法律依据　专利法第26条第3款，专利法第33条
决定要点

如果所属技术领域的技术人员按照说明书记载的内容，能够实现权利要求所要求保护的技术方案，解决其技术问题，并且产生预期的技术效果，即使说明书中存在不清楚的内容，那么，说明书也是公开充分的。

一、案由

本复审请求案涉及发明名称为“富含铜、硒的植物营养调节剂、其使用方法和用途”的第200510011670.4号发明专利申请（下称本申请），申请人为赵晓东，申请日为2005年4月29日，公开日为2005年11月9日。

2006年12月8日，针对申请人于2006年9月30日提交的权利要求书第1~7项、2005年4月29日提交的说明书第1~4页和说明书摘要，国家知识产权局以说明书不符合专利法第26条第3款的规定为由驳回了本申请。

驳回决定认为：（1）本申请的说明书存在不清楚之处，主要表现在，该说明书在技术方案部分提到用本发明的植物营养调节剂所生产的农作物具有较高的铜、硒含量（参见说明书第2页最后1段），然而在表1中却给出了使用本发明的营养调节剂所生产出来到农作物具有一定的镁、铬、锰含量，对照组则无镁、铬、锰含量的试验数据，该说明书中针对本发明的植物营养调节剂的效果描述不一致，不符合专利法第26条第3款的规定。（2）说明书在技术方案部分和具体实施例部分所涉及的

效果不一致，不符合审查指南第2.1.1节中有关“技术问题、技术方案和有益效果应当相互适应，不得出现相互矛盾或不相关联的情形”的规定；申请人认为表1中出现了打印错误，其数据应当是铜、硒的含量，然而该内容并不能从原始的说明书和权利要求书中毫无疑问地推导出来，因此，该理由不予接受；申请人将表1中的“镁、铬、锰”修改为“铜、硒”，但仅在意见陈述书中提及，并未对说明书进行修改；即使申请人按照其意见陈述书对表1进行修改也是超范围的。

驳回决定所针对的权利要求书为：

“1. 一种富含铜、硒的植物营养调节剂，其特征在于，该植物营养调节剂是由含铜无机化合物和含硒无机化合物按重量比为0.5~4：0.1~0.5的比例组成。

2. 如权利要求1所述的植物营养调节剂，其特征在于，所述的含铜无机化合物选自以下物质中的一种或多种：$CuCO_3$、$CuSO_4$或$CuSO_4 \cdot 5H_2O$。

3. 如权利要求1或2所述的植物营养调节剂，其特征在于，所述的含硒无机化合物选自以下物质中的一种或多种：$Na_2SeO_3 \cdot 5H_2O$或$Na_2SeO_4 \cdot 10H_2O$。

4. 权利要求1~3之任一项所述的植物营养调节剂在提高农作物铜、硒含量中的应用。

5. 如权利要求4所述的应用，其中所述的农作物是水稻。

6. 如权利要求4所述的应用，其中所述的农作物是果树。

7. 如权利要求4所述的应用，其中所述的农作物是蔬菜。”

2007年3月5日，申请人赵晓东（下称请求人）对上述驳回决定不服，向专利复审委员会提出复审请求，同时提交了说明书第4页的替换页，将表1中的“镁、铬、锰”修改为“铜、硒”。

请求人认为：（1）本申请说明书中明确了发明目的是“提供一种易于植物吸收、无污染、降低成本的富含铜、硒的植物营养调节剂”，在技术方案中明确了铜、硒的比例以及所用铜、硒化合物的种类，在有益效果部分明确指出“用本发明的植物营养调节剂所生产的农作物具有较高的铜、硒含量，例如用本发明的植物营养调节剂生产出的大米，每千克含铜、硒量可达5毫克”，由此可见，本申请中要解决的技术问题、技术方案以及有益效果相互适应，并不相互矛盾或不相关联。（2）本发明提供了一种易于植物吸收的富含铜、硒的植物营养调节剂，并没有提及或暗示能够提高植物“镁、铬、锰”的含量，并且说明书指出“用本发明的植物营养调节剂生产出的大米，每千克含铜、硒量可达5毫克”，这恰恰与表1中水稻含铜、硒的量相适应，故表1中的“镁、铬、锰”实质上是“铜、硒”。因此，本申请符合专利法第26条第3款有关清楚的规定。

2007年4月10日，经形式审查合格后，专利复审委员会受理了该请求，并向请求人发出了《复审请求受理通知书》，同时将本申请转送至国家知识产权局原审查部门进行前置审查。

在《前置审查意见书》中，国家知识产权局原审查部门坚持驳回决定。

专利复审委员会依法组成合议组，对本复审请求案进行了审理。合议组于2008年2月13日向请求人发出《复审通知书》，指出：请求人在提出复审请求时提交了说明书第4页的替换页，将原说明书第4页实验效果数据部分中记载的三处“镁、铬、锰”均修改为“铜、硒”，这样的修改不符合专利法第33条的规定，因为，（1）本领域技术人员通读说明书后，可以看出表1的内容与本申请不相关，但是，从原申请文件中不能看出导致这种不相关的原因，此不相关也许是因为表1相关内容的描述有误、也许是因为在申请文件中记载了本就不相关的其他信息或者是由其他原因引起，由此无法确定导致这种不相关的原因仅在于表1中的“镁、铬、锰”有误；此外，原申请文件和现有技术中没有任何证据表明表1中“镁、铬、锰”是“铜、硒”的笔误，本领域技术人员无法从原申请记载的信息中直接地、毫无疑义地确定“镁、铬、锰”应修改为“铜、硒”。（2）说明书第3页第1~2行记载的内容较为概括：用本发明的植物营养调节剂生产出的大米，每千克含铜、硒量可达5毫克”，而修改后表1的内容则更为具体：所用的植物营养调节剂确定为实施例3的产品，水稻的镁、铬、锰含量确定为5毫克/千克，可见这两处内容并不相同；此外，根据说明书的记载，并无任何证据表明说明书第3页第1~2行的内容与表1的内容有关联，也无证据表明表1中的内容存在错误且其错误之处在于“镁、铬、锰”。

2008年3月28日，请求人针对《复审通知书》提交了意见陈述书，并再次提交了说明书第4页的替换页。

请求人认为，所提交的说明书第4页替换页即为原始申请文本的说明书第4页，由此克服了修改超范围的缺陷。同时，请求人表示放弃表1的相关内容，在此基础上，驳回决定中有关不清楚的问题不复存在。此外，本申请说明书第2页第27行至第3页第2行描述了本发明植物生长调节剂使得农作物富含铜、硒的功能，这与本发明所要解决的技术问题、技术方案和技术效果相互适应。因此，本申请符合专利法第26条第3款的规定。

2008年3月31日，专利复审委员会向请求人发出《合议组成员告知通知书》，在指定期限内请求人未提出回避请求。

经过上述审查程序，合议组认为本案事实已经清楚，可以依法作出复审决定。

二、决定的理由

1. 关于审查文本

本复审请求审查决定所针对的文本是：请求人于2006年9月30日提交的权利要求书第1~7项，2008年3月28日提交的说明书第4页，2005年4月29日提交的说明书第1~3页和说明书摘要。

2. 关于专利法第33条

专利法第33条规定：申请人可以对其专利申请文件进行修改，但是，对发明专利申请文件的修改不得超出原说明书和权利要求书记载的范围。

如果申请的内容通过增加、改变和/或删除其中的一部分，致使所属技术领域的技术人员看到的信息与原申请记载的信息不同，而且又不能从原申请记载的信息中直接地、毫无疑义地确定，那么，这种修改就是不允许的；反之，则是允许的。

就本申请而言，请求人针对《复审通知书》指出的问题于2008年3月28日提交了说明书第4页的替换页，将该页修改为原始提交的说明书第4页，由此克服了《复审通知书》所指出的本申请不符合专利法第33条规定的缺陷。

3. 关于专利法第26条第3款

专利法第26条第3款规定：说明书应当对发明或者实用新型作出清楚、完整的说明，以所属技术领域的技术人员能够实现为准。

如果所属技术领域的技术人员按照说明书记载的内容，能够实现权利要求所要求保护的技术方案，解决其技术问题，并且产生预期的技术效果，即使说明书中存在不清楚的内容，那么，说明书也是公开充分的。

本申请权利要求1要求保护一种富含铜、硒的植物营养调节剂，该植物营养调节剂是由含铜无机化合物和含硒无机化合物按重量比为0.5~4：0.1~0.5的比例组成。权利要求2和3分别对权利要求1中的含铜无机物和含硒无机物作了限定。权利要求4要求保护权利要求1~3中所述植物营养调节剂在提高农作物铜、硒含量中的应用。权利要求5~7对于权利要求4中的农作物作了限定。

本申请说明书第2页记载了上述所要求保护的技术方案，并且，实施例1~9公开了9种植物营养调节剂的组分、含量及其制备方法（将含铜无机化合物与含硒无机化合物均匀混合即可）和使用方法（例如，撒施到田中或者喷到叶面等）。本领域技术人员公知，上述含铜或含硒无机化合物（如

$CuSO_4$、硒酸钠等）是本领域常用的肥料组份，将之施用于农作物后，必将提高农作物体内的铜、硒含量。并且，说明书中也记载了所述植物营养调节剂所能够实现的技术效果："用本发明的植物营养调节剂生产出的大米，每千克含铜、硒量可达5毫克"（说明书第3页第1~2行）。由此可见，说明书已经记载了所要求保护的技术方案和产生的技术效果，本领域技术人员根据说明书记载的内容即可制备所要求保护的植物营养调节剂，并可提高农作物中铜、硒的含量。因此，本申请的说明书已经对所要求保护的技术方案作出了清楚、完整的说明，符合专利法第26条第3款的规定。

根据说明书的记载，表1是使用本申请的植物营养调节剂与未使用本申请植物营养调节剂的镁、铬、锰含量对照表，对照组作物中镁、铬、锰的含量为0，处理组作物中镁、铬、锰的含量达到4~5 mg/kg。对此，合议组认为，由于本申请的植物营养调节剂是由含铜无机化合物和含硒无机化合物组成的，其中不含镁、铬或锰，根据本领域的常识可知，作物中的镁、铬、锰含量的升高不是由施用上述植物营养调节剂所致的，也就是说，表1所示的效果与本申请的植物营养调节剂不相关。因此，表1的不清楚之处不会导致本申请的说明书公开不充分。

根据上述事实和理由，合议组作出如下审查决定。

三、决定

撤销国家知识产权局于2006年12月8日针对第200510011670.4号发明专利申请作出的驳回决定，由国家知识产权局原审查部门以请求人于2006年9月30日提交的权利要求书第1~7项，2008年3月28日提交的说明书第4页，2005年4月29日提交的说明书第1~3页和说明书摘要为基础继续审批程序。

复审请求人对本决定不服的，可以根据专利法第41条第2款的规定，自收到本决定之日起三个月内向北京市第一中级人民法院起诉。

059

功夫菊酯-多杀菌素水乳剂及其制备方法

复审请求审查决定（第13090号）

决　定　号　第13090号
决　定　日　2008年3月2日
发明创造名称　功夫菊酯-多杀菌素水乳剂及其制备方法
国际分类号　A01N57/16，A01N25/02
复审请求人　上海农乐生物制品股份有限公司
申　请　号　200310122666.6
申　请　日　2003年12月24日
公　开　日　2005年6月29日
合议组组长　孙跃飞
主　审　员　李新芝
参　审　员　吴红权

法律依据　专利法第33条，第22条第3款
决定要点

如果本领域技术人员有合理的理由和证据确信申请人对申请文件内容的修改能够从原申请记载的信息中直接、毫无疑义地确定，则这种修改没有超出原说明书和权利要求书记载的范围，符合专利法第33条的规定。

一、案由

本复审请求案涉及发明名称为“功夫菊酯-多杀菌素水乳剂及其制备方法”的第200310122666.6号发明专利申请（下称本申请），申请人为上海农乐生物制品股份有限公司，申请日为2003年12月24日，公开日为2005年6月29日。

2006年8月4日，针对申请人于2006年4月26日提交的权利要求第1~5项、说明书第2、3、5、6页，2003年12月24日提交的说明书第1、4页，说明书附图第1页及说明书摘要，国家知识产权局以权利要求1~5不符合专利法第22条第3款的规定为由驳回了本申请。

驳回决定针对的权利要求1~5如下：

“1. 一种功夫菊酯-多杀菌素水乳剂，其特征在于：由下列物质按所附重量百分比混配而成：

功夫菊酯：0.5%~20%；

多杀菌素：0.05%~20%；

溶剂：2.5%~25%；

乳化剂：1%～10%；

增稠剂：0.1%～10%；

防冻剂：0.5%～10%；

消泡剂：0.1%～1%；

水：余量。

2. 根据权利要求1所述的功夫菊酯-多杀菌素水乳剂，其特征在于：所述的功夫菊酯为高效氯氟氰菊酯，其ISO通用名称为Lambda-cyhalothrin，其化学名称为3-（2-氯-3，3，3-三氟丙烯基）-2，2-二甲环丙烷羧酸—α—氰酸基-3-苯氧苄基酯；所述的多杀菌素的ISO通用名称为chlorpyrifos，其化学名称为O，O-二乙基-O-3，5，6-三氯-2-吡啶基逐磷酸酯；所述的溶剂为二甲苯和/或甲苯；所述的乳化剂为环氧乙烷-环氧丙烷嵌段共聚物；所述的增稠剂为聚乙烯醇或黄原胶；所述的防冻剂为乙二醇/丙二醇复合防冻剂；所述的消泡剂为有机硅。

3. 一种功夫菊酯-多杀菌素水乳剂的制备方法，其特征在于：取下列物质按所附重量百分比配料：功夫菊酯0.5%～20%、多杀菌素0.05%～20%、溶剂2.5%～25%、乳化剂1%～10%、增稠剂0.1%～10%、防冻剂0.5～10%、消泡剂0.1%～1%、余量为水；按以下步骤制备：

步骤一，制备功夫菊酯-多杀菌素油剂。

将配料量的功夫菊酯和多杀菌素加入到配料量的溶剂中，搅拌混合，使功夫菊酯和多杀菌素完全溶解在溶剂中，制成均匀的功夫菊酯-多杀菌素油剂备用。

步骤二，制备助剂复合水剂

将配料量的乳化剂、增稠剂、防冻剂、消泡剂在搅拌下依次加入到配料量的水中，制成均匀的助剂复合水剂备用；

步骤三，制备功夫菊酯-多杀菌素水乳剂。

将步骤二所制得的助剂复合水剂置于装有剪切机的容器中，在高速搅拌下，将步骤一所制得的功夫菊酯-多杀菌素油剂加入到助剂复合水剂中，形成分散良好的功夫菊酯-多杀菌素水乳剂。

4. 根据权利要求3所述的功夫菊酯-多杀菌水乳剂的制备方法，其特征在于：所述的功夫菊酯为高效氯氟氰菊酯，其ISO通用名称为Lambda-cyhalothrin，其化学名称为3-（2-氯-3，3，3-三氟丙烯基）-2，2-二甲环丙烷羧酸—α—氰酸基-3-苯氧苄基酯；所述的多杀菌素的ISO通用名称为chlorpyrifos，其化学名称为O，O-二乙基-O-3，5，6-三氯-2-吡啶基逐磷酸酯；所述的溶剂为二甲苯和/或甲苯；所述的乳化剂为环氧乙烷-环氧丙烷嵌段共聚物；所述的增稠剂为聚乙烯醇或黄原胶；所述的防冻剂为乙二醇/丙二醇复合防冻剂；所述的消泡剂为有机硅。

5. 根据权利要求3所述的功夫菊酯-多杀菌水乳剂的制备方法，其特征在于：所述的步骤三中，搅拌速度为1000～20000转/分，搅拌时间为3～60分钟。"

驳回决定认为：（1）独立权利要求1要求保护一种功夫菊酯（Lambda-cyhalothrin）-多杀菌素（chlorpyrifos）水乳剂，对比文件1（CN1095890A，公开日：1994年12月7日）公开了一种功夫菊酯（Lambda-cyhalothrin）、毒死蜱（chlorpyrifos）混剂（参见对比文件1说明书第2页第1～15行）。由此可见，对比文件1已经公开了该权利要求中的两种有效成分，并且指出其配方的共毒系数为250.1（参见其说明书第2页第16～22行），明显高于本发明配方的共毒系数222。该权利要求与对比文件1的区别在于：该权利要求中农药剂型为水乳剂，且加入的助剂种类与对比文件1中不同。但是为获得水乳剂而加入的溶剂、乳化剂、增稠剂、防冻剂和消泡剂等助剂都是本领域技术人员常用的助剂，各组份的含量也能够根据本领域技术人员的经验加以确定，而且本申请中并无证据表明该权利要求的配方能够产生意想不到的效果。因此，结合对比文件1和公知常识得出该权利要求所要求保护的技术方案，对本领域技术人员来说都是显而易见的，所以权利要求 1 所要求保护的技术方案不具备专利法第 22 条第 3 款规定的创造性。（2）权利要求 2 中要求保护的各种助剂都是水乳剂配制中常用的助剂，而且本发明也没有提供任何证据证明其水乳剂配方优于现有技术的配方，因此该权利要求也不具备专利法第 22 条第 3 款规定的创造性。（3）独立权利要求 3 要求保护一种功夫菊酯（Lambda-cyhalothrin）-多杀菌素（chlorpyrifos）水乳剂的制备方法。对比文件 1 已经公开了有效成分为功夫菊酯（Lambda-cyhalothrin）、毒死蜱（chlorpyrifos）的混剂（参见其说明书第 2 页第 1~15 行）。该权利要求与对比文件 1 相比，其区别仅在于制备方法不同。而该权利要求所要求保护的是水乳剂制备的常用方法，是本领域技术人员的公知常识。而且，本申请中并未提供任何证据证明其制备方法能够赋予农药制剂不同于一般方法的优良效果。因此，结合对比文件 1 和公知常识得出该权利要求所要求保护的技术方案对本领域技术人员来说是显而易见的，所以该权利要求所要求保护的技术方案不具备突出的实质性特点和显著的进步，不符合专利法第 22 条第 3 款规定的创造性。（4）权利要求 4 引用权利要求 3，对各种成分的种类作了限定。该权利要求中所列举的各种助剂都是制备水乳剂常用的助剂，因此根据相同理由，权利要求 4 也不符合专利法第 22 条第 3 款规定的创造性。（5）权利要求 5 引用权利要求 3，对制备方法的搅拌时间和搅拌速度进行限定。而搅拌时间和搅拌速度是依据水乳剂的均匀分散程度而定，本领域技术人员完全能够根据经验确定，不需要创造性劳动，因此该权利要求也不具备专利法第 22 条第 3 款规定的创造性。

2006 年 11 月 3 日，申请人上海农乐生物制品股份有限公司（下称请求人）对上述驳回决定不服，向专利复审委员会提出复审请求，请求人在提出复审请求时将权利要求 2、4 及说明书中多杀菌素的的英文名称由 chlorpyrfos 修改为 spinosad。

修改后的权利要求 2、4 如下：

“2. 根据权利要求 1 所述的功夫菊酯-多杀菌素水乳剂，其特征在于：所述的功夫菊酯为高效氯氟氰菊酯，其 ISO 通用名称为 Lambda-cyhalothrin，其化学名称为 3-（2-氯-3，3，3-三氟丙烯基）-2，2-二甲环丙烷羧酸—α—氰酸基-3-苯氧苄基酯；所述的多杀菌素的 ISO 通用名称为 spinosad，其化学名称为 O，O-二乙基-O-3，5，6-三氯-2-吡啶基逐磷酸酯；所述的溶剂为二甲苯和/或甲苯；所述的乳化剂为环氧乙烷-环氧丙烷嵌段共聚物；所述的增稠剂为聚乙烯醇或黄原胶；所述的防冻剂为乙二醇/丙二醇复合防冻剂；所述的消泡剂为有机硅。

4. 根据权利要求 3 所述的功夫菊酯-多杀菌水乳剂的制备方法，其特征在于：所述的功夫菊酯为高效氯氟氰菊酯，其 ISO 通用名称为 Lambda-cyhalothrin，其化学名称为 3-（2-氯-3，3，3-三氟丙烯基）-2，2-二甲环丙烷羧酸—α—氰酸基-3-苯氧苄基酯；所述的多杀菌素的 ISO 通用名称为 spinosad，其化学名称为 O，O-二乙基-O-3，5，6-三氯-2-吡啶基逐磷酸酯；所述的溶剂为二甲苯和/或甲苯；所述的乳化剂为环氧乙烷-环氧丙烷嵌段共聚物；所述的增稠剂为聚乙烯醇或黄原胶；所述的防冻剂为乙二醇/丙二醇复合防冻剂；所述的消泡剂为有机硅。”

请求人认为：（1）由于请求人的笔误，将多杀菌素的英文名称写成了毒死蜱的英文名称。根据附件 2（《世界农药》，2001 年第 1 期第 23 卷 P24“多杀菌素——以天然产物开发新农药的范例”）记载，多杀菌素的英文名称应该是 spinosad，根据附件 3（《国外农药品种手册》（新版合订本），化工部农药信息总站 P81）记载，毒死蜱的英文名称应该是 chlorpyrifos。因此将权利要求书中的多杀菌素（chlorpyrifos）改为多杀菌素（spinosad），将说明书中多杀菌素的英文名称做了相应的修改；（2）本申请所用的功夫菊酯-多杀菌素与对比文件 1 的功夫菊酯-毒死蜱有效成分并不相同，而且本申请以水代替有机溶剂，不仅对甜菜夜蛾、小菜蛾和二化螟、稻纵卷叶螟有显著杀虫效果，而且大大降低了制造和使用成本，提高了生产、储运和使用安全性，因此权利要求 1 具有创造性；（3）权利要求 2

要求保护的各种助剂是权利要求 1 的从属权利要求，目前未见有功夫菊酯与多杀菌素复配成水乳剂的产品，因此具备创造性；（4）权利要求 3 要求保护功夫菊酯-多杀菌素水乳剂的制备方法，该制备方法包括三个工艺步骤，与对比文件 1 只是在混合器中将各种物料搅拌均匀的制备方法不同，本领域技术人员可以看出，对比文件 1 的方法所得到的产品稳定性差，会发生分层现象，因此权利要求 3 具有创造性；（5）由于权利要求 3 具有创造性，作为其从属权利要求的权利要求 4 和 5 也具有创造性。

经形式审查合格后，专利复审委员会受理了该请求，并于 2006 年 12 月 7 日向请求人发出了《复审请求受理通知书》，同时将本申请转送至国家知识产权局原审查部门进行前置审查。

在《前置审查意见书》中，国家知识产权局原审查部门认为，请求人将多杀菌素的的英文名称改为 spinosad 超出了原申请文件记载的范围，而且在审查过程中以化学名称为准，请求人的修改并未克服驳回决定所指出的缺陷，因此坚持驳回决定。

专利复审委员会组成合议组，对本复审请求案进行了审理。

合议组于 2007 年 9 月 2 日向请求人发出《复审通知书》，指出：首先，请求人没有提交相应的证据附件 2 和附件 3，其次，在本申请中，“多杀菌素”被具体定义为毒死蜱，而且本领域技术人员已知，spinosad 的化学结构与毒死蜱的化学结构不同，因此请求人将原申请文件中的多杀菌素的英文名称由“chlorpyrifos”修改为“spinosad”超出了原申请文件记载的范围，不符合专利法第 33 条的规定。

针对上述《复审通知书》，请求人于 2007 年 11 月 2 日提交了意见陈述书和证据 1~8，同时对权利要求书和说明书第 2、3 页进行了修改，其中在权利要求书和说明书第 2、3 页中删除了对于多杀菌素化学名称的描述。

证据 1~8 如下：

证据 1：编号为 20050812SH，盖有“上海科学技术情报研究所查新检索专用章”的水平查新检索报告，复印件共 9 页；

证据 2：“多杀菌素-以天然产物开发新农药的范例”，《世界农药》，23（1），2001 年，封面、第 24 页，复印件共 2 页；

证据 3：《国外农药品种手册》，化工部农药信息总站，封面、第 81 页，复印件共 2 页；

证据 4：《化工辞典》第四版，化学工业出版社，王箴主编，扉页、修订人员页、第 174 页，复印件共 2 页；

证据 5：请求人声称来自《产品标准手册》，复印件共 2 页；

证据 6：“Spinosad-a case study：an example from a natural products discovery programme”，Pest Management Science，56：696~702（2000），复印件共 7 页；

证据 7：“多杀菌素的应用研究进展”，复印件共 6 页。

证据 8：《进口农药应用手册》，中国农业出版社，封面、第 150~152 页，复印件共 4 页。

请求人认为，在证据 4~8 中明确记载了毒死蜱的 ISO 通用名称为：chlorpyrifos，化学名称为：O，O-二乙基-O-3，5，6-三氯-2-吡啶基硫逐磷酸酯，同时也明确记载了多杀菌素是由放线菌 Saccharopolyspora spinosa 在通气发酵条件下生成的多杀菌素 A 和多杀菌素 D 混合而成，其 ISO 通用名称为：Spinosad，因此从证据 4~8 可以看出，多杀菌素与毒死蜱是两种完全不同的物质，说明书中将多杀菌素描述为毒死蜱是明显笔误，因此请求人的修改符合专利法第 33 条的规定。

至此，合议组认为本案事实清楚，可以作出审查决定。

二、决定的理由

1. 关于审查文本

本复审决定是以请求人于2007年11月2日提交的权利要求第1~5项、说明书第2、3页，2006年11月3日提交的说明书第1、4~6页，2003年12月24日提交的说明书附图第1页及说明书摘要为基础作出的。

2. 关于专利法第33条

专利法第33条规定：申请人可以对申请文件进行修改，但是，对发明和实用新型专利申请文件的修改不得超出原说明书和权利要求书记载的范围。

如果本领域技术人员有合理的理由和证据确信申请人对申请文件内容的修改能够从原申请记载的信息中直接地、毫无疑义地确定，则这种修改没有超出原说明书和权利要求书记载的范围，符合专利法第33条的规定。

就本案而言，请求人将原申请文件权利要求2、3及说明书相应部分的“所述的多杀菌素的ISO通用名称为chlorpyrifos，其化学名称为O，O-二乙基-O-3，5，6-三氯-2-吡啶基逐磷酸酯”修改为现在的“所述的多杀菌素的ISO通用名称为spinosad”，如本申请说明书第2页所述，本申请的目的在于提供一种广谱高效、低毒安全且对甜菜夜蛾等鳞翅目夜蛾科害虫有显著防治效果的功夫菊酯-多杀菌素水乳剂及其制备方法。在原申请文件中对于多杀菌素有如下记载：“所述的多杀菌素的ISO通用名称为chlorpyrifos，其化学名称为O，O-二乙基-O-3，5，6-三氯-2-吡啶基逐磷酸酯”（参见原说明书第2页倒数第10~11行、第3页第10~11行以及从属权利要求2、4），而本领域技术人员公知，chlorpyrifos和O，O-二乙基-O-3，5，6-三氯-2-吡啶基逐磷酸酯分别为毒死蜱的英文名称和化学结构名称，也就是说，尽管本领域技术人员已知，多杀菌素是英文名称为spinosad的生物杀虫剂，但请求人在描述多杀菌素时却将其定义为英文名称为chlorpyrifos的化学杀虫剂毒死蜱，因此在本申请的技术方案中对于多杀菌素的上述描述明显存在自相矛盾之处。由此可知，判断本案请求人修改是否超范围的焦点在于判断本申请中所用的多杀菌素到底是生物杀虫剂spinosad还是化学杀虫剂chlorpyrifos。

对此，合议组认为，由以下三个方面有理由确信请求人在本申请中所用的多杀菌素为本领域技术人员公知的生物杀虫剂spinosad而不是化学杀虫剂chlorpyrifos：（1）由请求人提交的证据1、7、8可知，多杀菌素（spinosad）为美国陶氏益农公司开发的来源于天然产物的抗生素杀虫剂，为土壤放线菌Saccharopolyspora spinosa的代谢产物，其商品名为菜喜，可防治小菜蛾、甜菜夜蛾、棉铃虫及蓟马等害虫；而从请求人提交的证据3、4可知，毒死蜱是英文名称为chlorpyrifos、化学名称为O，O-二乙基-O-（3，5，6-三氯-2-吡啶基）硫逐磷酸酯的有机磷杀虫剂，主要防治土壤地下害虫和菜青虫、棉铃虫、粘虫等多种作物的食叶害虫，证据3和证据4分别是本领域的技术手册和词典，除有确信的证据推翻外，其公开的内容可以作为本领域技术人员的公知常识。从上面公开的内容可知，多杀菌素与毒死蜱为不同类型的杀虫剂且作用谱不同：多杀菌素为生物杀虫剂，主要防治鳞翅目害虫，而毒死蜱为化学杀虫剂，主要用于防治地下害虫。（2）基于以上认识，由本申请说明书背景技术部分的以下描述“多杀菌素是土壤放线菌代谢产物，是安全、高效、来源于天然产物的一种杀虫剂”、“多杀菌素可有效防治甜菜夜蛾、小菜蛾、斜纹夜蛾和棉铃虫等多种鳞翅目害虫”来看，本申请中所用的多杀菌素应该为生物杀虫剂spinosad而不是chlorpyrifos。（3）更为重要的一点是，在本申请说明书的田间药效试验部分中，请求人将本发明的功夫菊酯-多杀菌素水乳剂与作为对照的功夫乳油和菜喜悬浮剂进行了对比，而本领域技术人员已知的是，在复配杀虫剂的药效试验中，通常的做法是将所得到的复配制剂与组成该复配制剂的各个单剂进行对比以说明其更好的药效，而菜喜就是生物杀虫剂spinosad 的商品名称，由此也可以确信组成本发明复配制剂的多杀菌素是 spinosad 而不是 chlorpyrifos。

综上所述，本领域技术人员有足够合理的理由和证据确信本申请中所用的多杀菌素为生物杀虫剂 spinosad 而不是 chlorpyrifos，因此请求人对申请文件内容的修改能够从原申请记载的信息中直接、毫无疑义地确定，符合专利法第 33 条的规定。

基于上述理由，本申请权利要求书要求保护的技术方案实质为功夫菊酯-多杀菌素水乳剂及其制备方法，并且其中所述多杀菌素为生物杀虫剂 spinosad 而不是毒死蜱，而对比文件 1 公开的技术方案则是功夫菊酯-毒死蜱的混剂，故本申请的技术方案与对比文件 1 公开的技术方案在组分上存在较大差别，二者属于不同的技术方案，而且上述区别技术特征的引入在目前的证据中也没有任何启示和教导，因此对比文件 1 的技术方案不足以破坏本申请权利要求的创造性，驳回理由不成立。

根据上述事实和理由，合议组作出如下审查决定。

三、决定

撤销国家知识产权局于 2006 年 8 月 4 日针对第 200310122666.6 号发明专利申请作出的驳回决定，由国家知识产权局原审查部门以请求人于 2007 年 11 月 2 日提交的权利要求第 1~5 项、说明书第 2、3 页，2006 年 11 月 3 日提交的说明书第 1、4~6 页，2003 年 12 月 24 日提交的说明书附图第 1 页及说明书摘要为基础继续审批程序。

复审请求人对本决定不服的，可以根据专利法第 41 条第 2 款的规定，自收到本决定之日起三个月内向北京市第一中级人民法院起诉。

060

新型三苯胺类及其用途

复审请求审查决定（第13094号）

决　　定　　号　第13094号
决　　定　　日　2008年4月18日
发明创造名称　新型三苯胺类及其用途
国 际 分 类 号　C07C211/58，H05B33/14，H05B33/22，H01L31/04
复 审 请 求 人　坂东化学株式会社
申　　请　　号　01810200.X
优 先 权 日　2000年5月30日
申　　请　　日　2001年5月25日
公　　开　　日　2003年7月16日
合议组组长　孙跃飞
主　　审　　员　李亚林
参　　审　　员　吴红权

法 律 依 据　专利法第33条
决 定 要 点

如果申请的内容通过增加、改变和/或删除其中的一部分，致使所属技术领域的技术人员看到的信息与原申请记载的信息不同，而且又不能从原申请记载的信息中直接地、毫无疑义地确定，那么，这种修改就是不允许的；反之，则是允许的。

一、案由

本复审请求案涉及发明名称为“新型三苯胺类及其用途”的第01810200.X号发明专利申请（下称本申请），申请人为坂东化学株式会社，申请日为2001年5月25日，优先权日为2000年5月30日，公开日为2003年7月16日。

2006年5月26日，国家知识产权局原审查部门发出《第三次审查意见通知书》指出，申请人在2004年8月10日提交的权利要求2和3中，将封闭式的表达方式“由……构成”修改为开放式的表达方式“包括”，这样的修改无法由原申请文件直接地、毫无疑义地确定，因此，权利要求2和3不符合专利法第33条的规定。

2006年6月28日，申请人针对《第三次审查意见通知书》提交了意见陈述书，认为：（1）本案系PCT申请，对于权利要求2和3的修改实际上是改正译文错误，国际申请文本中的“からなる”用于专利技术文件中时表达的是一种开放方式，其适当的中文译文应当为“包含”或者“含有”，而非“由……构成”。(2) 在说明书第4页30行至第5页第1行记载了“根据本发明的三苯胺类例如于有机电致发光元件中可作为有机空穴输送剂使用，其可单独使用，亦可与上述4，4′4″-三［（N，N-（2-萘基）苯胺基）］三苯胺（2-TNATA）或4，4′4″-三［（N，N-（1-萘基）苯胺基）］三苯胺（1-TNATA）作为混合物时使用”的内容，由此可见，申请人将权利要求中的“由……构成”修改为“含有”也是获得了说明书的充分支持的。(3) 请求人同时提交了改正译文错误请求书和权利要求书替换页，并提供了本PCT申请的相应美国申请文本的权利要求书，美国申请文本表明其权利要求2和3是以开放式表达的。

2006年8月11日，针对申请人于2006年6月28日提交的权利要求第1~3项，2005年6月2日提交的说明书第7页，进入中国国家阶段时提交的国际申请文件中文译文的说明书第1~6、8~9页，说明书附图第1~9页和说明书摘要，国家知识产权局以权利要求2和3不符合专利法第33条的规定为由驳回了本申请。

驳回决定针对的权利要求书如下：

“1. 三苯胺类，其为一般式（I）所示，

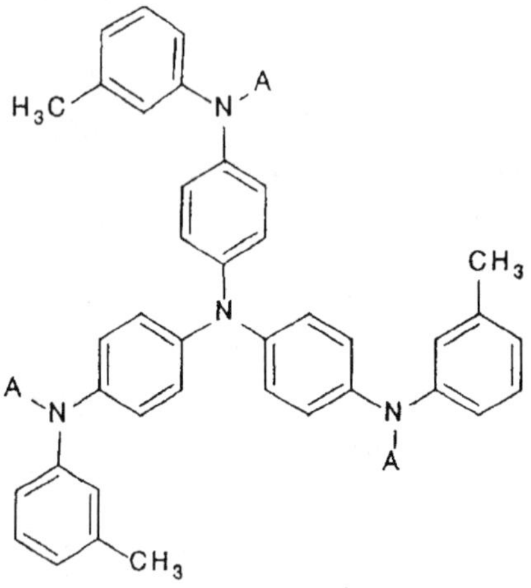

(I)

式中，A为1-萘基或2-萘基。

2. 有机空穴输送剂，其包括权利要求1的三苯胺类。

3. 有机电致发光元件，其特征在于，具备包括权利要求2的有机空穴输送剂的有机空穴输送层。”

驳回决定对于申请人陈述的理由进行了针对性的评述：(1) 本申请作为PCT申请，其国际公开文本中使用的相应措辞为“からなる”，而依据两种日汉词典（参见实用科技日语惯用型手册，宋辉阎宝利编 国防工业出版社；或者，日汉科技词汇大全 王同亿主编 原子能出版社）中记载的“からなる”的词义均为“由……构成”、“用……组成”，并无“包含”或“包括”的义项。(2) 从原申请文件中无法直接地、毫无疑义地确定除2-TNATA或1-TNATA以外的其他物质可以与式（I）的三苯胺类作为混合物用作有机电致发光元件中的空穴输送剂，因此，权利要求2和3中的修改不符合专利法第33条的规定。(3) 申请人提交改正译文错误请求的时机不符合专利法实施细则和审查指南的相关规定，而且通过主动修改的方式扩大了独立权利要求2和3的保护范围，这样的修改不能被接受。(4) PCT申请的相应同族并非判断修改是否超范围的依据。

2006年11月20日，坂东化学株式会社（下称请求人）对上述驳回决定不服，向专利复审委员会提出复审请求，提出复审请求时没有对申请文件进行修改。在复审理由中，请求人重申了其在答复

《第三次审查意见通知书》的意见陈述书中的意见。

2006年12月26日，经形式审查合格后，专利复审委员会受理了该请求，并向请求人发出了《复审请求受理通知书》，同时将本申请转送至国家知识产权局原审查部门进行前置审查。

在《前置审查意见书》中，国家知识产权局原审查部门坚持驳回决定。

专利复审委员会依法组成合议组，对本复审请求案进行了审理。

2007年11月19日，专利复审委员会本案合议组向请求人发出《复审通知书》，指出：(1) 在翻译词典中日文“からなる”的词义是“由……构成”、“用……组成”（参见实用科技日语惯用型手册，宋辉 阎宝利编 国防工业出版社；或者，日汉科技词汇大全 王同亿主编 原子能出版社），并没有记载“からなる”有“包含”或者“含有”的义项，由于翻译词典具有较高的公信力，其准确度值得信赖，在请求人没有提供任何有力的证据支持其主张的情况下，无法采信“からなる”的中文译文为“包含”或者“含有”；(2) 根据上述本申请说明书第4页30行至第5页第1行记载的内容，本领域技术人员可以确定a. 本申请的三苯胺类单独作为空穴输送剂以及b. 本申请的三苯胺类与2-TNATA或者1-TNATA混合作为空穴输送剂的技术内容，但却无法直接地、毫无疑义地确定c. 本申请的三苯胺类与除2-TNATA和1-TNATA外的其他物质相混合作为空穴输送剂的技术内容。而修改后的权利要求2同时包括了上述a.、b. 和c. 三部分内容，因此上述内容不足以作为请求人进行上述修改的依据；(3) 对于PCT申请，可以作为修改依据的文本只是PCT国际申请文本，美国申请文本US2004/0049080A1记载的内容与本案的审查无关，因此，权利要求2和3中将“由……构成”修改为“包括”的修改超出了原始申请文件记载的范围，不符合专利法第33条的规定。

2008年3月4日，请求人针对上述《复审通知书》提交了意见陈述书，表示愿意通过修改权利要求的方式克服《复审通知书》所指出的缺陷，但请求人没有提交新的权利要求书。

2008年4月8日，请求人提交了补正书，同时提交了权利要求书替换页，对权利要求2和3进行了修改。修改后的权利要求书为：

“1. 三苯胺类，其为一般式（I）所示，

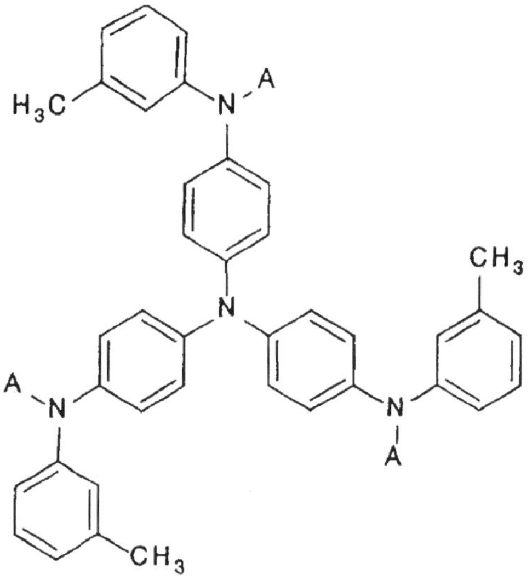

(I)

式中，A为1-萘基或2-萘基。

2. 有机空穴输送剂，其由权利要求1的三苯胺类构成。

3. 有机电致发光元件，其特征在于，具备由权利要求2的有机空穴输送剂构成的有机空穴输

送层。”

至此，合议组认为本案事实清楚，可以作出审查决定。

二、决定的理由

1. 关于审查文本

本复审请求审查决定针对的文本是：请求人于 2008 年 4 月 8 日提交的权利要求第 1~3 项，2005 年 6 月 2 日提交的说明书第 7 页，进入中国国家阶段时提交的国际申请文件中文译文的说明书第 1~6、8~9 页，说明书附图第 1~9 页和说明书摘要。

2. 关于专利法第 33 条

专利法第 33 条规定：申请人可以对其专利申请文件进行修改，但是，对发明专利申请文件的修改不得超出原说明书和权利要求书记载的范围。

如果申请的内容通过增加、改变和/或删除其中的一部分，致使所属技术领域的技术人员看到的信息与原申请记载的信息不同，而且又不能从原申请记载的信息中直接地、毫无疑义地确定，那么，这种修改就是不允许的；反之，则是允许的。

请求人于 2008 年 4 月 8 日提交了权利要求书替换页，将权利要求 2 和 3 中的“包括”修改为“由……构成”。经合议组核对，修改后的权利要求 2 和 3 与原始提交的权利要求 2 和 3 相同，因此，已经克服了驳回决定和《复审通知书》所指出的缺陷。

根据上述事实和理由，合议组作出如下审查决定。

三、决定

撤销国家知识产权局于 2006 年 8 月 11 日针对第 01810200. X 号发明专利申请作出的驳回决定，由国家知识产权局原审查部门以请求人于 2008 年 4 月 8 日提交的权利要求第 1~3 项，2005 年 6 月 2 日提交的说明书第 7 页，进入中国国家阶段时提交的国际申请文件中文译文的说明书第 1~6、8~9 页，说明书附图第 1~9 页和说明书摘要为基础继续审查。

复审请求人对本决定不服的，可以根据专利法第 41 条第 2 款的规定，自收到本决定之日起三个月内向北京市第一中级人民法院起诉。

061

阻燃聚亚苯基醚组合物及其制备方法

复审请求审查决定（第13101号）

决　　定　　号　第13101号
决　　定　　日　2008年3月27日
发明创造名称　阻燃聚亚苯基醚组合物及其制备方法
国 际 分 类 号　C08K5/523，C08K7/14，C08K9/04
复 审 请 求 人　通用电气公司
申　　请　　号　00818299.X
申　　请　　日　2000年10月2日
公　　开　　日　2003年6月11日
优 先 权 日　1999年11月15日
合 议 组 组 长　李广峰
主　　审　　员　李彦涛
参　　审　　员　王晓云

法 律 依 据　专利法第22条第3款
决 定 要 点
本申请权利要求1与对比文件1相比存在区别技术特征，驳回决定给出的对比文件2也没有公开该区别技术特征，就目前的证据来看，现有技术并没有给出将上述区别技术特征应用到最接近的对比文件（对比文件1）以解决其存在的技术问题的启示，因此本申请权利要求1的技术方案相对于对比文件1和2的结合具备创造性。

一、案由

本复审请求案涉及发明名称为“阻燃聚亚苯基醚组合物及其制备方法”的第00818299.X号发明专利申请（下称本申请），申请人为通用电气公司，申请日为2000年10月2日，优先权日为1999年11月15日，公开日为2003年6月11日。

2005年3月11日，针对申请人于2004年9月8日提交的权利要求书、进入中国国家阶段时提交的国际申请文件的说明书及其摘要，国家知识产权局以权利要求1~21不符合专利法第22条第3款为由驳回了本申请。

驳回决定认为：（1）权利要求1与对比文件1（US5294654）的区别在于其组合物中加入了少量有机黏土，但对比文件2（WO9943747）中启示了在聚合物混合物中，有机黏土可作为磷酸酯抗火剂的增效剂与其结合使用，从而降低磷酸酯抗火剂的用量，所以权利要求1相对于对比文件1和2的结合不具备创造性；同理，权利要求2~11也均不具备创造性。（2）请求人争辩从说明书可以看出云母具有改善阻燃性能的作用，但是云母已经广泛用于各种阻燃材料中，故加入云母能对组合物阻燃性能有所改善是本领域技术人员能到的。

驳回决定针对的权利要求如下：

“1. 一种组合物，它包含：

（a）一种包含至少50%聚亚苯基醚的聚合物组分；

（b）其量足以增加所述组合物的模数和强度的玻璃强化纤维；

（c）一种防火组分；

（d）其量能有效增强所述组合物的阻燃性能的一种有机黏土组分；和

（e）一种矿物组分，其为云母。

2. 权利要求1的组合物，其中所述防火组分为有机磷酸酯。

3. 权利要求2的组合物，其中所述有机黏土组分为硅酸盐。

4. 权利要求3的组合物，其中所述有机黏土组分以占组合物0.25%~0.75%重量的量存在。

5. 权利要求1的组合物，其中所述有机黏土组分以占组合物0.25%~0.75%重量的量存在。

6. 权利要求2的组合物，其中所述组合物包含5%~50%重量的玻璃纤维和5%~30%重量的有机磷防火剂。

7. 权利要求2的组合物，其中所述有机磷防火剂是间苯二酚二磷酸酯。

8. 权利要求7的组合物，其中所述矿物组分是云母。

9. 权利要求8的组合物，其中所述有机黏土组分以占组合物0.25%~0.75%重量的量存在。

10. 权利要求9的组合物，其中所述组合物包含5%~50%重量的玻璃纤维和5%~30%重量的有机磷防火剂。

11. 一种由玻璃纤维强化的聚亚苯基醚组合物制成的注塑制品，其中所述玻璃纤维强化的聚亚苯基醚组合物包含：

（a）一种包含至少50%聚亚苯基醚的聚合物组分；

（b）其量足以增加所述聚亚苯基醚组合物的模数和强度的玻璃强化纤维；

（c）一种防火组分；

（d）其量能有效增强所述组合物的阻燃性能的一种有机黏土组分；和

（e）一种矿物组分。

12. 权利要求11的制品，其中所述防火组分为有机磷酸酯。

13. 权利要求12的制品，其中所述有机黏土组分为硅酸盐。

14. 权利要求12的制品，其中所述有机黏土组分以占组合物0.25%~0.75%重量的量存在。

15. 权利要求12的制品，其中所述矿物组分为云母。

16. 权利要求15的制品，其中所述有机黏土组分以占组合物0.25%~0.75%重量的量存在。

17. 权利要求16的制品，其中所述组合物包含5%~50%重量的玻璃纤维和5%~30%重量的有机磷防火剂。

18. 一种制备玻璃纤维强化的聚亚苯基醚组合物的方法，它包括下述步骤：

通过混合下面各成分制备混合物：

（a）一种包含至少50%聚亚苯基醚的聚合物组分；

（b）其量足以增加所述聚亚苯基醚组合物的模数和强度的玻璃强化纤维；

（c）一种防火组分；

（d）其量能有效增强所述组合物的阻燃性能的一种有机黏土组分；和

（e）一种矿物组分；和

配合所述混合物以将各成分共混成均匀组合物。

19. 权利要求 18 的方法，其中所述防火组分包含一种有机磷酸酯防火剂。

20. 权利要求 19 的方法，其中所述矿物组分为云母。

21. 权利要求 20 的方法，其中所述有机黏土组分以占组合物 0.25% ~0.75% 重量的量存在。”

2005 年 6 月 27 日，申请人通用电气公司（下称请求人）对上述驳回决定不服，向专利复审委员会提出复审请求，请求人在提出复审请求时对权利要求书进行了修改，将萜酚树脂限定为权利要求 1 的组合物的一种组分。修改后的权利要求 1 为：

“1. 一种组合物，它包含：

（a）一种包含至少 50% 聚亚苯基醚的聚合物组分；

（b）其量足以增加所述组合物的模数和强度的玻璃强化纤维；

（c）一种防火组分；

（d）其量能有效增强所述组合物的阻燃性能的一种有机黏土组分；和

（e）一种矿物组分，其为云母，和

（f）萜酚树脂。”

请求人认为：本发明的组合物具有改进的阻燃性能和流动性能，对比文件 1 教导的是所述无机非纤维试剂是用来在模制和基础期间稳定组合物尺寸的，其没有教导使用云母能够改进组合物的阻燃性能，并且也没有公开或教导使用萜酚树脂改进所述组合物的流动性能。同样的，对比文件 2 也没有上述教导。

经形式审查合格后，专利复审委员会受理了该请求，并于 2005 年 8 月 8 日向请求人发出了《复审请求受理通知书》，同时将本申请转送至国家知识产权局原审查部门进行前置审查。

在《前置审查意见书》中，国家知识产权局原审查部门认为将萜酚树脂的限定加入权利要求 1 中后，认可权利要求 1~10 的创造性，但权利要求 11 和 18 未进行相应的修改，也没有提供新的意见和证据，故权利要求 11~21 的创造性仍不能认可，因此坚持驳回决定。

专利复审委员会组成合议组，对本复审请求案进行了审理。

合议组于 2007 年 4 月 5 日向请求人发出《复审通知书》，指出：对比文件 1 公开了一种阻燃聚合物，权利要求 11 的注塑制品的组合物与其区别在于对比文件 1 不含有机黏土。但对比文件 2 公开了一种含有有机黏土的有机磷酸酯阻燃剂的阻燃组合物，并且其中指出了有机黏土可以与有机磷酸酯阻燃剂产生协同效应，减少其用量，而本申请所要解决的技术问题在于降低有机磷酸酯的用量，其手段是使用所述（a）~（e）的组合产生协同效应，因此本领域技术人员有动机将有机黏土添加到对比文件 1 的组合物中，从而形成权利要求 11 的注塑制品所用的组合物，因此权利要求 11 不具备创造性。权利要求 12~17 所作的进一步限定都不足以使它们具备创造性。权利要求 18 涉及通过简单混合来制备含有上述（a）~（e）的组合物的方法，由于其所制备的产物不具备创造性，权利要求 18 也不具备创造性，其从属权利要求 19~21 也均不具备创造性。

针对上述《复审通知书》，请求人于 2007 年 7 月 18 日提交了意见陈述书，并且修改了权利要求书，其中将矿物组分为云母和含有萜酚树脂的技术特征并入独立权利要求 11 和 18 中，删除了权利要求 8、15 和 20，并对权利要求依序重新进行编号，请求人认为经过上述修改后所有权利要求已经具备了创造性。修改后的权利要求书为：

“1. 一种组合物，它包含：

（a）一种包含至少 50% 聚亚苯基醚的聚合物组分；

（b）其量足以增加所述组合物的模数和强度的玻璃强化纤维；

（c）一种防火组分；

（d）其量能有效增强所述组合物的阻燃性能的一种有机黏土组分；

（e）一种矿物组分，其为云母，和

（f）萜酚树脂。

2. 权利要求 1 的组合物，其中所述防火组分为有机磷酸酯。

3. 权利要求 2 的组合物，其中所述有机黏土组分为硅酸盐。

4. 权利要求 3 的组合物，其中所述有机黏土组分以占组合物 0.25% ~0.75% 重量的量存在。

5. 权利要求 1 的组合物，其中所述有机黏土组分以占组合物 0.25% ~0.75% 重量的量存在。

6. 权利要求 2 的组合物，其中所述组合物包含 5% ~50% 重量的玻璃纤维和 5% ~30% 重量的有机磷防火剂。

7. 权利要求 2 的组合物，其中所述有机磷防火剂是间苯二酚二磷酸酯。

8. 权利要求 7 的组合物，其中所述有机黏土组分以占组合物 0.25% ~0.75% 重量的量存在。

9. 权利要求 8 的组合物，其中所述组合物包含 5% ~50% 重量的玻璃纤维和 5% ~30% 重量的有机磷防火剂。

10. 一种由玻璃纤维强化的聚亚苯基醚组合物制成的注塑制品，其中所述玻璃纤维强化的聚亚苯基醚组合物包含：

（a）一种包含至少 50% 聚亚苯基醚的聚合物组分；

（b）其量足以增加所述聚亚苯基醚组合物的模数和强度的玻璃强化纤维；

（c）一种防火组分；

（d）其量能有效增强所述组合物的阻燃性能的一种有机黏土组分；和

（e）一种矿物组分，其为云母，和

（f）萜酚树脂。

11. 权利要求 10 的制品，其中所述防火组分为有机磷酸酯。

12. 权利要求 11 的制品，其中所述有机黏土组分为硅酸盐。

13. 权利要求 11 的制品，其中所述有机黏土组分以占组合物 0.25% ~0.75% 重量的量存在。

14. 权利要求 11 的制品，其中所述有机黏土组分以占组合物 0.25% ~0.75% 重量的量存在。

15. 权利要求 14 的制品，其中所述组合物包含 5% ~50% 重量的玻璃纤维和 5% ~30% 重量的有机磷防火剂。

16. 一种制备玻璃纤维强化的聚亚苯基醚组合物的方法，它包括下述步骤：

通过混合下面各成分制备混合物：

（a）一种包含至少 50% 聚亚苯基醚的聚合物组分；

（b）其量足以增加所述聚亚苯基醚组合物的模数和强度的玻璃强化纤维；

（c）一种防火组分；

（d）其量能有效增强所述组合物的阻燃性能的一种有机黏土组分；和

（e）一种矿物组分，其为云母，和

（f）萜酚树脂。

配合所述混合物以将各成分共混成均匀组合物。

17. 权利要求 16 的方法，其中所述防火组分包含一种有机磷酸酯防火剂。

18. 权利要求 17 的方法，其中所述有机黏土组分以占组合物 0.25% ~0.75% 重量的量存在。”

至此，合议组认为本案事实清楚，可以作出审查决定。

二、决定的理由

1. 关于文本

本复审请求审查决定针对的文本是：2007 年 7 月 18 日提交的权利要求书第 1~18 项，进入中国国家阶段时提交的国际申请文件的说明书第 1~13 页以及说明书摘要。

2. 关于专利法第 22 条第 3 款

专利法第 22 条第 3 款规定：创造性，是指同申请日以前已有的技术相比，该发明有突出的实质性特点和显著的进步。

就本申请而言，权利要求 1 涉及一种组合物，其包含（a）一种包含至少 50% 聚亚苯基醚的聚合物组分；（b）其量足以增加所述聚亚苯基醚组合物的模数和强度的玻璃强化纤维；（c）一种防火组分；（d）其量能有效增强所述组合物的阻燃性能的一种有机黏土组分；（e）一种云母矿物组分，和（f）萜酚树脂。

对比文件 1（US5294654，公开日为 1994 年 3 月 15 日）也公开了一种阻燃聚合物，其含有（1）聚亚苯基醚树脂（参见对比文件 1 第 2 栏），其含量为 35% ~55%（参见第 3 栏第 34、35 行）；（2）3% ~30% 的玻璃纤维（参见第 2 栏第 8~9 行）；（3）9% ~22% 聚磷酸酯阻燃剂（参见第 2 栏第 19~21 行）；（4）无机非纤维物质（参见第 2 栏第 10~11 行），并且优选云母等（参见第 4 栏第 59 行），此外还含有其他若干组分。

本申请权利要求 1 与对比文件 1 的技术方案相比，区别在于，（1）权利要求 1 的组合物还含有有机黏土成分，而对比文件 1 不含有有机黏土；（2）权利要求 1 的组合物还含有萜酚树脂，而对比文件 1 不含有萜酚树脂。本申请说明书提到加入少量黏土可增强组合物的耐火性能，加入萜酚树脂可以获得更好的流动性，由此确定本申请实际解决的技术问题是提供具有增强的耐火性能和更好的流动性的 PPE 组合物。

对比文件 2（WO9943747，公开日为 1999 年 9 月 2 日）也公开了一种阻燃的组合物，其含有：（A）第一种热塑性树脂（参见第 3 页），其可以为聚亚苯基醚（参见例如第 4 页第 21 行）；（B）第二种热塑性树脂；（C）有机磷酸酯阻燃剂；（D）有机黏土。

虽然对比文件 2 中指出有机黏土可以与有机磷酸酯阻燃剂产生协同效应，使用有机黏土可以减少有机磷酸酯阻燃剂的用量，但是本申请权利要求 1 还含有萜酚树脂，根据说明书的记载，加入萜酚树脂可以用于改善组合物的流动性（见说明书第 4 页第 21~23 行）。而对比文件 1 和 2 均未记载向阻燃组合物中加入萜酚树脂以改善其流动性的内容，因此，就目前的证据来看，现有技术没有给出将上述区别特征（2）应用到对比文件 1 以增强流动性性能的指示，本领域技术人员并无动机根据对比文件 1 和 2 的启示获得权利要求 1 的组合物，即目前证据不足以否定权利要求 1 相对于对比文件 1 和 2 的创造性。

在权利要求 1 具备创造性的基础上，其从属权利要求 2~9 也具备创造性；独立权利要求 10 涉及含有上述（a）~（f）成分的组合物制成的注塑制品，权利要求 16 涉及含有上述（a）~（f）成分的组合物的制备方法，它们均具备创造性；权利要求 10 的从属权利要求，即权利要求 11~15，权利要求 16 的从属权利要求，即权利要求 17~18，也分别具备了创造性。

根据上述事实和理由，合议组作出如下审查决定。

三、决定

撤销国家知识产权局于 2005 年 3 月 11 日针对第 00818299. X 号发明专利申请作出的驳回决定，由国家知识产权局原审查部门以请求人于 2007 年 8 月 3 日提交的权利要求书，进入中国国家阶段时提交的说明书和摘要为基础继续审批程序。

复审请求人对本决定不服的，可以根据专利法第 41 条第 2 款的规定，自收到本决定之日起三个月内向北京市第一中级人民法院起诉。

062

β_2 肾上腺素能受体激动剂

复审请求审查决定（第13112号）

决　定　号 第13112号
决　定　日 2008年4月22日
发明创造名称 β_2 肾上腺素能受体激动剂
国 际 分 类 号 C07C 233/43，C07C 215/68，A61K 31/135，A61K 31/165，A61P 11/00，A61P 25/00
复 审 请 求 人 施万制药
申　请　号 00816436.3
最早的优先权日 1999年12月8日
申　请　日 2000年12月6日
公　开　日 2003年3月12日
合 议 组 组 长 刘　静
主　审　员 李彦涛
参　审　员 侯　曜

法 律 依 据 专利法第26条第3款
决 定 要 点

为满足专利法第26条第3款规定的要求，对于化合物发明，说明书中应当说明该化合物的化学名称及结构式或分子式，并且应当记载与发明要解决的技术问题相关的化学、物理参数（例如各种定性或定量数据和谱图等），使要求保护的化合物能被清楚地确认。

一、案由

本复审请求案涉及发明名称为"β_2 肾上腺素能受体激动剂"的第00816436.3号发明专利申请（下称本申请），申请人为施万制药，申请日为2000年12月6日，最早优先权日为1999年12月8日，公开日为2003年3月12日。

2003年12月5日，国家知识产权局原审查部门对本申请进行了实质审查，发出了《第一次审查意见通知书》，指出本申请说明书公开不充分，不符合专利法第26条第3款的规定，同时还指出了权利要求2~6不符合专利法实施细则第20条第1款的规定。

2004年4月20日，申请人针对《第一次审查意见通知书》进行了意见陈述并提交了补充试验数据及其部分中文译文（共3页），同时修改了权利要求书。申请人认为：（1）本申请涉及的化合物是新的，应当允许通过提交补充资料的方式对其说明书中记载的生物活性进行证实，并提供了显示本发明所述化合物的活性的试验数据；（2）基于本申请公开的信息，本领域技术人员只需简单地按照本申请的描述而不需要任何创造性劳动完全可以再现本发明，并预见本发明化合物的作用或者可以通过本发明介绍的试验方法获得有关生物数据，因此符合专利法第 26 条第 3 款的规定。

2004 年 12 月 10 日，国家知识产权局以本申请不符合专利法第 26 条第 3 款为由驳回了本申请，驳回决定针对的权利要求书如下：

“1. 下式化合物或其药学上可接受的盐：

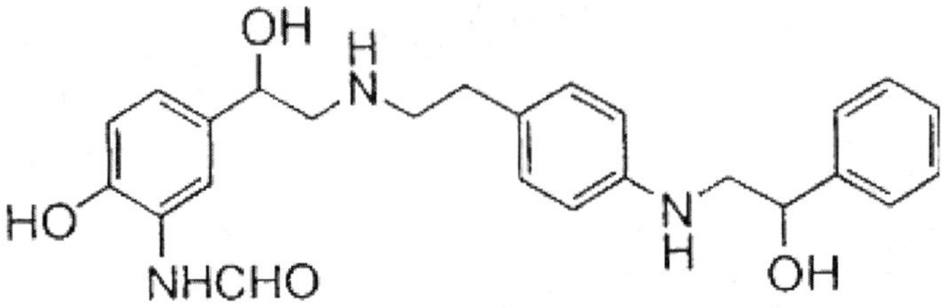

2. 下式化合物或其药学上可接受的盐：

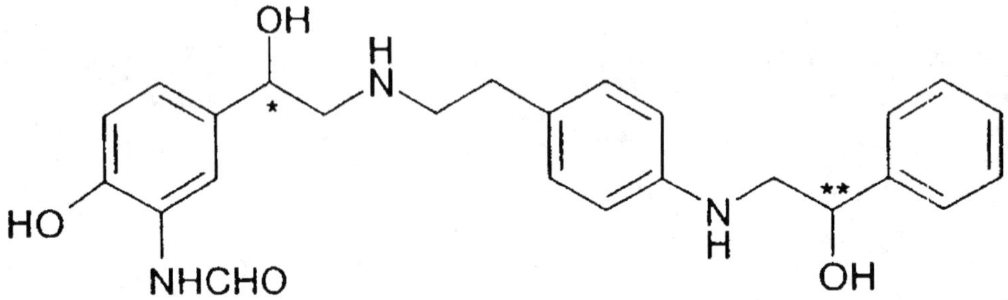

其中：

*C 和**C 上的立体化学构型是（RS）和（RS）；（R）和（R）；（S）和（S）；（R）和（S）；或（S）和（R）。

3. 权利要求 2 的化合物，其中*C 上的立体化学构型是（R），**C 上的立体化学构型是（R）。

4. 权利要求 2 的化合物，其中 * C 上的立体化学构型是（R），**C 上的立体化学构型是（S）。

5. 药物组合物，包含药学上可接受的载体和治疗学上有效量的权利要求 1~4 任一项的化合物。

6. 权利要求 5 的药物组合物，其中该药物组合物还包含治疗学上有效量的固醇类抗炎药。

7. 权利要求 1~4 任一项的化合物用于制备治疗哺乳动物由 β_2 肾上腺素能受体介导的疾病的药物的用途。

8. 权利要求 7 的用途，其中该药物治疗的疾病是呼吸疾病。

9. 权利要求 7 的用途，其中该药物治疗的疾病是哮喘或慢性阻塞性肺疾病。”

驳回决定认为：（1）本申请的说明书仅记载了测定所述化合物的 β_2 肾上腺素能受体激动活性的各种体外测定法，而没有记载任何实验数据或结果以证明本申请的化合物或组合物可以实现所述的技术效果，现有技术中也没有记载上述化合物或组合物可以实现所述的效果，因此本申请说明书公开不充分，不符合专利法第 26 条第 3 款的规定；（2）由于补充的数据没有记载在原始申请文件中，也不能从其中直接导出，因此不允许通过补充实验数据证明该用途或效果。

2005 年 3 月 23 日，申请人施万制药（下称请求人）对上述驳回决定不服，向专利复审委员会提出复审请求，同时修改了权利要求书，删除了原权利要求 5~9。请求人认为：（1）至少本申请对化合物本身的公开是足够充分的，并且说明书中详细介绍了化合物的合成步骤和活性分析方法，这些方法是被本领域技术人员公知的，因此根据说明书的公开内容结合现有技术的知识而不需要任何创造性劳动就可以获得本发明化合物并证实其活性；（2）本发明涉及的化合物是新的，应当允许通过提交补充资料的方式对其说明书中记载的生物活性进行证实，对第一次审查意见的答复中已经提交了“显示本发明化合物的活性的试验数据”，由此证明了本发明化合物确实具有说明书所记载的对 β_2 肾上腺素能受体的活性。修改后的权利要求书如下：

“1. 下式化合物或其药学上可接受的盐：

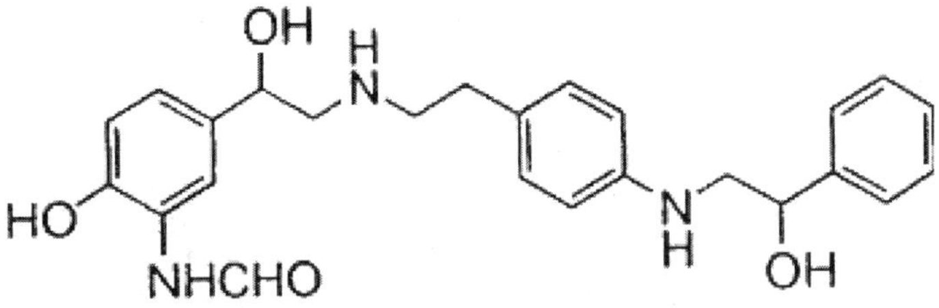

2. 下式化合物或其药学上可接受的盐：

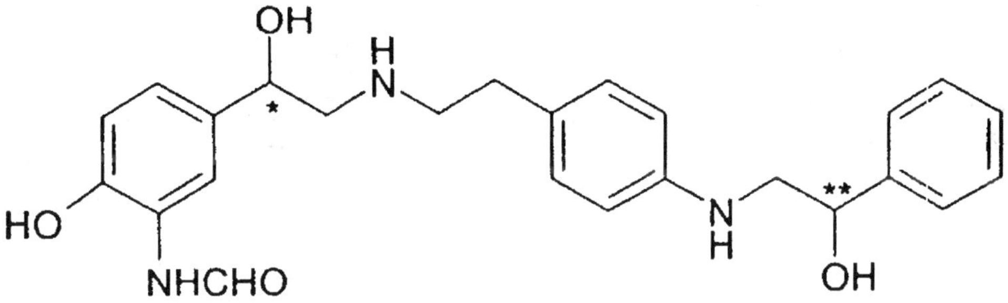

其中：

*C 和**C 上的立体化学构型是（RS）和（RS）；（R）和（R）；（S）和（S）；（R）和（S）；或（S）和（R）。

3. 权利要求 2 的化合物，其中 *C 上的立体化学构型是（R），**C 上的立体化学构型是（R）。

4. 权利要求 2 的化合物，其中 *C 上的立体化学构型是（R），**C 上的立体化学构型是（S）。”

2005 年 4 月 20 日，经形式审查合格后，专利复审委员会受理了该请求，并向请求人发出了《复审请求受理通知书》，同时向国家知识产权局原审查部门发出了前置审查意见通知书。

在《前置审查意见书》中，国家知识产权局原审查部门认为，请求人仅仅是删除了原权利要求 5~9，故坚持驳回决定。

专利复审委员会组成合议组，对本复审请求案进行了审理。

2006 年 9 月 13 日，合议组发出《复审通知书》，指出：本申请没有记载权利要求中请求保护的化合物的任何药理学数据，本领域技术人员无法通过现有技术以及说明书中的记载直接获知请求人在说明书中所声称的效果，并且也没有证据表明根据现有技术可以合理推论得出所述效果，因此本申请说明书公开不充分，不符合专利法第 26 条第 3 款的规定。

2006 年 12 月 28 日，针对上述《复审通知书》，复审请求人提交了意见陈述书，并提交了以下 4 份附件：

附件 1：本发明化合物与安慰剂和沙美特罗相比在患者中 24 小时内的平均 FEV_1 函数曲线，共 1 页；

附件 2：2003 Physicians’ s Desk Reference，Foradil Aerolizer（商品名，福莫特罗富马酸吸入粉末）的标签信息，复印件，共 5 页；

附件 3：体外放射性配体结合试验，评价化合物对 $β_2$ 肾上腺素能受体的结合亲和力，共 1 页；

附件 4：体外 cAMP 功能分析方法，评价化合物对 $β_2$ 肾上腺素能受体的结合亲和力，共 1 页。

请求人认为：（1）本申请权利要求书中请求保护的化合物与已知的 $β_2$ 肾上腺素能受体激动剂化合物福莫特罗结构特征非常类似，具有共同的主体结构，本领域技术人员根据该公知技术能够预期本申请的化合物具有 $β_2$ 肾上腺素能受体激动剂的作用；（2）说明书中记载了化合物的制备方法、活性的分析测试方法，本领域技术人员不必付出创造性劳动即可证实本申请化合物的活性；（3）补充的试验数据表明本申请的化合物与福莫特罗相比，具有较强的结合力和效果，因此本申请的说明书符合专利法第 26 条第 3 款的规定。

2007 年 4 月 12 日，合议组发出《第二次复审通知书》，指出：（1）由于无法确定补充试验数据的公开日期，因此不能用于证明本申请在申请日时是否公开充分；（2）说明书实施例 12 虽然记载了权利要求 1 的化合物的制备方法，但是却没有公开任何足以确认该化合物的理化参数，本领域技术人员难以确认该化合物在申请日时确已制得；（3）权利要求 2~4 请求保护的手性对映体未公开其确认所需的参数和制备方法，因此本申请不符合专利法第 26 条第 3 款的规定。

2007 年 5 月 28 日，针对上述《第二次复审通知书》，请求人提交了意见陈述书，并提交了实施例 12 中化合物 72 的 ESMS 图谱和 1H NMR 图谱（共 2 页）。请求人认为：（1）本申请在实施例 12 中详细表述了合成该化合物的步骤，并在附图 15 中详细描绘了反应流程和中间体的结构，本领域技术人员根据上述记载，只需简单重复即可得到权利要求 1 的化合物，并进一步根据背景知识和说明书的描述得到权利要求 2~4 所述的化合物的立体异构形式。因此说明书已经对权利要求书中的化合物进行了充分的公开；（2）补交的图谱表明申请人在申请日前已经对实施例 12 中描述的化合物进行了测试，最终产物就是权利要求 1 所要求保护的化合物，并且还对实施例 12 的产物进行了生物学分析，由此可以证明申请人在递交本发明申请之时确已完成本申请，本申请符合专利法第 26 条第 3 款的规定。

至此，本案合议组经合议后认为本案事实已经清楚，可以作出复审决定。

二、决定的理由

1. 关于文本

本复审决定针对的文本是复审请求人进入中国国家阶段时提交的说明书第 1～126 页、说明书附图第 1～12 页、说明书摘要，以及 2005 年 3 月 23 日提交的权利要求书第 1～4 项。

2. 关于专利法第 26 条第 3 款

专利法第 26 条第 3 款规定：说明书应当对发明或者实用新型作出清楚、完整的说明，以所述技术领域的技术人员能够实现为准。

为满足专利法第 26 条第 3 款规定的要求，对于化合物发明，说明书中应当说明该化合物的化学名称及结构式或分子式，并且应当记载与发明要解决的技术问题相关的化学、物理参数（例如各种定性或定量数据和谱图等），使要求保护的化合物能被清楚地确认。

就本申请而言，权利要求 1 请求保护一种化合物 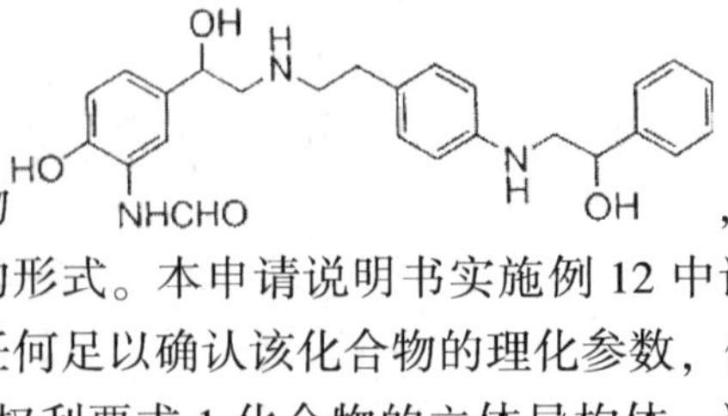

，权利要求2~4 请求保护的化合物是权利要求 1 化合物的立体异构形式。本申请说明书实施例 12 中记载了权利要求 1 的化合物的制备方法，但是说明书中没有公开任何足以确认该化合物的理化参数，例如质谱、核磁共振谱或熔点等；对于权利要求 2~4 请求保护的权利要求 1 化合物的立体异构体，说明书不但未公开确认这些化合物所需的参数，也没有公开制备方法。按照审查指南的规定，对于化合物发明，说明书中应当说明该化合物的化学名称及结构式或分子式，并且应当记载与发明要解决的技术问题相关的化学、物理参数（例如各种定性或定量数据和谱图等），使要求保护的化合物能被清楚地确认，显然本申请不能满足上述的要求，导致本领域技术人员无法确认在申请日时本申请权利要求1~4的化合物已经制得，因此说明书中涉及权利要求1~4请求保护的技术方案不符合专利法第26条第3款的规定。

对于请求人在答复《第二次复审通知书》时陈述的意见，合议组认为：（1）实施例12仅仅描述了权利要求1化合物的制备方法，说明书中并没有教导如何进一步分别制备权利要求2~4所示的立体异构体，合议组无法确认本领域技术人员根据背景技术就能拆分出权利要求2~4的化合物，而且说明书从未公开权利要求1~4化合物的任何理化参数，使得本领域技术人员无法确认权利要求1~4的化合物；（2）由于无法确定补充的图谱以及意见陈述中的生物学分析结果是在本申请的申请日之前即已完成，因此不能接受该图谱作为证据证明本申请符合专利法第26条第3款规定的公开充分的要求。

根据上述事实和理由，合议组作出如下审查决定。

三、决定

维持国家知识产权局于2004年12月10日针对第00816436.3号发明专利申请作出的驳回决定。

复审请求人对本决定不服的，可以根据专利法第41条第2款的规定，自收到本决定之日起三个月内向北京市第一中级人民法院起诉。

北京市第一中级人民法院
行政判决书

（2008）一中行初字第1384号

原告施万制药公司，住所地美利坚合众国特拉华州肯特县多佛市东北大街15号。

法定代表人雷德福·薛弗尔，授权代表。

委托代理人刘国伟，北京律盟知识产权代理有限公司专利代理人。

委托代理人章蕾，北京律盟知识产权代理有限公司专利代理人。

被告中华人民共和国国家知识产权局专利复审委员会，住所地中华人民共和国北京市海淀区北四环西路9号银谷大厦10~12层。

法定代表人廖涛，副主任。

委托代理人黄强，男，中华人民共和国国家知识产权局专利复审委员会审查员。

委托代理人郭鹏鹏，男，中华人民共和国国家知识产权局专利复审委员会审查员。

原告施万制药公司不服被告中华人民共和国国家知识产权局专利复审委员会作出的专利复审请求审查决定，向本院提起行政诉讼。本院受理后依法组成合议庭，并于2008年11月13日公开开庭审理了本案。原告的委托代理人刘国伟和章蕾、被告的委托代理人黄强和郭鹏鹏到庭参加了诉讼。本案现已审理终结。

原告因名称为"β_2肾上腺素能受体激动剂"的第00816436.3号发明专利申请（申请人为原告，以下简称本申请）被中华人民共和国国家知识产权局（以下简称国家知识产权局）驳回而向被告申请复审，被告经审查于2008年4月22日作出第13112号复审请求审查决定（以下简称复审决定），被告认为：

1. 关于文本

本复审决定针对的文本是原告在本申请进入中国国家阶段时提交的说明书第 1~126 页、说明书附图第 1~12 页、说明书摘要，以及 2005 年 3 月 23 日提交的权利要求书第 1~4 项。

2. 关于《专利法》第二十六条第三款

为满足《专利法》第二十六条第三款规定的要求，对于化合物发明，说明书中应当说明该化合物的化学名称及结构式或分子式，并且应当记载与发明要解决的技术问题相关的化学、物理参数（例如各种定性或定量数据和谱图等），使要求保护的化合物能被清楚地确认。

就本申请而言，权利要求 1 请求保护一种化合物 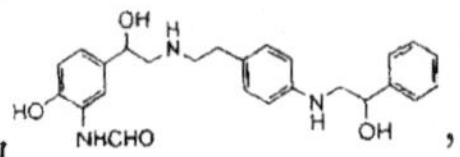

'权利要求 2~4 请求保护的化合物是权利要求 1 化合物的立体异构形式。本申请说明书实施例 12 中记载了权利要求 1 的化合物的制备方法，但是说明书中没有公开任何足以确认该化合物的理化参数，例如质谱、核磁共振谱或熔点等；对于权利要求 2~4 请求保护的权利要求 1 化合物的立体异构体，说明书不但未公开确认这些化合物所需的参数，也没有公开制备方法。按照《审查指南》的规定，对于化合物发明，说明书中应当说明该化合物的化学名称及结构式或分子式，并且应当记载与发明要解决的技术问题相关的化学、物理参数（例如各种定性或定量数据和谱图等），使要求保护的化合物能被清楚地确认，显然本申请不能满足上述的要求，导致本领域技术人员无法确认在申请日时本申请权利要求 1~4 的化合物已经制得，因此说明书中涉及权利要求 1~4 请求保护的技术方案不符合《专利法》第二十六条第三款的规定。

对于原告在答复《第二次复审通知书》时陈述的意见，被告认为：（1）实施例 12 仅仅描述了权利要求 1 化合物的制备方法，说明书中并没有教导如何进一步分别制备权利要求 2~4 所示的立体异构体，被告无法确认本领域技术人员根据背景技术就能拆分出权利要求 2~4 的化合物，而且说明书从未公开权利要求 1~4 化合物的任何理化参数，使得本领域技术人员无法确认权利要求 1~4 的化合物；（2）由于无法确定补充的图谱以及意见陈述中的生物学分析结果是在本申请的申请日之前即已完成，因此不能接受该图谱作为证据证明本申请符合《专利法》第二十六条第三款规定的公开充分的要求。

被告依据《专利法》第二十六条第三款的规定维持国家知识产权局于 2004 年 12 月 10 日针对本申请作出的驳回决定。

被告为证明复审决定的合法性，向本院提交了下列证据，用于证明复审决定认定事实清楚、适用法律正确、审查程序合法：1. 原告进入中国国家阶段时提交的权利要求第 1~19 项、说明书第 1~126 页、说明书附图第 1~12 页以及说明书摘要共 161 页；2. 原告于 2005 年 3 月 23 日提交的复审请求书及权利要求书替换页共 5 页；3. 复审通知书共 3 页；4. 第二次复审通知书共 3 页；5. 合议组成员告知书共 1 页；6. 原告于 2006 年 12 月 28 日提交的意见陈述及附件共 15 页；7. 原告于 2007 年 5 月 28 日提交的意见陈述及附件共 7 页。

原告诉称：本申请说明书的撰写符合《专利法》第二十六条第三款的规定，本申请说明书详细描述了该化合物及其优选实施例的名称和结构，通过流程 A 至 E 详细教导了该化合物的通用合成流程，说明书附图 5 至 15 演示了该化合物的合成过程，说明书通过合成实施例 1 至 12 分步骤、细致地演示了代表化合物的制备过程，并提供了相关的图谱数据。《审查指南》在化学领域的发明专利申请说明书中实施例的数量上并没有明确规定，更没有苛刻地要求每一种新的化学产品都必须有实施例作为支持，判断实施例的数量应当以《专利法》第二十六条第三款的规定为准。根据《审查指南》中关于马库什权利要求的规定，某些没有实施例或实验数据直接支持的技术方案（例如新的化合物）也有可能被认为满足了“充分公开”的要求，本申请权利要求 1 属于马库什权利要求，本领域技术人员根据本申请说明书提供的适当数量的实施例和实验数据，在不花费创造性劳动的前提下，即可以准确理解本申请发明的技术内容。本申请说明书为权利要求 1 中涉及的化学产品的制备提供了足够的支持。虽然从表面上看，本申请权利要求 1~4 似乎没有实施例或实验数据的支持，但综合前述，本申请说明书在现有技术的基础上，通过所述化合物的名称和结构、合成通用合成流程及制备实施例 1 至 12 等方面的细致描述，为本领域技术人员理解和实施该技术方案提供了足够的信息。原告请求法院依法判决撤销复审决定、判令被告重新作出审查决定。

原告为支持其诉讼主张，向本院提交了下列证据：1. 本申请原始申请文件的中文译文；2. 国家知识产权局条法司著《新专利法详解》2001 年 8 月第一版第 194~196 页；3.《审查指南》第二部分第十章第 3 节；4.《审查指南》第二部分第十章第 8.1.1 节；5. 王积涛等编著《有机化学》第 396~408 页；6. Dudley H. Williams, Spectroscopic Methods in OrganicChemistry" 4th Edition, Revised. McGraw-Hill BookCompany,（1989），p135~141 {Dudley H. Williams，有机化学中的光谱学方法第四版，修订版．McGraw-Hill 书局，（1989），第 135~141 页，附摘译译文：表 3.20 和表 3.24]；7. Hettetal. Enantio- and Diastereoselective Synthesis of all FourStereoisomers of Formoterol Tetrahedron Letters, 38, 1125~1128（1997）[Hett 等，“对映异构和非对映异构选择性合成福莫特罗的所有四种立体异构体”四面体通报，38，第 1125-1128 页（1997），附中文摘译译文]；8. Hett et al.,“ Enantioselective synthesis of salmeterol viaasymmetric borane reduction,” Tetrahedron Letters35（50）：9375~9378（1994），[Hett 等，“通过不对称硼烷还原反应进行沙美特罗的对映异构选择性合成”四面体通报，35（50）：第 9375~9378 页（1994），附中文摘译译文]；9. 经公证认证的发明人声明、及附件 A 至 D（即原始实验记录本的部分章节）及译文。原告在本院庭审中明确，其在行政程序中没有向被告提交过证据 5~9。

被告辩称，复审决定认定的事实清楚、适用法律正确、程序合法，被告坚持复审决定的理由，请求法院判决维持复审决定。

经庭审质证，原告对于被告提交证据的关联性、合法性、真实性没有异议，对其证明作用均持有异议。对于原告提交的证据 1，被告没有异议，认为原告提交的证据 2~4 不是被告作出复审决定的法律依据，因原告在行政程序中未向被告提交过证据 5~9，故该证据与本案无关。本院根据最高人民法院《关于行政诉讼证据若干问题的规定》，对当事人提交的证据认证如下：被告提交的证据以及原告提交的证据 1 符合关联性、合法性、真实性的要求，且可以证明被告的审查情况、原告向被告陈述意见的情况以及本申请的相关情况，均可以作为认定本案事实的依据；原告提交的证据 2~4 不是被告作出复审决定的法律依据，因原告在行政程序中未向被告提交过证据 5~9，故原告提交的证据 2~9 与本案无关。

依据上述有效证据以及均无异议的当事人陈述，本院认定事实如下：

2000 年 12 月 6 日，原告向国家知识产权局申请名称为“β2 肾上腺素能受体激动剂”的第 00816436.3 号发明专利申请（即本申请），申请人为原告，申请日为最早的优先权日 1999 年 12 月 8 日，公开日为 2003 年 3 月 12 日。

2003 年 12 月 5 日，国家知识产权局原审查部门对本申请进行了实质审查，发出了《第一次审查意见通知书》，指出本申请说明书公开不充分，不符合《专利法》第二十六条第三款的规定，同时还指出了权利要求 2~6 不符合《中华人民共和国专利法实施细则》（以下简称《专利法实施细则》第二十条第一款的规定。原告针对《第一次审查意见通知书》进行了意见陈述并提交了补充试验数据及其部分中文译文，同时修改了权利要求书。

2004年12月10日，国家知识产权局以本申请不符合《专利法》第二十六条第三款为由驳回了本申请。驳回决定认为：（1）本申请的说明书仅记载了测定所述化合物的β2肾上腺素能受体激动活性的各种体外测定法，而没有记载任何实验数据或结果以证明本申请的化合物或组合物可以实现所述的技术效果，现有技术中也没有记载上述化合物或组合物可以实现所述的效果，因此本申请说明书公开不充分，不符合《专利法》第二十六条第三款的规定；（2）由于补充的数据没有记载在原始申请文件中，也不能从其中直接导出，因此不允许通过补充实验数据证明该用途或效果。

2005年3月23日，原告不服上述驳回决定，向被告提出复审请求，同时修改了权利要求书。修改后的权利要求书如下：

“1. 下式化合物或其药学上可接受的盐：

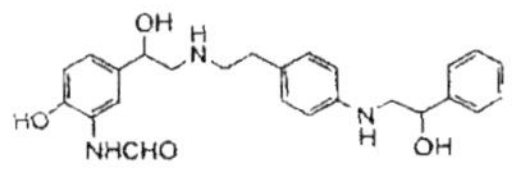

2. 下式化合物或其药学上可接受的盐：

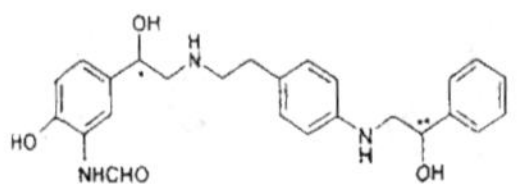

其中：

＊C和＊＊C上的立体化学构型是（RS）和（RS）；（R）和（R）；（S）和（S）；（R）和（S）；或（S）和（R）。

3. 权利要求2的化合物，其中＊C上的立体化学构型是（R），＊＊C上的立体化学构型是（R）。

4. 权利要求2的化合物，其中＊C上的立体化学构型是（R），＊＊C上的立体化学构型是（S）。”

经形式审查合格后，被告受理了该请求，并向原告发出了复审请求受理通知书，同时向国家知识产权局原审查部门发出了前置审查意见通知书。

在前置审查意见书审，国家知识产权局原审查部门认为，原告仅仅是删除了原权利要求5-9，故坚持驳回决定。

被告依法组成合议组，对原告的复审请求进行了审理。

2006年9月13日，被告向原告发出复审通知书，指出本申请没有记载权利要求中请求保护的化合物的任何药理学数据，本领域技术人员无法通过现有技术以及说明书中的记载直接获知原告在说明书中所声称的效果，并且也没有证据表明根据现有技术可以合理推论得出所述效果，因此本申请说明书公开不充分，不符合《专利法》第二十六条第三款的规定。

原告向被告提交了意见陈述书，并提交了以下4份附件：

附件1：本发明化合物与安慰剂和沙美特罗相比在患者中24小时内的平均FEV1函数曲线，共1页；附件2：2003 Physicians’ s Desk Reference，ForadilAerolizer（商品名，福莫特罗富马酸吸入粉末）的标签信息，复印件，共5页；

附件3：体外放射性配体结合试验，评价化合物对β2肾上腺素能受体的结合亲和力，共1页；

附件4：体外cAMP功能分析方法，评价化合物对β2肾上腺素能受体的结合亲和力，共1页。原告认为：（1）本申请权利要求书中请求保护的化合物与已知的β2肾上腺素能受体激动剂化合物福莫特罗结构特征非常类似，具有共同的主体结构，本领域技术人员根据该公知技术能够预期本申请的化合物具有β2肾上腺素能受体激动剂的作用；（2）说明书中记载了化合物的制备方法、活性的分析测试方法，本领域技术人员不必付出创造性劳动即可证实本申请化合物的活性；（3）补充的试验数据表明本申请的化合物与福莫特罗相比，具有较强的结合力和效果，因此本申请的说明书符合《专利法》第二十六条第三款的规定。

2007年4月12日，被告向原告发出第二次复审通知书，指出：（1）由于无法确定补充试验数据的公开日期，因此不能用于证明本申请在申请日时是否公开充分；（2）说明书实施例12虽然记载了权利要求1的化合物的制备方法，但是却没有公开任何足以确认该化合物的理化参数，本领域技术人员难以确认该化合物在申请日时确已制得；（3）权利要求2~4请求保护的手性对映体未公开其确认所需的参数和制备方法，因此本申请不符合《专利法》第二十六条第三款的规定。

原告再次向被告提交了意见陈述书，并提交了实施例12中化合物72的ESMS图谱和1H NMR图谱。原告认为：（1）本申请在实施例12中详细表述了合成该化合物的步骤，并在附图15中详细描绘了反应流程和中间体的结构，本领域技术人员根据上述记载，只需简单重复即可得到权利要求1的化合物，并进一步根据背景知识和说明书的描述得到权利要求2~4所述的化合物的立体异构形式。因此说明书已经对权利要求书中的化合物进行了充分的公开；（2）补交的图谱表明原告在申请日前已经对实施例1 2中描述的化合物进行了测试，最终产物就是权利要求1所要求保护的化合物，并且还对实施例12的产物进行了生物学分析，由此可以证明原告在递交本发明申请之时确已完成本申请，本申请符合《专利法》第二十六条第三款的规定。

被告经审查后作出复审决定。原告不服复审决定，向本院提起行政诉讼。

另，原告在本院庭审中明确：对于复审决定书案由部分载明的事实、被告的审查程序以及复审决定所针对的审查文本均没有异议。

本院认为：根据《专利法》第四十一条第一款的规定，被告具有受理复审请求和作出复审决定的法定职权。对于当事人均无争议的事实，本院经审查对其合法性予以确认。经各方当事人确认，本案的争议焦点是：本申请权利要求1~4是否符合《专利法》第二十六条第三款的规定。

根据《专利法》第二十六条第三款的规定，说明书应当对发明或者实用新型作出清楚、完整的说明，以所述技术领域的技术人员能够实现为准。参照《审查指南》第二部分第十章第3.1节的规定，对于化合物发明，说明书中应当说明该化合物的化学名称及结构式或分子式，对化学结构的说明应当明确到使本领域的技术人员能确认该化合物的程度，并且应当记载与发明要解决的技术问题相关的化学、物理参数（例如各种定性或定量数据和谱图等），使要求保护的化合物能被清楚地确认。本案中，本申请权利要求1请求保护一种化合物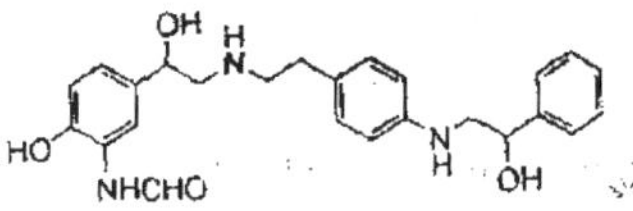

，权利要求2~4请求保护的化合物是权利要求1化合物的立体异构形式。本申请说明书实施例12中记载了权利要求1的化合物的制备方法，但是说明书中没有公开任何足以确认该化合物的理化参数，例如质谱、核磁共振谱或熔点等；对于权利要求2~4请求保护的权利要求1化合物的立体异构体，说明书不但未公开确认这些化合物所需的参数，也没有公开制备方法。参照《审查指南》的规定，对于化合物发明，说明书中应当说明该化合物的化学名称及结构式或分子式，并且应当记载与发明要解决的技术问题相关的化学、物理参数（例如各种定性或定量数据和谱图等），使要求保护的化合物能被清楚地确认，显然本申请不能满足上述要求，导致本领域技术人员无法确认在申请日时本申请权利要求1~4的化合物已经制得。因此，被告关于本申请说明书中涉及权利要求1~4请求保护的技术方案不符合《专利法》第二十六条第三款规定的认定，符合法律规定，本院应予支持。

综上所述，被告作出的复审决定认定的事实清楚，适用法律正确，程序合法，本院应予支持。原告的诉讼请求缺乏事实和法律依据，本院不予支持。据此，依照《中华人民共和国行政诉讼法》第五十四条第（一）项的规定，判决如下：

维持被告中华人民共和国国家知识产权局专利复审委员会于二〇〇八年四月二十二日作出的第13112号复审请求审查决定。

案件受理费人民币100元，由原告施万制药公司负担（已交纳）。

如不服本判决，原告施万制药公司可在本判决书送达之日起30日内、被告中华人民共和国国家知识产权局专利复审委员会可在本判决书送达之日起15日内，向本院递交上诉状，并按对方当事人的人数提交副本，预交上诉费人民币100元，上诉于中华人民共和国北京市高级人民法院。

审　判　长　齐　莹
代理审判员　乔　军
人民陪审员　张燕宾
二〇〇八年十二月十八日
书　记　员　曹　炜

063

用于治疗异常细胞生长的取代的双环衍生物

复审请求审查决定（第13177号）

决　　定　　号　第13177号
决　　定　　日　2008年1月8日
发明创造名称　用于治疗异常细胞生长的取代的双环衍生物
国 际 分 类 号　C07D401/12，C07D403/12，C07D413/12，C07D417/12，C07D239/94，C07D405/14，C07D401/14，A61K31/517，A61P35/00
复 审 请 求 人　辉瑞产品公司
申　　请　　号　01811470.9
优 先 权 日　2000年6月22日
申　　请　　日　2001年6月14日
公　　开　　日　2003年8月20日
合 议 组 组 长　刘　静
主　　审　　员　吴红权
参　　审　　员　刘　亚

法 律 依 据　专利法第22条第3款
决 定 要 点

结构上与已知化合物接近的化合物，必须要有预料不到的用途或效果，才有可能具备创造性。此预料不到的用途或效果可以是与该已知化合物的已知用途不同的用途；或者是对已知化合物的某一已知效果有实质性的改进或提高；或者是在一般常识中没有明确的或不能由常识推论得到的用途或效果。

一、案由

本复审请求案涉及发明名称为“用于治疗异常细胞生长的取代的双环衍生物”的第01811470.9号发明专利申请（下称本申请），申请人为辉瑞产品公司，申请日为2001年6月14日，优先权日为2000年6月22日，公开日为2003年8月20日。

2004年12月3日，针对申请人于2004年7月12日提交的权利要求第1~17项、本申请进入中国国家阶段时提交的说明书第1~84页及其摘要，国家知识产权局以权利要求1~17不符合专利法第22条第3款的规定为由驳回了本申请。

驳回决定针对的权利要求1如下（其余权利要求略）：

“1. 式1的化合物

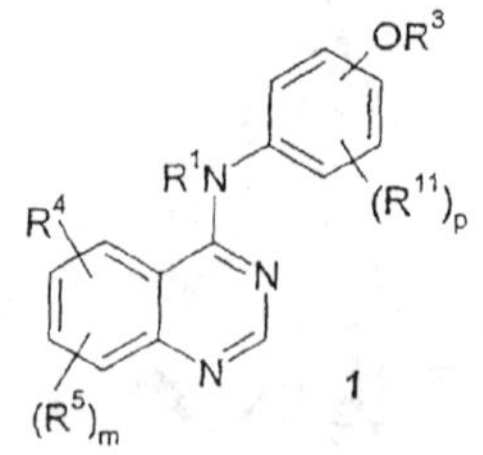

1

或者其药学可接受盐，溶剂化物或前体药物，其中：

m 是 0 至 3 的整数；

p 是 0 至 4 的整数；

R^1 和 R^2 各自独立地选自 H 和 C_1-C_6 烷基；

R^3 是-（CR^1R^2）$_t$（4 至 10 元杂环），其中 t 是 0 至 5 的整数，所述杂环基团任选地与一个苯环或者 C_5-C_8 环烷基稠合，上述 R^3 基团的-（CR^1R^2）$_t$-部分任选地包括一个碳-碳双键或三键，其中 t 是 2 至 5 的整数，并且上述 R^3 基团，包括上面指出的任何任选稠合的环，任选地被 1~5 个 R^8 基团取代；

R^4 是-（$CR^{16}R^{17}$）$_m$-C=C-（$CR^{16}R^{17)}$t-R^9，-（$CR^{16}R^{17}$）m-C=C-（$CR^{16}R^{17}$）$_kR^{13}$，其中与 R^9 的连接点是通过 R^9 基团的碳原子，各个 k 是 1 至 3 的整数，各个 t 是 0 至 5 的整数，并且各个 m 是 0 至 3 的整数；

各个 R^5 各自独立地选自卤原子，羟基，$-NR^1R^2$，C_1-C_6 烷基，三氟甲基，C_1-C_6 烷氧基，三氟甲氧基，$-NR^6C$（O）R^1，-C（O）NR^6R^7，$-SO_2NR^6R^7$，$-NR^6C$（O）NR^7R^1，和 $-NR^6C$（O）OR^7；

各个 R^6，R^{6a}和 R^7 独立地选自 H，C_1-C_6 烷基，-（CR_1R_2）$_t$（C_6-C_{10}烷基），和-（CR^1R^2）$_t$（4 至 10 元杂环），其中 t 是 0 至 5 的整数，所述杂环基团的 1 或 2 个成环碳原子任选地被氧代（=O）部分取代，并且上述 R^6 和 R^7 基团的烷基，芳基和杂环部分任选地被独立地选自卤原子，氰基，硝基，$-NR^1R^2$，三氟甲基，三氟甲氧基，C_1-C_6 烷基，C_2-C_6 链烯基，C_2-C_6 链炔基，

羟基，和 C_1-C_6 烷氧基的 1 至 3 个取代基取代；

或者 R^6 和 R^7，或者 R^{6a}和 R^7，当与同一个氮原子连接时，可以一起形成 4 至 10 元杂环，该杂环除了连接有所述的 R^6，R^{6a}和 R^7 的氮原子之外，可以包括 1 至 3 个另外的杂原子部分，选自 N，N（R^1），O，和 S，条件是两个 O 原子，两个 S 原子或者一个 O 和一个 S 原子彼此不直接连接；

各个 R^8 独立地选自氧代（=O），卤原子，氰基，硝基，三氟甲氧基，三氟甲基，叠氮基，羟基，C_1-C_6 烷氧基，C_1-C_{10}烷基，C_2-C_6 链烯基，C_2-C_6 链炔基，-C（O）R^6，-C（O）OR^6，-OC（O）R^6，$-NR^6C$（O）R^7，$-NR^6SO_2NR^7R^1$，$-NR^6C$（O）NR^1R^7，$-NR^6C$（O）OR^7，-C（O）NR^6R^7，$-NR^6R^7$，$-NR^6OR^7$，$-SO_2NR^6R^7$，-S（O）$_j$（C_1-C_6 烷基），其中 j 是 0 至 2 的整数，-（CR^1R^2）$_t$（C_6-C_{10}芳基），-（CR^1R^2）$_t$（4 至 10 元杂环），-（CR^1R^2）$_q$C（O）（CR^1R^2）$_t$（C_6-C_{10}芳基），-（CR^1R^2）$_q$C（O）（CR^1R^2）$_t$（4 至 10 元杂环），-（CR^1R^2）$_t$O（CR^1R^2）$_q$（C_6-C_{10}芳基），-（CR^1R^2）$_t$O（CR^1R^2）$_q$（4 至 10 元杂环），-（CR^1R^2）$_q$S（O）$_j$（CR^1R^2）$_t$（C_6-C_{10}芳基），和-（CR^1R^2）$_q$S（O）$_j$（CR^1R^2）$_t$（4 至 10 元杂环），其中 j 是 0，1 或 2，q 和 t 各自独立地是 0 至 5 的整数，所述 R^8 基团的杂环部分的 1 或 2 个成环碳原子任选地被氧代（=O）部分取代，并且上述 R^8 基团的烷基，链烯基，链炔基，芳基和杂环部分任选地被独立地选自卤原子，氰基，硝基，三氟甲基，三氟甲氧基，叠氮基，$-OR^6$，-C（O）R^6，-C（O）OR^6，-OC（O）R^6，$-NR^6C$（O）R^7，-C（O）NR^6R^7，$-NR^6R^7$，$-NR^6OR^7$，C_1-C_6 烷基，C_2-C_6 链烯基，C_2-C_6 链炔基，-（CR^1R^2）$_t$（C_6-

C_{10}芳基），和－（CR^1R^2）$_t$（4至10元杂环），其中t是0至5的整数的1至3个取代基取代；

R^9是非芳香单环，稠合或桥接双环，或者螺环，其中所述环含有3～12个碳原子，其中0～3个碳原子任选地被独立地选自N，O，S（O）$_j$其中j是0至2的整数，和$-NR^1-$的杂原子部分置换，条件是两个O原子，两个S（O）$_j$部分，一个O原子和一个S（O）$_j$部分，一个N原子和一个S原子，或者一个N原子和一个O原子在所述环内彼此不直接连接，并且所述环的碳原子任选地被1个或2个R^8基团取代；

各个R^{11}独立地选自R^8定义中给出的取代基，除了R^{11}不是氧代（=O）；

R^{12}是R^6，$-OR^6$，$-OC(O)R^6$，$-OC(O)NR^6R^7$，$-OCO_2R^6$，$-S(O)_jR^6$，$-S(O)_jNR^6R^7$，$-NR^6R^7$，$-NR^6C(O)R^7$，$-NR^6SO_2R^7$，$-NR^6C(O)NR^{6a}R^7$，$-NR^6SO_2NR^{6a}R^7$，$-NR^6CO_2R^7$，CN，$-C(O)R^6$，或者卤原子，其中j是0至2的整数；

R^{13}是$-NR^1R^{14}$或者$-OR^{14}$；

R^{14}是H，R^{15}，$-C(O)R^{15}$，$-SO_2R^{15}$，$-C(O)NR^{15}R^7$，$-SO_2NR^{15}R^7$，或者$-CO_2R^{15}$；

R^{15}是R^{18}，－（CR^1R^2）$_t$（C_6－C_{10}芳基），－（CR^1R^2）$_t$（4至10元杂环），其中t是0至5的整数，该杂环的1或2个成环碳原子任选地被氧代（=O）部分取代，上述R^{15}基团的芳基和杂环部分任选地被1～3个R^8取代基取代；

各个R^{16}和R^{17}独立地选自H，C_1－C_6烷基，和$-CH_2OH$，或者R^{16}和R^{17}一起形成$-CH_2CH_2-$或$-CH_2CH_2CH_2-$；

R^{18}是C_1－C_6烷基，其中不与N或O原子键合或者不与S（O）p键合，其中j是0至2的整数的各个碳原子任选地被R^{12}取代；

其中包括不与卤原子、SO或者SO_2基团或者N、O或S原子连接的CH_3（甲基）、CH_2（亚甲基）或CH（次甲基）基团的上述取代基任选地被选自羟基，卤原子，C_1－C_4烷基，C_1－C_4烷氧基和$-NR^1R^2$的基团取代。”

驳回决定认为：（1）本申请权利要求1请求保护的化合物与对比文件1（US 5821246A，公开日为1998年10月13日）公开的化合物的区别在于本申请权利要求1的化合物结构中增加了R^4基团，对本领域普通技术人员来说，通过对喹唑啉中苯并环基取代基的改造和修饰以得到具有相同或相似药效活性的新化合物是容易想到的，本领域普通技术人员通过有限次试验就可以完成本申请的全部技术方案，在没有提供意想不到的技术效果的情况下，看不出基团R^4的增加相对于对比文件1的技术方案而言带来了突出的实质性特点和显著的进步，因此权利要求1的化合物相对于对比文件1不具有创造性；（2）在独立权利要求1不具有创造性的情况下，从属权利要求2～12以及用途权利要求13～16和药物组合物权利要求17也不具有创造性。

2005年3月9日，申请人辉瑞产品公司（下称请求人）对上述驳回决定不服，向专利复审委员会提出复审请求，请求人在提出复审请求时对权利要求书进行了修改，将权利要求1中的m值限定为0，即删除R^5基团，修改后的权利要求1如下：

“1. 式1的化合物

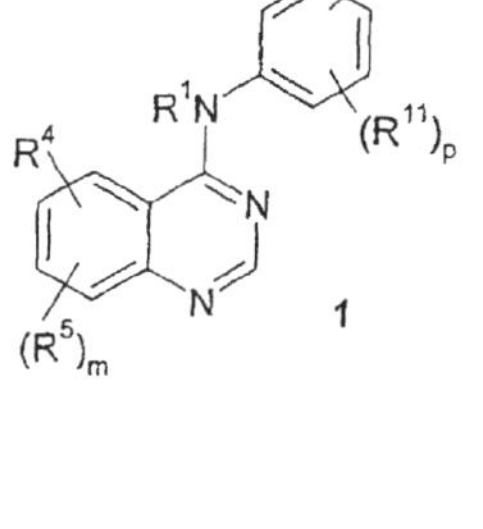

1

或者其药学可接受盐，溶剂化物或前体药物，其中：

m 是 0；

p 是 0 至 4 的整数；

R^1 和 R^2 各自独立地选自 H 和 C_1-C_6 烷基；

R^3 是-（CR^1R^2）$_t$（4 至 10 元杂环），其中 t 是 0 至 5 的整数，所述杂环基团任选地与一个苯环或者 C_5-C_8 环烷基稠合，上述 R^3 基团的-（CR^1R^2）$_t$-部分任选地包括一个碳-碳双键或三键，其中 t 是 2 至 5 的整数，并且上述 R^3 基团，包括上面指出的任何任选稠合的环，任选地被 1～5 个 R^8 基团取代；

R^4 是-（$CR^{16}R^{17}$）m-C=C-（$CR^{16}R^{17}$）$_t$-R^9，-（$CR^{16}R^{17}$）m-C=C-（$CR^{16}R^{17}$）kR^{13}，其中与 R^9 的连接点是通过 R^9 基团的碳原子，各个 k 是 1 至 3 的整数，各个 t 是 0 至 5 的整数，并且各个 m 是 0 至 3 的整数；

各个 R^6，R^{6a}和 R^7 独立地选自 H，C_1-C_6 烷基，-（CR^1R^2）$_t$（C_6-C_{10}烷基），和-（CR^1R^2）$_t$（4 至 10 元杂环），其中 t 是 0 至 5 的整数，所述杂环基团的 1 或 2 个成环碳原子任选地被氧代（=O）部分取代，并且上述 R^6 和 R^7 基团的烷基，芳基和杂环部分任选地被独立地选自卤原子，氰基，硝基，-NR^1R^2，三氟甲基，三氟甲氧基，C_1-C_6 烷基，C_2-C_6 链烯基，C_2-C_6 链炔基，

羟基，和 C_1-C_6 烷氧基的 1 至 3 个取代基取代；

或者 R^6 和 R^7，或者 R^{6a}和 R^7，当与同一个氮原子连接时，可以一起形成 4 至 10 元杂环，该杂环除了连接有所述的 R^6，R^{6a}和 R^7 的氮原子之外，可以包括 1 至 3 个另外的杂原子部分，选自 N，N（R^1），O，和 S，条件是两个 O 原子，两个 S 原子或者一个 O 和一个 S 原子彼此不直接连接；

各个 R^8 独立地选自氧代（=O），卤原子，氰基，硝基，三氟甲氧基，三氟甲基，叠氮基，羟基，C_1-C_6 烷氧基，C_1-C_{10}烷基，C_2-C_6 链烯基，C_2-C_6 链炔基，-C（O）R^6，-C（O）OR^6，-OC（O）R^6，-NR^6C（O）R^7，-$NR^6SO_2NR^7R^1$，-NR^6C（O）NR^1R^7，-NR^6C（O）OR^7，-C（O）NR^6R^7，-NR^6R^7，-NR^6OR^7，-$SO_2NR^6R^7$，-S（O）$_j$（C_1-C_6 烷基），其中 j 是 0 至 2 的整数，-（CR^1R^2）$_t$（C_6-C_{10}芳基），-（CR^1R^2）$_t$（4 至 10 元杂环），-（CR^1R^2）$_q$C（O）（CR^1R^2）$_t$（C_6-C_{10}芳基），-（CR^1R^2）$_q$C（O）（CR^1R^2）$_t$（4 至 10 元杂环），-（CR^1R^2）$_t$O（CR^1R^2）$_q$（C_6-C_{10}芳基），-（CR^1R^2）$_t$O（CR^1R^2）$_q$（4 至 10 元杂环），-（CR^1R^2）$_q$S（O）$_j$（CR^1R^2）$_t$（C_6-C_{10}芳基），和-（CR^1R^2）$_q$S（O）$_j$（CR^1R^2）$_t$（4 至 10 元杂环），其中 j 是 0，1 或 2，q 和 t 各自独立地是 0 至 5 的整数，所述 R^8 基团的杂环部分的 1 或 2 个成环碳原子任选地被氧代（=O）部分取代，并且上述 R^8 基团的烷基，链烯基，链炔基，芳基和杂环部分任选地被独立地选自卤原子，氰基，硝基，三氟甲基，三氟甲氧基，叠氮基，-OR^6，-C（O）R^6，-C（O）OR^6，-OC（O）R^6，-NR^6C（O）R^7，-C（O）NR^6R^7，-NR^6R^7，-NR^6OR^7，C_1-C_6 烷基，C_2-C_6 链烯基，C_2-C_6 链炔基，-（CR^1R^2）$_t$（C_6-C_{10}芳基），和-（CR^1R^2）$_t$（4 至 10 元杂环），其中 t 是 0 至 5 的整数的 1 至 3 个取代基取代；

R^9 是非芳香单环，稠合或桥接双环，或者螺环，其中所述环含有 3～12 个碳原子，其中 0～3 个碳原子任选地被独立地选自 N，O，S（O）$_j$ 其中 j 是 0 至 2 的整数，和-NR^1-的杂原子部分置换，条件是两个 O 原子，两个 S（O）$_j$ 部分，一个 O 原子和一个 S（O）$_j$ 部分，一个 N 原子和一个 S 原子，或者一个 N 原子和一个 O 原子在所述环内彼此不直接连接，并且所述环的碳原子任选地被 1 个或 2 个 R^8 基团取代；

各个 R^{11}独立地选自 R^8 定义中给出的取代基，除了 R^{11}不是氧代（=O）；

R^{12}是 R^6，-OR^6，-OC（O）R^6，-OC（O）NR^6R^7，-OCO_2R^6，-S（O）$_jR^6$，-S（O）$_jNR^6R^7$，-NR^6R^7，-NR^6C（O）R^7，-$NR^6SO_2R^7$，-NR^6C（O）$NR^{6a}R^7$，-$NR^6SO_2NR^{6a}R^7$，-$NR^6CO_2R^7$，CN，

$-C$（O）R^6，或者卤原子，其中j是0至2的整数；

R^{13}是$-NR^1R^{14}$或者$-OR^{14}$；

R^{14}是H，R^{15}，$-C$（O）R^{15}，$-SO_2R^{15}$，$-C$（O）$NR^{15}R^7$，$-SO_2NR^{15}R^7$，或者$-CO_2R^{15}$；

R^{15}是R^{18}，$-(CR^1R^2)_t$（C_6-C_{10}芳基），$-(CR^1R^2)_t$（4至10元杂环），其中t是0至5的整数，该杂环的1或2个成环碳原子任选地被氧代（=O）部分取代，上述R^{15}基团的芳基和杂环部分任选地被1~3个R^8取代基取代；

各个R^{16}和R^{17}独立地选自H，C_1-C_6烷基，和$-CH_2OH$，或者R^{16}和R^{17}一起形成$-CH_2CH_2-$或$-CH_2CH_2CH_2-$；

R^{18}是C_1-C_6烷基，其中不与N或O原子键合或者不与S（O）$_p$键合，其中j是0至2的整数的各个碳原子任选地被R^{12}取代；

其中包括不与卤原子、SO或者SO_2基团或者N、O或S原子连接的CH_3（甲基）、CH_2（亚甲基）或CH（次甲基）基团的上述取代基任选地被选自羟基，卤原子，C_1-C_4烷基，C_1-C_4烷氧基和$-NR^1R^2$的基团取代。”

请求人认为：（1）喹啉环的苯并环上仅有一个取代基R^4，该取代基的定义与对比文件1相应位置上的取代基R^1的定义有较大差别，对比文件1的R^1基团定义中与上述“含烯基团和含炔基团”最为接近的是链烯氧基和链炔氧基；（2）说明书第29~30页记载了测定本申请化合物的体外活性的详细方法并给出了测定的总体结果；（3）请求人提供了一组仅带R^4取代基的本申请化合物相对于对比文件1化合物具有出人意料的技术效果的实验数据以证明本申请的化合物具有创造性，其中的化合物1是对比文件1中的化合物，而化合物2是本发明化合物，二者的区别仅在于喹啉环中的苯并环上的取代基不同。

经形式审查合格后，专利复审委员会受理了该请求，并于2005年4月8日向请求人发出了《复审请求受理通知书》，同时将本申请转送至国家知识产权局原审查部门进行前置审查。

在《前置审查意见书》中，国家知识产权局原审查部门认为：请求人在复审请求时提交的意见陈述书中的化合物1、2的结构模糊不清，请求人也没有指出本申请化合物具体为哪个实施例的化合物，从而无法确定对比试验数据的有效性，因此坚持驳回决定。

专利复审委员会组成合议组，对本复审请求案进行了审理。

合议组于2006年7月21日向请求人发出了《复审通知书》，指出：（1）权利要求1的化合物与对比文件1公开的化合物相比，区别仅在于喹唑啉化合物的苯环上取代基R^4定义不同，本领域技术人员通过对喹唑啉化合物的苯环上取代基的修饰和改造，得到具有相同或相似药效活性的化合物是显而易见的，故权利要求1不具备创造性，只有在本申请的化合物相对于对比文件1取得意想不到的技术效果的情况下，权利要求1才具备创造性；（2）权利要求2~13相对于对比文件1也不具备创造性；（3）请求人在复审请求时所提交的一组药理学实验数据不能用于证明本申请化合物的创造性；（4）请求人在答复实质审查阶段的《第一次审查意见通知书》时提交的附件1也不能证明本申请化合物具备创造性；故权利要求1~17相对于对比文件1不具备创造性，不符合专利法第22条第3款的规定。

针对上述《复审通知书》，请求人于2006年11月6日提交了意见陈述书，但没有对申请文件作出修改。

请求人认为：（1）化合物的药理学改变和活性高度取决于取代基的位置和种类，对本领域技术人员来说，这种改变往往是不可预见和非显而易见的，单就取代基结构而言，本申请化合物相对于对比文件1化合物是非显而易见的。（2）本申请化合物与对比文件1化合物的制备方法有所不同，仅通过替换具有相应取代基的原料并采用对比文件 1 的合成方法未必一定能够制得本申请的化合物，故从化合物制备方法角度而言，本申请化合物相对于对比文件 1 化合物也是非显而易见的。（3）本申请说明书第 29~30 页提供了测定本申请式 I 化合物体外活性（如 c-erbB2 激酶抑制活性）的详细方法，并且给出了测定的总体结果，复审请求时提交的个别化合物的对比实验数据也表明本申请的化合物的 erbB2 激酶抑制活性显著优于对比文件 1 的化合物。

至此，合议组认为本案事实已经清楚，可以作出审查决定。

二、决定的理由

1. 关于审查文本

本复审决定是以请求人于 2005 年 3 月 9 日提交的权利要求第 1~17 项和本申请进入中国国家阶段时提交的说明书第 1~84 页及其摘要为基础作出的。

2. 关于专利法第 22 条 3 款

专利法第 22 条第 3 款规定：创造性，是指同申请日以前已有的技术相比，该发明有突出的实质性特点和显著的进步。

结构上与已知化合物接近的化合物，必须要有预料不到的用途或效果，才有可能具备创造性。此预料不到的用途或效果可以是与该已知化合物的已知用途不同的用途；或者是对已知化合物的某一已知效果有实质性的改进或提高；或者是在一般常识中没有明确的或不能由常识推论得到的用途或效果。

就本案而言，权利要求 1 请求保护具有抑制异常细胞生长活性的式 1 结构的喹唑啉化合物。对比文件 1（US5821246A，公开日为 1998 年 10 月 13 日）同样公开了具有治疗增生性疾病如癌症的喹唑啉衍生物（具体参见对比文件 1 说明书第 1、30~65 栏，权利要求书）。权利要求 1 请求保护的化合物的结构与对比文件 1 公开的化合物的结构具有相同的主结构，差别仅在于喹唑啉化合物的苯环上取代基 R^4 基团定义不同（对比文件 1 中 R^1 基团对应于本申请的 R^4 基团），本申请权利要求 1 限定 R^4 为$-(CR^{16}R^{17})_m-C=C-(CR^{16}R^{17})_t-R^9$、$-(CR^{16}R^{17})_m-C=C-(CR^{16}R^{17})_k-R^{13}$，具体的实施例部分给出的 R^4 为烯丙基，对比文件 1 中概述部分提到 R^1 基团为链烯氧基等，具体给出的 R^1 为乙烯基氧基、烯丙基氧基，对本领域普通技术人员来说，乙烯基氧基、烯丙基氧基与烯丙基都为含烯基团，性质相似，在对比文件 1 给出了具体的 R^1 为乙烯基氧基或烯丙基氧基的基础上，通过对喹唑啉化合物的苯环上取代基的修饰和改造，将对比文件 1 中的 R^1 基团置换为本申请中的 R^4 基团（具体如烯丙基），得到具有相同或相似药效活性的化合物是显而易见的，不需要花费创造性的劳动，因此只有在证实本申请权利要求 1 所涉及的所有化合物相对于对比文件 1 中结构接近的化合物具有意想不到的技术效果的情况下，权利要求 1 的技术方案才具有创造性。

权利要求 2~12 对权利要求 1 的化合物进行了进一步的限定，在缺少药效活性对比实验数据的情况下，这些权利要求相对于对比文件 1 也没有带来突出的实质性特点和显著的进步，也不具有创造性。

权利要求 13~16 请求保护权利要求 1 的化合物在制备药物中的用途，所述用途在对比文件 1 中已经公开，当权利要求 1 的化合物不具有创造性时，其用途也不具有创造性。

权利要求 17 请求保护含有有效治疗异常细胞生长量的式 1 的化合物和药学可接受载体的用于治疗哺乳动物异常细胞生长的药物组合物，对比文件 1 披露了含与式 1 结构类似的化合物以及乳糖等载体制成的片剂、注射剂等，可见，对比文件 1 给出了将活性化合物与载体结合的技术启示，因此当权利要求 1 的式 1 化合物不具有创造性时，权利要求 17 请求保护的组合物也不具有创造性。

针对实质审查阶段的《第一次审查意见通知书》，请求人在答复《第一次审查意见通知书》时提交了一份附件 1（S. K. Bhattacharya 等/Biochemical Biophysical Research Communications 307（2003）267~273）用于证明创造性。但是在附件 1 的表 1 中，基团 R^4 是固定不变的并且是含炔基团，而请求人在 2005 年 3 月 9 日提交的权利要求书中已经将基团 R^4 限定为含烯基的基团，因此基团 R^4 为炔基基团的化合物不能用于证明基团 R^4 为含烯基基团的化合物的创造性；此外，在基团 R^4 为固定不变的情况下，也不能用于证明是由于基团 R^4 的不同带来了意想不到的技术效果。

请求人在提出复审请求时还提交了一组药理学实验数据，但是由于（1）一方面，请求人没有指出在复审请求书中提到的该组药理学实验中的化合物 1 和 2 具体是哪个实施例的化合物，另一方面，合议组也不能确认化合物 1 和 2 分别在对比文件 1 和本申请中实质上已经公开；（2）请求人在复审请求书中给出了化合物 1、2 的 erbB2 激酶抑制活性数据，但是并没有给出具体的药理学实验条件，本领域普通技术人员知道，如果药理学实验条件不同，测得的数据之间不具有可比性。因此，请求人在复审请求时提交的一组药理学实验数据不能证明本申请权利要求 1 的创造性，请求人关于权利要求 1 具有创造性的意见陈述不能被接受。

对于请求人答复《复审通知书》时所陈述的三点意见，合议组认为，

（1）对于具有相同母核结构的药物化合物，本领域普通技术人员通常会相信其药理学性质是相同的或相近似的，例如头孢类化合物，其具有相同母核结构的一系列头孢化合物都具有抗菌性质，如果药物化合物结构上的某一取代基基团发生改变从而导致药理学性质发生不可预见的变化，则需要通过药理学实验数据来证实这种不可预见性。

（2）本领域技术人员知道，结构相近的化合物通常可以通过相似的方法来制备，请求人没有证据表明采用对比文件 1 的方法，经过替换相应取代基的原料就不能得到本申请的化合物。

（3）说明书第 29~30 页并没有给出式 1 的具体化合物具有所述的抑制效果；如前所述，请求人在复审请求书中提交的一组药理学实验数据不能用于证明本申请权利要求 1 的创造性。

根据上述事实和理由，合议组作出如下审查决定。

三、决定

维持国家知识产权局于 2004 年 12 月 3 日针对第 01811470.9 号发明专利申请作出的驳回决定。

复审请求人对本决定不服的，可以根据专利法第 41 条第 2 款的规定，自收到本决定之日起三个月内向北京市第一中级人民法院起诉。

064

金刚烷类的制备方法

复审请求审查决定（第13276号）

决　定　号　第13276号
决　定　日　2008年4月16日
发明创造名称　金刚烷类的制备方法
国 际 分 类 号　C07C5/29，C07C13/615
复 审 请 求 人　出光兴产株式会社
申　请　号　01804825.0
最早优先权日　2000年12月11日
申　请　日　2001年11月26日
公　开　日　2003年2月19日
合 议 组 组 长　汪送来
主　审　员　侯　曜
参　审　员　任晓兰

法 律 依 据　专利法第22条第3款
决 定 要 点

在判断创造性时，首先要将权利要求的技术方案和最接近的现有技术进行对比，找出二者的区别特征，确定所述技术方案实际要解决的技术问题，进而考察现有技术中是否存在将该区别特征引入到所述最接近的现有技术中以解决上述技术问题的启示；如果现有技术中不存在这样的启示，则该权利要求具备创造性。

一、案由

本复审请求涉及发明名称为“金刚烷类的制备方法”的第01804825.0号发明专利申请（下称本申请），申请人为出光兴产株式会社（由出光石油化学株式会社变更而来），申请日为2001年11月26日，最早的优先权日为2000年12月11日，公开日为2003年2月19日。

2006年10月13日，国家知识产权局以权利要求1~4不符合专利法第22条第3款的规定为由驳回了本申请。驳回决定针对的权利要求如下：

“1. 一种制备金刚烷类的方法，其特征在于，使用含有从元素周期表第VIII族（在新元素周期表中为第8~12族）金属中选取的1种或2种以上的金属的固体酸催化剂对10个碳以上的三环式饱和烃进行异构化，制备具有金刚烷结构的烃时，在10个碳以上的三环式饱和烃中添加1种或2种以上的单环式饱和烃。

2. 根据权利要求 1 记载的制备金刚烷类的方法，其中，单环式饱和烃为环己烷或乙基环己烷或它们的混合物。

3. 根据权利要求 1 记载的制备金刚烷类的方法，其中，元素周期表第 VIII 族（在新元素周期表中为第 8~12 族）的金属为铂。

4. 根据权利要求 1 记载的制备金刚烷类的方法，其中，固体酸催化剂为 Y 型沸石。”

驳回决定认为：（1）权利要求 1 要求保护一种制备金刚烷类的方法，对比文件 1（“沸石催化合成金刚烷”，郭建维，米振涛，杨军，石油化工，第 27 卷第 1 期，第 34~37 页，1998 年）公开了不存在 HCl 时，在负载 Y 型沸石催化剂存在下，四氢双环戊二烯异构化反应制备金刚烷的技术方案，权利要求 1 所要求保护的技术方案与对比文件 1 所公开的技术内容相比，其区别在于在异构化时加入了单环式饱和烃，但本申请技术方案所得金刚烷的收率低于对比文件 1 中金刚烷的收率，且收率波动很大，因此本申请与对比文件 1 相比，虽然有区别技术特征，但无效果，甚至其实质效果比对比文件 1 公开的效果更差，因而权利要求 1 不具备突出的实质性特点和显著的进步，不具备创造性；（2）从属权利要求 2~4 的附加技术特征或被对比文件 1 公开或有区别无效果，基于同样的理由，也不具备创造性。

2007 年 1 月 29 日，出光兴产株式会社（下称请求人）对上述驳回决定不服，向专利复审委员会提出复审请求，请求人在提出复审请求时没有对申请文件进行修改。请求人认为：（1）对比文件 1 公开的反应均为高压釜中的间歇式反应，且仅进行了 3 小时，而本申请实施例是利用固定床流化反应器的连续反应，反应时间为 40 小时，因此不能简单地将对比文件 1 中获得的高收率与本申请连续反应中稳定的转化率、选择性和收率进行比较；（2）通过将对比文件 1 表 2 和表 5 的试验结果与本申请的实施例 1 和 5 的结果进行对比，表明本申请在每单位量（g）催化剂的金刚烷收率上具有显著效果，因此权利要求 1~4 具备创造性。

2007 年 3 月 8 日，经形式审查合格后，专利复审委员会受理了该请求，并向请求人发出了《复审请求受理通知书》，同时将本申请转送至国家知识产权局原审查部门进行前置审查。

在《前置审查意见书》中，国家知识产权局原审查部门仍然认为本申请相对于对比文件 1 而言，技术方案有区别但无效果，因此坚持驳回决定。

专利复审委员会依法组成合议组，对本复审请求案进行了审理。

经合议，合议组认为本案事实已经清楚，可以依法作出复审决定。

二、决定的理由

1. 关于审查文本

本复审请求审查决定以驳回决定针对的文本作为审查文本。

2. 关于专利法第 22 条第 3 款

专利法第 22 条第 3 款规定，创造性，是指同申请日以前已有的技术相比，该发明有突出的实质性特点和显著的进步，该实用新型有实质性特点和进步。

在判断创造性时，首先要将权利要求的技术方案和最接近的现有技术进行对比，找出二者的区别特征，确定所述技术方案实际要解决的技术问题，进而考察现有技术中是否存在将该区别特征引入到所述最接近的现有技术中以解决上述技术问题的启示；如果现有技术中不存在这样的启示，则该权利要求具备创造性。

（1）就本申请而言，权利要求 1 要求保护一种制备金刚烷类的方法，使用含有从元素周期表第 VIII 族（在新元素周期表中为第 8~12 族）金属中选取的 1 种或 2 种以上的金属的固体酸催化剂对 10 个碳以上的三环式饱和烃进行异构化，制备具有金刚烷结构的烃时，在 10 个碳以上的三环式饱和烃中添加 1 种或 2 种以上的单环式饱和烃。对比文件 1 公开了一种沸石催化合成金刚烷的方法，并具体公开了在一个 130ml 不锈钢高压釜中加入 50g 桥式四氢双环戊二烯，接着加入催化剂（负载型催化剂需在氮气保护下加入），用氢气置换釜内空气后调节氢气压力到指定值，升温并开动搅拌，反应结束，混合物冷却后，加入 50ml 正己烷溶解，过滤除去催化剂……得到纯度为 99% 的金刚烷白色晶体；对比文件 1 还公开了可用于上述制备方法的负载型 USY 沸石催化剂，所述催化剂分别负载不同种类、不同量的金属，或者多组分金属共载，负载的金属是 Pt、Co、Re、Ni 或几种金属共载（参见对比文件 1 的第 35 页）。权利要求 1 的技术方案和对比文件 1 公开的内容相比，区别在于：权利要求 1 中添加了 1 种或 2 种以上的单环式饱和烃。

从本申请说明书公开的内容来看，在使用固体酸催化剂进行三环式饱和烃的异构化反应以制备金刚烷类的反应中，加入单环式饱和烃能够显著提高原料三环式饱和烃的转化率及金刚烷的选择性（参见说明书第 1 页倒数第二段至第三段，第 7 页倒数第一段）。并且，本申请还提供了实施例 1~6 和比较例 1~5，用以验证单环式饱和烃对于上述异构化反应的作用。其中，在操作条件完全相同的情况下，从实施例 3 和 4 与无添加物的比较例 3 相比的反应结果可以看出，当添加 ECH 时，原料 TMN（亚丙基降冰片烷）的转化率显著提高，当添加 CH 时，产物金刚烷的选择性显著提高；从实施例 5 和比较例 4 的反应结果也可以看出，当添加 ECH 时，TMN 的转化率显著高于不使用添加物的情况。因此，实施例的数据表明，在上述制备金刚烷类的催化异构化反应中引入 1 种或 2 种以上的单环式饱和烃，能够提高原料的转化率和产物的选择性。由此可知，权利要求 1 的技术方案实际解决的技术问题是，在由三环式饱和烃异构化制备具有金刚烷结构的烃的方法中，提高三环式饱和烃的转化率和金刚烷类的选择性。判断权利要求 1 是否具备创造性，焦点在于判断现有技术中是否存在技术启示，促使本领域技术人员将 1 种或 2 种以上的单环式饱和烃引入上述制备金刚烷类的催化异构化反应中，从而提高原料的转化率和产物的选择性。

对比文件 1 公开了在负载的 Y 型沸石催化剂存在下，由四氢双环戊二烯的异构化反应制备金刚烷的方法，以及所述负载型沸石催化剂的制备方法，还讨论了反应条件对于反应的影响并得到了合成金刚烷的最佳工艺条件（参见对比文件 1 的第 25~36 页）。但对比文件 1 没有公开或暗示在上述异构化反应中加入单环式饱和烃能够提高原料的转化率和产物的选择性，因此，当本领域技术人员面对上述本发明需要解决的技术问题时，不会由对比文件 1 获得启示，想到在对比文件 1 中公开的制备方法的基础上，加入 1 种或 2 种以上的单环式饱和烃从而获得本申请权利要求 1 的技术方案，目前也没有证据表明现有技术给出了将上述区别技术特征用于对比文件 1 以解决本申请技术问题的技术启示。

尽管根据实施例的结果计算，本申请技术方案所得金刚烷的收率总体上不高于对比文件 1 公开的金刚烷收率（参见对比文件 1 的第 35 页右栏表 2），且收率波动较大，最高至 15.4%，最低至 5.38%，但合议组认为：对比文件 1 中的所有试验均是在一个不锈钢高压釜中进行的，在反应结束，混合物冷却后，通过溶解、过滤、减压蒸馏、重结晶等步骤处理反应混合物以得到白色晶体状产物，且反应时间均为 3 小时（参见对比文件 1 的第 35 页第 2.3 节，及表 1~5），由此可见，对比文件 1 中公开的催化异构化反应，其反应方式是间歇式。而本申请所有实施例中的反应均为以连续式的方式进行 40 小时。本领域技术人员均知晓，所谓“间歇式”，是指将有限量的物料，按规定的加工工序，在一个或多个设备中加工，以获得有限量的产品的加工过程，如果需要更多的产品，必须重复该过程，间歇式反应过程中的物料组成、催化剂活性和生产能力等将随着反应的进行不断变化；而所谓“连续式”，是指原料连续不断地通过一组专门设备，每台设备处于稳态操作并只执行一个特定的加工任务，产品以连续流动的方式输出，在一定时间范围内，连续式的生产过程中各方面基本处于稳定状态，因此，对比文件 1 公开的以间歇式进行的最初 3 小时的结果与本申请中以连续式进行长达 40

小时的结果之间不具有可比性。而本申请的比较例1~5的试验条件均为不使用添加物，以连续式进行催化异构化，因此，可以作为适合的对照例，与本申请的权利要求1的技术方案进行比较。

综上所述，本申请权利要求1的技术方案相对于对比文件1具备突出的实质性特点和显著的进步，具备专利法第22条第3款规定的创造性。

（2）权利要求2~4进一步限定了权利要求1中单环式饱和烃、负载的金属和固体酸催化剂，在权利要求1相对于对比文件1具备创造性的前提下，权利要求2~4的技术方案也具备突出的实质性特点和显著的进步，符合专利法第22条第3款的规定。

基于上述理由，合议组作出下述决定。

三、决定

撤销国家知识产权局于2006年10月13日针对第01804825.0号发明专利申请作出的驳回决定，由国家知识产权局原审查部门以驳回决定所针对的文本为基础继续审查。

复审请求人对本决定不服的，可以根据专利法第41条第2款的规定，自收到本决定之日起三个月内向北京市第一中级人民法院起诉。

065

氨基葡萄糖酸及其衍生物的铬配合物及其制备方法和用途

复审请求审查决定（第13340号）

决　定　号　第13340号
决　定　日　2008年5月19日
发明创造名称　氨基葡萄糖酸及其衍生物的铬配合物及其制备方法和用途
国际分类号　C07H 5/06，A61K 31/7008，A61P 3/02，A61P 3/10
复审请求人　南京大学
申　请　号　03131533.X
申　请　日　2003年5月23日
公　开　日　2004年2月4日
合议组组长　张家祥
主　审　员　危　峰
参　审　员　黄　强

法律依据　专利法第26条第4款
决定要点

权利要求书应当以说明书为依据，是指权利要求应当得到说明书的支持。权利要求书中的每一项权利要求所要求保护的技术方案应当是所属技术领域的技术人员能够从说明书充分公开的内容中得到或概括得出的技术方案，并且不得超出说明书公开的范围。

一、案由

本复审请求案涉及发明名称为“氨基葡萄糖酸及其衍生物的铬配合物及其制备方法和用途”的第03131533.X号发明专利申请（下称本申请），申请人为南京大学，申请日为2003年5月23日，公开日为2004年2月4日。

2006年5月26日，针对申请人于2006年4月14日提交的权利要求第1~10项、说明书第7~8、11页和说明书附图第4页，2005年4月8日提交的说明书附图第1~2页，2003年8月14日提交的说明书第14页、说明书附图第3页以及2003年5月23日提交的说明书第1~6、9~10、12~13页和说明书摘要，国家知识产权局以权利要求5不符合专利法第26条第4款的规定为由驳回了本申请。

驳回决定认为：权利要求5中铬离子为“两个以上”的技术方案在说明书中没有制备代表性实例，得不到说明书的支持，不符合专利法第26条第4款的规定。

驳回决定所针对的权利要求书如下：

“1. 氨基葡萄糖酸铬化合物，其特征是化学一般式表示的单核配位化合物为：

M_f [Cr (gls-N, O) a (glst-N, O) b (nglct-O, O)$_c$ $(OH)_k$ $(OH_2)_m$] $(A)_d$　　式（1）

式（1）中，a，b，c 取 0~3 的整数并 a+b+c=1-3，N 表示氨基的氮原子；O 在氨基葡萄糖 gls 中表示与氨基邻位或间位的羟基的氧原子，该羟基也可以是脱质子；O 在氨基葡萄糖酸 glst 中表示羧基脱质子的氧原子；O 在硝基葡萄糖酸 nglst 中表示羧基的脱质子的和硝基的氧原子；k+m=0~4 的整数，f，d 为保持化合物电荷平衡取整数值；M 表示带正电荷的离子，A 表示 OH^-，Cl^-，NO_3^-，SO_4^{2-}；

或由化学一般式表示的单核配位化合物

[Cr (glst-N, O, O)$_e$] R_p　　式（2）

式（2）中，e 取 1，2 整数，e 取 1 时，铬离子的另外三个配位点可以是水，氢氧根，氯离子；O 氨基葡萄糖酸中的羧基的脱质子的氧原子和氨基邻位或间位的羟基的氧原子；N 为氨基的氮原子；R 表示带负电荷的离子，p 取值使化合物保持电荷平衡的整数；

或由化学一般式表示的双核配位化合物：

M_f [Cr_2 (μ-OH)$_g$ (gls-N, O) h (glst-N, O)$_i$ (nglct-O, O)$_j$]　　式（3）

式（3）中，g，h，i，j 取 0~3 的整数并 g+i+j=2~6，N 表示氨基的氮原子；O 在氨基葡萄糖中表示与氨基邻位或间位的羟基的氧原子；O 在氨基葡萄糖酸 glst 中表示羧基的氧原子；O 在硝基葡萄糖酸 nglct 中表示羧基和硝基的氧原子；

M 为平衡电荷的阳离子，取 f 使分子式保持电荷平衡。

2. 氨基葡萄糖酸铬化合物的制备方法：其特征是用氨基葡萄糖与铬酸盐进行反应而生成，获得氨基葡萄糖、氨基葡萄糖酸以及硝基葡萄糖酸配位的铬化合物，是以式（1）、式（2）和式（3）定义的铬化合物为主要成分的生成物，该生成物可以经分离得到式（1）、式（2）和式（3）定义的铬化合物。

3. 氨基葡萄糖酸铬化合物的制备方法：其特征是用氨基葡萄糖酸和氨基葡萄糖与三价铬化合物在溶液中反应得到氨基葡萄糖及氨基葡萄糖酸配位的铬化合物，是以式（1）c=0、式（2）和式（3）i=0 定义的铬化合物。

4. 由权利要求 1 所述的氨基葡萄糖酸铬化合物，其特征是所获得的氨基葡萄糖、氨基葡萄糖酸及硝基葡萄糖酸的铬配合物中，氨基葡萄糖、氨基葡萄糖酸和硝基葡萄糖酸中的氨基、羧基、羟基和硝基与铬离子配位而成铬配合物；其中羟基是部分脱质子化的。

5. 由权利要求 1 所述的氨基葡萄糖酸铬化合物，其特征是所述配合物中金属铬离子是单个或两个或两个以上，与一个或数个氨基葡萄糖酸的氨基和/或羟基和/或羧基结合形成本发明的配合物；两个或两个以上时，铬与铬之间即可以通过架桥的氢氧根离子连接或通过羧基连接成双核或多核配合物。

6. 由权利要求 2 所述的氨基葡萄糖酸铬化合物的制备方法，其特征是氨基葡萄糖可以用氨基葡萄糖的盐，用碱中和后，在醇性溶剂中获得的去盐的氨基葡萄糖使用；高价的铬源用铬酸钾、重铬酸钾溶液获得的高价铬化合物，其反应在水溶液或水性混合溶液中进行，反应溶剂使用水、甲醇或乙醇，其反应的 pH 条件可以取弱酸性到弱碱性，以调节氧化还原能力控制反应产物中主产物的比例。

7. 由权利要求 3 所述的氨基葡萄糖酸铬化合物的制备方法，其特征是将六水三氯化铬，硝酸铬，硫酸铬溶解在水中滴加入氨基葡萄糖酸溶液中反应；氨基葡萄糖酸与铬化合物的投料量比根据要合成的氨基葡萄糖酸铬中铬的含量要求进行调整，通常 4：1~3：1；使用水，甲醇，乙醇溶剂加热到50~85 度，等紫红色产物生成完成反应后，适当浓缩或添加醇类使产物溶解度降低而分离；该产品通过重结晶或离子交换树脂分离。

8. 由权利要求6所述的氨基葡萄糖酸铬化合物的制备方法，其特征是反应温度在室温-70度进行；用减低反应产物溶解度的方法，使用过滤，也可使用离心分离或加压过滤，使分离过程加快，最后经用氨基葡萄糖酸铬化合物溶解性较小醇类或醇水混合溶剂洗涤、干燥，产物利用离子交换树脂进行分离。

9. 由权利要求2或3所述的氨基葡萄糖酸铬化合物的制备方法，其特征是氨基葡萄糖酸铬化合物是由氨基葡萄糖、氨基葡萄糖酸和硝基葡萄糖酸与铬离子配位形成的中性的或带电荷的配合物和作为对离子的阳离子形成的配合物，以红外光谱表征特征是：

$CrC_{18}H_{36}N_3O_{17}$或$CrC_{18}H_{34}N_3O_{20}$红外特征光谱：

1524w；1489w；1374wb；1343m；1160w；1088s；1037s；949ms；898w；839s；575w；416w；$NaCR^2C_{36}H_{65}N_6O_{45}$红外特征光谱：1521w；1419w；1384msb；1050sb；807w；605ms；823s；558sh；414w；

$Na_2CR^2C_{24}H_{44}N_4O_{30}$红外特征光谱：1523w；1457wl 1384msbl 1064sbl 856wl 819sl 553bl 423w；

$CrC_{12}H_{24}N_2O_{12}Cl$：红外特征光谱：1636s；1495ms；1398ms；1343；1077s；1034s；881ms；574；413。

10. 氨基葡萄糖酸铬配合物的应用：其特征是氨基葡萄糖酸铬按含铬量每人每日30~200mcg/g标准配伍用补充微量生物活性元素，保健降糖。”

2006年7月21日，申请人南京大学（下称请求人）对上述驳回决定不服，向专利复审委员会提出复审请求，请求人在提出复审请求时对权利要求书进行了修改，将权利要求5中的“与一个或数个氨基葡萄糖酸的氨基和/或羟基和/或羧基结合形成本发明的配合物”删除。修改后的权利要求书为：

“1. 氨基葡萄糖酸铬化合物，其特征是化学一般式表示的单核配位化合物为：

M_f［Cr（gls-N，O）$_a$（glst-N，O）$_b$（nglct-O，O）$_c$（OH）$_k$（OH_2）$_m$］（A）$_d$　式（1）

式（1）中，a，b，c取0~3的整数并a+b+c=1~3，N表示氨基的氮原子；O在氨基葡萄糖gls中表示与氨基邻位或间位的羟基的氧原子，该羟基也可以是脱质子；O在氨基葡萄糖酸glst中表示羧基脱质子的氧原子；O在硝基葡萄糖酸nglst中表示羧基的脱质子的和硝基的氧原子；k+m=0~4的整数，f，d为保持化合物电荷平衡取整数值；M表示带正电荷的离子，A表示OH^-，Cl^-，NO_3^-，SO_4^{2-}；

或由化学一般式表示的单核配位化合物

［Cr（glst-N，O，O）$_e$］R_p　式（2）

式（2）中，e取1，2整数，e取1时，铬离子的另外三个配位点可以是水，氢氧根，氯离子；O氨基葡萄糖酸中的羧基的脱质子的氧原子和氨基邻位或间位的羟基的氧原子；N为氨基的氮原子；R表示带负电荷的离子，p取值使化合物保持电荷平衡的整数；

或由化学一般式表示的双核配位化合物：

M_f［Cr_2（μ-OH）$_g$（gls-N，O）$_h$（glst-N，O）$_i$（nglct-O，O）$_j$］　式（3）

式（3）中，g，h，i，j取0~3的整数并g+i+j=2~6，N表示氨基的氮原子；O在氨基葡萄糖中表示与氨基邻位或间位的羟基的氧原子；O在氨基葡萄糖酸glst中表示羧基的氧原子；O在硝基葡萄糖酸nglct中表示羧基和硝基的氧原子；

M为平衡电荷的阳离子，取f使分子式保持电荷平衡。

2. 氨基葡萄糖酸铬化合物的制备方法：其特征是用氨基葡萄糖与铬酸盐进行反应而生成，获得氨基葡萄糖、氨基葡萄糖酸以及硝基葡萄糖酸配位的铬化合物，是以式（1）、式（2）和式（3）定义的铬化合物为主要成分的生成物，该生成物可以经分离得到式（1）、式（2）和式（3）定义的铬化合物。

3. 氨基葡萄糖酸铬化合物的制备方法：其特征是用氨基葡萄糖酸和氨基葡萄糖与三价铬化合物在溶液中反应得到氨基葡萄糖及氨基葡萄糖酸配位的铬化合物，是以式（1）c=0、式（2）和式（3）i=0 定义的铬化合物。

4. 由权利要求 1 所述的氨基葡萄糖酸铬化合物，其特征是所获得的氨基葡萄糖、氨基葡萄糖酸及硝基葡萄糖酸的铬配合物中，氨基葡萄糖、氨基葡萄糖酸和硝基葡萄糖酸中的氨基、羧基、羟基和硝基与铬离子配位而成铬配合物；其中羟基是部分脱质子化的。

5. 由权利要求 1 所述的氨基葡萄糖酸铬化合物，其特征是所述配合物中金属铬离子是单个或两个，两个铬离子时，铬与铬之间通过架桥的氢氧根离子连接或通过羧基连接成双核配合物。

6. 由权利要求 2 所述的氨基葡萄糖酸铬化合物的制备方法，其特征是氨基葡萄糖可以用氨基葡萄糖的盐，用碱中和后，在醇性溶剂中获得的去盐的氨基葡萄糖使用；高价的铬源用铬酸钾、重铬酸钾溶液获得的高价铬化合物，其反应在水溶液或水性混合溶液中进行，反应溶剂使用水、甲醇或乙醇，其反应的 pH 条件可以取弱酸性到弱碱性，以调节氧化还原能力控制反应产物中主产物的比例。

7. 由权利要求 3 所述的氨基葡萄糖酸铬化合物的制备方法，其特征是将六水三氯化铬，硝酸铬，硫酸铬溶解在水中滴加入氨基葡萄糖酸溶液中反应；氨基葡萄糖酸与铬化合物的投料量比根据要合成的氨基葡萄糖酸铬中铬的含量要求进行调整，通常 4∶1~3∶1；使用水，甲醇，乙醇溶剂加热到50~85 度，等紫红色产物生成完成反应后，适当浓缩或添加醇类使产物溶解度降低而分离；该产品通过重结晶或离子交换树脂分离。

8. 由权利要求 6 所述的氨基葡萄糖酸铬化合物的制备方法，其特征是反应温度在室温-70 度进行；用减低反应产物溶解度的方法，使用过滤，也可使用离心分离或加压过滤，使分离过程加快，最后经用氨基葡萄糖酸铬化合物溶解性较小醇类或醇水混合溶剂洗涤、干燥，产物利用离子交换树脂进行分离。

9. 由权利要求 2 或 3 所述的氨基葡萄糖酸铬化合物的制备方法，其特征是氨基葡萄糖酸铬化合物是由氨基葡萄糖、氨基葡萄糖酸和硝基葡萄糖酸与铬离子配位形成的中性的或带电荷的配合物和作为对离子的阳离子形成的配合物，以红外光谱表征特征是：

$CrC_{18}H_{36}N_3O_{17}$或 $CrC_{18}H_{34}N_3O_{20}$红外特征光谱：

1524w；1489w；1374wb；1343m；1160w；1088s；1037s；949ms；898w；839s；575w；416w；$NaCR^2C_{36}H_{65}N_6O_{45}$ 红外特征光谱：1521w；1419w；1384msb；1050sb；807w；605ms；823s；558sh；414w；

$Na_2Cr_2C_{24}H_{44}N_4O_{30}$红外特征光谱：1523w；1457wl 1384msbl 1064sbl 856wl 819sl 553bl 423w；

$CrC_{12}H_{24}N_2O_{12}Cl$：红外特征光谱：1636s；1495ms；1398ms；1343；1077s；1034s；881ms；574；413。

10. 氨基葡萄糖酸铬配合物的应用：其特征是氨基葡萄糖酸铬按含铬量每人每日 30~200mcg/g 标准配伍用补充微量生物活性元素，保健降糖。”

经形式审查合格后，专利复审委员会受理了该请求，并于 2006 年 10 月 25 日向请求人发出了《复审请求受理通知书》，同时将本申请转送至国家知识产权局原审查部门进行前置审查。

在《前置审查意见书》中，国家知识产权局原审查部门认为驳回理由仍然存在，因此坚持驳回决定。

专利复审委员会组成合议组，对本复审请求案进行了审理。

经合议，合议组认为本案事实清楚，可以作出审查决定。

二、决定的理由

1. 关于审查文本

本复审请求审查决定所针对的文本是：请求人于2006年7月21日提交的权利要求第1~10项，2006年4月14日提交的说明书第7~8、11页和说明书附图第4页，2005年4月8日提交的说明书附图第1~2页，2003年8月14日提交的说明书第14页、说明书附图第3页以及2003年5月23日提交的说明书第1~6、9~10、12~13页和说明书摘要。

2. 关于专利法第26条第4款

专利法第26条第4款规定：权利要求书应当以说明书为依据，说明要求专利保护的范围。

权利要求书应当以说明书为依据，是指权利要求应当得到说明书的支持。权利要求书中的每一项权利要求所要求保护的技术方案应当是所属技术领域的技术人员能够从说明书充分公开的内容中得到或概括得出的技术方案，并且不得超出说明书公开的范围。

驳回决定认为，权利要求5中铬离子为“两个以上”的技术方案在说明书中没有制备代表性实例，得不到说明书的支持，不符合专利法第26条第4款的规定。

请求人在2006年7月21日提出复审请求时对权利要求书进行了修改，修改后的权利要求5为：“由权利要求1所述的氨基葡萄糖酸铬化合物，其特征是所述配合物中金属铬离子是单个或两个，两个铬离子时，铬与铬之间通过架桥的氢氧根离子连接或通过羧基连接成双核配合物。”由此可见，修改后的权利要求5中不存在金属铬离子为“两个以上”的技术方案，因此，驳回决定中指出的权利要求5不符合专利法第26条第4款规定的缺陷已被克服。

根据上述事实和理由，合议组作出如下审查决定。

三、决定

撤销国家知识产权局于2006年5月26日针对第03131533. X号发明专利申请作出的驳回决定，由国家知识产权局原审查部门以本复审请求审查决定所针对的文本为基础继续审批程序。

复审请求人对本决定不服的，可以根据专利法第41条第2款的规定，自收到本决定之日起三个月内向北京市第一中级人民法院起诉。

066

含水混合粘合组合物和制法

复审请求审查决定（第13382号）

决　　定　　号　第13382号
决　　定　　日　2008年5月18日
发明创造名称　含水混合粘合组合物和制法
国 际 分 类 号　C09J4/00
复 审 请 求 人　罗姆和哈斯公司
申　　请　　号　02126338.8
优 先 权 日　2001年7月20日
申　　请　　日　2002年7月17日
公　　开　　日　2003年2月26日
合议组组长　孙跃飞
主　　审　　员　吴红权
参　　审　　员　刘　亚

法 律 依 据　专利法第33条，专利法第22条第3款
决 定 要 点

如果申请的内容通过增加、改变和/或删除其中的一部分，致使所属技术领域的技术人员看到的信息与原申请记载的信息不同，而且又不能从原申请记载的信息中直接地、毫无疑义地确定，那么这种修改是不允许的，反之，则是允许的。

如果权利要求的技术方案与最接近现有技术相比存在区别技术特征，但现有技术给出了将上述区别技术特征应用到最接近现有技术以解决其存在的技术问题的技术启示，则权利要求的技术方案相比于现有技术不具备创造性。

一、案由

本复审请求涉及发明名称为“含水混合粘合组合物和制法”的第02126338.8号发明专利申请（下称本申请），申请人为罗姆和哈斯公司，申请日为2002年7月17日，优先权日为2001年7月20日，公开日为2003年2月26日。

国家知识产权局原审查部门针对原始申请文本对本申请进行实质审查，于2005年1月21日发出《第一次审查意见通知书》，指出：（1）说明书公开不充分，不符合专利法第26条第3款的规定。（2）权利要求1~8相对于对比文件1（US4，618，390A，授权公开日1986年10月21日）不具有新颖性，不符合专利法第22条第2款的规定。（3）权利要求9相对于对比文件1不具有创造性，不符

合专利法第22条第3款的规定。(4)权利要求6和10得不到说明书的支持，不符合专利法第26条第4款的规定。(5)权利要求9缺乏必要技术特征，不符合专利法实施细则第21条的规定。(6)权利要求4、5不清楚，不符合专利法实施细则第20条的规定。(7)权利要求7与8、9或10之间以及权利要求1与9之间不具有单一性，不符合专利法第31条第1款的规定。

针对《第一次审查意见通知书》，申请人于2005年6月6日提交了意见陈述书和修改后的权利要求书。针对《第一次审查意见通知书》中提出的权利要求1~8不具有新颖性的审查意见，申请人认为：对比文件1描述了一种由丙烯酸丁酯、甲基丙烯酸甲酯和羟基丙烯酸乙酯（EHA）形成的丙烯酸酯共聚物与聚异氰酸酯反应得到的产物粘合剂组合物，其中含有多元醇组分和其他添加剂。该粘合剂中的丙烯酸酯共聚物在其共聚物主链中必须含有羟基官能单体2-EHA。其聚合物上具有-OH官能团表明在该反应体系中是与聚异氰酸酯具有反应性的。与此不同，本申请由烯属不饱和单体（如(甲基)丙烯酸酯）形成的聚合物则无需含有-OH官能团。因此本申请只有多元醇发生聚异氰酸酯与-OH基团的反应，而丙烯酸酯聚合物不发生此反应，即产生的是确定的聚氨酯和其他聚合物的互穿聚合物网络，因此，本申请与对比文件1存在区别。

2005年12月9日，针对申请人于2005年6月6日提交的权利要求书、申请日提交的说明书及其摘要，国家知识产权局以权利要求1~6不符合专利法第22条第2款规定以及权利要求7~10不符合专利法第31条第1款规定为由驳回了本申请。

驳回决定认为：

(1)权利要求1请求保护一种二组分的粘合剂组合物，第一组分包括胶乳混合物，第二组分包括聚异氰酸酯，其中胶乳混合物包括一定配比的多元醇和烯属不饱和单体形成的水基聚合物，第二组分相对于第一组分NCO/OH摩尔比为0.9~3.0。对比文件1公开了一种粘合剂组合物，它适用于层压材料（参见对比文件1第2栏第10~30行），可见对比文件1的技术领域与本申请完全相同。对比文件1粘合剂分为两个组分，其中A是固体含量为65%的胶乳，该胶乳由下述三种物质共聚得到(①共计1180克的丙烯酸丁酯，②662.3克的甲基丙烯酸甲酯，③57克的丙烯酸2-羟基丁酯)。然后，将100重量份的胶乳与1.8重量份的三聚丙二醇混合，使用前与11.75份的异氰酸酯交联剂混合（参见对比文件1实施例1），对比文件1实施例1的NCO/OH摩尔比也落入权利要求1的保护范围之内，因此，权利要求1的所有技术特征已经被对比文件1公开，它们的技术方案、技术效果实质相同，因此权利要求1不具有新颖性。

(2)从属权利要求2的附加技术特征是所述的多元醇是聚丙二醇，而对比文件1实施例1采用的是三聚丙二醇，三聚丙二醇是聚丙二醇的下位概念，因此权利要求2不具有新颖性。

(3)从属权利要求3的附加技术特征是所述的聚合物用α，β-烯属不饱和单体制成并具有5000和2000000之间的重均分子量，但是用于层压材料的粘合剂的分子量范围实际上是本领域技术人员已知的，对比文件1实施例1的分子量必然也在这个范围内，因此对比文件1隐含地公开了权利要求3的技术方案，因此权利要求3不具有新颖性。

(4)权利要求4引用权利要求2，其附加技术特征是所述的多元醇具有在200和1000间的分子量，而对比文件1实施例1的三聚丙二醇的分子量为208，落入了权利要求4的保护范围之内，因此权利要求4不具有新颖性。

(5)从属权利要求5的附加技术特征是对水分散性异氰酸酯做了进一步选择，而对比文件1第4栏第20~37行公开了权利要求5的绝大多数异氰酸酯化合物，并且公开了异氰酸酯的低聚物也可以使用，因此权利要求5不具有新颖性。

(6)权利要求6是用参数限定的产品权利要求，一般情况下，相同的技术方案必然导致相同的技术效果，由于对比文件1和权利要求1的技术方案实质相同，因此可以认为对比文件1已经隐含公开了权利要求6的技术方案，因此权利要求6不具有新颖性。

(7) 在权利要求1的粘合剂不具有新颖性的情况下，由该粘合剂制造层压产品的方法以及由该粘合剂制得的层压产品之间不具有相同或相应的特定技术特征，因此权利要求7~10之间不具有单一性。

(8) 对于申请人陈述的意见，审查员认为，权利要求1没有对烯属不饱和单体具体限定，从属权利要求中也没有对烯属不饱和单体具体限定，而EHA是烯属不饱和单体的下位概念，本申请说明书第3页第2段指出了适宜的单体包括EHA（丙烯酸羟乙基酯），因此，EHA是可用的单体之一，聚合后得到的水基聚合物应当适用于本发明。

驳回决定针对的权利要求书如下：

“1. 二组分的粘合剂组合物，包括：

第一组分包括一胶乳混合物，它包括含有至少两个羟基基团并选自由聚醚多元醇、聚酯多元醇、聚醚聚酯多元醇及其混合物组成的组的0.1到20重量%的一种多元醇，和80%到99.9%的由烯属不饱和单体形成的水基聚合物；和包括水分散性的聚异氰酸酯的第二组分，该第二组分相对于所述的第一组分具有NCO/OH摩尔比为0.9到3.0的含量。

2. 权利要求1的组合物，其中所述的多元醇是聚丙二醇。

3. 权利要求1的组合物，其中所述的聚合物用α，β-烯属不饱和单体制成并具有5000和2000000之间的重均分子量。

4. 权利要求2的组合物，其中所述的多元醇具有在200和1000间的分子量。

5. 权利要求1的组合物，其中所述的水分散性异氰酸酯选自以甲苯二异氰酸酯、异佛尔酮二异氰酸酯、己二异氰酸酯、二苯基甲烷二异氰酸酯、二环己基甲烷二异氰酸酯、其异构体或其混合物为基础的异氰酸酯。

6. 权利要求1的组合物，其中所述的粘合剂呈现出第一组分和第二组分共混在一起后至少8小时的贮存期。

7. 一种层压材料，包括通过权利要求1所述的组合物所粘合的第一和第二膜片。

8. 制作层压制品的方法，其中至少两底材层是用一粘合剂层粘合在一起的，包括用权利要求1的粘合剂组合物粘合所述的至少两底材层。

9. 制造层压制品的方法，其中至少两底材层是用一干燥粘合剂层粘合的，包括以下步骤：

(a) 提供一混合物包括80至99.9重量%至少一烯属不饱和单体的聚合物的胶乳和含量为所述混合物的0.1至20重量%的多元醇以提供羟基官能度，该多元醇含有至少两个羟基基团并选自聚醚多元醇、聚酯多元醇、聚醚聚酯多元醇及其混合物组成的组；

(b) 用所述的混合物与水分散性的异氰酸酯混合形成该粘合剂，该水分散性的异氰酸酯相对于所述混合物具有NCO/OH摩尔比为0.9至3.0的含量；

(c) 施加一湿层的该粘合剂于第一底材层；

(d) 干燥该粘合剂；和

(e) 用第二底材层覆盖粘合剂的该干燥层以形成所述的层压制品。

10. 制作层压制品的方法，其中两层膜的底材层由一粘合剂层粘合在一起，包括以下步骤：

(a) 提供包括以基于主要由丙烯酸酯、甲基丙烯酸酯或其混合物组成的单体的聚合物粒子的水基分散体的一种胶乳；

(b) 将该胶乳与选自二醇、三醇或其混合物并具有数均分子量100到7500的多元醇混合形成在该混合物中有 80 到 99.9 重量%胶乳和 0.1 到 20 重量%的多元醇的多元醇/胶乳混合物。

（c）将该多元醇/胶乳混合物与选自基于甲苯二异氰酸酯、异佛尔酮二异氰酸酯、己烷二异氰酸醋、二苯甲烷二异氰酸酯、己二异氰酸酯，其异构体或其混合物的异氰酸酯混合，形成所述的粘合剂，其中所得到的 NCO/OH 摩尔比在 0.9 和 3 之间；

（d）施加该粘合剂的一湿层于第一膜；

（e）干燥该粘合剂形成一互穿聚合物网络；和

（f）用第二膜覆盖该粘合剂层形成上述的层压制品。”

2006 年 2 月 13 日，申请人罗姆和哈斯公司（下称请求人）对上述驳回决定不服，向专利复审委员会提出复审请求，请求人在提出复审请求时对权利要求书进行了修改，增加了新的权利要求 7~8、12~13 以及 15~16，采用“disclaim”方式将权利要求 1、11 和 14 中的“烯属不饱和单体”、“丙烯酸酯、甲基丙烯酸酯”限定为“不含羟基官能度的烯属不饱和单体”、“不含羟基官能度的丙烯酸酯、甲基丙烯酸酯”，并对权利要求顺序编号。修改后的权利要求 1、7~16 为：

“1. 二组分的粘合剂组合物，包括：

第一组分包括一胶乳混合物，它包括含有至少两个羟基基团并选自由聚醚多元醇、聚酯多元醇、聚醚聚酯多元醇及其混合物组成的组的 0.1 到 20 重量%的一种多元醇，和 80% 到 99.9% 的由不含羟基官能度的烯属不饱和单体形成的水基聚合物；和

包括水分散性的聚异氰酸酯的第二组分，该第二组分相对于所述的第一组分具有 NCO/OH 摩尔比为 0.9 到 3.0 的含量。

7. 权利要求 1 的组合物，其中所述的烯属不饱和单体选自丙烯酸乙酯、丙烯酸丁酯、2-乙基己基丙烯酸酯、丙烯酸月桂酯、甲基丙烯酸甲酯、甲基丙烯酸乙酯、甲基丙烯酸丁酯、甲基丙烯酸异癸酯、甲基丙烯酸月桂酯、甲基丙烯酸磺基乙酯、磷酸乙基甲基丙烯酸酯或其混合物。

8. 权利要求 1 的组合物，其中所述的烯属不饱和单体选自丙烯酸丁酯、丙烯酸、甲基丙烯酸及其混合物。

9. 一种层压材料，包括通过权利要求 1 所述的组合物所粘合的第一和第二膜片。

10. 制作层压制品的方法，其中至少两底材层是用一粘合剂层粘合在一起的，包括用权利要求 1 的粘合剂组合物粘合所述的至少两底材层。

11. 制造层压制品的方法，其中至少两底材层是用一干燥粘合剂层粘合的，包括以下步骤：

（a）提供一混合物包括 80 至 99.9 重量% 至少一不含羟基官能度的烯属不饱和单体的聚合物的胶乳和含量为所述混合物的 0.1 至 20 重量%的多元醇以提供羟基官能度，该多元醇含有至少两个羟基基团并选自聚醚多元醇、聚酯多元醇、聚醚聚酯多元醇及其混合物组成的组；

（b）用所述的混合物与水分散性的异氰酸酯混合形成该粘合剂，该水分散性的异氰酸酯相对于所述混合物具有 NCO/OH 摩尔比为 0.9 至 3.0 的含量，

（c）施加一湿层的该粘合剂于第一底材层；

（d）干燥该粘合剂；和

（e）用第二底材层覆盖粘合剂的该干燥层以形成所述的层压制品。

12. 权利要求 10 的组合物，其中所述的烯属不饱和单体选自丙烯酸乙酯、丙烯酸丁酯、2-乙基己基丙烯酸酯、丙烯酸月桂酯、甲基丙烯酸甲酯、甲基丙烯酸乙酯、甲基丙烯酸丁酯、甲基丙烯酸异癸酯、甲基丙烯酸月桂酯、甲基丙烯酸磺基乙酯、磷酸乙基甲基丙烯酸酯或其混合物。

13. 权利要求 10 的组合物，其中所述的烯属不饱和单体选自丙烯酸丁酯、丙烯酸、甲基丙烯酸及其混合物。

14. 制作层压制品的方法，其中两层膜的底材层由一粘合剂层粘合在一起，包括以下步骤：

（a）提供包括以基于主要由不含羟基官能度的丙烯酸酯、甲基丙烯酸酯或其混合物组成的单体的聚合物粒子的水基分散体的一种胶乳；

（b）将该胶乳与选自二醇、三醇或其混合物并具有数均分子量 100 到 7500 的多元醇混合形成在该混合物中有 80 到 99.9 重量% 胶乳和 0.1 到 20 重量% 的多元醇的多元醇/胶乳混合物；

（c）将该多元醇/胶乳混合物与选自基于甲苯二异氰酸酯、异佛尔酮二异氰酸酯、己烷二异氰酸醋、二苯甲烷二异氰酸酯、己二异氰酸酯，其异构体或其混合物的异氰酸酯混合，形成所述的粘合剂，其中所得到的 NCO/OH 摩尔比在 0.9 和 3 之间；

（d）施加该粘合剂的一湿层于第一膜；

（e）干燥该粘合剂形成一互穿聚合物网络；和

（f）用第二膜覆盖该粘合剂层形成上述的层压制品。

15. 权利要求 14 的组合物，其中所述的烯属不饱和单体选自丙烯酸乙酯、丙烯酸丁酯、2-乙基己基丙烯酸酯、丙烯酸月桂酯、甲基丙烯酸甲酯、甲基丙烯酸乙酯、甲基丙烯酸丁酯、甲基丙烯酸异癸酯、甲基丙烯酸月桂酯、甲基丙烯酸磺基乙酯、磷酸乙基甲基丙烯酸酯或其混合物。

16. 权利要求 14 的组合物，其中所述的烯属不饱和单体选自丙烯酸丁酯、丙烯酸、甲基丙烯酸及其混合物。”

请求人除坚持答复《第一次审查意见通知书》时所作的意见陈述外，还认为：

（1）请求人用 disclaim 方式对权利要求 1 中所用的“烯属不饱和单体”作了进一步的限定，将权利要求 1 中的“烯属不饱和单体”限定为“不含羟基官能度的烯属不饱和单体”，请求人认为这样的修改使得权利要求 1 区别于对比文件 1 公开的内容，因而新修改的权利要求 1 具有新颖性。请求人还认为，将“烯属不饱和单体”修改为“不含羟基官能度的烯属不饱和单体”的依据是说明书第 2 页第 18~20 行中的内容“胶乳中的多元醇最好用异氰酸酯固化形成至少一种氨基甲酸酯和聚合物的互穿聚合物网络”和说明书第 4 页第 24~25 行中的“……以实现多元醇与异氰酸酯之间的反应适合于在原位置形成氨基甲氨酯”。另外，本发明中仅使用不含羟基的烯属不饱和单体，如丙烯酸丁酯、丙烯酸和甲基丙烯酸的混合物。

（2）为了比较本发明粘合剂体系和对比文件 1 中公开的粘合剂体系的粘合强度，请求人按照本申请实施例中所列条件测试了对比文件 1 实施例 1 中粘合剂在蒸煮试验中的粘合强度，并与本申请实施例 5 的结果进行了比较。请求人认为，由比较数据可知，本发明的粘合剂体系显然提高了黏度强度，取得了意想不到的技术效果，满足创造性要求。

（3）请求人认为，在权利要求 1 具有新颖性和创造性的基础上，其他独立权利要求与权利要求 1 之间具有相同的特定技术特征，符合单一性的规定。

经形式审查合格后，专利复审委员会受理了该请求，并于 2006 年 3 月 15 日向请求人发出了《复审请求受理通知书》，同时将本申请转送至国家知识产权局原审查部门进行前置审查。

在《前置审查意见书》中，国家知识产权局原审查部门认为“不含羟基官能度的烯属不饱和单体”没有明确记载在原始申请文本中，这部分内容的修改超出原始申请文本的范围，不符合专利法第 33 条的规定，因此坚持驳回决定。

专利复审委员会组成合议组，对本复审请求案进行了审理。

合议组于 2006 年 9 月 13 日向请求人发出《复审通知书》，指出：（1）权利要求 1、11 和 14 修改超范围，不符合专利法第 33 条的规定；（2）请求人在复审请求时提交了对比实验数据，但是对比文件 1 实施例 1 中实际使用的是由 100 份 65% 固体含量的三元共聚胶乳、1.8 份三聚丙二醇和 11.57 份交联剂等制得的粘合剂体系（参见对比文件 1 实施例 1），这与请求人在提出复审请求时提交的对比数据中所列数值不同。

针对上述《复审通知书》所指出的问题，请求人于 2006 年 10 月 17 日提交了意见陈述书，同时提交了修改的权利要求书。请求人删除了权利要求 1、11 和 14 中的措词“不含羟基官能度的”并具体限定了其中所述的烯属不饱和单体、丙烯酸酯及甲基丙烯酸酯。

请求人认为：（1）删除了权利要求书中的特征“不含羟基官能度的”，从而克服了权利要求书不符合专利法第 33 条的缺陷；（2）修改后的独立权利要求 1、11 和 14 中使用不含羟基的具体烯属不饱和单体来形成水基聚合物，从而能够形成含有聚氨酯和丙烯酸酯共聚物的互穿聚合物网络的粘合剂体系，与之相反，对比文件 1 中由于使用含有羟基的烯属不饱和单体而不能形成具有互穿聚合物网络的粘合剂体系，故修改后的权利要求书相对于对比文件 1 具有新颖性；（3）由于修改后的权利要求书要求保护的具有互穿聚合物网络的粘合剂体系及其制备方法相对于对比文件 1 中公开的粘合剂体系是非显而易见的，而且本申请实施例中提供的实验数据也证实本申请的粘合剂具有有益的技术效果，故修改后的权利要求书相对于对比文件 1 具有创造性，根据审查指南的相关规定，不必用对比实验来证明本申请的粘合剂是否具有预料不到的技术效果。

针对上述《复审通知书》所指出的问题，请求人于 2007 年 1 月 24 日再次提交了意见陈述书，同时提交了修改的权利要求书。修改后的权利要求书为：

“1. 二组分的粘合剂组合物，包括：

第一组分包括一胶乳混合物，它包括含有至少两个羟基基团并选自由聚醚多元醇、聚酯多元醇、聚醚聚酯多元醇及其混合物组成的组的 0.1 到 20 重量% 的一种多元醇，和 80 到 99.9% 的由烯属不饱和单体形成的水基聚合物，所述的烯属不饱和单体选自丙烯酸乙酯、丙烯酸丁酯、2-乙基己基丙烯酸酯、丙烯酸月桂酯、甲基丙烯酸甲酯、甲基丙烯酸乙酯、甲基丙烯酸丁酯、甲基丙烯酸异癸酯、甲基丙烯酸月桂酯、甲基丙烯酸磺基乙酯、磷酸乙基甲基丙烯酸酯、丙烯酸、甲基丙烯酸或其混合物；和

包括水分散性的聚异氰酸酯的第二组分，该第二组分相对于所述的第一组分具有 NCO/OH 摩尔比为 0.9 到 3.0 的含量。

2. 权利要求 1 的组合物，其中所述的多元醇是聚丙二醇。

3. 权利要求 1 的组合物，其中所述的聚合物用 α，β-烯属不饱和单体制成并具有 5000 和 2000000 之间的重均分子量。

4. 权利要求 2 的组合物，其中所述的多元醇具有在 200 和 1，000 间的分子量。

5. 权利要求 1 的组合物，其中所述的水分散性异氰酸酯选自以甲苯二异氰酸酯、异佛尔酮二异氰酸酯、己二异氰酸酯、二苯基甲烷二异氰酸酯、二环己基甲烷二异氰酸酯、其异构体或其混合物为基础的异氰酸酯。

6. 权利要求 1 的组合物，其中所述的粘合剂呈现出第一组分和第二组分共混在一起后至少 8 小时的贮存期。

7. 权利要求 1 的组合物，其中所述的烯属不饱和单体选自丙烯酸丁酯、丙烯酸、甲基丙烯酸及其混合物。

8. 一种层压材料，包括通过权利要求 1 所述的组合物所粘合的第一和第二膜片。

9. 制作层压制品的方法，其中至少两底材层是用一粘合剂层粘合在一起的，包括用权利要求 1 的粘合剂组合物粘合所述的至少两底材层。

10. 制造层压制品的方法，其中至少两底材层是用一干燥粘合剂层粘合的，包括以下步骤：

（a）提供一混合物包括 80 至 99.9 重量% 至少一烯属不饱和单体的聚合物的胶乳和含量为所述混

合物的 0.1 至 20 重量%的多元醇以提供羟基官能度，该多元醇含有至少两个羟基基团并选自聚醚多元醇、聚酯多元醇、聚醚聚酯多元醇及其混合物组成的组，所述的烯属不饱和单体选自丙烯酸乙酯、丙烯酸丁酯、2-乙基己基丙烯酸酯、丙烯酸月桂酯、甲基丙烯酸甲酯、甲基丙烯酸乙酯、甲基丙烯酸丁酯、甲基丙烯酸异癸酯、甲基丙烯酸月桂酯、甲基丙烯酸磺基乙酯、磷酸乙基甲基丙烯酸酯、丙烯酸、甲基丙烯酸或其混合物；

（b）用所述的混合物与水分散性的异氰酸酯混合形成该粘合剂，该水分散性的异氰酸酯相对于所述混合物具有 NCO/OH 摩尔比为 0.9 至 3.0 的含量；

（c）施加一湿层的该粘合剂于第一底材层；

（d）干燥该粘合剂；和

（e）用第二底材层覆盖粘合剂的该干燥层以形成所述的层压制品。

11. 权利要求 10 的方法，其中所述的烯属不饱和单体选自丙烯酸丁酯、丙烯酸、甲基丙烯酸及其混合物。

12. 制作层压制品的方法，其中两层膜的底材层由一粘合剂层粘合在一起，包括以下步骤：

（a）提供包括以基于主要由丙烯酸酯、甲基丙烯酸酯或其混合物组成的单体的聚合物粒子的水基分散体的一种胶乳，所述的丙烯酸酯选自丙烯酸乙酯、丙烯酸丁酯、2-乙基己基丙烯酸酯、丙烯酸月桂酯、丙烯酸或其混合物，所述的甲基丙烯酸酯选自甲基丙烯酸甲酯、甲基丙烯酸乙酯、甲基丙烯酸丁酯、甲基丙烯酸异癸酯、甲基丙烯酸月桂酯、甲基丙烯酸磺基乙酯、磷酸乙基甲基丙烯酸酯、甲基丙烯酸或其混合物；

（b）将该胶乳与选自二醇、三醇或其混合物并具有数均分子量 100 到 7500 的多元醇混合形成在该混合物中有 80 到 99.9 重量%胶乳和 0.1 到 20 重量%的多元醇的多元醇/胶乳混合物；

（c）将该多元醇/胶乳混合物与选自基于甲苯二异氰酸酯、异佛尔酮二异氰酸酯、己烷二异氰酸酯、二苯甲烷二异氰酸酯、己二异氰酸酯，其异构体或其混合物的异氰酸酯混合，形成所述的粘合剂，其中所得到的 NCO/OH 摩尔比在 0.9 和 3 之间；

（d）施加该粘合剂的一湿层于第一膜；

（e）干燥该粘合剂形成一互穿聚合物网络；和

（f）用第二膜覆盖该粘合剂层形成上述的层压制品。"

请求人再次陈述了由于本申请所使用的烯属不饱和单体不含羟基官能度，故在粘合剂中存在互穿聚合物网络，而对比文件 1 中由于所使用的烯属不饱和单体含羟基官能度，故对比文件 1 的粘合剂中不存在互穿聚合物网络，从而本申请相对于对比文件 1 是非显而易见的。

合议组于 2008 年 2 月 22 日再次向请求人发出《复审通知书》，指出：

（1）修改后的权利要求 1 相对于对比文件 1 实施例 1 的区别仅在于所使用的烯属不饱和单体不同，修改后的权利要求 1 中使用不含羟基的一系列丙烯酸酯单体，而对比文件 1 实施例 1 使用丙烯酸 2-羟基乙酯单体。对本领域技术人员来说，丙烯酸 2-羟基乙酯与其他不含羟基的丙烯酸酯单体同属于烯属不饱和单体的丙烯酸酯类物质，对比文件 1 中使用的烯属不饱和单体不仅有丙烯酸 2-羟乙酯，而且还有丙烯酸丁酯和甲基丙烯酸甲酯，在没有证据表明含羟基的烯属不饱和单体和不含羟基的烯属不饱和单体实际解决的技术问题不同，也没有现有技术表明由含羟基的烯属不饱和单体形成的胶乳和多元醇与聚异氰酸酯反应就不能形成互穿聚合物网络的情况下，本领域技术人员在对比文件 1 的基础上，很容易想到使用其他不含羟基的烯属不饱和单体来代替对比文件 1 中的丙烯酸 2-羟基乙酯，从而得到本申请权利要求 1 的技术方案，因此，本申请权利要求 1 的技术方案不具有创造性，不符合专利法第 22 条第 3 款的规定。

（2）同理，权利要求 2~12 也不具备创造性，不符合专利法第 22 条第 3 款的规定。

（3）本申请说明书中并没有通过任何手段表征形成了互穿聚合物网络，从本申请说明书的内容中也看不出互穿聚合物网络是由于使用不含羟基官能度的烯属不饱和单体才生成的。相反，本申请说明书第 3 页第 2 段表示，本申请适宜使用的烯属不饱和单体包括丙烯酸羟乙基酯。因此，请求人并没有通过任何实验来证实不含羟基的烯属不饱和单体与形成互穿聚合物网络之间存在直接的因果关系，也没有通过实验证实相比于对比文件 1 本申请粘合剂组合物取得了预料不到的性能或效果；此外，请求人也没有提供证据表明对比文件 1 的粘合剂组合物因使用丙烯酸羟乙酯就不能形成互穿网络聚合物。

针对上述第二次《复审通知书》所指出的问题，请求人于 2008 年 4 月 8 日提交了意见陈述书，但没有提交新的修改文本。

请求人认为：（1）权利要求 1 要求保护的二组分粘合剂组合物中含有两类独立的聚合物链，即聚氨酯链和聚丙烯酸链，这两类聚合物相互交叉，形成了互穿聚合物网络。与之相反，由于对比文件 1 中所用的烯属不饱和单体含有羟基，因此形成的聚丙烯酸链也含有羟基，在聚异氰酸酯与聚合多元醇反应形成聚氨酯链时，聚丙烯酸链中的羟基也与聚异氰酸酯反应，从而聚异氰酸酯把聚合多元醇和聚丙烯酸链结合在一个大分子中，因此，对比文件 1 中公开的粘合剂中只有一种聚合物分子，不可能存在互穿聚合物网络。（2）为了证明用不含羟基的烯属不饱和单体制得的粘合剂比用含羟基的烯属不饱和单体制得的粘合剂具有更好的效果，请求人按照本申请实施例部分公开的制备和试验方法和条件制备了实施例 6~10 的粘合剂并测试了它们的蒸煮试验前后的粘合性能。

至此，合议组认为本案事实已经清楚，可以作出审查决定。

二、决定的理由

1. 关于决定的文本

本复审决定是针对请求人于 2007 年 1 月 24 日提交的权利要求书，申请日提交的说明书及其摘要作出的。

2. 关于专利法第 33 条

专利法第 33 条规定，申请人可以对其专利申请文件进行修改，但是，对发明和实用新型专利申请文件的修改不得超出原说明书和权利要求书记载的范围。

原说明书和权利要求书记载的范围包括原说明书和权利要求书文字记载的内容和根据原说明书和权利要求书文字记载的内容以及说明书附图能直接地、毫无疑义地确定的内容。如果申请的内容通过增加、改变和/或删除其中的一部分，致使所属技术领域的技术人员看到的信息与原申请记载的信息不同，而且又不能从原申请记载的信息中直接地、毫无疑义地确定，那么这种修改是不允许的，反之，则是允许的。

就本申请而言，请求人于 2006 年 2 月 13 日提复审请求的同时提交了修改的权利要求书，其中将权利要求 1、11 和 14 中的“烯属不饱和单体”修改为“不含羟基官能度的烯属不饱和单体”，而“不含羟基官能度的烯属不饱和单体”在原始申请文件中既没有明确记载，也不能由原始申请文件公开的信息中直接地、毫无疑义地确定，因此请求人对权利要求 1、11 和 14 的上述修改超出了原说明书和权利要求书记载的范围，不符合专利法第 33 条的规定。

请求人于 2007 年 1 月 24 日提交了新的权利要求书，其中删除了“不含羟基官能度的”这一技术特征。对此，合议组认为，新修改的权利要求书由于删除了修改超范围的技术特征，因此新修改的权利要求书已经克服了修改超范围的缺陷，符合专利法第 33 条的规定。

3. 关于专利法第 22 条第 3 款

专利法第 22 条第 3 款规定，创造性，是指同申请日以前已有的技术相比，该发明有突出的实质性特点和显著的进步。

如果权利要求的技术方案与最接近现有技术相比存在区别技术特征，但现有技术给出了将上述区别技术特征应用到最接近现有技术以解决其存在的技术问题的技术启示，则权利要求的技术方案相比于现有技术不具备创造性。

就本案而言，本申请权利要求 1 请求保护二组分的粘合剂组合物（具体参见案由部分）。

对比文件 1（US4618390A，授权公开日为 1986 年 10 月 21 日）的实施例 1 公开了由 100 份 65% 固体含量的三元共聚胶乳、1.8 份三聚丙二醇和 11.57 份异氰酸酯交联剂等制得的粘合剂体系，其中所述的三元共聚胶乳由丙烯酸丁酯、甲基丙烯酸甲酯和丙烯酸 2-羟基乙酯共聚获得，对比文件 1 实施例 1 的 NCO/OH 摩尔比也落入了权利要求 1 的范围内。

通过比较本申请权利要求 1 和对比文件 1 实施例 1 的粘合剂组合物可知，本申请权利要求 1 的技术方案与对比文件 1 实施例 1 的区别在于：本申请的粘合剂组合物中胶乳使用的烯属不饱和单体不包括丙烯酸 2-羟基乙酯，而对比文件 1 实施例 1 的粘合剂组合物中胶乳使用丙烯酸 2-羟基乙酯作为烯属不饱和单体之一。

对于本领域技术人员来说，丙烯酸 2-羟基乙酯与其他烯属不饱和单体例如丙烯酸乙酯、丙烯酸丁酯、2-乙基己基丙烯酸酯、丙烯酸月桂酯、甲基丙烯酸甲酯、甲基丙烯酸乙酯、甲基丙烯酸丁酯、甲基丙烯酸异癸酯、甲基丙烯酸月桂酯、甲基丙烯酸磺基乙酯、磷酸乙基甲基丙烯酸酯、丙烯酸、甲基丙烯酸都属于烯属不饱和单体的丙烯酸类物质，对比文件 1 使用的烯属不饱和单体不仅有丙烯酸 2-羟乙酯，而且还有丙烯酸丁酯和甲基丙烯酸甲酯；在没有证据表明含羟基的烯属不饱和单体和不含羟基的烯属不饱和单体实际解决的技术问题不同，也没有现有技术表明由含羟基的烯属不饱和单体形成的胶乳和多元醇与聚异氰酸酯反应就不能形成互穿聚合物网络的情况下，本领域技术人员在对比文件 1 的基础上，很容易想到使用其他不含羟基的烯属不饱和单体来代替对比文件 1 中的丙烯酸 2-羟基乙酯，从而得到本申请权利要求 1 的技术方案，因此，本申请权利要求 1 的技术方案不具有创造性，不符合专利法第 22 条第 3 款的规定。

从属权利要求 2 的附加技术特征是进一步限定所述的多元醇是聚丙二醇，由于对比文件 1 实施例 1 所采用的是三聚丙二醇，因此在独立权利要求 1 不具有创造性的情况下，其从属权利要求 2 也不具有创造性，不符合专利法第 22 条第 3 款的规定。

从属权利要求 3~5 和 7 的附加技术特征都是对粘合剂组合物中组分的常见选择，这些常见选择是本领域技术人员可以想到的，并且这些常见选择也没有给粘合剂组合物本身带来任何意想不到的技术效果，因此，在独立权利要求 1 不具有创造性的情况下，从属权利要求 3~5 和 7 也不具有创造性。

从属权利要求 6 的附加技术特征是所述的粘合剂呈现出第一组分和第二组分混在一起后至少 8 小时的贮存期。该附加技术特征是所述的粘合剂本身具有的性能，在粘合剂本身没有创造性的情况下，从属权利要求 6 也不具有创造性。

权利要求 8~12 的保护主题都涉及权利要求 1 的粘合剂组合物，其创造性取决于粘合剂组合物的创造性，在所述的粘合剂组合物没有创造性的情况下，权利要求 8~12 也不具有创造性，不符合专利法第 22 条第 3 款的规定。

针对请求人答复第二次《复审通知书》所陈述的意见，合议组认为：（1）本申请形成请求人所称的互穿聚合物网络以及对比文件 1 未形成互穿聚合物网络均需要实验证实，在没有实验证据的情况下，本领域技术人员根据本申请说明书公开的内容尚不能确定本申请形成了互穿聚合物网络以及对比文件 1 未形成上述互穿聚合物网络，从而使本申请获得了请求人声称的技术效果。（2）请求人提交了实施例 6~10 的粘合剂组合物的蒸煮试验前后的粘合性能数据，对此，合议组认为，首先，实施例 6~10 不是在原始申请文件中公开的实施例；其次，实施例 6~8 中使用苯乙烯作为共聚单体，实施例 6~8 的胶乳组合物并不在权利要求 1 的保护范围内；再次，根据请求人所述，其所要证明的是不含羟基官能团单体相对于含羟基官能团单体所制得的粘合剂在蒸煮试验前后具有优异的粘合性能，实施例 9 和实施例 10 除所使用的共聚单体 HEMA 不同外，二者在其他组分的含量上也有不同，不能直接证明是由于使用了不含羟基的丙烯酸类单体造成粘合剂在蒸煮试验中性能不同；最后，对于请求人所提供的实施例 10 的数据，蒸煮后的粘合性能比蒸煮前更好，这与本申请说明书实施例 2、4 证明的结果矛盾，也与本领域技术人员的一般常识不符。基于上述理由，合议组认为，请求人的理由和提供的实验数据尚不足以克服本申请权利要求不具有创造性的缺陷。

根据上述事实和理由，合议组作出如下审查决定。

三、决定

维持国家知识产权局于 2005 年 12 月 9 日针对第 02126338.8 号发明专利申请作出的驳回决定。

复审请求人对本决定不服的，可以根据专利法第 41 条第 2 款的规定，自收到本决定之日起三个月内向北京市第一中级人民法院起诉。

067

具有抗肿瘤活性的新型嘧啶羧酸酰胺类化合物及其盐类

复审请求审查决定（第13385号）

决　定　号　第13385号
决　定　日　2008年5月21日
发明创造名称　具有抗肿瘤活性的新型嘧啶羧酸酰胺类化合物及其盐类
国际分类号　C07D 401/04，A61K 31/506，A61P 35/00
复审请求人　上海新兴医药股份有限公司
申　请　号　200410053823.7
申　请　日　2004年8月18日
公　开　日　2005年6月22日
合议组组长　张家祥
主　审　员　危　峰
参　审　员　吴红权

法律依据　专利法第38条
决定要点

在作出驳回决定时，驳回决定所依据的事实、理由和证据，应当在之前的审查意见通知书中已经告知过申请人，否则该驳回决定的作出不符合听证原则。

一、案由

本复审请求案涉及发明名称为“具有抗肿瘤活性的新型嘧啶羧酸酰胺类化合物及其盐类”的第200410053823.7号发明专利申请（下称本申请），申请人为上海新兴医药股份有限公司，申请日为2004年8月18日，公开日为2005年6月22日。

国家知识产权局原审查部门对本申请进行实质审查，于2006年3月10日发出《第一次审查意见通知书》，指出：（1）权利要求1的通式化合物与说明书中记载的通式（III）化合物的结构式不符，因此，权利要求1的通式化合物得不到说明书的支持，不符合专利法第26条第4款的规定；权利要求2~16均与权利要求1的通式化合物有关，基于相同理由，权利要求2~16也不符合专利法第26条第4款的规定。（2）权利要求1中取代基R^1为“其他天然氨基酸”的技术方案在说明书中没有详细的记载，本领域技术人员也无法根据本领域的技术常识直接推测出任意可能的天然氨基酸都能够适用于本申请。因此，权利要求1得不到说明书的支持，不符合专利法第26条第4款的规定。（3）权利要求14~16要求保护化合物的应用，但是“抗肿瘤”一词范围过大，本领域技术人员无法确认本申请的化合物可以适用于任意药理的抗肿瘤药物。因此，权利要求14~16不符合专利法第26条第4款的规定。

针对《第一次审查意见通知书》，申请人于2006年6月30日提交了意见陈述书和权利要求书替换页，其中，将权利要求1中的化合物通式修改为说明书中记载的通式（III），删除了权利要求1中R^1为“其他天然氨基酸”的技术方案，并将权利要求14~16中的“抗肿瘤”修改为“抗白血病”。

申请人认为，根据本申请背景技术所提到的US5521184，该类化合物通过抑制癌细胞赖以生长的酶（受体蛋白酪氨酸激酶）而发挥抗肿瘤作用的。本申请也做了这方面试验，证明本申请化合物在体外具有显著抑制内皮生长因子受体酪氨酸激酶的活性，从而显示抗肿瘤活性。由此，根据US5521184所给出的抗肿瘤的种类，将权利要求14~16中的“抗肿瘤”修改为“抗白血病”。

2006年8月4日，针对申请人于2006年6月30日提交的权利要求第1~16项、2004年8月18日提交的说明书第1~14页及其摘要，国家知识产权局以权利要求14~16不符合专利法第26条第4款和第33条的规定为由驳回了本申请。

驳回决定认为，（1）在本申请的原始公开文本中，仅公开了本申请的化合物具有抑制内皮生长因子受体酪氨酸激酶的作用，具有“抗肿瘤”活性，并未对“抗肿瘤”的类型和范围作出任何限定，也未提及本申请的化合物具有“抗白血病”的功效；而US5521184仅作为本申请的背景技术文件，其化合物和本申请的化合物在结构上有显著差异，具有比较明显的区别，故不能以US5521184的化合物的用途直接推演到本申请化合物的用途。因此，对权利要求14~16的修改超出了原始公开文件的范围，不符合专利法第33条的规定。（2）由于对权利要求14~16的修改不符合专利法第33条的规定，因此，权利要求14~16依然不符合专利法第26条第4款的规定。

驳回决定所针对的权利要求书如下：

“1. 一种嘧啶羧酸酰胺类化合物，分子结构通式如下：

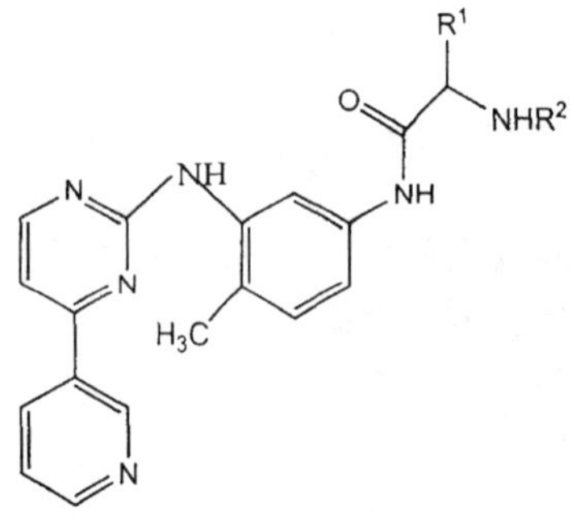

其中R^1表示H；C_1-C_4直链烷基或支链烷基。

R^2表示H；乙酰基；丙酰基；苄氧羰基；叔丁氧羰基。

2. 按权利要求1所述的嘧啶羧酸酰胺类化合物，所说的R^1选自甲基，异丙基，异丁基，仲丁基；所说的R^2选自苄氧羰基，叔丁氧羰基。

3. 按权利要求1所述的嘧啶羧酸酰胺类化合物，所说的R^2为氢。

4. 按权利要求2所述的嘧啶羧酸酰胺类化合物，所说的R^1为异丙基，R^2为叔丁氧羰基，该化合物为嘧啶N-叔丁氧羰基缬氨酸酰胺。

5. 按权利要求1所述的嘧啶羧酸酰胺类化合物，所说的R^1为异丙基，R^2为氢，该化合物为嘧啶缬氨酸酰胺。

6. 按权利要求1所述的嘧啶羧酸酰胺类化合物，所说的R^1为甲基，R^2为叔丁氧羰基，该化合物为嘧啶N-叔丁氧羰基丙氨酸酰胺。

7. 按权利要求1所述的嘧啶羧酸酰胺类化合物，所说的R^1为异丙基，R^2为氢，该化合物为嘧啶丙氨酸酰胺。

8. 按权利要求 1 所述的嘧啶羧酸酰胺类化合物，所说的 R^1 为仲丁基，R^2 为叔丁氧羰基，该化合物为嘧啶 N-叔丁氧羰基异亮氨酸酰胺。

9. 按权利要求 1 所述的嘧啶羧酸酰胺类化合物，所选的 R^1 为仲丁基，R^2 为氢，该化合物为嘧啶异亮氨酸酰胺。

10. 按权利要求 1 所述的嘧啶羧酸酰胺类化合物，所选的 R^1 为异丁基，R^2 为叔丁氧羰基，该化合物为嘧啶 N-叔丁氧羰基亮氨酸酰胺。

11. 按权利要求 1 所述的嘧啶羧酸酰胺类化合物，所选的 R^1 为异丁基，R^2 为氢，该化合物为嘧啶亮氨酸酰胺。

12. 权利要求 1 至 11 所述的任何一种化合物的药学上可接受的盐。

13. 权利要求 12 所述化合物的盐，选自盐酸盐、氢溴酸盐、酒石酸盐、枸橼酸盐、甲烷磺酸盐、苯磺酸盐、对甲苯磺酸盐。

14. 权利要求 1 至 11 所述的任何一种化合物在制备抗白血病药物中的应用。

15. 权利要求 12 所述化合物的盐在制备抗白血病药物中的应用。

16. 权利要求 13 所述的任何一种化合物的盐在制备抗白血病药物中的应用。"

2006 年 10 月 18 日，申请人上海新兴医药股份有限公司（下称请求人）对上述驳回决定不服，向专利复审委员会提出复审请求，请求人在提出复审请求时没有对申请文件进行修改。

请求人认为，嘧啶胺类化合物能抑制某些生长因子，如血小板衍生生长因子（PDGF）、血管内皮生长因子（EGF）受体蛋白酪氨酸激酶（PTK），从而抑制某些细胞类型（如肿瘤细胞、血管内皮细胞和表皮细胞）的生长，使肿瘤细胞得不到养分而死亡，从而发挥抗肿瘤作用。本申请说明书第 1、2 页已有嘧啶胺类化合物用于肿瘤治疗的描述，并且本申请化合物已通过实验证明具有抑制内皮生长因子受体蛋白酪氨酸激酶的作用，因此可以用于制备抗肿瘤药物。

经形式审查合格后，专利复审委员会受理了该请求，并于 2006 年 12 月 6 日向请求人发出了《复审请求受理通知书》，同时将本申请转送至国家知识产权局原审查部门进行前置审查。

在《前置审查意见书》中，国家知识产权局原审查部门认为，请求人对申请文件并未作任何修改，因此坚持驳回决定。

专利复审委员会组成合议组，对本复审请求案进行了审理。

经合议，合议组认为本案事实清楚，可以作出审查决定。

二、决定的理由

1. 关于审查文本

本复审请求审查决定所针对的文本为：请求人于 2006 年 6 月 30 日提交的权利要求第 1~16 项，2004 年 8 月 18 日提交的说明书第 1~14 页及说明书摘要。

2. 关于专利法第 38 条

专利法第 38 条规定：发明专利申请经申请人陈述意见或者进行修改后，国务院专利行政部门仍然认为不符合本法规定的，应当予以驳回。

在作出驳回决定时，驳回决定所依据的事实、理由和证据，应当在之前的审查意见通知书中已经告知过申请人，否则该驳回决定的作出不符合听证原则。

就本申请而言，原审查部门在《第一次审查意见通知书》中指出，权利要求 1~16 不符合专利法第 26 条第 4 款的规定。

针对上述审查意见通知书，请求人于 2006 年 6 月 30 日提交了意见陈述书和权利要求书替换页，其中，将权利要求 14~16 中的“抗肿瘤”修改为“抗白血病”。

驳回决定认为，权利要求 14~16 的修改超出了原始公开文件的范围，不符合专利法第 33 条的规定；由于对权利要求 14~16 的修改不符合专利法第 33 条的规定，因此，权利要求 14~16 依然不符合专利法第 26 条第 4 款的规定。

合议组认为（1）在作出驳回决定之前，原审查部门未将权利要求 14~16 的修改超出原始公开文件的范围、不符合专利法第 33 条规定的事实和理由告知请求人，从而导致请求人丧失了针对上述事实和理由陈述意见和/或修改申请文件的机会（参见审查指南第二部分第八章第 2.2 节），因此，上述驳回决定的作出违反了听证原则，不符合专利法第 38 条的规定。（2）基于实质审查程序中的请求原则，在原审查部门已经得出权利要求 14~16 的修改不符合专利法第 33 条规定的结论的情况下，应当给予请求人最后确定审查文本的机会，而且权利要求 14~16 的修改不符合专利法第 33 条规定的事实影响了权利要求 14~16 能否得到说明书支持的判断，因此不能直接以修改超范围的文本为基础来评价所述权利要求能否得到说明书的支持。

根据上述事实和理由，合议组作出如下审查决定。

三、决定

撤销国家知识产权局于 2006 年 8 月 4 日针对第 200410053823.7 号发明专利申请作出的驳回决定，由国家知识产权局原审查部门以驳回决定所针对的文本为基础继续审批程序。

复审请求人对本决定不服的，可以根据专利法第 41 条第 2 款的规定，自收到本决定之日起三个月内向北京市第一中级人民法院起诉。

068

抑制煤尘的方法和组合物

复审请求审查决定（第13410号）

决　　定　　号　第13410号
决　　定　　日　2008年5月19日
发明创造名称　抑制煤尘的方法和组合物
国 际 分 类 号　C09K 3/22，C10L 10/00
复 审 请 求 人　雅富顿公司
申　　请　　号　200410064470.0
优　先　权　日　2003年8月28日
申　　请　　日　2004年8月27日
公　　开　　日　2005年3月23日
合 议 组 组 长　汪送来
主　　审　　员　危　峰
参　　审　　员　孙丽芳

法 律 依 据　专利法第26条第3款
决 定 要 点

如果说明书给出了发明的具体技术方案，且所属技术领域的技术人员在现有技术的基础上能够实现该技术方案，解决其技术问题，并产生预期的技术效果，则说明书已对发明给出了清楚、完整的说明。

一、案由

本复审请求案涉及发明名称为“抑制煤尘的方法和组合物”的第200410064470.0号发明专利申请（下称本申请），申请人最初为乙基石油添加剂有限公司，2006年5月17日变更为雅富顿公司，申请日为2004年8月27日，优先权日为2003年8月28日，公开日为2005年3月23日。

2006年7月7日，针对申请人于2006年1月4日提交的说明书第3、3a、3b页，2004年8月27日提交的权利要求第1~25项、说明书第1~2、4~6页及其摘要，国家知识产权局以说明书不符合专利法第26条第3款的规定为由驳回了本申请。

驳回决定认为：本发明的说明书中只是给出了一种通过向液体中加入含锰化合物来加强该液体对煤粉尘的抑制的设想或者愿望，没有记载相应的具体技术手段或者具体实施方式以及相应的具体试验数据来表明本发明所请求保护的技术方案能够实施和相应的有益效果能够实现，在现有技术中也没有记载如何在粉尘抑制液体中添加锰化合物来加强对煤粉尘的抑制的具体手段和所能达到的技术效果，现有技术也无法确定本发明的技术方案能够实现。因此说明书没有对本发明作出完整的说明，不符合专利法第26条第3款的规定。

驳回决定针对的权利要求书中的独立权利要求1、15、16和25如下：

“1. 抑制煤粉尘的方法，该方法包含的步骤有：

提供含锰化合物；

提供粉尘抑制液体；

将该粉尘抑制液体与该含锰化合物结合以形成混合物；和

将该含锰化合物和粉尘抑制液体的混合物与煤接触；

其中将该混合物在抑制煤粉尘产生的有效量下与煤接触。

15. 抑制煤的粉尘的方法，该方法包括以下步骤：

提供含锰化合物和粉尘抑制液体的混合物；和

将该含锰化合物和粉尘抑制液体的混合物与煤接触；

其中该混合物以抑制煤中粉尘产生的有效剂量与煤接触。

16. 一种用来抑制由煤产生的粉尘的液体，该液体包含含锰化合物，其中以煤的重量计，含锰化合物以约1~500ppm的处理率加入。

25. 抑制煤的粉尘的方法，该方法包括以下步骤：

提供含金属化合物；

提供粉尘抑制液体；

将含金属的化合物与粉尘抑制液体结合以形成混合物；和

将该含金属的化合物与粉尘抑制液体形成的混合物与煤接触；

其中该混合物以抑制煤中粉尘产生的有效剂量与煤接触，并且其中的含金属化合物含有至少一种非挥发性的小团尺寸金属，这些金属选自：铁、铈、铜、钼、铂族金属、碱金属和碱土金属，以及其他已知在燃烧系统中催化碳氧化的金属。”

2006年10月23日，申请人雅富顿公司（下称请求人）对上述驳回决定不服，向专利复审委员会提出复审请求，请求人在提出复审请求时提交了附件1（本申请对应的美国专利的授权文本US7101493B2，复印件共5页），没有对申请文件进行修改。

请求人认为：（1）本申请涉及一种“抑制煤尘的方法和组合物”，其中主要讨论了向煤炭中加入多种液体来抑制灰尘的产生。本领域技术人员会容易地预见到将有机化合物在燃烧前加入所述抑尘液体中。而所述带有新添加剂的液体与没有所述添加成分的液体相比，将会取得更好的抑制煤尘效果，这对于本领域技术人员来说是显而易见的。本发明的关键性技术特征是在煤尘抑制步骤中加入锰，在一个优选的实施方案中是加入有机金属锰化合物，来提高锰作为燃烧反应催化剂有效性。（2）本申请进一步讨论了为什么有机金属的和小簇尺寸的锰会是有利的。本领域技术人员根据说明书中公开的内容，并结合本领域中公知的常识，完全能够预期到本发明技术方案所能取得的良好技术效果，例如，在煤尘抑制步骤中加入锰会消除在燃烧期间对煤炭进行处理的需求。综上所述，本申请说明书公开了实现本发明的技术方案所需的内容，符合专利法第26条第3款的规定。

经形式审查合格后，专利复审委员会受理了该请求，并于2006年11月15日向请求人发出了《复审请求受理通知书》，同时将本申请转送至国家知识产权局原审查部门进行前置审查。

在《前置审查意见书》中，国家知识产权局原审查部门认为，本申请说明书中没有给出在粉尘抑制液体中加入含锰化合物即可加强对煤粉尘的抑制的证明性实验数据，现有技术中也没有给出相应的技术启示，因此坚持驳回决定。

专利复审委员会组成合议组，对本复审请求案进行了审理。

经合议，合议组认为本案事实已经清楚，可以作出审查决定。

二、决定的理由

1. 关于审查文本

本复审请求审查决定针对的申请文本是驳回所针对的文本，即请求人于 2006 年 1 月 4 日提交的说明书第 3、3a、3b 页，2004 年 8 月 27 日提交的权利要求第 1~25 项、说明书第 1~2、4~6 页及其摘要。

2. 关于专利法第 26 条第 3 款

专利法第 26 条第 3 款规定：说明书应当对发明或者实用新型作出清楚、完整的说明，以所属技术领域的技术人员能够实现为准。

如果说明书给出了发明的具体技术方案，且所属技术领域的技术人员在现有技术的基础上能够实现该技术方案，解决其技术问题，并产生预期的技术效果，则说明书已对发明给出了清楚、完整的说明。

就本申请而言，其要求保护一种抑制煤粉尘的方法及所使用的液体，所述抑制煤粉尘的方法包括步骤：提供含金属化合物如锰化合物、铁化合物等；提供粉尘抑制液体；将该粉尘抑制液体与该含锰化合物结合以形成混合物；和将该含金属化合物和粉尘抑制液体的混合物与煤接触。所述使用的液体包含含金属化合物如含锰化合物。

说明书第 3 页第 3 段至说明书第 3b 页第 4 段记载了请求保护的技术方案。根据本申请说明书发明内容部分的描述，本发明旨在通过向粉尘抑制液体中加入含金属化合物来加强该粉尘抑制液体对粉尘的抑制。现有技术中已详细描述了大量可加到煤中来抑制煤粉尘的液体如水、油、表面活性剂、聚合物分散体等（参见说明书第 2 页第 2 段）。并且加入该粉尘抑制液体中的含金属化合物是已知的燃烧促进剂，所述金属可包括锰、铁等（参见说明书第 2 页第 1、3 段，说明书第 4 页第 3~5 段）。

在本发明的一个实施方案中是加入有机金属锰化合物，来提高锰作为燃烧反应促进剂的有效性。现有技术中已教导了许多作为燃烧促进剂的该有机金属锰化合物（参见说明书第 4 页第 3 段）及其制备方法（参见说明书第 4 页第 5 段）。说明书中还进一步描述了该锰化合物对煤的处理率在 1~约 500ppm（以重量计）之间（参见说明书第 5 页第 2 段）。由此可见，本申请说明书已给出了本发明的具体技术方案。

根据本申请说明书第 1 页第 7 段的记载内容，飞尘中的碳是由煤的不完全燃烧造成的。所以，减少灰尘中的碳来减少煤燃烧室的飞尘排放总量是可取的。并且，低碳飞尘比高碳更容易被处理。由此，本领域技术人员可以合理地确定，煤粉尘抑制液体发挥着抑制粉尘的作用，而在煤粉尘抑制液体中加入了作为燃烧促进剂的含金属化合物如有机金属锰化合物等的情况下，当将由此形成的混合物与煤接触时，该含金属化合物将促进煤的燃烧，其在一定程度上减少了飞尘中的碳，由此可以加强对粉尘的抑制。由此可见，本领域技术人员在现有技术的基础上，能够实现请求保护的技术方案，解决其技术问题，并达到预期的技术效果。

综上所述，本申请说明书已对请求保护的发明作出了清楚、完整的说明，所属技术领域的技术人员根据本申请说明书的描述能够实现本发明，本申请说明书符合专利法第 26 条第 3 款的规定。

根据上述事实和理由，合议组作出如下审查决定。

三、决定

撤销国家知识产权局于 2006 年 7 月 7 日针对第 200410064470.0 号发明专利申请作出的驳回决定，由国家知识产权局原审查部门以驳回决定所针对的文本为基础继续审批程序。

复审请求人对本决定不服的，可以根据专利法第 41 条第 2 款的规定，自收到本决定之日起三个月内向北京市第一中级人民法院起诉。

069

三嗪三酮砜在控制球虫病中的应用

复审请求审查决定（第 13411 号）

决　定　号　第 13411 号
决　定　日　2008 年 4 月 28 日
发明创造名称　三嗪三酮砜在控制球虫病中的应用
国际分类号　C07D251/34，A61K31/53，A61P31/00
复审请求人　拜尔公司
专利申请号　01817502.3
申　请　日　2001 年 8 月 6 日
公　开　日　2004 年 1 月 21 日
优先权日　2000 年 8 月 17 日
合议组组长　侯　曜
主　审　员　娄　宁
参　审　员　李亚林

法律依据　专利法第 22 条第 3 款
决定要点

如果发明仅是从一些已知的可能性中进行选择，或者从一些具有相同可能性的技术方案中选出一种，而选出的方案未能取得预料不到的技术效果，则发明不具备创造性。

一、案由

本复审请求涉及名称为“三嗪三酮砜在控制球虫病中的应用”的第 01817502.3 号发明专利申请（下称本申请），申请人为拜尔公司，申请日为 2001 年 8 月 6 日，公开日为 2004 年 1 月 21 日，优先权日为 2000 年 8 月 17 日。

2006 年 7 月 7 日，针对申请人 2006 年 2 月 17 日提交的权利要求书第 1~2 项，进入中国国家阶段时提交的说明书第 3~5、11、13~18 页和说明书摘要，2004 年 3 月 29 日提交的说明书第 1~2、10、12 页，2005 年 7 月 5 日提交的说明书第 6~9 页，国家知识产权局以权利要求 1~2 不符合专利法第 22 条第 3 款的规定为由驳回了本申请。

驳回决定指出：（1）权利要求 1 请求保护式（I）化合物和其生理可耐受盐在制备用于控制动物中由猪等孢子虫引起的疾病的组合物中的应用。对比文件 1（WO9962519A1，公开日为 1999 年 12 月 9 日）公开了托三嗪砜在制备抗球虫病组合物中的应用，且该组合物特别适用于对抗许多哺乳动物的球虫病，哺乳动物是猪、狗等，球虫病是等孢子球虫属等，而该托三嗪砜是本申请权利要求 1 定义的式I化合物中的一种。权利要求1与对比文件1的区别在于：权利要求1从对比文件1公开的众多疾病中选择了一种具体的，即猪的等孢子虫（猪等孢子虫）引起的疾病。因此本领域技术人员在对比文件1的启示下，选择托三嗪砜实施治疗猪等孢子虫的药效学实验，得到权利要求1的技术方案是显而易见的，且该技术方案没有表现出意料不到的技术效果，因此权利要求1不具有创造性；（2）权利要求2限定化合物是以口服水悬浮液的形式施用，对比文件1具体公开了口服糊剂，水悬浮液和糊剂都是常见的半固体制剂，而且糊剂也仅仅是在悬浮液的基础上加入增稠剂得到的，对本领域技术人员而言，是一种简单的剂型替换，因此权利要求2也不具有创造性；（3）虽然说明书第15和16页记载了砜 ponazuril 在不同的毒性方面比 toltrazuril 好的数据，但该对比试验是针对现有技术已知化合物 toltrazuril 比较的，并不是针对最接近的现有技术，即对比文件1记载的技术方案比较的，因此不能证明权利要求1的技术方案相对于对比文件1有意想不到的技术效果。

驳回决定针对的权利要求如下：

“1. 式（I）化合物和其生理可耐受盐在制备用于控制动物中由猪等孢子虫引起的疾病的组合物中的应用

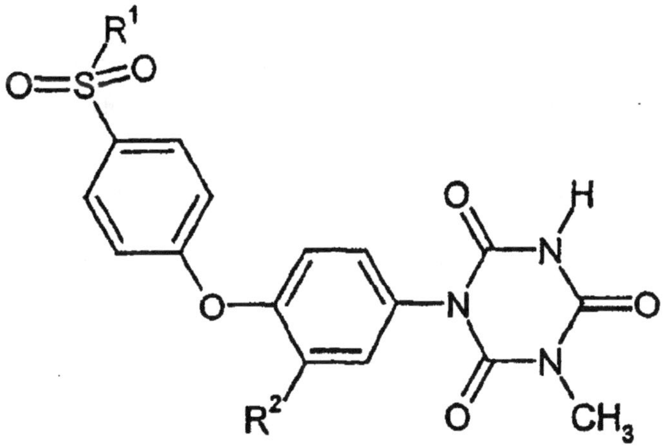

(I)

其中

R^1代表具有1至5个卤原子的 C_1-C_4 卤代烷基，

R^2代表 C_1-C_4 烷基、C_1-C_4 烷氧基、卤素或 $SO_2N(CH_3)_2$。

2. 权利要求1的应用，其特征在于，权利要求1的式（I）化合物是以口服水悬浮液的形式施用。”

2006年10月23日，申请人拜尔公司（下称请求人）对上述驳回决定不服，向专利复审委员会提出复审请求，请求人在提出复审请求时未修改申请文件。

请求人认为：由说明书第15、16页的毒性数据可以看出，针对三种不同类型的动物，砜 ponazuril 在不同的毒性方面明显地比 toltrazuril 好，砜在毒性方面的优点出人意料，且将 ponazuril 用于兽药在实践中是重要的，本发明具备创造性。

经形式审查合格后，专利复审委员会受理了该请求，并于2006年12月4日向请求人发出了《复审请求受理通知书》，同时将本申请转送至国家知识产权局原审查部门进行前置审查。在《前置审查意见书》中，国家知识产权局原审查部门坚持驳回决定。

专利复审委员会组成合议组，对本复审请求案进行了审理，并于2007年12月4日向请求人发出《复审通知书》，指出：

（1）对比文件 1 明确教导了含有托三嗪砜组合物适用于对抗许多哺乳动物的球虫病，其中托三嗪砜落入到本申请权利要求 1 定义的式（I）化合物范围内，其中哺乳动物是马科、反刍动物、猪、狗、猫、兔子、啮齿动物等，球虫病可以是处于传染期的艾美球虫属、等孢子球虫属等。本申请权利要求 1 与对比文件 1 的区别在于：权利要求 1 从对比文件 1 教导的众多疾病中具体选择了一种疾病，即猪等孢子虫引起的疾病。这样的选择对于本领域技术人员而言无需花费创造性劳动，因此权利要求 1 不具备创造性。

（2）权利要求 2 进一步限定化合物是以口服水悬浮液的形式施用。对比文件 1 中具体公开了口服糊剂。两种剂型的替换对于本领域普通技术人员而言仅是一种简单替换，当权利要求 1 不具有创造性时，权利要求 2 也不具备创造性。

（3）说明书中的对比试验是将现有技术已知化合物 toltrazuril 与 ponazuril 比较的，并不是针对审查员引入的最接近的现有技术，即对比文件 1 进行比较的，即使证明了权利要求 1 的技术方案与 toltrazuril 相比有意想不到的技术效果，也并不能证明权利要求 1 的技术方案相对于对比文件 1 有意想不到的技术效果。

针对上述《复审通知书》，请求人于 2008 年 3 月 19 日提交了意见陈述书，并提交了以下附件 1：

附件 1：ponazuril 治疗不同病症的治疗次数的对比实验数据，共 1 页。

请求人认为：（1）对比文件 1 没有公开 ponazuril 特别适于治疗由等孢子虫引起的疾病，也没有涉及其改进的毒理特性；（2）附件 1 比较了 ponazuril 对猪的等孢子虫、牛的新孢子虫、马的肉孢子虫的效力，由数据可知，只要施用一次 ponazuril 即可有效地治疗等孢子虫引起的等孢球虫病，而其他球虫病需要治疗几次，这一效果是出人意料的；因此，本申请的技术方案具备创造性。

至此，合议组认为本案事实已经清楚，可以作出审查决定。

二、决定的理由

1. 关于审查文本

本复审请求审查决定以驳回决定所针对的文本为基础进行审查。

2. 关于专利法第 22 条第 3 款

专利法第 22 条第 3 款规定：创造性，是指同申请日以前已有的技术相比，该发明有突出的实质性特点和显著的进步，该实用新型有实质性特点和进步。

如果发明仅是从一些已知的可能性中进行选择，或者从一些具有相同可能性的技术方案中选出一种，而选出的方案未能取得预料不到的技术效果，则发明不具备创造性。

本申请的权利要求 1 要求保护式（I）化合物和其生理可耐受盐在制备用于控制动物中由猪等孢子虫引起的疾病的组合物中的应用，

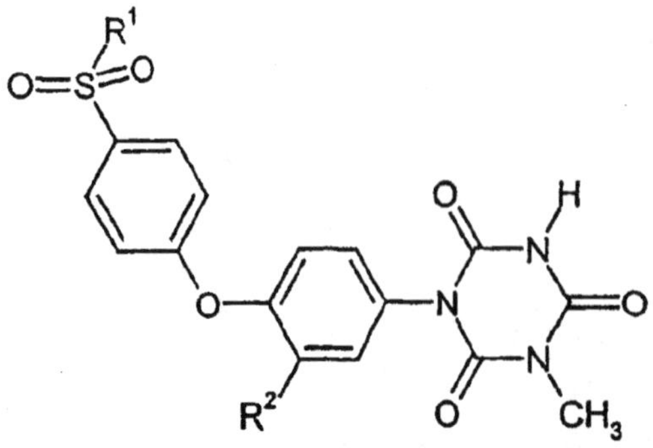

(I)

其中 R^1 代表具有 1 至 5 个卤原子的 C_1-C_4 卤代烷基，R^2代表 C_1-C_4 烷基、C_1-C_4 烷氧基、卤素或 $SO_2N(CH_3)_2$。

对比文件 1 公开了托三嗪砜在制备抗哺乳动物球虫病组合物中的应用（参见该对比文件的说明书第 3~4 页，实施例 1），该活性成分托三嗪砜，即 1-甲基-3-［4-［（三氟甲基）磺酰胺］苄氧基］-间甲苯基］-s-三嗪-2，4，6（1H，3H，5H）-三酮，其结构式如下：

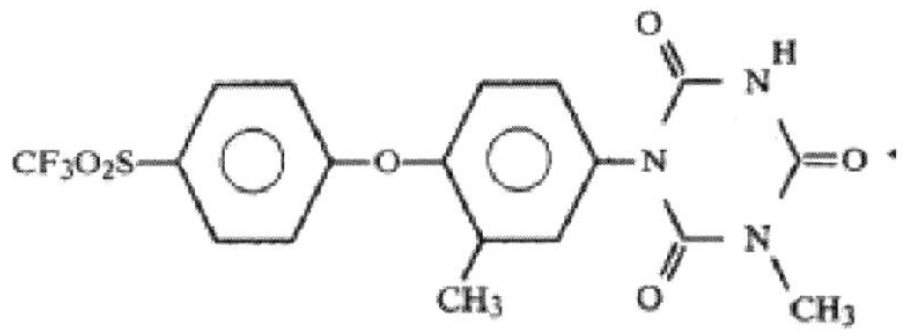

即本申请中所称的 Ponazuril。

对比文件 1 在说明书中（第 3 页倒数第 2 行至第 4 页第 11 行）指出，含有托三嗪砜组合物特别适用于对抗许多哺乳动物的球虫病，其中哺乳动物是马科、反刍动物、猪、狗、猫、兔子、啮齿动物等，球虫病可以是处于传染期的艾美球虫属、等孢子球虫属等。由此可见，对比文件 1 明确教导了托三嗪砜可用于治疗猪等孢子虫引起的疾病。

权利要求 1 与对比文件 1 均涉及同类化合物在制备用于控制动物疾病的组合物中的应用，其区别仅在于：权利要求 1 从对比文件 1 公开的众多疾病中选择了一种具体的，即猪等孢子虫引起的疾病。

由于对比文件 1 明确教导了托三嗪砜可以用于治疗包括猪等孢子虫引起的疾病在内的多种疾病，本领域技术人员在对比文件 1 的启示下，选择托三嗪砜治疗猪等孢子虫引起的疾病从而得到权利要求 1 的技术方案，仅是从一些已知的可能性中进行选择，或者从一些具有相同可能性的技术方案中选出一种，是显而易见、无需花费创造性劳动的，而且也没有证据表明，权利要求 1 要求保护的经选择的技术方案获得了意想不到的技术效果。因此权利要求 1 不具有突出的实质性特点和显著的进步，不具有创造性。

权利要求 2 进一步限定权俩要求 1 的化合物是以口服水悬浮液的形式施用。对比文件 1 中具体公开了口服糊剂（参见对比文件 1 的实施例 1）。水悬浮液和糊剂都是本领域常见的半固体制剂，而且糊剂也仅仅是在悬浮液的基础上加入增稠剂得到的。由此可见，上述两种剂型的替换，对于本领域普通技术人员而言，仅仅是一种简单替换，说明书上也没有数据表明这样的剂型具有出人意料的效果。因此当权利要求 1 不具有创造性时，权利要求 2 也不符合专利法第 22 条第 3 款规定的创造性。

对于请求人在答复《复审通知书》时的理由，合议组认为：

（1）对比文件 1 没有具体公开 Ponazuril（即托三嗪砜）特别适于治疗等孢子虫引起的疾病，也正是基于该事实，对比文件 1 无法破坏本申请权利要求 1 的新颖性，但如前所述，该事实无法证明权利要求 1 的创造性；至于“改进的毒理特性”，这是托三嗪砜作为药物的内在属性，在对比文件 1 已公开托三嗪砜用作药物的情况下，必然将实现“改进的毒理特性”的效果，该效果与所治疗的病症无关，无法证明本申请权利要求 1 的创造性。

（2）附件 1 描述了分别用于治疗猪等孢子虫病、牛新孢子虫病和马原虫性脑脊髓炎时，所用托三嗪砜的剂量、治疗次数以及所实现的治疗效果，请求人试图以此证明托三嗪砜对于猪等孢子虫病的疗效较其他球虫病更加优越。

但合议组认为：

首先，本申请中没有记载猪等孢子虫病的疗效优于其他动物的其他疾病（包括附件 1 中的后两种）的内容，即这一效果并未记载于原申请文件，本领域技术人员无法得知其属于在申请日之前已经完成的内容，因此附件 1 不能作为证明本申请创造性的证据；

其次，即使参考附件 1 的内容，其中实验对象分别为猪、牛、马这三种不同种类动物，所述不同实验对象的具体病症也不同。本领域技术人员均知晓，实验动物的种类和所治疗疾病的性质是影响给药方式（包括给药剂量和次数）的重要因素，对于患不同疾病的不同动物，给药剂量和次数很可能不尽相同，在此基础上得到的治疗结果不具可比性。因此，目前的实验数据仅能够证明，按照附件 1 所述剂量分别对三种实验对象进行了不同的治疗次数后，均产生了治疗效果，但不能由此证明，Ponazuril 对于猪等孢子虫病的治疗效果优于牛新孢子虫病和马原虫性脑脊髓炎。

综上所述，权利要求 1~2 不具备突出的实质性特点和显著的进步，不具备专利法第 22 条第 3 款规定的创造性。

根据上述事实和理由，合议组作出如下审查决定。

三、决定

维持国家知识产权局于 2006 年 7 月 7 日针对第 01817502. 3 号发明专利申请作出的驳回决定。

复审请求人对本决定不服的，可以根据专利法第 41 条第 2 款的规定，自收到本决定之日起三个月内向北京市第一中级人民法院起诉。

070

三环化合物及其制备和用途

复审请求审查决定（第13414号）

决　　定　　号　第13414号
决　　定　　日　2008年4月28日
发明创造名称　三环化合物及其制备和用途
国 际 分 类 号　C07D307/93，C07D311/94，C07D491/04，A61K31/40，A61K31/34，A61K31/35，C07D317/70，C07D263/56，C07D263/58，C07D265/34
复 审 请 求 人　武田药品工业株式会社
专 利 申 请 号　97192700.6
申　　请　　日　1997年3月5日
公　　开　　日　1999年3月31日
最早优先权日　1996年3月8日
合 议 组 组 长　刘　亚
主　　审　　员　娄　宁
参　　审　　员　危　峰

法 律 依 据　专利法第22条第3款
决 定 要 点

对化合物的创造性判断而言，如果结构上与已知化合物接近的化合物具有预料不到的技术效果则认为它有创造性，这种预料不到的技术效果可以是对已知化合物的某一已知效果有实质性的改进或提高。

一、案由

本复审请求涉及名称为“三环化合物及其制备和用途”的第97192700.6号发明专利申请（下称本申请），申请人为武田药品工业株式会社，申请日为1997年3月5日，公开日为1999年3月31日，最早优先权日为1996年3月8日。

2005年2月25日，针对申请人于2004年11月3日提交的权利要求书第1~44项，进入中国国家阶段时提交的按原始国际申请中文译文的说明书第3~20页和第22~168页，进入中国国家阶段时提交的按专利合作条约第41条修改的说明书第1~2页，2004年5月24日提交的说明书第21页以及进入中国国家阶段时提交的说明书摘要，国家知识产权局以不符合专利法第22条第3款为由驳回了本申请。

驳回决定认为，对比文件1（EP0527687A2，公开日1993年2月17日）与权利要求1的主要区别在于：本发明的化合物母体是三环稠合，对比文件 1 化合物的母体为双环，但其醚氧键的连接位点与本申请相同，即氧都连接在苯的相同位置碳上，同时苯环上的另一取代基也可与链醚相邻，因此将苯上的这两个取代基转换为与苯环稠合的含氧环不需要创造性劳动。同时，对比文件 2（WO95/17405A1，公开日 1995 年 6 月 29 日）也公开了结构极相近的化合物，其结构中存在与 6 元苯环稠合的 5~7 元含氧环及五元环支链的情况，并且对比文件 1、2 与本发明技术领域、技术效果相同，在对比文件 1 的基础上结合对比文件 2 得到权利要求 1 的技术方案对本领域技术人员来说是可以预料的，因此权利要求 1 不具备创造性。同理权利要求 2~35、38~44 也不具备创造性。

驳回决定针对的权利要求书中涉及产品的独立权利要求如下：

“1. 一种下式化合物或其盐：

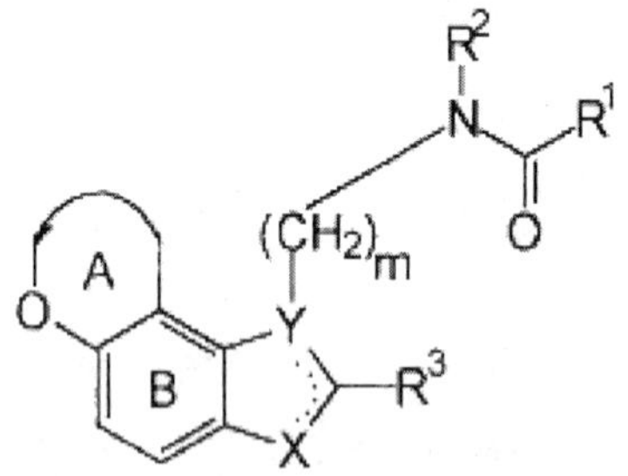

其中

R^1 为（i）可选被 1 至 5 个取代基取代的 C_{1-6}烷基、C_{2-6}链烯基、C_{2-6}炔基、C_{3-6}环烷基或 C_{6-14}芳基，取代基选自由卤原子、硝基、氰基、羟基，可选卤代的 C_{1-6}烷基、C_{1-6}烷氧基、氨基、单 C_{1-6}烷氨基、二 C_{1-6}烷氨基、羧基、C_{1-6}烷基羰基、C_{1-6}烷氧羰基、氨甲酰基、单 C_{1-6}烷基氨甲酰基、二 C_{1-6}烷基氨甲酰基、C_{6-10}芳基氨甲酰基、C_{6-10}芳基、C_{6-10}芳氧基和可选卤代的 C_{1-6}烷基羰基氨基组成的组，

（ii）可选被 1 或 2 个取代基取代的氨基，取代基选自由 C_{1-6}烷基、C_{2-6}链烯基、C_{2-6}炔基、C_{3-6}环烷基和 C_{6-14}芳基组成的组，每个取代基又可被 1 至 5 个取代基取代，后者取代基选自由卤原子、硝基、氰基、羟基、可选卤代的 C_{1-6}烷基、C_{1-6}烷氧基、氨基、单 C_{1-6}烷基、二 C_{1-6}烷氨基、羧基、C_{1-6}烷基羰基、C_{1-6}烷氧羰基、氨甲酰基、单 C_{1-6}烷基氨甲酰基、二 C_{1-6}烷基氨甲酰基、C_{6-10}芳基氨甲酰基、C_{6-10}芳基、C_{6-10}芳氧基和可选卤代的 C_{1-6}烷基羰基氨基组成的组，或

（iii）5 元至 14 元杂环基团，该杂环除碳原子以外还含有 1 至 3 个杂原子，杂原子选自氮原子、氧原子和硫原子，该杂环可被 1 至 5 个取代基取代，取代基选自由卤原子、C_{1-6}烷基、C_{3-6}环烷基、C_{2-6}炔基、C_{2-6}链烯基、C_{7-11}芳烷基、C_{6-10}芳基、C_{1-6}烷氧基、C_{6-10}芳氧基、甲酰基、C_{1-6}烷基羰基、C_{6-10}芳基羰基、甲酰氧基、C_{1-6}烷基羰氧基、C_{6-10}芳基羰氧基、羧基、C_{1-6}烷氧羰基、C_{7-11}芳烷氧羰基、氨甲酰基、可选卤代的 C_{1-4}烷基、氧、脒基、亚氨基、氨基、单 C_{1-4}烷氨基、二 C_{1-6}烷氨基、3 元至 6 元环氨基、C_{1-3}亚烷二氧基、羟基、硝基、氰基、巯基、磺基、亚磺基、膦酰基、氨磺酰基、单 C_{1-6}烷基氨磺酰基、二 C_{1-6}烷基氨磺酰基、C_{1-6}烷硫基、C_{6-10}芳硫基、C_{1-6}烷亚磺酰基、C_{6-10}芳亚磺酰基、C_{1-6}烷磺酰基和 C_{6-10}芳磺酰组成的组；

R^2 为（i）氢原子或

（ii）可选被 1 至 5 个取代基取代的 C_{1-6}烷基、C_{2-6}链烯基、C_{2-6}炔基、C_{3-6}环烷基和 C_{6-14}芳基，取代基选自由卤原子、硝基、氰基、羟基，可选卤代的 C_{1-6}烷基、C_{1-6}烷氧基、氨基、单 C_{1-6}烷氨基、二 C_{1-6}烷氨基、羧基、C_{1-6}烷基羰基、C_{1-6}烷氧羰基、氨甲酰基、单 C_{1-6}烷基氨甲酰基、二 C_{1-6}烷基氨甲酰基、C_{6-10}芳基氨甲酰基、C_{6-10}芳基、C_{6-10}芳氧基和可选卤代的 C_{1-6}烷基羰基氨基组成的组，或

R^3为（i）氢原子，

（ii）可选被1至5个取代基取代的C_{1-6}烷基、C_{2-6}链烯基、C_{2-6}炔基、C_{3-6}环烷基和C_{6-14}芳基，取代基选自由卤原子、硝基、氰基、羟基，可选卤代的C_{1-6}烷基、C_{1-6}烷氧基、氨基、单C_{1-6}烷氨基、二C_{1-6}烷氨基、羧基、C_{1-6}烷基羰基、C_{1-6}烷氧羰基、氨甲酰基、单C_{1-6}烷基氨甲酰基、二C_{1-6}烷基氨甲酰基、C_{6-10}芳基氨甲酰基、C_{6-10}芳基、C_{6-10}芳氧基和可选卤代的C_{1-6}烷基羰基氨基组成的组，或

（iii）5元至14元杂环，该杂环除碳原子以外还含有1至3个杂原子，杂原子选自氮原子、氧原子和硫原子，该杂环可被1至5个取代基取代，取代基选自由卤原子、C_{1-6}烷基、C_{3-6}环烷基、C_{2-6}炔基、C_{2-6}链烯基、C_{7-11}芳烷基、C_{6-10}芳基、C_{1-6}烷氧基、C_{6-10}芳氧基、甲酰基、C_{1-6}烷基羰基、C_{6-10}芳基羰基、甲酰氧基、C_{1-6}烷基羰氧基、C_{6-10}芳基羰基氧、羧基、C_{1-6}烷氧羰基、C_{7-11}芳烷氧羰基、氨甲酰基、可选卤代的C_{1-4}烷基、氧、脒基、亚氨基、氨基、单C_{1-4}烷氨基、二C_{1-4}烷氨基、3元至6元环氨基、C_{1-3}亚烷二氧基、羟基、硝基、氰基、巯基、磺基、亚磺基、膦酰基、氨磺酰基、单C_{1-6}烷基氨磺酰基、二C_{1-6}烷基氨磺酰基、C_{1-6}烷硫基、C_{6-10}芳硫基、C_{1-6}烷亚磺酰基、C_{6-10}芳亚磺酰基、C_{1-6}烷磺酰基和C_{6-10}芳磺酰组成的组；

X代表CHR^4、NR^4、O或S，其中

R^4为（i）氢原子或

（ii）可选被1至5个取代基取代的C_{1-6}烷基、C_{2-6}链烯基、C_{2-6}炔基、C_{3-6}环烷基和C_{6-14}芳基，取代基选自由卤原子、硝基、氰基、羟基，可选卤代的C_{1-6}烷基、C_{1-6}烷氧基、氨基、单C_{1-6}烷氨基、二C_{1-6}烷氨基、羧基、C_{1-6}烷基羰基、C_{1-6}烷氧羰基、氨甲酰基、单C_{1-6}烷基氨甲酰基、二C_{1-6}烷基氨甲酰基、C_{6-10}芳基氨甲酰基、C_{6-10}芳基、C_{6-10}芳氧基和可选卤代的C_{1-6}烷基羰基氨基组成的组或iii）甲酰基；

Y代表C、CH或N，其条件是若X为CH_2，则Y为C或CH；

……代表一个单键或双键；

A环为一个5元至7元杂环，可选地除碳原子和一个氧原子以外还含有1至3个杂原子，杂原子选自氮原子、氧原子和硫原子，该杂环可被1至4个选自由下列基团组成的组的取代基取代：（i）可选被1至5个取代基取代的C_{1-6}烷基、C_{2-6}链烯基、C_{2-6}炔基、C_{3-6}环烷基和C_{6-14}芳基、取代基选自由卤原子、硝基、氰基、羟基，可选卤代的C_{1-6}烷基、C_{1-6}烷氧基、氨基、单C_{1-6}烷氨基、二C_{1-6}烷氨基、羧基、C_{1-6}烷基羰基、C_{1-6}烷氧羰基、氨甲酰基、单C_{1-6}烷基氨甲酰基、二C_{1-6}烷基氨甲酰基、C_{6-10}芳基氨甲酰基、C_{6-10}芳基、C_{6-10}芳氧基和可选卤代的C_{1-6}烷基羰基氨基组成的组，（ii）卤原子，（iii）C_{1-6}烷氧基，（iv）C_{6-10}芳氧基，（v）甲酰基，（vi）C_{1-6}烷氧羰基，（vii）C_{6-10}芳基羰基，（viii）甲酰氧基，（ix）C_{1-6}烷基羰氧基，（x）C_{6-10}芳基羰氧基，（xi）羧基，（xii）C_{1-6}烷氧羰基，（xiii）C_{7-11}芳烷氧羰基，（xiv）氨甲酰基，（xv）可选卤代的C_{1-4}烷基，（xvi）氧，（xvii）脒基，（xviii）亚氨基，（xix）氨基，（xx）单C_{1-4}烷氨基，（xxi）二C_{1-4}烷氨基，（xxii）3元至6元环氨基，（xxiii）C_{1-3}亚烷二氧基，（xxiv）羟基，（xxv）硝基，（xxvi）氰基，（xxvii）巯基，（xxviii）磺基，（xxix）亚磺基，（xxx）膦酰基，（xxxi）氨磺酰基，（xxxii）单C_{1-6}烷基氨磺酰基，（xxxiii）二C_{1-6}烷基氨磺酰基，（xxxiv）C_{1-6}烷硫基，（xxxv）C_{6-10}芳硫基，（xxxvi）C_{1-6}烷亚磺酰基，（xxxvii）C_{6-10}芳亚磺酰基，（xxxviii）C_{1-6}烷磺酰基和（xxxix）C_{6-10}芳磺酰基；

B环为一个可被1或2个取代基取代的苯环，取代基选自由下列基团组成的组：（i）卤原子，

（ii）可选被1至5个取代基取代的C_{1-6}烷基、C_{2-6}链烯基、C_{2-6}炔基、C_{3-6}环烷基和C_{6-14}芳基，取代基选自由卤原子、硝基、氰基、羟基、可选卤代的C_{1-6}烷基、C_{1-6}烷氧基、氨基、单C_{1-6}烷氨基、二C_{1-6}烷氨基、羧基、C_{1-6}烷基羰基、C_{1-6}烷氧羰基、氨甲酰基、单C_{1-6}烷基氨甲酰基、二C_{1-6}烷基氨

甲酰基、C_{6-10}芳基氨甲酰基、C_{6-10}芳基、C_{6-10}芳氧基和可选卤代的C_{1-6}烷基羰基氨基组成的组，

（iii）可选被1或2个取代基取代的氨基，取代基选自由C_{1-6}烷基、C_{2-6}链烯基、C_{2-6}炔基、C_{3-6}环烷基和C_{6-14}芳基组成的组，每个取代基又可被1至5个取代基取代，后者取代基选自由卤原子、硝基、氰基、羟基、可选卤代的C_{1-6}烷基、C_{1-6}烷氧基、氨基、单C_{1-6}烷氨基、二C_{1-6}烷氨基、羧基、C_{1-6}烷基羰基、C_{1-6}烷氧羰基、氨甲酰基、单C_{1-6}烷基氨甲酰基、二C_{1-6}烷基氨甲酰基、C_{6-10}芳基氨甲酰基、C_{6-10}芳基、C_{6-10}芳氧基和可选卤代的C_{1-6}烷基羰基氨基组成的组，

（iv）C_{1-6}链烷酰氨基，

（v）可被1至3个取代基取代的C_{1-6}烷氧基，取代基选自由卤原子、硝基、氰基、羟基、可选卤代的C_{1-6}烷基、C_{1-6}烷氧基、氨基、单C_{1-6}烷氨基、二C_{1-6}烷氨基、羧基、C_{1-6}烷基羰基、C_{1-6}烷氧羰基、氨甲酰基、单C_{1-6}烷基氨甲酰基、二C_{1-6}烷基氨甲酰基、C_{6-10}芳基氨甲酰基、C_{6-10}芳基、C_{6-10}芳氧基和可选卤代的C_{1-6}烷基羰基氨基组成的组，或（vi）C_{1-3}亚烷二氧基。

m代表一个1至4的整数。

36. 一种下式化合物：

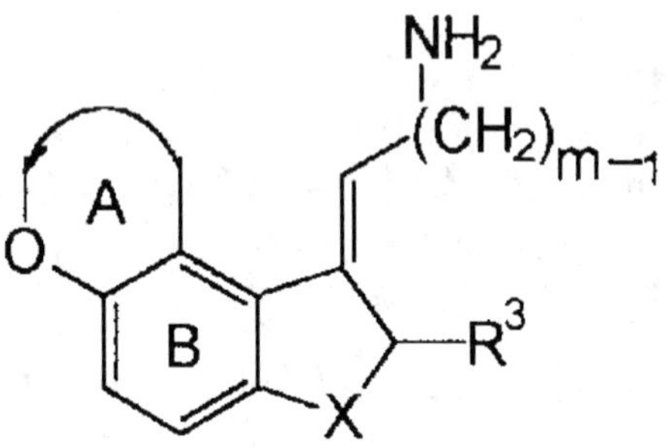

或其盐，其中的符号定义同权利要求1。

37. 一种下式化合物：

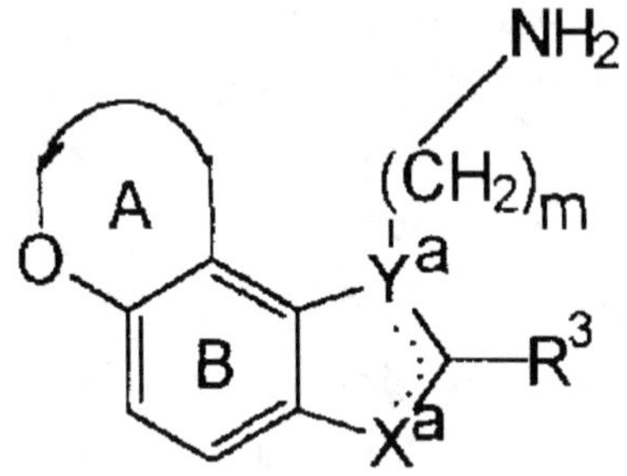

或其盐，其中X^a代表CHR^{4a}、NR^{4a}、O或S，其中R^{4a}代表氢原子或可选被1至5个取代基取代的C_{1-6}烷基、C_{2-6}链烯基、C_{2-6}炔基、C_{3-6}环烷基和C_{6-14}芳基，取代基选自由卤原子、硝基、氰基、羟基、可选为卤代的C_{1-6}烷基、C_{1-6}烷氧基、氨基、单C_{1-6}烷氨基、二C_{1-6}烷氨基、羧基、C_{1-6}烷基羰基、C_{1-6}烷氧羰基、氨甲酰基、单C_{1-6}烷基氨甲酰基、二C_{1-6}烷基氨甲酰基、C_{6-10}芳基氨甲酰基、C_{6-10}芳基、C_{6-10}芳氧基和可选卤代的C_{1-6}烷基羰基氨基和氧组成的组；Ya代表C、CH或N，其条件是若Xa为NH，则Ya为CH或N；其他符号定义同权利要求1，但是下列化合除外：

四氢吡喃并［3，2-e］吲哚，8，9-二氢吡喃［3，2-e］吲哚，3-甲基-8，9-二氢吡喃并［3，2-e］吲哚。

38. 一种含有如权利要求1的化合物的药物组合物。”

2005年6月6日，申请人武田药品工业株式会社（下称请求人）对上述驳回决定不服，向专利复审委员会提出复审请求，请求人在提出复审请求时没有对申请文件进行修改。

请求人认为：对比文件 1 从未公开或暗示三环化合物的存在，且其双环化合物的相当于本发明 A 环的位置是甲氧基，而非环状基团；对比文件 2 合成的 4 个化合物与本发明化合物不类似；即使很容易地将对比文件 1 和 2 结合获得三环化合物，也应获得两类化合物，无法一定得到本发明的化合物；因此相对于对比文件 1 和 2，本申请具有创造性。

经形式审查合格后，专利复审委员会受理了该请求，并于 2005 年 6 月 30 日向请求人发出了《复审请求受理通知书》，同时将本申请转送至国家知识产权局原审查部门进行前置审查。在《前置审查意见书》中，国家知识产权局原审查部门认为：权利要求 1~35，38~44 不具备创造性，不符合专利法第 22 条第 3 款的规定。理由是：权利要求 1 的化合物与对比文件 2 实施例 1~7 公开的化合物结构非常接近且作用相同，其区别在于：权利要求 1 的通式化合物中 Y、X 代表的基团与对比文件 2 化合物相应的基团不同，但是这种区别并没有对权利要求 1 化合物产生实质性影响；权利要求 1 中 Y 可以为 C、CH 或 N，X 代表 CHR^4、NR^4、O 或 S，也就是说 Y、X 代表这些基团都能达到相同的效果，申请人只是以放弃的方式从权利要求 1 排除了对比文件 2 的化合物，但是权利要求 1 的化合物与对比文件 2 的化合物相比其效果无实质性改进；对比文件 1 通式（I）化合物也具有褪黑激素受体结合亲和性，结合对比文件 1 也可以预测到对对比文件 2 通式（I）化合物的二氢吲哚中五元环的杂原子位置或种类进行结构改造，同样会具有褪黑激素结合亲和性；因此，在对比文件 2 的基础上，或者结合对比文件 2 和对比文件 1，得到本申请权利要求 1 的方案对本领域技术人员来说是显而易见的，权利要求 1 不具备创造性；同理权利要求 2~35，38~44 也不具备创造性。

专利复审委员会组成合议组，对本复审请求案进行了审理。

合议组于 2007 年 7 月 27 日向请求人发出《复审通知书》，指出：

（1）关于修改超范围：

权利要求 37 中的下述修改内容"但下列化合物除外，四氢吡喃并［3，2-e］吲哚，8，9-二氢吡喃并［3，2-e］吲哚，3-甲基-8，9-二氢吡喃并［3，2-e］吲哚"在原始提交的说明书和权利要求书中并无明确记载，而且该修改内容所排除的具体化合物也不同于权利要求 37 本身通式所定义的氨基亚烷基取代三环化合物，因此权利要求 37 的修改，超出了原申请记载的范围，不符合专利法第 33 条的规定

（2）关于创造性：

①对比文件 2（WO95/17405A1，公开日 1995 年 6 月 29 日）公开了一种具有褪黑激素受体结合亲和性的通式化合物，其中实施例 5 的化合物为"N-［2-（5-氯-2，3，7，8-四氢-1H-呋喃［2，3-g］吲哚-1-基）-乙基］-乙酰胺"，实施例 8 中则公开了实施例化合物关于褪黑激素受体结合亲和性的活性数据，其中实施例 5 的 IC50 值为 0.004。

对比文件 2 和本申请权利要求 1 的技术方案相比，化合物的主结构非常接近，当 Y 为 N、X 为 CHR^4 时，权利要求 1 的化合物相对于对比文件 2 实施例 5 的化合物而言，其主结构完全相同，区别仅在于 CH_2R^4 上取代基 R^4 可能为氢原子之外的其他取代基。

此外，本申请说明书第 167 页实施例 1 给出了生物实验数据，为从 0.46~0.048 的系列 IC50 值证明了本申请化合物具有褪黑激素受体结合亲和性的活性。而对比文件 2（实施例 8）表明其实施例化合物同样具有褪黑激素受体结合亲和性，其中实施例 5 的化合物的 IC50 值为 0.004。因此，本申请实际解决的技术问题是提供一系列结构类似、并同样具有褪黑激素受体结合亲和性的化合物。

在对比文件 2 的基础上，在多环化合物上进行简单的取代基替换、结构改造，得到系列具有相同活性的化合物是本领域技术人员要寻找具有类似活性的新化合物时的常规技术手段。例如一次取代后使亚甲基成为取代次甲基，权利要求 1 中定义的 CH_2R^4 上 R^4 可能为氢原子之外的 C_{1-6}烷基、C_{2-6}链

烯基、C_{2-6}炔基等情形，对于本领域的技术人员来说是显而易见的。而且，本领域的现有技术中对杂环化合物的结构改造方式给出了技术启示，例如对比文件1（EP0527687A2，公开日1992年8月13日，参见权利要求书）中公开了同样具有褪黑激素受体结合亲和性的化合物，其茚环上的特定位置有N、S、O不同数目和类型杂原子取代的情形，相当于本申请权利要求1中X、Y的位置上C、N、O、S的杂原子取代。因此，在现有技术的启示下，经过结构改造，得到权利要求1所述的系列具有类似结构、并同样具有褪黑激素受体结合亲和性的化合物，对本领域技术人员来说是显而易见的。

因此，权利要求1不具备专利法第22条第3款规定的创造性。

②从属权利要求2~35中的附加技术特征为对权利要求1中化合物的取代基进行进一步的限定，其中从属权利要求6、7、9、10~13、18~20中全部的附加技术特征或部分并列的附加技术特征已经被对比文件2公开，其他从属权利要求的附加技术特征虽然未明确在对比文件2中公开，但这些权利要求请求保护的化合物仍是对权利要求1的化合物的进一步选择，这些选择是本领域技术人员要寻找具有类似活性的新的活性化合物时的常规技术手段。

由于这种进一步限定也未能给所请求保护的化合物带来意想不到的技术效果，同理，权利要求2~35所请求保护的化合物也不具备突出的实质性特点和显著的进步，不符合专利法第22条第3款关于创造性的规定。

③权利要求36要求保护一种通式式化合物或其盐，其中的符号定义同权利要求1。对比文件2中的实施例1~7公开的化合物与其具有接近的结构，例如对比文件2中实施例5的化合物为“N-[2-(5-氯-2，3，7，8-四氢-1H-呋喃)[2，3-g]吲哚-1-基]-乙基]-乙酰胺”。

由于对比文件2实施例的化合物和本申请化合物都具有关于褪黑激素受体结合亲和性的活性（本申请说明书第167页，实施例1；对比文件2实施例8），而本申请说明书也没有说明权利要求36的化合物具有预料不到的用途或效果，因此，对所属领域技术人员而言，权利要求36所要求保护的化合物不具备突出的实质性特点和显著的进步，因此，不具备专利法第22条第3款规定的创造性。

④权利要求37的化合物与对比文件2实施例1~7的化合物单独相比，二者具有非常接近的结构。例如对比文件2中实施例5的化合物为“N-[2-(5-氯-2，3，7，8-四氢-1H-呋喃)[2，3-g]吲哚-1-基]-乙基]-乙酰胺”，权利要求37的化合物与该化合物相比，差别仅在于对比文件2实施例5的化合物末端酰氨基和权利要求37的化合物的末端烷基氨基的不同。也就是说，对比文件2公开了与权利要求37的化合物结构上接近的化合物。而本申请说明书也没有说明权利要求37的化合物具有预料不到的用途或效果，因此，对所属领域技术人员而言，权利要求37也不具备专利法第22条第3款规定的创造性。

⑤权利要求38~43请求保护的药物组合物，该药物组合物与现有技术的区别技术特征即是化合物本身，因此，在权利要求1的化合物不具备创造性的情况下，权利要求38~43的组合物也不具备专利法第22条第3款规定的创造性。

⑥权利要求44要求保护权利要求1中所述化合物在制备治疗或预防与哺乳动物体内褪黑激素作用有关的疾病的药物组合物中的用途，由于对比文件2中公开了与权利要求1结构极其类似的化合物，且这些化合物同样都具有褪黑激素受体结合亲和性（实施例8）。因此，权利要求44的用途对本领域技术人员来说是显而易见的，也不具备专利法第22条第3款规定的创造性。

针对上述《复审通知书》所指出的问题，请求人于2007年11月12日提交了意见陈述书和权利要求书全文修改替换页。请求人将权利要求1通式化合物中X的定义修改为CHR^4，Y的定义修改为C或CH，R^4的定义中“……C_{6-10}芳氧基和可选卤代的C_{1-6}烷基羰基氨基组成的组或iii）甲酰基”修改为“……C_{6-10}芳氧基和可选卤代的C_{1-6}烷基羰基氨基和氧代组成的组”，删除了权利要求11、14、

15 和 23，将权利要求 30、31 修改为独立权利要求，参照权利要求 1 修改了权利要求 2、12、22~24、37，并对从属权利要求、各项权利要求的序号、从属关系等进行了相应修改。

修改后的权利要求书中涉及产品的独立权利要求如下：

“1. 一种下式化合物或其盐：

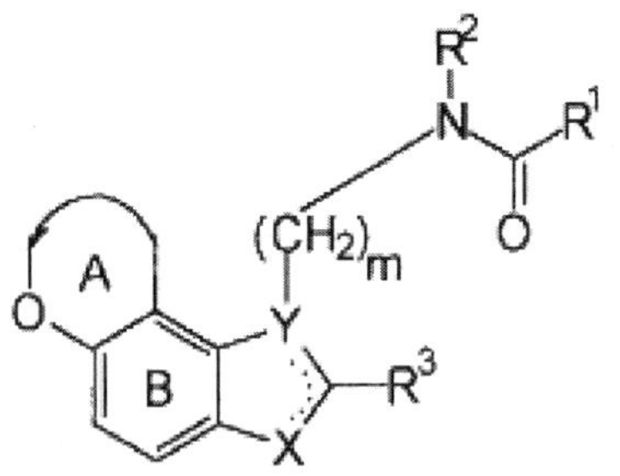

其中

R^1 为（i）可选被 1 至 5 个取代基取代的 C_{1-6}烷基、C_{2-6}链烯基、C_{2-6}炔基、C_{3-6}环烷基或 C_{6-14}芳基，取代基选自由卤原子、硝基、氰基、羟基，可选卤代的 C_{1-6}烷基、C_{1-6}烷氧基、氨基、单 C_{1-6}烷氨基、二 C_{1-6}烷氨基、羧基、C_{1-6}烷基羰基、C_{1-6}烷氧羰基、氨甲酰基、单 C_{1-6}烷基氨甲酰基、二 C_{1-6}烷基氨甲酰基、C_{6-10}芳基氨甲酰基、C_{6-10}芳基、C_{6-10}芳氧基和可选卤代的 C_{1-6}烷基羰基氨基组成的组，

（ii）可选被 1 或 2 个取代基取代的氨基，取代基选自由 C_{1-6}烷基、C_{2-6}链烯基、C_{2-6}炔基、C_{3-6}环烷基和 C_{6-14}芳基组成的组，每个取代基又可被 1 至 5 个取代基取代，后者取代基选自由卤原子、硝基、氰基、羟基、可选卤代的 C_{1-6}烷基、C_{1-6}烷氧基、氨基、单 C_{1-6}烷基、二 C_{1-6}烷氨基、羧基、C_{1-6}烷基羰基、C_{1-6}烷氧羰基、氨甲酰基、单 C_{1-6}烷基氨甲酰基、二 C_{1-6}烷基氨甲酰基、C_{6-10}芳基氨甲酰基、C_{6-10}芳基、C_{6-10}芳氧基和可选卤代的 C_{1-6}烷基羰基氨基组成的组，或

（iii）5 元至 14 元杂环基团，该杂环除碳原子以外还含有 1 至 3 个杂原子，杂原子选自氮原子、氧原子和硫原子，该杂环可被 1 至 5 个取代基取代，取代基选自由卤原子、C_{1-6}烷基、C_{3-6}环烷基、C_{2-6}炔基、C_{2-6}链烯基、C_{7-11}芳烷基、C_{6-10}芳基、C_{1-6}烷氧基、C_{6-10}芳氧基、甲酰基、C_{1-6}烷基羰基、C_{6-10}芳基羰基、甲酰氧基、C_{1-6}烷基羰氧基、C_{6-10}芳基羰氧基、羧基、C_{1-6}烷氧羰基、C_{7-11}芳烷氧羰基、氨甲酰基、可选卤代的 C_{1-4}烷基、氧、脒基、亚氨基、氨基、单 C_{1-4}烷氨基、二 C_{1-6}烷氨基、3 元至 6 元环氨基、C_{1-3}亚烷二氧基、羟基、硝基、氰基、巯基、磺基、亚磺基、膦酰基、氨磺酰基、单 C_{1-6}烷基氨磺酰基、二 C_{1-6}烷基氨磺酰基、C_{1-6}烷硫基、C_{6-10}芳硫基、C_{1-6}烷亚磺酰基、C_{6-10}芳亚磺酰基、C_{1-6}烷磺酰基和 C_{6-10}芳磺酰组成的组；

R^2 为（i）氢原子或

（ii）可选被 1 至 5 个取代基取代的 C_{1-6}烷基、C_{2-6}链烯基、C_{2-6}炔基、C_{3-6}环烷基和 C_{6-14}芳基，取代基选自由卤原子、硝基、氰基、羟基，可选卤代的 C_{1-6}烷基、C_{1-6}烷氧基、氨基、单 C_{1-6}烷氨基、二 C_{1-6}烷氨基、羧基、C_{1-6}烷基羰基、C_{1-6}烷氧羰基、氨甲酰基、单 C_{1-6}烷基氨甲酰基、二 C_{1-6}烷基氨甲酰基、C_{6-10}芳基氨甲酰基、C_{6-10}芳基、C_{6-10}芳氧基和可选卤代的 C_{1-6}烷基羰基氨基组成的组，或

R^3为（i）氢原子，

（ii）可选被 1 至 5 个取代基取代的 C_{1-6}烷基、C_{2-6}链烯基、C_{2-6}炔基、C_{3-6}环烷基和 C_{6-14}芳基，取代基选自由卤原子、硝基、氰基、羟基，可选卤代的 C_{1-6}烷基、C_{1-6}烷氧基、氨基、单 C_{1-6}烷氨基、二 C_{1-6}烷氨基、羧基、C_{1-6}烷基羰基、C_{1-6}烷氧羰基、氨甲酰基、单 C_{1-6}烷基氨甲酰基、二 C_{1-6}烷基氨甲酰基、C_{6-10}芳基氨甲酰基、C_{6-10}芳基、C_{6-10}芳氧基和可选卤代的 C_{1-6}烷基羰基氨基组成的组，或

（iii）5 元至 14 元杂环，该杂环除碳原子以外还含有 1 至 3 个杂原子，杂原子选自氮原子、氧原子和硫原子，该杂环可被 1 至 5 个取代基取代，取代基选自由卤原子、C_{1-6}烷基、C_{3-6}环烷基、C_{2-6}炔基、C_{2-6}链烯基、C_{7-11}芳烷基、C_{6-10}芳基、C_{1-6}烷氧基、C_{6-10}芳氧基、甲酰基、C_{1-6}烷基羰基、C_{6-10}芳基羰基、甲酰氧基、C_{1-6}烷基羰氧基、C_{6-10}芳基羰基氧、羧基、C_{1-6}烷氧羰基、C_{7-11}芳烷氧羰基、氨甲酰基、可选卤代的 C_{1-4}烷基、氧、脒基、亚氨基、氨基、单 C_{1-4}烷氨基、二 C_{1-4}烷氨基、3 元至 6 元环氨基、C_{1-3}亚烷二氧基、羟基、硝基、氰基、巯基、磺基、亚磺基、膦酰基、氨磺酰基、单 C_{1-6}烷基氨磺酰基、二 C_{1-6}烷基氨磺酰基、C_{1-6}烷硫基、C_{6-10}芳硫基、C_{1-6}烷亚磺酰基、C_{6-10}芳亚磺酰基、C_{1-6}烷磺酰基和 C_{6-10}芳磺酰组成的组；

X 代表 CHR^4，其中

R^4为（i）氢原子或

（ii）可选被 1 至 5 个取代基取代的 C_{1-6}烷基、C_{2-6}链烯基、C_{2-6}炔基、C_{3-6}环烷基和 C_{6-14}芳基，取代基选自由卤原子、硝基、氰基、羟基，可选卤代的 C_{1-6}烷基、C_{1-6}烷氧基、氨基、单 C_{1-6}烷氨基、二 C_{1-6}烷氨基、羧基、C_{1-6}烷基羰基、C_{1-6}烷氧羰基、氨甲酰基、单 C_{1-6}烷基氨甲酰基、二 C_{1-6}烷基氨甲酰基、C_{6-10}芳基氨甲酰基、C_{6-10}芳基、C_{6-10}芳氧基和可选卤代的 C_{1-6}烷基羰基氨基和氧代组成的组；

Y 代表 C 或 CH；

……代表一个单键或双键；

A 环为一个 5 元至 7 元杂环，可选地除碳原子和一个氧原子以外还含有 1 至 3 个杂原子，杂原子选自氮原子、氧原子和硫原子，该杂环可被 1 至 4 个选自由下列基团组成的组的取代基取代：（i）可选被 1 至 5 个取代基取代的 C_{1-6}烷基、C_{2-6}链烯基、C_{2-6}炔基、C_{3-6}环烷基和 C_{6-14}芳基，取代基选自由卤原子、硝基、氰基、羟基，可选卤代的 C_{1-6}烷基、C_{1-6}烷氧基、氨基、单 C_{1-6}烷氨基、二 C_{1-6}烷氨基、羧基、C_{1-6}烷基羰基、C_{1-6}烷氧羰基、氨甲酰基、单 C_{1-6}烷基氨甲酰基、二 C_{1-6}烷基氨甲酰基、C_{6-10}芳基氨甲酰基、C_{6-10}芳基、C_{6-10}芳氧基和可选卤代的 C_{1-6}烷基羰基氨基组成的组，（ii）卤原子，（iii）C_{1-6}烷氧基，（iv）C_{6-10}芳氧基，（v）甲酰基，（vi）C_{1-6}烷氧羰基，（vii）C_{6-10}芳基羰基，（viii）甲酰氧基，（ix）C_{1-6}烷基羰氧基，（x）C_{6-10}芳基羰氧基，（xi）羧基，（xii）C_{1-6}烷氧羰基，（xiii）C_{7-11}芳烷氧羰基，（xiv）氨甲酰基，（xv）可选卤代的 C_{1-4}烷基，（xvi）氧，（xvii）脒基，（xviii）亚氨基，（xix）氨基，（xx）单 C_{1-4}烷氨基，（xxi）二 C_{1-4}烷氨基，（xxii）3 元至 6 元环氨基，（xxiii）C_{1-3}亚烷二氧基，（xxiv）羟基，（xxv）硝基，（xxvi）氰基，（xxvii）巯基，（xxviii）磺基，（xxix）亚磺基，（xxx）膦酰基，（xxxi）氨磺酰基，（xxxii）单 C_{1-6}烷基氨磺酰基，（xxxiii）二 C_{1-6}烷基氨磺酰基，（xxxiv）C_{1-6}烷硫基，（xxxv）C_{6-10}芳硫基，（xxxvi）C_{1-6}烷亚磺酰基，（xxxvii）C_{6-10}芳亚磺酰基，（xxxviii）C_{1-6}烷磺酰基和（xxxix）C_{6-10}芳磺酰基；

B 环为一个可被 1 或 2 个取代基取代的苯环，取代基选自由下列基团组成的组：（i）卤原子，

（ii）可选被 1 至 5 个取代基取代的 C_{1-6}烷基、C_{2-6}链烯基、C_{2-6}炔基、C_{3-6}环烷基和 C_{6-14}芳基，取代基选自由卤原子、硝基、氰基、羟基、可选卤代的 C_{1-6}烷基、C_{1-6}烷氧基、氨基、单 C_{1-6}烷氨基、二 C_{1-6}烷氨基、羧基、C_{1-6}烷基羰基、C_{1-6}烷氧羰基、氨甲酰基、单 C_{1-6}烷基氨甲酰基、二 C_{1-6}烷基氨甲酰基、C_{6-10}芳基氨甲酰基、C_{6-10}芳基、C_{6-10}芳氧基和可选卤代的 C_{1-6}烷基羰基氨基组成的组，

（iii）可选被 1 或 2 个取代基取代的氨基，取代基选自由 C_{1-6}烷基、C_{2-6}链烯基、C_{2-6}炔基、C_{3-6}环烷基和 C_{6-14}芳基组成的组，每个取代基又可被 1 至 5 个取代基取代，后者取代基选自由卤原子、硝基、氰基、羟基、可选卤代的 C_{1-6}烷基、C_{1-6}烷氧基、氨基、单 C_{1-6}烷氨基、二 C_{1-6}烷氨基、羧基、C_{1-6}烷基羰基、C_{1-6}烷氧羰基、氨甲酰基、单 C_{1-6}烷基氨甲酰基、二 C_{1-6}烷基氨甲酰基、C_{6-10}芳基氨甲

酰基、C_{6-10}芳基、C_{6-10}芳氧基和可选卤代的 C_{1-6}烷基羰基氨基组成的组，

（iv）C_{1-6}链烷酰氨基，

（v）可被 1 至 3 个取代基取代的 C_{1-6}烷氧基，取代基选自由卤原子、硝基、氰基、羟基、可选卤代的 C_{1-6}烷基、C_{1-6}烷氧基、氨基、单 C_{1-6}烷氨基、二 C_{1-6}烷氨基、羧基、C_{1-6}烷基羰基、C_{1-6}烷氧羰基、氨甲酰基、单 C_{1-6}烷基氨甲酰基、二 C_{1-6}烷基氨甲酰基、C_{6-10}芳基氨甲酰基、C_{6-10}芳基、C_{6-10}芳氧基和可选卤代的 C_{1-6}烷基羰基氨基组成的组，或（vi）C_{1-3}亚烷二氧基。

m 代表一个 1 至 4 的整数。

32. 一种下式化合物：

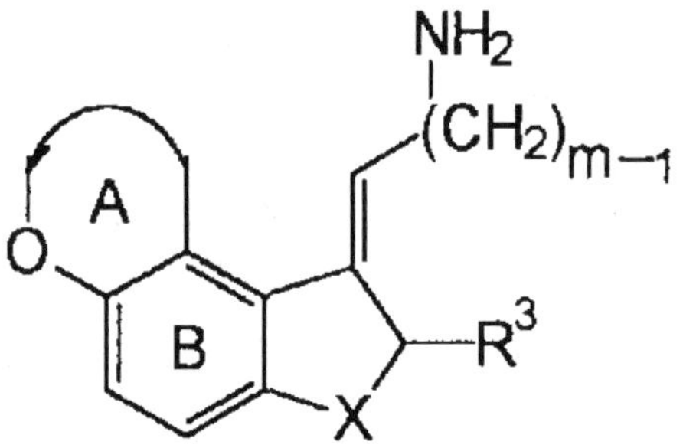

或其盐，其中的符号定义同权利要求 1。

33. 一种下式化合物：

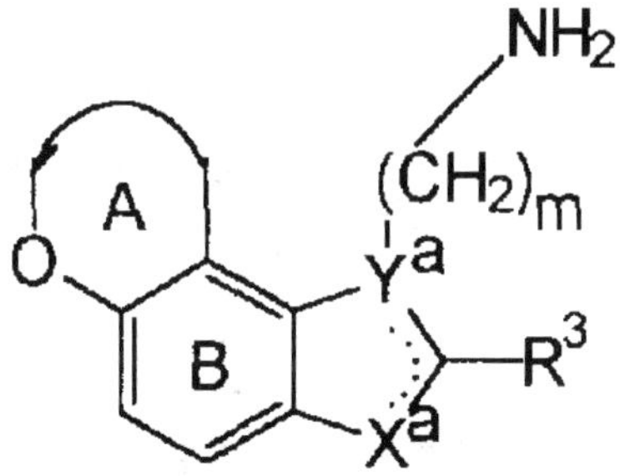

或其盐，其中 Xa 代表 CHR^{4a}，其中 R^{4a}代表氢原子或可选被 1 至 5 个取代基取代的 C_{1-6}烷基、C_{2-6}链烯基、C_{2-6}炔基、C_{3-6}环烷基和 C_{6-14}芳基，取代基选自由卤原子、硝基、氰基、羟基、可选为卤代的 C_{1-6}烷基、C_{1-6}烷氧基、氨基、单 C_{1-6}烷氨基、二 C_{1-6}烷氨基、羧基、C_{1-6}烷基羰基、C_{1-6}烷氧羰基、氨甲酰基、单 C_{1-6}烷基氨甲酰基、二 C_{1-6}烷基氨甲酰基、C_{6-10}芳基氨甲酰基、C_{6-10}芳基、C_{6-10}芳氧基和可选卤代的 C_{1-6}烷基羰基氨基和氧组成的组；Ya 代表 C 或 CH。

34. 一种含有如权利要求 1 的化合物的药物组合物。”

请求人认为：（1）修改后的权利要求 37（新权利要求 33），已经删除了修改超范围的部分，从而克服了专利法第 33 条的缺陷；（2）修改后的权利要求 1 涉及一种具有源于“呋喃或吡喃并茚”环的主结构，而对比文件 2 中的化合物主结构大致为“呋喃或吡喃并［2，3-g］吲哚”，由于修改后的本发明化合物的范围，其各环的稠合方式与对比文件 2 所提供的不同，因此，权利要求 1 与对比文件 2 所公开的化合物结构不相同也不相似，具有创造性；此外，重复根据说明书试验例 1 记载的活性试验表明（参见请求人提交的活性试验数据），本发明的化合物比对比文件 1、2 所公开的化合物有更高的活性，因此也说明了本发明化合物的创造性。

2007 年 11 月 13 日，请求人提交了补充意见陈述，并提交了关于 Ramelteon 的以下附件：

附件 1：Ramelteon 的英文描述及结构式，复印件 1 页；

附件 2：Ramelteon 片的英文药品说明书，复印件 2 页；

附件3：Ramelteon A Viewpoint by Gö? ran Hajak ，CNS Drugs，2005，19（12），英文，复印件1页；

附件4~7：关于Ramelteon的英文介绍，复印件14页；

附件8：《中国医药报》B7版，2005年12月29日，复印件2页；

附件9："www. ccper. com"网站上关于Ramelteon的介绍，复印件3页。

请求人认为：根据请求人提交的Ramelteon的相关报道，2005年经美国FDA批准，现已上市。系作用于褪黑素受体的第一种活性催眠药物。它的上市和其作用机理以及作为首支此类药物的身份均从一个方面说明本发明的化合物是具有创造性的。

2008年1月28日请求人再次提交了意见陈述书和权利要求书第3页的修改替换页，其中删除了R^4定义中"和氧代"，请求人称所述修改是为了克服修改错误的缺陷。

2008年2月28日请求人再次提交了意见陈述书和权利要求书第9~11页的修改替换页，其中删除了权利要求28和29，并对其后的权利要求的序号和从属关系进行了相应修改，请求人称所述修改删除了与权利要求不属于同一主题的权利要求。

至此，合议组认为本案事实已经清楚，可以作出审查决定。

二、决定的理由

1. 关于审查文本

本审查决定针对的文本是请求人于2008年1月28日提交的权利要求第1项的第3页、于2008年2月28日提交的权利要求第24~38项，2007年11月12日提交的权利要求第1项的第1、2、4页以及权利要求第2~23项，进入中国国家阶段时提交的按原始国际申请中文译文的说明书第3~20页和第22~168页，进入中国国家阶段时提交的按专利合作条约第41条修改的说明书第1~2页，2004年5月24日提交的说明书第21页以及进入中国国家阶段时提交的说明书摘要。

2. 关于修改超范围

专利法第33条规定，申请人可以对其专利申请文件进行修改，但是，对发明和实用新型专利申请文件的修改不得超出原说明书和权利要求书记载的范围。

（1）复审通知书指出，驳回决定所针对的权利要求37中以下修改内容"但下列化合物除外，四氢吡喃并［3，2-e］吲哚，8，9-二氢吡喃并［3，2-e］吲哚，3-甲基-8，9-二氢吡喃并［3，2-e］吲哚"中，具体放弃的化合物在原始提交的说明书和权利要求书中并无明确记载，而且也不同于权利要求37本身通式所定义的氨基亚烷基取代三环化合物，因此权利要求37的上述修改超出了原说明书和权利要求书记载的范围，不符合专利法第33条的规定。

在请求人于2007年11月12日提交的权利要求书中，上述权利要求37相应地被编号为权利要求33，其中删除了"但下列化合物除外，四氢吡喃并［3，2-e］吲哚，8，9-二氢吡喃并［3，2-e］吲哚，3-甲基-8，9-二氢吡喃并［3，2-e］吲哚"，这样的修改并未引入新的内容，克服了《复审通知书》指出的修改超范围的缺陷，符合专利法第33条的规定。

（2）请求人于2007年11月12日提交的修改文本中，权利要求1对R^4的定义中关于氧代部分在原申请文件中没有记载，又不能从原申请记载的信息中直接地、毫无疑义地确定，因此该修改内容超出了原申请文件记载的范围，不符合专利法第33条的规定，而请求人于2008年1月28日提交的权利要求1中，删除了"和氧代"，从而克服了该缺陷。

（3）请求人于2008年2月28日提交的权利要求1中，删除了权利要求28和29，并对其后的权利要求的序号和从属关系进行了相应修改，这种删除权俩要求的修改未超出原权利要求书和说明书记载的范围，因此是允许的。

3. 关于专利法第22条第3款

专利法第22条第3款规定，创造性，是指同申请日以前已有的技术相比，该发明有突出的实质性特点和显著的进步，该实用新型有实质性特点和进步。

对化合物的创造性判断而言，如果结构上与已知化合物接近的化合物具有预料不到的技术效果则认为它有创造性，这种预料不到的技术效果可以是对已知化合物的某一已知效果有实质性的改进或提高。

（1）本申请的独立权利要求1要求保护一种通式所示的三环化合物或其盐（具体参见案由部分）。所述三环化合物具有极强的与褪黑激素受体结合的亲合性，本申请说明书第167页实施例1给出了生物实验数据，从0.46~0.048的系列IC50值证明了其具有褪黑激素受体结合亲和性的活性。

对比文件2（WO 95/17405A1，公开日1995年6月29日）公开了如下的通式化合物

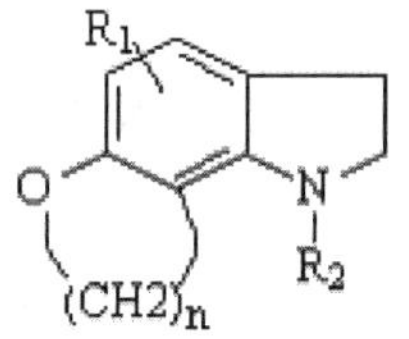

其中R^1为氢、卤素或C_{1-6}烷基；R^2为$-CR^3R^4(CH_2)_pNR^5COR^6$；$R^3$、$R^4$、$R^5$为相同或不同的氢或$C_{1-6}$烷基，$R^6$为$C_{1-6}$烷基或$C_3$-7环烷基；n是2、3或4；p是1、2、3或4（参见对比文件2说明书第1页第6~15行）。

此外，对比文件2实施例1~7中还公开了系列具体的吡喃并吲哚乙酰胺、呋喃并吲哚乙酰胺类化合物，它们都具有如上的主环结构，例如实施例5的化合物为N-［2-（5-氯-2，3，7，8-四氢-1 H-呋喃［2，3-g］吲哚-1-基］-乙基］-乙酰胺，对比文件2的实施例8中则公开了实施例2、3、5、6的化合物关于褪黑激素受体结合亲和性的活性数据。

对比文件1（EP0527687A2，公开日1993年2月17日）公开了一系列双环化合物，具有各种不同的杂环结构，其中主环结构涉及吲哚、硫茚、苯并咪唑、氧茚香豆酮、苯并异恶唑、苯并异噻唑、苯并异二唑，均为苯并五元杂环的双环结构（参见对比文件1的权利要求1和实施例），且同样具有抗褪黑素作用。

在答复复审通知书时，请求人提供了对比实验的活性数据，其中对对比文件2实施例3的化合物、对比文件1实施例1和实施例13的化合物重复了本申请说明书实验例1的活性试验，相同条件下碘代褪黑素结合抑制活性试验表明，总体而言，本申请实施例11、15的化合物的IC50值比对比文件2、对比文件1的化合物低1~2个数量级。

①合议组认为，对比文件2是与本申请最接近的对比文件。本申请权利要求1的化合物与对比文件2的上述通式化合物相比，例如与对比文件2实施例5化合物相比，其区别在于：权利要求1的化合物在Y位置是碳，从而形成取代的茚结构或取代的二氢化茚结构，而对比文件2的化合物在相应位置则为氮，从而形成取代的二氢吲哚结构。此时创造性判断的关键在于将对比文件2的化合物中的二氢吲哚结构改造为权利要求1所述化合物的茚结构或二氢化茚结构对于本领域技术人员来说是否显而易见。

请求人在答复复审通知书时提交了本申请实施例11和15化合物与对比文件2实施例3化合物在相同活性试验中的对比数据，请求人提供的对比数据表明，在相同的测定条件下，本申请的实施例

11 化合物的 IC50 值为 0.048，实施例 15 化合物的 IC50 值为 0.10，对比文件 2 的实施例 3 化合物的 IC50 值为 8.58，考察上述化合物可知，对比文件 2 的实施例 3 化合物与本申请实施例 11 或 15 的化合物单独相比，区别也主要在于本申请实施例 11 化合物在 Y 位置上是碳，形成取代的二氢化茚结构，实施例 15 化合物在 Y 位置上是碳，形成取代的茚结构，而对比文件 2 实施例 3 的化合物在相应位置上是氮，形成取代的二氢吲哚结构。

由此可见，将对比文件 2 化合物中的二氢吲哚结构改造为二氢化茚结构或茚结构所带来的技术效果是相同条件下碘代褪黑激素受体结合亲和性获得数量级的提高，而通过上述改造获得这种显著好的活性是本领域技术人员根据对比文件 1 或本领域常识均难以预料到的。也就是说，将对比文件 2 的化合物中的二氢吲哚结构改造为权利要求 1 所述化合物的二氢化茚结构或茚结构对于本领域技术人员来说是非显而易见的。因此，本申请权利要求 1 的化合物相对于对比文件 2 或对比文件 2 与对比文件 1 的结合具有突出的实质性特点和显著的进步，符合专利法第 22 条第 3 款关于创造性的规定。

②即使如驳回决定所述，以对比文件 1 作为最接近的对比文件并使用其中的通式化合物（I）～（V）来评价本申请。以对比文件 1 公开的通式化合物（II）为例，本申请的权利要求 1 与对比文件 1 的通式化合物（II）相比，例如与实施例 1 或 13 的化合物单独对比，其主要区别在于本申请通式化合物中 A 环是 5 元至 7 元杂环，取代基的 X 位置是碳，形成取代的二氢化茚结构或取代的茚结构，而对比文件 1 的化合物相应于 A 环的位置上是甲氧基，X 是氮，形成取代的吲哚结构。请求人提供的活性试验数据表明，在相同测定条件下，本申请的实施例 15 化合物的 IC50 值为 0.10，实施例 11 化合物的 IC50 值为 0.048；对比文件 1 的实施例 1 化合物的 IC50 值为 3.2，实施例 13 化合物的 IC50 值为 1.3。考察本申请实施例 11 或 15 的化合物结构以及对比文件 1 实施例 1 或 13 的化合物结构可知，本申请实施例 11 的化合物的 A 环是与苯环（即 B 环）稠合的呋喃环，X 的位置是碳而形成取代的二氢化茚结构，Y 上取代基的末端为甲基；本申请实施例 15 的化合物的 A 环是与苯环（即 B 环）稠合的呋喃环，X 的位置是碳而形成取代的茚结构，Y 上取代基的末端为甲基；对比文件 1 实施例 1 化合物则在相应于 A 环的位置是甲氧基，X 的位置是氮而形成取代的吲哚结构，Y 上取代基的末端为环丙基；对比文件 1 实施例 13 化合物在相应于 A 环的位置是甲氧基，X 的位置是氮而形成取代的吲哚结构，Y 上取代基的末端为三氟甲基。对比文件 1 中公开了一系列具有类似结构和抗褪黑素活性的化合物，对比文件 1 本身未提供其所公开的化合物的活性试验数据，但请求人提供的试验数据（相同测试条件下的 IC50 值）表明对比文件 1 的实施例 1 化合物与对比文件 1 的实施例 13 化合物在碘代褪黑激素受体结合亲和性方面的活性值处于同一数量级，在没有相反证据的情况下可以认为对比文件 1 中 Y 上取代基末端为甲基的通式（II）化合物与 Y 上取代基末端为环丙基或三氟甲基的通式（II）化合物活性相近。而请求人提供的对比实验数据证明，在相同测定条件下对比文件 1 实施例 1 和 13 的化合物的抗褪黑素活性值与本申请实施例 11 和 15 化合物的活性值存在数量级的差别，由此可见，本申请权利要求 1 的化合物与对比文件 1 通式化合物（II）之间的区别带来的技术效果是相同测定条件下碘代褪黑激素受体结合亲和性的活性值存在数量级的差别，而这是本领域技术人员根据对比文件 2 或本领域常识均难以预料到的。因此本申请权利要求 1 的化合物相对于对比文件 1 的通式化合物（II）而言是非显而易见的。同理，在没有相反证据表明对比文件 1 的化合物的抗褪黑素活性存在数量级差异的情况下，本申请权利要求 1 的化合物相对于对比文件 1 的其他通式化合物也是非显而易见的。因此，本申请权利要求 1 的化合物相对于对比文件 1 或对比文件 1 与对比文件 2 的结合，也具有突出的实质性特点和显著进步，符合专利法第 22 条第 3 款关于创造性的规定。

综上所述，相对于对比文件 2 和/或对比文件 1 而言，权利要求 1 具备专利法第 22 条第 3 款规定的创造性。

（2）从属权利要求 2～27 中的附加技术特征为对权利要求 1 中化合物的取代基做了进一步的限定，在权利要求 1 具有创造性的前提下，其从属权利要求 2～27 也具备突出的实质性特点和显著的进步，符合专利法第 22 条第 3 款规定的创造性。

（3）权利要求 28、29 分别要求保护权利要求 1、3 的化合物的制备方法，在权利要求 1、3 的化合物具备创造性的情况下，其制备方法也具备专利法第 22 条第 3 款所规定的创造性。

（4）权利要求 30 要求保护具有与权利要求 1 化合物相似结构的通式化合物。权利要求 30 的化合物与对比文件 2 的实施例 5 化合物相比，其区别除了权利要求 30 的化合物在 Y 位置上是碳而形成取代的二氢化茚结构，对比文件 2 实施例 5 化合物在相应位置上是氮而形成取代的二氢吲哚结构之外，区别还在于 Y 上取代基不同。由以上（1）中所述的理由可知，将对比文件 2 实施例 5 化合物中的二氢吲哚结构改造为权利要求 30 化合物中的二氢化茚结构对于本领域技术人员来说是非显而易见的，因此权利要求 30 的化合物相对于对比文件 2 或对比文件 2 与对比文件 1 的结合也具有突出的实质性特点和显著的进步，具备专利法第 22 条第 3 款规定的创造性。

即使以对比文件 1 作为最接近的对比文件，权利要求 30 的化合物与对比文件 1 实施例 1 或 13 的化合物单独对比，其区别仍主要在于，权利要求 30 中 A 环是 5 元至 7 元杂环，取代基的 X 位置是碳而形成取代的二氢化茚结构，而对比文件 1 的化合物相应于 A 环的位置上是甲氧基，X 是氮而形成取代的吲哚结构。基于以上（1）中所述的相同的理由，权利要求 30 的化合物相对于对比文件 1 或对比文件 1 与对比文件 2 的结合，也具有突出的实质性特点和显著进步，符合专利法第 22 条第 3 款关于创造性的规定。

（5）权利要求 31 要求保护具有与权利要求 1 化合物相似结构的通式化合物。权利要求 31 的化合物与对比文件 2 的实施例 5 化合物相比，其区别除了权利要求 31 的化合物在 Y 位置上是碳而形成取代的二氢化茚结构或取代的茚结构，对比文件 2 实施例 5 化合物在相应位置上是氮而形成取代的二氢吲哚结构之外，区别还在于 Y 上取代基不同。由以上（1）中所述的理由可知，将对比文件 2 实施例 5 化合物中的二氢吲哚结构改造为权利要求 31 化合物中的二氢化茚结构或茚结构对于本领域技术人员来说是非显而易见的，因此权利要求 31 的化合物相对于对比文件 2 或对比文件 2 与对比文件 1 的结合也具有突出的实质性特点和显著的进步，具备专利法第 22 条第 3 款规定的创造性。

即使以对比文件 1 作为最接近的对比文件，权利要求 31 的化合物与对比文件 1 实施例 1 或 13 的化合物单独对比，其区别仍主要在于，权利要求 31 中 A 环是 5 元至 7 元杂环，取代基的 X 位置是碳而形成取代的二氢化茚结构或取代的茚结构，而对比文件 1 的化合物相应于 A 环的位置上是甲氧基，X 是氮而形成取代的吲哚结构。基于以上（1）中所述的相同理由，权利要求 31 的化合物相对于对比文件 1 或对比文件 1 与对比文件 2 的结合，也具有突出的实质性特点和显著进步，符合专利法第 22 条第 3 款关于创造性的规定。

（6）权利要求 32～37 请求保护以权利要求 1 中化合物为活性成分的药物组合物，在权利要求 1 的化合物具备创造性的情况下，权利要求 32～37 请求保护的技术方案也具备专利法第 22 条第 3 款所规定的创造性。

（7）权利要求 38 要求保护权利要求 1 中所述化合物在制备治疗或预防与哺乳动物体内褪黑激素作用有关的疾病的药物组合物中的用途，在权利要求 1 的化合物因褪黑激素受体结合亲和性取得预料不到的技术效果而具备创造性的情况下，权利要求 38 请求保护的用途也具备专利法第 22 条第 3 款所规定的创造性。

综上所述，目前的权利要求书已经克服了驳回决定和复审通知书中所指出的缺陷。

根据上述事实和理由，合议组作出如下审查决定。

三、决定

撤销国家知识产权局于2005年2月25日对第97192700.6号发明专利申请作出的驳回决定，由原实审部门以本复审决定所针对的文本为基础，继续进行后续审批程序。

复审请求人对本决定不服的，可以根据专利法第41条第2款的规定，自收到本决定之日起三个月内向北京市第一中级人民法院起诉。

071

微胶囊化的广灭灵除草剂组合物及其制备方法

复审请求审查决定（第13415号）

决　定　号　第13415号
决　定　日　2008年5月27日
发明创造名称　微胶囊化的广灭灵除草剂组合物及其制备方法
国际分类号　A01N25/28
复审请求人　FMC有限公司
申　请　号　02130232.4
申　请　日　1995年11月14日
优 先 权 日　1994年11月16日，1995年9月21日
公　开　日　2004年4月28日
合议组组长　任晓兰
主　审　员　张家祥
参　审　员　李新芝

法 律 依 据　专利法实施细则第43条第1款
决 定 要 点

分案申请的内容不得超出原申请公开的范围，此处“公开的范围”应当理解为专利法第33条所述的“记载的范围”。如果分案申请的内容通过增加、改变和/或删除其中的一部分，致使所属技术领域的技术人员看到的信息与原申请记载的信息不同，而且又不能从原申请记载的信息中直接地、毫无疑义地确定，那么，这种修改是不允许的。

一、案由

本复审请求案涉及发明名称为“微胶囊化的广灭灵除草剂组合物及其制备方法”的第02130232.4号发明专利申请（下称本申请），申请人为FMC有限公司，申请日为1995年11月14日，优先权日为1994年11月16日、1995年9月21日，分案提交日为2002年8月14日，公开日为2004年4月28日。

2006年4月14日，针对申请人于2004年8月18日提交的权利要求第1~19项、2002年8月14日提交的说明书第1~19页以及说明书摘要，国家知识产权局以本申请不符合专利法实施细则第43条第1款的规定为由驳回了本申请。

驳回决定认为：本申请权利要求1~19要求保护的内容在原案申请说明书和权利要求中没有相同的表述，原说明书和权利要求中记载的是具体的技术特征，本申请将权利要求所要求保护的范围修改

为较宽的一般表达，而这种表述方式不能够从原案申请文件直接得出，换句话说，本申请改变的这部分内容致使本领域技术人员看到的信息与原案申请公开的信息不同，而且又不能从原案申请公开的信息直接地、毫无疑义地确定，因此，不符合专利法实施细则第43条第1款的规定。

驳回决定所针对的权利要求书如下：

“1. 一种微胶囊化的广灭灵除草剂组合物，它包括：

聚脲壳形成的微胶囊；和在所述壳体里的封入胶囊的物质，所述的封入胶囊的物质包含除草有效量的广灭灵；其中所述组合物的广灭灵挥发性比含相应广灭灵浓度的可乳化浓缩物的挥发性低。

2. 根据权利要求1所述的除草剂组合物，其中广灭灵挥发性比广灭灵可乳化浓缩物的挥发性低50%。

3. 根据权利要求1所述的除草剂组合物，其中组合物的挥发性比含相应浓度广灭灵的广灭灵可乳化浓缩物的挥发性低，结果当组合物用于目的区域时，对与目的区域相邻区域里植物的损伤减少。

4. 根据权利要求1所述的除草剂组合物，其中聚脲壳包括一种或多种多官能团胺，它选自1，2-乙二胺（EDA）、二亚乙基三胺（DETA）、三亚乙基四胺（TETA）和1，6-己二胺（HDA），条件是EDA只在第二多官能团胺存在下使用。

5. 根据权利要求1所述的除草剂组合物，其中所述的聚脲壳通过聚亚甲基聚异氰酸苯基酯和多官能团胺类的界面聚合作用而形成。

6. 根据权利要求5所述的除草剂组合物，其中这样使所述的聚亚甲基聚异氰酸苯基酯和所述的多官能团胺类聚合：乳化水相和水不相溶混相，所述的水相包含水和乳化剂，水不相溶混相包含异氰酸酯和广灭灵，加入至少一种所述的多官能团胺以形成所述的微胶囊。

7. 根据权利要求1所述的除草剂组合物，所述的封入胶囊物质进一步包括溶剂。

8. 一种制备除草有效量的广灭灵组合物的方法，它包括：

（a）通过界面聚合作用使广灭灵微胶囊化，以形成多个固化的含聚脲壳壁的微胶囊，所述的壳壁围绕在包括广灭灵的被封入物质的周围，其中所述的除草有效量广灭灵组合物的广灭灵挥发性比含相应广灭灵浓度的广灭灵可乳化浓缩物的挥发性低。

9. 根据权利要求8所述的方法，其中所述的微胶囊化包括：

（1）固化多个未固化的含聚脲壳壁围绕在包括广灭灵的被封入物质周围的微胶囊以形成多个固化的微胶囊。

10. 根据权利要求9所述的方法，其中所述的微胶囊化进一步包括：

（2）这样形成多个未固化微胶囊的分散液，每个包括围绕在封入胶囊的物质，包括广灭灵周围的聚脲壳，乳化水相和水不相溶混相，所述的水相包含水和乳化剂，水不相溶混相包含异氰酸酯和广灭灵，加入至少一种所述的多官能团胺；

其中步骤（2）在步骤（1）前进行。

11. 根据权利要求10所述的方法，其中所述的微胶囊化进一步包括：

（3）提供包含水和乳化剂的水相和包含异氰酸酯和广灭灵的水不相溶混相；

其中步骤（3）在步骤（2）前进行。

12. 根据权利要求11所述的方法，其中所述的水相进一步包括抗沫剂和粘性改性剂/稳定剂。

13. 根据权利要求10所述的方法，其中所述的多官能团胺类选自1，2-乙二胺（EDA）、二亚乙基三胺（DETA）、三亚乙基四胺（TETA）和1，6-己二胺（HDA），条件是EDA只在第二多官能团胺存在下使用。

14. 根据权利要求10所述的方法，其中所述的异氰酸酯是聚亚甲基聚异氰酸苯基酯（PMPPI）。

15. 根据权利要求 10 所述的方法，其中所述的水不相溶混相进一步包括溶剂，所述的被封入的物质进一步包括溶剂。

16. 根据权利要求 9 所述的方法，其中所述的多个未固化微胶囊通过在足以形成多个固化微胶囊的温度和时间下加热而固化。

17. 根据权利要求 8 所述的方法，它进一步包括步骤：

（b）将组合物的 pH 调节到 6.5~9.0；

其中步骤（b）在步骤（a）后进行。

18. 根据权利要求 7 所述的除草剂组合物，其中所述的溶剂包括烃类溶剂。

19. 根据权利要求 15 所述的方法，其中所述的被封入的物质的所述溶剂包括烃类溶剂。”

2006 年 7 月 13 日，申请人 FMC 有限公司（下称请求人）对上述驳回决定不服，向专利复审委员会提出复审请求，请求人在提出复审请求时对权利要求书进行了修改，将权利要求 2~4 并入权利要求 1，将权利要求 13 和 14 并入权利要求 8、10~11。修改后的权利要求书为：

“1. 一种微胶囊化的广灭灵除草剂组合物，它包括：

聚脲壳形成的微胶囊；和在所述壳体里的封入胶囊的物质，所述的封入胶囊的物质包含除草有效量的广灭灵；其中所述组合物的广灭灵挥发性比含相应广灭灵浓度的可乳化浓缩物的挥发性低 50%；其中所述的聚脲壳通过聚亚甲基聚异氰酸苯基酯和一种或多种多官能团胺类的界面聚合作用而形成，其中所述的一种或多种多官能团胺选自 1，2-乙二胺（EDA）、二亚乙基三胺（DETA）、三亚乙基四胺（TETA）和 1，6-己二胺（HDA），条件是 EDA 只在第二多官能团胺存在下使用。

2. 根据权利要求 1 所述的除草剂组合物，其中组合物的挥发性比含相应浓度广灭灵的广灭灵可乳化浓缩物的挥发性低，结果当组合物用于目的区域时，对与目的区域相邻区域里植物的损伤减少。

3. 根据权利要求 1 所述的除草剂组合物，其中这样使所述的聚亚甲基聚异氰酸苯基酯和所述的多官能团胺类聚合：乳化水相和水不相溶混相，所述的水相包含水和乳化剂，水不相溶混相包含异氰酸酯和广灭灵，加入至少一种所述的多官能团胺以形成所述的微胶囊。

4. 根据权利要求 1 所述的除草剂组合物，所述的封入胶囊物质进一步包括溶剂。

5. 一种制备除草有效量的广灭灵组合物的方法，它包括：

（a）通过界面聚合作用使广灭灵微胶囊化，以形成多个固化的含聚脲壳壁的微胶囊，所述的壳壁围绕在包括广灭灵的被封入物质的周围，其中所述的除草有效量广灭灵组合物的广灭灵挥发性比含相应广灭灵浓度的可乳化浓缩物的挥发性低 50%，其中所述的聚脲壳通过聚亚甲基聚异氰酸苯基酯和一种或多种多官能团胺类的界面聚合作用而形成，其中所述的一种或多种多官能团胺选自 1，2-乙二胺（EDA）、二亚乙基三胺（DETA）、三亚乙基四胺（TETA）和 1，6-己二胺（HDA），条件是 EDA 只在第二多官能团胺存在下使用。

6. 根据权利要求 5 所述的方法，其中所述的微胶囊化包括：

（1）固化多个未固化的含聚脲壳壁围绕在包括广灭灵的被封入物质周围的微胶囊以形成多个固化的微胶囊。

7. 根据权利要求 6 所述的方法，其中所述的微胶囊化进一步包括：

（2）这样形成多个未固化微胶囊的分散液，每个包括围绕在封入胶囊的物质，包括广灭灵周围的聚脲壳，乳化水相和水不相溶混相，所述的水相包含水和乳化剂，水不相溶混相包含聚亚甲基聚异氰酸苯基酯和广灭灵，加入至少一种所述的多官能团胺；

其中步骤（2）在步骤（1）前进行。

8. 根据权利要求 7 所述的方法，其中所述的微胶囊化进一步包括：

（3）提供包含水和乳化剂的水相和包含聚亚甲基聚异氰酸苯基酯和广灭灵的水不相溶混相；

其中步骤（3）在步骤（2）前进行。

9. 根据权利要求 8 所述的方法，其中所述的水相进一步包括抗沫剂和粘性改性剂/稳定剂。

10. 根据权利要求 7 所述的方法，其中所述的水不相溶混相进一步包括溶剂，所述的被封入的物质进一步包括溶剂。

11. 根据权利要求 6 所述的方法，其中所述的多个未固化微胶囊通过在足以形成多个固化微胶囊的温度和时间下加热而固化。

12. 根据权利要求 5 所述的方法，它进一步包括步骤：

（b）将组合物的 pH 调节到 6.5~9.0；

其中步骤（b）在步骤（a）后进行。

13. 根据权利要求 4 所述的除草剂组合物，其中所述的溶剂包括烃类溶剂。

14. 根据权利要求 10 所述的方法，其中所述的被封入的物质的所述溶剂包括烃类溶剂。"

请求人认为：原案说明书第 1 页第 5~6 行、第 17~18 行、第 22~25 行可以推导出权利要求 1 中的"一种微胶囊化的广灭灵除草剂组合物，它包括：聚脲壳形成的微胶囊；和在所述壳体里的封入胶囊的物质，所述的封入胶囊的物质包含除草有效量的广灭灵；其中所述组合物的广灭灵挥发性比含相应广灭灵浓度的可乳化浓缩物的挥发性低 50%；"等技术特征，说明书第 1 页第 26 行至第 2 页第 3 行以及第 2 页第 12~14 行可推导出权利要求 1 中的"其中所述的聚脲壳通过聚亚甲基聚异氰酸苯基酯和一种或多种多官能团胺类的界面聚合作用而形成，其中所述的一种或多种多官能团胺选自 1，2-乙二胺（EDA）、二亚乙基三胺（DETA）、三亚乙基四胺（TETA）和 1，6-己二胺（HDA），条件是 EDA 只在第二多官能团胺存在下使用"的特征，因此，权利要求 1 符合专利法实施细则第 43 条第 1 款的规定。同理，权利要求 5~6 也符合专利法实施细则第 43 条第 1 款的规定。另外，权利要求2~4 以及 7~14 也可以从说明书第 1~2 页的内容中导出。

经形式审查合格后，专利复审委员会受理了该请求，并于 2006 年 8 月 11 日向请求人发出了《复审请求受理通知书》，同时将本申请转送至国家知识产权局原审查部门进行前置审查。

在《前置审查意见书》中，国家知识产权局原审查部门认为，修改后的权利要求依然不符合专利法实施细则第 43 条第 1 款的规定，因此坚持驳回决定。

专利复审委员会组成合议组，对本复审请求案进行了审理。合议组于 2007 年 8 月 1 日向请求人发出《复审通知书》，指出：首先，权利要求 1 的技术方案在原申请文件中不存在一致性的表述。其次，根据原申请说明书第 1~2 页的记载，本申请的微胶囊化广灭灵是在具体条件下制得的聚脲壁包裹广灭灵的制剂，而相比之下，权利要求 1 为较宽的一般表达形式。由于微胶囊化除草组合物的物化性质与制备方法密切相关，因此，本领域技术人员无法预见在具体条件下制得的微胶囊化除草组合物必定相当于权利要求 1 所述的一般性的制剂，即由说明书中的具体制备方法获得的制剂概括为权利要求 1 的方案包括了本领域技术人员根据说明书记载的内容不能直接确定的内容。另外，"其中所述组合物的广灭灵挥发性比含相应广灭灵浓度的可乳化浓缩物的挥发性低 50%"在原说明书中没有记载。原说明书中均是将所述方法得到的制剂与市售的 Command 4 EC 进行对比，并未与"相应广灭灵浓度的可乳化浓缩物"进行对比，由于 Command 4 EC 仅仅是一种具体的可乳化浓缩物，因此，从说明书记载的"挥发性比市售的 Command 4 EC 减少 50%"无法毫无疑义地确定"比含相应广灭灵浓度的可乳化浓缩物的挥发性低 50%"。综上所述，原说明书中所记载的方法能否形成权利要求 1 所要求保护的微胶囊化的广灭灵除草剂组合物是不可预知的，也就是说，由原说明书所记载的内容不能直接地、毫无疑义地确定所述方法得到的产品即是权利要求 1 的微胶囊制剂，因此，权利要求 1 的修改超出了原申请权利要求书和说明书所记载的范围，不符合专利法实施细则第 43 条第 1 款的规定。同理，从属权利要求 2~4 以及用于制备除草有效量的广灭灵组合物方法的权利要求 5、7~10、12 也不符合专利法实施细则第 43 条第 1 款的规定。权利要求 6、11、13~14 的附加技术特征在原申请文件中没有记载，因此，基于相同理由，这些权利要求也不符合专利法实施细则第 43 条第 1 款的规定。

针对上述《复审通知书》，请求人于 2007 年 11 月 16 日提交了意见陈述书和修改后的权利要求书，其中，删除了权利要求 1 中的“其中所述组合物的广灭灵挥发性比含相应广灭灵浓度的可乳化浓缩物的挥发性低 50%”，并根据说明书第 1~2 页的内容和原始公开的权利要求 1 的技术方案，将方法步骤加入到权利要求 1 中。修改后的权利要求书为：

“1. 一种微胶囊化的广灭灵除草剂组合物，它包括：

聚脲壳形成的微胶囊；和在所述壳体里的封入胶囊的物质，所述的封入胶囊的物质包含除草有效量的广灭灵；

所述的微胶囊化包括下列步骤：（a）提供含乳化剂的水相；（b）提供由广灭灵和聚亚甲基聚异氰酸苯基酯构成的水不混溶相；（c）在水相中使水不混溶相乳化，在整个水相中形成了水不混溶液滴分散液；（d）搅拌分散液，同时向它加入纯净的 1，2-乙二胺、二乙基三胺、三亚乙基四胺、1，6-己二胺或这些多官能团胺的混合物，或这些物质的水溶液，这样在水不混溶液滴周围形成了聚脲壳壁。

2. 根据权利要求 1 所述的除草剂组合物，其中所述的水相还包含抗泡剂。

3. 根据权利要求 1 所述的除草剂组合物，所述的水不混溶相还包括溶剂。

4. 根据权利要求 1 所述的组合物，其中所述的乳化剂是部分水解的聚乙烯醇。

5. 根据权利要求 1 或 2 所述的组合物，其中所述的水相还包含黄原胶粘性改性剂/稳定剂。

6. 根据权利要求 1 所述的组合物，其中所述的由步骤（d）得到的多个未固化微胶囊通过在足以形成多个固化微胶囊的温度和时间下加热而固化。

7. 根据权利要求 1 所述的组合物，其中所述的组合物的 pH 被调节到 6.5~9.0。

8. 根据权利要求 3 所述的除草剂组合物，其中所述的溶剂是烃类溶剂。

9. 一种制备如权利要求 1 所述的广灭灵除草剂组合物的方法，它包括：

（a）提供含乳化剂的水相；

（b）提供由广灭灵和聚亚甲基聚异氰酸苯基酯构成的水不混溶相；

（c）在水相中使水不混溶相乳化，在整个水相中形成了水不混溶液滴分散液；

（d）搅拌分散液，同时向它加入纯净的 1，2-乙二胺、二乙基三胺、三亚乙基四胺、1，6-己二胺或这些多官能团胺的混合物，或这些物质的水溶液，这样在水不混溶液滴周围形成了聚脲壳壁。

10. 根据权利要求 9 所述的方法，其中所述的水相进一步包括抗沫剂和/或黄原胶粘性改性剂/稳定剂。

11. 根据权利要求 9 所述的方法，其中所述的水不相溶混相进一步包括溶剂。

12. 根据权利要求 9 所述的方法，其中所述的乳化剂是部分水解的聚乙烯醇。

13. 根据权利要求 9 所述的方法，其中所述的由步骤（d）得到的多个未固化微胶囊通过在足以形成多个固化微胶囊的温度和时间下加热而固化。

14. 根据权利要求 9 所述的方法，它进一步包括步骤：组合物的 pH 被调节到 6.5~9.0。

15. 根据权利要求 11 所述的方法，其中所述的溶剂是烃类溶剂。”

请求人认为：经过修改，权利要求 1 的技术方案与申请文件原始公开的技术信息相一致。权利要求 2 得到了说明书第 2 页第 1 行内容的支持；权利要求 3 得到了说明书第 2 页第 19~20 行内容的支持；权利要求4得到了说明书第1页最后一行到第2页第1行内容的支持；权利要求5得到了说明书第2页第1行内容的支持；权利要求6可从说明书第2页第6~7行的内容中导出；权利要求7得到了说明书第2页第9~10行内容的支持；权利要求8得到了说明书第2页第2行内容的支持。同时，请求人基于上述内容起草了权利要求9~15。据此，权利要求1~15都是原始申请文件记载的内容或可从原始申请文件中直接导出的，因此，上述权利要求符合专利法实施细则第43条第1款的规定。

至此，合议组认为本案事实清楚，可以作出审查决定。

二、决定的理由

1. 关于审查文本

本复审请求审查决定是以请求人于2007年11月16日提交的权利要求第1~15项、2002年8月14日提交的说明书第1~19页以及说明书摘要为基础作出的。

2. 关于专利法实施细则第43条第1款

专利法实施细则第43条第1款规定：依照本细则第42条规定提出的分案申请，可以保留原申请日，享有优先权的，可以保留优先权日，但是不得超出原申请公开的范围。

分案申请的内容不得超出原申请公开的范围，此处“公开的范围”应当理解为专利法第33条所述的“记载的范围”。如果分案申请的内容通过增加、改变和/或删除其中的一部分，致使所属技术领域的技术人员看到的信息与原申请记载的信息不同，而且又不能从原申请记载的信息中直接地、毫无疑义地确定，那么，这种修改是不允许的。

就本申请而言，权利要求1要求保护一种微胶囊化的广灭灵除草剂组合物，它包括：聚脲壳形成的微胶囊；和在所述壳体里的封入胶囊的物质，所述的封入胶囊的物质包含除草有效量的广灭灵；所述的微胶囊化包括下列步骤：（a）提供含乳化剂的水相；（b）提供由广灭灵和聚亚甲基聚异氰酸苯基酯构成的水不混溶相；（c）在水相中使水不混溶相乳化，在整个水相中形成了水不混溶液滴分散液；（d）搅拌分散液，同时向它加入纯净的1，2-乙二胺、二乙基三胺、三亚乙基四胺、1，6-己二胺或这些多官能团胺的混合物，或这些物质的水溶液，这样在水不混溶液滴周围形成了聚脲壳壁。权利要求3要求保护权利要求1的除草剂组合物，所述的水不混溶相还包括溶剂。权利要求6要求保护权利要求1的组合物，其中所述的由步骤（d）得到的多个未固化微胶囊通过在足以形成多个固化微胶囊的温度和时间下加热而固化。

根据原申请说明书第1~2页的记载，本申请的微胶囊制剂是根据如下方法来制备的：（a）提供含乳化剂，较好的是部分水解的聚乙烯醇；抗沫剂，任意地还含黄原胶粘性改性剂/稳定剂的水相；（b）提供含或不含烃溶剂、由广灭灵和聚亚甲基聚异氰酸苯基酯构成的水不混溶相；（c）在水相中使水不混溶相乳化，在整个水相中形成了水不混溶液滴分散液；（d）搅拌分散液，同时向它加入纯净的1，2-乙二胺、二乙基三胺、三亚乙基四胺、1，6-己二胺或这些多官能团胺的混合物，或这些物质的水溶液，这样在水不混溶液滴周围形成了聚脲壳壁。一旦形成了微胶囊，可如该技术领域公知的那样，通过中度加热固化悬浮液，然后加入一种或多种稳定剂，如丙二醇、黄原胶、绿土陶土，或离子分散剂，如烷基萘磺酸酯。

由上述内容可知，本申请在制备微胶囊化广灭灵的过程中使用的溶剂是“烃溶剂”（如果水不混溶相含有溶剂的话），微胶囊形成后采用的是中度加热进行固化。

合议组认为，（1）权利要求3中的“溶剂”是一个上位概念，其中除了上述的“烃溶剂”外，还包括醚、酰胺、酯等有机溶剂。本申请说明书第2页第18~20行（相当于原申请说明书的第2页第9~11行）提到水不混溶相中可以包括芳烃溶剂，但是，该“芳烃溶剂”相对于“溶剂”而言依然是下位的具体溶剂。由于不同溶剂之间的性质迥异，因此，本领域技术人员无法从原始申请中公开的“烃溶剂”、“芳烃溶剂”毫无疑义地确定所有的“溶剂”均适合于本申请的微胶囊化方法。(2)权利要求6中的“由步骤(d)得到的多个未固化微胶囊通过在足以形成多个固化微胶囊的温度和时间下加热而固化”是一种功能性的限定，原申请说明书中相应的记载为：“一旦形成了微胶囊，可如该技术领域公知的那样，通过中度加热固化悬浮液”(本申请说明书第2页第6~7行)。由本领域的常识可知，“中度加热”表述的含义除了采用加热之外还有加热的程度，其含义并不同于“足以形成多个固化微胶囊的温度和时间下加热而固化”，故由具体的固化条件“通过中度加热固化悬浮液”不能唯一确定所述一般性的工艺条件“通过在足以形成多个固化微胶囊的温度和时间下加热而固化”。综上所述，权利要求3和6的内容超出了原申请说明书和权利要求书所公开的范围，不符合专利法实施细则第43条第1款的规定。

同理，权利要求11和13也不符合专利法实施细则第43条第1款的规定。

根据上述事实和理由，合议组作出如下审查决定。

三、决定

维持国家知识产权局于2006年4月14日针对第02130232.4号发明专利申请作出的驳回决定。

复审请求人对本决定不服的，可以根据专利法第41条第2款的规定，自收到本决定之日起三个月内向北京市第一中级人民法院起诉。

北京市第一中级人民法院
行政判决书

(2009)一中行初字第59号

原告FMC有限公司，住所地美利坚合众国宾夕法尼亚洲市场街1635号。

法定代表人Andera E. Utecht，董事会副主席。

委托代理人李东辉，上海市一平律师事务所律师。

委托代理人邢志，上海市一平律师事务所律师。

被告中华人民共和国国家知识产权局专利复审委员会，住所地中华人民共和国北京市海淀区北四环西路9号银谷大厦。

法定代表人廖涛，副主任。

委托代理人张家祥，男，中华人民共和国国家知识产权局专利复审委员会审查员。

委托代理人郭鹏鹏，男，中华人民共和国国家知识产权局专利复审委员会审查员。

原告FMC有限公司不服被告中华人民共和国国家知识产权局专利复审委员会(以下简称专利复审委)作出的复审请求审查决定，向本院提起行政诉讼。本院受理后依法组成合议庭，于2009年2月6日公开开庭审理了本案。原告FMC有限公司的委托代理人邢志，被告专利复审委的委托代理人张家祥、郭鹏鹏到庭参加了诉讼。本案现已审理终结。

2008年5月27日，被告依据《中华人民共和国专利法实施细则》(以下简称《专利法实施细则》)第四十三条第一款的规定，作出第13415号复审请求审查决定(以下简称被诉决定)，维持中华人民共和国国家知识产权局(以下简称国知局)于2006年4月14日针对第02130232.4号发明专利申请(以下简称本申请)作出的驳回决定。

被告于答辩期内向本院提交了作出被诉具体行政行为证据材料的复印件：1. 被告于2007年8月

1 日向原告发出的复审通知书；2. 第 95196179.9 号发明专利申请公开说明书（本申请原申请文本）；3. 本申请公开说明书；4. 原告于 2006 年 7 月 13 提交的权利要求书；5. 原告于 2007 年 11 月 21 日提交的权利要求书。以上证据用于证明被诉决定认定事实清楚，适用法律正确，行政程序合法。

原告 FMC 有限公司诉称：

1. 被告作出的被诉决定的程序严重违反了《审查指南》的相关规定。《审查指南》第四部分第一章第 2.5 节“听证原则”明确规定：“在作出审查决定之前，应当给予审查决定对其不利的当事人针对审查决定所依据的理由、证据和认定的事实陈述意见的机会，即审查决定对其不利的当事人已经通过通知书、转送文件或者口头审理被告知过审查决定所依据的理由、证据和认定的事实，并且具有陈述意见的机会。”本案中，被告据以驳回本申请的理由有两点，一是权利要求 3（及 11）中的“溶剂”系上位概念，从原申请中公开的“烃溶剂”、“芳烃溶剂”不能确定无疑地得出所有溶剂均适合于本申请的微胶囊方法；二是权利要求 6（及 13）中的“由步骤（d）得到的多个未固化微胶囊通过在足以形成多个固化微胶囊的温度和时间下加热而固化”系功能性的限定，原申请中公开的是“通过中度加热固化悬浮液”，而通过“中度加热”不能唯一确定一般性的工艺条件“通过在足以形成多个固化微胶囊的温度和时间下加热固化”。但是，在本申请的整个审查及复审过程中，国知局以及被告都从未提到过此申请中存在这两个具体的缺陷，也没有给予原告对此作意见陈述的机会。在复审程序中，被告只给原告发过一次复审通知书，在该复审通知书中所指出缺陷主要针对的是权利要求 1，具体指出“其中所述组合物的广灭灵挥发性比含相应广灭灵尝试的可乳化浓缩物的挥发性低 50%”这一特征超出了原说明书公开的范围，而对其他权利要求只是笼统而论，并未具体指出其存在的缺陷。针对此复审通知书，原告对权利要求书 1 作了相应的修改，使权利要求 1 的技术方案与原始公开的申请文件公开的技术信息相一致，同时，对其他从属权利要求也作了相应修改，从而克服了复审通知书中指出的缺陷。但是，被告却转而认定修改后的权利要求 3（及 11）、权利要求 6（及 13）存在以上所述的两处具体缺陷，并且没有将这一情况告知原告，原告当然也就无从就上述权利要求存在缺陷的复查意见充分陈述意见，从而作出了对原告不利的复审决定。被告的上述作法显然违反了《审查指南》的相关规定，剥夺了原告在复审程序中全面陈述意见的权利以及进一步修改权利要求的机会。

2. 被诉决定事实认定明显错误。关于权利要求 3，其记载的附加技术特征是“所述的水不混溶相还包括溶剂”。如在本申请说明书中记载，水不混溶相可以包含溶剂，也可以不包含，这在本申请说明书第 2 页第 2 行及第 19~20 行等处都有记载，权利要求 3 附加的技术特征强调的是水不混溶相中可以包括溶剂，至于所包含的溶剂是何溶剂，本领域的技术人员根据水不混溶相中所含物质，运用公知常识即可得出，无需再作具体描述。况且，本申请的原说明书中已披露了“烃溶剂”、“芳烃溶剂”、“石油溶剂”等技术信息。显然，权利要求 3（及 11）并未超出原说明书记载的范围。关于权利要求 6（及 13），其记载的技术特征在本申请说明书第 2 页第 6~7 行中已有相应公开，同时，在说明书的其他部分，例如第 2 页第 33~34 行，第 3 页第 21 行，第 4 页第 7 行等实施例中，都对固化条件作了具体描述，包括了相应的时间及温度范围，而且，对于这些固化条件，对于本领域的技术人员来说是显而易见的公知常识。权利要求 6（及 13）的附加特征“足以形成多个固化微胶囊的温度和时间下加热而固化”是指在一定温度和时间范围内对微胶囊进行加热固化。本领域的技术人员从原申请说明书中“通过加热到在 35~60℃，较好的是 45~50℃达 3~10 小时，较好是 4~5 小时来固化悬浮液”的记载便可直接地、毫无疑义地确定权利要求 6（及 13）的附加技术特征。由此可见，权利要求 6（13）并没有超出原申请说明书记载的范围。

综上所述，原告认为，被告复审程序违法，认定事实错误，请求法院依法撤销被诉决定。

原告未向法院提交证据。

被告专利复审委辩称：1. 关于程序问题。被告在复审通知书中指出，权利要求 1~14 不符合《专利法实施细则》第四十三条第一款的规定，本申请是根据如下方法制备的：“……（b）提供含或不含烃溶剂、由广灭灵和聚亚甲基聚异氰酸苯基酯构成的水不混溶相……”。由此可见，被告在复审通知书中涉及到溶剂问题。而权利要求 6 中的“由步骤（d）得到的多个未固化微胶囊通过在足以形成多个固化微胶囊的温度和时间下加热而固化”是原告在答复复审通知书时新增加的技术特征，但同样超出了原申请文件公开的范围，由于涉及同类缺陷，被告根据程序节约原则作出的被诉决定并无不妥。2. 关于事实认定问题。判断分案申请是否超范围应当基于原申请公开的内容，而不是本申请所公开的内容。权利要求 3 的“溶剂”是一个上位概念，原申请说明书的第 2 页第 9~11 行提到水不混溶中可以包括芳烃溶剂。但是该“芳烃溶剂”相对于“溶剂”而言是下位的具体溶剂。由于不同溶剂之间的性质迥异，因此，本领域技术人员无法从原始申请中公开的“烃溶剂”、“芳烃溶剂”毫无疑义地确定所有的“溶剂”均适合本申请的微胶囊化方法。权利要求 6 中的“由步骤（d）得到的多个未固化微胶囊通过在足以形成多个固化微胶囊的温度和时间下加热而固化”是一种功能性的限定，而原申请说明书中的“通过加热到 35~60℃，较好的是 45~50℃达 3~10 小时，较好是 4~5 小时”是具体的固化条件，除此之外，其他的温度和时间也有可能使其达到固化的效果，因此，由上述具体的固化条件不能直接地、毫无疑义地确定“通过在足以形成多个固化微胶囊的温度和时间下加热而固化”。综上所述，被诉决定认定事实清楚、适用法律法规正确、审理程序合法，原告的诉讼理由不能成立，请求法院予以维持。

经庭审质证，原告对被告证据的关联性、合法性、真实性无异议，但对证明作用有异议。

经审查，被告提交的证据与本案具有关联性，且合法、真实，能够证明本案事实，本院予以确认。

经审理查明，本复审请求案涉及发明名称为“微胶囊化的广灭灵除草剂组合物及其制备方法”的第 02130232.4 号发明专利申请（即本申请），申请人为本案原告，申请日为 1995 年 11 月 14 日，优先权日为 1994 年 11 月 16 日、1995 年 9 月 21 日，分案提交日为 2002 年 8 月 14 日，公开日为 2004 年 4 月 28 日。

2006 年 4 月 14 日，针对原告于 2004 年 8 月 18 日提交的权利要求第 1~19 项、2002 年 8 月 14 日提交的说明书第 1~19 页以及说明书摘要，国知局以本申请不符合《专利法实施细则》第四十三条第一款的规定为由驳回了本申请。

驳回决定认为：本申请权利要求 1~19 要求保护的内容在原案申请说明书和权利要求中没有相同的表述，原说明书和权利要求中记载的是具体的技术特征，本申请将权利要求所要求保护的范围修改为较宽的一般表达，而这种表述方式不能够从原案申请文件直接得出，换句话说，本申请改变的这部分内容致使本领域技术人员看到的信息与原案申请公开的信息不同，而且又不能从原案申请公开的信息直接地、毫无疑义地确定，因此，不符合《专利法实施细则》第四十三条第一款的规定。

驳回决定所针对的权利要求书如下：

“1. 一种微胶囊化的广灭灵除草剂组合物，它包括：

聚脲壳形成的微胶囊；和在所述壳体里的封入胶囊的物质，所述的封入胶囊的物质包含除草有效量的广灭灵；其中所述组合物的广灭灵挥发性比含相应广灭灵浓度的可乳化浓缩物的挥发性低。

2. 根据权利要求 1 所述的除草剂组合物，其中广灭灵挥发性比广灭灵可乳化浓缩物的挥发性低 50%。

3. 根据权利要求 1 所述的除草剂组合物，其中组合物的挥发性比含相应浓度广灭灵的广灭灵可乳化浓缩物的挥发性低，结果当组合物用于目的区域时，对与目的区域相邻区域里植物的损伤减少。

4. 根据权利要求 1 所述的除草剂组合物，其中聚脲壳包括一种或多种多官能团胺，它选自 1，2-乙二胺（EDA）、二亚乙基三胺（DETA）、三亚乙基四胺（TETA）和 1，6-己二胺（HDA），条件是 EDA 只在第二多官能团胺存在下使用。

5. 根据权利要求 1 所述的除草剂组合物，其中所述的聚脲壳通过聚亚甲基聚异氰酸苯基酯和多官能团胺类的界面聚合作用而形成。

6. 根据权利要求 5 所述的除草剂组合物，其中这样使所述的聚亚甲基聚异氰酸苯基酯和所述的多官能团胺类聚合：乳化水相和水不相溶混相，所述的水相包含水和乳化剂，水不相溶混相包含异氰酸酯和广灭灵，加入至少一种所述的多官能团胺以形成所述的微胶囊。

7. 根据权利要求 1 所述的除草剂组合物，所述的封入胶囊物质进一步包括溶剂。

8. 一种制备除草有效量的广灭灵组合物的方法，它包括：（a）通过界面聚合作用使广灭灵微胶囊化，以形成多个固化的含聚脲壳壁的微胶囊，所述的壳壁围绕在包括广灭灵的被封入物质的周围，其中所述的除草有效量广灭灵组合物的广灭灵挥发性比含相应广灭灵浓度的广灭灵可乳化浓缩物的挥发性低。

9. 根据权利要求 8 所述的方法，其中所述的微胶囊化包括：

（1）固化多个未固化的含聚脲壳壁围绕在包括广灭灵的被封入物质周围的微胶囊以形成多个固化的微胶囊。

10. 根据权利要求 9 所述的方法，其中所述的微胶囊化进一步包括：

（2）这样形成多个未固化微胶囊的分散液，每个包括围绕在封入胶囊的物质，包括广灭灵周围的聚脲壳，乳化水相和水不相溶混相，所述的水相包含水和乳化剂，水不相溶混相包含异氰酸酯和广灭灵，加入至少一种所述的多官能团胺；

其中步骤（2）在步骤（1）前进行。

11. 根据权利要求 10 所述的方法，其中所述的微胶囊化进一步包括：

（3）提供包含水和乳化剂的水相和包含异氰酸酯和广灭灵的水不相溶混相；

其中步骤（3）在步骤（2）前进行。

12. 根据权利要求 11 所述的方法，其中所述的水相进一步包括抗沫剂和粘性改性剂/稳定剂。

13. 根据权利要求 10 所述的方法，其中所述的多官能团胺类选自 1，2-乙二胺（EDA）、二亚乙基三胺（DETA）、三亚乙基四胺（TETA）和 1，6-己二胺（HDA），条件是 EDA 只在第二多官能团胺存在下使用。

14. 根据权利要求 10 所述的方法，其中所述的异氰酸酯是聚亚甲基聚异氰酸苯基酯<PMPPI）。

15. 根据权利要求 10 所述的方法，其中所述的水不相溶混相进一步包括溶剂，所述的被封入的物质进一步包括溶剂。

16. 根据权利要求 9 所述的方法，其中所述的多个未固化微胶囊通过在足以形成多个固化微胶囊的温度和时间下加热而固化。

17. 根据权利要求 8 所述的方法，它进一步包括步骤：

（b）将组合物的 pH 调节到 6.5~9.0；

其中步骤（b）在步骤（a）后进行。

18. 根据权利要求 7 所述的除草剂组合物，其中所述的溶剂包括烃类溶剂。

19. 根据权利要求 1 5 所述的方法，其中所述的被封入的物质的所述溶剂包括烃类溶剂。”

2006 年 7 月 13 日，原告对上述驳回决定不服，向被告提出复审请求，原告在提出复审请求时对权利要求书进行了修改，将权利要求 2～4 并入权利要求 1，将权利要求 13 和 14 并入权利要求 8、10～11。修改后的权利要求书为：

“1. 一种微胶囊化的广灭灵除草剂组合物，它包括：

聚脲壳形成的微胶囊；和在所述壳体里的封入胶囊的物质，所述的封入胶囊的物质包含除草有效量的广灭灵；其中所述组合物的广灭灵挥发性比含相应广灭灵浓度的可乳化浓缩物的挥发性低 50%；其中所述的聚脲壳通过聚亚甲基聚异氰酸苯基酯和一种或多种多官能团胺类的界面聚合作用而形成，其中所述的一种或多种多官能团胺选自 1，2-乙二胺（EDA）、二亚乙基三胺（DETA）、三亚乙基四胺（TETA）和 1，6-己二胺（HDA），条件是 EDA 只在第二多官能团胺存在下使用。

2. 根据权利要求 1 所述的除草剂组合物，其中组合物的挥发性比含相应浓度广灭灵的广灭灵可乳化浓缩物的挥发性低，结果当组合物用于目的区域时，对与目的区域相邻区域里植物的损伤减少。

3. 根据权利要求 1 所述的除草剂组合物，其中这样使所述的聚亚甲基聚异氰酸苯基酯和所述的多官能团胺类聚合：乳化水相和水不相溶混相，所述的水相包含水和乳化剂，水不相溶混相包含异氰酸酯和广灭灵，加入至少一种所述的多官能团胺以形成所述的微胶囊。

4. 根据权利要求 1 所述的除草剂组合物，所述的封入胶囊物质进一步包括溶剂。

5. 一种制备除草有效量的广灭灵组合物的方法，它包括：

（a）通过界面聚合作用使广灭灵微胶囊化，以形成多个固化的含聚脲壳壁的微胶囊，所述的壳壁围绕在包括广灭灵的被封入物质的周围，其中所述的除草有效量广灭灵组合物的广灭灵挥发性比含相应广灭灵浓度的可乳化浓缩物的挥发性低 50%，其中所述的聚脲壳通过聚亚甲基聚异氰酸苯基酯和一种或多种多官能团胺类的界面聚合作用而形成，其中所述的一种或多种多官能团胺选自 1，2-乙二胺（EDA）、二亚乙基三胺（DETA）、三亚乙基四胺（TETA）和 1，6-己二胺（HDA），条件是 EDA 只在第二多官能团胺存在下使用。

6. 根据权利要求 5 所述的方法，其中所述的微胶囊化包括：

（1）固化多个未固化的含聚脲壳壁围绕在包括广灭灵的被封入物质周围的微胶囊以形成多个固化的微胶囊。

7. 根据权利要求 6 所述的方法，其中所述的微胶囊化进一步包括：

（2）这样形成多个未固化微胶囊的分散液，每个包括围绕在封入胶囊的物质，包括广灭灵周围的聚脲壳，乳化水相和水不相溶混相，所述的水相包含水和乳化剂，水不相溶混相包含聚亚甲基聚异氰酸苯基酯和广灭灵，加入至少一种所述的多官能团胺；

其中步骤（2）在步骤（1）前进行。

8. 根据权利要求 7 所述的方法，其中所述的微胶囊化进一步包括：

（3）提供包含水和乳化剂的水相和包含聚亚甲基聚异氰酸苯基酯和广灭灵的水不相溶混相；

其中步骤（3）在步骤（2）前进行。

9. 根据权利要求 8 所述的方法，其中所述的水相进一步包括抗沫剂和粘性改性剂/稳定剂。

10. 根据权利要求 7 所述的方法，其中所述的水不相溶混相进一步包括溶剂，所述的被封入的物质进一步包括溶剂。

11. 根据权利要求 6 所述的方法，其中所述的多个未固化微胶囊通过在足以形成多个固化微胶囊的温度和时间下加热而固化。

12. 根据权利要求 5 所述的方法，它进一步包括步骤：

（b）将组合物的 pH 调节到 6.5～9.0；

其中步骤（b）在步骤（a）后进行。

13. 根据权利要求 4 所述的除草剂组合物，其中所述的溶剂包括烃类溶剂。

14. 根据权利要求 10 所述的方法，其中所述的被封入的物质的所述溶剂包括烃类溶剂。”

原告认为：原案说明书第 1 页第 5~6 行、第 17~18 行、第 22~25 行可以推导出权利要求 1 中的“一种微胶囊化的广灭灵除草剂组合物，它包括：聚脲壳形成的微胶囊；和在所述壳体里的封入胶囊的物质，所述的封入胶囊的物质包含除草有效量的广灭灵；其中所述组合物的广灭灵挥发性比含相应广灭灵浓度的可乳化浓缩物的挥发性低 50%；”等技术特征，说明书第 1 页第 26 行至第 2 页第 3 行以及第 2 页第 12~14 行可推导出权利要求 1 中的“其中所述的聚脲壳通过聚亚甲基聚异氰酸苯基酯和一种或多种多官能团胺类的界面聚合作用而形成，其中所述的一种或多种多官能团胺选自 1，2-乙二胺（EDA）、二亚乙基三胺（DETA）、三亚乙基四胺（TETA）和 1，6-己二胺（HDA），条件是 EDA 只在第二多官能团胺存在下使用”的特征，因此，权利要求 1 符合《专利法实施细则》第四十三条第一款的规定。同理，权利要求 5~6 也符合《专利法实施细则》第四十三条第一款的规定。另外，权利要求 2~4 以及 7~14 也可以从说明书第 1~2 页的内容中导出。

经形式审查合格后，被告受理了该请求，并于 2006 年 8 月 11 日向原告发出了《复审请求受理通知书》，同时将本申请转送至国知局原审查部门进行前置审查。

在《前置审查意见书》中，国知局原审查部门认为，修改后的权利要求依然不符合《专利法实施细则》第四十三条第一款的规定，因此坚持驳回决定。

被告组成合议组，对本复审请求案进行了审理。合议组于 2007 年 8 月 1 日向原告发出《复审通知书》，指出：首先，权利要求 1 的技术方案在原申请文件中不存在一致性的表述。其次，根据原申请说明书第 1-2 页的记载，本申请的微胶囊化广灭灵是在具体条件下制得的聚脲壁包裹广灭灵的制剂，而相比之下，权利要求 1 为较宽的一般表达形式。由于微胶囊化除草组合物的物化性质与制备方法密切相关，因此，本领域技术人员无法预见在具体条件下制得的微胶囊化除草组合物必定相当于权利要求 1 所述的一般性的制剂，即由说明书中的具体制备方法获得的制剂概括为权利要求 1 的方案包括了本领域技术人员根据说明书记载的内容不能直接确定的内容。另外，“其中所述组合物的广灭灵挥发性比含相应广灭灵浓度的可乳化浓缩物的挥发性低 50%”在原说明书中没有记载。原说明书中均是将所述方法得到的制剂与市售的 Command® 4EC 进行对比，并未与“相应广灭灵浓度的可乳化浓缩物”进行对比，由于 Command® 4 EC 仅仅是一种具体的可乳化浓缩物，因此，从说明书记载的“挥发性比市售的 Command® 4EC 减少 50%”无法毫无疑义地确定“比含相应广灭灵浓度的可乳化浓缩物的挥发性低 50%”。综上所述，原说明书中所记载的方法能否形成权利要求 1 所要求保护的微胶囊化的广灭灵除草剂组合物是不可预知的，也就是说，由原说明书所记载的内容不能直接地、毫无疑义地确定所述方法得到的产品即是权利要求 1 的微胶囊制剂，因此，权利要求 1 的修改超出了原申请权利要求书和说明书所记载的范围，不符合《专利法实施细则》第四十三条第一款的规定。同理，从属权利要求 2~4 以及用于制备除草有效量的广灭灵组合物方法的权利要求 5、7~10、12 也不符合《专利法实施细则》第四十三条第一款的规定。权利要求 6、11、13~14 的附加技术特征在原申请文件中没有记载，因此，基于相同理由，这些权利要求也不符合《专利法实施细则》第四十三条第一款的规定。

针对上述《复审通知书》，原告于 2007 年 11 月 16 日提交了意见陈述书和修改后的权利要求书，其中，删除了权利要求 1 中的“其中所述组合物的广灭灵挥发性比含相应广灭灵浓度的可乳化浓缩物的挥发性低 50%”，并根据说明书第 1~2 页的内容和原始公开的权利要求 1 的技术方案，将方法步骤加入到权利要求 1 中。修改后的权利要求书为：

“1. 一种微胶囊化的广灭灵除草剂组合物，它包括：

聚脲壳形成的微胶囊；和在所述壳体里的封入胶囊的物质，所述的封入胶囊的物质包含除草有效量的广灭灵；

所述的微胶囊化包括下列步骤：（a）提供含乳化剂的水相；（b）提供由广灭灵和聚亚甲基聚异氰酸苯基酯构成的水不混溶相；（c）在水相中使水不混溶相乳化，在整个水相中形成了水不混溶液滴分散液；（d）搅拌分散液，同时向它加入纯净的1，2-乙二胺、二乙基三胺、三亚乙基四胺、1，6-己二胺或这些多官能团胺的混合物，或这些物质的水溶液，这样在水不混溶液滴周围形成了聚脲壳壁。

2. 根据权利要求1所述的除草剂组合物，其中所述的水相还包含抗泡剂。

3. 根据权利要求1所述的除草剂组合物，所述的水不混溶相还包括溶剂。

4. 根据权利要求1所述的组合物，其中所述的乳化剂是部分水解的聚乙烯醇。

5. 根据权利要求1或2所述的组合物，其中所述的水相还包含黄原胶粘性改性剂/稳定剂。

6. 根据权利要求1所述的组合物，其中所述的由步骤（d）得到的多个未固化微胶囊通过在足以形成多个固化微胶囊的温度和时间下加热而固化。

7. 根据权利要求1所述的组合物，其中所述的组合物的pH被调节到6.5~9.0。

8. 根据权利要求3所述的除草剂组合物，其中所述的溶剂是烃类溶剂。

9. 一种制备如权利要求1所述的广灭灵除草剂组合物的方法，它包括：

（a）提供含乳化剂的水相；

（b）提供由广灭灵和聚亚甲基聚异氰酸苯基酯构成的水不混溶相；

（c）在水相中使水不混溶相乳化，在整个水相中形成了水不混溶液滴分散液；

（d）搅拌分散液，同时向它加入纯净的1，2-乙二胺、二乙基三胺、三亚乙基四胺、1，6-己二胺或这些多官能团胺的混合物，或这些物质的水溶液，这样在水不混溶液滴周围形成了聚脲壳壁。

10. 根据权利要求9所述的方法，其中所述的水相进一步包括抗沫剂和/或黄原胶粘性改性剂/稳定剂。

11. 根据权利要求9所述的方法，其中所述的水不相溶混相进一步包括溶剂。

12. 根据权利要求9所述的方法，其中所述的乳化剂是部分水解的聚乙烯醇。

13. 根据权利要求9所述的方法，其中所述的由步骤（d）得到的多个未固化微胶囊通过在足以形成多个固化微胶囊的温度和时间下加热而固化。

14. 根据权利要求9所述的方法，它进一步包括步骤：组合物的pH被调节到6.5~9.0。

15. 根据权利要求11所述的方法，其中所述的溶剂是烃类溶剂。"

原告认为：经过修改，权利要求1的技术方案与申请文件原始公开的技术信息相一致。权利要求2得到了说明书第2页第1行内容的支持；权利要求3得到了说明书第2页第19~20行内容的支持；权利要求4得到了说明书第1页最后一行到第2页第1行内容的支持；权利要求5得到了说明书第2页第1行内容的支持；权利要求6可从说明书第2页第6~7行的内容中导出；权利要求7得到了说明书第2页第9~10行内容的支持；权利要求8得到了说明书第2页第2行内容的支持。同时，请求人基于上述内容起草了权利要求9~15。据此，权利要求1~15都是原始申请文件记载的内容或可从原始申请文件中直接导出的，因此，上述权利要求符合《专利法实施细则》第四十三条第一款的规定。

被告经审查认为：

1. 关于审查文本

本复审请求审查决定是以原告于2007年11月16日提交的权利要求第1~15项、2002年8月14日提交的说明书第1~19页以及说明书摘要为基础作出的。

2. 关于《专利法实施细则》第四十三条第一款

就本申请而言，权利要求1要求保护一种微胶囊化的广灭灵除草剂组合物，它包括：聚脲壳形成的微胶囊；和在所述壳体里的封入胶囊的物质，所述的封入胶囊的物质包含除草有效量的广灭灵；所述的微胶囊化包括下列步骤：（a）提供含乳化剂的水相；（b）提供由广灭灵和聚亚甲基聚异氰酸苯基酯构成的水不混溶相；（c）在水相中使水不混溶相乳化，在整个水相中形成了水不混溶液滴分散液；（d）搅拌分散液，同时向它加入纯净的1，2-乙二胺、二乙基三胺、三亚乙基四胺、1，6-己二胺或这些多官能团胺的混合物，或这些物质的水溶液，这样在水不混溶液滴周围形成了聚脲壳壁。权利要求3要求保护权利要求1的除草剂组合物，所述的水不混溶相还包括溶剂。权利要求6要求保护权利要求1的组合物，其中所述的由步骤（d）得到的多个未固化微胶囊通过在足以形成多个固化微胶囊的温度和时间下加热而固化。

根据原申请说明书第1-2页的记载，本申请的微胶囊制剂是根据如下方法来制备的：（a）提供含乳化剂，较好的是部分水解的聚乙烯醇；抗沫剂，任意地还含黄原胶粘性改性剂/稳定剂的水相；（b）提供含或不含烃溶剂、由广灭灵和聚亚甲基聚异氰酸苯基酯构成的水不混溶相；（c）在水相中使水不混溶相乳化，在整个水相中形成了水不混溶液滴分散液；（d）搅拌分散液，同时向它加入纯净的1，2-乙二胺、二乙基三胺、三亚乙基四胺、1，6-己二胺或这些多官能团胺的混合物，或这些物质的水溶液，这样在水不混溶液滴周围形成了聚脲壳壁。一旦形成了微胶囊，可如该技术领域公知的那样，通过中度加热固化悬浮液，然后加入一种或多种稳定剂，如丙二醇、黄原胶、绿土陶土，或离子分散剂，如烷基萘磺酸酯。

由上述内容可知，本申请在制备微胶囊化广灭灵的过程中使用的溶剂是“烃溶剂”（如果水不混溶相含有溶剂的话），微胶囊形成后采用的是中度加热进行固化。

被告认为，（1）权利要求3中的“溶剂”是一个上位概念，其中除了上述的“烃溶剂”外，还包括醚、酰胺、酯等有机溶剂。本申请说明书第2页第18~20行（相当于原申请说明书的第2页第9~11行）提到水不混溶相中可以包括芳烃溶剂，但是，该“芳烃溶剂”相对于“溶剂”而言依然是下位的具体溶剂。由于不同溶剂之间的性质迥异，因此，本领域技术人员无法从原始申请中公开的“烃溶剂”、“芳烃溶剂”毫无疑义地确定所有的“溶剂”均适合于本申请的微胶囊化方法。（2）权利要求6中的“由步骤（d）得到的多个未固化微胶囊通过在足以形成多个固化微胶囊的温度和时间下加热而固化”是一种功能性的限定，原申请说明书中相应的记载为：“一旦形成了微胶囊，可如该技术领域公知的那样，通过中度加热固化悬浮液”（本申请说明书第2页第6~7行）。由本领域的常识可知，“中度加热”表述的含义除了采用加热之外还有加热的程度，其含义并不同于“足以形成多个固化微胶囊的温度和时间下加热而固化”，故由具体的固化条件“通过中度加热固化悬浮液”不能唯一确定所述一般性的工艺条件“通过在足以形成多个固化微胶囊的温度和时间下加热而固化”。综上所述，权利要求3和6的内容超出了原申请说明书和权利要求书所公开的范围，不符合《专利法实施细则》第四十三条第一款的规定。

同理，权利要求11和13也不符合《专利法实施细则》第四十三条第一款的规定。

据此，被告作出被诉决定，原告不服，诉至本院。

本院认为，本案中，被告在向原告发出的复审通知书中明确载明了本申请权利要求1不符合《专利法实施细则》第四十三条第一款规定的详细理由，并明确基于相同理由，本申请权利要求2~14亦不符合《专利法实施细则》第四十三条第一款的规定。因此，被告在复审通知书中已经对本申请权利要求3（及11）中的缺陷进行了描述。而本申请权利要求6（及13）中的“由步骤（d）得到的多个未固化微胶囊通过在足以形成多个固化微胶囊的温度和时间下加热而固化”是原告新增加的技术特征，因上述技术特征同样超出了原申请文件公开的范围，属于同类缺陷，被告作出被诉决定并无不当。综上，原告认为被诉决定基于复审过程中未提到过的两个缺陷，被告未给予原告陈述意见的机会，上述行为属程序违法的诉讼主张缺乏事实及法律依据，本院不予支持。

《专利法实施细则》第四十三条第一款规定：依照本细则第四十二条规定提出的分案申请，可以保留原申请日，享有优先权的，可以保留优先权日，但是不得超出原申请公开的范围。根据上述规定，如果分案申请的内容通过增加、改变和/或删除其中的一部分，致使所属技术领域的技术人员看到的信息与原申请记载的信息不同，而且又不能从原申请记载的信息中直接地、毫无疑义地确定，那么，这种修改是不允许的。

本案中，本申请权利要求 3 要求保护权利要求 1 的除草剂组合物，所述的水不混溶相还包括溶剂。而根据原申请说明书的记载，“本申请的微胶囊制剂是根据如下方法来制备的……（b）提供含或不含烃溶剂、由广灭灵和聚亚甲基聚异氰酸苯基酯构成的水不混溶相……”。同时，原申请说明书还记载了水不混溶相中可以包括芳烃溶剂。本申请权利要求 3 中的“溶剂”相对于“烃溶剂”和“芳烃溶剂”属于上位概念。本领域技术人员无法从原始申请中公开的“烃溶剂”、“芳烃溶剂”毫无疑义地确定所有的“溶剂”均适合于本申请的微胶囊化方法。故被告认定本申请权利要求 3 不符合《专利法实施细则》第四十三条第一款的规定正确。

本申请权利要求 6 记载了“由步骤（d）得到的多个未固化微胶囊通过在足以形成多个固化微胶囊的温度和时间下加热而固化”的技术特征。与之相对应，原申请说明书中记载了“一旦形成了微胶囊，可如该技术领域公知的那样，通过中度加热固化悬浮液”。但“中度加热”表述的含义与“足以形成多个固化微胶囊的温度和时间下加热而固化”并不相同，由具体的固化条件“通过中度加热固化悬浮液”不能唯一确定所述一般性的工艺条件“通过在足以形成多个固化微胶囊的温度和时间下加热而固化”。同时，其他的温度和时间也有可能使其达到固化的效果，故原申请说明书中描述的“通过加热到 35~60℃，较好的是 45~50℃达 3~10 小时，较好是 4~5 小时”的具体固化条件也不能直接地、毫无疑义地确定“通过在足以形成多个固化微胶囊的温度和时间下加热而固化”。综上，被告认定本申请权利要求 6 不符合《专利法实施细则》第四十三条第一款的规定正确。

基于相同理由，被告认定本申请权利要求 11 和 13 也不符合《专利法实施细则》第四十三条第一款的规定正确。

综上，被诉决定认定事实清楚，适用法律正确，行政程序合法，本院应予维持。原告的诉讼主张缺乏事实和法律依据，本院不予支持。据此，依照《中华人民共和国行政诉讼法》第五十四条第（一）项之规定，判决如下：

维持被告中华人民共和国国家知识产权局专利复审委员会于二〇〇八年五月二十七日作出的第 13415 号复审请求审查决定。

案件受理费人民币 100 元，由原告 FMC 有限公司负担（已交纳）。

如不服本判决，原告 FMC 有限公司可在本判决书送达之日起 30 日内，被告中华人民共和国国家知识产权局专利复审委员会可在本判决书送达之日起 15 日内，向本院提交上诉状，并按对方当事人人数提出副本，上诉于中华人民共和国北京市高级人民法院。上诉人在上诉期满后 7 日内未预交上诉案件受理费又不提交缓交申请的，按自动撤回上诉处理。

审 判 长　强刚华
代理审判员　贾志刚
人民陪审员　欧万雄
二〇〇九年三月三十一日
书 记 员　张 莹

北京市高级人民法院
行政判决书

（2009）高行终字第906号

上诉人（一审原告）FMC有限公司，住所地美利坚合众国宾夕法尼亚州市场街1635号。

法定代表人Andera E. Utecht，董事会副主席。

委托代理人李东辉，上海市一平律师事务所律师。

委托代理人邢志，上海市一平律师事务所律师。

被上诉人（一审被告）中华人民共和国国家知识产权局专利复审委员会，住所地中华人民共和国北京市海淀区北四环西路9号银谷大厦。

法定代表人张茂于，副主任。

委托代理人张家祥，男，中华人民共和国国家知识产权局专利复审委员会审查员。

委托代理人郭鹏鹏，男，中华人民共和国国家知识产权局专利复审委员会审查员。

上诉人FMC有限公司因专利复审请求审查决定一案，不服中华人民共和国北京市第一中级人民法院（2009）一中行初字第59号行政判决，向本院提起上诉。本院依法组成合议庭审理了本案。本案现已审理终结。

2008年5月27日，中华人民共和国国家知识产权局专利复审委员会（以下简称专利复审委员会）依照《中华人民共和国专利法实施细则》（以下简称《实施细则》）第四十三条第一款的规定，作出第13415号复审请求审查决定（以下简称被诉决定），维持中华人民共和国国家知识产权局（以下简称国知局）于2006年4月14日针对第02130232.4号发明专利申请（以下简称本申请）作出的驳回决定。FMC有限公司对被诉决定不服，向中华人民共和国北京市第一中级人民法院（以下简称一审法院）提起行政诉讼。

一审法院判决认定，专利复审委员会在向FMC有限公司发出的复审通知书中明确载明了本申请权利要求1不符合《实施细则》第四十三条第一款规定的详细理由，并明确基于相同理由，本申请权利要求2~14亦不符合《实施细则》第四十三条第一款的规定。因此，专利复审委员会在复审通知书中已经对本申请权利要求3（及11）中的缺陷进行了描述。而本申请权利要求6（及13）中的“由步骤（d）得到的多个未固化微胶囊通过在足以形成多个固化微胶囊的温度和时间下加热而固化”是FMC有限公司新增加的技术特征，因上述技术特征同样超出了原申请文件公开的范围，属于同类缺陷，专利复审委员会作出被诉决定并无不当。综上，FMC有限公司认为被诉决定基于复审过程中未提到过的两个缺陷，专利复审委员会未给予FMC有限公司陈述意见的机会，上述行为属程序违法的诉讼主张缺乏事实及法律依据，不予支持。

《实施细则》第四十三条第一款规定：依照本细则第四十二条规定提出的分案申请，可以保留原申请日，享有优先权的，可以保留优先权日，但是不得超出原申请公开的范围。根据上述规定，如果分案申请的内容通过增加、改变和/或删除其中的一部分，致使所属技术领域的技术人员看到的信息与原申请记载的信息不同，而且又不能从原申请记载的信息中直接地、毫无疑义地确定，那么，这种修改是不允许的。

本案中，本申请权利要求3要求保护权利要求1的除草剂组合物，所述的水不混溶相还包括溶剂。而根据原申请说明书的记载，“本申请的微胶囊制剂是根据如下方法来制备的：……（b）提供含或不含烃溶剂、由广灭灵和聚亚甲基聚异氰酸苯基酯构成的水不混溶相；……”。同时，原申请说明书还记载了水不混溶相中可以包括芳烃溶剂。本申请权利要求 3 中的“溶剂”相对于“烃溶剂”和“芳烃溶剂”属于上位概念。本领域技术人员无法从原始申请中公开的“烃溶剂”、“芳烃溶剂”毫无疑义地确定所有的“溶剂”均适合于本申请的微胶囊化方法。故专利复审委员会认定本申请权利要求 3 不符合《实施细则》第四十三条第一款的规定正确。

本申请权利要求 6 记载了“由步骤（d）得到的多个未固化微胶囊通过在足以形成多个固化微胶囊的温度和时间下加热而固化”的技术特征。与之相对应，原申请说明书中记载了“一旦形成了微胶囊，可如该技术领域公知的那样，通过中度加热固化悬浮液”。但“中度加热”表述的含义与“足以形成多个固化微胶囊的温度和时间下加热而固化”并不相同，由具体的固化条件“通过中度加热固化悬浮液”不能唯一确定所述一般性的工艺条件“通过在足以形成多个固化微胶囊的温度和时间下加热而固化”。同时，其他的温度和时间也有可能使其达到固化的效果，故原申请说明书中描述的“通过加热到 35~60℃，较好的是 45~50℃达 3~10 小时，较好是 4~5 小时”的具体固化条件也不能直接地、毫无疑义地确定“通过在足以形成多个固化微胶囊的温度和时间下加热而固化”。综上，专利复审委员会认定本申请权利要求 6 不符合《实施细则》第四十三条第一款的规定正确。基于相同理由，专利复审委员会认定本申请权利要求 11 和 13 也不符合《实施细则》第四十三条第一款的规定正确。综上，被诉决定认定事实清楚，适用法律正确，行政程序合法，应予维持。FMC 有限公司的诉讼主张缺乏事实和法律依据，不予支持。据此，依照《中华人民共和国行政诉讼法》第五十四条第（一）项之规定，判决维持专利复审委员会作出的被诉决定。

FMC 有限公司不服一审判决，提出上诉。诉称：一、被告作出的被诉决定的程序严重违反了《审查指南》的相关规定，一审判决认定程序没有违法是错误的。《审查指南》第四部分第一章第 2.5 节“听证原则”明确规定：“在作出审查决定之前，应当给予审查决定对其不利的当事人针对审查决定所依据的理由、证据和认定的事实陈述意见的机会，即审查决定对其不利的当事人已经通过通知书、转送文件或者口头审理被告知过审查决定所依据的理由、证据和认定的事实，并且具有陈述意见的机会。”本案中，专利复审委员会据以驳回本申请的理由有两点，一是权利要求 3（及 11）中的“溶剂”系上位概念，从原申请中公开的“烃溶剂”、“芳烃溶剂”不能确定无疑地得出所有溶剂均适合于本申请的微胶囊方法；二是权利要求 6（及 13）中的“由步骤（d）得到的多个未固化微胶囊通过在足以形成多个固化微胶囊的温度和时间下加热而固化”系功能性的限定，原申请中公开的是“通过中度加热固化悬浮液”，而通过“中度加热”不能唯一确定一般性的工艺条件“通过在足以形成多个固化微胶囊的温度和时间下加热固化”。但是，在本申请的整个审查及复审过程中，国知局以及专利复审委员会都从未提到过此申请中存在这两个具体的缺陷，也没有给予 FMC 有限公司对此作意见陈述的机会。在复审程序中，专利复审委员会只给 FMC 有限公司发过一次复审通知书，在该复审通知书中所指出缺陷主要针对的是权利要求 1，具体指出“其中所述组合物的广灭灵挥发性比含相应广灭灵尝试的可乳化浓缩物的挥发性低 50%”这一特征超出了原说明书公开的范围，而对其他权利要求只是笼统而论，并未具体指出其存在的缺陷。针对此复审通知书，FMC 有限公司对权利要求书 1 作了相应的修改，使权利要求 1 的技术方案与原始公开的申请文件公开的技术信息相一致，同时，对其他从属权利要求也作了相应修改，从而克服了复审通知书中指出的缺陷。但是，专利复审委员会却转而认定修改后的权利要求 3（及 11）、权利要求 6（及 13）存在以上所述的两处具体缺陷，并且没有将这一情况告知 FMC 有限公司，FMC 有限公司当然也就无从就上述权利要求存在缺陷的复查意见充分陈述意见，从而作出了对 FMC 有限公司不利的复审决定。专利复审委员会的上述作法显然违反了《审查指南》的相关规定，剥夺了 FMC 有限公司在复审程序中全面陈述意见的权利以及进一步修改权利要求的机会。二、一审判决及被诉决定事实认定明显错误。关于权利要求 3，其记载的附加技术特征是“所述的水不混溶相还包括溶剂”。如在本申请说明书中记载，水不混溶相可以包含溶剂，也可以不包含，这在本申请说明书第2页第2行及第19~20行等处都有记载，权利要求3附加的技术特征强调的是水不混溶相中可以包括溶剂，至于所包含的溶剂是何溶剂，本领域的技术人员根据水不混溶相中所含物质，运用公知常识即可得出，无需再作具体描述。况且，本申请的原说明书中已披露了“烃溶剂”、“芳烃溶剂”、“石油溶剂”等技术信息。显然，权利要求3（及11）并未超出原说明书记载的范围。关于权利要求6（及13），其记载的技术特征在本申请说明书第2页第6~7行中已有相应公开，同时，在说明书的其他部分，例如第2页第33~34行，第3页第21行，第4页第7行等实施例中，都对固化条件作了具体描述，包括了相应的时间及温度范围，而且，对于这些固化条件，对于本领域的技术人员来说是显而易见的公知常识。权利要求6（及13）的附加特征“足以形成多个固化微胶囊的温度和时间下加热而固化”是指在一定温度和时间范围内对微胶囊进行加热固化。本领域的技术人员从原申请说明书中“通过加热到在35~60℃，较好的是45~50℃达3~10小时，较好是4~5小时来固化悬浮液”的记载便可直接地、毫无疑义地确定权利要求6（及13）的附加技术特征。由此可见，权利要求6（13）并没有超出原申请说明书记载的范围。综上所述，上诉人认为，被诉决定复审程序违法，认定事实错误，一审判决认定事实错误。故请求二审法院依法撤销一审判决。

专利复审委员会答辩称，一、关于程序问题。专利复审委员会在复审通知书中指出，权利要求1~14不符合《实施细则》第四十三条第一款的规定，本申请是根据如下方法制备的：“……（b）提供含或不含烃溶剂、由广灭灵和聚亚甲基聚异氰酸苯基酯构成的水不混溶相……”。由此可见，专利复审委员会在复审通知书中涉及到溶剂问题。而权利要求6中的“由步骤（d）得到的多个未固化微胶囊通过在足以形成多个固化微胶囊的温度和时间下加热而固化”是FMC有限公司在答复复审通知书时新增加的技术特征，但同样超出了原申请文件公开的范围，由于涉及同类缺陷，专利复审委员会根据程序节约原则作出的被诉决定并无不妥。二、关于事实认定问题。判断分案申请是否超范围应当基于原申请公开的内容，而不是本申请所公开的内容。权利要求3的“溶剂”是一个上位概念，原申请说明书的第2页第9~11行提到水不混溶中可以包括芳烃溶剂。但是该“芳烃溶剂”相对于“溶剂”而言是下位的具体溶剂。由于不同溶剂之间的性质迥异，因此，本领域技术人员无法从原始申请中公开的“烃溶剂”、“芳烃溶剂”毫无疑义地确定所有的“溶剂”均适合本申请的微胶囊化方法。权利要求6中的“由步骤（d）得到的多个未固化微胶囊通过在足以形成多个固化微胶囊的温度和时间下加热而固化”是一种功能性的限定，而原申请说明书中的“通过加热到35~60℃，较好的是45~50℃达3~10小时，较好是4~5小时”是具体的固化条件，除此之外，其他的温度和时间也有可能使其达到固化的效果，因此，由上述具体的固化条件不能直接地、毫无疑义地确定“通过在足以形成多个固化微胶囊的温度和时间下加热而固化”。综上所述，一审判决认定事实清楚、适用法律法规正确、审理程序合法，请求二审法院驳回上诉，维持一审判决。

一审法院审理期间，专利复审委员会向法院提交了以下证据：1. 专利复审委员会于2007年8月1日向FMC有限公司发出的复审通知书；2. 第95196179.9号发明专利申请公开说明书（本申请原申请文本）；3. 本申请公开说明书；4. FMC有限公司于2006年7月13提交的权利要求书；5. FMC有限公司于2007年11月21日提交的权利要求书。

FMC有限公司未向一审法院提交证据。

一审法院经审查认为，专利复审委员会提交的证据与本案具有关联性，且合法、真实，能够证明本案事实，予以确认。

上述证据均随案移送本院，经审查，本院认可一审法院的认证意见。

本院根据合法有效的证据及当事人的有关陈述，确认如下事实：本复审请求案涉及名称为“微胶囊化的广灭灵除草剂组合物及其制备方法”的第02130232.4号发明专利申请（即本申请），申请人为FMC有限公司，申请日为1995年11月14日，优先权日为1994年11月16日、1995年9月21日，分案提交日为2002年8月14日，公开日为2004年4月28日。

2006年4月14日，针对FMC有限公司于2004年8月18日提交的权利要求第1~19项、2002年8月14日提交的说明书第1-19页以及说明书摘要，国知局以本申请不符合《实施细则》第四十三条第一款的规定为由驳回了本申请。

驳回决定认为：本申请权利要求1~19要求保护的内容在原案申请说明书和权利要求中没有相同的表述，原说明书和权利要求中记载的是具体的技术特征，本申请将权利要求所要求保护的范围修改为较宽的一般表达，而这种表述方式不能够从原案申请文件直接得出，换句话说，本申请改变的这部分内容致使本领域技术人员看到的信息与原案申请公开的信息不同，而且又不能从原案申请公开的信息直接地、毫无疑义地确定，因此，不符合《实施细则》第四十三条第一款的规定。

驳回决定所针对的权利要求书如下：

“1. 一种微胶囊化的广灭灵除草剂组合物，它包括：

聚脲壳形成的微胶囊；和在所述壳体里的封入胶囊的物质，所述的封入胶囊的物质包含除草有效量的广灭灵；其中所述组合物的广灭灵挥发性比含相应广灭灵浓度的可乳化浓缩物的挥发性低。

2. 根据权利要求1所述的除草剂组合物，其中广灭灵挥发性比广灭灵可乳化浓缩物的挥发性低50%。

3. 根据权利要求1所述的除草剂组合物，其中组合物的挥发性比含相应浓度广灭灵的广灭灵可乳化浓缩物的挥发性低，结果当组合物用于目的区域时，对与目的区域相邻区域里植物的损伤减少。

4. 根据权利要求1所述的除草剂组合物，其中聚脲壳包括一种或多种多官能团胺，它选自1，2-乙二胺（EDA）、二亚乙基三胺（DETA）、三亚乙基四胺（TETA）和1，6-己二胺（HDA），条件是EDA只在第二多官能团胺存在下使用。

5. 根据权利要求1所述的除草剂组合物，其中所述的聚脲壳通过聚亚甲基聚异氰酸苯基酯和多官能团胺类的界面聚合作用而形成。

6. 根据权利要求5所述的除草剂组合物，其中这样使所述的聚亚甲基聚异氰酸苯基酯和所述的多官能团胺类聚合：乳化水相和水不相溶混相，所述的水相包含水和乳化剂，水不相溶混相包含异氰酸酯和广灭灵，加入至少一种所述的多官能团胺以形成所述的微胶囊。

7. 根据权利要求1所述的除草剂组合物，所述的封入胶囊物质进一步包括溶剂。

8. 一种制备除草有效量的广灭灵组合物的方法，它包括：

（a）通过界面聚合作用使广灭灵微胶囊化，以形成多个固化的含聚脲壳壁的微胶囊，所述的壳壁围绕在包括广灭灵的被封入物质的周围，其中所述的除草有效量广灭灵组合物的广灭灵挥发性比含相应广灭灵浓度的广灭灵可乳化浓缩物的挥发性低。

9. 根据权利要求8所述的方法，其中所述的微胶囊化包括：

（1）固化多个未固化的含聚脲壳壁围绕在包括广灭灵的被封入物质周围的微胶囊以形成多个固化的微胶囊。

10. 根据权利要求9所述的方法，其中所述的微胶囊化进一步包括：

（2）这样形成多个未固化微胶囊的分散液，每个包括围绕在封入胶囊的物质，包括广灭灵周围的聚脲壳，乳化水相和水不相溶混相，所述的水相包含水和乳化剂，水不相溶混相包含异氰酸酯和广灭灵，加入至少一种所述的多官能团胺；

其中步骤（2）在步骤（1）前进行。

11. 根据权利要求 10 所述的方法，其中所述的微胶囊化进一步包括：

（3）提供包含水和乳化剂的水相和包含异氰酸酯和广灭灵的水不相溶混相；

其中步骤（3）在步骤（2）前进行。

12. 根据权利要求 11 所述的方法，其中所述的水相进一步包括抗沫剂和粘性改性剂/稳定剂。

13. 根据权利要求 10 所述的方法，其中所述的多官能团胺类选自 1，2-乙二胺（EDA）、二亚乙基三胺（DETA）、三亚乙基四胺（TETA）和 1，6-己二胺（HDA），条件是 EDA 只在第二多官能团胺存在下使用。

14. 根据权利要求 10 所述的方法，其中所述的异氰酸酯是聚亚甲基聚异氰酸苯基酯<PMPPI）。

15. 根据权利要求 10 所述的方法，其中所述的水不相溶混相进一步包括溶剂，所述的被封入的物质进一步包括溶剂。

16. 根据权利要求 9 所述的方法，其中所述的多个未固化微胶囊通过在足以形成多个固化微胶囊的温度和时间下加热而固化。

17. 根据权利要求 8 所述的方法，它进一步包括步骤：

（b）将组合物的 pH 调节到 6.5~9.0；

其中步骤（b）在步骤（a）后进行。

18. 根据权利要求 7 所述的除草剂组合物，其中所述的溶剂包括烃类溶剂。

19. 根据权利要求 15 所述的方法，其中所述的被封入的物质的所述溶剂包括烃类溶剂。"

2006 年 7 月 13 日，FMC 有限公司对上述驳回决定不服，向专利复审委员会提出复审请求，FMC 有限公司在提出复审请求时对权利要求书进行了修改，将权利要求 2~4 并入权利要求 1，将权利要求 13 和 14 并入权利要求 8、10~11。修改后的权利要求书为：

"1. 一种微胶囊化的广灭灵除草剂组合物，它包括：

聚脲壳形成的微胶囊；和在所述壳体里的封入胶囊的物质，所述的封入胶囊的物质包含除草有效量的广灭灵；其中所述组合物的广灭灵挥发性比含相应广灭灵浓度的可乳化浓缩物的挥发性低 50%；其中所述的聚脲壳通过聚亚甲基聚异氰酸苯基酯和一种或多种多官能团胺类的界面聚合作用而形成，其中所述的一种或多种多官能团胺选自 1，2-乙二胺（EDA）、二亚乙基三胺（DETA）、三亚乙基四胺（TETA）和 1，6-己二胺（HDA），条件是 EDA 只在第二多官能团胺存在下使用。

2. 根据权利要求 1 所述的除草剂组合物，其中组合物的挥发性比含相应浓度广灭灵的广灭灵可乳化浓缩物的挥发性低，结果当组合物用于目的区域时，对与目的区域相邻区域里植物的损伤减少。

3. 根据权利要求 1 所述的除草剂组合物，其中这样使所述的聚亚甲基聚异氰酸苯基酯和所述的多官能团胺类聚合：乳化水相和水不相溶混相，所述的水相包含水和乳化剂，水不相溶混相包含异氰酸酯和广灭灵，加入至少一种所述的多官能团胺以形成所述的微胶囊。

4. 根据权利要求 1 所述的除草剂组合物，所述的封入胶囊物质进一步包括溶剂。

5. 一种制备除草有效量的广灭灵组合物的方法，它包括：

（a）通过界面聚合作用使广灭灵微胶囊化，以形成多个固化的含聚脲壳壁的微胶囊，所述的壳壁围绕在包括广灭灵的被封入物质的周围，其中所述的除草有效量广灭灵组合物的广灭灵挥发性比含相应广灭灵浓度的可乳化浓缩物的挥发性低 50%，其中所述的聚脲壳通过聚亚甲基聚异氰酸苯基酯和一种或多种多官能团胺类的界面聚合作用而形成，其中所述的一种或多种多官能团胺选自 1，2-乙二胺（EDA）、二亚乙基三胺（DETA）、三亚乙基四胺（TETA）和 1，6-己二胺（HDA），条件是

EDA 只在第二多官能团胺存在下使用。

6. 根据权利要求 5 所述的方法，其中所述的微胶囊化包括：

（1）固化多个未固化的含聚脲壳壁围绕在包括广灭灵的被封入物质周围的微胶囊以形成多个固化的微胶囊。

7. 根据权利要求 6 所述的方法，其中所述的微胶囊化进一步包括：

（2）这样形成多个未固化微胶囊的分散液，每个包括围绕在封入胶囊的物质，包括广灭灵周围的聚脲壳，乳化水相和水不相溶混相，所述的水相包含水和乳化剂，水不相溶混相包含聚亚甲基聚异氰酸苯基酯和广灭灵，加入至少一种所述的多官能团胺；

其中步骤（2）在步骤（1）前进行。

8. 根据权利要求 7 所述的方法，其中所述的微胶囊化进一步包括：

（3）提供包含水和乳化剂的水相和包含聚亚甲基聚异氰酸苯基酯和广灭灵的水不相溶混相；

其中步骤（3）在步骤（2）前进行。

9. 根据权利要求 8 所述的方法，其中所述的水相进一步包括抗沫剂和粘性改性剂/稳定剂。

10. 根据权利要求 7 所述的方法，其中所述的水不相溶混相进一步包括溶剂，所述的被封入的物质进一步包括溶剂。

11. 根据权利要求 6 所述的方法，其中所述的多个未固化微胶囊通过在足以形成多个固化微胶囊的温度和时间下加热而固化。

12. 根据权利要求 5 所述的方法，它进一步包括步骤：

（b）将组合物的 pH 调节到 6.5~9.0；

其中步骤（b）在步骤（a）后进行。

13. 根据权利要求 4 所述的除草剂组合物，其中所述的溶剂包括烃类溶剂。

14. 根据权利要求 10 所述的方法，其中所述的被封入的物质的所述溶剂包括烃类溶剂。”

FMC 有限公司认为：原案说明书第 1 页第 5~6 行、第 17~18 行、第 22~25 行可以推导出权利要求 1 中的“一种微胶囊化的广灭灵除草剂组合物，它包括：聚脲壳形成的微胶囊；和在所述壳体里的封入胶囊的物质，所述的封入胶囊的物质包含除草有效量的广灭灵；其中所述组合物的广灭灵挥发性比含相应广灭灵浓度的可乳化浓缩物的挥发性低 50%；”等技术特征，说明书第 1 页第 26 行至第 2 页第 3 行以及第 2 页第 12~14 行可推导出权利要求 1 中的“其中所述的聚脲壳通过聚亚甲基聚异氰酸苯基酯和一种或多种多官能团胺类的界面聚合作用而形成，其中所述的一种或多种多官能团胺选自 1，2-乙二胺（EDA）、二亚乙基三胺（DETA）、三亚乙基四胺（TETA）和 1，6-己二胺（HDA），条件是 EDA 只在第二多官能团胺存在下使用”的特征，因此，权利要求 1 符合《实施细则》第四十三条第一款的规定。同理，权利要求 5~6 也符合《实施细则》第四十三条第一款的规定。另外，权利要求 2~4 以及 7~14 也可以从说明书第 1~2 页的内容中导出。

经形式审查合格后，专利复审委员会受理了该请求，并于 2006 年 8 月 11 日向 FMC 有限公司发出了《复审请求受理通知书》，同时将本申请转送至国知局原审查部门进行前置审查。

在《前置审查意见书》中，国知局原审查部门认为，修改后的权利要求依然不符合《实施细则》第四十三条第一款的规定，因此坚持驳回决定。

专利复审委员会组成合议组，对本复审请求案进行了审理。合议组于 2007 年 8 月 1 日向 FMC 有限公司发出《复审通知书》，指出：首先，权利要求 1 的技术方案在原申请文件中不存在一致性的表述。其次，根据原申请说明书第 1~2 页的记载，本申请的微胶囊化广灭灵是在具体条件下制得的聚脲壁包裹广灭灵的制剂，而相比之下，权利要求 1 为较宽的一般表达形式。由于微胶囊化除草组合物的物化性质与制备方法密切相关，因此，本领域技术人员无法预见在具体条件下制得的微胶囊化除草组合物必定相当于权利要求 1 所述的一般性的制剂，即由说明书中的具体制备方法获得的制剂概括为权利要求 1 的方案包括了本领域技术人员根据说明书记载的内容不能直接确定的内容。另外，“其中所述组合物的广灭灵挥发性比含相应广灭灵浓度的可乳化浓缩物的挥发性低 50%” 在原说明书中没有记载。原说明书中均是将所述方法得到的制剂与市售的 Command® 4 EC 进行对比，并未与“相应广灭灵浓度的可乳化浓缩物”进行对比，由于 Command® 4EC 仅仅是一种具体的可乳化浓缩物，因此，从说明书记载的“挥发性比市售的 Command® 4 EC 减少 50%”无法毫无疑义地确定“比含相应广灭灵浓度的可乳化浓缩物的挥发性低 50%”。综上所述，原说明书中所记载的方法能否形成权利要求 1 所要求保护的微胶囊化的广灭灵除草剂组合物是不可预知的，也就是说，由原说明书所记载的内容不能直接地、毫无疑义地确定所述方法得到的产品即是权利要求 1 的微胶囊制剂，因此，权利要求 1 的修改超出了原申请权利要求书和说明书所记载的范围，不符合《实施细则》第四十三条第一款的规定。同理，从属权利要求 2～4 以及用于制备除草有效量的广灭灵组合物方法的权利要求 5、7～10、12 也不符合《实施细则》第四十三条第一款的规定。权利要求 6、11、13～14 的附加技术特征在原申请文件中没有记载，因此，基于相同理由，这些权利要求也不符合《实施细则》第四十三条第一款的规定。

针对上述《复审通知书》，FMC 有限公司于 2007 年 11 月 16 日提交了意见陈述书和修改后的权利要求书，其中，删除了权利要求 1 中的“其中所述组合物的广灭灵挥发性比含相应广灭灵浓度的可乳化浓缩物的挥发性低 50%”，并根据说明书第 1～2 页的内容和原始公开的权利要求 1 的技术方案，将方法步骤加入到权利要求 1 中。修改后的权利要求书为：

“1. 一种微胶囊化的广灭灵除草剂组合物，它包括：

聚脲壳形成的微胶囊；和在所述壳体里的封入胶囊的物质，所述的封入胶囊的物质包含除草有效量的广灭灵；

所述的微胶囊化包括下列步骤：(a) 提供含乳化剂的水相；(b) 提供由广灭灵和聚亚甲基聚异氰酸苯基酯构成的水不混溶相；(c) 在水相中使水不混溶相乳化，在整个水相中形成了水不混溶液滴分散液；(d) 搅拌分散液，同时向它加入纯净的 1，2-乙二胺、二乙基三胺、三亚乙基四胺、1，6-己二胺或这些多官能团胺的混合物，或这些物质的水溶液，这样在水不混溶液滴周围形成了聚脲壳壁。

2. 根据权利要求 1 所述的除草剂组合物，其中所述的水相还包含抗泡剂。

3. 根据权利要求 1 所述的除草剂组合物，所述的水不混溶相还包括溶剂。

4. 根据权利要求 1 所述的组合物，其中所述的乳化剂是部分水解的聚乙烯醇。

5. 根据权利要求 1 或 2 所述的组合物，其中所述的水相还包含黄原胶粘性改性剂/稳定剂。

6. 根据权利要求 1 所述的组合物，其中所述的由步骤 (d) 得到的多个未固化微胶囊通过在足以形成多个固化微胶囊的温度和时间下加热而固化。

7. 根据权利要求 1 所述的组合物，其中所述的组合物的 pH 被调节到 6.5～9.0。

8. 根据权利要求 3 所述的除草剂组合物，其中所述的溶剂是烃类溶剂。

9. 一种制备如权利要求 1 所述的广灭灵除草剂组合物的方法，它包括：

(a) 提供含乳化剂的水相；

(b) 提供由广灭灵和聚亚甲基聚异氰酸苯基酯构成的水不混溶相；

(c) 在水相中使水不混溶相乳化，在整个水相中形成了水不混溶液滴分散液；

(d) 搅拌分散液，同时向它加入纯净的 1，2-乙二胺、二乙基三胺、三亚乙基四胺、1，6-己二胺或这些多官能团胺的混合物，或这些物质的水溶液，这样在水不混溶液滴周围形成了聚脲壳壁。

10. 根据权利要求 9 所述的方法，其中所述的水相进一步包括抗沫剂和/或黄原胶粘性改性剂/稳定剂。

11. 根据权利要求 9 所述的方法，其中所述的水不相溶混相进一步包括溶剂。

12. 根据权利要求 9 所述的方法，其中所述的乳化剂是部分水解的聚乙烯醇。

13. 根据权利要求 9 所述的方法，其中所述的由步骤（d）得到的多个未固化微胶囊通过在足以形成多个固化微胶囊的温度和时间下加热而固化。

14. 根据权利要求 9 所述的方法，它进一步包括步骤：组合物的 pH 被调节到 6.5~9.0。

15. 根据权利要求 11 所述的方法，其中所述的溶剂是烃类溶剂。”

FMC 有限公司认为：经过修改，权利要求 1 的技术方案与申请文件原始公开的技术信息相一致。权利要求 2 得到了说明书第 2 页第 1 行内容的支持；权利要求 3 得到了说明书第 2 页第 19~20 行内容的支持；权利要求 4 得到了说明书第 1 页最后一行到第 2 页第 1 行内容的支持；权利要求 5 得到了说明书第 2 页第 1 行内容的支持；权利要求 6 可从说明书第 2 页第 6~7 行的内容中导出；权利要求 7 得到了说明书第 2 页第 9~10 行内容的支持；权利要求 8 得到了说明书第 2 页第 2 行内容的支持。同时，请求人基于上述内容起草了权利要求 9~15。据此，权利要求 1~15 都是原始申请文件记载的内容或可从原始申请文件中直接导出的，因此，上述权利要求符合《实施细则》第四十三条第一款的规定。

专利复审委员会经审查认为，

1. 关于审查文本

本复审请求审查决定是以 FMC 有限公司于 2007 年 11 月 16 日提交的权利要求第 1-15 项、2002 年 8 月 14 日提交的说明书第 1~19 页以及说明书摘要为基础作出的。

2. 关于《实施细则》第四十三条第一款

就本申请而言，权利要求 1 要求保护一种微胶囊化的广灭灵除草剂组合物，它包括：聚脲壳形成的微胶囊；和在所述壳体里的封入胶囊的物质，所述的封入胶囊的物质包含除草有效量的广灭灵；所述的微胶囊化包括下列步骤：（a）提供含乳化剂的水相；（b）提供由广灭灵和聚亚甲基聚异氰酸苯基酯构成的水不混溶相；（c）在水相中使水不混溶相乳化，在整个水相中形成了水不混溶液滴分散液；（d）搅拌分散液，同时向它加入纯净的 1，2-乙二胺、二乙基三胺、三亚乙基四胺、1，6-已二胺或这些多官能团胺的混合物，或这些物质的水溶液，这样在水不混溶液滴周围形成了聚脲壳壁。权利要求 3 要求保护权利要求 1 的除草剂组合物，所述的水不混溶相还包括溶剂。权利要求 6 要求保护权利要求 1 的组合物，其中所述的由步骤（d）得到的多个未固化微胶囊通过在足以形成多个固化微胶囊的温度和时间下加热而固化。

根据原申请说明书第 1~2 页的记载，本申请的微胶囊制剂是根据如下方法来制备的：（a）提供含乳化剂，较好的是部分水解的聚乙烯醇；抗沫剂，任意地还含黄原胶粘性改性剂/稳定剂的水相；（b）提供含或不含烃溶剂、由广灭灵和聚亚甲基聚异氰酸苯基酯构成的水不混溶相；（c）在水相中使水不混溶相乳化，在整个水相中形成了水不混溶液滴分散液；（d）搅拌分散液，同时向它加入纯净的 1，2-乙二胺、二乙基三胺、三亚乙基四胺、1，6-已二胺或这些多官能团胺的混合物，或这些物质的水溶液，这样在水不混溶液滴周围形成了聚脲壳壁。一旦形成了微胶囊，可如该技术领域公知的那样，通过中度加热固化悬浮液，然后加入一种或多种稳定剂，如丙二醇、黄原胶、绿土陶土，或离子分散剂，如烷基萘磺酸酯。

由上述内容可知，本申请在制备微胶囊化广灭灵的过程中使用的溶剂是“烃溶剂”（如果水不混溶相含有溶剂的话），微胶囊形成后采用的是中度加热进行固化。

专利复审委员会认为，（1）权利要求3中的“溶剂”是一个上位概念，其中除了上述的“烃溶剂”外，还包括醚、酰胺、酯等有机溶剂。本申请说明书第2页第18~20行（相当于原申请说明书的第2页第9~11行）提到水不混溶相中可以包括芳烃溶剂，但是，该“芳烃溶剂”相对于“溶剂”而言依然是下位的具体溶剂。由于不同溶剂之间的性质迥异，因此，本领域技术人员无法从原始申请中公开的“烃溶剂”、“芳烃溶剂”毫无疑义地确定所有的“溶剂”均适合于本申请的微胶囊化方法。（2）权利要求6中的“由步骤（d）得到的多个未固化微胶囊通过在足以形成多个固化微胶囊的温度和时间下加热而固化”是一种功能性的限定，原申请说明书中相应的记载为：“一旦形成了微胶囊，可如该技术领域公知的那样，通过中度加热固化悬浮液”（本申请说明书第2页第6~7行）。由本领域的常识可知，“中度加热”表述的含义除了采用加热之外还有加热的程度，其含义并不同于“足以形成多个固化微胶囊的温度和时间下加热而固化”，故由具体的固化条件“通过中度加热固化悬浮液”不能唯一确定所述一般性的工艺条件“通过在足以形成多个固化微胶囊的温度和时间下加热而固化”。综上所述，权利要求3和6的内容超出了原申请说明书和权利要求书所公开的范围，不符合《实施细则》第四十三条第一款的规定。同理，权利要求11和13也不符合《实施细则》第四十三条第一款的规定。据此，专利复审委员会作出被诉决定，FMC有限公司不服该决定，向一审法院提起行政诉讼。

本院认为，《实施细则》第四十三条第一款规定：依照本细则第四十二条规定提出的分案申请，可以保留原申请日，享有优先权的，可以保留优先权日，但是不得超出原申请公开的范围。根据上述规定，如果分案申请的内容通过增加、改变和/或删除其中的一部分，致使所属技术领域的技术人员看到的信息与原申请记载的信息不同，而且又不能从原申请记载的信息中直接地、毫无疑义地确定，那么，这种修改是不允许的。本案中，本申请权利要求3要求保护权利要求1的除草剂组合物，所述的水不混溶相还包括溶剂。而根据原申请说明书的记载，“本申请的微胶囊制剂是根据如下方法来制备的：……（b）提供含或不含烃溶剂、由广灭灵和聚亚甲基聚异氰酸苯基酯构成的水不混溶相；……”。同时，原申请说明书还记载了水不混溶相中可以包括芳烃溶剂。本申请权利要求3中的“溶剂”相对于“烃溶剂”和“芳烃溶剂”属于上位概念。本领域技术人员无法从原始申请中公开的“烃溶剂”、“芳烃溶剂”毫无疑义地确定所有的“溶剂”均适合于本申请的微胶囊化方法。故专利复审委员会认定本申请权利要求3不符合《实施细则》第四十三条第一款的规定正确。本申请权利要求6记载的“由步骤（d）得到的多个未固化微胶囊通过在足以形成多个固化微胶囊的温度和时间下加热而固化”是一种功能性的限定，而原申请说明书中描述的“通过加热到35~60℃，较好的是45~50℃达3~10小时，较好是4~5小时”是具体的固化条件，除此以外，其他的温度和时间也有可能使其达到固化的效果，因此，由上述具体的固化条件不能直接地、毫无疑义地确定“通过在足以形成多个固化微胶囊的温度和时间下加热而固化”。综上，专利复审委员会认定本申请权利要求6不符合《实施细则》第四十三条第一款的规定正确。基于相同理由，专利复审委员会认定本申请权利要求11和13也不符合《实施细则》第四十三条第一款的规定正确。另外，关于FMC有限公司认为被诉决定基于复审过程中未提到过的两个缺陷，专利复审委员会未给予FMC有限公司陈述意见的机会，上述行为属程序违法的诉讼主张，本院认可一审法院的意见，不再赘述。

综上，被诉决定认定事实清楚，适用法律正确，行政程序合法，一审法院判决维持被诉决定正确，本院应予维持。FMC有限公司的上诉请求缺乏事实和法律依据，本院不予支持。依据《中华人民共和国行政诉讼法》第六十一条第（一）项的规定，判决如下：

驳回上诉，维持一审判决。

二审案件受理费人民币100元，由上诉人FMC有限公司负担（已交纳）。

本判决为终审判决。

审　判　长　景　滔
代理审判员　马　军
代理审判员　刘　行
二〇〇九年十二月十八
书　记　员　王　芳

072

用天然聚合物生产产品的方法及由此制得的产品

复审请求审查决定（第13508号）

决　定　号　第13508号
决　定　日　2008年5月27日
发明创造名称　用天然聚合物生产产品的方法及由此制得的产品
国际分类号　C08L3/02，C08J7/04，B65D43/16
复审请求人　韦尔蒂斯股份有限公司
申　请　号　99816336.8
优先权日　1998年12月29日
申　请　日　1999年12月29日
公　开　日　2002年2月13日
合议组组长　任晓兰
主　审　员　孙丽芳
参　审　员　刘　静

法律依据　专利法实施细则第20条第1款，专利法第33条
决定要点

对于产品的制备方法权利要求而言，如果该方法中所用原料的选择是本领域公知的，由该方法制备产品的形状可以由应用领域确定，其发明点仅在于提供一种工艺过程，本领域技术人员根据该方法权利要求记载的技术特征可以理解该工艺过程，则认为该权利要求的保护范围是清楚的。

一、案由

本复审请求案涉及发明名称为“用天然聚合物生产产品的方法及由此制得的产品”的发明专利申请（下称本申请），其申请号为99816336.8，申请日为1999年12月29日，最早优先权日为1998年12月29日，公开日为2002年2月13日，申请人为韦尔蒂斯股份有限公司。

2007年4月6日，针对申请人于2004年10月12日提交的说明书第1~30页、权利要求书第1~54项、进入国家阶段时提交的国际申请文件的中文译文的附图第1~9页和摘要，国家知识产权局以权利要求1、19~23、38~39和44~48不符合专利法实施细则第20条第1款的规定为由驳回了本申请。驳回的主要理由是：（1）权利要求1不清楚，理由是：a. 所述产品含有的天然聚合物究竟来源于第一物料还是第二物料抑或这二者不清楚，制备该产品所使用的第一物料和第二物料的组成不清楚，同时也无法清楚地确定第一物料和第二物料在组成上究竟有何差别；b. 权利要求1中所述起始部分、与所述起始部分邻接的至少一个其他部分的结构不清楚，最终制备的产品结构也不清楚，

c. 权利要求 1 缺少工艺、物质以及设备的方法技术特征，仅记载有模糊不清的技术效果。(2) 权利要求 44 无法得出所述起始部分以及与所述起始部分邻接的至少一个其他部分的结构，更无法得出最终制备的产物结构；权利要求 45 请求保护的产品最终结构不清楚。(3) 权利要求 19~23、46~48 所述的“头道涂料和/或二道涂料”不清楚；权利要求 38~39、45~46 用效果限定发明的保护范围不清楚。除此之外，驳回决定还指出：原始说明书和权利要求书只有关于将第一种物料和第二种物料加入到模具中的记载，没有权利要求 1 中所述的“至少将第一种物料和第二种物料从模具中通过”这一内容的记载，因此权利要求 1 不符合专利法第 33 条的规定。

驳回决定针对的权利要求 1、19~23、38~39、44~48 如下：

“1. 一种生产产品（1，30，40）的方法，其中所述产品至少含有天然聚合物，所述方法包括：至少将第一物料和第二物料加入到模具（60，70，80）中或使它们从模具中通过，在模具中将所述物料加热以至少引起天然聚合物的交联，其中在加入到模具中或者从模具中通过之前第一物料在组成上不同于第二种物料，且其中所述产品的至少一个起始部分（6，36，85）是由第二种物料形成，而所述产品的与所述相关起始部分（6，36，85）邻接的至少一个其他部分是由第一种物料形成的。

19. 根据权利要求 1 所述的方法，其中，将头道涂料涂布至所述至少一个起始部分（6，36，85）的至少一部分上，该涂料至少含有一种对于相关第一种物料来说的活性成分，以致于相关的活性成分和物料之间发生反应，从而影响相关起始部分（6，36，85）的材料性能。

20. 根据权利要求 19 所述的方法，其中，在涂布头道涂料之前，至少将与起始部分（6，36，85）邻接的部分（2，4，32，36，48，87，89）盖住。

21. 根据权利要求 20 所述的方法，其中，将起始部分（6，36，85）邻接的部分（2，4，32，36，48，87，89）至少部分地用二道涂料盖住，以致于对所述头道涂料中的活性反应成分基本上是不可渗透的，以致于起始部分（6，36，85）至少部分可使二道涂料保持清洁。

22. 根据权利要求 21 所述的方法，其中，使用的二道涂层相对于头道涂层而言，具有高的硬度，并且该二道涂层至少对于所述的活性成分，具有相对低的渗透性和高的耐久性。

23. 根据权利要求 21 或 22 所述的方法，其中，将头道涂料涂布在二道涂料上。

38. 根据权利要求 1 至 4 中任一项所述的方法，其中，至少在起始部分内，用活性成分来调节含有交联天然纤维的产品的至少所述起始部分的表面张力。

39. 根据权利要求 1 至 4 中任一项所述的方法，其中，对于产品的至少一部分，在其上涂布表面张力几乎等于或低于此产品部分的表面张力的涂料。

44. 由权利要求 1~43 任一项中所述的方法制得的产品，其中，至少具有起始部分（6，36，85），其中，该起始部分（6，36，85）至少基本上用第二种物料来制造，该第二种物料的组成至少不同于用于制备所述邻接部分（2，4，32，36，48，87，89）的第一种物料。

45. 根据权利要求 44 所述的产品，其具有泡状，多孔状结构，含有起始产品部分（6，36，85）和通过该起始部分（6，36，85）连接到产品上的第二产品部分（2，4，32，36，48，87，89），所述起始部分（6，36，85）含有具有较大的泡孔的芯（24），芯的两个相对面被具有较小的泡孔和密实结构的外层（26）盖住，至少几乎直接在产品形成后，所述起始部分（6，36，85）的至少部分在至少一个外层（26）中含有浓度高于邻接起始部分的部分（2，4，32，36，48，87，89）中浓度的增塑剂和/或增塑剂的性质不同于邻接部分中的增塑剂性质，至少相关的至少一个外层（26）的柔韧性高于所述邻接部分（6，36，85）外层（26）的柔韧性。

46. 根据权利要求 44 或 45 所述的产品，其中，所述起始部分的至少一个外层（26）的至少一部分是具有头道涂层（28），所述邻接部分（2，4，32，36，48，87，89）至少有一个连接所述外层的外层，该邻接部分的外层具有二道涂层，该二道涂层连接至所述相关的外层上，所述二道涂层是较密实、防水和抗水。

47. 根据权利要求46所述的产品，其中，在相关外层上的二道涂层至少部分地用头道涂层来盖住。

48. 根据权利要求44或45所述的产品，其中，与二道涂层相比，头道涂层更柔韧，特别是有更高的拉伸强度。”

2007年7月23日，申请人韦尔蒂斯股份有限公司（下称请求人）对上述驳回决定不服，向国家知识产权局专利复审委员会提出了复审请求，请求人在提出复审请求时对申请文件进行修改，修改了其中的权利要求1、3~9、11、19、21、40~43、45、50，删除了权利要求26~27、38~39，修改后的权利要求1、19~23、40~44分别相当于驳回文本的权利要求1、19~23、44~48。

修改后的权利要求1、19~23、40~44如下：

“1. 一种生产产品（1，30，40）的方法，其中所述产品至少含有天然聚合物，所述方法包括：至少将第一物料和第二物料加入到模具（60，70，80）中或使它们从模具中通过，在模具中将所述物料加热以至少引起天然聚合物的交联，其中在加入到模具中或者从模具中通过之前第一物料在组成上不同于第二种物料，第一种物料和第二种物料中均含有天然聚合物，且其中所述产品的至少一个起始部分（6，36，85）是由第二种物料形成，而所述产品的与所述相关起始部分（6，36，85）邻接的至少一个其他部分是由第一种物料形成的。

19. 根据权利要求1所述的方法，其中，将头道涂料涂布至所述至少一个起始部分（6，36，85）的至少一部分上，该涂料至少含有一种相对于第一种物料来说的活性成分，以致于该活性成分和物料之间发生反应，从而影响起始部分（6，36，85）的材料性能，所述头道涂料含有选自下述物质的多种成分：丙烯酸粘合剂，胶乳，苯乙烯-丁二烯胶乳，聚乙烯醇，聚乙酸乙烯酯，聚丙烯酸酯，聚乙二醇，聚乳酸，天然蜡，合成蜡，它们的衍生物或它们的混合物。

20. 根据权利要求19所述的方法，其中，在涂布头道涂料之前，至少将与起始部分（6，36，85）邻接的部分（2，4，32，36，48，87，89）盖住。

21. 根据权利要求20所述的方法，其中，将起始部分（6，36，85）邻接的部分（2，4，32，36，48，87，89）至少部分地用二道涂料盖住，以致于对所述头道涂料中的活性反应成分基本上是不可渗透的，以致于起始部分（6，36，85）至少部分可使二道涂料保持清洁，所述二道涂料含有选自于下述物质的多种成分：三聚氰胺，丙烯酸粘合剂，防水清漆，乙酸-丙酸纤维素，聚乙烯，聚丙烯酸酯，合成蜡，天然蜡，聚乳酸，它们的衍生物或它们的混合物。

22. 根据权利要求21所述的方法，其中，使用的二道涂层相对于头道涂层而言，具有高的硬度，并且该二道涂层至少对于所述的活性成分，具有相对低的渗透性和高的耐久性。

23. 根据权利要求21或22所述的方法，其中，将头道涂料涂布在二道涂料上。

40. 由权利要求1~39任一项中所述的方法制得的产品，其中，至少具有起始部分（6，36，85），其中，该起始部分（6，36，85）至少基本上用第二物料来制造，该第二种物料的组成不同于用于制备所述邻接部分（2，4，32，36，48，87，89）的第一种物料。

41. 根据权利要求40所述的产品，其具有泡状、多孔状结构，含有起始产品部分（6，36，85）和通过该起始部分（6，36，85）连接到产品上的第二产品部分（2，4，32，36，48，87，89），所述起始部分（6，36，85）含有具有较大的泡孔的芯（24），芯的两个相对面被具有较小的泡孔和密实结构的外层（26）盖住，至少几乎直接在产品形成后，所述起始部分（6，36，85）的至少一部分在至少一个外层（26）中含有浓度高于邻接起始部分的部分（2，4，32，36，48，87，89）中浓度的增塑剂和/或增塑剂的性质不同于邻接部分中的增塑剂性质，至少所述至少一个外层（26）的柔韧性高于所述邻接部分（6，36，85）外层（26）的柔韧性。

42. 根据权利要求40或41所述的产品，其中，所述起始部分的至少一个外层（26）的至少一部分是具有头道涂层（28），所述邻接部分（2，4，32，36，48，87，89）至少有一个连接所述外层的外层，该邻接部分的外层具有二道涂层，该二道涂层连接至所述相关的外层上，所述二道涂层是较密实、防水和抗水，所述头道涂料含有选自于下述物质的多种成分：丙烯酸粘合剂，胶乳，苯乙烯-丁二烯胶乳，聚乙烯醇，聚乙酸乙烯酯，聚丙烯酸酯，聚乙二醇，聚乳酸，天然蜡，合成蜡，它们的衍生物或它们的混合物；所述二道涂层含有多种下述成分：三聚氰胺，丙烯酸粘合剂，防水清漆，乙酸-丙酸纤维素，聚乙烯，聚丙烯酸酯，合成蜡，天然蜡，聚乳酸，它们的衍生物或它们的混合物。

43. 根据权利要求42所述的产品，其中，在多所述外层上的二道涂层至少部分地用头道涂层来盖住。

44. 根据权利要求40或41所述的产品，其中，与二道涂层相比，头道涂层更柔韧，有更高的拉伸强度。"

请求人认为：（1）天然聚合物无论在第一物料或第二物料中含有或在两种物料中均含有都可以；（2）只要第一种物料和第二种物料不同即可，不必要具体限定第一种物料和第二种物料的组成上如何不同，第一种物料和第二种物料的组成可以是多种多样的，其组成的不同也可以是多种多样的；（3）由于限定了起始部分是由第二物料形成，其他部分由第一物料形成，两部分邻接，因此产品的连接关系和制备的产品结构是清楚的；（4）权利要求1已经包括了将第一种物料和第二种物料加入到模具中或使它们从模具中通过，在模具中将所述物料加热以导致天然聚合物的交联，其中在加入到模具中或着从模具中通过之前第一种物料不同于第二种物料，第一和第二种物料中均含有天然聚合物，且所述产品的起始部分和其他部分分别由第二种物料和第一种物料形成，这些限定与所述方法的工艺步骤、材料和设备方面的技术特征相关，权利要求1足够清楚、简明；（5）由于权利要求1的撰写是清楚的，并且在权利要求44和45中产品的第一部分使用第一种物料形成，第二部分使用第二种物料形成，第一和第二种物料在组成上不同，由此产品权利要求44和45是清楚的，至于其中采用的效果特征是对产品结构性能的反映。

经形式审查合格后，专利复审委员会受理了该请求，并于2007年8月16日向请求人发出了《复审请求受理通知书》，同时将本申请转送至国家知识产权局原审查部门进行前置审查。

在《前置审查意见书》中，国家知识产权局原审查部门认为，请求人在提出复审时提交的修改文本中权利要求1、40和41仍不符合专利法实施细则第20条第1款的规定；权利要求1中所述的"至少将第一种物料和第二种物料从模具中通过"内容不符合专利法第33条的规定，在此基础上坚持驳回决定。具体理由如下：权利要求1要求保护制备产品的方法，制备该产品使用的第一物料和第二物料在组成上的差别仍然不清楚；产品起始部分和与其连接的其他部分结构仍然不清楚，最终制备的产品结构不清楚；如何获得产品结构中的起始部分和其他部分没有描述在产品的制备工艺中；由于所述产品起始部分和与起始部分连接的至少一个其他部分的结构不清楚，因而造成最终产品的结构不清楚，因而权利要求40和41同样是不清楚的。

专利复审委员会组成合议组，对本复审请求案进行了审理。

经合议，合议组认为本案事实清楚，可以作出审查决定。

二、决定的理由

1. 关于审查文本

本复审请求审查决定所针对的文本是：请求人于2007年7月23日提交的权利要求第1~50项、

2004 年 10 月 12 日提交的说明书第 1~30 页、2001 年 8 月 23 日提交的说明书附图第 1~9 页和摘要。

2. 关于专利法第 33 条

专利法第 33 条规定，申请人可以对其专利申请文件进行修改，但是，对发明和实用新型专利申请文件的修改不得超出原说明书和权利要求书记载的范围。

如果对申请文件的修改可以通过原说明书和权利要求书记载的内容毫无疑义的确定，则这种修改是允许的。

驳回决定认为原始说明书和权利要求书只有关于将第一种物料和第二种物料加入到模具中的记载，没有权利要求 1 中所述的“至少将第一种物料和第二种物料从模具中通过”这一内容的记载，因此，权利要求 1 不符合专利法第 33 条的规定。合议组查明，请求人原始提交的申请文本中，权利要求 1 的记载为“将至少含有天然聚合物例如淀粉的物料加入或通过模具”，即物料进入模具是其被加工成产品的必经步骤；权利要求 2 中进一步限定物料分两种，这两种组成不同的物料分别构成产品的不同部分，由此，本领域技术人员不难理解，这两种物料必然也被加入或通过了模具，因此，权利要求 1 中“至少将第一种物料和第二种物料从模具中通过”是本领域技术人员可以由原始说明书和权利要求书记载的内容毫无疑义地确定的，即权利要求 1 的修改符合专利法第 33 条的规定。

3. 关于专利法实施细则第 20 条第 1 款

专利法实施细则第 20 条第 1 款规定，权利要求书应当说明发明或者实用新型的技术特征，清楚、简要地表达请求保护的范围。

对于方法权利要求而言，如果产品原料的选择是本领域公知的，产品的形状可以由应用领域确定，其发明点仅在于提供一种工艺过程，本领域技术人员根据权利要求记载的技术特征可以重现该工艺过程，生产出希望的形状、性能的产品，则认为该权利要求的保护范围是清楚的。

就本案而言，权利要求 1 要求保护一种生产产品（1，30，40）的方法，其中所述产品至少含有天然聚合物，所述方法包括：至少将第一物料和第二物料加入到模具（60，70，80）中或使它们从模具中通过，在模具中将所述物料加热以至少引起天然聚合物的交联，其中在加入到模具中或者从模具中通过之前第一物料在组成上不同于第二种物料，第一种物料和第二种物料中均含有天然聚合物，且其中所述产品的至少一个起始部分（6，36，85）是由第二种物料形成，而所述产品的与所述相关起始部分（6，36，85）邻接的至少一个其他部分是由第一种物料形成的。如说明书附图所示，产品（1，30，40）可以是快餐盒、杯子、电话包装盒，它们的形状结构中各部分的功能是不同的，在现有技术中因为使用含有天然聚合物的物料加入模具中制备壁部和可旋转的枢轴部分一体的产品，使得如此得到的产品有脆性结构，枢轴部分旋转时易于撕裂或断裂，因此，希望产品的一部分应该是刚性的，而另一部分是柔韧的，或者，对于包装材料，希望一部分是吸震的，而相反地，另外部分能够保持形状、相对刚性（参见原说明书第 1 页第 2~4 段）。基于上述现有技术的不足，本申请的技术方案采用不同组成的第一和第二物料，使用这两种物料在模具中产生起始部分与至少一个与其邻接的其他部分，由此由该方法获得产品至少一个起始部分的性质（如柔韧性）不同于与其邻接的其他部分，且形成的产品每一部分有所需的性质（参见原说明书第 2 页倒数第 1 段至第 3 页第 3 段）。

驳回决定认为，权利要求 1 所述产品含有的天然聚合物究竟来源于第一物料还是第二物料抑或这二者不清楚，同时也无法清楚地确定第一物料和第二物料在组成上究竟有何差别。为此，请求人在 2007 年 7 月 23 日提交的权利要求书中，加入了“第一种物料和第二种物料中均含有天然聚合物”的技术特征，配合权利要求 1 中的另一技术特征“第一物料在组成上不同于第二种物料”，可以看出第一和第二物料是组成上均含有天然聚合物材料的不同组合物，由于本发明的目的是提供在不同部分具有不同性质的产品制备方法，只要形成不同部分的材料在组成上不同即可，本领域技术人员可以理解根据产品的用途以及该部分所需要的性质，如柔韧性或刚性，选择不同的材料组成，如含有较高或较低的增塑剂或交联剂即可达到所需目的，因此，权利要求1中对于第一、第二物料的描述是清楚的。

其次，驳回决定认为，权利要求1中所述起始部分、与所述起始部分邻接的至少一个其他部分的结构不清楚以及最终制备的产品结构不清楚。对此，合议组查明，权利要求1要求保护的是一种采用不同物料生产产品不同部分的方法，其中所述产品包括至少一个起始部分和与其邻接的其他部分，且起始部分和邻接的其他部分分别用组成不同的第二物料和第一物料形成。由此可见，权利要求1已经对产品的结构构成进行了说明，对各结构构成部分之间的关系进行了描述。至于各个构成部分的具体结构，本领域技术人员可以根据实际需要选择不同的具体结构，且如说明书所述，根据权利要求1的方法可以生产众多具体结构类型不同的产品，在此情况下，当用上位性的概括（如起始部分，与其邻接的其他部分）能清楚地表明产品的构成时，未记载各部分的具体结构并不会导致该权利要求描述不清楚。

第三，驳回决定认为权利要求1缺少工艺、物质以及设备的方法技术特征，仅记载有模糊不清的技术效果。对此，合议组认为，权利要求1中记载了“至少将第一物料和第二物料加入到模具（60，70，80）中或使它们从模具中通过，在模具中将所述物料加热以至少引起天然聚合物的交联”，“所述产品的至少一个起始部分（6，36，85）是由第二种物料形成，而所述产品的与所述相关起始部分（6，36，85）邻接的至少一个其他部分是由第一种物料形成”，这些技术特征包括将物料（第一物料、第二物料）加入模具或从模具中通过、使物料中的天然聚合物在模具中交联，并且使起始部分和与其邻接其他部分分别由组成不同的第二物料和第一物料形成，上述方法特征已经清楚地记载了生产产品的原料、工艺过程和设备。至于具体的设备和工艺条件，本领域技术人员可根据不同的产品选择不同的模具，根据不同的物料组成选择不同的交联温度，使得形成的产品起始部分与其他部分邻接。

第四，驳回决定认为权利要求44（修改后的权利要求40）无法得出所述起始部分以及与所述起始部分邻接的至少一个其他部分的结构，更无法得出最终制备的产物结构；权利要求45（修改后的权利要求41）请求保护的产品最终结构不清楚。为此，合议组查明，修改后权利要求40和41要求保护用前述权利要求1~39的方法制备的产品，在所述方法权利要求清楚的情况下，其生产得到的产品应当也是清楚的。至于产品及其组成部分的结构，在权利要求1有关产品的结构部分已经进行了详细评述，在此不再赘述。

第五，驳回决定认为：①权利要求19~23、46~48（修改后的权利要求19~23、42~44）所述的“头道涂料和/或二道涂料”不清楚；②权利要求38~39不清楚；③权利要求45~46（修改后的权利要求41~42）用效果限定发明的保护范围不清楚。请求人于2007年7月23日提交的修改文本中，（1）将原权利要求26、27中关于头道涂料、二道涂料的内容补入权利要求19、21和46中形成修改后的权利要求19、21、42，已经克服驳回决定指出的上述第①点问题；（2）删除了原权利要求38~39，克服了驳回决定指出的上述第②点缺陷；（3）原权利要求45~46（修改后的权利要求41~42）是原权利要求44（修改后的权利要求40）的从属权利要求，如前所述，原权利要求44（修改后的权利要求40）符合专利法实施细则第20条第1款的规定，而且事实上原权利要求45~46（修改后的权利要求41~42）也不可能一一限定各种具体结构，本领域技术人员可以根据最终需要达到的技术效果、功能等实际需要选择不同的具体结构，因此在这种情况下，应当允许原权利要求45~46（修改后的权利要求41~42）中包含部分的效果特征。

基于上述理由，合议组作出如下决定。

三、决定

撤销国家知识产权局于2007年4月6日对99816336.8号发明专利申请作出的驳回决定，由国家知识产权局原审查部门以请求人于2007年7月23日提交的权利要求第1~50项、2004年10月12日提交的说明书第1~30页、2001年8月23日提交的附图第1~9页和摘要为基础继续审查。

复审请求人对本决定不服的，可根据专利法第41条第2款的规定，自收到本决定之日起三个月内向北京市第一中级人民法院起诉。

073

异佛尔酮二异氰酸酯二聚的方法

复审请求审查决定（第13558号）

决　　定　　号　第13558号
决　　定　　日　2008年5月15日
发明创造名称　异佛尔酮二异氰酸酯二聚的方法
国 际 分 类 号　C08G18/02，C08G18/79，C07D229/00
复 审 请 求 人　拜尔公司
申　　请　　号　02809954.0
申　　请　　日　2002年5月7日
优 先 权 日　2001年5月14日
公　　开　　日　2004年6月30日
合 议 组 组 长　汪送来
主　　审　　员　侯　曜
参　　审　　员　危　峰

法 律 依 据　专利法第33条，专利法第31条第1款
决 定 要 点

如果修改增加的内容能够从原申请记载的信息中直接地、毫无疑义地确定，那么，这样的修改就是允许的。

如果两项以上的发明之间存在一个或者多个相同或者相应的特定技术特征，即存在技术上的关联，则认为这些发明属于一个总的发明构思。

一、案由

本复审请求案涉及发明名称为“异佛尔酮二异氰酸酯二聚的方法”的第02809954.0号发明专利申请（下称本申请），申请人为拜尔公司，申请日为2002年5月7日，优先权日为2001年5月14日，公开日为2004年6月30日。

2006年11月10日，针对申请人于2006年6月29日提交的权利要求书，2005年7月26日提交的说明书第2、15、16页，以及进入中国国家阶段时提交的说明书第1、3~14页和说明书摘要，国家知识产权局以权利要求1~6与权利要求7和8之间不具备单一性，不符合专利法第31条第1款的规定为由驳回了本申请。

驳回决定针对的权利要求书如下：

“1. 一种制备含脲二酮基团的多异氰酸酯的方法，包括：异佛尔酮二异氰酸酯的某些异氰酸酯基

团在能加速异氰酸酯基团二聚的催化剂存在下进行低聚，任选地在规定的低聚程度通过加入催化剂毒物终止低聚反应，并任选地通过萃取或薄膜蒸馏除掉过量未反应二异氰酸酯，其特征在于，使用盐型化合物作为低聚催化剂，所述盐型化合物在阴离子中包含，按分子量为 66 的 C2N3 计算，10~97.1 重量%1，2，3-和/或 1，2，4-三唑结构。

2. 权利要求 1 的方法，其特征在于，所用低聚催化剂是在其阴离子中包含通式（I）和/或（II）的三唑结构的盐型化合物：

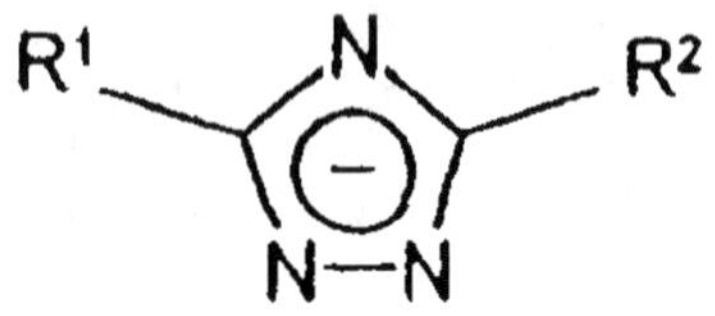

(I),

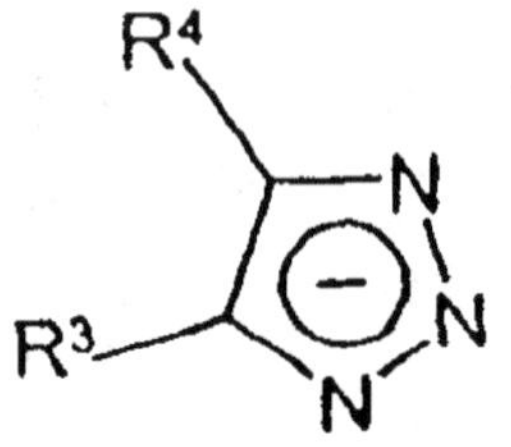

(II),

其中

R^1、R^2、R^3 和 R^4 代表相同或不同基团，每个代表氢原子、选自氟、氯或溴的卤素原子或硝基基团，饱和或不饱和、脂族或环脂族基团或者任选取代的芳族或芳脂族基团，它们可包含最高 20 个碳原子和任选的最高 3 个选自氧、硫、氮的杂原子并且任选地可取代上卤素原子或硝基基团，

并且其中

R^3 和 R^4，在通式（II）中还可彼此组合，连同五元 1，2，3-三唑盐环的碳原子以及任选的另一个氮原子或氧原子一起构成含有 3~6 个碳原子的稠合环。

3. 权利要求 1 或 2 的方法，其特征在于，所用低聚催化剂是在其阴离子中包含通式（I）的三唑结构的盐型化合物，其中

R^1 和 R^2 代表相同或不同基团，每个代表氢原子、选自氟、氯或溴的卤素原子或硝基基团，饱和脂族或环脂族基团或者任选取代的芳族或芳脂族基团，它们可包含最高 12 个碳原子和任选的最高 3 个选自氧、硫、氮的杂原子并且任选地可取代上卤素原子或硝基基团。

4. 权利要求 1 或 2 的方法，其特征在于，所用低聚催化剂是在其阴离子中包含通式（II）的三唑结构的盐型化合物；

R^3 和 R^4 代表相同或不同基团，每个代表氢原子、选自氟、氯或溴的卤素原子或硝基基团，饱和或不饱和、脂族或环脂族基团或者任选取代的芳族或芳脂族基团，它们可包含最高 12 个碳原子和任选的最高 3 个选自氧、硫、氮的杂原子并且任选地可取代上卤素原子或硝基基团，并且还可彼此组合，连同五元 1，2，3-三唑盐环的碳原子以及任选的另一个氮原子或氧原子一起构成含有 3~6 个碳原子的稠合环。

5. 权利要求 1 的方法，其特征在于，所用低聚催化剂是 1，2，4-三唑的、1，2，3-三唑和/或 1，2，3-苯并三唑的盐。

6. 权利要求 1 或 2 的方法，其特征在于，所用低聚催化剂包含作为阳离子的碱金属离子或通式（III）的一价铵或磷鎓阳离子

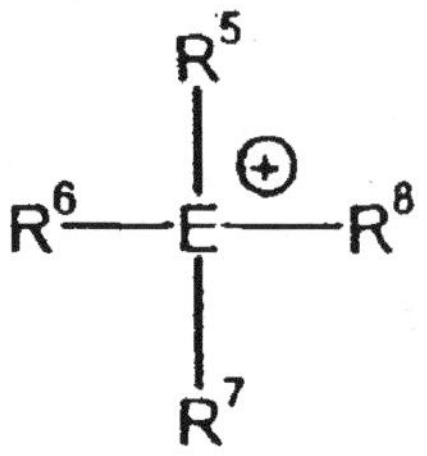

(III),

其中

E 代表氮或磷并且

R^5、R^6、R^7 和 R^8 代表相同或不同基团，每个代表饱和脂族或环脂族基团或者任选取代的芳族或芳脂族基团，具有最高 18 个碳原子。

7. 按照权利要求 1 制备的含脲二酮基团的多异氰酸酯作为原料组分在制备聚氨酯聚合物中的应用。

8. 按照权利要求 1 制备的含脲二酮基团的多异氰酸酯作为原料组分在制备脲二酮粉末涂料交联剂中的应用。”

驳回决定认为：(1) 权利要求 1~6 要求保护一种制备含脲二酮基团的多异氰酸酯的方法，权利要求 7 和 8 分别要求保护按照权利要求 1 制备的含脲二酮基的多异氰酸酯作为原料组分在制备聚氨酯聚合物和粉末涂料交联剂中的应用，因此，权利要求 7 和 8 实质上要求保护的是权利要求 1 所述方法制备的产品的用途，在《第一次审查意见通知书》中已经评述过该产品本身不具备新颖性，并且申请人已经将相应权利要求删除，因此，权利要求 1~6 与权利要求 7 和 8 之间的相同技术特征，即含脲二酮基团的多异氰酸酯产品对现有技术没有作出贡献，不是特定技术特征，权利要求 1~6 与权利要求 7 和 8 之间不存在相同或相应的特定技术特征，不具备专利法第 31 条第 1 款规定的单一性；(2) 权利要求 7 和 8 要求保护的是含脲二酮基团的多异氰酸酯产品的用途，而该产品是由权利要求 1 所述方法制备的，尽管制备方法影响产品的结构性能，但由所述方法得到产品后，产品本身在其他领域的应用与该产品的制备方法无关，因此，申请人认为的“权利要求 7 和 8 与权利要求 1 之间相同的特定技术特征是权利要求 1 的方法”，进而认为本申请具备单一性的理由不能被接受。

2007 年 1 月 23 日，申请人拜尔公司（下称请求人）对上述驳回决定不服，向专利复审委员会提出复审请求，请求人在提出复审请求时提交了权利要求书替换页，其中将原权利要求 7 和 8 要求保护的技术方案由“权利要求 1 所述方法制备的产品的用途”修改为“权利要求 1 所述方法的用途”。

修改后的权利要求 7~8 如下：

“7. 权利要求 1 的制备含脲二酮基团的多异氰酸酯的方法在制备聚氨酯聚合物中的应用。

8. 权利要求 1 制备含脲二酮基团的多异氰酸酯的方法在制备脲二酮粉末涂料交联剂中的应用。”

请求人认为：权利要求 7~8 引用了权利要求 1 的方法，说明权利要求 7~8 要求保护的不是任何多异氰酸酯的用途，而是以权利要求 1 的方法制备的多异氰酸酯的用途，即权利要求 7 和 8 要实施，必须先要有权利要求 1 的方法，因此，权利要求 7 和 8 的特定技术特征在于权利要求 1 的方法；同时，将权利要求 7 和 8 改为引用权利要求 1 的方法的用途，使其更易理解。

经形式审查合格后，专利复审委员会受理了该请求，并于 2007 年 4 月 6 日向请求人发出了《复审请求受理通知书》，同时将本申请转送至国家知识产权局原审查部门进行前置审查。

在《前置审查意见书》中，国家知识产权局原审查部门认为修改后的权利要求 7 和 8 超出了原申请文件记载的范围，因而在驳回决定依据的文本基础上坚持驳回决定。

专利复审委员会依法组成合议组，对本复审请求案进行了审理。

经合议，合议组认为本案事实已经清楚，可以依法作出复审决定。

二、决定的理由

1. 关于审查文本

本复审决定依据的申请文本是：请求人于2007年1月23日提交的权利要求第1~8项、2005年7月26日提交的说明书第2、15、16页，以及进入中国国家阶段时提交的说明书第1、3~14页和说明书摘要。

2. 关于专利法第33条

专利法第33条规定，申请人可以对其专利申请文件进行修改，但是，对发明和实用新型专利申请文件的修改不得超出原说明书和权利要求书记载的范围，对外观设计专利申请文件的修改不得超出原图片或者照片表示的范围。

如果修改增加的内容能够从原申请记载的信息中直接地、毫无疑义地确定，那么，这样的修改就是允许的。

请求人在提出复审请求时，对申请文件进行了如下修改：（1）将原权利要求7由“按照权利要求1制备的含脲二酮基团的多异氰酸酯作为原料组分在制备聚氨酯聚合物中的应用”修改为“权利要求1的制备含脲二酮基团的多异氰酸酯的方法在制备聚氨酯聚合物中的应用”；（2）将原权利要求8由“按照权利要求1制备的含脲二酮基团的多异氰酸酯作为原料组分在制备脲二酮粉末涂料交联剂中的应用”修改为“权利要求1制备含脲二酮基团的多异氰酸酯的方法在制备脲二酮粉末涂料交联剂中的应用。”

在《前置审查意见书》中，国家知识产权局原审查部门认为所述修改不能从原权利要求书和说明书记载的内容直接地、毫无疑义地确定，因此不符合专利法第33条的规定。

对此，合议组查明：在本申请说明书中，就含脲二酮基的多异氰酸酯的应用明确指出，“本发明涉及异佛尔酮二异氰酸酯二聚的新方法，还涉及按此法制备的脲二酮多异氰酸酯作为聚氨酯聚合物的原料组分，特别是作为制备脲二酮粉末涂料交联剂的异氰酸酯组分的应用”（参见说明书第1页第一段，第2页第六段和第8页第一~二段），并且，在实施例9中，使用按照本发明方法制备的IPDI脲二酮多异氰酸酯制备得到了脲二酮粉末涂料固化剂。合议组认为，本申请明确记载了按照权利要求1方法制备的脲二酮多异氰酸酯制备聚氨酯聚合物，特别是粉末涂料交联剂的用途，即先按照本申请的方法制得脲二酮多异氰酸酯，再进一步加工为聚合物或交联剂。本领域技术人员可以由此获知，本申请实质上也具体公开了权利要求1的制备脲二酮多异氰酸酯的方法用于制备聚氨酯聚合物，特别是粉末涂料交联剂的用途。因此，尽管本申请中并未明确出现“按照本发明制备脲二酮多异氰酸酯的方法在……中的应用”这样的文字描述，但修改后的权利要求7~8的技术方案，可以从权利要求书和说明书记载的内容直接地、毫无疑义地确定，上述修改符合专利法第33条的规定。

3. 关于专利法第31条第1款

专利法第31条第1款规定，一件发明或者实用新型专利申请应当限于一项发明或者实用新型。属于一个总的发明构思的两项以上的发明或者实用新型，可以作为一件申请提出。

如果两项以上的发明之间存在一个或者多个相同或者相应的特定技术特征，即存在技术上的关联，则认为这些发明属于一个总的发明构思。

就本案而言，修改后的权利要求7要求保护权利要求1的制备含脲二酮基团的多异氰酸酯的方法在制备聚氨酯聚合物中的应用。合议组认为：用途权利要求属于方法权利要求的一种，权利要求7要求保护权利要求1的方法的应用，其实质上是将权利要求1的方法应用到聚氨酯聚合物的制备方法中，即先实施权利要求1的制备方法，制得含脲二酮基团的多异氰酸酯，然后再以其为原料，进一步制备聚氨酯聚合物，因此，权利要求7的方法中包括了权利要求1的制备方法，该权利要求与权利要求1~6 的技术方案之间存在的相同技术特征是权利要求 1 的方法。在原审查部门的审查程序中，并没有对本申请权利要求 1 的方法的新颖性和创造性提出质疑，即并未质疑权利要求 1 的方法是体现本发明对现有技术作出贡献的技术特征，因而不能排除权利要求 1 的方法即为权利要求 1~6 与权利要求 7 之间的特定技术特征，因此，就目前的证据而言，不能认为权利要求 7 的技术方案与权利要求 1~6 的技术方案之间不具备单一性，驳回决定中有关权利要求 1~6 与权利要求 7 不符合专利法第 31 条第 1 款规定的理由不再成立。

基于上述相同理由，驳回决定中有关权利要求 8 与权利要求 1~6 不符合专利法第 31 条第 1 款规定的理由不再成立。

基于上述理由，合议组作出下述决定。

三、决定

撤销国家知识产权局于 2006 年 11 月 10 日针对第 02809954.0 号发明专利申请作出的驳回决定，由国家知识产权局原审查部门以本复审决定所依据的申请文本为基础继续进行审查。

复审请求人对本决定不服的，可以根据专利法第 41 条第 2 款的规定，自收到本决定之日起三个月内向北京市第一中级人民法院起诉。

074

有机废弃物资源重组构成生物圈循环产出的方法

复审请求审查决定（第13565号）

决　　定　　号　第13565号
决　　定　　日　2008年5月30日
发明创造名称　有机废弃物资源重组构成生物圈循环产出的方法
国 际 分 类 号　C05F 9/00，C05F 9/04，A23K 1/00
复 审 请 求 人　刘志星
申　　请　　号　200410039554.9
申　　请　　日　2004年2月9日
公　　开　　日　2004年12月29日
合 议 组 组 长　张家祥
主　　审　　员　李亚林
参　　审　　员　任晓兰

法 律 依 据　专利法第26条第3款
决 定 要 点

所属技术领域的技术人员能够实现，是指所属技术领域的技术人员按照说明书记载的内容，就能够实现该发明的技术方案，解决其技术问题，并且产生预期的技术效果。

当说明书中对于某些技术手段仅有概括性说明而未给出具体实现方式时，如果本领域技术人员根据本领域的普通技术知识，不需过度劳动即可实现这些技术手段从而解决所述技术问题并且产生预期的技术效果，则未给出具体实现方式不足以导致上述技术手段不能实现。

一、案由

本复审请求案涉及发明名称为“有机废弃物资源重组构成生物圈循环产出的方法”的第200410039554.9号发明专利申请（下称本申请），申请人为刘志星，申请日为2004年2月9日，公开日为2004年12月29日。

2005年9月9日，针对申请人于2004年2月20日提交的权利要求第1~9项、2004年2月9日提交的说明书第1~5页及其摘要，国家知识产权局以不符合专利法第26条第3款的规定为由驳回了本申请。驳回决定针对的权利要求1如下：

“1. 一种有机废弃物资源重组构成生物圈循环产出的方法，其特征是：由7个循环产出环节构成生物圈，环节1、有机废弃物资源重组产出培养体，环节2、培养体产出动物蛋白鲜体和有机肥基础料，环节3、有机肥基础料产出生物炭复合有机肥，环节4、生物炭复合有机肥产出有机牧草，环节

5、动物蛋白鲜体产出动物蛋白粉和动物蛋白鲜浆，环节6、动物蛋白和牧草产出无粮饲料，环节7、无粮饲料饲养牲畜产出有机废弃物。”

驳回决定指出：说明书未清楚、完整地公开构成生产圈循环产出方法的每个环节的技术手段，具体理由为：（1）关于产出环节1：说明书中记载了“将各类有机废弃物按其碳、氮量进行碳氮比重组，重组为10∶1~25∶1”，但没有清楚说明有机废弃物的具体种类、如何分离不同材质不同碳氮比的各类有机废弃物、以何种比例或方法进行配比；说明书中记载了“用含有益菌群的水体浸泡有机废弃物”，但在说明书中并未具体说明所含有益菌的种类和各自的含量；申请人在意见陈述中提到有益菌是一种市售微生物活菌制剂EM菌，但是，有益菌群是指在某方面有有益作用的微生物，是一个概括性的上位概念，而EM菌是一种具体的市售产品，本领域技术人员根据说明书的记载无法得知有益菌群是指EM菌。（2）关于产出环节2：说明书未对无菌车间、水培车间、和固培车间的设备以及培养体在其中发生的反应（反应条件、反应过程）作任何说明，也未说明蝇蛆、水蚯蚓和蚯蚓的种源，由于环节1中已经对有机废弃物进行了高温灭菌、烘干、粉碎等处理，因此经环节1处理后的有机废弃物并不能产生鲜活无菌蝇蛆体、鲜活水蚯蚓成蚓、鲜活蚯蚓成蚓和有机肥基础料。（3）由于通过产出环节2无法得到所述的动物蛋白鲜体和有机肥基础料，因而产出环节3~7无法进行。

申请人刘志星（下称请求人）对上述驳回决定不服，于2005年11月22日向专利复审委员会提出复审请求，同时提供了以下附件。请求人认为，本领域技术人员根据说明书记载的技术内容并结合本领域的现有技术即可实现该发明。

附件A-1：《蚯蚓养殖技术》，封面以及第86~88页，复印件，共2页；

附件A-2：《蚯蚓高效养殖技术——特种养殖点金术》，亢霞生等编著，广西科学技术出版社，封面、第59~61、63和65页，复印件，共3页；

附件A-3：《农村沼气实用技术》，董金锁、薛开吉主编，河北科学技术出版社，封面、第33~34、53~55页，复印件，共3页；

附件A-4：标题为“食用菌培养料碳氮比的速算方法”的网页打印件，共1页；

附件B-1：《生态农业的希望——EM》，王伟编，化学工业出版社，封面及相关页，复印件，共2页；

附件B-2：据称来自http：//www. ntagri. gov. cn的标题为“特种水产走进EM时代 快速提高养殖效益”的网页打印件，共2页；

附件B-3：据称来自http：//zgny. com. cn的标题为“产品名称：EM有益菌”的网页打印件，共1页；

附件B-4：据称来自http：//zjchunlin. com的“公司简介”的网页打印件，共1页；

附件C-1：《蝇蛆高效养殖术——特种养殖点金术》，亢霞生等编著，广西科学技术出版社，封面、第38~40页，复印件，共2页；

附件C-2：《蚯蚓 人工养殖技术》，原国辉、郑红军编著，河南科学技术出版社，封面和第75页，复印件，共1页；

附件C-3：《蚯蚓高效养殖技术——特种养殖点金术》，亢霞生等编著，广西科学技术出版社，封面以及第42~44页，复印件，共2页；

附件C-4：据称来自www. dainan. cn的信息主题为“红虫、赤虫、血虫、河虫、丰年虫、线虫、水蚯蚓、海蚯蚓、沙蚕”的网页打印件以及来自“中国农业网”的有关“红虫、赤虫、血虫、河虫、丰年虫、线虫、卤虫、水蚯蚓”的网页打印件，共2页。

经形式审查合格后，专利复审委员会受理了该请求，并于2006年1月5日向请求人发出了《复审请求受理通知书》，同时将本申请转送至国家知识产权局原审查部门进行前置审查。

在《前置审查意见书》中，国家知识产权局原审查部门认为说明书未清楚、完整地公开构成生物圈循环产出方法的每个环节的技术手段，虽然申请人在意见陈述中提到各个环节中涉及的某些技术手段属于公知常识，但在原申请文件中对这些内容并未作出明确说明，因此坚持驳回决定。

专利复审委员会组成合议组，对本复审请求案进行了审理。

经合议，合议组认为本案事实清楚，可以作出审查决定。

二、决定的理由

1. 关于审查文本

本复审请求审查决定针对的文本是：请求人于2004年2月20日提交的权利要求第1~9项、2004年2月9日提交的说明书第1~5页及其摘要。

2. 关于专利法第26条第3款

专利法第26条第3款规定：说明书应当对发明或者实用新型作出清楚、完整的说明，以所属技术领域的技术人员能够实现为准。

所属技术领域的技术人员能够实现，是指所属技术领域的技术人员按照说明书记载的内容，就能够实现该发明的技术方案，解决其技术问题，并且产生预期的技术效果。

当说明书中对于某些技术手段仅有概括性说明而未给出具体实现方式时，如果本领域技术人员根据本领域的普通技术知识，不需过度劳动即可实现这些技术手段从而解决所述技术问题并且产生预期的技术效果，则未给出具体实现方式不足以导致上述技术手段不能实现。

本申请要求保护一种有机废弃物资源重组构成生物圈循环产出的方法，由7个循环产出环节构成生物圈，环节1、有机废弃物资源重组产出培养体，环节2、培养体产出动物蛋白鲜体和有机肥基础料，环节3、有机肥基础料产出生物炭复合有机肥，环节4、生物炭复合有机肥产出有机牧草，环节5、动物蛋白鲜体产出动物蛋白粉和动物蛋白鲜浆，环节6、动物蛋白和牧草产出无粮饲料，环节7、无粮饲料饲养牲畜产出有机废弃物。

本申请说明书第1页倒数第6行至第3页对上述7个产出环节分别进行了描述。实施例二记载了实现循环产出的较为具体的技术方案，其包括：（1）将材质不同的有机废弃物经碳氮比重组得到碳氮比为10：1~25：1的有机废弃物，该有机废弃物经有益菌降解熟化、烘干灭菌、粉碎得到培养体；（2）在基本无菌室内使用该培养体培养出A类动物蛋白鲜体；分离出剩余的培养体，在水培车间培养B类动物蛋白鲜体；分离出剩余的培养体，在固培车间培养C类动物蛋白鲜体，并剩余了有机肥基础料；（3）有机肥基础料与生物炭以及有益菌相混合构成生物炭复合有机肥；（4）将该生物炭复合有机肥用于生产有机牧草；（5）动物蛋白鲜体经烘干或粉碎制成动物蛋白粉或动物蛋白浆；（6）混合动物蛋白和有机牧草以及有益菌等制成无粮饲料；（7）用无粮饲料饲养畜禽产出动物食品和作为有机废弃物的粪便。另外，说明书第2页第15~17行对A、B和C类动物蛋白鲜体进行了定义：“A类动物蛋白鲜体即：鲜活无菌蝇蛆体。B类动物蛋白鲜体即：鲜活水蚯蚓成蚓。C类动物蛋白鲜体即：鲜活蚯蚓成蚓”。

基于以上内容，本申请要求保护的技术方案的实质在于：将有机废弃物配制成培养体，使用该培养体相继培养出鲜活无菌蝇蛆体、鲜活水蚯蚓成蚓和鲜活蚯蚓成蚓并残留有机肥基础料，使用该有机肥生产牧草，之后将上述动物蛋白和有机牧草制成饲料喂养禽畜，由此获得动物食品和有机废弃物，有机废弃物进一步循环使用。

驳回决定认为，说明书中没有清楚说明：（1）有机废弃物的种类及如何对各类有机废弃物进行重组；（2）“用含有益菌群的水体浸泡有机废弃物”时有益菌的种类和含量；（3）蝇蛆、水蚯蚓、蚯蚓的种源；（4）培养动物蛋白鲜体的方法。因此，本领域技术人员无法实现该发明。

为此，合议组查明，在说明书中确实没有具体说明上述（1）、（2）、（3）和（4）的内容，因此，判断本申请是否符合专利法第26条第3款规定的焦点在于，说明书中没有具体说明上述（1）至（4）的内容的情况下，本领域技术人员能否实现该发明。

对此，合议组认为：（1）虽然说明书中仅提到“将材质不同的有机废弃物，按碳、氮量不同进行碳、氮比重组”，没有说明有机废弃物的具体种类和进行碳氮比重组的方法，但是，本领域技术人员根据说明书记载的内容（如第3页倒数第2段）和本领域的常识可知，有机废弃物是指人和牲畜粪便、生活垃圾等，这些废弃物能够作为蝇蛆、蚯蚓等的培养饲料，而这种饲料根据其营养成分分为富碳饲料和富氮饲料，每种饲料的碳素、氮素含量范围是已知的（例如参见请求人提供的附件A-1，其公开日为1998年11月），本领域技术人员在此基础上根据废弃物的不同进行配制，能够获得所需碳氮比的有机废弃物。（2）虽然说明书没有对所用的有益菌群进行定义，未对其含量进行说明，但是，说明书已经说明有益菌群可以是光合菌、乳酸菌、酵母菌和放线菌等，目的在于降解熟化有机废弃物，而且，这种有益菌群及其性能在本领域中也是公知的（例如参见附件B-1，其公开日为2001年1月），本领域技术人员在说明书教导的基础上能够选择适当的有益菌群从而实现所述目的。（3）尽管说明书中没有公开蝇蛆、水蚯蚓和蚯蚓的种源，但是，结合说明书的内容即可看出，其理应是外源性加入而非培养体自身所含有的种源，因为培养体在使用前已经过烘干灭菌，烘干灭菌的条件足以杀灭动物幼虫，而且，本申请的方法采用分步骤的方式相继培养蝇蛆、水蚯蚓和蚯蚓，这也表明需要分步向培养体中加入蝇蛆、水蚯蚓和蚯蚓幼虫进行培养。由于培养蝇蛆、水蚯蚓和蚯蚓的目的在于提供动物蛋白，而不同种源的蝇蛆、水蚯蚓和蚯蚓皆可提供动物蛋白，因而，不对蝇蛆、水蚯蚓和蚯蚓的种源进行说明并不会影响所述技术方案的实施。（d）虽然说明书中没有公开培养鲜活无菌蝇蛆体的方法以及所用“无菌车间”的设备、培养鲜活水蚯蚓成蚓的方法以及所用“水培车间”的设备、培养鲜活蚯蚓成蚓的方法以及所用“固培车间”的设备，但合议组注意到，“无菌车间”、“水培车间”和“固培车间”分别出现在培养无菌蝇蛆体、水蚯蚓和蚯蚓的过程中，而培养蝇蛆体、水蚯蚓或蚯蚓的技术在本领域中是公知的（例如参见附件C-1（其公开日为2001年8月）和附件A-1），本领域技术人员在说明书所记载内容的基础上结合本领域的公知技术能够选择适当的培养设备和培养条件，从而实现所述的“培养”，因此，未具体公开培养设备和培养方法不会致使本领域技术人员无法实现蝇蛆体、水蚯蚓或蚯蚓的培养。

由此可见，即使说明书中对某些具体工艺没有进行说明，本领域技术人员结合本领域的普通技术知识也能够实现本申请的技术方案，解决其技术问题，并且产生预期的技术效果。

因此，合议组认为，本申请的说明书已经对所要求保护的技术方案作出了清楚、完整的说明，符合专利法第26条第3款的规定。

根据上述事实和理由，合议组作出如下审查决定。

三、决定

撤销国家知识产权局于2005年9月9日针对第200410039554.9号发明专利申请作出的驳回决定，由国家知识产权局原审查部门以请求人于2004年2月20日提交的权利要求第1~9项、2004年2月9日提交的说明书第1~5页及其摘要为基础继续审批程序。

复审请求人对本决定不服的，可以根据专利法第41条第2款的规定，自收到本决定之日起三个月内向北京市第一中级人民法院起诉。

075

用每周给药一次或两次的利福拉齐治疗细菌感染的方法

复审请求审查决定（第13566号）

决　定　号　第13566号
决　定　日　2008年5月30日
发明创造名称　用每周给药一次或两次的利福拉齐治疗细菌感染的方法
国 际 分 类 号　A01N 43/40，A61K 31/44
复 审 请 求 人　钟渊化学工业株式会社
申　请　号　99815782.1
申　请　日　1999年12月16日
优 先 权 日　1998年12月18日
公　开　日　2002年2月6日
合 议 组 组 长　李金光
主　审　员　刘　妍
参　审　员　王　冬

法 律 依 据　专利法第33条
决 定 要 点

如果申请的内容通过改变其中的一部分，致使所属技术领域的技术人员看到的内容与原说明书和权利要求书记载的内容不同，并且无法从原申请记载的内容中直接地、毫无疑义地确定，那么，这种修改就是不允许的。

一、案由

本复审请求涉及申请日为1999年12月16日、公开日为2002年2月6日、优先权日为1998年12月18日，名称为“用每周给药一次或两次的利福拉齐治疗细菌感染的方法”的第99815782.1号发明专利申请（下称本申请），申请人为钟渊化学工业株式会社，本申请进入中国国家阶段日为2001年7月23日。

国家知识产权局于2005年2月4日以本申请权利要求1~7不符合专利法第22条第2款的规定为由驳回了本申请。驳回决定指出：（1）权利要求1要求保护“利福拉齐在制备用于治疗细菌感染的口服药物中的用途。对比文件1（US5786349A，公开日为1998年7月28日），对比文件2［Klemens et al，“Activity of KRM－1648 in combination with isoniazid aganist mycobacterium tuberculosis in murine model”，Antimicrobial. Agents and Chemotherapy.（1996），40（2），298~301］，对比文件3（Bermudez et al，“Activity of KRM－1648 alone or in combination with ethambutol or clarithromycin against mycobacterium avium in beige mousemodel of disseminated infection", Antimicribial Agents and Chemotherapy.（1994），38（8），1844-1848.）均公开了利福拉齐在制备用于治疗细菌感染的口服药物中的用途。虽然权利要求1还具体限定了利福拉齐的给药剂量和频率，但是权利要求1要求保护的技术方案属于制药用途权利要求，而给药剂量和给药频率体现的是医生的治病行为，不能构成制药用途的区别技术特征。因此，权利要求1相对于对比文件1、2或3不具备新颖性。（2）权利要求2、3的附加技术特征中限定的给药剂量和频率也不能构成制药用途的区别技术特征，因此也不具备新颖性。（3）权利要求4、5、6、7的附加技术特征在对比文件1、2、3中均已公开，因此，权利要求4~7的技术方案也不具备专利法第22条第2款规定的新颖性。

驳回决定所针对的权利要求1~7为：

"1. 剂量为1~100mg的利福拉齐在制备用于治疗细菌感染的口服药物中的用途，其中所述药物每周给药一次或两次。

2. 权利要求1的用途，其中所述药物每周给药一次或两次并且所含利福拉齐的剂量为5~50mg。

3. 权利要求2的用途，其中所述药物每周给药一次或两次并且所含利福拉齐的剂量为10~25mg。

4. 权利要求1的用途，其中细菌感染是由结核分枝杆菌、鸟分枝杆菌复合体、肺炎衣原体或幽门螺杆菌引起的感染。

5. 权利要求4的用途，其中结核分枝杆菌感染是结核。

6. 权利要求4的用途，其中感染是由肺炎衣原体引起的。

7. 权利要求4的用途，其中感染是由鸟分枝杆菌复合体引起的。"

钟渊化学工业株式会社（下称请求人）对上述驳回决定不服，于2005年5月19日向专利复审委员会提出复审请求，同时用修改后的权利要求1~14项替换驳回决定所针对的权利要求1~7。修改后的权利要求书如下：

"1. 剂量为1~100mg的利福拉齐在制备用于治疗细菌感染的口服药物中的用途，其中所述药物每周给药一次或两次。

2. 权利要求1的用途，其中所述药物每周给药一次或两次并且所含利福拉齐的剂量为5~50mg。

3. 权利要求2的用途，其中所述药物每周给药一次或两次并且所含利福拉齐的剂量为10~25mg。

4. 权利要求1的用途，其中细菌感染是由结核分枝杆菌、鸟分枝杆菌复合体、肺炎衣原体或幽门螺杆菌引起的感染。

5. 权利要求4的用途，其中结核分枝杆菌感染是结核。

6. 权利要求4的用途，其中感染是由肺炎衣原体引起的。

7. 权利要求4的用途，其中感染是由鸟分枝杆菌复合体引起的。

8. 一种用于治疗细菌感染的口服药剂盒，其中包括（1）药物组合物，所述药物组合物中含有1~100mg作为活性物质的利福拉齐和药用赋形剂以及（2）指示每周给予一次或两次所述组合物的说明书。

9. 权利要求8的药剂盒，其中所述利福拉齐的含量为5~50mg。

10. 权利要求9的药剂盒，其中所述利福拉齐的含量为10~25mg。

11. 权利要求8的用途，其中细菌感染是由结核分枝杆菌、鸟分枝杆菌复合体、肺炎衣原体或幽门螺杆菌引起的感染。

12. 权利要求11的用途，其中结核分枝杆菌感染是结核。

13. 权利要求11的用途，其中感染是由肺炎衣原体引起的。

14. 权利要求11的用途，其中感染是由鸟分枝杆菌复合体引起的。"

请求人认为：（1）给药剂量不仅涉及到临床中药物的给予和服用，而且直接影响到药物生产。

(2) 本发明的技术方案与对比文件1和2相比，无论从技术方案的解决手段、还是其相应的技术效果来看都是不同的，并且明显具有实质性进步。(3) 剂量和给药方式的选择并不仅仅是医生的个人行为，它直接涉及到药物的实际工业生产中许多重要的环节，如所生产的单位剂型的剂量，生产中的投料量，药品说明书的撰写。(4) 原来每日给予利福拉齐的方法会引起严重的副作用，但是本发明提供的间断给药方法（每周给药一次或两次）达到了与每天给药同样的效力，同时避免了所引起的严重毒副作用，大大改进了利福拉齐的原医药用途效果。如果所述的剂量限定确实为现有的医药用途带来了有益效果，为现有技术作出了实质性贡献，同时对已被确认的工业上的实用性产生了有益影响，则该技术方案就是对所述用途有限定作用的，应该有资格获得专利权。

形式审查合格后，专利复审委员会受理了该复审请求，并于2005年6月23日向请求人发出《复审请求受理通知书》，随后将本申请案卷移交原审查部门进行前置审查。

原审查部门对本复审请求进行了前置审查，前置审查意见认为：(1) 请求人对权利要求1~7未作修改，未克服驳回决定指出的权利要求1~7不具备专利法第22条第2款规定的新颖性的缺陷；新增的权利要求8~14并非针对消除驳回决定通知书中指出的缺陷而修改的，不符合专利法实施细则第60条第1款的规定。因此坚持原驳回决定。

专利复审委员会组成合议组，对本案的复审请求进行了审理，并于2007年4月20日向请求人发出《复审通知书》。《复审通知书》指出：

(1) 新增的权利要求8~10请求保护的技术方案的主题为“一种用于治疗细菌感染的口服药剂盒”，而驳回决定并未涉及任何关于“药剂盒”的内容；权利要求11~14直接或间接引用“权利要求8的用途”，但是权利要求8请求保护的主题为“药剂盒”，其中未涉及“用途”表述，一方面新增的权利要求11~14的技术方案是不清楚的，另一方面该修改同样也非针对消除驳回决定中指出的缺陷。因此，请求人在提出复审请求时提交的修改文本不符合专利法实施细则第60条第1款的规定。

(2) 对比文件1公开了采用式Ⅰ的利福霉素治疗因衣原体感染引起的疾病的方法，其中式Ⅰ的利福霉素的给药剂量为成人每日10mg~10g，优选20mg~5g；公开了具体的式Ⅰ化合物4，即利福拉齐，还公开了含有100mg的利福拉齐片剂，并测试了利福拉齐对肺炎衣原体的杀菌活性，结果表明利福拉齐在很低的浓度下即可抑制肺炎衣原体的生长，可见对比文件1公开了利福拉齐在制备用于治疗细菌感染的口服药物中的用途；对比文件2公开了KRM-1648（即利福拉齐）单独、与异烟肼联合用于治疗鼠中结核分枝杆菌的活性，披露了KRM-1648可用于治疗结核，在感染研究中采用了每周5天20mg/kg体重的KRM-1648的剂量，可见对比文件2公开了利福拉齐在制备用于治疗细菌感染的口服药物中的用途；对比文件3公开了KRM-1648单独或与乙胺丁醇或克兰红霉素联合应用对治疗鼠的鸟分枝杆菌复合体感染具有显著的活性，KRM-1648的给药剂量为每天10、20、40mg/kg体重。可见对比文件3也公开了利福拉齐在制备用于治疗细菌感染的口服药物中的用途。本申请权利要求1的技术方案与对比文件1、2或3的不同之处仅在于，其进一步限定了利福拉齐的给药剂量和频率，而给药剂量和给药频率体现的是医生的治疗行为，不是制备药物过程中体现的特征，不能构成制药用途本身的区别技术特征。因此权利要求1不具备专利法第22条第2款规定的新颖性。

(3) 权利要求2、3进一步限定了给药剂量和频率，它们同样不能构成制药用途的区别技术特征，所以权利要求2、3也不具备新颖性。权利要求4~7的附加技术特征均分别在对比文件1、2、3中公开，因此权利要求4~7的技术方案分别相应于对比文件1、2、3也不具备专利法第22条第2款规定的新颖性。

(4) 请求人在复审请求中认为本发明提供的剂量和给药方法改进了利福拉齐的原医药用途的效果，减少了毒副作用，对现有技术作出了贡献。合议组认为：本发明与现有技术的区别仅仅在于用药剂量和次数。在临床实践中，如果现有技术的单位剂量的药物含量没有达到用药剂量，那么医生可以给病人一次服用多个单位剂量的药物；如果药物的含量大于治疗剂量，则可以减量服用。同样地，医生可以根据需要通过增加或者减少给药次数来达到治疗目的。因此，给药剂量和次数仅是体现在用药过程中的特征，不能使制药用途权利要求与现有技术相区别。请求人陈述的理由不成立。

针对复审通知书指出的问题，请求人于2007年6月5日提交了意见陈述书及经修改的权利要求书替换页，删除了前次权利要求书中的权利要求1~7，对前次权利要求书中的权利要求8~14重新编号为权利要求1~7，并适应性修改了从属权利要求的引用关系，且将修改后的权利要求4~7的主题限定为“试剂盒”。请求人认为：本申请说明书相关部分记载了含有利福拉齐的胶囊和含有安慰剂的胶囊被适当的包装和标记，本领域技术人员根据一般技术常识和本发明公开内容完全可以推导和制备出用于治疗细菌感染的口服药剂盒。修改后的权利要求所要求保护的内容仅仅限定成了药剂盒，从而明确了本发明与现有技术产品的区别，符合了新颖性的要求。

2007年8月14日，请求人再次提交权利要求书全文替换页，共7项，其中将其于2007年6月5日提交的权利要求4~7中的“试剂盒”改为“药剂盒”，其他权利要求未作修改，此次提交的权利要求1~7项为：

“1. 一种用于治疗细菌感染的口服药剂盒，其中包括（1）药物组合物，所述药物组合物中含有1~100mg作为活性物质的利福拉齐和药用赋形剂以及（2）指示每周给予一次或两次所述组合物的说明书。

2. 权利要求1的药剂盒，其中所述利福拉齐的含量为5~50mg。

3. 权利要求2的药剂盒，其中所述利福拉齐的含量为10~25mg。

4. 权利要求1的药剂盒，其中细菌感染是由结核分枝杆菌、鸟分枝杆菌复合体、肺炎衣原体或幽门螺杆菌引起的感染。

5. 权利要求4的药剂盒，其中结核分枝杆菌感染是结核。

6. 权利要求4的药剂盒，其中感染是由肺炎衣原体引起的。

7. 权利要求4的药剂盒，其中感染是由鸟分枝杆菌复合体引起的。”

专利复审委员会于2007年12月29日再次向请求人发出《复审通知书》。该《复审通知书》指出：请求人于2007年8月14日提交的权利要求书的权利要求1要求保护的技术方案主题为“一种用于治疗细菌感染的口服药剂盒”，其中记载有“（2）指示每周给予一次或两次所述组合物的说明书”，但是本申请原说明书和权利要求书中并未记载任何关于“药剂盒”和“说明书”的内容，所属技术领域的技术人员也无法从原说明书和权利要求书记载的内容中直接地、毫无疑义地确定上述修改，因此，这种修改是不允许的，不符合专利法第33条的规定。对于请求人所陈述的关于“药剂盒”的意见，合议组认为：首先，“胶囊”和“药剂盒”在本领域中代表不同的含义，二者范围不同，本领域技术人员并不能由原说明书中所记载的“胶囊”被包装和标记直接地、毫无疑义地确定出修改后的权利要求1中所述的“药剂盒”；其次，本申请说明书中并未记载任何关于“指示每周给予一次或两次所述组合物的说明书”的技术内容，本领域技术人员同样无法从原说明书中直接地、毫无疑义地确定上述修改。因此，上述修改超出了原说明书和权利要求书记载的范围，不符合专利法第33条的规定。同理，权利要求2~7也不符合专利法第33条的规定。请求人的主张不能成立。

2008年2月13日，请求人再次提交权利要求书全文替换页（共7项），其中将权利要求1请求保护的主题修改为“一种用于治疗细菌感染的口服药品”，将权利要求2~7要求保护的主题修改为“药品”，其余内容未作修改。此次提交的权利要求1为：

“1. 一种用于治疗细菌感染的口服药品，其中包括（1）药物组合物，所述药物组合物中含有

1~100mg作为活性物质的利福拉齐和药用赋形剂以及（2）所述药品标识有指示每周给予一次或两次所述组合物的给药方案。”

请求人认为：将所述“药剂盒”改成了“药品”可以得到例如说明书第40页第1段和第2段的支持；将权利要求1中的第二点改成了“所述药品标识有……给药方案”，所述内容可以得到说明书第2页第2段后3行的支持。因此，目前的权利要求1~7是可以从本发明说明书和现有技术中直接推导出来的。

至此，合议组认为本案事实清楚，可以作出审查决定。

二、决定的理由

1. 决定所依据的文本

本复审决定所针对的文本是请求人于本申请进入中国国家阶段时提交的国际申请中文文本的说明书第1~19、21~35、38~41页，说明书附图第1~10页及说明书摘要；于2001年10月25日提交的说明书第20、36、36a、37页；于2008年2月13日提交的权利要求1~7。

2. 关于专利法第33条

专利法第33条规定，申请人可以对其专利申请文件进行修改，但是，对发明和实用新型专利申请文件的修改不得超出原说明书和权利要求书记载的范围。

如果申请的内容通过增加、改变和/或删除其中的一部分，致使所属技术领域的技术人员看到的内容与原说明书和权利要求书记载的内容不同，并且无法从原申请记载的内容中直接地、毫无疑义地确定，那么，这种修改就是不允许的。

请求人于2008年2月13日提交的修改后的权利要求1要求保护的技术方案为“一种用于治疗细菌感染的口服药品，其中包括（1）药物组合物，所述药物组合物中含有1~100mg作为活性物质的利福拉齐和药用赋形剂以及（2）所述药品标识有指示每周给予一次或两次所述组合物的给药方案”。但是本申请原说明书和权利要求书中并没有任何关于包含“药物组合物”和“标识有指示每周给予一次或两次所述组合物的给药方案”的“口服药品”的记载，所属技术领域的技术人员也无法从原说明书和权利要求书记载的内容中直接地、毫无疑义地确定权利要求1所要求保护的“口服药品”，因此，这种修改是不允许的，不符合专利法第33条的规定。同理，权利要求2~7也不符合专利法第33条的规定。

请求人认为，将所述“药剂盒”改成了“药品”可以得到例如说明书第40页第1段和第2段的支持；将权利要求1中的（2）改成了“所述药品标识有……给药方案”可以得到说明书第2页第2段后3行的支持，因此权利要求1~7是可以从本发明说明书和现有技术中直接推导出来。

对此，合议组认为：本申请说明书第40页第1段和第2段仅仅记载了利福拉齐的通常制剂形式以及用于临床研究中的胶囊的剂量；说明书第2页第2段后3行仅仅记载了由于利福拉齐每日给药有副作用被终止使用，而每周一次或两次的给药方案具有与每日给药相同的功效，可消除或显著减少了副反应。但这些内容根本就不能确定其记载的是权利要求1所要求保护的“口服药品”，同时权利要求1请求保护的包含药物组合物和标识给药方案的“口服药品”在原说明书的其他部分和权利要求书中也并未记载过，本领域技术人员根据原说明书和权利要求书的记载也无法直接地、毫无疑义地确定权利要求1所要求保护的“口服药品”的技术方案。因此，上述修改超出了原说明书和权利要求书记载的范围，不符合专利法第33条的规定。请求人的主张不能成立。

根据以上事实和理由，本案合议组作出如下审查决定。

三、决定

维持国家知识产权局于2005年2月4日对99815782.1号发明专利申请作出的驳回决定。

复审请求人对本决定不服的，可以根据专利法第41条第2款的规定，自收到本决定之日起三个月内向北京市第一中级人民法院起诉。

076

人工关节用超高分子量聚乙烯成形物及其制造方法

复审请求审查决定（第13579号）

决　定　号　第13579号
决　定　日　2008年5月7日
发明创造名称　人工关节用超高分子量聚乙烯成形物及其制造方法
国 际 分 类 号　C08F110/02，C08F8/00，A61F2/30，A61L27/16
复 审 请 求 人　BMG株式会社
申　请　号　03152498.2
申　请　日　1995年9月18日
优 先 权 日　1994年9月21日
分 案 提 交 日　2003年7月31日
公　开　日　2004年3月3日
合 议 组 组 长　汪送来
主　审　员　任晓兰
参　审　员　娄　宁

法 律 依 据　专利法第26条第4款、第33条，专利法实施细则第60条第1款
决 定 要 点

请求人删除了驳回决定及复审通知书所针对的权利要求，所述修改已经克服了驳回决定和复审通知书所指出的缺陷。

一、案由

本复审请求涉及名称为"人工关节用超高分子量聚乙烯成形物及其制造方法"的第03152498.2号发明专利分案申请（下称本申请）（原案申请号为95190923.1），申请人为BMG株式会社，申请日为1995年9月18日，优先权日为1994年9月21日，分案提交日为2003年7月31日，公开日为2004年3月3日。

2005年9月9日，针对申请人于2005年7月26日提交的权利要求第1～33项、2003年7月31日提交的说明书第1～12页及说明书摘要（下称驳回文本），国家知识产权局以权利要求6、21和23得不到说明书的支持，不符合专利法第26条第4款的规定为由驳回了本申请。驳回决定认为：

（1）权利要求6中的技术特征"进行变形压力处理，然后冷却制成"与说明书中公开的内容"加热至可能发生压缩变形的温度以使其压缩变形，然后在保持其变形状态的条件下冷却"不一致，本领域技术人员无法预见只采用"变形压力处理"而不进行"压缩变形"，或者"在解除变形条件

下”冷却也能达到本发明的目的，因此，权利要求6得不到说明书的支持，不符合专利法第26条第4款的规定；

（2）权利要求21和23的方法中仅包括“辐射”和“加热”两个步骤，而说明书中公开的却是用四个步骤，即，“以剂量0.01~5MR的（-射线辐射交联，加热至可发生变形的温度，加压使其压缩变形，在保持变形状态下冷却”，来制备人工关节用的超高分子量聚乙烯制品，本领域技术人员无法预见仅用两个步骤也能达到本发明的目的，因此，权利要求21和23得不到说明书的支持，不符合专利法第26条第4款的规定。

（3）除了以上驳回理由之外，驳回决定中还顺便指出：①权利要求1和6不符合专利法实施细则第22条第3款的规定；②权利要求17和18不符合专利法实施细则第20条第1款的规定；③权利要求21和23不符合专利法第33条的规定；④权利要求31和32不符合专利法实施细则第20条第1款的规定。

驳回决定所针对的权利要求书如下：

“1. 超高分子量聚乙烯成形物，具有500万以上的分子量，且具有分子和结晶取向，是通过以剂量为0.01~5MR的γ射线辐射交联超高分子量聚乙烯块料，将该块料加热至可发生压缩变形的温度以使其压缩变形，然后在保持变形状态的条件下冷却该块料制成的。

2. 如权利要求1所述的超高分子量聚乙烯成形物，其中所述辐射水平为1~5MR。

3. 如权利要求1或2所述的超高分子量聚乙烯成形物，其中所说加热的温度为从交联超高分子量聚乙烯的熔点以下50℃至熔点以上80℃范围内的温度。

4. 如权利要求1或2所述的超高分子量聚乙烯成形物，其中所述块料在100~130℃进行等温处理1~20小时。

5. 如权利要求3所述的超高分子量聚乙烯成形物，其中所述块料在100~130℃进行等温处理1~20小时。

6. 超高分子量聚乙烯成形物，具有500万以上的分子量，且具有分子和结晶取向，是通过被1~5MR的剂量辐射交联、加热至可压缩变形温度、进行变形压力处理，然后冷却制成的。

7. 如权利要求6所述的超高分子量聚乙烯成形物，其中被剂量为1~5MR的射线辐射交联。

8. 如权利要求6或7所述的超高分子量聚乙烯成形物，其中所说加热的温度为从交联超高分子量聚乙烯的熔点以下50℃至熔点以上80℃范围内的温度。

9. 如权利要求6或7所述的超高分子量聚乙烯成形物，其中进行压力处理以使块料变形。

10. 如权利要求8所述的超高分子量聚乙烯成形物，其中进行压力处理以使块料变形。

11. 如权利要求6或7所述的超高分子量聚乙烯成形物，其中所述块料在100~130℃进行等温处理1~20小时。

12. 如权利要求10所述的超高分子量聚乙烯成形物，其中所述块料在100~130℃进行等温处理1~20小时。

13. 由权利要求1~12任一项所述超高分子量聚乙烯成形物构成的人工关节。

14. 具有结晶或分子取向的超高分子量聚乙烯成形物的制造方法，包括：

（a）用1~5MR剂量的高能射线辐射分子量为500万以上的超高分子量聚乙烯块料，使之交联，

（b）将该交联的块料加热到可以压缩变形的温度，

（c）对该加热的块料进行压力处理以使其压缩变形，和

（d）在保持变形状态的条件下冷却该块料。

15. 如权利要求14所述的制造方法，其中辐射为剂量为1~5MR的射线辐射。

16. 如权利要求 14 或 15 所述的制造方法，其中所说加热的温度为从交联超高分子量聚乙烯的熔点以下 50℃至熔点以上 80℃范围内的温度。

17. 如权利要求 14 或 15 所述的制造方法，其中进行压力处理以使块料变形。

18. 如权利要求 16 所述的制造方法，其中进行压力处理以使块料变形。

19. 如权利要求 14 或 15 所述的制造方法，其中所述块料在 100~130℃进行等温处理 1~20 小时。

20. 如权利要求 18 所述的制造方法，其中所述块料在 100~130℃进行等温处理 1~20 小时。

21. 制造人工关节用的用于后续工序的超高分子量聚乙烯中间制品的制造方法，包括：

（a）对含有超高分子量聚乙烯的原制品进行辐射，

（b）将所述制品加热到所述制品的熔点以下 50℃至熔点以上 80℃范围内的温度。

22. 如权利要求 21 所述的制造方法，其中所说温度为从制品熔点以下 50℃至熔点的温度。

23. 制造人工关节用的用于后续工序的超高分子量聚乙烯中间制品的制造方法，包括：

（a）对含有超高分子量聚乙烯的原制品进行辐射，

（b）将该制品在 100~300℃的温度加热至少 1 小时。

24. 如权利要求 23 所述的制造方法，其中所说加热步骤包括将制品加热 1~20 小时。

25. 如权利要求 23 或 24 所述的制造方法，其中所述制品在所说加热步骤后以恒速冷却。

26. 如权利要求 23 或 24 所述的制造方法，其中在所说加热步骤前还包括对辐射后的制品在变形温度下进行压力处理的步骤。

27. 如权利要求 25 所述的制造方法，其中所说加热步骤前还包括对辐射后的制品在变形温度下进行压力处理的步骤。

28. 如权利要求 27 所述的制造方法，其中所说变形温度为从制品熔点以下 50℃至熔点的温度。

29. 如权利要求 23 或 24 的制造方法，其中辐射为剂量为 1~5MR 的射线辐射。

30. 如权利要求 28 的制造方法，其中辐射为剂量为 1~5MR 的射线辐射。

31. 由权利要求 23~30 任一项所述方法制成的超高分子量聚乙烯制品。

32. 含有权利要求 31 所述制品的人工关节用具有分子取向或结晶取向的超高分子量聚乙烯制品。

33. 人工关节制造用超高分子量聚乙烯制品的制造方法，包括：

（a）对含有超高分子量聚乙烯的原制品进行 0.01~5MR 的辐射，

（b）将所述制品加热到所述制品的熔点以下 50℃至熔点以上 80℃范围内的温度，

（c）对该加热的制品施加变形压力，

（d）在保持变形压力下冷却所述制品。"

2005 年 12 月 26 日，申请人 BMG 株式会社（下称请求人）对上述驳回决定不服，向专利复审委员会提出复审请求。在复审请求书中，请求人针对驳回决定所涉及的权利要求 6、21 和 23 得不到说明书的支持的驳回理由进行了意见陈述，其中：

（1）针对权利要求 6，请求人认为：（a）"将成形物加热至可压缩变形的温度并进行变形压力处理"本身意味着，在这种情况下，变形压力处理就是使所述成形物发生压缩变形；（b）对于冷却来说，如果需要分子或结晶取向，则需要保持变形状态，如果不需要分子或结晶取向，则不需要保持这样的变形状态，而从原始权利要求 8 可知，本发明的超高分子量聚乙烯成形物并不一定需要分子或结晶取向，因此，保持变形状态在本发明中并不是必要的，为此，请求人删除了其中的措辞"具有且分子和结晶取向"，经过修改后，这一权利要求能得到说明书的支持，符合专利法第 26 条第 4 款的规定；

（2）针对权利要求 21 和 23，请求人认为：从说明书第 5 页最后一段可推知，通过加热交联的超高分子量聚乙烯成形物得到一种中间制品，这正是权利要求21要求保护的内容，因此，权利要求21能得到说明书的支持，同理，权利要求23也能得到说明书的支持，符合专利法第26第第4款的规定。

在提出复审请求时，申请人提交了新修改的权利要求书（以下将其与驳回决定所针对的说明书和说明书摘要一起称为复审文本），修改后的权利要求书如下：

“1. 超高分子量聚乙烯成形物，具有500万以上的分子量，是通过被1~5MR的剂量辐射交联，加热至可压缩变形温度、进行变形压力处理，然后冷却制成的。

2. 如权利要求1所述的超高分子量聚乙烯成形物，具有分子和结晶取向，是在保持变形状态的条件下冷却该块料制成的。

3. 如权利要求2所述的超高分子量聚乙烯成形物，其中所述辐射水平为1~5MR。

4. 如权利要求2或3所述的超高分子量聚乙烯成形物，其中所说加热的温度为从交联超高分子量聚乙烯的熔点以下50℃至熔点以上80℃范围内的温度。

5. 如权利要求2或3所述的超高分子量聚乙烯成形物，其中所述块料在100~130℃进行等温处理1~20小时。

6. 如权利要求4所述的超高分子量聚乙烯成形物，其中所述块料在100~130℃进行等温处理1~20小时。

7. 如权利要求1所述的超高分子量聚乙烯成形物，其中被剂量为1~5MR的射线辐射交联。

8. 如权利要求1或7所述的超高分子量聚乙烯成形物，其中所说加热的温度为从交联超高分子量聚乙烯的熔点以下50℃至熔点以上80℃范围内的温度。

9. 如权利要求1或7所述的超高分子量聚乙烯成形物，其中所述块料在100~130℃进行等温处理1~20小时。

10. 如权利要求8所述的超高分子量聚乙烯成形物，其中所述块料在100~130℃进行等温处理1~20小时。

11. 由权利要求1~10任一项所述超高分子量聚乙烯成形物构成的人工关节。

12. 具有结晶或分子取向的超高分子量聚乙烯成形物的制造方法，包括：

（a）用1~5MR剂量的高能射线辐射分子量为500万以上的超高分子量聚乙烯块料，使之交联，

（b）将该交联的块料加热到可以压缩变形的温度，

（c）对该加热的块料进行压力处理以使其压缩变形，和

（d）在保持变形状态的条件下冷却该块料。

13. 如权利要求12所述的制造方法，其中辐射为剂量为1~5MR的射线辐射。

14. 如权利要求12或13所述的制造方法，其中所说加热的温度为从交联超高分子量聚乙烯的熔点以下50℃至熔点以上80℃范围内的温度。

15. 如权利要求12或13所述的制造方法，其中所述块料在100~130℃进行等温处理1~20小时。

16. 如权利要求14所述的制造方法，其中所述块料在100~130℃进行等温处理1~20小时。

17. 制造人工关节用的用于后续工序的超高分子量聚乙烯中间制品的制造方法，包括：

（a）对含有超高分子量聚乙烯的原制品进行辐射，

（b）将所述制品加热到所述制品的熔点以下50℃至熔点以上80℃范围内的温度。

18. 如权利要求17所述的制造方法，其中所说温度为从制品熔点以下50℃至熔点的温度。

19. 如权利要求17所述的制造方法，是将该制品在100~130℃的温度加热。

20. 如权利要求19所述的制造方法，其中在所说加热步骤前还包括对辐射后的制品在变形温度

下进行压力处理的步骤。

21. 如权利要求20所述的制造方法，其中所说变形温度为从制品熔点以下50℃至熔点的温度。

22. 如权利要求17~21任一项的制造方法，其中辐射为剂量为1~5MR的γ射线辐射。

23. 由权利要求17~22任一项所述方法制成的制造人工关节用的用于后续工序的超高分子量聚乙烯中间制品。

24. 人工关节制造用超高分子量聚乙烯制品的制造方法，包括：

（a）对含有超高分子量聚乙烯的原制品进行0.01~5MR的辐射，

（b）将所述制品加热到所述制品的熔点以下50℃至熔点以上80℃范围内的温度，

（c）对该加热的制品施加变形压力，

（d）在保持变形压力下冷却所述制品。”

经形式审查合格后，专利复审委员会受理了该请求，并于2006年1月19日向请求人发出《复审请求受理通知书》，同时将本申请转至国家知识产权局原审查部门进行前置审查。国家知识产权局原审查部门在前置审查意见书中认为修改后的权利要求1仍然得不到说明书的支持，因此坚持驳回决定。

专利复审委员会组成合议组，对本复审请求案进行了审理，于2007年10月11日向请求人发出了《复审通知书》，指出：复审文本的权利要求1不符合专利法实施细则第60条1款的规定，驳回文本的权利要求6不符合专利法第26条第4款的规定、权利要求21和23不符合专利法第33条的规定，具体理由如下：

（1）请求人在提出复审请求时对驳回文本的权利要求6进行了修改，删除了“且具有分子和结晶取向”这一技术特征，并将其作为新的独立权利要求1。由于独立权利要求中技术特征的删除，使得修改后的权利要求1相对于驳回决定所针对的权利要求6而言，实际上扩大了保护范围，导致该权利要求中不仅包括了具有分子和结晶取向的成形物，也包括了不涉及取向的成形物，这样的修改显然不是用于消除驳回决定所指出的“该权利要求得不到说明书支持”的缺陷而进行的修改，因此，不符合专利法实施细则第60条第1款的规定，不能被接受。

（2）就驳回文本的权利要求6而言，使最终的UPMWPE成形物具有分子或结晶取向对于本申请所要解决的技术问题而言是必不可少的，要获得具有该特征的UPMWPE成形物，对经过低剂量辐射、加热压缩变形后的成形物在保持其变形状态下冷却固化是非常重要的，当权利要求6中未记载冷却过程中要保持成形物处于变形状态这一必要技术特征时，该权利要求实质上包括了由于在未保持变形状态下冷却固化而使分子或结晶取向得到减缓的成形物技术方案，该技术方案能否获得与说明书中所述在保持变形状态下冷却固化而获得的成形物相当的效果是难以预先确定和评价的。因此，权利要求6包括了请求人推测的、效果难以预先确定的技术方案，故而得不到说明书的支持，不符合专利法第26条第4款的规定。

（3）驳回文本的权利要求21和23是提交分案申请时出现的，在原始申请文件（母案）中没有记载，同时也不能从原始申请记载的信息中直接地、毫无疑义地确定，因此超出了原始申请记载的范围，不符合专利法第33条的规定。

针对以上《复审通知书》，请求人于2008年1月28日提交意见陈述书和修改的权利要求书。请求人撤回复审请求时所做的修改，在驳回文本的基础上，删除权利要求6~12及21~32，对保留的权利要求1~5、13~20和33进行顺序编号，修改相应的引用关系形成新的权利要求1~14。修改后的权利要求书如下：

“1. 超高分子量聚乙烯成形物，具有500万以上的分子量，且具有分子和结晶取向，是通过以剂量为 0.01～5MR 的（射线辐射交联超高分子量聚乙烯块料，将该块料加热至可发生压缩变形的温度以使其压缩变形，然后在保持变形状态的条件下冷却该块料制成的。

2. 如权利要求 1 所述的超高分子量聚乙烯成形物，其中所述辐射水平为 1～5MR。

3. 如权利要求 1 或 2 所述的超高分子量聚乙烯成形物，其中所说加热的温度为从交联超高分子量聚乙烯的熔点以下 50℃至熔点以上 80℃范围内的温度。

4. 如权利要求 1 或 2 所述的超高分子量聚乙烯成形物，其中所述块料在 100～130℃进行等温处理 1～20 小时。

5. 如权利要求 3 所述的超高分子量聚乙烯成形物，其中所述块料在 100～130℃进行等温处理 1～20 小时。

6. 由权利要求 1～5 任一项所述超高分子量聚乙烯成形物构成的人工关节。

7. 具有结晶或分子取向的超高分子量聚乙烯成形物的制造方法，包括：

（a）用 1～5MR 剂量的高能射线辐射分子量为 500 万以上的超高分子量聚乙烯块料，使之交联，

（b）将该交联的块料加热到可以压缩变形的温度，

（c）对该加热的块料进行压力处理以使其压缩变形，和

（d）在保持变形状态的条件下冷却该块料。

8. 如权利要求 7 所述的制造方法，其中辐射为剂量为 1～5MR 的射线辐射。

9. 如权利要求 7 或 8 所述的制造方法，其中所说加热的温度为从交联超高分子量聚乙烯的熔点以下 50℃至熔点以上 80℃范围内的温度。

10. 如权利要求 7 或 8 所述的制造方法，其中进行压力处理以使块料变形。

11. 如权利要求 9 所述的制造方法，其中进行压力处理以使块料变形。

12. 如权利要求 7 或 8 所述的制造方法，其中所述块料在 100～130℃进行等温处理 1～20 小时。

13. 如权利要求 11 所述的制造方法，其中所述块料在 100～130℃进行等温处理 1～20 小时。

14. 人工关节制造用超高分子量聚乙烯制品的制造方法，包括：

（a）对含有超高分子量聚乙烯的原制品进行 0.01～5MR 的辐射，

（b）将所述制品加热到所述制品的熔点以下 50℃至熔点以上 80℃范围内的温度，

（c）对该加热的制品施加变形压力，

（d）在保持变形压力下冷却所述制品。"

2008 年 3 月 27 日，专利复审委员会向请求人发出《合议组成员告知通知书》，请求人在通知书指定的期限内未对变更后的合议组成员提出回避请求。

至此，合议组认为本案事实已经清楚，可以作出复审决定。

二、决定的理由

1. 关于审查文本

合议组以请求人于 2008 年 1 月 28 日提交的权利要求书，2003 年 7 月 31 日提交的说明书第 1～12 页及说明书摘要为基础进行审查。

2. 关于专利法第 26 条第 4 款、专利法第 33 条及专利法实施细则第 60 条第 1 款

《驳回决定》指出，驳回文本的权利要求 6、21 和 23 不符合专利法第 26 条第 4 款的规定；《复审通知书》指出，驳回文本的权利要求 6 不符合专利法第 26 条第 4 款的规定，权利要求 21、23 不符合专利法第 33 条的规定，复审文本的权利要求 1 不符合专利法实施细则第 60 条第 1 款的规定。请求人在针对《复审通知书》的意见陈述中声明撤回复审文本，在驳回文本的基础上进行修改，其中，在请求人于 2008 年 1 月 28 日提交的修改文本中，删除了驳回文本的权利要求 6～12 和 21～32，因此，

这一修改已经克服了《驳回决定》及《复审通知书》指出的所有缺陷。

对于驳回决定在驳回理由之外顺便指出的其他缺陷①~④，由于请求人的上述修改，第①、③和④条缺陷（即，①权利要求1和6不符合专利法实施细则第22条第3款的规定；③权利要求21和23不符合专利法第33条的规定；④权利要求31和32不符合专利法实施细则第20条第1款的规定）所涉及的权利要求已经被删除，因此，相应的缺陷已经不复存在；至于第②条缺陷（即，权利要求17和18（对应于2008年1月28日所提交文本的权利要求10和11）不符合专利法实施细则第20条第1款的规定），由于在驳回之前的审查过程中从未听证过，因此，合议组在此不予评述。

基于上述事实和理由，合议组作出如下决定。

三、决定

撤销国家知识产权局于2005年9月9日对03152498.2号发明专利申请作出的驳回决定，由国家知识产权局原审查部门以请求人于2008年1月28日提交的权利要求书，2003年7月31日提交的说明书第1~12页及说明书摘要为基础继续审批程序。

复审请求人对本决定不服的，可根据专利法第41条第2款的规定，自收到本决定之日起三个月内向北京市第一中级人民法院起诉。

077

作物用增钾抗病活性剂

复审请求审查决定（第13585号）

决　定　号 第13585号
决　定　日 2008年5月28日
发明创造名称 作物用增钾抗病活性剂
国际分类号 A01N 37/44
复审请求人 王　纬
申　请　号 03131598.4
申　请　日 2003年5月27日
公　开　日 2004年2月25日
合议组组长 汪送来
主　审　员 危　峰
参　审　员 张家祥

法律依据 专利法第22条第2款、第3款
决定要点

如果发明相对于最接近的现有技术存在区别技术特征，并且现有技术中没有给出将该区别技术特征应用到该最接近现有技术以解决该发明实际解决的技术问题的启示，并且该发明能够产生有益的技术效果，则认为该发明具有创造性。

一、案由

本复审请求案涉及发明名称为“作物用增钾抗病活性剂”的第03131598.4号发明专利申请（下称本申请），申请人为王纬，申请日为2003年5月27日，公开日为2004年2月25日。

2007年2月9日，针对申请人于2006年3月23日提交的权利要求第8项，2003年5月27日提交的权利要求第1~7项、说明书第1~4页及其摘要，国家知识产权局以权利要求1不符合专利法第22条第2款和权利要求2~8不符合专利法第22条第3款的规定为由驳回了本申请。

驳回决定认为：（1）对比文件1（CN 1386724A，公开日为2002年12月25日）公开了一种化肥组合物，其中披露了以下技术特征：该组合物含有乙酰基水杨酸、氨基酸、维生素C和其他组分（见其说明书第1页第3段至第4页第6段，权利要求1~2）。由此可见，对比文件1所公开的技术方案揭露了权利要求1要求保护的技术方案的全部技术特征，而且两者所属技术领域相同，能够产生相同的技术效果。因此，权利要求1不具有新颖性。（2）对比文件1所公开的上述技术方案与权利要求2的区别在于其配比含量。由于该区别特征在所属技术领域中是常规的，而且从本申请文件的记载内

容中也看不出其产生了预料不到的技术效果，因此权利要求2不具有创造性。(3) 从属权利要求3~8的附加技术特征在本领域中是常规的，权利要求3~8也不具有创造性。

驳回决定针对的权利要求书如下：

“1. 一种作物用增钾抗病活性剂，是一种化学组合物，其特征在于：该组合物含有水杨酸或其盐、氨基酸和维生素。

2. 根据权利要求1所述的活性剂，其特征在于：该组合物各组分有以下重量份数：

水杨酸或其盐　　8~18份，

氨基酸　　10~25份，

维生素　　15~35份。

3. 根据权利要求2所述的活性剂，其特征在于：该组合物各组分有以下重量份数：

水杨酸或其盐　　10~15份，

氨基酸　　15~20份，

维生素　　20~30份。

4. 根据权利要求1或2或3所述的活性剂，其特征在于：所述的活性剂中含15%~25%的表面活性剂。

5. 根据权利要求4所述的活性剂，其特征在于：所述的表面活性剂为羧甲基纤维素。

6. 根据权利要求1或2或3所述的活性剂，其特征在于：所述的水杨酸或其盐为邻羟基苯甲酸或其盐或者邻乙酰基水杨酸或其盐或者对氨基、邻羟基苯甲酸或其盐。

7. 根据权利要求1或2或3所述的活性剂，其特征在于：所述的氨基酸可以是蛋氨酸或者半胱氨酸或者苏氨酸或者苯丙氨酸。

8. 根据权利要求1或2或3所述的活性剂，其特征在于：所述的维生素可以是水溶性的 ViC 或者 ViB 或者 ViK。”

2007年4月29日，申请人王纬（下称请求人）对上述驳回决定不服，向专利复审委员会提出复审请求，请求人在提出复审请求时对权利要求书进行了修改，删除了原权利要求1。修改后的权利要求书为：

“1. 一种作物用增钾抗病活性剂，是一种化学组合物，其特征在于：该组合物各组分有以下重量份数：

水杨酸或其盐　　8~18份，

氨基酸　　10~25份，

维生素　　15~35份。

2. 根据权利要求1所述的活性剂，其特征在于：各组分重量份数为：

水杨酸或其盐　　10~15份，

氨基酸　　15~20份，

维生素　　20~30份。

3. 根据权利要求1或2所述的活性剂，其特征在于：所述的活性剂中含15%~25%的表面活性剂。

4. 根据权利要求3所述的活性剂，其特征在于：所述的表面活性剂为羧甲基纤维素。

5. 根据权利要求1或2或4所述的活性剂，其特征在于：所述的水杨酸或其盐为邻羟基苯甲酸或其盐或者邻乙酰基水杨酸或其盐或者对氨基、邻羟基苯甲酸或其盐。

6. 根据权利要求1或2或4所述的活性剂，其特征在于：所述的氨基酸可以是蛋氨酸或者半胱氨酸或者苏氨酸或者苯丙氨酸。

7. 根据权利要求 1 或 2 或 4 所述的活性剂，其特征在于：所述的维生素可以是水溶性的 ViC 或者 ViB 或者 ViK。”

同时，请求人提交了以下附件：

附件 1：《驳回决定》复印件；

附件 2：《第一次审查意见通知书》复印件；

附件 3：对比文件 1（CN 1386724A）复印件；

附件 4：答复《第一次审查意见通知书》的《意见陈述书》复印件；

附件 5：本申请公开文件复印件。

请求人认为：(1) 本申请与对比文件 1 领域不同，水杨酸、氨基酸和维生素同为本申请和对比文件 1 组合物中的组分，但对比文件 1 是当化学肥料使用，而本申请是作为植物生长调节剂使用。(2) 本申请组合物通过增进作物对钾的吸收以提高作物抗病能力，具备突出的实质性特点。(3) 本申请相对于对比文件 1 省略了多种组分后仍具有相同的技术效果也证实了其具有创造性。

经形式审查合格后，专利复审委员会受理了该请求，并于 2007 年 6 月 11 日向请求人发出了《复审请求受理通知书》，同时将本申请转送至国家知识产权局原审查部门进行前置审查。

在《前置审查意见书》中，国家知识产权局原审查部门认为，(1) 本申请主要涉及肥料领域，与对比文件 1 的技术领域相同；(2) 本申请与对比文件 1 所解决的技术问题实质相同，都是提高钾在作物栽培时的吸收利用率，而本申请中提高作物抗病能力是由于作物吸收足够的营养成分如补充钾以免造成缺钾性生理缺陷而产生的作物抵抗能力提高；(3) 权利要求 1 采用开放式撰写方式，本申请的组合物可以与其他化肥混合使用，是对比文件 1 的组合物的上位概念，且本申请并未带来预料不到的技术效果。发现已知化合产品的性能或用途并不意味着其结构或组成的变化，不能视为新的产品。因此，本申请相对于对比文件 1 不符合专利法第 22 条的规定，坚持驳回决定。

专利复审委员会组成合议组，对本复审请求案进行了审理。

经合议，合议组认为本案事实已经清楚，可以作出审查决定。

二、决定的理由

1. 关于审查文本

本复审请求审查决定所针对的文本是：请求人于 2007 年 4 月 29 日提交的权利要求第 1～7 项，2003 年 5 月 27 日提交的说明书第 1～4 页及其摘要。

2. 关于专利法第 22 条第 2 款

专利法第 22 条第 2 款规定：新颖性，是指在申请日以前没有同样的发明或者实用新型在国内外出版物上公开发表过、在国内公开使用过或者以其他方式为公众所知，也没有同样的发明或者实用新型由他人向国务院专利行政部门提出过申请并记载在申请日以后公布的专利申请文件中。

如果权利要求所要求保护的技术方案与对比文件公开的技术方案存在区别技术特征，从而导致二者实质上不同的，则该权利要求具备新颖性。

就本申请而言，权利要求 1 要求保护一种作物用增钾抗病活性剂，其是一种化学组合物，其特征在于：该组合物各组分有以下重量份数：水杨酸或其盐 8～18 份，氨基酸 10～25 份，维生素 15～35 份。

首先，权利要求 1 中采用的撰写方式为“该组合物各组分有以下重量份数……”，表明该组合物是由水杨酸或其盐、氨基酸、和维生素组成的。其次，根据本申请说明书记载的具体实施方式来看，所述作物用增钾抗病活性剂也是仅由水杨酸或其盐、氨基酸、和维生素组合而得到的。最后，请求人在答复一通时指出，对比文件 1 公开的组合物除水以外还有 14 种组分，其中包括水解氨基酸、乙酰基水杨酸和维生素 C，而权利要求 2（即提复审请求时的权利要求 1）的技术方案仅为水杨酸或其盐、氨基酸和维生素三种组分的组合物，相对于对比文件 1 省略了 12 种组分（包括水）；请求人在提出复审请求时也指出，对比文件 1 的组合物有 14 种组分，本申请组合物中的组分数只是其零头。综上可见，权利要求 1 中实质上采用的是封闭式撰写方式，即该组合物是由水杨酸或其盐、氨基酸和维生素组成的。而本申请权利要求书中直接或间接引用权利要求 1 且还含有除水杨酸或其盐、氨基酸和维生素之外的表面活性剂的权利要求 3 和 4 应为假从属权利要求。

对比文件 1 公开了一种多元复合液体肥料组合物，包括下列组份及其重量比经液化螯合反应而制得：尿素和/或水解氨基酸 100~300 重量份，氢氧化钾 0.5~8.0 重量份，硫酸铜 0.5~2.0 重量份，硫酸铁 0.5~2.5 重量份，硫酸锌 0.5~2.0 重量份，硫酸镁 1.0~4.0 重量份，硫酸锰 0.5~3.0 重量份，氢氧化钙 0.5~2.0 重量份，钼酸铵 0.3~3.0 重量份，氯化钴 0.5~1.5 重量份，硼砂 1.0~4.0 重量份，维生素 C0.5~5.0 重量份，乙酰基水杨酸 0.5~4.0 重量份，适量水；其 pH=5~8（见对比文件 1 说明书第 1 页第 3 段至第 4 页第 6 段，权利要求 1~2）。

经对比可知，本申请权利要求 1 与对比文件 1 中公开的技术方案存在以下区别技术特征：（1）对比文件 1 中公开的组合物除了含有乙酰基水杨酸、水解氨基酸、和维生素 C 之外，还含有本申请中所不含的其他组分如氢氧化钾等；（2）经计算，权利要求 1 中组分相对含量分别为水杨酸或其盐 11.8%~41.8%、氨基酸 15.9%~52.1%和维生素 25.9%~66.0%，而对比文件 1 中公开的组合物中相应的三种组分相对于该三种组分合计量的含量分别为乙酰基水杨酸 0.16%~3. 83%、水解氨基酸 91.74%~99.67%、和维生素 C0.16%~4.74%，可见权利要求 1 中水杨酸或其盐、氨基酸和维生素的相对含量不同于对比文件 1 中乙酰基水杨酸、水解氨基酸和维生素 C 的相对含量。因此，权利要求 1 的技术方案与对比文件 1 公开的技术方案实质上是不相同的，权利要求 1 相对于对比文件 1 具备新颖性，符合专利法第 22 条第 2 款的规定。

3. 关于专利法第 22 条第 3 款

专利法第 22 条第 3 款规定：创造性，是指同申请日以前已有的技术相比，该发明有突出的实质性特点和显著的进步。

如果发明相对于最接近的现有技术存在区别技术特征，并且现有技术中没有给出将该区别技术特征应用到该最接近现有技术以解决该发明实际解决的技术问题的启示，并且该发明能够产生有益的技术效果，则认为该发明具有创造性。

就本申请而言，权利要求 1 要求保护一种作物用增钾抗病活性剂。如上关于专利法第 22 条第 2 款的评述，权利要求 1 的技术方案与对比文件 1 公开的技术方案相比至少存在上述区别技术特征（1）和（2）。

根据说明书的描述，本申请的活性剂使烟叶中含钾量平均提高 30%左右，上等烟叶的比例提高 30%~35%，烟叶产量提高 8%~10%，同时烟草常见的高发病如黑胫病等发病率下降 50%以上（参见本申请说明书第 2 页倒数第 1 段）。由此可见，本申请的活性剂能够提高作物对钾的吸收能力和作物的抗菌能力。

对比文件 1 提供的是一种多元复合液体肥料，所述多元复合液体肥料包含除水杨酸或其盐、氨基酸、和维生素之外的其他组分如氢氧化钾、硫酸铜等。其是为了解决现有液体肥料中营养元素不足及配比不合理，影响其利用率的技术问题（参见对比文件 1 说明书第 1 页第 2 段）。对比文件 1 中是通过添加氢氧化钾来补充钾元素的，并未给出通过应用水杨酸或其盐、氨基酸、维生素的组合来提高作物对钾的吸收能力的启示。因此，本申请实际要解决的技术问题是提供一种作物用增钾抗病活性剂，用来提高作物对钾的吸收能力和作物的抗菌能力。

由此，当本领域技术人员面对本申请实际要解决的技术问题，不会从对比文件 1 中得到启示，应用水杨酸或其盐、氨基酸和维生素的组合来提高作物对钾的吸收能力；本领域技术人员更不会从对比文件 1 中受到启发，在应用水杨酸或其盐、氨基酸和维生素时要选择权利要求 1 中所述的各组分含量。同时本申请权利要求 1 的技术方案也产生了有益的技术效果，即提高作物对钾的吸收能力和进一步提高作物的抗菌能力。因此，权利要求 1 相对于对比文件 1 具备创造性，符合专利法第 22 条第 3 款的规定。

基于同样的理由，直接或间接引用权利要求 1 的权利要求 2~7 也具备创造性，符合专利法第 22 条第 3 款的规定。

根据上述事实和理由，合议组作出如下审查决定。

三、决定

撤销国家知识产权局于 2007 年 2 月 9 日针对第 03131598.4 号发明专利申请作出的驳回决定，由国家知识产权局原审查部门以本复审请求审查决定所针对的文本为基础继续审批程序。

复审请求人对本决定不服的，可以根据专利法第 41 条第 2 款的规定，自收到本决定之日起三个月内向北京市第一中级人民法院起诉。

078

纳米无机抗菌剂及其制备方法

复审请求审查决定（第13632号）

决　定　号　第13632号
决　定　日　2008年6月11日
发明创造名称　纳米无机抗菌剂及其制备方法
国际分类号　A01N59/16
复审请求人　骆天荣
申　请　号　200410012416.1
申　请　日　2002年6月12日
分案提交日　2004年7月14日
公　开　日　2005年3月9日
合议组组长　刘　静
主　审　员　郑　君
参　审　员　汪送来

法律依据　专利法实施细则第43条第1款
决定要点

如果分案申请中所做的修改内容可以由原申请说明书和权利要求书文字记载的内容以及说明书附图直接地、毫无疑义地确定，则这种修改没有超出原申请公开的范围。

一、案由

本复审请求案涉及发明名称为“纳米无机抗菌剂及其制备方法”的第200410012416.1号发明专利申请（下称本申请），本申请是第02121247.3号发明专利申请（下称原申请）的分案申请，申请人为骆天荣，申请日为2002年6月12日，分案提交日为2004年7月14日，公开日为2005年3月9日。

2006年8月4日，针对申请人于2006年1月16日提交的权利要求第1~4项、说明书第1~5页和2004年7月14日提交的说明书附图第1页及说明书摘要，国家知识产权局以本申请不符合专利法实施细则第43条第1款的规定为由驳回了本申请。

驳回决定所针对的权利要求1~4为：

“1. 一种纳米无机抗菌剂，它是以纳米氧化锌为主体，采用了一整套制备纳米级无机抗菌剂的工艺方法，根据不同的使用环境和要求，在纳米氧化锌制备过程中加入不同的金属盐类，通过化学共沉、过滤、洗涤、干燥、煅烧工艺方法和操作规程，制备成纳米无机抗菌剂，特征在于：该纳米无机抗菌剂以纳米氧化锌为主体，可添加的复合组份包括有：银、铜、钙、钛、稀土金属镧、铈、铷、钍的水溶性盐中至少一种，该纳米无机抗菌剂的各组份重量比例配方为：纳米氧化锌：添加的至少一种复合组份=40%~99.99%：0.01%~60%，各个比例总和均须满足100%。

2. 根据权利要求1所述的纳米无机抗菌剂，特征在于：所添加的银、铜、钙、钛、稀土金属镧、铈、铷、钍的水溶性盐可以是它们的硫酸盐、硝酸盐、盐酸盐、磷酸盐、碳酸盐、有机酸盐。

3. 一种纳米无机抗菌剂的制备方法，是一整套制备纳米无机抗菌剂的工艺方法，它以纳米氧化锌为主体，根据不同的使用环境与要求，在纳米氧化锌制备过程中添加不同的金属盐类，经过化学共沉、过滤、洗涤、干燥、煅烧工艺操作规程，制成纳米无机抗菌剂，特征在于：

a. 该纳米无机抗菌剂的原料组份以纳米氧化锌为主体，可添加的复合组分包括有：银、铜、钙、钛、稀土金属镧、铈、铷、钍的水溶性盐中至少一种，该纳米无机抗菌剂的各组份重量比例配方为：纳米氧化锌：至少一种复合组份=40%~90.99%：0.01%~60%，各个组份比例总和须满足100%；

b. 该纳米无机抗菌剂的制备方法：按要求将各原料组份备齐，先将氧化锌制成锌氨络合液，其他金属盐分别配成水溶液，把各金属盐水溶液加入锌氨络合液中，将溶液温度控制在40~120℃，调节pH值在4~11，使之化学共沉，经过滤、洗涤、干燥、煅烧工艺操作规程，制成纳米无机抗菌剂，检验合格，贮藏备用。

4. 根据权利要求3所述的纳米无机抗菌剂的制备方法，特征在于：所添加的银、铜、钙、钛、稀土金属镧、铈、铷、钍的水溶性盐可以是它们的硫酸盐、硝酸盐、盐酸盐、磷酸盐、碳酸盐、有机酸盐。"

驳回决定指出：在本分案申请中，申请人删去了原申请文件中所记载的"有机改性剂戊二醛、阳离子季胺盐、阳离子咪唑啉、非离子表面活性剂之AE09、AE010、TX-10"（见分案申请的权利要求1~4、说明书的发明内容和实施例部分），删去该部分内容之后的技术方案与原技术方案相比有实质性的区别，而原申请说明书的实施例中也都使用了有机改性剂，因此本分案申请超出了原申请公开的范围。尤其是在实施例1~5中将组合物的组分进行了修改，如实施例1中删除了"阳离子咪唑啉"加入了"硝酸镧"，实施例2中删除了"戊二醛"和"非离子表面活性剂"加入了"硝酸钙"和"硫酸钛"，实施例3~5中也删除了组分加入了另一种组分，这样修改后的实施例1~5中的组合物在原申请中根本没有记载，也不能毫无疑义地确定，这样的修改超出了原申请公开的范围。

2006年11月2日，申请人骆天荣（下称请求人）对上述驳回决定不服，向专利复审委员会提出复审请求，请求人在提出复审请求时修改了说明书，提交了修改后的说明书全文替换页第1~6页，对实施例1~5进行了修改。请求人认为：修改后的本案说明书实施例就是原始文件说明书的实施例。

经形式审查合格后，专利复审委员会受理了该请求，并于2007年3月9日向请求人发出了《复审请求受理通知书》，同时将本申请转送至国家知识产权局原审查部门进行前置审查。

在《前置审查意见书》中，国家知识产权局原审查部门认为：修改后的说明书仍然超出原申请公开的范围，尤其是对发明内容部分和附图部分的修改内容超出了原申请公开的范围，而且申请人针对权利要求书超出原申请公开范围的缺陷仍然没有进行任何修改，因此权利要求书仍然超出原申请公开的范围。

专利复审委员会组成合议组，对本复审请求案进行了审理。

请求人于2007年11月3日提交了意见陈述书和说明书附图第1页的替换页，对图1进行了主动修改；并于2007年11月27日再次提交了意见陈述书和权利要求书全文替换页，对权利要求3进行了主动修改，将其中的"纳米氧化锌：至少一种复合组份=40%~90.99%：0.01%~60%，各个组份比例总和须满足100%"修改为"纳米氧化锌：至少一种复合组份=40%~99.99%：0.01%~60%，各个组份比例之总和均须满足 100%”。

至此，合议组认为本案事实已经清楚，可以作出审查决定。

二、决定的理由

1. 关于决定针对的文本

本复审请求审查决定针对的文本是：2007 年 11 月 27 日提交的权利要求第 1~4 项，2006 年 11 月 2 日提交的说明书第 1~6 页，2007 年 11 月 3 日提交的附图第 1 页和 2004 年 7 月 14 日提交的说明书摘要。

2. 关于专利法实施细则第 43 条第 1 款

专利法实施细则第 43 条第 1 款规定：依照本细则第 42 条规定提出的分案申请，可以保留原申请日，享有优先权的，可以保留优先权日，但是不得超出原申请公开的范围。

如果分案申请中所做的修改内容可以由原申请说明书和权利要求书文字记载的内容以及说明书附图直接地、毫无疑义地确定，则这种修改没有超出原申请公开的范围。

就本申请而言，权利要求 1~2 请求保护纳米无机抗菌剂。请求人在原申请基础上删除了权利要求 1 纳米无机抗菌剂中的有机改性剂组分和权利要求 2 中与有机改性剂相关的内容以及说明书中与之相关的内容。合议组认为，根据原申请说明书第 3 页第 8~14 行记载的“该纳米复合抗菌剂以纳米氧化锌为主体，在其制备过程中添加的复合组份包括：银、铜、钙、钛、稀土金属镧、铈、铷、钍的水溶性盐类中至少一种，或添加有机改性剂之阳离子表面活性剂、戊二醛、非离子表面活性剂中的至少一种，该纳米复合抗菌剂的各组份比例配方为：纳米氧化锌：至少一种复合组份 = 40% ~ 99. 99%：0. 01% ~60%。各个组份比例总和均须满足 100%（重量百分比）”，该内容表示在纳米复合抗菌剂制备过程中添加的复合组分可以是选自银、铜、钙、钛、稀土金属镧、铈、铷、钍的水溶性盐类的至少一种，也可以是选自阳离子表面活性剂、戊二醛、非离子表面活性剂的有机改性剂的至少一种，二者是以并列选择的关系记载于原申请说明书中的。由此可见，以纳米氧化锌为主体，添加选自银、铜、钙、钛、稀土金属镧、铈、铷、钍的水溶性盐类制备纳米抗菌剂的技术方案由原申请说明书记载的上述内容能直接地、毫无疑义地确定，本分案申请删除原申请权利要求 1 纳米无机抗菌剂中的有机改性剂组分和权利要求 2 中与有机改性剂相关的内容以及说明书中与之相关的内容并没有超出原申请所公开的范围。

在本分案申请中，权利要求 3~4 请求保护纳米无机抗菌剂的制备方法。请求人在原申请基础上删除了权利要求 3 纳米无机抗菌剂制备方法中的有机改性剂原料及添加有机改性剂的工艺步骤和权利要求 4 中与有机改性剂相关的内容以及说明书中与之相关的内容。合议组认为，根据原申请说明书第 4 页第 5~10 行记载的“该纳米复合抗菌剂的制备方法：按所需要求将各组份及份量备齐，先将氧化锌制成锌氨络合液，复合物分别加去离子水配成水溶液，在搅拌条件下把各金属盐复合物水溶液加入锌氨络合液中，将溶液温度控制在 40~120℃，调节 pH 值在 4~11，使之化学共沉，可再添加有机改性剂，经过滤、洗涤、干燥、煅烧之工艺操作规程，制成纳米复合抗菌剂，检验合格，贮藏备用”，该内容表示有机改性剂是可选择添加的原料组分，不是必须添加的，加入有机改性剂的工艺步骤也不是必须含有的步骤，在不含有机改性剂组分的情况下，可在上述制备方法中直接略去“添加有机改性剂”的步骤。因此，不含有机改性剂原料且不包含添加有机改性剂工艺步骤的纳米无机抗菌剂制备方法由原申请说明书记载的上述内容能直接地、毫无疑义地确定，本分案申请删除原申请权利要求 3 纳米无机抗菌剂制备方法中的有机改性剂原料及添加有机改性剂的工艺步骤和权利要求 4 中与有机改性剂相关的内容以及说明书中与之相关的内容并没有超出原申请所公开的范围。

请求人于 2006 年 11 月 2 日提交复审请求时提交了说明书的修改文本，将实施例一至实施例三和五中纳米无机抗菌剂的各组分改成与原申请的实施例一至实施例三和五相同，实施例四与原申请的实施例四相比，删除了戊二醛组分。根据原申请实施例四中记载的技术特征“其各组份比例为：氧化锌：硫酸铜或戊二醛=99.99%：0.01%（重量百分比）”可知，加入硫酸铜和加入戊二醛在原申请的实施例四中是两个并列的技术方案，本分案申请删除加入戊二醛的技术方案只是删除了两个并列的技术方案之一，没有超出原申请所公开的范围。

本分案申请的说明书附图1是本申请纳米抗菌剂制备工艺方法流程图，该流程图1指示的工艺步骤顺序与原申请公开的工艺步骤顺序不一致，从而造成分案申请超出原申请所公开的范围。请求人于2007年11月3日主动提交了说明书附图第1页的替换页，对图1进行了修改。合议组认为，请求人于2007年11月3日提交的说明书附图第1页的替换页中，图1反映了上述删除“有机改性剂”和与其相关的内容后的纳米复合抗菌剂制备过程，同样没有超出原申请所公开的范围。

驳回决定所针对文本的权利要求书中，权利要求3技术特征“纳米氧化锌：至少一种复合组分=40%~90.99%：0.01%~60%”中的端值“90.99%”在原申请中没有记载，从而造成分案申请超出原申请所公开的范围。对此，请求人于2007年11月27日提交了权利要求书全文替换页，对权利要求3进行了修改，将上述端值“90.99%”改为“99.99%”，修改后的权利要求3没有超出原申请所公开的范围。

综上所述，本申请通过在复审阶段所做的多次修改，已经克服了驳回决定指出的缺陷，本申请符合专利法实施细则第43条第1款的规定。

根据上述事实和理由，合议组作出如下审查决定。

三、决定

撤销国家知识产权局于2006年8月4日针对第200410012416.1号发明专利申请作出的驳回决定，由国家知识产权局原审查部门以请求人于2007年11月27日提交的权利要求第1~4项，2006年11月2日提交的说明书第1~6页，2007年11月3日提交的附图第1页和2004年7月14日提交的说明书摘要为基础继续审批程序。

复审请求人对本决定不服的，可以根据专利法第41条第2款的规定，自收到本决定之日起三个月内向北京市第一中级人民法院起诉。

079

α，α-二甲基-4-溴苯乙腈的制备方法

复审请求审查决定（第13665号）

决　定　号　第13665号
决　定　日　2008年6月2日
发明创造名称　α，α-二甲基-4-溴苯乙腈的制备方法
国际分类号　C07C255/35，C07C253/30
复审请求人　上海化学试剂研究所
申　请　号　200310109258.7
申　请　日　2003年12月10日
公　开　日　2005年6月15日
合议组组长　任晓兰
主　审　员　侯　曜
参　审　员　娄　宁

法律依据　专利法第33条，专利法实施细则第20条第1款
决定要点

如果请求人删除了驳回决定所针对的权利要求，则认为这一删除克服了《驳回决定》所指出的缺陷。

一、案由

本复审请求案涉及发明名称为"α，α-二甲基-4-溴苯乙腈的制备方法"的第200310109258.7号发明专利申请（下称本申请），申请人为上海化学试剂研究所，申请日为2003年12月10日，公开日为2005年6月15日。

2006年11月10日，针对申请人于2006年9月18日提交的权利要求第1~10项和说明书第2页，2004年2月25日提交的说明书第1页，以及2003年12月10日提交的说明书第3页和说明书摘要（下称驳回文本），国家知识产权局以本申请的权利要求9不符合专利法实施细则第20条第1款的规定为由驳回了本申请。

驳回决定针对的权利要求1，9如下：

"1. 一种α，α-二甲基-4-溴苯乙腈的制备方法，其特征在于包括如下步骤：将对溴苯乙腈加入苯类溶剂中溶解，在相转移催化剂，碱溶液的存在下，-20℃~-5℃通入一氯甲烷，甲基化反应8~12小时，反应产物后处理，收集橙黄色油状物，即为目的产物。

……

9. 根据权利要求 1 所述的方法，其特征在于对溴苯乙腈：苯类溶剂：碱溶液的质量体积比为 1：1.5~3.0：4.5~6.0。”

驳回决定认为：权利要求 9 中限定对溴苯乙腈：苯类溶剂：碱溶液的质量体积比为 1：1.5~3.0：4.5~6.0，其中“质量体积比”表述不清楚，没有具体指明这三者中何者取质量、何者取体积，即使根据每种情况计算，实施例 1~3 中三者的比例也无法全部满足权利要求 9 中的比例，因此权利要求 9 不符合专利法实施细则第 20 条第 1 款的规定。

2007 年 2 月 1 日，申请人上海化学试剂研究所（下称请求人）对上述驳回决定不服，向专利复审委员会提出复审请求，请求人在提出复审请求时对申请文件进行了修改（下称复审文本），将原权利要求 9 中的“对溴苯乙腈：苯类溶剂：碱溶液的质量体积比为 1：1.5~3.0：4.5~6.0”改为“反应物对溴苯乙腈与苯类溶剂、碱溶液的质量比为 1：1.5~3.0：4.5~8.0”，同时对说明书第 2 页第 1 行的相应部分作出适应性修改。

请求人认为：（1）对本领域技术人员而言，化学反应通常以主反应物为基准来计算物料之间的配料比，本发明中反应物与苯类溶剂、碱溶液的质量比是以主反应物对溴苯乙腈为基准的，因此权利要求 9 中反应物与苯类溶剂、碱溶液的配料比应理解为反应物对溴苯乙腈与苯类溶剂、碱溶液的配料比，实施例 1~3 中三者的比例关系也能够佐证这一点，反应物不应理解为对溴苯乙腈和一氯甲烷之和；（2）原权利要求 9 中的比例关系与说明书记载范围不符是打印、校对等因素造成的，请求人现将其更正，在满足专利法第 33 条的基础上克服了审查员指出的缺陷。

经形式审查合格后，专利复审委员会受理了该请求，并 2004 年 4 月 24 日向请求人发出了《复审请求受理通知书》，同时将本申请转送至国家知识产权局原审查部门进行前置审查。

在《前置审查意见书》中，国家知识产权局原审查部门认为提交复审请求时进行的修改超出了本申请原始记载的范围，不能被接受，因此坚持驳回决定。

专利复审委员会依法组成合议组，对本复审请求案进行了审理。

2008 年 3 月 17 日，请求人主动提交了权利要求书和说明书第 2 页的修改替换页，其中删除了原权利要求 9，并将说明书第 2 页第 1 行修改为“对-溴苯乙腈与苯类溶剂、碱溶液的质量体积比是 1：2~3.5：4.5~6.0”。

2008 年 4 月 18 日，请求人又主动提交说明书第 2 页的修改替换页，其中将第 1 行修改为“反应物与苯类溶剂、碱溶液的质量体积比是 1：1.5~3.0：4.5~6.0”。

2008 年 5 月 5 日，请求人再次主动提交说明书第 2 页的修改替换页，其中将第 1 行修改为“反应物与苯类溶剂、碱溶液的质量比是 1：1.5~3.0：4.5~6.0”。

请求人认为：通过上述主动修改，申请文件已经克服了驳回决定所指出的缺陷。

经过上述审查程序，合议组认为本案事实已经清楚，可以依法作出复审决定。

二、决定的理由

1. 关于审查文本

本复审决定依据的申请文本是：请求人于 2008 年 3 月 17 日提交的权利要求第 1~9 项、2008 年 5 月 5 日提交的说明书第 2 页、2004 年 2 月 25 日提交的说明书第 1 页，以及 2003 年 12 月 10 日提交的说明书第 3 页和说明书摘要。

2. 关于驳回理由和前置意见

如果请求人删除了驳回决定所针对的权利要求，则认为这一删除克服了《驳回决定》所指出的缺陷。

在驳回文本中，权利要求 9 的附加技术特征为“对溴苯乙腈：苯类溶剂：碱溶液的质量体积比为

1：1.5~3.0：4.5~6.0”。《驳回决定》认为上述内容不清楚，导致权利要求9不符合专利法实施细则第20条第1款的规定。

为此，请求人在复审文本中将权利要求9的附加技术特征改为“反应物对溴苯乙腈与苯类溶剂、碱溶液的质量比为1：1.5~3.0：4.5~8.0”，同时对说明书第2页第1行的相应部分作出适应性修改。

《前置审查意见书》中认为复审文本的上述修改不能从原权利要求书和说明书记载的内容直接地、毫无疑义地确定，不符合专利法第33条的规定。

在请求人于2008年3月17日提交的权利要求书替换页中，请求人删除了权利要求9，消除了《驳回决定》所指出的权利要求9不符合专利法实施细则第20条第1款的缺陷，也消除了《前置审查意见书》指出的权利要求9修改超范围的缺陷。

在请求人于2008年5月5日提交的说明书第2页的替换页中，请求人将该页第1行的内容恢复为与原申请文件一致，消除了《前置审查意见书》中指出的此处修改超范围的缺陷。

基于上述理由，合议组作出下述决定。

三、决定

撤销国家知识产权局于2006年11月10日针对第200310109258.7号发明专利申请作出的驳回决定，由国家知识产权局原审查部门以本复审决定所依据的申请文本为基础继续审查。

复审请求人对本决定不服的，可以根据专利法第41条第2款的规定，自收到本决定之日起三个月内向北京市第一中级人民法院起诉。

080

制备胺衍生物的方法

复审请求审查决定（第13679号）

决　定　号　第13679号
决　定　日　2008年6月5日
发明创造名称　制备胺衍生物的方法
国 际 分 类 号　C07C217/60，C07C213/02，C07C235/34，C07C231/12，A61K31/137，A61P25/28
复 审 请 求 人　武田药品工业株式会社
申　请　号　01807644.0
申　请　日　2001年4月2日
优 先 权 日　2000年4月3日
公　开　日　2003年6月4日
合 议 组 组 长　刘　静
主　审　员　刘　亚
参　审　员　侯　曜

法 律 依 据　专利法第22条第3款
决 定 要 点

在判断一项权利要求的技术方案是否具备创造性时，首先应将该权利要求的技术方案与对比文件公开的方案进行特征分析和比较，找出它们之间的区别特征，然后根据该区别特征能够达到的技术效果确定发明实际解决的技术问题，接着从该对比文件和发明实际解决的技术问题出发，考察现有技术中是否给出将该区别特征应用到该对比文件以解决其存在的技术问题（即发明实际解决的技术问题）的启示，如果没有证据表明现有技术整体上存在这样的技术启示，同时该权利要求的技术方案也具有有益的效果，则该权利要求请求保护的技术方案具备创造性。

一、案由

本复审请求案涉及发明名称为“制备胺衍生物的方法”的第01807644.0号发明专利申请（下称本申请），申请人为武田药品工业株式会社，申请日为2001年4月2日，优先权日为2000年4月3日，公开日为2003年6月4日。

国家知识产权局原审查部门对本申请进行实质审查，针对原始提交的国际申请的中文译文，于2004年4月2日发出《第一次审查意见通知书》，指出权利要求11~17、19~20、22相对于对比文件1（WO98/38156A1，公开日为1998年9月3日）不具备专利法第22条第3款规定的创造性。除了创造性缺陷之外，该通知书一并指出了权利要求书中存在的其他缺陷。关于权利要求 15 和 16 的创造性，原审查部门认为，①对比文件 1 公开了如下的式（IV）化合物（参见第 61 页），

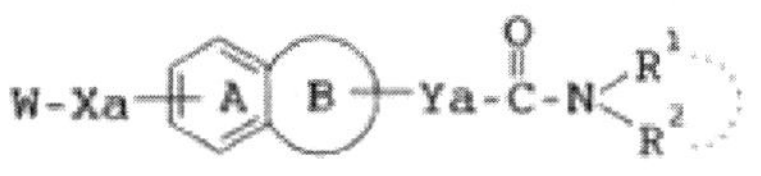

(IV)

其中 W 为氢原子或保护基，Xa 为氧原子等，Y 为任选通过氧原子或硫原子键接的、任选被取代的二价 C_{1-6}脂肪族烃基，Ya 为 Y 失去一个亚甲基形成的基团，R^1 和 R^2 分别为氢原子或任选被取代的低级烷基，或与其相邻氮原子一起形成任选被取代的含氮杂环，环 A 为任选含有取代基的苯环，环 B 为任选含有取代基的 4-至 8-元环，因此，权利要求 15 中的两种化合物都已经被对比文件 1 公开；同时对比文件 1 还公开了以 Ar-Xb-L 对以下的式（II）化合物进行烷基化和酰基化的方法（参见第 58 页 8~32 行，图 1），

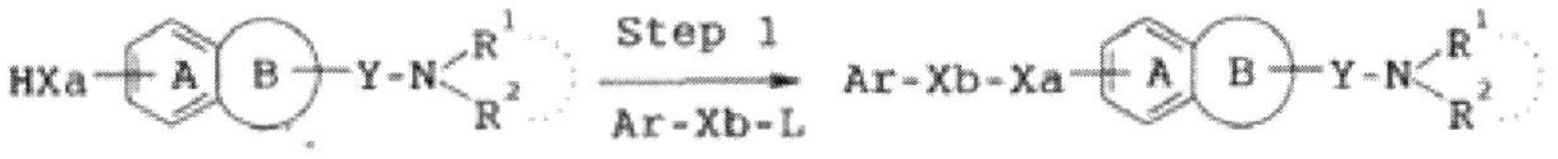

(II) (Ia)

；

权利要求 15 中进行反应的化合物与对比文件 1 的化合物相比，结构极其近似，区别仅在于权利要求 15 的化合物增加了酰基，而在对比文件 1 的启示下，以对比文件 1 所公开的方法使权利要求 15 的化合物进行反应对本领域技术人员来说无需创造性劳动，且没有带来预料不到的技术效果，因此权利要求 15 不具备创造性。②权利要求 16 仅将权利要求 15 所得化合物的酰基进一步还原为亚甲基，这种还原反应为本领域常用技术手段，因此权利要求 16 也不具备创造性。

原始提交的权利要求 15 和 16 如下：

“15. 生产具有如下通式的化合物或其盐的方法：

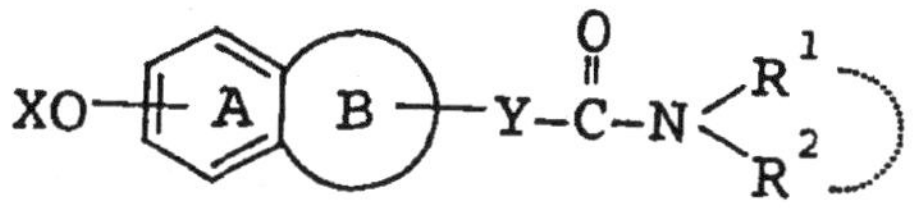

其中 R^1 和 R^2 分别代表氢原子或任选被取代的 C_{1-6}烷基，也可以与其相邻的氮原子一起，形成任选被取代的含氮杂环，环 A 代表任选被取代的苯环，环 B 代表任选被取代的 4-至 8-元环，X 代表任选被取代的烃基或任选被取代的环状基团，Y 代表任选被取代的二价 C_{1-6}脂肪族烃基，该方法包括使具有如下通式的化合物或其盐

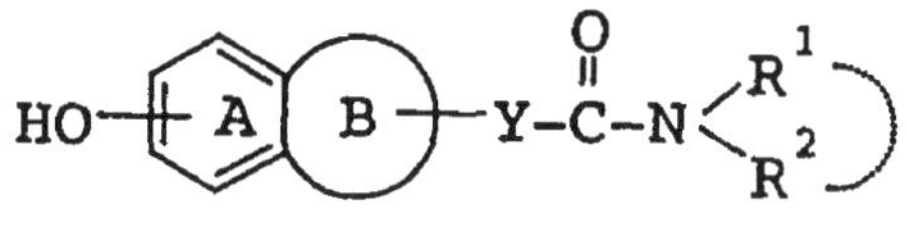

其中的符号与上面所定义的含义相同，与具有如下通式的化合物进行反应，

X-L

其中 X 与上面所定义的含义相同，L 代表离去基团或羟基。

16. 生产具有如下通式的化合物或其盐的方法：

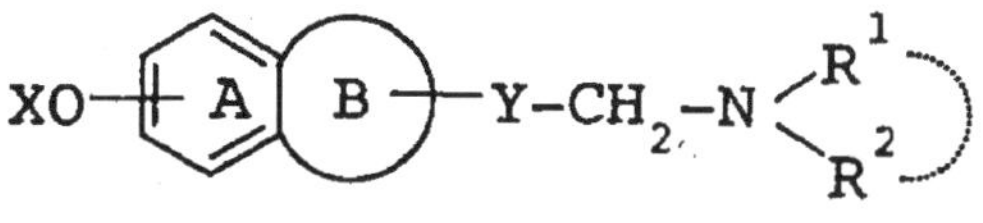

其中 R^1 和 R^2 分别代表氢原子或任选被取代的 C_{1-6}烷基，也可以与其相邻的氮原子一起，形成任选被取代的含氮杂环，环 A 代表任选被取代的苯环，环 B 代表任选被取代的 4-至 8-元环，X 代表任选被取代的烃基或任选被取代的环状基团，Y 代表任选被取代的二价 C_{1-6}脂肪族烃基，该方法包括使具有如下通式的化合物或其盐

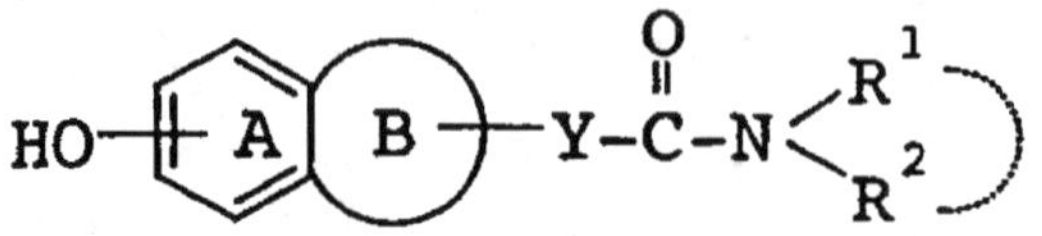

其中的符号与上面所定义的含义相同，与具有如下通式的化合物进行反应，

X-L

其中 X 与上面所定义的含义相同，L 代表离去基团或羟基，产生具有如下通式的化合物或其盐，

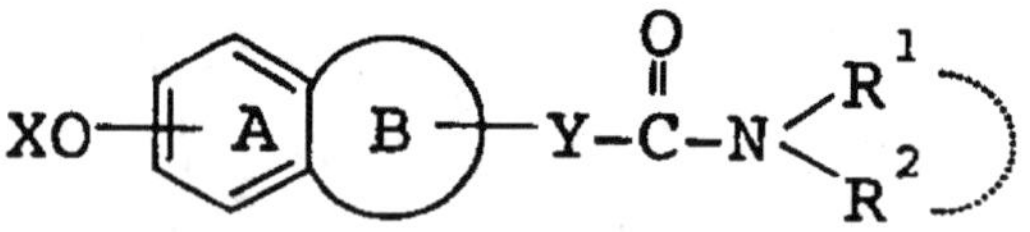

其中的符号与上面所定义的含义相同，然后对产物进行还原反应。"

针对上述《第一次审查意见通知书》，申请人于 2004 年 8 月 17 日提交了意见陈述书和修改的权利要求书，申请人删除了权利要求 2、11~14、17、19~22，将权利要求 1 和 8 进一步限定为"在酸和硫醇或硫化物存在下选择性断开具有如下通式的化合物或其盐的醚键"，对其他权利要求中的一些措辞进行了修改并将权利要求重新编号和相应地修改了引用关系。申请人认为，关于权利要求 10 和 11（相应于原始提交的权利要求 15 和 16）的创造性，对比文件 1 第 58 页图 1 中化合物（II）烷基化为化合物（Ia）的过程中叔胺也被烷基化，但本申请可抑止叔胺的季铵化作用，可提高胺衍生物的收率，由于权利要求 10 和 11 具有预料不到的技术效果，因而具备突出的实质性特点和显著的进步，符合专利法第 22 条第 3 款有关创造性的规定。

国家知识产权局原审查部门于 2004 年 10 月 22 日发出了《第二次审查意见通知书》，指出，权利要求 12（相当于原始提交的权利要求 18）相对于对比文件 1 公开的化合物仍不具备创造性，不符合专利法第 22 条第 3 款的规定；权利要求 1~9、权利要求 10~11 与权利要求 12 是三项发明，它们不具备单一性，不符合专利法第 31 条第 1 款的规定。

针对上述《第二次审查意见通知书》，申请人于 2005 年 3 月 7 日提交了意见陈述书和修改的权利要求书，其中删除了权利要求 1~9 和权利要求 12，仅保留了权利要求 10 和 11 并将其重新编号为权利要求 1 和 2。申请人认为，修改后的权利要求书已不存在第二次审查意见通知书所指出的缺陷，并且符合专利法第 33 条的规定。修改后的权利要求书如下：

"1. 生产具有如下通式的化合物或其盐的方法：

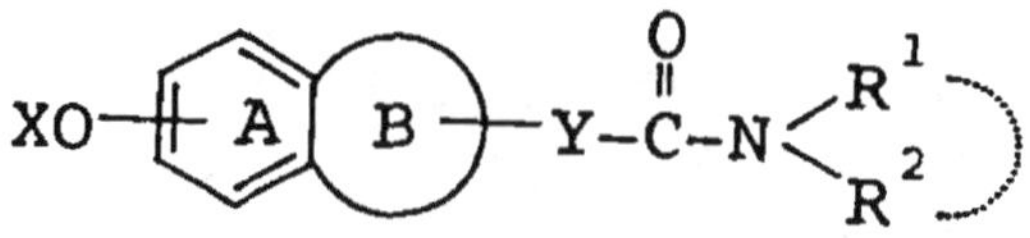

其中 R^1 和 R^2 每个代表氢原子或任选被取代的 C_{1-6}烷基，或与其相邻的氮原子一起，形成任选被取代的含氮杂环，环 A 代表任选被取代的苯环，环 B 代表任选被取代的 4-至 8-元环，X 代表任选被取代的烃基或任选被取代的环状基团，Y 代表任选被取代的二价 C_{1-6}脂肪族烃基，该方法包括使具有

如下通式的化合物或其盐

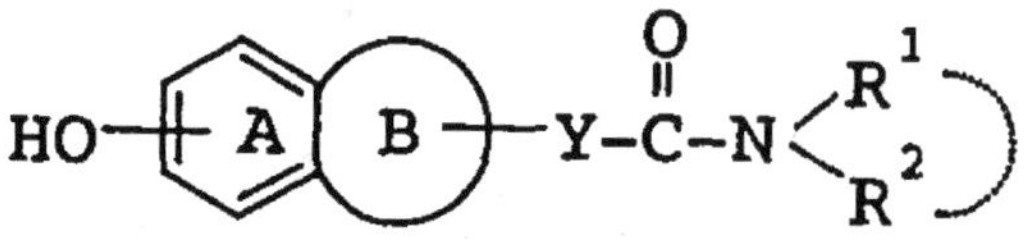

其中的符号与上面所定义的含义相同，与具有如下通式的化合物进行反应，

X−L

其中 X 与上面所定义的含义相同，L 代表离去基团或羟基。

2. 生产具有如下通式的化合物或其盐的方法：

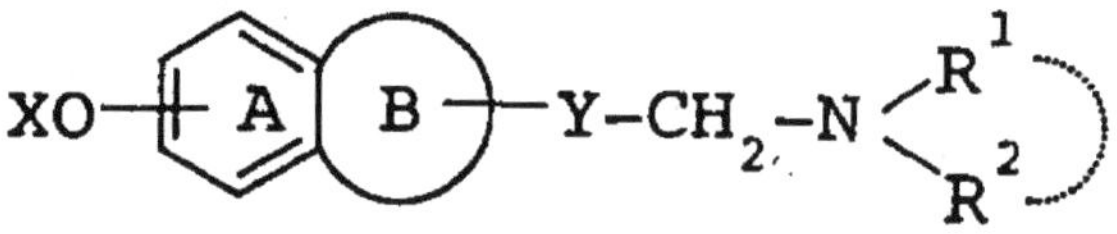

其中 R^1 和 R^2 每个代表氢原子或任选被取代的 C_{1-6}烷基，或与其相邻的氮原子一起，形成任选被取代的含氮杂环，环 A 代表任选被取代的苯环，环 B 代表任选被取代的 4−至 8−元环，X 代表任选被取代的烃基或任选被取代的环状基团，Y 代表任选被取代的二价 C_{1-6}脂肪族烃基，该方法包括使具有如下通式的化合物或其盐

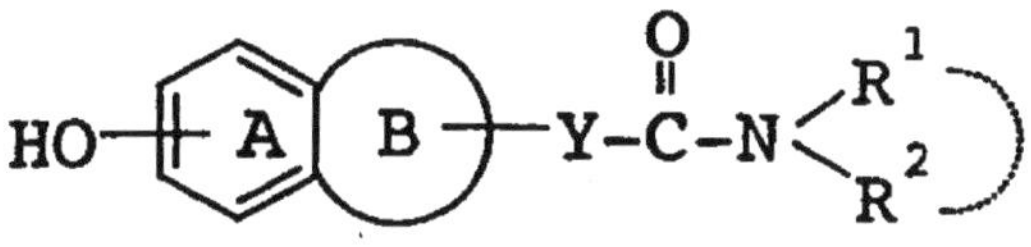

其中的符号与上面所定义的含义相同，与具有如下通式的化合物进行反应，

X−L

其中 X 与上面所定义的含义相同，L 代表离去基团或羟基，产生具有如下通式的化合物或其盐，

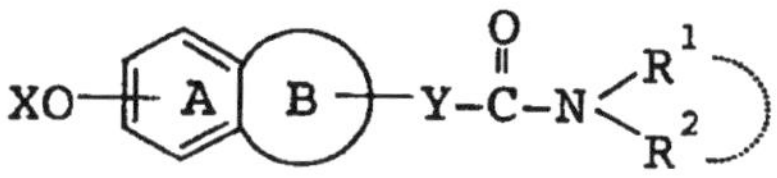

其中的符号与上面所定义的含义相同，然后对产物进行还原反应。”

国家知识产权局原审查部门于 2005 年 4 月 22 日发出《第三次审查意见通知书》，指出权利要求 1 和 2 不具备创造性，不符合专利法第 22 条第 3 款的规定。具体理由是：权利要求 1 和 2 相当于原始提交的权利要求 15 和 16，《第一次审查意见通知书》已指出原始提交的权利要求 15 和 16 不具备创造性，对于申请人答复《第一次审查意见通知书》时陈述的意见，首先，将对比文件 1 第 58 页第8～20 行的图 1 所示的反应方法应用于本申请而得到权利要求 1 和 2 的方案只是简单的转用，无需任何创造性劳动，其次，本申请化合物与对比文件 1 图 1 所示的反应物不同，因而其反应结果必然有差别，但这种差别只是上述简单转用所带来的直接结果，同时本领域公知酰基可作为氨基的保护基，因此本申请对叔胺季铵化的抑制作用并不具备突出的实质性特点和显著的进步，基于此，权利要求 1 和 2 不具备创造性。

针对上述《第三次审查意见通知书》，申请人于 2005 年 9 月 1 日进行了答复，但未提交修改的申请文件。申请人认为，本申请权利要求 1 涉及的原料化合物 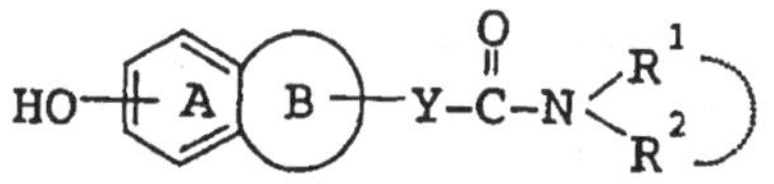（下称化合物［II］）在现有技术中并没有适当的方法制备，也没有文献教导使用该化合物作为原料来制

备化合物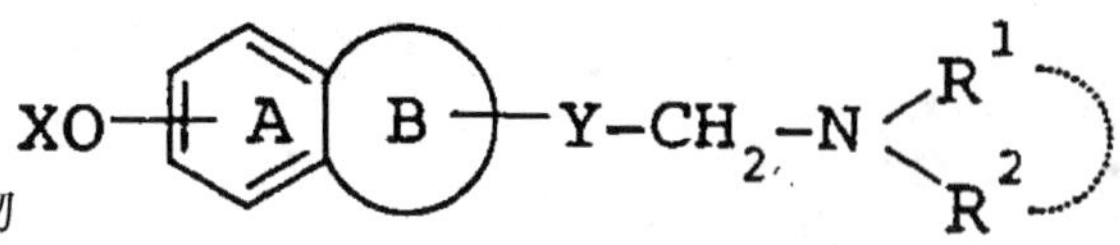（下称化合物［V］），本申请方法是一种有效地获得化合物［V］的显著方法，其中叔胺的季铵化作用被抑制，因而本申请权利要求 1 和 2 具备创造性。

2005 年 10 月 28 日，针对申请人于 2005 年 3 月 7 日提交的权利要求第 1~2 项，本申请进入中国国家阶段时提交的按原始国际申请文件中文译文的说明书第 1~27 页、说明书附图第 1 页以及说明书摘要，国家知识产权局以权利要求 1~2 不符合专利法第 22 条第 3 款的规定为由驳回了本申请。

驳回决定除了重申第一次审查意见通知书和第三次审查意见通知书的内容之外，对于申请人的上述答复意见，驳回决定认为，本申请所述的原料化合物［II］已在对比文件 1 中公开，其必然具有制备方法，且对比文件 1 第 61 页图 2 给出了制备该化合物［II］的方法的启示，另外，酚羟基的取代反应是本领域的公知反应，采用取代试剂对酚羟基上的氢进行取代对本领域技术人员来说无需创造性劳动，因此申请人的陈述不具备说服力，权利要求 1 和 2 不符合专利法第 22 条第 3 款有关创造性的规定。对比文件 1 第 61 页图 2 如下：

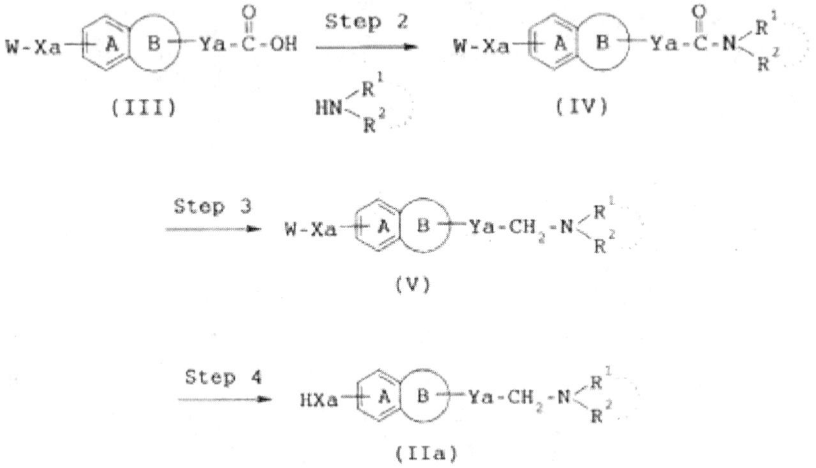

2006 年 2 月 13 日，申请人武田药品工业株式会社（下称请求人）对上述驳回决定不服，向专利复审委员会提出复审请求，请求人在提出复审请求时没有对申请文件进行修改。

请求人认为，本申请权利要求 1 和 2 具备创造性，具体理由如下：

（1）对比文件 1 是本申请背景技术中所涉及的申请，本申请的反应流程与对比文件 1 的反应流程明显不同，对比文件 1 公开了一种制备化合物（Ia）的方法，先通过将酰胺键还原，然后再进行烷基化而得到化合物（Ia），本申请公开了一种制备化合物［V］的方法，先进行烷基化得到化合物［IV］，然后再进行还原而得到化合物［V］，因此本申请的方法与对比文件 1 是完全不同的技术方案。

（2）对比文件 1 给出的教导是首先进行酰胺键的还原，之后醚键被断开，然后再进行烷基化反应，在对比文件 1 中首先进行酰胺键的还原是必须的，因为当同一个分子中同时存在酰胺键和醚键时通常难于选择性地断开醚键；而本申请的方法是在烷基化时不进行酰胺键的还原，因而对比文件 1 并没有公开和教导由本申请化合物［II］（即不进行酰胺键的还原）进行反应来制备本申请化合物［V］，本领域技术人员根据对比文件 1 不可能得到本申请的技术方案，本申请权利要求 1 和 2 的方法具有突出的实质性特点。

（3）对比文件 1 中存在的问题是叔胺也被烷基化形成季铵盐而使所希望的胺衍生物的收率降低，而本申请解决了这一问题，本申请实施例 1、2、3 的总收率为 80.1%，对比文件 1 参考实施例 60、参考实施例61、实施例47、实施例49的总收率为38.1%，因此由相同的起始物出发本申请的制备方法可得到高产率的目标化合物，由此可见本申请权利要求1和2的方法与对比文件1相比具有显著的进步。

（4）审查员在审查意见通知书中指出“本领域公知酰基可作为氨基的保护基”，但并没有提供任何证据表明此论述为公知常识，而且也没有证据表明其可与对比文件1结合来实现本申请的目的，因而审查员对权利要求1的创造性的评价有“事后诸葛亮”之嫌。

经形式审查合格后，专利复审委员会受理了该请求，并于2006年3月23日向请求人发出了《复审请求受理通知书》，同时将本申请转送至国家知识产权局原审查部门进行前置审查。

在《前置审查意见书》中，国家知识产权局原审查部门坚持驳回决定。

专利复审委员会组成合议组，对本复审请求案进行了审理。经合议，合议组认为本案事实清楚，可以作出审查决定。

二、决定的理由

1. 关于审查文本

本复审决定是以驳回决定所针对的文本为基础作出的。

2. 关于创造性

专利法第22条第3款规定，创造性，是指同申请日以前已有的技术相比，该发明有突出的实质性特点和显著的进步。

在判断一项权利要求的技术方案是否具备创造性时，首先应将该权利要求的技术方案与对比文件公开的方案进行特征分析和比较，找出它们之间的区别特征，然后根据该区别特征能够达到的技术效果确定发明实际解决的技术问题，接着从该对比文件和发明实际解决的技术问题出发，考察现有技术中是否给出将该区别特征应用到该对比文件以解决其存在的技术问题（即发明实际解决的技术问题）的启示，如果没有证据表明现有技术整体上存在这样的技术启示，同时该权利要求的技术方案也具有有益的效果，则该权利要求请求保护的技术方案具备创造性。

就本案而言，本申请涉及一种制备胺衍生物［V］的方法，该胺衍生物对淀粉状β蛋白质的分泌和积累有抑制作用。根据说明书背景技术部分的描述，JP-A 11-80098公开了制备这类胺衍生物的方法，但在该方法中当同一个分子中同时存在酰胺键和醚键时通常难于选择性断开醚键，而且在该方法的烷基化反应步骤中叔胺被烷基化形成季铵盐，使所希望的胺衍生物收率降低，因此本申请目标在于开发一种方便且具有工业优势的制备方法，该方法制备胺衍生物［V］的收率高、质量也高，且不会将叔胺转化为季铵盐。由说明书第2~3页和第15~20页以及实施例的内容可知，本申请的方法是，由容易获得的已知化合物（VI）进行酰胺化反应得到化合物（I），化合物（I）在醚键处被选择性断开（即脱去羟基保护基）后获得化合物［II］，化合物［II］经烷基化反应生成化合物［IV］，对化合物［IV］的酰胺进行还原反应就得到所希望的胺衍生物［V］，具体反应流程如下：

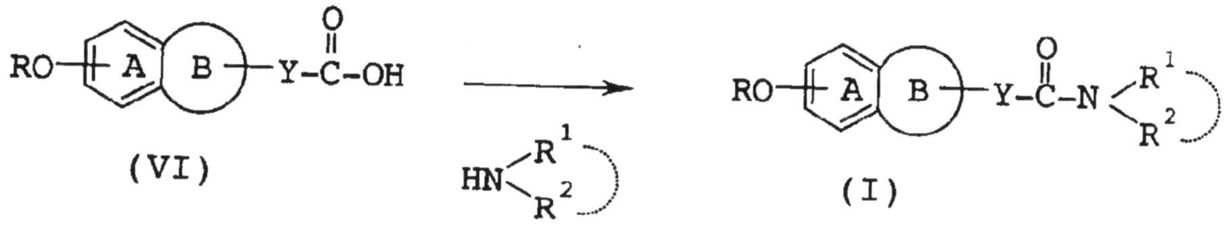

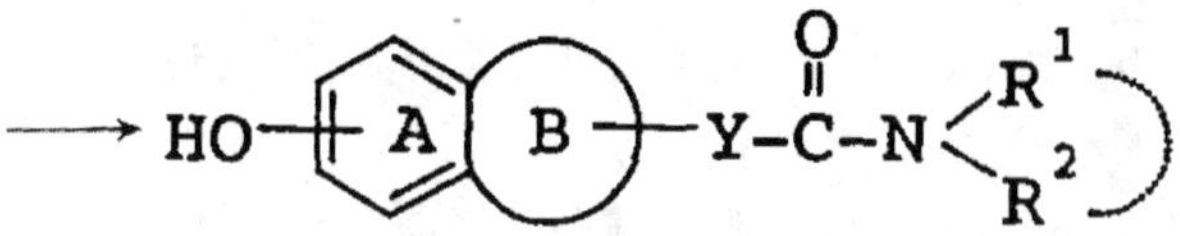
[II]

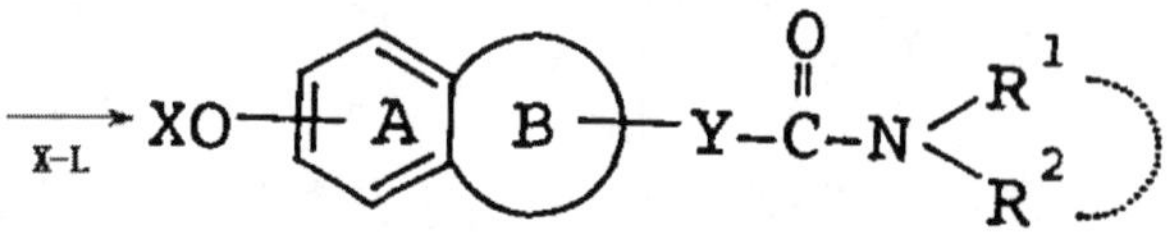
[IV]

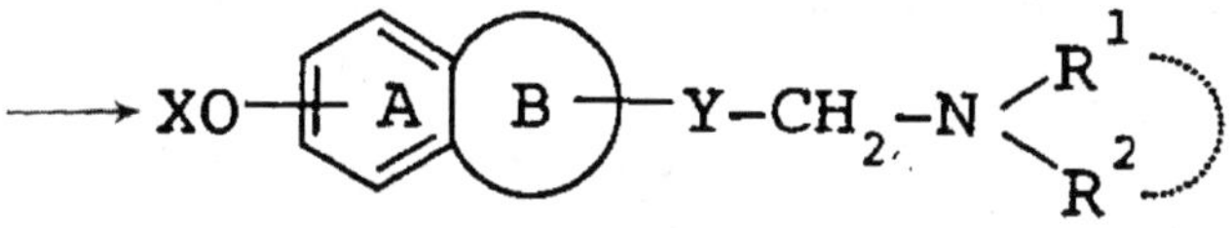
[V]

（1）权利要求 1。

权利要求 1 请求保护由上述化合物［II］与 X-L 经烷基化反应生产化合物［IV］或其盐的方法，其中 R^1 和 R^2 每个代表氢原子或任选被取代的 C_{1-6}烷基，或与其相邻的氮原子一起，形成任选被取代的含氮杂环，环 A 代表任选被取代的苯环，环 B 代表任选被取代的 4-至 8-元环，X 代表任选被取代的烃基或任选被取代的环状基团，Y 代表任选被取代的二价 C_{1-6}脂肪族烃基，L 代表离去基团或羟基。

对比文件 1（WO98/38156A1，公开日为 1998 年 9 月 3 日，其同族专利申请包括 JP11-080098A）公开了一种对淀粉状 β 蛋白质的分泌和产生具有良好抑制作用的通式所示的胺化合物及其制备方法和用途（参见对比文件 1 说明书第 1 页第 6~9 行、第 6 页第 15 行至第 7 页第 29 行）。具体地，对比文件 1 第 58~77 页给出了制备该胺化合物及其盐的方法①，其中第 58 页的图 1 和第 61 页的图 2（具体图式参见案由部分）所示的方法是，由容易得到的已知化合物（III）（其与上述本申请的化合物（VI）相同）经酰胺化反应得到化合物（IV）（其与上述本申请的化合物（I）相同），化合物（IV）经还原反应得到化合物（V），化合物（V）脱去保护基 W 得到化合物（IIa），化合物（II）与 Ar-Xb-L 经烷基化或酰基化反应得到化合物（Ia）（其与上述本申请的化合物［V］相同），具体反应流程如下：

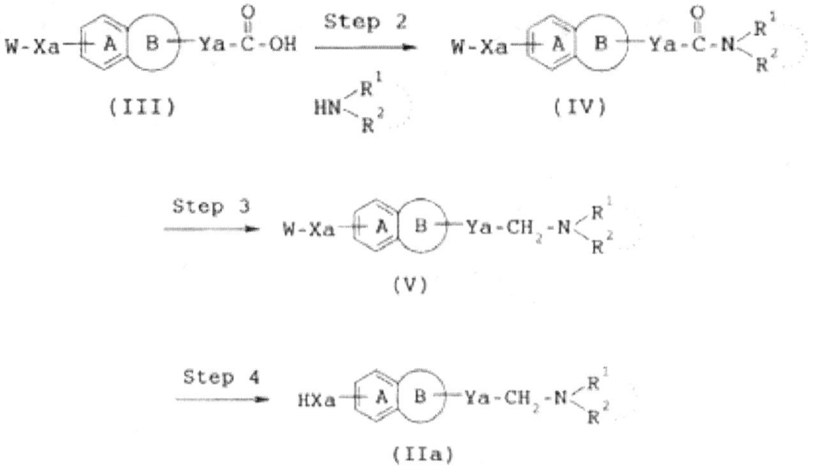

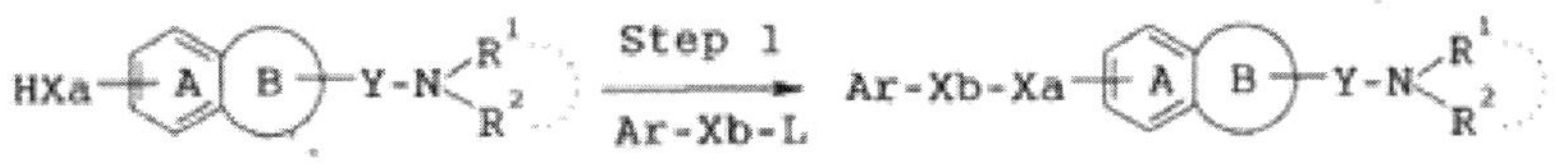

(II)　　　　　　　　　　　　(Ia)

这些化合物通式中 W 代表氢原子或羟基保护基，Y 是可包含氧原子或硫原子且可被取代的二价 C_{1-6} 脂肪族烃基，Ya 是由 Y 除去亚甲基而形成的基团，Xa 表示氧原子、可被氧化的硫原子或基团 NR^8a，R^1 和 R^2 分别为氢原子或任选被取代的低级烷基，或与其相邻氮原子一起形成任选被取代的含氮杂环，环 A 为任选含有取代基的苯环，环 B 为任选含有取代基的 4-至 8-元环，Ar-Xb-L 中的 Xb 是由 X 除去 Xa 得到的基团，L 是离去基团或羟基（参见对比文件 1 说明书第 6~7 页、第 58 页、第 61 页）。

由此可见，虽然对比文件 1 与本申请属于完全相同的技术领域，二者由相同的已知化合物制备相同的对淀粉状 β 蛋白质的分泌和积累有抑制作用的目标胺衍生物，但二者采取的具体路线有所不同：对比文件 1 在将羧基酰胺化后先进行酰胺基的还原反应，再脱去羟基保护基，然后使羟基进行烷基化反应；而本申请在将羧基酰胺化后先脱去羟基保护基，再使羟基进行烷基化反应，然后进行酰胺基的还原反应，本申请权利要求 1 所请求保护的正是其中的烷基化反应步骤。由此，本申请权利要求 1 的方法与对比文件 1 公开的上述烷基化方法相比区别在于，本申请权利要求 1 所述烷基化反应的原料化合物［II］含有与 Y 键接的酰胺基，而对比文件 1 烷基化反应的原料化合物（II）中与 Y 键接的酰胺基已被还原。

本申请的说明书背景技术部分提及了对比文件 1 的同族专利申请 JP11-80098A，并提到本申请是在该文献的基础上作出改进，避免烷基化反应步骤中叔胺也被烷基化形成季铵盐而导致目标胺衍生物收率降低。

考察本申请的实施例 1、2、3、4 可知，本申请实施例 1 将（+）-N，N-二甲基-（6-甲氧基-2-四氢化萘）乙酰胺（即本申请式（I）化合物）脱去羟基保护基得到（+）-N，N-二甲基-（6-羟基-2-四氢化萘）乙酰胺（即本申请式［II］化合物），收率为 87.7%；本申请实施例 2 将 4-氯甲基联苯（即本申请的 X-L 化合物）与前述实施例 1 得到的（+）-N，N-二甲基-（6-羟基-2-四氢化萘）乙酰胺（即本申请式［II］化合物）进行烷基化反应得到（+）-N，N-二甲基-（6-（4-联苯基）甲氧基-2-四氢化萘）乙酰胺（即本申请式［IV］化合物），收率为 96.7%；本申请实施例 3 将前述实施例 2 得到的（+）-N，N-二甲基-（6-（4-联苯基）甲氧基-2-四氢化萘）乙酰胺（即本申请式［IV］化合物）进行酰胺基的还原反应，得到（R-）（+）-6-（4-联苯基）甲氧基-2-［2-（N，N-二甲基氨基）乙基］四氢化萘盐酸盐单水合物（即本申请式［V］化合物的盐酸盐单水合物），收率为 94.4%；本申请实施例 4 是对前述实施例 3 制得的粗（R-）（+）-6-（4-联苯基）甲氧基-2-［2-（N，N-二甲基氨基）乙基］四氢化萘盐酸盐单水合物进一步纯化，得到纯态的（R-）（+）-6-（4-联苯基）甲氧基-2-［2-（N，N-二甲基氨基）乙基］四氢化萘盐酸盐单水合物，收率 85%。由此可计算出本申请上述四个步骤的总收率约为 68%。

考察对比文件 1 的参考例 60、参考例 61、实施例 47、实施例 49 可知，对比文件 1 的参考例 60 由相同的起始物（+）-N，N-二甲基-（6-甲氧基-2-四氢化萘）乙酰胺（即对比文件 1 的式（IV）化合物）进行酰胺基的还原反应，得到（+）-2-［2-（N，N-二甲基氨基）乙基］-6-甲氧基四氢化萘盐酸盐（即对比文件 1 式（V）化合物的盐酸盐），可计算出收率约为 79%；对比文件 1 的参考例 61 将前述参考例 60 得到的（+）-2-［2-（N，N-二甲基氨基）乙基］-6-甲氧基四氢化萘盐酸盐脱去羟基保护基，得到（+）-2-［2-（N，N-二甲基氨基）乙基］-6-羟基四氢化萘盐酸盐（即对比文件 1 式（IIa）或式（II）化合物的盐酸盐），可计算出收率约为 85.9%；对比文件 1 的实施例

47 将 4-氯甲基联苯（即对比文件 1 的 Ar-Xb-L 化合物）与前述参考例 61 得到的（+）-2-［2-（N，N-二甲基氨基）乙基］-6-羟基四氢化萘盐酸盐进行烷基化反应，得到（+）-6-（4-联苯基）甲氧基-2-［2-（N，N-二甲基氨基）乙基］四氢化萘盐酸盐（即对比文件 1 式（Ia）化合物的盐酸盐），可计算出收率约为 69.1%；对比文件 1 的实施例 49 将（+）-6-（4-联苯基）甲氧基-2-［2-（N，N-二甲基氨基）乙基］四氢化萘盐酸盐（即对比文件 1 式（Ia）化合物的盐酸盐）经乙醇-水重结晶步骤后得到相同的目标产物（+）-6-（4-联苯基）甲氧基-2-［2-（N，N-二甲基氨基）乙基］四氢化萘盐酸盐单水合物，经计算收率约为 81.2%。由此可计算出对比文件 1 上述四个步骤的总收率约为 38%。

通过比较可知，本申请说明书记载实施例 2 烷基化反应的收率为 96.7%，对比文件 1 实施例 47 烷基化反应的收率经计算约为 69.1%，此外，起始物、目标产物完全相同的情况下本申请方法得到的目标产物的收率明显高于对比文件 1 的方法。由此可见，本申请权利要求 1 与对比文件 1 的上述区别实际解决的技术问题是在未还原酰胺键的情况下进行烷基化反应以提高烷基化反应产物和目标胺衍生物的收率，避免对比文件 1 的烷基化反应步骤中叔胺也被烷基化形成季铵盐而导致目标胺衍生物收率降低。

纵观对比文件 1 全文，其并未教导在其所公开的上述制备方法①的基础上调整还原反应步骤和烷基化反应步骤的顺序可以防止叔胺被烷基化从而提高目标产物的收率，同时目前的证据无法表明现有技术给出了启示促使本领域技术人员想到在对比文件 1 的烷基化反应中以酰基保护胺基来提高烷基化反应的收率从而得到本申请权利要求 1 的方案。而且，由本申请实施例与对比文件 1 实施例的上述比较可知，本申请权利要求 1 的方法获得了良好的技术效果。因此，本申请权利要求 1 具备突出的实质性特点和显著的进步，具备专利法第 22 条第 3 款规定的创造性。

（2）权利要求 2。

权利要求 2 请求保护由上述化合物［II］与 X-L 经烷基化反应生成化合物［IV］，然后对化合物［IV］进行还原反应得到化合物［V］或其盐的方法。权利要求 2 包括权利要求 1 所述的烷基化反应和进一步的还原反应，即将化合物［IV］还原得到目标产物化合物［V］。与以上所述理由相同，在权利要求 1 的烷基化反应方法具备创造性的情况下，权利要求 2 的方法也具备专利法第 22 条第 3 款规定的创造性。

根据上述事实和理由，合议组作出如下审查决定。

三、决定

撤销国家知识产权局于 2005 年 10 月 28 日针对第 01807644.0 号发明专利申请作出的驳回决定，由国家知识产权局原审查部门以驳回决定所针对的文本为基础继续审批程序。

复审请求人对本决定不服的，可以根据专利法第 41 条第 2 款的规定，自收到本决定之日起三个月内向北京市第一中级人民法院起诉。

081

提高杀螨活性的组合物

复审请求审查决定（第13694号）

决　　定　　号　第13694号
决　　定　　日　2008年6月12日
发明创造名称　提高杀螨活性的组合物
国 际 分 类 号　A01N 53/00
复 审 请 求 人　拜尔健康护理有限责任公司
申　　请　　号　01819719.1
申　　请　　日　2001年11月26日
公　　开　　日　2005年1月5日
优 先 权 日　2000年11月30日
合 议 组 组 长　吴红权
主　　审　　员　娄　宁
参　　审　　员　黄　强

法 律 依 据　专利法第26条第4款
决 定 要 点

权利要求书应当以说明书为依据，是指权利要求应当得到说明书的支持。如果所属技术领域的技术人员从说明书所公开的内容中能得到或概括得出一项权利要求所要求保护的技术方案，则该项权利要求得到了说明书的支持。

一、案由

本复审请求案涉及发明名称为“提高杀螨活性的组合物”的第01819719.1号发明专利申请（下称本申请），申请人为拜尔健康护理有限责任公司，申请日为2001年11月26日，优先权日为2000年11月30日，公开日为2005年1月5日。

2006年8月18日，针对申请人于进入中国国家阶段时提交的国际申请文件的说明书第1、4~18页及说明书摘要，2006年6月26日提交的说明书第2页，2005年12月6日提交的说明书第3页，2006年6月26日提交的权利要求第1~13项，国家知识产权局以权利要求1、4、5、7~10、12不符合专利法第26条第4款的规定为由驳回了本申请。驳回决定所针对的权利要求书如下：

“1. 拟除虫菊酯和烟碱基化合物的组合在制备用于防治动物的寄生螨类的产品中的用途。

2. 权利要求1的用途，其中拟除虫菊酯和烟碱基化合物包含在两个单独的制剂中。

3. 权利要求1的用途，其中拟除虫菊酯和烟碱基化合物包含在同一制剂中。

4. 权利要求1~3中任一项的用途，其中基于制剂的总重量，拟除虫菊酯的浓度为0.1~60重量%，烟碱基化合物的浓度为0.001~25重量%。

5. 权利要求1~3中任一项的用途，其中拟除虫菊酯选自氯菊酯、苯醚菊酯、氯氰菊酯、氯氟氰菊酯、λ-氯氟氰菊酯、氟氯氰菊酯、苯醚氰菊酯、四溴菊酯、溴氯氰菊酯、溴氰菊酯、司巴耐特、氟胺氰菊酯、氟氯苯菊酯和氰戊菊酯。

6. 权利要求1~3中任一项的用途，其中拟除虫菊酯为氯菊酯。

7. 权利要求1~3中任一项的用途，其中烟碱基化合物是式（I）化合物：

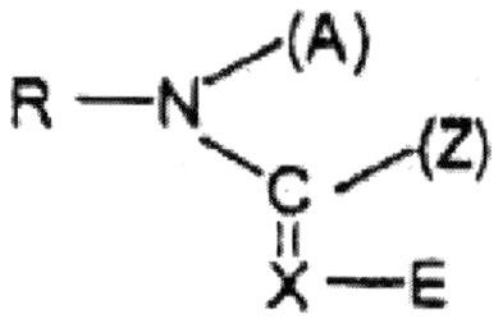

(I).

其中

R代表氢、任选取代的酰基、烷基、芳基、芳烷基、杂芳基或杂芳烷基；

A代表氢、酰基、烷基、芳基的单官能基；或代表连接到Z基团上双官能基；

E代表吸电子基团；

X代表-CH=或=N-基团，基团-CH=中的氢原子可以不存在，而碳原子连接到基团Z上；

Z代表烷基、-O-R，-S-R

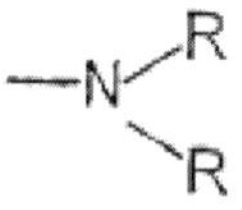

基团

或代表连接到基团A或基团X上的双官能基。

8. 权利要求1~3中任一项的用途，其中烟碱基化合物是式（II）或（III）化合物。

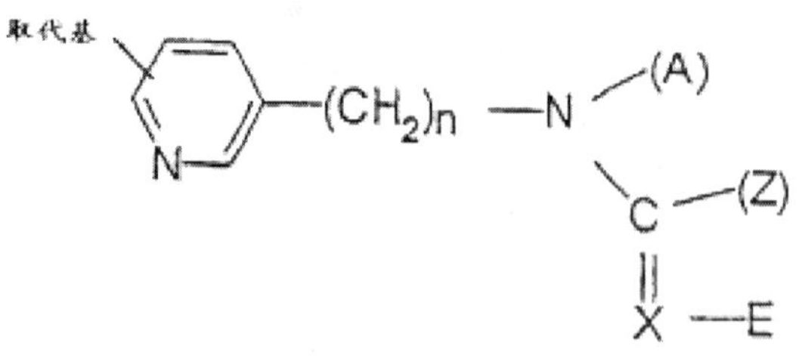

(II),

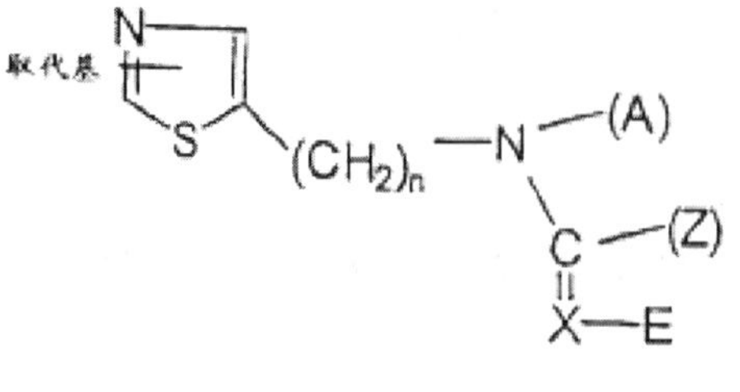

(III),

其中

n代表1或2，

取代基代表卤素，

A、Z、X和E为权利要求7中给出定义。

9. 权利要求8的用途，其中取代基代表氯。

10. 权利要求1~3中任一项的用途，其中烟碱基化合物选自：

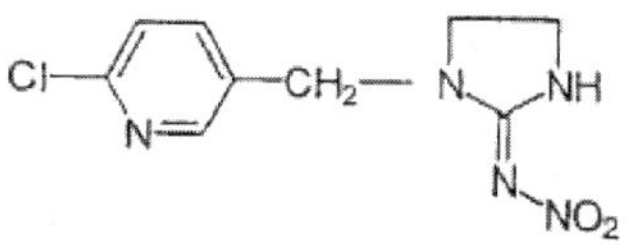
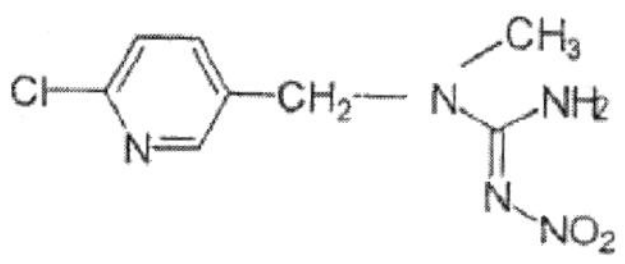

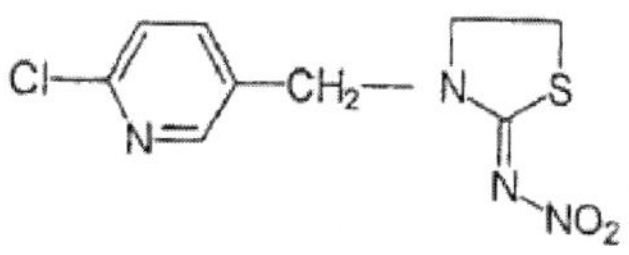
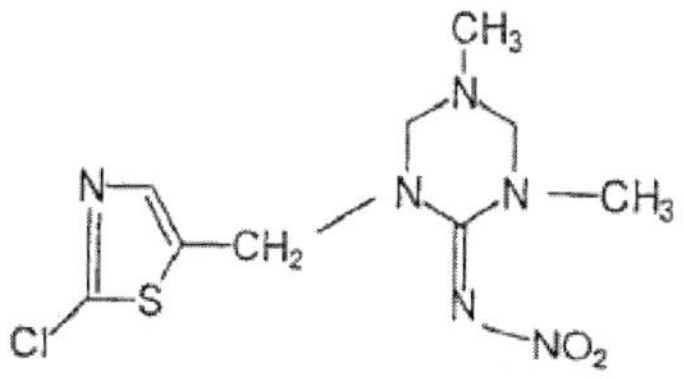

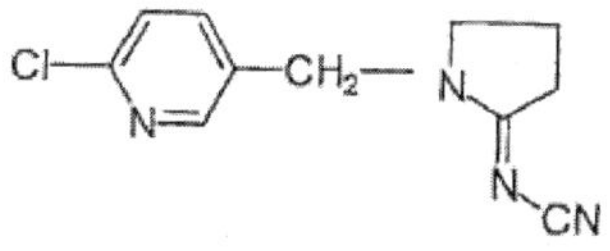
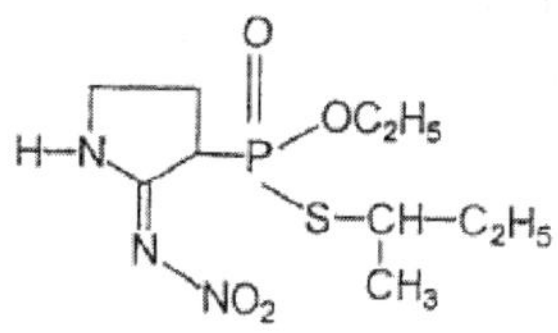

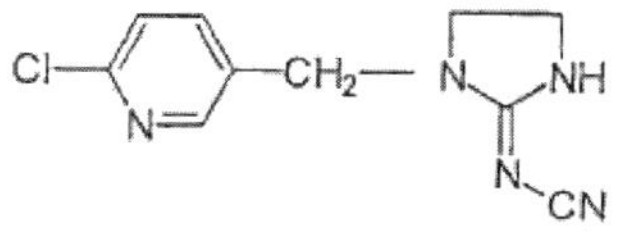
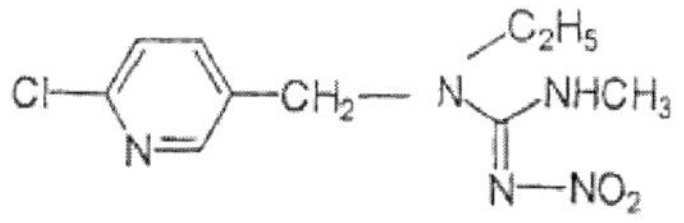

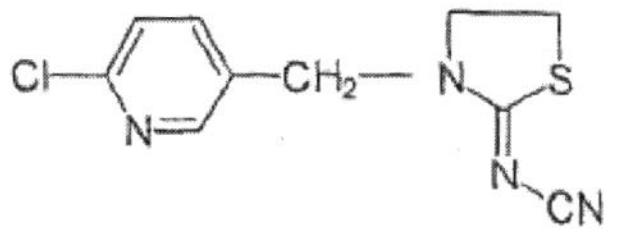
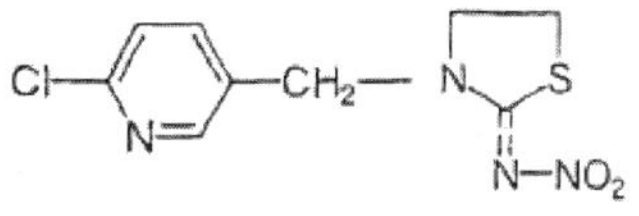

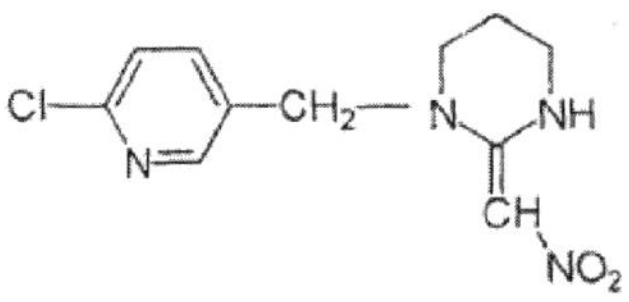
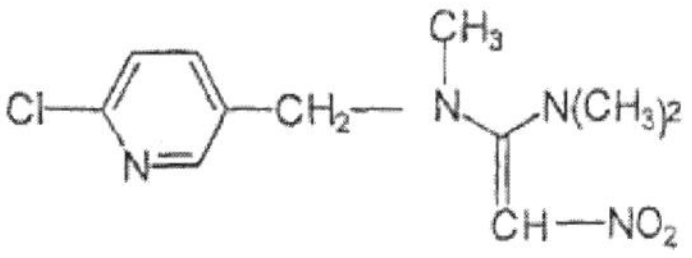

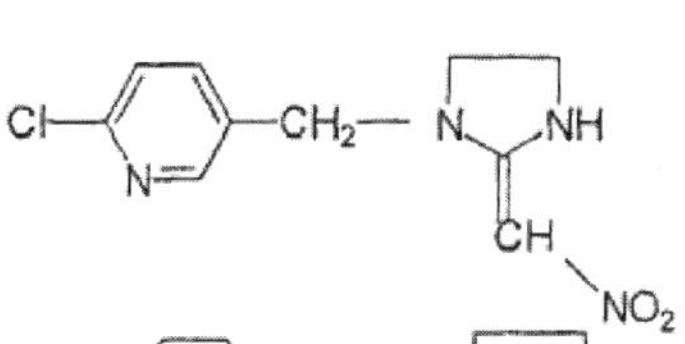
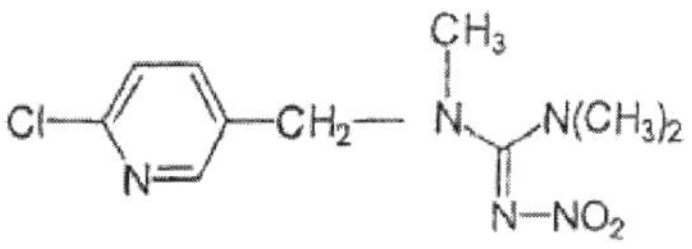

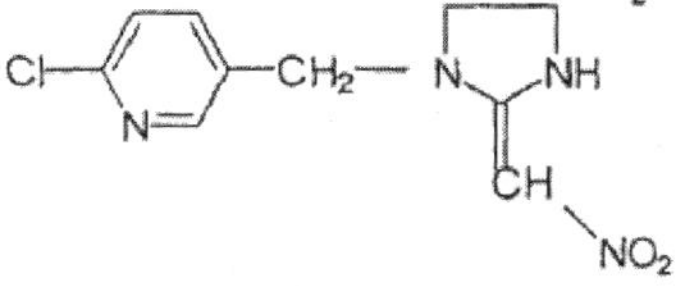
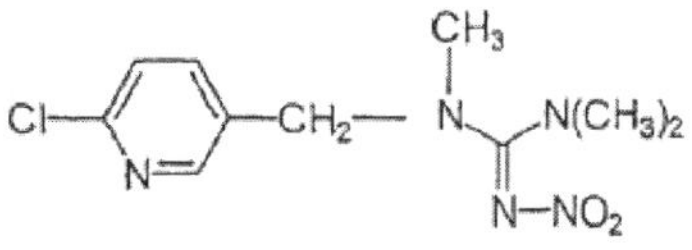

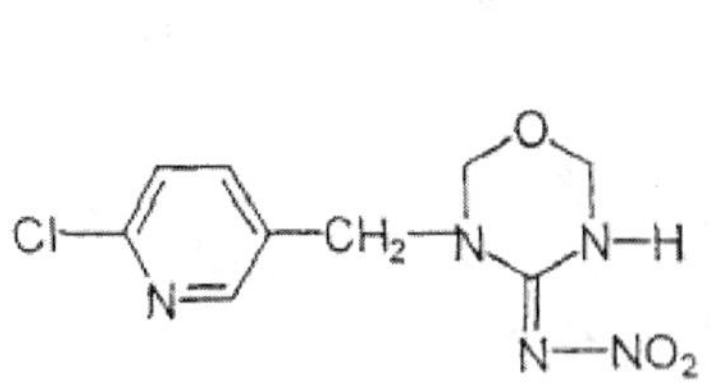
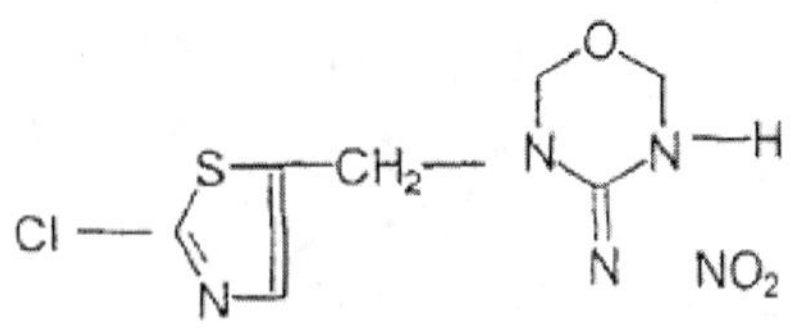

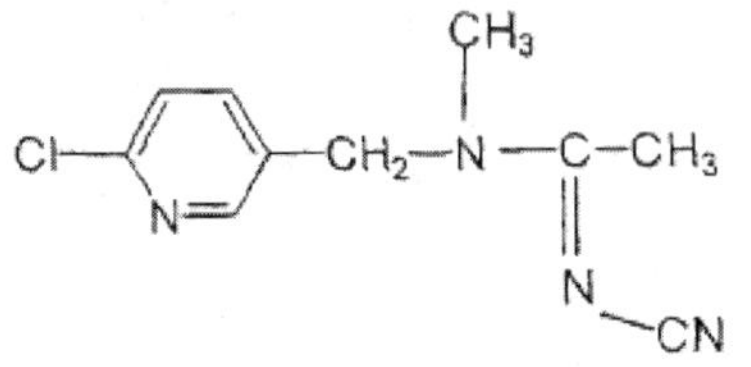
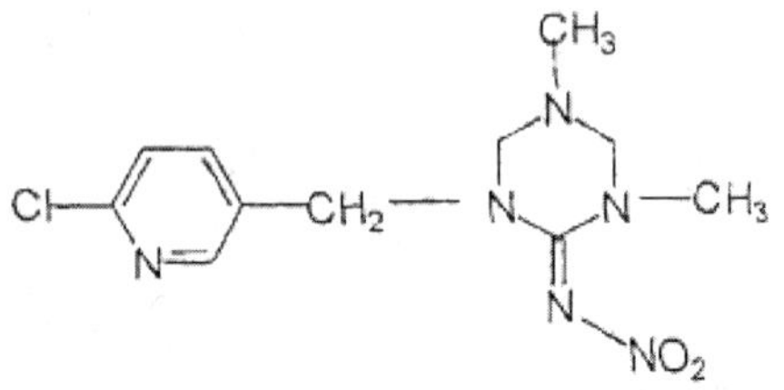

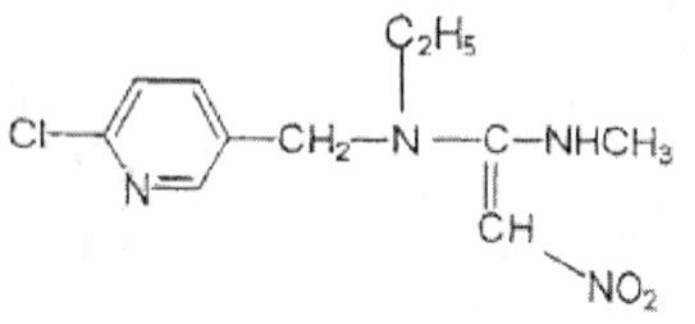
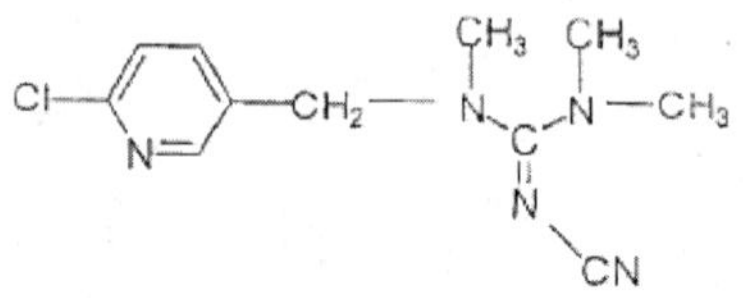

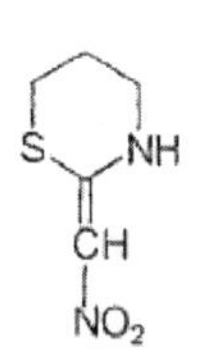
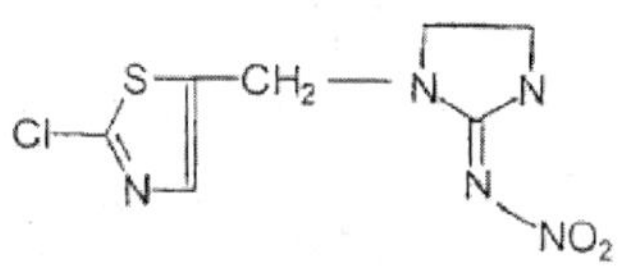

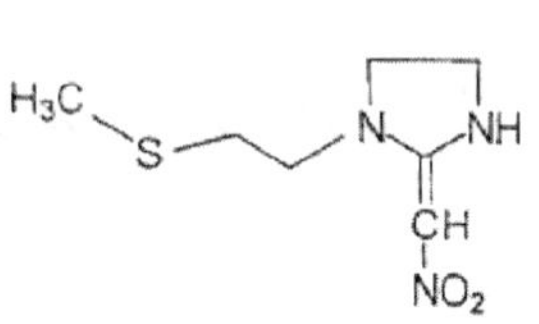
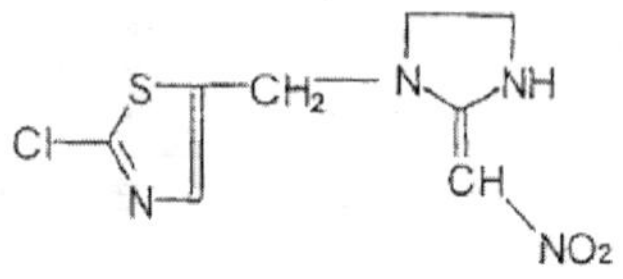

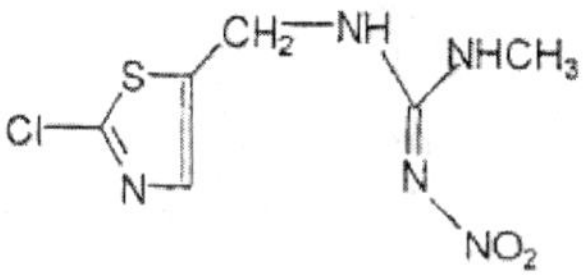
。

11. 权利要求 1~3 中任一项的用途，其中烟碱几化合物为吡虫啉。

12. 权利要求 1~3 中任一项的用途，其中所述产品用于防治哺乳动物的寄生螨类。

13. 权利要求 1~3 中任一项的用途，其中产品是施用于皮肤的。”

驳回决定认为：（1）权利要求 1 中要求保护“拟除虫菊酯和烟碱基化合物的组合在制备用于防治动物的寄生螨类的产品中的用途”，而说明书仅具体实施了氯菊酯和吡虫啉的组合物；对于寄生螨类靶标，本申请中也仅测试了氯菊酯和吡虫啉组合物对蜱螨目的美洲犬蜱和血红扇头蜱具有协同增效作用；虽然拟除虫菊酯类杀虫杀螨剂具有某些共同的作用机制，但不同的拟除虫菊酯杀虫剂的作用机制之间并非完全相同，并非所有烟碱基化合物均具有完全相同的杀虫作用机制，并且不同杀虫剂之间的协同作用是不可预期的。因此，所属领域技术人员无法预见所有拟除虫菊酯与所有的烟碱基化合物之间均具有协同增效作用；而根据现有技术中拟除虫菊酯和烟碱基化合物对昆虫和蜱、螨的不同活性特点，由于协同增效的不可预期性，也不能由氯菊酯与吡虫啉组合物对蜱的活性，得到该组合物也同样对螨同样能够提高活性并延长持效期、同样具有协同增效活性，更加无法预见所有的拟除虫菊酯与烟碱基化合物的组合均对螨具有协同增效作用，因此权利要求1中的“拟除虫菊酯和烟碱基化合物的组合”和“寄生螨类”均得不到说明书支持。（2）根据同样的理由，权利要求4、5、7~10、12中对于“拟除虫菊酯”、“烟碱基化合物”、“寄生螨类”的限定也得不到说明书的实质支持。（3）权利要求7、8中对烟碱基化合物的结构式中的取代基进行限定的“烷基”、“酰基”、“芳基”、“芳烷基”、“杂芳基”、“杂芳烷基”、“双官能基”、“吸电子基团”属于范围无限宽泛的上位概念，这样限定了范围无限宽泛的烟碱基化合物，根据现有技术以及说明书中公开的具体技术内容，所属领域的技术人员无法预期权利要求7、8中这些上位概念限定的烟碱基化合物是否均能解决发明的技术问题并达到预期的技术效果，因此权利要求7、8的上位概念概括的技术方案也得不到说明书的支持。因此，权利要求1、4、5、7~10、12所要求保护的技术方案不符合专利法第26条第4款的规定。

2006年12月4日，申请人拜尔健康护理有限责任公司（下称请求人）对上述驳回决定不服，向专利复审委员会提出复审请求，请求人在提出复审请求时对权利要求书进行了修改，并提交了附件1。相对于驳回决定所针对的权利要求书，请求人对权利要求1、7、12进行了修改，其余权利要求保持不变，其中将权利要求1、12中的“寄生螨类”限定为“寄生蜱”，并对权利要求7的“烷基”、“酰基”、“芳基”等进行了限定。

附件1：狗身上的血红扇头蜱（Rhipicephalus sanguineus）的体内活性数据，英文，复印件1页。

修改后的权利要求第1、7、12项为：

“1. 拟除虫菊酯和烟碱基化合物的组合在制备用于防治动物的寄生蜱的产品中的用途。

7. 权利要求1~3中任一项的用途，其中烟碱基化合物是式（I）化合物

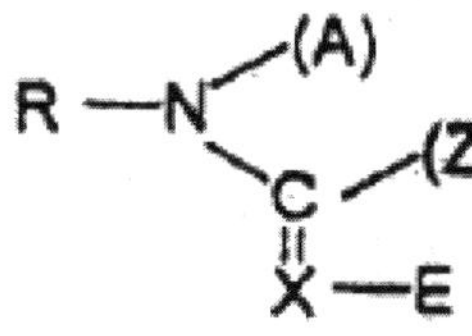

(I),

其中

R代表氢、任选取代的酰基、烷基、芳基、芳烷基、杂芳基或杂芳烷基；

A代表氢、酰基、烷基、芳基的单官能基；或代表连接到Z基团上双官能基；

E代表吸电子基团；

X代表-CH=或=N-基团，基团-CH=中的氢原子可以不存在，而碳原子连接到基团Z上；

Z代表烷基、－O-R，-S-R，

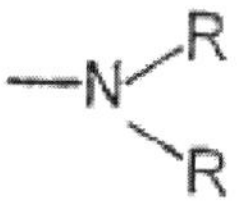

基团

或代表连接到基团 A 或基团 X 上的双官能基；

其中酰基为甲酰基、烷基羰基、芳基羰基、烷基磺酰基、芳基磺酰基、（烷基）-（芳基）-磷酰基；

烷基为 C_{1-10}-烷基；

芳基为苯基或萘基；

芳烷基为苯基甲基或苯基乙基；

杂芳基为具有多至 10 个环原子和 N、O 或 S 作为杂原子的杂芳基；

杂芳基烷基为具有多至 6 个环原子和 N、O 或 S 作为杂原子的杂芳基甲基或杂芳基乙基；

双官能基为具有 1~4 碳原子的亚烷基；

吸电子基团为 NO_2、CN 和 1，5-卤代-C_{1-4}-羰基；

所述基团的取代基为具有 1 至 4 个碳原子的烷基；具有 1 至 4 个碳原子的烷氧基；具有 1 至 4 个碳原子的烷硫基；具有 1 至 4 个碳原子和 1 至 5 个卤原子的卤代烷基，其中卤原子是相同或不同的且为氟、氯或溴；羟基；氟、氯、溴或碘；氰基；硝基；氨基；单烷基-和二烷基氨基，其中每个烷基具有 1 至 4 个碳原子；羧基；具有 2 至 4 个碳原子的甲烷氧基；磺基；具有 1 至 4 个碳原子的烷基磺酰基；具有 6 至 10 个芳基碳原子的芳基磺酰基；或者氯吡啶基氨基或氯吡啶基甲基氨基；

A 和 Z 可以与和它们连接的原子一起形成 5~7 元饱和或不饱和杂环，所述杂环可包含 1 或 2 个相同或不同的选自氧、硫、氮或 N-C_{1-4}烷基的杂原子和/或杂基。

12. 权利要求 1~3 中任一项的用途，其中所述产品用于防治哺乳动物的寄生蜱。”

请求人认为：从附件 1 的活性数据可以看出，氟氯苯菊酯和吡虫啉结合有增效作用，且除了吡虫啉外的其他烟碱基化合物也可用于本发明的组合；拟除虫菊酯具有共同的作用机理，烟碱基化合物也具有共同的作用机理，抗寄生蜱螨的增效作用是基于这样一个出人意料的发现，即这两种机理的组合产生了增效活性；拟除虫菊酯/烟碱基化合物组合的协同效果作用于神经递质和受体位点，反应可能会发生变化，但此变化受到的是制剂或者昆虫神经系统之外的生理条件的影响，而不受作用方式的影响。

经形式审查合格后，专利复审委员会受理了该请求，并于 2007 年 1 月 24 日向请求人发出了《复审请求受理通知书》，同时将本申请转送至国家知识产权局原审查部门进行前置审查。

在《前置审查意见书》中，国家知识产权局原审查部门认为：申请人补交的实验数据是本申请申请日之后的提交的，不予考虑；权利要求 1、4、5、7~10 中对“拟除虫菊酯”、“烟碱基化合物”的限定得不到说明书的实质支持，因此坚持驳回决定。

专利复审委员会组成合议组，对本复审请求案进行了审理。

合议组于 2008 年 4 月 7 日向请求人发出《复审通知书》，指出：（1）权利要求 7 中“甲酰基”、“烷基羰基”使其保护范围不确定，权利要求 7 不符合专利法实施细则第 20 条第 1 款的规定；（2）权利要求 1 中的“拟除虫菊酯”和“烟碱基化合物”在现有技术中均属于一类化合物的总称，属于概括了一定范围的上位概念。拟除虫菊是指一类模拟天然除虫菊酯化学结构合成的杀虫剂，而烟碱基化合物则仅限定了化合物含有烟碱基。如说明书所述，本发明相对于现有技术要解决的技术问题是拟除虫菊酯和烟碱基化合物的组合具有显著提高的抗蜱类活性和抗蜱类的持效性的协同效果。虽然拟除虫菊酯类杀虫剂具有某些共同的作用机制，但是拟除虫菊酯杀虫剂的杀虫作用机制是多方面的，不同的拟除虫菊酯杀虫剂的作用机制之间并非完全相同。同样，并非所有烟碱基化合物均具有完全相同的杀虫作用机制。不同杀虫剂之间的协同增效作用机制与多方面因素有关，不同杀虫剂之间的协同增效作用是不可预期的，并非由杀虫剂的已知杀虫作用机制即可推断杀虫剂之间的协同作用的存在与否。因此根据现有技术以及本申请唯一具体实施的氯菊酯与吡虫啉的组合，所属领域的技术人员无法预见所有拟除虫菊酯与所有烟碱基化合物之间的组合均具有协同增效作用，而请求人在复审请求时提交的附件系申请日后提交的补充实验证据，不能用于说明权利要求请求保护的范围是否得到说明书的支持，故权利要求1不符合专利法第26条第4款的规定。同理，从属权利要求2~13也得不到说明书的支持，不符合专利法第26条第4款的规定。

针对上述《复审通知书》，请求人于2008年5月22日提交了意见陈述书，说明书第4页以及权利要求书的修改替换页，其中说明书第4页根据PCT原文“carbalkoxy”将“甲烷氧基”修改为“烷氧羰基”，删除了权利要求5~11，将权利要求1~4中的拟除虫菊酯修改为氯菊酯，将权利要求1~4中的烟碱基化合物修改为吡虫啉，修改后的权利要求书共6项权利要求。请求人认为：修改后的文本已经克服了《驳回决定》和《复审通知书》所指出的缺陷。

修改后的权利要求书为：

“1. 氯菊酯和吡虫啉的组合在制备用于防治动物的寄生蜱的产品中的用途。

2. 权利要求1的用途，其中氯菊酯和吡虫啉包含在两个单独的制剂中。

3. 权利要求1的用途，其中氯菊酯和吡虫啉包含在同一制剂中。

4. 权利要求1~3中任一项的用途，其中基于制剂的总重量，氯菊酯的浓度为0.1~60重量%，吡虫啉的浓度为0.001~25重量%。

5. 权利要求1~3中任一项的用途，其中所述产品用于防治哺乳动物的寄生蜱。

6. 权利要求1~3中任一项的用途，其中产品是施用于皮肤的。”

至此，合议组认为本案事实清楚，可以作出审查决定。

二、决定的理由

1. 关于审查文本

本复审请求审查决定针对的文本是请求人于进入中国国家阶段时提交的国际申请文件的说明书第1、5~18页及说明书摘要，2006年6月26日提交的说明书第2页，2005年12月6提交的说明书第3页，2008年5月22日提交的说明书第4页，2008年5月22日提交的权利要求第1~6项。

2. 关于专利法第26条第4款

专利法第26条第4款规定：权利要求书应当以说明书为依据，说明要求专利保护的范围。

权利要求书应当以说明书为依据，是指权利要求应当得到说明书的支持。如果所属技术领域的技术人员从说明书所公开的内容中能得到或概括得出一项权利要求所要求保护的技术方案，则该项权利要求得到了说明书的支持。

就本申请而言，权利要求1请求保护“氯菊酯和吡虫啉的组合在制备用于防治动物的寄生蜱的产品中的用途”。

实施例1对氯菊酯和吡虫啉的组合进行了试验。根据说明书表1~3的结果可知，氯菊酯和吡虫啉的组合对美洲犬蜱和血红扇头蜱具有协同增效作用。本领域技术人员已知，美洲犬蜱和血红扇头蜱都属于动物的寄生蜱类，同一药物对同属于寄生蜱类的各种寄生蜱通常具有相同或近似的药理作用机制，因此由说明书中公开的氯菊酯和吡虫啉的组合对美洲犬蜱和血红扇头蜱具有协同增效作用，本领域技术人员可知氯菊酯和吡虫啉的组合对防治动物的所有寄生蜱应同样有效，因此由说明书公开的内容能概括得到“氯菊酯和吡虫啉的组合在制备用于防治动物的寄生蜱的产品中的用途”这一技术方案，即权利要求1的技术方案得到了说明书的支持，符合专利法第26条第4款的规定。

从属权利要求2~6进一步限定了权利要求1中的制剂形式、氯菊酯和吡虫啉的浓度、施用对象等，在权利要求1得到说明书支持的前提下，从属权利要求2~6也得到说明书的支持，符合专利法

第 26 条第 4 款的规定。

基于《驳回决定》和《复审通知书》指出的“拟除虫菊酯”、“烟碱基化合物”、“寄生螨类”等得不到说明书支持的内容在新的权利要求书中已不存在，故《驳回决定》和《复审通知书》中所指出的缺陷已克服。

根据上述事实和理由，合议组作出如下审查决定。

三、决定

撤销国家知识产权局于 2006 年 8 月 18 日针对第 01819719.1 号发明专利申请作出的驳回决定，由国家知识产权局原实审部门以请求人于进入中国国家阶段时提交的国际申请文件的说明书第 1、5~18 页及说明书摘要，2006 年 6 月 26 日提交的说明书第 2 页，2005 年 12 月 6 提交的说明书第 3 页，2008 年 5 月 22 日提交的说明书第 4 页，2008 年 5 月 22 日提交的权利要求第 1~6 项为基础，继续审批程序。

复审请求人对本决定不服的，可以根据专利法第 41 条第 2 款的规定，自收到本决定之日起三个月内向北京市第一中级人民法院起诉。

082

包含高纯度滑石的阻燃聚碳酸酯模塑组合物

复审请求审查决定（第13696号）

决　定　号　第13696号
决　定　日　2008年6月18日
发明创造名称　包含高纯度滑石的阻燃聚碳酸酯模塑组合物
国际分类号　C08K 13/02，C08L 69/00
复审请求人　拜尔公司
申　请　号　00817689.2
优先权日　1999年12月24日
申　请　日　2000年12月12日
公　开　日　2003年4月23日
合议组组长　刘　亚
主　审　员　黄　强
参　审　员　刘　磊

法律依据　专利法第22条第3款
决定要点

当要求保护的发明与最接近的现有技术相比较，其区别特征为本领域工具书中披露的解决本申请实际要解决的技术问题的普通技术知识，或为另一份现有技术对比文件中披露的相关技术手段，该技术手段在该对比文件中所起的作用与该区别特征在要求保护的发明中为解决技术问题所起的作用相同时，要求保护的发明对本领域技术人员而言是显而易见的，不具备创造性。

一、案由

本复审请求案涉及发明名称为“包含高纯度滑石的阻燃聚碳酸酯模塑组合物”的第00817689.2号发明专利申请（下称本申请），申请人为拜尔公司，申请日为2000年12月12日，优先权日为1999年12月24日，公开日为2003年4月23日。

2005年2月4日，针对申请人于2004年8月24日提交的权利要求第1~18项，2004年3月22日提交的说明书第1、1a、7页，进入中国国家阶段时提交的国际申请文件的说明书第2~6、8~25页以及说明书摘要，国家知识产权局以权利要求1~18相对于对比文件1~3不符合专利法第22条第3款的规定为由驳回了本申请，具体理由为：（1）对比文件1（WO9928385A1，公开日为1999年6月10日）公开了一种聚碳酸酯模制材料（参见权利要求1~10，说明书第3页第10行至第19页第9行，实施例表2），对比文件2（日本特开平7~316411A，公开日为1995年12月5日）公开了一种芳族聚碳酸酯模塑组合物（参见权利要求1~2）。对比文件1与本申请的权利要求1相比，区别是对比文件1未给出滑石的主要组成并且粒径不同，但两者均为模塑组合物，《塑料橡胶加工助剂》给出了滑石的一般性质，并且平均粒径大小对冲击强度有一定影响，对比文件2的组合物含有1%~20%平均粒度2μm或更小的煅烧滑石填料，该组合物具有良好的加工性、冲击强度、受热条件下的尺寸稳定性等，因此在对比文件1的基础上结合对比文件2和本领域的普通技术知识，得出权利要求1的技术方案，对所属领域的技术人员而言是显而易见的，因而权利要求1不具备创造性。（2）从属权利要求2~15的附加技术特征在对比文件1或对比文件3（DE19734661A1，公开日为1999年2月18日）中已经公开，因此权利要求2~15也不具备创造性。（3）权利要求16~18分别要求保护前述组合物的制备方法、用途和得到的制品，对比文件1也公开了生产聚碳酸酯组合物的方法、用于生产模制品的用途以及制得的模制品，在其涉及的组合物没有创造性的基础上，权利要求16~18也不具备创造性。驳回决定所针对的权利要求书如下：

“1. 组合物，其包含40wt%~98wt%的至少一种芳香族聚碳酸酯、0.5wt%~50wt%的作为冲击改性剂的至少一种接枝聚合物、0.5wt%~40wt%至少一种含磷阻燃剂和0.05wt%~40wt%的滑石，所述滑石的特征在于每种情况以滑石为基准MgO的含量为30.5wt%~32wt%、SiO_2含量为60wt%~62.5wt%和Al_2O_3的含量<0.7wt%，其中所述滑石的另外特征在于最大直径为2.5μm或更小的所述滑石粒子占滑石重量的至少50%，该接枝聚合物是5wt%~95wt%的至少一种乙烯单体与95wt%~5wt%的至少一种玻璃化温度<10℃的接枝基体的接枝聚合物。

2. 权利要求1的组合物，其包含45wt%~95wt%的所述至少一种芳香族聚碳酸酯、1wt%~35wt%的所述至少一种接枝聚合物、2wt%~20wt%的所述至少一种含磷阻燃剂和0.5wt%~30wt%的所述滑石。

3. 权利要求1的组合物，其包含基于二烯烃、乙烯/丙烯/二烯共聚物、丙烯酸酯或硅橡胶的接枝聚合物。

4. 权利要求1的组合物，其包含乳液或本体丙烯腈/丁二烯/苯乙烯共聚物或其混合物作为冲击改性剂。

5. 权利要求1的组合物，其包含至少一种选自以下化合物的含磷阻燃剂：单-或低聚磷酸或膦酸酯、膦酸酯胺或磷腈。

6. 权利要求5的组合物，其包含至少一种通式为（IV）的磷化合物作为阻燃剂：

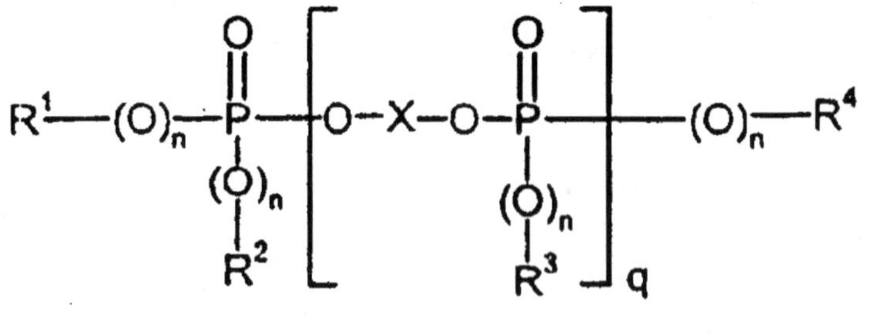

(IV)

其中

R^1、R^2、R^3和R^4相互独立地是任选卤代的C_1-C_8-烷基、或C_5-C_6-环烷基、C_6-C_{20}-芳基或C_7-C_{12}-芳烷基，其任选地被烷基和/或卤素取代，

取代基数n相互独立地是0或1，

q代表0~30，和

X代表含有6~30个碳原子的单-或多环芳香族基团，或线型或支化的含有2~30个碳原子的脂肪族基团，其可以是OH-取代的和包含最多8个醚键。

7. 权利要求 6 的组合物，其包含至少一种以下通式的化合物作为阻燃剂：

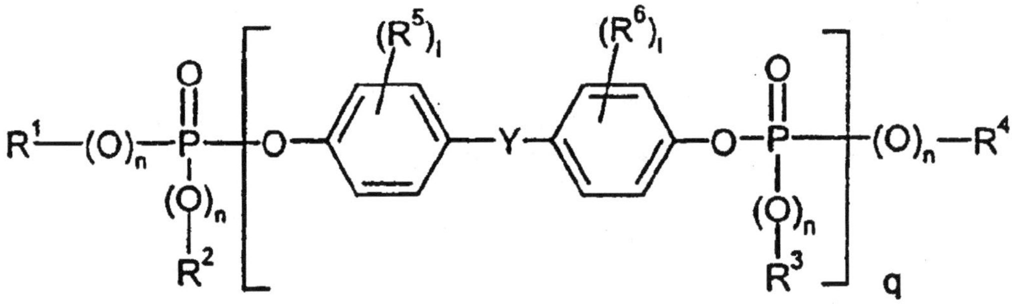

(IVa)

其中

R^1、R^2、R^3 和 R^4 相互独立地是 C_1–C_8–烷基和/或任选烷基取代的 C_5–C_6–环烷基、C_6–C_{10}–芳基或 C_7–C_{12}–芳烷基，

取代基数 n 相互独立地是 0 或 1，

取代基数 1 相互独立地是 0、1、2、3 或 4，

q 是 0.5~6，

R^5 和 R^6 相互独立地是 C_1–C_4–烷基，和

Y 代表 C_1–C_7–（1，1）亚烷基、C_1–C_7–亚烷基、C_5–C_{12}–亚环烷基、C_5–C_{12}–（1，1）亚环烷基、–O–、–S–、–SO–、–SO_2–或–CO–。

8. 权利要求 6 的组合物，其包含至少一种以下通式的化合物作为阻燃剂：

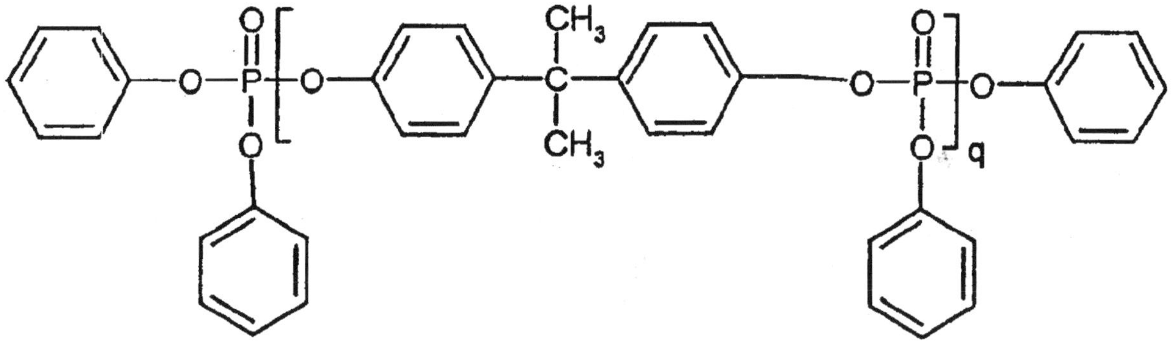

其中 q 是 0.3~10。

9. 权利要求 1 的组合物，其包含乙烯基（共）聚合物、聚对苯二甲酸亚烷基酯或其混合物。

10. 权利要求 9 的组合物，其包含以总组合物为基准最高 30wt% 的乙烯基共聚物。

11. 权利要求 1 的组合物，其进一步包含商业上可得的添加剂，例如，抗滴剂、润滑剂和脱模剂、成核剂、抗静电剂、稳定剂、着色和颜料以及除滑石外的填料和增强剂。

12. 权利要求 11 的组合物，其包含氟化聚烯烃作为抗滴剂，其任选以与权利要求 4 的接枝聚合物或乙烯基（共）聚合物的凝聚物、预混合物或母料的形式使用

13. 权利要求 1 的组合物，其包含 50wt%~90wt% 的至少一种芳香族聚碳酸酯、1.5wt%~25wt% 的至少一种权利要求 4 的接枝聚合物、2wt%~20wt% 的至少一种权利要求 7 的阻燃剂、0wt%~20wt% 的乙烯（共）聚合物和 1wt%~20wt% 的权利要求 1 的滑石，所述组分的总量为 100。

14. 权利要求 1 的组合物，其包含 50wt%~90wt% 的至少一种芳香族聚碳酸酯、1.5wt%~25wt% 的至少一种权利要求 4 的接枝聚合物、2wt%~20wt% 的至少一种权利要求 8 的阻燃剂、0wt%~20wt% 的乙烯（共）聚合物和 1wt%~20wt% 的权利要求 1 的滑石，所述组分的总量为 100。

15. 上述权利要求任何一项的组合物，其特征在于壁厚小于或等于 1.5mm 时通过 UL 94 V 测试 V-0 级。

16. 用于生产权利要求 1 的组合物的方法，其中将单个组分混合和在高温下配混。

17. 一项或多项上述权利要求的组合物用于生产任何种类的模塑体和模塑制品的用途。

18. 由一项或多项上述权利要求的组合物生产的模塑体和模塑制品。”

2005 年 5 月 19 日，申请人拜尔公司（下称请求人）对上述驳回决定不服，向专利复审委员会提出复审请求，在提出复审请求时没有对申请文件进行修改，请求人认为：（1）滑石的化学组成，特别是氧化铝含量对于本发明组合物的机械性能是关键的，审查员所列举的参考文献中给出了 0.5% ~ 5% 的滑石的氧化铝含量，而本申请要求的氧化铝含量为低于 0.7%，由此从现有技术的宽范围的滑石种类中选出很小的一部分，获得了改进的阻燃性、模量和 ESC 性状，现有技术中并没有给出或暗示滑石的氧化铝含量与模塑组合物性能之间的关系；（2）与在相同浓度下使用其他类型的滑石填料（表 1 的 C_1 * 和 C_2 *）相比，使用本发明权利要求 1 中的高纯型的滑石填料，能够在 1.2mm 壁厚下提高阻燃性，并且能够得到较高的弹性模量（表 1 中的实施例 3、4 和 5），因此本申请具备创造性。

2005 年 6 月 23 日，经形式审查合格后，专利复审委员会受理了该请求，向请求人发出了《复审请求受理通知书》，同时向国家知识产权局原审查部门发出了前置审查意见通知书。

在《前置审查意见书》中，国家知识产权局原审查部门认为实施例 1 表 1 中给出的数据不能证明使用本发明的滑石与现有技术中的 0.5% ~5% 氧化铝的滑石效果不同，因而本申请不具备创造性，故坚持驳回决定。

专利复审委员会组成合议组，对本复审请求案进行了审理，并于 2007 年 11 月 2 日发出了《复审通知书》，指出：（1）与对比文件 1 公开的技术方案相比，权利要求 1 的组合物技术领域完全相同，区别在于对比文件 1 没有给出滑石的主要组成，并且两者所用滑石的粒径或粒度分布不相同，而对比文件 2 公开了一种模塑组合物，已经给出了可通过对滑石的粒径或粒度进行选择，从而能够改进模塑组合物的机械性能的技术教导，此外，本领域技术人员可以知道本领域通用的滑石填料的组成，如《塑料橡胶加工助剂》给出了滑石的一般性质：SiO_2 含量为 58wt% ~62wt%，MgO 含量为 28wt% ~ 31wt%，Al_2O_3 含量为 0.5wt% ~5wt%，因此在对比文件 1 公开的技术方案的基础上，结合本领域关于滑石的普通技术知识，并根据对比文件 2 的教导，得到权利要求 1 的技术方案，这对于本领域技术人员而言是显而易见的，因而权利要求 1 不具备创造性，不符合专利法第 22 条第 3 款的规定；（2）从属权利要求 2~15 的附加技术特征在对比文件 1 中已经公开，或者是本领域技术人员所共知的，因此权利要求 2~15 也不具备创造性；（3）权利要求 16~18 分别要求保护前述组合物的制备方法、用途和得到的制品，对比文件 1 也公开了生产聚碳酸酯组合物的方法、用于生产模制品的用途以及制得的模制品，在其涉及的组合物没有创造性的基础上，权利要求 16 ~ 18 也不具备创造性；（4）对于请求人提复审请求时陈述的意见，由于本申请表 1 的对比实施例中使用的滑石不是本领域的通用滑石，而是特定氧化物含量的特殊的滑石填料，因而用特殊的滑石填料作为比较基础得出的结论不能证明本申请取得了出人意料的技术效果。

2008 年 2 月 18 日，针对上述《复审通知书》，请求人提交了意见陈述书和补充实验证据，未对申请文件进行修改。请求人主要意见为：补充实验的数据表明，与对比实施例 17 和 18 相比，本发明的组合物 16 展现的是改进的阻燃性，同时也展现了最高的弹性模量以及在 ESC 试验中最好的结果，因此本申请请求保护的包含 Al_2O_3 含量<0.7wt% 的滑石的组合物与包含 Al_2O_3 含量为 0.5wt% ~5 wt% 的现有技术滑石的组合物相比具有显著进步的技术效果。

本案合议组经合议后认为本案事实已经清楚，可以作出复审决定。

二、决定的理由

1. 关于文本

本复审决定针对的文本是驳回决定所针对的文本，即2004年8月24日提交的权利要求第1~18项，2004年3月22日提交的说明书第1、1a、7页，进入中国国家阶段时提交的国际申请文件的说明书第2~6、8~25页以及说明书摘要。

2. 关于专利法第22条第3款

专利法第22条第3款规定：创造性，是指同申请日以前已有的技术相比，该发明有突出的实质性特点和显著的进步。

当要求保护的发明与最接近的现有技术相比较，其区别特征为本领域工具书中披露的解决本申请实际要解决的技术问题的普通技术知识，或为另一份现有技术对比文件中披露的相关技术手段，该技术手段在该对比文件中所起的作用与该区别特征在要求保护的发明中为解决技术问题所起的作用相同时，要求保护的发明对本领域技术人员而言是显而易见的，不具备创造性。

就本申请而言，权利要求1请求保护的是一种组合物，包含40wt%~98wt%的至少一种芳香族聚碳酸酯、0.5wt%~50wt%的作为冲击改性剂的至少一种接枝聚合物、0.5wt%~40wt%至少一种含磷阻燃剂和0.05wt%~40wt%的滑石，权利要求1还对滑石的主要组成和粒径以及所述接枝聚合物的组成做了如下限定：所述滑石的特征在于每种情况以滑石为基准MgO的含量为30.5wt%~32wt%、SiO_2含量为60wt%~62.5wt%和Al_2O_3的含量<0.7wt%，所述滑石的另外特征在于最大直径为2.5μm或更小的所述滑石粒子占滑石重量的至少50%，该接枝聚合物是5wt%~95wt%的至少一种乙烯单体与95wt%~5wt%的至少一种玻璃化温度<10℃的接枝基体的接枝聚合物。

对比文件1（WO9928385A1，公开日为1999年6月10日）公开了一种模制材料，该材料包含：A. 至少一种聚碳酸酯；B. 至少一种基于玻璃化转变温度低于10℃的弹性体的接枝聚合物；C. 至少一种含有乙烯基芳香族单体的共聚物；D. 至少一种填料；以及在所希望的情况下还可含有：E. 至少一种阻燃剂；F. 至少一种添加剂；上述组合物还可以包含：G. 至少一种低分子量的无卤酸；H. 至少一种聚烷基丙烯酸酯（参见权利要求1）。这种模制材料可用于生产模制品、薄型材料或纤维材料，以及由以上材料制得的成型制品。对比文件1的说明书第3页第10行至第19页第9行对上述的模制材料组合物中各个组分的具体选择和含量做了进一步的描述，具体如下：

组分A：以模制材料总重计，组分A为10wt%~92.4 wt%，包含至少一种聚碳酸酯或由两种或多种聚碳酸酯组成的混合物。适合的A组分可以是均聚碳酸酯或者共聚碳酸酯，用于制备芳族聚碳酸酯和/或芳香族聚碳酸酯的二酚，优选的是具有通式1的联苯酚

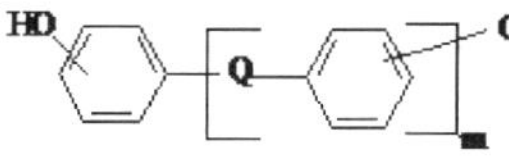

其中Q表示一个简单的键，C_2到C_3的亚烷基基团、C_3到C_6的环亚烷基基团，以及-S-或是-SO_2-。m表示从0到2的整数。

组分B：组分B的接枝共聚物是一种共聚物或两种或多种不同的接枝共聚物所组成的混合物，其用量为以模制材料总重计的2wt%~50 wt%。该接枝共聚物基于一种玻璃化转变温度低于10°C，优选低于0°C的弹性体。用作弹性体的有天然橡胶或合成橡胶，如二烯烃橡胶、丙烯酸橡胶、硅橡胶等。优选的接枝共聚物是由b1. 接枝基体中40~80重量%玻璃转变温度低于0°C的弹性体；b2. 接枝基体中20~60重量%的含有乙烯基的单体。

组分 C：以模制材料的总重量计，组分 C 在模制材料的含量为 2wt% ~50 wt%。它是一种包含有乙烯基芳族单体的共聚物或两种或多种这样的不同共聚物组成的混合物。其优选的组成是 C_1. 60~95 重量%，优选 65~85 重量% 的苯乙烯；C_2. 5~40 重量%，优选 15~35 重量% 的至少一种不饱和腈，优选丙烯腈或甲基丙烯腈或其混合物。

组分 D：以模制材料的总重计，组分 D 的量为 0.5~25，优选 1~20 重量%。特别优选作为颗粒形式的填料包括滑石。滑石具有至少 95 重量% 的重量份并且具有小于 40μm 的直径和 1.5~25 的外观比。

组分 E：组分 E 可以是不含卤素的磷化合物。其中可以使用每分子超过一个 P 原子的磷酸酯作为成分 E。例如具有化学式Ⅳ、Ⅴ的单或低聚磷化合物。

Ⅳ：

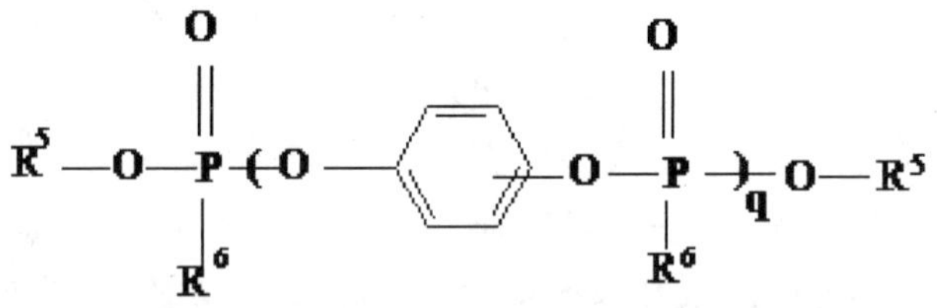

Ⅴ：

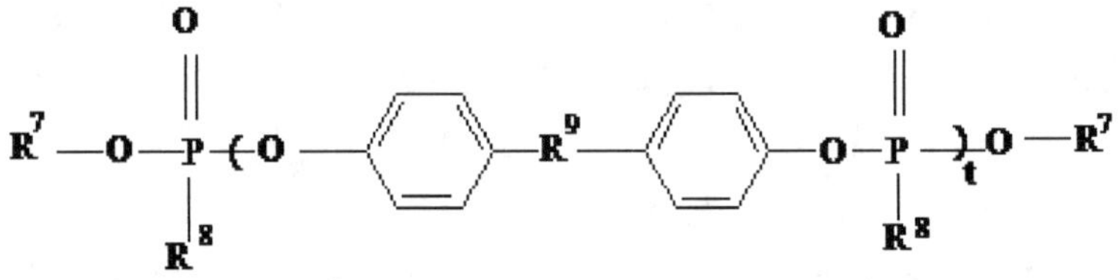

其中 R^5 和 R^7 相互独立的代表取代或未取代的烷基或芳基；R^6、R^8、R^{10}和 R^{11}相互独立的代表取代或未取代的烷基、芳基、烷氧基或芳氧基；R^9 代表 $-SO_2-$、$-CO-$、$-N=N-$、$-(R^{12})P(O)-$，其中 R^{12}代表取代或未取代的烷基、芳基、烷氧基；q 和 t 相互独立的表示 1 到 30 的平均值或整数值。

此外，在模制材料中还可以使用一种助剂或是多个不同的助剂组成的混合物，其用量为以模制材料的总量计 0~20，优选 1~15 重量%，如抗静电剂、脱模剂、UV 稳定剂等。该聚碳酸酯组合物的模制品壁厚小于或等于 1.5mm 时通过了 UL-94 测试 V-0 级别。该模制材料的制备方法是：将各组分在双螺杆挤出机中在 250°C 到 280°C 的温度范围内进行混合，然后将其分送分流，冷却和造粒。

将权利要求 1 请求保护的技术方案与对比文件 1 公开的技术方案相比较，两者的技术领域完全相同，区别在于对比文件 1 没有给出滑石的主要组成，并且两者所用滑石的粒径或粒度分布不相同。

通过对本申请与现有技术进行比较分析，本申请实际要解决的技术问题是开发一种模塑组合物，以获得希望的技术效果，即改进的阻燃性、模量和 ESC 性状，这一技术问题的解决是通过对滑石的化学组成以及滑石的粒径或粒度进行限定，选择具有权利要求 1 所述特征的滑石而实现的。

因此，判断本申请是否具有创造性，其焦点在于：现有技术中是否存在对滑石的主要组成以及滑石的粒径或粒度进行限定，从而使模塑组合物具有改进的机械性能的启示。

对比文件 2（日本公开特许公报特开平 7-316411A，公开日为 1995 年 12 月 5 日）公开了一种模塑组合物（参见权利要求 1~2）。该组合物含有 1%~30% 芳香族单磷酸酯阻燃剂和 1%~20% 的平均粒度为 2μm 或更小的煅烧滑石填料。该模塑组合物具有良好的加工性、抗冲击强度、受热条件下的尺寸稳定性等。由此可见，对比文件 2 已经给出了可通过对滑石的粒径或粒度进行选择，从而能够改进模塑组合物的机械性能的技术教导。

此外，本领域技术人员知晓本领域通用的滑石填料的组成以及当填料的粒径减小时不仅有利于填料的分散，还有利于改善原材料性能。如《塑料橡胶加工助剂》（化学工业出版社出版，公开日为 1983 年 5 月）第 557 页给出了滑石的一般性质：SiO_2 含量为 58wt% ~62wt%，MgO 含量为 28wt% ~31wt%，Al_2O_3 含量为 0.5wt% ~5 wt%。

因此对于本领域普通技术人员来说，为更好的改善模塑组合物的性能，在对比文件 1 公开的技术方案的基础上，结合本领域关于滑石的普通技术知识，并根据对比文件 2 给出的技术教导，无需创造性劳动即可得到权利要求 1 的技术方案，尤其这种结合并未给发明带来意料不到的技术效果。由此可见，权利要求 1 与对比文件 1 和 2 以及本领域普通技术知识的结合相比，不具备突出的实质性特点和显著的进步，因而权利要求 1 所请求保护的技术方案不符合专利法第 22 条第 3 款有关创造性的规定。

权利要求 2 的附加技术特征是进一步限定组合物各组分的含量，由于这些组分的含量与对比文件 1 中公开的含量范围存在交叉，该附加技术特征已经被对比文件 1 的技术方案公开（参见对比文件 1 说明书第 3 页第 10 行至第 19 页第 9 行），因此，在其引用的权利要求 1 不具备创造性时，权利要求 2 也不符合专利法第 22 条第 3 款有关创造性的规定。

权利要求 3 的附加技术特征是进一步限定组合物中接枝聚合物的组成，权利要求 5~8 的附加技术特征是对阻燃剂作了进一步的限定，权利要求 9~11 对组合物作了进一步的限定，权利要求 15 对聚碳酸酯组合物作了进一步的限定，然而这些附加技术特征均已在对比文件 1 中公开（参见对比文件 1 说明书第 3 页第 10 行至第 19 页第 9 行），因此，在其引用的权利要求不具备创造性时，权利要求 3、5~8、9~11、15 也不符合专利法第 22 条第 3 款有关创造性的规定。

权利要求 4 的附加技术特征是对组合物中的冲击改性剂作了进一步限定，然而将乳液或本体 ABS 作为冲击改性剂对本领域技术人员而言是公知的，因此，对于本领域普通技术人员来说，在对比文件 1 和 2 的基础上结合本领域的普通技术知识，从而得到权利要求 4 的技术方案是显而易见的。此外，对比文件 3（DE19734661 A1，公开日为 1999 年 2 月 18 日）公开了一种阻燃的热塑性模塑组合物（参见权利要求 1~14、说明书第 7 页第 59 行至第 8 页第 9 行、实施例），该组合物包括：（A）40~98 重量份芳族聚碳酸酯，该组分可以是均聚碳酸酯和共聚碳酸酯。适用的聚碳酸酯可用已知方法支化；（B）0~50 重量份乙烯基共聚物；（C）0.5~60 重量份，优选 1~40 重量份，特别优选 2~30 重量份接枝共聚物；（D）0.5~20 重量份，优选 1~18 重量份的通式 I 所示的磷化合物；（E）0.05~5 重量份，特别优选 0.1~0.5 重量份氟代聚烯烃，优选四氟乙烯聚合物乳液与接枝聚合物的凝聚混合物形式使用；（F）0.1~50 重量份的精细无机化合物。特别优选的聚合物（C）的实例为 ABS。由此可见，在其引用的权利要求不具备创造性时，权利要求 4 也不符合专利法第 22 条第 3 款有关创造性的规定。

权利要求 12 对组合物作了进一步的限定。然而将氟化聚烯烃作为抗滴剂对本领域技术人员而言是公知的，因此，对于本领域普通技术人员来说，在对比文件 1 和 2 的基础上结合本领域的普通技术知识，从而得到权利要求 12 的技术方案是显而易见的。此外，对比文件 3（DE19734661 A1）公开的模塑组合物中含有作为抗滴剂的氟化聚烯烃。由此可见，在其引用的权利要求不具备创造性时，权利要求 12 也不符合专利法第 22 条第 3 款有关创造性的规定。

权利要求 13 和 14 分别请求保护权利要求 1 的组合物，它们分别对权利要求 1 中组合物的组分含量和组分选择做了进一步的限定，然而这种选择并未给其请求保护的组合物带来任何预料不到的技术效果，在其引用的前述权利要求不具备创造性的基础上，权利要求 13、14 请求保护的技术方案也不具备创造性。

权利要求16请求保护生产权利要求1所述的聚碳酸酯组合物的方法，其中，将单个组分混合和在高温下配混。对比文件1也公开了一种将各组分混合和在高温下混合的生产聚碳酸酯组合物的方法(参见对比文件1说明书第3页第10行至第19页第9行)。因此，在权利要求1请求保护的组合物不具备创造性的基础上，权利要求16也不具备突出的实质性特点和显著的进步，不符合专利法第22条第3款有关创造性的规定。

权利要求17请求保护前述权利要求的聚碳酸酯组合物用于模塑体和模塑制品的用途。对比文件1也公开了聚碳酸酯组合物用于生产模塑体和模塑制品的用途（参见对比文件1说明书第3页第10行至第19页第9行)。在前述权利要求所请求保护的聚碳酸酯组合物不具备创造性的基础上，权利要求17也不具备突出的实质性特点和显著的进步，不符合专利法第22条第3款有关创造性的规定。

权利要求18请求保护由前述权利要求的聚碳酸酯组合物生产的模塑体和模塑制品。对比文件1中也公开了由聚碳酸酯组合物生产的模塑体和模塑制品（参见对比文件1说明书第3页第10行至第19页第9行)。在前述权利要求请求保护的聚碳酸酯组合物不具备创造性的基础上，权利要求18也不具备突出的实质性特点和显著的进步，不符合专利法第22条第3条有关创造性的规定。

因此，本申请的权利要求1~18均不具备创造性。

请求人答复《复审通知书》时提交了一份补充实验证据，请求人通过对比试验的方式希望证明包含Al_2O_3含量小于0.7wt%的本申请滑石的组合物与包含Al_2O_3含量在0.5wt%-5wt%的现有技术通用滑石的组合物相比具有显著进步的技术效果，请求人在《答复复审通知书》时特别强调滑石中Al_2O_3的含量对组合物的性能有显著影响，认为补充实验中组合物16、17、18的唯一区别特征在于滑石的类型不同：组合物16包含的滑石中Al_2O_3的含量为0.4wt%，对比实施例17、18包含的Al_2O_3的含量分别为2.5wt%和4.5wt%，并认为实验结果表明本发明的组合物16展现的是改进的阻燃性（较短的后燃烧时间)，同时也展现了最高的弹性模量以及在ESC试验中最好的结果，因此本申请请求保护的组合物中加入滑石带来了创造性。

对此，合议组认为：（1）上述补充实验证据中，对比实施例18使用的滑石D-9是MgO含量为31wt%、SiO_2含量为55.5 wt%、Al_2O_3含量为4.5wt%的滑石Steamic T1 C A，该滑石并非现有技术中的通用滑石，如前所述，《塑料橡胶加工助剂》（化学工业出版社出版，公开日为1983年5月）第557页记载了一般滑石的性质是SiO_2含量为58wt%~62wt%，MgO含量为28wt%~31wt%，Al_2O_3含量为0.5wt%~5 wt%，因此补充的实施例16与补充的对比实施例18的比较不能证明请求人的主张。(2）即使将补充实验中的实施例16和对比实施例17相比较，从实验结果数据看，本申请的组合物与对比实施例的组合物的弹性模量和ESC数据相当接近，虽然后燃烧时间数据有所不同，但是在UL-94V测试中均为V-0级，也就是说阻燃性同样处于优异的水平，而且从本申请说明书实施例部分的表1可以看出，落入本申请权利要求1范围内的实施例8、13、15在获得V-0级阻燃性能的同时，其总后燃烧时间与对比实施例17的组合物相当，因此实施例16与对比实施例17的比较也不能够证明包含本申请滑石的权利要求1的组合物具有显著进步的技术效果。（3）本申请说明书并未记载仅调节滑石中Al_2O_3的含量即可获得改进的后燃烧时间、最高的弹性模量以及在ESC试验中最好的结果，从本申请表1中的实施例3和5的比较甚至能得出相反的结论；仅仅依据补充实验证据中的这样一组数据并不能毫无疑义地确定请求人所得出的结论，从补充实验的数据中可以看出，落入本申请权利要求1范围的实施例16的组合物中滑石的MgO含量为31.5wt%、SiO_2含量为62wt%、Al_2O_3含量为0.4wt%且50重量%滑石的最大直径为1.1微米，其中Al_2O_3含量十分接近于上述《塑料橡胶加工助剂》记载的本领域通用滑石的Al_2O_3含量下限0.5wt%，而对比实施例17和18的组合物中滑石的MgO含量分别为31.3wt%和31.0wt%，SiO_2含量分别为58.8 wt%和55.5wt%，Al_2O_3含量分别为

2.5wt%和4.5wt%且50重量%滑石的最大直径分别为1.4微米和1.8微米，其中Al_2O_3含量均远离上述《塑料橡胶加工助剂》记载的本领域通用滑石的Al_2O_3含量下限0.5wt%，虽然组合物16的性能的确有所改善，但是这只能说明包含MgO含量为31.5wt%、SiO_2含量为62wt%、Al_2O_3含量为0.4wt%且50重量%滑石的最大直径为1.1微米的滑石的组合物16获得了V-0阻燃性能和较短的后燃烧时间（29秒）、较高的弹性模量（4.2 GPa）以及在ESC试验中较好的结果（>2.4），而不能证明本申请权利要求1范围内包含Al_2O_3含量为小于0.7 wt%、MgO的含量为30.5wt%~32wt%、SiO_2含量为60wt%~62.5wt%且50重量%滑石的最大直径小于或等于2.5微米的滑石的组合物均能获得同样的结果，不足以证明本申请权利要求1的组合物取得了显著进步的技术效果。

综上所述，合议组认为请求人答复《复审通知书》时陈述的意见和补充实验证据不能够证明本申请请求保护的组合物具有创造性。

根据上述事实和理由，合议组作出如下审查决定。

三、决定

维持国家知识产权局于2005年2月4日针对第00817689.2号发明专利申请作出的驳回决定。

复审请求人对本决定不服的，可以根据专利法第41条第2款的规定，自收到本决定之日起三个月内向北京市第一中级人民法院起诉。

083

一种缩合反应和用该缩合反应制备的磷脂类化合物及其衍生物

复审请求审查决定（第 13743 号）

决 定 号 第 13743 号
决 定 日 2008 年 6 月 17 日
发明创造名称 一种缩合反应和用该缩合反应制备的磷脂类化合物及其衍生物
国际分类号 C07F9/10
复审请求人 中国科学院福建物质结构研究所
申 请 号 00102029.3
申 请 日 2000 年 1 月 28 日
公 开 日 2001 年 8 月 8 日
合议组组长 侯 曜
主 审 员 刘 亚
参 审 员 黄 强

法律依据 专利法第 33 条
决定要点

如果请求人对申请文件的内容通过增加、改变和/或删除其中的一部分，致使所属技术领域的技术人员看到的信息与原申请文件中记载的信息不同，而且又不能从原申请文件记载的信息中直接地、毫无疑义地确定，那么这种修改是不允许的。当驳回决定和复审通知书将这种修改不被允许的事实、理由和后果详细告知请求人后，请求人仍然坚持这种不允许的修改，则合议组应当作出维持驳回决定的复审决定。

一、案由

本复审请求案涉及发明名称为“一种缩合反应和用该缩合反应制备的磷脂类化合物及其衍生物”的第 00102029.3 号发明专利申请（下称本申请），申请人为中国科学院福建物质结构研究所，申请日为 2000 年 1 月 28 日，公开日为 2001 年 8 月 8 日。

2006 年 4 月 14 日，针对申请人于 2004 年 11 月 30 日提交的权利要求书、说明书第 1~3 页以及 2000 年 1 月 28 日提交的说明书摘要（下称驳回文本），国家知识产权局以本申请的修改不符合专利法第 33 条的规定为由驳回了本申请。

《驳回决定》认为：申请人于 2004 年 11 月 30 日提交的修改文本中将“X-R_3”定义为 N-碳酰叔丁基-L-丝氨酸-二苯甲酯，但是原始提交的申请文件中并没有“N-碳酰叔丁基-L-丝氨酸-二苯甲酯”的相关定义，“N-碳酰叔丁基-L-丝氨酸-二苯甲酯”既没有记载在原说明书和权利要求书中，也不能由原说明书和权利要求书记载的内容直接导出，因此超出了原说明书和权利要求书记载的范围，不符合专利法第33条的规定。

《驳回决定》针对的权利要求书如下：

“1. 一种用于制备磷脂类化合物的反应方法，其特征在于，该缩合反应由下列三个步骤组成：

1）将反应物（1）、反应物（2）和TPS按克分子重量比1.0：（1.0-4.0）：（1.0-5.0）加入到三口圆底烧瓶中，再加入一定量吡啶将其溶解，加热，控制温度在40~100℃，搅拌1~36小时；

反应式如下：

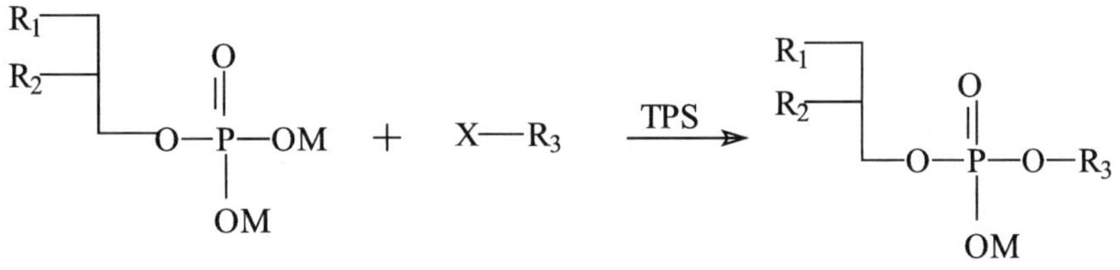

（1）　　　　　（2）

注：TPS=2，4，6-三异丙基苯磺酰氯

式中：①$R_1=R_2$ 或 $R_1\neq R_2$；

R_1 和 R_2 均可以是：H、氯或十八烷氧基

②M可以是下列中的一种金属，M=Li，Na，K，Ca，Mg，Ba

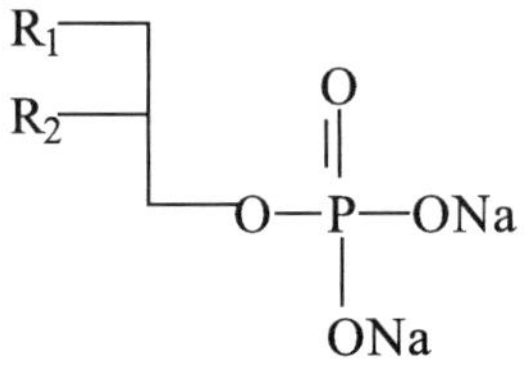

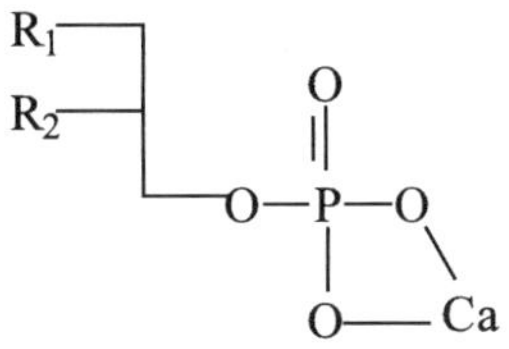

③$X-R_3$ 是：N-碳酰叔丁基-L-丝氨酸-二苯甲酯

2）反应毕，蒸除所有溶剂，得到固态物；该物质用乙醚萃取，将提取液蒸干得到粗产物；

3）粗产物用硅胶柱进行分离纯化，用氯仿/甲醇溶剂冲洗，收集产品，产率可达92%以上。”

2006年4月29日，申请人中国科学院福建物质结构研究所（下称请求人）对上述驳回决定不服，向专利复审委员会提出复审请求，请求人在提出复审请求时没有提交申请文件的修改替换页，但是提交了以下附件1~4：

附件1：本申请公开说明书（复印件共6页）；

附件2：第一次审查意见通知书及答复的意见陈述书和所附申请文件替换页（复印件共29页）；

附件3：第二次审查意见通知书及答复的意见陈述书和所附申请文件替换页（复印件共8页）；

附件4：驳回决定（复印件共3页）。

请求人认为：原说明书实施例中的“叔丁基磺酰”打印有误，正确的应为“碳酰叔丁基”（主要是将“碳”字误打为“磺”字），在答复第一次审查意见通知书时已将实施例改过来，但未在意见陈述书中加以说明，在答复第二次审查意见通知书时将“$X-R_3$”限定为“N-碳酰叔丁基-L-丝氨酸-二苯甲酯”，使权利要求书得到了说明书的支持，因此第二次提交的权利要求书和说明书（注：即驳回文本的权利要求书和说明书）修改文本符合专利法第33条的规定。

经形式审查合格后，专利复审委员会受理了该请求，并于2006年6月14日向请求人发出了《复审请求受理通知书》，同时将本申请转送至国家知识产权局原审查部门进行前置审查。

在《前置审查意见书》中，国家知识产权局原审查部门坚持驳回决定。

专利复审委员会组成合议组，对本复审请求案进行了审理。由于请求人在提复审请求时并未提交任何新修改的申请文件，合议组以驳回决定针对的文本为基础进行审查，并于2008年4月17日向请求人发出《复审通知书》，指出：(1) 权利要求1中的下述修改内容“R_1 和 R_2 均可以是：H、氯或十八烷氧基”、“X-R_3 是：N-碳酰叔丁基-L-丝氨酸-二苯甲酯”既未明确地记载在原说明书和权利要求书中，也不能从原说明书和权利要求书所记载的内容直接地、毫无疑义地确定，因而超出了原申请记载的范围，不符合专利法第33条的规定。(2) 同理，说明书第2页关于 R_1 和 R_2 的修改内容“氯或十八烷氧基”、关于X-R_3 的修改内容“N-碳酰叔丁基-L-丝氨酸-二苯甲酯”，以及说明书第3页实施例中“N-碳酰叔丁基-L-丝氨酸-二苯甲酯”的修改内容也不符合专利法第33条的规定。(3) 请求人应当在收到本通知之日起1个月内作出答复，如果请求人不能重新提交符合专利法第33条规定的修改文本，合议组将作出维持驳回决定的复审决定。

针对上述《复审通知书》，请求人于2008年6月1日提交了意见陈述书，但未对申请文件进行任何修改。请求人表示坚持提出复审请求时的修改文本，不同意另行修改申请文件。

至此，合议组认为本案事实清楚，可以作出审查决定。

二、决定的理由

1. 关于审查文本

请求人在提出复审请求时并未提交新的修改文本，仅提交了上述附件1~4，并认为驳回文本符合专利法第33条的规定。在答复《复审通知书》时请求人仍未提交任何申请文件的修改替换页。因此，本复审决定是以驳回决定所针对的文本为基础作出的。

2. 关于专利法第33条

专利法第33条规定，申请人可以对其专利申请文件进行修改，但是，对发明和实用新型专利申请文件的修改不得超出原说明书和权利要求书记载的范围。

如果请求人对申请文件的内容通过增加、改变和/或删除其中的一部分，致使所属技术领域的技术人员看到的信息与原申请文件中记载的信息不同，而且又不能从原申请文件记载的信息中直接地、毫无疑义地确定，那么这种修改是不允许的。当驳回决定和复审通知书将这种修改不被允许的事实、理由和后果详细告知请求人后，请求人仍然坚持这种不允许的修改，则合议组应当作出维持驳回决定的复审决定。

就本案而言，《驳回决定》认为，说明书和权利要求书中“N-碳酰叔丁基-L-丝氨酸-二苯甲酯”的修改内容超出了原说明书和权利要求书记载的范围，不符合专利法第33条的规定。

在复审请求书中，请求人认为驳回文本是将“叔丁基磺酰”的打印错误修改为“碳酰叔丁基”，符合专利法第33条的规定。

对此，合议组在《复审通知书》中指出：

权利要求1中“R_1 和 R_2 均可以是：H、氯或十八烷氧基”、“X-R_3 是：N-碳酰叔丁基-L-丝氨酸-二苯甲酯”的修改内容既未明确地记载在原说明书和权利要求书中，也不能从原说明书和权利要求书记载的内容直接地、毫无疑义地确定，因而超出了原申请记载的范围，不符合专利法第33条的规定。

具体来说，对于反应物(1)，本申请原说明书和权利要求书仅记载了上述通式并限定 R_1 和 R_2 可以是任何基团、原子或分子，R_1 可以是H，M可以是Li、Na、K、Ca、Mg、Ba中的一种，本申请并未明确记载反应物(1)的通式中当M为Li、Na、K、Ca、Mg、Ba中一种时 R_1 和 R_2 均可以是氯或十八烷氧基；虽然实施例给出了反应物(1)：2-氯-2-去氧-1-氧-十八烷基-甘-3-磷酸二钠，其

中 R_1 为十八烷氧基、R_2 为氯，但是实施例的记载表达的信息是 M 为 Na、R_1 为十八烷氧基且 R_2 为氯，本领域技术人员由此不能直接地、毫无疑义地确定 M 为 Li、Na、K、Ca、Mg、Ba 中一种时 R_1 和 R_2 均可以是氯或十八烷氧基这样的范围；因此权利要求 1 中 R_1 和 R_2 均可以是氯或十八烷氧基的修改内容是不允许的。

对于反应物（2）：X-R_3，本申请原说明书和权利要求书仅记载了 X 为-OH、-NH_2、-SH 或任何含活泼氢的基团且 R_3 为任何原子、基团或分子，实施例则记载了反应物（2）为 N-叔丁基磺酰-L-丝氨酸-二苯甲酯，原申请文件并未记载 X-R_3 为 N-碳酰叔丁基-L-丝氨酸-二苯甲酯，本领域技术人员由原申请记载的上述内容也不能直接地、毫无疑义地确定 X-R_3 为 N-碳酰叔丁基-L-丝氨酸-二苯甲酯；请求人认为误将"碳酰"打印为"磺酰"的主张没有任何合情合理的解释也没有任何证据支持，而且从该缩合反应本身来说反应物（2）完全可以是 N-叔丁基磺酰-L-丝氨酸-二苯甲酯。因此权利要求 1 中 N-碳酰叔丁基-L-丝氨酸-二苯甲酯的修改内容是不允许的。

另外，说明书第 2 页将 R_1 和 R_2 的定义修改为"氯或十八烷氧基"，将 X-R_3 的定义修改为"N-碳酰叔丁基-L-丝氨酸-二苯甲酯"，说明书第 3 页实施例将原申请记载的"N-叔丁基磺酰-L-丝氨酸-二苯甲酯"修改为"N-碳酰叔丁基-L-丝氨酸-二苯甲酯"，与以上所述理由相同，请求人对说明书作出的这些修改同样不符合专利法第 33 条的规定。

因此，本申请对权利要求 1 和说明书的修改不符合专利法第 33 条的规定。

在《驳回决定》指出本申请存在修改超范围的缺陷之后，请求人未对申请文件作出修改，坚持以驳回文本作为复审文本，在《复审通知书》将驳回文本存在修改超范围的事实、理由和后果详细告知请求人后，请求人仍然坚持将其作为审查文本，从而未能克服《驳回决定》和《复审通知书》指出的修改超范围的缺陷。据此，合议组作出如下审查决定。

三、决定

维持国家知识产权局于 2006 年 4 月 14 日针对第 00102029.3 号发明专利申请作出的驳回决定。

复审请求人对本决定不服的，可以根据专利法第 41 条第 2 款的规定，自收到本决定之日起三个月内向北京市第一中级人民法院起诉。

084

O-取代 6-甲基曲马多衍生物

复审请求审查决定（第 13779 号）

决　　定　　号　第 13779 号
决　　定　　日　2008 年 6 月 12 日
发明创造名称　O-取代 6-甲基曲马多衍生物
国 际 分 类 号　C07C217/74，C07D333/32
复 审 请 求 人　格吕伦塔尔有限公司
申　　请　　号　01819645.4
优 先 权 日　2000 年 9 月 29 日
申　　请　　日　2001 年 9 月 28 日
公　　开　　日　2004 年 2 月 25 日
合 议 组 组 长　汪送来
主　　审　　员　侯　曜
参　　审　　员　娄　宁

法 律 依 据　专利法第 26 条第 4 款
决 定 要 点

对于仅有一个取代基为可选参变量的通式化合物而言，如果参变量的一种定义能够对应于多种化合物，则具有该参变量的通式所包含的化合物不应被视为具体化合物，也就无需在说明书中记载通式所包含的所有化合物的制备过程、物化性能参数以及使用效果数据。

一、案由

本复审请求涉及名称为“O-取代 6-甲基曲马多衍生物”的第 01819645.4 号发明专利申请（下称本申请），申请人为格吕伦塔尔有限公司，申请日为 2001 年 9 月 28 日，优先权日为 2000 年 9 月 29 日，公开日为 2004 年 2 月 25 日。

2006 年 9 月 8 日，国家知识产权局针对 2005 年 11 月 29 日提交的权利要求第 1~13 项、说明书第 2、5 页，2005 年 2 月 18 日提交的说明书第 7 页，以及进入中国国家阶段时提交的说明书第 1、3~4、6、8~25 页和说明书摘要驳回了本申请，驳回理由是：本申请权利要求 1~5、7~8 和 10~13 不符合专利法第 26 条第 4 款的规定。

驳回决定所针对的权利要求书如下：

“1. 通式 I 的 O-取代的 6-甲基曲马多衍生物，

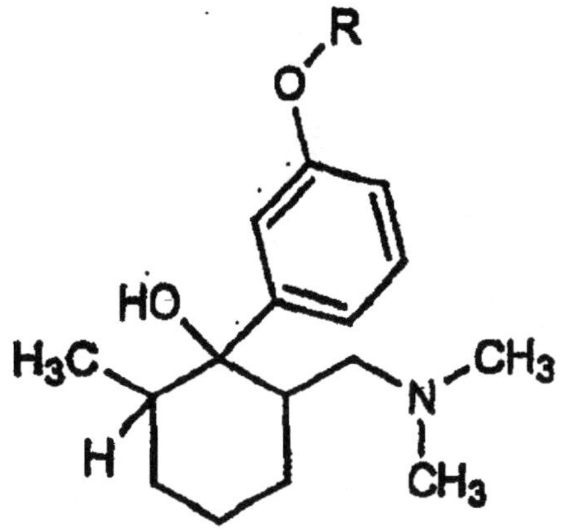

其中

R 选自 H；甲基、乙基、乙烯基、丙基、烯丙基、1-丙炔基、乙炔基、甲基乙基，其为未取代的或被 OH 或 OCH_3 取代；$-CH_2-C_{4-6}$-环烷基、C_{4-6}-环烷基或噻吩基；

为其外消旋体形式，纯立体异构体形式、对映异构体或非对映异构体，或者任意混合比例的立体异构体的混合物形式、对映异构体或非对映异构体的混合物形式；为制备形式、其酸或碱形式或者其生理相容性盐，或者为其溶剂化物形式或水合物形式。

2. 权利要求 1 的 O-取代的 6-甲基曲马多衍生物，其特征在于：

R 选自 H；甲基、乙基、乙烯基、丙基、烯丙基、1-丙炔基、甲基乙基，其为未取代的或单取代的；饱和并且未取代的$-CH_2-C_{4-6}$-环烷基或者 C_{4-6}-环烷基；未取代的噻吩基。

3. 权利要求 1 的 O-取代的 6-甲基曲马多衍生物，其特征在于：

R 选自 H；甲基、乙基、乙烯基、丙基、烯丙基、1-丙炔基、甲基乙基，其为未取代的或者被 OCH_3 单取代；饱和并且未取代的$-CH_2-C_{4-6}$-环烷基或者 C_{4-6}-环烷基；未取代的噻吩基。

4. 权利要求 1 的 O-取代的 6-甲基曲马多衍生物，其特征在于：

R 选自 H、$-CH_3$、$-C_2H_5$、$-CH_2-CH=CH_2$、$-CH_2-CH_2-O-CH_3$、$-C\equiv CH$；环丁基、环戊基、$-CH_2$-环丁基或噻吩基，均为未取代的。

5. 权利要求 1 的 O-取代的 6-甲基曲马多衍生物，其特征在于 R 为氢。

6. 权利要求 1 的 O-取代的 6-甲基曲马多衍生物，其特征在于所述 O-取代的 6-甲基曲马多衍生物选自以下化合物：

2-二甲基氨基甲基-1-（3-甲氧基苯基）-6-甲基环己醇

3-（2-二甲基氨基甲基-1-羟基-6-甲基环己基）-苯酚

2-二甲基氨基甲基-1-（3-乙氧基苯基）-6-甲基环己醇

1-（3-烯丙氧基苯基）-2-二甲基氨基甲基-6-甲基环己醇

1-（3-环戊氧基苯基）-2-二甲基氨基甲基-6-甲基环己醇

1-（3-环丁基甲氧基苯基）-2-二甲基氨基甲基-6-甲基环己醇

1-（3-环丁氧基苯基）-2-二甲基氨基甲基-6-甲基环己醇，或

2-二甲基氨基甲基-1-（3-乙炔氧基苯基）-6-甲基环己醇；

为其外消旋体，纯立体异构体形式、对映异构体或非对映异构体，或者为任意混合比例的立体异构体混合物形式、对映异构体或非对映异构体的混合物形式；为其所表示的形式、其酸或碱形式或者其生理相容性盐，或者为其溶剂化物形式或水合物形式。

7. 权利要求 5 的 O–取代的 6–甲基曲马多衍生物，为盐酸盐、二盐酸盐或钠盐。

8. 权利要求 1 的 O–取代的 6–甲基曲马多衍生物，其特征在于所述 O–取代的 6–甲基曲马多衍生物为式 Ia 的立体异构体形式：

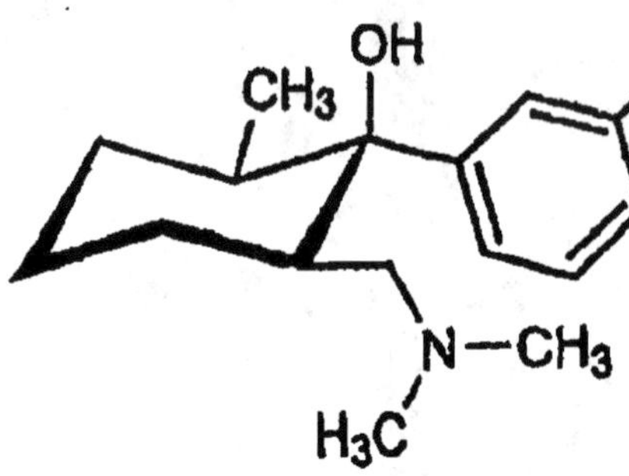

Ia

9. 权利要求 1 的 O–取代的 6–甲基曲马多衍生物，其特征在于所述 O–取代的 6–甲基曲马多衍生物选自所述（RS，RS，RS）外消旋体、(–) –（S，S，S）或（+）–（R，R，R）对映异构体，或者选自 3–（2–二甲基氨基甲基–1–羟基–6–甲基环己基）–苯酚的（RS，SR，RS）外消旋体，3–（2–二甲基氨基甲基–1–羟基–6–甲基环己基）–苯酚的（–）–（S，S，S）或（+）–（R，R，R）对映异构体，或者所述衍生物选自（–）–（1S，2S，6S）–3–（2–二甲基氨基甲基–1–羟基–6–甲基环己基）–苯酚，为游离碱形式；或为生理相容性盐，或为溶剂化物形式。

10. 一种药物，所述药物包含至少一种权利要求 1 的 O–取代的 6–甲基曲马多衍生物以及适当的添加剂和/或助剂物质。

11. 权利要求 1 的 O–取代的 6–甲基曲马多衍生物在生产药物中的用途，所述药物用于治疗疼痛；用于治疗偏头痛、痛觉过敏以及异常性疼痛或者用于治疗炎症性疼痛或术后疼痛。

12. 权利要求 1 的 O–取代的 6–甲基曲马多衍生物在生产药物中的用途，所述药物用于治疗神经性、慢性或急性疼痛或者是热觉性痛觉过敏、机械性痛觉过敏、机械性异常疼痛、寒冷诱发性异常疼痛。

13. 一种制备权利要求 1 的 O–取代的 6–甲基曲马多衍生物的方法，其中使式 II 的 2–二甲基氨基甲基–6–甲基环己酮与式 III 的有机金属化合物反应生成式 I 化合物，

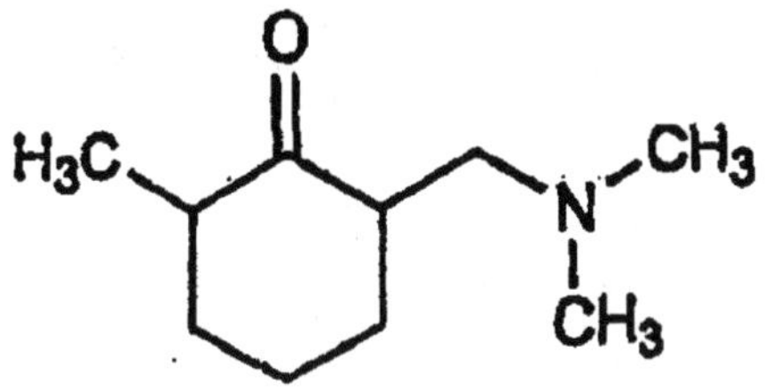

II

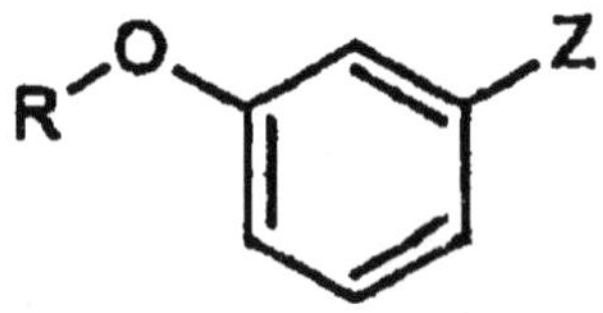

III

其中 Z 为 Li，R 同上述式 I 中的定义。”

《驳回决定》认为：权利要求 1 的结构式中仅包含了一个变量 R，随 R 基团的变化该化合物分别

对应一个具体的化合物。说明书实施例列表中公开了25个化合物，但根据其提供的药理数据，仅有化合物1~6、8~12、14、16、19、21共15个化合物能够作为支持权利要求的证据。权利要求1中当R为乙烯基、丙基、甲基乙基、噻吩基及R带有取代基时，在本申请的说明书中，缺少对相应的化合物的表征，使所属领域技术人员无法制备、确认该组合物，也无法确认其效果。即权利要求1的马库什实质上定义了一组具体化合物，因此R基团的定义应与说明书中的具有理化数据的化合物一一对应，而权利要求1请求保护的化合物中包含了得不到说明书支持的内容；权利要求2~5、7~8、10~13也存在上述问题，因此不符合专利法第26条第4款的规定。

申请人格吕伦塔尔有限公司（下称请求人）对上述驳回决定不服，于2006年12月28日向专利复审委员会提出复审请求。请求人在提出复审请求时没有对申请文件进行修改。

请求人认为：权利要求1~6属于带有一个马库什要素的马库什权利要求，是对说明书实施例的合理概括，其保护范围不等同于要求保护的具体化合物，他人仍能够对权利要求保护范围内的化合物进行选择性发明。

形式审查合格后，专利复审委员会受理了该复审请求，并于2007年2月8日向请求人发出《复审请求受理通知书》，同时向原审查部门发出《前置审查通知书》，并随该通知书将本申请案卷转送给原审查部门。

在《前置审查意见书》中，原审查部门坚持驳回决定。

专利复审委员会依法组成合议组，对本复审请求案进行了审理，并于2007年11月23日向请求人发出《复审通知书》，指出：（1）尽管权利要求4在撰写形式上属于通式权利要求，但其实质上要求保护的是十个并列的具体化合物，而对于要获得专利保护的具体化合物而言，必须在说明书中公开该化合物的确认、制备以及用途，以证明该化合物在提出专利申请日之前已经确实能制备出来并能够实际应用，本申请说明书中没有记载权利要求4中R为$-CH_2-CH_2-O-CH_3$或噻吩基时，相应具体化合物的制备过程、物化性能参数以及使用效果数据，即说明书没有公开任何足以证实请求人在申请日之时确实制备出所述具体化合物，并对其进行了与发明目的相关的性能测试的物化数据和药理数据，证实其解决了本申请的技术问题并产生和预期的效果，因此权利要求4得不到说明书的支持，不符合专利法第26条第4款的规定；（2）尽管请求人在提出复审请求时强调权利要求1中R的一种选择不等同于一个例如权利要求6中要求保护的一个具体化合物，但就目前的权利要求4而言，其中的变量R是十个具体基团的简单罗列，其中并不存在任何概括的含义，该权利要求请求保护的范围实质上就是十个具体化合物，因此，如果说明书中没有给出相应具体化合物的物化性能参数及药效数据，该权利要求即得不到说明书的支持。

2007年12月24日，请求人针对上述《复审通知书》提交了意见陈述书，同时提交了经修改的权利要求书全文替换页，其中删除了权利要求4中参变量R的选项“$-CH_2-CH_2-O-CH_3$”和“噻吩基”。

修改后的权利要求4如下：

“4. 权利要求1的O-取代的6-甲基曲马多衍生物，其特征在于：

R选自H、$-CH_3$、$-C_2H_5$、$-CH_2-CH=CH_2$、$-C\equiv CH$；环丁基、环戊基或$-CH_2-$环丁基，均为未取代的。”

请求人认为：修改后的权利要求克服了合议组指出的问题。

经过上述审查程序，合议组认为本案事实已经清楚，可以依法作出复审决定。

二、决定的理由

1. 关于审查文本

本复审决定依据的文本是请求人于 2007 年 12 月 24 日提交的权利要求第 1~13 项，2005 年 11 月 29 日提交的说明书第 2、5 页，2005 年 2 月 18 日提交的说明书第 7 页，以及进入中国国家阶段时提交的说明书第 1、3~4、6、8~25 页和说明书摘要。

2. 关于专利法第 26 条第 4 款

专利法第 26 条第 4 款规定，权利要求书应当以说明书为依据，说明要求专利保护的范围。

对于仅有一个取代基为可选参变量的通式化合物而言，如果参变量的一种定义能够对应于多种化合物，则具有该参变量的通式所包含的化合物不应被视为具体化合物，也就无需在说明书中记载通式所包含的所有化合物的制备过程、物化性能参数以及使用效果数据。

（1）就本案而言，权利要求 1 要求保护一种通式 I 的 O-取代的 6-甲基曲马多衍生物，

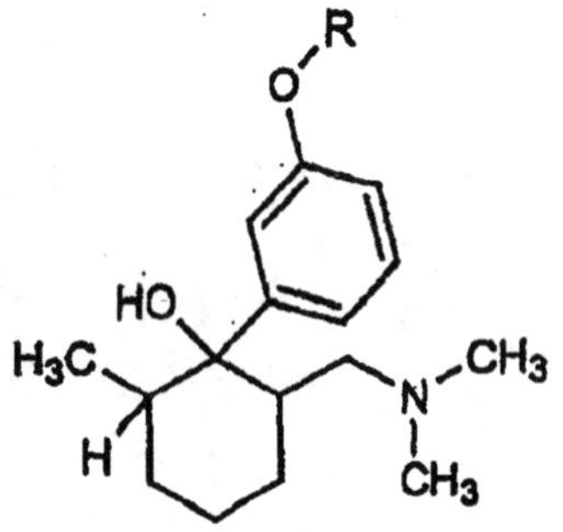

其中

R 选自 H；甲基、乙基、乙烯基、丙基、烯丙基、1-丙炔基、乙炔基、甲基乙基，其为未取代的或被 OH 或 OCH_3 取代；$-CH_2-C_{4-6}$-环烷基、C_{4-6}-环烷基或噻吩基；

为其外消旋体形式，纯立体异构体形式、对映异构体或非对映异构体，或者任意混合比例的立体异构体的混合物形式、对映异构体或非对映异构体的混合物形式；为制备形式、其酸或碱形式或者其生理相容性盐，或者为其溶剂化物形式或水合物形式。

《驳回决定》认为：权利要求 1 的结构式中仅包含了一个变量 R，随 R 基团的变化该化合物分别对应一个具体的化合物，即权利要求 1 的马库什实质上定义了一组具体化合物，因此 R 基团的定义应与说明书中的具有理化数据的化合物一一对应，但说明书仅公开了化合物 1~6、8~12、14、16、19、21 共 15 个化合物的药理数据，当 R 为乙烯基、丙基、甲基乙基、噻吩基及 R 带有取代基时，在本申请的说明书中，缺少对相应的化合物的表征，使所属领域技术人员无法制备、确认该组合物，也无法确认其效果，因此权利要求 1 中包含了得不到说明书支持的内容。

对此，合议组认为，权利要求 1 的通式化合物中参变量 R 的定义为：R 选自 H；未取代或被 OH、OCH_3 取代的甲基、乙基、乙烯基、丙基、烯丙基、1-丙炔基、乙炔基、甲基乙基；$-CH_2-C_{4-6}$-环烷基、C_{4-6}-环烷基或噻吩基，根据说明书的描述，本申请中的术语“环烷基”也包括单不饱和或多不饱和（优选单不饱和）的环烷基（参见说明书第 2 页第 26 行）。当本领域技术人员阅读该权利要求的通式并试图确认其中包括的化合物时，需要考虑取代或未取代的情况，在存在取代基时对诸如丙基、烯丙基、甲基乙基等基团的具体取代位置差异的情况，以及环烷基的饱和或不饱和的情况。也就是说，尽管该通式化合物只有一个参变量 R，但该参变量 R 的一种定义可以对应于多种化合物，例如当 R 为丙基时，其可以是未取代的，也可以是被例如 OH 基在丙基的 1，2，3 位取代的，如此，其所对应的也就是多种化合物，权利要求 1 的通式不能被视为一组具体化合物，因而无需在说明书中记载

包括在权利要求1通式范围内的所有化合物的制备过程、物化性能参数以及使用效果数据，《驳回决定》指出的权利要求1不符合专利法第26条第4款规定的理由不成立。

（2）基于与权利要求1的相同理由，权利要求2和3同样符合专利法第26条第3款的规定。

（3）权利要求4的附加技术特征进一步限定了权利要求1的O-取代6-甲基曲马多衍生物，其中R选自H、$-CH_3$、$-C_2H_5$、$-CH_2-CH=CH_2$、$-CH_2-CH_2-O-CH_3$、$-C\equiv CH$；环丁基、环戊基、$-CH_2$-环丁基或噻吩基，均为未取代的。在《复审通知书》中，合议组指出：尽管权利要求4在撰写形式上属于通式权利要求，但其实质上要求保护的是十个并列的具体化合物，说明书中没有记载权利要求4中R为$-CH_2-CH_2-O-CH_3$或噻吩基时，相应具体化合物的制备过程、物化性能参数以及使用效果数据，因此权利要求4得不到说明书的支持。在答复《复审通知书》时，请求人提交了权利要求书替换页，其中删除了R选项中的$-CH_2-CH_2-O-CH_3$和噻吩基，因此，《复审通知书》中指出的缺陷已经克服。

修改后权利要求4仅保留了R是H、$-CH_3$、$-C_2H_5$、$-CH_2-CH=CH_2$、$-C\equiv CH$；环丁基、环戊基或$-CH_2$-环丁基的选项，当R选自这些取代基时，该权利要求的通式实际上是8个并列的具体化合物。说明书中给出了这些化合物的通用制备方法，包括反应步骤和反应条件（参见说明书第8~9页），并且说明书中提供了包括这8个具体化合物在内的一系列具体化合物的药理学研究数据，包括小鼠扭体实验和小鼠甩尾实验的止痛研究数据，实验结果显示，这些化合物具有优良的止痛作用（参见说明书第22~25页），本领域技术人员可以据此确认，本申请制备并得到了上述8个具体化合物并且这些化合物确实具有止痛作痛，可用于生产治疗疼痛的药物，由此证实解决了本申请的技术问题并产生了预期的效果，因此权利要求4符合专利法第26条第4款的规定。

（4）权利要求5的附加技术特征进一步限定了权利要求1的O-取代6-甲基曲马多衍生物，其中R是H。此时，该权利要求中的通式实际代表的是一个具体化合物，即3-（2-二甲基氨基甲基-1-羟基-6-甲基环己基）-苯酚。本申请说明书记载了该化合物及其（-）-（1S，2S，6S）盐酸盐的具体制备方法和理化参数（参见说明书第13~22页），并进行了相应的药理学研究（参见说明书第22页~第25页，特别是第23页和第25页表中实施例编号为3、8、9和10的结果），由此证实解决了本申请的技术问题并产生了预期的效果，因此权利要求5符合专利法第26条第4款的规定。

（5）权利要求7进一步限定了权利要求5的O-取代6-甲基曲马多衍生物为盐酸盐、二盐酸盐或钠盐，基于与权利要求5评述的相同理由，在权利要求5得到说明书支持的前提下，权利要求7也符合专利法第26条第4款的规定。

（6）权利要求8是权利要求1的从属权利要求，进一步限定了权利要求1的O-取代6-甲基曲马多衍生物为式Ia的立体异构体形式；权利要求10要求保护含至少一种权利要求1的O-取代的6-甲基曲马多衍生物以及适当的添加剂和/或助剂物质的药物；权利要求11~12要求保护权利要求1的O-取代的6-甲基曲马多衍生物的生产药物中的用途；权利要求13要求保护制备权利要求1的O-取代的6-甲基曲马多衍生物的方法；基于与权利要求1评述的相同理由，《驳回决定》指出的权利要求8，10~13不符合专利法第26条第4款规定的理由不成立。

基于上述理由，合议组作出下述决定。

三、决定

撤销国家知识产权局于2006年9月8日针对第01819645.4号发明专利申请作出的驳回决定，由国家知识产权局原审查部门以本复审决定依据的文本为基础继续审查。

复审请求人对本决定不服的，可以根据专利法第41条第2款的规定，自收到本决定之日起三个月内向北京市第一中级人民法院起诉。

085

油套管螺纹密封脂

复审请求审查决定（第13780号）

决　定　号　第13780号
决　定　日　2008年6月17日
发明创造名称　油套管螺纹密封脂
国际分类号　C09K3/10
复审请求人　李　筠
申　请　号　01109291.2
申　请　日　2001年3月7日
公　开　日　2002年10月9日
合议组组长　吴红权
主　审　员　侯　曜
参　审　员　孙丽芳

法律依据　专利法第33条
决定要点

在复审程序中，如果请求人将驳回决定所指出的修改超范围的内容删除或恢复为与原申请文件记载的内容一致，那么，应当认为这样的修改克服了驳回决定中指出的修改超范围的缺陷，符合专利法第33条的规定。

一、案由

本复审请求案涉及发明名称为“油套管螺纹密封脂”的第01109291.2号发明专利申请（下称本申请），申请人为李筠，申请日为2001年3月7日，公开日为2002年10月9日。

2006年10月27日，针对申请人于2006年4月17日提交的权利要求第1~2项和说明书第3页，2005年12月28日提交的说明书第1、2和4页，以及2001年3月7日提交的说明书摘要，国家知识产权局以本申请不符合专利法第33条的规定为由驳回了本申请。

驳回决定针对的权利要求书如下：

“1. 一种油套管螺纹密封脂，其特征是：至少由10%~15%的2#极压复合锂基脂、40%~45%的液态聚酰亚胺树脂、18%~20%的325目固定含碳量在80%以上的石墨粉、8%~10%的325目含量(98锌粉、2%~4%的300目含量≥99球状铜粉、6.5%~7.5%的325目填料级湿法云母粉、1%~2%的200目气相白炭黑、0.5%~1.0%甲基硅油、0.05%~0.1%的兰703兰746防锈添加剂、0.1%~0.15%失水山梨醇硬脂酸酯组成。

2. 一种如权利要求 1 所述的油套管螺纹密封脂的制作方法，其特征是：首先在反应釜内加入甲基硅油，将兰 703 兰 704 防锈添加剂加热到 55～65℃后点滴加入反应釜内，200 目气相白炭黑及 1/3 的石墨加入反应釜内，搅拌 15～25 分钟后加入余量石墨、锌粉、铜粉、填料级湿法云母粉和失水山梨醇硬脂酸酯基础脂，然后搅拌 25～35 分钟，并且边搅拌边加入压复合锂基脂、液态聚酰亚胺树脂，全部基础脂加完后搅拌 40～80 分钟即可。”

驳回决定认为：（1）权利要求 2 对应于原申请文件中的权利要求 7，申请人将原申请文件中记载的“加入余量石墨、锌粉、铜粉、云母粉等”改为“加入余量石墨粉、锌粉、铜粉、填料级湿法云母粉和失水山梨醇硬脂酸酯基础脂”，将“加入基础脂”改为“加入压复合锂基脂、液态聚酰亚胺树脂”，改变后的内容既未明确地记载在原说明书和权利要求书中，也不能由原说明书和权利要求书所记载的内容直接导出，因此权利要求 2 超出了原说明书和权利要求书记载的范围；（2）修改后的说明书（第 3 页第 1 行）“……（失水山梨醇硬脂酸酯基础脂）”超出了原说明书和权利要求书记载的范围，其中的术语“失水山梨醇硬脂酸酯基础脂”在原说明书和权利要求书没有相应的记载，也不能由原申请文件确定“等”就是“失水山梨醇硬脂酸酯”，因此上述修改不符合专利法第 33 条的规定。

2007 年 2 月 12 日，申请人李筠（下称请求人）对上述驳回决定不服，向专利复审委员会提出复审请求，请求人在提出复审请求时提交了权利要求书替换页，其中删除了权利要求 2，同时还提交了历次审查意见通知书和意见陈述书的复印件。

请求人认为：通过删除权利要求 2，仅保留权利要求 1，克服了《驳回决定》指出的权利要求 2 不符合专利法第 33 条规定的缺陷。

经形式审查合格后，专利复审委员会受理了该请求，并 2007 年 3 月 29 日向请求人发出了《复审请求受理通知书》，同时将本申请转送至国家知识产权局原审查部门进行前置审查。

在《前置审查意见书》中，国家知识产权局原审查部门认为提交复审请求时进行的修改只克服了《驳回决定》中指出的权利要求 2 修改超范围的缺陷，但说明书修改超范围的问题仍然存在，因此仍坚持驳回决定。

专利复审委员会依法组成合议组，对本复审请求案进行了审理。

2008 年 5 月 12 日，请求人主动提交了权利要求书和说明书第 3 页的替换页，其中删除了驳回文本中的权利要求 2，并将权利要求 1 中的“325 目含量（98 锌粉”改为“325 目含量（98% 锌粉”，“2%～4% 的 300 目含量（99 球状铜粉”恢复与原申请文件内容一致的“2%～4% 的球状纯铜粉”，并将说明书第 3 页第 1 行的“填料级湿法云母粉等（失水山梨醇硬脂酸酯基础脂）……”修改为与原申请文件内容一致的“云母粉（二硫化钼粉）等……”

修改后的权利要求书如下：

“1. 一种油套管螺纹密封脂，其特征是：至少由 10%～15% 的 2#极压复合锂基脂、40%～45% 的液态聚酰亚胺树脂、18%～20% 的 325 目固定含碳量在 80% 以上的石墨粉、8%～10% 的 325 目含量（98% 锌粉、2%～4% 的球状纯铜粉、6.5%～7.5% 的 325 目填料级湿法云母粉、1%～2% 的 200 目气相白炭黑、0.5%～1.0% 甲基硅油、0.05%～0.1% 的兰 703 兰 746 防锈添加剂、0.1%～0.15% 失水山梨醇硬脂酸酯组成。”

经过上述审查程序，合议组认为本案事实已经清楚，可以依法作出复审决定。

二、决定的理由

1. 关于审查文本

本复审请求审查决定依据的文本是：请求人于 2008 年 5 月 12 日提交的权利要求第 1 项和说明书

第 3 页，2005 年 12 月 28 日提交的说明书第 1、2 和 4 页，以及 2001 年 3 月 7 日提交的说明书摘要。

2. 关于专利法第 33 条

专利法第 33 条规定，申请人可以对其专利申请文件进行修改，但是，对发明和实用新型专利申请文件的修改不得超出原说明书和权利要求书记载的范围。

在复审程序中，如果请求人将《驳回决定》所指出的修改超范围的内容删除或恢复为与原申请文件记载的内容一致，那么，应当认为这样的修改克服了《驳回决定》中指出的修改超范围的缺陷，符合专利法第 33 条的规定。

在请求人于 2008 年 5 月 12 日提交的权利要求书和说明书第 3 页的替换页中，请求人将权利要求 1 的“325 目含量（98 锌粉”改为“325 目含量（98% 锌粉”，“2% ~4% 的 300 目含量（99 球状铜粉”改为“2% ~4% 的球状纯铜粉”；并且将说明书第 3 页第 1 行的“填料级湿法云母粉等（失水山梨醇硬脂酸酯基础脂）……”修改为与原申请文件内容一致的“云母粉（二硫化钼粉）等……”

对此，合议组认为：（1）请求人删除了驳回文本中的权利要求 2，《驳回决定》指出的权利要求 2 不符合专利法第 33 条规定的缺陷已经克服；（2）修改后权利要求 1 中的特征“325 目含量（98% 锌粉”和“2% ~4% 的球状纯铜粉”与原申请文件内容一致（参见原始申请文件的权利要求 3、说明书第 3 页第 9 ~10 行和第 7 页倒数第 5 ~6 行），所述修改符合专利法第 33 条的规定；（3）说明书第 3 页第 1 行的“云母粉（二硫化钼粉）等……”与原申请文件内容一致，《驳回决定》和《前置审查意见书》中指出的权利要求 2 和说明书第 3 页不符合专利法第 33 条规定的缺陷已经克服。

基于上述理由，合议组作出下述决定。

三、决定

撤销国家知识产权局于 2006 年 10 月 27 日针对第 01109291. 2 号发明专利申请作出的驳回决定，由国家知识产权局原审查部门以本复审请求审查决定所依据的申请文本为基础继续审查。

复审请求人对本决定不服的，可以根据专利法第 41 条第 2 款的规定，自收到本决定之日起三个月内向北京市第一中级人民法院起诉。

086

烤烟专用追肥复混肥及其生产方法

复审请求审查决定（第13800号）

决　定　号　第13800号
决　定　日　2008年6月1日
发明创造名称　烤烟专用追肥复混肥及其生产方法
国 际 分 类 号　C05G 1/00，A01G 7/00
复 审 请 求 人　云南楚雄仁恒化肥有限公司
申　请　号　02133532.X
申　请　日　2002年7月26日
公　开　日　2004年1月28日
合 议 组 组 长　汪送来
主　审　员　黄　强
参　审　员　吴红权

法 律 依 据　专利法第33条
决 定 要 点

如果申请的内容通过增加、改变和/或删除其中的一部分，致使所属技术领域的技术人员看到的信息与原申请记载的信息不同，而且又不能从原申请记载的信息中直接地、毫无疑义地确定，那么，这种修改就是不允许的；反之，则是允许的。

一、案由

本复审请求案涉及发明名称为“烤烟专用追肥复混肥及其生产方法”的第02133532.X号发明专利申请（下称本申请），申请人为云南楚雄仁恒化肥有限公司，申请日为2002年7月26日，公开日为2004年1月28日。

2006年11月10日，针对申请人于2006年9月4日提交的权利要求书第1~2项、说明书第1~4页，2005年10月19日提交的说明书摘要、2002年7月26日提交的说明书附图第1页和摘要附图，国家知识产权局以权利要求1的修改不符合专利法第33条的规定为由驳回了本申请，具体驳回理由如下：在2006年9月4日提交的修改文本中，权利要求1中的“主要由硝酸铵、硫酸钾及填充料组成”为开放式权利要求表达方式，原说明书和权利要求书所记载的内容为：“由硝酸铵、硫酸钾、硝酸钾及填充料组成”，由于该修改扩大了原说明书和权利要求书所记载的范围，改变后的内容不能由原说明书和权利要求书所记载的内容直接导出，因此超出了原说明书和权利要求书记载的范围。

驳回决定所针对的权利要求1为：

“1. 一种烤烟专用追肥复混肥组合物，主要由硝酸铵 NH_4NO_3 和硫酸钾 K_2SO_4 两种原料组成，其特征在于：该组合物中所含氮、氧化钾的重量占组合物总重量的百分比例比为：N ： K_2O = 6% ~ 17% ：25% ~ 41%。”

2007 年 2 月 6 日，申请人云南楚雄仁恒化肥有限公司（下称请求人）向专利复审委员会提出复审请求，同时提交了如下所示的附件 1~6：

附件 1：原始权利要求书和说明书，复印件共 5 页；

附件 2：第 1 次审查意见通知书及意见陈述和修改的权利要求书，复印件共 8 页；

附件 3：第 2 次审查意见通知书及意见陈述和修改的权利要求书，复印件共 9 页；

附件 4：第 3 次审查意见通知书及意见陈述和修改的权利要求书，复印件共 5 页；

附件 5：驳回决定，复印件共 3 页；

附件 6：克服驳回决定缺陷重新提交供审查的专利申请文件，共 3 页。

在附件 6（即请求人提出复审时提交的申请文件替换页）中，请求人进行了如下修改：(1) 将权利要求 1 修改成封闭式权利要求，删除了权利要求 2；(2) 对说明书和说明书摘要的相应内容进行了适应性修改。

修改后的权利要求 1 为：

“1、一种烤烟专用追肥复混肥组合物，由硝酸铵 NH_4NO_3、硫酸钾 K_2SO_4 及填充料组成，其特征在于：在该组合物中，所含氮、氧化钾的重量占组合物总重量的百分比例比为：N ： K_2O = 6% ~ 17% ：25% ~ 41%。”

经形式审查合格后，专利复审委员会受理了该请求，并于 2007 年 4 月 10 日向请求人发出了《复审请求受理通知书》，同时将本申请转送至国家知识产权局原审查部门进行前置审查。

在《前置审查意见书》中，国家知识产权局原审查部门认为，虽然在原申请文件具体实施例中记载了一个由硝酸铵 NH_4NO_3、硫酸钾 K_2SO_4 及填充料组成的实施例，但本领域技术人员并不能由该实施例直接地、毫无疑义地确定新提交申请文件中的数值范围，请求人在提交复审请求时所提交的修改文件仍不符合专利法第 33 条的规定，因此坚持驳回决定。

专利复审委员会组成合议组，对本复审请求案进行了审理。

经合议审理，合议组认为本案事实已经清楚，可以作出审查决定。

二、决定的理由

1. 关于审查文本

本复审请求审查决定针对的文本是请求人提出复审请求时所提交的修改文本，即 2007 年 2 月 6 日提交的权利要求第 1 项、说明书第 1~3 页、说明书附图第 1 页、说明书摘要以及摘要附图。

2. 关于专利法第 33 条

专利法第 33 条规定：申请人可以对其专利申请文件进行修改，但是，对发明专利申请文件的修改不得超出原说明书和权利要求书记载的范围。

如果申请的内容通过增加、改变和/或删除其中的一部分，致使所属技术领域的技术人员看到的信息与原申请记载的信息不同，而且又不能从原申请记载的信息中直接地、毫无疑义地确定，那么，这种修改就是不允许的；反之，则是允许的。

就本申请而言，2007 年 2 月 6 日提交的权利要求 1 如上面案由部分所示，而本申请原权利要求 1 的技术方案为：“一种烤烟专用追肥复混肥组合物，由硝酸铵 NH_4NO_3、硫酸钾 K_2SO_4、硝酸钾 KNO_3 及填充料组成，其特征是：在该组合物中，所含氮、氧化钾的重量占组合物总重量的百分比例比为：N ： K_2O = 6% ~ 17% ：25% ~ 41%，其中硝态氮应占总氮量的 50% ~ 100%。”

合议组认为，填充料作为一种在制备肥料组合物时的常规辅料，在计算氮含量时往往不考虑填充料，因此权利要求1中的N应当是指硝酸铵和硝酸钾中所含的N。原权利要求1中记载了硝态氮应占总氮量50%~100%，通过计算可知，只有当硝酸钾的含量为0而硝酸铵含量不为0时，硝态氮占总氮量的比率才能为50%。也就是说，原权利要求1中记载了硝态氮占总氮量为50%这一端值，即相当于原权利要求1中已经具体公开了组合物中不含硝酸钾而含有硝酸铵的情况，实质上也就相当于请求人于2007年2月6日提交的权利要求1的技术方案。并且，根据原说明书的记载，施用硝酸钾作为追肥，价格太高，本发明目的之一即在于解决价格太高的问题；此外，本申请实施例1~7中均为不含硝酸钾的组合物。由此可见，提供不含硝酸钾的烤烟专用追肥复混肥组合物与本申请记载的发明目的相符。因此，修改后的权利要求1可以由原权利要求书和说明书记载的内容直接地、毫无疑义地确定，符合专利法第33条的规定。

请求人根据修改后权利要求1的内容，同时对原说明书第1页第22行至第2页第2行、第2页第21~24行以及原说明书摘要第4~7行的内容进行了适应性修改。基于上述同样的理由，请求人对说明书和说明书摘要的修改也符合专利法第33条的规定。

综上所述，请求人于2007年2月6日提交的经修改的申请文件已克服了驳回决定中所指出的缺陷，驳回理由所依据的事实已不存在，驳回理由不再成立。

根据上述事实和理由，合议组作出如下审查决定。

三、决定

撤销国家知识产权局于2006年11月10日针对第02133532.X号发明专利申请作出的驳回决定，由国家知识产权局原审查部门以请求人于2007年2月6日提交的权利要求书第1项、说明书第1~3页、说明书附图第1页、说明书摘要以及摘要附图为基础继续审批程序。

复审请求人对本决定不服的，可以根据专利法第41条第2款的规定，自收到本决定之日起三个月内向北京市第一中级人民法院起诉。

087

C、D型肉毒杀鼠素冻干剂及其加工方法

复审请求审查决定（第13814号）

决　定　号　第13814号
决　定　日　2008年6月2日
发明创造名称　C、D型肉毒杀鼠素冻干剂及其加工方法
国际分类号　A01N63/00
复审请求人　青海生物药品厂
申　请　号　200510021116.4
申　请　日　2005年6月17日
公　开　日　2006年1月25日
合议组组长　任晓兰
主　审　员　侯　曜
参　审　员　娄　宁

法律依据　专利法第26条第3款
决定要点

如果所属领域技的技术人员根据说明书公开的内容，结合其普通技术知识和常规实验手段能够实现要求保护的技术方案、解决其技术问题并产生预期的技术效果，则认为说明书对于所述技术方案的公开符合专利法第26条第3款的规定。

一、案由

本复审请求案涉及发明名称为“C、D型肉毒杀鼠素冻干剂及其加工方法”的第200510021116.4号发明专利申请（下称本申请），申请人为青海生物药品厂，申请日为2005年6月17日，公开日为2006年1月25日。

2006年6月9日，针对申请人于申请日提交的原始申请文本，国家知识产权局发出《第一次审查意见通知书》，认为本申请说明书未清楚描述制备冻干剂需要用到的高毒价C、D型肉毒梭菌素如何获得，实施例对稳定剂的描述也不清楚，因此，不符合专利法第26条第3款的规定。

2006年6月17日，申请人针对上述审查意见进行了答复，同时提交如下附件1：

附件1：《中华人民共和国兽用生物制品规程》，中华人民共和国农业部，2000年版，封面和第53页，复印件共2页。

请求人认为：（1）在微生物透析培养装置中经透析培养获得高毒价C、D型肉毒梭菌素的方法为常规技术，所提供的附件1记载了透析培养方法；（2）本申请的权利要求书和说明书中已在多处对稳

定剂的原料组成进行了描述，因此，本申请符合专利法第26条第3款的规定。

2006年8月4日，国家知识产权局针对申请人于申请日提交的原始申请文件，以本申请不符合专利法第26条第3款的规定为由驳回了本申请。

驳回决定认为：（1）本申请为制备所述冻干剂需要用到原料C、D型肉毒杀鼠素原苗，说明书中仅宽泛地描述该原苗是在微生物透析培养装置中将C、D型肉毒梭菌经透析培养获得，本领域技术人员并不能依此制备得到所述高毒价C、D型肉毒梭菌素，并且，现有技术中也没有详细描述如何获得所述高毒价C、D型肉毒梭菌素。申请人在答复《第一次审查意见通知书》时提交的附件1只能证明菌液的制备是已知技术，不能说明其就是C、D型肉毒梭菌毒素的制备方法，因此，本领域技术人员根据说明书的描述无法获得制备冻干剂所需的原料C、D型肉毒杀鼠素原苗。（2）本申请实施例1~12分别描述了制备不同冻干剂的整个过程，在每个实施例中都用到了稳定剂，然而，说明书中始终没有提供稳定剂的具体组成，在此情况下，本领域技术人员无法根据实施例描述的工艺步骤得到所述具有效果的冻干剂。虽然在说明书的技术方案部分描述了稳定剂的组成，但都是范围值，本领域技术人员为了实现实施例所述的效果需要花费创造性的劳动来确定稳定剂的具体组成，因此，本申请实施例中对稳定剂的描述是不清楚的。基于以上两个理由，本申请不符合专利法第26条第3款的规定。

驳回决定所针对文本的独立权利要求1~2和4~5如下：

“1. 一种C型肉毒杀鼠素冻干剂，由在《微生物透析培养装置》中将C型肉毒梭菌经透析培养获得的高毒价C型肉毒梭菌毒素经冻干加工制成，其特征在于：所述的C型肉毒杀鼠素冻干剂由C型肉毒杀鼠素原苗与稳定剂按重量比为3.5~4.5：1比例配苗；所述的稳定剂由重量含量为10%~14%的明胶、35%~45%的蔗糖、余量为水的原料组成；配苗后明胶在配比液中的重量含量为2%~4%；蔗糖在配比液中的重量含量为5%~15%。

2. 一种C型肉毒杀鼠素冻干剂的加工方法，其工艺流程为：培养基→种子→透析器培养→除菌过滤→无菌检验→测毒配苗→玻瓶定量灌装→半压塞→冷冻干燥→抽空全压塞→包装→入库→检验→得产品，其特征在于：所述的除菌过滤是在无菌条件下除去C型肉毒梭菌外毒素中的本菌和其他有害细菌；所述的无菌检验是用培养基检验产品是否含有本菌和其他有害细菌；所述的配苗是将C型肉毒杀鼠素原苗与具有延长产品保存期作用的稳定剂以重量比为3.5~4.5：1的比例混合；所述的玻瓶定量灌装是将配比好的原料按每玻璃瓶5ml、25ml装入预先将玻瓶和瓶盖先粗洗、纯化水清洗、干热灭菌冷却后的瓶内；所述的半压塞是将瓶盖压入瓶口一半封口；所述的冷冻干燥是将灌装瓶放入真空冷冻机冷冻干燥；所述的抽空全压塞是将完成产品冻干后的玻瓶盖全压入瓶口，然后轧盖贴签装箱入库制得产品。

4. 一种D型肉毒杀鼠素冻干剂，由在《微生物透析培养装置》中将D型肉毒梭菌经透析培养获得的高毒价D型肉毒梭菌毒素经冻干加工制成，其特征在于：所述的D型肉毒杀鼠素冻干剂由D型肉毒杀鼠素原苗与稳定剂按重量比为3.5~4.5：1比例配苗；所述的稳定剂由重量含量为10%~14%的明胶、35%~45%的蔗糖、余量为水的原料组成；配苗后明胶在配比液中的重量含量为2%~4%；蔗糖在配比液中的重量含量为5%~15%。

5. 一种D型肉毒杀鼠素冻干剂的加工方法，其工艺流程：培养基→种子→透析器培养→除菌过滤→无菌检验→测毒配苗→玻瓶定量灌装→半压塞→冷冻干燥→抽空全压塞→包装→入库→检验→得产品；其特征在于：所述的除菌过滤是在无菌条件下除去D型肉毒梭菌外毒素中的本菌和其他有害细菌；所述的无菌检验是用培养基检验产品是否含有本菌和其他有害细菌；所述的配苗是将D型肉毒杀鼠素原苗与具有延长产品保存期作用的稳定剂以重量比为3.5~4.5：1的比例混合；所述的玻瓶定量灌装是将配比好的原料按每玻璃瓶5ml、25ml装入预先将玻瓶和瓶盖先粗洗、纯化水清洗、干热灭菌冷却后的瓶内；所述的半压塞是将瓶盖压入瓶口一半封口；所述的冷冻干燥是将灌装瓶放入真空冷冻机冷冻干燥；所述的抽空全压塞是将完成产品冻干后的玻瓶盖全压入瓶口，然后轧盖贴签装箱入库制得产品。”

2006年11月2日，申请人青海生物药品厂（下称请求人）对上述驳回决定不服，向专利复审委员会提出复审请求，在提出复审请求时，请求人未修改申请文件，提交了如下附件2~4（编号续前）：

附件2：《中华人民共和国兽用生物制品规程》，中华人民共和国农业部，2000版，封面、第52~54页，复印件共4页；

附件3：《C型肉毒杀鼠素水剂使用手册》，青海生物药品厂，共8页；

附件4：《C·肉毒杀鼠素（冻干剂）使用说明书》，青海生物药品厂，共1页。

请求人认为：（1）请求人提供的附件表明，C、D型肉毒梭菌毒素是申请人早已生产的产品，用C、D型肉毒梭菌毒素菌种经微生物透析培养装置培养出的菌液为C、D型肉毒梭菌毒素是申请人的成熟技术，因此，在本申请中未对此进行详细的描述；（2）本申请中已在多处对稳定剂的组成进行了描述：“所述的稳定剂由重量含量为10%~14%的明胶、35%~45%的蔗糖、余量为水的原料组成”。并且，本申请的发明要点是将C、D型肉毒梭菌毒素经冻干加工，使得冻干剂保持产品毒价少损失或不损失。用于配苗的稳定剂只是辅料，作用是延长产品的保存期。在10%~14%的明胶、35%~45%的蔗糖、余量为水的范围内取任意数值配出稳定剂，然后与C、D型肉毒杀鼠素原苗按3.5~4.5∶1比例配苗都可生产出符合要求的冻干剂。基于上述理由，本申请符合专利法第26条第3款的规定。

经形式审查合格后，专利复审委员会受理了该请求，并于2007年1月12日向请求人发出《复审请求受理通知书》，同时将本申请转至国家知识产权局原审查部门进行前置审查。

国家知识产权局原审查部门在前置审查中认为驳回理由依然存在，因此坚持驳回决定。

专利复审委员会组成合议组，对本复审请求案进行了审理。

经审查，合议组认为本案事实已经清楚，可以作出复审决定。

二、决定的理由

1. 决定依据的文本

本复审决定依据的文本是驳回决定所针对的文本。

2. 关于专利法第26条第3款

专利法第26条第3款规定：说明书应当对发明或者实用新型作出清楚、完整的说明，以所属技术领域的技术人员能够实现为准。

如果所属领域技的技术人员根据说明书公开的内容，结合其普通技术知识和常规实验手段能够实现要求保护的技术方案、解决其技术问题并产生预期的技术效果，则认为说明书对于所述技术方案的公开符合专利法第26条第3款的规定。

就本案而言，权利要求1、4和7分别要求保护一种C型或D型肉毒杀鼠素冻干剂，由在《微生物透析培养装置》中将C型或D型肉毒梭菌经透析培养获得的高毒价C型或D型肉毒梭菌毒素经冻干加工制成，所述的C型或D型肉毒杀鼠素冻干剂由C型或D型肉毒杀鼠素原苗与稳定剂按重量比为3.5~4.5∶1比例配苗；所述的稳定剂由重量含量为10%~14%的明胶、35%~45%的蔗糖、余量为水的原料组成；配苗后明胶在配比液中的重量含量为2%~4%；蔗糖在配比液中的重量含量为5%~15%。权利要求2~3和5~6分别要求保护权利要求1或4所述的C型或D型肉毒杀鼠素冻干剂的制备方法。

驳回决定认为：（1）本申请说明书中仅宽泛地描述所述高毒价C、D型肉毒梭菌素原苗是在微生物透析培养装置中将C、D型肉毒梭菌经透析培养获得，本领域技术人员并不能依此获得该原苗；（2）本申请实施例中没有确定稳定剂的具体组成，对稳定剂的描述是不清楚的。

对于冻干所用“原苗”，合议组查明：本申请说明书第2页提到，所述高毒价C型或D型肉毒梭菌毒素是在微生物透析培养装置中，将C型或D型肉毒梭菌经透析培养获得的。并且，说明书对杀鼠剂的冻干工艺流程进行了以下描述：培养基→种子→透析器培养→除菌过滤→无菌检验→测毒配苗→玻瓶定量灌装→半压塞→冷冻干燥→抽空全压塞→包装→入库→检验→得产品，所述的除菌过滤是在无菌条件下除去肉毒梭菌外毒素中的本菌和其他有害细菌；所述的无菌检验是用培养基检验产品是否含有本菌和其他有害细菌；所述的配苗是将肉毒杀鼠素原苗与具有延长产品保存期作用的稳定剂以重量比为3.5~4.5∶1的比例混合……（参见说明书第2页第五段，第4页第一段）。合议组认为：通过以上描述，所属领域技术人员可以获知，此处所指的冻干用“原苗”实际上是指经除菌过滤和无菌检验的含肉毒梭菌毒素的培养液。

首先，“肉毒梭菌”对本领域技术人员来说是公知的，是梭菌属中的一类厌氧的革兰氏阳性菌，肉毒梭菌及其孢子通常发现存在于土壤中，在世界范围内，包括我国均有广泛分布，也可寄生于正常的猪、牛、羊等动物体内。而肉毒毒素是肉毒梭菌产生的有效的多肽神经毒素，在血清学上分为A、B、C、D、E、F和G等七种不同的型别，毒素型别与毒株型别具有一致性，因此，C型或D型肉毒毒素分别是由C型或D型肉毒梭菌产生的。由于肉毒梭菌毒素的高毒性，一般各国对于其生产及实验用菌种和原液培养物均有专门的机构保存和供应，在请求人提交的附件2中就提到，制造与检验用的菌种为C型肉毒梭菌C62-4和C62-6菌株，均由中国兽医药品监察所鉴定、保管和供应（参见附件2第52页第1.1节）。

其次，目前在肉毒梭菌毒素的批量生产中，通常使用透析培养法，将由专门机构获得的种材料接种到培养基中，再从高效价发酵液中分离出所需的肉毒梭菌毒素，该方法获得的毒素的毒价较传统培养法高，可达例如150~300万LD/ml。这种透析培养法是本领域公知的，例如附件2中就详细描述了C型肉毒梭菌从菌种接种、种子繁殖和鉴定、培养出含毒素的菌液，直至毒素测定的详细步骤和条件（参见附件2第52页2.1节至第53页第2.3.4节）。由此可见，C型或D型肉毒梭菌以及相应肉毒菌素的获得是所属领域技术人员的普通技术知识，本领域技术人员根据其普通技术知识和常规实验手段能够获得本申请中的“原苗”。

对于冻干所用的“稳定剂”，合议组查明：根据说明书的描述，本申请要解决的技术问题是提供一种冻干形式的肉毒梭菌毒素，本申请的发明点是将C、D型肉毒梭菌毒素加工为冻干剂的加工工艺流程和冻干条件等，用于配苗的稳定剂只是在冻干过程中使用的助剂，其作用在于使肉毒梭菌毒素保持稳定，延长产品的保存期；并且，在本申请说明书中明确指出，C型或D型肉毒杀鼠素原苗与稳定剂按重量比为3.5~4.5∶1比例配苗，所述的稳定剂由重量含量为10%~14%的明胶、35%~45%的蔗糖、余量为水的原料组成；配苗后明胶在配比液中的重量含量为2%~4%；蔗糖在配比液中的重量含量为5%~15%（参见说明书第1页倒数第二段）。由此可见，说明书中已经给出了稳定剂的组成和各组分的用量，给出了“原苗”和稳定剂的比例关系，以及配苗后明胶、蔗糖在配比液中的含量。在此基础上，即使实施例中未确定稳定剂的具体组成，本领域技术人员也能够按照说明书中给出的稳定剂的组成和各组分含量范围，以及稳定剂与肉毒梭菌毒素的比例关系，在上述范围内选择稳定剂的具体组成，并按上述配苗的比例关系将其与肉毒梭菌毒素混合并制成冻干剂。

综上所述，本申请对于冻干原料-C型或D型肉毒杀鼠素原苗，以及冻干用稳定剂的描述是清楚的，所属技术领域的技术人员按照说明书记载的内容能够实现本发明的技术方案，解决其技术问题并能够产生预期的技术效果，即本申请符合专利法第26条第3款的规定。

根据上述理由和事实，本案合议组作出如下决定。

三、决定

撤销国家知识产权局于2006年8月4日针对200510021116.4号发明专利申请作出的驳回决定，由国家知识产权局原审查部门以驳回决定所针对的文本为基础继续审查。

复审请求人对本决定不服的，可以根据专利法第41条第2款的规定，自收到本决定之日起三个月内向北京市第一中级人民法院起诉。

088

处理由生产有机化合物的反应产生的副产物的方法

复审请求审查决定（第13815号）

决　　定　　号　第13815号
决　　定　　日　2008年3月2日
发明创造名称　处理由生产有机化合物的反应产生的副产物的方法
国 际 分 类 号　C07C17/38，C01B7/19
复 审 请 求 人　索尔维公司
申　　请　　号　02816401.6
申　　请　　日　2002年6月21日
优 先 权 日　2001年6月22日
公　　开　　日　2004年11月10日
合议组组长　孙跃飞
主　　审　　员　李新芝
参　　审　　员　郭鹏鹏

法 律 依 据　专利法第22条第3款
决 定 要 点

如果发明是所属技术领域的技术人员在现有技术的基础上通过逻辑分析、推理或者有限的试验就可以得到的，并且所要求保护的技术方案也没有取得预料不到的技术效果，则该发明不具备突出的实质性特点和显著的进步，不具有创造性。

一、案由

本复审请求案涉及发明名称为“处理由生产有机化合物的反应产生的副产物的方法”的第02816401.6号发明专利申请（下称本申请），申请人为索尔维公司，申请日为2002年6月21日，优先权日为2001年6月22日，公开日为2004年11月10日。

2006年3月17日，针对申请人于2006年1月6日提交的权利要求1~24项、说明书第8页，2004年2月20日提交的说明书第1~7、9页、说明书附图第1页及说明书摘要，国家知识产权局以本申请不符合专利法第22条为由驳回了本申请。

驳回决定认为：审查员在《第一次审查意见通知书》中已经指出本申请不符合专利法第22条第2、3款的规定，具体理由是：（1）权利要求1的技术方案与对比文件1（CA1227495A1，公开日：1987年9月29日）公开的从氟化反应中无水相分离回收氟化氢的方法（参见对比文件1的权利要求书，说明书第6页和附图）相比，其区别仅仅是该权利要求是在一个表面上进行蒸发，而对比文件1

是用蒸发器进行蒸发，并没有指出在表面上进行蒸发；而对比文件2（SU952833A，公开日：1982年8月23日）提到可用薄膜蒸发器进行蒸发（参见对比文件2的摘要）。由此可见，在对比文件1的基础上结合对比文件2得出该权利要求所要求保护的技术方案，对所述技术领域的技术人员来说是显而易见的，因此权利要求1不具备突出的实质性特点和显著的进步，因而不具备创造性。同理，权利要求19也不具备创造性。(2) 从属权利要求2、4~6、17的附加技术特征是对蒸发以及反应产物的进一步限定，但是该限定并没有给该发明带来意想不到的效果，因而不具备专利法第22条第3款所规定的创造性。从属权利要求3、7~10加入的附加技术特征已在对比文件2中公开（参见对比文件2的摘要），从属权利要求11~16、18加入的附加技术特征已在对比文件1中公开（参见对比文件1的全文，尤其是权利要求，说明书第6页，附图），因此上述权利要求也不符合专利法第22条第3款规定的创造性；(3) 权利要求20和21的技术特征已在对比文件1中公开（参见对比文件1的权利要求书，说明书第6页和附图），因此权利要求20和21不具备新颖性，不符合专利法第22条第2款的规定。

同时，针对申请人的意见陈述，审查员认为：(1) 虽然俄国的对比文件教导了避免在蒸发期间通过加入高沸点化合物形成浓缩相，但在对比文件1的教导和启示下，结合对比文件2得到权利要求1的技术方案是显而易见的，因此权利要求1不具有创造性；(2) 对于权利要求22，虽然对比文件1没有公开“液体的含量小于或等于20%重量”的特征，但该特征包括“液体的含量为0%重量”的特征，因此仍不具有新颖性；(3) 对于权利要求23，虽然对比文件1没有提到萃取，但可以看出氟化氢实际上作为了焦油副产物的萃取溶剂，因此该权利要求不具有新颖性。

驳回决定针对的权利要求1~24如下：

“1. 处理由生产有机化合物的反应产生的副产物的方法，该方法包括的一个阶段为在一个表面上将含有重副产物的液相进行蒸发，以便形成含有重副产物批料的浓缩相和基本上没有重副产物的蒸汽相，以及一个从该表面回收浓缩相的阶段。

2. 依据权利要求1的方法，其中液相在表面上形成薄膜，薄膜的厚度最多为50mm。

3. 依据权利要求2的方法，其中液相被运送至表面，以在表面上形成液相的定向流。

4. 依据权利要求1到3任何一项的方法，其中表面上的液相呈湍流状态。

5. 依据权利要求1到3任何一项的方法，其中进行蒸发的压力为0.01~15巴。

6. 依据权利要求1到3任何一项的方法，其中液相以1~500l/h每$1m^2$表面积的流速进行蒸发。

7. 依据权利要求1到3任何一项的方法，其中表面是加热表面。

8. 依据权利要求1到3任何一项的方法，其中浓缩相的回收包括用机械设备从表面分离浓缩相。

9. 依据权利要求6的方法，其中浓缩相的回收包括用机械设备从表面分离浓缩相。

10. 依据权利要求7的方法，其中浓缩相的回收包括用机械设备从表面分离浓缩相。

11. 依据权利要求8到10任何一项的方法，其在刮膜蒸发器中进行。

12. 依据权利要求8或11的方法，其中浓缩相在其正在形成时从表面进行分离。

13. 依据权利要求1到3任何一项的方法，其中浓缩相是固相。

14. 依据权利要求1到3任何一项的方法，其中浓缩相是液相。

15. 依据权利要求1到3任何一项的方法，其中含有重副产物的液相是富含重副产物的液相，该液相由有机反应至少一部分的副产物而得，所述液相通过沉降进行分离操作，以便从贫含所述重副产物的相分离富含重副产物的液相。

16. 依据权利要求1到3任何一项的方法，其另外包括将蒸汽相再循环入生产有机化合物的反应中，所述蒸汽相基本没有重副产物。

17. 依据权利要求 1 到 3 任何一项的方法，其中有机化合物是卤代有机化合物。

18. 依据权利要求 17 的方法，其中卤代有机化合物是选自二氟甲烷 HFC-32、1，1-二氟乙烷 HFC-152a、1，1，1-三氟乙烷 HFC-143a、1，1，1，2-四氟乙烷 HFC-134a、五氟乙烷 HFC-125、1，1，1，3，3-五氟丙烷 HFC-245fa、1，1，1，3，3，3-六氟丙烷 HFC-236fa、1，1，1，2，3，3，3-七氟丙烷 HFC-227ea、1，1，1，3，3-五氟丁烷 HFC-365mfc 和 1，1，1，2，3，4，4，5，5，5-十氟戊烷 HFC-43-10mee 的氢氟代链烷烃或选自氯代二氟甲烷 HCFC-22、1，1，1-三氟-2，2-二氯乙烷 HCFC-123、1，1，1-三氟-2-氯乙烷 HCFC-133a、1-氟-1，1-二氯乙烷 HCFC-141b 或 1，1-二氟-1-氯乙烷 HCFC-142b 的氢氯氟代链烷烃以及合成 HFC-245fa 或 HFC-365mfc 的氯氟化中间体。

19. 依据权利要求 18 的方法，其中卤代有机化合物是 1，1-二氟乙烷 HFC-152a。

20. 依据权利要求 18 的方法，其中卤代有机化合物是 1，1，1，3，3-五氟丁烷 HFC-365mfc。

21. 合成有机化合物的方法，该方法包括依据权利要求 1 到 3 任何一项处理生产有机化合物的反应产生的副产物的方法。

22. 依据权利要求 13 的方法可得到的固相，其具有液体的含量小于或等于 20% 重量。

23. 氟化氢作为来自制备氟化有机化合物的反应介质的重副产物的萃取溶剂的用途。

24. 权利要求 23 的用途，其中所述重副产物是焦油和/或催化剂分解产物。"

2006 年 6 月 30 日，申请人索尔维公司（下称请求人）对上述驳回决定不服，向专利复审委员会提出复审请求，请求人在提出复审请求时删除了权利要求 22~24。

请求人认为：（1）审查员接受了对比文件 2 教导了避免形成浓缩相，在此基础上，申请人认为本领域技术人员在寻找处理使得能够实现减小用于处理对环境有害的物质的体积的显著进步的时候不会考虑到对比文件 2 的教导，因为其教导背离了他想达到的目标。申请人注意到所解决的问题，即为了能够大量地循环使用反应中的反应物，并且同时为了对不可循环的废物提供安全且利于环境的破坏，在现有技术中是没有的，因此本发明存在显著的进步。（2）审查员没有指出在对比文件 1 或 2 中何处公开了权利要求 2 和 4~6 的特征，而且申请人没有看到任何与这些特征相应的公开内容。审查员认为这些特征不具有突出的实质性特点是与在本申请说明书中的有效实施例中所阐述的优点相矛盾的，在有效实施例中证明了在这些条件下的形成特别好的适宜的浓缩相，就可加工性而言，其或者是固体的或者是可以泵出的液体。（3）申请人认为对比文件 1 或 2 中没有公开用于从表面、刮膜蒸发器分离浓缩相的机械设备，或者在其正在形成时从表面分离浓缩相的机械设备。因此本发明具备创造性。

经形式审查合格后，专利复审委员会受理了该请求，并于 2006 年 7 月 26 日向请求人发出了《复审请求受理通知书》，同时将本申请转送至国家知识产权局原审查部门进行前置审查。

在《前置审查意见书》中，国家知识产权局原审查部门认为，申请人虽删除了权利要求 22~24 克服了新颖性的问题，但未对权利要求 1~21 进行修改，其仍未克服创造性的缺陷，因此坚持驳回决定。

专利复审委员会组成合议组，对本复审请求案进行了审理。

合议组于 2007 年 9 月 12 日向请求人发出《复审通知书》，指出：权利要求 1~21 不具有创造性，不符合专利法第 22 条第 3 款的规定。

针对上述《复审通知书》，请求人于 2007 年 12 月 27 日提交了意见陈述书，未提交修改文本。请求人认为：（1）本发明所要解决的技术问题是为了能够最大量地循环使用反应中的反应物，并且同时为了对不可循环的废物提供安全且利于环境的破坏，而《复审通知书》认为，本发明实际解决的技术问题是提高蒸发效率，因此复审委员会误解了本发明所要解决的技术问题；（2）权利要求 1 中的如下措辞“从该表面回收浓缩相的阶段”在对比文件1和2中均没有公开，而且该特征使得可以获得易于处理的浓缩相，因此提供了显著的进步；（3）对比文件1中的焦油是通过管线28和含水贮罐回收的，这意味着对比文件1教导了在其方法中焦油需要用水稀释，这是与本发明背道而驰的，本发明涉及的是从适于处理的浓缩相的表面回收的操作；（4）在对比文件2的方法中提出在液态碳氟化物的存在下进行蒸发，这意味着加入了附加的化合物，并且因此稀释了表面的相，本发明不必使用昂贵的全氟化烃。因此权利要求1~21具有创造性。

至此，合议组认为本案事实清楚，可以作出审查决定。

二、决定的理由

1. 关于审查文本

本复审决定是以请求人于2006年6月30日提交的权利要求第1~21项，2006年1月6日提交的说明书第8页，2004年2月20日进入中国国家阶段时提交的说明书第1~7、9页以及说明书附图第1页和说明书摘要为基础作出的。

2. 关于专利法第22条第3款

专利法第22条第3款规定：创造性是指同申请日以前已有的技术相比，该发明有突出的实质性特点和显著的进步。

如果发明是所属技术领域的技术人员在现有技术的基础上通过逻辑分析、推理或者有限的试验就可以得到的，并且所要求保护的技术方案也没有取得预料不到的技术效果，则该发明不具备突出的实质性特点和显著的进步，不具有创造性。

就本申请而言，权利要求1要求保护一种处理由生产有机化合物的反应产生的副产物的方法，该方法包括的一个阶段为在一个表面上将含有重副产物的液相进行蒸发，以便形成含有重副产物批料的浓缩相和基本上没有重副产物的蒸发相，以及一个从该表面回收浓缩相的阶段。对比文件1（CA1227495A1，公开日：1987年9月29日）公开了一种由HF和甲基氯仿反应生成1-氯-1，1-二氟乙烷（142b）的反应混合物中分离氟化氢的方法，其中包括从反应混合物中回收焦油流，加热焦油流使HF和挥发性有机物从焦油中蒸发出的步骤，其中的挥发性物质含有五氟丁烷（参见对比文件1权利要求1、2），并且在说明书中结合附图具体公开了如下步骤：通过管线25将焦油流定期或连续回收至通过加热盘管加热的蒸发器27中。焦油流中的挥发性物质占焦油流重量的约98%（例如，约70%的HF，6.0%的五氟丁烷，14%的142b和6%141b以及余量的混合有机物和HCl），其中占焦油流2wt%的实际焦油或矿泥通过管线28排到含水贮罐中（参见对比文件1说明书第6页第7~14行）。由此可知，权利要求1的技术方案与对比文件1相比，其区别主要在于本申请对含重副产物的液相进行的蒸发操作以及浓缩相的回收是在表面上进行的。由于本领域技术人员已知，表面蒸发操作可以提高蒸发效率，即基于上述区别技术特征，本发明实际解决的技术问题是提高蒸发效率。

对比文件2（SU952833A，公开日：1982年8月23日）公开了利用薄膜蒸发器在高温下从残留催化剂和树脂状物质中分离除去液态氯代烃的方法，特别是在液态氟化烃的存在下，该方法简单且可提高产品质量（参见对比文件2摘要）。由此可知，对比文件2已经给出了在进行蒸发操作时使用薄膜蒸发器来分离挥发性物质的技术启示，也就是说在薄膜表面进行蒸发的技术启示，而从表面回收浓缩浓缩相的步骤则是该方法中必然包括的步骤，因此本领域技术人员在对比文件1的基础上结合对比文件2得到权利要求1的技术方案是显而易见的，所以权利要求1不具有创造性，不符合专利法第22条第3款的规定。

从属权利要求2~6对权利要求1作了进行一步的限定，但从属权利要求2~6的附加技术特征如“液相在表面上形成薄膜，薄膜的厚度最多为50mm”、“表面上的液相呈湍流状态”、“蒸发的压力为

0.01~15巴”等均为本领域技术人员熟知的在薄膜表面蒸发的常规技术手段，而且所述附加技术特征也没有给本发明带来任何预料不到的技术效果，因此在其引用的权利要求1不具有创造性的前提下，从属权利要求2~6也不具有创造性，不符合专利法第22条第3款的规定。

从属权利要求7对权利要求1~3作了进一步的限定，其中表面是加热表面，而在对比文件2中已经公开了在高温下利用薄膜蒸发器进行分离，也就是说加热表面的附加技术特征已经在对比文件2中公开，因此在其引用的权利要求1~3不具有创造性的前提下，从属权利要求7也不具有创造性，不符合专利法第22条第3款的规定。

从属权利要求8对权利要求1~3作了进行一步的限定，“其中浓缩相的回收包括用机械设备从表面分离浓缩相”，但利用机械设备从表面分离浓缩相是本领域技术人员在薄膜表面蒸发过程中常用的分离操作手段，而且所述附加技术特征也没有给本发明带来任何预料不到的技术效果，因此在其引用的权利要求1~3不具有创造性的前提下，从属权利要求8也不具有创造性，不符合专利法第22条第3款的规定。

基于与上述从属权利要求8相同的分析，从属权利要求9~12也不具有创造性，不符合专利法第22条第3款的规定。

从属权利要求13~14，17对权利要求1~3作了进一步的限定，参见上述对于权利要求1的评述，从属权利要求13~14、17的附加技术特征均已在对比文件1中公开，因此在其引用的权利要求1~3不具有创造性的前提下，从属权利要求13~14、17也不具有创造性，不符合专利法第22条第3款的规定。

从属权利要求15、16对权利要求1~3作了进一步的限定，附加技术特征分别为“其中含有重副产物的液相是富含重副产物的液相，该液相由有机反应至少一部分的副产物而得，所述液相通过沉降进行分离操作，以便从贫含所述重副产物的相分离富含重副产物的液相”、“其另外包括将蒸汽相再循环入生产有机化合物的反应中，所述蒸汽相基本没有重副产物”，而在表面进行蒸发操作前首先通过沉降进行固液分离操作以及将蒸汽相循环入生产有机化合物的反应中是本领域技术人员惯常使用的技术手段，因此在其引用的权利要求1~3不具有创造性的前提下，从属权利要求15、16也不具有创造性，不符合专利法第22条第3款的规定。

从属权利要求18对权利要求17作了进一步的限定，参见上述对于权利要求1的评述，从属权利要求18的附加技术特征1-氯-1，1-二氟乙烷（142b）已在对比文件1中公开，因此在其引用的权利要求17不具有创造性的前提下，从属权利要求18也不具有创造性，不符合专利法第22条第3款的规定。

从属权利要求19、20对权利要求18作了进一步的限定，其中卤代有机化合物是152a或365mfc，虽然这些卤代有机化合物与对比文件1中合成的有机化合物142b不同，但它们均属于氟化烃类，本领域技术人员很容易想到在152a或365mfc的合成中采用对比文件1中所述的蒸发分离方法，因此在其引用的权利要求18不具有创造性的前提下，从属权利要求19、20也不具有创造性，不符合专利法第22条第3款的规定。

权利要求21要求保护利用权利要求1~3的处理副产物的方法合成有机化合物的方法，其创造性依赖于权利要求1~3的创造性，因此在权利要求1~3的技术方案不具有创造性的前提下，权利要求21也不具有创造性，不符合专利法第22条第3款的规定。

此外，针对请求人的意见陈述，合议组认为：（1）关于本发明实际解决的技术问题，按照审查指南第二部分第四章第3.2.1.1节的规定，应当根据最接近的现有技术重新确定发明实际解决的技术问题，并且该实际解决的技术问题可能不同于说明书中所描述的技术问题。由于如上所述，本发明权利要求 1 的技术方案与对比文件 1 的区别主要在于分离方法的不同，即本发明采用的是表面蒸发的方法，而对比文件 1 用蒸发器进行蒸发。本发明说明书中未记载采用表面蒸发替代常规蒸发手段所获得的技术效果，而根据现有技术可知，表面蒸发可提高蒸发效率，因此“蒸发效率”是基于本发明权利要求 1 的技术方案与对比文件 1 的区别技术特征所重新确立的发明实际解决的技术问题，其并不一定等同于请求人声称的所要解决的技术问题；（2）关于权利要求 1 中的步骤“从该表面回收浓缩相的阶段”，由于对比文件 2 采用的是以薄膜蒸发方法从残留催化剂和树脂状物质中除去液体氯代烃，需要收集的是去除了液体氯代烃后的残留在表面的催化剂和树脂状物质，因此对比文件 2 的方法中也必然包括蒸发后从薄膜表面回收浓缩的残留催化剂和树脂状物质的步骤，因此权利要求 1 中的步骤“从该表面回收浓缩相的阶段”实质上在对比文件 2 中已经隐含公开；（3）关于回收方法的差异，合议组认为，权利要求 1 仅仅提及从表面回收浓缩相，并未对其中回收浓缩相的步骤进行具体限定，也就是说并未限定是否用水稀释的问题，而且在对比文件 2 的表面蒸发方法中也并未限定对浓缩相回收后用水稀释，因此不能说对比文件 1 的教导与本发明背道而驰；（4）关于对比文件 2 在液态碳氟化物的存在下进行蒸发的问题，从本发明权利要求 1 的技术方案来看，由于其并未对表面蒸发过程作具体限定，因此对比文件 2 中液态碳氟化物的存在并不构成与与本发明表面蒸发的一个区别特征。因此请求人的争辩理由均不能成立。

根据上述事实和理由，合议组作出如下审查决定。

三、决定

维持国家知识产权局于 2006 年 3 月 17 日针对第 02816401.6 号发明专利申请作出的驳回决定。

复审请求人对本决定不服的，可以根据专利法第 41 条第 2 款的规定，自收到本决定之日起三个月内向北京市第一中级人民法院起诉。

089

用生物学方法从废气中制备乙酸

复审请求审查决定（第13854号）

决　定　号　第13854号
决　定　日　2008年6月19日
发明创造名称　用生物学方法从废气中制备乙酸
国际分类号　C12P1/00，C12P7/06，C12P7/08，C12P7/54，C12P7/62，C12P21/04，C12N1/20
复审请求人　以马忤斯基金股份有限公司
申　请　号　96180363.0
申　请　日　1996年7月1日
公　开　日　1999年9月8日
合议组组长　任晓兰
主　审　员　汪送来
参　审　员　李亚林

法律依据　专利法第33条
决定要点

如果申请的内容通过增加、改变和/或删除其中的一部分，致使所述技术领域的技术人员看到的信息与原申请记载的信息不同，而且又不能从原申请记载的信息中直接地、毫无疑义地确定，那么，这种修改就是不允许的。反之，若修改后的内容在原申请中有记载，或者可以由原申请记载的信息直接地、毫无疑义地确定，则这种修改是允许的。

一、案由

本复审请求案涉及发明名称为“用生物学方法从废气中制备乙酸”的第96180363.0号发明专利申请（下称本申请），申请人为以马忤斯基金股份有限公司（由生物工程资源股份有限公司变更而来），申请日为1996年7月1日，公开日为1999年9月8日。

2005年8月12日，针对申请人于1999年1月4日进入中国国家阶段时提交的说明书第1、4、5、7、12~16、19页、说明书附图第1~5页及说明书摘要，2004年2月18日提交的说明书第2a、2b、3b、6、8~11、17、18页，2005年6月13日提交的说明书第3a页和权利要求书（下称驳回文本），国家知识产权局以权利要求1~3、9、20、36、46~52的修改不符合专利法第33条的规定为由驳回了本申请。

驳回决定认为：权利要求1和2中的“PH小于约5.1”、权利要求1、48和49中的“制备至少2

克/升的所述乙酸”、权利要求3中的上位概念“扬氏梭菌”、权利要求9的“所述废气（i）或（ii）还包含二氧化碳”的技术方案、权利要求20中使用“扬氏梭菌”时的PH为4.9的内容、权利要求36、46、47、50~52的整个技术方案，既未明确记载在原说明书和权利要求书中，也不能由原说明书和权利要求书记载的内容直接确定，因此，这些权利要求的修改超出了原说明书和权利要求书记载的范围，不符合专利法第33条的规定。

驳回决定针对的权利要求1~3、9、20、36、46~52如下：

“1. 一种用于生产乙酸或其盐的方法，所述方法包括：

（a）向生物反应器中提供连续废气流，所述废气包括：

（i）包含一氧化碳的废气；

（ii）包含一氧化碳和氢气的废气；或

（iii）包含氢气和二氧化碳的废气：

所述生物反应器内含有水性培养基和厌氧产醋菌扬氏梭菌PETC和ERI-2；

（b）将所述水性培养基的连续流导入所述生物反应器；

（c）使用所述厌氧产乙酸菌扬氏梭菌在pH值小于5.1的条件下在所述生物反应器中发酵所述气体和所述培养基；

在所述生物反应器中制备至少2克/升的所述乙酸，所述乙酸以游离酸的形式存在于发酵液中；

（d）从所述生物反应器中连续引出一部分包含乙酸的所述发酵液；以及

（e）通过使包含乙酸的所述引出发酵液和与水不混溶的溶剂在萃取室中接触以回收乙酸，所述与水不混溶的溶剂对于乙酸具有亲和力。

2. 一种用于生产乙酸或其盐的方法，所述方法包括：

（a）在生物反应器中提供连续废气流，所述废气包括：

（i）包含一氧化碳的废气；

（ii）包含一氧化碳和氢气的废气；或

（iii）包含氢气和二氧化碳的废气：

所述生物反应器内含有水性培养基和产乙酸菌扬氏梭菌ERI-2；

（b）将所述水性培养基的连续流导入所述生物反应器；

（c）使用所述菌株在pH值小于5.1的条件下发酵所述气体和所述培养基，令所述气体转变为乙酸。

3. 一种用于生产乙酸或其盐的方法，所述方法包括：

（a）在生物反应器中提供连续废气流，所述废气包括：

（i）包含一氧化碳的废气；

（ii）包含一氧化碳和氢气的废气；或

（iii）包含氢气和二氧化碳的废气：

所述生物反应器包含水性培养基和厌氧产乙酸扬氏梭菌菌，所述细菌消耗所述气体中的一氧化碳和氢气而形成流出的液体，形成乙酸和乙酸盐；

（b）从所述生物反应器中放出未反应的气体；

（c）分离出所述液体流中的所述细菌，从而形成含所述乙酸和培养基的透过液；

（d）将所述分离出的细菌返还到所述生物反应器中；以及

（e）使所述透过液与溶剂在萃取室中接触，形成含乙酸的溶剂相和不含乙酸的水相；以及

（f）将所述水相中的养分和原料回流到所述生物反应器；

所述 2 克/升的所述酸是在所述生物反应器中以游离酸的形式生成的。

……

9. 如权利要求 1 所述的方法，其特征在于所述废气（i）或（ii）还包含二氧化碳。

……

20. 如权利要求 3 所述的方法，其特征在于所述生物反应器中的 pH 值 4.9。

……

36. 如权利要求 3 所述的方法，其特征在于所述方法还包括以下步骤：

（g）在高温下蒸馏所述溶剂相，以从所述溶剂中分离乙酸和水；

（h）将所述溶剂回流到所述萃取室中；以及

（i）在另一个蒸馏柱中从所述水中分离所述乙酸。

……

46. 如权利要求 2 所述的方法，其特征在于所述生物反应器的 pH 为 4.0~5.5。

47. 如权利要求 3 所述的方法，其特征在于所述生物反应器的 pH 为 4.0~5.5。

48. 如权利要求 2 所述的方法，其特征在于所述条件产生了大于 2 克/升的游离乙酸。

49. 如权利要求 3 所述的方法，其特征在于所述条件产生了大于 2 克/升的游离乙酸。

50. 如权利要求 2 所述的方法，它还包括：

（d）从所述生物反应器中连续引出一部分包含乙酸的所述发酵液；

（f）使所述引出的包含乙酸的发酵液与水不混溶的溶剂接触，所述溶剂对于所述乙酸具有亲和性；和

（g）从所述溶剂中蒸馏所述乙酸。

51. 如权利要求 3 所述的方法，其特征在于所述盐是从工业废气生成的乙酸钙镁溶液，它还包括以下步骤：

（g）将白云石质石灰/MgO 加入所述溶剂相，形成饱和的乙酸钙镁溶液；

（h）从沉降装置中的所述饱和的乙酸钙镁溶液除去所述溶剂，并将所述溶剂返回到所述萃取室；和

（i）使所述乙酸钙镁干燥和颗粒化；

所述颗粒化的乙酸钙镁是通过加工所述气体形成的。

52. 如权利要求 3 所述的方法，其特征在于所述盐是从工业废气生成的乙酸钙镁溶液，它还包括以下步骤：

（g）将氧化钾加入到所述溶剂相中，形成饱和的乙酸钾溶液；和

（h）从沉降装置中的所述饱和乙酸钾溶液中除去所述溶剂，并将所述溶剂返回到所述萃取室；

所述乙酸钾是通过加工所述气体形成的。”

2005 年 11 月 15 日，申请人以马忤斯基金股份有限公司（下称请求人）对上述驳回决定不服，向专利复审委员会提出复审请求，同时提交了权利要求书替换页，其中删除了驳回文本中的权利要求 31~33，36、46~50，将驳回文本中的权利要求 1~3、18~20、24、28~30、51~52 在本次提交的权利要求书中修改为以下的权利要求 1~3、18~20、24、28~30、42~43：

“1. 一种用于生产乙酸或其盐的方法，所述方法包括：

（a）向生物反应器中提供连续废气流，所述废气包括：

（i）包含一氧化碳的废气；

（ii）包含一氧化碳和氢气的废气；或

（iii）包含氢气和二氧化碳的废气：

所述生物反应器内含有水性培养基和扬氏梭菌 PETC ATCC 55383 或 ERI-2 ATCC 55380；

（b）将所述水性培养基的连续流导入所述生物反应器；

（c）使用所述扬氏梭菌在所述生物反应器中发酵所述气体和所述培养基；

在所述生物反应器中制备所述乙酸，所述乙酸存在于发酵液中；

（d）从所述生物反应器中连续引出一部分包含乙酸的所述发酵液；以及

（e）通过使包含乙酸的所述引出发酵液和与水不混溶的溶剂在萃取室中接触以回收乙酸，所述与水不混溶的溶剂对于乙酸具有亲和力。

2. 一种用于生产乙酸或其盐的方法，所述方法包括：

（a）在生物反应器中提供连续废气流，所述废气包括：

（i）包含一氧化碳的废气；

（ii）包含一氧化碳和氢气的废气；或

（iii）包含氢气和二氧化碳的废气：

所述生物反应器内含有水性培养基和产乙酸菌扬氏梭菌 ERI-2 ATCC 55380；

（b）将所述水性培养基的连续流导入所述生物反应器；

（c）使用所述菌株发酵所述气体和所述培养基，令所述气体转变为乙酸。

3. 一种用于生产乙酸或其盐的方法，所述方法包括：

（a）在生物反应器中提供连续废气流，所述废气包括：

（i）包含一氧化碳的废气；

（ii）包含一氧化碳和氢气的废气；或

（iii）包含氢气和二氧化碳的废气：

所述生物反应器包含水性培养基和扬氏梭菌 ERI-2 ATCC 55380 或 PETC ATCC 55383，所述细菌消耗所述气体中的一氧化碳和氢气而形成流出的液体，形成乙酸和乙酸盐

（b）从所述生物反应器中放出未反应的气体；

（c）分离出所述液体流中的所述细菌，从而形成含所述乙酸和培养基的透过液；

（d）将所述分离出的细菌返还到所述生物反应器中；以及

（e）使所述透过液与溶剂在萃取室中接触，形成含乙酸的溶剂相和不含乙酸的水相；以及

（f）将所述水相中的养分和原料回流到所述生物反应器。

……

18. 如权利要求 1 所述的方法，其特征在于当所述细菌是扬氏梭菌 ERI-2 时，所述生物反应器中的 pH 值为 4.9。

19. 如权利要求 2 所述的方法，其特征在于当所述细菌是扬氏梭菌 ERI-2 时，所述生物反应器中的 pH 值为 4.9。

20. 如权利要求 3 所述的方法，其特征在于当所述细菌是扬氏梭菌 ERI-2 时，所述生物反应器中的 pH 值为 4.9。

……

24. 权利要求 3 所述的方法，其特征在于不从所述发酵液中分离细胞。

……

28. 如权利要求 1 所述的方法，它还包括其他厌氧菌，所述其他厌氧菌选自醋酸杆菌属的凯伍醋酸杆菌、伍氏醋酸杆菌、丁酸杆菌属的食甲基丁酸杆菌、乙酸梭状芽孢杆菌、梭状芽孢杆菌属的乙酸

丁酸种、甲酸乙酸种、克氏梭菌、热醋梭菌、热纤维梭菌、热硫化氢梭菌、热解糖梭菌、粘液真杆菌和产生消化链球菌。

29. 如权利要求2所述的方法，它还包括其他厌氧菌，所述其他厌氧菌选自醋酸杆菌属的凯伍醋酸杆菌、伍氏醋酸杆菌、丁酸杆菌属的食甲基丁酸杆菌、乙酸梭状芽孢杆菌、梭状芽孢杆菌属的乙酸丁酸种、甲酸乙酸种、克氏梭菌、热醋梭菌、热纤维梭菌、热硫化氢梭菌、热解糖梭菌、粘液真杆菌和产生消化链球菌。

30. 如权利要求3所述的方法，它还包括其他厌氧菌，所述其他厌氧菌选自醋酸杆菌属的凯伍醋酸杆菌、伍氏醋酸杆菌、丁酸杆菌属的食甲基丁酸杆菌、乙酸梭状芽孢杆菌、梭状芽孢杆菌属的乙酸丁酸种、甲酸乙酸种、克氏梭菌、热醋梭菌、热纤维梭菌、热硫化氢梭菌、热解糖梭菌、粘液真杆菌和产生消化链球菌。

……

42. 如权利要求3所述的方法，其特征在于所述盐是乙酸钙镁溶液，所述方法还包括以下步骤：

（g）将白云石质石灰和MgO在水中的混合物加入所述溶剂相；

（h）在沉降装置中分离步骤（g）所得溶液中的水相和溶剂相，并将所述溶剂相返回到所述萃取室；和

（i）使所述乙酸钙镁和水干燥和颗粒化，以制备颗粒化的乙酸钙镁。

43. 如权利要求3所述的方法，其特征在于所述盐是乙酸钙镁溶液，所述方法还包括以下步骤：

（g）将氧化钾加入到所述溶剂相中；和

（h）在沉降装置中分离步骤（g）所得溶液中的水相和溶剂相，并将所述溶剂相返回到所述萃取室；

从而形成50%乙酸钾水溶液。"

请求人认为：（1）说明书第1页第29行描述了所述废气包含一氧化碳、氢和/或二氧化碳，显然说明书已经公开了同时包含一氧化碳和二氧化碳的废气以及同时包含一氧化碳、氢气和二氧化碳的废气；另外，如说明书第2页第26行所述，本发明的废气指一氧化碳和氢，其中混合了其他元素和化合物，包括二氧化碳、氮和甲烷，显然该部分也公开了同时包含一氧化碳、氢气和二氧化碳的废气，因此权利要求9并没有超出原始申请的范围；（2）申请人删除了权利要求36、46~50，对权利要求1~3、18~20、36、51~52进行了修改，修改后的申请文本已消除了导致驳回的缺陷。

经形式审查合格后，专利复审委员会受理了该请求，并于2005年12月15日向请求人发出了《复审请求受理通知书》，同时将本申请转送至国家知识产权局原审查部门进行前置审查。

在《前置审查意见书》中，国家知识产权局原审查部门认为，权利要求1、3中的"ATCC 55383"、权利要求42中的"颗粒化"以及"颗粒化的乙酸钙镁"既未明确记载在原说明书和权利要求书中，也不能由原说明书和权利要求书记载的内容直接确定，因此这些权利要求的修改超出了原说明书和权利要求书记载的范围，不符合专利法第33条的规定，故而坚持驳回决定。

专利复审委员会组成合议组，对本复审请求案进行了审理，于2008年2月18日向请求人发出《复审通知书》，指出：（1）在原始申请中，没有记载"扬氏梭菌PETC ATCC 55383"这一内容，并且本领域技术人员根据说明书公开的信息，并不能直接地、毫无疑义地确定扬氏梭菌PETC的保藏编号为ATCC 55383。因此，权利要求1和3中有关扬氏梭菌"PETC ATCC 55383"的修改超出了原说明书和权利要求书记载的范围，不符合专利法第33条的规定。（2）①权利要求42第（i）步为"使所述乙酸钙镁和水干燥和颗粒化，以制备颗粒化的乙酸钙镁。"而说明书中相应的内容是"CMA/水（62）被送去干燥/沉降（64）以产生沉降的CMA产物"，两者不一致；②权利要求43中"乙酸钙镁

溶液”明显有误，因为权利要求43中制备的实际上是乙酸钾水溶液。请求人应当根据国际申请文件的公开文本对此进行修改。

针对上述《复审通知书》，请求人于2008年4月3日提交了意见陈述书和整个权利要求书替换页，将权利要求1和3中的“PETC ATCC 55383”修改为“PETC”，将权利要求42中的“乙酸钙镁溶液”修改为“乙酸钙镁CMA溶液”，将步骤（i）中的“颗粒化”修改为“沉降”，将权利要求43中的“乙酸钙镁溶液”修改为“乙酸钾”。请求人认为上述修改能够克服审查员指出的缺陷。

2008年4月14日，请求人提交了补正书、说明书第5页和第17页的替换页、整个权利要求书的替换页，将说明书第5页第4段中的“CMA/水（62）被送去干燥/沉降（64）以产生沉降的CMA产物”修改为“CMA/水（62）被送去干燥/颗粒化（64）以产生颗粒化的CMA产物”，第5段中的“因此不需要干燥和沉降”修改为“因此不需要干燥和颗粒化”，将说明书第17页第2段中的“反应之后将饱和的CMA溶液干燥和沉积”修改为“反应之后将饱和的CMA溶液干燥和颗粒化”，并相应地将权利要求42的步骤（i）中的“沉降”修改为“颗粒化”。

修改后的权利要求1~3、8、20、42、43如下：

“1. 一种用于生产乙酸或其盐的方法，所述方法包括：

（a）向生物反应器中提供连续废气流，所述废气包括：

（i）包含一氧化碳的废气；

（ii）包含一氧化碳和氢气的废气；或

（iii）包含氢气和二氧化碳的废气：

所述生物反应器内含有水性培养基和扬氏梭菌PETC或ERI-2 ATCC 55380；

（b）将所述水性培养基的连续流导入所述生物反应器；

（c）使用所述扬氏梭菌在所述生物反应器中发酵所述气体和所述培养基；

在所述生物反应器中制备所述乙酸，所述乙酸存在于发酵液中；

（d）从所述生物反应器中连续引出一部分包含乙酸的所述发酵液；以及

（e）通过使包含乙酸的所述引出发酵液和与水不混溶的溶剂在萃取室中接触以回收乙酸，所述与水不混溶的溶剂对于乙酸具有亲和力。

2. 一种用于生产乙酸或其盐的方法，所述方法包括：

（a）在生物反应器中提供连续废气流，所述废气包括：

（i）包含一氧化碳的废气；

（ii）包含一氧化碳和氢气的废气；或

（iii）包含氢气和二氧化碳的废气：

所述生物反应器内含有水性培养基和产乙酸菌扬氏梭菌ERI-2 ATCC 55380；

（b）将所述水性培养基的连续流导入所述生物反应器；

（c）使用所述菌株发酵所述气体和所述培养基，令所述气体转变为乙酸。

3. 一种用于生产乙酸或其盐的方法，所述方法包括：

（a）在生物反应器中提供连续废气流，所述废气包括：

（i）包含一氧化碳的废气；

（ii）包含一氧化碳和氢气的废气；或

（iii）包含氢气和二氧化碳的废气：

所述生物反应器包含水性培养基和扬氏梭菌ERI-2 ATCC 55380或PETC，所述细菌消耗所述气体中的一氧化碳和氢气而形成流出的液体，形成乙酸和乙酸盐

（b）从所述生物反应器中放出未反应的气体；

（c）分离出所述液体流中的所述细菌，从而形成含所述乙酸和培养基的透过液；

（d）将所述分离出的细菌返还到所述生物反应器中；以及

（e）使所述透过液与溶剂在萃取室中接触，形成含乙酸的溶剂相和不含乙酸的水相；以及

（f）将所述水相中的养分和原料回流到所述生物反应器。

……

8. 如权利要求1所述的方法，其特征在于所述废气（i）或（ii）还包含二氧化碳。

……

20. 如权利要求3所述的方法，其特征在于当所述细菌是扬氏梭菌ERI-2时，所述生物反应器中的pH值为4.9。

……

42. 如权利要求3所述的方法，其特征在于所述盐是乙酸钙镁CMA溶液，所述方法还包括以下步骤：

（g）将白云石质石灰和MgO在水中的混合物加入所述溶剂相；

（h）在沉降装置中分离步骤（g）所得溶液中的水相和溶剂相，并将所述溶剂相返回到所述萃取室；和

（i）使所述乙酸钙镁和水干燥和颗粒化，以制备颗粒化的乙酸钙镁。

43. 如权利要求3所述的方法，其特征在于所述盐是乙酸钾，所述方法还包括以下步骤：

（g）将氧化钾加入到所述溶剂相中；和

（h）在沉降装置中分离步骤（g）所得溶液中的水相和溶剂相，并将所述溶剂相返回到所述萃取室；

从而形成50%乙酸钾水溶液。"

至此，合议组认为本案事实清楚，可以作出审查决定。

二、决定的理由

1. 审查文本

本复审请求审查决定所针对的申请文件是：请求人于1999年1月4日进入中国国家阶段时提交的说明书第1、4、7、12~16、19页、说明书附图第1~5页及说明书摘要，2004年2月18日提交的说明书第2a、2b、3b、6、8~11、18页，2005年6月13日提交的说明书第3a页，2008年4月14日提交的权利要求第1~43项，说明书第5、17页（下称复审文本）。

2. 专利法第33条

专利法第33条规定，申请人可以对其专利申请文件进行修改，但是，对发明和实用新型专利申请文件的修改不得超出原说明书和权利要求书记载的范围。

如果申请的内容通过增加、改变和/或删除其中的一部分，致使所述技术领域的技术人员看到的信息与原申请记载的信息不同，而且又不能从原申请记载的信息中直接地、毫无疑义地确定，那么，这种修改就是不允许的。反之，若修改后的内容在原申请中有记载，或者可以由原申请记载的信息直接地、毫无疑义地确定，则这种修改是允许的。

（1）关于驳回决定涉及的权利要求36、46~50修改超范围的问题。

驳回决定认为，驳回文本中的权利要求48和49中的"制备至少2克/升的所述乙酸"以及权利要求36、46、47、50的整个技术方案超范围。

在复审文本中，已经将驳回文本中的权利要求31~33、36、46~50删除，即驳回决定理由中涉及

的权利要求36、46~50已不存在，因此，驳回决定中有关权利要求36、46~50不符合专利法第33条规定的理由不再成立。

（2）关于驳回决定涉及的权利要求1~2修改超范围的问题。

驳回决定认为，驳回文本中的权利要求1和2中的“PH小于约5.1”以及权利要求1中的“制备至少2克/升的所述乙酸”超范围。

在请求人于2005年11月15日提出复审请求时提交的权利要求1中，请求人将有关“在pH值小于5.1”和“至少2克/升”的内容删除，同时，将“厌氧产醋酸菌扬氏梭菌PETC和ERI-2”修改为“扬氏梭菌PETC ATCC 55383或ERI-2 ATCC 55380”。

《前置审查意见书》和《复审通知书》指出：请求人于2005年11月15日提交的权利要求1中的“扬氏梭菌PETC ATCC 55383”超范围。在复审文本中，请求人进一步将“扬氏梭菌PETC ATCC 55383”修改为“扬氏梭菌PETC”。复审文本中的权利要求1如案由部分所示。

原权利要求1为：“一种用于生产选自有机酸或它们的盐类、醇类、氢和SCP的产物的工艺，所述工艺包括在生物反应器中在液体培养基中发酵含有CO和水或CO_2和氢的废气，利用能将废气转化成所述产物的厌氧细菌，生产出含有所述产物的发酵液；不断地从所述生物反应器取出一部分含有产物的所述发酵液；并从其中回收产物。”

原权利要求4记载了“所述废气是工业加工中产生的”；原说明书第1页倒数第2段记载了“按照本发明，用工业加工中的废一氧化碳、氢和/或二氧化碳生产产物、原料、中间体等，例如有机酸类、醇类、氢、单细胞蛋白和/或有机酸盐类”；原说明书第2页倒数第2段记载了“此处使用的术语“废气”或“废气流”指一氧化碳和氢，其中混合了其他元素和化合物，包括二氧化碳、氮和甲烷”；

原始权利要求9~10中记载了所述产物是乙酸，有机酸盐是乙酸盐；

原说明书第2页最后1段至第3页第1段、第3页倒数第2段中记载了厌氧细菌包括扬氏梭菌PETC、ERI-2 ATCC 55380；

原说明书第4页第3~4段中记载了“营养培养基的成分将根据所用的厌氧菌的类型和所希望的产物而改变。养分不断地被输入生物反应器或发酵罐（12）”；“废气（14）被连续地引入生物反应器（12）”；第6段中记载了“水相（30）中养分和原料返回生物反应器”，第5页第1段记载了“水（44）被再循环供养分准备”。

原权利要求17中记载了“所述回收所述的产物是通过下述步骤完成的：（1）使排出的含产物的所述的发酵液与一种水不混溶的溶剂接触，该溶剂在逆流混合容器中对所需产物有高亲和性，（2）可选择地蒸馏（1）的产物，以回收溶剂和产物”。原说明书第4页第5段记载了“滤液或离心液（24）通过萃取室（26），在其中使之和溶剂（28）接触。”

合议组认为，复审文本中的权利要求1可以由原申请文件中记载的上述内容直接地、毫无疑义地确定，驳回决定中有关权利要求1不符合专利法第33条规定的理由不再成立。

同理，驳回决定中有关权利要求2不符合专利法第33条规定的理由不再成立。

（3）关于驳回决定涉及的权利要求3修改超范围的问题。

驳回决定认为，原说明书和权利要求书中记载的是扬氏梭菌的具体菌株ATCC55380和扬氏梭菌PETC，权利要求3中的上位概念“扬氏梭菌”超范围。

在请求人于2005年11月15日提出复审请求时提交的权利要求3中，请求人将“厌氧产乙酸菌菌”修改为“扬氏梭菌ERI-2 ATCC 55380或PETC ATCC 55383”。

《前置审查意见书》和《复审通知书》指出：请求人于2005年11月15日提交的权利要求3中的“扬氏梭菌PETC ATCC 55383”超范围。在复审文本中，请求人将“扬氏梭菌ERI-2 ATCC 55380或

PETC ATCC 55383”修改为“扬氏梭菌 ERI-2 ATCC 55380 或 PETC”。

如上所述，扬氏梭菌 ERI-2 ATCC 55380 或 PETC 在原说明书中有相应的记载，修改后的权利要求 3 符合专利法第 33 条的规定，驳回决定中有关权利要求 3 不符合专利法第 33 条规定的理由不再成立。

(4) 关于驳回决定涉及的权利要求 9 修改超范围的问题。

驳回决定认为，原说明书和权利要求书中没有记载同时含有一氧化碳与二氧化碳的废气，也没有记载同时含有一氧化碳、氢气和二氧化碳的废气，因此权利要求 9 的“所述废气 (i) 或 (ii) 还包含二氧化碳”的技术方案超范围。

请求人认为，这一内容可以由说明书第 1 页第 29 行、说明书第 2 页第 26 行确定，权利要求 9 的修改没有超出原始申请的范围。

《前置审查意见书》中没有坚持驳回决定中相应的意见。

合议组查明，驳回决定中所涉及的权利要求 9 即复审文本中的权利要求 8。原权利要求 4 记载了“所述废气是工业加工中产生的”；原说明书第 1 页倒数第 2 段记载了“按照本发明，用工业加工中的废一氧化碳、氢和/或二氧化碳生产产物、原料、中间体等，例如有机酸类、醇类、氢、单细胞蛋白和/或有机酸盐类”；原说明书第 2 页倒数第 2 段记载了“此处使用的术语“废气”或“废气流”指一氧化碳和氢，其中混合了其他元素和化合物，包括二氧化碳、氮和甲烷”。

由原始申请文件中记载的上述内容可知，权利要求 8 中的废气可以是工业加工中产生的，其中可以含有一氧化碳、氢、二氧化碳中的一种或多种，还可以含有氮气和甲烷等，因此，根据上述内容可以直接地、毫无疑义地确定复审文本中的权利要求 8 中的“所述废气 (i) 或 (ii) 还包含二氧化碳”的内容。因此，对于驳回决定中有关驳回文本中的权利要求 9 修改超范围的理由，合议组不予支持。复审文本中权利要求 8 的修改符合专利法第 33 条的规定。

(5) 关于驳回决定涉及的权利要求 20 修改超范围的问题。

驳回决定认为，原说明书记载的是在使用 C. Ljungdahlii ERI 2 时 pH 为 4.9，没有记载使用上位概念的“扬氏梭菌”时的 pH 值为 4.9 的内容，因此权利要求 20 中使用“扬氏梭菌”时的 PH 值为 4.9 的内容超范围。

在复审文本中，请求人在权利要求 20 中进一步限定了“当所述细菌是扬氏梭菌 ERI-2 时，所述生物反应器中的 pH 值为 4.9”。

原说明书第 8 页最后 1 段中记载了“使用新菌株 C. ljungdahlii ERI2 时，pH 调节到 4.9”，即上述修改后的技术特征在原说明书中有记载，因此修改后的权利要求 20 符合专利法第 33 条的规定，驳回决定中有关权利要求 20 不符合专利法第 33 条规定的理由不再成立。

(6) 关于驳回决定涉及的权利要求 51、52 修改超范围的问题。

驳回决定认为，权利要求 51、52 的整个技术方案超范围。

①驳回决定涉及的权利要求 51。

驳回文本中的权利要求 51 对应于复审文本中的权利要求 42，复审文本中的权利要求 42 如案由部分所示。

《前置审查意见书》中认为，权利要求 42 中的“颗粒化”以及“颗粒化的乙酸钙镁”超范围。

在原说明书第 5 页第 3~4 段记载了“溶于水中的白云石石灰和氧化镁的混合物被加到含乙酸和水的溶剂中。发生了产生 CMA 的反应，在水溶液中达到饱和或低于饱和水平。然后将 CMA、水和溶剂 (56) 送入沉降装置 (58) 以分离水和溶剂相。溶剂相 (60) 返回萃取室供再循环。CMA/水 (62) 被送去干燥/沉降 (64) 以产生沉降的 CMA 产物。”

其中“CMA/水（62）被送去干燥/沉降（64）以产生沉降的CMA产物”所对应的国际申请文件中的英文是“The CMA/water（62）is sent to drying/pelletizing（64）to produce a pelletized CMA product”。

由此可见，原说明书中“CMA/水（62）被送去干燥/沉降（64）以产生沉降的CMA产物”中的“沉降”是由原始国际申请文件中的“pelletizing”/“ pelletized”翻译而来，其实际含义应当是“颗粒化”。

合议组认为，复审文本中的权利要求42可以由原说明书的上述内容以及原国际申请文件的内容直接地、毫无疑义地确定，符合专利法第33条的规定。

②驳回决定涉及的权利要求52。

驳回文本中的权利要求52对应于复审文本中的权利要求43，复审文本中的权利要求43如案由部分所示。

原说明书第5页第5段记载了以苛性钾（或氧化钾）代替白云石石灰可以生产另一种产物乙酸钾（KA）。因为KA是以50%水溶液的形式生产出来的，因此不需要干燥和沉降。

由此可见，复审文本中的权利要求43可以由原说明书的上述内容直接地、毫无疑义地确定，符合专利法第33条的规定。

（7）在复审程序中的其他修改。

在复审文本中，请求人还对权利要求18~19、24、28~30进行了修改，在权利要求18~19中限定了当所述细菌是扬氏梭菌ERI-2时，所述生物反应器中的pH值为4.9。将权利要求24由引用权利要求1改为引用权利要求3，删除了权利要求28~29的多种并列选择的厌氧菌中的深红红螺菌和胶质红极毛杆菌。同时，对说明书第5页、第17页进行了修改，将说明书第5页第19行、第22行以及第17页第2段中的“沉降”修改为“颗粒化”。合议组认为，上述修改内容均没有超出原说明书和权利要求书记载的范围，符合专利法第33条的规定。

根据上述事实和理由，合议组作出如下审查决定。

三、决定

撤销国家知识产权局于2005年8月12日针对第96180363.0号发明专利申请作出的驳回决定，由国家知识产权局原审查部门以本复审决定所针对的申请文本为基础继续审批程序。

复审请求人对本决定不服的，可以根据专利法第41条第2款的规定，自收到本决定之日起三个月内向北京市第一中级人民法院起诉。

090

稠合吡唑化合物

复审请求审查决定（第13855号）

决　定　号　第13855号
决　定　日　2008年4月28日
发明创造名称　稠合吡唑化合物
国际分类号　C07D491/056，A61K31/4162，A61P7/02，A61P9/10
复审请求人　永信药品工业股份有限公司
申　请　号　02100462.5
申　请　日　2002年1月24日
优先权日　2001年1月24日
公　开　日　2003年1月29日
合议组组长　张家祥
主　审　员　潘　剑
参　审　员　黄　强

法律依据　专利法第26条第4款
决定要点

在判断一项权利要求能否得到说明书的支持时，如果本领域技术人员根据说明书充分公开的内容能够合理概括出该权利要求所要求保护的技术方案，则在无相反证据的情况下，应当认为该权利要求得到了说明书的支持。

一、案由

本复审请求案涉及发明名称为“稠合吡唑化合物”的第02100462.5号发明专利申请（下称本申请），申请人为永信药品工业股份有限公司，申请日为2002年1月24日，优先权日为2001年1月24日，公开日为2003年1月29日。

2006年8月4日，针对申请人于2006年6月7日提交的权利要求第1~59项，2005年2月6日提交的说明书第1，2，3，3-1页，2002年1月24日提交的说明书第4~13页和说明书摘要，国家知识产权局以权利要求1~57不符合专利法第26条第4款的规定为由驳回了本申请。

驳回决定针对的权利要求书为：

“1. 一种如下列分子式所示的稠合吡唑化合物：

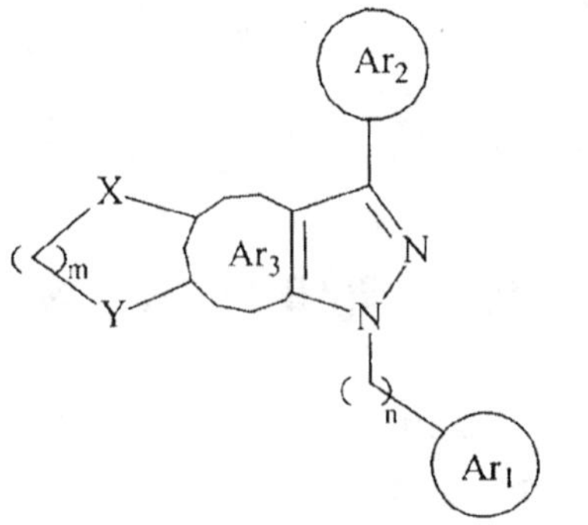

分子式中的 Ar_1，Ar_2 和 Ar_3 都可是苯基、噻嗯基、吡咯基或呋喃基；每个 X 和 Y 都可以是 O 或 S；m 是 1，2 或 3；n 是 0，1，2，3 或 4；条件是 X 和 Y 不同时是 O。

2. 如权利要求 1 所述的稠合吡唑化合物，其中所述苯基、噻嗯基、吡咯基或呋喃基被卤素、C_{1-6}烷基、羟基、烷氧羰基、硫代羰基、氨羰基、羟羰基、烷氧基烷基、氨烷基或硫代烷基取代，其中所有包含烷基或烷氧基的基团中，该烷基或烷氧基的碳原子数为 C_1-C_6；

3. 如权利要求 1 或 2 所述的稠合吡唑化合物，其中 m 是 1。

4. 如权利要求 3 所述的稠合吡唑化合物，其中 Ar_2 是苯基或呋喃基。

5. 如权利要求 4 所述的稠合吡唑化合物，其中所述苯基或呋喃基被卤素、C_{1-6}烷基、羟基、烷氧羰基、硫代羰基、氨羰基、羟羰基、烷氧基烷基、氨烷基或硫代烷基取代，其中所有包含烷基或烷氧基的基团中，该烷基或烷氧基的碳原子数为 C_1-C_6。

6. 如权利要求 4 或 5 所述的稠合吡唑化合物，其中 Ar_1 是苯基。

7. 如权利要求 6 所述的稠合吡唑化合物，其中所述苯基被卤素、C_{1-6}烷基、羟基、烷氧羰基、硫代羰基、氨羰基、羟羰基、烷氧基烷基、氨烷基或硫代烷基取代，其中所有包含烷基或烷氧基的基团中，该烷基或烷氧基的碳原子数为 C_1-C_6。

8. 如权利要求 4 或 5 所述的稠合吡唑合物，其中 Ar_3 是噻嗯基或苯基。

9. 如权利要求 8 所述的稠合吡唑化合物，其中 Ar_1 是苯基。

10. 如权利要求 9 所述的稠合吡唑化合物，其中所述苯基被卤素、C_{1-6}烷基、羟基、烷氧羰基、硫代羰基、氨羰基、羟羰基、烷氧基烷基、氨烷基或硫代烷基取代，其中所有包含烷基或烷氧基的基团中，该烷基或烷氧基的碳原子数为 C_1-C_6。

11. 如权利要求 8 所述的稠合吡唑化合物，其中 Ar_3 是噻嗯基。

12. 如权利要求 11 所述的稠合吡唑化合物，其中 Ar_1 是苯基。

13. 如权利要求 12 所述的稠合吡唑化合物，其中所述苯基被卤素、C_{1-6}烷基、羟基、烷氧羰基、硫代羰基、氨羰基、羟羰基、烷氧基烷基、氨烷基或硫代烷基取代，其中所有包含烷基或烷氧基的基团中，该烷基或烷氧基的碳原子数为 C_1-C_6。

14. 如权利要求 8 所述的稠合吡唑化合物，其中 Ar_3 是苯基。

15. 如权利要求 14 所述的稠合吡唑化合物，其中 Ar_1 是苯基。

16. 如权利要求 15 所述的稠合吡唑化合物，其中所述苯基被卤素、C_{1-6}烷基、羟基、烷氧羰基、硫代羰基、氨羰基、羟羰基、烷氧基烷基、氨烷基或硫代烷基取代，其中所有包含烷基或烷氧基的基团中，该烷基或烷氧基的碳原子数为 C_1-C_6。

17. 如权利要求 3 所述的稠合吡唑化合物，其中 Ar_3 是噻嗯基或苯基。

18. 如权利要求 17 所述的稠合吡唑此合物，其中 Ar_1 是苯基。

19. 如权利要求 18 所述的稠合吡唑化合物，其中所述苯基被卤素、C_{1-6}烷基、羟基、烷氧羰基、硫代羰基、氨羰基、羟羰基、烷氧基烷基、氨烷基或硫代烷基取代，其中所有包含烷基或烷氧基的基团中，该烷基或烷氧基的碳原子数为 C_1-C_6。

20. 如权利要求 17 所述的稠合吡唑化合物，其中 Ar_2 是呋喃基。

21. 如权利要求 20 所述的稠合吡唑化合物，其中所述呋喃基被卤素、C_{1-6}烷基、羟基、烷氧羰基、硫代羰基、氨羰基、羟羰基、烷氧基烷基、氨烷基或硫代烷基取代，其中所有包含烷基或烷氧基的基团中，该烷基或烷氧基的碳原子数为 C_1-C_6。

22. 如权利要求 20 或 21 所述的稠合吡唑化合物，其中 Ar_1 是苯基。

23. 如权利要求 22 所述的稠合吡唑化合物，其中所述苯基被卤素、C_{1-6}烷基、羟基、烷氧羰基、硫代羰基、氨羰基、羟羰基、烷氧基烷基、氨烷基或硫代烷基取代，其中所有包含烷基或烷氧基的基团中，该烷基或烷氧基的碳原子数为 C_1-C_6。

24. 如权利要求 17 所述的稠合吡唑化合物，其中 Ar_2 是苯基。

25. 如权利要求 24 所述的稠合吡唑化合物，其中所述苯基被卤素、C_{1-6}烷基、羟基、烷氧羰基、硫代羰基、氨羰基、羟羰基、烷氧基烷基、氨烷基或硫代烷基取代，其中所有包含烷基或烷氧基的基团中，该烷基或烷氧基的碳原子数为 C_1-C_6。

26. 如权利要求 24 或 25 所述的稠合吡唑化合物，其中 Ar_1 是苯基。

27. 如权利要求 26 所述的稠合吡唑化合物，其中所述苯基被卤素、C_{1-6}烷基、羟基、烷氧羰基、硫代羰基、氨羰基、羟羰基、烷氧基烷基、氨烷基或硫代烷基取代，其中所有包含烷基或烷氧基的基团中，该烷基或烷氧基的碳原子数为 C_1-C_6。

28. 如权利要求 1 或 2 所述的稠合吡唑化合物，其中 Ar_2 是苯基或呋喃基。

29. 如权利要求 28 所述的稠合吡唑化合物，其中所述苯基或呋喃基被卤素、C_{1-6}烷基、羟基、烷氧羰基、硫代羰基、氨羰基、羟羰基、烷氧基烷基、氨烷基或硫代烷基取代，其中所有包含烷基或烷氧基的基团中，该烷基或烷氧基的碳原子数为 C_1-C_6。

30. 如权利要求 28 或 29 所述的稠合吡唑化合物，其中 Ar_2 是苯基或呋喃基。

31. 如权利要求 30 所述的稠合吡唑化合物，其中所述苯基或呋喃基被卤素、C_{1-6}烷基、羟基、烷氧羰基、硫代羰基、氨羰基、羟羰基、烷氧基烷基、氨烷基或硫代烷基取代，其中所有包含烷基或烷氧基的基团中，该烷基或烷氧基的碳原子数为 C_1-C_6。

32. 如权利要求 28 或 29 所述的稠合吡唑化合物，其中 Ar_3 是噻嗯基或苯基。

33. 如权利要求 32 所述的稠合吡唑化合物，其中 Ar_1 是苯基。

34. 如权利要求 33 所述的稠合吡唑化合物，其中所述苯基被卤素、C_{1-6}烷基、羟基、烷氧羰基、硫代羰基、氨羰基、羟羰基、烷氧基烷基、氨烷基或硫代烷基取代，其中所有包含烷基或烷氧基的基团中，该烷基或烷氧基的碳原子数为 C_1-C_6。

35. 如权利要求 32 所述的稠合吡唑化合物，其中 Ar_3 是噻嗯基。

36. 如权利要求 35 所述的稠合吡唑化合物，其中 Ar_1 是苯基。

37. 如权利要求 36 所述的稠合吡唑化合物，其中所述苯基被卤素、C_{1-6}烷基、羟基、烷氧羰基、硫代羰基、氨羰基、起羰基、烷氧基烷基、氨烷基或硫代烷基取代，其中所有包含烷基或烷氧基的基团中，该烷基或烷氧基的碳原子数为 C_1-C_6。

38. 如权利要求 32 所述的稠合吡唑合物，其中 Ar_3 是苯基。

39. 如权利要求 38 所述的稠合吡唑化合物，其中 Ar_1 是苯基。

40. 如权利要求 39 所述的稠合吡唑化合物，其中所述苯基被卤素、C_{1-6}烷基、羟基、烷氧羰基、硫代羰基、氨羰基、羟羰基、烷氧基烷基、氨烷基或硫代烷基取代，其中所有包含烷基或烷氧基的基团中，该烷基或烷氧基的碳原子数为 C_1-C_6。

41. 如权利要求 1 或 2 所述的稠合吡唑化合物，其中 Ar_3 是噻嗯基或苯基。

42. 如权利要求 41 所述的稠合吡唑化合物，其中 Ar_1 是苯基。

43. 如权利要求 42 所述的稠合吡唑化合物，其中所述苯基被卤素、C_{1-6}烷基、羟基、烷氧羰基、硫代羰基、氨羰基、羟羰基、烷氧基烷基、氨烷基或硫代烷基取代，其中所有包含烷基或烷氧基的基团中，该烷基或烷氧基的碳原子数为 C_1-C_6。

44. 如权利要求 41 所述的稠合吡唑化合物，其中 Ar_2 是呋喃基。

45. 如权利要求 44 所述的稠合吡唑化合物，其中所述呋喃基被卤素、C_{1-6}烷基、羟基、烷氧羰基、硫代羰基、氨羰基、羟羰基、烷氧基烷基、氨烷基或硫代烷基取代，其中所有包含烷基或烷氧基的基团中，该烷基或烷氧基的碳原子数为 C_1-C_6。

46. 如权利要求 44 或 45 所述的稠合吡唑化合物，其中 Ar_1 是苯基。

47. 如权利要求 46 所述的稠合吡唑化合物，其中所述苯基被卤素、C_{1-6}烷基、羟基、烷氧羰基、硫代羰基、氨羰基、羟羰基、烷氧基烷基、氨烷基或硫代烷基取代，其中所有包含烷基或烷氧基的基团中，该烷基或烷氧基的碳原子数为 C_1-C_6。

48. 如权利要求 41 所述的稠合吡唑化合物，其中 Ar_2 是苯基。

49. 如权利要求 48 所述的稠合吡唑化合物，其中所述苯基被卤素、C_{1-6}烷基、基羟、烷氧羰基、硫代羰基、氨羰基、羟羰基、烷氧基烷基、氨烷基或硫代烷基取代，其中所有包含烷基或烷氧基的基团中，该烷基或烷氧基的碳原子数为 C_1-C_6。

50. 如权利要求 48 或 49 所述的稠合吡唑化合物，其中 Ar_1 是苯基。

51. 如权利要求 50 所述的稠合吡唑化合物，其中所述苯基被卤素、C_{1-6}烷基、羟基、烷氧羰基、硫代羰基、氨羰基、羟羰基、烷氧基烷基、氨烷基或硫代烷基取代，其中所有包含烷基或烷氧基的基团中，该烷基或烷氧基的碳原子数为 C_1-C_6。

52. 如权利要求 1 或 2 所述的稠合吡唑化合物，其中 Ar_1 是苯基；Ar_2 是呋喃基，它们与吡唑环在它的 2-C 位置相连，在它的 5-C 位置被取代，取代基团有甲氧甲基、羟甲基、甲氧羰基或羟羰基；Ar_3 是苯基，它与吡唑环在它的 1-C 和 2-C 位置稠合，分别在每个环的 4-C 和 5-C 位置被 X 和 Y 取代；m 和 n 的每一个都是 1。

53. 一种药物组合物，其含有一种如下列分子式所示的化合物：

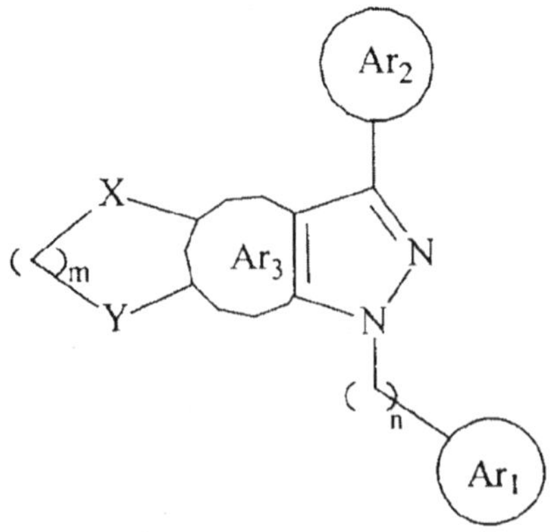

分子式中每个 Ar_1、Ar_2 和 Ar_3 都可是苯基、噻嗯基、吡咯基或呋喃基；每个 X 和 Y 都可以是 O 或 S；m 是 1，2 或 3；n 是 0，1，2，3 或 4；条件是 X 和 Y 不同时为 O。

54. 如权利要求 53 所述的药物组合物，其中所述苯基、噻嗯基、吡咯基或呋喃基被卤素、C_{1-6}烷基、羟基、烷氧羰基、硫代羰基、氨羰基、羟羰基、烷氧基烷基、氨烷基或硫代烷基取代，其中所有包含烷基或烷氧基的基团中，该烷基或烷氧基的碳原子数为 C_1-C_6。

55. 如权利要求 53 或 54 所述的药物组合物，其中 m 是 1。

56. 如权利要求 53 或 54 所述的药物组合物，其中 Ar_2 是苯基或呋喃基。

57. 如权利要求 53 或 54 所述的药物组合物，其中 Ar_3 是噻嗯基或苯基。

58. 一种药物组合物，其含有下列结构的化合物：

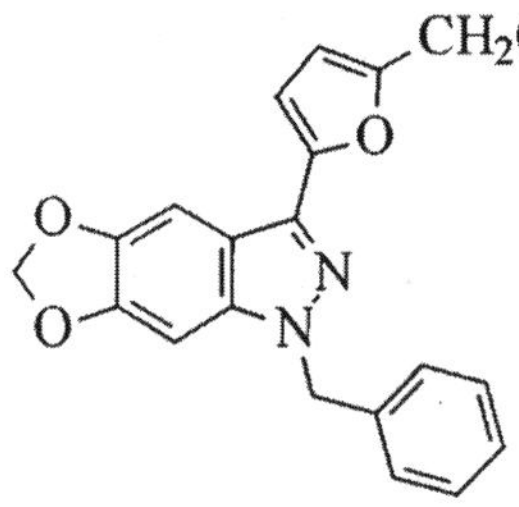

，
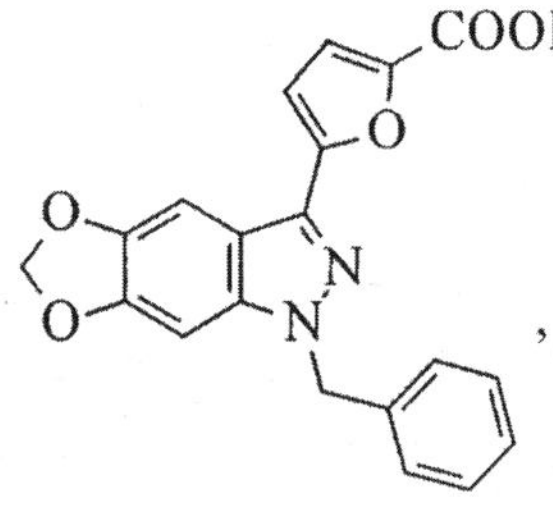

，
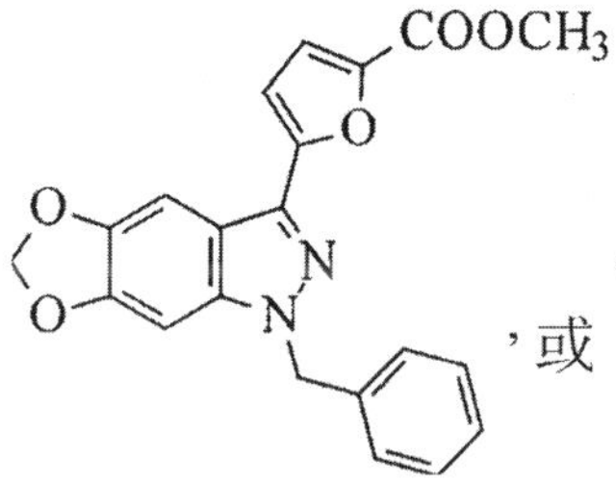

，或
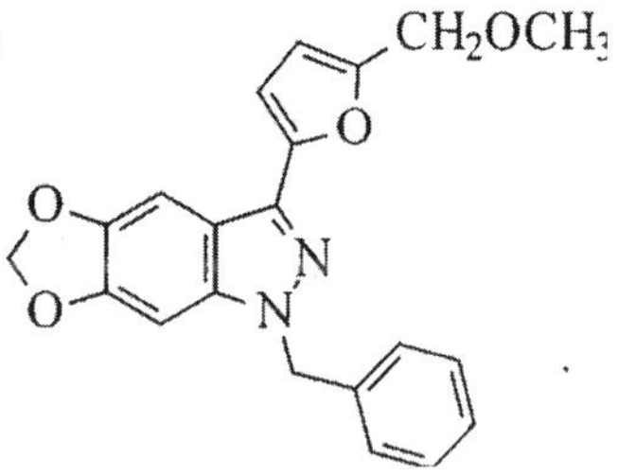

。

59. 具有下列结构的稠合吡唑化合物：

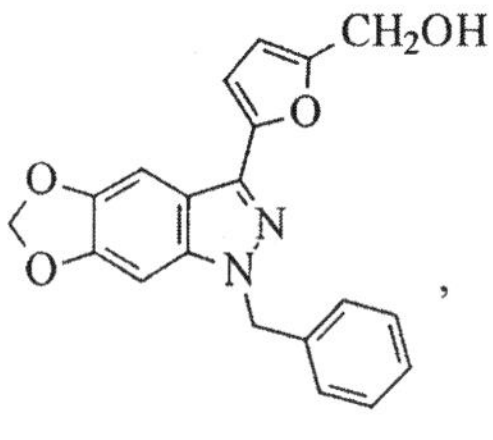

，
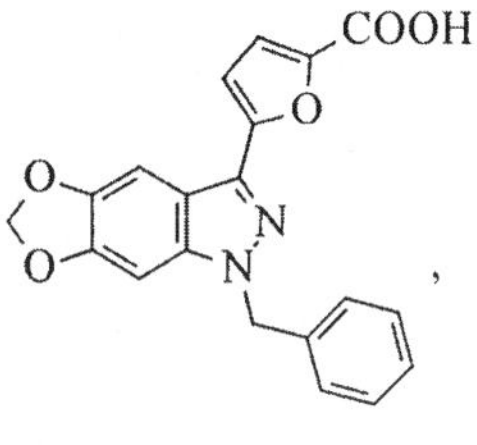

，
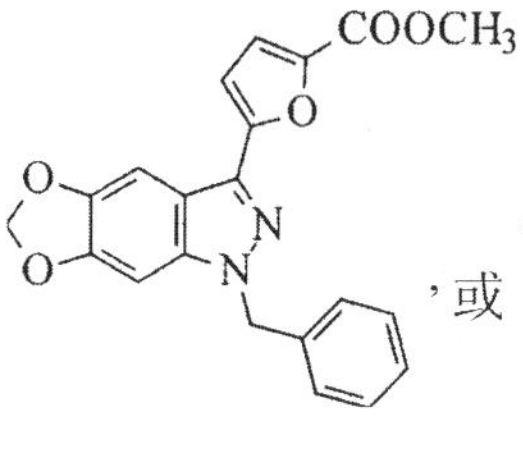

，或
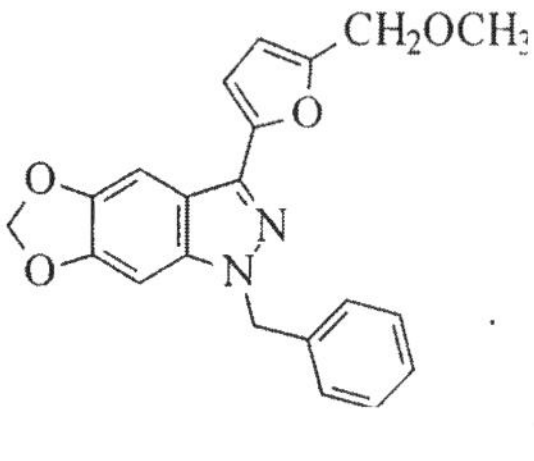

。”

驳回决定认为，(1) 权利要求 1 的通式所概括的化合物中 X 和 Y 不能同时是 O，而依据申请文件所记载的内容，特别是由说明书所提供的具体技术情报，即实施例中所制备的具体化合物均是 X 和 Y 同时是 O 的情况，因此这样限定的权利要求 1 得不到说明书的实质性支持，不符合专利法第 26 条第 4 款的规定。同理权利要求 2~57 也得不到说明书的支持，不符合专利法第 26 条第 4 款的规定。(2) 权利要求 1 通式的其余基团概括过于宽泛，包括 Ar_3 定义中出现的“噻嗯基、吡咯基或呋喃基”，X、Y 是“S”，m 是“2 或 3”包含了大量的不同化合物。本领域技术人员无法根据说明书记载的内容预见上述定义的化合物均能通过实施例叙述的方法制备，并达到本申请预期的发明目的，因此权利要求 1 得不到说明书的支持，不符合专利法第 26 条第 4 款的规定。同理权利要求 2~57 也得不到说明书的支持，不符合专利法第 26 条第 4 款的规定。

2006 年 11 月 6 日，申请人永信药品工业股份有限公司（下称请求人）对上述驳回决定不服，向专利复审委员会提出复审请求并提交了如下的参考文献 1：

Identification of Novel Thiocarboxanilide Derivatives That Suppress a Variety of Drug-Resistant Mutant Human Immunodeficiency Virus Type 1 Strains at a Potency Similar to That for Wild-Type Virus, J. Balzarini et al, Antimicrobial Agents and Chemotherapy, June 1996, pp. 1454~1466。

同时，请求人对权利要求书进行了修改，将 Ar_3 定义为苯基，m 定义为 1，删除了权利要求 8~17、22~23、32、35~51、55 和 57。修改后的权利要求书为：

“1. 一种如下列分子式所示的稠合吡唑化合物：

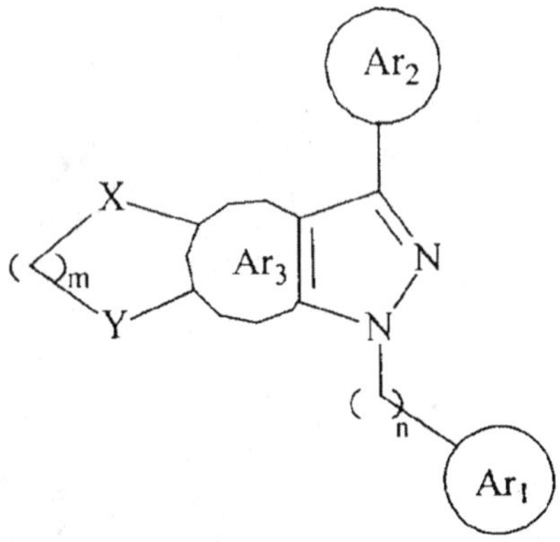

分子式中的 Ar_1 和 Ar_2 都可是苯基、噻嗯基、吡咯基或呋喃基；Ar_3 是苯基；每个 X 和 Y 都可以是 O 或 S；m 是 1；n 是 0，1，2，3 或 4；条件是 X 和 Y 不同时是 O。

2. 如权利要求 1 所述的稠合吡唑化合物，其中所述苯基、噻嗯基、吡咯基或呋喃基被卤素、C_{1-6} 烷基、羟基、烷氧羰基、硫代羰基、氨羰基、羟羰基、烷氧基烷基、氨烷基或硫代烷基取代，其中所有包含烷基或烷氧基的基团中，该烷基或烷氧基的碳原子数为 C_1-C_6。

3. 如权利要求 1 或 2 所述的稠合吡唑化合物，其中 Ar_2 是苯基或呋喃基。

4. 如权利要求 3 所述的稠合吡唑化合物，其中所述苯基或呋喃基被卤素、C_{1-6}烷基、羟基、烷氧羰基、硫代羰基、氨羰基、羟羰基、烷氧基烷基、氨烷基或硫代烷基取代，其中所有包含烷基或烷氧基的基团中，该烷基或烷氧基的碳原子数为 C_1-C_6。

5. 如权利要求 3 或 4 所述的稠合吡唑化合物，其中 Ar_1 是苯基。

6. 如权利要求 5 所述的稠合吡唑化合物，其中所述苯基被卤素、C_{1-6}烷基、羟基、烷氧羰基、硫代羰基、氨羰基、羟羰基、烷氧基烷基、氨烷基或硫代烷基取代，其中所有包含烷基或烷氧基的基团中，该烷基或烷氧基的碳原子数为 C_1-C_6。

7. 如权利要求 1 所述的稠合吡唑此合物，其中 Ar_1 是苯基。

8. 如权利要求 7 所述的稠合吡唑化合物，其中所述苯基被卤素、C_{1-6}烷基、羟基、烷氧羰基、硫代羰基、氨羰基、羟羰基、烷氧基烷基、氨烷基或硫代烷基取代，其中所有包含烷基或烷氧基的基团中，该烷基或烷氧基的碳原子数为 C_1-C_6。

9. 如权利要求 8 所述的稠合吡唑化合物，其中 Ar_2 是呋喃基。

10. 如权利要求 9 所述的稠合吡唑化合物，其中所述呋喃基被卤素、C_{1-6}烷基、羟基、烷氧羰基、硫代羰基、氨羰基、羟羰基、烷氧基烷基、氨烷基或硫代烷基取代，其中所有包含烷基或烷氧基的基团中，该烷基或烷氧基的碳原子数为 C_1-C_6。

11. 如权利要求 1 所述的稠合吡唑化合物，其中 Ar_2 是苯基。

12. 如权利要求 11 所述的稠合吡唑化合物，其中所述苯基被卤素、C_{1-6}烷基、羟基、烷氧羰基、硫代羰基、氨羰基、羟羰基、烷氧基烷基、氨烷基或硫代烷基取代，其中所有包含烷基或烷氧基的基团中，该烷基或烷氧基的碳原子数为 C_1-C_6。

13. 如权利要求 11 或 12 所述的稠合吡唑化合物，其中 Ar_1 是苯基。

14. 如权利要求 13 所述的稠合吡唑化合物，其中所述苯基被卤素、C_{1-6}烷基、羟基、烷氧羰基、硫代羰基、氨羰基、羟羰基、烷氧基烷基、氨烷基或硫代烷基取代，其中所有包含烷基或烷氧基的基团中，该烷基或烷氧基的碳原子数为 C_1-C_6。

15. 如权利要求 1 或 2 所述的稠合吡唑化合物，其中 Ar_2 是苯基或呋喃基。

16. 如权利要求 15 所述的稠合吡唑化合物，其中所述苯基或呋喃基被卤素、C_{1-6}烷基、羟基、烷氧羰基、硫代羰基、氨羰基、羟羰基、烷氧基烷基、氨烷基或硫代烷基取代，其中所有包含烷基或烷氧基的基团中，该烷基或烷氧基的碳原子数为 C_1-C_6。

17. 如权利要求 15 或 16 所述的稠合吡唑化合物，其中 Ar_2 是苯基或呋喃基。

18. 如权利要求 17 所述的稠合吡唑化合物，其中所述苯基或呋喃基被卤素、C_{1-6}烷基、羟基、烷氧羰基、硫代羰基、氨羰基、羟羰基、烷氧基烷基、氨烷基或硫代烷基取代，其中所有包含烷基或烷氧基的基团中，该烷基或烷氧基的碳原子数为 C_1-C_6。

19. 如权利要求 18 所述的稠合吡唑化合物，其中 Ar_1 是苯基。

20. 如权利要求 19 所述的稠合吡唑化合物，其中所述苯基被卤素、C_{1-6}烷基、羟基、烷氧羰基、硫代羰基、氨羰基、羟羰基、烷氧基烷基、氨烷基或硫代烷基取代，其中所有包含烷基或烷氧基的基团中，该烷基或烷氧基的碳原子数为 C_1-C_6。

21. 如权利要求 1 或 2 所述的稠合吡唑化合物，其中 Ar_1 是苯基；Ar_2 是呋喃基，它们与吡唑环在它的 2-C 位置相连，在它的 5-C 位置被取代，取代基团有甲氧甲基、羟甲基、甲氧羰基或羟羰基；Ar_3 是苯基，它与吡唑环在它的 1-C 和 2-C 位置稠合，分别在每个环的 4-C 和 5-C 位置被 X 和 Y 取代；m 和 n 的每一个都是 1。

22. 一种药物组合物，其含有一种如下列分子式所示的化合物：

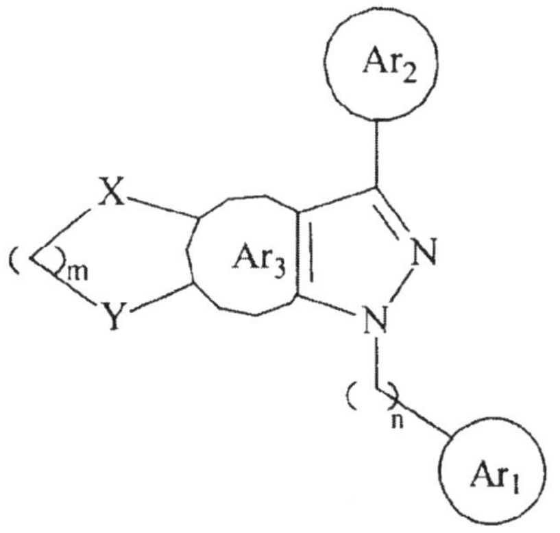

分子式中每个 Ar_1 和 Ar_2 都可是苯基、噻嗯基、吡咯基或呋喃基；Ar_3 是苯基；每个 X 和 Y 都可以是 O 或 S；m 是 1；n 是 0，1，2，3 或 4；条件是 X 和 Y 不同时为 O。

23. 如权利要求 22 所述的药物组合物，其中所述苯基、噻嗯基、吡咯基或呋喃基被卤素、C_{1-6}烷基、羟基、烷氧羰基、硫代羰基、氨羰基、羟羰基、烷氧基烷基、氨烷基或硫代烷基取代，其中所有包含烷基或烷氧基的基团中，该烷基或烷氧基的碳原子数为 C_1-C_6。

24. 如权利要求 22 或 23 所述的药物组合物，其中 Ar_2 是苯基或呋喃基。

25. 一种药物组合物，其含有下列结构的化合物：

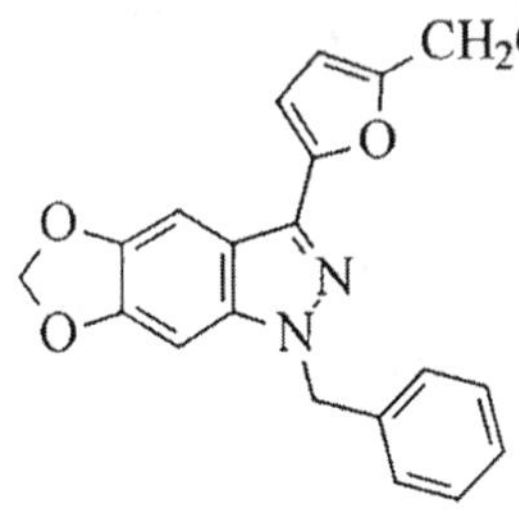
，
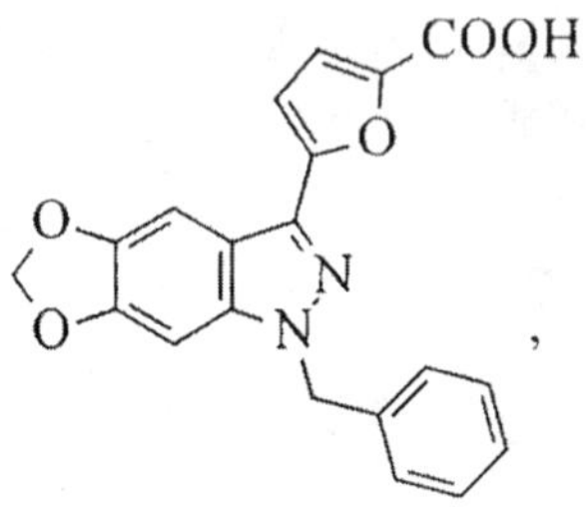
，
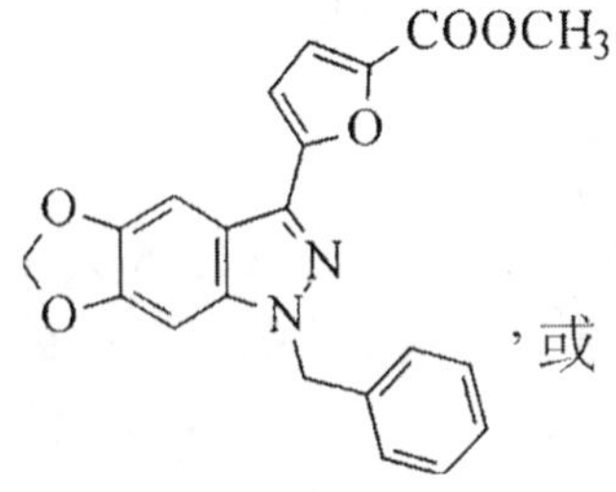
，或
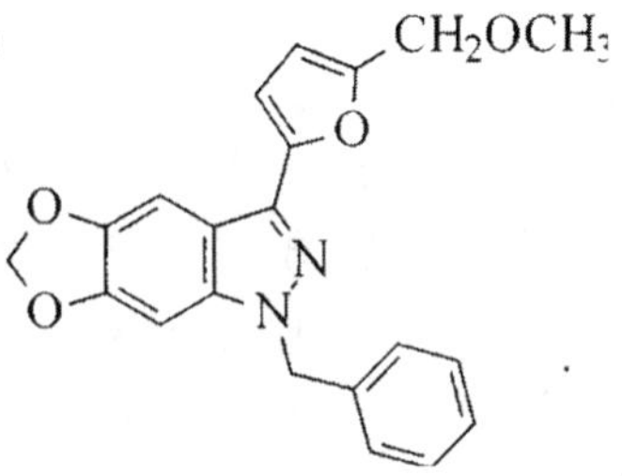
。

26. 具有下列结构的稠合吡唑化合物：

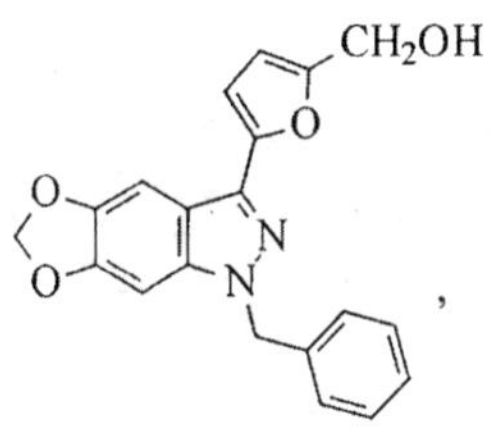
，
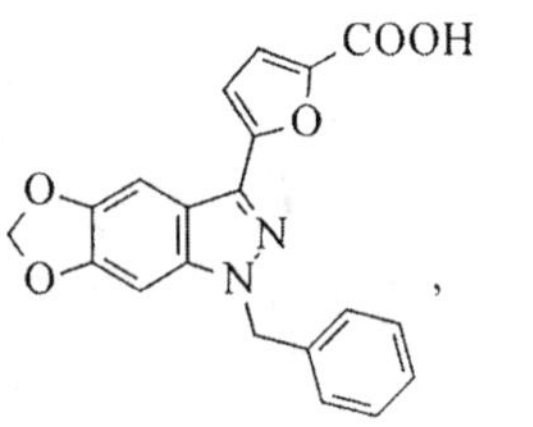
，
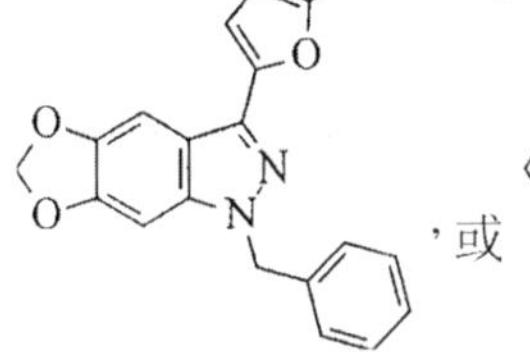
，或
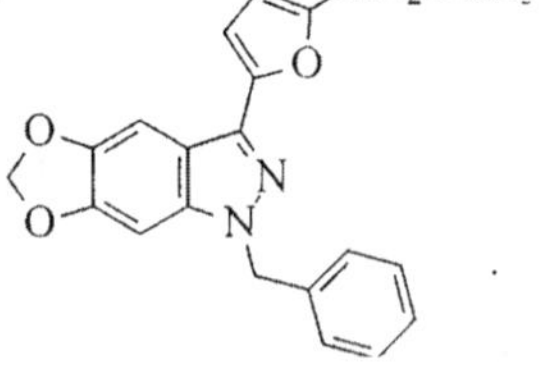
。”

请求人认为，首先，根据原始说明书的记载，具体参见说明书第 2 页第 3 行中所述“每个 X 和 Y 都可以是 O、S 或 NH”，上述描述包括了 X、Y 不同时是 O 的情况。其次，氧和硫是同族元素，性质近似。虽然实施例中的化合物都是 X 和 Y 同时是 O 的情况，但本领域技术人员根据这些实施例和本领域常识会预见 X 和 Y 中 O 被 S 替换的化合物也同样具有与同时是 O 的化合物相似的性质和活性。另外，所提供的参考文献 1 用以证明 O 和 S 可互换，且这种互换并不改变活性。因此，权利要求1~26 能够得到说明书的支持。

经形式审查合格后，专利复审委员会受理了该请求，并于 2006 年 12 月 7 日向请求人发出了《复审请求受理通知书》，同时将本申请转送至国家知识产权局原审查部门进行前置审查。

在《前置审查意见书》中，国家知识产权局原审查部门认为：申请人提供的参考文献 1 中的化合物与本申请的化合物不属于同一类别的化合物，且活性不同。参考文献 1 的 1463 页上划线部分的文字只能证明 O 和 S 互换对参考文献 1 的化合物的抗病毒活性影响不大，不足以证明在本申请化合物的结构中进行这样的互换同样会不影响物质的活性，因此，坚持驳回决定。

经审查，合议组认为本案事实已经清楚，可以作出复审决定。

二、决定的理由

1. 关于审查文本

本复审决定所针对的文本是请求人于 2006 年 11 月 6 日提交的权利要求第 1~26 项，2005 年 2 月 6 日提交的说明书第 1，2，3，3-1 页，2002 年 1 月 24 日提交的说明书第 4~13 页和说明书摘要。

2. 关于专利法第 26 条第 4 款

专利法第 26 条第 4 款规定，权利要求书应当以说明书为依据，说明要求专利保护的范围。

在判断一项权利要求能否得到说明书的支持时，如果本领域技术人员根据说明书充分公开的内容能够合理概括出该权利要求所要求保护的技术方案，则在无相反证据的情况下，应当认为该权利要求得到了说明书的支持。

就本申请而言，权利要求 1 要求保护一种如下式所示的稠合吡唑化合物：

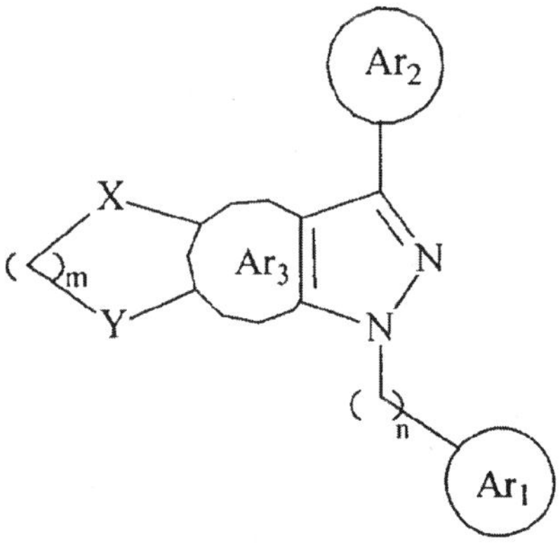

分子式中的 Ar_1 和 Ar_2 都可是苯基、噻嗯基、吡咯基或呋喃基；Ar_3 是苯基；每个 X 和 Y 都可以是 O 或 S；m 是 1；n 是 0，1，2，3 或 4；条件是 X 和 Y 不同时是 O。

驳回决定认为，①权利要求 1 的通式所概括的化合物中 X 和 Y 不能同时是 O，而依据申请文件所记载的内容，特别是由说明书所提供的具体技术情报，即实施例中所制备的具体化合物均是 X 和 Y 同时是 O 的情况，因此，权利要求 1 得不到说明书的实质性支持，不符合专利法第 26 条第 4 款的规定。②权利要求 1 的通式中 Ar_3、m 的概括过于宽泛，得不到说明书的支持。

然而，①根据说明书的记载，上述通式化合物中的每个 X 和 Y 都可以是 O，S 或 NH（说明书第 1 页倒数第 2~3 行），其中包含了 X 和 Y 是 O 或 S 但不同时是 O 的情况，实施例 1~4 公开了四种具体化合物（同权利要求 26 所述的化合物），其均具有亚甲基二氧吲唑结构，其相应的 X 和 Y 同时是 O，实施例 5~7 的药效试验表明上述四种化合物均具有抑制血小板凝聚的作用。由本领域的公知常识可知，O 和 S 是元素周期表中位于同一主族并且相邻的元素，二者具有相同的最外层电子数和相似的化学性质，在作为化合物的组成元素时，二者互换通常不会对其化学性质产生较大影响，故在无相反证据的情况下，合议组认为，在说明书所公开内容（特别是，实施例中的具体化合物，其中，X 和 Y 为 O）的基础上，本领域技术人员根据本领域的公知常识，不难预测权利要求 1 中 X 和 Y 是 O 或 S，且 X 和 Y 不同时是 O 的化合物与实施例 1~4 的化合物应当具有相同或相似的抑制血小板凝聚的作用。

此外，参考文献1中第1463页左栏倒数第12~14行结合表6中的数据披露："通常地，醚和硫醚衍生物的抗病毒效力没有显著的差异（化合物318和326、310和331、309和322，以及254和324比较）"，这也进一步佐证了O、S互换后对其活性并无明显的影响。

②鉴于权利要求1已经将其中的Ar_3限定为苯基，m限定为1，因而驳回决定中所指出的其他缺限已不存在。

因此，权利要求1能够得到说明书的支持，符合专利法第26条第4款的规定。同理，权利要求2~26也符合专利法第26条第4款的规定。

基于上述理由，合议组作出如下决定。

三、决定

撤销国家知识产权局于2006年8月4日针对第02100462.5号发明专利申请作出的驳回决定，由国家知识产权局原审查部门以请求人于2006年11月6日提交的权利要求第1~26项，2005年2月6日提交的说明书第1，2，3，3-1页，2002年1月24日提交的说明书第4~13页和说明书摘要为基础继续审批程序。

复审请求人对本决定不服的，可根据专利法第41条第2款的规定，自收到本决定之日起三个月内向北京市第一中级人民法院起诉。

091

由氢化的控制分布嵌段共聚物制备的制品

复审请求审查决定（第13856号）

决　　定　　号　第13856号
决　　定　　日　2008年6月23日
发明创造名称　由氢化的控制分布嵌段共聚物制备的制品
国 际 分 类 号　C08F297/04, C08F8/04, C08F287/00, C08L53/02, C08L91/00
复 审 请 求 人　克拉通聚合物研究有限公司
申　　请　　号　03807482.6
申　　请　　日　2003年2月7日
优　先　权　日　2002年2月7日
公　　开　　日　2005年7月20日
合 议 组 组 长　刘　静
主　　审　　员　孙丽芳
参　　审　　员　吴红权

法　律　依　据　专利法第33条，专利法实施细则第20条第1款
决　定　要　点

权利要求是否清楚，是指权利要求所确定的保护范围是否清楚，一是指权利要求所使用的术语根据说明书的定义可以清楚地确定其含义，二是指其中的技术特征作为整体构成的权利要求是清楚的，那么就是清楚的。

一、案由

本复审请求案涉及发明名称为“由氢化的控制分布嵌段共聚物制备的制品”的第03807482.6号发明专利申请（下称本申请），申请人为克拉通聚合物研究有限公司，申请日为2003年2月7日，最早优先权日为2002年2月7日，公开日为2005年7月20日。

2007年4月6日，针对申请人于2004年9月29日进入中国国家阶段时提交的说明书第1~38页和其摘要以及2006年9月14提交的权利要求第1~13项，国家知识产权局以权利要求1不符合专利法实施细则第20条第1款的规定为由驳回了本申请。

驳回决定认为：权利要求1中的特征（d）所述的“富含单烯基芳烃单元的一个或者多个区域以及富含共扼二烯单元的末端区域”中各个区域的划分不清楚，造成嵌段共聚物结构中“末端区域”、“富含单烯基芳烃单元的一个或者多个区域”的范围划定不清楚，同时“在A嵌段和富含单烯基芳烃单元的区域之间”也不清楚，不清楚“在……区域之间”是相邻接、还是不邻接（即中间存在间

隔），这显然也造成聚合物结构的不同，所以权利要求1所要求保护的产品不能被清楚限定。

驳回决定针对的权利要求1如下：

“1. 一种制品，包括至少一种氢化的嵌段共聚物和任选地至少一种其他组分，所述其他组分选自烯烃聚合物、苯乙烯聚合物、增粘树脂、聚合物增量油和工程热塑性树脂，其中，所述氢化的嵌段共聚物具有至少一个A嵌段和至少一个B嵌段，其中：（a）氢化前，每个A嵌段独立地为单烯基芳烃均聚物嵌段，每个B嵌段独立地为至少一种共轭二烯和至少一种单烯基芳烃的控制分布共聚物嵌段；（b）氢化后，0至10%的芳烃双键被还原，至少90%的共轭二烯双键被还原；（c）每个A嵌段的平均分子量为3000至60000，每个B嵌段的平均分子量为30000至300000；（d）每个B嵌段包括富含共轭二烯单元的末端区域和富含单烯基芳烃单元的一个或多个区域，其中富含共轭二烯单元的末端区域在A嵌段和富含单烯基芳烃单元的区域之间；（e）在氢化的嵌段共聚物中，单烯基芳烃的总量为20wt%～80wt%；和（f）每个B嵌段中单烯基芳烃的重量百分比为10%～75%。”

2007年7月23日，申请人克拉通聚合物研究有限公司（下称请求人）对上述驳回决定不服，向专利复审委员会提出复审请求，请求人在提出复审请求时对申请文件进行修改，将权利要求1中的特征（d）修改为原始的表示方式，同时引入说明书第5页最后一段关于“且其中邻近A嵌段的区域包括嵌段的头15wt%～25wt%，剩下的部分被认为富含芳烃”的限定特征（注：提交的权利要求书的替换页中，权利要求1的d特征百分比写成了“15%～20%”）。

修改后的权利要求1为：

“1. 一种制品，包括至少一种氢化的嵌段共聚物和任选地至少一种其他组分，所述其他组分选自烯烃聚合物、苯乙烯聚合物、增粘树脂、聚合物增量油和工程热塑性树脂，其中，所述氢化的嵌段共聚物具有至少一个A嵌段和至少一个B嵌段，其中：（a）氢化前，每个A嵌段独立地为单烯基芳烃均聚物嵌段，每个B嵌段独立地为至少一种共轭二烯和至少一种单烯基芳烃的控制分布共聚物嵌段；（b）氢化后，0～10%的芳烃双键被还原，至少90%的共轭二烯双键被还原；（c）每个A嵌段的平均分子量为3000至60000，每个B嵌段的平均分子量为30000至300000；（d）每个B嵌段包括邻近A嵌段的末端区和不邻近A嵌段的一个或多个区域，其中邻近A嵌段的末端区富含共轭二烯单元，不邻近A嵌段的一个或多个区域富含单烯基芳烃单元，且其中邻近A嵌段的区域包括嵌段的头15%～20%，剩下的部分被认为富含芳烃；（e）在氢化的嵌段共聚物中，单烯基芳烃的总量为20wt%～80wt%；和（f）每个B嵌段中单烯基芳烃的重量百分比为10%～75%。”

请求人认为：修改后的权利要求1已经清楚地划分了嵌段B中富含共轭二烯的末端区域和富含单烯基芳烃单元的一个或多个区域，即嵌段的头15%～25%被认为是富含共轭二烯单元的邻近A嵌段的末端区域，剩下的部分被认为是富含芳烃单元的不邻近A嵌段的一个或多个区域。因此，权利要求1中的特征d是清楚的，符合专利法实施细则第20条第1款的规定。

经形式审查合格后，专利复审委员会受理了该请求，并于2007年9月10日向请求人发出了《复审请求受理通知书》，同时将本申请转送至国家知识产权局原审查部门进行前置审查。

在《前置审查意见书》中，国家知识产权局原审查部门认为权利要求1中新引入的技术特征“邻近A嵌段的区域包括嵌段的头15%～25%，剩下的部分被认为富含芳烃”本身不清楚嵌段是指什么嵌段，同时“区域包括嵌段的头15%～25%”本身存在多种歧义，所述的百分比也未指明类型，因此坚持驳回决定。

专利复审委员会组成合议组，对本复审请求案进行了审理，并于2008年4月7日向请求人发出《复审通知书》，指出：权利要求1中增加的技术特征“且其中邻近A嵌段的区域包括嵌段的头15%～20%，剩下的部分被认为富含芳烃”，其中端值“20%”在原说明书和/或权利要求书中没有明确记载，也不能由原说明书和/或权利要求书的内容直接地、毫无疑义地确定，因此，权利要求1的修改不符合专利法第33条的规定。

针对上述《复审通知书》，请求人于2008年4月10日提交了意见陈述书和权利要求书修改替换页，将权利要求1特征（d）中的数值范围“15%~20%”修改为“15%~25%”。

至此，合议组认为本案事实清楚，可以作出审查决定。

二、决定的理由

1. 关于文本

本复审请求审查决定针对的文本是：申请人于2004年9月29日进入中国国家阶段时提交的说明书第1~38页和其摘要以及2008年4月10提交的权利要求第1~13项。

2. 关于专利法第33条

专利法第33条规定：申请人可以对其专利申请文本进行修改，但是，对发明和实用新型专利申请文件的修改不得超出原说明书和权利要求书记载的范围。

权利要求中数值范围的修改，只有在修改后数值范围的两个端值在原说明书和/或权利要求书中已经明确记载且修改后的数值范围在原数值范围之内，才是允许的。

针对《复审通知书》指出的修改超范围问题，请求人根据说明书第5页最后一段的记载，将权利要求1中的特征（d）修改为“且其中邻近A嵌段的区域包括嵌段的头15%~25%，剩下的部分被认为富含芳烃”，因此修改后的内容在原说明书中已有明确记载，克服了《复审通知书》指出的缺陷。

3. 关于专利法实施细则第20条第1款

专利法实施细则第20条第1款规定：权利要求书应当说明发明或者实用新型的技术特征，清楚、简要地表述请求保护的范围。

权利要求是否清楚，是指权利要求所确定的保护范围是否清楚，一是指权利要求所使用的术语根据说明书的定义可以清楚地确定其含义，二是指其中的技术特征作为整体构成的权利要求是清楚的，那么就是清楚的。

就本案而言，权利要求1要求保护一种制品，包括至少一种氢化的嵌段共聚物和任选地至少一种其他组分，所述其他组分选自烯烃聚合物、苯乙烯聚合物、增粘树脂、聚合物增量油和工程热塑性树脂，其中，所述氢化的嵌段共聚物具有至少一个A嵌段和至少一个B嵌段，其中：（a）氢化前，每个A嵌段独立地为单烯基芳烃均聚物嵌段，每个B嵌段独立地为至少一种共轭二烯和至少一种单烯基芳烃的控制分布共聚物嵌段；（b）氢化后，0至10%的芳烃双键被还原，至少90%的共轭二烯双键被还原；（c）每个A嵌段的平均分子量为3000至60000，每个B嵌段的平均分子量为30000至300000；（d）每个B嵌段包括邻近A嵌段的末端区和不邻近A嵌段的一个或多个区域，其中邻近A嵌段的末端区富含共轭二烯单元，不邻近A嵌段的一个或多个区域富含单烯基芳烃单元，且其中邻近A嵌段的区域包括嵌段的头15%~25%，剩下的部分被认为富含芳烃；（e）在氢化的嵌段共聚物中，单烯基芳烃的总量为20wt%~80wt%；和（f）每个B嵌段中单烯基芳烃的重量百分比为10%~75%。

本申请的发明点在于采用了含有单烯基芳烃末端嵌段和单烯基芳烃和共轭二烯的独特中间嵌段共聚物，其中针对氢化的嵌段共聚物原料进一步采用了a、b、c、d、e和f六个技术特征进行限定，特征（a）限定了具有至少一个A嵌段和至少一个B嵌段的嵌段共聚物氢化前的主要嵌段单元组成，特征（b）限定了对该嵌段共聚物氢化后的结构变化，（c）限定了共聚物中每个嵌段部分的分子量，特征（d）限定了B嵌段的结构组成，特征（e）限定了共聚物中单烯基芳烃的总量，而特征（f）限定了每个B嵌段中单烯基芳烃的重量百分比，合议组认为，这六个技术特征应整体作为判断嵌段共聚物原料是否清楚的依据，由上述六个特征可以看出，权利要求1针对共聚物的重复单元名称、单元分布、分子量、重复单元排列状态和单元含量五个方面对要求保护的范围进行了清楚限定。

驳回决定认为特征（d）中各个区域划分不清楚，对此，合议组认为，原说明书第4页第2段定义"富含"的含义是比平均量更高，优选比平均量高5%；原说明书第5页最后一段公开的优选实施方案中，主题控制分布共聚物嵌段具有两个不同的区域，其中富含共轭二烯的区域在嵌段末端，富含单烯基芳烃的区域靠近嵌段中间或中心，邻近A嵌段的区域包括嵌段的头15%～25%，并包括富含二烯的区域，剩下的部分被认为是富含芳烃，"富含二烯"表示该区域具有可以测量出的比富含芳烃的区域更高的二烯与芳烃比。本领域技术人员根据该段内容可以理解，邻近单烯基芳烃均聚物（A嵌段）的B嵌段共聚物中，富含共轭二烯的区域在B嵌段的末端，B嵌段中间或中心是富含芳烃的区域，所述的"嵌段的头15%～25%"应理解为在B嵌段的末端是占整个B嵌端15%～25%的共扼二烯区域（此统计学含量已经高于整个嵌段中二烯的平均含量），剩下的部分被认为是富含芳烃。另外，由于高分子化合物的分子量、单元排列是采用统计学测定的，本领域技术人员不可能准确地测定自B嵌段末端开始多少长度或单元之后是富含二烯区域，之后又是在多少长度或单元之后是富含芳烃区域，因此，根据说明书内容可以理解"末端区域"是共聚物中B嵌段的末端，"富含单烯基芳烃单元的一个或者多个区域"是B嵌段中间或中心的一个或多个区域，上述内容的含义是清楚的。

另外，原审查部门在前置审查意见中指出：百分数15%～25%的类型不清楚，不清楚是长度百分数、质量百分数还是摩尔百分数。对此，合议组认为，根据原说明书第5页第2～11行的内容可以看出，在高分子化合物中某些片段或单元的含量通常是通过积分H-1 NMR谱图中特殊峰信号面积、计算相关面积对应的质子之间的比例而获得的，在本说明书单元含量均采用重量百分数表示的情况下，本领域技术人员可以确定百分数15%～25%应为重量百分数。

对于驳回决定认为权利要求1中所述的"在A嵌段和富含单烯基芳烃单元的区域之间"不清楚的问题，鉴于在新提交的权利要求书中已经修改为"其中邻近A嵌段的末端区富含共轭二烯单元，不邻近A嵌段的一个或多个区域富含单烯基芳烃单元，且其中邻近A嵌段的区域包括嵌段的头15%～25%，剩下的部分被认为富含芳烃"，由于修改后的该段内容是清楚的，故已经克服了该缺陷。

根据上述事实和理由，合议组作出如下审查决定。

三、决定

撤销国家知识产权局于2007年4月6日针对第03807482.6号发明专利申请作出的驳回决定，由国家知识产权局原审查部门以2004年9月29日进入中国国家阶段时提交的说明书第1～38页和其摘要以及2008年4月10提交的权利要求第1～13项为基础继续审批程序。

复审请求人对本决定不服的，可以根据专利法第41条第2款的规定，自收到本决定之日起三个月内向北京市第一中级人民法院起诉。

092

低吸湿性阿立哌唑药物及其制备方法

复审请求审查决定（第13857号）

决　定　号　第13857号
决　定　日　2008年6月24日
发明创造名称　低吸湿性阿立哌唑药物及其制备方法
国际分类号　A61K 31/496，C07D 215/22，A61P 25/18
复审请求人　大塚制药株式会社
申　请　号　02801754.4
最早优先权日　2001年9月25日
申　请　日　2002年9月25日
公　开　日　2003年12月24日
合议组组长　刘　静
主　审　员　危　峰
参　审　员　吴红权

法律依据　专利法第33条
决定要点
在申请人修改申请文件的情况下，只要修改的申请内容能从原申请公开的内容中直接地、毫无疑义地确定，则这种修改未超出原始申请文件记载的范围。

一、案由

本复审请求案涉及发明名称为“低吸湿性阿立哌唑药物及其制备方法”的第02801754.4号发明专利申请（下称本申请），申请人为大塚制药株式会社，申请日为2002年9月25日，最早优先权日为2001年9月25日，公开日为2003年12月24日。

2005年9月9日，针对申请人于2005年7月25日提交的权利要求第1~75项、说明书第30页，2005年1月18日提交的说明书第1~29、31~61页及其摘要，2003年1月20日进入中国国家阶段时提交的说明书附图第1~31页，国家知识产权局以本申请的修改不符合专利法第33款的规定为由驳回了本申请。

驳回决定认为：申请人在对说明书和权利要求书进行修改时，将原说明书和权利要求书中的“阿立哌唑酐结晶”改为“无水阿立哌唑结晶”，但本申请的国际公布文本中所用的是“Anhydride”，而非“Anhydrous”；其次，本申请说明书中并没有明确给出“无水”的定义，而根据申请人意见陈述中所给的附件，“无水”是指一种化合物失去其所有的水分，包括吸附于其表面的水分和结晶水，此外在本领域常识中，“无水”在没有特殊说明的情况下也是指不含有任何水分，但原说明书第 43 页表 1 中所给出的数据却表明，说明书中所得到的结晶均含少量的水。因此上述修改内容既未明确记载在原说明书和权利要求书中，也不能由原说明书和权利要求书所记载的内容直接导出，超出了原说明书和权利要求书记载的范围，因此修改后的说明书及权利要求 5~71 不符合专利法第 33 条的规定。

驳回决定针对的权利要求书中权利要求 5~71 分别为：

“5. 无水阿立哌唑结晶 B，该结晶 B

具有与图 5 所示的粉末 X 射线衍射光谱相同的粉末 X 射线衍射光谱；

具有在 IR（KBr）光谱的 2945、2812、1678、1627、1448、1377、1173、960 和 779cm^{-1}处的特定的红外吸收谱带；

在加热速度为 5℃/分的条件下，具有在热重量/差热分析中 141.5℃处的吸热峰；

在加热速度为 5℃/分的条件下，具有在热重量/差示扫描量热法中 140.7℃处的吸热峰；以及

所述结晶 B 具有低吸湿性，并且将所述结晶 B 的药物物质于保持在 60℃温度和 100% 湿度水平的干燥器中放置 24 小时后，其湿含量为 0.40% 或更小。

……

42. 无水阿立哌唑结晶 C，所述的结晶 C

具有图 10 所示的粉末 X 射线衍射光谱；

具有在 IR（KBr）光谱的 2939、2804、1680、1375 和 780cm^{-1}处的特定的红外吸收谱带；

在加热速度为 5℃/分的条件下，具有在热重量/差热分析中 150.2℃处的吸热峰；以及

具有特征峰在 32.8ppm、60.8ppm、74.9ppm、104.9ppm、152.2ppm 和 175.2ppm 处的固体 13C-NMR 光谱。

43. 无水阿立哌唑结晶 D，所述结晶 D

具有图 15 所示的粉末 X 射线衍射光谱；

具有在 IR（KBr）光谱的 2946、1681、1375、1273、1175 和 862cm^{-1}处的特定的红外吸收谱带；

在加热速度为 5℃/分的条件下，具有在热重量/差热分析中 136.8℃和 141.6℃处的吸热峰；以及

具有特征峰在 32.1ppm、62.2ppm、66.6ppm、104.1ppm、152.4ppm、158.4ppm 和 174.1ppm 处的固体 13C-NMR 光谱。

44. 无水阿立哌唑结晶 E，所述结晶 E

具有图 20 所示的粉末 X 射线衍射光谱；

具有在 IR（KBr）光谱的 2943、2817、1686、1377、1202、969 和 774cm^{-1}处的特定的红外吸收谱带；以及

在加热速度为 5℃/分的条件下，具有在热重量/差热分析中 146.5℃处的吸热峰。

45. 无水阿立哌唑结晶 F，所述结晶 F

具有图 24 所示的粉末 X 射线衍射光谱；

具有在 IR（KBr）光谱的 2940、2815、1679、1383、1273、1177、1035、963 和 790cm^{-1}处的特定的红外吸收谱带；以及

在加热速度为 5℃/分的条件下，具有在热重量/差热分析中 137.5℃和 149.8℃处的吸热峰。

46. 无水阿立哌唑结晶 G，所述结晶 G

具有图 28 所示的粉末 X 射线衍射光谱；

具有在 IR（KBr）光谱的 2942、2813、1670、1625、1377、1195、962 和 787cm^{-1}处的特定的红外吸收谱带；以及

在加热速度为5℃/分的条件下，具有在热重量/差热分析中141.0℃处的吸热峰和122.7℃处的放热峰。

……

71. 包含权利要求46定义的无水阿立哌唑结晶G和一种或多种药学上可接受的载体的药用固体口服制剂，其中该药用固体口服制剂具有至少一种选自以下的溶出率：在pH 4.5下30分钟后溶出60%或更大，在pH值4.5下60分钟后溶出70%或更大，和在pH 5.0下60分钟后溶出55%或更大。”

2005年12月20日，申请人大塚制药株式会社（下称请求人）对上述驳回决定不服，向专利复审委员会提出复审请求，请求人在提出复审请求时对权利要求书和说明书进行了修改，对权利要求进行了合并删除的修改，修改后的权利要求共25项，并将原说明书和权利要求书中的“阿立哌唑酐结晶”均修改为“低吸湿性形式的阿立哌唑结晶”；并提交了下列附件：

附件1：Hackh’s Chemical Dictionary，1969年，封面页、出版信息页、第46和47页，复印件4页；

附件2：本申请参比实施例1制备的常规阿立哌唑结晶的NMR光谱图，复印件1页。

修改后的权利要求书如下：

“1. 包含与一种或多种药学上可接受的载体一起配制的低吸湿性形式的阿立哌唑结晶B的药物组合物，所述结晶B具有与图5所示的粉末X射线衍射光谱相同的粉末X射线衍射光谱；

具有在IR（KBr）光谱的2945、2812、1678、1627、1448、1377、1173、960和779cm^{-1}处的特定的红外吸收谱带；

在加热速度为5℃/分的条件下，具有在热重量/差热分析中141.5℃处的吸热峰；

在加热速度为5℃/分的条件下，具有在热重量/差示扫描量热法中140.7℃处的吸热峰；以及

所述结晶B具有低吸湿性，并且将所述结晶B的药物物质于保持在60℃温度和100%湿度水平的干燥器中放置24小时后，其湿含量为0.40%或更小。

……

12. 药物组合物，其包含至少一种选自低湿性形式的阿立哌唑结晶C、低吸湿性形式的阿立哌唑结晶D、低吸湿性形式的阿立哌唑结晶E、低吸湿性形式的阿立哌唑结晶F和低吸湿性形式的阿立哌唑结晶G的低吸湿性形式的阿立哌唑结晶以及药学上可接受的载体，

所述结晶C

具有图10所示的粉末X射线衍射光谱；

具有在IR（KBr）光谱的2939、2804、1680、1375和780cm^{-1}处的特定的红外吸收谱带；

在加热速度为5℃/分的条件下，具有在热重量/差热分析中150.2℃处的吸热峰；以及

具有特征峰在32.8ppm、60.8ppm、74.9ppm、104.9ppm、152.2ppm和175.2ppm处的固体13C-NMR光谱；

所述结晶D

具有图15所示的粉末X射线衍射光谱；

具有在IR（KBr）光谱的2946、1681、1375、1273、1175和862cm^{-1}处的特定的红外吸收谱带；

在加热速度为5℃/分的条件下，具有在热重量/差热分析中136.8℃和141.6℃处的吸热峰；以及

具有特征峰在32.1ppm、62.2ppm、66.6ppm、104.1ppm、152.4ppm、158.4ppm和174.1ppm处的固体13C-NMR光谱；

所述结晶E

具有图 20 所示的粉末 X 射线衍射光谱；

具有在 IR（KBr）光谱的 2943、2817、1686、1377、1202、969 和 774cm^{-1}处的特定的红外吸收谱带；以及

在加热速度为 5℃/分的条件下，具有在热重量/差热分析中 146.5℃处的吸热峰；

所述结晶 F

具有图 24 所示的粉末 X 射线衍射光谱；

具有在 IR（KBr）光谱的 2940、2815、1679、1383、1273、1177、1035、963 和 790cm^{-1}处的特定的红外吸收谱带；以及

在加热速度为 5℃/分的条件下，具有在热重量/差热分析中 137.5℃和 149.8℃处的吸热峰；

所述结晶 G

具有图 28 所示的粉末 X 射线衍射光谱；

具有在 IR（KBr）光谱的 2942、2813、1670、1625、1377、1195、962 和 787cm^{-1}处的特定的红外吸收谱带；以及

在加热速度为 5℃/分的条件下，具有在热重量/差热分析中 141.0℃处的吸热峰和 122.7℃处的放热峰。

……

21. 包含权利要求 12 定义的低吸湿性形式的阿立哌唑结晶 G 和一种或多种药学上可接受的载体的药用固体口服制剂，其中该药用固体口服制剂具有至少一种选自以下的溶出率：在 pH4.5 下 30 分钟后溶出 60%或更大，在 pH4.5 下 60 分钟后溶出 70%或更大，和在 pH5.0 下 60 分钟后溶出 55%或更大。

……

25. 由权利要求 23 的方法制备的药用固体口服制剂，其中该药用固体口服制剂具有至少一种选自以下的溶出率：在 pH 4.5 下 30 分钟后溶出 60%或更大，在 pH 4.5 下 60 分钟后溶出 70%或更大，和在 pH 5.0 下 60 分钟后溶出 55%或更大。"

请求人认为：（1）本发明的发明题目、说明书的技术领域部分涉及"低吸湿性形式的阿立哌唑"，并且说明书第 2 页"发明概述"部分有关于"阿立哌唑结晶 B 为一种低吸湿性形式"的记载。（2）本领域技术人员知晓，"酐"通常是指两个含有羧基的化合物（通常是酸）脱水缩合得到的产物（见附件 1），由阿立哌唑的化学结构以及说明书第 1 页提供的阿立哌唑的化学命名来看，"阿立哌唑酐"这种物质本身不可能存在。（3）根据说明书实施例 2 可见，其采用的原料阿立哌唑水合物 A 由参比实施例 1 以及现有技术（JP-A-191256/1990）可知其就是阿立哌唑本身，由此实施例 2 制得的产品应为"阿立哌唑结晶 B"，而非"阿立哌唑酐结晶 B"；为此申请人提交了按照参比实施例 1 制得的阿立哌唑结晶的 NMR 光谱图（附件 2），其与实施例 2 所得产品的 NMR 光谱图相当，表明二者化学结构是相同的。（4）进一步，本发明说明书第 43 页表 1 所列实施例 2~10 制得的产品的水含量均不超过 0.05%，可见本发明的阿立哌唑结晶是无水的（现修改为"低吸湿性形式的阿立哌唑结晶"）。（5）本发明说明书第 1 页倒数第 3 行至第 2 页第 11 行所记载的本发明所要解决的技术问题部分，以及第 2 页第 22~23 行所记载的"这种无水结晶物质的一种具体的制备方法已被发现并构成本发明的另一方面"，均明确记载了"无水"的概念，其充分表明本发明的保护主题涉及"无水阿立哌唑结晶"（现修改为"低吸湿性形式的阿立哌唑结晶"）。综上所述，将本发明申请文件中的术语"阿立哌唑酐结晶"修改为"低吸湿性形式的阿立哌唑结晶"可由原始公开的说明书导出，并未超出原始公开的范围。

经形式审查合格后，专利复审委员会受理了该请求，并于2006年2月7日向请求人发出了《复审请求受理通知书》，同时将本申请转送至国家知识产权局原审查部门进行前置审查。

在《前置审查意见书》中，国家知识产权局原审查部门认为，将“阿立哌唑酐结晶B-G”修改为“低吸湿性形式的阿立哌唑结晶B-G”和“低吸湿性形式的阿立哌唑的B-G型结晶”仍超出了原说明书和权利要求书记载的范围；此外修改后的权利要求13、14、22和23中的“10分钟至1小时”和“1~6小时”既未明确地记载在原说明书和权利要求书中，也不能由原说明书和权利要求书所记载的内容直接导出，因此坚持驳回决定。

专利复审委员会组成合议组，对本复审请求案进行了审理。合议组于2008年3月14日向请求人发出《复审通知书》，指出：请求人将“阿立哌唑酐结晶G”修改为“低吸湿性形式的阿立哌唑结晶G”或“低吸湿性形式的阿立哌唑的G型结晶”，不能由原说明书和权利要求书所记载的内容直接地、毫无疑义地确定，由此导致涉及阿立哌唑结晶G的权利要求12和21，以及说明书中涉及阿立哌唑结晶G的相应内容的修改均超出了原说明书和权利要求书记载的范围，不符合专利法第33条的规定。

针对上述《复审通知书》，请求人于2008年4月11日提交了意见陈述书和经修改的权利要求书和说明书替换页，其中从权利要求12中删除涉及“低吸湿性形式的阿立哌唑G型结晶”的内容，并删除了权利要求21；同时将说明书中涉及“阿立哌唑结晶G”的内容恢复至其原始公开的“阿立哌唑酐结晶G”。请求人认为经此修改后，本申请符合专利法第33条的规定。

修改后的权利要求书中权利要求12为：

“12. 药物组合物，其包含至少一种选自低湿性形式的阿立哌唑结晶C、低吸湿性形式的阿立哌唑结晶D、低吸湿性形式的阿立哌唑结晶E和低吸湿性形式的阿立哌唑结晶F的低吸湿性形式的阿立哌唑结晶以及药学上可接受的载体，

所述结晶C

具有图10所示的粉末X射线衍射光谱；

具有在IR（KBr）光谱的2939、2804、1680、1375和780cm^{-1}处的特定的红外吸收谱带；

在加热速度为5℃/分的条件下，具有在热重量/差热分析中150.2℃处的吸热峰；以及

具有特征峰在32.8ppm、60.8ppm、74.9ppm、104.9ppm、152.2ppm和175.2ppm处的固体13C-NMR光谱；

所述结晶D

具有图15所示的粉末X射线衍射光谱；

具有在IR（KBr）光谱的2946、1681、1375、1273、1175和862cm^{-1}处的特定的红外吸收谱带；

在加热速度为5℃/分的条件下，具有在热重量/差热分析中136.8℃和141.6℃处的吸热峰；以及

具有特征峰在32.1ppm、62.2ppm、66.6ppm、104.1ppm、152.4ppm、158.4ppm和174.1ppm处的固体13C-NMR光谱；

所述结晶E

具有图20所示的粉末X射线衍射光谱；

具有在IR（KBr）光谱的2943、2817、1686、1377、1202、969和774cm^{-1}处的特定的红外吸收谱带；以及

在加热速度为5℃/分的条件下，具有在热重量/差热分析中146.5℃处的吸热峰；

所述结晶F

具有图24所示的粉末X射线衍射光谱；

具有在IR（KBr）光谱的2940、2815、1679、1383、1273、1177、1035、963和790cm^{-1}处的特

定的红外吸收谱带；以及

在加热速度为5℃/分的条件下，具有在热重量/差热分析中137.5℃和149.8℃处的吸热峰。”

至此，合议组认为本案事实清楚，可以作出审查决定。

二、决定的理由

1. 关于文本

本复审请求审查决定针对的文本是：请求人于2008年4月11日提交的权利要求第1~24项和说明书第5、17、20、22、24~29、31、48页，2005年12月20日提交的说明书第1~4、6~16、18~19、21、23、30、32~47、49~64页，2005年1月18日提交的说明书摘要，和2003年1月20日进入中国国家阶段时提交的说明书附图第1~31页。

2. 关于专利法第33条

专利法第33条规定：申请人可以对其专利申请文件进行修改，但是，对发明和实用新型专利申请文件的修改不得超出原说明书和权利要求书记载的范围。

在申请人修改申请文件的情况下，只要修改的申请内容能从原申请公开的内容中直接地、毫无疑义地确定，则这种修改未超出原始申请文件记载的范围。

就本案而言，驳回决定认为将原申请文件中的“阿立哌唑酐结晶”改为“无水阿立哌唑结晶”不符合专利法第33条的规定。请求人在提出复审请求时将原申请文件中的“阿立哌唑酐”结晶B-G，均修改为“低吸湿性形式的阿立哌唑”结晶B-G和“低吸湿性形式的阿立哌唑”的B-G型结晶。之后请求人答复《复审通知书》时，又对涉及阿立哌唑结晶G的部分进行了修改。

首先，关于涉及阿立哌唑酐结晶G的修改。请求人在答复《复审通知书》时，从权利要求12中删除涉及“低吸湿性形式的阿立哌唑G型结晶”的内容，并删除了权利要求21；同时将说明书中涉及“阿立哌唑结晶G”的内容恢复至其原始公开的“阿立哌唑酐结晶G”。由此可见，《复审通知书》中指出的涉及阿立哌唑结晶G的权利要求12和21、以及说明书中涉及阿立哌唑结晶G的相应内容的修改不符合专利法第33条规定的缺陷已克服。

其次，关于涉及阿立哌唑酐结晶B-F的修改。(1)本申请的发明题目、说明书的技术领域部分涉及“低吸湿性形式的阿立哌唑”，并且说明书第2页“发明概述”部分有关于阿立哌唑结晶B为一种“低吸湿性形式”的记载。(2)本领域技术人员知晓，“酐”通常是指两个含有羧基的化合物（通常是酸）脱水缩合得到的产物（见附件1），由阿立哌唑的化学结构以及说明书第1页提供的阿立哌唑的化学命名7-{4-[4-(2，3-二氯苯基)-1-哌嗪基]-丁氧基}-3，4-二氢喹诺酮或7-{4-[4-(2，3-二氯苯基)-1-哌嗪基]-丁氧基}-3，4-二氢-2(1H)-喹诺酮来看，“阿立哌唑酐”这种物质本身不可能存在。(3)根据说明书实施例2可见，其采用的原料为实施例1得到的阿立哌唑水合物A，由参比实施例1以及现有技术（JP-A-191256/1990，公开日为1990年7月27日）可知其就是阿立哌唑本身，因此实施例2将上述阿立哌唑水合物A干燥后制得的产品应为“阿立哌唑结晶”，而非原申请文件记载的“阿立哌唑酐结晶”；同时根据请求人提交的附件2~按照参比实施例1制得的阿立哌唑结晶的NMR光谱图，其与实施例2所得产品的NMR光谱图相当，表明二者化学结构是相同的。(4)本申请说明书第43页表1所列实施例2~15制得的结晶B-F的最初湿含量为0.02%~0.06%，24小时后的湿含量为0.01%~0.09%，吸收的湿含量为-0.02%~0.03%；相应地，参比实施例1和2的最初湿含量为0.04%，24小时后的湿含量为3.28%和1.78%，吸收的湿含量为3.24%和1.73%，可见，本申请的阿立哌唑结晶B-F是低吸湿性形式的。综上所述，将原申请文件中的“阿立哌唑酐”结晶B-F修改为“低吸湿性形式的阿立哌唑”结晶B-F和“低吸湿性形式的阿立哌唑”的B-F型结晶是本领域技术人员能从说明书整体及上下文看出的唯一的正确答案，可由原说明书记载的内容直接地、毫无疑义地确定。

此外，请求人在答复《复审通知书》时提交的权利要求书中的权利要求13、14、21和22分别对应于提出复审请求时提交的权利要求书中的权利要求13、14、22和23。上述权利要求中的“10分钟至1小时”和“1~6小时”已明确记载在本申请原始说明书第28页1段中，其也是对制备用于药用固体口服制剂时的干燥过程的限定。因此，上述修改的内容能从原说明书中直接地、毫无疑义地确定。

综上所述，请求人对该专利申请文件所进行的修改未超出原说明书和权利要求书记载的范围，符合专利法第33条的规定。

根据上述事实和理由，合议组作出如下审查决定。

三、决定

撤销国家知识产权局于2005年9月9日针对第02801754.4号发明专利申请作出的驳回决定，由国家知识产权局原审查部门以本复审请求审查决定所针对的文本为基础继续审批程序。

复审请求人对本决定不服的，可以根据专利法第41条第2款的规定，自收到本决定之日起三个月内向北京市第一中级人民法院起诉。

093

（甲基）丙烯酸酯的制备方法

复审请求审查决定（第 13915 号）

决　定　号　第 13915 号
决　定　日　2008 年 6 月 27 日
发明创造名称　（甲基）丙烯酸酯的制备方法
国 际 分 类 号　C07C67/08, C07C69/54, C07C67/62
复 审 请 求 人　三菱化学株式会社
申　请　号　03800749.5
优 先 权 日　2002 年 1 月 30 日
申　请　日　2003 年 1 月 23 日
公　开　日　2004 年 10 月 13 日
合 议 组 组 长　侯秋霞
主　审　员　危　峰
参　审　员　李新芝

法 律 依 据　专利法第 22 条第 3 款
决 定 要 点

如果权利要求所要求保护的技术方案与对比文件公开的内容相比，两者的区别仅为本领域常规技术手段的选择，且由说明书的描述推断不出这种选择带来了预料不到的技术效果，则该权利要求相对于对比文件不具备创造性。

一、案由

本复审请求案涉及发明名称为“（甲基）丙烯酸酯的制备方法”的第 03800749.5 号发明专利申请（下称本申请），申请人为三菱化学株式会社，申请日为 2003 年 1 月 23 日，优先权日为 2002 年 1 月 30 日，公开日为 2004 年 10 月 13 日。

国家知识产权局原审查部门对本申请进行实质审查，于 2005 年 1 月 7 日发出《第一次审查意见通知书》，其中指出：权利要求 1~2 相对于对比文件 1（US5159106A，公开日为 1992 年 10 月 27 日）不具备专利法第 22 条第 2 款规定的新颖性。

针对《第一次审查意见通知书》，申请人于 2005 年 6 月 10 日提交了意见陈述和经修改的权利要求书与说明书及摘要，其中将权利要求 2 的附加技术特征并入权利要求 1，并进行限定：“在反应液供给管道的中部设置滤网连续地除去反应液中蓄积的固体物，喷嘴供给的反应液的供给量为 200L/Hr 或 200L/Hr 以上”，从属权利要求 2 进一步限定“供给量为 200~800L/Hr”，认为对比文件 1 中并没有公开上述限定内容，且其实施例所公开的是间歇式运转方式，供给量为40L/Hr，由此权利要求1~2具备专利法第22条第2款规定的新颖性。

国家知识产权局原审查部门继续审查，于2005年9月9日发出了《第二次审查意见通知书》，其中指出：权利要求1~2相对于对比文件1或对比文件2（EP1044957A1，公开日为2000年10月18日）不具备专利法第22条第3款规定的创造性，因为对比文件1的反应器容积为30L，而本申请使用的是直径3000mm、长度为6000mm的圆筒体，反应容器体积以及反应物的量远大于对比文件1，由此带来的供给量的增加是显而易见的，且对比文件2实施例4中也公开了500L/Hr的供给量。

针对《第二次审查意见通知书》，申请人于2006年1月23日提交了意见陈述和经修改的权利要求书与说明书，其中在权利要求1中进一步限定“反应液供给管道从反应器的底部向上部的空间露出，并喷雾到反应器气相部”，认为由此引起（甲基）丙烯酸酯等聚合的管道部分减少，从而减少该聚合的机会，相对于对比文件1或2是非显而易见的，因此具备专利法第22条第3款规定的创造性。

2006年6月9日，针对申请人于2006年1月23日提交的权利要求第1~2项、说明书第1~4页，进入中国国家阶段时提交的说明书附图第1页和2005年6月10日提交的说明书摘要，国家知识产权局以权利要求1~2不符合专利法第22条第3款的规定为由驳回了本申请。

驳回决定认为：权利要求1请求保护（甲基）丙烯酸酯的制备方法。对比文件2同样公开了一种丙烯酸酯的制备方法，其特征在于，在反应液中溶解聚合防止剂，在反应器中溶解了聚合防止剂的反应液一边与存在气相部的部件接触，一边进行反应，反应液通过喷嘴向反应气相部中的部件喷雾反应液，从说明书附图8可以看到所述喷嘴处于反应器的顶部，说明书实施例4中指出在反应器中多个喷嘴的喷雾量在500L/Hr，并且无故障连续反应大约1个月（参见对比文件2说明书第1~5页，说明书附图2~8）。权利要求1与对比文件2公开的技术方案的区别仅在于：（1）反应液供给管道的中部设置滤网连续地除去反应液中蓄积的固体物，（2）反应液供给管从反应器的底部向上部的空间露出。对于区别特征（1），对比文件2中指出，用于聚合防止剂的液体可以是加入液（feedstock liquid），回流液（reflux liquid）和底部循环液（bottom circulation liquid），并特别地指出，底部循环液是精制液（refined liquid），即表明该循环液经过精制过程，而过滤恰恰是精制中常用的固液分离的手段。对于区别特征（2），对比文件2说明书图3~8给出了喷嘴在反应器中不同位置的排布。尽管，从图8中可以看到反应液的供给管道是由反应器外部直接进入反应器的上方气相部，而不是“反应液供给管从反应器的底部向上部的空间露出”，但是对比文件2已经指出反应液通过喷嘴向反应气相部中的部件喷雾反应液，经过充分润湿的管道表面不会引起反应物的聚合。对于本领域技术人员而言，管道排布的替换仅仅是相同功能的已知手段的等效替换，相对于对比文件2，权利要求1没有突出的实质性特点和显著的进步，不具备创造性。从属权利要求2的附加技术特征也已经在对比文件2中公开，因此，相对于对比文件2，权利要求2也不符合专利法第22条第3款关于创造性的规定。

驳回决定针对的权利要求书如下：

“1.（甲基）丙烯酸酯的制备方法，其特征在于，在往反应器供给（甲基）丙烯酸和醇连续地制备（甲基）丙烯酸酯时，把聚合防止剂溶解在反应液中，使溶解了聚合防止剂的反应液一边与存在于反应器气相部的部件接触一边进行反应，在反应液供给管道的顶端设置喷嘴，从该喷嘴向存在于反应器气相部的部件喷雾反应液，在反应液供给管道的中部设置滤网连续地除去反应液中蓄积的固体物，喷嘴供给的反应液的供给量为200L/Hr或200L/Hr以上，反应液供给管道从反应器的底部向上部的空间露出，并喷雾到反应器气相部。

2. 权利要求1的制备方法，其中喷嘴供给的反应液的供给量为200~800L/Hr。”

2006年9月21日，申请人三菱化学株式会社（下称请求人）对上述驳回决定不服，向专利复审委员会提出复审请求，请求人在提出复审请求时对权利要求书进行了修改，在权利要求1中进一步限定“其中设置可以交替使用的2个滤网，所述滤网的筛子网眼为60~100目”。修改后的权利要求书为：

“1.（甲基）丙烯酸酯的制备方法，其特征在于，在往反应器供给（甲基）丙烯酸和醇连续地制备（甲基）丙烯酸酯时，把聚合防止剂溶解在反应液中，使溶解了聚合防止剂的反应液一边与存在于反应器气相部的部件接触一边进行反应，在反应液供给管道的顶端设置喷嘴，从该喷嘴向存在于反应器气相部的部件喷雾反应液，在反应液供给管道的中部设置滤网连续地除去反应液中蓄积的固体物，喷嘴供给的反应液的供给量为200L/Hr或200L/Hr以上，反应液供给管道从反应器的底部向上部的空间露出，并喷雾到反应器气相部，其中设置可以交替使用的2个滤网，所述滤网的筛子网眼为60~100目。

2. 权利要求1的制备方法，其中喷嘴供给的反应液的供给量为200~800L/Hr。”

请求人认为：本发明提供了一种防止存在于反应器气相部的部件中的（甲基）丙烯酸及（甲基）丙烯酸酯的聚合，可以长时间连续进行运行的、改良的（甲基）丙烯酸酯制备方法。对比文件2是使用蒸馏装置在蒸馏易聚合化合物的过程中抑制易聚合化合物发生聚合反应的方法，其中精制液是在蒸馏装置中经过蒸馏得到的底部回流液，其并没有暗示在反应液供给管道的中部设置滤网；对比文件1或2也没有公开“反应液供给管道从反应器的底部向上部的空间露出”和“在反应液供给管道的中部设置可以交替使用的2个滤网，所述滤网的筛子网眼为60~100目”。因此，本申请相对于对比文件1或2存在显着的差别，具备专利法第22条第3款规定的创造性。

经形式审查合格后，专利复审委员会受理了该请求，并于2006年12月5日向请求人发出了《复审请求受理通知书》，同时将本申请转送至国家知识产权局原审查部门进行前置审查。

在《前置审查意见书》中，国家知识产权局原审查部门认为“对滤网规格大小的简单选择是容易的”，因此坚持驳回决定。

专利复审委员会组成合议组，对本复审请求案进行了审理。合议组于2007年8月21日向请求人发出《复审通知书》，指出：权利要求1的技术方案与对比文件1实施例1的技术方案的区别在于：权利要求1中进一步限定了（1）在反应液供给管道的中部设置滤网连续地除去反应液中蓄积的固体物，其中设置可以交替使用的2个滤网，所述滤网的筛子网眼为60~100目，（2）喷嘴供给的反应液的供给量为200L/Hr或200L/Hr以上，和（3）反应液供给管道从反应器的底部向上部的空间露出，并喷雾到反应器气相部，而对比文件1中只是公开了喷嘴在反应器的上部。所述区别仅为本领域常规技术手段的选择，且由说明书的描述推断不出这种选择带来了预料不到的效果。因此，权利要求1不具备创造性；同理，权利要求2也不具备创造性。

针对上述《复审通知书》，请求人于2007年12月4日提交了意见陈述书，未对申请文件进行修改。请求人认为：反应液供给管道从反应器的底部向上部的空间露出，并喷雾到反应器气相部，对本领域技术人员来说是不容易想到的；并且通过采用这样的结构，可以得到减少引起聚合的管道部分的效果，因此，本申请相对于对比文件1具备创造性。

至此，合议组认为本案事实清楚，可以作出审查决定。

二、决定的理由

1. 关于决定文本

本复审请求审查决定针对的申请文本是：请求人于2006年9月21日提交的权利要求第1~2项、2006年1月23日提交的说明书第1~4页、2004年1月30日提交的说明书附图第1页以及2005年6月10日提交的说明书摘要。

2. 关于专利法第22条第3款

专利法第22条第3款规定：创造性，是指同申请日以前已有的技术相比，该发明具有突出的实质性特点和显著的进步。

如果权利要求所要求保护的技术方案与对比文件公开的内容相比，两者的区别仅为本领域常规技术手段的选择，且由说明书的描述推断不出这种选择带来了预料不到的技术效果，则该权利要求相对于对比文件不具备创造性。

（1）权利要求1。

就本申请而言，权利要求1要求保护一种（甲基）丙烯酸酯的制备方法（具体内容参见案由部分）。

对比文件1公开了一种制备（甲基）丙烯酸酯的方法（参见对比文件1说明书第2~6栏，实施例1）：在酸性酯化催化剂和聚合抑制剂的存在下通过（甲基）丙烯酸与醇的反应来制备，其中通过在反应器上部的喷嘴的方式给反应器气相部喷雾含有聚合抑制剂的反应混合物液滴，选择产物流速（实施例1中在反应器容积为30L时流速为40L/h）使全部反应器用抑制剂润湿。

权利要求1的技术方案与对比文件1实施例1公开的内容相比，区别在于：权利要求1中进一步限定了①在反应液供给管道的中部设置滤网连续地除去反应液中蓄积的固体物，其中设置可以交替使用的2个滤网，所述滤网的筛子网眼为60~100目，②喷嘴供给的反应液的供给量为200L/Hr或200L/Hr以上，和③反应液供给管道从反应器的底部向上部的空间露出，并喷雾到反应器气相部，而对比文件1中只是公开了喷嘴在反应器的上部。

如说明书第1页第13~15行背景技术部分所述，在反应器的顶板等反应器气相部的部件中，由于（甲基）丙烯酸及（甲基）丙烯酸酯的蒸汽发生冷凝，在该冷凝液中进行聚合，所以，不能长时间进行连续运行。本申请的目的是提供一种防止存在于反应器气相部的部件中的（甲基）丙烯酸及（甲基）丙烯酸酯的聚合，可以长时间进行连续运行的、改良的（甲基）丙烯酸酯的制备方法（参见说明书第1页第16~18行）。

由此可知，现有技术存在的缺陷是由于反应器气相部中发生的聚合，导致不能长时间连续运行。根据本申请发明目的的描述，本申请的目的即为尽量减少反应器气相部中发生的聚合，由此能使反应长时间连续运行。为达到本申请的上述目的，本申请所采用的技术手段是：①在反应液供给管道的中部设置两个交替使用的滤网并将网眼设为60~100目；②将反应液的供给量设定为200L/Hr或200L/Hr以上；③反应液供给管道从反应器的底部向上部的空间露出，并喷雾到反应器气相部。

由此可见，本申请实际解决的技术问题是，通过采用上述技术手段，以减少反应液中积蓄的固体物，达到反应长时间连续运行的目的。综上所述，采用上述技术手段的目的都是为了减少反应液中积蓄的固体物，达到反应长时间连续运行的目的。

首先，本领域技术人员知道，在采用酯化反应制备（甲基）丙烯酸酯的过程中，不可避免地存在丙烯酸和/或丙烯酸酯的聚合而形成固体物，即使采用了加入聚合抑制剂的情形下也不可能完全避免固体物的形成，反应运行一段时间后，反应液中必然会积蓄一定量的固体物，如果不从反应液中除去这些积蓄的固体物，将会阻塞反应管道进而使得反应不能长时间连续进行，为了使反应能够更长时间连续运行，本领域技术人员会想到使用一些本领域中除去固体物的常规技术手段，例如过滤、用筛网拦截等，以便使进入反应区的反应液中的固体物含量尽可能地少，因此根据反应实际需要，本领域技术人员将会考虑采用常规除去固体物的技术手段以使反应运行的时间更长。至于采用两个筛网、将筛网的位置设为供给管道的中部和将筛网网眼设为60~100目，本领域技术人员将会根据具体反应实际需要，通过有限次常规试验就能确定，对筛网个数、位置和筛网网眼大小的选择并不需要付出创造性劳动，并且采用筛网过滤所带来的效果是本领域技术人员可以预期的，没有带来任何预料不到的技术效果。

其次，对比文件1实施例1中记载了“选择产物流速（实施例1中在反应器容积为30L时流速为40L/h）使全部反应器用抑制的产物润湿”；本申请说明书第3页第2段中记载了“反应液的供给量，只要把反应器气相部存在的部件用反应液经常加以润湿即可，而未特别限定”，在本申请反应器是直径为3000mm、长度为6000mm的圆筒体时，选择了“200L/Hr或200L/Hr以上”的供给量。在制备（甲基）丙烯酸酯的过程中，为了尽可能降低反应器气相部中发生的聚合，需要将反应器气相部存在的部件用反应液加以润湿，故本领域技术人员会根据反应容器的大小通过有限次常规试验来选择合适的反应液的供给量，这种选择并不需要付出创造性劳动，所述效果是本领域技术人员可以预期的，没有带来任何预料不到的技术效果。

最后，如本申请说明书第1页第2段背景技术部分所述，本领域技术人员知道，在反应器的顶板等反应器气相部的部件中，由于（甲基）丙烯酸及（甲基）丙烯酸甲酯的蒸汽发生冷凝，会在该冷凝液中发生聚合。对比文件1公开了在反应器上部的喷嘴能实现反应器内部与气相接触的全部固体表面润湿的效果。在对比文件1上述教导下，本领域技术人员在考虑将反应液从反应器外部引入反应器中使得气相部存在的部件用含聚合防止剂的混合物全部润湿时，为了尽量避免气相部分中由于管道部件所引起的冷凝聚合，对几种管道排布方式：从顶部引入、从侧部引入或者从底部引入进行选择是容易的，只要这几种方式减少气相部存在的管道部件，降低由于管道部件所引起的冷凝聚合，就能实现发明目的，因此本领域技术人员在对比文件1公开方式的基础上，可以容易地想到反应液供给管道由底部向上进入反应气相区也能实现发明目的；此外，本申请也没有提供证据证明反应液供给管道由底部向上部方式相对于其他方式取得了预料不到的技术效果。

综上所述，本领域技术人员在面对本申请实际解决的技术问题时，在对比文件1的启示下，结合本领域中的常用技术手段，获得权利要求1的技术方案是显而易见的，并且权利要求1的技术方案也未带来任何预料不到的技术效果，因此，权利要求1的技术方案不具有突出的实质性特点和显著的进步，不符合专利法第22条第3款关于创造性的规定。

（2）权利要求2。

从属权利要求2进一步限定了“喷嘴供给的反应液的供给量为200~800L/Hr”。同理，本领域技术人员根据对比文件1公开的内容，进行有限次常规试验就可以获得权利要求2的技术方案，故权利要求2也不符合专利法第22条第3款关于创造性的规定。

根据上述事实和理由，合议组作出如下审查决定。

三、决定

维持国家知识产权局于2006年6月9日针对第03800749.5号发明专利申请作出的驳回决定。

复审请求人对本决定不服的，可以根据专利法第41条第2款的规定，自收到本决定之日起三个月内向北京市第一中级人民法院起诉。

094

频谱催化剂

复审请求审查决定（第13918号）

决　　定　　号　第13918号
决　　定　　日　2008年6月27日
发明创造名称　频谱催化剂
国 际 分 类 号　C07C1/00
复 审 请 求 人　GR智力储备股份有限公司
申　　请　　号　98806353.0
优 先 权 日　1997年6月18日
申　　请　　日　1998年6月17日
公　　开　　日　2000年7月19日
合 议 组 组 长　吴红权
主　　审　　员　危　峰
参　　审　　员　娄　宁

法 律 依 据　专利法第33条
决 定 要 点
如果申请修改的内容在原申请文件中有记载，或能从原申请记载的内容中直接地、毫无疑义地确定，则这种修改未超出原始申请文件记载的范围。

一、案由

本复审请求案涉及发明名称为“频谱催化剂”的98806353.0号发明专利申请（下称本申请），最初的申请人为伯克希尔实验室公司，申请日为1998年6月17，优先权日为1997年6月18日，公开日为2000年7月19日。2007年2月2日申请人变更为GR智力储备股份有限公司。

2005年4月8日，国家知识产权局针对申请人于2005年1月11日提交的权利要求第1~29项和说明书第14页，2004年2月2日提交的说明书第1~13、15~18页，1999年12月17日提交的说明书摘要，以本申请不符合专利法第33条和专利法实施细则第20条第1款的规定为由驳回了本申请。

驳回决定认为：（1）权利要求1~18、20~21和28中增加的技术特征“至少一种、至少一个”既未明确地记载在原说明书和权利要求书中，也不能由原说明书和权利要求书所记载的内容直接导致，因此超出了原说明书和权利要求书记载的范围，不符合专利法第33条的规定。（2）申请人将原权利要求19中记载的“电磁能源是至少一个激光器”改为“电磁能源包括至少一个激光器”，改变后的内容不能由原说明书和权利要求书所记载的内容直接导出，因此也不符合专利法第33条的规定。

（3）权利要求22~27中的内容既未明确地记载在原说明书和权利要求书中，也不能由原说明书和权利要求书所记载的内容直接导出，因此也不符合专利法第33条的规定。（4）权利要求21的表述不清楚，进而导致权利要求21的保护范围不清楚，不符合实施细则第20条第1款的规定。

驳回决定针对的权利要求书如下：

“1. 一种在化学反应系统中用特征频谱催化剂取代至少一种物理催化剂的方法，其特征包括下列步骤：

a）确定所说的至少一种物理催化剂的电磁谱型；

b）用至少一种电磁能发射源复制至少一个所说的至少一种物理催化剂电磁谱型的频率；和

c）用至少一种所说的复制的电磁谱型的频率照射所说的化学反应系统以足够照射量催化所说化学反应。

2. 权利要求1的方法，其中所说至少一种物理催化剂包括选自由金属，金属氧化物和金属硫化物所组成的组中的至少一个成员。

3. 权利要求1的方法，其中所说电磁能包括至少一种频率，其范围大约从射频到紫外频率。

4. 权利要求1的方法，其中所说至少一种物理催化剂包括选自由银、铂、氧化铂、镍、钯、铑、铜、钌和铁所组成的组中的一个成员。

5. 权利要求1的方法，其中所说至少一种物理催化剂包括银。

6. 权利要求5的方法，其中所说电磁能包括至少一种频率，其范围大约从红外到紫外。

7. 权利要求6的方法，其中所说电磁能发射源包括选自由中空阴极银灯和至少一个激光器所组成的组中的至少一个成员。

8. 权利要求1的方法，其中所说至少一种物理催化剂包括至少一种酶。

9. 权利要求1的方法，其中所说电磁谱型由至少一种光谱方法决定。

10. 一种在化学反应系统中用至少一种频谱催化剂增强至少一种物理催化剂作用的方法，其特征包括下列步骤：

a）确定所说的至少一种物理催化剂的电磁谱型；

b）用至少一种电磁能发射源复制至少一种步骤a）中的电磁谱型的频率；和

c）将所说的化学反应系统暴露在至少一种所说的复制的电磁谱型的频率下因而使得所说的至少一种物理催化剂的作用增强。

11. 权利要求10的方法，其中所说至少一种物理催化剂包括选自由金属，金属氧化物和金属硫化物所组成的组中的至少一个成员。

12. 权利要求10的方法，其中所说电磁谱型由至少一种光谱方法决定。

13. 权利要求10的方法，其中所说照射化学反应系统的电磁谱型包括至少一种频率，其范围大约从射频到紫外频率。

14. 权利要求13的方法，其中所说至少一种频率包括在可见范围的至少一种频率。

15. 权利要求10的方法，其中所说至少一种物理催化剂包括至少一种酶。

16. 权利要求10的方法，其进一步包括在将所述化学反应系统暴露于所述复制电磁谱型的所述至少一种频率之前将所说至少一种物理催化剂引入化学反应系统。

17. 权利要求12的方法，其中所说至少一种光谱方法包括选自由X-射线、紫外、微波、红外、原子吸收、火焰发射、原子发射、电感耦合等离子体、DC氩等离子体、电弧发射、火花发射、高分辨激光和拉曼光谱所组成的组中的至少一种方法。

18. 权利要求10的方法，其中所说至少一种物理催化剂包括选自由银、铂、氧化铂、镍、钯、铑、铜、钌和铁所组成的组中的至少一个成员。

19. 权利要求13的方法，其中所说电磁能源包括至少一个激光器。

20. 权利要求10的方法，其进一步包括在将所述化学反应系统暴露于所述复制电磁谱型的所述至少一种频率之后将所说至少一种物理催化剂引入所说的化学反应系统。

21. 权利要求10的方法，其进一步包括在将所说至少一种物理催化剂引入所说的化学反应系统实质上同时将所述化学反应系统暴露于所述复制电磁谱型的所述至少一种频率。

22. 一种在反应系统中取代至少一部分至少一种催化剂的方法，其包括下列步骤：

a）确定至少一种频率，其选自由（a）所述至少一种催化剂的复制电磁谱型的至少一种频率，（b）所述至少一种催化剂的电磁谱型的谐频和（c）复制了所述至少一种催化剂的至少一种作用机理的至少一种频率组成的频率组；和

b）将所说的反应系统暴露在选自所述频率组的所说至少一种频率，所述暴露足够催化该反应系统中的反应，从而替代至少一部分所说的至少一种催化剂。

23. 权利要求22的方法，其中所说暴露包括选自所述频率组的至少两种频率。

24. 权利要求22的方法，其中所述至少一种催化剂包括至少一种酶。

25. 一种在化学反应系统中增强至少一种物理催化剂作用的方法，其包括下列步骤：

a）确定至少一种频率，其选自由（a）所述至少一种催化剂的复制电磁谱型的至少一种频率，（b）所述至少一种催化剂的电磁谱型的谐频和（c）复制了所述至少一种催化剂的至少一种作用机理的至少一种频率组成的频率组；和

b）将所说的化学反应系统暴露在选自所述频率组的所述至少一种频率，所说暴露足够增强所说至少一种物理催化剂。

26. 权利要求25的方法，其中所说暴露包括选自所述频率组的至少两种频率。

27. 权利要求25的方法，其中所述至少一种催化剂包括至少一种酶。

28. 一种使用频谱催化剂催化反应系统的方法，其包括下列步骤：

a）确定用于所述反应系统中的至少一种反应物的电磁谱型；

b）确定用于所述反应系统中的至少一种产物的电磁谱型；

c）由所述至少一种反应物和至少一种产物的谱型之间差值计算附加的电磁谱型，从而确定需要施加的频谱催化剂的电磁谱型；

d）产生需要施加的频谱催化剂的电磁谱型的至少一种频率；和

e）用所需的频谱催化剂的电磁谱型的所述至少一种频率照射所说的反应系统。

29. 一种在化学反应系统中取代物理催化剂的方法，其包括下列步骤：

a）复制至少一个所说物理催化剂电磁谱型的频率；和

b）以足够照射量将所述化学反应暴露于至少一种所说的复制的电磁谱型的频率下催化所说化学反应。”

2005年7月25日，申请人伯克希尔实验室公司（后变更为GR智力储备股份有限公司）（下称请求人）对上述驳回决定不服，向专利复审委员会提出复审请求，请求人在提出复审请求时提交了新的权利要求书，其中将权利要求1~15、17~19和22~27分别替换为原始权利要求1~15和17~19以及根据PCT 19条的修改文件中的权利要求22~27，同时将权利要求16、20、21和28中的措辞“至少一种”删除；并且指出权利要求23、24、26和27得到说明书第11页第11~22行的具体支持；此外，还澄清性地修改了权利要求21的语序，以明确所述方法包括两个实质上同时进行的步骤。修改后的权利要求书为：

“1. 一种在化学反应系统中用特征频谱催化剂取代物理催化剂的方法，其特征包括下列步骤：

a）确定所说的物理催化剂的电磁谱型；

b）用至少一种电磁能发射源复制至少一个所说的物理催化剂电磁谱型的频率；和

c）用至少一种所说的复制的电磁谱型的频率照射所说的化学反应系统以足够照射量催化所说化学反应。

2. 权利要求1的方法，其特征在于所说物理催化剂选自由金属，金属氧化物和金属硫化物所组成的组中的一个成员。

3. 权利要求1的方法，其特征在于所说电磁能具有频率范围大约从射频到紫外频率。

4. 权利要求1的方法，其特征在于所说物理催化剂是选自由银、铂、氧化铂、镍、钯、铑、铜、钌和铁所组成的组中的一个成员。

5. 权利要求1的方法，其特征在于所说物理催化剂是银。

6. 权利要求5的方法，其特征在于所说电磁能具有的频率范围大约从红外到紫外。

7. 权利要求6的方法，其特征在于所说电磁能发射源包括选自由中空阴极银灯和至少一个激光器所组成的组中的一个成员。

8. 权利要求1的方法，其特征在于所说物理催化剂是一种酶。

9. 权利要求1的方法，其特征在于所说电频谱型由光谱方法决定。

10. 一种在化学反应系统中用频谱催化剂增强物理催化剂作用的方法，其特征包括下列步骤：

a）确定所说的物理催化剂的电磁谱型；

b）用至少一种电磁能发射源复制至少一种步骤a）中的电磁谱型的频率；和

c）将所说的化学反应系统暴露在至少一种所说的复制的电磁谱型的频率下因而使得所说的物理催化剂的作用增强。

11. 权利要求10的方法，其特征在于所说物理催化剂是选自由金属，金属氧化物和金属硫化物所组成的组中的一个成员。

12. 权利要求10的方法，其特征在于所说电磁谱型由光谱方法决定。

13. 权利要求10的方法，其特征在于所说照射化学反应系统的电磁谱型具有的频率范围大约从射频到紫外频率。

14. 权利要求13的方法，其特征在于所说电磁频率包括在可见范围的频率。

15. 权利要求10的方法，其特征在于所说物理催化剂是一种酶。

16. 权利要求10的方法，其特征在于包括在将所述化学反应系统暴露于所述复制电磁谱型的所述频率之前将所说物理催化剂引入化学反应系统。

17. 权利要求12的方法，其特征在于所说光谱方法选自由X-射线、紫外、微波、红外、原子吸收、火焰发射、原子发射、电感耦合等离子体、DC氩等离子体、电弧发射、火花发射、高分辨激光和拉曼光谱所组成的组中的方法。

18. 权利要求10的方法，其特征在于所说物理催化剂是选自由银、铂、氧化铂、镍、钯、铑、铜、钌和铁所组成的组中的一个成员。

19. 权利要求13的方法，其特征在于所说电磁能源是至少一个激光器。

20. 权利要求10的方法，其进一步包括在将所述化学反应系统暴露于所述复制电磁谱型的所述至少一种频率之后将所说物理催化剂引入所说的化学反应系统。

21. 权利要求10的方法，其进一步包括在将所述化学反应系统暴露于所述复制电磁谱型的所述至少一种频率的步骤与将所说物理催化剂引入所说的化学反应系统的步骤实质上同时进行。

22. 一种在化学反应系统中取代物理催化剂的方法，其特征包括下列步骤：

a）复制至少一种所说的物理催化剂的电磁谱型的频率；和

b）将所说的化学反应系统暴露在所说的复制的电磁谱型的频率下以足够照射量催化该化学反应，从而用复制的所说的电磁谱型替代所说的物理催化剂。

23. 权利要求22的方法，其特征在于所说的至少一种频率是所说代替物理催化剂的所说电磁谱型的一种谐频。

24. 权利要求22的方法，其特征在于所说的至少一种频率复制了所说被代替的物理催化剂的作用机理。

25. 一种在化学反应系统中增强物理催化剂作用的方法，其特征包括下列步骤：

a）复制至少一种所说的物理催化剂的电磁谱型的频率；

b）将所说的化学反应系统暴露在所说的至少一种复制的电磁谱型的频率下以足够照射量增强所说物理催化剂。

26. 权利要求25的方法，其特征在于所说的至少一种频率是所说增强物理催化剂的所说电磁谱型的一种谐频。

27. 权利要求25的方法，其特征在于所说的至少一种频率复制了所说被增强的物理催化剂的作用机理。

28. 一种使用频谱催化剂催化反应系统的方法，其包括下列步骤：

a）确定用于所述反应系统中的反应物的电磁谱型；

b）确定用于所述反应系统中的产物的电磁谱型；

c）由所述反应物和产物的谱型之间差值计算附加的电磁谱型，从而确定需要施加的频谱催化剂的电磁谱型；

d）产生需要施加的频谱催化剂的电磁谱型的至少一种频率；和

e）用所需的频谱催化剂的电磁谱型的所述至少一种频率照射所说的反应系统。

29. 一种在化学反应系统中取代物理催化剂的方法，其包括下列步骤：

a）复制至少一个所说物理催化剂的电磁谱型的频率；和

b）以足够照射量将所述化学反应暴露于至少一种所说的复制的电磁谱型的频率下催化所说化学反应。”

经形式审查合格后，专利复审委员会受理了该请求，并于2005年8月30日向请求人发出了《复审请求受理通知书》，同时将本申请转送至国家知识产权局原审查部门进行前置审查。

在《前置审查意见书》中，国家知识产权局原审查部门认为：权利要求7、14、23、24、26、27不符合专利法第33条的规定。请求人将原申请文件所记载的“发射源选自……”（见原权利要求7），改为“发射源包括选自……”；将原申请文件所记载的“电磁频率在可见范围”（见原权利要求14），改为“电磁频率包括在可见范围的频率”，改变后的内容以及增加的权利要求23、24、26、27不能由原说明书和权利要求书所记载的内容直接导出，超出了原说明书和权利要求书记载的范围，因此坚持驳回决定。

2007年7月11日，请求人提交了意见陈述书，具体陈述了权利要求23~24和26~27在说明书第11页第11~18行中得到支持，同时提交了权利要求书与说明书的全文替换页。修改后的权利要求书如下：

“1. 一种在化学反应系统中用特征频谱催化剂取代物理催化剂的方法，其特征包括下列步骤：

a）确定所说的物理催化剂的电磁谱型；

b）用至少一种电磁能发射源复制至少一个所说的物理催化剂电磁谱型的频率；和

c）用至少一种所说的复制的电磁谱型的频率照射所说的化学反应系统以足够照射量催化所说化学反应。

2. 权利要求 1 的方法，其特征在于所说物理催化剂选自由金属，金属氧化物和金属硫化物所组成的组中的一个成员。

3. 权利要求 1 的方法，其特征在于所说电磁能具有频率范围大约从无线频率到紫外频率。

4. 权利要求 1 的方法，其特征在于所说物理催化剂是选自由银、铂、氧化铂、镍、钯、铑、铜、钌和铁所组成的组中的一个成员。

5. 权利要求 1 的方法，其特征在于所说物理催化剂是银。

6. 权利要求 5 的方法，其特征在于所说电磁能具有的频率范围大约从红外到紫外。

7. 权利要求 6 的方法，其特征在于所说电磁能发射源是选自由中空阴极银灯和至少一个激光器所组成的组中的一个成员。

8. 权利要求 1 的方法，其特征在于所说物理催化剂是一种酶。

9. 权利要求 1 的方法，其特征在于所说电磁谱型由光谱方法决定。

10. 一种在化学反应系统中用频谱催化剂增强物理催化剂作用的方法，其特征包括下列步骤：

a）确定所说的物理催化剂的电磁谱型；

b）用至少一种电磁能发射源复制至少一种步骤 a）中的电磁谱型的频率；和

c）将所说的化学反应系统暴露在至少一种所说的复制的电磁谱型的频率下因而使得所说的物理催化剂的作用增强。

11. 权利要求 10 的方法，其特征在于所说物理催化剂是选自由金属，金属氧化物和金属硫化物所组成的组中的一个成员。

12. 权利要求 10 的方法，其特征在于所说电磁谱型由光谱方法决定。

13. 权利要求 10 的方法，其特征在于所说照射化学反应系统的电磁谱型具有的频率范围大约从无线频率到紫外频率。

14. 权利要求 13 的方法，其特征在于所说电磁频率是在可见范围的频率。

15. 权利要求 10 的方法，其特征在于所说物理催化剂是一种酶。

16. 权利要求 10 的方法，其特征在于包括在将所述化学反应系统暴露于所述复制电磁谱型的所述频率之前将所说物理催化剂引入化学反应系统。

17. 权利要求 12 的方法，其特征在于所说光谱方法选自由 X-射线、紫外、微波、红外、原子吸收、火焰发射、原子发射、电感耦合等离子体、DC 氩等离子体、电弧发射、火花发射、高分辨激光和拉曼光谱所组成的组中的方法。

18. 权利要求 10 的方法，其特征在于所说物理催化剂是选自由银、铂、氧化铂、镍、钯、铑、铜、钌和铁所组成的组中的一个成员。

19. 权利要求 13 的方法，其特征在于所说电磁能源是至少一个激光器。

20. 权利要求 10 的方法，其进一步包括在将所述化学反应系统暴露于所述复制电磁谱型的所述至少一种频率之后将所说物理催化剂引入所说的化学反应系统。

21. 权利要求 10 的方法，其进一步包括在将所述化学反应系统暴露于所述复制电磁谱型的所述至少一种频率的步骤与将所说物理催化剂引入所说的化学反应系统的步骤实质上同时进行。

22. 一种在化学反应系统中取代物理催化剂的方法，其特征在于包括下列步骤：

a）复制至少一种所说的物理催化剂的电磁谱型的频率；和

b）将所说的化学反应系统暴露在所说的复制的电磁谱型的频率下以足够照射量催化该化学反应，从而用复制的所说的电磁谱型替代所说的物理催化剂；

所说的至少一种频率是所说代替物理催化剂的所说电磁谱型的一种谐振频率。

23. 一种在化学反应系统中取代物理催化剂的方法，其特征在于包括下列步骤：

a）复制至少一种所说的物理催化剂的电磁谱型的频率；和

b）将所说的化学反应系统暴露在所说的复制的电磁谱型的频率下以足够照射量催化该化学反应，从而用复制的所说的电磁谱型替代所说的物理催化剂；

所说的至少一种频率复制了所说被代替的物理催化剂的作用机理。

24. 一种在化学反应系统中增强物理催化剂作用的方法，其特征包括下列步骤：

a）复制至少一种所说的物理催化剂的电磁谱型的频率；

b）将所说的化学反应系统暴露在所说的至少一种复制的电磁谱型的频率下以足够照射量增强所说物理催化剂。

25. 权利要求24的方法，其特征在于所说的至少一种频率是所说增强物理催化剂的所说电磁谱型的一种谐振频率。

26. 权利要求26的方法，其特征在于所说的至少一种频率复制了所说被增强的物理催化剂的作用机理。

27. 一种使用频谱催化剂催化反应系统的方法，其包括下列步骤：

a）确定用于所述反应系统中的反应物的电磁谱型；

b）确定用于所述反应系统中的产物的电磁谱型；

c）由所述反应物和产物的谱型之间差值计算附加的电磁谱型，从而确定需要施加的频谱催化剂的电磁谱型；

d）产生需要施加的频谱催化剂的电磁谱型的至少一种频率；和

e）用所需的频谱催化剂的电磁谱型的所述至少一种频率照射所说的反应系统。

28. 一种在化学反应系统中取代物理催化剂的方法，其包括下列步骤：

a）复制至少一个所说物理催化剂电磁谱型的频率；和

b）以足够量将所述化学反应暴露于至少一种所说的复制的电磁谱型的频率下催化所说化学反应。”

2008年1月4日，请求人再次提交了意见陈述书，并提交了权利要求书第4页的替换页，其中对权利要求26的引用关系进行了修改，经修改后的权利要求26如下：

“26. 权利要求24的方法，其特征在于所说的至少一种频率复制了所说被增强的物理催化剂的作用机理。”

专利复审委员会组成合议组，对本复审请求案进行了审理。

经合议，合议组认为本案事实清楚，可以作出审查决定。

二、决定的理由

1. 关于文本

本复审请求审查决定针对的文本是：请求人于2008年1月4日提交的权利要求第23~28项，2007年7月11日提交的权利要求第1~22项、说明书第1~18页和1999年12月17日提交的说明书摘要。

2. 关于专利法第33条

专利法第33条规定：申请人可以对其专利申请文件进行修改，但是，对发明和实用新型专利申请文件的修改不得超出原说明书和权利要求书记载的范围。

如果申请修改的内容在原申请文件中有记载，或能从原申请记载的内容中直接地、毫无疑义地确定，则这种修改未超出原始申请文件记载的范围。

（1）关于权利要求书的修改。

请求人于2008年1月4日提交的权利要求第23~28项和2007年7月11日提交的权利要求第1~22项中：

首先，权利要求1~2、4~13和15~21分别在原申请文件的权利要求1~2、4~13和15~21中有记载；权利要求24在原申请文件的权利要求23中有记载；权利要求27在原说明书第6页第2段有相应的记载；权利要求28在原说明书第第5页第4段中有相应的记载，其中“足够量”可由“足够的照射量和照射时间”毫无疑义地确定。请求人将权利要求3和14中的“射频”修改为“无线频率”，而其原申请文件中为“radiowave”，此修改属于对译文进行的更正，合议组经核实其并未超出原申请文件记载的范围；请求人将权利要求9中的“电频谱型”修改为“电磁谱型”，是为了与其引用的权利要求1相对应，也未超出原申请文件记载的范围。

其次，权利要求22对应于原申请文件的权利要求22。在原说明书第11页第11~18行中有这样的描述，“用1000兆兆赫兹所达到的效果，用与此非常接近的频率如1001兆兆赫兹或999兆兆赫兹也能达到。因此，存在着一个催化反应的准确频率的上下范围。除此之外，在准确频率上下的频谱催化剂频率的谐振，会导致与准确频率发生共振并催化反应。”也就是说，由于频谱催化剂频率的谐振而产生的谐振频率同样能够达到用1000兆兆赫兹所达到的效果，以及与之非常接近的频率如1001兆兆赫兹或999兆兆赫兹所达到的效果。因此，在权利要求22中，“所说的至少一种频率是所说代替物理催化剂的所说电磁谱型的一种谐振频率”这一特征能够从原说明书中的上述相应描述中确定。

同理，权利要求25中进一步限定的特征“所述的至少一种频率是所说增强物理催化剂的所述电磁谱型的一种谐振频率”也能够从原说明书中的上述相应描述中确定。

再次，权利要求23也对应于原申请文件的权利要求22。本申请原说明书第11页第18~22行记载了，“通过复制一种或多种准确频率的作用机理能够催化反应，而不是使用准确频率本身。例如，铂在催化氢和氧生成水的反应时，部分是通过在约1060兆兆赫兹频率处激发羟基自由基来进行。该反应也可以用微波频率激发羟基自由基来催化，这样复制的是铂的作用机理。”由上述描述可知，在通过铂催化氢和氧生成水的反应中，可以通过在约1060兆兆赫兹频率处激发羟基自由基来进行，也可以通过微波频率激发羟基自由基来催化。由于微波的频率为1×1012~6×108赫兹，此频率与1060兆兆赫兹有很大的差别，但同样能够完成该反应，因为它们都是通过激发羟基自由基来催化的。此时，本领域技术人员可知频率复制的是铂的作用机理，即“复制一种或多种准确频率的作用机理能够催化反应，而不是使用准确频率本身。”因此，权利要求23中“所说的至少一种频率复制了所说被代替的物理催化剂的作用机理”这一特征也能够从原说明书中的上述描述中确定。

同理，权利要求26中进一步限定的特征“所述的至少一种频率复制了所说被增强物理催化剂的作用机理”也能够从原说明书中的上述相应描述中确定。

综上，请求人最后提交的权利要求1~28或是在原申请文件中已有明确的记载，或是能够由原申请文件记载的内容直接地、毫无疑义地得以确定。因此，本申请对权利要求书所作的修改符合专利法第33条的规定。

（2）关于说明书的修改。

请求人于2007年7月11日提交的说明书第1~18页中，将说明书第9页第5段、第13页第3段和第16页第2段中的“射频”（原始公开文件中为“radiowave”）修改为“无线频率”，将说明书第

14 页表 1 中的“辐射电波”（原始公开文件中为“radiowave”）修改为“无线电波”。上述修改属于对译文进行的更正，合议组经核实均未超出原申请文件记载的范围。

此外，请求人依据原始公开文件对说明书第 15 页第 3 段的表述方式和相应术语进行了修改，合议组经核实未超出原申请文件记载的范围。

综上，请求人最后提交的经修改后的说明书中所作的修改并未超出原申请文件记载的范围，符合专利法第 33 条的规定。

3. 关于专利法实施细则第 20 条第 1 款

专利法实施细则第 20 条第 1 款规定：权利要求书应当说明发明或者实用新型的技术特征，清楚、简要地表述请求保护的范围。

就本申请而言，国家知识产权局于 2005 年 4 月 8 日作出的《驳回决定》中认为，权利要求 21 的表述不清楚，进而导致该权利要求的保护范围不清楚。请求人于 2007 年 7 月 11 日提交的权利要求书中，澄清性地修改了权利要求 21 的语序，修改为“其进一步包括在将所述化学反应系统暴露于所述复制电磁谱型的所述至少一种频率的步骤与将所说物理催化剂引入所说的化学反应系统的步骤实质上同时进行”，从而明确所述方法包括两个实质上同时进行的步骤。经修改后的权利要求 21 的表述已不存在不清楚的缺陷，符合专利法实施细则第 20 条第 1 款的规定。

根据上述事实和理由，合议组作出如下审查决定。

三、决定

撤销国家知识产权局于 2005 年 4 月 8 日针对第 98806353.0 号发明专利申请作出的驳回决定，由国家知识产权局原审查部门以本复审请求审查决定所针对的文本为基础继续审批程序。

复审请求人对本决定不服的，可以根据专利法第 41 条第 2 款的规定，自收到本决定之日起三个月内向北京市第一中级人民法院起诉。

095

一种高级α-烯烃聚合单体精制处理方法和装置

复审请求审查决定（第13923号）

决　定　号　第13923号
决　定　日　2008年6月23日
发明创造名称　一种高级α-烯烃聚合单体精制处理方法和装置
国际分类号　C07C7/11，C07C11/02
复审请求人　中国石油天然气股份有限公司
申　请　号　03134882.3
申　请　日　2003年9月27日
公　开　日　2005年3月30日
合议组组长　任晓兰
主　审　员　郑　君
参　审　员　张家祥

法律依据　专利法第33条，专利法实施细则第20条第1款
决定要点

如果专利申请文件修改后的内容在原始申请文件中有记载，或者所属技术领域的技术人员能够从原始申请文件记载的信息中直接地、毫无疑义地确定，那么这种修改是允许的。

一、案由

本复审请求案涉及发明名称为“一种高级α-烯烃聚合单体精制处理方法和装置”的第03134882.3号发明专利申请（下称本申请），申请人为中国石油天然气股份有限公司，申请日为2003年9月27日，公开日为2005年3月30日。

2007年2月9日，针对申请人于2006年4月14日提交的权利要求第1~7项、说明书第1~7页以及2003年9月27日提交的说明书附图第1页、摘要和摘要附图（下称驳回文本），国家知识产权局以本申请不符合专利法第33条和专利法实施细则第20条第1款的规定为由驳回了本申请。

驳回决定针对的权利要求书为：

“1. 一种高级α-烯烃聚合单体精制处理方法，其特征是在隔绝空气的环境中将高级α-烯烃聚合单体液从原料储罐中由下而上送入一组分子筛吸附柱后储存于精制原料储罐，其中所述高级α-烯烃是指分子中含有5个以上碳原子和1个在分子链端的碳-碳双键的脂肪族烃。

2. 根据权利要求1所述的一种高级α-烯烃聚合单体精制处理方法，其特征是在用氮气将原料储罐、分子筛吸附柱组、精制原料储罐及连接它们的管路中的空气吹净后，用常温氮气将注入原料储罐

的高级α-烯烃聚合单体液以0.05~0.1m/s的流速从一组分子筛吸附柱的下端往上流经该组分子筛吸附柱并经检验合格后送入精制原料储罐。

3. 根据权利要求1或2所述的一种高级α-烯烃聚合单体精制处理方法，其特征是所述分子筛吸附柱视处理量的大小采用单柱或单柱串联或双柱（并联）或双柱（并联）串联或三柱（并联）串联。

4. 根据权利要求1或2所述的一种高级α-烯烃聚合单体精制处理方法，其特征是分子筛吸附柱有分子筛再生处理流程，当由在线微量水分测试仪测得水分超标时，停止送液，将常温氮气以2个大气压的压力直接压入每个分子筛吸附柱排出液体，后将350~400℃、压力为2个大气压的氮气再送入分子筛吸附柱，直至分子筛吸附柱出口氮气温度达到120℃后保持2~3小时，停止送氮气，自然冷却即可重新使用。

5. 一种权利要求1所述的高级α-烯烃聚合单体精制处理装置，其特征是该装置由原料桶［53］、上料泵［52］、原料储罐［50］、分子筛吸附柱组、微量水分测试仪［35］、流速表［48］、精制原料储罐［40］及连接它们的管路、多个阀门组成，上料泵［52］由管路与原料桶［53］连接，并经管路和原料进液阀［1］与原料储罐［50］上部相连，在原料储罐［50］上部还有氮气进气阀［2］和放空阀［3］，其下部有出液阀［49］经管路接流速表［48］、进液阀［47］与分子筛吸附柱组下端相连，分子筛吸附柱组的上端经原料出液阀［25］或出液阀［31］接微量水分测试仪［35］并经管路、进口阀［39］从精制原料储罐［40］上部与之相连。

6. 根据权利要求5所述的一种高级α-烯烃聚合单体精制处理装置，其特征是装在原料储罐［50］和精制原料储罐［40］之间的分子筛吸附柱组采用单柱或双柱或四柱或六柱，单柱是从原料储罐［50］下部接出的出液阀［49］和流速表［48］之后接进液阀［47］、分子筛吸附柱［17］、出液阀［16］、［25］，再接到微量水分测试仪［35］输入端，且分子筛吸附柱［17］下端有放液阀［46］；双柱是在流速表［48］之后接进液阀［47］，一路接进液阀［19］、分子筛吸附柱［17］、出液阀［16］、流程控制阀［15］、［24］至出液阀［25］接到微量水分测试仪［35］，另一路经流程控制阀［45］、［43］、进液阀［20］、分子筛吸附柱［21］、出液阀［23］至出液阀［25］亦接微量水分测试仪［35］，并在下部的流程控制阀［45］和［43］之间有管路往上接流程控制阀［18］、［22］后接在流程控制阀［15］、［24］之间；另一种双柱是在流速表［48］之后接进液阀［47］、进液阀［19］、分子筛吸附柱［17］、出液阀［16］、进液阀［14］、分子筛吸附柱［13］、出液阀［11］、流程控制阀［10］、［30］、出液阀［31］接到微量水分测试仪［35］；四柱是在双柱基础上于分子筛吸附柱［17］和［21］的出液阀［16］和［23］之上分别再接进液阀［14］、分子筛吸附柱［13］、出液阀［11］和进液阀［26］、分子筛吸附柱［28］、出液阀［29］，在两出液阀［11］和［29］上端由流程控制阀［10］、［30］串联后相连，在阀［30］和［29］之结点处再接原料出液阀［31］与微量水分测试仪［35］输入端相接，并在流程控制阀［15］、［24］之间再接流程控制阀［27］、［12］与上部的流程控制阀［10］、［30］之间相连接；六柱是在上述四柱基础上再接2只上下相串的分子筛吸附柱与四柱相并，其间亦有相同的进、出液阀和流程控制阀。

7. 根据权利要求5或6所述的一种高级α-烯烃聚合单体精制处理装置，其特征是氮气瓶［5］出口接压力表［7］及氮气出气阀［6］后分两路，一路经加热器进气阀［8］与氮气加热器［34］相连，该加热器［34］出口经氮气出气阀［33］与单分子筛吸附柱［17］的出液阀［16］出口端相连，或与双分子筛吸附柱［17］、［21］的出液阀［16］、［23］出口端相连，或与四分子筛吸附柱［17］、［21］、［13］、［28］的出液阀［11］、［29］出口端相连，或与六分子筛吸附柱的上端三个出液阀之出口端相连，同时在一组分子筛吸附柱的最下面的分子筛吸附柱的进液阀之下各接有一个放液阀；另一路经氮气进气阀［2］与原料储罐［50］上部相连。”

驳回决定认为：①权利要求3的技术特征“所述分子筛吸附柱视处理量的大小采用单柱或单柱串联或双柱（并联）或双柱（并联）串联或三柱（并联）串联”中出现的括号“（并联）”导致权利要求3的保护范围不清楚，不符合专利法实施细则第20条第1款的规定；②相对于原始申请文件，权利要求6增加了技术特征“另一种双柱是在流速表［48］之后接进液阀［47］、进液阀［19］、分子筛吸附柱［17］、出液阀［16］、进液阀［14］、分子筛吸附柱［13］、出液阀［11］、流程控制阀［10］、［30］、出液阀［31］接到微量水分测试仪［35］”，说明书第3页倒数第3行至第4页第1行也增加了相同内容，上述权利要求6和说明书第3页倒数第3行至第4页第1行增加的技术特征既未明确地记载在原说明书和权利要求书中，也不能由原说明书和权利要求书所记载的内容直接导出，因此超出了原说明书和权利要求书记载的范围，不符合专利法第33条的规定。

2007年5月21日，申请人中国石油天然气股份有限公司（下称请求人）对上述驳回决定不服，向专利复审委员会提出复审请求，请求人在提出复审请求时提交了经修改的权利要求第1~7项和说明书第1~6页。其中，将权利要求3中的“所述分子筛吸附柱视处理量的大小采用单柱或单柱串联或双柱（并联）或双柱（并联）串联或三柱（并联）串联”改为“所述分子筛吸附柱视处理量的大小采用单柱或并联的双柱或并联的双柱串联或并联的三柱串联”；将权利要求6和说明书第3页倒数第3行至第4页第1行相对于原始申请文件增加的内容删除。

修改后的权利要求书为：

“（1）一种高级α-烯烃聚合单体精制处理方法，其特征是在隔绝空气的环境中将高级α-烯烃聚合单体液从原料储罐中由下而上送入一组分子筛吸附柱后储存于精制原料储罐，其中所述高级α-烯烃是指分子中含有5个以上碳原子和1个在分子链端的碳-碳双键的脂肪族烃。

（2）根据权利要求1所述的一种高级α-烯烃聚合单体精制处理方法，其特征是在用氮气将原料储罐、分子筛吸附柱组、精制原料储罐及连接它们的管路中的空气吹净后，用常温氮气将注入原料储罐的高级α-烯烃聚合单体液以0.05~0.1m/s的流速从一组分子筛吸附柱的下端往上流经该组分子筛吸附柱并经检验合格后送入精制原料储罐。

（3）根据权利要求1或2所述的一种高级α-烯烃聚合单体精制处理方法，其特征是所述分子筛吸附柱视处理量的大小采用单柱或并联的双柱或并联的双柱串联或并联的三柱串联。

（4）根据权利要求1或2所述的一种高级α-烯烃聚合单体精制处理方法，其特征是分子筛吸附柱有分子筛再生处理流程，当由在线微量水分测试仪测得水分超标时，停止送液，将常温氮气以2个大气压的压力直接压入每个分子筛吸附柱排出液体，后将350~400℃、压力为2个大气压的氮气再送入分子筛吸附柱，直至分子筛吸附柱出口氮气温度达到120℃后保持2~3小时，停止送氮气，自然冷却即可重新使用。

（5）一种权利要求1所述的高级α-烯烃聚合单体精制处理装置，其特征是该装置由原料桶［53］、上料泵［52］、原料储罐［50］、分子筛吸附柱组、微量水分测试仪［35］、流速表［48］、精制原料储罐［40］及连接它们的管路、多个阀门组成，上料泵［52］由管路与原料桶［53］连接，并经管路和原料进液阀［1］与原料储罐［50］上部相连，在原料储罐［50］上部还有氮气进气阀［2］和放空阀［3］，其下部有出液阀［49］经管路接流速表［48］、进液阀［47］与分子筛吸附柱组下端相连，分子筛吸附柱组的上端经原料出液阀［25］或出液阀［31］接微量水分测试仪［35］并经管路、进口阀［39］从精制原料储罐［40］上部与之相连。

（6）根据权利要求5所述的一种高级α-烯烃聚合单体精制处理装置，其特征是装在原料储罐［50］和精制原料储罐［40］之间的分子筛吸附柱组采用单柱或双柱或四柱或六柱，单柱是从原料储罐［50］下部接出的出液阀［49］和流速表［48］之后接进液阀［47］、分子筛吸附柱［17］、出液阀［16］、［25］，再接到微量水分测试仪［35］输入端，且分子筛吸附柱［17］下端有放液阀［46］；双柱是在流速表［48］之后接进液阀［47］，一路接进液阀［19］、分子筛吸附柱［17］、出液阀［16］、流程控制阀［15］、［24］至出液阀［25］接到微量水分测试仪［35］，另一路经流程控制阀［45］、［43］、进液阀［20］、分子筛吸附柱［21］、出液阀［23］至出液阀［25］亦接微量水分测试仪［35］，并在下部的流程控制阀［45］和［43］之间有管路往上接流程控制阀［18］、［22］后接在流程控制阀［15］、［24］之间；四柱是在双柱基础上于分子筛吸附柱［17］和［21］的出液阀［16］和［23］之上分别再接进液阀［14］、分子筛吸附柱［13］、出液阀［11］和进液阀［26］、分子筛吸附柱［28］、出液阀［29］，在两出液阀［11］和［29］上端由流程控制阀［10］、［30］串联后相连，在阀［30］和［29］之结点处再接原料出液阀［31］与微量水分测试仪［35］输入端相接，并在流程控制阀［15］、［24］之间再接流程控制阀［27］、［12］与上部的流程控制阀［10］、［30］之间相连接；六柱是在上述四柱基础上再接2只上下相串的分子筛吸附柱与四柱相并，其间亦有相同的进、出液阀和流程控制阀。

（7）根据权利要求5或6所述的一种高级α-烯烃聚合单体精制处理装置，其特征是氮气瓶［5］出口接压力表［7］及氮气出气阀［6］后分两路，一路经加热器进气阀［8］与氮气加热器［34］相连，该加热器［34］出口经氮气出气阀［33］与单分子筛吸附柱［17］的出液阀［16］出口端相连，或与双分子筛吸附柱［17］、［21］的出液阀［16］、［23］出口端相连，或与四分子筛吸附柱［17］、［21］、［13］、［28］的出液阀［11］、［29］出口端相连，或与六分子筛吸附柱的上端三个出液阀之出口端相连，同时在一组分子筛吸附柱的最下面的分子筛吸附柱的进液阀之下各接有一个放液阀；另一路经氮气进气阀［2］与原料储罐［50］上部相连。”

请求人认为：修改后的权利要求书和说明书符合专利法第33条和专利法实施细则第20条第1款的规定，克服了驳回决定所指出的缺陷。

经形式审查合格后，专利复审委员会受理了该请求，并于2007年7月3日向请求人发出了《复审请求受理通知书》，同时将本申请转送至国家知识产权局原审查部门进行前置审查。

在《前置审查意见书》中，国家知识产权局原审查部门认为请求人将原始申请文件权利要求3所记载的“双柱（并联）或双柱（并联）串联或三柱（并联）串联”改为“并联的双柱或并联的双柱串联或并联的三柱串联”，改变后的内容不能由原说明书和权利要求书所记载的内容直接导出，因此超出了原说明书和权利要求书记载的范围，不符合专利法第33条的规定，故坚持驳回决定。

专利复审委员会组成合议组，对本复审请求案进行审理。

请求人于2008年5月15日提交了意见陈述书和权利要求书的替换页，其中将权利要求3中的“并联的双柱或并联的双柱串联或并联的三柱串联”改为“并联的双柱或两根柱串联形成一组柱后两组柱再并联或两根柱串联形成一组柱后三组柱再并联”。

至此，合议组认为本案事实已经清楚，可以作出审查决定。

二、决定的理由

1. 关于审查文本

本复审请求审查决定针对的文本是：请求人于2008年5月15日提交的权利要求第1~7项，2007年5月21日提交的说明书第1~6页和2003年9月27日提交的附图第1页、说明书摘要及摘要附图（下称复审文本）。

2. 关于专利法实施细则第20条第1款

专利法实施细则第20条第1款规定：权利要求书应当说明发明或者实用新型的技术特征，清楚、简要地表述请求保护的范围。

驳回决定指出：驳回文本权利要求 3 的技术特征“所述分子筛吸附柱视处理量的大小采用单柱或单柱串联或双柱（并联）或双柱（并联）串联或三柱（并联）串联”中出现的括号“（并联）”导致权利要求 3 的保护范围不清楚，不符合专利法实施细则第 20 条第 1 款的规定。

在复审文本中，权利要求 3 的上述技术特征已改为“并联的双柱或两根柱串联形成一组柱后两组柱再并联或两根柱串联形成一组柱后三组柱再并联”，驳回决定所述的、导致该权利要求不清楚的括号已经被删除，因而克服了驳回决定指出的权利要求 3 不符合专利法实施细则第 20 条第 1 款规定的缺陷。

3. 关于专利法第 33 条

专利法第 33 条规定：申请人可以对其专利申请文件进行修改，但是，对发明和实用新型专利申请文件的修改不得超出原说明书和权利要求书记载的范围。

如果专利申请文件修改后的内容在原始申请文件中有记载，或者所属技术领域的技术人员能够从原始申请文件记载的信息中直接地、毫无疑义地确定，那么这种修改是允许的。

驳回决定指出：相对于原始申请文件，驳回文本的权利要求 6 增加了技术特征“另一种双柱是在流速表［48］之后接进液阀［47］、进液阀［19］、分子筛吸附柱［17］、出液阀［16］、进液阀［14］、分子筛吸附柱［13］、出液阀［11］、流程控制阀［10］、［30］、出液阀［31］接到微量水分测试仪［35］”，说明书第 3 页倒数第 3 行至第 4 页第 1 行也增加了相同内容。上述权利要求 6 和说明书第 3 页倒数第 3 行至第 4 页第 1 行增加的技术特征超出了原说明书和权利要求书记载的范围，不符合专利法第 33 条的规定。

在复审文本中，请求人已经删除了权利要求 6 增加的上述技术特征和说明书中增加的相应内容，从而克服了驳回决定所指出的上述缺陷。

另外，针对请求人在提出复审请求时提交的修改文本，《前置审查意见书》认为：请求人将原始申请文件的权利要求 3 所记载的“双柱（并联）或双柱（并联）串联或三柱（并联）串联”修改为“并联的双柱或并联的双柱串联或并联的三柱串联”，改变后的内容超出了原说明书和权利要求书记载的范围，不符合专利法第 33 条的规定。在复审文本中，请求人主动将权利要求 3 的技术特征“并联的双柱或并联的双柱串联或并联的三柱串联”改为“并联的双柱或两根柱串联形成一组柱后两组柱再并联或两根柱串联形成一组柱后三组柱再并联”。修改后权利要求 3 根据吸附柱的排列方式，实质上限定了四类技术方案，即，单柱、双柱（并联的双柱）、四柱（两根柱串联形成一组柱后两组柱再并联）和六柱（两根柱串联形成一组柱后三组柱再并联）的技术方案。

原始说明书第 3 页第 23 行至第 4 页第 3 行记载了双分子筛吸附柱、四分子筛吸附柱和六分子筛吸附柱的技术方案，具体内容如下：“双分子筛吸附柱是在流速表 48 之后接进液阀 47，一路接进液阀 19、分子筛吸附柱 17、出液阀 16……四分子筛吸附柱是在双柱基础上于分子筛吸附柱 17 和 21 的出液阀 16 和 23 之上分别再接进液阀 14、分子筛吸附柱 13、出液阀 11 和……六柱分子筛吸附柱是在四柱基础上再接两只上下相串的分子筛吸附柱与四柱相并……氮气装置”。由此可知，双柱的技术方案是分子筛吸附柱 17 与分子筛吸附柱 21 并联；四柱的技术方案是分子筛吸附柱 17 串联分子筛吸附柱 13、分子筛吸附柱 21 串联分子筛吸附柱 28，然后两组柱并联；六柱的技术方案是在分子筛吸附柱 17 串联分子筛吸附柱 13、分子筛吸附柱 21 串联分子筛吸附柱 28 的基础上再接两只上下串联的分子筛吸附柱，三组柱并联。上述说明书记载的双柱、四柱、六柱的技术方案与修改后的权利要求 3 完全一致。因此，修改后的权利要求 3 没有超出原始申请文件记载的范围，符合专利法第 33 条的规定。

根据上述事实和理由，合议组作出如下审查决定。

三、决定

撤销国家知识产权局于 2007 年 2 月 9 日针对第 03134882.3 号发明专利申请作出的驳回决定，由国家知识产权局原审查部门以请求人于2008年5月15日提交的权利要求第1~7项，2007年5月21日提交的说明书第1~6页和2003年9月27日提交的附图第1页、说明书摘要及摘要附图为基础继续审批程序。

复审请求人对本决定不服的，可以根据专利法第41条第2款的规定，自收到本决定之日起三个月内向北京市第一中级人民法院起诉。

096

基于咯菌腈的杀真菌组合物

复审请求审查决定（第13929号）

决　　定　　号　第13929号
决　　定　　日　2008年6月27日
发明创造名称　基于咯菌腈的杀真菌组合物
国 际 分 类 号　A01N 43/36
复 审 请 求 人　辛根塔参与股份公司
申　　请　　号　01813538.2
申　　请　　日　2001年7月2日
优 先 权 日　2000年7月4日
公　　开　　日　2003年9月24日
合 议 组 组 长　任晓兰
主　　审　　员　张家祥
参　　审　　员　黄　强

法 律 依 据　专利法第33条
决 定 要 点

如果申请的内容通过增加、改变和/或删除其中的一部分，致使所属技术领域的技术人员看到的信息与原申请记载的信息不同，而且又不能从原申请记载的信息中直接地、毫无疑义地确定，这种修改是不允许的。反之，这种修改则是允许的。

一、案由

本复审请求案涉及发明名称为“基于咯菌腈的杀真菌组合物”的第01813538.2号发明专利申请（下称本申请），申请人为辛根塔参与股份公司，申请日为2001年7月2日，优先权日为2000年7月4日，公开日为2003年9月24日。

2007年1月12日，针对申请人于2006年6月14日提交的权利要求第1~11项、说明书第1、3页，进入中国国家阶段时提交的国际申请文件中文译文的说明书第2、4~8页和说明书摘要，国家知识产权局以权利要求11和说明书的修改不符合专利法第33条的规定为由驳回了本申请。

驳回决定认为：本申请的说明书中增加了使说明书内容更加明确具体的段落（即说明书第3页第4段），权利要求11中增加了“一种控制真菌的方法”的内容，由于原说明书第3页第6~22行相应的内容是“防治真菌和杀真菌的方法”，二者的主题和涉及的范围不同，并且上述修改内容中还增加了活性成分的配比含量，所以本领域技术人员看到的信息与原申请公开的信息不同，而且又不能从原申请公开的信息中直接地、毫无疑义地确定，因此，上述修改超出了原权利要求书和说明书记载的范围，不符合专利法第33条的规定。

驳回决定所针对的权利要求11为："11. 一种控制真菌的方法，包括以任何顺序或同时用活性成分a）4-（2，2-二氟-1，3-苯并二噁茂-4-基）-1H-吡咯-3-甲腈和一种活性成分b）2-（噻唑-4-基）苯并咪唑，或1-（β-烯丙氧基-2，4-二氯苯乙基）咪唑处理被真菌感染或易于被真菌感染的植物或其生境或收获后的果实，其中a）与b）的重量比是20：1至1：20。"

2007年4月13日，申请人辛根塔参与股份公司（下称请求人）对上述驳回决定不服，向专利复审委员会提出复审请求，同时提交了说明书第3页的替换页，将该页第6行中的"防治"修改为"控制"。请求人认为，（1）说明书第3页第6行修改后的内容与权利要求11及说明书第3页第9行的内容保持一致，克服了审查员指出的因主题不同而引起的修改超范围问题。（2）本申请涉及新的杀真菌组合物，其中含有两种活性成分，说明书第1页倒数第3段说明了两种活性成分的有利配比含量，说明书第3页第6~8行说明本申请还涉及控制真菌的方法，包括使用所述两种活性成分。根据这些内容，本领域技术人员自然知道采用所述配比含量的两种活性成分控制真菌更为有利，这是本领域技术人员可以从说明书的内容直接地、毫无疑义地得出的结论，因此，本申请的修改符合专利法第33条的规定。

经形式审查合格后，专利复审委员会受理了该请求，并于2007年8月13日向请求人发出了《复审请求受理通知书》，同时将本申请转送至国家知识产权局原审查部门进行前置审查。

在《前置审查意见书》中，国家知识产权局原审查部门认为，（1）说明书第3页第6行将"本发明还涉及防治真菌的方法"修改为"本发明还涉及控制真菌的方法"，后者所述信息与原申请记载的信息不同（"防治"与"控制"概念不同）；（2）修改后的说明书第3页第4段是基于原权利要求11而增加的，该说明书第3页第4段将原权利要求11的主题"一种对抗作物上的植物致病性病害的方法"修改为"一种控制真菌的方法"，并对原权利要求11涉及的内容，如所用组合物的组分及其配比含量进行了修改，修改后的内容不能从原申请记载的信息中直接地、毫无疑义地确定。因此，坚持驳回决定。

经合议，合议组认为本案事实清楚，可以作出审查决定。

二、决定的理由

1. 关于审查文本

本复审请求审查决定是以请求人于2006年6月14日提交的权利要求第1~11项、说明书第1页，2007年4月13日提交的说明书第3页，进入中国国家阶段时提交的国际申请文件中文译文的说明书第2、4~8页和说明书摘要为基础作出的。

2. 关于专利法第33条

专利法第33条规定：申请人可以对其专利申请文件进行修改，但是，对发明和实用新型专利申请文件的修改不得超出原说明书和权利要求书记载的范围。

如果申请的内容通过增加、改变和/或删除其中的一部分，致使所属技术领域的技术人员看到的信息与原申请记载的信息不同，而且又不能从原申请记载的信息中直接地、毫无疑义地确定，这种修改是不允许的。反之，这种修改则是允许的。

就本申请而言，权利要求11要求保护"一种控制真菌的方法，包括以任何顺序或同时用活性成分a）4-（2，2-二氟-1，3-苯并二噁茂-4-基）-1H-吡咯-3-甲腈和一种活性成分b）2-（噻唑-4-基）苯并咪唑，或1-（β-烯丙氧基-2，4-二氯苯乙基）咪唑处理被真菌感染或易于被真菌感染的植物或其生境或收获后的果实，其中a）与b）的重量比是20：1至1：20"。与权利要求11相一致的说明书第3页第4段的内容为："本发明的一个实施方案是一种控制真菌的方法，包括以任何顺序或同时用活性成分a）4-（2，2-二氟-1，3-苯并二噁茂-4-基）-1H-吡咯-3-甲腈和一种活性成分b）2-（噻唑-4-基）苯并咪唑，或1-（β-烯丙氧基-2，4-二氯苯乙基）咪唑处理被真菌感染或易于被真菌感染的植物或其生境或收获后的果实，其中a）与b）的重量比是20：1至1：20。"

驳回决定认为：说明书中增加的上述内容，以及权利要求11中增加的主题"一种控制真菌的方法"和活性成分的配比含量超出了原权利要求书和说明书记载的范围，不符合专利法第33条的规定。

为此，合议组查明，说明书第3页第4段的内容与权利要求11完全一致，如果权利要求11的修改能够允许，则说明书的上述内容也将符合专利法第33条的规定。

本申请原说明书记载，活性成分I咯菌腈（即4-（2，2-二氟-1，3-苯并二噁茂-4-基）-1H-吡咯-3-甲腈）与活性成分IIA噻菌灵（即2-（噻唑-4-基）苯并咪唑）或IIB抑霉唑（即1-（β-烯丙氧基-2，4-二氯苯乙基）咪唑）组合后对抗或防止作物的真菌病害显示出协同杀真菌活性，有利的混合比是I：II=20：1至1：20，优选10：1至1：10和5：1至1：5（参见原说明书第1页第8~18行）。另外，说明书还记载，本申请还涉及防治真菌的方法，包括用活性成分I和活性成分II以任何希望的顺序或同时处理被真菌侵染或易于被真菌侵染的部位例如植物、其生境或收获后储藏期的果实（参见原说明书第3页第3段）。

由上述内容可知，权利要求11和说明书第3页第4段的内容中，（1）主题"控制真菌的方法"与原说明书记载的"防治真菌的方法"不一致；（2）除此之外的其他技术特征在原说明书中是有记载的，只是"防治真菌的方法"与"活性成分的混合比"出现在说明书中的不同位置。

对于以上第（1）点内容，合议组认为，在本申请的PCT原始文本中，与上述"控制"或"防治"相对应的英文原文为"control"，该词在本领域相关英汉词典（如科学出版社出版的《英汉化学化工词汇》第四版和《英汉生物学词汇》第二版）中也有"控制"的意思，因此，请求人将其译为"控制"并无不妥，不存在修改超范围的问题。

对于以上第（2）点内容，合议组认为，本领域技术人员在阅读说明书乃至准备实施所述"防治真菌的方法"时，会从整体上去考虑说明书记载的信息，因此，必然会知道防治真菌的方法中活性成分I和活性成分II的有利或优选的混合比是I：II=20：1至1：20，也就是说，权利要求11和说明书第3页第4段中所述的技术特征能够从说明书所记载的内容中直接地、毫无疑义地确定，因此，权利要求11以及说明书的修改符合专利法第33条的规定。

基于相同的理由，请求人对说明书第3页第6行相同内容的修改也不存在修改超范围的问题。

根据上述事实和理由，合议组作出如下审查决定。

三、决定

撤销国家知识产权局于2007年1月12日针对第01813538.2号发明专利申请作出的驳回决定，由国家知识产权局原审查部门以请求人于2006年6月14日提交的权利要求第1~11项、说明书第1页，2007年4月13日提交的说明书第3页，进入中国国家阶段时提交的国际申请文件中文译文的说明书第2、4~8页和说明书摘要为基础继续审批程序。

复审请求人对本决定不服的，可以根据专利法第41条第2款的规定，自收到本决定之日起三个月内向北京市第一中级人民法院起诉。

097

一种甲苯甲基化制对二甲苯联产低碳烯烃的方法

复审请求审查决定（第13960号）

决　定　号　第13960号
决　定　日　2008年7月9日
发明创造名称　一种甲苯甲基化制对二甲苯联产低碳烯烃的方法
国际分类号　C07C15/08，C07C011/04，C07C11/06，C07C 2/00，C07C1/00
复审请求人　中国科学院大连化学物理研究所
申　请　号　200410069205.1
申　请　日　2004年7月14日
公　开　日　2006年1月18日
合议组组长　任晓兰
主　审　员　危　峰
参　审　员　郑　君

法律依据　专利法第26条第3款
决定要点
对于化学方法发明，说明书中应当说明方法中所用的原料物质的成分以及其制备方法或者来源，使得本领域技术人员能够得到。

一、案由

本复审请求案涉及发明名称为“一种甲苯甲基化制对二甲苯联产低碳烯烃的方法”的第200410069205.1号发明专利申请（下称本申请），申请人为中国科学院大连化学物理研究所，申请日为2004年7月14日，公开日为2006年1月18日。

国家知识产权局原审查部门对本申请进行实质审查，于2006年4月14日发出《第一次审查意见通知书》，指出本申请说明书不符合专利法第26条第3款的规定，具体理由为：本申请的目的在于提供一种在同一催化剂上进行甲苯甲基化制对二甲苯同时高选择性地联产乙烯的方法，而该方法的特征在于使用了一种催化剂，但是本申请的说明书中对催化剂的制备没有作出清楚、完整的说明，即如何对催化剂进行选择性化改性没有进行解释说明。用不同的元素对ZSM-5进行改性时获得的催化剂的活性不同，在本申请的说明书对于如何对催化剂进行选择性化改性没有作出清楚、完整的说明的情况下，致使所属技术领域的技术人员不能实现该发明，不符合专利法第26条第3款的规定。

针对《第一次审查意见通知书》，申请人于2006年8月28日提交了意见陈述书，认为：本申请提出了一种甲苯甲基化制对二甲苯的方法，其目的是高选择性地生产对二甲苯，对低碳组分仅仅是以副产物进行回收。至于本申请的催化剂，在说明书第3页第12~14行中，已对催化剂的制备方法进行了简要介绍，其主要是采用MFI、MEL或者AEL结晶骨架结构的硅铝酸盐或硅铝磷酸盐分子筛为活性组分与粘接剂及孔结构调节剂混合成型。至于对其进行改性的具体步骤是本领域技术人员可以理解和想象的公知技术。因此，虽然本申请没有对该催化剂的选择性改性作展开描述，但并不影响本领域技术人员对本申请的实施。

2007年2月16日，针对申请人于2004年7月14日提交的权利要求第1~10项、说明书第1~7页及其摘要，国家知识产权局以本申请不符合专利法第26条第3款的规定为由驳回了本申请。

驳回决定认为：正如该申请的背景技术部分所描述的那样，用不同的元素对ZSM-5进行改性时获得的催化剂的活性是不同的，而本申请的说明书恰恰对于如何对催化剂进行选择性化改性没有作出清楚、完整的说明，致使所属技术领域的技术人员不能实现该发明，因此，本申请不符合专利法第26条第3款的规定。

驳回决定针对的权利要求书如下：

“1. 一种甲苯甲基化制对二甲苯联产低碳烯烃的方法，通过一个反应过程并使用一种催化剂同时获得高选择性的对二甲苯与乙烯和丙烯；操作条件：反应物甲苯与甲基化试剂分子比10-0.1，反应温度300~600℃，甲苯和甲基化试剂进料总重量空速0.1~10h^{-1}，反应物料与催化剂接触时间0.1~5秒。

2. 按照权利要求1所述的方法，其特征在于甲基化试剂为甲醇、二甲醚、氯甲烷或溴甲烷。

3. 按照权利要求1或2所述的方法，其特征在于甲基化试剂为甲醇。

4. 按照权利要求1所述的方法，其特征在于反应温度为400~500℃。

5. 按照权利要求1所述的方法，其特征在于甲苯和甲基化试剂进料总重量空速为1~5h^{-1}。

6. 按照权利要求1所述的方法，其特征在于反应物料与催化剂接触时间为0.5~2秒。

7. 按照权利要求1所述的方法，其特征在于甲苯与甲基化试剂进料分子比为5~0.5，采用同时进料或分段进料方式。

8. 按照权利要求1所述的方法，其特征在于反应物料还包含氢气、水蒸汽或惰性气体。

9. 按照权利要求1所述的方法，其特征在于反应过程为反应物料与催化剂接触反应，采用固定床、流化床、移动床或能够使反应物料与催化剂相接触的反应装置。

10. 按照权利要求1所述的方法，其特征在于催化剂为选择性化改性的具有MFI、MEL或AEL结晶骨架结构的硅铝酸盐或硅铝磷酸盐分子筛与粘结剂及孔结构调节剂混合成型的固体催化剂。”

2007年5月11日，申请人中国科学院大连化学物理研究所（下称请求人）对上述驳回决定不服，向专利复审委员会提出复审请求，请求人在提出复审请求时没有对申请文件进行修改。

请求人认为：（1）甲苯甲醇烷基化制对二甲苯技术是一个被广泛研究的课题，对催化剂的制备方法已有许多相关专利和文献进行过详细说明，本申请使用的催化剂即是在此基础上制备的催化剂。（2）现有技术都是以高选择性地生产对二甲苯为唯一目的，本发明的创新点在于甲苯甲醇烷基化制对二甲苯的同时联产低碳烯烃，通过调节甲醇和甲苯的比例，可以有效地调整低碳组分的产物分布，如采用较高的甲醇和甲苯比例时，就可以获得较多的低碳组分产物，从而实现了甲苯甲基化制对二甲苯并联产低碳烯烃的技术。对于使用的催化剂因是采用的已公开技术，所以没有做详细描述。

经形式审查合格后，专利复审委员会受理了该请求，并于2007年6月11日向请求人发出了《复审请求受理通知书》，同时将本申请转送至国家知识产权局原审查部门进行前置审查。

在《前置审查意见书》中，国家知识产权局原审查部门认为在本申请未对催化剂改性的具体步骤进行详细说明的前提下，本领域技术人员不会根据原始说明书公开的内容实现联产低碳烯烃，因此坚持驳回决定。

专利复审委员会组成合议组，对本复审请求案进行了审理。合议组于 2008 年 5 月 7 日向请求人发出《复审通知书》，指出：本申请要解决的技术问题是既能高选择性地生产对二甲苯又能高选择性地生产低碳烯烃，现有技术中任何一种选择性化改性的催化剂均不能同时满足使这两个反应过程在同一催化剂上进行，由此可见，催化剂的选择对于本申请方法能否顺利实现是至关重要的。然而，本申请中既未清楚描述用于示例性说明本申请所述方法的 TMMC-709 催化剂的活性组分，即实施例 1 中是使用何种物质对 HZSM-5 分子筛进行选择性改性的；也未说明对具有 MFI、MEL 或 AEL 结晶骨架结构的硅铝酸盐或硅铝磷酸盐分子筛进行改性时使用什么样的改性组分、什么样的改性方法和条件。由此使得本领域技术人员无法得到所述分子筛催化剂，不能够实现本申请所要求保护的使用一种催化剂同时高选择性地获得对二甲苯与低碳烯烃的联产方法。因此，本申请说明书未对发明作出清楚、完整的说明，不符合专利法第 26 条第 3 款的规定。

针对上述《复审通知书》，请求人于 2008 年 7 月 1 日提交了意见陈述书，未对申请文件进行修改，请求人认为：本申请的创新性在于提出了“甲苯甲基化制对二甲苯联产低碳烯烃”的新概念，这一技术在较低性能催化剂上也是可以实现的。本申请结合两个反应过程文献中催化剂的制备技术制备了催化剂，目的是对这一新概念给出具体的实施结果。在该催化剂上，对二甲苯在二甲苯异构体中选择性在 90wt% 左右，乙烯和丙烯在 C_1-C_5 中选择性在 75wt% 左右，这种较低的反应结果，在该领域相关催化剂上是可以实现的，本申请使用的不是特殊制备的催化剂。

至此，合议组认为本案事实清楚，可以作出审查决定。

二、决定的理由

1. 关于审查文本

本复审请求审查决定针对的文本是：请求人于 2004 年 7 月 14 日提交的权利要求第 1~10 项、说明书第 1~7 页及其摘要。

2. 关于专利法第 26 条第 3 款

专利法第 26 条第 3 款规定：说明书应当对发明或者实用新型作出清楚、完整的说明，以所属技术领域的技术人员能够实现为准。

对于化学方法发明，说明书中应当说明方法中所用的原料物质的成分以及其制备方法或者来源，使得本领域技术人员能够得到。

就本申请而言，权利要求 1 要求保护一种甲苯甲基化制对二甲苯联产低碳烯烃的方法，通过使甲苯和甲基化试剂如甲醇在同一种催化剂的存在下反应同时高选择性地获得对二甲苯以及高选择性地获得乙烯和丙烯。

根据本申请说明书第 2 页第 2 段中所述，甲苯甲基化反应制对二甲苯和甲醇制低碳烯烃这两个反应过程均为酸催化反应，均要求择形催化作用，均使用改性 HZSM-5 分子筛作为催化剂的活性组分，但是由于目的产物（即，对二甲苯和低碳烯烃）不同，两个过程的催化剂的特点又存在很大的差异，现有技术中任何一种选择性化改性的催化剂均不能同时满足既能高选择性地生产对二甲苯又能高选择性地生产低碳烯烃的要求。本申请要解决的问题就是使这两个反应过程在同一催化剂上进行。由此可见，催化剂的选择对于本申请方法能否顺利实现是至关重要的。

然而，本申请仅在说明书第 3 页第 4 段记载，所述方法使用的催化剂是以选择性改性的具有 MFI、MEL 或 AEL 结晶骨架结构的硅铝酸盐或硅铝磷酸盐分子筛为活性组分，与粘结剂及孔结构调节剂混合成型的固体催化剂；在实施例 1 中描述了将 ZSM-5 分子筛焙烧去除模板剂、酸化、焙烧后获得 HZSM-5 分子筛，然后进行选择性改性，再与粘合剂和孔结构调节剂混合成型为固体催化剂，命名为 TMMC-709；在实施例 2 和 3 中描述了在上述 TMMC-709 催化剂上进行甲苯甲基化反应同时联产低碳烯烃的试验。本申请中既未清楚描述用于示例性说明本申请所述方法的 TMMC-709 催化剂的活性组分，即实施例 1 中是使用何种物质对 HZSM-5 分子筛进行选择性改性的；也未说明对具有 MFI、MEL 或 AEL 结晶骨架结构的硅铝酸盐或硅铝磷酸盐分子筛进行改性时使用什么样的改性组分、什么样的改性方法和条件。

由于不同骨架结构的分子筛对甲苯甲基化反应和甲醇制低碳烯烃的反应影响不同，采用不同物质及不同的方法乃至条件对同一分子筛进行改性对于这两个反应中产物的选择性也有很大的影响，因此在本申请说明书未对所述方法使用的分子筛催化剂的选择性化改性作出清楚说明的前提下，本领域技术人员无法得到所述分子筛催化剂，由此不能够实现本申请所要求保护的使用一种催化剂同时高选择性地获得对二甲苯与低碳烯烃的联产方法。因此，本申请说明书未对发明作出清楚、完整的说明，不符合专利法第 26 条第 3 款的规定。

请求人在提出复审请求时主张，本申请的创新点在于提出了联产低碳烯烃的概念，通过调节甲醇和甲苯的比例，可以有效地调整低碳组分的产物分布，如采用较高的甲醇和甲苯比例时，就可以获得较多的低碳组分产物，从而实现了甲苯甲基化制对二甲苯并联产低碳烯烃的技术。对于使用的催化剂，因采用的是已公开技术，所以无需详细描述。对此，合议组认为：首先，本申请说明书中提到，现有技术中的任何一种选择性化改性的催化剂均不能同时满足既能高选择性地生产对二甲苯又能高选择性地生产低碳烯烃的要求，这意味着使用现有技术的催化剂并不能实现本申请所要求保护的使用一种催化剂同时高选择性地获得对二甲苯与低碳烯烃的联产方法，这一内容与请求人的上述主张自相矛盾。其次，请求人认为通过调节甲醇和甲苯的比例等操作条件可实现所述联产方法，但是通常情况下，所采用的分子筛催化剂的选择性改性方式也会对所述联产方法中的低碳组分的产物分布产生影响，并没有证据表明，在本申请中，甲醇/甲苯比例是影响低碳组分产物分布的唯一因素。再者，即使该方法中采用的是已知的催化剂，说明书也应当说明催化剂的组成以及来源或制备方法，使得本领域技术人员能够得到该催化剂，并在此基础上，实施本申请的方法。因此，合议组对请求人的上述主张不予支持。

此外，请求人在答复《复审通知书》时认为，本申请的创新性在于提出了“甲苯甲基化制对二甲苯联产低碳烯烃”的新概念，这一技术的较低的反应结果在本领域相关催化剂上也是可以实现的。对此，合议组经审查认为：尽管本领域技术人员知晓甲苯甲基化制对二甲苯时也存在副产物低碳烯烃，但是本申请权利要求 1~10 所要求保护的是使用一种催化剂同时高选择性地获得对二甲苯与低碳烯烃的联产方法，即要求保护的是实现这一技术的较高的反应结果的技术方案，根据说明书的描述，该技术方案是在一种经过改性的特定催化剂的存在下实现的，现有技术中任何一种选择性化改性的催化剂均不能同时满足既能高选择性地生产对二甲苯又能高选择性地生产低碳烯烃的要求，在本申请说明书中未对所述技术方案使用的分子筛催化剂的选择性化改性作出清楚说明的前提下，本领域技术人员无法得到所述分子筛催化剂，由此不能够实现本申请所要求保护的联产方法。因此，合议组对请求人的该主张不予支持。

根据上述事实和理由，合议组作出如下审查决定。

三、决定

维持国家知识产权局于 2007 年 2 月 16 日针对第 200410069205.1 号发明专利申请作出的驳回决定。

复审请求人对本决定不服的，可以根据专利法第 41 条第 2 款的规定，自收到本决定之日起三个月内向北京市第一中级人民法院起诉。

098

具有杀虫特性的4" -位取代的阿凡曼菌素

复审请求审查决定（第13968号）

决　　定　　号　第13968号
决　　定　　日　2008年7月9日
发明创造名称　具有杀虫特性的4"-位取代的阿凡曼菌素
国 际 分 类 号　C07H19/01，A01N43/90
复 审 请 求 人　辛根塔参与股份公司
申　　请　　号　02805769.4
优 先 权 日　2001年2月27日
申　　请　　日　2002年2月26日
公　　开　　日　2004年5月5日
合 议 组 组 长　汪送来
主　　审　　员　吴红权
参　　审　　员　郑　君

法 律 依 据　专利法第22条第3款，专利法实施细则第60条第1款
决 定 要 点

对于结构上与已知化合物接近且用途相同的化合物发明，在没有证据表明化合物发明取得预料不到的技术效果的情况下，该化合物发明不具备创造性。

一、案由

本复审请求涉及发明名称为“具有杀虫特性的4" -位取代的阿凡曼菌素”的第02805769.4号发明专利申请（下称本申请），申请人为辛根塔参与股份公司，申请日为2002年2月26日，优先权日为2001年2月27日，公开日为2004年5月5日。

2006年12月22日，针对申请人于2005年12月27日提交的权利要求第1~6项、说明书第1页、说明书摘要，进入中国国家阶段时提交的说明书第2~68页，国家知识产权局以权利要求1~6不符合专利法第22条第3款的规定为由驳回了本申请。

驳回决定认为：（1）对比文件1（Bioorg. Med. Chem. Lett.，vol. 5，No. 20，1995，p2435~2440）公开了与本申请权利要求6式（I）化合物结构类似且适用于防治寄生虫的4" -位取代的阿凡曼菌素，本申请权利要求6通过限定R_3排除了对比文件1的化合物，但采用不同的取代基得到新的化合物是本领域容易想到的。由申请人在答复《第一次审查意见通知书》时提交的本申请化合物2.22与对比文件1的化合物8~11的对比试验数据可知，其构效关系非常密切，结构的微小变化即带来性质

的较大差异，然而很难确定权利要求 6 中许多化合物的结构和性质与本申请化合物 2.22 更接近，而不是与对比文件 1 的化合物 6-11 的结构和性质更接近，本领域技术人员难以预料权利要求 6 中所有化合物相对于对比文件 1 公开的化合物具有预料不到的技术效果，故权利要求 6 相对于对比文件 1 不具有突出的实质性特点和显著的进步，不符合专利法第 22 条第 3 款的规定。（2）对比文件 2（US4427663A，授权公开日 1984 年 1 月 24 日）披露了 4" -位氨基取代的阿凡曼菌素不仅适用于防止寄生虫，也适用于防治植物害虫，在权利要求 6 不具备创造性的情况下，要求保护含有权利要求 6 化合物的农药的权利要求 1 相对于对比文件 1 和 2 的结合也没有创造性，不符合专利法第 22 条第 3 款的规定。(3) 防治害虫的方法、制备农药的方法都是本领域经常采用的方法，对比文件 2 披露了 4" -位氨基取代的阿凡曼菌素不仅适用于防止寄生虫，也适用于防治植物害虫，在权利要求 1 不具备创造性的情况下，权利要求 2~5 相对于对比文件 1 和对比文件 2 的结合也不具备创造性，不符合专利法第 22 条第 3 款的规定。

驳回决定针对的权利要求 1~6 如下：

“1. 含有至少一种下式（I）所示化合物的农药

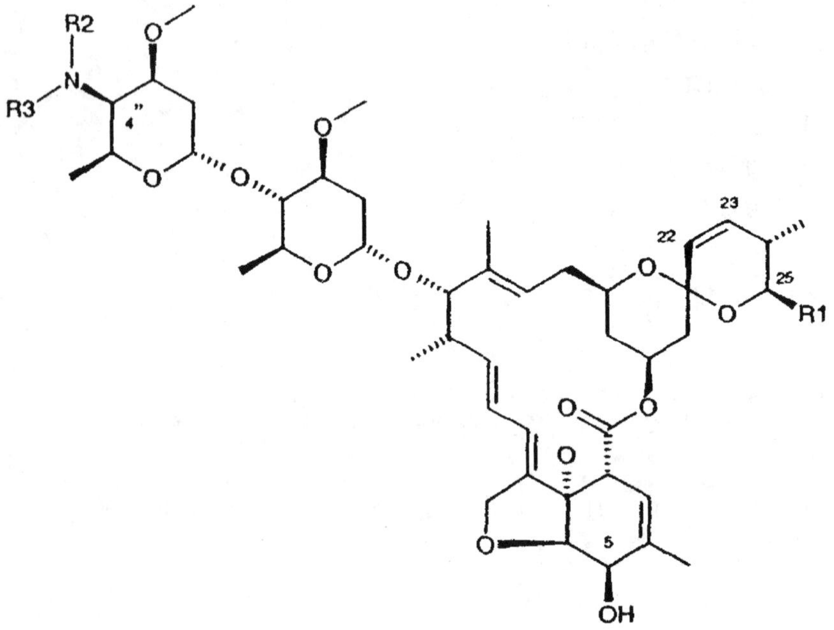

(I)

式中

R_1 为异丙基或仲丁基或其混合物；

R_2 为 H 或 C_1-C_{12}烷基；

R_3 为 C_2-C_{12}烷基，一取代的 C_1-C_{12}烷基，C_2-C_{12}链烯基或 C_2-C_{12}炔基，其中上述提到的烷基的取代基选自 OH，卤素，卤素-C_1-C_2 烷基，CN，SCN，NO_2，C_2-C_6 炔基，未取代或被一至三个甲基取代的 C_3-C_8 环烷基，C_3-C_8 卤代环烷基，C_1-C_{12}烷氧基，-C（=O）R_5，-O-C（=O）R_6，-NHC（=O）R_5，-P（=O）（OC_1-C_6 烷基）2，苯基，吡啶基，呋喃基，吗啉基或被取代基一至五取代的苯基，取代基选自 OH，卤素，CN，NO_2，C_1-C_{12}烷基，C_3-C_8 环烷基，C_1-C_{12}卤代烷基，C_1-C_{12}烷氧基，C_1-C_{12}卤代烷氧基，C_1-C_{12}烷硫基，C_1-C_{12}卤代烷硫基，C_1-C_6 烷氧基-C_1-C_6 烷基，二甲氨基-C_1-C_6 烷氧基，C_2-C_8 链烯基，C_2-C_8 炔基，苯氧基，苯基-C_1-C_6 烷基，亚甲基二氧基，-C（=O）R_5 或-O-C（=O）-R^6；

R_5 为 H，OH，C_1-C_{24}烷基或 C_1-C_{12}烷氧基；

R_6 为 H 或 C_1-C_{24}烷基；

上述定义的限制条件是如果 R_2 为 H，R_3 不是 2-羟基乙基，异丙基，正辛基或苄基；

或者，式（I）所示化合物的 E/Z 异构体，E/Z 异构体混合物和/或互变异构体。

2. 一种防治害虫的方法，其中将如权利要求 1 中所述的农药施用于害虫或害虫栖息地。

3. 制备如权利要求 1 所述的农药的方法，该农药含有至少一种辅剂，其中将活性化合物与辅剂密切混合和/或一起研磨。

4. 如权利要求 1 中所述的式（I）所示化合物用于制备如权利要求 1 所述的农药的用途。

5. 权利要求 1 所述的农药用于防治害虫的用途。

6. 下式（I）所示化合物

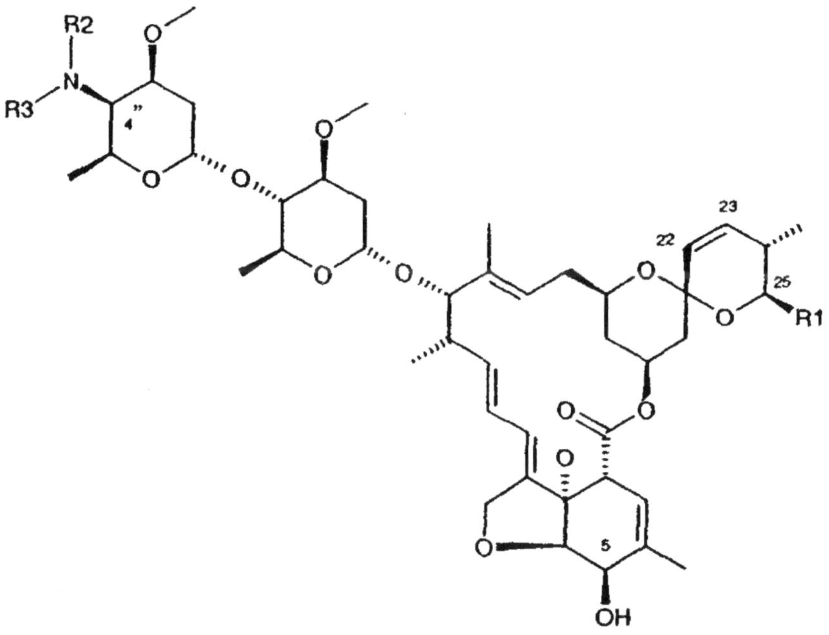

（I）

式中

R_1 为异丙基或仲丁基或其混合物；

R_2 为 H 或 C_1-C_{12}烷基；

R_3 为 C_2-C_{12}烷基，一取代的 C_1-C_{12}烷基，C_2-C_{12}链烯基或 C_2-C_{12}炔基，其中上述提到的烷基的取代基选自 OH，卤素，卤素-C_1-C_2 烷基，CN，SCN，NO_2，C_2-C_6 炔基，未取代或被一至三个甲基取代的 C_3-C_8 环烷基，C_3-C_8 卤代环烷基，C_1-C_{12}烷氧基，-O-C（=O）R_6，-NHC（=O）R_5，-P（=O）（OC_1-C_6 烷基）2，苯基，吡啶基，呋喃基，吗啉基或被取代基一至五取代的苯基，取代基选自 OH，卤素，CN，NO_2，C_1-C_{12}烷基，C_3-C_8 环烷基，C_1-C_{12}卤代烷基，C_1-C_{12}烷氧基，C_1-C_{12}卤代烷氧基，C_1-C_{12}烷硫基，C_1-C_{12}卤代烷硫基，C_1-C_6 烷氧基-C_1-C_6 烷基，二甲氨基-C_1-C_6 烷氧基，C_2-C_8 链烯基，C_2-C_8 炔基，苯氧基，苯基-C_1-C_6 烷基，亚甲基二氧基，-C（=O）R_5 或-O-C（=O）-R_6；

R_5 为 H，OH，C_1-C_{24}烷基或 C_1-C_{12}烷氧基；

R_6 为 H 或 C_1-C_{24}烷基；

上述定义的限制条件是如果 R_2 为 H，R_3 不是 2-羟基乙基，异丙基，正辛基或苄基；

或者，式（I）所示化合物的E/Z异构体，E/Z异构体混合物和/或互变异构体。”

2007年4月6日，申请人辛根塔参与股份公司（下称请求人）对上述驳回决定不服，向专利复审委员会提出复审请求，请求人在提出复审请求时对权利要求书进行了修改，将权利要求1和6中4" 处的氮限定为二取代的，增加了新的权利要求7~12。修改后的权利要求书为：

“1. 含有至少一种下式（I）所示化合物的农药

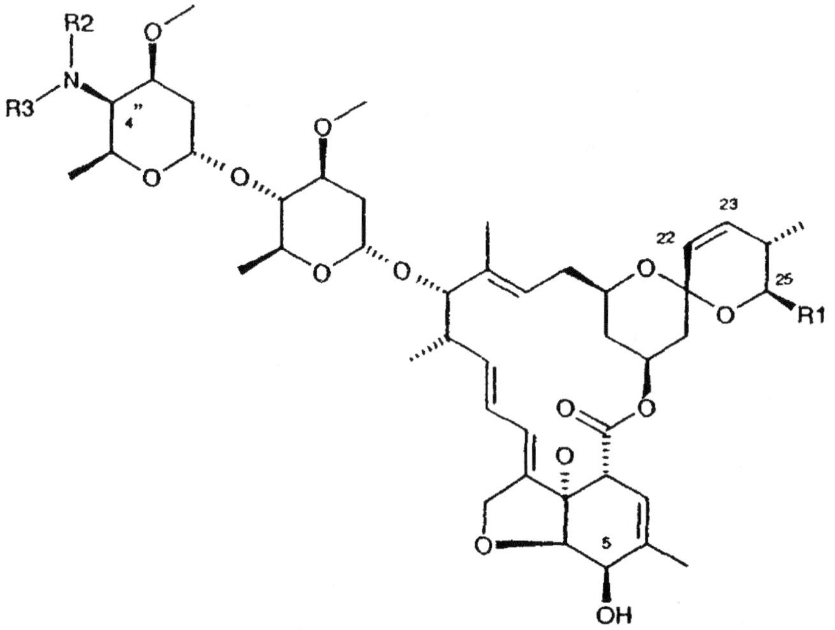

（I）

式中

R_1 为异丙基或仲丁基或其混合物；

R_2 为 C_1-C_{12}烷基；

R_3 为 C_2-C_{12}烷基，一取代的 C_1-C_{12}烷基，C_2-C_{12}链烯基或 C_2-C_{12}炔基，其中上述提到的烷基的取代基选自OH，卤素，卤素-C_1-C_2 烷基，CN，SCN，NO_2，C_2-C_6 炔基，未取代或被一至三个甲基取代的 C_3-C_8 环烷基，C_3-C_8 卤代环烷基，C_1-C_{12}烷氧基，-C（=O）R_5，-O-C（=O）R_6，-NHC（=O）R_5，-P（=O）（OC_1-C_6 烷基）2，苯基，吡啶基，呋喃基，吗啉基或被取代基一至五取代的苯基，取代基选自OH，卤素，CN，NO_2，C_1-C_{12}烷基，C_3-C_8 环烷基，C_1-C_{12}卤代烷基，C_1-C_{12}烷氧基，C_1-C_{12}卤代烷氧基，C_1-C_{12}烷硫基，C_1-C_{12}卤代烷硫基，C_1-C_6 烷氧基-C_1-C_6 烷基，二甲氨基-C_1-C_6 烷氧基，C_2-C_8 链烯基，C_2-C_8 炔基，苯氧基，苯基-C_1-C_6 烷基，亚甲基二氧基，-C（=O）R_5 或-O-C（=O）-R_6；

R_5 为H，OH，C_1-C_{24}烷基或 C_1-C_{12}烷氧基；

R_6 为H或 C_1-C_{24}烷基；

或者，式（I）所示化合物的E/Z异构体，E/Z异构体混合物和/或互变异构体。

2. 一种防治害虫的方法，其中将如权利要求1中所述的农药施用于害虫或害虫栖息地。

3. 制备如权利要求1所述的农药的方法，该农药含有至少一种辅剂，其中将活性化合物与辅剂密切混合和/或一起研磨。

4. 如权利要求1中所述的式（I）所示化合物用于制备如权利要求1所述的农药的用途。

5. 权利要求1所述的农药用于防治害虫的用途。

6. 下式（I）所示化合物

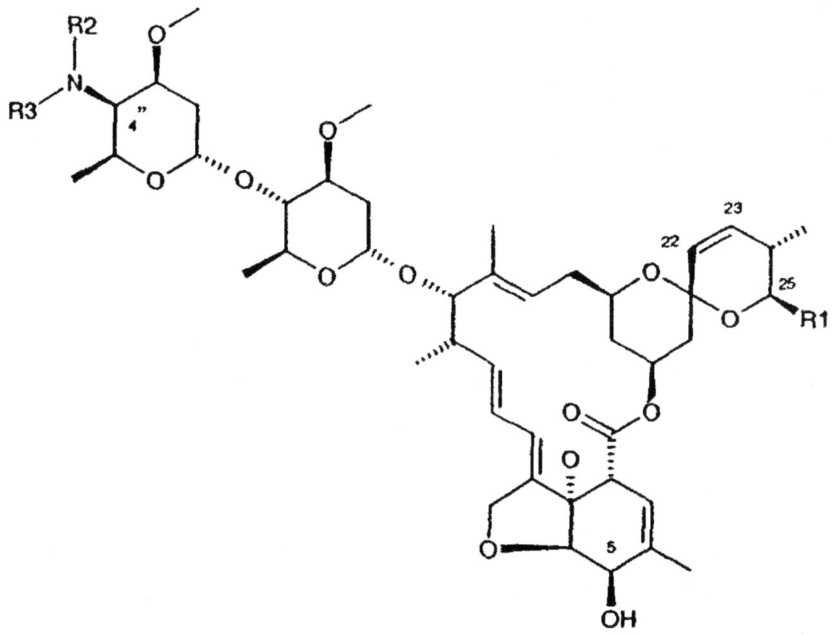

（I）

式中

R_1 为异丙基或仲丁基或其混合物；

R_2 为 C_1-C_{12}烷基；

R_3 为 C_2-C_{12}烷基，一取代的 C_1-C_{12}烷基，C_2-C_{12}链烯基或 C_2-C_{12}炔基，其中上述提到的烷基的取代基选自 OH，卤素，卤素-C_1-C_2 烷基，CN，SCN，NO_2，C_2-C_6 炔基，未取代或被一至三个甲基取代的 C_3-C_8 环烷基，C_3-C_8 卤代环烷基，C_1-C_{12}烷氧基，-C（=O）R_5，-O-C（=O）R_6，-NHC（=O）R_5，-P（=O）（OC_1-C_6 烷基）2，苯基，吡啶基，呋喃基，吗啉基或被取代基一至五取代的苯基，取代基选自 OH，卤素，CN，NO_2，C_1-C_{12}烷基，C_3-C_8 环烷基，C_1-C_{12}卤代烷基，C_1-C_{12}烷氧基，C_1-C_{12}卤代烷氧基，C_1-C_{12}烷硫基，C_1-C_{12}卤代烷硫基，C_1-C_6 烷氧基-C_1-C_6 烷基，二甲氨基-C_1-C_6 烷氧基，C_2-C_8 链烯基，C_2-C_8 炔基，苯氧基，苯基-C_1-C_6 烷基，亚甲基二氧基，-C（=O）R_5 或-O-C（=O）-R_6；

R_5 为 H，OH，C_1-C_{24}烷基或 C_1-C_{12}烷氧基；

R_6 为 H 或 C_1-C_{24}烷基；

或者，式（I）所示化合物的 E/Z 异构体，E/Z 异构体混合物和/或互变异构体。

7. 权利要求 6 的化合物，其为

4"-脱氧-4"-表-（N-乙基-N-甲基氨基）阿凡曼菌素 B1；

4"-脱氧-4"-表-（N-甲基-N-正丙基氨基）阿凡曼菌素 B1；

4"-脱氧-4"-表-（N-异丙基-N-甲基氨基）阿凡曼菌素 B1；

4"-脱氧-4"-表-（N-甲基-N-丙烯基氨基）阿凡曼菌素 B1；

4"-脱氧-4"-表-（N-甲基-N-苄基氨基）阿凡曼菌素 B1；

4"-脱氧-4"-表-（N-甲基-N-4-二氟甲氧基苯基甲基氨基）阿凡曼菌素 B1；

4"-脱氧-4"-表-（N-甲基-N-2，5-二氯苯基氨基）阿凡曼菌素 B1；

4"-脱氧-4"-表-（N-甲基-N-2，5-二氟苯基甲基氨基）阿凡曼菌素 B1；

4"-脱氧-4"-表-（N-甲基-N-2，3，4-三氟苯基甲基氨基）阿凡曼菌素 B1；或

4"-脱氧-4"-表-［N-（2-羟基-2-甲基丙基）-N-甲基氨基］阿凡曼菌素 B1。

8. 权利要求 6 的化合物，其中

R_2 为 C_1-C_4 烷基；

R_3 为 C_2-C_4 烷基或者一取代的 C_1-C_4 烷基，其中上述提到的烷基的取代基选自 OH，卤素，卤素-C_1-C_4 烷基，CN，SCN，NO_2，或被取代基一至五取代的苯基，取代基选自 OH，卤素，CN，NO_2，C_1-C_4 烷基，C_1-C_4 卤代烷基，C_1-C_4 烷氧基，C_1-C_4 卤代烷氧基，C_1-C_4 烷硫基，C_1-C_4 卤代烷硫基，C_1-C_4 烷氧基-C_1-C_4 烷基，二甲氨基-C_1-C_4 烷氧基，苯氧基，苯基-C_1-C_4 烷基，亚甲基二氧基，-C（=O）R_5 或-O-C（=O）-R_6；

R_5 为 H，OH，C_1-C_4 烷基或 C_1-C_4 烷氧基；且

R_6 为 H 或 C_1-C_4 烷基。

9. 权利要求 8 的化合物，其中

R_2 为甲基；

R_3 为 C_2-C_4 烷基或者一取代的 C_1-C_4 烷基，其中上述提到的烷基的取代基选自 OH，卤素，卤素-C_1-C_4 烷基，CN，或被取代基一至五取代的苯基，取代基选自 OH，卤素，CN，NO_2，C_1-C_4 烷基，C_1-C_4 卤代烷基，C_1-C_4 烷氧基，C_1-C_4 卤代烷氧基。

10. 权利要求 8 的化合物，其中

R_2 为甲基；

R_3 为一取代的 C_1-C_4 烷基，其中上述提到的烷基的取代基选自 OH，卤素，卤素-C_1-C_4 烷基，CN，或被取代基一至五取代的苯基，取代基选自 OH，卤素，CN，NO_2，C_1-C_4 烷基，C_1-C_4 卤代烷基，C_1-C_4 烷氧基，C_1-C_4 卤代烷氧基。

11. 权利要求 10 的化合物，其为

4"-脱氧-4"-表-（N-乙基-N-苄基氨基）阿凡曼菌素 B1；

4"-脱氧-4"-表-（N-甲基-N-4-二氟甲氧基苯基甲基氨基）阿凡曼菌素 B1；

4"-脱氧-4"-表-（N-甲基-N-2，5-二氯苯基氨基）阿凡曼菌素 B1；

4"-脱氧-4"-表-（N-甲基-N-2，5-二氟苯基甲基氨基）阿凡曼菌素 B1；

4"-脱氧-4"-表-（N-甲基-N-2，3，4-三氟苯基甲基氨基）阿凡曼菌素 B1；或

4"-脱氧-4"-表-［N-（2-羟基-2-甲基丙基）-N-甲基氨基］阿凡曼菌素 B1。

12. 权利要求 10 的化合物，其为 4"-脱氧-4"-表-（N-2-羟基乙基-N-甲基氨基）-阿凡曼菌素 B1。"

请求人认为：对比文件 1 和对比文件 2 都没有涉及目前请求保护的二取代氮类型的化合物，并且没有教导制备这类化合物的方法。新权利要求 1~12 与对比文件 1 和/或 2 相比，具有意想不到的技术效果，故本申请权利要求 1~12 符合专利法第 22 条第 3 款关于创造性的规定。

经形式审查合格后，专利复审委员会受理了该请求，并于 2007 年 5 月 29 日向请求人发出了《复审请求受理通知书》，同时将本申请转送至国家知识产权局原审查部门进行前置审查。

在《前置审查意见书》中，国家知识产权局原审查部门认为：（1）增加的权利要求 7~10 不符合审查指南第四部分第二章第 4.2 节的规定；（2）本领域技术人员仍无法预期权利要求 6 的所有化合物相对于对比文件 1 的化合物均具有预料不到的技术效果；（3）对比文件 1 "chemistry" 部分给出了类似化合物的制备，根据对比文件 1 以及其他的现有技术，本领域技术人员能够制得权利要求 6 中的部分化合物，并且，即使方法是非显而易见的，也不必然表明所制得的化合物具备创造性。因此坚持驳

回决定。

专利复审委员会组成合议组，对本复审请求案进行了审理。

合议组于 2008 年 1 月 8 日向请求人发出《复审通知书》，指出：(1) 权利要求 7~12 在实审阶段并没有经过实质审查，不属于为了消除驳回决定所指出的缺陷所进行的修改，故不符合专利法实施细则第 60 条第 1 款的规定；(2) 对比文件 1 公开了结构类似且同样适用于防治寄生虫和植物害虫的 4" -位取代的阿凡曼菌素，权利要求 6 相对于对比文件 1 的区别在于本申请权利要求 6 中 R_3 为 C_2-C_{12}烷基……，而对比文件 1 相应的 R_3 为 CH_3。作为化合物上的一个取代基，本领域技术人员通常会认为甲基和本申请权利要求 6 中 R_3 定义中的 C_2-C_{12}烷基等属于具有相同性质的基团，将甲基替换成 R_3 中所述的基团后，化合物仍将具有相同的生物学活性，并且将甲基替换成 R_3 中所述的基团的化合物合成也是本领域技术人员在现有技术上能够制得的，除非请求人提供实验效果数据证明本申请的化合物相对于对比文件 1 取得了意想不到的技术效果，否则应认为这种替换对本领域技术人员来说是显而易见的，故权利要求 6 不具备创造性，不符合专利法第 22 条第 3 款的规定；(3) 权利要求 1~5 相对于对比文件 1 和对比文件 2 的结合不具备创造性，不符合专利法第 22 条第 3 款的规定。

针对上述《复审通知书》，请求人于 2008 年 4 月 23 日提交了意见陈述书，并对权利要求书进行了修改，删除了权利要求 7~12，在权利要求 1 和 6 中增加了："条件是，当 R_2 是 H 时，R_3 不是一取代的 C_1-C_4 烷基"，修改后的权利要求书如下所示：

"1. 含有至少一种下式 (I) 所示化合物的农药

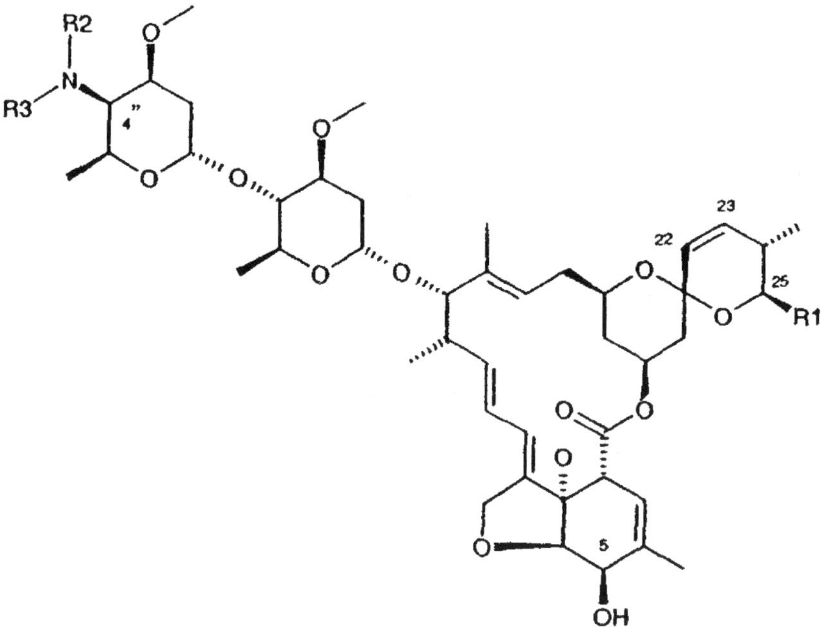

(I)

式中

R_1 为异丙基或仲丁基或其混合物；

R_2 为 H 或甲基；

R_3 为 C_2-C_{12}烷基，一取代的 C_1-C_{12}烷基，C_2-C_{12}链烯基或 C_2-C_{12}炔基，其中上述提到的烷基的取代基选自 OH，卤素，卤素-C_1-C_2 烷基，CN，SCN，NO_2，C_2-C_6 炔基，未取代或被一至三个甲基取代的 C_3-C_8 环烷基，C_3-C_8 卤代环烷基，C_1-C_{12}烷氧基，-C (=O) R_5，-O-C (=O) R_6，-NHC (=O) R_5，-P (=O) (OC_1-C_6 烷基) 2，苯基，吡啶基，呋喃基，吗啉基或被取代基一至五取代的

苯基，取代基选自 OH，卤素，CN，NO_2，C_1-C_{12}烷基，C_3-C_8 环烷基，C_1-C_{12}卤代烷基，C_1-C_{12}烷氧基，C_1-C_{12}卤代烷氧基，C_1-C_{12}烷硫基，C_1-C_{12}卤代烷硫基，C_1-C_6 烷氧基-C_1-C_6 烷基，二甲氨基-C_1-C_6 烷氧基，C_2-C_8 链烯基，C_2-C_8 炔基，苯氧基，苯基-C_1-C_6 烷基，亚甲基二氧基，-C（=O）R_5 或-O-C（=O）-R_6；

R_5 为 H，OH，C_1-C_{24}烷基或 C_1-C_{12}烷氧基；

R_6 为 H 或 C_1-C_{24}烷基；

条件是，当 R_2 是 H 时，R_3 不是一取代的 C_1-C_4 烷基；

或者，式（I）所示化合物的 E/Z 异构体，E/Z 异构体混合物和/或互变异构体。

2. 一种防治害虫的方法，其中将如权利要求 1 中所述的农药施用于害虫或害虫栖息地。

3. 制备如权利要求 1 所述的农药的方法，该农药含有至少一种辅剂，其中将活性化合物与辅剂密切混合和/或一起研磨。

4. 如权利要求 1 中所述的式（I）所示化合物用于制备如权利要求 1 所述的农药的用途。

5. 权利要求 1 所述的农药用于防治害虫的用途。

6. 下式（I）所示化合物

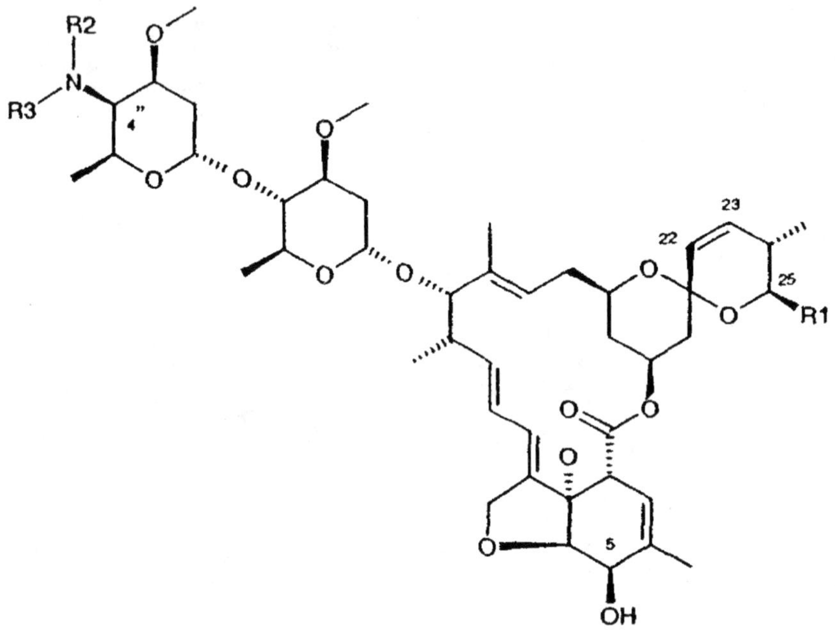

（I）

式中

R_1 为异丙基或仲丁基或其混合物；

R_2 为 H 或甲基；

R_3 为 C_2-C_{12}烷基，一取代的 C_1-C_{12}烷基，C_2-C_{12}链烯基或 C_2-C_{12}炔基，其中上述提到的烷基的取代基选自 OH，卤素，卤素-C_1-C_2 烷基，CN，SCN，NO_2，C_2-C_6 炔基，未取代或被一至三个甲基取代的 C_3-C_8 环烷基，C_3-C_8 卤代环烷基，C_1-C_{12}烷氧基，-C（=O）R_5，-O-C（=O）R_6，-NHC（=O）R_5，-P（=O）（OC_1-C_6 烷基）2，苯基，吡啶基，呋喃基，吗啉基或被取代基一至五取代的苯基，取代基选自 OH，卤素，CN，NO_2，C_1-C_{12}烷基，C_3-C_8 环烷基，C_1-C_{12}卤代烷基，C_1-C_{12}烷氧基，C_1-C_{12}卤代烷氧基，C_1-C_{12}烷硫基，C_1-C_{12}卤代烷硫基，C_1-C_6 烷氧基-C_1-C_6 烷基，二甲氨基-C_1-C_6 烷氧基，C_2-C_8 链烯基，C_2-C_8 炔基，苯氧基，苯基-C_1-C_6 烷基，亚甲基二氧基，-C（=O）

R_5或-O-C（=O）$-R_6$；

R_5为H，OH，C_1-C_{24}烷基或C_1-C_{12}烷氧基；

R_6为H或C_1-C_{24}烷基；

条件是，当R_2是H时，R_3不是一取代的C_1-C_4烷基；

或者，式（I）所示化合物的E/Z异构体，E/Z异构体混合物和/或互变异构体。

请求人认为：（1）本申请的取代基与对比文件1和2的取代基在位阻和电子性质方面存在足够的差异，所以与生物系统的相互作用也会显著不同于对比文件的化合物；（2）本申请实施例B1-B7表明本申请化合物使虫口减少率大于80%，而对比文件1和2没有提供所述化合物抗本申请中列举的物种的生物活性实例。有关本申请化合物与对比文件1的化合物相比技术效果可以预见的观点不能成立。

至此，合议组认为本案事实已经清楚，可以作出审查决定。

二、决定的理由

1. 关于审查文本

本复审请求审查决定是针对请求人于2008年4月23日提交的权利要求书第1~6项，2005年12月27日提交的说明书第1页及说明书摘要，进入中国国家阶段时提交的说明书第2~68页作出的。

2. 关于专利法实施细则第60条第1款

专利法实施细则第60条第1款规定，请求人在提出复审请求或者在对专利复审委员会的复审通知书作出答复时，可以修改专利申请文件；但是，修改应当仅限于消除驳回决定或者复审通知书指出的缺陷。

就本申请而言，请求人在提出复审请求时提交了新的权利要求书，其中相对于驳回决定所针对的权利要求书，增加了新的权利要求7~12，这些权利要求在实审阶段并没有经过实质审查，不属于为了消除驳回决定所指出的缺陷所进行的修改，故不符合专利法实施细则第60条第1款的规定。

请求人在答复《复审通知书》时提交了新的权利要求书，删除了2007年4月6日提出复审请求时所提交的权利要求7~12，因此新提交的权利要求书已经克服了不符合专利法实施细则第60条第1款规定的缺陷。

3. 关于专利法第22条第3款

专利法第22条第3款规定，创造性，是指同申请日以前已有的技术相比，该发明有突出的实质性特点和显著的进步。

对于结构上与已知化合物接近且用途相同的化合物发明，在没有证据表明化合物发明取得预料不到的技术效果的情况下，该化合物发明不具备创造性。

就本案而言，权利要求6要求保护式（I）所示的化合物，其中R_1为异丙基或仲丁基或其混合物，R_2为H或甲基，R_3为C_2-C_{12}烷基……根据说明书的描述，权利要求6式（I）所示的4''-位取代的阿凡曼菌素类化合物具有杀虫特性，适用于防治植物害虫和人类的体内外寄生虫以及牲畜、家养动物和宠物的体内外寄生虫。

对比文件1公开了结构类似的并且同样适用于防治寄生虫和植物害虫的4''-位取代的阿凡曼菌素（参见摘要、第2436页第3段至第2437页第1段，第2438页测试例6-11），第2438页测试例6-11给出的化合物相当于权利要求6中R_1为仲丁基，R_2为H、甲基，R_3为甲基、异丙基、正辛基、苄基、2-羟基乙基的化合物。

以对比文件1公开的化合物7（其中R_1为仲丁基，R_2为甲基，R_3为甲基）作为最接近的现有技术，将本申请权利要求6式（I）的化合物与其相比，区别在于：本申请R_3为C_2-C_{12}烷基……而对比文件 1 相应的 R_3 为 CH_3。作为化合物上的一个取代基，本领域技术人员通常会认为甲基和本申请权利要求 6 中 R_3 定义中的 C_2-C_{12}烷基等属于具有相同性质的基团，将甲基替换成 R_3 中所述的基团后，化合物仍将具有相同的生物学活性，并且将甲基替换成 R_3 中所述的基团的化合物合成也是本领域技术人员在现有技术上能够制得的。除非请求人提供实验效果数据证明本申请的化合物相对于对比文件 1 取得了意想不到的技术效果，否则应认为这种替换对本领域技术人员来说是显而易见的。请求人在答复《第一次审查意见通知书》时提供了本申请化合物 2.22（其中 R_1 为仲丁基，R_2 为甲基，R_3 为乙基）与对比文件 1 中的化合物 8~11 相比的对比数据，但是并没有提供与对比文件 1 中最接近的化合物 7 进行比较的效果数据，因此请求人提供的效果数据不足以证明权利要求 6 要求保护的化合物相对于对比文件 1 取得了意想不到的技术效果。此外，即便请求人提供试验数据证明本申请化合物 2.22 相对于对比文件 1 的化合物 7 取得了意想不到的技术效果，但也仅能证明化合物 2.22 这一化合物具有创造性，并不能证明权利要求 6 要求保护的所有化合物都具有创造性。综上所述，权利要求 6 相对于对比文件 1 不具有突出的实质性特点和显著的进步，不符合专利法第 22 条第 3 款关于创造性的规定。

请求人在答复《复审通知书》时指出：（1）本申请的取代基与对比文件 1 和 2 的取代基在位阻和电子性质方面存在足够的差异，所以与生物系统的相互作用也会显著不同于对比文件的化合物；（2）本申请实施例 B1-B7 表明本申请化合物使虫口减少率大于 80%，而对比文件 1 和 2 没有提供所述化合物抗本申请中列举的物种的生物活性实例，有关本申请化合物与对比文件 1 的化合物相比技术效果可以预见的观点不能成立。对此，合议组认为：本申请化合物与对比文件化合物的区别仅为一个取代基不同，本申请为 C_2-C_{12}烷基……而对比文件为甲基。甲基与 C_2-C_{12}烷基都属于低级烷基，二者在位阻和电子性质方面相似，二者相互替代后应具有相似的药理学性质，在没有相反证据证明的情况下，应认为本申请化合物与对比文件化合物具有药相似的理学性质，二者对生物系统的作用不会显著不同，因此在请求人没有提供实验数据证明本申请化合物与对比文件化合物对生物系统的作用显著不同的情况下，合议组对请求人的主张不予支持。虽然对比文件 1 和 2 没有提供使虫口减少率大于 80% 的效果，但是并不代表对比文件 1 的化合物就没有所述的效果，也不能就此表明本申请的化合物相对于对比文件 1 的化合物取得了意想不到的技术效果，在请求人没有提供本申请化合物与对比文件 1 最接近化合物的对比药理学实验数据的情况下，合议组对请求人的主张不予支持。

权利要求 1 请求保护含有式（I）所示化合物的农药，式（I）所示的 4"-位取代的阿凡曼菌素具有杀虫特性，适用于防治植物害虫和人类的体内外寄生虫以及牲畜，家养动物和宠物的体内外寄生虫。对比文件 1 公开了类似结构且适用于防治寄生虫和植物害虫的 4"-位阿凡曼菌素（参见摘要，第 2436 页第 3 段至第 2437 页第 2 段，第 2438 页测试例 6-11），对比文件 2 披露了 4"-位氨基取代的阿凡曼菌素不仅适用于防治寄生虫，也适用于防治植物害虫（参见摘要，说明书第 3~4 栏），在对比文件 1 的基础上或进一步结合对比文件 2，所属技术领域的技术人员很容易得到权利要求 1 的技术方案。因此当式（I）所示化合物相对于对比文件 1 没有创造性时，含有这些化合物的农药相对于对比文件 1 或对比文件 1 与对比文件 2 的结合也没有突出的实质性特点和显著的进步，因此，权利要求 1 不符合专利法第 22 条第 3 款关于创造性的规定。

权利要求 2~5 请求保护的技术方案都涉及权利要求 1 所述的农药。将农药施用于害虫或害虫栖息地以防治害虫，将活性化合物与辅剂等物质混合以制备农药这些均是所属技术领域的技术人员经常采用的技术手段，当权利要求 1 相对于对比文件 1 或对比文件 1 与对比文件 2 的结合没有创造性时，权利要求 2~5 也没有突出的实质性特点和显著的进步，不符合专利法第 22 条第 3 款关于创造性的规定。

请求人在复审理由中指出对比文件 1 和 2 都没有具体讲授制备阿凡曼菌素的方案，由此认为本申请的化合物具有创造性。对此，合议组认为，由本申请说明书第 4 页第 2 段的内容可知，阿凡曼菌素对本领域技术人员来说是已知的，其通过除虫链霉菌发酵获得，对阿凡曼菌素进行取代基常规修饰获得阿凡曼菌素的衍生物对本领域技术人员是显而易见的。

根据上述事实和理由，合议组作出如下审查决定。

三、决定

维持国家知识产权局于 2006 年 12 月 22 日针对第 02805769.4 号发明专利申请作出的驳回决定。

复审请求人对本决定不服的，可以根据专利法第 41 条第 2 款的规定，自收到本决定之日起三个月内向北京市第一中级人民法院起诉。

099

具有协同作用的杀虫剂组合物

复审请求审查决定（第 14020 号）

决　定　号　第 14020 号
决　定　日　2008 年 7 月 10 日
发明创造名称　具有协同作用的杀虫剂组合物
国 际 分 类 号　A01N 47/34，A01N 47/38，A01N 47/40，A01N 43/56，A01N 37/50，A01N43/36
复 审 请 求 人　巴斯福股份公司
申　请　号　00804913.0
申　请　日　2000 年 3 月 7 日
最早优先权日　1999 年 3 月 12 日
公　开　日　2002 年 4 月 3 日
合 议 组 组 长　刘　亚
主　审　员　张家祥
参　审　员　危　峰

法 律 依 据　专利法第 26 条第 4 款
决 定 要 点

权利要求书应当以说明书为依据，是指权利要求应当得到说明书的支持。权利要求书中的每一项权利要求所要求保护的技术方案应当是所属技术领域的技术人员能够从说明书充分公开的内容中得到或概括得出的技术方案，并且不得超出说明书公开的范围。

一、案由

本复审请求案涉及发明名称为“具有协同作用的杀虫剂组合物”的第 00804913.0 号发明专利申请（下称本申请），申请人为巴斯福股份公司，申请日为 2000 年 3 月 7 日，最早的优先权日为 1999 年 3 月 12 日，公开日为 2002 年 4 月 3 日。

2006 年 3 月 10 日，针对申请人于 2005 年 8 月 9 日提交的权利要求第 1~9 项、2001 年 9 月 12 日进入中国国家阶段时提交的国际申请文件中文译文的说明书第 1~13 页以及说明书摘要，国家知识产权局以权利要求 1 不符合专利法第 26 条第 4 款的规定为由驳回了本申请。

驳回决定所针对的权利要求书如下：

“1. 一种包括协同有效量的神经元钠通道拮抗物和芳基吡咯杀虫剂的协同增效杀虫剂组合物，其中所述神经元钠通道拮抗物具有如下的结构：

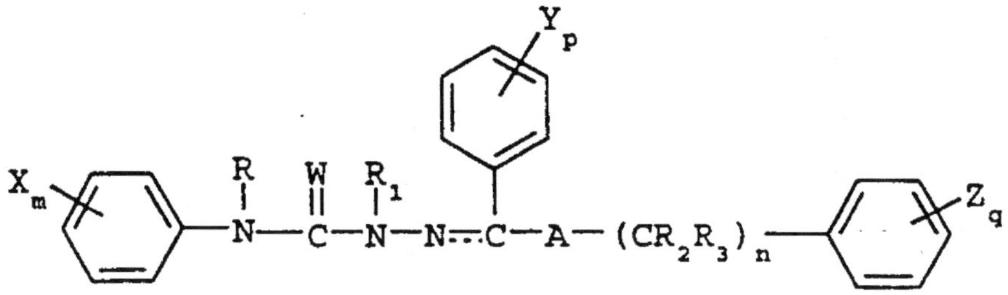

(I)

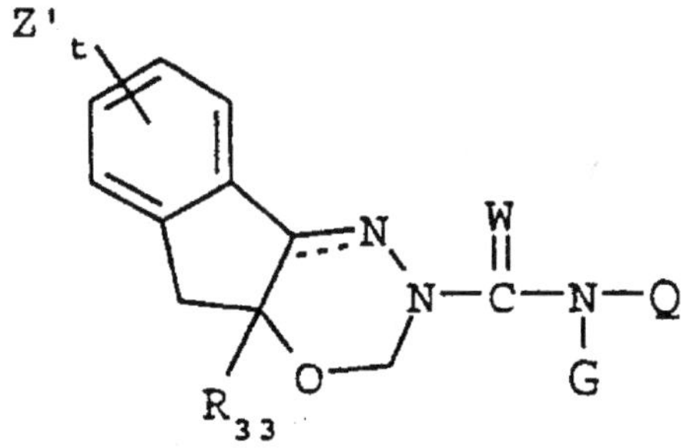

(III)

其中：A 为 CR_4R_5 或 NR_6；

W 为 O 或 S；

X、Y、Z 和 Z′各自独立地为 H；卤原子；OH；CN；NO_2；被一个或多个卤原子、C_1-C_3 烷氧基、C_1-C_3 卤代烷氧基、C_3-C_6 环烷基、C_2-C_6 链烯基氧基或磺酰氧基基团非必须取代的 C_1-C_6 烷基；被一个或多个卤原子、C_1-C_3 烷氧基或 C_3-C_6 环烷基基团非必须取代的 C_1-C_6 烷氧基；C_1-C_6 烷氧基羰基；C_3-C_6 环烷基羰氧基；被一个或多个卤原子、C_1-C_4 烷基或 C_1-C_4 烷氧基基团非必须取代的苯基；被一个或多个 C_1-C_3 烷基基团非必须取代的氨基羰氧基；C_1-C_6 烷氧基羰氧基；C_1-C_6 烷基磺酰氧基；C_2-C_6 链烯基；或 $NR_{12}R_{13}$；

m，p 和 q 各自独立地为 1、2、3、4 或 5 的整数；

n 为 0、1 或 2 的整数；

r 为 1 或 2 的整数；

t 为 1、2、3 或 4 的整数；

R、R_1、R_2、R_3、R_4 和 R_5 各自独立地为 H 或 C_1-C_4 烷基；

R_6 为 H、C_1-C_6 烷基、C_1-C_6 卤代烷基、C_1-C_6 烷氧基烷基、C_1-C_6 烷氧基、C_1-C_6 卤代烷氧基、C_2-C_6 链烯基、C_2-C_6 炔基、C_1-C_6 烷基羰基、C_1-C_6 烷氧基羰基、C_1-C_6 烷硫基、或 C_1-C_6 卤代烷硫基；

R_{12}和 R_{13}各自独立地为 H 或 C_1-C_6 烷基；

G 为 H；被一个或多个卤原子、C_1-C_4 烷氧基、C_1-C_6 卤代烷氧基、CN、NO_2S（O）uR_14、COR_{15}、CO_2R_{16}、苯基或 C_3-C_6 环烷基基团非必须取代的 C_1-C_6 烷基；C_1-C_6 烷氧基；C_1-C_6 卤代烷氧基；CN；NO_2；S（O）uR_{17}；COR_{18}；CO_2R_{19}；被一个或多个卤原子、CN、C_1-C_3 卤代烷基、或 C_1-C_3 卤代烷氧基基团非必须取代的苯基；C_3-C_6 环烷基；或苯硫基；

Q 为被一个或多个卤原子、CN、SCN、NO_2、S（O）uR_20、C_1-C_4 烷基、C_1-C_4 卤代烷基、C_1-

C_4 烷氧基烷基、C_1-C_6 烷氧基、C_1-C_6 卤代烷氧基、或 NR_21R_{22}基团非必须取代的苯基；

u 为 0、1 或 2 的整数；

R_{14}、R_{15}、R_{16}、R_{18}、R_{19}、R_{21}和 R_{22}各自独立地为 H 或 C_1-C_6 烷基；

R_{17}和 R_{20}各自独立地为 C_1-C_6 烷基或 C_1-C_6 卤代烷基；

R_{33}为 CO_2R_{34}；

R_{34}为 H；C_1-C_6 烷基；C_1-C_6 卤代烷基；苯基或卤代苯基；

并且其中的芳基吡咯杀虫剂是具有结构式 VI 的化合物，

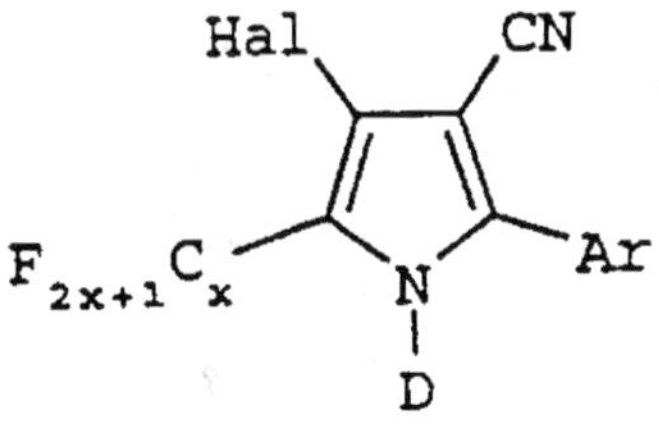

(VI)

其中：Ar 为

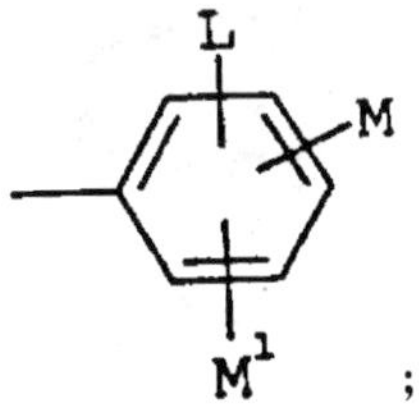

；

Hal 为 Cl 或 Br；

x 为 1、2、3、4、5 或 6 的整数；

D 为 H；被一个或多个卤原子、CN、OH、C_1-C_4 烷氧基、C_1-C_4 卤代烷氧基、C_1-C_5 烷硫基、C_1-C_4 烷基羰氧基、C_1-C_4 卤代烷硫基、C_2-C_6 链烯基羰氧基、苯基羰氧基、卤代苯基羰氧基、苯氧基、卤代苯氧基、苯基、卤代苯基或 C_1-C_3 烷基苯基基团非必须取代的 C_1-C_6 烷基；C_2-C_6 链烯基；C_2-C_6 卤代链烯基；CN；C_2-C_6 炔基；C_2-C_6 卤代炔基；二-（C_1-C_4 烷基）氨基羰基；或 C_3-C_6 多亚甲基亚氨基羰基；

L 为 H 或卤原子；

M 和 M1 各自独立地为 H；卤原子；CN；NO_2；C_1-C_4 烷基；C_1-C_4 卤代烷基；C_1-C_4 烷氧基；C_1-C_4 卤代烷氧基；C_1-C_4 烷硫基；C_1-C_4 卤代烷硫基；C_1-C_4 烷基磺酰基；C_1-C_4 卤代烷基磺酰基；C_1-C_4 烷基羰基；C_1-C_4 卤代烷基羰基；$NR_{35}R_{36}$或当 M 和 M1 与相邻的碳原子连接时，它们与相连的碳原子一起形成一个环，其中 MM1 代表-OCH_2O-、-OCF2O-或-CH=CH-CH=CH-；

R_{35}和 R_{36}各自独立地为 H 或 C_1-C_4 烷基；

并且其中所述神经元钠通道拮抗物与芳基吡咯杀虫剂的比例为 1∶10 至 1∶50。

2. 如权利要求 1 的组合物，其中所述神经元钠通道拮抗物和所述芳基吡咯杀虫剂被分散在一惰性固体或液体稀释剂中。

3. 如权利要求 1 的具有结构式 I 或 III 化合物的组合物，其中点线构型 C-N 代表双键。

4. 如权利要求 3 的组合物，其中 W 为 O；X 为三氟甲氧基并且处于第 4 位；Y 为三氟甲基并且处于第 3 位；Z 为 CN 并且处于第 4 位；A 为 CH_2；n 为 0；m、p 和 q 各自独立地为 1；R 和 R_1 各自独立地为 H；Z′为 Cl；R_{33}和 G 各自独立地为 CO_2CH_3；Q 为对-（三氟甲氧基）苯基。

5. 如权利要求 1 的具有结构式 VI 的芳基吡咯杀虫剂的组合物，其中 D 为 H 或乙氧基甲基；Ar 为被一个或两个卤原子或卤代甲基基团取代的苯基；且 x 为 1。

6. 一种协同控制虫害的方法，其包括使所述虫害与如权利要求 1 所述的含有协同有效量的神经元钠通道拮抗物和芳基吡咯杀虫剂的组合物接触。

7. 如权利要求 6 的方法，其中所述神经元钠通道拮抗物与芳基吡咯杀虫剂的比例为 1 : 10 至 1 : 50，并且神经元钠通道拮抗物的结构式为 I 或 III，其中所述点线构型 C-N 代表双键，W 为 O；X 为三氟甲氧基并且处于第 4 位；Y 为三氟甲基并且处于第 3 位；Z 为 CN 并且处于第 4 位；A 为 CH_2；n 为 0；m、p 和 q 各自独立地为 1；R 和 R_1 各自独立地为 H；Z′为 Cl；R_{33}和 G 各自独立地为 CO_2CH_3；Q 为对-（三氟甲氧基）苯基。

8. 如权利要求 6 的方法，其中芳基吡咯杀虫剂的结构式为 VI，在该结构式中 D 为 H 或乙氧基甲基；Ar 为被一个或两个卤原子或卤代甲基基团取代的苯基；且 x 为 1。

9. 一种防止植物免遭虫害袭击和进攻的方法，其包括将如权利要求 1 所述的含有协同有效量的神经元钠通道拮抗物和芳基吡咯杀虫剂的组合物应用于所述植物的叶和茎部。”

驳回决定认为，权利要求 1 得不到说明书的支持，不符合专利法第 26 条第 4 款的规定。说明书中只给出了式（I）的氨甲酰肼类化合物与式（VI）的芳基吡咯类化合物组合具有协同杀虫效果的实施例，由于式（III）化合物与式（I）化合物具有较大的结构差异，从而它们的理化性质差异也相应较大，因此本领域技术人员难以预见式（III）化合物与式（VI）的芳基吡咯类化合物相组合也具有如说明书所述的良好的协同杀虫效果，式（III）化合物得不到说明书的支持。申请人在答复《第一次审查意见通知书》时提交的式（III）化合物与式（VI）化合物的新的增效数据用于证明权利要求 1 得到说明书支持是不能被接受的，该新的实验数据不能证明权利要求 1 能够得到说明书的支持。

2006 年 6 月 6 日，申请人巴斯福股份公司（下称请求人）对上述驳回决定不服，向专利复审委员会提出复审请求，同时提交了附件 1（第 3633 号复审决定），但未提交修改文本。

请求人认为，判断权利要求是否得到说明书的支持时，应当考虑说明书的全部内容，而不是仅限于具体实施方式部分的内容，本申请说明书实施例部分具体例举的式（I）的氨甲酰肼类化合物与式（VI）的芳基吡咯类化合物组合具有协同杀虫效应的实施例只是为了示例性地进一步阐述本申请的技术方案。权利要求 1 中的式（III）化合物与式（VI）化合物结合的技术方案是本领域技术人员根据说明书公开的内容，结合本领域的常识能够概括得出的，也是通过简单的试验能够证实的，不存在包含有属于推测且其技术效果难于确定和评价的情形。因此，权利要求 1 符合专利法第 26 条第 4 款的规定。另外，请求人还认为，附件 1 表明为了说明权利要求范围的合理性，可以通过提供诸如实验数据等证据来说明其主张。

经形式审查合格后，专利复审委员会受理了该请求，并于 2006 年 8 月 4 日向请求人发出了《复审请求受理通知书》，同时将本申请转送至国家知识产权局原审查部门进行前置审查。

在《前置审查意见书》中，国家知识产权局原审查部门坚持驳回决定。

专利复审委员会组成合议组，对本复审请求案进行了审理。合议组于 2007 年 6 月 15 日向请求人发出《复审通知书》，指出：式 I 化合物、式 III 化合物和式 VI 化合物本身都是通式化合物，当其中的取代基和取代基的个数不同时，上述化合物分别代表了大量的不同化合物，权利要求 1 的杀虫剂组合物也随之包括了成千上万种组合方式，而说明书的实施例 1 只给出了一种具体组合 Ia 和 VIa 的实验效果数据，如请求人在说明书中所述，“协同作用的机理尚未被完全弄清，且其完全可能因为组合的不同而不同”，也就是说，两种或多种活性成分组合后能否产生协同作用是不可预期的。因此，说明书所记载的一个具体组合（Ia 和 VIa）的实验效果数据不足以支持权利要求 1 所要求保护的技术方案，该权利要求得不到说明书的支持，不符合专利法第26条第4款的规定。至于请求人补交的实验数据，它既不属于本申请说明书公开的内容，也不是申请日前的已有技术，本领域技术人员也无法从本申请说明书毫无疑义地推知这些实验数据，因此不能克服权利要求1得不到说明书支持的缺陷。同理，权利要求2~9也不符合专利法第26条第4款的规定。

针对《复审通知书》指出的问题，请求人于2007年7月30日提交了意见陈述书和经修改的权利要求书，其中删除了权利要求1中的具有结构式（III）的神经元钠通道拮抗物以及与之有关的描述，并在权利要求1中增加了对结构式（I）中的点线构型C-N进行限定的技术特征，同时对权利要求3~4和7进行了相应修改。请求人认为，经过上述修改，权利要求1~9能够得到说明书的支持。

2008年3月6日，请求人提交了新修改的权利要求书，在权利要求1、4和7中增加了被误删的基团“W”的定义。

2008年4月7日，专利复审委员会向请求人发出《合议组成员告知通知书》，期满请求人未提出回避请求。

2008年6月16日，请求人再次提交了新修改的权利要求书，删除了权利要求1中的“以及点线构型C-N代表一个双键或一个单键；或其立体异构体”，修改后的权利要求书为：

“1. 一种包括协同有效量的神经元钠通道拮抗物和芳基吡咯杀虫剂的协同增效杀虫剂组合物，其中所述神经元钠通道拮抗物具有如下的结构：

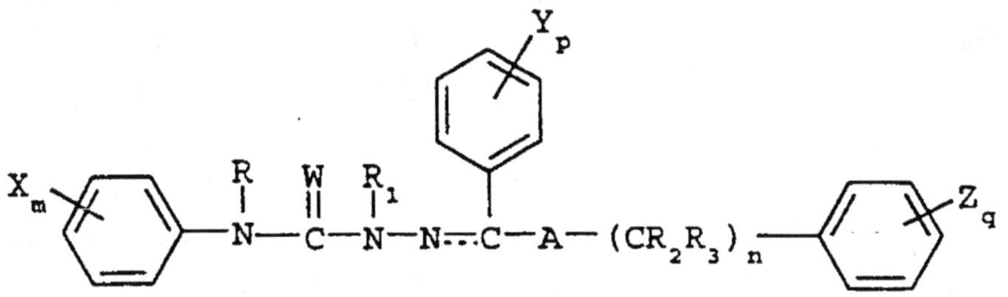

(I)

其中：A为CR_4R_5或NR_6；

W为O或S；

X、Y和Z各自独立地为H；卤原子；OH；CN；NO_2；被一个或多个卤原子、C_1-C_3烷氧基、C_1-C_3卤代烷氧基、C_3-C_6环烷基、C_2-C_6链烯基氧基或磺酰氧基基团非必须取代的C_1-C_6烷基；被一个或多个卤原子、C_1-C_3烷氧基或C_3-C_6环烷基基团非必须取代的C_1-C_6烷氧基；C_1-C_6烷氧基羰基；C_3-C_6环烷基羰氧基；被一个或多个卤原子、C_1-C_4烷基或C_1-C_4烷氧基基团非必须取代的苯基；被一个或多个C_1-C_3烷基基团非必须取代的氨基羰氧基；C_1-C_6烷氧基羰氧基；C_1-C_6烷基磺酰氧基；C_2-C_6链烯基；或$NR_{12}R_{13}$；

m，p和q各自独立地为1、2、3、4或5的整数；

n为0、1或2的整数；

R、R_1、R_2、R_3、R_4和R_5各自独立地为H或C_1-C_4烷基；

R_6为H、C_1-C_6烷基、C_1-C_6卤代烷基、C_1-C_6烷氧基烷基、C_1-C_6烷氧基、C_1-C_6卤代烷氧基、C_2-C_6链烯基、C_2-C_6炔基、C_1-C_6烷基羰基、C_1-C_6烷氧基羰基、C_1-C_6烷硫基、或C_1-C_6卤代烷硫基；

R_{12}和R_{13}各自独立地为H或C_1-C_6烷基；

并且其中的芳基吡咯杀虫剂是具有结构式VI的化合物，

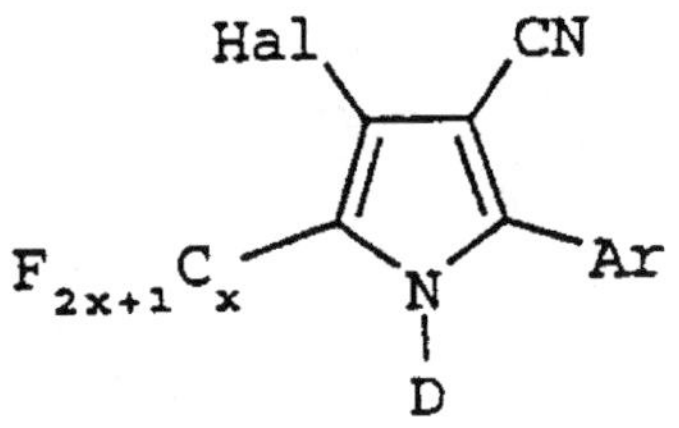

(VI)

其中：Ar 为

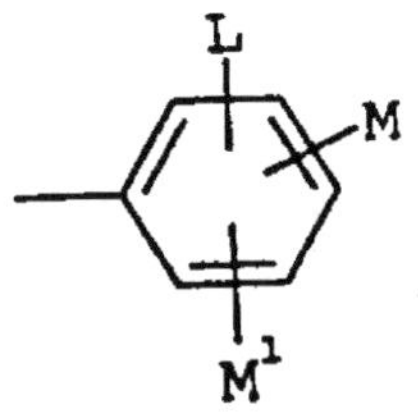

Hal 为 Cl 或 Br；

x 为 1、2、3、4、5 或 6 的整数；

D 为 H；被一个或多个卤原子、CN、OH、C_1-C_4 烷氧基、C_1-C_4 卤代烷氧基、C_1-C5 烷硫基、C_1-C_4 烷基羰氧基、C_1-C_4 卤代烷硫基、C_2-C_6 链烯基羰氧基、苯基羰氧基、卤代苯基羰氧基、苯氧基、卤代苯氧基、苯基、卤代苯基或 C_1-C_3 烷基苯基基团非必须取代的 C_1-C_6 烷基；C_2-C_6 链烯基；C_2-C_6 卤代链烯基；CN；C_2-C_6 炔基；C_2-C_6 卤代炔基；二-（C_1-C_4 烷基）氨基羰基；或 C_3-C_6 多亚甲基亚氨基羰基；

L 为 H 或卤原子；

M 和 M1 各自独立地为 H；卤原子；CN；NO_2；C_1-C_4 烷基；C_1-C_4 卤代烷基；C_1-C_4 烷氧基；C_1-C_4 卤代烷氧基；C_1-C_4 烷硫基；C_1-C_4 卤代烷硫基；C_1-C_4 烷基磺酰基；C_1-C_4 卤代烷基磺酰基；C_1-C_4 烷基羰基；C_1-C_4 卤代烷基羰基；$NR_{35}R_{36}$或当 M 和 M1 与相邻的碳原子连接时，它们与相连的碳原子一起形成一个环，其中 MM1 代表$-OCH_2O-$、-OCF2O-或-CH=CH-CH=CH-；

R_{35}和 R_{36}各自独立地为 H 或 C_1-C_4 烷基；

并且其中所述神经元钠通道拮抗物与芳基吡咯杀虫剂的比例为 1∶10 至 1∶50。

2. 如权利要求 1 的组合物，其中所述神经元钠通道拮抗物和所述芳基吡咯杀虫剂被分散在一惰性固体或液体稀释剂中。

3. 如权利要求 1 的具有结构式 I 化合物的组合物，其中所述点线构型 C-N 代表双键。

4. 如权利要求 3 的组合物，其中 W 为 O；X 为三氟甲氧基并且处于第 4 位；Y 为三氟甲基并且处于第 3 位；Z 为 CN 并且处于第 4 位；A 为 CH_2；n 为 0；m、p 和 q 各自独立地为 1；R 和 R_1 各自独立地为 H。

5. 如权利要求 1 的具有结构式 VI 的芳基吡咯杀虫剂的组合物，其中 D 为 H 或乙氧基甲基；Ar 为被一个或两个卤原子或卤代甲基基团取代的苯基；且 x 为 1。

6. 一种协同控制虫害的方法，其包括使所述虫害与如权利要求 1 所述的含有协同有效量的神经元钠通道拮抗物和芳基吡咯杀虫剂的组合物接触。

7. 如权利要求 6 的方法，其中所述神经元钠通道拮抗物与芳基吡咯杀虫剂的比例为 1∶10 至 1∶50，并且神经元钠通道拮抗物的结构式为 I，其中所述点线构型 C-N 代表双键，W 为 O；X 为三氟甲氧基并且处于第 4 位；Y 为三氟甲基并且处于第 3 位；Z 为 CN 并且处于第 4 位；A 为 CH_2；n 为 0；

m、p 和 q 各自独立地为 1；R 和 R_1 各自独立地为 H。

8. 如权利要求 6 的方法，其中芳基吡咯杀虫剂的结构式为 VI，在该结构式中 D 为 H 或乙氧基甲基；Ar 为被一个或两个卤原子或卤代甲基基团取代的苯基；且 x 为 1。

9. 一种防止植物免遭虫害袭击和进攻的方法，其包括将如权利要求 1 所述的含有协同有效量的神经元钠通道拮抗物和芳基吡咯杀虫剂的组合物应用于所述植物的叶和茎部。”

至此，合议组认为本案事实清楚，可以作出审查决定。

二、决定的理由

1. 关于审查文本

本复审请求审查决定是以请求人于 2008 年 6 月 16 日提交的权利要求书、2001 年 9 月 12 日进入中国国家阶段时提交的国际申请文件中文译文的说明书以及说明书摘要为基础作出的。

2. 关于专利法第 26 条第 4 款

专利法第 26 条第 4 款规定：权利要求书应当以说明书为依据，说明要求专利保护的范围。

权利要求书应当以说明书为依据，是指权利要求应当得到说明书的支持。权利要求书中的每一项权利要求所要求保护的技术方案应当是所属技术领域的技术人员能够从说明书充分公开的内容中得到或概括得出的技术方案，并且不得超出说明书公开的范围。

就本申请而言，权利要求 1 要求保护一种协同增效杀虫剂组合物，包括协同有效量的神经元钠通道拮抗物（即式 I 化合物）和芳基吡咯杀虫剂（即式 VI 化合物），二者的比例为 1∶10~1∶50。

驳回决定认为，权利要求 1 得不到说明书的支持，不符合专利法第 26 条第 4 款的规定。说明书中只给出了式（I）的氨甲酰肼类化合物与式（VI）的芳基吡咯类化合物组合具有协同杀虫效果的实施例，由于式（III）化合物与式（I）化合物具有较大的结构差异，从而它们的理化性质差异也相应较大，因此本领域技术人员难以预见式（III）化合物与式（VI）的芳基吡咯类化合物相组合也具有如说明书所述的良好的协同杀虫效果，式（III）化合物得不到说明书的支持。

在请求人于 2008 年 6 月 16 日提交的权利要求书中，请求人删除了权利要求 1 中的具有结构式（III）的神经元钠通道拮抗物以及与之有关的描述。对此，合议组认为，式（III）化合物被删除后，权利要求 1 的技术方案中已经不存在式（III）化合物和式（VI）化合物的组合，因此，驳回决定所指出的权利要求 1 不符合专利法第 26 条第 4 款规定的缺陷已被克服。

根据上述事实和理由，合议组作出如下审查决定。

三、决定

撤销国家知识产权局于 2006 年 3 月 10 日针对第 00804913.0 号发明专利申请作出的驳回决定，由国家知识产权局原审查部门以请求人于 2008 年 6 月 16 日提交的权利要求书、2001 年 9 月 12 日进入中国国家阶段时提交的国际申请文件中文译文的说明书以及说明书摘要为基础继续审批程序。

复审请求人对本决定不服的，可以根据专利法第 41 条第 2 款的规定，自收到本决定之日起三个月内向北京市第一中级人民法院起诉。

100

取代的苯基酮烯醇杀虫剂及除草剂

复审请求审查决定（第 14029 号）

决　　定　　号　第 14029 号
决　　定　　日　2008 年 7 月 2 日
发明创造名称　取代的苯基酮烯醇杀虫剂及除草剂
国 际 分 类 号　C07D209/54，A01N43/00
复 审 请 求 人　拜尔公司
申　　请　　号　200410095691.4
最早优先权日　1996 年 4 月 2 日
申　　请　　日　1997 年 3 月 21 日
公　　开　　日　2005 年 6 月 29 日
合 议 组 组 长　李　越
主　　审　　员　孙丽芳
参　　审　　员　张家祥

法　律　依　据　专利法第 31 条第 1 款
决　定　要　点

可以作为一件申请提出属于总的发明构思的两项以上发明或者实用新型，应当在技术上相互关联，包含一个或多个相同或相应的特定技术特征，其中特定技术特征是指每一项发明或者实用新型作为整体，对现有技术作出贡献的技术特征，也就是相对于现有技术具有新颖性和创造性的技术特征。

对于请求保护化合物的多项独立权利要求，如果它们所具有的共同结构单元不能体现相对于现有技术具有新颖性或创造性的技术特征，不能构成这些权利要求的特定技术特征，则这些权利要求之间不具备单一性。

一、案由

本复审请求案涉及发明名称为“取代的苯基酮烯醇杀虫剂及除草剂”的第 200410095691.4 号发明专利申请（下称本申请），申请人为拜尔公司，申请日为 1997 年 3 月 21 日，最早优先权日为 1996 年 4 月 2 日，公开日为 2005 年 6 月 29 日。

2007 年 6 月 8 日，针对申请人于 2007 年 4 月 3 日提交的权利要求第 1~9 项、2004 年 11 月 15 日提交的说明书第 1~16 页以及说明书摘要，国家知识产权局以权利要求 1~4 与 5、6 之间，权利要求 1~4 与 7、8、9 相互之间，权利要求 5、6 与权利要求 7、8、9 相互之间不具备单一性，不符合专利法第 31 条第 1 款的规定为由驳回了本申请。

驳回决定认为：（1）权利要求3请求保护的式（XXI）化合物、权利要求4请求保护式（XXIX）化合物可以是权利要求1的式（II）化合物的制备中间体，权利要求1~4之间具备单一性，而权利要求5、6涉及的中间体式（III）化合物是制备I-2-a的中间体，与权利要求1~4的中间体化合物没有关系，相互之间不具备相同或者相应的特定技术特征，因此，权利要求1~4与权利要求5、6之间不具备单一性；（2）权利要求7、8、9涉及的式（IV）化合物是制备I-3-a的中间体，与权利要求1~4的中间体化合物不具备共同的特定技术特征，因此，权利要求1~4与权利要求7、8、9互相之间也不具备单一性；（3）权利要求5、6与权利要求7、8、9的中间体化合物不具备共同的特定技术特征，因此，权利要求5、6与权利要求7、8、9互相之间也不具备单一性；④权利要求1~4的中间体制备得到的最终产物I-1-a、权利要求5、6的中间体制备得到的最终产物I-2-a、权利要求7~9的中间体制备得到的最终产物I-3-a虽然同属于通式（I），但是I-1-a、I-2-a、I-3-a化合物具有的共同结构是被取代的苯环，该共同结构不占整个结构的大部分，并且该结构也不构成区别于现有技术如WO9526954A、DE4216814A、CN1086213A、DE4337853A、DE4410420A等的特定技术特征，因此I-1-a、I-2-a、I-3-a相互之间没有相同或者相应的特定技术特征，不属于一个总的发明构思，分别用于制备I-1-a、I-2-a、I-3-a的中间体之间也不具备单一性。

驳回决定针对的权利要求书如下：

“1. 式（II）化合物

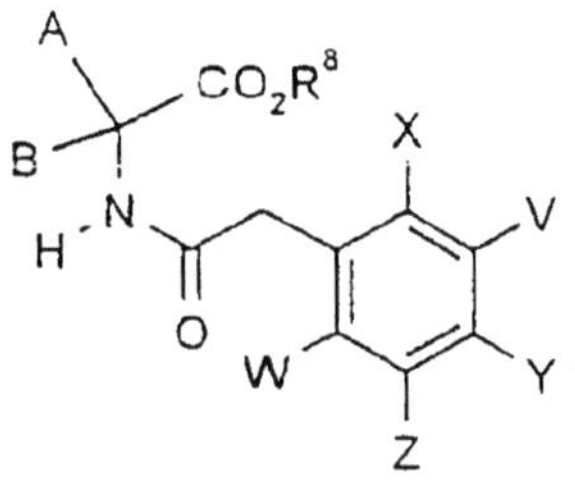

(II)

其中

V代表氢、氟、氯、溴、C_1-C_4-烷基或C_1-C_4-烷氧基，

W代表氰基、硝基、氟、氯、溴、C_1-C_4-烷基、C_1-C_4-烷氧基、C_1-C_2-卤代烷基、C_1-C_2-卤代烷氧基，或均可任选由氟-、氯-、溴-、C_1-C_4-烷基、C_1-C_4-烷氧基-、C_1-C_2-卤代烷基-、C_1-C_2-卤代烷氧基、硝基-或氰基-取代的苯基、苯氧基、苄基或苄氧基，

X代表氢、氟、氯、溴、C_1-C_4-烷基、C_1-C_4-烷氧基、C_1-C_2-卤代烷基、C_1-C_2-卤代烷氧基、氰基、硝基，或均可任选由氟-、氯-、溴-、C_1-C_4-烷基、C_1-C_4-烷氧基-、C_1-C_2-卤代烷基-、C_1-C_2-卤代烷氧基、硝基-或氰基-取代的苯基、苯氧基、苄基或苄氧基，

Y代表氢、氟、氯、溴、C_1-C_4-烷基、C_1-C_4-烷氧基、C_1-C_2-卤代烷基、C_1-C_2-卤代烷氧基、氰基或硝基，

Z代表氟、氯、溴、C_1-C_4-烷基、C_1-C_4-烷氧基、C_1-C_2-卤代烷基、C_1-C_2-卤代烷氧基、羟基、氰基、硝基或均可任选由氟-、氯-、溴-、C_1-C_4-烷基、C_1-C_4-烷氧基-、C_1-C_2-卤代烷基-、C_1-C_2-卤代烷氧基、硝基-或氰基-取代的苯氧基或苄氧基，或，

Y和Z一起代表均可任选由氟-、氯-、溴-、C_1-C_4-烷基-、C_1-C_4-烷氧基-或C_1-C_2-卤代烷基-取代的C_3-C_4-烷二基或C_3-C_4-烯二基，其中一或二个不直接相邻的成员可以相互独立地任选由氧、硫或氮置换，或

W和Z一起代表均可任选由氟-、氯-、溴-、C_1-C_4-烷基-、C_1-C_4-烷氧基-或C_1-C_2-卤代烷基-取代的C_3-C_4-烷二基或C_3-C_4-烯二基，其中一或二个不直接相邻的成员可以相互独立地任选由

氧、硫或氮置换，

A 代表氢，或均可任选由氟−或氯−取代的 C_1-C_{10}−烷基、C_2-C_6−链烯基、C_1-C_8−烷氧基−C_1-C_6−烷基、多− C_1-C_6−烷氧基− C_1-C_6−烷基或 C_1-C_8−烷硫基− C_1-C_6−烷基，或任选由氟−、氯−、C_1-C_4−烷基−或 C_1-C_4−烷氧基−取代的且其中的一或二个不直接相邻的亚甲基任选由氧和/或硫置换的 C_3-C_7−环烷基，或均可任选由氟−、氯−、溴−、C_1-C_4−烷基−、C_1-C_4−卤代烷基−、C_1-C_4−烷氧基−、C_1-C_4−卤代烷氧基−、氰基−或硝基−取代的苯基、呋喃基、吡啶基、咪唑基、三唑基、吡唑基、吲哚基、噻唑基、噻吩基或苯基− C_1-C_4−烷基，

B 代表氢，C_1-C_{10}−烷基或 C_1-C_6−烷氧基− C_1-C_4−烷基，或，

A、B 同与之连接的碳原子一起代表 C_3-C_8−环烷基或 C_5-C_8−环烯基，其中各自任选一个亚甲基由氧或硫置换且它们任选由 C_1-C_6−烷基、C_3-C_8 环烷基、C_1-C_2−卤代烷基−、C_1-C_6−烷氧基、C_1-C_6−烷硫基、氟、氯或苯基取代，或

A、B 同与之连接的碳原子一起代表 C_5-C_6−环烷基，该环烷基由任选含有一或二个氧和/或硫原子的亚烷二基取代，或由同与其所连接的碳原子一起形成另一五至七元环的亚烷二氧基或亚烷二硫基取代，或

A、B 同与之连接的碳原子一起代表 C_3-C_6−环烷基或 C_5-C_6−环烯基，其中的二个碳原子通过均可任选由 C_1-C_4−烷基−、C_1-C_4−烷氧基−、氟−、氯−或溴−取代的且其中各自的一个亚甲基任选由氧或硫置换的 C_3-C_5−烷二基、C_3-C_5−烯二基或丁二烯二基连接，

R^8 代表 C_1-C_6−烷基。

2. 根据权利要求 1 的化合物，其中

V 代表氢、氟、氯、溴、甲基、乙基、丙基、异丙基、叔丁基、甲氧基、乙氧基、丙氧基或异丙氧基，

W 代表氰基、硝基、氟、氯、溴、甲基、乙基、丙基、丁基、异丙基、异丁基、叔丁基、甲氧基、乙氧基、丙氧基、异丙氧基、三氟甲基、二氟甲氧基、三氟甲氧基、苯基或苄氧基，

X 代表氢、氟、氯、溴、甲基、乙基、丙基、丁基、异丁基、异丙基、叔丁基、甲氧基、乙氧基、丙氧基、异丙氧基、三氟甲基、三氟甲氧基、二氟甲氧基、氰基、硝基、苯基或苄氧基，

Y 代表氢、氟、氯、溴、甲基、乙基、丙基、异丙基、丁基、异丁基、叔丁基、甲氧基、乙氧基、丙氧基、异丙氧基、三氟甲基、三氟甲氧基、二氟甲氧基、氰基或硝基，

Z 代表氟、氯、溴、甲基、乙基、丙基、丁基、异丁基、异丙基、叔丁基、甲氧基、乙氧基、丙氧基、异丙氧基、三氟甲基、三氟甲氧基、二氟甲氧基、氰基或硝基，或

Y 和 Z 一起代表任选由氟−、氯−、甲基−、乙基−、丙基−、异丙基−、甲氧基−、乙氧基−、丙氧基−、异丙氧基−或三氟甲基−取代的 C_3-C_4−烷二基，其中二个不直接相邻的成员任选由氧置换，或

W 和 Z 一起代表任选由氟−、氯−、甲基−、乙基−、丙基−、异丙基−、甲氧基−、乙氧基−、丙氧基−、异丙氧基−或三氟甲基−取代的 C_3-C_4−烷二基，其中二个不直接相邻的成员任选由氧置换，

A 代表氢，均可任选由氟−或氯−取代的 C_1-C_8−烷基、C_2-C_4−链烯基、C_1-C_6−烷氧基−C_1-C_4−烷基、多−C_1-C_4−烷氧基−C_1-C_4−烷基或 C_1-C_6−烷硫基−C_1-C_4−烷基，或任选由氟−、氯−、甲基−、或甲氧基−取代的且其中的一或二个不直接相邻的亚甲基任选由氧和/或硫置换的 C_3-C_6−环烷基，或代表均可任选由氟−、氯−、溴−、甲基−、乙基−、正丙基−、异丙基−、甲氧基−、乙氧基−、三氟甲基−、三氟甲氧基−、氰基−或硝基−取代的苯基、吡啶基或苄基，

B 代表氢，C_1-C_8−烷基或 C_1-C_4−烷氧基−C_1-C_2−烷基，或，

A、B 同与之连接的碳原子代表 C_3-C_8−环烷基或 C_5-C_8−环烯基，其中在每种情况下一个亚甲基

任选由氧或硫置换且它们任选由甲基、乙基、正丙基、异丙基、丁基、异丁基、仲丁基、叔丁基、环己基、三氟甲基、甲氧基、乙氧基、正丙氧基、异丙氧基、丁氧基、异丁氧基、仲丁氧基、叔丁氧基、甲硫基、乙硫基、氟、氯或苯基取代，或

A、B 同与之连接的碳原子代表 C_5-C_6-环烷基，该环烷基由任选含有氧和/或硫原子的亚烷二基取代，或由与其所连接的碳原子一起形成另一五至七元环的亚烷二氧基取代，或

A、B 同与之连接的碳原子代表 C_3-C_6-环烷基或 C_5-C_6-环烯基，其中的二个碳原子通过 C_3-C_4-烷二基、C_3-C_4-烯二基或丁二烯二基连接，

R^8 代表 C_1-C_6-烷基。

3. 式（XXI）化合物

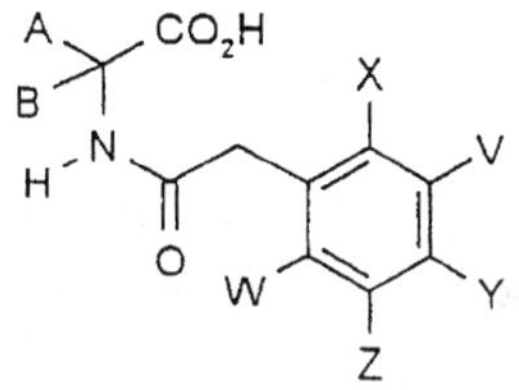

(XXI)

其中

A、B、V、W、X、Y 和 Z 各如权利要求 1~2 中任一项所定义。

4. 式（XXIX）化合物

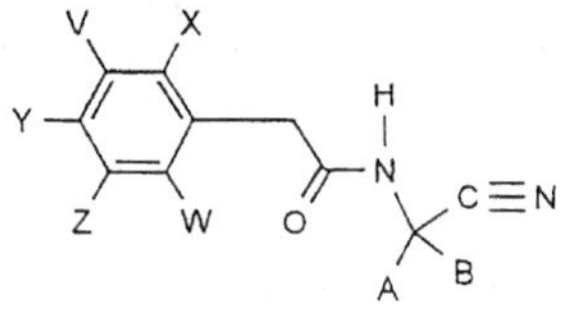

(XXIX)

其中

A、B、V、W、X、Y 和 Z 各如权利要求 1~2 中任一项所定义。

5. 式（III）化合物，

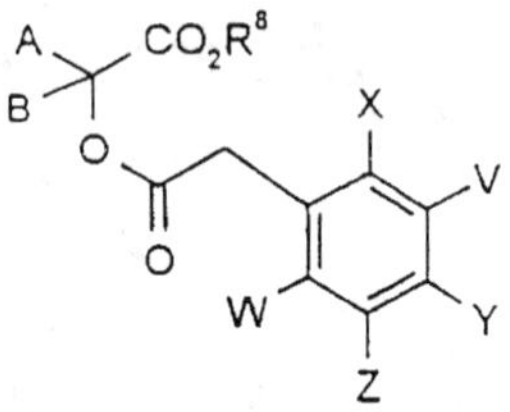

(III)

其中

A、B、V、W、X、Y 和 Z 各如权利要求 1~2 中任一项所定义，且

R^8 代表烷基。

6. 权利要求 5 的化合物，其中 R^8 代表 C_1-C_6 烷基。

7. 式（IV）化合物

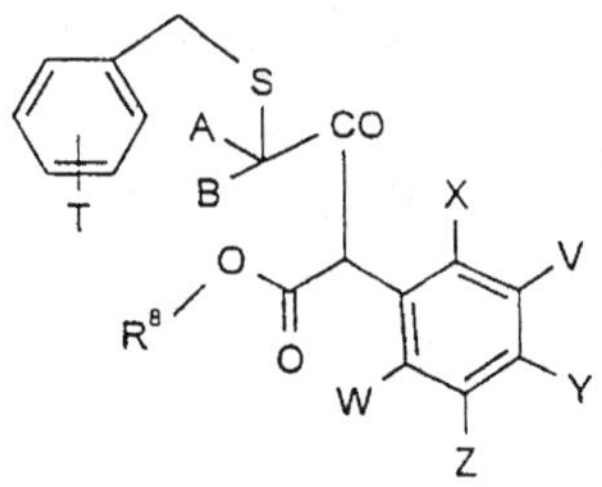

(IV)

其中

A、B、V、W、X、Y 和 Z 各如权利要求 1~2 中任一项所定义，

R^8 代表烷基，

T 代表氢、卤素、烷基或烷氧基。

8. 权利要求 7 的化合物，其中 R^8 代表 C_1-C_6 烷基。

9. 权利要求 7 或 8 的化合物，其中 T 代表 C_1-C_6 烷基或 C_1-C_8 烷氧基。”

2007 年 8 月 16 日，申请人拜尔公司（下称请求人）对上述驳回决定不服，向专利复审委员会提出复审请求，请求人在提出复审请求时没有对申请文件进行修改。

请求人认为：式 I-1-a，I-2-a，I-3-a 之间的共同结构不只是“被取代的苯环”，而是如下结构：

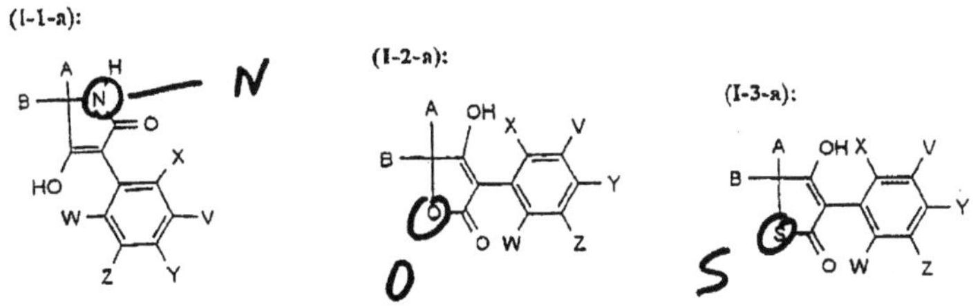

上述各通式的区别仅在于杂原子不同，而化学领域中，N、O、S 作为杂原子被认为是同一类元素。

经形式审查合格后，专利复审委员会受理了该请求，并于 2007 年 9 月 11 日向请求人发出了《复审请求受理通知书》，同时将本申请转送至国家知识产权局原审查部门进行前置审查。

在《前置审查意见书》中，国家知识产权局原审查部门认为式 I-1-a，I-2-a，I-3-a 之间没有相同或相应的特定技术特征，不属于一个总的发明构思，因此坚持驳回决定。

专利复审委员会组成合议组，对本复审请求案进行了审理。

合议组于 2008 年 3 月 31 日向请求人发出《复审通知书》，指出，（1）权利要求 1 要求保护的式（II）化合物、权利要求 5 要求保护的式（III）化合物和权利要求 7 要求保护的式（IV）化合物进一步反应获得的最终产物是不同的；同时作为它们之间共同结构单元的苯乙酰基不能构成本申请与现有技术的区别技术特征，导致上述权利要求之间没有包含相同或相应的体现发明对现有技术作出贡献的特定技术特征，因此，独立权利要求 1、5、7 彼此之间不具备单一性，不符合专利法第 31 条第 1 款的规定；（2）基于上述相同的理由，权利要求 3、5 和 7 彼此之间以及权利要求 4、5 和 7 彼此之间不符合专利法第 31 条第 1 款的规定；（3）请求人认为，权利要求 1~9 之间的共同结构是苯取代的吡咯烷酮、二氢呋喃酮以及二氢噻吩酮，即说明书中的式 I-1-a，I-2-a 和 I-3-a 的化合物。合议组认为，一方面，I-1-a，I-2-a 和 I-3-a 的化合物是权利要求 1~9 要求保护的化合物进一步反应后有可能获得的产物，并不是权利要求 1~9 要求保护的化合物具有的共同结构，另一方面，虽然 O、S、N 均是杂原子，然而它们在元素周期表中分属于不同的主族，不能作为同一类元素对待。因此，合议组对于请求人的意见陈述不予认同。

2008 年 5 月 26 日，请求人针对上述《复审通知书》提交了意见陈述书和经修改的权利要求书，其中，删除了权利要求 5~9。

至此，合议组认为本案事实清楚，可以作出审查决定。

二、决定的理由

1. 关于审查文本

本复审请求决定依据的文本是：2008 年 5 月 26 日提交的权利要求第 1~4 项，2004 年 11 月 15 日提交的说明书第 1~16 页以及说明书摘要。

2. 关于专利法第 31 条第 1 款

专利法第 31 条第 1 款规定：一件发明或者实用新型专利申请应当限于一项发明或者实用新型。属于一个总的发明构思的两项以上发明或者实用新型，可以作为一件申请提出。

可以作为一件申请提出属于总的发明构思的两项以上发明或者实用新型，应当在技术上相互关联，包含一个或多个相同或相应的特定技术特征，其中特定技术特征是指每一项发明或者实用新型作为整体，对现有技术作出贡献的技术特征，也就是相对于现有技术具有新颖性和创造性的技术特征。

对于请求保护化合物的多项独立权利要求，如果它们所具有的共同结构单元不能体现相对于现有技术具有新颖性或创造性的技术特征，不能构成这些权利要求的特定技术特征，则这些权利要求之间不具备单一性。

就本申请而言，修改前的权利要求 1、5 和 7 分别要求保护式（II）、式（III）和式（IV）的化合物，结构式如下：

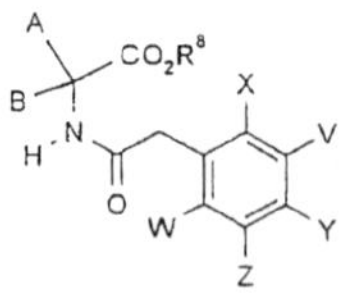
(II)

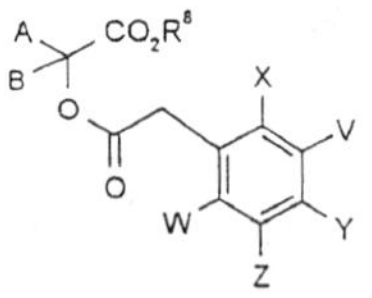
(III)

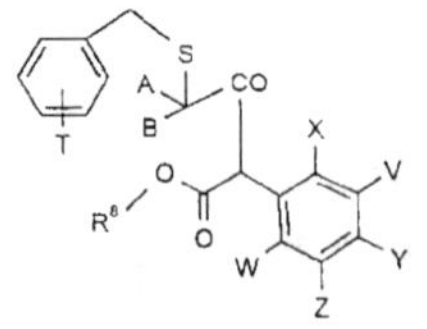
(IV)

它们的共同结构仅为苯乙酰基，而苯乙酰基是现有技术已知的、常用化工原料中经常出现的结构片段，例如，审查员在《第一次审查意见通知书》中引用的对比文件 1（DE 4326909A，公开日为 1994 年 5 月 5 日）就已经公开了该结构片段，因此该共同结构不能构成本申请与现有技术的区别技术特征，从而无法因为该共同结构单元的存在而使得本申请具备了新颖性和创造性，导致上述权利要求之间没有包含相同或相应的体现发明对现有技术作出贡献的特定技术特征而彼此之间不具备单一性，不符合专利法第 31 条第 1 款的规定。同理，权利要求 3、5 和 7 彼此之间以及权利要求 4、5 和 7 彼此之间不符合专利法第 31 条第 1 款的规定。

在 2008 年 5 月 26 日提交的权利要求书中，请求人删除了原权利要求 5~9，保留的权利要求 1~4 之间不再仅以苯乙酰基作为共同的结构单元，从而克服了驳回决定和《复审通知书》所指出的本申请不符合专利法第 31 条第 1 款规定的缺陷。

根据上述事实和理由，合议组作出如下审查决定。

三、决定

撤销国家知识产权局于 2007 年 6 月 8 日针对第 200410095691.4 号发明专利申请作出的驳回决定，由国家知识产权局原审查部门以本复审决定所针对的文本为基础继续审批程序。

复审请求人对本决定不服的，可以根据专利法第 41 条第 2 款的规定，自收到本决定之日起三个月内向北京市第一中级人民法院起诉。

101

填充的硅氧烷组合物的配料方法

复审请求审查决定（第14031号）

决　定　号　第14031号
决　定　日　2008年7月11日
发明创造名称　填充的硅氧烷组合物的配料方法
国际分类号　C08L 83/04，C08J 3/20，C08K 3/00
复审请求人　通用电气公司
申　请　号　00136484.7
优 先 权 日　1999年12月21日
申　请　日　2000年12月21日
公　开　日　2001年7月18日
合议组组长　刘　亚
主　审　员　危　峰
参　审　员　娄　宁

法律依据　专利法第22条第3款
决定要点

如果权利要求所要求保护的技术方案与现有技术对比文件公开的技术方案相比，两者的区别仅为本领域常规技术手段的选择，且这种选择没有带来预料不到的效果，则该权利要求不具备创造性。

一、案由

本复审请求案涉及发明名称为“填充的硅氧烷组合物的配料方法”的第00136484.7号发明专利申请（下称本申请），申请人为通用电气公司，申请日为2000年12月21日，优先权日为1999年12月21日，公开日为2001年7月18日。

2005年4月8日，针对申请人于2004年12月14日提交的权利要求第1~17项，2001年3月26日提交的说明书第1~3、9页和2000年12月21日提交的说明书第4~8、10页和说明书附图第1~3页及说明书摘要和摘要附图，国家知识产权局以权利要求1~17不符合专利法第22条第3款的规定为由驳回了本申请。

驳回决定认为：（1）权利要求1请求保护一种配料方法，对比文件1（US5198171A，公开日为1993年3月30日）记载了一种聚硅氧烷组合物的配料方法，其中聚二有机基硅氧烷、无机填料和处理剂的预浓缩物通过高速机械剪切混合机形成；形成的预混物在同向双螺杆挤出机中进行配料，捏合挤出装置具有两个同向转动的螺杆，长度与直径的比值（L/D）为25至50。对比文件1所公开的技术方案与权利要求1所要求保护的技术方案的区别在于，权利要求1中的挤出机为L/D值大于50的长挤出机，以及对于生产量与螺杆速度比的限定。为了使反应配料中产生的挥发性成分有效排出，将挤出机的长度加长对于所属技术领域普通技术人员来说是显而易见的；生产量与螺杆速度比的限定是在使用挤出设备中本领域普通技术人员根据制备要求可以得到的工艺参数，技术特征的限定没有取得预料不到的技术效果。因此，权利要求1不符合专利法第22条第3款的规定。至于申请人认为对比文件1的混合步骤不是连续进行的，而本申请用于连续法进行脱挥发性成分处理的意见陈述，由于权利要求1的技术方案中没有体现出连续操作的技术特征，同时连续进料同间歇进料属于本领域常用的技术操作，本领域技术人员结合公知常识可以根据产品的要求、设备的操作得到进料方式的限定，因此，权利要求1仍不具备创造性。(2) 从属权利要求2~13关于组合物组分的限定在对比文件1中已公开（实施例)，所采用的挤出装置为所属技术领域常用的工艺装置，本领域技术人员也可以根据操作要求改变工艺参数。因此，权利要求2~13也不符合专利法第22条第3款的规定。类似地，权利要求14~17也不符合专利法第22条第3款的规定。

驳回决定针对的权利要求书如下：

“1. 一种填充的硅氧烷组合物的配料方法，包括：

在第一配料装置（12）中对填料、加工流体和硅氧烷聚合物进行配料以产生包含挥发性成分的分散的组合物；和

在L/D值大于50并且设有一个或多个排气口的长挤出机（14）中对所述的分散的组合物进行脱挥发性成分处理以脱除所述分散的组合物中的挥发性成分，

其中控制所述的配料以提供在所述配料装置（12）中总生产量与螺杆速度比为0.01至500（磅/小时/rpm)，控制所述的脱挥发性作用以提供在所述挤出机（14）中总生产量与螺杆速度比为0.01至500（磅/小时/rpm)。

2. 根据权利要求1的方法，其中，所述的脱挥发性成分步骤在L/D值大于60的长挤出机（14）中进行以脱除所述分散的组合物中的挥发性成分。

3. 根据权利要求1的方法，其中，所述的填料为未处理的原料二氧化硅。

4. 根据权利要求1的方法，其中，所述的填料为用处理剂预处理的填料，所述的处理剂为与硅烷醇反应的处理剂。

5. 根据权利要求1的方法，其中，所述的配料装置（12）包含第一同向旋转、啮合双螺杆挤出机；和所述长挤出机（14）包含反转的非互相啮合式双螺杆挤出机。

6. 根据权利要求1的方法，其中，所述的配料装置（12）包含第一同向旋转、非互相啮合式双螺杆挤出机；和所述长挤出机（14）包含同向旋转、非互相啮合式双螺杆挤出机。

7. 根据权利要求1的方法，其中，所述的配料装置（12）包含单螺杆往复式挤出机或单螺杆非往复式挤出机；和所述长挤出机（14）包含同向旋转、啮合双螺杆挤出机，反转啮合双螺杆挤出机或反转非互相啮合式双螺杆挤出机。

8. 根据权利要求1的方法，其中，所述的配料装置（12）包含同向旋转、啮合双螺杆挤出机；和所述长挤出机（14）包含单螺杆往复式挤出机或单螺杆非往复式挤出机。

9. 根据权利要求1的方法，其中，所述的填料包含硅烷醇基团，所述的加工流体为一种处理剂，其包含硅烷醇封端的聚二甲基硅氧烷、八甲基环四硅氧烷或六甲基二硅氮烷。

10. 根据权利要求1的方法，其中，所述的加工流体选自：硅烷醇封端的聚二甲基硅氧烷、乙烯基封端的二甲基-甲基乙烯基硅氧烷和羟基封端的聚二甲基-甲基乙烯基硅氧烷。

11. 根据权利要求1的方法，其中，所述的配料是在配料装置（12）中至少30倍直径或更少长

度的某一段长度内完成的。

12. 根据权利要求1的方法，包括控制所述的配料以提供在所述配料装置（12）中总生产量与螺杆速度比为0.05至200（磅/小时/rpm），控制所述的脱挥发性作用以提供在所述挤出机（14）中总生产量与螺杆速度比为0.05至200（磅/小时/rpm）。

13. 根据权利要求1的方法，包括控制所述的配料以提供在所述配料装置（12）中总生产量与螺杆速度比为1.0至100（磅/小时/rpm），控制所述的脱挥发性作用以提供在所述挤出机（14）中总生产量与螺杆速度比为1.0至100（磅/小时/rpm）。

14. 一种填充的硅氧烷组合物的配料方法，包括：

在第一混合机中形成填料与硅氧烷聚合物的预混物；

在第一配料装置（12）中对所述预混物与其他填料和硅氧烷聚合物及加入的加工流体进行配料以产生包含挥发性成分的分散的组合物；和

在L/D值大于50并且设有一个或多个排气口的长挤出机（14）中对所述的分散的组合物进行脱挥发性成分处理以脱除所述分散的组合物中的挥发性成分，

其中控制所述的配料以提供在所述配料装置（12）中总生产量与螺杆速度比为0.01至500（磅/小时/rpm），控制所述的脱挥发性作用以提供在所述挤出机（14）中总生产量与螺杆速度比为0.01至500（磅/小时/rpm）。

15. 一种用于对填充的硅氧烷组合物进行配料的系统（10），其包含：

第一配料装置（12）；和

L/D值大于50并且设有一个或多个排气口的长挤出机（14），其与所述第一配料装置（12）连接以连续接收来自所述第一配料装置（12）的包含挥发性成分的分散的组合物。

16. 根据权利要求15的系统（10），其中，所述的配料装置（12）的长度为直径的30倍或更少。

17. 一种用于对填充的硅氧烷组合物进行配料的系统（40），其包含：

一个混合装置（42）；

第一配料装置（44）；和

L/D值大于50并且设有一个或多个排气口的长挤出机（46），其与所述第一配料装置（44）连接以连续接收来自所述第一配料装置（44）的包含挥发性成分的分散的组合物。”

2005年7月22日，申请人通用电器公司（下称请求人）对上述驳回决定不服，向专利复审委员会提出复审请求，请求人在提出复审请求时对权利要求书进行了修改，在驳回决定所针对的权利要求第1~17项的基础上增加了3项从属权利要求：

“18. 根据权利要求1的方法，进一步包括：

在加入硅氧烷聚合物之前在第一配料装置中的第一位置混合填料和加工流体。

19. 根据权利要求18的方法，其中填料为煅制二氧化硅，加工流体包括HMDZ和水。

20. 根据权利要求19的方法，其中以每100重量份的煅制二氧化硅计，HMDZ的量为0.1至100重量份；以每100重量份的煅制二氧化硅计，水的用量为0.1至100重量份。”

请求人认为：对比文件1中的混合步骤并非连续进行，而是一种间歇过程，必须重复混合过程以便向捏合挤出机连续地进料。同时，对比文件1并未教导L/D值大于50的长挤出机的使用。因此，对比文件1并没有教导制备均匀配料并进行脱挥发性成分处理的填充的硅氧烷组合物的连续方法。对比文件1中获得平均粒径为1~15000 μm的可流动的颗粒混合物的步骤在权利要求1的方法中是不需要的。因此，本领域技术人员在对比文件1所公开内容的基础上，为实现本发明的目的，不经过创造性劳动，无法得出权利要求1的技术方案。权利要求1的技术方案具备专利法第22条第3款规定的创造性。

经形式审查合格后，专利复审委员会受理了该请求，并于2005年8月18日向请求人发出了《复审请求受理通知书》，同时将本申请转送至国家知识产权局原审查部门进行前置审查。

在《前置审查意见书》中，国家知识产权局原审查部门认为请求人并未对权利要求书进行实质性修改，因此坚持驳回决定。

专利复审委员会组成合议组，对本复审请求案进行了审理。合议组于2007年11月23日向请求人发出《复审通知书》，指出：（1）请求人在提复审请求时增加了权利要求18~20，所作的该修改不符合专利法实施细则第60条第1款的规定。（2）权利要求1~17相对于对比文件1（US5198171A，公开日为1993年3月30日）的区别特征仅为本领域常规技术手段的选择；且从本申请记载的内容来看，上述本领域常规技术手段的选择并未带来预料不到的技术效果，因此，权利要求1~17不具备创造性。

针对上述《复审通知书》，请求人于2008年3月10日提交了意见陈述书和权利要求书的修改替换页，请求人删除了权利要求18~20，并将权利要求1和14中的“配料”和“脱挥发性成分处理”步骤修改为“连续配料”和“连续脱挥发性成分处理”，修改后的权利要求1和14分别为：

“1. 一种填充的硅氧烷组合物的配料方法，包括：

在第一配料装置（12）中对填料、加工流体和硅氧烷聚合物进行连续配料以产生包含挥发性成分的分散的组合物；和

在L/D值大于50并且设有一个或多个排气口的长挤出机（14）中对所述的分散的组合物进行连续脱挥发性成分处理以脱除所述分散的组合物中的挥发性成分，

其中控制所述的配料以提供在所述配料装置（12）中总生产量与螺杆速度比为0.01至500（磅/小时/rpm），控制所述的脱挥发性作用以提供在所述挤出机（14）中总生产量与螺杆速度比为0.01至500（磅/小时/rpm）。

14. 一种填充的硅氧烷组合物的配料方法，包括：

在第一混合机中形成填料与硅氧烷聚合物的预混物；

在第一配料装置（12）中对所述预混物与其他填料和硅氧烷聚合物及加入的加工流体进行连续配料以产生包含挥发性成分的分散的组合物；和

在L/D值大于50并且设有一个或多个排气口的长挤出机（14）中对所述的分散的组合物进行连续脱挥发性成分处理以脱除所述分散的组合物中的挥发性成分，

其中控制所述的配料以提供在所述配料装置（12）中总生产量与螺杆速度比为0.01至500（磅/小时/rpm），控制所述的脱挥发性作用以提供在所述挤出机（14）中总生产量与螺杆速度比为0.01至500（磅/小时/rpm）。”

请求人认为：（1）对比文件1中的混合步骤并非连续进行，而是一种间歇过程，必须重复混合过程以便向捏合挤出机连续地进料；而且所述捏合挤出机的L/D值并非本发明中的大于50。而本发明方法将连续配料与在长挤出机中进行连续脱挥发性成分处理相组合，从而本发明方法不同于对比文件1的方法。（2）连续过程与间歇过程具有不同的工艺要求，本领域技术人员不经过创造性劳动，难以将包括间歇配料与连续脱挥发性成分处理相结合的对比文件1转换为包括连续配料与连续脱挥发性成分处理相结合的本发明方法。（3）本申请说明书第2页第二段描述的是进行脱挥发性成分处理的原因和目标，而不是现有技术已经获得的效果，其恰好说明了现有技术不能实现本发明所实现的优异效果。因此，本发明相对于对比文件1具备创造性。

至此，合议组认为本案事实清楚，可以作出审查决定。

二、决定的理由

1. 关于文本

本复审请求审查决定针对的文本是：请求人于 2008 年 3 月 10 日提交的权利要求第 1～17 项，2001 年 3 月 26 日提交的说明书第 1～3 页和第 9 页，2000 年 12 月 21 日提交的说明书第 4～8 页、第 10 页和说明书附图第 1～3 页以及摘要与摘要附图。

2. 关于专利法实施细则第 60 条第 1 款

专利法实施细则第 60 条第 1 款规定：请求人在提出复审请求或者在对专利复审委员会的复审通知书作出答复时，可以修改专利申请文件；但是，修改应当仅限于消除驳回决定或者复审通知书指出的缺陷。

就本申请而言，驳回决定指出权利要求 1～17 不符合专利法第 22 条第 3 款的规定，请求人在提出复审请求时修改了权利要求书，在驳回决定所针对的权利要求 1～17 的基础上增加了三项权利要求，即增加了权利要求 18～20，显然增加权利要求 18～20 的修改方式并不是为了消除驳回决定指出的缺陷。因此，请求人在提复审请求时对申请文件所作的修改不符合专利法实施细则第 60 条第 1 款的规定。

请求人于 2008 年 3 月 10 日提交的权利要求书替换页中，删除了权利要求 18～20，从而上述缺陷已克服，符合专利法实施细则第 60 条第 1 款的规定。

3. 关于专利法第 22 条第 3 款

专利法第 22 条第 3 款规定：创造性，是指同申请日以前已有的技术相比，该发明有突出的实质性特点和显著的进步。

如果权利要求所要求保护的技术方案与现有技术对比文件公开的技术方案相比，两者的区别仅为本领域常规技术手段的选择，且这种选择没有带来预料不到的效果，则该权利要求不具备创造性。

（1）就本申请而言，权利要求 1 要求保护一种填充的硅氧烷组合物的配料方法（具体内容参见案由部分）。

对比文件 1（US5198171A，公开日 1993 年 3 月 30 日）也公开了一种连续制备可热硫化硅氧烷橡胶化合物的方法，其中包括将聚二有机基硅氧烷、无机填料和加工助剂通过高速机械剪切混合机混合，由此形成可流动的颗粒混合物；将所述颗粒混合物连续地进料到连续捏合挤出机中，该挤出机配备有一个或多个排气口以除去挥发性组分，具有两个同向转动的螺杆，长度与直径的比值（L/D）为 25～50，由此连续地制备可热硫化硅氧烷橡胶化合物（参见对比文件 1 第 1 栏第 10～25 行，第 7 栏第 18～25 行、第 47～61 行，实施例 1）。

经比较可知，权利要求 1 所要求保护的技术方案与对比文件 1 的区别在于：①权利要求 1 的第一配料装置（12）为带有螺杆的可连续配料的配料装置，并采用了连续配料的方式，而对比文件 1 的第一配料装置为高速剪切混合机；②权利要求 1 的进行脱挥发性成分处理的挤出机为 L/D 大于 50 的长挤出机，而对比文件 1 的挤出机的 L/D 为 25 至 50；③权利要求 1 中还对第一配料装置和长挤出机的生产量与螺杆速度比进行了限定。

对于本领域技术人员来说，所谓配料，就是把各种组分相互混在一起，尽可能的成为均匀体系，为此必须采用混合操作。常用的混合设备有：捏合机、高速混合机、管道式捏合机等，主要用于初混合；密炼机和挤出机等主要用于混合塑炼。以上设备中挤出机是连续的且能将初混合和塑炼两个步骤结合在一起（参见《高分子材料成型加工原理》，化学工业出版社，1982 年 2 月第 1 版，第 108 和 114 页）。由此，为了实现连续配料，采用带有螺杆的配料装置（如挤出机）对于本领域技术人员来说是常见的；进一步，为了使反应配料中产生的挥发性成分有效排出，将挤出机的长度加长对于本领域普通技术人员来说也是常见的，因为长度加长，混合料通过挤出机的时间加长，与排气口的接触增大，将有利于挥发性组分在排气口的排出；另外，第一配料装置和长挤出机的生产量与螺杆速度比的限定是使用挤出设备时本领域技术人员根据制备要求可以得到的工艺参数，即螺杆速度快，其挤出量大，产量大。

由此可见，上述区别特征①、②和③仅为本领域常规技术手段的选择。此外，从本申请记载的内容来看，上述本领域常规技术手段的选择并未带来预料不到的技术效果。因此，在对比文件 1 所公开的内容的基础上结合本领域常规技术手段而获得权利要求 1 所要求保护的技术方案对本领域技术人员来说是显而易见的，并且所述常规技术手段的选择并没有带来预料不到的技术效果。因此，权利要求 1 所要求保护的技术方案不具备专利法第 22 条第 3 款规定的创造性。

（2）同理，从属权利要求 2、5~8 和 11~13 的附加技术特征也是所述技术领域常用技术手段的选择，从属权利要求 3~4 和 9~10 的附加技术特征已在对比文件 1 中公开（参见对比文件 1 第 4 栏第 33~66 行和第 5 栏第5~41 行）；且从本申请记载的内容来看，所述附加技术特征均未带来预料不到的技术效果。因此，权利要求 2~13 相对于对比文件 1 所公开的内容和本领域常规技术手段的选择，也不具备专利法第 22 条第 3 款规定的创造性。

（3）权利要求 14 要求保护一种填充的硅氧烷组合物的配料方法，其相对于权利要求 1 的方法，首先“在第一混合机中形成填料与硅氧烷聚合物的预混物”，而后在第一配料装置中配料和在长挤出机中进行脱挥发性成分处理。权利要求 14 的方法与对比文件 1 的区别在于：①权利要求 14 的第一配料装置为带有螺杆的可连续配料的配料装置，并采用了连续配料的方式，而对比文件 1 的第一配料装置为高速剪切混合机；②权利要求 14 的进行脱挥发性成分处理的挤出机为 L/D 大于 50 的长挤出机，而对比文件 1 的挤出机的 L/D 为 25 至 50；③权利要求 14 中还对第一配料装置和长挤出机的生产量与螺杆速度比进行了限定；4）权利要求 14 中还限定了首先“在第一混合机中形成填料与硅氧烷聚合物的预混物”。如上所述，区别特征①、②、③均为本领域常规技术手段的选择；至于区别特征④，对于本领域技术人员来说，形成预混合物之后再进行配料同样属于本领域常用的技术手段（参见上述《高分子材料成型加工原理》的第 114 页第三节——配料工艺）。由此，在对比文件 1 所公开的内容的基础上结合本领域常规技术手段而获得权利要求 14 所要求保护的技术方案对本领域技术人员来说是显而易见的，且从本申请记载的内容来看，上述区别特征也未带来预料不到的技术效果。因此，权利要求 14 也不具备专利法第 22 条第 3 款规定的创造性。

（4）权利要求 15 及其从属权利要求 16 以及权利要求 17 均要求保护用于对填充的硅氧烷组合物进行配料的系统，其分别对应于权利要求 1 和 14 的配料方法。对比文件 1 实施例部分也记载了用于所述配料方法的配料系统，相对于权利要求 15 的区别仅在于对于长径比 L/D 的限定；相对于权利要求 16 的系统而言，区别之处除了长径比 L/D 的限定之外还在于权利要求 16 还进一步限定了配料装置的长度为直径的 30 倍或更少；相对于权利要求 17 的区别除了长径比 L/D 的限定之外还在于权利要求 17 的系统增加了一个混合装置。对于本领域技术人员来说，上述区别特征均属于本领域常用技术手段的选择；且从本申请记载的内容来看，在脱挥发成分方面并未获得预料不到的技术效果。因此，权利要求 15~17 也不符合专利法第 22 条第 3 款的规定。

（5）请求人在答复《复审通知书》时认为本申请说明书第 2 页第二段描述的是进行脱挥发性成分处理的原因和目标，而不是现有技术已经获得的效果，其恰好说明了现有技术不能实现本发明所实现的优异效果。对此，合议组经审查认为，本申请说明书第 2 页第二段描述了本领域中进行脱挥发成分处理的原因，本领域技术人员公知应对配料组合物进行脱挥发性成分处理以尽可能地降低其中挥发性成分的含量，而本申请说明书中并未有任何证据表明现有技术不能实现所述的“残余挥发性成分应不超过最后配方重量的约2%”的效果。在此基础上，本申请相对于对比文件1仍不具备创造性。因此，合议组对请求人的该主张不予支持。

根据上述事实和理由，合议组作出如下审查决定。

三、决定

维持国家知识产权局于2005年4月8日针对第00136484.7号发明专利申请作出的驳回决定。

复审请求人对本决定不服的，可以根据专利法第41条第2款的规定，自收到本决定之日起三个月内向北京市第一中级人民法院起诉。

102

高强度高模量可吸收性骨内固定聚磷酸钙纤维/聚丙交酯复合材料及制备方法

复审请求审查决定（第14033号）

决　　定　　号　第14033号
决　　定　　日　2008年7月18日
发明创造名称　高强度高模量可吸收性骨内固定聚磷酸钙纤维/聚丙交酯复合材料及制备方法
国 际 分 类 号　C08L67/04，A61L27/46
复 审 请 求 人　石宗利，戴　刚
申　　请　　号　02113309.3
申　　请　　日　2002年1月31日
公　　开　　日　2002年8月14日
合 议 组 组 长　刘　亚
主　　审　　员　潘　剑
参　　审　　员　危　峰

法　律　依　据　专利法第33条
决　定　要　点

如果申请的内容通过增加、改变和/或删除其中的一部分，致使所属技术领域的技术人员看到的信息与原申请记载的信息不同，而且又不能从原申请记载的信息中直接地、毫无疑义地确定，则这种修改是不允的许；否则，修改是允许的。

一、案由

本复审请求案涉及发明名称为“高强度高模量可吸收性骨内固定聚磷酸钙纤维/聚丙交酯复合材料及制备方法”的第02113309.3号发明专利申请（下称本申请），申请人为石宗利、戴刚，申请日为2002年1月31日，公开日为2002年8月14日。

2006年7月7日，针对申请人于2006年4月27日提交的权利要求第1～8项、说明书第1～10页，2002年1月31日提交的说明书摘要（下称驳回文本），国家知识产权局以权利要求8和说明书的修改不符合专利法第33条为由驳回了本申请。

驳回决定针对的权利要求8如下：

“8. 制备如权利要求1～6中任意一项所述的复合材料的工艺，其特征在于制备按如下步骤进行：

① 选取聚磷酸钙纤维，裁剪成2～12mm的短纤维；

② 称重；

③ 同时称取纯度为99.9%的聚丙交酯，在容器中按聚丙交酯：二氯乙烷=1：50~100的比例用二氯乙烷将其溶解；

④ 将经步骤②称重的聚磷酸钙短纤维与经步骤③处理后的聚丙交酯溶液混合；

⑤ 按步骤4的混合物：无水乙醇=1：100~200的比例用无水乙醇纯化萃取步骤4的混合物；

⑥将⑤得到的聚磷酸钙纤维/聚丙交酯混合物中的有机溶剂自然挥发至少24小时，再在烘箱中真空抽提有机溶剂至少24小时，温度30~60℃；然后用平板冷压机在室温下模压成型，压力20~80MPa，制得用于松质骨内固定的复合材料。”

驳回决定认为：

（1）驳回文本的权利要求8步骤⑥中删除了“真空热压，热压温度为120~220℃”这一技术特征，增加了“然后用平板冷压机在室温下模压成型”，这样的修改导致权利要求8请求保护的方法不同于原权利要求书和说明书中所记载的方法，也不能由原权利要求书和说明书直接地、毫无疑义地确定，因此超出了原权利要求书和说明书记载的范围，不符合专利法第33条的规定。

（2）驳回文本的说明书中的下述描述在原权利要求书和说明书中没有记载，也不能由原权利要求书和说明书直接地、毫无疑义地确定，不符合专利法第33条的规定：

① 说明书第3页第3段第6行“按CPP5/PLLA重量比1-80/99-20”；

②说明书第6页表1中的密度值；

③说明书第6页B中的纤维体积分数“28.8%”；

④说明书第6页表2中的弯曲模量值；

⑤说明书第8页高强度、高模量的CPPf/PLLA皮质骨螺钉或接骨板、管及髓内针制备的具体实施例中的步骤①；

⑥说明书第8页高强度、高模量的松质骨螺钉或固定棒制备的具体实施例中的步骤①；

⑦说明书第9页步骤⑦中的压力值；

⑧说明书第9页步骤⑧；

⑨说明书第10页表3中的弯曲强度值“155”。

2006年10月9日，申请人石宗利、戴刚（下称请求人）对上述驳回决定不服，向专利复审委员会提出复审请求，请求人在提出复审请求时对权利要求书和说明书进行了修改，其中，相对于驳回文本而言，

a）修改了权利要求7的步骤③、④、⑥的数值和步骤⑧的描述，使其和原权利要求一致；

b）将权利要求8步骤③以及说明书第4页倒数第11行中的“二氯乙烷”修改为“有机溶剂”；

c）将权利要求8步骤⑥修改为和原权利要求一致；

d）将驳回决定指出的说明书修改超范围的（2）~（9）共8处恢复到原说明书的状态；

e）将说明书第3页第3段第6行“按CPP5/PLLA重量比1-80/99-20”修改为“按CPPf/PLLA重量比1-80/99-20”；

f）将说明书第7页的例1的步骤1中的“直径10+1.5μm”以打印错误为由修改为“直径10±1.5μm”。

g）修改了发明名称。由此，请求人提交了新修改的权利要求书（共1~8项）和说明书（共1~9页）（下称复审请求文本）。

修改后的权利要求7、8为：

“7. 制备如权利要求1至6中任意一项所述复合材料的工艺，其特征在于制备按以下步骤进行：

① 选取聚磷酸钙纤维，裁剪成10~500mm的长纤维；

② 称重；

③ 称取纯度为99.9%的聚丙交酯，在容器中用有机溶剂1∶50~100溶解；

④ 用无水乙醇1∶100~200对聚丙交酯进行纯化萃取；

⑤ 将萃取得到的聚丙交酯颗粒在烘箱中真空干燥至少24小时，温度30~60℃；

⑥ 再将聚丙交酯颗粒用1∶50~100的有机溶剂溶解；

⑦ 将经步骤②称重的聚磷酸钙长纤维手工铺层，同时用经步骤⑥溶解的聚丙交酯制膜；

⑧ 将经步骤⑦处理的聚磷酸钙纤维/聚丙交酯薄膜内的有机溶剂自然挥发24小时，再在烘箱中真空抽提24小时，温度30~60℃，然后真空热压，热压温度120~200℃，制得用于皮质骨内固定的复合材料。

8. 制备如权利要求1至6中任意一项所述的复合材料的工艺，其特征在于制备按如下步骤进行：

① 选取聚磷酸钙纤维，裁剪成2~12mm的短纤维；

② 称重；

③ 同时称取纯度为99.9%的聚丙交酯，在容器中用有机溶剂1∶50~100溶解；

④ 将经步骤②称重的聚磷酸钙短纤维与经步骤③处理后的聚丙交酯溶液混合；

⑤ 用1∶50~200的无水乙醇纯化萃取步骤④的混合物；

⑥ 将⑤得到的聚磷酸钙纤维/聚丙交酯混合物中的有机溶剂自然挥发至少24小时，再 在烘箱中真空抽提有机溶剂至少24小时，温度30~60℃；然后真空热压，热压温度120~220℃，制得用于松质骨内固定的复合材料。”

经形式审查合格后，专利复审委员会受理了该请求，并于2006年11月20日向请求人发出了《复审请求受理通知书》，同时将本申请转送至国家知识产权局原审查部门进行前置审查。

在《前置审查意见书》中，国家知识产权局原审查部门认为：

复审请求文本的权利要求8步骤③以及说明书第4页倒数第11行中将“二氯乙烷”修改为“有机溶剂”超出了原权利要求书和说明书记载的范围；复审请求文本的说明书实施例1将“直径10+1.5μm”修改为“直径10±1.5μm”，该修改不能从原权利要求书和说明书直接地、毫无疑义地确定，不属于笔误的修改，因此上述修改不符合专利法第33条的规定。此外，复审请求文本的权利要求7中的步骤③、④和⑥以及权利要求8中的步骤③和⑤表述不清楚，不符合专利法实施细则第20条第1款的规定。基于上述理由，国家知识产权局原审查部门坚持原驳回决定。

专利复审委员会组成合议组，对本复审请求案进行了审理，并针对复审请求文本于2008年4月16日向请求人发出《复审通知书》，指出：（1）权利要求4中所述的聚丙交酯的分子量范围“40~50×104”与原始提交的权利要求5以及原始提交的说明书第3页倒数第6~5行中记载的聚丙交酯的分子量范围“40~60×104”不一致，且不能从原申请文件记载的信息中直接地、毫无疑义地确定。（2）权利要求8的步骤③、说明书第4页倒数第12行中所述的“有机溶剂”是原始提交的权利要求10和11的步骤③以及原始提交的说明书第4页倒数第11行中所述的“二氯乙烷”的上位概念，而这种上位概念既未明确记载在原申请文件中，也不能从原申请文件记载的信息中直接地、毫无疑义地确定。（3）说明书第7页例1步骤①中的修改内容“直径10±1.5μm”与原始提交的说明书记载的“直径10+1.5μm”不一致，虽然请求人将其归结为打印错误，但是并不能从原申请记载的信息中直接地、毫无疑义地确定。（4）说明书第3页第8行的修改内容“已获国家技术发明专利授权（专利号01101545.4）”与原始提交的说明书记载的信息“已申请专利（申请号01101545.4）”不一致，经查证，该专利申请的授权日是2004年5月26日，晚于本申请的申请日2002年1月31日，因此在本申请的申请日前显然不可能得知该专利申请已获授权，因此这种信息的改变不能从原申请记载的信息中直接地、毫无疑义地确定。因此上述修改超出了原申请记载的范围，不符合专利法第33条的规定。

针对上述《复审通知书》，请求人于2008年6月3日提交了意见陈述书，同时提交了权利要求书和说明书第3、7页的修改替换页。其中相对于复审请求文本而言，请求人将权利要求4中的“40~50×104”修改为“40~60×104”，将权利要求8步骤③中的“有机溶剂”修改为“二氯乙烷”，将说明书第3页第8行的“已获国家技术发明专利授权（专利号01101545.4）”修改为“已申请专利（申请号01101545.4）”，将说明书第7页倒数第12行的“直径10±1.5μm”修改为“直径10+1.5μm”。修改后的权利要求4、8为：

“4. 根据权利要求1、2或3所述的复合材料，其特征在于聚丙交酯的分子量范围为40~60×104。

8. 制备如权利要求1至6中任意一项所述的复合材料的工艺，其特征在于制备按如下步骤进行：

① 选取聚磷酸钙纤维，裁剪成2~12mm的短纤维；

② 称重；

③ 同时称取纯度为99.9%的聚丙交酯，在容器中用二氯乙烷1∶50~100溶解；

④ 将经步骤②称重的聚磷酸钙短纤维与经步骤③处理后的聚丙交酯溶液混合；

⑤ 用1∶50~200的无水乙醇纯化萃取步骤④的混合物；

⑥ 将⑤得到的聚磷酸钙纤维/聚丙交酯混合物中的有机溶剂自然挥发至少24小时，再在烘箱中真空抽提有机溶剂至少24小时，温度30~60℃；然后真空热压，热压温度120~220℃，制得用于松质骨内固定的复合材料。”

请求人于2008年6月27日再次提交了意见陈述书，同时提交了说明书第4页的修改替换页。其中相对于复审请求文本而言，请求人将说明书第4页倒数第12行中的“有机溶剂”修改为“二氯乙烷”。

至此，合议组认为本案事实已经清楚，可以作出复审决定。

二、决定的理由

1. 关于审查文本

本复审决定是以下述文本为基础作出的：请求人于2008年6月3日提交的权利要求第1~8项，2008年6月27日提交的说明书第4页，2008年6月3日提交的说明书第3、7页，2006年10月9日提交的说明书第1、2、5、6、8、9页和2002年1月31日提交的说明书摘要（下称复审决定文本）。

2. 关于专利法第33条

专利法第33条规定，申请人可以对其专利申请文件进行修改，但是，对发明和实用新型专利申请文件的修改不得超出原说明书和权利要求书记载的范围。

如果申请的内容通过增加、改变和/或删除其中的一部分，致使所属技术领域的技术人员看到的信息与原申请记载的信息不同，而且又不能从原申请记载的信息中直接地、毫无疑义地确定，则这种修改是不允许的；否则，修改是允许的。

就本案而言，在复审决定文本中，相对于复审请求文本而言，请求人对权利要求4、权利要求8的步骤③、说明书第4页倒数第12行、说明书第3页第8行和说明书第7页倒数第12行进行了修改，分别将“40~50×104”恢复为原申请记载的“40~60×104”，将“有机溶剂”恢复为原申请记载的“二氯乙烷”，将“已获国家技术发明专利授权（专利号01101545.4）”恢复为原申请记载的“已申请专利（申请号01101545.4）”，将“直径10±1.5μm”恢复为原申请记载的“直径10+1.5μm”，因此《复审通知书》和《前置审查意见书》中所指出的不符合专利法第33条规定的缺陷已经被克服。

至于驳回决定所指出的不符合专利法第 33 条规定的缺陷，在复审决定文本中，相对于驳回文本而言，请求人已经将权利要求 8 的“然后用平板冷压机在室温下模压成型”恢复为原申请记载的“真空热压，热压温度为 120~220℃”；将说明书第 6、8~10 页中修改超范围的部分（即驳回决定指出的驳回文本说明书修改超范围的（2）~（9））恢复为原申请记载的内容；请求人还将说明书第 3 页第 3 段第 6 行的“按 CPP5/PLLA 重量比 1-80/99-20”修改为“按 CPPf/PLLA 重量比 1-80/99-20”，在原申请说明书第 3 页倒数第 11 行中相应地记载为“按 CPP/PLLA 重量比 1-80/99-20”，由原申请说明书第 2 页最后一行可知，术语“CPP 纤维”是聚磷酸钙纤维的缩写，由原申请说明书第 3 页倒数第 4 行可知术语“CPPf”也是聚磷酸钙纤维的缩写，而由发明内容以及实施例可知，本申请所使用的物质为“聚磷酸钙纤维”，由此，可以从原申请记载的信息中直接地、毫无疑义地确定驳回文本说明书第 3 页第 3 段第 6 行的“按 CPP5/PLLA 重量比 1-80/99-20”应当为“按 CPPf/PLLA 重量比 1-80/99-20”，因此请求人对说明书第 3 页第 3 段第 6 行所作的上述修改是允许的。综上，驳回决定所指出的对权利要求 8 和说明书的修改不符合专利法第 33 条规定的缺陷均已经被克服。

此外，《前置审查意见书》还指出复审请求文本的权利要求 7 不符合专利法实施细则第 20 条第 1 款的规定，复审决定文本的权利要求 7 与复审请求文本的权利要求 7 相同，但是由于驳回决定并不涉及该事实和理由，且《前置审查意见书》指出的该事实和理由在实质审查程序中并未给予申请人陈述意见和/或修改的机会，故合议组在本复审决定中不予评述。

基于上述理由，合议组作出如下决定。

三、决定

撤销国家知识产权局于 2006 年 7 月 7 日针对第 02113309.3 号发明专利申请作出的驳回决定，由国家知识产权局原审查部门以本复审决定文本为基础继续审批程序。

复审请求人对本决定不服的，可根据专利法第 41 条第 2 款的规定，自收到本决定之日起三个月内向北京市第一中级人民法院起诉。

103

连续缩聚方法及设备

复审请求审查决定（第14036号）

决　　定　　号　第14036号
决　　定　　日　2008年6月16日
发明创造名称　连续缩聚方法及设备
国 际 分 类 号　C08G63/78，B01D1/10，B01J14/00
复 审 请 求 人　株式会社日立工业设备技术
申　　请　　号　97197662.7
申　　请　　日　1997年9月3日
优　先　权　日　1996年9月4日
公　　开　　日　1999年9月22日
合 议 组 组 长　任晓兰
主　　审　　员　王　磊
参　　审　　员　张家祥

法　律　依　据　专利法第33条，专利法实施细则第20条第1款
决　定　要　点

如果申请人在权利要求中增加的技术特征能够从原申请说明书和权利要求书文字记载的内容以及说明书附图直接地、毫无疑义地确定，则这种修改不超出原始文本记载的范围。

一、案由

本复审请求案涉及发明名称为“连续缩聚方法及设备”的第97197662.7号发明专利申请（下称本申请），申请人为株式会社日立工业设备技术，申请日为1997年9月3日，优先权日为1996年9月4日，公开日为1999年9月22日。

2007年2月9日，针对申请人于2007年1月4日提交的权利要求第1~8项，2004年5月28日提交的说明书第1~2页，2004年12月31日提交的说明书第3页，2007年1月4日提交的说明书第4、6、9页，进入国家阶段时提交的说明书第5、7、8、10~13页、说明书附图第1~12页、说明书摘要以及摘要附图，国家知识产权局以权利要求5~8不符合专利法第33条和专利法实施细则第20条第1款的规定为由驳回了本申请。

驳回决定认为：（1）本申请权利要求5~8不符合专利法第33条的规定，修改超范围之处包括：①关于第二加热器，权利要求5~8中的“进行加热的加热装置”不能从原申请说明书中记载的“热交换器”或“热交换器管”直接地、毫无疑义地确定；②关于第一反应器，权利要求5~8中的第一

个反应器中概括的“在内部具有加热装置”不能从原申请记载的信息中直接、毫无疑义地确定；③关于第三反应器，权利要求5~8中的“该容器具有从该容器的一侧供给来自第2反应器的产物入口喷嘴和从另一侧排出来自该容器的处理液的出口喷嘴”不能从原申请记载的信息中直接、毫无疑义地确定。（2）权利要求5~8不符合专利法实施细则第20条第1款的规定，不清楚之处主要表现在：权利要求5~8没有清楚地记载哪些/个反应器需要外部动力供应或者外部能源搅拌装置；没有清楚地记载第二个反应器的热交换部位的位置；没有清楚地记载第三个反应器的物流在该反应器中如何流动的结构特征。

驳回决定针对的权利要求第5~8项如下：

“5. 一种连续生产聚酯的装置，其包括第一反应器，该反应器是由在内部具有加热装置、在外圆周具有夹套结构的垂直圆柱容器构成的反应器，用于将摩尔比为1∶1.05至1∶2.0的芳香二羧酸或其衍生物及二元醇类的混合物进行反应，反应温度为240℃至285℃，压力为大气压至3×105Pa；第二反应器，该反应器是由具有将来自于第一反应器的产物进行加热的加热装置、在外周被夹套包覆的直立长圆柱容器构成的反应器，用于缩聚反应，温度保持在250℃至290℃，压力为大气压至133Pa；第三反应器，该反应器为水平长圆柱容器，该容器具有从该容器的一侧供给来自第2反应器的产物的入口喷嘴和从另一侧排出来自该容器的处理液的出口喷嘴，该容器内部的纵向靠近容器内侧设置可旋转的搅拌转子、容器内部的搅拌转子是根据处理液的黏度由数个搅拌块构成，而在搅拌转子的中心处具有没有旋转轴的搅拌叶片的反应器，该反应器用于将来自于第二反应器的产物进行缩聚，温度保持在270℃至290℃，压力范围为200至13.3Pa；连接管道（36），该连接管道设置在所述第1反应器与第2反应器之间，用于将在所述第1反应器经过所定反应时间的处理液供给所述第2反应器；以及连接管道（40），该连接管道设置在所述第2反应器与第3反应器之间，用于将在所述第2反应器经过所定反应时间的处理液供给第3反应器。

6. 一种连续生产聚酯的装置，其包括第一反应器，该反应器是由在内部具有加热装置、在外圆周具有夹套结构的垂直圆柱容器构成的反应器，用于将摩尔比为1∶1.05至1∶2.0的芳香二羧酸或其衍生物及二元醇类的混合物进行反应，反应温度为240℃至285℃，压力为大气压至3×105Pa；第二反应器，该反应器是由具有将来自于第一反应器的产物进行加热的加热装置、在外周被夹套包覆的直立长圆柱容器构成的反应器，用于缩聚反应，温度保持在250℃至290℃，压力为大气压至133Pa；第三反应器，该反应器为水平长圆柱容器，该容器具有从该容器的一侧供给来自第2反应器的产物的入口喷嘴和从另一侧排出来自该容器的处理液的出口喷嘴，该容器内部的纵向靠近容器内侧设置可旋转的搅拌转子、容器内部的搅拌转子是根据处理液的黏度由数个搅拌块构成，而在搅拌转子的中心处具有没有旋转轴的搅拌叶片的反应器，该反应器用于将来自于第二反应器的产物进行缩聚，温度保持在270℃至290℃，压力为200至13.3Pa；连接管道（36），该连接管道设置在所述第1反应器与第2反应器之间，用于将在所述第1反应器经过所定反应时间的处理液供给所述第2反应器；以及连接管道（40），该连接管道设置在所述第2反应器与第3反应器之间，用于将在所述第2反应器经过所定反应时间的处理液供给第3反应器；在第一反应器、第二反应器及第三反应器中的总反应时间为4至8小时。

7. 一种连续生产聚酯的装置，其包括第一反应器，该反应器是由在内部具有加热装置、在外圆周具有夹套结构的垂直圆柱容器构成的反应器，用于将摩匀比为1∶1.05至1∶2.0的芳香二羧酸或其衍生物及二元醇类的混合物进行反应，反应温度为240℃至285℃，压力为大气压至3×105Pa，从而得到平均聚合度为3至7的低聚酯或聚酯；第二反应器，该反应器是由具有将来自于该第一反应器的产物进行加热的加热装置、在外周被夹套包覆的直立长圆柱容器构成的反应器，用于缩聚反应，温度保持在250℃至290℃，压力为大气压至133Pa，从而得到平均聚合度为20至40的低聚物；第三反应器，该反应器为水平长圆柱容器，该容器具有从该容器的一侧供给来自第2反应器的产物的入口喷嘴和从另一侧排出来自该容器的处理液的出口喷嘴，该容器内部的纵向靠近容器内侧设置可旋转的搅拌转子、容器内部的搅拌转子是根据处理液的黏度由数个搅拌块构成，而在搅拌转子的中心处具有没有旋转轴的搅拌叶片的反应器，该反应器用于将来自于该第二反应器的低聚物进行缩聚，温度保持在270℃至290℃，压力为200至13.3Pa，得到平均聚合度为90至180的高分子量聚酯；连接管道（36），该连接管道设置在所述第1反应器与第2反应器之间，用于将在所述第1反应器经过所定反应时间的处理液供给所述第2反应器；以及连接管道（40），该连接管道设置在所述第2反应器与第3反应器之间，用于将在所述第2反应器经过所定反应时间的处理液供给第3反应器。

8. 一种连续生产聚酯的装置，其包括第一反应器，该反应器是由在内部具有加热装置、在外圆周具有夹套结构的垂直圆柱容器构成的反应器，用于将摩尔比为1：1.05至1：2.0的芳香二羧酸或其衍生物及二元醇类的混合物进行反应，反应温度为240℃至285℃，压力为大气压至3×105Pa，从而得到平均聚合度为3至7的低聚酯或聚酯；第二反应器，该反应器是由具有将来自于该第一反应器的产物进行加热的加热装置、在外周被夹套包覆的直立长圆柱容器构成的反应器，用于缩聚反应，温度保持在250℃至290℃，压力为大气压至133Pa，从而得到平均聚合度为20至40的低聚物；第三反应器，该反应器为水平长圆柱容器，该容器具有从该容器的一侧供给来自第2反应器的产物的入口喷嘴和从另一侧排出来自该容器的处理液的出口喷嘴，该容器内部的纵向靠近容器内侧设置可旋转的搅拌转子、容器内部的搅拌转子是根据处理液的黏度由数个搅拌块构成，而在搅拌转子的中心处具有没有旋转轴的搅拌叶片的反应器，该反应器用于将来自于该第二反应器的低聚物进行缩聚，温度保持在270℃至290℃，压力范围为200至13.3Pa得到平均聚合度为90至180的高分子量聚酯；连接管道（36），该连接管道设置在所述第1反应器与第2反应器之间，用于将在所述第1反应器经过所定反应时间的处理液供给所述第2反应器；以及连接管道（40），该连接管道设置在所述第2反应器与第3反应器之间，用于将在所述第2反应器经过所定反应时间的处理液供给第3反应器；在第一反应器、第二反应器及第三反应器中的总反应时间为4至8小时。”

2007年5月24日，申请人株式会社日立工业设备技术（下称请求人）对上述驳回决定不服，向专利复审委员会提出复审请求，请求人在提出复审请求时根据说明书的内容修改了权利要求5~8，其中主要有：（1）在三个反应器之后加上附图标记；（2）将第一反应器中的表述“该反应器是由在内部具有加热装置、在外圆周具有夹套结构的垂直圆柱容器构成的反应器”修改为“该反应器是由在内部具有加热所供给原料的热交换器、在外圆周具有夹套结构的垂直圆柱容器构成的自然循环型蒸发器”，并限定了“该反应器无须外部能源进行搅拌所述原料”；（3）对第二反应器，将“该反应器是由具有将来自第一反应器的产物进行加热的加热装置、在外周被夹套包覆的直立长圆柱容器构成的反应器”修改为“该反应器是在外周被将来自第一反应器的产物进行加热的加热介质夹套包覆的直立长圆柱容器，该容器的底部配置具有加热从入口喷嘴供给的上述第一反应器的产物的多个热交换管的热交换器，和用于排出在该反应器生成的产物的出口喷嘴”；（4）对第三反应器，将“该容器具有从该容器的一侧供给来自第二反应器的产物的入口喷嘴和从另一侧排出来该容器的处理液的出口喷嘴”修改为“该容器的底部一侧具有供给来自第二反应器的产物的入口喷嘴、和在该容器的底部另一侧具有排出该容器的处理液的出口喷嘴，以及在该容器的顶部具有排出挥发物的出口”，并且限定“靠近容器内侧设置可旋转搅拌所述处理液并使该处理液从上述入口喷嘴移动到出口喷嘴的搅拌转子”。

请求人认为：上述修改克服了驳回决定指出的修改超范围和不清楚的缺陷。

修改后的权利要求5~8如下：

“5. 一种连续生产聚酯的装置，其包括：

第一反应器（33），该反应器是由在内部具有加热所供给原料的热交换器、在外圆周具有夹套结构的垂直圆柱容器构成的自然循环型蒸发器，该反应器无需外部能源进行搅拌所述原料，用于将摩尔比为1：1.05至1：2.0的芳香二羧酸或其衍生物及二元醇类的混合物进行反应，反应温度为240℃至285℃，压力为大气压至3×105Pa；

第二反应器（37），该反应器是在外周被将来自于第一反应器的产物进行加热的加热介质夹套包覆的直立长圆柱容器，该容器的底部配置具有加热从入口喷嘴供给上述第一反应器的产物的多个热交换管的热交换器、和用于排出在该反应器生成的产物的出口喷嘴，该反应器用于缩聚反应，温度保持在250℃至290℃，压力为大气压至133Pa；

第三反应器（41），该反应器为水平长圆柱容器，该容器的底部一侧具有供给来自第二反应器的产物的入口喷嘴、和在该容器的底部另一侧具有用于排出该容器的处理液的出口喷嘴，以及在该容器的顶部具有排出挥发物的出口；该容器内部的纵向靠近容器内侧设置可旋转搅拌所述处理液并使该处理液从上述入口喷嘴移动到出口喷嘴的搅拌转子、容器内部的搅拌转子是根据处理液的黏度由数个搅拌块构成，而在搅拌转子的中心处具有没有旋转轴的搅拌叶片的反应器，该反应器用于将来自于第二反应器的产物进行缩聚，温度保持在270℃至290℃，压力范围为200至13.3Pa；

连接管道（36），该连接管道设置在所述第1反应器与第2反应器之间，用于将在所述第1反应器经过所定反应时间的处理液供给所述第2反应器；以及

连接管道（40），该连接管道设置在所述第2反应器与第3反应器之间，用于将在所述第2反应器经过所定反应时间的处理液供给第3反应器。

6. 一种连续生产聚酯的装置，其包括：

第一反应器（33），该反应器是由在内部具有加热所供给原料的热交换器、在外圆周具有夹套结构的垂直圆柱容器构成的自然循环型蒸发器，该反应器无需外部能源进行搅拌所述原料，用于将摩尔比为1：1.05至1：2.0的芳香二羧酸或其衍生物及二元醇类的混合物进行反应，反应温度为240℃至285℃，压力为大气压至3×105Pa；

第二反应器（37），该反应器是在外周被将来自于第一反应器的产物进行加热的加热介质夹套包覆的直立长圆柱容器，该容器的底部配置具有加热从入口喷嘴供给上述第一反应器的产物的多个热交换管的热交换器、和用于排出在该反应器生成的产物的出口喷嘴，该反应器用于缩聚反应，温度保持在250℃至290℃，压力为大气压至133Pa；

第三反应器（41），该反应器为水平长圆柱容器，该容器的底部一侧具有供给来自第二反应器的产物的入口喷嘴、和在该容器的底部另一侧具有用于排出该容器的处理液的出口喷嘴，以及在该容器的顶部具有排出挥发物的出口；该容器内部的纵向靠近容器内侧设置可旋转搅拌所述处理液并使该处理液从上述入口喷嘴移动到出口喷嘴的搅拌转子、容器内部的搅拌转子是根据处理液的黏度由数个搅拌块构成，而在搅拌转子的中心处具有没有旋转轴的搅拌叶片的反应器，该反应器用于将来自于第二反应器的产物进行缩聚，温度保持在270℃至290℃，压力为200至13.3Pa；

连接管道（36），该连接管道设置在所述第1反应器与第2反应器之间，用于将在所述第1反应器经过所定反应时间的处理液供给所述第2反应器；以及

连接管道（40），该连接管道设置在所述第2反应器与第3反应器之间，用于将在所述第2反应器经过所定反应时间的处理液供给第3反应器；在第一反应器、第二反应器及第三反应器中的总反应时间为4至8小时。

7. 一种连续生产聚酯的装置，其包括：

第一反应器（33），该反应器是由在内部具有加热所供给原料的热交换器、在外圆周具有夹套结构的垂直圆柱容器构成的自然循环型蒸发器，该反应器无需外部能源进行搅拌所述原料，用于将摩匀比为1∶1.05至1∶2.0的芳香二羧酸或其衍生物及二元醇类的混合物进行反应，反应温度为240℃至285℃，压力为大气压至3×105Pa，从而得到平均聚合度为3至7的低聚酯或聚酯；

第二反应器（37），该反应器是在外周被将来自于第一反应器的产物进行加热的加热介质夹套包覆的直立长圆柱容器，该容器的底部配置具有加热从入口喷嘴供给上述第一反应器的产物的多个热交换管的热交换器、和用于排出在该反应器生成的产物的出口喷嘴，该反应器用于缩聚反应，温度保持在250℃至290℃，压力为大气压至133Pa，从而得到平均聚合度为20至40的低聚物；

第三反应器（41），该反应器为水平长圆柱容器，该容器的底部一侧具有供给来自第二反应器的产物的入口喷嘴、和在该容器的底部另一侧具有用于排出该容器的处理液的出口喷嘴，以及在该容器的顶部具有排出挥发物的出口；该容器内部的纵向靠近容器内侧设置可旋转搅拌所述处理液并使该处理液从上述入口喷嘴移动到出口喷嘴的搅拌转子、容器内部的搅拌转子是根据处理液的黏度由数个搅拌块构成，而在搅拌转子的中心处具有没有旋转轴的搅拌叶片的反应器，该反应器用于将来自于该第二反应器的低聚物进行缩聚，温度保持在270℃至290℃，压力为200至13.3Pa，得到平均聚合度为90至180的高分子量聚酯；

连接管道（36），该连接管道设置在所述第1反应器与第2反应器之间，用于将在所述第1反应器经过所定反应时间的处理液供给所述第2反应器；以及

连接管道（40），该连接管道设置在所述第2反应器与第3反应器之间，用于将在所述第2反应器经过所定反应时间的处理液供给第3反应器。

8. 一种连续生产聚酯的装置，其包括：

第一反应器（33），该反应器是由在内部具有加热所供给原料的热交换器、在外圆周具有夹套结构的垂直圆柱容器构成的自然循环型蒸发器，该反应器无需外部能源进行搅拌所述原料，用于将摩尔比为1∶1.05至1∶2.0的芳香二羧酸或其衍生物及二元醇类的混合物进行反应，反应温度为240℃至285℃，压力为大气压至3×105Pa，从而得到平均聚合度为3至7的低聚酯或聚酯；

第二反应器（37），该反应器是在外周被将来自于第一反应器的产物进行加热的加热介质夹套包覆的直立长圆柱容器，该容器的底部配置具有加热从入口喷嘴供给上述第一反应器的产物的多个热交换管的热交换器、和用于排出在该反应器生成的产物的出口喷嘴，该反应器用于缩聚反应，温度保持在250℃至290℃，压力为大气压至133Pa，从而得到平均聚合度为20至40的低聚物；

第三反应器（41），该反应器为水平长圆柱容器，该容器的底部一侧具有供给来自第二反应器的产物的入口喷嘴、和在该容器的底部另一侧具有用于排出该容器的处理液的出口喷嘴，以及在该容器的顶部具有排出挥发物的出口；该容器内部的纵向靠近容器内侧设置可旋转搅拌所述处理液并使该处理液从上述入口喷嘴移动到出口喷嘴的搅拌转子、容器内部的搅拌转子是根据处理液的黏度由数个搅拌块构成，而在搅拌转子的中心处具有没有旋转轴的搅拌叶片的反应器，该反应器用于将来自于该第二反应器的低聚物进行缩聚，温度保持在270℃至290℃，压力范围为200至13.3Pa得到平均聚合度为90至180的高分子量聚酯；

连接管道（36），该连接管道设置在所述第1反应器与第2反应器之间，用于将在所述第1反应器经过所定反应时间的处理液供给所述第2反应器；以及

连接管道（40），该连接管道设置在所述第2反应器与第3反应器之间，用于将在所述第2反应器经过所定反应时间的处理液供给第3反应器；在第一反应器、第二反应器及第三反应器中的总反应

时间为4至8小时。”

经形式审查合格后，专利复审委员会受理了该请求，并于2007年7月9日向请求人发出了《复审请求受理通知书》，同时将本申请转送至国家知识产权局原审查部门进行前置审查。

在《前置审查意见书》中，国家知识产权局审查部门认为：请求人对权利要求书5~8的修改仍然没有克服修改超范围的缺陷，因此坚持驳回决定。

专利复审委员会组成合议组，对本复审请求案进行了审理。

请求人于2008年3月7日对权利要求书进行主动修改，提交了意见陈述书和修改的权利要求书替换页。请求人将权利要求5~8中限定第一反应器的“加热所供给原料的热交换器”修改为“加热所供给原料的管壳式热交换器”。请求人认为：上述修改的依据是说明书第3页第2段、第6页第1行记载的具体内容，没有超出原说明书和权利要求书的范围。

经审查，合议组认为本案事实已经清楚，可以作出复审决定。

二、决定的理由

1. 关于审查文本

本复审决定所针对的文本是：请求人于2008年3月7日提交的权利要求第1~8项，2004年5月28日提交的说明书第1~2页、2004年12月31日提交的说明书第3页、2007年1月4日提交的说明书第4、6、9页、进入国家阶段时提交的说明书第5、7、8、10~13页，说明书附图第1~12页，说明书摘要以及摘要附图。

2. 关于专利法第33条

专利法第33条规定，申请人可以对其专利申请文件进行修改，但是对发明和实用新型专利申请文件的修改不得超出原说明书和权利要求书记载的范围。

如果申请人在权利要求中增加的技术特征能够从原申请说明书和权利要求书文字记载的内容以及说明书附图直接地、毫无疑义地确定，则这种修改不超出原始文本记载的范围。

就本案而言，本申请涉及从芳香二羧酸或其衍生物和乙二醇生产聚酯的连续缩聚方法及设备。驳回决定认为：权利要求5~8中主要存在三处修改超范围之处：

（1）关于第一反应器，其中概括的“在内部具有加热装置”不能从原申请记载的信息中直接、毫无疑义地确定。为此，请求人将相应内容修改为“该反应器是由在内部具有加热所供给原料的管壳式热交换器、在外圆周具有夹套结构的垂直圆柱容器构成的自然循环型蒸发器”。合议组查明：在说明书第3页第19~24行明确记载了“用作酯化步骤的第一个反应器是一种自然循环型蒸发器，它包含一个带有入口及出口的一个垂直圆柱容器……一种包覆容器外部的加热介质夹套；及在容器内部有一种管壳式热交换器，加热介质将热交换器外部的管子加热，同时允许原料加入并通过管道上升”。因此请求人将权利要求5~8中第一反应器限定为“在内部具有加热所供给原料的管壳式热交换器、在外圆周具有夹套结构的垂直圆柱容器构成的自然循环型蒸发器”能从上述说明书中记载的内容直接地确定。

（2）关于第二加热器，“进行加热的加热装置”不能从原申请说明书中记载的“热交换器”或“热交换器管”直接地、毫无疑义地确定。为此，请求人已经将相应内容修改为“该反应器是在外周被将来自第一反应器的产物进行加热的加热介质夹套包覆的直立长圆柱容器，该容器的底部配置具有加热从入口喷嘴供给的上述第一反应器的产物的多个热交换管的热交换器，和用于排出在该反应器生成的产物的出口喷嘴”。合议组查明：在说明书第3页最后1行~第4页第6行记载了“用于预聚合步骤的第二个反应器……包含，例如，一种基本上垂直的圆柱容器，在容器的纵向上，在容器较低侧面和底部中心分别有一个入口及出口，入口用于从第一个反应器供给低聚酯或聚酯，出口用于低分子量聚酯原料所流出，在容器顶部备有一个挥发性物质的出口，在容器外部包覆有加热介质夹套，这样就不需要任何外部动力。第二个反应器可进一步在容器内部的较底部位配有热交换部分”；在第7页倒数第4~1行中记载了“在图3中，编号71为直立长圆柱容器，其外圆周被加热介质夹套72包覆……在容器71内的下部配备有许多与向下管道73平行的热交换管74”。根据上述记载的内容并结合附图3可知，第二反应器应为直立长圆形容器，其外部包覆有加热介质夹套，用于加热从第一反应器供给的物料；容器底部配置有具有多个热交换管的热交换器，以及物料流出口，因此，请求人将权利要求5~8中第二反应器限定为“是在外周被将来自第一反应器的产物进行加热的加热介质夹套包覆的直立长圆柱容器，该容器的底部配置具有加热从入口喷嘴供给的上述第一反应器的产物的多个热交换管的热交换器，和用于排出在该反应器生成的产物的出口喷嘴”能从说明书记载的内容直接地确定。

（3）关于第三反应器，“该容器具有从该容器的一侧供给来自第二反应器的产物入口喷嘴和从另一侧排出来自该容器的处理液的出口喷嘴”不能从原申请记载的信息中直接、毫无疑义地确定。为此，请求人将相应内容修改为“该容器的底部一侧具有供给来自第二反应器的产物的入口喷嘴、和在该容器的底部另一侧具有排出该容器的处理液的出口喷嘴，以及在该容器的顶部具有排出挥发物的出口”，并且限定“靠近容器内侧设置可旋转搅拌所述处理液并使该处理液从上述入口喷嘴移动到出口喷嘴的搅拌转子”。合议组查明：在说明书第4页第2段记载了“用于最终聚合步骤的第三个反应器……包含，例如，包括一种水平放置的圆柱容器，在容器的纵向上，在容器一端的下部和另一端的下部分别配有一个入口及出口，入口用于来自第二个反应器的低分子量聚酯原料的进入，出口用于高分子量聚酯的流出，在容器顶部还备有一个挥发性物质的出口，和一个搅拌转子，搅拌转子在容器的纵向延伸并在容器内圆周附近旋转，根据聚酯原料的黏度值，容器内的搅拌转子分成许多搅拌块，搅拌转子中心部位没有搅拌轴，只有搅拌叶片”；说明书第9页倒数第1行提到了“入口喷嘴11”；第10页第10、11行中记载了“出口喷嘴12位于容器1的另一端下部，用于挥发物的一个出口喷嘴14位于容器1的上部”。根据上述记载的内容并结合附图15可知，第三反应器的物料入口和出口分别位于容器底部的两侧，在反应器顶部具有挥发物出口，因此，请求人将权利要求5~8中第三反应器限定为“该容器的底部一侧具有供给来自第二反应器的产物的入口喷嘴、和在该容器的底部另一侧具有排出该容器的处理液的出口喷嘴，以及在该容器的顶部具有排出挥发物的出口；该容器内部的纵向靠近容器内侧设置可旋转搅拌所述处理液并使该处理液从上述入口喷嘴移动到出口喷嘴的搅拌转子”能从说明书记载的内容直接地、毫无疑义地确定。

综上所述，修改后的权利要求5~8项均能从原说明书以及说明书附图的内容唯一地确定，其符合专利法第33条的规定。

3. 关于专利法实施细则第20条第1款

专利法实施细则第20条第1款规定：权利要求书应当说明发明或者实用新型的技术特征，清楚、简要地表述请求保护的范围。

本案中，驳回决定认为，权利要求5~8有如下不清楚之处：①没有清楚地记载哪些/个反应器需要外部动力供应或者外部能源搅拌装置；②没有清楚地记载第二个反应器的热交换部位的位置；③没有清楚地记载第三个反应器的物流在该反应器中如何流动的结构特征。

针对驳回决定指出的上述问题，请求人具体限定了第一反应器是“无须外部能源进行搅拌所述原料”的反应器，限定了第二反应器的热交换器在反应器底部，限定了第三反应器中的处理液“从上述入口喷嘴移动到出口喷嘴”。由此可见，请求人已经针对驳回决定指出的不清楚之处进行了相应的修改，克服了驳回决定所指出的权利要求5~8不符合专利法实施细则第20条第1款的规定的缺陷。

基于上述理由，合议组作出如下决定。

三、决定

撤销国家知识产权局于2007年2月9日对97197662.7号发明专利申请作出的驳回决定。由国家知识产权局审查部门以本复审决定针对的文本为基础继续审批程序。

当事人对本决定不服的，可以根据专利法第41条第2款的规定，自收到本决定之日起三个月内向北京市第一中级人民法院起诉。

104

热蒸发农药片剂

复审请求审查决定（第 14037 号）

决　　定　　号　第 14037 号
决　　定　　日　2008 年 5 月 9 日
发明创造名称　热蒸发农药片剂
国 际 分 类 号　A01N53/06，A01N25/18
复 审 请 求 人　住友化学工业株式会社
申　　请　　号　02147248.3
申　　请　　日　2002 年 10 月 21 日
优　先　权　日　2001 年 10 月 23 日
公　　开　　日　2003 年 4 月 30 日
合 议 组 组 长　任晓兰
主　　审　　员　王　磊
参　　审　　员　汪送来

法　律　依　据　专利法第 22 条第 3 款
决　定　要　点

在判断一项权利要求的创造性时，首先应当将权利要求所述的技术方案与最接近的现有技术进行比较，找出它们的区别技术特征，确定本发明实际所要解决的技术问题，然后再考察现有技术中是否存在着将上述区别技术特征应用到该最接近的现有技术中以解决本发明实际所要解决的技术问题的技术启示。如果不存在这样的技术启示，则该权利要求具备创造性。

一、案由

本复审请求案涉及发明名称为"热蒸发农药片剂"的第 02147248.3 号发明专利申请（下称本申请），申请人为住友化学工业株式会社，申请日为 2002 年 10 月 21 日，优先权日为 2001 年 10 月 23 日，公开日为 2003 年 4 月 30 日。

2007 年 1 月 12 日，针对申请人于 2005 年 9 月 14 日提交的权利要求第 1~7 项，申请日提交的说明书第 1~12 页和说明书摘要，国家知识产权局以权利要求第 1~7 项不符合专利法第 22 条第 3 款的规定为由驳回了本申请。

驳回决定认为：对比文件 1（GB2057884A，公开日为 1981 年 4 月 8 日）公开了一种热蒸发片剂，热蒸发表面至少部分地被薄金属片覆盖，薄金属片由金属粉末和膜形成树脂来制备，所述金属为 Al、

Fe、Cu、Zn 等，金属片上有穿孔或缺口，每 100mm^2 的蒸发表面上穿孔的总面积优选至少约 3.3mm^2，通常约 3.3~75mm^2（蒸发表面的约 1/30~3/4），更优选约 5~50mm^2（蒸发表面的约 1/20~1/2），基质中所含的化学制剂为烯丙菊酯等。权利要求所 1 要求保护的技术方案与该对比文件所公开的技术内容相比，其区别仅在于“所使用的农药不同”，然而该权利要求中的通式（1）的四氟苄酯化合物与烯丙菊酯等同属于拟除虫菊酯类化合物，化学结构和作用机理相似，并且它们都是本领域已知的杀虫剂。在该对比文件的基础上用该权利要求中的通式（1）化合物代替烯丙菊酯以获得该权利要求所要求保护的技术方案，对所属技术领域的技术人员来说是显而易见的，因此该权利要求不具备突出的实质性特点和显著的进步，因而不具备创造性。

基于同样的理由，权利要求 2~5 相对于对比文件 1 也不具有创造性，权利要求 6、7 要求的防治害物的方法相对于对比文件 1 结合常用的技术手段也不具有创造性。

针对申请人在答复二通时认为的本发明的农药片剂与对比文件 1 的蒸发速率不同，驳回决定认为，不同农药本身的蒸发速率不同，这是本领域中公知的，包衣后制成的农药片剂蒸发速率的不同对本领域的技术人员来说也是可以预见的，因此，用同样的包衣层包衣不同的农药得到蒸发速率不同的农药片剂不具备创造性。

驳回决定针对的权利要求书如下：

“1. 热蒸发用的农药片剂，其中含农药的载体片用至少有一个孔隙的农药非渗透层包衣，其中所说的孔隙仅存在于农药片的一个表面上，孔隙的比例是所说表面的 0.1%~10%，并且所说的农药是通式（1）的四氟苄酯化合物：

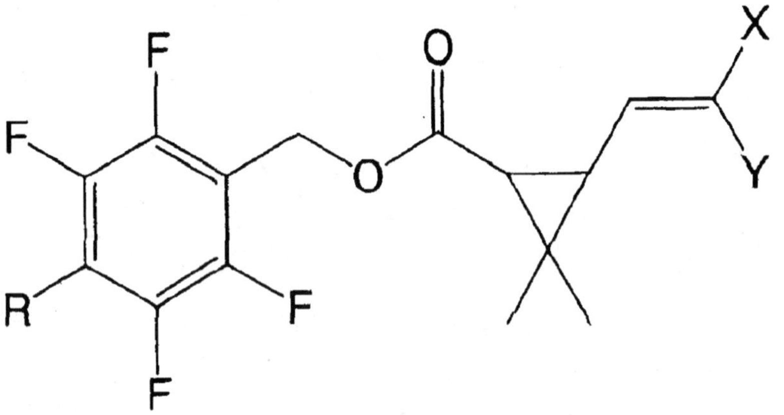

(1)

其中，R 代表 H，甲基，甲氧基或甲氧甲基，X 和 Y 各自代表 H，Cl 或甲基。

2. 权利要求 1 的农药片剂，其中非渗透层含有金属层。

3. 权利要求 1 的农药片剂，其中非渗透层含有铝层。

4. 权利要求 1 或 2 的农药片剂，其中非渗透层含有由铝层和树脂层组成的薄层。

5. 权利要求 1 或 2 的农药片剂，其中农药是选自以下的至少 1 种化合物：2，3，5，6-四氟-4-甲氧甲基苄基 3-（1-丙烯基）-2，2-二甲基环丙烷甲酸酯，2，3，5，6-四氟-4-甲基苄基 3-（1-丙烯基）-2，2-二甲基环丙烷甲酸酯，2，3，5，6-四氟苄基 3-（2，2-二氯乙烯基）-2，2-二甲基环丙烷甲酸酯，2，3，5，6-四氟-4-甲氧甲基苄基 3-（2-甲基-1-丙烯基）-2，2-二甲基环丙烷甲酸酯，2，3，5，6-四氟-4-甲氧苄基 3-（1-丙烯基）-2，2-二甲基环丙烷甲酸酯和 2，3，5，6-四氟-4-甲氧苄基 3-（2-甲基-1-丙烯基）-2，2-二甲基环丙烷甲酸酯。

6. 一种防治害物的方法，包括从具有孔隙的表面的反面表面加热如权利要求 1 所述的农药片剂。

7. 权利要求 6 的方法，其中加热温度为 50℃~200℃。”

2007 年 4 月 27 日，申请人住友化学株式会社（下称请求人）对上述驳回决定不服，向专利复审委员会提出复审请求，请求人在提出复审请求时没有提交修改文本。

请求人认为：（1）对比文件1中记载的拟除虫菊酯化合物的蒸汽压低于本发明活性成分的蒸气压；（2）本申请目的在于抑制活性成分蒸发，以使其长期保持效用，而对比文件1则是为了加速活性成分的蒸发；（3）本领域技术人员不会尝试将对比文件1的技术应用于本申请的式（1）四氟苄基酯。因此，本申请和对比文件1相比具有创造性。

经形式审查合格后，专利复审委员会受理了该请求，并于2007年6月18日向请求人发出了《复审请求受理通知书》，同时将本申请转送至国家知识产权局原审查部门进行前置审查。

在《前置审查意见书》中，国家知识产权局原审查部门认为：不同农药的蒸发压不同，用同样的包衣层包衣后制成的农药片剂的蒸发速率不同是所属领域的技术人员可以预见的，可以通过调节包衣层的孔隙等手段来调节农药片剂的蒸发速率。说明书和意见陈述书中也没有给出证明权利要求1~7具有创造性的对比数据，因此坚持驳回决定。

专利复审委员会组成合议组，对本复审请求案进行了审理。

经审查，合议组认为本案事实已经清楚，可以作出复审决定。

二、决定的理由

1. 关于审查文本

本复审决定所针对的审查文本为驳回决定所针对的文本。

2. 关于创造性

专利法第22条第3款规定，创造性是指同申请日以前已有的技术相比，该发明有突出的实质性特点和显著的进步。

在判断一项权利要求的创造性时，首先应当将权利要求所述的技术方案与最接近的现有技术进行比较，找出它们的区别技术特征，确定本发明实际所要解决的技术问题，然后再考察现有技术中是否存在着将上述区别技术特征应用到该最接近的现有技术中以解决本发明实际所要解决的技术问题的技术启示。如果不存在这样的技术启示，则权利要求具备创造性。

就本案而言，本申请权利要求1要求保护一种热蒸发用的农药片剂，其中含农药的载体片用至少有一个孔隙的农药非渗透层包衣，其中所说的孔隙仅存在于农药片的一个表面上，孔隙的比例是所说表面的0.1%~10%，并且所说的农药是通式（1）的四氟苄酯化合物。对比文件1公开了一种热蒸发片剂，热蒸发表面至少部分地被薄金属片覆盖，薄金属片由金属粉末和膜形成树脂来制备，所述金属为Al、Fe、Cu、Zn等，金属片上有穿孔或缺口，每$100mm^2$的蒸发表面上穿孔的总面积为蒸发表面的约1/30~约3/4，基质中所含的化学制剂为烯丙菊酯等（见说明书第1页第78~110行，第2页第42~96行，第3页第64~79行，第5页第88~117行，第6页第9~14行，图4~7，实施例1~7）。经比较可知，权利要求1要求保护的技术方案与对比文件1的技术方案的区别在于：（1）所使用的农药不同，本申请使用的是蒸发压较高的四氟苄酯，对比文件1使用的是蒸发压较低的菊酯类；（2）权利要求1中限定了“载体片用至少有一个孔隙的农药非渗透层包衣”。根据说明书第4页第2段的记载，本发明中“包衣”是指包衣材料（非渗透层）紧密地粘着于和包敷于所包物体（载体片）的表面，以及包衣材料在一些间隙处包薄物体，由说明书第4页第6段记载的“用非渗透层包涂载体片的方法”可知，包衣的结果是除了非渗透层孔隙处以外，载体片被包衣材料密封。而对比文件1中没有公开农药载体片被如此包衣的特征。

根据本申请说明书第1页第1~2段的记载，“虽然通过电加热防治蚊子的片剂容易使用，可是农药蒸汽的控制非常困难，而能够长时间有效防治害物的产品至今未被开发。本发明的目的是提供一种能够长时间、有效地防治害物的热蒸发农药片剂。”也就是说，本申请的发明目的是解决现有技术中难以控制农药片剂的蒸发速率这一问题，而提供一种能长时间有效的热蒸发农药片剂。本发明解决该技术问题的技术手段是通过带有孔隙的非渗透层（包括金属材料或聚合物材料制成的薄膜和薄片）覆盖载体片的全部表面，在加热蒸发片剂时非渗透层起抑制农药迅速蒸发的作用，从而可以使农药片剂长时间有效。而对比文件1要解决的技术问题是避免蒸发载体片中的化学试剂在受热下蒸发不充分而保留在载体中，其解决技术问题的技术手段是通过在载体片的上部覆盖薄金属片以改善蒸发效率和降低热分解比例、残留率（见说明书第1页左栏第19~23行）。可见，由于对比文件1和本申请中分别使用了蒸发压不同的两种农药，导致两者要解决的技术问题不同：前者是要加快农药片剂的蒸发速度、降低残留率，后者是要尽可能控制农药片剂的蒸发速率以使其长期有效。由此，相同的金属薄片在两个技术方案中所起的作用不同：对比文件1中金属薄片是起使载体片均匀受热的作用，虽然金属薄片上也有缝隙，但是因为对比文件1中公开的技术方案并没有提及金属薄片覆盖载体片的全部表面，这就不影响农药片剂从侧面蒸发，而本申请中载体片的全部表面均用非渗透层包涂，仅留下若干孔隙，其非渗透层即金属薄片主要是起密封作用。因此，对比文件1和本申请的技术问题、解决问题的技术手段、技术效果均不相同，本领域技术人员从对比文件1中并不能获得将金属薄片用于解决本申请所述的农药片剂蒸发过快的技术问题的启示，只会从其中会获得金属薄片能加快农药片剂蒸发速率的相反教导。因此权利要求1要求保护的技术方案相对于对比文件1是非显而易见的，具有突出的实质性特点和显著的进步，符合专利法第22条第3款的规定。

权利要求2~5是权利要求1的从属权利要求，在权利要求1具有创造性的情况下，权利要求2~5也符合专利法第22条第3款的规定。

权利要求6要求一种防治害物的方法，其包括从具有孔隙的表面的反面表面加热如权利要求1所述的农药片剂。在权利要求1的农药片剂具有创造性的情况下，该防止害物的方法因使用该农药片剂而具有能够长时间有效地防止害物的效果，其相对于对比文件1也具有突出的实质性特点和显著的进步，符合专利法第22条第3款的规定。

权利要求7是权利要求6的从属权利要求，在权利要求6具有创造性的情况下，权利要求7也符合专利法第22条第3款的规定。

根据以上事实和理由，本案合议组作出如下审查决定。

三、决定

撤销国家知识产权局于于2007年1月12日对02147248.3号发明专利申请作出的驳回决定。由原审查部门在本复审决定所针对的审查文本的基础上继续进行审查。

请求人对本决定不服的，可以根据专利法第41条第2款的规定，自收到本决定之日起三个月内向北京市第一中级人民法院起诉。

105

植物源生物有机混合肥

复审请求审查决定（第 14069 号）

决　定　号　第 14069 号
决　定　日　2008 年 7 月 15 日
发明创造名称　植物源生物有机混合肥
国 际 分 类 号　C05F 15/00，C05F 11/10
复 审 请 求 人　刘佐文
申　请　号　200410029740.4
申　请　日　2004 年 3 月 26 日
公　开　日　2005 年 9 月 28 日
合 议 组 组 长　任晓兰
主　审　员　危　峰
参　审　员　王　磊

法 律 依 据　专利法第 26 条第 3 款
决 定 要 点

对于化学产品发明，应当完整地公开该产品的用途和/或使用效果。如果所属技术领域的技术人员无法根据现有技术预测发明能够实现所述用途和/或使用效果，则说明书中还应当记载对于本领域技术人员来说，足以证明发明的技术方案可以实现所述用途和/或达到预期效果的定性或者定量实验数据；在缺乏所述实验数据时，将认为说明书对于发明的公开不符合专利法第 26 条第 3 款的规定。

一、案由

本复审请求案涉及发明名称为“植物源生物有机混合肥”的第 200410029740.4 号发明专利申请（下称本申请），申请人为刘佐文，申请日为 2004 年 3 月 26 日，公开日为 2005 年 9 月 28 日。

2007 年 3 月 9 日，针对申请人于 2006 年 3 月 10 日提交的权利要求第 1~2 项，2005 年 12 月 16 日提交的说明书第 1~5 页及其摘要，国家知识产权局原审查部门以本申请不符合专利法第 26 条第 3 款的规定为由驳回了本申请。

驳回决定认为：说明书未对发明作出清楚、完整的说明，致使所属技术领域的技术人员不能实现该发明，不符合专利法第 26 条第 3 款的规定。公开不充分主要表现在：（1）本发明（即原 A 型肥）的发明目的是提供一种具有抗病作用的有机混合肥，尽管本申请说明书中给出了本申请的技术方案并概括了本申请的有益效果，但该方案必须依赖实验结果加以证实才能成立，而说明书中未提供有关实验数据，导致所属技术领域的技术人员不能实现该发明。（2）申请人在 2006 年 3 月 10 日提交意见陈述的同时，提供了两份本申请的田间实验数据，欲证明本申请的有益效果。然而，判断说明书是否公开，是以原说明书和权利要求书记载的内容为准，申请日之后补交的实施例和实验数据不予考虑，因此申请人提交的实验数据不能被接受。

驳回决定针对的权利要求书如下：

“1. 一种植物源生物有机混合肥，其特征在于，所述的有机混合肥的原料由等量的丹参、草决明、枸杞、生地、炮姜、元胡组成；将等量的植物按类别混合防止在容器内加水浸泡、煎煮、过滤去渣、发酵制成肥液。

2. 一种根据权利要求1所述的植物源生物有机混合肥的生产方法，其特征在于，它按下述步骤进行，将丹参、草决明、枸杞、生地、炮姜、元胡分别称重，将等量的植物按类别混合防止在容器内加水浸泡，每公斤植物加水7.5公斤，浸泡6小时后，煎煮1小时，然后在浸泡6小时，再煎煮1小时，过滤去渣发酵5~7天制成肥液。”

2007年4月27日，申请人刘佐文（下称请求人）对上述驳回决定不服，向专利复审委员会提出复审请求。请求人在提出复审请求时对权利要求书进行了修改，并提交了以下证据：

证据1：第00130347.3号中国发明专利申请公开说明书，发明名称为“无公害中草药制剂农药”，公开日为2001年4月4日，复印件共5页；

证据2：第01130888.5号中国发明专利申请公开说明书，发明名称为“纯植物防病驱虫剂及其制作方法”，公开日为2003年3月19日，复印件共6页。

修改后的权利要求书为：

“1. 一种植物源生物有机混合肥，其特征在于它包括单独或组合使用的由下述原料经加水浸泡、煎煮、过滤去渣、发酵制成的五种液肥：

A型肥原料由等量的丹参、草决明、枸杞、生地、炮姜、元胡组成；

B型肥由等量的蒲公英、白术、党参、木瓜组成；

C型肥由等量的漏芦、女贞子、不留、桂枝、丹参组成；

D1型肥由等量的草决明、柴胡、陈皮、漏芦和木瓜组成；

D2型肥由等量的蒲公英、杏仁、夏枯草、不留组成。

2. 根据权利要求1所述的植物源生物有机混合肥的生产方法，其特征在于按照下述方式分别称取原料：

A型肥原料由等量的丹参、草决明、枸杞、生地、炮姜、元胡组成；

B型肥由等量的蒲公英、白术、党参、木瓜组成；

C型肥由等量的漏芦、女贞子、不留、桂枝、丹参组成；

D1型肥由等量的草决明、柴胡、陈皮、漏芦和木瓜组成；

D2型肥由等量的蒲公英、杏仁、夏枯草、不留组成；

然后，按照每公斤植物加水7.5公斤的比例分别加水浸泡6小时，然后煎煮1小时，再次浸泡6小时，煎煮1小时，过滤去渣，发酵5~7天制成所述的液肥。”

请求人认为：（1）证据1记载了利用菌陈等中草药制成无公害的农药及其制法，并说明了其效果；证据2记载了纯植物防病驱虫剂具有防病、驱虫、有机肥料等多种效果。（2）本申请提出了一种以天然植物为原料制成的有机混合肥，在原说明书第2页第2段与第5~6页中说明了这种肥料的实施效果。（3）本申请给出了具体技术方案，并且由前述证据1和2可知，尽管本申请的具体技术方案与证据1和2不同，但都是使用植物原料，并且所述的效果类似。因此本申请说明书所说明的实施效果是成立的，本申请符合专利法第26条第3款的规定。

经形式审查合格后，专利复审委员会受理了该请求，并于2007年6月7日向请求人发出了《复审请求受理通知书》，同时将本申请转送至国家知识产权局原审查部门进行前置审查。

在《前置审查意见书》中，国家知识产权局原审查部门认为请求人提供的证据1和2并不能证明本申请技术方案的效果，驳回指出的缺陷仍存在，因此坚持驳回决定。

专利复审委员会组成合议组，对本复审请求案进行了审理。合议组于2008年5月16日向请求人发出《复审通知书》，指出：本申请要求保护一种植物源生物有机混合肥及其制备方法，对于所述有机混合肥的使用效果，仅记载了结论性的描述，未记载所述有机混合肥的使用效果的实验证据。而对于本领域技术人员来说，无法根据现有技术预测本申请要求保护的有机混合肥能够实现所述的使用效果，所述有机混合肥是否能够具有本申请中所述的使用效果需要依赖于实验数据才能成立。在此情况下，在本申请说明书仅记载了具体的技术方案，未给出证实所述有机混合肥确实能产生所述使用效果的实验证据的基础上，本申请说明书对于所述发明的公开未充分到本领域技术人员能够实现的程度，不符合专利法第26条第3款的规定。

针对上述《复审通知书》，请求人于2008年6月30日提交了意见陈述书和以下证据（编号续前），未对申请文件进行修改：

证据3：第97107223.X号中国发明专利申请公开说明书，发明名称为“瓜果营养素”，公开日为1999年6月9日，复印件共4页；

证据4：第99116151.3号中国发明专利申请公开说明书，发明名称为“生物肥料组合物及其应用”，公开日为1999年11月3日，复印件共5页。

请求人认为：（1）由证据1和2可以看出，用植物原料制成的产品，具有防病、驱虫、有机肥料的效果；证据3和4描述了多种中药材制成的瓜果营养素和生物肥料组合物的应用效果，由其知道，使用多种中草药可以获得作物所需要的营养、提高产量、增强作物抗逆性等效果。（2）本申请不属于审查指南第二部分第二章第2.1.3节所述“被认为无法实现”的第（1）～（5）种情形，本领域技术人员根据这些证据公开的内容对本申请文件公开的实施效果是完全可以理解的，即本申请文件公开的技术方案应该是成立的。

至此，合议组认为本案事实清楚，可以作出审查决定。

二、决定的理由

1. 关于文本

本复审请求审查决定针对的文本是：请求人于2007年4月27日提交的权利要求第1~2项，2005年12月16日提交的说明书第1~5页及其摘要。

2. 关于专利法第26条第3款

专利法第26条第3款规定：说明书应当对发明或者实用新型作出清楚、完整的说明，以所属技术领域的技术人员能够实现为准。

对于化学产品发明，应当完整地公开该产品的用途和/或使用效果。如果所属技术领域的技术人员无法根据现有技术预测发明能够实现所述用途和/或使用效果，则说明书中还应当记载对于本领域技术人员来说，足以证明发明的技术方案可以实现所述用途和/或达到预期效果的定性或者定量实验数据；在缺乏所述实验数据时，将认为说明书对于发明的公开不符合专利法第26条第3款的规定。

就本申请而言，其要求保护一种植物源生物有机混合肥及其制备方法，该植物源生物有机混合肥是由包括多种中草药如丹参、草决明、枸杞等的原料经加水浸泡、煎煮、过滤去渣、发酵制成的液肥。根据本申请说明书第2页第2段的描述，所述有机混合肥不仅能供给植物充分的养分，还能促进植物的生长，具有抗旱、改善品质的作用；并且可以取代农药来防治病虫害，减少农药对农产品的污染。

本申请说明书中描述了所述有机混合肥的原料、其制备方法和在田间作物如西红柿等上的应用实施例。在应用实施例中，对于所述有机混合肥的使用效果，仅记载了结论性的描述，如“促开花，并控制其生长，同时可抗击抵御病虫害、病害侵蚀”（参见说明书第4~5页），未记载所述有机混合肥的使用效果的实验证据。

本领域技术人员公知，中草药一般用于人或动物的防病治病，现有技术中未记载利用中草药植物源制成的有机混合肥用在作物上能为其提供养分、促进作物生长，也未记载中草药植物源有机肥可以防治病虫害。请求人在提出复审请求时所提交的证据1和2，也仅是提及了中草药合剂可用作农药、植物的防病驱虫，均未提供确切的证据证明其有效性；请求人在答复《复审通知书》时所提供的证据3和4中，对于采用多种中药材制成的瓜果营养素和生物肥料组合物的应用效果，仅是记载了结论性的描述（参见证据3的说明书第1页第21~25行，和证据4的说明书第2页第13~22行），未记载所述瓜果营养素和生物肥料组合物在提供作物养分、促进生长、防治病虫害方面的应用效果的实验证据。并且请求人提供的证据1~4中的中草药组分与本发明权利要求1和2中A~D2型肥料的组分相差较大，即使其有效，本领域技术人员也不能由此推知本申请组分的效果。由此可见，本领域技术人员无法根据现有技术预测本申请要求保护的有机混合肥能够实现所述的使用效果，所述有机混合肥是否能够具有本申请中所述的使用效果需要依赖于实验数据才能成立。

在此情况下，在本申请说明书仅记载了具体的技术方案，未给出证实所述有机混合肥确实能产生所述使用效果的实验证据的基础上，本申请说明书对于所述发明的公开未充分到本领域技术人员能够实现的程度，不符合专利法第26条第3款的规定。

请求人在答复《第一次审查意见通知书》时提交了附件①：华北煤炭医学院附属医院出具的检验单（共4页），附件②：西红柿照片（共2张）；在答复《第二次审查意见通知书》时提交了附件③：西红柿田间试验统计表、三次重复试验记录表及田间肥效试验（共3页），拟用于证明本申请技术方案的使用效果。对此，合议组认为：（1）判断说明书是否充分公开，应当以原说明书和权利要求书记载的内容为准，申请日之后补交的实施例不予考虑（参见审查指南第二部分第十章第3.4节）。（2）a. 附件1测定的是DNA含量，有3页检验单载明送检物是汤剂，有1页检验单未标明送检物，由“汤剂”一词并不能证明该送检物与本申请的技术方案之间有什么关系，因此，其DNA检验结果也无法证明本申请技术方案能用于增强植物免疫力；b. 附件2仅为两张西红柿苗的照片，其一健壮，其二枯萎，但无法证明照片一就是施用了本申请有机肥后的西红柿苗的照片；c. 附件3是三份田间试验记录、统计表，以及记载有周恩瑞、翟俊生证言的试验材料，这份证据是否真实可靠尚存疑，况且从中也看不出其中所述的“肥”即为本申请的有机肥。因此，合议组认为，上述证据均不能克服本申请的说明书公开不充分的缺陷。

请求人在答复《复审通知书》时认为本申请不属于审查指南第二部分第二章第2.1.3节所述“被认为无法实现”的第（1）~（5）种情形，本领域技术人员根据证据1~4公开的内容完全可以理解本申请文件公开的实施效果。对此，合议组认为：化学是一门实验科学，一项技术方案是否能具有预期的用途和/或效果，往往无法直接根据所用物质的结构和组成进行预测，需要借助于实验数据证实。只有在本领域技术人员通过现有技术能够预期到所述技术方案必然会具有所述用途和/或效果时，才不必提供相应的实验证据。本案中，如前所述，请求人提供的所有证据均只是给出结论，而未提供相应的实验证据对该结论加以验证。因此，本领域技术人员在此基础上并不能预测到本申请要求保护的有机混合肥能够实现所述的用途和/或使用效果，所述有机混合肥是否能够具有本申请中所述的用途和/或使用效果需要依赖于实验数据才能成立。因此，合议组对请求人的该主张不予支持。

根据上述事实和理由，合议组作出如下审查决定。

三、决定

维持国家知识产权局于 2007 年 3 月 9 日针对第 200410029740.4 号发明专利申请作出的驳回决定。

复审请求人对本决定不服的，可以根据专利法第 41 条第 2 款的规定，自收到本决定之日起三个月内向北京市第一中级人民法院起诉。

106

低结晶性的氟乙烯共聚合物

复审请求审查决定（第14073号）

决　定　号　第14073号
决　定　日　2008年7月10日
发明创造名称　低结晶性的氟乙烯共聚合物
国际分类号　C08F214/20，C08F214/26，C08F214/18
复审请求人　纳幕尔杜邦公司
申　请　号　98804118.9
申　请　日　1998年4月14日
优先权日　1997年4月15日
公　开　日　2000年5月3日
合议组组长　张家祥
主　审　员　李新芝
参　审　员　刘　亚

法律依据　专利法第26条第3款，专利法实施细则第20条第1款
决定要点

如果权利要求清楚、简要地表述了请求保护的范围，本领域技术人员能够清楚地理解其技术方案，则该权利要求符合专利法实施细则第20条第1款的规定。

一、案由

本复审请求案涉及发明名称为"低结晶性的氟乙烯共聚合物"的98804118.9号发明专利申请（下称本申请），申请人为纳幕尔杜邦公司，申请日为1998年4月14日，优先权日为1997年4月15日，公开日为2000年5月3日。

2006年3月24日，针对申请人于2006年1月16日提交的权利要求第1~25项和进入中国国家阶段时提交的说明书第1~19页及其摘要，国家知识产权局以说明书不符合专利法第26条第3款的规定和权利要求1~25不符合专利法实施细则第20条第1款的规定为由驳回了本申请。

驳回决定所针对的权利要求书中的独立权利要求1、8、15、17、20、21、22、24如下：

"1. 一种基本上包括源于氟乙烯的单元和至少两种高度氟化的单体的共聚物，其中至少一种所述高度氟化的单体将至少一个碳原子的侧链导入所述聚合物中，所述共聚物基本上包括源于30%~60%（摩尔）氟乙烯的单元、10%~60%（摩尔）至少一种选自1，1-二氟乙烯、四氟乙烯、三氟乙烯和

氯三氟乙烯的 C_2 烯烃和0.1%~30%（摩尔）将至少一个碳原子的侧链导入到聚合物中的一种高度氟化的单体，所述将至少一个碳原子的侧链导入所述聚合物中的高度氟化单体选自高度氟化的乙烯基醚、具有3~10个碳原子的全氟烯烃、全氟 C_1-C_8 烷基乙烯和氟化间二氧杂环戊烯。

8. 与约10%~90%（重量）聚氟乙烯共混的权利要求1的共聚物。

15. 一种含水分散体，包括含水介质和分散于其中的权利要求1的共聚物颗粒。

17. 一种有机液体组成，包括权利要求1的共聚物和一种极性有机液体。

20. 用权利要求1的所述共聚物制成的成形制品。

21. 用权利要求17的有机液体组成浇铸的薄膜。

22. 一种涂层制品，包括一种其至少一个表面具有权利要求17的有机液体组成制成的涂层的基材。

24. 一种层压制品，包括基材和粘合到所述基材的至少一个表面上的权利要求21的薄膜。”

驳回决定认为：（1）在本申请的说明书中，没有记载确认要求保护的共聚物结构特征的鉴定资料或实验数据，因此说明书没有对本发明作出清楚、完整的说明，不符合专利法第26条第3款的规定；（2）权利要求1要求保护的为共聚物，但其是用原料来表征的，没有用该共聚物的结构、组成和/或性能参数表征，致使其保护范围不清楚，不符合专利法实施细则第20条第1款的规定；同理，与权利要求1相关的权利要求2~25也没有清楚地表述请求保护的范围，不符合专利法实施细则第20条第1款的规定。

2006年6月27日，申请人纳幕尔杜邦公司（下称请求人）对上述驳回决定不服，向专利复审委员会提出复审请求，请求人在提出复审请求时没有对申请文件进行修改。

请求人认为：（1）在本申请说明书第13页表1中指出了产生的聚合物的单体的摩尔比，第19页表6中也明确指出了聚合物的组成摩尔比；此外，在本申请说明书第13页表1续或表2或第19页表6续中均已提供了“重复单元的名称”、“分子量（熔体黏度MV）”、“重复单元排列状态（三元共聚）”，并公开了熔点Tm、熔体黏度MV、熔化热等物理性能参数。因此，本申请说明书满足了充分公开的要求；（2）在说明书中原料的含量是用重量表达的，而单体的含量是用摩尔比表达的。因此，权利要求1~25中限定的并不是原料，而是用摩尔比表达的单体，所以权利要求1~25使用了共聚物的组成来进行表征，符合专利法实施细则第20条第1款的规定。

经形式审查合格后，专利复审委员会受理了该请求，并于2006年8月10日向请求人发出了《复审请求受理通知书》，同时将本申请转送至国家知识产权局原审查部门进行前置审查。

在《前置审查意见书》中，国家知识产权局原审查部门认为驳回决定所指出的说明书公开不充分的缺陷已经克服，但仅用制备所要求的原料是不能够清楚表征共聚物的，因此权利要求1~25表述不清楚的问题依然存在，坚持驳回决定。

专利复审委员会组成合议组，对本复审请求案进行了审理。

2008年2月13日，专利复审委员会本案合议组向请求人发出《复审通知书》，指出：由权利要求1中的如下措辞“所述共聚物基本上包括源于30%~60%（摩尔）氟乙烯的单元”可知，该权利要求是用共聚组成对共聚物进行限定的，但从权利要求1中的其他描述如“所述共聚物基本上包括源于……至少一种高度氟化的单体”可知，该权利要求又是以共聚用单体原料及其含量对该共聚物进行限定的，由此导致该权利要求的保护范围不清楚，不符合专利法实施细则第20条第1款的规定。基于此，与权利要求1相关联的权利要求2~25也没有清楚地表述其保护范围，不符合专利法实施细则第20条第1款的规定。

针对上述《复审通知书》，请求人于2008年5月28日提交了意见陈述书，并对权利要求书进行了修改，明确了权利要求 1 中所定义的各个成分及其摩尔百分比是用来表示共聚物的组成单元的，即权利要求 1 是用共聚物组成来表征的；此外，请求人删除了权利要求 1 中的重复内容“基本上包括源于氟乙烯的单元和至少两种高度氟化的单体”和“其中至少一种所述高度氟化的单体将至少一个碳原子的侧链导入所述聚合物中”。

修改后的权利要求 1 如下：

“1. 一种共聚物，基本上包括 30%～60%（摩尔）氟乙烯的单元、10%～60%（摩尔）至少一种选自 1，1-二氟乙烯、四氟乙烯、三氟乙烯和氯三氟乙烯的 C_2 烯烃的单元和 0. 1%～30%（摩尔）将至少一个碳原子的侧链导入到聚合物中的一种高度氟化的单体的单元，所述将至少一个碳原子的侧链导入所述聚合物中的高度氟化单体的单元选自高度氟化的乙烯基醚、具有 3～10 个碳原子的全氟烯烃、全氟 C_1-C_8 烷基乙烯和氟化间二氧杂环戊烯。”

至此，合议组认为本案事实已经清楚，可以依法作出审查决定。

二、决定的理由

1. 关于审查文本

本复审请求审查决定是以请求人于 2008 年 5 月 28 日提交的权利要求第 1～25 项，进入中国国家阶段时提交的说明书第 1～19 页和说明书摘要为基础作出的。

2. 关于专利法实施细则第 20 条第 1 款

专利法实施细则第 20 条第 1 款规定：权利要求书应当说明发明或者实用新型的技术特征，清楚、简要地表述请求保护的范围。

如果权利要求清楚、简要地表述了请求保护的范围，本领域技术人员能够清楚地理解其技术方案，则该权利要求符合专利法实施细则第 20 条第 1 款的规定。

具体到本申请而言，针对《驳回决定》所述权利要求 1 的共聚物用原料来表征，没有用共聚物的结构、组成和/或性能参数表征，致使其保护范围不清楚以及《复审通知书》所述，权利要求 1 既用共聚组成对共聚物进行限定，又以共聚用单体原料及其含量对共聚物进行限定，从而导致权利要求 1 保护范围不清楚的问题，请求人于 2008 年 5 月 28 日提交的权利要求书替换页中将权利要求 1 中的“10%～60%（摩尔）至少一种选自 1，1-二氟乙烯、四氟乙烯、三氟乙烯和氯三氟乙烯的 C_2 烯烃和 0. 1%～30%（摩尔）将至少一个碳原子的侧链导入到聚合物中的至少一种高度氟化的单体”修改为“10%～60%（摩尔）至少一种选自 1，1-二氟乙烯、四氟乙烯、三氟乙烯和氯三氟乙烯的 C_2 烯烃的单元和 0. 1%～30%（摩尔）将至少一个碳原子的侧链导入到聚合物中的至少一种高度氟化的单体的单元”，即将权利要求 1 中表示共聚用原料的“单体”全部修改为表示共聚物组成的“单体的单元”，该修改得到了请求人原始提交的国际申请文件的支持（参见原始提交的国际申请文件的说明书第 2 页倒数第 1 段）。也就是说，请求人在修改后的权利要求 1 中全部用共聚物的组成单元对共聚物进行了限定，从而清楚、简要地表述了请求保护的范围，克服了《驳回决定》所指出的保护范围不清楚的问题。在此基础上，权利要求 2～25 的保护范围不清楚的问题也已被克服。

3. 关于专利法第 26 条第 3 款

专利法第 26 条第 3 款规定：说明书应当对发明或者实用新型作出清楚、完整的说明，以所属技术领域的技术人员能够实现为准。

针对本申请而言，在《前置审查意见书》中，原审查部门明确表示因请求人提复审请求时陈述的意见而撤销驳回决定关于专利法第 26 条第 3 款的驳回意见，考虑原审查部门已不再坚持驳回决定关于本申请说明书公开不充分的理由，且本申请说明书实施例也已给出了所制备的本申请三元共聚物的部分表征参数，因此合议组对此不再予以评述。

根据上述事实和理由，合议组作出如下审查决定。

三、决定

撤销国家知识产权局于 2006 年 3 月 24 日针对第 98804118.9 号发明专利申请作出的驳回决定，由国家知识产权局原审查部门以本复审请求审查决定所针对的文本为基础继续审批程序。

复审请求人对本决定不服的，可以根据专利法第 41 条第 2 款的规定，自收到本决定之日起三个月内向北京市第一中级人民法院起诉。

107

银-锌粒子纳米孔复合材料及其在表面抗感染领域的应用

复审请求审查决定（第14075号）

决 定 号 第14075号
决 定 日 2007年7月9日
发明创造名称 银-锌粒子纳米孔复合材料及其在表面抗感染领域的应用
国际分类号 A01N59/16，A61L 2/238
复审请求人 吉林大学
申 请 号 200510016693.4
申 请 日 2005年4月7日
公 开 日 2005年10月26日
合议组组长 任晓兰
主 审 员 黄 强
参 审 员 侯 曜

法律依据 专利法第26条第3款
决定要点

如果所属技术领域的技术人员根据说明书记载的内容并结合本领域的普通技术知识，不需要花费创造性劳动就能够实现发明的技术方案，解决其技术问题，并且产生预期的技术效果，则说明书已对发明作出了清楚、完整的说明。

一、案由

本复审请求案涉及发明名称为“银-锌粒子纳米孔复合材料及其在表面抗感染领域的应用”的第200510016693.4号发明专利申请（下称本申请），申请人为吉林大学，申请日为2005年4月7日，公开日为2005年10月26日。

国家知识产权局原审查部门对本申请进行了实质审查，于2005年12月30日发出了《第一次审查意见通知书》，指出本申请说明书的内容公开不充分，不符合专利法第26条第3款的规定。

2006年2月23日，申请人针对《第一次审查意见通知书》提交了意见陈述书和以下附件：

附件1：《沸石分子筛的结构与合成》，徐如人、庞文琴、屠昆岗等，封面、出版信息页以及第6~9页，吉林大学出版社，1987年8月，复印件共4页；

附件2：《分子筛与多孔材料化学》，徐如人、庞文琴等，封面、出版信息页以及第4~5，36~42页，科学出版社，2004年3月，复印件共11页。

申请人认为：复合材料的粒径大小与使用的硅酸盐纳米孔材料是一致的，并且，根据实施例中的数据可以计算出复合材料中各组分的配比，因此本申请说明书符合专利法第26条第3款的规定。

2006年4月21日，针对申请人于申请日提交的权利要求第1~9项、说明书第1~9页以及说明书摘要，国家知识产权局以说明书不符合专利法第26条第3款的规定为由驳回了本申请，具体理由为：（1）本申请说明书未详细描述申请人认为实现本发明的优选的具体实施方式，如，申请人未提供实施例中制备得到的银-锌粒子纳米孔复合材料的粒径以及银-锌粒子中各组分的配比含量，所属领域技术人员根据说明书记载的内容无法具体实施；（2）说明书中实施例制得的复合材料粒径未经测定，说明书中记载银-锌粒子由单质银、氧化银和氧化锌粒子以及银离子和锌离子组成，而意见陈述书指出银-锌粒子由单质银和单质锌组成，申请人的意见陈述不能证明本申请公开充分。

驳回决定针对的权利要求书如下：

“1. 银-锌粒子纳米孔复合材料，其特征在于：由硅酸盐纳米孔材料与银盐和锌盐的金属混盐通过热动力学离子交换或溶液离子交换后干燥热处理制得的白色或灰色固体粉末，其粒径分布为20纳米~10微米，其中由单质银、氧化银和氧化锌粒子以及银离子和锌离子组成的银-锌粒子以原子计在银-锌粒子纳米孔复合材料中的质量含量为2%~44%，银锌的质量比为150∶1~1∶66，热稳定性好，在600℃保持48小时其抑菌、杀菌、抗菌性能没有变化。

2. 一种制备权利要求1所述银-锌粒子纳米孔复合材料的方法，其步骤为：将银盐和锌盐质量比为100∶1~1∶100的金属混盐与硅酸盐纳米孔材料混合均匀，直接加热至100~600℃保持0.5~48小时后冷却，即得到银-锌粒子纳米孔复合材料，其中银盐和锌盐的金属混盐与纳米孔材料的质量比为100∶1~1∶100。

3. 一种制备权利要求1所述银-锌粒子纳米孔复合材料的方法，其步骤为：将银盐和锌盐质量比为100∶1~1∶100的金属混盐溶解于水后与硅酸盐纳米孔材料混合，溶剂中金属混盐的质量含量为30%~50%，在室温至350℃条件下加热搅拌反应1~8小时，再冷却至室温，经过滤洗涤后干燥，即得到银-锌粒子纳米孔复合材料，其中银盐和锌盐的混盐与纳米孔材料的质量比为100∶1~1∶100。

4. 如权利要求2或3所述的制备银-锌粒子纳米孔复合材料的方法，其特征在于：银盐为硝酸银、氯化银中的一种或两种；锌盐为硝酸锌、硫酸锌、氯化锌或醋酸锌中的一种或一种以上。

5. 如权利要求2或3所述的制备银-锌粒子纳米孔复合材料的方法，其特征在于：硅酸盐纳米孔材料是A型沸石分子筛、X型沸石分子筛、Y型沸石分子筛、丝光沸石分子筛、ZSM-5沸石分子筛、Beta型沸石分子筛、MCM-41型硅铝介孔分子筛、MCM-48型硅铝介孔分子筛、SBA-15型硅铝介孔分子筛、SBA-16型硅铝介孔分子筛、SBA-3型硅铝介孔分子筛、MAS系列硅铝介孔分子筛中的一种或一种以上。

6. 如权利要求2所述的制备银-锌粒子纳米孔复合材料的方法，其特征在于：加热搅拌反应为加热回流搅拌反应或避光加热搅拌反应中的一种。

7. 如权利要求2所述的制备银-锌粒子纳米孔复合材料的方法，其特征在于：过滤洗涤选择自来水、去离子水、蒸馏水、乙醇或丙酮中的一种或一种以上。

8. 如权利要求2所述的制备银-锌粒子纳米孔复合材料的方法，其特征在于：过滤洗涤后固体材料干燥为低温冻干、常温晾干、50~900℃烘干中的一种或一种以上，干燥时间为0.5~10小时。

9. 权利要求1所述银-锌粒子纳米孔复合材料在在表面抗感染领域的应用。”

申请人吉林大学（下称请求人）对上述驳回决定不服，于2006年7月7日向专利复审委员会提出复审请求。在提出复审请求时请求人没有对申请文件进行修改，但提交了以下附件：

附件1′：《沸石分子筛的结构与合成》，徐如人、庞文琴、屠昆岗等，封面、封底以及第6~9页，吉林大学出版社，复印件共3页。

附件2′:《分子筛与多孔材料化学》，徐如人、庞文琴等，封面、出版信息页以及第39，69~74页，科学出版社，2005年1月，复印件共9页；

附件3：请求人针对《第一次审查意见通知书》提交的意见陈述书，复印件共3页。

请求人认为：（1）所得材料的粒径与所选用的硅酸盐基纳米材料的粒径是一样的，即为20纳米~10微米，这点可以通过反应前后沸石分子筛的XRD特征图谱进行证明；（2）根据实施例中的数据能够计算出复合材料中各组分的配比，计算结果与元素分析结果基本一致；（3）在相同的实验条件下，硅酸盐基纳米孔材料的粒径对最终产品中各成份含量没有影响，这点可以通过选择粒径分别为600nm和250nm的A型沸石分子筛作为硅酸盐纳米孔材料进行对比试验得到证明，把A型沸石分子筛换成其他类型的沸石分子筛结果也是一样的。

2006年8月28日，经形式审查合格后，专利复审委员会受理了该请求，向请求人发出了《复审请求受理通知书》，同时向国家知识产权局原审查部门发出了《前置审查通知书》。

在《前置审查意见书》中，国家知识产权局原审查部门认为：（1）对银-锌粒子纳米孔复合材料粒径的猜测或推断没有依据，其粒径可能与硅酸盐纳米孔材料一致，但不能确定一定是一致的；（2）银-锌粒子中各组分的配比含量不确定，实施例中提供了银和锌的配比含量，但是仍然无法确定其所有组分的配比含量，因此坚持驳回决定。

专利复审委员会依法组成合议组，对本复审请求案进行了审理。

合议组经合议后认为本案事实已经清楚，可以依法作出复审决定。

二、决定的理由

1. 关于文本

本复审请求审查决定针对的文本是驳回决定所针对的文本，即请求人于申请日提交的权利要求第1~9项，说明书第1~9页以及说明书摘要。

2. 关于专利法第26条第3款

专利法第26条第3款规定：说明书应当对发明或者实用新型作出清楚、完整的说明，以所属技术领域的技术人员能够实现为准。

如果所属技术领域的技术人员根据说明书记载的内容并结合本领域的普通技术知识，不需要花费创造性劳动就能够实现发明的技术方案，解决其技术问题，并且产生预期的技术效果，则说明书已对发明作出了清楚、完整的说明。

就本申请而言，权利要求1要求保护一种“银-锌粒子纳米孔复合材料，其特征在于由硅酸盐纳米孔材料与银盐和锌盐的金属混盐通过热动力学离子交换或溶液离子交换后干燥热处理制得的白色或灰色固体粉末，其粒径分布为20纳米~10微米，其中由单质银、氧化银和氧化锌粒子以及银离子和锌离子组成的银-锌粒子以原子计在银-锌粒子纳米孔复合材料中的质量含量为2%~44%，银锌的质量比为150∶1~1∶66，热稳定性好，在600℃保持48小时其抑菌、杀菌、抗菌性能没有变化”。权利要求2~8要求保护制备权利要求1所述的银-锌粒子纳米孔复合材料的方法，权利要求9要求保护权利要求1所述银-锌粒子纳米孔复合材料在表面抗感染领域的应用。

驳回决定认为：（1）实施例中制备得到的银-锌粒子纳米孔复合材料的粒径未经测定；（2）银-锌粒子中各组分的配比含量不确定，因此本申请说明书公开不充分，不符合专利法第26条第3款的规定。

为此，合议组查明，本申请说明书记载了以下内容：（1）说明书第2页第3段记载了银-锌粒子纳米孔复合材料的产品特征，与权利要求1中对该产品的定义完全一致；（2）说明书第2页第4段至第3页第1段记载了该纳米复合材料的制备方法，说明书第3~9页的实施例1~11记载了制备本申请纳米孔复合材料的具体实施例；（3）说明书第3~8页记载了该纳米复合材料杀菌、抗菌和抑菌的效果验证实验和效果对比实验，表1~3的实验结果数据表明，该纳米孔复合材料对常见15属19种真菌有较广的抗菌谱，并且随着银含量的增加，抑菌和杀菌效果增强，锌含量的增加，其抑菌和杀菌能力有所降低。本申请说明书确实未记载以下内容：（1）未测定说明书中实施例制得的纳米孔复合材料的粒径；（2）未给出所述银-锌粒子纳米孔复合材料中可能存在的银原子、氧化银、氧化锌等组分的具体含量。

因此，本案的争议焦点在于，在银-锌粒子纳米孔复合材料的粒径未经测定和说明书未记载具体组分含量的情况下，本领域技术人员能否实现本申请的技术方案。

对此，合议组认为：

（1）关于粒径。

根据说明书以及说明书实施例的记载，本申请的制备方法是热动力学离子交换或溶液离子交换法。例如，在实施例中，首先将沸石分子筛与锌盐和银盐的混盐溶液进行离子交换，然后通过焙烧干燥处理制备得到银-锌粒子纳米孔复合材料。根据本领域的一般知识可知，在分子筛的热动力学离子交换或溶液离子交换改性方法中，离子交换和焙烧通常仅影响分子筛的孔隙度等，不会对分子筛的粒径产生影响。因此，在说明书中已记载的产品粒径分布是20纳米至10微米的情况下（参见说明书第2页第3段），本领域技术人员能够知道，用于离子交换的硅酸盐纳米孔材料的粒径应当在此范围内，并且，将能够选择粒径在此范围内的硅酸盐纳米孔材料，按照本申请记载的制备方法得到本申请的纳米孔复合材料，因此，即使实施例不测定产品的粒径，也不会影响本申请技术方案的实现。

（2）关于组分含量。

在分子筛的热动力学离子交换或溶液离子交换改性方法中，首先，金属盐以盐的形式负载到分子筛上，之后在经过焙烧干燥时，分子筛上负载的金属将主要以氧化物、另外还有盐以及单质的形式存在，随着具体焙烧条件的不同，金属的这些存在形式之间的比例会发生变化。在本申请说明书给出了复合材料中锌、银的总质量含量以及锌银比（即，由单质银、氧化银和氧化锌粒子以及银离子和锌离子组成的银-锌粒子以原子计在银-锌粒子纳米孔复合材料中的质量含量为2%~44%，银锌的质量比为150：1~1：66，参见说明书第2页第3段的内容）的情况下，本领域技术人员根据所使用的具体硅酸盐纳米孔材料可以计算出复合材料的化学式，从而能够确定出银元素和锌元素的组分含量；此外，本申请旨在发现纳米孔复合材料中银锌粒子的抗菌作用，其中银的存在确保材料的杀菌、抗菌活性，锌的存在用于抑制银的氧化变色（参见说明书第1页最后一段），并未强调哪一种形式的银、锌起作用，而且，说明书也通过效果测试实验验证了具有不同银锌粒子总质量含量、不同银锌比的复合材料确实均具有杀菌、抗菌和抑菌的效果（参见说明书第3~8页的内容），在此情况下，即使不限定该复合材料中银锌的各种具体存在形式的含量配比，本领域技术人员也能实现本申请的技术方案，并产生预期的技术效果。

综上所述，合议组认为，本申请的说明书已对发明做出了清楚、完整的说明，符合专利法第26条第3款的规定。

根据上述事实和理由，合议组作出如下审查决定。

三、决定

撤销国家知识产权局于2006年4月21日针对第200510016693.4号发明专利申请作出的驳回决定，由国家知识产权局原审查部门以驳回决定所针对的文本为基础继续审批程序。

复审请求人对本决定不服的，可以根据专利法第41条第2款的规定，自收到本决定之日起三个月内向北京市第一中级人民法院起诉。

108

高燃烧速度、高气体产率的非氮化物造气剂

复审请求审查决定（第 14076 号）

决　定　号　第 14076 号
决　定　日　2008 年 7 月 17 日
发明创造名称　高燃烧速度、高气体产率的非氮化物造气剂
国际分类号　C06B31/00，C06B31/28，D03D23/00
复审请求人　奥托里夫发展股份有限公司
申　请　号　99803405.3
申　请　日　1999 年 12 月 24 日
优先权日　1998 年 12 月 28 日
公　开　日　2001 年 4 月 18 日
合议组组长　汪送来
主　审　员　娄　宁
参　审　员　张家祥

法律依据　专利法第 33 条
决定要点
如果申请文件中的修改内容能从原申请公开的信息中直接地、毫无疑义地确定，那么这种修改是允许的。

一、案由

本复审请求涉及名称为"高燃烧速度、高气体产率的非氮化物造气剂"的第 99803405.3 号发明专利申请（下称本申请），申请人为奥托里夫发展股份有限公司，申请日为 1999 年 12 月 24 日，优先权日为 1998 年 12 月 28 日，公开日为 2001 年 4 月 18 日。

2007 年 3 月 2 日，针对申请人于 2006 年 4 月 7 日提交的权利要求第 1~34 项，2004 年 9 月 13 日提交的说明书第 1~9 页和说明书摘要，国家知识产权局以申请的修改不符合专利法第 33 条的规定为由驳回了本申请。

驳回决定针对的权利要求 15、25、33 如下：

"15. 如权利要求 1~14 中任何一项所述的造气组合物，其特征在于所述硝酸氨合金属氧化剂的含量高于硝酸铵补充氧化剂的含量。

25. 如权利要求 16 所述的方法，其特征在于所述第一造气剂前体材料包括非氮化物造气燃料。

33. 一种高燃烧速度、高气体产率的非氮化物造气剂的制造方法，所述造气剂包括非氮化物造气

燃料和15~55重量%的硝酸氨合金属氧化剂，所述硝酸氨合金属氧化剂中的金属选自铜或锌，所述方法包括以下步骤：

将硝酸铵和含硝酸氨合金属氧化剂中的金属的材料加至含非氮化剂造气燃料的第一造气剂前体材料中，形成第二造气剂前体材料；和

加热该第二造气剂前体材料，形成一种造气剂材料，它含有15~55重量%的：

二硝酸二氨合铜，其中硝酸氨合金属氧化剂的金属是铜，或者

二硝酸二氨合锌，此时硝酸氨合金属氧化剂的金属是锌。"

驳回决定认为，（1）根据说明书的记载，硝酸氨合金属配合物仅仅是有时被称为组合物的主要和基本氧化剂，并不能毫无疑义地确认硝酸氨合金属配合物就一定是硝酸氨合金属氧化剂。且硝酸氨合金属氧化剂含量高于硝酸铵补充氧化剂的含量也不能直接地毫无疑义地确定，权利要求15新增加的内容超出了原说明书和权利要求书的范围；（2）根据说明书的表述，不是第一造气前体中含有非氮化物，而是通过第一造气前体材料根据需要形成的材料（第二造气前体）中包含非氮化物造气燃料，因此权利要求25中的特征"所述第一造气剂前体材料包括非氮化物造气燃料"也超出了原说明书和权利要求书记载的范围；（3）权利要求33中修改的内容"所述造气剂包括非氮化物造气燃料和……金属是铜；或者……"，由原权利要求和说明书的内容不能毫无疑义地确定，也未记载在原权利要求书和说明书中。此外，权利要求33中将原说明书中的"和"修改为"或者"使两种组合物具有两种不同的含义，故超出了原说明书和权利要求记载的范围；（4）同理，说明书第3~4页上相应的增加也超出了原权利要求和说明书记载的范围。因此，本申请不符合专利法第33条的规定。

2007年5月25日，申请人奥托里夫发展股份有限公司（下称请求人）对上述驳回决定不服，向专利复审委员会提出复审请求，请求人在提出复审请求时未对申请文件进行修改。

请求人认为：（1）根据说明书的记载，本领域技术人员可得到（a）硝酸氨合金属配合物在本发明组合物中是一种氧化剂；（b）本文中有时将其称为主要或基本氧化剂。此理解与说明书其他部分的描述一致，且说明书中未提及不是氧化剂的硝酸氨合金属，因此硝酸氨合金属和硝酸氨合金属氧化剂在本文中是等同的，同样，硝酸铵和硝酸铵补充氧化剂也是等同的，即权利要求15的内容可由原说明书第4页第20行的内容导出。（2）说明书原文中的"余量物质"是指除硝酸氨合金属氧化剂以外组合物所有组分或其前体，且第一前体可含有或包括造气材料的燃料组分或其前体。因此，可以明确地、毫无疑义地推出所述第一造气剂前体材料包括非氮化物造气燃料的技术特征，权利要求25也满足专利法第33条的要求。（3）说明书第3页第28行公开了"如上所述，用于本发明的较好的燃料不含氮化物"，结合发明目的和背景技术部分公开的内容，权利要求33的内容可以由此毫无疑义地导出；此外，权利要求33中已经限定了硝酸氨合金属氧化剂中的金属选自铜或锌，由于最终的产物必定仅为一种，因此"和"修改为"或"是明显错误的修改，并未引入新的内容。

经形式审查合格后，专利复审委员会受理了该请求，并于2007年7月9日向请求人发出了《复审请求受理通知书》，同时将本申请转送至国家知识产权局原审查部门进行前置审查。

在《前置审查意见书》中，国家知识产权局原审查部门认为：修改后的权利要求得到说明书的支持并不意味着该修改符合专利法第33条的规定，申请人的意见陈述不足以说明其修改未超出原说明书和权利要求书的记载范围，因此坚持驳回决定。

专利复审委员会组成合议组，对本复审请求案进行了审理。

2008年6月23日，请求人提交了权利要求书修改替换页，其中删除了权利要求25和33、34，并对权利要求重新编号。请求人认为：在本发明中，硝酸氨合金属本身就是起氧化剂的作用，而硝酸铵本身就是起补充氧化剂的作用，因此，权利要求15的内容可以从原始申请文件的内容中直接确定。

2008 年 7 月 1 日，请求人提交书面声明，表示放弃 2004 年 9 月 13 日对说明书所作出的修改，并退回到原始说明书的文本。

2008 年 7 月 10 日，请求人提交了说明书及说明书摘要的修改替换页，其中增加了说明书小标题，其他内容均与原始提交申请文本一致。

至此，合议组认为本案事实已经清楚，可以作出审查决定。

二、决定的理由

1. 关于审查文本

本复审请求审查决定以请求人于 2008 年 6 月 23 日提交的权利要求第 1~31 项，2008 年 7 月 10 日提交的说明书第 1~8 页、说明书摘要为基础进行审查。

2. 关于专利法第 33 条

专利法第 33 条规定，申请人可以对其专利申请文件进行修改，但是，对发明专利申请文件的修改不得超出原说明书和权利要求书记载的范围。

如果申请文件中的修改内容能从原申请公开的信息中直接地、毫无疑义地确定，那么这种修改是允许的。

就本案而言，权利要求 15 请求保护“如权利要求 1~14 中任何一项所述的造气组合物，其特征在于所述硝酸氨合金属氧化剂的含量高于硝酸铵补充氧化剂的含量”。

根据说明书的记载，在本发明组合物中，硝酸氨合金属配合物的用量远远超过了为了稳定的目的所需的相对用量，在大多数情况下，硝酸氨合金属配合物的用量可超过组合物中硝酸铵的用量（说明书第 4 页第 26~29 行），相当于说明书中记载了“所述硝酸氨合金属配合物的含量高于硝酸铵的含量”的技术特征。

合议组认为，权利要求 15 中涉及的硝酸氨合金属氧化剂是一种硝酸氨合金属，也称为硝酸氨合金属配合物，其在组合物中起氧化作用，故也称作硝酸氨合金属氧化剂；同样，硝酸铵是根据需要补充添加的起氧化作用的组分，故也被称作硝酸铵补充氧化剂。这里“配合物”和“氧化剂”是“硝酸氨合金属”的同位语，硝酸氨合金属配合物、硝酸氨合金属氧化剂这些不同的称谓均表示同一物质。同样，“补充氧化剂”是硝酸铵的同位语，硝酸铵补充氧化剂就是指硝酸铵这一物质。在本发明中之所以“有时将这种硝酸合金属配合物称为组合物的主要或基本氧化剂”，是因为本申请造气组合物中可以同时包含硝酸氨合金属氧化剂和硝酸铵氧化剂。而在大多数情况下，硝酸氨合金属配合物的用量可超过硝酸铵的用量，是主要的或者说是基本的氧化剂，而硝酸氨则是根据需要补充性的氧化剂。

综上所述，权利要求 15 中的“硝酸氨合金属氧化剂”就是“硝酸氨合金属配合物”，“硝酸铵补充氧化剂”就是“硝酸铵”，由说明书记载的硝酸氨合金属配合物的用量可超过组合物中硝酸铵的用量，能够直接地、毫无疑义地确定权利要求 15 中的“所述硝酸氨合金属氧化剂的含量高于硝酸铵补充氧化剂的含量”，因此这种修改是允许的，驳回决定中有关权利要求 15 的修改不符合专利法第 33 条规定的理由不成立。

此外，由于请求人删除了驳回决定所针对的权利要求 25 和 33、34，并且，除增加了小标题以外，修改后的说明书内容与原始的说明书一致，因此驳回决定所指出的权利要求 25、33 以及说明书修改超范围的缺陷均已不存在，驳回决定中有关权利要求 25、33 以及说明书不符合专利法第 33 条规定的理由不再成立。

根据上述事实和理由，合议组作出如下审查决定。

三、决定

撤销国家知识产权局于 2007 年 3 月 2 日针对第 99803405.3 号发明专利申请作出的驳回决定，由国家知识产权局原审查部门以本复审决定所针对的文本为基础继续审批程序。

复审请求人对本决定不服的，可以根据专利法第 41 条第 2 款的规定，自收到本决定之日起三个月内向北京市第一中级人民法院起诉。

109

杀真菌混合物

复审请求审查决定（第 14294 号）

决　　定　　号　第 14294 号
决　　定　　日　2008 年 3 月 10 日
发明创造名称　杀真菌混合物
国 际 分 类 号　A01N43/32
复 审 请 求 人　巴斯福股份公司
申　　请　　号　02817773.8
申　　请　　日　2002 年 9 月 3 日
优 先 权 日　2001 年 9 月 12 日
公　　开　　日　2004 年 12 月 8 日
合 议 组 组 长　李彦涛
主　　审　　员　李新芝
参　　审　　员　刘　静

法 律 依 据　专利法第 26 条第 3 款
决 定 要 点

所属技术领域的技术人员能够实现，是指所属技术领域的技术人员按照说明书记载的内容，就能够实现该发明或者实用新型的技术方案，解决其技术问题，并且产生预期的技术效果。如果说明书给出了具体的技术方案，但未给出实验证据，而该方案又必须依赖实验结果加以证实才能成立，则该发明将由于缺乏解决技术问题的技术手段而被认为无法实现，不符合专利法第 26 条第 3 款的规定。

一、案由

本复审请求案涉及发明名称为“杀真菌混合物”的第 02817773.8 号发明专利申请（下称本申请），申请人为巴斯福股份公司，申请日为 2002 年 9 月 3 日，优先权日为 2001 年 9 月 12 日，公开日为 2004 年 12 月 8 日。

2006 年 11 月 10 日，针对申请人于 2006 年 10 月 10 日提交的权利要求第 1~8 项，2006 年 3 月 17 日提交的说明书第 2 页，进入中国国家阶段时提交的说明书第 1、3~9 页和说明书摘要，国家知识产权局以申请不符合专利法第 26 条第 3 款的规定为由驳回了本申请。

驳回决定针对的独立权利要求 1 如下

“1. 一种杀真菌混合物，其包含如下组分

A）至少一种选自如下化合物的活性嗜球果伞素化合物

a1）式 I 的氨基甲酸酯

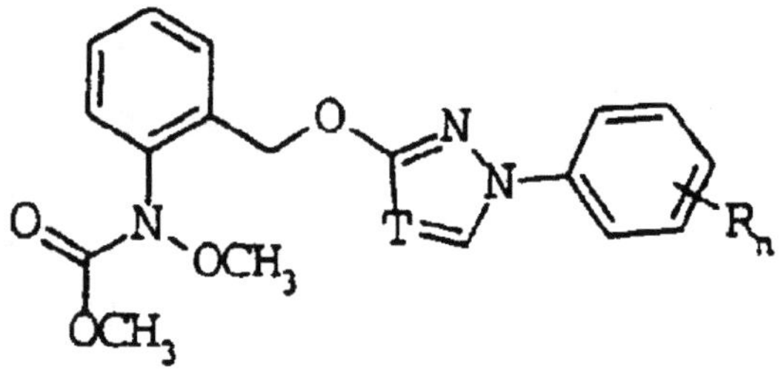

I

其中 T 为 CH 或 N，n 为 0、1 或 2，以及 R 为卤素、C_1-C_4-烷基或 C_1-C_4-卤代烷基，其中当 n 为 2 时基团 R 可不同，

和/或

a2）式 IIa-IId 及 IIf 的苯基乙酸衍生物

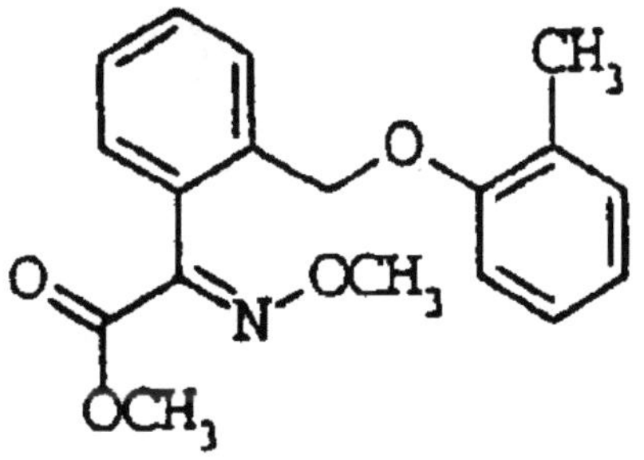

IIa

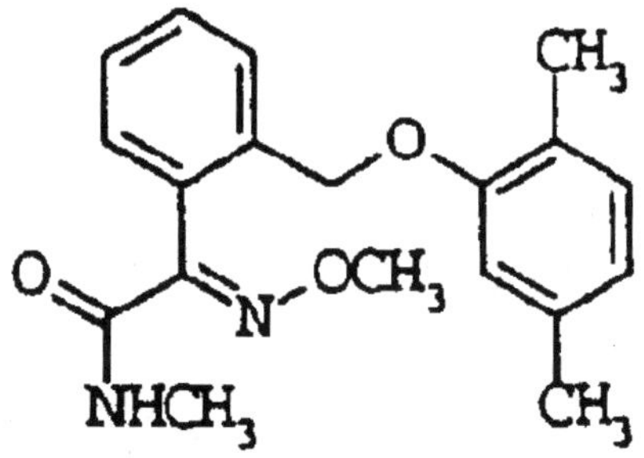

IIb

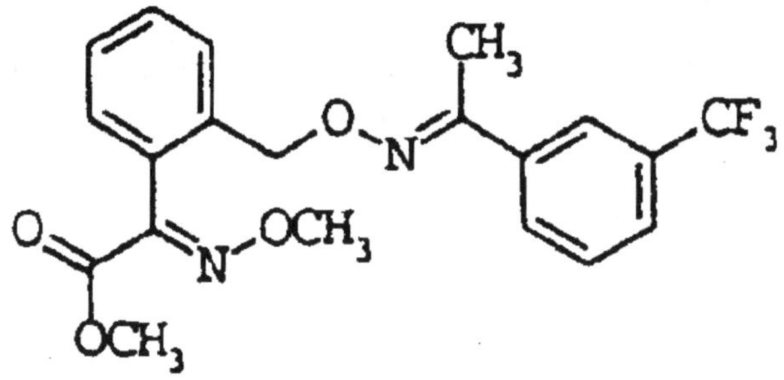

IIc

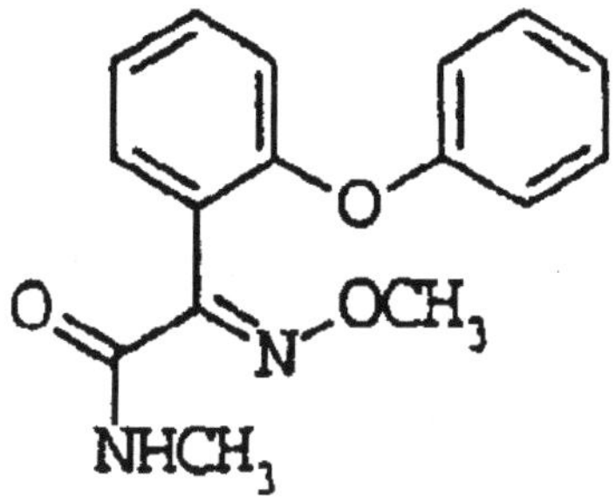

IId

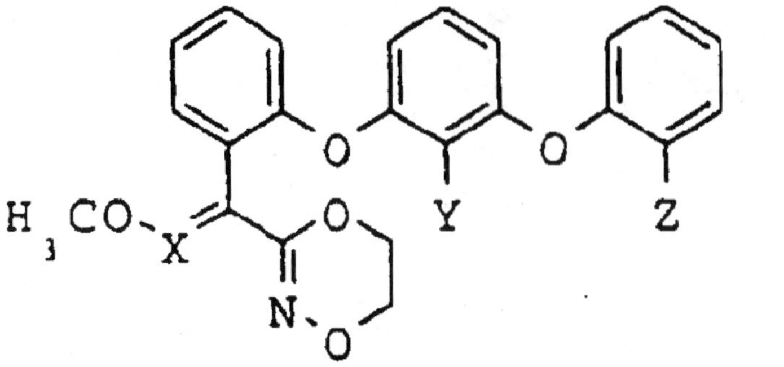

IIf

其中 X 为 CH 或 N；以及 Y 和 Z 相同或不同且在每种情况下为氢或卤素；

以及

B）式 III 化合物

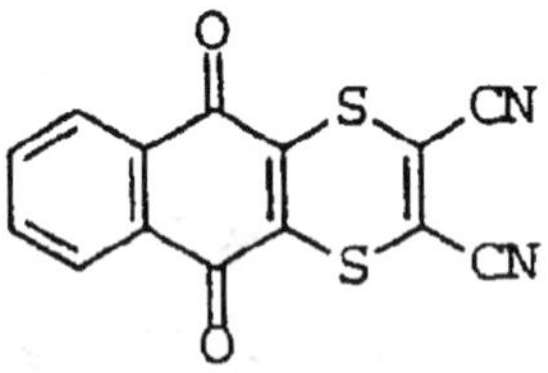

III

其中式 I 和/或 IIa-d 及 IIf 化合物与式 III 化合物的重量比为 10∶1 至 1∶100。”

驳回决定认为：（1）在本申请的说明书中仅例举了杀真菌混合物，并给出了实验方法以及笼统的结论，但未具体描述增效作用公式所使用的具体活性化合物以及任一具体杀真菌混合物的试验数据，从而导致本领域技术人员无法实现本发明，不符合专利法第 26 条第 3 款的规定；（2）此外，针对申请人的意见陈述，审查员认为，申请人给出的验证本发明组合物是否具有增效作用的公式和实验方法都是常规的，申请人并没有给出实验数据来证实本发明的组合物能否解决其技术问题并产生预期的技术效果，因此本申请的说明书未对发明作出清楚、完整的说明。

2007 年 2 月 25 日，申请人巴斯福股份公司（下称请求人）对上述驳回决定不服，向专利复审委员会提出复审请求，请求人在提出复审请求时没有对申请文件进行修改。

请求人认为，（1）对比文件的公开要求应当与申请文件中发明的公开要求相一致，因此可以参照新颖性判断时对对比文件的选择标准来理解专利法第 26 条第 3 款的规定，应着重于技术方案的可实现性；（2）审查员对其主张或反对意见负有举证责任，审查员这种未完成举证责任的行为实质上是对申请人利益的极大损害；（3）本申请说明书已经满足了清楚、完整、能够实现的要求，并且说明书已经给出了一个应用实施例和定性实验结果，因此本申请说明书满足了充分公开的要求。

经形式审查合格后，专利复审委员会受理了该请求，并于 2007 年 5 月 8 日向请求人发出了《复审请求受理通知书》，同时将本申请转送至国家知识产权局原审查部门进行前置审查。

在《前置审查意见书》中，国家知识产权局原审查部门认为驳回决定中的缺陷依然存在，因此坚持驳回决定。

专利复审委员会组成合议组，对本复审请求案进行了审理，并于 2007 年 11 月 20 日向请求人发出《复审通知书》，指出

（1）本申请的发明目的是提供在活性化合物的施用总量降低的情况下对有害真菌具有改进活性的混合物（协同增效混合物），以降低已知化合物的施用率并改进其活性谱。本发明的杀真菌混合物能否实现增效效果必须依赖效果试验数据加以证实。但在本申请的说明书中并未提供任何有关所述杀真菌混合物的实验效果数据，因此本发明的技术方案被认为无法实现，不符合专利法第 26 条第 3 款的规定。

（2）针对请求人的复审理由，合议组认为，①对于对比文件的要求，由于与本申请说明书是否充分公开没有关联性，因此合议组在此不予考虑；②对于举证责任的问题，合议组认为，审查员是按照专利法、实施细则和审查指南的相关规定对本申请说明书是否满足充分公开进行审查的，因此审查员已经完成了初步举证责任；③由于本发明能否达到所述的增效效果必须依赖效果试验数据加以证实，而在本申请的说明书中并没有给出具体的实验数据，因此本案与审查指南第二部分第二章第2.1.3节的第（5）种情形相吻合，说明书公开不充分；④对于本申请说明书中的应用实施例和定性实验效果而言，首先，在本申请的应用实施例中对于所用杀真菌混合物仅仅用“活性化合物”来表示，并没有给出所用制剂中活性化合物的具体组成及其各组分的配比，而本领域技术人员知道，杀真菌混合物是否具有协同增效作用是与其组成和配比密切相关的；其次，在本申请的说明书中仅仅笼统给出了“试验结果表明，在所有情况下观测到的效力高于预先使用 Colby 公式计算的效力”，由于实验中所用混合物的组成和配比均不清楚，本领域技术人员无从知晓“所有情况”是指何种具体情况，因此说这仅仅是一种断言，而审查指南第二部分第二章第2.2.4节已经明确规定不得只断言发明具有有益的效果。

针对上述《复审通知书》，请求人于2008年1月7日提交了意见陈述书，请求人在提交意见陈述书时对权利要求书进行了修改，将原权利要求1中a1）组分和a2）组分分别限定为式I.32和IIa化合物，并将组分A）与组分B）的重量比限定为1：1至1：10。修改后的独立权利要求1如下：

“1. 一种杀真菌混合物，其包含如下组分：

A）至少一种选自如下化合物的活性嗜球果伞素化合物：

a1）式I.32的氨基甲酸酯

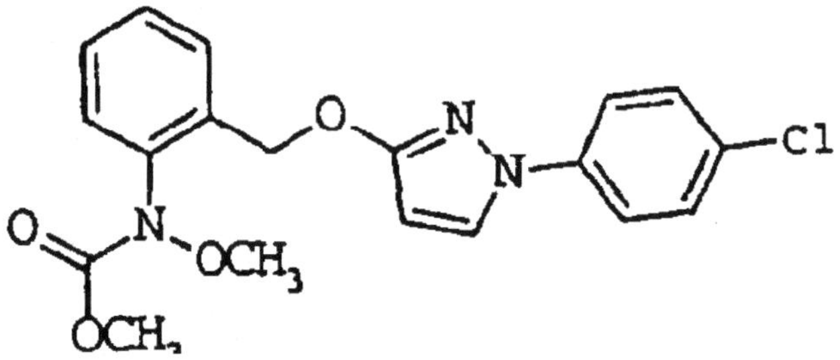

I.32

，

和/或

a2）式IIa的苯基乙酸衍生物

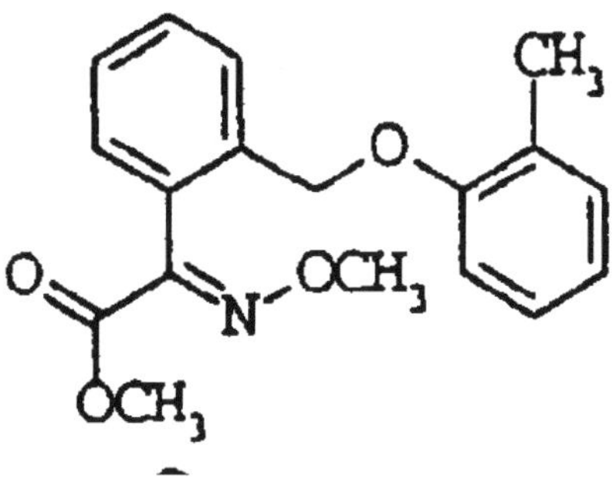

IIa

；

以及

B）式III化合物

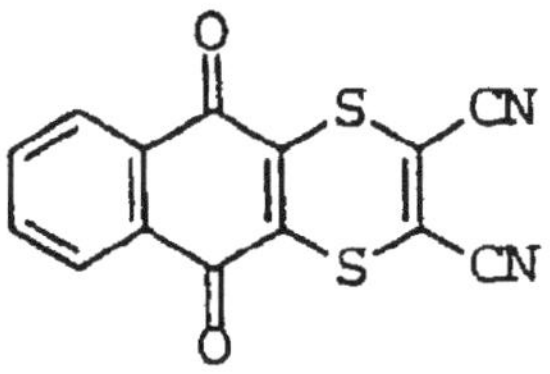

III

其中式 I. 32 和/或 IIa 化合物与式 III 化合物的重量比为 1∶1 至 1∶10。”

请求人认为，（1）本申请说明书第 9 页上的应用实施例已经以定性实验结果证实了本申请的杀真菌混合物具有协同增效的杀真菌作用；（2）本申请各权利要求所要求保护的发明实际上已经限定为本申请的最优选发明。针对上述最优选发明。本领域的技术人员根据本申请公开的内容，结合其应当具有的专业知识，在不需要作出创造性劳动的情况下就能够实现本申请的最优选发明，因此本申请说明书对本申请所要保护的发明的公开程度达到了所属技术领域的技术人员能够实现的程度；（3）本领域技术人员根据本申请说明书第 9 页上的应用实施例 1 的记载完全能够得出：至少本申请的最优选发明具有协同增效作用。综上所述，本领域技术人员按照本申请说明书记载的内容，能够实现本发明的技术方案，解决其技术问题并产生预期的技术效果，符合专利法第 26 条第 3 款的规定。

经合议，合议组认为本案事实清楚，可以作出审查决定。

二、决定的理由

1. 关于审查文本

本复审决定是以请求人于 2008 年 1 月 7 日提交的权利要求第 1~6 项，2006 年 3 月 17 日提交的说明书第 2 页，进入中国国家阶段时提交的说明书第 1、3~9 页和说明书摘要为基础作出的。

2. 关于专利法第 26 条第 3 款

专利法第 26 条第 3 款规定：说明书应当对发明或者实用新型作出清楚、完整的说明，以所属技术领域的技术人员能够实现为准。

所属技术领域的技术人员能够实现，是指所属技术领域的技术人员按照说明书记载的内容，就能够实现该发明或者实用新型的技术方案，解决其技术问题，并且产生预期的技术效果。如果说明书给出了具体的技术方案，但未给出实验证据，而该方案又必须依赖实验结果加以证实才能成立，则该发明将由于缺乏解决技术问题的技术手段而被认为无法实现，不符合专利法第 26 条第 3 款的规定。

就本申请而言，其发明目的是提供在活性化合物的施用总量降低的情况下对有害真菌具有改进活性的混合物（协同增效混合物），以降低已知化合物的施用率并改进其活性谱。为此使用了如权利要求 1 所述的技术方案，即该杀真菌混合物包含选自 a1）式 I. 32 的氨基甲酸酯和/或 a2）式 IIa 的苯基乙酸衍生物的至少一种活性嗜球果伞素化合物以及式 III 化合物。本申请想要达到的技术效果是该杀真菌混合物能够产生协同增效作用。如本申请说明书所述，具有杀真菌活性的式 I. 32 化合物、式 IIa 化合物与式 III 化合物都是申请日前已知的化合物，本发明的发明点在于将这些已知化合物以一定配比组成具有协同增效作用的杀真菌混合物。由于要求保护的混合物必须具有相对于各单个化合物的加成作用更好的效果（协同效果），而是否具有协同效果是本领域技术人员根据该混合物中各个单一组分的性能不能够推知的，也就是说该杀真菌混合物中各组分间的协同增效作用具有不可预测性，因此本发明能否达到所述的技术效果，即该杀真菌混合物能否实现增效效果必须依赖效果试验数据加以证实。但在本申请的说明书中并未提供任何有关所述杀真菌混合物的实验效果数据，因此本发明的技术方案被认为无法实现，不符合专利法第 26 条第 3 款的规定。

此外，针对请求人的意见陈述，合议组认为，（1）关于请求人所述定性试验结果的问题，如《复审通知书》所述，在本申请说明书第 9 页的应用实施例 1 中仅仅给出了断言：“试验结果表明，在所有情况下观测到的效力高于预先使用 Colby 公式计算的效力”，由于应用实施例 1 中所用杀真菌混合物的组成和配比均不清楚，本领域技术人员无从知晓“所有情况”是指何种具体情况，并且审查指南第二部分第二章第 2. 2. 4 节已经明确规定不得只断言发明或者实用新型具有有益的效果；（2）对于修改后权利要求书所要求保护的最优选发明，本申请说明书同样未针对其技术方案给出任何增效的具体试验数据，因此基于前述理由，说明书对于最优选方案同样不能满足充分公开的要求；

（3）对于请求人所述，“本领域技术人员根据本申请说明书第 9 页上的应用实施例 1 的记载完全能够得出：至少本申请的最优选发明具有协同增效作用”。对此，合议组认为，如前所述，请求人在说明书中对于其增效效果的描述仅仅是一种断言，因此，在说明书仅仅给出断言而无试验数据证实的情况下，本发明的技术方案被认为无法实现，不符合专利法第 26 条第 3 款的规定。

根据上述事实和理由，合议组作出如下审查决定。

三、决定

维持国家知识产权局于 2006 年 11 月 10 日针对第 02817773.8 号发明专利申请作出的驳回决定。

复审请求人对本决定不服的，可以根据专利法第 41 条第 2 款的规定，自收到本决定之日起三个月内向北京市第一中级人民法院起诉。

110

制备腈类化合物的方法

复审请求审查决定（第14310号）

决　定　号　第14310号
决　定　日　2008年8月15日
发明创造名称　制备腈类化合物的方法
国际分类号　C07C 253/10
复审请求人　罗狄亚聚酰胺中间体公司
申　请　号　02819851.4
优先权日　2001年9月18日
申　请　日　2002年9月17日
公　开　日　2005年1月12日
合议组组长　李　越
主　审　员　危　峰
参　审　员　王　磊

法律依据　专利法第22条第2款、第3款
决定要点

引用对比文件判断发明的新颖性和创造性时，应当以对比文件公开的技术内容为准。但是，对于所属技术领域的技术人员来说，既未在对比文件中明确记载，也不能够从中直接地、毫无疑义地确定的技术内容，不应当作为该对比文件已公开的内容。

一、案由

本复审请求案涉及发明名称为“制备腈类化合物的方法”的第02819851.4号发明专利申请（下称本申请），申请人为罗狄亚聚酰胺中间体公司，申请日为2002年9月17日，优先权日为2001年9月18日，公开日为2005年1月12日。

2006年7月7日，针对申请人于2006年5月19日提交的权利要求第1~25项、2004年4月7日提交的说明书第1~14页及说明书摘要，国家知识产权局以本申请不符合专利法第22条第2款和第3款的规定为由驳回了本申请。

驳回决定认为：对比文件1（WO 00/32572 A2，公开日为2000年6月8日）在第19~20页公开了用于氢氰化反应的离子液体，该离子液体含有一个正离子基团和一个负离子基团，其可以与带有有机磷配体的钯催化剂以及路易斯酸催化剂合用；且在第24页第12行明确提及了离子液体在氢氰化反应中的应用，普通技术人员可以从中得到技术提示，并根据实施例的技术方案将离子液体应用于氢氰

化反应，解决相应的技术问题。因此，对比文件1已经公开了离子液体用于氢氰化反应的技术方案，能够影响本申请的新颖性，由此权利要求1、4~7、14和21~24不具备新颖性；权利要求2和13的附加技术特征属于本领域常规手段，对于本发明要解决的技术问题没有带来显著效果，其相对于对比文件1不具备创造性。另外，对比文件2（CN1198151A，公开日为1998年11月4日）公开了在一种水溶性膦的催化剂存在下，对烯烃不饱和有机化合物的氢氰化方法，且其公开了权利要求3、8~12、15~20和25的附加技术特征，其与对比文件1的技术领域相同，要解决的技术问题都是氢氰化反应问题。因此，本领域技术人员容易结合对比文件1和2得到本申请的技术方案，由此权利要求3、8~12、15~20和25相对于对比文件1和2不具备创造性。

驳回决定针对的权利要求书如下：

“1. 制备含有至少一个腈官能团的有机化合物的方法，通过让氰化氢与含有至少一个烯属不饱和键的有机化合物在包括选自镍、铂和钯中的元素和有机磷配体的催化剂的存在下反应，特征在于该反应在含有至少一个阳离子和至少一个阴离子的并且至少在进行反应的温度下为液体的离子液体的存在下进行。

2. 根据权利要求1的方法，特征在于将低极性溶剂加入到反应介质中，以便形成两相体系。

3. 根据权利要求1或2的方法，特征在于有机磷配体含有至少一个可电离基团或一个离子基团。

4. 根据权利要求1或3的方法，特征在于离子液体含有选自四烷基铵，N-烷基咪唑鎓，N-烷基吡啶鎓，N-烷基甲基吡啶鎓，N-烷基三唑鎓，N-烷基氟吡唑鎓，N-烷基吡咯烷鎓，烷基锍，四烷基鏻和烷基氧鎓中的至少一个阳离子。

5. 根据权利要求1~4的任一项的方法，特征在于离子液体含有选自卤素，硝酸根，磷酸根，硫酸氢根，全氟烷基磺酸根，双（全氟烷基磺酰基）氨基，双（氟磺酰基）氨基，双（氟磷酰基）氨基，三（全氟烷基磺酰基）甲基，四卤化硼、铝、镓或铁，六卤化磷、砷和锑，三卤化锌和锡，和二卤化铜中的至少一个阴离子。

6. 根据权利要求5的方法，特征在于阴离子选自 Br^-，I^-，BF_4^-，PF_6^-，SbF_6^-，$AlCl_4^-$，$ZnCl_3^-$，$SnCl_3^-$和（CF^3SO_2）$^2N^-$。

7. 根据权利要求4~6的任一项的方法，特征在于阳离子选自1，3-二甲基咪唑鎓，1-丁基-2，3-二甲基咪唑鎓，1-丁基-3-甲基咪唑鎓和1，2，3-三甲基咪唑鎓。

8. 根据权利要求1~7的任一项的方法，特征在于配体选自单齿和多齿有机亚磷酸酯，有机亚膦酸酯，有机次膦酸酯和有机膦。

9. 根据权利要求8的方法，特征在于有机磷配体含有至少一个离子基团。

10. 根据权利要求9的方法，特征在于存在于有机磷配体上的离子基团选自属于磺酸根，膦酸根，次膦酸根，羧酸根或亚磺酸根阴离子的阴离子型基团，或属于胍鎓，铵，吡啶鎓，咪唑鎓，鏻，和锍阳离子的阳离子型基团。

11. 根据权利要求1~8的任一项的方法，特征在于有机磷配体选自三丁基膦，二甲基（正辛基）膦，三环己基膦，三苯基膦，甲苯基膦，三（对甲氧基苯基）膦，二苯基乙基膦，二甲基苯基膦，1，4-双（二苯基膦基）丁烷，亚磷酸三乙酯和亚磷酸二苯酯。

12. 根据权利要求9或10的方法，特征在于有机磷配体选自三苯基膦（单偏硫酸钠），（5-钠羧基呋喃-2-基）二苯基膦和（3-钠亚磺酸根苯基）二苯基膦。

13. 根据权利要求2~12的任一项的方法，特征在于低极性溶剂选自由从己烷，庚烷，辛烷和甲苯中选择的饱和烃类和/或从二乙醚，二异丙基醚和甲基异丁基醚中选择的醚类组成的家族。

14. 根据前述权利要求之一的方法，特征在于催化剂的金属元素是0或1氧化态的镍。

15. 根据前述权利要求之一的方法，特征在于含有至少一个烯属不饱和键的有机化合物是含有3~12 个碳原子的烯烃或二烯烃。

16. 根据前述权利要求之一的方法，特征在于含有至少一个烯属不饱和键的有机化合物是 1，3-丁二烯。

17. 根据权利要求 1~14 的任一项的方法，特征在于所要氢氰化的有机化合物包括至少一个烯属不饱和键和一个腈官能团。

18. 根据权利要求 17 的方法，特征在于含有腈官能团的该化合物选自 3-戊烯腈和 4-戊烯腈。

19. 根据权利要求 1~14 的任一项的方法，特征在于它包括将支化不饱和腈化合物异构化为线性腈化合物。

20. 根据权利要求 19 的方法，特征在于异构化步骤在没有氰化氢的存在下进行。

21. 根据权利要求 17 和 18 的任一项的方法，特征在于反应在路易斯酸的存在下进行。

22. 根据权利要求 21 的方法，特征在于路易斯酸选自周期表的 Ib、IIb、IIIa、IIIb、IVa、IVb、Va、Vb、VIb、VIIb 和 VIII 族的元素的化合物。

23. 根据权利要求 22 的方法，特征在于所述化合物选自卤化物，硫酸盐，磺酸盐，羧酸盐，磷酸盐，卤代磺酸盐，选自氟烷基磺酸盐和全氟烷基磺酸盐中的全卤烷基磺酸盐，双（全氟烷基磺酰基）氨基化物和三（全氟烷基磺酰基）甲基化物。

24. 根据权利要求 21 的方法，特征在于离子液体包括形成路易斯酸的阴离子。

25. 根据前述权利要求之一的方法，特征在于反应在 10~200℃的温度下进行。”

2006 年 10 月 23 日，申请人罗狄亚聚酰胺中间体公司（下称请求人）对上述驳回决定不服，向专利复审委员会提出复审请求，请求人在提出复审请求时没有对申请文件进行修改。

请求人认为：（1）对比文件 1 所唯一具体实施的仅有异丁烯的聚合，该聚合反应与本申请所涉及的氢氰化反应相去甚远，没有任何参照或者借鉴的意义。对比文件 1 仅在第 24 页第 12 行与其他大量的化学反应一起提及了氢氰化反应，此外再没有任何说明，其仅仅给出了技术构思而没有任何其他教导，普通技术人员由此无法得知如何实施氢氰化反应的技术方案。（2）并且，驳回指出的“并可以与带有有机磷配体的钯催化剂以及路易斯酸催化剂合用”在对比文件 1 中描述更为模糊不清，其在对比文件 1 第 19 页中并未指出所针对的是哪些反应，由此其不能与其他实施方案结合来破坏本申请的新颖性。（3）对比文件 2 描述了一种特定的水溶性有机膦配体，该氢氰化反应在两相介质中进行；其无法弥补对比文件 1 的缺陷，没有公开离子液体作为溶剂用于氢氰化反应。因此，对比文件 1 和 2 均无法影响本申请的新颖性和创造性。

经形式审查合格后，专利复审委员会受理了该请求，并于 2006 年 11 月 27 日向请求人发出了《复审请求受理通知书》，同时将本申请转送至国家知识产权局原审查部门进行前置审查。

在《前置审查意见书》中，国家知识产权局审查部门认为对比文件 1 中已公开了离子液体用于氢氰化反应共溶剂的技术方案，因此坚持驳回决定。

专利复审委员会组成合议组，对本复审请求案进行了审理。

经合议，合议组认为本案事实清楚，可以作出审查决定。

二、决定的理由

1. 关于审查文本

本复审请求审查决定针对的文本为驳回所针对的文本，即请求人于 2006 年 5 月 19 日提交的权利要求第 1~25 项、2004 年 4 月 7 日进入中国国家阶段时提交的国际申请文件文本的说明书第 1~14 页及其摘要。

2. 关于专利法第 22 条第 2 款和第 3 款

专利法第 22 条第 2 款规定：新颖性，是指在申请日以前没有同样的发明或者实用新型在国内外出版物上公开发表过、在国内公开使用过或者以其他方式为公众所知，也没有同样的发明或者实用新型由他人向国务院专利行政部门提出过申请并记载在申请日以后公布的专利申请文件中。

专利法第 22 条第 3 款规定：创造性，是指同申请日以前已有的技术相比，该发明有突出的实质性特点和显著的进步。

引用对比文件判断发明的新颖性和创造性时，应当以对比文件公开的技术内容为准。但是，对于所属技术领域的技术人员来说，既未在对比文件中明确记载，也不能够从中直接地、毫无疑义地确定的技术内容，不应当作为该对比文件已公开的内容。

就本申请而言，权利要求 1 要求保护制备含有至少一个腈官能团的有机化合物的方法，通过让氰化氢与含有至少一个烯属不饱和键的有机化合物在包括选自镍、铂和钯中的元素和有机磷配体的催化剂的存在下反应，特征在于该反应在含有至少一个阳离子和至少一个阴离子的并且至少在进行反应的温度下为液体的离子液体的存在下进行。

《驳回决定》认为，对比文件 1 第 19~20 页公开了用于氢氰化反应的离子液体，该离子液体含有一个正离子基团和一个负离子基团，其可以与带有有机磷配体的钯催化剂以及路易斯酸催化剂合用；且对比文件 1 在第 24 页第 12 行明确提及了离子液体在氢氰化反应中的应用，普通技术人员可以从中得到技术提示，并根据实施例的技术方案将离子液体应用于氢氰化反应，解决相应的技术问题。因此，对比文件 1 已经公开了离子液体用于氢氰化反应的技术方案，能够影响本申请的新颖性，由此权利要求 1 不具备新颖性。

对此，合议组查明：对比文件 1 在说明书第 10~15 页公开了一系列通式 A+B-的离子液体，其中 A+为阳离子基团且 B-为阴离子基团；对比文件 1 在说明书第 19~20 页公开了用于筛选增强化学反应的能力的备选材料（例如催化剂），该化学反应以组合模式使用了离子液体作为反应介质的一部分（参见说明书第 17 页倒数第 1 段），备选材料可以是无机材料、金属-配体材料、或非生物有机材料，其中配体可以是磷类的，但对比文件 1 中该部分内容并未明确公开带有有机磷配体的钯催化剂以及路易斯酸催化剂；对比文件 1 在说明书第 24 页中同时记载了多种化学反应，其中在第 12 行提到了氢氰化反应，而由说明书第 23 页第 2~3 段的内容来看，上述化学反应（包括氢氰化反应）是依据对比文件 1 研究均相催化剂对其影响的示例反应，其目的在于筛选对于感兴趣的反应具有催化活性和/或催化选择性的催化剂（即，备选材料）。由此可见，虽然对比文件 1 中公开了一系列离子液体并提到了氢氰化反应，但并未明确记载离子液体在氢氰化反应中的应用，且未明确记载在氢氰化反应中要将离子液体与带有有机磷配体的钯催化剂以及路易斯酸催化剂组合使用。

此外，对比文件 1 实施例部分记载了离子液体 1-甲基-3-乙基咪唑鎓四氯化铝在异丁烯聚合中的应用，其要解决的技术问题是超高分子量聚异丁烯的制备及其低温反应性（参见对比文件 1 说明书第 3 页第 3~4 段）。对于本领域技术人员来说，由于氢氰化反应与异丁烯聚合反应二者明显不同，由此不能根据实施例的技术方案直接地、毫无疑义地确定将离子液体应用于氢氰化反应来解决相应的技术问题。

其实，从对比文件 1 可以看出，其实质上公开的是组合测试离子液体在多种化学反应中的适用性的方法，该组合测试方法包括将一系列离子液体分散在具有多个反应容器的平行反应器中进行反应以确定离子液体在特定化学反应中的适用性。对比文件 1 仅在实施例部分组合测试了离子液体 1-甲基-3-乙基咪唑鎓四氯化铝在异丁烯聚合中的适用性，并未组合测试离子液体在氢氰化反应中的适用性。

综上所述，对比文件 1 并未明确记载离子液体用于氢氰化反应共溶剂的技术方案，该技术方案也不能够从中直接地、毫无疑义地确定，即对比文件 1 并未公开该技术方案。在此基础上，对比文件 1 不能破坏本申请权利要求 1 的新颖性，权利要求 1 符合专利法第 22 条第 2 款的规定。

如上所述，本申请权利要求 1 与对比文件 1 的区别技术特征在于：对比文件 1 并未公开在含有至少一个阳离子和至少一个阴离子的并且至少在进行反应的温度下为液体的离子液体的存在下，使氰化氢与含有至少一个烯属不饱和键的有机化合物在包括选自镍、铂和钯中的元素和有机磷配体的催化剂的存在下反应。根据本申请说明书的记载，其所要解决的技术问题在于获得线性腈类的高收率和高选择性以及催化体系的改进稳定性。而对比文件 1 并未给出将上述离子液体应用于氢氰化反应以解决该技术问题的启示。

对比文件 2 公开了在至少一种过渡金属化合物、水溶性膦催化剂和路易斯酸助催化剂的存在下，使烯烃不饱和有机化合物氢氰化的方法（参见对比文件 2 的权利要求，实施例），其中同样没有公开在氢氰化反应中使用上述离子液体以解决本申请技术问题。并且，尚没有证据表明本领域中将该离子液体应用于氢氰化反应以解决本申请技术问题属于常规技术手段。因此，在对比文件 1 中并未公开离子液体用于氢氰化反应的技术方案的前提下，本领域技术人员仍然无法通过将对比文件 1 和本领域常规技术手段或对比文件 2 公开的技术内容一同使用来获得本申请权利要求 1 的技术方案，即对比文件 1 和本领域常规技术手段或对比文件 2 尚不能破坏本申请权利要求的创造性。因此，该权利要求具备创造性，符合专利法第 22 条第 3 款的规定。

在权利要求 1 具备新颖性和创造性的前提下，对权利要求 1 作进一步限定的从属权利要求 2~25 也具备新颖性和创造性，符合专利法第 22 条第 2 款和第 3 款的规定。

根据上述事实和理由，合议组作出如下审查决定。

三、决定

撤销国家知识产权局于 2006 年 7 月 7 日针对第 02819851.4 号发明专利申请作出的驳回决定，由国家知识产权局审查部门以驳回决定所针对的文本为基础继续审批程序。

复审请求人对本决定不服的，可以根据专利法第 41 条第 2 款的规定，自收到本决定之日起三个月内向北京市第一中级人民法院起诉。

111

制备氢过氧化枯烯的方法和系统

复审请求审查决定（第14312号）

决　定　号　第14312号
决　定　日　2008年7月28日
发明创造名称　制备氢过氧化枯烯的方法和系统
国际分类号　C07C409/10，B01J19/24
复审请求人　沙比克创新塑料IP有限公司
申　请　号　02818614.1
优先权日　2001年7月27日
申　请　日　2002年7月9日
公　开　日　2004年12月22日
合议组组长　刘　静
主　审　员　李亚林
参　审　员　刘　亚

法律依据　专利法第22条第2款
决定要点

判断一项权利要求的新颖性，应当将该权利要求与现有技术所公开的技术方案单独地进行对比。经过对比，如果发现存在区别技术特征，导致两者的技术方案实质上不相同，则该权利要求具有新颖性。

一、案由

本复审请求案涉及发明名称为“制备氢过氧化枯烯的方法和系统”的第02818614.1号发明专利申请（下称本申请），申请人为沙比克创新塑料IP有限公司（由通用电气公司变更而来），申请日为2002年7月9日，优先权日为2001年7月27日，公开日为2004年12月22日。

2006年8月11日，针对申请人于进入中国国家阶段时提交的国际申请文件中文译文的权利要求第1~17项、说明书第1~13页、说明书附图第1~2页和说明书摘要，国家知识产权局以权利要求1~17不符合专利法第22条第2款的规定为由驳回了本申请。

驳回决定针对的权利要求如下：

“1. 一种制备氢过氧化枯烯的方法，该方法包括在含氨水（26）的水相存在下，并且在没有包含碱金属或碱土金属的添加剂存在下，使枯烯（10）和氧反应，形成氢过氧化枯烯。

2. 权利要求1的方法，其中所述添加剂选自IA或IIA族金属盐、IA或IIA族金属碳酸盐、IA或

IIA 族金属磷酸盐、IA 或 IIA 族金属氢氧化物和 IA 或 IIA 族金属水合物。

3. 权利要求 1 的方法，其中所述枯烯还包括循环的枯烯氧化物（12）、循环的氨水（22）或两者。

4. 权利要求 1 的方法，其中氨以能有效中和氢过氧化枯烯生产期间的酸的量存在。

5. 权利要求 1 的方法，其中所述氧以空气流（42）形式提供。

6. 权利要求 1 的方法，其中所述反应包括在约 180~220°F 的温度和约 70~100 磅/平方英寸（表压）的压力下，加热枯烯和氨而成为反应混合物。

7. 权利要求 1 的方法，其中所述氨以能有效地将反应的 pH 维持在约 5~约 10 的量存在。

8. 权利要求 1 的方法，其中所述氨以能有效地将反应的 pH 维持在约 6~约 9 的量存在。

9. 权利要求 1 的方法，其中所述氨以能有效地将反应的 pH 维持在约 7~约 8 的量存在。

10. 一种制备氢过氧化枯烯的方法，该方法包括在能有效地将反应的 pH 维持在约 5~约 10 的量的氨水存在下，并且在没有包含碱金属或碱土金属的添加剂存在下，使枯烯（10）和氧反应形成氢过氧化枯烯，其中所述反应包括在约 180~220°F 的温度和约 70~100 磅/平方英寸（表压）的压力下加热枯烯和氨水而成为反应混合物。

11. 权利要求 10 的方法，其中所述氨以能有效地将反应的 pH 维持在约 6~约 9 的量存在。

12. 权利要求 10 的方法，其中所述氨以能有效地将反应的 pH 维持在约 7~约 8 的量存在。

13. 一种生产氢过氧化枯烯的系统，该系统包括：

在氢氧化铵存在下，并且在没有包含碱金属或碱土金属的添加剂存在下，使枯烯（10）和氧反应的装置。

14. 权利要求 13 的系统，该系统还包括将循环的枯烯氧化物（12）、循环的氢氧化铵（22）或两者与枯烯（10）混合的装置。

15. 权利要求 13 的系统，该系统还包括浓缩氢过氧化枯烯的装置。

16. 一种生产氢过氧化枯烯的系统，该系统包括：

与具有氢过氧化枯烯氧化物出口的反应器（30、32、34、36、38、40）流体相通的枯烯进料（10）；

与反应器（30、32、34、36、38、40）流体相通的氧进料（42）；和

与枯烯进料（10）和/或反应器（30、32、34、36、38、40）流体相通的氢氧化铵进料（20），其中所述枯烯进料（10）、氧进料（42）、氢氧化铵进料（20）和反应器（30、32、34、36、38、40）均没有含碱金属或碱土金属的添加剂。

17. 权利要求 16 的系统，该系统还包括顺序置于反应器出口并与反应器流体相通的卸料存贮器（48）。”

驳回决定认为：权利要求 1 请求保护在氨水存在下用枯烯制备氢过氧化枯烯的方法，对比文件 1（RU2146670C_1，2000 年 3 月 20 日公开）同样公开了一种用枯烯氧化制备氢过氧化枯烯的方法，并具体公开了以下技术特征“在至少包括两个反应器的级联反应器中，用空气氧化纯净的，不含有碱性试剂的枯烯来生成氢过氧化枯烯，其中用氢氧化铵溶液处理得到的氧化产物，使其 pH 值不小于 8”，由此对比文件 1 公开了权利要求 1 的全部技术特征，因此权利要求 1 不具备新颖性。权利要求 2~12 是权利要求 1 的从属权利要求，其附加技术特征在对比文件 1 中均已公开，从属权利要求 2~12 也不具备新颖性。权利要求 13~17 请求保护生产氢过氧化枯烯的系统，对比文件 2（CN1173491A，1998 年 2 月 18 日公开）公开了使枯烯与氧反应生产氢过氧化枯烯的装置，其中公开了上述权利要求所要求保护的技术方案的全部技术特征，因此权利要求 13~17 不具备新颖性。

2006年11月27日，申请人（下称请求人）对上述驳回决定不服，向专利复审委员会提出复审请求，请求人在提出复审请求时没有对申请文件进行修改。

请求人认为：对比文件1中洗涤新鲜枯烯或未反应枯烯的水溶液中含有Na，这些步骤都可以在无意中将Na带入氧化反应器；而本申请目前的权利要求中则作出严谨的选择——绝对要求所述“枯烯和氧的反应”阶段必须“没有在包括碱性或者碱土金属的添加剂的存在下”进行。对比文件1没有公开所述氧化反应没有在包括碱或者碱土金属的添加剂的存在下发生，因此，本申请权利要求的新颖性不可能被对比文件1所破坏。

经形式审查合格后，专利复审委员会受理了该请求，并于2006年12月27日向请求人发出了《复审请求受理通知书》，同时将本申请转送至国家知识产权局原审查部门进行前置审查。

在《前置审查意见书》中，国家知识产权局原审查部门认为：（1）对比文件1在反应初始阶段，第一阶段使用纯净的、不含有碱性试剂的枯烯进行反应，接着用氢氧化铵水溶液处理氧化反应第一阶段所得的氧化产物，在第二氧化阶段中也未加入任何碱性试剂，然后，使用本领域已知的一般方法，对第二阶段最后一个氧化反应器所得的氧化产物进行蒸馏得到含有63重量%~93重量%的氢过氧化枯烯。由此可见，至此为止，反应初期已经完成了一个氢过氧化枯烯的生产过程，而该过程中并未加入任何碱金属或碱土金属的添加剂；而请求人提出质疑的5%~10%碳酸钠和5%~10%氢氧化钠是在随后的原料循环过程中才加入的。（2）请求人未对被对比文件2破坏新颖性的权利要求13~17的新颖性进行任何陈述，也未对这些权利要求进行任何修改。因此坚持驳回决定。

专利复审委员会组成合议组，对本复审请求案进行审理。2008年4月8日，合议组向请求人发出《复审通知书》，指出：权利要求13~17要求保护一种生产氢过氧化枯烯的系统。对于这些权利要求的主题“系统”，在发明名称和说明书中多处与“方法”并列，常见的措辞为“制备氢过氧化枯烯的方法和系统”，由此可推知该“系统”应非指代方法。说明书第3页第10~11行指出，“所述系统包括在存在氨水但不存在包括碱金属或碱土金属的添加剂的情况下由枯烯和氧气制备氢过氧化枯烯的装置。”基于此，合议组所能得到的信息是，本申请中的“系统”指代反应装置。对于要求保护装置的权利要求13~17而言，对比文件2（CN1173491A，1998年2月18日公开）公开了这些权利要求中所包含的全部的装置构造特征，因此，权利要求13~17不符合专利法第22条第2款有关新颖性的规定。

针对上述《复审通知书》，请求人于2008年5月23日提交了意见陈述书和权利要求书替换页，请求人删除了权利要求13~17。

至此，合议组认为本案事实清楚，可以作出审查决定。

二、决定的理由

1. 关于文本

本复审请求审查决定针对的文本是：请求人于2008年5月23日提交的权利要求第1~12项，进入中国国家阶段时提交的国际申请文件中文译文的说明书第1~13页、说明书附图第1~2页和说明书摘要。

2. 关于专利法第22条第2款

专利法第22条第2款规定：新颖性，是指在申请日以前没有同样的发明或者实用新型在国内外出版物上公开发表过、在国内公开使用过或者以其他方式为公众所知，也没有同样的发明或者实用新型由他人向国务院专利行政部门提出过申请并且记载在申请日以后公布的专利申请文件中。

判断一项权利要求的新颖性，应当将该权利要求与现有技术所公开的技术方案单独地进行对比。经过对比，如果发现存在区别技术特征，导致两者的技术方案实质上不相同，则该权利要求具有新颖性。

本申请权利要求1要求保护一种制备氢过氧化枯烯的方法，该方法包括在含氨水（26）的水相存在下，并且在没有包含碱金属或碱土金属的添加剂存在下，使枯烯（10）和氧反应，形成氢过氧化枯烯。如说明书第1页第4~8行所述，在水相存在下进行的枯烯氧化反应为“多相湿式氧化”法，在没有水相的情况下进行的枯烯氧化反应为“干式氧化”法，本申请权利要求1要求保护的制备过氧化枯烯的方法为“多相湿式氧化”法，因为在枯烯与氧反应时，存在与枯烯有机相不混容的水相。

对比文件1（RU2146670C_1，2000年3月20日公开）公开了一种将枯烯氧化为过氧化枯烯的方法，该方法包括两个氧化阶段：在第一氧化阶段中使用纯净的、不含有碱性试剂的枯烯在逆流反应器中反应，接着，用氢氧化铵处理第一阶段所得的氧化产物；在第二氧化阶段中当每一反应器反应完毕后用水洗涤反应产物然后向下一反应器进料（参见说明书第3页第18~26行，实施例2~5）。虽然，在第一氧化阶段与第二氧化阶段之间使用氨水对氧化产物进行了洗涤，但该氨水用于两阶段反应间隙，使用氨水洗涤时并不发生枯烯氧化反应，也就是说，进行枯烯氧化反应时反应体系中并不存在氨水相，对比文件1中公开的制备过氧化枯烯的方法实为“干式氧化”法。

通过上述比较可见，对比文件1公开的方法中，枯烯与氧反应时不存在水相，这与本申请权利要求1中“在含氨水（26）的水相存在下”、“使枯烯（10）和氧反应，形成氢过氧化枯烯”的反应条件不同，由此导致两者的技术方案实质上不相同，因此，权利要求1相对于对比文件1具备新颖性，符合专利法第22条第2款的规定。

权利要求2~12是权利要求1的从属权利要求，在权利要求1相对于对比文件1具备新颖性的情况下，权利要求2~12相对于对比文件1也具备新颖性，符合专利法第22条第2款的规定。

综上所述，《驳回决定》关于权利要求1~12不具备新颖性的理由不成立。

至于《驳回决定》和请求人在提出复审请求时所争论的焦点：“在没有包含碱金属或碱土金属的添加剂存在下”这一特征是否构成本申请权利要求1与对比文件1的区别，合议组认为，对比文件1中虽然公开了使用氢氧化钠水溶液和碳酸钠水溶液洗涤新鲜的枯烯以及使用碳酸氢钠水溶液和氨水溶液洗涤从冷凝反应产物的步骤得到的循环枯烯的步骤，但这些步骤均为枯烯氧化反应的前处理步骤，根据对比文件1公开的内容可知，在枯烯与氧反应制备氢过氧化枯烯的反应过程中，并没有加入碱金属或碱土金属试剂。“添加剂”一词，就本领域技术人员的通常理解而言，理应是为了实现某一目的而主动的、从外部加入的，但在对比文件1的方法中，即使在枯烯进料前所进行的水清洗步骤无法除净枯烯中所含有的微量钠，枯烯中的微量钠也只是残留的杂质而不能被视为“添加剂”。因此，“在没有包含碱金属或碱土金属的添加剂存在下”这一特征并非本申请权利要求1与对比文件1的区别技术特征。

至于《驳回决定》所指出的权利要求13~17不具备新颖性的问题，请求人答复《复审通知书》时提交的权利要求书中已删除权利要求13~17，因而该缺陷已被克服。

根据上述事实和理由，合议组作出如下审查决定。

三、决定

撤销国家知识产权局于2006年8月11日针对第02818614.1号发明专利申请作出的驳回决定，由国家知识产权局原审查部门以本复审决定所针对的文本为基础继续审批程序。

复审请求人对本决定不服的，可以根据专利法第41条第2款的规定，自收到本决定之日起三个月内向北京市第一中级人民法院起诉。

112

作为抑制原油中石蜡沉积的添加剂的丙烯酸聚合物胶乳分散液与含有它们的组合物

复审请求审查决定（第14322号）

决定号	第14322号
决定日	2008年8月11日
发明创造名称	作为抑制原油中石蜡沉积的添加剂的丙烯酸聚合物胶乳分散液与含有它们的组合物
国际分类号	C08F20/18，C08F220/18，C08F2/24，C10M145/14，C10L1/10
复审请求人	策卡有限公司
申请号	02819930.8
申请日	2002年8月2日
优先权日	2001年8月8日
公开日	2005年1月12日
合议组组长	刘　亚
主审员	孙丽芳
参审员	汪送来

法律依据	专利法第22条第2款、第3款

决定要点

判断组合物的新颖性时，如果现有技术的组合物与要求保护的组合物组分相同，现有技术组合物的组分含量范围与要求保护的组合物的组分含量范围部分重叠或有一个共同端点，或者落在要求保护的组合物的组分含量范围内，则该要求保护的组合物不具有新颖性。

如果要求保护的组合物与现有技术的组合物相比区别仅在于增加了其功能或作用为本领域技术人员熟知的一种组分，而增加该组分后的组合物相对现有技术的组合物来说，没有产生任何意外效果，则该要求保护的组合物不具备创造性。

一、案由

本复审请求案涉及发明名称为"作为抑制原油中石蜡沉积的添加剂的丙烯酸聚合物胶乳分散液与含有它们的组合物"的第02819930.8号发明专利申请（下称本申请），申请人为策卡有限公司，申请日为2002年8月2日，优先权日为2001年8月8日，公开日为2005年1月12日。

2007年3月2日，针对申请人于2005年12月24日提交的权利要求书、2004年4月8日提交的国际申请文件的中文译文的说明书及其摘要，国家知识产权局以权利要求1~6、8、11~12、16、19~

21、23、25~37、40~46 不符合专利法第 22 条第 2 款的规定、权利要求 7、9~10、13~15、17~18、22、24、38~39 不符合专利法第 22 条第 3 款的规定为由驳回了本申请。

驳回理由认为：对比文件 1（US 5 418 278A，公开日为 1995 年 5 月 23 日）公开了一种用于抑制石油原油中石蜡沉积的乳液，包括（甲基）丙烯酸酯共聚物、助溶剂、表面活性剂和水；该共聚物的单体组分包括：至少 50 重量% 的 16~30 个碳原子的长链醇的（甲基）丙烯酸酯、直至 25 重量% 的含碳原子数不超过 8 的醇的（甲基）丙烯酸酯和 0.5~40 重量% 的烯类不饱和单羧酸和/或二羧酸或酸酐；基于乳液共聚物的重量，助溶剂可选多元醇和/或醚，用量直至 35 重量%；表面活性剂可选硫酸脂肪醇酯或磺酸脂肪醇酯，用量为 0.01~5 重量%。

（1）（a）当权利要求 1 中组分 C=0% 时，共聚物包含由 0~0.5 重量% 的一种或多种选自乙烯不饱和单羧酸和/或二羧酸或乙烯不饱和单羧酸酐和/或二羧酸酐的单体衍生的单元，此时与对比文件 1 中所描述的共聚物具有重叠的数值保护范围，导致权利要求 1 所要求保护的胶乳分散液不具有新颖性；（b）对比文件 1 的第 10 栏第 18~31 行和实施例 1 公开的乳液制备方法与独立权利要求 30 要求保护的胶乳分散液制备方法相同，因此权利要求 30 不具有新颖性；（c）权利要求 44 要求保护胶乳分散液的应用，这在对比文件 1 中已经公开，不具有新颖性；（d）上述权利要求的从属权利要求 2~6，8，11~12，16，19~21，23，25~29，31~37，40~43，45~46 的附加技术特征也已在对比文件 1 中公开，因此这些权利要求同样不具有新颖性。因此上述权利要求不符合专利法第 22 条第 2 款的规定。

（2）（a）权利要求 1 的从属权利要求 7，9~10，13~15，17~18，22，24 的附加技术特征是在所述化学物质范围内中的进一步选择，这些选择均为本领域常规的选择，因此这些权利要求不具有创造性；（b）权利要求 30 的从属权利要求 38 和 39 中进一步限定的缓冲剂和链转移剂虽然没有在对比文件 1 中公开，但是这是本领域常规使用的，本领域技术人员很容易想到，因此不具有创造性。因此这些权利要求不符合专利法第 22 条第 3 款的规定。

驳回决定针对的权利要求书如下：

“1. 胶乳分散液，它含有：

①5~70 重量份一种或多种（共）聚合物，其单元来自于：

A：50~100 重量% 一种或多种（甲基）丙烯酸-n-烷基酯类单体，其中 n 是 6~40，

B：0~50 重量% 一种或多种溶解度在 20℃ 低于 5% 的（甲基）丙烯酸和/或乙烯类单体，其选自（甲基）丙烯酸-n-烷基酯，其中 n 小于或等于 6，（甲基）丙烯酸-2-乙基己酯、乙酸乙烯基酯、丙酸乙烯基酯、丁酸乙烯基酯、叔碳酸乙烯基酯、叔戊酸乙烯基酯、月桂酸乙烯基酯，乙烯基芳族单体，它们选自苯乙烯及其衍生物，

C：0~50 重量% 一种或多种选自如下的极性单体：（甲基）丙烯酰胺及其衍生物；（甲基）丙烯酸二烷基氨基乙酯；磺酸和磷酸单烯烃衍生物；N-乙烯基吡咯烷酮、乙烯基吡啶及其衍生物、（甲基）丙烯酸羟基烷基酯，

D：C=0% 时，则 0~0.5 重量% 一种或多种选自乙烯不饱和单羧酸和/或二羧酸或乙烯不饱和单羧酸酐和/或二羧酸酐的单体，

或者 C≠0% 时，则直到 40 重量% 一种或多种选自选自乙烯不饱和单羧酸和/或二羧酸或乙烯不饱和单羧酸酐和/或二羧酸酐的单体，

②0~30 重量份助溶剂或助溶剂混合物，其助溶剂选自酮；芳族溶剂；醇；二醇类和聚乙二醇醚类，

③0.1~10 重量份一种或多种表面活性剂，

④水补充到 100 重量份。

2. 根据权利要求1所述的分散液，其中分散液含有5~58重量份①中所述的一种或多种（共）聚合物。

3. 根据权利要求1所述的分散液，其中分散液含有5~50重量份①中所述的一种或多种所述（共）聚合物。

4. 根据权利要求1所述的分散液，其中所述（共）聚合物的单元来自于70~100重量%所述一种或多种所述（甲基）丙烯酸-n-烷基酯类单体。

5. 根据权利要求1所述的分散液，其中所述（甲基）丙烯酸-n-烷基酯类单体中，n是14~30。

6. 根据权利要求1所述的分散液，其中所述（共）聚合物的单元来自于0~30重量%所述一种或多种溶解度在20℃低于5%的（甲基）丙烯酸和/或乙烯类单体。

7. 根据权利要求1所述的分散液，其中所述苯乙烯衍生物为α-甲基苯乙烯。

8. 根据权利要求1所述的分散液，其中所述（共）聚合物的单元来自于0~30重量%的所述一种或多种极性单体。

9. 根据权利要求1所述的分散液，其中所述（甲基）丙烯酰胺衍生物为N-羟甲基丙烯酰胺。

10. 根据权利要求1所述的分散液，其中所述磺酸单烯烃衍生物为丙烯酰胺基甲基丙烷磺酸。

11. 根据权利要求1所述的分散液，其中所述分散液含有5~25重量份②中所述的助溶剂或助溶剂混合物。

12. 根据权利要求1所述的分散液，其中分散液含有5~20重量份②中所述的助溶剂或助溶剂混合物。

13. 根据权利要求1所述的分散液，其中所述酮为甲乙酮、甲基异丁基酮。

14. 根据权利要求1所述的分散液，其中所述芳族溶剂选自甲苯、二甲苯和芳族烃混合物。

15. 根据权利要求1所述的分散液，其中所述醇为丁醇或异丙醇。

16. 根据权利要求1所述的分散液，其中所述二醇类为乙二醇或丙二醇、二甘醇或二丙二醇。

17. 根据权利要求1所述的分散液，其中所述聚乙二醇醚类为丙二醇单甲或乙醚。

18. 根据权利要求1所述的分散液，其中所述聚乙二醇醚类为二丙二醇单甲或乙醚。

19. 根据权利要求1所述的分散液，其中分散液含有0.1~8重量份③中所述的一种或多种表面活性剂。

20. 根据权利要求1所述的分散液，其中分散液含有0.5~5重量份③中所述的一种或多种表面活性剂。

21. 根据权利要求1所述的分散液，其中所述表面活性剂为离子表面活性剂和/或非离子表面活性剂和/或胶体保护剂和/或两亲聚合物。

22. 根据权利要求1所述的分散液，其中所述胶体保护剂选自聚乙烯醇。

23. 根据权利要求1所述的分散液，其中所述的两亲聚合物选自硫酸脂肪醇酯或磺酸脂肪醇酯，或硫酸烷基酚酯或磺酸烷基酚酯，烷基苯磺酸酯和烷基苯磺基丁二酸酯，季铵盐和乙氧基化脂肪醇。

24. 根据权利要求23所述的分散液，其中所述季铵盐选自二甲基二烷基氯化铵。

25. 根据权利要求1所述的分散液，其中分散液还含有以下组分，其选自：

聚合作用添加剂

和/或它们的其余添加剂，所述其余添加剂选自引发剂、缓冲剂、转移剂，

低亲水-亲油平衡的表面活性剂。

26. 根据权利要求1所述的分散液，它含有一种或多种液体多元醇作为一种或多种助溶剂，其水量是一种或多种固体多元醇的40重量%以上。

27. 根据权利要求1所述的分散液，它含有一种或多种液体多元醇作为一种或多种助溶剂，其水量是一种或多种固体多元醇的50重量%以上。

28. 根据权利要求1~27之一所述的分散液，它含有：

①约30~35重量份一种或多种（共）聚合物，

②约14~约18重量份助溶剂，

③约1~约4重量份表面活性剂，

④水补充到100重量份，

以及至少一种引发剂、至少一种转移剂、至少一种缓冲剂。

29. 根据权利要求28所述的分散液，其中所述助溶剂主要地以一种或多种液体多元醇为基。

30. 在一种或多种表面活性剂存在下和任选地在一种或多种助溶剂存在下，通过在水中乳液自由基聚合反应制备如权利要求1~29中任一权利要求中限定的胶乳分散液的方法。

31. 根据权利要求30所述的方法，其特征在于自由基引发剂选自过氧化物。

32. 根据权利要求30所述的方法，其中所述自由基引发剂选自过硫酸盐；有机氢过氧化物和有机过氧化物，过氧化氢，过酸，重氮化合物或氧化还原系统。

33. 根据权利要求32所述的方法，其中所述重氮化合物为4，4′-偶氮双（4-氰基戊酸）或2，2′-偶氮双（2-脒基丙烷）氢氯化物。

34. 根据权利要求32所述的方法，其中所述氧化还原系统为过硫酸铵与偏亚硫酸钠配合。

35. 根据权利要求30~34之一所述的方法，其中该聚合反应在温度20~90℃范围内进行。

36. 根据权利要求35所述的方法，其中该聚合反应在温度20~90℃范围内进行0.5~4小时。

37. 根据权利要求30~34中任一权利要求所述的方法，其中使用缓冲剂和/或转移剂。

38. 根据权利要求37中所述的方法，其中缓冲剂为四硼酸钠。

39. 根据权利要求37中所述的方法，其中转移剂选自烷基硫醇类。

40. 根据权利要求30~34中任一权利要求所述的方法，其特征在于后加一种或多种有机溶剂。

41. 根据权利要求40中所述的方法，其中后加一种或多种有机溶剂，一种或多种助溶剂和/或一种或多种表面活性剂。

42. 根据权利要求40中所述的方法，其中所述表面活性剂其HLB低于或等于5。

43. 根据权利要求40中所述的方法，其中所述表面活性剂选自脱水山梨糖醇脂肪酸酯。

44. 如权利要求1~29中任一权利要求中限定的胶乳分散液，或者通过直接加入原油中，或者以稀释组合物形式，在抑制石油原油中石蜡沉积的应用，其中所述组合物含有所述的分散液和一种或多种溶剂，和/或一种或多种有机溶剂。

45. 根据权利要求44中所述的应用，其中所述溶剂为水。

46. 根据权利要求44中所述的应用，其中所述有机溶剂选自胶乳的助溶剂。”

2007年6月18日，申请人策卡有限公司（下称请求人）对上述驳回决定不服，向专利复审委员会提出复审请求，请求人在提出复审请求时没有对申请文件进行修改。

请求人认为：本申请和对比文件1是不同的发明，其具有新颖性，因为对比文件1涉及的是乳液，需使用大量的酸或酸酐以稳定该乳液，对比文件1的具体实施例中实际上没有0.5%这么低的酸或酸酐含量，也没有实际说明如何使用0.5%的酸或酸酐含量的乳液体系，而又能保持乳液的稳定，其假设0.5%的酸或酸酐含量没有实用性。

经形式审查合格后，专利复审委员会受理了该请求，并于2007年8月3日向请求人发出了《复审请求受理通知书》，同时将本申请转送至国家知识产权局原审查部门进行前置审查。

在《前置审查意见书》中，国家知识产权局坚持驳回决定。

专利复审委员会组成合议组，对本复审请求案进行了审理。

合议组于 2008 年 3 月 24 日向请求人发出《复审通知书》，指出：1）当本申请权利要求 1 中的组分①中单元 C=0%、单元 D 的含量为 0~0.5% 时，本申请权利要求 1 限定的单元 D 的数值范围与对比文件 1 权利要求 2 公开的组分 A 中烯类不饱和单羧酸和/或二羧酸或酸酐的数值范围存在一个共同的端点，二者技术方案相同，解决的技术问题以及达到的技术效果相同，因此，当组分①中单元 C=0% 时，权利要求 1 的技术方案不具备新颖性；其从属权利要求 2~3、5~6、8、11~12、16、19~21、23、26~27 也不具备新颖性；2）根据对比文件 1 说明书和实施例公开的内容，本申请权利要求 30、44 的技术方案在权利要求 1 不具备新颖性的基础上也不具备新颖性；其从属权利要求 31~32、35~37、40~43、45~46 也不具备新颖性；3）即使当本申请权利要求 1 的组分①中单元 C=0、0≤D<0.5 时，权利要求 1 与对比文件 1 的区别仅在于权利要求 1 的技术方案不使用或使用更少量的不饱和酸或酸酐，然而根据对比文件 1 的启示，为了最有效的降低烃类混合物的流点和改进流动性，在共聚物中混入更少量的单羧酸是希望的，因此该区别技术特征已经在对比文件 1 中存在启示，权利要求 1 的技术方案仍不具备创造性；4）当本申请权利要求 1 的组分①中单元 C≠0% 时，权利要求 1 与对比文件 1 的区别技术特征在于权利要求 1 的组合物中组分①增加了单元 C，然而单元 C 所能起到的作用是本领域技术人员熟知的，在对比文件 1 的组分 A 不存在单元 C 的情况下，其所获得乳液分散剂已经可以达到降低烃类混合物流点和改进流动性的效果，所属领域的技术人员由说明书记载的内容看不出权利要求 1 的技术方案在组分①中增加单元 C 之后有任何意料不到的技术效果，因此，当组分①中单元 C≠0% 时，权利要求 1 的技术方案不具备创造性；5）从属权利要求 7、9~10、13~15、17~18、22、24~25、28~29、33~34、38~39 也不具备创造性。

针对上述《复审通知书》，请求人于 2008 年 7 月 8 日提交了意见陈述书，但没有对申请文件进行修改。请求人认为：1）新颖性的判断要以技术方案的整体来判断，不一定一有“共同端点”，权利要求就丧失新颖性；2）对比文件 1 教导的是“可以使用更少量的单羧酸”，但并没有进一步教导更少量具体是什么量，依据实施例的教导更少量应该是实施例附近的点，而非如本发明的 0~0.5 那么低-甚至没有；3）本申请不同于对比文件 1，其中不含不饱和单-和二羧酸衍生物，不需要为了乳液的稳定，含有大量的酸或酸酐。

至此，合议组认为本案事实清楚，可以作出审查决定。

二、决定的理由

1. 关于文本

本复审请求审查决定针对的文本是：请求人于 2005 年 12 月 24 日提交的权利要求第 1~46 项、2004 年 4 月 8 日提交的国际申请文件中文译文的说明书第 1~7 页及说明书摘要。

2. 关于专利法第 22 条第 2 款

专利法第 22 条第 2 款规定：新颖性，是指在申请日以前没有同样的发明或者实用新型在国内外出版物上公开发表过、在国内公开使用过或者以其他方式为公众所知，也没有同样的发明或者实用新型由他人向专利局提出过申请并且记载在申请日以后（含申请日）公布的专利申请文件中。

判断组合物的新颖性时，如果现有技术的组合物与要求保护的组合物组分相同，现有技术组合物的组分含量范围与要求保护的组合物的组分含量范围部分重叠或有一个共同端点，或者落在要求保护的组合物的组分含量范围内，则该要求保护的组合物不具有新颖性。

（1）就本案而言，权利要求 1 要求保护一种胶乳分散液，其包括组分①中单元 C=0% 以及单元 C≠0% 的两种并列技术方案（以下将前者称为（A）方案，后者称为（B）方案）。

对比文件 1（US 5 418 278A，公开日为 1995 年 5 月 23 日）公开了一种用于降低烃类混合物（此处指原油或石油）倾点和流点的方法，该方法是向烃混合物中加入降低倾点和流点的共聚物乳液，该乳液包括 A. 约 20~70wt% 的作为乳液分散相的共聚物（相当于权利要求 1 中的组分①）；B. 约 0.1~7wt% 的至少一种水包油乳化剂（相当于权利要求 1 中的组分③）；C. 0~35wt% 的水可溶的和油可溶的助溶剂（相当于权利要求 1 中的组分②）；D. 0~7wt% 的油包水乳化剂（相当于权利要求 1 中的组分③）；和 E. 乳液中水为连续相（相当于权利要求 1 中的组分④）；上述重量百分比基于水乳液重量（参见对比文件 1 的权利要求 1）。其中，组分 A 的共聚物包括至少 50 重量% 的 16~30 个碳原子的长链醇的（甲基）丙烯酸酯、0~25 重量% 的含碳原子数不超过 8 的醇的（甲基）丙烯酸酯和 0.5~40 重量% 的烯类不饱和单羧酸和/或二羧酸或酸酐（参见对比文件 1 的权利要求 2）。另外在说明书第 5 栏第 1~20 行公开了助溶剂可选择多元醇和/或醚，尤其是乙二醇、乙二醇醚、聚乙二醇、丙二醇、甘油等，说明书第 10 栏第 1~8 行公开了乳化剂可以为长链醇或烷基苯酚的磺酸或磺酸酯、烷基苯磺酸酯等。

权利要求 1 与对比文件 1 相比，二者的技术领域相同，当权利要求 1 的组分①中单元 C=0%、单元 D 的含量为 0~0.5% 时（即（A）方案），权利要求 1 限定的单元 D 的数值范围与对比文件 1 公开的组分 A 中烯类不饱和单羧酸和/或二羧酸或酸酐的数值范围存在一个共同的端点，其它组分也相同，且对比文件 1 中的组分含量与本申请权利要求 1 中相应组分含量相比，要么落在权利要求 1 组分的范围内，要么具有共同的端点，二者技术方案实质相同，本申请所解决的技术问题是抑制原油中石蜡沉积，技术效果是将组合物添加入原油后降低了原油的流动点，而对比文件 1 的技术方案同样可以降低烃类混合物的流点，二者所解决的技术问题相同，达到的技术效果相同。因此，当权利要求 1 为（A）方案时，权利要求 1 不具备专利法第 22 条第 2 款规定的新颖性。

请求人在提出复审请求时认为，对比文件 1 涉及的是乳液分散液，需要使用大量的酸或酸酐以稳定该乳液，而本申请是胶乳分散液，在对比文件 1 的具体实施例中实际上没有 0.5% 这么低的酸或酸酐含量，也没有实际说明如何使用 0.5% 的酸或酸酐含量的乳液体系，而又能保持乳液的稳定，其假设 0.5% 的酸或酸酐含量没有实用性。

对此，合议组认为，1）本申请说明书第 4 页第 11~12 行指出，“在已知的乳液聚合设备中以通常的方法进行乳液自由基聚合作用”，由本申请的实施例部分可以明显看出，本申请与对比文件 1 一样，同样采用了在水溶液中加入助溶剂、表面活性剂使得形成的共聚物成为水乳液状态，两种组合物的物理状态没有区别；2）对比文件 1 的说明书第 8 栏第 60 行到第 9 栏第 4 行中公开了以下内容：考虑到乳液稳定性，共聚物中需要加入例如 15~40wt% 的单羧酸，但另一方面，为了最有效的降低流点和改进流动性，在共聚物中加入更少量的单羧酸是希望的，例如混入 1~25 wt%，基于共聚物的重量。并且对比文件 1 还公开了以下内容：即使使用 5~10% 重量这样少量的短链醇（至多可为 8 个碳原子）的（甲基）丙烯酸酯，哪怕是大量减少单和/或二羧酸或酸酐的含量，也可以获得有效的稳定效果，羧酸或酸酐的含量甚至可以为 0.1~15% 重量（参见对比文件 1 说明书第 7 栏第 35~57 行，第 8 栏第 13~23 行），由此看来，对比文件 1 已经明确说明共聚物中单羧酸组分的含量越少，形成的乳液添加剂在降低烃类混合物流点和改进流动性方面的效果越好，并教导了可以在不降低乳液稳定性的情况下，减少羧酸或酸酐的用量，因此，请求人的上述主张不成立。

请求人在答复《复审通知书》时认为，新颖性的判断要以技术方案的整体来判断，不一定一有“共同端点”，权利要求就丧失新颖性。对此，合议组认为，《审查指南》第二部分第三章 3.2.4（2）明确规定：如果要求保护的发明或者实用新型中存在以数值或连续变化的数值范围限定的技术特征，例如部件的尺寸、温度、压力以及组合物的组分含量，而其余技术特征与对比文件相同，对比文件公开的数值范围与上述限定的技术特征的数值范围部分重叠或者有一个共同的端点，将破坏要求保护的发明或者实用新型的新颖性。如上所述，在对比文件 1 与权利要求 1 的组分含量数值范围存在共同端点、其它技术特征相同的情况下，权利要求 1 相对于对比文件 1 不具备新颖性。请求人的上述主张没有依据。

请求人在答复《复审通知书》时还认为，对比文件 1 教导的是“可以使用更少量的单羧酸”，但并没有进一步教导更少量具体是什么量，依据实施例的教导更少量应该是实施例附近的点，而非如本发明的 0~0.5 那么低-甚至没有。对此，合议组认为，对比文件 1 已经公开“即使使用 5~10% 重量这样少量的短链醇（至多可为 8 个碳原子）的（甲基）丙烯酸酯，哪怕是大量减少单和/或二羧酸或酸酐的含量也可以获得有效的稳定效果，羧酸或酸酐的含量甚至可以为 0.1~15% 重量”，也就是说，对比文件 1 已经明确说明共聚物中单羧酸组分的含量越少，形成的乳液添加剂在降低烃类混合物流点和改进流动性方面的效果越好，并教导了可以在不降低乳液稳定性的情况下，减少羧酸或酸酐的用量，而且给出了低至 0.1% 重量的单和/或二羧酸或酸酐含量范围，因此，请求人的上述主张不成立。对于请求人关于本申请不同于对比文件 1，本申请不含不饱和单-和二羧酸衍生物，不需要为了乳液的稳定而含有大量的酸或酸酐的主张，合议组认为，由于权利要求 1 中“0~0.5 重量% 一种或多种选自乙烯不饱和单羧酸和/或二羧酸或乙烯不饱和单羧酸酐和/或二羧酸酐的单体”与对比文件 1 中相应成分的含量存在共同端点，在请求人未对本申请权利要求 1 中上述“0~0.5 重量%”的含量范围进行修改以使本申请不包括含不饱和单和/或二羧酸衍生物的技术方案情况下，请求人的该主张同样不成立。

（2）由于对比文件 1 公开了在乳液组合物中优选使用 30~50% 重量的分散共聚物相（相当于权利要求 1 中的组分①）、0.5~5% 重量的水包油乳化剂、至多约 7% 重量的油包水乳化剂（相当于权利要求 1 中的组分③）、10~20% 重量的助溶剂（相当于权利要求 1 中的组分②）（参见说明书第 3 栏第 56 行~第 4 栏第 4 行，第 5 栏第 22~27 行），以及组分 A 共聚物优选使用至少 60% 重量的 16~30 个碳原子的长链醇的（甲基）丙烯酸酯、5~10% 重量的含碳原子数不超过 8 的醇的（甲基）丙烯酸酯和 0.5~40 重量% 的至多含有 10 个碳原子的烯类不饱和单和/或二羧酸或酸酐（参见说明书第 7 栏第 66 行~第 8 栏第 13 行），所以权利要求 2~3、5~6、8、11~12、19~21 的附加技术特征已经在对比文件 1 中公开，在权利要求 1 的（A）方案不具备新颖性的基础上，这些权利要求同样不具备专利法第 22 条第 2 款规定的新颖性。

对比文件 1 说明书第 5 栏第 1~20 行公开了水乳液共聚物混合物中可以加入与水溶解或混溶的组分作为助溶剂，可选择多元醇和/或醚，尤其是乙二醇、乙二醇醚、聚乙二醇、丙二醇、甘油等，其它组分例如可以选择与水或油混溶的酮代替前面提到的组分；说明书第 10 栏第 1~8 行公开了乳化剂可以为长链醇或烷基苯酚的磺酸或磺酸酯、烷基苯磺酸酯等。由此可见，权利要求 16、23 的附加技术特征已在对比文件 1 中公开，在权利要求 1 的（A）方案不具备新颖性的基础上，这些权利要求也不具备专利法第 22 条第 2 款规定的新颖性。

权利要求 26~27 的附加技术特征是分散液中水的含量，本领域技术人员根据对比文件 1 公开的各种组分含量可计算出水的含量最高可达 79.9%，即达到 40% 重量以上，因此，在权利要求 1 的（A）方案不具备新颖性的基础上，这些权利要求也不具备专利法第 22 条第 2 款规定的新颖性。

（3）权利要求 30 要求保护权利要求 1 的分散液的制备方法，采用在一种或多种表面活性剂存在下和任选地在一种或多种助溶剂存在下，通过在水中乳液自由基聚合反应制备。对比文件 1 的第 10 栏第 18~31 行同样公开了在表面活性剂和助溶剂存在下，在水中进行乳液自由基聚合制备乳液的方法，共聚温度可以为 60~90℃，与独立权利要求 30 要求保护的胶乳分散液制备方法相同，因此，当权利要求 1 的（A）方案不具备新颖性时，权利要求 30 同样不具备专利法第 22 条第 2 款规定的新颖性。

由上述对比文件 1 说明书第 10 栏第 1～18 行、第 28～31 行公开的内容可知，在权利要求 30 不具备新颖性的基础上，权利要求 31～32、35～37、40～41、43 同样不具备新颖性。权利要求 42 的附加技术特征是表面活性剂的 HLB 值，对比文件 1 中虽然没有公开该数值，但是其公开了使用脱水山梨糖醇长链脂肪酸酯作为乳化剂，其 HLB 落在小于或等于 5 的范围内，因此权利要求 42 同样不具备专利法第 22 条第 2 款规定的新颖性。

（4）权利要求 44 要求保护胶乳分散液的应用，对比文件 1 中已经公开了含有相同组分的乳液分散剂并且将所述的乳液分散液用于降低烃类混合物倾点和流点，因此，当权利要求 1 的（A）方案不具备新颖性时，权利要求 44 同样不具备专利法第 22 条第 2 款规定的新颖性。

权利要求 45～46 的附加技术特征已经在对比文件 1 中公开（参见前面的评述），在权利要求 44 不具备新颖性的基础上，权利要求 45～46 同样不具备专利法第 22 条第 2 款规定的新颖性。

3. 关于专利法第 22 条第 3 款

专利法第 22 条第 3 款规定，创造性，是指同申请日以前已有的技术相比，发明具有突出的实质性特点和显著的进步。

如果要求保护的组合物与现有技术的组合物相比区别仅在于增加了其功能或作用为本领域技术人员熟知的一种组分，而增加该组分后的组合物相对现有技术的组合物来说，没有产生任何意外效果，则该要求保护的组合物不具备创造性。

（1）当权利要求 1 的组分①中单元 C≠0% 时（即（B）方案），权利要求 1 与对比文件 1 的区别技术特征在于权利要求 1 的组合物中组分①增加了单元 C，然而单元 C 所能起到的作用是本领域技术人员熟知的，在对比文件 1 的组分 A 不存在单元 C 的情况下，其所获得乳液分散剂已经可以达到降低烃类混合物流点和改进流动性的效果，所属领域的技术人员由说明书记载的内容看不出权利要求 1 的技术方案在组分①中增加单元 C 之后有任何意料不到的技术效果，即没有节省成本、减少污染，亦未有克服技术上的困难，这种情况下，权利要求 1 的技术方案对于本领域技术人员来说是显而易见的。因此，权利要求 1 的（B）方案不具备专利法第 22 条第 3 款规定的创造性。

（2）权利要求 7、9～10 的附加技术特征为权利要求 1 的组分①中单元 B、C 的进一步选择，在这些单元所起的作用为本领域技术人员熟知的情况下，这些常规选择并没有带来任何意料不到的技术效果，因此，权利要求 7、9～10 不具备专利法第 22 条第 3 款规定的创造性。

（3）在对比文件 1 已经公开可以使用醇或酮作为助溶剂的基础上，本领域技术人员很容易想到使用权利要求 13～15、17～18 所列举的常用的醇或酮溶剂，这些附加技术特征并没有给发明带来意料不到的技术效果，在权利要求 1 不具备新颖性或创造性的情况下，权利要求 13～15 和 17～18 不具备专利法第 22 条第 3 款规定的创造性。

（4）对比文件 1 说明书第 10 栏第 1～18 行公开在水乳液中可以使用阴离子或非离子表面活性剂作为乳化剂，自由基引发剂可以为过氧化物、无机过硫酸盐如过硫酸铵、过氧化氢、有机氢过氧化物、重氮化物等，其它辅料如缓冲剂、无机盐、pH 调节剂等均可应用于乳液聚合中，助溶剂可选择多元醇和/或醚，尤其是乙二醇、乙二醇醚、聚乙二醇、丙二醇、甘油等，这些醇多数为液体。由此可见在对比文件 1 的启示下，本领域技术人员容易想到在所述分散液中加入常规量的常规添加剂，且其技术效果是可以预料的，权利要求 22、24～25、28～29、33～34 不具备专利法第 22 条第 3 款规定的创造性。

（5）权利要求 30 的从属权利要求 38 和 39 进一步限定的缓冲剂和链转移剂虽然没有在对比文件

1 中公开，但是这是本领域常规使用的缓冲剂和链转移剂，在引用的权利要求 37 不具备新颖性的基础上，这些权利要求不具备专利法第 22 条第 3 款规定的创造性。

根据上述事实和理由，合议组作出如下审查决定。

三、决定

维持国家知识产权局于 2007 年 3 月 2 日针对第 02819930.8 号发明专利申请作出的驳回决定。

复审请求人对本决定不服的，可以根据专利法第 41 条第 2 款的规定，自收到本决定之日起三个月内向北京市第一中级人民法院起诉。

113

利用再发电来电解水使发动机直接获得氢能源的方法

复审请求审查决定（第14323号）

决　定　号　第14323号
决　定　日　2008年8月19日
发明创造名称　利用再发电来电解水使发动机直接获得氢能源的方法
国际分类号　C25B1/04，F02M21/02，B60K15/10
复审请求人　苏桂东
申　请　号　200410013178.6
申　请　日　2004年5月17日
公　开　日　2005年2月16日
合议组组长　汪送来
主　审　员　孙丽芳
参　审　员　刘　亚

法律依据　专利法第22条第3款
决定要点

如果发明相比较现有技术增加了技术特征，却没有使原有的功能得到改进，或其改进的功能是通过更简便的常规技术手段可以获得的，则该发明不具备突出的实质性特点和显著的进步，不具备创造性。

一、案由

本复审请求案涉及申请号为200410013178.6、发明名称为“利用再发电来电解水使发动机直接获得氢能源的方法”的发明专利申请（下称本申请），申请人为苏桂东，申请日为2004年5月17日，公开日为2005年2月16日。

2007年3月2日，针对申请人于2004年5月17日提交的说明书第1、3页和说明书摘要、2005年4月12日提交的说明书第2、4页、说明书附图第1页和摘要附图，以及2006年9月15日提交的权利要求第1项，国家知识产权局以权利要求1不符合专利法第22条第3款的规定为由驳回了本申请。驳回的主要理由是：对比文件1（CN 2377256Y，公告日2000年5月10日）公开了直接利用直流电源电解水来获得氢能源并作为燃料供汽车使用的技术方案；本申请权利要求1中是蓄电池带动电动机工作，电动机带动发电机，发电机产出的电能电解水生成氢能源，氢能源供给发动机燃料，发动机再带动电动机工作，电动机再带动发电机，发电机产出的电能电解水生成氢能源并同时给蓄电池充电；本申请蓄电池的电能作为最初始的能量输入，在能量传递过程中必然存在能量消耗，即最终结果是原始电能除了转化为氢能源外还消耗在多个传递步骤中，因此与直接电解水所产生的氢能源相比，显然前者没有实现更高的产出，且工艺步骤增加，并且本申请中的原始电能是通过外界获取，因此权利要求1与对比文件1相比不具备突出的实质性特点和显著的进步，因此不具备专利法第22条第3款规定的创造性。

驳回决定针对的权利要求1如下：

“1. 一种利用再发电来电解水使发动机直接获得氢能源的方法，其特征是：发动机工作，安装两个相互补充并联电源，一个是蓄电池，一个是发电机，在这两个并联电源的基础上，并联接上电动机；电动机带动发电机发电，获得一个再发电电源，用新发的电来电解水，得到氢气，氢气直接提供给发动机作燃料工作，发动机工作后，带动发电机发电，电输出给电动机供电，同时也给蓄电池充电，电动机带动发电机发电，获得再发电，再发电电解水得到氢气，直接供给发动机，发动机连续地工作；它可以应用到造车、造船、燃气发电领域。”

2007年5月29日，申请人苏桂东（下称请求人）对上述驳回决定不服，向国家知识产权局专利复审委员会提出了复审请求，请求人在提出复审请求时没有对申请文件进行修改，而是提交了附件1~4：

附件1：内容涉及“第10章 蓄电池”的书籍，第222~226页，书名不详，复印件共5页；

附件2：内容涉及“电量”、“元电荷”等定义的书籍，第208~209页，书名不详，复印件共1页；

附件3：内容涉及“第十一节 气体燃料喷射器”的书籍，第194~199页，书名不详，复印件共6页；

附件4：“2.3 太阳能—光电转换技术”，《新能源技术》，第27~32页，出版信息不详，复印件共6页。

请求人认为：(1) 本申请的目的是实现发动机直接使用水作为能源的基本原料，使发动机连续工作，输出动力，用于汽车、轮船的驱动；(2) 本申请与对比文件1的原始电能不同，本申请是蓄电池，对比文件1是将太阳能转化电能后用电，太阳能电池没有蓄电和充电的功能，而本申请的蓄电池具备这样的功能；(3) 将本申请这样的技术生产汽车、轮船、燃气发电，它们直接使用的能源原料是水，就是汽车加满了水就可以行驶；(4) 在本发明电能-动能-氢能构成的封闭循环产品中，实施例的电解用电能与各个传递步骤中的消耗之和，没有超越蓄电池的额定功率，同时氢能源在发电机里燃烧获得的热量效率，远远大于电解用电与各种传递消耗和各种用电之和的功率，能有效的输出机械能；(5) 本申请的产品采用再发电技术，杜绝了蓄电池直接电解有徒升放电造成的短路现象；(6) 使用多少电能来电解水会获得多少质量的氢能源是守恒定律，一定质量的氢能源输送给发动机燃烧工作，得到的热量效率是守恒的，但得到的热值效率与电解水的用电能不在守恒定律的范围。

经形式审查合格后，专利复审委员会受理了该请求，并于2007年7月10日向请求人发出了《复审请求受理通知书》，同时将本申请转送至国家知识产权局原审查部门进行前置审查。

在《前置审查意见书》中，国家知识产权局原审查部门认为，请求人的意见陈述不符合能量守恒及转化定律，而电解水所用的电源形式也不能给本申请带来预料不到的效果，比起直接电解水得到氢能源供给机车等燃料不具备创造性，因此，坚持驳回决定。

专利复审委员会组成合议组，对本复审请求案进行了审理。

合议组于2008年6月11日向请求人发出《复审通知书》，指出：(1) 权利要求1相比较对比文件1公开的技术方案，增加了动能、电能的转化次数，产生了更多的能量消耗，而根据说明书的内容看不出其带来了有益效果；(2) 没有证据表明使用蓄电池与发电机并联的相互补充的电能为电源，解决了单独使用蓄电池陡升放电造成的电池短路问题，本领域技术人员在使用蓄电池电解水时通常会使用更简便的控压装置以稳定电流；（3）在以电能-动能-氢气燃烧构成封闭循环系统直接应用到造车、造船、燃气发电领域，在不借助外加能量的情况下是不可能实现的；（4）请求人未结合附件1～4对复审理由进行具体说明，合议组对此不予评述。

针对上述《复审通知书》，请求人于2008年7月15日提交了意见陈述书和权利要求书的修改替换页，将2006年9月15日提交的权利要求1中的“一个是发电机”修改为“一个是发动机带动的发电机”，同时请求人还提交了以下附件5-8（编号续前）：

附件5：韩爱民等编著的《汽车构造．发动机篇》，机械工业出版社，2006年3月印刷，版权页和第222～227页，复印件共7页；

附件6：李国岚等编著的《中学物理学习手册》，金盾出版社，2002年8月印刷，出版信息页、第208页，复印件共2页；

附件7：张凤三等编著的《新型汽车电气线路图集》，人民邮电出版社，2005年3月印刷，版权页和第12～13页，复印件共3页；

附件8：翟彦静等编著的《新能源技术》，化学工业出版社，2005年9月印刷，版权页和第27～39页，复印件共14页。

请求人认为：（1）本申请与对比文件1的电能来源不同，本申请的电能来源于蓄电池，而对比文件1的电能来源是太阳能电池，二者技术领域不同；（2）在本申请的电能-动能-氢能源……封闭循环产品中，采用蓄电池和发电机两个互补并联的电源电解水，燃烧电解水产生的氢气所形成的机械牵引力可以使车船行驶，这是从来没有过的；（3）本申请实施例使用较小电流的电能电解水获得的氢能，即可满足发电机工作使用，用电流量小；（4）本申请实施例的两个相互补充供电电源的特点是可以不间断的给用电设备供电，使用的能源原料是水，汽车加满了水就可以行驶，因此，本申请具有新颖性、创造性和实用性。

至此，合议组认为本案事实清楚，可以作出审查决定。

二、决定的理由

1. 关于文本

请求人2008年7月15日提交的权利要求书修改替换页中，将2006年9月15日提交的权利要求1中所述的“一个是发电机”修改为“一个是发动机带动的发电机”，在原说明书第1页倒数第5行记载有“另一个是发动机带动的发电机”的内容，因此该修改并未超出原说明书和权利要求书的记载。

本复审请求审查决定针对的文本是：请求人于2004年5月17日提交的说明书第1、3页和说明书摘要，2005年4月12日提交的说明书第2、4页，说明书附图第1页和摘要附图以及2008年7月15日提交的权利要求第1项。

2. 关于专利法第22条第3款

专利法第22条第3款规定：创造性，是指同申请日以前的技术相比，该发明具有突出的实质性特点和显著的进步。

如果发明相比较现有技术增加了技术特征，却没有使原有的功能得到改进，或其改进的功能是通过更简便的常规技术手段可以获得的，则该发明不具备突出的实质性特点和显著进步，不具备创造性。

就本申请而言，权利要求1请求保护一种利用再发电来电解水使发动机直接获得氢能源的方法，其特征是：发动机工作，安装两个相互补充并联的电源，一个是蓄电池，一个是发动机带动的发电机，在这两个并联电源的基础上并联接上电动机，电动机带动发电机发电，获得一个再发电电源，用新发的电来电解水，得到氢气，氢气直接提供给发动机作燃料工作，发动机工作后，带动发电机发电，电输出给电动机供电，同时也给蓄电池充电，电动机带动发电机发电，获得再发电，再发电电解水得到氢气，直接供给发动机，发动机连续地工作；它可以应用到造车，造船，燃气发电领域。

对比文件 1 公开了一种利用太阳能电池电解水生成氢气作为绿色燃料供汽车使用的技术方案（参见说明书摘要及说明书第 1 页最后 1 段）。

将权利要求 1 与对比文件 1 对比可知，二者均包括将电能转化为氢能源的过程，以及将氢能源转化成机械能的过程，并且最终目的是利用转化的动能驱动汽车行驶。二者的区别主要在于：对比文件 1 采用太阳能电池为起始能源，其能源转化为电能-氢能源-动能，而权利要求 1 将蓄电池与发电机并联，其过程为电能-动能-电能-氢能源-动能-电能……。本申请实际解决的技术问题是利用再发电的方法电解水直接提供给发动机无污染的氢燃料工作。

合议组认为，本申请权利要求 1 的方法与对比文件 1 的方法相比增加了电能-动能-电能转化的过程以及由动能转化为电能的环节，形成了能量转化循环体系，使能量转化体系变得更加复杂。而且，由于各个能量转化过程必然存在能量损耗，因此，增加能量转化过程意味着增加了能量损耗。也就是说，当向汽车提供等量的氢能源或动能时，本申请权利要求 1 的方法与对比文件 1 的方法相比，能量损耗更多。

请求人提交了附件 5 和附件 8，用于说明蓄电池与太阳能电池不同，蓄电池可以充电，蓄存电后供电，而太阳能电池不能蓄电。并且，请求人提交了附件 7，用于说明本申请将蓄电池与发动机带动的发电机并联，能互补供电，可以不间断地给用电设备供电。对此，合议组认为，蓄电池和太阳能电池都是本领域公知的供电装置，本领域技术人员可以根据是否需要充电、蓄电以及其它需要进行适当的选择；并且，本申请权利要求 1 的电源电路不同于附件 7 的电源电路，附件 7 中当燃料燃烧转化成动能使发动机运转正常时，发动机带动发电机供电，并且当发电机端电压高于蓄电池电势时给蓄电池充电，当起动发动机或发电机过载或其端电压低于蓄电池电势时，由蓄电池供电，两者可起到互补作用。而对于本申请权利要求 1 的方法，发动机的燃料氢能源是由蓄电池的电能转化得到的，当蓄电池电量不足时，则不能产生足够的氢气，发动机也就不能产生足够的动能用于发电，而当蓄电池电量充足时，则无需发动机带动发电机供电，这种供电方式只会增加能量损耗，不能起到互补供电的作用。因此，请求人的上述主张不成立。

请求人提交了附件 6，用于说明电量、元电荷的概念，并在此基础上指出，本申请实施例使用较小电流电能电解水，即可获得满足发动机工作使用的氢气，可以牵引车、船，带动发电，使用的能源原料是水，汽车加满了水就可以行驶了。对此，合议组认为，如果电能-动能-电能-氢能源-动能-电能构成封闭循环系统，则在各能量转化过程中遵循能量守恒定理，系统中的能量不会增加。而实际上在权利要求 1 中任一能量转化过程中，都不可避免的存在能量损耗，向外输出机械能牵引车、船等也在不断地损耗着体系的总能量，在不从外界补充能量的话，最终将耗尽蓄电池的电能，权利要求 1 涉及的系统必定不能继续进行，因而不可能达到请求人所述汽车加满了水就可以行驶的效果。

请求人还指出，在电解电路上，连接有一个电动机，电动机带动发电机发电，电经调节器后电解水，这种连接方法电解，起到了稳定电流的作用。对此，合议组认为，首先，请求人没有提供证据证明这种连接方法起到了稳定电流的作用；其次，本领域技术人员可以采用本领域公知的控压装置用于稳定电流，这是本领域更简便的技术手段。

综上所述，本申请权利要求 1 的方法在对比文件 1 方法的基础上增加了能量转化过程，使得系统更加复杂，能量损耗更多，并且在功能上也没有改进，因此，在对比文件 1 的基础上，权利要求 1 的方法对于本领域技术人员来说是显而易见的，不具备突出的实质性特点和显著的进步，不符合专利法第 22 条第 3 款有关创造性的规定。

根据上述事实和理由，合议组作出如下审查决定。

三、决定

维持国家知识产权局于 2007 年 3 月 2 日针对第 200410013178. 6 号发明专利申请作出的驳回决定。

复审请求人对本决定不服的，可以根据专利法第 41 条第 2 款的规定，自收到本决定之日起三个月内向北京市第一中级人民法院起诉。

114

S 型 4-取代羟基吡喃并吲哚哩啶化合物和其衍生物以及其制备方法

复审请求审查决定（第 14325 号）

决　定　号　第 14325 号
决　定　日　2008 年 7 月 29 日
发明创造名称　S 型 4-取代羟基吡喃并吲哚哩啶化合物和其衍生物以及其制备方法
国际分类号　C07D491/147，C07D491/22，C07D491/20，C07D227/06
复审请求人　田边制药株式会社
申　请　号　01110958.0
优先权日　1996 年 10 月 30 日
申　请　日　1997 年 10 月 30 日
公　开　日　2001 年 9 月 19 日
合议组组长　刘　亚
主　审　员　刘　磊
参　审　员　吴红权

法律依据　专利法第 22 条第 3 款
决定要点
结构上与已知化合物接近的化合物，必须要有预料不到的用途或效果，否则该化合物不具备创造性。

一、案由

本复审请求案涉及发明名称为"S 型 4-取代羟基吡喃并吲哚哩啶化合物和其衍生物以及其制备方法"的 01110958.0 号发明专利申请（下称本申请），申请人为田边制药株式会社，申请日为 1997 年 10 月 30 日，分案提交日为 2001 年 2 月 26 日，优先权日为 1996 年 10 月 30 日，公开日为 2001 年 9 月 19 日。

2004 年 6 月 11 日，针对申请人于 2004 年 2 月 23 日提交的权利要求第 1~5 项、2001 年 2 月 26 日提交的说明书第 1~49 页和说明书摘要，国家知识产权局以权利要求 3~5 不符合专利法第 22 条第 3 款的规定为由驳回了本申请，驳回决定针对的权利要求 3~5 如下：

"3. 下式［VI］表示的 S 型 2-取代羟基-2-（6-取代羟甲基中氮茚基）丁酸酯化合物：

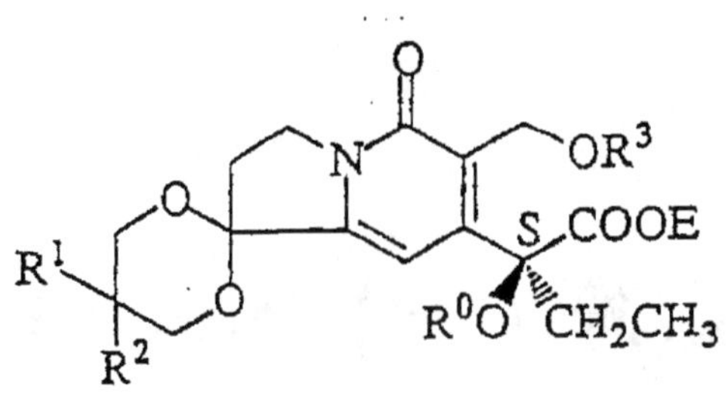

[VI]

式中，R^0 为除去下式［XIX］表示的 R 型含氮稠合杂环羧酸的羧基上的羟基而得到的残基：

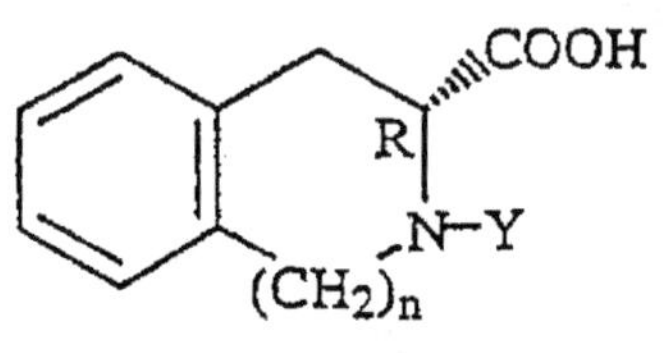

[XIX]

式中，n 是 1，而 Y 选自苯磺酰基、萘磺酰基或联苯磺酰基，该基团可选择地被一个选自以下的基团所取代：硝基 C_1–C_6 烷基、C_1–C_6 烷氧基、环己基、卤原子或噻酚基，或选自 C_1–C_6 磺酰基。

R^1 和 R^2 各自为 C_1–C_6 烷基，E 为 C_1–C_6 烷基，以及 R^3 为 C_1–C_7 链烷酰基。

4. 下式［VII］表示的 S 型 4-取代羟基吡喃并中氮茚化合物：

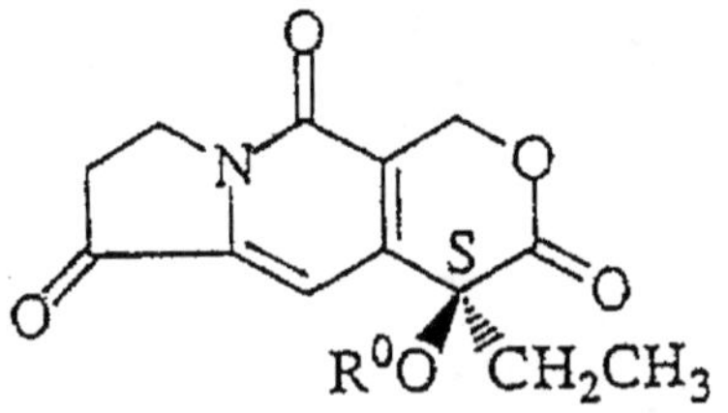

[VII]

式中，R^0 为除去下式［XIX］的 R 型含氮稠合杂环羧酸的羧基上的羟基而得到的残基：

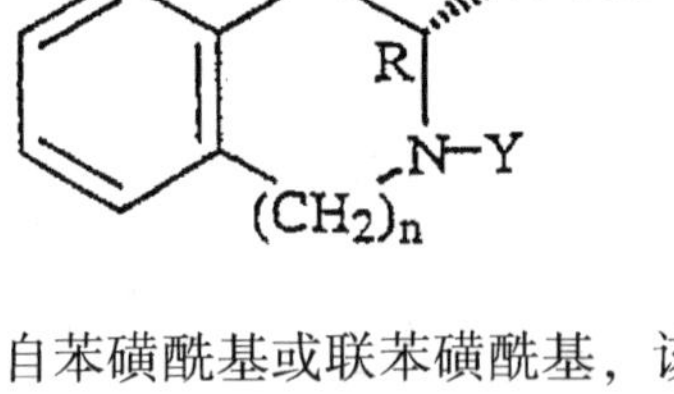

[XIX]

式中，n 是 1，而 Y 选自苯磺酰基或联苯磺酰基，该基团可选择地被 1 个选自以下的基团所取代：硝基 C_1–C_6 烷基、C_1–C_6 烷氧基、C_3–C_8 环烷基、卤原子或噻酚基，或选自 C_1–C_6 磺酰基。

5. 根据权利要求 3 或 4 的化合物，其中 Y 是 4-联苯基磺酰基或 4-硝基苯基磺酰基，n 是 1，R^1 和 R^2 各自为甲基，及 E 是甲基或乙基。”

驳回决定认为：(1) 权利要求 3 要求保护式［VI］表示的 S 型 2-取代羟基-2-（6-取代羟甲基中氮茚基）丁酸酯化合物，对比文件 1（US4778891，公开日为 1988 年 10 月 18 日）公开了式（XV）化合物（说明书第 18~19 栏实施例 7 第（5）步），两者结构相近，作用相同，区别是权利要求 3 式［VI］化合物中缩醛部分和羟基保护基团 R^0 与对比文件 1 中式（XV）化合物的不同，而本申请中没有公开缩醛部分不同给权利要求 3 式［VI］化合物带来任何意想不到的效果，化合物［VI］本身对制备高光学纯的喜树碱化合物也没有产生任何意想不到的效果，而用高光学纯度的化合物［Ⅵ］作为原料制备高光学纯度喜树碱类化合物，对于本领域技术人员来说是显而易见的，因此权利要求3相对于对比文件1不具备突出的实质性特点和显著的进步，不具备创造性。

（2）权利要求4要求保护式［Ⅶ］表示的S型4-取代羟基吡喃并中氮茚化合物，对比文件1公开了式（I＊b）化合物，基于类似评述权利要求3的理由，权利要求4相对于对比文件1也不具备创造性。

（3）权利要求5是权利要求3和4的从属权利要求，对取代基进行了选择限定，这种限定没有使得其化合物具备意料不到的效果，因此权利要求3~4不具备创造性时，权利要求5相对于对比文件1也不具备创造性。

申请人田边制药株式会社（下称请求人）对上述驳回决定不服，于2004年9月24日向专利复审委员会提出复审请求，但未提交修改文本。请求人认为：

（1）式（I＊b）的化合物中，吡喃并中氮茚核心的4位的羟基是游离的。而在本申请权利要求4的式［Ⅶ］化合物中，吡喃并中氮茚核心的4-羟基是被R^0基团保护的。因此，这两种化合物的结构完全不类似。权利要求4化合物与对比文件1化合物的上述区别带来了意想不到的优良效果。说明书第14页第23行至第15页第1行描述了这种优良效果，即4-羟基基团被特征性R^0基团保护的式［Ⅶ］化合物比没有此特别的保护基团的式［Ⅷ］化合物更稳定，并且在Friedlaender反应中，对邻酰基苯胺化合物［XIV］的分解影响较小，因此可以降低不需要的杂质副产物。因此，权利要求4相对于对比文件1具有突出的实质性特点和显著的进步，具备专利法第22条第3款规定的创造性。

（2）本申请的式［Ⅵ］化合物是用于制备权利要求4的具有创造性的式［Ⅶ］化合物的中间体。另外，在本发明中，希望得到的式［Ⅶ］化合物是从式［Ⅵ］化合物获得的，其产率是100%，但是在对比文件1中，产率是不清楚的，因为在对比文件1的实施例7中，式（I＊B）化合物是从式［XV］获得的。这种制备方法不可行，因为其产率只有几个百分点。因此，本申请的权利要求3基于对比文件1是具有创造性的。

（3）如上所述，权利要求3和4相对于对比文件1具有创造性，因此它们的从属权利要求5也具有创造性。

经形式审查合格后，专利复审委员会受理了该请求，并于2004年10月28日向请求人发出了《复审请求受理通知书》，同时将本申请转送至国家知识产权局原审查部门进行前置审查。

在《前置审查意见书》中，国家知识产权局原审查部门认为，用羟基保护基对所述羟基进行保护是本领域的公知常识，请求人没有提供证据证明与用其他常规保护基保护相比，例如与用低级烷酰基或对比文件1中的1-对甲苯磺酰基吡咯烷-2-基甲酰基保护相比，式［Ⅶ］化合物更稳定、式［Ⅶ］对邻酰基苯胺化合物［XIV］的分解影响更小、相同的条件下相应反应步骤产率更高。因此，坚持驳回决定。

专利复审委员会依法组成合议组，对本复审请求案进行了审理。

2008年5月19日，专利复审委员会本案合议组依据驳回决定所针对的文本向请求人发出《复审通知书》。《复审通知书》指出：

（1）关于权利要求4。

权利要求4要求保护的式［Ⅶ］化合物和对比文件1公开的式（I＊c）化合物（参见其说明书第19栏）具有相同的基本核心部分，即吡喃并吲哚哩啶骨架，区别仅在于式［Ⅶ］化合物中使用特定的羟基保护基团R^0对羟基进行了保护，而对比文件1中式（I＊c）化合物的羟基没有被保护。

对比文件1经由与本申请基本相同的反应路线制备式（I＊c）化合物（参见对比文件1说明书第

7~11栏）。在各个反应步骤中，式［VII］化合物和式（I＊c）化合物的基本核心部分没有变化，进一步说明了式［VII］化合物为结构上与式（I＊c）化合物接近的化合物。

本申请中，式［VII］化合物用于与式［XIV］的邻酰基苯胺化合物反应制备式［XV］所示的喜树碱化合物；对比文件1中，式（I＊c）化合物也用于与式（XVII）的邻酰基苯胺化合物反应制备式（IV）所示的喜树碱化合物（参见对比文件1说明书第10~11栏）。

关于式［VII］化合物和式（I＊c）化合物的上述区别所能带来的技术效果，尽管本申请说明书第14页第23行至第15页第1行强调本申请式［VII］化合物比本申请式［VIII］化合物更稳定（该式［VIII］化合物即对比文件1的式（I＊c）化合物），但使用羟基保护基对羟基进行保护，并由此带来"使被保护的化合物更稳定"等技术效果是本领域技术人员所熟知或可预期的。没有证据表明本申请所采用的特定的保护基团 R^0 相对于其他常规保护基带来了预料不到的技术效果。

因此，式［VII］化合物与式（I＊c）化合物相比，结构相近，用途相同，且未带来预料不到的技术效果，不具备创造性，因此，权利要求4不符合专利法第22条第3款的规定。

（2）关于权利要求3。

权利要求3要求保护的式［VI］化合物与对比文件1公开的式（XV）化合物（参见对比文件1说明书第8栏和说明书第18~19栏实施例7第（5）步）具有相同的基本核心部分，两者为结构上接近的化合物；它们的区别在于式［VI］化合物的缩醛部分为2，2-二 C_1-C_6 烷基取代-1，3-亚丙二氧基而式（XV）化合物的该部分为乙二氧基，以及式［VI］化合物的羟基保护基 R^0 来自式［XIX］表示的R型含氮稠合杂环羧酸而式（XV）化合物的相应位置上的取代基来自：R型N-取代甲苯磺酰基脯氨酸，此两者差别主要在于是否稠合。

本申请由式［I］化合物经一系列反应得到式［VI］化合物的路线与对比文件1由式（XII）化合物制备式（XV）化合物的路线完全相同，并且，本申请式［VI］化合物与对比文件1式（XV）化合物的上述结构区别始终贯穿于其制备过程，尽管本申请表明上述区别使得由式［I］化合物制备式［II］化合物时增加立体选择性和收率，但从本申请看不出上述区别在由式［II］化合物制备式［VI］化合物的过程中产生了任何预料不到的技术效果。而且，本申请说明书中亦未表明上述结构区别在由式［VI］化合物制备喜树碱化合物的过程中带来了任何预料不到的技术效果。请求人在复审请求意见中认为，式［VI］化合物是用于制备权利要求4的具有创造性的式［VII］化合物的中间体，但是，上述意见1）已经表明了式［VII］化合物不具备创造性。

此外，对于请求人在复审请求时提出的关于产率的意见，合议组认为，请求人认为对比文件1实施例7产率低的观点没有任何事实依据，认为对比文件1的方法不行的主张也没有任何证据支持；不仅如此，本申请说明书第8页表明可以使用式［VI］化合物得到［VIII］化合物（与对比文件1的式（I＊c）化合物相同），然后再制备喜树碱化合物［XVI］，这与对比文件1制备式（I＊c）化合物及目标喜树碱化合物的方法相同，也就是说，本申请说明书认为对比文件1的方法是可行的。

因此，权利要求3的式［VI］化合物与对比文件1的式（XV）化合物相比，结构相近，用途相同，且未带来预料不到的技术效果，不具备创造性，不符合利法第22条第3款的规定。

（3）关于权利要求5。

权利要求5是权利要求3或4的从属权利要求，对通式化合物上其他取代基进行了限定，基于上述意见1）和2），并且这种限定也不能带来预料不到的技术效果，因此，在权利要求3~4不具备创造性的情况下，权利要求5相对于对比文件1也不具备专利法第22条第3款规定的创造性。

2008年7月3日，请求人针对上述《复审通知书》提交了意见陈述书，同时提交了权利要求书全文替换页，其中删除了权利要求3~5，此外，还对权利要求1中两处不清楚的地方进行了修改：将重复的“……C_1-C_6 烷基、C_1-C_6 烷基……”中的一个“C_1-C_6 烷基”删除；将“……以下式［I］表示的……”中的“以”字删除。

请求人认为：删除了权利要求3~5后，复审通知书中指出的问题不再存在。

经过上述审查程序，合议组认为本案事实已经清楚，可以依法作出复审决定。

二、决定的理由

1. 关于审查文本

本复审决定针对的文本为：请求人于2008年7月3日提交的权利要求第1~2项，2001年2月26日提交的说明书第1~49页和说明书摘要。

2. 关于专利法第22条第3款

专利法第22条第3款规定：创造性，是指同申请日以前已有的技术相比，该发明有突出的实质性点和显著的进步，该实用新型有实质性特点和进步。

结构上与已知化合物接近的化合物，必须要有预料不到的用途或效果，否则该化合物不具备创造性。

《驳回决定》和《复审通知书》指出，请求人于2004年2月23日提交的权利要求3~5请求保护的化合物与对比文件1公开的相应化合物结构接近，用途相同，未取得任何预料不到的技术效果，因而不具备专利法第22条第3款规定的创造性。请求人于2008年7月3日答复《复审通知书》时删除了权利要求3~5，因此，《驳回决定》和《复审通知书》指出的权利要求3~5不符合专利法第22条第3款规定的缺陷已不存在。即，请求人的上述修改，已经克服了《驳回决定》和《复审通知书》所指出的全部缺陷。

根据上述事实和理由，合议组作出如下决定。

三、决定

撤销国家知识产权局于2004年6月11日针对01110958.0号发明专利申请作出的驳回决定，由国家知识产权局原审查部门以请求人于2008年7月3日提交的权利要求第1~2项，以及2001年2月26日提交的说明书第1~49页和说明书摘要为基础继续审查。

复审请求人对本决定不服的，可以根据专利法第41条第2款的规定，自收到本决定之日起三个月内向北京市第一中级人民法院起诉。

115

在烯烃溶液聚合反应工艺中用于增加聚合物含量的处理设计

复审请求审查决定（第14331号）

决　定　号　第14331号
决　定　日　2008年8月19日
发明创造名称　在烯烃溶液聚合反应工艺中用于增加聚合物含量的处理设计
国际分类号　C08F 6/10
复审请求人　陶氏环球技术公司
申　请　号　98812655.9
优　先　权　日　1997年12月23日
申　请　日　1998年12月23日
公　开　日　2001年2月7日
合议组组长　吴红权
主　审　员　刘　磊
参　审　员　李亚林

法律依据　专利法第33条
决定要点
如果修改后的内容在原申请文件中有记载或者能够从原申请文件记载的信息中直接地、毫无疑义地确定，则该修改没有超出原申请文件记载的范围。

一、案由

本复审请求案涉及发明名称为“在烯烃溶液聚合反应工艺中用于增加聚合物含量的处理设计”的98812655.9号发明专利申请（下称本申请），申请人为陶氏环球技术公司（由陶氏化学公司变更而来），申请日为1998年12月23日，优先权日为1997年12月23日，公开日为2001年2月7日。

2007年1月19日，针对申请人于2005年5月31日提交的权利要求第1~21项，进入中国国家阶段时提交的说明书第2、5、7~16页和说明书摘要，2003年11月4日提交的说明书第1、1a、3~4、6页，以及2000年7月13日提交的说明书附图第1~2页和说明书摘要附图，国家知识产权局以权利要求6的修改不符合专利法第33条的规定为由驳回了本申请，驳回决定针对的权利要求1、6、11和12如下：

“1. 一种聚烯烃的溶液制备方法，包括以下步骤：

a）将一种或多种烯烃单体在至少一个沸腾反应器中、在足够量的溶剂中在沸腾反应器内聚合生成固含量为3%~24%重量的聚合物溶液，其中所述聚合物溶液的温度为150℃~260℃；

b）无需预热，将该聚合物溶液绝热闪蒸生成具有降低的温度且聚合物含量为10%～40%重量的浓缩聚合物溶液，而闪蒸在沸腾反应器之内发生；

c）加热该浓缩聚合物溶液；和

d）处理该加热的浓缩聚合物溶液，生成一种溶剂含量为0～2000ppm的成品聚合物。

6. 根据权利要求1的方法，其中所述聚合物包括聚乙烯。

11. 根据权利要求8的方法，其中将乙烯与至少一种C_3-C_{20}α-烯烃、单亚乙烯基芳烃或位阻脂族共聚单体共聚。

12. 根据权利要求11的方法，其中还包括进一步与一种或多种二烯进行共聚。"

驳回决定认为：权利要求6修改后出现了技术特征"所述聚合物包括聚乙烯"；本申请说明书中相关内容仅描述了，"烯烃聚合物包括乙烯或丙烯均聚物和共聚体"（参见说明书第4页倒数第1段），"聚烯烃如丙烯均聚物和共聚体以及乙烯均聚物和共聚体"，"乙烯聚合物通常由乙烯聚合，或由乙烯和至少一种C_3-C_{20}α-烯烃、单亚乙烯基芳烃或位阻脂族共聚单体进行共聚"（参见说明书第6页倒数第2段）；可见，本申请说明书记载的内容给出的是最终的产物必然同时包括至少聚乙烯均聚物和聚乙烯共聚物两种聚合物；也就是说，上述权利要求6的修改在原始说明书、权利要求书和说明书附图中没有记载，也不能毫无疑义直接唯一地确定，超出了原始权利要求书、说明书及其附图记载的范围，不符合专利法第33条的规定。

2007年5月8日，申请人陶氏环球技术公司（下称请求人）对上述驳回决定不服，向专利复审委员会提出复审请求，同时提交权利要求书全文替换页，其中，（1）将权利要求1中的"a）将一种或多种烯烃单体……聚合生成……"修改为"a）将两种或两种以上烯烃单体……共聚合生成……"；（2）将权利要求6中的"所述聚合物包括聚乙烯"修改为"所述聚合物包括乙烯α烯烃共聚物"；（3）将权利要求12的内容并入权利要求11，删除权利要求12。

请求人认为，a. 修改后的权利要求1排除了只有一种烯烃单体聚合而产生均聚物的情况，并且这种修改可以得到原始说明书的支持，符合专利法第33条的规定；b. 修改后的权利要求6的内容涵盖了在本申请原始说明书及其附图中所述的所制造的聚烯烃的产物，由此得到原说明书及其附图记载内容的支持，因此，所作修改符合专利法第33条的规定；c. 在将权利要求12所述内容并入权利要求11的基础上将权利要求12删除，符合专利法第33条的规定。

修改后的权利要求1、6和11如下：

"1. 一种聚烯烃的溶液制备方法，包括以下步骤：

a）将两种或两种以上烯烃单体在至少一个沸腾反应器中、在足够量的溶剂中在沸腾反应内共聚合生成固含量为3%～24%重量的聚合物溶液，其中所述聚合物溶液的温度为150℃～260℃；

b）无需预热，将该聚合物溶液绝热闪蒸生成具有降低的温度且聚合物含量为10%～40%重量的浓缩聚合物溶液，而闪蒸在沸腾反应器之内发生；

c）加热该浓缩聚合物溶液；和

d）处理该加热的浓缩聚合物溶液，生成一种溶剂含量为0～2000ppm的成品聚合物。

6. 根据权利要求1的方法，其中所述聚合物包括乙烯α烯烃共聚物。

11. 根据权利要求8的方法，其中将乙烯与至少一种C_3-C_{20}α-烯烃、单亚乙烯基芳烃或位阻脂族共聚单体共聚，以及任选地一种或多种二烯共聚。"

2007年6月4日，经形式审查合格后，专利复审委员会受理了该请求，并向请求人发出了《复审请求受理通知书》，同时将本申请转送至国家知识产权局原审查部门进行前置审查。

在《前置审查意见书》中，国家知识产权局原审查部门认为，请求人于2007年5月8日提交的修改文本克服了权利要求6不符合专利法第33条规定的缺陷；但是，权利要求11中依然存在国家知识产权局原审查部门发出的《第三次审查意见通知书》和《第四次审查意见通知书》中所指出的“位阻脂族共聚单体”没有得到说明书支持而不符合专利法第26条第4款规定的缺陷，因此坚持驳回决定。

专利复审委员会依法组成合议组，对本复审请求案进行了审理。

2008年7月21日，请求人再次提交了权利要求书全文替换页，在于2007年5月8日提交的权利要求书的基础上，将权利要求11中的“或位阻脂族共聚单体共聚”删除。修改后的权利要求书如下：

“1. 一种聚烯烃的溶液制备方法，包括以下步骤：

a）将两种或两种以上烯烃单体在至少一个沸腾反应器中、在足够量的溶剂中在沸腾反应内共聚合生成固含量为3%~24%重量的聚合物溶液，其中所述聚合物溶液的温度为150℃~260℃；

b）无需预热，将该聚合物溶液绝热闪蒸生成具有降低的温度且聚合物含量为10%~40%重量的浓缩聚合物溶液，而闪蒸在沸腾反应器之内发生；

c）加热该浓缩聚合物溶液；和

d）处理该加热的浓缩聚合物溶液，生成一种溶剂含量为0~2000ppm的成品聚合物。

2. 根据权利要求1的方法，其中所述步骤a）中的聚合物溶液包含重均分子量为2000~1000000的聚合物。

3. 根据权利要求1的方法，其中聚合烯烃单体的所述步骤发生在含有第一阶段反应器和至少一个第二阶段反应器的多级沸腾反应器中。

4. 根据权利要求3的方法，其中将所述烯烃单体加入所述第一阶段反应器和所述第二阶段反应器。

5. 根据权利要求1的方法，其中所述烯烃中的至少一种为α-烯烃。

6. 根据权利要求1的方法，其中所述聚合物包括乙烯α烯烃共聚物。

7. 根据权利要求1的方法，其中步骤b）闪蒸之后的所述聚合物含量为25%~40%重量。

8. 根据权利要求7的方法，其中所述聚合物溶液包含重均分子量为2000~500000的聚乙烯。

9. 根据权利要求8的方法，其中聚合物乙烯的所述步骤发生在第一阶段反应器和第二阶段反应器中。

10. 根据权利要求9的方法，其中将乙烯加入所述第一阶段反应器和所述第二阶段反应器。

11. 根据权利要求8的方法，其中将乙烯与至少一种C_3-C_{20}α-烯烃、单亚乙烯基芳烃，以及任选地一种或多种二烯共聚。

12. 根据权利要求8的方法，其中在聚合乙烯的步骤之后直接闪蒸所述聚合物溶液。

13. 根据权利要求8的方法，其中步骤（b）的所述浓缩聚合物溶液的聚合物含量为25%~40%重量。

14. 根据权利要求8的方法，其中所述闪蒸发生在至少1.5个大气压的压力下。

15. 根据权利要求3所述的方法，其进一步的特征在于：

e）将一种或多种α-烯烃单体在足够量的溶剂中、在第一阶段反应器中聚合生成一种中间聚合物含量低于16%重量的中间聚合物溶液；并且

f）将该中间聚合物溶液在第二阶段反应器中聚合生成一种聚合物含量为3%~24%重量的聚合物溶液，其中所述聚合物溶液包含重均分子量为2000~500000的聚合物；

16. 根据权利要求15的方法，其中将所述α-烯烃单体加入所述第一阶段反应器和所述第二阶段

反应器。

17. 根据权利要求15的方法，其中所述聚合物的多分散度为1.5~10.0。

18. 根据权利要求15的方法，其中步骤（c）的所述浓缩聚合物溶液的聚合物含量为25%~40%重量。

19. 根据权利要求15的方法，其中所述闪蒸发生在至少1.5个大气压的压力下。

20. 根据权利要求15的方法，其中步骤（c）的所述浓缩聚合物溶液的聚合物含量为25%~40%重量。”

至此，合议组认为本案事实已经清楚，可以依法作出审查决定。

二、决定的理由

1. 关于审查文本

本复审请求审查决定针对的文本为：请求人于2008年7月21日提交的权利要求第1~20项，进入中国国家阶段时提交的说明书第2、5、7~16页和说明书摘要，2003年11月4日提交的说明书第1、1a、3~4、6页，以及2000年8月11日提交的说明书附图第1~2页和说明书摘要附图。

2. 关于专利法第33条

专利法第33条规定，申请人可以对其专利申请文件进行修改，但是，对发明和实用新型专利申请文件的修改不得超出原说明书和权利要求书记载的范围。

如果修改后的内容在原申请文件中有记载或者能够从原申请文件记载的信息中直接地、毫无疑义地确定，则该修改没有超出原申请文件记载的范围。

就本案而言，驳回决定认为，请求人于2005年5月31日提交的权利要求6中经修改出现的技术特征“所述聚合物包括聚乙烯”在原申请文件中没有记载，也不能从原申请文件记载的信息中直接地、毫无疑义地确定，超出了原权利要求书、说明书及其附图记载的范围，不符合专利法第33条的规定。针对该驳回决定，请求人于2007年5月8日提出复审请求，并于2008年7月21日提交了权利要求书替换页，其中，将权利要求6中的上述“所述聚合物包括聚乙烯”修改为“所述聚合物包括乙烯α烯烃共聚物”。基于本申请原说明书中记载的如下内容，“本发明提供了一种用于制备烯烃聚合物的改进方法。通常，烯烃聚合物包括乙烯或丙烯均聚物和共聚体，其中共聚体是指乙烯或丙烯与一种或多种其他α-烯烃或亚乙烯基芳烃或位阻脂族共聚单体的二元共聚物或更多元聚合物。优选的共聚单体包括C_3-C_{20}α-烯烃，更优选1-丁烯、异丁烯、1-戊烯、1-己烯、4-甲基-1-戊烯、1-庚烯、1-辛烯等、和苯乙烯”（参见原说明书第4页倒数第2行至第5页第2行），并且，由于权利要求6是权利要求1的从属权利要求，权利要求6中的“所述聚合物”为权利要求1中“两种或多种烯烃单体”在所述聚烯烃的溶液制备方法中聚合生成的产品聚合物，应当认为上述修改能够从原申请文件记载的信息中直接地、毫无疑义地确定，符合专利法第33条规定。因此，在请求人于2008年7月21日提交的权利要求书中，驳回决定指出的权利要求6的修改不符合专利法第33条规定的缺陷已不存在。

此外，相对于驳回决定所针对的权利要求书，请求人在于2008年7月21日提交的权利要求书中还作了如下修改：（1）将权利要求1中的“a）将一种或多种烯烃单体……聚合生成……”修改为“a）将两种或两种以上烯烃单体……共聚合生成……”；（2）将权利要求12的内容并入权利要求11，删除权利要求12；（3）将权利要求11的“位阻脂族共聚单体”删除。其中，修改（1）相应地删除了均聚物的情形，相当于技术方案的删除，并且对于将“多种烯烃单体”改为“两种或两种以上烯烃单体”的情形，本申请原说明书中记载了以下内容：“本发明提供了一种用于制备烯烃聚合物的改进方法。通常，烯烃聚合物包括乙烯或丙烯均聚物和共聚体，其中共聚体是指乙烯或丙烯与一种或多

种其他 α-烯烃或亚乙烯基芳烃或位阻脂族共聚单体的二元共聚物或更多元聚合物”（参见原说明书第 4 页倒数第 2 行至第 5 页第 2 行），且原说明书中的实施例 1 是将 1-辛烯和乙烯两种烯烃单体进行聚合，可见，修改（1）能够由原说明书中记载的上述内容直接地、毫无疑义地确定；修改（2）相当于将权利要求 11 和权利要求 12 的技术方案并列地撰写在权利要求 11 中；修改（3）相当于并列选择的技术特征的删除，故上述修改后的内容没有超出原申请文件记载的范围，符合专利法第 33 条的规定。

根据上述事实和理由，合议组作出如下决定。

三、决定

撤销国家知识产权局于 2007 年 1 月 19 日针对 98812655.9 号发明专利申请作出的驳回决定，由国家知识产权局原审查部门以请求人于 2008 年 7 月 21 日提交的权利要求第 1~20 项，进入中国国家阶段时提交的说明书第 2、5、7~16 页和说明书摘要，2003 年 11 月 4 日提交的说明书第 1、1a、3~4、6 页，以及 2000 年 8 月 11 日提交的说明书附图第 1~2 页和说明书摘要附图为基础继续审查。

复审请求人对本决定不服的，可以根据专利法第 41 条第 2 款的规定，自收到本决定之日起三个月内向北京市第一中级人民法院起诉。

116

新型环保生化肥料

复审请求审查决定（第14357号）

决　定　号　第14357号
决　定　日　2008年7月18日
发明创造名称　新型环保生化肥料
国际分类号　C05F11/08，C05G3/00，C05G1/00
复审请求人　冉孟达，陈冬，徐冰珍
申　请　号　200410061032.9
申　请　日　2004年10月26日
公　开　日　2005年4月27日
合议组组长　张家祥
主　审　员　吴红权
参　审　员　任晓兰

法律依据　专利法第26条第3款
决定要点

所属技术领域的技术人员能够实现，是指所属技术领域的技术人员按照说明书记载的内容，就能够实现该发明的技术方案，解决其技术问题，并且产生预期的技术效果。

一、案由

本复审请求涉及发明名称为“新型环保生化肥料”的第200410061032.9号发明专利申请（下称本申请），申请人为冉孟达、陈冬、徐冰珍，申请日为2004年10月26日，公开日为2005年4月27日。

2005年12月9日，针对申请人于申请日提交的权利要求书、说明书及说明书摘要，国家知识产权局以说明书不符合专利法第26条第3款的规定为由驳回了本申请。

驳回决定认为：（1）对于组分②，说明书中给出的均是上位概念，仅采用功能性限定a）、b）、c）和泛泛列举，而未公开所泛泛概括的多类微生物菌群之间的含量比例关系以及具体采用的菌种；（2）组分③也是概括性地指出还包括杀虫药、灭真菌剂、杀线虫剂，这些也均为上位概念，同时也未给出组分③中所含多种成分之间的含量比例关系；（3）对于组分④，也是泛泛例举进行概括，同时既没有给出组分④中所含多种成分之间的含量比例关系等，也没有公开“一些特别的微生物菌群”具体指哪些菌种；（4）具体实施方式中所列举的微生物菌群均属于非常上位的概念，每类菌均包括多种具体的菌种或菌株，申请人在说明书中只是泛泛列举，本领域技术人员不能从原申请中直接得出

或推断出所采用的具体菌种或菌株以及它们的含量比例关系，并且也不能得出所列举的微生物菌群所包括的所有菌种或菌株是否均可用于本申请。因此，说明书中给出的技术手段是含糊不清的，本领域技术人员根据说明书的记载无法实施本发明。

驳回决定针对的权利要求书如下：

“1. 一种新型环保生化肥料，其特征在于：它包括下列组分及其重量百分数：

①硅藻土：60%~80% 通常65%~75%；

②微生物菌群，菌群中的微生物具有一种或一种以上的下列生物机能：0.3%~2% 通常0.5%~1%；

a）促进植物生长。

b）抑制土壤里各种病菌生长。

c）抑制土壤中的各类线虫或软生虫的生长。

③含有一种或一种以上能被植物吸收的氮、磷、钾的养分：0.1%~25% 通常8%~22%；

④植物免疫功能促进元素：0.001%~10% 通常4%~8%；

其中：组分①、组分②和组分③的分量取决于组分②中微生物菌群的菌种和菌量，活性微生物菌群的菌量要维持在每克10亿~50亿个左右。

2. 根据权利要求1所述的新型环保生化肥料，其特征在于：所述的组分②的微生物菌群包括一般的芽孢杆菌、梭菌类、红假单胞菌属、根瘤菌类、芽孢杆菌、巨大芽孢杆菌、棕色固氮菌、荧光假单胞菌、节杆菌属中的球形节杆菌、黄杆菌属中的黄杆菌、酵母菌属中的酿酒酵母。

3. 根据权利要求1或2所述的新型环保生化肥料，其特征在于：所述的组分②的微生物菌群可选择一种或多种具有修复土壤土质作用的细菌和真菌。

4. 根据权利要求3所述的新型环保生化肥料，其特征在于：所述的细菌或真菌为木霉菌、枯草杆菌、青霉菌；能控制病虫害的芽孢杆菌；可起到除草作用的枯芽杆菌。

5. 根据权利要求1所述的新型环保生化肥料，其特征在于：所述的组分③的氮磷钾养分中至少有一种为含氮的化肥，或是以氨盐形式或胺化物形式出现。

6. 根据权利要求5所述的新型环保生化肥料，其特征在于：所述的氨盐或胺化物为无水氨、氨水、硝酸铵、硝酸钙铵、磷酸铵、硫酸铵、硫酸硝酸铵、尿素多磷酸铵、尿素、脲甲醛反应产品。

7. 根据权利要求1或5所述的新型环保生化肥料，其特征在于：所述的组分③中包括含有水溶性氮或磷或钾的化合物。

8. 根据权利要求7所述的新型环保生化肥料，其特征在于：所述的组分③中的水溶性氮或磷或钾的化合物为：硝酸钾、磷酸氢钙$CaHPO_4$、磷酸氢二钙Ca（H_2PO_4）$_2$、单一过磷酸、磷酸铵、硝酸磷酸盐、液态多磷酸铵、农业用的钾盐、氯化钾、KCL、MgCL、$6H_2O$、硫酸钾、硝酸钾。

9. 根据权利要求1所述的新型环保生化肥料，其特征在于：所述的组分③中还包括水溶性钙、镁、硫化物以及具有控制病害作用的物质。

10. 根据权利要求1所述的新型环保生化肥料，其特征在于：所述的组分④中还包括自然酶产物、植物生长激素如赤霉素、赤霉素低酸、赤霉素酮以及一些微量元素如铜、镁、锌、硼、铁、钼。”

2006年2月27日，申请人冉孟达、陈冬、徐冰珍（下称请求人）对上述驳回决定不服，向专利复审委员会提出复审请求，请求人在提出复审请求时对申请文件进行了修改，重新提交了新的权利要求书（共10项）和说明书（共5页），请求人在提出复审请求时还提交了一份由技术受让方出具的以期证明本申请公开充分的证明（附件1）。修改后的权利要求1~10为：

“1. 一种新型环保生化肥料，其特征在于：它包括下列组分及其重量百分数：

①硅藻土：60%~80% 通常65%~75%；

②微生物菌群，菌群中的微生物具有一种或一种以上的下列生物机能：0.3%~2% 通常0.5%~1%；

a）促进植物生长。

b）抑制土壤里各种病菌生长。

c）抑制土壤中的各类线虫或软生虫的生长。

③含有一种或一种以上能被植物吸收的氮、磷、钾的养分：0.1%~25% 通常8%~22%；

④植物免疫功能促进元素：0.001%~10% 通常4%~8%；

其中：组分①、组分②和组分③的分量取决于组分②中微生物菌群的菌种和菌量，活性微生物菌群的菌量要维持在每克10亿~50亿个左右。

2. 根据权利要求1所述的新型环保生化肥料，其特征在于：所述的组分②的微生物菌群包括一般的芽孢杆菌、梭菌类、红假单胞菌属、根瘤菌类、芽孢杆菌、巨大芽孢杆菌、棕色固氮菌、荧光假单胞菌、节杆菌属中的球形节杆菌、黄杆菌属中的黄杆菌、酵母菌属中的酿酒酵母中的一种或一种以上。

3. 根据权利要求1或2所述的新型环保生化肥料，其特征在于：所述的组分②的微生物菌群可选择一种或多种具有修复土壤土质作用的细菌和真菌。

4. 根据权利要求3所述的新型环保生化肥料，其特征在于：所述的细菌或真菌为木霉菌、枯草杆菌、青霉菌；能控制病虫害的芽孢杆菌；可起到除草作用的枯芽杆菌中的一种或一种以上。

5. 根据权利要求1所述的新型环保生化肥料，其特征在于：所述的组分③的氮磷钾养分中至少有一种为含氮的化肥，或是以氨盐形式或胺化物形式出现。

6. 根据权利要求5所述的新型环保生化肥料，其特征在于：所述的氨盐或胺化物为无水氨、氨水、硝酸铵、硝酸钙铵、磷酸铵、硫酸铵、硫酸硝酸铵、尿素多磷酸铵、尿素、脲甲醛反应产品中的一种或一种以上。

7. 根据权利要求1或5所述的新型环保生化肥料，其特征在于：所述的组分③中包括含有水溶性氮或磷或钾的化合物中的一种或一种以上。

8. 根据权利要求7所述的新型环保生化肥料，其特征在于：所述的组分③中的水溶性氮或磷或钾的化合物为：硝酸钾、磷酸氢钙 $CaHPO_4$、磷酸氢二钙 Ca（H_2PO_4）^{2}、单一过磷酸、磷酸铵、硝酸磷酸盐、液态多磷酸铵、农业用的钾盐、氯化钾、KCL、MgCL、$6H_2O$、硫酸钾、硝酸钾中的一种或一种以上。

9. 根据权利要求1所述的新型环保生化肥料，其特征在于：所述的组分③中还包括水溶性钙、镁、硫化物以及具有控制病害作用的物质中的一种或一种以上。

10、根据权利要求1所述的新型环保生化肥料，其特征在于：所述的组分④中还包括自然酶产物、植物生长激素如赤霉素、赤霉素低酸、赤霉素酮以及一些微量元素如铜、镁、锌、硼、铁、钼中的一种或一种以上。”

请求人认为：

（1）对于组分②，本领域技术人员根据说明书第3页第8~13行的描述可知，本申请的组分②微生物菌群可以在所述微生物菌群中任选一种或一种以上，其总数量在权利要求1所述的0.3%~2%之间即可，当微生物菌群选用一种以上时，各种微生物菌群之间的数量关系可以是任意的，只要其总量在0.3%~2%之间即可。

（2）关于组分③，a）说明书已经明确说明了“杀虫药、灭真菌剂、杀线虫剂”是组分③中可以附带添加的物质，并且在权利要求书中没有要求保护这些成分；b）在权利要求1、5、6、7、8、9以及说明书第3页倒数第1段和倒数第2段、说明书第4页的最后一段已经明确说明了组分③的多种具体物质，它们可以是一种或一种以上能被植物吸收的氮、磷、钾的养分；即组分③的多种具体物质可以选择一种或一种以上，它们的总含量在0.1%~25%之间即可。

（3）关于组分④，说明书第3页第7行和说明书第4页第2段以及权利要求10中已经指出了组分④的具体物质——腐殖质、藻类提取物、自然酶产物、植物生长激素如赤霉素、赤霉素低酸、赤霉素酮以及一些微量元素如铜、镁、锌、硼、铁、钼。组分④可以从所列举的多种物质中选择一种或一种以上，而且配方可以灵活搭配，因此并不需要各种物质之间的含量比例关系。综上所述，本申请已经对组分②~④做了清楚、完整的公开，本领域技术人员能够实现本发明的技术方案，因此符合专利法第26条第3款的规定。

经形式审查合格后，专利复审委员会受理了该请求，并于2006年3月30日向请求人发出了《复审请求受理通知书》，同时将本申请转送至国家知识产权局原审查部门进行前置审查。

在《前置审查意见书》中，国家知识产权局原审查部门认为驳回理由依然成立，因此坚持驳回决定。

专利复审委员会组成合议组，对本复审请求案进行了审理。

合议组于2008年5月22日向请求人发出《复审通知书》，指出：当所述组分④为一些特别的微生物菌群时，由于说明书没有进一步公开所述的特别的微生物菌群，本领域技术人员在阅读本申请说明书的内容后，不知道这些特别的微生物菌群是何种微生物菌群；当所述组分④为含钾和钙的盐化物时，由于含钾和钙的盐种类众多，其中有一些是难溶解的，有一些是对微生物菌群有毒的，不是所有的钾和钙盐都适合与微生物菌群组合在一起作为生化肥料，本领域技术人员在选择合适的钾和钙盐作为组分④时，仍然需要付出创造性劳动才能确定哪些钾和钙盐适合作为组分④。因此，本领域技术人员按照说明书上述记载的内容，不能实现本申请的技术方案，解决其技术问题，并且产生预期的技术效果，即，本申请的说明书公开不充分，不符合专利法第26条第3款的规定。

针对上述《复审通知书》所指出的问题，请求人于2008年7月1日提交了意见陈述书和修改后的权利要求书和说明书，其中将权利要求1中的植物免疫功能促进元素限定为腐殖质，删除了权利要求10，并对说明书进行了适应性修改。请求人认为，修改后的权利要求1中将植物免疫功能促进元素限定为腐殖质，克服了《复审通知书》所指出的缺陷，故修改后的说明书符合专利法第26条第3款的规定。修改后的权利要求1为：

“1. 一种新型环保生化肥料，其特征在于：它包括下列组分及其重量百分数：

①硅藻土：60%~80% 通常65%~75%；

②微生物菌群，菌群中的微生物具有一种或一种以上的下列生物机能：0.3%~2% 通常0.5%~1%；

a）植物生长。

b）土壤里各种病菌生长。

c）制土壤中的各类线虫或软生虫的生长。

③含有一种或一种以上能被植物吸收的氮、磷、钾的养分：0.1%~25% 通常8%~22%；

④植物免疫功能促进元素：0.001%~10% 通常4%~8%；所述的植物免疫功能促进元素为腐殖质；

其中：组分①、组分②和组分③的分量取决于组分②中微生物菌群的菌种和菌量，活性微生物菌群的菌量要维持在每克10亿~50亿个左右。”

至此，合议组认为本案事实已经清楚，可以作出审查决定。

二、决定的理由

1. 关于审查文本

本复审请求审查决定是针对请求人于2008年7月1日提交的权利要求第1~9项、说明书第1~5页，2004年10月26日提交的说明书摘要作出的。

2. 关于专利法第26条第3款规定

专利法第26条第3款规定：说明书应当对发明作出清楚、完整的说明，以所属技术领域的技术人员能够实现为准。

所属技术领域的技术人员能够实现，是指所属技术领域的技术人员按照说明书记载的内容，就能够实现该发明的技术方案，解决其技术问题，并且产生预期的技术效果。

就本案而言，权利要求1要求保护一种肥料，其包括①硅藻土，②微生物菌群，③氮、磷、钾养分以及④腐殖质四种组分。根据说明书第1页第12~13行的记载，本申请旨在提供一种能提高植物自身免疫机能、促进植物生长、改善土壤状况、减少对土壤污染的新型环保生化肥料。

针对《驳回决定》所指出的理由（参见案由部分），合议组认为：本申请要解决的技术问题是克服现有化肥缺陷，提供一种促进植物生长、改善土壤状况、减少对土壤污染的生化肥料，即由于长期使用普通化肥会对土壤造成板结，并且现有化肥不具有杀虫功能，本申请所要求保护的生化肥料能克服上述缺陷，实现在植物生长过程中同时减少普通化肥和杀虫剂用量的目的。本申请的生化肥料由四类组分通过配伍制备得到，其制备方法已经在说明书中公开（参见说明书第4页），将四类组分按照说明书公开的方法配伍在一起，就能得到本申请的生化肥料，因此，在说明书已经公开了这四类组分各自在生化肥料中所占含量比例关系的情况下，判断权利要求1的技术方案是否公开充分的关键是这四类组分本身是否公开充分。

对于组分②微生物菌群，权利要求1采用a）、b）和c）三个功能性特征进行限定。生化肥料领域的技术人员对常见微生物所具有的功能作用是清楚的，例如根瘤菌能够固氮，芽孢杆菌能够控制病虫害，枯草杆菌能够除草等，即，生化肥料领域的技术人员清楚具有促进植物生长、抑制土壤里各种病菌生长，以及抑制土壤中的各类线虫或软生虫生长的微生物菌群。在说明书公开了微生物菌群作为一个整体占肥料的重量百分比以及活性微生物菌群的菌量维持在每克10亿~50亿个左右的情况下，生化肥料领域的技术人员能够选择具有至少上述三种功能之一的常见微生物菌群。说明书虽没有公开多类微生物菌群之间的含量比例关系，但是，由于在有机肥料中，微生物菌群是以混合菌群的形式存在的，其之间的含量比例关系是随时变化的，对其具体含量比例进行限定没有意义。并且，在混合菌群的情况下也无法将各种菌种区分开来。另外，根据本申请发明目的所述，本申请是要利用已知微生物菌群的功能或作用（即促进植物生长、抑制土壤中各种病菌和/或抑制土壤中各种线虫或软生虫），因此在权利要求对微生物菌群的功能或作用进行限定的情况下，生化肥料领域的技术人员能够从现有技术中选择合适的常见微生物菌群。

对于组分③氮、磷、钾养分，权利要求1中明确规定了其可以是一种或一种以上，并且其总含量为0.1%~25%。说明书第3页倒数第1段和倒数第2段描述了组分③的一些具体实例，本领域技术人员根据生化肥料的实际用途，会选择其中的一种或多种作为组分③。其次，说明书中虽未给出组分③中多种成分之间的含量比例关系，但是当所述的氮、磷、钾养分为一种或多种成分时，多种成分间的含量比例关系可以在0%~100%的范围内，由于本申请中组分③本身的作用仅是提供氮、磷或钾，因此，本领域技术人员将会知道在0%~100%范围内都能够实现本发明的目的。

至于权利要求1中的组分①硅藻土和组分④腐殖质，硅藻土和腐殖质都是本领域常用术语，它们的含义是清楚的，本领域技术人员知道硅藻土和腐殖质分别为何种物质，因此对于组分①和组分④，在分别公开了组分①和组分④在肥料组合物中的含量并且本领域技术人员清楚组分①和组分④为何种物质的情况下，说明书对于组分①和组分④的描述是清楚的。

因此，说明书对于权利要求 1 技术方案的描述是清楚、完整的，本领域技术人员在说明书公开内容的基础上，能够实现其技术方案，解决其技术问题，并达到预期的技术效果。即，说明书对权利要求 1 的公开符合专利法第 26 条第 3 款的规定。

从属权利要求 2~9 分别对组分②和组分③作了进一步限定，具体限定了组分②和组分③的组成，这些具体限定的组分②和组分③的组成成分都是本领域的常见物质，其含义在本领域中是清楚的，因此，基于上述相同的理由，说明书对从属权利要求 2~9 的公开也符合专利法第 26 条第 3 款的规定。

综上所述，本申请说明书充分公开了权利要求 1~9 的技术方案，符合专利法第 26 条第 3 款的规定。

根据上述事实和理由，合议组作出如下审查决定。

三、决定

撤销国家知识产权局于 2005 年 12 月 9 日针对第 200410061032.9 号发明专利申请作出的驳回决定，由国家知识产权局原审查部门以请求人于 2008 年 7 月 1 日提交的权利要求第 1~9 项、说明书第 1~5 页，2004 年 10 月 26 日提交的说明书摘要为基础继续审批程序。

复审请求人对本决定不服的，可以根据专利法第 41 条第 2 款的规定，自收到本决定之日起三个月内向北京市第一中级人民法院起诉。

117

一种生物杀虫剂

复审请求审查决定（第14362号）

决　　定　　号　第14362号
决　　定　　日　2008年8月21日
发明创造名称　一种生物杀虫剂
国 际 分 类 号　A01N65/00
复 审 请 求 人　耿进文
申　　请　　号　200410023770.4
申　　请　　日　2004年3月29日
公　　开　　日　2005年10月5日
合 议 组 组 长　汪送来
主　　审　　员　王　磊
参　　审　　员　侯　曜

法 律 依 据　专利法第33条
决 定 要 点

如果专利申请文件修改后的内容在原申请文件中有记载，或者所属技术领域的技术人员能够从原申请文件记载的信息中直接地、毫无疑义地确定，那么这种修改是允许的。

一、案由

本复审请求案涉及发明名称为“一种生物杀虫剂”的200410023770.4号发明专利申请（下称本申请），申请人为耿进文，申请日为2004年3月29日，公开日为2005年10月5日。

2007年2月9日，针对申请人于2006年9月27日提交的权利要求第1~3项、说明书第1~3页和说明书摘要，国家知识产权局以本申请不符合专利法第33条的规定为由驳回了本申请。

驳回决定认为：说明书的修改超出了原始说明书和权利要求书记载的范围，具体为：申请人将说明书中的“食盐”修改为“氯化钠”、“辣椒”修改为“干辣椒”、“洗衣粉”修改为“表面活性剂”，说明书第1页第4段增加了“所述表面活性剂是烷基酚聚氧乙烯醚或十二烷基苯磺酸钠”，将说明书第1页第5段“加热盛有水的反应釜”修改为“按比例将水加入反应釜中，加热”，说明书实施例中的“洗衣粉”修改为“烷基酚聚氧乙烯醚”或“十二烷基苯磺酸钠”均修改超范围。申请人将权利要求1~3中的“食盐”修改为“氯化钠”、“辣椒”修改为“干辣椒”、“洗衣粉”修改为“表面活性剂”，在权利要求1中增加了“所述表面活性剂是烷基酚聚氧乙烯醚或十二烷基苯磺酸钠”，将“加热盛有水的反应釜”修改为“按比例将水加入反应釜中，加热”。同理，权利要求书中所述内容的修改也超出了原始说明书和权利要求书的记载范围，因此本申请不符合专利法第 33 条的有关规定。

驳回决定针对的权利要求书如下：

“1. 一种生物杀虫剂，其特征在于它是由下述重量配比的原料制成：

石灰 15~50 份 硫磺 20~80 份 氯化钠 3~10 份 煤油 3~10 份

硫酸铜 3~10 份 尿素 1~25 份 干辣椒 0.5~30 份 辣蓼草 0.5~25 份

鸡肠狠毒 0.3~10 份 泽漆 5~10 份 洋金花 1~5 份 百部 1~20 份

表面活性剂 0.5~10 份 水 500 份；

所述表面活性剂是烷基酚聚氧乙烯醚或十二烷基苯磺酸钠；

该生物杀虫剂的制备步骤是：按比例将水加入反应釜中，加热至响锅时向釜里加入石灰，开锅后再随搅拌随加入硫磺、煤油、硫酸铜，当溶液呈酱油色时将干辣椒、辣蓼草、鸡肠狠毒、泽漆、洋金花、百部加入釜中，继续加热至釜内剩余水量达到 150~200 份时起锅，待釜内溶液温度不高于 10~20℃时加入表面活性剂、尿素、氯化钠，搅拌溶化过滤后即得产品。

2. 根据权利要求 1 所述的一种生物杀虫剂，其特征在于它是由下述重量配比的原料制成的：

石灰 25~40 份 硫磺 35~60 份 氯化钠 5~7.5 份 煤油 4.5~8 份

硫酸铜 5~7.5 份 尿素 3~10 份 干辣椒 3~10 份 辣蓼草 2~12 份

鸡肠狠毒 1.5~7 份 泽漆 6.5~8 份 洋金花 2~3.5 份 百部 5~11 份

表面活性剂 2.5~7 份 水 500 份。

3. 根据权利要求 1 所述的一种生物杀虫剂，其特征在于它是由下述重量配比的原料制成的：

石灰 30 份 硫磺 50 份 氯化钠 6 份 煤油 5.5 份 硫酸铜 6 份

尿素 5 份 干辣椒 5 份 辣蓼草 3 份 鸡肠狠毒 3 份 泽漆 7 份

洋金花 3 份 百部 8 份 表面活性剂 4 份 水 500 份。”

2007 年 5 月 10 日，申请人耿进文（下称请求人）对上述驳回决定不服，向专利复审委员会提出复审请求，请求人在提出复审请求时提交了说明书第 2 页的替换页，将该页中的“氯化钠”改为“食盐”、“表面活性剂”改为“洗衣粉”、“干辣椒”改为“辣椒”。

请求人认为：上述修改克服了驳回决定指出的修改超范围的问题，并且本申请技术方案公开充分。

经形式审查合格后，专利复审委员会受理了该请求，并于 2007 年 6 月 13 日向请求人发出了《复审请求受理通知书》，同时将本申请转送至国家知识产权局审查部门进行前置审查。

在《前置审查意见书》中，国家知识产权局审查部门认为：申请人对说明书第 2 页进行了修改，但是说明书第 1、3 页和权利要求书的修改仍然超出了原权利要求书和说明书的记载范围，不符合专利法第 33 条的有关规定，因此坚持驳回决定。

专利复审委员会组成合议组，对本复审请求案进行了审理，并于 2008 年 3 月 7 日向请求人发出《复审通知书》。《复审通知书》指出：（1）将原申请说明书、权利要求书、说明书摘要中的“食盐”改为“氯化钠”、“辣椒”改为“干辣椒”的修改超出了原申请文件记载的范围；（2）原说明书中实施例部分仅记载了用洗衣粉作为配方制备生物杀虫剂的方案（实施例 1~3），而没有记载用“表面活性剂”（或者“烷基酚聚氧乙烯醚”、“十二烷基苯磺酸钠”）制备生物杀虫剂的方案。请求人将“洗衣粉”改为“表面活性剂”（或者“烷基酚聚氧乙烯醚”、“十二烷基苯磺酸钠”），超出了原申请文件记载的内容；（3）申请文本中的“鸡肠狠毒”应属于明显的文字错误，实际应为“鸡肠狼毒”。

针对上述《复审通知书》所指出的问题，请求人于2008年3月29日重新提交了一份申请文本，将权利要求书、说明书和说明书摘要中的技术特征“氯化钠”修改为“食盐”，“干辣椒”修改为“辣椒”，“表面活性剂”改为“洗衣粉”，“鸡肠狠毒”改为“鸡肠狼毒”。

修改后的权利要求书为：

“1. 一种生物杀虫剂，其特征在于它是由下述重量配比的原料制成：

石灰15~50份 硫磺20~80份 食盐3~10份

煤油3~10份 硫酸铜3~10份 尿素1~25份

洗衣粉0.5~10份 辣椒0.5~30份 辣蓼草0.5~25份

鸡肠狼毒0.3~10份 泽漆5~10份 洋金花1~5份

百部1~20份 水500份；

该生物杀虫剂的制备步骤是：按比例将水加入反应釜中，加热至响锅时向釜里加入石灰，开锅后再随搅拌随加入硫磺、煤油、硫酸铜，当溶液呈酱油色时将辣椒、辣蓼草、鸡肠狼毒、泽漆、洋金花、百部加入釜中，继续加热至釜内剩余水量达到150~200份时起锅，待釜内溶液温度不高于10~20℃时加入洗衣粉、尿素、食盐，搅拌溶化过滤后即得产品。

2. 根据权利要求1所述的一种生物杀虫剂，其特征在于它是由下述重量配比的原料制成的：

石灰25~40份 硫磺35~60份 食盐5~7.5份

煤油4.5~8份 硫酸铜5~7.5份 尿素3~10份

洗衣粉2.5~7份 辣椒3~10份 辣蓼草2~12份

鸡肠狼毒1.5~7份 泽漆6.5~8份 洋金花2~3.5份

百部5~11份 水500份。

3. 根据权利要求1所述的一种生物杀虫剂，其特征在于它是由下述重量配比的原料制成的：

石灰30份　硫磺50份　食盐6份

煤油5.5份 硫酸铜6份 尿素5份

洗衣粉4份 辣椒5份 辣蓼草3份

鸡肠狼毒3份 泽漆7份 洋金花3份

百部8份 水500份。”

至此，合议组认为本案事实已经清楚，可以作出审查决定。

二、决定的理由

1. 审查文本

本复审决定所针对的是请求人于2008年3月29日提交的权利要求第1~3项、说明书第1~3页以及说明书摘要。

2. 关于专利法第33条

专利法第33条规定：申请人可以对其专利申请文件进行修改，但是，对发明专利申请文件的修改不得超出原说明书和权利要求书记载的范围。

如果专利申请文件修改后的内容在原申请文件中有记载，或者所属技术领域的技术人员能够从原申请文件记载的信息中直接地、毫无疑义地确定，那么这种修改是允许的。

（1）在2008年4月3日提交的申请文件中，请求人将权利要求书、说明书和说明书摘要中的技术特征“氯化钠”修改为“食盐”，“干辣椒”修改为“辣椒”，“表面活性剂”改为“洗衣粉”，将说明书第2、3页实施例中的“烷基酚聚氧乙烯醚”、“十二烷基苯磺酸钠”分别修改为“洗衣粉”，将说明书第1页第4段及权利要求1中的“所述表面活性剂是烷基酚聚氧乙烯醚或十二烷基苯磺酸钠”删除。合议组认为，上述修改后的内容与原权利要求书、说明书中记载的相应内容一致，符合专利法第33条的规定。

（2）在2008年4月3日提交的申请文件中，请求人将权利要求书、说明书和说明书摘要中的“鸡肠狼毒”修改为“鸡肠狼毒”。合议组认为，“鸡肠狼毒”属于明显笔误，本领域技术人员理解其正确名称应当是“鸡肠狼毒”，因此，修改后的鸡肠狼毒是本领域技术人员可以直接地、毫无疑义地确定的，没有超出原申请文件记载的范围，符合专利法第33条的规定。

（3）在2008年4月3日提交的申请文件中，请求人将“加热盛有水的反应釜”修改为“按比例将水加入反应釜中，加热”。合议组认为，根据原申请文件中的“加热盛有水的反应釜”可以确定，必然先要将水加入到反应釜中，然后再进行加热，并且，在权利要求书和说明书的相应步骤中，给出了水的比例，因此，按比例加入水是本领域技术人员可以直接地、毫无疑义地确定的，因此，上述修改内容没有超出原申请文件记载的范围，符合专利法第33条的规定。

基于上述理由，合议组作出如下决定。

三、决定

撤销国家知识产权局于2007年2月9日对200410023770.4号发明专利申请作出的驳回决定。由国家知识产权局审查部门以本决定所针对的文本为基础继续审批程序。

复审请求人不服上述决定的，可以根据专利法第41条第2款的规定在收到复审决定之日起三个月内向人民法院起诉。

118

中性、惰性气氛中晶体的退火处理方法

复审请求审查决定（第14363号）

决　　定　　号　第14363号
决　　定　　日　2008年8月20日
发明创造名称　中性、惰性气氛中晶体的退火处理方法
国 际 分 类 号　C30B33/02
复 审 请 求 人　周永宗
专 利 申 请 号　200510028670.5
申　　请　　日　2005年8月11日
公　　开　　日　2006年3月8日
合 议 组 组 长　李　越
主　　审　　员　王　磊
参　　审　　员　张家祥

法　律　依　据　专利法第26条第4款
决　定　要　点

权利要求书中的每一项权利要求所要求保护的技术方案应当是所属技术领域的技术人员能够从说明书充分公开的内容中得到或概括得出的技术方案，并且不超出说明书公开的范围。如果说明书中给出的信息使得本领域技术人员用常规的实验或分析方法不足以把说明书记载的内容扩展到权利要求所述的保护范围，则该权利要求得不到说明书的支持。

一、案由

本复审请求案涉及发明名称为“中性、惰性气氛中晶体的退火处理方法”的200510028670.5号发明专利申请（下称本申请），申请人为周永宗，申请日为2005年8月11日，公开日为2006年3月8日。

2007年4月6日，针对申请人于2007年2月9日提交的权利要求第1~9项、说明书第1~5页，2005年11月18日提交的说明书附图第1~2页以及2005年11月16日提交的说明书摘要，国家知识产权局以权利要求1不符合专利法第26条第4款的规定为由驳回了本申请。

驳回决定认为：权利要求1中使用的上位概念“晶体”概括了一个较宽的保护范围，但在说明书中对晶体的类型未进行任何定义和说明，在说明书的实施例/实施方式中仅给出了蓝宝石晶体的退火处理方法，而且本申请解决的技术问题也是蓝宝石晶体中的色心污染等问题，导致本领域技术人员难以预见除蓝宝石晶体以外的其他晶体均能解决其技术问题。因此，权利要求1得不到说明书的

支持。

驳回决定针对的权利要求 1 如下：

“ 1. 中性、惰性气氛中晶体的退火处理方法，其特征在于：将待退火的晶体置于“晶体退火装置”的热处理室内，在中性气氛或惰性气体或混合气体的气氛中，从事晶体的脱碳去色、去色心、去污染、去除晶体内应力和晶体的重结晶退火处理。”

2007 年 4 月 20 日，申请人周永宗（下称请求人）对上述驳回决定不服，向专利复审委员会提出复审请求，请求人在提出复审请求时没有提交修改文本，但将本专利公开文本以及部分实质审查过程文件的复印件作为附件提交。

请求人认为：（1）根据专利法第 26 条第 4 款的规定，权利要求 1 应当以说明书中发明内容构思的技术方案为依据，而非以实施例为依据。而本申请说明书发明内容部分明确记载了对“待退火的晶体”置于中性、惰性气氛中进行退火的具体实施步骤，因此权利要求 1 的上位概念“待退火的晶体”能够得到说明书的支持。（2）权利要求 1 要求保护的对象是需要在中性、惰性气氛中从事退火处理的晶体品种和类型。对于需要退火的晶体，完全可以采用说明书中所述的方法退火来提高晶体品质，实施例 1~4 已经清楚地体现了本申请中解决技术问题所采用的技术方案，足够用于支持权利要求 1 的方案。

经形式审查合格后，专利复审委员会受理了该请求，并于 2007 年 6 月 7 日向请求人发出了《复审请求受理通知书》，同时将本申请转送至国家知识产权局原审查部门进行前置审查。

在《前置审查意见书》中，国家知识产权局审查部门坚持驳回决定。

专利复审委员会组成合议组，对本复审请求案进行了审理。

合议组于 2008 年 3 月 24 日向请求人发出《复审通知书》，指出：权利要求 1 中的“待退火的晶体”概括了一个较宽的范围，本申请说明书中记载的技术方案、技术效果均是仅针对蓝宝石晶体而言的，因此单从说明书中记载的内容无法推知其他“待退火的晶体”是否适合在中性、惰性气氛中退火并能达到本申请所述的“脱碳去色、去色心、去污染”的技术效果。并且根据本领域公知常识可知在晶体退火中所选择的退火气氛和晶体的结构、组成和缺陷密切相关，并非所有的“待退火的晶体”均适合于中性、惰性气氛中退火。因此，权利要求 1 不符合专利法第 26 条第 4 款的规定。

针对上述《复审通知书》所指出的问题，请求人于 2008 年 4 月 5 日提交了意见陈述书，其认为：（1）本发明的技术方案不只针对蓝宝石晶体而言，本发明说明书技术方案部分清楚地表明依据待退火处理的晶体毛坯尺寸大小，晶体样品的规格和种类决定、晶体退火目的要求决定退火条件；（2）本发明说明书中的实施例已充分证明本发明所述方法的技术效果；（3）对于合议组列举的公知常识，$ZnWO_4$ 退火处理原理是补充氧缺位，达到阴阳离子平衡，而 $LaAlO_3$ 退火处理原理是将多余的 Al^{3+} 还原成元素铝，消除 La 空位-氧空位，该两种晶体在中性、惰性气氛中进行退火处理是通过晶体的重结晶去除多余的阳离子，消除氧空位，从而既能去除晶体色心又能大大提高晶体的结晶完整性和光学均匀性，即该两种晶体同样适合于在中性、惰性气氛中退火；（4）本发明名称已表明“中性、惰性气氛中晶体的退火处理方法”是针对不产生离子价态变化的晶体退火，而在背景技术中强调了“的确需要在还原气氛中退火的晶体，如掺钛宝石等，又如四价铬离子激光晶体，必须在氧化气氛中热处理，对这两类晶体最好在中性、惰性气氛中进行二次退火处理。请求人同时提交了附件 1（1981 年 4 月晶体生长杂志第 52 卷第 2 部分，图 4：对 YAG：（Cr^{+3}+CC“色心”）晶体退火处理，其吸收光谱的各自变化）来论述氧化气氛、还原气氛的退火原理。

经审查，合议组认为本案事实已经清楚，可以作出复审决定。

二、决定的理由

1. 关于审查文本

本复审决定所针对的文本是：请求人于2007年2月9日提交的权利要求第1~9项、说明书第1~5页，2005年11月18日提交的说明书附图第1~2页以及2005年11月16日提交的说明书摘要。

2. 关于专利法第26条第4款

专利法第26条第4款规定：权利要求书应当以说明书为依据，说明专利要求保护的范围。

权利要求书中的每一项权利要求所要求保护的技术方案应当是所属技术领域的技术人员能够从说明书充分公开的内容中得到或概括得出的技术方案，并且不超出说明书公开的范围。如果说明书中给出的信息使得本领域技术人员用常规的实验或分析方法不足以把说明书记载的内容扩展到权利要求所述的保护范围，则该权利要求得不到说明书的支持。

就本申请而言，权利要求1要求保护一种中性、惰性气氛中晶体的退火处理方法。本申请说明书列举的现有技术为：《人工晶体》1982年，第2~3期第24页；国际《晶体生长杂志》1981年，第52卷第二部分第546~550页；国际《晶体生长杂志》1986年，第78卷第31~35页；《人工晶体学报》1992年，第21卷第1期第31~36页和第95~100页；以及氧化气氛和还原气氛中的二步退火方法（专利号00111882. X：蓝宝石晶体的脱碳去色退火方法）。在上述现有技术的基础上，本申请提出所要解决的技术问题是：其请求保护的退火处理方法与现有技术相比，“晶体中离子价态不受氧化—还原气氛影响，退火晶体不受空气的二次污染。晶体的脱碳去色、去色心、去污染、去除晶体内应力以及晶体的重结晶效果好。经中性、惰性气氛退火处理后的晶体亮度、透明度具佳，重结晶效果又好，大大改善提高晶体的结晶完整性和光学均匀性”。在说明书具体实施方式部分，实施例1和2描述了蓝宝石晶体在惰性气氛中高温退火的重结晶效果优于在还原气氛中的重结晶效果，实施例3和4则描述了蓝宝石晶体在高纯N_2中退火的去色心方法和效果。

合议组认为：权利要求1中的“待退火的晶体”概括了一个较宽的范围。通过对本申请背景技术部分所涉及的现有技术的考查可以发现，本申请的技术方案是针对现有技术中在氧化气氛或还原气氛中对蓝宝石晶体进行退火处理存在的缺陷提出所要解决的技术问题，希望通过在中性、惰性气氛中进行退火处理的方式来克服该缺陷。并且，通过对本发明技术方案及其具体实施方式的进一步考查发现，说明书中记载的技术方案、技术效果以及给出的实验证据均是针对蓝宝石晶体而言的，因此，单从说明书中记载的内容无法推知其他“待退火的晶体”是否适合在中性、惰性气氛中退火并能达到本申请所述的“脱碳去色、去色心、去污染”的技术效果。特别是，根据本领域的公知常识（参见《晶体生长科学与技术》第二版上册，张克从、张乐潓主编，科学出版社1997年5月出版，第503~505页），“$ZnWO_4$单晶中的玫瑰色与氧空位密切相关”，“对$ZnWO_4$单晶在氧气氛中作长时间的热处理，是可以从表及里逐渐将玫瑰色退去”；$LaAlO_3$单晶中，“这种缺陷组态（La空位-氧空位）是晶体着色的原因。晶体经过高温还原热处理后……此时氧空穴消失，于是晶体的颜色消除”。由此可知，由于各种晶体存在色心、颜色的机理不同，通过退火等热处理消除晶体色心所需要选择的气氛也会因此而不同，其所选择的退火气氛和晶体的结构、组成和缺陷密切相关。对于需要填补氧空位而去除色心的待退火晶体（如上述$ZnWO_4$单晶），必须在氧化气氛中退火，若在中性、惰性气氛中退火，由于没有氧气存在，晶体中的氧空位无法消除，也无法得到去除色心的效果。因此，并非所有的“待退火的晶体”在中性、惰性气氛中退火均能达到本申请所述的“脱碳去色、去色心、去污染”的技术效果，对于不适合于该气氛的待退火晶体显然不应当包含在权利要求1的保护范围中。

对于请求人在答复《复审通知书》时提交的意见陈述，合议组认为：（1）理解一份申请的技术方案，要从说明书中记载的技术领域、背景技术、发明目的、发明内容、实施例等综合考虑。虽然说明书在第2页发明内容部分提到了“依据待退火处理的晶体毛坯尺寸大小，晶体样品的规格和种类，晶体退火目的要求决定（退火条件）”，但是这并不能表明本发明的方案是针对所有待退火的晶体而言的，在背景技术部分明确记载了本发明要解决的技术问题是针对蓝宝石晶体在现有氧化气氛或还原气氛中退火导致的缺陷，而其实施方案也均只涉及蓝宝石晶体的退火处理，且基于上述公知常识可知，不同“待退火晶体”以不同方式退火产生的技术效果是不同的，故本领域技术人员仅能明确本发明的技术方案是对现有技术中的蓝宝石晶体退火作出的改进，其技术效果仅是针对蓝宝石晶体而言的，因此，在本申请公开的技术方案的基础上，本领域技术人员难以预见其他“待退火的晶体”也能达到所述效果。（2）请求人对合议组在《复审通知书》中所列举的公知常识性证据有相反的意见，提交了附件1用于说明离子价态与氧空位的着色理论，并声称所列举的两种晶体同样适合于在中性、惰性气氛中退火，其原理是通过晶体的重结晶去除多余的阳离子，消除氧空位，从而获得去除晶体色心、提高结晶完整性的退火效果。对此，请求人没有提供相应的证据来证明存在氧空位的 $ZnWO_4$ 单晶和存在La空位-氧空位的 $LaAlO_3$ 单晶确实能够在中性、惰性气氛中退火以重结晶，也没有证据表明重结晶后上述晶体中的缺陷组态即可消除，说明书实施例3中也仅记载了 Al_2O_3（蓝宝石）晶体的退火过程，并没有提及其退火的原理是通过晶体重结晶，消除氧空位或去除多余的 Al^{3+}，因此，本领域技术人员难以预见将 $ZnWO_4$ 单晶和 $LaAlO_3$ 单晶在中性、惰性气氛中退火也能获得和 Al_2O_3（蓝宝石）晶体一样的效果。（3）请求人认为在“充分证实上述热处理原理的有效性和实用性，这样申请人就没有必要再花大量的时间去对需要退火的晶体一个又一个地进行退火实验、举证”。对此，合议组认为，权利要求能否得到说明书支持的本义是考察权利要求概括的范围是否适当，是否与申请人对技术方案的实际贡献相对应。本案权利要求1要求保护的范围是“待退火的晶体”，而说明书技术方案实际只针对 Al_2O_3（蓝宝石）晶体进行实施，且本领域技术人员根据其掌握的公知常识也无法将该蓝宝石晶体扩展至“待退火的晶体”，这才是本案的问题所在。（4）请求人认为在说明书背景技术中强调了“的确需要在还原气氛中退火的晶体，如掺钛宝石。还有，又如四价铬离子激光晶体，则必须在氧化气氛中热处理。”而这些经过氧化气氛、还原气氛退火过的晶体最好应该在中性、惰性气氛中进行二次退火处理。对此，首先，请求人的陈述进一步验证了合议组的观点，即并非所有待退火晶体均适合在中性、惰性气氛中退火；其次，权利要求1中没有限定所述退火处理是二次退火处理，虽然说明书中有关于“或将经过氧化气氛，还原气氛退火过的晶体”的内容，但是从上下文的关系看，其和之前的“将待退火的晶体、如各种结晶方法生长的晶体”是并列的两个技术方案，因此无法将权利要求1中的退火处理解读成二次退火处理，故对于请求人的上述观点，合议组不予支持。

综上所述，权利要求1的“待退火的晶体”概括了一个较宽的保护范围，得不到说明书的支持，不符合专利法第26条第4款的规定。

基于上述理由，合议组作出如下决定。

三、决定

维持国家知识产权局于2007年4月6日对200510028670.5号发明专利申请作出的驳回决定。

复审请求人如对本决定不服，可以依据专利法第41条第2款的规定，自收到本决定之日起三个月内向北京市第一中级人民法院起诉。

北京市第一中级人民法院
行政判决书

（2008）一中行初字第1551号

原告周永宗，男，1939年5月26日出生，汉族，中国科学院上海光学精密仪器机械研究所高级工程师（已退休），住上海市嘉定区嘉定工业区裕民路388弄16号602室。

被告国家知识产权局专利复审委员会，住所地北京市海淀区北四环西路9号银谷大厦10~12层。

法定代表人廖涛，副主任。

委托代理人王磊，男，国家知识产权局专利复审委员会审查员。

委托代理人郭鹏鹏，男，国家知识产权局专利复审委员会审查员。

原告周永宗不服被告国家知识产权局专利复审委员会作出的专利复审请求审查决定，于2008年10月7日向本院提起行政诉讼。本院受理后，依法组成合议庭并于2008年11月19日公开开庭审理了本案。原告周永宗，被告的委托代理人王磊、郭鹏鹏到庭参加了诉讼。本案现已审理终结。

2008年8月20日，被告作出第14363号无效宣告请求审查决定（以下简称第14363号决定），维持中华人民共和国国家知识产权局（以下简称国知局）于2007年4月6日对200510028670.5号发明专利申请（以下简称本申请）作出的驳回决定。被告认为：

1. 本复审决定所针对的文本是原告于2007年2月9日提交的权利要求第1~9项、说明书第1~5页，2005年11月18日提交的说明书附图第1~2页以及2005年11月16日提交的说明书摘要。

2. 关于《中华人民共和国专利法》（以下简称《专利法》）第二十六条第四款。

就本申请而言，权利要求1要求保护一种中性、惰性气氛中晶体的退火处理方法。本申请说明书列举的现有技术为：《人工晶体》1982年，2-3期24页；国际《晶体生长杂志》1981年，第52卷第二部分546~550页；国际《晶体生长杂志》1986年，第78卷31~35页；《人工晶体学报》1992年，第21卷第1期31~36页和95~100页；以及氧化气氛和还原气氛中的二步退火方法（专利号00111882.X：蓝宝石晶体的脱碳去色退火方法）。在上述现有技术的基础上，本申请提出所要解决的技术问题是：其请求保护的退火处理方法与现有技术相比“晶体中离子价态不受氧化—还原气氛影响，退火晶体不受空气的二次污染。晶体的脱碳去色、去色心、去污染、去除晶体内应力以及晶体的重结晶效果好。经中性、惰性气氛退火处理后的晶体亮度、透明度具佳，重结晶效果又好，大大改善提高晶体的结晶完整性和光学均匀性”。在说明书具体实施方式部分，实施例1和2描述了蓝宝石晶体在惰性气氛中高温退火的重结晶效果优于在还原气氛中的重结晶效果，实施例3和4则描述了蓝宝石晶体在高纯N_2中退火的去色心方法和效果。

被告认为：权利要求1中的“待退火的晶体”概括了一个较宽的范围。通过对本申请背景技术部分所涉及的现有技术的考查可以发现，本申请的技术方案是针对现有技术中在氧化气氛或还原气氛中对蓝宝石晶体进行退火处理存在的缺陷提出所要解决的技术问题，希望通过在中性、惰性气氛中进行退火处理的方式来克服该缺陷。并且，通过对本发明技术方案及其具体实施方式的进一步考查发现，说明书中记载的技术方案、技术效果以及给出的实验证据均是针对蓝宝石晶体而言的，因此，单从说明书中记载的内容无法推知其他“待退火的晶体”是否适合在中性、惰性气氛中退火并能达到本申请所述的“脱碳去色、去色心、去污染”的技术效果。特别是，根据本领域的公知常识（参见《晶体生长科学与技术》第二版上册，张克从、张乐潓主编，科学出版社1997年5月出版，第503~

505页），“$ZnWO_4$ 单晶中的玫瑰色与氧空位密切相关”，“对 $ZnWO_4$ 单晶在氧气氛中作长时间的热处理，是可以从表及里逐渐将玫瑰色退去”；$LaAlO_3$ 单晶中，“这种缺陷组态（La 空位-氧空位）是晶体着色的原因。晶体经过高温还原热处理后……此时氧空穴消失，于是晶体的颜色消除”。由此可知，由于各种晶体存在色心、颜色的机理不同，通过退火等热处理消除晶体色心所需要选择的气氛也会因此而不同，其所选择的退火气氛和晶体的结构、组成和缺陷密切相关。对于需要填补氧空位而去除色心的待退火晶体（如上述 $ZnWO_4$ 单晶），必须在氧化气氛中退火，若在中性、惰性气氛中退火，由于没有氧气存在，晶体中的氧空位无法消除，也无法得到去除色心的效果。因此，并非所有的“待退火的晶体”在中性、惰性气氛中退火均能达到本申请所述的“脱碳去色、去色心、去污染”的技术效果，对于不适合于该气氛的待退火晶体显然不应当包含在权利要求1的保护范围中。

对于原告在答复《复审通知书》时提交的意见陈述，被告认为：(1) 理解一份申请的技术方案，要从说明书中记载的技术领域、背景技术、发明目的、发明内容、实施例等综合考虑。虽然说明书在第2页发明内容部分提到了“依据待退火处理的晶体毛坯尺寸大小，晶体样品的规格和种类，晶体退火目的要求决定（退火条件）”，但是这并不能表明本发明的方案是针对所有待退火的晶体而言的，在背景技术部分明确记载了本发明要解决的技术问题是针对蓝宝石晶体在现有氧化气氛或还原气氛中退火导致的缺陷，而其实施方案也均只涉及蓝宝石晶体的退火处理，且基于上述公知常识可知，不同“待退火晶体”以不同方式退火产生的技术效果是不同的，故本领域技术人员仅能明确本发明的技术方案是对现有技术中的蓝宝石晶体退火作出的改进，其技术效果仅是针对蓝宝石晶体而言的，因此，在本申请公开的技术方案的基础上，本领域技术人员难以预见其他“待退火的晶体”也能达到所述效果。(2) 原告对被告在《复审通知书》中所列举的公知常识性证据有相反的意见，提交了附件1用于说明离子价态与氧空位的着色理论，并声称所列举的两种晶体同样适合于在中性、惰性气氛中退火，其原理是通过晶体的重结晶去除多余的阳离子，消除氧空位，从而获得去除晶体色心、提高结晶完整性的退火效果。对此，原告没有提供相应的证据来证明存在氧空位的 $ZnWO_4$ 单晶和存在 La 空位-氧空位的 $LaAlO_3$ 单晶确实能够在中性、惰性气氛中退火以重结晶，也没有证据表明重结晶后上述晶体中的缺陷组态即可消除，说明书实施例3中也仅记载了 Al_2O_3（蓝宝石）晶体的退火过程，并没有提及其退火的原理是通过晶体重结晶，消除氧空位或去除多余的 Al^{3+}，因此，本领域技术人员难以预见将单晶和 $ZnWO_4$ 单晶在中性、惰性气氛中退火也能获得和 $LaAlO_3$（蓝宝石）晶体一样的效果。(3) 原告认为在“充分证实上述热处理原理的有效性和实用性，这样申请人就没有必要再花大量的时间去对需要退火的晶体一个又一个地进行退火实验、举证”。对此，被告认为，权利要求能否得到说明书支持的本义是考察权利要求概括的范围是否适当，是否与申请人对技术方案的实际贡献相对应。本案权利要求1要求保护的范围是“待退火的晶体”，而说明书技术方案实际只针对 Al_2O_3（蓝宝石）晶体进行实施，且本领域技术人员根据其掌握的公知常识也无法将该蓝宝石晶体扩展至“待退火的晶体”，这才是本案的问题所在。(4) 原告认为在说明书背景技术中强调了“的确需要在还原气氛中退火的晶体，如掺钛宝石。还有，又如四价铬离子激光晶体，则必须在氧化气氛中热处理。”而这些经过氧化气氛、还原气氛退火过的晶体最好应该在中性、惰性气氛中进行二次退火处理。对此，首先，原告的陈述进一步验证了被告的观点，即并非所有待退火晶体均适合在中性、惰性气氛中退火；其次，权利要求1中没有限定所述退火处理是二次退火处理，虽然说明书中有关于“或将经过氧化气氛，还原气氛退火过的晶体”的内容，但是从上下文的关系看，其和之前的“将待退火的晶体、如各种结晶方法生长的晶体”是并列的两个技术方案，因此无法将权利要求1中的退火处理解读成二次退火处理，故对于原告的上述观点，被告不予支持。

综上所述，权利要求1的“待退火的晶体”概括了一个较宽的保护范围，得不到说明书的支持，不符合《专利法》第二十六条第四款的规定。

被告在法定期限内向本院提交了如下证据用以证明第14363号决定认定事实清楚，适用法律正确，审查程序合法：(1) 原告于2007年2月9日提交的权利要求第1~9项、说明书第1~5页，2005年11月18日提交的说明书附图第1~2页以及2005年11月16日提交的说明书摘要（即被诉决定针对的申请文本）；(2)《晶体生长科学与技术》第二版上册，张克从、张乐潓主编，科学出版社1997年5月出版，第503~505页；(3) 1981年4月晶体生长杂志第52卷第2部分，图4：对YAG：(Cr^{+3} +CC‘色心’) 晶体退火处理，其吸收光谱的各自变化（即被诉决定中的附件1）；(4) 原告于2008年4月5日提交的意见陈述书。

原告诉称：本申请的技术方案所要解决的技术问题、技术效果并非仅针对蓝宝石晶体而言，本申请符合《专利法》第二十六条第四款的相关规定，被诉复审决定认定事实不清、适用法律错误，原告请求法院撤销第14363号决定。

原告向法院提交了如下证据用以证明第14363号决定不合法：(1) 原告于2003年8月11日提交说明书时递交的图1-6的说明书彩色附图及本申请公开说明书；(2) 被诉决定针对的文本；(3) 复审请求书；2007年4月20日寄给国知局田力普局长的一封信；复审请求的理由陈述；(4) 复审意见陈述书及其附件1；(5) 发明专利号为00111883.8（高温氧化物晶体的退火装置）著录项目变更申报书；发明专利授权公告说明书；(6) 说明书附图的备注；第00111883.8号专利权无效宣告请求人答辩词及其附件1、2；(7) 2003年度嘉定区发明创造专利评审结果公示；(8) 第00111883.8号发明专利的专利权人自2000年至2004年发明专利申请及授权情况；(9) 2008年3月24日复审通知书；(10) 2007年4月6日国知局驳回决定；(11) 三次审查意见通知书。

被告辩称：从本申请说明书第2页最后一段以及实施例1、2、3、4可以看出，本申请说明书中记载的技术方案、技术效果以及给出的实验证据均是针对蓝宝石晶体而言的。被告坚持被诉决定中的理由，认为第14363号决定认定事实清楚，适用法律正确，审理程序合法，审查结论正确，被告请求法院维持第14363号决定。

经庭审质证，原告对被告提交证据的关联性、合法性、真实性均无异议，但不同意被告主张的证明作用。被告认为原告提交的证据5~8在行政程序中没有提交过，对其他证据没有异议，但不同意原告主张的证明作用。本院认为，被告提交的证据以及原告提交的证据1~4、9~14与本案具有关联性，且合法、真实，能够作为认定第14363号决定合法性的事实依据；原告未在行政程序中提交的证据5~8与本案不具有关联性，本院不予采纳。

根据上述有效证据及各方当事人在庭审中无争议的陈述，本院确认如下事实：

本案涉及申请日为2005年8月11日，公开日为2006年3月8日，专利申请号为200510028670.5，名称为“中性、惰性气氛中晶体的退火处理方法”的发明专利申请（即本申请）。申请人是周永宗（即本案原告）。

2007年4月6日，针对原告于2007年2月9日提交的权利要求第1~9项、说明书第1~5页，2005年11月18日提交的说明书附图第1~2页以及2005年11月16日提交的说明书摘要，国知局以权利要求1不符合《专利法》第二十六条第四款的规定为由驳回了本申请。

驳回决定认为：权利要求1中使用的上位概念“晶体”概括了一个较宽的保护范围，但在说明书中对晶体的类型未进行任何定义和说明，在说明书的实施例/实施方式中仅给出了蓝宝石晶体的退火处理方法，而且本申请解决的技术问题也是蓝宝石晶体中的色心污染等问题，导致本领域技术人员难以预见除蓝宝石晶体以外的其他晶体均能解决其技术问题。因此，权利要求1得不到说明书的支持。

驳回决定针对的权利要求 1 如下：

“1. 中性、惰性气氛中晶体的退火处理方法，其特征在于：将待退火的晶体置于“晶体退火装置”的热处理室内，在中性气氛或惰性气体或混合气体的气氛中，从事晶体的脱碳去色、去色心、去污染、去除晶体内应力和晶体的重结晶退火处理。”

2007 年 4 月 20 日，周永宗对上述驳回决定不服，向被告提出复审请求，其在提出复审请求时没有提交修改文本，但将本专利公开文本以及部分实质审查过程文件的复印件作为附件提交。

原告认为：（1）根据《专利法》第二十六条第四款的规定，权利要求 1 应当以说明书中发明内容构思的技术方案为依据，而非以实施例为依据。而本申请说明书发明内容部分明确记载了对“待退火的晶体”置于中性、惰性气氛中进行退火的具体实施步骤，因此权利要求 1 的上位概念“待退火的晶体”能够得到说明书的支持。（2）权利要求 1 要求保护的对象是需要在中性、惰性气氛中从事退火处理的晶体品种和类型。对于需要退火的晶体，完全可以采用说明书中所述的方法退火来提高晶体品质，实施例 1~4 已经清楚地体现了本申请中解决技术问题所采用的技术方案，足够用于支持权利要求 1 的方案。

经形式审查合格后，被告受理了该请求，并于 2007 年 6 月 7 日向原告发出了《复审请求受理通知书》，同时将本申请转送至国知局原审查部门进行前置审查。

在《前置审查意见书》中，国知局审查部门坚持驳回决定。

被告于 2008 年 3 月 24 日向原告发出《复审通知书》，指出：权利要求 1 中的“待退火的晶体”概括了一个较宽的范围，本申请说明书中记载的技术方案、技术效果均是仅针对蓝宝石晶体而言的，因此单从说明书中记载的内容无法推知其他“待退火的晶体”是否适合在中性、惰性气氛中退火并能达到本申请所述的“脱碳去色、去色心、去污染”的技术效果。并且根据本领域公知常识可知在晶体退火中所选择的退火气氛和晶体的结构、组成和缺陷密切相关，并非所有的“待退火的晶体”均适合于中性、惰性气氛中退火。因此，权利要求 1 不符合《专利法》第二十六条第四款的规定。

针对上述《复审通知书》所指出的问题，原告于 2008 年 4 月 5 日提交了意见陈述书，其认为：（1）本发明的技术方案不只针对蓝宝石晶体而言，本发明说明书技术方案部分清楚地表明依据待退火处理的晶体毛坯尺寸大小，晶体样品的规格和种类决定、晶体退火目的要求决定退火条件；（2）本发明说明书中的实施例已充分证明本发明所述方法的技术效果；（3）对于被告列举的公知常识，$ZnWO_4$ 退火处理原理是补充氧缺位，达到阴阳离子平衡，而 $LaAlO_3$ 退火处理原理是将多余的 Al^{3+} 还原成元素铝，消除 La 空位-氧空位，该两种晶体在中性、惰性气氛中进行退火处理是通过晶体的重结晶去除多余的阳离子，消除氧空位，从而既能去除晶体色心又能大大提高晶体的结晶完整性和光学均匀性，即该两种晶体同样适合于在中性、惰性气氛中退火；（4）本发明名称已表明“中性、惰性气氛中晶体的退火处理方法”是针对不产生离子价态变化的晶体退火，而在背景技术中强调了“的确需要在还原气氛中退火的晶体，如掺钛宝石等，又如四价铬离子激光晶体，必须在氧化气氛中热处理，对这两类晶体最好在中性、惰性气氛中进行二次退火处理。原告同时提交了附件 1［1981 年 4 月晶体生长杂志第 52 卷第 2 部分，图 4：对 YAG：（Cr^{+3}+CC‘色心’）晶体退火处理，其吸收光谱的各自变化］来论述氧化气氛、还原气氛的退火原理。

经审查，被告作出第 14363 号决定。原告不服该决定诉至本院。

本院认为，鉴于原告对被告作出第 14363 号决定的程序没有异议，对决定中案由部分的记载以及审查文本的认定没有异议，本院经审查，对其合法性予以确认。本案争议的焦点问题在于：被告关于本申请权利要求 1 得不到说明书支持的认定是否正确。

《专利法》第二十六条第四款规定：权利要求书应当以说明书为依据，说明专利要求保护的范围。

权利要求书中的每一项权利要求所要求保护的技术方案应当是所属技术领域的技术人员能够从说明书充分公开的内容中得到或概括得出的技术方案，并且不超出说明书公开的范围。如果说明书中给出的信息使得本领域技术人员用常规的实验或分析方法不足以把说明书记载的内容扩展到权利要求所述的保护范围，则该权利要求得不到说明书的支持。

权利要求 1 中的"待退火的晶体"概括了一个较宽的范围。通过对本申请背景技术部分所涉及的现有技术的考查可以发现，本申请的技术方案是针对现有技术中在氧化气氛或还原气氛中对蓝宝石晶体进行退火处理存在的缺陷提出所要解决的技术问题，希望通过在中性、惰性气氛中进行退火处理的方式来克服该缺陷。并且，通过对本发明技术方案及其具体实施方式的进一步考查发现，说明书中记载的技术方案、技术效果以及给出的实验证据均是针对蓝宝石晶体而言的，因此，单从说明书中记载的内容无法推知其他"待退火的晶体"是否适合在中性、惰性气氛中退火并能达到本申请所述的"脱碳去色、去色心、去污染"的技术效果。特别是，根据本领域的公知常识（参见《晶体生长科学与技术》第二版上册，张克从、张乐潓主编，科学出版社 1997 年 5 月出版，第 503－505 页），"$ZnWO_4$ 单晶中的玫瑰色与氧空位密切相关"，"对 $ZnWO_4$ 单晶在氧气氛中作长时间的热处理，是可以从表及里逐渐将玫瑰色退去"；$LaAlO_4$ 单晶中，"这种缺陷组态（La 空位－氧空位）是晶体着色的原因。晶体经过高温还原热处理后……此时氧空穴消失，于是晶体的颜色消除"。由此可知，由于各种晶体存在色心、颜色的机理不同，通过退火等热处理消除晶体色心所需要选择的气氛也会因此而不同，其所选择的退火气氛和晶体的结构、组成和缺陷密切相关。对于需要填补氧空位而去除色心的待退火晶体（如上述 $ZnWO_4$ 单晶），必须在氧化气氛中退火，若在中性、惰性气氛中退火，由于没有氧气存在，晶体中的氧空位无法消除，也无法得到去除色心的效果。因此，并非所有的"待退火的晶体"在中性、惰性气氛中退火均能达到本申请所述的"脱碳去色、去色心、去污染"的技术效果，对于不适合于该气氛的待退火晶体显然不应当包含在权利要求 1 的保护范围中。

本申请虽然在说明书第 2 页发明内容部分提到了"依据待退火处理的晶体毛坯尺寸大小，晶体样品的规格和种类，晶体退火目的要求决定（退火条件）"，但这并不能表明本发明的方案是针对所有待退火的晶体而言的，在背景技术部分明确记载了本发明要解决的技术问题是针对蓝宝石晶体在现有氧化气氛或还原气氛中退火导致的缺陷，而其实施方案也均只涉及蓝宝石晶体的退火处理，且基于上述公知常识可知，不同"待退火晶体"以不同方式退火产生的技术效果是不同的，故本领域技术人员仅能明确本发明的技术方案是对现有技术中的蓝宝石晶体退火作出的改进，其技术效果仅是针对蓝宝石晶体而言的，因此，在本申请公开的技术方案的基础上，本领域技术人员难以预见其他"待退火的晶体"也能达到所述效果。原告没有提供相应的证据来证明存在氧空位的 $ZnWO_4$ 单晶和存在 La 空位－氧空位的 $LaAlO_3$ 单晶确实能够在中性、惰性气氛中退火以重结晶，也没有证据表明重结晶后上述晶体中的缺陷组态即可消除，说明书实施例 3 中也仅记载了 Al_2O_3（蓝宝石）晶体的退火过程，并没有提及其退火的原理是通过晶体重结晶，消除氧空位或去除多余的因此，本领域技术人员难以预见将 $ZnWO_4$ 单晶和 $LaAlO_3$ 单晶在中性、惰性气氛中退火也能获得和 Al_2O_3（蓝宝石）晶体一样的效果。本申请权利要求 1 中没有限定所述退火处理是二次退火处理，虽然说明书中有关于"或将经过氧化气氛，还原气氛退火过的晶体"的内容，但是从上下文的关系看，其和之前的"将待退火的晶体、如各种结晶方法生长的晶体"是并列的两个技术方案，因此无法将权利要求 1 中的退火处理解读成二次退火处理。

综上，本申请权利要求 1 的"待退火的晶体"概括了一个较宽的保护范围，得不到说明书的支持，不符合《专利法》第二十六条第四款的规定。被告作出的第 14363 号决定认定事实清楚、适用法律正确，审查程序合法，本院应予维持。原告周永宗的诉讼理由缺乏事实及法律依据，其诉讼请求本院不予支持。据此，依照《中华人民共和国行政诉讼法》第五十四条第（一）项之规定，判决如下：

维持被告国家知识产权局专利复审委员会于二〇〇八年八月二十日作出的第14363号复审请求审查决定。

案件受理费100元，由原告周永宗负担（已交纳）。

如不服本判决，当事人可在判决书送达之日起15日内，向本院递交上诉状，并按对方当事人的人数提出副本，预交上诉案件受理费100元，上诉于北京市高级人民法院。

审 判 长 齐 莹

代理审判员 乔 军

代理审判员 贾志刚

二〇〇八年十二月二十九日

书 记 员 李铁萌

北京市高级人民法院
行政判决书

（2009）高行终字第1382号

上诉人（一审原告）周永宗，男，1939年5月26日出生，汉族，中国科学院上海光学精密仪器机械研究所高级工程师（已退休），住上海市嘉定区嘉定工业区裕民路388弄16号602室。

被上诉人（一审被告）国家知识产权局专利复审委员会，住所地北京市海淀区北四环西路9号银谷大厦10~12层。

法定代表人张茂于，副主任。

委托代理人王磊，男，国家知识产权局专利复审委员会审查员。

委托代理人郭鹏鹏，男，国家知识产权局专利复审委员会审查员。

上诉人周永宗因专利复审请求审查决定一案，不服北京市第一中级人民法院（2008）一中行初字第1551号行政判决，向本院提起上诉。本院依法组成合议庭审理了本案。本案现已审理终结。

2008年8月20日，国家知识产权局专利复审委员会（以下简称专利复审委员会）作出第14363号复审请求审查决定（以下简称第14363号决定），维持国家知识产权局（以下简称国知局）于2007年4月6日对200510028670.5号发明专利申请（以下简称本申请）作出的驳回决定。周永宗对第14363号决定不服，向北京市第一中级人民法院（以下简称一审法院）提起行政诉讼。

一审法院判决认定，鉴于周永宗对专利复审委员会作出第14363号决定的程序没有异议，对决定中案由部分的记载以及审查文本的认定没有异议，经审查，对其合法性予以确认。本案争议的焦点问题在于：专利复审委员会关于本申请权利要求1得不到说明书支持的认定是否正确。《中华人民共和国专利法》（以下简称《专利法》）第二十六条第四款规定：权利要求书应当以说明书为依据，说明专利要求保护的范围。权利要求书中的每一项权利要求所要求保护的技术方案应当是所属技术领域的技术人员能够从说明书充分公开的内容中得到或概括得出的技术方案，并且不超出说明书公开的范围。如果说明书中给出的信息使得本领域技术人员用常规的实验或分析方法不足以把说明书记载的内容扩展到权利要求所述的保护范围，则该权利要求得不到说明书的支持。

权利要求1中的“待退火的晶体”概括了一个较宽的范围。通过对本申请背景技术部分所涉及的现有技术的考查可以发现，本申请的技术方案是针对现有技术中在氧化气氛或还原气氛中对蓝宝石晶体进行退火处理存在的缺陷提出所要解决的技术问题，希望通过在中性、惰性气氛中进行退火处理的方式来克服该缺陷。并且，通过对本发明技术方案及其具体实施方式的进一步考查发现，说明书中记载的技术方案、技术效果以及给出的实验证据均是针对蓝宝石晶体而言的，因此，单从说明书中记载的内容无法推知其他“待退火的晶体”是否适合在中性、惰性气氛中退火并能达到本申请所述的“脱碳去色、去色心、去污染”的技术效果。特别是，根据本领域的公知常识（参见《晶体生长科学与技术》第二版上册，张克从、张乐潓主编，科学出版社 1997 年 5 月出版，第 503 ~ 505 页），“$ZnWO_4$ 单晶中的玫瑰色与氧空位密切相关”，“对 $ZnWO_4$ 单晶在氧气氛中作长时间的热处理，是可以从表及里逐渐将玫瑰色退去”；$LaAlO_3$ 单晶中，“这种缺陷组态（La 空位-氧空位）是晶体着色的原因。晶体经过高温还原热处理后……此时氧空穴消失，于是晶体的颜色消除”。由此可知，由于各种晶体存在色心、颜色的机理不同，通过退火等热处理消除晶体色心所需要选择的气氛也会因此而不同，其所选择的退火气氛和晶体的结构、组成和缺陷密切相关。对于需要填补氧空位而去除色心的待退火晶体（如上述 $ZnWO_4$ 单晶），必须在氧化气氛中退火，若在中性、惰性气氛中退火，由于没有氧气存在，晶体中的氧空位无法消除，也无法得到去除色心的效果。因此，并非所有的“待退火的晶体”在中性、惰性气氛中退火均能达到本申请所述的“脱碳去色、去色心、去污染”的技术效果，对于不适合于该气氛的待退火晶体显然不应当包含在权利要求 1 的保护范围中。

本申请虽然在说明书第 2 页发明内容部分提到了“依据待退火处理的晶体毛坯尺寸大小，晶体样品的规格和种类，晶体退火目的要求决定（退火条件）”，但这并不能表明本发明的方案是针对所有待退火的晶体而言的，在背景技术部分明确记载了本发明要解决的技术问题是针对蓝宝石晶体在现有氧化气氛或还原气氛中退火导致的缺陷，而其实施方案也均只涉及蓝宝石晶体的退火处理，且基于上述公知常识可知，不同“待退火晶体”以不同方式退火产生的技术效果是不同的，故本领域技术人员仅能明确本发明的技术方案是对现有技术中的蓝宝石晶体退火作出的改进，其技术效果仅是针对蓝宝石晶体而言的，因此，在本申请公开的技术方案的基础上，本领域技术人员难以预见其他“待退火的晶体”也能达到所述效果。周永宗没有提供相应的证据来证明存在氧空位的 $ZnWO_4$ 单晶和存在 La 空位-氧空位的 $LaAlO_3$ 单晶确实能够在中性、惰性气氛中退火以重结晶，也没有证据表明重结晶后上述晶体中的缺陷组态即可消除，说明书实施例 3 中也仅记载了 Al_2O_3（蓝宝石）晶体的退火过程，并没有提及其退火的原理是通过晶体重结晶，消除氧空位或去除多余的，因此，本领域技术人员难以预见将 $ZnWO_4$ 单晶和 $LaAlO_3$ 单晶在中性、惰性气氛中退火也能获得和 Al_2O_3（蓝宝石）晶体一样的效果。本申请权利要求 1 中没有限定所述退火处理是二次退火处理，虽然说明书中有关于“或将经过氧化气氛，还原气氛退火过的晶体”的内容，但是从上下文的关系看，其和之前的“将待退火的晶体、如各种结晶方法生长的晶体”是并列的两个技术方案，因此无法将权利要求 1 中的退火处理解读成二次退火处理。

综上，本申请权利要求 1 的“待退火的晶体”概括了一个较宽的保护范围，得不到说明书的支持，不符合《专利法》第二十六条第四款的规定。专利复审委员会作出的第 14363 号决定认定事实清楚、适用法律正确，审查程序合法，应予维持。周永宗的诉讼理由缺乏事实及法律依据，其诉讼请求不予支持。据此，依照《中华人民共和国行政诉讼法》第五十四条第（一）项之规定，判决维持专利复审委员会作出的第 14363 号决定。

周永宗不服一审判决，提出上诉。诉称，本申请的技术方案所要解决的技术问题、技术效果并非仅针对蓝宝石晶体而言，本申请符合《专利法》第二十六条第四款的相关规定。第 14363 号决定认为本申请权利要求 1 中的“待退火的晶体”概括了一个较宽的范围，其得不到说明书的支持，这是专利复审委员会无视晶体色心的基本概念和晶体色心的形成机制的突出表现。一审判决说周永宗未在行政程序中提交证据5~8，则说明一审法院与专利复审委员会有意抽取行政起诉状中的相关证据。综上，一审判决认定事实不清、适用法律错误，请求二审法院依法撤销一审判决。

专利复审委员会答辩称，第14363号决定审理范围、审理程序以及审查结论均符合《专利法》及《中华人民共和国专利法实施细则》和《审查指南》的具体规定。权利要求1中的“待退火的晶体”概括了一个较宽的范围，其得不到说明书的支持，不符合《专利法》第二十六条第四款的规定。上诉人混淆行政程序与行政诉讼程序。故，一审判决认定事实清楚，适用法律正确，请求二审法院驳回上诉，维持一审判决。

一审法院审理期间，专利复审委员会向法院提交了以下证据：（1）周永宗于2007年2月9日提交的权利要求第1~9项、说明书第1~5页，2005年11月18日提交的说明书附图第1~2页以及2005年11月16日提交的说明书摘要（即被诉决定针对的申请文本）；（2）《晶体生长科学与技术》第二版上册，张克从、张乐潓主编，科学出版社1997年5月出版，第503~505页；（3）1981年4月晶体生长杂志第52卷第2部分，图4：对YAG：（Cr+3+CC‘色心’）晶体退火处理，其吸收光谱的各自变化（即被诉决定中的附件1）；（4）周永宗于2008年4月5日提交的意见陈述书。

周永宗向一审法院提交了以下证据：（1）周永宗于2003年8月11日提交说明书时递交的图1~6的说明书彩色附图及本申请公开说明书；（2）被诉决定针对的文本；（3）复审请求书；2007年4月20日寄给国知局田力普局长的一封信；复审请求的理由陈述；（4）复审意见陈述书及其附件1；（5）发明专利号为00111883.8（高温氧化物晶体的退火装置）著录项目变更申报书；发明专利授权公告说明书；（6）说明书附图的备注；第00111883.8号专利权无效宣告请求人答辩词及其附件1、2；（7）2003年度嘉定区发明创造专利评审结果公示；（8）第00111883.8号发明专利的专利权人自2000年至2004年发明专利申请及授权情况；（9）2008年3月24日复审通知书；（10）2007年4月6日国知局驳回决定；（11）三次审查意见通知书。

一审法院经审查认为，专利复审委员会提交的证据以及周永宗提交的证据1~4、9~14与本案具有关联性，且合法、真实，能够作为认定第14363号决定合法性的事实依据；周永宗未在行政程序中提交的证据5-8与本案不具有关联性，不予采纳。

上述证据均随案移送本院，经审查，本院认可一审法院的认证意见。

本院根据合法有效的证据及当事人的有关陈述，确认如下事实：本案涉及申请日为2005年8月11日，公开日为2006年3月8日，专利申请号为200510028670.5，名称为“中性、惰性气氛中晶体的退火处理方法”的发明专利申请（即本申请）。申请人是周永宗。

2007年4月6日，针对周永宗于2007年2月9日提交的权利要求第1~9项、说明书第1-5页，2005年11月18日提交的说明书附图第1~2页以及2005年11月16日提交的说明书摘要，国知局以权利要求1不符合《专利法》第二十六条第四款的规定为由驳回了本申请。

驳回决定认为：权利要求1中使用的上位概念“晶体”概括了一个较宽的保护范围，但在说明书中对晶体的类型未进行任何定义和说明，在说明书的实施例/实施方式中仅给出了蓝宝石晶体的退火处理方法，而且本申请解决的技术问题也是蓝宝石晶体中的色心污染等问题，导致本领域技术人员难以预见除蓝宝石晶体以外的其他晶体均能解决其技术问题。因此，权利要求1得不到说明书的支持。

驳回决定针对的权利要求1如下：

“1. 中性、惰性气氛中晶体的退火处理方法，其特征在于：将待退火的晶体置于“晶体退火装置”的热处理室内，在中性气氛或惰性气体或混合气体的气氛中，从事晶体的脱碳去色、去色心、去污染、去除晶体内应力和晶体的重结晶退火处理。”

2007 年 4 月 20 日，周永宗对上述驳回决定不服，向专利复审委员会提出复审请求，其在提出复审请求时没有提交修改文本，但将本专利公开文本以及部分实质审查过程文件的复印件作为附件提交。

周永宗认为：（1）根据《专利法》第二十六条第四款的规定，权利要求 1 应当以说明书中发明内容构思的技术方案为依据，而非以实施例为依据。而本申请说明书发明内容部分明确记载了对“待退火的晶体”置于中性、惰性气氛中进行退火的具体实施步骤，因此权利要求 1 的上位概念“待退火的晶体”能够得到说明书的支持。（2）权利要求 1 要求保护的对象是需要在中性、惰性气氛中从事退火处理的晶体品种和类型。对于需要退火的晶体，完全可以采用说明书中所述的方法退火来提高晶体品质，实施例 1~4 已经清楚地体现了本申请中解决技术问题所采用的技术方案，足够用于支持权利要求 1 的方案。

经形式审查合格后，专利复审委员会受理了该请求，并于 2007 年 6 月 7 日向周永宗发出了《复审请求受理通知书》，同时将本申请转送至国知局原审查部门进行前置审查。

在《前置审查意见书》中，国知局审查部门坚持驳回决定。

专利复审委员会于 2008 年 3 月 24 日向周永宗发出《复审通知书》，指出：权利要求 1 中的“待退火的晶体”概括了一个较宽的范围，本申请说明书中记载的技术方案、技术效果均是仅针对蓝宝石晶体而言的，因此单从说明书中记载的内容无法推知其他“待退火的晶体”是否适合在中性、惰性气氛中退火并能达到本申请所述的“脱碳去色、去色心、去污染”的技术效果。并且根据本领域公知常识可知在晶体退火中所选择的退火气氛和晶体的结构、组成和缺陷密切相关，并非所有的“待退火的晶体”均适合于中性、惰性气氛中退火。因此，权利要求 1 不符合《专利法》第二十六条第四款的规定。

针对上述《复审通知书》所指出的问题，周永宗于 2008 年 4 月 5 日提交了意见陈述书，其认为：（1）本发明的技术方案不只针对蓝宝石晶体而言，本发明说明书技术方案部分清楚地表明依据待退火处理的晶体毛坯尺寸大小，晶体样品的规格和种类决定、晶体退火目的要求决定退火条件；（2）本发明说明书中的实施例已充分证明本发明所述方法的技术效果；（3）对于专利复审委员会列举的公知常识，$ZnWO_4$ 退火处理原理是补充氧缺位，达到阴阳离子平衡，而 $LaAlO_3$ 退火处理原理是将多余的 Al^{3+} 还原成元素铝，消除 La 空位-氧空位，该两种晶体在中性、惰性气氛中进行退火处理是通过晶体的重结晶去除多余的阳离子，消除氧空位，从而既能去除晶体色心又能大大提高晶体的结晶完整性和光学均匀性，即该两种晶体同样适合于在中性、惰性气氛中退火；（4）本发明名称已表明“中性、惰性气氛中晶体的退火处理方法”是针对不产生离子价态变化的晶体退火，而在背景技术中强调了“的确需要在还原气氛中退火的晶体，如掺钛宝石等，又如四价铬离子激光晶体，必须在氧化气氛中热处理，对这两类晶体最好在中性、惰性气氛中进行二次退火处理。周永宗同时提交了附件 1 [1981 年 4 月晶体生长杂志第 5 2 卷第 2 部分，图 4：对 YAG：（Cr+3+CC‘色心’）晶体退火处理，其吸收光谱的各自变化] 来论述氧化气氛、还原气氛的退火原理。

经审查，专利复审委员会作出第 14363 号决定。其具体理由为：

1. 本复审决定所针对的文本是周永宗于 2007 年 2 月 9 日提交的权利要求第 1~9 项、说明书第1~5 页，2005 年 11 月 18 日提交的说明书附图第 1~2 页以及 2005 年 11 月 16 日提交的说明书摘要。

2. 关于《专利法》第二十六条第四款。

就本申请而言，权利要求 1 要求保护一种中性、惰性气氛中晶体的退火处理方法。本申请说明书列举的现有技术为：《人工晶体》1982 年，2-3 期 24 页；国际《晶体生长杂志》1981 年，第 52 卷第二部分546~550页；国际《晶体生长杂志》1986年，第78卷31~35页；《人工晶体学报》1992年，第21卷第1期31~36页和95~100页；以及氧化气氛和还原气氛中的二步退火方法（专利号00111882.X：蓝宝石晶体的脱碳去色退火方法）。在上述现有技术的基础上，本申请提出所要解决的技术问题是：其请求保护的退火处理方法与现有技术相比“晶体中离子价态不受氧化—还原气氛影响，退火晶体不受空气的二次污染。晶体的脱碳去色、去色心、去污染、去除晶体内应力以及晶体的重结晶效果好。经中性、惰性气氛退火处理后的晶体亮度、透明度俱佳，重结晶效果又好，大大改善提高晶体的结晶完整性和光学均匀性”。在说明书具体实施方式部分，实施例1和2描述了蓝宝石晶体在惰性气氛中高温退火的重结晶效果优于在还原气氛中的重结晶效果，实施例3和4则描述了蓝宝石晶体在高纯N_2中退火的去色心方法和效果。

专利复审委员会认为：权利要求1中的“待退火的晶体”概括了一个较宽的范围。通过对本申请背景技术部分所涉及的现有技术的考查可以发现，本申请的技术方案是针对现有技术中在氧化气氛或还原气氛中对蓝宝石晶体进行退火处理存在的缺陷提出所要解决的技术问题，希望通过在中性、惰性气氛中进行退火处理的方式来克服该缺陷。并且，通过对本发明技术方案及其具体实施方式的进一步考查发现，说明书中记载的技术方案、技术效果以及给出的实验证据均是针对蓝宝石晶体而言的，因此，单从说明书中记载的内容无法推知其他“待退火的晶体”是否适合在中性、惰性气氛中退火并能达到本申请所述的“脱碳去色、去色心、去污染”的技术效果。特别是，根据本领域的公知常识（参见《晶体生长科学与技术》第二版上册，张克从、张乐潓主编，科学出版社1997年5月出版，第503~505页），“$ZnWO_4$单晶中的玫瑰色与氧空位密切相关”，“对$ZnWO_4$单晶在氧气氛中作长时间的热处理，是可以从表及里逐渐将玫瑰色退去”；$LaAlO_3$单晶中，“这种缺陷组态（La空位-氧空位）是晶体着色的原因。晶体经过高温还原热处理后……此时氧空穴消失，于是晶体的颜色消除”。由此可知，由于各种晶体存在色心、颜色的机理不同，通过退火等热处理消除晶体色心所需要选择的气氛也会因此而不同，其所选择的退火气氛和晶体的结构、组成和缺陷密切相关。对于需要填补氧空位而去除色心的待退火晶体（如上述$ZnWO_4$单晶），必须在氧化气氛中退火，若在中性、惰性气氛中退火，由于没有氧气存在，晶体中的氧空位无法消除，也无法得到去除色心的效果。因此，并非所有的“待退火的晶体”在中性、惰性气氛中退火均能达到本申请所述的“脱碳去色、去色心、去污染”的技术效果，对于不适合于该气氛的待退火晶体显然不应当包含在权利要求1的保护范围中。

对于周永宗在答复《复审通知书》时提交的意见陈述，专利复审委员会认为：（1）理解一份申请的技术方案，要从说明书中记载的技术领域、背景技术、发明目的、发明内容、实施例等综合考虑。虽然说明书在第2页发明内容部分提到了“依据待退火处理的晶体毛坯尺寸大小，晶体样品的规格和种类，晶体退火目的要求决定（退火条件）”，但是这并不能表明本发明的方案是针对所有待退火的晶体而言的，在背景技术部分明确记载了本发明要解决的技术问题是针对蓝宝石晶体在现有氧化气氛或还原气氛中退火导致的缺陷，而其实施方案也均只涉及蓝宝石晶体的退火处理，且基于上述公知常识可知，不同“待退火晶体”以不同方式退火产生的技术效果是不同的，故本领域技术人员仅能明确本发明的技术方案是对现有技术中的蓝宝石晶体退火作出的改进，其技术效果仅是针对蓝宝石晶体而言的，因此，在本申请公开的技术方案的基础上，本领域技术人员难以预见其他“待退火的晶体”也能达到所述效果。（2）周永宗对专利复审委员会在《复审通知书》中所列举的公知常识性证据有相反的意见，提交了附件1用于说明离子价态与氧空位的着色理论，并声称所列举的两种晶体同样适合于在中性、惰性气氛中退火，其原理是通过晶体的重结晶去除多余的阳离子，消除氧空位，从而获得去除晶体色心、提高结晶完整性的退火效果。对此，周永宗没有提供相应的证据来证明存在氧空位的$ZnWO_4$单晶和存在La空位-氧空位的$LaAlO_3$单晶确实能够在中性、惰性气氛中退火以重结晶，也没有证据表明重结晶后上述晶体中的缺陷组态即可消除，说明书实施例 3 中也仅记载了 Al_2O_3（蓝宝石）晶体的退火过程，并没有提及其退火的原理是通过晶体重结晶，消除氧空位或去除多余的 Al^{3+}，因此，本领域技术人员难以预见将 $ZnWO_4$ 单晶和 $LaAlO_3$ 单晶在中性、惰性气氛中退火也能获得和 Al_2O_3（蓝宝石）晶体一样的效果。(3) 周永宗认为在"充分证实上述热处理原理的有效性和实用性，这样申请人就没有必要再花大量的时间去对需要退火的晶体一个又一个地进行退火实验、举证"。对此，专利复审委员会认为，权利要求能否得到说明书支持的本义是考察权利要求概括的范围是否适当，是否与申请人对技术方案的实际贡献相对应。本案权利要求 1 要求保护的范围是"待退火的晶体"，而说明书技术方案实际只针对 Al_2O_3（蓝宝石）晶体进行实施，且本领域技术人员根据其掌握的公知常识也无法将该蓝宝石晶体扩展至"待退火的晶体"，这才是本案的问题所在。(4) 周永宗认为在说明书背景技术中强调了"的确需要在还原气氛中退火的晶体，如掺钛宝石。还有，又如四价铬离子激光晶体，则必须在氧化气氛中热处理。"而这些经过氧化气氛、还原气氛退火过的晶体最好应该在中性、惰性气氛中进行二次退火处理。对此，首先，周永宗的陈述进一步验证了专利复审委员会的观点，即并非所有待退火晶体均适合在中性、惰性气氛中退火；其次，权利要求 1 中没有限定所述退火处理是二次退火处理，虽然说明书中有关于"或将经过氧化气氛，还原气氛退火过的晶体"的内容，但是从上下文的关系看，其和之前的"将待退火的晶体、如各种结晶方法生长的晶体"是并列的两个技术方案，因此无法将权利要求 1 中的退火处理解读成二次退火处理，故对于周永宗的上述观点，专利复审委员会不予支持。综上所述，权利要求 1 的"待退火的晶体"概括了一个较宽的保护范围，得不到说明书的支持，不符合《专利法》第二十六条第四款的规定。周永宗不服该决定，向一审法院提起行政诉讼。

本院认为，《专利法》第二十六条第四款规定：权利要求书应当以说明书为依据，说明专利要求保护的范围。权利要求书中的每一项权利要求所要求保护的技术方案应当是所属技术领域的技术人员能够从说明书充分公开的内容中得到或概括得出的技术方案，并且不超出说明书公开的范围。如果说明书中给出的信息使得本领域技术人员用常规的实验或分析方法不足以把说明书记载的内容扩展到权利要求所述的保护范围，则该权利要求得不到说明书的支持。

在本案中，通过对本申请背景技术部分所涉及的现有技术的考查可以发现，本申请的技术方案是针对现有技术中在氧化气氛或还原气氛中对蓝宝石晶体进行退火处理存在的缺陷提出所要解决的技术问题，希望通过在中性、惰性气氛中进行退火处理的方式来克服该缺陷。并且，通过对本发明技术方案及其具体实施方式的进一步考查发现，说明书中记载的技术方案、技术效果以及给出的实验证据均是针对蓝宝石晶体而言的，因此，单从说明书中记载的内容无法推知其他"待退火的晶体"是否适合在中性、惰性气氛中退火并能达到本申请所述的"脱碳去色、去色心、去污染"的技术效果。根据本领域的公知常识可知，并非所有的"待退火的晶体"在中性、惰性气氛中退火均能达到本申请所述的"脱碳去色、去色心、去污染"的技术效果，对于不适合于该气氛的待退火晶体显然不应当包含在权利要求 1 的保护范围中。因此，在本申请公开的技术方案的基础上，本领域技术人员难以预见其他"待退火的晶体"也能达到所述效果。周永宗也没有提供相应的证据来证明存在氧空位的 $ZnWO_4$ 单晶和存在 La 空位–氧空位的 $LaAlO_3$ 单晶确实能够在中性、惰性气氛中退火以重结晶，也没有证据表明重结晶后上述晶体中的缺陷组态即可消除，说明书实施例 3 中也仅记载了 Al_2O_3（蓝宝石）晶体的退火过程，并没有提及其退火的原理是通过晶体重结晶，消除氧空位或去除多余的 Al^{3+}，因此，本领域技术人员难以预见将 $ZnWO_4$ 单晶和 $LaAlO_3$ 单晶在中性、惰性气氛中退火也能获得和 Al_2O_3（蓝宝石）晶体一样的效果。本申请权利要求 1 中没有限定所述退火处理是二次退火处理，虽然说明书中有关于"或将经过氧化气氛，还原气氛退火过的晶体"的内容，但是从上下文的关系看，其和之前的“将待退火的晶体、如各种结晶方法生长的晶体”是并列的两个技术方案，因此无法将权利要求 1 中的退火处理解读成二次退火处理。可见，本申请权利要求 1 的“待退火的晶体”概括了一个较宽的保护范围，得不到说明书的支持，不符合《专利法》第二十六条第四款的规定。对专利复审委员会的以上认定，本院予以认可。

综上，专利复审委员会作出的第 14363 号决定正确，一审法院判决维持正确，本院应予维持。周永宗的上诉请求缺乏事实和法律依据，本院不予支持。依据《中华人民共和国行政诉讼法》第六十一条第（一）项的规定，判决如下：

驳回上诉，维持一审判决。

二审案件受理费人民币 100 元，由上诉人周永宗负担（已交纳）。

本判决为终审判决。

审　判　长　景　滔
代理审判员　马　军
代理审判员　刘　行
二〇〇九年十二月十八日
书　记　员　张宏晶

119

化合物N-2-甲磺酰乙基-2β-羰甲氧基-3β-（4-氯苯基）去甲基托烷及其合成方法

复审请求审查决定（第14365号）

决　定　号　第14365号
决　定　日　2008年8月20日
发明创造名称　化合物N-2-甲磺酰乙基-2β-羰甲氧基-3β-（4-氯苯基）去甲基托烷及其合成方法
国际分类号　C07D 451/02
复审请求人　江苏省原子医学研究所
申　请　号　200510038767.4
申　请　日　2005年4月6日
公　开　日　2005年10月26日
合议组组长　任晓兰
主　审　员　黄　强
参　审　员　张家祥

法律依据　专利法第26条第3款
决定要点

对新化合物的制备方法权利要求而言，化合物本身是其不可缺少的必要技术特征，因此往往需要公开确认化合物能够被制备得到所需的相关理化参数。但如果根据现有技术的信息可以证明该方法能够顺利实施，则即使说明书没有公开上述理化参数，该说明书也满足充分公开的要求。

一、案由

本复审请求案涉及发明名称为“化合物N-2-甲磺酰乙基-2β-羰甲氧基-3β-（4-氯苯基）去甲基托烷及其合成方法”的200510038767.4号发明专利申请（下称本申请），申请人为江苏省原子医学研究所，申请日为2005年4月6日，公开日为2005年10月26日。

2007年1月12日，针对申请人原始提交的申请文件，即权利要求第1~3项、说明书第1~3页以及说明书摘要，国家知识产权局以说明书不符合专利法第26条第3款的规定为由驳回了本申请。

驳回决定认为：本申请请求保护一种化合物N-2-甲磺酰乙基-2β-羰甲氧基-3β-（4-氯苯基）去甲基托烷及其合成方法，说明书中仅公开所述化合物的制备过程及其性状，化合物制备过程是可以根据所要制备的目标产物设计的，性状的描述也不足以证明该化合物明确得到，两者均不能作为证明和确认化合物已被制备得到的证据，因此本申请的说明书未对其技术方案作出清楚、完整的说明，不符合专利法第26条第3款的规定。

驳回决定所针对的权利要求书如下：

"1. 一种氟［18］-N-2-氟乙基-2β-羰甲氧基-3β-（4-氯苯基）去甲基托烷标记前体化合物，其化学名称为：N-2-甲磺酰乙基-2β-羰甲氧基-3β-（4-氯苯基）去甲基托烷，化学结构式为

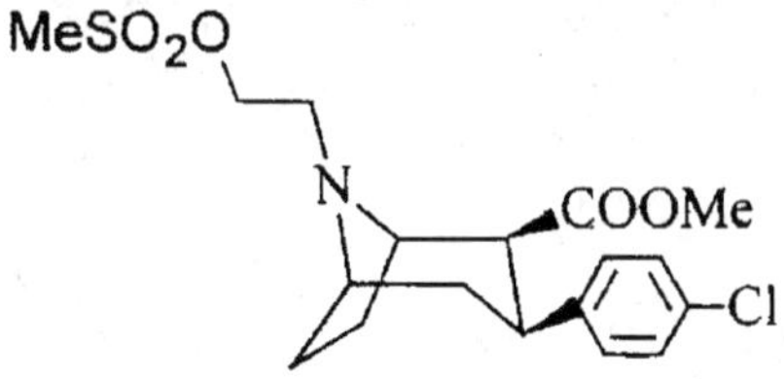

。

2. 如权利要求1所述化合物的合成方法，其特征是合成路线的化学反应式为：

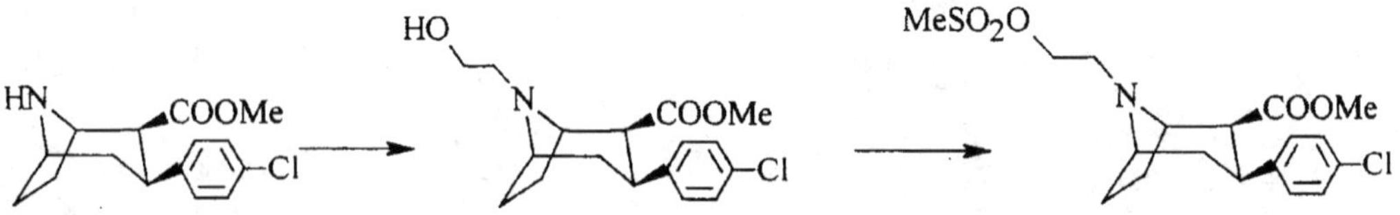

具体合成步骤：

2β-羰甲氧基-3β-（4-氯苯基）去甲基托烷采用文献方法合成；

A）N-（2-羟乙基）-2β-羰甲氧基-3β-（4-氯苯基）去甲基托烷的合成：N_2 气氛下，0.28g 2β-羰甲氧基-3β-（4-氯苯基）去甲基托烷、0.50g 2-溴乙醇、0.75mL 三乙胺加于15mL无水乙腈中，先常温搅拌10～15min，使2β-羰甲氧基-3β-（4-氯苯基）去甲基托烷溶解完全，停止通 N_2，油浴加热至60℃反应4h，停止加热，减压浓缩得到浅黄色固体，用35mL二氯甲烷溶解，依次用20mL 5% NaOH、20mL水洗涤，有机相用无水 Na_2SO_4 干燥，蒸去 CH_2Cl_2 得粗产品，硅胶柱层析纯化：粗产品：硅胶=1：80，展开剂为乙醚：三乙胺：甲醇=7：0.1：0.1，得白色固体0.27g，产率83%；

B）N-（2-甲磺酰乙基）-2β-羰甲氧基-3β-（4-氯苯基）去甲基托烷的合成：N-（2-羟乙基）-2β-羰甲氧基-3β-（4-氯苯基）去甲基托烷162mg和甲基磺酸酐186mg，于2mL二氯甲烷中在30℃条件下搅拌36h，用 C_18 柱，CH_3OH：H_2O：Et_3N =75：25：0.2高效液相鉴测反应进行程度，反应4小时后，边搅拌边加入4mL乙醚沉淀，倾去上清液，残余物再加入1mL二氯甲烷溶解；再重复进行沉淀、溶解、沉淀，将所得粘稠物真空干燥，得白色固体，即为产物。

3. 如权利要求2所述的合成方法，合成的中间产物，该化合物化学名称为：

N-（2-羟乙基）-2β-羰甲氧基-3β-（4-氯苯基）去甲基托烷，其化学结构式为

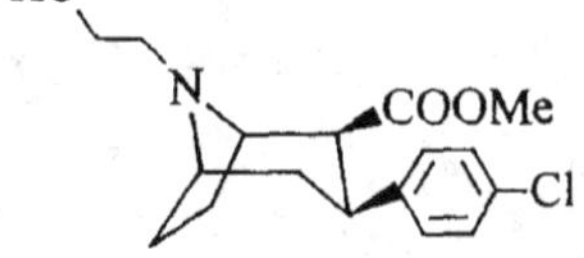

。
"

2007年3月2日，申请人江苏省原子医学研究所（下称请求人）对上述驳回决定不服，向专利复审委员会提出复审请求，并提交了权利要求书的修改替换页和作为证明材料的结构测定数据。权利要求书的具体修改之处为删除了化合物权利要求（即原权利要求1和3），保留了制备方法权利要求

（即原权利要求 2），修改后的权利要求书如下：

"1. 化合物 N-2-甲磺酰乙基-2β-羰甲氧基-3β-（4-氯苯基）去甲基托烷的合成方法，其特征是合成路线的化学反应式为：

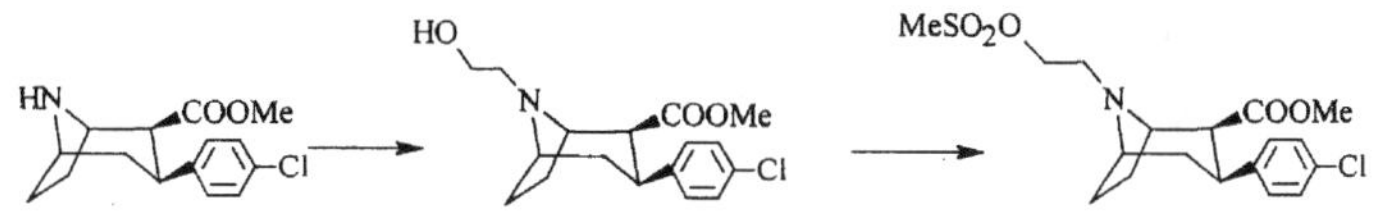

具体合成步骤：

2β-羰甲氧基-3β-（4-氯苯基）去甲基托烷采用文献方法合成；

A）N-（2-羟乙基）-2β-羰甲氧基-3β-（4-氯苯基）去甲基托烷的合成：N_2 气氛下，0.28g 2β-羰甲氧基-3β-（4-氯苯基）去甲基托烷、0.50g 2-溴乙醇、0.75mL 三乙胺加于 15mL 无水乙腈中，先常温搅拌 10~15min，使 2β-羰甲氧基-3β-（4-氯苯基）去甲基托烷溶解完全，停止通 N2，油浴加热至 60℃反应 4h，停止加热，减压浓缩得到浅黄色固体，用 35mL 二氯甲烷溶解，依次用 20mL 5% NaOH、20mL 水洗涤，有机相用无水 Na_2SO_4 干燥，蒸去 CH_2Cl_2 得粗产品，硅胶柱层析纯化：粗产品：硅胶 = 1：80，展开剂为乙醚：三乙胺：甲醇 = 7：0.1：0.1，得白色固体 0.27g，产率 83%；

B）N-（2-甲磺酰乙基）-2β-羰甲氧基-3β-（4-氯苯基）去甲基托烷的合成：N-（2-羟乙基）-2β-羰甲氧基-3β-（4-氯苯基）去甲基托烷 162mg 和甲基磺酸酐 186mg，于 2mL 二氯甲烷中在 30℃条件下搅拌 36h，用 C_18 柱，CH_3OH：H_2O：Et_3N = 75：25：0.2 高效液相鉴测反应进行程度，反应 4 小时后，边搅拌边加入 4mL 乙醚沉淀，倾去上清液，残余物再加入 1mL 二氯甲烷溶解；再重复进行沉淀、溶解、沉淀，将所得粘稠物真空干燥，得白色固体，即为产物。"

请求人认为：（1）本申请的说明书公开了该化合物的化学名称和结构式，基本符合审查指南关于化学产品确认的规定，请求人提供的证明材料为化合物的结构测定数据，测试时间为 2004 年，在结构式明确、合成路线清楚的情形下应当不妨碍对该化合物的确认；（2）即使该化合物因说明书中未提供物理、化学参数而遭否决，但就该化合物本身及该化合物的制备方法而言，审查员并未提供任何审查的对比文件，所以认为该化合物的制备方法仍具创造性，对于该制备方法的审查标准与对于化合物的审查标准应有所区别。

2007 年 4 月 24 日，经形式审查合格后，专利复审委员会受理了该请求，向请求人发出了《复审请求受理通知书》，同时向国家知识产权局原审查部门发出了《前置审查通知书》。

在《前置审查意见书》中，国家知识产权局原审查部门认为，本申请的说明书仅给出了所述化合物的制备过程，但未给出相应的理化数据，而该化合物是否被制得必须依赖这些数据加以证实才能成立。请求人删去了请求保护化合物的权利要求，并不能改变本申请的说明书不符合专利法第 26 条第 3 款的规定的事实，因此坚持驳回决定。

专利复审委员会依法组成合议组，对本复审请求案进行了审理。

2008 年 6 月 24 日，合议组发出《复审通知书》，指出：对新化合物的制备方法权利要求而言，化合物本身也是其不可缺少的必要技术特征。本申请的合成方法为两步合成反应，在这两步反应过程中，均有可能得到其他的反应产物，在此情况下，本领域技术人员需要产物的化学结构测定数据才能确定产物的化学结构。本申请说明书仅记载所述合成方法的原料、合成步骤等技术信息，没有记载该方法得到的最终产物的结构鉴定数据，因此无法确认按照权利要求 1 的方法得到的产物是否为 N-2-甲磺酰乙基-2β-羰甲氧基-3β-（4-氯苯基）去甲基托烷，因此说明书对权利要求 1 的技术内容公开不充分，不符合专利法第 26 条第 3 款的规定。

2008 年 7 月 17 日，针对上述《复审通知书》，请求人提交了意见陈述书和一篇参考文献（“N-Substituted Analogs of 2β-Carbomethoxy-3β-（4′-iodophenyl）tropane（β-CIT）with Selective Affinity to Dopamine or Serotonin Transporters in Rat Forebrain”，John L. Neumeyer 等，J. Med. Chem，第 39 卷，第 543~548 页，1996 年，下称附件 1）。请求人认为：（1）本申请的申请日是 2005 年 4 月 6 日，在审查指南 2006 版之前，应按照审查指南 2001 版进行审查。依据审查指南 2001 版 4. 2 节关于化学方法发明的充分公开的要求，修改后的权利要求书只要求保护化学方法，不再要求保护化合物，已符合第 4. 2 节的规定，即说明书符合专利法第 26 条第 3 款的规定。（2）即使按照审查指南 2006 年版第二部分第十章第 3 节化学发明的充分公开和第 3. 1 节化学产品发明的充分公开的有关规定，综观本案全文，对目标化合物的确认应该也是确定的。（3）请求人提供的附件 1 公开了与本申请相似的反应，其主要产品是确定的，不会有大量副产物生成，这一附件佐证了本申请符合专利法第 26 条第 3 款的规定。

经合议，合议组认为本案事实已经清楚，可以作出复审决定。

二、决定的理由

1. 关于审查文本

本复审决定针对的审查文本是：请求人于 2007 年 3 月 2 日提交的权利要求第 1 项，2005 年 4 月 6 日提交的说明书第 1~3 页以及说明书摘要。

2. 关于审查指南的适用

根据 2006 年版审查指南第 505 页《施行修订后审查指南的过渡办法》的规定，对于 2006 年 7 月 1 日之前提出的专利申请和根据该申请授予的专利权，除该过渡办法中明确规定的具体事项之外，其余自 2006 年 7 月 1 日起均适用修订后的审查指南的规定。根据这一规定，本案中对于化学方法发明是否充分公开的判断应当适用修订后的审查指南（即 2006 年版审查指南）。

3. 关于专利法第 26 条第 3 款

专利法第 26 条第 3 款规定：说明书应当对发明或者实用新型作出清楚、完整的说明，以所属技术领域的技术人员能够实现为准。

对新化合物的制备方法权利要求而言，化合物本身是其不可缺少的必要技术特征，因此往往需要公开确认化合物能够被制备得到所需的相关理化参数。但如果根据现有技术的信息可以证明该方法能够顺利实施，则即使说明书没有公开上述理化参数，该说明书也满足充分公开的要求。

就本申请而言，权利要求 1 要求保护 N-2-甲磺酰乙基-2β-羰甲氧基-3β-（4-氯苯基）去甲基托烷的合成方法（具体参见案由部分），根据说明书的记载，该化合物可作为中间体用于直接制备 18F-FECNT。说明书记载了该化合物的化学合成路线（参见说明书第 2 页），实施例 1 详细记载了所述合成方法所需的原料、合成步骤、合成条件等技术信息，但没有记载该方法制备得到的最终产物（即说明书实施例 1 中所述的“白色固体”）的结构鉴定数据。因此，本案的关键在于判断，当说明书未公开产品的结构鉴定数据时，该产品的合成方法是否符合公开充分的要求。

请求人在答复《复审通知书》时提交的附件 1 中公开了一种制备 2β-羰甲氧基-3β-（4′-碘苯基）去甲基托烷的 N 取代衍生物的方法，其中第 546 页第 1 栏最后一段的内容公开了 N-（3-羟丙基）-2β-羰甲氧基-3β-（4-碘苯基）去甲基托烷（化合物 9）的制备方法，即以 2β-羰甲氧基-3β-（4-碘苯基）去甲基托烷（化合物 22）为原料，通过将其与溴丙醇和三乙胺在氮气下进行反应，层析纯化得到化合物 9，产率为 58%，并给出了化合物 9 的元素分析、1H NMR 和旋光数据；第 547 页第 1 栏第 3 段的内容公开了 N-（3′-甲磺酰丙基）-2β-羰甲氧基-3β-（4-碘苯基）去甲基托烷（化合物16）的制备方法，即以上述制备得到的化合物9为原料，通过将其与甲基磺酸酐在二氯甲烷中进行反应，干燥后得到作为白色固体的化合物16，产率为72%，并给出了化合物16的元素分析和1H NMR数据。也就是说，附件1所记载的内容具体公开了以2β-羰甲氧基-3β-（4-碘苯基）去甲基托烷为起始原料，与溴丙醇反应得到作为中间产物的N-（3-羟丙基）-2β-羰甲氧基-3β-（4-碘苯基）去甲基托烷，然后再与甲基磺酸酐反应制备得到作为终产物的N-（3′-甲磺酰丙基）-2β-羰甲氧基-3β-（4-碘苯基）去甲基托烷的方法，并通过元素分析、1H NMR等数据证明了该方法能够顺利实施。

将本申请权利要求1要求保护的制备方法与附件1公开的制备方法对比后可知，两者都涉及2β-羰甲氧基-3β-（4′-卤代苯基）去甲基托烷的N取代衍生物的合成，反应路线均为两步合成法，即，首先以2β-羰甲氧基-3β-（4′-卤代苯基）去甲基托烷为原料，通过与溴代烷基醇反应得到羟烷基取代的中间产物，然后将该中间产物与甲基磺酸酐进行反应，得到甲磺酰基取代的最终产物，并且这两种制备方法中涉及的反应位置、所使用的反应条件和反应步骤均基本相同，不同之处仅在于第一步中所使用的去甲基托烷反应底物和溴代烷基醇略有差别，由此导致反应产物略有不同，即①本申请使用的反应底物是2β-羰甲氧基-3β-（4′-氯代苯基）去甲基托烷，而附件1中使用的反应底物为2β-羰甲氧基-3β-（4′-碘代苯基）去甲基托烷；②本申请的两步合成法中第一步所用的溴代烷基醇为溴代乙醇，而附件1中使用的溴代烷基醇为溴代丙醇，由此使得本申请的方法制备得到的最终产物为N-（3-甲磺酰乙基）-2β-羰甲氧基-3β-（4-氯苯基）去甲基托烷，而附件1中制备得到的最终产物为N-（3-甲磺酰丙基）-2β-羰甲氧基-3β-（4-碘苯基）去甲基托烷。

根据本领域的一般技术常识可知，氯和碘均为卤族元素，化学性质基本相同，可以认为去甲基托烷3β位置上的4-氯代苯基和4-碘代苯基是化学性质基本相同的取代基团，因此本申请所使用的反应底物和附件1所使用的反应底物化学性质基本相同。此外，溴代乙醇和溴代丙醇也是化学性质基本相同的化合物，在其所参与的化学反应底物基本相同、反应位置相同、反应条件也基本相同的情况下，仅有一个碳原子的区别尚不足以对反应过程带来任何实质性影响。因此对于本领域技术人员而言，本申请的制备方法和附件1的制备方法基本相同。

基于附件1的制备方法已被证实能够顺利实施，因此，本领域技术人员将能预期到本申请的制备方法也能顺利实施，在此情况下，尽管本申请说明书未公开产品的结构鉴定数据，本领域技术人员也不会据此认为本申请要求保护的制备方法不能够顺利进行。

综上所述，虽然本申请说明书未公开产品的结构鉴定数据，但请求人提交的证据足以证明本申请的方法能够顺利实施，并得到所需的产物，因此本申请说明书对于要求保护的制备方法满足充分公开的要求，符合专利法第26条第3款的规定。

根据上述事实和理由，合议组作出如下审查决定。

三、决定

撤销国家知识产权局于2007年1月12日针对200510038767.4号发明专利申请作出的驳回决定，由国家知识产权局原审查部门以本复审决定所针对的文本为基础继续审批程序。

复审请求人对本决定不服的，可以根据专利法第41条第2款的规定，自收到本决定之日起三个月内向北京市第一中级人民法院起诉。

120

单晶性薄膜

复审请求审查决定（第14367号）

决 定 号 第14367号
决 定 日 2008年8月25日
发明创造名称 单晶性薄膜
国际分类号 C30B 29/22，H01L 39/24
复审请求人 住友电气工业株式会社，财团法人国际超电导产业技术研究中心
申 请 号 200380102130.6
优 先 权 日 2002年10月31日
申 请 日 2003年10月29日
公 开 日 2005年12月14日
合议组组长 汪送来
主 审 员 危 峰
参 审 员 侯 曜

法 律 依 据 专利法第33条
决 定 要 点

如果申请的修改内容能从原申请记载的内容中直接地、毫无疑义地确定，则这种修改未超出原始申请文件记载的范围。

一、案由

本复审请求案涉及发明名称为“单晶性薄膜”的200380102130.6号发明专利申请（下称本申请），申请人为住友电气工业株式会社、财团法人国际超电导产业技术研究中心，申请日为2003年10月29日，优先权日为2002年10月31日，公开日为2005年12月14日。

2007年1月26日，针对申请人于2006年12月21日提交的权利要求第1~8项，2005年4月26日进入中国国家阶段时提交的国际申请文件的说明书第1~16页、说明书附图第1~7页及说明书摘要，国家知识产权局以权利要求1的修改不符合专利法第33条的规定为由驳回了本申请。

驳回决定认为：说明书第8页第3行中“如图7所表明的那样，在BZO基底层上的Sm123膜的厚度薄到约0.1μm的情况下，与MgO基底层上的Sm123膜相比，Jc显著增加”的表述并没有直接给出“所述薄膜Sm123的厚度要大于0.1微米”的信息，而且也不能直接地、毫无疑义地确定“所述薄膜Sm123的厚度要大于0.1微米”，权利要求1中的“所述Sm123薄膜的厚度大于0.1微米”既未明确地记载在原说明书和权利要求书中，也不能由原说明书和权利要求书所记载的内容直接地、毫无

疑义地加以确定，因此不符合专利法第 33 条的规定。

驳回决定针对的权利要求 1 如下：

“1. 一种单晶性薄膜，该薄膜是在基底层上形成的薄膜，其特征在于，

所述薄膜包含与所述基底层不同的物质，

在所述基底层和所述薄膜中共同包含的特定的原子层在所述基底层与所述薄膜的界面中被共有，

在从所述界面起到所述薄膜的单位晶格 100 个以内的界面附近区域中，以所述基底层的晶体方位为基准具有偏移角±2 度以内的方位而生长的晶体所占的比例大于或等于 50%，并且

其中所述薄膜为 Sm123，所述基底层为 $BaZrO_3$，并且所述 Sm123 薄膜的厚度大于 0.1 微米。”

2007 年 5 月 10 日，申请人住友电气工业株式会社、财团法人国际超电导产业技术研究中心（下称请求人）对上述驳回决定不服，向专利复审委员会提出复审请求，请求人在提出复审请求时没有对申请文件进行修改。

请求人认为：（1）本申请说明书第 8 页第 2~3 行指出，如图 7 所述，在 BZO 基底层上的 Sm123 膜的厚度薄到约 0.1 微米的情况下，与 MgO 基底层上的 Sm123 相比，Jc 显著增加了。由此本领域技术人员明白，上面所谓薄到 0.1 微米的措辞意指一个厚度范围而不是某一厚度值，并且从图 7 中可以看出，当厚度大于 0.1 微米时，Sm123/BZO 的 Jc 明显大于 Sm123/MgO 的 Jc；（2）说明书第 8 页第 5~7 行指出，在 Sm123/BZO 中，可知在膜厚增加的同时，Jc 也增加，其后到约 1 微米的膜厚为止也维持高 Jc。从上下文可以看出，这部分描述是在 Sm123/BZO 膜的厚度大于 0.1 微米的前提下得出的。即，本领域技术人员由说明书第 8 页第 2 段的描述可以得出在 BZO 基底下，Sm123 薄膜厚度从 0.1 微米开始直至 1 微米都维持高 Jc。因此，将权利要求 1 中的 Sm123 薄膜的厚度限定为大于 0.1 微米并没有超出原始公开的范围。

经形式审查合格后，专利复审委员会受理了该请求，并于 2007 年 6 月 11 日向请求人发出了《复审请求受理通知书》，同时将本申请转送至国家知识产权局原审查部门进行前置审查。

在《前置审查意见书》中，国家知识产权局原审查部门坚持驳回决定。

专利复审委员会组成合议组，对本复审请求案进行了审理。合议组于 2008 年 6 月 26 日向请求人发出《复审通知书》，指出：请求人于 2006 年 12 月 21 日提交的权利要求书中，对权利要求 1 进行了修改，其中将所述 Sm123 薄膜的厚度修改为“大于 0.1 微米”，但是上述修改并未明确地记载在原说明书和权利要求书中，并且，本领域技术人员根据说明书的内容可以确定当膜厚大于 0.1 微米直到 1 微米时，Sm123/BZO 膜的 Jc 大于 Sm123/MgO 膜的 Jc，但不能确定在膜大于 1 微米时，Sm123/BZO 膜的 Jc 仍大于 Sm123/MgO 膜的 Jc，因此也不能由原说明书和权利要求书所记载的内容直接地、毫无疑义地确定，上述修改超出了原说明书和权利要求书记载的范围，不符合专利法第 33 条的规定。

针对上述《复审通知书》，请求人于 2008 年 8 月 11 日提交了意见陈述书和经修改的权利要求书，将权利要求 1 中所述 Sm123 薄膜的厚度修改为“0.1~1 微米”。请求人认为经此修改的权利要求书符合专利法第 33 条的规定。修改后的权利要求 1 为：

“1. 一种单晶性薄膜，该薄膜是在基底层上形成的薄膜，其特征在于，

所述薄膜包含与所述基底层不同的物质，

在所述基底层和所述薄膜中共同包含的特定的原子层在所述基底层与所述薄膜的界面中被共有，

在从所述界面起到所述薄膜的单位晶格 100 个以内的界面附近区域中，以所述基底层的晶体方位为基准具有偏移角±2 度以内的方位而生长的晶体所占的比例大于或等于 50%，并且

其中所述薄膜为 Sm123，所述基底层为 $BaZrO_3$，并且所述 Sm123 薄膜的厚度为 0.1~1 微米。”

至此，合议组认为本案事实已经清楚，可以作出审查决定。

二、决定的理由

1. 关于文本

本复审请求审查决定针对的文本是：请求人于2008年8月11日提交的权利要求第1~8项，2005年4月26日进入中国国家阶段时提交的国际申请文件的说明书第1~16页、说明书附图第1~7页及说明书摘要。

2. 关于专利法第33条

专利法第33条规定：申请人可以对其专利申请文件进行修改，但是，对发明和实用新型专利申请文件的修改不得超出原说明书和权利要求书记载的范围。

如果申请的修改内容能从原申请记载的内容中直接地、毫无疑义地确定，则这种修改未超出原始申请文件记载的范围。

就本申请而言，在请求人于2008年8月11日提交的权利要求书中，对权利要求1进行了修改，其中将所述Sm123薄膜的厚度修改为“0.1~1微米”。

本发明的目的在于在基底层上形成目的薄膜的情况下能形成更优质的单晶性薄膜的方法，并提供具有与体材料同等或更好特性的薄膜（参见本申请说明书第2页第4段）。根据本申请说明书第1页第3段的描述，“为了形成显示出高的临界电流密度的氧化物高温超导体薄膜，选择适合于该薄膜的外延生长的基底层是重要的。”根据说明书实施发明的最佳方案部分的记载内容，本申请通过在基底层$BaZrO_3$（即BZO）上形成Sm123膜（即Sm123/BZO），获得了相对于对比例Sm123/MgO显示更高临界电流密度（即Jc）的氧化物高温超导体薄膜。根据本申请说明书第8页第2段记载的内容，“如图7所表明的那样，在BZO基底层上的Sm123膜的厚度薄到约0.1μm的情况下，与MgO基底层上的Sm123膜相比，Jc显著增加了。此外，在Sm123/MgO中，在膜厚增加的同时，Jc也一度增加，但其后立即减少。另一方面，在Sm123/BZO中，可知在膜厚增加的同时，Jc也增加，其后到约1μm的膜厚为止也维持高的Jc。”同时参照图7，本领域技术人员可以得出，当厚度大于0.1微米开始直到1微米时，Sm123/BZO的Jc大于Sm123/MgO的Jc。

综上，请求人将权利要求1中所述Sm123薄膜的厚度修改为“0.1~1微米”，所述修改能从原申请记载的上述内容中直接地、毫无疑义地确定，因此，本申请对权利要求1所作的修改符合专利法第33条的规定。

根据上述事实和理由，合议组作出如下审查决定。

三、决定

撤销国家知识产权局于2007年1月26日针对200380102130.6号发明专利申请作出的驳回决定，由国家知识产权局原审查部门以本复审请求审查决定所针对的文本为基础继续审批程序。

复审请求人对本决定不服的，可以根据专利法第41条第2款的规定，自收到本决定之日起三个月内向北京市第一中级人民法院起诉。

121

个人护理用组合物

复审请求审查决定（第 14368 号）

决　　定　　号　第 14368 号
决　　定　　日　2008 年 8 月 18 日
发明创造名称　个人护理用组合物
国 际 分 类 号　A01N 47/44，A61K 7/32
复 审 请 求 人　尤尼利弗公司
申　　请　　号　98808095.8
优　先　权　日　1997 年 6 月 13 日
申　　请　　日　1998 年 6 月 3 日
公　　开　　日　2000 年 9 月 13 日
合 议 组 组 长　任晓兰
主　　审　　员　危　峰
参　　审　　员　李新芝

法 律 依 据　专利法第 26 条第 4 款
决 定 要 点

如果权利要求所要求保护的技术方案是所属技术领域的技术人员能够从说明书充分公开的内容中概括得到的，且能解决发明所要解决的技术问题，并能达到预期的技术效果，则该权利要求得到了说明书的支持。

一、案由

本复审请求案涉及发明名称为“个人护理用组合物”的 98808095.8 号发明专利申请（下称本申请），申请人为尤尼利弗公司，申请日为 1998 年 6 月 3 日，优先权日为 1997 年 6 月 13 日，公开日为 2000 年 9 月 13 日。

2006 年 9 月 22 日，针对申请人于 2006 年 5 月 25 日提交的权利要求第 1 ~ 8 项、说明书第 3 ~ 5 页，2000 年 2 月 12 日提交的国际初步审查报告附件中文译文的说明书第 1 ~ 2、6 ~ 8 页以及说明书摘要（下称驳回文本），国家知识产权局以本申请不符合专利法第 22 条第 2 款、第 3 款和专利法第 26 条第 4 款的规定为由驳回了本申请。

驳回决定认为：（1）对比文件 1（GB1464005，公开日为 1977 年 2 月 9 日）公开了消灭水生软体动物的方法，并具体公开了“用线性聚合双胍或其盐消灭水生软体动物，其游离碱形式具有重复的聚合单元（即本申请的式 4），优选的聚合双胍是聚（六亚甲基双胍）（下文称 PHMB），其中 X 和 Y

均代表（CH_2）$_6$ 基团，优选使用该化合物的盐酸盐，可使用该聚合双胍的有机酸和无机酸盐，例如硫酸盐、乙酸盐、葡萄糖酸盐或山嵛酸盐，各双胍单元的数目总和是 3~80，在优选的聚（六亚甲基双胍）中，n 值是 6~10”（参见该对比文件的说明书第 2~3 页），并且在实施例中使用聚合双胍的 10° 人工硬水的稀释溶液进行 LC50 值的测定。由此可见，对比文件 1 公开了权利要求 1 的全部技术特征，虽然二者的用途不同，但并不影响组合物本身的新颖性，因此该权利要求不具备新颖性。同理，权利要求 2~4 也不具备新颖性。（2）权利要求 5 与对比文件 1 的区别在于 n 值，但说明书无证据显示当 n 选择 12 时取得了预料不到的技术效果，因此权利要求 5 不具备创造性。同理，权利要求 6~8 也均不具备创造性。（3）权利要求 1 中记载一个较宽的数值范围“4~30 个碳原子”，而说明书中的实施例只公开了其中的“硬脂酸（即 18 个碳原子）”。所属技术领域的技术人员难于预见采用该数值范围内的所有数值均能达到本发明的目的，因此权利要求 1 得不到说明书的支持。权利要求 6 中列举了大量的有机酸，所属技术领域的技术人员难于预见其中所包括的除本申请实施例之外的所有有机酸都均能达到本发明的目的，因此权利要求 6 也得不到说明书的支持。同理，权利要求 7 也未得到说明书的支持。

驳回决定针对的权利要求书如下：

“1. 个人护理用化妆品组合物，其含有：

（a）载体；和

（b）聚合双胍，

其特征在于：所述聚合双胍是具有式 4 所示重复聚合单元的直链聚合双胍，

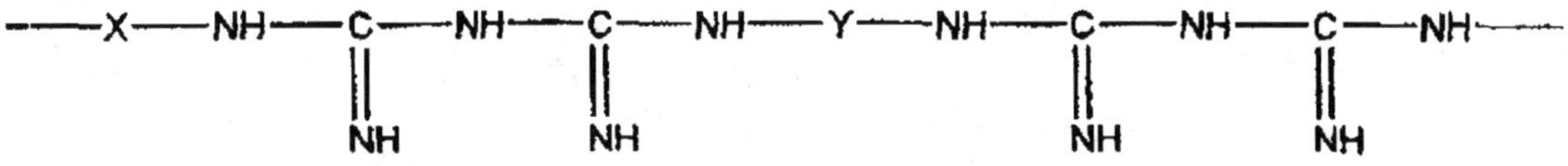

式 4

并且该聚合双胍是与含有 4~30 个碳原子的有机酸的盐的形式，所述有机酸包括它们的混合物，其中以下各双胍单元的数目总合在一起为 3~80：

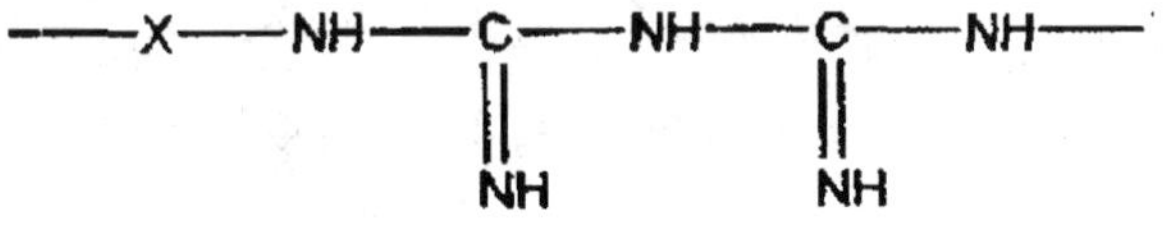

和

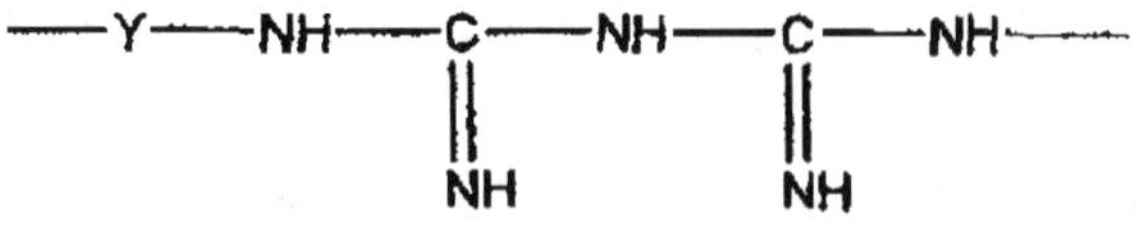

。

2. 权利要求 1 所述的组合物，其特征在于：其中 X 和 Y 均为六亚甲基。

3. 上述权利要求任一项所述的组合物，其特征在于：聚合双胍是游离碱形式的式 5 所示化合物表示的混合物：

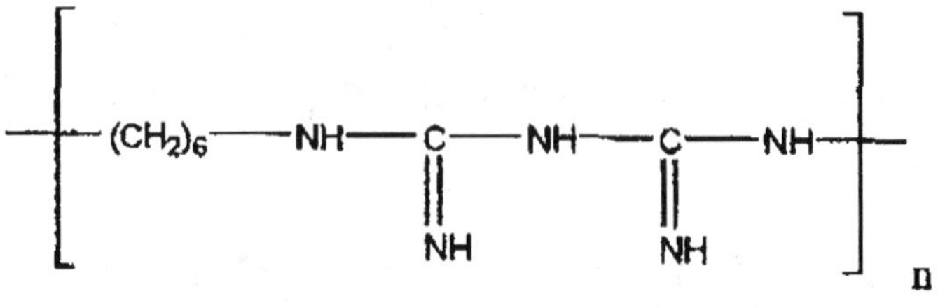

式 5

其中 n 的平均值为 4~40。

4. 权利要求 3 所述的组合物，其特征在于：n 的平均值为 4~15。

5. 权利要求 4 所述的组合物，其特征在于：n 的平均值为 12。

6. 上述权利要求任一项所述的组合物，其特征在于：所述有机酸选自：戊酸、己酸、辛酸、2-辛烯酸、十二烷酸、5-十二碳烯酸、肉豆蔻酸、十五烷酸、棕榈酸、油酸、硬脂酸、二十烷酸、十七烷酸、棕榈油酸、蓖麻油酸、12-羟基硬脂酸、16-羟基十六烷酸、2-羟基己酸、12-羟基十二碳烷酸、5-羟基十二碳烷酸、5-羟基癸酸、4-羟基癸酸、十二烷二酸、十一烷二酸、癸二酸、苯甲酸、羟基苯甲酸和对苯二甲酸。

7. 上述权利要求任一项所述的组合物，其特征在于：所述有机酸含有 12~18 个碳原子。

8. 上述权利要求任一项所述的组合物，其特征在于：所述有机酸是硬脂酸。”

2007 年 1 月 8 日，申请人尤尼利弗公司（下称请求人）对上述驳回决定不服，向专利复审委员会提出复审请求，并提交了经修改的权利要求书。请求人在驳回决定所针对的权利要求书的基础上，将权利要求 1 中的“载体”限定为“有机介质”，且未对上述文本的权利要求 2~8 进行修改。修改后的权利要求 1 为：

“1. 个人护理用化妆品组合物，其含有：

（a）有机介质；和

（b）聚合双胍，

其特征在于：所述聚合双胍是具有式 4 所示重复聚合单元的直链聚合双胍，

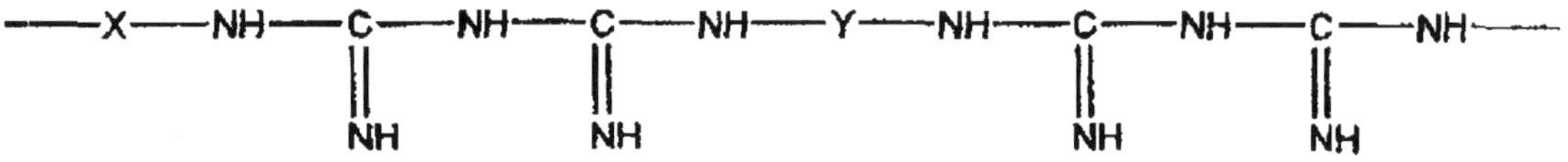

式 4

并且该聚合双胍是与含有 4~30 个碳原子的有机酸的盐的形式，所述有机酸包括它们的混合物，其中以下各双胍单元的数目总合在一起为 3~80：

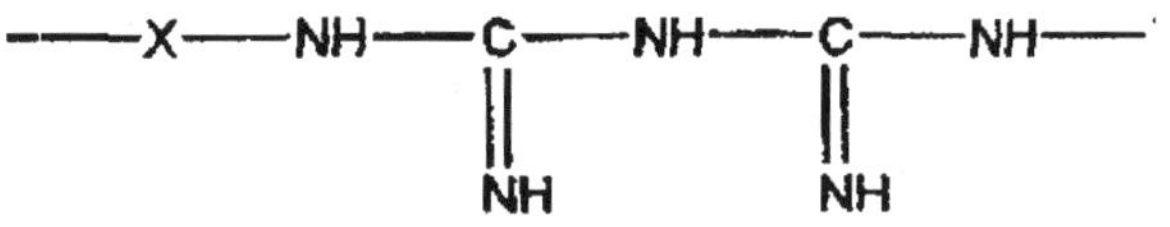

和

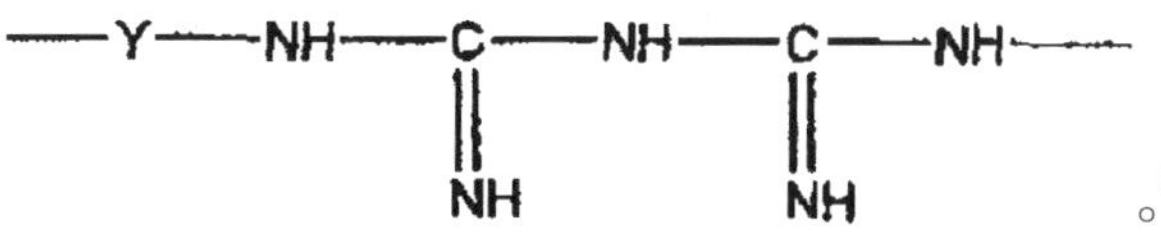

。”

请求人认为：（1）对比文件 1 没有公开含有有机介质的化妆品组合物，其中公开的在池塘等中的载体显然是水，而不是有机介质，由此修改后的权利要求 1 具有新颖性。（2）本申请涉及提供将特定的双胍盐与特定的载体（有机介质）组合而得到的出色的化妆品组合物制剂；对比文件 1 公开的杀灭软体动物的双胍水溶液的用途使得本领域技术人员不会联想到本申请的领域和本申请，由此修改后的权利要求 1 也具有创造性。（3）权利要求 1 中的数值范围“4~30 个碳原子”可以得到说明书第 1 页第 26~31 行的支持，权利要求 6 中的特定有机酸可以得到说明书第 5 页第 16~21 行的支持，且权利要求 7 中的特定有机酸可以得到说明书第 5 页第 5~8 行的支持；并且所述有机酸在有机介质中的溶解度都会增加。

经形式审查合格后，专利复审委员会受理了该请求，并于 2007 年 3 月 7 日向请求人发出了《复审请求受理通知书》，同时将本申请转送至国家知识产权局原审查部门进行前置审查。

在《前置审查意见书》中，国家知识产权局原审查部门认为在说明书中仅有“PHMB 硬脂酸盐表现出与其盐酸盐相类似的微生物活性”的表述，以及仅提供了两个制剂配方的情况下，坚持驳回决定中认为权利要求 1、6、7 未得到说明书支持，不符合专利法第 26 条第 4 款规定的意见，由此坚持驳回决定。

专利复审委员会组成合议组，对本复审请求案进行了审理。合议组于 2008 年 5 月 7 日向请求人发出《复审通知书》，指出：请求人在提出复审请求时，对权利要求 1 进行了修改，修改后的权利要求 1 并未说明所述聚合双胍的重复聚合单元中的“X”和“Y”所代表的含义，由此使得本领域技术人员不能确定权利要求 1 中所述聚合双胍的具体结构，导致其保护范围不清楚，不符合专利法实施细则第 20 条第 1 款的规定。

针对上述《复审通知书》，请求人于 2008 年 6 月 23 日提交了意见陈述书和经修改的权利要求书。请求人在提出复审请求时提交的权利要求书的基础上，根据本申请说明书第 3 页第 14~15 行的内容对权利要求 1 中的“X”和“Y”进行了限定，且未对上述文本的权利要求 2~8 进行修改。请求人认为经此修改的权利要求书已克服了权利要求 1 保护范围不清楚的缺陷。修改后的权利要求 1 为：

“1. 个人护理用化妆品组合物，其含有：

(a) 有机介质；和

(b) 聚合双胍，

其特征在于：所述聚合双胍是具有式 4 所示重复聚合单元的直链聚合双胍，

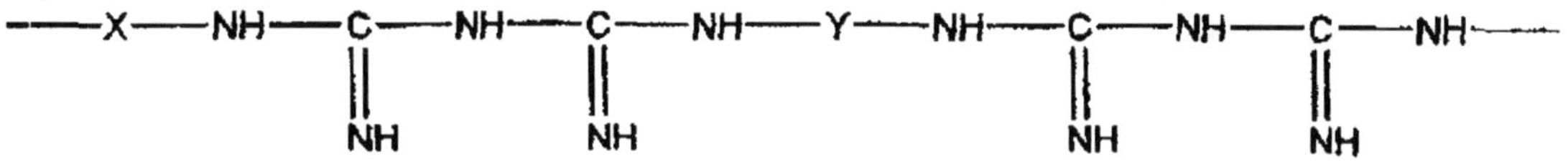

式 4

并且该聚合双胍是与含有 4~30 个碳原子的有机酸的盐的形式，所述有机酸包括它们的混合物，其中以下各双胍单元的数目总合在一起为 3~80：

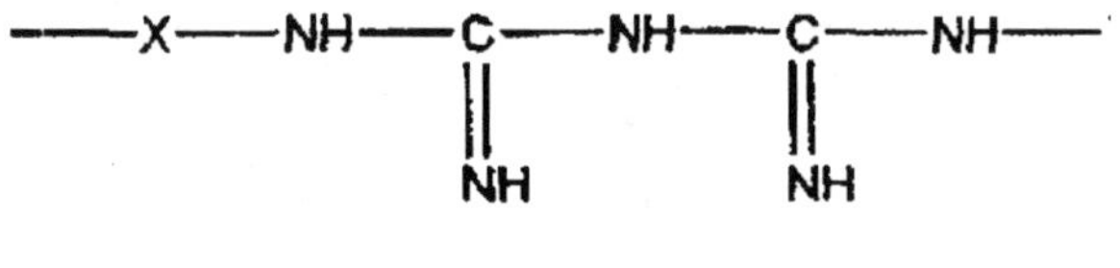

和

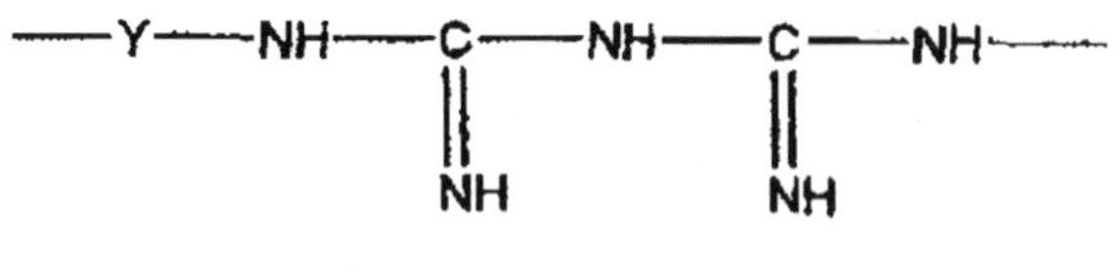

其中 X 和 Y 可以相同或不同并且表示桥连基，其中直接插在与一对桥连基相连的氮原子对之间的碳原子总数不小于 9 并且不大于 17。”

至此，合议组认为本案事实清楚，可以作出审查决定。

二、决定的理由

1. 关于审查文本

本复审请求审查决定针对的文本是：请求人于 2008 年 6 月 23 日提交的权利要求第 1~8 项，2006 年 5 月 25 日提交的说明书第 3~5 页，2000 年 2 月 12 日提交的国际初步审查报告附件中文译文的说明书第 1~2、6~8 页以及说明书摘要。

2. 关于专利法实施细则第 20 条第 1 款

专利法实施细则第 20 条第 1 款规定：权利要求书应当说明发明或者实用新型的技术特征，清楚、简要地表述请求保护的范围。

就本申请而言，请求人在提出复审请求时，对权利要求 1 进行了修改，修改后的权利要求 1 并未说明所述聚合双胍的重复聚合单元中的“X”和“Y”所代表的含义，由此使得本领域技术人员不能确定权利要求 1 中所述聚合双胍的具体结构，导致其保护范围不清楚，不符合专利法实施细则第 20 条第 1 款的规定。

请求人于 2008 年 6 月 23 日提交的经修改的权利要求书中，依据本申请说明书第 3 页第 14~15 行的内容对权利要求 1 中的“X”和“Y”进行了限定“其中 X 和 Y 可以相同或不同并且表示桥连基，其中直接插在与一对桥连基相连的氮原子对之间的碳原子总数不小于 9 并且不大于 17”。从而上述缺陷已克服，权利要求 1 符合专利法实施细则第 20 条第 1 款的规定。

3. 关于专利法第 26 条第 4 款

专利法第 26 条第 4 款规定：权利要求书应当以说明书为依据，说明要求专利保护的范围。

如果权利要求所要求保护的技术方案是所属技术领域的技术人员能够从说明书充分公开的内容中概括得到的，且能解决发明所要解决的技术问题，并能达到预期的技术效果，则该权利要求得到了说明书的支持。

本案中，权利要求 1 要求保护一种个人护理用化妆品组合物，其含有：（a）有机介质；和（b）聚合双胍，所述聚合双胍是式 4 所示的聚合双胍与含有 4~30 个碳原子的有机酸的盐的形式。

根据说明书的记载，市售的双胍类化合物为水溶性盐，这些水溶性盐和聚（六亚甲基双胍）（简称 PHMB）盐酸盐不适合提供一种溶于有机液中的聚合双胍溶液，且会引起严重的腐蚀作用。本申请旨在提供聚合双胍与有机酸组成的盐，此类盐具有高度的抗微生物活性，在有机介质中表现出溶解度增高。

针对上述技术问题，本申请采用的技术方案是，将聚合双胍与含有 4~30 个碳原子的有机酸组成盐，此类盐与有机介质一起来配制个人护理用化妆品组合物。本申请说明书实施例部分中，实施例 1 以硬脂酸（即 18 个碳原子的有机酸）盐作为示例，验证了聚合双胍硬脂酸盐表现出与其盐酸盐相类似的生物活性，实施例 2 和 3 验证了该聚合双胍硬脂酸盐可以用于与有机介质一起配制个人护理用化妆品组合物。此外，对于本领域技术人员来说，相对于盐酸盐在有机介质中的溶解性，聚合双胍有机酸盐在有机介质中的溶解性显然会增高，且随着有机酸盐碳原子的增加，有机酸盐的油溶性也会逐步增加。因此，在无相反证据的前提下，本领域技术人员根据本申请说明书记载的内容，可以推测出将聚合双胍与含有 4~30 个碳原子的有机酸组成盐，均能提供溶于有机介质中的聚合双胍溶液，从而解决本发明的技术问题。

综上所述，权利要求 1 要求保护的技术方案是所属技术领域的技术人员能够从说明书充分公开的内容中概括得到的，且能解决发明所要解决的技术问题，并能达到预期的技术效果。因此，权利要求 1 得到了说明书的支持，符合专利法第 26 条第 4 款的规定。

权利要求 6 和 7 进一步限定了所述有机酸的选择和碳原子数，所述进一步限定在说明书第 5 页中已有明确记载，基于与权利要求 1 相同的理由，权利要求 6 和 7 也能得到说明书的支持，符合专利法第 26 条第 4 款的规定。

4. 关于专利法第 22 条第 2 款和第 3 款

《驳回决定》中还指出：驳回文本的权利要求 1~4 相对于对比文件 1 不具备新颖性，在此基础上，权利要求 5～8 相对于对比文件 1 不具备创造性。请求人在提出复审请求时提交了修改的权利要求书，将其中的组分（a）“载体”修改为“有机介质”。基于对比文件 1 主要涉及一种向孳生软体动物和/或其卵的水中直接加入 PHMB，因此 PHMB 的作用底物是水，不同于本申请权利要求 1 中的“有机介质”；同时，对比文件 1 涉及处理水（例如，花园池塘）中孳生的软体动物的方法，而本申请涉及的则是用于人体表面的化妆品组合物，二者属于不同的领域。本领域技术人员在对比文件 1 的基础上不会想到将其中的水替换为有机介质后，即可将用于处理水系统中孳生的软体动物的组合物用于人体表面，因此，合议组认为，请求人对权利要求的修改已经克服了《驳回决定》指出的权利要求 1～4 不具备新颖性、权利要求 5～8 不具备创造性的缺陷，而且，《前置审查意见》也只坚持认为权利要求 1、6 和 7 不符合专利法第 26 条第 4 款的规定，不再坚持新颖性、创造性的驳回理由；且请求人在答复《复审通知书》时在上述文本的基础上仅对权利要求 1 中不清楚的内容进行了修改。因此，《驳回决定》中指出的权利要求 1～4 不具备新颖性、权利要求 5～8 不具备创造性的缺陷已不存在。

根据上述事实和理由，合议组作出如下审查决定。

三、决定

撤销国家知识产权局于 2006 年 9 月 22 日针对 98808095.8 号发明专利申请作出的驳回决定，由国家知识产权局原审查部门以本复审请求审查决定所针对的文本为基础继续审批程序。

复审请求人对本决定不服的，可以根据专利法第 41 条第 2 款的规定，自收到本决定之日起三个月内向北京市第一中级人民法院起诉。

122

含硒杂环化合物的聚合物及其在制备发光材料中的应用

复审请求审查决定（第 14373 号）

决　定　号　第 14373 号
决　定　日　2008 年 8 月 22 日
发明创造名称　含硒杂环化合物的聚合物及其在制备发光材料中的应用
国 际 分 类 号　C08F130/04，C09K11/06
复 审 请 求 人　华南理工大学
申　请　号　02134210.5
申　请　日　2002 年 6 月 20 日
公　开　日　2003 年 1 月 8 日
合 议 组 组 长　刘　亚
主　审　员　刘　磊
参　审　员　吴红权

法 律 依 据　专利法第 33 条，专利法第 26 条第 3 款和第 4 款，专利法第 22 条第 2 款，专利法第 31 条第 1 款

决 定 要 点

如果请求人提交的修改文本克服了驳回决定和复审通知书所指出的缺陷，则应当在此基础上撤销驳回决定。

一、案由

本复审请求案涉及发明名称为“含硒杂环化合物的聚合物及其在制备发光材料中的应用”的 02134210.5 号发明专利申请（下称本申请），申请人为华南理工大学，申请日为 2002 年 6 月 20 日，公开日为 2003 年 1 月 8 日。

2005 年 8 月 5 日，针对申请人于 2004 年 4 月 2 日提交的权利要求书、申请日提交的说明书和 2002 年 7 月 18 日提交的说明书摘要，国家知识产权局以权利要求 1 不具备专利法第 22 条第 2 款规定的新颖性、权利要求 2 不符合专利法第 31 条第 1 款有关单一性的规定为由驳回了本申请。

驳回决定认为：

（1）权利要求 1 请求保护一种含硒杂环化合物的聚合物。对比文件 1（CN1008318A）公开了一种具有含硒杂环化合物的聚合物，其中 R_1，R_2 各自为氢或含 1~5 个碳原子的烃基，X 为硫、硒或碲（参见对比文件 1 的权利要求 1）。对比文件 1 公开了权利要求 1 的全部技术特征，且对比文件 1 所公开的技术方案与权利要求 1 要求保护的技术方案属于同一技术领域，并能产生相同的技术效果，因此

权利要求 1 不具备专利法第 22 条第 2 款规定的新颖性。

（2）当权利要求 1 不具备新颖性时，权利要求 2 中所列的马库什通式化合物不符合单一性的规定，它们的杂环化合物中含有三类不同的“主要结构单元”，因而权利要求 2 不符合专利法第 31 条第 1 款有关单一性的规定。

驳回决定针对的权利要求书如下：

“1. 一种含硒杂环化合物的聚合物，其特征在于单体为含元素硒的杂环化合物。

2. 根据权利要求 1 所述的含硒杂环化合物的聚合物，其特征在于所述含元素硒的杂环化合物具有如下一种或一种以上结构单元：

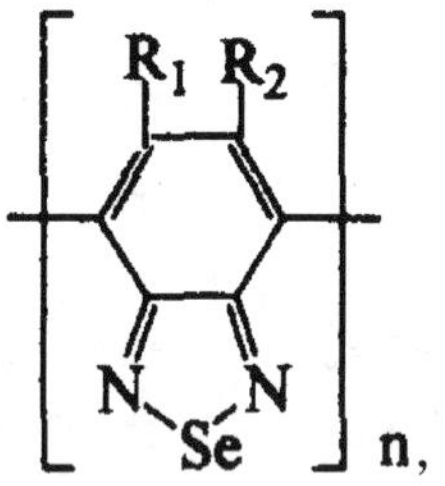

其中 R_1，R_2为 H，C_1-C_{20}的烷基，烷氧基；

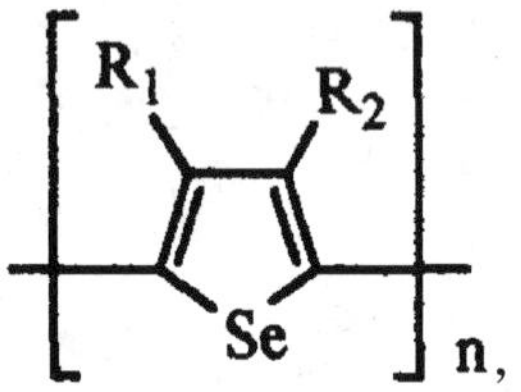

其中 R_1，R_2为 H，C_1-C_{20}的烷基，烷氧基；

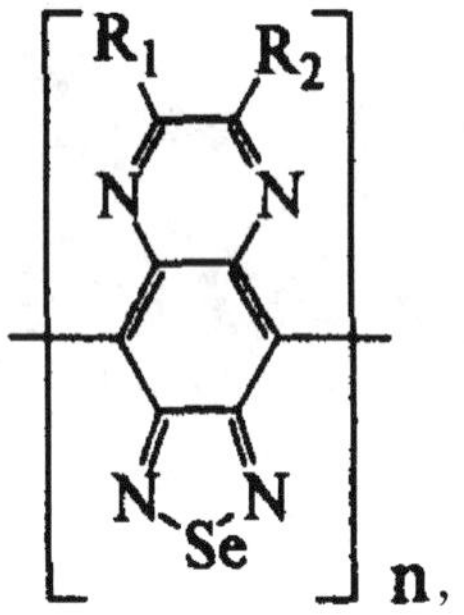

其中 R_1，R_2为 H，C_1-C_{20}的烷基；

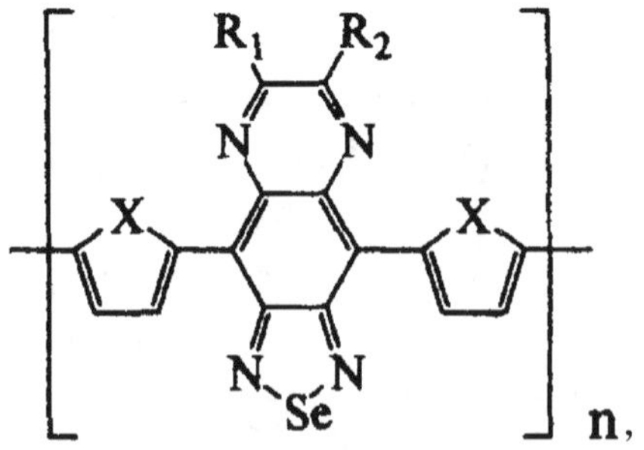

其中 R_1，R_2为 H，C_1-C_{20}的烷基，X 为 S，Se，N-Me；

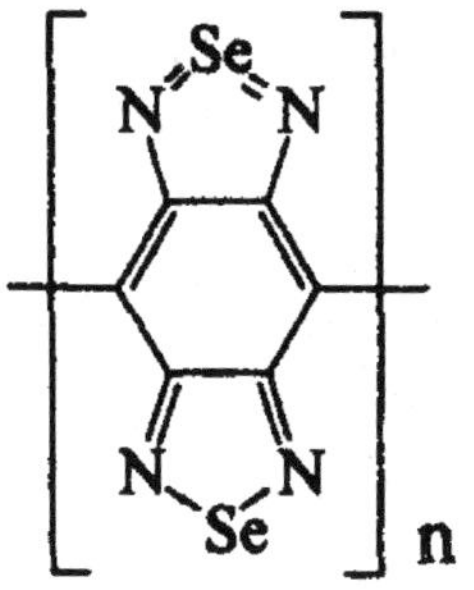

,

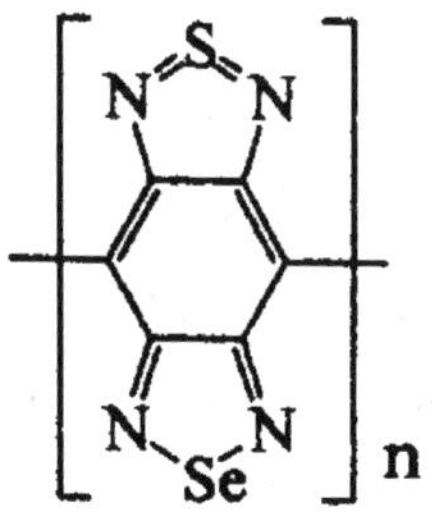

,

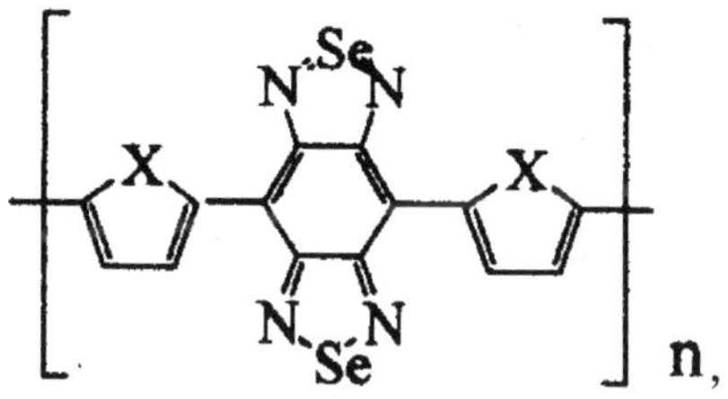

X 为 S，Se，N-Me；

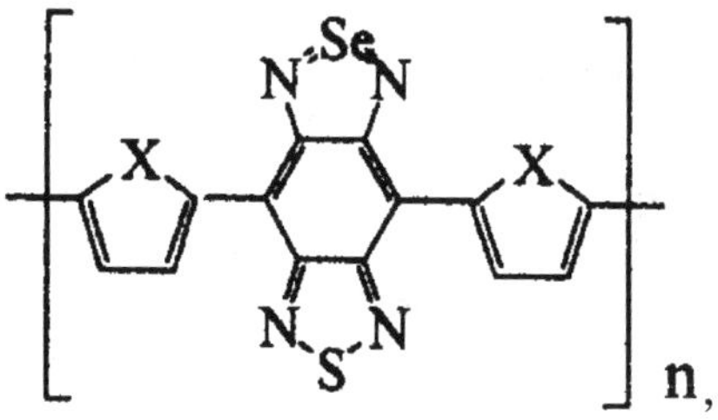

X 为 S，Se，N-Me；

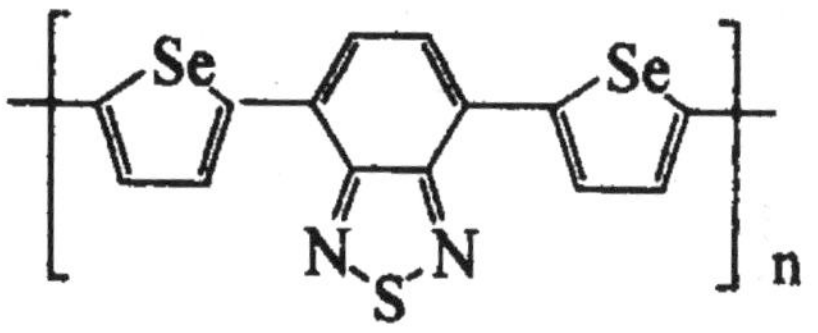

,

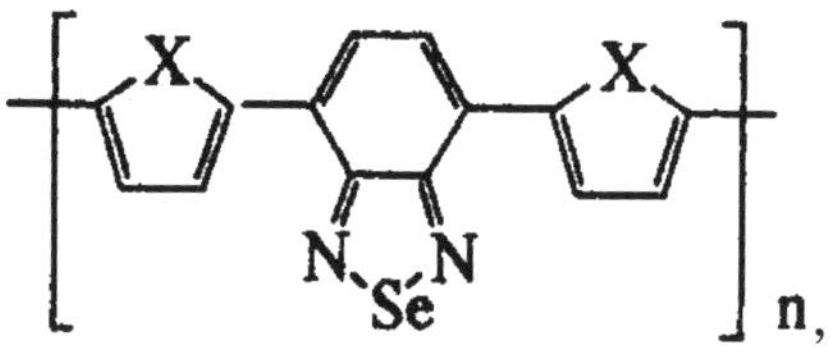

X 为 S，Se，N-Me；

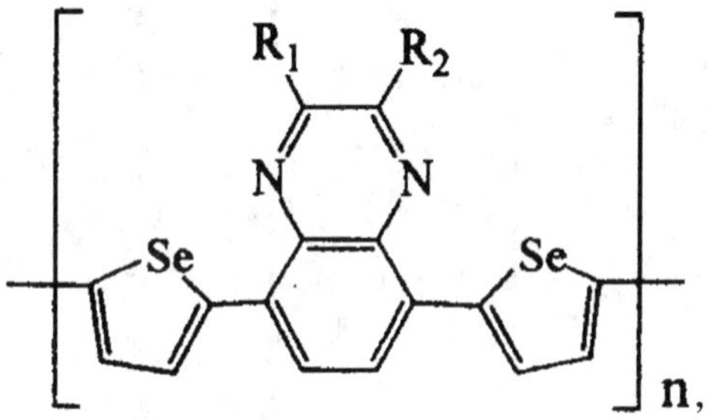

其中 R_1，R_2为 H，C_1-C_{20}的烷基；

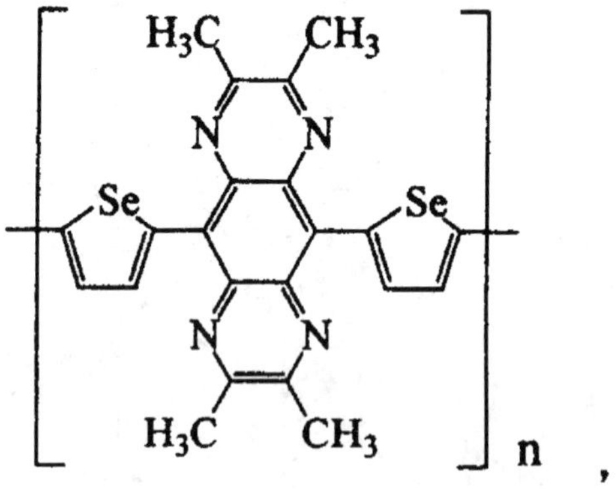

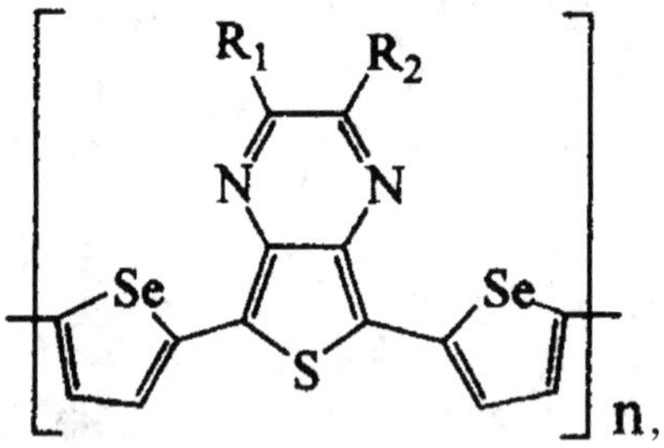

其中 R_1，R_2为 H，C_1-C_{20}的烷基；

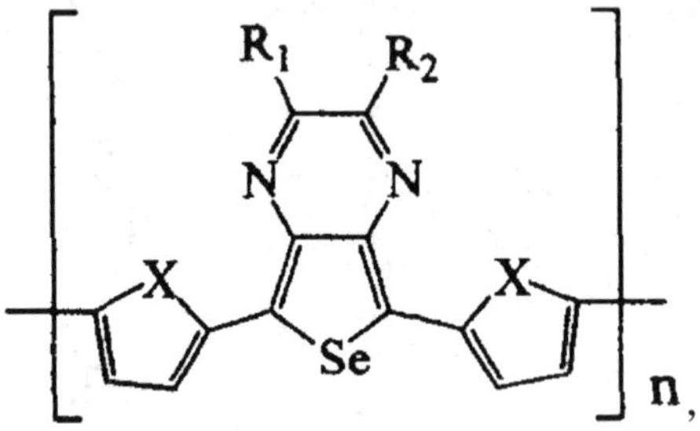

其中 R_1，R_2为 H，C_1-C_{20}的烷基，X 为 S，Se，N-Me；

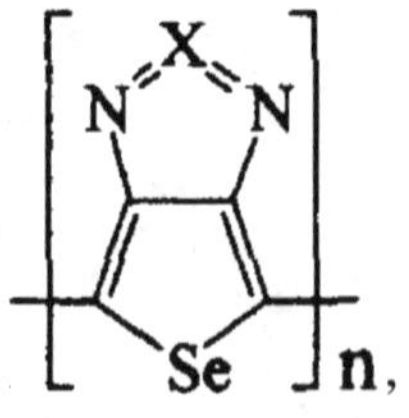

X 为 S，Se；

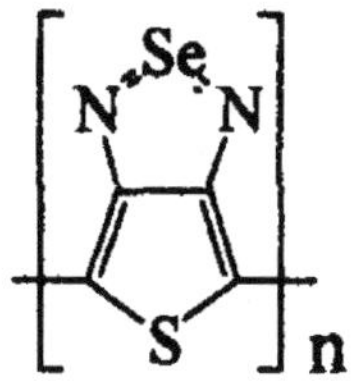

,

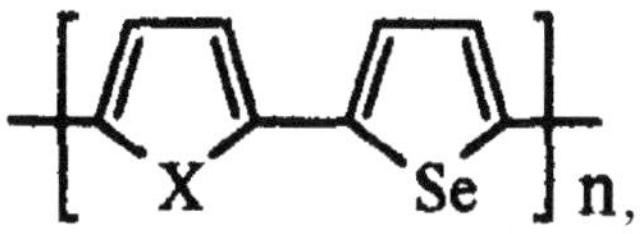

,

X 为 S，Se，N-Me；

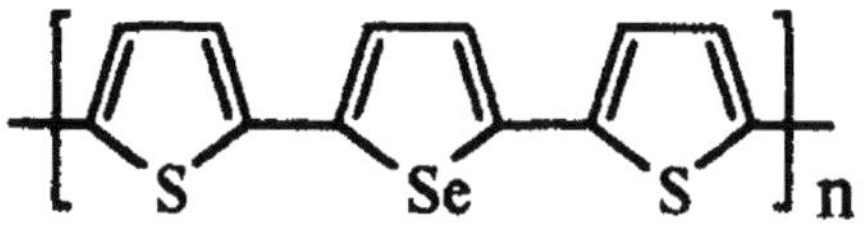

，

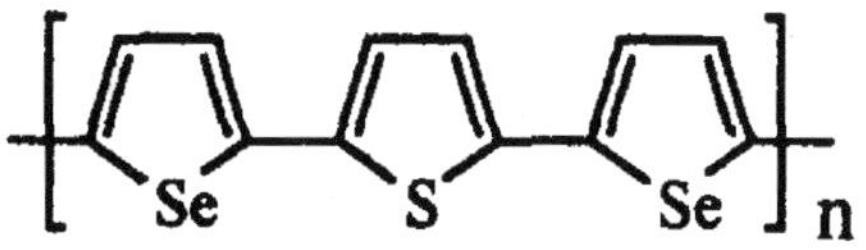

，

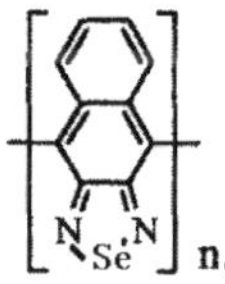

。

3. 根据权利要求 1 或 2 所述的含硒杂环化合物的聚合物，其特征在于含元素硒的杂环化合物在聚合物中占 0.1%～99.9%摩尔。

4. 根据权利要求 1 所述的含硒杂环化合物的聚合物，其特征在于还包括另一组分聚芴、聚对苯、聚对苯乙炔、聚 SPIRO-对苯、梯形聚对苯（ladder-PPP）共轭聚合物一种或一种以上，其中含元素硒的杂环化合物在聚合物中占 0.1%～99.9%摩尔，另一组分的分子结构如下：

聚芴：

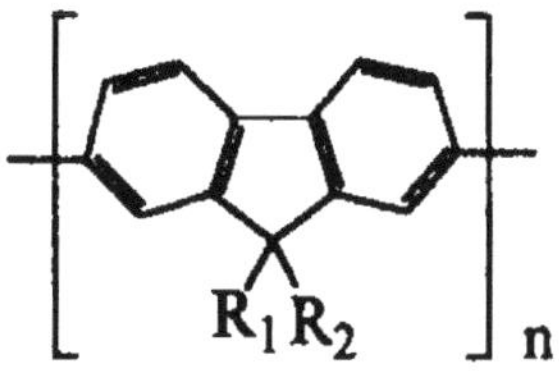

其中 R_1，R_2 为 H，C_1-C_{20}的烷基；

聚对苯：

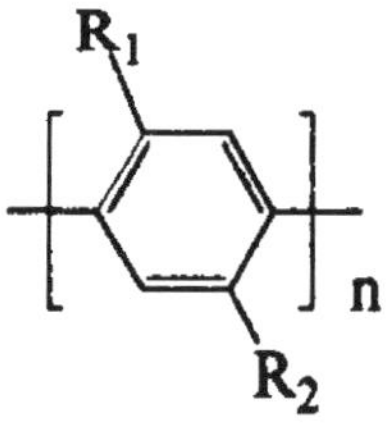

其中 R_1，R_2 为 H，C_1-C_{20}的烷基，烷氧基；

聚对苯乙炔：

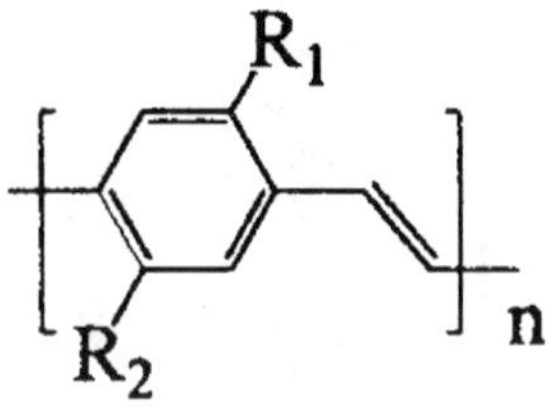

其中 R_1，R_2 为 H，C_1-C_{20}的烷氧基；

聚 SPIRO-对苯：

其中 R_1，R_2 为 H，C_1-C_{20}的烷基；

梯形聚对苯（ladder-PPP）：

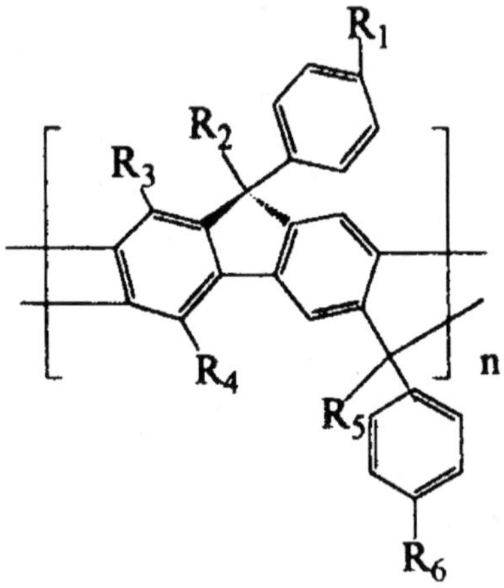

其中 R_1，R_2，R_3，R_4，R_5，R_6 为 H，C_1-C_{20}的烷基。

5. 根据权利要求 1 或 2 所述的含硒杂环化合物的聚合物，其特征在于其发光范围在 400~1100 纳米。

6. 根据权利要求 1 或 2 所述的含硒杂环化合物的聚合物，其特征在于其可溶于一般有机溶剂。

7. 权利要求 1 所述的含硒杂环化合物的聚合物在制备发光材料中的应用。

8. 权利要求 1 所述的含硒杂环化合物的聚合物在制备光伏材料中的应用。

9. 权利要求 1 所述的含硒杂环化合物的聚合物在制备发光二极管、平板显示器中的发光层中的应用。

10. 权利要求 1 所述的含硒杂环化合物的聚合物在制备太阳光伏电池的活性层中的应用。”

2005 年 11 月 3 日，华南理工大学（下称请求人）对上述驳回决定不服，向专利复审委员会提出复审请求，请求人在提出复审请求时对权利要求书主要进行了如下修改：（1）将权利要求 1 中所述的聚合物限定为“共轭共聚物”，并将权利要求 5、6 的附加技术特征并入权利要求 1；（2）删除权利要求 3；（3）将权利要求 2 的内容分开撰写为新的权利要求 2~4；（4）将权利要求 1~5 中“含元素硒的杂环化合物”修改为“含元素硒的共轭杂环组分”；（4）相应调整权利要求的编号。

修改后的权利要求书为：

“1. 一种含硒杂环化合物的聚合物，其特征在于所述聚合物是共轭共聚物，其发光范围在 400~

1100 纳米，溶于有机溶剂，包括含元素硒的共轭杂环组分。

2. 根据权利要求 1 所述的聚合物，其特征在于所述含元素硒的共轭杂环组分具有如下一种或一种以上结构单元：

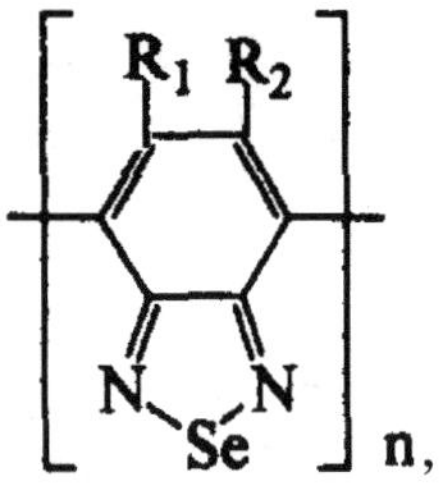

其中 R_1，R_2为 H，C_1-C_{20}的烷基，烷氧基；

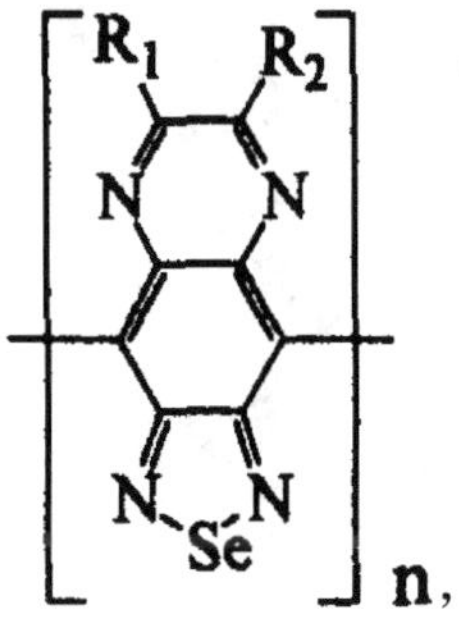

其中 R_1，R_2为 H，C_1-C_{20}的烷基；

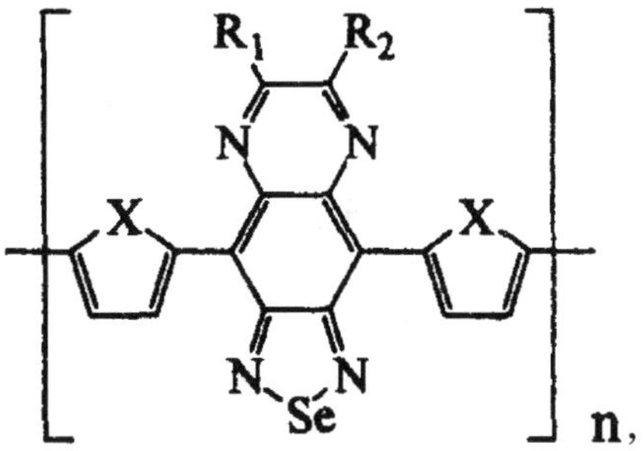

其中 R_1，R_2为 H，C_1-C_{20}的烷基，X 为 S，Se，N-Me；

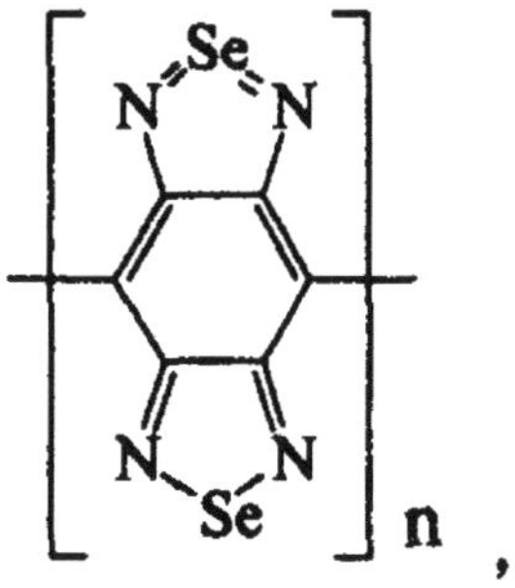

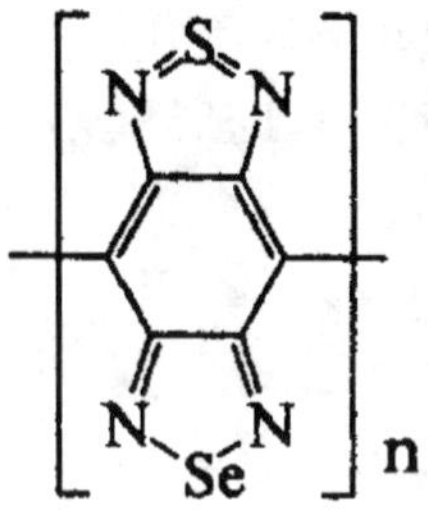

，

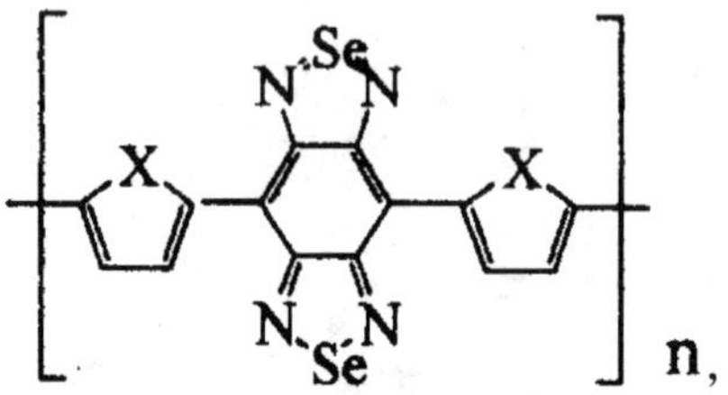

X 为 S，Se，N-Me；

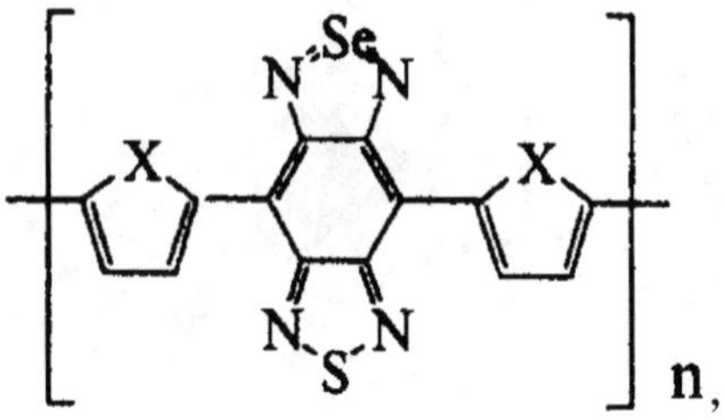

X 为 S，Se，N-Me；

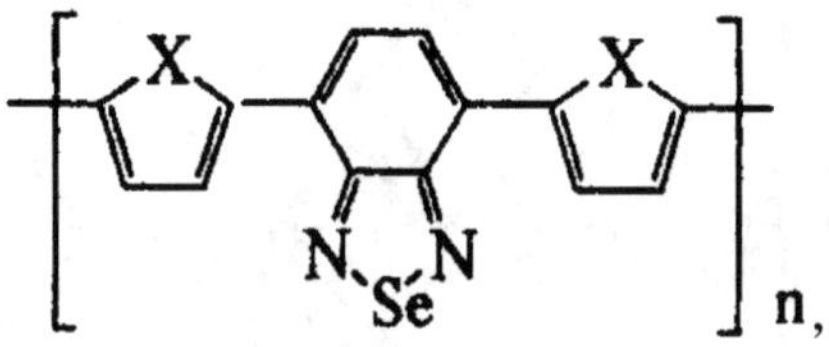

X 为 S，Se，N-Me；

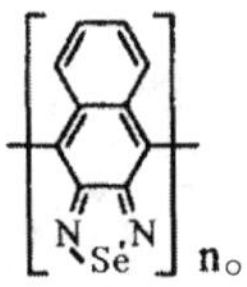

3. 根据权利要求 1 所述的聚合物，其特征在于所述含元素硒的共轭杂环组分具有如下一种或一种以上结构单元：

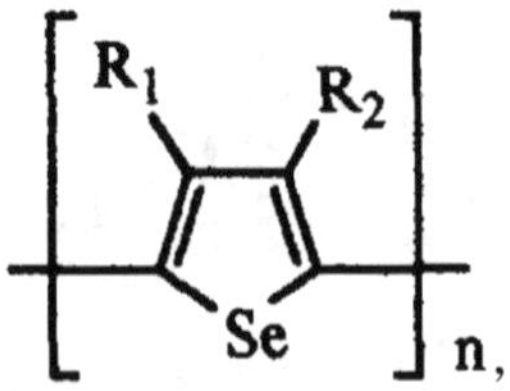

其中 R_1，R_2为 H，C_1-C_{20}的烷基，烷氧基；

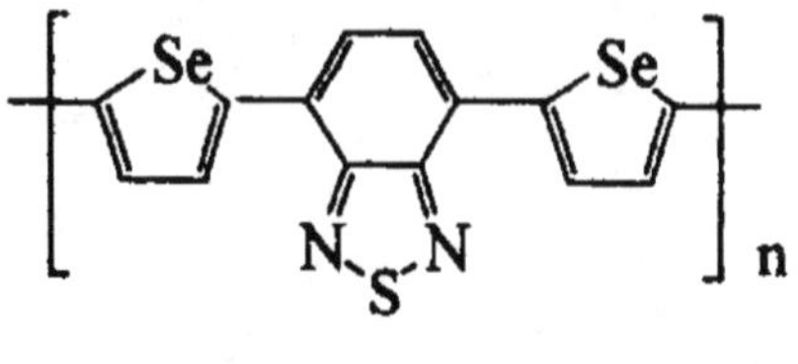

，

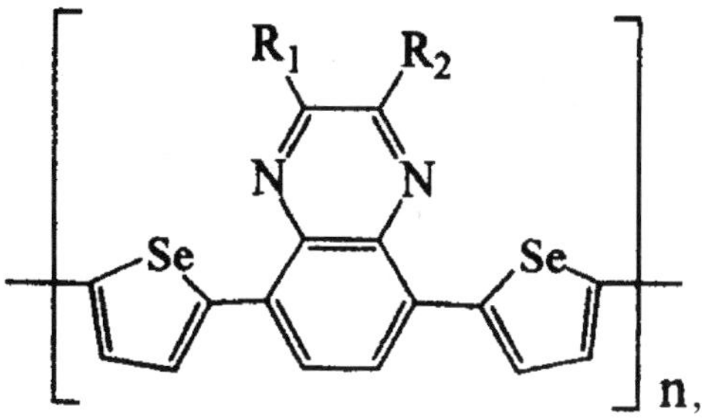

其中 R_1，R_2 为 H，C_1-C_{20} 的烷基；

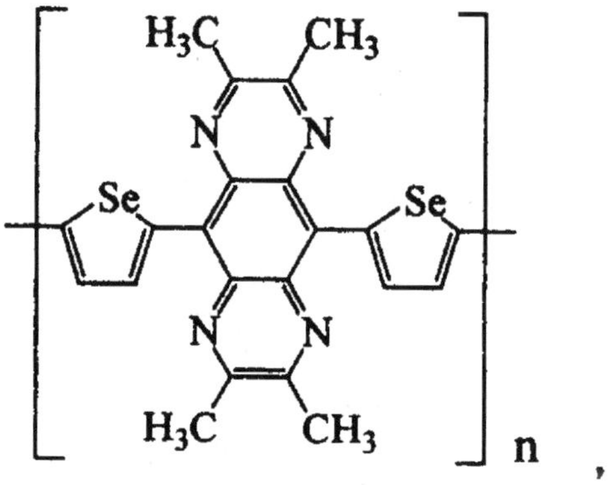

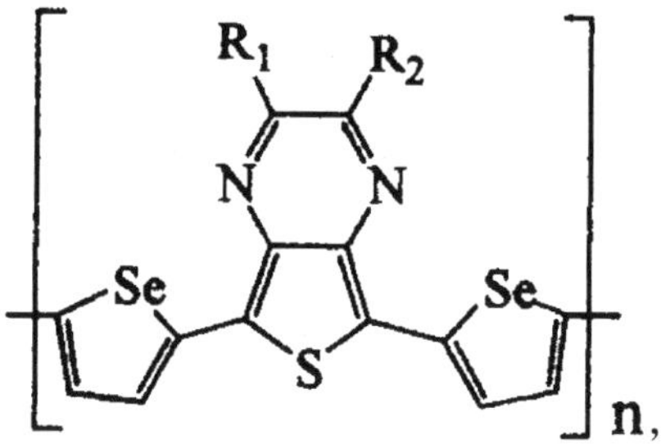

其中 R_1，R_2 为 H，C_1-C_{20} 的烷基；

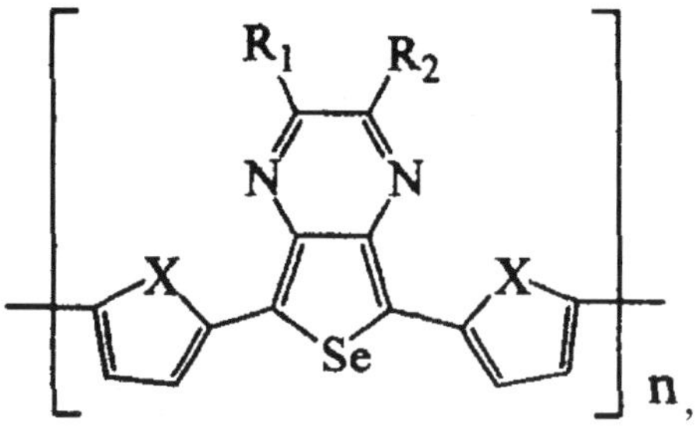

其中 R_1，R_2 为 H，C_1-C_{20} 的烷基，X 为 S，Se，N-Me；

X 为 S，Se；

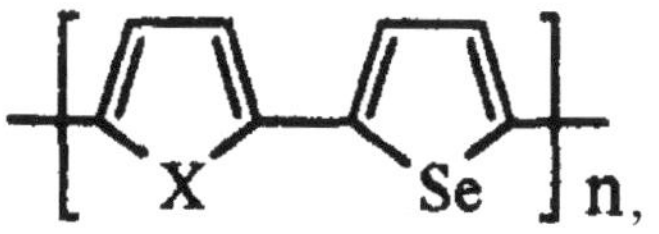

X 为 S，Se，N-Me；

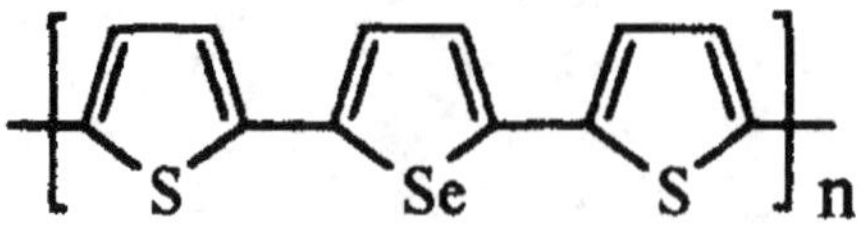

，

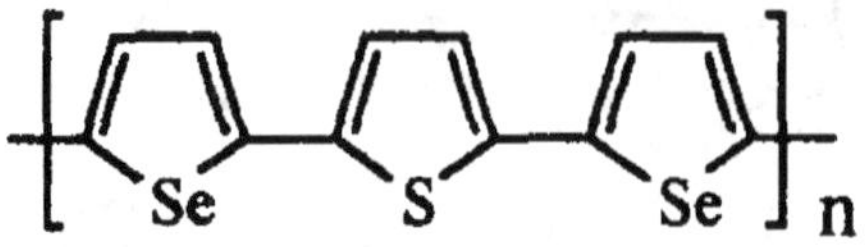

。

4. 根据权利要求 1 所述的聚合物，特征在于所述含元素硒的共轭杂环组分具有如下结构单元：

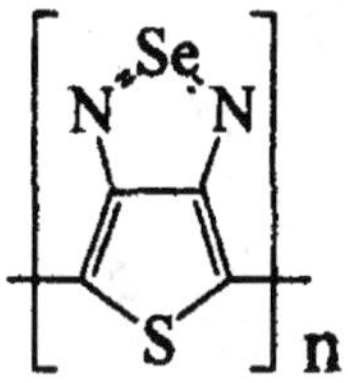

。

5. 根据权利要求 1~4 之一所述的聚合物，其特征在于还包括另一组分单元聚芴、聚对苯、聚对苯乙炔、聚 SPIRO-对苯、梯形聚对苯（ladder-PPP）中的一种或一种以上，其中含元素硒的共轭杂环组分在共聚物中占 0.1%~99.9%摩尔，所述另一组分单元的分子结构如下：

聚芴：

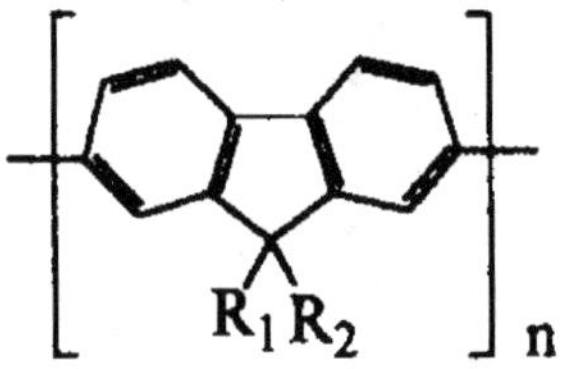

其中 R_1，R_2 为 H，C_1-C_{20}的烷基；

聚对苯：

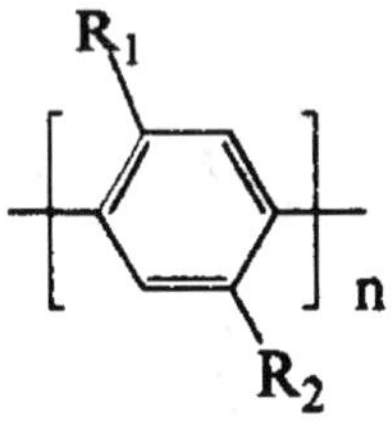

其中 R_1，R_2 为 H，C_1-C_{20}的烷基，烷氧基；

聚对苯乙炔：

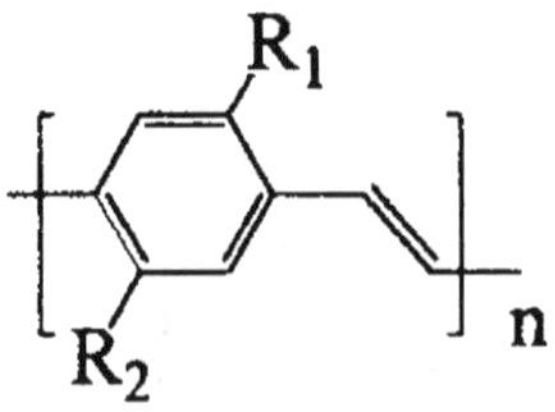

其中 R_1，R_2 为 H，C_1-C_{20}的烷氧基；

聚 SPIRO-对苯：

其中 R_1，R_2 为 H，C_1-C_{20}的烷基；

梯形聚对苯（ladder-PPP）：

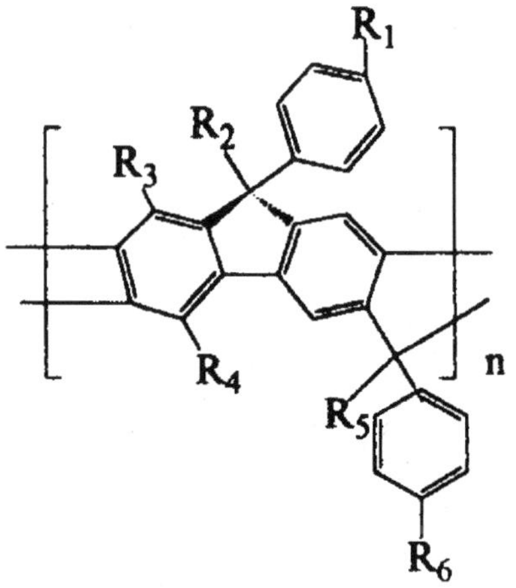

其中 R_1，R_2，R_3，R_4，R_5，R_6 为 H，C_1-C_{20}的烷基。

6. 权利要求 1~5 之一所述的共轭共聚物在制备发光材料中的应用。

7. 权利要求 1~5 之一所述的共轭共聚物在制备光伏材料中的应用。

8. 权利要求 1~5 之一所述的共轭共聚物在制备发光二极管、平板显示器中的发光层中的应用。

9. 权利要求 1~5 之一所述的共轭共聚物在制备太阳光伏电池的活性层中的应用。”

请求人认为：权利要求 1 要求保护的是共轭共聚物，对比文件 1 公开的是共轭均聚物，二者有本质区别，因此权利要求 1 具备新颖性；在权利要求 1 具备新颖性的前提下，权利要求 2 具备单一性。

2005 年 12 月 14 日，经形式审查合格后，专利复审委员会受理了该请求，并向请求人发出了《复审请求受理通知书》，同时将本申请转送至国家知识产权局原审查部门进行前置审查。

在《前置审查意见书》中，国家知识产权局原审查部门认为：修改后的权利要求 2 中仍存在单一性缺陷，因此坚持驳回决定。

专利复审委员会依法组成合议组，对本复审请求案进行了审理。

针对请求人于 2005 年 11 月 3 日提交的权利要求第 1~9 项、申请日提交的说明书第 1~25 页以及 2002 年 7 月 18 日提交的说明书摘要，合议组于 2007 年 5 月 25 日向请求人发出《复审通知书》，指出：

（1）权利要求 1~9 中的“共轭共聚物”和“含元素硒的共轭杂环组分”既未明确地记载在原说明书和权利要求书中，也不能由原说明书和权利要求书记载的内容直接地、毫无疑义地确定，因此权利要求 1~9 的修改超出原申请记载的范围，不符合专利法第 33 条的规定。

（2）权利要求 1~9 要求保护一种含硒杂环化合物的聚合物及其各种应用。对于所要求保护的聚合物产品，本申请说明书实际上仅公开了其重复单元的名称和结构式，并未给出实际制备的共聚物的分子量、分子量分布或其他物理化学表征参数，由于本申请没有给出能够确认说明书实施例所得共聚物产物的表征参数，特别是在没有对其分子量、分子量分布等参数作任何公开的情况下，本领域的技术人员根据本申请对所述共聚物结构如此程度的说明尚不能够确认该共聚物，即，本领域技术人员根据本申请说明书所公开的内容，无法确认本申请所要求保护的共聚物在本申请申请日之前已经确实能够制备出来，因此，本申请不符合专利法第 26 条第 3 款的规定。

2007 年 7 月 11 日，请求人针对上述《复审通知书》提交了意见陈述书；并对提出复审请求时提交的权利要求书进行了修改，其中将权利要求书中的“共轭共聚物”修改为“共聚物”，“含元素硒的共轭杂环组分”修改为“含元素硒的杂环化合物”；同时，请求人还提交了如下附件：

附件 1：本申请实施例 47 的实验过程记录及其解释，盖有“华南理工大学专利事务中心 证明专用章”红章，共 12 页；

附件 2：附件 1 制备的聚合物的 GPC 分子量数据，盖有“华南理工大学专利事务中心 证明专用章”红章，共 10 页；以及

附件 3：Synthesis and optical and electroluminescent properties of novel conjugated copolymers derived from fluorene and benzoselenadiazole，Renqiang Yang et. al.，Macromolecules，Vol. 36，No. 20，2003 年，第 7453~7460 页，复印件共 8 页。

请求人认为：

（1）对于本申请，既可以采用低分子量的聚合物，也可以采用高分子量的聚合物，本领域的技术人员利用实施例中所给出的方法合成出来的聚合物，不管分子量及分子量分布的大小如何，均不影响其发光性能。

（2）原申请说明书的表 4 中已经给出了聚合物的吸收光谱吸收峰，发光光谱（PL）发光峰及发光（PL）效率，聚合物发光器件的电致发光光谱（EL）及电致发光（EL）效率，这些参数足以对聚合物作出明确限定，并足以确认本申请涉及的聚合物是能够制备出来的。

（3）本申请的实施例是实际操作例子，申请人提供实验记录（附件 1、2）证明本申请聚合物在申请日前已经制备出来（附件 1 是实验记录，附件 2 是分子量数据），并在申请日后发表论文（附件 3）。

合议组于 2008 年 4 月 22 日再次向请求人发出《复审通知书》，指出：

化学合成属于一门实验科学，本申请设计的目标产物是否能够制备出来，是需要实验结果进行确认的，尤其设计的目标产物是否具有本申请声称的技术效果，更是需要实验证据予以证明。本申请说明书在表 4 中公开了聚合物 P-1 至 P-5 和 P-10 至 P-12 的薄膜 PL 峰值、薄膜 EL 峰值、PL 效率值和 EL 效率值，仅能证明聚合物 P-1 至 P-5 和 P-10 至 P-12 能够获得“发光范围在 400~1100 纳米”的技术效果。在请求人没有提供实验证据证明权利要求 1 所概括的除上述已证明的聚合物之外的其他共聚物均能制备出来并具有所需的发光性能的情况下，合议组认为，对于权利要求 1 所概括的方案，仅根据说明书公开的内容，本领域技术人员无法预测采用不同于苯并硒二唑（相对应于表 4 中的 M15）的含元素硒杂环化合物、以及采用不同于 CH_2（CH_2）$6CH_3$ 取代的 9，9-二取代芴（相对应于表 4 中的 m^2 和 M9）或 CH_2CH（CH_2CH_3）CH_2（CH_2）$2CH_3$ 取代的 N-取代咔唑（相对应于表 4 中的 M7 和 M14）的共聚单体均能用于制备得到发光范围在 400~1100 纳米的共聚物。也就是说，权利要求 1 包含申请人推测的内容，而其效果又难于预先确定和评价，因此，权利要求 1 的概括超出了说明书公开的范围，没有以说明书为依据，不符合专利法第 26 条第 4 款的规定。同理，权利要求 2~5 以及涉及权利要求 1 所述共聚物的权利要求 6~9 也不符合专利法第 26 条第 4 款的规定。

2008 年 6 月 3 日，请求人针对上述《复审通知书》提交了意见陈述书以及权利要求书全文替换页，相对于 2007 年 7 月 11 日提交的权利要求书而言，请求人删除了权利要求 1，将权利要求 2、3 和 4 重新编号为新的独立权利要求 1、3 和 5；将权利要求 5 重新撰写为分别引用新的独立权利要求 1、3 和 5 的从属权利要求 2、4 和 6；将权利要求书中的“共聚物”修改为“共轭共聚物”，将“含元素硒

的杂环化合物”修改为“含元素硒的共轭杂环组分”；将新的独立权利要求 1 中倒数第 2 个聚合物中的“X 为 S”的情形排除；相应调整权利要求的引用关系和编号。此外，请求人未陈述具体意见。

2008 年 8 月 11 日，专利复审委员会收到请求人再次提交的权利要求书全文替换页，修改后的权利要求书为：

“1. 一种含硒杂环化合物的聚合物，其特征在于所述聚合物的发光范围在 400~1100 纳米，溶于有机溶剂，包括在聚合物中占 0.1%~99.9%摩尔的含元素硒的杂环组分，所述含元素硒的杂环组分具有如下结构单元：

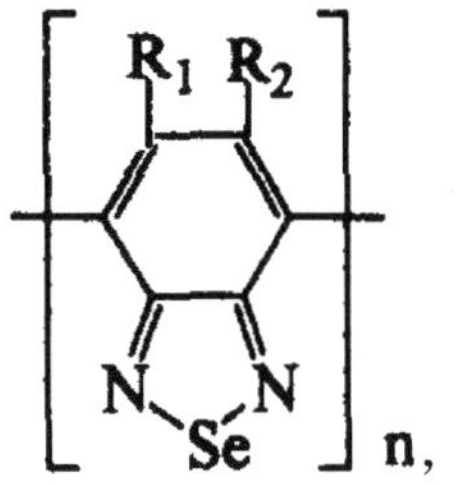

其中 R_1，R_2为 H，C_1-C_{20}的烷基，烷氧基；

该聚合物还包括另一结构单元聚芴，其分子结构如下：

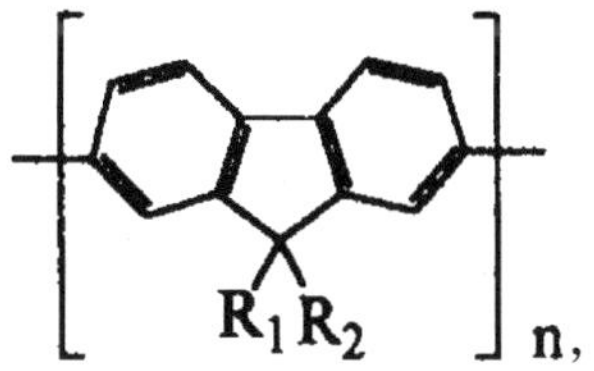

其中 R_1，R_2 为 H，C_1-C_{20}的烷基。

2. 权利要求 1 所述的聚合物在制备发光材料中的应用。

3. 权利要求 1 所述的聚合物在制备光伏材料中的应用。

4. 权利要求 1 所述的聚合物在制备发光二极管、平板显示器中的发光层中的应用。

5. 权利要求 1 所述的聚合物在制备太阳光伏电池的活性层中的应用。”

经过上述审查程序，合议组认为本案事实已经清楚，可以作出审查决定。

二、决定的理由

1. 关于审查文本

本复审请求审查决定针对的文本为专利复审委员会于 2008 年 8 月 11 日收到的请求人提交的权利要求第 1~5 项，请求人于 2002 年 6 月 20 日提交的说明书第 1~25 页以及于 2002 年 7 月 18 日提交的说明书摘要。

2. 关于专利法第 33 条

专利法第 33 条规定，申请人可以对其专利申请文件进行修改，但是，对发明和实用新型专利申请文件的修改不得超出原说明书和权利要求书记载的范围。

就本申请而言，第一次《复审通知书》指出请求人提出复审请求时提交的权利要求 1~9 中的修改内容“共轭共聚物”和“含元素硒的共轭杂环组分”既未明确地记载在原说明书和权利要求书中，也不能由原说明书和权利要求书记载的内容直接地、毫无疑义地确定，因此权利要求 1~9 的修改不符合专利法第 33 条的规定。在专利复审委员会于 2008 年 8 月 11 日收到的请求人提交的权利要求第 1~5项中，上述修改内容皆已删除，并且，该权利要求 1~5 项的方案可由本申请说明书第 1 页、第 4 页和第 5 页第 1~5 行记载的内容直接地、毫无疑义地确定，因而，上述《复审通知书》指出的权利要求的修改不符合专利法第 33 条规定的缺陷已被克服。

3. 关于专利法第 26 条第 3 款和第 4 款

专利法第 26 条第 3 款规定，说明书应当对发明或者实用新型作出清楚、完整的说明，以所属技术领域的技术人员能够实现为准。

专利法第 26 条第 4 款规定：权利要求书应当以说明书为依据，说明要求专利保护的范围。

就本申请而言，合议组在第一次《复审通知书》中指出，请求人提出复审请求时提交的权利要求 1~9 要求保护一种含硒杂环化合物的聚合物及其各种应用，本领域技术人员根据本申请说明书所公开的内容，无法确认其所要求保护的共聚物在本申请申请日之前已经确实能够制备出来，因此不符合专利法第 26 条第 3 款的规定。在第二次《复审通知书》中合议组坚持了第一次《复审通知书》的观点，并进一步阐明，对于请求人在答复第一次《复审通知书》（即 2007 年 7 月 11 日）时提交的权利要求第 1~9 项，在请求人没有提供实验证据证明其所概括的全部共聚物均能制备出来并具有所需的发光性能的情况下，其包含申请人推测的内容，而其效果又难于预先确定和评价，因此不符合专利法第 26 条第 4 款的规定。

在专利复审委员会于 2008 年 8 月 11 日收到的请求人主动提交的权利要求第 1~5 项中，权利要求 1 要求保护的聚合物已限制为包括未取代的或由 C_1-C_{20}的烷基或烷氧基取代的苯并硒二唑结构单元，和未取代的或 C_1-C_{20}的烷基取代的 9，9-二取代聚芴结构单元。合议组查明，本申请说明书在表 4 中公开了实施例 47 中由 m^2、M9 和 M15 聚合得到的聚合物 P-1 至 P-5（M15：苯并硒二唑、m^2：CH_2（CH_2）$6CH_3$ 取代的 2，7-二溴 9，9-二取代芴和 M9：9，9-二取代-2，7-二硼酸酯芴的共聚物）的薄膜 PL 峰值、薄膜 EL 峰值、PL 效率值和 EL 效率值，表明聚合物 P-1 至 P-5 的发光范围在 400~1100 纳米。也就是说，本申请说明书公开了聚合物 P-1 至 P-5 的制备方法，和对应于该共聚物的发光效果的实验数据。合议组认为，在此情况下，根据说明书公开的内容，可以认为本领域技术人员在申请日前应能够制备上述共聚物，并且能够确认所述发光效果是由上述共聚物直接产生的。此外，权利要求 1 中要求保护的聚合物已限制为包括未取代的或由 C_1-C_{20}的烷基或烷氧基取代的苯并硒二唑结构单元，和未取代的或 C_1-C_{20}的烷基取代的 9，9-二取代聚芴结构单元，可见，请求人只是在说明书的表 4 中记载的相应共聚单体 m^2、M9 和 M15 的基础上对共聚单体的取代基进行了小范围概括：将未取代的苯并硒二唑概括为未取代的或由 C_1-C_{20} 的烷基或烷氧基取代的苯并硒二唑；将 CH_2（CH_2）$6CH_3$取代的 9，9-二取代芴概括为未取代的或 C_1-C_{20}的烷基取代的 9，9-二取代聚芴。由于没有证据表明本发明的发明点在于上述取代基的选择，并且本领域技术人员通常认为上述概括的取代基在本发明涉及的反应和产物中具有类似的性质，因此，在没有相反证据证明该概括范围内存在无法实现本发明目的和效果的情形的情况下，应当认为，上述概括是合理的，也就是说，根据本申请说明书公开的内容，本领域技术人员能够预期该权利要求 1 所概括的共聚物均能实现本发明的目的，即权利要求 1 得到了说明书的支持。同理，涉及权利要求 1 所述共聚物之应用的权利要求 2~5 也能够得到说明书的支持。综上所述，第一次和第二次《复审通知书》所指出的本申请不符合专利法第 26 条第 3 款和第 4 款规定的理由已不再成立。

4. 关于专利法第 22 条第 2 款

专利法第 22 条第 2 款规定：新颖性，是指在申请日以前没有同样的发明或者实用新型在国内外出版物上公开发表过、在国内公开使用过或者以其他方式为公众所知，也没有同样的发明或者实用新型由他人向国务院专利行政部门提出过申请并且记载在申请日以后公布的专利申请文件中。

就本申请而言，权利要求 1 要求保护的聚合物包括未取代的或由 C_1-C_{20}的烷基或烷氧基取代的苯并硒二唑结构单元，和未取代的或 C_1-C_{20}的烷基取代的 9，9-二取代聚芴结构单元。显然，权利要求

1 所述的聚合物为共聚物，而对比文件 1 公开的含硒杂环化合物是均聚物（参见对比文件 1 的权利要求 1），二者实质上不同，因此，权利要求 1 相对于对比文件 1 具备新颖性。也就是说，驳回决定指出的本申请权利要求 1 相对于对比文件 1 不符合专利法第 22 条第 2 款规定的缺陷已被克服。

5. 关于专利法第 31 条第 1 款

专利法第 31 条第 1 款规定，一件发明或者实用新型专利申请应当限于一项发明或者实用新型。属于一个总的发明构思的两项以上的发明或者实用新型，可以作为一件申请提出。

就本申请而言，驳回决定认为，其所针对的从属权利要求 2 中所列的马库什式化合物中含有如下三类不同的“主要结构单元”：

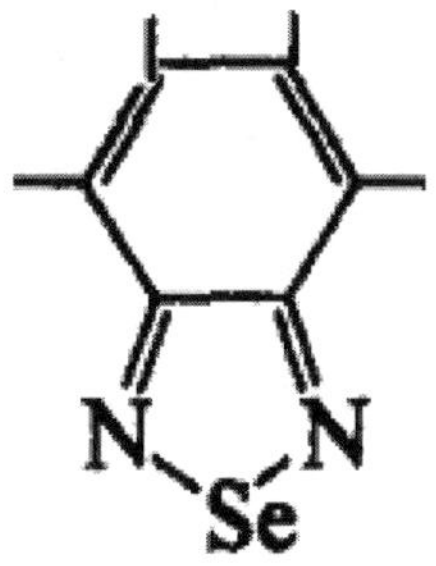

，

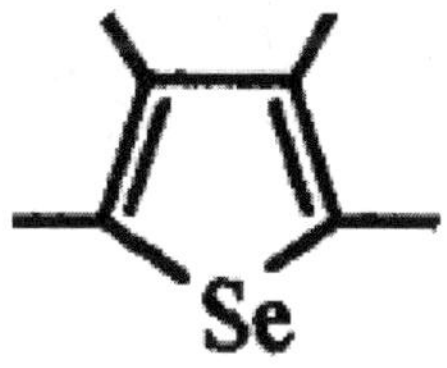

，

和

，

因此，权利要求 2 不符合专利法第 31 条第 1 款的规定。

专利复审委员会于 2008 年 8 月 11 日收到的请求人提交的权利要求 1~5 中，相应的化合物仅含有一类所述“主要结构单元”：

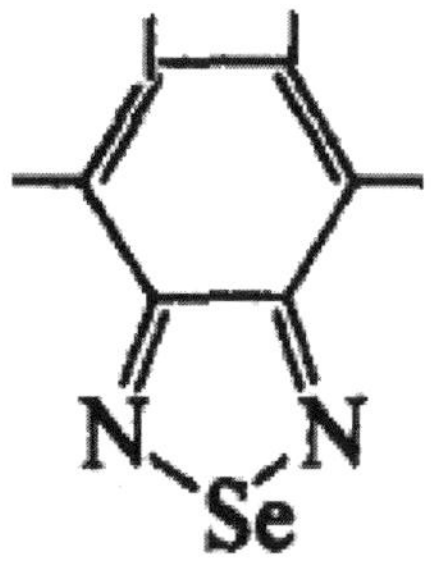

。

因此，驳回决定指出的本申请不符合专利法第 31 条第 1 款规定的理由已不再成立，即，驳回决定指出的本申请不符合专利法第 31 条第 1 款规定的缺陷已被克服。

综上所述，合议组认为，本申请的权利要求 1~5 已经克服了《驳回决定》和《复审通知书》所指出的缺陷。

根据上述事实和理由，合议组作出如下决定。

三、决定

撤销国家知识产权局于2005年8月5日针对02134210.5号发明专利申请作出的驳回决定，由国家知识产权局原审查部门以本复审请求审查决定针对的文本为基础继续审查。

复审请求人对本决定不服的，可以根据专利法第41条第2款的规定，自收到本决定之日起三个月内向北京市第一中级人民法院起诉。

123

含有选自苯甲酰基吡唑类除草剂的增效除草组合物

复审请求审查决定（第 14381 号）

决　定　号　第 14381 号
决　定　日　2008 年 7 月 21 日
发明创造名称　含有选自苯甲酰基吡唑类除草剂的增效除草组合物
国 际 分 类 号　A01N43/56
复 审 请 求 人　拜尔作物科学有限公司
申　请　号　02823129.5
申　请　日　2002 年 11 月 13 日
优 先 权 日　2001 年 11 月 22 日
公　开　日　2005 年 3 月 2 日
合 议 组 组 长　汪送来
主　审　员　李新芝
参　审　员　刘　亚

法 律 依 据　专利法第 31 条
决 定 要 点
以删除方式修改后的权利要求克服了驳回决定及复审通知书指出的缺陷，驳回理由不再成立。

一、案由

本复审请求案涉及发明名称为“含有选自苯甲酰基吡唑类除草剂的增效除草组合物”的 02823129.5 号发明专利申请（下称本申请），申请人为拜尔作物科学有限公司，申请日为 2002 年 11 月 13 日，优先权日为 2001 年 11 月 22 日，公开日为 2005 年 3 月 2 日。

2006 年 7 月 7 日，针对申请人于 2006 年 6 月 12 日提交的权利要求书和说明书第 11、13 页，进入中国国家阶段时提交的说明书第 1~10、12 页及说明书摘要，国家知识产权局以本申请不符合专利法第 31 条第 1 款的规定为由驳回了本申请。

驳回决定认为：权利要求 1 为马库什权利要求，其中马库什要素 A 为已知化合物，没有对现有技术作出贡献，而马库什要素 B 中的 B2 类可选化合物不具有共同的结构，相互替代不能得到相同的结果，因此不能被认为是属于同一类化合物，因此权利要求 1 所要求保护的发明不具备单一性，不符合专利法第 31 条第 1 款的规定。

驳回决定针对的权利要求 1 如下：

“1. 一种除草组合物，包含活性量的

A）至少一种式（I）的化合物或其农业上适合的盐（组分 A）

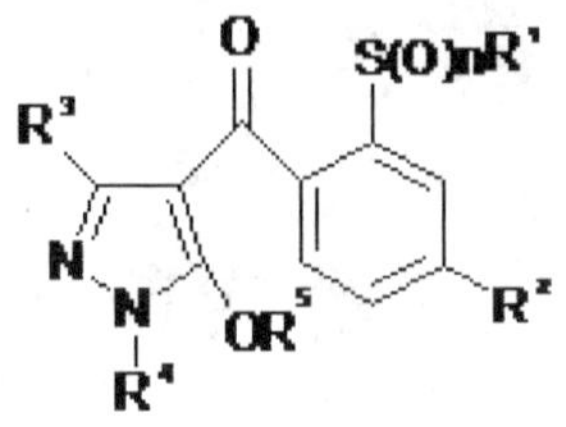

（I），

其中

R^1 为甲基或乙基；

R^2 为三氟甲基、氟、氯或溴；

R^3 为氢或甲基；

R^4 为甲基或乙基；

R^5 为氢、甲基磺酰基、乙基磺酰基、正丙基磺酰基、苯磺酰基、4-甲苯磺酰基、苄基、苯甲酰基甲基、硝基苯甲酰基甲基或4-氟-苯甲酰基甲基，以及

n 为 0，1 或 2，和

B）至少一种选自下组的化合物（组分 B）

B2 光合作用电子传导抑制剂：

阿特拉津（B2.1）、溴苯腈（B2.2）、异丙隆（B2.3）、嗪草酮（B2.4）、敌稗（B2.5），

组合物含有重量比为 1∶2000 至 2000∶1 的式（I）化合物或其盐（组分 A）和 B2 组的化合物（组分 B）。”

2006 年 10 月 23 日，申请人拜尔作物科学有限公司（下称请求人）对上述驳回决定不服，向专利复审委员会提出复审请求，请求人在提出复审请求时没有对申请文件进行修改。

请求人认为：B2 类化合物是“光合作用传导抑制剂”，该类化合物在所属技术领域被归为具有相同作用机制而具有共同性能的同一类除草剂。所述 B2 类化合物均可产生光合作用传导抑制作用，因此本领域技术人员会由于其相同的作用机制而预期它们相互替代后所要达到的效果相同。因此审查员仅以结构不同就认定它们不属于同一类化合物的判断缺乏理论依据，不符合审查指南关于马库什权利要求单一性的判断标准。

经形式审查合格后，专利复审委员会受理了该请求，并于 2006 年 11 月 21 日向请求人发出了《复审请求受理通知书》，同时将本申请转送至国家知识产权局原审查部门进行前置审查。

在《前置审查意见书》中，国家知识产权局原审查部门认为驳回决定中的缺陷依然存在，因此坚持驳回决定。

2006 年 12 月 4 日，请求人补充提交了以下证据 1 以证明在本申请的申请日前，所有 B2 化合物被明确为具有“光合作用电子传导抑制剂”的作用机制的化合物。

证据 1：《The Pesticide Manual》，12th edition，2000，British Crop Protection Council，封面页，版权页，第 42、110、111、548、549、559、642、643、771 页，复印件共 11 页。

专利复审委员会组成合议组，对本复审请求案进行了审理。

2007 年 12 月 5 日，请求人由拜尔作物科学有限公司变更为拜尔作物科学股份公司。

2008 年 3 月 10 日，专利复审委员会本案合议组向请求人发出《复审通知书》，指出：权利要求 1 属于马库什权利要求。对于该权利要求中选自组分（B2）的各除草剂而言，其相互之间结构差异很大，是本领域公知的属于不同结构类型的除草剂，例如阿特拉津（B2.1）为均三氮苯类除草剂，异丙隆（B2.3）为脲类除草剂，嗪草酮（B2.4）为三嗪酮类除草剂，敌稗（B2.5）为N-苯基酰胺类除草剂，溴苯腈（B2.2）则为其他类除草剂。虽然请求人提供的上述证据1能够证明选自组分（B2）的所有除草剂均属于光合作用电子传导抑制剂，但这仅仅表明选自组分（B2）的这些除草剂具有相同的作用机理，而现有技术中并没有教导或有证据证明作用机理相同的所有除草剂与其他除草剂复配时均会具有相同的表现，即如果其中一种除草剂复配后具有增效效果，则具有相同作用机理的其他除草剂在复配后也都会具有增效效果。因此本领域技术人员无法预期选自组分（B）的除草剂相互替代后所要达到的效果相同，不应认为组分（B）的各个可选择化合物在本领域中属于公认的同一化合物类别，因此，权利要求1的技术方案不具备相同或相应的特定技术特征，不具有单一性，不符合专利法第31条第1款的规定。

针对上述《复审通知书》，请求人于2008年6月25日提交了意见陈述书和修改的权利要求书替换页，请求人将权利要求1中的组分B限定为溴苯腈（B2.2）。

修改后的权利要求1如下：

“1. 一种除草组合物，包含活性量的

A）至少一种式（I）的化合物或其农业上适合的盐（组分A）

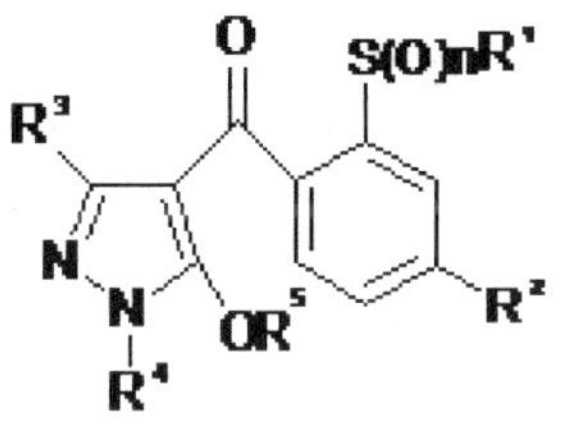

（I），

其中

R^1 为甲基或乙基；

R^2 为三氟甲基、氟、氯或溴；

R^3 为氢或甲基；

R^4 为甲基或乙基；

R^5 为氢、甲基磺酰基、乙基磺酰基、正丙基磺酰基、苯磺酰基、4-甲苯磺酰基、苄基、苯甲酰基甲基、硝基苯甲酰基甲基或4-氟-苯甲酰基甲基，以及

n为0，1或2，和

B）溴苯腈（B2.2）；

组合物含有重量比为1∶2000至2000∶1的式（I）化合物或其盐（组分A）和B组的化合物（组分B）。”

请求人认为，所有修改均是针对复审意见进行的，并且均在本申请的原始公开范围内，符合专利法第33条的规定，而且上述修改已经完全不涉及合议组在通知书中所指出的缺陷。

经合议，合议组认为本案事实已经清楚，可以依法作出审查决定。

二、决定的理由

1. 关于审查文本

本复审决定是以请求人于2008年6月25日提交的权利要求第1~7项，2006年6月12日提交的说明书第11、13页，进入中国国家阶段时提交的说明书第1~10、12页及说明书摘要为基础作出的。

2. 关于单一性

专利法第31条第1款规定：一件发明或者实用新型专利申请应当限于一项发明或者实用新型。属于一个总的发明构思的两项以上的发明或者实用新型，可以作为一件申请提出。

具体到本申请，驳回决定及复审通知书认为，对于权利要求1中选自组分（B）的各除草剂而言，其相互之间结构差异很大，是本领域公知的属于不同结构类型的除草剂，本领域技术人员无法预期选自组分（B）的除草剂相互替代后所要达到的效果相同，故不应认为组分（B）的各个可选择化合物在本领域中属于公认的同一化合物类别，因此，权利要求1的技术方案不具备相同或相应的特定技术特征，不具有单一性，不符合专利法第31条第1款的规定。为此，请求人于2008年6月25日提交的权利要求书替换页中对权利要求1中的组分（B）进行了修改，仅保留了其中的一个具体化合物溴苯腈（B2.2），将组分（B）定义中的其他可选择化合物删除，从而克服了驳回决定及复审通知书中所指出的缺陷，驳回决定中有关该权利要求不符合专利法第31条第1款规定的理由不再成立。

根据上述事实和理由，合议组作出如下审查决定。

三、决定

撤销国家知识产权局于2006年7月7日针对02823129.5号发明专利申请作出的驳回决定，由国家知识产权局原审查部门以本复审决定所针对的文本为基础继续审批程序。

复审请求人对本决定不服的，可以根据专利法第41条第2款的规定，自收到本决定之日起三个月内向北京市第一中级人民法院起诉。

124

具有倾斜门的洗衣机和烘干机

复审请求审查决定（第14388号）

决　定　号　第14388号
决　定　日　2008年8月21日
发明创造名称　具有倾斜门的洗衣机和烘干机
国际分类号　D06F23/06，D06F37/18
复审请求人　LG电子株式会社
申　请　号　03800066.0
申　请　日　2003年1月17日
公　开　日　2004年5月12日
合议组组长　高　栋
主　审　员　邢文飞
参　审　员　毕艳红

法律依据　专利法第22条第3款
决定要点

本申请的权利要求与现有技术相比具有区别技术特征，且现有技术给出了将所述区别技术特征应用到最接近的现有技术的技术方案中以得到该项权利要求请求保护的技术方案的技术启示，因此该项权利要求不具有突出的实质性特点和显著的进步，不具备专利法第22条第3款规定的创造性。

一、案由

本复审请求涉及国家知识产权局于2003年9月12日进入国家阶段的、名称为“具有倾斜门的洗衣机和烘干机”的发明专利申请（以下称为本申请），其申请号为03800066.0，申请日为2003年1月17日，优先权日为2002年1月17日，公开日为2004年5月12日，申请人为LG电子株式会社。

在实质审查过程中，国家知识产权局实质审查部门针对申请人于进入中国国家阶段时提交的说明书第1~2、4~10页、说明书附图第1~5页、说明书摘要和摘要附图，2006年3月6日提交的说明书第3页、权利要求第1~10项，以本申请权利要求1~10不符合专利法第22条第3款规定的创造性为由，于2006年10月13日驳回了本申请。

该驳回决定所针对的独立权利要求1、6的内容如下：

“1. 一种洗衣机，包括：

一箱体，其前面具有一开口；

一桶身，设置在所述箱体内，用以盛放洗涤水；

一滚筒，可转动地设置到由所述桶身内的一电机驱动的一旋转轴上；以及

一门，设置在所述开口处，并朝所述洗衣机内部倾斜，所述门包括：

一门框，呈环形；以及

一门玻璃，设置在所述门框的中央，通过该门玻璃，使用者能够观察所述滚筒的内部，

其中所述门框具有形成一沟槽的槽形截面，所述沟槽设置在所述门框的内周面的中间部分，所述门玻璃的边缘向外弯曲以形成插入到所述门框的延伸部，所述门玻璃的中央具有一凹部，朝向所述洗衣机内部，且所述门玻璃的所述凹部在其后部具有一倾斜面，以防止与所述滚筒干涉。”

“6. 一种烘干机，包括

一箱体，其前面具有一开口；

一滚筒，设置在所述箱体内，并可转动地设置到由一电机驱动的一旋转轴上；

一加热器，产生用以烘干所述箱体内衣物的热空气；

一吹风件，将所述加热器产生的热空气吹向所述滚筒内部；以及

一门，设置在所述开口处，并朝所述洗衣机内部倾斜，所述门包括：

一门框，呈环形；以及

一门玻璃，设置在所述门框的中央，通过该门玻璃，使用者能够观察所述滚筒的内部，

其中所述门框具有形成一沟槽的槽形截面，所述沟槽设置在所述门框的内周面的中间部分，所述门玻璃的边缘向外弯曲以形成插入到所述门框的延伸部，所述门玻璃的中央具有一凹部，朝向所述洗衣机内部，且所述门玻璃的所述凹部在其后部具有一倾斜面，以防止与所述滚筒干涉。”

驳回决定所引用的对比文件如下：对比文件1：CN1297498A，公开日为2001年5月30日；对比文件5：CN1213024A，公开日为1999年4月7日。

驳回决定指出：（1）权利要求1相对于对比文件1和对比文件5的结合不具有突出的实质性特点和显著的进步，不符合专利法第22条第3款规定的创造性；（2）从属权利要求2~5的附加技术特征在对比文件1中公开，在其引用的权利要求1不具有创造性时，其从属权利要求2~5也不具有专利法第22条第3款规定的创造性；（3）权利要求6相对于对比文件1和对比文件5的结合不具有突出的实质性特点和显著的进步，不符合专利法第22条第3款规定的创造性；（4）从属权利要求7~10的附加技术特征在对比文件1中公开，在其引用的权利要求6不具有创造性时，其从属权利要求7~10也不具有专利法第22条第3款规定的创造性。

申请人（下称复审请求人）对上述驳回决定不服，于2007年1月26日向专利复审委员会提出了复审请求，并且提交了说明书第3页和权利要求第1~10项的修改替换页，修改的独立权利要求1、6内容如下：

“1. 一种洗衣机，包括：

一箱体，其前面具有一开口；

一桶身，设置在所述箱体内，用以盛放洗涤水；

一滚筒，可转动地设置到由所述桶身内的一电机驱动的一旋转轴上；以及

一门，设置在所述开口处，并朝所述洗衣机内部倾斜，其中高于所述门的所述箱体的前部向前突出超出所述门的至少一部分，所述门包括：

一门框，呈环形；以及

一门玻璃，设置在所述门框的中央，通过该门玻璃，使用者能够观察所述滚筒的内部，

其中所述门框具有形成一沟槽的槽形截面，所述沟槽设置在所述门框的内周面的中间部分，所述门玻璃的边缘向外弯曲以形成插入到所述门框的延伸部，所述门玻璃的中央具有一凹部，朝向所述洗

衣机内部，且所述门玻璃的所述凹部在其后部具有一倾斜面，以防止与所述滚筒干涉。”

“6. 一种烘干机，包括

一箱体，其前面具有一开口；

一滚筒，设置在所述箱体内，并可转动地设置到由一电机驱动的一旋转轴上；

一加热器，产生用以烘干所述箱体内衣物的热空气；

一吹风件，将所述加热器产生的热空气吹向所述滚筒内部；以及

一门，设置在所述开口处，并朝所述洗衣机内部倾斜，其中高于所述门的所述箱体的前部向前突出超出所述门的至少一部分，所述门包括：

一门框，呈环形；以及

一门玻璃，设置在所述门框的中央，通过该门玻璃，使用者能够观察所述滚筒的内部，

其中所述门框具有形成一沟槽的槽形截面，所述沟槽设置在所述门框的内周面的中间部分，所述门玻璃的边缘向外弯曲以形成插入到所述门框的延伸部，所述门玻璃的中央具有一凹部，朝向所述洗衣机内部，且所述门玻璃的所述凹部在其后部具有一倾斜面，以防止与所述滚筒干涉。”

复审请求人请求复审的主要理由是：（1）对比文件 1 和 5 中均没有公开“高于所述门的所述箱体的前部向前突出超出所述门的至少一部分”这样的技术特征，而且在对比文件 1 中也没有给出上述技术特征的技术启示，因此对比文件 1 和 5 的结合没有给出上述技术特征的启示，因此修改后的权利要求 1 相对于对比文件 1 和 5 具有新颖性和创造性；本申请权利要求 1 中的“所述门玻璃的中央具有一凹部，且所述门玻璃的所述凹部在其后部具有一倾斜面”技术特征可以避免“在门 70 的倾斜角大于滚筒 60 和桶身 54 的倾斜角，或者滚筒 60 和桶身 54 水平布置，同时门 70 以倾斜角设置”的情况下门与滚筒之间的干涉，而对比文件 5 没有披露门玻璃的凹部是为了防止与滚筒的干涉，因为该凹部不存在与滚筒干涉的问题，其次从对比文件 5 的附图中可以清楚的看出，脱水装置的门并不具有向滚筒倾斜的角度，从而也不会有与滚筒之间产生干涉的问题，因而权利要求 1 相对于对比文件 1 和 5 的结合具有突出的实质性特点和显著的进步，具有创造性，符合专利法第 22 条第 3 款的规定；（2）从属权利要求 2~5 是对权利要求 1 的进一步限定，基于与权利要求 1 相同的理由和事实，从属权利要求 2~5 相对于对比文件 1 和 5 也具有创造性，符合专利法第 22 条第 3 款的规定；（3）基于与权利要求 1 相同的理由和事实，修改后的独立权利要求 6 相对于对比文件 1 和 5 的结合具有突出的实质性特点和显著的进步，具有创造性，符合专利法第 22 条第 3 款的规定；（4）从属权利要求 7~10 是对权利要求 6 的进一步限定，基于与权利要求 1 相同的理由和事实，从属权利要求 7~10 相对于对比文件 1 和 5 也具有创造性，符合专利法第 22 条第 3 款的规定。

经形式审查合格，专利复审委员会受理了该复审请求，并于 2007 年 3 月 8 日向复审请求人发出了复审请求受理通知书，同时向国家知识产权局实质审查部门发出了前置审查通知书。

在前置审查程序中，国家知识产权局原实质审查部门仍坚持驳回决定。

在此基础上，专利复审委员会依法成立合议组对本案进行审查。本案合议组对驳回决定所依据的申请文件以及全部复审理由进行审查后，于 2008 年 5 月 21 日发出了复审通知书，该复审通知书所依据的文本是：进入中国国家阶段时提交的说明书第 1~2、4~10 页、说明书附图第 1~5 页、说明书摘要及摘要附图，2006 年 3 月 6 日提交的说明书第 3 页，2007 年 1 月 26 日提交的权利要求第 1~10 项，并指出：（1）权利要求 1 请求保护一种洗衣机，对比文件 1 披露了一种滚筒式洗衣机，权利要求 1 与对比文件 1 的区别技术特征是：①其中高于所述门的箱体的前部向前突出超出所述门的至少一部分；②所述沟槽设置在所述门框的内周面的中间部分；所述门玻璃的所述凹部在其后部具有一倾斜面，以防止与所述滚筒干涉；其中区别技术特征①对于本领域技术人员来说是很容易实现的，而区别技术特

征②在对比文件5中公开，因此在对比文件1的基础上结合对比文件2和本领域常用技术手段得到权利要求1的技术方案对所属技术领域的技术人员来说是显而易见的，因此权利要求1所要求保护的技术方案不具备突出的实质性特点和显著的进步，因而不具备专利法第22条第3款所规定的创造性；(2) 对比文件1公开了从属权利要求2~5的各个附加技术特征，在其引用的独立权利要求1不具有创造性时，从属权利要求2~5也不具备突出的实质性特点和显著的进步，不符合专利法第22条第3款规定的创造性；(3) 独立权利要求6请求保护一种烘干机，该权利要求相对于独立权利要求1的增加了“加热器”和“吹风件”的技术特征，并减少与“桶身”相关的技术特征，但是上述所增加特征在对比文件1中已被公开，结合前面对独立权利要求1的评述，该独立权利要求6相对于对比文件1和对比文件5的结合也不具备突出的实质性特点和显著的进步，不符合专利法第22条第3款有关创造性的规定；(4) 对比文件1公开了从属权利要求7~10的各个附加技术特征，在其引用的独立权利要求6不具有创造性时，从属权利要求7~10也不具有突出的实质性特点和显著的进步，不符合专利法第22条第3款规定的创造性。

复审请求人于2008年7月7日提交了复审意见陈述书，并提交了权利要求第1-10项的全文替换页。复审请求人在意见陈述书中指出：(1) 复审请求人对权利要求书进行了修改，并且在对比文件1和对比文件5中均没有公开“所述箱体处于所述门上方和下方的前部在相同的垂直平面上”这样的技术特征，而且在对比文件5中也没有给出“所述箱体处于所述门上方和下方的前部在相同的垂直面上的”这样的技术启示；而且复审请求人指出对比文件5中公开的前面板3和门9是垂直设置的，不存在门玻璃与滚筒干涉的问题，对比文件5中设置倾斜部的作用并不是为了防止与倾斜的滚筒干涉，因此对比文件5无法给出将对比文件1和5相结合得到修改后的权利要求1的技术方案的技术启示，修改后的权利要求1相对于对比文件1和5具有突出的实质性特点和显著的进步；其次修改后的权利要求1中的“所述门玻璃的中央具有一凹部，朝向所述洗衣机内部，且所述门玻璃的所述凹部在其后部具有一倾斜面”特征可以避免“在门70的倾斜角打印滚筒60和桶身54的倾斜角，或者滚筒60和桶身54水平布置，同时门70以倾斜角设置”的情况下门与滚筒的干涉，另外由于修改后的权利要求1要求的洗衣机的整体形状为长方体形状，因此在对其进行包装时，用于不具备倾斜门洗衣机的包装盒同样能够使用，扩大了其包装灵活性和通用性，取得了有益的技术效果；(2) 由于修改后的权利要求1具备创造性，因此作为其从属权项的权利要求2~5也具备创造性，符合专利法第22条第3款的规定；(3) 复审请求人对权利要求6的修改与对权利要求1的修改相同，其陈述理由与对权利要求1的陈述理由相同；(4) 由于修改后的权利要求6具备创造性，因此作为其从属权项的权利要求7~10也具备创造性，符合专利法第22条第3款的规定。

修改的独立权利要求1、6内容如下：

“1. 一种洗衣机，包括：

一箱体，其前面具有一开口；

一桶身，设置在所述箱体内，用以盛放洗涤水；

一滚筒，可转动地设置到由所述桶身内的一电机驱动的一旋转轴上，所述滚筒被向上倾斜设置；以及

一门，设置在所述开口处，并朝所述洗衣机内部倾斜，其中高于所述门的所述箱体的前部向前突出超出所述门的至少一部分，所述门包括：

一门框，呈环形；以及

一门玻璃，设置在所述门框的中央，通过该门玻璃，使用者能够观察所述滚筒的内部，

其中所述门框具有形成一沟槽的槽形截面，所述沟槽设置在所述门框的内周面的中间部分，所述

门玻璃的边缘向外弯曲以形成插入到所述门框的沟槽内的延伸部，所述门玻璃的中央具有一凹部，朝向所述洗衣机内部，且所述门玻璃的所述凹部在其后部具有一倾斜面，以防止与所述倾斜的滚筒干涉，并且

所述箱体处于所述门上方和下方的前部在相同的垂直平面上。”

“6. 一种烘干机，包括

一箱体，其前面具有一开口；

一滚筒，设置在所述箱体内，并可转动地设置到由一电机驱动的一旋转轴上，所述滚筒被向上倾斜设置；

一加热器，产生用以烘干所述箱体内衣物的热空气；

一吹风件，将所述加热器产生的热空气吹向所述滚筒内部；以及

一门，设置在所述开口处，并朝所述洗衣机内部倾斜，其中高于所述门的所述箱体的前部向前突出超出所述门的至少一部分，所述门包括：

一门框，呈环形；以及

一门玻璃，设置在所述门框的中央，通过该门玻璃，使用者能够观察所述滚筒的内部，

其中所述门框具有形成一沟槽的槽形截面，所述沟槽设置在所述门框的内周面的中间部分，所述门玻璃的边缘向外弯曲以形成插入到所述门框的沟槽内的延伸部，所述门玻璃的中央具有一凹部，朝向所述洗衣机内部，且所述门玻璃的所述凹部在其后部具有一倾斜面，以防止与所述滚筒干涉，并且

所述箱体处于所述门上方和下方的前部在相同的垂直平面上。”

在上述工作的基础上，合议组认为本案事实清楚，可以依法作出如下复审请求审查决定。

二、决定的理由

1. 审查基础

复审请求人答复复审通知书时修改了权利要求书，并且所述修改符合专利法第 33 条和专利法实施细则第 60 条的规定，因而本复审决定所依据的文本为：进入中国国家阶段时提交的说明书第1~2、4~10 页、说明书附图第 1~5 页、说明书摘要及摘要附图，2006 年 3 月 6 日提交的说明书第 3 页，2008 年 7 月 7 日提交的权利要求第 1~10 项。

2. 关于专利法第 22 条第 3 款

专利法第 22 条第 3 款规定：创造性是指同申请日以前已有的技术相比，该发明有突出的实质性特点和显著的进步，该实用新型有实质性特点和进步。

合议组评价本申请的创造性所使用的对比文件与实质审查过程中引用的对比文件相同，即：对比文件 1：CN1297498A，公开日为 2001 年 5 月 30 日；对比文件 5：CN1213024A，公开日为 1999 年 4 月 7 日。

（1）权利要求 1 请求保护一种洗衣机，对比文件 1 披露了一种滚筒式洗衣机，并具体披露了（见说明书第 3 页第 3~6 段、第 4 页最后一段至第 16 页倒数第 2 段、附图 1、10~13、16）：该洗衣机包括外箱 1（相当于本申请的箱体），其前面具有洗涤物的出入口 2a（相当于本申请的开口）；在所述外箱的内部，以朝后下方倾斜的状态配设有呈滚筒状的水桶 3，在水桶 3 的内部配设有滚筒状的旋转筒 10（相当于本申请向上倾斜设置的滚筒）；所述旋转筒轴的后端部上固定有构成所述电动机 17 的转子 18，所述旋转筒 10 可直接由所述电动机做旋转驱动；在所述外箱 1 的前板部 2 上，安装有对所述出入口 2a 进行开闭的门 9，所述门 9 以与所述前端板部 7 及前端板部 13 大致相同的角度倾斜，所述水桶 3 和所述旋转筒 10 朝向后下方倾斜；所述门 9 呈圆形状，在其中央部设有例如玻璃制的透明部 9b；并且从对比文件 1 附图 13 和附图 16 中可以看出，门 9 具有一门框，门框具有槽形截面，截

面内形成一沟槽，门 9 位于洗衣机内的门玻璃边缘嵌入沟槽内，透明部 9b 的边缘向外弯曲，形成一延伸部，嵌入门框的沟槽内；透明部 9b 的中央具有一凹部，朝向所述洗衣机的内部。虽然对比文件 1 中没有明确公开一个环形的门框，但是对比文件 1 公开了门 9 呈圆形状（见对比文件 1 说明书第 4 页倒数第 2~3 行），因此其必然有一与圆形状的门配合使用的圆形的门框，因此对比文件 1 公开了技术特征“一门框，呈环形”。

权利要求 1 与对比文件 1 的区别技术特征是：①其中高于所述门的箱体的前部向前突出超出所述门的至少一部分；②所述沟槽设置在所述门框的内周面的中间部分；所述门玻璃的所述凹部在其后部具有一倾斜面，以防止与所述倾斜的滚筒干涉；③所述箱体处于所述门上方和下方的前部在相同的垂直平面上。

对于区别技术特征①、③，在洗衣机门向内倾斜之后，若要使得箱体前部保持不变，则本领域技术人员容易地得到上述区别技术特征，而且该区别技术特征也没有产生预料不到的技术效果；对于区别技术特征②，对比文件 5 披露了一种使用在洗衣机或者洗衣干燥机的离心脱水装置，并且从对比文件 5 的附图 1 中可以看出：在门框的四周的内周面的中间部分也设置有沟槽，此沟槽的作用也可防止门玻璃边缘的延伸部分向前或向后移动，所述门玻璃的所述凹部在其后部具有一个倾斜面，并且该倾斜面也可以防止与所述滚筒干涉，因此对比文件 5 公开了区别技术特征②；而且对比文件 5 披露的离心脱水装置可以用于洗衣机或者洗衣干燥机，因此对比文件 5 给出了技术启示，所属领域的技术人员将区别技术特征②应用于对比文件 1 获得权利要求 1 所要保护的技术方案，对所属领域的技术人员来说是显而易见的，因此权利要求 1 所要求保护的技术方案不具备突出的实质性特点和显著的进步，因而不具备专利法第 22 条第 3 款所规定的创造性。

对于复审请求人的复审理由，合议组认为：①请求人在独立权利要求 1 中增加了技术特征“所述箱体处于所述门上方和下方的前部在相同的垂直平面上”，该技术特征是门向内倾斜之后，箱体前部保持不变，因而自然保持箱体在门上方和下方的前部在相同的垂直面上；而对比文件 1 是在门向内倾斜之后，对箱体的前部进行了相应改变，使得箱体前部缩进到倾斜门的上部倾斜点；无论门倾斜后是否对箱体前部做相应的调整，均为本领域技术人员常用技术手段，而且本申请中也未未对其包装进行描述，因此对包装的技术效果合议组不予考虑；②从对比文件 5 的附图 1 及其相关描述可以看出（参见对比文件 5 说明书第 4 页倒数第二段），门 9 的凹部的后部伸向转鼓 10，将门 9 打开，可将洗涤物装入在外槽 6 内配置的转鼓 10 内，将转鼓 10 的后面牢固安装固定轴承 11，因此转鼓 10 就相当于本申请的滚筒，本领域技术人员通过说明书的记载可知对比文件 5 中在门 9 的凹部的后部设置有倾斜面，可以解决门 9 与转鼓 10 的干涉问题，因此从对比文件 5 中可以毫无疑义地得出区别技术特征 2）。

（2）从属权利要求 2~5 均是对独立权利要求 1 的进一步限定，其附加技术特征在对比文件 1 中分别公开如下：外箱 1 上与所述出入口 2a 邻接的部分相对垂直面倾斜（参见对比文件 1 附图 1）；外箱 1 上设置出入口的前表面相对垂直面倾斜（参见对比文件 1 附图 1）；水桶 3 和旋转桶 10 相对水平面倾斜（参见对比文件 1 附图 1）；在其前板部 2 上形成有圆形的洗涤物的出入口 2a，所述门 9 呈圆形状（参见对比文件 1 说明书第 4 页倒数第 1 段），因此对比文件 1 公开了从属权利要求 2~5 的各个附加技术特征，在其引用的独立权利要求 1 不具有创造性时，从属权利要求 2~5 也不具备突出的实质性特点和显著的进步，不符合专利法第 22 条第 3 款规定的创造性。

（3）独立权利要求 6 请求保护一种烘干机，该权利要求相对于独立权利要求 1 增加了特征：“一加热器，产生用以烘干所述箱体内衣物的热空气；一吹风件，将所述加热器产生的热空气吹向所述滚筒内部”，并减少了特征“一桶身，设置在所述箱体内，用以盛放洗涤水”。对比文件 1 公开了一种带有干燥功能的滚筒式洗衣机，上述增加的特征也在对比文件 1 中公开（参见说明书第 15 页第 5~6

段、说明书附图图 13～15)：所述热风生成装置 130 包括风扇 123、通过皮带传递机构而旋转驱动该风扇 123 的风扇用电动机 125 以及加热器 129；若在干燥运转时驱动上述风扇和加热器 129，旋转桶 10 内的空气从所述排水口 20 被吸引到所述热交换器 121 内，根据这种循环，所述旋转桶 10 内的空气被温风化并被热交换（除湿），可干燥所述旋转桶 10 内的洗涤物，因此对比文件 1 公开了上述权利要求 6 相对于权利要求 1 增加的技术特征，结合前面对独立权利要求 1 的评述，该独立权利要求 6 相对于对比文件 1 和对比文件 5 的结合也不具备突出的实质性特点和显著的进步，不符合专利法第 22 条第 3 款有关创造性的规定。

（4）从属权利要求 7～10 均是对独立权利要求 6 的进一步限定，其附加技术特征也在对比文件 1 中分别公开如下：外箱 1 上与所述出入口 2a 邻接的部分相对垂直面倾斜（参见对比文件 1 附图 13）；外箱 1 上设置出入口的前表面相对垂直面倾斜（参见对比文件 1 附图 13）；所述滚筒相对水平面倾斜（参见对比文件 1 附图 13）；在其前板部 2 上形成有圆形的洗涤物的出入口 2a，所述门 9 呈圆形状（参见对比文件 1 说明书第 4 页倒数第 1 段），因此对比文件 1 公开了从属权利要求 7～10 的各个附加技术特征，在其引用的独立权利要求 6 不具有创造性时，从属权利要求 7～10 也不具有突出的实质性特点和显著的进步，不符合专利法第 22 条第 3 款规定的创造性。

综上所述，合议组认为本申请权利要求 1～10 不符合专利法第 22 条第 3 款规定的创造性。

三、决定

维持国家知识产权局于 2006 年 10 月 13 日对 03800066.0 号发明专利申请所作出的驳回决定。

复审请求人对本决定不服的，可以根据专利法第 41 条第 2 款的规定，自收到本决定之日起三个月内向北京市第一中级人民法院起诉。

125

除草组合物

复审请求审查决定（第14390号）

决　　定　　号　第14390号
决　　定　　日　2008年7月31日
发明创造名称　除草组合物
国 际 分 类 号　A01N47/36，A01N25/04
复 审 请 求 人　辛根塔参与股份公司
专 利 申 请 号　99812950.X
申　　请　　日　1999年11月2日
优　先　权　日　1998年11月4日
公　　开　　日　2001年12月5日
合 议 组 组 长　侯　曜
主　　审　　员　王　磊
参　　审　　员　李新芝

法　律　依　据　专利法第22条第2款、第26条第4款
决　定　要　点

判断新颖性时，应当将发明申请的各项权利要求分别与每一项现有技术的相关技术内容单独地进行比较，不得将其与几项现有技术内容的组合，或者与一份对比文件中的多项技术方案的组合进行对比。

在判断权利要求是否得到说明书的支持时，应当考虑说明书的全部内容，而不是仅限于具体实施方式部分的内容。如果说明书的其他部分也记载了有关具体实施方式或实施例的内容，从说明书的全部内容来看，能说明权利要求的概括是适当的，则应当认为权利要求得到了说明书的支持。

一、案由

本复审请求案涉及发明名称为“除草组合物”的第99812950.X号发明专利申请（下称本申请），申请人为辛根塔参与股份公司，申请日为1999年11月2日，优先权日为1998年11月4日，公开日为2001年12月5日。

2006年8月11日，针对申请人于2005年9月28日提交的权利要求第1~8项、进入国家阶段时提交的说明书第1~9页和说明书摘要，国家知识产权局以本申请权利要求1、3、4、7、8不符合专利法第22条第2款的规定，权利要求1、3不符合专利法第26条第4款的规定为由驳回了本申请。

驳回决定认为：（1）对比文件2（CN1155381A，公开日为1997年7月30日）公开了一种除草增效组合物及防治杂草的方法，其中具体公开了包含式I化合物和增效活性量的丙草胺和吡嘧磺隆，有效的增效活性成分混合物是式I化合物与式II化合物的组合，式II的化合物优选苄嘧磺隆、吡嘧磺隆、醚磺隆，适合的表面活性化合物是非离子、阳离子和/或阴离子表面活性剂以及表面活性剂混合物，溶剂如非环氧化或环氧化的植物油，还可以添加其他的添加剂如稳定剂，如非环氧化或环氧化的植物油（参见对比文件2的权利要求书和说明书第14、20~22、27~38页），因此对比文件2公开了权利要求1、3、4、7、8的全部技术特征，权利要求1、3、4、7、8不具有新颖性；（2）权利要求1中使用的（b）组化合物包含了大量的不同化合物，本领域技术人员难以预见除本申请实施例以外的其他化合物均能达到本发明的效果，因此该权利要求得不到说明书支持。同理，权利要求3也得不到说明书支持。

驳回决定针对的权利要求书如下：

“1. 液体除草组合物，其包含

（a）至少一种悬浮或溶解在植物油或矿物油或这些油的混合物中的防治禾本科杂草的除草剂，该除草剂选自结构式I化合物，

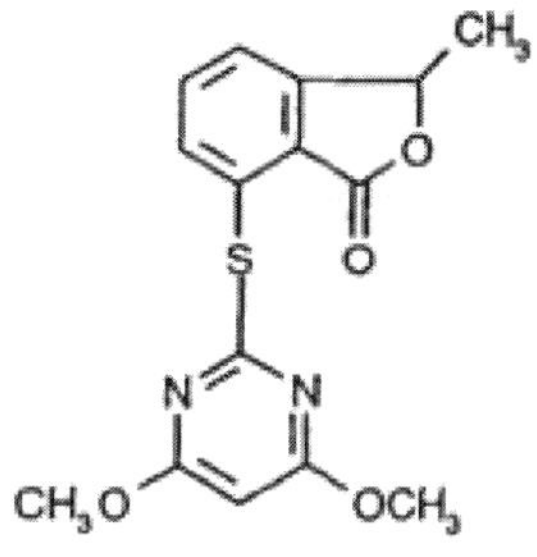

(I).

丙草胺或它们的组合，

（b）至少一种悬浮在植物油或矿物油或这些油的混合物中的磺酰脲类除草剂，该磺酰脲类除草剂选自吡嘧磺隆，苄嘧磺隆，四唑嘧磺隆，唑吡嘧磺隆，乙氧嘧磺隆，环丙嘧磺隆，氯吡嘧磺隆或醚磺隆或它们的组合，以及

（c）至少一种非离子或阴离子表面活性剂或非离子和阴离子表面活性剂的混合物。

2. 权利要求1的组合物，其中含有作为非离子表面活性剂的乙氧基化植物油，乙氧基化脂肪醇，乙氧基化烷基酚，乙氧基化聚乙二醇或聚丙二醇或它们的共聚物，乙氧基化三苯乙烯基酚衍生物，油基聚二醇醚或聚硅氧烷表面活性剂，或含有作为阴离子表面活性剂的十二烷基苯磺酸盐，磺基琥珀酸盐，乙氧基化三苯乙烯基酚硫酸盐或磷酸盐，羟基醚磺酸盐，木素磺酸盐，乙氧基化苯酚磺酸盐或聚羧酸酯或这些非离子和阴离子表面活性剂的混合物。

3. 权利要求1的组合物，其中含有悬浮或溶解于植物油的防治禾本科杂草的除草剂丙草胺或结构式I化合物或它们的组合，悬浮在植物油中的磺酰脲类除草剂苄嘧磺隆，吡嘧磺隆，四唑嘧磺隆，唑吡嘧磺隆或醚磺隆或它们的组合，以及表面活性剂是非离子和阴离子表面活性化合物的混合物。

4. 权利要求3的组合物，其中含有的防治禾本科杂草的除草剂是结构式I化合物以及磺酰脲类除草剂是醚磺隆。

5. 权利要求3的组合物，其中防治禾本科杂草的除草剂是丙草胺或结构式I化合物或它们的组合，它们悬浮或溶解在菜籽油或菜籽油甲酯或它们的混合物中，磺酰脲类除草剂是悬浮在菜籽油或菜籽油甲酯或它们的混合物中的苄嘧磺隆，以及表面活性剂是选自蓖麻油乙氧基化物，十二烷基苯磺酸盐，乙氧基化三苯乙烯基酚硫酸盐和油基聚二醇醚的非离子和阴离子表面活性化合物的混合物。

6. 权利要求5的组合物，其中防治禾本科杂草的除草剂是结构式I化合物。

7. 权利要求1的液体除草组合物在控制栽培作物中不需要的植物生长上的应用。

8. 权利要求7的用途，用于控制水稻作物中不需要植物生长，是将组合物直接施用至已淹水的稻田，正在灌水的稻田，或水稻插秧过程中。”

2006年11月27日，申请人辛根塔参与股份公司（下称请求人）对上述驳回决定不服，向专利复审委员会提出复审请求，请求人在提复审请求时未对申请文件进行修改。

请求人认为：(1) 对比文件2没有公开含有植物油或矿物油的组合物，特别是没有公开下位概念式I化合物与具体式II磺酰脲化合物和植物油的组合物。本领域技术人员需要将对比文件2不同部分组合起来并加以推导才能得到式I化合物与式II磺酰脲化合物和植物油的组合物，这种组合付出了创造性的劳动，因此在驳回决定中引用的实施例不影响本申请权利要求1的新颖性。(2) 对比文件2的发明点在于活性成分的组合，辅助剂是常规的惰性加工辅助剂，而本发明的目的是提供一种可含有高浓度除草剂、经长时间不分解、施用后对作物无伤害的除草组合物，因此对比文件2与本发明的发明目的不同，且对比文件2中没有公开将除草剂悬浮或溶解在植物油或矿物油中的技术方案，这同样使得权利要求1相对于对比文件2具有新颖性。(3) 组分(b)涉及一类公知的磺酰脲除草剂，同时实施例中证明了F1、F5、F7与式I化合物和/或丙草胺的组合，因此能够预计权利要求1中(b)定义的与苄嘧磺隆、四唑嘧磺隆、醚磺隆属于同一类磺酰脲除草剂化合物的其他化合物也能与式I化合物和/或丙草胺组合，实现发明目的，因此权利要求1、3得到说明书的支持。

经形式审查合格后，专利复审委员会受理了该请求，并于2006年12月28日向请求人发出了《复审请求受理通知书》，同时将本申请转送至国家知识产权局原审查部门进行前置审查。

在《前置审查意见书》中，国家知识产权局原审查部门认为：对比文件2隐含了含有植物油或矿物油的技术方案，且权利要求1、3得不到说明书支持，因此坚持驳回决定。

经审查，合议组认为本案事实已经清楚，可以作出复审决定。

二、决定的理由

1. 审查文本

本复审决定所针对的文本是请求人于2005年9月28日提交的权利要求第1~8项、进入国家阶段时提交的说明书第1~9页和说明书摘要。

2. 关于专利法第22款第2款

专利法第22条第2款规定：新颖性，是指在申请日以前没有同样的发明或者实用新型在国内外出版物上公开发表过、在国内公开使用过或者以其他方式为公众所知，也没有同样的发明或者实用新型由他人向专利局提出过申请并且记载在申请日以后公布的专利申请文件中。

判断新颖性时，应当将发明申请的各项权利要求分别与每一项现有技术的相关技术内容单独地进行比较，不得将其与几项现有技术内容的组合，或者与一份对比文件中的多项技术方案的组合进行对比。

就本案而言，权利要求1要求保护一种液体除草组合物，其包含(a)至少一种悬浮或溶解在植物油或矿物油或这些油的混合物中的防治禾本科杂草的除草剂，该除草剂选自结构式I化合物，

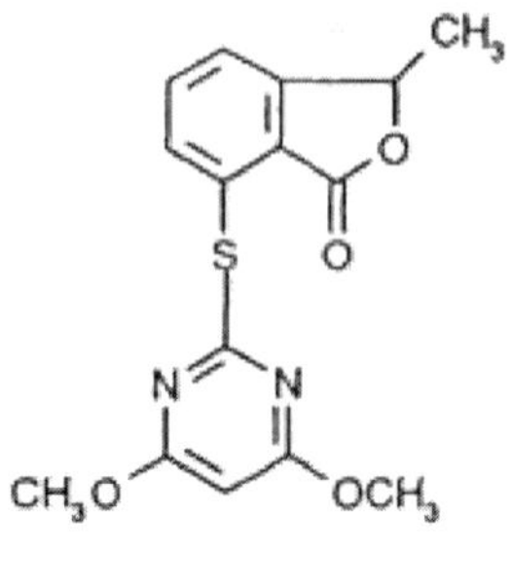

(I).

丙草胺或它们的组合，（b）至少一种悬浮在植物油或矿物油或这些油的混合物中的磺酰脲类除草剂，该磺酰脲类除草剂选自吡嘧磺隆，苄嘧磺隆，四唑嘧磺隆，唑吡嘧磺隆，乙氧嘧磺隆，环丙嘧磺隆，氯吡嘧磺隆或醚磺隆或它们的组合，以及（c）至少一种非离子或阴离子表面活性剂或非离子和阴离子表面活性剂的混合物。根据说明书的记载，本申请通过将组分（a）结构式I化合物和/或丙草胺、组分（b）磺酰脲类除草剂悬浮或溶解在带有表面活性剂的植物油或矿物油中，形成含有高浓度除草活性成分的除草组合物，可保持除草作用经长时间不分解，施用后对栽培作物没有任何伤害（参见说明书第3页最后1行至第4页第4行）。

对比文件2涉及一种适合于选择性防治作物的除草增效组合物，其该除草增效组合物除常规惰性加工助剂外，包含一种式I化合物和增效活性量的至少一种选自式II、式III、式IV化合物的活性成分（见权利要求1，说明书第1页）。

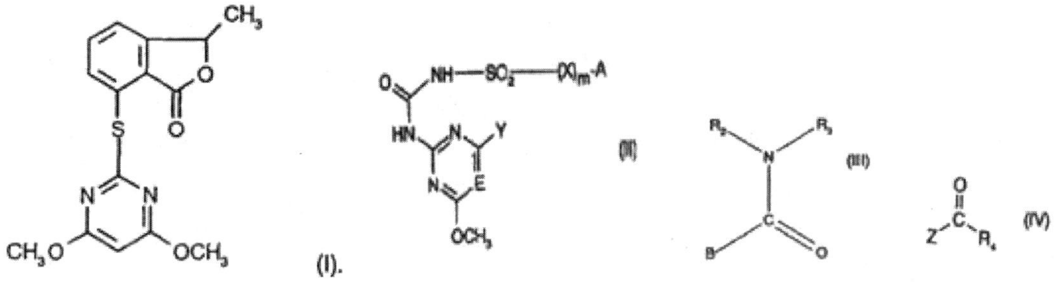

说明书第13页第2段公开了“更特别优选的组合物除包含式I化合物外，还包含增效量的活性成分2-氯-2′，6′-二乙基-N-（2-丙氧基乙基）乙酰苯胺（pretilachlor）和5-（4，6-二甲氧基嘧啶-2-基氨基甲酰基氨磺酰）-1-甲基吡唑-4-羧酸乙酯（NC-311）”（即丙草胺和吡嘧磺隆），在第14页表内的1. 1~1. 3分别公开了苄嘧磺隆、吡嘧磺隆、醚磺隆，能够与式I化合物组合成特别有效的增效活性成分混合物。第19页公开了“在制备这些剂型中可以另外加入表面活性化合物（表面活性剂）”、适合的溶剂有“非环氧化或环氧化的植物油”，第20页公开了“适合的表面活性化合物是具有好的乳化、分散和润湿性能的非离子、阳离子和/或阴离子表面活性剂以及表面活性剂混合物。”可见，对比文件2公开的是一种使用常规加工助剂的除草组合物，虽然其中的活性成分式I化合物、丙草胺、吡嘧磺隆等的组合方式与权利要求1中的活性组分（a）和（b）的组合方式部分相同，并且在说明书中提及了可以用植物油作为溶剂，以及在剂型中可以加入表面活性化合物，但是这些成分仅仅是作为农药加工中使用的常规助剂而泛泛提及的，说明书中并没有公开将如权利要求1所述的组分（a）、（b）在植物油或矿物油中悬浮或溶解，并与（c）一起形成除草组合物的具体技术方案，实施例也仅公开了活性成分在常规溶剂如水中分散形成悬浮剂或与固体载体一起形成粉剂、颗粒剂等的技术方案。本领域技术人员在判断本申请权利要求1新颖性时，需要将对比文件2的说明书中的不同的技术方案加以组合才能得到权利要求1要求保护的技术方案，因而不符合判断发明新颖性时需要适用单独对比的原则。并且，对于权利要求1中的组分（c）“至少一种非离子或阴离子表面活性剂或非离子和阴离子表面活性剂的混合物”，是在对比文件2的表面活性剂化合物进行选择的基础上得到技术方案（其中排除了对比文件2中的阳离子表面活性剂），这也构成了权利要求1与对比文件2技术方案的区别。因此，对比文件2中没有公开权利要求1要求保护的技术方案，权利要求1相对于对比文件2符合专利法第22条第2款的规定。

权利要求3、4是权利要求1的从属权利要求，其中对活性成分作了具体的限定，在其引用的权利要求具有新颖性的情况下，权利要求3、4也符合专利法第22条第2款的规定。

权利要求7、8要求保护权利要求1的液体除草组合物在控制栽培作物中不需要的植物生长上的应用。因为权利要求1要求的产品具有新颖性，该产品的用途也相应地具有新颖性，因此权利要求

7、8也符合专利法第22条第2款的规定。

3. 关于专利法第26条第4款

专利法第26条第4款规定：权利要求书应当以说明书为依据，说明要求专利保护的范围。

在判断权利要求是否得到说明书的支持时，应当考虑说明书的全部内容，而不是仅限于具体实施方式部分的内容。如果说明书的其他部分也记载了有关具体实施方式或实施例的内容，从说明书的全部内容来看，能说明权利要求的概括是适当的，则应当认为权利要求得到了说明书的支持。

就本案而言，权利要求1中的组分（b）要求作为活性成分的一类磺酰脲除草剂，并具体限定了该磺酰脲类除草剂选自吡嘧磺隆，苄嘧磺隆，四唑嘧磺隆，唑吡嘧磺隆，乙氧嘧磺隆，环丙嘧磺隆，氯吡嘧磺隆或醚磺隆或它们的组合。在说明书实施例部分公开了将苄嘧磺隆、四唑嘧磺隆、醚磺隆分别与结构式I化合物和/或丙草胺组合构成本申请的除草组合物的方案。对于权利要求1的组分（b）中限定的其他除草剂如吡嘧磺隆、唑吡嘧磺隆、乙氧嘧磺隆、环丙嘧啶磺隆、氯吡嘧磺隆及其组合，尽管说明书中未提供具体实施方式，但本领域技术人员均知道其与实施例中的苄嘧磺隆等均属于磺酰脲类除草剂，而该类除草剂具有相近的结构（均具有磺隆特有的结构：$-SO_2NH(C=O)NH-(C_4HN_2)(OCH_3)_2$），它们在油性溶剂中的溶解度也相近，并且都是稻田等中常用的除草剂。因此，在无相反证据的情况下，本领域技术人员根据说明书中记载的内容，结合本领域的公知常识，能够预见到权利要求1中限定的磺酰脲类除草剂能悬浮在植物油或矿物油中，且作为活性成分之一与组分（a）组合使用时能达到本申请所述的效果。因此，权利要求1的概括能得到说明书的支持，符合专利法第26条第4款的规定。

权利要求3在权利要求1的基础上进一步限定发明，其中将磺酰脲类除草剂限定为苄嘧磺隆，吡嘧磺隆，四唑嘧磺隆，唑吡嘧磺隆或醚磺隆或它们的组合。基于与权利要求1相同的理由，权利要求3也能得到说明书的支持，符合专利法第26条第4款的规定。

基于上述理由，合议组作出如下决定。

三、决定

撤销国家知识产权局于2006年8月11日对99812950.X号发明专利申请作出的驳回决定。由国家知识产权局审查部门以驳回决定所针对的文本为基础继续审批程序。

请求人对本决定不服的，可以根据专利法第41条第2款的规定，自收到本决定之日起三个月内向北京市第一中级人民法院起诉。

126

禾本科除草剂和水溶性除草剂的微乳合剂

复审请求审查决定（第14391号）

决　定　号　第14391号
决　定　日　2008年8月20日
发明创造名称　禾本科除草剂和水溶性除草剂的微乳合剂
国际分类号　A01N25/04
复审请求人　孟山都技术有限责任公司
申　请　号　00811447.1
最早优先权日　1999年8月11日
申　请　日　2000年8月8日
公　开　日　2002年9月11日
合议组组长　李　越
主　审　员　孙丽芳
参　审　员　王　磊

法律依据　专利法第26条第4款，专利法实施细则第20条第1款，专利法实施细则第21条第2款

决定要点

判断权利要求的概括是否恰当，一方面，应当立足于说明书所公开的全部内容，而不应仅仅局限于具体实施例；另一方面，还应当利用本领域技术人员的普通技术知识进行判断，如果本领域普通技术人员在申请给出的信息基础上，利用本领域普通技术知识能够把说明书记载的特定内容扩展到权利要求限定的整个范围，应当认为该权利要求得到了说明书的支持。

一、案由

本复审请求案涉及发明名称为“禾本科除草剂和水溶性除草剂的微乳合剂”的00811447.1号发明专利申请（下称本申请），申请人为孟山都技术有限责任公司，申请日为2000年8月8日，最早优先权日为1999年8月11日，公开日为2002年9月11日。

2004年11月26日，针对申请人于2004年8月3日提交的权利要求第1~24项、进入国家阶段时提交的说明书第1~41页及说明书摘要，国家知识产权局以本申请权利要求1~5、8、10、12~13、21~24不符合专利法第26条第4款、权利要求1、21不符合专利法实施细则第20条第1款和权利要求1不符合专利法实施细则第21条第2款的规定为由驳回了本申请。

驳回决定认为：（1）说明书仅给出了使用水溶性除草剂草甘膦IPA盐与油溶性禾本科除草剂精

喹禾灵的微乳剂制备实施例，以及仅使用氯化铵和/或盐酸、或氯苄胺作为水溶性氯化物的实施例，本领域技术人员难于预见除实施例之外权利要求所概括的范围均能达到本发明的目的，因此，权利要求1~5、8、10、12~13、21~24中所述“水溶性除草剂”以及“具有化学式（I）或化学式（II）所表示的油溶性禾本科除草剂”、“水溶性氯化物”和“有机溶剂”得不到说明书的支持；（2）权利要求1中将属于式（II）的油溶性芳氧基苯氧基丙酸酯类除草剂的氰氟草酯和禾草灵与式（II）的除草剂并列，造成保护范围不清楚；（3）权利要求21中出现的“最小程度导致禾本科除草剂化学分解”为保护范围不确定的措辞，不符合专利法实施细则第20条第1款的规定；（4）权利要求1中所述“足以提供可接受的微乳剂物理稳定性”和“足以提供可接受的为在植物上施用以适量的水稀释时的微乳剂分散性，而又不足以使微乳剂不稳定”为功能性限定，没有反映实现该功能的技术方案，不符合专利法实施细则第21条第2款的规定。

驳回决定针对的权利要求书如下：

“1. 一种具有连续水相和不连续油相的液体浓缩除草微乳剂组合物，它包括

（i）所述水相中的水；

（ii）溶于所述水中的水溶性除草剂，其量为当组合物以适量的水稀释且在敏感植物叶面上施用时具有生物效果的量；

（iii）在所述油相中包括氰氟草酯或禾草灵或具有化学式（I）：

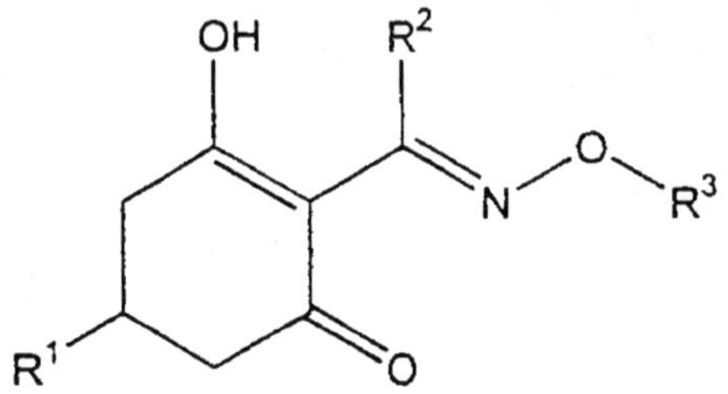

(I)

其中 R^1 是丁酰基、（2-乙硫基）丙基或2，4，6-三甲基苯基或基团

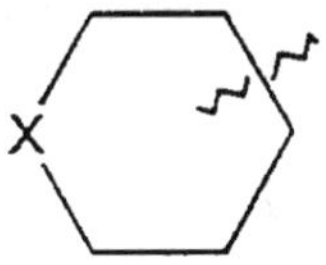

其中X是O或S；R^2 是 C_{1-4}烷基；和 R^3 是乙基、烯丙基或3-卤代烯丙基；或化学式（II）的油溶性禾本科除草剂

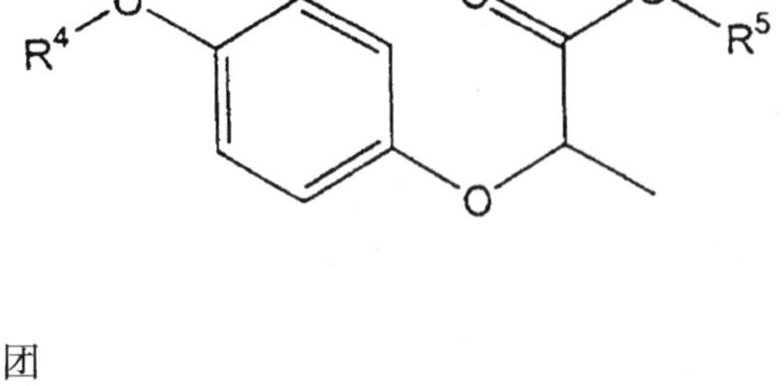

(II)

其中 R^4 是基团

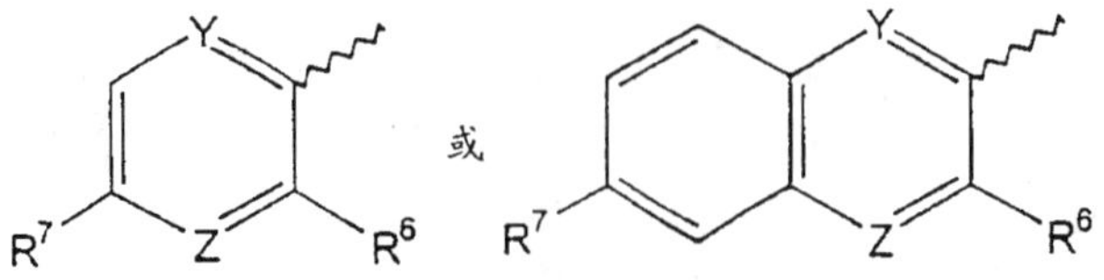

其中 R^6 和 R^7 彼此独立地选自：氢、卤素、甲基、三氟甲基和氰基，以及 Y 和 Z 彼此独立地选自 CH 和 N，Y 和 Z 中至少一个是 N；和 R^5 是氢、C_{1-4}烷基、烯丙基、炔丙基、四氢化糠基、2-乙氧基乙基或 2-异亚丙基氨基氧基乙基；所述禾本科除草剂与所述水溶性除草剂以 1∶50 至 1∶1 存在的重量比存在；

（iv）在所述油相中基本上与水不混溶的有机溶剂，选择所述有机溶剂使得所述禾本科除草剂具有以对数表示 4 或更高的有机溶剂/水分配系数，所述有机溶剂与所述禾本科除草剂以 3∶1 至 30∶1 的重量比存在；

（v）乳化体系，包含一种或多种各具有叔胺功能基团的表面活性剂，其量按重量计不超过组合物的 10%，但足以提供可接受的微乳剂物理稳定性；

（vi）稳定化量的一种或多种水溶性氯化物，选自盐酸、碱金属氯化物、氯化铵、低分子量的有机铵氯化物和季铵氯化物表面活性剂；和

（vii）分散体系，包含一种或多种非离子表面活性剂，其总量按重量计不超过 5%，但足以提供可接受的为在植物上施用以适量的水稀释时的微乳剂分散性，而又不足以使微乳剂不稳定。

2. 权利要求 1 的组合物，含有以提供 0.5% 至 2.5% 重量氯离子的量存在的一种或多种选自低分子量有机铵氯化物、氯化铵、碱金属氯化物和盐酸的氯化物，和/或 1% 至 6% 重量的水溶性季铵氯化物表面活性剂。

3. 权利要求 1 的组合物，它含有总含量按重量计 5% 至 50% 水溶性除草剂和禾本科除草剂。

4. 权利要求 1 的组合物，它含有总含量按重量计 20% 至 50% 水溶性除草剂和禾本科除草剂。

5. 权利要求 1 的组合物，其中所述水溶性除草剂选自三氟羧草醚、丙烯醛、杀草强、磺草灵、草除灵、灭草松、双丙氨膦、除草啶、溴苯腈、草灭畏、氯乙酸、二氯吡啶酸、2，4-滴、2，4-滴丁酸、茅草枯、麦草畏、2，4-滴丙酸、野燕枯、敌草快、茵多酸、伐草克、噁唑禾草灵、麦草伏、氟烯草酸、乙羧氟草醚、四氟丙酸、氟磺胺草醚、杀木膦、草铵膦、草甘膦、烟咪唑草、咪草酸、甲氧咪草酸、imazapic、咪唑烟酸、咪唑喹啉酸、咪唑乙烟酸、碘苯腈、2 甲 4 氯、2 甲 4 氯丁酸、2 甲 4 氯丙酸、甲基胂酸、萘草胺、壬酸、百草枯、氨氯吡啶酸、二氯喹啉酸、氨基磺酸、草芽畏、三氯乙酸、三氯吡氧乙酸以及它们的水溶性盐。

6. 权利要求 1 的组合物，其中所述水溶性除草剂是草甘膦的盐。

7. 权利要求 6 的组合物，其中所述草甘膦的盐选自碱金属、铵、C_{1-6}烷基铵、C_{1-6}链烷醇铵和 C_{1-6}烷基锍盐。

8. 权利要求 1 的组合物，其中所述禾本科除草剂选自丁苯草酮、烯草酮、噻草酮、烯禾啶、吡喃草酮、肟草酮、吡氟氯禾灵、喔草酯和炔草酯、氰氟草酯、禾草灵、吡氟禾草灵、精吡氟禾草灵、喹禾灵和精喹禾灵的 C_{1-4}烷基酯和丙炔酯。

9. 权利要求 1 的组合物，其中水溶性除草剂是草甘膦的盐，和禾本科除草剂是精喹禾灵。

10. 权利要求 1 的组合物，其中选择有机溶剂使得所述禾本科除草剂具有以对数表示 5 或更高的有机溶剂/水分配系数。

11. 权利要求 1 的组合物，其中所述有机溶剂是芳烃溶剂。

12. 权利要求 1 的组合物，其中所述有机溶剂与所述禾本科除草剂以 4∶1 至 10∶1 的重量比存在。

13. 权利要求 1 的组合物，其中组合物中所有表面活性剂的量按重量计低于 12%。

14. 权利要求 1 的组合物，其中所述乳化体系含有一种或多种选自聚氧乙烯（2~20）叔烷基胺和聚氧乙烯（2~20）叔烷基醚胺的表面活性剂。

15. 权利要求 14 的组合物，其中所述烷基胺和烷基醚胺具有包含 12 个至 18 个碳原子的烷基链。

16. 权利要求 14 的组合物，其中所述烷基胺和/或烷基醚胺表面活性剂的量按重量计为 3% 至 10%。

17. 权利要求 14 的组合物，其中所述烷基胺和/或烷基醚胺表面活性剂的用量按重量计为 3% 至 6%。

18. 权利要求 2 的组合物，其中所述氯化物是氯化铵和盐酸中的一种或两种。

19. 权利要求 1 的组合物，其中所述分散体系含有一种或多种选自聚氧乙烯（2~20）烷基醚和烷基苯基醚的非离子表面活性剂。

20. 权利要求 19 的组合物，其中所述非离子表面活性剂的量按重量计为 1% 至 3%。

21. 权利要求 1 的组合物，其中所述水相溶液具有最小程度导致禾本科除草剂化学分解的范围的 pH 值。

22. 一种杀死或防除不需要植物的方法，包括以适量的水稀释权利要求 1 的组合物形成植物处理组合物，以及将该植物处理组合物施用到不需要的植物叶面上。

23. 权利要求 22 的方法，其中不需要植物包括转基因耐受组合物中存在的水溶性除草剂的禾本科作物的后代，以及所述不需要植物在转基因耐受所述水溶性除草剂的阔叶作物中生长。

24. 权利要求 23 的方法，其中组合物中存在的水溶性除草剂是草甘膦，所述禾本科作物的后代选自耐受草甘膦的玉米、稻和小麦以及所述阔叶作物选自耐草甘膦的棉花、大豆、油菜籽、低芥酸油菜籽和甜菜。”

2005 年 3 月 10 日，申请人孟山都技术有限责任公司（下称请求人）对上述驳回决定不服，向专利复审委员会提出复审请求，请求人在提出复审请求时没有对申请文件进行修改。

请求人认为：（1）现有技术未能解决禾本科除草剂与含有溶解的水溶性农药的水性载体相的合剂中化学不稳定的问题，未能使禾本科除草剂的化学分解程度最小，而本申请所提供的浓缩的除草微乳剂组合物有效地隔离了油相中的禾本科除草剂，从而使得所述的禾本科除草剂的水致分解被降低至最小，能提供一种物理、化学稳定的液体浓缩除草微乳剂组合物；（2）本申请中的有机溶剂需要满足使得所述禾本科除草剂具有足够大的有机溶剂/水分配系数，从而使所述禾本科除草剂最小程度地与水接触，以提供所需的化学稳定性，同时本申请说明书第 9 页第 11~25 行还公开了相关分析方法，本领域技术人员可根据该方法确定分配系数选择合适的有机溶剂；（3）本申请中禾本科除草剂的水解问题源于载体相中水的存在，与水溶性除草剂的种类无关，本发明技术方案对于任何水溶性除草剂皆合适；（4）氯化物使用不受具体实施例描述限制，说明书第 14 页第 9~27 行公开可以使用其他水溶性氯化物，也获得本发明类似的效果；（5）氰氟草酯和禾草灵并不属于化学式（II）中包括的化合物，不存在上下位并列关系；（6）pH 值对禾本科除草剂的分解影响可通过常规测试确定，因此“最小程度导致禾本科除草剂化学分解”保护范围是清楚的；（7）“足以提供可接受的微乳剂物理稳定性”和“足以提供可接受的为在植物上施用以适量的水稀释时的微乳剂分散性，而又不足以使微乳剂不稳定”的功能性限定是针对本发明的微乳剂组合物中乳化体系和分散体的组分的含量而言，为达到上述目的而使用的助剂是本领域公知的，用量可通过常规试验确定，根据审查指南第二部分第十章第 3.2.2 节对功能性限定情况的规定，上述表达方法是意思清楚并符合专利实施细则第 21 条第 2 款规定的。

经形式审查合格后，专利复审委员会受理了该请求，并于 2005 年 4 月 19 日向请求人发出了《复审请求受理通知书》，同时将本申请转送至国家知识产权局原审查部门进行前置审查。

在《前置审查意见书》中，国家知识产权局原审查部门认为没有克服驳回缺陷，因此坚持驳回决定。

专利复审委员会组成合议组，对本复审请求案进行了审理。

经合议，合议组认为本案事实清楚，可以作出审查决定。

二、决定的理由

1. 关于审查文本

本复审请求审查决定针对的文本是驳回决定所针对的申请文本，即请求人于2004年8月3日提交的权利要求第1~24项、进入国家阶段时提交的说明书第1~41页及其说明书摘要。

2. 关于专利法第26条第4款的规定

专利法第26条第4款的规定：权利要求书应当以说明书为依据，说明要求保护的范围。

判断权利要求的概括是否恰当，一方面，应当立足于说明书所公开的全部内容，而不应仅仅局限于具体实施例；另一方面，还应当利用本领域技术人员的普通技术知识进行判断，如果本领域普通技术人员在申请给出的信息基础上，利用本领域普通技术知识能够把说明书记载的特定内容扩展到权利要求限定的整个范围，应当认为该权利要求得到了说明书的支持。

就本申请而言，权利要求1要求保护一种具有连续水相和不连续油相的液体浓缩除草微乳剂组合物，其技术特征部分不仅限定了包括使用水、水溶性除草剂、油溶性禾本科除草剂、有机溶剂、表面活性剂、水溶性氯化物等主要组分，同时限定了水溶性除草剂的用量、水溶性除草剂与禾本科除草剂的比例、禾本科除草剂种类、有机溶剂的选择方式、微乳组合物中使用的乳化体系、水溶性氯化物以及采用的分散体系及其量这些技术特征，其中，禾本科除草剂采用了马库什的撰写方式，包括了如权利要求所定义的式（I）或式（II）两类化合物，此外还采用了诸如“在所述油相中基本上与水不混溶的有机溶剂，选择所述有机溶剂使得所述禾本科除草剂具有以对数表示4或更高的有机溶剂/水分配系数”、“足以提供可接受的微乳剂物理稳定性”的乳化体系等功能性技术特征。

本申请说明书背景部分记载了广泛用于农业的选择性禾本科除草剂主要有环己酮类和芳氧基苯氧基丙酸酯类，它们在制成袋混制剂时遇到的问题是在水溶液介质中化学不稳定，不利于运输和储藏，将其制成微乳剂可以解决上述缺点，但选择合适的赋形剂成分并不容易。现有技术尝试过将水溶性除草剂和油溶性除草剂制成袋混制剂，然而水解影响了其贮存稳定性，制成干粉剂产品通常是可能的，然而在农业上还是优选适应多种目的的液剂制剂。说明书还列举了WO 98/09525等专利申请中尝试了将不同种类除草剂制成浓缩物的方法，其中使用耐受phospho-除草剂如草胺磷或草甘膦，芳氧基苯氧基丙酸酯禾本科除草剂喔草酯或炔草酯；WO97/31535中公开了使用草甘膦的烷基酯与第二种除草剂如烯草酮、噻草酮、氰氟草禾草灵等的组合。

可见，权利要求1所述的水溶性除草剂、氰氟草酯或禾草灵或式（I）和（II）所述的油溶性除草剂均是已知除草剂，式（I）和（II）所表示的禾本科除草剂化合物均为油溶性且存在相似的基团如易水解的肟醚取代基或2-氧基丙酸酯取代基，对此类化合物的性质和具体施用步骤也同样为本领域所熟知。利用本领域的普通知识，本领域技术人员根据本申请给出的技术信息可以判断出将权利要求1中所述的水溶性除草剂和包括了氰氟草酯或禾草灵或式（I）或式（II）两类化合物的油溶性禾本科除草剂一起制备成浓缩物或悬浮剂共同用于除草是本领域技术人员已知的现有技术，而本申请所要解决的技术问题关键是要克服现有技术组合物的水解不稳定性使其符合最终用户有效防除杂草的需要。为此，本申请提供了一个全新的制备农药微乳剂的思路，产生稳定的包含不连续油相分散在连续水相中微乳剂除草剂组合物，其中水相中溶解有水溶性除草剂，油相中包含基本上与水不混溶的有机溶剂，其中溶解有氰氟草酯或禾草灵以及具有式（I）化合物或式（II）化合物的油溶性禾本科除草剂（见说明书第6页）。进一步，为了形成该组合物，在说明书第9~10页指出“本发明的关键是为禾本科除草剂选择溶剂，即作为油相的基础，有机液体具有以下性质。第一，溶剂必须与水不混溶。第二，溶剂对于所述的禾本科除草剂的亲和力必须使得所有的禾本科除草剂基本上均在油相中，而在水相中基本上没有”的选择标准以及确定所选溶剂是否满足第二条标准的测试方法和采用参考文献值计算分配系数的方法。作为例证，说明书第 9 页第 26 行至第 10 页第 21 行列举了优选的有机溶剂，并具体以精喹禾灵在溶剂 Solvesso™ $Aromatic_{150}$中的溶解度为例，具体说明了根据本发明的五步计算分配系数的方法。

尽管审查指南规定，对产品权利要求，只有在某一技术特征无法用结构特征来限定，或者技术特征用结构特征限定不如用功能或效果特征来限定更为恰当，而且该功能或者效果能通过说明书中规定的实验或者操作或者所属技术领域的惯用手段直接和肯定地验证的情况下，使用功能或者效果特征来限定发明才可能是允许的。但在本案中，发明点恰恰在于有机溶剂与油溶性禾本科除草剂的关系，即针对不同油溶性禾本科除草剂选择其适合的有机溶剂。而在存在多种该油溶性禾本科除草剂的情况下，具体指出该权利要求可能涉及的每种油溶性除草剂配合制备微乳剂时可使用的有机溶剂的种类不能很好地概括符合本申请要求的有机溶剂的范围以及体现二者的配合关系，而采用“有机溶剂/水分配系数”则较为恰当地限定该“有机溶剂”要符合的技术特征。并且本领域技术人员在本申请说明书中第 9~10 页所述的标准和方法的指导下，利用本领域普通技术常识能够针对不同的禾本科除草剂选择出合适的有机溶剂，且能够根据文献如《农药手册》的参考值进行验证所选择的有机溶剂是否满足“选择所述有机溶剂使得所述禾本科除草剂具有以对数表示约 4 或更高的有机溶剂/水分配系数”的要求，即根据说明书上述内容能够使本领域技术人员明确所述有机溶剂的范围边界，也能预见到该范围内的有机溶剂均能达到发明要求的效果。因此，尽管本申请权利要求 1 中未具体限定水溶性除草剂和有机溶剂的种类，且油溶性禾本科除草剂采用了马库什的方式概括出一定的范围，但是，在所使用的除草剂均是本领域常规的禾本科除草剂的情况下，本申请是在已有技术的基础上通过给出有机溶剂与油溶性禾本科除草剂的关系从而达到对有机溶剂和除草剂的选择，进而解决其技术问题，而非对上述已知物质进行简单的限缩性的选择，在无相反证据存在的前提下，本领域技术人员依据现有技术能够预见到满足上述有机溶剂与油溶性禾本科除草剂之间的配合关系的权利要求 1 中的“水溶性除草剂”、“包括氰氟草酯或禾草灵或具有化学式（I）或化学式（II）的油溶性禾本科除草剂”的概括能制备获得水包油型微乳剂除草剂组合物并达到稳定除草的效果，即此种概括得到说明书的支持，符合专利法第 26 条第 4 款的规定。

此外，驳回决定还认为，本申请说明书中仅给出了使用氯化铵和/或盐酸、或氯苄烷胺作为水溶性氯化物的实施例，权利要求 1 所述的碱金属氯化物中所涉及的其他几种水溶性氯化物也得不到说明书支持。对此，合议组认为：权利要求的概括是否恰当，应立足于说明书所公开的全部内容，而不应仅局限于实施例。在本申请说明书第 14 页第 19~27 行记载了“所期望的提高物理稳定性可以通过在水相中含有不是表面活性剂的氯化物得到。可使用低分子量（C_{1-6}）有机铵氯化物，如异丙基氯化铵，同样地氯化铵或碱金属氯化物如氯化钠或氯化钾也可以被使用”，并且在实施例 1、3、20 中进一步记载了使用氯化铵、氯苄烷铵以及盐酸三种不同类型的水溶性氯化物。因为根据本领域公知常识可知，碱金属氯化物、低分子量有机铵氯化物和季铵氯化物具有和上述三种具体氯化物相近似的结构和水溶性，在无相反证据存在的前提下，本领域技术人员尚无法否认碱金属氯化物、低分子量有机铵氯化物和季铵氯化物能够达到本发明提高微乳剂物理稳定性的效果，因此，含有权利要求 1 所述范围内的不同的水溶性氯化物的技术方案均能够得到说明书的支持，符合专利法第 26 条第 4 款的规定。

综上，本申请权利要求 1 符合专利法第 26 条第 4 款的规定。并且，

基于与上述相同的理由，权利要求 2~5、8、10、12~13、21~24 中的所述内容得到了说明书的

支持，符合专利法第 26 条第 4 款的规定。

3. 关于专利法实施细则第 20 条第 1 款

专利法实施细则第 20 条第 1 款规定，权利要求书应当说明发明或者实用新型的技术特征，清楚、简要地表述请求保护的范围。

对于权利要求 1 不清楚的驳回理由，合议组查明，权利要求 1 中提到的氰氟草酯，其化学名称为（R）-2-［4-（4-氰基-2-氟苯氧基）苯氧基］丙酸丁酯，不满足式（II）化合物中关于 R^4 基团中“Y 和 Z 中至少一个是 N”的限定，因此，不属于式（II）化合物概括的范围内，同理，禾草灵的化学名称为2-［4-（2′，4′-二氯苯氧基）苯氧基］丙酸甲酯，其同样不满足式（II）化合物中关于 R^4 基团中“Y 和 Z 中至少一个是 N”的限定，不属于式（II）化合物概括的范围内，因此，氰氟草酯、禾草灵与式（I）、式（II）的禾本科除草剂以并列选择的方式同时出现在权利要求 1 中并不会造成该权利要求保护范围的不清楚，因此，权利要求 1 符合专利法实施细则第 20 条第 1 款的规定。

另外，驳回决定还认为，权利要求 21 中所述的“最小程度导致禾本科除草剂化学分解”为保护范围不清楚的措辞。对此，合议组认为，权利要求 21 是权利要求 1 的从属权利要求，权利要求 1 要求保护的组合物原料中涉及多种禾本科除草剂，而不同禾本科除草剂发生化学分解的 pH 值是不同的，假如以具体数值或数值范围表达该 pH 值，则会造成该数值是仅针对某种或某些特定除草剂而言的，并不一定适用于该权利要求保护范围内的其他除草剂。而在采用目前权利要求的表达方式情况下，本领域技术人员可以根据说明书第 15 页第 20~28 行描述的确定溶液 pH 值的方法，参考标准手册（如《农药手册》）经过简单的实验即能够确定上述的溶液 pH 值，此种限定范围是清楚的。此外，权利要求 1 对油溶性禾本科除草剂是以马库什方式定义的保护范围，并非针对具体除草剂，在此情况下，如果针对该范围内可能涉及的所有具体的水溶性除草剂和油溶性禾本科除草剂组合均给出具体的 pH 值，不仅造成权利要求的不简明，而且在实践中难以完成。因此，权利要求 21 符合专利法实施细则第 20 条第 1 款的规定。

4. 关于专利法实施细则第 21 条第 2 款

专利法实施细则第 21 条第 2 款规定：独立权利要求应当从整体上反映发明或实用新型的技术方案，记载解决技术问题的必要技术特征。

根据说明书的记载，本申请要解决的技术问题是使水溶性和油溶性的除草剂形成稳定的、包含不连续油相分散在连续水相中的微乳剂除草剂组合物，而本申请是通过限定有机溶剂与油溶性禾本科除草剂之间的配合关系从而达到选择有机溶剂的目的以及控制乳化剂和分散剂等的含量来解决上述技术问题的（见说明书第 9 页第 8 行、第 12 页第 19~22 行）。具体而言，该技术手段是“选择有机溶剂以使得禾本科除草剂的分配系数 log（Co/Cw）约为 4 或更高”、“组合物中含有按重量计小于约 10%的乳化体系和按重量计小于约 5% 的分散体系时，化学分解可以保持在可接受的最低量”（见说明书第 10 页第 2~6 行、第 12 页第 23~29 行）。本申请权利要求 1 中记载了“（v）乳化体系，包含一种或多种各具有叔胺功能基团的表面活性剂，其量按重量计不超过组合物的 10%，但足以提供可接受的微乳剂物理稳定性”以及“（vii）分散体系，包含一种或多种非离子表面活性剂，其总量按重量计不超过 5%，但足以提供可接受的为在植物上施用以适量的水稀释时的微乳剂分散性，而又不足以使微乳剂不稳定”，可见上述用以解决本发明技术问题的必要技术特征已经记载在权利要求 1 中。而所述的“足以提供可接受的微乳剂物理稳定性”和“足以提供可接受的为在植物上施用以适量的水稀释时的微乳剂分散性，而又不足以使微乳剂不稳定”仅是对乳化剂和分散剂的使用量的进一步说明。因此，权利要求 1 符合专利法实施细则第 21 条第 2 款的规定。

根据上述事实和理由，合议组作出如下审查决定。

三、决定

撤销国家知识产权局于2004年11月26日针对00811447.1号发明专利申请作出的驳回决定，由国家知识产权局原审查部门以驳回决定所针对的文本为基础继续审批程序。

复审请求人对本决定不服的，可以根据专利法第41条第2款的规定，自收到本决定之日起三个月内向北京市第一中级人民法院起诉。

127

一种制备二羟基二苯砜的方法

复审请求审查决定（第14395号）

决　定　号　第14395号
决　定　日　2008年7月8日
发明创造名称　一种制备二羟基二苯砜的方法
国际分类号　C07C315/06，C07C317/22
复审请求人　小西化学工业株式会社
申　请　号　03809327.8
优先权日　2002年4月25日
申　请　日　2003年4月24日
公　开　日　2005年8月3日
合议组组长　侯　曜
主　审　员　吴红权
参　审　员　高胜华

法律依据　专利法第22条第3款
决定要点

如果一项权利要求的技术方案相对于最接近的现有技术存在区别技术特征，本领域技术人员根据现有技术的教导或启示不能容易地将上述区别技术特征引入所述最接近的现有技术以获得权利要求的技术方案，且权利要求的技术方案能够产生有益的效果，则该项权利要求具有突出的实质性特点和显著的进步，符合专利法第22条第3款有关创造性的规定。

一、案由

本复审请求涉及发明名称为“一种制备二羟基二苯砜的方法”的03809327.8号发明专利申请（下称本申请），申请人为小西化学工业株式会社，申请日为2003年4月24日，优先权日为2002年4月25日，公开日为2005年8月3日。

2006年7月7日，针对申请人于进入中国国家阶段时提交的权利要求书第1~5项、说明书第1~7页及说明书摘要，国家知识产权局以权利要求1~5不符合专利法第22条第3款的规定为由驳回了本申请。

驳回决定认为：（1）对比文件1（JP10-139756A，公开日为1998年5月26日）或对比文件2（JP10-25277A，公开日为1998年1月27日）公开了权利要求1~2的大部分技术特征，权利要求1~2与对比文件1至对比文件2相比，区别仅在于限定了含水溶剂的pH值为5~7，而对比文件3

（US5001270A，公开日为1991年3月19日）指出pH小于7时会使4，4′-二羟基二苯砜和2，4′-二羟基二苯砜同时沉淀，因此，在对比文件1或2的基础上，结合对比文件3，得到本申请要求保护的技术方案是显而易见的，权利要求1~2不具备创造性；（2）权利要求3~5的附加技术特征也不能使权利要求3~5具备创造性；（3）申请人陈述的保持异构体比例、高产率和除去显色物质等优点是技术方案应用的效果，只要采用该技术方案，都可得到所述的效果。

驳回决定针对的权利要求1~5如下：

"1. 一种制备二羟基二苯砜的方法，包括如下步骤：

在含水溶剂中溶解或悬浮含三羟基三苯砜的粗二羟基二苯砜；

调整所述含水溶剂的pH值至5~7；

任选冷却所述含水溶剂；和

分离析出的结晶二羟基二苯砜。

2. 一种制备二羟基二苯砜的方法，包括如下步骤：

在含水溶剂中，通过加入碱来溶解或悬浮含三羟基三苯砜的粗二羟基二苯砜；

通过加入酸性物质调整所述含水溶剂的pH值至5~7；

任选冷却所述含水溶剂；和

分离析出的结晶二羟基二苯砜。

3. 根据权利要求1或2制备二羟基二苯砜的方法，其中pH被调节到6或更大但低于7。

4. 根据权利要求1~3中任一项制备二羟基二苯砜的方法，其中粗二羟基二苯砜含有30wt.%或更低的三羟基三苯砜。

5. 根据权利要求1~4中任一项制备二羟基二苯砜的方法，其中结晶的二羟基二苯砜在60℃或更低温度下分离。"

2006年10月20日，申请人小西化学工业株式会社（下称请求人）对上述驳回决定不服，向专利复审委员会提出复审请求，请求人在提出复审请求时没有对申请文件进行修改。

请求人认为：（1）本申请方法的一个重要步骤是将水溶液的pH值调节到5~7，该步骤使得本申请具有三种有益的技术效果，即，①反应前后两种异构体4，4′-二羟基二苯砜/2，4′-二羟基二苯砜的比例几乎不变（见说明书第1页第18~20行和说明书第6页第28~29行），②4，4′-二羟基二苯砜和2，4′-二羟基二苯砜混合物的产率很高（见说明书第6页第29~30行），③除去了三羟基三苯砜和原料即粗二羟基二苯基砜中含有的显色杂质（见说明书第1页第18~20行，说明书第4页第17~23行和说明书第6页第28~30行）；请求人列表给出了本申请相对于对比文件1、对比文件2和对比文件3，在上述三方面具有显著的优点和进步。（2）对比文件1的发明目的是从粗二羟基二苯基砜中得到纯的2，4′-二羟基二苯基砜，因此在保持异构体比例和高产率方面没有优势，此外，对比文件1也没有公开除去显色杂质的技术效果。（3）对比文件2的发明目的是由原料合成粗二羟基二苯基砜，然后分别从粗二羟基二苯基砜中得到4，4′-二羟基二苯基砜和2，4′-二羟基二苯基砜，对比文件2没有提及关于保持异构体比例和除去三羟基三苯砜和显色杂质的发明构思，也不可能实现除去显色杂质的技术效果。（4）对比文件3的发明目的是回收4，4′-二羟基二苯基砜，并且对比文件3第4栏第57~62行公开了pH值应保持在7以上，因此不具有本申请的上述技术效果；综上，本申请相对于对比文件1、对比文件2和对比文件3具备创造性。

经形式审查合格后，专利复审委员会受理了该请求，并于2006年11月27日向请求人发出了《复审请求受理通知书》，同时将本申请转送至国家知识产权局原审查部门进行前置审查。

在《前置审查意见书》中，国家知识产权局原审查部门认为请求人陈述的理由不足以撤销驳回决定，因此坚持驳回决定。

专利复审委员会组成合议组，对本复审请求案进行了审理。

经合议，合议组认为本案事实清楚，可以作出审查决定。

二、决定的理由

1. 关于审查文本

本复审决定是针对请求人于2004年10月25日进入中国国家阶段时提交的权利要求书第1~5项、说明书第1~7页及说明书摘要作出的。

2. 关于专利法第22条第3款

专利法第22条第3款规定，创造性，是指同申请日以前已有的技术相比，该发明有突出的实质性特点和显著的进步。

如果一项权利要求的技术方案相对于最接近的现有技术存在区别技术特征，本领域技术人员根据现有技术的教导或启示不能容易地将上述区别技术特征引入所述最接近的现有技术以获得权利要求的技术方案，且权利要求的技术方案能够产生有益的效果，则该项权利要求具有突出的实质性特点和显著的进步，符合专利法第22条第3款有关创造性的规定。

就本案而言，权利要求1要求保护一种制备二羟基二苯砜的方法，包括如下步骤：

在含水溶剂中溶解或悬浮含三羟基三苯砜的粗二羟基二苯砜；

调整所述含水溶剂的pH值至5~7；

任选冷却所述含水溶剂；和

分离析出的结晶二羟基二苯砜。

对比文件1公开了一种提纯2，4′-二羟基二苯砜的方法，包括：将含有4，4′-二羟基二苯砜和三羟基三苯砜的粗2，4′-二羟基二苯砜溶解或悬浮在碱金属化合物的水溶液中，冷却，沉淀，分离，随后如果需要用酸处理，对比文件1的目的是从粗2，4′-二羟基二苯砜中提纯2，4′-二羟基二苯砜（参见对比文件1说明书第2~4页和权利要求1）。

将权利要求1的技术方案与对比文件1公开的内容相比，区别在于：权利要求1中还包括将所述含水溶剂的pH值调整至5~7的步骤，而对比文件1中则没有公开该步骤。

根据本申请说明书所述，本申请的目的是提供一种在不改变二羟基二苯砜同分异构组合物的情况下可有效除去三羟基三苯砜和显色杂质的制备二羟基二苯砜的方法（参见说明书第1页）。实施例1公开了将pH值调整至6.5后，得到92g干燥晶体，其中HPLC分析表明78.9wt.%的4，4′-二羟基二苯砜、21.0wt.%的2，4′-二羟基二苯砜和0.1wt.%的三羟基三苯砜，其5wt.%的乙酮溶液具有APHA值为400。本申请技术方案获得了如下效果：①提纯前后异构体比例保持基本不变；②4，4′-二羟基二苯砜和2，4′-二羟基二苯砜混合物的产率达96.8%；和③除去了三羟基三苯砜和原料即粗二羟基二苯基砜中含有的显色杂质。类似的实施例4公开了将pH调整至6.7后，同样能够获得上述三点效果。实施例2、3和5公开了采用4，4′-二羟基二苯砜、2，4′-二羟基二苯砜和三羟基三苯砜比例不同的粗二羟基二苯砜，同样能获得上述三点效果。对比例1公开了将pH调至7.5后，虽然可以获得第③点的效果，但是第①和第②的效果不理想；对比例2公开了将pH调至4.0后，虽然可以获得第①点和第②点效果，但第③点效果不理想，因此由对比例1和对比例2可知，将pH调至7.5或4.0都不能同时获得上述①、②和③三点效果。

综上，根据本申请说明书公开的内容，特别是实施例公开的内容，本申请实际解决的技术问题是：在提纯过程中通过将pH调整到5~7的范围，提供一种保持异构体比例基本不变、高产率和有效除去三羟基三苯砜和显色杂质的二羟基二苯砜的提纯方法。

对比文件3公开了从含有4，4′-二羟基二苯砜和2，4′-二羟基二苯砜的混合物中分离4，4′-二羟基二苯砜的方法，其中公开了将混合物溶解在碱性溶液中，并加入酸调节pH>7，从而选择性地沉淀出4，4′-二羟基二苯砜（参见对比文件3的权利要求1）。在对比文件3说明书第4栏第57~62行中还提及：加入酸后，必须使pH值大于7，如果pH为7或更低，则4，4′-二羟基二苯砜和2，4′-二羟基二苯砜将会同时沉淀出来。本领域技术人员根据对比文件3上述公开内容的教导，可以得出将4，4′-二羟基二苯砜和2，4′-二羟基二苯砜混合物的pH值调到7或小于7，会同时得到4，4′-二羟基二苯砜和2，4′-二羟基二苯砜的技术启示，但是对比文件3并没有给出同时沉淀出的4，4′-二羟基二苯砜和2，4′-二羟基二苯砜二者是否获得高产率、保持异构体比例基本不变以及除去三羟基三苯砜和显色杂质的技术启示；再者，对比文件3没有公开将pH值调整到5~7这样一个范围，也没有给出将pH调整到5~7要比将pH调整到小于5（例如将pH调整到3~5之间）对二羟基二苯砜的提纯有何好处的启示。根据对比文件3说明书，特别是实施例1~3公开的内容可知，对比文件3也没有公开提纯前后能保持异构体比例这样的技术效果。

因此，权利要求1相对于对比文件1存在区别技术特征，本领域技术人员在对比文件3公开内容的基础上，得不出将该区别技术特征应用于对比文件1以得到权利要求1技术方案的技术启示，因此权利要求1的技术方案相对于对比文件1和3的结合是非显而易见的，并且权利要求1的技术方案也带来了有益的技术效果，具有突出的实质性特点和显著的进步，符合专利法第22条第3款的规定。

权利要求2也要求保护一种制备二羟基二苯砜的方法，其与权利要求1的区别仅在于通过加入碱来溶解或悬浮含三羟基三苯砜的粗二羟基二苯砜，接着通过加入酸性物质来调整pH值至5~7。基于与权利要求1相同的评述理由，权利要求2相对于对比文件1和对比文件3的结合也是非显而易见的，并且获得了有益的技术效果，具有突出的实质性特点和显著的进步，符合专利法第22条第3款的规定。

权利要求3~5是权利要求1或2的从属权利要求，进一步限定了pH值范围、原料中三羟基三苯砜含量和结晶温度，在独立权利要求1和2具备创造性的情况下，从属权利要求3~5也具备突出的实质性特点和显著的进步，符合专利法第22条第3款的规定。

对比文件2公开了一种分离2，4′-二羟基二苯砜和4，4′-二羟基二苯砜的方法，其中公开了在制得二羟基二苯砜后，将含有三羟基三苯砜和二羟基二苯砜的反应物冷却到80~160℃，4，4′-二羟基二苯砜便可沉淀出来，然后从滤液中分离出2，4′-二羟基二苯砜，然后加入酸调节，可沉淀出2，4′-二羟基二苯砜。对比文件2公开了与对比文件1类似的技术内容，其与权利要求1相比，区别仍在于：权利要求1中存在将所述含水溶剂的pH值调整至5~7这一技术特征，而对比文件2中则没有公开该技术特征。基于上述相同的评述理由，权利要求1的技术方案相对于对比文件2和对比文件3的结合同样是非显而易见的，具备创造性，符合专利法第22条第3款的规定。

根据上述事实和理由，合议组作出如下审查决定。

三、决定

撤销国家知识产权局于2006年7月7日针对03809327.8号发明专利申请作出的驳回决定，由国家知识产权局原审查部门以驳回决定所针对的文本为基础继续审批程序。

复审请求人对本决定不服的，可以根据专利法第41条第2款的规定，自收到本决定之日起三个月内向北京市第一中级人民法院起诉。

128

一种羧酸类接枝共聚物混凝土保坍剂

复审请求审查决定（第14399号）

决　定　号　第14399号
决　定　日　2008年8月22日
发明创造名称　一种羧酸类接枝共聚物混凝土保坍剂
国际分类号　C08F 290/00，C04B 24/24
复审请求人　江苏省建筑科学研究院有限公司，江苏苏博特新材料股份有限公司，南京道鹭建设材料厂
申　请　号　200510037869.4
申　请　日　2005年2月28日
公　开　日　2005年9月14日
合议组组长　任晓兰
主　审　员　刘　磊
参　审　员　孙丽芳

法律依据　专利法第22条第2款，专利法第22条第3款
决定要点
如果发明与现有技术的相关内容相比，其技术方案实质上不相同，则该发明具有新颖性。

一、案由

本复审请求案涉及发明名称为"一种羧酸类接枝共聚物混凝土保坍剂"的200510037869.4号发明专利申请（下称本申请），申请人为江苏省建筑科学研究院有限公司、江苏苏博特新材料股份有限公司和南京道鹭建设材料厂，申请日为2005年2月28日，公开日为2005年9月14日。

2006年12月8日，针对申请人于2005年2月28日提交的说明书第1～15页、说明书附图第1页、说明书摘要和摘要附图，2006年9月29日提交的权利要求书第1页（即权利要求1～2和权利要求3（部分）），以及2006年5月29日提交的权利要求书第2页（即权利要求3（部分）和权利要求4～10），国家知识产权局以权利要求1～6、8和10不符合专利法第22条第2款的规定，以及权利要求7和9不符合专利法第22条第3款的规定为由驳回了本申请。

驳回决定针对的权利要求书1～10如下：

"1. 一种羧酸类接枝共聚物混凝土保坍剂，其特征在于它由下列步骤制备而成，

1）由通式（1）所述的单烷基聚醚或双羟基聚醚以及单烷基聚醚和双羟基聚醚的混合物与二元不饱和羧酸或酸酐在酸催化剂条件下发生接枝反应生成带C=C的大单体a；

$$R_1 \!\left(O - CHR_2 - CH_2 \right)_n OH \qquad (1)$$

通式（1）中所述的侧链聚醚大分子为重均分子量200到2000的氧化烯聚合物，R_1 和 R_2 为H或甲基，适合的氧化烯包括环氧乙烷、环氧丙烷及其混合物，它们可以是线性或支化的聚合物、均聚物或共聚物、无规或嵌段共聚物、二嵌段或多嵌段共聚物；n为氧化烯基的平均加成摩尔数，为3~50；当 R^1 为H时，则为聚乙二醇或聚丙二醇或聚乙二醇和丙二醇共聚物，可以在接枝共聚物中充当交联作用；

2）将步骤1）制备的接枝大单体混合物a与单体b分别按70%~97%和3%~30%的重量比混合共聚而成，其中单体b用通式（2）表示：

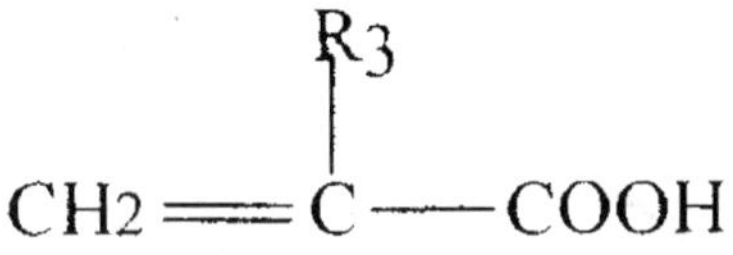

(2)

式中 R_3 是氢原子或甲基。

2. 如权利要求1所述的羧酸类接枝共聚物混凝土保坍剂，其特征在于在步骤（2）中还可有由下列通式（3）表示的单体c共同参与共聚反应，共聚时，单体a与单体c的用量分别为70%~97%和0~8%，其余为单体b。

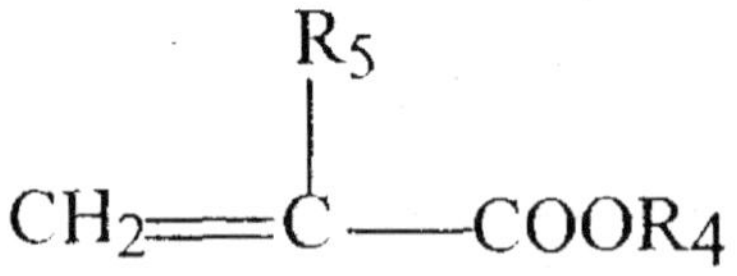

(3)

式中 R_4 为 C_1~C_4 烷基、CH_2CH_2OH 及 $CH_2CHOHCH_3$，R_5 是氢原子或甲基。

3. 如权利要求1所述的羧酸类接枝共聚物混凝土保坍剂，其特征在于在步骤（2）中还可有由下列通式（4）表示的单体d共同参与共聚反应，共聚时，单体a与单体d的用量分别为70%~97%和0~30%，其余为单体b。

单体d用通式（4）表示：

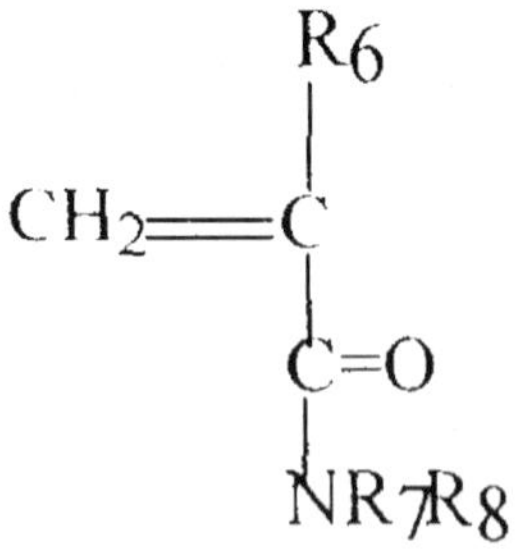

(4)

式中，R_6 是氢原子或甲基，R_7 和 R_8 是氢原子或甲基、乙基、CH_2SO_3H、$CH_2CH_SO_3H$。

4. 如权利要求1所述的羧酸类接枝共聚物混凝土保坍剂，其特征在于在步骤（2）中还可有单体e共同参与共聚反应，所述单体e为苯乙烯磺酸钠盐，共聚时单体a与单体e的用量分别为70%~97%和0~30%，其余为单体b。

5. 如权利要求1所述的种羧酸类接枝共聚物混凝土保坍剂，其特征在于在步骤（2）中还可由单体 b、c、d、e 一起参与共聚反应，共聚时，其中单体 b+d+e 总量为 5%～25%，但单体 b+c+d+e 的总量最大不超过 30%。

6. 如权利要求 1～5 任意一项所述的羧酸类接枝共聚物混凝土保坍剂，其特征在于步骤 1）中双羟基聚醚/单烷基聚醚摩尔比控制在 100/0～50/50。

7. 如权利要求 1 所述的羧酸类接枝共聚物混凝土保坍剂，其特征在于步骤 1）中聚醚与二元不饱和羧酸或酸酐的摩尔比为 1：1.0～6.0，酸催化剂的用量在为反应物料总重量的 0.5%～5%，反应温度为 100～180℃，反应时间为 2～6 小时。

8. 如权利要求 1 所述的羧酸类接枝共聚物混凝土保坍剂，其特征在于步骤 2）中所述的单体 b 可以是丙烯酸、甲基丙烯酸和这些不饱和酸的碱金属盐、碱土金属盐、铵盐和有机胺盐，这些单体可以单独使用也可以由两种或两种以上成份的混合物形式使用。

9. 如权利要求 1 或 2、3、4 所述的羧酸类接枝共聚物混凝土保坍剂，其特征在于步骤 2）中所采用的水溶性引发剂是常规的自由基水溶性引发剂及其混合物，包括水溶性过硫酸铵，过硫酸钾，过硫酸钠和过氧化氢等，加入到反应混合物中的全部引发剂应该占所加入单体总量大约 0.1%～15.0%，；聚合反应单体浓度以控制在 15%～50%，反应时间控制在 5～10 小时，反应温度在 30～110℃下进行，单体混合液和引发剂滴加时间控制在 1.5～3.5 小时。

10. 如权利要求 1 或 2、3、4 所述的羧酸类接枝共聚物混凝土保坍剂，其特征在于其分子量一般在 5000～100000。”

驳回决定认为：（1）权利要求 1 要求保护一种羧酸接枝共聚物混凝土保坍剂。对比文件 1（CN1537126A，公开日为 2004 年 10 月 13 日）的权利要求 3、说明书第 9 页第 15 行至第 11 页第 22 行、第 18 页第 25 行至第 19 页第 30 行以及第 19～22 页公开了一种混凝土添加剂用共聚物，其可由大分子单体 A2 和单体 B′共聚制备，A2 可由聚醚多元醇与马来酸酐进行酯化反应得到，可以是双酯，A2 重均分子量可以是 1000 左右，单体 B′可以是丙烯酸，A2 含量可以是 80 重量%，B′含量可以是 20 重量%。因此，对比文件 1 公开了权利要求 1 的全部技术特征，权利要求 1 不符合专利法第 22 条第 2 款关于新颖性的规定。另外，A3 与 A2 一样，也是具体实施方式中用到的大单体，因此，A3 与 B′形成的共聚物也使得权利要求 1 不具备新颖性。（2）权利要求 2～6、8 对权利要求 1 所述的共聚单体作了进一步限定，但对比文件 1 的说明书第 19 页公开了所述混凝土添加剂用共聚物中除上述大分子单体 A2 和单体 B′外还包括共聚单体 C，其可以是丙烯酸甲酯、丙烯酸羟基酯、丙烯酰胺、丙烯酰胺烷基磺酸或苯乙烯类单体，显然这些单体的含量应在 30% 以下。因此，权利要求 2～6、8 不符合专利法第 22 条第 2 款关于新颖性的规定。（3）权利要求 10 对权利要求 1 中所述共聚物保坍剂的分子量作了进一步限定，但该附加技术特征在对比文件 1 的说明书第 22 页已有公开，因此，权利要求 10 不符合专利法第 22 条第 2 款有关新颖性的规定。（4）权利要求 7 和 9 对权利要求 1 所述的酯化反应以及聚合条件作了进一步限定，但所述附加技术特征属于本领域公知常识，本领域技术人员在对比文件 1 的基础上结合本领域公知内容获得权利要求 7 和 9 要求保护的技术方案方案是显而易见的，因此，权利要求 7 和 9 不符合专利法第 22 条第 3 款关于创造性的规定。

2007 年 3 月 8 日，申请人（下称请求人）对上述驳回决定不服，向专利复审委员会提出复审请求，未提交修改文本。请求人认为，（1）本申请要求保护的混凝土高效保坍剂与对比文件 1 公开的混凝土减水剂，在性能和用途上有着本质不同，化学结构也存在差别，具体如下：a. 本申请的单体 a 与对比文件 1 中的单体 A2 有着本质区别，其结构中含有的羟基数目不同；b. 对比文件 1 公开的单体 A2 和 A3 是两种不同的物质且 A3 并非制备对比文件 1 所述共聚物的必要成分；c. 尽管对比文件 1 提到 A2 的制备前体存在含有两个羟基的情形，但是经与马来酸酐酯化后每个分子最多只有一个羟基的情况已被对比文件 1 第 10 页第 2 行的内容所排除，因此，权利要求 1~6、8 和 10 具有新颖性；（2）本申请的权利要求 7 具体限定了聚醚与二元不饱和酸或酸酐的摩尔比，从而保证制备的单体 a 不产生马来酸双酯或二酯，多产生马来酸半酯和马来酸酯交联体，提高了共聚物的保坍性能，这在对比文件 1 中没有启示，因此该权利要求具有创造性；本申请的权利要求 9 具体限定了共聚反应中的水溶性引发剂以及反应条件，用以得到具有本申请技术效果的聚合物，因此，该权利要求也具有创造性。

2007 年 4 月 24 日，经形式审查合格后，专利复审委员会受理了该请求，并向请求人发出了《复审请求受理通知书》，同时将本申请转送至国家知识产权局原审查部门进行前置审查。

在《前置审查意见书》中，国家知识产权局原审查部门坚持驳回决定。

专利复审委员会依法组成合议组，对本复审请求案进行了审理。

经过合议，合议组认为本案事实清楚，可以作出审查决定。

二、决定的理由

1. 关于审查文本

本复审决定针对的文本为驳回决定所针对的文本。

2. 关于专利法第 22 条第 2 款

专利法第 22 条第 2 款规定：新颖性，是指在申请日以前没有同样的发明或者实用新型在国内外出版物上公开发表过、在国内公开使用过或者以其他方式为公众所知，也没有同样的发明或者实用新型由他人向国务院专利行政部门提出过申请并且记载在申请日以后公布的专利申请文件中。

如果发明与现有技术的相关内容相比，其技术方案实质上不相同，则该发明具有新颖性。

就本案而言，权利要求 1 要求保护一种羧酸类接枝共聚物混凝土保坍剂，其由大单体 a 和单体 b 共聚而成，大单体 a 与单体 b 的重量比分别为 70%~97% 和 3%~30%。

其中，大单体 a 由通式（1）所述的单烷基聚醚或双羟基聚醚以及单烷基聚醚和双羟基聚醚的混合物与二元不饱和羧酸或酸酐在酸催化剂条件下发生接枝反应生成：

$$R_1 \text{—}(\text{O—CHR}_2\text{—CH}_2\text{—})_n\text{OH} \qquad (1)$$

R_1 和 R_2 为 H 或甲基，

单体 b 由通式（2）表示：

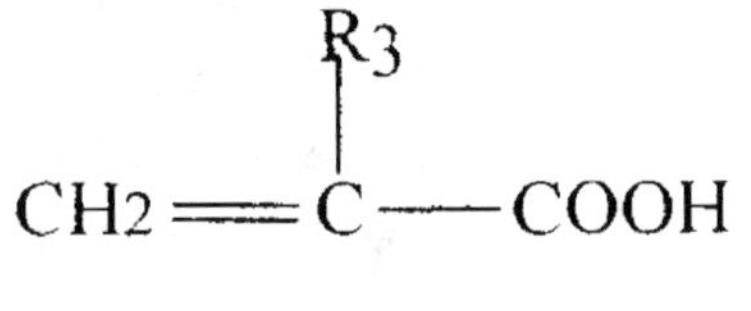

(2)

R_3 是氢原子或甲基。

驳回决定引用对比文件 1 评述权利要求 1 的新颖性，认为对比文件 1 中的大分子单体 A2 相当于权利要求 1 中的大单体 a，单体 B′相当于权利要求 1 中的单体 b。

合议组查明，对比文件 1 中公开了一种可用作混凝土减水剂的多元羧酸共聚物，其包括三类方案，第一类是由聚亚烷基亚胺不饱和单体（A1）和不饱和羧酸单体（B）形成的共聚物，第二类是由聚二醇不饱和单体（A2）和不饱和羧酸单体（B′）形成的共聚物，第三类是由聚二醇不饱和单体（A2′）和不饱和羧酸单体（B）形成的共聚物（参见对比文件 1 说明书第 4 页第 2~13 行）。

对于驳回决定所依据的第二类方案，即，A2-B′共聚物，对比文件 1 记载了以下内容：

（a）在其说明书第 4 页第 23~30 行记载了两个单体的用量，其中单体 A2 与单体 B′的重量比为 1%~99%：99%~1%（与本申请权利要求 1 范围重叠）；

（b）在其说明书第 12 页指出，不饱和单羧酸单体 B′可以是下式表示的化合物：

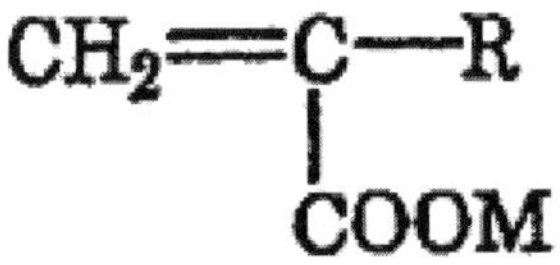

，其中，R 表示氢原子或甲基，M 表示氢原子、金属原子、铵离子或有机胺基（相当于本申请权利要求 1 中的单体 b）；

（c）在其说明书第 9 页第 8~10 行对单体 A2 进行了定义，即，“聚二醇不饱和单体（A2）”为具有使氧化烯基结合到多元醇残基上的结构的聚二醇不饱和单体，其中，“多元醇残基”为具有使活性氢原子从多元醇上除去的结构的基团（参见对比文件 1 说明书第 9 页第 11 行），而所述“多元醇”则是“任何分子中平均具有不少于三个羟基的化合物”（参见对比文件 1 说明书第 10 页第 2 行）；在其说明书第 9 页第 14~17 行描述了聚二醇不饱和单体（A2）的两种制备方法，其中第一种方法与本申请形成大单体 a 的方法类似，即，将不饱和基团引入通过将氧化烯加到多元醇上获得的化合物。用于引入不饱和基团的不饱和化合物是不饱和羧酸如（甲基）丙烯酸、马来酸、延胡索酸和柠康酸；不饱和羧酸酐如（甲基）丙烯酸酐、马来酸酐；不饱和羧酸卤化物如（甲基）丙烯酸氯化物；不饱和羧酸酯如具有含 1~30 个碳原子的烷基的（甲基）丙烯酸酐烷基酯、具有含 1~30 个碳原子的烷基的马来酸单酯和具有含 1~30 个碳原子的烷基的马来酸二酯；以及环氧化合物如（甲基）丙烯酸缩水甘油酯和（甲基）烯丙基缩水甘油醚等（参见对比文件 1 说明书第 9 页第 24~32 行）。

由此可见，对比文件 1 中“通过将氧化烯加到多元醇上获得的化合物”实质上相当本申请权利要求 1 中的式 1，而用于引入不饱和基团的不饱和化合物则相当于本申请权利要求 1 中的“二元不饱和羧酸或酸酐”。

（1）由以上所引用的对比文件 1 中对于多元醇的定义可知，“通过将氧化烯基加到多元醇残基上获得的化合物”具有不少于三个羟基，相应的，本申请权利要求 1 的式 1 中具有至多两个羟基（当 R_1 为 H 时，为两个羟基，当 R_1 为 CH_3 时，具有一个羟基），即二者骨架结构中的羟基的数目不同。

（2）本申请权利要求 1 中用于向大单体 a 中引入不饱和 C=C 的物质为二元不饱和羧酸或酸酐，而对比文件 1 中用于向 A2 中引入不饱和基团的物质则是不饱和羧酸、不饱和酸酐、不饱和羧酸酯以及环氧化合物等，其中包括了大量非二元不饱和羧酸和酸酐的化合物，例如（甲基）丙烯酸，也就是说，本申请权利要求 1 中所用到的二元不饱和羧酸或酸酐只是从对比文件 1 中所列举的宽范围技术方案中选取的一种具体的不饱和化合物。

基于以上（1）和（2）中所述的区别，尤其是式（1）上羟基数目的不同，导致对比文件 1 公开的聚二醇不饱和单体（A2）不同于本申请权利要求 1 中由式（1）和二元不饱和羧酸或酸酐形成的大单体（a），这一区别使得本申请权利要求 1 中的共聚物在结构上不同于对比文件 1 中公开的 A2-B′共聚物，因此，对比文件 1 中的 A2-B′的技术方案尚不足以破坏本申请权利要求 1 的新颖性。

对于驳回决定中提到的 A3-B′共聚物的技术方案，合议组查明：对比文件 1 说明书第 4 页第 31~32 行公开了“在实施本发明的过程中，优选上述单体组分还包含上述具有氧化烯基的单体以外的聚二醇不饱和单体（A3）”；并在说明书第 13 页指出了 A3 可以是下式表示的化合物，其中，R_1、R_2 和 R_3 可以相同或者不同，各自代表氢原子或甲基，R_4 表示氢原子或含有 1~20 个碳原子的烃基，Rx 可以相同或者不同，各自代表含有 2~18 个碳原子的链烯基，m 表示所加入的由 RxO 表示的氧化烯基团的平均摩尔数，其值为 1~300，X 表示含有 1~5 个碳原子的二价链烯基或者当所示相邻的碳原子和氧原子相互直接连接时为乙烯基：

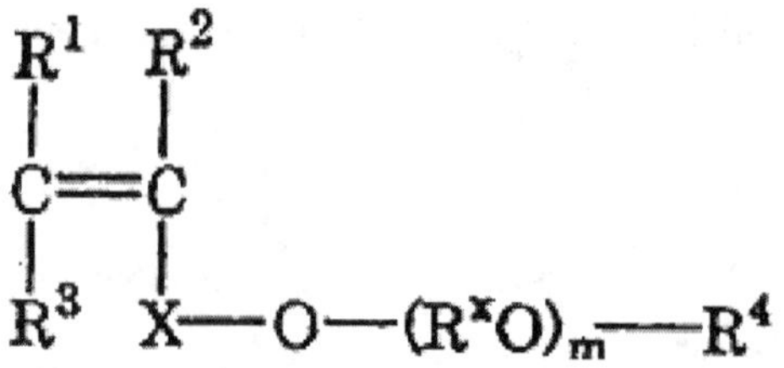

。

由以上内容可以看出，聚二醇不饱和单体（A3）的结构中不存在酯键，与本申请权利要求 1 中的单体 a 并不相同，同时对比文件 1 中 A3 只是作为可选择的第三组分，并不存在 A3 单独与 B′反应制备聚合物的技术方案。在此基础上，合议组认为，驳回决定中认定的“对比文件 1 中公开的 A3-B′共聚物的技术方案使得权利要求 1 不具备新颖性”的理由不再成立。

综上，本申请权利要求 1 的技术方案与对比文件 1 的相关内容相比，其技术方案实质上不相同，符合专利法第 22 条第 2 款的规定。

在权利要求 1 相对于对比文件 1 具备新颖性的情况下，其从属权利要求 2~6、8 和 10 也均具备新颖性，符合专利法第 22 条第 2 款的规定。

3. 关于专利法第 22 条第 3 款

权利要求 7 和 9 都是直接或间接引用权利要求 1 的从属权利要求，驳回决定认为其不具备创造性是建立在权利要求 1 相对于对比文件 1 不具备新颖性的基础上的。一方面，基于在上述意见中本申请权利要求 1 已被认为相对于对比文件 1 具有专利法第 22 条第 2 款规定的新颖性，因此，驳回决定中关于本申请权利要求 7 和 9 不符合专利法第 22 条第 3 款的规定的基础不再成立。另一方面，对比文件 1 公开的多元羧酸型共聚物作为减水剂使用，用于提高水泥组合物的减水容量和可施工性（参见对比文件 1 的说明书第 2 页第 13 行），并未教导或暗示该共聚物具有保坍作用。相反，本申请中多元羧酸型共聚物则是用作保坍剂，用于降低混凝土的坍落度损失（参见本申请说明书第 3 页第 1 段），由于混凝土搅拌过程中“减水”和“保坍”是完全不同的两个方面，因此，本领域技术人员在对比文件 1 的基础上，不容易想到具有减水功能的多元羧酸型共聚物同时会具有保坍功能，更不用说在此基础上替换其中的大单体 a 形成新的共聚物后，再将其用作保坍剂，因此，对比文件 1 尚不足以破坏本申请权利要求 1 的创造性，即，本申请权利要求 1 中的“羧酸接枝共聚物混凝土保坍剂”相对于对比文件 1 具备创造性。在此基础上，其从属权利要求 7 和 9 自然也具备创造性。

根据上述事实和理由，合议组作出如下决定。

三、决定

撤销国家知识产权局于 2006 年 12 月 8 日针对 200510037869.4 号发明专利申请作出的驳回决定，由国家知识产权局原审查部门以本复审请求审查决定所针对的文本为基础继续审查。

复审请求人对本决定不服的，可以根据专利法第 41 条第 2 款的规定，自收到本决定之日起三个月内向北京市第一中级人民法院起诉。

129

选择性制备1-磷酸化糖衍生物端基异构体的方法和制备核苷的方法

复审请求审查决定（第14402号）

决　定　号　第14402号
决　定　日　2008年8月21日
发明创造名称　选择性制备1-磷酸化糖衍生物端基异构体的方法和制备核苷的方法
国际分类号　C07F9/655，C07H1/02，C07H19/20，C07H19/12，C07H19/10，C07H19/23，C07H13/08，C07H11/04，C12P19/38
复审请求人　三井化学株式会社
申　请　号　01800874.7
最早优先权日　2000年2月10日
申　请　日　2001年2月13日
公　开　日　2002年10月2日
合议组组长　任晓兰
主　审　员　吴红权
参　审　员　侯　曜

法律依据　专利法第33条，专利法第22条第3款
决定要点

如果申请的内容通过增加、改变和/或删除其中的一部分，致使所属技术领域的技术人员看到的内容与原申请记载的内容不同，而且又不能从原申请记载的内容中直接地、毫无疑义地确定，那么这种修改是不允许的。

结构上与已知化合物接近的化合物，必须要有预料不到的用途或者效果，才能认可其创造性，此预料不到的用途或者效果可以是与该已知化合物的已知用途不同的用途；或者是对已知化合物的某一已知效果有实质性的改进或提高；或者是在公知常识中没有明确的或不能由常识推论得到的用途或效果。

一、案由

本复审请求涉及发明名称为“选择性制备1-磷酸化糖衍生物端基异构体的方法和制备核苷的方法”的01800874.7号发明专利申请（下称本申请），申请人为三井化学株式会社，申请日为2001年2月13日，最早优先权日为2000年2月10日，公开日为2002年10月2日。

2006年6月23日，针对申请人于2005年5月30日提交的权利要求第1~17项、进入中国国家阶

段时提交的说明书第 1~49 页、核苷酸和氨基酸序列表第 1 页及说明书摘要，国家知识产权局以权利要求 3~6 和 17 不符合专利法第 22 条第 3 款的规定为由驳回了本申请。

驳回决定认为：

（1）本申请的权利要求 3 与对比文件 1（US5770407A，公开日为 1998 年 6 月 23 日）的区别在于：权利要求 3 中是呋喃糖，而对比文件 1 中是吡喃糖，另外，权利要求 3 中环上的羟基和羟甲基都被取代的苯甲酰基所保护，而对比文件 1 中环上的羟基和羟甲基没有保护基。由于对比文件 1 和权利要求 3 中的化合物用途相同，均用作制备抗病毒制剂和糖苷转移酶抑制剂的原料，呋喃糖和吡喃糖的化学性质也极其类似，在有机化学中，使用保护基团对羟基进行保护也是本领域常用的手段，因此，本领域技术人员由对比文件 1 中吡喃糖的 1-磷酸化糖衍生物的盐想到本申请权利要求 3 中的呋喃糖的 1-磷酸化糖衍生物的盐也具有同样的用途，并且由对比文件 1 中的方法得到权利要求 3 中的化合物并不需要花费创造性的劳动，至于环上羟基数目则是根据环原子数目而变化的，这也是本领域技术人员很容易就能够想到的，因此，权利要求 3 不具有创造性。（2）权利要求 4 对权利要求 3 化合物的基团作了进一步的限定，化合物和其盐之间在化学合成上非常容易相互转换，并且化合物和其盐也具有极其接近的效果，在权利要求 3 不具备创造性的情况下，权利要求 4 也不具备创造性。（3）基于与权利要求 3 相同的理由，权利要求 5 和 6 也不具备创造性。（4）权利要求 17 的化合物与对比文件 1 的化合物 10 和 11 相比，区别在于：a. 权利要求 17 是呋喃糖，对比文件 1 是吡喃糖；b. 权利要求 17 环上的羟基和羟甲基都被苯基或氯取代的苯甲酰基所保护，对比文件 1 环上的羟基和羟甲基没有被保护；c. 权利要求 17 环上没有卤素取代，对比文件 1 环上有氟取代，由于对比文件 1 和权利要求 17 中的化合物用途相同，呋喃糖和吡喃糖的化学性质也极其类似，使用保护基对羟基进行保护也是本领域常用的手段，而环上的卤素取代对于化合物的用途并不产生实质上的影响，因此，本领域技术人员在对比文件 1 的基础上可以容易想到权利要求 17 的技术方案。

驳回决定针对的权利要求 3~6 和 17 如下：

“3. 由式（4）表示的 1-磷酸化糖衍生物的三聚物、二聚物或单体或其盐：

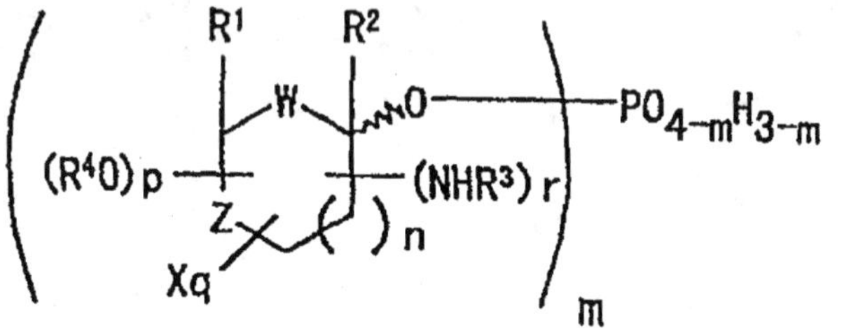

(4)

其中 R^1 表示用苯甲酰基保护的羟甲基，所述苯甲酰基进一步被苯基或氯取代；R^2 表示氢；R^4 表示被苯基或氯取代的苯甲酰基；和 R^3、X、W、Z、m、n、p、q 和 r 是如权利要求 1 所定义。

4. 权利要求 3 的 1-磷酸化糖衍生物单体或其盐，由式（5）表示：

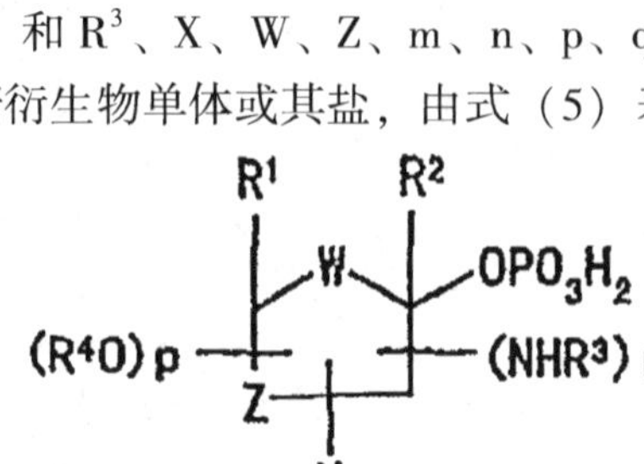

(5)

其中p和q表示0~3的整数；r表示0或1；和R^1、R^2、R^3、R^4、X、W和Z是如权利要求3所定义的；条件是当Z是氧或硫时，p、q和r满足p+q+r≤3和当Z是碳时，p、q和r满足p+q+r≤5的条件。

5. 一种1-磷酸化糖衍生物单体或其盐，由式（6）表示：

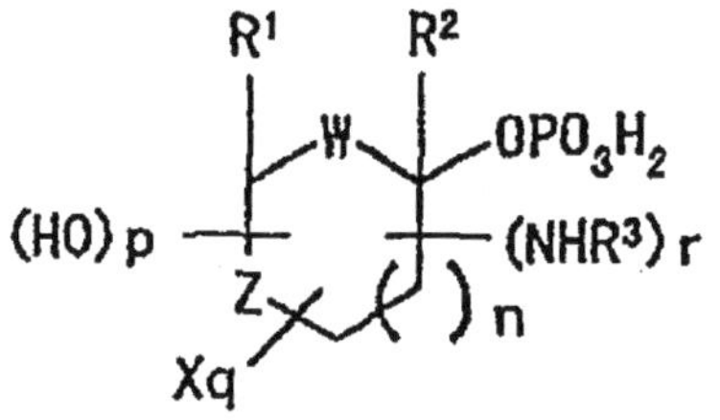

(6)

其中R^1、R^2、R^3、X、W、Z、n、p、q和r是如权利要求3所定义的，除了由式（6）表示的天然产物及其钠盐、环已胺盐、钡盐或二环已胺盐之外，其中R^1、R^2、R^3、R^4、X和n是如权利要求1所定义的；Z是CH_2；q是0；r是0；p≤2。

6. 由式（22）表示的1-磷酸化糖衍生物单体或其盐

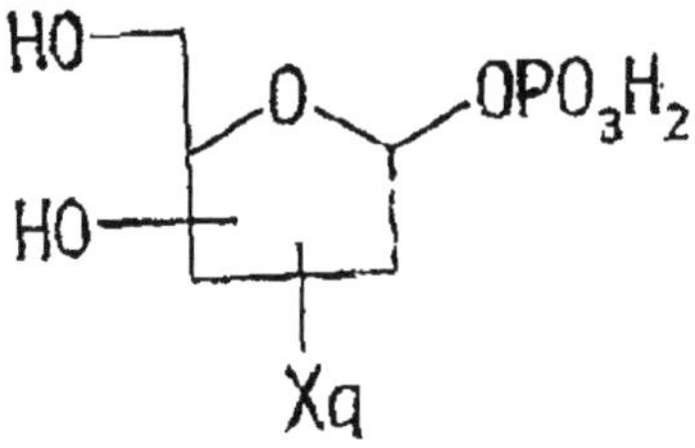

（22）

其中q是1或2；且X是氟、甲氧基或甲氧基乙氧基。

……

17. 权利要求4的1-磷酸化糖或其盐，其由式（20）表示：

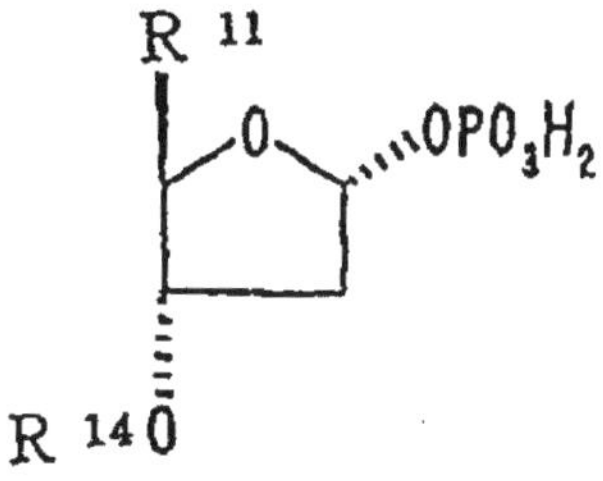

（20）

其中R^{11}表示被苯甲酰基保护的羟甲基，所述苯甲酰基进一步被苯基或氯保护；和R_{14}表示被苯基或氯保护的苯甲酰基。”

2006年9月30日，申请人三井化学株式会社（下称请求人）对上述驳回决定不服，向专利复审委员会提出复审请求，请求人在提出复审请求时没有对申请文件进行修改。

请求人认为：（1）制备权利要求3~6和17化合物的目的是选择端基异构体，而不是抑制糖苷转移酶的活性，对比文件1并未教导如何制备所述基于呋喃糖的化合物从而将其用于端基异构体选择性制备所述的1-磷酸化糖衍生物单体；（2）对比文件1没有描述或教导将吡喃糖改为呋喃糖，驳回决定未出示任何证据证明对比文件1给出了这方面的启示，本领域技术人员难以获得权利要求3~6和17的呋喃糖化合物，对比文件1也没有教导基于呋喃糖的核苷酸联-2-脱氧-2-氟糖苷是否同样具有所需的糖苷转移酶抑制剂活性；（3）权利要求3~6以及17的起始化合物使得可以实现端基异构选择性制备基于呋喃糖的1-磷酸化糖衍生物单体，权利要求3~6和7所述化合物的定义使得可以按照权利要求1的方法，通过磷酸解和异构化从而端基异构体选择性地制备所述1-磷酸化糖衍生物单体，要获得权利要求3~6和17的化合物，以下步骤是必不可少的：优先确定其用途，然后再选自呋喃糖骨架结构、保护基以及保护基在骨架结构上的位置，以在异构化端基异构体的条件下使1-磷酸化糖衍生物的经端基异构体选择的单体结晶；（4）在权利要求3~6和17的化合物中，保护基的选择对于在异构化端基异构体的条件下能端基异构体选择性结晶是重要的。

经形式审查合格后，专利复审委员会受理了该请求，并于2006年11月15日向请求人发出了《复审请求受理通知书》，同时将本申请转送至国家知识产权局原审查部门进行前置审查。

在《前置审查意见书》中，国家知识产权局原审查部门坚持驳回决定。

专利复审委员会组成合议组，对本复审请求案进行了审理。

合议组于2008年4月2日向请求人发出《复审通知书》，针对驳回决定所针对的文本，指出：（1）权利要求1中增加的措辞“任选”未在原申请文件中记载，也不能由原申请文件记载的内容直接地、毫无疑义地确定，故权利要求1不符合专利法第33条的规定；权利要求3中R^1的定义在原始申请文件中没有记载，也不能从中直接地、毫无疑义地确定，不符合专利法第33条的规定，同理，权利要求4、5和17也不符合专利法第33条的规定。（2）权利要求3~6和17相对于对比文件1不具备创造性，不符合专利法第22条第3款的规定。

针对上述《复审通知书》，请求人于2008年7月14日提交了意见陈述书并对权利要求书进行了修改，删除了权利要求1中的措辞“任选”；删除了权利要求3~6和17；并对权利要求书进行了重新编号，修改后的权利要求共12项。

请求人认为：修改后的权利要求书克服了《复审通知书》指出的缺陷。

至此，合议组认为本案事实已经清楚，可以作出审查决定。

二、决定的理由

1. 关于审查文本

本复审请求审查决定是针对请求人于2008年7月14日提交的权利要求第1~12项、进入中国国家阶段时提交的说明书第1~49页、核苷酸和氨基酸序列表第1页和说明书摘要作出的。

2. 关于专利法第33条

专利法第33条规定，申请人可以对其专利申请文件进行修改，但是，对发明专利申请文件的修改不得超出原说明书和权利要求书记载的范围。

如果申请的内容通过增加、改变和/或删除其中的一部分，致使所属技术领域的技术人员看到的内容与原申请记载的内容不同，而且又不能从原申请记载的内容中直接地、毫无疑义地确定，那么这种修改是不允许的。

就本申请而言，针对《驳回决定》所针对的文本（下称驳回文本），《复审通知书》指出，（1）权利要求1基团R^1和R^2的定义中增加了措辞“任选”，“任选”的含义为可以存在或可以不存在，在原权利要求2中，基团R^1和R^2的定义仅包含被保护的羟甲基或被保护的羧基，原权利要求和说明书中在通式（1）的定义中也仅记载了R^1和R^2是被保护的羟甲基和羧基的情况，虽然在原始权利要求3的式（3）中对基团R^1和R^2的定义中出现羟甲基或羧基，但是式（3）化合物是反应最终产物，并不是反应原料，本领域技术人员不能由反应产物通式（3）中的基团定义直接地、毫无疑义地确定在原料式（1）中，在未反应之前，基团 R^1 和 R^2 也包含未取代的羟甲基和羧基，故权利要求 1 的修改不符合专利法第 33 条的规定；（2）权利要求 3 中的“R^1 表示用苯甲酰基保护的羟甲基，所述苯甲酰基进一步被苯基或氯取代”在原申请文件中没有记载，也不能由原申请文件记载的信息直接地、毫无疑义地确定，故权利要求 3 不符合专利法第 33 条规定，同理，权利要求 4~5 和 17 也不符合专利法第 33 条规定；

针对《复审通知书》所指出的上述缺陷，请求人于 2008 年 7 月 14 日对权利要求书进行了修改，删除了上述文本权利要求 1 中的措辞“任选”，删除了权利要求 3~6 和 17，并对其余权利要求进行了重新编号。因此，修改后的权利要求书中已经不存在《复审通知书》中所指出的修改不符合专利法第 33 条规定的缺陷。

3. 关于专利法第 22 条第 3 款

专利法第 22 条第 3 款规定，创造性，是指同申请日以前已有的技术相比，该发明有突出的实质性特点和显著的进步，该实用新型有实质性特点和进步。

结构上与已知化合物接近的化合物，必须要有预料不到的用途或者效果，才能认可其创造性，此预料不到的用途或者效果可以是与该已知化合物的已知用途不同的用途；或者是对已知化合物的某一已知效果有实质性的改进或提高；或者是在公知常识中没有明确的或不能由常识推论得到的用途或效果。

就本申请而言，《驳回决定》指出，驳回文本的权利要求 3~6 和 17 不具备创造性，不符合专利法第 22 条第 3 款的规定。

针对所述驳回文本，合议组在《复审通知书》中指出：权利要求 3 要求保护式（4）表示的 1-磷酸化糖衍生物的三聚物、二聚物或单体或其盐。对比文件 1 公开了与式（4）化合物类似的化合物（参见对比文件 1 说明书第 17、18 栏和附图 4、5 中的化合物 10 和 15），当 R^2 为氢，W 为氧，Z 为 CH_2，r=0，p=2，q=1，m=1，X 为氟时，式（4）的化合物与对比文件 1 的化合物 10 相比，区别在于：（1）式（4）化合物环上的羟基被由苯基或氯取代的苯甲酰基保护（即 R^4O-），式（4）化合物环上的羟甲基被由苯基或氯取代的苯甲酰基保护（即 R^1），而对比文件 1 的化合物 10 中相应的羟基和羟甲基上都没有保护基；（2）式（4）是吡喃糖，而对比文件 1 化合物 10 是呋喃糖。

通过考察对比文件 1 和本申请说明书的内容可知，对比文件 1 的化合物（参见对比文件 1 中说明书第 1 栏第 2 段）与权利要求 3 的化合物均用作制备抗病毒制剂和糖苷转移酶抑制剂的原料，呋喃糖和吡喃糖的化学性质类似，在有机化学领域，使用保护基团对反应原料中的羟基进行保护也是本领域常用的技术手段，因此，本领域技术人员在对比文件 1 公开内容的基础上，容易由对比文件 1 的吡喃糖 1-磷酸化衍生物的盐想到呋喃糖 1-磷酸化衍生物的盐也具有同样的用途，因此，本领域技术人员在对比文件 1 的基础上获得权利要求 3 的化合物不需要花费创造性劳动，权利要求 3 的化合物不具有突出的实质性特点和显著的进步，不符合专利法第 22 条第 3 款的规定。

权利要求 4 是权利要求 3 的从属权利要求，其对权利要求 3 的化合物作了进一步的限定，权利要求 17 是权利要求 4 的从属权利要求，其对呋喃环上基团的构型进行了限定。基于与权利要求 3 相同的评述理由，权利要求 4 和 17 的化合物相对于对比文件 1 不符合专利法第 22 条第 3 款的规定。

权利要求 5 要求保护式（6）的 1-磷酸化糖衍生物单体或其盐。对比文件 1 公开了与式（6）化合物类似的化合物（参见对比文件 1 说明书第 17、18 栏和附图 12 中的化合物 31 和 33），当 R^2 为氢，W 为氧，Z 为 CH_2，r=0，p=2，q=0 时，区别在于：（1）式（6）化合物环上的羟甲基被由苯基或氯取代的苯甲酰基保护，而对比文件 1 的化合物 31 中的羟甲基上没有保护基；（2）式（6）是吡喃糖，而对比文件 1 化合物 31 是呋喃糖。基于与权利要求 3 类似的理由，权利要求 5 的化合物相对于对比文件 1 公开的化合物也不符合专利法第 22 条第 3 款的规定。

权利要求 6 要求保护式（22）表示的 1-磷酸化糖衍生物单体或其盐。基于与权利要求 3 类似的理由，权利要求 6 的化合物相对于对比文件 1 公开的化合物也不符合专利法第 22 条第 3 款的规定。

针对《复审通知书》所指出的上述缺陷，请求人于 2008 年 7 月 14 日对权利要求书进行了修改，删除了权利要求 3~6 和 17。因此，《驳回决定》和《复审通知书》所针对的权利要求 3~6 和 17 已经不存在，即，请求人对申请文件的修改已经克服了《驳回决定》和《复审通知书》中所指出的关于驳回文本的权利要求 3~6 和 17 不具备创造性的缺陷。

根据上述事实和理由，合议组作出如下审查决定。

三、决定

撤销国家知识产权局于 2006 年 6 月 23 日针对 01800874.7 号发明专利申请作出的驳回决定，由国家知识产权局原审查部门以请求人于 2008 年 7 月 14 日提交的权利要求第 1~12 项、进入中国国家阶段时提交的说明书第 1~49 页、核苷酸和氨基酸序列表第 1 页和说明书摘要为基础继续审批程序。

复审请求人对本决定不服的，可以根据专利法第 41 条第 2 款的规定，自收到本决定之日起三个月内向北京市第一中级人民法院起诉。

130

新的取代的吡唑衍生物及其制备方法以及含该衍生物的除草剂组合物

复审请求审查决定（第 14431 号）

决 定 号 第 14431 号
决 定 日 2008 年 7 月 29 日
发明创造名称 新的取代的吡唑衍生物及其制备方法以及含该衍生物的除草剂组合物
国际分类号 C07D231/12，C07D231/16，A01N43/56
复审请求人 株式会社 SDS 生技
申 请 号 02825616.6
优 先 权 日 2001 年 12 月 20 日
申 请 日 2002 年 12 月 18 日
公 开 日 2005 年 4 月 13 日
合议组组长 侯 曜
主 审 员 吴红权
参 审 员 孙丽芳

法 律 依 据 专利法第 33 条
决 定 要 点

如果对申请内容的增加、改变和/或删除是所属技术领域的技术人员能够从原申请记载的信息中直接地、毫无疑义地确定的，那么这种修改就是允许的。

一、案由

本复审请求涉及发明名称为“新的取代的吡唑衍生物及其制备方法以及含该衍生物的除草剂组合物”的 02825616.6 号发明专利申请（下称本申请），申请人为株式会社 SDS 生技，申请日为 2002 年 12 月 18 日，优先权日为 2001 年 12 月 20 日，公开日为 2005 年 4 月 13 日。

2006 年 10 月 13 日，针对申请人于 2006 年 3 月 22 日提交的权利要求第 1~9 项、说明书第 40~41 页；进入中国国家阶段时提交的说明书第 1~39、42~52 页及其摘要，国家知识产权局以本申请的修改不符合专利法第 33 条的规定为由驳回了本申请。

驳回决定认为：（1）申请人将说明书第 40 页化合物 No.31 和 No.32 中 R^5 基团的定义“Fenethyl”修改为“苯乙基”超范围；（2）申请人将说明书第 41 页 No.104 中的“FCH_3”修改为“FCH_2”，认为其属于打字错误并能得到化合物 103 的支持，但在原申请文件中没有记载化合物 103

与104的结构之间存在联系，无法推断出化合物104的R_5基团与103的R_5基团相同，故这样的修改超范围；（3）申请人将权利要求1中的“取代苯基0~5位上的氢原子”修改为“取代苯基1~5位上的氢原子”，这样的修改明确地引入了不能从原申请文件中毫无疑义地确定的“取代苯基1位上的氢原子”的内容，故不符合专利法第33条的规定。

驳回决定针对的权利要求1如下：

1. “一种式（1）表示的取代的吡唑衍生物：

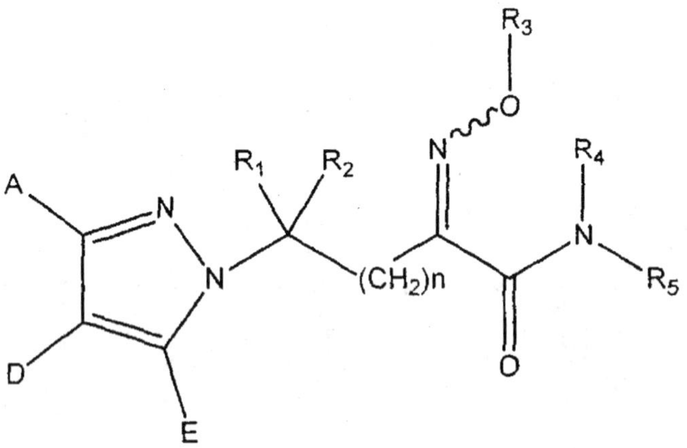

...(1)

其中：

n分别是0或1；

基团A是氢原子、具有1~4个碳原子的支化或不支化的烷基、具有1~4个碳原子的支化或不支化的卤代烷基、具有3~6个碳原子的环烷基、或具有取代基或者没有取代基的苯基；

所述取代基相互之间是相同或不同的，它们选自具有1~4个碳原子的支化或不支化的烷基、具有1~4个碳原子的支化或不支化的卤代烷基、具有1~4个碳原子的支化或不支化的烷氧基、羟基、具有1~4个碳原子的支化或不支化的卤代烷氧基、具有1~4个碳原子的支化或不支化的烷基羰氧基、具有3~6个碳原子的环烷基羰氧基、具有1~4个碳原子的支化或不支化的烷氧基羰氧基、具有1~4个碳原子的支化或不支化的二烷基氨基羰氧基、具有1~4个碳原子的支化或不支化的二烷基氨基磺酰氧基、具有1~4个碳原子的支化或不支化的烷硫基、具有1~4个碳原子的支化或不支化的卤代烷硫基、具有1~4个碳原子的支化或不支化的烷基亚磺酰基、具有1~4个碳原子的支化或不支化的卤代烷基亚磺酰基、具有1~4个碳原子的支化或不支化的烷基磺酰基、具有1~4个碳原子的支化或不支化的卤代烷基磺酰基、卤原子、氰基、硝基、苯基、苯氧基和苄氧基；

或者所述取代基是式（2）表示的基团：

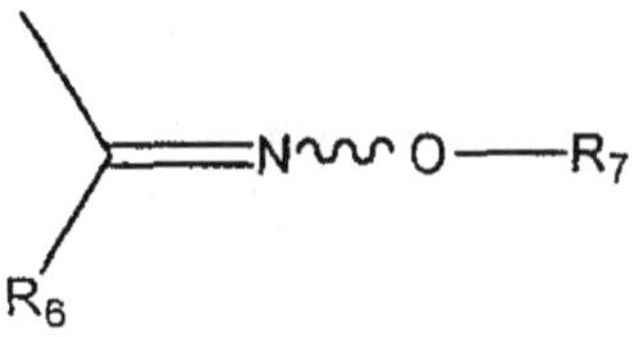

...(2)

其中R_6和R_7是相同或不同的，各自表示氢原子或具有1~4个碳原子的支化或不支化的烷基；

或者所述取代基是式（3）表示的基团：

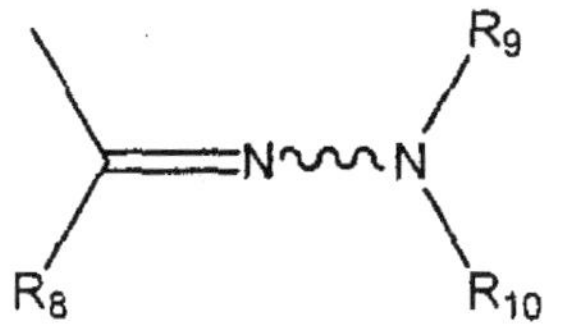

...(3)

其中 R_8、R_9 和 R_{10} 是相同或不同的，各自表示氢原子或具有 1~4 个碳原子的支化或不支化的烷基；

所述取代基任意地取代苯基 1~5 位上的氢原子；

基团 D 是氢原子、具有 1~4 个碳原子的支化或不支化的烷基、具有 1~4 个碳原子的支化或不支化的卤代烷基、具有 2~4 个碳原子的烯基、具有 2~4 个碳原子的炔基、具有 1~4 个碳原子的支化或不支化的烷氧基、具有 3~6 个碳原子的环烷基、氰基、卤原子、具有 1~4 个碳原子的支化或不支化的烷氧基羰基、具有 1~4 个碳原子的支化或不支化的烷硫基、具有 1~4 个碳原子的支化或不支化的烷基亚磺酰基、具有 1~4 个碳原子的支化或不支化的烷基磺酰基、或任选具有与前述取代基相同的取代基的苯基，所述取代基任意地取代苯基 1~5 位上的氢原子；

基团 E 是氢原子、具有 1~4 个碳原子的支化或不支化的烷基、具有 3~6 个碳原子的烷基、卤原子、任选具有与上述取代基相同的取代基的苯基，所述取代基任意地取代苯基 1~5 位上的氢原子；

基团 R_1 和 R_2 是相同或不同的，它们各自表示氢原子、卤原子、具有 1~4 个碳原子的支化或不支化的烷基、具有 1~4 个碳原子的支化或不支化的卤代烷基；

基团 R_3 是氢原子、具有 1~4 个碳原子的支化或不支化的烷基、具有 1~4 个碳原子的支化或不支化的卤代烷基、具有 2~4 个碳原子的烯基、具有 2~4 个碳原子的炔基、或具有 1~4 个碳原子的支化或不支化的烷氧基烷基；

基团 R_4 和 R_5 是相同或不同的，它们各自表示氢原子、具有 1~4 个碳原子的支化或不支化的烷基、具有 3~8 个碳原子的可被具有 1~4 个碳原子的支化或不支化的烷基取代的环烷基、具有 2~4 个碳原子的烯基、具有 2~4 个碳原子的炔基、具有 1~4 个碳原子的支化或不支化的烷氧基烷基、氰基甲基、取代氨基或苯基；

所述取代基相互之间是相同或不同的，它们选自具有 1~4 个碳原子的支化或不支化的烷基；

或者基团 R_4 和 R_5 各自是苄基；

或者 R_5 是在苯环上具有甲氧基的 α-苯乙基或 β-苯乙基；

或 R_4 和 R_5 一起形成了五元或六元脂肪环，所述环可由下述基团取代，所述基团选自具有 1~4 个碳原子的支化或不支化的烷基，所述环可包含一个或两个杂原子。”

2007 年 1 月 29 日，申请人株式会社 SDS 生技（下称请求人）对上述驳回决定不服，向专利复审委员会提出复审请求，请求人在提出复审请求时没有对申请文件进行修改。

请求人认为：（1）字典中无法查到“Fenethyl”的具体含义，在本领域中也不存在“Fenethyl”，因此本领域技术人员可以推断出“Fenethyl”是打字错误，如表 1 所述，“Fenethyl”对应的基团是 R_5，而根据说明书第 16 页第 2 段所述，R_4 和 R_5 基团可以各自是在苯环上具有 1 个或多个取代基的 α-或 β-苯乙基，又如说明书第 16 页第 6 段所述，R_5 基团优选是……取代或不取代的苯乙基，故本领域技术人员根据上述内容可以直接且毫无疑义地推导出“Fenethyl”的具体含义为“苯乙基”；（2）说明书第 41 页中的“FCH_3”是明显的打字错误，“FCH_3”对应的是 R_3 基团，显然“FCH_3”不可能表示一种基团，它只能是一种化合物，根据说明书第 41 页中的化合物 103 可知，“FCH_3”显然是

"FCH_2" 之误，因此修改符合专利法第 33 条的规定；（3）权利要求 1 中将 "取代苯基 0~5 位上的氢原子" 修改为 "取代苯基 1~5 位上的氢原子" 得到 PCT 原始公开文本说明书第 4 页第 18 行、第 5 页第 6~7 行和第 10 页第 6~7 行的支持，故不超范围。

经形式审查合格后，专利复审委员会受理了该请求，并于 2007 年 5 月 8 日向请求人发出了《复审请求受理通知书》，同时将本申请转送至国家知识产权局原审查部门进行前置审查。

在《前置审查意见书》中，国家知识产权局原审查部门坚持《驳回决定》的第（2）和（3）点理由，因此坚持驳回决定。

专利复审委员会组成合议组，对本复审请求案进行了审理。

经合议，合议组认为本案事实清楚，可以作出审查决定。

二、决定的理由

1. 关于决定的文本

本复审决定是针对请求人于 2006 年 3 月 22 日提交的权利要求书第 1~9 项和说明书第 40~41 页，进入中国国家阶段时提交的说明书第 1~39 页和第 42~52 页以及说明书摘要作出的。

2. 关于专利法第 33 条

专利法第 33 条规定，申请人可以对其专利申请文件进行修改，但是，对发明和实用新型专利申请文件的修改不得超出原说明书和权利要求书记载的范围。

如果对申请内容的增加、改变和/或删除是所属技术领域的技术人员能够从原申请记载的信息中直接地、毫无疑义地确定的，那么这种修改就是允许的。

就本案而言，权利要求 1 请求保护一种式（I）表示的取代的吡唑衍生物，其中……所述取代基任意地取代苯基 1~5 位上的氢原子……（具体参见案由部分）。《驳回决定》指出，请求人将权利要求 1 中的 "取代苯基 0~5 位上的氢原子" 修改为 "取代苯基 1~5 位上的氢原子"，这样的修改明确引入了无法从原始公开文件中直接地、毫无疑义地推断出来的 "取代苯基 1 位上的氢原子" 的内容，不符合专利法第 33 条的规定。

对此，合议组认为，苯环是六元碳环，苯基（即 C_6H_5-基团）最多具有 5 个氢原子，可以最多被 5 个取代基所取代，而不可能被 6 个取代基所取代。本申请原说明书记载了 "取代苯基 0~5 位上的氢原子" 这样的表述，鉴于 0 位上其实并没有氢原子，因此其字面含义可以理解为：不被取代的苯基或被 1~5 个取代基所取代的苯基（即苯基 1~5 位上的氢原子被取代），故修改后的权利要求 1 中出现的 "取代苯基 1~5 位上的氢原子" 是本领域技术人员根据本领域的常识可以直接地、毫无疑义地确定的，故权利要求 1 此处修改内容符合专利法第 33 条的规定。

请求人将说明书第 41 页第 104 号化合物中的 "FCH_3" 修改为 "FCH_2"，认为是明显的打字错误，并能得到化合物 103 的支持。《驳回决定》认为，原申请文件中没有记载化合物 103 与 104 的结构之间存在联系，无法推断出化合物 104 的 R_5 基团与 103 的 R_5 相同，这样的修改超出了原说明书和权利要求书记载的内容，不符合专利法第 33 条的规定。在《前置审查意见书》中指出，"FCH_3" 还可能是 "F_2CH" 之误。

对此，合议组认为，根据原说明书第 44 页关于化合物 103 和 104 的 NMR 谱图数据可知，化合物 103 和 104 之间的区别仅在于基团 A 不同，因此其他对应基团上的氢原子应相同，故由原说明书第 41 页 103 化合物中的 FCH_2 能够直接地、毫无疑义地确定 104 化合物相应基团也为 FCH_2，故请求人对说明书此处的修改没有超出原说明书和权利要求书记载的范围，符合专利法第 33 条的规定。

请求人将说明书第 40 页化合物 31 和 32 的 R_5 基团定义中 "Fenethyl" 修改为 "苯乙基"。对此，合议组认为，首先，在化工类词典中并无单词 "Fenethyl"，因此可以初步认定属于打字错误；其次，

“Fenethyl”与苯乙基的英文单词“Phenethyl”相似，其区别“f”和“ph”在英语单词中，特别是化工类词汇中有时存在相互替换的情形，可以进一步判断“Fenethyl”属于打字错误，其真实内容应为苯乙基；再次，根据原说明书第16页第2段和第6段的内容可知，基团 R_5 可以是……苯乙基；综上，本领域技术人员有理由相信“Fenethyl”属于打字错误，其真实内容为“Phenethyl”，翻译成中文即为苯乙基，故请求人对此处内容的修改不超范围，符合专利法第33条的规定。

根据上述事实和理由，合议组作出如下审查决定。

三、决定

撤销国家知识产权局于2006年10月13日针对02825616.6号发明专利申请作出的驳回决定，由国家知识产权局原审查部门以驳回决定所针对的文本为基础继续审批程序。

复审请求人对本决定不服的，可以根据专利法第41条第2款的规定，自收到本决定之日起三个月内向北京市第一中级人民法院起诉。

131

环氧-聚硅氧烷聚合物组合物

复审请求审查决定（第14433号）

决　定　号　第14433号
决　定　日　2008年8月25日
发明创造名称　环氧-聚硅氧烷聚合物组合物
国际分类号　C08K3/20
复审请求人　PPG工业俄亥俄公司
申　请　号　97181958.0
优先权日　1997年1月27日
申　请　日　1997年5月6日
公　开　日　2000年3月15日
合议组组长　刘　亚
主　审　员　郑　君
参　审　员　张家祥

法律依据　专利法第33条
决定要点
如果申请人对申请文件作出了修改，并且修改后的内容与原申请记载的信息相同，或者能从原申请记载的信息中直接地、毫无疑义地确定，则这种修改未超出原说明书和权利要求书记载的范围，符合专利法第33条的规定。

一、案由

本复审请求案涉及发明名称为“环氧-聚硅氧烷聚合物组合物”的第97181958.0号发明专利申请（下称本申请），申请人为PPG工业俄亥俄公司（由阿迈隆国际公司变更而来），申请日为1997年5月6日，优先权日为1997年1月27日，公开日为2000年3月15日。

2006年9月8日，针对申请人于2005年11月24日提交的权利要求第1～10项和说明书第3、3a、3b、3c页，2003年2月26日提交的说明书第5页，1999年8月27日提交的国际申请文件中文译文的说明书第1～2、4、6～14页及说明书摘要（下称驳回文本），国家知识产权局以本申请不符合专利法第33条的规定为由驳回了本申请。

驳回决定针对的权利要求书为：

“1. 一种通过混合基本上由以下物质组成的成分制备交联的环氧-聚硅氧烷聚合物组合物的方法：
水；
基于组合物总重量的15%～60%重量的下式的聚硅氧烷

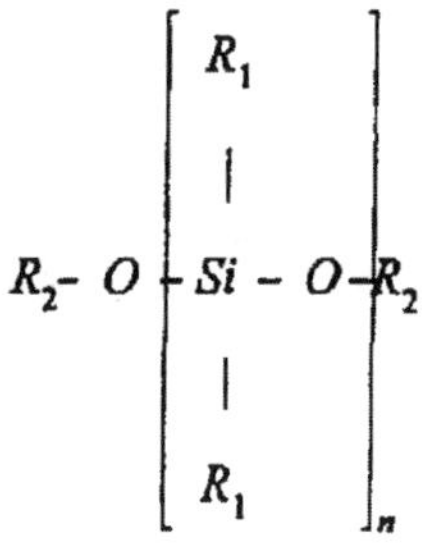

其中每个 R_1选自羟基和最多 6 个碳原子的烷基、芳基、和烷氧基；每个 R_2选自氢和最多 6 个碳原子的烷基和芳基，n 这样选择以使所述聚硅氧烷的分子量在 400 至 10000 的范围内；

基于组合物总重量的 10% ~60% 重量的每分子有多于一个 1，2-环氧基并且环氧当量在 100 至 5000 的范围内的非芳族环氧树脂；

基于组合物总重量的 5% ~40% 重量的有两个胺上氢原子的氨基硅烷硬化剂，

基于组合物总重量的 0~50% 重量的颜料或颜料聚集体材料；

基于组合物总重量的 0~10% 重量的添加剂；

基于组合物总重量的 0~5% 重量的金属催化剂；

其中在上述物质混合在一起时，所述氨基硅烷与所述环氧树脂中的环氧基反应生成环氧链聚合物，并与所述聚硅氧烷反应生成聚硅氧烷聚合物；和其中所述环氧链聚合物和聚硅氧烷聚合物共聚生成固化的交联环氧-聚硅氧烷聚合物组合物。

2. 权利要求 1 的方法，其中所述非芳族环氧树脂选自由氢化环己烷二甲醇和氢化双酚 A 的二缩水甘油醚环氧树脂组成的环脂族环氧树脂组。

3. 权利要求 1 的方法，其中所述氨基硅烷有以下通式：

$$Y-Si-(O-X)_3$$

其中 Y 为 H（$HNR)_a$，a 为 1，R 为双官能有机基团，独立地选自芳基、烷基、二烷基芳基、烷氧基烷基和环烷基，和 X 限于含有少于 6 个碳原子的烷基、羟烷基、烷氧基烷基或羟基烷氧基烷基。

4. 权利要求 1 的方法，其中所述添加剂选自溶剂、流变改性剂、增塑剂、防沫剂、触变剂、颜料湿润剂、沥青和沥青充替剂、抗沉降剂、稀释剂、紫外线稳定剂、空气释放剂、分散助剂及它们的混合物。

5. 权利要求 1 的方法，其中每当量重环氧化物有 0.7 至 1.2 当量重胺。

6. 权利要求 1 的方法，其中所述催化剂选自辛酸盐、新癸酸盐或环烷酸盐形式的锌、锰、锆、钛、钴、铁、铅和锡。

7. 一种通过在环境温度下混合由以下物质组成的成分形成完全交联的环氧-聚硅氧烷聚合物组合物的方法：

基于组合物总重量的 15% ~60% 重量的聚硅氧烷，该聚硅氧烷选自分子量在 400 至 10000 范围内的烷氧基-和硅烷醇-官能的聚硅氧烷；

基于组合物总重量的 10% ~60% 重量的每分子有多于一个 1，2-环氧基的非芳族环氧树脂；

基于组合物总重量的 5% ~40% 重量的有两个胺上氢原子的氨基硅烷硬化剂，其有以下通式：

$$Y-Si-(O-X)_3$$

其中 Y 为 H（$HNR)_a$，a 为 1，R 为双官能有机基团，独立地选自芳基、烷基、二烷基芳基、烷氧基烷基和环烷基，X 限于含有少于 6 个碳原子的烷基、羟烷基、烷氧基烷基或羟基烷氧基烷基；

基于组合物总重量的最多 50% 重量的颜料或颜料聚集体材料；

基于组合物总重量的最多10%重量的添加剂；

基于组合物总重量的最多5%重量的有机锡催化剂；和

促进水解和缩聚反应的化学计量量的水；

其中所述氨基硅烷硬化剂与所述环氧树脂反应生成环氧链聚合物，并与所述聚硅氧烷反应生成聚硅氧烷聚合物，聚硅氧烷聚合物与环氧链聚合物共聚生成完全交联的环氧-聚硅氧烷聚合物组合物。

8. 权利要求7的方法，其中所述非芳族环氧树脂的环氧当量重在100至5000的范围内。

9. 权利要求7的方法，其中所述环氧树脂选自由氢化环己烷二甲醇和氢化双酚A的二缩水甘油醚环氧树脂组成的环脂族环氧树脂组。

10. 权利要求7的方法，其中所述聚硅氧烷有下式

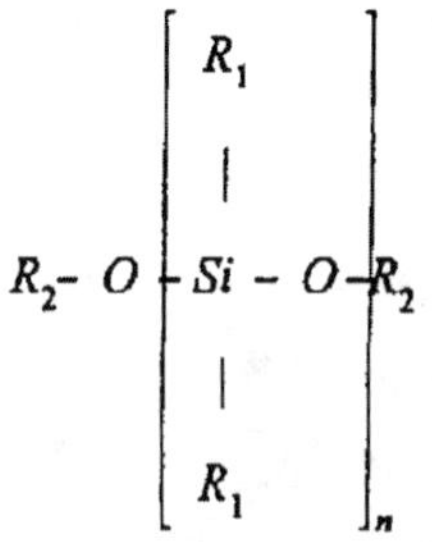

其中每个R_1选自羟基和最多6个碳原子的烷基、芳基、和烷氧基；每个R_2选自氢和最多6个碳原子的烷基和芳基，n这样选择以使所述聚硅氧烷的分子量大于400。”

驳回决定认为：权利要求书中以下第（1）~（9）项修改内容既未明确地记载在原说明书和权利要求书中，也不能由原说明书和权利要求书所记载的内容直接地、毫无疑义地确定：（1）权利要求1第1行中的“基本上”和“交联的”；（2）权利要求1对硬化剂限定的技术特征“有两个胺上氢原子的氨基硅烷”；（3）权利要求1的技术特征“基于组合物总重量的0~10%重量的添加剂”；（4）权利要求1的技术特征“其中所述氨基硅烷硬化剂与所述环氧树脂反应生成环氧链聚合物，并与所述聚硅氧烷反应生成聚硅氧烷聚合物，聚硅氧烷聚合物与环氧链聚合物共聚生成完全交联的环氧-聚硅氧烷聚合物组合物”；（5）权利要求4的技术特征“所述添加剂选自溶剂”；（6）权利要求7的修改内容；（7）权利要求8的修改内容；（8）权利要求9的修改内容；（9）权利要求10的修改内容。因此，权利要求1、4、7~10的修改内容超出了原权利要求书和说明书记载的范围，不符合专利法第33条的规定。

驳回决定还指出：申请人于2005年11月24日提交的说明书修改替换页中，说明书第3页第8行至倒数第1行、第3a页和第3b页第1行至倒数第7行的修改内容既未明确地记载在原说明书和权利要求书中，也不能由原说明书和权利要求书所记载的内容直接地、毫无疑义地确定，因此该修改内容超出了原权利要求书和说明书记载的范围，不符合专利法第33条的规定。但驳回决定并未将其作为驳回理由。

2006年12月25日，申请人阿迈隆国际公司（下称请求人）对上述驳回决定不服，向专利复审委员会提出复审请求，并提交了权利要求书的修改替换页（共1~9项）（下称复审文本1）。相对于驳回文本的权利要求书而言，请求人删除了权利要求4，将权利要求1和权利要求7中的“添加剂”修改为“改性剂和试剂，其选自流变改性剂、增塑剂、防沫剂、触变剂、颜料湿润剂、沥青和沥青充替剂、抗沉降剂、稀释剂、紫外线稳定剂、空气释放剂和分散助剂，以及它们的混合物”，将权利要求1的主题名称修改为“一种通过混合以下物质制备交联的环氧-聚硅氧烷聚合物组合物的方法”，将权利要求7中“完全交联的环氧-聚硅氧烷聚合物组合物”修改为“交联的环氧-聚硅氧烷聚合物

组合物”，并相应地修改了权利要求的引用关系和对权利要求重新进行编号。

请求人认为：修改后的权利要求书已经不再超出原始权利要求书和说明书记载的范围，符合专利法第33条的规定。

经形式审查合格后，专利复审委员会受理了该请求，并于2007年1月26日向请求人发出了《复审请求受理通知书》，同时将本申请转送至国家知识产权局原审查部门进行前置审查。

在《前置审查意见书》中，国家知识产权局原审查部门认为：复审文本1的以下第（1）~（6）项修改内容仍超出了原权利要求书和说明书记载的范围，不符合专利法第33条的规定。具体为：（1）权利要求1对硬化剂限定的技术特征“有两个胺上氢原子的氨基硅烷”；（2）权利要求1的技术特征“其中在上述物质混合在一起时，所述氨基硅烷与所述环氧树脂中的环氧基反应生成环氧链聚合物，并与所述聚硅氧烷反应生成聚硅氧烷聚合物；和其中所述环氧链聚合物和聚硅氧烷聚合物共聚生成固化的交联环氧-聚硅氧烷聚合物组合物”；（3）权利要求6（即驳回文本的权利要求7）的修改内容；（4）权利要求7（即驳回文本的权利要求8）的修改内容；（5）权利要求8（即驳回文本的权利要求9）的修改内容；以及（6）权利要求9（即驳回文本的权利要求10）的修改内容。因此，坚持驳回决定。

专利复审委员会组成合议组，对本复审请求案进行了审理。

2007年3月23日，请求人由阿迈隆国际公司变更为PPG工业俄亥俄公司。

请求人于2008年5月13日提交了意见陈述书以及权利要求书（共1~9项）和说明书第3、3a、3b、3c页的修改替换页（下称复审文本2）。相对于复审文本1，请求人根据说明书第9页第5~6段内容，对权利要求1最后一段的表述作出修改，请求人对权利要求6也做了同样的修改，并将新的权利要求书的内容记载于说明书中。请求人认为，复审文本2符合专利法第33条的规定。修改后的权利要求书为：

“1. 一种通过混合以下物质制备交联的环氧-聚硅氧烷聚合物组合物的方法：

水；

基于组合物总重量的15%~60%重量的下式的聚硅氧烷

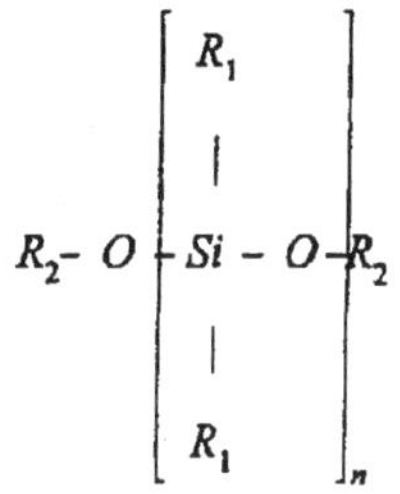

其中每个R_1选自羟基和最多6个碳原子的烷基、芳基和烷氧基；每个R_2选自氢和最多6个碳原子的烷基和芳基，n这样选择以使所述聚硅氧烷的分子量在400至10000的范围内；

基于组合物总重量的10%~60%重量的每分子有多于一个1，2-环氧基并且环氧当量在100至5000的范围内的非芳族环氧树脂；

基于组合物总重量的5%~40%重量的有两个胺上氢原子的氨基硅烷硬化剂，

基于组合物总重量的0~50%重量的颜料或颜料聚集体材料；

基于组合物总重量的0~10%重量的改性剂和试剂，其选自流变改性剂、增塑剂、防沫剂、触变剂、颜料湿润剂、沥青和沥青充替剂、抗沉降剂、稀释剂、紫外线稳定剂、空气释放剂和分散助剂，以及它们的混合物；

基于组合物总重量的0%~5%重量的金属催化剂；

其中在上述物质混合在一起时，所述氨基硅烷与所述环氧树脂中的环氧基反应生成环氧链聚合物，并且氨基硅烷的硅烷部分经历与所述聚硅氧烷的水解缩聚反应生成聚硅氧烷聚合物；和其中所述环氧链聚合物和聚硅氧烷聚合物共聚生成固化的交联环氧-聚硅氧烷聚合物组合物。

2. 权利要求1的方法，其中所述非芳族环氧树脂选自由氢化环己烷二甲醇和氢化双酚A的二缩水甘油醚环氧树脂组成的环脂族环氧树脂组。

3. 权利要求1的方法，其中所述氨基硅烷有以下通式：

$$Y-Si-(O-X)_3$$

其中Y为$H(HNR)_a$，a为1，R为双官能有机基团，独立地选自芳基、烷基、二烷基芳基、烷氧基烷基和环烷基，和X限于含有少于6个碳原子的烷基、羟烷基、烷氧基烷基或羟基烷氧基烷基。

4. 权利要求1的方法，其中每当量重环氧化物有0.7至1.2当量重胺。

5. 权利要求1的方法，其中所述催化剂选自辛酸盐、新癸酸盐或环烷酸盐形式的锌、锰、锆、钛、钴、铁、铅和锡。

6. 一种通过在环境温度下混合由以下物质组成的成分形成交联的环氧-聚硅氧烷聚合物组合物的方法：

基于组合物总重量的15%~60%重量的聚硅氧烷，该聚硅氧烷选自分子量在400至10000范围内的烷氧基-和硅烷醇-官能的聚硅氧烷；

基于组合物总重量的10%~60%重量的每分子有多于一个1，2-环氧基的非芳族环氧树脂；

基于组合物总重量的5%~40%重量的有两个胺上氢原子的氨基硅烷硬化剂，其有以下通式：

$$Y-Si-(O-X)_3$$

其中Y为$H(HNR)_a$，a为1，R为双官能有机基团，独立地选自芳基、烷基、二烷基芳基、烷氧基烷基和环烷基，X限于含有少于6个碳原子的烷基、羟烷基、烷氧基烷基或羟基烷氧基烷基；

基于组合物总重量的最多50%重量的颜料或颜料聚集体材料；

基于组合物总重量的最多10%重量的改性剂和试剂，其选自流变改性剂、增塑剂、防沫剂、触变剂、颜料湿润剂、沥青和沥青充替剂、抗沉降剂、稀释剂、紫外线稳定剂、空气释放剂和分散助剂，以及它们的混合物；

基于组合物总重量的最多5%重量的有机锡催化剂；和

促进水解和缩聚反应的化学计量量的水；

其中所述氨基硅烷硬化剂与所述环氧树脂反应生成环氧链聚合物，并且氨基硅烷的硅烷部分经历与所述聚硅氧烷的水解缩聚反应生成聚硅氧烷聚合物，聚硅氧烷聚合物与环氧链聚合物共聚生成交联的环氧-聚硅氧烷聚合物组合物。

7. 权利要求6的方法，其中所述非芳族环氧树脂的环氧当量重在100至5000的范围内。

8. 权利要求6的方法，其中所述环氧树脂选自由氢化环己烷二甲醇和氢化双酚A的二缩水甘油醚环氧树脂组成的环脂族环氧树脂组。

9. 权利要求6的方法，其中所述聚硅氧烷有下式

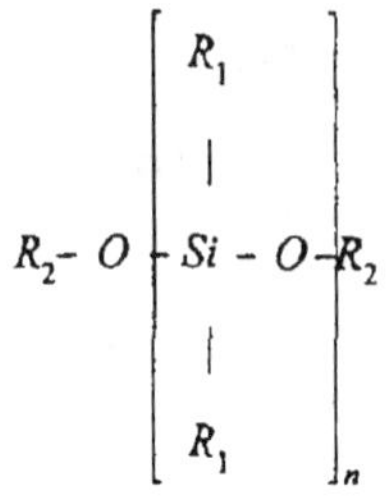

其中每个R_1选自羟基和最多6个碳原子的烷基、芳基和烷氧基；每个R_2选自氢和最多6个碳原子的烷基和芳基，n这样选择以使所述聚硅氧烷的分子量大于400。”

至此，合议组认为本案事实已经清楚，可以作出审查决定。

二、决定的理由

1. 关于审查文本

本复审请求审查决定针对的文本是：请求人于2008年5月13日提交的权利要求第1~9项、说明书第3、3a、3b、3c页，2003年2月26日提交的说明书第5页，1999年8月27日进入中国国家阶段时提交的国际申请文件中文译文的说明书第1~2、4、6~14页及说明书摘要（即复审文本2）。

2. 关于专利法第33条

专利法第33条规定：申请人可以对其专利申请文件进行修改，但是，对发明和实用新型专利申请文件的修改不得超出原说明书和权利要求书记载的范围，对外观设计专利申请文件的修改不得超出原图片或者照片表示的范围。

如果申请人对申请文件作出了修改，并且修改后的内容与原申请记载的信息相同，或者能从原申请记载的信息中直接地、毫无疑义地确定，则这种修改未超出原说明书和权利要求书记载的范围，符合专利法第33条的规定。

驳回决定指出：驳回文本权利要求1、4、7~10不符合专利法第33条的规定。具体为驳回文本的权利要求书中以下第①~⑨项修改内容超出了原权利要求书和说明书记载的范围：

①权利要求1第1行中的“基本上”和“交联的”；

②权利要求1对硬化剂限定的技术特征“有两个胺上氢原子的氨基硅烷”；

③权利要求1的技术特征“基于组合物总重量的0~10%重量的添加剂”；

④权利要求1的技术特征“其中所述氨基硅烷硬化剂与所述环氧树脂反应生成环氧链聚合物，并与所述聚硅氧烷反应生成聚硅氧烷聚合物，聚硅氧烷聚合物与环氧链聚合物共聚生成完全交联的环氧-聚硅氧烷聚合物组合物”；

⑤权利要求4的技术特征“所述添加剂选自溶剂”；

⑥权利要求7的修改内容；

⑦权利要求8的修改内容；

⑧权利要求9的修改内容；

⑨权利要求10的修改内容。

前置审查意见书坚持认为复审文本1中仍存在上述第②项、第④项和第⑥~⑨项修改内容，仍然不符合专利法第33条的规定。

对此，合议组认为：

（1）对于修改内容①，复审文本2已经删除了权利要求1第1行中“基本上”的表述方式；“交联的”环氧-聚硅氧烷组合物可以由原申请说明书第9页第21~22行记载的“环氧-聚硅氧烷组合物以均匀分散排列的线性环氧链段形式存在，它与连续的聚硅氧烷聚合物链交联”直接地、毫无疑义地确定。因此，复审文本2已经克服了驳回决定指出的这一缺陷。

（2）对于修改内容②，原申请说明书第6页表1下方第1~4行记载了关于硬化剂的内容，即“优选的氨基硅烷是双官能硅烷……要求双官能氨基硅烷是因为已发现反应性为2即仅有两个胺氢的氨基硅烷与反应性也为2的非芳族环氧反应生成线性非交联的环氧聚合物，显示出改善的耐气候性”，说明书记载的上述内容已经教导了使用有两个胺上氢原子的氨基硅烷作为硬化剂的技术方案，因此，修改内容②未超出原申请文件记载的范围。驳回决定和前置审查意见书关于此的驳回理由不成立。

（3）对于修改内容③，复审文本2已将其改为“基于组合物总重量的0~10%重量的改性剂和试剂，其选自流变改性剂、增塑剂、防沫剂、触变剂、颜料湿润剂、沥青和沥青充替剂、抗沉降剂、稀释剂、紫外线稳定剂、空气释放剂和分散助剂，以及它们的混合物”，修改后的内容可以由原申请说明书第9页第4~7行记载的内容直接地、毫无疑义地确定，因此，复审文本2已经克服了驳回决定指出的这一缺陷。

（4）对于修改内容④，根据原申请说明书第9页第16~20行记载的内容“环氧树脂与胺和/或氨基硅烷硬化剂反应生成环氧聚合物链；聚硅氧烷成分的水解缩聚产生醇和聚硅氧烷聚合物；和环氧聚合物链与聚硅氧烷聚合物共聚生成完全固化的环氧-聚硅氧烷聚合物组合物。用氨基硅烷形成硬化剂组分时，氨基硅烷的胺部分经历环氧-胺加成反应，氨基硅烷的硅烷部分经历与聚硅氧烷的水解缩聚”可知，其反应是氨基硅烷的胺部分与环氧树脂反应生成环氧链聚合物，氨基硅烷的硅烷部分与聚硅氧烷进行水解缩聚生成聚硅氧烷聚合物，环氧链聚合物与该聚硅氧烷聚合物共聚生成交联的环氧-聚硅氧烷聚合物组合物。在复审文本2中，请求人将权利要求1的上述技术特征修改为：“其中在上述物质混合在一起时，所述氨基硅烷与所述环氧树脂中的环氧基反应生成环氧链聚合物，并且氨基硅烷的硅烷部分经历与所述聚硅氧烷的水解缩聚反应生成聚硅氧烷聚合物；和其中所述环氧链聚合物和聚硅氧烷聚合物共聚生成固化的交联环氧-聚硅氧烷聚合物组合物”，修改后权利要求1的反应与原申请说明书记载的反应一致，并未超出原申请文件记载的范围。因此，复审文本2已经克服了驳回决定和前置审查意见书指出的这一缺陷。

（5）对于修改内容⑤，在复审文本2中，已经删除了驳回文本的权利要求4的技术特征“所述添加剂选自溶剂”，因此，已经克服了驳回决定所指出的这一缺陷。

（6）对于修改内容⑥，驳回文本的权利要求7、复审文本1的权利要求6对应于复审文本2的权利要求6。在复审文本2的权利要求6中，请求人已将驳回文本的技术特征“其中所述氨基硅烷硬化剂与所述环氧树脂反应生成环氧链聚合物，并与所述聚硅氧烷反应生成聚硅氧烷聚合物，聚硅氧烷聚合物与环氧链聚合物共聚生成交联的环氧-聚硅氧烷聚合物组合物”改为：“其中在上述物质混合在一起时，所述氨基硅烷与所述环氧树脂中的环氧基反应生成环氧链聚合物，并且氨基硅烷的硅烷部分经历与所述聚硅氧烷的水解缩聚反应生成聚硅氧烷聚合物；和其中所述环氧链聚合物和聚硅氧烷聚合物共聚生成固化的交联环氧-聚硅氧烷聚合物组合物”，该权利要求6的反应与说明书记载的反应一致。另外，复审文本2的权利要求6要求保护的技术方案中的各技术特征已分别记载于原申请的权利要求8、说明书第2页倒数第9行至第3页第1行、第6页表1下方第1~4行、第7页第16~17行、第9页第4~7、16~22行，由原权利要求书和说明书记载的上述内容可以直接地、毫无疑义地得到权利要求6的技术方案，因此，权利要求6未超出原申请记载的范围。驳回决定和前置审查意见书关于此的驳回理由已不再成立。

（7）对于修改内容⑦~⑨，驳回文本的权利要求8~10、复审文本1的权利要求7~9分别对应于复审文本2的权利要求7~9，复审文本2的权利要求第7~9项的技术方案可以由原申请文件的权利要求第9~11项直接地、毫无疑义地确定，在权利要求6未超出原申请文件记载范围的基础上，权利要求7~9也并未超出原申请文件记载的范围。因此，驳回决定和前置审查意见书关于此的驳回理由已不再成立。

（8）在复审文本2中，请求人根据修改后的权利要求第1~9项，对说明书中与之相应的内容做了适应性修改，并提交了说明书第3、3a、3b、3c页的替换页，在权利要求1~9未超出原申请文件记载范围的基础上，说明书中记载的相应内容也未超出原申请文件记载的范围。驳回决定所指出的驳回文本的说明书第3、3a、3b页修改超范围的缺陷已被克服。

综上所述，请求人对申请文件的修改均未超出原说明书和权利要求书记载的范围，符合专利法第33条的规定。

根据上述事实和理由，合议组作出如下审查决定。

三、决定

撤销国家知识产权局于2006年9月8日针对97181958.0号发明专利申请作出的驳回决定，由国家知识产权局原审查部门以请求人于2008年5月13日提交的权利要求第1~9项、说明书第3、3a、3b、3c页，2003年2月26日提交的说明书第5页，1999年8月27日进入中国国家阶段时提交的国际申请文件中文译文的说明书第1~2、4、6~14页及说明书摘要为基础继续审批程序。

复审请求人对本决定不服的，可以根据专利法第41条第2款的规定，自收到本决定之日起三个月内向北京市第一中级人民法院起诉。

132

(+) -1- (3，4-二氯苯基) -3-氮杂二环［3.1.0］己烷及其组合物与应用

复审请求审查决定（第14518号）

决　定　号　第14518号
决　定　日　2008年1月7日
发明创造名称　（+）-1-（3，4-二氯苯基）-3-氮杂二环［3.1.0］己烷及其组合物与应用
国际分类号　C07D209/52，A61K31/40
复审请求人　多夫药品公司
申　请　号　02806351.1
申　请　日　2002年1月11日
优先权日　2001年1月11日
公　开　日　2004年5月12日
合议组组长　李彦涛
主　审　员　李新芝
参　审　员　娄　宁

法律依据　专利法第26条第4款
决定要点
对于化合物制药用途的权利要求，如果本领域技术人员无法根据现有技术预测该用途，而说明书中又没有记载对本领域技术人员来说足以证明该物质可以用于所述用途并能解决所要解决的技术问题或达到所述效果的实验数据，则该权利要求的概括包含了申请人推测而效果难于预先确定和评价的内容，得不到说明书支持。

一、案由

本复审请求案涉及发明名称为“（+）-1-（3，4-二氯苯基）-3-氮杂二环［3.1.0］己烷及其组合物与应用”的02806351.1号发明专利申请（下称本申请），申请人为多夫药品公司，申请日为2002年1月11日，优先权日为2001年1月11日，公开日为2004年5月12日。

2006年4月21日，针对申请人于2005年4月20日提交的权利要求第1~38项、进入中国国家阶段时提交的说明书及其摘要，国家知识产权局以权利要求21~38不符合专利法第26条第4款为由驳回了本申请。

驳回决定认为：在本申请的说明书中没有记载任何具体的药理药效实验包括实验过程和相应的实验数据来证明权利要求1的（+）-对映体化合物具有治疗或预防权利要求21~38所涉及的疾病作用，

现有技术中也没有发现权利要求 1 的化合物具有治疗或者预防权利要求 21~38 所述疾病的作用的记载或教导，同时也不能根据本发明化合物对抑郁症的治疗或预防来推知其具有权利要求 21~38 中所述的治疗或预防疾病的作用。说明书第 7~11、13~14 页记载的化合物的制备、给药、制剂等内容不能用来验证药物活性。基于以上事实，权利要求 21~38 的技术方案得不到说明书的支持，不符合专利法第 26 条第 4 款的规定。

驳回决定针对的权利要求 21~38 如下：

“21. 权利要求 1 的各自具有至多 5% w/w 的相应的（-）-对映体的（+）-1-（3，4-二氯苯基）-3-氮杂二环［3.1.0］己烷或其可药用的盐在制备用于治疗或预防患者焦虑症复发的药物方面的用途。

22. 如权利要求 21 所述的用途，其中所说的（+）-1-（3，4 二氯苯基）-3-氮杂二环［3.1.0］己烷或其可药用的盐具有至多 2% w/w 的相应的（-）-对映体。

23. 如权利要求 21 所述的用途，其中所说的（+）-1-（3，4 二氯苯基）-3-氮杂二环［3.1.0］己烷或其可药用的盐具有至多 1% w/w 的相应的（-）-对映体。

24. 如权利要求 21 所述的用途，其中所说的焦虑症选自惊恐性障碍、恐慌发作、恐旷症、广泛性焦虑症、强迫观念与行为症、恐怖症和创伤后应激障碍。

25. 如权利要求 22 所述的用途，其中所说的焦虑症选自惊恐性障碍、恐慌发作、恐旷症、广泛性焦虑症、强迫观念与行为症、恐怖症和创伤后应激障碍。

26. 如权利要求 23 所述的用途，其中所说的焦虑症选自惊恐性障碍、恐慌发作、恐旷症、广泛性焦虑症、强迫观念与行为症、恐怖症和创伤后应激障碍。

27. 权利要求 1 的各自具有至多 5% w/w 的相应的（-）-对映体的（+）-1-（3，4-二氯苯基）-3-氮杂二环［3.1.0］己烷或其可药用的盐在制备用于治疗或预防患者摄食障碍复发的药物方面的用途。

28. 如权利要求 27 所述的用途，其中所说的（+）-1-（3，4-二氯苯基）-3-氮杂二环［3.1.0］己烷或其可药用的盐具有至多 2% w/w 的相应的（-）-对映体。

29. 如权利要求 27 所述的用途，其中所说的（+）-1-（3，4-二氯苯基）-3-氮杂二环［3.1.0］己烷或其可药用的盐具有至多 1% w/w 的相应的（-）-对映体。

30. 如权利要求 27 所述的用途，其中所说的摄食障碍选自神经性厌食、Binge-摄食障碍、非催泻型神经性贪食症和催泻型神经性贪食症。

31. 如权利要求 28 所述的用途，其中所说的摄食障碍选自神经性厌食、Binge-摄食障碍；非催泻型神经性贪食症和催泻型神经性贪食症。

32. 如权利要求 29 所述的用途，其中所说的摄食障碍选自神经性厌食、Binge-摄食障碍、非催泻型神经性贪食症和催泻型神经性贪食症。

33. 权利要求 1 的各自具有至多 5% w/w 的相应的（-）-对映体的（+）-1-（3，4-二氯苯基）-3-氮杂二环［3.1.0］己烷或其可药用的盐在制备用于治疗或预防患者尿失禁病症复发的药物方面的用途。

34. 如权利要求 33 所述的用途，其中所说的（+）-1-（3，4-二氯苯基）-3-氮杂二环［3.1.0］己烷或其可药用的盐具有至多 2% w/w 的相应的（-）-对映体。

35. 如权利要求 33 所述的用途，其中所说的（+）-1-（3，4-二氯苯基）-3-氮杂二环［3.1.0］己烷或其可药用的盐具有至多 1% w/w 的相应的（-）-对映体。

36. 如权利要求 33 所述的用途，其中所说的尿失禁病症选自欲望性尿失禁；压迫性尿失禁、溢流性失禁、功能性失禁、神经原性失禁和前列腺切除术后的失禁。

37. 如权利要求34所述的用途，其中所说的尿失禁病症选自欲望性尿失禁、压迫性失禁、溢流性失禁、功能性失禁、神经原性失禁和前列腺切除术后的失禁。

38. 如权利要求35所述的用途，其中所说的尿失禁病症选自欲望性尿失禁、压迫性失禁、溢流性失禁、功能性失禁、神经原性失禁和前列腺切除术后的失禁。”

2006年8月3日，申请人多夫药品公司（下称请求人）对上述驳回决定不服，向专利复审委员会提出复审请求，请求人在提出复审请求时没有对申请文件进行修改，但提交了如下附件1：

（a）Wikipedia网站中标题为《Serotonin－norepinephrine reuptake inhibitor》的文章，复印件共3页；

（b）马里兰大学医学中心网页中标题为《WHAT ARE MEDICATIONS FOR INCONTINENCE》的文章，复印件共5页；

（c）Wikipedia网站中标题为《Fluoxetine》的文章，复印件共6页。

请求人认为：（1）本申请的说明书公开了本发明化合物的具体医学用途、药物效果、有效量以及给药方法。本申请的说明书还提供了足以支持上述医学用途、药物效果、有效量和给药方法的试验数据；（2）说明书表1和表2中的数据显示（+）-1-（3，4-二氯苯基）-3-氮杂二环［3.1.0］己烷在去甲肾上腺素转运蛋白上的去甲肾上腺素吸收部位和血清素转运蛋白的血清素吸收部位具有亲和力，因此应该可以有效抑制去甲肾上腺素和血清素二者的重吸收；（3）现有技术（如附件1）显示抑制血清素和/或去甲肾上腺素的重吸收的化合物能有效治疗焦虑症、摄食障碍症以及尿失禁病症，例如（a）文献显示血清素-去甲肾上腺素重吸收抑制剂，其包括三环抗抑郁药去甲丙咪嗪，被用于治疗焦虑症，（b）文献显示三环抗抑郁药如去甲丙咪嗪被用于治疗尿失禁病症，（c）文献显示血清素重吸收抑制剂“氟西汀”被批准用于治疗神经性贪食症；（4）本申请说明书还提供了如何制备本发明化合物以及如何使用这些化合物来治疗权利要求书中的所述的各种疾病和病症的详细信息，因此权利要求21～38的技术方案得到了说明书实质上的支持。

2006年8月4日，请求人再次补充提交了复审理由，并提交了如下附件2：

美国专利商标局发出的“允许通知书”，复印件共5页。

请求人认为，在相应的美国专利申请中，美国专利商标局已经允许了涉及预防和治疗焦虑症、尿失禁病症和摄食障碍的治疗方法的权利要求。

经形式审查合格后，专利复审委员会受理了该请求，并于2006年8月29日向请求人发出了《复审请求受理通知书》，同时将本申请转送至国家知识产权局原审查部门进行前置审查。

在《前置审查意见书》中，国家知识产权局原审查部门认为，权利要求21～38中的疾病与说明书的药理药效试验数据所针对的评价对象没有必然联系，并且强调预测治病用途与实验验证是不同层次的要求，请求人提交的证据中化合物结构与本申请化合物结构不同，并且美国专利申请的审查与本案的审查无关，因此坚持驳回决定。

专利复审委员会组成合议组，对本复审请求案进行了审理。

合议组于2007年8月2日向请求人发出《复审通知书》，指出：（1）在本申请的说明书中没有记载对本领域技术人员来说足以证明权利要求21～38所述用途的试验数据；（2）请求人所提交的附件1的公开日不能确认，难以作为现有技术使用，而且附件1并不足以证明本申请的血清素-去甲肾上腺素重吸收抑制剂可被用于治疗焦虑症、尿失禁和摄食障碍，因此权利要求21～38的概括包含了申请人推测而其效果难于预先确定和评价的内容，从而使权利要求21～38得不到说明书的支持。

针对上述《复审通知书》，请求人于2007年11月19日提交了意见陈述书，同时提交了如下附件

3（包括对比文献 1、2、3）并对权利要求书进行了修改，其中独立权利要求 21、27 和 33 被修改为包括如下限定，即所述的疾病适用于血清素-去甲肾上腺素重吸收抑制剂进行治疗。

附件 3：

对比文献 1：Drug treatment of obesity，George A. Bray MD，《Baillière's Clinical Endocrinology and Metabolism》，Vol 13，No. 1，pp131～148，1999 年，复印件共 18 页；

对比文献 2：ROLE OF SEROTONERGIC AND NORADRENERGIC SYSTEMS IN THE PATHOPHYSIOLOGY OF DEPRESSION AND ANXIETY DISORDERS，Kerry J. Ressler and Charles B. Nemeroff，M. D.，《DEPRESSION AND ANXIETY》，Vol 12，Supplement 1：2～19（2000），复印件共 18 页；

对比文献 3：SEROTONIN AND NOREPINEPHRINE INVOLVEMENT IN EFFERENT PATHWAYS TO THE URETHRAL RHABDOSPHINCTER：IMPLICATIONS FOR TREATNG STRESS URINARY INCONTINENCE，KARL B. THOR，《UROLOGY 62（Supplement 4A）》，2003 年，复印件共 7 页。

修改后的权利要求 21～38 为：

“21. 权利要求 1 的各自具有至多 5% w/w 的相应的（-）-对映体的（+）-1-（3，4-二氯苯基）-3-氮杂二环［3.1.0］已烷或其可药用的盐在制备用于治疗或预防患者适于用血清素-去甲肾上腺素重吸收抑制剂治疗的焦虑症复发的药物方面的用途。

22. 如权利要求 21 所述的用途，其中所说的（+）-1-（3，4 二氯苯基）-3-氮杂二环［3.1.0］已烷或其可药用的盐具有至多 2% w/w 的相应的（-）-对映体。

23. 如权利要求 21 所述的用途，其中所说的（+）-1-（3，4 二氯苯基）-3-氮杂二环［3.1.0］已烷或其可药用的盐具有至多 1% w/w 的相应的（-）-对映体。

24. 如权利要求 21 所述的用途，其中所说的焦虑症选自惊恐性障碍、恐慌发作、恐旷症、广泛性焦虑症、强迫观念与行为症、恐怖症和创伤后应激障碍。

25. 如权利要求 22 所述的用途，其中所说的焦虑症选自惊恐性障碍、恐慌发作、恐旷症、广泛性焦虑症、强迫观念与行为症、恐怖症和创伤后应激障碍。

26. 如权利要求 23 所述的用途，其中所说的焦虑症选自惊恐性障碍、恐慌发作、恐旷症、广泛性焦虑症、强迫观念与行为症、恐怖症和创伤后应激障碍。

27. 权利要求 1 的各自具有至多 5% w/w 的相应的（-）-对映体的（+）-1-（3，4-二氯苯基）-3-氮杂二环［3.1.0］已烷或其可药用的盐在制备用于治疗或预防患者适于用血清素-去甲肾上腺素重吸收抑制剂治疗的摄食障碍复发的药物方面的用途。

28. 如权利要求 27 所述的用途，其中所说的（+）-1-（3，4-二氯苯基）-3-氮杂二环［3.1.0］已烷或其可药用的盐具有至多 2% w/w 的相应的（-）-对映体。

29. 如权利要求 27 所述的用途，其中所说的（+）-1-（3，4-二氯苯基）-3-氮杂二环［3.1.0］已烷或其可药用的盐具有至多 1% w/w 的相应的（-）-对映体。

30. 如权利要求 27 所述的用途，其中所说的摄食障碍选自神经性厌食、Binge-摄食障碍、非催泻型神经性贪食症和催泻型神经性贪食症。

31. 如权利要求 28 所述的用途，其中所说的摄食障碍选自神经性厌食、Binge-摄食障碍；非催泻型神经性贪食症和催泻型神经性贪食症。

32. 如权利要求 29 所述的用途，其中所说的摄食障碍选自神经性厌食、Binge-摄食障碍、非催泻型神经性贪食症和催泻型神经性贪食症。

33. 权利要求 1 的各自具有至多 5% w/w 的相应的（-）-对映体的（+）-1-（3，4-二氯苯基）-3-氮杂二环［3.1.0］已烷或其可药用的盐在制备用于治疗或预防患者适于用血清素-去甲肾上腺素重吸收抑制剂治疗的尿失禁病症复发的药物方面的用途。

34. 如权利要求 33 所述的用途，其中所说的（+）-1-（3，4-二氯苯基）-3-氮杂二环［3.1.0］己烷或其可药用的盐具有至多 2% w/w 的相应的（-）-对映体。

35. 如权利要求 33 所述的用途，其中所说的（+）-1-（3，4-二氯苯基）-3-氮杂二环［3.1.0］己烷或其可药用的盐具有至多 1% w/w 的相应的（-）-对映体。

36. 如权利要求 33 所述的用途，其中所说的尿失禁病症选自欲望性尿失禁；压迫性尿失禁、溢流性失禁、功能性失禁、神经原性失禁和前列腺切除术后的失禁。

37. 如权利要求 34 所述的用途，其中所说的尿失禁病症选自欲望性尿失禁、压迫性失禁、溢流性失禁、功能性失禁、神经原性失禁和前列腺切除术后的失禁。

38. 如权利要求 35 所述的用途，其中所说的尿失禁病症选自欲望性尿失禁、压迫性失禁、溢流性失禁、功能性失禁、神经原性失禁和前列腺切除术后的失禁。”

请求人认为：附件 3 表明在血清素与去甲肾上腺素神经传递质系统中的变化与焦虑症、尿失禁和摄食障碍有关，因此抑制血清素和/或去甲肾上腺素的重吸收的许多不同化合物应该可以有效地用于治疗这些疾病。基于相关现有技术的本申请公开的内容，本领域技术人员将会预期本发明的化合物作为血清素和去甲肾上腺素重吸收抑制剂可以被用于治疗焦虑症、摄食障碍和尿失禁。因此修改后的权利要求书得到了说明书的支持，符合专利法第 26 条第 4 款的规定。

至此，合议组认为本案事实清楚，可以作出审查决定。

二、决定的理由

1. 关于审查文本

本复审决定是以请求人于 2007 年 11 月 19 日提交的权利要求第 1~38 项，进入中国国家阶段时提交的说明书及其摘要为基础作出的。

2. 关于专利法第 26 条第 4 款

专利法第 26 条第 4 款规定：权利要求书应当以说明书为依据，说明要求专利保护的范围。

对于化合物制药用途的权利要求，如果本领域技术人员无法根据现有技术预测该用途，而说明书中又没有记载对本领域技术人员来说足以证明该物质可以用于所述用途并能解决所要解决的技术问题或达到所述效果的实验数据，则该权利要求的概括包含了申请人推测而效果难于预先确定和评价的内容，得不到说明书支持。

具体到本申请而言，权利要求 21~26 要求保护具有少量相应的（-）-对映体的（+）-1-（3，4-二氯苯基）-3-氮杂二环［3.1.0］己烷或其可药用的盐在制备用于治疗或预防患者适于用血清素-去甲肾上腺素重吸收抑制剂治疗的焦虑症复发的药物方面的用途，而在本申请的说明书中仅仅给出了（+）-1-（3，4-二氯苯基）-3-氮杂二环［3.1.0］己烷作为血清素-去甲肾上腺素重吸收抑制剂的实验数据，以及与血清素-去甲肾上腺素重吸收抑制剂活性相关联的治疗或预防患者抑郁症复发方面的用途（见说明书第 15~17 页），并未具体记载任何含有少量相应的（-）-对映体的（+）-1-（3，4-二氯苯基）-3-氮杂二环［3.1.0］己烷或其可药用的盐用于治疗或预防患者焦虑症复发的药理药效实验，而且现有技术中既没有血清素-去甲肾上腺素重吸收抑制剂可被用于治疗或预防患者焦虑症复发的教导，也没有将焦虑症通过药理学作用机制与抑郁症相联系的证明。也就是说，本领域技术人员无法根据现有技术预测该用途，因此权利要求 21~26 的所述的用途仅仅是申请人推测的内容，其效果难以预先确定和评价，因此权利要求 21~26 的概括超出了说明书公开的范围，得不到说明书支持，不符合专利法第 26 条第 4 款的规定。

权利要求 33~38 要求保护具有少量相应的（-）-对映体的（+）-1-（3，4-二氯苯基）-3-氮杂二环［3.1.0］己烷或其可药用的盐在制备用于治疗或预防患者适于用血清素-去甲肾上腺素重吸收抑制剂治疗的尿失禁病症复发的药物方面的用途，基于与上面同样的分析，权利要求33~38也得不到说明书支持，不符合专利法第26条第4款的规定。

权利要求27要求保护权利要求1的各自具有至多5% w/w的相应的（-）-对映体的（+）-1-（3，4-二氯苯基）-3-氮杂二环［3.1.0］己烷或其可药用的盐用于治疗或预防患者适于用血清素-去甲肾上腺素重吸收抑制剂治疗的摄食障碍复发的药物方面的用途。虽然由请求人提交的附件3对比文献1表2可知，具有去甲肾上腺素素或血清素重吸收抑制剂作用机理的药物可通过减少食物摄取治疗肥胖症，但该权利要求中的上位概念“摄食障碍”除包括肥胖症外还包括了大量不同类型的摄食障碍疾病如神经性厌食、Binge-摄食障碍等，请求人所提交的证据并不足以证明血清素-去甲肾上腺素重吸收抑制剂能够治疗该上位概念所包括的上述各种类型的疾病，而且本申请的说明书中也没有给出本申请的血清素-去甲肾上腺素重吸收抑制剂治疗上述各种疾病的活性数据以及与血清素-去甲肾上腺素重吸收抑制剂活性相关联的治疗或预防患者上述各种疾病的用途，因此该权利要求的概括包含了申请人推测的内容，其效果难以预先确定和评价，因此权利要求27也得不到说明书支持，不符合专利法第26条第4款的规定。

基于与权利要求27同样的分析，权利要求28~32也得不到说明书支持，不符合专利法第26条第4款的规定。

此外，针对请求人的意见陈述，合议组认为，（1）如上对于权利要求27的评述，请求人提交的对比文献1仅能证明具有去甲肾上腺素素或血清素重吸收抑制剂作用机理的药物可通过减少食物摄取治疗肥胖症，而不能证明去甲肾上腺素素或血清素重吸收抑制剂对其他摄食障碍如神经性厌食等具有治疗或预防作用；（2）而对于请求人提交的对比文献2，其仅仅表明在抑郁症和焦虑症患者中去甲肾上腺素（NE）和血清素（5HT）神经传递质系统是不正常的，但在证据2中没有证明对去甲肾上腺素和/或血清素的重吸收抑制会有助于预防或治疗焦虑症；（3）对于请求人提交的对比文献3，该对比文献的公开日在本申请的申请日之后，并不能作为现有技术使用；（4）对于请求人在提出复审请求时所提交的附件1，首先不能确认附件1的公开日在本申请的申请日之前，其次从附件1第6页倒数第16~17行的内容来看，血清素-去甲肾上腺素重吸收抑制剂仅仅是“有时”被用于治疗焦虑症、尿失禁和摄食障碍，而不是必然可被用于治疗焦虑症、尿失禁和摄食障碍；而且由于附件1中的去甲丙咪嗪和氟西汀的结构与本发明化合物相差很大，因此附件1中对于去甲丙咪嗪和氟西汀用途的描述也不能证明本发明的化合物必然可被用于治疗焦虑症、尿失禁和摄食障碍。因此请求人所提交的对比文献1~3和附件1并不能使权利要求21~38克服不支持的问题。

根据上述事实和理由，合议组作出如下审查决定。

三、决定

维持国家知识产权局于2006年4月21日针对02806351.1号发明专利申请作出的驳回决定。

复审请求人对本决定不服的，可以根据专利法第41条第2款的规定，自收到本决定之日起三个月内向北京市第一中级人民法院起诉。

133

阻燃剂组合物

复审请求审查决定（第14528号）

决　定　号　第14528号
决　定　日　2008年8月27日
发明创造名称　阻燃剂组合物
国际分类号　C08K 5/00
复审请求人　西巴特殊化学品控股有限公司
申　请　号　02824564.4
最早优先权日　2001年12月10日
申　请　日　2002年12月3日
公　开　日　2005年3月30日
合议组组长　任晓兰
主　审　员　危　峰
参　审　员　潘　剑

法律依据　专利法第22条第2款
决定要点

如果专利申请与对比文件公开的技术方案实质上相同，所属技术领域的技术人员根据两者的技术方案可以确定两者能够适用于相同的技术领域，解决相同的技术问题，并具有相同的预期效果，则认为两者为同样的发明。

一、案由

本复审请求案涉及发明名称为“阻燃剂组合物”的02824564.4号发明专利申请（下称本申请），申请人为西巴特殊化学品控股有限公司，申请日为2002年12月3日，最早优先权日为2001年12月10日，公开日为2005年3月30日。

2006年11月10日，针对申请人于2006年5月11日提交的权利要求第1~7项、2004年6月9日进入中国国家阶段时提交的国际申请文件的中文译文的说明书第1~61页及说明书摘要，国家知识产权局以本申请不符合专利法第22条第2款的规定为由驳回了本申请。

驳回决定认为：（1）对比文件1（CN1211588A，公开日为1999年3月24日）中公开了一种对热、氧化或光致降解稳定的组合物，其含有有机材料以及混合物如：i. 高分子量受阻胺如2，4-二［（1-环己氧基-2，2，6，6-四甲基哌啶-4-基）丁基氨基］-6-氯-s-三嗪与N，N′-二（3-氨基丙基）亚乙基二胺的反应产物等（见实施例4），ii. 低分子量受阻胺如二（1-辛氧基-2，2，6，6-四甲基哌啶-4-基）癸二酸酯等（见说明书第26页第22~28行）以及iii. 阻燃剂组分如十溴二苯基氧、亚乙基二（四溴苯邻二甲酰亚胺）等（见说明书第23页最后2行及第26页最后一行至第27页第3行），且对比文件1也公开了其中的一些受阻胺成分可用作阻燃剂（见说明书第5页）。由此可见，对比文件1已经公开了本申请权利要求1的技术方案；且二者属于同一技术领域，并能产生相同的技术效果。因此，权利要求1不具备新颖性。(2) 基于对比文件1也公开了权利要求2~7的全部技术特征，因此权利要求2~7也不具备新颖性，不符合专利法第22条第2款的规定。

驳回决定针对的权利要求书如下：

“1. 一种阻燃剂组合物，包括

(A) 热塑性聚合物基质和

(B) 有效阻燃量的下列组分的增效混合物

(i) 至少一种低分子量受阻烷氧基胺稳定剂，选自下述化合物：

1-环己氧基-2，2，6，6-四甲基-4-十八烷基氨基哌啶；

二（1-辛氧基-2，2，6，6-四甲基哌啶-4-基）癸二酸酯；

2，4-二［（1-环己氧基-2，2，6，6-四甲基哌啶-4-基）丁氨基］-6-（2-羟基乙氨基）-s-三嗪；

二（1-环己氧基-2，2，6，6-四甲基哌啶-4-基）己二酸酯；

2，4-二［（1-环己氧基-2，2，6，6-四甲基哌啶-4-基）丁氨基］-6-氯-s-三嗪；

1-（2-羟基-2-甲基丙氧基）-4-羟基-2，2，6，6-四甲基哌啶；

1-（2-羟基-2-甲基丙氧基）-4-氧代-2，2，6，6-四甲基哌啶；

1-（2-羟基-2-甲基丙氧基）-4-十八酰氧基-2，2，6，6-四甲基哌啶；

二（1-（2-羟基-2-甲基丙氧基）-2，2，6，6-四甲基哌啶-4-基）癸二酸酯；

二（1-（2-羟基-2-甲基丙氧基）-2，2，6，6-四甲基哌啶-4-基）己二酸酯；和

2，4-二｛N-［1-（2-羟基-2-甲基丙氧基）-2，2，6，6-四甲基哌啶-4-基］-N-丁氨基｝-6-（2-羟基乙基氨基）-s-三嗪；

(ii) 至少一种高分子量受阻烷氧基胺稳定剂，选自下述化合物：

2，4-二［（1-环己氧基-2，2，6，6-四甲基哌啶-4-基）丁氨基］-6-氯-s-三嗪与N，N′-二（3-氨基丙基）乙二胺和下式化合物的反应产物

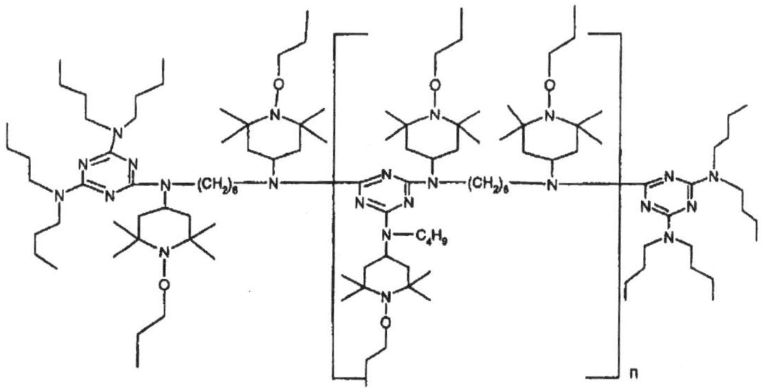

其中n是1~15；

(iii) 至少一种传统阻燃剂，选自下述化合物：

氯代烷基磷酸酯，

多溴代二苯醚，

十溴二苯醚，

三［3-溴-2，2-二（溴甲基）丙基］磷酸酯，

双酚 A 的二（2，3-二溴丙基醚），

溴代环氧树脂，

亚乙基-二（四溴邻苯二甲酰亚胺），

二（六氯环戊二烯基）环辛烷，

氯代石蜡，

1，2-二（三溴苯氧基）乙烷，

四溴双酚 A，

亚乙基二（二溴降冰片烷二酰亚胺），

二-（六氯环戊二烯基）环辛烷，

三-（2，3-二溴丙基）异氰脲酸酯，

亚乙基-二-四溴邻苯二甲酰亚胺，

四苯基间苯二酚二亚磷酸酯，

三苯基磷酸酯，

多磷酸铵，

间苯二酚二磷酸酯低聚物，

三聚氰胺磷酸酯，

三聚氰胺焦磷酸酯和

乙二胺二磷酸酯。

2. 根据权利要求 1 的组合物，其中组分（i）和（ii）的稳定剂总量基于聚合物基质（A）计为 0.05 重量%～20 重量%。

3. 根据权利要求 2 的组合物，其中组分（i）和（ii）以重量比（i）：（ii）为 1：100～100：1 存在。

4. 根据权利要求 1 的组合物，其中组分（iii）的量基于聚合物基质（A）计为 0.5 重量%～45 重量%。

5. 根据权利要求 1 的组合物，其中所述组合物包括附加组分，选自颜料、染料、增塑剂、酚抗氧化剂、触变剂、均化助剂、碱性共稳定剂、硝酮稳定剂、胺氧化物稳定剂、苯并呋喃酮稳定剂、UV 吸收剂、受阻胺、金属减活剂、金属氧化物、有机磷化合物、羟胺，其他阻燃剂及其混合物。

6. 根据权利要求 5 的组合物，其中附加组分选自酚抗氧化剂、硬脂酸钙、硬脂酸锌、亚磷酸酯和亚膦酸酯稳定剂、苯并呋喃酮稳定剂、2-（2′-羟基苯基）苯并三唑和 2-（2-羟基苯基）-1，3，5-三嗪类的 UV 吸收剂，及受阻胺。

7. 一种赋予热塑性聚合物基质光稳定性和阻燃性的方法，所述方法包括向所述聚合物基质中加入根据权利要求 1 的组合物。”

2007 年 2 月 7 日，申请人西巴特殊化学品控股有限公司（下称请求人）对上述驳回决定不服，向专利复审委员会提出复审请求，并提交了经修改的权利要求书（下称复审请求文本）。请求人在驳回决定所针对的权利要求书的基础上，进一步限定权利要求 1 中组分（i）和（ii）的分子量，并删除权利要求 1 的组分（iii）定义中的“四苯基间苯二酚二亚磷酸酯”；未对上述文本的权利要求 2～7 进行修改。修改后的权利要求 1 为：

“1. 一种阻燃剂组合物，包括

（A）热塑性聚合物基质和

（B）有效阻燃量的下列组分的增效混合物

（i）至少一种低分子量受阻烷氧基胺稳定剂，选自下述化合物：

1-环己氧基-2，2，6，6-四甲基-4-十八烷基氨基哌啶；

二（1-辛氧基-2，2，6，6-四甲基哌啶-4-基）癸二酸酯；

2，4-二［（1-环己氧基-2，2，6，6-四甲基哌啶-4-基）丁氨基］-6-（2-羟基乙氨基）-s-三嗪；

二（1-环己氧基-2，2，6，6-四甲基哌啶-4-基）己二酸酯；

2，4-二［（1-环己氧基-2，2，6，6-四甲基哌啶-4-基）丁氨基］-6-氯-s-三嗪；

1-（2-羟基-2-甲基丙氧基）-4-羟基-2，2，6，6-四甲基哌啶；

1-（2-羟基-2-甲基丙氧基）-4-氧代-2，2，6，6-四甲基哌啶；

1-（2-羟基-2-甲基丙氧基）-4-十八酰氧基-2，2，6，6-四甲基哌啶；

二（1-（2-羟基-2-甲基丙氧基）-2，2，6，6-四甲基哌啶-4-基）癸二酸酯；

二（1-（2-羟基-2-甲基丙氧基）-2，2，6，6-四甲基哌啶-4-基）己二酸酯；和

2，4-二｛N-［1-（2-羟基-2-甲基丙氧基）-2，2，6，6-四甲基哌啶-4-基］-N-丁氨基｝-6-（2-羟基乙基氨基）-s-三嗪；

（ii）至少一种高分子量受阻烷氧基胺稳定剂，选自下述化合物：

2，4-二［（1-环己氧基-2，2，6，6-四甲基哌啶-4-基）丁氨基］-6-氯-s-三嗪与N，N′-二（3-氨基丙基）乙二胺和下式化合物的反应产物

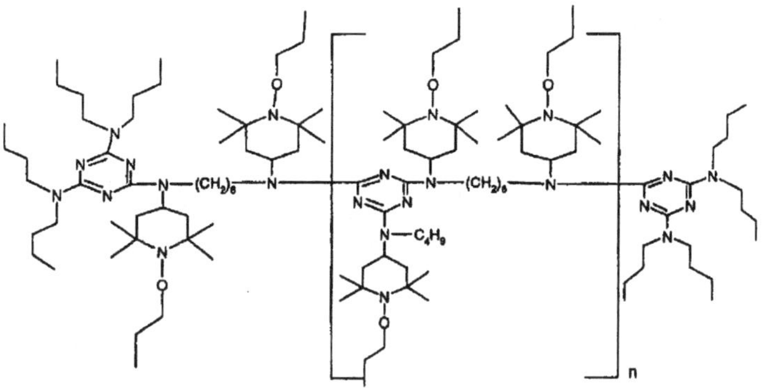

其中n是1~15；

（iii）至少一种传统阻燃剂，选自下述化合物：

氯代烷基磷酸酯，

多溴代二苯醚，

十溴二苯醚，

三［3-溴-2，2-二（溴甲基）丙基］磷酸酯，

双酚A的二（2，3-二溴丙基醚），

溴代环氧树脂，

亚乙基-二（四溴邻苯二甲酰亚胺），

二（六氯环戊二烯基）环辛烷，

氯代石蜡，

1，2-二（三溴苯氧基）乙烷，

四溴双酚 A，

亚乙基二（二溴降冰片烷二酰亚胺），

二-（六氯环戊二烯基）环辛烷，

三-（2，3-二溴丙基）异氰脲酸酯，

亚乙基-二-四溴邻苯二甲酰亚胺，

三苯基磷酸酯，

多磷酸铵，

间苯二酚二磷酸酯低聚物，

三聚氰胺磷酸酯，

三聚氰胺焦磷酸酯和

乙二胺二磷酸酯；

其中组分（i）的稳定剂具有 200~1000 g/mol 分子量，组分（ii）的稳定剂具有 1200~10000g/mol 分子量。”

请求人认为：（1）对比文件 1 中并没有公开权利要求 1 所限定的两种特定类型的受阻烷氧基胺稳定剂（高分子量和低分子量）的组合与特定的阻燃剂。（2）对比文件 1 中公开的受阻胺化合物和组合物用作所谓的受阻胺光稳定剂，其使聚合物对于热、氧化或光致降解稳定，并未教导或暗示所公开的受阻胺化合物和组合物作为阻燃剂的任何适用性，由此本申请的组合物不同于对比文件 1 的组合物，具有新颖性。（3）本申请说明书实施例已举例说明了本申请组合物所取得的显著成功，含有特定组分（i）、（ii）和（iii）的聚烯烃膜显示出杰出的耐候性以及耐粉化和变色性，这些结果验证了本申请组合物作为阻燃剂的可用性和适用性，这些结果基于对比文件 1 的公开内容是无法想到的。

经形式审查合格后，专利复审委员会受理了该请求，并于 2007 年 4 月 11 日向请求人发出了《复审请求受理通知书》，同时将本申请转送至国家知识产权局原审查部门进行前置审查。

在《前置审查意见书》中，国家知识产权局原审查部门认为请求人对权利要求书所作修改和意见陈述仍未消除驳回指出的缺陷，因此坚持驳回决定。

专利复审委员会组成合议组，对本复审请求案进行了审理。合议组于 2008 年 7 月 1 日向请求人发出《复审通知书》，指出：（1）权利要求 1 中关于组分（ii）的表述与说明书中的相应表述完全不同，本领域技术人员在说明书所公开的两种组分（ii）的基础上无法预见权利要求 1 中的组分（ii）也能用作高分子量受阻烷氧基胺稳定剂。因此，权利要求 1 不符合专利法第 26 条第 4 款的规定。（2）对比文件 1 公开了一种对热、氧化或光致降解稳定的组合物，其含有（a）有机材料如热塑性聚烯烃等和（b）混合物；其中（b）混合物可以为 2，4-二［（1-烃氧基-2，2，6，6-四甲基哌啶-4-基）丁基氨基］-6-氯-s-三嗪与 N，N′-二（3-氨基丙基）亚乙基二胺的反应产物，还可以含有低分子量 NOR 受阻胺；该组合物还含有阻燃剂组分如十溴二苯基氧等；且对比文件 1 也公开了其中的受阻胺成分（b）可用作阻燃剂。由此，对比文件 1 公开的组合物的技术方案与本申请权利要求 1 要求保护的组合物的技术方案实质上相同；所属技术领域的技术人员根据两者的技术方案可以确定两者能够适用于相同的技术领域，解决相同的技术问题，并具有相同的预期效果。因此，权利要求 1 相对于对比文件 1 不具备新颖性，不符合专利法第 22 条第 2 款的规定。从属权利要求 2~6 进一步限定了权利要求 1，对比文件 1 中也公开了这些权利要求中进一步限定的组合物组分的相对含量、其他添加剂等特征，基于与权利要求 1 相同的理由，权利要求 2~6 也不具备新颖性。（3）对比文件 1 也公开了在有机材料如热塑性聚烯烃中加入所述组合物，使得有机材料对热、氧化或光致具有稳定性，且公开了其中的受阻胺成分（b）可用作阻燃剂。因此，权利要求 7 相对于对比文件 1 也不具备新颖性。

针对上述《复审通知书》，请求人于2008年8月5日提交了意见陈述书和经修改的权利要求书（下称复审文本）。请求人删除了复审请求文本中组合物权利要求1~6；将原权利要求7修改为权利要求1，并对其中的组合物作进一步的限定（特征与复审请求文本权利要求1的组合物的特征相同），同时根据说明书第32页的内容调整了权利要求1中组分（ii）的定义；增加了5项从属权利要求，附加技术特征分别与原权利要求2~6相同。修改后的权利要求书为：

"1. 一种赋予热塑性聚合物基质光稳定性和阻燃性的方法，所述方法包括向所述聚合物基质中加入一种组合物，该组合物包括：

（A）热塑性聚合物基质，和

（B）有效阻燃量的下列组分的增效混合物，

（i）至少一种低分子量受阻烷氧基胺稳定剂，选自下述化合物：

1-环己氧基-2，2，6，6-四甲基-4-十八烷基氨基哌啶；

二（1-辛氧基-2，2，6，6-四甲基哌啶-4-基）癸二酸酯；

2，4-二［（1-环己氧基-2，2，6，6-四甲基哌啶-4-基）丁氨基］-6-（2-羟基乙氨基）-s-三嗪；

二（1-环己氧基-2，2，6，6-四甲基哌啶-4-基）己二酸酯；

2，4-二［（1-环己氧基-2，2，6，6-四甲基哌啶-4-基）丁氨基］-6-氯-s-三嗪；

1-（2-羟基-2-甲基丙氧基）-4-羟基-2，2，6，6-四甲基哌啶；

1-（2-羟基-2-甲基丙氧基）-4-氧代-2，2，6，6-四甲基哌啶；

1-（2-羟基-2-甲基丙氧基）-4-十八酰氧基-2，2，6，6-四甲基哌啶；

二（1-（2-羟基-2-甲基丙氧基）-2，2，6，6-四甲基哌啶-4-基）癸二酸酯；

二（1-（2-羟基-2-甲基丙氧基）-2，2，6，6-四甲基哌啶-4-基）己二酸酯；和

2，4-二{N-［1-（2-羟基-2-甲基丙氧基）-2，2，6，6-四甲基哌啶-4-基］-N-丁氨基}-6-（2-羟基乙基氨基）-s-三嗪；

（ii）至少一种高分子量受阻烷氧基胺稳定剂，选自下述化合物：

2，4-二［（1-环己氧基-2，2，6，6-四甲基哌啶-4-基）丁氨基］-6-氯-s-三嗪与N，N′-二（3-氨基丙基）乙二胺的反应产物；和

下式化合物

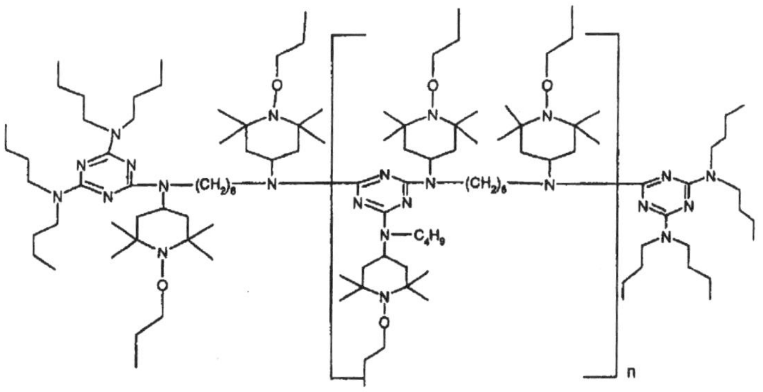

其中n是1~15；

（iii）至少一种传统阻燃剂，选自下述化合物：

氯代烷基磷酸酯，

多溴代二苯醚，

十溴二苯醚，
三［3-溴-2，2-二（溴甲基）丙基］磷酸酯，
双酚 A 的二（2，3-二溴丙基醚），
溴代环氧树脂，
亚乙基-二（四溴邻苯二甲酰亚胺），
二（六氯环戊二烯基）环辛烷，
氯代石蜡，
1，2-二（三溴苯氧基）乙烷，
四溴双酚 A，
亚乙基二（二溴降冰片烷二酰亚胺），
二-（六氯环戊二烯基）环辛烷，
三-（2，3-二溴丙基）异氰脲酸酯，
亚乙基-二-四溴邻苯二甲酰亚胺，
三苯基磷酸酯，
多磷酸铵，
间苯二酚二磷酸酯低聚物，
三聚氰胺磷酸酯，
三聚氰胺焦磷酸酯和
乙二胺二磷酸酯；

其中组分（i）的稳定剂具有 200～1000 g/mol 分子量，组分（ii）的稳定剂具有 1200～10000 g/mol 分子量。

2. 根据权利要求 1 的方法，其中组分（i）和（ii）的稳定剂总量基于聚合物基质（A）计为 0.05 重量%～20 重量%。

3. 根据权利要求 2 的方法，其中组分（i）和（ii）以重量比（i）：（ii）为 1∶100～100∶1 存在。

4. 根据权利要求 1 的方法，其中组分（iii）的量基于聚合物基质（A）计为 0.5 重量%～45 重量%。

5. 根据权利要求 1 的方法，其中所述组合物包括附加组分，选自颜料、染料、增塑剂、酚抗氧化剂、触变剂、均化助剂、碱性共稳定剂、硝酮稳定剂、胺氧化物稳定剂、苯并呋喃酮稳定剂、UV 吸收剂、受阻胺、金属减活剂、金属氧化物、有机磷化合物、羟胺，其他阻燃剂及其混合物。

6. 根据权利要求 5 的方法，其中附加组分选自酚抗氧化剂、硬脂酸钙、硬脂酸锌、亚磷酸酯和亚膦酸酯稳定剂、苯并呋喃酮稳定剂、2-（2′-羟基苯基）苯并三唑和 2-（2-羟基苯基）-1，3，5-三嗪类的 UV 吸收剂，及受阻胺。”

请求人认为：（1）根据说明书第 32 页的内容调整了权利要求 1 中组分（ii）的定义之后，权利要求 1 得到说明书的支持。（2）对比文件 1 实施例 14 中公开的包含亚磷酸酯的技术方案已经排除在修改后的权利要求之外；对比文件 1 公开的组合物和化合物用作受阻胺光稳定剂，并未教导或暗示所述组合物适用于赋予热塑性聚合物基质光稳定性和阻燃性的方法的任何内容；而本申请已举例说明了所述组合物显示出杰出的耐候性以及耐粉化和变色性，验证了所述组合物作为阻燃剂的可用性和适用性。因此，本申请的技术方案相对于对比文件 1 具备新颖性。

至此，合议组认为本案事实已经清楚，可以作出审查决定。

二、决定的理由

1. 关于文本

本复审请求审查决定针对的文本是：请求人于2008年8月5日提交的权利要求第1~6项，2004年6月9日进入中国国家阶段时提交的国际申请文件的中文译文的说明书第1~61页及说明书摘要。

2. 关于专利法第26条第4款

专利法第26条第4款规定：权利要求书应当以说明书为依据，说明要求专利保护的范围。

就本申请而言，复审请求文本的权利要求1要求保护一种阻燃剂组合物，其中组分（ii）为至少一种高分子量受阻烷氧基胺稳定剂，选自下述化合物：2，4-二［（1-环己氧基-2，2，6，6-四甲基-哌啶-4-基）丁氨基］-6-氯-s-三嗪（简称化合物X）与N，N′-二（3-氨基丙基）乙二胺（简称化合物Y）和下式化合物（简称化合物Z）的反应产物

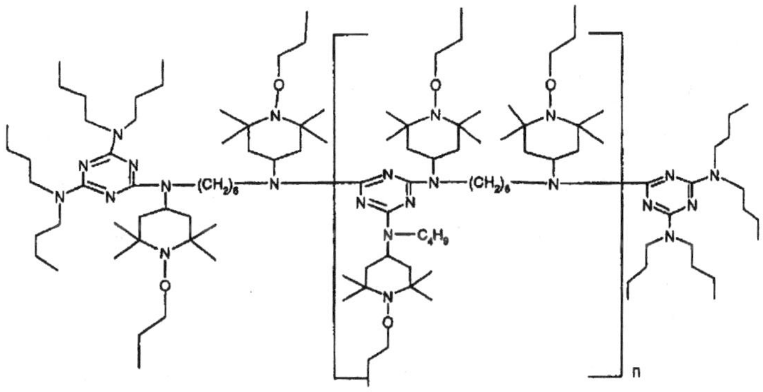

其中n是1~15，即组分（ii）为化合物X、Y和Z进行反应的反应产物。

根据本申请说明书第32页倒数第1段记载的内容，所述组分（ii）的具体例子包括：

NOR11，2，4-二［（1-环己氧基-2，2，6，6-四甲基-哌啶-4-基）丁氨基］-6-氯-s-三嗪与N，N′-二（3-氨基丙基）乙二胺的反应产物；和

NOR12，上式的化合物。

由此可见，说明书中组分（ii）选自（1）化合物X、Y的反应产物，（2）化合物Z，这与权利要求1中关于组分（ii）的表述完全不同，本领域技术人员在说明书所公开的两种组分（ii）的基础上无法预见权利要求1中化合物X、Y、Z的反应产物也能用作高分子量受阻烷氧基胺稳定剂。因此，权利要求1不符合专利法第26条第4款的规定。

请求人于2008年8月5日提交的权利要求书中，对权利要求1中组分（ii）的定义进行了修改，修改之后组分（ii）的定义为2，4-二［（1-环己氧基-2，2，6，6-四甲基哌啶-4-基）丁氨基］-6-氯-s-三嗪与N，N′-二（3-氨基丙基）乙二胺的反应产物和上式的化合物，与本申请说明书第32页倒数第1段的内容所公开的两种组分（ii）一致。从而上述缺陷已克服，修改后的权利要求1符合专利法第26条第4款的规定。

3. 关于专利法第22条第2款

专利法第22条第2款规定：新颖性，是指在申请日以前没有同样的发明或者实用新型在国内外出版物上公开发表过、在国内公开使用过或者以其他方式为公众所知，也没有同样的发明或者实用新型由他人向国务院专利行政部门提出过申请并且记载在申请日以后公布的专利申请文件中。

如果专利申请与对比文件公开的技术方案实质上相同，所属技术领域的技术人员根据两者的技术方案可以确定两者能够适用于相同的技术领域，解决相同的技术问题，并具有相同的预期效果，则认

为两者为同样的发明。

就本申请而言，权利要求 1 要求保护一种赋予热塑性聚合物基质光稳定性和阻燃性的方法（具体内容参见案由部分）。

对比文件 1 中公开了一种对热、氧化或光致降解稳定的组合物，其含有（a）有机材料如热塑性聚烯烃等（等同于本申请的组分 A）和（b）混合物。其中成分（b）混合物可以为2，4-二［（1-烃氧基-2，2，6，6-四甲基哌啶-4-基）丁基氨基］-6-氯-s-三嗪与 N，N′-二（3-氨基丙基）亚乙基二胺的反应产物（见说明书第 3 页倒数第 1 段），实施例 4 中公开了成分（b）为2，4-二［（1-环己氧基-2，2，6，6-四甲基哌啶-4-基）丁基氨基］-6-氯-s-三嗪与 N，N′-二（3-氨基丙基）亚乙基二胺的反应产物（等同于本申请的组分 B（ii））；该（b）混合物还可以含有低分子量 NOR 受阻胺（见说明书第 23 页倒数第 3 段），该低分子量 NOR 受阻胺例如为二（1-辛氧基-2，2，6，6-四甲基哌啶-4-基）癸二酸酯等（见说明书第 26 页第 22~28 行）（等同于本申请的组分 B（i））。该组合物还含有阻燃剂组分如十溴二苯基氧、亚乙基二（四溴苯邻二甲酰亚胺）等（见说明书第 23 页最后 2 行及 26 页最后一行至 27 页第 3 行）（等同于本申请的组分 B（iii））。且对比文件 1 也公开了其中的受阻胺成分（b）可用作阻燃剂（见说明书第 5 页第 3 段）。可见，对比文件 1 中公开的组合物与本申请权利要求 1 中的组合物实质上相同。

此外，对比文件 1 也公开了在有机材料如热塑性聚烯烃中加入所述组合物，使得有机材料对热、氧化或光致具有稳定性（见对比文件 1 说明书第 34 页），实施例 14 中采用所述组合物的热塑性聚烯烃显示出更大的抗光致降解性；同时，对比文件 1 中还公开了其中的受阻胺成分（b）可用作阻燃剂（见说明书第 5 页第 3 段），且所述组合物中还含有传统阻燃剂组分如十溴二苯基氧、亚乙基二（四溴苯邻二甲酰亚胺）等，即在有机材料如热塑性聚烯烃中加入所述组合物也必然能赋予其阻燃性。

综上，对比文件 1 公开的在热塑性聚烯烃中加入含有成分（a）和（b）的组合物必然能使所述热塑性聚烯烃具有光稳定性和阻燃性，这一技术方案与本申请权利要求 1 要求保护的技术方案实质上相同，所属技术领域的技术人员根据两者的技术方案可以确定两者能够适用于相同的技术领域，解决相同的技术问题，并具有相同的预期效果。因此，权利要求 1 相对于对比文件 1 不具备新颖性，不符合专利法第 22 条第 2 款的规定。

请求人在提出复审请求时和答复《复审通知书》时均认为：①对比文件 1 中公开的受阻胺化合物和组合物用作所谓的受阻胺光稳定剂，其使聚合物对于热、氧化或光致降解稳定，并未教导或暗示所公开的受阻胺化合物和组合物作为阻燃剂的任何适用性，且聚合物对热降解的稳定性和聚合物的阻燃性之间也没有直接联系，由此本申请的组合物不同于对比文件 1 的组合物；②本申请说明书实施例已举例说明了本申请组合物所取得的显著成功，含有特定组分（i）、（ii）和（iii）的聚烯烃膜显示出杰出的耐候性，以及耐粉化和变色性，这些结果验证了本申请组合物作为阻燃剂的可用性和适用性。对此，合议组经审查认为：本申请仅在说明书第 78~79 页描述了测定组分（B）的有效阻燃量的燃烧试验方法，并未给出确切的证据表明所述组合物在阻燃性方面的具体表现，由此不能确定本申请组合物的受阻胺的阻燃适用性；其次，如前所述，对比文件 1 已明确教导受阻胺成分（b）可用作阻燃剂，包含成分（a）和（b）的组合物必然能作为阻燃剂组合物，因此，请求人的上述第①个主张不能成立。另外，就组合物的应用效果而言，本申请仅举例说明了含有特定组分（i）、（ii）和（iii）的本申请组合物显示出的耐候性，以及耐粉化和变色性，而对比文件 1 实施例部分也记载了组合物所具有的、与本申请相当的耐候性等（见对比文件 1 说明书第 34 页）。因此，合议组对请求人的上述第②个主张不予支持。

此外，请求人在答复《复审通知书》时还认为：对比文件 1 实施例 14 中公开的包含亚磷酸酯的技术方案已经排除在修改后的权利要求之外，由此本申请具备新颖性。对此，合议组经审查认为：尽管对比文件 1 实施例 14 中公开的技术方案中传统阻燃剂组分采用的是三（2，4-二叔丁基苯基）亚磷酸酯，其并不包含在本申请权利要求 1 中组分 B（iii）的范围之内，但是正如本申请说明书第33~35 页中所述，所述组分 B（iii）为本领域中传统的阻燃剂，由此相对于对比文件 1 实施例 14 中公开的技术方案来说，权利要求 1 的技术方案中所述组分 B（iii）的选择仅是本领域惯用手段的直接替换。此外，对比文件 1 说明书第 23 页最后 2 行及 26 页最后一行至 27 页第 3 行也已公开了权利要求 1 中的所述传统阻燃剂。因此，合议组对请求人的该主张不予支持。

从属权利要求 2~6 进一步限定了权利要求 1 中所用的组合物，对比文件 1 中也公开了组合物组分的相对含量、其他添加剂等特征（见对比文件 1 说明书第 10 页），基于与权利要求 1 相同的理由，权利要求 2~6 相对于对比文件 1 也不具备新颖性。

综上所述，合议组认为：本申请权利要求 1~6 仍不符合专利法第 22 条第 2 款的规定。

根据上述事实和理由，合议组作出如下审查决定。

三、决定

维持国家知识产权局于 2006 年 11 月 10 日针对 02824564. 4 号发明专利申请作出的驳回决定。

复审请求人对本决定不服的，可以根据专利法第 41 条第 2 款的规定，自收到本决定之日起三个月内向北京市第一中级人民法院起诉。

134

抗菌过磷酸钙及其制作方法

复审请求审查决定（第 14530 号）

决　　定　　号　第 14530 号
决　　定　　日　2008 年 9 月 5 日
发明创造名称　抗菌过磷酸钙及其制作方法
国 际 分 类 号　A01N 59/26，C05G 3/02
复 审 请 求 人　陈凤静
申　　请　　号　200510033546.8
申　　请　　日　2005 年 3 月 8 日
公　　开　　日　2005 年 11 月 9 日
合 议 组 组 长　刘　静
主　　审　　员　娄　宁
参　　审　　员　张家祥

法 律 依 据　专利法第 26 条第 3 款
决 定 要 点

如果能够证明说明书中描述的原料成分是申请日前可以从市场购买得到的商品，则说明书在描述该原料成分时只使用其商品名称不应被视为不符合专利法第 26 条第 3 款的规定。

当申请人声称发明具有多方面的技术效果时，如果根据说明书的记载或者根据现有技术可以判断出其中至少一个方面的效果能够达到，则应认为说明书满足了公开充分的要求。

一、案由

本复审请求涉及名称为“抗菌过磷酸钙及其制作方法”的 200510033546.8 号发明专利申请（下称本申请），申请人为陈凤静，申请日为 2005 年 3 月 8 日，公开日为 2005 年 11 月 9 日。

针对申请人原始提交的申请文件，国家知识产权局于 2006 年 2 月 1 日发出了第一次审查意见通知书，指出本申请说明书未对发明作出清楚、完整的说明，致使所属技术领域的技术人员不能实现该发明，不符合专利法第 26 条第 3 款的规定。公开不充分主要表现在：本申请要求保护的抗菌过磷酸钙中含有复合生物钾肥和生物多抗菌肥，然而说明书中却没有对所采用的复合生物钾肥和生物多抗菌肥进行具体说明，因此本领域技术人员根据说明书所公开的内容无法制得本申请的抗菌过磷酸钙，即本领域的技术人员根据说明书所公开的内容无法实现本发明。

2006 年 3 月 15 日，针对第一次审查意见通知书申请人声称提交了广告 6 页、包装袋 2 个、湛江日报 1 张，以说明本发明含有的复合生物钾肥和生物多抗菌肥已公开使用。申请人实际提交的证据为：

证据1："生物多抗菌肥（复合微生物菌剂）"包装袋，其上印有"农业部登记号：微生物肥（2003）准字（0106）"，生产日期2004年4月26日，中国农业科学院土壤肥料研究所、中外合资北京中农新科生物科技有限公司联合出品，原件1个；

证据2："复合生物钾肥（复合微生物菌剂）"包装袋，其上印有"农业部登记号：微生物肥（2001）准字（0106）"，生产日期2004年9月9日，中国农业科学院土壤肥料研究所、中外合资北京中农新科生物科技有限公司联合出品，原件1个；

证据3："联抗生物钾肥（复合微生物菌剂）"宣传页，其上印有复合生物钾肥（复合微生物菌剂）的包装袋，北京中农新科生物科技有限公司出品，原件1张。

证据4："生物多抗菌肥（复合微生物菌剂）"宣传页，其上印有生物多抗菌肥（复合微生物菌剂）的包装袋，北京中农新科生物科技有限公司出品，原件1张；

证据5："复合生物钾肥"广告单，原件1张；

证据6："生物多抗菌肥"广告单，原件1张；

证据7："复合生物钾肥"和"生物多抗菌肥"宣传页，原件1张；

证据8："北京中农新科生物科技有限公司"宣传页，原件1张；

2006年5月19日，针对申请人于申请日提交的权利要求书、说明书及其摘要，国家知识产权局以本申请不符合专利法第26条第3款的规定为由驳回了本申请。

驳回理由如下：（1）本申请要求保护的抗菌过磷酸钙中含有复合生物钾肥和生物多抗菌肥，然而说明书中却没有对所采用的复合生物钾肥和生物多抗菌肥进行具体说明，因此本领域技术人员根据说明书所公开的内容无法制得本申请的抗菌过磷酸钙，即本领域的技术人员根据说明书所公开的内容无法实现本发明。（2）本发明要求保护的抗菌过磷酸钙中包含一定量的过磷酸钙、复合生物钾肥和生物多抗菌肥，从说明书中可以看出，复合生物钾肥和生物多抗菌肥是该抗菌过磷酸钙中必不可少的技术特征，然而说明书中却未对此具体说明，由于复合生物钾肥和生物多抗菌肥均是具有广泛含义的肥料，因此本领域技术人员根据原说明书所公开的内容无法得知采用何种复合生物钾肥和生物多抗菌肥，从而无法制得本发明的抗菌过磷酸钙；而申请人提供的某一厂家生产的命名为复合生物钾肥和生物多抗菌肥的产品资料，无法证明其说明书所述的具有广泛含义的复合生物钾肥和生物多抗菌肥为这一具体的产品，从而能使得本领域的技术人员根据说明书所公开的内容能够制得本发明的抗菌过磷酸钙，从而能够实现本发明。

驳回决定所针对的权利要求书为：

"1. 一种抗菌过磷酸钙，其特征是包括如下配方：

有效磷含量P_2O_5≥12%~18%的过磷酸钙90%~98%、复合生物钾肥1%~5%、生物多抗菌肥1%~5%。

2. 据权利要求1所述的抗菌过磷酸钙的其制作方法，其特征是包括如下步骤：采用湿法生产过磷酸钙工艺，取P_2O_5≥12%~18%过磷酸钙90%~98%、复合生物钾肥1%~5%、生物多抗菌肥1%~5%混合搅拌，均匀，灌装。"

2006年8月18日，申请人陈凤静（下称请求人）对上述驳回决定不服，向专利复审委员会提出复审请求，请求人在提出复审请求时未提交新的修改文本，请求人声称提交了中国农业信息、证书复印件、抗菌过磷酸钙产品、比较照片2张、复合生物钾、生物多抗菌宣传资料作为证据。实际提交的证据如下（编号续前）：

证据9：农资资讯，《中国农业信息》，2006年第6期，第37~40页，原件4页；

证据10：中华人民共和国肥料临时登记证，微生物肥（2001）临字（0106）号，产品名“微生物菌剂”、商品名“复合微生物菌剂”、生产企业“北京中农新科生物技术有限公司”，发证日期2002年10月16日，复印件1页；

证据11：“复合生物钾肥”和“生物多抗菌肥”宣传页，原件1张（同证据7）；

证据12：“联抗生物钾肥（复合微生物菌剂）”宣传页，其上印有复合生物钾肥（复合微生物菌剂）的包装袋，北京中农新科生物科技有限公司出品，原件1张（同证据3）；

证据13：“生物多抗菌肥（复合微生物菌剂）”宣传页，其上印有生物多抗菌肥（复合微生物菌剂）的包装袋，北京中农新科生物科技有限公司出品，原件1张（同证据4）；

证据14：北京中农新科生物科技有限公司指定陈凤静为特许经销商的证书，授权经销产品为微生物肥料（菌剂），证件有效期为2002年10月至2003年9月，复印件1页；

证据15：北京中农新科生物科技有限公司指定陈凤静为特许经销商的证书，授权经销产品为微生物肥料（菌剂），证件有效期为2003年9月至2005年9月，复印件1页；

请求人认为：2001年后市场上有很多厂家生产销售复合生物钾、生物多抗菌肥，2003年曾进行组合实验研究，结果表明其增效、促进等特点，产品投放市场后也深受用户欢迎、反响强烈，上述事实证明说明书中公开的方案是可以实施的。

经形式审查合格后，专利复审委员会受理了该请求，并于2006年11月29日向请求人发出了《复审请求受理通知书》，同时将本申请转送至国家知识产权局原审查部门进行前置审查。

在《前置审查意见书》中，国家知识产权局原审查部门坚持驳回决定。

专利复审委员会组成合议组，对本复审请求案进行了审理。

合议组于2008年5月29日向请求人发出《复审通知书》，指出：本领域技术人员根据原说明书所公开的内容无法得知采用何种复合生物钾肥和生物多抗菌肥，从而无法制得本申请的抗菌过磷酸钙，因此本申请不符合专利法第26条第3款的规定。

针对上述《复审通知书》所指出的问题，请求人于2008年7月15日提交了意见陈述书和证据16（编号续前）。请求人陈述了本申请的配方、步骤和工艺，并提出产品自2003年试产以来受到广大用户的普遍欢迎。

证据16：“生物肥料种类、作用及其未来发展方向”，张树清，《中国农业信息》，2005年第3期，第4~5页，复印件2页。

至此，合议组认为本案事实已经清楚，可以作出审查决定。

二、决定的理由

1. 关于审查文本

本复审请求审查决定以驳回决定所针对的文本为基础进行审查。

2. 关于专利法第26条第3款

专利法第26条第3款规定，说明书应当对发明或实用新型作出清楚完整的说明，以所属技术领域的技术人员能够实现为准。

如果能够证明说明书中描述的原料成分是申请日前可以从市场购买得到的商品，则说明书在描述该原料成分时只使用其商品名称不应被视为不符合专利法第26条第3款的规定。

当申请人声称发明具有多方面的技术效果时，如果根据说明书的记载或者根据现有技术可以判断出其中至少一个方面的效果能够达到，则应认为说明书满足了公开充分的要求。

本申请涉及一种抗菌过磷酸钙及其制作方法，该抗菌过磷酸钙包括如下配方：有效磷含量 P_2O_5 ≥12%~18%的过磷酸钙90%~98%、复合生物钾肥1%~5%、生物多抗菌肥1%~5%。说明书第1

页提到，本申请的抗菌过磷酸钙能产生不结块、提高肥效、疏松土壤、补充微量元素、防病高产、改善农作物品质的效果。

驳回决定认为：本申请要求保护的抗菌过磷酸钙中含有复合生物钾肥和生物多抗菌肥，然而说明书中却没有对所采用的复合生物钾肥和生物多抗菌肥进行具体说明，因此本领域技术人员根据说明书所公开的内容无法制得本申请的抗菌过磷酸钙，即本领域的技术人员根据说明书所公开的内容无法实现本发明。

请求人在实质审查中、提出复审请求时以及答复《复审通知书》时提供了产品登记证（证据10）、经销商证书（证据14）、产品包装（证据1、2）等证据，证明复合生物钾肥和生物多抗菌肥是申请日前市场上可购买到的商品。

对此，合议组认为，在市场上已有的过磷酸钙中加入复合生物钾肥、生物多抗菌肥等，是本申请的发明点所在。因此，在说明书中已经记载了抗菌过磷酸钙产品的组分、各组分的含量范围的情况下，判断能否制得本申请的过磷酸钙的关键在于，根据说明书的记载本领域技术人员是否能得到复合生物钾肥和生物多抗菌肥。

首先，根据农业部准予登记的中华人民共和国肥料临时登记证（证据10）可知，由“北京中农新科生物技术有限公司”生产的“微生物菌剂”商品名为“复合微生物菌剂”、登记号（2001）临字（0106）号，根据肥料登记后的正常程序，该产品已于2002年10月起核准生产、销售。并且，证据14的指定特许经销商证书也证明，2002年10月起微生物肥料（菌剂）的产品已被特许经销商公开销售。

其次，证据1和证据2的包装袋上标注了农业部登记号（0106）、执行标准号、承保保险公司、注册商标、生产厂家的联系方式和生产地址，生产日期均为2004年，由此证明商品名为“生物多抗菌肥”（复合微生物菌剂）和“复合生物钾肥”（复合微生物菌剂）的产品在申请日之前已经有成品生产。由证据1、2、10、14可知，商品名为“生物多抗菌肥”和“复合生物钾肥”的产品是申请日前可以从市场购买得到的商品，因此，本领域技术人员在说明书公开内容的基础上，可以将过磷酸钙与市场上公开销售的生物多抗菌肥和复合生物钾肥混合形成本申请的过磷酸钙产品。

驳回决定还指出：本发明要求保护的抗菌过磷酸钙中包含一定量的过磷酸钙、复合生物钾肥和生物多抗菌肥，从说明书中可以看出，复合生物钾肥和生物多抗菌肥是该抗菌过磷酸钙中必不可少的技术特征，然而说明书中却未对此具体说明，由于复合生物钾肥和生物多抗菌肥均是具有广泛含义的肥料，因此本领域技术人员根据原说明书所公开的内容无法得知采用何种复合生物钾肥和生物多抗菌肥，从而无法制得本发明的抗菌过磷酸钙；而申请人提供的某一厂家生产的命名为复合生物钾肥和生物多抗菌肥的产品资料，无法证明其说明书所述的具有广泛含义的复合生物钾肥和生物多抗菌肥为这一具体的产品，从而能使得本领域的技术人员根据说明书所公开的内容能够制得本发明的抗菌过磷酸钙，从而能够实现本发明。

对此，合议组认为，请求人目前提供的证据表明，复合生物钾肥和生物多抗菌肥是特定商品名，而非具有广泛含义的肥料。即使市面上存在多种“复合生物钾肥”和“生物多抗菌肥”，本领域技术人员可以预期，加入复合生物钾肥和生物多抗菌肥的抗菌过磷酸钙，相比单一的过磷酸钙，必然能达到提高肥效、补充微量元素等至少一部分技术效果。

综上，由上述证据的结合能够证明生物多抗菌肥和复合生物钾肥是申请日前可以从市场购买得到的商品，本领域技术人员根据说明书的描述能够实现本申请的技术方案，解决其技术问题并达到预期的技术效果，因此本申请的说明书符合专利法第26条第3款的规定。

根据上述事实和理由，合议组作出如下审查决定。

三、决定

撤销国家知识产权局于2006年5月19日针对200510033546.8号发明专利申请作出的驳回决定，由国家知识产权局原审查部门以本复审决定所针对的文本为基础继续审批程序。

复审请求人对本决定不服的，可以根据专利法第41条第2款的规定，自收到本决定之日起三个月内向北京市第一中级人民法院起诉。

专利复审和无效审查决定汇编丛书

专利复审和无效审查决定汇编

（2008）

化　学（第二卷）

国家知识产权局专利复审委员会　编

知识产权出版社
全国百佳图书出版单位

图书在版编目（CIP）数据

专利复审和无效审查决定汇编．2008．化学/国家知识产权局专利复审委员会编．—北京：知识产权出版社，2016．1

ISBN 978-7-5130-1615-5

Ⅰ．①专…　Ⅱ．①国…　Ⅲ．①专利权法—案例—中国　Ⅳ．①D923．425

中国版本图书馆 CIP 数据核字（2012）第 246941 号

内容提要

本书汇集了专利复审委员会 2008 年作出的化学专利复审和无效审查决定及相关审查决定和司法判决（根据法律规定需要保密的除外），比较全面地反映了专利复审委员会的审查工作和人民法院专利行政案件审理工作取得的进展，对专利工作者具有一定的借鉴和指导作用，也有利于当事人及广大公众对专利复审委员会的审查工作进行监督。

责任编辑：宋　云　　　**责任校对**：董志英

责任出版：卢运霞　　　**封面设计**：品　序

专利复审和无效审查决定汇编丛书

专利复审和无效审查决定汇编（2008）

化　学（第二卷）

国家知识产权局专利复审委员会　编

出版发行：	知识产权出版社有限责任公司	**网　　址**：	http：//www.ipph.cn
社　　址：	北京市海淀区马甸南村 1 号（邮编：100088）	**天猫旗舰店**：	http：//zscqcbs.tmall.com
责编电话：	82000860 转 8388	**责编邮箱**：	songyun@cnipr.com
发行电话：	010-82000860 转 8101/8102	**发行传真**：	010-82000893/82005070/82000270
印　　刷：	北京中献拓方科技发展有限公司	**经　　销**：	各大网上书店、新华书店及相关专业书店
开　　本：	880mm×1230mm　1/16	**印　　张**：	115
版　　次：	2016 年 1 月第 1 版	**印　　次**：	2016 年 1 月第 1 次印刷
字　　数：	3308 千字	**定　　价**：	500.00 元（全 2 卷）

ISBN 978-7-5130-1615-5

本书编委会

前　言

随着经济全球化和我国国民经济的飞速发展，专利制度在经济活动中的作用和地位越来越突出，国民的专利意识也在不断增强。目前，我国专利申请总量超过1170万件，每年专利复审与无效宣告请求案件已超过2万件，2012年达到20261件。作为专利复审和无效宣告请求案件审查的专属机构，专利复审委员会每年都要作出数以千计的审查决定。与之相应，人民法院每年要作出数百篇司法判决。每一篇审查决定和判决书都凝聚着审查员和审判人员的心血和智慧。通过审查员和审判人员结合具体案情的创作型劳动，生硬的法律条文变得鲜活和丰满，形成一笔宝贵的精神财富和公共资源，并不断有专利代理机构、专利代理人以及审查员希望专利复审委员会能够出版专利复审和无效审查决定，作为学习和工作时的重要参考资料。

除根据法律规定需要保密的外，《专利复审和无效审查决定汇编（2008）》汇集了专利复审委员会2008年作出的审查决定，包括针对相应审查决定的司法判决，以便读者了解审查决定的法律状态并对照阅读和分析。本汇编按照技术专业领域将分为8大册，共31分卷：机械（5卷）、电学（5卷）、通信（2卷）、医药（4卷）、化学（2卷）、材料（4卷）、光电（4卷）、外观设计（5卷）。因此，本汇编比较全面地反映了专利复审委员会的审查工作和人民法院专利行政案件审理工作取得的进展。

我们相信，本汇编对专利工作者具有一定的借鉴和指导作用，也有利于当事人及广大公众对专利复审委员会的审查工作进行监督。本汇编也将为推动专利复审委员会的发展，促进专利代理业务水平的提高，为《国家知识产权战略纲要》进一步实施尽微薄之力。

本书编委会

2013年8月

目　录

无效宣告请求审查决定

135

一种木素热塑改性工艺

复审请求审查决定（第 14541 号）

决　定　号　第 14541 号
决　定　日　2008 年 9 月 9 日
发明创造名称　一种木素热塑改性工艺
国 际 分 类 号　C08L97/00，B29B9/12
复 审 请 求 人　罗学刚
申　请　号　200310111000.0
申　请　日　2003 年 11 月 20 日
公　开　日　2005 年 5 月 25 日
合 议 组 组 长　刘　亚
主　审　员　李亚林
参　审　员　吴红权

法 律 依 据　专利法第 26 条第 4 款，专利法实施细则第 20 条第 1 款
决 定 要 点

对于因上位概念概括范围过宽而不符合专利法第 26 条第 4 款规定的权利要求而言，如果请求人通过修改该上位概念将其保护范围进一步限定，并且根据说明书实施例的内容可知，修改后的权利要求所包含的下位概念是在实施例的基础上通过合理概括得到的，在没有确凿的相反证据或言之有据的合理理由怀疑发明在该权利要求范围内不能够实现预期的技术效果的情况下，应当认为修改后的权利要求得到了说明书的支持。

一、案由

本复审请求案涉及发明名称为“一种木素热塑改性工艺”的 200310111000.0 号发明专利申请（下称本申请），申请人为罗学刚，申请日为 2003 年 11 月 20 日，公开日为 2005 年 5 月 25 日。

2007 年 6 月 22 日，针对申请人于 2006 年 10 月 13 日提交的权利要求书第 1~6 项、2006 年 7 月 28 日提交的说明书第 1~3 页以及说明书摘要，国家知识产权局以权利要求 1 不符合专利法第 26 条第 4 款的规定、权利要求 3~6 不符合专利法实施细则第 20 条第 1 款的规定为由驳回了本申请。

驳回决定指出：（1）权利要求 1 中使用的上位概念“接枝改性物、引发剂、增塑剂、抗氧剂”概括了一个较宽的保护范围，而本申请说明书对于上述每个上位概念实际仅明确给出了一类或几类所采用的具体化合物类型，如对于接枝改性物，仅提及使用长链不饱和羧酸及其酯类，引发剂要求使用有机过氧化物，增塑剂为多元醇、多元醇酯类，抗氧剂使用受阻酚类或受阻胺类。由于对于本发明请

求保护的木素热塑性改性工艺，其发明点就在于使用的原料的种类和采用的工艺参数，对于其使用的改性木素的原料中，作为改性关键成分的接枝改性物的类型，以及相应的引发剂、增塑剂、抗氧剂的选取均会对本发明技术方案的实施以及相应的技术效果产生影响。依据本申请文件所记载的内容，所属技术领域的技术人员难于预见权利要求1中上位概念所概括的所有方式均能达到本发明的目的，因此权利要求1得不到说明书的支持，不符合专利法第26条第4款的规定。(2) 权利要求3中出现的"……等"，为含义不确定的表述，导致权利要求保护范围不清楚；权利要求3~6中出现的"如……"，使得其在一个权利要求中出现不同层次的保护范围，导致权利要求保护范围不清楚；权利要求3~5中出现的"可……"，为含义不确定的表述，导致权利要求保护范围不清楚。由此，权利要求3~6没有清楚的表达请求保护的范围，不符合专利法实施细则第20条第1款的规定。

驳回决定所针对的权利要求书为：

" 1. 根据权利要求1所述的一种木素热塑改性方法，其特征在于，按重量百分数称取木素80%~90%、接枝改性物1%~10%、引发剂0.1%~1%、增塑剂2%~10%、抗氧剂0.1%~2%。将上述各组分机械混合后，在热塑机或混炼机中于100~200℃、10~80rpm条件下进行熔融共混3~10分钟，热塑改性，使其分子量增加，分子形状转化为线形高聚物，然后在110~210℃、0.1~1MPa下热压得到改性木素片材、或制成条状、或用造粒机制成颗粒状。

2. 根据权利要求1所述的一种木素热塑改性方法，其特征在于，所述的木素原料可来自有机溶剂制浆、碱法制浆、亚硫酸盐法制浆、亚氨法制浆、机械法制浆、生物法制浆过程；分子量>1000以上，纯度>60%以上。

3. 根据权利要求1所述的一种木素热塑改性方法，其特征在于，所述的接枝改性物是长链不饱和羧酸及其酯类中的一种或一种以上，如十一烯基丁二酸酐、十二烯基丁二酸酯、十八烯酸、聚乳酸等和其他三官能或多脂族或脂环族多羧酸，或这些化合物的酸酐；主要用于提高改性木素的拉伸强度、断裂伸长率等力学特性；可将其中的一种或几种配比使用。

4. 根据权利要求1所述的一种木素热塑改性方法，其特征在于，所述的引发剂是有机过氧化物，如过氧化苯甲酰、过氧化月桂酰、过氧化二异丙苯和其他过氧化物；和偶氮双异丁腈和其他偶氮化合物；用于引发木素产生活化基团，以利于木素接枝共聚；可将其中的一种或几种配比使用。

5. 根据权利要求1所述的一种木素热塑改性方法，其特征在于，所述的增塑剂为多元醇、多元醇酯类中的一种或一种以上；如聚乙二醇、己二酸二丁酯、己二酸二（2-乙基己基）酯（DOA）、邻苯二甲酸二丁酯；用于调节木素热溶胶在热塑改性时的流变特性；可将其中的一种或几种配比使用。

6. 根据权利要求1所述的一种木素热塑改性方法，其特征在于，所述的抗氧剂是受阻酚类或受阻胺类中的一种或一种以上，如防老剂甲、防老剂AP、二叔丁基苯酚、抗氧剂246，防止热塑改性加工中木素的氧化。"

2007年9月30日，申请人罗学刚（下称请求人）向专利复审委员会提出复审请求。请求人认为权利要求中的"接枝改性物、引发剂、增塑剂、抗氧剂"已经是有机高分子化合物的最基本分类名称，请求人同时提交了权利要求书的全文替换页，删除权利要求3~6中的"如"及其后包括的"可"和"等"的表述。

经形式审查合格后，专利复审委员会受理了该请求，并于2007年11月20日向请求人发出了《复审请求受理通知书》，同时将本申请转送至国家知识产权局原审查部门进行前置审查。

在《前置审查意见书》中，国家知识产权局原审查部门认为请求人并未对权利要求1进行修改，因此坚持驳回决定。

专利复审委员会组成合议组，对本复审请求案进行了审理。

2008年7月3日，请求人再次提交了权利要求书的全文替换页，修改后的权利要求书仅有一项权利要求，内容如下：

"1. 一种木素热塑改性方法，其特征在于，按重量百分数称取木素80%~90%、接枝改性物1%~10%、引发剂0.1%~1%、增塑剂2%~10%、抗氧剂0.1%~2%；将上述各组分机械混合后，在热塑机或混炼机中于100~200℃、10~80rpm条件下进行熔融共混3~10分钟，热塑改性，使其分子量增加，分子形状转化为线形高聚物，然后在110~210℃、0.1~1MPa下热压得到改性木素片材、或制成条状、或用造粒机制成颗粒状；所述的木素原料可来自有机溶剂制浆、碱法制浆、亚硫酸盐法制浆、亚氨法制浆、机械法制浆、生物法制浆过程；分子量>1000以上，纯度>60%以上；所述的接枝改性物是长链不饱和羧酸及其酯类中的一种或一种以上；所述的引发剂是有机过氧化物；所述的增塑剂为多元醇、多元醇酯类中的一种或一种以上；所述的抗氧剂是受阻酚类或受阻胺类中的一种或一种以上。"

至此，合议组认为本案事实清楚，可以作出审查决定。

二、决定的理由

1. 关于决定文本

本复审请求审查决定针对的文本是：请求人于2008年7月3日提交的权利要求书第1项、2006年7月28日提交的说明书第1~3页和说明书摘要。

2. 关于专利法第26条第4款

专利法第26条第4款规定：权利要求书应当以说明书为依据，说明要求专利保护的范围。

对于因上位概念概括范围过宽而不符合专利法第26条第4款规定的权利要求而言，如果请求人通过修改该上位概念将其保护范围进一步限定，并且根据说明书实施例的内容可知，修改后的权利要求所包含的下位概念是在实施例的基础上通过合理概括得到的，在没有确凿的相反证据或言之有据的合理理由怀疑发明在该权利要求范围内不能够实现预期的技术效果的情况下，应当认为修改后的权利要求得到了说明书的支持。

在本案中，驳回决定认为，权利要求1得不到说明书支持的理由在于权利要求1中使用的上位概念"接枝改性物、引发剂、增塑剂、抗氧剂"概括了一个较宽的保护范围，而本申请说明书对于上述每个上位概念实际仅明确给出了一类或几类所采用的具体化合物类型，所属技术领域的技术人员难于预见权利要求1中上位概念所概括的所有方式均能达到本发明的目的，因此权利要求1得不到说明书的支持，不符合专利法第26条第4款的规定。

请求人在2008年7月3日提交的权利要求书中将权利要求1中的上位概念"接枝改性物、引发剂、增塑剂、抗氧剂"分别限定为说明书记载的相应的下位概念，具体而言，将"接枝改性物"进一步限定为"长链不饱和羧酸及其酯类中的一种或一种以上"，将"引发剂"进一步限定为"有机过氧化物"，将"增塑剂"进一步限定为"多元醇、多元醇酯类中的一种或一种以上"，将"抗氧剂"进一步限定为"受阻酚类或受阻胺类中的一种或一种以上"，这些进一步限定的相应下位概念与说明书第2页中的描述相一致，而且在本申请的实施例中，使用了属于"长链不饱和羧酸及其酯类"的十八烯酸或十二烯基丁二酸酯作为"接枝改性物"，使用了属于"有机过氧化物"的过氧化月桂酰或过氧化二异丙苯作为"引发剂"，使用了属于"多元醇、多元醇酯类"的己二酸二丁酯或己二酸二(2-乙基己基)酯作为"增塑剂"，使用了属于"受阻酚类或受阻胺类"的防老剂甲或二叔丁基苯酚作为"抗氧剂"，由此可见，权利要求1中进一步限定的相应下位概念已得到说明书较好的支持，在此情况下，由于并无确凿的相反证据或言之有据的合理理由可以怀疑权利要求1所包含的上述一种或多种下位概念不能解决木素热塑改性的技术问题并达到相同的技术效果，因此，应当认为请求人于

2008 年 7 月 3 日提交的权利要求 1 得到了说明书的支持，符合专利法第 26 条第 4 款的规定。

3. 关于专利法实施细则第 20 条第 1 款

专利法实施细则第 20 条第 1 款规定：权利要求书应当说明发明或者实用新型的技术特征，清楚、简要地表述请求保护的范围。

请求人在 2008 年 7 月 3 日提交的权利要求书中，删除了驳回决定所针对的权利要求 3~6 中"如"及其后面的技术内容，同时也就删除了权利要求 3 中的"等"以及权利要求 3~5 中的"可"，也就是说，请求人于 2008 年 7 月 3 日提交的权利要求书中已经不存在驳回决定所指出的导致不清楚的措辞"等"、"如"及"可"，由此，驳回决定所指出的权利要求保护范围不清楚的缺陷已被克服，驳回决定指出的不符合专利法实施细则第 20 条第 1 款的理由已不再成立。

根据上述事实和理由，合议组作出如下审查决定。

三、决定

撤销国家知识产权局于 2007 年 6 月 22 日针对 200310111000.0 号发明专利申请作出的驳回决定，由国家知识产权局原审查部门以本复审请求审查决定所针对的文本为基础继续审批程序。

复审请求人对本决定不服的，可以根据专利法第 41 条第 2 款的规定，自收到本决定之日起三个月内向北京市第一中级人民法院起诉。

136

涂布有农药的稻米种子

复审请求审查决定（第14544号）

决　　定　　号　第14544号
决　　定　　日　2008年9月1日
发明创造名称　涂布有农药的稻米种子
国 际 分 类 号　A01N25/10，A01C1/06
复 审 请 求 人　英可特日本股份有限公司
申　　请　　号　01808165.7
申　　请　　日　2001年4月18日
优 先 权 日　2000年4月18日
公　　开　　日　2003年10月22日
合 议 组 组 长　张家祥
主　　审　　员　侯　曜
参　　审　　员　吴红权

法 律 依 据　专利法第33条，第25条第1款
决 定 要 点

如果申请的内容通过增加、改变和/或删除其中的一部分，致使所属领域的技术人员看到的信息与原申请记载的信息不同，而且又不能从原申请记载的信息中直接地、毫无疑义地确定，那么这种修改就是不允许的，反之则是允许的。

一、案由

本复审请求案涉及发明名称为“涂布有农药的稻米种子”的01808165.7号发明专利申请（下称本申请），申请人为英可特日本股份有限公司，申请日为2001年4月18日，优先权日为2000年4月18日，公开日为2003年10月22日。

2006年9月15日，针对申请人于2005年12月13日提交的权利要求第1~14项和说明书第6页，进入中国国家阶段时提交的国际申请文件中文译文的说明书第1、3~5、7~11、13、15~19页和说明书摘要，以及国际初步审查报告附件的中文译文的说明书第2、2a、12、14页，国家知识产权局以本申请的说明书不符合专利法第33条，权利要求1~13不符合专利法第25条第1款的规定为由驳回了本申请。

驳回决定针对的权利要求书如下：

“1. 一种涂布有农药的稻米种子，其特征在于稻米种子经去壳并且所述稻米种子的表面涂布有含

农药的粘合剂，并且其中当所述稻米种子在有氧条件下发芽时，胚根的萌发先于胚芽鞘的萌发。

2. 如权利要求1所述的稻米种子，其中所述稻米种子在去壳之后未经洗涤。

3. 如权利要求1或2所述的稻米种子，其中所述稻米选自：日本稻、爪哇稻、印度稻及其杂交种。

4. 如权利要求1~3任一所述的稻米种子，其中所述农药选自：杀真菌剂、杀细菌剂和杀昆虫剂。

5. 如权利要求4所述的稻米种子，其中杀真菌剂或杀细菌剂为每公斤去壳稻米施用量0.1~10克。

6. 如权利要求4或5所述的稻米种子，其中杀昆虫剂为每公斤去壳稻米施用量3~20克。

7. 如权利要求4~6任一所述的稻米种子，其中所述杀真菌剂选自：苯基吡咯杀真菌剂、唑杀真菌剂和嗜球果伞素杀真菌剂。

8. 如权利要求4~7任一所述的稻米种子，其中所述杀昆虫剂选自：新烟碱杀昆虫剂、肼基甲酸盐杀昆虫剂、拟除虫菊醚杀昆虫剂和吡啶甲亚氨杀昆虫剂。

9. 如权利要求1~8任一所述的稻米种子，其中所述粘合剂选自：聚乙酸乙烯酯、聚乙烯醇和聚乙烯基吡咯烷酮。

10. 如权利要求1~9任一所述的稻米种子，其中所述粘合剂是0% wt~50% wt聚氨酯和100% wt~50% wt聚乙烯醇的混合物。

11. 如权利要求1所述的稻米种子，其中所述稻米种子是通过在20~40℃下保持至少3天而使种子发芽。

12. 如权利要求1所述的稻米种子，其中所述稻米种子是通过在25~35℃下保持4~9天而使种子发芽。

13. 如权利要求1所述的稻米种子，其中所述稻米种子是通过保持在约30℃下使种子发芽。

14. 一种使权利要求1所述的种子发芽的方法，其中将所述种子在有氧条件下于20~40℃下保持至少3天，使得在胚芽鞘萌发之前使胚根先行萌发，其中所述有氧条件指接近稻米种子涂层表面的大气中氧浓度为至少1.0%体积。”

驳回决定认为：（1）说明书第6页第15行的“铁螯合物”既未明确记载在原说明书和权利要求书中，也不能由原说明书和权利要求书所记载的内容直接导出，因此超出了原申请文件记载的范围，不符合专利法第33条的规定；（2）权利要求1~13涉及一种植物品种，属于专利法第25条第1款第（4）项规定的植物和动物品种的范围，因此不能被授予专利权。

2006年12月30日，申请人英可特日本股份有限公司（下称请求人）对上述驳回决定不服，向专利复审委员会提出复审请求，请求人未对申请文件进行修改但提交了以下附件：

附件1：欧洲专利局上诉委员会决定T0049/83，复印件6页；

附件2：欧洲专利局扩大的上诉委员会决定G1/98，复印件31页。

请求人认为：（1）在原始提交的文本中，术语“铁螯合物”的原文为“iron gelate”，但实际上这是打字错误，该术语应当是“iron chelate”，铁螯合物是其正确中文译文；（2）权利要求1~13涉及种子，而不是一种具体的植物品种，并且引入的农业化学药品不能被传到下一代中，不符合植物新品种保护国际联盟（UPOV）有关植物品种的“每一个繁殖周期后都基本保持不变”的要求，因此没有违反专利法第25条第1款第（4）项的规定；根据EPC判例，经过化学处理对农药具有抗性的种子具有专利性，另外必须区分包含植物品种的权利要求和涉及一个或多个具体植物品种的权利要求的区别。

经形式审查合格后，专利复审委员会受理了该请求，并于2007年2月8日向请求人发出了《复审请求受理通知书》，同时将本申请转送至国家知识产权局原审查部门进行前置审查。

在《前置审查意见书》中，国家知识产权局原审查部门坚持驳回决定。

专利复审委员会依法组成合议组，对本复审请求案进行了审理，并于2008年2月25日向请求人发出《复审通知书》，指出：（1）请求人将原申请文件中说明书第6页第15~16行的术语“iron gelate”修改为“铁螯合物”，所述修改既未明确记载在原说明书和权利要求书中，也不能由原说明书和权利要求书所记载的内容直接地、毫无疑义地确定，不符合专利法第33条的规定，；（2）权利要求1~13请求保护的主题是稻米种子，属于“植物品种”的范畴，根据专利法第25条第1款第（4）项规定，不能被授予专利权。

针对上述《复审通知书》，请求人于2008年6月11日向专利复审委员会提交了意见陈述书和修改后的权利要求书以及说明书第6页的替换页，其中将权利要求1~13的主题修改为生产种子的方法，并将说明书第6页的“铁螯合物”改为“铁凝胶（iron gelate）”。

修改后的权利要求书如下：

“1. 一种生产涂布有农药的稻米种子的方法，包括以下步骤：对稻米种子去壳，并且用含农药的粘合剂涂布所述稻米种子的表面，其中所述稻米种子是通过将种子保持在胚芽鞘

萌发之前使胚根先行萌发的有氧条件下发芽。

2. 如权利要求1所述的方法，其中所述稻米种子在去壳之后未经洗涤。

3. 如权利要求1或2所述的方法，其中所述稻米选自：日本稻、爪哇稻、印度稻及其杂交种。

4. 如权利要求1~3任一所述的方法，其中所述农药选自：杀真菌剂、杀细菌剂和杀昆虫剂。

5. 如权利要求4所述的方法，其中杀真菌剂或杀细菌剂为每公斤去壳稻米施用量0.1~10克。

6. 如权利要求4或5所述的方法，其中杀昆虫剂为每公斤去壳稻米施用量3~20克。

7. 如权利要求4~6任一所述的方法，其中所述杀真菌剂选自：苯基吡咯杀真菌剂、唑杀真菌剂和嗜球果伞素杀真菌剂。

8. 如权利要求4~7任一所述的方法，其中所述杀昆虫剂选自：新烟碱杀昆虫剂、肼基甲酸盐杀昆虫剂、拟除虫菊醚杀昆虫剂和吡啶甲亚氨杀昆虫剂。

9. 如权利要求1~8任一所述的方法，其中所述粘合剂选自：聚乙酸乙烯酯、聚乙烯醇和聚乙烯基吡咯烷酮。

10. 如权利要求1~9任一所述的方法，其中所述粘合剂是0%wt~50%wt聚氨酯和100%wt~50%wt聚乙烯醇的混合物。

11. 如权利要求1所述的方法，其中所述稻米种子是通过在20~40℃下保持至少3天而使种子发芽。

12. 如权利要求1所述的方法，其中所述稻米种子是通过在25~35℃下保持4~9天而使种子发芽。

13. 如权利要求1所述的方法，其中所述稻米种子是通过保持在约30℃下使种子发芽。

14. 一种使权利要求1所述方法生产的种子发芽的方法，其中将所述种子在有氧条件下于20~40℃下保持至少3天，使得在胚芽鞘萌发之前使胚根先行萌发，其中所述有氧条件指接近稻米种子涂层表面的大气中氧浓度为至少1.0%体积。”

经过上述审查程序，合议组认为本案事实已经清楚，可以依法作出复审决定。

二、决定的理由

1. 关于审查文本

本复审决定依据的文本是：请求人于2008年6月11日提交的权利要求第1~14项和说明书第6页，进入中国国家阶段时提交的国际申请文件中文译文的说明书第1、3~5、7~11、13、15~19页和

说明书摘要，以及国际初步审查报告附件的中文译文的说明书第 2、2a、12、14 页。

2. 关于专利法第 33 条

专利法第 33 条规定，申请人可以对其专利申请文件进行修改，但是，对发明和实用新型专利申请文件的修改不得超出原说明书和权利要求书记载的范围。

如果申请的内容通过增加、改变和/或删除其中的一部分，致使所属领域的技术人员看到的信息与原申请记载的信息不同，而且又不能从原申请记载的信息中直接地、毫无疑义地确定，那么这种修改就是不允许的，反之则是允许的。

就本申请而言，在《驳回决定》针对的文本中，请求人将原申请文件中说明书第 6 页第 15 ~ 16 行的术语“iron gelate”修改为“铁螯合物”。《驳回决定》认为：“铁螯合物”既未明确记载在原说明书和权利要求书中，也不能由原说明书和权利要求书所记载的内容直接导出，因此超出了原申请文件记载的范围，不符合专利法第 33 条的规定。

《复审通知书》指出：（1）在化学领域的常用术语中，没有“iron gelate”这一固定词组，而“iron”和“gelate”本身的词义分别应当是“铁”和“凝胶”（参见《英汉化学化工词汇》，科学出版社名词室编，第 1006 页和第 830 页，科学出版社，2000 年 1 月第四版），因此，iron gelate 按照一般惯例应当译为“铁凝胶”。在进入中国国家阶段的中文译文中，该术语并未翻译成中文，而是以原文的形式出现。请求人将其修改为“铁螯合物”，无论是在国际公布文本还是在进入中国国家阶段的中文译文中均无记载，本领域技术人员也无法从上述文本中直接地、毫无疑义地确定这样的修改方式，因此所述修改不符合专利法第 33 条的规定。（2）请求人强调“原始提交的文本存在打字错误，该术语原文应当是‘iron chelate’，即铁螯合物”。但“iron”和“gelate”二词本身拼写正确，是在技术辞典中有明确定义的化学领域常用术语，并且原申请中也没有记载其他相关信息，因此对于本领域技术人员而言，没有理由怀疑该术语存在打字错误，更不可能直接地、毫无疑义地确定其正确的拼写方式是“iron chelate”。此外，根据原申请文件的记载，“iron gelate”在本申请中作为营养素用于种子表面，本领域技术人员根据其具有的知识也不能得出“iron gelate”不能作为种子营养素，只有“iron chelate”具有这种用途的结论。因此，上述修改不属于对明显笔误的纠正。

在答复《复审通知书》时，请求人提交了说明书第 6 页的替换页，其中将“铁螯合物”修改为“铁凝胶（iron gelate）”。对此，合议组认为：按照化学领域对“iron”和“gelate”的常规解释，词组“iron gelate”应当翻译为“铁凝胶”，因此，请求人的上述修改克服了《驳回决定》和《复审通知书》指出的修改不符合专利法第 33 条规定的缺陷。

3. 关于专利法第 25 条

专利法第 25 条第 1 款规定，对下列各项，不授予专利权：（1）科学发现；（2）智力活动的规则和方法；（3）疾病的诊断和治疗方法；（4）动物和植物品种；（5）用原子核变换方法获得的物质。

对前款第（4）项所列产品的生产方法，可以依照本法规定授予专利权。

《复审通知书》指出：（1）权利要求 1 ~ 13 请求保护的主题是稻米种子。审查指南第二部分第十章第 9. 1. 2. 3 节规定，可以借助光合作用，以水和二氧化碳和无机盐等无机物合成碳水化合物、蛋白质来维系生存的植物的单个植株及其繁殖材料（如种子等），属于“植物品种”的范畴，根据专利法第 25 条第 1 款第（4）项规定，不能被授予专利权。（2）植物品种不能授予专利权的主要原因是由于它们是自然生长和存在的，属于自然创造物而不是人创造的，并且与工业产品不同，受自然影响较大，缺乏用人工方法“绝对重现”的可能性。尽管种子上涂布的农药不能被引入下一代，但这仅仅是所要求保护的技术方案——即稻米种子的一个技术特征，而作为请求保护的稻米种子本身，仍然属于植物的繁殖材料，因此也属于“植物品种”的范畴，不能被授予专利权，其他国家，诸如欧洲专利局的审查标准不能用来证明本申请的权利要求符合专利法第25条的规定。

在答复《复审通知书》时，请求人提交了权利要求书的全文替换页，其中将权利要求1~13请求保护的主题修改为生产稻米种子的方法。对此，合议组认为：专利法第25条第2款指出，对于前款第（4）项所列产品的生产方法，可以依照本法规定授予专利权，因此，请求人的上述修改克服了《驳回决定》和《复审通知书》指出的权利要求1~13不符合专利法第25条规定的缺陷。

基于上述理由，合议组作出下述决定。

三、决定

撤销国家知识产权局于2006年9月15日针对01808165.7号发明专利申请作出的驳回决定，由国家知识产权局原审查部门以本复审决定所依据的文本为基础继续审批程序。

复审请求人对本决定不服的，可以根据专利法第41条第2款的规定，自收到本决定之日起三个月内向北京市第一中级人民法院起诉。

137

低着色的反式-1，3-二氯丙烯及其制备方法

复审请求审查决定（第14580号）

决　定　号　第14580号
决　定　日　2008年9月16日
发明创造名称　低着色的反式-1，3-二氯丙烯及其制备方法
国 际 分 类 号　C07C 21/073，C07C17/383，C07C17/395
复 审 请 求 人　旭硝子株式会社
申　请　号　01816212.6
优 先 权 日　2000年9月27日
申　请　日　2001年9月26日
公　开　日　2004年1月7日
合 议 组 组 长　汪送来
主　审　员　危　峰
参　审　员　娄　宁

法 律 依 据　专利法第22条第3款
决 定 要 点

如果权利要求所要求保护的技术方案与对比文件公开的内容相比，两者的区别技术特征属于本领域的公知常识，则该权利要求相对于对比文件不具备创造性。

一、案由

本复审请求案涉及发明名称为“低着色的反式-1，3-二氯丙烯及其制备方法”的01816212.6号发明专利申请（下称本申请），申请人为旭硝子株式会社，申请日为2001年9月26日，优先权日为2000年9月27日，公开日为2004年1月7日。

2007年1月12日，针对申请人于2004年10月22日提交的权利要求第1~7项，2003年3月24日进入中国国家阶段时提交的国际申请文件的说明书第1~8页、说明书附图第1页及说明书摘要，国家知识产权局以本申请不符合专利法第22条第2款和第3款的规定为由驳回了本申请。

驳回决定认为：（1）权利要求1~6相对于对比文件1不符合专利法第22条第3款的规定。对比文件1（US 3914167，公开日为1975年10月21日）公开了一种制备顺式-1，3-二氯丙烯的方法（对比文件1说明书第1栏第46行至第2栏第36行），具体公开了将丙烯与氯反应后的产物蒸馏除去烯丙基氯之后得到的塔底物作为原料（相对于本申请的组合物（I）），用氯或溴卤化，之后将卤化产物蒸馏，除去低沸点顺式产物，再将高沸点馏分（相当于本申请的组合物（IIB））进行处理得到

顺式产物，并且公开了高沸点馏分含有反式-1，3-二氯丙烯与沸点高的卤化 C_6 化合物。权利要求 1 与对比文件 1 的区别在于：权利要求 1 中提到用蒸馏的方法从组合物（IIB）中分离出反式-1，3-二氯丙烯，其对于本领域技术人员来说，通过常规的蒸馏方法从组合物（IIB）中分离出反式-1，3-二氯丙烯是显而易见的，因此权利要求 1 相对于对比文件 1 不具备创造性；从属权利要求 2~6 的附加技术特征也不能使各权利要求具有创造性。（2）权利要求 7 要求保护的产品反式-1，3-二氯丙烯是一种已知产品（参见对比文件 1 和对比文件 2（JP-昭 39-25105B，公开日为 1964 年 11 月 7 日）），其色度值参数不能对化合物本身起任何限定作用。因此，权利要求 7 不具备新颖性。

驳回决定针对的权利要求书如下：

"1. 高纯度、低着色反式-1，3-二氯丙烯的制备方法，其特征在于，对由下述组合物（I）获得的下述组合物（II）进行蒸馏，除去作为高沸点成分的含有氯化或溴化 C_6 化合物［化合物（X）］的成分，获得作为低沸点成分的反式-1，3-二氯丙烯，

组合物（I）是含有顺式-1，3-二氯丙烯、反式-1，3-二氯丙烯及 C_6 化合物的组合物，

组合物（II）是下述组合物（IIA）及/或下述组合物（IIB），

组合物（IIA）是通过蒸馏组合物（I），除去含有顺式-1，3-二氯丙烯的低沸点成分，然后使氯或溴作用于残留的高沸点成分而获得的含有反式-1，3-二氯丙烯及氯化或溴化 C_6 化合物［化合物（X）］的组合物，

组合物（IIB）是通过使氯或溴作用于组合物（I）后进行蒸馏，然后除去含有顺式-1，3-二氯丙烯的低沸点成分而获得的含有反式-1，3-二氯丙烯及氯化或溴化 C_6 化合物［化合物（X）］的组合物。

2. 如权利要求 1 所述的制备方法，其特征还在于，组合物（I）是丙烯和氯的反应生成物或从该反应生成物中分离出 3-氯丙烯后的残留物。

3. 如权利要求 1 或 2 所述的制备方法，其特征还在于，组合物（I）中还含有选自 1，3-二氯丙烷、1，2-二氯丙烷或 3，3-二氯丙烷的碳原子数为 3 的氯化烃类。

4. 如权利要求 1 所述的制备方法，其特征还在于，化合物（X）为氯化的 C_6 化合物。

5. 如权利要求 1 所述的制备方法，其特征还在于，组合物（II）为组合物（IIA）。

6. 如权利要求 1 所述的制备方法，其特征还在于，包括对在获得组合物（II）的步骤中除去的含有顺式-1，3-二氯丙烯的低沸点成分进行进一步蒸馏，分离出顺式-1，3-二氯丙烯的步骤。

7. 低着色的反式-1，3-二氯丙烯，其特征在于，哈森色度单位（APHA）在 200 以下。"

2007 年 4 月 11 日，申请人旭硝子株式会社（下称请求人）对上述驳回决定不服，向专利复审委员会提出复审请求，请求人在提出复审请求时没有对申请文件进行修改。

请求人认为：（1）对比文件 1 的目的是制备顺式体，反式体不是作为低沸点成分、而是作为高沸点成分从蒸馏塔的塔底获得的。根据对比文件 1 第 3 栏第 3~21 行，对比文件 1 的方法需要三次蒸馏，第三次蒸馏是从蒸馏塔塔顶获得顺式异构体、同时使反式异构体进行异构化的蒸馏过程。且对比文件 1 中提到"接着原料通过第二蒸馏塔，DCP（不含 C_6 化合物的顺式体和反式体）由塔顶获得并供应到第三蒸馏塔中以从塔顶产生顺式体"（见对比文件 1 第 3 栏第 3~10 行），可见，对比文件 1 中已明确了在第二次蒸馏中，C_6 化合物作为塔底馏分被除去，获得的是顺式体和反式体的混合物，而不是相当于本申请的组合物（IIB）。（2）本申请通过所述的制备方法经过 2 次蒸馏操作和 1 次卤化就能够以低沸点成分获得高纯度的反式体；而对比文件 1 并未关注反式体的着色问题，且对比文件 1 中以高沸点成分获得的反式体纯度较低且含有许多着色的问题。综上所述，本申请的制备方法权利要求 1~6 相对于对比文件 1 具有创造性。（3）权利要求 7 要求保护的是一种 APHA 在 200 以下的反式体。

如上所述，类似于对比文件1这样的现有技术得到的反式体的APHA在500左右，无法得到本申请这样的反式体。因此，权利要求7也具有新颖性。

经形式审查合格后，专利复审委员会受理了该请求，并于2007年6月1日向请求人发出了《复审请求受理通知书》，同时将本申请转送至国家知识产权局原审查部门进行前置审查。

在《前置审查意见书》中，国家知识产权局原审查部门认为请求人的意见陈述仍不足以消除驳回指出的缺陷，因此坚持驳回决定。

专利复审委员会组成合议组，对本复审请求案进行了审理。合议组于2008年7月10日向请求人发出《复审通知书》，指出：（1）本申请权利要求1与对比文件1中公开的技术方案均是将丙烯与氯的反应产物蒸馏除去3-氯丙烯之后获得的塔底物进行分馏的方法，区别在于二者的蒸馏目的产物不同，因而采用了上述不同的具体分馏步骤。根据本申请说明书的描述，本申请实际解决的技术问题是，通过改变卤化、蒸馏顺序，提供一种以低沸点成分获得反式-1，3-二氯丙烯的方法。对比文件1中已给出了对上述塔底物进行卤化并通过分馏的方法将其中的卤化C_6烯烃、反式-1，3-二氯丙烯、顺式-1，3-二氯丙烯、轻质烯烃进行分离的启示；而且，对比文件1中目的产物顺式-1，3-二氯丙烯是以低沸点形式从塔顶分馏出来的。通过分馏的方法对不同沸点的组分进行分离是本领域的常规技术，根据被分离的产物不同对具体分馏步骤进行选择也是本领域的公知常识。因此，当本领域技术人员面对本申请实际解决的技术问题时，会在对比文件1的基础上，结合公知常识，对所述卤化、蒸馏的具体步骤进行适当的选择，也就是说获得权利要求1的技术方案对于本领域技术人员来说是显而易见的。（2）从属权利要求2~5的附加技术特征在对比文件1中也已公开，因此，在权利要求1不具备创造性的前提下，从属权利要求2~5也不具备创造性。（3）从属权利要求6进一步限定将低沸点成分进一步蒸馏分离出顺式-1，3-二氯丙烯，对比文件1中已公开了首先通过分馏分离出轻质成分。基于与权利要求1相同的理由，权利要求6也不具备创造性。（4）对比文件1已公开了反式-1，3-二氯丙烯，其与本申请权利要求7的所述反式-1，3-二氯丙烯为同一化合物。虽然对比文件1中没有公开权利要求1中的反式-1，3-二氯丙烯的纯度，而本申请权利要求7中记载了表征该化合物纯度的哈森色度单位（APHA）范围。合议组认为，化合物纯度的不同通常不能作为评价化学产品的新颖性的依据，除非有证据表明根据现有技术绝对不可能获得请求保护的纯度的产品，并且该纯度使产品性能发生了质的改变。而请求人并未提供证据证明本领域技术人员根据现有技术不可能获得权利要求1所述纯度的反式-1，3-二氯丙烯，且本申请说明书中没有证据表明所述纯度使反式-1，3-二氯丙烯在性能上发生了质的变化。综上，本申请权利要求7要求保护的反式-1，3-二氯丙烯与对比文件1中公开的反式-1，3-二氯丙烯实质上相同。因此，权利要求7相对于对比文件1不具备新颖性。

针对上述《复审通知书》，请求人于2008年8月21日提交了意见陈述书和经修改的权利要求书，其中删除了权利要求7，未对原权利要求1~6进行修改。

请求人认为：本领域技术人员在尝试从顺式-1，3-二氯丙烯、反式-1，3-二氯丙烯和卤化C_6化合物的混合物中获得反式-1，3-二氯丙烯时，首先会像对比文件1和本说明书中提到的现有技术那样从顺式-1，3-二氯丙烯和反式-1，3-二氯丙烯中分离除卤化C_6化合物，而不是像本申请那样分离出顺式-1，3-二氯丙烯，本申请采用的是与包括对比文件1在内的现有技术次序相反的非常规分馏顺序，其并非是通过对现有技术所采用的顺序简单调整就能轻易获得的；再者，本申请所要解决的技术问题是获得低着色、高纯度的反式-1，3-二氯丙烯，这是任何现有技术中都没有涉及的，由此无法从现有技术想到使用非常规的分离顺序来解决该问题；而且本申请通过2次蒸馏和1次氯化或溴化就能够以低沸点成分获得高纯度反式体。因此，权利要求1相对于对比文件1具备创造性，在此基础上，从属权利要求2~6也具备创造性。此外，从蒸馏塔塔顶获得的低沸点馏分比从塔底获得的馏分纯度高是业内共识。

至此，合议组认为本案事实已经清楚，可以作出审查决定。

二、决定的理由

1. 关于审查文本

本复审请求审查决定针对的文本是：请求人于2008年8月21日提交的权利要求第1~6项，2003年3月24日进入中国国家阶段时提交的国际申请文件的中文文本的说明书第1~8页、说明书附图第1页及说明书摘要。

2. 关于专利法第22条第3款

专利法第22条第3款规定：创造性，是指同申请日以前已有的技术相比，该发明有突出的实质性特点和显著的进步。

如果权利要求所要求保护的技术方案与对比文件公开的内容相比，两者的区别技术特征属于本领域的公知常识，则该权利要求相对于对比文件不具备创造性。

就本申请而言，权利要求1要求保护高纯度、低着色反式-1，3-二氯丙烯的制备方法，其特征在于，对由下述组合物（I）获得的下述组合物（II）进行蒸馏，除去作为高沸点成分的含有氯化或溴化C_6化合物［化合物（X）］的成分，获得作为低沸点成分的反式-1，3-二氯丙烯，其中组合物（I）是含有顺式-1，3-二氯丙烯、反式-1，3-二氯丙烯及C_6化合物的组合物，组合物（II）是通过蒸馏组合物（I）除去含有顺式-1，3-二氯丙烯，然后使氯或溴作用于残留的高沸点成分而获得的含有反式-1，3-二氯丙烯及化合物（X）的组合物；和/或通过使氯或溴作用于组合物（I）后进行蒸馏，然后除去含有顺式-1，3-二氯丙烯而获得的含有反式-1，3-二氯丙烯及化合物（X）的组合物。由本申请说明书第1页第3段的描述，所述组合物（I）是对丙烯与氯的反应产物进行蒸馏，获得3-氯丙烯（即烯丙基氯）之后的塔底物。

对比文件1公开了一种类似的制备顺式-1，3-二氯丙烯的方法（参见对比文件1说明书第1栏第46行至第2栏第36行），其中将丙烯与氯反应后的产物蒸馏除去烯丙基氯之后得到的塔底物作为原料（含有反式、顺式-1，3-二氯丙烯及C_6烯烃，相当于本申请的组合物（I）），用氯或溴对含有顺式、反式-1，3-二氯丙烯及C_6烯烃的塔底物进行卤化，之后通过蒸馏将反式、顺式-1，3-二氯丙烯馏分分离出来以除去卤化C_6烯烃，随后将反式、顺式-1，3-二氯丙烯馏分蒸馏获得顺式-1，3-二氯丙烯，同时或者随后对反式-1，3-二氯丙烯进行异构化并分离，从而回收全部的顺式-1，3-二氯丙烯。

经对比可知，本申请权利要求1与对比文件1中公开的技术方案均是将丙烯与氯的反应产物蒸馏除去3-氯丙烯之后获得的塔底物进行分馏的方法，区别在于二者的蒸馏目的产物不同，因而采用了上述不同的具体分馏步骤。

根据本申请说明书第1页第24~28行的描述，作为高沸点成分的反式体存在蒸发残留成分混入其中的问题，以及纯度较低且含有较多着色成分的问题，采用本申请的制备方法以低沸点成分获得的反式体，其纯度在98%以上，且哈森色度单位（APHA）在200以下。由此可见，本申请实际解决的技术问题是，通过改变卤化、蒸馏顺序，提供一种以低沸点成分获得反式-1，3-二氯丙烯的方法。

对比文件1中已给出了对上述塔底物进行卤化并通过分馏的方法将其中的卤化C_6烯烃、反式-1，3-二氯丙烯、顺式-1，3-二氯丙烯、轻质烯烃进行分离的启示，并且由其分离过程可知上述馏分沸点由低到高的顺序为轻质烯烃、顺式-1，3-二氯丙烯、反式-1，3-二氯丙烯、卤化C_6烯烃；而且，对比文件1中目的产物顺式-1，3-二氯丙烯是以低沸点形式从塔顶分馏出来的。通过分馏的方法对不同沸点的组分进行分离是本领域的常规技术，根据被分离的产物不同对具体分馏步骤进行选择也是本领域的公知常识。在对比文件1的教导下，本领域技术人员可以根据目的产物的不同而选择具体的蒸馏步骤，并且为了获得较纯的目的产物，会选择从塔顶分馏出目的产物的方法。因此，当本领域技术人员面对本申请实际解决的技术问题时，会在对比文件1的基础上，结合公知常识，对所述卤化、蒸馏的具体步骤进行适当的选择，也就是说获得权利要求1的技术方案对于本领域技术人员来说是显而易见的。

请求人认为，本领域技术人员在尝试从顺式-1，3-二氯丙烯、反式-1，3-二氯丙烯和卤化 C_6 化合物的混合物中获得反式-1，3-二氯丙烯时，首先会像对比文件1和本说明书中提到的现有技术那样从顺式-1，3-二氯丙烯和反式-1，3-二氯丙烯中分离除卤化 C_6 化合物，而不是像本申请那样分离出顺式-1，3-二氯丙烯，本申请采用的是与包括对比文件1在内的现有技术次序相反的非常规分馏顺序，其并非是通过对现有技术所采用的顺序简单调整就能轻易获得的；本申请通过2次蒸馏操作和1次卤化就能以低沸点成分获得高纯度反式-1，3-二氯丙烯，不需进一步蒸馏和活性碳吸附剂脱色，可大幅缩短制备过程，解决了反式-1，3-二氯丙烯的纯度、着色问题；对比文件1没有关注反式-1，3-二氯丙烯，难以预料本申请的方法可获得高纯度、无着色的反式-1，3-二氯丙烯，对比文件1中的反式-1，3-二氯丙烯作为高沸点成分从塔底获得，必然含有金属成分和其他高沸点成分。

对此，合议组认为，请求人有关本领域技术人员在尝试从顺式-1，3-二氯丙烯、反式-1，3-二氯丙烯和卤化 C_6 化合物的混合物中获得反式-1，3-二氯丙烯时一定会首先像对比文件1和本说明书中提到的现有技术那样从顺式-1，3-二氯丙烯和反式-1，3-二氯丙烯中分离除卤化 C_6 化合物，本申请采用的是非常规分馏顺序的主张没有任何依据，因此，合议组对请求人的该主张不予支持；对于本领域技术人员来说，可以根据目的产物的不同而选择合适的具体蒸馏步骤，并且为了获得较纯的目的产物，会选择从塔顶分馏出目的产物的方法；并且，对比文件1中在从塔顶分馏出顺式-1，3-二氯丙烯与反式-1，3-二氯丙烯的混合物时，已经与卤化 C_6 烯烃、金属成分和其他高沸点成分分离，因此，在同等分馏条件下，认为对比文件1的反式-1，3-二氯丙烯中比本申请的反式-1，3-二氯丙烯中高沸点成分含量高没有依据。

综上所述，权利要求1相对于对比文件1和公知常识的结合不具备突出的实质性特点和显著的进步，不具备专利法第22条第3款规定的创造性。

从属权利要求2~5的附加技术特征在对比文件1中也已公开（参见对比文件1说明书第1栏第46行至第2栏第36行），因此，在权利要求1不具备创造性的前提下，从属权利要求2~5也不具备专利法第22条第3款规定的创造性。

从属权利要求6进一步限定将低沸点成分进一步蒸馏分离出顺式-1，3-二氯丙烯，对比文件1中已公开了首先通过分馏分离出轻质成分（参见对比文件1说明书第3栏第2段）。基于与权利要求1相同的理由，权利要求6也不具备专利法第22条第3款规定的创造性。

根据上述事实和理由，合议组作出如下审查决定。

三、决定

维持国家知识产权局于2007年1月12日针对01816212.6号发明专利申请作出的驳回决定。

复审请求人对本决定不服的，可以根据专利法第41条第2款的规定，自收到本决定之日起三个月内向北京市第一中级人民法院起诉。

138

处理浆液

复审请求审查决定（第14582号）

决　定　号　第14582号
决　定　日　2008年9月22日
发明创造名称　处理浆液
国际分类号　A01N 57/34，D21H 21/36，D21H 19/46，D21H 19/58，D21H 19/64，C09C 1/02，C04B 14/28，A01N 25/30，A01N 25/10，A01N 25/08，A01N 25/04
复审请求人　罗迪亚消费特殊有限公司
申　请　号　200480003177.1
优先权日　2003年1月29日
申　请　日　2004年1月12日
公　开　日　2006年3月8日
合议组组长　任晓兰
主　审　员　刘　磊
参　审　员　潘　剑

法律依据　专利法第26条第3款
决定要点

若本领域技术人员根据说明书记载的内容，结合其普通技术知识能够实现申请要求保护的技术方案，解决其技术问题并获得预期的技术效果，则说明书对于要求保护的技术方案的公开符合专利法第26条第3款的规定。

一、案由

本复审请求案涉及发明名称为“处理浆液”的200480003177.1号发明专利申请（下称本申请），申请人为罗迪亚消费特殊有限公司，申请日为2004年1月12日，优先权日为2003年1月29日，公开日为2006年3月8日。

国家知识产权局原审查部门对本申请进行了实质审查，于2006年11月24日发出了《第一次审查意见通知书》，指出本申请提供一种用于处理无机浆液的组合物，以将该浆液保持为基本上均相和保护该浆液免受细菌污染，但说明书中只提供了“不增稠”的试验数据，没有提供“将该浆液保持为基本上均相和保护该浆液免受细菌污染”的检测方法和试验数据，而该技术方案必须依赖实验结果加以证实才能成立，因此，本申请说明书公开不充分，不符合专利法第26条第3款的规定。

2007年3月30日，申请人针对《第一次审查意见通知书》提交了意见陈述书，认为，（1）本申请中所用的THP化合物（四（羟基有机基）磷鎓盐）作为有效的杀生物剂在本领域内众所周知，本申请组合物的固有特征是必须包括THP，因此，本领域技术人员知道，其必然能够防止细菌污染从而对浆液进行保护；（2）通过比较对比实施例1和实施例2和3的结果，本领域技术人员能够理解，实施例2和3中不存在增稠说明了浆液实质上维持为均相；（3）对于测定浆液的均相性和细菌污染的技术或者专用设备而言，本领域技术人员能够知道，可以使用本领域中已知的常规方法和设备。因此，本申请说明书充分公开了发明，符合专利法第26条第3款的规定。

2007年6月8日，针对申请人于进入中国国家阶段时提交的国际申请文件的中文译文的说明书第1~3页和说明书摘要，以及依据专利合作条约第41条提交的权利要求第1~18项（下称驳回文本），国家知识产权局以本申请不符合专利法第26条第3款的规定为由驳回了本申请。

驳回文本的权利要求第1，15~18项如下：

“1. 包含以下成分的组合物用于处理无机浆液，以将该浆液保持为基本上均相和保护该浆液免受细菌污染的用途：

（a）四（羟基有机基）磷鎓盐，本文称为THP+盐，其选自四（羟甲基）磷鎓硫酸盐、四（羟甲基）磷鎓盐酸盐、四（羟甲基）磷鎓磷酸盐、四（羟甲基）磷鎓硝酸盐和四（羟甲基）磷鎓草酸盐；和

（b）分散剂，其选自：

（i）包含至少一个叔氮原子的膦酸化化合物；和

（ii）不饱和酸的均聚物。

15. 一种用于处理无机浆液的组合物，该组合物包含：

（a）四（羟基有机基）磷鎓盐，本文称为THP+盐，其选自四（羟甲基）磷鎓硫酸盐、四（羟甲基）磷鎓盐酸盐、四（羟甲基）磷鎓磷酸盐、四（羟甲基）磷鎓硝酸盐和四（羟甲基）磷鎓草酸盐；和

（b）分散剂，其是次氮基三（亚甲基膦酸）四钠盐。

16. 一种用于处理无机浆液的组合物，该组合物包含：

（a）四（羟基有机基）磷鎓盐，本文称为THP+盐，其选自四（羟甲基）磷鎓硫酸盐、四（羟甲基）磷鎓盐酸盐、四（羟甲基）磷鎓磷酸盐、四（羟甲基）磷鎓硝酸盐和四（羟甲基）磷鎓草酸盐；和

（b）分散剂，其是丙烯酸均聚物，所述均聚物的分子量在2000到5000范围内。

17. 权利要求15或者16的组合物，其中所述THP+盐是四（羟甲基）磷鎓硫酸盐。

18. 一种处理无机浆液，以将该浆液保持为基本上均相和保护该浆液免受细菌污染的方法，包括在所述浆液中加入有效量的按照权利要求15到17任何一项的组合物。”

驳回决定认为，（1）本申请提供一种用于处理无机浆液的组合物，以便该浆液保持为基本上均相并提供防止细菌污染的持续保护，但说明书中只提供了“不增稠”的试验数据，没有提供“将该浆液保持为基本上均相和保护该浆液免受细菌污染”的试验数据，而该技术方案必须依赖实验结果加以证实才能成立，因此，本申请说明书公开不充分，不符合专利法第26条第3款的规定。（2）申请人在答复《第一次审查意见通知书》时提到，“不增稠说明了浆液实质上维持为均相”，但增稠只是对黏度或稠密程度的描述，不意味着均相或非均相，说明书提供的“不增稠”试验数据并不能代表浆液基本上为均相，因此不能证明本申请说明书公开充分。（3）本申请中THP化合物经过和分散剂组合后用于处理无机浆液，但此过程中二者可能发生化学反应，因此，本领域技术人员无法确定这样混合后THP化合物的作用是否仍然有效而且能够持续保持，而说明书未提供必要的试验数据，故

本申请说明书公开不充分。

2007 年 10 月 11 日，申请人罗迪亚消费特殊有限公司（下称请求人）对上述驳回决定不服，向专利复审委员会提出复审请求，并提交了附件 A 和 B 作为实验数据，同时对权利要求 1 和 18 进行了修改，将其中“以将该浆液保持为基本上均相和保护该浆液免受细菌污染的用途”修改为“以防止该浆液瞬间非均质增稠和凝聚，并且保护该浆液免受细菌污染的用途”，并提交了权利要求书全文替换页，修改后的权利要求 1 和 18 如下：

“1. 包含以下成分的组合物用于处理无机浆液，以防止该浆液瞬间非均质增稠和凝聚，并且保护该浆液免受细菌污染的用途：

（a）四（羟基有机基）磷鎓盐，本文称为 THP+盐，其选自四（羟甲基）磷鎓硫酸盐、四（羟甲基）磷鎓盐酸盐、四（羟甲基）磷鎓磷酸盐、四（羟甲基）磷鎓硝酸盐和四（羟甲基）磷鎓草酸盐；和

（b）分散剂，其选自：

（i）包含至少一个叔氮原子的膦酸化化合物；和

（ii）不饱和酸的均聚物。

18. 一种处理无机浆液，以防止该浆液瞬间非均质增稠和凝聚，并且保护该浆液免受细菌污染的方法，包括在所述浆液中加入有效量的按照权利要求 15 到 17 任何一项的组合物。”

请求人认为，（1）将权利要求 1~18 中“以将该浆液保持为基本上均相和保护该浆液免受细菌污染”修改为“以防止该浆液瞬间非均质增稠和凝聚，并且保护该浆液免受细菌污染”，在说明书第 1 页第 15~18 行能找到依据；并且，该技术效果明确地在实施例中得到了公开：本申请实施例 1 显示现有技术的组合物导致瞬间非均相增稠，实施例 2 和 3 的结果是与实施例 1 对照而言的，本领域普通技术人员能够清楚实施例 2 和 3 的结果“非增稠”表明没有发生非均相增稠。（2）实施例中数据表显示的结果应当结合本申请说明书整体来看，根据说明书第 1 页第 15~18 行的记载，本申请清楚地描述了使用包含 THP+盐和分散剂的组合物将继续提供保护该浆液免受细菌污染的作用，并且同时将浆液保持为基本上均相/防止瞬间非均相增稠和凝聚，因此，本领域普通技术人员能够理解，实施例 2 和 3 能够达到上述效果。（3）从附件 A（对细菌水平的影响，复印件共 1 页）可以看出，实施例 2 中的组合（THPS+Briquest301-32S）与单独的 THPS 相比在杀死细菌方面具有可比的效果；从附件 B（单独的 THPS、单独的分散剂和本申请 THPS+分散剂混合物的磷的 NMR 谱图，复印件共 1 页）可以看出，在混合物的谱图中没有任何附加的峰，说明两种组分只是简单混合，没有反应产物；显而易见，THPS 仅作为一种组分存在，而混合物在防止无机浆液的细菌污染方面具有 THPS 的特征。综上，本申请说明书清楚完整公开了本发明，符合专利法第 26 条第 3 款的规定。

2007 年 11 月 20 日，经形式审查合格后，专利复审委员会受理了该请求，并向请求人发出了《复审请求受理通知书》，同时将本申请转送至国家知识产权局原审查部门进行前置审查。

在《前置审查意见书》中，国家知识产权局原审查部门认为，（1）复审理由中提到的“非增稠”在本申请说明书中相应地为“不增稠”，而“增稠”和“均相”是两个不同的概念，之间也没有直接的联系；至于“免受细菌污染的效果”，只是结论概述，没有试验数据来证明。（2）请求人提供的附件不予考虑。（3）所述用于处理无机浆液的组合物在处理无机浆液的过程中、或相应的工艺中是否一定不会发生化学反应并能持续保持该组合物的药效需要经过试验才能证实。因此，本申请说明书未能提供必要的试验数据，不符合专利法第 26 条第 3 款的规定，故坚持驳回决定。

专利复审委员会依法组成合议组，对本复审请求案进行了审理。

经合议，合议组认为本案事实清楚，可以作出审查决定。

二、决定的理由

1. 关于审查文本

请求人在提出复审请求时，提交了权利要求书全文替换页，其中，将权利要求 1 和 18 中的“以将该浆液保持为基本上均相和保护该浆液免受细菌污染的用途”修改为“以防止该浆液瞬间非均质增稠和凝聚，并且保护该浆液免受细菌污染的用途”。合议组认为，该修改内容能够从本申请说明书第 1 页第 4~6 段记载的信息中直接地、毫无疑义地确定，具体理由是：说明书第 1 页第 4~5 段提到，现有技术中，在例如碳酸钙基浆液中加入 THP^+盐时，能使细菌计数降低，但是，单独加入 THP^+盐，却可能导致浆液瞬间非均质增稠。本申请通过将 THP^+盐和分散剂一起使用，目的就在于克服这一缺陷，因此，说明书第 1 页第 6 段中提到的“同时将浆液保持为基本上均相”实质上应当理解为“使浆液不发生瞬间非均质增稠和凝聚”；而且，说明书第 3 页表 1 中也通过实施例 1 和 2、3 的比较说明在单独使用 THP^+盐时，浆液发生了“瞬间非均质增稠”，而在将 THP^+盐和分散剂一起使用时却“不增稠”，这从另一侧面印证了本申请的目的之一就在于克服现有技术中“瞬间非均质增稠”的缺陷，因此，请求人将权利要求 1 和 18 中“以将该浆液保持为基本上均相”修改为“以防止该浆液瞬间非均质增稠和凝聚”未超出原始申请记载的范围，即，上述修改符合专利法第 33 条的规定。

本复审决定针对的文本为：请求人于进入中国国家阶段时提交的国际申请文件的中文译文的说明书第 1~3 页和说明书摘要，以及于 2007 年 10 月 11 日提交的权利要求第 1~18 项。

2. 关于专利法第 26 条第 3 款

专利法第 26 条第 3 款规定：说明书应当对发明或者实用新型作出清楚、完整的说明，以所属技术领域的技术人员能够实现为准。

若本领域技术人员根据说明书记载的内容，结合其普通技术知识能够实现申请要求保护的技术方案，解决其技术问题并获得预期的技术效果，则说明书对于要求保护的技术方案的公开符合专利法第 26 条第 3 款的规定。

本案中，根据本申请说明书记载，现有技术中已知，将已知的杀生物剂四（羟甲基）磷鎓硫酸盐（THP^+盐）加入碳酸钙-基浆液，可导致在 2 小时内细菌计数降低 104，从而防止该无机浆液被细菌污染；然而，单独将 THP^+盐加入浆液将导致浆液瞬间非均质增稠和凝聚。为了在提供防止细菌污染的持续保护的同时将浆液保持为基本上均相，本申请提供了包含 THP+盐和分散剂的组合物。

本申请说明书还记载了三个实施例，其具体方案和结果见下表：

实施例	THP+盐（ppm）	分散剂（ppm）	结果
1	四（羟甲基）磷鎓硫酸盐：TOLCIDE － PS75（750ppm）	无	瞬间非均质增稠
2	同上	次氮基三（亚甲基膦酸）四钠盐：BRIQUEST® 301－32S（375ppm）	不增稠
3	同上	丙烯酸的均聚物：BEVALOID® 211（375ppm）	不增稠

首先，如前所述，“将浆液保持为基本上均相”实质上应当理解为“使浆液不发生瞬间非均质增稠和凝聚”；同样，根据说明书记载的相关内容，以及实施例 1~3 的结果的对应关系，本领域技术人

员容易理解，相应于实施例 1 的结果“瞬间非均质增稠”，实施例 2 和 3 的结果“不增稠”指的应当是所述碳酸钙浆液没有出现瞬间非均质增稠和凝聚的现象，也就是说，本申请说明书已通过相应的数据证明了要求保护的组合物能够“防止浆液瞬间非均质增稠和凝聚”。

其次，THP^+盐是一种已知的广谱杀菌剂，其杀菌作用是本领域公知的，并且，如同本申请说明书背景技术记载，在没有分散剂存在的情况下，其单独使用能够对无机浆液起到杀菌作用（参见本申请说明书第 11~14 行）。

再者，本领域公知，THP^+盐是冷却水系统中常用的一种快速杀生剂，适用于各种类型的冷却系统；相应地，本申请中使用的分散剂，即（i）包含至少一个叔氮原子的膦酸化化合物或（ii）不饱和酸的均聚物，例如，本申请实施例中分别使用的次氮基三（亚甲基膦酸）四钠盐和聚丙烯酸的均聚物，均是冷却水系统中经常使用的缓蚀阻垢剂，其与杀菌灭藻剂 THP^+盐经常一起用于冷却水系统中，分别起到缓蚀阻垢和杀生杀菌的作用。另外，即使从二者的化学结构本身出发，在本领域技术人员看来，常态下 THP^+盐和本申请所用的分散剂之间发生反应的可能性也极小，因此，在没有相反证据的情况下，尚不足以怀疑二者组合使用将会由于可能发生化学反应而导致所述 THP^+盐失去其杀生作用。

综上，本领域技术人员根据其常识能够预期到在无机浆液中加入 THP^+盐和分散剂将会由于其中存在 THP^+盐而使无机浆液免受细菌污染，同时，本申请说明书中已经通过实验验证了分散剂的加入可以防止无机浆液由于加入 THP^+盐而发生瞬间非均质增稠和凝聚，也就是说，本领域技术人员按照本申请说明书记载的内容，能够实现本申请的技术方案，解决其技术问题并获得预期的技术效果。因此，本申请说明书对发明作出了清楚完整的说明，符合专利法第 26 条第 3 款规定。

根据上述事实和理由，合议组作出如下决定。

三、决定

撤销国家知识产权局于 2007 年 6 月 8 日针对 200480003177.1 号发明专利申请作出的驳回决定，由国家知识产权局原审查部门以本复审请求审查决定所针对的文本为基础继续审查。

复审请求人对本决定不服的，可以根据专利法第 41 条第 2 款的规定，自收到本决定之日起三个月内向北京市第一中级人民法院起诉。

139

滚筒式洗衣机

复审请求审查决定（第 14591 号）

决　定　号　第 14591 号
决　定　日　2008 年 9 月 25 日
发明创造名称　滚筒式洗衣机
国际分类号　D06F21/02，D06F33/02
复审请求人　松下电器产业株式会社
申　请　号　03102565.X
优先权日　2002 年 8 月 30 日
申　请　日　2003 年 2 月 9 日
公　开　日　2004 年 3 月 3 日
合议组组长　刘　静
主　审　员　吴红权
参　审　员　刘　磊

法律依据　专利法第 22 条第 3 款
决定要点

如果权利要求的技术方案是所属技术领域的技术人员在现有技术的基础上，通过合乎逻辑的分析、推理或者有限的试验就可以得到的，则该权利要求的技术方案是显而易见的，不具备突出的实质性特点。

一、案由

本复审请求涉及发明名称为“滚筒式洗衣机”的 03102565.X 号发明专利申请（下称本申请），申请人为松下电器产业株式会社，申请日为 2003 年 2 月 9 日，优先权日为 2002 年 8 月 30 日，公开日为 2004 年 3 月 3 日。

国家知识产权局原审查部门针对原始申请文本对本申请进行实质审查，于 2005 年 3 月 18 日发出《第一次审查意见通知书》，指出：（1）对比文件 1（CN87102092A，1988 年 7 月 13 日公开）公开了一种离心内循环振频干湿两用洗衣机，除洗衣机的基本结构外，还包括泡沫水流喷射器。对比文件 2（CN2295774Y，授权公告日 1998 年 10 月 28 日）公开了一种臭氧气泡式全自动滚筒洗衣机，其特征在于臭氧发生器的臭氧导气管 6 与滚筒洗衣机的进水泵 12 相接。对比文件 3（CN1314960A，2001 年 9 月 26 日公开）公开了一种带有气泡发生器的洗衣机，用于由进入洗衣桶的洗涤水中的空气产生气泡。对比文件 1~3 的共同特征是它们都向洗涤桶内注入气泡。本申请说明书第 4 页第 11~17 行可以看出，泡沫来源有两种方式，其一是洗涤过程中自然产生的泡沫，其二是另外设置产生泡沫的气泵。如果是洗涤过程中自然生成的泡沫，那么现有的滚筒洗涤剂都能产生这种情况，如果采用泡沫生成装置，那么对比文件 1~3 都公开了泡沫生成装置。因此，权利要求 1、2 不符合专利法第 22 条第 3 款关于创造性的规定。(2) 权利要求 3~14 不具有创造性，不符合专利法第 22 条第 3 款关于创造性的规定；权利要求 3~12 不符合专利法实施细则第 20 条第 1 款的规定。

针对《第一次审查意见通知书》，申请人于 2005 年 7 月 7 日提交了意见陈述书和修改的权利要求书和说明书第 2 页，认为：对比文件 1~3 公开了通过一种特别的装置来产生洗涤剂泡沫，对比文件 1 采用洗涤剂泡沫水流喷射器，对比文件 2 采用臭氧发生器的臭氧导入管，对比文件 3 采用气泡发生器，但是对比文件 1~3 没有公开使用滚筒式洗衣机的固有装置即控制机构来产生洗涤剂泡沫，对比文件 1~3 也没有公开通过控制机构使旋转滚筒旋转，令旋转滚筒和受水槽之间的洗涤液搅动混合产生洗涤剂泡沫，因此本发明中产生洗涤剂泡沫的方法不同于对比文件 1~3 中公开的方法，因此本发明相对于对比文件 1~3 具有创造性。

2005 年 8 月 26 日，针对申请人于申请日提交的原始申请文件的说明书第 1、3~7 页、说明书附图第 1~7 页、说明书摘要和摘要附图，以及 2005 年 7 月 7 日提交的权利要求第 1~14 项和说明书第 2 页，国家知识产权局以权利要求 1 不符合专利法第 22 条第 3 款的规定为由驳回了本申请。驳回决定认为：

(1) 在洗涤过程中，泡沫的产生有两种情形，一种是洗涤过程中自然产生的，另一种是另外设置产生泡沫气泵。在洗涤剂存在并伴随搅动的过程中，本领域技术人员已知洗涤过程中必然会产生泡沫，并且泡沫会发生在滚筒内也会发生在滚筒和受水槽之间，滚筒内的泡沫和受水槽之间的泡沫还能相互交换；

(2) 由于本申请没有给出对 (a) 本发明所述的泡沫量是否比自然生成的增加；(b) 所述的泡沫是否在特定的非上述自然交换的途径进入滚筒；(c) 即使泡沫有所增加，或人为地将泡沫注入滚筒内部，是否能够提高“洗净力并缩短洗涤时间”；(d) 和对比文件 1 (CN87102092A，1988 年 7 月 13 日公开)、对比文件 3 (CN1314960A，2001 年 9 月 26 日公开) 的任何一篇相比，本发明的技术方案是否具有“突出的实质性特点和显著的进步”这些问题的任何说明，因此，在对比文件 1、对比文件 3 的基础上结合公知常识，本发明的技术方案对本领域技术人员来说是显而易见的；

(3) 尽管申请人强调本发明的效果优于现有技术，但没有提供充分的证据进行说明。因此，认为权利要求 1 请求保护的技术方案不具有创造性。

驳回决定针对的权利要求 1~14 如下：

“1. 一种滚筒洗衣机，其具有：

在大致水平方向上具有旋转中心轴且可自由转动地设置在受水槽内的旋转滚筒；

驱动所述旋转滚筒的电动机；

向所述受水槽内供水的供水机构；以及

控制所述电动机的动作，进行洗涤、漂洗、脱水的控制机构，其特征在于，

通过所述控制结构使所述旋转滚筒旋转，将所述受水槽内的洗涤液搅动混合产生洗涤剂泡沫，所述洗涤剂泡沫被供给至所述旋转滚筒内。

2. 如权利要求 1 所述的滚筒式洗衣机，其特征在于，通过使所述旋转滚筒旋转，所述洗涤剂泡沫被供给至所述旋转滚筒内。

3. 如权利要求 2 所述的滚筒式洗衣机，其特征在于，所述控制机构一边向所述旋转滚筒内供给所述洗涤剂泡沫一边使所述旋转滚筒的转数变化。

4. 如权利要求 1 所述的滚筒式洗衣机，其特征在于，在所述旋转滚筒内的洗涤物沾满泡沫的状态下，令所述旋转滚筒正转、反转。

5. 如权利要求 2 所述的滚筒式洗衣机，其特征在于，在所述旋转滚筒内的洗涤物沾满泡沫的状态下，令所述旋转滚筒正转、反转。

6. 如权利要求 3 所述的滚筒式洗衣机，其特征在于，在所述旋转滚筒内的洗涤物沾满泡沫的状态下，令所述旋转滚筒正转、反转。

7. 如权利要求 1 所述的滚筒式洗衣机，其特征在于，在通过所述旋转滚筒使洗涤剂和水连续转动而产生所述洗涤剂泡沫后，通过改变所述旋转滚筒的转数，将所述洗涤剂泡沫加在洗涤物上。

8. 一种滚筒式洗衣机，其具有：

在略微倾斜方向上具有旋转中心轴且可自由转动地设置在受水槽内的旋转滚筒；

驱动所述旋转滚筒的电动机；

向所述受水槽内供水的供水机构；以及

控制所述电动机的动作，进行洗涤、漂洗、脱水的控制机构，其特征在于，

所述旋转中心轴倾斜，使得所述旋转滚筒的前面比后面高，通过所述控制结构使所述旋转滚筒旋转，将所述受水槽内的洗涤液搅动混合产生洗涤剂泡沫，所述洗涤剂泡沫被供给至所述旋转滚筒内。

9. 如权利要求 8 所述的滚筒式洗衣机，其特征在于，通过所述控制机构使所述旋转滚筒旋转，将所述洗涤剂泡沫被供给至所述旋转滚筒内。

10. 如权利要求 9 所述的滚筒式洗衣机，其特征在于，所述控制机构一边向所述旋转滚筒内供给所述洗涤剂泡沫一边使所述旋转滚筒的转数变化。

11. 如权利要求 8 所述的滚筒式洗衣机，其特征在于，在所述旋转滚筒内的洗涤物沾满泡沫的状态下，令所述旋转滚筒正转、反转。

12. 如权利要求 9 所述的滚筒式洗衣机，其特征在于，在所述旋转滚筒内的洗涤物沾满泡沫的状态下，令所述旋转滚筒正转、反转。

13. 如权利要求 10 所述的滚筒式洗衣机，其特征在于，在所述旋转滚筒内的洗涤物沾满泡沫的状态下，令所述旋转滚筒正转、反转。

14. 如权利要求 8 所述的滚筒式洗衣机，其特征在于，在通过所述旋转滚筒使洗涤剂和水连续转动而产生所述洗涤剂泡沫后，通过改变所述旋转滚筒的转数，将所述洗涤剂泡沫加在洗涤物上。”

2005 年 12 月 12 日，申请人松下电器产业株式会社（下称请求人）对上述驳回决定不服，向专利复审委员会提出复审请求，请求人在提出复审请求时对独立权利要求 1 进行了修改，删除了权利要求 2、6 和 8~14。请求人还提交了参考图 1、2 和 3 对实施例 1、3 和 4 的洗涤过程进行图解说明。修改后的权利要求书为：

“1. 一种滚筒洗衣机，其具有：

在大致水平方向或前面高的略微倾斜方向上具有旋转中心轴且可自由转动地设置在受水槽内的旋转滚筒；

驱动所述旋转滚筒的电动机；

向所述受水槽内供水的供水机构；以及

控制所述电动机的动作，进行洗涤、漂洗、脱水的控制机构，其特征在于，

通过所述控制结构使所述旋转滚筒旋转，将所述受水槽内的洗涤液搅动混合产生洗涤剂泡沫，所述洗涤剂泡沫在所述旋转滚筒和所述受水槽之间上升，由所述旋转滚筒的前面溢出，被供给至所述旋转滚筒内。

2. 如权利要求 1 所述的滚筒洗衣机，其特征在于，所述控制机构一边向所述旋转滚筒内供给所述洗涤剂泡沫一边使所述旋转滚筒的转数变化。

3. 如权利要求 1 所述的滚筒洗衣机，其特征在于，在所述旋转滚筒内的洗涤物沾满泡沫的状态下，令所述旋转滚筒正转、反转。

4. 如权利要求 2 所述的滚筒式洗衣机，其特征在于，在所述旋转滚筒内的洗涤物沾满泡沫的状态下，令所述旋转滚筒正转、反转。

5. 如权利要求 1 所述的滚筒洗衣机，其特征在于，在通过所述旋转滚筒使洗涤剂和水连续转动而产生所述洗涤剂泡沫后，通过改变所述旋转滚筒的转数，将所述洗涤剂泡沫加在洗涤物上。”

请求人认为：

（1）对比文件 1～3 都是通过一种特别的泡沫产生装置来产生洗涤剂泡沫，而本发明通过滚筒洗衣机固有装置的控制机构来产生洗涤剂泡沫。

（2）在本发明的洗涤过程中，控制装置的控制机构使旋转滚筒连续旋转，通过旋转滚筒和受水槽之间的凹凸使洗涤液搅动混合产生洗涤剂泡沫，然后，产生的洗涤液泡沫浸入旋转滚筒内的洗涤物中进行洗涤，因此在不是对比文件 1～3 中所述的特别泡沫产生装置的情况下，本发明产生的泡沫量能够比自然生成的大大增加。

（3）本发明在洗涤过程中，令旋转滚筒以 200r/min 的转速旋转，使得洗涤物贴在旋转滚筒的内壁上。这样，产生的洗涤剂泡沫就在离心力的作用下在旋转滚筒和受水槽之间上升，由洗衣机前面的上部溢出，加在旋转滚筒内的洗涤物上。而上述自然交换条件以及对比文件 1～3 的途径都是通过滚筒壁上的孔来进行滚筒内的泡沫和受水槽之间的泡沫的互相交换，因此本发明所述的泡沫是以与上述自然交换途径不同的方式加入滚筒的。

（4）本发明通过控制机构大大增加了泡沫量，并且通过使产生的洗涤剂泡沫在离心力作用下在旋转滚筒和受水槽之间上升，并由洗衣机前面的上部溢出，加在旋转滚筒内的洗涤物上，所以能够提高洗净力并缩短洗净时间。在旋转中心轴为倾斜的情况下，洗涤剂泡沫由旋转中心轴高的位置向斜后方落下，浸入旋转滚筒内的洗涤物。这样，洗涤剂泡沫浸泡洗涤物的范围更广，所以能够使洗涤剂成分更有效地作用在洗涤物的污垢上，使高浓度的洗涤液更容易浸入衣物中。

（5）对比文件 1 需要洗涤剂泡沫水流喷射器作为泡沫产生装置，对比文件 3 需要气泡发生器作为泡沫产生装置来产生洗涤剂泡沫。本发明则不需要设置这种特别的泡沫产生装置，通过滚筒式洗衣机的固有装置的控制机构使旋转滚筒旋转，令旋转滚筒和受水槽之间的洗涤剂搅动混合从而产生大大多于自然生成的泡沫的洗涤剂泡沫，因此，相对于对比文件而言，本发明结构简单，从而可大大降低成本。而且，本发明在洗涤过程中，使产生的洗涤剂泡沫在离心力作用下在旋转滚筒和受水槽之间上升，由洗衣机前面的上部溢出，加在旋转滚筒内的洗涤物上，从而相对于对比文件而言，可降低洗涤的不均匀，提高洗净力，缩短洗涤时间。

经形式审查合格后，专利复审委员会受理了该请求，并于 2006 年 1 月 12 日向请求人发出了《复审请求受理通知书》，同时将本申请转送至国家知识产权局原审查部门进行前置审查。

在《前置审查意见书》中，国家知识产权局原审查部门认为：复审请求书第 3 页中指出“在洗涤过程中，令旋转滚筒以 200r/min 的转速旋转……”，而请求人在权利要求 1 中提出了一个更加上位的速度概念，既包含了现有技术的滚筒洗衣机的 50～60r/min，也包含了更低或更高（例如 200r/min）的概念，因此本申请权利要求 1 仍然无法区别于现有技术，原驳回理由依然存在，因此坚持驳回决定。

专利复审委员会组成合议组，对本复审请求案进行了审理。

合议组于 2008 年 7 月 17 日向请求人发出《复审通知书》，指出：（1）权利要求 1 与对比文件 1 的区别在于①可以将旋转中心轴设定为前面高的略微倾斜方向；②所述洗涤剂泡沫在所述旋转滚筒和所述受水槽之间上升，由所述旋转滚筒的前面溢出。关于特征①，将旋转中心轴倾斜设置是本领域的常用手段，该区别特征没有带来突出的实质性特点和显著的进步。关于特征②，本领域技术人员根据其常识，容易想到当旋转滚筒以一定的转速旋转时，产生的泡沫在离心力作用下会上升，由此很容易得到本申请权利要求 1 的技术方案。因此，权利要求 1 相对于对比文件 1 不具备创造性，同理，权利要求 1 相对于对比文件 3 不具备创造性。（2）在权利要求 1 不具备创造性的基础上，权利要求 2~5 相对于对比文件 1 不具备创造性，不符合专利法第 22 条第 3 款的规定；权利要求 2~5 相对于对比文件 3 不具备创造性，不符合专利法第 22 条第 3 款的规定。

针对上述《复审通知书》，请求人于 2008 年 8 月 29 日提交了意见陈述书，并对权利要求 1 进行了修改，其余权利要求不变，其中还依据修改后的权利要求对说明书第 2 页的内容进行了适应性修改，修改后的权利要求 1 为：

“1. 一种滚筒洗衣机，其具有：

在大致水平方向或前面高的略微倾斜方向上具有旋转中心轴且可自由转动地设置在受水槽内的旋转滚筒；

驱动所述旋转滚筒的电动机；

向所述受水槽内供水的供水机构；以及

控制所述电动机的动作，进行洗涤、漂洗、脱水的控制机构，其特征在于，

所述控制机构为在所述旋转滚筒和所述受水槽之间产生洗涤剂泡沫而使所述旋转滚筒以某旋转转数旋转，

为产生离心力而使所述旋转滚筒以比所述旋转转数更高的另一旋转转数旋转，

通过所述离心力使所述旋转滚筒和所述受水槽之间的所述洗涤剂泡沫上升，

将所述洗涤剂泡沫供给至所述旋转滚筒内。”

请求人认为：修改后的权利要求 1 相对于对比文件 1~3 均具有创造性，在本申请中，能够首先利用最初的旋转（低转数旋转）使洗涤剂在旋转滚筒和受水槽之间充分溶解，洗涤物在旋转滚筒中，通过使旋转滚筒连续旋转，从而能在旋转滚筒和受水槽之间产生洗涤剂泡沫，之后，能够通过提高旋转转数（高转数旋转），使洗涤剂泡沫在旋转滚筒和受水槽之间上升，从而能够对旋转滚筒内的洗涤物供给洗涤剂泡沫。如果一直保持最初的转数（低转数）的话，洗涤剂泡沫就难于在旋转滚筒和受水槽之间上升，或者需要花费大量的时间，如果从最初就以高旋转转数进行旋转，则未完全溶解的洗涤剂颗粒就会和洗涤剂泡沫一起注入旋转滚筒内，洗涤剂颗粒会粘在衣服等洗涤物上。而根据本申请，能够降低洗涤的不均匀，提高洗净力并能缩短洗涤时间。而在对比文件 1~3 中，关于本申请以上特征均没有公开和暗示，因此，对比文件 1~3 得不到本申请以上技术方案，不能实现本申请的以上技术效果，故本申请相对于对比文件 1~3 具备创造性。

至此，合议组认为本案事实已经清楚，可以作出审查决定。

二、决定的理由

1. 关于决定文本

本复审决定是针对请求人于 2008 年 8 月 29 日提交的权利要求第 1~5 项、说明书第 2 页，申请日提交的说明书第 1 和 3~7 页、说明书附图第 1~7 页、说明书摘要以及摘要附图作出的。

2. 关于专利法第22条第3款

专利法第22条第3款规定，创造性，是指同申请日以前已有的技术相比，该发明有突出的实质性特点和显著的进步。

如果权利要求的技术方案是所属技术领域的技术人员在现有技术的基础上，通过合乎逻辑的分析、推理或者有限的试验就可以得到的，则该权利要求的技术方案是显而易见的，不具备突出的实质性特点。

就本案而言，权利要求1要求保护一种滚筒洗衣机，其具有在大致水平方向或前面高的略微倾斜方向上具有旋转中心轴且可自由转动地设置在受水槽内的旋转滚筒；驱动所述旋转滚筒的电动机；向所述受水槽内供水的供水机构；以及控制所述电动机的动作，进行洗涤、漂洗、脱水的控制机构，其特征在于，所述控制机构为在所述旋转滚筒和所述受水槽之间产生洗涤剂泡沫而使所述旋转滚筒以某旋转转数旋转，为产生离心力而使所述旋转滚筒以比所述旋转转数更高的另一旋转转数旋转，通过所述离心力使所述旋转滚筒和所述受水槽之间的所述洗涤剂泡沫上升，将所述洗涤剂泡沫供给至所述旋转滚筒内。

对比文件1（CN87102092A，公开日为1988年7月13日）公开了一种离心内循环振频干湿两用洗衣机，包括控制部分（相当于本申请的控制机构）、驱动部分（相当于本申请的电动机）、供排液部分（相当于本申请的供水机构）、洗涤脱水桶（相当于本申请的旋转滚筒），还包括泡沫水流喷射器。

至于“在大致水平方向上具有旋转中心轴”，通常的旋转滚筒洗衣机的旋转中心轴也是水平的，因此对比文件1隐含公开了该特征。至于“所述控制机构为在所述旋转滚筒和所述受水槽之间产生洗涤剂泡沫而使所述旋转滚筒以某旋转转数旋转”，所有的滚筒洗衣机都可以通过控制机构使旋转滚筒旋转，一旦旋转，洗涤液必然会搅动而产生泡沫，由于权利要求1也没有涉及具体的转速，因此，该特征在所有的滚筒洗衣机中都会存在，对比文件1隐含公开了该特征。

由此，将权利要求1的技术方案与对比文件1公开的内容相比，区别在于：权利要求1还限定了①可以将旋转中心轴设定为前面高的略微倾斜方向；②为产生离心力而使所述旋转滚筒以比所述旋转转速更高的另一旋转转速旋转，通过离心力使所述洗涤剂泡沫在所述旋转滚筒和所述受水槽之间上升，将所述洗涤剂泡沫供给至所述旋转滚筒内。

关于特征①，将旋转中心轴倾斜设置是本领域的常用手段，该区别特征没有带来突出的实质性特点和显著的进步。

关于特征②，根据本申请说明书所述，令旋转滚筒1以S1（比如200r/min）的转速旋转，使得洗涤物贴在旋转滚筒1的内壁上，这样产生的洗涤剂泡沫在离心力的作用下在旋转滚筒1和受水槽3之间上升，从洗衣机前面的上部溢出。洗涤剂泡沫由旋转中心轴高的位置（旋转滚筒的前面）向斜后方落下，浸入旋转滚筒1内的洗涤物中。因此，本申请实际解决的技术问题是通过改变控制机构的程序，使得洗涤剂泡沫从旋转滚筒和受水槽之间上升，进入旋转滚筒的洗涤物中，希望达到提高洗净力、缩短洗涤时间的目的。

本领域技术人员知道，滚筒式洗衣机在洗涤程序中都会通过控制机构旋转旋转滚筒，这时必然产生泡沫，并在内外筒之间实现交换，浸入洗涤衣物上。本领域技术人员根据其常识，容易想到当旋转滚筒以较高的转速旋转时，产生的泡沫在离心力作用下会上升，由此很容易得到本申请权利要求1的技术方案。此外，本申请的这种泡沫上升再溢出的方案是否比现有技术通过旋转旋转滚筒产生的泡沫更多，本领域技术人员无法确定。即使产生的泡沫变多，是否就意味着能够提高洗净力，缩短洗涤时间，本领域技术人员也无法确定。因此，由说明书的描述无法确定本申请权利要求1的技术方案产生了意想不到的效果。综上所述，在对比文件 1 的基础上，本领域技术人员得到权利要求 1 的技术方案是显而易见的，其不具备突出的实质性特点和显著的进步，不符合专利法第 22 条第 3 款的规定。

从属权利要求 2~5 的附加技术特征是控制机构对旋转滚筒的旋转方式进行限定，如权利要求 1 所述，通过控制机构对旋转滚筒的旋转方式进行控制是本领域技术人员常见的技术手段，故在权利要求 1 不具备创造性的基础上，从属权利要求 2~5 也不具有突出的实质性特点和显著的进步，不符合专利法第 22 条第 3 款关于创造性的规定。

此外，请求人在答复《复审通知书》时对权利要求 1 进行了修改，与 2005 年 12 月 12 日提交复审请求时所提交的权利要求 1 的内容相比，2008 年 8 月 29 日提交的权利要求 1 实际上仅增加了以更高的旋转转数旋转来产生离心力并在离心力作用下使洗涤剂泡沫上升这样的技术内容。事实上，《复审通知书》对于说明书已经描述的这部分增加的技术内容已经进行了评述，其中指出：本领域技术人员根据其常识，容易想到当旋转滚筒以一定的转速旋转时，产生的泡沫在离心力作用下会上升。对本领域技术人员来说通过合乎逻辑的分析、推理或有限的试验就能够知晓，产生足够的离心力需要提高旋转滚筒的转数。至于请求人在答复《复审通知书》时所述的理由及其所带来的效果（其内容参见本决定案由部分），合议组认为，本申请的实质是通过改变控制机构的程序，来改变旋转滚筒的转数，达到溶解洗涤剂、产生洗涤剂泡沫并将所产生的洗涤剂泡沫在离心力作用下供给至旋转滚筒内，其采用的技术手段仅为改变控制机构的程序，通过改变控制机构的程序来控制旋转滚筒的转速是本领域技术人员常用的技术手段，由本申请的说明书也推断不出其带来了预料不到的效果，因此请求人答复《复审通知书》时所陈述的理由不足以克服本申请权利要求 1~5 不具备创造性的缺陷。

根据上述事实和理由，合议组作出如下审查决定。

三、决定

维持国家知识产权局于 2005 年 8 月 26 日针对 03102565. X 号发明专利申请作出的驳回决定。

复审请求人对本决定不服的，可以根据专利法第 41 条第 2 款的规定，自收到本决定之日起三个月内向北京市第一中级人民法院起诉。

140

液晶聚酯及其制备方法

复审请求审查决定（第 14669 号）

决　定　号　第 14669 号
决　定　日　2008 年 9 月 19 日
发明创造名称　液晶聚酯及其制备方法
国 际 分 类 号　C08G63/60, C08G63/16, C09K19/38
复 审 请 求 人　住友化学工业株式会社
申　请　号　01125884.5
申　请　日　2001 年 8 月 27 日
优 先 权 日　2000 年 8 月 29 日
公　开　日　2002 年 3 月 20 日
合 议 组 组 长　任晓兰
主　审　员　汪送来
参　审　员　王　磊

法 律 依 据　专利法第 22 条第 3 款
决 定 要 点
如果发明与现有技术相比具有预料不到的技术效果，则发明具备创造性。

一、案由

本复审请求案涉及发明名称为“液晶聚酯及其制备方法”的 01125884.5 号发明专利申请（下称本申请），申请人为住友化学工业株式会社，申请日为 2001 年 8 月 27 日，优先权日为 2000 年 8 月 29 日，公开日为 2002 年 3 月 20 日。

2005 年 12 月 9 日，针对申请人于 2005 年 6 月 13 日提交的权利要求第 1~4 项、申请日提交的说明书第 1~15 页，国家知识产权局以本申请权利要求 1~4 不符合专利法第 22 条第 3 款的规定为由驳回了本申请。

驳回决定指出：(1) 对比文件 2（US5747175A，公开日为 1998 年 5 月 5 日）公开了一种液晶聚合物共混物，并具体公开了液晶聚合物由芳香族二羧酸、芳香族二醇、芳香族羟基羧酸和脂肪酸酐共同合成液晶聚酯（参见对比文件 2 的实施例 10、权利要求 1~19）。本申请权利要求 1 与对比文件 2（驳回决定原文为“对比文件 1”，其属于明显的打字错误。驳回决定中存在多处类似的错误，但并不影响对其原意的理解，以下不再赘述）的区别在于本申请的酯化、酯交换过程中使用了咪唑化合物，但该区别特征已被对比文件 3（US4889911A，公开日为 1989 年 12 月 26 日）公开（参见权利要求1~

9)，而且该区别特征在对比文件3中所起的作用为用于合成芳香族聚酯的催化剂，与其在本发明解决其技术问题时所起作用相同，也就是说对比文件3给出了将该技术特征用于对比文件2以解决其技术问题的启示。尽管申请人强调本发明的效果优于现有技术，但并没有提供充分的证据说明这一点。因此，权利要求1不具备创造性。(2) 从属权利要求2的附加技术特征已在对比文件2和3中被公开，从属权利要求3的附加技术特征已在对比文件2中被公开，且其在对比文件2中所起的作用与在本发明中的作用相同，都是用于合成聚酯，因此权利要求2~3也不具备创造性。(3) 对比文件2公开了组成相同的聚酯单体且使用了相同的合成方法，因此在对比文件2的基础上结合公知技术就能够直接得到权利要求4的液晶聚酯技术方案，因此权利要求4不具备创造性。

驳回决定针对的权利要求1~4如下：

“1. 一种制备液晶聚酯的方法，包括下列步骤：

用脂肪酸酐酰化芳族二醇、芳族羟基羧酸，或芳族二醇和芳族羟基羧酸的酚羟基以得到酰化的物质，以及

用芳族二元羧酸、芳族羟基羧酸，或芳族二元羧酸和芳族羟基羧酸与所述的酰化物质进行酯交换，

其中酰化、酯交换或酰化和酯交换在式（I）代表的咪唑化合物的存在下进行：

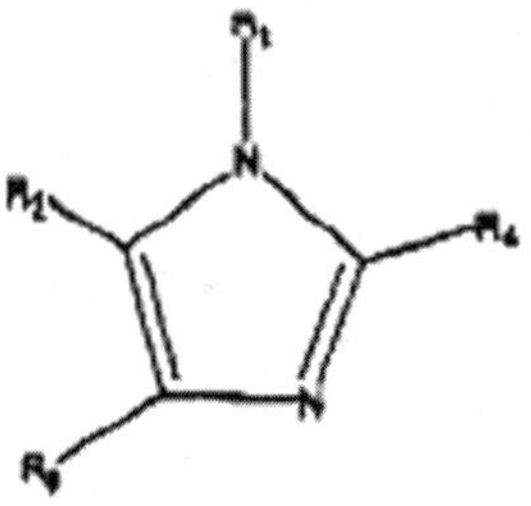

· · ·(I)

其中，

R_1 代表具有1~4个碳原子的烷基；

R_2~R_4 各自独立地代表氢原子。

2. 根据权利要求1的方法，其中所述咪唑化合物被加入到酰化物质中，以在300℃或更高的温度下进行酯交换反应。

3. 根据权利要求1的方法，其中芳族二醇为4，4-二羟基联苯，芳族羟基羧酸为对羟基苯甲酸，芳族二羧酸为对苯二甲酸、间苯二甲酸或对苯二甲酸和间苯二甲酸。

4. 根据权利要求1的方法得到的液晶聚酯。”

2006年3月24日，申请人住友化学工业株式会社（下称请求人）对上述驳回决定不服，向专利复审委员会提出复审请求，请求人在提出复审请求时没有对申请文件进行修改。请求人认为：(1) 对比文件3没有公开所述区别，在对比文件3中，二芳基碳酸盐是酯化反应所必需的，没有公开使用脂肪酐进行酰化反应的步骤，但本发明的酰化反应则需要脂肪酐，咪唑在本发明和对比文件3中产生的作用也不相同，两者涉及不同的反应；(2) 提供的实验结果证明权利要求1涉及的咪唑化合物可以制得在拉伸强度、冲击强度和载荷的挠曲温度方面具有优异且均衡的特性的模制品，这种作用在对比文件2和3中没有提及。因此，权利要求1~4具备创造性。

经形式审查合格后，专利复审委员会受理了该请求，并于2006年5月24日向请求人发出了《复

审请求受理通知书》，同时将本申请转送至国家知识产权局原审查部门进行前置审查。

在《前置审查意见书》中，国家知识产权局原审查部门认为：（1）请求人仅强调对比文件3没有教导或暗示用脂肪酐进行酰化的步骤，但是驳回决定使用了对比文件2和3的结合评价权利要求1~4的创造性；（2）尽管申请人提交了对比实验及其结果，但是这些技术内容不能被包括在权利要求中，也无法组成明显区别于现有技术的技术方案，因此坚持驳回决定。

专利复审委员会组成合议组，对本复审请求案进行了审理，并于2008年3月21日向请求人发出《复审通知书》，指出：（1）（a）对比文件3公开了一种制备向热型介晶芳香聚酯和聚酯碳酸酯的方法，本申请权利要求1的技术方案与对比文件3的技术方案的区别技术特征在于，本申请权利要求1包括采用脂肪酸酐将芳族二醇和/或芳族羟基羧酸的酚羟基进行酰化的步骤，而对比文件3中是采用碳酸二芳基酯将对羟基苯甲酸和芳香二羧酸的羧基进行酯化。权利要求1的技术方案相对于对比文件3实际解决的技术问题是用乙酸酐替代碳酸二苯基酯进行反应以提供酯交换反应的原料，并使缩聚产物基本保持其在耐热性、拉伸强度、冲击强度、防止变色方面的性能。对比文件2公开了一种液晶聚酯的合成方法，其已公开了用乙酸酐将2-羟基-6-萘甲酸、4-羟基苯甲酸、4，4′-二羟基联苯、间苯二酚中的羟基进行酰化，并以该酰化产物作为酯交换反应的起始原料，与对苯二甲酸等羧酸化合物进行酯交换反应，进而制备液晶聚酯的方法。在该方法中，乙酸酐的作用实际上是通过反应为酯交换提供原料。并且，本领域技术人员知道，无论是对比文件2中的酰化反应和酯交换反应，还是对比文件3中的酯化反应、酯交换反应，其本质都是酯化反应，在这些反应中可以使用相同的催化剂，并且对缩聚产物在耐热性、拉伸强度、冲击强度、防止变色方面的性能的影响基本相当。可见，对比文件2中用乙酸酐酰化与本申请权利要求1中用脂肪酸酐酰化在制备聚酯中所起的作用完全相同。（b）说明书中仅仅公开了从色度的观点而言，更优选其中R_1代表具有1~4个碳原子的烷基且R_2~R_4代表氢原子的式（I）咪唑化合物，没有教导或暗示使用该类式（I）咪唑化合物能得到在拉伸强度、冲击强度和载荷下的挠曲温度方面优于使用其他咪唑的效果，因此这一效果不能作为认定本申请权利要求1具备创造性的依据。因此，在对比文件3和对比文件2的基础上，权利要求1对于本领域技术人员来说是显而易见的，不具备创造性。（2）从属权利要求2~3的附加技术特征已经在对比文件2或3中公开，或者没有产生预料不到的技术效果，也不具备创造性。（3）在权利要求1不具备创造性的情况下，由权利要求1的方法制得的液晶聚酯，即权利要求4的技术方案也不具备创造性。

针对上述《复审通知书》，请求人于2008年7月7日提交了意见陈述书，并提交了色度实验数据以及附件1（张清奎主编的《化学领域发明专利申请的文件撰写与审查》第2版第238~239页的复印件）。请求人认为，所提交的色度实验数据证明在1-乙基咪唑的存在下反应，与在1，2-二甲基咪唑或咪唑的存在下反应相比，所得模制品具有较高的光亮度，且红色、黄色着色少，因此，从着色的观点考虑，本发明的模塑制品也是相对较优异的。说明书多处指出本发明的液晶聚酯在耐热性、拉伸强度和冲击强度方面是优越的，适用于高耐热材料，请求人于2006年3月21日提交的实验数据应该被允许，其证明了使用式（I）咪唑催化剂制备的液晶聚酯，可赋予模制品多种优异的特性，包括拉伸强度、冲击强度、载荷下的挠曲温度，该数据不被考虑没有法律依据。

至此，合议组认为本案事实已经清楚，可以作出审查决定。

二、决定的理由

1. 关于审查文本

本复审决定所针对的申请文件是：请求人于2005年6月13日提交的权利要求第1~4项，2001年8月27日提交的说明书第1~15页和说明书摘要。

2. 关于创造性

专利法第22条第3款规定，创造性，是指同申请日以前已有的技术相比，该发明有突出的实质性特点和显著的进步。

如果发明与现有技术相比具有预料不到的技术效果，则发明具备创造性。

本申请权利要求1请求保护一种制备液晶聚酯的方法，包括下列步骤：用脂肪酸酐酰化芳族二醇、芳族羟基羧酸，或芳族二醇和芳族羟基羧酸的酚羟基以得到酰化的物质，以及用芳族二元羧酸、芳族羟基羧酸，或芳族二元羧酸和芳族羟基羧酸与所述的酰化物质进行酯交换，其中酰化、酯交换或酰化和酯交换在式（I）代表的咪唑化合物的存在下进行：

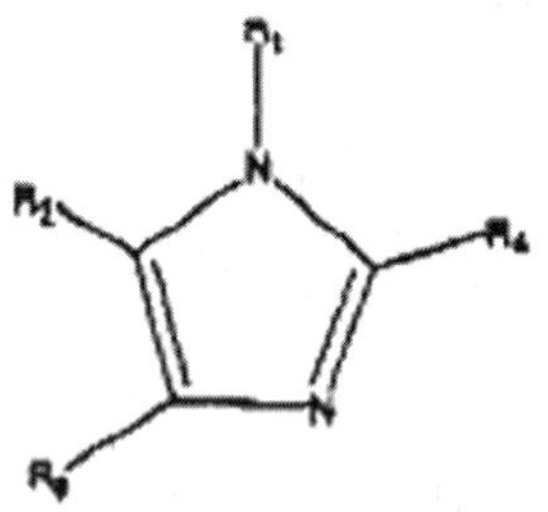

···(I)

其中，R_1 代表具有1~4个碳原子的烷基；R_2~R_4 各自独立地代表氢原子。

根据本申请说明书的记载，本发明的液晶聚酯在耐热性、拉伸强度、冲击强度、不产生着色等方面是优异的，适用于高耐热材料，包括电气和电子部件；从色度的观点而言，更优选使用其中 R_1 代表具有1~4个碳原子的烷基且 R_2~R_4 代表氢原子的式（I）咪唑化合物进行反应。

实施例1~3使用1-甲基咪唑作为酰化、酯交换反应中的有机碱，使用对羟基苯甲酸、4，4′-二羟基联苯、对苯二甲酸和乙酸酐为原料制备树脂，并与不使用1-甲基咪唑的相应的比较例1~2的树脂进行比较。由表1中实施例1~3和比较例1~2的实验数据可知，使用1-甲基咪唑作为催化剂与不使用1-甲基咪唑相比，可以获得显著好的冲击强度，而基本不损害树脂的耐热性和拉伸强度方面的效果。

另外，请求人在答复《复审通知书》时提供了使用1-乙基咪唑作为催化剂的实施例A与分别使用1，2-二甲基咪唑或咪唑为催化剂的对比实施例A、B在模塑品色度方面的比较结果，实验数据表明，使用1-乙基-咪唑作为催化剂，与使用1，2-二甲基-咪唑或咪唑作为催化剂相比，所得制品光亮度更好，且红色和黄色着色较少，由此进一步证实了说明书中有关“从色度的观点而言，更优选其中 R_1 代表具有1~4个碳原子的烷基且 R_2~R_4 代表氢原子的式（I）咪唑化合物”的主张。

驳回决定中引用对比文件2的实施例10和权利要求1~19的技术内容与本申请权利要求1的技术方案进行对比，指出本申请权利要求1与对比文件2的区别在于本申请的酯化、酯交换过程中使用了咪唑化合物。对此，合议组查明，对比文件2的实施例10中制备的是胆甾型主链液晶聚酯，其中使用了（R）-（-）-2-甲基哌嗪作为手性单体参与反应，实施例10的方法和产物与本申请权利要求1的方法和产物均不相同。另外，对比文件2的权利要求1~19中并没有公开用脂肪酸酐酰化芳族二醇、芳族羟基羧酸，或芳族二醇和芳族羟基羧酸的酚羟基的技术内容。因此，合议组认为，驳回决定中有关区别特征的认定有误。

合议组另查明，对比文件2提供的是包含至少两种胆甾型液晶聚合物或者至少一种向列型液晶聚合物和至少一种胆甾型液晶聚合物的液晶聚合物共混物，其目的是提供耐化学试剂的、色彩具有再现性且对温度稳定的材料，对比文件 2 实施例 1 中公开了一种向列型液晶聚酯的合成方法，具体公开了将 2-羟基-6-萘甲酸、4-羟基苯甲酸、对苯二甲酸、4，4′-二羟基联苯、间苯二酚与乙酸酐在反应器中反应，经处理后得到向列型主链聚合物（参见对比文件 2 第 2 栏第 3 段、第 5 段，第 12 栏第 42~62 行）。

由此可见，对比文件 2 实施例 1 中公开了用乙酸酐将 2-羟基-6-萘甲酸、4-羟基苯甲酸、4，4′-二羟基联苯、间苯二酚中的羟基进行酰化，并由该酰化产物与对苯二甲酸等羧酸化合物进行酯交换反应，从而制备液晶聚酯的方法。本申请权利要求 1 的方法与对比文件 2 实施例 1 的方法的区别特征在于，本申请权利要求 1 中酰化、酯交换或酰化和酯交换是在式（I）代表的咪唑化合物的存在下进行的，而对比文件 2 中没有使用式（I）代表的咪唑化合物催化剂。本申请权利要求 1 的方法相对于对比文件 2 实施例 1 的方法，实际解决的技术问题是，通过使用式（I）代表的咪唑化合物作为催化剂制备液晶聚酯，以制得在耐热性、拉伸强度、冲击强度、着色少方面效果均优异的制品。

对比文件 3 公开了一种制备向热型介晶芳香聚酯和聚酯碳酸酯的方法，该方法用碳酸二芳基酯将任选取代的对羟基苯甲酸和芳香族二羧酸进行酯化得到芳基酯，然后用双酚和任选更多的碳酸二芳基酯通过酯交换反应将所得芳基酯进行酯化同时缩聚，其特征在于酯化、酯交换和缩聚是在含 1~3 个氮原子的杂环化合物的存在下进行的（参见对比文件 3 第 2 栏第 24~36 行）；用于催化酯化、酯交换和缩聚反应的合适杂环化合物包括咪唑、2-甲基-1H-咪唑、1-甲基-1H-咪唑、1H-吡唑等，优选咪唑类化合物，特别优选咪唑（参见对比文件 3 第 3 栏第 3 段），并具体公开了使用咪唑、2-甲基咪唑等作为催化剂制备聚酯的实施例（参见实施例 1、实施例 5）。

根据对比文件 3 的记载，所用的上述催化剂可加速苯基酯的形成以及缩聚反应，该方法可以避免由于分解反应导致聚合产物变色，可以制得高分子量、高热稳定性的聚酯和聚酯碳酸酯；由其中的聚酯和聚酯碳酸酯可以制得具有高拉伸强度、极大的韧性和高尺寸稳定性的模塑品，并且由于聚酯和聚酯碳酸酯具有高耐化学品和耐火性，其特别适合用于制备电工技术产品，例如绝缘体、印制电路等（对比文件 3 第 6 栏第 3~7 段）。由此可见，对比文件 3 给出了采用咪唑类，特别是咪唑、2-甲基咪唑作为催化剂制备聚酯，以制得耐热性、拉伸强度、冲击强度、防止变色方面的性能优异的制品的教导。

然而，对比文件 3 中并没有给出使用本申请权利要求 1 的式（I）代表的、1 位氮原子被 C_{1-4}烷基取代而其他位置为 H 的咪唑化合物作为催化剂，与其他咪唑类催化剂相比，在色度方面具有更好效果的教导（需要指出的是，驳回决定引用的对比文件 3 的权利要求 1~9 中，也没有给出这一教导）。而如前所述，请求人证实了选用权利要求 1 中的式（I）咪唑化合物作为催化剂，与其他咪唑化合物作为催化剂相比，可以获得光亮度、着色等色度方面效果更好的制品，这一效果对于本领域技术人员来说是无法从对比文件 3 所能预料到的。

同样，本领域技术人员即使将对比文件 2 与对比文件 3 结合起来，也无法预料到使用本申请权利要求 1 的式（I）代表的咪唑化合物作为催化剂，可以制得耐热性、拉伸强度、冲击强度优异，且与使用其他咪唑类催化剂制得的制品相比色度方面效果会更好的制品，因此，本申请权利要求 1 相对于对比文件 2 和对比文件 3 的结合具有预料不到的技术效果，具有突出的实质性特点和显著的进步，符合专利法第 22 条第 3 款有关创造性的规定。

在权利要求 1 具备创造性的情况下，其从属权利要求 2~3 相对于对比文件 2 和 3 的结合也具备创造性，符合专利法第 22 条第 3 款的规定。

权利要求 4 请求保护由权利要求 1 的方法制得的液晶聚酯，如前所述，由于该聚酯能够在着色、光亮度等色度方面产生上述预料不到的技术效果，因此，该液晶聚酯必然不同于对比文件 2 和对比文件 3 中的聚酯，并且，基于相同的理由，权利要求 4 也符合专利法第 22 条第 3 款的规定。

另外，在请求人没有提供色度方面实验数据的情况下，《复审通知书》以对比文件 3 中公开的内容为最接近的现有技术，指出本申请权利要求 1~4 相对于对比文件 3 结合对比文件 2 不具备创造性，不符合专利法第 22 条第 3 款规定。在请求人提供了上述色度方面的实验数据证实了本申请权利要求 1 的方法产生了预料不到的技术效果的情况下，《复审通知书》中有关本申请权利要求 1~4 不符合专利法第 22 条第 3 款规定的理由不再成立。

根据上述事实和理由，合议组作出如下审查决定。

三、决定

撤销国家知识产权局于 2005 年 12 月 9 日针对 01125884.5 号发明专利申请作出的驳回决定，由国家知识产权局原审查部门以本复审决定所针对的申请文本为基础继续审批程序。

复审请求人对本决定不服的，可以根据专利法第 41 条第 2 款的规定，自收到本决定之日起三个月内向北京市第一中级人民法院起诉。

141

新的双氨基化膦酸酯前药

复审请求审查决定（第 14719 号）

决　定　号　第 14719 号
决　定　日　2008 年 10 月 7 日
发明创造名称　新的双氨基化膦酸酯前药
国 际 分 类 号　C07F9/44，C07F9/572，C07F9/6506，C07F9/6509，A61K 31/66，A61P5/48，A61P3/10，A61P3/06，A61P9/10
复 审 请 求 人　症变治疗公司
申　请　号　200510093059. 0
申　请　日　2000 年 12 月 22 日
优 先 权 日　1999 年 12 月 22 日
公　开　日　2006 年 3 月 1 日
合 议 组 组 长　任晓兰
主　审　员　孙丽芳
参　审　员　潘　剑

法 律 依 据　专利法第 31 条第 1 款
决 定 要 点

如果请求人提交的修改文本删除了驳回决定所指出的申请不符合单一性规定的相应方案，则所述修改已经克服了驳回决定所指出的缺陷，驳回理由不再成立。

一、案由

本复审请求涉及名称为“新的双氨基化膦酸酯前药”的发明专利申请（下称本申请），其申请号为 200510093059. 0，本申请为分案申请，母案申请号为 00819044. 5，分案提交日为 2005 年 8 月 25 日，本申请的申请日为 2000 年 12 月 22 日，公开日为 2006 年 3 月 1 日，优先权日为 1999 年 12 月 22 日，申请人为症变治疗公司。

国家知识产权局原审查部门于 2007 年 6 月 8 日发出《第二次审查意见通知书》，指出：（1）权利要求 1~3 不符合专利法第 26 条第 4 款的规定；（2）权利要求 58~61、101~102、111~115 和141~212 请求保护的主题属于专利法第 25 条第 1 款规定的不被授予专利权的客体；（3）权利要求 4、62、103 不符合专利法第 31 条第 1 款关于单一性的规定。

针对《第二次审查意见通知书》，申请人于 2007 年 10 月 23 日提交了意见陈述书以及权利要求的全部替换页，相对于《第二次审查意见通知书》针对的权利要求书，将权利要求 4、62 和 103 中关于

M 的不同定义加入权利要求 1、删除权利要求 2~3，将权利要求 58~61、101~102、111~115 和141~212 的主题名称修改为制药用途，并对权利要求重新编号。申请人认为，通过上述修改，已经克服了《第二次审查意见通知书》所指出的全部缺陷。

2007 年 12 月 7 日，针对申请人于 2005 年 8 月 25 日提交的说明书摘要和说明书第 1~188 页以及 2007 年 10 月 23 日提交的权利要求第 1~330 项，国家知识产权局以申请不符合专利法第 31 条第 1 款的规定为由驳回了本申请。

驳回决定所针对的文本的独立权利要求 1 为：

"1. 一种式 IA 化合物及其药学上可接受的盐：

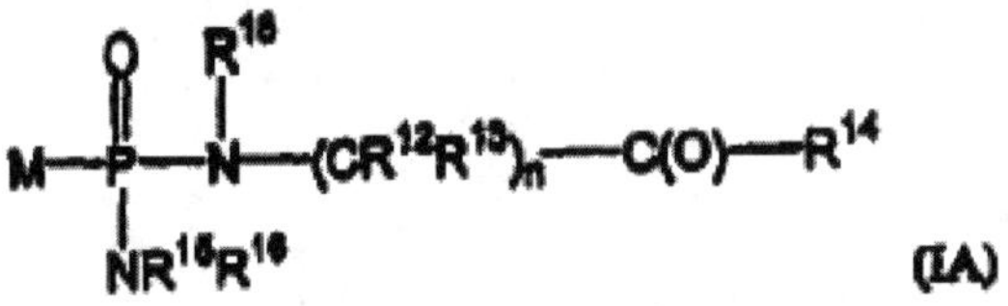

其中，式 IA 化合物在体内或体外可转化成为果糖-1，6-二磷酸酶抑制剂的 $M-PO_3H_2$，和

……

其中，M 是 R^5-X-，

其中 R^5 选自：

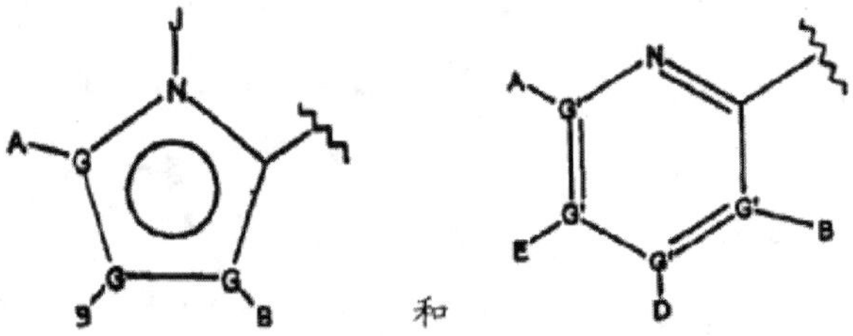

其中：

每个 G 独立选自 C、N、O、S 和 Se，其中仅有一个 G 可为 O、S 或 Se，至多一个 G 为 N；

每个 G′独立选自 C 和 N，其中不多于两个 G′基团为 N；

……

X 为经 2~4 个包含 0~1 个选自 N、O 和 S 的杂原子的原子把 R^5连接于磷原子的任选取代的连接基团……或者 M 是

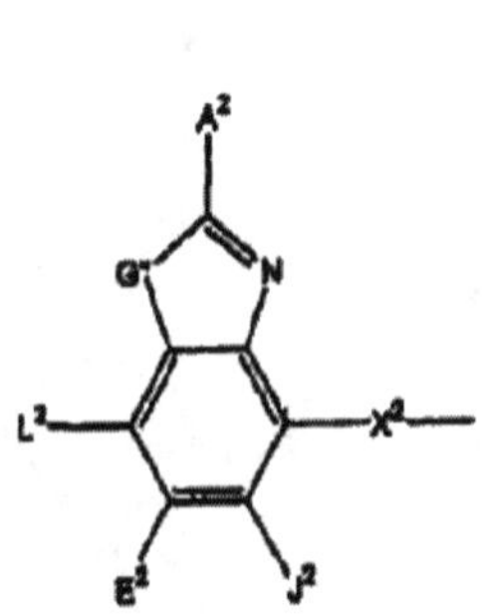

其中：

G″选自-O-和-S-……或者

M 是

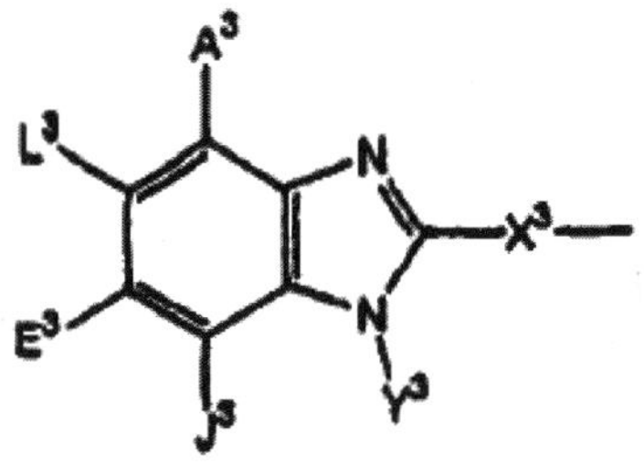

……”

驳回决定认为，“通式 IA 中，限定 M 基团可以是三种完全差别比较大的环状结构，尽管申请人认为，可以用一个大通式概括出这三种结构，但是，如果足够上位的话，理论上任何几种化合物都可以用一个大通式套出。所以，这并不能成为其具有单一性的理由。至于申请人认为其具有相似的功能，这也不能构成这些结构之间具有单一性的理由，化合物的最主要的表征特点还是其结构式，这三种环状结构的差别非常大，在本领域的知识中，其不能被认定为一类化合物，因此，这些化合物之间是不具备单一性的”。

申请人症变治疗公司（下称请求人）对该驳回决定不服，于 2008 年 2 月 26 日向国家知识产权局专利复审委员会提出了复审请求，并提交了新修改的权利要求第 1~276 项，其中，相对于驳回决定针对的权利要求，请求人将权利要求 1 通式 IA 中的 M 基团限定为“R^5-X-”，删除了 M 基团的另外两种可选结构，并删除了权利要求 2 和涉及所述其他两种结构的权利要求 60~110，并对所有权利要求重新编号。

修改后的独立权利要求 1 如下：

“1. 一种式 IA 化合物及其药学上可接受的盐：

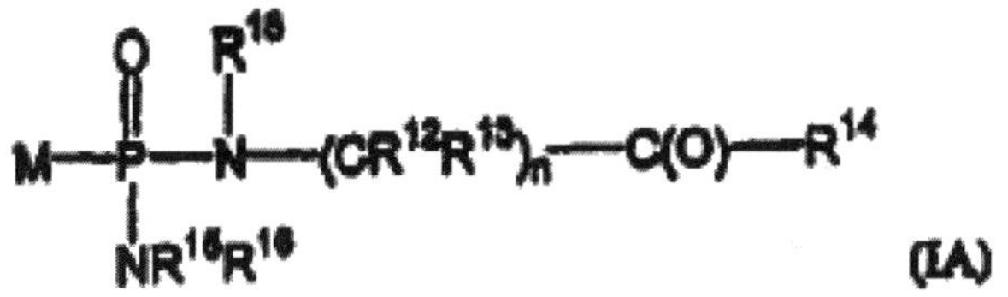

其中，式 IA 化合物在体内或体外可转化成为果糖-1，6-二磷酸酶抑制剂的 M-PO_3H_2，和

……

其中，M 是 R^5-X-，其中 R^5 选自：

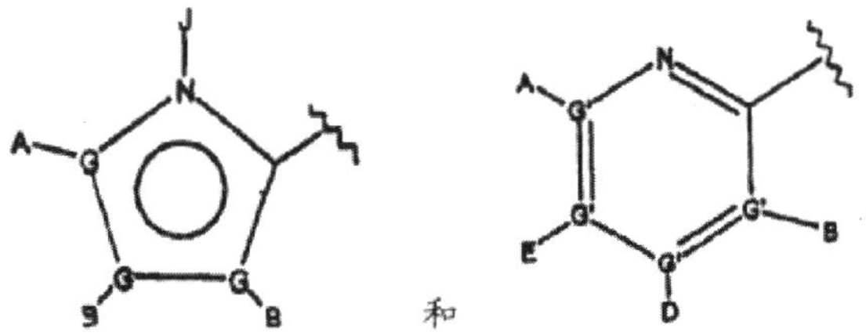

其中：

每个 G 独立选自 C、N、O、S 和 Se，其中仅有一个 G 可为 O、S 或 Se，至多一个 G 为 N；

每个 G′独立选自 C 和 N，其中不多于两个 G′基团为 N；

……

X 为经 2~4 个包含 0~1 个选自 N、O 和 S 的杂原子的原子把 R^5连接于磷原子的任选取代的连接基团……”

复审请求的主要理由是：将权利要求 1 化合物通式 IA 中的 M 限定为“R^5-X-”这一种结构，并删除了另外两种结构，使得修改后的权利要求 1 符合专利法第 31 条第 1 款的规定，同时通过对从属权利要求进行适应性修改，使得修改后的权利要求已符合专利法及实施细则的有关规定。

经形式审查合格后，专利复审委员会受理了该请求，并于 2008 年 3 月 28 日向请求人发出了《复审请求受理通知书》，同时将本申请转送至国家知识产权局原审查部门进行前置审查。

在《前置审查意见通知书》中，国家知识产权局原审查部门仍坚持驳回决定，认为请求人的修改仅仅是将三种结构概括在一个通式中，请求保护的依然是三种杂环基双氨基膦酸酯化合物，由于杂环结构相差非常大，彼此之间不具备共同的特定技术特征，因此仍然不具备单一性。

专利复审委员会依法成立合议组，对本复审请求案进行了审理。

经合议，合议组认为本案事实清楚，可以作出审查决定。

二、决定的理由

1. 文本认定

本复审请求审查决定所针对的文本是：请求人于 2008 年 2 月 26 日提交的权利要求第 1~276 项以及 2005 年 8 月 25 日提交的说明书摘要和说明书第 1~188 页。

2. 关于驳回决定所指出的缺陷

专利法第 31 条第 1 款规定：一件发明或者实用新型专利申请应当限于一项发明或者实用新型。属于一个总的发明构思的两项以上的发明或者实用新型，可以作为一件申请提出。

就本案而言，驳回决定指出：通式 IA 中 M 为三种不同的环状结构，三者之间差别非常大，本领域的技术人员不能将它们认定为一类化合物，因此，本申请不具有单一性，不符合专利法第 31 条第 1 款的规定。虽然驳回决定未明确写明哪些或哪个权利要求的技术方案之间不具有单一性，但是结合《第二次审查意见通知书》的内容，可以明确看出：实质上驳回决定仅针对独立权利要求 1 及其全部从属权利要求指出其不符合专利法第 31 条第 1 款规定的缺陷。

请求人在提出复审请求时对权利要求 1 进行了修改，其中，相对于驳回决定针对的权利要求书，请求人将权利要求 1 通式 IA 中的 M 限定为一种结构 R^5-X-，删除了 M 基团的另外两种可选结构，同时，删除了权利要求 2 和涉及所述另外两种结构的权利要求 60~110，并对所有权利要求重新编号。通过以上修改，修改后的独立权利要求 1 及其全部从属权利要求实际上只保留了 M 为“R^5-X-”这一种结构，已经不再包含驳回决定所指出的不具有单一性的三种不同结构中的另外两种，因此，该修改文本已经克服了驳回决定所指出的缺陷，驳回理由不再成立。

根据上述事实和理由，合议组作出如下审查决定。

三、决定

撤销国家知识产权局于 2007 年 12 月 7 日针对 200510093059.0 号发明专利申请作出的驳回决定，由国家知识产权局原审查部门以本复审决定所针对的文本为基础继续审查程序。

复审请求人对本决定不服的，可以根据专利法第 41 条第 2 款的规定，自收到本决定之日起三个月内向北京市第一中级人民法院起诉。

142

一种丹酚酸黄连素复盐及其制备方法与应用

复审请求审查决定（第14768号）

决　定　号　第14768号
决　定　日　2008年10月13日
发明创造名称　一种丹酚酸黄连素复盐及其制备方法与应用
国际分类号　C07D 491/18，A61K 31/4375，A61P 1/16，A61P 3/10
复审请求人　山东大学
申　请　号　200410036480.3
申　请　日　2004年12月10日
公　开　日　2005年8月10日
合议组组长　刘　亚
主　审　员　黄　强
参　审　员　危　峰

法律依据　专利法第33条
决定要点

如果申请的内容通过增加、改变和/或删除其中的一部分，致使所属技术领域的技术人员看到的信息与原申请记载的信息不同，而且又不能从原申请记载的信息中直接地、毫无疑义地确定，那么，这种修改就是不允许的；反之，则是允许的。

一、案由

本复审请求案涉及发明名称为“一种丹酚酸黄连素复盐及其制备方法与应用”的200410036480.3号发明专利申请（下称本申请），申请人为山东大学，申请日为2004年12月10日，公开日为2005年8月10日。

2007年5月11日，针对申请人于2006年12月27日提交的权利要求第1~7项，2006年9月8日提交的说明书第1~2页，2004年12月10日提交的说明书第3~6页以及说明书摘要（下称驳回文本），国家知识产权局以说明书的修改不符合专利法第33条的规定为由驳回了本申请，具体驳回理由如下：在2006年9月8日提交的说明书替换页中，由于原申请文件中只记载了所述的丹酚酸A或B的金属盐优选丹酚酸B镁盐，因此说明书第1页倒数第6行的“丹酚酸A的镁盐”在原说明书和权利要求书中未明确记载，也不能由原说明书和权利要求书所记载的内容直接导出，这种修改超出了原说明书和权利要求书记载的范围。

2007年8月16日，申请人山东大学（下称请求人）向专利复审委员会提出复审请求，同时提交了权利要求书、说明书以及说明书摘要的全文替换页。请求人认为，其对专利申请文件进行了相应地修改，消除了驳回决定指出的缺陷，申请文件的修改符合专利法第33条的规定。与驳回文本相比，请求人所作的主要修改之处如下：（1）将权利要求1和4中“丹酚酸或其金属盐”修改为“丹酚酸”，删除了权利要求2和3中涉及丹酚酸金属盐的方案，同时对说明书摘要和说明书的相关内容进行了适应性修改；（2）在说明书第1页增加了“所述的黄连素是指纯度大于90%的黄连素”的内容；（3）删除了说明书中涉及丹酚酸金属盐技术方案的实施例3和4。

经形式审查合格后，专利复审委员会受理了该请求，并于2007年10月24日向请求人发出了《复审请求受理通知书》，同时将本申请转送至国家知识产权局原审查部门进行前置审查。

在《前置审查意见书》中，国家知识产权局原审查部门认为，请求人在复审请求时提交的说明书替换页中，说明书第1页倒数第3行的内容“所述的黄连素是指纯度大于90%的黄连素”在原申请文件中没有记载，也不能根据原申请文件的内容直接地毫无疑义地确定，请求人在提交复审请求时所提交的修改文件仍不符合专利法第33条的规定，因此坚持驳回决定。

专利复审委员会组成合议组，对本复审请求案进行了审理。

2008年9月12日，请求人提交了说明书第1页的替换页，其中，删除了说明书第1页中“所述的黄连素是指纯度大于90%的黄连素”的内容。

经合议审理，合议组认为本案事实已经清楚，可以作出审查决定。

二、决定的理由

1. 关于审查文本

本复审请求审查决定针对的文本是请求人于2008年9月12日提交的说明书第1页，2007年8月16日提交的权利要求第1~7项、说明书第2~6页以及说明书摘要（下称复审文本）。

2. 关于专利法第33条

专利法第33条规定：申请人可以对其专利申请文件进行修改，但是，对发明专利申请文件的修改不得超出原说明书和权利要求书记载的范围。

如果申请的内容通过增加、改变和/或删除其中的一部分，致使所属技术领域的技术人员看到的信息与原申请记载的信息不同，而且又不能从原申请记载的信息中直接地、毫无疑义地确定，那么，这种修改就是不允许的；反之，则是允许的。

就本申请而言，（1）驳回决定指出驳回文本的说明书第1页倒数第6行的“丹酚酸A的镁盐”在原说明书和权利要求书中未明确记载，也不能由原说明书和权利要求书所记载的内容直接导出；复审文本删除了驳回决定中指出的说明书第1页出现的“丹酚酸A的镁盐”，该修改并未引入新的内容。（2）前置审查意见书指出请求人在复审请求时提交的说明书替换页中，说明书第1页倒数第3行的内容“所述的黄连素是指纯度大于90%的黄连素”在原申请文件中没有记载，也不能根据原申请文件的内容直接地毫无疑义地确定；复审文本删除了前置审查意见书中指出的这部分内容，该修改也并未引入新的内容。（3）此外，与驳回文本相比，复审文本还主要修改了以下内容：将权利要求1和4中“丹酚酸或其金属盐”修改为“丹酚酸”，删除了权利要求2和3中涉及丹酚酸金属盐的方案，同时对说明书摘要和说明书的相关内容进行了适应性修改；并且删除了说明书中涉及丹酚酸金属盐技术方案的实施例3和4。合议组经核实，上述修改后的内容在原申请文件中均有记载。因此，合议组认为，复审文本已克服了驳回决定和前置审查意见书中所指出的缺陷，复审文本的修改符合专利法第33条的规定。

根据上述事实和理由，合议组作出如下审查决定。

三、决定

撤销国家知识产权局于2007年5月11日针对200410036480.3号发明专利申请作出的驳回决定，由国家知识产权局原审查部门以本复审请求审查决定所针对的复审文本为基础继续审批程序。

复审请求人对本决定不服的，可以根据专利法第41条第2款的规定，自收到本决定之日起三个月内向北京市第一中级人民法院起诉。

143

防水防油剂水性分散液

复审请求审查决定（第 14770 号）

决　　定　　号　第 14770 号
决　　定　　日　2008 年 10 月 9 日
发明创造名称　防水防油剂水性分散液
国 际 分 类 号　C09K3/18，D06M15/277
复 审 请 求 人　大金工业株式会社
申　　请　　号　00805908.X
优 先 权 日　1999 年 4 月 7 日
申　　请　　日　2000 年 4 月 4 日
公　　开　　日　2002 年 4 月 24 日
合 议 组 组 长　刘　亚
主　　审　　员　吴红权
参　　审　　员　刘　磊

法 律 依 据　专利法第 22 条第 3 款
决 定 要 点

在判断创造性时，如果现有技术中存在某种技术启示，使本领域技术人员在面对发明实际要解决的技术问题时，有动机改进最接近的现有技术并获得要求保护的发明，则该发明是显而易见的。

一、案由

本复审请求案涉及发明名称为“防水防油剂水性分散液”的第 00805908.X 号发明专利申请（下称本申请），申请人为大金工业株式会社，申请日为 2000 年 4 月 4 日，优先权日为 1999 年 4 月 7 日，公开日为 2002 年 4 月 24 日。

国家知识产权局原审查部门针对 2001 年 9 月 30 日提交的文本对本申请进行审查，于 2003 年 5 月 9 日发出《第一次审查意见通知书》，指出：相对于对比文件 1（JP 6-33043A，公开日 1994 年 2 月 8 日）；对比文件 2（JP 3-243685A，公开日 1991 年 10 月 30 日）；对比文件 3（JP 6-17034A，公开日 1994 年 1 月 25 日）和对比文件 4（JP 60-40182A，公开日 1985 年 3 月 2 日），权利要求 1~4 不具有创造性，不符合专利法第 22 条第 3 款的规定。

针对《第一次审查意见通知书》，申请人于 2003 年 11 月 17 日，提交了意见陈述书和修改的权利要求书以及说明书第 1、3~4 页和摘要，认为：（1）对比文件 1~4 中没有公开或建议①高级脂肪族仲醇的环氧烷烃加成物和②阳离子表面活性剂的组合与高闪燃点有机溶剂一起使用；（2）使用高闪燃点有机溶剂代替丙酮可以提高防水防油耐久性以及贮存稳定性。

国家知识产权局原审查部门于2004年12月31日发出《第二次审查意见通知书》，坚持《第一次审查意见通知书》中所作出的审查意见，并指出：从本申请说明书表B可见，本申请说明书实施例1的效果并不明显优于比较实施例4，修改后的权利要求1~4与对比文件1和2或3或4相比不具备创造性。

针对《第二次审查意见通知书》，申请人于2005年3月15日提交了意见陈述书，没有对申请文件进行修改，申请人认为：（1）对比文件1~4均未公开、教导或建议将①高级脂肪族二级醇的环氧烷烃加成物和②阳离子表面活性剂的组合与高闪燃点有机溶剂一起使用；（2）高闪燃点有机溶剂的存在可以给出预料不到的技术效果，①洗涤和干洗后的防水和防油耐久性，②贮存稳定性优于低闪燃点有机溶剂（如丙酮）存在时的贮存稳定性；（3）实施例1与比较实施例4以及实施例5和比较实施例8之间的性能差别是显著的，本领域技术人员不可能预期，用高闪燃点有机溶剂代替低闪燃点有机溶剂，可以得到诸如较高的防水防油耐久性以及贮存稳定等较高的性能；（4）本发明的比较例1、3、5和7证明了使用包含高级脂肪族二级醇的环氧烷烃加成物的非离子表面活性剂的关键程度。

2005年8月19日，针对申请人于2003年11月17日提交的权利要求书、说明书第1页和第3~4页及说明书摘要，以及2001年9月30日提交的说明书第2、5~11页，国家知识产权局以申请不符合专利法第22条第3款的规定为由驳回了本申请。

驳回决定认为：对比文件1公开了一种斥水和斥油性水性分散体，它包括权利要求1的特定的含氟聚合物（A）、阳离子表面活性剂（B）、特定的非离子表面活性剂（参见对比文件1实施例1和说明书第5页第1~4行和第36行）和与非离子表明活性剂一起使用的硬脂基-三甲基氯化铵（它是一种典型的阳离子去污剂，相当于本发明中所用的十八烷基-三甲基氯化铵）（参见对比文件2说明书第2页右栏第10~11行）。对比文件1涉及的分散体包括有机溶剂（丙酮），但是没有提供使用高闪燃点溶剂的例子，然而对比文件2或3中公开了使用二醇诸如丙二醇或双丙甘醇、二醇醚诸如双丙甘醇单醚来代替丙酮配制斥水和斥油性水性分散体，这是本领域已知的技术（参见对比文件2第5页上左栏第16~19行和上右栏第10~12行；对比文件3的摘要、权利要求书和段落［0003］和［0036-0042］，实施例1~4和表3等），这些常用溶剂的闪点特性也是已知技术，因此，本领域技术人员能够通过例行试验来选择使用上述已知的高闪点溶剂作为适用于本申请的替代物，并且从对比文件3和4可预见到它们的效果，此外对比文件1~4还公开了防水防油剂水性分散液在纺织制品中的应用，对比文件1~4属于同一技术领域，将对比文件1与2或3或4结合对本领域技术人员来说是显而易见的，并且结合后也没有取得意想不到的技术效果。

驳回决定针对的权利要求1~4如下：

“1. 一种防水防油剂水性分散液，其特征在于，它含有：

（A）具有全氟烷基或全氟链烯基和丙烯酸基或甲基丙烯酸基的聚合性化合物的至少1种的均聚物或共聚物或它们与可共聚的聚合性化合物的共聚物，

（B）以阳离子系表面活性剂和高级脂肪族二级醇的环氧烷烃加成物组成的非离子系表面活性剂为必须成分的表面活性剂，及

（C）高闪燃点有机溶剂。

2. 权利要求1记载的分散液，其中，高闪燃点有机溶剂是闪燃点70℃以上的二醇类水溶性有机溶剂。

3. 一种纤维制品，其特征在于，该纤维制品使用权利要求1记载的分散液。

4. 一种纤维制品的加工方法，其特征在于，该方法是用权利要求1记载的分散液处理纤维

制品。”

2005年11月17日，申请人大金工业株式会社（下称请求人）对上述驳回决定不服，向专利复审委员会提出复审请求，请求人在提出复审请求时对权利要求1和说明书进行了修改，主要是将权利要求1中的“阳离子系表面活性剂”进一步限定为“双十八烷基二甲基氯化铵或苄基十二烷基二甲基氯化铵”；将权利要求1和说明书中的“环氧烷烃”修改为“烯化氧”，“二级醇”修改为“仲醇”，将“实施例1”修改为“实施例1（对比用）”，将“实施例2~4”修改为“实施例2~4（其中实施例2为对比用实施例）”和将“实施例6~8”修改为“实施例6~8（其中实施例7为对比用实施例）”。修改后的权利要求1~4为：

“1. 一种防水防油剂水性分散液，其特征在于，它含有：

（A）具有全氟烷基或全氟链烯基和丙烯酸基或甲基丙烯酸基的聚合性化合物的至少1种的均聚物或共聚物或与可与其共聚的聚合性化合物的共聚物，

（B）以阳离子系表面活性剂和高级脂肪族仲醇的烯化氧加成物组成的非离子系表面活性剂为必须成分的表面活性剂，其中该阳离子系表面活性剂选自双十八烷基二甲基氯化铵或苄基十二烷基二甲基氯化铵，及

（C）高闪燃点有机溶剂。

2. 权利要求1记载的分散液，其中，高闪燃点有机溶剂是闪燃点70℃以上的二醇类水溶性有机溶剂。

3. 一种纤维制品，其特征在于，该纤维制品使用权利要求1记载的分散液。

4. 一种纤维制品的加工方法，其特征在于，该方法是用权利要求1记载的分散液处理纤维制品。”

请求人认为：修改后的权利要求1相对于对比文件1~4而言具有新颖性和创造性，（1）对比文件1~4中均未公开或暗示使用本申请权利要求1中所限定的“双十八烷基二甲基氯化铵”或“苄基十二烷基二甲基氯化铵”；（2）与处于本发明范围之外的本申请说明书实施例1（对比用）中使用的三甲基十八烷基氯化铵相比，使用这两种阳离子系表面活性剂可提供高的防油性。

经形式审查合格后，专利复审委员会受理了该请求，并于2005年12月22日向请求人发出了《复审请求受理通知书》，同时将本申请转送至国家知识产权局原审查部门进行前置审查。

在《前置审查意见书》中，国家知识产权局原审查部门认为双十八烷基二甲基氯化铵或苄基十二烷基二甲基氯化铵与三甲基十八烷基氯化铵相比，没有带来意想不到的技术效果，因此坚持驳回决定。

专利复审委员会组成合议组，针对2005年11月17日提交的权利要求1~4项，2005年11月17日提交的说明书第1、3~4、6~7页，本申请进入中国国家阶段时提交的国际申请文件的说明书第2、5、8~11页以及2005年11月17日提交的说明书摘要，对本复审请求案进行了审理。

2008年2月21日，合议组向请求人发出《复审通知书》，要求请求人提供对比文件1~4的中文翻译件。

2008年4月21日，应合议组要求，请求人提交了对比文件1~4的全文中文译文。

合议组于2008年5月16日再次向请求人发出《复审通知书》，指出：权利要求1~4相对于对比文件1与2和3的结合不具备创造性，不符合专利法第22条第3款的规定。

针对上述《复审通知书》，请求人于2008年9月1日提交了意见陈述书，提供了实施例1~9与比较例1~11的试验效果数据，请求人声称，实施例1~8和比较例1~8与本申请说明书的记载相同，实施例9和比较例9~11为新做的试验，其中，比较例9根据对比文件2的实施例2，比较例10根据

对比文件3的实施例1，比较例11根据对比文件1的实施例3，并认为引用的对比文件没有描述或暗示本申请所限定的阳离子表面活性剂和非离子表面活性剂的组合可产生本申请的有益效果。

经合议，合议组认为本案事实清楚，可以作出审查决定。

二、决定的理由

1. 关于决定的文本

本复审决定是针对请求人于2005年11月17日提交的权利要求第1~4项、说明书第1、3、4、6、7页和说明书摘要，进入中国国家阶段时提交的国际申请文件的说明书第2、5、8~11页作出的。

2. 关于专利法第22条第3款

专利法第22条第3款规定，创造性，是指同申请日以前已有的技术相比，该发明有突出的实质性特点和显著的进步。

在判断创造性时，如果现有技术中存在某种技术启示，使本领域技术人员在面对发明实际要解决的技术问题时，有动机改进最接近的现有技术并获得要求保护的发明，则该发明是显而易见的。

（1）就本申请而言，本申请权利要求1要求保护一种防水防油剂水性分散液，它含有：

A. 具有全氟烷基或全氟链烯基和丙烯酸基或甲基丙烯酸基的聚合性化合物的至少1种的均聚物或共聚物或可与其共聚的聚合性化合物的共聚物，

B. 以阳离子系表面活性剂和高级脂肪族仲醇的烯化氧加成物组成的非离子系表面活性剂为必须成分的表面活性剂，其中该阳离子系表面活性剂选自双十八烷基二甲基氯化铵或苄基十二烷基二甲基氯化铵，及

C. 高闪燃点有机溶剂。

对比文件1（JP6-33043A，公开日1994年2月8日）公开了一种防水防油剂组合物（参见对比文件1的说明书、权利要求1、实施例1），其中对比文件1说明书公开了如下特征：作为含有可以发挥高防水防油性的含有多氟有机基团的聚合物，以含有多氟有机基团单体的聚合物和共聚物，特别是含有多氟烷基的丙烯酸酯或甲基丙烯酸酯的聚合物和它们与其他共聚合性共聚单体的共聚物为宜（具体参见对比文件1说明书第3栏第0015~0017段）。对比文件1实施例1中采用EA、EHMA与DAAA形成的共聚物，所采用的阳离子表面活性剂为硬脂基三甲基氯化铵，有机溶剂为丙酮，另外还加入了非离子系表面活性剂。对比文件1采用与本申请相同的评价方法测得其实施例1所得组合物的防水性、机械稳定性以及在45℃的储存稳定性均良好。将权利要求1的技术方案与对比文件1实施例1公开的技术方案相比，区别在于：①权利要求1中阳离子系表面活性剂选自双十八烷基二甲基氯化铵或苄基十二烷基二甲基氯化铵，而对比文件1实施例1中阳离子系表面活性剂为十八烷基三甲基氯化铵；②权利要求1使用高闪燃点有机溶剂，而对比文件1实施例1使用低闪燃点有机溶剂丙酮。

结合本申请说明书记载的内容，并考察本申请实施例3~6、8以及比较例8可知，相对于对比文件1，本申请实际解决的技术问题是通过改变溶剂和阳离子表面活性剂的种类，提供一种具有耐久性和良好贮存稳定性的防水防油剂水性分散液。

对比文件2（JP3-243685A，公开日为1991年10月30日）也公开了一种氟系防水防油剂组合物，其中对比文件2说明书公开了如下内容：“使用对水溶解性低的阳离子系表面活性剂时，阳离子系表面活性剂在乳液/水界面有效聚集，所以用较少的量就可以提高ζ电位，对所有纤维，特别是对棉纤维等天然纤维，可以使其具有高防水性，因此，作为阳离子系表面活性剂，优选使用对水溶解性低的阳离子系表面活性剂。作为对水溶解性低的阳离子系表面活性剂，可以列举二十二烷基三甲基氯化铵等含有一个碳原子数在20以上长链烷基的单烷基三甲基氯化铵、二硬脂基二甲基氯化铵等含有两个碳原子数在12以上长链烷基的二烷基二甲基氯化铵……”（参见对比文件2说明书第3页）。对

比文件 2 说明书还公开了如下内容："作为适合这一目的的溶剂，只要是对含有全氟烷基的可以聚合的化合物具有溶解性的水溶性溶剂，则没有特别限定均可使用。但作为优选例，可以列举如丙酮、甲乙酮的酮类，如乙二醇、聚乙二醇的乙二醇衍生物以及如聚乙二醇单甲醚……"（参见对比文件 2 说明书第 5 页）。即，对比文件 2 教导为了获得更高的防水防油性能应选择二硬脂基二甲基氯化铵这样的阳离子系表面活性剂。

对比文件 3（JP6-17034A，公开日为 1994 年 1 月 25 日）公开了含有多氟烷基的聚合物形成的防水防油剂组合物及其制备方法，其在说明书中公开了如下内容："本发明者等以前已经发现不一定使用低沸点溶剂，而使用如饱和多元醇的有机溶剂，也可以进行乳液聚合，并且可以得到稳定的水性分散液（参照特开昭 60-40182 号公报）。但是希望进一步降低起火的危险以及进一步提供水性分散液的稳定性"（参见对比文件 3 说明书第 2 页），即对比文件 3 已经教导了由于使用丙酮等沸点较低的有机溶剂存在缺陷，因此可以使用多元醇等高燃点有机溶剂来避免起火危险和提供防水防油剂组合物的稳定性。

因此，在对比文件 1 公开内容的基础上，本领域技术人员在面对本申请要解决的技术问题时，根据对比文件 2 和 3 上述公开内容的教导，很容易想到将对比文件 2 中教导的含有两个碳原子数在 12 以上长链烷基的二烷基二甲基氯化铵之类的阳离子系表面活性剂应用于对比文件 1 中，以及将对比文件 2 和 3 中公开的高闪燃点有机溶剂代替作为低闪燃点有机溶剂的丙酮，从而得到本申请权利要求 1 的技术方案，因此本申请权利要求 1 的技术方案相对于对比文件 1 与 2 和 3 的结合是显而易见的，故权利要求 1 不具备创造性，不符合专利法第 22 条第 3 款的规定。

（2）从属权利要求 2 的附加技术特征是将高闪燃点有机溶剂进一步限定为闪燃点 70℃以上的二醇类水溶性有机溶剂，对比文件 2 和 3 中同样公开了闪燃点 70℃以上的二醇类水溶性有机溶剂，因此，在独立权利要求 1 不具备创造性的情况下，从属权利要求 2 也不具备创造性，不符合专利法第 22 条第 3 款的规定。

（3）权利要求 3 要求保护一种纤维制品，该纤维制品使用权利要求 1 的分散液。权利要求 4 要求保护一种纤维制品的加工方法，其特征在于该方法用权利要求 1 的分散液处理纤维制品。对比文件 1、2 或 3 的防水防油剂组合物也是用于处理衣料，因此，权利要求 3 和 4 的创造性依赖于权利要求 1 的创造性，在权利要求 1 不具备创造性的情况下，独立权利要求 3 和 4 也不具备创造性，不符合专利法第 22 条第 3 款的规定。

（4）在复审请求书中，请求人认为，本申请的防油性［HL-0］结果是，实施例 1 为 6，实施例 3 和 5 为 7；本申请的防油性［HL-3］结果是，实施例 1 是 4，实施例 3 和 5 为 5 或 6；本申请的防油性［DC-3］结果是，实施例 1 为 3，实施例 3 和 5 为 4；并且认为防油性有 1 或 2 的差异就已经很显著了，以此证明与采用三甲基十八烷基氯化铵的对比文件 1 实施例 1 相比，采用双十八烷基二甲基氯化铵或苄基十二烷基二甲基氯化铵的本申请实施例 3 和实施例 5 提高了防油性。对此，合议组认为，本申请实施例 1 并不是对比文件 1 的实施例 1，而且本申请实施例 1、3 和 5 的共聚物组分不同，所使用的阳离子系表面活性剂和非离子系表面活性剂以及高闪燃点有机溶剂的种类和数量都不同，因此不能证明本申请权利要求 1 与对比文件 1 的上述两点区别带来了预料不到的技术效果。

（5）在答复《第二次审查意见通知书》时，请求人认为，高闪燃点有机溶剂相对于低闪燃点有机溶剂（如丙酮）可以提高防水防油耐久性以及贮存稳定性，并且认为将实施例 5 与比较例 8 进行比较，可以看出这些效果。对此，合议组认为，①对比文件 1 的表 3 已经证明其实施例 1 所得防水防油剂组合物性能良好，而对比文件 3 的实施例 4 与比较例 1 相比，二者仅溶剂不同，实施例 4 使用 PDMMEA，比较例 1 使用丙酮，但实施例 4 和比较例 1 所得防水防油剂组合物的耐久性、机械稳定性丝毫不逊于本申请实施例5，而且，对比文件3中已经教导了通过改变溶剂，可以提高防水防油剂组合物的稳定性和降低起火危险，对比文件3实施例1与比较例4的对比也可证明这一点，并且对比文件3公开了其中的一些高闪燃点有机溶剂多元醇，因此现有技术中已经存在通过选择高闪燃点有机溶剂来提高防水防油剂组合物稳定性的教导。②本申请实施例5和比较例8的实验数据仅能证明在共聚物为FA/VCl/2EHMA/N-MAM、阳离子系表面活性剂为苄基十二烷基二甲基氯化铵的情况下，丙酮替换为三丙二醇单甲醚使得HL-3、DC-3有所提高，贮存稳定性稍有差异，由稍有沉降改善为完全不沉降（参见本申请说明书表B）。但是，本领域技术人员知道，一种具体的防水防油剂组合物的特定性能是由包含在其中的各种组分相互作用后的结果，该比较数据仅能证明实施例5所述的具体防水防油剂组合物的性能，不能证明权利要求1中所述的所有防水防油剂组合物的性能，其次，虽然实施例5相对于比较例8在贮存稳定性上有所改善，但是贮存稳定性的观察是基于肉眼进行，肉眼观察会存在一定的误差，在稍有沉降与完全不沉降之间并没有显著差异，这种改善没有导致质的改变，因此，本申请权利要求1相对于对比文件1、2、3并未取得意想不到的技术效果。

（6）请求人答复《复审通知书》时声称提交了本申请实施例9（追加）和比较例9（对比文件2实施例2，追加）、比较例10（对比文件3实施例1，追加）、比较例11（对比文件1实施例3，追加）及它们的试验效果数据，以期证明本申请实施例1与比较例9相比、实施例9与比较例10，以及实施例9与比较例11相比在储存稳定性、机械稳定性方面取得了极好的效果，由此本申请相对于对比文件1、对比文件2、对比文件3具备创造性。对此，合议组经核实，比较例10并非是对比文件3的实施例1，它们在共聚单体组分及其含量上均不同；比较例11也并非是对比文件1实施例3，它们在共聚单体组分及其含量上也均不同；而实施例1并非在本申请权利要求1范围之内；因此实施例9与比较例10、实施例9与比较例11以及实施例1与比较例9的比较结果无法证明请求人的主张。

根据上述事实和理由，合议组作出如下审查决定。

三、决定

维持国家知识产权局于2005年8月19日针对00805908.X号发明专利申请作出的驳回决定。

复审请求人对本决定不服的，可以根据专利法第41条第2款的规定，自收到本决定之日起三个月内向北京市第一中级人民法院起诉。

144

消毒剂及其制造方法

复审请求审查决定（第 14774 号）

决　　定　　号　第 14774 号
决　　定　　日　2007 年 10 月 11 日
发明创造名称　消毒剂及其制造方法
国 际 分 类 号　A01N37/04
复 审 请 求 人　纯生物科学公司
申　　请　　号　200410045711.7
申　　请　　日　1998 年 10 月 9 日
分 案 提 交 日　2004 年 5 月 21 日
优 先 权 日　1997 年 10 月 10 日
公　　开　　日　2004 年 12 月 8 日
合 议 组 组 长　李彦涛
主　　审　　员　李新芝
参　　审　　员　汪送来

法 律 依 据　专利法第 22 条第 2 款
决 定 要 点

如果权利要求的技术方案和现有技术的内容相比，存在区别技术特征，两技术方案实质上不相同，则该权利要求具有新颖性。

一、案由

本复审请求案涉及发明名称为“消毒剂及其制造方法”的 200410045711.7 号发明专利申请（下称本申请），申请人为纯生物科学公司，申请日为 1998 年 10 月 9 日，分案提交日为 2004 年 5 月 21 日，优先权日为 1997 年 10 月 10 日，公开日为 2004 年 12 月 8 日。

2006 年 6 月 9 日，针对申请人于 2005 年 12 月 24 日提交的权利要求第 1~12 项、1998 年 10 月 9 日提交的说明书第 1~16 页、附图第 1~8 页及说明书摘要，国家知识产权局以权利要求 5~10 不符合专利法第 22 条第 2 款的规定为由驳回了本申请。

驳回决定针对的权利要求 5~10 如下：

“5. 柠檬酸银的制造方法，包括在柠檬酸和水的溶液中电解产生银以形成柠檬酸银水溶液的步骤。

6. 如权利要求 5 所述的柠檬酸银制造方法，其中电解产生银的步骤包括与柠檬酸形成有机金属络合物。

7. 如权利要求5所述的柠檬酸银制造方法，其中电解产生银的步骤包括与柠檬酸形成螯合的有机金属络合物。

8. 如权利要求5所述的柠檬酸银制造方法，其中电解产生银的步骤包括与柠檬酸形成络合物（Ag（CA）x）$^{+}$（CA）–，其中的CA是（$C_6H_8O_7-H_2O$），x是整数。

9. 如权利要求5所述的柠檬酸银制造方法，其中电解产生银的步骤包括与柠檬酸形成络合物（Ag^+CA^-），其中的CA是（$C_6H_8O_7-H_2O$）。

10. 如权利要求5所述的柠檬酸银的制造方法，其中阳极和阴极都是银。”

驳回决定认为：（1）对比文件2（特开平4-297599A，公开日：1992年10月21日）公开了银变色除去方法，该方法在1.5V电压下用银电极电解含柠檬酸盐的水溶液（参见对比文件2英文摘要）。由此可知，对比文件2公开了权利要求5的全部技术特征，因此权利要求5不具有新颖性；（2）权利要求6~10对权利要求5的方法作了进一步的限定，但权利要求6~10的附加技术特征均已在对比文件2中公开，因此权利要求6~10也不具有新颖性，不符合专利法第22条第2款的规定。

2006年9月25日，申请人纯生物科学公司（下称请求人）对上述驳回决定不服，向专利复审委员会提出复审请求，请求人在提出复审请求时对权利要求5进行了修改，修改后的权利要求5如下：

“5. 柠檬酸银的制造方法，包括在柠檬酸和水的溶液中电解产生银离子以形成柠檬酸银水溶液的步骤，其中所述银离子是通过向元素银阳极和阴极施加电位差产生的。”

请求人认为：（1）由修改后权利要求5的方法产生的电解游离银离子是通过在柠檬酸溶液中电解元素银阳极而释放的银离子，而对比文件2是通过从银匙释放硫化银，而不是元素银来消除银变色现象，因此对比文件2没有公开或暗示通过本发明方法释出元素银离子，以用于产生改进的含水消毒剂或其他目的；（2）对比文件2的方法是通过消除变色现象来清洁和保存银匙，该方法仅除去硫化银，而不影响银匙的元素银，不是对阳极银进行电解。因此，权利要求5~10与对比文件2相比具有新颖性；（3）对于权利要求10而言，记载了阳极和阴极都是银，而对比文件2仅记载了阳极是由银制成的，没有记载阴极也有银制成，因此权利要求10与对比文件2相比具有新颖性。

经形式审查合格后，专利复审委员会受理了该请求，并于2006年11月17日向请求人发出了《复审请求受理通知书》，同时将本申请转送至国家知识产权局原审查部门进行前置审查。

在《前置审查意见书》中，国家知识产权局原审查部门认为，对比文件2使用银阳电极电解含有柠檬酸盐的水溶液，其电解过程势必会产生相同的离子形式，因此对比文件2公开了权利要求5~10的全部技术特征，故坚持原驳回决定。

专利复审委员会组成合议组，对本复审请求案进行了审理。

经合议，合议组认为本案事实已经清楚，可以作出审查决定。

二、决定的理由

1. 决定的文本

本复审决定是以请求人于2006年9月25日提交的权利要求第1~12项，2004年5月21日提交的说明书第1~16页、说明书附图第1~8页和说明书摘要为基础作出的。

2. 关于新颖性

专利法第22条第2款规定：新颖性，是指在申请日以前没有同样的发明或者实用新型在国内外出版物上公开发表过、在国内公开使用过或者以其他方式为公众所知，也没有同样的发明或者实用新型由他人向国务院专利行政部门提出过申请并且记载在申请日以后公布的专利申请文件中。

如果权利要求的技术方案与现有技术的内容相比，存在区别技术特征，两技术方案实质上不相同，则该权利要求具有新颖性。

就本申请而言，权利要求5要求保护一种柠檬酸银的制造方法，包括在柠檬酸和水的溶液中电解产生银离子以形成柠檬酸银水溶液的步骤，其中所述银离子是通过向元素银阳极和阴极施加电位差产生的。对比文件2（特开平4-297599A，公开日：1992年10月21日）公开了一种除去变色银（Ag_2S）的方法，包括在与直流银阴极相连的变色银和反电极阳极之间施加1.5V或更高的电压，在阳极侧产生氧气，在阴极侧产生氢气，Ag_2S与H_2发生如下反应：$Ag_2S+H_2 \rightarrow 2Ag+H_2S$，硫化银一部分在氢化后失去黏附性从银表面剥离，其中阳极材料可以使用不锈钢、石墨、铅等不溶性材料（参见对比文件2第2栏第6行至第3栏第3行）。由此可知，对比文件2实际上是利用电解水产生的氢气与Ag_2S的还原反应来除去银表面的Ag_2S，其选用的阳极为诸如不锈钢、石墨、铅等的惰性电极，而本申请权利要求5则是通过在柠檬酸水溶液中电解银阳极产生的银离子来制造柠檬酸银，因此在对比文件2中并没有公开使用银作阳极，而且从其解决的技术问题来看，也不能使用银作阳极。所以说权利要求5的技术方案与对比文件2相比存在区别技术特征，两者属于实质上不相同的技术方案，因此权利要求5具有新颖性，符合专利法第22条第2款的规定。

从属权利要求6~10对权利要求5作了进一步的限定，在其引用的权利要求5相对于对比文件2具有新颖性的基础上，从属权利要求6~10相对于对比文件2也具有新颖性，符合专利法第22条第2款的规定。

国家知识产权局原审查部门认为，在对比文件2中已经公开了使用银阳极电解含有柠檬酸的水溶液，其电解过程势必会产生相同的离子形式，因此对比文件2公开了权利要求5~10的全部技术特征。

对此，合议组查明，在对比文件2中并没有公开使用银作阳极的技术方案，而且从其解决的技术问题来看，也不可能使用银作阳极，因此权利要求5~10的技术方案与对比文件2相比存在区别技术特征，具有新颖性。

根据上述事实和理由，合议组作出如下审查决定。

三、决定

撤销国家知识产权局于2006年6月9日针对200410045711.7号发明专利申请作出的驳回决定，由国家知识产权局原审查部门以请求人于2006年9月25日提交的权利要求第1~12项，2004年5月21日提交的说明书第1~16页、说明书附图第1~8页和说明书摘要为基础继续审批程序。

复审请求人对本决定不服的，可以根据专利法第41条第2款的规定，自收到本决定之日起三个月内向北京市第一中级人民法院起诉。

145

共聚粉状阳离子型聚丙烯酰胺的生产方法

复审请求审查决定（第14790号）

决　定　号　第14790号
决　定　日　2008年10月20日
发明创造名称　共聚粉状阳离子型聚丙烯酰胺的生产方法
国际分类号　C08F 120/56，C08F 2/38
复审请求人　赵吉滨
申　请　号　03139189.3
申　请　日　2003年9月1日
公　开　日　2005年3月9日
合议组组长　刘　静
主　审　员　张家祥
参　审　员　危　峰

法律依据　专利法第26条第3款
决定要点

对于化学产品的制备方法而言，如果该产品所用原料的配比是本领域技术人员根据说明书记载的内容结合本领域的普通技术知识可以选择的，并且其发明点也不在于所用原料的配比，则说明书中没有记载该配比不会导致说明书不清楚。

一、案由

本复审请求案涉及发明名称为“共聚粉状阳离子型聚丙烯酰胺的生产方法”的03139189.3号发明专利申请（下称本申请），申请人为赵吉滨，申请日为2003年9月1日，公开日为2005年3月9日。

2006年8月18日，针对申请人于2006年1月12日提交的权利要求第1~10项、说明书第1~7页以及2003年9月1日提交的说明书摘要，国家知识产权局以本申请的说明书不符合专利法第26条第3款的规定为由驳回了本申请。

驳回决定所针对的权利要求书如下：

“1. 一种共聚粉状阳离子型聚丙烯酰胺的生产方法，由丙烯酰胺单体和阳离子单体经引发聚合生成，然后干燥、粉碎得产品，其特征在于聚合反应液中添加有光敏剂，聚合引发采用光引发。

2. 根据权利要求1所述的生产方法，其特征在于光敏剂由过硫酸盐、$NaHSO_2 \cdot CH_2O \cdot 2H_2O$、偶氮化合物和络合剂组成，引发采用光为紫外线光。

3. 根据权利要求 2 所述的生产方法，其特征在于过硫酸盐用量为丙烯酰胺单体重量的 0. 05～0. 25/10000、$NaHSO_2 \cdot CH_2O \cdot 2H_2O$ 用量为丙烯酰胺单体重量的 0. 05～0. 25/10000、偶氮化合物用量为丙烯酰胺单体重量的 0. 5～5/10000、络合剂用量为丙烯酰胺单体重量的 0. 25～2. 5/10000。

4. 根据权利要求 3 所述的生产方法，其特征在于过硫酸盐为过硫酸铵或过硫酸钾，偶氮化合物为 2，2-偶氮双（2-脒基丙烷）二盐酸盐、络合剂为 EDTA 二钠或四钠盐。

5. 根据权利要求 1 任一权利要求所述的生产方法，其特征在于聚合反应液中添加有丙烯酰胺单体重量 0～5% 的链调节剂。

6. 根据权利要求 5 所述的生产方法，其特征在于链调节剂为异丙醇、硫醇类化合物。

7. 根据权利要求 1 所述的生产方法，其特征在于光引发聚合后的胶块需经捏合处理，并在捏合过程中添加丙烯酰胺单体重量 2%～10% 的稳定剂。

8. 根据权利要求 7 所述的生产方法，其特征在于稳定剂为硫代硫酸钠、四亚乙基五胺，三缩四乙二胺和硫脲中的一种。

9. 根据权利要求 1 所述的生产方法，其特征在于聚合反应液的 pH 值控制为 3～5。

10. 根据权利要求 1 所述的生产方法，其特征在于聚合反应液的温度控制为 5～60℃。”

驳回决定认为，本申请涉及一种共聚粉状阳离子型聚丙烯酰胺的生产方法，但在说明书及其实施例中却没有给出丙烯酰胺单体和阳离子单体的用量比，因而导致说明书不清楚，不符合专利法第 26 条第 3 款的规定。虽然申请人在意见陈述书中指出，丙烯酰胺单体与阳离子单体的用量比可使用任意配比，但审查员不能接受该意见。理由在于：本申请所要解决的技术问题是提供一种生产粉状阳离子型聚丙烯酰胺的新方法，反应聚合过程容易控制，制得的产品质量好，分子量大且可以控制，水溶性能好且性能稳定。而这些性能却是与产品的结构组成密切相关的，阳离子单体和丙烯酰胺单体聚合比例的不同所得到的产品性能和应用范围也会有很大不同，而且一般对于聚合物来说，公开其聚合单体的比例（无论是一个点值还是某个范围）对于说明书的清楚阐释是非常重要的。另外，当丙烯酰胺的量相对于阳离子单体极少并按照说明书中所述量添加光敏剂时，其反应过程，例如对反应的控制、分子量的控制等能否达到本发明的效果是本领域技术人员难以预料的，因此，本发明中两种单体的比例必定存在一个较为合适或者合理的范围。由于本申请说明书的实施例中均没有公开两种单体的比例，故本领域技术人员按照说明书中记载的方法无法解决该发明所要解决的技术问题。

2006 年 11 月 11 日，申请人赵吉滨（下称请求人）对上述驳回决定不服，向专利复审委员会提出复审请求，未对申请文件进行修改，但同时提交了驳回决定和本申请公开说明书的复印件（共 12 页）。请求人认为，本申请是对现有的共聚粉状阳离子型丙烯酰胺生产方法的改进，是以现有的共聚粉状阳离子型聚丙烯酰胺生产方法为基础的，所用原料的配比是现有的常规技术，对于本领域技术人员来说是能够操作和实现的，不会导致不清楚。并且，在专利文件中，也无需对现有技术进行详述。另外，本申请的主要改进在于将丙烯酰胺单体和阳离子单体共聚合成反应中的化学引发剂改为光敏剂，采用光引发，光引发具有反应平稳、放热少易控制等特点，便于工业化操作。本领域技术人员能够按照现有的成熟技术并根据反应摩尔比的要求进行反应设计，反应物中不会出现丙烯酰胺的量相对于阳离子单体极少的情况，因此，本申请的说明书是清楚的，符合专利法第 26 条第 3 款的规定。

经形式审查合格后，专利复审委员会受理了该请求，并于 2006 年 12 月 30 日向请求人发出了《复审请求受理通知书》，同时将本申请转送至国家知识产权局原审查部门进行前置审查。

在《前置审查意见书》中，国家知识产权局原审查部门坚持驳回决定。

专利复审委员会组成合议组，对本复审请求案进行了审理。

经合议，合议组认为本案事实已经清楚，可以作出审查决定。

二、决定的理由

1. 关于审查文本

本复审请求审查决定针对的文本是驳回决定所针对的文本，即请求人于 2006 年 1 月 12 日提交的权利要求第 1~10 项、说明书第 1~7 页以及 2003 年 9 月 1 日提交的说明书摘要。

2. 关于专利法第 26 条第 3 款

专利法第 26 条第 3 款规定：说明书应当对发明或者实用新型作出清楚、完整的说明，以所属技术领域的技术人员能够实现为准。

对于化学产品的制备方法而言，如果该产品所用原料的配比是本领域技术人员根据说明书记载的内容结合本领域的普通技术知识可以选择的，并且其发明点也不在于所用原料的配比，则说明书中没有记载该配比不会导致说明书不清楚。

就本申请而言，权利要求 1 要求保护一种共聚粉状阳离子型聚丙烯酰胺的生产方法，由丙烯酰胺单体和阳离子单体经引发聚合生成，然后干燥、粉碎得产品，其特征在于聚合反应液中添加有光敏剂，聚合引发采用光引发。权利要求 2~10 均直接或间接引用权利要求 1，是权利要求 1 的从属权利要求。

驳回决定认为，本申请所要解决的技术问题是提供一种生产粉状阳离子型聚丙烯酰胺的新方法，反应聚合过程容易控制，制得的产品质量好，分子量大且可以控制，水溶性能好且性能稳定，而上述性能与产品的结构组成密切相关，阳离子单体和丙烯酰胺单体聚合比例的不同所得到的产品性能和应用范围也会不同，但在本申请的说明书及其实施例中却没有给出丙烯酰胺单体和阳离子单体的用量比，从而导致说明书不清楚，并且对于聚合物来说，公开其聚合单体的比例对于说明书的清楚阐释是非常重要的。另外，当丙烯酰胺的量相对于阳离子单体极少时，本领域技术人员按照说明书中记载的方法无法解决该发明所要解决的技术问题，并达到所述的技术效果。因此，本申请的说明书不符合专利法第 26 条第 3 款的规定。

对此，合议组认为：（1）由本申请的背景技术可知，共聚粉状阳离子型聚丙烯酰胺的基本生产方法是由丙烯酰胺单体和阳离子单体配成一定浓度的水溶液混合单体，经化学引发剂引发自由基共聚合成，然后干燥、粉碎得产品。目前使用化学引发剂对反应聚合过程控制难度大，不易掌握，对聚合所得产品的质量更是无法控制。本申请所述的共聚粉状阳离子型聚丙烯酰胺也是由丙烯酰胺单体和阳离子单体经引发聚合生成，然后干燥、粉碎得产品，但其聚合反应液中添加有光敏剂，聚合引发采用光引发。光引发具有反应平稳，放热少，易控制等特点，便于工业化使用操作。由此可见，本申请的发明点旨在将丙烯酰胺单体和阳离子单体的共聚合成反应中的化学引发剂改为光敏剂，采用光引发，以达到聚合反应过程容易控制的技术效果，并不在于丙烯酰胺单体和阳离子单体的配比。（2）根据说明书第 1~2 页的记载，本申请所述共聚粉状阳离子型聚丙烯酰胺生产方法中的光敏剂由过硫酸盐、$NaHSO_2 \cdot CH_2O \cdot 2H_2O$、偶氮化合物和络合剂组成，引发采用光为紫外线光。过硫酸盐用量为丙烯酰胺单体重量的 0.05~0.25/10000、$NaHSO_2 \cdot CH_2O \cdot 2H_2O$ 用量为丙烯酰胺单体重量的 0.05~0.25/10000、偶氮化合物用量为丙烯酰胺单体重量的 0.5~5/10000、络合剂用量为丙烯酰胺单体重量的 0.25~2.5/10000。本申请的反应聚合过程容易控制，反应条件宽松，混合单体的浓度可以在较宽的范围内调整（重量浓度可以为 15%~60%）。在说明书的实施例 1~6 中，共聚粉状阳离子型聚丙烯酰胺的生产方法均是将丙烯酰胺单体用去离子水配成水溶液，按反应要求的阳离子摩尔比计量阳离子单体的用量，加入到丙烯酰胺溶液中，再用去离子水调节混合单体的浓度。

由上述内容可知，本申请说明书已经给出了丙烯酰胺与光敏剂各组分（包括过硫酸盐、$NaHSO_2 \cdot CH_2O \cdot 2H_2O$、偶氮化合物和络合剂）的重量比以及丙烯酰胺单体和阳离子单体的混合单体的浓度（15%~60%）。此外，本申请是对现有的共聚粉状阳离子型聚丙烯酰胺生产方法的改进，根据本领域的公知常识，丙烯酰胺单体和阳离子单体均是最主要的反应原料，其配比是本领域技术人员根据本领的普通技术知识可以选择的，故通常不会出现丙烯酰胺的量相对于阳离子单体极少的情况。在此基础上，本领域技术人员根据上述说明书给出的混合单体的浓度、按照共聚产物的实际要求并结合本领域的普通技术知识能够合理选择丙烯酰胺单体与阳离子单体的配比，即使实施例中没有记载该配比也不会导致说明书不清楚，且如前文所述，本申请的发明点旨在将丙烯酰胺单体和阳离子单体的共聚合成反应中的化学引发剂改为光敏剂，采用光引发，以达到聚合反应过程容易控制的技术效果，并不在于丙烯酰胺单体和阳离子单体的配比，因此，驳回决定中指出的说明书不符合专利法第26条第3款规定的驳回理由不成立。

根据上述事实和理由，合议组作出如下审查决定。

三、决定

撤销国家知识产权局于2006年8月18日针对03139189.3号发明专利申请作出的驳回决定，由国家知识产权局原审查部门以请求人于2006年1月12日提交的权利要求第1~10项、说明书第1~7页以及2003年9月1日提交的说明书摘要为基础继续审批程序。

复审请求人对本决定不服的，可以根据专利法第41条第2款的规定，自收到本决定之日起三个月内向北京市第一中级人民法院起诉。

146

脂状聚硅氧烷组合物

复审请求审查决定（第 14795 号）

决　定　号 第 14795 号
决　定　日 2008 年 10 月 21 日
发明创造名称 脂状聚硅氧烷组合物
国 际 分 类 号 C08L 83/04，C10M107/50
复 审 请 求 人 陶氏康宁东丽硅氧烷株式会社
申　请　号 02806242.6
申　请　日 2002 年 3 月 11 日
公　开　日 2004 年 8 月 11 日
最早优先权日 2001 年 3 月 9 日
合 议 组 组 长 刘　亚
主　审　员 娄　宁
参　审　员 汪送来

法 律 依 据 专利法第 22 条第 3 款
决 定 要 点

如果现有技术给出了将发明与最接近的现有技术之间的区别技术特征应用到该最接近的现有技术中，从而解决该发明所实际解决的技术问题的技术启示，则该发明对于本领域技术人员来说是显而易见的，不具备创造性。

一、案由

本复审请求涉及名称为“脂状聚硅氧烷组合物”的 02806242.6 号发明专利申请（下称本申请），申请人为陶氏康宁东丽硅氧烷株式会社，申请日为 2002 年 3 月 11 日，最早的优先权日为 2001 年 3 月 9 日，公开日为 2004 年 8 月 11 日。

2006 年 9 月 8 日，针对申请人于 2003 年 9 月 9 日提交的国际初步审查报告的附件的说明书第 2～3 页，2003 年 9 月 9 日提交的国际申请文件中文译文的说明书第 4～8 页及说明书摘要，以及 2005 年 12 月 29 日提交的说明书第 1 页及权利要求第 1～4 项，国家知识产权局以本申请权利要求 1 不符合专利法第 22 条第 3 款的规定为由驳回了本申请。驳回的具体理由如下：

对比文件 1（JP 昭 59-157192A，公开日为 1984 年 9 月 6 日）公开了一种硅润滑脂，其含有 100 重量份通式为（$R^1SiO_{3/2}$）l（$R_2{}^2SiO$）$_m$（$R_3{}^3SiO_{1/2}$）$_n$ 的有机聚硅氧烷和 2～180 重量份的增稠剂，并还公开了硅润滑脂中的增稠剂可以是二氧化硅粉末、碳黑、石墨等。当本申请权利要求 1 中的（A）

成分：有机聚硅氧烷分子中的取代基 R 为含有 1~30 个碳原子的烷基或芳基时，（A）成分的有机聚硅氧烷的结构单元与对比文件 1 公开的硅润滑脂中的有机聚硅氧烷的结构单元相同，且各结构单元摩尔百分含量相互重叠，可见（A）成分被对比文件 1 公开。权利要求 1 与对比文件 1 相比，区别在于权利要求 1 所述组合物中的（B）组分是选自氧化铝等粉末，而对比文件 1 公开的是二氧化硅、碳黑、石墨等粉末；对比文件 2（EP0823451A1，公开日为 1998 年 2 月 11 日）也公开了一种传热性硅润滑脂，包括聚硅氧烷和传热填料，传热填料可以是氮化铝粉末和氧化锌粉末；同时，对比文件 2 还给出了“将氮化铝、氧化锌等粉末与有机聚硅氧烷配合使用可以获得具有较高热传导率的导热材料”的教导，在这种教导下，本领域的普通技术人员自然容易想到将对比文件 2 公开的氮化铝、氧化锌等粉末代替对比文件 1 中的二氧化硅等粉末与对比文件 1 中的有机聚硅氧烷结合制备组合物来解决散热性问题。因此，当权利要求 1 中的（B）组分为氧化锌粉末或氮化铝粉末时，权利要求 1 的技术方案相对于对比文件 1 和 2 的结合是显而易见的，不具有突出的实质性特点和显著的进步，不具有专利法第 22 条第 3 款规定的创造性。

驳回决定针对的权利要求书为：

“1. 脂状聚硅氧烷组合物，其特征在于，至少由（A）式：$R^2SiO_{2/2}$表示的硅氧烷单元 80~96.5 摩尔%、式：$RSiO_{3/2}$表示的硅氧烷单元 1.0~10.0 摩尔%、与式：$R^3SiO_{1/2}$表示的硅氧烷单元 0.25~10.0 摩尔%组成的液态有机聚硅氧烷与（B）选自氧化铝粉末、氧化锌粉末、碳化硅粉末和氮化铝粉末的至少一种传热性粉末组成，式中，R 是一价烃基。

2. 权利要求 1 所述的脂状聚硅氧烷组合物，其特征在于（A）成分在 25℃下的黏度是 10~100000mPa·S。

3. 权利要求 1 所述的脂状聚硅氧烷组合物，其特征在于（B）成分的平均粒径是 0.1~100μm.

4. 权利要求 1 所述的脂状聚硅氧烷组合物，其特征在于，（B）成分的含量，相对于（A）成分 100 重量份，是 10~2000 重量份。”

2006 年 12 月 25 日，申请人陶氏康宁东丽硅氧烷株式会社（下称请求人）对上述驳回决定不服，向专利复审委员会提出复审请求，请求人在提出复审请求时未修改申请文件。

请求人认为：(1) 对比文件 1 中并未描述权利要求 1 中传热性粉末的内容，对比文件 1 涉及用于为例如旋转轴提供润滑的硅氧烷脂，而本发明的目的是提供具有优异耐热性和含有大量增稠剂的硅氧烷脂，对比文件 1 并未提供获得本申请技术方案的最接近的现有技术；(2) 对比文件 2 并未记载具有本发明中特定类型的液态硅氧烷的组合物，具体来说未公开具有本发明中特定硅氧烷单元的脂状硅氧烷，本发明所获得的改进的性能是通过使用本发明中特定硅氧烷所获得的；(3) 若以对比文件 2 作为最接近的现有技术，本领域技术人员无动机为实现本发明目的将对比文件 1 的硅氧烷应用于对比文件 2 的硅氧烷组合物，本发明相对于对比文件 1、对比文件 2 或其结合具备新颖性和创造性。

经形式审查合格后，专利复审委员会受理了该请求，并于 2007 年 2 月 12 日向请求人发出了《复审请求受理通知书》，同时将本申请转送至国家知识产权局原审查部门进行前置审查。

在《前置审查意见书》中，国家知识产权局原审查部门坚持驳回决定。

专利复审委员会组成合议组，对本复审请求案进行了审理。合议组于 2008 年 7 月 16 日向请求人发出《复审通知书》，指出：

(1) 本申请的权利要求 1 要求保护脂状聚硅氧烷组合物，本申请所要解决的技术问题是提供可以大量含有增稠剂，且具有良好耐热性的脂状聚硅氧烷组合物（参见说明书第 1 页第 4 段）。对比文件 1 公开了一种硅润滑脂，本申请的权利要求 1 与对比文件 1 相比，区别在于权利要求 1 的组合物中（B）组分是选自氧化铝等粉末，而对比文件 1 公开的是二氧化硅微粉、碳黑、石墨等粉末。对比文件1的硅润滑脂同样可以大量含有增稠剂，并且是具有良好耐热性的脂状聚硅氧烷组合物。因此，本申请相对于对比文件1而言实际解决的技术问题是提供一种含有不同增稠剂而同样具有耐热性的聚硅氧烷组合物。对比文件1教导了组合物的增稠剂可以选择以二氧化硅为主要成分的石英粉，且所述硅润滑脂在宽温度范围内稠度变化小。由此，在对比文件1的教导下本领域技术人员完全有动机使用与石英粉末类似的增稠剂以解决本申请实际要解决的技术问题，本领域技术人员已知在硅膏、硅脂组合物中可使用导热性化合物或金属微粉，如氧化铝、氧化锌、碳化硅、氮化铝，作为增稠剂（参见《有机硅合成工艺及产品应用》，幸松民 王一璐，第485页、第490页，化学工业出版社，2000年9月），因此这种增稠剂的选择替换以及其与聚硅氧烷的组合都是本领域技术人员在制备脂状聚硅氧烷组合物时的常规技术手段。此外，本申请实施例1~8中制备了系列聚硅氧烷组合物，其中分别使用氧化铝、石英粉末（实施例3）、氧化锌、碳化硅、氮化铝作为传热粉末，与比较例进行的耐热性试验（表I）表明本申请中使用的氧化铝等传热粉末的组合物相比于以石英粉末作为增稠剂的组合物而言，权利要求1的聚硅氧烷组合物并未产生意料不到的技术效果。对比文件2也公开了一种传热性硅润滑脂，包括聚硅氧烷和传热填料，传热填料可以是氮化铝粉末和氧化锌粉末（参见权利要求10），这些填料都是本领域公知的增稠剂，可见对比文件2同样教导了氮化铝粉末和氧化锌粉末可以用作硅润滑脂的增稠剂。因此，在对比文件1结合本领域常规技术手段或进一步结合对比文件2的情况下，获得权利要求1的组合物对于本领域技术人员来说是显而易见的，权利要求1的技术方案不具有突出的实质性特点和显著的进步，不符合专利法第22条第3款规定的创造性。

（2）从属权利要求2在权利要求1的基础上进一步限定（A）成分在25℃下的黏度为10~100000mPa·S。对比文件1中公开了硅润滑脂中有机聚硅氧烷在25℃下的黏度为100~500000m cSt，权利要求2也不具有专利法第22条第3款规定的创造性。

（3）从属权利要求3在权利要求1的基础上进一步限定（B）成分的粒径为0.1~100μm。而选择合适的粒径范围对本领域技术人员来说无需付出创造性劳动。此外，对比文件2中公开了氮化铝粉末的平均粒径为0.5~5μm、氧化锌粉末的平均粒径为0.2~5μm（参见其权利要求12、13），即权利要求3的附加技术特征已经被对比文件2公开。因此，权利要求3也不具有专利法第22条第3款规定的创造性。

（4）从属权利要求4在权利要求1的基础上进一步限定了脂状聚硅氧烷组合物中，相对于（A）成分100重量份，（B）成分的含量是10~2000重量份。对比文件1中公开了在硅润滑脂中相对于100重量份的聚有机硅氧烷（A），增稠剂的含量为2~180重量份，权利要求4的附加技术特征也已被对比文件1公开，权利要求4也不具有专利法第22条第3款规定的创造性。

（5）至于请求人在提出复审请求时陈述的意见，合议组认为：对比文件1与本申请均属于聚硅氧烷组合物领域，对比文件1中虽然未描述权利要求1中传热性粉末，但其组合物的增稠剂是二氧化硅微粉，而二氧化硅微粉本身就是一种传热性粉末；对比文件1解决的技术问题是其中的硅润滑脂在宽温度范围内稠度和扭矩值变化小，而本申请的组合物解决的技术问题为“含有大量增稠剂且具有良好耐热性”，因此二者所要解决的技术问题十分近似；对比文件1的组合物用于为例如旋转轴提供润滑，本申请对于组合物的用途没有明确公开，但本申请的聚硅氧烷组合物在组成上与对比文件1十分接近，因此本申请的聚硅氧烷组合物未必不能用于对比文件1中的用途，二者用途相同或接近；此外，对比文件1中公开了本申请的有机聚硅氧烷（A），并公开了传热性粉末二氧化硅微粉可作为增稠剂的技术特征；综上所述，对比文件1是现有技术中与本申请最密切相关的技术方案，可以作为最接近的现有技术评价本申请的创造性。而请求人所主张的以对比文件2作为最接近的对比文件评价创造性的理由不能证明本申请权利要求1~4相对于对比文件1和本领域常识而言具有创造性，因此合议组对请求人的主张不予支持。

针对上述《复审通知书》，请求人于2008年9月1日提交了意见陈述书和权利要求书替换页，其中在权利要求1中限定了（B）成分相对于（A）成分的含量，删除了权利要求4，并对其余权利要求重新编号。

请求人认为：对比文件1中没有公开或暗示权利要求1的特征“脂状聚硅氧烷组合物可以含有大量的（B）成分（即200~2000重量份（B）成分/100重量份（A）成分）”，因此具有优异的耐热性；对比文件2没有公开含有本申请权利要求1所述含量的各硅氧烷单元的液体有机聚硅氧烷，也没有公开或暗示权利要求1的技术特征“脂状聚硅氧烷组合物可以含有大量的（B）成分（即即200~2000重量份（B）成分/100重量份（A）成分）”，因此具有优异的耐热性；由于对比文件1和本申请的发明目的不同，本领域技术人员没有将对比文件1和对比文件2进行组合的动机，因此权利要求1具有突出的实质性特点；本申请的脂状聚硅氧烷组合物大量含有增稠剂，具有优异的耐热性，具有显著进步。

修改后的权利要求书为：

“1. 脂状聚硅氧烷组合物，其特征在于，至少由（A）式：$R^2SiO_{2/2}$表示的硅氧烷单元80~96.5摩尔%、式：$RSiO_{3/2}$表示的硅氧烷单元1.0~10.0摩尔%、与式：$R^3SiO_{1/2}$表示的硅氧烷单元0.25~10.0摩尔%组成的液态有机聚硅氧烷与（B）选自氧化铝粉末、氧化锌粉末、碳化硅粉末和氮化铝粉末的至少一种传热性粉末组成，式中，R是一价烃基，所述（B）成分的含量是200~2000重量份/100重量份（A）成分。

2. 权利要求1所述的脂状聚硅氧烷组合物，其特征在于（A）成分在25℃下的黏度是10~100000mPa·S。

3. 权利要求1所述的脂状聚硅氧烷组合物，其特征在于（B）成分的平均粒径是0.1~100μm.。”

至此，合议组认为本案事实已经清楚，可以作出审查决定。

二、决定的理由

1. 审查文本

本复审请求审查决定以请求人于2008年9月1日提交的权利要求第1~3项，2003年9月9日提交的国际初步审查报告的附件的说明书第2~3页，2003年9月9日提交的国际申请文件中文译文的说明书第4~8页及说明书摘要，以及2005年12月29日提交的说明书第1页为基础进行审查。

2. 关于专利法第22条第3款

专利法第22条第3款规定，创造性是指同申请日以前的已有的技术相比，该发明有突出的实质性特点和显著的进步。

如果现有技术给出了将发明与最接近的现有技术之间的区别技术特征应用到该最接近的现有技术中，从而解决该发明所实际解决的技术问题的技术启示，则该发明对于本领域技术人员来说是显而易见的，不具备创造性。

（1）本申请的权利要求1要求保护脂状聚硅氧烷组合物，其特征在于，至少由（A）式：$R^2SiO_{2/2}$表示的硅氧烷单元80~96.5摩尔%、式：$RSiO_{3/2}$表示的硅氧烷单元1.0~10.0摩尔%、与式：$R^3SiO_{1/2}$表示的硅氧烷单元0.25~10.0摩尔%组成的液态有机聚硅氧烷与（B）选自氧化铝粉末、氧化锌粉末、碳化硅粉末和氮化铝粉末的至少一种传热性粉末组成，式中，R是一价烃基，所述（B）成分的含量是200~2000重量份/100重量份（A）成分。

根据说明书的描述，本发明涉及的脂状聚硅氧烷组合物可以大量含有增稠剂，且具有良好耐热性（参见说明书第1页第1段和第4段）。本申请所称的耐热性是指组合物在200℃烘箱中放置24小时前后的稠度变化（参见说明书第4页第4段）。

对比文件1（日本昭59~157192号公开特许公报，公开日为1984年9月6日）公开了一种硅润滑脂，其含有：（A）100重量份由平均组成式（$R^1SiO_{3/2}$）l（R_2^2SiO）$_m$（$R_3^3SiO_{1/2}$）$_n$表示的、25℃时黏度为100~500000 cSt的支链状聚有机硅氧烷，式中R^1、R^2、R^3各自为选自碳原子数为1~30的烷基、取代和未取代的芳基的一价基团，l为1~4的数，m为选自使其具有必要黏度范围的数，n为1~6的数；（B）1~250重量份特定苯可溶性聚有机硅氧烷树脂；（C）2~180重量份增稠剂（参见对比文件1第2页第3~4栏）。增稠剂（C）使成分（A）和（B）具有合适的稠度，可以是二氧化硅微粉、金属皂、炭黑、石墨等（参见对比文件1第3栏最后1段至第4栏第1段）。为了提高扭矩值，必须使作为基础油脂的聚硅氧烷油脂具有大的黏度（参见对比文件1第2页第2栏第4段）。上述硅润滑脂在宽温度范围内稠度和扭矩值的变化极小，并且具有长期使用寿命。

对比文件1中，按m=81计算，该有机聚硅氧烷分子中各结构单元所占摩尔百分含量为：$R_2{}^2SiO$占89.0~96.4摩尔%，$R^1SiO_{3/2}$占1.1~4.7摩尔%，$R_3{}^3SiO_{1/2}$占1.2~6.8摩尔%。权利要求1和对比文件1相比，当权利要求1中的（A）成分：有机聚硅氧烷分子中的取代基R为含有1~30个碳原子的烷基或芳基时，有机聚硅氧烷的结构单元与对比文件1公开的硅润滑脂中的分支聚有机硅氧烷的结构单元相同，且各结构单元摩尔百分含量相互重叠，可见，权利要求1要求保护的组合物中的（A）成分已经被对比文件1公开。

权利要求1与对比文件1相比，区别在于权利要求1的组合物中（B）组分是选自氧化铝等粉末且所述（B）成分的含量是200~2000重量份/100重量份（A）成分，而对比文件1公开的增稠剂是二氧化硅微粉、碳黑、石墨等粉末，对比文件1中相对于100重量份的聚有机硅氧烷（A），增稠剂的含量为2~180重量份。

根据本申请说明书的描述，本发明所要解决的技术问题是提供可以大量含有增稠剂，且具有良好耐热性的脂状聚硅氧烷组合物（参见说明书第1页第4段）。从技术方案实际取得的效果来看，对比文件1中的硅润滑脂使用了与本申请相同的聚有机硅氧烷，并且同样可以大量含有增稠剂，100重量份聚有机硅氧烷（A）使用2~180重量份增稠剂（参见对比文件1第2页第3~4栏），且所述硅润滑脂在宽温度范围内均具有较好的稠度和黏度（参见说明书第4页第1栏），也即对比文件1的硅润滑脂同样是具有良好耐热性的脂状聚硅氧烷组合物。因此，本发明相对于对比文件1而言实际解决的技术问题是提供一种含有不同增稠剂种类和含量，而同样具有耐热性的聚硅氧烷组合物。

对比文件1中指出硅润滑脂中的增稠剂可以是二氧化硅微粉、碳黑、石墨等粉末，也即对比文件1教导了组合物的增稠剂可以选择以二氧化硅为主要成分的石英粉，所述硅润滑脂在宽温度范围内稠度变化小，且100重量份聚有机硅氧烷（A）使用2~180重量份增稠剂。由此，在对比文件1的教导下本领域技术人员完全有动机使用与石英粉末类似的增稠剂，并相应地调节增稠剂的使用量以解决本发明实际要解决的技术问题。本领域技术人员已知在硅膏、硅脂组合物中可使用导热性化合物或金属微粉，如氧化铝、氧化锌、碳化硅、氮化铝，作为增稠剂（参见《有机硅合成工艺及产品应用》，幸松民 王一璐，第485页、第490页，化学工业出版社，2000年9月），而根据稠度、流动性、润滑性的实际需要调节增稠剂的用量也是本领域的常规手段，因此这种增稠剂的选择替换以及其与聚硅氧烷的组合、并进一步选择增稠剂的用量，都是本领域技术人员在制备脂状聚硅氧烷组合物时的常规技术手段。

而且，就传热性粉末的种类而言，本申请实施例1~8中制备了系列聚硅氧烷组合物，其中分别使用氧化铝、石英粉末、氧化锌、碳化硅、氮化铝作为传热粉末，与比较例进行的耐热性试验（表I）表明实施例1~8的组合物表现出改进的耐热性和传热性。其中的实施例3使用了石英粉末，并具有较好的稠度和导热率。虽然权利要求 1 要求保护的技术方案中将含石英粉末的组合物方案排除在外，但由说明书实施例可知，使用石英粉末与权利要求 1 中的“氧化铝粉末、氧化锌粉末、碳化硅粉末和氮化铝粉末的至少一种传热性粉末”等增稠剂时，组合物均具有较好的耐热性和传热性，本申请中使用的氧化铝等传热粉末并未使权利要求 1 的聚硅氧烷组合物产生意料不到的技术效果。此外，对比文件 2（EP0823451A1，公开日 1998 年 2 月 11 日）也公开了一种传热性硅润滑脂，包括聚硅氧烷和传热填料，传热填料可以是氮化铝粉末和氧化锌粉末（参见权利要求 10），这些填料都是本领域公知的增稠剂，可见对比文件 2 同样教导了氮化铝粉末和氧化锌粉末可以用作硅润滑脂的增稠剂。

就传热性粉末的用量而言，本申请实施例 1~8 中制备了系列聚硅氧烷组合物，其中传热粉末成分的含量是 200~930 重量份/100 重量份有机聚硅氧烷，与比较例进行的耐热性试验（表 I）表明实施例 1~8 的组合物表现出改进的耐热性和传热性。其中的实施例 4 中使用了 200 重量份的传热粉末成分/100 重量份有机聚硅氧烷，并同样具有较好的耐热性和传热性。在对比文件 1 已教导增稠剂的用量可高达 180 重量份/100 重量份聚有机硅氧烷的情况下，根据稠度、流动性、润滑性等实际需要，针对不同传热粉末种类选择合适的用量是本领域的常规手段，而对于相同的传热粉末，含量增加则稠度增大，流动性、润滑性下降是本领域的公知常识，本申请中增大传热粉末的用量同样会导致稠度增大，流动性、润滑性下降，与对比文件 1 相比并没有产生预料不到的技术效果。也就是说，本申请中没有任何证据表明提高传热粉末的含量为 200~2000 重量份后，能使权利要求 1 的聚硅氧烷组合物产生意料不到的技术效果。因此，在对比文件 1 结合本领域常规技术手段或进一步结合对比文件 2 的情况下，获得权利要求 1 的组合物对于本领域技术人员来说是显而易见的，权利要求 1 的技术方案不具有突出的实质性特点和显著的进步，不符合专利法第 22 条第 3 款规定的创造性。

（2）权利要求 2 是权利要求 1 的从属权利要求，在权利要求 1 的基础上进一步限定（A）成分在 25℃下的黏度为 10~100000mPa · S。对比文件 1 中公开了硅润滑脂中有机聚硅氧烷在 25℃下的黏度为 100~500000m cSt，在权利要求 1 不具有创造性的情况下，权利要求 2 也不具有专利法第 22 条第 3 款规定的创造性。

（3）权利要求 3 是权利要求 1 的从属权利要求，在权利要求 1 的基础上进一步限定（B）成分的粒径为 0. 1~100μm。然而，在本领域已知氧化铝、氧化锌等导热化合物为硅脂中常用增稠剂的情况下选择合适的粒径范围对本领域技术人员来说无需付出创造性劳动。此外，对比文件 2 中公开了氮化铝粉末的平均粒径为 0. 5~5μm（参见其权利要求 12），氧化锌粉末的平均粒径为 0. 2~5μm（参见其权利要求 13），均处于本申请权利要求 3 所述的 0. 1~100μm 范围内，即权利要求 3 的附加技术特征已经被对比文件 2 公开。因此，在权利要求 1 不具有创造性的情况下，权利要求 3 也不具有专利法第 22 条第 3 款规定的创造性。

综上所述，权利要求 1~3 均不符合专利法第 22 条第 3 款关于创造性的规定。

根据上述事实和理由，合议组作出如下审查决定。

三、决定

维持国家知识产权局于 2006 年 9 月 8 日针对 02806242. 6 号发明专利申请作出的驳回决定。

复审请求人对本决定不服的，可以根据专利法第 41 条第 2 款的规定，自收到本决定之日起三个月内向北京市第一中级人民法院起诉。

147

作为抗微生物剂的N-烷基-4-亚甲基氨基-3-羟基-2-吡啶酮

复审请求审查决定（第14848号）

决　定　号　第14848号
决　定　日　2008年10月24日
发明创造名称　作为抗微生物剂的N-烷基-4-亚甲基氨基-3-羟基-2-吡啶酮
国际分类号　C07D 213/69，C07D 417/06，C07D 401/06，C07D 405/12，C07D 491/10，C07D 401/14，C07D 401/12，A61K 31/4427，A61K 31/4412，A61P 31/00
复审请求人　宝洁公司
申　请　号　200380102244.0
优 先 权 日　2002年11月9日
申　请　日　2003年11月7日
公　开　日　2005年12月14日
合议组组长　刘　亚
主　审　员　刘　磊
参　审　员　李新芝

法律依据　专利法第26条第3款
决定要点

对于化学产品发明，应当完整的公开该产品的用途和/或使用效果，即使是结构首创的化合物，也应当至少记载一种用途。如果所属技术领域的技术人员无法根据现有技术预测发明能够实现所述用途和/或使用效果，则说明书中还应当记载对于本领域技术人员来说，足以证明发明的技术方案可以实现所述用途或达到预期效果的定性或定量实验数据。

一、案由

本复审请求案涉及发明名称为“作为抗微生物剂的N-烷基-4-亚甲基氨基-3-羟基-2-吡啶酮”的200380102244.0号发明专利申请（下称本申请），申请人为宝洁公司，申请日为2003年11月7日，优先权日为2002年11月9日，公开日为2005年12月14日。

国家知识产权局原审查部门对本申请进行了实质审查，于2006年7月21日发出了《第一次审查意见通知书》，其中指出，本领域技术人员根据现有技术以及本申请所披露的信息均无法获知本申请所要求保护的化合物能够作为抗微生物剂，因此，本申请说明书未对发明作出清楚、完整的说明，不符合专利法第26条第3款的规定。

2006 年 11 月 24 日，申请人针对《第一次审查意见通知书》提交了意见陈述书和权利要求书全文替换页，在意见陈述书中申请人称，提供在本申请的申请日之前作出的试验数据供审查员参考以及该数据显示了本申请的有代表性的化合物对抑制 bMAP 酶的 IC50 活性；由于这些试验数据是用本申请申请日之前就已公知的常规方法测得，因此，本领域技术人员在阅读了本申请的说明书之后，完全可以由说明书公开的内容，以及结合现有技术，验证本申请说明书中所述的医药用途和药理作用。

2007 年 2 月 16 日，针对申请人于 2006 年 11 月 24 日提交的权利要求第 1~12 项，进入中国国家阶段时提交的国际申请文件的说明书第 1~32 页以及说明书摘要，国家知识产权局以本申请不符合专利法第 26 条第 3 款的规定为由驳回了本申请。驳回决定针对的权利要求书中，权利要求 1~6 涉及式（I）的化合物，权利要求 7 涉及权利要求 1~4 中任一项的化合物在制备用于治疗微生物感染的药物中的应用，权利要求 8 涉及包含权利要求 1~4 中任一项的化合物的药物组合物，权利要求 9~12 涉及制备式（III）化合物的方法，其中独立权利要求 1 如下：

“1. 式（I）的化合物：

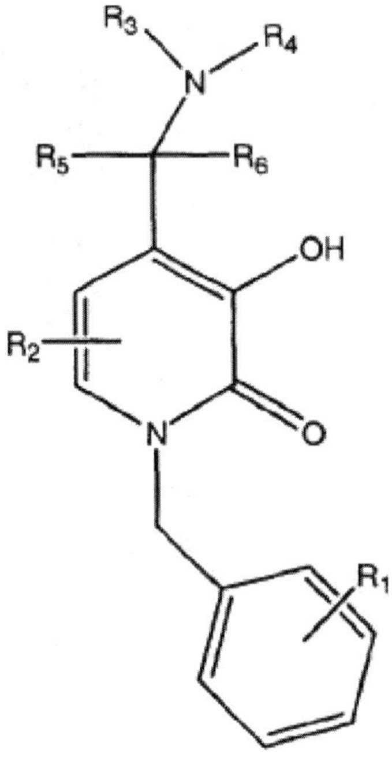

（I）

式中：

a）各个 R_1 独立地选自氢、卤素、氰基、羟基、羧基、酮基、硫代酮基、氨基、酰基氨基、酰基、酰氨基、苯基、芳氧基、烷基、链烯基、炔基、杂烷基、卤代烷基、烷氧基、芳基、杂芳基、环烷基和杂环烷基；

b）各个 R_2 独立地选自氢、卤素、氰基、羟基、羧基、酮基、硫代酮基、氨基、酰基氨基、酰基、酰氨基、苯基、芳氧基、烷基、链烯基、炔基、杂烷基、卤代烷基、烷氧基、芳基、杂芳基、环烷基和杂环烷基；

c）R_3 和 R_4 各自独立地选自氢、烷基、链烯基、炔基、杂烷基、芳基、杂芳基、环烷基、杂环烷基、烷基杂烷基、烷基芳基、烷基杂芳基、烷基环烷基和烷基杂环烷基；或者 R_3 和 R_4 和与它们键合的氮原子一起结合形成杂芳基或杂环烷基部分，任选地被以下基团中的一个或多个取代：氢、卤素、氰基、羟基、羧基、酮基、硫代酮基、氨基、酰基氨基、酰基、酰胺基、苯基、芳氧基、烷基、链烯基、炔基、杂烷基、卤代烷基、烷氧基、芳基、杂芳基、环烷基、杂环烷基、螺环烷基以及它们的组合；

d）R_5 和 R_6 各自独立地选自氢、卤素、氰基、羟基、羧基、酮基、硫代酮基、氨基、酰基氨基、酰基、酰氨基、苯基、芳氧基、烷基、链烯基、炔基、杂烷基、卤代烷基、烷氧基、芳基、杂芳基、环烷基和杂环烷基；

e）或上式的化合物的光学异构体、非对映异构体和对映体，以及它们的药学可接受的盐、可生物水解的酰胺、酯和酰亚胺。”

驳回决定认为，本申请请求保护式I的通式化合物，其制备方法、含有该通式I化合物的药物组合物以及通式I化合物的制药用途。首先，在现有技术中并没有提供任何相应的证据表明所述化合物能够作为抗微生物剂或者 bMap 抑制剂，即，本领域技术人员无法根据现有技术预测发明能够实现所述医药用途和药理作用。其次，在本申请的说明书中仅文字记载了本发明化合物可用作抗微生物剂，可以充当 bMap 活性部位的钴离子螯合剂。作为螯合剂，这些化合物可以充当金属酶抑制剂，但在说明书中却未提供用于测定化合物能够作为抗微生物剂或者 bMap 抑制剂的药理学实验方法，当然更未提供相应的数据加以验证。即，说明书中没有提供对于本领域技术人员来说足以证明本申请的技术方案可以实现所述用途或达到预期效果的定性或定量实验数据。因此，所属技术领域的技术人员根据现有技术以及本申请所披露的信息均无法获知本申请所要求保护的化合物能够作为抗微生物剂。由此可见，说明书未对发明作出清楚、完整的说明，所属技术领域的技术人员无法实现，因而说明书不符合专利法第 26 条第 3 款的规定。此外，申请人在答复《第一次审查意见通知书》时所提交的试验数据既没有记载在原申请文件中，本领域的技术人员根据原申请文件记载的信息也无法预期其具有相应的试验结果，即该试验数据所提供的技术信息已经超出了原申请文件记载的信息，不予考虑。

2007 年 5 月 28 日，申请人宝洁公司（下称请求人）对上述驳回决定不服，向专利复审委员会提出复审请求，同时提交权利要求书全文替换页（共 1~5 项）以及说明书第 1 和 29 页的修改替换页，其中说明书第 1 页将发明名称由“作为抗微生物剂的 N-烷基-4-亚甲基氨基-3-羟基-2-吡啶酮”修改为“N-烷基-4-亚甲基氨基-3-羟基-2-吡啶酮”，第 29 页中将“实施例 28：1-苯基-4-［4-（6-氯哒嗪-3-基）哌嗪-1-基甲基］-3-羟基-1H-吡啶-2-酮”中的“苯基”修改为“苄基”。修改后的权利要求书如下：

“1. 式（I）的化合物：

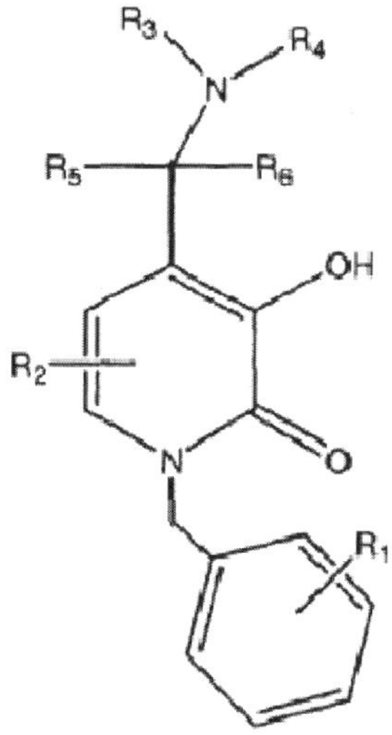

（I）

式中：

a）各个 R_1 独立地选自氢和烷氧基；

b）R_2 是氢；

c）R_3 和 R_4 各自独立地选自氢、烷基、链烯基、炔基、杂烷基、芳基、杂芳基、环烷基、杂环烷基、烷基杂芳基和烷基芳基；或者 R_3 和 R_4 和与它们键合的氮原子一起结合形成杂芳基或杂环烷基部分，任选地被以下基团中的一个或多个取代：羟基、羧基、酮基、硫代酮基、苯基、烷基、杂烷基、杂芳基、杂环烷基、螺环烷基以及它们的组合；

d）R_5 和 R_6 各自是氢；

或上式的化合物的光学异构体、非对映异构体和对映体，以及它们的药学可接受的盐。

2. 如权利要求 1 所述的化合物，其特征在于，各个 R_1 为氢。

3. 如权利要求 1 或 2 所述的化合物，其特征在于，R_3 和 R_4 和与它们键合的氮原子一起结合形成吡咯烷环。

4. 如权利要求 1 所述的化合物，其特征在于，它选自：

1-苄基-3-羟基-4-哌啶-1-基甲基-1H-吡啶-2-酮；

1-苄基-3-羟基-4-吗啉-1-基甲基-1H-吡啶-2-酮；

1-苄基-3-羟基-4-硫代吗啉-1-基甲基-1H-吡啶-2-酮；

1-苄基-3-羟基-4-噻唑烷-1-基甲基-1H-吡啶-2-酮；

1-苄基-3-羟基-4-吡咯烷-1-基甲基-1H-吡啶-2-酮；

1-苄基-3-羟基-4-（3-羟基吡咯烷-1-基甲基）-1H-吡啶-2-酮；

1-苄基-4-（1，4-二噁-8-氮杂螺［4，5］癸-8-基甲基）-3-羟基-1H-吡啶-2-酮；

4-氮杂环庚烷-1-基甲基-1-苄基-3-羟基-1H-吡啶-2-酮；

4-氮杂环辛烷-1-基甲基-1-苄基-3-羟基-1H-吡啶-2-酮；

1-苄基-4-［1，4′］-二哌啶基-1′-基甲基-3-羟基-1H-吡啶-2-酮；

1-苄基-4-（3，4-二氢-2H-喹啉-1-基甲基）-3-羟基-1H-吡啶-2-酮；

1-（1-苄基-3-羟基-2-氧代-1，2-二氢吡啶-4-基甲基）吡咯烷-2-羧酸甲酯；

1-苄基-3-羟基-4-（2-甲氧基甲基吡咯烷-1-基甲基）-1H-吡啶-2-酮；

1-苄基-3-羟基-4-（2-吡啶-2-基吡咯烷-1-基甲基）-1H-吡啶-2-酮；

1-苄基-4-［4-（6-氯哒嗪-3-基）哌嗪-1-基甲基］-3-羟基-1H-吡啶-2-酮；以及

3-羟基-1-（3-甲氧基苄基）-4-吡咯烷-1-基甲基-1H-吡啶-2-酮。

5. 如权利要求 4 所述的化合物，其特征在于，所述化合物为 1-苄基-3-羟基-4-（2-甲氧基甲基吡咯烷-1-基甲基）-1H-吡啶-2-酮。”

请求人认为，修改后的权利要求将本发明的保护范围限制到了基于实施例中具体公开的式（I）化合物的范围；在本申请的说明书中，已经具体公开了这些式（I）化合物的确认、制备和非医药用途，即“充当 bMap 活性部位的钴离子螯合剂”；并且该非医药用途是本领域技术人员根据式（I）化合物的结构，并结合现有技术完全能够预测的；因此，本申请说明书符合专利法第 26 条第 3 款的规定。

2007 年 7 月 3 日，经形式审查合格后，专利复审委员会受理了该请求，并向请求人发出了《复审请求受理通知书》，同时将本申请转送至国家知识产权局原审查部门进行前置审查。

在《前置审查意见书》中，国家知识产权局原审查部门认为：用途的充分公开并不仅限于医药用途，即便是对于非医药用途，如果所属技术领域的技术人员无法根据现有技术预测本发明能够实现所述用途和/或使用效果，则说明书中就应当记载对于本领域技术人员来说，足以证明发明的技术方案可以实现所述用途和/或达到预期效果的定性或定量数据；本申请的说明书中仅文字记载了式I化合物能够“充当bMap活性部位的钴离子螯合剂”，但在说明书中并未提供任何测定方法以及相应的实验数据证明本申请的技术方案可以实现所述用途和/或达到预期效果的定性或定量数据，而且申请人也没有提供任何现有技术的证据来表明，本技术领域的技术人员根据式I化合物的结构并结合相应的现有技术能够预测式I化合物能够“充当bMap活性部位的钴离子螯合剂”；由此可见，申请人的理由不具有说服力，因此，坚持驳回决定。

专利复审委员会依法组成合议组，对本复审请求案进行了审理。

2008年7月9日，针对请求人于2007年5月28日提交的权利要求第1~5项、说明书第1和29页，进入中国国家阶段时提交的国际申请文件的说明书第2~28页、第30~32页以及说明书摘要，专利复审委员会本案合议组向请求人发出《复审通知书》，指出：首先，本申请的说明书中仅文字记载了权利要求1~5要求保护的式（I）化合物能够“充当bMap活性部位的钴离子螯合剂”，而未提供对于本领域技术人员来说足以证明所述式（I）化合物可以实现该用途的定性或定量实验数据以及这些数据的测定方法；其次，根据目前本申请说明书所公开的内容，且在请求人亦未提供任何现有技术证据的情况下，无法表明本领域技术人员根据式（I）化合物的结构并结合相应的现有技术能够预测式（I）化合物可以充当bMap活性部位的钴离子螯合剂；也就是说，具有所述用途的式（I）化合物在本申请说明书中未予充分公开。基于类似理由，本申请说明书亦未充分公开可用作抗微生物剂的式（I）化合物的其他用途。此外，对于请求人在答复《第一次审查意见通知书》时提交的试验数据，合议组认为，由于该试验数据在本申请申请日提交的申请文件中没有记载，因此，不能被认为是本申请在申请日时已经完成的内容，并且由于该试验数据的真实性、公开性和客观性均无法予以确认，因而也不能用于证明本申请提出申请之时的所属领域技术状态。综上，本申请说明书未对发明作出清楚、完整的说明，不符合专利法第26条第3款的规定。

2008年8月25日，请求人针对上述复审通知书提交了意见陈述书，未提交经修改的申请文件，但提交了如下附件1~4：

附件1：据称为“N.C.沃什库恩”（本申请发明人之一）的英文声明，复印件共1页；

附件2：据称为实验室记录的英文手稿，复印件共25页；

附件3：据称为实验室数据的英文记录手稿，复印件共12页；

附件4：补充实验数据，共7页。

请求人认为：附件1~3证明了请求人在答复国家知识产权局原审查部门发出的《第一次审查意见通知书》时所提交的试验数据（附件4）是本申请在申请日时已经完成的内容，并且该试验数据具有真实性、公开性和客观性，能用于证明本申请提出申请之时的所属领域技术状态。因此，基于在答复国家知识产权局原审查部门发出的《第一次审查意见通知书》时所陈述的理由，本申请的说明书符合专利法第26条第3款的规定。

经过上述审查程序，合议组认为本案事实已经清楚，可以作出审查决定。

二、决定的理由

1. 关于审查文本

本复审决定针对的文本为：请求人于2007年5月28日提交的权利要求第1~5项、说明书第1和29页，进入中国国家阶段时提交的国际申请文件的说明书第2~28页、第30~32页以及说明书摘要。

2. 关于专利法第26条第3款

对于化学产品发明，应当完整的公开该产品的用途和/或使用效果，即使是结构首创的化合物，也应当至少记载一种用途。如果所属技术领域的技术人员无法根据现有技术预测发明能够实现所述用途和/或使用效果，则说明书中还应当记载对于本领域技术人员来说，足以证明发明的技术方案可以实现所述用途或达到预期效果的定性或定量实验数据。

就本申请而言，权利要求1~5要求保护涉及式（I）结构的化合物。

关于所述化合物的用途，本申请说明书中记载了：本发明提供具有式（I）结构的多种化合物，这些化合物是有效的bMap（氨基肽酶）抑制剂并可有效地用于治疗微生物感染（参见说明书第1页末段）；“本发明化合物可用作抗微生物剂。不愿受理论束缚，这些化合物可以充当bMap活性部位的钴离子螯合剂。作为螯合剂，这些化合物同样可以充当金属酶的抑制剂”（参见说明书第12页第21~25行）。

请求人在提出复审请求时认为，权利要求1~5将本发明的保护范围限制到了基于实施例中具体公开的式（I）化合物的范围；在本申请的说明书中，已经具体公开了这些式（I）化合物的确认、制备和非医药用途，即“充当bMap活性部位的钴离子螯合剂”；并且该非医药用途是本领域技术人员根据式（I）化合物的结构，并结合现有技术完全能够预测的；因此，本申请说明书符合专利法第26条第3款的规定。

对此，合议组认为，首先，本申请的说明书中仅文字记载了式（I）化合物能够“充当bMap活性部位的钴离子螯合剂”，而未提供对于本领域技术人员来说足以证明本发明的式（I）化合物可以实现该用途的定性或定量实验数据以及这些数据的测定方法；其次，根据目前本申请说明书所公开的内容，且在请求人亦未提供任何现有技术证据的情况下，无法表明本领域技术人员根据式（I）化合物的结构并结合相应的现有技术能够预测式（I）化合物可以充当bMap活性部位的钴离子螯合剂；也就是说，具有所述用途的式（I）化合物在本申请说明书中未予充分公开。基于类似理由，本申请说明书亦未充分公开可用作抗微生物剂的式（I）化合物的其他用途。因此，本申请说明书未对发明作出清楚、完整的说明，不符合专利法第26条第3款的规定。

请求人在答复国家知识产权局原审查部门的《第一次审查意见通知书》时，提交了一份自称在本申请的申请日之前做出的试验数据，并声称测定对bMap酶的抑制活性的方法是本申请的申请日之前就已公开的常规方法，所给数据就是用早已公知的常规方法测得，同时认为，所给数据“显示了本发明的有代表性的化合物对抑制bMap酶的IC50活性”，因此，本领域技术人员可以由本申请说明书公开内容，结合现有技术，验证说明书所述的医药用途和药理作用。对此，合议组认为，由于该试验数据在本申请申请日提交的申请文件中没有记载，因此，不能被认为是本申请在申请日时已经完成的内容，并且由于该试验数据的真实性、公开性和客观性均无法予以确认，因而也不能用于证明本申请提出申请之时的所属领域技术状态。故，请求人的上述主张合议组不予支持。

此外，在答复合议组发出的《复审通知书》时请求人提交了附件1~4，并认为：附件1~3证明了请求人在答复国家知识产权局原审查部门发出的《第一次审查意见通知书》时所提交的试验数据（附件4）是本申请在申请日时已经完成的内容，并且该试验数据具有真实性、公开性和客观性，能用于证明本申请提出申请之时的所属领域技术状态。因此，基于在答复国家知识产权局原审查部门发出的《第一次审查意见通知书》时所陈述的理由，本申请的说明书符合专利法第26条第3款的规定。合议组查明，请求人在答复国家知识产权局原审查部门发出的《第一次审查意见通知书》时所提供的补充试验数据中，所使用的化合物为游离碱的形式，而在附件4中则大部分相应的是化合物的TFA或HCl盐的形式，并且附件4还增加了其中的第26号化合物的相关内容。合议组认为，首先，附件1~3作为外文证据，请求人均未提交中文译文。其次，附件1~3均为复印件，请求人未提供原件。而且，附件2~3为域外形成的证据，请求人未履行相关公证认证手续，其真实性、合法性得不到确认。附件1据称为发明人之一所作的声明，其实质是一份证人证言，而出具该证言的证人身份缺乏合法的证明且作为发明人其属于本申请的利益相关人，因此，尚不能认定附件1内容真实可靠。综上，由于附件1~3自身的真实性均无法予以确认，因此，附件1~3不能佐证请求人在答复国家知识产权局原审查部门发出的《第一次审查意见通知书》时所提交的“补充试验数据”或请求人答复《复审通知书》时提交的附件4具有真实性和公开性。此外，附件2和3作为实验相关记录且为手稿，也不属于专利法意义上的公开出版物。因此，附件1~3不能证明所述试验数据是本申请在申请日时已经完成的内容，附件1~4也不能证明本申请提出申请之时的所属领域技术状态。因此，请求人的上述主张合议组不予支持。

根据上述事实和理由，合议组作出如下决定。

三、决定

维持国家知识产权局于2007年2月16日针对200380102244.0号发明专利申请作出的驳回决定。

复审请求人对本决定不服的，可以根据专利法第41条第2款的规定，自收到本决定之日起三个月内向北京市第一中级人民法院起诉。

148

作为促旋酶和/或拓扑异构酶 IV 的抑制剂用于治疗细菌感染的 2-脲基-6-杂芳基-3H-苯并咪唑-4-羧酸衍生物和相关化合物

复审请求审查决定（第 14862 号）

决　定　号　第 14862 号

决　定　日　2008 年 8 月 21 日

发明创造名称　作为促旋酶和/或拓扑异构酶 IV 的抑制剂用于治疗细菌感染的 2-脲基-6-杂芳基-3H-苯并咪唑-4-羧酸衍生物和相关化合物

国际分类号　A61K31/4439，A61K31/506，A61K31/444，C07D401/04，C07D403/04，C07D401/14，C07C275/64

复审请求人　沃泰克斯药物股份有限公司

申　请　号　03818570.9

优先权日　2002 年 6 月 13 日，2002 年 11 月 26 日

申　请　日　2003 年 6 月 11 日

公　开　日　2005 年 9 月 28 日

合议组组长　刘　静

主　审　员　李亚林

参　审　员　吴红权

法律依据　专利法第 29 条第 1 款，专利法第 22 条第 3 款

决定要点

相同主题的发明是指技术领域、所解决的技术问题、技术方案和预期的效果相同的发明，如果在后申请要求保护的技术方案与在先申请的说明书或权利要求书中记载的技术方案不同，而且所属技术领域的技术人员不能从在先申请中直接地和毫无疑义地确定在后申请的技术方案，那么，在后申请无法享有在先申请的优先权。

对于与已知化合物结构接近的化合物权利要求，如果可以确定该权利要求所涵盖的某些化合物的效果与已知化合物的效果相当或者更低，则该权利要求不具备创造性。

一、案由

本复审请求案涉及发明名称为“作为促旋酶和/或拓扑异构酶 IV 的抑制剂用于治疗细菌感染的 2-脲基-6-杂芳基-3H-苯并咪唑-4-羧酸衍生物和相关化合物”的 03818570.9 号发明专利申请（下

称本申请)，申请人为沃泰克斯药物股份有限公司，申请日为2003年6月11日，公开日为2005年9月28日，本申请要求了两项优先权，一项涉及US60/388，665，优先权日为2002年6月13日，另一项涉及US60/429，077，优先权日为2002年11月26日。

2006年11月10日，针对申请人于2006年9月11日提交的权利要求第1~29项、进入中国国家阶段提交的国际申请文件中文译文的说明书第1~59页和说明书摘要，国家知识产权局以权利要求1~16不符合专利法第22条第3款的规定为由驳回了本申请。

驳回决定所针对的权利要求1如下：

“1. 式I的化合物或其药学上可接受的盐：

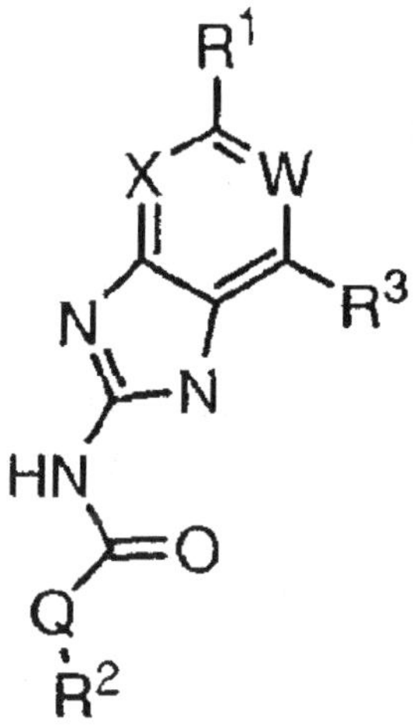

I

其中：

Q是$-CH_2-$，-NH-或-O-；

W选自氮或$C-R^4$；

X选自CH或CF；

R^1是具有1~3个独立地选自氧、氮或硫的杂原子的5~6元芳香基环，其中：

R^1被0~3个独立地选自R、氧基、CO_2R'、OR′、N（R′）2、SR′、NO_2、卤素、CN、C（O）N（R′）2、NR′C（O）R′、SO_2R'、SO_2N（R′）2或$NR'SO_2R'$的基团所取代；

每个R′独立地选自氢，C_{1-4}脂肪族基团，或具有0~3个独立地选自氮、氧、或硫的杂原子的5~6元饱和的、不饱和的或芳香的环，其中：

R′被0~3个独立地选自卤素、氧基、R^0、N$(R^0)_2$、OR^0、CO_2R^0、NR^0C（O）R^0、C（O）N$(R^0)_2$、SO_2R^0、$SO_2N$$(R^0)_2$或$NR^0SO_2R^0$的基团所取代；

每个R^0独立地选自氢或C_{1-4}脂肪族基团；

R^2选自氢或C_{1-3}脂族基；

R^3选自C（O）NHR，C（O）N$(R)_2$，CH（O），C（O）R，CO_2R，C（O）C（O）N（R^2）R，SO_2R，SO_2N（R）2，SO_2NHR，C（R′）=NOR，C（R′）=NOH，C（R′）=NR，C（R′）=N-N（R^2）R，NO，或NO_2；

每个R独立地选自T-Ar或C_{1-6}脂族基，其中：

所述C_{1-6}脂族基被0~3个独立地选自R′，氧基，CO_2R'，OR′，N（R′）2，SR′，NO_2，卤素，CN，

C（O）N（R′），N（R′）C（O）R′，SO_2R'，SO_2N（R′）2 或 $NR'SO_2R'$的基团所取代；

T 是（CH_2）y，其中 y 是 0，1，或 2；

Ar 选自：

（a）3~8 元饱和的、不饱和的或芳香的环；

（b）3~7 元具有 1~3 个独立地选自氮，氧，或硫的杂原子的杂环；或

（c）具有 1~3 个独立地选自氮、氧或硫的杂原子的 5~6 元杂芳基环，其中：

Ar 被 0~3 个独立地选自 R′，氧基，CO_2R'，OR′，N（R′）2，SR′，NO_2，卤素，CN，C（O）N（R′），N（R′）C（O）R′，SO_2R'，SO_2N（R′）2 或 $NR'SO_2R'$的基团所取代；并且

R^4 选自氢，氟，或 OCH_3。"

驳回决定认为：（1）本申请要求在先申请 US60/388，665 的优先权，本申请权利要求 1~8 和 12~14 要求保护通式化合物，其取代基的一些定义范围没有在在先申请中披露，本申请权利要求 9~11 和 15 的通式化合物以及权利要求 16 的化合物 I-2 至 I-44 未记载在在先申请中，由此，本申请权利要求 1~16 中的上述技术方案不符合专利法第 29 条第 1 款的规定，不能享有该优先权；基于同样的理由，权利要求 17~28 中要求保护药物组合物和用途的部分技术方案也不符合利法第 29 条第 1 款的规定，不能享有该优先权。（2）对比文件 1（WO02060879，公开日为 2002 年 8 月 8 日）可以作为本申请中不符合专利法第 29 条第 1 款的这些权利要求的技术方案的现有技术，对比文件 1 中披露了用于治疗细菌感染的具体化合物，其与本申请权利要求 1 化合物区别在于：权利要求 1 中化合物的 R^3 不是 H。但对比文件 1 中也披露了 R^3 可以是非氢取代基，根据对比文件 1 得到本申请权利要求 1~16 的技术方案是显而易见的；此外，对比文件 1 中没有对 S. ureus 和 S. pneumoniae 进行实验，无法与本申请化合物进行技术效果的比较，因而，权利要求 1~16 不符合专利法第 22 条第 3 款有关创造性的规定。

2007 年 2 月 25 日，申请人沃泰克斯药物股份有限公司（下称请求人）对上述驳回决定不服，向专利复审委员会提出复审请求，请求人在提出复审请求时没有对申请文件进行修改。请求人认为：本申请与对比文件 1 相比是非显而易见的，R^3 为本申请定义的基团的通式 I 化合物在酶活性和抗菌活性方面都意想不到地增加了，本申请是对比文件 1 的选择性发明，是符合创造性的要求的。

经形式审查合格后，专利复审委员会受理了该请求，并于 2007 年 4 月 3 日向请求人发出了《复审请求受理通知书》，同时将本申请转送至国家知识产权局原审查部门进行前置审查。

在《前置审查意见书》中，国家知识产权局原审查部门认为请求人只是简单陈述通式 I 化合物在酶活性和抗菌活性方面都意想不到的增加了，但没有对比实验证明，故坚持驳回决定。

专利复审委员会组成合议组，对本复审请求案进行了审理。

2008 年 4 月 10 日，合议组向请求人发出《复审通知书》，指出：（1）本申请权利要求 1~15 的技术方案均没有记载于在先申请中，也无法由在先申请记载的内容直接地和毫无疑义地确定；权利要求 16 包括 44 个具体化合物（即，权利要求 16 包括 44 项并列选择的技术方案），其中化合物 I-1 为在先申请中公开的化合物 III-1，其他 43 个化合物未出现于在先申请中；由此，权利要求 1~15 和除化合物 I-1 以外的权利要求 16 中的技术方案无法享有 US60/388，665 的优先权。（2）对比文件 1（WO02060879A2，公开日为 2002 年 8 月 8 日）公开了用于治疗哺乳动物中细菌感染的一系列化合物，说明书表 1 中具体公开的化合物 104、105 或 168 与本申请权利要求 1 通式 I 化合物结构相近，其与本申请权利要求 1 化合物区别在于：R^3 基团的定义不同。但对比文件 1 中教导了其化合物中的 R^3 可以为 CON（R^6）2、COR^6、CO_2R^6、SO_2R^6、SO_2N（R^6）2 等，其中 R^6 独立地选自氢、C_{1-6}脂肪族基团、杂环基、杂环烷基、芳香基、芳烷基、杂芳香基或杂芳烷基等基团（参见对比文件 1 说明书第

32 页)，本领域技术人员由此得到权利要求 1 的化合物是无需付出创造性劳动的，此外，由于在申请文件中没有记载且请求人也没有提供任何证据表明权利要求 1 的化合物较对比文件 1 的化合物具有何种预料不到的效果，因此，合议组无法认可权利要求 1 的创造性。权利要求 2~15 是权利要求 1 的从属权利要求，其附加技术内容在对比文件 1 中也有明确教导和启示；权利要求 16 是权利要求 1 的从属权利要求，其包含 44 个并列选择的技术方案，要求保护 44 个具体化合物，其中除享有优先权的化合物 I-1 以外的技术方案在对比文件 1 中已有教导；权利要求 17~18 涉及以权利要求 1 所述化合物为活性成分的组合物，权利要求 19~28 涉及上述化合物的制药用途，在对比文件 1 中公开了含有其活性化合物的药物组合物（例如参见权利要求 51~56)，活性化合物用于减少细菌感染的方法（例如参见权利要求 35~40)，由此，权利要求 2~28 也不具备创造性。

2008 年 5 月 23 日，请求人针对上述《复审通知书》提交了意见陈述书，提供了本申请化合物与对比文件 1 化合物相比对 S. aureus 和 S. pneumoniae 的 MIC 活性数据。请求人称，根据该对比实验数据可见，本申请的 43 个化合物中的 36 个化合物（占 84%）对 S. aureus（$ATCC_2$9213 菌株）的 MIC 活性小于 2μg/ml，而对比文件 1 的 60 个化合物中没有一个化合物（0%）能够达到这一范围；本申请的 32 个化合物中的 31 个化合物（占 97%）对 S. pneumoniae（$ATCC_{10}$015 菌株）的 MIC 活性小于 1μg/ml，而对比文件 1 的 17 个化合物中仅有 3 个化合物（18%）是在这一活性范围。由此可见，本申请化合物的抗微生物活性比对比文件化合物有明显改进，本申请要求保护的化合物及其药物组合物和制药用途与对比文件 1 相比具备创造性。

2008 年 8 月 1 日和 2008 年 8 月 15 日，请求人分别两次提交了权利要求书替换页，请求人于 2008 年 8 月 15 日提交的替换页中将权利要求 1 和 28 中所述 R^3 的定义按照权利要求 4 中 R^3 的定义进行了修改并删除权利要求 4，其中权利要求 1~14 要求保护式 I 的化合物或其药学上可接受的盐，权利要求 15 要求保护 44 种具体化合物，权利要求 16~17 要求保护包含权利要求 1 化合物的药物组合物，权利要求 18~27 要求保护权利要求 16 的组合物或权利要求 1 的化合物的制药用途，独立权利要求 28 要求保护制备式 I′化合物或其药学上可接受的盐的方法。修改后的独立权利要求 1 如下：

“1. 式 I 的化合物或其药学上可接受的盐：

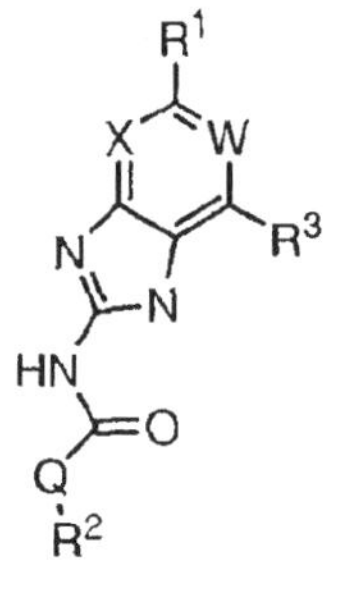

I

其中：

Q 是$-CH_2-$，-NH-或-O-；

W 选自氮或 $C-R^4$；

X 选自 CH 或 CF；

R^1 是具有 1~3 个独立地选自氧、氮或硫的杂原子的 5~6 元芳香基环，其中：

R^1 被 0~3 个独立地选自 R、氧基、CO_2R'、OR′、N（R′）2、SR′、NO_2、卤素、CN、C（O）N（R′）2、NR′C（O）R′、SO_2R'、SO_2N（R′）2 或 $NR'SO_2R'$的基团所取代；

每个R′独立地选自氢，C_{1-4}脂肪族基团，或具有0~3个独立地选自氮、氧、或硫的杂原子的5~6元饱和的、不饱和的或芳香的环，其中：

R′被0~3个独立地选自卤素、氧基、R^0、N（R^0）$_2$、OR^0、CO_2R^0、NR^0C（O）R^0、C（O）N（R^0）$_2$、SO_2R^0、SO_2N（R^0）$_2$或$NR^0SO_2R^0$的基团所取代；

每个R^0独立地选自氢或C_{1-4}脂肪族基团；

R^2选自氢或C_{1-3}脂族基；

R^3选自C（O）NHR，C（O）R，C（R′）=NOR，C（R′）=NOH，或CO_2R，其中：

每个R独立地选自C_{1-4}脂族基或T-Ar，其中：

所述C_{1-6}脂族基被0~3个独立地选自R′，氧基，CO_2R'，OR′，N（R′）2，SR′，NO_2，卤素，CN，C（O）N（R′），N（R′）C（O）R′，SO_2R'，SO_2N（R′）2或$NR'SO_2R'$的基团所取代；

T是（CH_2）y，其中y是0，1，或2；而

Ar是任选取代的环，该环选自5~6元饱和的、不饱和的或芳香的环，具有1~2个独立地选自氮、氧或硫的杂原子的5~6元杂环，或具有1~2个独立地选自氮、氧或硫的杂原子的5~6元杂芳基环；其中：

Ar被0~3个独立地选自R′，氧基，CO_2R'，OR′，N（R′）2，SR′，NO_2，卤素，CN，C（O）N（R′），N（R′）C（O）R′，SO_2R'，SO_2N（R′）2或$NR'SO_2R'$的基团所取代；并且

R^4选自氢，氟，或OCH_3。”

经合议，合议组认为本案事实清楚，可以作出审查决定。

二、决定的理由

1. 关于决定文本

本复审请求审查决定是在请求人于2008年8月15日提交的权利要求第1~28项、进入中国国家阶段提交的国际申请文件中文译文的说明书第1~59页和说明书摘要的基础上作出的。

2. 关于专利法第29条第1款

专利法第29条第1款规定：申请人自发明或者实用新型在外国第一次提出专利申请之日起12个月内，或者自外观设计在外国第一次提出专利申请之日起6个月内，又在中国就相同主题提出专利申请的，依照该外国同中国签订的协议或者共同参加的国际条约，或者依照相互承认优先权的原则，可以享有优先权。

相同主题的发明是指技术领域、所解决的技术问题、技术方案和预期的效果相同的发明，如果在后申请要求保护的技术方案与在先申请的说明书或权利要求书中记载的技术方案不同，而且所属技术领域的技术人员不能从在先申请中直接地和毫无疑义地确定在后申请的技术方案，那么，在后申请无法享有在先申请的优先权。

本申请要求了两项优先权，分别是优先权日为2002年6月13日的US60/388，665和优先权日为2002年11月26日的US60/429，077，比较本申请与在先的US60/388，665（下称在先申请）可见，本申请权利要求1~14的技术方案均没有记载于在先申请中，也无法由在先申请记载的内容直接地、毫无疑义地确定；权利要求15包括44个具体化合物（即权利要求15包括44项并列选择的技术方案），其中化合物I-1为在先申请中公开的化合物III-1，其他43个化合物未出现于在先申请中；由此，权利要求1~14和除化合物I-1以外的权利要求15中的技术方案无法享有US60/388，665的优先权。由于权利要求16~27均包括权利要求1的全部技术特征，在权利要求1无法享有US60/388，665的优先权的情况下，权利要求16~27也无法享有US60/388，665的优先权。

3. 关于专利法第22条第3款

专利法第22条第3款规定：创造性，是指同申请日以前已有的技术相比，该发明有突出的实质性特点和显著的进步。

对于与已知化合物结构接近的化合物权利要求，如果可以确定该权利要求所涵盖的某些化合物的效果与已知化合物的效果相当或者更低，则该权利要求不具备创造性。

对比文件1（WO02060879A2）的公开日为2002年8月8日，相对于本申请中不享有US60/388，665的优先权的权利要求1~14、权利要求15中除化合物I-1以外的技术方案以及权利要求16~27而言，对比文件1构成了本申请的现有技术。

对比文件1公开了用于治疗哺乳动物中细菌感染的一系列化合物，说明书表1中具体公开的化合物104、105或168与本申请权利要求1通式I化合物结构相近，当本申请式I化合物的W为CH、X为CH、Q为NH，R^2为C_2H5时，其与对比文件1化合物104、105或168的区别在于R^3基团的定义不同：本申请权利要求1中对于R^3基团的定义为C（O）NHR，C（O）R，C（R′）=NOR，C（R′）=NOH，或CO_2R，每个R独立地选自C_{1-4}脂族基或T-Ar；而对比文件1化合物104相应的R^3基团为-CN、化合物105相应的R^3基团为-COOH、化合物168相应的R^3基团为$-O-CH_2-Ph$。

对比文件1中的上述化合物104、105和168均在对比文件1中公开的分子式IIa化合物范围内，对比文件1分子式IIa化合物的结构如下：

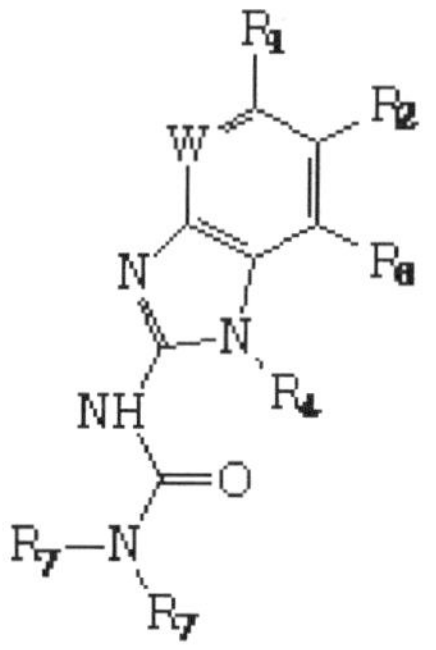

对比文件1中教导了上述分子式IIa化合物的R^1可以是芳基或杂芳基，R^3可以为CON（R^6）2、COR^6、CO_2R^6等，其中R^6独立地选自氢、C_{1-6}脂肪族基团、杂环基、杂环烷基、芳香基、芳烷基、杂芳香基或杂芳烷基等基团（参见对比文件1说明书第32页）。基于上述教导，本领域技术人员用对比文件1式IIa化合物中的上述R^3基团替换具体化合物中的-COOH、-CN或$-O-CH_2-Ph$从而得到具有治疗细菌感染的本申请化合物是显而易见的，无需付出创造性劳动。

请求人辩称，本申请意外地发现R^3为本申请定义的基团的通式I化合物在酶活性和抗菌活性方面都意想不到的增加了（参见说明书第10页倒数第2段），并提交了本申请化合物与对比文件1化合物的抗菌活性对比实验数据，意图证明本申请的创造性。

合议组查明，请求人于2008年5月23日提交了按照本申请实施例24中所述的NCCLS标准MIC测定方法获得的本申请化合物（均属于权利要求15所要求保护的具体化合物）与对比文件1化合物对S. aureus或S. pneumoniae的最小抑菌浓度（MIC）的对比实验数据，其包括4部分内容，表A1：本申请的代表性化合物对S. aureus的MIC值、表A2：对比文件1的代表性化合物对S. aureus的MIC值、表B1：本申请的代表性化合物对S. pneumoniae的MIC值、表B2：对比文件1的代表性化合物对S. pneumoniae的MIC值。根据请求人提供的对比实验数据和意见陈述书中的统计分析，似乎可以得出绝大多数的本申请化合物的抑菌活性明显优于对比文件1化合物的结论，从而佐证本申请化合物具备创造性。但合议组不认同请求人的比对方式。请求人的比对方式忽视了化合物间的结构差别，因为进行对比实验的对比文件 1 某些化合物与本申请化合物在结构上的差别不仅体现在 R^3 基团上，在 R^1 基团、R^2 基团、甚至在 X 基团和 W 基团上也有差别，这些已知化合物因本申请化合物结构相差较大而无法得出有意义的比较结果，采用请求人的比对方式，无法验证本申请说明书中所宣称的“如以上所定义的 R^3 部分的存在，能够使得酶和抗菌药效惊人地和意想不到地增加”的效果。

合议组注意到，对于《复审通知书》指出的与本申请化合物结构相近的对比文件 1 化合物 104、105，在请求人给出的对比实验数据中没有涉及，对比实验数据中给出了《复审通知书》所引用的对比文件 1 化合物 168（即，对比实验数据中所示的 Ia-168）的活性数据，基于比较本申请定义的 R^3 基团对化合物活性影响的目的，合议组从请求人提交的对比实验数据找出的比较结果如下：

对比文件 1 化合物 Ia-168 相对于本申请化合物 I-4、I-9-I-11、I-13-I-22、I-24-I-26、I-28-I-31、I-33、I-34 以及 I-37-I-43 共 30 个化合物，区别在于：化合物 Ia-168 的 R^3 为 $-O-CH_2-Ph$ 而上述本申请化合物的 R^3 则为本申请定义的 C（O）NHR、C（O）R、C（R′）= NOR、C（R′）= NOH 或 CO_2R。（1）对 S. aureus 的最小抑菌浓度比较。由表 A2 可见对比文件 1 化合物 Ia-168 对 S. aureus 的 MIC 值为 4，由表 A1 可见，尽管上述 30 个本申请化合物中有 22 个化合物对 S. aureus 的 MIC 值低于 4，但仍有 8 个化合物的活性较对比文件 1 化合物 Ia-168 更差或相当，即，I-4（MIC 值>64）、I-13（MIC 值>64）、I-14（MIC 值为 8.0）、I-16（MIC 值为 16.0）以及 I-9（MIC 值为 4.0）、I-10（MIC 值为 4.0）、I-15（MIC 值为 4.0）和 I-36（MIC 值为 4.0）。（2）对 S. pneumoniae 的最小抑菌浓度比较。由表 B2 可见对比文件 1 化合物 Ia-168 对 S. pneumoniae 的 MIC 值为 1，但对于上面（1）中所述活性较对比文件 1 化合物 Ia-168 更差或相当的 8 个化合物，表 B1 中仅公开了 I-4 的活性，而 I-4 对 S. pneumoniae 的 MIC 值为 4，较对比文件 1 化合物 Ia-168 更差。

基于上述活性比对，本领域技术人员不会得出具有如本申请定义的 R^3 基团的通式 I 化合物的抗菌活性都意想不到的增加了的结论，因为，单就本申请权利要求 15 优选的具体化合物来看，其中仍有部分化合物的活性不如对比文件 1 中 R^3 基团为氢的化合物，更不用说涵盖更多化合物的权利要求 1 中所概括的通式 I 化合物了。可见，本申请权利要求 1 涵盖了效果较已知化合物更差或相当的化合物，合议组对于请求人关于本申请化合物因具有意想不到的活性而具备创造性的主张不予认可。

综上，本申请权利要求 1 不具备突出的实质性特点和显著的进步，不符合专利法第 22 条第 3 款有关创造性的规定。

权利要求 2~14 是权利要求 1 的从属权利要求，对权利要求 1 作了进一步的限定，但这些限定在对比文件 1 中也有明确教导和启示，本领域技术人员根据对比文件 1 的教导得到这些权利要求的技术方案是显而易见的，且不能得出这些进一步限定的技术内容给本申请的技术方案带来了预料不到的技术效果的结论，因此，权利要求 2~14 也不符合专利法第 22 条第 3 款有关创造性的规定。

权利要求 15 包含 44 个并列选择的技术方案，要求保护 44 个具体化合物，其中除享有优先权的化合物 I-1 以外的技术方案在对比文件 1 中已有教导，本领域技术人员根据对比文件 1 的教导得到这些权利要求的技术方案是显而易见的，且不能得出这些进一步限定的技术内容给本申请的技术方案带来了预料不到的技术效果的结论，因此，权利要求 15 也不符合专利法第 22 条第 3 款有关创造性的规定。

权利要求 16~17 涉及以权利要求 1 所述化合物为活性成分的组合物，权利要求 18~27 涉及上述化合物的制药用途。在对比文件 1 中公开了含有其活性化合物的药物组合物（例如参见权利要求51~56），活性化合物用于减少细菌感染的方法（例如参见权利要求 35~40）。由此可见，权利要求16~27 也不具备突出的实质性特点和显著的进步，不符合专利法第 22 条第 3 款有关创造性的规定。

根据上述事实和理由，合议组作出如下审查决定。

三、决定

维持国家知识产权局于 2006 年 11 月 10 日针对 03818570.9 号发明专利申请作出的驳回决定。

复审请求人对本决定不服的，可以根据专利法第 41 条第 2 款的规定，自收到本决定之日起三个月内向北京市第一中级人民法院起诉。

149

异构的稠合吡咯并咔唑及异四氢萘酮

复审请求审查决定（第14869号）

决　定　号　第14869号

决　定　日　2008年10月17日

发明创造名称　异构的稠合吡咯并咔唑及异四氢萘酮

国际分类号　C07D487/04，A61K31/407，A61K31/437，A61P13/08，A61P 35/00，A61P25/00，C07D495/14，C07D491/14，C07D 471/14

复审请求人　赛福伦公司

申　请　号　00811850.7

最早优先权日　1999年8月20日

申　请　日　2000年8月18日

公　开　日　2002年9月18日

合议组组长　刘　亚

主　审　员　李亚林

参　审　员　李新芝

法律依据　专利法第33条，专利法第26条第4款

决定要点

对于以马库什方式撰写的药物化合物权利要求而言，若请求人删除了权利要求中没有以说明书为依据的取代基的定义，且在没有证据表明或者没有合理的理由怀疑修改后权利要求所包含的化合物不能解决发明所要解决的技术问题并达到相同的技术效果的情况下，则不应断言该权利要求得不到说明书的支持。

一、案由

本复审请求案涉及发明名称为“异构的稠合吡咯并咔唑及异四氢萘酮”的00811850.7号发明专利申请（下称本申请），申请人为赛福伦公司，申请日为2000年8月18日，最早优先权日为1999年8月20日，公开日为2002年9月18日。

2005年7月15日，针对申请人于2005年3月28日提交的权利要求第1~33项，2004年9月6日提交的说明书第1、2、17、18、52~57、60页和说明书摘要，进入中国国家阶段时提交的国际申请文件中文译文的说明书第3~16、19~51、58~59、61~63页，国家知识产权局以权利要求1~33不符合专利法第26条第4款为由驳回了本申请。

驳回决定认为：权利要求1不符合专利法第26条第4款的规定，表现在将权利要求1中B和F

环限定为吡啶基和噻吩基、将 R^1-R^5 以及 Y 等的定义扩大到 US 6399780 B1 以外的范围，从说明书记载的实施例概括不出上述权利要求请求保护的范围，而且也不能确信上述权利要求定义的所有化合物均能够达到本发明所述的效果；由于化学合成方法的实验性以及药物化合物构效关系的复杂性，说明书中只有化学名称或结构式而没有任何物化数据的化合物不能认为是具体公开的化合物。由于权利要求 1 得不到说明书支持，其从属权利要求以及相关的组合物权利要求和用途权利要求均不符合专利法第 26 条第 4 款的规定。

驳回决定所针对的权利要求书中，权利要求 1~12 涉及式 I 的通式化合物，权利要求 13 涉及具体化合物，权利要求 14~21 涉及含有本申请活性化合物的药物组合物，权利要求 22~33 涉及式 I 化合物在制备药物中的应用，其中独立权利要求 1 如下：

"1. 具有化学式 I 的化合物：

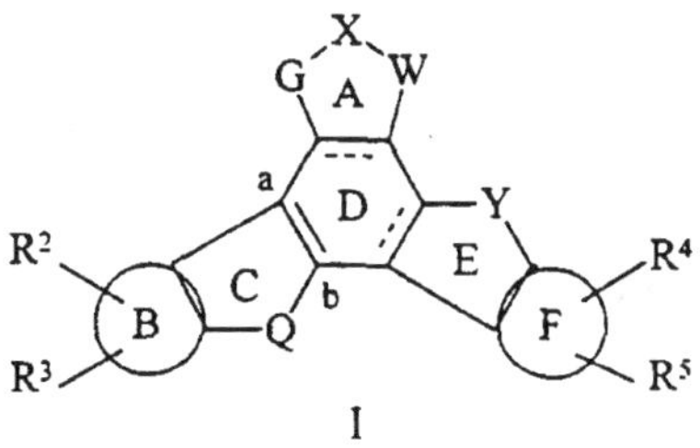

I

或其立体异构体或其可药用盐，其中：

环 D 选自在 a-b 为双键的苯基和环己烯；

环 B 和 F，相互独立地而且各自与连接到其上的碳原子一起选自苯基、吡啶基和噻吩基；

G-X-W 选自：

a) - (A^{1A2}) C-N (R^1) -C (B^1B^2) -；

b) -CH (R^{1A}) -C (=O) -N (R^1) -；及

c) -N (R^1) -C (=O) -CH (R^{1A}) -；

R^1 选自：

a) H、1~6 个碳的取代或未取代的烷基、6~12 个碳的取代或未取代的芳基、7~15 个碳的取代或未取代的芳烷基、6~12 个碳原子、且其中的一个或多个环碳原子被选自 O、N 或 S 的杂原子置换的取代或未取代的杂芳基或 7~15 个碳原子、且其中一个或多个环碳原子被选自 O、N 或 S 的杂原子置换的取代或未取代的杂芳基烷基；

b) -C (=O) R^7，其中 R^7 选自取代或未取代的烷基、6~12 个碳的取代或未取代的芳基、3~8 个碳的取代或未取代的碳环基团及 6~12 个碳原子、且其中一个或多个环碳原子被选自 O、N 或 S 的杂原子置换的取代或未取代的杂环基团；

c) $-OR^8$，其中 R^8 选自 H 和具有 1~6 个碳的烷基；

d) -C (=O) NHR^8、$-NR^9R^{10}$、- $(CH_2)_pNR^9R^{10}$、- $(CH_2)_pOR^8$、-O $(CH_2)_pOR^8$ 及 -O $(CH_2)_pNR^9R^{10}$，其中 p 为 1~4；而且其中

1) R^9 和 R^{10}，各自独立地选自 H、1~6 个碳的未取代的烷基和 1~6 个碳的取代的烷基；或

2) R^9 和 R^{10} 一起形成一个连接基团- $(CH_2)_2$-X^1- $(CH_2)_2$-，其中 X1 选自-O-、-S-及$-CH_2-$；

R^{1A} 同 R^1；

R^2、R^3、R^4 和 R^5 各自独立地选自：

a) H、6~12 个碳的芳基、3~8 个碳的碳环、6~12 个碳原子、且其中一个或多个环碳原子被选自 O、N 或 S 的杂原子置换的杂环、-CN、CF_3、$-NO_2$、-OH、$-OR^7$、Br、I、-O $(CH_2)_pNR^9R^{10}$、-

OC（=O）R^7、-OC（=O）NR^9R^{10}、-O（CH_2）$_p$$OR^8$、F、Cl、-$CH_2OR^8$、-$NR^9R^{10}$、-$NR^8S$（=O）$_2R^7$、-$NR^8C$（=O）$R^7$ 或-NR^8C（=S）R^7；

b）-CH_2OR^{11}，其中 R^{11}是氨基酸的羧基的羟基除去后的残余部分；

c）-NR^8C（=O）NR^9R^{10}、-NR^8C（=S）NR^9R^{10}、-CO_2R^{12}、-C（=O）R^{12}、-C（=O）NR^9R^{10}、-C（=S）NR^9R^{10}、-CH=NOR^{12}、-CH=NR^7、-（CH_2）$_p$$NR^9R^{10}$、-（$CH_2$）$_p$$NHR^{11}$或-CH=$NNR^{12}R^{12a}$；其中 R^{12}选自 H、1~6 个碳的烷基、-OH、1~6 个碳的烷氧基、-OC（=O）R^7、-OC（=O）NR^9R^{10}、-OC（=S）NR^9R^{10}、-O（CH_2）$_p$$NR^9R^{10}$、-O（$CH_2$）$_p$$OR^8$、具有 6~10 个碳的取代或未取代的芳烷基、7~20 个碳原子、且其中一个或多个环碳原子被选自 O、N 或 S 的杂原子置换的取代或未取代的杂环基烷基和 3~8 个碳的取代或未取代的碳环基团；

R^{12a}与 R^{12}相同；

d）-S（O）$_y$$R^{12}$、-（$CH_2$）$_p$S（O）y$R^7$、-$CH_2$S（O）$_y$$R^{11}$，其中 y 为 0、1 或 2；

e）1~8 个碳的烷基、2~8 个碳的烯基以及 2~8 个碳的炔基，其中：

1）每一个烷基、烯基或炔基都未被取代；或

2）每一个烷基、烯基或炔基被选自下列基团中的 1~3 个基团取代：6~10 个碳的芳基、6~12 个碳原子、且其中一个或多个环碳原子被选自 O、N 或 S 的杂原子置换的杂环基、7~15 个碳的芳基烷氧基、7~20 个碳原子、且其中一个或多个环碳原子被选自 O、N 或 S 的杂原子置换的杂环烷氧基、1~8 个碳的羟基烷氧基、各烷基部分为含 1~8 个碳的烷氧基-烷氧基、1~8 个碳的羟基烷基硫基、各烷基部分为含 1~8 个碳的烷氧基-烷基硫基、F、Cl、Br、I、-CN、NO_2、-OH、-OR^7、-X2（CH_2）$_p$C（=O）NR^9R^{10}、-X^2（CH_2）$_p$C（=S）NR^9R^{10}、-X^2（CH_2）$_p$OC（=O）NR^9R^{10}、-X^2（CH_2）$_p$$CO_2R^7$、-$X_2$（$CH_2$）$_p$S（O）y$R^7$、-$X^2$（$CH_2$）$_p$$NR^8C$（=O）$NR^9R^{10}$、-OC（=O）$R^7$、-OC（=O）$NHR^{12}$、O-四氢吡喃基、-$NR^9R^{10}$、-$NR^8CO_2R^7$、-$NR^8C$（=O）$NR^9R^{10}$、-$NR^8C$（=S）$NR^9R^{10}$、-NHC（=NH）$NH_2$、-$NR^8C$（=O）$R^7$、-$NR^8C$（=S）$R^7$、-$NR^8S$（=O）$_2R^7$、-S（O）y$R^7$、-$CO_2R^{12}$、-C（=O）$NR^9R^{10}$、-C（=S）$NR^9R^{10}$、-C（=O）$R^{12}$、-$CH_2OR^8$、-CH=$NNR^{12}R^{12a}$、-CH=$NOR^{12}$、-CH=$NR^7$、-CH=NNHCH（N=NH）$NH_2$、-S（=O）$_2$$NR^{12}R^{12a}$、-P（=O）($OR^8$)$_2$、-$OR^{11}$及 5~7 个碳的单糖，其中单糖的每一个羟基可独立地未被取代，或由下述基团取代：H、1~4 个碳的烷基、2~5 个碳的烷基羰基氧基或 1~4 个碳的烷氧基；

X^2 是 O、S 或 NR^8；

Q 选自-NR^6；

R^6 选自 H、-SO_2R^7、-CO_2R^7、-C（=O）R^7、-C（=O）NR^9R^{10}、1~8 个碳的烷基、2~8 个碳的烯基及 2~8 个碳的炔基；及

1）每一个烷基、烯基或炔基都未被取代；或

2）如上述 e）中有关 R^2、R^3、R^4 及 R^5 的定义，每一个烷基、烯基或炔基被独立地取代；

Y 选自：

a）未取代的 1~2 个碳的亚烷基；

b）用 R^{13}取代的 1~2 个碳的亚烷基，其中 R^{13}选自 R^{12}、1~4 个碳的硫代烷基、卤素、1~8 个碳的烷基、2~8 个碳的烯基及 2~8 个碳的炔基，其中

i）1~8 个碳的烷基、2~8 个碳的烯基及 2~8 个碳的炔基的每一个都未被取代；或

ii）如上述 e）中有关 R^2、R^3、R^4 及 R^5 的定义，1~8 个碳的烷基、2~8 个碳的烯基及 2~8 个碳的炔基的每一个独立地被取代；以及

c）选自-CH=CH-、-O-、-S-、-S（=O）-、-S（=O）$_2$-、-C（R^6）$_2$-、-C（=O）-、-C

（=NOR^{12}）-、-C（OR^{12}）R^{12}-、-CH_2Z-和-ZCH_2-的官能团，其中Z选自-C（R^{12}）-、-O-和-S-；

A^1和A^2选自H、H；H、OR^{12}；H、-SR^{12}；H、-N（R^{12}）$_2$；以及一个基团，其中A^1和A^2一起形成一个选自=O、=S和=NR^{12}的部分；

B^1和B^2选自H、H；H、-OR^{12}；H、-SR^{12}；H、-N（R^{12}）2；以及一个基团，其中B^1和B^2一起形成一个选自=O、=S和=NR^{12}的部分；

条件是A^1和A^2，或B1和B2的至少一对形成=O。”

2005年10月31日，申请人赛福伦公司（下称请求人）对上述驳回决定不服，向专利复审委员会提出复审请求并对权利要求书进行了修改，请求人对权利要求1中式I化合物的取代基进行修改并同时对权利要求10和22中的相应取代基进行相应修改，请求人认为修改后的权利要求1得到了说明书的充分支持。

修改后的权利要求1如下：

“1. 具有化学式I的化合物：

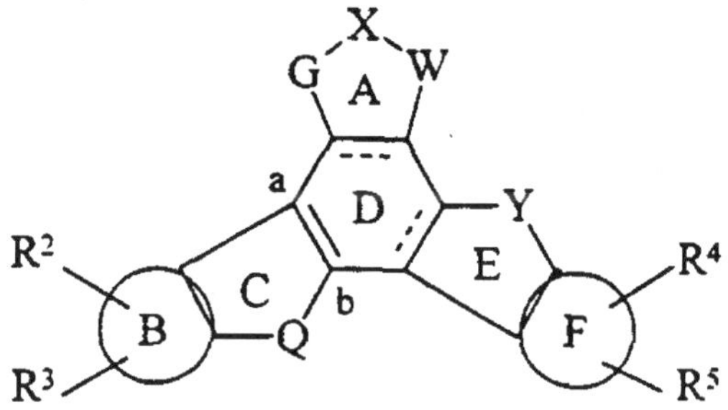

I

或其立体异构体或其可药用盐，其中：

环D选自在a-b为双键的苯基和环己烯；

环B和环F，相互独立地而且各自与连接到其上的碳原子一起选自苯基、吡啶基和噻吩基；

G-X-W为-（A^1A^2）C-N（R^1）-C（B^1B^2）-；

R^1为H；

R^7选自取代或未取代的烷基、6~12个碳的取代或未取代的芳基、及6~12个碳原子、且其中一个或多个环碳原子被选自O、N或S的杂原子置换的取代或未取代的杂环基团；

R^8选自H和具有1~6个碳的烷基；

p为1~4；

R^9和R^{10}各自独立地选自H和1~6个碳的未取代的烷基；

R^2、R^3、R^4和R^5各自独立地选自：

a）H、-CN、-OH、-OR^7、Br、-O（CH_2）$_p$OR^8；

b）-（CH_2）$_p$NR^{9}R^{10}；和

c）1~8个碳的烷基、2~8个碳的烯基，其中：

1）每一个烷基或烯基都未被取代；或

2）每一个烷基或烯基被选自下列基团中的1~3个基团取代：6~12个碳原子、且其中一个或多个环碳原子被选自O、N或S的杂原子置换的杂环基、-CN、-OH、-OR^7、-NR^{9}R^{10}、-NR^{8}C（=O）NR^{9}R^{10}、-NR^{8}C（=S）NR^{9}R^{10}、-NR^{8}C（=O）R^7、-NR^{8}S（=O）$_2$R^7、-CO$_2$R^{12}和-C（=O）R^{12}；

R^{12}选自H和1~6个碳的烷基；

Q 选自$-NR^6$；

R^6 选自 H 和 1~8 个碳的烷基，其中

1）每一个烷基都未被取代；或

2）如上述 c）中有关 R^2、R^3、R^4 及 R^5 的定义，每一个烷基被独立地取代；

Y 选自：

a）未取代的 1~2 个碳的亚烷基；

b）用 R^{13}取代的 1~3 个碳的亚烷基，其中 R^{13}选自 R^{12}和 1~8 个碳的烷基，其中

i）每一个 1~8 个碳的烷基都未被取代；或

ii）如上述 c）中有关 R^2、R^3、R^4 及 R^5 的定义，每一个 1~8 个碳的烷基被取代；以及

c）选自-CH=CH-、-O-、-S-、-C（=O）-和$-CH_2Z-$的官能团，其中 Z 为-O-；

A^1 和 A^2 选自 H、H；以及 A^1 和 A^2 一起形成=O 的基团；

B^1 和 B^2 选自 H、H；以及 B^1 和 B^2 一起形成=O 的基团；

条件是 A^1 和 A^2，或 B^1 和 B^2 的至少一对形成=O。"

经形式审查合格后，专利复审委员会受理了该请求，并于 2006 年 2 月 22 日向请求人发出了《复审请求受理通知书》，同时将本申请转送至国家知识产权局原审查部门进行前置审查。

在《前置审查意见书》中，国家知识产权局原审查部门认为：复审请求时提交的权利要求书中，权利要求 1 仍不符合专利法第 26 条第 4 款的规定，具体理由在于该权利要求 1 将环 B 和 F 定义为吡啶环和噻吩环超出了说明书能够支持的范围，此外，由于说明书中没有公开权利要求 13 中一部分化合物的理化数据和效果数据，基于药物化合物构效关系的敏感性，权利要求 13 不符合专利法第 26 条第 4 款的规定。

专利复审委员会组成合议组，对本复审请求案进行了审理。2007 年 12 月 5 日，合议组以请求人于 2005 年 10 月 31 日提交的权利要求书和驳回决定针对的说明书及摘要为基础向请求人发出《复审通知书》，指出：

（1）在请求人所提交的权利要求书中存在下列不符合专利法第 33 条规定之处：①请求人将权利要求 1 中对于通式 I 化合物的环 B 和 F 的定义修改为："相互独立地而且与各自连接到其上的碳原子一起选自苯基、吡啶基和噻吩基"，其中，通式 I 化合物的环 B 和 F 与连接到其上的碳原子一起构成噻吩基的技术方案没有记载于原始申请文件中，无法直接地、毫无疑义地确定权利要求 1 中通式 I 化合物的环 B 和 F 构成噻吩基而其他变量如权利要求 1 中所述的其他技术方案。②请求人在权利要求 1 中限定了杂环基团："6~12 个碳原子、且其中一个或多个环碳原子被选自 O、N 或 S 的杂原子置换的取代或未取代的杂环基团"，这样的技术内容未记载在原始申请文件中，根据原始申请文件记载的内容无法直接地、毫无疑义地确定杂环基团含有 6~12 个碳原子。③请求人将权利要求 1 中对于 Y 的定义修改为包括"Y 选自：a）未取代的 1~2 个碳的亚烷基"，但在原权利要求书和说明书相应的定义中均为"1~3 个碳的亚烷基"，因此对于 Y 的定义的修改超出了原说明书和权利要求书记载的范围；同样的缺陷也存在于权利要求 6、12 中。

（2）本申请权利要求 13 要求保护具体化合物，其中权利要求书第 6 页第 2 行第 3、4 个具体化合物分别相应于说明书中的化合物 IX-6、X-7，但在说明书的相关内容中均为这两个化合物的混合形式，并未分离得到这两个具体化合物的单体，由于说明书中未给出表征这两个化合物的理化参数，也没有给出单个化合物的活性数据，权利要求 13 要求保护这两个化合物的技术方案得不到说明书的支持；此外，权利要求书第 4 页第 1 行第 2 个具体化合物相应于说明书中的化合物 IV-2，据说明书第 30 页实施例 2 记载，化合物 IV-2 由化合物 IV-1 制备得到，化合物 IV-1 中的一个$-CH_2-$相应地转变

为化合物 IV-2 中的-CO-，据化学领域的常识可知，$-CH_2-$转变为-CO-时发生的是氧化反应，但在实施例 2 中使用的却是强还原性的试剂 NaH，这有违本领域普通技术人员的常识，申请人应对此反应进行解释，否则，将认为没有对此化合物作出充分公开，权利要求 13 中要求保护此化合物的技术方案得不到说明书的支持。鉴于上述理由，权利要求 13 不符合专利法第 26 条第 4 款的规定。

2008 年 3 月 14 日，针对上述《复审通知书》，请求人提交了意见陈述书和权利要求书替换页，请求人进行了如下修改：（1）删除权利要求 1 和 22 中关于通式 I 化合物的环 B 的定义中的“噻吩基”，删除权利要求 1 和 22 中关于通式 I 化合物的环 F 的定义中的“吡啶基”，（2）删除权利要求 1 和 22 中关于杂环基团的定义中的“6~12 个碳原子”，（3）将权利要求 1、6、12 和 22 中关于 Y 的定义中“a）未取代的 1~2 个碳的亚烷基”替换为“未取代的 1~3 个碳的亚烷基”，（4）将权利要求 13 中第 6 页第 2 行第 3、4 个化合物（分别相应于说明书第 52 页表格最后一行的化合物 IX-6、X-7）限定为“化合物 IX-6 和化合物 X-7 以 IX-6：X-7 的比率为 40：60 的混合物形式存在”。请求人认为修改的权利要求书没有超出原申请文件公开的范围且得到了说明书的支持。请求人还认为，对于化合物 IV-2 的制备，两个芳环之间的亚甲基位置非常易于氧化，在碱存在的情况下就会发生，为了证明其观点，请求人列举了三份参考文献，但仅对参考文献 1（CN1962597A）中的技术内容进行了如下说明：在 THF 中，在氢氧化钾的存在下，使用空气氧化相应的芴类化合物从而制备 9-芴酮类化合物。

2008 年 6 月 10 日和 2008 年 8 月 28 日，请求人两次提交了意见陈述书和权利要求书全文替换页，请求人于 2008 年 8 月 28 日提交的权利要求书在 2008 年 3 月 14 日提交的权利要求书基础上进行了如下修改：删除权利要求 1 和 22 中关于通式 I 化合物的环 F 定义中的“噻吩基”；将权利要求 13 的主题由“权利要求 1 的化合物，其具有如下的结构式”修改为“一种化合物，其结构式选自如下”。

请求人于 2008 年 8 月 28 日提交的权利要求 1 为：

“1. 具有化学式 I 的化合物：

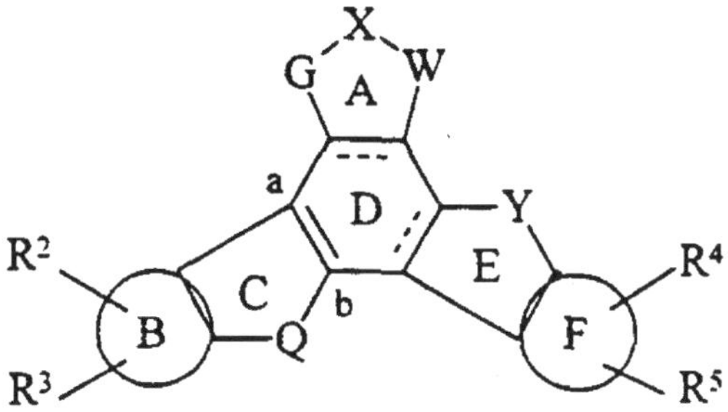

I

或其立体异构体或其可药用盐，其中：

环 D 选自在 a-b 为双键的苯基和环己烯；

环 B 与连接到其上的碳原子一起形成苯基或吡啶基；

环 F 与连接到其上的碳原子一起形成苯基；

G-X-W 为-（A^1A^2）C-N（R^1）-C（B^1B^2）-；

R^1 为 H；

R^7 选自取代或未取代的烷基、6~12 个碳的取代或未取代的芳基，及其中一个或多个环碳原子被选自 O、N 或 S 的杂原子置换的取代或未取代的杂环基团；

R^8 选自 H 和具有 1~6 个碳的烷基；

p 为 1~4；

R^9 和 R^{10}各自独立地选自 H 和 1~6 个碳的未取代的烷基；

R^2、R^3、R^4 和 R^5 各自独立地选自：

a）H、-CN、-OH、$-OR^7$、Br、$-O(CH_2)_pOR^8$；

b）$-(CH_2)_pNR^9R^{10}$；和

c）1~8 个碳的烷基、2~8 个碳的烯基，其中：

1）每一个烷基或烯基都未被取代；或

2）每一个烷基或烯基被选自下列基团中的 1~3 个基团取代：其中一个或多个环碳原子被选自 O、N 或 S 的杂原子置换的杂环基、-CN、-OH、$-OR^7$、$-NR^9R^{10}$、$-NR^8C(=O)NR^9R^{10}$、$-NR^8C(=S)NR^9R^{10}$、$-NR^8C(=O)R^7$、$-NR^8S(=O)_2R^7$、$-CO_2R^{12}$和$-C(=O)R^{12}$；

R^{12}选自 H 和 1~6 个碳的烷基；

Q 选自$-NR^6$；

R^6 选自 H 和 1~8 个碳的烷基，其中

1）每一个烷基都未被取代；或

2）如上述 c）中有关 R^2、R^3、R^4 及 R^5 的定义，每一个烷基被独立地取代；

Y 选自：

a）未取代的 1~3 个碳的亚烷基；

b）用 R^{13}取代的 1~3 个碳的亚烷基，其中 R^{13}选自 R^{12}和 1~8 个碳的烷基，其中

i）每一个 1~8 个碳的烷基都未被取代；或

ii）如上述 c）中有关 R^2、R^3、R^4 及 R^5 的定义，每一个 1~8 个碳的烷基被取代；以及

c）选自-CH=CH-、-O-、-S-、-C（=O）-和$-CH_2Z-$的官能团，其中 Z 为-O-；

A^1 和 A^2 选自 H、H；以及 A^1 和 A^2 一起形成=O 的基团；

B^1 和 B^2 选自 H、H；以及 B^1 和 B^2 一起形成=O 的基团；

条件是 A^1 和 A^2，或 B^1 和 B^2 的至少一对形成=O。”

至此，合议组认为本案事实清楚，可以作出审查决定。

二、决定的理由

1. 关于文本

合议组以请求人于 2008 年 8 月 28 日提交的权利要求 1~33 项，2004 年 9 月 6 日提交的说明书第 1、2、17、18、52~57、60 页和说明书摘要，进入中国国家阶段时提交的国际申请文件中文译文的说明书第 3~16、19~51、58~59、61~63 页为基础进行审查。

2. 关于专利法第 33 条

专利法第 33 条规定：申请人可以对其专利申请文件进行修改，但是，对发明和实用新型专利申请文件的修改不得超出原说明书和权利要求书记载的范围。

如果申请的内容通过增加、改变和/或删除其中的一部分，致使所属技术领域的技术人员看到的信息与原申请记载的信息不同，而且又不能从原申请记载的信息中直接地、毫无疑义地确定，那么这种修改是不允许的。反之，则是允许的。

请求人于 2008 年 8 月 28 日提交的权利要求书相对于复审请求时所提交的权利要求，进行了如下修改：（1）删除权利要求 1 和 22 中关于通式 I 化合物的环 B 和环 F 的定义中的“噻吩基”，删除权利要求 1 和 22 中关于通式 I 化合物的环 F 的定义中的“吡啶基”，（2）删除权利要求 1 和 22 中关于杂环基团的定义中的“6~12 个碳原子”，（3）将权利要求 1、6、12 和 22 中关于 Y 的定义中“a）未取代的 1~2 个碳的亚烷基”替换为“未取代的 1~3 个碳的亚烷基”，（4）将权利要求 13 中第 6 页第

2 行第 3、4 个化合物（分别相应于说明书第 52 页表格最后一行的化合物 IX-6、X-7）限定为“化合物 IX-6 和化合物 X-7 以 IX-6：X-7 的比率为 40：60 的混合物形式存在”，（5）修改了权利要求 13 对权利要求 1 的引用关系。

合议组认为，请求人所进行的上述修改的前 3 项修改是针对《复审通知书》指出的修改超范围的缺陷而进行的，修改后的技术内容与原始提交的申请文件中记载的内容相一致，请求人所进行的上述第（4）项修改是针对《复审通知书》指出的权利要求 13 得不到说明书支持的缺陷而进行的，修改后的技术内容与原申请文件说明书第 52 页最后一行以及说明书第 59 页倒数第 7 行的内容相一致，这些修改符合专利法第 33 条的规定。请求人所进行的上述第（5）项修改并未导致权利要求 13 的化合物发生实质改变，没有引入新内容，这样的修改符合专利法第 33 条的规定。

3. 关于专利法第 26 条第 4 款

专利法第 26 条第 4 款规定：权利要求书应当以说明书为依据，说明要求专利保护的范围。

对于以马库什方式撰写的药物化合物权利要求而言，若请求人删除了权利要求中没有以说明书为依据的取代基的定义，且在没有证据表明或者没有合理的理由怀疑修改后权利要求所包含的化合物不能解决发明所要解决的技术问题并达到相同的技术效果的情况下，则不应断言该权利要求得不到说明书的支持。

（1）请求人于 2008 年 8 月 28 日提交的权利要求 1 要求保护具有化学式 I 的通式化合物（具体内容见案由部分）。本申请说明书公开了式 I 化合物的制备方法及其活性实验数据，其中公开了大量环 A 为吡咯酮或丁二酰亚胺的化合物，公开了大量环 B 为苯基的化合物以及一个环 B 为吡啶基的化合物（化合物 XIII），公开了大量环 C 为吡咯的化合物，公开了大量环 D 为苯基的化合物以及两个环 D 为环己烯的化合物（化合物 III-1 和 III-2），公开了环 E 中的 Y 为 $-CH_2-$、$-CH_2-CH_2-$、$-CH_2-O-$、$-CH=CH-$、$-C(=O)-$或$-S-$的化合物，公开了大量环 F 为苯基的化合物，此外，根据说明书中公开的活性实验数据可知，环 A、B、C、D、E 和 F 为上述定义的化合物均具有说明书中所述的抑酶活性，本领域技术人员根据说明书中公开的上述内容足以得到或概括得出权利要求 1 中对于环 A、B、C、D、E 和 F 的定义，即，权利要求 1 中式 I 化合物的母环结构能够得到说明书的支持。

权利要求 1 中的 R^1、R^2、R^3、R^4、R^5、R^6 以及 R^{13} 为上述母核结构上的取代基，说明书中具体公开了母核结构上的取代基可以是$-Br$、$-CH_3$、$-CN$、$-COOH$、$-CH_2OH$、$-CH_2NH_2$、$-CH_2CH_2OH$、$-CH_2CH_2COOH$、$-CH_2CH_2COOCH_2CH_3$、$-CH_2CH_2CN$、$-CH_2CH_2CH_2OH$、$-CH_2CH_2CH_2CN$、$-CH_2CH_2CH_2NH_2$、、$-CH_2CH_2CH_2O-Ph$、$-CH_2CH_2CH_2NHSO_2CH_3$、$-CH_2CH_2CH_2NHCOCH_3$、$-CH_2CH_2CH_2NHCO-$（取代的四氢吡咯基）、$-CH_2CH_2CH_2NHC(=S)NHCH_3$、$-CH_2CH_2CH_2NHC(=S)NH-Ph$、$-CH=CHCOOH$、$-CH=CH-CN$、$-OCH_2CH_2OCH_2CH_3$、$-NHSO_2CH_3$、$-CH_2NHC(=S)NHCH_3$、$-CH_2CH_2COO(t)Bu$、$-CH=CH$（2-吡啶基）、$CH_2OCH_2CH_2OCH_3$、$-CH(OH)$（吡啶基）、$-CH_2$（2-吡啶基）、-噻吩基等，由此可见，说明书中已经公开了式 I 化合物母核结构上的许多类型的取代基，据本申请说明书表 5-7 可知具有不同取代基的多个化合物都具有说明书中所述的抑酶活性，根据上述信息，本领域技术人员可以推知式 I 化合物母核结构上的取代基可以在一定范围内进行改变而不至于对化合物的活性起到决定性作用。本领域技术人员根据说明书中公开的多种类型的取代基，可以对 R^1、R^2、R^3、R^4、R^5、R^6 以及 R^{13} 基团的定义范围进行合理概括，在没有证据表明或者没有合理理由怀疑权利要求 1 中定义的上述基团的范围过宽、具有权利要求 1 中定义的上述基团的化合物无法制备得到或者不具有相似活性的情况下，尚不能得出权利要求 1 没有以说明书为依据的结论。

《驳回决定》指出驳回针对的权利要求 1 因其取代基定义范围过宽而得不到说明书支持。请求人在提出复审请求时，缩小了该权利要求1的保护范围，对于未能以说明书为依据的取代基定义进行删除。《前置审查意见书》继续指出，提出复审请求时提交的权利要求1因将环B和F定义为吡啶环和噻吩环而超出了说明书能够支持的范围。请求人于2008年8月28日提交了权利要求书替换页，删除了权利要求1中环B为噻吩环以及环F为吡啶环和噻吩环的定义，至于所保留的环B为吡啶环的定义，因在说明书第11页第5~6行记载有“在其他的优选实施方案中，环B和F，各自独立，是取代或未取代的苯基或吡啶基”且在说明书中充分公开了环B为吡啶基的化合物XIII（参见实施例15、表7）而能够得到说明书的支持，因此，关于复审请求时提交的权利要求1不符合专利法第26条第4款规定的前置审查意见在修改文本的基础上已不成立。

（2）权利要求13要求保护具体化合物。《前置审查意见书》认为：由于说明书中没有公开权利要求13中一部分化合物的理化数据和效果数据，基于药物化合物构效关系的敏感性，权利要求13不符合专利法第26条第4款的规定。但是，《前置审查意见书》并未具体指出权利要求13中的哪部分化合物未得到说明书的支持。合议组考察本申请说明书发现，在说明书表5-7中公开了这些具体化合物的活性实验结果，在说明书实施例中公开了其中22个具体化合物的制备方法和理化参数，在没有相反证据的情况下，本领域技术人员根据说明书的上述记载应能确定权利要求13中的化合物均将具有相似的活性，因此，尚不能认为权利要求13不符合专利法第26条第4款的规定。

至于《复审通知书》中所指出的权利要求13中权利要求书第6页第2行第3、4个化合物（即化合物IX-6和化合物X-7）得不到说明书支持的问题，由于请求人在2008年8月28日提交的权利要求书中对此进行了限定：“化合物IX-6和化合物X-7以IX-6：X-7的比率为40：60的混合物形式存在”，修改后的权利要求13与说明书第52页最后一行以及说明书第59页倒数第7行的内容相一致，因此，《复审通知书》中所指出的该缺陷已被克服。

至于《复审通知书》中所指出的权利要求13中权利要求书第4页第1行第2个化合物的制备方法中的氧化反应缺少氧化剂的问题，合议组认可请求人关于该制备方法中的氧化反应是以空气作为氧化剂的解释，并认为这样的解释符合常理，本领域技术人员根据说明书中的制备方法可以制备得到该化合物，由此，《复审通知书》中所指出的该缺陷不复存在。

（3）《驳回决定》认为，因驳回针对的权利要求1得不到说明支持，而导致本申请全部权利要求不符合专利法第26条第4款的规定。但在《驳回决定》和《前置审查意见书》中均未对于除权利要求1和13外其他权利要求得不到说明书支持的理由进行具体说明，如前所述，在合议组尚不能认为请求人于2008年8月28日提交的权利要求1和13得不到说明书支持的情况下，《驳回决定》中的该理由也不成立。

综上所述，对于请求人于2008年8月28日提交的权利要求书而言，《驳回决定》、《前置审查意见书》以及《复审通知书》中认为本申请不符合专利法第26条第4款规定的理由均已不再成立。

根据上述事实和理由，合议组作出如下审查决定。

三、决定

撤销国家知识产权局于2005年7月15日针对00811850.7号发明专利申请作出的驳回决定，由国家知识产权局原审查部门以本复审决定所针对的文本为基础继续审批程序。

复审请求人对本决定不服的，可以根据专利法第41条第2款的规定，自收到本决定之日起三个月内向北京市第一中级人民法院起诉。

150

作为促性腺激素释放激素拮抗剂的喹啉、异喹啉和酞嗪衍生物

复审请求审查决定（第14870号）

决　定　号　第14870号
决　定　日　2008年10月23日
发明创造名称　作为促性腺激素释放激素拮抗剂的喹啉、异喹啉和酞嗪衍生物
国 际 分 类 号　C07D215/56，A61K31/47，A61P5/02，C07D237/32
复 审 请 求 人　赞塔里斯有限公司
专 利 申 请 号　02806359.7
最早优先权日　2001年2月21日
申　请　日　2002年2月21日
公　开　日　2004年5月12日
合 议 组 组 长　吴红权
主　审　员　娄　宁
参　审　员　李亚林

法 律 依 据　专利法第33条
决 定 要 点
如果申请文件中的修改内容能从原申请文件记载的信息中直接地、毫无疑义地确定，那么这种修改是允许的。

一、案由

本复审请求涉及名称为“作为促性腺激素释放激素拮抗剂的喹啉、异喹啉和酞嗪衍生物”的02806359.7号发明专利申请（下称本申请），申请人为赞塔里斯有限公司，申请日为2002年2月21日，最早优先权日为2001年2月21日，公开日为2004年5月12日。

2006年5月26日，针对申请人2005年11月2日提交的权利要求书第1~15项，进入中国国家阶段时提交的说明书第1~25页和说明书摘要，国家知识产权局以权利要求第1~15项不符合专利法第33条的规定为由驳回了本申请。

驳回决定指出：（1）修改后的权利要求1中，R2的定义中所述的苯基环被一个或多个卤素和卤代C_{1-4}烷基的基团取代的定义、L为羰基的定义、Q为-NH的定义、R51的定义中C_1-7-烷基定义中的端点值7，超出了原申请文件的记载范围，因此权利要求1不符合专利法第33条的规定；（2）权利要求2~12为权利要求1的从属权利要求，权利要求13~15直接或间接引用了权利要求1，因此权

利要求2~15也不符合专利法第33条的规定；（3）修改后的权利要求15中，通式（4）化合物R9基团定义中n为1或2的定义和有关通式（5）化合物的内容在原申请文件中没有记载。

驳回决定所针对的权利要求书为：

“1. 通式（1）化合物：

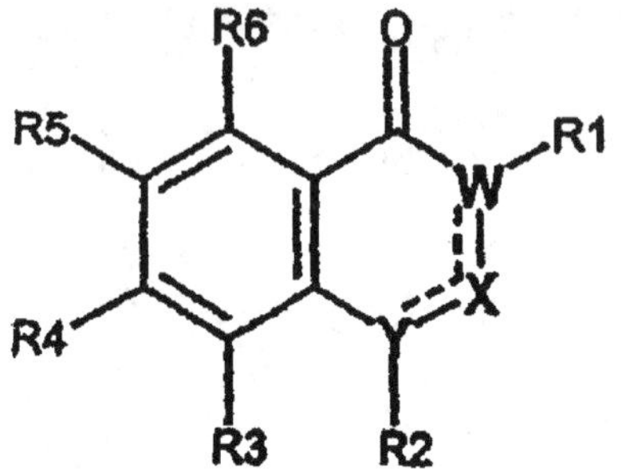

(1)

其中

R1为$-CO-C_{1-4}-$烷基或$-CO-O-C_{1-8}-$烷基，

R2是基团-CH（R21）R22，其中R21是氢原子或苯基环，R22是苯基环或萘基环，其中所述苯基环可被一个或多个选自卤素和卤代C_{1-4}烷基的基团取代，

R3和R4各自独立地是氢原子，

R5是经由原子团Z连接的基团

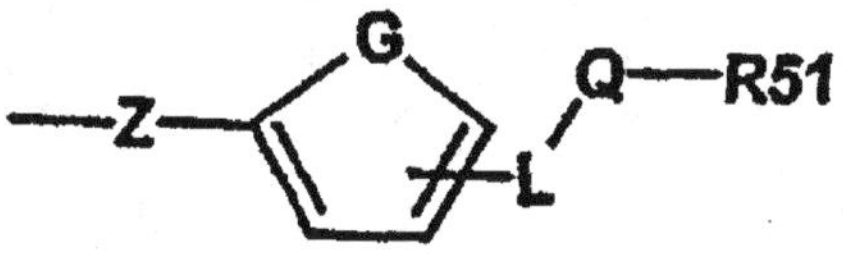

其中G是-C=C-、-C=N-、-N=C-、或硫原子，Z是直接的键、氧原子、或$C_{1-4}-$亚烷基，L是羰基或NH基团，Q是羰基、$-SO_2$基团或-NH基，R51是C_1-7-烷基——可选地被羟基取代，

R6是基团CH_2-N（R61）R62，其中R61各自独立地是$C_{1-4}-$烷基，R62是苄基，

-W……X……Y-是基团

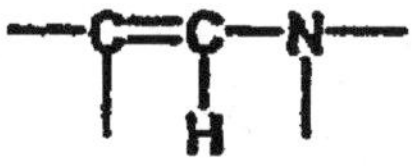

或

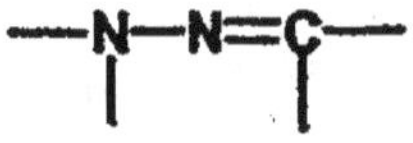

或所述结构的与生理学上可耐受的酸或碱的盐。

2. 如权利要求1所要求保护的化合物，其特征在于A是$-CH_2-$。

3. 如权利要求1所要求保护的化合物，其特征在于R1是基团$-CO-C_{1-4}$烷基。

4. 如权利要求3所要求保护的化合物，其特征在于R1选自-CO-甲基、-CO-乙基和-CO-异丙基。

5. 如权利要求1所要求保护的化合物，其特征在于R1是基团$-CO-OC_{1-8}-$烷基。

6. 如权利要求5所要求保护的化合物，其特征在于R1选自-CO-O-甲基、-CO-O-乙基或-CO-O-异丙基。

7. 如权利要求1至6之一所要求保护的化合物，其特征在于R2是2′，6′-二氟苄基。

8. 如权利要求 1 至 6 之一所要求保护的化合物，其特征在于 Z 是直接的键或氧原子。

9. 如权利要求 1 至 6 之一所要求保护的化合物，其特征在于 G 是-C=C-。

10. 如权利要求 1 至 6 之一所要求保护的化合物，其特征在于 L 是 NH 基团。

11. 如权利要求 1 至 6 之一所要求保护的化合物，其特征在于 Q 是羰基，R51 是 C_1-C_6-烷基。

12. 如权利要求 1 至 6 之一所要求保护的化合物，其特征在于 R61 是甲基。

13. 如权利要求 1 至 6 之一所要求保护的化合物在生产作为促性腺激素释放激素拮抗剂药物中的用途。

14. 如权利要求 13 所要求保护的用途，用于男性节育、激素疗法、女性生育力低下与不育的治疗、女性避孕和肿瘤控制。

15. 权利要求 1 定义的通式（1）化合物的制备方法，该方法是

（a）使通式（2）化合物

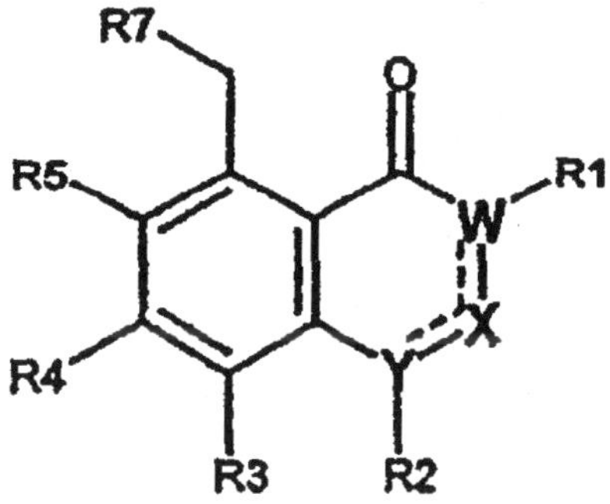

(2)

其中 R7 是离去基团，所有其他原子团具有权利要求 1 定义的化合物（1）所示含义，

与通式（3）化合物反应，

R8-N（R61）R62　　　　　　（3）

其中 R8 是氢原子或金属原子，R61 和 R62 具有权利要求 1 定义的化合物（1）所示含义，

（b）使通式（4）化合物

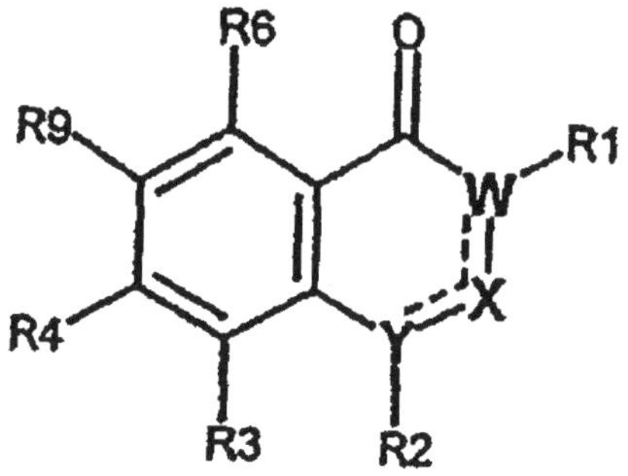

(4)

其中 R9 是基团-OSO_2CnF_{2n+1}、卤原子、或另一种离去基团，n 为 1 或 2，所有其他原子团具有权利要求 1 定义的化合物（1）所示含义，

与通式（5）化合物反应，

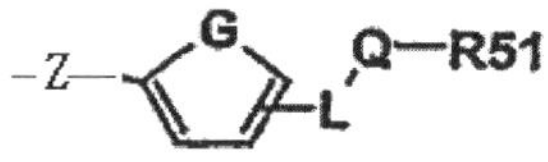

其中 Z 是直接的键、氧原子或 C_{1-4}-亚烷基，

反应有或没有催化剂的参与；

（c）如果化合物（1）中的Y是氮原子，则使通式（6）化合物

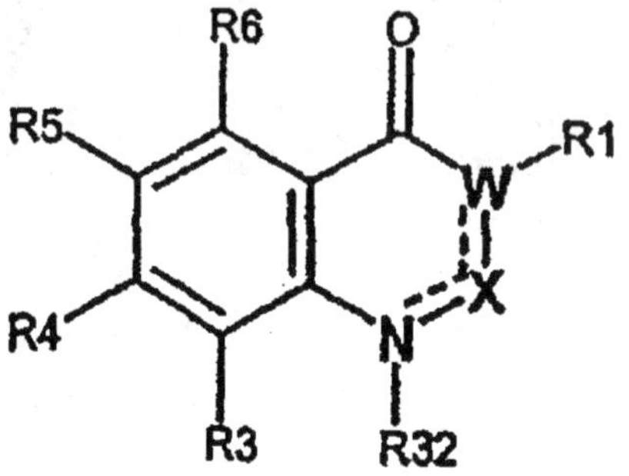

(6)

其中R32是氢原子或金属原子，所有其他原子团具有权利要求1定义的化合物（1）所示含义，与通式（7）化合物反应，

R33R2　　　　　　（7）

其中R33是离去基团，R2具有权利要求1定义的化合物（1）所示含义，或者

（d）如果化合物（1）中的W是氮原子，则使通式（8）化合物

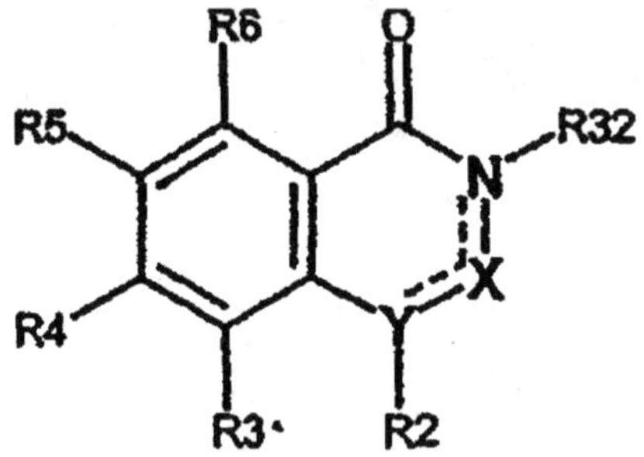

(8)

其中R32是氢原子或金属原子，所有其他原子团具有权利要求1定义的化合物（1）所示含义，与通式（9）化合物反应，

R33-R1　　　　　　（9）

其中R33是离去基团，R1具有权利要求1定义的化合物（1）所示含义。”

2006年9月11日，申请人赞塔里斯有限公司（下称请求人）对上述驳回决定不服，向专利复审委员会提出复审请求，请求人在提出复审请求时对权利要求书进行了修改，具体而言，请求人将权利要求1中R2定义中-CH（R21）R22限定为$-CH_2R22$、删除R5定义中L为羰基的定义和Q为-NH的定义、限定R51定义中C_{1-7}烷基为C_{1-6}烷基。

请求人认为：修改后的权利要求1中取代基在说明书尤其是实施例2~5和7中已经描述，能够得到说明书的支持，；对权利要求15而言，通式（4）化合物R9基团中n应为1或2，虽然n的定义出现在通式（1）化合物中的基团R5的定义中，但由于原说明书及权利要求中除R9外均未出现n，若为了克服修改超范围问题删除n的定义则又会出现不清楚问题，权利要求15中通式（5）的修改也是如此，目前通式（4）化合物与通式（5）化合物反应产物与权利要求1中化合物Z基团的定义相适应；因此，目前的权利要求书克服了驳回决定中指出的缺陷。

修改后的权利要求1、15为

“1. 通式（1）化合物：

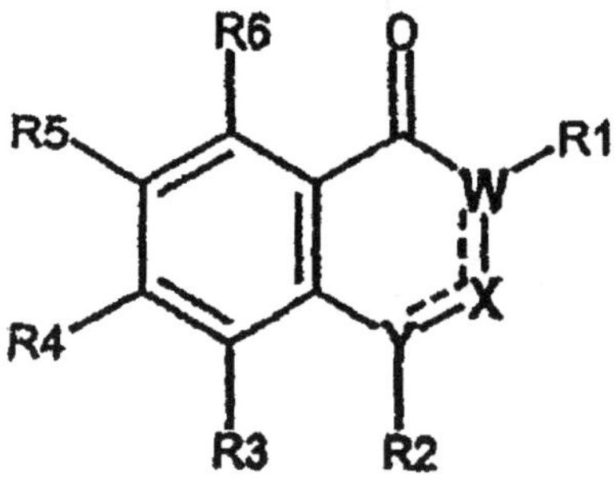

(1)

其中

R1 为-CO-C_{1-4}-烷基或-CO-O-C_{1-8}-烷基，

R2 是基团-CH_2R22，其中 R22 是苯基环或萘基环，其中所述苯基环可被一个或多个选自卤素和卤代 C_{1-4}烷基的基团取代，

R3 和 R4 各自独立地是氢原子，

R5 是经由原子团 Z 连接的基团

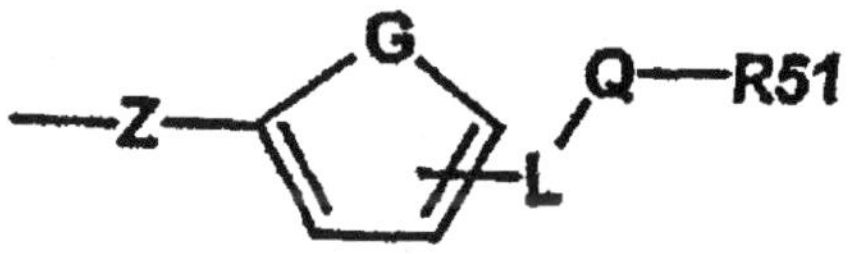

其中 G 是-C=C-、-C=N-、-N=C-、或硫原子，Z 是直接的键、氧原子、或 C_{1-4}-亚烷基，L 是 NH 基团，Q 是羰基或-SO_2 基团，R51 是 C_{1-6}-烷基——可选地被羟基取代，

R6 是基团 CH_2-N（R61）R62，其中 R61 各自独立地是 C_{1-4}-烷基，R62 是苄基，

是基团

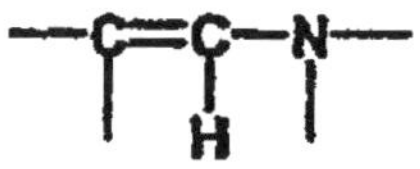

或

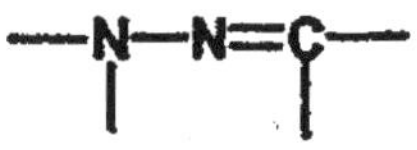

或所述结构的与生理学上可耐受的酸或碱的盐。

15. 权利要求 1 定义的通式（1）化合物的制备方法，该方法是

（a）使通式（2）化合物

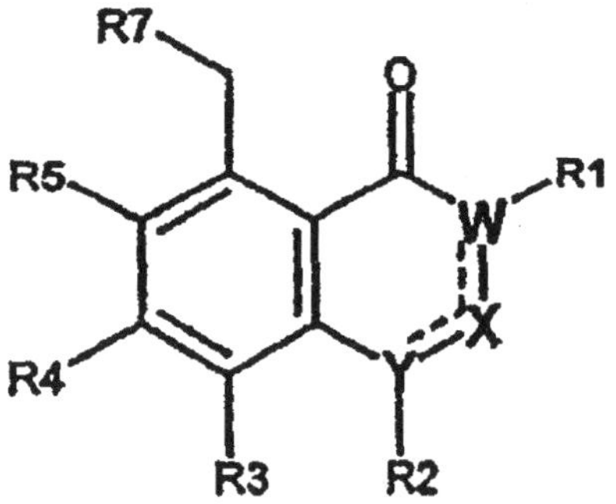

(2)

其中 R7 是离去基团，所有其他原子团具有权利要求 1 定义的化合物（1）所示含义，

与通式（3）化合物反应，

R8-N（R61）R62　　　　（3）

其中 R8 是氢原子或金属原子，R61 和 R62 具有权利要求 1 定义的化合物（1）所示含义，

（b）使通式（4）化合物

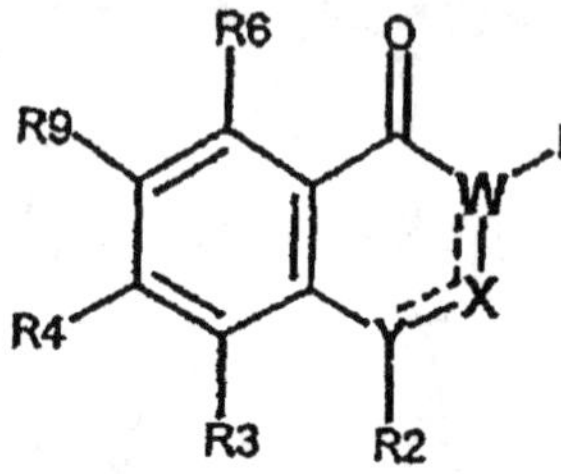

(4)

其中 R9 是基团-OSO_2CnF_{2n+1}、卤原子，或另一种离去基团，n 为 1 或 2，所有其他原子团具有权利要求 1 定义的化合物（1）所示含义，

与通式（5）化合物反应，

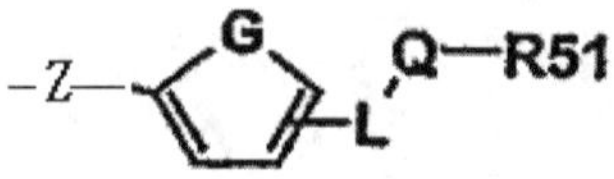

其中 Z 是直接的键、氧原子或 C_{1-4}-亚烷基，

反应有或没有催化剂的参与；

（c）如果化合物（1）中的 Y 是氮原子，则使通式（6）化合物

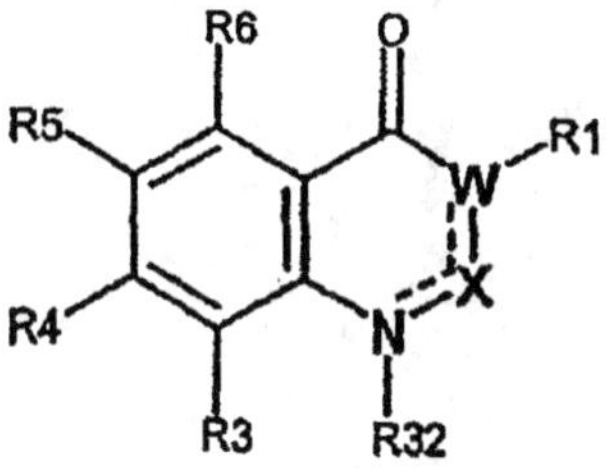

(6)

其中 R32 是氢原子或金属原子，所有其他原子团具有权利要求 1 定义的化合物（1）所示含义，

与通式（7）化合物反应，

R33R2（7）

其中 R33 是离去基团，R2 具有权利要求 1 定义的化合物（1）所示含义，或者

（d）如果化合物（1）中的 W 是氮原子，则使通式（8）化合物

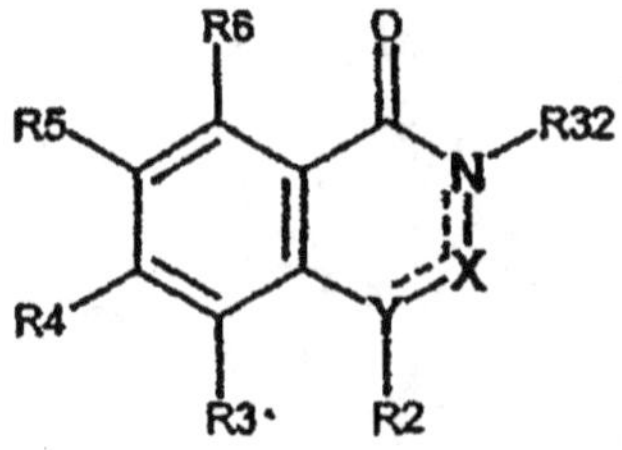

(8)

其中 R32 是氢原子或金属原子，所有其他原子团具有权利要求 1 定义的化合物（1）所示含义，

与通式（9）化合物反应，

R33-R1（9）

其中 R33 是离去基团，R1 具有权利要求 1 定义的化合物（1）所示含义。”

经形式审查合格后，专利复审委员会受理了该请求，并于 2006 年 11 月 20 日向请求人发出了《复审请求受理通知书》，同时将本申请转送至国家知识产权局原审查部门进行前置审查。

在《前置审查意见书》中，国家知识产权局原审查部门认为：权利要求 1 中 R2 定义中所述苯基环被一个或多个选自卤素和卤代 C_{1-4}烷基的基团取代的定义，以及权利要求 15 中通式（4）化合物 R9 基团定义中 n 为 1 或 2 的定义和有关通式（5）化合物的内容超出了原申请文件中记载的内容，不符合专利法第 33 条的规定。此外，权利要求 1 中对 W、X 没有进行定义，权利要求 2 中 A 的定义在引用的权利要求 1 中没有出现，使权利要求 1~2 的保护范围不清楚，不符合专利法实施细则第 20 条第 1 款的规定。

专利复审委员会组成合议组，对本复审请求案进行了审理。

合议组于 2008 年 4 月 7 日向请求人发出《复审通知书》，指出：

（1）①权利要求 1 的下述内容在原申请文件中没有记载，R1 定义中出现的“$-CO-O-C_{1-8}-$烷基”、R2 定义中出现“所述苯基环可被一个或多个选自卤素和卤代 C_{1-4}烷基的基团取代”、R5 定义中出现的 Z 是 C_1-C_4-亚烷基，且所述内容由原申请文件中的相关内容，不能直接地、毫无疑义地确定，因此这种修改超出了原说明书和权利要求书记载的范围，不符合专利法第 33 条的规定；②同理，权利要求 5 的附加技术特征“R1 是基团$-CO-O-C_{1-8}-$烷基”，也不符合专利法第 33 条的规定；③权利要求 15 的下述内容在原申请文件中没有记载，通式（4）化合物 R9 基团定义中 n 为 1 或 2，通式（5）化合物的 Z 取代基的定义为“Z 是直接的键、氧原子或 $C_{1-4}-$亚烷基”，且所述内容由原申请文件中的相关内容，不能直接地、毫无疑义地确定，因此这种修改超出了原说明书和权利要求书记载的范围，不符合专利法第 33 条的规定。

（2）权利要求 1 中请求保护通式（1）化合物或其盐，而通式（1）化合物的结构上存在基团-W……X……Y-，权利要求 1 中没有给出该基团的定义，从而使权利要求 1 中通式（1）的定义不清楚，不符合专利法实施细则第 20 条第 1 款的规定；权利要求 2 请求保护如权利要求 1 所要求保护的化合物，其特征在于 A 是$-CH_2-$。但权利要求 1 的通式（1）化合物中没有出现基团 A，故权利要求 2 保护范围不清楚，不符合专利法实施细则第 20 条第 1 款的规定；权利要求 15 中没有对通式（5）化合物中的 G、L、Q、R51 定义，从而使权利要求 15 中通式（5）的定义不清楚，不符合专利法实施细则第 20 条第 1 款的规定。

针对上述《复审通知书》所指出的问题，请求人于 2008 年 7 月 8 日提交了权利要求修改替换页，其中删除了权利要求 2、8~11，修改了权利要求 1、5、15 的取代基定义。请求人认为修改后的文本已经克服了《驳回决定》和《复审通知书》所指出的缺陷。

2008 年 7 月 28 日，请求人提交了权利要求书修改替换页，其中限定了权利要求 1 和 4 中取代基的定义。

2008 年 8 月 18 日，请求人提交了权利要求书修改替换页，其中修改了权利要求 1 中的打字错误。

2008 年 9 月 4 日，请求人提交了权利要求修改替换页，其中限定了权利要求 2、4 中取代基的定义。

2008 年 10 月 8 日，请求人再次提交了权利要求书的修改替换页，其中将权利要求中 R2 定义中的“甲基取代的萘基”修改为“萘基亚甲基”。

请求人于 2008 年 10 月 8 日提交的修改后的权利要求书为：

“1. 通式（1）化合物：

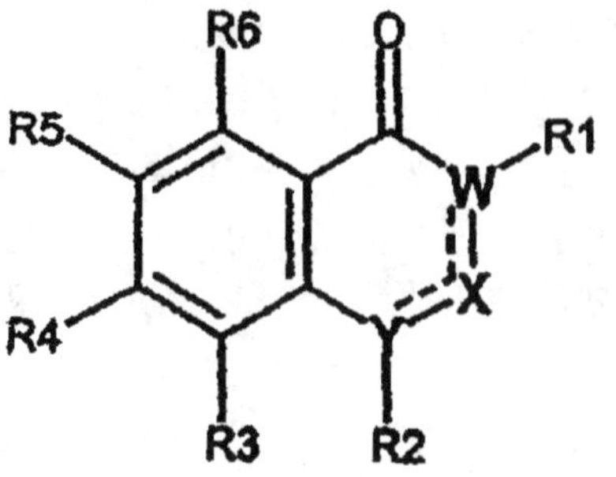

(1)

其中

R1 为$-CO-C_1-10-$直链或支链烷基链或$-CO-O-C_1-10-$直链或支链烷基链，

R2 是未取代或被单卤取代，2，3-、2，4-、2，5-、2，6-、3，4-、3，5-二氟-、二氯-、二溴-或二碘取代，或三卤代甲基取代的苄基，或萘基亚甲基，

R3 和 R4 各自独立地是氢原子，

R5 是经由原子团 Z 连接的基团

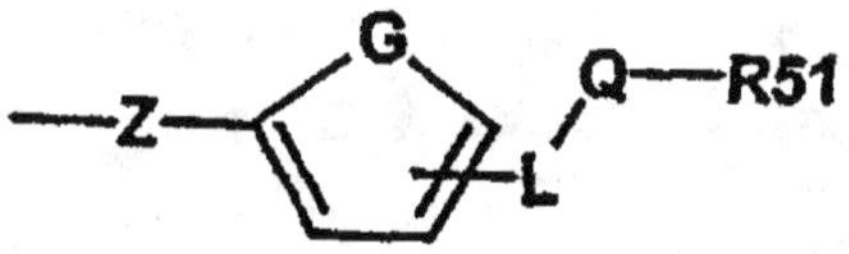

其中 G 是$-C=C-$，Z 是氧原子，L 是 NH 基团，Q 是羰基，R51 是直链或支链C_{1-3}-烷基，

R6 是基团CH_2-N（R61）R62，其中 R61 各自独立地是C_{1-4}-烷基，R62 是苄基，

-W——X——Y-是基团

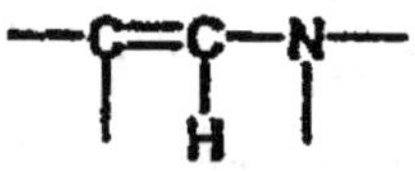

或

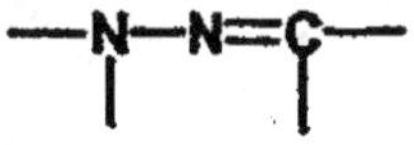

或所述结构的与生理学上可耐受的酸或碱的盐。

2. 如权利要求 1 所要求保护的化合物，其特征在于 R1 是基团$-CO-C_{1-4}$直链或支链烷基链，其中所述C_{1-4}-直链或支链烷基链是甲基、乙基、正丙基、异丙基、正丁基、异丁基或叔丁基。

3. 如权利要求 2 所要求保护的化合物，其特征在于 R1 选自-CO-甲基、-CO-乙基和-CO-异丙基。

4. 如权利要求 1 所要求保护的化合物，其特征在于 R1 是基团$-CO-OC_{1-4}$-直链或支链烷基链，其中所述C_{1-4}-直链或支链烷基链是甲基、乙基、正丙基、异丙基、正丁基、异丁基或叔丁基。

5. 如权利要求 4 所要求保护的化合物，其特征在于 R1 选自-CO-O-甲基、-CO-O-乙基或-CO-O-异丙基。

6. 如权利要求 1 至 5 之一所要求保护的化合物，其特征在于 R2 是 2′，6′-二氟苄基。

7. 如权利要求 1 至 5 之一所要求保护的化合物，其特征在于 R61 是甲基。

8. 如权利要求 1 至 7 之一所要求保护的化合物在生产作为促性腺激素释放激素拮抗剂药物中的用途。

9. 如权利要求 8 所要求保护的用途，用于男性节育、激素疗法、女性生育力低下与不育的治疗、女性避孕和肿瘤控制。

10. 权利要求 1 定义的通式（1）化合物的制备方法，该方法是

（a）使通式（2）化合物

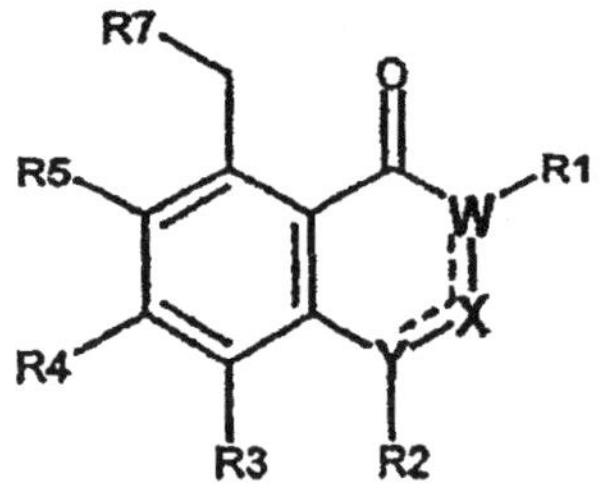

(2)

其中 R7 是离去基团，所有其他原子团具有权利要求 1 定义的化合物（1）所示含义，

与通式（3）化合物反应，

R8-N（R61）R62（3）

其中 R8 是氢原子或金属原子，R61 和 R62 具有权利要求 1 定义的化合物（1）所示含义，

（b）使通式（4）化合物

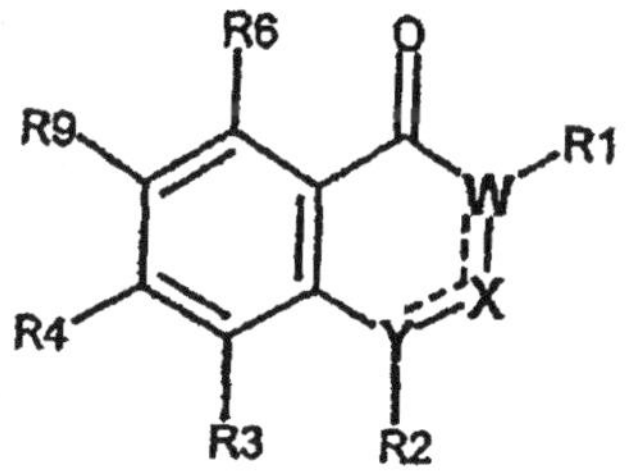

(4)

其中 R9 是卤原子，所有其他原子团具有权利要求 1 定义的化合物（1）所示含义，

与通式（5）化合物反应，

(5)

其中 R10 是三烷基锡、卤代镁、二烷氧基硼或二羟基硼、羟基，其中 G、L、Q 和 R51 具有权利要求 1 中所示含义，

反应有或没有催化剂的参与；

（c）如果化合物（1）中的 Y 是氮原子，则使通式（6）化合物

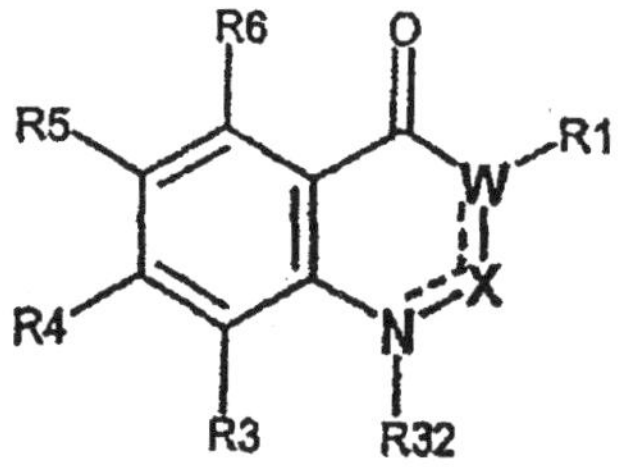

(6)

其中 R32 是氢原子或金属原子，所有其他原子团具有权利要求 1 定义的化合物（1）所示含义，

与通式（7）化合物反应，

R33 R2　　　　（7）

其中 R_{33}是离去基团，R2 具有权利要求 1 定义的化合物（1）所示含义，或者

(d) 如果化合物(1)中的W是氮原子,则使通式(8)化合物

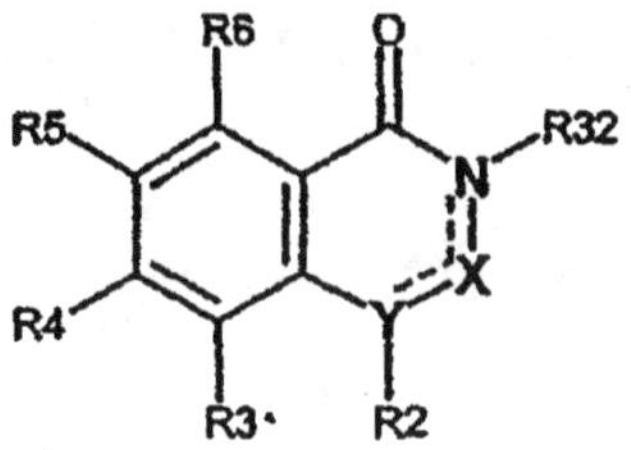
(8)

其中R32是氢原子或金属原子,所有其他原子团具有权利要求1定义的化合物(1)所示含义,与通式(9)化合物反应,

R33-R1　　　　(9)

其中R33是离去基团,R1具有权利要求1定义的化合物(1)所示含义。"

至此,合议组认为本案事实已经清楚,可以作出审查决定。

二、决定的理由

1. 关于审查文本

本复审请求审查决定针对的文本是请求人于2008年10月8日提交的权利要求第1~10项,进入中国国家阶段时提交的说明书第1~25页和说明书摘要。

2. 关于专利法第33条

专利法第33条规定,申请人可以对其专利申请文件进行修改,但是,对发明专利申请文件的修改不得超出原说明书和权利要求书记载的范围。

如果申请文件中的修改内容能从原申请文件记载的信息中直接地、毫无疑义地确定,那么这种修改是允许的。

请求人最后提交的权利要求书相对于驳回决定所针对的文本删除了驳回所针对的权利要求2、8~11,并进行了如下修改:

①权利要求1中将R1定义由"为-CO-C_{1-4}-烷基或-CO-O-C_{1-8}-烷基"修改为"-CO-C_1-10-直链或支链烷基链或-CO-O-C_1-10-直链或支链烷基链"。

②权利要求1中将R2定义由"基团-CH(R21)R22,其中R21是氢原子或苯基环,R22是苯基环或萘基环,其中所述苯基环可被一个或多个选自卤素和卤代C_{1-4}烷基的基团取代"修改为"是未取代或被单卤取代,2,3-、2,4-、2,5-、2,6-、3,4-、3,5-二氟-、二氯-、二溴-或二碘取代,或三卤代甲基取代的苄基,或萘基亚甲基"。

③权利要求1中将R5定义由"是经由原子团Z连接的基团

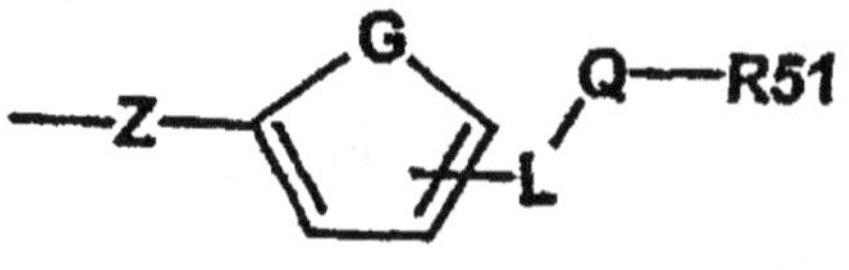

其中G是-C=C-、-C=N-、-N=C-、或硫原子,Z是直接的键、氧原子、或C_{1-4}-亚烷基,L是羰基或NH基团,Q是羰基、-SO_2基团或-NH基,R51是C_1-7-烷基-可选地被羟基取代"修改为"是经由原子团Z连接的基团

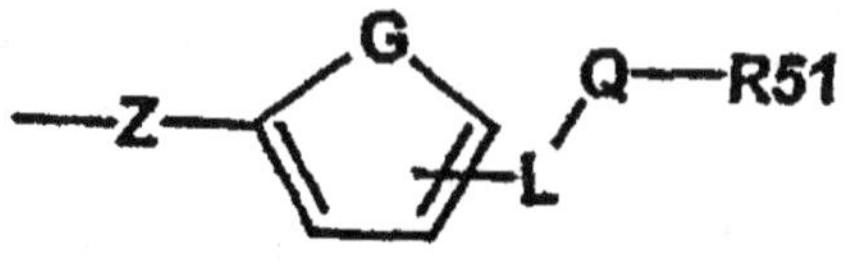

其中 G 是-C=C-，Z 是氧原子，L 是 NH 基团，Q 是羰基，R51 是直链或支链 C_{1-3}-烷基”。

④权利要求 2 中将“R1 是基团-CO-OC_{1-4}-烷基”修改为“R1 是基团-CO-C_{1-4}-直链或支链烷基链，其中所述 C_{1-4}-直链或支链烷基链是甲基、乙基、正丙基、异丙基、正丁基、异丁基或叔丁基”。

⑤权利要求 4 中将“R1 是基团-CO-OC_{1-8}-烷基”修改为“R1 是基团-CO-OC_{1-4}-直链或支链烷基链，其中所述 C_{1-4}-直链或支链烷基链是甲基、乙基、正丙基、异丙基、正丁基、异丁基或叔丁基”。

⑥权利要求 10 中将 R9 定义由“是基团-OSO_2CnF_{2n+1}、卤原子、或另一种离去基团，n 为 1 或 2”修改为“是卤原子”。

⑦权利要求 10 中将通式（5）定义由“

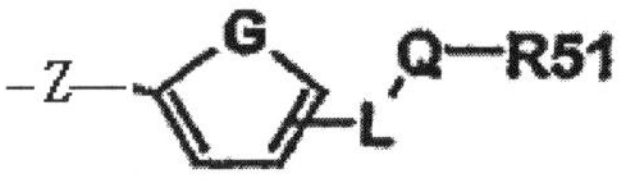

其中 Z 是直接的键、氧原子或 C_{1-4}-亚烷基”修改为“

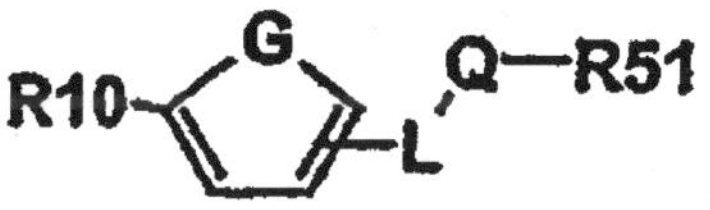

(5)

其中 R10 是三烷基锡、卤化镁、二氧烷基硼或二羟基硼、羟基，其中 G、L、Q 和 R51 具有权利要求 1 中所示含义”。

其中，对①而言，根据原始提交的权利要求 1 记载的内容“R1（a）是酰基-CO-R11……，其中 R11 是……具有 1~10 个 C 原子的直链或支链烷基链……和（b）羧酸酯基-CO-OR12，其中 R12 是……具有 1~10 个 C 原子的直链或支链烷基链”，权利要求 1 中将 R1 定义修改为“-CO-C_1-10-直链或支链烷基链或-CO-O-C_1-10-直链或支链烷基链”可以从原申请文件中直接地、毫无疑义地确定。

对②而言，根据原始提交的说明书第 5 页第 2 段记载的内容“R2 是基团-CH（R_{21}）R_{22}，其中 R_{21}是氢原子、C_1-C_{10}-烷基或可选被取代的苯基环，R_{22}是可选被取代的苯基环或萘基环，”和说明书第 5 页第 4 段记载的内容“R2 中，可选被取代的苯基环或萘基环：表示苯基、邻-、间-、对-甲基-、-乙基-、-丙基-、-异丙基苯基、2，3-、2，4-、2，5-、2，6-、3，4-、3，5-二甲基-或-二乙基苯基、邻-、间-、对-氟-、氯-、溴-、碘苯基、2，3-、2，4-、2，5-、2，6-、3，4-、3，5-二氟-、二氯-、二溴-或二碘苯基、邻-、间-、对-三卤甲基苯基……”。权利要求 1 中将 R2 定义修改为“是未取代或被单卤取代，2，3-、2，4-、2，5-、2，6-、3，4-、3，5-二氟-、二氯-、二溴-或二碘取代，或三卤代甲基取代的苄基，或萘基亚甲基”可以从原申请文件中直接地、毫无疑义地确定。

对③而言，根据原始提交的说明书第 3 页第 6 段“R5 是经由原子团 Z 连接的基团

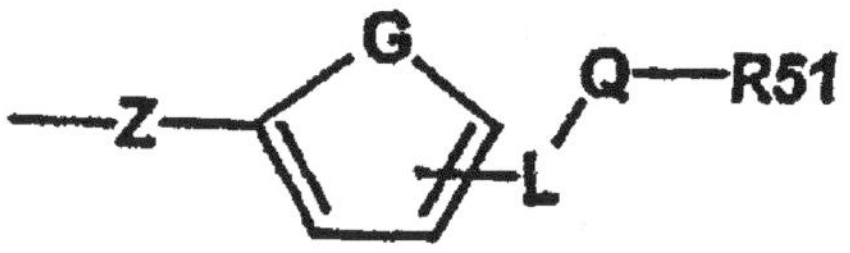

其中 G 是-C=C-、-C=N-、-N=C-、氧或硫原子，Z 是直接的键、氧或硫原子、基团 CH-R52

或-CHR52-CH-R53——其中R52和R53彼此独立地具有氢原子或烷基的含义，n是数字1和2、-C≡C-叁键或具有E或Z构型的基团-CR52=CR53-或C=CR52R53——其中R52和R53彼此独立地具有氢原子或烷基的含义，L是CH_2或NH基团，Q是羰基或-SOx基团，其中x=0、1或2，R51是氨基——可选地被烷基取代、直链或支链烷基——可选地被卤原子、羟基或烷氧基取代、或具有3-7个环成员的环烷基——可选地被卤原子、羟基或烷氧基取代"，和说明书第6页第1段"R5中，烷基：表示具有1~6个C原子的直链或支链烷基，例如甲基、乙基、正-丙基、异丙基、正-、异-、叔-丁基、正-戊基、2，2-二甲基丙基或3-甲基丁基"，权利要求1中将R5定义修改为"是经由原子团Z连接的基团

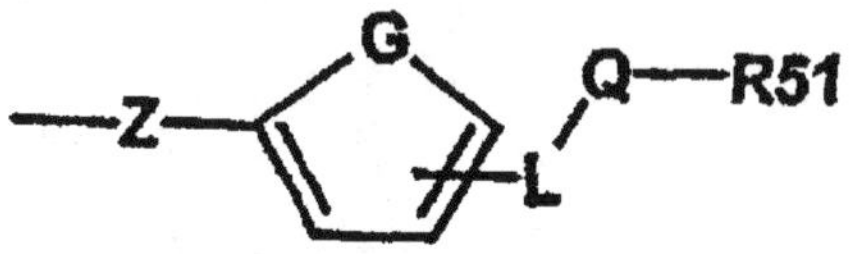

其中G是-C=C-，Z是氧原子，L是NH基团，Q是羰基，R51是直链或支链C_{1-3}-烷基"可以从原申请文件中直接地、毫无疑义地确定。

对④而言，根据原始提交的说明书第3页至第4页中记载的"R1中，直链或支链烷基链：表示甲基、乙基、正丙基、异丙基、正-、异-、叔-丁基"，权利要求2将R1基团限定为"R1是基团-CO-C_{1-4}-直链或支链烷基链，其中所述C_{1-4}-直链或支链烷基链是甲基、乙基、正丙基、异丙基、正丁基、异丁基或叔丁基"可以从原申请文件中直接地、毫无疑义地确定。

对⑤而言，根据原始提交的说明书第3页至第4页中记载的"R1中，直链或支链烷基链：表示甲基、乙基、正丙基、异丙基、正-、异-、叔-丁基"，权利要求4将R1基团限定为"-CO-O-C_{1-4}-直链或支链烷基链"可以从原申请文件中直接地、毫无疑义地确定。

对⑥而言，权利要求10修改中删除了不清楚的取代基定义"-OSO_2CnF_{2n+1}、或另一种离去基团，n为1或2"可以从原申请文件中直接地、毫无疑义地确定。

对⑦而言，根据原始提交的说明书第7页最后一段至第8页第1段的内容"

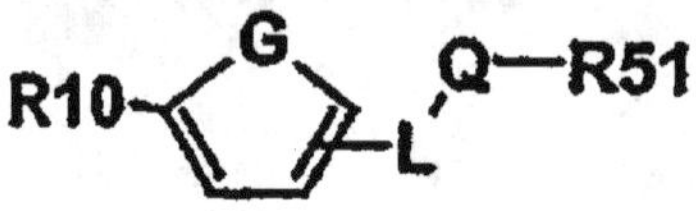

(5)

其中R10是含有金属的基团，例如三烷基锡、卤代镁；含有非金属、例如硼、硅等的基团，例如二烷氧基硼或二羟基硼；羟基或巯基，可选地转化为金属盐，例如锂、钠、钾、铯、钙、钡、银或铜盐；基团-C≡C-R31或具有E或Z构型的基团-CR52=CR53R31或-CR31=CR52R53，其中R31是含有金属或非金属、例如硼、硅等的基团，例如三烷基锡、卤代镁、二烷氧基硼或二羟基硼，所有其他原子团具有化合物（1）所示含义"，权利要求10中对通式5进一步限定为"

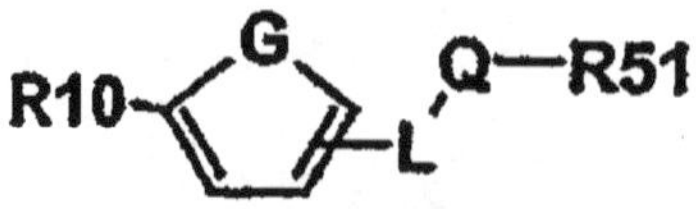

(5)

其中R10是三烷基锡、卤化镁、二氧烷基硼或二羟基硼、羟基，其中G、L、Q和R51具有权利要求1中所示含义"可以从原申请文件中直接地、毫无疑义地确定。

如上所述，《驳回决定》指出的原权利要求1、15中部分取代基定义超出了原申请文件的记载范围，《复审通知书》指出的原权利要求1、5、15中部分取代基定义超出了原申请文件的记载范围（详见案由部分），均已修改为可以直接地、毫无疑义地确定的内容。此时，由于其他权利要求重新

编号并引用新的权利要求 1，因此驳回决定所指出的原权利要求 2~15 由于对权利要求 1 的引用造成修改超范围的缺陷也已克服。至此，《驳回决定》和《复审通知书》中有关权利要求不符合专利法第 33 条规定的缺陷均已不存在。

综上，权利要求书修改的内容能从原申请文件记载的信息中直接地、毫无疑义地确定，因此这种修改是允许的，符合专利法第 33 条的规定。

3. 关于专利法实施细则第 20 条第 1 款

在请求人于 2008 年 10 月 8 日提交的权利要求书中，请求人根据原始权利要求书的记载，将驳回文本中遗漏的

补入权利要求 1，删除了《复审通知书》所指出的保护范围不清楚的权利要求 2，并在新的权利要求 10 中对通式（5）重新定义。至此，《复审通知书》中有关权利要求 1、2 和 15 不符合专利法实施细则第 20 条第 1 款规定的缺陷均已不存在。

根据上述事实和理由，合议组作出如下审查决定。

三、决定

撤销国家知识产权局于 2006 年 5 月 26 日针对 02806359.7 号发明专利申请作出的驳回决定，由国家知识产权局原审查部门以本复审决定所针对的文本为基础继续审批程序。

复审请求人对本决定不服的，可以根据专利法第 41 条第 2 款的规定，自收到本决定之日起三个月内向北京市第一中级人民法院起诉。

151

竹炭粘胶纤维及其制造方法

复审请求审查决定（第 14872 号）

决　定　号　第 14872 号
决　定　日　2008 年 10 月 22 日日
发明创造名称　竹炭粘胶纤维及其制造方法
国 际 分 类 号　D01F2/10
复 审 请 求 人　苏州恒光化纤有限公司
申　请　号　200610037895.1
申　请　日　2006 年 1 月 17 日
公　开　日　2006 年 7 月 26 日
合 议 组 组 长　汪送来
主　审　员　王　静
参　审　员　李新芝

法 律 依 据　专利法第 22 条第 3 款
决 定 要 点

如果权利要求所要求保护的技术方案未被现有技术公开，也不能由所属领域的技术人员在现有技术的基础上显而易见地得到，并且所要求保护的技术方案相对于现有技术能够产生有益的技术效果，则该权利要求具有突出的实质性特点和显著的进步，具备创造性。

一、案由

本复审请求案涉及发明名称为“竹炭粘胶纤维及其制造方法”的第 200610037895.1 号发明专利申请（下称本申请），申请人为苏州恒光化纤有限公司，申请日为 2006 年 1 月 17 日，公开日为 2006 年 7 月 26 日。

2007 年 9 月 7 日，针对申请人于 2007 年 2 月 28 日提交的权利要求第 1~9 项、2006 年 1 月 17 日提交的说明书第 1~5 页及说明书摘要，国家知识产权局以权利要求 1~9 不符合专利法第 22 条第 3 款的规定为由驳回了本申请。

驳回决定认为：（1）权利要求 1 与对比文件 1（JP 特开平 10-131057A，公开日为 1998 年 5 月 19 日）相比区别技术特征在于：对比文件 1 没有公开竹炭粉和竹醋液的含量，该区别要解决的技术问题是选择合适的量以达到良好的抗菌防臭效果，而在所使用的助剂确定的情况下，筛选合适的量以获得良好的抗菌效果是常规技术，同时对比文件 1 中第 0004~0006 段公开了加入浸渍竹醋液的竹炭粉使纤维具有抗菌性的启示，因此权利要求 1 不具备创造性；（2）权利要求 2 与对比文件 2

（CN1607271A，公开日为2005年4月20日）的区别技术特征在于：权利要求2的粘胶液经过滤后再与竹炭粉混合，而对比文件2是粘胶溶液与竹炭粉混合后再过滤，这种对工序的稍微调整以获得符合要求的纺丝液属于本领域常规的技术，因此，权利要求2不具备创造性；（3）权利要求3的附加技术特征已经在对比文件1中公开，在对比文件2的基础上结合对比文件1获得权利要求3的技术方案是显而易见的，不具备创造性；（4）从属权利要求4、7~9与对比文件2的区别技术特征为本领域的常用方式或技术，要求保护的上述技术方案不具备创造性；（5）权利要求5~6的附加技术特征已经在对比文件2中公开，在引用的权利要求2不具备创造性的基础上同样不具备创造性；因此，权利要求1~9不符合专利法第22条第3款的规定。

驳回决定针对的权利要求1~9如下：

"1. 一种竹炭粘胶纤维，它含有竹炭微粉及竹醋液，其特征在于：所述的竹炭微粉的重量比 含量为1%~10%，竹醋液的重量比含量为1%~5%。

2. 一种竹炭粘胶纤维的制造方法，它包括制胶工序和纺丝工序，其特征在于：所述的制胶工序中，要进行粘胶溶液的制备及进行竹炭微粉乳液的制备，所述的竹炭微粉乳液的制备是在去离子水中加入分散剂及竹炭微粉后，搅拌直至得到分散均匀的竹炭微粉乳液，在纺丝工序中，将过滤后的所述的粘胶溶液与所述的竹炭微粉乳液混合均匀，再送至纺丝机制成纤维。

3. 根据权利要求2所述的竹炭粘胶纤维的制造方法，其特征在于：所述的竹炭微粉乳液中还加入了竹醋液，所述的竹醋液的浓度小于或等于所述的竹炭微粉的浓度。

4. 根据权利要求2所述的竹炭粘胶纤维的制造方法，其特征在于：所述的竹炭微粉的浓度为100~200g/l。

5. 根据权利要求2所述的竹炭粘胶纤维的制造方法，其特征在于：所述的分散剂的重量用量小于或等于所述的竹碳微粉的重量用量的5%。

6. 根据权利要求2所述的竹炭粘胶纤维的制造方法，其特征在于：所述的粘胶溶液中，甲纤的重量比含量8.6%~9.2%，碱的重量比含量5.3%~5.7%，黏度26~36秒，熟成度8~12ml。

7. 根据权利要求2所述的竹炭粘胶纤维的制造方法，其特征在于：所述的竹炭微粉乳液在进行纺丝工序前，需要过滤。

8. 根据权利要求2所述的竹炭粘胶纤维的制造方法，其特征在于：所述的纺丝工序中，将所述的竹炭微粉乳液用计量泵定量地注射到管道内的粘胶溶液中，使之与所述的粘胶溶液混合均匀，所述的管道是用来输送混合溶液到纺丝机，以进行纺丝用。

9. 根据权利要求2所述的竹炭粘胶纤维的制造方法，其特征在于：所述的纺丝工序中，所述的竹炭微粉乳液与所述的粘胶溶液间的混合重量比为0.5~10：100。"

2007年10月25日，申请人苏州恒光化纤有限公司（下称请求人）对上述驳回决定不服，向专利复审委员会提出复审请求，请求人在提出复审请求时没有对申请文件进行修改。

请求人认为：（1）权利要求2将过滤后的胶粘溶液与所述竹炭微粉乳液混合均匀，再送至纺丝机制成纤维的方法，免去了容器管道的色污染和纺丝品种翻改时前后两种粘胶分隔或清洗工作的麻烦，方便翻改品种，有利于产品质量的稳定；（2）对比文件2中溶解工序并非粘胶溶液送入纺丝机前的最后一个步骤，与本申请的溶解工序不具有可比性，本申请正是由于工序的调整才将溶解工序变成了粘胶制造工序的最后一个步骤，避免了之前所有工序中的色污染，并使粘胶溶液的过滤性大大提高。

经形式审查合格后，专利复审委员会受理了该请求，并于2007年11月30日向请求人发出了《复审请求受理通知书》，同时将本申请转送至国家知识产权局原审查部门进行前置审查。

在《前置审查意见书》中，国家知识产权局原审查部门同意权利要求 2 及其从属权利要求具有创造性的理由，但指出请求人没有给出权利要求 1 具备创造性的合理解释，并认为权利要求 1 不具备创造性，因此坚持驳回决定。

专利复审委员会组成合议组，对本复审请求案进行了审理。

2008 年 9 月 11 日，请求人提交了权利要求书替换页。

2008 年 10 月 9 日，请求人再次提交权利要求书替换页，其中相对于驳回决定所针对的权利要求书，将权利要求 3 的内容限定到权利要求 2 中，将其作为新的权利要求 1，同时删除其中的权利要求 3;将驳回决定所针对的权利要求 1 修改为由新的权利要求 1 的方法制造的竹炭粘胶纤维，并将其作为新的权利要求 8；并对其他权利要求的引用关系作了修改，同时修改了说明书相应部分的内容。修改后的权利要求 1~8 如下：

“1. 一种竹炭粘胶纤维的制造方法，它包括制胶工序和纺丝工序，其特征在于：所述的制胶工序中，要进行粘胶溶液的制备及进行竹炭微粉乳液的制备，所述的竹炭微粉乳液的制备是在去离子水中加入分散剂及竹炭微粉后，搅拌直至得到分散均匀的竹炭微粉乳液，在纺丝工序中，将过滤后的所述的粘胶溶液与所述的竹炭微粉乳液混合均匀，再送至纺丝机制成纤维，所述的竹炭微粉乳液中还加入了竹醋液，所述的竹醋液的浓度小于或等于所述的竹炭微粉的 浓度。

2. 根据权利要求 1 所述的竹炭粘胶纤维的制造方法，其特征在于：所述的竹炭微 粉的浓度为 100~200g/l。

3. 根据权利要求 1 所述的竹炭粘胶纤维的制造方法，其特征在于：所述的分散剂 的重量用量小于或等于所述的竹碳微粉的重量用量的 5%。

4. 根据权利要求 1 所述的竹炭粘胶纤维的制造方法，其特征在于：所述的粘胶溶液中，甲纤的重量比含量 8.6%~9.2%，碱的重量比含量 5.3%~5.7%，黏度 26~36 秒，熟成度 8~12ml。

5. 根据权利要求 1 所述的竹炭粘胶纤维的制造方法，其特征在于：所述的竹炭微 粉乳液在进行纺丝工序前，需要过滤。

6. 根据权利要求 1 所述的竹炭粘胶纤维的制造方法，其特征在于：所述的纺丝工序中，将所述的竹炭微粉乳液用计量泵定量地注射到管道内的粘胶溶液中，使之与所述的粘胶溶液混合均匀，所述的管道是用来输送混合溶液到纺丝机，以 进行纺丝用。

7. 根据权利要求 1 所述的竹炭粘胶纤维的制造方法，其特征在于：所述的纺丝工序中，所述的竹炭微粉乳液与所述的粘胶溶液间的混合重量比为 0.5~10：100。

8. 一种通过如权利要求 1 所述的竹炭粘胶纤维的制造方法所制造的竹炭粘胶纤维，所述的制造方法包括制胶工序和纺丝工序，其特征在于：所述的竹炭粘胶纤维含有竹炭微粉及竹醋液，所述的竹炭微粉的重量比含量为 1%~10%，竹醋液的重量比含量为 1%~5%；所述的制胶工序中，要进行粘胶溶液的制备及进行竹炭微粉乳液的制备，所述的竹炭微粉乳液的制备是在去离子水中加入分散剂及竹炭微粉后，搅拌直至得到分散均匀的竹炭微粉乳液，在纺丝工序中，将过滤后的所述的粘胶溶液与所述的竹炭微粉乳液混合均匀，再送至纺丝机制成纤维，所述的竹炭微粉乳液中还加入了竹醋液，所述的竹醋液的浓度小于或等于所述的竹炭微粉的浓度。”

经合议，合议组认为本案事实清楚，可以作出审查决定。

二、决定的理由

1. 关于文本

本复审请求审查决定针对的文本是：请求人于 2008 年 10 月 9 日提交的权利要求第 1~8 项、说明书第 1~5 页及 2006 年 1 月 17 日提交的说明书摘要。

2. 关于专利法第22条第3款

专利法第22条第3款规定，创造性，是指同申请日以前已有技术相比，该发明有有突出的实质性特点和显著的进步，该实用新型有实质性特点和进步。

如果权利要求所要求保护的技术方案未被现有技术公开，也不能由所属领域的技术人员在现有技术的基础上显而易见地得到，并且所要求保护的技术方案相对于现有技术能够产生有益的技术效果，则该权利要求具有突出的实质性特点和显著的进步，具备创造性。

就本申请而言，独立权利要求1请求保护一种竹炭粘胶纤维的制造方法，它包括制胶工艺和纺丝工艺，其特征在于：所述的制胶工序中，要进行粘胶溶液的制备及进行竹炭微粉乳液的制备，所述的竹炭微粉乳液的制备是在去离子水中加入分散剂及竹炭微粉后，搅拌直至得到分散均匀的竹炭微粉乳液，在纺丝工序中，将过滤后的所述的粘胶溶液与所述的竹炭微粉乳液混合均匀，再送至纺丝机制成纤维，所述的竹炭微粉乳液中还加入了竹醋液，所述的竹醋液的浓度小于或等于所述的竹炭微粉的浓度。

对比文件2公开了一种竹炭粘胶纤维的制造方法，其中包括将竹炭微粉与分散剂放入水中充分搅拌获得竹炭水乳浆料的工序和竹炭微粉与粘胶混合的粘胶制备工序，以及制得的竹炭粘胶纤维经过滤后在纺丝机上纺丝的工序（参见对比文件2中权利要求3，说明书第1页第10~13行，实施例1）。权利要求1与对比文件2的区别技术特征在于：（1）权利要求1中将过滤后的粘胶溶液与竹炭微粉乳液混合均匀后再送至纺丝机制成纤维，而对比文件2中将粘胶溶液与竹炭微粉乳液混合后经过滤在纺丝机上纺丝；（2）权利要求1中所述的竹炭微粉乳液中还加入了竹醋液，所述的竹醋液的浓度小于或等于所述的竹炭微粉的浓度，对比文件2中不存在竹醋液的使用。其中，上述区别技术特征使本申请权利要求1的方案解决的技术问题是：（1）避免制胶过程容器管道的色污染和纺丝品种翻改时前后二种粘胶分隔或清洗工作的麻烦，方便翻改品种，并有利于产品质量的稳定；（2）使制得的粘胶纤维相比现有的同类纤维功能多，且由于天然抗菌剂竹醋液的介入，抗菌性佳。

通过说明书第1页背景技术和发明内容部分的描述可以看出，权利要求1相比较对比文件2调整工艺顺序后，在粘胶溶液与竹炭微粉混合前过滤粘胶溶液将减少竹炭微粉与粘胶的接触时间，减少分散粒子的凝聚和容器管道的色污染，能够产生有益的技术效果，权利要求1相对于对比文件2具备创造性；另外，尽管对比文件1（JP10-131057A，公开日1998年5月19日，参见权利要求1和第0008段）在制备纤维产品时使用了竹醋液，但是在对比文件1中竹醋液仅作为具有防虫、抗菌、防臭功能载体颗粒用粘合剂黏附到纤维表面，使得竹醋液逐渐地释放出来，并不是在竹炭粘胶纤维的制造过程中加入的，二者产品不一样。因此，合议组认为，所属领域的技术人员在对比文件1的基础上，不能获得调整工艺顺序以减少分散粒子凝聚和容器管道色污染，同时使用竹醋液制造竹炭粘胶纤维以获得抗菌性更好的纤维的启示。权利要求1相对于对比文件2与对比文件1的结合是非显而易见的，具有创造性，符合专利法第22条第3款的规定。

在权利要求1具备创造性的前提下，其从属权利要求2~7也具备创造性，符合专利法第22条第3款的规定。

独立权利要求8要求保护根据权利要求1的方法制得的竹炭粘胶纤维，同时限定了原料中竹炭微粉的重量比含量为1%~10%，竹醋液的重量比含量为1%~5%。

对比文件1公开了一种纤维制品及其制造方法：该纤维制品是将浸渍了竹醋液的可持续释放载体颗粒用粘合剂黏附到纤维表面，使得竹醋液逐渐地释放出来，可持续释放的载体颗粒可以是竹炭和其他活性炭等，由竹炭蒸馏萃取获得的竹醋液可用作抗菌剂和除臭剂等（参见对比文件1中权利要求1和说明书第0004~0006段、第0008段）。权利要求8与对比文件1的区别技术特征在于：（1）对比文件 1 是通过载体颗粒将竹醋液黏附在纤维制品表面，而权利要求 8 请求保护的是在制胶工艺和纺丝工艺中使用竹炭微粉和竹醋液而制得的竹炭粘胶纤维；（2）对比文件 1 没有公开竹炭粘胶纤维中竹炭微粉和竹醋液的含量，而权利要求 8 要求竹炭微粉的重量比含量为 1% ~ 10%，竹醋液的重量比含量为 1% ~ 5%，同时所述的竹醋液的浓度小于或等于所述的竹炭微粉的 浓度。可见对比文件 1 的纤维制品具有在纤维表面带有黏附层的结构，不同于本申请权利要求 8 的竹炭粘胶纤维，并且上述区别技术特征使本申请权利要求 8 的竹炭粘胶纤维产品除保持原有功能外，还由于天然抗菌剂——竹醋液的介入而是其具有更佳的抗菌性（参见本申请说明书第 2 页倒数第 1 段）。尽管对比文件 2 中公开了竹炭粘胶纤维的制备工艺，但对比文件 2 的工艺中并未使用竹醋液原料，也就是说，对比文件 2 的工艺也没有给出获得同时含有竹炭微粒和竹醋液的粘胶纤维产品的启示。本领域技术人员并不能基于对比文件 1 和对比文件 2 的内容获得权利要求 8 请求保护的竹炭粘胶纤维产品，因此，权利要求 8 相对于对比文件 1 或进一步结合对比文件 2 是非显而易见的，具备专利法第 22 条第 3 款规定的创造性。

根据上述事实和理由，合议组作出如下审查决定。

三、决定

撤销国家知识产权局于 2007 年 9 月 7 日针对第 200610037895.1 号发明专利申请作出的驳回决定，由国家知识产权局原审查部门以本复审决定所针对的文本为基础继续审批程序。

复审请求人对本决定不服的，可以根据专利法第 41 条第 2 款的规定，自收到本决定之日起三个月内向北京市第一中级人民法院起诉。

152

具有 CB_1 拮抗、激动或部分激动活性的噻唑衍生物

复审请求审查决定（第 14873 号）

决　定　号　第 14873 号
决　定　日　2008 年 10 月 24 日
发明创造名称　具有 CB_1 拮抗、激动或部分激动活性的噻唑衍生物
国 际 分 类 号　C07D277/68，A61K31/425，A61P25/00
复 审 请 求 人　索尔瓦药物有限公司
申　请　号　03801558.7
优 先 权 日　2002 年 3 月 18 日
申　请　日　2003 年 3 月 17 日
公　开　日　2005 年 3 月 9 日
合 议 组 组 长　任晓兰
主　审　员　侯　曜
参　审　员　王　磊

法 律 依 据　专利法第 26 条第 3 条
决 定 要 点

对于化学产品发明，应当完整地公开该产品的用途和/或使用效果；如果所属技术领域的技术人员无法根据现有技术预测发明能够实现所述用途和/或使用效果，则说明书中还应当记载对于本领域技术人员来说，足以证明发明的技术方案可以实现所述用途和/或达到预期效果的定性或者定量数据；当说明书中仅给出了具体的技术方案，并结论性地声称所述化学产品具有所述用途和/或使用效果而未提供相应的实验数据时，应当认为说明书未公开到本领域技术人员能够实现的程度。

一、案由

本复审请求案涉及发明名称为“具有 CB_1 拮抗、激动或部分激动活性的噻唑衍生物”的 03801558.7 号发明专利申请（下称本申请），申请人为索尔瓦药物有限公司，申请日为 2003 年 3 月 17 日，优先权日为 2002 年 3 月 18 日，公开日为 2005 年 3 月 9 日。

2006 年 12 月 8 日，针对申请人于 2005 年 12 月 13 日提交的权利要求书、说明书第 11 和 13 页，进入中国国家阶段时提交的说明书第 1~10、12 和 14~15 页以及说明书摘要，国家知识产权局以本申请不符合专利法第 26 条第 3 款的规定为由驳回了本申请。

驳回决定针对的权利要求书如下：

“1. 式（I）的化合物

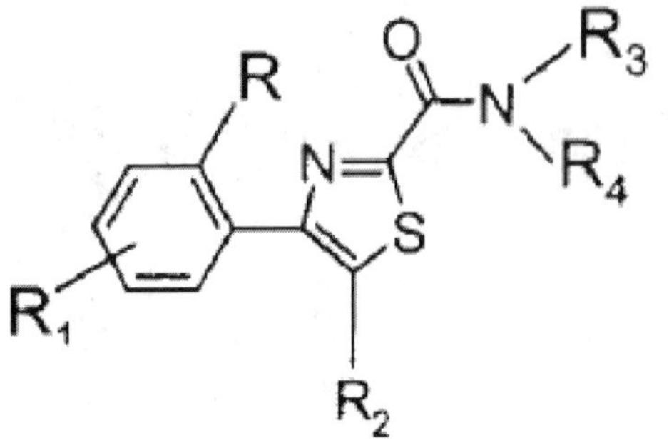

(I)

其中

–R 表示取代基 X，所述取代基 X 选自支化或非支化的 1~3 个碳原子的烷基或烷氧基、羟基、卤素、三氟甲基、三氟甲硫基、三氟甲氧基、硝基、氨基、单–或二–（C_{1-2}）烷基氨基、单–或二–（C_{1-2}）烷基酰氨基、支化或非支化的（C_{1-3}）烷氧基羰基、三氟甲基磺酰基、氨磺酰基、支化或非支化的（C_{1-3}）烷基磺酰基、羧基、氰基、氨基甲酰基、支化或非支化的二–（C_{1-3}）烷基氨基磺酰基、支化或非支化的单–（C_{1-3}）烷基氨基磺酰基和乙酰基，

–R_1 是氢原子或 1~4 个取代基 X，其中 X 具有上述提及的含义，

–R_2 表示苯基，该基团可被 1~4 个取代基 X 取代，其中 X 具有上述提及的含义，

–R_3 表示氢原子，支化或非支化的 1~10 个碳原子的烷基或环烷基–烷基基团或苯基、苄基、苯乙基，芳环可被 1~5 个取代基 Z 取代，Z 可以相同或不同，选自支化或非支化的 1~3 个碳原子的烷基或烷氧基、羟基、卤素、三氟甲基、三氟甲硫基、三氟甲氧基、硝基、氨基、单–或二–（C_{1-2}）烷基氨基、单–或二–（C_{1-2}）烷基酰氨基、支化或非支化的（C_{1-3}）烷基磺酰基、二甲基磺酰胺基、支化或非支化的（C_{1-3}）烷氧基羰基、羧基、三氟甲基磺酰基、氰基、氨基甲酰基、氨磺酰基和乙酰基，

–R_4 表示支化或非支化的 1~10 个碳原子的烷基或环烷基–烷基基团、支化或非支化的 1~10 个碳原子的烷氧基、3~8 个碳原子的环烷基、5~10 个碳原子的二环烷基、6~10 个碳原子的三环烷基、支化或非支化的 3~10 个碳原子的链烯基、5~8 个碳原子的环烯基，这些基团可以包含一个或多个选自氧、氮、硫的杂原子，并且可被羟基、1~3 个甲基、乙基或 1~3 个氟原子取代，或 R_4 表示苯基、苄基或苯乙基，这些芳环可被 1~5 个取代基 Z 取代，Z 具有上述提及的含义，或者 R_4 表示基团 NR_5R_6，其中

R_5 和 R_6 与它们所连接的氮原子一起形成具有 4~10 个环原子的饱和或不饱和的、单环或双环的杂环基团，该杂环基团含有一个或多个选自氧、氮、硫的杂原子，并且可被支化或非支化的 1~3 个碳原子的烷基、羟基、三氟甲基或氟原子取代，或

–R_3 和 R_4 与它们所连接的氮原子一起形成具有 4~10 个环原子的饱和或不饱和的、单环或双环的杂环基团，该杂环基团含有一个或多个选自氧、氮、硫的杂原子并且可被支化或非支化的 1~3 个碳原子的烷基、羟基、三氟甲基或氟原子取代，

或其立体异构体或盐。

2. 权利要求 1 所述的式（I）的化合物，其中

–R 表示取代基 X，其选自支化或非支化的 1~3 个碳原子的烷基或烷氧基、羟基、卤素、三氟甲

基、三氟甲硫基、三氟甲氧基、硝基、氨基、单-或二-（C_{1-2}）烷基氨基、单-或二-（C_{1-2}）烷基酰氨基、支化或非支化的（C_{1-3}）烷氧基羰基、羧基、氰基、氨基甲酰基和乙酰基，

-R_1 表示氢原子或一个或多个取代基 X，其中 X 具有上述提及的含义，

-R_2 表示苯基，该基团可以被一个或多个取代基 X 取代，其中 X 具有上述提及的含义，

-R_3 为氢原子，

-R_4 表示支化或非支化的 1~10 个碳原子的烷基或环烷基-烷基、支化或非支化的 1~10 个碳原子的烷氧基、3~8 个碳原子的环烷基、5~10 个碳原子的二环烷基、6~10 个碳原子的三环烷基、支化或非支化的 3~10 个碳原子的链烯基、5~8 个碳原子的环烯基，这些基团可以包含一个或多个选自氧、氮、硫的杂原子并且可任选被羟基、1~3 个甲基、乙基或 1~3 个氟原子取代，或 R_4 表示苯基、苄基或苯乙基，该芳环可被 1~5 个取代基 Z 取代，Z 如权利要求 1 中所定义，或者 R_4 表示基团 NR_5R_6，其中

R_5 和 R_6 与它们所连接的氮原子一起形成具有 4~10 个环原子的饱和或不饱和的单环或双环的杂环基团，该杂环基团含有一个或多个选自氧、氮、硫的杂原子并且可被支化或非支化的 1~3 个碳原子的烷基、羟基、三氟甲基或氟原子取代，

或其立体异构体或盐。

3. 权利要求 2 所述的式（I）的化合物，其中 R 表示卤原子，或其立体异构体或盐。

4. 权利要求 3 所述的式（I）的化合物，其中 R_4 表示基团 NR_5R_6，其中 R_5 和 R_6 与它们所连接的氮原子一起形成具有 4~10 环原子的饱和或不饱和的单环或双环的杂环基团，该杂环基团含有一个或多个选自氧、氮、硫的杂原子并且可被支化或非支化的 1~3 个碳原子的烷基、羟基、三氟甲基或氟原子取代，或其立体异构体或盐。

5. 权利要求 4 所述的式（I）的化合物，其中 R_1 表示一个或多个卤原子，或其立体异构体或盐。

6. 权利要求 1 所述的式（I）化合物，其是

5-（4-氯苯基）-4-（2，4-二氯苯基）-N-（1-哌啶基）噻唑-2-羧酰胺；

5-（4-氯苯基）-N-环庚基-4-（2，4-二氯苯基）噻唑-2-羧酰胺；

5-（4-氯苯基）-N-环戊基-4-（2，4-二氯苯基）噻唑-2-羧酰胺；

5-（4-氯苯基）-4-（2，4-二氯苯基）-N-（反式-4-羟基环己基）噻唑-2-羧酰胺；

5-（4-氯苯基）-4-（2，4-二氯苯基）-N-（2-甲基环己基）噻唑-2-羧酰胺；

5-（4-氯苯基）-4-（2，4-二氯苯基）-N-（4-氟苄基）噻唑-2-羧酰胺；

5-（4-氯苯基）-4-（2，4-二氯苯基）-N-（反式-4-甲基环己基）噻唑-2-羧酰胺；

5-（4-氯苯基）-N-（顺式-4-甲基环己基）-4-（2，4-二氯苯基）噻唑-2-羧酰胺；

N-（叔丁氧基）-5-（4-氯苯基）-4-（2，4-二氯苯基）噻唑-2-羧酰胺；

5-（4-氯苯基）-4-（2，4-二氯苯基）-N-（正戊基）噻唑-2-羧酰胺；

5-（4-氯苯基）-N-环己基-4-（2，4-二氯苯基）噻唑-2-羧酰胺；

5-（4-溴苯基）-4-（2，4-二氯苯基）-N-（1-哌啶基）噻唑-2-羧酸胺；

4-（2，4-二氯苯基）-N-（1-哌啶基）-5-（4-（三氟甲基）苯基）噻唑-2-羧酸胺；

N-环己基-4-（2，4-二氯苯基）-5-（4-（三氟甲基）苯基）噻唑-2-羧酸胺；

4-（2，4-二氯苯基）-N-（外-双环［2.2.1］庚-2-基）-5-（4-（三氟甲基）苯基）噻唑-2-羧酰胺；

4-（2，4-二氯苯基）-N-（4-吗啉基）-5-（4-（三氟甲基）苯基）噻唑-2-羧酰胺；

5-（4-溴苯基）-4-（2，4-二氯苯基）-N-（正戊基）噻唑-2-羧酰胺；

5-（4-溴苯基）-4-（2，4-二氯苯基）-N-（六氢（1H）氮杂环庚三烯-1-基）噻唑-2-羧酰胺；

5-（4-氯苯基）-4-（2，4-二氯苯基）-N-（吗啉-4-基）噻唑-2-羧酰胺；

5-（4-氯苯基）-4-（2，4-二氯苯基）-N-（吡咯烷-1-基）噻唑-2-羧酰胺；

5-（4-氯苯基）-4-（2，4-二氯苯基）-N-（六氢（1H）氮杂环庚三烯-1-基）噻唑-2-羧酰胺；

5-（4-氯苯基）-4-（2，4-二氯苯基）-N-（六氢环戊烷并［c］吡咯-2（1H）-基）噻唑-2-羧酰胺；

N-苄基-5-（4-氯苯基）-4-（2，4-二氯苯基）-N-甲基-噻唑-2-羧酰胺；

5-（4-氯苯基）-4-（2，4-二氯苯基）-N-（4-（三氟甲基）苄基）噻唑-2-羧酰胺；

5-（4-氯苯基）-4-（2，4-二氯苯基）-N-（外-双环［2.2.1］庚-2-基）噻唑-2-羧酰胺；

5-（4-氯苯基）-4-（2，4-二氯苯基）-N-（内-双环［2.2.1］庚-2-基）噻唑-2-羧酰胺；

4-（2，5-二氯苯基）-N-（外-双环［2.2.1］庚-2-基）-5-（苯基）噻唑-2-羧酰胺；

N-（环己基）-4-（2，5-二氯苯基）-5-（苯基）噻唑-2-羧酰胺；

5-（4-氯苯基）-4-（2，4-二氯苯基）-N-（四氢-2H-吡喃-2-基氧）噻唑-2-羧酰胺；

5-（4-氯苯基）-4-（2，4-二氯苯基）-N-（5，5，5-三氟戊基）噻唑-2-羧酰胺；

5-（4-氯苯基）-4-（2，4-二氯苯基）-N-（2-氟乙基）噻唑-2-羧酸胺；

5-（4-氯苯基）-4-（2，4-二氯苯基）-N-（5-氟戊基）噻唑-2-羧酰胺；

4-（2，5-二氯苯基）-N-（4-吗啉基）-5-（戊基）噻唑-2-羧酰胺；

5-（4-氯苯基）-4-（2，4-二氯苯基）-N-苯基-噻唑-2-羧酰胺；或

5-（4-氯苯基）-4-（2，4-二氯苯基）-N-（4，4，4-三氟丁基）噻唑-2-羧酰胺。

7. 权利要求1~6中任一项所述的式（I）化合物或其立体异构体或盐在制备用于治疗精神病、焦虑、抑郁、注意力缺乏症、记忆障碍、认知障碍、食欲紊乱、肥胖、癖嗜、欲望症、药物依赖、神经变性疾病、痴呆、张力失常、肌肉强直、颤振、癫痫、多发性硬化、外伤性脑损伤、中风、帕金森氏病、早老性痴呆、癫痫、亨延顿氏病、图雷特综合症、脑缺血、大脑卒中、颅脑创伤、中风、脊髓损伤、血小板硬化、病毒性脑炎、与脱髓鞘作用有关的疾病、脓毒性休克、青光眼、癌症、糖尿病、呕吐、恶心、哮喘、呼吸系统疾病、胃肠机能紊乱、胃溃疡、腹泻和心血管疾病的药物组合物中的用途。

8. 含有权利要求1~6中任一项所述的至少一种化合物作为活性成分的药物组合物。

9. 式（V）的化合物

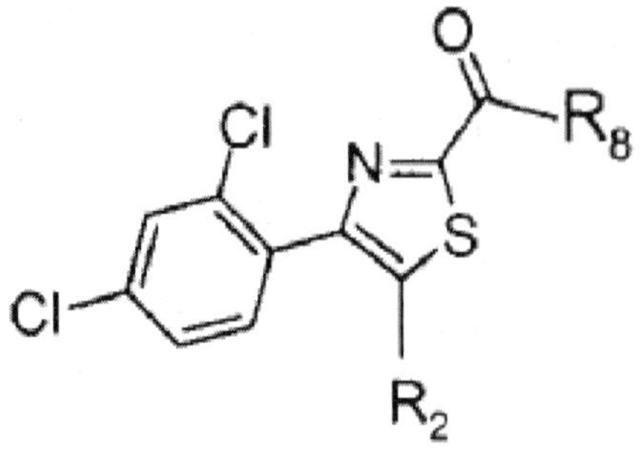

(V)

其中R_2具有在权利要求1中所述的含义，R_8表示羟基、支化或非支化的1~4个碳原子的烷氧

基、苄氧基或氯原子。”

驳回决定认为：（1）本申请涉及一种具有大麻素 CB1 受体拮抗、激动或部分激动活性的噻唑衍生物，但是说明书中仅提供了如何设计测定本申请化合物对大麻素受体的亲和力、大麻素受体拮抗、激动或部分激动活性的方案，以及“上述噻唑衍生物是有效的大麻素（CB1）受体拮抗剂、CB1 受体激动剂或 CB1 受体部分激动剂”（参见说明书第 1 页第 4~5 行）等简单的文字叙述，而并没有给出实施该方案后获得的具体试验结果，即在说明书中没有公开任何药理学试验数据来证明本申请化合物具有上述活性。对比文件 1（CN1043936A，公开日为 1990 年 7 月 18 日）公开的化合物与本申请化合物结构最相似从而构成了本申请的最接近现有技术，但其中的化合物与本申请化合物的医药用途由于作用机理不同而并不相同，本领域技术人员无法从现有技术中公开的技术方案合理概括得出本申请化合物具有上述活性，即无法预测出本申请能够实现其所述的用途；（2）申请人在针对《第一次审查意见通知书》提交的意见陈述中提供了本申请化合物对大麻素 CB1 受体的活性实验数据，但这些数据并没有记载在原始的说明书中，因此，上述补交的数据不予考虑；（3）申请人强调“本申请说明书已经提供了本发明化合物效果的定性描述，因此满足了审查指南对药物化合物用途公开的要求”，但说明书中对效果仅进行了一般性文字描述，远远达不到审查指南关于“足以证明发明的技术方案可以实现所述用途和/或达到预期效果的定性或者定量实验数据”的要求，因此，本申请不符合专利法第 26 条第 3 款的规定。

2007 年 3 月 23 日，申请人索尔瓦药物有限公司（下称请求人）对上述驳回决定不服，向专利复审委员会提出复审请求，请求人在提出复审请求时没有修改申请文件。

请求人认为：（1）本申请说明书清楚指出本发明化合物具有高的大麻素 CB1 受体结合力，是有效的 CB1 受体拮抗剂、激动剂或部分激动剂，即说明书实际上已经定性地正面描述了本申请化合物的药用用途；（2）说明书指出可以使用本领域已知的方法测定所述化合物的功能活性，并详细地描述了所述分析方法，因此本领域技术人员简单地按照说明书中描述的方法测试一种或若干种化合物后就能得到定量的效果数据，不需要任何创造性劳动来确认本发明化合物的技术效果，因此，本申请说明书已经满足了审查指南对药物化合物用途公开的要求。

经形式审查合格后，专利复审委员会受理了该请求，并于 2007 年 6 月 1 日向请求人发出了《复审请求受理通知书》，同时将本申请转送至国家知识产权局原审查部门进行前置审查。

在《前置审查意见书》中，国家知识产权局原审查部门坚持驳回决定。

专利复审委员会依法组成合议组，对本复审请求案进行了审理，并于 2008 年 8 月 20 日向请求人发出《复审通知书》，指出：

（1）与本申请最接近的对比文件 1 公开的化合物与本申请权利要求 1 中的化合物结构相似，二者也都可用于治疗相同或类似的具体疾病，例如哮喘和老年性痴呆，但对比文件 1 中没有涉及其中的化合物治疗上述疾病的作用机理。本申请中声称式（I）化合物是有效的大麻素 CB1 受体的拮抗剂、激动剂或部分激动剂，因而可用于治疗涉及大麻素 CB1 神经传递的精神和神经疾病及其他疾病，但本申请说明书中仅提供了实验方法并概括性描述了所述化合物的技术效果，并未提供任何实验数据。因此，本领域技术人员根据本申请公开的内容和现有技术无法预测出本申请化合物或其立体异构体或盐能够作为有效的大麻素 CB1 受体的拮抗剂、激动剂或部分激动剂，并且就是通过该作用机理来治疗有关具体疾病的，因此本申请的说明书不符合专利法第 26 条第 3 款的规定。（2）请求人在答复《第一次审查意见通知书》时提交的定量实验结果证明，对于本申请化合物效果的测定结果应当是定量的实验数据，而本申请说明书并没有记载这样的定量实验数据，更没有在数据的基础上进行分析，从而进一步佐证说明书中给出的仅仅是断言性结论，而非定性数据。（3）基于相同的理由，权利要求

2~9 的技术方案均没有在说明书中充分公开，也不符合专利法第 26 条第 3 款的规定。

2008 年 10 月 6 日，复审请求人针对上述《复审通知书》提交了意见陈述书，认为：(1) 在本申请说明书已经公开了所述化合物的结构和通用合成方法，且实施例部分还具体公开了一些化合物的合成和表征数据之后，本领域技术人员已经能够获得所述化合物从而实现权利要求 1 要求保护的发明。权利要求 1 的化合物所具有的治疗作用是其固有属性，无论本申请是否给出相关的药理学实验数据，并不能改变所述化合物具有相关治疗作用的事实。按照说明书给出的教导，本领域技术人员能够确认这样的事实并将所述化合物用于相关治疗应用中。(2) 对于药用化合物的公开提出比非药用化合物的公开更高的要求是不合理的。

经过上述审查程序，合议组认为本案事实已经清楚，可以依法作出复审决定。

二、决定的理由

1. 决定依据的文本

本复审决定依据的文本是驳回决定所针对的文本，即 2005 年 12 月 13 日提交的权利要求第 1~9 项，说明书第 11 和 13 页，进入中国国家阶段时提交的说明书第 1~10、12 和 14~15 页，以及说明书摘要。

2. 关于专利法第 26 条第 3 款

专利法第 26 条第 3 款规定，说明书应当对发明或者实用新型作出清楚、完整的说明，以所属技术领域的技术人员能够实现为准。

对于化学产品发明，应当完整地公开该产品的用途和/或使用效果；如果所属技术领域的技术人员无法根据现有技术预测发明能够实现所述用途和/或使用效果，则说明书中还应当记载对于本领域技术人员来说，足以证明发明的技术方案可以实现所述用途和/或达到预期效果的定性或者定量数据；当说明书中仅给出了具体的技术方案，并结论性地声称所述化学产品具有所述用途和/或使用效果而未提供相应的实验数据时，应当认为说明书未公开到本领域技术人员能够实现的程度。

就本申请而言，

(1) 权利要求 1 要求保护式 (I) 的化合物或其立体异构体或盐，

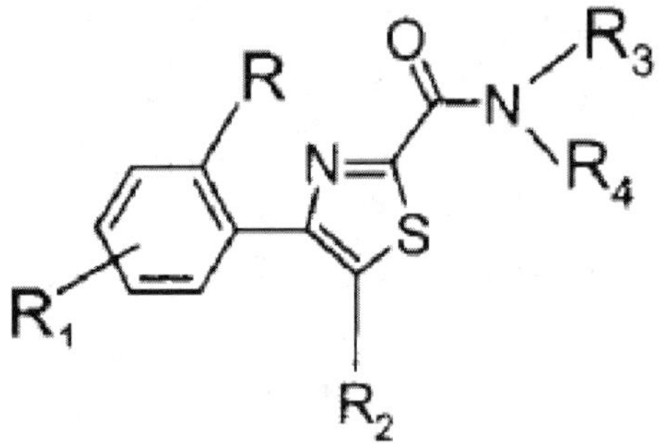

(I)

。

根据说明书的描述，式 (I) 化合物是有效的大麻素 CB1 受体的拮抗剂、激动剂或部分激动剂，可用于治疗涉及大麻素 CB1 神经传递的精神和神经疾病及其他疾病，例如精神病、焦虑、抑郁、注意力缺乏症、记忆障碍、早老性痴呆、哮喘等疾病（参见说明书第 1 页第 2 段，第 3 页第 2 行和第 3 段）。在说明书中记载了可采用中国仓鼠卵巢 (CHO) 细胞膜制备物测定大麻素 CB1 受体的亲和能力，以及通过人类大麻素 CB1 受体在其中被稳定表达的 CHO 细胞进行功能研究来测定本申请化合物的大麻素 CB1 受体拮抗、激动或部分激动活性（参见说明书第 3 页第 4~5 段）。但是，说明书中对于本申请化合物的上述用途仅进行了如“本发明化合物可以拮抗这种 CB1 受体介导的响应”的概括性描述而未提供任何试验数据。

审查指南第二部分第十章第 3.1 节规定，对于新的药物化合物，如果本领域技术人员无法根据现有技术预测发明能够实现所述医药用途、药理作用，则应当记载对于本领域技术人员来说，足以证明发明的技术方案可以解决预期要解决的技术问题或者达到预期效果的实验室试验（包括动物试验）或者临床试验的定性或定量数据。

与本申请最接近的对比文件 1 公开了具有预防或治疗人和动物的血栓形成、高血压、心血管或脑血管疾病、变应性炎症，特别是血栓形成作用的下式化合物。

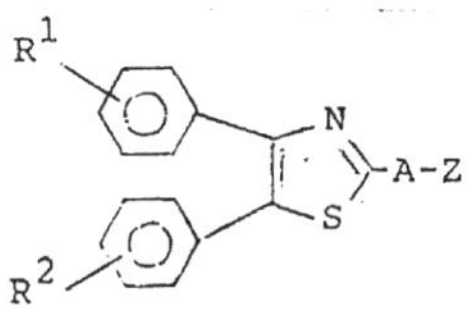

(I)

式中 R_1 和 R_2 各自为卤素、低级烷氧基、低级烷硫基或低级烷基亚硫酰基，A 为低级亚烷基、羰基或单键，Z 可为，

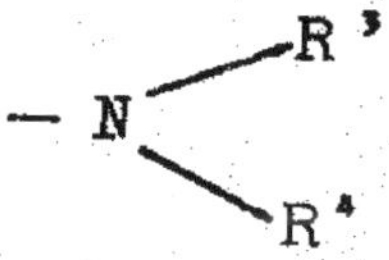

其中 R_3 和 R_4 各自为氢、含有杂环基或哌啶基的低级烷基，所述杂环可含有适宜的取代基（参见对比文件 1 的权利要求 1）。

通过比较可以发现，对比文件 1 公开的化合物与本申请权利要求 1 中的化合物结构相似，二者也都可用于治疗某些相同或类似的具体疾病，例如哮喘和老年性痴呆（参见对比文件 1 的说明书第 29~30 页），但是，对比文件 1 中没有涉及其中的化合物治疗上述疾病的作用机理。而如本申请中所述，式（I）化合物是有效的大麻素 CB1 受体的拮抗剂、激动剂或部分激动剂，因而可用于治疗涉及大麻素 CB1 神经传递的精神和神经疾病及其他疾病。但本申请说明书中仅提供了实验方法，对式（I）的化合物或其立体异构体或盐作为有效的大麻素 CB1 受体的拮抗剂、激动剂或部分激动剂的用途进行了概括性的描述，并未提供任何实验数据，因此，尽管本申请与对比文件 1 涉及的具体疾病有少数几种相同或类似，本领域技术人员也无法从对比文件 1 公开的技术方案预测出本申请式（I）的化合物或其立体异构体或盐能够作为有效的大麻素 CB1 受体的拮抗剂、激动剂或部分激动剂，并且就是通过该作用机理来治疗有关具体疾病的，因此，合议组认为，本申请的说明书未公开到本领域技术人员能够实现所述用途的程度，不符合专利法第 26 条第 3 款的规定。

请求人在答复《第一次审查意见通知书》时的意见陈述中提供了一份实验数据，其中给出了部分化合物的亲和力和药理活性。请求人认为，说明书已经指出本发明化合物是有效的大麻素 CB1 受体的拮抗剂、激动剂或部分激动剂，因而可用于治疗涉及大麻素 CB1 神经传递的精神和神经疾病及其他疾病，本领域技术人员能够根据说明书中给出的药理学分析方法，测定本发明化合物的亲和力和活性，并得出上述实验数据。

合议组认为：尽管上述实验数据中包括了说明书实施例中给出的 37 个化合物的亲和力和药理活性数据，但是补交的实验报告不属于本申请说明书所公开的内容，也不是申请日前的已有技术，本领域技术人员也无法从本申请的说明书中毫无疑义地推知上述内容，因此不能克服“说明书公开不充分”的缺陷。

请求人在提出复审请求时认为：本申请说明书已经定性地正面描述了本申请化合物的药用用途，本领域技术人员简单地按照说明书中描述的方法测试一种或若干种化合物后就能得到定量的效果数据，不需要任何创造性劳动来确认本发明化合物的技术效果，因此，本申请有关化合物技术效果的定性描述符合充分公开的要求。

对此，合议组认为：（1）定性数据是指一般描述事务属性的数据，它可以是对事物属性的观测值，或者是对事务属性顺序关系的观测值，例如目测溶液是澄清或者混浊，这些数值或符号只表述顺序或程度，彼此之间不能运算，一般不能用有统一单位的数值表示，其与结论性的声称是完全不同的。本申请说明中如“本发明化合物具有高的大麻素 CB1 受体结合力，是有效的 CB1 受体拮抗剂、激动剂或部分激动剂”的描述仅为结论性的声称，而非请求人所称的定性数据；（2）本申请说明书第 3 页的实验方法中明确指出，“在加入或不加入本发明的化合物的情况下，通过用玻璃纤维过滤器过滤来分离束缚配体和游离配体，过滤器上的放射性通过液体闪烁计数法进行测量；以一种依赖浓度的方式，通过 CB1 受体激动剂（如 CP-55，940 或（R）-WIN-55，212-2）的 CB1 受体伴随活性可以减少由毛喉素诱导的环 AMP 的累积”。可见，如果按照本申请记载的方法测定，无论是本发明化合物对大麻素 CB1 受体结合力，还是 CB1 受体拮抗、激动或部分激动活性的测定结果均应当是定量的实验数据，请求人在答复《第一次审查意见通知书》时提交的定量实验结果也证明了这一点。说明书中既没有记载这样的定量实验数据，更没有在数据的基础上进行分析，这进一步佐证了说明书仅是给出了断言式的结论，不能称之为定性结果；

请求人在答复《复审通知书》时提出两个观点，（1）化合物的用途是化合物本身的固有属性，只要化合物的结构和制备方法公开，就不需要再公开该用途；（2）对药用化合物和非药用化合物的充分公开持不同要求是不合理的。

对于以上观点（1），合议组认为，专利申请说明书公开的意义在于指导本领域技术人员实施和再现要求保护的技术方案，而不是在没有任何实验效果数据的情况下，让本领域技术人员从说明书公开的大量技术信息中通过反复试验来验证并最终发现申请人实际要求保护的技术方案。在说明书没有公开任何试验效果数据的情况下，本领域技术人员完全有理由怀疑该技术方案并非建立在真实的科学试验基础上，而仅仅是一种推测，有可能根本就不去实施所述技术方案；即使去实施，由于没有任何可供参考的试验数据，因而也无法对实施结果加以验证以确认是否再现了本申请的技术效果。诚如请求人所述，“化合物所具有的治疗作用是其固有属性”，但是，在本领域技术人员无法根据现有技术预测出，本申请也没有提供证据证明所述属性确实为该化合物所有的情况下，根据以上论述，应当认为该化合物未能充分公开。也就是说，即使本领域技术人员能够根据本申请的说明书中记载的内容获得所述化合物，但由于缺少证实其用途的定性和定量实验数据，该化合物仍然不能被授予专利权。

对于以上观点（2），合议组认为，如前所述，审查指南从化学产品的确认、制备以及用途和/或使用效果这三方面对于化学产品发明的充分公开进行了规定，虽然审查指南用列举的方式，在用途和/或使用效果方面对新的药用化合物发明提出了“如果本领域技术人员无法根据现有技术预测发明能够实现所述医药用途、药理作用，则应当记载对于本领域技术人员来说，足以证明发明的技术方案可以解决预期要解决的技术问题或者达到预期的技术效果的实验室实验（包括动物实验）或者临床实验的定性或者定量数据”的要求，但其中蕴含的立法本意和精神却并不因此而仅局限于药用化合物。对于非药用化合物来说，如果所属技术领域的技术人员无法根据现有技术预测发明能够实现所述用途和/或使用效果，则说明书中同样应当记载对于本领域技术人员来说，足以证明发明的技术方案可以实现所述用途和/或达到预期效果的定性或者定量数据（参见审查指南第二部分第十章第 3.1 节），故审查指南对于药用和非药用化合物充分公开的要求并无差异，请求人所称的“对于药用化合物的公开提出比非药用化合物的公开更高的要求”主张不能成立。因此，合议组对请求人的上述主张均不予支持。

（2）权利要求2~6要求保护属于式（I）化合物通式范围内的小通式及若干种具体化合物；权利要求7要求保护权利要求1~6任一项所述的式（I）化合物或其立体异构体或盐在制备用于治疗精神病、焦虑……和心血管疾病等若干具体疾病的药物组合物中的用途；权利要求8要求保护权利要求1~6任一项所述的式（I）化合物作为活性成分的药物组合物；基于上述同样的理由，上述权利要求的技术方案均没有在说明书中得到充分公开，也不符合专利法第26条第3款的规定。

（3）权利要求9要求保护式（V）的化合物，

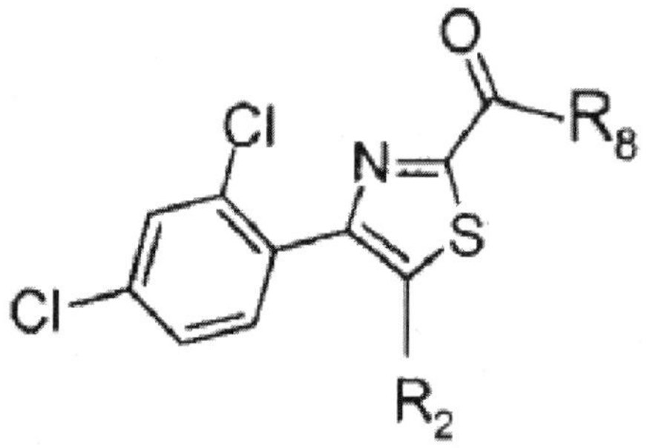

(V)

该化合物在本申请中仅仅是作为式（I）化合物的中间体要求保护的，在权利要求1的技术方案在说明书中未充分公开的情况下，有关权利要求9的技术方案的描述也不符合专利法第26条第3款的规定。

综上所述，本申请不符合专利法第26条第3款的规定，请求人在本申请审查过程中提交的所有意见陈述和证据均无法证明本申请符合该条款的规定。

基于上述理由，合议组作出下述决定。

三、决定

维持国家知识产权局于2006年12月8日针对03801558.7号发明专利申请作出的驳回决定。

复审请求人对本决定不服的，可以根据专利法第41条第2款的规定，自收到本决定之日起三个月内向北京市第一中级人民法院起诉。

153

异黄酮衍生物的制备

复审请求审查决定（第14879号）

决　　定　　号　第14879号
决　　定　　日　2008年10月24日
发明创造名称　异黄酮衍生物的制备
国际分类号　C07D311/36，C07D311/38，C07D311/04，C07D311/56
复审请求人　诺沃根研究有限公司
申　　请　　号　00803816.3
申　　请　　日　2000年2月15日
优　先　权　日　1999年2月15日
公　　开　　日　2002年3月13日
合议组组长　汪送来
主　　审　　员　潘　剑
参　　审　　员　刘　静

法　律　依　据　专利法第33条
决　定　要　点

如果申请的内容通过增加、改变和/或删除其中的一部分，致使所属技术领域的技术人员看到的信息与原申请记载的信息不同，而且又不能从原申请记载的信息中直接地、毫无疑义地确定，则这种修改是不允许的；否则，修改是允许的。

一、案由

本复审请求案涉及发明名称为“异黄酮衍生物的制备”的第00803816.3号发明专利申请（下称本申请），申请人为诺沃根研究有限公司，申请日为2000年2月15日，优先权日为1999年2月15日，公开日为2002年3月13日。

2007年3月30日，针对申请人于2003年11月7日提交的说明书第1~2页，进入国家阶段时提交的国际申请文件中文译文的说明书第3~7、9~38页以及说明书摘要，2005年1月24日提交的说明书第8页和权利要求第1~13项，国家知识产权局以权利要求1、7、8的修改超范围，不符合专利法第33条的规定为由驳回了本申请。

驳回决定认为：(1) ①权利要求1中出现的“保护式I的自由羟基，以制备保护的异黄酮化合物，其中R_1-R_7中至少一个自由羟基被保护为OR_9或OC（O）R_9，R_9为（C_1-C_6）烷基，卤代

(C_1-C_6）烷基，苯基，苯基（C_1-C_6）烷基，或（C_1-C_6）烷基苯基”在原说明书和权利要求书中没有相应记载，原说明书和权利要求书中只公开了：在氢化反应之前，异黄酮环上的一些基团需要保护或进行衍生化，例如，用乙酰氧基或甲氧基保护羟基是最可取的（见说明书第9页），实施例13~24也只涉及将羟基用乙酰氧基保护，因此，根据原说明书和权利要求书公开的内容无法直接、唯一地确定权利要求1中的上述内容；②权利要求1中出现的“任选由水解OC（O）R_9保护基而将来自（b）部分的异黄酮-4-醇去保护以制备式II的化合物”在原说明书和权利要求书中没有相应记载，原说明书和权利要求书中只公开了：在温和的条件下，优选在回流的乙醇溶液中，采用咪唑除去保护的乙酰氧基合成四氢黄豆苷原及有关的衍生物（见说明书第10页倒数第2段和实施例37~54），因此，根据原始说明书和权利要求书公开的内容无法直接、唯一的确定权利要求1中的上述内容。因此，以上两处修改导致权利要求1超范围，不符合专利法第33条的规定。基于同样的理由，权利要求7也修改超范围，不符合专利法第33条的规定。(2) 权利要求8中出现的“用三氟乙酸脱水式II化合物来制备式III的异黄-3-烯化合物”在原始说明书和权利要求书中没有相应记载，实施例25中只公开了：用三氟乙酸脱水4′，7-二乙酰氧基四氢黄豆苷原制备4′，7-二乙酰氧基异黄-3-烯，根据原权利要求书和说明书中公开的内容，对于权利要求8中除式II为4′，7-二乙酰氧基四氢黄豆苷原、式III为4′，7-二乙酰氧基异黄-3-烯之外的技术方案无法直接、唯一地确定，因此，权利要求8修改超范围，不符合专利法第33条的规定。

驳回决定针对的权利要求书如1、7、8如下：

“1. 制备式II氧代异黄烷-4-醇化合物的方法

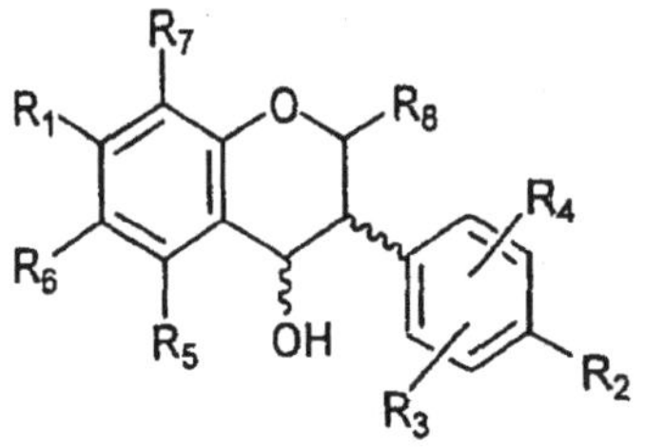

(II)

其中R_1，R_2，R_3，R_4，R_5，R_6，R_7和R_8独立为氢、羟基、OR_9，OC（O）R_9，OS（O）R_9，(C_1-C_6）烷基，卤代（C_1-C_6）烷基，苯基，苯基（C_1-C_6）烷基，（C_1-C_6）烷基硫基，氨基，(C_1-C_6）烷基氨基，二（C_1-C_6）烷基氨基，硝基或卤素

R_9为（C_1-C_6）烷基，卤代（C_1-C_6）烷基，苯基，苯基（C_1-C_6）烷基或（C_1-C_6）烷基苯基，且R_1，R_2，R_3，R_4，R_5，R_6和R_7中至少一个是选自羟基、OR_9和OC（O）R_9的含氧取代基，

该方法包括以下步骤：

(a) 保护式I异黄酮化合物的自由羟基，

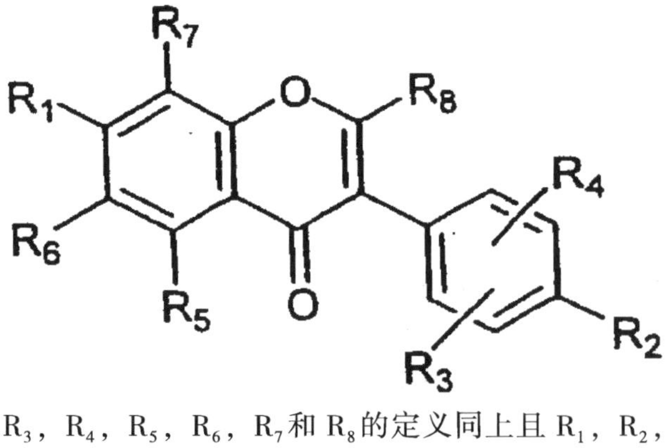

(I)

其中R_1，R_2，R_3，R_4，R_5，R_6，R_7和R_8的定义同上且R_1，R_2，R_3，R_4，R_5，R_6和R_7中至少

一个为自由羟基，以制备保护的异黄酮化合物，其中 R_1，R_2，R_3，R_4，R_5，R_6 和 R_7 的至少一个自由羟基被保护为 OR_9 或 OC（O）R_9；

（b）氢化步骤（a）中保护的异黄酮化合物以制备式Ⅱ的氧取代的异黄烷-4-醇化合物，其中 R_1，R_2，R_3，R_4，R_5，R_6 和 R_7 中至少一个是 OR_9 或 OC（O）R_9，且其中氢化步骤在还原催化剂存在下用氢气进行，还原催化剂选自钯/活性炭，钯/硫酸钡，钯/氧化铝粉，氢氧化钯或氧化铂（IV），且溶剂选自 C_1-C_6 醇，C_1-C_6 烷基乙酸酯或 C_1-C_3 羧酸；并且

（c）任选由水解 OC（O）R_9 保护基而将来自（b）部分的异黄烷-4-醇去保护以制备式Ⅱ的异黄烷-4-醇化合物，其中 R_1，R_2，R_3，R_4，R_5，R_6 和 R_7中至少一个是羟基。

7. 制备式Ⅲ氧代异黄-3-烯化合物的方法，

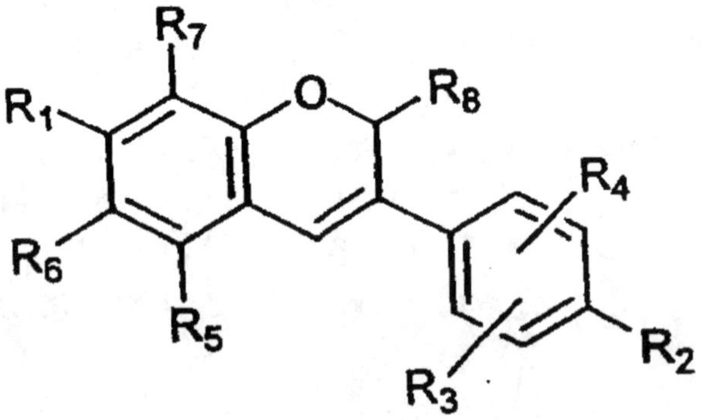

(III)

其中 R_1，R_2，R_3，R_4，R_5，R_6，R_7和 R_8 独立为氢、羟基、OR_9，OC（O）R_9，OS（O）R_9，（C_1-C_6）烷基，卤代（C_1-C_6）烷基，苯基，苯基（C_1-C_6）烷基，（C_1-C_6）烷基硫基，氨基，（C_1-C_6）烷基氨基，二（C_1-C_6）烷基氨基，硝基或卤素

R_9 为（C_1-C_6）烷基，卤代（C_1-C_6）烷基，苯基，苯基（C_1-C_6）烷基或（C_1-C_6）烷基苯基，且 R_1，R_2，R_3，R_4，R_5，R_6 和 R_7中至少一个是选自羟基、OR_9 和 OC（O）R_9 的含氧取代基，

该方法包括以下步骤：

（a）保护式Ⅰ的异黄酮化合物的自由羟基，

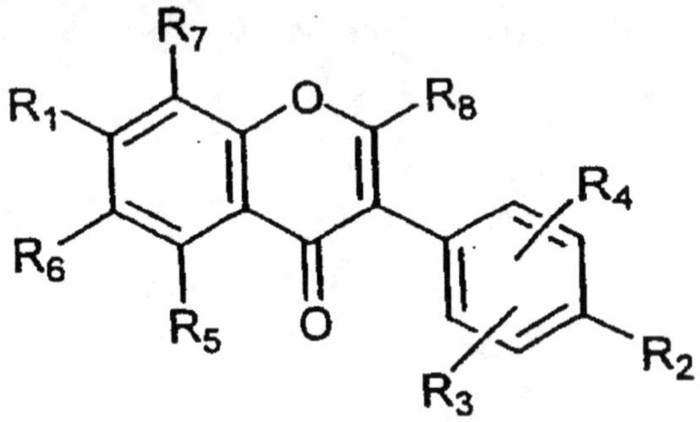

(I)

其中 R_1，R_2，R_3，R_4，R_5，R_6，R_7和 R_8的定义同上，且 R_1，R_2，R_3，R_4，R_5，R_6 和 R_7 中至少一个是自由羟基，以制备保护的异黄酮化合物，其中 R_1，R_2，R_3，R_4，R_5，R_6 和 R_7 中至少一个自由羟基被保护为 OR_9 或 OC（O）R_9；

（b）氢化步骤（a）中保护的异黄酮化合物以制备式Ⅱ的氧代的异黄烷-4-醇化合物，

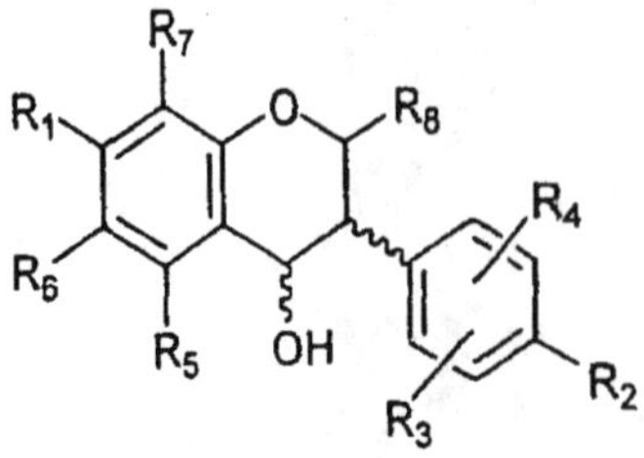

(II)

其中 R_1，R_2，R_3，R_4，R_5，R_6，R_7 和 R_8 的定义同上，且其中 R_1，R_2，R_3，R_4，R_5，R_6 和 R_7 中至少一个是 OR_9 或 OC（O）R_9，且其中氢化步骤在还原催化剂存在下用氢气进行，还原催化剂选自钯/活性炭，钯/硫酸钡，钯/氧化铝粉，氢氧化钯或氧化铂（IV），且溶剂选自 C_1-C_6 醇，C_1-C_6 烷基乙酸酯或 C_1-C_3 羧酸；并且

（c）脱水式Ⅱ化合物来制备式 III 的异黄-3-烯化合物；以及

（d）任选由水解 OC（O）R_9 保护基而将来自（c）部分的异黄-3-烯化合物去保护以制备式 III 的异黄-3-烯化合物，其中 R_1，R_2，R_3，R_4，R_5，R_6 和 R_7 中至少一个是羟基。

8. 权利要求 7 的方法，其中用三氟乙酸、对甲苯磺酸或五氧化二磷实施脱水步骤。”

2007 年 7 月 6 日，申请人诺沃根研究有限公司（下称请求人）对上述驳回决定不服，向专利复审委员会提出复审请求，请求人在提出复审请求时对权利要求 1、7、8 的相应部分进行了修改。修改后的权利要求 1、7、8 为：

“1. 制备式 II 氧代异黄烷-4-醇化合物的方法

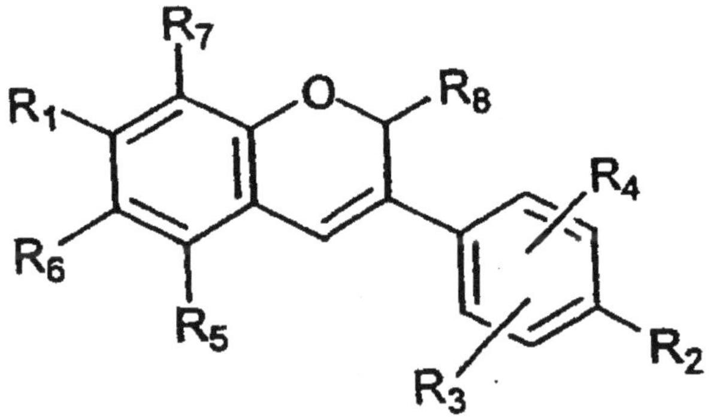

(III)

其中 R_1，R_2，R_3，R_4，R_5，R_6，R_7 和 R_8 独立为氢、羟基、OR_9，OC（O）R_9，OS（O）R_9，（C_1-C_6）烷基，卤代（C_1-C_6）烷基，苯基，苯基（C_1-C_6）烷基，（C_1-C_6）烷基硫基，氨基，（C_1-C_6）烷基氨基，二（C_1-C_6）烷基氨基，硝基或卤素

R_9 为（C_1-C_6）烷基，卤代（C_1-C_6）烷基，苯基，苯基（C_1-C_6）烷基或（C_1-C_6）烷基苯基，且 R_1，R_2，R_3，R_4，R_5，R_6 和 R_7 中至少一个是选自羟基、OR_9 和 OC（O）R_9 的含氧取代基，

该方法包括

（a）保护式 I 异黄酮化合物的自由羟基，

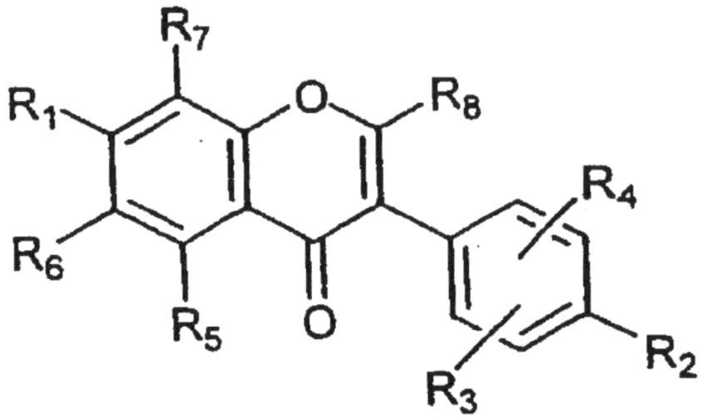

(I)

其中 R_1，R_2，R_3，R_4，R_5，R_6，R_7 和 R_8 的定义同上且 R_1，R_2，R_3，R_4，R_5，R_6 和 R_7 中至少一个为自由羟基，以制备保护的异黄酮化合物，其中 R_1，R_2，R_3，R_4，R_5，R_6 和 R_7 的至少一个自由羟基被保护为乙酰氧基；

（b）氢化步骤（a）中保护的异黄酮化合物以制备式Ⅱ的氧取代的异黄烷-4-醇化合物，其中 R_1，R_2，R_3，R_4，R_5，R_6 和 R_7 中至少一个是 OR_9 或 OC（O）R_9，且其中氢化步骤在还原催化剂存在下用氢气进行，还原催化剂选自钯/活性炭，钯/硫酸钡，钯/氧化铝粉，氢氧化钯或氧化铂（IV），

且溶剂选自 C_1-C_6 醇，C_1-C_6 烷基乙酸酯或 C_1-C_3 羧酸；并且

（c）任选由水解乙酰氧基保护基而将来自（b）部分的异黄烷-4-醇去保护以制备式 II 的异黄烷-4-醇化合物，其中 R_1，R_2，R_3，R_4，R_5，R_6 和 R_7 中至少一个是羟基。

7. 制备式 III 氧代异黄-3-烯化合物的方法，

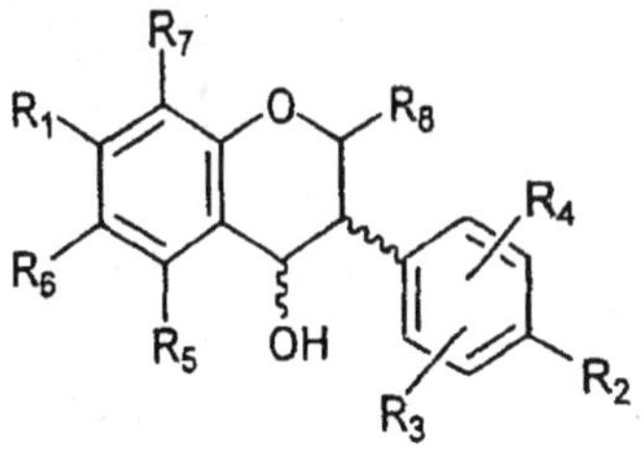

(II)

其中 R_1，R_2，R_3，R_4，R_5，R_6，R_7 和 R_8 独立为氢、羟基、OR_9，OC（O）R_9，OS（O）R_9，（C_1-C_6）烷基，卤代（C_1-C_6）烷基，苯基，苯基（C_1-C_6）烷基，（C_1-C_6）烷基硫基，氨基，（C_1-C_6）烷基氨基，二（C_1-C_6）烷基氨基，硝基或卤素。

R_9 为（C_1-C_6）烷基，卤代（C_1-C_6）烷基，苯基，苯基（C_1-C_6）烷基或（C_1-C_6）烷基苯基，且 R_1，R_2，R_3，R_4，R_5，R_6 和 R_7 中至少一个是选自羟基、OR_9 和 OC（O）R_9 的含氧取代基，

该方法包括以下步骤：

（a）保护式 I 的异黄酮化合物的自由羟基，

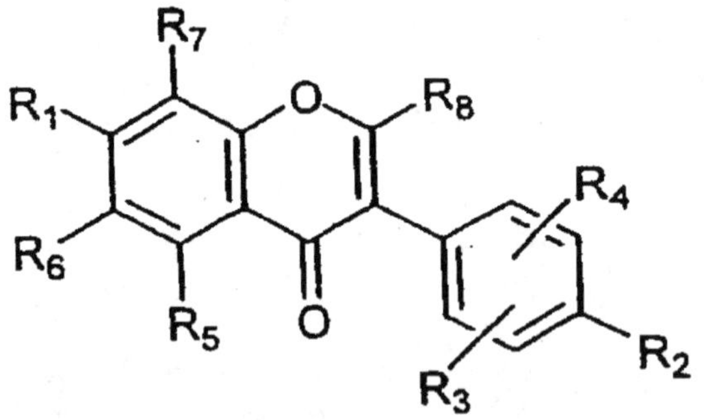

(I)

其中 R_1，R_2，R_3，R_4，R_5，R_6，R_7 和 R_8 的定义同上，且 R_1，R_2，R_3，R_4，R_5，R_6 和 R_7 中至少一个是自由羟基，以制备保护的异黄酮化合物，其中 R_1，R_2，R_3，R_4，R_5，R_6 和 R_7 中至少一个自由羟基被保护为乙酰氧基；

（b）氢化步骤（a）中保护的异黄酮化合物以制备式 II 的氧代的异黄烷-4-醇化合物，

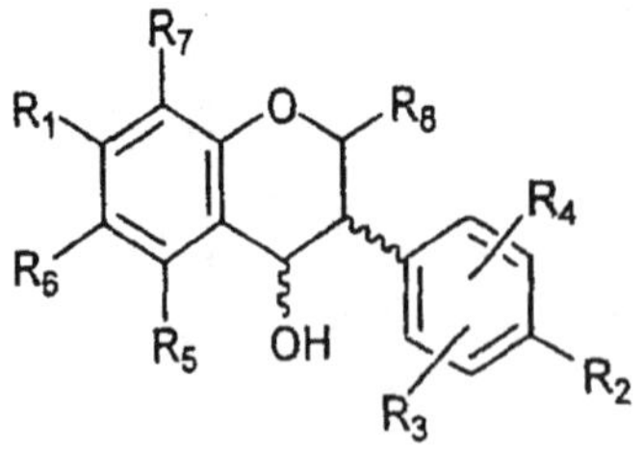

(II)

其中 R_1，R_2，R_3，R_4，R_5，R_6，R_7 和 R_8 的定义同上，且其中 R_1，R_2，R_3，R_4，R_5，R_6 和 R_7 中至少一个是 OR_9 或 OC（O）R_9，且其中氢化步骤在还原催化剂存在下用氢气进行，还原催化剂选自钯/活性炭，钯/硫酸钡，钯/氧化铝粉，氢氧化钯或氧化铂（IV），且溶剂选自 C_1-C_6 醇，C_1-C_6 烷基乙酸酯或 C_1-C_3 羧酸；并且

（c）脱水式 II 化合物来制备式 III 的异黄-3-烯化合物；以及

（d）任选在回流的乙醇溶液中用咪唑水解乙酰氧基保护基而将来自（c）部分的异黄-3-烯化合

物去保护以制备式 III 的异黄-3-烯化合物，其中 R_1，R_2，R_3，R_4，R_5，R_6 和 R_7 中至少一个是羟基。

8. 权利要求 7 的方法，其中通过用三氟乙酸、对甲苯磺酸或五氧化二磷进行处理，使式Ⅱ的化合物 4′，7-二乙酰氧基四氢黄豆苷原脱水以提供 4′，7-二乙酰氧基异黄-3-烯。”

请求人认为：(1) 对权利要求 1、7 的修改可以得到说明书第 10 页第 21~23 行内容的支持；(2) 对权利要求 8 的修改可以得到说明书第 24~25 页的实施例 25 的 A，B 和 C 项中记载的内容的支持。因此对权利要求 1、7、8 的修改符合专利法第 33 条的规定。

经形式审查合格后，专利复审委员会受理了该请求，并于 2007 年 8 月 13 日向请求人发出了《复审请求受理通知书》，同时将本申请转送至国家知识产权局原审查部门进行前置审查。

在《前置审查意见书》中，国家知识产权局原审查部门认为：权利要求 1 的步骤 C 中出现的“水解乙酰氧基”的条件是任意的，因此修改超范围，不符合专利法第 33 条的规定。因此，坚持驳回决定。

专利复审委员会组成合议组，对本复审请求案进行了审理，并于 2007 年 3 月 21 日向请求人发出《复审通知书》。

合议组指出，权利要求 1 步骤（c）所述“任选由水解乙酰氧基保护基而将来自（b）部分的异黄烷-4-醇去保护以制备式 II 的异黄烷-4-醇化合物”与原说明书第 10 页倒数第 2 段所记载的“在温和条件下，优选的是在回流的乙醇溶液中，采用咪唑除去保护的乙酰氧基，合成四氢黄豆苷原及有关的衍生物”不一致，而且不能从说明书的上述内容以及原权利要求书和说明书记载的其他信息中直接地、毫无疑义地确定在任意条件下水解乙酰氧基这一范围，因此权利要求 1 的修改不符合专利法第 33 条的规定。

另外，请求保护的权利要求 11 和 12 为：

“11. 权利要求 10 的方法，其中的式 III 化合物为……3′，7-二乙酰氧基异黄烷-4-醇……7-乙酰氧基-3′-甲氧基异黄烷-4-醇或……

12. 化合物，选自：

……

3′，7-二羟异黄烷-4-醇

7-羟基-3′-甲氧基异黄烷-4-醇。”

合议组指出：(1) 权利要求 12 所要求保护的化合物“3′，7-二羟异黄烷-4-醇”和“7-羟基-3′-甲氧基异黄烷-4-醇”在原权利要求书和说明书中没有记载，而且不能从原权利要求书和说明书记载的信息中直接地、毫无疑义地确定，因此权利要求 12 的修改不符合专利法第 33 条的规定。(2) 权利要求 11 请求保护的是制备式Ⅲ氧代异黄-3-烯化合物的方法，但其定义的式Ⅲ化合物中包含了“3′，7-二乙酰氧基异黄烷-4-醇”、“7-乙酰氧基-3′-甲氧基异黄烷-4-醇”等非式Ⅲ化合物，导致权利要求 11 前后矛盾，这种修改同样超出了原说明书和权利要求书记载的范围，不符合专利法第 33 条的规定。

针对《复审通知书》，请求人于 2008 年 8 月 25 日提交了权利要求书全文替换页。其中，对权利要求 1 的步骤（c）进行了修改；删除了权利要求 12 中的“3′，7-二羟异黄烷-4-醇”和“7-羟基-3′-甲氧基异黄烷-4-醇”；删除了权利要求 11 中的“3′，7-二乙酰氧基异黄烷-4-醇”、“7-乙酰氧基-3′-甲氧基异黄烷-4-醇”。

2008 年 9 月 23 日，请求人提交了权利要求 1~7 的替换页，其中对权利要求 1 的步骤（c）进行了修改，修改后的权利要求 1 为：

“1. 制备式 II 氧代异黄烷-4-醇化合物的方法

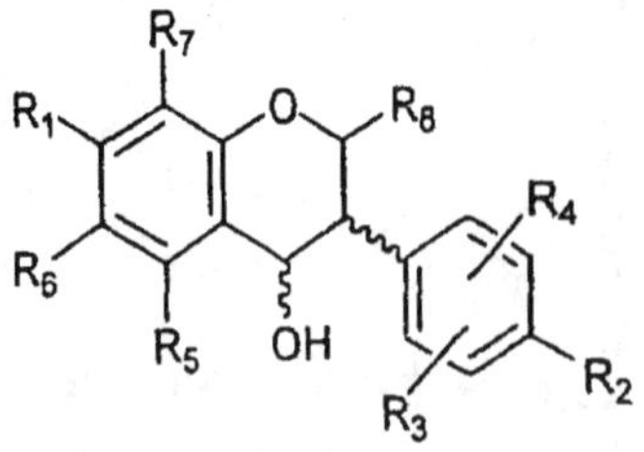

(II)

其中R_1，R_2，R_3，R_4，R_5，R_6，R_7和R_8独立为氢、羟基、OR_9，OC（O）R_9，OS（O）R_9，（C_1-C_6）烷基，卤代（C_1-C_6）烷基，苯基，苯基（C_1-C_6）烷基，（C_1-C_6）烷基硫基，氨基，（C_1-C_6）烷基氨基，二（C_1-C_6）烷基氨基，硝基或卤素。

R_9为（C_1-C_6）烷基，卤代（C_1-C_6）烷基，苯基，苯基（C_1-C_6）烷基或（C_1-C_6）烷基苯基，且R_1，R_2，R_3，R_4，R_5，R_6和R_7中至少一个是选自羟基、OR_9和OC（O）R_9的含氧取代基，

该方法包括：

（a）保护式Ⅰ异黄酮化合物的自由羟基，

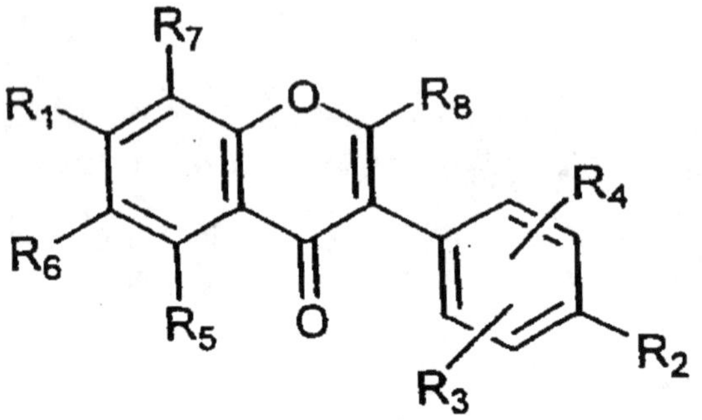

(I)

其中R_1，R_2，R_3，R_4，R_5，R_6，R_7和R_8的定义同上且R_1，R_2，R_3，R_4，R_5，R_6和R_7中至少一个为自由羟基，以制备保护的异黄酮化合物，其中R_1，R_2，R_3，R_4，R_5，R_6和R_7的至少一个自由羟基被保护为乙酰氧基；

（b）氢化步骤（a）中保护的异黄酮化合物以制备式Ⅱ的氧取代的异黄烷-4-醇化合物，其中R_1，R_2，R_3，R_4，R_5，R_6和R_7中至少一个是OR_9或OC（O）R_9，且其中氢化步骤在还原催化剂存在下用氢气进行，还原催化剂选自钯/活性炭，钯/硫酸钡，钯/氧化铝粉，氢氧化钯或氧化铂（IV），且溶剂选自C_1-C_6醇，C_1-C_6烷基乙酸酯或C_1-C_3羧酸；并且

（c）任选在回流的乙醇溶液中用咪唑水解乙酰氧基保护基而将来自（b）部分的异黄烷-4-醇去保护以制备式Ⅱ的异黄烷-4-醇化合物，其中R_1，R_2，R_3，R_4，R_5，R_6和R_7中至少一个是羟基。”

经审查，合议组认为本案事实已经清楚，可以作出复审决定。

二、决定的理由

1. 关于审查文本

本复审请求审查决定所针对的文本是：请求人于2008年9月23日提交的权利要求1~7，2008年8月25日提交的权利要求8~13，驳回决定所针对的说明书和说明书摘要。

2. 关于专利法第33条

专利法第33条规定：申请人可以对其专利申请文件进行修改，但是，对发明和实用新型专利申请文件的修改不得超出原说明书和权利要求书记载的范围。

如果申请的内容通过增加、改变和/或删除其中的一部分，致使所属技术领域的技术人员看到的信息与原申请记载的信息不同，而且又不能从原申请记载的信息中直接地、毫无疑义地确定，则这种修改是不允许的；否则，修改是允许的。

在复审程序中，请求人对权利要求1、7、8、11和12作了以下修改：(1) 将权利要求1、7的步骤 (a) 中的“自由羟基被保护为OR_9或OC (O) R_9”修改为“被保护为乙酰氧基”。(2) 将权利要求1的步骤 (c) 和权利要求7的步骤 (d) 中的“任选由水解OC (O) R_9保护基而将来自 (b) 部分的异黄烷-4-醇去保护以制备式II的异黄烷-4-醇化合物”修改为“任选在回流的乙醇溶液中用咪唑水解乙酰氧基保护基而将来自 (b) 部分的异黄烷-4-醇去保护以制备式II的异黄烷-4-醇化合物”。(3) 将权利要求8修改为“权利要求7的方法，其中通过用三氟乙酸、对甲苯磺酸或五氧化二磷进行处理，使式Ⅱ的化合物4′，7-二乙酰氧基四氢黄豆苷原脱水以提供4′，7-二乙酰氧基异黄-3-烯。”。(4) 删除了权利要求11中的“3′，7-二乙酰氧基异黄烷-4-醇”、“7-乙酰氧基-3′-甲氧基异黄烷-4-醇”；删除了权利要求12中的“3′，7-二羟异黄烷-4-醇”和“7-羟基-3′-甲氧基异黄烷-4-醇”。

对此，合议组认为：对于 (1)，原说明书记载了：在氢化反应之前，异黄酮环上的一些基团需要保护或进行衍生化，例如，用乙酰氧基或甲氧基保护羟基是最可取的（参见说明书第9页和实施例13~24），因此，修改后的权利要求1、7的步骤 (a) 的内容可以从说明书记载的上述信息中直接地、毫无疑义地确定。对于 (2)，原说明书记载了：在温和的条件下，优选在回流的乙醇溶液中，采用咪唑除去保护的乙酰氧基合成四氢黄豆苷原及有关的衍生物（参见说明书第10页倒数第2段和实施例37~54），因此，修改后的权利要求1的步骤 (c) 和权利要求7的步骤 (d) 的内容可以从说明书记载的上述信息中直接地、毫无疑义地确定。对于 (3)，说明书实施例25记载的方法A、B和C分别记载了用三氟乙酸、甲苯磺酸和五氧化二磷使4′，7-二乙酰氧基四氢黄豆苷原脱水以提供4′，7-二乙酰氧基异黄-3-烯的技术方案，因此，在权利要求8所引用的权利要求7的修改没有超范围的情况下，权利要求7的内容结合实施例25所记载的上述内容可以直接地、毫无疑义地确定修改后的权利要求8的技术方案。对于 (4)，请求人删除了《复审通知书》所指出的权利要求11、12不符合专利法第33条规定的化合物。综上，以上 (1) ~ (4) 的修改已经克服了《驳回决定》、《前置审查意见书》和《复审通知书》所指出的所有不符合专利法第33条规定的缺陷，驳回理由不再成立。

基于上述理由，合议组作出如下决定。

三、决定

撤销国家知识产权局于2007年3月30日针对00803816.3号发明专利申请作出的驳回决定，由国家知识产权局原审查部门以本复审决定所针对的申请文本为基础继续审批程序。

复审请求人对本决定不服的，可根据专利法第41条第2款的规定，自收到本决定之日起三个月内向北京市第一中级人民法院起诉。

154

在基体材料上经中间层形成薄膜的方法

复审请求审查决定（第14880号）

决　　定　　号　第14880号
决　　定　　日　2008年10月15日
发明创造名称　在基体材料上经中间层形成薄膜的方法
国 际 分 类 号　C30B29/22，H01L39/24
复 审 请 求 人　住友电气工业株式会社
申　　请　　号　200380102131.0
优 先 权 日　2002年10月31日
申　　请　　日　2003年10月29日
公　　开　　日　2005年12月14日
合 议 组 组 长　刘　静
主　　审　　员　孙丽芳
参　　审　　员　黄　强

法 律 依 据　专利法第22条第2款
决 定 要 点

如果请求保护的技术方案与对比文件的技术方案相比，技术领域、技术方案、所解决的技术问题和预期效果实质上相同，则请求保护的技术方案不具备新颖性。

一、案由

本复审请求案涉及发明名称为“在基体材料上经中间层形成薄膜的方法”的第200380102131.0号发明专利申请（下称本申请），申请人为住友电气工业株式会社，申请日为2003年10月29日，优先权日为2002年10月31日，公开日为2005年12月14日。

2006年9月29日，针对申请人于2006年8月14日提交的权利要求第1~9项、2005年4月26日提交的说明书第1~11页、说明书附图第1~3页及其摘要，国家知识产权局以权利要求1~9不具备新颖性为由驳回了本申请。

驳回决定认为：(1) 对比文件1（Nippon Kinzoku Gakkaishi，Katsuya Hasegawa等人，第66卷第4期，第320~328页）公开了一种MgO基体材料上经中间层$BaZrO_3$形成薄膜$SmBa_2Cu_3O_y$的方法，该方法采用的基体材料MgO与中间层$BaZrO_3$的界面能量Ea´、和中间层$BaZrO_3$与薄膜$SmBa_2Cu_3O_y$间的界面层Eb´、以及没有中间层$BaZrO_3$时基体材料MgO与薄膜$SmBa_2Cu_3O_y$间的界面能量Ec´一定也满足 Ea′<Ec′且 Eb′<Ec′的条件，而且本发明说明书中公开的基体材料也为 MgO、中间层为 $BaZrO_3$、薄膜为 Sm123 薄膜，由此可见，权利要求 1 所要求保护的薄膜形成方法和对比文件 1 中公开的方法实质上是相同的方法，这两种方法难以区别，因此该权利要求所要求保护的技术方案不具备新颖性。(2) 因为本申请说明书中公开的基体材料也为 MgO、中间层为 $BaZrO_3$、薄膜为 Sm123 薄膜，都与对比文件 1 中公开的材料相同，其界面能量、特定原子层等物理参数等也应相同，因此从属权利要求 2~7 的附加技术特征也都视为在对比文件 1 中公开了，权利要求 2~7 所要求保护的技术方案也不具备新颖性。(3) 从属于权利要求 6 的权利要求 8~9 分别对中间层材料的氧离子在界面处的结合位置以及基体材料的晶体结构进行了限定，但是对比文件 1 也采用了相同的岩盐型 MgO 基体材料、而且中间层也都采用了 $BaZrO_3$，其具有相同的氧离子在界面处的结合位置以及其晶体结构，因此，权利要求 8~9 也不具备新颖性。(4) 申请人认为权利要求 1 的技术方案包括对基体材料与中间层以及生长薄膜三者之间界面能的计算，通过满足一定的界面条件来选择中间层材料的特征，但是审查员认为权利要求 1~9 都要求保护的是一种薄膜的形成方法，而不是选择中间层材料的选择方法或者计算方法，申请人限定的薄膜形成方法中的中间层、基体材料和薄膜，根据说明书的内容，其与对比文件 1 中公开的相应材料完全相同，从其表述的薄膜形成方法的特征来看，本申请的薄膜形成方法与对比文件 1 的薄膜形成方法实质上难以区别。

驳回决定针对的权利要求书如下：

“1. 一种薄膜形成方法，该方法是在基体材料上经中间层形成薄膜的方法，其特征在于：

计算出所述基体材料与所述中间层间的界面 A 的界面能量 Ea 和所述中间层与所述薄膜间的界面 B 的界面能量 Eb，

计算出在所述中间层不存在的状态下的所述基体材料与所述薄膜间的界面 C 的界面能量 Ec，然后选择满足 Ea<Ec 且 Eb<Ec 的条件的中间层材料。

2. 按照权利要求 1 中所述的薄膜形成方法，其特征在于：

所述界面能量 Ea 和 Eb 中的任一个都小于或等于 $2J/m^2$。

3. 按照权利要求 1 中所述的薄膜形成方法，其特征在于：

所述界面能量 Ea、Eb 和 Ec 中的每一个，是根据第一原理计算能带法计算出包含界面的晶体的能量 Ed 和考虑了构成元素的化学势能的完全晶体的能量 Ep 后，按照 Ed-Ep 计算出。

4. 按照权利要求 1 中所述的薄膜形成方法，其特征在于：

在所述界面 A 和 B 的至少一方中，其界面的两侧的物质在其界面中共有共同包含的特定的原子层，由此降低该界面能量。

5. 按照权利要求 1 中所述的薄膜形成方法，其特征在于：

在所述界面 A 和 B 的至少一方中，通过具有比所述界面 C 小的晶体晶格常数差，使该界面能量下降。

6. 按照权利要求 1 中所述的薄膜形成方法，其特征在于：

所述中间层材料是具有包含 2 种或 2 种以上的原子层的层叠晶体结构的氧化物，所述原子层的一种是使所述界面能量 Ea 比所述界面能量 Ec 低的原子层，所述原子层的另一种是使所述界面能量 Eb 比所述界面能量 Ec 低的原子层。

7. 按照权利要求 1 中所述的薄膜形成方法，其特征在于：

所述中间层材料具有钙钛矿型的晶体结构。

8. 按照权利要求 6 中所述的薄膜形成方法，其特征在于：

在将所述中间层材料的所述氧化物作为包含用包围金属离子的氧离子形成的配位多面体时，在所述界面 A 和 B 中的至少一方的界面中，这些氧离子都与该界面的另一方的物质结合。

9. 按照权利要求 6 中所述的薄膜形成方法，其特征在于：

所述基体材料具有岩盐型的晶体结构。”

2007 年 1 月 15 日，申请人住友电气工业株式会社（下称请求人）对所述驳回决定不服，向专利复审委员会提出复审请求，请求人在提出复审请求时没有对申请文件进行修改。

请求人认为：权利要求 1 的特征在于提供选择中间层的标准，对比文件 1 仅定性描述了界面能，并没有提供如何获得界面能和定量能量值过程的任何有关描述；对比文件 1 中 Sm123/$BaZrO_3$/MgO 形成的中间层仅表现出结晶取向，不能获得超导性，即对比文件 1 没有批露或暗示权利要求 1 所限定的界面能量之间的相互关系，也没有利用该相互关系来选择中间层。

经形式审查合格后，专利复审委员会受理了该请求，并于 2007 年 2 月 13 日向请求人发出了《复审请求受理通知书》，同时将本申请转送至国家知识产权局原审查部门进行前置审查。

在《前置审查意见书》中，国家知识产权局原审查部门认为权利要求 1 要求保护的是薄膜形成方法，不是材料的选择方法或计算方法，因此坚持驳回决定。

专利复审委员会组成合议组，对本复审请求案进行了审理。

合议组于 2008 年 7 月 15 日向请求人发出《复审通知书》，指出：（1）相对于对比文件 1（《Nippon Kinzoku Gakkaishi》，第 66 卷第 4 期，第 320~328 页，公开日为 2002 年 4 月 20 日）权利要求 1~9 不具备专利法第 22 条第 2 款规定的新颖性；（2）根据本申请的薄膜形成方法，其最终选择的合适的中间层材料与对比文件 1 完全相同，而且对比文件 1 在对 Sm123//$BaZrO_3$/MgO 的研究过程中，已经得出了 $Ea<Ec$ 且 $Eb<Ec$ 的界面能关系，与本申请研究界面能影响所依据的材料、结论都完全相同；（3）请求人没有提供有力的证据证明对比文件 1 中 Sm123/$BaZrO_3$/MgO 形成的中间层仅表现出结晶取向，不能获得超导性，也不能证明对比文件 1 没有批露或暗示权利要求 1 所限定的界面能量之间的相互关系，也没有利用该相互关系来选择中间层。

针对所述《复审通知书》，请求人于 2008 年 9 月 1 日提交了意见陈述书，将权利要求 2 和 3 并入权利要求 1 中，对其余权利要求重新编号。请求人认为：（1）权利要求 1 限定的是一种在基体材料上经中间层形成膜的方法，而不是一种在基体材料上经中间层形成的膜；（2）修改后的权利要求 1 可以提供在超导膜下，通过利用第一原理计算能带法，选择最佳中间层（底层）的标准；（3）对比文件 1 仅定性讨论了界面能量，没有批露或暗示获得界面能量的方法以及定量的能量值；（4）对比文件 1 在考虑了抑制界面的相互作用的前提下，选择中间层 $BaZrO_3$，关于 Sm123/$BaZrO_3$/MgO，对比文件 1 仅显示了结晶取向的数据，并没有任何对比文件教导或暗示了利用第一原理计算能带法来定量计算叠层结构的界面能，综上所述，权利要求 1~7 具有新颖性。

修改后的权利要求 1 如下：

“1. 一种薄膜形成方法，该方法是在基体材料上经中间层形成薄膜的方法，其特征在于：

计算出所述基体材料与所述中间层间的界面 A 的界面能量 Ea 和所述中间层与所述薄膜间的界面 B 的界面能量 Eb，

计算出在所述中间层不存在的状态下的所述基体材料与所述薄膜间的界面 C 的界面能量 Ec，然后

选择满足所述界面能量 Ea 和 Eb 中的任一个都小于或等于 $2J/m^2$，$Ea<Ec$ 且 $Eb<Ec$ 的条件的中间层材料，

所述界面能量 Ea、Eb 和 Ec 中的每一个，是根据第一原理计算能带法计算出包含界面的晶体的能量 Ed 和考虑了构成元素的化学势能的完全晶体的能量 Ep 后，按照 Ed-Ep 计算出。”

至此，合议组认为本案事实清楚，可以作出审查决定。

二、决定的理由

1. 关于文本

本复审请求审查决定针对的文本是：2008 年 9 月 1 日提交的权利要求第 1~7 项、2005 年 4 月 26 日提交的说明书第 1~11 页、说明书附图第 1~3 页及其摘要。

2. 关于新颖性

专利法第 22 条第 2 款规定：新颖性，是指在申请日以前没有同样的发明或实用新型在国内外出版物上公开发表过、在国内公开使用过或者以其他方式为公众所知，也没有同样的发明或实用新型由他人向国务院专利行政部门提出过申请并且记载在申请日以后公布的专利文件中。

如果请求保护的技术方案与对比文件的技术方案相比，技术领域、技术方案、所解决的技术问题和预期效果实质上相同，则请求保护的技术方案不具备新颖性。

就本案而言，权利要求 1 要求保护一种薄膜形成方法，该方法是在基体材料上经中间层形成薄膜的方法，其特征在于：根据第一原理计算能带法计算出所述基体材料与所述中间层间的界面 A 的界面能量 Ea 和所述中间层与所述薄膜间的界面 B 的界面能量 Eb，以及在所述中间层不存在的状态下的所述基体材料与所述薄膜间的界面 C 的界面能量 Ec，然后选择满足所述界面能量 Ea 和 Eb 中的任一个都小于或等于 $2J/m^2$，Ea<Ec 且 Eb<Ec 的条件的中间层材料，所述界面能量 Ea、Eb 和 Ec 中的每一个是计算出包含界面的晶体的能量 Ed 和考虑了构成元素的化学势能的完全晶体的能量 Ep 后，按照 Ed-Ep 计算出。本申请说明书第 2~4 页指出，选择中间层材料时，不应只考虑晶格常数差，还要考虑界面能的影响，本申请的最佳实施方案是 Sm123/BZO/MgO 的薄膜结构，同时，说明书全文并未给出除 Sm123/BZO/MgO 形成的薄膜外，尚有其他的材料符合权利要求 1 所述的能量关系，可以根据权利要求 1 所述的薄膜形成方法形成可应用于超导磁铁、超导电缆和超导器件等的优质薄膜。

对比文件 1（《Nippon Kinzoku Gakkaishi》，第 66 卷第 4 期，第 320~328 页，公开日为 2002 年 4 月 20 日）公开了一种 MgO 基体材料上经中间层 $BaZrO_3$（以下简写为 BZO）形成薄膜 $SmBa_2Cu_3O_y$（以下简写为 Sm123）的方法，其中通过研究 BZO 给 Sm123 的外延晶体生长带来的影响效果阐述了界面能的重要性，在对比文件 1 的第 326 页第 2 栏第 17 行至第 327 页第 1 栏第 34 行公开了 BZO/Sm123 的总界面能与 MgO/Sm123 的总界面能相比非常小，BZO/MgO 的总界面能与 MgO/Sm123 相比非常小，在 Sm123/BZO/MgO 的构成中，Sm123/BZO 界面以及 BZO/MgO 界面的界面能小于 Sm123/Mgo 的界面能。也就是说对比文件 1 采用的基体材料 MgO 与中间层 $BaZrO_3$ 的界面能量 Ea´、中间层 $BaZrO_3$ 与薄膜 $SmBa_2Cu_3O_y$ 间的界面层 Eb´、以及没有中间层 $BaZrO_3$ 时基体材料 MgO 与薄膜 $SmBa_2Cu_3O_y$ 间的界面能量 Ec´同样满足 Ea´<Ec´且 Eb´<Ec´的条件，由于本申请说明书中公开的基体材料同样为 MgO、中间层为 $BaZrO_3$、薄膜为 Sm123 薄膜，由此可见，本申请权利要求 1 与对比文件 1 的技术方案相比，尽管，对比文件 1 没有明确公开“所述界面能量 Ea 和 Eb 中的任一个都小于或等于 $2J/m^2$、所述界面能量 Ea、Eb 和 Ec 中的每一个是计算出包含界面的晶体的能量 Ed 和考虑了构成元素的化学势能的完全晶体的能量 Ep 后，按照 Ed-Ep 计算出”的技术特征，但是由于本申请与对比文件 1 使用了相同的基体材料、中间层和薄膜材料，制备过程也相同，因此其界面能量、特定原子层等物理参数等必然也是相同的。二者的技术领域都是制备薄膜 Sm123 的方法，所解决的技术问题和效果都是揭示了基体中间层薄膜的界面能关系，二者公开的基体中间层、薄膜材料完全相同，薄膜形成方法相同，界面能的关系也完全相同，因此，本申请权利要求 1 与对比文件 1 的技术方案实质上相同，权利要求 1 的技术方案不具备专利法第 22 条第 2 款规定的新颖性。

权利要求 2~4 分别对包含特定原子层、晶体常数差以及原子层进行了限定。这些技术特征尽管没有在对比文件 1 中明确公开，但是由于本申请与对比文件 1 使用了相同的基体材料、中间层和薄膜材料，制备过程相同，因此其界面能量、特定原子层等物理参数等必然也是相同的，在引用的权利要求 1 不具备新颖性的基础上，这些附加技术特征无法使本申请区别于对比文件 1，因此，这些权利要求同样不具备专利法第 22 条第 2 款规定的新颖性。

对比文件 1 中第 321 页第 1 栏第 11～12 行公开了 MgO 为岩盐型结构，BZO 为钙钛矿型结构，由此可见，对比文件 1 已经公开了权利要求 5 和 7 的附加技术特征，在引用的权利要求不具备新颖性的基础上，这些权利要求同样不具备专利法第 22 条第 2 款规定的新颖性。

在对比文件 1 已经描述结晶取向的情况下，权利要求 6 的附加技术特征实质上已经在对比文件 1 中公开，在引用的权利要求不具备新颖性的基础上，该权利要求同样不具备专利法第 22 条第 2 款规定的新颖性。

3. 关于复审请求人的意见陈述

请求人认为，权利要求 1 限定的是一种在基体材料上经中间层形成膜的方法，而不是一种在基体材料上经中间层形成的膜，修改后的权利要求 1 可以提供在超导膜下，通过利用第一原理计算能带法，选择最佳中间层（底层）的标准；而对比文件 1 仅定性讨论了界面能量，没有批露或暗示获得界面能量的方法以及定量的能量值；另外，对比文件 1 是在考虑了抑制界面的相互作用的前提下，选择中间层 $BaZrO_3$，关于 $Sm123/BaZrO_3/MgO$，对比文件 1 仅显示了结晶取向的数据，并没有任何对比文件教导或暗示了利用第一原理计算能带法来定量计算叠层结构的界面能。

对此，合议组认为，尽管对比文件 1 中没有明确公开利用第一原理计算能带法计算基体材料 MgO 与中间层 $BaZrO_3$ 的界面能量 Ea′、中间层 $BaZrO_3$ 与薄膜 $SmBa_2Cu_3O_y$ 间的界面层 Eb′、以及没有中间层 $BaZrO_3$ 时基体材料 MgO 与薄膜 $SmBa_2Cu_3O_y$ 间的界面能量 Ec′，但是，界面能的计算方法仅是人的思维过程，由于对比文件 1 中使用了与本申请相同的基体材料、中间层，形成的薄膜及制备方法与本申请相同，并且讨论了化学和几何因素对界面能的贡献，具体讨论了晶体结构、晶格常数、晶体生长方向对界面能的影响，并最终获得 $Ea' < Ec'$ 且 $Eb' < Ec'$ 的结论，这与本申请所揭示的界面能关系也完全相同。因此，本申请并没有产生新的不同于对比文件 1 的方法或产品，仅仅是对对比文件 1 获得的产品进行了物理化学计算方法的吻合。此外，根据说明书记载的内容，本申请也没有给出符合权利要求 1 所述的能量计算结果、却不同于对比文件 1 的薄膜材料，在此情况下，本领域技术人员看不出二者制备方法之间的差异，因此，请求人的上述主张，合议组不予支持。

根据所述事实和理由，合议组作出如下审查决定。

三、决定

维持国家知识产权局于 2006 年 9 月 29 日针对第 200380102131.0 号发明专利申请作出的驳回决定。

复审请求人对本决定不服的，可以根据专利法第 41 条第 2 款的规定，自收到本决定之日起三个月内向北京市第一中级人民法院起诉。

155

基于3-苯基尿嘧啶的除草混合物

复审请求审查决定（第14881号）

决　定　号　第14881号
决　定　日　2008年10月24日
发明创造名称　基于3-苯基尿嘧啶的除草混合物
国际分类号　A01N43/54
复审请求人　巴斯福股份公司
申　请　号　02817977.3
最早优先权日　2001年9月14日
申　请　日　2002年9月10日
公　开　日　2004年12月15日
合议组组长　张家祥
主　审　员　刘　静
参　审　员　李亚林

法律依据　专利法第31条第1款
决定要点

可以作为一件专利申请提出的属于一个总的发明构思的两项以上的发明或者实用新型，应当在技术上相互关联，包含一个或者多个相同或者相应的特定技术特征，其中特定技术特征是指每一项发明或者实用新型作为整体，对现有技术作出贡献的技术特征。

一、案由

本复审请求案涉及发明名称为“基于3-苯基尿嘧啶的除草混合物”的02817977.3号发明专利申请（下称本申请），申请人为巴斯福股份公司，申请日为2002年9月10日，优先权日为2001年9月14日（US60/318，834）、2001年11月27日（US60/333，135），公开日为2004年12月15日。

2006年7月7日，针对申请人于2006年6月12日提交的权利要求第1~25项、说明书第56页，进入中国国家阶段时提交的国际申请文件的说明书第1~55、57~65页及其摘要，国家知识产权局以权利要求1不符合专利法第31条第1款的规定由驳回了本申请。驳回决定针对的权利要求1如下：

“1. 一种除草活性组合物，包含：

A）至少一种式I的苯基尿嘧啶化合物和/或至少一种其可农用盐：

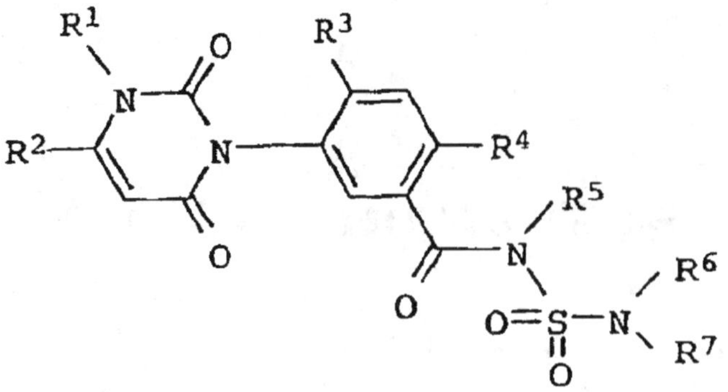

(I)

其中变量 R^1-R^7 如下所定义：

R^1 为甲基或 NH_2；

R^2 为 C_1-C_2 卤代烷基；

R^3 为氢或卤素；

R^4 为卤素或氰基；

R^5 为氢、氰基、C_1-C_6 烷基、C_1-C_6 烷氧基、C_1-C_4 烷基- C_1-C_4 烷基、C_3-C_7 环烷基、C_3-C_6 链烯基、C_3-C_6 炔基或未被取代或被卤素或烷基取代的苄基；R^6、R^7 相互独立地为氢、C_1-C_6 烷基、C_1-C_6 烷氧基、C_3-C_6 链烯基、C_3-C_6 炔基、C_3-C_7 环烷基、C_3-C_7 环烯基、苯基或苄基，其中上述 8 种取代基各自是未被取代的或可以被 1~6 个卤原子和/或被 1、2 或 3 个选自如下的基团取代：OH、NH_2、CN、$CONH_2$、C_1-C_4 烷氧基、C_1-C_4 卤代烷氧基、C_1-C_4 烷硫基、C_1-C_4 卤代烷硫基、C_1-C_4 烷基磺酰基、C_1-C_4 卤代烷基磺酰基、C_1-C_4 烷基氨基、二（C_1-C_4 烷基）氨基、甲酰基、C_1-C_4 烷基羰基、C_1-C_4 烷氧羰基、C_1-C_4 烷基氨基羰基、二（C_1-C_4 烷基）氨基羰基、C_3-C_7 环烷基、苯基和苄基；或

R^6、R^7 与氮原子一起形成 3、4、5、6 或 7 元饱和或不饱和氮杂环，该杂环可以被 1~6 个甲基取代且可以含有 1 或 2 个选自氮、氧和硫的其他杂原子作为环成员；

以及至少一种选自如下的其他活性化合物：

B）b1）~b7）、b9）~b11）和 b13）~b15）类的除草剂：

b1）类脂生物合成抑制剂；

b2）乙酰乳酸合成酶抑制剂（ALS 抑制剂）；

b3）光合成抑制剂；

b4）原卟啉原-IX 氧化酶抑制剂；

b5）白化除草剂；

b6）烯醇丙酮酰莽草酸 3-磷酸合成酶抑制剂（EPSP 抑制剂）；

b7）谷氨酰胺合成酶抑制剂；

b9）有丝分裂抑制剂；

b10）合成非常长链的脂肪酸的抑制剂（VLCFA 抑制剂）；

b11）纤维素生物合成抑制剂；

b13）植物生长素除草剂；

b14）植物生长素输送抑制剂；

b15）选自新燕灵、氟燕灵、麦草伏 M、溴丁酰草胺、氯甲丹、环庚草醚、苯丙隆、乙苯酰草、膦铵素、威百亩、稗草畏、氯噁嗪草、棉隆、苯氧丙胺津和溴甲烷的其他除草剂；和

C）选自如下的安全剂：解草酮、喹氧乙酸、抑害腈、抑害胺、dicyclonon、dietholate、解草唑、解草啶、解草胺、肟草安、解草呋、苯恶唑酸、吡咯二酸、mephenate、萘二甲酐、2，2，5-三甲基-3-（二氯乙酰基）-1，3-噁唑烷、4-（二氯乙酰基）-1-氧杂-4-氮杂螺［4.5］癸烷和解草腈，

活性化合物B和C的可农用盐以及活性化合物B和C的可农用衍生物，条件是它们具有羧基。”

驳回决定认为：（1）权利要求1属于马库什权利要求，如本申请说明书所述，权利要求1中的马库什要素A是已知化合物，即其没有对现有技术作出贡献，而马库什要素B的13种除草剂和马库什要素C的各类化合物之间，它们相互替代或组合后得不到相同结果，因而它们在该发明的相关技术中不能认为是属于同一类化合物，所以权利要求1所要求保护的发明不具备单一性。（2）申请人所述马库什要素B、C满足“在不能具有共同结构的情况下，所有可选择化合物在该发明的相关技术中被认为是属于一类化合物”的理由不能成立，具体理由如下：虽然马库什要素B的各类化合物具有共同的除草活性，但是由于它们没有共同的结构，同时根据本领域的现有技术不能够预期到这些马库什要素B的各类化合物在作除草成分时可以相互替代并且得到相同结果，因此，在该发明的相关技术中不能被认为是属于同一类化合物；同样的理由，马库什要素C在该发明的相关技术中也不能被认为是属于同一类化合物，所以权利要求1所要求保护的发明不具备单一性，不符合专利法第31条第1款的规定。

2006年10月20日，申请人巴斯福股份公司（下称请求人）对上述驳回决定不服，向专利复审委员会提出复审请求。请求人在提出复审请求时对权利要求书进行了修改，修改内容如下：（1）将原权利要求1的变量R^1-R^7进一步限定为R^1为甲基或NH_2、R^2为三氟甲基、R^3为氟、R^4为氯、R^5为氢、R^6和R^7相互独立地为C_1-C_6烷基，同时删除原权利要求2；（2）删除原权利要求1、8中组分C中的“4-（二氯乙酰基）-1-氧杂-4-氮杂螺［4.5］癸烷”；（3）删除原权利要求5、6中b1）类除草剂中的“metamifop”和b5）类除草剂中的“4-（3-三氟甲基苯氧基）-2-（4-三氟甲基苯基）嘧啶”。修改后的权利要求1如下：

“1. 一种除草活性组合物，包含：

A）至少一种式I的苯基尿嘧啶化合物和/或至少一种其可农用盐：

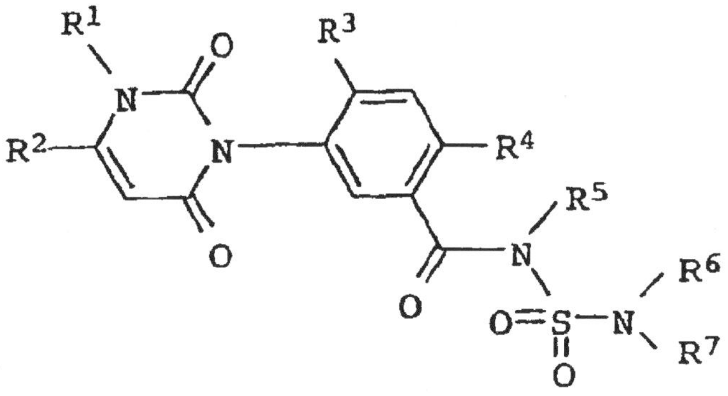

(I)

其中变量R^1-R^7如下所定义：

R^1为甲基或NH_2；

R^2为三氟甲基；

R^3为氟；

R^4为氯；

R^5为氢；

R^6、R^7相互独立地为C_1-C_6烷基；

以及至少一种选自如下的其他活性化合物：

B）b1）~b7）、b9）~b11）和b13）~b15）类的除草剂：

b1）类脂生物合成抑制剂；

b2）乙酰乳酸合成酶抑制剂（ALS抑制剂）；

b3）光合成抑制剂；

b4）原卟啉原-IX氧化酶抑制剂；

b5）白化除草剂；

b6）烯醇丙酮酰莽草酸3-磷酸合成酶抑制剂（EPSP抑制剂）；

b7）谷氨酰胺合成酶抑制剂；

b9）有丝分裂抑制剂；

b10）合成非常长链的脂肪酸的抑制剂（VLCFA抑制剂）；

b11）纤维素生物合成抑制剂；

b13）植物生长素除草剂；

b14）植物生长素输送抑制剂；

b15）选自新燕灵、氟燕灵、麦草伏M、溴丁酰草胺、氯甲丹、环庚草醚、苯丙隆、乙苯酰草、膦铵素、威百亩、稗草畏、氯噁嗪草、棉隆、苯氧丙胺津和溴甲烷的其他除草剂；和

C）选自如下的安全剂：解草酮、喹氧乙酸、抑害腈、抑害胺、dicyclonon、dietholate、解草唑、解草啶、解草胺、肟草安、解草呋、苯恶唑酸、吡咯二酸、mephenate、萘二甲酐、2，2，5-三甲基-3-（二氯乙酰基）-1，3-噁唑烷和解草腈，

活性化合物B和C的可农用盐以及活性化合物B和C的可农用衍生物，条件是它们具有羧基。”

请求人认为：（1）通过删除作为组分C的“4-（二氯乙酰基）-1-氧杂-4-氮杂螺［4.5］癸烷”以及作为组分B的“metamifop”和“4-（3-三氟甲基苯氧基）-2-（4-三氟甲基苯基）嘧啶”，排除了申请日为2001年11月27日的优先美国申请所记载的技术方案，也就是说，本申请现在仅仅要求保护申请日为2001年9月14日的优先美国申请所记载的技术方案。（2）如本申请说明书第1页所述，本申请式I的3-苯基尿嘧啶公开于早期的专利申请PCT/EP01/04850中，该专利申请对应于WO01/83459（其中PCT/EP01/04850为申请号，WO01/83459为PCT/EP01/04850的公开文本），而WO01/83459的公开日期为2001年11月8日，由此可见，本申请的优先权日（2001年9月14日）早于WO01/83459的公开日。这意味着，在本申请的优先权日以前，本申请的式I化合物尚属于未知化合物。（3）本申请新权利要求1中的式I化合物本身满足马库什权利要求的单一性要求，在式I化合物是新化合物的情况下，包含该新化合物的所有组合物自然具有相同的特定技术特征，因而本申请新权利要求1的除草活性组合物满足专利法第31条第1款规定的单一性。

经形式审查合格后，专利复审委员会受理了该请求，并于2006年12月7日向请求人发出了《复审请求受理通知书》，同时将本申请转送至国家知识产权局原审查部门进行前置审查。

在《前置审查意见书》中，国家知识产权局原审查部门认为，式I化合物并不是对现有技术作出贡献的技术特征（参见CN1129517A，公开日为1996年8月28日），因此式I化合物与组分B、C的组合不具备单一性，不符合专利法第31条第1款的规定。

专利复审委员会组成合议组，对本复审请求案进行了审理。

经合议，合议组认为本案事实清楚，可以作出审查决定。

二、决定的理由

1. 关于审查文本

本复审请求审查决定所针对的文本是：请求人于 2006 年 10 月 20 日提交的权利要求第 1~24 项、2006 年 6 月 12 日提交的说明书第 56 页，进入中国国家阶段时提交的国际申请文件的说明书第 1~55、57~65 页及其摘要。

请求人于 2006 年 10 月 20 日对权利要求书的修改内容如下：（1）将原权利要求 1 的变量 R^1-R^7 进一步限定为 R^1 为甲基或 NH_2、R^2 为三氟甲基、R^3 为氟、R^4 为氯、R^5 为氢、R^6 和 R^7 相互独立地为 C_1-C_6 烷基，同时删除原权利要求 2；（2）删除原权利要求 1、8 中组分 C 中的“4-（二氯乙酰基）-1-氧杂-4-氮杂螺［4.5］癸烷”；（3）删除原权利要求 5、6 中 b1）类除草剂中的“metamifop”和 b5）类除草剂中的“4-（3-三氟甲基苯氧基）-2-（4-三氟甲基苯基）嘧啶”。由于本申请说明书第 19~20 页记载的苯基尿嘧啶 Ia、Ib 即为“R^1 为甲基或 NH_2、R^2 为三氟甲基、R^3 为氟、R^4 为氯、R^5 为氢、R^6 和 R^7 相互独立地为 C_1-C_6 烷基”的式 I 化合物，而且上述的删除式修改也没有导入原始申请文件中未曾记载的新的内容，因此请求人对权利要求书的上述修改符合专利法第 33 条的规定。

2. 关于单一性

专利法第 31 条第 1 款规定，一件发明或者实用新型专利申请应当限于一项发明或者实用新型。属于一个总的发明构思的两项以上的发明或者实用新型，可以作为一件申请提出。

可以作为一件专利申请提出的属于一个总的发明构思的两项以上的发明或者实用新型，应当在技术上相互关联，包含一个或者多个相同或者相应的特定技术特征，其中特定技术特征是指每一项发明或者实用新型作为整体，对现有技术作出贡献的技术特征。

就本申请而言，驳回决定认为，权利要求 1 中的马库什要素 A 是已知化合物，即其没有对现有技术作出贡献，而马库什要素 B 的 13 种除草剂和马库什要素 C 的各类化合物之间，不能认为是属于同一类化合物，所以权利要求 1 所要求保护的发明不具备单一性。

对此，合议组认为：（1）驳回决定以及审查意见通知书中均未提供证据以证明本申请的式 I 化合物是已知的化合物。（2）本申请仅在说明书第 1 页倒数第 1 段提到“式 I 的 3-苯基尿嘧啶及其可农用盐公开于早期的专利申请 PCT/EP01/04850 中”。经核实，PCT/EP01/04850 的确记载了本申请的苯基尿嘧啶 Ia、Ib（参见本申请说明书第 19~20 页），即 R^1 为甲基或 NH_2、R^2 为三氟甲基、R^3 为氟、R^4 为氯、R^5 为氢、R^6 和 R^7 相互独立地为 C_1-C_6 烷基的式 I 化合物，由此可见，权利要求 1 的式 I 化合物已经记载在 PCT/EP01/04850 中。但 PCT/EP01/04850 最早的公开文本为 WO0183459（公开日为 2001 年 11 月 8 日），在本申请的两个优先权日之间，在这种情况下，需要核实本申请的最早优先权（2001 年 9 月 14 日，US60/318，834）是否成立才能确定 WO0183459 是否为现有技术。经核实，US60/318，834 清楚地记载了权利要求 1 所述的技术方案（参见 US60/318，834 的说明书第 2~3、18~19 页），本领域技术人员能够从 US60/318，834 中直接地、毫无疑义地得出权利要求 1 的技术方案，因此 US60/318，834 与本申请涉及相同的主题，2001 年 9 月 14 日的优先权成立。由上述内容可知，WO0183459 不能作为本申请的现有技术，更无法依据 WO0183459 认定本申请的式 I 化合物是已知的化合物。故驳回决定以式 I 化合物是已知化合物为前提得出的权利要求 1 不具备单一性的结论不成立。

此外，《前置审查意见书》认为，式 I 化合物并不是对现有技术作出贡献的技术特征（参见 CN1129517A，公开日为 1996 年 8 月 28 日）。对此，合议组认为：首先，原审查部门在前置审查之前从未提及过上述证据，也未将《前置审查意见书》中补充的驳回理由和证据告知过请求人，并给请求人至少一次陈述意见和/或修改申请文件的机会。其次，经核实，CN1129517A 没有公开苯基上的间位取代基可以是取代的氨基磺酰基氨基羰基，即 CN1129517A 不能证明本申请的式 I 化合物为已知化合物，并且《前置审查意见书》也没有说明式 I 化合物不是对现有技术作出贡献的技术特征的具体理由，因此合议组对上述前置意见不予支持。

三、决定

撤销国家知识产权局于 2006 年 7 月 7 日针对 02817977.3 号发明专利申请作出的驳回决定，由国家知识产权局原审查部门以请求人于 2006 年 10 月 20 日提交的权利要求第 1~24 项、2006 年 6 月 12 日提交的说明书第 56 页，进入中国国家阶段时提交的国际申请文件的说明书第 1~55、57~65 页及其摘要为基础继续审批程序。

复审请求人对本决定不服的，可以根据专利法第 41 条第 2 款的规定，自收到本决定之日起三个月内向北京市第一中级人民法院起诉。

156

一种聚合级异戊二烯的生产方法

复审请求审查决定（第 14882 号）

决　定　号　第 14882 号
决　定　日　2008 年 10 月 23 日
发明创造名称　一种聚合级异戊二烯的生产方法
国 际 分 类 号　C07C11/21，C07C2/40
复 审 请 求 人　山东玉皇化工有限公司
申　请　号　200610045177.9
申　请　日　2006 年 6 月 29 日
公　开　日　2006 年 12 月 13 日
合 议 组 组 长　吴红权
主　审　员　王　磊
参　审　员　王　静

法 律 依 据　专利法第 22 条第 3 款
决 定 要 点

如果权利要求的技术方案与现有技术公开的技术方案相比存在区别技术特征，而所述区别技术特征在本领域的技术人员面临发明实际所解决的技术问题时不能从现有技术中得到教导或启示，则现有技术的技术方案不足以否定该权利要求的技术方案。

一、案由

本复审请求案涉及发明名称为“一种聚合级异戊二烯的生产方法”的 200610045177.9 号发明专利申请（下称本申请），申请人为山东玉皇化工有限公司，申请日为 2006 年 6 月 29 日，公开日为 2006 年 12 月 13 日。

2007 年 8 月 17 日，针对申请人于申请日提交的权利要求第 1 项、说明书第 1~4 页、附图第 1~2 页以及说明书摘要、摘要附图，国家知识产权局以本申请的权利要求 1 不符合专利法第 22 条第 3 款的规定为由驳回了本申请。

驳回决定认为：（1）对比文件 1（“裂解碳五中双烯烃化合物的阻聚研究”，王美日，南京工业大学学位论文，网络出版投稿日为 2005 年 10 月 13 日）中公开了由 C5 采用溶剂抽提异戊二烯的方法，其中具体公开了如下技术特征：采用石脑油裂解 C5 馏分为原料，溶剂为 DMF。裂解 C5 馏分首先进入二聚反应器 1，环戊二烯聚合为双环戊二烯（相当于本申请的应聚合步骤）；然后进入蒸馏塔 2，塔底分出的双环戊二烯送至蒸馏塔 9（相当于本申请的脱轻步骤）；塔顶物料送入第一萃取蒸馏塔

3，塔3塔顶压力4.9×10^4Pa，温度40℃，塔釜压力1.4×10^5Pa，温度140℃，87块塔板，塔3顶部蒸出戊烷和戊烯馏分，塔釜分出的二烯烃和溶剂进入第一解析塔4（相当于本申请的一次萃取步骤）；塔4的操作压力为常压，塔釜温度为160℃，塔4釜液返回第一萃取蒸馏塔或去精制系统（相当于一萃解析步骤）；塔4顶部蒸出的二烯烃送入第一精馏塔5，塔5塔釜分出的1，3-戊二烯和环戊二烯进入蒸馏塔9（相当于本申请的一萃精馏步骤）；塔顶分出的粗异戊二烯至第二萃取蒸馏塔6，与顶部加入的溶剂DMF接触，控制塔6顶部压力为4.9×10^4Pa，温度40℃，塔釜压力1.7×10^5Pa，温度130℃（相当于本申请的二次萃取步骤）；塔釜物料进入解析塔7，回收溶剂循环使用（相当于本申请的二萃解析步骤）；塔6顶部的粗异戊二烯进入第二精馏塔8，塔8塔顶蒸出轻组分2-丁炔等，塔釜即得纯度为99.5%的聚合级异戊二烯产品，过程中异戊二烯的总收率90%~95%（参见第5页最后一段至第6页第一段，以及图1~2）。对比文件1已经完全公开了权利要求1的各步骤，其与本申请的区别仅在于未给出个别步骤的具体操作条件，但在各步骤流程已知的情况下，根据所需产品的要求选择合适的操作条件对于本领域技术人员来说属于常用技术手段，因此，权利要求1相对于对比文件1和本领域公知常识的结合不具备创造性。（2）对比文件1虽然是对“裂解碳五中双烯烃化合物的阻聚”的研究，但其中涉及异戊二烯生产的部分中，已经公开了权利要求1大部分步骤的工艺参数和具体操作条件，其与本申请的区别仅在于未给出个别步骤的具体操作条件，而并非申请人所述的未进行工艺条件的试验。（3）本申请与对比文件1都是采用选择性溶剂萃取精馏方法制备聚合级的异戊二烯，所采用的设备结构也相同（参见对比文件1图1~2），工艺方法也基本相同。并且对比文件1获得的聚合级异戊二烯产品纯度高达99.5%，好于本申请的“99.3%”，因此请求人所声称的本申请相比对比文件1有效果上的改进也不成立。

驳回决定针对的权利要求书如下：

“1.一种聚合级异戊二烯的生产方法，其特征在于：包括以下步骤：

1）应聚合步骤：碳五组分进入热二聚反应罐进行聚合，聚合反应温度120℃，时间保持4小时；

2）脱轻步骤：物料经泵进入脱轻塔，塔顶物料进一萃塔，塔釜物料进入双环戊二烯精制单元；

上述步骤脱轻塔优选塔盘数80~120块，操作压力0.15~0.3MPa，塔釜温度110~120℃，塔顶温度45~60℃，回流比8~12，塔顶分离出异戊二烯、单烯烃、烷烃、炔烃，环戊二烯含量≤1%，塔釜分离出双环戊二烯和其他重组分；

3）一次萃取步骤：步骤2）得到的轻组分进入一萃塔，优选塔盘数80~120块，溶剂二甲基甲酰胺（DMF）从塔中上部加入，DMF与物料之比为6~10，与塔中精碳五充分接触，操作压力0.1~0.3MPa，塔釜温度120~140℃，塔顶温度45~60℃，回流比6~10，塔顶分离出单烯烃、烷烃，控制异戊二烯含量≤1%，直接送进油品轻油罐，塔釜物料去解析塔；

4）一萃解析步骤：上述步骤3）塔釜物料去一萃解析塔，优选塔盘数40~80块，操作压力0.1~0.3MPa，操作温度：顶温35~50℃，釜温150~180℃，回流比7~9，塔顶出异戊二烯、环戊二烯，控制丁炔-2≤1%；解析塔釜物料经脱焦再生系统，循环使用；

5）一萃精馏步骤：上述步骤4）塔顶物料进入一萃精馏塔，优选塔盘数100~280块，操作压力0.2~0.5MPa，操作温度：顶温40~60℃，釜温55~70℃，回流比10~12，塔顶控制，环戊二烯含量≤2ppm，塔釜物料进入间戊二烯精制单元；

6）二次萃取步骤：上述步骤5）塔顶物料进入二萃塔，溶剂二甲基甲酰胺从塔中上部加入，二甲基甲酰胺与物料之比为4~10，优选塔盘数90~120块，操作压力0.05~0.3MPa，操作温度：顶温40~70℃，釜温130~160℃，回流比6~12，环戊二烯含量≤1ppm，塔釜进入二萃解析塔；

7）二萃解析步骤：上述步骤6）塔釜物料进入二萃解析塔，优选塔盘数40~80块，操作压力

0. ~0. 3MPa，操作温度：顶温 35~50℃，釜温 150~180℃，回流比 7~9，塔顶物料进入异戊二烯回收塔，塔釜物料经脱焦再生系统，循环使用；

8）精馏脱炔烃步骤：上述步骤 6）塔顶物料进入二萃精馏脱炔烃塔，优选塔盘数 120~200 块，操作压力 0. 1~0. 3MPa，操作温度：顶温 50~60℃，釜温 60~70℃，回流比 8~12，塔釜得到聚合级异戊二烯；

所得聚合级异戊二烯的指标：纯度≥99. 3%，炔烃≤1ppm，环戊二烯≤1ppm，间戊二烯≤80ppm，烷烃和单烯烃≤0. 6%，二聚物≤0. 1%，无色透明。”

2007 年 12 月 6 日，申请人山东玉皇化工有限公司（下称请求人）对上述驳回决定不服，向专利复审委员会提出复审请求，并且未修改申请文件。

请求人认为：对比文件 1 研究方向为碳五双烯烃化合物的阻聚研究，各流程工艺参数为理论数据，而本申请为工业化流程的全部体现，例如合理确定萃取系统的萃取剂与物料比以保证异戊二烯产品的质量，通过特殊的工艺操作参数及技术控制指标如回流比来达到最终产品质量指标的要求，因此权利要求 1 具有创造性。

经形式审查合格后，专利复审委员会受理了该请求，并于 2007 年 12 月 26 日向请求人发出了《复审请求受理通知书》，同时将本申请转送至国家知识产权局原审查部门进行前置审查。

在《前置审查意见书》中，国家知识产权局审查部门坚持驳回决定。

专利复审委员会组成合议组，对本复审请求案进行了审理。

经审查，合议组认为本案事实已经清楚，可以作出复审决定。

二、决定的理由

1. 关于审查文本

本复审决定所针对的审查文本为驳回决定所针对的文本。

2. 关于专利法第 22 条第 3 款

专利法第 22 条第 3 款规定，创造性是指同申请日以前已有的技术相比，该发明有突出的实质性特点和显著的进步。

如果权利要求的技术方案与现有技术公开的技术方案相比存在区别技术特征，而所述区别技术特征在本领域的技术人员面临发明实际所解决的技术问题时不能从现有技术中得到教导或启示，则现有技术的技术方案不足以否定该权利要求的技术方案。

就本案而言，权利要求 1 要求保护一种聚合级异戊二烯的生产方法，该方法包括反应聚合步骤、脱轻步骤、一次萃取步骤、一萃解析步骤、一萃精馏步骤、二次萃取步骤、二萃解解析步骤、精馏脱炔烃八步反应步骤，并具体限定了每一步骤的工艺条件如反应温度、操作压力、回流比、塔板数等，所得聚合级异戊二烯的指标：纯度≥99. 3%，炔烃≤1ppm，环戊二烯≤1ppm，间戊二烯≤80ppm，烷烃和单烯烃≤0. 6%，二聚物≤0. 1%，无色透明。

对比文件 1 是一篇南京工业大学的学位论文，其网络出版投稿时间为 2005 年 10 月 13 日，推定其在 2005 年底前已经出版公开，其公开日早于本申请的申请日 2006 年 6 月 29 日，其能作为本申请的现有技术使用。对比文件 1 在第一章“文献综述”部分的 1. 2. 2 节“异戊二烯的生产”中公开了一种通过溶剂萃取精馏来分离精制异戊二烯的方法，其中具体公开了“裂解 C5 馏分首先进入二聚反应器 1，环戊二烯聚合为双环戊二烯……塔釜即得纯度为 99. 5% 的聚合级异戊二烯产品，过程中异戊二烯的总收率 90% ~95%。”并在图 1~2 中公开了 C5 馏分分离双烯烃的流程和涉及的主要反应装置。经比较可知，权利要求 1 中八步主要的反应步骤已经在对比文件 1 中公开，所使用的反应装置与反应流程也与对比文件 1 中公开的内容一一对应。两者的区别主要在于：（1）对比文件 1 作为文献综述部分的内容，没有具体公开权利要求1每个步骤中的具体操作条件，例如反应聚合步骤中的聚合反应温度、时间，脱轻步骤中的操作压力、温度、回流比、塔板数等，精馏脱炔烃步骤中的塔板数、操作压力、温度、回流比等。（2）对比文件1没有公开各步骤控制单烯烃、烷烃、炔烃等杂质含量的特征，也没有公开所得聚合级异戊二烯产品中炔烃≤1ppm、环戊二烯≤1ppm等杂质含量的特征。

根据本申请说明书第1页的记载，本申请涉及一种石油裂解碳五的分离方法，现有技术中"难以得到高纯度的双烯烃，且炔烃、环戊二烯等有害杂质在产品使用过程中宜使催化剂中毒，影响产品聚合，给操作带来很多不安因素，有效脱除炔烃、环戊二烯是裂解碳五分离工艺的重要步骤"，"本发明为了弥补现有技术的不足，提供了一种可制取高纯度聚合级异戊二烯的生产方法，产品中总炔烃含量≤1ppm，环戊二烯≤1ppm。"也就是说，本申请的发明目的是为了解决现有技术中难以有效脱除双烯烃中的炔烃、环戊二烯等有害杂质的问题，而提供一种高纯度的聚合级异戊二烯的生产方法，从而达到"产品中总炔烃含量≤1ppm，环戊二烯≤1ppm，无色透明"的技术效果。本申请解决上述技术问题的具体技术手段是通过选择各步骤中的操作条件如精馏脱炔烃步骤中"塔板数120～200块，操作压力0.1～0.3MPa，操作温度：顶温50～60℃，釜温60～70℃，回流比8～12"等，从而减少产品中炔烃、环戊二烯等杂质含量。而对比文件1是在文献综述部分泛泛地介绍异戊二烯的几种常用的工业生产方法，其中具体介绍了采用溶剂萃取精馏的方法能够获得高纯度的异戊二烯产品，但因为其着重介绍溶剂萃取精馏方法相比其他现有方法在产品收率和纯度方面的改进，并没有涉及对于有关控制总炔烃、环戊二烯等杂质具体含量的内容并没有涉及。可见，对比文件1和本申请要解决的技术问题不同：前者仅是解决传统方法获得的异戊二烯产品产率和纯度不高的问题，后者是要在此基础上进一步减少产品中有害杂质如炔烃、环戊二烯的含量，排除杂质对异戊二烯聚合的影响。在对比文件1中没有公开上述区别特征，并且也没有提示上述区别特征能用于解决本申请所要解决的技术问题的情况下，本领域技术人员从对比文件1中并不能获得将该区别特征用于解决本申请控制炔烃等杂质含量的技术问题的启示。

此外，考虑本领域现有技术的情况，对于石油裂解的碳五馏分的精馏工艺，本领域技术人员均知道需要将其中存在的杂质如炔烃、环戊二烯尽可能多的分离，以获得高纯度的异戊二烯，例如在专利文献CN1160035A（公开日为1997年9月24日）中提到了用DMF法分离碳五馏分要分离双环戊二烯、环戊二烯、间戊二烯（见说明书第2页第1段），在专利文献CN1160033A（公开日为1997年9月24日）中提到了采用适当的塔板数和回流比时，在没有脱轻塔的情况下，可使脱炔塔的塔釜液中炔烃含量降低至<50ppm（见说明书第4页第1、2段）。但是由于碳五馏分中存在的异戊烯炔、丁炔等能与C5烯烃形成最低沸点共沸物，且共沸物的沸点低于大部分C5馏分（见说明书第3页第5段），根据现有技术中的溶剂萃取精馏方法难以进一步地去除其中的炔烃等杂质到本申请权利要求1所述的水平。也就是说，虽然现有技术中存在要尽可能减少碳五馏分中杂质含量的需求，但是由于杂质共沸的影响，炔烃的含量尚难以降低到权利要求1所述的水平，本申请权利要求1通过各步骤工艺条件的选择，例如各步骤中塔盘数、操作温度、压力、回流比的控制，最终获得了杂质炔烃、环戊二烯都低于1ppm水平的异戊二烯产品，从而解决了现有技术中难以进一步降低杂质含量的技术问题，取得了有益的效果。因此，权利要求1符合专利法第22条第3款的规定。

根据以上事实和理由，本案合议组作出如下审查决定。

三、决定

撤销国家知识产权局于2007年8月17日针对第200610045177.9号发明专利申请作出的驳回决定。由原审查部门在本复审决定所针对的审查文本的基础上继续进行审查。

复审请求人对本决定不服的，可以根据专利法第41条第2款的规定，自收到本决定之日起三个月内向北京市第一中级人民法院起诉。

157

气雾消毒剂

复审请求审查决定（第 14883 号）

决　定　号　第 14883 号
决　定　日　2008 年 10 月 29 日
发明创造名称　气雾消毒剂
国际分类号　A01N59/16，A01N25/06
复审请求人　魏　星
申　请　号　200410060879.5
申　请　日　2004 年 9 月 15 日
公　开　日　2005 年 5 月 18 日
合议组组长　吴红权
主　审　员　刘　静
参　审　员　危　峰

法律依据　专利法第 33 条，专利法第 26 条第 3 款
决定要点

所属技术领域的技术人员能够实现，是指所属技术领域的技术人员按照说明书记载的内容，就能够实现该发明或者实用新型的技术方案，解决其技术问题，并且产生预期的技术效果。

一、案由

本复审请求案涉及发明名称为“气雾消毒剂”的第 200410060879.5 号发明专利申请（下称本申请），申请人为魏星，申请日为 2004 年 9 月 15 日，公开日为 2005 年 5 月 18 日。

依据申请日提交的文本，国家知识产权局原审查部门对本申请进行实质审查，于 2005 年 11 月 18 日发出《第一次审查意见通知书》，指出：（1）说明书未提供对于所属技术领域人员来说足以证明本发明的技术方案可以达到预期要解决的技术问题或效果的试验数据如该制剂的理化性能参数等，使说明书的内容公开不充分，因此不符合专利法第 26 条第 3 款的规定。（2）对比文件 1（CN1505930A，公开日为 2004 年 6 月 23 日）披露了一种卫生防病用消毒、杀虫烟剂，其包含二氯异氰尿酸钠 60-70 份、高锰酸钾 5~7 份和白炭黑 5~7 份等（参见对比文件 1 说明书第 1 页第 3 段至第 5 页最后 1 段，权利要求 1），由此可知，权利要求 1 与对比文件 1 的区别在于权利要求 1 含有己二酸。由于该区别技术特征在所属技术领域是常规的，而且从本申请文件的记载内容也看不出其产生了预料不到的技术效果，因此权利要求 1 不具有创造性。（3）权利要求 2~3 的附加技术特征在所属技术领域是常规的，而且从本申请文件的记载内容也看不出其产生了预料不到的技术效果，因此权利要求 2~3 也不具备

创造性。

针对《第一次审查意见通知书》，申请人于2006年3月14日提交了意见陈述书，认为：（1）二氯异氰尿酸钠作为烟剂消毒在对比文件1中就有说明，属于通用技术，对比文件1和本发明均加入高锰酸钾氧化剂促进分解产生氯气雾对相关细菌消毒，杀毒功能的试验数据及效果在现有技术中均有记载。（2）本发明解决的问题是使二氯异氰尿酸钠和高锰酸钾能在火柴或打火机点火即可产生氯气雾对相关细菌消毒，不是解决如何杀毒，如何杀毒是二氯异氰尿酸钠的特性。（3）本发明还解决的技术问题是使二氯异氰尿酸钠和高锰酸钾在火柴或打火机点火条件下产生快速分解产生足够多的氯气雾对相关细菌消毒，温度不太高，一般火柴或打火机点火条件即可，但不点火就不能燃烧分解，因而产品的生产和运输均稳定。（4）对比文件1加入可燃性载体如“面粉稻秸、玉米秸、锯木”才能点火快速分解，如果加锯木等燃点低材料在制造或运输碰撞中还没点火就燃烧，这是常识，另外二氯异氰尿酸钠也会有爆炸的问题，因而选择一种可燃性载体非常重要，本申请人千辛万苦筛选出助燃剂已二酸和燃烧爆炸助物电木粉。（5）已二酸可燃但不能很快被点着，而且已二酸性质稳定、无毒、不易潮解，常用作高级润滑油和食品添加剂，已二酸作为助燃和燃烧载体不是所属技术领域常规的。高锰酸钾与木材、纸等燃点低的有机物接触、摩擦、碰撞，因受热放出氧会引起燃烧，但与已二酸不会，有点火分解足够的氧气才能使已二酸点燃，因此本发明的产品达到国家安全生产标准。电木粉的化学名称叫酚醛塑料，与高锰酸钾不会引起燃烧爆炸，电木粉不潮解，也不会使二氯异氰尿酸钠分解，在制备、运输中很安全；在点火温度下，已二酸和高锰酸钾协同作用燃烧，已二酸带酸性催化作用，产生高温，遇到可燃性粉尘——电木粉就会突燃烧然爆炸开，使二氯异氰尿酸钠充分加热分解。就如说明书中记载的，本发明具有“使用安全方便，无明火”等特点，足够多的二氯异氰尿酸钠量，就能达到更好的消毒效果，因此本发明具有突出的实质性特点和显著的进步。（6）权利要求3的轻质碳酸钙可能如对比文件1所述的具有阻燃性质，用于控制燃烧速度目的，可能还带有吸潮作用，延缓二氯异氰尿酸钠遇潮分解。

2006年7月7日，针对申请人于申请日提交的权利要求书、说明书及其摘要，国家知识产权局以说明书不符合专利法第26条第3款的规定为由驳回了本申请。驳回决定针对的权利要求书如下：

“1. 一种气雾消毒剂，其特征在于它包含有二氯异氰尿酸钠、已二酸、高锰酸钾和电木粉，各成分重量配比（用量为重量份）：二氯异氰尿酸钠100份，已二酸6~14份、高锰酸钾8~12份、电木粉4~8份。

2. 根据权利要求1所述的气雾消毒剂，其特征在于优选配方为：二氯异氰尿酸钠100份、已二酸10份、高锰酸钾10份、电木粉6份。

3. 根据权利要求1或2所述的气雾消毒剂，其特征在于配方中还包含轻质碳酸钙8~12份。”

驳回决定认为：（1）说明书未提供对于本领域技术人员来说足以证明本发明的技术方案可以达到预期要解决的技术问题或效果的试验数据，即说明书所述本发明的目的是提供一种在栽培食用菌过程杀灭杂菌效果较佳的食用菌专用的气雾消毒剂，但未提供必要的试验数据以证实，因此本申请说明书的内容公开不充分。（2）申请人在意见陈述书中所述的“本发明的气雾消毒剂是可以消毒的、可以应用的、能产生积极效果的产品”不能证明本申请说明书的内容公开充分。正如说明书所述的发明目的，本发明提供的是一种“……效果较佳的食用菌专用的气雾消毒剂”，而不是本发明能否消毒，所以本发明未提供必要的试验数据，因此本申请说明书公开不充分。

2006年10月10日，申请人魏星（下称请求人）对上述驳回决定不服，向专利复审委员会提出复审请求，同时提交了说明书第1页以及权利要求书的修改替换页。请求人将说明书第1页的发明目的修改为“本发明的目的是提供一种在栽培食用菌过程杀灭杂菌且点燃即可产生杀菌漂白作用的氯气雾的食用菌专用的气雾消毒剂”，将权利要求1中的括号删除，提交的意见陈述内容与答复《第一次审查意见通知书》的意见陈述内容完全相同。修改后的权利要求书为：

“1. 一种气雾消毒剂，其特征在于它包含有二氯异氰尿酸钠、己二酸、高锰酸钾和电木粉，各成分以重量份计为：二氯异氰尿酸钠100份，己二酸6~14份、高锰酸钾8~12份、电木粉4~8份。

2. 根据权利要求1所述的气雾消毒剂，其特征在于优选配方为：二氯异氰尿酸钠100份、己二酸10份、高锰酸钾10份、电木粉6份。

3. 根据权利要求1或2所述的气雾消毒剂，其特征在于配方中还包含轻质碳酸钙8~12份。”

经形式审查合格后，专利复审委员会受理了该请求，并于2006年11月15日向请求人发出了《复审请求受理通知书》，同时将本申请转送至国家知识产权局原审查部门进行前置审查。

在《前置审查意见书》中，国家知识产权局原审查部门认为：（1）说明书第3段第1~2行将“效果较佳”修改为“且点燃即可产生杀菌漂白作用的氯气雾”，不符合专利法第33条的规定；（2）本申请未提供必要的试验数据使说明书的内容公开不充分，因此不符合专利法第26条第3款的规定。

专利复审委员会组成合议组，对本复审请求案进行了审理。

经合议，合议组认为本案事实已经清楚，可以作出审查决定。

二、决定的理由

1. 关于审查文本

本复审请求审查决定所针对的文本是：请求人于2006年10月10日提交的权利要求第1~3项、说明书第1页，2004年9月15日提交的说明书第2页及其摘要。

2. 关于专利法第33条

专利法第33条规定，申请人可以对其专利申请文件进行修改，但是，对发明和实用新型专利申请文件的修改不得超出原说明书和权利要求书记载的范围。

如果申请的内容通过增加、改变和/或删除其中的一部分后，所属技术领域的技术人员看到的信息与原申请记载的信息相同，或者能够从原申请记载的信息中直接地、毫无疑义地确定，那么，这种修改就是允许的。

《前置审查意见书》认为：请求人于2006年10月10日将说明书第3段第1~2行“效果较佳”修改为“且点燃即可产生杀菌漂白作用的氯气雾”，不符合专利法第33条的规定。对此，合议组认为：原说明书第1页第10~11行记载了“本发明的目的是提供一种在栽培食用菌过程杀灭杂菌效果较佳的食用菌专用的气雾消毒剂”，第20行记载了“使用时，把每袋装的气雾消毒剂点燃，即可产生杀菌漂白作用的氯气雾，对食用菌中危害极大的链孢霉、绿霉、青霉、黄黑曲霉、毛霉等杂菌灭杀”，可见，修改后的说明书第1页第10~11行“本发明的目的是提供一种在栽培食用菌过程杀灭杂菌且点燃即可产生杀菌漂白作用的氯气雾的食用菌专用的气雾消毒剂”与原说明书记载的信息相同，且能够从原说明书记载的信息中直接地、毫无疑义地确定，因此上述修改符合专利法第33条的规定。

3. 关于专利法第26条第3款

专利法第26条第3款规定，说明书应当对发明或者实用新型作出清楚、完整的说明，以所属技术领域的技术人员能够实现为准。

所属技术领域的技术人员能够实现，是指所属技术领域的技术人员按照说明书记载的内容，就能够实现该发明或者实用新型的技术方案，解决其技术问题，并且产生预期的技术效果。

驳回决定和《前置审查意见书》都认为，说明书未提供本领域技术人员足以证明本发明的技术方案可以达到预期要解决的技术问题或效果的试验数据，因此本申请说明书的内容公开不充分。

对此，合议组认为：（1）本申请要求保护一种气雾消毒剂，其特征在于它包含有二氯异氰尿酸钠、己二酸、高锰酸钾和电木粉，各成分以重量份计为：二氯异氰尿酸钠100份，己二酸6~14份、高锰酸钾8~12份、电木粉4~8份。本申请说明书发明内容部分描述了气雾消毒剂中各成分的作用、配比范围、优选配方、配置方法、使用方法（说明书第1页第11~20行）；实施例1~3列举了气雾消毒剂的具体配比、制备方法，其中公开了所得的产品有氯气味，有效氯含量大于35%；此外，说明书第1页第20~23行描述了本申请气雾消毒剂的使用效果。由此可见，本领域技术人员按照说明书记载的上述内容，完全能够实现该组合物发明的技术方案，制备出本申请的气雾消毒剂。（2）说明书第1页第10~11行记载了“本发明的目的是提供一种在栽培食用菌过程杀灭杂菌且点燃即可产生杀菌漂白作用的氯气雾的食用菌专用的气雾消毒剂”。虽然说明书没有提供试验数据证实本申请气雾消毒剂的效果，但本领域技术人员已知，二氯异氰脲酸钠贮存稳定，无残毒，对人畜无害，具有较强的杀灭各种真菌、细菌、芽孢、病毒的作用，属于高效级消毒杀菌剂，可用于食品加工、农业及果木业的消毒灭菌，《第一次审查意见通知书》中给出的对比文件1就使用了二氯异氰脲酸钠作为烟剂消毒，因此本领域技术人员完全可以预期本申请的气雾消毒剂能够杀灭杂菌。由于本申请的气雾消毒剂中还含有可燃性载体电木粉、氧化剂高锰酸钾、助燃剂己二酸，本领域技术人员可以预期，本申请的气雾消毒剂点燃后必然会产生氯气雾从而起到杀菌漂白的作用。综上所述，本领域技术人员按照说明书记载的内容，能够实现该组合物发明的技术方案，解决其技术问题，并且产生预期的技术效果，因此本申请说明书的描述符合专利法第26条第3款的规定。

基于以上事实和理由，合议组作出如下审查决定。

三、决定

撤销国家知识产权局于2006年7月7日针对200410060879.5号发明专利申请作出的驳回决定，由国家知识产权局原审查部门以本复审请求审查决定所针对的文本为基础继续审批程序。

复审请求人对本决定不服的，可以根据专利法第41条第2款的规定，自收到本决定之日起三个月内向北京市第一中级人民法院起诉。

158

具有吸附和杀灭病毒活性的纳米催化剂

复审请求审查决定（第14885号）

决　定　号　第14885号
决　定　日　2008年10月23日
发明创造名称　具有吸附和杀灭病毒活性的纳米催化剂
国际分类号　A01N25/08，A01N59/16，B01J23/48，B01J23/72，B01J23/06，B01J35/10，B01J29/00
复审请求人　中国科学院大连化学物理研究所
申　请　号　03133531.4
申　请　日　2003年5月30日
公　开　日　2004年12月8日
合议组组长　张家祥
主　审　员　李亚林
参　审　员　危　峰

法律依据　专利法第22条第2款、第3款
决定要点
对于化学产品权利要求来说，如果现有技术公开了与该权利要求的技术方案实质上相同的产品，则该权利要求不具有新颖性。

一、案由

本复审请求案涉及发明名称为“具有吸附和杀灭病毒活性的纳米催化剂”的第03133531.4号发明专利申请（下称本申请），申请人为中国科学院大连化学物理研究所，申请日为2003年5月30日，公开日为2004年12月8日。

2006年5月19日，针对申请人于2005年9月30日提交的权利要求第1~10项，2003年5月30日提交的说明书第1~5页和说明书摘要，国家知识产权局以权利要求1~2、6~10不符合专利法第22条第2款的规定和权利要求3~5不符合专利法第22条第3款的规定为由驳回了本申请。驳回决定所针对的权利要求书如下：

“1. 一种具有吸附和杀灭病毒活性的纳米催化剂，其特征在于：在多孔氧化物载体上负载有金属纳米粒子。

2. 根据权利要求1所述具有吸附和杀灭病毒活性的纳米催化剂，其特征在于：所述多孔氧化物包括氧化硅，多孔硅胶，氧化铝，氧化钛或天然沸石、人工合成分子筛。

3. 根据权利要求2所述具有吸附和杀灭病毒活性的纳米催化剂，其特征在于：所述多孔氧化物载体以人工合成的分子筛为优选。

4. 根据权利要求2或3所述具有吸附和杀灭病毒活性的纳米催化剂，其特征在于：所述人工合成分子筛可以是A型、X型、Y型、ZSM-5、丝光沸石、硅磷酸铝或MCM-41中孔分子筛系列。

5. 根据权利要求4所述具有吸附和杀灭病毒活性的纳米催化剂，其特征在于：其中以X、Y、和A型分子筛为优选。

6. 根据权利要求1所述具有吸附和杀灭病毒活性的纳米催化剂，其特征在于：所述金属纳米粒子可以为Ag、Cu、Zn、Au、Pt中一种或其组合。

7. 根据权利要求6所述具有吸附和杀灭病毒活性的纳米催化剂，其特征在于：所述金属纳米粒子以Ag、Cu、Zn为优选。

8. 根据权利要求1所述具有吸附和杀灭病毒活性的纳米催化剂，其特征在于：金属纳米粒子负载到多孔氧化物上的方法可以为离子交换、盐溶液浸渍或机械混合研磨，其中金属的负载量为0.1%~20%；催化剂的活化温度为200℃~600℃。

9. 根据权利要求1所述具有吸附和杀灭病毒活性的纳米催化剂的应用，其特征在于：用于吸附和杀灭病毒，可以有效吸附和杀灭流感病毒、副流感病毒、呼吸道合胞病毒和/或腺病毒多种病毒。

10. 根据权利要求9所述具有吸附和杀灭病毒活性的纳米催化剂的应用，其特征在于：所述纳米催化剂可以掺入到纤维、涂料、橡胶制品中，及各种空气净化系统或口罩、防护服医护设施中。”

驳回决定认为：（1）对比文件1（EP0593042A，公开日为1994年4月20日）公开了一种具有抗流感A病毒等病毒的活性组合物，权利要求1、2、6~10的全部技术特征均已在该对比文件中公开，因此，上述权利要求不具有新颖性，不符合专利法第22条第2款的规定。（2）权利要求3~5中的多孔氧化物载体是本领域的常规多孔氧化物载体，在对比文件1的基础上本领域技术人员结合常规多孔氧化物载体很容易获得权利要求3~5所要求保护的技术方案，而且其效果也是可以预料的，因此，权利要求3~5不具有创造性，不符合专利法第22条第3款的规定。

2006年9月1日，申请人中国科学院大连化学物理研究所（下称请求人）对上述驳回决定不服，向专利复审委员会提出复审请求并提交了权利要求书全文替换页，修改后的权利要求书为：

“1. 一种具有吸附和杀灭病毒活性的纳米催化剂，其载体上负载有金属元素，其特征在于：在多孔氧化物载体上负载有金属纳米粒子；金属纳米粒子负载到多孔氧化物上的方法可以为离子交换、盐溶液浸渍或机械混合研磨，其中金属的负载量为0.1%~20%；催化剂的活化温度为200℃~600℃，活化后即为纳米催化剂；所述多孔氧化物载体为人工合成的分子筛。

2. 根据权利要求1所述具有吸附和杀灭病毒活性的纳米催化剂，其特征在于：所述人工合成分子筛可以是A型、X型、Y型、ZSM-5、丝光沸石、硅磷酸铝或MCM-41中孔分子筛系列。

3. 根据权利要求2所述具有吸附和杀灭病毒活性的纳米催化剂，其特征在于：其中以X、Y、和A型分子筛为优选。

4. 根据权利要求1所述具有吸附和杀灭病毒活性的纳米催化剂，其特征在于：所述金属纳米粒子可以为Ag、Cu、Zn、Au、Pt中一种或其组合。

5. 根据权利要求4所述具有吸附和杀灭病毒活性的纳米催化剂，其特征在于：所述金属纳米粒子以Ag、Cu、Zn为优选。

6. 根据权利要求1所述具有吸附和杀灭病毒活性的纳米催化剂的应用，其特征在于：用于吸附和杀灭病毒，可以有效吸附和杀灭流感病毒、副流感病毒、呼吸道合胞病毒和/或腺病毒多种病毒。

7. 根据权利要求6所述具有吸附和杀灭病毒活性的纳米催化剂的应用，其特征在于：所述纳米催化剂可以掺入到纤维、涂料、橡胶制品中，及各种空气净化系统或口罩、防护服医护设施中。”

请求人认为，修改后的权利要求1与对比文件1相比有如下不同：（1）产品不同：对比文件1的抗病毒组合物由纯化合物与无机氧化物载体组成，本申请的纳米催化剂由人工合成的具有丰富孔结构的分子筛载体与纳米粒子组成。本申请中的金属纳米粒子与对比文件1中的金属硫代硫酸盐是完全不同的两种化学物质，从化学结构上讲，金属纳米粒子是由一定数量（几十到几万）的金属原子组成的团簇，大小为几埃至几十纳米，受热易聚集长大，而金属硫代硫酸盐则是一种纯的化合物，受热易分解为其他物质；从化学性质上讲，金属纳米粒子有巨大的表面能，易吸附外来物质或与外来物质发生化学反应。本申请所采用的载体为人工合成的分子筛，而对比文件1所选用的载体为无机氧化物如硅胶、氧化铝、沸石、氧化锆。（2）制备产品的手段不同：制备本申请的纳米催化剂的关键步骤在于催化剂的活化温度为200℃~600℃，经过高温焙烧，多孔载体上负载的金属离子转化为金属纳米原子，而对比文件1当加热温度在240℃加热30分钟后，所制得的材料没有杀菌和杀灭病毒的活性。（3）杀灭病毒的机理不同：本申请杀灭病毒的机理通过金属纳米粒子完成，纳米粒子具有巨大的表面能，易吸附外来物质或与外来物质发生化学反应，具有灭活病毒的功能，而对比文件1是通过金属离子杀灭病毒。因此，修改后的权利要求1具有新颖性，在此基础上，权利要求2~7也具有新颖性。另外，由于本申请的纳米催化剂具有吸附和杀灭病毒的双重特点，并且可将病毒完全杀灭，故本申请的纳米催化剂符合专利法第22条第3款有关创造性的规定。

经形式审查合格后，专利复审委员会受理了该请求，并于2006年10月26日向请求人发出了《复审请求受理通知书》，同时将本申请转送至国家知识产权局原审查部门进行前置审查。

在《前置审查意见书》中，国家知识产权局原审查部门坚持驳回决定。

专利复审委员会组成合议组，对本复审请求案进行了审理，于2008年2月13日向请求人发出《复审通知书》，指出：

（1）权利要求1采用组成特征结合方法特征对其催化剂产品进行了描述，权利要求1的催化剂与对比文件1的组合物的区别在于：①权利要求1中将多孔氧化物载体上负载的金属元素定义为“金属纳米粒子”，对比文件1中则无此定义；②权利要求1中限定了制备催化剂的活化步骤和活化温度，对比文件1中无活化步骤；③权利要求1中的载体为人工合成的分子筛，对比文件1实施例1中为硅胶。对于区别①，在本申请说明书中没有记载“金属纳米粒子”的定义，请求人也未提供任何现有技术证据证明“金属纳米粒子”具有公认的含义，而且，在本申请说明中也没有记载可以表征所制得的纳米催化剂结构的理化参数，无法证明所得产品的载体上形成了请求人在意见陈述中所述的由金属原子组成的纳米级团簇，请求人也没有解释经200℃~600℃活化后金属离子将转变为纳米级金属原子团簇的机理，在此情况下，合议组认为，依据本申请公开的内容和现有技术尚无法认定权利要求1中的“金属纳米粒子”具有如请求人所述的特定含义，该措辞不足以将权利要求1与对比文件1区分开。对于区别②，这一方法特征并未给权利要求1的产品带来实质的改变。由此可见，权利要求1与对比文件1的实质区别仅在于区别③，但在对比文件1的说明书第2页第50~52行中给出可以使用沸石作为载体的教导，而ZSM和丝光沸石为沸石中的代表性产品，其也属于权利要求2中所定义的人工合成分子筛之列，由此可见，由于对比文件1中教导了其组合物的载体可以是沸石，本领域技术人员无需创造性劳动即可选择常见的ZSM或丝光沸石等作为载体，因此，权利要求1不具有创造性，不符合专利法第22条第3款的规定。

（2）权利要求2~5对人工合成分子筛和金属的种类作了进一步的限定，但这些附加技术特征在对比文件1中有明确提示，本领域技术人员根据对比文件1的教导实现此发明是显而易见的，因此，权利要求2~5不符合专利法第22条第3款有关创造性的规定。

(3) 权利要求6~7要求保护权利要求1的纳米催化剂的应用，对比文件1公开了其组合物具有抗流感A病毒等的活性，该组合物可用于橡胶模制制品中，因此，权利要求6~7也不具有创造性。

2008年3月21日，请求人针对上述《复审通知书》提交了意见陈述书，未对申请文件进行修改，但提交了如下附件：

附件1："纳米催化剂研究进展"，李敏，崔屾，材料导报，第20卷专辑VI，2006年5月，第8~12页和第19页，复印件6页；

附件2："Metal clusters and nanoparticles assembled zeolites: an example of stable materials with controllable particle size"，V. S. Gurin等，Materials Science and Engineering C19，2002年，第327~331页，复印件5页；

附件3："Hybrids of silver nanoparticles with amphiphilic hyperbranched macromolecules exhibiting antimicrobial properties"，Cyril Aynomier等，CHEM COMMUN.，2002年，第3018~3019页，复印件2页。

请求人认为，(1) 金属纳米粒子是本领域技术人员熟知的概念，金属本身以及制备方法会影响到金属纳米粒子的大小，附件1中提到了浸渍法、离子交换法等为制备纳米催化剂的常用方法，附件2表明离子交换后再经高温一定气氛下处理后，可以得到纳米粒子，本领域技术人员根据文献记载和现有技术即可得到金属纳米粒子，附件3则记载了Ag纳米粒子具备杀菌功能。(2) 本申请金属纳米粒子负载到多孔氧化物上的方法可以为离子交换、盐溶液浸渍或机械混合研磨而后经200℃~600℃的高温焙烧，而对比文件1中，金属的硫代硫酸盐溶液与多孔载体混合并干燥（低于100℃）后就成为有效的杀菌或杀病毒材料，当于240℃加热30分钟后，所制得的材料没有杀菌和杀灭病毒的活性，可见，本申请与对比文件1最终形成的材料的化学性质不同。(3) 从杀灭病毒的效果看，本申请纳米催化剂S-7和S-4能够完全杀灭副流感病毒，此外，由本申请实施例15~16和对照例可知，本申请的纳米催化剂不但能吸附病毒，更能杀灭病毒。而对比文件1中只有实施例9和实施例10制备的材料和50%的乙醇溶液混合后才能完全杀灭病毒，而50%的乙醇溶液本身就具有一定的杀灭病毒能力。因此，权利要求1具有创造性。(4) 本申请的主要特征是金属纳米粒子，而对比文件1中的主要特征是金属的硫代硫酸盐，因此，权利要求2~7均具有创造性。

2008年3月31日，专利复审委员会向请求人发出《合议组成员告知通知书》，期满请求人未提出回避请求。

2008年7月1日，合议组向请求人发出《第二次复审通知书》，指出：(1) 对比文件2（即，请求人所提交的附件2）公开了一种金属-丝光沸石及其制备方法，将权利要求1要求保护的技术方案与对比文件2公开的技术方案进行对比，二者实质上是相同的，因此，权利要求1不具有新颖性。同理，权利要求2、4和5也不具有新颖性。(2) 权利要求3与对比文件2的区别仅在于，权利要求3中的分子筛为X、Y或A型，而对比文件2中的分子筛为丝光沸石。由于X、Y或A型分子筛与丝光沸石均为常见的人工合成的分子筛，具有相近的性能，本领域技术人员容易想到使用性能相近分子筛替换丝光沸石后仍能获得类似的产品，因此，权利要求3相对于对比文件2不具有创造性。(3) 权利要求6要求保护权利要求1的产品用于吸附和杀灭病毒的应用，本领域技术人员已知银、铜等具有灭菌消毒的活性，例如对比文件1第3页倒数第2段教导了银、铜或锌离子通过与病毒被膜或细菌膜结合从而发挥抗病毒或抗菌作用，因此，权利要求6也不具有创造性。权利要求7为权利要求6的从属权利要求，其附加技术特征在对比文件1中已有教导，因此权利要求7也不具有创造性。

2008年8月4日，请求人针对《第二次复审通知书》提交了意见陈述书和权利要求书全文替换页，其中仅在权利要求1中增加了"所述金属纳米粒子负载到多孔氧化物上采用离子交换时所述人工合成的分子筛为NH^{4-}型分子筛"，修改后的权利要求1为：

“1. 一种具有吸附和杀灭病毒活性的纳米催化剂，其载体上负载有金属元素，其特征在于：在多孔氧化物载体上负载有金属纳米粒子；金属纳米粒子负载到多孔氧化物上的方法可以为离子交换、盐溶液浸渍或机械混合研磨，其中金属的负载量为 0.1% ~ 20%；催化剂的活化温度为 200℃ ~ 600℃，活化后即为纳米催化剂；所述多孔氧化物载体为人工合成的分子筛；所述金属纳米粒子负载到多孔氧化物上采用离子交换时所述人工合成的分子筛为 NH^{4-} 型分子筛。”

请求人认为：（1）对比文件 2 使用 H^- 型丝光沸石为母体与 Ag^+、Cu^{2+} 离子交换，而本申请强调了使用 NH^{4-} 型分子筛与 Ag^+、Cu^{2+} 或 Zn^{2+} 等进行离子交换（参见实施例），分子筛母体的差别将导致离子交换程度的不同，最终导致产生的纳米粒子尺寸不同，而尺寸不同的纳米粒子其杀灭病毒的活性也会不同；此外，对比文件 2 强调在 H_2 流中预处理后获得纳米粒子，而本申请通过直接焙烧获得纳米粒子，处理气氛的不同也直接影响纳米粒子的尺寸。本申请的纳米催化剂具有吸附和杀灭病毒的活性，能够完全杀灭副流感病毒，因此，权利要求 1 具有新颖性和创造性。（2）权利要求 3 是权利要求 1 的从属权利要求，强调了“其中以 X、Y 和 A 型分子筛为优选”，在权利要求 1 具有创造性的情况下，权利要求 3 也具有创造性。（3）对比文件 1 的核心特征在于以金属的硫代硫酸盐作为杀灭细菌和病毒的有效成分，其载体的作用主要是通过对其所担载盐类的缓慢释放作用，来达到延长杀灭病毒使用寿命的效果，与本申请灭活病毒的机理不同，因此，权利要求 6 和 7 具有创造性。

经合议，合议组认为本案事实已经清楚，可以作出审查决定。

二、决定的理由

1. 关于审查文本

本复审请求审查决定是以请求人于 2008 年 8 月 4 日提交的权利要求第 1 ~ 7 项，2003 年 5 月 30 日提交的说明书第 1 ~ 5 页和说明书摘要为基础作出的。

2. 关于专利法第 22 条第 2 款

专利法第 22 条第 2 款规定：新颖性，是指在申请日以前没有同样的发明或者实用新型在国内外出版物上公开发表过、在国内公开使用过或者以其他方式为公众所知，也没有同样的发明或者实用新型由他人向国务院专利行政部门提出过申请并且记载在申请日以后公布的专利申请文件中。

对于化学产品权利要求来说，如果现有技术公开了与该权利要求的技术方案实质上相同的产品，则该权利要求不具有新颖性。

就本申请而言，权利要求 1 要求保护一种具有吸附和杀灭病毒活性的纳米催化剂，其载体上负载有金属元素，其特征在于：在多孔氧化物载体上负载有金属纳米粒子；金属纳米粒子负载到多孔氧化物上的方法可以为离子交换、盐溶液浸渍或机械混合研磨，其中金属的负载量为 0.1% ~ 20%；催化剂的活化温度为 200℃ ~ 600℃，活化后即为纳米催化剂；所述多孔氧化物载体为人工合成的分子筛；所述金属纳米粒子负载到多孔氧化物上采用离子交换时所述人工合成的分子筛为 NH^{4-} 型分子筛。

对比文件 2 公开了一种金属-丝光沸石的制备方法：通过丝光沸石与 Ag^+ 或 Cu^{2+} 的离子交换，使得丝光沸石上负载 0.5% ~ 2wt.% 的金属，然后在氢气流中于 200℃ 加热得到附图 1（a）所表征的 Ag^- 丝光沸石、在氢气流中于 450℃ 加热得到附图 1（b）所表征的 Cu^- 丝光沸石，结果表明丝光沸石上负载的金属簇为纳米颗粒（参见对比文件 2 第 328 页实验部分以及附图 1）。即，对比文件 2 公开了在丝光沸石上负载 0.5% ~ 2wt.% 的 Ag 或 Cu 纳米颗粒的金属-丝光沸石。

将权利要求 1 要求保护的技术方案与对比文件 2 公开的技术方案进行对比，Ag、Cu 纳米颗粒是金属纳米粒子的下位概念，0.5% ~ 2 wt.% 落在了 0.1% ~ 20% 的范围内，丝光沸石属于人工合成分子筛的一种。由此可见，对比文件 2 的产品从组成和结构上均落入了权利要求 1 范围内。

请求人认为，本申请权利要求 1 与对比文件 2 的产品相比，区别在于（1）权利要求 1 使用 NH^{4-}

型分子筛进行离子交换，而对比文件 2 则使用 H^- 型丝光沸石进行离子交换，（2）权利要求 1 通过直接焙烧获得纳米粒子，而对比文件 2 则在 H^2 气流中预处理后获得纳米粒子。

由此可见，请求人主张因权利要求 1 中的方法特征与对比文件 2 不同，从而导致二者产品的结构不同，但本申请说明书中并未对其产品的结构进行说明，请求人也未提供任何证据证明本申请权利要求 1 的产品可与对比文件 2 的产品区别开。

此外，对于请求人提出的区别（1），合议组认为，根据本申请说明书实施例 1 可知，权利要求 1 中所述的 NH^{4-} 型分子筛是由分子筛载体首先与 NH^{4+} 交换而获得的，然后经由 NH^{4+} 与金属离子（比如 Ag^+、Cu^{2+} 或 Zn^{2+}）的离子交换而使得金属离子负载在分子筛上；对比文件 2 中使用质子化的丝光沸石作为载体与金属离子进行离子交换而使得金属离子负载在分子筛上，本领域技术人员已知该质子化的丝光沸石（即，请求人所述的 H^- 型丝光沸石）是通过丝光沸石与 H^+ 交换而获得的；由此可见，无论是 H^- 型或是 NH^{4-} 型分子筛，其目的均在于在分子筛上提供易于与金属离子进行离子交换的阳离子，经离子交换后，金属离子将占据原来 H^+ 或 NH^{4+} 的位点从而负载在分子筛上，选用 H^- 型或是 NH^{4-} 型分子筛不会导致所得产品的结构或组成发生改变。此外，对比文件 2 为请求人所提交的文件，其目的在于证明本申请的方法也可得到如同对比文件 2 的负载在分子筛载体上的纳米级别的金属颗粒，由此也佐证了本申请权利要求 1 的纳米催化剂与对比文件 2 相同。

对于区别（2），首先，权利要求 1 中并未记载“通过直接焙烧获得纳米粒子”的技术内容；其次，对比文件 2 中也没有记载使用 H2 气流预处理的技术内容，而是在 H2 气流中焙烧，因此，请求人的该主张没有依据。

综上所述，权利要求 1 与对比文件 2 的技术方案实质上是相同的，本领域技术人员可以确定二者能够适用于相同的技术领域，解决相同的技术问题，并且具有相同的技术效果。因此，权利要求 1 不具有新颖性，不符合专利法第 22 条第 2 款的规定。

同理，权利要求 2、4 和 5 也不符合专利法第 22 条第 2 款有关新颖性的规定。

3. 关于专利法第 22 条第 3 款

专利法第 22 条第 3 款规定：创造性，是指同申请日以前已有的技术相比，该发明有突出的实质性特点和显著的进步，该实用新型有实质性特点和进步。

权利要求 3 是权利要求 1 的从属权利要求，其附加技术特征为“其中以 X、Y、和 A 型分子筛为优选”。鉴于权利要求 1 不具有新颖性，故权利要求 3 与对比文件 2 的区别仅在于，权利要求 3 中的分子筛为 X、Y 或 A 型，而对比文件 2 中的分子筛为丝光沸石。据前述可见，由于 X、Y 或 A 型分子筛与丝光沸石均为常见的人工合成的分子筛，具有相近的性能，在对比文件 2 公开了以丝光沸石为载体的情况下，本领域技术人员容易想到使用性能相近分子筛替换丝光沸石后仍能获得类似的产品，从本申请说明书中也看不出选择 X、Y 或 A 型分子筛较丝光沸石具有何种预料不到的技术效果，因此，权利要求 3 相对于对比文件 2 不具有创造性，不符合专利法第 22 条第 3 款的规定。

权利要求 6 要求保护权利要求 1 的产品用于吸附和杀灭病毒的应用。如前文所述，对比文件 2 公开了权利要求 1 的产品，本领域技术人员公知纳米粒子因其巨大的表面积而具有较强的吸附性能，而且，本领域技术人员已知银、铜等具有灭菌消毒的活性，例如对比文件 1 第 3 页倒数第 2 段教导了银、铜或锌离子通过与病毒被膜或细菌膜结合从而发挥抗病毒或抗菌作用。在此基础上，本领域技术人员能够预期对比文件 2 中的 Ag^- 丝光沸石和 Cu^- 丝光沸石也具有抗病毒或抗菌作用，而且本申请说明书中也没有记载权利要求 1 的产品在抗流感病毒、副流感病毒、呼吸道合胞病毒和/或腺病毒方面具有预料不到的技术效果，因此，权利要求 6 也不具有创造性，不符合专利法第 22 条第 3 款的规定。

权利要求 7 为权利要求 6 的从属权利要求，其附加技术特征为“所述纳米催化剂可以掺入到纤维、涂料、橡胶制品中，及各种空气净化系统或口罩、防护服医护设施中”。对比文件 1 中公开了其产品可用于橡胶模制制品中从而发挥抗病毒的活性，由此可见，权利要求 7 的附加技术特征在对比文件 1 中已有教导，在权利要求 6 相对于对比文件 2 和对比文件 1 不具有创造性的情况下，权利要求 7 也不具有创造性，不符合专利法第 22 条第 3 款的规定。

因此，根据上述事实和理由，合议组作出如下审查决定。

三、决定

维持国家知识产权局于 2006 年 5 月 19 日针对 03133531.4 号发明专利申请作出的驳回决定。

复审请求人对本决定不服的，可以根据专利法第 41 条第 2 款的规定，自收到本决定之日起三个月内向北京市第一中级人民法院起诉。

159

具有由可挤出点火剂组合物形成的点火装置的照明弹

复审请求审查决定（第14891号）

决　定　号　第14891号
决　定　日　2008年10月23日
发明创造名称　具有由可挤出点火剂组合物形成的点火装置的照明弹
国 际 分 类 号　C06C9/00，C06C5/00
复 审 请 求 人　阿利安特技术系统公司
申　请　号　98809886.5
申　请　日　1998年7月22日
公　开　日　2000年11月15日
最早优先权日　1997年9月4日
合 议 组 组 长　吴红权
主　审　员　郭鹏鹏
参　审　员　任晓兰

法 律 依 据　专利法第33条
决 定 要 点

专利法第33条规定，申请人可以对其专利申请文件进行修改，但是，对发明和实用新型专利申请文件的修改不得超出原说明书和权利要求书记载的范围。

原说明书和权利要求书记载的范围包括原说明书和权利要求书文字记载的内容和根据原说明书和权利要求书文字记载的内容以及说明书附图能直接地、毫无疑义地确定的内容。

一、案由

本复审请求涉及名称为“具有由可挤出点火剂组合物形成的点火装置的照明弹”的98809886.5号发明专利申请（下称本申请），申请人为阿利安特技术系统公司，其申请日为1998年7月22日，最早优先权日为1997年9月4日，公开日为2000年11月15日。

国家知识产权局原审查部门于2006年1月6日针对申请人原始提交的国际申请文件中文译文的说明书1~15页、说明书附图第1~2页、2000年4月5日提交的说明书摘要和申请人于2005年11月22日提交的权利要求书，以权利要求18~34不符合专利法第33条的规定为由驳回了本申请。

驳回决定所针对的权利要求书如下：

“1. 一种包括外壳、装在所述外壳中的推进剂、用于点燃所述推进剂的包括挤出干点火元件的点火系统的照明弹，所述挤出干点火元件在点火时爆燃并由一种可挤出点火剂组合物形成，作为组分在干燥形成干点火元件之前，该组合物含有至少一种被溶于含水溶剂的水溶性粘合剂、至少一种氧化剂、至少一种燃料和视具体情况而存在的纤维，

其中水溶性粘合剂包含至少一种选自水溶性聚合物粘合剂、以可挤出点火剂组合物的干组分的总量计 2% 重量至 10% 重量的水溶性树胶、和水溶性明胶的物质，

其中所述挤出干点火元件的成型包括干燥该可挤出点火剂的水组合物。

2. 根据权利要求 1 的照明弹，其中所述水溶性粘合剂包括至少一种选自聚-N-乙烯吡咯烷酮、聚乙烯醇、聚-N 乙烯基吡咯烷酮与聚乙烯醇的共聚物、聚丙烯酰胺、聚丙烯酸钠、聚丙烯酰胺和聚丙烯酸酯的共聚物的物质。

3. 根据权利要求 1 的照明弹，其中所述水溶性粘合剂包括聚-N-乙烯吡咯烷酮。

4. 根据权利要求 1 的照明弹，其中所述水溶性粘合剂包括聚乙烯醇。

5. 根据权利要求 1 的照明弹，其中所述水溶性粘合剂包括树胶。

6. 根据权利要求 1 的照明弹，其中所述水溶性粘合剂包括聚丙烯酰胺。

7. 根据权利要求 1 的照明弹，其中所述氧化剂以相对于用于配制所述可挤出点火剂组合物的干组分 40% ~90% 重量这一数量存在。

8. 根据权利要求 1 的照明弹，其中所述氧化剂包括有机氧化剂。

9. 根据权利要求 1 的照明弹，其中所述氧化剂含有至少一种选自硝酸盐、亚硝酸盐、氯酸盐、高氯酸盐、过氧化物和超过氧化物的离子形式物质。

10. 根据权利要求 1 的照明弹，其中所述可挤出点火剂组合物含有纤维。

11. 根据权利要求 10 的照明弹，其中所述纤维包括聚烯烃纤维、聚酰胺纤维、聚酯纤维或聚（2，2′-（m-亚苯基）-5，5-二苯并咪唑）纤维中的至少一种。

12. 根据权利要求 1 的照明弹，其中

所述粘合剂包括聚-N-乙烯吡咯烷酮、聚乙烯醇、聚-N-乙烯基吡咯烷酮与聚乙烯醇的共聚物、聚丙烯酸钠和树胶中的至少一种；

所述氧化剂以相对于用于配制所述可挤出点火剂组合物的干组分计 40% ~90% 重量这一数量存在，而所述氧化剂含有至少一种选自硝酸盐、亚硝酸盐、氯酸盐、高氯酸盐、过氧化物与超过氧化物的离子形式物质；

所述可挤出点火剂组合物含有包括聚烯烃纤维、聚酰胺纤维、聚酯纤维和聚（2，2′-（m-亚苯基）-5，5-二苯并咪唑）纤维中的至少一种的低纵横比纤维。

13. 权利要求 1 的照明弹，其中所述挤出点火元件为点火棒构型。

14. 权利要求 1 的照明弹，其中所述燃料包括硼并且所述氧化剂包括硝酸钾。

15. 权利要求 14 的照明弹，其中所述水溶性粘合剂包含至少一种选自聚丙烯酰胺、聚丙烯酸钠、以及共聚物的物质。

16. 权利要求 15 的照明弹，其中硼以为 5% 重量至 30% 重量存在，硝酸钾以 40% 重量至 90% 重量存在、粘合剂以 2% 重量至 10% 重量存在。

17. 权利要求 16 的照明弹，其中所述可挤出点火剂组合物还包括作为一种组分的硝酸胍。

18. 照明弹的生产方法，该照明弹包括外壳、装在外壳中的推进剂、用于点燃该推进剂的包括在点火时爆燃的挤出干点火元件的点火系统，该方法包括：

在含水溶剂中溶解至少一种水溶性粘合剂，

将溶解的粘合剂与至少一种氧化剂、至少一种燃料与视具体情况而存在的纤维混合形成挤出点火剂组合物，和

挤出并干燥所述可挤出点火剂组合物，

其中所述水溶性粘合剂包括至少一种选自水溶性聚合物粘合剂、以可挤出点火剂组合物的干组分的总量计2%重量至10%重量的水溶性树胶和水溶性明胶的物质。

19. 根据权利要求18的方法，其中所述水溶性粘合剂包括至少一种选自聚-N-乙烯吡咯烷酮、聚乙烯醇、聚-N-乙烯基吡咯烷酮与聚乙烯醇的共聚物、聚丙烯酰胺、聚丙烯酸钠、和聚丙烯酰胺和聚丙烯酸酯的共聚物的物质。

20. 根据权利要求18的方法，其中所述水溶性粘合剂包括聚-N-乙烯吡咯烷酮。

21. 根据权利要求18的方法，其中所述水溶性粘合剂包括聚乙烯醇。

22. 根据权利要求18的方法，其中所述水溶性粘合剂包括树胶。

23. 根据权利要求18的方法，其中所述水溶性粘合剂包括聚丙烯酰胺。

24. 根据权利要求18的方法，其中所述氧化剂以相对于用于配制所述可挤出点火剂组合物的干组分40%~90%重量这一数量存在。

25. 根据权利要求18的方法，其中所述氧化剂包括有机氧化剂。

26. 根据权利要求18的方法，其中所述氧化剂含有至少一种选自硝酸盐、亚硝酸盐、氯酸盐、高氯酸盐、过氧化物和超过氧化物的离子形式物质。

27. 根据权利要求18的方法，其中所述可挤出点火剂组合物含有纤维。

28. 根据权利要求27的方法，其中所述纤维包括聚烯烃纤维、聚酰胺纤维、聚酯纤维或聚（2，2′-（m-亚苯基）-5，5-二苯并咪唑）纤维中的至少一种。

29. 根据权利要求18的方法，其中

所述粘合剂包括聚-N-乙烯吡咯烷酮、聚乙烯醇、聚-N-乙烯基吡咯烷酮与聚乙烯醇的共聚物、聚丙烯酸钠和树胶中的至少一种；

所述氧化剂以相对于用于配制所述可挤出点火剂组合物的干组分计40%~90%重量这一数量存在，而所述氧化剂含有至少一种选自硝酸盐、亚硝酸盐、氯酸盐、高氯酸盐、过氧化物和超过氧化物的离子形式物质；

所述可挤出点火剂组合物含有包括聚烯烃纤维、聚酰胺纤维、聚酯纤维和聚（2，2′-（m-亚苯基）-5，5-二苯并咪唑）纤维中的至少一种的低纵横比纤维。

30. 权利要求18的方法，其中所述挤出点火元件为点火棒构型。

31. 权利要求18的方法，其中所述燃料包括硼并且所述氧化剂包括硝酸钾。

32. 权利要求31的方法，其中所述水溶性粘合剂包含至少一种选自聚丙烯酰胺、聚丙烯酸钠、以及共聚物的物质。

33. 权利要求32的方法，其中硼以5%重量至30%重量存在，硝酸钾以40%重量至90%重量存在、粘合剂以2%重量至10%重量存在。

34. 权利要求33的方法，其中所述可挤出点火剂组合物还包括作为一种组分的硝基胍。”

驳回决定认为：权利要求18~34请求保护的制备照明弹的方法，在原始申请文件中并没有明确记载这种方案，并且该方案与说明书和实施例中记载的方法不完全一致，由于这种从说明书中进行概括总结得到的新的技术方案并没有明确记载在原始申请文件中，所以这种修改超出了原始记载的范围。

申请人阿利安特技术系统公司（下称请求人）对上述驳回决定不服，于2006年4月20日向专利复审委员会提出复审请求，提出复审请求时，没有提交新的修改文本，请求人认为：（1）本申请权利要求18中包含了6个技术特征，原始说明书的第4页第2自然段以及实施例1~7中公开了该方法的具体步骤，权利要求 1 中包含了该权利要求 18 的主题特征以及水溶性粘合剂的构成特征，所以，本申请说明书中已经公开权利要求 18 的全部技术特征，权利要求 18 符合专利法第 33 条的规定；（2）权利要求 19～34 与权利要求 2～17 在内容上完全一致，审查员未就权利要求 2～17 提出异议，因而在权利要求 18 的修改没有超出原始申请记载的范围时，这些从属权利要求 19-34 的修改也符合专利法第 33 条的规定。

形式审查合格后，专利复审委员会受理了该复审请求，并于 2006 年 5 月 24 日向请求人发出《复审请求受理通知书》，随后将本申请移交原审查部门进行前置审查。

原审查部门对本复审请求进行了前置审查，认为请求人仅是将方法分为若干特征，逐一从说明书或实施例中找到依据，但这些特征的组合所构成的技术方案在说明书中并没有明确记载，因此坚持驳回决定。

专利复审委员会组成合议组，对本复审请求案进行了审理。于 2007 年 3 月 30 日向请求人发出《复审通知书》。《复审通知书》指出：（1）请求人于 2005 年 11 月 22 日提交了修改的权利要求 1～34。相对于原始申请文件，该文本的权利要求 1 中，增加了新的限定“该组合物含有至少一种被溶于含水溶剂的水溶性粘合剂”、“水溶性粘合剂包含至少一种选自水溶性聚合物粘合剂”。在本申请的说明书中，仅记载了水溶性粘合剂与水混合的技术方案，其中使用的介质是水，两种物质通过“混合”的方式结合在一起；含水溶剂、水溶性聚合物粘合剂、将水溶性粘合剂溶解于含水溶剂中这三个技术特征并未记载于说明书中。对于本领域技术人员来说，含水溶剂与水、混合与溶解、水溶性粘合剂与水溶性聚合物粘合剂均是不同的概念，因此，请求人对权利要求 1 的修改超出了原始申请文件记载的范围，不符合专利法第 33 条的规定。在权利要求 1 修改超范围的情况下，其从属权利要求 2～17 也不符合专利法第 33 条的规定。（2）权利要求 2 中出现了“……聚丙烯酰胺和聚丙烯酸酯的共聚物……”，而本说明书中仅记载了水溶性粘合剂为聚丙烯酰胺和聚丙烯酸钠的共聚物的技术方案；由于聚丙烯酸钠与聚丙烯酸酯是两类不同的物质，因此，根据说明书的内容，本领域技术人员无法明确确定所述水溶性粘合剂为聚丙烯酰胺和聚丙烯酸酯的共聚物的技术方案，因此，权利要求 2 不符合专利法第 33 条的规定；基于同样的理由，权利要求 19 也不符合专利法第 33 条的规定。（3）权利要求 16 的附加技术特征“其中硼以 5% 重量至 30% 重量存在，硝酸钾以 40% 重量至 90% 重量存在”在原始申请文件中没有记载。原说明书中仅记载了燃料在 5% 重量至 30% 重量，氧化剂在 40% 重量至 90% 重量范围的技术方案；由于“燃料包括硼”，因此，“燃料在 5% 重量至 30% 重量范围”并不等价于硼的含量在 5% 重量至 30% 重量范围内。因此，从原申请文件的上述内容并不能毫无疑义地确定“硼以 5% 重量至 30% 重量存在，硝酸钾以 40% 重量至 90% 重量存在”，所以，权利要求 16 不符合专利法第 33 条的规定；基于同样的理由，权利要求 33 也不符合专利法第 33 条的规定。

针对《复审通知书》指出的问题，请求人于 2007 年 7 月 16 日提交了意见陈述书及经修改的权利要求书，认为经修改的文本已经克服了《复审通知书》所指出的各个缺陷。

2007 年 12 月 25 日，请求人再次提交了意见陈述书和新修改的权利要求书。

2008 年 10 月 9 日，请求人又一次提交了意见陈述书和新修改的权利要求书。修改后的权利要求书如下：

“1. 一种包括外壳、装在所述外壳中的推进剂、用于点燃所述推进剂的包括挤出干点火元件的点火系统的照明弹，所述挤出干点火元件在点火时爆燃并由一种可挤出点火剂组合物形成，作为组分在干燥形成干点火元件之前，该组合物含有至少一种与水混合的水溶性粘合剂、至少一种氧化剂、至少一种燃料和视具体情况而存在的纤维，

其中水溶性粘合剂包含至少一种聚-N-乙烯吡咯烷酮、聚乙烯醇、聚-N-乙烯基吡咯烷酮与聚乙

烯醇的共聚物、聚丙烯酰胺、聚丙烯酸钠、以丙烯酰胺或丙烯酸钠为基础的共聚物的物质，树胶，和明胶的物质，其中水溶性粘合剂以可挤出点火剂组合物的干组分的总量计2%重量至10%重量存在，

其中所述挤出干点火元件的成型包括干燥该可挤出点火剂的水组合物。

2. 根据权利要求1的照明弹，其中所述水溶性粘合剂包括聚-N-乙烯吡咯烷酮。

3. 根据权利要求1的照明弹，其中所述水溶性粘合剂包括聚乙烯醇。

4. 根据权利要求1的照明弹，其中所述水溶性粘合剂包括树胶。

5. 根据权利要求1的照明弹，其中所述水溶性粘合剂包括聚丙烯酰胺。

6. 根据权利要求1的照明弹，其中所述氧化剂以相对于用于配制所述可挤出点火剂组合物的干组分40%~90%重量这一数量存在。

7. 根据权利要求1的照明弹，其中所述氧化剂包括有机氧化剂。

8. 根据权利要求1的照明弹，其中所述氧化剂含有至少一种选自硝酸盐、亚硝酸盐、氯酸盐、高氯酸盐、过氧化物和超过氧化物的离子形式物质。

9. 根据权利要求1的照明弹，其中所述可挤出点火剂组合物含有纤维。

10. 根据权利要求9的照明弹，其中所述纤维包括聚烯烃纤维、聚酰胺纤维、聚酯纤维和聚（2，2′-（m-亚苯基）-5，5-二苯并咪唑）纤维中的至少一种。

11. 根据权利要求1的照明弹，其中

所述粘合剂包括选自聚-N-乙烯吡咯烷酮、聚乙烯醇、聚-N-乙烯基吡咯烷酮与聚乙烯醇的共聚物、聚丙烯酸钠和树胶中的至少一种；

所述氧化剂以相对于用于配制所述可挤出点火剂组合物的干组分40%~90%重量这一数量存在，而所述氧化剂含有至少一种选自硝酸盐、亚硝酸盐、氯酸盐、高氯酸盐、过氧化物与超过氧化物的离子形式物质；

所述可挤出点火剂组合物含有包括聚烯烃纤维、聚酰胺纤维、聚酯纤维和聚（2，2′-（m-亚苯基）-5，5-二苯并咪唑）纤维中的至少一种的低纵横比纤维。

12. 权利要求1的照明弹，其中所述挤出点火元件为点火棒构型。

13. 权利要求1的照明弹，其中所述燃料包含硼并且所述氧化剂包括硝酸钾。

14. 权利要求13的照明弹，其中所述水溶性粘合剂包含至少一种选自聚丙烯酰胺、聚丙烯酸钠、以及共聚物的物质。

15. 权利要求1的照明弹，其中燃料以为5%重量至30%重量存在，氧化剂以40%重量至90%重量存在、粘合剂以2%重量至10%重量存在。

16. 权利要求15的照明弹，其中所述可挤出点火剂组合物还包括作为一种组分的硝酸胍。

17. 照明弹的生产方法，该照明弹包括外壳、装在外壳中的推进剂、用于点燃该推进剂的包括在点火时爆燃的挤出干点火元件的点火系统，该方法包括

将至少一种水溶性粘合剂与水混合，

将与水混合的粘合剂与至少一种氧化剂、至少一种燃料与视具体情况而存在的纤维混合形成挤出点火剂组合物，和

挤出并干燥所述可挤出点火剂组合物，

其中所述水溶性粘合剂包括至少一种选自聚-N-乙烯吡咯烷酮、聚乙烯醇、聚-N-乙烯基吡咯烷酮与聚乙烯醇的共聚物、聚丙烯酰胺、聚丙烯酸钠、以丙烯酰胺或丙烯酸钠为基础的共聚物的物质，树胶、和明胶的物质，其中水溶性粘合剂以可挤出点火剂组合物的干组分的总量计2%重量至10%重量存在。

18. 根据权利要求 17 的方法，其中所述水溶性粘合剂包括聚-N-乙烯吡咯烷酮。

19. 根据权利要求 17 的方法，其中所述水溶性粘合剂包括聚乙烯醇。

20. 根据权利要求 17 的方法，其中所述水溶性粘合剂包括树胶。

21. 根据权利要求 17 的方法，其中所述水溶性粘合剂包括聚丙烯酰胺。

22. 根据权利要求 17 的方法，其中所述氧化剂以相对于用于配制所述可挤出点火剂组合物的干组分 40% ~90% 重量这一数量存在。

23. 根据权利要求 17 的方法，其中所述氧化剂包括有机氧化剂。

24. 根据权利要求 17 的方法，其中所述氧化剂含有至少一种选自硝酸盐、亚硝酸盐、氯酸盐、高氯酸盐、过氧化物和超过氧化物的离子形式物质。

25. 根据权利要求 17 的方法，其中所述可挤出点火剂组合物含有纤维。

26. 根据权利要求 25 的方法，其中所述纤维包括聚烯烃纤维、聚酰胺纤维、聚酯纤维或聚（2，2′-（m-亚苯基）-5，5-二苯并咪唑）纤维中的至少一种。

27. 根据权利要求 17 的方法，其中

所述粘合剂包括聚-N-乙烯吡咯烷酮、聚乙烯醇、聚-N-乙烯基吡咯烷酮与聚乙烯醇的共聚物、聚丙烯酸钠和树胶中的至少一种；

所述氧化剂以相对于用于配制所述可挤出点火剂组合物的干组分计 40% ~90% 重量这一数量存在，而所述氧化剂含有至少一种选自硝酸盐、亚硝酸盐、氯酸盐、高氯酸盐、过氧化物与超过氧化物的离子形式物质；

所述可挤出点火剂组合物含有包括聚烯烃纤维、聚酰胺纤维、聚酯纤维和聚（2，2′-（m-亚苯基）-5，5-二苯并咪唑）纤维中的至少一种的低纵横比纤维。

28. 权利要求 17 的方法，其中所述挤出点火元件为点火棒构型。

29. 权利要求 17 的方法，其中所述燃料燃料包括硼并且所述氧化剂包括硝酸钾。

30. 权利要求 29 的方法，其中所述水溶性粘合剂包含至少一种选自聚丙烯酰胺、聚丙烯酸钠、以及共聚物的物质。

31. 权利要求 17 的方法，其中燃料以为 5% 重量至 30% 重量存在，氧化剂以 40% 重量至 90% 重量存在、粘合剂以 2% 重量至 10% 重量存在。

32. 权利要求 31 的方法，其中所述可挤出点火剂组合物还包括作为一种组分的硝酸胍。”

至此，合议组认为本案事实已经清楚，可以作出审查决定。

二、决定的理由

1. 关于审查文本

本复审决定是以下述文本为基础作出的：请求人于 2008 年 10 月 9 日提交的权利要求第 1 ~32 项，进入中国国家阶段时提交的国际申请文件的说明书第 1 ~15 页、说明书附图第 1 ~2 页以及 2000 年 4 月 5 日提交的说明书摘要。

2. 关于专利法第 33 条

专利法第 33 条规定，申请人可以对其专利申请文件进行修改，但是，对发明和实用新型专利申请文件的修改不得超出原说明书和权利要求书记载的范围。

原说明书和权利要求书记载的范围包括原说明书和权利要求书文字记载的内容和根据原说明书和权利要求书文字记载的内容以及说明书附图能直接地、毫无疑义地确定的内容。

就本申请而言，驳回决定认为，请求人于 2005 年 11 月 22 日提交的权利要求书中的权利要求 18 至 34 涉及制备照明弹的方法，该方法在原始申请文件中没有明确记载，也与说明书和实施例中记载

的制备方法不完全一致，所以这些权利要求不符合专利法第33条的规定。请求人于2008年10月9日提交的权利要求书中，权利要求17~32由驳回决定针对的权利要求18~34修改而来。其中，权利要求17要求保护一种照明弹的生产方法，该照明弹包括外壳、装在外壳中的推进剂、用于点燃该推进剂的包括在点火时爆燃的挤出干点火元件的点火系统，该方法包括三个步骤：（1）将至少一种水溶性粘合剂与水混合，（2）将与水混合的粘合剂与至少一种氧化剂、至少一种燃料与具体情况而存在的纤维混合形成挤出点火剂组合物，（3）挤出并干燥所述可挤出点火剂组合物。该权利要求17保护的技术方案实质上是，由所限定的特定步骤制备的组合物作为照明弹中点燃推进剂的点火系统的点火元件，由此获得照明弹的方法。

首先，该组合物的各组分以及含量在本申请说明书中有明确记载，包括水溶性粘合剂、至少一种氧化剂、至少一种燃料和可选择添加的纤维（参见本申请说明书第2页第13行至第4页第16行）；同时，本申请说明书中记载了点火组合物的制备方法，包括将水溶性粘合剂与水混合得到预混物，然后将预混物与该组合物的其他组分混合，本申请说明书及实施例中还记载了将该组合物通过挤出的方式形成各种形状后干燥的步骤（参见本申请说明书第4页倒数13至5行以及实施例3~13），由此可见，本申请说明书中明确记载了权利要求17中所限定的组合物的制备方法。其次，本申请说明书中明确指出本发明的点火剂组合物可用于照明弹之中，并指出该点火剂组合物用于点燃照明弹中的固体推进剂（参见本申请说明书第4页倒数第3行至第5页第10行）。由此可知，本领域技术人员在说明书记载的上述内容的基础上，可以直接、毫无疑义地得出权利要求17的技术方案，所以，本申请权利要求17符合专利法第33条的规定。

权利要求18~32的附加技术特征均是对该点火组合物成分或各组分含量的进一步限定，其附加技术特征与权利要求2~16（即驳回决定针对的文本的权利要求3~17）的附加技术特征相同，这些内容均在说明书中有明确记载（参见本申请说明书第2页第13行至第4页第16行），在引用的权利要求17符合专利法33条规定的前提下，权利要求18~32也符合专利法33条的规定。

合议组于2007年3月30日向请求人发出的《复审通知书》中指出：请求人于2005年11月22日提交的权利要求书中，权利要求1中的限定“该组合物含有至少一种被溶于含水溶剂的水溶性粘合剂”、“水溶性粘合剂包含至少一种选自水溶性聚合物粘合剂”，权利要求2中的限定“……聚丙烯酰胺和聚丙烯酸酯的共聚物……”，以及权利要求16中的技术特征“其中硼以5%重量至30%重量存在，硝酸钾以40%重量至90%重量存在”超出了原始申请文件记载的范围，不符合专利法第33条的规定。请求人于2008年10月9日提交的权利要求书中，将上述限定按说明书的相应记载分别修改为“至少一种与水混合的水溶性粘合剂”、“以丙烯酰胺或丙烯酸钠为基础的共聚物”、“燃料以为5%重量至30%重量存在，氧化剂以40%重量至90%重量存在”（参见原始说明书第2~4页），由此，请求人新提交的权利要求书已经克服《复审通知书》所指出的缺陷。

根据以上事实和理由，本案合议组作出如下审查决定。

三、决定

撤销国家知识产权局于2006年1月6日针对98809886.5号发明专利申请作出的驳回决定。由国家知识产权局原审查部门在本决定针对的文本的基础上继续进行审查。

复审请求人对本决定不服的，可以根据专利法第41条第2款的规定，自收到本决定之日起三个月内向北京市第一中级人民法院起诉。

160

杀菌剂组合物

复审请求审查决定（第14993号）

决　定　号　第14993号
决　定　日　2008年2月21日
发明创造名称　杀菌剂组合物
国 际 分 类 号　A01N59/08，A01N25/30，A01N33/24，A61L2/18
复 审 请 求 人　花王株式会社
申　请　号　00818808.4
申　请　日　2000年12月8日
最早优先权日　1999年12月10日
公　开　日　2003年7月30日
合 议 组 组 长　李彦涛
主　审　员　李新芝
参　审　员　娄　宁

法 律 依 据　专利法第22条第3款
决 定 要 点
如果发明是所属技术领域的技术人员在现有技术的基础上仅仅通过合乎逻辑的分析、推理或者有限的试验可以得到的，则该发明是显而易见的，不具备创造性。

一、案由

本复审请求案涉及发明名称为“杀菌剂组合物”的第00818808.4号发明专利申请（下称本申请），申请人为花王株式会社，申请日为2000年12月8日，最早的优先权日为1999年12月10日，公开日为2003年7月30日。

2006年6月9日，针对申请人于2006年1月9日提交的权利要求书第1~10项，进入中国国家阶段时提交的说明书第1~26页及说明书摘要，国家知识产权局以不符合专利法第22条第3款的规定为由驳回了本申请。

驳回决定所针对的权利要求1~10如下：

“1. 液态杀菌剂组合物，它是包含次氯酸和/或其碱金属盐（A）和表面活性剂（B）以及pH调节剂（C）的25℃时pH值为5以上不到7的水溶液，所述（A）与（B）的重量比（A）/（B）=2/1~1/2，所述（C）与所述（A）的重量比（C）/（A）=2/1~1/5，经稀释的所述水溶液中含有以有效氯浓度计为5~500ppm的（A），其中，所述的表面活性剂（B）选自两性表面活性剂、阳离子表面活性剂、和选自脂肪酸甘油酯、聚脂肪酸甘油酯、脂肪酸丙二醇酯、聚脂肪酸丙二醇酯、脂肪酸蔗糖酯、脂肪酸脱水山梨糖醇酯和烷基聚糖苷的非离子表面活性剂的至少一种，所述的 pH 调节剂（C）是有机酸或其盐。

2. 如权利要求 1 所述的杀菌剂组合物，其特征在于所述的有机酸或其盐是饱和二元酸或其盐。

3. 如权利要求 1 中任何一项所述的杀菌剂组合物，其特征在于所述的表面活性剂（B）是氧化胺。

4. 如权利要求 1 中任何一项所述的杀菌剂组合物，其特征在于所述的表面活性剂（B）是选自脂肪酸甘油酯、聚脂肪酸甘油酯、脂肪酸丙二醇酯、聚脂肪酸丙二醇酯、脂肪酸蔗糖酯、脂肪酸脱水山梨糖醇酯和烷基聚糖苷的多元醇衍生物型表面活性剂。

5. 杀菌剂，它包括含所述（A）的制品（I）、含所述（B）的制品（II）和含所述（C）的制品（III），并在使用时制成重量比（A）/（B）=2/1~1/2、（C）/（A）=2/1~1/5、25℃时 pH 值为 5 以上不到 7 的水溶液使用，经稀释的所述水溶液中含有以有效氯浓度计为 5~500ppm 的（A），

其中，所述的表面活性剂（B）选自两性表面活性剂、阳离子表面活性剂、和选自脂肪酸甘油酯、聚脂肪酸甘油酯、脂肪酸丙二醇酯、聚脂肪酸丙二醇酯、脂肪酸蔗糖酯、脂肪酸脱水山梨糖醇酯和烷基聚糖苷的非离子表面活性剂的至少一种，所述的 pH 调节剂（C）是有机酸或其盐。

6. 杀菌剂，它包括含所述（A）的制品（IV）和含所述（B）与所述（C）的制品（V），并在使用时制成重量比（A）/（B）=2/1~1/2、（C）/（A）=2/1~1/5、25℃时 pH 值为 5 以上不到 7 的水溶液使用，经稀释的所述水溶液中含有以有效氯浓度计为 5~500ppm 的（A），

其中，所述的表面活性剂（B）选自两性表面活性剂、阳离子表面活性剂、和选自脂肪酸甘油酯、聚脂肪酸甘油酯、脂肪酸丙二醇酯、聚脂肪酸丙二醇酯、脂肪酸蔗糖酯、脂肪酸脱水山梨糖醇酯和烷基聚糖苷的非离子表面活性剂的至少一种，所述的 pH 调节剂（C）是有机酸或其盐。

7. 杀菌剂，它包括含所述（A）与所述（B）的制品（VI）和含所述（C）的制品（VII），并在使用时制成重量比（A）/（B）=2/1~1/2、（C）/（A）=2/1~1/5、25℃时 pH 值为 5 以上不到 7 的水溶液使用，经稀释的所述水溶液中含有以有效氯浓度计为 5~500ppm 的（A），

其中，所述的表面活性剂（B）选自两性表面活性剂、阳离子表面活性剂、和选自脂肪酸甘油酯、聚脂肪酸甘油酯、脂肪酸丙二醇酯、聚脂肪酸丙二醇酯、脂肪酸蔗糖酯、脂肪酸脱水山梨糖醇酯和烷基聚糖苷的非离子表面活性剂的至少一种，所述的 pH 调节剂（C）是有机酸或其盐。

8. 如权利要求 5~7 中任何一项所述的杀菌剂，其特征在于所述的有机酸或其盐是饱和二元酸或其盐。

9. 如权利要求 5~7 中任何一项所述的杀菌剂，其特征在于所述的表面活性剂（B）是氧化胺。

10. 如权利要求 5~7 中任何一项所述的杀菌剂，其特征在于所述的表面活性剂（B）是选自脂肪酸甘油酯、聚脂肪酸甘油酯、脂肪酸丙二醇酯、聚脂肪酸丙二醇酯、脂肪酸蔗糖酯、脂肪酸脱水山梨糖醇酯和烷基聚糖苷的多元醇衍生物型表面活性剂。”

驳回决定认为：

权利要求 1~10 不具有创造性，不符合专利法第 22 条第 3 款的规定。

（1）权利要求 1 请求保护一种液态杀菌剂组合物，对比文件 3（US4418055A，公开日：1983 年 11 月 29 日）公开了一种含氯抗菌剂，其包括次氯酸金属盐、氧化胺表面活性剂、pH 调节剂，并在其实施例 V 中公开了该抗菌剂的一个具体实施例 Q，其组分为次氯酸钠、月桂基二甲基氧化胺、pH 调节剂，其中次氯酸钠与月桂基二甲基氧化胺的比例为 0.2/0.35。对比文件 3 与权利要求 1 的技术方案的区别在于：①权利要求 1 限定了“经过稀释的所述水溶液中含有以有效氯浓度计为 5~500ppm 的

（A）”；②pH 值不同，权利要求 1 限定 pH 值为 5 以上不到 7，对比文件 3 限定 pH 为 7~8；③权利要求 1 中的 pH 调节剂（C）是有机酸或其盐且（C）/（A）的重量比是 2/1~1/5。

但区别特征①不会导致组合物结构或组成发生任何变化，对液态杀菌剂组合物没有任何实质性限定作用；区别特征②是本领域技术人员基于对于文件 3 记载的含氯类杀菌剂的杀菌效果很容易想到的；区别特征③的有机酸或无机酸盐均是本领域技术人员熟知的 pH 调节剂。

此外，对于申请人所述使用有机酸或其盐替代对比文件 3 的无机酸作为 pH 调节剂，能减少 pH 调节剂用量，从而“从经济和制备处理上更为优异”的观点，审查员认为，对比文件 3 将 pH 调节至 7~8 并使用酸性弱但抗腐蚀性强的 K_2HPO_4 或 KH_2PO_4 仅是为了减少对金属的腐蚀。而本申请权利要求 1 仅仅是放弃了防腐蚀功能，将磷酸盐替换为用量少且酸性强的多元有机酸，这种简单替换对本领域技术人员来说是容易想到的。

对于申请人所述 K_2HPO_4 或 KH_2PO_4 会导致大量表面活性剂不能使用的问题，审查员认为，对比文件 3 基于不同的发明目的使用了磷酸盐作为 pH 调节剂，但这并不意味着不能使用其他 pH 调节剂，如果排除抗腐蚀这一发明目的，有机酸和无机酸或碱均能作为含氯杀菌剂的 pH 调节剂，而且本申请实施例中使用 H_3PO_4、HCl、NaOH 作 pH 调节剂的效果并不比有机酸作 pH 调节剂的效果差，因此本领域普通技术人员在对比文件 3 的启示下变化 pH 调节剂得到权利要求 1 的技术方案是容易想到的。由此可知，权利要求 1 相对于对比文件 3 不具有突出的实质性特点和显著的进步，不具有创造性。

（2）从属权利要求 2~4 对权利要求 1 进一步限定的附加技术特征或者是本领域普通技术人员很容易想到的，或者是在对比文件 3 中已经公开，故也不具有创造性。

（3）权利要求 5~7 要求保护杀菌剂，其与权利要求 1 的区别仅在于采用不同的包装方式。在对比文件 3 中记载的将不同组分分装在不同容器中的方法已经公开了权利要求 5 的包装方式，即将 A、B、C 分别制成 I、II、III 三个制品。而将对比文件 3 的包装方式进行变化得到权利要求 6~7 的包装组合方式对本领域技术人员来说也是易于实现的，因此在权利要求 1 相对于对比文件 3 不具有创造性时，权利要求 5~7 也没有突出的实质性特点和显著的进步，不具有创造性。

（4）在权利要求 5~7 不具有创造性的前提下，参见上述第 1~3 点的评述，从属权利要求 8~10 也不具有创造性。

2006 年 9 月 6 日，申请人花王株式会社（下称请求人）对上述驳回决定不服，向专利复审委员会提出复审请求，请求人在提出复审请求时对权利要求书进行了修改，将驳回决定所针对的权利要求 1、5、6 和 7 中原来的特征“经稀释的所述水溶液中含有以有效氯浓度计为 5~500ppm 的（A）”中的“经稀释”删除，请求人同时提交了本申请在美国已授权的同族专利申请“US6，793，846B2 的权利要求书以及最终修改件复印件 1 份（共 3 页）”。

修改后的权利要求书为：

“1. 液态杀菌剂组合物，它是包含次氯酸和/或其碱金属盐（A）和表面活性剂（B）以及 pH 调节剂（C）的 25℃时 pH 值为 5 以上不到 7 的水溶液，所述（A）与（B）的重量比（A）/（B）= 2/1~1/2，所述（C）与所述（A）的重量比（C）/（A）= 2/1~1/5，所述水溶液中含有以有效氯浓度计为 5~500ppm 的（A），

其中，所述的表面活性剂（B）选自两性表面活性剂、阳离子表面活性剂、和选自脂肪酸甘油酯、聚脂肪酸甘油酯、脂肪酸丙二醇酯、聚脂肪酸丙二醇酯、脂肪酸蔗糖酯、脂肪酸脱水山梨糖醇酯和烷基聚糖苷的非离子表面活性剂的至少一种，所述的 pH 调节剂（C）是有机酸或其盐。

2. 如权利要求 1 所述的杀菌剂组合物，其特征在于所述的有机酸或其盐是饱和二元酸或其盐。

3. 如权利要求 1 中任何一项所述的杀菌剂组合物，其特征在于所述的表面活性剂（B）是氧

化胺。

4. 如权利要求1中任何一项所述的杀菌剂组合物，其特征在于所述的表面活性剂（B）是选自脂肪酸甘油酯、聚脂肪酸甘油酯、脂肪酸丙二醇酯、聚脂肪酸丙二醇酯、脂肪酸蔗糖酯、脂肪酸脱水山梨糖醇酯和烷基聚糖苷的多元醇衍生物型表面活性剂。

5. 杀菌剂，它包括含所述（A）的制品（I）、含所述（B）的制品（II）和含所述（C）的制品（III），并在使用时制成重量比（A）/（B）=2/1~1/2、（C）/（A）=2/1~1/5、25℃时pH值为5以上不到7的水溶液使用，所述水溶液中含有以有效氯浓度计为5~500ppm的（A），

其中，所述的表面活性剂（B）选自两性表面活性剂、阳离子表面活性剂、和选自脂肪酸甘油酯、聚脂肪酸甘油酯、脂肪酸丙二醇酯、聚脂肪酸丙二醇酯、脂肪酸蔗糖酯、脂肪酸脱水山梨糖醇酯和烷基聚糖苷的非离子表面活性剂的至少一种，所述的pH调节剂（C）是有机酸或其盐。

6. 杀菌剂，它包括含所述（A）的制品（IV）和含所述（B）与所述（C）的制品（V），并在使用时制成重量比（A）/（B）=2/1~1/2、（C）/（A）=2/1~1/5. 25℃时pH值为5以上不到7的水溶液使用，所述水溶液中含有以有效氯浓度计为5~500ppm的（A），

其中，所述的表面活性剂（B）选自两性表面活性剂、阳离子表面活性剂、和选自脂肪酸甘油酯、聚脂肪酸甘油酯、脂肪酸丙二醇酯、聚脂肪酸丙二醇酯、脂肪酸蔗糖酯、脂肪酸脱水山梨糖醇酯和烷基聚糖苷的非离子表面活性剂的至少一种，所述的pH调节剂（C）是有机酸或其盐。

7. 杀菌剂，它包括含所述（A）与所述（B）的制品（VI）和含所述（C）的制品（VII），并在使用时制成重量比（A）/（B）=2/1-1/2、（C）/（A）=2/1-1/5、25℃时pH值为5以上不到7的水溶液使用，所述水溶液中含有以有效氯浓度计为5~500ppm的（A），

其中，所述的表面活性剂（B）选自两性表面活性剂、阳离子表面活性剂、和选自脂肪酸甘油酯、聚脂肪酸甘油酯、脂肪酸丙二醇酯、聚脂肪酸丙二醇酯、脂肪酸蔗糖酯、脂肪酸脱水山梨糖醇酯和烷基聚糖苷的非离子表面活性剂的至少一种，所述的pH调节剂（C）是有机酸或其盐。

8. 如权利要求5~7中任何一项所述的杀菌剂，其特征在于所述的有机酸或其盐是饱和二元酸或其盐。

9. 如权利要求5~7中任何一项所述的杀菌剂，其特征在于所述的表面活性剂（B）是氧化胺。

10. 如权利要求5~7中任何一项所述的杀菌剂，其特征在于所述的表面活性剂（B）是选自脂肪酸甘油酯、聚脂肪酸甘油酯、脂肪酸丙二醇酯、聚脂肪酸丙二醇酯、脂肪酸蔗糖酯、脂肪酸脱水山梨糖醇酯和烷基聚糖苷的多元醇衍生物型表面活性剂。”

请求人认为：

（1）本发明与对比文件3的区别在于：（i）所述水溶液中含有以有效氯浓度计为5~500ppm的次氯酸和/或其碱金属盐（A）；（ii）本发明液态杀菌剂组合物的pH值为5以上不到7；（iii）pH调节剂（C）为较少用量的有机酸或其盐；（2）本发明产生了如下出乎意料的优于对比文件3的技术效果：（i）能以低于对比文件3的次氯酸钠（A）浓度获得较高的杀菌效果，对比文件3作为杀菌活性显示的实施例V中的试验液Q中NaClO浓度为0.2%（2000ppm），比本发明（A）的最大浓度500ppm大的多；（ii）pH调节剂（C）的用量小于对比文件3，本发明仅用1~1000ppm的有机酸或其盐即可，而对比文件3使用超过1重量%的K_2HPO_4或KH_2PO_4来获得7~8的pH值；和（iii）本发明可以使用大量对比文件3不能使用的表面活性剂，对比文件3只能使用氧化胺作为表面活性剂，因为在实际应用中，大量的KH_2PO_4会引起除氧化胺之外一些表面活性剂的沉淀。

经形式审查合格后，专利复审委员会受理了该请求，并于2006年11月20日向请求人发出了《复审请求受理通知书》，同时将本申请转送至国家知识产权局原审查部门进行前置审查。

在《前置审查意见书》中，国家知识产权局原审查部门认为：（1）请求人混淆了有效氯和有效成分浓度的概念；（2）虽然对比文件3的实施例I~IV涉及的是防腐蚀效果，但得到杀菌剂组合物是对比文件3的主要目的，这并未排除所述组合物能够作为杀菌剂，因此对比文件3公开了浓度更低的杀菌组合物，并且在对比文件3实施例VII中使用了进一步稀释的试验液Q做的抑菌试验，其稀释后浓度至少是0.05%，因此使用低的有效氯浓度在对比文件3中也已公开，因此基于上述理由并结合原驳回决定，坚持驳回决定。

专利复审委员会组成合议组，对本复审请求案进行了审理。

合议组于2007年9月7日向请求人发出《复审通知书》，指出：权利要求1~10不具有创造性，不符合专利法第22条第3款的规定。理由如下：

（1）权利要求1与对比文件3的技术方案相比，其区别主要在于以下两点：①pH值不同，权利要求1限定pH值（25℃）为5以上不到7，对比文件3限定pH为7~8；③权利要求1中的pH调节剂（C）是有机酸或其盐且（C）/（A）=2/1~1/5，而对比文件3中pH调节剂为磷酸氢盐。

对于区别特征①基于对比文件3记载的含氯类杀菌剂的杀菌效果，本领域技术人员很容易想到；对于区别特征②，由于使用有机酸或其盐作pH调节剂的技术方案与使用磷酸氢盐作pH调节剂的技术方案相比，仅仅是一种惯常的替换，并没有取得任何预料不到的技术效果，而且有机酸与磷酸盐均是本领域技术人员熟知的pH调节剂。因此本领域技术人员在对比文件3的基础上得到权利要求1的技术方案是显而易见的，所以权利要求1不具有创造性，不符合专利法第22条第3款的规定。

（2）从属权利要求2~4的附加技术特征或者是本领域技术人员很容易想到的或者在对比文件3中已经公开，因此从属权利要求2~4也不具有创造性；

（3）在对比文件3中已经公开了权利要求5的包装方式，即将组分A、B、C分别制成I、II、III三个制品。而将对比文件3的包装方式进行变化得到权利要求6~7的包装组合方式对本领域技术人员来说也是易于实现的，因此在权利要求1相对于对比文件3不具有创造性时，权利要求5~7也没有突出的实质性特点和显著的进步，不具有创造性。

（4）从属权利要求8~10对权利要求5~7作了进一步的限定，参见上述对于权利要求2~4的评述，从属权利要求8~10也不具有创造性。

针对上述《复审通知书》，请求人于2007年10月22日提交了意见陈述书，同时对权利要求书进行了修改，将权利要求1、5、6、7中的技术特征“（C）/（A）=2/1~1/5”修改为“（C）/（A）=1/1~1/5”。

修改后的权利要求书如下：

“1. 液态杀菌剂组合物，它是包含次氯酸和/或其碱金属盐（A）和表面活性剂（B）以及pH调节剂（C）的25℃时pH值为5以上不到7的水溶液，所述（A）与（B）的重量比（A）/（B）=2/1~1/2，所述（C）与所述（A）的重量比（C）/（A）=1/1~1/5，所述水溶液中含有以有效氯浓度计为5~500ppm的（A），

其中，所述的表面活性剂（B）选自两性表面活性剂、阳离子表面活性剂、和选自脂肪酸甘油酯、聚脂肪酸甘油酯、脂肪酸丙二醇酯、聚脂肪酸丙二醇酯、脂肪酸蔗糖酯、脂肪酸脱水山梨糖醇酯和烷基聚糖苷的非离子表面活性剂的至少一种，所述的pH调节剂（C）是有机酸或其盐。

2. 如权利要求1所述的杀菌剂组合物，其特征在于所述的有机酸或其盐是饱和二元酸或其盐。

3. 如权利要求1所述的杀菌剂组合物，其特征在于所述的表面活性剂（B）是氧化胺。

4. 如权利要求1所述的杀菌剂组合物，其特征在于所述的表面活性剂（B）是选自脂肪酸甘油酯、聚脂肪酸甘油酯、脂肪酸丙二醇酯、聚脂肪酸丙二醇酯、脂肪酸蔗糖酯、脂肪酸脱水山梨糖醇酯

和烷基聚糖苷的多元醇衍生物型表面活性剂。

5. 杀菌剂，它包括含所述（A）的制品（I）、含所述（B）的制品（II）和含所述（C）的制品（III），并在使用时制成重量比（A）/（B）=2/1~1/2、（C）/（A）=1/1~1/5、25℃时 pH 值为 5 以上不到 7 的水溶液使用，所述水溶液中含有以有效氯浓度计为 5~500ppm 的（A），

其中，所述的表面活性剂（B）选自两性表面活性剂、阳离子表面活性剂、和选自脂肪酸甘油酯、聚脂肪酸甘油酯、脂肪酸丙二醇酯、聚脂肪酸丙二醇酯、脂肪酸蔗糖酯、脂肪酸脱水山梨糖醇酯和烷基聚糖苷的非离子表面活性剂的至少一种，所述的 pH 调节剂（C）是有机酸或其盐。

6. 杀菌剂，它包括含所述（A）的制品（IV）和含所述（B）与所述（C）的制品（V），并在使用时制成重量比（A）/（B）=2/1~1/2、（C）/（A）=1/1~1/5. 25℃时 pH 值为 5 以上不到 7 的水溶液使用，所述水溶液中含有以有效氯浓度计为 5~500ppm 的（A），

其中，所述的表面活性剂（B）选自两性表面活性剂、阳离子表面活性剂、和选自脂肪酸甘油酯、聚脂肪酸甘油酯、脂肪酸丙二醇酯、聚脂肪酸丙二醇酯、脂肪酸蔗糖酯、脂肪酸脱水山梨糖醇酯和烷基聚糖苷的非离子表面活性剂的至少一种，所述的 pH 调节剂（C）是有机酸或其盐。

7. 杀菌剂，它包括含所述（A）与所述（B）的制品（VI）和含所述（C）的制品（VII），并在使用时制成重量比（A）/（B）=2/1~1/2、（C）/（A）=1/1~1/5、25℃时 pH 值为 5 以上不到 7 的水溶液使用，所述水溶液中含有以有效氯浓度计为 5~500ppm 的（A），

其中，所述的表面活性剂（B）选自两性表面活性剂、阳离子表面活性剂、和选自脂肪酸甘油酯、聚脂肪酸甘油酯、脂肪酸丙二醇酯、聚脂肪酸丙二醇酯、脂肪酸蔗糖酯、脂肪酸脱水山梨糖醇酯和烷基聚糖苷的非离子表面活性剂的至少一种，所述的 pH 调节剂（C）是有机酸或其盐。

8. 如权利要求 5~7 中任何一项所述的杀菌剂，其特征在于所述的有机酸或其盐是饱和二元酸或其盐。

9. 如权利要求 5~7 中任何一项所述的杀菌剂，其特征在于所述的表面活性剂（B）是氧化胺。

10. 如权利要求 5~7 中任何一项所述的杀菌剂，其特征在于所述的表面活性剂（B）是选自脂肪酸甘油酯、聚脂肪酸甘油酯、脂肪酸丙二醇酯、聚脂肪酸丙二醇酯、脂肪酸蔗糖酯、脂肪酸脱水山梨糖醇酯和烷基聚糖苷的多元醇衍生物型表面活性剂。”

请求人认为：（1）本发明与对比文件 3 公开的消毒剂相比，其区别技术特征在于以下三点：①pH为 5 以上不到 7；②作为 pH 调节剂使用有机酸或其盐；③（C）/（A）=1/1~1/5。如复审通知书中所述，pH 值越小杀菌效果越好，但其稳定性受损，但本发明在上述 pH 为 5 以上不到 7 时（区别点①），在获得良好杀菌效果的同时还保证了稳定性，另外为实现上述 pH 值，使用了有机酸或其盐（区别点②），同时使用较少量的 pH 调节剂即可实现上述 pH 值范围。从对比文件 3 中不可能得到有关本发明的 pH 值范围（区别点①）以及用较少量的 pH 调节剂来实现该 pH 值，从而得到高杀菌效果以及高稳定性的技术方案（区别点②、③）；（2）“有机酸或其盐”与“磷酸氢盐”并不是惯常替换，并且使用有机酸与使用磷酸氢盐的情况相比，使用少量的有机酸或其盐就能够调整到所希望的最佳 pH 值；（3）对比文件 3 的测试液 Q 的次氯酸钠的有效氯浓度（2000ppm÷1.05=1900ppm）在本申请权利要求 1 记载的范围之外，远远高于本发明权利要求范围的 5~500ppm；且对比文件 3 中对于 0.02% 次氯酸钠测试液的记载未提及杀菌效果，因此本申请权利要求 1 具有创造性；同理权利要求2~10 也具有创造性。

至此，合议组认为本案事实清楚，可以作出审查决定。

二、决定的理由

1. 关于审查文本

本复审决定是以请求人于2007年10月22日提交的权利要求第1~10项，进入中国国家阶段时提交的说明书第1~26页和说明书摘要为基础作出的。

2. 关于创造性

专利法第22条第3款规定：创造性是指同申请日以前已有的技术相比，该发明有突出的实质性特点和显著的进步。

如果发明是所属技术领域的技术人员在现有技术的基础上仅仅通过合乎逻辑的分析、推理或者有限的试验可以得到的，则该发明是显而易见的，不具备创造性。

具体到本申请而言，权利要求1请求保护一种液态杀菌剂组合物，它是包含次氯酸和/或其碱金属盐（A）和表面活性剂（B）以及pH调节剂（C）的25℃时pH值为5以上不到7的水溶液，所述（A）与（B）的重量比（A）/（B）=2/1~1/2，所述（C）与所述（A）的重量比（C）/（A）=1/1~1/5，所述水溶液中含有以有效氯浓度计为5~500ppm的（A），其中，所述的表面活性剂（B）选自两性表面活性剂、阳离子表面活性剂、和选自脂肪酸甘油酯、聚脂肪酸甘油酯、脂肪酸丙二醇酯、聚脂肪酸丙二醇酯、脂肪酸蔗糖酯、脂肪酸脱水山梨糖醇酯和烷基聚糖苷的非离子表面活性剂的至少一种，所述的pH调节剂（C）是有机酸或其盐。

对比文件3公开了一种氯基消毒溶液，其包括0.02%~1%次氯酸碱金属或碱土金属盐；0.1%~0.5%月桂基二甲基氧化胺；1.4%~20%磷酸氢盐且pH值为7~8（参见对比文件3权利要求1），并在其实施例V中公开了该消毒溶液的一个具体测试液Q，其组分包括0.2%次氯酸钠、0.35%月桂基二甲基氧化胺，9% K_2HPO_4 和2% KH_2PO_4，该测试液Q对枯草芽孢杆菌（Bacillus subtilis）和克劳伯氏芽孢杆菌（Bacillus globigii）均具有强的抑制作用。

由此可知，权利要求1与对比文件3的技术方案相比，其区别主要在于以下三点：（1）pH值不同，权利要求1限定pH值（25℃）为5以上不到7，对比文件3限定pH为7~8；（2）权利要求1中的pH调节剂（C）是有机酸或其盐，而对比文件3中pH调节剂为磷酸氢盐；（3）重量比（C）/（A）不同，权利要求1中（C）/（A）=1/1~1/5，而对比文件3中相应的（C）/（A）最小为1.4。

对于区别特征（1），由于在对比文件3在背景技术部分中已经指出了含氯类杀菌剂的杀菌效果依赖于水中未离解的HClO浓度，pH值越小，HClO浓度越高，杀菌效果越好，最佳的杀菌效果出现在pH低于5时（参见对比文件3第1栏第25~64行），显然对比文件3已经揭示了pH值与杀菌效果之间的关系，因此本领域技术人员在对比文件3的基础上很容易想到将pH值调节至较低的5~7以获得具有较强杀菌效果的组合物，但随着pH值降低，HClO易分解，其稳定性也大大降低，同时腐蚀性也增强，正是出于增强稳定性和减少腐蚀性的目的，对比文件3将pH调节至7~8；对于区别特征（2），虽然权利要求1与对比文件3使用的pH调节剂不同，但有机酸与磷酸盐均是本领域技术人员熟知的pH调节剂，使用有机酸或磷酸氢盐来调节溶液的pH值是本领域技术人员的常规技术手段，说明书中也未记载取得了预料不到的技术效果；而对于区别特征（3）而言，由于本发明是用酸性较强的有机酸代替磷酸盐，因此调节pH值所需的有机酸用量相对少一些，这也是本领域技术人员易于想到的，因此本领域技术人员在对比文件3的基础上得到权利要求1的技术方案是显而易见的，所以权利要求1不具有创造性，不符合专利法第22条第3款的规定。

从属权利要求2~4分别对权利要求1中的有机酸和表面活性剂作了进一步的限定，但所述附加技术特征对于本领域技术人员来说是常规的技术手段或者是在对比文件3中已经公开（参见对比文件

3 权利要求 1，实施例 V），而且所述技术方案相对于对比文件 3 也没有取得任何预料不到的技术效果，因此在权利要求 1 不具有创造性的基础上，从属权利要求 2~4 也不具有创造性，不符合专利法第 22 条第 3 款的规定。

权利要求 5~7 要求保护杀菌剂，其与权利要求 1 的区别仅在于采用不同的包装方式。在对比文件 3 中已经公开了将不同组分分装在不同容器中的方法（参见对比文件3 说明书第6 栏第15 行至第8 栏第 10 行，说明书附图 1 中的包装（10）、（12），附图 3~5）。也就是说，对比文件 3 已经公开了权利要求 5 的包装方式，即将组分 A、B、C 分别制成 I、II、III 三个制品。而将对比文件 3 的包装方式进行变化得到权利要求 6~7 的包装组合方式对本领域技术人员来说也是易于实现的，因此在权利要求 1 相对于对比文件 3 不具有创造性时，权利要求 5~7 也没有突出的实质性特点和显著的进步，不具有创造性。

从属权利要求 8~10 对权利要求 5~7 作了进一步的限定，“所述的有机酸或其盐是饱和二元酸或其盐”、“所述的表面活性剂（B）是氧化胺”、“所述的表面活性剂（B）是选自脂肪酸甘油酯、聚脂肪酸甘油酯、脂肪酸丙二醇酯、聚脂肪酸丙二醇酯、脂肪酸蔗糖酯、脂肪酸脱水山梨糖醇酯和烷基聚糖苷的多元醇衍生物型表面活性剂”，参见上述对于权利要求 2~4 的评述，从属权利要求 8~10 也不具有创造性。

针对请求人的意见陈述，合议组认为，（1）对于稳定性问题，虽然请求人认为其消毒液在 pH 为 5 以上不到 7 时保持了稳定性，但在原申请文件及意见陈述中，请求人并没有提供相应证据证明“本申请权利要求 1 的消毒液的稳定性在 pH 值比对比文件 3 的 pH 值低时稳定性反而提高”，因此与对比文件 3 相比并没有取得预料不到的技术效果。（2）有机酸和磷酸氢盐均是本领域技术人员公知的 pH 调节剂，因此使用有机酸或磷酸氢盐作 pH 调节剂是本领域技术人员在选择 pH 调节剂时的常规替换；而且由于本申请权利要求 1 使用了酸性较强的有机酸，其用量必然会相对降低，这也是本领域技术人员易于想到的、可以预测。（3）对于有效氯浓度的问题，请求人未给出确凿的换算公式，因此不具有可比性，并且在对比文件 3 的其他实施例中也已给出了使用更低浓度次氯酸盐的教导（例如实施例 VII 使用了 0.05% 次氯酸钠）。

根据上述事实和理由，合议组作出如下审查决定。

三、决定

维持国家知识产权局于 2006 年 6 月 9 日针对 00818808.4 号发明专利申请作出的驳回决定。

复审请求人对本决定不服的，可以根据专利法第 41 条第 2 款的规定，自收到本决定之日起三个月内向北京市第一中级人民法院起诉。

161

一种制备胞嘧啶核苷化合物的方法

复审请求审查决定（第 15003 号）

决　定　号　第 15003 号
决　定　日　2008 年 10 月 29 日
发明创造名称　一种制备胞嘧啶核苷化合物的方法
国 际 分 类 号　C07H19/10，C07D239/47，C07D251/16，C07D251/50，C12N9/22，C12N1/21
复 审 请 求 人　三井化学株式会社
申　请　号　02119302.9
申　请　日　2002 年 5 月 8 日
优 先 权 日　2001 年 5 月 1 日
公　开　日　2003 年 1 月 22 日
合 议 组 组 长　任晓兰
主　审　员　潘　剑
参　审　员　刘　磊

法 律 依 据　专利法第 22 条第 3 款，专利法第 26 条第 4 款，专利法实施细则第 20 条第 1 款
决 定 要 点

如果请求保护的技术方案相对于最接近的现有技术存在区别技术特征，并且现有技术中没有给出将上述区别技术特征应用到该最接近的现有技术中以解决其存在的技术问题的启示，并且该技术方案能够产生有益的效果，则该技术方案具有突出的实质性特点和显著的进步，符合专利法第 22 条第 3 款有关创造性的规定。

一、案由

本复审请求案涉及发明名称为“一种制备胞嘧啶核苷化合物的方法”的第 02119302.9 号发明专利申请（下称本申请），申请人为三井化学株式会社，申请日为 2002 年 5 月 8 日，优先权日为 2001 年 5 月 1 日，公开日为 2003 年 1 月 22 日。

2006 年 11 月 10 日，针对申请人于申请日提交的原始申请文件的说明书第 5、10~13、17~18、22、25~28 页、附图第 3 页和说明书摘要，2003 年 2 月 24 日提交的说明书第 4、24 页，2004 年 5 月 10 日提供的说明书第 1~3、6~9、14~16、19~21、23、29~40 页、附图第 1、2 页，2006 年 9 月 7 日提交的权利要求第 1~19 项（下称驳回文本），国家知识产权局以权利要求 10~14 不符合专利法第 26 条第 4 款，权利要求 6~10 不符合专利法实施细则第 20 条第 1 款，权利要求 15~19 不符合专利法第 22 条第 3 款为由驳回了本申请。

驳回决定针对的权利要求 1、6~19 如下：

“1. 制备胞嘧啶核苷化合物的方法，其特征在于包含用磷酸糖与胞嘧啶或胞嘧啶衍生物在一种具有氨基酸序列 SEQ ID NO：4 的具有胞嘧啶核苷磷酸化酶活性的酶的作用下反应生成胞嘧啶核苷化合物的步骤，其中没有胞嘧啶脱氨酶和胞嘧啶核苷脱氨酶的活性或者胞嘧啶脱氨酶和胞嘧啶核苷脱氨酶的活性被减少，这样通过胞嘧啶核苷磷酸化酶的活性能够获得胞嘧啶核苷化合物的情况下，其中所述胞嘧啶衍生物为式（Ⅰ）表示的化合物：

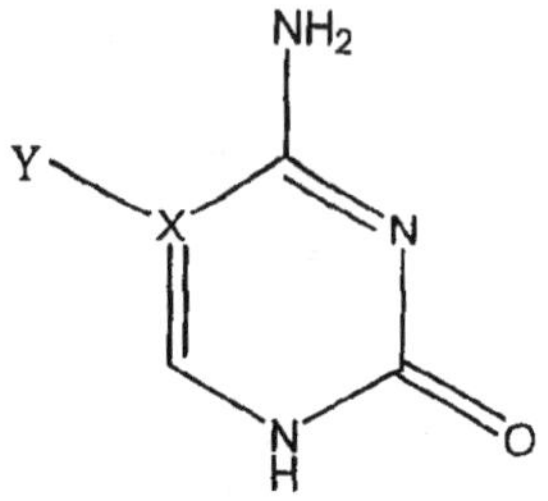

（Ⅰ）

其中，X 为碳或氮，Y 为氢，卤素或低链的烷基。

6. 根据权利要求 1、2、5、7 中任一项所述的方法，其特征在于所述的酶是具有胞嘧啶核苷磷酸化酶活性的细菌群，也可以是由细菌群或其培养基得到的酶制剂。

7. 根据权利要求 3 所述的方法，其特征在于所述的酶是具有胞嘧啶核苷磷酸化酶的细菌群，也可以是由细菌群或其培养基得到的酶制剂。

8. 根据权利要求 1 所述的方法，其特征在于所述的酶是具有胞嘧啶核苷磷酸化酶的细菌群，也可以是由细菌群或其培养基得到的酶制剂。

9. 根据权利要求 4 所述的方法，其特征在于所述的酶是具有胞嘧啶核苷磷酸化酶的细菌群，也可以是由细菌群或其培养基得到的酶制剂。

10. 制备胞嘧啶核苷酸化合物的方法，其特征在于包含用磷酸糖与胞嘧啶或胞嘧啶衍生物在一种具有胞嘧啶核苷酸化酶活性的酶的作用下反应生成胞嘧啶核苷化合物的步骤，所述的酶是以细菌群的形式、从细菌群获得的酶制剂或其培养物的形式提供的，其中所述细菌群具有胞嘧啶核苷磷酸化酶活性，但没有胞嘧啶脱氨酶的活性或者胞嘧啶脱氨酶活性降低，并且/或者没有胞嘧啶核苷脱氨酶的活性或者胞嘧啶核苷脱氨酶的活性降低，并且/或者没有磷酸酶的活性，这样通过胞嘧啶核苷磷酸化酶的活性能够获得胞嘧啶核苷化合物，其中所述胞嘧啶衍生物为式（Ⅰ）表示的化合物：

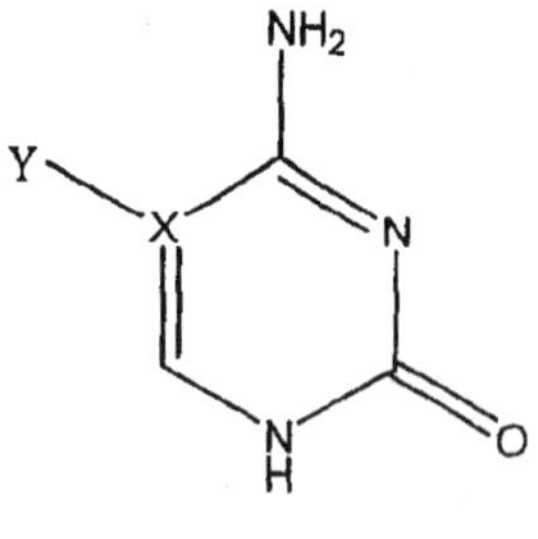

（Ⅰ）

其中，X 为碳或氮，Y 为氢，卤素或低链的烷基。

11. 根据权利要求 10 所述的方法，其特征在于细菌群或酶制剂具有的胞嘧啶脱氨酶和胞嘧啶核苷脱氨酶的至少一种活性通过活性降低处理得以去除或降低。

12. 根据权利要求 10 所述的方法，其特征在于所述的对细菌群的处理，是通过将具有胞嘧啶核苷磷酸化酶活性的细菌群与有机溶剂的水溶液接触，以选择性地去除或降低胞嘧啶脱氨酶活性和胞嘧啶核苷脱氨酶活性。

13. 根据权利要求 11 或 12 所述的方法，其特征在于制备细菌群的细菌具有嘌呤核苷磷酸化酶的活性，以及胞嘧啶脱氨酶和胞嘧啶核苷脱氨酶中的至少一种酶的活性，或者胞嘧啶脱氨酶和胞嘧啶核苷脱氨酶中的至少一种酶以及磷酸化酶的活性。

14. 根据权利要求 10 所述的方法，其特征在于抑制胞嘧啶核苷磷酸化酶活性的物质可通过以下任何一种方法，将之从细菌群或酶制剂中除去：

（a）使用极性溶剂，使由所述酶试剂得到的胞嘧啶核苷磷酸化酶以沉淀物的形式获得；

（b）使用盐析方法，使由所述酶试剂得到的胞嘧啶核苷磷酸化酶以沉淀物的形式获得，或

（c）使用合适的载体，如树脂来分离由所述酶试剂得到的胞嘧啶核苷磷酸化酶。

15. 一种胞嘧啶核苷磷酸化酶，通过用不同氨基酸来代替氨基酸序列 SED ID NO：4 中的一个或几个氨基酸来制备，被代替的氨基酸对应于 SED ID NO：4 中的 NO. 10，NO. 16，NO. 42，NO. 54，NO. 67，NO. 74，NO. 104，NO. 135，NO. 157，NO. 167，NO. 178，NO. 179，NO. 183，NO. 199，NO. 204，NO. 210，NO. 228 或 NO. 233。

16. 重组质粒，其含有编码了权利要求 15 的胞嘧啶核苷的基因。

17. 转化菌株，其载有权利要求 16 的重组质粒。

18. 一种制备胞嘧啶核苷磷酸化酶的方法，其中根据权利要求 17 所述的转化菌株是经过培养过的，并从培养的转化菌株、培养液和其加工物中收集得到胞嘧啶核苷磷酸化酶。

19. 根据权利要求 10～12 中的任何要求所述的酶制剂，其中，酶制剂包含来自大肠杆菌 Escherichia coli. 的具有嘌呤核苷磷酸化酶活性的酶。"

驳回决定认为：

（1）权利要求 10～14 不符合专利法第 26 条第 4 款的规定。具体理由为：本发明的实现需要具有特定的 SED ID NO：4 序列的胞嘧啶核苷磷酸化酶，筛选到该序列的酶是需要付出创造性劳动的，而权利要求 10 涵盖了除该序列外的其他序列，这些序列是本领域技术人员不能预见的，因此权利要求 10～14 得不到说明书的支持。

（2）权利要求 6～10 不清楚，不符合专利法实施细则第 20 条第 1 款的规定，具体理由为：权利要求 6～9 中"所述的酶是具有……的细菌群"不能够清楚表达"所述的酶来自具有……的细菌群"的含义；权利要求 6～9 中的措辞"也可以是"导致技术方案不清楚；权利要求 10 中的措辞"并且/或者……并且/或者……"导致技术方案重复而不清楚。

（3）权利要求 15～19 不具有创造性，不符合专利法第 22 条第 3 款的规定。对比文件 1 已经公开了 SED ID NO：4 的序列结构及作为嘌呤核苷磷酸化酶的用途，尽管没有公开胞嘧啶核苷磷酸化酶的用途，但是在对比文件 1 序列的基础上做保守性变体是本领域很容易做到的，而且"胞嘧啶核苷磷酸化酶"的功能也是由其结构本身决定的，对比文件 1 的序列同样具有该功能，因此权利要求 15～18 不具有创造性。同样，要求保护具有胞嘧啶核苷磷酸化酶活性的制剂的权利要求 19 也不具有创造性。

2007 年 2 月 17 日，申请人三井化学株式会社（下称请求人）对上述驳回决定不服，向专利复审委员会提出复审请求，请求人在提出复审请求时对权利要求书进行了修改（下称复审请求文本），其中修改了权利要求 6～10 中的相关表达方式，将权利要求 10 拆分为新的权利要求 10 和权利要求 11，并相应修改了权利要求 11～19 的序号及引用关系。修改后的权利要求 6～20 为：

"6. 根据权利要求 1、2、5 中任一项所述的方法，其特征在于所述的酶活性是由具有胞嘧啶核苷磷酸化酶活性的细菌群提供的，或者是由从细菌群或其培养基得到的酶制剂提供的。

7. 根据权利要求 3 所述的方法，其特征在于所述的酶活性是由具有胞嘧啶核苷磷酸化酶活性的细菌群提供的，或者是由从细菌群或其培养基得到的酶制剂提供的。

8. 根据权利要求 1 所述的方法，其特征在于所述的酶活性是由具有胞嘧啶核苷磷酸化酶活性的细菌群提供的，或者是由从细菌群或其培养基得到的酶制剂提供的。

9. 根据权利要求 4 所述的方法，其特征在于所述的酶活性是由具有胞嘧啶核苷磷酸化酶活性的细菌群提供的，或者是由从细菌群或其培养基得到的酶制剂提供的。

10. 制备胞嘧啶核苷酸化合物的方法，其特征在于包含用磷酸糖与胞嘧啶或胞嘧啶衍生物在一种具有胞嘧啶核苷酸化酶活性的酶的作用下反应生成胞嘧啶核苷化合物的步骤，所述的酶活性是由细菌群、从细菌群获得的酶制剂或其培养物提供的，其中所述细菌群具有胞嘧啶核苷磷酸化酶活性，但没有胞嘧啶脱氨酶的活性或者胞嘧啶脱氨酶的活性降低，并且/或者没有胞嘧啶核苷脱氨酶的活性或者胞嘧啶核苷脱氨酶的活性降低，这样通过胞嘧啶核苷磷酸化酶的活性能够获得胞嘧啶核苷化合物，其中所述的胞嘧啶衍生物为式（Ⅰ）表示的化合物：

其中，X 为碳或氮，Y 为氢，卤素或低链的烷基。

11. 根据权利要求 10 所述的方法，所述细菌群没有磷酸酶的活性或者磷酸酶的活性降低。

12. 根据权利要求 10 所述的方法，其特征在于细菌群或酶制剂具有的胞嘧啶脱氨酶和胞嘧啶核苷脱氨酶的至少一种活性通过活性降低处理得以去除或降低。

13. 根据权利要求 10 所述的方法，其特征在于所述的对细菌群的处理，是通过将具有胞嘧啶核苷磷酸化酶活性的细菌群与有机溶剂的水溶液接触，以选择性地去除或降低胞嘧啶脱氨酶活性和胞嘧啶核苷脱氨酶活性。

14. 根据权利要求 12 或 13 所述的方法，其特征在于制备细菌群的细菌具有嘌呤核苷磷酸化酶的活性，以及胞嘧啶脱氨酶和胞嘧啶核苷脱氨酶中的至少一种酶的活性，或者胞嘧啶脱氨酶和胞嘧啶核苷脱氨酶中的至少一种酶以及磷酸化酶的活性。

15. 根据权利要求 10 所述的方法，其特征在于抑制胞嘧啶核苷磷酸化酶活性的物质可通过以下任何一种方法，将之从细菌群或酶制剂中除去：

（a）使用极性溶剂，使由所述酶试剂得到的胞嘧啶核苷磷酸化酶以沉淀物的形式获得；

（b）使用盐析方法，使由所述酶试剂得到的胞嘧啶核苷磷酸化酶以沉淀物的形式获得，或

（c）使用合适的载体，如树脂来分离由所述酶试剂得到的胞嘧啶核苷磷酸化酶。

16. 一种胞嘧啶核苷磷酸化酶，通过用不同氨基酸来代替氨基酸序列 SED ID NO：4 中的一个或几个氨基酸来制备，被代替的氨基酸对应于 SED ID NO：4 中的 NO. 10，NO. 16，NO. 42，NO. 54，NO. 67，NO. 74，NO. 104，NO. 135，NO. 157，NO. 167，NO. 178，NO. 179，NO. 183，NO. 199，NO. 204，NO. 210，NO. 228 或 NO. 233。

17. 重组质粒，其含有编码了权利要求 16 的胞嘧啶核苷的基因。

18. 转化菌株，其载有权利要求 17 的重组质粒。

19. 一种制备胞嘧啶核苷磷酸化酶的方法，其中根据权利要求 17 所述的转化菌株是经过培养过的，并从培养的转化菌株、培养液和其加工物中收集得到胞嘧啶核苷磷酸化酶。

20. 根据权利要求 10～13 中的任何要求所述的酶制剂，其中，酶制剂包含来自大肠杆菌 Escherichia coli. 的具有嘌呤核苷磷酸化酶活性的酶。”

请求人认为：（1）权利要求 10～15 可以得到说明书的支持，这是因为，发明人发现的嘌呤核苷磷酸化酶的存在也说明了胞嘧啶核苷磷酸化酶的存在。因此，权利要求 10 所述的生物细菌群或者酶制剂可以从具有嘌呤核苷磷酸化酶，而不具有胞嘧啶脱氨酶活性、和/或胞嘧啶核苷脱氨酶活性、和/或磷酸酶活性的细菌获得，并且，本领域技术人员可以通过一定步骤（即，i. 提供细菌群或者从细菌群获得的酶制剂，其具有嘌呤核苷酸磷酸化酶（PNP）；ii. 根据本申请说明书所描述的方法，对细

菌群或者酶制剂进行处理以消除或者降低胞嘧啶脱氨酶和胞嘧啶核苷脱氨酶的至少一种活性；iii. 根据本申请的描述，确定所处理的细菌群或者所处理的酶制剂具有期望的胞嘧啶核苷磷酸化酶）从具有胞嘧啶核苷磷酸化酶的微生物获得细菌群或者酶制剂，而所述步骤不需要过多的实验。（2）权利要求16（原权利要求15）具有创造性，这是因为，对比文件1公开的仅仅是嘌呤核苷磷酸化酶的用途，由于某些位点的突变会导致酶活性的完全丧失，因此，本领域技术人员基于具有嘌呤磷酸化酶的核苷酸序列无法显而易见地得出权利要求16中具有胞嘧啶核苷磷酸化酶活性的突变体。在此基础上，从属权利要求17、18及权利要求19、20也具有创造性。（3）新修改的权利要求6~11克服了不清楚的缺陷。

经形式审查合格后，专利复审委员会受理了该请求，并于2007年5月8日向请求人发出了《复审请求受理通知书》，同时将本申请转送至国家知识产权局原审查部门进行前置审查。

在《前置审查意见书》中，国家知识产权局原审查部门认为权利要求10仍然没有具体限定具有胞嘧啶核苷磷酸化酶活性的SED ID NO：4，权利要求10~15依然得不到说明书的支持，因此坚持驳回决定。

专利复审委员会组成合议组，对本复审请求案进行了审理。

合议组于2008年7月9日向请求人发出《复审通知书》，指出：权利要求10要求保护制备胞嘧啶核苷酸化合物的方法，其特征在于包含用磷酸糖与胞嘧啶或胞嘧啶衍生物在一种具有胞嘧啶核苷酸化酶活性的酶的作用下反应生成胞嘧啶核苷化合物的步骤，所述的酶活性是由细菌群、从细菌群获得的酶制剂或其培养物提供的，其中所述细菌群具有胞嘧啶核苷磷酸化酶活性，但没有胞嘧啶脱氨酶的活性或者胞嘧啶脱氨酶的活性降低，并且/或者没有胞嘧啶核苷脱氨酶的活性或者胞嘧啶核苷脱氨酶的活性降低。首先，本领域技术人员根据现有技术不能确定除说明书中提到的具有SED ID NO：4序列及其部分位置上进行氨基酸替换获得的序列的大肠杆菌嘌呤核苷酸酶之外，是否还存在其他序列的胞嘧啶核苷磷酸化酶。其次，权利要求10所述的“具有胞嘧啶核苷酸磷酸化酶活性的酶”还包括对于所述氨基酸序列进行缺失、替换或者插入得到的突变的氨基酸序列，但是突变结果本身是不可控的，某些位置上突变后是否还保持原来的活性是不可预测的。因此，权利要求10得不到说明书的支持，不符合专利法第26条第4款的规定。从属权利要求11~13、15未对技术特征“具有胞嘧啶核苷酸磷酸化酶活性的酶”作进一步限定。因此，权利要求11~13、15不符合专利法第26条第4款的规定。从属权利要求14进一步限定制备细菌群的细菌具有嘌呤核苷磷酸化酶的活性，但是，由于嘌呤衍生物与胞嘧啶衍生物底物结构存在差异，而酶对于底物通常具有特异性，因此，在说明书仅验证了特定序列的大肠杆菌嘌呤核苷酸磷酸化酶可以用作胞嘧啶核苷酸化酶的情况下，本领域技术人员无法预测所有类型的嘌呤核苷磷酸化酶均可以用作胞嘧啶核苷磷酸化酶。因此，权利要求14不符合专利法第26条第4款的规定。

针对上述《复审通知书》，请求人于2008年8月21日提交了意见陈述书和权利要求书全文替换页（共包括13项权利要求），其中，删除了复审请求文本中的权利要求10~15以及权利要求20，将权利要求16-19重新编号为10~13，并相应地修改了其中的引用关系，将权利要求11中的“胞嘧啶核苷的基因”修改为“胞嘧啶核苷磷酸化酶的基因”。请求人认为，新修改的权利要求1~13消除了《复审通知书》中所指出的缺陷。经修改的权利要求10~13为：

“10. 一种胞嘧啶核苷磷酸化酶，通过用不同氨基酸来代替氨基酸序列SED ID NO：4中的一个或几个氨基酸来制备，被代替的氨基酸对应于SED ID NO：4中的NO. 10，NO. 16，NO. 42，NO. 54，NO. 67，NO. 74，NO. 104，NO. 135，NO. 157，NO. 167，NO. 178，NO. 179，NO. 183，NO. 199，NO. 204，NO. 210，NO. 228或NO. 233。

11. 重组质粒，其含有编码了权利要求 10 的胞嘧啶核苷磷酸化酶的基因。

12. 转化菌株，其载有权利要求 11 的重组质粒。

13. 一种制备胞嘧啶核苷磷酸化酶的方法，其中根据权利要求 11 所述的转化菌株是经过培养过的，并从培养的转化菌株、培养液和其加工物中收集得到胞嘧啶核苷磷酸化酶。”

至此，合议组认为本案事实已经清楚，可以作出审查决定。

二、决定的理由

1. 关于文本

本复审请求审查决定所针对的文本是：2008 年 8 月 21 日提交的权利要求书，驳回决定所针对的说明书、附图以及说明书摘要。

2. 关于专利法第 26 条第 4 款

《驳回决定》指出，驳回文本的权利要求 10~14 不符合专利法第 26 条第 4 款的规定，《复审通知书》指出，复审请求文本的权利要求 10~15（相应于驳回文本的权利要求 10~14）不符合专利法第 26 条第 4 款的规定。请求人在 2008 年 8 月 21 日提交的权利要求书中，已经将复审请求文本的权利要求 10~15 删除，因此，该修改已经克服了《驳回决定》及《复审通知书》所指出的权利要求不符合专利法第 26 条第 4 款规定的缺陷。

3. 关于专利法实施细则第 20 条第 1 款

专利法实施细则第 20 条第 1 款规定：权利要求书应当说明发明或者实用新型的技术特征，清楚、简要地表述请求保护的范围。

《驳回决定》指出，驳回文本的权利要求 6~10 不符合专利法实施细则第 20 条第 1 款的规定，具体理由为：权利要求 6~9 中“所述的酶是具有……的细菌群”不能够清楚表达“所述的酶来自具有……的细菌群”的含义；权利要求 6~9 中的措辞“也可以是”导致技术方案不清楚；权利要求 10 中的措辞“并且/或者……并且/或者……”导致技术方案重复而不清楚。请求人在 2008 年 8 月 21 日提交的权利要求书中，相对于驳回文本，请求人（1）删除了权利要求 10；（2）将权利要求 6~9 中“所述的酶是具有……的细菌群”修改为“所述的酶活性是由……细菌群提供的”，该修改已经清楚表达了“所述的酶来自具有……的细菌群”的含义；（3）将权利要求 6~9 中的措辞“也可以是”修改为“或者是”，明确了酶活性的两种来源的并列选择关系。因此，上述修改已经克服了《驳回决定》所指出的驳回文本的权利要求 6~10 不符合专利法实施细则第 20 条第 1 款规定的缺陷，并且前审部门在《前置审查意见书》中也未坚持该意见。

4. 关于专利法第 22 条第 3 款

专利法第 22 条第 3 款规定：创造性，是指同申请日以前已有的技术相比，该发明有突出实质性特点和显著的进步。

如果请求保护的技术方案相对于最接近的现有技术存在区别技术特征，并且现有技术中没有给出将上述区别技术特征应用到该最接近的现有技术中以解决其存在的技术问题的启示，并且该技术方案能够产生有益的效果，则该技术方案具有突出的实质性特点和显著的进步，符合专利法第 22 条第 3 款有关创造性的规定。

《驳回决定》认为，驳回文本的权利要求 15~19 不具有专利法第 22 条第 3 款规定的创造性，在请求人于 2008 年 8 月 21 日提交的修改文本中，已经删除了所述的权利要求 19（即复审请求文本的权利要求 20），修改后的权利要求 10~13 相当于驳回文本中的权利要求 15~18，因此，下文将考察权利要求 10~13 的创造性。

权利要求 10 要求保护一种胞嘧啶核苷酸磷酸化酶，通过用不同氨基酸来代替氨基酸序列 SED ID

NO：4 中的一个或几个氨基酸来制备，并具体限定了被代替的氨基酸位置（具体方案参见案由部分）。对比文件 1（NCBI Nucleotide 数据库第 M60917 号检索结果，公开日为 1993 年 4 月 26 日）公开了氨基酸序列 SED ID NO：4 的序列结构及其作为嘌呤核苷磷酸化酶的用途。权利要求 10 和对比文件 1 相比，区别在于，权利要求 10 的磷酸化酶的氨基酸序列在特定的位置不同于对比文件 1 的磷酸化酶的氨基酸序列。由说明书可知，本申请是基于发现了一种嘌呤核苷磷酸化酶也可以用作胞嘧啶核苷磷酸化酶而完成的，本申请实施例提供的胞嘧啶核苷磷酸化酶是具有 SED ID NO：4 氨基酸序列的大肠杆菌的嘌呤核苷酸磷酸化酶，并在不影响目标酶活性的基础上，通过改变部分碱基序列，得到一系列具有新的氨基酸序列的胞嘧啶核苷磷酸化酶（参见说明书第 6 页最后一段及第 25 页表 8）。由此可见，权利要求 10 技术方案对氨基酸序列 SED ID NO：4 进行的氨基酸代替并不影响所得酶的活性。因此，权利要求 10 的技术方案实际要解决的技术问题是，提供一种全新的胞嘧啶核苷磷酸化酶，这一技术问题在本申请中是通过对氨基酸序列为 SED ID NO：4 的嘌呤核苷磷酸化酶进行特定位置的氨基酸代替而实现的。由于对比文件 1 仅公开氨基酸序列为 SED ID NO：4 的序列结构能作为嘌呤核苷磷酸化酶，没有公开该序列结构也能够用作胞嘧啶核苷酸磷酸化酶；同时，由于嘌呤衍生物与胞嘧啶衍生物底物结构上存在差异，酶对于底物通常具有特异性，因此，本领域技术人员也难以预测某种嘌呤核苷酸磷酸化酶能够用作胞嘧啶核苷磷酸化酶。因此，本领域技术人员在对比文件 1 的基础上，不会想到要将氨基酸序列是 SED ID NO：4 的序列结构进行特定位置的氨基酸替代，并将所得序列的嘌呤核苷酸磷酸化酶用作胞嘧啶核苷磷酸化酶。而且，经过所述氨基酸替代后获得了全新的胞嘧啶核苷磷酸化酶。因此，权利要求 10 具有突出的实质性特点和显著的进步，符合专利法第 22 条第 3 款有关创造性的规定。

权利要求 11 要求保护含有编码了权利要求 10 的胞嘧啶核苷磷酸化酶的基因的重组质粒；权利要求 12 要求保护载有权利要求 11 的重组质粒的转化菌株；权利要求 13 要求保护使用权利要求 12 所述的菌株制备胞嘧啶核苷磷酸化酶的方法。这些权利要求的创造性均依赖于权利要求 10 的创造性，在权利要求 10 具备创造性的基础上，权利要求 11～13 也具备创造性，符合专利法第 22 条第 3 款的规定。

合议组注意到，前审部门在《前置审查意见书》中实际上也未坚持该意见。

根据上述事实和理由，合议组作出如下审查决定。

三、决定

撤销国家知识产权局于 2006 年 11 月 10 日针对 02119302.9 号发明专利申请作出的驳回决定，由国家知识产权局原审查部门以请求人于 2008 年 8 月 21 日提交的权利要求书，驳回决定所针对的说明书、附图以及说明书摘要为基础继续审批程序。

复审请求人对本决定不服的，可以根据专利法第 41 条第 2 款的规定，自收到本决定之日起三个月内向北京市第一中级人民法院起诉。

162

基于次氯酸钠的消毒溶液及其制备方法

复审请求审查决定（第15011号）

决　　定　　号　第15011号
决　　定　　日　2008年10月29日
发明创造名称　基于次氯酸钠的消毒溶液及其制备方法
国 际 分 类 号　A01N59/00，C01B11/06
复 审 请 求 人　方济各安吉利克化学联合股份有限公司
申　　请　　号　02815254.9
优 先 权 日　2001年8月3日
申　　请　　日　2002年7月23日
公　　开　　日　2004年10月20日
合 议 组 组 长　任晓兰
主　　审　　员　侯　曜
参　　审　　员　张家祥

法 律 依 据　专利法第22条第3款
决 定 要 点

在判断创造性时，首先要将权利要求的技术方案和最接近的现有技术进行对比，找出二者的区别特征，确定所述技术方案实际要解决的技术问题，进而考察现有技术中是否存在将该区别特征引入所述最接近的现有技术中以解决上述技术问题的启示。

一、案由

本复审请求案涉及发明名称为“基于次氯酸钠的消毒溶液及其制备方法”的第02815254.9号发明专利申请（下称本申请），申请人为方济各安吉利克化学联合股份有限公司，申请日为2002年7月23日，优先权日为2001年8月3日，公开日为2004年10月20日。

2006年9月22日，国家知识产权局针对申请人进入中国国家阶段时提交的国际申请文件中文译文的说明书第2~7页和说明书摘要，国际初审报告附件中的说明书第1和1a页，以及2006年1月24日提交的权利要求第1~10项，以权利要求1~3、6~7不具备专利法第22条第2款规定的新颖性和权利要求4~5、8~10不具备专利法第22条第3款规定的创造性为由驳回了本申请。驳回决定针对的权利要求书如下：

“1. 一种次氯酸钠消毒溶液，其pH为10.1~10.7且包含0.021%~5.76%（w/v）次氯酸钠，其特征在于该溶液不含缓冲剂且相对于次氯酸钠的量含有不多于2%的氯酸钠。

2. 根据权利要求 1 的溶液，其特征在于该溶液包含 0.52% ~2.09%（w/v）次氯酸钠。

3. 根据权利要求 1 或 2 的溶液，其特征在于该溶液的 pH 为 10.1~10.5。

4. 根据权利要求 1 或 2 中的溶液，其特征在于该溶液还包含 0.015% ~4%（w/v）氯化钠。

5. 根据权利要求 1 或 2 的溶液，其特征在于该溶液包含的氯化钠的量足以使其等渗。

6. 根据权利要求 1 或 2 的溶液，其特征在于该溶液还包含着色剂。

7. 一种制备包含 0.021% ~5.76%（w/v）次氯酸钠的次氯酸钠消毒溶液的方法，包括稀释次氯酸钠浓溶液，其特征在于通过加入稀盐酸将该溶液的 pH 调至 10.1~10.7。

8. 根据权利要求 7 的方法，其特征在于所述浓溶液的 pH 为 13 且包含 15.70% ~20.93%（w/v）次氯酸钠。

9. 根据权利要求 7 或 8 的方法，其特征在于所述稀盐酸溶液包含 0.01~1mol/l 盐酸。

10. 根据权利要求 9 的方法，其特征在于所述稀盐酸溶液包含 0.1~1mol/l 盐酸。”

驳回决定认为：（1）对比文件 1（US5272678A，公开日为 1993 年 12 月 28 日）公开了一种次氯酸钠的稳定溶液，其中含有其量足以产生 4~6g/l 活性氯的次氯酸钠，其量足以使 pH 大于 10 小于等于 10.5 的 pH 调节剂和净化水，处理活的气管上皮细胞时，整体上保存了其纤毛功能。权利要求 1 的数值范围与对比文件 1 相互交叉重叠，因此权利要求 1 不具备新颖性。申请人称本申请的组合物不含缓冲剂，但实际上其中含有的 pH 调节剂是常识意义上的 pH 缓冲剂，而且权利要求 1 中不多于 2% 的氯酸钠，其下限理解为 0%，是对比文件 1 已公开的；（2）从属权利要求 2、3 和 6 的附加技术特征同样已被对比文件 1 公开，因此不具备新颖性；（3）由于所述次氯酸钠是通过通氯气于烧碱溶液制得的，由此方法制得的产物中次氯酸钠和氯化钠的摩尔数相同，氯化钠的含量略低于次氯酸钠（因氯化钠的分子量小）是显而易见的，因此在权利要求 1~3 不具备新颖性的前提下，进一步限定溶液中本身固有的氯化钠的含量不会因此带来预料不到的技术效果，权利要求 4 不具备创造性；（4）对比文件 1 未具体限定氯化钠的浓度，但其实质上也是一种等渗溶液，因此在权利要求 1~4 的溶液不具备新颖性或创造性的前提下，权利要求 5 不具备创造性；（5）对比文件 2（US5624636A，公开日为 1997 年 4 月 29 日）公开了一种用于牙齿印模的次氯酸盐基消毒剂，并具体公开了“用足量的水稀释浓缩的次氯酸钠溶液，添加足量的 pH 缓冲剂或酸以产生含大约 0.05% ~1.05% 次氯酸盐且 pH 大约 10 的处理溶液，“大约”表示给定值可在加减 0.5pH 单位的范围内变化，多种酸可用于调节和稳定处理溶液的 pH 值，适宜的酸包括盐酸”，权利要求 7 与对比文件 2 公开的数值范围相互交叉重叠，因此权利要求 7 不具备新颖性；（6）在制备步骤完全相同、产物相同的情况下，限定母液的浓度和 pH 值并不会带来预料不到的技术效果，因此权利要求 8 不具备创造性；（7）本申请中盐酸的作用是调节溶液 pH 值，本领域技术人员可根据需要决定盐酸的用量，因此权利要求 9 和 10 不具备创造性。

2007 年 1 月 8 日，申请人方济各安吉利克化学联合股份有限公司（下称请求人）对上述驳回决定不服，向专利复审委员会提出复审请求，同时修改了权利要求书，其中将权利要求 7 具体限定为“一种制备如权利要求 1 所要求的次氯酸钠消毒溶液的方法”，新提交的权利要求书如下：

“1. 一种次氯酸钠消毒溶液，其 pH 为 10.1~10.7 且包含 0.021% ~5.76%（w/v）次氯酸钠，其特征在于该溶液不含缓冲剂且相对于次氯酸钠的量含有不多于 2% 的氯酸钠。

2. 根据权利要求 1 的溶液，其特征在于该溶液包含 0.52% ~2.09%（w/v）次氯酸钠。

3. 根据权利要求 1 或 2 的溶液，其特征在于该溶液的 pH 为 10.1~10.5。

4. 根据权利要求 1 或 2 中的溶液，其特征在于该溶液还包含 0.015% ~4%（w/v）氯化钠。

5. 根据权利要求 1 或 2 的溶液，其特征在于该溶液包含的氯化钠的量足以使其等渗。

6. 根据权利要求 1 或 2 的溶液，其特征在于该溶液还包含着色剂。

7. 一种制备如权利要求1所要求的次氯酸钠消毒溶液的方法，包括稀释次氯酸钠浓溶液，其特征在于通过加入稀盐酸将该溶液的pH调至10.1~10.7。

8. 根据权利要求7的方法，其特征在于所述浓溶液的pH为13且包含15.70%~20.93%（w/v）次氯酸钠。

9. 根据权利要求7或8的方法，其特征在于所述稀盐酸溶液包含0.01~1mol/l盐酸。

10. 根据权利要求9的方法，其特征在于所述稀盐酸溶液包含0.1~1mol/l盐酸。”

请求人认为：（1）尽管对比文件1没有提及任何有关氯酸钠的信息，但根据次氯酸钠本身固有的易分解的化学性质，其溶液中必然含有一定量的由次氯酸钠分解产生的氯酸钠，因此对比文件1并未公开氯酸钠相对于次氯酸钠为0%的次氯酸钠稳定溶液，本申请权利要求1具备新颖性；（2）由于氯酸钠具有毒性，本申请明确限定次氯酸钠消毒溶液中氯酸钠基于次氯酸钠的量不超过2%，使得所述消毒溶液可以有利地用于医疗用途，对比文件1没有明示或暗示这一特征以及低氯酸钠浓度的优点，此外，本申请的溶液具有至少两年的稳定性和杀菌活性，因此权利要求1~6的技术方案具备新颖性和创造性；（3）本申请权利要求7中限定次氯酸钠消毒溶液中氯酸钠的含量不超过2%，并且明确排除包含缓冲剂，而对比文件2制备的消毒溶液只能确定含有大于0的氯酸钠，但具体范围不清楚，而且对比文件2中有关pH调节剂的描述模糊且不一致，因而可能包含缓冲剂，因此权利要求7的方法具备新颖性；（4）由于不存在缓冲剂并且限定了次氯酸钠的浓度，本申请方法制备的消毒溶液稳定性和安全性得以改进，因此权利要求7~10的方法也具备突出的实质性特点和显著的进步，具有创造性。

2007年1月26日，经形式审查合格后，专利复审委员会受理了该请求，并向请求人发出了《复审请求受理通知书》，同时将本申请转送至国家知识产权局原审查部门进行前置审查。

在《前置审查意见书》中，国家知识产权局原审查部门仍然认为对比文件1和2实质上公开了权利要求的技术方案，因此坚持驳回决定。

专利复审委员会依法组成合议组，对本复审请求案进行了审理，并于2008年2月25日向请求人发出《复审通知书》，指出：（1）权利要求1和7的保护范围中明确排除了“缓冲剂”，但本申请中没有给出有关“缓冲剂”的明确定义，本领域技术人员无法判断本申请中用于调节浓溶液pH值的试剂中，诸如四硼酸钠、碳酸氢钠、碳酸钠、磷酸氢二钠、磷酸二氢钠等的无机盐是否也属于被排除的“缓冲剂”的范畴，权利要求1和7的保护范围不清楚，不符合专利法实施细则第20条第1款的规定。（2）对比文件1公开了一种次氯酸钠的稳定溶液，含有足以产生4~6g/l，更好为4~5.5，优选4.5~5.5，更优选5.0~5.5g/l活性氯的次氯酸钠，其量足以使pH大于10且小于等于10.5，优选10.25的pH调节剂，以及净化水，该溶液在20~25℃下能够至少稳定24个月，并且给出了使用无机盐调节pH值以获得稳定的缓冲溶液的启示（参见对比文件1的权利要求1，说明书第2~3栏，第3栏第42~61行）。本领域技术人员容易想到直接使用对比文件1公开的磷酸二氢钾、磷酸氢钾、磷酸二氢钠等或者性质与其类似的无机盐，或使用常用的pH调节剂盐酸，以获得具有所需pH的缓冲溶液，并且容易想到使有害物质氯酸钠的含量尽可能低，故权利要求1的技术方案不符合专利法第22条第3款的规定。（3）权利要求2~5的附加技术特征没有带来出人意料的效果，因此也不具备创造性。（4）对比文件2公开了一种可用于牙齿印模消毒的次氯酸盐消毒溶液，包括用水稀释浓缩的次氯酸钠溶液，添加足量的pH缓冲剂或酸，以产生含约0.05%~1.05%次氯酸盐且pH约10的处理溶液，各种酸或pH缓冲剂可用于调节和稳定所述溶液的pH值，适合的酸包括磷酸、盐酸、硝酸、硫酸或者其他的酸或酸盐，可用于稳定pH值的适合的缓冲剂是磷酸盐、硼酸盐、碳酸盐或柠檬酸盐（参见对比文件2的说明书第2栏）。本申请权利要求7与该对比文件的区别在于：权利要求7的次氯酸钠溶液中相对于次氯酸钠的量含有不多于2%的氯酸钠，而对比文件2中没有明确提及溶液中氯酸钠的含量。但次氯酸钠缓冲液中的氯酸钠含量应当尽可能低是所属领域的公知常识，故权利要求7的技术方案不符合专利法第22条第3款的规定。(5) 权利要求8~10的附加技术特征没有带来出人意料的效果，因此权利要求8~10的技术方案也不具备创造性。

2008年6月10日，请求人针对上述《复审通知书》提交了意见陈述书，认为：(1) 本申请中的"缓冲剂"具有本领域公知的含义，即通常是弱酸和该弱酸的可溶性离子盐混合而成的溶液，或弱碱和该弱碱的可溶性离子盐混合而成的溶液，本申请中用来校正次氯酸盐溶液的pH的无机盐不属于所述缓冲剂的范畴，因此，权利要求1和7的保护范围清楚，符合专利法实施细则第20条第1款的规定。(2) 对比文件1公开的次氯酸钠溶液浓度非常稀，如果使用稀释浓溶液的方法制备，为了降低次氯酸钠的浓度，需要大量pH调节剂或缓冲溶液，会促进次氯酸钠的自发分解，产生氯酸钠、氯化钠和少量亚氯酸钠；如果采用电解溶液制备，将会导致氯化钠过量和氯酸钠大量存在，并且工艺昂贵。对比文件1仅简单指出采用能够将pH调节至10~10.5的任何试剂来调节pH，没有关注形成氯酸钠和亚氯酸钠的问题，本领域技术人员仅能得出使用这些试剂调节pH，而不会想到这些试剂中某些不仅能调节pH，还可以不会促进消毒溶液分解得到不希望的氯酸钠而使消毒溶液的安全性更佳，更不会想到采用稀盐酸来稀释和调节浓溶液的pH也能达到上述目的。因此，对比文件1没有公开或暗示本发明的技术方案。(3) 对比文件2公开了制备在使用时才要制备的当场溶液的方法，是通过将含有约5.25%次氯酸钠的商品溶液与另一种含有酸或缓冲溶液的溶液混合来实现的，而添加缓冲剂或酸稀释会促进次氯酸钠的自发分解，产生氯酸钠、氯化钠和少量亚氯酸钠。此外，对比文件2简单述及使用各种酸或pH缓冲剂并具体使用20N磷酸溶液，没有教导或暗示使用稀盐酸。因此，对比文件2没有提及本申请中消毒溶液的制备方法及稳定性要求。(4) 请求人提供了一组据称能够代表本申请溶液和现有技术对照溶液的长期稳定性结果，并认为其结果证明，本发明的溶液能够将次氯酸钠溶液的初始含量保持更长时间，并且随着时间的推移氯酸盐的含量增加得更少。

经合议，合议组认为本案事实已经清楚，可以依法作出复审决定。

二、决定的理由

1. 关于审查文本

本复审请求审查决定以请求人于2007年1月8日提交的权利要求第1~10项，进入中国国家阶段时提交的国际申请文件中文译文的说明书第2~7页和说明书摘要，以及国际初审报告附件中的说明书第1和1a页作为审查文本。

2. 关于专利法第22条第3款

专利法第22条第3款规定，创造性，是指同申请日以前已有的技术相比，该发明有突出的实质性特点和显著的进步。

在判断创造性时，首先要将权利要求的技术方案和最接近的现有技术进行对比，找出二者的区别特征，确定所述技术方案实际要解决的技术问题，进而考察现有技术中是否存在将该区别特征引入到所述最接近的现有技术中以解决上述技术问题的启示。

就本申请而言：权利要求1要求保护一种pH为10.1~10.7且含0.021%~5.76%（w/v）次氯酸钠（等价于0.020%~5.50%w/v活性氯）的次氯酸钠消毒溶液，该溶液不含缓冲剂且相对于次氯酸钠的量含有不多于2%的氯酸钠。

对比文件1公开了一种次氯酸钠的稳定溶液，含有足以产生4~6g/l，更好为4~5.5，优选4.5~5.5，更优选5.0~5.5g/l活性氯的次氯酸钠，其量足以使pH大于10且小于等于10.5，优选10.25的pH调节剂，以及净化水，该溶液在20~25℃下能够至少稳定24个月（参见对比文件1的权利要求1，说明书第2~3栏)。将权利要求1所要求保护的技术方案与该对比文件所公开的内容相比，二者的pH和次氯酸钠含量范围交叉重叠，其形式上的区别在于：(1) 权利要求1的次氯酸钠溶液中不含缓冲剂，对比文件1的次氯酸钠溶液中含pH调节剂；(2) 权利要求1的次氯酸钠溶液中相对于次氯酸钠的量含有不多于2%的氯酸钠，而对比文件1中没有明确提及溶液中氯酸钠的含量。

关于区别技术特征(1)，对比文件1提到，其pH调节剂可以是对次氯酸钠呈惰性，并能够将溶液的pH调节至10~10.5而不影响体外活细胞的纤毛功能，即耐受量的任何类型的试剂，例如可以是磷酸二氢钾、磷酸氢钾、磷酸二氢钠或其混合物及缓冲溶液，优选磷酸二氢钠(参见对比文件1的说明书第3栏第42~61行)。可见，对比文件1中使用的这些pH调节剂均为单一的无机盐，并未成对使用相应的酸与其盐。根据请求人在答复《复审通知书》时所陈述的意见，这种单一无机盐类pH调节剂不属于权利要求1所排除的“缓冲剂”的范畴，因此，对比文件1实质上并未使用“缓冲剂”，即，在对比文件1的次氯酸钠溶液中也不含有“缓冲剂”。由此可见，该“区别特征(1)”不能构成权利要求1与对比文件1的真正的区别特征。对于区别技术特征(2)，根据本申请说明书的记载，氯酸钠具有毒性，因而已经对其作出了规定(参见本申请说明书第2页倒数第一段)，需要控制溶液中氯酸钠溶液的含量以使得该溶液能被皮肤和粘膜良好耐受。因此，本申请实际要解决的技术问题仅仅是提供一种能被皮肤和粘膜良好耐受的次氯酸钠消毒溶液，这一问题在本申请中是通过使氯酸钠的浓度低于2%来实现的。故而，判断权利要求1的技术方案是否具备创造性的焦点在于判断现有技术中是否存在使次氯酸钠消毒溶液中的氯酸钠含量处于所述范围，以获得能够被皮肤和粘膜良好耐受的次氯酸钠消毒溶液的技术启示。

对此，合议组认为：如本申请说明书第2页所述，氯酸钠具有毒性是本领域技术人员的公知常识，因此，次氯酸钠中的氯酸钠含量越低，其越容易被皮肤和粘膜所接受，产品越容易满足各种要求，本领域技术人员在制造高质量的消毒溶液时，容易想到使氯酸钠的含量尽可能低。而且，本申请说明书也没有提供证据证明氯酸钠的含量处于这一范围将产生其他预料不到的效果，因此，将对比文件1和上述公知常识结合，得到权利要求1的技术方案对于本领域技术人员是显而易见的。故权利要求1的技术方案不具备创造性，不符合专利法第22条第3款的规定。

对于请求人提出复审请求和答复《复审通知书》时的观点，特别是意见陈述中用来说明本发明优点的实验数据，合议组认为：(1) 如上所述，氯酸钠具有毒性，当次氯酸钠消毒溶液用于医疗用途时，自然希望其中的氯酸钠含量尽可能的低，故采用低浓度氯酸钠的上述优点是本领域技术人员根据其常识能够预期的，并且除安全性之外，氯酸钠含量也没有给本申请中次氯酸钠消毒溶液带来其他有益效果。(2) 本申请的消毒溶液是通过稀释次氯酸钠浓溶液并调节其pH值获得的，其中的氯酸钠含量取决于浓溶液中的氯酸钠含量以及次氯酸钠自发分解的程度，2%的氯酸钠含量不是为本发明实际解决的技术问题而引入的技术手段，而是本发明的技术手段产生的技术效果；请求人认为，本申请中将氯酸钠含量保持在这一范围是通过将浓溶液稀释并加入稀盐酸调解其pH而实现的，原因是“使用稀盐酸作为pH调节剂不会促进次氯酸钠的自发分解”，但是，合议组注意到，首先，权利要求1中并未包括“使用稀盐酸作为pH调节剂”的方法特征；其次，在请求人提交的实验数据中，按照本申请方法制备的次氯酸钠浓度为5.5%w/v的溶液3中，其氯酸盐含量在新鲜溶液、3个月、6个月、12个月和24个月之后分别为850、1024、1520、2845和4430ppm，在次氯酸钠浓度为1.2w/v的溶液5中，其氯酸盐含量在新鲜溶液、3个月、6个月、12个月和24个月之后分别为168、290、350、585和1130ppm，即贮存3个月后，本申请溶液中的氯酸钠含量即超出了权利要求1中限定的上限2%。本申请说明书的实验数据也显示，即使在表II所示的较低室温下贮存75天之后，大部分本申请溶液中的氯酸钠含量也超出了该上限。氯酸钠含量随时间逐渐升高的现象一方面表明，氯酸钠含量不是本领域技术人员能够采取的技术手段，而是技术手段产生的技术效果；另一方面表明，即使采用本申请中的稀盐酸调节 pH 的技术手段，也不能在至少两年的时间段内保持该效果，即本申请权利要求 1 请求保护的氯酸钠含量<2% 的溶液不存在请求人声称的至少稳定两年的优点。（3）还需要指出的是，对比文件 1 中并未明确提及次氯酸钠溶液的制备方法，因此，没有证据表明，请求人声称的对比实验数据中“按照对比文件 1 教导制备的溶液 1”确实能够代表对比文件 1 公开的溶液，以及其中氯酸盐和次氯酸钠含量能够真实地反映对比文件 1 溶液的特征。因此，与对比文件 1 的技术方案相比，本申请中氯酸钠含量的引入并没有给本发明带来意想不到的技术效果，对于请求人的上述观点，合议组不予支持。

权利要求 2 和 3 的附加技术特征对溶液的次氯酸钠浓度和 pH 值作了进一步限定，对比文件 1 已经公开了所述消毒溶液的优选次氯酸钠浓度和 pH 值，尽管在次氯酸钠浓度上与权利要求 2 有所区别，但本申请说明书中没有进一步的证据显示这样的限定具有出人意料的效果，因此在权利要求 1 不具备创造性的前提下，权利要求 2 和 3 的技术方案也不具备突出的实质性特点和显著的进步，不符合专利法第 22 条第 3 款的规定。

权利要求 4 和 5 的附加技术特征对溶液中的氯化钠含量作了进一步限定，对比文件 1 没有具体公开消毒溶液中的氯化钠浓度，但已经公开了所述消毒溶液可应用于气管上皮活细胞至少 60 分钟而不影响其纤毛功能（参见对比文件 1 的说明书第 3 栏第 49~54 行），对比文件 1 公开的消毒溶液实际上是等渗溶液；此外，如上所述，次氯酸钠易分解的化学性质会导致其溶液中一定含有一定量的氯酸钠和氯化钠，且本申请说明书中没有进一步的证据显示这样的限定具有出人意料的效果，因此在权利要求 1 不具备创造性的前提下，权利要求 4 和 5 的技术方案也不具备突出的实质性特点和显著的进步，不符合专利法第 22 条第 3 款的规定。

权利要求 6 的附加技术特征进一步限定了所述溶液中还含有着色剂，对比文件 1 公开了所述消毒溶液中还可含有对次氯酸钠和 pH 调节剂呈惰性的着色物质，例如高锰酸钾（参见对比文件 1 的说明书第 3 栏第 20~25 行），可见，该特征已被对比文件 1 公开，因此在权利要求 1 不具备创造性的前提下，权利要求 6 的技术方案也不具备突出的实质性特点和显著的进步，不符合专利法第 22 条第 3 款的规定。

权利要求 7 要求保护一种制备如权利要求 1 所要求的次氯酸钠消毒溶液的方法，包括稀释次氯酸钠浓溶液，其特征在于通过加入稀盐酸将该溶液的 pH 调至 10. 1~10. 7。

对比文件 2 公开了一种可用于牙齿印模消毒的次氯酸盐消毒溶液，包括用水稀释浓缩的次氯酸钠溶液，添加足量的 pH 缓冲剂或酸，以产生含约 0. 05%~1. 05% 次氯酸盐且 pH 约 10 的处理溶液，各种酸或 pH 缓冲剂可用于调节和稳定所述溶液的 pH 值，适合的酸包括磷酸、盐酸、硝酸、硫酸或者其他的酸或酸盐，可用于稳定 pH 值的适合的缓冲剂是磷酸盐、硼酸盐、碳酸盐或柠檬酸盐（参见对比文件 2 的说明书第 2 栏），并在实施例 1 具体使用 20N 磷酸调节 pH 值。由于权利要求 7 包含权利要求 1 的全部技术特征，因此将本申请权利要求 7 所要求保护的技术方案与该对比文件 2 所公开的内容相比，二者的区别在于：权利要求 7 的次氯酸钠溶液中相对于次氯酸钠的量含有不多于 2% 的氯酸钠，而对比文件 2 中没有明确提及溶液中氯酸钠的含量，这一区别特征与权利要求 1 相对于对比文件 1 的区别技术特征完全相同。因此，基于与针对权利要求 1 的创造性评述完全相同的理由，本领域技术人员将对比文件 2 和上述公知常识结合，得到权利要求 7 的技术方案是显而易见的，故权利要求 7 的技术方案不具备创造性，不符合专利法第 22 条第 3 款的规定。

请求人在提出复审请求和答复《复审通知书》时指出：（1）对比文件 2 公开了制备在使用时才制备的当场溶液的方法，是通过将含有约 5. 25% 次氯酸钠的商品溶液与另一种含有酸或缓冲溶液的溶液混合来实现的，而添加缓冲剂或酸稀释会促进次氯酸钠的自发分解，产生氯酸钠、氯化钠和少量亚氯酸钠。(2) 对比文件2简单述及使用各种酸或pH缓冲剂并具体使用20N磷酸溶液，没有教导或暗示使用稀盐酸。因此，对比文件2没有提及本申请中消毒溶液的制备方法及稳定性要求。

对此，合议组认为：(1) 如前所述，对比文件2已经明确教导了可以使用盐酸调节次氯酸钠溶液pH值，至于究竟选择稀盐酸溶液还是浓盐酸溶液，则是本领域技术人员能够根据待稀释的次氯酸钠浓溶液中次氯酸钠浓度、pH值等具体情况决定的，本领域技术人员不会因为对比文件2的实施例中使用20N磷酸溶液而必然排除使用稀盐酸；(2) 尽管请求人强调使用稀盐酸的重要作用，但本申请中并无证据能够证明稀盐酸和减少次氯酸钠自发分解的必然关系，而其他酸，例如浓盐酸就不能实现上述效果；(3) 如上对于权利要求1创造性评述时所述，采用低浓度氯酸钠的好处是本领域技术人员的公知常识，本申请中2%的氯酸钠含量不是为本发明实际解决的技术问题而引入的技术手段，即使采用本申请中的稀盐酸调节pH的技术手段，也不能在至少两年的时间段内保持该效果，因此，与对比文件2的技术方案相比，本申请中氯酸钠含量的引入并没有给本申请带来意想不到的技术效果，对于请求人的上述观点，合议组不予支持。

权利要求8的附加技术特征对所述浓溶液的pH和次氯酸钠含量作了进一步限定，对比文件2公开了用水稀释市售次氯酸钠浓溶液，然后调节pH以获得所需消毒溶液，并提及次氯酸钠经常以pH约12的5.25%溶液提供（参见说明书第2栏第5~30行），尽管与权利要求8的附加技术特征在数值上有所区别，但其来源均为市售溶液，不同来源的溶液在技术指标上显然不会完全相同，且所述浓溶液的作用仅仅是用于稀释，本申请说明书中也没有进一步的证据显示这样的限定具有出人意料的效果，因此在权利要求7不具备创造性的前提下，权利要求8的技术方案也不具备突出的实质性特点和显著的进步，不符合专利法第22条第3款的规定。

权利要求9和10的附加技术特征对所述稀盐酸的浓度作了进一步限定，所述盐酸的作用仅仅是用于调节溶液的pH值，本领域技术人员显然会根据自己的需要选择合适的浓度，且本申请说明书中也没有进一步的证据显示这样的限定具有出人意料的效果，因此在权利要求7不具备创造性的前提下，权利要求9和10的技术方案也不具备突出的实质性特点和显著的进步，不符合专利法第22条第3款的规定。

综上所述，合议组认为，本申请的权利要求1~10不具备创造性，不符合专利法第22条第3款的规定。

基于上述理由，合议组作出下述决定。

三、决定

维持国家知识产权局于2006年9月22日对02815254.9号发明专利申请作出的驳回决定。

复审请求人对本决定不服的，可以根据专利法第41条第2款的规定，自收到本决定之日起三个月内向北京市第一中级人民法院起诉。

163

氯乙烯类树脂用加工助剂及含该助剂的氯乙烯类树脂组合物

复审请求审查决定（第15054号）

决　定　号　第15054号
决　定　日　2008年11月7日
发明创造名称　氯乙烯类树脂用加工助剂及含该助剂的氯乙烯类树脂组合物
国际分类号　C08F265/06，C08L27/06，C08J9/04
复审请求人　钟渊化学工业株式会社
申　请　号　99801473.7
申　请　日　1999年8月24日
优　先　权　日　1998年8月28日
公　开　日　2000年11月29日
合议组组长　刘　亚
主　审　员　侯　曜
参　审　员　任晓兰

法律依据　专利法第33条
决定要点

如果申请的内容通过增加、改变和/或删除其中的一部分，致使所属技术领域的技术人员看到的信息与原申请记载的信息不同，那么这种修改是否符合专利法第33条的规定，关键在于所述修改后的信息能否从原申请记载的信息中直接地、毫无疑义地确定。

一、案由

本复审请求案涉及发明名称为“氯乙烯类树脂用加工助剂及含该助剂的氯乙烯类树脂组合物”的第99801473.7号发明专利申请（下称本申请），申请人为钟渊化学工业株式会社，申请日为1999年8月24日，优先权日为1998年8月28日，公开日为2000年11月29日。

2007年4月6日，针对申请人于2004年3月18日提交的权利要求第1~4项，进入中国国家阶段时提交的说明书第1~19页及说明书摘要，国家知识产权局以本申请的权利要求1不符合专利法第33条的规定为由驳回了本申请。驳回决定针对的权利要求1如下：

“1. 一种氯乙烯类树脂用加工助剂，其是由内层50~99重量份和外层50~1重量份构成，内层和外层的合计量为100重量份，比黏度ηsp在0.5以上，所述的内层是将由甲基丙烯酸甲酯51~100重量%和从除甲基丙烯酸甲酯以外的甲基丙烯酸酯和丙烯酸酯中选出的至少1种单体0~49重量%以及和它们可以共聚的乙烯基类单体0~20重量%构成的乳化聚合物构成，该乳化聚合物的比黏度ηsp在

0.7 以上，所述的外层是将由甲基丙烯酸甲酯 0~49 重量% 和从除甲基丙烯酸甲酯以外的甲基丙烯酸酯和丙烯酸酯中选出的至少 1 种单体 51~100 重量% 以及和它们可以共聚合的乙烯基类单体 0~20 重量% 构成的乳化聚合物构成。”

驳回决定认为：权利要求 1 中“其是由内层 50~99 重量份和外层 50~1 重量份构成，内层和外层的合计量为 100 重量份”、“所述的内层……0~20 重量% 构成的乳化聚合物构成”，以及“所述的外层是将……0~20 重量% 构成的乳化聚合物构成”的修改内容既未明确地记载在原说明书和权利要求书中，也不能由原说明书和权利要求书所记载的内容直接确定，因此超出了原说明书和权利要求书记载的范围，不符合专利法第 33 条的规定。

2007 年 7 月 23 日，申请人钟渊化学工业株式会社（下称请求人）对上述驳回决定不服，向专利复审委员会提出复审请求，同时提交了权利要求书全文替换页。修改后的权利要求 1 如下：

“1. 一种氯乙烯类树脂用加工助剂，其是由内层和外层的 2 段聚合物混合物组成，比黏度 ηsp 在 0.5 以上，所述内层由 50~99 重量份的单体混合物（A）得到的第一段聚合物形成，所述外层由50~1 重量份的单体聚合物（B）制成的聚合物形成，所述的单体混合物（A）是将由甲基丙烯酸甲酯51~100 重量% 和从除甲基丙烯酸甲酯以外的甲基丙烯酸酯和丙烯酸酯中选出的至少 1 种单体 0~49 重量% 以及和它们可以共聚的乙烯基类单体 0~20 重量% 组成，该第一段聚合物的比黏度 ηsp 在 0.7 以上，所述的单体混合物是（B）将由甲基丙烯酸甲酯 0~49 重量% 和从除甲基丙烯酸甲酯以外的甲基丙烯酸酯和丙烯酸酯中选出的至少 1 种单体 51~100 重量% 以及和它们可以共聚合的乙烯基类单体0~20 重量% 组成，单体混合物（A）和单体混合物（B）的总量为 100 重量份。”

请求人认为：修改后的权利要求书克服了《驳回决定》指出的缺陷，符合专利法第 33 条的规定。

经形式审查合格后，专利复审委员会受理了该复审请求，并 2007 年 8 月 30 日向请求人发出了《复审请求受理通知书》，同时将本申请转送至国家知识产权局原审查部门进行前置审查。

在《前置审查意见书》中，国家知识产权局原审查部门认为修改后的权利要求 1 中的内容在原始说明书中均有记载，但由于删除了“先由单体混合物（A）乳化聚合得到内层，再添加单体混合物（B）依次聚合得到外层”的内容，故修改后的权利要求 1 超出了原权利要求书和说明书记载的范围，因此坚持驳回决定。

2008 年 6 月 24 日，请求人再次提交意见陈述书和权利要求书全文替换页，其中将权利要求 1 中的“单体混合物（A）得到的”修改为“单体混合物（A）乳化聚合得到的”，将“聚合物（B）”修改为“混合物（B）”，将“单体混合物是（B）”修改为“单体混合物（B）是”。请求人认为，修改后权利要求 1 中的内容在原始申请文件中均有记载，符合专利法第 33 条的规定。修改后的权利要求 1 如下：

“1. 一种氯乙烯类树脂用加工助剂，其是由内层和外层的 2 段聚合物混合物组成，比黏度 ηsp 在 0.5 以上，所述内层由 50~99 重量份的单体混合物（A）乳化聚合得到的第一段聚合物形成，所述外层由 50~1 重量份的单体混合物（B）制成的聚合物形成，所述的单体混合物（A）是将由甲基丙烯酸甲酯 51~100 重量% 和从除甲基丙烯酸甲酯以外的甲基丙烯酸酯和丙烯酸酯中选出的至少 1 种单体 0~49 重量% 以及和它们可以共聚的乙烯基类单体 0~20 重量% 组成，该第一段聚合物的比黏度 ηsp 在 0.7 以上，所述的单体混合物（B）是将由甲基丙烯酸甲酯 0~49 重量% 和从除甲基丙烯酸甲酯以外的甲基丙烯酸酯和丙烯酸酯中选出的至少 1 种单体 51~100 重量% 以及和它们可以共聚合的乙烯基类单体 0~20 重量% 组成，单体混合物（A）和单体混合物（B）的总量为 100 重量份。”

专利复审委员会依法组成合议组，对本复审请求案进行了审理。

经审查，合议组认为本案事实已经清楚，可以依法作出复审决定。

二、决定的理由

1. 关于决定依据的文本

本复审决定是以请求人于2008年6月24日提交的权利要求第1~4项，进入中国国家阶段时提交的说明书第1~19页及说明书摘要为基础作出的。

2. 关于专利法第33条

专利法第33条规定，申请人可以对其专利申请文件进行修改，但是，对发明和实用新型专利申请文件的修改不得超出原说明书和权利要求书记载的范围。

如果申请的内容通过增加、改变和/或删除其中的一部分，致使所属技术领域的技术人员看到的信息与原申请记载的信息不同，那么这种修改是否符合专利法第33条的规定，关键在于所述修改后的信息能否从原申请记载的信息中直接地、毫无疑义地确定。

《驳回决定》针对的权利要求1要求保护一种氯乙烯类树脂用加工助剂，其是由内层50~99重量份和外层50~1重量份构成，内层和外层的合计量为100重量份，比黏度ηsp在0.5以上，所述的内层是将由甲基丙烯酸甲酯51~100重量%和从除甲基丙烯酸甲酯以外的甲基丙烯酸酯和丙烯酸酯中选出的至少1种单体0~49重量%以及和它们可以共聚的乙烯基类单体0~20重量%构成的乳化聚合物构成，该乳化聚合物的比黏度ηsp在0.7以上，所述的外层是将由甲基丙烯酸甲酯0~49重量%和从除甲基丙烯酸甲酯以外的甲基丙烯酸酯和丙烯酸酯中选出的至少1种单体51~100重量%以及和它们可以共聚合的乙烯基类单体0~20重量%构成的乳化聚合物构成。

驳回决定认为：上述权利要求1中，“其是由内层50~99重量份和外层50~1重量份构成，内层和外层的合计量为100重量份”、“所述的内层……0~20重量%构成的乳化聚合物构成”，以及“所述的外层是将……0~20重量%构成的乳化聚合物构成”的修改内容超出了原权利要求书和说明书记载的范围，不符合专利法第33条的规定。

在请求人于2008年6月24日提交的权利要求书中，将权利要求1修改为要求保护一种氯乙烯类树脂用加工助剂，其是由内层和外层的2段聚合物混合物组成，比黏度ηsp在0.5以上，所述内层由50~99重量份的单体混合物（A）乳化聚合得到的第一段聚合物形成，所述外层由50-1重量份的单体混合物（B）制成的聚合物形成，所述的单体混合物（A）是将由甲基丙烯酸甲酯51~100重量%和从除甲基丙烯酸甲酯以外的甲基丙烯酸酯和丙烯酸酯中选出的至少1种单体0~49重量%以及和它们可以共聚的乙烯基类单体0~20重量%组成，该第一段聚合物的比黏度ηsp在0.7以上，所述的单体混合物（B）是将由甲基丙烯酸甲酯0~49重量%和从除甲基丙烯酸甲酯以外的甲基丙烯酸酯和丙烯酸酯中选出的至少1种单体51~100重量%以及和它们可以共聚合的乙烯基类单体0~20重量%组成，单体混合物（A）和单体混合物（B）的总量为100重量份。

根据本申请说明书的记载，本申请涉及一种氯乙烯类树脂用加工助剂，该氯乙烯类树脂用加工助剂为：在由50-99重量份的单体混合物（A）乳化聚合而得到的比黏度ηsp为0.7以上的（共）聚合物的胶乳存在下，添加入50-1重量份的单体混合物（B）、使之总量100重量份、经聚合得到比黏度ηsp0.5以上的助剂。其中，单体混合物（A）由51~100重量%的甲基丙烯酸甲酯、0~49重量%的除甲基丙烯酸甲酯外的甲基丙烯酸酯和/或丙烯酸酯中选出的至少一种单体、0~20重量%的可以与之共聚的乙烯类单体组成；单体混合物（B）由0~49重量%的甲基丙烯酸甲酯和51~100重量%的除甲基丙烯酸甲酯外的甲基丙烯酸酯和/或丙烯酸酯中选出的至少一种单体和0~20重量%的可以与之共聚的乙烯类单体组成（参见说明书第3页第9~18行，以及原始申请文件的权利要求1）。此外，本申请说明书还记载了以下内容，本发明的加工助剂由2段聚合物混合物组成，该2段聚合物混合物是在乳化聚合单体混合物（A）得到的第一段聚合物的胶乳存在下、添加单体混合物（B）聚合得到的……（参见说明书第4页第15~18行）；以及以下内容，在第一段聚合物胶乳存在下使单体混合物（B）聚合而将由混合物（B）制成的（共）聚合物置于第一段聚合物的外层……（参见说明书第5页第25~28行）。由此可见，修改后的权利要求1中的全部内容，包括所述加工助剂的内外层结构的比例关系、比黏度和各层的具体组成等，均与原申请文件的记载一致，《驳回决定》指出的修改超范围的内容均已被删除。

原审查部门在《前置审查意见书》中还指出，在请求人于2007年6月23日提出复审请求时提交的权利要求书中，权利要求1未记载“由50-99重量份的单体混合物（A）乳化聚合得到第一段聚合物胶乳，然后在第一段聚合物胶乳中添加50-1重量份单体混合物（B）依次进行聚合，这样通过使各个混合物依次聚合可制造第一段聚合物为内层、单体混合物（B）制成的（共）聚合物为外层的2段聚合物混合物”的内容，因此仍超出了原申请文件记载的范围。

对此，合议组认为：如前所述，在请求人于2008年6月24日提交的权利要求书中，权利要求1中明确限定了所述加工助剂由内层和外层的2段聚合物混合物组成，其内层由单体混合物（A）经乳化聚合得到的比黏度ηsp在0.7以上的第1段聚合物形成，其外层由单体混合物（B）制成的聚合物形成。因此，即使该权利要求1中没有明确写入原申请所描述的单体混合物（A）和（B）的添加顺序，本领域技术人员也会从该权利要求中明确限定的“内外层”结构及其形成方式中直接地、毫无疑义地确定，所述加工助剂是先由单体混合物（A）乳化聚合得到内层，再添加单体混合物（B）依次聚合得到外层而制得的。

由此可见，请求人于2008年6月24日提交的修改文本已经克服了《驳回决定》和《前置审查意见书》指出的本申请权利要求1不符合专利法第33条规定的缺陷，故此合议组作出下述决定。

三、决定

撤销国家知识产权局于2007年4月6日针对99801473.7号发明专利申请作出的驳回决定，由国家知识产权局原审查部门以本复审决定所依据的申请文本为基础继续审查。

复审请求人对本决定不服的，可以根据专利法第41条第2款的规定，自收到本决定之日起三个月内向北京市第一中级人民法院起诉。

164

正性作用可光成像底部抗反射涂层

复审请求审查决定（第 15070 号）

决　　定　　号　第 15070 号
决　　定　　日　2008 年 11 月 4 日
发明创造名称　正性作用可光成像底部抗反射涂层
国 际 分 类 号　C07D 239/91，C07D 471/04，A61K 31/5025，A61K31/505，A61P 29/00，C07D 401/06，C07D 401/10
复 审 请 求 人　AZ 电子材料日本株式会社
申　　请　　号　03802065.3
优 先 权 日　2002 年 1 月 9 日
申　　请　　日　2003 年 1 月 3 日
公　　开　　日　2005 年 5 月 11 日
合 议 组 组 长　刘颖杰
主　　审　　员　孙茂宇
参　　审　　员　刘　铭

法 律 依 据　专利法第 22 条第 2 款、第 3 款，第 26 条第 4 款
决 定 要 点

如果所属技术领域的技术人员可以合理预测说明书给出的实施方式的所有等同替代方式或明显变型方式都具备相同的性能或用途，则应当允许申请人将权利要求的保护范围概括至覆盖其所有的等同替代或明显变型的方式。

一、案由

本复审请求涉及申请号为 03802065.3，名称为“正性作用可光成像底部抗反射涂层”的 PCT 发明专利申请（下称本申请）。申请时的申请人为科莱恩金融（BVI）有限公司，2005 年 5 月 13 日变更为 AZ 电子材料日本株式会社。本申请进入中国国家阶段的日期为 2004 年 7 月 9 日，优先权日为 2002 年 1 月 9 日，公开日为 2005 年 5 月 11 日。

经实质审查，国家知识产权局原实质审查部门于 2007 年 7 月 6 日发出驳回决定，驳回了本发明专利申请，其理由是本申请的权利要求 12~21 不符合专利法第 22 条第 2 款或第 3 款的规定；权利要求 22~23 不符合专利法第 22 条第 3 款的规定；另外，权利要求 1 中的“具有酸不稳定基团的单元、带有一个环的烃芳族、带有一个环的杂环芳族”，权利要求 12 中的“酸不稳定基团、吸收性生色团”以及权利要求 2、3、13、14 中的“取代”致使权利要求的保护范围过大，无法得到说明书的支持，

权利要求6、16中的“450~100nm”的端点在说明书中没有出现，无法得到说明书的支持，故权利要求1~3、6、12~14、16不符合专利法第26条第4款的规定。其中引用了如下的对比文件：

对比文件1：5939236A号美国发明专利申请（公开日为1999年8月17日）。

驳回决定所依据的文本为申请人于2006年9月13日提交的权利要求第1~23项，说明书第7页，进入中国国家阶段时提交的说明书第1~6、8~22页和说明书摘要。驳回决定所针对的权利要求书如下：

“1. 一种正性、底部、可光成像的抗反射涂料组合物，该组合物能够在含水碱性显影剂中显影且其涂覆在正性光刻胶的下方，其中该抗反射涂料组合物包含光酸产生剂和聚合物，该聚合物包含至少一种具有酸不稳定基团的单元和至少一种具有吸收性生色团的单元，另外其中该吸收性生色团选自带有一个环的烃芳族部分和带有一个环的杂环芳族部分。

2. 根据权利要求1的组合物，其中酸不稳定基团选自-（CO）O-R、-O-R、-O（CO）O-R、-C（CF_3）$_2$O-R、-C（CF_3）$_2$O（CO）O-R和-C（CF_3）$_2$（COOR），其中R是烷基、环烷基、取代环烷基、氧代环己基、环状内酯、苄基、取代苄基、烷氧基烷基、乙酰氧基烷氧基烷基、四氢呋喃基、甲基金刚烷基、基、四氢吡喃基和甲羟戊酸内酯。

3. 根据权利要求1的组合物，其中吸收性生色团选自取代和未取代的苯基，以及取代和未取代的杂环芳族环，该杂环芳族环包含杂原子，该杂原子选自氧、氮、硫或其组合。

4. 根据权利要求1的组合物，其中聚合物选自如下两组物质的共聚物：甲基丙烯酸-2-甲基-2-金刚烷基酯、甲羟戊酸内酯甲基丙烯酸酯、甲基丙烯酸-3-羟基-1-金刚烷基酯、β-羟基-γ-丁内酯的甲基丙烯酸酯、降冰片基羧酸叔丁酯、甲基丙烯酸叔丁基甲基金刚烷基酯、丙烯酸叔丁酯和甲基丙烯酸叔丁酯；叔丁氧基羰基氧代乙烯基苯、苄基氧代羰基氧代乙烯基苯；乙氧基乙基氧代乙烯基苯；乙烯基苯酚的三甲基甲硅烷基醚，和甲基丙烯酸甲酯的2-三（三甲基甲硅烷基）甲硅烷基乙基酯，与丙烯酸、甲基丙烯酸、乙烯醇、马来酸酐、马来酸、马来酰亚胺、N-甲基马来酰亚胺、N-羟甲基丙烯酰胺、N-乙烯基吡咯烷酮、甲基丙烯酸甲酯、甲基丙烯酸丁酯、甲基丙烯酸羟乙酯和甲基丙烯酸羟丙酯、羟基苯乙烯、苯乙烯、乙酰氧基苯乙烯、甲基丙烯酸苄酯、N-甲基马来酰亚胺、苯甲酸乙烯酯、4-叔丁基苯甲酸乙烯酯、乙二醇苯基醚丙烯酸酯、丙烯酸苯氧基丙酯、丙烯酸-2-羟基-3-苯氧基丙酯、甲基丙烯酸苯酯、甲基丙烯酸苄酯、N-乙烯基邻苯二甲酰亚胺、N-（3-羟基）苯基甲基丙烯酰胺、N-（3-羟基-4-羟基羰基苯基偶氮）苯基甲基丙烯酰胺、N-（3-羟基-4-乙氧基羰基苯基偶氮）苯基甲基丙烯酰胺、N-（2，4-二硝基苯基氨基苯基）马来酰亚胺、3-（4-乙酰氨基苯基）偶氮-4-羟基苯乙烯、甲基丙烯酸-3-（4-乙氧基羰基苯基）偶氮乙酰乙酰氧基乙酯、甲基丙烯酸-3-（4-羟苯基）偶氮乙酰乙酰氧基乙酯、甲基丙烯酸-3-（4-磺苯基）偶氮乙酰乙酰氧基乙酯的硫酸四氢铵盐。

5. 根据权利要求1的组合物，其中该组合物形成的抗反射层的吸收参数k值为0.1~1.0。

6. 根据权利要求1的组合物，其中光酸产生剂在450~100nm的范围内敏感。

7. 根据权利要求6的组合物，其中光酸产生剂在选自如下的波长下敏感：436nm、365nm、248nm、193nm和157nm。

8. 一种形成正像的方法，其包括：

a）在衬底上提供权利要求1的底部可光成像抗反射涂料组合物的涂层；

b）在底部涂层上提供表层光刻胶层的涂层；

c）将表层和底层在相同波长的光化辐射下成像式曝光；

d）曝光后烘烤衬底；和

e）采用含水碱性溶液将表层和底层显影。

9. 根据权利要求 8 的方法，其中抗反射涂料在曝光步骤之前不溶于含水碱性溶液而在显影步骤之前变为可溶性。

10. 根据权利要求 8 的方法，其中含水碱性溶液包含氢氧化四甲基铵。

11. 根据权利要求 10 的方法，其中含水碱性溶液另外包含表面活性剂。

12. 一种正性、底部、可光成像的抗反射涂料组合物，该组合物能够在含水碱性显影剂中显影且其涂覆在正性光刻胶的下方，其中该抗反射涂料组合物包含光酸产生剂和聚合物，该聚合物包含至少一种单元，该单元具有酸不稳定基团的单元和吸收性生色团。

13. 根据权利要求 12 的组合物，其中酸不稳定基团选自-（CO）O-R、-O-R、-O（CO）O-R、-C（CF_3）$_2$O-R、-C（CF_3）$_2$O（CO）O-R 和-C（CF_3）$_2$（COOR)，其中 R 是烷基、环烷基、取代环烷基、氧代环己基、环状内酯、苄基、取代苄基、烷氧基烷基、乙酰氧基烷氧基烷基、四氢呋喃基、甲基金刚烷基、，基、四氢吡喃基和甲羟戊酸内酯。

14. 根据权利要求 12 的组合物，其中吸收性生色团选自包含如下部分的化合物：烃芳族环、取代和未取代的苯基，取代和未取代的蒽基、取代和未取代的菲基、取代和未取代的萘基、取代和未取代的杂环芳族环，该杂环芳族环包含杂原子，该杂原子选自氧、氮。硫或其组合。

15. 根据权利要求 12 的组合物，其中该组合物形成的抗反射层的吸收参数 k 值为 0.1~1.0。

16. 根据权利要求 12 的组合物，其中光酸产生剂在 450~100nm 的范围内敏感。

17. 根据权利要求 16 的组合物，其中光酸产生剂对选自如下的波长下敏感：436nm、365nm、248nm、193nm 和 157nm。

18. 一种形成正像的方法，其包括：

a）在衬底上提供权利要求 12 的底部可光成像抗反射涂料组合物的涂层；

b）在底部涂层上提供表层光刻胶层的涂层；

c）将表层和底层在相同波长的光化辐射下成像式曝光；

d）曝光后烘烤衬底；和

e）采用含水碱性溶液将表层和底层显影。

19. 根据权利要求 18 的方法，其中抗反射涂料基本不溶于表层光刻胶的溶剂。

20. 根据权利要求 18 的方法，其中该组合物形成的抗反射层的厚度小于光刻胶的厚度。

21. 根据权利要求 18 的方法，其中抗反射涂料在曝光步骤之前不溶于含水碱性溶液而在显影步骤之前变为可溶性。

22. 根据权利要求 18 的方法，其中含水碱性溶液包含氢氧化四甲基铵。

23. 根据权利要求 22 的方法，其中含水碱性溶液另外包含表面活性剂。”

申请人（下称复审请求人）对上述驳回决定不服，于 2007 年 10 月 22 日向专利复审委员会提出了复审请求，但未修改申请文件。复审请求人认为：本申请的权利要求 12~21 相对于对比文件 1 具备新颖性，权利要求 22~23 相对于对比文件 1 具备创造性，理由是：

1. 对比文件 1 中没有公开其抗反射涂料组合物可以在含水碱性显影剂中显影；

2. 对比文件 1 的说明书第 14 栏第 42~53 行存在“将抗反射层固化”、“固化条件优选使得抗反射组合物涂层对于光刻胶溶剂以及碱性含水显影剂溶液是基本上不可溶的”的叙述；

3. 对比文件 1 的实施例 3 和 4 中，在显影后测量的是光刻胶底脚，并没有测量抗反射涂层底脚；

4. 对比文件 1 没有暗示使用不具有交联剂但是可以在含水碱性显影剂中显影的抗反射涂料组合物。

另外，权利要求1中的术语“具有酸不稳定基团的单元、带有一个环的烃芳族、带有一个环的杂环芳族”和权利要求12中的术语“酸不稳定基团、吸收性生色团”是本领域技术人员公知的并且本发明原始说明书对其进行了清楚的描述和举例说明。

权利要求2、3、13和14中的措辞“取代”对应的取代基不是本发明的发明点所在，相应的取代基的具体选择是本领域技术人员公知的并且可以通过常规分析或试验加以确定，所有使用措辞“取代”的术语的例子在原始说明书第8~13页通过具体基团的例子进行了进一步举例说明。

权利要求6和16中的波长范围“450~100nm”是本领域技术人员熟知的曝光波长范围，本领域技术人员根据原始说明书第16页中描述的各种类型的在不同波长下敏感的光刻胶，结合本领域公知常识，可以合理推知权利要求6和16中限定的波长都可以解决本发明的技术问题，实现本发明。

故本申请的权利要求1~3、6、13~14和16符合专利法第26条第4款的规定。

经形式审查合格，专利复审委员会依法受理了上述请求，并于2007年11月20日向复审请求人发出了复审请求受理通知书，并将本申请转送至原实质审查部门进行前置审查。

原实质审查部门在前置审查意见书认为：本申请的权利要求12中的“吸收性生色团”、权利要求2、3、13、14中的“取代”导致权利要求的保护范围过大，得不到说明书的支持，故仍坚持原驳回决定。对于本申请的权利要求1、6不符合专利法第26条第4款的驳回理由在前置审查意见中未再进行说明。

随后，专利复审委员会成立合议组对本案进行审理。

本案合议组于2008年7月7日向复审请求人发出复审通知书，指出：本申请的权利要求12~23不符合专利法第22条第2款、第3款有关新颖性和创造性的规定。对比文件1公开的技术方案与权利要求12的技术方案实质上相同，尤其是根据本申请的说明书的记载可知（参见本申请的说明书第8页第18~22行），能够使权利要求12的抗反射涂料组合物实现在含水碱性显影剂中显影的是酸不稳定基团，而对比文件1的抗反射涂料组合物中也包含与本申请结构相同或相似的酸不稳定基团，本领域的技术人员据此可以认定对比文件1的抗反射涂料组合物也能实现在含水碱性显影剂中显影的技术效果。

对比文件1的说明书第14栏第42~53行所述的对抗反射涂料组合物的固化是指在光刻胶组合物涂敷之前的阶段，此时抗反射涂料组合物还未接受曝光，光酸产生剂不会产生酸，酸不稳定基团在没有酸的情况下自然不会发生化学反应，从而抗发射涂层不会溶解于显影剂中。事实上，对比文件1的该部分内容与本申请说明书第17页的实施例1A所处阶段相同，在本申请的实施例1A中也给出了聚合物不能在显影剂中溶解的结果。

尽管对比文件1的实施例3中测量的是光刻胶底脚，而没有测量抗反射涂层底脚，但根据该实施例公开的内容可知，抗反射涂层的厚度为600埃，其远远小于光刻胶的厚度7950埃。故不能排除在对比文件1中将抗反射涂层底脚作为光刻胶底脚的近似值的可能性，因此实施例3中测量光刻胶底脚的事实不足以证明对比文件1的抗反射涂料组合物不能在含水碱性显影剂中显影。另外，在对比文件1的说明书第11栏第30~40行中明确提出了其抗反射涂料组合物可以不包括交联剂。

针对该审查意见，复审请求人于2008年8月22日提交了意见陈述书，并提交了权利要求书的全文替换页。其中，复审请求人删除了复审通知书所针对的文本中的权利要求12~23以克服这些权利要求不符合专利法第22条第2款、第3款规定的问题。复审请求人认为，经过上述修改，消除了复审通知书中指出的缺陷。修改后的权利要求书如下：

“1. 一种正性、底部、可光成像的抗反射涂料组合物，该组合物能够在含水碱性显影剂中显影且其涂覆在正性光刻胶的下方，其中该抗反射涂料组合物包含光酸产生剂和聚合物，该聚合物包含至少一种具有酸不稳定基团的单元和至少一种具有吸收性生色团的单元，另外其中该吸收性生色团选自带有一个环的烃芳族部分和带有一个环的杂环芳族部分。

2. 根据权利要求 1 的组合物，其中酸不稳定基团选自－（CO）O－R、－O－R、－O（CO）O－R、－C（CF_3）$_2$O－R、－C（CF_3）$_2$O（CO）O－R 和－C（CF_3）$_2$（COOR），其中 R 是烷基、环烷基、取代环烷基、氧代环己基、环状内酯、苄基、取代苄基、烷氧基烷基、乙酰氧基烷氧基烷基、四氢呋喃基、甲基金刚烷基、基、四氢吡喃基和甲羟戊酸内酯。

3. 根据权利要求 1 的组合物，其中吸收性生色团选自取代和未取代的苯基，以及取代和未取代的杂环芳族环，该杂环芳族环包含杂原子，该杂原子选自氧、氮、硫或其组合。

4. 根据权利要求 1 的组合物，其中聚合物选自如下两组物质的共聚物：甲基丙烯酸－2－甲基－2－金刚烷基酯、甲羟戊酸内酯甲基丙烯酸酯、甲基丙烯酸－3－羟基－1－金刚烷基酯、β－羟基－γ－丁内酯的甲基丙烯酸酯、降冰片基羧酸叔丁酯、甲基丙烯酸叔丁基甲基金刚烷基酯、丙烯酸叔丁酯和甲基丙烯酸叔丁酯；叔丁氧基羰基氧代乙烯基苯、苄基氧代羰基氧代乙烯基苯；乙氧基乙基氧代乙烯基苯；乙烯基苯酚的三甲基甲硅烷基醚，和甲基丙烯酸甲酯的 2－三（三甲基甲硅烷基）甲硅烷基乙基酯，与丙烯酸、甲基丙烯酸、乙烯醇、马来酸酐、马来酸、马来酰亚胺、N－甲基马来酰亚胺、N－羟甲基丙烯酰胺、N－乙烯基吡咯烷酮、甲基丙烯酸甲酯、甲基丙烯酸丁酯、甲基丙烯酸羟乙酯和甲基丙烯酸羟丙酯、羟基苯乙烯、苯乙烯、乙酰氧基苯乙烯、甲基丙烯酸苄酯、N－甲基马来酰亚胺、苯甲酸乙烯酯、4－叔丁基苯甲酸乙烯酯、乙二醇苯基醚丙烯酸酯、丙烯酸苯氧基丙酯、丙烯酸－2－羟基－3－苯氧基丙酯、甲基丙烯酸苯酯、甲基丙烯酸苄酯、N－乙烯基邻苯二甲酰亚胺、N－（3－羟基）苯基甲基丙烯酰胺、N－（3－羟基－4－羟基羰基苯基偶氮）苯基甲基丙烯酰胺、N－（3－羟基－4－乙氧基羰基苯基偶氮）苯基甲基丙烯酰胺、N－（2，4－二硝基苯基氨基苯基）马来酰亚胺、3－（4－乙酰氨基苯基）偶氮－4－羟基苯乙烯、甲基丙烯酸－3－（4－乙氧基羰基苯基）偶氮乙酰乙酰氧基乙酯、甲基丙烯酸－3－（4－羟苯基）偶氮乙酰乙酰氧基乙酯、甲基丙烯酸－3－（4－磺苯基）偶氮乙酰乙酰氧基乙酯的硫酸四氢铵盐。

5. 根据权利要求 1 的组合物，其中该组合物形成的抗反射层的吸收参数 k 值为 0.1～1.0。

6. 根据权利要求 1 的组合物，其中光酸产生剂在 450～100nm 的范围内敏感。

7. 根据权利要求 6 的组合物，其中光酸产生剂在选自如下的波长下敏感：436nm、365nm、248nm、193nm 和 157nm。

8. 一种形成正像的方法，其包括：

a）在衬底上提供权利要求 1 的底部可光成像抗反射涂料组合物的涂层；

b）在底部涂层上提供表层光刻胶层的涂层；

c）将表层和底层在相同波长的光化辐射下成像式曝光；

d）曝光后烘烤衬底；和

e）采用含水碱性溶液将表层和底层显影。

9. 根据权利要求 8 的方法，其中抗反射涂料在曝光步骤之前不溶于含水碱性溶液而在显影步骤之前变为可溶性。

10. 根据权利要求 8 的方法，其中含水碱性溶液包含氢氧化四甲基铵。

11. 根据权利要求 10 的方法，其中含水碱性溶液另外包含表面活性剂。”

在上述程序的基础上，合议组认为本案事实已经清楚，可以作出审查决定。

二、决定的理由

1. 关于审查文本

由于在复审程序中复审请求人提交了权利要求书的全文替换页，因此本决定是在复审请求人于2008年8月22日提交的权利要求第1~11项、2006年9月13日提交的说明书第7页，进入中国国家阶段时提交的说明书第1~6、8~22页和2004年7月9日提交的摘要的基础上作出的。

2. 关于专利法第22条第2款、第3款

在本案中，复审请求人在答复复审通知书时，已经将权利要求12~23删除，因此已克服了驳回决定中指出的本申请权利要求12~23不符合专利法第22条第2款、第3款规定的缺陷。

3. 关于专利法第26条第4款

专利法第26条第4款规定：权利要求书应当以说明书为依据，说明要求专利保护的范围。

（1）关于权利要求1。

驳回决定中指出，权利要求1中的“具有酸不稳定基团的单元、带有一个环的烃芳族、带有一个环的杂环芳族”由于未对其结构进行具体的定义，仅仅通过这样功能性的描述表达的均是一个非常宽泛的范围，包含了太多未知的物质，无法确切获知哪些物质才能达到该发明的目的，因此得不到说明书的支持。

对此，合议组认为，具有酸不稳定基团的单元、带有一个环的烃芳族、带有一个环的杂环芳族均是本领域公知的术语。在本申请的说明书第8页第2段中以举例方式给出了酸不稳定基团可以是-（CO）O-R、-O-R、-O（CO）O-R等基团，本领域的技术人员根据说明书中的上述内容应当可以合理预测其他所有等同的或明显变型的酸不稳定基团都可以实现类似的功能。在本申请的说明书第9页第2段中以举例方式给出了带有一个环的烃芳族、带有一个环的杂环芳族可以是取代和未取代的苯基、取代和未取代的蒽基、取代和未取代的菲基等，本领域的技术人员根据说明书中的上述内容应当可以合理预测其他所有等同的或明显变型的带有一个环的烃芳族、带有一个环的杂环芳族也可以实现类似的功能。在这种情况下，应当允许申请人将权利要求1概括至合理的保护范围。因此，本申请的权利要求1得到了说明书的支持，符合专利法第26条第4款的规定。

（2）关于权利要求2、3。

驳回决定中指出，权利要求2、3中所有的“取代”由于未对取代基进行定义，概括了非常宽泛的范围，因为任何一个基团都可以作为取代基，故采用“取代”这样的描述得不到说明书的支持。

对此，合议组认为，对于化学产品权利要求而言，使用“取代的”和/或“未取代的”这样的术语对化合物进行限定属于一种常用的限定方式，当权利要求中使用了这样的术语时，应当结合说明书判断被这样的术语所限定的化合物是否是本领域技术人员常用的化合物，然后判断该化合物的相应的取代基的选择是否是公知的，或者可以通过常规分析或实验加以确定的。具体到本案而言，首先，本申请的权利要求2、3中用“取代”进行限定的化合物，例如环烷基、苄基、苯基等均属于本领域技术人员常用的化合物，这些化合物的相应的取代基的选择也是本领域技术人员公知的，并且，本申请的说明书第8~13页中以举例的方式给出了各基团的取代基团，例如，在说明书第9页第23行就具体给出了取代的苯基可以是苯乙烯、羟基苯乙烯、乙酰氧基苯乙烯等。因此，本领域技术人员根据说明书公开的内容，结合本领域的公知常识，可以合理预测在权利要求2、3中用“取代”限定的化合物都具备相似的功能，此时应当允许申请人将权利要求2、3概括至合理的保护范围。因此，本申请的权利要求2、3得到了说明书的支持，符合专利法第26条第4款的规定。

（3）关于权利要求6。

驳回决定中指出，权利要求6中的“450~100nm”的端点未在说明书中出现，因此权利要求6得不到说明书的支持。

对此，合议组认为，在本申请的说明书中已给出了各种光刻胶的曝光波长的例子，例如“约 300~440nm”、“193nm”和“157nm”等，这些数值均在 450~100nm 范围内，且对于光刻胶曝光而言，450~100nm 与上述说明书中列举的数值相比并未产生本质区别，本领域技术人员根据说明书公开的内容，结合本领域的公知常识，没有理由怀疑光刻胶在“450~100nm”的曝光波长不能进行光酸反应，因此应当允许申请人将权利要求 6 概括至合理的保护范围。因此，本申请的权利要求 6 得到了说明书的支持，符合专利法第 26 条第 4 款的规定。

由于复审请求人在答复复审通知书时，已经将该通知书所针对的文本中的权利要求 12~23 删除，因此，本决定对驳回决定中指出的本申请权利要求 12~14 和 16 不符合专利法第 26 条第 4 款的规定不再进行评述。

基于上述理由，合议组作出如下决定。

三、决定

撤销国家知识产权局于 2007 年 7 月 6 日对 03802065.3 号的 PCT 发明专利申请作出的驳回决定。由国家知识产权局在本复审决定所针对的文本的基础上继续进行审查程序。

如对本复审请求审查决定不服，根据专利法第 41 条第 2 款的规定，请求人可以自收到本决定之日起三个月内向北京市第一中级人民法院起诉。

165

聚合多羧酸交联的纤维素纤维

复审请求审查决定（第15072号）

决　定　号　第15072号
决　定　日　2008年11月18日
发明创造名称　聚合多羧酸交联的纤维素纤维
国际分类号　D06M 15/263，D21C 9/00
复审请求人　韦尔豪泽公司
申　请　号　98812067.4
申　请　日　1998年12月9日
优先权日　1997年12月12日
公　开　日　2001年2月14日
合议组组长　汪送来
主　审　员　张家祥
参　审　员　潘　剑

法律依据　专利法第33条
决定要点

如果申请文件中修改的内容能够从原申请记载的信息中直接地、毫无疑义地确定，则这种修改是允许的。

一、案由

本复审请求案涉及发明名称为“聚合多羧酸交联的纤维素纤维”的98812067.4号发明专利申请（下称本申请），申请人为韦尔豪泽公司，申请日为1998年12月9日，优先权日为1997年12月12日，公开日为2001年2月14日。

2006年12月22日，针对申请人于2006年11月9日提交的权利要求第1~32项、2004年2月12日提交的说明书第1~32页以及2000年6月12日提交的说明书摘要，国家知识产权局以权利要求27~32的修改不符合专利法第33条的规定为由驳回了本申请。

驳回决定所针对的权利要求27~32如下：

“27. 一种吸收性产品，它包括权利要求14的吸收性结构体。

28. 权利要求27的产品，其中所述产品是尿布。

29. 权利要求27的产品，其中所述产品卫生巾。

30. 权利要求27的吸收性产品，它包括权利要求25的吸收性结构体。

31. 权利要求30的产品，其中所述产品是尿布。

32. 权利要求30的产品，其中所述产品是卫生巾。”

驳回决定认为，权利要求27~32的技术方案在原说明书和权利要求书中没有记载，也不能根据原说明书和权利要求书直接地、毫无疑义地确定，而且申请人没有针对《第二次审查意见通知书》中指出的权利要求29~34（相当于上述的权利要求27~32）超范围的审查意见进行陈述，因而，权利要求27~32的修改超出了原说明书和权利要求书记载的范围，不符合专利法第33条的规定。

2007年3月30日，申请人韦尔豪泽公司（下称请求人）对上述驳回决定不服，向专利复审委员会提出复审请求，但未对申请文件进行修改。请求人认为，本申请相对于现有技术的贡献在于新的吸收性结构体和含有该吸收性结构体的吸收性产品。权利要求27~32的主题得到了原始公开内容的支持，例如“由多羧酸交联纤维组成的片材和纤维片可引入到各种吸收性产品中，其中包括，例如，组织片材、一次性尿布、卫生巾、止血栓和绷带”（参见说明书第13页第9~13行）。从吸收性结构体制成诸如尿布、卫生巾等吸收性产品的方法为现有技术，因此，依据本申请的新结构体，本领域技术人员完全可预见到含有该结构体的吸收性产品。权利要求27~32所述的吸收性产品不仅得到了说明书的支持，而且还具有专利性。

经形式审查合格后，专利复审委员会受理了该请求，并于2007年5月9日向请求人发出了《复审请求受理通知书》，同时将本申请转送至国家知识产权局原审查部门进行前置审查。

在《前置审查意见书》中，国家知识产权局原审查部门认为，本申请说明书分别记载了吸收性产品含有聚合多羧酸交联的纤维，吸收性结构体含有聚合多羧酸交联的纤维，但说明书中并没有记载吸收性产品含有所述吸收性结构体，吸收性产品，如尿布，包括贮液的吸收性结构体和起辅助作用的分散结构、顶片等，聚合多羧酸交联的纤维在吸收性产品并不唯一地用于吸收性结构体中，因此不能直接地、毫无疑义地确定吸收性产品含有所述吸收性结构体，故坚持驳回决定。

专利复审委员会组成合议组，对本复审请求案进行了审理。

经合议，合议组认为本案事实已经清楚，可以作出审查决定。

二、决定的理由

1. 关于审查文本

本复审请求审查决定针对的文本是：请求人于2006年11月9日提交的权利要求第1~32项、2004年2月12日提交的说明书第1~32页以及2000年6月12日提交的说明书摘要。

2. 关于专利法第33条

专利法第33条规定：申请人可以对其专利申请文件进行修改，但是，对发明和实用新型专利申请文件的修改不得超出原说明书和权利要求书记载的范围。

如果申请文件中修改的内容能够从原申请记载的信息中直接地、毫无疑义地确定，则这种修改是允许的。

就本申请而言，权利要求27要求保护一种吸收性产品，它包括权利要求14的吸收性结构体。权利要求28~29是权利要求27的从属权利要求，将其中所述的产品限定为尿布、卫生巾。权利要求30要求保护权利要求27的吸收性产品，它包括权利要求25的吸收性结构体。权利要求31~32分别将权利要求30中的产品限定为尿布、卫生巾。

驳回决定认为，权利要求27~32的技术方案在原说明书和权利要求书中没有记载，也不能根据原说明书和权利要求书直接地、毫无疑义地确定，因此，权利要求27~32的修改超出了原说明书和权利要求书记载的范围，不符合专利法第33条的规定。

根据本申请原说明书的记载，“本发明的聚合多羧酸交联纤维可形成具有高的吸收容量、比体积和回弹率的片材或纤维片。例如，这些交联的纤维可与其他纤维包括其他交联和未交联纤维结合。由多羧酸交联纤维组成的片材和纤维片可引入到各种吸收性产品中，其中包括，例如，组织片材、一次性尿布、卫生巾、止血栓和绷带”（参见说明书第13页第9~13行）。在说明书实施例6中记载了“通过对商购尿布改型来制备测试样品，将商购尿布的无纺表层小心地剥离下来，取出尿布的吸取层。然后将吸收结构体（即，聚马来酸聚合物交联纤维和对照DMDHEU交联纤维的薄片）插入尿布中，重新将无纺层复位”（参见说明书第24页第7~10行）。此外，说明书背景技术部分还提及了“纤维素产物如吸收性片材和其他结构体由纤维素纤维组成”（参见说明书第1页第11行）。

由上述内容可知，含有本申请的聚合多羧酸交联纤维的片材和纤维片可用于制备各种吸收性产品，如尿布、卫生巾等，而上述片材和纤维片以及实施例6中聚马来酸聚合物交联纤维的薄片均是一种具体的吸收性结构体。也就是说，本申请说明书中记载了含有作为吸收性结构体的上述片材、薄片的吸收性产品。

另外，本申请原说明书还记载了“本发明还提供一种含有本发明的单根化的、以聚合多羧酸交联的纤维的吸收性结构体，和引入了该结构体的吸收构件”（参见说明书第4页第26~27行）。也就是说，本申请还记载了一种引入了含有聚合多羧酸纤维的吸收性结构体的吸收构件。

合议组认为：首先，吸收构件与吸收性产品虽然在文字表述上有所不同，但究其含义并不能看出二者的差别，即二者实质上是相同的。其次，本申请吸收性结构体的主要性能是具有高的吸收容量，其直接的用途就是用于制备吸收性产品，再结合本申请说明书中记载的作为吸收性结构体的片材、薄片，本领域技术人员能够直接地、毫无疑义地确定包括本申请吸收性结构体的吸收性产品。故驳回决定中指出的权利要求27~32的内容不符合专利法第33条规定的驳回理由不成立。

对于《前置审查意见书》中的意见，合议组认为：通常，在吸收性产品中，具有吸收作用的聚合多羧酸交联的纤维应该是用于吸收性结构体中，而且在本申请实施例6的吸收性产品中，聚合多羧酸交联的纤维就是用于吸收性结构体的，因此，对于上述前置意见，合议组不予支持。

根据上述事实和理由，合议组作出如下审查决定。

三、决定

撤销国家知识产权局于2006年12月22日针对98812067.4号发明专利申请作出的驳回决定，由国家知识产权局原审查部门以请求人于2006年11月9日提交的权利要求第1~32项、2004年2月12日提交的说明书第1~32页以及2000年6月12日提交的说明书摘要为基础继续审批程序。

复审请求人对本决定不服的，可以根据专利法第41条第2款的规定，自收到本决定之日起三个月内向北京市第一中级人民法院起诉。

166

水溶型聚氯乙烯弹性防水胶的制造方法及其应用

复审请求审查决定（第15116号）

决　定　号　第15116号
决　定　日　2008年11月7日
发明创造名称　水溶型聚氯乙烯弹性防水胶的制造方法及其应用
国际分类号　C09J127/06，9/00
复审请求人　冯家相
申　请　号　02134262.8
申　请　日　2002年6月28日
公　开　日　2003年2月26日
合议组组长　汪送来
主　审　员　任晓兰
参　审　员　高胜华

法律依据　专利法第26条第3款
决定要点

对于化学产品的制备方法发明而言，化学产品本身也是该方法的一个重要技术特征，说明书中对于该化学产品的描述应当清楚到使本领域技术人员能够确认该化学产品的程度。尤其是，当所述制备方法是本领域制备该类化学产品的非常规方法、本领域技术人员即使参考其普通技术知识也无法预测所述方法能够获得所述化学产品时，说明书应当提供确切的证据证明所述制备方法确实获得了所述化学产品。在没有相应证据的情况下，将认为说明书对所述化学产品及其制备方法的公开未达到使本领域技术人员能够实现的程度。

一、案由

本复审请求案涉及发明名称为“水溶型聚氯乙烯弹性防水胶的制造方法及其应用”的第02134262.8号发明专利申请（下称本申请），申请人为冯家相，申请日为2002年6月28日，公开日为2003年2月26日。

申请人于2002年10月13日提交了权利要求书，内容如下：

“1. 水溶型聚氯乙烯弹性防水胶的制造方法，其利用聚乙烯醇生成聚氯乙烯的基本原理，将聚乙烯醇与无机氯化物在添加辅助材料的条件下直接生产聚氯乙烯弹性防水胶，其化学反应原理是：

$$\begin{array}{l}CH_2\text{-}CH \quad + \quad \text{无机氯化物} \rightarrow CH_2\text{-}CH \ + \quad \text{氢氧化物} \\ \qquad\ \ | \qquad\qquad\qquad\qquad\qquad\qquad\quad | \\ \qquad OH \qquad\qquad\qquad\qquad\qquad\qquad Cl\end{array}$$

其特征在于：防水胶的原料配合比例（重量比）：

聚乙烯醇	100
无机氯化物	30~100
交联剂	5~10
增塑剂	适量
保水剂	适量
防冻剂	0~2
水	500~1000

2. 根据权利要求1所述的水溶型聚氯乙烯弹性防水胶的制造方法，其特征在于：所述的无机氯化物，其金属元素的化合价应为+2价或+3价的化合物。

3. 根据权利要求1所述的水溶型聚氯乙烯弹性防水胶的制造方法，其特征在于防水胶的生产工艺过程为：

（1）将聚乙烯醇加水溶解；

（2）在（1）的溶解液加入无机氯化物使其进行化学反应；

（3）在（2）的反应液中加入交联剂使其进行交联反应；

（4）将（3）的反应液降温冷却，加入增塑剂、保水剂、防冻剂；

（5）将（4）所得的反应溶液过滤。"

针对上述权利要求书、申请人于申请日提交的说明书第1~5页和说明书附图、2002年10月13日提交的说明书摘要，国家知识产权局于2005年4月29日发出了《第一次审查意见通知书》，指出：尽管本申请的说明书中给出了一定的、由聚乙烯醇（PVA）与无机氯化物在添加辅助材料的条件下直接生成聚氯乙烯（PVC）弹性防水胶的技术方案，但是，现有技术中从未有用PVA与无机氯化物反应生成PVC的报道，而且说明书中既未给出有关反应原理的说明或相关材料，又无所生成的PVC或交联的PVC的实验数据或测试数据的佐证；同时，由于聚合物大分子之间的相互作用和反应明显不同于无机小分子之间的反应，因此，需要用各种定性或定量数据或谱图来证实本申请所述的反应已经完全进行，在没有上述证据的情况下，本领域技术人员仅根据说明书记载的内容无法实现该发明，因此，本申请的说明书公开不充分，不符合专利法第26条第3款的规定。

对于以上审查意见，申请人于2005年8月25日进行了意见陈述，提交了修改的权利要求书（共4项）、说明书（第1-5页）以及说明书摘要（下称一通修改文本），修改主要体现在：（1）将权利要求1及说明书第2页相应部分的化学反应式中的原料与产物的结构式$-CH_2-CH(OH)-$和$-CH_2-CH(Cl)-$修改为$-[CH_2-CH(OH)]_n-$和$-[CH_2-CH(Cl)]_n-$；（2）增加第3项权利要求，其中将权利要求1的无机氯化物原料具体限定为聚合氯化铝；（3）在说明书第1-2页增加"本发明的研制思路"一节、在说明书第3页"有益的效果"一节增加第4点效果；（4）在说明书第4页第一段后删除在关"JC/T674-1997"行业标准的内容。

修改后的权利要求书如下：

"1. 水溶型聚氯乙烯弹性防水胶的制造方法，其利用聚乙烯醇与无机氯化物反应生成聚氯乙烯的原理，其化学反应式是：

－［CH_2－CH］n－　+　无机氯化物 →－［CH_2－CH］n +　氢氧化物

　　　　　|　　　　　　　　　　　　　|

　　　　　OH　　　　　　　　　　　　Cl

其特征在于：防水胶的各原料重量配合比例如下：

聚乙烯醇	100
无机氯化物	30~100
交联剂	5~10
增塑剂	适量
保水剂	适量
防冻剂	0~2
水	500~1000

2. 根据权利要求 1 所述的水溶型聚氯乙烯弹性防水胶的制造方法，其特征在于：所述的无机氯化物，其金属元素的化合价应为+2 价或+3 价的化合物。

3. 根据权利要求 1 所述的水溶型聚氯乙烯弹性防水胶的制造方法，其特征在于：所述的无机氯化物为聚合氯化铝。

4. 根据权利要求 1 所述的水溶型聚氯乙烯弹性防水胶的制造方法，其特征在于防水胶的生产工艺过程为：

（1）将聚乙烯醇加水溶解；

（2）在（1）的溶解液加入无机氯化物使其进行化学反应；

（3）在（2）的反应液中加入交联剂使其进行交联反应；

（4）将（3）的反应液降温冷却，加入增塑剂、保水剂、防冻剂；

（5）将（4）所得的反应溶液过滤。”

申请人在提交意见陈述书的同时提交了如下附件 1-9：

附件 1：朱翰云等编著的《有机化学基础》，天津人民出版社，1984 年，第 113 页，复印件 1 页；

附件 2：韩冬冰编著的《高分子科学与材料基础》，学苑出版社，1966 年，第 94 页、第 100 页，复印件 2 页；

附件 3：中国科学院广州化学研究所分析测试中心针对“黄色弹性体薄膜”出具的分析报告单，复印件 2 页；

附件 4：广州市建材产品质量监督检验站针对“橡树牌聚氯乙烯水泥砂浆防水胶”出具的检验报告，复印件 1 页；

附件 5：中华人民共和国建材行业标准“聚氯乙烯弹性防水涂料”JC/T674-1997，复印件 1 页；

附件 6：广州市疾病预防控制中心针对“橡树牌水溶型聚氯乙烯弹性防水胶”出具的检验报告，复印件 1 页；

附件 7：广州市环境保护科学研究所针对“橡树牌水溶型聚氯乙烯弹性防水胶”出具的分析监测结果报告，复印件 1 页；

附件 8：“橡树牌水溶型聚氯乙烯弹性防水胶”产品说明书，复印件 2 页；

附件 9：聚合氯化铝产品说明；广州市东山区广荣发化工建材部的企业法人营业执照；据称来源于《中外树脂牌号大全》的常用树脂系统（初步）鉴别法，复印件共 3 页。

申请人认为：（1）本申请利用热引发技术，使 PVA 侧链上的 C-O 键断裂形成自由基 OH^-，之后用 $AlCl_3$ 电离的 Cl^- 取代聚乙烯醇的-OH 成为聚氯乙烯，而羟基 OH^- 则与铝离子反应生成氢氧化铝，因此，本申请得到的PVC防水胶实际上是一种有机物和无机物复合的防水涂料（参见附件1-2）（2）通过对聚乙烯醇与无机氯化物反应生成PVC防水胶的制造过程的解释、对成品进行检测的送检与自检结果、以及本申请所述产品的使用效果（参见附件3-9），可以证明本申请的说明书公开充分，符合专利法第26条第3款的规定。

2005年10月14日，基于发出《第一次审查意见通知书》时所针对的文本，国家知识产权局以本申请的说明书公开不充分，不符合专利法第26条第3款的规定为由驳回了本申请。

驳回决定认为：（1）一通修改文本不符合专利法第33条的规定，审查员本应继续向申请人指出修改超范围的缺陷，但由于考虑到即使该文本不存在或者克服了这一缺陷，本申请的说明书依然不符合专利法第26条第3款的规定，因此，依据发出《第一次审查意见通知书》时所针对的文本作出驳回决定；（2）首先，依据现有技术的相关教导和基本反应原理，仅按照说明书中给出的方法实际上无法获得本申请所述的聚氯乙烯防水胶，而且，说明书中也未给出任何数据或谱图来证实所获得的产品其次，由于没有任何测试数据或谱图能证明申请人在答复《第一次审查意见通知书》时所描述的热引发原理，同时，申请人提供的送检（如IR谱图）与自检（如燃烧鉴别与化学反应鉴别）结果也无法证实由聚乙烯醇与无机氯化物直接生成了聚氯乙烯，因此，本申请的说明书公开不充分，不符合专利法第26条第3款的规定。

2006年1月26日，申请人冯家相（下称请求人）对上述驳回决定不服，向专利复审委员会提出复审请求，在提出复审查请求时，请求人未修改申请文件，但是提交了如下附件10-15（编号续前）：

附件10：李兆陇等编著的《有机化学实验》，清华大学出版社，封面和第84页，复印件2页；

附件11：马礼敦主编的《高等结构分析》，封面和第161页，复印件2页；

附件12：王福来编著的《有机化学实验》，封面和第319~320页，复印件3页；

附件13：孙凤霞主编的《仪器分析》，化学工业出版社，封面和第53~54页，复印件共3页；

附件14：中山大学测试中心针对“黄色胶膜、黄色液体胶、聚乙烯醇”出具的分析报告（谱图编号分别为B0512026，B0512060，B0512061），盖章复印件4页；

附件15：韩冬冰编著的《高分子科学与材料基础》，学苑出版社，1996年，封面、版权页、第100页、第160~162页，复印件6页。

请求人认为：（1）说明书中提到了聚乙烯醇与无机氯化物的反应机理，而且从理论上讲，聚乙烯醇的羟基也有可能发生反应（参见附件15）；（2）附件14是在本申请技术方案的基础上增加催化剂用量后获得的样品送检得到的IR谱图，根据附件10-13的教导，该附件14可以证明防水胶中含有C-Cl键；因此，本申请符合专利法第26条第3款的规定。

经形式审查合格后，专利复审委员会受理了该请求，并于2006年3月23日向请求人发出《复审请求受理通知书》，同时将本申请转至国家知识产权局原审查部门进行前置审查。

国家知识产权局原审查部门在前置审查中认为：（1）请求人在提出复审请求时提交的用于证明说明书充分公开的谱图由于样品制备方法与本申请不同以及不是原始申请日公开的内容而不予考虑；（2）PVA与三氯化铝反应生成PVC的反应机理以及在说明书所述条件下发生上述反应的论述依然难以让人信服，因此坚持驳回决定。

专利复审委员会组成合议组，对本复审请求案进行审理。

2006年8月29日，请求人再次提交意见陈述书，除了重复提交附件3、13、14之外，又提交以下附件16-21（编号续前）：

附件16：聚乙烯醇的标准红外光谱图，复印件1页；

附件17：中山大学测试中心出具的红外光谱图（谱图编号为B0512060），复印件3页；

附件18：中山大学测试中心出具的针对黄色胶膜的分析报告（谱图编号分别为B0512016、B0606070、B0606083、B0606056、B0606008、B0607058），复印件7页；

附件19：张华主编的《现代有机波谱分析》，化学工业出版社，封面和第265-267页，复印件4页；

附件20：鲁崇贤等主编的《有机化学》，科学出版社，封面、第681页、第685-686页、第688-689页，复印件6页；

附件21：国家有色金属及电子材料分析测试中心针对“5#固体、6#液体”出具的分析报告，原件共2页。

请求人认为，将附件16中标准的聚乙烯醇红外谱图与附件17中的原料聚乙烯醇谱图进行对比，可以认为二者图形基本一致，同时，通过对比附件3、附件14、17-18的谱图和附件16的标准聚乙烯醇谱图，可以知道在本申请的产品中确实存在C-Cl键，而附件19说明了C-Cl键的红外光谱范围，基于此，本申请的说明书公开充分，符合专利法第26条第3款的规定。

2008年3月21日，合议组向请求人发出《复审通知书》，指出：（1）一通修改文本不符合专利法第33条的规定。（2）就驳回决定所针对的文本而言，说明书对“水溶型聚氯乙烯弹性防水胶”产品及其制备方法的说明没有清楚到本领域技术人员能够实现的程度，同时，请求人在审查过程中提交的所有证据也均无法证明本申请对于该产品及其制备方法的公开符合专利法第26条第3款的规定。合议组随《复审通知书》附具如下附件A和B作为公知常识性证据，用于证明聚乙烯醇与无机氯化物反应能否实现将聚乙烯醇上的部分-OH替代为-Cl需要用实验证据来证明：

附件A：《聚乙烯醇及其衍生物》，第二册，［苏联］C. H. 乌沙科夫著，中国工业出版社出版，1965年3月，封面、出版信息页、第129-130、133-134页；

附件B：《聚乙烯醇的性质和应用》，北京有机化工厂研究所编译，纺织工业出版社，1979年9月，封面、出版信息页、第10-13页。

2008年7月3日，请求人针对上述《复审通知书》提交了意见陈述和经修改的权利要求书（共3项）及说明书第1页，保留一通修改文本中对权利要求1和说明书第2页化学反应式的修改，删除了权利要求3，删除了说明书第1页中增加的“本发明的研制思路”一节。同时再次提交附件16、以及如下附件18’、19’、20’和22（编号续前）：

附件18’：中山大学测试中心于2006年7月31日针对黄色胶膜等出具的红外光谱图（谱图编号分别为B0606008、B0606056、B0606083），复印件4页；

附件19’：张华主编的《现代有机波谱分析》，化学工业出版社，2005年8月，封面、出版信息页、第8、252、257、265-269、273、279、283页，复印件13页；

附件20’：鲁崇贤等主编的《有机化学》，科学出版社，封面、第685-686页，复印件3页。

附件22：中山大学测试中心于2008年5月19日针对防水胶08-1#-5#出具的红外光谱图（谱图编号分别为B0805023、B0805024、B0805025、B0805026、B0805027），复印件6页；

请求人认为：（1）请求人对聚乙烯醇和聚氯乙烯化学式的修改符合常规，也符合专利法第33条的规定。（2）通过聚乙烯醇与三氯化铝反应生成聚氯乙烯、以及聚乙烯醇与聚合氯化铝或三氯化铝/聚合氯化铝混合物反应生成聚氯乙烯的实验表明，其生成的产品中同时存在C-Cl键和C-O键（参见附件18’、19’和22）。（3）根据附件20’中关于C-Cl键形成的方法可知，本申请中并非所有的无机氯化物均能与聚乙烯醇发生化学反应，本申请的反应过程是聚乙烯醇大分子中的一个或几个乙烯醇小分子同无机氯化物反应，产生分子的无规则排列。

2008年7月5日，请求人补充意见陈述，提出了与前次意见陈述书相同的理由，并且除了提交相同的证据外，还提交如下附件 23（编号续前）：

附件 23：聚氯乙烯的标准红外光谱图，2 份，复印件共 2 页。

2008 年 7 月 16 日，请求人再次补充意见陈述，除了进一步重复之前所陈述过的理由外，还认为，附件 A 中提到的将 HCl 加入悬浮聚乙烯醇中的反应应是实验室的方法，而用 $ZnCl_2$、$AlCl_3$、NH_4Cl 同聚乙烯醇反应，是把 $ZnCl_2$、$AlCl_3$ 等作为凝缩剂使用，其用量少，生成的氯乙烯少，未发现氯乙烯存在，因此，是一项尚未到终点的实验。请求人还将水溶型聚氯乙烯弹性防水胶与国内同类产品进行了比较，旨在证明本申请的水溶型聚氯乙烯弹性防水胶具有优异的效果。与此同时，请求人提交了附件 4-8 的原件和如下附件（编号续前）：

附件 24：一些据称为聚乙烯醇与各种无机物（如重铬酸钾、硼酸、15% 的盐酸、三氯化铝、聚合氯化铝）反应生成的胶膜样品。

2008 年 9 月 3 日，请求人补充提交了说明书第 2-5 页的修改替换页，将其修改回原始说明书第 2~5 页的内容。

至此，合议组认为本案事实已经清楚，可以作出审查决定。

二、决定的理由

1. 关于审查文本

合议组以请求人于 2008 年 7 月 3 日提交的权利要求书（共 3 项）及说明书第 1 页，2008 年 9 月 3 日提交的说明书第 2-5 页，申请日提交的说明书附图，以及 2005 年 8 月 25 日提交的说明书摘要为基础进行审查。

2. 关于专利法第 33 条

专利法第 33 条规定：申请人可以对其专利申请文件进行修改，但是，对发明专利申请文件的修改不得超出原说明书和权利要求书记载的范围。

对申请文件的修改必须在原说明书和权利要求书中有依据，即，在原说明书和权利要求书中有记载或者能够从其记载的信息中直接地、毫无疑义地确定，否则，修改将是不允许的。

就本案而言，请求人在答复《第一次审查意见通知书》时对申请文件进行了若干修改，主要体现在：（1）将原权利要求 1 及说明书第 2 页相应部分的化学反应式中的原料与产物的结构式 $-CH_2-CH(OH)-$ 和 $-CH_2-CH(Cl)-$ 修改为 $-[CH_2-CH(OH)]_n-$ 和 $-[CH_2-CH(Cl)]_n-$；（2）增加第 3 项权利要求，其中将原权利要求 1 的无机氯化物原料具体限定为聚合氯化铝；（3）在说明书第 1~2 页增加“本发明的研制思路”一节、在说明书第 3 页“有益的效果”一节增加第 4 点效果；（4）在说明书第 4 页第一段后删除在关“JC/T674-1997”行业标准的内容。

合议组在《复审通知书》中指出：对于以上修改（2）和（3），首先，所述增加的内容在原始申请文件中没有记载；其次，在原始申请文件中仅记载无机氯化物为“其金属元素的化合价为+2 价或+3 价的化合物”，具体实施例中也仅使用了三氯化铝，由此并不能毫无疑义地确定聚合氯化铝也能用于本申请的反应；再者，在原始申请文件中从未涉及过任何关于本申请所述方法反应机理的解释，也未提及本申请产品在环保、阻燃、耐老化、成本等方面的优越性，本领域技术人员从原始申请文件记载的内容无法毫无疑义地确定本申请制备方法所经历的反应历程、以及本申请产品在环保、阻燃、耐老化、成本等方面的有益效果，因此，所述修改（2）和（3）在原始申请文件中找不到依据，不符合专利法第 33 条的规定。

请求人在答复《复审通知书》时分别于 2008 年 7 月 3 日、2008 年 9 月 3 日分两次对申请文件进行了修改，其中删除了一通修改文本中增加的权利要求 3，说明书第 1-2 页增加的“本发明的研制思路”一节的内容，把说明书第 2-5 页的内容修改回原始说明书的相关内容。通过上述修改，已经克服了《复审通知书》中指出的关于以上修改（2）和（3）修改超范围的缺陷，并且修改（4）也已经不再存在。

对于上以修改（1），合议组认为，请求人仅是对聚乙烯醇和聚氯乙烯相应的化学表达方式进行了修改，将原始申请中不太规范的$-CH_2-CH$（OH）-和$-CH_2-CH$（Cl）-分别修改为规范的-［CH_2-CH（OH）］$_n$-和-［CH_2-CH（Cl）］$_n$-，这一修改并未导入新的信息，能够从原始申请文件记载的信息中直接地、毫无疑义地确定，因此，未超出原始申请记载的范围，符合专利法第33条的规定。

3. 关于专利法第26条第3款

专利法第26条第3款规定：说明书应当对发明或者实用新型作出清楚、完整的说明，以所属技术领域的技术人员能够实现为准。

对于化学产品的制备方法发明而言，化学产品本身也是该方法的一个重要技术特征，说明书中对于该化学产品的描述应当清楚到使本领域技术人员能够确认该化学产品的程度。尤其是，当所述制备方法是本领域制备该类化学产品的非常规方法、本领域技术人员即使参考其普通技术知识也无法预测所述方法能够获得所述化学产品时，说明书应当提供确切的证据证明所述制备方法确实获得了所述化学产品。在没有相应证据的情况下，将认为说明书对所述化学产品及其制备方法的公开未达到使本领域技术人员能够实现的程度。

本申请要求保护一种水溶型聚氯乙烯弹性防水胶的制造方法，其是将聚乙烯醇、无机氯化物、交联剂、增塑剂、保水剂、防冻剂、水等七种原料按一定比例混合反应形成，根据权利要求1和说明书第1页的描述，其基本原理是利用聚乙烯醇与无机氯化物反应形成聚氯乙烯。

首先，说明书仅在发明内容部分描述了原料、原料配比和一般性生产工艺；在较佳实施方式部分给出了一个以聚乙烯醇、三氯化铝为主要原料制造“本发明聚氯乙烯弹性防水胶”的方法示例，并结论性地声称“本例生产的成品，物理性能完全符合JC/T674-1997聚氯乙烯弹性防水涂料所规定的指标”，之后给出了一系列以“聚氯乙烯弹性防水胶”为原料制备防水涂料的配方，未对所谓的“水溶型聚氯乙烯弹性防水胶”产品本身进行任何表征（包括测定比如产品的氯含量、分子量、分子量分布、玻璃化温度或者防水性能等），本领域技术人员从说明书的上述内容无从知道聚乙烯醇是否确实转化成了聚氯乙烯，也无从知道该“水溶型聚氯乙烯弹性防水胶”实际上具有怎样的组成、结构和性能，即使从应用实例配方也看不出“水溶型聚氯乙烯弹性防水胶”到底是何种物质。

其次，聚氯乙烯是一种常规的化学产品，通常是由氯乙烯单体的聚合来制备的，从未有人通过将聚乙烯醇与诸如氯化铝、氯化镁、或氯化氢之类的无机氯化物反应来制备聚氯乙烯；而且，请求人在答复《第一次审查意见通知书》时争辩的反应原理（例如，热引发使得聚乙烯醇的C-O键断裂生成氢氧根，然后氢氧根与三氯化铝中电离出来的铝离子结合生成氢氧化铝沉淀，氯离子于是结合到聚乙烯醇的大分子链上形成聚氯乙烯）也仅仅是请求人的理解与推测，在没有确切的证据证明本申请的方法中聚乙烯醇和无机氯化物反应确实能获得聚氯乙烯的情况下，本领域技术人员无从相信本申请的方法能够实现。

再者，即使如请求人在2006年8月29日以及答复《复审通知书》时提交的《意见陈述书》中所述，将本申请的“水溶型聚氯乙烯弹性防水胶”理解为在大分子链上同时具有C-OH和C-Cl键的共聚体，即，被氯改性的聚乙烯醇，说明书对该产品的描述也未充分到本领域技术人员能够确认该产品的程度，具体理由如下：

（1）不可否认，聚乙烯醇骨架上的羟基具有一定的反应活性，可以被诸多试剂改性。但是，关于聚乙烯醇被氯改性的报道仅有两例，其一是与Cl_2反应，生成氯含量为11-28%的氯化聚乙烯醇；

其二是使悬浮态聚乙烯醇与无水 HCl 反应，生成不溶水的褐色物质，氯含量为 7. 1%（参见《复审通知书》的附件 A 第 129 页）。从未见到在水溶液中加热到 85-95℃下，用诸如 $AlCl_3$的无机氯化物即可使聚乙烯醇的 C-O 共价键断裂，生成 C-Cl 键的文献报道。即便是对于含 C-OH 的小分子醇类，将其-OH 用-Cl 取代时见诸报道的也均是使用 HCl，而非诸如 $AlCl_3$的无机氯化物，因此，本申请的方法能否实现将聚乙烯醇上的部分-OH 替代为-Cl 需要用实验证据来证明；

（2）一般情况下，无机盐可以作为聚乙烯醇水溶液的沉淀剂，例如，当在聚乙烯醇水溶液中加入 $Al_2(SO_4)_3$时，聚乙烯醇会形成不溶于水的沉淀（参见《复审通知书》的附件 B 第 12 页），而 $ZnCl_2$、$AlCl_3$等则能加速聚乙烯醇向不溶的状态转变（参见附件 A 第 133 页）。因此，可以预测，当把 $AlCl_3$或者 $ZnCl_2$加入到聚乙烯醇水溶液中时，聚乙烯醇将有可能发生沉淀而不进行本申请所述的用-Cl 取代 C-OH 上的-OH 的取代反应。当本领域技术人员基于其公知常识不能得出聚乙烯醇与无机氯化物必然会发生用-Cl 取代 C-OH 上的-OH 的取代反应时，说明书中应当提供充分的实验证据证明这一点；

（3）然而，本申请说明书中未对产品进行任何表征，也未提供充分的实验证据证明本申请中确实发生了该取代反应，在此情况下，本领域技术人员无法确信本申请的方法确实能获得所述产品。

请求人在答复《复审通知书》时认为，（a）附件 A 中提到的将 HCl 加入悬浮聚乙烯醇中的反应是实验室的方法，（b）用 $ZnCl_2$、$AlCl_3$、NH_4Cl 同聚乙烯醇反应，是把 $ZnCl_2$、$AlCl_3$等作为凝缩剂使用，其用量少，生成的氯乙烯少，未发现氯乙烯存在，是一项尚未到终点的实验。

对于以上观点（a），合议组认为，《复审通知书》引用附件 A 第 129 页的内容旨在说明：本领域已知将聚乙烯醇用氯改性需要很苛刻的条件，相反，本申请实现相同目的所采用的条件极为温和，在本申请采用的技术手段与本领域技术人员公知的技术状态相比存在如此大差异的情况下，本申请说明书中应当提供足够的证据，使本领域技术人员确信本申请的技术方案能够实现，这与附件 A 的反应是否是实验室的方法或者是工业规模的方法没有关系。

对于以上观点（b），合议组认为，尽管从附件 A 第 133 页提到的“微量的酸或其他凝缩剂，如 HCl、乳酸以及 $ZnCl_2$、$AlCl_3$、NH_4Cl 等，均能加速聚乙烯醇向不溶的状态转变”可以理解，在聚乙烯醇中加入少量 $ZnCl_2$、$AlCl_3$，其会起到凝缩剂的作用，但是，从中并不能获知，当所述添加剂的用量增加时，聚乙烯醇将不再向不溶状态改变，而是如本申请中所述那样，二者发生取代反应而形成水溶型聚氯乙烯弹性防水胶。

因此，合议组对请求人的上述观点不予支持。

综上，无论对聚氯乙烯作何种理解，在本申请未对产品进行任何表征的情况下，本领域技术人员均无法确信本申请所述的反应是否发生，该反应是否生成了本申请所述的产品，故而，合议组认为，说明书对于所述产品及其制备方法的公开不满足专利法第 26 条第 3 款的规定。

另外，对于请求人在本申请的审查过程中提交的一系列证据，合议组认为，其基本上可以分为以下几类：

（1）用于证明本申请反应可能性的公知常识性证据（包括附件 1、2、15、20、20’）。

这些证据只能证明小分子醇或者处于高分子侧基的 C-OH 键具有一定的反应活性，在一定条件下可以转化为 C-Cl 键，无法证明在本申请所述条件下，聚乙烯醇与无机氯化物（如 $AlCl_3$）反应可以生成聚氯乙烯或者氯化聚乙烯醇。

（2）用于证明本申请的弹性防水胶中存在 C-Cl 键的证据（包括附件 3、10-14、16-19、18’、19’、22、23）。

对于这些证据，合议组认为：

首先，虽然从公知常识性证据（如附件 10-13、19、19’）可以知道，C-Cl 键的伸缩振动出现在

$800\sim550cm^{-1}$，从附件 23 也可以看出，在聚氯乙烯的标准红外谱图中，在 $600\sim700cm^{-1}$范围内会出现吸收峰（请求人认为其归属于 C-Cl 键的伸缩振动），因此，理论上可以通过这一指纹区域的吸收峰判定分子中是否存在 C-Cl 键，但是，从附件 16 可以看出，在不含 C-Cl 键的聚乙烯醇的标准红外光谱图的 $800\sim550cm^{-1}$范围内也出现了较强吸收峰（请求人认为这是由于其他官能团在此处与 C-Cl 键重叠所致）。因此，当需要判断聚乙烯醇是否真正转化为聚氯乙烯时，就不能再单纯依据理论上 C-Cl 键会在这一区域出现吸收峰而得出结论，因为在该指纹区存在 C-Cl 键与原料聚乙烯醇中其他官能团的吸收峰位置相同的情况，无法基于在这一区域出现吸收峰而认为 C-OH 键必然已转化成了 C-Cl 键，因此，根据附件 3、附件 14、17-18、18'、22 的红外光谱图并不能确切无疑地推知样品中确实含有 C-Cl 键。

其次，请求人认为可以通过样品红外光谱中 C-O 键吸收峰吸光率的减少和 C-Cl 吸收峰吸光率的增加反映出聚乙烯醇中 C-OH 转化为 C-Cl 的程度，并引用附件 22 和附件 18' 中 $1090cm^{-1}$左右和 $500\sim700cm^{-1}$处的吸收峰强度的变化来证明这一点。对此，合议组认为，将附件 16（聚乙烯醇的标准红外光谱图）和附件 23（聚氯乙烯的标准红外光谱图）进行对比可以看出，二者在 $1100cm^{-1}$处均有较强吸收峰，因此，将附件 22 和 18' 中 $1100cm^{-1}$处的吸收峰归属于产品中的 C-O 伸缩振动缺少依据，更不用说将其与 $500\sim700cm^{-1}$处可能同时归属于 C-H 和 C-Cl 伸缩振动的吸收峰进行吸光率对比来说明 C-OH 到 C-Cl 的转化程度了。

再者，根据请求人的说明，形成附件 14、17-18 图谱的样品是聚乙烯醇与聚合氯化铝或氯化氢在作为催化剂的 $ZnCl_2$的存在下反应形成的。尽管请求人声称 $ZnCl_2$仅作为催化剂使用，但是，在本申请说明书所述的方法中并未使用 $ZnCl_2$，因此，即使附件 14、17-18 能证明样品中含有 C-Cl 键，由于其样品的制备方法不同于本申请所述的方法，其也不能用于证明本申请的方法必然会得到具有 C-Cl 键的水溶型聚氯乙烯弹性防水胶。

（3）用于证明本申请所得产品使用效果的证据（包括附件 4-8、21、24）。

附件 24 据称为聚乙烯醇与各种无机物（如重铬酸钾、硼酸、15% 的盐酸、三氯化铝、聚合氯化铝）反应生成的胶膜样品，附件 4-8、21 中所涉及的检测对象或者为"橡树牌水溶型聚氯乙烯弹性防水胶"、"橡树牌聚氯乙烯水泥砂浆防水胶"、"橡树牌聚氯乙烯弹性防水胶"，或者为"5#固体、6#液体"，从中看不出这些产品与本申请的产品是否为同样的产品，更看不出这些产品是否是用本申请所述的方法生产的，因此，这些证据无法证明本申请的方法能获得"水溶型聚氯乙烯弹性防水胶"，也无法证明本申请的说明书对于所述产品的公开已经达到本领域技术人员能够实现的程度。

（4）其他类型证据（包括附件 9）。

附件 9 涉及聚合氯化铝的产品说明、广州市东山区广荣发化工建材部的企业法人营业执照、以及常用树脂系统（初步）鉴别法，其与本申请是否公开充分没有关系。

综上，请求人在审查过程中提交的所有证据均无法证明本申请对于产品及其制备方法的公开符合专利法第 26 条第 3 款的规定。

综上所述，合议组认为，本申请说明书对"水溶型聚氯乙烯弹性防水胶"产品及其制备方法的说明没有清楚到本领域技术人员能够实现的程度，同时，请求人在审查过程中提交的所有证据也均无法证明本申请对于该产品及其制备方法的公开符合专利法第 26 条第 3 款的规定。

根据上述理由和事实，本案合议组作出如下决定。

三、决定

维持国家知识产权局于 2005 年 10 月 14 日针对第 02134262.8 号发明专利申请作出的驳回决定。

复审请求人对本决定不服的，可以根据专利法第 41 条第 2 款的规定，自收到本决定之日起三个月内向北京市第一中级人民法院起诉。

167

害虫驱避剂的制备方法以及害虫的驱避方法

复审请求审查决定（第15131号）

决　定　号　第15131号
决　定　日　2008年11月21日
发明创造名称　害虫驱避剂的制备方法以及害虫的驱避方法
国际分类号　A01N65/00
复审请求人　风间行男
申　请　号　200410095480.0
申　请　日　2004年12月31日
公　开　日　2006年7月12日
合议组组长　刘　静
主　审　员　黄　强
参　审　员　娄　宁

法律依据　专利法实施细则第20条第1款，专利法实施细则第21条第2款
决定要点

如果一项权利要求中技术特征的用词使得该权利要求的保护范围被限定的足够清楚，那么该权利要求是清楚的，符合专利法实施细则第20条第1款的规定。

必要技术特征是指，发明或者实用新型为解决其技术问题所不可缺少的技术特征，其总和足以构成发明或者实用新型的技术方案，使之区别于背景技术中所述的其他技术方案。

一、案由

本复审请求案涉及发明名称为“害虫驱避剂的制备方法以及害虫的驱避方法”的第200410095480.0号发明专利申请（下称本申请），申请人风间行男，申请日为2004年12月31日，公开日为2006年7月12日。

2007年7月6日，针对申请人于2007年3月14日提交的权利要求第1~6项，2004年12月31日提交的说明书第1~4页，说明书附图第1~3页以及说明书摘要（下称驳回文本），国家知识产权局以权利要求1、5~6不符合专利法实施细则第20条第1款、权利要求5不符合专利法实施细则第21条第2款的规定为由驳回了本申请，具体驳回理由如下：权利要求1中的“所定浓度”以及权利要求5中的“所定浓度”和“所定倍数”为含义不确定的措辞，导致权利要求的保护范围不清楚；独立权利要求5的技术方案缺少“展开剂及其用量”这一必要技术特征；权利要求6的附加技术特征属于功能性限定，在说明书中明确稀释倍数的情况下，这种功能性限定不能清楚限定本申请的害虫驱

避剂的稀释倍数。驳回决定所针对的权利要求书如下：

"1. 害虫驱避剂的制备方法，其特征在于，在含有杜仲叶提取液的害虫驱避剂的制备方法中，通过煎煮混合相对于100重量%水的、2~4重量%杜仲叶、0.5~2.0重量%胡椒和0.5~2.0重量%大蒜得到提取液，同时将所得提取液配制成所定浓度得到害虫驱避剂。

2. 如权利要求1所述的害虫驱避剂的制备方法，其特征在于，所述的水是使用使簇微细化的活化水。

3. 如权利要求1所述的害虫驱避剂的制备方法，其特征在于，所述的杜仲叶是使干燥的杜仲叶制成粉末使用。

4. 如权利要求1所述的害虫驱避剂的制备方法，其特征在于，所述的大蒜是使用粉碎过的大蒜。

5. 害虫驱避方法，其特征在于在使用杜仲叶提取液的害虫驱避方法中，通过煎煮混合相对于100重量%水的、2~4重量%杜仲叶、0.5~2.0重量%胡椒和0.5~2.0重量%大蒜得到提取液，同时将所得提取液配制成所定浓度得到害虫驱避剂，再通过将该害虫驱避剂以原液使用或稀释至所定倍数，在需要驱避害虫的场所散布或灌水。

6. 如权利要求5所述的害虫驱避方法，其特征在于，害虫驱避剂因驱避的害虫种类不同稀释倍数不同。"

2007年9月19日，申请人风间行男（下称请求人）向专利复审委员会提出复审请求，同时提交了权利要求书的替换页。与驳回文本相比，请求人所作的主要修改之处如下：（1）将权利要求1和5中"将所得提取液配制成所定浓度"修改为"将所得提取液与水混合"，将权利要求5中的"所定倍数"修改为"250~500"倍；（2）权利要求5中增加了"相对于100升水添加20cc展着剂"的特征；（3）在权利要求6的附加技术特征中增加了具体害虫种类及相应的稀释倍数。请求人认为通过上述这些修改能够克服驳回决定中所指出的缺陷。修改后的权利要求书如下：

"1. 害虫驱避剂的制备方法，其特征在于，在含有杜仲叶提取液的害虫驱避剂的制备方法中，通过煎煮混合相对于100重量%水的、2~4重量%杜仲叶、0.5~2.0重量%胡椒和0.5~2.0重量%大蒜得到提取液，再将所得提取液与水混合得到害虫驱避剂。

2. 如权利要求1所述的害虫驱避剂的制备方法，其特征在于，所述的水是使用使簇微细化的活化水。

3. 如权利要求1所述的害虫驱避剂的制备方法，其特征在于，所述的杜仲叶是使干燥的杜仲叶制成粉末使用。

4. 如权利要求1所述的害虫驱避剂的制备方法，其特征在于，所述的大蒜是使用粉碎过的大蒜。

5. 害虫驱避方法，其特征在于在使用杜仲叶提取液的害虫驱避方法中，通过煎煮混合相对于100重量%水的、2~4重量%杜仲叶、0.5~2.0重量%胡椒和0.5~2.0重量%大蒜得到提取液，同时将所得提取液与水混合得到害虫驱避剂，再通过将该害虫驱避剂以原液使用或稀释至250~500倍，并相对于100升水添加20cc展着剂，在需要驱避害虫的场所散布或灌水。

6. 如权利要求5所述的害虫驱避方法，其特征在于，害虫驱避剂因驱避的害虫种类不同稀释倍数不同，对害虫蜱、蓟马属、桃潜蛾和介壳虫，稀释250倍；对害虫根结线虫、蚜虫、毛虫、菜螟和粘虫，稀释500倍。"

经形式审查合格后，专利复审委员会受理了该请求，并于2007年10月29日向请求人发出了《复审请求受理通知书》，同时将本申请转送至国家知识产权局原审查部门进行前置审查。

在《前置审查意见书》中，国家知识产权局原审查部门认为，请求人在复审请求时提交的权利要求书中，权利要求6增加了具体的害虫种类以及具体的稀释倍数，上位概念"依害虫种类不同稀释倍数不同”与下位概念即具体稀释倍数同时存在，导致权利要求保护范围不清楚，此外，权利要求5中展着剂的单位“cc”不是标准单位。

专利复审委员会组成合议组，对本复审请求案进行了审理。

2008年11月6日，请求人提交了意见陈述书以及权利要求书和说明书第3、4页的替换页，其中，将权利要求5中的“cc”修改为“毫升”，并对说明书第3、4页的内容进行了适应性修改；删除了权利要求6中“害虫驱避剂因驱避的害虫种类不同稀释倍数不同”这一技术特征，并将权利要求6中“对害虫根结线虫、蚜虫、毛虫、菜螟和粘虫，稀释500倍”修改为从属权利要求7。请求人认为通过上述修改，已经克服了驳回决定中指出的缺陷，符合专利法实施细则的有关规定。修改后的权利要求书如下：

“1. 害虫驱避剂的制备方法，其特征在于，在含有杜仲叶提取液的害虫驱避剂的制备方法中，通过煎煮混合相对于100重量%水的、2~4重量%杜仲叶、0.5~2.0重量%胡椒和0.5~2.0重量%大蒜得到提取液，再将所得提取液与水混合得到害虫驱避剂。

2. 如权利要求1所述的害虫驱避剂的制备方法，其特征在于，所述的水是使用使簇微细化的活化水。

3. 如权利要求1所述的害虫驱避剂的制备方法，其特征在于，所述的杜仲叶是使干燥的杜仲叶制成粉末使用。

4. 如权利要求1所述的害虫驱避剂的制备方法，其特征在于，所述的大蒜是使用粉碎过的大蒜。

5. 害虫驱避方法，其特征在于在使用杜仲叶提取液的害虫驱避方法中，通过煎煮混合相对于100重量%水的、2~4重量%杜仲叶、0.5~2.0重量%胡椒和0.5~2.0重量%大蒜得到提取液，同时将所得提取液与水混合得到害虫驱避剂，再通过将该害虫驱避剂以原液使用或稀释至250~500倍，并相对于100升水添加20毫升展着剂，在需要驱避害虫的场所散布或灌水。

6. 如权利要求5所述的害虫驱避方法，其特征在于，对害虫蜱、蓟马属、桃潜蛾和介壳虫，稀释250倍。

7. 如权利要求5所述的害虫驱避方法，其特征在于，对害虫根结线虫、蚜虫、毛虫、菜螟和粘虫，稀释500倍。”

经合议审理，合议组认为本案事实已经清楚，可以作出审查决定。

二、决定的理由

1. 关于审查文本

本复审请求审查决定针对的文本是请求人于2008年11月6日提交的权利要求第1~7项、说明书第3~4页，2004年12月31日提交的说明书第1~2页、说明书附图第1~3页以及说明书摘要（下称复审文本）。

2. 关于专利法实施细则第20条第1款

专利法实施细则第20条第1款规定：权利要求书应当说明发明或者实用新型的技术特征，清楚、简要地表述请求保护的范围。

如果一项权利要求中技术特征的用词使得该权利要求的保护范围被限定的足够清楚，那么该权利要求是清楚的，符合专利法实施细则第20条第1款的规定。

就本申请而言，（1）驳回决定指出驳回文本的权利要求1中“所定浓度”以及权利要求5中的“所定浓度”和“所定倍数”为含义不确定的措辞，导致权利要求的保护范围不清楚。针对上述缺陷，请求人将权利要求1和5中“将所得提取液配制成所定浓度”修改为“将所得提取液与水混合”；根据原申请文件中说明书第3页第6段的记载，将权利要求5中的“所定倍数”修改为“250~

500”倍。合议组经核实，“250~500”倍的稀释倍数在原说明书第3页第6段确有记载；原权利要求1记载了“将所得提取液配制成所定浓度”，原说明书第3页第15~16行记载了“相对于得到的提取液根据需要追加的所需量的活化水调配浓度”，根据上述记载的内容可以直接地、毫无疑义地确定出“将所得提取液与水混合”的含义，因此这种修改是允许的，符合专利法第33条的规定；同时由于修改后的权利要求1和5已经删除了“所定浓度”和“所定倍数”的特征，因此克服了驳回决定指出的缺陷。（2）驳回决定指出权利要求6的附加技术特征“害虫驱避剂因驱避的害虫种类不同稀释倍数不同”属于功能性限定，在说明书中明确稀释倍数的情况下，这种功能性限定不能清楚限定本申请的害虫驱避剂的稀释倍数，导致该权利要求的保护范围不清楚；对此，请求人在提交复审请求时对权利要求6进行了修改，增加了对具体害虫的稀释倍数的特征，因此前置审查意见中指出权利要求6中上位概念“因驱避的害虫种类不同稀释倍数不同”和下位概念即具体稀释倍数同时存在，导致权利要求的保护范围不清楚。对此，请求人删除了权利要求6中的功能性描述“害虫驱避剂因驱避的害虫种类不同稀释倍数不同”，同时根据原说明书第3页第6段的记载，将该权利要求修改为两个从属权利要求。合议组经核实，修改后的从属权利要求6和7内容在原说明书第3页第6段确有记载，且修改后的权利要求6和7的技术方案中技术特征的用词已被限定地足够清楚，驳回决定和《前置审查意见书》指出的权利要求6不符合专利法实施细则第20条第1款的缺陷已经克服。（3）前置审查意见指出权利要求5中的展着剂单位“cc”不是国际标准单位。对此，请求人将“cc”修改为“毫升”。本领域技术人员公知，计量单位“cc”与“毫升”是相等的，且“毫升”是国际标准单位，因此这种修改是允许的。

因此，复审文本的权利要求书已经克服了《驳回决定》和《前置审查意见书》中指出的权利要求不清楚的缺陷，符合专利法实施细则第20条第1款的规定。

3. 关于专利法实施细则第21条第2款

专利法实施细则第21条第2款规定：独立权利要求应当从整体上反映发明或者实用新型的技术方案，记载解决技术问题的必要技术特征。

必要技术特征是指，发明或者实用新型为解决其技术问题所不可缺少的技术特征，其总和足以构成发明或者实用新型的技术方案，使之区别于背景技术中所述的其他技术方案。

驳回决定指出驳回文本的独立权利要求5的技术方案缺少“展开剂及其用量”这一必要技术特征。针对上述缺陷，请求人根据原说明书第3页第6段的记载“展着剂的量相对于100［升］的水可以为20［cc］左右”，在权利要求5中增加了“相对于100升水添加20毫升展着剂”这一技术特征。由此，修改后的权利要求5克服了驳回决定指出的缺少“展开剂及其用量”必要技术特征的缺陷。

根据上述事实和理由，合议组作出如下审查决定。

三、决定

撤销国家知识产权局于2007年7月6日针对200410095480.0号发明专利申请作出的驳回决定，由国家知识产权局原审查部门以本复审请求审查决定所针对的复审文本为基础继续审批程序。

复审请求人对本决定不服的，可以根据专利法第41条第2款的规定，自收到本决定之日起三个月内向北京市第一中级人民法院起诉。

168

作为内皮素受体拮抗剂的4-（杂环基磺酰氨基）-5-甲氧基-6-（2-甲氧基苯氧基）-2-苯基-或-吡啶基嘧啶

复审请求审查决定（第15132号）

决　定　号　第15132号
决　定　日　2008年11月20日
发明创造名称　作为内皮素受体拮抗剂的4-（杂环基磺酰氨基）-5-甲氧基-6-（2-甲氧基苯氧基）-2-苯基-或-吡啶基嘧啶
国 际 分 类 号　C07D 401/12，C07D 417/12，C07D 401/14，C07D 413/14，A61K 31/505，A61P 9/00
复 审 请 求 人　弗·哈夫曼-拉罗切有限公司
申　请　号　00803754.X
优 先 权 日　1999年1月18日
申　请　日　2000年1月10日
公　开　日　2002年3月13日
合 议 组 组 长　侯　曜
主　审　员　黄　强
参　审　员　潘　剑

法 律 依 据　专利法第33条
决 定 要 点

如果专利申请文件修改后的内容在原申请文件中有记载，或者所属技术领域的技术人员能够从原申请文件记载的信息中直接地、毫无疑义地确定，那么这种修改就是允许的。

一、案由

本复审请求案涉及发明名称为“作为内皮素受体拮抗剂的4-（杂环基磺酰氨基）-5-甲氧基-6-（2-甲氧基苯氧基）-2-苯基-或-吡啶基嘧啶”的第00803754.X号发明专利申请（下称本申请），申请人为弗·哈夫曼-拉罗切有限公司，优先权日为1999年1月18日，申请日为2000年1月10日，公开日为2002年3月13日。

2007年3月9日，针对申请人于2004年10月19日提交的权利要求第1~15项，进入中国国家阶段时提交的说明书第1~54页以及说明书摘要（下称驳回文本），国家知识产权局以权利要求15的修改不符合专利法第33条的规定为由驳回了本申请，具体驳回理由如下：申请人将权利要求15的步骤 e）中取代基 R^2 的定义由“$-Y-OR^{22}$”修改为“$-OR^{22}$”，修改后的内容在原说明书和权利要求书中未明确记载，也不能由原说明书和权利要求书所记载的内容直接地、毫无疑义地确定，超出了原申请文件记载的范围。

2007 年 5 月 24 日，申请人弗·哈夫曼－拉罗切有限公司（下称请求人）对上述驳回决定不服，向专利复审委员会提出复审请求，在提交复审请求时未对申请文件进行修改。请求人认为，权利要求 15 的步骤 e）所述的方法是要制备 $Y=-O-$ 的通式 Ic 的化合物，该化合物为式（I）化合物的一个特例，根据权利要求 1 中关于基团 R^2 的定义可知，R^2 是 R^{21}、$-Y-R^{22}$ 或杂环基，在通式 Ic 的情况下，R^2 为 $-Y-R^{22}$，当 $Y=-O-$ 时，$R^2=-OR^{22}$，而不可能是 $-Y-OR^{22}$，因此，修改的内容能够根据原说明书和权利要求书记载的内容直接地毫无疑义地确定，符合专利法第 33 条的规定。

经形式审查合格后，专利复审委员会受理了该请求，并于 2007 年 9 月 12 日向请求人发出了《复审请求受理通知书》，同时将本申请转送至国家知识产权局原审查部门进行前置审查。

在《前置审查意见书》中，国家知识产权局原审查部门坚持驳回决定。

专利复审委员会组成合议组，对本复审请求案进行了审理。

经合议审理，合议组认为本案事实已经清楚，可以作出审查决定。

二、决定的理由

1. 关于审查文本

本复审请求审查决定针对的文本是驳回文本，即请求人于 2004 年 10 月 19 日提交的权利要求第 1~15 项，进入中国国家阶段时提交的说明书第 1~54 页以及说明书摘要。

2. 关于专利法第 33 条

专利法第 33 条规定：申请人可以对其专利申请文件进行修改，但是，对发明和实用新型专利申请文件的修改不得超出原说明书和权利要求书记载的范围。

如果专利申请文件修改后的内容在原申请文件中有记载，或者所属技术领域的技术人员能够从原申请文件记载的信息中直接地、毫无疑义地确定，那么这种修改就是允许的。

就本申请而言，驳回决定指出权利要求 15 的步骤 e）中取代基 R^2 的定义由“$-Y-OR^{22}$”修改为“$-OR^{22}$”，修改后的内容在原说明书和权利要求书中未明确记载，也不能由原说明书和权利要求书所记载的内容直接地毫无疑义地确定。

为此，合议组查明以下事实：驳回文本的权利要求 15 修改的基础是原权利要求 17，原权利要求 17 的步骤 e）所述的方法是式 I 化合物的制备方法，

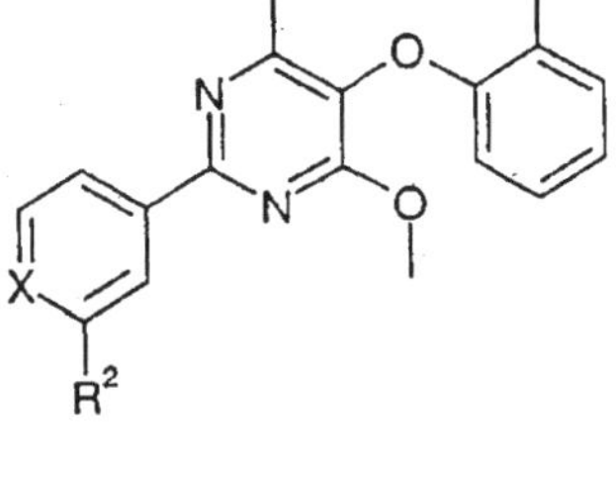

(I)

其具体过程为在碱的存在下，以甲苯磺酰氯作为试剂，通过将式 II 化合物与相应官能化的醇反应从而得到式 I 化合物，

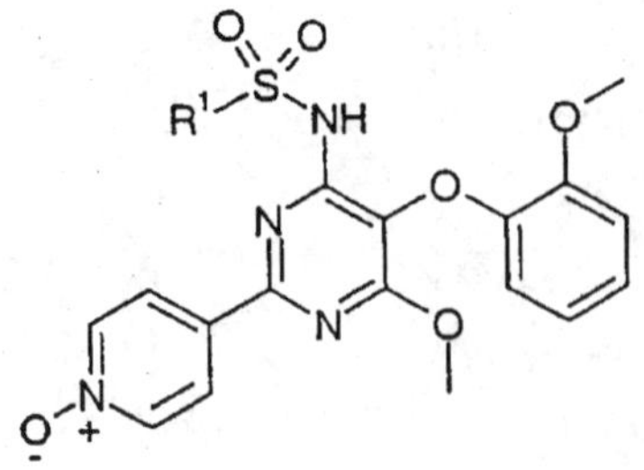

(II)

其中 R^2 是-Y-OR^{22}。但是，根据式I化合物的定义，R^2 是 R^{21}、-Y-R^{22}或杂环基，并且Y是-O-或-NH-（参见原权利要求1），因此在原权利要求17中，将 R^2 定义为-Y-OR^{22}明显与权利要求1中 R^2 的定义产生矛盾。

进一步与原说明书记载的技术内容相比较，权利要求15的的步骤e）所述的方法与原说明书第12页第6段所述的方法相对应，即都是在碱的存在下，以甲苯磺酰氯作为试剂，通过将式II化合物与相应官能化的醇进行反应，由于反应原料和制备方法完全相同，因此得到的产物也必定相同，即步骤e）所述方法制备得到的式I化合物应当为原说明书第12页第6段所述方法制备得到的Y=-O-的式Ic化合物。

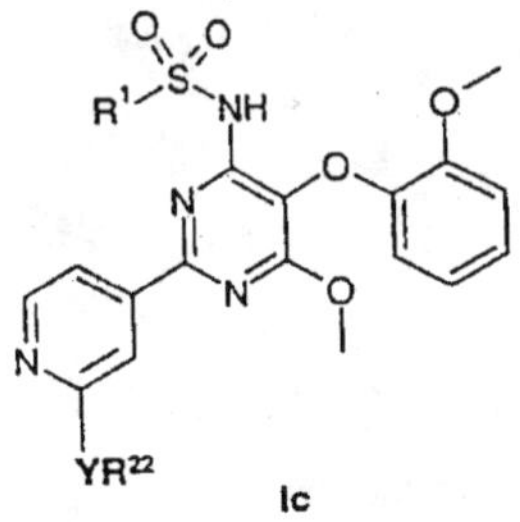

Ic

同时根据说明书第10页流程图1的记载，从式Ic化合物的分子结构式可以看出，式Ic化合物为式I化合物的一种特殊情形，即式Ic化合物实质上是 R^2 是-Y-R^{22}时的式I化合物，由此进一步验证了步骤e）所述方法制备得到的式I化合物应当为原说明书第12页第6段所述方法制备得到的Y=-O-的式Ic化合物这一结论。根据说明书第10页流程图1和说明书第12页第6段记载的内容可以唯一确定，Y=-O-的式Ic化合物中，R^2 即为-OR^{22}，由此可以确定原权利要求17的步骤e）中式I化合物的 R^2 应当是-OR^{22}，而不可能是-Y-OR^{22}。

综上所述，合议组认为，权利要求15将原权利要求17的步骤e）中 R^2 的定义由“-Y-OR^{22}”修改为“-OR^{22}”能够由原申请记载的信息中直接地、毫无疑义地确定，符合专利法第33条的规定。

根据上述事实和理由，合议组作出如下审查决定。

三、决定

撤销国家知识产权局于2007年3月9日针对00803754.X号发明专利申请作出的驳回决定，由国家知识产权局原审查部门以驳回文本为基础继续审批程序。

复审请求人对本决定不服的，可以根据专利法第41条第2款的规定，自收到本决定之日起三个月内向北京市第一中级人民法院起诉。

169

树脂皮带轮

复审请求审查决定（第15149号）

决　定　号　第15149号
决　定　日　2008年11月25日
发明创造名称　树脂皮带轮
国际分类号　C08L61/06，F16H55/36，C01B33/113
复审请求人　株式会社捷太格特，日立化成工业株式会社
申　请　号　03157726.1
申　请　日　2003年8月28日
优 先 权 日　2002年8月29日
公　开　日　2004年4月14日
合议组组长　张家祥
主　审　员　娄　宁
参　审　员　黄　强

法律依据　专利法第33条
决定要点

如果申请的内容通过增加、改变和/或删除其中的一部分，致使所属技术领域的技术人员看到的信息与原申请记载的信息不同，而且又不能从原申请记载的信息中直接地、毫无疑义地确定，那么这种修改是不允许的。反之，则是允许的。

一、案由

本复审请求涉及名称为“树脂皮带轮”的第03157726.1号发明专利申请（下称本申请），申请人为株式会社捷太格特（由光洋精工株式会社变更而来）、日立化成工业株式会社，申请日为2003年8月28日，优先权日为2002年8月29日，公开日为2004年4月14日。

2007年8月3日，国家知识产权局在申请人于2007年6月14日提交的权利要求第1~8项、说明书第2页，2003年8月28日提交的说明书第1页、第3~11页、说明书附图第1页和说明书摘要的基础上，以权利要求1、3和说明书的修改不符合专利法第33条的规定为由驳回了本申请。

驳回决定针对的权利要求书如下：

“1. 一种树脂皮带轮，由树脂组合物形成，其特征在于，上述树脂组合物含有酚醛树脂作为基础树脂，同时还含有莫氏硬度在6.5以上的无机粉末30~50重量%、增强纤维20~40重量%以及润滑剂1~5重量%，并且所述无机粉末含有的重量比例大于所述增强纤维含有的重量比例。

2. 根据权利要求 1 所述的树脂皮带轮，其特征在于所述无机粉末是球形二氧化硅粉末，并且其含有的重量百分比为 33% ~50%。

3. 如权利要求 1 所述的树脂皮带轮，其特征在于所述无机粉末含有的重量比例大于酚醛树脂的重量比例。

4. 如权利要求 1 所述的树脂皮带轮，其中，无机粉末是平均粒径在 30μm 以下的球形二氧化硅粉末。

5. 如权利要求 1 所述的树脂皮带轮，其中，润滑剂是平均粒径在 10μm 以下的氟树脂粉末。

6. 如权利要求 1 所述的树脂皮带轮，其中，增强纤维是玻璃纤维。

7. 如权利要求 1 所述的树脂皮带轮，其中，酚醛树脂是数均分子量 600~900 的酚醛树脂。

8. 一种树脂皮带轮用树脂组合物，是权利要求 1 所述树脂组合物。"

驳回决定认为：（1）权利要求 1 和说明书第 2 页第 18~19 行中的"所述无机粉末含有的重量比例大于所述增强纤维含有的重量比例"，既未明确地记载在原说明书和权利要求书中，也不能由原说明书和权利要求书所记载的内容直接地、毫无疑义地确定。虽然，原说明书第 10 页表 2 记载了作为实施例 1、2 中的无机粉末（球形二氧化硅粉末）及增强纤维含有重量分别为 40、33 及 30、25，即所含无机粉末含量大于增强纤维含量，其耐磨性分别为 0. 20、0. 24，该结果比无机粉末含量小于增强纤维含量的实施例 3 的耐磨性 0. 33 要好，但说明书中记载的仅是具体的成分"球形二氧化硅粉末、玻璃纤维"的特定的重量百分比含量，而将具体的"球形二氧化硅粉末"概括为上位的无机粉末、将"玻璃纤维"概括为上位的增强纤维、将特定的重量百分比含量概括为两种成分含量之间的关系，是对原申请文件所记载的具体技术特征进行了重新概括，这样的修改不符合专利法第 33 条的规定。（2）权利要求 3 中的"所述无机粉末含有重量比例大于酚醛树脂的重量比例"既未明确地记载在原说明书和权利要求书中，也不能由原说明书和权利要求书所记载的内容直接地、毫无疑义地确定。虽然说明书表 2 中记载了实施例 1 中无机粉末及增强纤维含量分别为 40 及 30，即当无机粉末含量大于增强纤维含量时，其耐磨性比实施例 2 的耐磨性（0. 24）更好，但说明书中记载的仅是具体的成分"球形二氧化硅粉末、可溶型酚醛树脂"的特定的重量百分比含量，而将具体的"球形二氧化硅粉末"概括为上位的无机粉末、将"可溶型酚醛树脂"概括为上位的酚醛树脂、将特定的重量百分比含量概括为两种成分含量之间的关系，是对原申请文件所记载的具体技术特征进行的重新概括，这种修改不符合专利法第 33 条的规定。

2007 年 8 月 3 日，申请人由光洋精工株式会社、日立化成工业株式会社变更为株式会社捷太格特、日立化成工业株式会社。

2007 年 11 月 15 日，申请人株式会社捷太格特、日立化成工业株式会社（下称请求人）对上述驳回决定不服，向专利复审委员会提出复审请求，同时提交了修改后的权利要求书和说明书第 2 页的修改替换页。其中，将权利要求 1 和 3 中的酚醛树脂、无机粉末和增强纤维分别限定为可溶型酚醛树脂、球形二氧化硅粉末和玻璃纤维，并修改了无机粉末和增强纤维的含量范围，同时，根据权利要求 1 对说明书第 2 页的内容也进行了相应修改。修改后的权利要求书如下：

"1. 一种树脂皮带轮，由树脂组合物形成，其特征在于，上述树脂组合物含有可溶型酚醛树脂作为基础树脂，同时还含有球形二氧化硅粉末 33~50 重量%、玻璃纤维 20~30 重量% 以及润滑剂 1~5 重量%。

2. 根据权利要求 1 所述的树脂皮带轮，其特征在于所述球形二氧化硅粉末含有的重量比例大于可溶型酚醛树脂的重量比例。

3. 如权利要求 1 所述的树脂皮带轮，其中，球形二氧化硅粉末的平均粒径在 30μm 以下。

4. 如权利要求1所述的树脂皮带轮，其中，润滑剂是平均粒径在10μm以下的氟树脂粉末。

5. 如权利要求1所述的树脂皮带轮，其中，可溶型酚醛树脂的数均分子量为600~900。

6. 一种树脂皮带轮用树脂组合物，其中含有可溶型酚醛树脂作为基础树脂，同时还含有球形二氧化硅粉末33~50重量%、玻璃纤维20~30重量%以及润滑剂1~5重量%。"

请求人认为：（1）说明书实施例1、2中公开了作为酚醛树脂、无机粉末以及增强纤维分别使用可溶型酚醛树脂、球形二氧化硅粉末以及玻璃纤维的例子，且实施例1中球形二氧化硅粉末、玻璃纤维的含量等同于修改后的球形二氧化硅粉末的含量范围下限和玻璃纤维的含量范围上限，因此权利要求1修改没有超出原申请文件记载的范围，符合专利法第33条的规定。（2）在说明书的实施例1中，球形二氧化硅粉末的含量为40重量%，可溶型酚醛树脂的含量为23重量%，因此权利要求2的附加技术特征清楚地记载于实施例1中，权利要求2的修改没有超出原申请文件记载的范围，符合专利法第33条的规定。（3）修改后的权利要求1~6具有新颖性和创造性，符合专利法第22条第2款和第3款的规定。

经形式审查合格后，专利复审委员会受理了该请求，并于2007年12月12日向请求人发出了《复审请求受理通知书》，同时将本申请转送至国家知识产权局原审查部门进行前置审查。

在《前置审查意见书》中，国家知识产权局原审查部门认为：（1）权利要求2的"球形二氧化硅粉末含有的重量比例大于可溶型酚醛树脂的重量比例"既未明确地记载在原说明书和权利要求书中，也不能由原说明书和权利要求书所记载的内容直接地、毫无疑义地确定。虽然说明书实施例1中球形二氧化硅的含量为40%，可溶型酚醛树脂的含量为23重量%，但说明书中记载的仅是球形二氧化硅粉末、可溶型酚醛树脂的特定的重量百分比含量，而将特定的重量百分比含量概括为两种成分含量之间的关系，是对原申请文件所记载的具体技术特征进行的重新概括，这种修改不符合专利法第33条的规定。（2）权利要求1~6不具有创造性，不符合专利法第22条第3款的规定。

专利复审委员会组成合议组，对本复审请求案进行了审理。

2008年11月4日，请求人再次修改权利要求书，并提交了其全文替换页，相对于2007年11月15日提交的权利要求书，仅删除了其中的权利要求2。

至此，合议组认为本案事实已经清楚，可以作出审查决定。

二、决定的理由

1. 关于审查文本

本复审请求审查决定针对的文本是：请求人于2008年11月4日提交的权利要求第1~5项，2007年11月15日提交的说明书第2页，2003年8月28日提交的说明书第1页、第3~11页、说明书附图第1页和说明书摘要（下称复审文本）。

2. 关于专利法第33条

专利法第33条规定，申请人可以对其专利申请文件进行修改，但是，对发明专利申请文件的修改不得超出原说明书和权利要求书记载的范围。

如果申请的内容通过增加、改变和/或删除其中的一部分，致使所属技术领域的技术人员看到的信息与原申请记载的信息不同，而且又不能从原申请记载的信息中直接地、毫无疑义地确定，那么这种修改是不允许的。反之，则是允许的。

就本申请而言，驳回决定认为：权利要求1和说明书第2页第18~19行中的"所述无机粉末含有的重量比例大于所述增强纤维含有的重量比例"，既未明确地记载在原说明书和权利要求书中，也不能由原说明书和权利要求书所记载的内容直接地、毫无疑义地确定，不符合专利法第33条的规定。同理，权利要求3中的"所述无机粉末含有重量比例大于酚醛树脂的重量比例"也不符合专利法第

33 条的规定。

复审文本相对于驳回决定所针对的文本，请求人删除了权利要求 3 以及权利要求 1 和说明书第 2 页中的“所述无机粉末含有的重量比例大于所述增强纤维含有的重量比例”，从而克服了驳回决定所指出的缺限。同时，请求人还将权利要求 1 中的“酚醛树脂”改为“可溶型酚醛树脂”、“莫式硬度在 6.5 以上的无机粉末 30~50 重量%”改为“球形二氧化硅 33~50 重量%”、“增强纤维 20~40 重量%”改为“玻璃纤维 20~30 重量%”。

原审查部门在《前置审查意见书》中认为，虽然说明书实施例 1 中球形二氧化硅的含量为 40%，可溶型酚醛树脂的含量为 23 重量%，但说明书中记载的仅是球形二氧化硅粉末、可溶型酚醛树脂的特定的重量百分比含量，而将特定的重量百分比含量概括为两种成分含量之间的关系，是对原申请文件所记载的具体技术特征进行的重新概括，这种修改不符合专利法第 33 条的规定。

对此，合议组认为，(1) 根据本申请原说明书的记载，本申请的树脂皮带轮由树脂组合物形成，该树脂组合物含有酚醛树脂作为基础树脂，同时还含有莫式硬度在 6.5 以上的无机粉末 15~50 重量%、增强纤维 20~40 重量%以及润滑剂 1~5 重量% (参见原说明书第 2 页第 15~18 行)。树脂组合物中含有的酚醛树脂优选是在常温下为固态的线型酚醛树脂或可溶型酚醛树脂 (参见原说明书第 4 页第 16~18 行)，由此可见，本申请树脂皮带轮的树脂组合物中含有可溶型酚醛树脂在原说明书中已经有记载。(2) 本申请原说明书第 5 页第 11 行记载了“作为所说的无机粉末，例如可以举出二氧化硅粉末 (莫氏硬度 7~8)”，并且原说明书实施例 2 中球形二氧化硅粉末的比例为 33 重量%，在此基础上，本领域技术人员可以直接地、毫无疑义地确定上述树脂组合物中含有 33~50 重量%的球形二氧化硅粉末。(3) 根据原说明书第 3 页第 5 行的“作为增强纤维，优选是玻璃纤维”以及第 7 页第4~5 行的“……增强纤维的含有比例即便在上述范围内也特别优选在 20 重量%以上……增强纤维的含有比例即便在上述范围内也特别优选在 30 重量%以下”，本领域技术人员可以直接地、毫无疑义地确定上述树脂组合物含有“玻璃纤维 20~30 重量%”。因此，权利要求 1 的上述修改符合专利法第 33 条的规定。同理，说明书第 2 页的相应修改也符合专利法第 33 条的规定。

综上所述，复审文本已经克服了驳回决定所指出的缺限，《前置审查意见书》中指出的修改不符合专利法第 33 条规定的缺限不存在。

对于《前置审查意见书》中指出的权利要求 1~6 不符合专利法第 22 条第 3 款规定的问题。合议组认为，上述权利要求不符合专利法第 22 条第 3 款规定的事实和理由在历次审查意见通知书以及驳回决定中均未告知过请求人，从而导致请求人在前审过程中丧失了陈述意见的机会，因此合议组对此不予评述。

根据上述事实和理由，合议组作出如下审查决定。

三、决定

撤销国家知识产权局于 2007 年 8 月 3 日针对 03157726.1 号发明专利申请作出的驳回决定，由国家知识产权局原审查部门以本复审决定所针对的文本为基础继续审批程序。

复审请求人对本决定不服的，可以根据专利法第 41 条第 2 款的规定，自收到本决定之日起三个月内向北京市第一中级人民法院起诉。

170

一种植物克生素（楝素）软农药及制法

复审请求审查决定（第15158号）

决　　定　　号　第15158号
决　　定　　日　2008年11月28日
发明创造名称　一种植物克生素（楝素）软农药及制法
国 际 分 类 号　A01N 61/00
复 审 请 求 人　南京九康科技发展有限公司
申　　请　　号　200510094104.4
申　　请　　日　2005年8月30日
公　　开　　日　2006年2月8日
合 议 组 组 长　任晓兰
主　　审　　员　张家祥
参　　审　　员　侯　曜

法 律 依 据　专利法第26条第3款
决 定 要 点

所属技术领域的技术人员能够实现，是指所属技术领域的技术人员按照说明书记载的内容，就能够实现该发明或者实用新型的技术方案，解决其技术问题，并且产生预期的技术效果。

一、案由

本复审请求案涉及发明名称为“一种植物克生素（楝素）软农药及制法”的第200510094104.4号发明专利申请（下称本申请），申请人为南京九康科技发展有限公司，申请日为2005年8月30日，公开日为2006年2月8日。

2007年1月12日，针对申请人于2006年8月1日提交的权利要求第1~8项，2005年8月30日提交的说明书第1~6页和说明书摘要，国家知识产权局以本申请的说明书不符合专利法第26条第3款的规定为由驳回了本申请。

驳回决定所针对的权利要求书如下：

“1. 一种植物克生素（楝素）软农药，其特征是采用楝素与腐值酸或腐植酸盐配方，二者重量比为1∶1~40，其中含楝素的重量比0.01%~0.2%，余量配合水或醇类。

2. 由权利要求1所述的植物克生素（楝素）软农药；其特征是另加有生物碱与楝素混配，采用生物碱与楝素的重量比为1~30∶1；与生物碱0.4%~1.5%WT/WT复配，生物碱选自BT、NPT或烟碱，重量为0.4%~1.5%WT/WT的乳油。

3. 由权利要求1所述的植物克生素（楝素）软农药；其特征是另加有合成乳化剂；合成乳化剂与楝素的重量比为1~30：1；乳化剂采用十二烷基磺酸钠、苯乙基酚聚氧乙烯醚或壬基酚聚氧乙烯醚。

4. 由权利要求1或2所述的植物克生素（楝素）软农药；其特征是农药杀虫剂剂型为微乳剂、乳油或颗粒剂。

5. 由权利要求1或2所述的植物克生素（楝素）软农药；其特征是另加有增强剂、稳定剂、增强剂，其中的增强剂是芝麻油、蓖麻油、胡椒基丁醚或印楝油中的一种，稳定剂是丁基缩水甘油醚、苯基缩水甘油醚、甲苯基缩水甘油醚、丙二醇二甲醚或丙二醇单甲醚中一种，每种添加剂的添加量为0.1%~1% WT/WT。

6. 由权利要求1或2所述的植物克生素（楝素）软农药；其特征是另加有防冻剂，防冻剂是乙二醇、丙二醇、丙三醇或二乙二醇中的一种；另加有助溶剂，助溶剂是2~5碳的脂肪醇、丙酮或二甲基亚砜中的一种，所述每种添加剂的添加量为0.1%~1% WT/WT。

7. 由权利要求1或2所述的植物克生素（楝素）软农药的制备方法；其特征是选取楝果，经清洗、冷轧、溶剂萃取取得楝素乳油，并添加乳化剂、增强剂、稳定剂搅拌配制成新型植物克生素（楝素）软农药。

8. 由权利要求7所述的植物克生素（楝素）软农药的制法；其特征是采用萃取后采用微波提取提炼植物克生素（楝素）乳油。"

驳回决定认为，本发明的目的是克服楝素农药生物效应缓慢、有效成分易变化、货架期短、光稳定性差等技术问题，为此，申请人采用楝素和腐植酸或腐植酸盐配方，并配合有水或醇类，另外也可加入生物碱或乳化剂。但是，本领域技术人员根据说明书的描述无法相信本发明的技术方案能够实现上述目的。首先，说明书实施例中没有具体配比，尽管申请人在意见陈述书中认为已经给出了具体配比，如印楝素0.2~5、生物碱0.5~8、乳化剂5~20、水45~70，但该配比是范围值，也没有实现本发明目的所必需的物质"腐植酸或腐植酸盐"，故该配比是不清楚的，也不是本发明技术方案的具体举例；申请人还指出微乳剂的制备是常规技术，然而并不是任何农药都能够制成微乳剂，并且针对不同的农药及所用的乳化剂，获得微乳剂各成分的配比是需要花费创造性劳动的，而本发明的实施例没有给出具体的配比数据，本领域技术人员无法知晓如何配制才能得到实现本发明目的的农药混合物，更无法验证其效果。其次，本发明没有证明所述技术方案能够达到发明目的，申请人在意见陈述书中认为本发明已经给出了具体的田间药效实验结果，如"0.1%楝素、烟碱和黄植酸乳化的微乳剂比同类乳油对菜青虫第14天防效要提高20%以上，对害虫和击倒时间明显缩短（10~20分钟左右）"，但这种效果是概括性的，而且所用微乳剂的各成分的配比没有具体描述，对于本领域技术人员也是不清楚的，故无法重复实施并获得该效果。因此，本发明的说明书对本发明没有作出清楚完整的说明，不符合专利法第26条第3款的规定。

2007年3月27日，申请人南京九康科技发展有限公司（下称请求人）对上述驳回决定不服，向专利复审委员会提出复审请求，同时提交了新修改的权利要求书。修改后的权利要求书为：

"1. 一种植物克生素（楝素）软农药，其特征是采用楝素与腐植酸或腐植酸盐配方，二者重量比为1：1~40，其中含楝素的重量比0.01%~0.2%，余量配合水或醇类。

2. 由权利要求1所述的植物克生素（楝素）软农药；其特征是另加有生物碱与楝素混配，采用生物碱与楝素的重量比为1~30：1；与生物碱0.4%~1.5% WT/WT复配，生物碱选自烟碱，重量为0.4%~1.5% WT/WT的乳油。

3. 由权利要求1所述的植物克生素（楝素）软农药；其特征是另加有合成乳化剂；合成乳化剂

与楝素的重量比为1~30∶1；乳化剂采用十二烷基磺酸钠、苯乙基酚聚氧乙烯醚或壬基酚聚氧乙烯醚。

4. 由权利要求1或2所述的植物克生素（楝素）软农药；其特征是农药杀虫剂剂型为微乳剂、乳油或颗粒剂。

5. 由权利要求1或2所述的植物克生素（楝素）软农药；其特征是另加有增强剂、稳定剂、增强剂，其中的增强剂是芝麻油、蓖麻油、胡椒基丁醚或印楝油中的一种，稳定剂是丁基缩水甘油醚、苯基缩水甘油醚、甲苯基缩水甘油醚、丙二醇二甲醚或丙二醇单甲醚中一种，每种添加剂的添加量为0.1%~1% WT/WT。

6. 由权利要求1或2所述的植物克生素（楝素）软农药；其特征是另加有防冻剂，防冻剂是乙二醇、丙二醇、丙三醇或二乙二醇中的一种；另加有助溶剂，助溶剂是2~5碳的脂肪醇、丙酮或二甲基亚砜中的一种，所述每种添加剂的添加量为0.1%~1% WT/WT。

7. 由权利要求1或2所述的植物克生素（楝素）软农药的制备方法；其特征是选取楝果，经清洗、冷轧、溶剂萃取取得楝素乳油，并添加乳化剂、增强剂、稳定剂搅拌配制成新型植物克生素（楝素）软农药。

8. 由权利要求7所述的植物克生素（楝素）软农药的制法；其特征是采用萃取后采用微波提取提炼植物克生素（楝素）乳油。”

请求人认为，（1）本发明的关键是楝素与腐植酸或腐植酸盐的复配，腐植酸与农药通过离子键等方式结合生成一种高分子复合体，可明显改善农药的效果，对农药的分解速率有明显的抑制作用；由于腐植酸或腐植酸盐是复杂的高分子产物，无一定化合物通式，在实施例中使用一定的范围应当是许可的；各种腐植酸均有延长货架期的效果，其含量不是必须的确定量，本发明的含量均能达到该效果；腐植酸本身可以作为乳化剂，含有腐植酸或腐植酸盐的本发明产品与同类产品相比，进一步提高了生物效应和光稳定性。（2）田间药效试验结果表明，0.1%楝素、烟碱和黄植酸乳化的微乳剂比同类乳油对菜青虫第14天防效提高20%以上，对害虫的击倒时间明显缩短（10~20分钟左右）。（3）微乳剂及其制备方法是现有技术，加水并搅拌也是公知的，而且，本发明的植物克生素的使用浓度可低至0.1ppm，总使用量控制在2~3克/亩，因此，本申请中给出了成分的范围和使用效果，符合专利法第26条第3款的规定。

2007年3月28日，请求人再次提交了内容相同的复审请求书和权利要求书。

经形式审查合格后，专利复审委员会受理了该请求，并于2007年6月1日向请求人发出了《复审请求受理通知书》，同时将本申请转送至国家知识产权局原审查部门进行前置审查。

在《前置审查意见书》中，国家知识产权局原审查部门坚持驳回决定。

专利复审委员会组成合议组，对本复审请求案进行了审理。

2008年11月12日，请求人再次提交了修改后的权利要求书，相对于2007年3月27日提交的权利要求书，删除了权利要求1中的“其中含楝素的重量比0.01%~0.2%”以及权利要求4中的“微乳剂”。

2008年11月28日，请求人又一次提交了修改后的权利要求书，相对于2008年11月12日提交的权利要求书，删除了权利要求2中的“与生物碱0.4%~1.5% WT/WT复配，生物碱选自烟碱，重量为0.4%~1.5% WT/WT的乳油”。修改后的权利要求书为：

“1. 一种植物克生素（楝素）软农药，其特征是采用楝素与腐植酸或腐植酸盐配方，二者重量比为1∶1~40，余量配合水或醇类。

2. 由权利要求1所述的植物克生素（楝素）软农药；其特征是另加有生物碱与楝素混配，生物碱与楝素的重量比为1~30：1。

3. 由权利要求1所述的植物克生素（楝素）软农药；其特征是另加有合成乳化剂；合成乳化剂与楝素的重量比为1~30：1；乳化剂采用十二烷基磺酸钠、苯乙基酚聚氧乙烯醚或壬基酚聚氧乙烯醚。

4. 由权利要求1或2所述的植物克生素（楝素）软农药；其特征是农药杀虫剂剂型为乳油或颗粒剂。

5. 由权利要求1或2所述的植物克生素（楝素）软农药；其特征是另加有增强剂、稳定剂、增强剂，其中的增强剂是芝麻油、蓖麻油、胡椒基丁醚或印楝油中的一种，稳定剂是丁基缩水甘油醚、苯基缩水甘油醚、甲苯基缩水甘油醚、丙二醇二甲醚或丙二醇单甲醚中一种，每种添加剂的添加量为0.1%~1%WT/WT。

6. 由权利要求1或2所述的植物克生素（楝素）软农药；其特征是另加有防冻剂，防冻剂是乙二醇、丙二醇、丙三醇或二乙二醇中的一种；另加有助溶剂，助溶剂是2~5碳的脂肪醇、丙酮或二甲基亚砜中的一种，所述每种添加剂的添加量为0.1%~1%WT/WT。

7. 由权利要求1或2所述的植物克生素（楝素）软农药的制备方法；其特征是选取楝果，经清洗、冷轧、溶剂萃取取得楝素乳油，并添加乳化剂、增强剂、稳定剂搅拌配制成新型植物克生素（楝素）软农药。

8. 由权利要求7所述的植物克生素（楝素）软农药的制法；其特征是采用萃取后采用微波提取提炼植物克生素（楝素）乳油。"

至此，合议组认为本案事实已经清楚，可以作出审查决定。

二、决定的理由

1. 关于审查文本

请求人于2008年11月28日提交了修改后的权利要求书，其中，权利要求1~3、5~8分别与原始权利要求1、2、4、7~10相同，权利要求4是在原权利要求6的基础上删除了其附加技术特征中的一个选项"微乳剂"，因而所述修改在原始申请文件中均能找到依据，因此，本复审请求审查决定针对的文本是：请求人于2008年11月28日提交的权利要求第1~8项、2005年8月30日提交的说明书第1~6页和说明书摘要。

2. 关于专利法第26条第3款

专利法第26条第3款规定：说明书应当对发明或者实用新型作出清楚、完整的说明，以所属技术领域的技术人员能够实现为准。

所属技术领域的技术人员能够实现，是指所属技术领域的技术人员按照说明书记载的内容，就能够实现该发明或者实用新型的技术方案，解决其技术问题，并且产生预期的技术效果。

就本申请而言，其要求保护一种植物克生素（楝素）软农药及其制备方法，所述软农药采用楝素与腐植酸或腐植酸盐配方，二者重量比为1：1~40，余量配合水或醇类。该软农药还可包含生物碱，生物碱与楝素的重量比为1~30：1，并可以加工成乳油或颗粒剂。上述软农药中还可加入合成乳化剂、增强剂、稳定剂、防冻剂、助溶剂，其中合成乳化剂与楝素的重量比均为1~30：1，其他添加剂的添加量为0.1%~1%WT/WT。

根据本申请说明书的记载，现有技术中，楝素农药存在生物效应缓慢、有效成分易变化、货架期短、光稳定性差等技术问题，为此，本申请提供了一种植物克生素（楝素）软农药，其目的在于克服上述缺陷，使楝素农药得到广泛应用，尤其是其见效快、有效成分保持长久，提高光稳定性，使其广谱、高效的杀虫作用得到发挥。这一目的是通过楝素与腐植酸或腐植酸盐以一定的重量比配制形成软农药来实现的（参见说明书第1页倒数第7~9行、第2页第12~22行）。另外，说明书中还指出，腐植酸对农药的分解速率有明显的抑制作用，而且腐植酸的用量越大其速度越慢（参见说明书第5页第6~7行）。

由上述内容可知，本申请相对于现有技术要解决的技术问题是克服现有的楝素农药生物效应缓慢、有效成分易变化、货架期短、光稳定性差等缺陷，相应地，本申请要达到多种技术效果，如见效快、有效成分保持长久、光稳定性提高。

驳回决定认为：本申请的技术方案公开不充分，主要体现在：（1）根据说明书的内容无法获得本申请的技术方案，包括（a）说明书实施例中只提到“印楝素0.2~5、生物碱0.5~8、乳化剂5~20、水45~70”这种不清楚的范围值，未给出具体配比，并且组分中也没有“腐植酸或腐植酸盐”，因此，该实施例不是本发明技术方案的具体举例。（b）本发明的实施例均采用微乳剂的制剂形式，但是，并不是任何农药都能够制成微乳剂，针对不同的农药及所用的乳化剂，获得微乳剂各成分的配比是需要花费创造性劳动的，因此本领域技术人员无法得到能实现本发明目的的农药混合物，更无法验证其效果。（2）本申请没有证明所述技术方案能够达到发明目的，说明书中给出的田间药效实验结果是概括性的，而且基于所用微乳剂的各成分的配比没有具体描述，因而本领域技术人员无法重复实施并获得该效果。

对此，合议组认为：（1）审查指南第二部分第二章第2.2.6节规定：在发明的技术方案比较简单的情况下，如果说明书涉及技术方案的部分已经就发明所要求保护的主题作出了清楚、完整的说明，说明书就不必在涉及具体实施方式部分再作重复说明，由此可见，实施例在说明书中并不是必须的。在本申请说明书中已经给出了所述软农药的各组分及其含量的情况下，本领域技术人员根据自身具备的常规农药制备技术能够制得本申请的软农药组合物。（2）虽然本申请说明书的实施例中涉及微乳剂，但是，本领域技术人员能够实现是针对所要求保护的技术方案而言的，而本申请的权利要求书中并没有要求保护微乳剂，在请求人于2008年11月28日提交的权利要求书中也已经删除了权利要求4中涉及微乳剂的技术方案，因此，能否获得微乳剂与上述技术方案是否能够实现没有必然联系。此外，微乳剂的制备方法对于本领域技术人员而言也是公知的（参见《农药剂型加工技术》第二版，刘步林主编，化学工业出版社，第391~413页）。（3）由于楝素及其杀虫活性在本领域中是已知的，而腐植酸对农药的分解抑制作用不仅在说明书中有相应的记载，而且也是本领域技术人员公知的内容，因此，将楝素与腐植酸配合后，腐植酸将能够抑制楝素的分解速度，从而使楝素能够保持长久、延长其货架期，也就是说，楝素与腐植酸配合后的上述两种效果是本领域技术人员可以预期的，在此情况下，即使本申请说明书中没有记载相关的田间试验效果，也不足以否认该技术方案所能达到的技术效果。因此，驳回决定中指出的说明书不符合专利法第26条第3款规定的驳回理由不成立。

根据上述事实和理由，合议组作出如下审查决定。

三、决定

撤销国家知识产权局于2007年1月12日针对200510094104.4号发明专利申请作出的驳回决定，由国家知识产权局原审查部门以本复审请求审查决定所依据的文本为基础继续审批程序。

复审请求人对本决定不服的，可以根据专利法第41条第2款的规定，自收到本决定之日起三个月内向北京市第一中级人民法院起诉。

171

化学保护性覆盖物

复审请求审查决定（第15160号）

决定号 第15160号
决定日 2008年11月10日
发明创造名称 化学保护性覆盖物
国际分类号 A62D5/00
复审请求人 戈尔企业控股股份有限公司
申请号 00818974.9
申请日 2000年12月12日
优先权日 1999年12月13日
公开日 2003年8月6日
合议组组长 任晓兰
主审员 孙丽芳
参审员 刘 磊

法律依据 专利法第22条第3款
决定要点

如果要求保护的技术方案相对于最接近的现有技术存在区别特征，同时现有技术中没有给出将上述区别特征应用到该最接近现有技术以解决其存在的技术问题的启示，并且要求保护的技术方案能够产生有益的技术效果，则认为要求保护的技术方案具有突出的实质性特点和显著的进步，符合专利法第22条第3款关于创造性的规定。

一、案由

本复审请求案涉及发明名称为“化学保护性覆盖物”的第00818974.9号发明专利申请（下称本申请），申请人为戈尔企业控股股份有限公司，申请日为2000年12月12日，优先权日为1999年12月13日，公开日为2003年8月6日。

2006年6月9日，针对申请人于2005年11月2日提交的权利要求第1~47项、2004年10月9日提交的说明书第1页、进入国家阶段时提交的国际申请文件的说明书第2~21页、附图第1~6页及说明书摘要，国家知识产权局以本申请权利要求1~47不符合专利法第22条第3款的规定为由驳回了本申请。

驳回决定认为：（1）对比文件1（WO9317760A1，公开日1993年9月16日）公开了一种化学保护覆盖物，其中聚亚烷基亚胺或聚烯丙基胺涂覆材料作为保护性覆盖材料，例如使用聚乙烯亚胺涂覆在如延伸的多孔 PTFE 的多孔或无孔的柔软膜上，该多胺或胺用聚环氧化物交联，多胺或胺在基底的表面上形成一个涂层，当基底为多孔时，其可以部分或全部的穿透基底上的孔，也可以在两层基底之间叠置连续的涂层。该复合叠层可用作服装的制造材料，其水蒸气穿透率（WVTR）为 2000 至 50000g/m^2 天，膜厚为 50μm，芥子气（即本申请中的二-2-氯乙基硫醚）通过试验测得渗透率为 5.8×10^{-6}cm/sec。在对比文件 1 中没有公开多胺聚合物中的胺-酸部分，而这一区别技术特征在对比文件 2 中公开。对比文件 2（JP62-39637A，公开日 1987 年 2 月 20 日）中公开了一种亲水的基片，其包括有机聚合物膜和在该膜表面上的磺化的聚乙烯亚胺层，该磺化的聚乙烯亚胺的磺化率分别为 3.5%、12% 和 24%，所谓的磺化率即是多胺聚合物中胺的胺酸部分的比例，其中的 12% 和 24% 均为大于 10%，即权利要求 1~3 中所述的“至少 10%”，二者在具体表述方式上不同，但实质上是相同的，而且该磺化聚乙烯亚胺用于制造亲水的有机聚合物基片。在对比文件 1 的基础上结合对比文件 2 获得权利要求 1 的技术方案对本领域技术人员来说是显而易见的，不需要经过创造性的劳动，因此权利要求 1 不具备创造性。(2) 权利要求 2~47 的附加技术特征在对比文件 1 和 2 中均已公开，在对比文件 1 结合对比文件 2 的基础上，这些权利要求也不具备创造性。(3) 尽管申请人认为对比文件 1 和 2 中均未公开权利要求 1 中“至少 10% 的多胺聚合物的胺是胺-酸部分”这一技术特征，但是对比文件 2 中公开了磺化聚乙烯亚胺中的磺化率分别为 3.5%、12% 和 24%，聚乙烯亚胺的磺化是指将其中的胺基上的氢用磺酸基所取代，其反应后必然形成聚乙烯亚胺中的胺酸部分，磺化率是所引入的磺酸基的比例，也就是聚乙烯亚胺中胺酸部分的比例，因此上述特征已被对比文件 2 所公开，而且对比文件 2 的技术领域与对比文件 1 相近，本领域技术人员很容易将对比文件 2 所公开的内容结合到对比文件 1 中，从而获得权利要求 1 的技术方案，因此申请人的理由不能被接受。

驳回决定针对的权利要求如下：

“1. 一种化学保护性覆盖物，它包含可选择性渗透的片，该片由多胺聚合物组成，其特征在于至少 10% 的多胺聚合物的胺是胺-酸部分，所述胺-酸部分的酸性物质的 pKa 小于 6.4。

2. 如权利要求 1 所述的化学保护性覆盖物，其特征在于所述可选择性渗透的片是由至少一块可渗透水蒸气的基片和多胺聚合物组成的可选择性渗透的复合片，所述多胺聚合物形成一位于所述基片表面上的连续的层。

3. 如权利要求 1 所述的化学保护性覆盖物，其特征在于所述可选择性渗透的片是由至少一块可渗透水蒸气的开孔基片和多胺聚合物组成的可选择性渗透的复合片，所述多胺聚合物形成一连续的层，至少一部分多胺聚合物位于所述开孔基片中。

4. 如权利要求 2 所述的保护性覆盖物，其特征在于保护性覆盖物的水蒸气透过率至少为 2000g/(m^2·天)，并且在 80% 相对湿度下对二-2-氯乙基硫醚的渗透率为 0.02cm/sec 或更小。

5. 如权利要求 3 所述的保护性覆盖物，其特征在于保护性覆盖物的水蒸气透过率至少为 2000g/(m^2·天)，并且在 80% 相对湿度下对二-2-氯乙基硫醚的渗透率为 0.02cm/sec 或更小。

6. 如权利要求 1 或 4 或 5 所述的保护性覆盖物，其特征在于多胺聚合物至少具有 6.5 个毫当量胺/克。

7. 如权利要求 1 或 4 或 5 所述的保护性覆盖物，其特征在于保护性覆盖物是柔韧的，其手感为 1000 或更小，在评价手感后没有明显的损坏。

8. 如权利要求 1 或 4 或 5 所述的保护性覆盖物，其特征在于多胺聚合物包含聚烷基胺。

9. 如权利要求 1 或 4 或 5 所述的保护性覆盖物，其特征在于多胺聚合物包含聚亚烷基亚胺。

10. 如权利要求 1 所述的保护性覆盖物，其特征在于多胺聚合物片的厚度为 5~100μm。

11. 如权利要求 4 或 5 所述的保护性覆盖物，其特征在于复合片中多胺聚合物组件的厚度为

5~100μm。

12. 如权利要求1或4或5所述的保护性覆盖物，其特征在于在80%相对湿度下对二-2-氯乙基硫醚的渗透率为0.002cm/sec或更小。

13. 如权利要求12所述的保护性覆盖物，其特征在于水蒸气透过率至少为4000g/（m^2·天）。

14. 如权利要求13所述的保护性覆盖物，其特征在于在80%相对湿度下对二-2-氯乙基硫醚的渗透率为0.0002cm/sec或更小。

15. 如权利要求1或4或5所述的保护性覆盖物，其特征在于至少25%的多胺聚合物的胺是胺-酸部分，所述部分的酸性物质的pKa为5.0或更小。

16. 如权利要求1或4或5所述的保护性覆盖物，其特征在于多胺聚合物是交联的。

17. 如权利要求4所述的保护性覆盖物，其特征在于基片是开孔基片。

18. 如权利要求4所述的保护性覆盖物，其特征在于基片是闭孔基片。

19. 如权利要求4所述的保护性覆盖物，其特征在于基片是无孔的基片。

20. 如权利要求5所述的保护性覆盖物，其特征在于开孔基片是发泡PTFE。

21. 如权利要求7所述的保护性覆盖物，其特征在于保护性覆盖物是包含至少一层织物的层压片。

22. 一种服装制品，它包含如权利要求7所述的保护性覆盖物。

23. 一种服装制品，它包含如权利要求21所述的层压片。

24. 一种柔韧的化学保护性覆盖物，它包含可选择性渗透的复合片，该复合片由两块可渗透水蒸气的开孔发泡PTFE基片和多胺聚合物组成，其特征在于至少10%的多胺聚合物的胺是胺-酸部分，所述胺-酸部分的酸性物质是H_2SO_4；所述多胺聚合物由聚亚烷基亚胺组成并且形成一位于所述基片之间的连续的层，至少一部分多胺聚合物位于各基片中；化学保护性覆盖物的水蒸气透过率至少为2000g/（m^2·天），并且在80%相对湿度下对二-2-氯乙基硫醚的渗透率为0.02cm/sec或更小。

25. 如权利要求24所述的保护性覆盖物，其特征在于保护性覆盖物的水蒸气透过率至少为4000g/（m^2·天），并且在80%相对湿度下对二-2-氯乙基硫醚的渗透率为0.002cm/sec或更小。

26. 如权利要求25所述的保护性覆盖物，其特征在于在80%相对湿度下对二2-氯乙基硫醚的渗透率为0.0002cm/sec或更小。

27. 如权利要求24所述的保护性覆盖物，其特征在于聚亚烷基亚胺是聚乙烯亚胺。

28. 如权利要求24所述的保护性覆盖物，其特征在于多胺聚合物是交联的。

29. 如权利要求28所述的保护性覆盖物，其特征在于交联包括环氧化物键。

30. 如权利要求24所述的保护性覆盖物，其特征在于至少25%的多胺聚合物的胺是胺-酸部分。

31. 如权利要求30所述的保护性覆盖物，其特征在于至少40%的多胺聚合物的胺是胺-酸部分。

32. 如权利要求24所述的保护性覆盖物，其特征在于保护性覆盖物是包含至少一层织物的层压片。

33. 如权利要求24或32所述的保护性覆盖物，它的手感为250或更小，在评价手感后没有明显的损坏。

34. 一种服装制品，它包含如权利要求33所述的保护性覆盖物。

35. 一种柔韧的化学保护性覆盖物，它包含可选择性渗透的复合片，该复合片由至少一块可渗透水蒸气的开孔基片和多胺聚合物组成，其特征在于至少25%的多胺聚合物的胺是胺-酸部分，所述胺-酸部分的酸性物质的pKa为5或更小；所述多胺聚合物形成一连续的层，至少一部分多胺聚合物位于所述开孔基片中；化学保护性覆盖物的水蒸气透过率至少为2000g/（m^2·天），并且在80%相对湿度下对二-2-氯乙基硫醚的渗透率为0.002cm/sec或更小。

36. 如权利要求35所述的保护性覆盖物，其特征在于多胺聚合物至少具有6.5个毫当量胺/克，并且它由聚亚烷基亚胺组成。

37. 如权利要求35所述的保护性覆盖物，其特征在于胺-酸部分包括多质子的酸性物质。

38. 如权利要求35所述的保护性覆盖物，其特征在于多胺聚合物是交联的。

39. 如权利要求35所述的保护性覆盖物，其特征在于可选择性渗透的复合片包含第二块可渗透湿气的基片，该基片是开孔基片，多胺聚合物包含在两块基片之间，一部分聚合物在各基片中。

40. 如权利要求35所述的保护性覆盖物，其特征在于可选择性渗透的复合片包含第二块可渗透湿气的基片，该基片是闭孔基片，多胺聚合物包含在两块基片之间。

41. 如权利要求35所述的保护性覆盖物，其特征在于可选择性渗透的复合片包含第二块可渗透湿气的基片，该基片是无孔的基片，多胺聚合物包含在两块基片之间。

42. 如权利要求35所述的保护性覆盖物，其特征在于开孔基片是开孔发泡的PTFE。

43. 如权利要求39所述的保护性覆盖物，其特征在于第二块开孔基片是开孔发泡的PTFE。

44. 如权利要求40或41所述的保护性覆盖物，其特征在于第二块基片由聚醚聚合物组成。

45. 如权利要求35所述的保护性覆盖物，其特征在于保护性覆盖物是包含至少一层织物的层压片。

46. 如权利要求35或45所述的保护性覆盖物，它的手感为1000或更小，在评价手感后没有明显的损坏。

47. 一种服装制品，它包含如权利要求46所述的保护性覆盖物。"

2006年9月22日，申请人戈尔企业控股股份有限公司（下称请求人）对上述驳回决定不服，向专利复审委员会提出复审请求并对权利要求书进行了修改，增加了一项独立权利要求48，其他权利要求1~47与驳回文本相同（下称复审请求文本）。增加的权利要求48如下：

"48. 一种由多胺聚合物组成的可选择性性渗透片在制备化学保护性覆盖物中的用途，其中至少10%的多胺聚合物的胺是胺-酸部分，所述的胺-酸部分的酸性物质的pKa小于6.4。"

请求人认为：（1）新增加的权利要求48记载于说明书第6页第17~19行，不超出原始公开的范围；（2）对比文件1没有提到通过在多胺聚合物中结合使用酸部分，使得由多胺聚合物制成的化学保护性覆盖物的性能有显著的提高；（3）对比文件2提出了用酸改性聚合物基片，使其具有亲水性，然而该文件并没有披露如何实施来获得良好的阻挡层，其不仅没有披露胺-酸部分可以改进化学保护性覆盖物的性能，而且也没有披露过所述胺-酸部分在适用于化学保护性覆盖物的多胺聚合物中所占的比例必须至少为10%；（4）本申请实施例中对比了包含和不包含胺-酸部分的多胺聚合物制成的覆盖物在水蒸汽透过率和对二-2-氯乙基硫醚的渗透性方面的性能，发现加入至少10%胺-酸部分的样品对水蒸汽的透过率显著提高，而对二-2-氯乙基硫醚的渗透性显著下降；因此，本领域技术人员在对比文件1和对比文件2的基础上并不能显而易见地获得本申请的技术方案，因此，权利要求1~48具备创造性。

经形式审查合格后，专利复审委员会受理了该请求，并于2006年11月1日向请求人发出了《复审请求受理通知书》，同时将本申请转送至国家知识产权局原审查部门进行前置审查。

在《前置审查意见书》中，国家知识产权局原审查部门认为请求人未修改相关权利要求，驳回指出的缺陷依然存在，因此坚持驳回决定。

专利复审委员会组成合议组，对本复审请求案进行了审理。

合议组于2008年8月22日向请求人发出《复审通知书》，指出：（1）复审请求时新增加的权利要求48是一项与原权利要求1~47类型完全不同的新的用途权利要求，并不是为了消除驳回决定指出的权利要求1~47不具备创造性的缺陷而进行的修改，不符合专利法实施细则第60条第1款的规定；（2）驳回决定针对的文本中，权利要求1相比较请求人于进入中国国家阶段时提交的原权利要求1，删除了“化学保护性覆盖物的水蒸气透过率至少为2000g/（m^2·天），并且在80%相对湿度下对二-2-氯乙基硫醚的渗透率为0.002cm/sec或更小”的技术特征，而根据背景技术描述，这两种性能参数与材料的组成和结构是密切相关的，并且由说明书第4页倒数第2段的公开内容可知，本领域技术人员需要对多胺聚合物材料加以选择和调节，才可以获得水蒸气透过率大于2000g/（m^2·天）并且对二-2-氯乙基硫醚的渗透率小于0.002cm/sec的化学保护性覆盖物，也就是说，水蒸气的透过率和对二-2-氯乙基硫醚的渗透率是由化学保护性覆盖物的可选择性渗透片的材料结构和/或组成决定的，上述参数的不同隐含了产品可能具有不同的结构和/或组成，请求人将上述两个技术特征删除后，将会导致修改后的权利要求1包含了未包括在原权利要求1中的产品，使得删除后的技术方案包含了无法从原说明书和权利要求书记载的信息中直接地、毫无疑义地确定的内容，这种修改不符合专利法第33条的规定。

针对上述《复审通知书》，请求人于2008年10月6日提交了意见陈述书和权利要求书的修改替换页，在权利要求1补入“所述化学保护性覆盖物的水蒸气透过率至少为2000g/（m^2·天），并且在80%相对湿度下对二-2-氯乙基硫醚的渗透率为0.002cm/sec或更小”的技术特征，删除原复审文本中的权利要求4、5和48，并对权利要求重新编号，修改后的权利要求书共45项。请求人认为：经过上述修改克服了《复审通知书》指出的缺陷。

修改后的独立权利要求1如下：

“1. 一种化学保护性覆盖物，它包含可选择性渗透的片，该片由多胺聚合物组成，其特征在于至少10%的多胺聚合物的胺是胺-酸部分，所述胺-酸部分的酸性物质的pKa小于6.4，所述化学保护性覆盖物的水蒸气透过率至少为2000g/（m^2·天），并且在80%相对湿度下对二-2-氯乙基硫醚的渗透率为0.002cm/sec或更小。”

至此，合议组认为本案事实已经清楚，可以作出审查决定。

二、决定的理由

1. 关于文本

《复审通知书》指出，复审请求文本的权利要求48不符合专利法实施细则第60条第1款、权利要求1不符合专利法第33条的规定。在请求人于2008年10月6日提交的修改后的权利要求书中，请求人删除了权利要求48，而且，在权利要求1中增加了“所述化学保护性覆盖物的水蒸气透过率至少为2000g/（m^2·天），并且在80%相对湿度下对二-2-氯乙基硫醚的渗透率为0.002cm/sec或更小”的技术特征，使权利要求1与进入国家阶段时提交的原权利要求1内容一致，因此，该修改文本已克服《复审通知书》指出的缺陷。

本复审请求审查决定针对的文本是：请求人于2008年10月6日提交的权利要求第1~45项、2004年10月9日提交的说明书第1页、进入国家阶段时提交的国际申请文件的说明书第2~21页、附图第1~6页及说明书摘要。

2. 关于专利法第22条第3款

专利法第22条第3款规定：创造性，是指同申请日以前已有的技术相比，该发明有突出的实质性特点和显著进步。

如果要求保护的技术方案相对于最接近的现有技术存在区别特征，同时现有技术中没有给出将上述区别特征应用到该最接近现有技术以解决其存在的技术问题的启示，并且要求保护的技术方案能够产生有益的技术效果，则认为要求保护的技术方案具有突出的实质性特点和显著的进步，符合专利法第22条第3款关于创造性的规定。

（1）权利要求1。

就本案而言，权利要求1要求保护一种化学保护性覆盖物，它包含可选择性渗透的片，该片由多胺聚合物组成，其中至少10%的多胺聚合物的胺是胺-酸部分，所述胺-酸部分的酸性物质的pKa小于6.4，所述化学保护性覆盖物的水蒸气透过率至少为2000g/（m^2·天），并且在80%相对湿度下对二-2-氯乙基硫醚的渗透率为0.002cm/sec或更小。

对比文件1（WO9317760A1，参见权利要求1、3-6、13~14，说明书第3页第8~13行、第34~37行，第4页第11~16行，第5页第26~28行）公开了一种用于防护服等的具有高水蒸气穿透率的保护性涂层，其包括a）可渗透水蒸气并优选阻挡液体水渗透的柔韧性基材，和b）包含交联的聚亚烷基亚胺或聚烯丙基胺的气体阻断、水蒸汽可渗透的聚合物涂层，其中亚烷基或烯丙基部分具有2~8碳原子，所述涂层在所述基材上形成气体阻断层（barrier），并以2~250g/m^2的量存在于所述基材上。所述“气体阻断”意味着阻止气体如空气或毒气通过聚合物涂层。对比文件1的说明书第3页第3~5段对使用的聚亚烷基亚胺或聚烯丙基胺进行了说明，聚亚烷基亚胺一方面可以提供良好的水蒸气透过特性，另一方面以连续涂层形式存在时可以提供气体通过的阻断层，其优选为聚亚乙基亚胺。在具体实施方案中，上述组合物膜的水蒸气透过率为2000~50000g/m^2天，实施例4中组合物膜对芥子气，即，对二-2-氯乙基硫醚（下称2CES）的扩散试验为24小时低于4微克/cm^2。

由此可见，对比文件1与权利要求1区别在于：①权利要求1要求“至少10%的多胺聚合物的胺是胺-酸部分，所述胺-酸部分的酸性物质的pKa小于6.4”，而对比文件1中并没有提及在多胺聚合物中结合使用酸部分，当然也没有揭示所述胺-酸部分在多胺聚合物中所占的比例至少为10%，胺-酸部分的酸性物质的pKa小于6.4；②权利要求1中芥子气渗透率是在80%湿度下测定的。

根据本申请说明书的记载，本申请旨在提供一种即使在高湿度条件下也能透过大量水蒸气，同时还能适当阻止有毒或有害化学蒸气通过的可选择性渗透的保护性覆盖物（参见说明书第4页第22~23行），实施例1、3中将多胺聚合物样品经过硫酸处理，形成含胺-酸部分的多胺聚合物样品后，相比较没有胺-酸部分的样品，水蒸气的透过率分别增加1.8倍、2.24倍，而在80%相对湿度下对二-2-氯乙基硫醚（2CES）的渗透率减少到1/6.67、1/2.34，在50%相对湿度下对2CES的渗透率均为或低于样品的检测下限。其他实施例也得到同样的结论。可见，本申请实施例验证了通过在多胺聚合物中结合使用酸部分可以显著提高水蒸气的透过率、同时降低2CES的渗透率。因此，本申请实际要解决的问题是提供一种高湿度条件下也能透过大量水蒸气，同时能适当阻止2CES透过的可选择性渗透的保护性覆盖物，该技术问题在本申请中是通过用酸对多胺聚合物进行适当的改性而解决的。因此，判断本申请是否具备创造性的关键在于，判断现有技术中是否存在通过用酸对多胺聚合物进行改性而改进保护膜选择性的启示。

对比文件2（参见权利要求1，说明书第2页左栏第4段和实施例1）公开了一种亲水的基材，其包括有机聚合物膜和在该膜表面上的磺化的聚乙烯亚胺层，该磺化的聚乙烯亚胺的磺化率分别为3.5%、12%和24%，形成的亲水性有机聚合物基材可以用作过滤膜、透析膜、超滤膜、反渗透膜等。对比文件2要解决的技术问题是克服现有技术中聚乙烯等有机聚合物制成的膜材料对各种液体的浸润特性不足、阻碍上述有机聚合物制成的膜在分离领域的应用。对比文件2明确提到，经过磺化可以使形成的亲水有机聚合物材料增加对液体的浸润特性，使得有机物基质表面设有经不溶化的聚乙烯亚胺的磺化物形成的亲水性有机聚合物基质（参见对比文件2第2页左栏第4段），这与本申请中要求提高水蒸气透过率同时降低2CES气体渗透率的目的完全不同。

因此，当本领域技术人员面对本申请要解决的技术问题，即，提供在高湿度条件下也能透过大量的水蒸气、同时适当阻止有毒或有害化学蒸气通过的可选择性渗透的保护性覆盖物的问题时，不会从对比文件2得到启示，可以将多胺聚合物中的部分胺转变为胺-酸部分而形成能在高湿度条件下兼具良好透气性和保护性的保护膜，从而解决本申请要解决的上述技术问题。

因此，合议组认为，本例领域技术人员是没有动机要将对比文件1和对比文件2相结合，故而，对比文件1和对比文件2尚不足以破坏权利要求1的创造性，即，权利要求1相对于对比文件1和2符合专利法第22条第3款关于创造性的规定。

在权利要求1具备创造性的前提下，其从属权利要求2~19也具备创造性，符合专利法第22条第3款的规定。

（2）权利要求20~45。

权利要求20~21分别要求保护包含权利要求5、19所述保护性覆盖物的服装制品，其创造性依赖于权利要求5、19的创造性，在权利要求5、19具备创造性的情况下，权利要求20~21也具备创造性，符合专利法第22条第3款的规定。

权利要求22和33分别要求保护一种柔韧的化学保护性覆盖物，其与权利要求1的区别在于，其中可选择性渗透的片除了包括类似于权利要求1所述多胺聚合物之外，还分别包括两块开孔发泡PTEE基片或至少一块开孔基片，因此，其与对比文件1之间也存在类似于如上权利要求1评述中的区别。基于与权利要求1创造性相同的理由，对比文件1和2的结合也不足以破坏权利要求22和33的创造性。

在权利要求22和33具备创造性的前提下，其从属权利要求23~31、34~44也具备创造性，符合专利法第22条第3款的规定。

权利要求32和45分别要求保护包含权利要求31、44所述保护性覆盖物的服装制品，其创造性依赖于权利要求31、44的创造性，在权利要求31、44具备创造性的情况下，权利要求32和45也具备创造性，符合专利法第22条第3款的规定。

综上，合议组认为，本申请权利要求1~45相对于对比文件1和对比文件2具备创造性，符合专利法第22条第3款的规定。

根据上述事实和理由，合议组作出如下审查决定。

三、决定

撤销国家知识产权局于2006年6月9日针对第00818974.9号发明专利申请作出的驳回决定，由国家知识产权局原审查部门以复审决定所针对的文本为基础继续审批程序。

复审请求人对本决定不服的，可以根据专利法第41条第2款的规定，自收到本决定之日起三个月内向北京市第一中级人民法院起诉。

172

荧光二酮吡咯并吡咯

复审请求审查决定（第15234号）

决　定　号　第15234号
决　定　日　2008年11月27日
发明创造名称　荧光二酮吡咯并吡咯
国际分类号　C09B57/00，C09K11/06
复审请求人　西巴特殊化学品控股有限公司
申　请　号　02813102.9
优先权日　2001年6月29日
申　请　日　2002年6月20日
公　开　日　2004年12月8日
合议组组长　张家祥
主　审　员　吴红权
参　审　员　危　峰

法律依据　专利法第33条，专利法实施细则第20条第1款
决定要点

如果修改的内容通过增加、改变和/或删除其中的一部分，致使所属技术领域的技术人员看到的信息与原说明书和权利要求书中记载的信息不同，而且又不能从原说明书和权利要求书记载的信息中直接地、毫无疑义地确定，则这种修改是不允许的，反之则是允许的。

一、案由

本复审请求涉及发明名称为“荧光二酮吡咯并吡咯”的第02813102.9号发明专利申请（下称本申请），申请人为西巴特殊化学品控股有限公司，申请日为2002年6月20日，最早优先权日为2001年6月29日，公开日为2004年12月8日。

2006年12月1日，针对申请人于2006年7月24日提交的权利要求第1~11项，2005年10月18日提交的说明书第31页、2003年12月29日进入中国国家阶段时提交的国际申请文件中文译文的说明书第1~30页和第32~33页以及说明书摘要，国家知识产权局以权利要求1和7~11不符合专利法第33条的规定为由驳回了本申请。

驳回决定认为：(1) 在权利要求1对基团R^5~R^{11}的定义中，“取代的或未取代的乙烯基基团”的取代基定义内容（权利要求书第3页第1~4行的内容），在原说明书和权利要求书中没有记载，也不能确定地直接导出，因此，这样的修改超出了原说明书和权利要求书记载的范围，不符合专利法第

33条的规定。由于权利要求7~11直接引用了权利要求1，同理，权利要求7~11也不符合专利法第33条的规定。(2) 原说明书中在对“链烯基基团”进行说明时并未指出此“链烯基基团”可以被取代，而且根据 R^5-R^{11}的定义中卤代链烯基定义的存在及说明书中对卤代链烯基的相应说明，能够判断出 R^5~R^{11}的定义中的“链烯基基团”并不包括其被取代的定义，因而不能够毫无疑义地、直接推出具有所述取代基的乙烯基的定义。

驳回决定针对的权利要求1如下：

“1. 一种具有结构式I的荧光二酮吡咯并吡咯

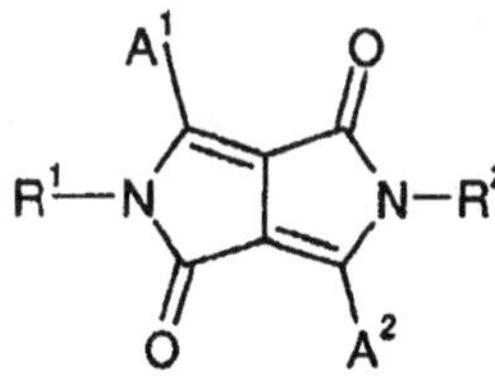

(I),

其中 R^1 和 R^2 是相同或不同的，并且选自 C_1-C_{25}烷基基团、烯丙基基团，其为未取代的或被C_1-C_3 烷基取代1~3次，环烷基基团，链烯基基团，环链烯基基团，炔基基团，杂环基团，卤素，卤代烷基，卤代链烯基，卤代炔基，酮或醛基团，酯基团，氨基甲酰基基团，甲硅烷基基团，硅氧烷基基团，A^3 和-CR^3R^4-$(CH_2)_m$-A^3，其中 R^3 和 R^4 相互独立地表示氢或 C_1-C_4 烷基，或未取代的或被 C_1-C_3 烷基取代1~3次的苯基，A^3 表示芳基，其为未取代的或被 C_1-C_8 烷基和/或 C_1-C_8 烷氧基取代1~3次，和m表示0，1，2，3或4，

A^1 和 A^2 相互独立地表示

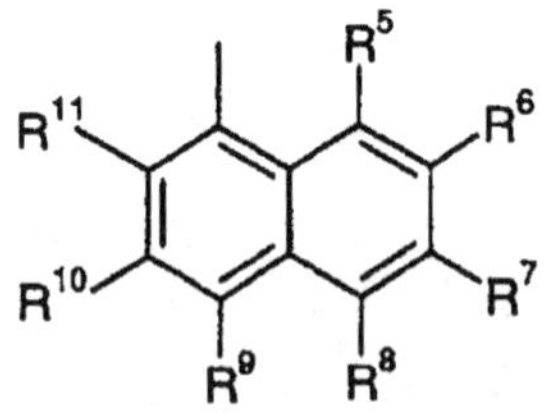

(II)

其中 R^5-R^{11}是相同或不同的，并选自氢，C_1-C_{25}烷基基团，环烷基，芳烷基，环链烯基，炔基，羟基，巯基基团，烷氧基，烷基硫代，芳基醚基团，芳基硫醚基团，芳基，杂环基团，卤素，卤代烷基，卤代链烯基，卤代炔基，氰基基团，醛基团，羰基基团，羧基基团，酯基团，氨基甲酰基基团，氨基基团，烷基氨基基团，二(烷基)氨基基团，硝基基团，甲硅烷基基团，硅氧烷基基团，取代的或未取代的乙烯基基团，取代的或未取代的芳基氨基基团和取代的或未取代的二芳基氨基基团，或至少两个相邻取代基 R^5-R^{11}形成芳族或脂族稠环体系，

前提是至少两个相邻取代基 R^5-R^{11}形成芳族或脂族稠环体系，或至少一个取代基 R^5-R^{11}是取代的或未取代的乙烯基基团或取代的或未取代的二芳基氨基基团，

其中“至少两个相邻取代基 R^5-R^{11}形成芳族或脂族稠环体系”是指两个相邻取代基 R^5-R^{11}可形成芳族环、脂族环或杂环环，其中两个或多个这些环可与它们所键接的萘基基团形成稠环体系；

术语“烷基”是指线性或支化 C_1-C_{25}烷基；

术语“链烯基基团”是指不饱和脂族烃基团，其具有2~8个碳原子和包含一个或多个双键；

术语“炔基基团”是指具有2~8个碳原子和包含三键的不饱和脂族烃基团；

术语“卤代烷基，卤代链烯基和卤代炔基”是指通过用卤素部分或完全取代上述烷基基团、链烯基基团和炔基基团而得到的基团；

术语“醛基团，酮基团，酯基团，氨基甲酰基基团和氨基基团”包括被通过烷基基团、环烷基基团、芳基基团，芳烷基基团或杂环基团取代的那些，其中烷基基团、环烷基基团、芳基基团、芳烷基基团和杂环基团是未取代的或取代的；

术语“甲硅烷基基团”是指具有结构式$-SiR^{42}R^{43}R^{44}$的基团，其中R^{42}，R^{43}和R^{44}相互独立地是C_1-C_8烷基基团、C_6-C_{24}芳基或C_7-C_{24}芳烷基；

术语“硅氧烷基基团”是指具有结构式$-O-SiR^{42}R^{43}R^{44}$的基团，其中R^{42} R^{43}和R^{44}定义如上；

术语“烷氧基基团”是指C_1-C_8烷氧基；

术语“烷基硫代基团”是指与烷氧基基团相同的基团，只是醚键的氧原子被硫原子替代；

术语“芳基醚基团”是指通过醚键的介入而键接的芳族烃基团，其中芳族烃基团是未取代的或取代的；

术语“芳基硫醚基团”是指与芳基醚基团相同的基团，只是醚键的氧原子被硫原子替代；

术语“芳基基团”是指C_6-C_{24}芳基，其是未取代的或取代的；

术语“芳烷基基团”是指C_7-C_{24}芳烷基，其中脂族烃基团和芳族烃基团都是未取代的或取代的；

术语“环烷基基团”是指C_5-C_{12}环烷基，其是未取代的或取代的；

术语“环链烯基基团”是指包含一个或多个双键的选自环丙烯、环戊烯和环己烯的不饱和脂环族烃基团，其是未取代的或取代的；

术语“杂环基团”是具有5~7个环原子的环，其中的杂原子选自氮，氧和硫，或者是具有至少6个共轭PAI-电子的具有5~18原子的不饱和杂环基团，

其中上述被取代基团的取代基是C_1-C_8烷基、羟基基团、巯基基团、C_1-C_8烷氧基、C_1-C_8烷基硫代、卤素、卤代-C_1-C_8烷基、氰基、醛基团、酮基团、羧基基团、酯基基团、氨基甲酰基基团、氨基基团、硝基或甲硅烷基基团。”

2007年3月22日，申请人西巴特殊化学品控股有限公司（下称请求人）对上述驳回决定不服，向专利复审委员会提出复审请求，同对权利要求书进行了修改，其中，（1）将权利要求1中的“取代的或未取代的乙烯基基团”修改为“未取代的乙烯基基团”；（2）根据说明书第5页第13~17行的内容，在权利要求1中增加了萘基取代基被乙烯基基团取代时A^1和A^2的定义；（3）根据说明书第14页第24~26行和第15页第20~23行的内容，在权利要求1中增加了当R^{14}为被取代的C_6-C_{24}芳基时，所述被取代的C_6-C_{24}芳基的取代基的定义；（4）将权利要求1第3页术语“环链烯基基团”中的“环戊烯”修改为“环戊二烯基”。修改后的权利要求1如下：

“1. 一种具有结构式I的荧光二酮吡咯并吡咯

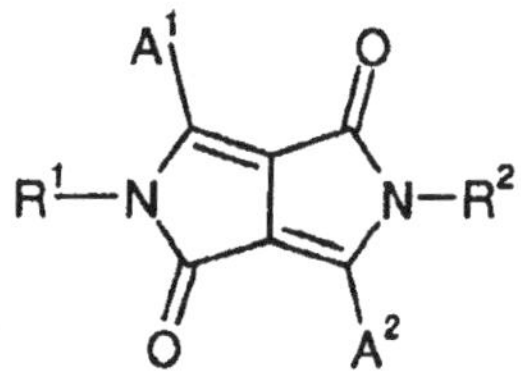

(I),

其中R^1和R^2是相同或不同的，并且选自C_1-C_{25}烷基基团、烯丙基基团，其为未取代的或被C_1-C_3烷基取代1~3次，环烷基基团，链烯基基团，环链烯基基团，炔基基团，杂环基团，卤素，卤代烷基，卤代链烯基，卤代炔基，酮或醛基团，酯基团，氨基甲酰基基团，甲硅烷基基团，硅氧烷基基团，A^3和$-CR^3R^4-(CH_2)_m-A^3$，其中R^3和R^4相互独立地表示氢或C_1-C_4烷基，或未取代的或被

C_1-C_3 烷基取代 1~3 次的苯基，A^3 表示芳基，其为未取代的或被 C_1-C_8 烷基和/或 C_1-C_8 烷氧基取代 1~3 次，和 m 表示 0，1，2，3 或 4，

A^1 和 A^2 相互独立地表示

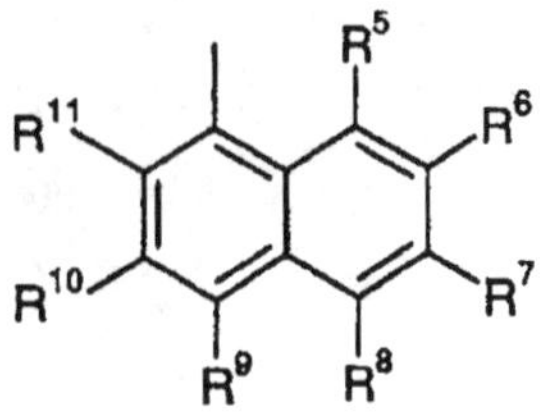

(II)

其中 R^5-R^{11} 是相同或不同的，并选自氢，C_1-C_{25}烷基基团，环烷基，芳烷基，链烯基，环链烯基，炔基，羟基，巯基基团，烷氧基，烷基硫代，芳基醚基团，芳基硫醚基团，芳基，杂环基团，卤素，卤代烷基，卤代链烯基，卤代炔基，氰基基团，醛基团，羰基基团，羧基基团，酯基团，氨基甲酰基基团，氨基基团，烷基氨基基团，二（烷基）氨基基团，硝基基团，甲硅烷基基团，硅氧烷基基团，未取代的乙烯基基团，取代的或未取代的芳基氨基基团和取代的或未取代的二芳基氨基基团，或至少两个相邻取代基 R^5-R^{11} 形成芳族或脂族稠环体系，

前提是至少两个相邻取代基 R^5-R^{11} 形成芳族或脂族稠环体系，或至少一个取代基 R^5-R^{11} 是未取代的乙烯基基团或取代的或未取代的二芳基氨基基团，

或者

A^1 和 A^2 相互独立地表示

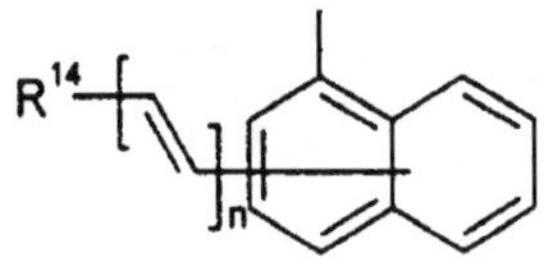

，

其中 n 是整数 1~4 和 R_{14} 是 C_6-C_{24} 芳基，其为未取代的或取代的，其中所述被取代的 C_6-C_{24} 芳基的取代基是 C_1-C_8 烷基、羟基基团、巯基基团、C_1-C_8 烷氧基、C_1-C_8 烷基硫代、卤素、卤代-C_1-C_8 烷基、氰基、醛基团、酮基团、羧基基团、酯基基团、氨基甲酰基基团、氨基基团、硝基或甲硅烷基基团；

其中“至少两个相邻取代基 R^5-R^{11} 形成芳族或脂族稠环体系”是指两个相邻取代基 R^5-R^{11} 可形成芳族环、脂族环或杂环环，其中两个或多个这些环可与它们所键接的萘基基团形成稠环体系；

术语“烷基”是指线性或支化 C_1-C_{25} 烷基；

术语“链烯基基团”是指不饱和脂族烃基团，其具有 2~8 个碳原子和包含一个或多个双键；

术语“炔基基团”是指具有 2~8 个碳原子和包含三键的不饱和脂族烃基团；

术语“卤代烷基，卤代链烯基和卤代炔基”是指通过用卤素部分或完全取代上述烷基基团、链烯基基团和炔基基团而得到的基团；

术语“醛基团，酮基团，酯基团，氨基甲酰基基团和氨基基团”包括被通过烷基基团、环烷基基团、芳基基团，芳烷基基团或杂环基团取代的那些，其中烷基基团、环烷基基团、芳基基团、芳烷基基团和杂环基团是未取代的或取代的；

术语“甲硅烷基基团”是指具有结构式 $-SiR^{42}R^{43}R^{44}$ 的基团，其中 R^{42}，R^{43} 和 R^{44} 相互独立地是 C_1-C_8 烷基基团、C_6-C_{24} 芳基或 C_7-C_{24} 芳烷基；

术语“硅氧烷基基团”是指具有结构式 $-O-SiR^{42}R^{43}R^{44}$ 的基团，其中 R^{42} R^{43} 和 R^{44} 定义如上；

术语“烷氧基基团”是指 C_1-C_8 烷氧基；

术语“烷基硫代基团”是指与烷氧基基团相同的基团，只是醚键的氧原子被硫原子替代；

术语“芳基醚基团”是指通过醚键的介入而键接的芳族烃基团，其中芳族烃基团是未取代的或取代的；

术语“芳基硫醚基团”是指与芳基醚基团相同的基团，只是醚键的氧原子被硫原子替代；

术语“芳基基团”是指 C_6-C_{24}芳基，其是未取代的或取代的；

术语“芳烷基基团”是指 C_7-C_{24}芳烷基，其中脂族烃基团和芳族烃基团都是未取代的或取代的；

术语“环烷基基团”是指 C_5-C_{12}环烷基，其是未取代的或取代的；

术语“环链烯基基团”是指包含一个或多个双键的选自环丙烯基、环戊二烯基和环已烯基的不饱和脂环族烃基团，其是未取代的或取代的；

术语“杂环基团”是具有 5~7 个环原子的环，其中的杂原子选自氮，氧和硫，或者是具有至少 6 个共轭 π-电子的具有 5~18 原子的不饱和杂环基团，

其中上述被取代基团的取代基是 C_1-C_8 烷基、羟基基团、巯基基团、C_1-C_8 烷氧基、C_1-C_8 烷基硫代、卤素、卤代-C_1-C_8 烷基、氰基、醛基团、酮基团、羧基基团、酯基基团、氨基甲酰基基团、氨基基团、硝基或甲硅烷基基团。”

请求人认为，经过修改，本申请已经克服了驳回决定所指出的缺陷。

经形式审查合格后，专利复审委员会受理了该请求，并于 2007 年 5 月 11 日向请求人发出了《复审请求受理通知书》，同时将本申请转送至国家知识产权局原审查部门进行前置审查。

在《前置审查意见书》中，国家知识产权局原审查部门认为：(1) 原说明书第 14 页第 24~26 行和第 15 页第 20~23 行中的内容所限定的芳基与权利要求 1 的 R_{14}中的 C_6-C_{24}芳基为不同的两个对象，原说明书第 14 页第 24~26 行和第 15 页第 20~23 行中的内容是对最上位的芳基概念在碳原子数和取代基方面所作出的限定，不包括在 R_{14}的定义中已经被限定了碳原子数的 C_6-C_{24}芳基，因此不能将其取代基的定义延伸到能够涵盖 R_{14}的定义中已经被限定了碳原子数的 C_6-C_{24}芳基。(2) 在权利要求 1 中“环链烯基基团”的定义中，环丙烯基的定义不符合专利法第 33 条的规定。(3) 权利要求 1 的 R^1 和 R^2 的定义中烯丙基和链烯基为上下位关系，R^5-R^{11}定义中链烯基与未取代的乙烯基为上下位关系，R^1 和 R^2 定义中酮基和 R^5-R^{11}定义中羰基的定义所表示的化学结构不清楚，故导致权利要求 1 不清楚，不符合专利法实施细则第 20 条第 1 款的规定。(4) 权利要求 2 的 R^{12}和 R^{13}或 R^{12a}和 R^{13a}与它们所键接的氮原子一起形成所述的六元杂环环的定义中，六元杂环的化学结构与文字定义不一致，表现在结构式中键连位置处的原子不为氮，R^{21}、R^{22}、R^{23}、R^{25}和 R^{26}的定义中酮基所表示的化学结构不清楚，从而导致权利要求 2 的保护范围不清楚。基于上述理由，坚持驳回决定。

专利复审委员会组成合议组，对本复审请求案进行了审理。

合议组于 2008 年 2 月 28 日向请求人发出《复审通知书》，指出：(1) 权利要求 1 对术语“环链烯基基团”的定义中，“环丙烯基”这一技术特征在原权利要求书和说明书中都没有记载，本领域技术人员不能由原申请文件记载的内容直接地、毫无疑义地确定该技术特征，故上述修改不符合专利法第 33 条的规定。(2) 在权利要求 1 基团 R^1 和 R^2 的定义中，并列出现了“烯丙基基团”和“链烯基基团”这两个技术特征，“烯丙基基团”是“链烯基基团”的下位概念，二者并列出现导致权利要求 1 保护范围不清楚，同理，在权利要求 1 基团 R^5-R^{11}的定义中，“链烯基”和“未取代的乙烯基”同样为上下位概念，也导致权利要求 1 不清楚。(3) 权利要求 2 的 R^{12}和 R^{13}或 R^{12a}和 R^{13a}与它们所键接的氮原子一起形成所述的六元杂环的定义中，六元杂环的化学结构与文字定义不一致，表现在结构式中键连位置处的原子不为氮，故权利要求 2 的保护范围不清楚。

针对上述《复审通知书》，请求人于2008年4月14日提交了意见陈述书和新修改的权利要求书。其中，将权利要求1中的“环链烯基”修改为“环烯基”（依据PCT原文改正）；将权利要求1第3页术语“环链烯基基团”定义中的“环丙烯基”修改为“环戊烯基”；将权利要求1第1页R^5-R^{11}定义中的“链烯基”修改为“除了未取代的乙烯基基团以外的链烯基”；将权利要求1第1页R^1和R^2定义中的“链烯基基团”修改为“除了所述烯丙基基团以外的链烯基基团”；将权利要求2基团R^{12}和R^{13}或R^{12a}和R^{13a}中的“……或下式的六元杂环环……其中X是O，S或NR^40，其中R^{40}是氢或C_1-C_8烷基”修改为“六元杂环环”。

请求人认为：修改后的权利要求书已经克服了《复审通知书》所指出的缺陷。

至此，合议组认为本案事实已经清楚，可以作出审查决定。

二、决定的理由

1. 关于审查文本

本复审请求审查决定是针对请求人于2008年4月14日提交的权利要求第1~11项，2005年10月18日提交的说明书第31页、2003年12月29日进入中国国家阶段时提交的说明书第1~30、32~33页以及说明书摘要作出的。

2. 关于专利法第33条

专利法第33条规定，申请人可以对其专利申请文件进行修改，但是，对发明和实用新型专利申请文件的修改不得超出原说明书和权利要求书记载的范围。

如果修改的内容通过增加、改变和/或删除其中的一部分，致使所属技术领域的技术人员看到的信息与原说明书和权利要求书中记载的信息不同，而且又不能从原说明书和权利要求书记载的信息中直接地、毫无疑义地确定，则这种修改是不允许的，反之则是允许的。

就本案而言，驳回决定认为：（1）在权利要求1对基团R^5~R^{11}的定义中，“取代的或未取代的乙烯基基团”的取代基定义内容（权利要求书第3页第1~4行的内容），在原说明书和权利要求书中没有记载，也不能确定地直接导出，因此，这样的修改超出了原说明书和权利要求书记载的范围，不符合专利法第33条的规定。由于权利要求7~11直接引用了权利要求1，同理，权利要求7~11也不符合专利法第33条的规定。（2）原说明书中在对“链烯基基团”进行说明时并未指出此“链烯基基团”可以被取代，而且根据R^5~R^{11}的定义中卤代链烯基定义的存在及说明书中对卤代链烯基的相应说明，能够判断出R^5~R^{11}的定义中的“链烯基基团”并不包括其被取代的定义，因而不能毫无疑义地、直接推出具有所述取代基的乙烯基的定义。

针对复审请求时所提交的权利要求书，《复审通知书》指出，权利要求1中“环链烯基基团”的定义中（权利要求书第3页第8行），“环丙烯基”这一技术特征在原权利要求书和说明书中都没有记载，说明书相应位置仅记载了“环戊烯基”；本领域技术人员也不能由原申请文件记载的内容直接地、毫无疑义地确定该技术特征，故请求人对该处内容的修改超出了原申请文件记载的范围，不符合专利法第33条的规定。

在请求人于2008年4月14日提交的权利要求书第3页第7行中（权利要求1），相对于复审请求时所提交的权利要求书，请求人将“选自环丙烯基、环戊二烯基……”修改为“选自环戊烯基、环戊二烯基……”。对此，合议组认为，根据本申请PCT原始公开文本第15页第29行的内容，修改后的内容在原申请文件中有明确记载。另外，对于权利要求1中的“环链烯基”修改为“环烯基”，合议组认为，根据PCT原始公开文本的内容，“环链烯基”在PCT原始文本对应的英文为“cycloalkenyl”，根据《英汉化学化工词汇》（科学出版社，第四版），“cycloalkenyl”应翻译成“环烯基”，因此权利要求1的上述修改能够从原说明书所记载的内容直接地、毫无疑义地确定，从而克服了《复审通知书》中所指出的修改不符合专利法第 33 条规定的缺陷。

鉴于请求人在提交复审请求时已经将权利要求 1 基团 R^5-R^{11}定义中的“取代的或未取代的乙烯基基团”修改为“未取代的乙烯基基团”，删除了取代部分的内容，故驳回决定所指出的权利要求 1 对基团 R^5-R^{11}的定义中“取代的或未取代的乙烯基基团”的取代基定义内容（权利要求 1 最后 4 行内容）不符合专利法第 33 条规定的缺陷已不存在。

针对原审查部门在《前置审查意见书》中所指出的第 1 点意见（具体内容参见案由部分），合议组认为，说明书第 5 页第 15~17 行记载了 R^{14}是 C_6-C_{24}芳基并且可以是未取代的或取代的；说明书第 14 页第 24~26 行记载了术语芳基的定义，即芳基通常是 C_6-C_{24}芳基并且可以是未取代的或取代的；说明书第 15 页第 20~23 行记载了上述基团的取代基是 C_1-C_8 烷基、羟基基团、巯基基团、C_1-C_8 烷氧基、C_1-C_8 烷基硫代、卤素、卤代$-C_1-C_8$ 烷基、氰基、醛基团、酮基团、羧基基团、酯基基团、氨基甲酰基基团、氨基基团、硝基或甲硅烷基基团。在说明书中没有特定指明或相反教导的情况下，说明书中的相同术语所表示的含义应做相同的理解，本领域技术人员根据上述公开的内容，可以确定 R_{14}定义中的 C_6-C_{24}芳基与说明书第 14 页第 24~26 行记载的“芳基通常是 C_6-C_{24}芳基”具有相同的含义，虽然 R^{14}定义中的芳基限定了碳原子数，但并不会造成本领域技术人员在理解其含义时与说明书第 14 页第 24~26 行记载的芳基产生歧义，故合议组对于上述前置意见不予支持。

3. 关于专利法实施细则第 20 条第 1 款

专利法实施细则第 20 条第 1 款规定，权利要求书应当说明发明或者实用新型的技术特征，清楚、简要地表述请求保护的范围。

在 2008 年 4 月 14 日提交的权利要求 1 中，相对于驳回决定所针对的权利要求书，请求人将基团 R^1 和 R^2 定义中的“链烯基基团”修改为“除了所述烯丙基基团以外的链烯基基团”，将基团 R^5 和 R^{11} 定义中的“链烯基”修改为“除了未取代的乙烯基基团以外的链烯基”，同时将权利要求 2 中的“R^{12}和 R^{13}或 R^{12a}和 R^{13a}与它们所键接的氮原子一起形成五或下式的六元杂环……其中 X 是 O、S 或 NR^{40}，其中 R^{40}是氢或 C_1-C_8 烷基”修改为“R^{12}和 R^{13}或 R^{12a}和 R^{13a}与它们所键接的氮原子一起形成五或六元杂环”。对此，合议组认为，经过修改，已经克服了一个基团定义中同时存在两个上下位关系的基团从而导致保护范围不清楚的缺陷，并且权利要求 2 的修改内容在原说明书第 5 页第 8~12 行有记载，因此，《复审通知书》中所指出的不符合专利法实施细则第 20 条第 1 款规定的缺陷已不存在。

《前置审查意见书》中还指出，权利要求 1 中的 R^1 和 R^2 定义中酮基和 R^5-R^{11}定义中羰基的定义所表示的化学结构不清楚，以及权利要求 2 中的 R^{21}、R^{22}、R^{23}、R^{25}和 R^{26}的定义中酮基所表示的化学结构不清楚。对此，合议组认为，上述意见在驳回决定作出前并未给请求人听证的机会，并且酮基和羰基所表示的化学结构对本领域技术人员来说也是清楚的。

综上所述，请求人于 2008 年 4 月 14 日提交的权利要求书已经克服了驳回决定和《复审通知书》所指出的所有缺陷。

根据上述事实和理由，合议组作出如下审查决定。

三、决定

撤销国家知识产权局于 2006 年 12 月 1 日针对 02813102.9 号发明专利申请作出的驳回决定，由国家知识产权局原审查部门以请求人于 2008 年 4 月 14 日提交的权利要求第 1~11 项，2005 年 10 月 18 日提交的说明书第 31 页，进入中国国家阶段时提交的说明书第 1~30、32~33 页以及说明书摘要为基础继续审批程序。

复审请求人对本决定不服的，可以根据专利法第 41 条第 2 款的规定，自收到本决定之日起三个月内向北京市第一中级人民法院起诉。

173

通过光气化二苯基甲烷系列的非中和的多胺来制备二苯基甲烷系列的多异氰酸酯类的方法

复审请求审查决定（第15263号）

决　定　号　第15263号
决　定　日　2008年11月28日
发明创造名称　通过光气化二苯基甲烷系列的非中和的多胺来制备二苯基甲烷系列的多异氰酸酯类的方法
国际分类号　C07C 265/08，C07C 263/10
复审请求人　拜尔公司
申　请　号　03143413.4
优先权日　2002年9月30日
申　请　日　2003年9月28日
公　开　日　2004年5月19日
合议组组长　任晓兰
主　审　员　刘　磊
参　审　员　李新芝

法律依据　专利法第22条第2款
决定要点
在评述权利要求是否具有新颖性时，应考虑权利要求中所有实际上具有限定作用、对确定权利要求的保护范围有影响的技术特征。

一、案由

本复审请求案涉及发明名称为“通过光气化二苯基甲烷系列的非中和的多胺来制备二苯基甲烷系列的多异氰酸酯类的方法”的第03143413.4号发明专利申请（下称本申请），申请人为拜尔公司，申请日为2003年9月28日，优先权日为2002年9月30日，公开日为2004年5月19日。

2007年7月6日，针对申请人于2007年5月14日提交的权利要求第1~6项，以及2003年9月28日提交的说明书第1~7页和说明书摘要，国家知识产权局以本申请权利要求1~6不符合专利法第22条第2款的规定为由驳回了本申请，驳回决定针对的权利要求1~6如下：

“1. 一种制备二苯基甲烷系列多异氰酸酯类的方法，所述方法包括：

a）在HCl存在下反应苯胺和甲醛，形成包含二苯基甲烷系列多胺、HCl、苯胺和水的产物混合物；

b）通过在共沸剂存在下的蒸馏除去过量的苯胺和水，提供包含二苯基甲烷系列多胺、HCl、不超过多胺10重量%的苯胺、不超过多胺5重量%的水的产物混合物；

c）光气化（b）中所述的产物混合物。

2. 权利要求1所述的方法，其特征在于，通过以下所述方法进行蒸馏：在作为共沸剂的水存在下进行蒸馏来除去苯胺，并通过蒸馏来除去水。

3. 权利要求1所述的方法，其特征在于，（b）中产物混合物包含不超过多胺2重量%的苯胺，和不超过多胺1重量%的水。

4. 权利要求2所述的方法，其特征在于，（b）中产物混合物包含不超过多胺2重量%的苯胺，和不超过多胺1重量%的水。

5. 权利要求1所述的方法，其特征在于，（b）中产物混合物包含不超过多胺0.2重量%的苯胺，和不超过多胺0.1重量%的水。

6. 权利要求2所述的方法，其特征在于，（b）中产物混合物包含不超过多胺0.2重量%的苯胺，和不超过多胺0.1重量%的水。”

驳回决定认为，对比文件1（DT2404775A1，公开日为1975年8月21日）公开了一种制备多异氰酸酯的方法，其技术方案为在盐酸存在下，使苯胺和甲醛反应，蒸馏反应混合物中的水和过量苯胺，得到的聚胺在光气作用下生成聚异氰酸酯，其中粗产物中通过两级蒸馏除去过量的苯胺和水（见第2页第12~28行，第4页第5~20行，第5页第26~29行，实施例1，权利要求1）。对比文件2（GB1203546A，公开日为1970年8月26日）在实施例2中公开了使用苯胺和甲醛在盐酸存在下制备含有85%~86%MDA，少于0.05%水和0.1%苯胺的胺混合物，然后在二氯苯中与光气进行反应制备多异氰酸酯。上述两种方法均无需中和HCl。由此可见，对比文件1和2分别公开了权利要求1的技术特征，因此权利要求1不具备新颖性。此外，对比文件1和2均公开了蒸馏除去水和过量苯胺的技术特征，同时对比文件1限定了使用二级蒸馏去除水和苯胺；对比文件2限定了胺混合物中水和苯胺的含量，而对于权利要求2中记载的“共沸剂”，对比文件1和2中均是在水存在下进行蒸馏苯胺。由此可见，对比文件1和2均分别公开了权利要求2~6的技术特征，因此，权利要求2~6不具备新颖性。此外，针对申请人答复《第一次审查意见通知书》和《第二次审查意见通知书》的陈述，驳回决定认为：（1）权利要求1使用了开放式的撰写方式，其保护范围必然包括了所有只要含有权利要求三个步骤的技术方案，而对比文件1具备了上述三个步骤，因此对比文件1破坏了权利要求1的新颖性；（2）对比文件1的说明书第4页第5~20行和实施例中均已公开了通过共沸蒸馏除去苯胺和水的特征，因此，由于对比文件1公开了权利要求1~6的全部技术特征，权利要求1~6不具备专利法第22条第2款规定的新颖性。

2007年10月8日，申请人拜尔公司（下称请求人）对上述驳回决定不服，向专利复审委员会提出复审请求，同时提交权利要求书全文替换页，其中将权利要求1和2合并，并删除了权利要求4和6，修改后的权利要求书如下：

“1. 一种制备二苯基甲烷系列多异氰酸酯类的方法，所述方法包括：

a）在HCl存在下反应苯胺和甲醛，形成包含二苯基甲烷系列多胺、HCl、苯胺和水的产物混合物；

b）在作为共沸剂的水存在下进行蒸馏来除去苯胺，并通过蒸馏来除去水，提供包含二苯基甲烷系列多胺、HCl、不超过多胺10重量%的苯胺、不超过多胺5重量%的水的产物混合物；

c）光气化（b）中所述的产物混合物。

2. 权利要求1所述的方法，其特征在于，（b）中产物混合物包含不超过多胺2重量%的苯胺，和不超过多胺1重量%的水。

3. 权利要求1所述的方法，其特征在于，（b）中产物混合物包含不超过多胺0.2重量%的苯胺，和不超过多胺0.1重量%的水。”

请求人认为，对比文件1中通过共沸蒸馏从反应混合物中除去水，然后通过真空薄膜蒸馏而不是共沸蒸馏除去苯胺。因此，对比文件1没有揭示在共沸剂的存在下除去由苯胺和甲醛缩合产生的过量苯胺和水。与之相反，在本发明中，苯胺和水是在共沸剂（如水和氯苯）的存在下从反应混合物中除去的。此外，在对比文件2公开的方法中，含有二苯基甲烷系列多异氰酸酯的反应混合物先用碱进行中和，然后通过蒸馏从中和的反应混合物中除去二苯基甲烷系列多异氰酸酯，参见第2栏第56~74行。由此可见，对比文件2公开了一种与本申请方法完全不同的方法。因此，修改后的权利要求1相对于对比文件1或2具有新颖性，符合专利法第22条第2款的规定。同理，从属权利要求2和3也符合专利法第22条第2款的规定。

2007年11月15日，经形式审查合格后，专利复审委员会受理了该请求，并向请求人发出了《复审请求受理通知书》，同时将本申请转送至国家知识产权局原审查部门进行前置审查。

在《前置审查意见书》中，国家知识产权局原审查部门认为：对比文件1在实施例中均通过共沸蒸馏除去苯胺和水，从而对比文件1公开了本申请的技术方案，因此，坚持驳回决定。

专利复审委员会依法组成合议组，对本复审请求案进行审理。

2008年10月10日，请求人主动提交了经修改的权利要求书替换页，其中，在新的权利要求1中增加了“其特征在于，在二苯基甲烷系列多胺形成阶段无需中和酸性催化剂HCl”的特征。修改后的权利要求1如下：

“1. 一种制备二苯基甲烷系列多异氰酸酯类的方法，所述方法包括：

a）在HCl存在下反应苯胺和甲醛，形成包含二苯基甲烷系列多胺、HCl、苯胺和水的产物混合物；

b）在作为共沸剂的水存在下进行蒸馏来除去苯胺，并通过蒸馏来除去水，提供包含二苯基甲烷系列多胺、HCl、不超过多胺10重量%的苯胺、不超过多胺5重量%的水的产物混合物；

c）光气化（b）中所述的产物混合物，

其特征在于，在二苯基甲烷系列多胺形成阶段无需中和酸性催化剂HCl。”

请求人认为，现有技术中，酸性催化剂在反应结束后在最后的再加工步骤（例如，通过蒸馏除去过量的苯胺）之前必须通过加入碱进行中和，并因此被消耗掉。本申请的方法在步骤b之前无需中和酸性催化剂HCl，从而减少了步骤和原料消耗，降低了生产成本，提高了生产效率。故，权利要求1相对于现有技术具有新颖性和创造性，符合专利法第22条第2款和第3款的规定。

2008年11月20日，请求人再次提交了权利要求书替换页，其中，在上述修改后的权利要求1的步骤b）中进一步增加了“将来自苯胺/甲醛缩合反应的酸性反应混合物加入蒸馏柱中”的特征。修改后的权利要求书（包括3项权利要求）如下：

“1. 一种制备二苯基甲烷系列多异氰酸酯类的方法，所述方法包括：

a）在HCl存在下反应苯胺和甲醛，形成包含二苯基甲烷系列多胺、HCl、苯胺和水的产物混合物；

b）将来自苯胺/甲醛缩合反应的酸性反应混合物加入蒸馏柱中，在作为共沸剂的水存在下进行蒸馏来除去苯胺，并通过蒸馏来除去水，提供包含二苯基甲烷系列多胺、HCl、不超过多胺10重量%的苯胺、不超过多胺5重量%的水的产物混合物；

c）光气化（b）中所述的产物混合物，

其特征在于，在二苯基甲烷系列多胺形成阶段无需中和酸性催化剂 HCl。

2. 权利要求 1 所述的方法，其特征在于，（b）中产物混合物包含不超过多胺 2 重量% 的苯胺，和不超过多胺 1 重量% 的水。

3. 权利要求 1 所述的方法，其特征在于，（b）中产物混合物包含不超过多胺 0.2 重量% 的苯胺，和不超过多胺 0.1 重量% 的水。”

请求人认为，本申请中是将步骤 a）的产物直接加入蒸馏柱中，然后蒸馏除去苯胺，再除去水。因此，修改后的权利要求 1 具有新颖性和创造性，符合专利法第 22 条第 2 款和第 3 款的规定。

至此，合议组认为本案事实已经清楚，可以作出审查决定。

二、决定的理由

1. 关于审查文本

在请求人于 2008 年 11 月 20 日提交的权利要求书替换页中，对权利要求 1（相对应于驳回决定所针对的权利要求 2）进行了如下修改：增加了“其特征在于，在二苯基甲烷系列多胺形成阶段无需中和酸性催化剂 HCl”和“b）将来自苯胺/甲醛缩合反应的酸性反应混合物加入蒸馏柱中……”的内容。该内容已明确地分别记载于说明书第 3 页第 27～29 行和第 5 页第 16～17 行中。因此，上述对权利要求 1 的修改能够从原始申请记载的信息中直接地、毫无疑义地确定得到，符合专利法第 33 条的规定。

本复审决定针对的文本为：请求人于 2003 年 9 月 28 日提交的说明书第 1～7 页和说明书摘要，2008 年 11 月 20 日提交的权利要求第 1～3 项。

2. 关于专利法第 22 条第 2 款

专利法第 22 条第 2 款规定：新颖性，是指在申请日以前没有同样的发明或者实用新型在国内外出版物上公开发表过、在国内公开使用过或者以其他方式为公众所知，也没有同样的发明或者实用新型由他人向国务院专利行政部门提出过申请并且记载在申请日以后公布的专利申请文件中。

在评述权利要求是否具有新颖性时，应考虑权利要求中所有实际上具有限定作用、对确定权利要求的保护范围有影响的技术特征。

（1）关于权利要求 1。

就本申请而言，权利要求 1 要求保护一种制备二苯基甲烷系列多异氰酸酯类的方法，本方法中，在二苯基甲烷系列多胺形成阶段无需中和酸性催化剂 HCl，该方法包括：a）在 HCl 存在下反应苯胺和甲醛，形成包含二苯基甲烷系列多胺、HCl、苯胺和水的产物混合物；b）将来自苯胺/甲醛缩合反应的酸性反应混合物加入蒸馏柱中，在作为共沸剂的水存在下进行蒸馏来除去苯胺，并通过蒸馏来除去水，提供包含二苯基甲烷系列多胺、HCl、不超过多胺 10 重量% 的苯胺、不超过多胺 5 重量% 的水的产物混合物；c）光气化（b）中所述的产物混合物。

驳回决定认为，对比文件 1 公开了一种制备多异氰酸酯的方法，包括在盐酸存在下，使苯胺和甲醛反应，蒸馏反应混合物中的水和过量苯胺，然后将得到的聚胺在光气作用下生成聚异氰酸酯，其中粗产物中通过两级蒸馏除去过量的苯胺和水（见第 2 页第 12～28 行，第 4 页第 5～20 行，第 5 页第 26～29 行，实施例 1，权利要求 1）。对比文件 2 在实施例 2 中公开了使用苯胺和甲醛在盐酸存在下制备含有 85%～86% MDA，少于 0.05% 水和 0.1% 苯胺的胺混合物，然后在二氯苯中与光气进行反应制备多异氰酸酯。上述两种方法均无需中和 HCl。由此可见，对比文件 1 和 2 分别公开了权利要求 1 的技术特征，因此权利要求 1 不具备新颖性。

对此，合议组查明，对比文件 1 公开了一种制备多异氰酸酯的方法，其包括苯胺和甲醛在盐酸存在下反应，所获反应混合物在未经中和的情况下分离，而后再进行光气化反应。但是，对比文件 1 仅公开了可一级蒸馏水和过量的苯胺来进行分离，或为两级蒸馏：第一步骤蒸馏（可为共沸蒸馏）后水和苯胺的残留量大约为20%，第二步骤在薄膜蒸发中除去剩余的水和苯胺（参见对比文件1的说明书第2页第12~23行和第4页第5~14行）。可见，对比文件1并未具体公开“共沸蒸馏”后获得的混合物产物中“苯胺含量不超过多胺的10重量%、水的含量不超过多胺的5重量%”。也就是说，对比文件1并未公开本申请权利要求1中各组分的含量限定。因此，对比文件1没有公开权利要求1的全部技术特征，本申请的权利要求1相对于对比文件1具有专利法第22条第2款所规定的新颖性。

合议组还查明，对比文件2的目的在于提供一种异氰酸酯组合物，其黏度低、易于混合和处理，能够用于制备具有良好机械性能和阻燃性能的刚性泡沫材料（参见对比文件2第1页第65~69行）。所述异氰酸酯组合物通过如下方式制备：①苯胺和甲醛在无机酸（优选HCl）存在下反应，制备亚甲桥连聚苯聚酰胺（methylene-bridged polyphenyl polyamide）混合物；②从上述中间聚胺混合物中除去MDA，得到包含不超过55wt%的MDA的聚胺残余物；③光气化该聚胺残余物获得所需的聚异氰酸酯组合物（参见对比文件2第1页第70~82行和第2页第41~45行）。对比文件2还明确指出，在苯胺与甲醛反应结束后，用碱如NaOH或$NaCO_3$来中和反应物（参见对比文件2的说明书第2页第56~59行）。也就是说，对比文件2需要用碱来中和苯胺/甲醛的反应产物，而本申请权利要求1则将苯胺/甲醛缩合反应后得到的酸性反应混合物直接加入蒸馏柱中蒸馏，无需中和酸性催化剂。因此，本申请的权利要求1相对于对比文件2具有专利法第22条第2款所规定的新颖性。

（2）关于权利要求2和3。

权利要求2和3分别是权利要求1的从属权利要求，在权利要求1相对于对比文件1和2具有新颖性的情况下，它们自然也具备专利法第22条第2款所规定的新颖性。

根据上述事实和理由，合议组作出如下决定。

三、决定

撤销国家知识产权局于2007年7月6日针对03143413.4号发明专利申请作出的驳回决定，由国家知识产权局原审查部门以本复审请求审查决定所针对的文本为基础继续审查。

复审请求人对本决定不服的，可以根据专利法第41条第2款的规定，自收到本决定之日起三个月内向北京市第一中级人民法院起诉。

174

处理含烯烃的产物流的方法

复审请求审查决定（第 15264 号）

决　定　号　第 15264 号
决　定　日　2008 年 11 月 24 日
发明创造名称　处理含烯烃的产物流的方法
国际分类号　C07C1/00，C07C1/20，C07C11/02，C07C11/04，C07C11/06，C07C7/00
复审请求人　埃克森美孚化学专利公司
申　请　号　02820419.0
申　请　日　2002 年 10 月 11 日
优先权日　2001 年 10 月 16 日
公　开　日　2005 年 1 月 26 日
合议组组长　汪送来
主　审　员　侯　曜
参　审　员　黄　强

法律依据　专利法第 22 条第 3 款
决定要点
在判断创造性时，首先要将权利要求的技术方案和最接近的现有技术进行对比，找出二者的区别特征，确定所述技术方案实际要解决的技术问题，进而考察现有技术中是否存在将该区别特征引入到所述最接近的现有技术中以解决上述技术问题的启示，如果现有技术中存在这样的启示，则该权利要求不具备创造性。

一、案由

本复审请求案涉及发明名称为“处理含烯烃的产物流的方法”的第 02820419.0 号发明专利申请（下称本申请），申请人为埃克森美孚化学专利公司，申请日为 2002 年 10 月 11 日，优先权日为 2001 年 10 月 16 日，公开日为 2005 年 1 月 26 日。

2006 年 11 月 10 日，针对申请人于 2006 年 3 月 13 日提交的说明书第 1~12 页，进入中国国家阶段时，按照国际初审报告的附件提交的权利要求第 1~15 项以及按照国际申请文件的文本提交的说明书附图第 1 页和说明书摘要，国家知识产权局以本申请的权利要求 1~15 不符合专利法第 22 条第 3 款的规定为由驳回了本申请。驳回决定针对的权利要求书如下：

“1. 一种处理包含氧合物和水的烯烃物流的方法，其中氧合物包括含有至少一个氧的有机化合物，该方法包括：

提供包含氧合物和水的烯烃物流；

将烯烃物流脱水；

压缩脱水的烯烃物流；

采用甲醇洗涤烯烃物流以从烯烃物流除去至少一部分氧合物；

使甲醇洗涤的烯烃物流与水接触；和

分馏该水接触的烯烃物流。

2. 权利要求 1 的方法，进一步包括在分馏之前干燥水接触的烯烃物流。

3. 权利要求 1 的方法，其中在单一洗涤塔中进行采用甲醇洗涤烯烃物流以从烯烃物流除去至少一部分氧合物；和使甲醇洗涤的烯烃物流与水接触。

4. 权利要求 1 的方法，其中压缩脱水的烯烃物流以形成包含溶解的重质氧合物的冷凝物和由甲醇洗涤的气体烯烃物流。

5. 权利要求 4 的方法，进一步包括将冷凝物送到汽提塔，其中获得轻质烃的塔顶馏出物及 C5+烃和重质氧合物的塔底产物。

6. 权利要求 5 的方法，其中将轻质烃的塔顶馏出物送到至少一个压缩步骤。

7. 一种从甲醇生产烯烃的方法，该方法包括如下步骤：

使分子筛催化剂与第一数量的甲醇接触以生产烯烃物流，该烯烃物流包括氧合物，其中该氧合物包括含有至少一个氧的有机化合物；

将烯烃物流脱水；

压缩脱水的烯烃物流；

采用第二数量的甲醇洗涤烯烃物流以从烯烃物流除去至少一部分氧合物，其中第二数量是第一数量的 1%~10%；

使甲醇洗涤的烯烃物流与水接触；和

分馏水接触的烯烃物流。

8. 权利要求 7 的方法，进一步包括在分馏之前干燥水接触的烯烃物流。

9. 权利要求 7 的方法，其中在单一洗涤塔中进行采用甲醇洗涤烯烃物流以从烯烃物流除去至少一部分氧合物；和甲醇洗涤的烯烃物流与水的接触。

10. 权利要求 7 的方法，其中压缩脱水的烯烃物流以形成包含溶解有重质氧合物的冷凝物和由甲醇洗涤的气体烯烃物流。

11. 权利要求 10 的方法，进一步包括将冷凝物送到汽提塔，其中获得轻质烃的塔顶馏出物及 C5+烃和重质氧合物的塔底产物。

12. 权利要求 11 的方法，其中将轻质烃的塔顶馏出物送到至少一个压缩步骤。

13. 权利要求 7 的方法，其中接触分子筛催化剂的步骤在大于 1m/s 的气体空塔速度下进行。

14. 权利要求 7 的方法，其中接触分子筛催化剂的步骤转化 90wt%~98wt% 的第一数量的甲醇。

15. 权利要求 7 的方法，其中接触步骤转化大于 98wt% 到小于 100wt% 第一数量的甲醇。”

驳回决定认为：（1）对比文件 1（EP0060103A1，公开日为 1982 年 9 月 15 日）公开了一种由甲醇制备烯烃，并对含二甲基醚的烯烃物流进行处理的方法，并具体公开了：由甲醇催化制备烯烃，在反应器中可生成少量的氧合物，例如丙酮和丙酸等；冷却和浓缩排出物，得到了包含烯烃物流的气相，将该气相用甲醇洗涤以吸收掉二甲基醚，可替代的也可用水来洗涤烯烃物流，以选择性地除去二甲基醚（见说明书第 3~6 页）。对比文件 1 与本申请权利要求 1 的区别在于，权利要求 1 将烯烃物流脱水并压缩，然后分别用甲醇和水洗涤，然后分馏烯烃物流。但对本领域技术人员来说，将烯烃物流脱水并压缩，然后进行分馏属于本领域内的公知常识，实质性的区别技术特征仅仅在于分两次进行洗涤：先用甲醇洗涤烯烃，然后用水洗涤烯烃。而对比文件1中提到，既可以用甲醇进行洗涤，也可以用水进行洗涤。同时对比文件2（US4387263A，公开日为1983年6月7日）公开了一种由甲醇制备烯烃，并对烯烃物流进行处理的方法，其中由甲醇催化制备得到烯烃后，将该烯烃的液相与气相部分用水进行洗涤（见附图、实施例）。为了更彻底地除去氧合物，本领域技术人员完全可以将对比文件1中的甲醇洗涤或水洗涤进行组合：先用甲醇洗涤，然后用水进行洗涤。或者将对比文件1与对比文件2相结合，得出先用甲醇洗涤后用水进行洗涤的技术方案来，这种结合是显而易见的，并不需要付出创造性的劳动。所以权利要求1不具备创造性，不符合专利法第22条第3款的规定。从属权利要求2~6的附加技术特征都属于本领域内的公知常识，且没有产生意想不到的技术效果，因此也不具备创造性。（2）权利要求7请求保护一种从甲醇生产烯烃的方法，基于权利要求1不具备创造性的相同理由，权利要求7相对于对比文件1或者对比文件1和2的结合不具备创造性；从属权利要求8~15的附加技术特征都属于本领域内的公知常识，且没有产生意想不到的技术效果，因此也不具备创造性。（3）对比文件1中明确指出用甲醇可除去氧合物（见说明书第3~4页），也可用水代替甲醇除去氧合物，同时对比文件2中水洗步骤的作用在于除去甲醇和二甲醚（见说明书第3栏），因此对比文件1的甲醇洗涤步骤和对比文件2的水洗步骤的作用与本发明的甲醇洗涤与水洗步骤的作用相同，虽然对比文件1和对比文件2中都没有公开同时采用甲醇洗涤和水洗涤步骤的技术方案，但对本领域技术人员来说，为了更完全地除去氧合物（包括甲醇与二甲醚等氧合物），在对比文件1和2的基础上，同时采用甲醇洗涤先除去二甲醚等，然后用水洗涤进一步除去甲醇和二甲醚是显而易见的，因此申请人认为“在对比文件1公开基础上，不能显而易见地预见到在甲醇洗涤后又采用水洗步骤；对比文件2中水洗是为了从产物中除去原料甲醇，所以不能在对比文件2基础上显而易见地得到还采用甲醇洗涤步骤”的理由不成立。

2007年2月25日，申请人埃克森美孚化学专利公司（下称请求人）对上述驳回决定不服，向专利复审委员会提出复审请求，请求人在提出复审请求的同时没有修改申请文件。

请求人认为：（1）对比文件1公开了将甲醇转化为乙烯的方法，其中产物被冷却以除去水，剩余的气态流出物被压缩，然后用甲醇洗涤，甲醇用于除去二甲醚和也用于干燥乙烯，尽管对比文件1也公开了用水选择性地除去二甲醚，但水是甲醇的另一种替代方案，且甲醇也被用于干燥乙烯产物流，对比文件1没有教导能除去二甲醚以外的其他极性氧合物的洗涤步骤，因此在对比文件1公开的基础上不能显而易见地预见到甲醇洗涤步骤之后又采取水洗步骤；对比文件2公开了一种将甲醇转化为烯烃的方法，其中将产物压缩并分离成水相、油相和气相，然后将气相压缩并用水洗涤（使得甲醇和二甲醚溶解并从气流中脱除），然后将水洗的气流干燥并低温液化，因此在对比文件2中水洗是为了溶解和从烯烃产物中除去原料甲醇，其中的术语“氧合物”是指甲醇和二甲醚，没有教导用于处理重质物质或极性氧合物如醛和酮的方法，在对比文件2的基础上不能显而易见地预见到还需要采用甲醇洗涤步骤。（2）本申请的技术方案是在至少一个压缩步骤之后，和在干燥烯烃产物之前将氧合物从烯烃产物流中洗涤出来，其在洗涤塔中采用甲醇洗涤出氧合物，并采用水进一步洗涤经甲醇洗涤的产物物流（以除去甲醇，由于在先前甲醇洗涤中的蒸发而可以在烯烃物流中夹带甲醇），对比文件1和2都没有公开和教导需要同时采用甲醇和水洗涤步骤，并且对比文件1采用的甲醇洗涤步骤和对比文件2采用水洗涤步骤的作用与本申请中不同，并且本申请的有利之处在于仅需要非常少量的甲醇从烯烃物流中除去氧合物且洗涤物流可以用作烯烃合成反应器的进料，本申请的方法不局限于氧合物和二甲醚的除去，因此，本申请权利要求1相对于对比文件1和2具备创造性。（3）如上所述，在对比文件1和2公开的基础上，本领域技术人员不可能显而易见地预见到需要同时采用甲醇和水洗涤步骤，且对比文件1和2也没有公开任何甲醇洗涤用量的内容，化工领域公知该用量的确定和控制需要付出创造性劳动，本领域技术人员也无法预见在甲醇生产烯烃的方法中，仅需要使用用于烯烃合成反应的甲醇总量的1%~10%，就能有效地实现从烯烃物流中除去氧合物且洗涤物流可以用作烯烃合成器的进料，因此，本申请权利要求7相对于对比文件1和2具备创造性。(4) 在独立权利要求1和7具备创造性的基础上，其从属权利要求也具有创造性。

经形式审查合格后，专利复审委员会受理了该请求，并于2007年4月6日向请求人发出了《复审请求受理通知书》，同时将本申请转送至国家知识产权局原审查部门进行前置审查。

在《前置审查意见书》中，国家知识产权局原审查部门除驳回理由之外，还认为：根据本申请说明书第10~11页的描述以及对比文件1第3页的描述，二者洗涤的烯烃物流是完全相同的，都不含重质氧合物；尽管对比文件1和2没有公开洗涤用甲醇的用量，但对于本领域技术人员而言，在显而易见地得出用甲醇和水洗涤的技术方案后，显然也可以选择甲醇用量，因此坚持驳回决定。

专利复审委员会依法组成合议组，对本复审请求案进行了审理，并于2008年9月25日向复审请求人发出《复审通知书》，指出：(1) 对比文件1公开了一种在结晶沸石催化剂的存在下，将甲醇催化转化为乙烯的方法。权利要求1的技术方案与对比文件1的区别在于：本申请权利要求1是在压缩含烯烃的产物流之后，先后使用甲醇和水洗涤所述产物流，而对比文件1是使用甲醇进行洗涤。本申请中使用水进一步洗涤的作用在于除去由于在先前甲醇洗涤中的蒸发而可能在烯烃物流中夹带的甲醇。因此本发明相对于对比文件1实际解决的技术问题是，在甲醇制备烯烃的后处理过程中，向气态产物流提供一个水洗步骤，以除去其中可能夹带的甲醇。对比文件2也公开了一种由含甲醇气体混合物制备C_2-C_4烯烃的方法，并具体公开了将反应产物部分冷凝并分离为三相，除去由高级脂族和芳族化合物组成的油相，并在洗涤塔中水洗残留的水相和气相，以除去气流中溶解的甲醇和二甲醚。由此可见，对比文件2中公开了在甲醇制备烯烃的产物后处理步骤中，使用水洗涤气相以除去其中存在的甲醇。因此权利要求1相对于对比文件1和2的结合不具备创造性。从属权利要求2~6也不符合专利法第22条第3款的规定。(2) 权利要求7的技术方案与对比文件1的区别在于：(a) 权利要求7是在压缩含烯烃的产物流之后，先后使用甲醇和水洗涤所述产物流，而对比文件1是使用甲醇进行洗涤，(b) 权利要求7中限定了洗涤步骤中甲醇的用量；而对比文件1未公开甲醇的用量。所属领域技术人员根据待处理的氧合物含量，通过简单实验即可确定洗涤步骤中的甲醇用量，因此，结合上述(1) 的评述，权利要求7相对于对比文件1和2的结合不具备创造性，不符合专利法第22条第3款的规定。同理，权利要求8~15也不符合专利法第22条第3款的规定。

2008年11月10日，复审请求人针对上述《复审通知书》提交了意见陈述书，但未修改申请文件。请求人认为，对比文件1中使用甲醇或水是为了选择性地除去二甲醚和干燥乙烯，对比文件2中的水洗是为了溶解和从烯烃产物中除去原料甲醇，因此，对比文件1和2都没有公开或教导同时采用甲醇洗涤和水洗涤步骤，并且对比文件1中采用的甲醇洗涤步骤和对比文件2中采用的水洗涤步骤的作用与本发明不同。本领域技术人员在阅读上述对比文件之后不能显而易见地获得本申请权利要求1的技术方案，因此本申请具备创造性。

经过上述审查程序，合议组认为本案事实已经清楚，可以依法作出复审决定。

二、决定的理由

1. 决定依据的文本

本复审决定依据的文本是驳回决定所针对的文本，即请求人于2006年3月13日提交的说明书第1~12页，进入中国国家阶段时，按照国际初审报告的附件提交的权利要求第1~15项以及按照国际申请文件的文本提交的说明书附图第 1 页和说明书摘要。

2. 关于专利法第 22 条第 3 款

专利法第 22 条第 3 款规定，创造性，是指同申请日以前已有的技术相比，该发明有突出的实质性特点和显著的进步，该实用新型有实质性特点和进步。

在判断创造性时，首先要将权利要求的技术方案和最接近的现有技术进行对比，找出二者的区别特征，确定所述技术方案实际要解决的技术问题，进而考察现有技术中是否存在将该区别特征引入到所述最接近的现有技术中以解决上述技术问题的启示，如果现有技术中存在这样的启示，则该权利要求不具备创造性。

（1）本申请权利要求 1 要求保护一种处理包含氧合物和水的烯烃物流的方法，其中氧合物包括含有至少一个氧的有机化合物，该方法包括：提供包含氧合物和水的烯烃物流；将烯烃物流脱水；压缩脱水的烯烃物流；采用甲醇洗涤烯烃物流以从烯烃物流除去至少一部分氧合物；使甲醇洗涤的烯烃物流与水接触；和分馏该水接触的烯烃物流。

对比文件 1 公开了一种在结晶沸石催化剂的存在下，将甲醇催化转化为乙烯的方法，包括将催化转化步骤的终产物流冷却和压缩之后，得到水相、液体烃相和气相，其中气相含有大量的，例如超过 90% 的乙烯以及余量的轻质烃和未反应的二甲醚；所述气相在经过进一步压缩之后，与甲醇接触以选择性地吸收未反应的二甲醚；夹带了二甲醚的甲醇吸收剂随后与新鲜甲醇、循环甲醇和二甲醚一起循环回催化转化步骤（参见对比文件 1 的说明书第 2 页第 4 段至第 3 页第 3 行，第 4 页第 16~21 行）。权利要求 1 的技术方案与对比文件 1 的区别在于：本申请权利要求 1 是在压缩含烯烃的产物流之后，先后使用甲醇和水洗涤所述产物流，而对比文件 1 是使用甲醇进行洗涤。从本申请说明书公开的内容来看，使用水进一步洗涤的作用在于除去由于在先前甲醇洗涤中的蒸发而可能在烯烃物流中夹带的甲醇（参见本申请说明书第 3 页第 3 段）。因此本发明相对于对比文件 1 实际解决的技术问题是，在甲醇制备烯烃的后处理过程中，向气态产物流提供一个水洗步骤，以除去其中可能夹带的甲醇。本案的焦点在于判断现有技术中是否存在加入所述水洗步骤以除去烯烃产物流中的甲醇的技术启示。

对比文件 2 也公开了一种由含甲醇气体混合物制备 C_2-C_4 烯烃的方法，并具体公开了将反应产物部分冷凝并分离为三相，除去由高级脂族和芳族化合物组成的油相，并在洗涤塔中水洗残留的水相和气相，以除去气流中溶解的甲醇和二甲醚（参见对比文件 2 的摘要，说明书第 1 栏第 6 段，说明书第 3 栏第 64~66 行）。由此可见，对比文件 2 中公开了在甲醇制备烯烃的产物后处理步骤中，使用水洗涤气相以除去其中存在的甲醇。当所属领域技术人员面对本发明实际解决的技术问题时，按照对比文件 2 的上述启示，容易想到在对比文件 1 的甲醇洗涤步骤之后，加入一个水洗步骤，以除去因甲醇洗涤而可能残留在产物流中的甲醇，从而得到权利要求 1 的技术方案。因此将对比文件 1 和 2 结合，得到权利要求 1 的技术方案对于所属领域技术人员是显而易见的。因此权利要求 1 不具备创造性，不符合专利法第 22 条第 3 款的规定。

（2）从属权利要求 2 进一步限定了在分馏之前干燥烯烃物流。在此处增加一个干燥步骤，以除去水洗步骤之后可能夹带的产物中的水分，是所属领域技术人员根据普通知识容易想到的，而且说明书中也没有进一步的证据显示干燥步骤的增加具有出人意料的效果，因此在权利要求 1 不具备创造性的前提下，权利要求 2 也不符合专利法第 22 条第 3 款的规定。

（3）从属权利要求 3 进一步限定了甲醇洗涤步骤和水洗步骤是在单一洗涤塔中进行的。在本申请中，甲醇洗涤和水洗涤步骤是顺序进行的，其处理的对象都是烯烃产物流，因此，出于节约成本或操作方便的需要，将二者安排在一个洗涤塔中进行，是所属领域技术人员根据普通知识容易想到的，而且说明书书中也没有进一步的证据显示这样的安排具有出人意料的效果，因此在权利要求 1 不具备创造性的前提下，权利要求 3 也不符合专利法第 22 条第 3 款的规定。

（4）从属权利要求 4 进一步限定了压缩脱水的烯烃物流以形成包含溶解的重质氧合物的冷凝物和由甲醇洗涤的气体烯烃物流。对比文件 1 具体公开了将终产物流冷却和压缩之后，得到水相、液体烃相和气相，其中气相含有大量乙烯以及余量的轻质烃和未反应的二甲醚，水相中浓缩了可能在反应中形成的氧合物，诸如丙酮和乙酸，从水相中大量回收这些副产物并与未反应的甲醇一起循环回反应器（参见对比文件 1 的说明书第 3 页第 23~34 行）。可见，从属权利要求 4 的附加技术特征已被对比文件 1 公开，在权利要求 1 不具备创造性的前提下，权利要求 4 也不符合专利法第 22 条第 3 款的规定。

（5）从属权利要求 5 和 6 进一步限定了含重质氧合物的冷凝物的后续处理方式。采用汽提塔将轻质烃与 C_{5+}烃和重质氧合物分离以及将轻质烃产物压缩都是本领域的常规技术手段，所属领域技术人员会根据需要进行这些后处理步骤，因此，在权利要求 1 不具备创造性的前提下，权利要求 5 和 6 也不符合专利法第 22 条第 3 款的规定。

（6）权利要求 7 要求保护一种从甲醇生产烯烃的方法，包括：使分子筛催化剂与第一数量的甲醇接触以生产烯烃物流，该烯烃物流包括氧合物，其中该氧合物包括含有至少一个氧的有机化合物；将烯烃物流脱水；压缩脱水的烯烃物流；采用第二数量的甲醇洗涤烯烃物流以从烯烃物流除去至少一部分氧合物，其中第二数量是第一数量的 1%~10%；使甲醇洗涤的烯烃物流与水接触；和分馏水接触的烯烃物流。

如前所述，对比文件 1 公开了一种在结晶沸石催化剂的存在下，将甲醇催化转化为乙烯的方法，包括使用甲醇洗涤含烯烃的气相产物的步骤（参见对比文件 1 的说明书第 2 页第 4 段至第 3 页第 3 行，第 4 页第 16~21 行）。权利要求 7 的技术方案与对比文件 1 的区别在于：（a）权利要求 7 是在压缩含烯烃的产物流之后，先后使用甲醇和水洗涤所述产物流，而对比文件 1 是使用甲醇进行洗涤，（b）权利要求 7 中限定了洗涤步骤中甲醇的用量；而对比文件 1 未公开甲醇的用量。以上审查意见（1）中已经论述了对比文件 2 给出了将上述区别技术特征（a）引入对比文件 1 的技术启示；至于区别技术特征（b），所属领域技术人员根据待处理的氧合物含量，通过简单实验即可确定洗涤步骤中的甲醇用量，因此，在对比文件 1 和 2 的基础上得到权利要求 7 的技术方案对于所属领域技术人员是显而易见的。因此权利要求 7 不具备创造性，不符合专利法第 22 条第 3 款的规定。

（7）从属权利要求 8~12 的附加技术特征与权利要求 2~6 相同，基于此前论述的权利要求 2~6 不具备创造性的相同理由，在权利要求 7 不具备创造性的前提下，权利要求 8~12 也不符合专利法第 22 条第 3 款的规定。

（8）从属权利要求 13 的附加技术特征进一步限定了催化剂转化步骤的气体空塔速度。对比文件 1 公开了催化剂转化的甲醇重时空速（WHSV）为 0.5~5.0，本领域技术人员也可以根据需要确定合适的气体空塔速度，并且说明书中没有证据显示所限定的空塔速度产生了出人意料的效果，在权利要求 7 不具备创造性的前提下，权利要求 13 也不符合专利法第 22 条第 3 款的规定。

（9）权利要求 14 和 15 进一步限定了甲醇的转化率，但说明书中没有证据显示所限定的转化率产生了出人意料的效果，因此，在权利要求 7 不具备创造性的前提下，权利要求 14 和 15 也不符合专利法第 22 条第 3 款的规定。

请求人在提出复审请求和答复《复审通知书》时指出：①对比文件 1 没有教导能除去二甲醚以外的其他极性氧合物的洗涤步骤，因此在对比文件 1 公开的基础上不能显而易见地预见到甲醇洗涤步骤之后又采取水洗步骤；对比文件 2 中水洗是为了溶解和从烯烃产物中除去原料甲醇，其中的氧合物是指甲醇和二甲醚，没有教导用于处理重质物质或极性氧合物如醛和酮的方法，在对比文件 2 的基础上不能显而易见地预见到还需要采用甲醇洗涤步骤，即对比文件1和2都没有公开和教导需要同时采用甲醇和水洗涤步骤，并且对比文件1采用的甲醇洗涤步骤和对比文件2采用水洗涤步骤的作用与本申请中不同。并且本申请的有利之处在于仅需要非常少量的甲醇从烯烃物流中除去氧合物且洗涤的物流可以用作烯烃合成反应器的进料，本申请的方法不局限于氧合物和二甲醚的除去，因此，本申请权利要求1相对于对比文件1和2具备创造性。②此外，对比文件1和2也没有公开任何甲醇洗涤用量的内容，化工领域公知该用量的确定和控制需要付出创造性劳动，所属领域技术人员也无法预见在甲醇生产烯烃的方法中，仅需要使用用于烯烃合成反应的甲醇总量的1%～10%，就能有效地实现从烯烃物流中除去氧合物且洗涤物流可以用作烯烃合成器的进料，因此，权利要求7相对于对比文件1和2具备创造性。③在独立权利要求1和7具备创造性的基础上，其从属权利要求也具有创造性。

对此，合议组认为：①根据本申请权利要求1和7中的定义，氧合物包括含有至少一个氧的有机化合物；本申请说明书中也指出，所述氧合物是指反应过程中形成的非所需烃和氧气的化合物，如醇、酮和有机酸，由于二甲醚是最轻的氧合物和在蒸馏工艺中其行为类似于C_3，因此，二甲醚被作为一种特别的氧合物来考虑（参见本申请说明书第1页“发明背景”部分），可见，对比文件1中公开的二甲醚显然属于权利要求1和7定义的氧合物的范畴。②根据本申请说明书的描述，将烯烃产物流通过管道1送到气-液分离设备2，该烯烃产物流除乙烯和丙烯以外包含长链烯烃和氧合物。将冷凝物通过管道3送到三相分离器4……将在三相分离器中积累的气体和水通过管道6和7送回到气体压缩机。大量重质氧合物溶于剩余的含烃冷凝物中。将此冷凝物送到汽提塔5……将其中溶解有重质氧合物的重C_{5+}烃通过管道9作为塔底产物除去。将气-液分离设备2中的烯烃产物流通过管道10送到洗涤塔12的底部。使用新鲜甲醇在洗涤塔12的下部13将氧合物洗涤出烯烃产物流（参见本申请说明书第11页倒数第2段至第12页第1段，附图1）。可见，在本申请中，重质氧合物实际上并未随着烯烃产物流进入甲醇洗涤步骤中，而是大部分经过汽提塔5作为塔底产物除去了。如前评价权利要求4的创造性时所述，在对比文件1中，当反应产物流分离为三相时，所述氧合物（其中也包括请求人强调的极性氧合物，如丙酮和乙酸）浓缩于水相中，而并未进入富含烯烃产物的气相，所述气相将与甲醇接触以吸收其中的二甲醚。因此，本申请和对比文件1中待甲醇洗涤的烯烃产物流实际上都不含大量氧合物。此外，即使有少量氧合物未被上述相分离过程除去，而是进入了待甲醇洗涤的烯烃产物流，那么按照本申请的描述，其显然也能够被甲醇洗涤步骤除去，所以，尽管对比文件1中甲醇洗涤步骤的目的是除去二甲醚，并未提及其他氧合物，但是由于采取了相同的技术手段，因此该步骤能够达到的效果与本申请并无差异。那么，本申请权利要求1相对于对比文件1所实际解决的技术问题仅在于增加一个水洗涤步骤，以除去可能夹带在产物流中的甲醇，对比文件2显然给出了这样的启示。③关于甲醇洗涤步骤的用量，如前所述，当处理步骤确定之后，所属领域技术人员根据待处理的氧合物含量，通过简单实验即可确定洗涤步骤中的甲醇用量，无需付出创造性劳动。此外，从节约成本的角度讲，本领域技术人员也会在允许范围内尽可能地减少甲醇的用量。因此，请求人的上述主张不具有说服力，合议组不予支持。

综上所述，本申请权利要求1～15均不符合专利法第22第3款的规定。

基于上述理由，合议组作出下述决定。

三、决定

维持国家知识产权局于2006年11月10日针对02820419.0号发明专利申请作出的驳回决定。

复审请求人对本决定不服的，可以根据专利法第41条第2款的规定，自收到本决定之日起三个月内向北京市第一中级人民法院起诉。

175

金刚石复合基板及其制造方法

复审请求审查决定（第15265号）

决　定　号　第15265号
决　定　日　2008年12月1日
发明创造名称　金刚石复合基板及其制造方法
国 际 分 类 号　C30B29/04，C23C16/27
复 审 请 求 人　住友电气工业株式会社
申　请　号　200480000322.0
申　请　日　2004年1月22日
优 先 权 日　2003年1月28日
公　开　日　2005年11月16日
合 议 组 组 长　张家祥
主　审　员　侯　曜
参　审　员　潘　剑

法 律 依 据　专利法第22条第2款
决 定 要 点

如果所要求保护的技术方案与现有技术公开的内容相比存在区别技术特征，从而导致二者实质上是不同的，则上述技术方案具有新颖性。

一、案由

本复审请求案涉及发明名称为“金刚石复合基板及其制造方法”的第200480000322.0号发明专利申请（下称本申请），申请人为住友电气工业株式会社，申请日为2004年1月22日，优先权日为2003年1月28日，公开日为2005年11月16日。

2006年11月24日，针对申请人于2006年7月24日提交的权利要求第1~28项和说明书第4页，进入中国国家阶段时提交的国际申请文件中文译文的说明书第1~3、5~16页、说明书附图第1~3页、说明书摘要和摘要附图（下称驳回文本），国家知识产权局以本申请的权利要求1~28不符合专利法第22条第2款的规定为由驳回了本申请。

驳回决定针对的权利要求书如下：

“1. 一种金刚石复合基板，包括：

金刚石单晶基板；和

由气相合成方法层叠在其上的金刚石多晶膜。

2. 如权利要求 1 所述的金刚石复合基板，其中具有金刚石单晶基板的最大表面积的主要面的方位与｛100｝面的方位之间的差异不超过 5 度，而且所述金刚石多晶膜层叠到平行于所述主要面的反面上。

3. 如权利要求 2 所述的金刚石复合基板，其中所述主要面为｛100｝面。

4. 如权利要求 1 到 3 中任意之一所述的金刚石复合基板，其中所述主要面之间的距离，即所述金刚石单晶基板的厚度，为至少 0.1mm 并且不超过 1mm。

5. 如权利要求 1 到 3 中任意之一所述的金刚石复合基板，其中层叠在所述金刚石单晶基板上的所述金刚石多晶膜的厚度为至少 0.1mm 并且不超过 1mm。

6. 如权利要求 1 到 3 中任意之一所述的金刚石复合基板，其中所述金刚石单晶基板与所述金刚石多晶膜的厚度比为 1∶1~1∶4。

7. 如权利要求 1 到 3 中任意之一所述的金刚石复合基板，其中所述金刚石单晶基板由多个金刚石单晶组成，所述多个金刚石单晶都具有所述最大表面积的主要面的相同方位，而且这些所述多个金刚石单晶通过在所述金刚石单晶上由气相合成方法形成的金刚石多晶膜连接在一起。

8. 如权利要求 1 到 3 中任意之一所述的金刚石复合基板，其中在相对于垂直于其主要面的轴的旋转方向上的所述多个金刚石单晶的方位之间的差异不大于 2 度，而且各自主要面的方位与｛100｝面的方位之间的差异不大于 5 度。

9. 如权利要求 8 所述的金刚石复合基板，其中所述多个金刚石单晶的主要面的方位为｛100｝。

10. 如权利要求 7 所述的金刚石复合基板，其中各个金刚石单晶之间的厚度差异不超过 10μm。

11. 如权利要求 7 所述的金刚石复合基板，其中所述多个金刚石单晶之间的缝隙不超过 500μm。

12. 一种金刚石复合基板，其中金刚石单晶基板由多个金刚石单晶构成，在金刚石单晶中，在相对于垂直于其主要面的轴的旋转方向上的这些金刚石单晶的方位之间的差异不大于 2 度，而且各自主要面的方位和｛100｝面的方位之间的差异不大于 5 度，这些金刚石单晶通过在平行于金刚石单晶各自主要面的反面上由气相合成形成的金刚石多晶膜相连接，和通过使用所述金刚石单晶基板作为种子晶体生长的气相合成的金刚石单晶对所述主要面的整个表面进行整合。

13. 如权利要求 12 所述的金刚石复合基板，其中所述多个金刚石单晶的主要面的方位为｛100｝。

14. 如权利要求 12 或 13 所述的金刚石复合基板，其中所述主要面之间的距离，即所述多个金刚石单晶基板的厚度，至少为 0.1mm 并且不超过 1mm。

15. 如权利要求 12 或 13 所述的金刚石复合基板，其中在所述金刚石单晶上面由气相合成形成的金刚石多晶膜的厚度至少为 0.1mm 并且不超过 1mm。

16. 如权利要求 12 或 13 所述的金刚石复合基板，其中所述金刚石单晶的厚度与所述金刚石多晶膜的厚度比为 1∶1~1∶4。

17. 如权利要求 12 或 13 所述的金刚石复合基板，其中所述多个金刚石单晶之间的缝隙不大于 500μm。

18. 如权利要求 12 或 13 所述的金刚石复合基板，其中所述多个金刚石单晶之间的厚度差异不超过 10μm。

19. 如权利要求 12 或 13 所述的金刚石复合基板，其中所述金刚石多晶膜的表面已被抛光。

20. 如权利要求 12 或 13 所述的金刚石复合基板，其中所述金刚石多晶膜的表面粗糙度 Rmax 不大于 0.1μm。

21. 一种制造金刚石复合基板的方法，其中将具有相同方位的多个金刚石单晶排齐，通过气相合成在所述单晶上面形成金刚石多晶膜，和通过所述金刚石多晶膜将所述多个金刚石单晶相连接。

22. 如权利要求 21 所述的制造金刚石复合基板的方法，其中在相对于与其具有最大表面积的主要面相垂直的轴的旋转方向上的所述多个金刚石单晶的方位之间的偏差不超过 2 度，而且各自主要面的方位和｛100｝面的方位之间的差异不超过 5 度。

23. 如权利要求 22 所述的制造金刚石复合基板的方法，其中具有在构成金刚石单晶的面中的最大表面积的主要面为｛100｝面。

24. 如权利要求 21 到 23 中任意之一所述的制造金刚石复合基板的方法，其中金刚石单晶的厚度至少为 0. 1mm 并且不超过 1mm。

25. 如权利要求 21 到 23 中任意之一所述的制造金刚石复合基板的方法，其中在所述金刚石单晶上由气相合成形成的金刚石多晶膜的厚度至少为 0. 1mm 并且不超过 1mm。

26. 如权利要求 21 到 23 中任意之一所述的制造金刚石复合基板的方法，其中所述金刚石单晶的厚度和所述金刚石多晶膜的厚度比为 1∶1~1∶4。

27. 如权利要求 21 到 23 中任意之一所述的制造金刚石复合基板的方法，其中所述多个金刚石单晶之间的厚度差异不大于 10μm。

28. 如权利要求 21 到 23 中任意之一所述的制造金刚石复合基板的方法，其中所述多个金刚石单晶之间的缝隙不大于 500μm。”

驳回决定认为：（1）对比文件 1（特开平 7-48198A，公开日为 1995 年 2 月 21 日）公开了一种金刚石复合基板，该基板包括金刚石单晶基板和在其上由气相合成方法生长的金刚石多晶膜（参见对比文件 1 的权利要求 1~13、说明书 0013~0017 和实施例 1~2），可见对比文件 1 已经公开了权利要求 1 的全部技术特征，因此权利要求 1 不具备专利法第 22 条第 2 款规定的新颖性。权利要求 2~11 是权利要求 1 的从属权利要求，其附加技术特征已经被对比文件 1 的实施例 1~2 公开，因此上述权利要求也不具备新颖性。（2）对比文件 1 的实施例 1~2 公开了一种金刚石复合基板，该基板由多个金刚石单晶构成，金刚石单晶在垂直于主要面的轴旋转方向上的方位差在 2 度以内，且各自主要面的方位于｛100｝面的方位差在 3 度以内，这些多个单晶膜在其主要面的反面上即（100）面上由气相合成的金刚石多晶膜相连接，和通过使用上述多个金刚石单晶基板作为籽晶生长的气相合成的金刚石多晶膜对所述主要面的整个表面上复合中，因此，权利要求 12 相对于对比文件 1 不具备新颖性。权利要求 13~19 是权利要求 12 的从属权利要求，其附加技术特征均已被对比文件 1 的实施例 1~2 公开，因此上述权利要求也不具备新颖性。权利要求 20 的附加技术特征难以使其要求保护的金刚石复合基板与对比文件 1 公开的金刚石复合基板相区别，因此权利要求 20 也不具备新颖性。（3）对比文件 1 的实施例 1~2 公开了一种金刚石复合基板的制造方法，该方法将多个具有相同方位的金刚石单晶排齐，通过气相合成法在所述单晶上面形成金刚石多晶膜并通过该多晶膜将多个单晶相连接，因此，权利要求 21 不具备新颖性；此外，实施例 1~2 还公开了权利要求 22~28 的附加技术特征，因此权利要求 21~28 也不具备新颖性。（4）虽然申请人认为本申请中金刚石单晶基板上的膜是多晶膜而不是对比文件 1 中的单晶膜，但对比文件 1 的 0007 段落也公开了“根据该方法，借助金刚石生长条件，金刚石晶体，例如含有单晶和多晶组分的单晶，马赛克晶体，多晶都能合成，尤其是本发明的方法适合单晶的组分”的内容，可见，单晶只是优选的实例，并不能完全反映对比文件 1 所公开的方案，且申请人提到多晶也是能用此法合成的；此外，通常单晶膜被认为是具有相同晶体取向的膜，而根据对比文件 1 的实施例以及附图 2，其中列举的单晶也不是严格意义上的单晶，其包含了边界上的具有不同取向的异常粒子，所以不能直接认为就是单晶膜，宏观上也可以认为它是由多晶粒组成的，是一种多晶膜；从制备方法来看，两者所采用的实验方法、实验参数、实验条件、实验原料等也都没有明显的差别，因此申请人陈述的本申请具备新颖性的理由不成立。

申请人住友电气株式会社（下称请求人）对上述驳回决定不服，于2007年3月9日向专利复审委员会提出复审请求，同时提交了权利要求书的全文替换页，其中，相对于驳回文本，请求人在独立权利要求1、12和21中增加了“所述的金刚石多晶膜生长在所述金刚石单晶基板的整个表面上”，同时增加了一个从属权利要求2并相应地修改了权利要求的引用关系。

修改后的权利要求1~2、13和22如下：

“1. 一种金刚石复合基板，包括：

金刚石单晶基板；和

由气相合成方法层叠在其上的金刚石多晶膜，其中所述的金刚石多晶膜生长在所述金刚石单晶基板的整个表面上。

2. 如权利要求1所述的金刚石复合基板，其抗弯曲性不低于1130MPa。

13. 一种金刚石复合基板，其中金刚石单晶基板由多个金刚石单晶构成，在金刚石单晶中，在相对于垂直于其主要面的轴的旋转方向上的这些金刚石单晶的方位之间的差异不大于2度，而且各自主要面的方位和｛100｝面的方位之间的差异不大于5度，这些金刚石单晶通过在平行于金刚石单晶各自主要面的反面上由气相合成形成的金刚石多晶膜相连接，所述的金刚石多晶膜生长在所述金刚石单晶基板的整个表面上，和通过使用所述金刚石单晶基板作为种子晶体生长的气相合成的金刚石单晶对所述主要面的整个表面进行整合。

22. 一种制造金刚石复合基板的方法，其中将具有相同方位的多个金刚石单晶排齐，通过气相合成在所述单晶上面形成金刚石多晶膜，使得所述的金刚石多晶膜生长在所述金刚石单晶基板的整个表面上，和通过所述金刚石多晶膜将所述多个金刚石单晶相连接。”

请求人认为：（1）对比文件1没有公开具有生长在金刚石单晶基板的整个表面上的金刚石多晶膜的任何复合基板，因此修改后的权利要求1具备新颖性。（2）对比文件1的发明目的在于提供一种制备大单晶金刚石的方法，而本申请的目的在于通过使用大的多晶金刚石膜而提供一种显示出高韧性的金刚石复合基板。对比文件1的制造方法是采用化学气相沉积（下称CVD）法，没有公开在基板的整个表面上生长的多晶膜的任何特定成膜条件，也没有论述单晶金刚石所具有的“脆性和低韧性”的缺陷，也没有给出克服这些缺陷的任何建议，因此，本领域技术人员参照对比文件1实施例的方法，只能获得单晶或部分地包括少量异常生长粒子的单晶金刚石，而不能得到本申请权利要求1所述的生长在基板整个表面上的多晶膜并实现具有高韧性的金刚石复合基板。对比文件1所得到的复合基板由于包括单晶部分和包含异常生长粒子的另一部分，故在不同部分的界面处容易破裂，而本发明的复合基板通过生长在基板整个表面上的多晶膜的存在，可用在半导体材料、电子元件、光学原件中作为热传导率高和韧性好的散热基板，或用作具有大表面积的高质量金刚石单晶基板，实施例中抗弯曲性的高实验值反映了本发明基板的高韧性，因此，本申请权利要求1具备突出的实质性特点和显著的进步，因而具备创造性。（3）基于上述相同理由，权利要求2~29也具备新颖性和创造性。

2007年3月29日，经形式审查合格后，专利复审委员会受理了该请求，并向请求人发出了《复审请求受理通知书》，同时将本申请转送至国家知识产权局原审查部门进行前置审查。

在《前置审查意见书》中，国家知识产权局原审查部门认为请求人增加的权利要求2中的特征“其抗弯曲性不低于1130MPa”超出了原申请文件记载的范围，不符合专利法第33条的规定，因此坚持驳回决定。

专利复审委员会依法组成合议组，对本复审请求案进行了审理。

2008年11月12日，请求人再次提交了权利要求书的全文替换页，相对于提出复审请求时提交的权利要求书，删除了其中的权利要求2。修改后的权利要求书如下：

“1. 一种金刚石复合基板，包括：

金刚石单晶基板；和

由气相合成方法层叠在其上的金刚石多晶膜，其中所述的金刚石多晶膜生长在所述金刚石单晶基板的整个表面上。

2. 如权利要求1所述的金刚石复合基板，其中具有金刚石单晶基板的最大表面积的主要面的方位与｛100｝面的方位之间的差异不超过5度，而且所述金刚石多晶膜层叠到平行于所述主要面的反面上。

3. 如权利要求2所述的金刚石复合基板，其中所述主要面为｛100｝面。

4. 如权利要求1到3中任意之一所述的金刚石复合基板，其中所述主要面之间的距离，即所述金刚石单晶基板的厚度，为至少0.1mm并且不超过1mm。

5. 如权利要求1到3中任意之一所述的金刚石复合基板，其中层叠在所述金刚石单晶基板上的所述金刚石多晶膜的厚度为至少0.1mm并且不超过1mm。

6. 如权利要求1到3中任意之一所述的金刚石复合基板，其中所述金刚石单晶基板与所述金刚石多晶膜的厚度比为1：1~1：4。

7. 如权利要求1到3中任意之一所述的金刚石复合基板，其中所述金刚石单晶基板由多个金刚石单晶组成，所述多个金刚石单晶都具有所述最大表面积的主要面的相同方位，而且这些所述多个金刚石单晶通过在所述金刚石单晶上由气相合成方法形成的金刚石多晶膜连接在一起。

8. 如权利要求1到3中任意之一所述的金刚石复合基板，其中在相对于垂直于其主要面的轴的旋转方向上的所述多个金刚石单晶的方位之间的差异不大于2度，而且各自主要面的方位与｛100｝面的方位之间的差异不大于5度。

9. 如权利要求8所述的金刚石复合基板，其中所述多个金刚石单晶的主要面的方位为｛100｝。

10. 如权利要求7所述的金刚石复合基板，其中各个金刚石单晶之间的厚度差异不超过10μm。

11. 如权利要求7所述的金刚石复合基板，其中所述多个金刚石单晶之间的缝隙不超过500μm。

12. 一种金刚石复合基板，其中金刚石单晶基板由多个金刚石单晶构成，在金刚石单晶中，在相对于垂直于其主要面的轴的旋转方向上的这些金刚石单晶的方位之间的差异不大于2度，而且各自主要面的方位和｛100｝面的方位之间的差异不大于5度，这些金刚石单晶通过在平行于金刚石单晶各自主要面的反面上由气相合成形成的金刚石多晶膜相连接，所述的金刚石多晶膜生长在所述金刚石单晶基板的整个表面上，和通过使用所述金刚石单晶基板作为种子晶体生长的气相合成的金刚石单晶对所述主要面的整个表面进行整合。

13. 如权利要求12所述的金刚石复合基板，其中所述多个金刚石单晶的主要面的方位为｛100｝。

14. 如权利要求12或13所述的金刚石复合基板，其中所述主要面之间的距离，即所述多个金刚石单晶基板的厚度，至少为0.1mm并且不超过1mm。

15. 如权利要求12或13所述的金刚石复合基板，其中在所述金刚石单晶上面由气相合成形成的金刚石多晶膜的厚度至少为0.1mm并且不超过1mm。

16. 如权利要求12或13所述的金刚石复合基板，其中所述金刚石单晶的厚度与所述金刚石多晶膜的厚度比为1：1~1：4。

17. 如权利要求12或13所述的金刚石复合基板，其中所述多个金刚石单晶之间的缝隙不大于500μm。

18. 如权利要求12或13所述的金刚石复合基板，其中所述多个金刚石单晶之间的厚度差异不超过10μm。

19. 如权利要求 12 或 13 所述的金刚石复合基板，其中所述金刚石多晶膜的表面已被抛光。

20. 如权利要求 12 或 13 所述的金刚石复合基板，其中所述金刚石多晶膜的表面粗糙度 Rmax 不大于 0.1μm。

21. 一种制造金刚石复合基板的方法，其中将具有相同方位的多个金刚石单晶排齐，通过气相合成在所述单晶上面形成金刚石多晶膜，使得所述的金刚石多晶膜生长在所述金刚石单晶基板的整个表面上，和通过所述金刚石多晶膜将所述多个金刚石单晶相连接。

22. 如权利要求 21 所述的制造金刚石复合基板的方法，其中在相对于与其具有最大表面积的主要面相垂直的轴的旋转方向上的所述多个金刚石单晶的方位之间的偏差不超过 2 度，而且各自主要面的方位和 {100} 面的方位之间的差异不超过 5 度。

23. 如权利要求 22 所述的制造金刚石复合基板的方法，其中具有在构成金刚石单晶的面中的最大表面积的主要面为 {100} 面。

24. 如权利要求 21 到 23 中任意之一所述的制造金刚石复合基板的方法，其中金刚石单晶的厚度至少为 0.1mm 并且不超过 1mm。

25. 如权利要求 21 到 23 中任意之一所述的制造金刚石复合基板的方法，其中在所述金刚石单晶上由气相合成形成的金刚石多晶膜的厚度至少为 0.1mm 并且不超过 1mm。

26. 如权利要求 21 到 23 中任意之一所述的制造金刚石复合基板的方法，其中所述金刚石单晶的厚度和所述金刚石多晶膜的厚度比为 1：1~1：4。

27. 如权利要求 21 到 23 中任意之一所述的制造金刚石复合基板的方法，其中所述多个金刚石单晶之间的厚度差异不大于 10μm。

28. 如权利要求 21 到 23 中任意之一所述的制造金刚石复合基板的方法，其中所述多个金刚石单晶之间的缝隙不大于 500μm。”

经审查，合议组认为本案事实已经清楚，可以依法作出复审决定。

二、决定的理由

1. 关于决定依据的文本

为了克服驳回决定指出的新颖性缺陷，请求人于 2008 年 11 月 12 日提交了权利要求书全文替换页，其中在独立权利要求 1、12 和 21 中增加了“所述的金刚石多晶膜生长在所述金刚石单晶基板的整个表面上”。

对此，合议组认为，根据本申请说明书的记载，实施例 1 的结果表明，在生长后的膜形成区域没有出现单晶层，基板区域（单晶）明显不同于膜形成区域（参见说明书第 9 页最后 1 行至第 10 页第 1 行）；实施例 2 的结果也表明，可以得到其中由 16 个单晶层通过多晶膜厚度为 0.5mm 的多晶层 4 整体连接的金刚石复合基板 2（参见说明书第 12 页第 20~21 行）。通过以上描述，本领域技术人员能够直接地、毫无疑义地判断出，在本申请获得的金刚石基板中，金刚石多晶膜生长在所述金刚石单晶基板的整个表面上。因此，修改后的权利要求 1、12 和 21 符合专利法第 33 条的规定。

因此，复审决定依据的文本是：请求人于 2008 年 11 月 12 日提交的权利要求第 1~28 项、2006 年 7 月 24 日提交的说明书第 4 页，进入中国国家阶段时提交的国际申请文件中文译文的说明书第 1~3、5~16 页、说明书附图第 1~3 页、说明书摘要以及摘要附图。

2. 关于专利法第 22 条第 2 款

专利法第 22 条第 2 款规定，新颖性，是指在申请日以前没有同样的发明或者实用新型在国内外出版物上公开发表过、在国内公开使用过或者以其他方式为公众所知，也没有同样的发明或者实用新型由他人向国务院专利行政部门提出过申请并且记载在申请日以后公布的专利申请文件中。

如果所要求保护的技术方案与现有技术公开的内容相比存在区别技术特征，从而导致二者实质上是不同的，则上述技术方案具有新颖性。

本申请权利要求1要求保护一种金刚石复合基板，包括金刚石单晶基板；和由气相合成方法层叠在其上的金刚石多晶膜，其中所述的金刚石多晶膜生长在所述金刚石单晶基板的整个表面上。对比文件1公开了一种金刚石基板的合成方法，包括布置多个金刚石单晶基板，相邻基板之间的间隙和高度差小于等于30微米；以及在基板上由气相生长金刚石的步骤；并指出，根据金刚石的生长条件，诸如单晶、嵌镶晶体和多晶均可生长，但所述方法尤其适于合成单晶；采用上述方法，可以抑制基板相邻部分的异常生长粒子，获得在结合部分几乎没有光散射的大尺寸金刚石单晶基板（参见对比文件1的权利要求1~3和说明书第0005和007段）。此外，在对比文件1的实施例1和2中公开了采用上述方法获得单晶金刚石的具体操作步骤和工艺条件。将本申请权利要求1的技术方案和对比文件1公开的内容进行对比，对比文件1获得的是生长有单晶或部分包括异常生长粒子的单晶基板，而本申请权利要求1要求保护的是金刚石多晶膜生长在所述金刚石单晶基板的整个表面上的金刚石复合基板。因此，上述两种金刚石复合基板在结构上存在区别，从而导致二者在实质上是不同的。因此，本申请的权利要求1相对于对比文件1具有新颖性，符合专利法第22条第2款的规定。

权利要求2~11是权利要求1的从属权利要求，在权利要求1具备新颖性的情况下，权利要求2~11相对于对比文件1也具备新颖性，符合专利法第22条第2款的规定。

权利要求12要求保护一种金刚石复合基板，其中金刚石单晶基板由多个金刚石单晶构成，在金刚石单晶中，在相对于垂直于其主要面的轴的旋转方向上的这些金刚石单晶的方位之间的差异不大于2度，而且各自主要面的方位和{100}面的方位之间的差异不大于5度，这些金刚石单晶通过在平行于金刚石单晶各自主要面的反面上由气相合成形成的金刚石多晶膜相连接，所述的金刚石多晶膜生长在所述金刚石单晶基板的整个表面上，和通过使用所述金刚石单晶基板作为种子晶体生长的气相合成的金刚石单晶对所述主要面的整个表面进行整合。基于权利要求1具备新颖性的相同理由，权利要求12相对于对比文件1也符合专利法第22条第2款的规定。同理，权利要求13~20相对于对比文件1也具备新颖性。

权利要求21是权利要求1所述产品的制备方法，在权利要求1所述产品相对于对比文件1具备新颖性的情况下，权利要求21也符合专利法第22条第2款的规定。同理，权利要求21的从属权利要求22~28相对于对比文件1也符合专利法第22条第2款的规定。

此外，原审查部门在《前置审查意见书》中指出，请求人在提出复审请求时提交的权利要求书中，新增加的权利要求2超出了原申请文件记载的范围，不符合专利法第33条的规定。

对此，合议组认为，在请求人于2008年11月12日提交的权利要求书中已将该权利要求删除，因此，《前置审查意见书》中指出的缺陷已不存在。

基于上述理由，合议组作出下述决定。

三、决定

撤销国家知识产权局于2006年11月24日针对200480000322.0号发明专利申请作出的驳回决定，由国家知识产权局原审查部门以本复审请求审查决定所针对的文本为基础继续审批程序。

复审请求人对本决定不服的，可以根据专利法第41条第2款的规定，自收到本决定之日起三个月内向北京市第一中级人民法院起诉。

176

天然植物源杀菌剂及其制法

复审请求审查决定（第15320号）

决　定　号　第15320号
决　定　日　2008年6月24日
发明创造名称　天然植物源杀菌剂及其制法
国际分类号　A01N65/00
复审请求人　武长安，雷林，高明，武宏
申　请　号　03144299.4
申　请　日　2003年9月19日
公　开　日　2005年3月23日
合议组组长　刘　静
主　审　员　李新芝
参　审　员　汪送来

法律依据　专利法第26条第3款
决定要点

所属技术领域的技术人员能够实现，是指所属技术领域的技术人员按照说明书记载的内容，就能够实现该发明或者实用新型的技术方案，解决其技术问题，并且产生预期的技术效果。如果说明书给出了具体的技术方案，但未给出实验证据，而该方案又必须依赖实验结果加以证实才能成立，则该发明将由于缺乏解决技术问题的技术手段而被认为无法实现，不符合专利法第26条第3款的规定。

一、案由

本复审请求案涉及发明名称为"天然植物源杀菌剂及其制法"的第03144299.4号发明专利申请（下称本申请），申请人为武长安、雷林、高明、武宏，申请日为2003年9月19日，公开日为2005年3月23日。

2006年7月7日，针对申请人于2003年9月19日提交的权利要求第1~6项、说明书第1~3页和说明书摘要，国家知识产权局以说明书不符合专利法第26条第3款的规定为由驳回了本申请。

驳回决定针对的独立权利要求1和2如下：

"1. 一种天然植物源杀菌剂，其特征在于该杀菌剂的配方是由百步、青蒿、苦豆子、山苍子油、松针油、迷迭香油所组成；其有效成分比例为35%~25%：5%~15%：20%~30%：10%~20%：15%~5%。

2. 一种上述配方的天然植物源杀菌剂的制法，其特征在于所说的天然植物源杀菌剂的制法由下

列步骤组成（以下均为重量份）：

①百步 100 份粉碎，加入 500～1500 份 95% 的乙醇中，于 75～85℃浸提 4～8 小时，过滤、浓缩至原药重量的 0.5～2 倍重量；

②青蒿 100 份，粉碎加入 500～1500 份 95% 的乙醇中，于 30～60℃浸取 15～30 小时，过滤、浓缩至原药重量的 0.5～3 倍重量；

③苦豆子 100 份粉碎，加入 600～1500 份甲醇于 50～80℃浸泡 4～10 小时，过滤、浓缩至原料重的 0.5～3 倍重量；

④将上述①、②和③浓缩液与山苍子油、松针油、迷迭香油按重量比 35%～25%：5%～15%：20%～30%：10%～20%：15%～5% 的比例混合，再加入混合后药剂总重量 0.4%～1.2% 的表面活性剂，再加入混合后药剂总重量 40%～50% 的溶剂均匀混合。"

驳回决定认为：说明书未提供对于所属技术领域的技术人员来说，足以证明本发明的技术方案可以达到预期要解决的技术问题或效果的试验数据，且该缺陷不能通过补充试验数据来克服，因此说明书公开不充分，不符合专利法第 26 条第 3 款的规定。

2006 年 9 月 30 日，申请人武长安、雷林、高明、武宏（下称请求人）对上述驳回决定不服，向专利复审委员会提出复审请求，请求人在提出复审请求时没有对申请文件进行修改。

请求人认为，本申请的标的物是天然植物源杀菌剂及其制法，本申请的说明书已经充分公开了其制剂和制法，定性说明了该天然植物源组合物的预期要解决的效果，并且说明书中给出的技术方案并不"依赖实验结果加以证实才能成立"。因此本申请的说明书不存在公开不充分的问题。

经形式审查合格后，专利复审委员会受理了该请求，并于 2006 年 11 月 17 日向请求人发出了《复审请求受理通知书》，同时将本申请转送至国家知识产权局原审查部门进行前置审查。

在《前置审查意见书》中，国家知识产权局原审查部门坚持驳回决定。

请求人于 2007 年 7 月 17 日又补充提交了复审理由和如下附件 1，并在复审理由中列举了六篇文章，以此证明本申请各主要组分的作用和协同作用已经有公开出版物予以充分说明，本申请预期要解决的技术问题或效果的证明在上述文章中都可以找到答案。

附件 1：秦皇岛市绿色生态药业药业推广有限公司于 2006 年 8 月出具的"天然植物杀菌剂防治霜霉病、灰霉病、白粉病、根腐病试验报告"，复印件共 3 页。

专利复审委员会组成合议组，对本复审请求案进行了审理，并于 2007 年 9 月 21 日向请求人发出《复审通知书》，指出：本申请权利要求 1 的植物源杀菌剂是否具有请求人在说明书中所声称的防治所述多种作物病虫害的效果是本领域技术人员根据该植物源杀菌剂中各个单一组分的性能不能够推知的，由于请求人并没有提供任何现有技术的证据加以证明且本申请的说明书中也未提供任何有关所述植物源杀菌剂的杀菌实验效果数据，因此本领域的技术人员无法确定本发明的技术方案能够解决其技术问题，并产生预期的技术效果，因此本申请的说明书不符合专利法第 26 条第 3 款的规定。

针对上述《复审通知书》，请求人于 2007 年 10 月 30 日提交了意见陈述书，请求人在提交意见陈述书时没有对申请文件进行修改，但提交了从网络上下载的有关本案处方作用的资料，共 5 页。

请求人认为，（1）由其网络下载资料和本申请背景技术部分的内容可知，本发明组合物中每一味药的"杀虫杀菌效果"是公知的，其组合或配伍是为了加大和完善其作用，因此其定性作用是公知的，不必依赖效果试验数据加以证实；（2）本申请背景技术部分提供的两份在先申请已清楚地表明此类技术的医药用途或者药理作用，因此本领域技术人员无法根据现有技术预测发明能够实现所述医药用途、药理作用应当是不存在的。

针对请求人于 2007 年 7 月 17 日和 2007 年 10 月 30 日提交的意见陈述书及其附件，合议组于

2008年2月28日向请求人发出《第二次复审通知书》，指出：（1）对于请求人所述“本申请各主要组分的作用和协同作用已经有公开出版物予以充分说明”的主张，请求人仅罗列了6篇文章名，并没有提供相应的证据，合议组不予认可；即使请求人提交了所述的六篇文章，这些文章只能说明本申请杀菌剂的各主要成分的作用，并不能证明本申请杀菌剂具有如说明书所述的效果；（2）对于请求人于2007年7月17日提交的“试验报告”，合议组不予考虑；（3）请求人提供的网络下载资料的真实性无法确认，并且也不能够使本领域技术人员预期本发明权利要求1的天然植物源杀菌剂具有说明书中所述的杀菌效果；（4）从本申请背景技术部分所提供的两份申请并不能够使本领域技术人员预测本申请的杀菌剂能够实现其在说明书中所述的效果。因此本领域的技术人员仍无法确定本发明的技术方案能够解决其技术问题并产生预期的技术效果，故说明书不符合专利法第26条第3款的规定。

针对该《第二次复审通知书》，请求人于2008年4月12日提交了意见陈述书，请求人在提交意见陈述书时没有对申请文件进行修改。

请求人认为，本案矛盾的焦点在于是否承认中药配伍是一种合理且公知的中药用药手段。前人将单味药的应用同药与药之间的配伍关系称为药物的“七情”，七情的提法首见于《神农本草经》。本案发明的天然植物杀菌剂，正是应用了中药配伍“七情”中的“相须”和“相使”的理论，将几种“在性能功效方面有某种共性的中草药物”或“性能功效相类似的中草药物”组合在一起提高了杀菌效果，并在实际应用中取得了较好的效果。

至此，合议组认为本案事实清楚，可以作出审查决定。

二、决定的理由

1. 关于审查文本

本复审决定是以驳回决定所针对的文本为基础作出的。

2. 关于专利法第26条第3款

专利法第26条第3款规定：说明书应当对发明或者实用新型作出清楚、完整的说明，以所属技术领域的技术人员能够实现为准。

所属技术领域的技术人员能够实现，是指所属技术领域的技术人员按照说明书记载的内容，就能够实现该发明或者实用新型的技术方案，解决其技术问题，并且产生预期的技术效果。如果说明书给出了具体的技术方案，但未给出实验证据，而该方案又必须依赖实验结果加以证实才能成立，则该发明将由于缺乏解决技术问题的技术手段而被认为无法实现，不符合专利法第26条第3款的规定。

就本申请而言，其提供一种如独立权利要求1所述的天然植物源杀菌剂，该杀菌剂的配方是由百步、青蒿、苦豆子、山苍子油、松针油、迷迭香油所组成，其有效成分比例为35%～25%：5%～15%：20%～30%：10%～20%：15%～5%。如本申请说明书所述，本发明的天然植物源杀菌剂能够克服化学农药对环境的危害以及现有植物杀菌剂杀菌效果单一的缺点，能够防治多种作物病虫害，例如本申请植物源杀菌剂能防治真菌、细菌所引起的植物病害、能防治番茄叶霉病、甘蓝软腐病、丝瓜褐霉病、黄瓜霜霉病、苹果炭疽病、辣椒疫霉病等多种作物病害（参见说明书第1页倒数第4～5行，第2页第18～20行）。合议组认为，该植物源杀菌剂是否具有请求人在说明书中所声称的防治上述多种作物病虫害的效果是本领域技术人员根据该植物源杀菌剂中各个单一组分的性能不能够推知的，在没有现有技术的证据能够证明上述效果的情况下，该植物源杀菌剂能否实现防治多种作物病虫害的效果必须依赖效果试验数据加以证实。由于请求人并没有提供任何现有技术的证据加以证明，且本申请的说明书中也未提供任何有关所述植物源杀菌剂的杀菌实验效果数据，因此本领域的技术人员无法确定本发明的技术方案能够解决其技术问题，并产生预期的技术效果，因此本申请的说明书不符合专利法第26条第3款的规定。

此外，合议组认为，（1）对于请求人有关“本申请各主要组分的作用和协同作用已经有公开出版物予以充分说明”的主张，请求人仅罗列了6篇文章名，并没有提供相应的证据，合议组不予认可；即使请求人提交了所述的六篇文章，这些文章只能说明本申请杀菌剂的各主要成分的作用，并不能证明本申请杀菌剂具有如说明书所述的效果；（2）请求人于2007年7月17日提交的“试验报告”并非公开出版物，其中记载的出具时间为2006年8月，也在本申请的申请日之后；且这些内容也没有记载在原说明书和权利要求书中，因此该证据不能作为认定本申请说明书符合专利法第26条第3款规定的依据；（3）对于请求人提交的网络下载资料，首先，合议组对其真实性无法确认，其次，即便请求人能够证明这些网络下载资料的真实性，但从其记载的内容来看，其仅仅记载了本申请配方中的百步具有杀虫、杀菌、抗病毒作用，青蒿对皮肤真菌具有某些抑制作用，苦豆子具有杀菌功能，可以配制不同的生物杀虫剂，山苍子油为“杀菌防虫能手”，松针油具有抗菌消毒的功效，迷迭香精油可治疗皮肤炎、湿疹等。合议组根据上述描述仍难以得出将35%～25%百步、5%～15%青蒿、20%～30%苦豆子、10%～20%松针油和15%～5%迷迭香油组成的配方（即本发明权利要求1所述的天然植物源杀菌剂）必然具有说明书中所述的防治番茄叶霉病、甘蓝软腐病、丝瓜褐霉病、黄瓜霜霉病、苹果炭疽病、辣椒疫霉病等所有这些病害的结论，也就是说，请求人提供的网络下载资料并不能够使本领域技术人员预期本发明权利要求1的天然植物源杀菌剂具有说明书中所述的上述杀菌效果；（4）从本申请背景技术部分所提供的两份申请来看，这两份在先申请中的杀菌剂配方与本申请权利要求1所述的杀菌剂配方不同，因此由这两份在先申请的杀菌剂功效并不能够使本领域技术人员预测本申请的杀菌剂能够实现其在说明书中所述的防治多种作物病虫害的效果；（5）在本申请的说明书中并没有记载本申请是应用权利要求1中各种中药的哪些共性或相似功效来配伍使用的，而且也没有证据能够证明请求人所述的“在性能功效方面有某种共性的中草药物”或“性能功效相类似的中草药物”配伍使用后，必然就能够产生“相使”或“相须”的效果，其也可能产生“相反”或“相恶”的效果，根据公知的中药配伍理论无法确定权利要求1的配方必然具有说明书所述的防治多种病虫害的效果。因此本领域技术人员仍无法确信本发明的技术方案能够解决其技术问题，并产生预期的技术效果。

根据上述事实和理由，合议组作出如下审查决定。

三、决定

维持国家知识产权局于2006年7月7日针对03144299.4号发明专利申请作出的驳回决定。

复审请求人对本决定不服的，可以根据专利法第41条第2款的规定，自收到本决定之日起三个月内向北京市第一中级人民法院起诉。

177

耐火聚酯纤维及包含该纤维的人造头发

复审请求审查决定（第 15371 号）

决　定　号　第 15371 号
决　定　日　2008 年 12 月 3 日
发明创造名称　耐火聚酯纤维及包含该纤维的人造头发
国 际 分 类 号　D01F6/92，A41D3/00
复 审 请 求 人　株式会社钟化
申　请　号　03808994.7
申　请　日　2003 年 2 月 19 日
优 先 权 日　2002 年 2 月 22 日
公　开　日　2005 年 7 月 27 日
合 议 组 组 长　李　越
主　审　员　王　磊
参　审　员　汪送来

法 律 依 据　专利法第 22 条第 3 款
决 定 要 点

如果现有技术给出了将发明与最接近现有技术之间的区别技术特征应用于该最接近的现有技术中以解决发明所解决的技术问题的启示，则该发明对于本领域技术人员来说是显而易见的，不具备创造性。

一、案由

本复审请求案涉及发明名称为“耐火聚酯纤维及包含该纤维的人造头发”的第 03808994.7 号发明专利申请（下称本申请），申请人为株式会社钟化（由钟渊化学工业株式会社变更而来），申请日为 2003 年 2 月 19 日，优先权日为 2002 年 2 月 22 日，公开日为 2005 年 7 月 27 日。

2007 年 2 月 9 日，针对申请人于 2006 年 9 月 28 日提交的权利要求第 1~16 项和说明书第 3、10 页，进入国家阶段时提交的国际申请文件文本的说明书 1~2、4~9、11~25 页和说明书摘要，国家知识产权局以本申请的权利要求 1~16 不符合专利法第 22 条第 3 款的规定为由驳回了本申请。

驳回决定认为：（1）对比文件 1（JP61-245309A，公开日为 1986 年 10 月 31 日）公开了一种包含聚对苯二甲酸亚烷基二醇酯、多芳基化合物、亚磷酸酯化合物和其他常用添加剂的聚酯纤维，虽然其中未提到聚对苯二甲酸亚烷基二醇酯和多芳基化合物的聚合物合金，然而权利要求 1 中 A 和 B 的聚对苯二甲酸亚烷基二醇没有区别，对比文件 1 中的合金可由聚对苯二甲酸亚烷基二醇酯和多芳基化合物的干混得到，磷类阻燃剂是本领域常用阻燃剂，因此权利要求 1 相对于对比文件 1 结合本领域公知常识不符合专利法第 22 条第 3 款的规定。（2）权利要求 2~4、10~16 是权利要求 1 的从属权利要求，在其附加技术特征已经被对比文件 1 公开的情况下，相对于对比文件 1 不具有创造性。（3）权利要求 5、6 是权利要求 1 的从属权利要求，其对阻燃剂作了进一步限定，而其附加技术特征已在对比文件 2（JP 平 10-219519A，公开日为 1998 年 8 月 18 日）中公开，在对比文件 1 的基础上结合对比文件 2 得出该权利要求限定的技术方案是显而易见的，故该权利要求也不具有创造性。权利要求 7、8 是权利要求 1 的从属权利要求，权利要求 9 是权利要求 7 的从属权利要求，其附加技术特征分别在对比文件 3（US4127590A，公开日为 1978 年 11 月 28 日）和对比文件 1 中公开了，在对比文件 1 的基础上结合对比文件 3 得出该权利要求限定的技术方案是显而易见的，故该权利要求也不具有创造性，也不符合专利法第 22 条第 3 款的规定。

驳回决定针对的权利要求书如下：

“1. 一种耐火聚酯纤维，其包含：

聚酯（A），选自聚对苯二甲酸亚烷基二醇酯或一种或多种具有聚对苯二甲酸亚烷基二醇酯作为主要组分的共聚聚酯；

包含聚对苯二甲酸亚烷基二醇酯和多芳基化合物的聚合物合金（B）；

磷类阻燃剂（C）；

亚磷酸酯类化合物（D）。

2. 权利要求 1 的耐火聚酯纤维，其中聚酯组分（A）和聚合物合金组分（B）的重量比（A）/（B）= 90/10~50/50，并且相对于 100 重量份的组分（A）和（B）的总重量，以磷原子重量计，磷类阻燃剂组分（C）为 0.05~10 重量份，亚磷酸酯类组分（D）为 0.05~5 重量份。

3. 权利要求 1 的耐火聚酯纤维，其中聚酯组分（A）为至少一种选自聚对苯二甲酸乙二醇酯、聚对苯二甲酸丙二醇酯和聚对苯二甲酸丁二醇酯的聚合物。

4. 权利要求 1 的耐火聚酯纤维，其中聚合物合金组分（B）为包括下列物质的聚合物合金：

至少一种选自聚对苯二甲酸乙二醇酯、聚对苯二甲酸丙二醇酯和聚对苯二甲酸丁二醇酯的聚对苯二甲酸亚烷基二醇酯；和多芳基化合物，该多芳基化合物从对苯二甲酸和/或对苯二甲酸衍生物和间苯二甲酸和/或间苯二甲酸衍生物以及下面通式（1）表示的双酚化合物的混合物获得

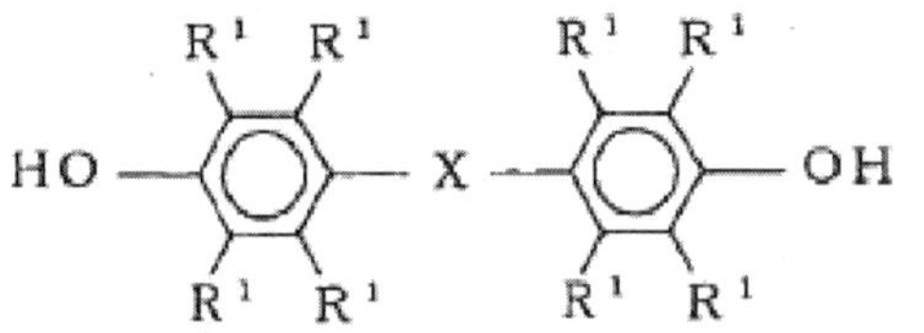

(1)

其中，R^1 为氢原子或具有 1~10 个碳原子的烃基，并且各自可以相同或不同；X 表示亚甲基、亚乙基、亚异丙基、羰基、磺酰基、1，3-亚苯基二亚异丙基或 1，4-亚苯基二亚异丙基。

5. 权利要求 1 的耐火聚酯纤维，其中磷类阻燃剂组分（C）为至少一种选自下列化合物的化合物：

磷酸酯类化合物、膦酸酯类化合物、次磷酸酯类化合物、氧化膦类化合物、亚膦酸酯类化合物、次亚磷酸酯类化合物、膦类化合物和缩合的磷酸酯化合物。

6. 权利要求 5 的耐火聚酯纤维，其中磷类阻燃剂组分（C）为由下面通式（2）表示的缩合的磷酸酯化合物：

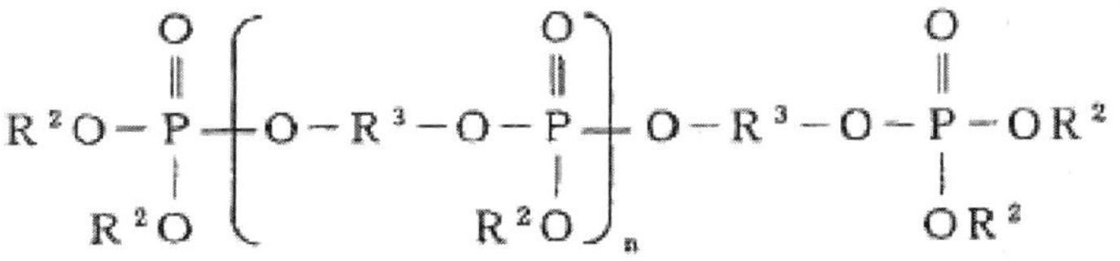

(2)

其中，R^2 为一价芳族烃基或脂族烃基，其各自可以相同或不同；R^3 为二价芳族烃基，并且当包括两个或多个 R^3 时，它们各自可以相同或不同；n 表示 0~15 的整数。

7. 权利要求 1 的耐火聚酯纤维，其中组分（C）为能与组分（A）共聚的反应性磷类阻燃剂。

8. 权利要求 7 的耐火聚酯纤维，其中反应性磷类阻燃剂为至少一种选自由通式（3）~（8）表示的含磷化合物：

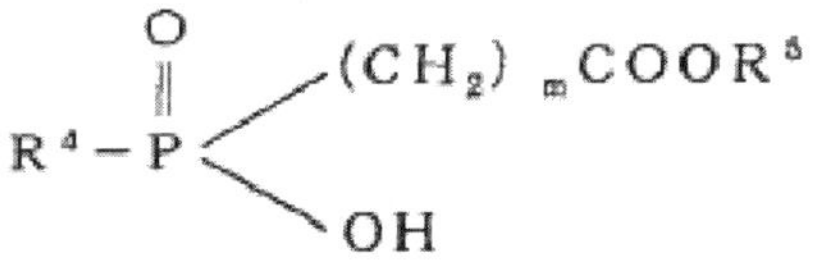

(3)

其中，R^4 为具有 1~20 个碳原子的脂族烃基或具有 6~12 个碳原子的芳族烃基；R^5 为氢原子或具有 1~20 个碳原子的脂族烃基；m 表示 1~11 的整数；

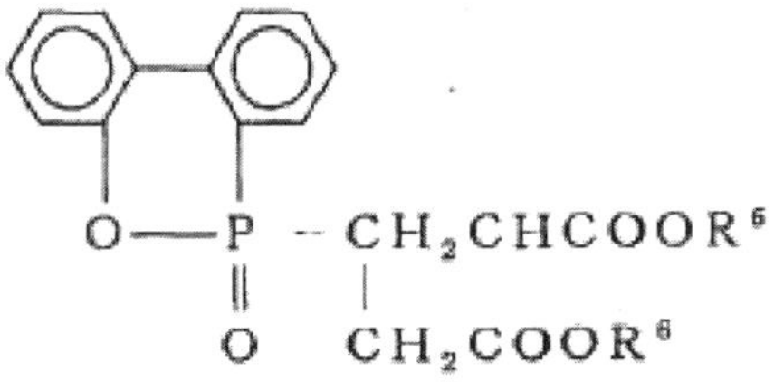

(4)

其中 R^6 为氢原子或具有 1~20 个碳原子的脂族烃基，并且它们各自可以相同或不同；

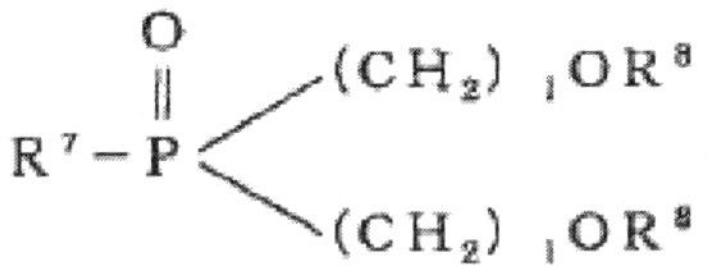

(5)

其中，R^7 为具有 1~20 个碳原子的脂族烃基或具有 1~12 个碳原子的芳族烃基；R^8 为氢原子或具有 1~20 个碳原子的脂族烃基，并且它们各自可以相同或不同；l 表示 1~12 的整数；

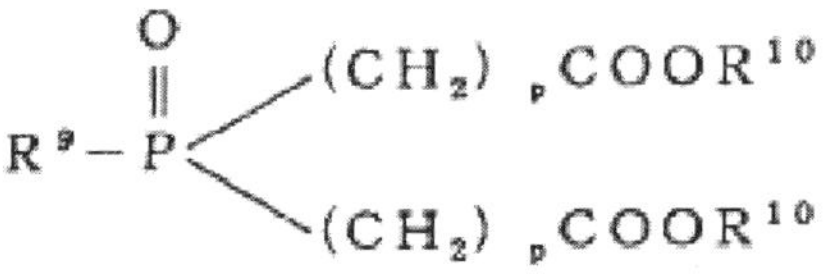

(6)

其中，R^9 为具有 1~20 个碳原子的脂族烃基或具有 6~12 个碳原子的芳族烃基；R^{10}为氢原子或具有 1~20 个碳原子的脂族烃基，它们各自可以相同或不同；p 表示 1~11 的整数；

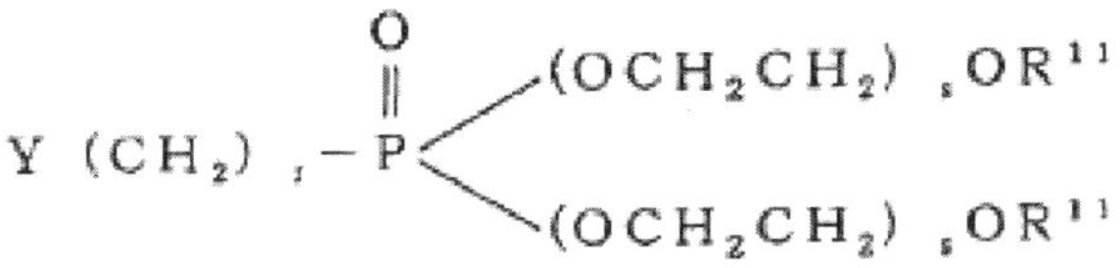

(7)

其中，R^{11}为氢原子或具有 1~20 个碳原子的脂族烃基，它们各自可以相同或不同；Y 为氢原子、甲基或具有 6~12 个碳原子的芳族烃基；r 和 s 分别表示 1~20 的整数；和

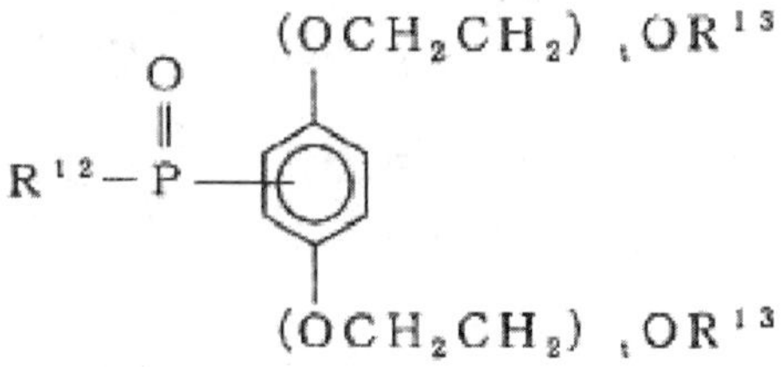

(8)

其中，R^{12}为具有 1~20 个碳原子的脂族烃基或具有 6~12 个碳原子的芳族烃基；R^{13}为氢原子或具有 1~20 个碳原子的脂族烃基，并且它们各自可以相同或不同；t 表示 1~20 的整数。

9. 权利要求 7 的耐火聚酯纤维，其中亚磷酸酯类化合物组分（D）为至少一种选自亚磷酸三烷基酯、亚磷酸三芳基酯、亚磷酸烷基芳基酯以及通式（9）~（12）表示的亚磷酸酯类化合物中的化合物：

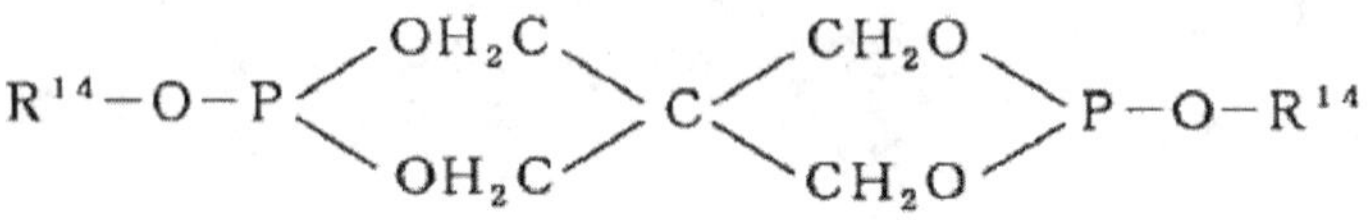

(9)

其中，R^{14}为具有4~20 个碳原子的直链或支链烃基，并且它们各自可以相同或不同；

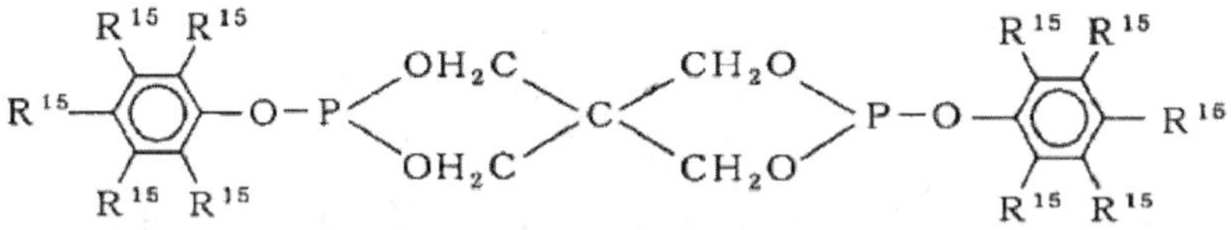

(10)

其中，R^{15}为氢原子或具有 1~10 个碳原子的烃基，并且它们各自可以相同或不同；

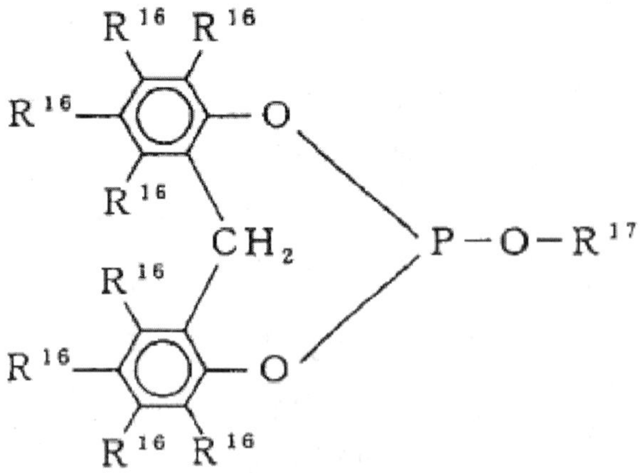

(11)

其中，R^{16}为氢原子或具有 1~10 个碳原子的烃基，并且它们各自可以相同或不同；R^{17}为具有4~20 个碳原子的烃基或具有 6~20 个碳原子的芳基；

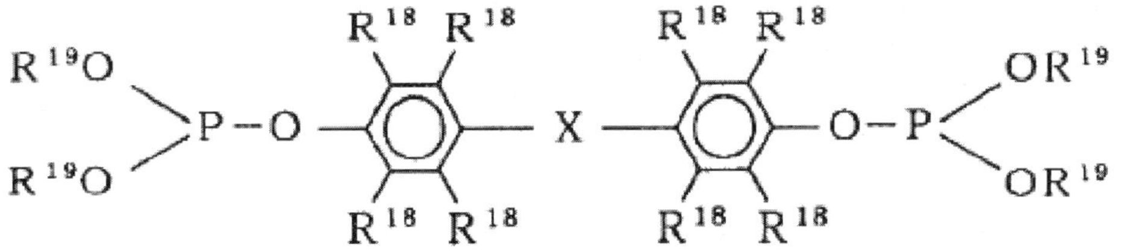

(12)

其中，R^{18}为氢原子或具有 1~10 个碳原子的烃基，并且它们各自可以相同或不同；R^{19}为具有4~20 个碳原子的烃基或具有 6~20 个碳原子的芳族烃基，并且它们各自可以相同或不同；X 表示亚甲基、亚乙基、亚异丙基、羰基、磺酰基、1，3-亚苯基二亚异丙基或 1，4-亚苯基二亚异丙基。

10. 权利要求 1 的耐火聚酯纤维，其中将有机细颗粒（E）和/或无机细颗粒（F）进一步混入其中。

11. 权利要求 10 的耐火聚酯纤维，其中有机细颗粒组分（E）为至少一种选自多芳基化合物、聚酰胺、含氟树脂、有机硅树脂、交联丙烯酸酯树脂和交联聚苯乙烯中的化合物。

12. 权利要求 10 的耐火聚酯纤维，其中无机细颗粒组分（F）为至少一种选自碳酸钙、氧化硅、氧化钛、氧化铝、氧化锌、滑石、高岭土、蒙脱石、膨润土和云母中的化合物。

13. 权利要求 1 的耐火聚酯纤维，其中耐火聚酯纤维具有非卷曲扁平纱线形状。

14. 权利要求 1 的耐火聚酯纤维，其中耐火聚酯纤维为纺前染色的。

15. 权利要求 1 的耐火聚酯纤维，其中耐火聚酯纤维是用于人造毛发的纱线。

16. 一种包括权利要求 1 的耐火聚酯纤维的人造毛发。”

2007 年 5 月 24 日，申请人株式会社钟化（下称请求人）对上述驳回决定不服，向专利复审委员会提出复审请求，请求人在提出复审请求时提交了权利要求书替换页，删除了之前文本中的权利要求 15、16，将权利要求 1~14 的主题名称修改为“制备包含耐火聚酯纤维的人造毛发的方法”，并在权利要求 1 中增加了“熔体纺丝该组合物以制备耐火聚酯纤维”的技术特征。修改后的权利要求书为：

“1. 一种制备包含耐火聚酯纤维的人造毛发的方法，该方法包括制备聚酯组合物，所述聚酯组合物包含：

聚酯（A），选自聚对苯二甲酸亚烷基二醇酯或一种或多种具有聚对苯二甲酸亚烷基二醇酯作为主要组分的共聚聚酯；

包含聚对苯二甲酸亚烷基二醇酯和多芳基化合物的聚合物合金（B）；

磷类阻燃剂（C）；

亚磷酸酯类化合物（D），以及

熔体纺丝该组合物以制备耐火聚酯纤维。

2. 权利要求 1 的方法，其中聚酯组分（A）和聚合物合金组分（B）的重量比（A）/（B）= 90/10~50/50，并且相对于 100 重量份的组分（A）和（B）的总重量，以磷原子重量计，磷类阻燃剂组分（C）为 0. 05~10 重量份，亚磷酸酯类组分（D）为 0. 05~5 重量份。

3. 权利要求 1 的方法，其中聚酯组分（A）为至少一种选自聚对苯二甲酸乙二醇酯、聚对苯二甲酸丙二醇酯和聚对苯二甲酸丁二醇酯的聚合物。

4. 权利要求 1 的方法，其中聚合物合金组分（B）为包括下列物质的聚合物合金：

至少一种选自聚对苯二甲酸乙二醇酯、聚对苯二甲酸丙二醇酯和聚对苯二甲酸丁二醇酯的聚对苯二甲酸亚烷基二醇酯；和多芳基化合物，该多芳基化合物从对苯二甲酸和/或对苯二甲酸衍生物和间苯二甲酸和/或间苯二甲酸衍生物以及下面通式（1）表示的双酚化合物的混合物获得

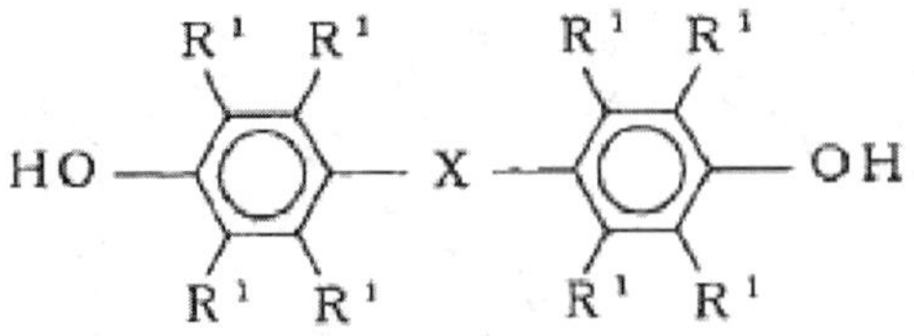

(1)

其中，R^1 为氢原子或具有 1~10 个碳原子的烃基，并且各自可以相同或不同；X 表示亚甲基、亚乙基、亚异丙基、羰基、磺酰基、1，3-亚苯基二亚异丙基或 1，4-亚苯基二亚异丙基。

5. 权利要求 1 的方法，其中磷类阻燃剂组分（C）为至少一种选自下列化合物的化合物：

磷酸酯类化合物、膦酸酯类化合物、次磷酸酯类化合物、氧化膦类化合物、亚膦酸酯类化合物、次亚磷酸酯类化合物、膦类化合物和缩合的磷酸酯化合物。

6. 权利要求 5 的方法，其中磷类阻燃剂组分（C）为由下面通式（2）表示的缩合的磷酸酯化合物：

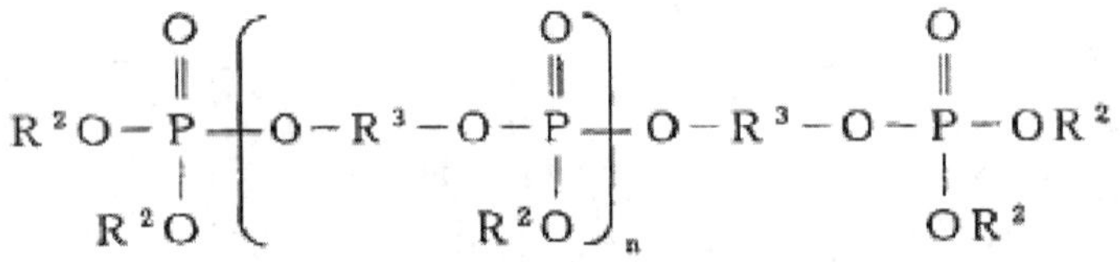

(2)

其中，R^2 为一价芳族烃基或脂族烃基，其各自可以相同或不同；R^3 为二价芳族烃基，并且当包括两个或多个 R^3 时，它们各自可以相同或不同；n 表示 0~15 的整数。

7. 权利要求 1 的方法，其中组分（C）为能与组分（A）共聚的反应性磷类阻燃剂。

8. 权利要求 7 的方法，其中反应性磷类阻燃剂为至少一种选自由通式（3）~（8）表示的含磷化合物：

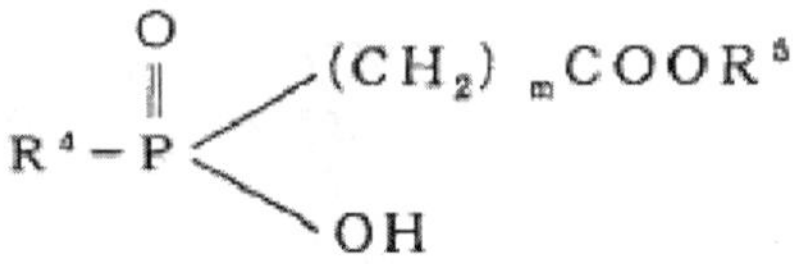

(3)

其中，R^4 为具有 1~20 个碳原子的脂族烃基或具有 6~12 个碳原子的芳族烃基；R^5 为氢原子或具有 1~20 个碳原子的脂族烃基；m 表示 1~11 的整数；

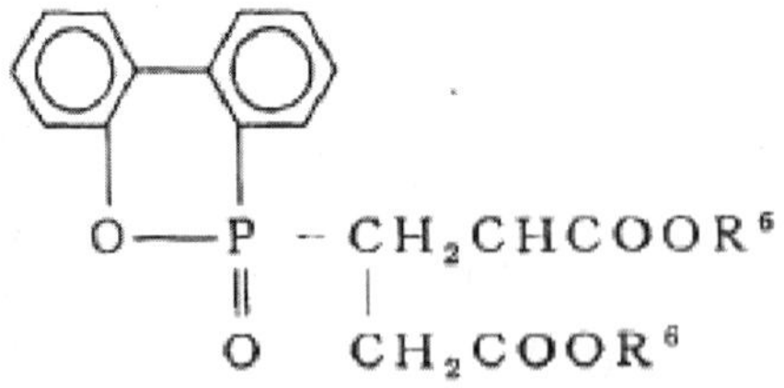

(4)

其中 R^6 为氢原子或具有 1~20 个碳原子的脂族烃基，并且它们各自可以相同或不同；

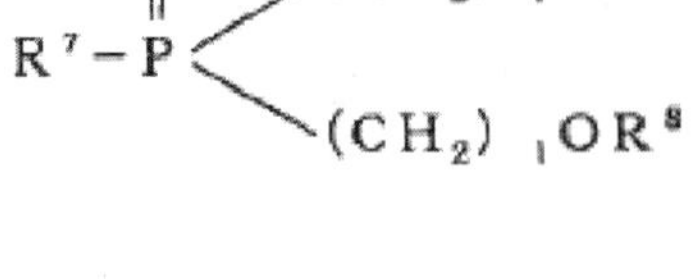

(5)

其中，R^7 为具有 1~20 个碳原子的脂族烃基或具有 1~12 个碳原子的芳族烃基；R^8 为氢原子或具有 1~20 个碳原子的脂族烃基，并且它们各自可以相同或不同；l 表示 1~12 的整数；

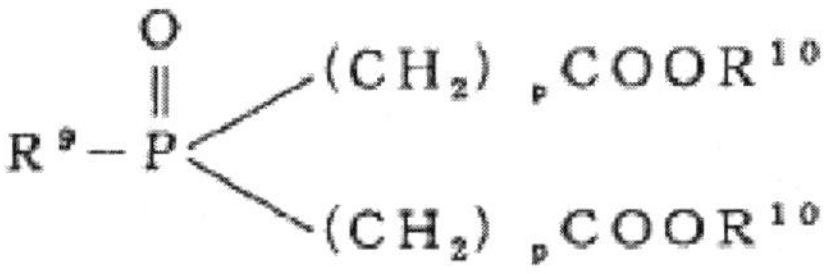

(6)

其中，R^9 为具有 1~20 个碳原子的脂族烃基或具有 6~12 个碳原子的芳族烃基；R^{10}为氢原子或具有 1~20 个碳原子的脂族烃基，它们各自可以相同或不同；p 表示 1~11 的整数；

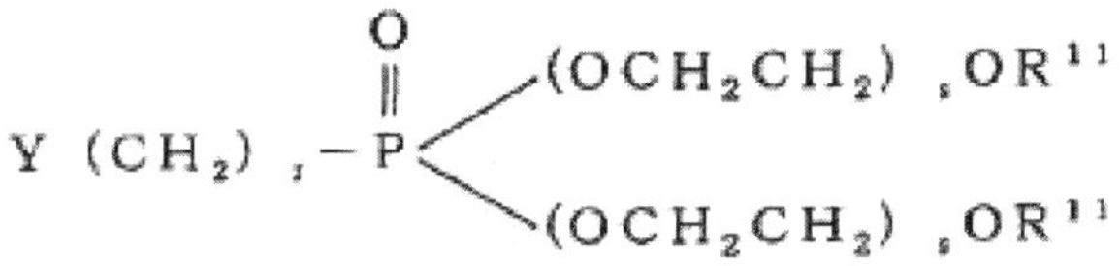

(7)

其中，R^{11}为氢原子或具有 1~20 个碳原子的脂族烃基，它们各自可以相同或不同；Y 为氢原子、甲基或具有 6~12 个碳原子的芳族烃基；r 和 s 分别表示 1~20 的整数；和

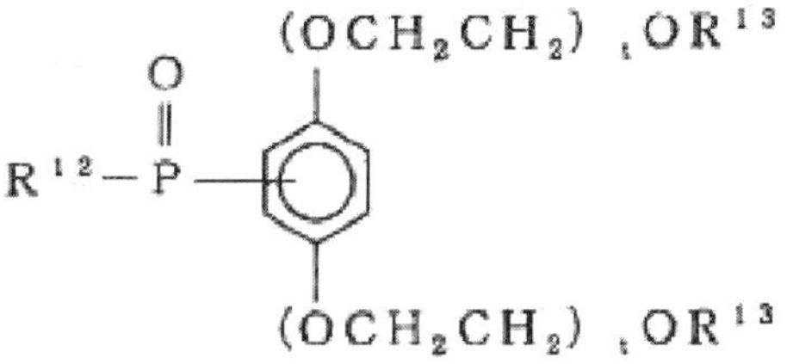

(8)

其中，R^{12}为具有 1~20 个碳原子的脂族烃基或具有 6~12 个碳原子的芳族烃基；R^{13}为氢原子或具有 1~20 个碳原子的脂族烃基，并且它们各自可以相同或不同；t 表示 1~20 的整数。

9. 权利要求 7 的方法，其中亚磷酸酯类化合物组分（D）为至少一种选自亚磷酸三烷基酯、亚磷酸三芳基酯、亚磷酸烷基芳基酯以及通式（9）~（12）表示的亚磷酸酯类化合物中的化合物：

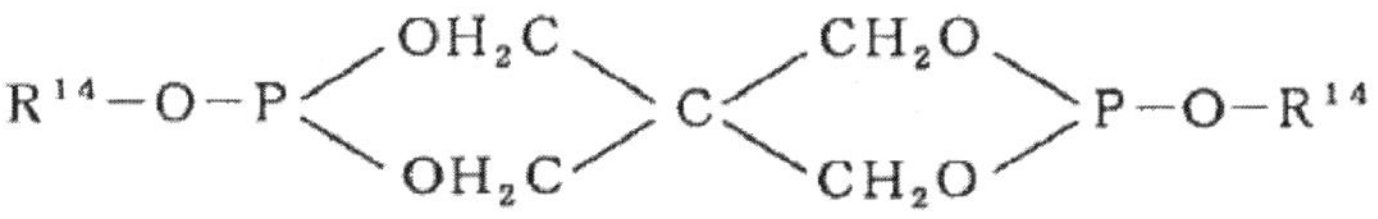

(9)

其中，R^{14}为具有 4~20 个碳原子的直链或支链烃基，并且它们各自可以相同或不同；

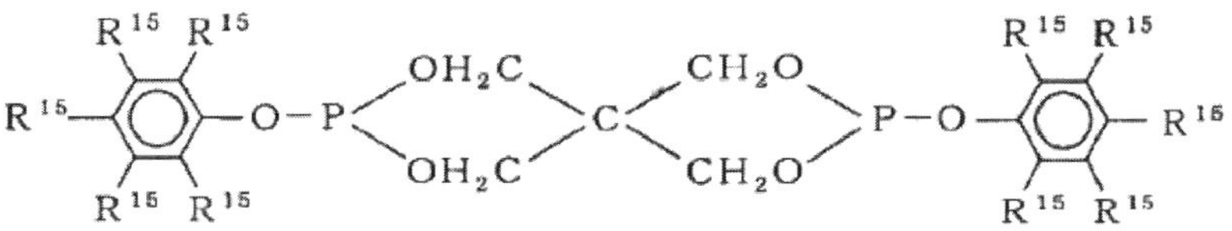

(10)

其中，R^{15}为氢原子或具有 1~10 个碳原子的烃基，并且它们各自可以相同或不同；

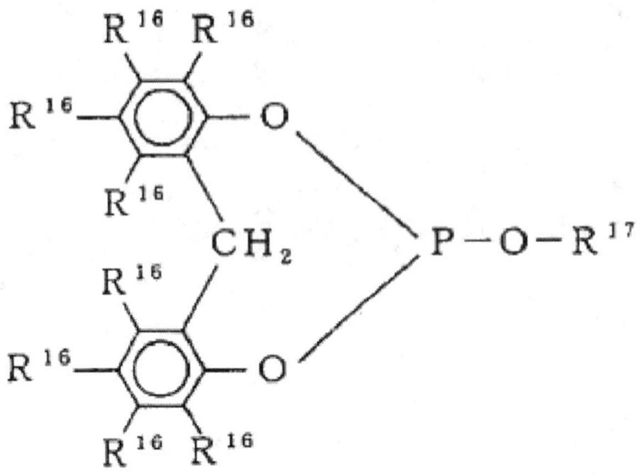

(11)

其中，R^{16}为氢原子或具有 1~10 个碳原子的烃基，并且它们各自可以相同或不同；R^{17}为具有 4~20 个碳原子的烃基或具有 6~20 个碳原子的芳基；

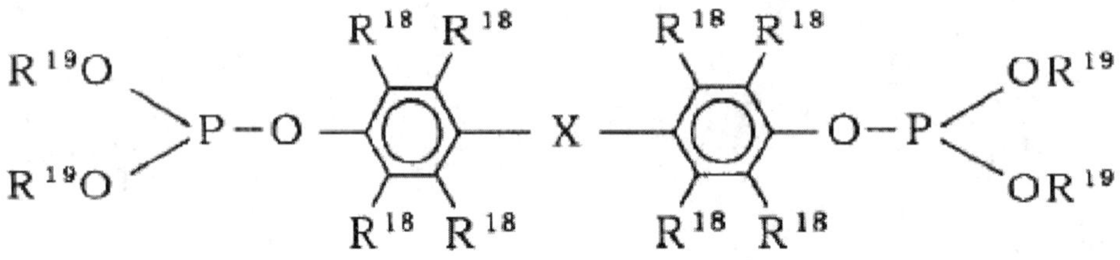

(12)

其中，R^{18}为氢原子或具有 1~10 个碳原子的烃基，并且它们各自可以相同或不同；R^{19}为具有 4~20 个碳原子的烃基或具有 6~20 个碳原子的芳族烃基，并且它们各自可以相同或不同；X 表示亚甲基、亚乙基、亚异丙基、羰基、磺酰基、1，3-亚苯基二亚异丙基或 1，4-亚苯基二亚异丙基。

10. 权利要求 1 的方法，其中将有机细颗粒（E）和/或无机细颗粒（F）进一步混入其中。

11. 权利要求 10 的方法，其中有机细颗粒组分（E）为至少一种选自多芳基化合物、聚酰胺、含氟树脂、有机硅树脂、交联丙烯酸酯树脂和交联聚苯乙烯中的化合物。

12. 权利要求 10 的方法，其中无机细颗粒组分（F）为至少一种选自碳酸钙、氧化硅、氧化钛、氧化铝、氧化锌、滑石、高岭土、蒙脱石、膨润土和云母中的化合物。

13. 权利要求 1 的方法，其中耐火聚酯纤维具有非卷曲扁平纱线形状。

14. 权利要求 1 的方法，其中耐火聚酯纤维为纺前染色的。”

请求人认为：修改后的权利要求 1~14 相对于对比文件 1、2、3 具有创造性。其理由主要是：（1）对比文件 1 并没有批露本申请权利要求 1 所使用的聚合物合金（B），特别是没有批露通过干混聚对苯二甲酸亚烷基二醇酯和多芳基化合物能够得到聚合物合金；（2）对比文件 1 没有批露磷类阻燃剂（C），其记载的磷类化合物是作为酯交换抑制剂的，而不是作为阻燃剂；（3）对比文件 1 并没有批露所述聚酯纤维用于人造毛发；（4）本申请权利要求 1 的方法在例如阻燃性、定型性能、抗滴淌性方面取得了预料不到的技术效果。因此权利要求 1 的方法相对于对比文件 1 具有创造性。其从属权利要求 2~13 也具有创造性；（5）对比文件 2 和 3 都没有涉及制备包含组分（A）~（D）的组合物的方法，权利要求 1~14 相对于对比文件 1、2 和/或 3 具有创造性。

经形式审查合格后，专利复审委员会受理了该请求，并于 2007 年 7 月 3 日向请求人发出了《复审请求受理通知书》，同时将本申请转送至国家知识产权局审查部门进行前置审查。

在《前置审查意见书》中，国家知识产权局审查部门认为：（1）申请人修改文本改变了原权利要求的类型，不符合专利法实施细则第 60 条第 1 款的规定；（2）对比文件 1 公开了与本申请相同的成分，在其工艺条件下会得到本申请中所述的合金，而在组分中加入阻燃剂是本领域公知常识，因此坚持驳回决定。

专利复审委员会组成合议组，对本复审请求案进行了审理，并于 2008 年 7 月 7 日向请求人发出《复审通知书》，指出：（1）本申请权利要求 1 与对比文件 1 的技术方案的区别在于，本申请权利要求 1 制备的聚酯组合物包含了对比文件 1 中没有公开的聚对苯二甲酸亚烷基二醇酯和多芳基化合物的聚合物合金（B），并且权利要求 1 的耐火聚酯纤维用于人造毛发。本领域技术人员从对比文件 1 中公开的内容可知，在不加入磷化合物使两者熔体共混下是能得到均匀的聚合物的，即本领域技术人员能够从对比文件 1 中获得这样的技术启示，当不以所制备的聚酯纤维必须要带有突起为目的时，则不必通过加入磷化合物来刻意地阻止聚合物合金的形成，从而获得包含聚合物合金的、能广泛用于人造毛发的聚酯纤维。因此，权利要求 1 相对于对比文件 1 不具有创造性。（2）权利要求 2~14 是权利要求 1 的从属权利要求，其附加技术特征在对比文件 1 或对比文件 2 或对比文件 3 中公开了，或者是公知常识，有关具体组分的含量是本领域技术人员通过有限的常规实验可以确定的，因此该权利要求相对于对比文件 1、2、3 及公知常识的结合不具有创造性。

2008 年 8 月 22 日，复审请求人针对上述《复审通知书》提交了意见陈述书和权利要求书的修改替换页，其中在权利要求 1 中增加了“当将 20 毫米的火焰接近所述耐火聚酯纤维，并烧掉 100 毫米长度时，滴落数目为 10 以下”的特征，修改后的权利要求 1 如下：

“1. 一种制备包含耐火聚酯纤维的人造毛发的方法，该方法包括制备聚酯组合物，所述聚酯组合物包含：

聚酯（A），选自聚对苯二甲酸亚烷基二醇酯或一种或多种具有聚对苯二甲酸亚烷基二醇酯作为主要组分的共聚聚酯；

包含聚对苯二甲酸亚烷基二醇酯和多芳基化合物的聚合物合金（B）；

磷类阻燃剂（C）；

亚磷酸酯类化合物（D），以及

熔体纺丝该组合物以制备耐火聚酯纤维，

当将 20 毫米的火焰接近所述耐火聚酯纤维，并烧掉 100 毫米长度时，滴落数目为 10 以下。”

请求人认为：（1）对比文件 1 中的组合物不含有本发明的聚合物合金（B），该聚合物合金（B）在本发明中是用于改进抗滴淌性质的组分，而对比文件 1 中仅公开了多芳基化合物是为了在聚酯纤维的纤维表面上形成突起，没有公开或暗示其他目的，两者所起的作用不同，该文献没有公开或暗示多芳基化合物是否影响聚酯纤维的抗滴淌性质，因此，本领域技术人员根据对比文件 1 的内容不会想到本发明的聚合物合金；（2）本发明优选的实施方式中通过混合有机细颗粒和/或无机细颗粒在纤维表面形成突起，因此，不带突起的聚酯纤维的情况是偏离本发明思想的；（3）本发明权利要求 1 取得了有益效果，能获得具有优越的耐火性和定形性质的耐火聚酯纤维。因此，修改后的权利要求 1 相对于对比文件 1 具有创造性。同理，其他权利要求也具有创造性。

经过上述审查程序，合议组认为本案事实已经清楚，可以依法作出复审决定。

二、决定的理由

1. 决定依据的文本

本复审决定依据的文本是请求人于 2008 年 8 月 22 日提交的权利要求第 1~14 项，2006 年 9 月 28 日提交的说明书第 3、10 页，进入国家阶段时提交的国际申请文件文本的说明书 1~2、4~9、11~25 页和说明书摘要。

2. 关于专利法第 22 条第 3 款

专利法第 22 条第 3 款规定，创造性，是指同申请日以前已有的技术相比，该发明有突出的实质性特点和显著的进步，该实用新型有实质性特点和进步。

如果现有技术给出了将发明与最接近现有技术之间的区别技术特征应用于该最接近的现有技术中以解决发明所解决的技术问题的启示，则该发明对于本领域技术人员来说是显而易见的，不具备创造性。

本案中，

（1）权利要求 1 请求保护一种制备包含耐火聚酯纤维的人造毛发的方法，该方法包括制备聚酯组合物，所述聚酯组合物包含：聚酯（A）、聚合物合金（B）、磷类阻燃剂（C）、亚磷酸酯类化合物（D），以及熔体纺丝该组合物以制备耐火聚酯纤维，所述耐火聚酯纤维在本发明的抗滴淌实验中滴落数目为 10 以下。根据本申请说明书的记载，通过熔体纺丝将聚酯、多芳基化合物类聚合物合金、磷类阻燃剂和亚磷酸酯类化合物熔融捏和得到的组合物在保持一般聚酯纤维的物理性质的同时，具有优异的耐火性和定形性质以及受控的光泽，适用于人造毛发中。

对比文件 1 记载了以下内容："一种聚酯系纤维的制备方法，其特征在于是将由聚对苯二甲酸成分、间苯二甲酸成分的混合物和双酚化合物成分获得的固有黏度为 0.5 以上的多芳基化合物与比其玻璃化转变温度低的线型聚酯在具有酯交换反应抑制能的磷化合物的存在下熔融混合，再熔融纺丝获得（见对比文件 1 权利要求 3，说明书第 2 页右上栏第 5~7 行）。"并且在说明书中具体记载了"这里使用的磷化合物有磷酸、亚磷酸及其酯，该磷化合物可以 2 种以上结合使用。"以及"磷化合物是起抑制多芳基化合物和线性聚酯之间的酯交换反应作用，以提供适度不均匀的混合物。本发明中，从纤维表面形成适度突起的角度考虑，优选的是，多芳基化合物和线型聚酯必须不均匀地混合，使多芳基化合物以数十 μm 以上的尺度大小分散。另外，如果不存在磷化合物的话，通过过度混合则形成了均匀的混合物"。对于本发明纤维中能够加入的常规添加剂，说明书中记载了"本发明的纤维还可以含有阻燃剂、耐热剂、耐光剂、消光剂、着色剂、抗静电剂等各种添加剂。"（参见对比文件 1 说明书第 2 页右下栏倒数第 1~4 行，第 3 页左上栏第 2 段至右上栏第 1 段，第 3 页左下栏第 4 段。）

将本申请权利要求 1 的技术方案与对比文件 1 的技术方案进行对比可知，两者都涉及制备聚酯纤维的方法，并且所采用的原料都是聚对苯二甲酸亚烷基二醇酯、多芳基化合物、磷酸酯和亚磷酸酯，不同之处在于，本申请权利要求 1 制备的聚酯组合物包含聚对苯二甲酸亚烷基二醇酯和多芳基化合物的聚合物合金（B），并且权利要求 1 限定了所述耐火聚酯纤维用于人造毛发以及其抗滴淌性能参数（滴落数目为 10 以下）；而对比文件 1 的聚酯系纤维由于在熔融混合过程中添加了酯交换抑制剂磷化合物，从而形成了不含聚合物合金的聚酯纤维，且对比文件 1 中没有公开所述聚酯纤维用于人造毛发的用途，也没有公开有关抗滴淌性能方面的数据。

合议组认为：首先，相比对比文件 1，本发明实际要解决的技术问题是提供一种耐火性、抗滴淌性、定形性优良的人造毛发用的耐火聚酯纤维，其解决上述技术问题的技术手段主要是通过使聚对苯二甲酸亚烷基酯和多芳基化合物先形成聚合物合金（B）。相比对比文件 1 的方案，本申请权利要求 1 中聚合物合金（B）是由于缺少了抑制两者酯交换反应的磷化合物而形成的，而对比文件 1 通过加入抑制酯交换反应的磷化合物，抑制了聚对苯二甲酸乙二醇酯和多芳基化合物的合金化，从而获得表面带有突起的聚酯纤维。本领域技术人员从对比文件 1 中公开的内容可知，在不加入磷化合物使两者熔体共混下是能得到均匀的聚合物的，也就是说，本领域技术人员能够从对比文件 1 中获得这样的技术启示，当不以通过添加酯交换抑制剂来使所制备的聚酯纤维必须要带有突起作为目的时，则不必通过加入磷化合物来刻意地阻止聚合物合金的形成。在此情况下，根据所制备的聚酯纤维的实际应用需要，本领域技术人员可以作出如下选择，例如，既可以在不含有磷化合物的情况下形成聚合物合金，也可以根据需要在特定量的磷化合物存在下形成部分合金，从而获得包含聚合物合金的聚酯纤维。

其次，就目前审查文本中请求人所作的两处修改而言，首先，对于所述聚酯纤维的应用范围，其一，由于本领域技术人员能够从对比文件 1 中得到启示用以获得如本发明权利要求 1 中所述的耐火聚酯纤维产品，针对同样的产品，本领域技术人员看不出该产品相对于用途限定之前的产品有何实质上的差异，从而认为本申请相对于对比文件 1 增加了任何新的区别技术特征；其二，即便该特征能够成为新的区别技术特征，正如本申请背景技术中记载的，以聚对苯二甲酸乙二醇酯作为主要成分的聚酯能广泛用于人造毛发等领域中，即本领域公知的能将包含聚合物合金的聚酯纤维用作人造毛发，这种对聚酯纤维的用途限定对于本领域技术人员来说是显而易见的，显然不会使权利要求 1 具备创造性。

再者，对于所述聚酯纤维产品的抗滴淌性能的限定。该限定仅是对已有产品的测量结果，并非本发明要解决技术问题的技术手段，在本领域技术人员能够从对比文件 1 中获得启示以合成包含聚合物合金（B）的聚酯纤维的情况下，所合成的最终产品必然也具有上述抗滴淌性质，因此本领域技术人员无法将该性能限定视为区别技术特征；加之，尽管对比文件 1 中仅提供了拉伸物性、耐火性方面的数据，没有具体测量有关聚酯纤维抗滴淌性能方面的数据，但是请求人没有证据表明本申请的聚酯纤维产品在抗滴淌性能方面与对比文件 1 的产品存在实质上的区别，故同样不能最终将其认定为区别技术特征；此外一并提及的是，本领域技术人员无法依据现有证据比较出本申请的聚酯产品和对比文件 1 中产品孰优孰劣，即本发明要求保护的技术方案相比现有技术并不具有更有益的效果，并且，该限定是基于本申请说明书中实施例 1～10 的测量结果获得的，而本申请的对比例产品原料中均不含多芳基化合物，其相比实施例产品在抗滴淌性能上的差异并不能用于证明本申请权利要求 1 的产品在抗滴淌性能上优于对比文件 1 的产品。因此，该性能参数限定也不能使权利要求 1 具有创造性。

请求人认为：①对比文件 1 仅仅批露了磷类化合物作为酯交换剂，而不是作为阻燃剂；②通过对比实施例 4 和对比例 1 所制得的聚酯纤维的抗滴淌性、卷曲保持性（100℃）、熨烫定型性（180℃），得到了实施例 4 相比对比例 1 的产品具有优异的抗滴淌性和定型保持性能，并且，对比文件 1 没有公开或暗示本发明权利要求 1 的技术特征“当将 20 毫米的火焰接近……滴落数目为 10 以下”，据此应认为权利要求 1 相比对比文件 1 因为具有优异的性能从而取得了预料不到的技术效果。同时还认为本发明权利要求 1 取得了有益的效果，能获得具有优越的耐火性；③本发明优选的实施方式中通过混合有机细颗粒和/或无机细颗粒在纤维表面形成突起，因此，不带突起的聚酯纤维的情况是偏离本发明思想的。

对此，合议组认为：①首先，对比文件 1 中虽然没有明确磷化合物具有阻燃性，但是磷化合物例如对比文件 1 实施例中使用的磷酸三苯基酯是本领域常用的阻燃剂；其次，对比文件 1 中已经明确教导其聚酯纤维中还可以含有阻燃剂，本领域技术人员还可以根据需要另外加入公知的磷类阻燃剂；②就抗滴淌和定型性方面的效果而言，由于权利要求 1 中关于耐火聚酯纤维抗滴淌性能是基于本申请实施例 1～10 的结果进行限定的，而本申请中记载的对比例 1 和对比例 3 中都不含多芳基化合物，可见，这两个对比例的技术方案与本申请权利要求 1 和对比文件 1 的技术方案均不相同，因此，即使本申请权利要求 1 的技术方案相对于对比例 1 和对比例 3 在抗滴淌和定型性方面效果更好，也不能说明其相对于对比文件 1 的技术方案在这些效果方面更好。另外，就本申请中记载的对比例 2 而言，由于其中的原料组分及其含量比例与本申请实施例和对比文件 1 中的各原料组分及其含量比例存在不同，因此，不能说明本申请的技术方案相对于对比例 2 在抗滴淌和定型性方面的效果好是由于本申请聚酯纤维中含有聚合物合金而导致的，并且也不能推出本申请的聚酯纤维相对于对比文件 1 的聚酯纤维在抗滴淌和定型性方面效果更好。同样，对于本申请权利要求 1 的耐火聚酯的耐火性，也没有证据表明是由聚合物合金的存在而产生的，并且也不能证明其比现有技术的技术方案更好，请求人声称的上述有益效果的理由不能成立；③首先，权利要求1中并没有限定耐火纤维中使用有机/无机细颗粒；其次通过添加有机/无机细颗粒使得聚酯纤维强度更大以及具有突起感也是本领域的公知常识，因此，请求人的上述主张不能说明本发明具有创造性。

综上所述，因为本领域技术人员能从对比文件1中获得形成包含聚合物合金的耐火聚酯纤维的启示，并结合本领域公知常识将其应用于人造毛发，从而获得权利要求1要求保护的技术方案，因此，权利要求1相对于对比文件1不具有突出的实质性特点和显著的进步，不符合专利法第22条第3款有关创造性的规定。

（2）权利要求2进一步限定了聚酯纤维（A）、（B）、（C）、（D）四种组分的含量。对比文件1中记载了以下内容："考虑纤维物性的话，多芳基化合物和线型聚酯的混合比例以重量比计为3/97~40/60，磷化合物的含量为0.01~1重量%（见说明书第3页左下栏第2段）。"合议组认为，通过上述针对权利要求1的评述可知，本领域技术人员能从对比文件1中获得启示从而得到包含聚合物合金的聚酯纤维，并且本申请说明书从未记载且也无证据可以证明权利要求1所述聚酯纤维由于采用权利要求2所述含量比例而使其相对于对比文件1的聚酯纤维产生任何意想不到的技术效果，即说明书中没有记载由于各原料比例范围的具体限定为解决本发明技术问题带来任何影响；而本领域技术人员在对比文件1中公开的多芳基化合物和线型聚酯的原料以及磷化合物的含量比例的基础上，通过有限的常规实验即可以确定合适的组分（B）和磷化合物的含量比例。因此，对于本领域技术人员来说，在权利要求1不具备创造性的前提下，权利要求2的技术方案相对于对比文件1同样是显而易见的，不符合专利法第22条第3款有关创造性的规定。

（3）权利要求3进一步限定了聚酯组分（A），在对比文件1中记载了以下内容："本发明中比多芳基化合物玻璃化转变温度低的线型聚酯优选使用聚对苯二甲酸乙二酯、聚对苯二甲酸丁二酯等聚对苯二甲酸亚烷基酯和以这些聚酯作为主体的聚酯"（见对比文件1说明书第2页右下栏第3段），即对比文件1公开了权利要求3的附加技术特征，在其引用的权利要求1不具备创造性的情况下，权利要求3相对于对比文件1不符合专利法第22条第3款的规定。

（4）权利要求4进一步限定了聚合物合金组分（B）。由上述针对权利要求1的评述可知，本领域技术人员能从对比文件1中获得在不添加酯交换抑制剂的情况下聚对苯二甲酸亚烷基酯和多芳基化合物能形成聚合物合金的启示。并且对于多芳基化合物的制备，在对比文件1说明书第2页右上栏第2段记载了以下内容："本发明中的多芳基化合物优选使用将对苯二甲酸成分和间苯二甲酸形成的混合物和下述通式表示的双酚化合物成分制得的产品。

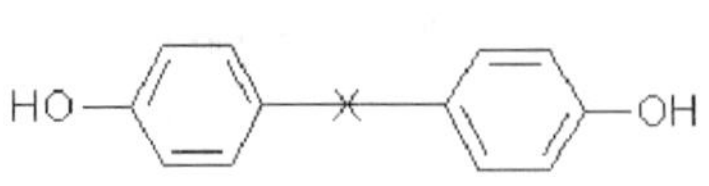

［X表示直接键合、$-CH_2-$、$-C(CH_3)2-$、$-O-$、$-SO_2-$或$-CO-$。］"。

由此可知，本领域技术人员能从对比文件1中获得启示从而得到权利要求4要求保护的技术方案，权利要求4相对于对比文件1不符合专利法第22条第3款的规定。

（5）权利要求5进一步限定了磷类阻燃剂组分（C），在对比文件1中记载了"这里使用的磷化合物有磷酸、亚磷酸及其酯，该磷化合物可以2种以上结合使用。"即，对比文件1公开了权利要求5的附加技术特征，因此，在其引用的权利要求1不具备创造性的情况下，权利要求5相对于对比文件1不符合不符合专利法第22条第3款的规定。

（6）权利要求6对磷类阻燃剂组分（C）的结构进一步限定。对比文件2中记载了以下内容：

"一种阻燃性优良的聚酯纤维，其中含有下述通式（I）表示的有机磷化合物和聚苯醚。

$$(R^1O)_2-\underset{\underset{O}{\|}}{P}OR^3O\underset{\underset{O}{\|}}{P}-(OR^2)_2$$

式中，R^1、R^2 是一价的芳香族基团，R^3 是 2 价的芳香族基团……本发明的聚酯纤维阻燃性优良，更详细的是燃烧时不会熔融滴淌。"（见对比文件 2 权利要求 1，说明书第 1 页的技术领域部分。）可见对比文件 2 中公开了和权利要求 6 具有相同结构的磷酸酯阻燃剂成分，故为了解决人造毛发阻燃性的技术问题，本领域技术人员能够在对比文件 1 的基础上结合对比文件 2 中具体采用的通式（I）的磷类阻燃剂获得权利要求 6 的技术方案，这种结合对于本领域技术人员而言是显而易见的。因此，权利要求 6 相对于对比文件 1 和 2 的结合不具备创造性，不符合专利法第 22 条第 3 款的规定。

（7）权利要求 7、8 对磷类阻燃剂组分（C）作了进一步限定。在对比文件 3 中公开了通式（t）、（u）表示的有机磷化合物。

(t)

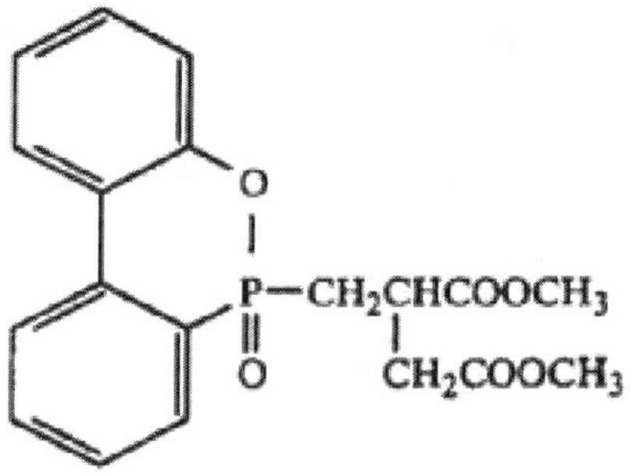

(u)

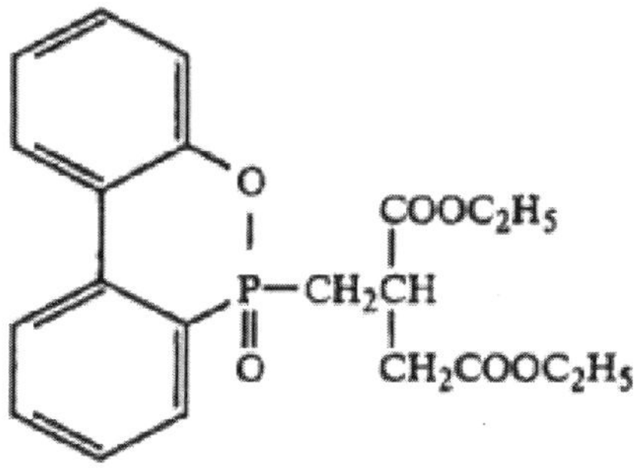

见对比文件 3 说明书第 7 栏。上述通式表示的有机磷化合物和权利要求 8 中通式（4）表示的含磷化合物的结构相同，并且对比文件 3 的说明书第 10 栏第 27~31 行记载了如下内容："本发明的含磷化合物和含磷阻燃剂非常适合与聚酯混合制造具有出色性能的阻燃聚酯中"。可见，对比文件 3 中公开了权利要求 7、8 中所限定的磷类阻燃剂，本领域技术人员在对比文件 1 的基础上结合具有对比文件 3 中通式（t）、（u）结构的磷类阻燃剂，就能获得权利要求 7、8 要求保护的技术方案，并且这种结合对于本领域技术人员而言是显而易见的。因此，权利要求 7、8 相对于对比文件 1 和 3 不符合

专利法第 22 条第 3 款有关创造性的规定。

（8）权利要求 9 进一步限定了亚磷酸酯类化合物组分（D）。在对比文件 1 中已经公开了包含亚磷酸酯三芳基酯的聚酯纤维（见对比文件 1 实施例 1）。因此，在所引用的权利要求 7 不具备创造性的情况下，权利要求 9 也不符合专利法第 22 条第 3 款有关创造性的规定。

（9）权利要求 10~12 所限定的有机、无机颗粒组分均是本领域常规的有机、无机添加剂，并且对比文件 1 说明书第 3 页左下栏中公开了所述纤维可以含有耐热剂、耐光剂、着色剂等各种添加剂，本领域技术人员可以在对比文件 1 的基础上结合本领域公知常识使用本领域的常规添加剂，从而得到权利要求 10~12 要求保护的技术方案，这对于本领域技术人员来说是显而易见的。因此权利要求10~12 相对于对比文件 1 不具备创造性，不符合专利法第 22 条第 3 款的规定。

（10）权利要求 13 限定了所述纤维具有非卷曲扁平纱线形状。合议组认为，从本申请说明书中尚无法看出本申请聚酯纤维相比对比文件 1 在定型性能上有任何效果上的改进，而本领域技术人员根据现有技术手段很容易将对比文件 1 的聚酯纤维加工成所需形状，因此，权利要求 13 的技术方案相对于对比文件 1 不具有突出的实质性特点和显著的进步，不符合专利法第 22 条第 3 款的规定。

（11）权利要求 14 限定了耐火聚酯纤维在纺前进行染色。同理，对纤维在纺前进行染色是本领域公知的技术，是本领域技术人员在对比文件 1 的基础上结合公知常识很容易实现的。因此，在权利要求 1 的技术方案相比对比文件 1 不具备创造性的情况下，权利要求 14 相对于对比文件 1 和本领域公知常识不具有突出的实质性特点和限制的进步，不符合专利法第 22 条第 3 款的规定。

综上所述，本申请权利要求 1~14 不符合专利法第 22 条第 3 款的规定。

基于上述理由，合议组作出下述决定。

三、决定

维持国家知识产权局于 2007 年 2 月 9 日对 03808994.7 号发明专利申请作出的驳回决定。

复审请求人对本决定不服的，可以根据专利法第 41 条第 2 款的规定，自收到本决定之日起三个月内向北京市第一中级人民法院起诉。

178

从茶油中提炼出的生物杀虫剂

复审请求审查决定（第15372号）

决　定　号　第15372号
决　定　日　2008年8月25日
发明创造名称　从茶油中提炼出的生物杀虫剂
国际分类号　A01N59/00
复审请求人　北京瑞雪环球科技有限公司
申　请　号　200510012084.1
申　请　日　2005年7月4日
公　开　日　2006年1月4日
合议组组长　刘　静
主　审　员　李新芝
参　审　员　任晓兰

法律依据　专利法第22条第3款
决定要点
如果发明是所属技术领域的技术人员在现有技术的基础上通过逻辑分析、推理或者有限的试验就可以得到的，并且也没有取得预料不到的技术效果，则该发明不具备突出的实质性特点和显著的进步，不具有创造性。

一、案由

本复审请求案涉及发明名称为“从茶油中提炼出的生物杀虫剂”的第200510012084.1号发明专利申请（下称本申请），申请人为北京瑞雪环球科技有限公司，申请日为2005年7月4日，公开日为2006年1月4日。

国家知识产权局原审查部门对本申请进行实质审查，于2006年3月24日发出《第一次审查意见通知书》，指出：本申请提供一种生物杀虫剂，但说明书中并未给出实验数据加以证实，对于其杀虫作用和效果只是一种臆测，因此说明书公开不充分，不符合专利法第26条第3款的规定。

针对《第一次审查意见通知书》，申请人于2006年6月13日提交了意见陈述书，并提交了一份实验报告（由北京市农业技术推广站出具的“从茶油中提炼出的生物杀虫剂（又名生物肥皂）祛除害虫试验”，以下简称“实验报告”）以证明本发明的产品有效。

国家知识产权局原审查部门对本申请继续进行实质审查，于2006年8月18日发出《第二次审查意见通知书》，指出：权利要求1~3相对于对比文件1（US4904645，公开日为1990年2月27日）不具有创造性，不符合专利法第22条第3款的规定。

针对《第二次审查意见通知书》，申请人于2006年10月18日提交了意见陈述书和对比文件1的中文译文（共7页）。

2007年2月2日，针对申请人于2005年7月4日提交的权利要求第1~3项、说明书第1~3页及说明书摘要，国家知识产权局以权利要求1~3不符合专利法第22条第3款的规定为由驳回了本申请。

驳回决定针对的权利要求1~3如下：

“1. 一种从茶油中提炼出的生物杀虫剂，其特征是它以重量百分比计含有：

水　22%~27%

固体氢氧化钾　6%~11%

异丙醇　27%~32%

油酸　36%~41%。

2. 根据权利要求1所述的从茶油中提炼出的生物杀虫剂，其特征是：所述的生物杀虫剂的pH值为8到11。

3. 根据权利要求1所述的从茶油中提炼出的生物杀虫剂，其特征是：所述的油酸是从茶油中提取的。”

驳回决定认为：（1）对比文件1公开了一种杀虫剂，并具体公开了以下技术特征“含有30~50份含50重量%一元羧酸及其碱金属盐的含水溶液，所述的一元羧酸混合物中含有至少70%油酸及其钾盐和至少6%亚油酸及其钾盐；3~20份异丙醇”（参见对比文件1权利要求1、9）。权利要求1与对比文件1的区别在于原料含量的比例略有区别，而这种区别是一种公知常识，本领域技术人员经过简单试验即可获得，且该配比未取得任何预想不到的技术效果，因此权利要求1不具备创造性；（2）从属权利要求2的附加技术特征是：所述的生物杀虫剂的pH值为8到11，对比文件1相应公开了溶液的pH值为7.5~8.8（参见对比文件1权利要求1），因此从属权利要求2也不具有创造性；（3）从属权利要求3的附加技术特征为所属技术领域的公知常识，因此从属权利要求3也不具有创造性。

2007年4月27日，申请人北京瑞雪环球科技有限公司（下称请求人）对上述驳回决定不服，向专利复审委员会提出复审请求，请求人在提出复审请求时没有对申请文件进行修改，但提交了如下附件：

附件1：“生物肥皂”的室内试验，天津农学院园艺系，2006年6月2日，复印件共3页。

请求人认为：（1）本发明的组成为：水22%~27%、固体氢氧化钠6%~11%、异丙醇27%~32%、油酸36%~41%，对比文件1的组成为：A. 水溶液30~50份，含有50%的一元羟基酸及其碱金属盐，一元羟基酸含有至少70%的油酸和6%的亚油酸及其碱金属盐，B. 1.0~2.0份除虫菊提取物，其中含有20%杀虫物质，C. 3~20份溶剂，作为除虫菊的载体，D. 微量抗氧化物，因此本发明与对比文件1的组成不同；（2）本发明与对比文件1的发明目的和实现方法不同：本发明的目的是提供环保的、以茶油中提炼的天然物质制成的杀虫剂，另一目的是提供高效率、长效、易操作、安全的以脂肪酸盐为基础的液体杀虫剂，是利用物理作用杀虫，不存在任何毒性作用；而对比文件1的发明目的是利用除虫菊与脂肪酸盐材料的结合，可以产生对昆虫具有毒性而对其他动物和植物基本没有毒性的杀虫剂，是利用化学杀虫剂除虫菊的有毒作用杀虫，脂肪酸盐仅是维持除虫菊有毒作用的载体；（3）对比文件1含有有毒成分-除虫菊，其仅仅是降低了毒性，而本发明不含除虫菊，因此可以在更广范围内使用而不必考虑除虫菊的副作用；（4）所用油酸含量不同，效果不同：本发明利用茶树作为脂肪酸来源，含有80%的油酸和8%的亚油酸，而对比文件1油酸占70%、亚油酸占6%，因此本发明有效成分比对比文件1多；（5）pH值：在对比文件1中描述了pH值的问题，pH值降低到低于

7.5会增加合成物的植物毒性，而提高pH值会使除虫菊退化，因此对比文件1规定pH值为7.5~8.8之间，而本发明pH值在9~10之间，这样可使脂肪酸盐更稳定地以盐的形式存在，同时具有高效的杀虫作用，并利于产品长期储存和保持药效；（6）附件1也表明本发明的效果优于现有技术。因此，本发明具有创造性。

经形式审查合格后，专利复审委员会受理了该请求，并于2007年6月13日向请求人发出了《复审请求受理通知书》，同时将本申请转送至国家知识产权局原审查部门进行前置审查。

在《前置审查意见书》中，国家知识产权局原审查部门认为原驳回决定中的缺陷依然存在，因此坚持驳回决定。

2007年7月24日，请求人又提交了修改后的权利要求书替换页和如下附件2（编号续前）：

附件2：生物肥皂与标准脂肪酸盐杀虫剂对比试验，北京市农业技术推广站，2005年4月28日，复印件1页。

修改后的权利要求书如下：

“1. 一种从茶油中提炼出的生物杀虫剂，其特征是它是由下列重量百分比组成的：

水　22%~27%

固体氢氧化钾　6%~11%

异丙醇　27%~32%

油酸　36%~41%。

2. 根据权利要求1所述的从茶油中提炼出的生物杀虫剂，其特征是：所述的生物杀虫剂的pH值为9~11。

3. 根据权利要求1所述的从茶油中提炼出的生物杀虫剂，其特征是：所述的油酸是从茶油中提取的，茶油中含有80%的油酸，8%的亚油酸，9%的棕榈酸，1%的硬脂酸，其中单一非饱和脂肪酸占83%。

4. 根据权利要求1所述的从茶油中提炼出的生物杀虫剂，其特征是：该生物杀虫剂是在发生器内，按以下顺序加入水、固体氢氧化钾、异丙醇、油酸，搅拌均匀制成的。”

专利复审委员会组成合议组，对本复审请求案进行了审理。

2008年6月13日，合议组向请求人发出《复审通知书》，指出：（1）新增加的权利要求4不符合专利法实施细则第60条第1款的规定；（2）权利要求1~3相对于对比文件1不具有创造性，不符合专利法第22条第3款的规定。通过比较可知，权利要求1各组分的含量范围与对比文件1中相应组分的含量范围部分重叠或稍有不同，其区别主要在于本发明中的杀虫活性组分仅为油酸钾盐，而对比文件1中的杀虫活性成分除油酸钾盐外还含有除虫菊提取物。由于对比文件1已经给出了使用油酸钾盐作杀虫活性成分以解决本发明技术问题的技术启示，因此本领域技术人员在对比文件1的基础上得到权利要求1的技术方案是显而易见的，而且本申请也没有证据证明仅使用油酸钾盐作为杀虫活性成分将会产生意想不到的技术效果，所以说权利要求1不具有创造性，不符合专利法第22条第3款的规定。从属权利要求2、3对权利要求1做了进一步的限定，但这种限定并没有产生任何预料不到的技术效果，因此权利要求2、3也不具有创造性，不符合专利法第22条第3款的规定。

2008年7月18日，请求人针对上述《复审通知书》提交了意见陈述书，并对权利要求书进行了修改，删除了权利要求4，保留了前一文本中的权利要求1~3，并将权利要求1中的“由……组成”修改为“含有”，将权利要求3中油酸的来源“所述的油酸是从茶油中提取的”补充记载于权利要求1中。修改后的权利要求书如下：

“1. 一种从茶油中提炼出的生物杀虫剂，其特征是它以重量百分比计含有：

水　22%～27%

固体氢氧化钾　6%～11%

异丙醇　27%～32%

从茶油中提取的油酸　36%～41%。

2. 根据权利要求1所述的从茶油中提炼出的生物杀虫剂，其特征是：所述的生物杀虫剂的pH值为9到11。

3. 根据权利要求1所述的从茶油中提炼出的生物杀虫剂，其特征是：所述的油酸是从茶油中提取的。”

请求人认为，(1) 请求人同意《复审通知书》中对于权利要求1与对比文件1区别特征的认定，但不同意仅以“对比文件1是否给出油酸钾盐作杀虫活性成分的技术启示”作为判断创造性的基础，理由如下：脂肪酸盐的最大缺点是很容易和硬水中的钙镁离子结合形成难溶于水的金属皂，本申请用固体氢氧化钾和异丙醇来解决钙皂形成问题，而对比文件1并没有解决硬脂酸盐容易和硬水中的钙镁离子结合形成难溶于水的金属皂的问题；(2) 本申请不含除虫菊，这从根本上解决了杀虫剂有毒的问题，而对比文件1的配方是基于除虫菊与硬脂酸盐材料的结合，只是降低毒性，未从根本上去除毒性问题；(3) 本申请茶树油提取的油酸配合特定的其他组分形成了本发明的杀虫效果，并非所有油酸都能满足本发明所需的特性，而满足对比文件1的油酸的条件要容易的多；(4) 对比文件1规定pH值在7.5～8.8之间，pH值不能再提高，否则除虫菊会失效，而本发明的pH值最好在9～10之间；(5) 请求人于《第一次审查意见通知书》后提交的实验报告足以说明本发明的效果优于现有技术，而且请求人提复审请求时所提交的附件1也说明本发明的效果优于现有技术。

至此，合议组认为本案事实已经清楚，可以作出审查决定。

二、决定的理由

1. 关于审查文本

本复审决定是以请求人于2008年7月18日提交的权利要求第1～3项，2005年7月4日提交的说明书第1～3页及其摘要为基础作出的。

2. 关于专利法第22条第3款

专利法第22条第3款规定：创造性是指同申请日以前已有的技术相比，该发明有突出的实质性特点和显著的进步。

如果发明是所属技术领域的技术人员在现有技术的基础上通过逻辑分析、推理或者有限的试验就可以得到的，并且也没有取得预料不到的技术效果，则该发明不具备突出的实质性特点和显著的进步，不具有创造性。

具体到本案而言，权利要求1要求保护一种从茶油中提炼出的生物杀虫剂，其特征是它以重量百分比计含有：22%～27%水，6%～11%固体氢氧化钾，27%～32%异丙醇，36%～41%从茶油中提取的油酸。对比文件1公开了一种易于生物降解、环境安全且储存稳定的杀虫剂水溶液，该水溶液的pH值为7.5～8.8，其主要由以下成分组成：(1) 30～50份水溶液，包含约50wt%的一元羧酸及其碱金属盐（优选钾盐）的混合物，该一元羧酸混合物包括至少70%的油酸及其碱金属盐和至少6%的亚油酸及其碱金属盐；(2) 1.0～2.0份除虫菊提取物；(3) 3～20份溶剂，优选异丙醇；(4) 痕量抗氧化剂（参见对比文件1权利要求1、3、9，说明书第2～3栏）。由此可知，在对比文件1的杀虫剂水溶液中也含有水、油酸钾盐和异丙醇，其中各组分的含量范围与权利要求1相比部分重叠或稍有不同，本申请权利要求1与对比文件1的区别主要在于：在本申请的权利要求1中将油酸具体限定为从茶油中提取的油酸。从本申请要解决的技术问题来看，其旨在提供一种以油酸钾盐为基础的液体杀虫剂。由于从本申请的说明书看不出来源于茶油的油酸会比其他来源的油酸具有更好的效果，且对比文件1也没有排除其中使用的油酸不能来源于茶油，因此，这种对油酸来源的进一步限定并没有给权利要求1的技术方案带来突出的实质性特点和显著的进步，因此本领域技术人员在对比文件1的基础上得到本申请权利要求1的技术方案是显而易见的，权利要求1相对于对比文件1不具有创造性，不符合专利法第22条第3款的规定。

从属权利要求2对权利要求1作了进一步的限定，“所述的生物杀虫剂的pH值为9~11”，该pH值虽然与对比文件1的pH值7.5~8.8略有不同，但通过调节氢氧化钾的用量对pH值进行调整是本领域技术人员的常规技术手段，而且从本申请的说明书中也不能看出其相对于对比文件1的技术方案产生了任何预料不到的技术效果，因此从属权利要求2也不具有创造性，不符合专利法第22条第3款的规定。

从属权利要求3对权利要求1做了进一步的限定，“所述的油酸是从茶油中提取出的”，该附加技术特征实际上已经记载在其所引用的权利要求1中，属于重复限定，因此在权利要求1不具有创造性的前提下，从属权利要求3也不具有创造性，不符合专利法第22条第3款的规定。

此外，针对请求人的意见陈述，合议组认为，（1）首先，脂肪酸盐与钙镁离子的结合问题在原始申请文件中并未提及，也未暗示；其次，如前所述，本申请权利要求1与对比文件1的配方的主要区别在于油酸的来源，请求人并没有提供证据证明本申请权利要求1的配方能够解决硬脂酸盐在硬水中形成金属皂的问题而对比文件1的配方却不能，因此合议组对请求人的第（1）点主张不予采信；（2）本申请的权利要求1为开放式权利要求，因此本申请的权利要求1并未排除包含除虫菊的情形；而且即使其改为封闭式权利要求，排除了包含除虫菊的情形，如《复审通知书》所述，对比文件1实际上已经给出了使用油酸钾盐作杀虫活性成分以解决本发明技术问题的技术启示，本申请的权利要求1仍不具备创造性；（3）对于油酸的限定，事实上油酸作为分子式为C_{1}7H33COOH的纯化学物质，无论其是来自茶油还是源自它处，都不应因其来源而影响其在混合物中的性能；（4）关于pH值的区别，对比文件1将其pH值限定为7.5~8.8之间主要是考虑到组合物的植物毒性及除虫菊的稳定性（参见对比文件1说明书第4栏第27~30行），因此在仅使用脂肪酸的情况下，本领域技术人员完全可以在更宽的范围内选择合适的pH值区间，而且如前所述，这种pH值的调节也是本领域技术人员的常规技术手段，其并未给本发明带来任何预料不到的技术效果；（5）对于请求人在答复《第一次审查意见通知书》时提交的实验报告、提复审请求时提交的附件1以及2007年7月24日提交的附件2，由于其未与对比文件1的技术方案在相同的剂量和试验条件下进行对比，因此不能用来证明本申请技术方案的创造性。

根据上述事实和理由，合议组作出如下审查决定。

三、决定

维持国家知识产权局于2007年2月2日针对200510012084.1号发明专利申请作出的驳回决定。

复审请求人对本决定不服的，可以根据专利法第41条第2款的规定，自收到本决定之日起三个月内向北京市第一中级人民法院起诉。

179

多环共聚物组合物

复审请求审查决定（第15488号）

决　定　号　第15488号
决　定　日　2008年12月10日
发明创造名称　多环共聚物组合物
国际分类号　C08F 232/08
复审请求人　普罗米鲁斯有限责任公司
申　请　号　99807961.8
优先权日　1998年7月1日
申　请　日　1999年6月18日
公　开　日　2001年8月8日
合议组组长　任晓兰
主　审　员　刘　磊
参　审　员　吴红权

法律依据　专利法第26条第4款
决定要点

对于权利要求概括得是否恰当，应当参照与之相关的现有技术进行判断，而且应当考虑说明书的全部内容，不应仅仅依据说明书中的具体实施例。如果基于说明书中的描述以及现有技术，所属领域技术人员能够概括得到权利要求的范围，则该权利要求能够得到说明书的支持。

一、案由

本复审请求案涉及发明名称为“多环共聚物组合物”的第99807961.8号发明专利申请（下称本申请），申请人由B·F谷德里奇公司合法变更为普罗米鲁斯有限责任公司，申请日为1999年6月18日，优先权日为1998年7月1日，公开日为2001年8月8日。

2005年5月13日，针对申请人于2004年3月8日提交的说明书第1页，2000年12月27日进入中国国家阶段时提交的说明书第2~4、6、9~11、13、15和18~30页、说明书附图第1~3页和说明书摘要，2001年3月14日提交的说明书第5、7~8、12、14、16~17页，以及2005年2月25日提交的权利要求第1~16项，国家知识产权局以本申请权利要求1、7~9和12~16不符合专利法第26条第4款的规定为由驳回了本申请。

驳回决定针对的权利要求第1、7~9和12~16项如下：

“1. 一种无规共聚物，由95至5摩尔%多环重复单元和5至95摩尔%丙烯酸酯重复单元构成，所述多环重复单元选自下式多环重复单元中的一种或多种：

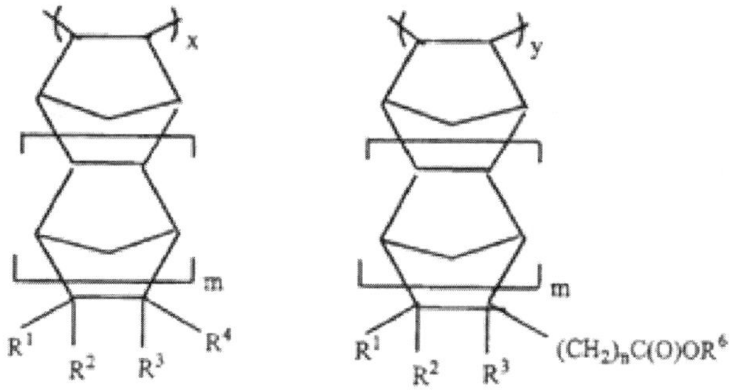

所述丙烯酸酯重复单元有下式：

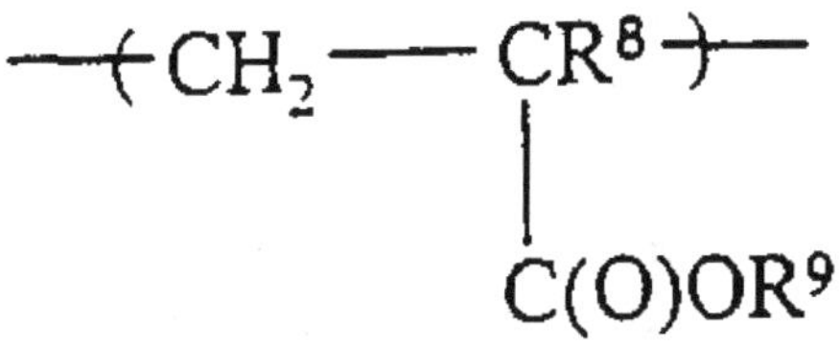

其中

R^1 至 R^4 独立地代表氢，选自线型或支化的 C_1-C_{10}烷基、C_5-C_{12}环烷基、C_6-C_{12}芳基、或 C_7-C_{24}芳烷基的烃基，R^1 和 R^4 及与之相连的两个环碳原子一起代表含 4 至 12 个碳原子的饱和或不饱和的环基或含 6 至 14 个碳原子的芳基，$-(CH_2)_n-C(O)OR^5$、$-(CH_2)_n-OR^5$、$-(CH_2)_n-OC(O)R^5$、$-(CH_2)_n-C(O)R^5$、$-(CH_2)_n-OC(O)OR^5$、或$-(CH_2)_nC(O)OR^6$，其中

m 代表 0 至 5 的整数；

n 独立地代表 0 至 10 的整数；

R^5 独立地代表氢、线型或支化的 C_1-C_{10}烷基、C_5-C_{12}环烷基、C_6-C_{14}芳基、C_7-C_{24}芳烷基、或其卤代取代基；

R^6 代表选自下列物质的酸不稳定基：$-C(CH_3)_3$、$-Si(CH_3)_3$、$-CH(R^7)OCH_2CH_3$、$-CH(R^7)OC(CH_3)_3$、二环丙基甲基、二甲基环丙基甲基或以下环状基团：

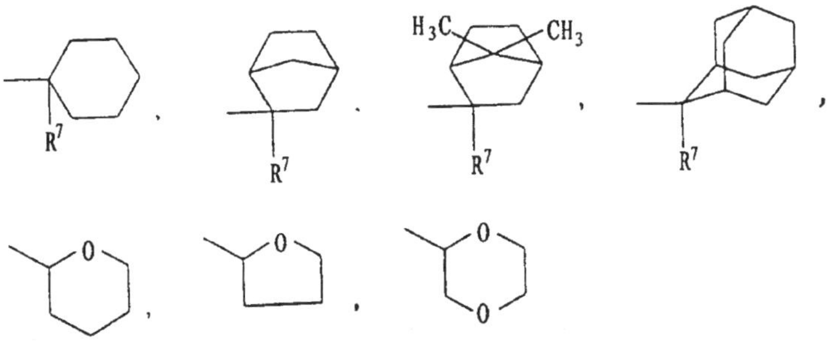

其中 R^7 代表氢或线型或支化的 C_1-C_5 烷基，

R^8 为氢或甲基；

R^9 独立地选自氢、在 R^6 定义下的酸不稳定基、线型或支化的 C_1-C_{10}烷基、或 C_5-C_{12}环烷基、C_6-C_{14}芳基、C_7-C_{24}芳烷基、或其卤代取代基；并且 x，y 和 z 代表各重复单元在所述共聚物中的摩尔百

分含量，其中 x+y 为所述共聚物的 95 至 5 摩尔%，z 为 5 至 95 摩尔%，x 或 y 可为 0 但 x 和 y 不能同时为 0，当 y 为 0 时，至少一部 R^9 必须为酸不稳定基，x+y+z=100 摩尔% 所述共聚物。

7. 权利要求 1 的共聚物，其中在 R^1 至 R^5 下定义的所述烃基取代基被氟化。

8. 权利要求 7 的共聚物，其中所述氟化取代基选自氟代或全氟代的线型或支化的 C_1-C_{10} 烷基、及氟代或全氟代苯基。

9. 权利要求 1 的共聚物，其中 R^6 代表的酸不稳定基团选自 $-C(CH_3)_3-$、$-Si(CH_3)_3$、$-CH(R^7)OCH_2CH_3$、$-CH(R^7)OC(CH_3)_3$，其中 R^7 代表氢或（C_1-C_5）烷基。

12. 一种光致抗蚀剂组合物，包括以上权利要求任一项的共聚物、溶剂、光引发剂和可选的溶解抑制剂。

13. 权利要求 12 的组合物，其中所述光引发剂选自三氟甲磺酸酯、1，2，3-苯三酚、鎓盐、羟基亚胺的酯、α，α′-二磺酰-重氮甲烷、硝基取代的苄醇的磺酸酯或萘醌-4-二叠氮化物。

14. 权利要求 13 的组合物，其中所述三氟甲磺酸酯为三氟甲磺酸三苯基锍，所述 1，2，3-苯三酚为 1，2，3-苯三酚的三甲磺酸酯。

15. 权利要求 13 的组合物，其中所述鎓盐包括六氟锑酸、六氟砷酸、三氟甲磺酸的三芳基锍和二芳基碘鎓盐。

16. 权利要求 12 的组合物，其中所述可选的溶解抑制剂为胆酸叔丁酯。”

驳回决定认为：

（1）说明书没有实施除 R^6、R^9 中酸不稳定基为叔丁基外的单体参与制备共聚物，且现有技术和说明书中都没有提供酸不稳定基除叔丁基以外取代基的单体的制备方法、性能参数；申请人提供的参考资料中只是定义了何种基团作为酸不稳定基，并没有公开含有其他酸不稳定基单体的制备方法、性能参数，而共聚物的结构是由参与聚合反应的单体决定的；故权利要求 1 中那些 R^6、R^9 中除叔丁基外的酸不稳定基所限定的技术方案得不到说明书支持，不符合专利法第 26 条第 4 款的规定。同理，从属权利要求 9 也得不到说明书支持，不符合专利法第 26 条第 4 款的规定。

（2）说明书实施例中并没有具体实施氟化取代基的降冰片烯单体或丙烯酸酯单体的技术方案，本领域技术人员无法清楚判断使用该单体是否能进行共聚并具有相同的技术效果，因而权利要求 7~8 出现了申请人推测的内容，其技术效果难以预先确定和评价，得不到说明书支持，不符合专利法第 26 条第 4 款的规定。

（3）说明书实施例中没有公开所制得的无规共聚物具体施用于光致抗蚀刻组合物的技术方案，也没有公开关于所述光致抗蚀刻组合物的技术效果，因此，权利要求 12 没有得到说明书实质上的支持，不符合专利法第 26 条第 4 款的规定。同理，引用独立权利要求 12 的从属权利要求 13~16 也没有得到说明书的支持，不符合专利法第 26 条第 4 款的规定。

（4）除叔丁基以外的其他酸不稳定基与叔丁基不具有相同的结构和性能，其相互替代后不具有相同的性能；申请人提供的参考资料 US5705503A 没有公开除叔丁基外的其他酸不稳定基单体的制备方法、性能参数，该参考资料中没有完整记载或充分公开的内容不能作为证据用于证明权利要求的概括适当。

2005 年 9 月 12 日，申请人普罗米鲁斯有限责任公司（下称请求人）对上述驳回决定不服，向专利复审委员会提出复审请求，请求人在提出复审请求时没有对申请文件进行修改，但提交了附件 1（US5879857，公开日为 1999 年 3 月 9 日，复印件共 2 页），附件 2（EP0789278A2，公开日为 1997 年 8 月 13 日，复印件共 3 页）和附件 3（US5705503A，公开日为 1998 年 6 月 6 日，标为第 32~33 栏的复印件共 1 页）。

请求人认为：(1) 首先，说明书清楚地描述了权利要求 1 提到的所有基团，对不同基团的实例进行了列举，并在实施例中公开了一些具体方案。其次，从现有技术角度看，附件 1 第 2 栏第 24~31 行公开了一系列酸不稳定基团，其中的一些类似于本申请中的酸不稳定基团，并且强调“这些宽范围的酸不稳定取代基对于本领域技术人员而言是众所周知的”。附件 2 的第 4 和 5 页对可酸断裂的基团 X 或 Y 进行了论述。附件 3 公开了降冰片烯型单体的聚合，所述单体中的 R^1 至 R^4 基团包含了很多本申请权利要求 1 中存在的酸不稳定类型结构，并且该聚合同样采用包括钯的第 VIII 族类催化剂。因此，从附件 1~3 公开的内容可知：本领域技术人员在本申请的申请日前就已了解在降冰片烯型单体上的宽范围的已知酸不稳定取代基。再者，酸不稳定基团是当聚合物暴露于辐射敏感的产酸剂时将被除去的基团。酸不稳定基团裂开，而剩下的聚合物发挥其功能；酸不稳定基团只是被用作将被除去的封端基团，其特定性能与聚合物的性能无关，因此，驳回决定所认定的“用其他基团代替叔丁基将导致不同的结果”的观点不成立。综上，根据说明书公开的内容，结合现有技术可以概括得到权利要求 1 的范围。权利要求 1 能得到说明书的支持。

(2) 本领域技术人员可以预料，含有第 VIII 族金属的催化剂，特别是钯，对羧酸酯官能团将比对卤素、特别是氟更敏感，由于实施例中已给出了含有甲基丙烯酸酯的共聚物的制备，因此本领域技术人员不可能认为降冰片烯上的氟取代基将影响单体的聚合，故权利要求 7 和 8 能得到说明书的支持。

(3) 说明书第 24 页第 13 行至第 26 页第 14 行对使用本申请的聚合物制备光致抗蚀剂材料进行了详细的描述，所有这些程序对本领域技术人员而言都是公知的。基于说明书中的上述描述，本领域技术人员能够清楚地了解，本申请要求保护的聚合物是如何起作用的以及光致抗蚀剂组合物是如何制备的。因此，本领域技术人员可以使用本申请的聚合物制得权利要求 12 要求保护的光致抗蚀剂，同理，权利要求 12 的从属权利要求 13~16 也得到说明书的支持，符合专利法第 26 条第 4 款的规定。

2005 年 9 月 21 日，经形式审查合格后，专利复审委员会受理了该请求，并向请求人发出了《复审请求受理通知书》，同时将本申请转送至国家知识产权局原审查部门进行前置审查。

在《前置审查意见书》中，国家知识产权局原审查部门坚持驳回决定。

专利复审委员会依法组成合议组，对本复审请求案进行了审理。

经合议，合议组认为本案事实清楚，可以依法作出复审决定。

二、决定的理由

1. 审查文本

本复审决定针对的文本为：请求人于 2004 年 3 月 8 日提交的说明书第 1 页，进入中国国家阶段时提交的说明书第 2~4、6、9~11、13、15 和 18~30 页、说明书附图第 1~3 页和说明书摘要，2001 年 3 月 14 日提交的说明书第 5、7~8、12、14、16~17 页，以及 2005 年 2 月 25 日提交的权利要求第 1~16 项。

2. 关于专利法第 26 条第 4 款

专利法第 26 条第 4 款规定，权利要求书应当以说明书为依据，说明要求专利保护的范围。

对于权利要求概括得是否恰当，应当参照与之相关的现有技术进行判断，而且应当考虑说明书的全部内容，不应仅仅依据说明书中的具体实施例。如果基于说明书中的描述以及现有技术，所属领域技术人员能够概括得到权利要求的范围，则该权利要求能够得到说明书的支持。

(1) 关于权利要求 1 和 9。

权利要求 1 要求保护一种无规共聚物（具体参见案由部分）。

驳回决定认为，权利要求 1 中 R^6、R^9 为除叔丁基之外的酸不稳定基团的技术方案得不到说明书的支持。

为此，合议组查明：

根据说明书记载，本申请的目的之一是提供有由多环烯烃和丙烯酸类单体聚合的重复单元的无规共聚物组合物；本申请的另一目的是提供含有不稳定的侧酸基的多环/丙烯酸酯共聚物（参见说明书第 3 页）。

为此，说明书详细阐述了形成该共聚物的“降冰片烯型单体”和“（甲基）丙烯酸酯”单体（参见说明书第 4~7 页），阐明了聚合所使用的单组分催化剂体系，在实施例中具体公开了降冰片烯叔丁酯与丙烯酸甲酯、降冰片烯与丙烯酸甲酯、丁基降冰片烯与丙烯酸甲酯、降冰片烯乙酯与丙烯酸甲酯、降冰片烯与甲基丙烯酸甲酯的共聚物。其中记载了如下内容：

①本申请的一实施方案中，“所述多环/丙烯酸共聚物中多环和/或丙烯酸重复单元至少之一包含还有酸不稳定基的酯官能团。酸不稳定基意指含有保护或离去基的酯官能团（即羧酸的酯）。所述保护基能在酸存在下裂开产生游离羧酸和酸解或酸催化水解副产物。这样，可通过转化成游离羧酸基的酯官能团的量调节共聚物的亲水性或溶解度”（参见说明书第 8 页）；

②“所述酸不稳定基通过一或多个多环重复单元、一或多个丙烯酸重复单元或通过一或多个多环和丙烯酸重复单元聚合至共聚物主链中。这种含酸不稳定基的共聚物的重复单元结构表示如下……R^6 和/或 R^9 至少之一必须是选自：$-C(CH_3)_3$、$-Si(CH_3)_3$、$-CH(R^7)OCH_2CH_3$、$-CH(R^7)OC(CH_3)_3$、或以下环状基团的酸不稳定基：

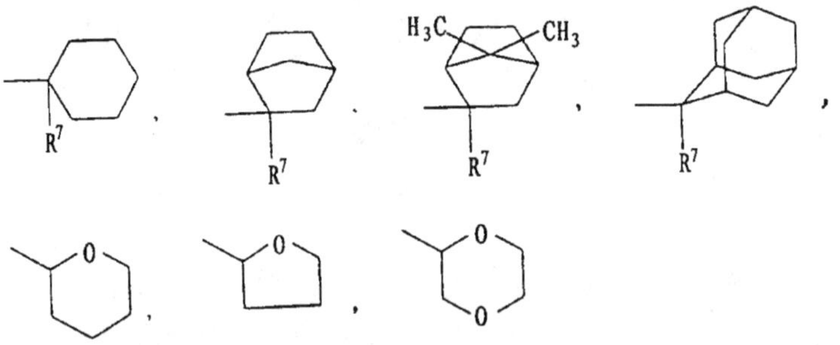

（参见说明书第 8~9 页）”；

③“在 R^6 和 R^9 下定义的代表性的酸不稳定基包括 1-甲基-1-环己基、异冰片基、2-甲基-2-异冰片基、2-甲基-2-金刚烷基、四氢呋喃基、四氢吡喃酰基、3-氧环己酮基、甲瓦龙酸内酯基、1-乙氧基乙基、和 1-叔丁氧基乙基；R^6 和 R^9 也可代表前面所定义的 Dcpm（二环丙基甲基）和 Dmcp（二甲基环丙基甲基）基团（参见说明书第 9 页）”；

④“含有酸不稳定基侧官能团的重复单元在所述共聚物主链中的存在量足以在所述酸不稳定基从所述被保护酯官能团上解离之后使所述共聚物在水介质（例如水基）中的溶解度发生变化（不溶至可溶）（参见说明书第 9 页）”；

⑤主链侧面含有酸不稳定基的本发明多环/丙烯酸共聚物可用于对辐射敏感的光致抗蚀剂组合物中（参见说明书第 24 页末段）；受到辐射时，所述对辐射敏感的产酸剂产生强酸（参见说明书第 25 页第 2 段）；所述游离酸催化所述共聚物的酸不稳定侧基解离（参见说明书第 26 页第 1 段）。

由此可见，本申请说明书中已经详细解释了酸不稳定基团的作用，列举了其相应的结构，并给出了在共聚物中引入其代表性的基团（叔丁基）的具体实施例。在此基础上，判断权利要求 1 中酸不稳定基团为除叔丁基之外的其他基团的技术方案能否得到说明书的支持，应当考虑以下几个问题：①酸不稳定基团在本申请的技术方案中所起的作用；②现有技术中是否存在类似的带有类似酸不稳定基团的单体，本领域技术人员根据现有技术及其技术常识能否获得带有酸不稳定基团的单体；③带有除叔丁基之外的其他酸不稳定基团的单体能否顺利引入共聚物中。

从说明书公开的上述内容可知，酸不稳定基是作为保护或离去的酯官能团，即属于保护基或离去基，其在酸存在下裂开；含该酸不稳定基的单体参与共聚反应，但酸不稳定基作为基团本身不参与共聚反应，它是随共聚单体一起进入共聚物中；并且共聚物上的酸不稳定基可以从所述被保护的酯官能团上解离，解离后生成羧基使得所述共聚物在水介质中的溶解度发生变化。另外，从说明书中定义的酸不稳定基的范围以及列举的一些具体的酸不稳定基的结构来看，其均为在空间上具有较大位阻的不活泼基团，在作为保护基或离去基团的性质上有相似性，并且这些基团都能作为保护基或离去基团。

其次，现有技术中已经公开了带有类似酸不稳定基团的降冰片烯型单体，例如，请求人提供的附件2公开了一种辐射敏感的树脂组合物，其与本申请的多环共聚物组合物属于相近的技术领域；附件2公开了降冰片烯型单体上可带有酸裂解基团X或Y，其中酸裂解基团为C_{1-10}烃基、卤代C_{1-10}烃基、四氢呋喃基、四氢吡喃基、丁氧羰基甲基、丁氧羰基乙基、丁氧羰基丙基或三烷基甲硅烷基（参见附件2说明书第4页第33~39行）；在其合成实施例中具体公开了酸不稳定基为叔丁基或四氢吡喃基的降冰片烯单体参与聚合得到聚合物（参见合成实施例1~6和9~11）。再例如，与本申请属于相同技术领域的WO97/33198（公开日为1997年9月12日，早于本申请的优先权日，以下简称附件4）公开了一种包括具有酸不稳定侧基的多环聚合物的光刻胶组合物，其包括使具有酸不稳定基团的降冰片烯型单体在单组分催化剂体系存在下进行聚合。其中，在其说明书第8~9页以及权利要求2中公开了所述酸不稳定基团可以是“$-C(CH_3)_3$、$-Si(CH_3)_3$、异冰片基、2-甲基-2-金刚烷基、四氢呋喃基、四氢吡喃基、3-氧代环己酮基（3-oxocyclohexanonyl）、甲瓦龙酸内酯基、二环丙基甲基（Dcpm）和二甲基环丙基甲基（Dmcp）的可由光致酸引发剂开裂的部分（即封闭或保护基团）”，与本申请的酸不稳定基团基本相同。在其说明书中还公开了带有所述酸不稳定基团的单体的制备方法（参见附件4的说明书第12~18页）。同时，本申请所使用的酸不稳定基实质上均是羟基的保护基团，而这些保护基也均为化学领域中常见的羟基保护基，在化合物中结合保护基的方法在现有技术中是已知的，因此，本领域技术人员在现有技术及其技术常识的基础上能够制备得到本申请所使用的含酸不稳定基的单体。

再者，本申请中降冰片烯型单体与丙烯酸型单体是在含有第VIII族金属的催化剂体系存在下聚合的，这与附件2和附件4中所用的催化剂完全相同。在本申请中已经验证了含有叔丁基的降冰片烯型单体在所述催化剂体系下可以顺利地与丙烯酸型单体发生共聚，附件2中验证了含有叔丁基、四氢吡喃基的降冰片烯型单体在相同的催化剂体系下可以聚合的情况下，本领域技术人员能够预期含有其他酸不稳定基团的降冰片烯型单体也可顺利地与丙烯酸型单体发生共聚。

综上所述，就其在本申请技术方案中所起的作用而言，本申请中酸不稳定基团的性能是类似的，同时，本领域技术人员在说明书公开的技术内容的基础上，结合现有技术及其技术常识能够获得相应的聚合单体，并预期到这些单体均能顺利地参与共聚并产生类似的效果。因此，在没有相反证据的情况下，即使说明书仅给出了酸不稳定基团为叔丁基的实施例，没有给出其他酸不稳定基团的具体实施方案，也不能就此断言其他酸不稳定基团的技术方案得不到说明书的支持。因而，驳回决定认为权利要求1得不到说明书支持的驳回理由不成立，权利要求1符合专利法第26条第4款的规定。

同理，从属权利要求9也得到说明书的支持，符合专利法第26条第4款的规定。

（2）关于权利要求7和8。

权利要求7和8是权利要求1的从属权利要求，将权利要求1中$R^1 \sim R^5$定义的烃基限定为氟化烃基。驳回决定认为本申请未公开所述烃基为氟化烃基的实施例，因此，权利要求7~8得不到说明书的支持。

对此，合议组认为，根据说明书记载的内容，本申请所采用的催化剂可有效聚合其上带有非氟化烃基取代基的多环烯烃，本领域技术人员知晓，通常，在聚合反应中，氟代烃基或全氟代烃基的活性较羧酸酯官能团低，如果带有羧酸酯官能团的单体在催化体系下能顺利发生聚合的话，一般来说该单体上的氟代烃基或全氟代羟基取代基将不会影响所述聚合反应。因此，在没有相反证据的情况下，本领域技术人员将能预期采用相同的催化剂，在相同的条件下，含氟代或全氟代烃基取代基的单体也能发生聚合并实现本申请的目的，在此情况下，虽然说明书实施例中没有具体实施含氟化烃基取代基的降冰片烯型单体与丙烯酸型单体共聚的技术方案，也不应据此断言权利要求 7 和 8 的技术方案没有得到说明书的支持。

（3）关于权利要求 12～16。

说明书第 24～26 页对如何使用本申请的共聚物制备光致抗蚀材料进行了详细的描述，其中说明书第 24 页第 14 行至第 25 页第 16 行描述了集成电路的制备程序，说明书第 25 页第 22～24 行描述了产生正像抗蚀剂图像的制备步骤，上述制备程序是本领域技术人员所熟知的。本领域技术人员能够使用本申请的共聚物来制得权利要求 12 要求保护的光致抗蚀组合物，此外，由于现有技术中已经存在诸多类似的含有降冰片烯型结构的聚合物用作光致抗蚀材料的先例（参见本申请背景技术中所引用的文献及申请人提供的附件 2 和 3），因此，在没有证据表明本申请的共聚物无法用于制备光致抗蚀组合物的情况下，尚不能仅凭本申请说明书未提供具体实施例而断言权利要求 12～16 得不到说明书的支持。

根据上述事实和理由，合议组作出如下决定。

三、决定

撤销国家知识产权局于 2005 年 5 月 13 日针对 99807961.8 号发明专利申请作出的驳回决定，由国家知识产权局原审查部门以驳回决定所针对的申请文本为基础继续审批程序。

复审请求人对本决定不服的，可以根据专利法第 41 条第 2 款的规定，自收到本决定之日起三个月内向北京市第一中级人民法院起诉。

180

掺杂稀土元素的基质材料

复审请求审查决定（第 15516 号）

决　定　号　第 15516 号
决　定　日　2008 年 12 月 17 日
发明创造名称　掺杂稀土元素的基质材料
国际分类号　C09K11/59，C09K11/08，C09K11/61，C09K11/88，C09K11/62，H01J1/63
复审请求人　拉特格斯州立大学
申　请　号　00807695.2
申　请　日　2000 年 2 月 25 日
优先权日　1999 年 3 月 19 日
公　开　日　2002 年 5 月 29 日
合议组组长　吴红权
主　审　员　刘　静
参　审　员　黄　强

法律依据　专利法第 26 条第 4 款
决定要点

对于权利要求的概括是否恰当的判断，不应仅仅局限于具体实施例，还应当利用本领域技术人员的普通技术知识进行判断，如果本领域技术人员在申请文件给出的信息基础上，通过本领域普通技术知识能够合理预测权利要求限定的整个范围都能够解决发明所要解决的技术问题，并达到相同的技术效果，则应当认为该权利要求得到了说明书的支持。

一、案由

本复审请求案涉及发明名称为"掺杂稀土元素的基质材料"的第 00807695.2 号发明专利申请（下称本申请），申请人为拉特格斯州立大学，申请日为 2000 年 2 月 25 日，优先权日为 1999 年 3 月 19 日，公开日为 2002 年 5 月 29 日。

2005 年 3 月 11 日，针对申请人于 2005 年 1 月 24 日提交的权利要求第 1~14 项、进入中国国家阶段时提交的国际申请文件的说明书第 1~10 页及其摘要、说明书附图第 1~2 页，国家知识产权局以本申请权利要求 1、4~9、12~14 不符合专利法第 26 条第 4 款为由驳回了本申请。驳回决定所针对的权利要求书为：

"1. 一种稀土元素组合物，其包含基质金属卤化物盐的粒子，其中 60 摩尔百分比或更少的所述基质金属被一种或多种稀土元素所替代，其中所述基质金属选自 La，Be，Mg，Ca，Sr，Pb 和 Ba，并且其中所述粒子由1~100nm微晶颗粒尺寸的粒子组成。

2. 权利要求1的组合物，其含有掺杂稀土元素的氟化盐或氯化盐。

3. 权利要求1的组合物，其掺杂了一种或多种选自Tb，Dy，Ho，Er，Tm，Yb或Lu的稀土元素。

4. 一种含有分散在含氟聚合物基体中的权利要求1的组合物的复合材料。

5. 一种含有由权利要求4的复合材料形成光学部件的发光装置。

6. 权利要求5的发光装置，其中所述装置是零损耗连接元件，上变频光源，标准光源，立体显示器，平板显示器或者用于操作波分复用系统中的光源。

7. 权利要求4的发光装置，其含有各种稀土元素的组合物，在激发，荧光或者发光时发射出多种重叠发射带。

8. 权利要求4的发光装置，其含有各种稀土元素的组合物，在激发，荧光或者发光时发射多种分开的和特征的发射带。

9. 权利要求8的发光装置，其中所述装置是立体显示器或平板显示器。

10. 一种生产掺杂一种或者多种稀土元素的金属卤化盐粒子的方法，其包括：

提供均匀的化学计量的混合物，其含有选自La，Be，Mg，Ca，Sr，Pb和Ba的金属的盐和一种或者多种稀土元素；和

在含有少量或没有水蒸气的气氛中，在100~600℃的温度下，所述混合物与过量的卤化氢或者卤化气体一起加热。

11. 权利要求10的方法，其中所述卤化氢是HF或者HCl。

12. 一种生产掺杂一种或多种稀土金属的金属氯化物粒子的方法，包含：

提供选自La，Be，Mg，Ca，Sr，Pb和Ba的金属的盐和一种或者多种稀土元素的盐的水溶液；

在所述水溶液中溶解过量的氯化铵；和

向所述的水溶液添加极性有机溶剂，使掺杂一种或多种稀土元素的金属氯化物粒子沉淀出来。

13. 权利要求12的方法，其中所述极性溶剂包括乙醇。

14. 权利要求12的方法，其中在所述水溶液中溶解过量氯化铵的步骤中，包括在所述水溶液中，在室温和90℃之间的温度下搅拌所述氯化铵的步骤。”

驳回决定认为：(1) 权利要求1对“一种或多种稀土元素”的限定要求保护范围过大，“1~100nm微晶尺寸的粒子”的限定中，在说明书中没有该数值端点和中间点的支持实施例，申请人所述的使用动态光散射发射测定其粒径的方法在说明书中也没有记载；因此权利要求1不符合专利法第26条第4款的规定。(2) 说明书没有公开如何制备含有该稀土元素组合物的复合材料的制备方法和过程，也没有公开如何制备含有该稀土元素组合物的复合材料的技术效果，也没有公开使用该复合材料制备的发光装置的制备及其技术效果，因此权利要求4~9不符合专利法第26条第4款的规定。(3) 说明书实施例没有公开具体实施使用极性溶剂的技术方案，说明书第6页第18~21行的描述只是一个设想，并没有具体实施，因此权利要求12~14不符合专利法第26条第4款的规定。

2005年6月27日，申请人拉特格斯州立大学（以下称请求人）对上述驳回决定不服，向专利复审委员会提出复审请求，同时提交了权利要求书的替换页，修改后的权利要求书为：

“1. 一种稀土元素组合物，其包含基质金属卤化物盐的纳米粒子，其中60摩尔百分比或更少的所述基质金属被一种或多种稀土元素所替代，其中所述基质金属选自La，Be，Mg，Ca，Sr，Pb和Ba。

2. 权利要求1的组合物，其含有掺杂稀土元素的氟化盐或氯化盐。

3. 权利要求 1 的组合物，其掺杂了一种或多种选自 Tb，Dy，Ho，Er，Tm，Yb 或 Lu 的稀土元素。

4. 一种含有分散在含氟聚合物基体中的权利要求 1 的组合物的复合材料。

5. 一种含有由权利要求 4 的复合材料形成的光学部件的发光装置。

6. 权利要求 5 的发光装置，其中所述装置是零损耗连接元件，上变频光源，标准光源，立体显示器，平板显示器或者用于操作波分复用系统中的光源。

7. 权利要求 5 的发光装置，其中所述复合材料含有各种稀土元素的组合物，在激发，荧光或者发光时发射出多种重叠发射带。

8. 权利要求 5 的发光装置，其中所述复合材料含有各种稀土元素的组合物，在激发，荧光或者发光时发射多种分开的和特征性的发射带。

9. 权利要求 8 的发光装置，其中所述装置是立体显示器或平板显示器。

10. 一种生产掺杂一种或者多种稀土元素的金属卤化盐粒子的方法，其包括：

提供均匀的化学计量的混合物，其含有选自 La，Be，Mg，Ca，Sr，Pb 和 Ba 的金属的盐和一种或者多种稀土元素；和

在含有少量或没有水蒸气的气氛中，在 100～600℃的温度下，所述混合物与过量的卤化氢或者卤化气体一起加热。

11. 权利要求 10 的方法，其中所述卤化氢是 HF 或者 HCl。

12. 一种生产掺杂一种或多种稀土金属的金属氯化物粒子的方法，包含：

提供选自 La，Be，Mg，Ca，Sr，Pb 和 Ba 的金属的盐和一种或者多种稀土元素的盐的水溶液；

通过在所述水溶液中，在室温和 90℃之间的温度下搅拌所述氯化铵，从而在所述水溶液中溶解过量的氯化铵；和

向所述的水溶液添加乙醇，使掺杂一种或多种稀土元素的金属氯化物粒子沉淀出来。”

请求人认为：（1）权利要求 1 中的“粒子”改为“纳米粒子”得到了说明书的支持，“1～100nm 微晶颗粒尺寸”的技术特征已经删除；（2）稀土元素共有 17 种，之所以将这些元素归为一类，是因为它们具有相同的特性和化学性质，在说明书实施例通过三种稀土元素进行了举例说明的基础上，本领域技术人员完全能够想到如何使用其他稀土元素来实现本发明，因此权利要求 1 的“一种或多种稀土元素”能够得到说明书的支持；（3）如何由复合材料来制备光学部件以及如何将光学部件用于发光装置在本领域中是已知的，在本领域中有详细的记载，因此权利要求 4～9 符合专利法第 26 条的规定；（4）使用极性溶剂来沉淀稀土元素的金属氯化物的方法在本领域中也是公知的，因此权利要求 12 符合专利法第 26 条的规定。

形式审查合格后，专利复审委员会于 2005 年 9 月 6 日受理了该复审请求，向请求人发出《复审请求受理通知书》，并将本申请移交国家知识产权局原审查部门进行前置审查。

在《前置审查意见书》中，国家知识产权局原审查部门认为：说明书实施例中并没有公开具体实施使用乙醇的技术方案，说明书第 6 页第 18～21 行的描述只是一个设想，并没有具体实施，因此权利要求 12 仍不符合专利法第 26 条第 4 款的规定，申请人对权利要求书的修改没有全部克服驳回决定指出的缺陷，因此坚持原驳回决定。

专利复审委员会组成合议组，对本案的复审请求进行了审理，并于 2007 年 12 月 18 日向请求人发出《复审通知书》。《复审通知书》指出：（1）如请求人在复审请求书中所述，稀土元素包括 17 个元素，镧系以及钪和钇。但本领域公知，钪的化学性质与其他 16 种稀土元素有较大差别，而且根据物理化学性质以及分离工艺的不同可以对稀土元素进一步分类，不同类型对应的分离提取方法有所不

同。本申请的实施例仅仅实施了Pr、Er、Dy三种稀土元素，但权利要求1将保护范围概括到“一种或多种稀土元素”，本领域技术人员根据现有技术以及说明书的记载，不能确定按照本申请的方法，17种稀土元素都能掺杂到基质金属卤化物中制备出相应的纳米粒子，即由说明书公开的内容不能概括得到权利要求1的组合物，不能确定权利要求1的组合物都能解决本发明的技术问题、达到预期的技术效果，因此权利要求1得不到说明书的支持，不符合专利法第26条第4款的规定。(2) 权利要求2~12均涉及权利要求1中的“一种或多种稀土元素”，基于同样的理由，权利要求2~12也不符合专利法第26条第4款的规定。(3) 权利要求12涉及生产掺杂一种或多种稀土金属的金属氯化物粒子的方法，由于说明书实施例1、2均没有给出使用乙醇沉淀的具体方案，本申请仅仅在说明书第6页第18~21行提到“对氯化物和更高级的卤化物，通过向溶液中加入能有效沉淀掺杂金属盐的量的极性有机溶剂即可获得沉淀物”，而且就本领域技术人员所知，氯化稀土易溶于水及乙醇，因此本申请是如何能够利用乙醇将掺杂稀土元素的金属氯化物粒子从水溶液中沉淀出来，合议组无法确定。也就是说，本领域技术人员根据现有技术以及说明书的记载，不能确定按照本申请权利要求12的方法能够制备出相应的纳米粒子，解决其技术问题并且达到相应的技术效果，因此权利要求12得不到说明书的支持，不符合专利法第26条第4款的规定。

针对《复审通知书》指出的问题，请求人于2008年4月2日提交了意见陈述书、权利要求书的全文修改替换页以及附件1（“The Merck Index”，Martha Windholz，Editor，封面、版权页、第1232页，科学出版社，1983年第10版，复印件共3页）。请求人将权利要求中的“一种或多种稀土元素”限定到“选自Pr，Tb，Dy，Ho，Er，Tm，Yb或Lu的稀土元素”，删除了权利要求3，修改后的权利要求书如下：

“1. 一种稀土元素组合物，其包含基质金属卤化物盐的纳米粒子，其中60摩尔百分比或更少的所述基质金属被一种或多种稀土元素所替代，其中所述基质金属选自La，Be，Mg，Ca，Sr，Pb和Ba，其中所述一种或多种稀土元素是选自Pr，Tb，Dy，Ho，Er，Tm，Yb或Lu的稀土元素。

2. 权利要求1的组合物，其含有掺杂稀土元素的氟化盐或氯化盐。

3. 一种含有分散在含氟聚合物基体中的权利要求1的组合物的复合材料。

4. 一种含有由权利要求3的复合材料形成的光学部件的发光装置。

5. 权利要求4的发光装置，其中所述装置是零损耗连接元件，上变频光源，标准光源，立体显示器，平板显示器或者用于操作波分复用系统中的光源。

6. 权利要求4的发光装置，其中所述复合材料含有各种稀土元素的组合物，在激发，荧光或者发光时发射出多种重叠发射带。

7. 权利要求4的发光装置，其中所述复合材料含有各种稀土元素的组合物，在激发，荧光或者发光时发射多种分开的和特征性的发射带。

8. 权利要求7的发光装置，其中所述装置是立体显示器或平板显示器。

9. 一种生产掺杂一种或者多种稀土元素的金属卤化盐粒子的方法，其包括：

提供均匀的化学计量的混合物，其含有选自La，Be，Mg，Ca，Sr，Pb和Ba的金属的盐和一种或者多种稀土元素，其中所述一种或多种稀土元素是选自Pr，Tb，Dy，Ho，Er，Tm，Yb或Lu的稀土元素；和

在含有少量或没有水蒸气的气氛中，在100~600℃的温度下，所述混合物与过量的卤化氢或者卤化气体一起加热。

10. 权利要求9的方法，其中所述卤化氢是HF或者HCl。

11. 一种生产掺杂一种或多种稀土金属的金属氯化物粒子的方法，包含：

提供选自 La，Be，Mg，Ca，Sr，Pb 和 Ba 的金属的盐和一种或者多种稀土元素的盐的水溶液，其中所述一种或多种稀土元素是选自 Pr，Tb，Dy，Ho，Er，Tm，Yb 或 Lu 的稀土元素；

通过在所述水溶液中，在室温和 90℃之间的温度下搅拌所述氯化铵，从而在所述水溶液中溶解过量的氯化铵；和

向所述的水溶液添加乙醇，使掺杂一种或多种稀土元素的金属氯化物粒子沉淀出来。”

请求人认为：（1）本发明是对 1968 年就出现的现有技术的改进，掺杂 Tb、Ho、Tm、Yb、Lu 的如权利要求中限定的基质金属卤化物盐是已知技术，本发明仅是将这种掺杂稀土元素的卤化物盐制成纳米颗粒，因此在说明书举例说明了 Pr、Dy 和 La 能够实现本发明的效果，那么 Tb、Ho、Tm、Yb、Lu 也能实现这一效果。（2）附件 1 表明，即使是很常见的氯化钠，其在乙醇中也是微溶，从而像食盐中加入足够的乙醇就能使盐沉淀出来，因此如权利要求 12 所述的基质金属和掺杂剂的氯化物盐在乙醇中的溶解性差，从而能够制备出相应的纳米颗粒，所以，权利要求 12 具有可行性，符合专利法的有关规定。

2008 年 4 月 28 日，专利复审委员会向请求人发出《合议组成员告知通知书》。

2008 年 11 月 6 日，请求人再次提交意见陈述书、权利要求书的修改替换页。请求人删除了权利要求 11，认为已克服了审查意见指出的全部缺陷。

至此，合议组认为本案事实清楚，可以作出审查决定。

二、决定的理由

1. 关于文本

本复审请求审查决定所针对的文本是：请求人于 2008 年 11 月 6 日提交的权利要求第 1~10 项，进入中国国家阶段时提交的国际申请文件的说明书第 1~10 页及其摘要、说明书附图第 1~2 页。请求人在复审阶段的修改如下：删除了权利要求 1 中“1~100nm”的特征并将“粒子”改为“纳米粒子”，将权利要求中的“一种或多种稀土元素”限定到“选自 Pr，Tb，Dy，Ho，Er，Tm，Yb 或 Lu 的稀土元素”，删除了驳回文本的权利要求 3、12~14。上述修改在原申请文件中有记载，符合专利法第 33 条的规定。

2. 关于专利法第 26 条第 4 款

专利法第 26 条第 4 款规定，权利要求书应当以说明书为依据，说明要求专利保护的范围。

对于权利要求的概括是否恰当的判断，不应仅仅局限于具体实施例，还应当利用本领域技术人员的普通技术知识进行判断，如果本领域技术人员在申请文件给出的信息基础上，通过本领域普通技术知识能够合理预测权利要求限定的整个范围都能够解决发明所要解决的技术问题，并达到相同的技术效果，则应当认为该权利要求概括恰当，得到说明书的支持。

（1）如前所述，《驳回决定》和《复审通知书》都指出，权利要求书的“一种或多种稀土元素”得不到说明书的支持。基于此，请求人最后于 2008 年 11 月 6 日提交了权利要求书的全文修改替换页，修改后的权利要求 1 要求保护一种稀土元素组合物，其包含基质金属卤化物盐的纳米粒子，其中 60 摩尔百分比或更少的所述基质金属被一种或多种稀土元素所替代，其中所述基质金属选自 La，Be，Mg，Ca，Sr，Pb 和 Ba，其中所述一种或多种稀土元素是选自 Pr，Tb，Dy，Ho，Er，Tm，Yb 或 Lu 的稀土元素。

通过说明书的描述可知，本申请要解决的技术问题和产生的技术效果是使用反应性气氛法和溶液合成方法制备掺杂稀土元素的金属卤化盐的纳米粒子。说明书记载了两个实施例，其中实施例 1 采用了反应性气氛法，制备掺杂 Pr 和 Dy 的 La 的氟化物和氯化物，将 Pr 和 Dy 的含水氯化物加入到 La 的氯化物溶液中后，加入过量的氢氧化铵得到相应的氢氧化物并干燥；然后用氮气吹洗，再将无水氟化

氢或氯化氢引入氮气流中，得到目标产物。说明书实施例 2 采用了溶液合成法，制备掺杂 Pr、Er 和 Dy 的 LaF3 样品，在 LaCl3 溶液中分别溶解 Pr、Er 和 Dy 的氯化物；然后在溶液中加入过量 NH4F 于 90℃下搅拌 1 小时后洗涤、离心浇注，制得目标产物。

本领域技术人员知晓，根据物理化学性质的相似程度，可将稀土元素分为三类，其中 Pr 属于铈组稀土，又称轻稀土；Tb、Dy 属于钺组稀土，又称中稀土；Ho，Er，Tm，Yb、Lu 属于钇组稀土，又称重稀土。本领域技术人员在本申请实施例已经实施了 Pr、Er、Dy 三种稀土元素的基础上，根据其普通技术知识能够合理预测与 Dy 性质相似的 Tb、与 Er 性质相似的 Ho、Tm、Yb、Lu 都能按照本申请的方法掺杂到基质金属卤化物中制备出相应的纳米粒子，即权利要求 1 中“所述一种或多种稀土元素是选自 Pr，Tb，Dy，Ho，Er，Tm，Yb 或 Lu 的稀土元素”可以得到说明书的支持，符合专利法第 26 条第 4 款的规定。

（2）由于独立权利要求 1、9 将一种或多种稀土元素限定到“Pr，Tb，Dy，Ho，Er，Tm，Yb 或 Lu 的稀土元素”，基于同样的理由，权利要求 2~10 已经克服《复审通知书》指出的不符合专利法第 26 条第 4 款的缺陷。

（3）《驳回决定》指出，驳回文本的权利要求 4~9（对应于修改后的权利要求 3~8）不符合专利法第 26 条第 4 款的规定。对此，合议组认为，如何将稀土元素组合物制备成所需的复合材料以及发光装置是本领域已知的技术，在本申请说明书充分公开了所述稀土元素组合物的基础上，本领域技术人员根据其普通技术知识就可以制备出相应的复合材料及发光装置，并预期其能够解决所述的技术问题、达到所述的技术效果，因此修改后的权利要求 3~8 符合专利法第 26 条第 4 款的规定。

（4）由于请求人删除了权利要求 11（对应于驳回文本的权利要求 12~14、《复审通知书》文本的权利要求 12），《驳回决定》和《复审通知书》指出的使用乙醇沉淀得不到说明书支持的缺陷已经不存在。

（5）《驳回决定》指出，“1~100nm 微晶尺寸的粒子”得不到说明书的支持，具体理由是说明书中没有该数值端点和中间点的支持实施例，申请人所述的使用动态光散射发射测定其粒径的方法在说明书中也没有记载。对此，请求人删除了“1~100nm”的特征，并根据说明书的记载将“粒子”改为“纳米粒子”，通过上述修改，驳回决定指出的缺陷已经不存在。

基于以上事实和理由，本案合议组作出如下审查决定。

三、决定

撤销国家知识产权局于 2005 年 3 月 11 日针对 00807695.2 号发明专利申请作出的驳回决定。由原审查部门在请求人于 2008 年 11 月 6 日提交的权利要求第 1~10 项、进入中国国家阶段时提交的国际申请文件的说明书第 1~10 页及其摘要、说明书附图第 1~2 页的基础上继续进行审查。

复审请求人对本决定不服的，可以根据专利法第 41 条第 2 款的规定，自收到本决定之日起三个月内向北京市第一中级人民法院起诉。

181

消毒剂及其制造方法

复审请求审查决定（第15570号）

决　　定　　号　第15570号
决　　定　　日　2008年12月18日
发明创造名称　消毒剂及其制造方法
国际分类号　A01N37/04，A01N55/02，A01N59/00，A61K31/19，A61K31/28，A61K33/38
复审请求人　纯生物科学公司
申　　请　　号　98812103.4
优先权日　1997年10月10日
申　　请　　日　1998年10月9日
公　　开　　日　2001年1月24日
合议组组长　刘　静
主　　审　　员　刘　亚
参　　审　　员　高胜华

法律依据　专利法实施细则第20条第1款，专利法第33条
决定要点

如果请求人提交的权利要求书修改文本删除了驳回决定和复审通知书认为存在不符合专利法及其实施细则相关规定之缺陷的权利要求，则该权利要求书修改文本已经克服了驳回决定和复审通知书所指出的缺陷，合议组应当在此基础上撤销驳回决定。

一、案由

本复审请求案涉及发明名称为“消毒剂及其制造方法”的98812103.4号发明专利申请（下称本申请），申请人为纯生物科学公司（由NVID国际有限公司变更为创新医药服务公司，后再变更为纯生物科学公司），申请日为1998年10月9日，优先权日为1997年10月10日，公开日为2001年1月24日。

2007年1月19日，针对申请人于2006年4月21日提交的权利要求书第1~12项和说明书第7页，进入中国国家阶段时提交的国际申请文件的说明书第1~6页、第8~15页、说明书附图第1~8页和说明书摘要，国家知识产权局以权利要求4和11不符合专利法实施细则第20条第1款的规定为由驳回了本申请。

驳回决定认为：权利要求4和11中“CA是（$C_6H_8O_7-H_2O$）”的表述是不清楚的，因为该分子式并不唯一对应于柠檬酸（水合物），其他结构的化合物也可以具有相同的分子式，即没有给出具体

的化学键连接等特征的情况下，并不能确保准确表达正确的化合物柠檬酸（水合物），从而造成权利要求4和11中（$C_6H_8O_7-H_2O$）结构不清楚。针对申请人认为PubChem数据库以及万维网检索$C_6H_8O_7$的结果都是柠檬酸即认定（$C_6H_8O_7-H_2O$）唯一对应柠檬酸的观点，驳回决定认为，在CA化学文摘数据库等化学专业数据库中检索的结果表明，仅用$C_6H_8O_7$分子式检索会对应出数种不同结构的化合物，仅描述分子式是不能完全确定其结构的，也即其对应关系不是唯一的，因此用$C_6H_8O_7$表述是不清楚的。

驳回决定针对的权利要求1、4、8和11如下：

"1. 一种含水消毒剂，含有柠檬酸银水溶液，其中的银是在柠檬酸和水的溶液中电解产生的，其中柠檬酸在水溶液中的最小浓度为大于1.0体积%，并且由电解产生的银形成的柠檬酸银的浓度超过0.0005体积%。

4. 如权利要求1所述的含水消毒剂，其中的电解产生的银与柠檬酸形成络合物（Ag^+CA^-），其中的CA是（$C_6H_8O_7-H_2O$）。

8. 一种消毒剂的制造方法，包括在柠檬酸和水的溶液中电解产生银以形成柠檬酸银水溶液的步骤，其中柠檬酸在水溶液中的最小浓度为大于1.0体积%，并且由电解产生的银形成的柠檬酸银的浓度超过0.0005体积%。

11. 如权利要求8所述的消毒剂的制造方法，其中电解产生银的步骤包括与柠檬酸形成络合物（Ag^+CA^-），其中的CA是（$C_6H_8O_7-H_2O$）。"

2007年5月8日，申请人纯生物科学公司（下称请求人）对上述驳回决定不服，向专利复审委员会提出复审请求，请求人在提出复审请求时对权利要求书进行了修改，将权利要求4和11中的"CA是（$C_6H_8O_7-H_2O$）"修改为"CA具有经验式（$C_6H_8O_7-H_2O$）"。修改后的权利要求4和11为：

"4. 如权利要求1所述的含水消毒剂，其中的电解产生的银与柠檬酸形成络合物（Ag^+CA^-），其中的CA具有经验式（$C_6H_8O_7-H_2O$）。

11. 如权利要求8所述的消毒剂的制造方法，其中电解产生银的步骤包括与柠檬酸形成络合物（Ag^+CA^-），其中的CA具有经验式（$C_6H_8O_7-H_2O$）。"

请求人认为，由于权利要求4和11中叙述了"柠檬酸"，并且这些权利要求将会被修改成叙述CA是代表柠檬酸的符号并且具有经验式（$C_6H_8O_7-H_2O$），因此任何不清楚和/或不确定已经被克服了，理由如下：首先，在互联网中通过输入术语"（$C_6H_8O_7-H_2O$）"进行检索将会发现几乎100%的检索结果将"（$C_6H_8O_7-H_2O$）"与柠檬酸一水合物或柠檬酸相关联，本领域技术人员基于其专业知识和检索结果，将会确定术语"（$C_6H_8O_7-H_2O$）"最可能是柠檬酸一水合物；其次，即使（$C_6H_8O_7-H_2O$）可能有几种可能的意思，但申请人已经为其赋予或指定了一种意思，即"（$C_6H_8O_7-H_2O$）"实际上是柠檬酸一水合物；第三，在本申请说明书中柠檬酸被反复地引用，并且（$C_6H_8O_7-H_2O$）与柠檬酸一起被使用，本领域技术人员将会合理地和容易地推断（$C_6H_8O_7-H_2O$）具有某种与柠檬酸有关的意思，在本申请的情况下，毫无疑问的是，表述"CA代表柠檬酸或（$C_6H_8O_7-H_2O$）"可以被理解成柠檬酸或柠檬酸一水合物；最后，审查指南规定"一般情况下，权利要求中的用词应当理解为相关技术领域通常具有的含义"，由于（$C_6H_8O_7-H_2O$）在网络中最流行和最普遍的意思是柠檬酸或柠檬酸一水合物，由于本申请特定上下文，由于申请人承认（$C_6H_8O_7-H_2O$）的意思是柠檬酸或柠檬酸一水合物，因此本领域技术人员将会确定（$C_6H_8O_7-H_2O$）的意思是清楚的和确定的。

经形式审查合格后，专利复审委员会受理了该请求，并于2007年6月7日向请求人发出了《复审请求受理通知书》，同时将本申请转送至国家知识产权局原审查部门进行前置审查。

在《前置审查意见书》中，国家知识产权局原审查部门重申了驳回决定的意见，认为并不是如请求人所述在所有检索资源中（$C_6H_8O_7-H_2O$）都是唯一对应柠檬酸，在CA化学文摘数据库等化学专业数据库中检索的结果表明仅用$C_6H_8O_7$分子式检索会对应出数种不同结构的化合物，因而用$C_6H_8O_7$表述是不清楚的，本申请说明书和权利要求书中并没有任何指示$C_6H_8O_7-H_2O$是柠檬酸一水合物，审查指南的规定“权利要求中的用词应当理解为相关技术领域通常具有的含义”是指应当以本领域普通技术人员的理解为准，但请求人的通常的理解并不是审查指南所述的通常的理解，请求人提复审请求时增加了“经验式”这一不清楚的措词，不符合专利法实施细则第20条第1款的规定，因此坚持驳回决定。

专利复审委员会组成合议组，对本复审请求案进行了审理。

合议组针对请求人于2007年5月8日提交的权利要求第1~12项，2006年4月21日提交的说明书第7页，进入中国国家阶段时提交的国际申请文件中译文的说明书第1~6页、第8~15页和说明书附图第1~8页以及说明书摘要，于2008年7月4日向请求人发出《复审通知书》，指出：

（1）本申请探讨的是具有稳定寿命的柠檬酸银消毒剂，为此采取了在柠檬酸和水的溶液中电解产生银以形成柠檬酸银水溶液的方案。本申请说明书第11页第4段谈到了电解产生的银与柠檬酸形成的络合物的几种可能形式，并具体提到了“CA”，其中指出“CA是柠檬酸或（$C_6H_8O_7-H_2O$）”。而权利要求4和11则以CA表示电解产生的银与柠檬酸形成的络合物（Ag^+CA^-）中的阴离子。在此情况下，根据说明书记载的内容以及请求人的主张，本领域技术人员能够理解，CA在本申请中实际上是指柠檬酸或柠檬酸一水合物，驳回决定和请求人在这一点上也并无分歧，二者争执不下的问题是，权利要求4和11中以“经验式（$C_6H_8O_7-H_2O$）”来表示柠檬酸或柠檬酸一水合物是否允许。

（2）柠檬酸是化学构造已知的小分子有机化合物，IUPAC命名为2-羟基丙烷-1，2，3-三羧酸，其分子式为$C_6H_8O_7$，意味着一个柠檬酸分子中有6个碳原子、8个氢原子和7个氧原子。有机化学领域的技术人员均知晓，分子式是表示一个分子中原子的数量和种类的化学式，而经验式（empirical formula）则是表示一个分子中各元素的相对比例而不表示元素的实际原子数的化学式，或者说经验式是以最简原子个数比来反映化合物组成的化学式。因此“经验式（$C_6H_8O_7-H_2O$）”可表示一个分子中碳原子、氢原子、氧原子的相对比例为6∶8∶7的有机化合物的一水合物，这与请求人关于（$C_6H_8O_7-H_2O$）的意思表示柠檬酸或柠檬酸一水合物的主张是相矛盾的，也与本申请说明书关于“CA是柠檬酸或（$C_6H_8O_7-H_2O$）”的描述不相一致。因此，本申请权利要求4和11中“CA具有经验式（$C_6H_8O_7-H_2O$）”的修改超出了原说明书和权利要求书记载的范围，不符合专利法第33条的规定。

（3）即使请求人删除“经验式”，“CA是（$C_6H_8O_7-H_2O$）”的表述也导致权利要求不清楚，不符合专利法实施细则第20条第1款的规定。众所周知的是，有机化合物中普遍存在同分异构现象。就分子式$C_6H_8O_7$或$C_6H_8O_7-H_2O$本身来说，不论在万维网检索的结果有多少条与柠檬酸或一水柠檬酸相关，也不会影响该分子式可表示多种构造异构或立体异构的有机化合物这一事实，例如$C_6H_8O_7$既可表示柠檬酸又可表示异柠檬酸。在本申请权利要求4和11的语义环境中，虽然根据说明书记载的内容可以理解并且请求人也一再主张其中的$C_6H_8O_7-H_2O$是指柠檬酸一水合物，但是本申请所述银与柠檬酸形成的络合物的具体组成毕竟只是请求人的推测（参见说明书第11页第4段），本申请说明书在将（$C_6H_8O_7-H_2O$）与柠檬酸并列提及的同时甚至都没有明确指出（$C_6H_8O_7-H_2O$）就是或仅表示柠檬酸一水合物，而分子式$C_6H_8O_7$在有机化学领域中通常具有的含义则至少可代表多种构造异构的有机化合物，因此，权利要求4和11中用（$C_6H_8O_7-H_2O$）或经验式（$C_6H_8O_7-H_2O$）来表示柠檬酸一水合物是不准确的。即使根据说明书记载的内容以及请求人的解释能够理解（$C_6H_8O_7-H_2O$）在本申请中表示柠檬酸一水合物，驳回决定要求请求人尽可能的修改权利要求以使得根据权利要求的表述即可明确其含义的做法也符合审查指南的规定，并且是值得提倡的，毕竟经过审查程序后被授予专利权的一项类型清楚、主题明确、用词严谨且保护范围清楚的权利要求无论对于请求人还是对于公众来说都是非常有利的。因此合议组对驳回决定的意见予以支持。

针对上述《复审通知书》，请求人于2008年10月20日提交了意见陈述书和权利要求书的修改替换页，请求人删除了上述权利要求4和11并对其他权利要求重新编号，修改后的权利要求书包括权利要求第1~10项。

至此，合议组认为本案事实清楚，可以作出审查决定。

二、决定的理由

1. 审查文本

本复审请求审查决定是以下述文本为基础作出的：请求人于2008年10月20日提交的权利要求第1~10项，2006年4月21日提交的说明书第7页，进入中国国家阶段时提交的国际申请文件中译文的说明书第1~6页、第8~15页和说明书附图第1~8页以及说明书摘要。

2. 专利法实施细则第20条第1款和专利法第33条

专利法实施细则第20条第1款规定，权利要求书应当说明发明或者实用新型的技术特征，清楚、简要地表述请求保护的范围。

专利法第33条规定，申请人可以对其专利申请文件进行修改，但是，对发明和实用新型专利申请文件的修改不得超出原说明书和权利要求书记载的范围。

就本案而言，驳回决定认为其所针对的权利要求书中权利要求4和11的表述中关于“CA是（$C_6H_8O_7-H_2O$）”的表述不清楚，导致该权利要求不符合专利法实施细则第20条第1款的规定。为此，请求人在提复审请求时修改了权利要求4和11，将“CA是（$C_6H_8O_7-H_2O$）”修改为“CA具有经验式（$C_6H_8O_7-H_2O$）”。对此，复审通知书指出，提复审请求时提交的权利要求4和11中“CA具有经验式（$C_6H_8O_7-H_2O$）”的修改超出了原说明书和权利要求书记载的范围，不符合专利法第33条的规定；并且用（$C_6H_8O_7-H_2O$）或经验式（$C_6H_8O_7-H_2O$）来表示柠檬酸一水合物也是不准确的。针对上述复审通知书，请求人提交了权利要求书的修改替换页，具体来说，请求人删除了上述不符合专利法第33条和专利法实施细则第20条第1款规定的权利要求4和11。由此，请求人答复复审通知书时提交的权利要求书修改文本已经克服了驳回决定和复审通知书所指出的缺陷。

根据上述事实和理由，合议组作出如下审查决定。

三、决定

撤销国家知识产权局于2007年1月19日针对98812103.4号发明专利申请作出的驳回决定，由国家知识产权局原审查部门以本复审请求审查决定所针对的审查文本为基础继续审批程序。

复审请求人对本决定不服的，可以根据专利法第41条第2款的规定，自收到本决定之日起三个月内向北京市第一中级人民法院起诉。

182

生产用于乙烯聚合反应的催化剂的方法以及生产乙烯聚合物的方法

复审请求审查决定（第15577号）

决　　定　　号　第15577号
决　　定　　日　2008年12月15日
发明创造名称　生产用于乙烯聚合反应的催化剂的方法以及生产乙烯聚合物的方法
国 际 分 类 号　C08F10/02，C08F4/645
复 审 请 求 人　住友化学工业株式会社
申　　请　　号　01112177.7
优　先　权　日　2000年3月30日
申　　请　　日　2001年3月28日
公　　开　　日　2001年10月31日
合 议 组 组 长　李　越
主　　审　　员　王　磊
参　　审　　员　危　峰

法　律　依　据　专利法第22条第3款
决　定　要　点

判断一项发明是否具有突出的实质性特点，应首先确定与之最接近的现有技术，分析要保护的发明与该最接近的现有技术有哪些区别特征，然后根据该区别特征所能达到的技术效果确定发明实际解决的技术问题，最后判断要求保护的发明对本领域技术人员来说是否显而易见。

一、案由

本复审请求案涉及发明名称为“生产用于乙烯聚合反应的催化剂的方法以及生产乙烯聚合物的方法”的第01112177.7号发明专利申请（下称本申请），申请人为住友化学工业株式会社，申请日为2001年3月28日，优先权日为2000年3月30日，公开日为2001年10月31日。

2005年8月26日，针对申请人于2004年11月19日提交的权利要求第1~4项、2001年3月28日提交的说明书第1~23页和说明书摘要，国家知识产权局以本申请权利要求1~4不符合专利法第22条第3款的规定为由驳回了本申请。

驳回决定认为：（1）权利要求1与对比文件1（US4410672A，公开日为1983年10月18日）相比，其区别仅仅是用“通过包括将以下物质相互接触的步骤的方法生产的固体催化剂组分：（a）包含镁原子、钛原子和烃基氧基的固体催化剂组分前体，（b）具有卤化作用的卤代化合物，和（c）电子给体”代替了“含镁、钛、卤素的固体组分接触得到的固体催化剂组分”。而这种代替是本技术领域中的常用手段，其效果实质上相同，因此权利要求1相对于对比文件1不具有创造性；（2）权利要求2~4的附加技术特征已经在对比文件1中公开了，其相对于对比文件1不具有创造性；（3）申请人强调的本申请的杂环化合物是作为外电子给体使用的，其在权利要求1中没有限定，因此不构成判断创造性的依据。

驳回决定针对的权利要求书如下：

“1. 一种生产用于乙烯聚合反应的催化剂的方法，其包括将以下物质相互接触的步骤：

（i）包含至少钛、镁和卤素原子的固体催化剂组分；

（ii）有机铝化合物；和

（iii）杂环化合物，

其中所述的固体催化剂组分进一步含有有机酸酯作为电子给体，而且所述的杂环化合物是3~8元的杂环化合物，并且其中所述固体催化剂组分是通过包括将以下物质相互接触的步骤的方法生产的：（a）包含镁原子、钛原子和烃基氧基的固体催化剂组分前体，（b）具有卤化作用的卤代化合物，和（c）电子给体。

2. 根据权利要求1的生产用于乙烯聚合反应的催化剂的方法，其中所述杂环化合物具有选自氮、磷、氧和硫原子的杂原子作为构成所述环的杂原子，前提条件是构成所述环的至少一个杂原子为氧原子。

3. 一种用于生产乙烯聚合物的方法，其包括以下步骤：

（1）将以下物质相互接触：（i）包含至少钛、镁和卤素原子的固体催化剂组分，（ii）有机铝化合物，和（iii）杂环化合物，以得到一种用于乙烯聚合反应的催化剂，和

（2）在所得的用于乙烯聚合反应的催化剂的存在下，将乙烯、或乙烯与至少一种非乙烯的可加成聚合的共聚单体聚合以得到乙烯聚合物，

其中所述的固体催化剂组分进一步含有有机酸酯作为电子给体，而且所述的杂环化合物是3~8元的杂环化合物，并且其中所述固体催化剂组分是通过包括将以下物质相互接触的步骤的方法生产的：（a）包含镁原子、钛原子和烃基氧基的固体催化剂组分前体，（b）具有卤化作用的卤代化合物，和（c）电子给体。

4. 根据权利要求3的用于生产乙烯聚合物的方法，其中所述乙烯聚合物包括乙烯与α-烯烃的共聚物。”

2005年12月12日，申请人住友化学工业株式会社（下称请求人）对上述驳回决定不服，向专利复审委员会提出复审请求，并提交了本申请发明人之一熊本真一的声明和其进行的对比实验1的内容和结果（共6页）；2005年12月19日，请求人提交了上述声明和实验内容的中文译文（共5页，以下统称为附件1）。请求人认为：通过对比实验1的结果可知，使用3-至8-元杂环化合物作为内层电子给体的固体催化剂用于1-丁烯聚合中后，将对比实验1与本申请实施例1对比，可以看出对比实验1获得的聚合物无法实现本发明的“得到具有低含量较低分子量组分的聚合物”目的，因此本申请相比对比文件1显示出显著的效果，符合创造性的规定。

经形式审查合格后，专利复审委员会受理了该请求，并于2006年2月7日向请求人发出了《复审请求受理通知书》，同时将本申请转送至国家知识产权局原审查部门进行前置审查。

在《前置审查意见书》中，国家知识产权局原审查部门认为：本申请权利要求1主题是一种生成催化剂的方法，其中的杂环化合物是在催化剂制备过程中使用的，只能理解成内电子给体，且请求人提交的实验数据仍不能克服创造性缺陷，因此坚持驳回理由。

专利复审委员会依法组成合议组，对本复审请求案进行了审理，并于2008年7月7日向请求人发出《复审通知书》，指出：（1）对比文件1公开了将包含镁、钛、卤素原子的固体催化剂组分与环状有机化合物、有机铝化合物接触来制备乙烯聚合物催化剂的方法，并且公开了固体催化剂组分是由镁化合物与过渡金属化合物接触，同时用电子给体化合物如羧酸酯、聚醚化合物和/或烷基金属化合物处理得到的。对于在制备固体催化剂组分过程中本申请使用了卤代化合物代替对比文件1中原料中所含卤素元素的区别，对于本领域技术人员来说是显而易见的。并且根据权利要求1的表述不能将其中的杂环化合物理解为催化剂的外电子给体，因此，针对请求人所主张的对比文件1中的环状有机化合物是内电子给体，而权利要求1中的杂环化合物是外电子给体的区别，合议组不能予以认可。（2）即使申请人根据说明书的记载将各组分的加入次序补入权利要求1中，以证明杂环化合物实质是起外电子给体作用的话，因为对比文件1中给出了将有机环状化合物以外电子给体形式提供到催化剂体系中的启示，并且该区别并没有使权利要求1的催化剂在性能上、聚合产品的性能上具有意想不到的技术效果，因此，本申请权利要求1相对于对比文件1仍不具备创造性。（3）附件1中的对比实验1是在本申请实施例的基础上改变杂环化合物的加入次序而获得的对比实验，并非根据对比文件1中的制备实施例所制备的催化剂成分用于乙烯聚合中的对比实验，从图A的结果也不能得出本申请实施例1~10获得的聚合物具有比对比实验1获得的聚合物更低含量的低分子量组分，因此附件1不能证明本发明相对于对比文件1具有预料不到的技术效果。（4）权利要求2~4的附加技术特征已经在对比文件1中公开了，其相比对比文件1不具有创造性。

2008年10月22日，请求人针对上述《复审通知书》提交了意见陈述书和权利要求的修改替换页，其中将权利要求1中的“杂环化合物”限定了“作为外层电子给体”，将“有机酸酯”修改为“芳族二羧酸的二烷基酯作为内层电子给体”，修改后的权利要求书如下：

“1. 一种生产用于乙烯聚合反应的催化剂的方法，其包括将以下物质相互接触的步骤：

（i）包含至少钛、镁和卤素原子的固体催化剂组分；

（ii）有机铝化合物；和

（iii）杂环化合物作为外层电子给体，

其中所述的固体催化剂组分进一步含有芳族二羧酸的二烷基酯作为内层电子给体，而且所述的杂环化合物是3~8元的杂环化合物，并且其中所述固体催化剂组分是通过包括将以下物质相互接触的步骤的方法生产的：（a）包含镁原子、钛原子和烃基氧基的固体催化剂组分前体，（b）具有卤化作用的卤代化合物，和（c）芳族二羧酸的二烷基酯作为内层电子给体。

2. 根据权利要求1的生产用于乙烯聚合反应的催化剂的方法，其中所述杂环化合物具有选自氮、磷、氧和硫原子的杂原子作为构成所述环的杂原子，前提条件是构成所述环的至少一个杂原子为氧原子。

3. 一种用于生产乙烯聚合物的方法，其包括以下步骤：

在按照权利要求1的方法生产的用于乙烯聚合反应的催化剂的存在下，将乙烯、或乙烯与至少一种非乙烯的可加成聚合的共聚单体聚合以得到乙烯聚合物。

4. 根据权利要求3的用于生产乙烯聚合物的方法，其中所述乙烯聚合物是乙烯与α-烯烃的共聚物。”

请求人认为：（1）对比文件1没有公开或教导有关“芳族二羧酸的二烷基酯”作为内层电子给体和“3-至8-元杂环化合物”作为外层电子给体的组合，并且对比文件1中使用的环状化合物不是作为外层电子给体，而是作为内层电子给体，这一区别使得本发明相对于对比文件1具有新颖性；（2）请求人再次提交了附件1，同时提交了表B、图B及其中文译文和表C及其中文译文（以下统称为附件 2）。该附件 2 是在附件 1 所做对比实验 1 的基础上重新用邻苯二甲酸［二-（2-乙基己基）］酯和 1，3-二氧杂环己烷作为内层电子给体进行对比实验 1′与本申请实施例和对比例的 SCB（短链支化数）值、CXS（较低分子量组分的含量）值的结果（表 B 和图 B、表 C），以及它们的中文译文。请求人根据上述对比实验的结果认为，本发明的催化剂具有能够生产在所需 SCB（例如 SCB = 16）下尽可能低的 CXS 的共聚物的能力，当设定所需的 SCB 为 16 时，本发明实施例 1 可以生产 CXS 为 4.0 的乙烯共聚物，而对比实验 1′生产的乙烯共聚物 CXS 为 8.4，远远大于本发明，本发明因为上述有利效果而具有创造性；（3）实施例 1 中使用的邻苯二甲酸［二-（2-乙基己基）］酯作为内层电子给体，和 1，3-二氧杂环己烷作为外层电子给体是非常有意义的组合，其在对比文件 1 中没有任何相关的教导。

2008 年 11 月 19 日，复审请求人再次提交权利要求的全文修改替换页，请求人在 2008 年 10 月 20 日提交的权利要求书的基础上，将权利要求 1 中的“作为外层电子给体”、“作为内层电子给体”删除。修改后的权利要求 1 为：

“1. 一种生产用于乙烯聚合反应的催化剂的方法，其包括将以下物质相互接触的步骤：

（i）包含至少钛、镁和卤素原子的固体催化剂组分；

（ii）有机铝化合物；和

（iii）杂环化合物，

其中所述的固体催化剂组分进一步含有芳族二羧酸的二烷基酯，而且所述的杂环化合物是 3～8 元的杂环化合物，并且其中所述固体催化剂组分是通过包括将以下物质相互接触的步骤的方法生产的：（a）包含镁原子、钛原子和烃基氧基的固体催化剂组分前体，（b）具有卤化作用的卤代化合物，和（c）芳族二羧酸的二烷基酯作为内层电子给体。”

经审查，合议组认为本案事实已经清楚，可以作出复审决定。

二、决定的理由

1. 决定依据的文本

本复审决定依据的文本是 2008 年 11 月 19 日提交的权利要求第 1～4 项，2001 年 3 月 28 日提交的说明书第 1～23 页和说明书摘要。

2. 关于专利法第 22 款第 3 款

专利法第 22 条第 3 款规定：创造性，是指同申请日以前已有的技术相比，该发明有突出的实质性特点和显著的进步，该实用新型有实质性特点和进步。

判断一项发明是否具有突出的实质性特点，应首先确定与之最接近的现有技术，分析要保护的发明与该最接近的现有技术有哪些区别特征，然后根据该区别特征所能达到的技术效果确定发明实际解决的技术问题，最后判断要求保护的发明对本领域技术人员来说是否显而易见。

权利要求 1 要求一种生产用于乙烯聚合反应的催化剂的方法，其包括将（i）包含至少钛、镁和卤素原子的固体催化剂组分、（ii）有机铝化合物和（iii）杂环化合物相互接触的步骤，其中固体催化剂组分进一步含有芳族二羧酸的二烷基酯，所述杂环化合物是 3～8 元的杂环化合物，且所述固体催化剂组分是将（a）包含镁原子、钛原子和烃基氧基的固体催化剂组分前体、（b）具有卤化作用的卤代化合物和（c）电子给体相互接触来生产的。

对比文件 1（US4410672A，公开日为 1983 年 10 月 18 日）记载了如下内容：“一种使用催化剂体系制备乙烯系聚合物的方法，所述催化剂体系包括（A）预先将包含 Mg 原子、Ti 元素、至少一种选自氯原子和溴原子的卤素原子的固体成分用至少一种选自包括 Ia、IIa、IIb 或 IIIa 族和 1～15 碳原子的烷基的烷基金属化合物、分子量为 400～10000 的聚醚化合物和提供聚醚化合物开环聚合的烯化氧化合物的化合物进行处理得到的产物，与具有1~3个氧和氮原子的4~8元环状有机化合物［相当于本申请权利要求1中的“杂环化合物”］接触制备的固体催化剂成分，和（B）有机铝化合物。”（见对比文件1权利要求4）。对于固体成分和固体催化剂成分（A）的制备，在说明书第4栏第9~12行中进一步记载了“固体成分可以通过将镁化合物与过渡金属化合物接触，同时用电子给体化合物、聚醚化合物和/或烷基金属化合物处理得到”，说明书第10栏第33~42行记载了“固体催化剂成分（A）通过将上述获得的固体成分和环状有机化合物及任选的聚醚化合物接触获得。”并且，对于镁化合物、过渡金属化合物、电子给体、环状有机化合物、有机铝化合物所对应的具体化合物，说明书中记载了“合适的镁化合物包括丁基镁氯化物。过渡金属化合物包括四丁氧基钛。电子给体包括前述羧酸的酯化合物，前述羧酸例如是邻苯二甲酸。环状有机化合物包括1，3-二氧戊环、1，4-二噁烷、四氢呋喃。有机铝化合物包括三乙基铝。”另外，说明书中还提示了“催化剂体系由所述固体催化剂成分（A）和有机铝化合物（B）和/或上述电子给体化合物组成。”（见对比文件1说明书第4栏第65~66行、第5栏第39行、第6栏第1~14行、第10栏第60~63行、第14栏第60行、第15栏第12~16行）。

合议组查明：（1）上述对比文件1中说明书第4栏记载的“固体成分”对应于其权利要求4中用烷基金属化合物、聚醚化合物、电子给体化合物等处理包含镁、钛、卤素元素的固体成分得到的固体产品，相当于本申请权利要求1的“固体催化剂组分”，故下文中将对比文件1中对应于本申请权利要求1的“固体催化剂组分”成分名称统一称为“固体催化剂组分”；（2）对比文件1公开了将包含镁、钛、卤素原子的固体催化剂组分与环状有机化合物、有机铝化合物接触来制备乙烯聚合物催化剂的方法，并且公开了固体催化剂组分是由镁化合物与过渡金属化合物接触，同时用电子给体化合物如邻苯二甲酸的酯化合物处理得到的。合议组认为：本申请权利要求1与上述对比文件1技术方案的区别仅在于在制备固体催化剂组分过程中，本申请使用了卤代化合物，而对比文件1是在原料镁化合物中含有卤素元素，而没有在制备固体催化剂组分过程中进一步添加卤代化合物。但是本申请权利要求1中添加卤代化合物的目的是将卤素元素引入到固体催化剂组分中，而本领域技术人员经过简单分析或通过有限实验均能够确定在原料中含有卤素元素和进一步添加卤代化合物均能解决固体催化剂组分不含卤素的技术问题，上述两种技术手段可以相互替换，而这种替换对于本领域技术人员来说是显而易见的，且没有证据表明这种替换会使最终固体催化剂组分产生意想不到的技术效果。在此基础上，上述区别技术特征的存在并不足以使权利要求1相对于对比文件1具有创造性。

对于请求人陈述的关于对比文件1中的环状有机化合物是内电子给体，而权利要求1中的杂环化合物是外电子给体的区别，合议组认为：（1）由于在催化剂的制备过程中使用的杂环化合物是作为内电子给体的，而在乙烯聚合过程中加入的杂环化合物是作为外电子给体的，这是本领域的公知常识。权利要求1要求保护的是一种催化剂的制备方法，从其对制备催化剂方法的限定来看，本领域技术人员根据权利要求1的表述不能将其中的杂环化合物理解为催化剂的外电子给体。（2）此外，通过进一步的分析可以发现，即使根据说明书中记载各组分的加入次序将权利要求1中的杂环化合物理解成实质是起外电子给体作用的话，本申请权利要求1相对于对比文件1仍不具备创造性，理由如下：（i）在对比文件1说明书第15栏第4段记载了如下内容：“本发明的催化剂体系可由固体催化剂成分和有机铝化合物和/或上述电子给体化合物组成。”对于“上述电子给体化合物”在说明书第6栏第1段中记载了包括“呋喃、四氢呋喃、二噁烷、环氧乙烷”。可见，对比文件1不仅公开了包含固体催化剂组分（A）和有机铝化合物（B）的催化剂体系，在制备（A）的过程中可使用说明书第5~6栏中记载的大量电子给体，包括有机酸酯、有机环状化合物，而且同时给出了可以将有机环状化合物作为固体催化剂成分以外的成分添加到催化剂体系中的启示，即给出了将有机环状化合物以外电子给体形式提供到催化剂体系中的启示。由于在该启示中有机环状化合物所起的作用和本申请的杂环化合物相同，本领域技术人员很容易在对比文件1的基础上结合该启示而将有机环状化合物以外电子给体形式加入催化剂体系中，从而获得权利要求1要求保护的技术方案，这种结合是显而易见的；（ii）从技术方案的效果而言，本申请的技术效果是在乙烯聚合中采用本申请的催化剂能获得较低分子量组分的含量低的乙烯聚合物（即可溶部分含量低），从而在膜性能例如透明性、耐冲击性上是理想的。而对比文件1中使用所述催化剂获得的乙烯聚合物具有窄的分子量分布，共聚物可溶部分的含量少，适合用于注模，所制得的膜具有优良的光学性能（见对比文件1说明书摘要，说明书第37栏第2段）。可见，申请人主张的上述区别技术特征即使存在也并没有使得催化剂在性能上、聚合产品的性能上带来意想不到的技术效果。因此，权利要求1相对于对比文件1不具有突出的实质性特点和显著的进步，不符合专利法第22条第3款有关创造性的规定。

请求人在提交复审请求时递交了附件1，该附件是由日本公民熊本真一所做的本申请实施例1~10和对比实验1的对比实验。在该附件的对比实验1中记载了如下内容："在室温下用10ml戊烷制备4.5g实施例1（2）中所制备的固体催化剂组分的淤浆。在室温下搅拌得到的淤浆10分钟。向淤浆中加入1.87ml作为内层电子给体的1，3-二氧杂环己烷（3-至8-元杂环化合物），搅拌得到的淤浆5分钟"。可见，请求人附件中的对比实验1是在本申请实施例的基础上改变杂环化合物的加入次序而获得的对比实验，并非根据对比文件1中的制备实施例所制备的催化剂成分用于乙烯聚合中的对比实验，因此，即使本申请实施例1~10相比对比实验1能得到更低含量的低分子量组分的乙烯聚合物，也并不能推出其相比对比文件1也具有上述效果的改进。另一方面，即便对于本申请实施例1~10和对比实验1而言，因为本申请说明书中记载的衡量较低分子量组分的指标仅是"CXS"，因此只有通过比较CXS才能确定聚合物中较低分子量组分的含量，而不是像附件1中所声称的要在图A中向上的直线下方。从图A可以看出，对比例1~3的CXS含量和实施例1~10的CXS含量范围有重叠，因此不能得出本申请实施例1~10获得的聚合物具有比对比实验1获得的聚合物更低含量的低分子量组分。由此可知，请求人提交的附件1不能证明本发明相对于对比文件1具有预料不到的技术效果。

在答复《复审通知书》时，请求人提交了附件2，该附件2是在附件1中所做对比实验1的基础上重新用邻苯二甲酸［二-（2-乙基己基）］酯和1，3-二氧杂环己烷作为内层电子给体进行对比实验1′，并给出了与本申请实施例和对比例的SCB值、CXS值的结果（表B和图B、表C）。请求人根据上述对比实验的结果认为，本发明的催化剂具有能够生产在所需SCB（例如SCB=16）下尽可能低的CXS的共聚物的能力，当设定所需的SCB为16时，本发明实施例1可以生产CXS为4.0的乙烯共聚物，而对比实验1′生产的乙烯共聚物CXS为8.4，远远大于本发明，本发明因为上述有利效果而具有创造性。并且，实施例1中使用的邻苯二甲酸［二-（2-乙基己基）］酯作为内层电子给体，和1，3-二氧杂环己烷作为外层电子给体是非常有意义的组合，其在对比文件1中没有任何相关的教导。

对此，合议组认为：首先，对于权利要求1中的将芳族二羧酸的二烷基酯作为固体催化剂组分之一，与杂环化合物组合获得乙烯聚合用催化剂，如之前对比文件1中所公开内容的评述，已经在对比文件1中明确公开了有关这种组合的催化剂，即对比文件1中给出了明确的教导。其次，关于本发明的催化剂具有能够生产在所需SCB（例如SCB=16）下尽可能低的CXS的共聚物的能力，这一有益效果在本申请原始文本中并没有记载，也无法从该申请文件中推导得出，因此，本发明要求保护的所述催化剂的这一效果在评价创造性时应不予考虑。再次，请求人提交的所有有关对比实验1的描述中均是"向淤浆中加入1.87ml作为内层电子给体的1，3-二氧杂环己烷（3-至8-元杂环化合物）"，而并没有关于表B、C中涉及的将邻苯二甲酸［二-（2-乙基己基）］酯和1，3-二氧杂环己烷作为内层电子给体的具体实施例，因此对于表B、C中的SCB值、CXS值的结果差别，本领域技术人员无法知晓是由内层电子给体组分变化带来的还是由于邻苯二甲酸［二-（2-乙基己基）］酯和1，3-二氧杂环的加入量或者是其他反应条件的变化带来的，从表B、C的结果并不能得出使用本发明的催化剂生产的乙烯共聚物的CXS远低于对比文件1的催化剂生产的乙烯共聚物的CXS值的结论。因此，请求人的上述主张不能成立。

权利要求2是权利要求1的从属权利要求，其限定的杂环化合物已经在对比文件1的环状有机化合物的举例中公开了，因此，在其所引用的权利要求1不具有创造性的情况下，权利要求2也不符合专利法第22条第3款的规定。

权利要求3、4要求一种生产乙烯聚合物的方法，其特征在于在乙烯聚合中使用权利要求1所述的催化剂。对比文件1公开了将所述催化剂体系用于乙烯均聚和乙烯与α-烯烃共聚中的方案（见说明书第34栏第2段，第29栏最后一段）。由于权利要求1相对于对比文件1不具有创造性，在相应的催化剂的应用方案在现有技术中已经公开的情况下，权利要求3、4相对于对比文件1也不符合专利法第22条第3款的规定。

基于上述理由，合议组作出如下决定。

三、决定

维持国家知识产权局于2005年8月26日针对01112177.7号发明专利申请作出的驳回决定。

复审请求人对本决定不服的，可以根据专利法第41条第2款的规定，自收到本决定之日起三个月内向北京市第一中级人民法院起诉。

183

一种防治杨树溃疡病的方法

复审请求审查决定（第15583号）

决　定　号　第15583号
决　定　日　2008年12月22日
发明创造名称　一种防治杨树溃疡病的方法
国际分类号　A01N63/04
复审请求人　唐　明
申　请　号　200410026173.7
申　请　日　2004年5月27日
公　开　日　2005年2月23日
合议组组长　吴红权
主　审　员　潘　剑
参　审　员　李新芝

法律依据　专利法第26条第3款
决定要点

说明书是否公开充分，需要根据发明要解决的技术问题，在说明书公开内容的基础上结合本领域的现有技术进行综合考量，如果发明的技术方案是本领域技术人员在说明书公开内容的基础上，结合本领域的现有技术就能实现，则发明的技术方案公开充分。

一、案由

本复审请求案涉及发明名称为“一种防治杨树溃疡病的方法”的第200410026173.7号发明专利申请（下称本申请），申请人为唐明，申请日为2004年5月27日，公开日为2005年2月23日。

2007年6月8日，针对申请人于申请日提交的权利要求第1~2项，说明书第1~2页以及说明书摘要（下称驳回文本），国家知识产权局以本申请不符合专利法第26条第3款的规定为由驳回了本申请。

驳回决定认为：(1) 说明书给出了技术手段，但对于本领域技术人员来说，该手段是含糊不清的，尤其是“从杨树上分离的真菌”包括了大量的真菌，即从每个杨树的不同部位如根、茎和叶等分离的真菌通常不是同一种真菌，而且每个部位可能分离到多种真菌，因此根据说明书记载的内容无法具体实施。(2) 说明书未详细描述具体实施方式，而且本发明不属于技术方案比较简单而不必在涉及具体实施方式部分再作重复说明的情况，所以本领域技术人员在不花费创造性劳动的情况下不能实现本发明。(3) 针对申请人答复《第一次审查意见通知书》时陈述的从杨树上分离的真菌为从杨树根部分离的菌根真菌以及所述菌根真菌为所附证明材料的林木菌根真菌的意见，驳回决定认为：从杨树上分离的真菌为从杨树根部分离的菌根没有依据，并且由于从杨树的不同部位甚至同一部位可能分离到多种真菌，从杨树上可分离到所附证明材料的林木菌根真菌并不表明从杨树上分离得到的一定就是所述的林木菌根真菌，同时说明书也没有公开从杨树上分离的真菌就是所述的林木菌根真菌。因此，说明书公开不充分，不符合专利法第 26 条第 3 款的规定。

驳回决定针对的权利要求书如下：

“1. 一种防治杨树溃疡病的方法，其特征在于：采用从杨树上分离的真菌进行杨树溃疡病的防治。

2. 根据权利要求 1 所述的一种防治杨树溃疡病的方法，其特征在于包括以下操作步骤：

菌种培养：将真菌接种在 MMN 培养基中 20℃～30℃培养 14～25d，然后在棉籽壳培养料扩大培养 35～50d，菌丝长满瓶即可作为接种剂；

接种杨树：在 10℃～24℃温度下接种真菌菌剂于杨树苗木，用量为 50～150g/株。”

2007 年 9 月 20 日，申请人唐明（下称请求人）对上述驳回决定不服，向专利复审委员会提出复审请求，请求人在提出复审请求时未对申请文本进行修改。

请求人认为：(1) “从杨树上分离的真菌” 为从杨树根部分离的菌根真菌，其分离方法已经成熟。(2) 从杨树根部分离菌根真菌的过程并不是本发明的发明点，而是一种成熟的现有技术，本领域技术人员可直接使用已经生产好的接种剂（菌剂）进行病害防治，不需要创造性劳动就能实现本发明。(3) 列出两份资料的书目信息证明林木菌根真菌及从杨树上分离真菌的方法为现有技术，但未提供资料内容：书目 1：郭秀珍，毕国昌．林木菌根及应用技术．北京：中国林业出版社，1989；书目 2：弓明钦，陈应龙，仲崇禄．菌根研究及应用．北京：中国林业出版社，1997。

经形式审查合格后，专利复审委员会受理了该请求，并于 2007 年 10 月 30 日向请求人发出了《复审请求受理通知书》，同时将本申请转送至国家知识产权局原审查部门进行前置审查。

在《前置审查意见书》中，国家知识产权局原审查部门坚持驳回决定。

专利复审委员会组成合议组，对本复审请求案进行了审理。合议组于 2008 年 10 月 9 日向请求人发出《复审通知书》，指出：本申请说明书记载的技术方案中，所使用的原料物质为“从杨树上分离的真菌”，为此，所属领域技术人员在具体实施说明书记载的技术方案时，将必然面临确定“从杨树上分离的真菌” 究竟为哪种或哪类真菌的过程以及从杨树哪个部位如何分离的过程。但是，说明书没有对“从杨树上分离的真菌” 作进一步的限定或解释，也没有公开从杨树上分离真菌的具体步骤，即，该真菌的来源（来自杨树的哪个部位）和种类都是未知的。然而，杨树上的真菌的种类显然是非常庞大的，从杨树的不同部位甚至同一部位都不可能只得到一种或一类真菌，因此，所属领域技术人员根据说明书记载的信息“从杨树上分离的真菌” 无法确定使用哪种或那类真菌来实施说明书记载的技术方案，也就是说，说明书记载的方案是含糊不清的，因此，本申请说明书公开不充分，不符合专利法第 26 条第 3 款的规定。

针对上述《复审通知书》，请求人于 2008 年 11 月 20 日提交了意见陈述，且未对申请文本进行修改。

请求人认为：(1) 常见的杨树溃疡病有两种类型，即真菌性溃疡病和细菌性溃疡病，防治主要从杀灭真菌和细菌入手，真菌虽然种类繁多，但只有真菌中的抗生菌和抗菌素具有杀灭真菌和细菌的效果，也就是说任何从杨树上分离的抗生菌和抗菌素均可作为本申请的原料用真菌。(2) 从杨树何部位分离与本发明无关，本领域技术人员都会从根部进行分离，如果其他部位能得到抗生菌和抗菌素，也一样可用于本申请。

至此，合议组认为本案事实清楚，可以作出审查决定。

二、决定的理由

1. 关于文本

本复审决定所依据的文本是驳回文本。

2. 关于专利法第 26 条第 3 款

专利法第 26 条第 3 款规定：说明书应当对发明或者实用新型作出清楚、完整的说明，以所属技术领域的技术人员能够实现为准。

说明书是否公开充分，需要根据发明要解决的技术问题，在说明书公开内容的基础上结合本领域的现有技术进行综合考量，如果发明的技术方案是本领域技术人员在说明书公开内容的基础上，结合本领域的现有技术就能实现，则发明的技术方案公开充分。

就本申请而言，权利要求 1 要求保护一种防治杨树溃疡病的方法，其特征在于：采用从杨树上分离的真菌进行杨树溃疡病的防治。根据本申请说明书的记载，本申请要解决的技术问题是提供一种从杨树上分离真菌，培养后接种于杨树以防治溃疡病的方法。相应地，说明书记载了本申请的优点和效果，并在具体实施方式部分记载了以下技术方案：采用从杨树上分离的真菌进行杨树溃疡病的防治，包括以下操作步骤：菌种培养：将真菌接种在 MMN 培养基中 25℃培养 20d，然后在棉籽壳糖培养料培养 40d，菌丝长满瓶作为接种剂；接种杨树：在 3~4 月接种真菌菌剂于北京杨苗木。

如前文案由部分所述，《驳回决定》和《复审通知书》质疑本申请技术手段含糊不清，导致本领域技术人员无法具体实施的焦点在于，说明书没有对“从杨树上分离的真菌”作进一步的限定或解释，即，该真菌的来源（来自杨树的哪个部位）和种类都是未知的。

对此，请求人在复审请求和答复《复审通知书》的意见陈述中都对上述质疑作出了解释，并提供了相关的书目信息佐证其观点（详见案由部分），其主要的理由是：（1）林木菌根真菌为现有技术，可查阅所提供的书目；（2）任何从杨树上分离的抗生菌和抗菌素都可以作为本申请的原料真菌；（3）本领域技术人员都知道“从杨树上分离的真菌”是指杨树根部的真菌，且这点也不是本发明的关键，如果其他部位能得到抗生菌和抗菌素，一样可以用于本申请。

为此，合议组阅读了请求人提供的书目并查阅了本领域现有技术的状况，其中，书目 2（“菌根研究及应用”，弓明钦、陈应龙、仲崇禄，第 55、95 页，中国林业出版社，1997 年 6 月第 1 次印刷）属于本申请所属技术领域的公知常识性现有技术。书目 2 第 55 页第 14~17 行记载了将几种外生菌根菌及 VA 菌接种北京杨，证明其对杨树溃疡病具有防治作用；书目 2 第 95 页倒数第 1 段进一步记载了将 VA 菌摩西球囊霉接种到杨树幼苗，对杨树溃疡病具有显著的效果。现有技术文献（“杨树 VA 菌根真菌研究”，唐明等，西北林学院学报，第 11 卷第 1 期，第 14~18 页，1996 年）第 2.1 节中记载，摩西球囊霉属于从杨树上分离的 5 种 VA 菌根真菌中的一种。由此可见，在本领域技术人员看来，使用从杨树上分离的真菌防治杨树溃疡病时，所使用的菌种在现有技术中是已知的，也就是说，本领域技术人员在现有技术的基础上，知晓哪些从杨树上分离的真菌可以用于防治杨树溃疡病。至于从杨树上哪个部位分离所述真菌，在现有技术教导了从杨树根系分离真菌的基础上，本领域技术人员知晓至少可以从杨树根系分离所述真菌。因此，虽然说明书没有对“从杨树上分离的真菌”作进一步的限定或解释，但是并不会因此导致本领域技术人员无法实施说明书记载的技术方案，而且如上所述，说明书已经详细记载了菌株培育和接种的过程以及最终的结果，因此，本申请已经充分公开了使用从杨树上分离的真菌进行杨树溃疡病防治的技术方案。

综上所述，本申请根据要解决的技术问题，提出了解决该技术问题的技术方案，并完整地公开了对于理解和实现发明必不可少的技术内容，达到了所属技术领域的技术人员能够实现的程度，并且能够产生预期的技术效果。因此，合议组认为，本申请说明书已对本发明作出了清楚、完整的说明，所属技术领域的技术人员能够实现，符合专利法第 26 条第 3 款的规定。

根据上述事实和理由，合议组作出如下审查决定。

三、决定

撤销国家知识产权局于 2007 年 6 月 8 日针对 200410026173.7 号发明专利申请作出的驳回决定，由国家知识产权局原审查部门以驳回文本为基础继续审批程序。

复审请求人对本决定不服的，可以根据专利法第 41 条第 2 款的规定，自收到本决定之日起三个月内向北京市第一中级人民法院起诉。

184

结合 HSP90 的小分子组合物

复审请求审查决定（第 15587 号）

决　　定　　号　第 15587 号
决　　定　　日　2008 年 12 月 22 日
发明创造名称　结合 HSP90 的小分子组合物
国 际 分 类 号　C07D487/04，C07D498/04，C07D513/04，C07D471/04，C07D209/36，C07D209/08，C07D209/12，C07D209/18，C07D209/22，C07D263/56，C07D263/57，C07D235/26，C07D235/08，C07D235/12，C07D235/16，C07D235/18，C07D277/64，C07D277/66，C07D473/00，C07D473/02，C07D473/22，C07D473/18，C07D473/24，C07D473/28，C07D473/30，C07D473/34，C07D473/36，C07D473/40，A61K31/519，A61K31/437，A61K31/404，A61K31/423，A61K31/4184，A61K31/428，A61K31/52，A61K31/522，G01N33/53，G01N33/543，A61P35/00
复 审 请 求 人　斯隆-凯特林癌症研究所
申　　请　　号　01818469.3
优 先 权 日　2000 年 11 月 2 日
申　　请　　日　2001 年 11 月 1 日
公　　开　　日　2004 年 6 月 2 日
合 议 组 组 长　汪送来
主　　审　　员　刘　磊
参　　审　　员　李新芝

法 律 依 据　专利法第 33 条
决 定 要 点

对专利申请文件进行修改的依据是原始申请文件，如果修改的内容在原始申请文件中没有记载，并且也不能从原始申请文件记载的信息中直接地、毫无疑义地确定，则对申请文件的修改不符合专利法第 33 条的规定。

一、案由

本复审请求案涉及发明名称为“结合 HSP90 的小分子组合物”的第 01818469.3 号发明专利申请（下称本申请），申请人为斯隆-凯特林癌症研究所，申请日为 2001 年 11 月 1 日，优先权日为 2000 年 11 月 2 日，公开日为 2004 年 6 月 2 日。

2007年7月6日，针对请求人于2006年9月21日提交的权利要求第1~23项，以及进入中国国家阶段时提交的国际申请文件的中文文本的说明书第1~26页、说明书附图第1~22页和说明书摘要，国家知识产权局以“本申请的权利要求1~5不符合专利法第26条第4款的规定，以及权利要求12和13不符合专利法实施细则第20条第1款的规定为由”驳回了本申请。

驳回决定针对的权利要求书（共1~23项）如：

“……

15. 一种化合物，其特征在于，具有以下结构式：

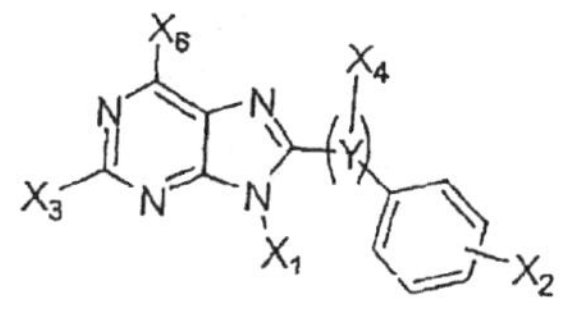

其中Y是C、O、N或O-C；X_1是疏水链；X_2是1~5个作为氢受体/供体官能团的非氢取代基，可以相同或不同；X_3是小基团，选自环状或直链烷基、烯基或炔基、烷氧基、卤素、SMe和SEt；X_4是不存在的，H或是X_3；X_5是H或是X_1；X_6是$-NH_2$、-OH、-OAlKyl、$-CONH_2$；和R_1是H或烷基；其中X_1、X_2、X_3和X_6的选择使得化合物与HSP90家族成员的N-末端袋结合。

……”

2007年10月19日，申请人斯隆-凯特林癌症研究所（下称请求人）对上述驳回决定不服，向专利复审委员会提出复审请求，同时提交权利要求书全文替换页，其中，删除了驳回决定所针对的权利要求1~14和16~23，将驳回决定所针对的权利要求15修改后作为新的权利要求1，并增加其从属权利要求2~10。修改后的权利要求书如下：

“1. 一种化合物，其特征在于，具有以下结构式：

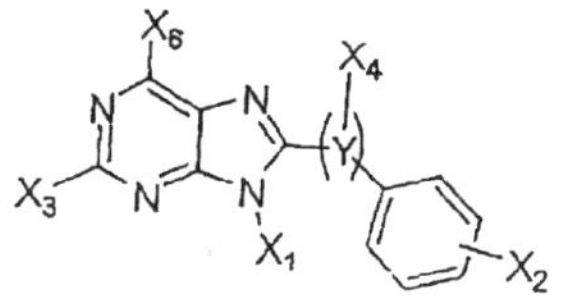

其中Y是C、O、N或O-C；X_1是与选自下组的醇反应后留下的取代基：

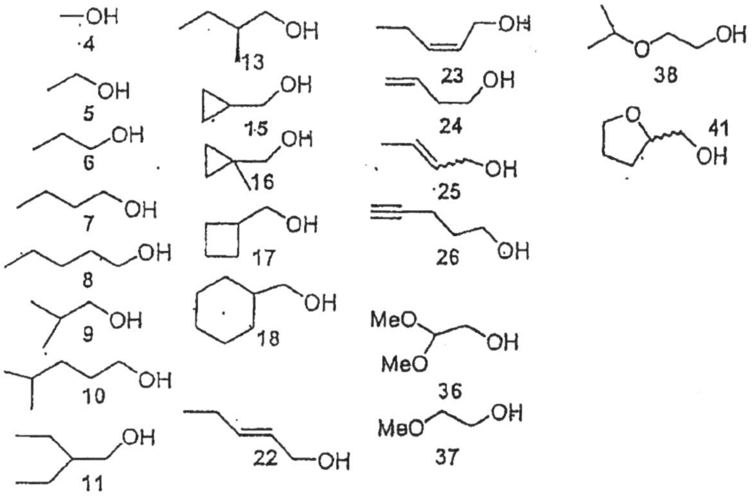

X_2是1~5个作为氢受体/供体官能团的非氢取代基，可以相同或不同，其选自卤素或甲氧基；X_3是小基团，选自氢或卤素；X_4是H或是卤素、烷基、烷氧基、$-SCH_3$或$-SCH_2CH_3$，或当Y是O时其不存在；X_6是$-NH_2$、-OH、-O-烷基、$-CONH_2$。

2. 如权利要求1所述的化合物，其中X_2是1，2，3-三甲氧基。

3. 如权利要求1所述的化合物，其中X_6是$-NH_2$。

4. 如权利要求3所述的化合物，其中X_2是1，2，3-三甲氧基。

5. 如权利要求3所述的化合物，其中X_3是卤素。

6. 如权利要求1所述的化合物，其中X_3是卤素。

7. 如权利要求6所述的化合物，其中X_2是1，2，3-三甲氧基。

8. 如权利要求1所述的化合物，其具有以下结构：

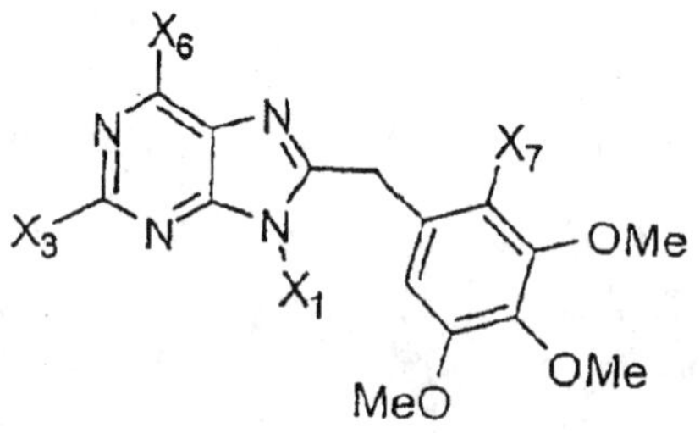

其中X_7是氢或卤素，X_3是卤素。

9. 如权利要求1所述的化合物，其具有以下结构：

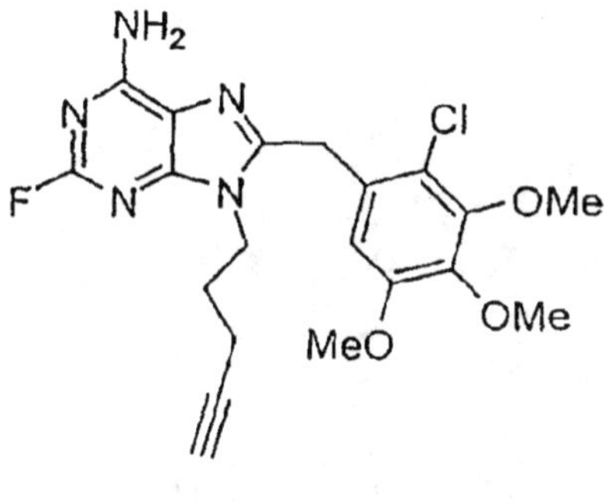

10. 如权利要求1所述的化合物，其具有以下结构：

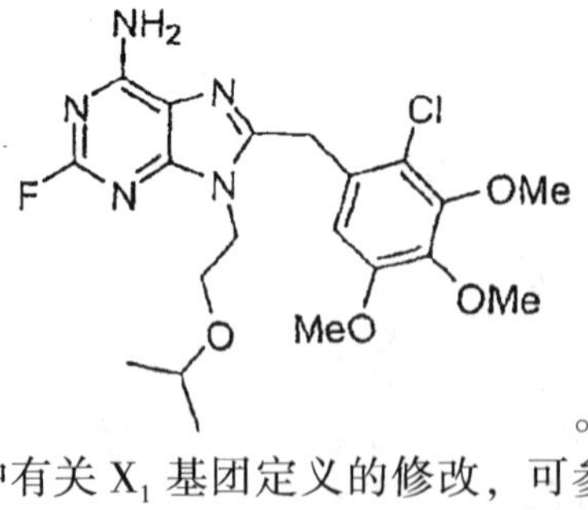

。”

请求人认为，新权利要求1中有关X_1基团定义的修改，可参见说明书附图图6B，且这些X_1基团的定义与说明书中表1的结果相对应；有关X_2基团的进一步限定可参见说明书第6页第21~22行；有关X_3基团的修改可参见说明书第15页（实施例4）；有关X_4基团的修改可参见原权利要求中X_3基团的定义；关于从属权利要求2~10的技术特征，其能够得到实施例4和原权利要求7~9的支持。因此，其所作的上述修改没有超出原始申请的记载范围，符合专利法第33条的规定，并且由于删除了驳回决定所针对的权利要求，从而克服了驳回决定所指出的缺陷。

2007年11月29日，经形式审查合格后，专利复审委员会受理了该请求，并向请求人发出了《复审请求受理通知书》，同时将本申请转送至国家知识产权局原审查部门进行前置审查。

在《前置审查意见书》中，国家知识产权局原审查部门认为，请求人增加权利要求2~7不符合专利法实施细则第60条第1款的规定；对权利要求1~7的修改不符合专利法第33条的规定。因此，坚持驳回决定。

专利复审委员会依法组成合议组，对本复审请求案进行了审理。

2008年9月16日，专利复审委员会本案合议组向请求人发出《复审通知书》，指出：

（1）请求人对权利要求1的修改有如下几处不符合专利法第33条的规定：①对X_1基团定义的修改；②增加了X_3基团可选自氢的内容；③增加了X_2基团可选自卤素或甲氧基的内容。

对于修改①：合议组认为，原权利要求书和说明书没有记载权利要求1所示的通式中X_1为权利要求1中所定义的基团的内容；原说明书的图6B给出的通式化合物中，仅存在唯一变量R（R与X_1相对应），其中R为选自序号为4-46的R-OH基团反应后留下的基团；若将图B化合物的R基团作为权利要求1的X_1基团，则会出现R与X_2、X_3、X_4、X_6的基团重新组合的化合物，这种重新组合而获得的化合物在原始申请文件中没有记载，也不能由原始申请文件记载的信息直接地、毫无疑义地确定，故针对X_1基团定义的修改是不符合专利法第33条规定的。

对于修改②：由于"X_3基团为氢"仅出现在原说明书记载的少数具体化合物中，基于上述同样的理由，亦导致权利要求1的修改不符合专利法第33条的规定。

对于修改③：原始申请文件中仅原权利要求7中记载了在$Y-X_4$为CH_2以及X_3为卤素的情况下，X_2基团方可在"特定的位置上"分别为1个卤素和3个甲氧基，也就是说，权利要求1对X_2的修改内容在原始申请文件中没有记载，并且也出现了基团重新组合而成的化合物，其不能从原始申请文件记载的信息中直接地、毫无疑义地确定；此外，请求人认为，此处修改可参见说明书第6页第21~22行，然而，说明书第6页第21~22行记载的相关内容为："X_2是1到5氢接纳体官能度，例如OR、OCOR、NCOR等装在袋内，可任选地加上能增强这些基团（如卤素）的供电子基团"，由说明书的上述内容可以确定X_2可以选自OR、OCOR、NCOR，以及在此基础上还可以加上卤素，但不能确定X_2可以选自甲氧基，或单独地选自卤素，因此，对X_2基团定义的修改不能由此直接地、毫无疑义地确定；因此，上述修改不符合专利法第33条的规定。

（2）在权利要求1的修改不符合专利法第33条规定的情况下，直接或间接引用权利要求1的权利要求2~8基于相同的理由亦不符合专利法第33条规定。并且，权利要求2、4和7都进一步限定了所述通式化合物中的X_2是1，2，3-三甲氧基；但是相应的，原说明书仅于实施例4中记载了，在X_4和X_3为H，X_1为来自图15所列化合物的特定情况下，X_2方为1，2，3-OME；因此，基于与权利要求1同样的理由，上述权利要求2、4和7中的修改的内容，也不符合专利法第33条的规定。

2008年11月10日，请求人针对上述复审通知书提交了意见陈述书，并提交了权利要求书全文替换页，其中，所作修改仅为增加了权利要求11，该权利要求为：

"11. 如权利要求1所述的化合物，其中X_3为卤素"。请求人认为：（1）对于权利要求1中X_1基团定义的修改，本领域技术人员能够根据本申请原始说明书和权利要求书记载的内容直接毫无疑义地确定。说明书实施例8详细描述了对各种取代基组合的化合物进行的试验，并提供了这些化合物的结果。表1至表4中提供的试验结果显示了一个实验矩阵，该实验矩阵被设计成用来测试每次变化一个取代基所带来的效果。表1中，所记录化合物除X_1取代基不同外，其他取代基相同；表1中的X_1基团与权利要求1中的X_1取代基是相同的。表2，记录了表1所列化合物中的13种化合物在C-2（即，

X_3 位）卤化（氟化）后的实验结果。表 3，记录了在表 1 中有记载的一种化合物（PU3）及在其苯环的 X_2 位上加入一个或两个卤素（氯或溴）后获得化合物的实验结果。表 4，记录了在表 1 中有记载的两种化合物（PU24 和 PU29）在 C-2（即，X_3 位）氟化及在其苯环的 X2 位上加入一个氯后获得化合物的实验结果。显然，实施例 8 反映了一种合理的实验设计思路（每次只有一个变量），本领域技术人员在阅读所述内容后能够毫无疑义地确定上述每种取代基变化能以任何方式进行组合。

对于 X_2 基团，附图 13 中对具有 1~3 个甲氧基取代基的化合物 PU1-PU3 进行了描述，表 3 中也显示出了加有一个或两个卤素的化合物。所以，“X_2 基团必须是一个卤原子和三个甲氧基”显然是不对的。如上所述，本发明的具体化合物被设计成一个测试矩阵，以显示某些取代基变化对于给定起始化合物的影响，因此这些组合是可以结合使用的。例如，表 4 就显示了最佳结果的组合或合并，从而得到了 PU24FCl。另外，本申请说明书第 6 页第 20~21 行已经明确记载“X_2 是 1 到 5 氢接纳体官能度，例如 OR（对应于甲氧基）、OCOR、NCOR 等装在袋内，可任选地加上能增强这些基团（如卤素）的供电子基团”。此外，“可任选地加上”并非指在 OR、OCOR、NCOR 基础上再加上卤素，而是指在 X_2 的取代基列表内再加上卤素。由此可见，权利要求 2 中 X_2 的定义“卤素或甲氧基”没有超出原始记载的范围。

对于 X_3 基团，实施例 4 中制备的所有结构中 X_3 均为氢。表 1 化合物的 X_3 也均为氢。X_3 位引入卤素是对该结构进行了修饰，从而使得未取代的化合物变为该位置有取代的化合物。如实施例中的结果所示，该位置引入卤素取代基提高了活性，然而卤素取代基并非是实现所期望的活性所必需的。换言之，卤素取代基仅仅体现了一个较佳的实施方案。针对这一点，申请人增加一项从属权利要求，进一步限定 X_3 为卤素。

综上，修改后的 X_1、X_2 和 X_3 的定义是本领域技术人员根据原说明书记载的内容能够直接毫无疑义确定的，该修改符合专利法第 33 条的规定。

（2）在独立权利要求 1 符合专利法第 33 条的情况下，其从属权利要求也符合专利法第 33 条的规定。化合物 PU3 以及实施例 4、表 1 和表 2 中的所有化合物都符合“X_2 是三甲氧基”这一限定。这些化合物包括了权利要求 1 中的所有 X_1 基团，以及 X_3 为氢和卤素的情况。本领域技术人员根据这些内容能够毫无疑义地确定权利要求 2、4、7 的技术方案。

经过上述审查程序，合议组认为本案事实已经清楚，可以作出审查决定。

二、决定的理由

1. 关于审查文本

本复审决定针对的文本为：专利复审委员会于 2008 年 11 月 10 日收到的请求人提交的权利要求第 1~11 项，以及进入中国国家阶段时请求人提交的国际申请文件的中文文本的说明书第 1~26 页、说明书附图第 1~22 页和说明书摘要。

2. 关于专利法第 33 条

专利法第 33 条规定：申请人可以对其专利申请文件进行修改，但是，对发明和实用新型专利申请文件的修改不得超出原说明书和权利要求书记载的范围。

对专利申请文件进行修改的依据是原始申请文件，如果修改的内容在原始申请文件中没有记载，并且也不能从原始申请文件记载的信息中直接地、毫无疑义地确定，则对申请文件的修改不符合专利法第 33 条的规定。

在本案中，权利要求书如案由部分所述。

合议组认为，请求人对权利要求 1 的修改有如下几处不符合专利法第 33 条的规定：（1）对 X_1 基团的定义的修改；（2）增加了 X_3 基团可选自氢的内容；（3）增加了 X_2 基团可选自卤素或甲氧基的内容。

对于修改（1），合议组认为，原权利要求书和说明书没有记载权利要求1所示的通式中 X_1 为权利要求1中所定义的基团的内容，并且该内容也不能从原始申请文件记载的信息中直接地、毫无疑义地确定。请求人认为：该修改内容可参见图6B。对此，合议组认为，原说明书的图6B给出的通式化合物中，仅存在唯一变量R（R与 X_1 相对应），其中R为选自序号为4-46的R-OH基团反应后留下的基团；若将图B化合物的R基团作为权利要求1的 X_1 基团，则会出现R与 X_2、X_3、X_4、X_6 的基团重新组合的化合物，这种重新组合而获得的化合物在原始申请文件中没有记载，也不能由原始申请文件记载的信息直接地、毫无疑义地确定。请求人还认为，说明书实施例8详细描述了对各种取代基组合的化合物进行的试验，并提供了这些化合物的试验结果（参见表1至表4）；表1至表4中提供的试验结果显示了一个实验矩阵，该实验矩阵被设计成用来测试每次变化一个取代基所带来的效果；本领域技术人员在阅读上述内容后能够毫无疑义地确定其中每种取代基变化能以任何方式进行组合；由此，对于权利要求1中 X_1 基团定义的修改，本领域技术人员能够根据本申请原始说明书和权利要求书记载的内容直接毫无疑义地确定。对此，合议组认为，表1至表4列出的是一些具体化合物，由表1至表4中的具体化合物同样不能直接地毫无疑义地确定上述 X_1 基团与 X_2、X_3、X_4、X_6 基团组合而成的所有化合物的范围。例如，对于权利要求1中 X_1 基团为与标号为5的醇反应后留下的取代基即乙基的情形，本申请说明书仅于图6B中有一个具体化合物的记载，即，X_6 为 NH_2，X_3 为氢，Y为C，X_4 为氢，X_2 是3个甲氧基的具体化合物；而权利要求1中所包括的 X_1 为乙基，且 X_6 是-OH、-O-烷基或 $-CONH_2$，X_3 是卤素，Y是O、N或O-C，X_4 是卤素、烷基、烷氧基、$-SCH_3$ 或 $-SCH_2CH_3$，或当Y是O时其不存在，X_2 是卤素的化合物不能由原始申请文件记载的信息（包括图6B和表1至表4中记载的内容）直接地、毫无疑义地确定。因此，请求人针对 X_1 基团定义的修改超出了原说明书和权利要求书记载的范围，不符合专利法第33条规定。

对于修改（2），合议组认为，由于"X_3 基团为氢"仅出现在原说明书记载的少数具体化合物中，基于与评述修改（1）同样的理由，也就是说，若将H作为权利要求1的 X_3 基团，则会出现与 X_2、X_3、X_4、X_6 基团重新组合的化合物，这种重新组合而获得的化合物在原始申请文件中没有记载，也不能由原始申请文件记载的信息直接地、毫无疑义地确定，故该修改不符合专利法第33条的规定。

对于修改（3），合议组认为，权利要求1对 X_2 的修改内容在原始申请文件中没有记载，并且也出现了基团重新组合而成的化合物，其不能从原始申请文件记载的信息中直接地、毫无疑义地确定，因此，上述修改不符合专利法第33条的规定。请求人认为，此处修改可参见说明书第6页第21~22行的相关内容为："X_2 是1到5氢接纳体官能度，例如OR、OCOR、NCOR等装在袋内，可任选地加上能增强这些基团（如卤素）的供电子基团"，其中，OR对应于甲氧基，"可任选地加上"并非是指在OR、OCOR、NCOR基础上再加上卤素，而是指在 X_2 的取代基列表内再加上卤素。对此，合议组认为，由说明书的上述内容可以确定 X_2 可以选自OR、OCOR、NCOR，以及在此基础上还可以进一步选择卤素；但不能确定 X_2 可以选自甲氧基，或单独地选自卤素，因此，对 X_2 基团定义的修改不能由此直接地、毫无疑义地确定。此外，请求人还认为，对于 X_2 基团，附图13中描述了具有1~3个甲氧基取代基的化合物PU1-PU3，表3中显示了加有一个或两个卤素的化合物，而本发明的具体化合物被设计成一个测试矩阵，以显示某些取代基变化对于给定起始化合物的影响，所以取代基的变化可以结合使用，例如，表4显示了最佳结果的组合，得到化合物PU24FCl。对此，合议组认为，由附图13、表3和表4中所述的化合物不能直接地毫无疑义地确定 X_2 为卤素或甲氧基与 X_1、X_3、X_4、X_6 的基团重新组合而得的所有化合物的范围，也就是说，这种重新组合而获得的化合物在原始申请文件中没有记载，也不能由原始申请文件记载的信息直接地、毫无疑义地确定。综上，对 X_2 基团定义的修改超出了原说明书和权利要求书记载的范围，不符合专利法第 33 条规定。

在权利要求 1 的修改不符合专利法第 33 条规定的情况下，直接或间接引用权利要求 1 的权利要求 2~8 基于相同的理由亦不符合专利法第 33 条规定，而权利要求 11 实质上与权利要求 6 相同，同样不符合专利法第 33 条的规定。并且，权利要求 2、4 和 7 都进一步限定了所述通式化合物中的 X_2 是 1，2，3-三甲氧基。然而，由表 1 和表 2 中的化合物、化合物 PU3 以及实施例 4 中所述的化合物同样不能直接地毫无疑义地确定 X_2 是 1，2，3-三甲氧基与 X_1、X_3、X_4、X_6 的基团重新组合而得的所有化合物的范围，也就是说，这种重新组合而获得的化合物在原始申请文件中没有记载，也不能由原始申请文件记载的信息直接地、毫无疑义地确定，因此，上述针对权利要求 2、4 和 7 的修改也不符合专利法第 33 条的规定。

综上所述，合议组认为专利复审委员会于 2008 年 11 月 10 日收到请求人提交的权利要求第 1~8 和 11 不符合专利法第 33 条的规定。

根据上述事实和理由，合议组作出如下决定。

三、决定

维持国家知识产权局于 2007 年 7 月 6 日针对 01818469.3 号发明专利申请作出的驳回决定。

复审请求人对本决定不服的，可以根据专利法第 41 条第 2 款的规定，自收到本决定之日起三个月内向北京市第一中级人民法院起诉。

185

可独立反应的多层薄片

复审请求审查决定（第15596号）

决　定　号　第15596号
决　定　日　2008年11月6日
发明创造名称　可独立反应的多层薄片
国际分类号　C06B45/12，B23K20/08，B23K35/02，B23K35/34，C23C14/14，H05K3/34
复审请求人　约翰斯霍普金斯大学
申　请　号　01808928.3
申　请　日　2001年5月1日
优先权日　2000年5月2日
公　开　日　2004年6月9日
合议组组长　侯　曜
主　审　员　高胜华
参　审　员　黄　强

法律依据　专利法第33条
决定要点

判断对于申请文件的修改是否允许应当以原说明书和权利要求书记载的范围为准。原说明书和权利要求书记载的范围是指原说明书和权利要求书文字记载的内容，以及根据原说明书和权利要求书文字记载的内容及说明书附图能直接地、毫无疑义地确定的内容。如果修改后的内容与原说明书和权利要求书记载的范围相比仅仅是文字或表达方式上的不同，其技术内容的实质能够从原说明书和权利要求书记载的范围中直接地、毫无疑义地确定，则这种修改是允许的。

一、案由

本复审请求案涉及发明名称为“可独立反应的多层薄片”的第01808928.3号发明专利申请（下称本申请），申请人为约翰斯霍普金斯大学，申请日为2001年5月1日，优先权日为2000年5月2日，公开日为2004年6月9日。

2006年10月13日，针对申请人于2005年11月9日提交的权利要求书，进入中国国家阶段时提交的国际申请文件中文译文的说明书第1~8页、10~16页，说明书附图第1~6页和说明书摘要，以及2004年8月24日提交的说明书第9页（下称驳回文本），国家知识产权局以权利要求13~16的修改不符合专利法第33条的规定为由驳回了本申请。

驳回决定认为：从属权利要求 13~16 在原始申请文件中并不是作为权利要求 1 的从属权利要求所出现的，驳回文本中将其作为权利要求 1 的从属权利要求组合于权利要求 1 的方法中形成了新的技术方案，该技术方案在原始权利要求书中没有记载；尽管申请人认为，权利要求 13~16 的附加技术特征在说明书第 14 页有记载，但该页是对具体实施方式的描述，其中仅仅记载了这几个附加技术特征，并未明确提示其可以组合于权利要求 1 的技术方案中形成新的技术方案；因此，权利要求 13~16 的修改超出原始申请记载的范围，不符合专利法第 33 条的规定。

驳回决定所针对的权利要求 1、13~16 如下：

“1. 一种制造由多个能进行发热反应的交替层组成的独立式可反应的多层薄片的方法，包括的步骤为：

提供一个基板；

将交替层蒸汽沉积到基板上，以形成厚度约在 10 微米至 1 厘米的可反应的多层薄片；蒸汽沉积条件选择在低应力情况下进行，从而使薄膜中应力和薄膜厚度的积保持在 1000N/m 以下，以及

将多层薄片从基板上分离，以提供独立式可反应的多层薄片。

……

13. 如权利要求 1 所述的方法，其中所述基板具有一表面，该表面包括多个与要沉积的多层薄片的厚度相当或比其厚的厚度或深度的现成开口、突起或微粒。

14. 如权利要求 1 所述的方法，还包括步骤：

在形成所述可反应的多层薄片之后，将遮罩层沉积在可反应的多层薄片之上；

将遮罩层打上多个孔；以及

透过所述多个孔蚀刻所述可反应的多层薄片。

15. 如权利要求 1 所述的方法，还包括的步骤为：

在可反应的薄片中机械地冲压出多个孔。

16. 如权利要求 1 所述的方法，还包括的步骤为：

形成多个贯穿薄片的孔；以及

将多层薄片的孔中填充入可熔材料、推进剂、或当可反应的薄片被点燃时受热发生变化或反应的材料。”

2007 年 1 月 29 日，申请人约翰斯霍普金斯大学（下称请求人）对上述驳回决定不服，向专利复审委员会提出复审请求。请求人在提出复审请求时未修改申请文件。请求人认为：（1）本申请中，原权利要求 1 涉及一种制造由多个能进行发热反应的交替层组成的独立式可反应多层薄片的方法，原独立权利要求 22~25（对应于驳回文本中的从属权利要求 13~16）涉及制备一种可反应多层薄片的方法，对于本领域技术人员来说，原权利要求 1 中的可反应多层薄片与原权利要求 22~25 中的可反应多层薄片并非是不相关的产品；（2）在原说明书中，在描述了利用权利要求 1 限定的方法所制造的可反应多层薄片之后，在第 3 页第 4~6 行记载了“薄片还可设计成具有开口的形式，以便使连接（或松散）材料穿出薄片、增加连接牢度”。由此可以看出，原独立权利要求 22~25 所涉及的带孔薄片并非不同的另一种薄片，而只是权利要求 1 的可反应薄片的一种特定形式；（3）原说明书第 14 页第 4~7 段的实施例部分公开了原权利要求 22~25 的内容。因此，将原权利要求 22~25 修改为权利要求 1 的从属权利要求 13~16 并未超出原始申请记载的范围，符合专利法第 33 条的规定。

经形式审查合格后，专利复审委员会受理了该请求，并于 2007 年 3 月 8 日向请求人发出《复审请求受理通知书》，同时将本申请转至国家知识产权局原审查部门进行前置审查。

国家知识产权局原审查部门在前置审查中坚持驳回决定。

专利复审委员会成立合议组，对本复审请求案进行了审理。

经合议审查，合议组认为本案事实清楚，可以作出审查决定。

二、决定的理由

1. 关于审查文本

合议组基于驳回决定所针对的文本，即请求人于进入中国国家阶段时提交的国际申请文件的说明书第1~8、10~16页、附图第1~6页和说明书摘要，以及2004年8月24日提交的说明书第9页和2005年11月9日提交的权利要求第1~16项进行审查。

2. 关于专利法第33条

专利法第33条规定：申请人可以对其专利申请文件进行修改，但是，对发明和实用新型专利申请文件的修改不得超出原说明书和权利要求书记载的范围。

原说明书和权利要求书记载的范围是指原说明书和权利要求书文字记载的内容，以及根据原说明书和权利要求书文字记载的内容及说明书附图能直接地、毫无疑义地确定的内容。如果修改后的内容与原说明书和权利要求书记载的范围相比仅仅是文字或表达方式上的不同，其技术内容的实质能够从原说明书和权利要求书记载的范围中直接地、毫无疑义地确定，则这种修改是允许的。

本案中，原独立权利要求1要求保护一种制备由多个能进行发热反应的交替层组成的独立式可反应的多层薄片的方法，主要包括三个步骤：（1）提供一个基板；（2）将交替层蒸汽沉积到基板上；（3）将多层薄片从基板上分离。

原权利要求22~25均为独立权利要求，分别要求保护四种制备可反应的多层薄片的方法。其权利要求为：

"22. 一种制造可反应的多层薄片的方法，包括的步骤为：

提供一个具有表面包括多个与要沉积的多层薄片的厚度相当或比其厚的厚度（或深度）的现成开口、突起或微粒的基板；

将多个层沉积在该表面上以形成可反应的多层薄片；以及

将多层薄片从基板上分离。

23. 一种制造可反应的多层薄片的方法，它包括的步骤为：

提供一个平基板；

将多个层沉积在基板上以形成可反应的多层薄片；

将遮罩层沉积在可反应的薄片之上；

将遮罩层打上多个孔；

透过孔蚀刻可反应的薄片；以及

将多层薄片从基板上分离。

24. 一种制造可反应的多层薄片的方法，它包括的步骤为：

提供一个平基板；

将多个层沉积在基板上以形成可反应的多层薄片；以及

在可反应的薄片中机械地冲压出多个孔。

25. 一种制造可反应的多层薄片的方法，它包括的步骤为：

制造具有多个贯穿薄片的孔的可反应的多层薄片；以及

将多层薄片的开口中填充入可熔材料、推进剂、或当可反应的薄片被点燃时受热发生变化或反应的材料。"

请求人在答复《第一次审查意见通知书》时将原权利要求22~25修改为权利要求1的从属权利

要求 13～16（具体内容详见案由部分）。

驳回决定认为：修改后的权利要求 13～16 的技术方案在原权利要求书中没有记载，且原说明书中也未明确提示可以将原独立权利要求 22～25 的技术特征组合到原权利要求 1 的方法中，因而这种修改超出了原申请记载的范围，不符合专利法第 33 条的规定。

因此，本案中，判断上述修改是否允许，焦点在于判断：（1）原权利要求 1 与原权利要求 22～25 的关系，即权利要求 1 与权利要求 22～25 中的可反应的多层薄片是否为相关联的产品；（2）修改后的权利要求 13～16 的技术方案能否在原始权利要求书和说明书中找到依据。

为此，合议组查明，本申请旨在提供一种用作局部热源的可反应的薄片，其最好具有独立式多层薄片结构，该结构由能以发热及自扩散方式相互反应的材料的交替层组成（参见原说明书第 2 页最后一段），原权利要求 1 要求保护这种可反应的多层薄片的制造方法。说明书第 4 页倒数第 1 段阐述了这种多层薄片的发热机理，即，当多层薄片暴露在激发物中时，组成薄片的材料 A 和 B 的邻近原子相混合，这种混合产生的化学键的变化导致原子键能量减少，从而在发热化学反应中产生热。

说明书第 3 页第 1 段提到，"薄片还可设计成具有开口，该开口允许使连接（或松散）材料穿出薄片以增加连接牢度"。说明书第 9 页倒数第 2 段也提到，"在另一个实施例中，特意在薄片结构中设计了可反应的薄片中的开口"，该页倒数第 1 段进一步阐明了如何形成带孔薄片的方法，即，（1）通过在具有形成图形的孔的可移动基板上溅射沉积薄片，（2）先将薄片沉积到基板上，再将光刻胶沉积到薄片上，光刻胶具有图形，然后通过成图形的孔腐蚀底垫薄片，（3）在薄片上物理打孔。这三种方法分别相应于原权利要求 22～24。

说明书第 11 页最后两段至第 13 页倒数第 3 段列举了 7 个具体实施例，用于举例说明本申请的可反应的多层薄片。之后，说明书对本申请的内容做了进一步的总结，认为本申请的一个方面涉及一种制造……的可反应的多层薄片的方法（即，原权利要求 1，参见说明书第 13 页倒数第 2 段）。接着进一步提到，"在另一个实施例中，可反应的多层薄片包括多个贯穿薄片厚度的开口……"（参见说明书第 14 页第 4 段，对应于原权利要求 25），"该带孔薄片可通过具有表面包括多个……"（参见说明书第 14 页第 5 段，对应于原权利要求 22），"此外，可反应的多层薄片可以沉积在基板上……"（参见说明书第 14 页第 6 段，对应于原权利要求 23～24）。

从说明书记载的以上内容，本领域技术人员能够理解，本申请实际涉及一种可反应的多层薄片，所述多层薄片由多个能进行发热反应的交替层组成（原权利要求 1）。该多层薄片上可以带有孔，这种带孔薄片可以通过说明书提到的多种方法形成，原权利要求 22～25 实质上就是要求保护这种带孔的多层薄片的制造方法。因此，尽管在原始权利要求书中，原权利要求 22～25 是以独立权利要求的形式出现的，但是其中的可反应多层薄片实质上与原权利要求 1 中的可反应多层薄片是相关的产品，并且是原权利要求 1 中的可反应多层薄片的一种特定形式。在这种情况下，将其修改作为权利要求 1 的从属权利要求并无不妥。

其次，如前所述，在说明书第 9 页倒数第 2 段、第 14 页第 4～6 段中对于原权利要求 22～25 中如何形成带孔薄片的方法已经进行了相应的阐述，也就是说，分别对应于原权利要求 22～25 的修改后的权利要求 13～16 的技术方案在说明书中也均能找到依据。

基于以上理由，合议组认为，请求人将原权利要求 22～25 修改为从属权利要求 13～16 是本领域技术人员能够从原始申请记载的内容中直接地、毫无疑义地确定的，并未超出原申请记载的范围，符合专利法第 33 条的规定。

根据上述理由和事实，合议组作出如下决定。

三、决定

撤销国家知识产权局于2006年10月13日针对01808928.3号发明专利申请作出的驳回决定，由国家知识产权局原审查部门以驳回决定所针对的文本为基础继续审批程序。

复审请求人对本决定不服的，可以根据专利法第41条第2款的规定，自收到本决定之日起三个月内向北京市第一中级人民法院起诉。

186

混炼填充的硅氧烷组合物

复审请求审查决定（第15599号）

决　　定　　号　第15599号
决　　定　　日　2008年12月19日
发明创造名称　混炼填充的硅氧烷组合物
国 际 分 类 号　C08J3/205，C08K9/06，B29B7/90，B29B7/94
复 审 请 求 人　通用电气公司
申　　请　　号　00817378.8
申　　请　　日　2000年12月8日
优 先 权 日　1999年12月21日
公　　开　　日　2003年4月16日
合议组组长　侯　曜
主　审　员　刘　静
参　审　员　黄　强

法 律 依 据　专利法第33条，第26条第3款
决 定 要 点

对于PCT国际申请，原始提交的国际申请文件具有法律效力，可以作为申请文件修改的法律依据。如果新提交文本的内容与原申请记载的信息相同，或者是所属领域的技术人员能够从原申请记载的信息中直接地、毫无疑义地确定的，那么应当认为这种修改是允许的，符合专利法第33条的规定。

一、案由

本复审请求涉及发明名称为“混炼填充的硅氧烷组合物”的第00817378.8号发明专利申请（下称本申请），申请人为通用电气公司，申请日为2000年12月8日，优先权日为1999年12月21日，公开日为2003年4月16日。

2004年12月24日，针对申请人于2002年6月18日提交的根据条约41条修改的权利要求第1~30项、进入中国国家阶段时提交的国际申请文件的说明书第1~19页、说明书附图第1~3页及说明书摘要，国家知识产权局以本申请说明书不符合专利法第26条第3款为由驳回了本申请。驳回决定所针对的权利要求书为：

“1. 一种混炼填充的硅氧烷组合物的方法，其中包括：

在加入硅氧烷聚合物之前，在单一连续混炼设备（10）的第一个位置使填料与加工流体混合，和

在所述的单一连续混炼设备（10）中，在所述第一个位置的下游位置使所述的填料与所述的硅氧烷聚合物混炼。

2. 权利要求1的方法，其中所述的单一混炼设备（10）是一种同向旋转的相互啮合式双螺杆挤压机。

3. 权利要求1的方法，其中包括采用第一台同向旋转的相互啮合式双螺杆挤压机进行所述的方法；和将被处理的填料和硅氧烷聚合物从所述的第一台挤压机排入第二台不同的挤压机中，以进行进一步加工。

4. 权利要求1的方法，其中包括采用第一台单螺杆挤压机进行所述的方法；和将被处理的填料和硅氧烷聚合物从所述的第一台挤压机排入第二台同向旋转的相互啮合式双螺杆挤压机中，以进行进一步加工。

5. 权利要求1的方法，其中所述的加工流体是能与硅烷醇反应的处理剂。

6. 权利要求1的方法，其中所述的填料包含硅烷醇基团，并在加入所述的混炼设备（10）之前，采用能与硅烷醇反应的处理剂进行预处理。

7. 权利要求1的方法，其中所述的加工流体选自硅烷醇终止的聚二甲基硅氧烷、乙烯基终止的二甲基-甲基乙烯基硅氧烷、和羟基终端的聚二甲基-甲基乙烯基硅氧烷。

8. 权利要求1的方法，其中所述的填料是热解法二氧化硅。

9. 权利要求1的方法，其中所述的填料是热解法二氧化硅，并在加压下，强制将所述的热解法二氧化硅加入到所述的第一个位置。

10. 权利要求1的方法，其中所述的混炼是采用长度至少为约≤42倍直径的混炼设备（10）进行的。

11. 权利要求1的方法，其中所述的混炼设备（10）是在螺杆转速约100rpm至约1000rpm下操作的挤压机。

12. 权利要求1的方法，其中所述的混炼设备（10）是在物料通过量（磅/时）与螺旋速度（转/分）的比例为约0.01至约100下操作的挤压机。

13. 权利要求1的方法，其中包括采用混炼设备（10）进行所述的方法，混炼设备（10）包括至少一个填料加入口（14）、至少一个与所述填料加入口（14）连通的真空出口（32）。

14. 权利要求1的方法，其中所述的硅氧烷组合物是可热硫化的硅氧烷聚合物橡胶组合物。

15. 权利要求1的方法，其中包括从所述填充的硅氧烷组合物中排出挥发性物质，使硅氧烷组合物中其含量小于2重量%。

16. 权利要求1的方法，其中包括采用混炼设备（10）进行所述的方法，混炼设备（10）包括一个筒体，其中将筒体温度控制在约150℃至约200℃。

17. 权利要求1的方法，其中在所述的填料与所述的硅氧烷聚合物进行所述的混炼之前，在所述混炼设备（10）的输送段（34），进行所述填料与加工流体的混合。

18. 权利要求1的方法，其中在与所述的加工流体混合之前，将所述的填料加入所述的单一连续混炼设备（10）中。

19. 权利要求1的方法，其中在多个加料口，将所述的填料加入所述的单一连续混炼设备（10）中，以与所述的加工流体进行混合。

20. 权利要求1的方法，其中使所述的填料与所述的硅氧烷聚合物混合，每100重量份的聚合物含约5至约200重量份的填料。

21. 权利要求1的方法，其中使所述的加工流体与所述的填料混合，每100重量份的填料含约

0. 1 至约 100 重量份的流体。

22. 权利要求 1 的方法，其中在多个位置加入所述的加工流体，以与所述的填料进行混合。

23. 权利要求 1 的方法，其中所述的加工流体包括处理剂和水。

24. 权利要求 1 的方法，其中还包括将惰性气体注入所述的混炼设备（10）中，以抑制易燃的加工流体和空气之间的氧化反应。

25. 权利要求 1 的方法，其中所述的硅氧烷聚合物，可以采用通式 I 的再熟化单元表示：

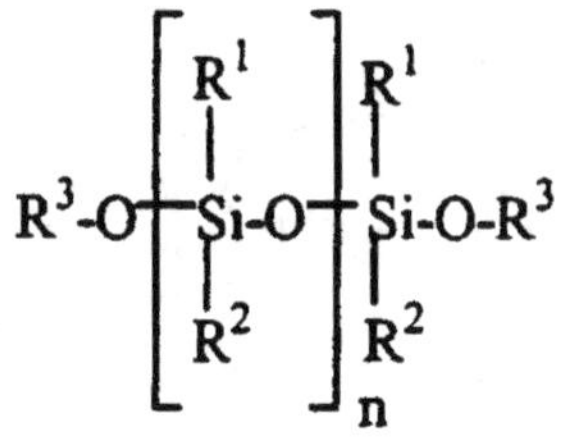

通式 I

式中 R^1 在每一种情况下独立为 C_{1-4}烷基、或 C_{2-4}亚烷基；R^2 在每一种情况下独立为 C_{1-4}烷基、C_{1-4}卤代烷基、或 C_{2-4}亚烷基；R^3 在每一种情况下独立意为 H、C_{1-10}烷基、C_{2-4}亚烷基、C_{4-6}环烷基、OH、或 C_1 – C_4 卤代烷基；和 n 为 100~20000 的整数。

26. 一种连续制备可热硫化的硅氧烷聚合物的方法，其中包括：

在加入（26，28）硅氧烷聚合物之前，在第一个位置（34），将热解法二氧化硅连续地加入同向旋转的相互啮合式双螺杆挤压机（10）中；

当所述的热解法二氧化硅通过所述的挤压机（10）进入第二个位置（36）时，使所述的热解法二氧化硅与加工流体，或与加工流体和处理剂的混合物混炼；

在所述的第二个位置（36），将硅氧烷聚合物加入所述的混炼设备（10）中；和

当所述的热解法二氧化硅和硅氧烷聚合物从所述的第二个位置（36）通过所述的挤压机（10）时，采用所述的挤压机（10），将所述的热解法二氧化硅与所述的硅氧烷聚合物混炼。

27. 一种可加工的硅氧烷聚合物填料组合物，它包括加工流体和填料，其中使所述的加工流体与所述的填料混合，每 100 重量份的填料含约 0. 1 至约 100 重量份的流体。

28. 一种可加工的硅氧烷聚合物组合物，它包括加工流体、填料、和硅氧烷聚合物，其中使所述的加工流体与所述的填料混合，按 100 重量份的填料计混入约 0. 1 至约 100 重量份的流体，使所述的填料与所述的硅氧烷聚合物混合，按 100 重量份的聚合物计混入约 5 至约 200 重量份的填料。

29. 一种加工流体，其中包括硅烷醇终止的聚二甲基硅氧烷、乙烯基终止的二甲基-甲基乙烯基硅氧烷、和羟基终端的聚二甲基-甲基乙烯基硅氧烷。

30. 一种混炼设备（10），其中包括：

筒体，它包括至少一个传动轴（42），以及根据加工材料的类型，配置在沿所述传动轴（42）各段上的螺杆部件；

所述的各段包括，（1）第一个输送段（34），（2）第二个捏合段（36），和（3）第三个脱挥发组分段（38）。”

驳回决定认为：（1）说明书实施例 1、2 没有具体说明使用的硅氧烷组合物的来源及性能参数，也没有具体说明加工流体中三种组分的性能参数如分子量、聚合度等和来源，也没有具体说明和公开加入各组分如硅氧烷聚合物、处理或预处理的热解法二氧化硅、乙烯基硅氧烷以及加工流体之间的比例关系，使本领域的普通技术人员无法确认该化合物，导致本领域的普通技术人员无法根据说明书记载的内容再现本发明。（2）说明书第 12 页表 1 没有说明热解法二氧化硅处理剂的结构、种类、怎样

处理和预处理二氧化硅；说明书第12页第18~20行的“其中填充的硅氧烷组合物在催化剂存在下在高温发生交联”中没有公开使用的催化剂种类、含量以及“多高”的温度下发生交联。(3) 实施例3、4中还没有具体说明使用的乙烯基硅氧烷聚合物的来源及性能参数，也没有具体说明加工流体中三种组分的来源和性能参数如分子量、聚合度等，没有具体说明处理剂、反应剂、流动促进剂、流动助剂的结构、种类、性能参数及其含量。因此，说明书没有清楚、完整地充分公开本发明，不符合专利法第26条第3款的规定。

申请人通用电气公司（下称请求人）对上述驳回决定不服，于2005年4月8日向专利复审委员会提出复审请求，但同时未修改申请文件。请求人认为：本申请说明书第3页第8~10行公开了填料、加工流体、硅氧烷聚合物之间的比例，说明书第4页第4~5行公开了加工流体中硅氧烷的分子量，说明书第6页公开了硅氧烷聚合物的通式，说明书第1~3行和第7~9行公开了挤压机的工业条件，因此通过说明书的描述和具体实施例的说明，本领域技术人员足以实现本发明，本申请的说明书符合专利法第26条第3款的规定。

形式审查合格后，专利复审委员会于2005年6月1日受理了该复审请求，向请求人发出《复审请求受理通知书》，并将本申请移交国家知识产权局原审查部门进行前置审查。

在《前置审查意见书》中，国家知识产权局原审查部门认为：(1) 说明书第4页第4~5行只是公开了硅氧烷聚合物分子量的范围，并不能确定使用的该硅氧烷聚合物确切性能参数；(2) 说明书第6页只是公开了硅氧烷化合物的通式，并没有定义何种条件下该通式化合物为实施例1中所述的“乙烯基硅氧烷”，因此，坚持驳回决定。

专利复审委员会组成合议组，对本案的复审请求进行了审理，并于2006年10月27日向请求人发出《复审通知书》。《复审通知书》指出：(1) 本申请请求保护一种将大量的无机填料、加工流体、和硅氧烷聚合物混炼成均匀填充的硅氧烷组合物的方法，实施例1中是将处理剂与加工流体一起混入，但说明书没有公开第11页第28~29行所述的处理剂“乙烯基硅氧烷”的用量或比例，而且说明书全文也没有公开单独使用处理剂时的用量；(2) 说明书没有公开第11页第16行所述的使用D4处理的热解法二氧化硅以及第12页表中“预处理”的热解法二氧化硅是如何获得的；(3) 说明书第14页第5~6行（实施例3）提到“加入第二次处理填料的加工流体、处理剂、流动促进剂、和反应剂”，但是说明书中并没有公开“流动促进剂、反应剂”的成分和用量。因此，说明书不符合专利法第26条第3款的规定。

针对《复审通知书》指出的问题，请求人于2007年2月9日提交了意见陈述书，但没有修改申请文件。请求人认为：(1) 实施例1中的“乙烯基硅氧烷”举例说明的是权利要求中所述的“硅氧烷聚合物”而不是“处理剂”，有关可用于本发明中的硅氧烷聚合物的量的内容公开在说明书第3页第4~10行中；另外说明书第11页第28~32行中已经明确指出，处理的热解法二氧化硅、乙烯基硅氧烷和加工流体溶液的用量为21~23重量%，因此本领域技术人员完全能够知道，乙烯基硅氧烷的用量应当是使得上述三种组分的重量符合上述范围的用量。(2) 在本说明书中，“D4处理的热解法二氧化硅”、“处理的热解法二氧化硅”和“预处理的热解法二氧化硅”是同一物质。(3) 实施例3中的“流动促进剂”应被理解为与说明书第4页第5~6行中提及的“流动促进改良添加剂”是同一物质，“反应剂”指的是用于第二次处理填料的反应剂，填料的第二次处理公开在说明书第8页第26行至第10页第25行中。

2007年6月8日，专利复审委员会向请求人发出《合议组成员告知通知书》。

2007年6月18日，请求人提交了意见陈述书以及说明书第11页的替换页，请求人将说明书第11页第27~28行的表述由“将硅氧烷组合物与约21~23重量%被处理的热解法二氧化硅、乙烯基硅氧烷、和加工流体溶液混炼”改为“硅氧烷组合物是用约21~23重量%被处理的热解法二氧化硅、乙烯基硅氧烷、和加工流体溶液来混炼的”。

2007年8月31日，专利复审委员会发出《第二次复审通知书》，指出：请求人于2007年6月18日提交的说明书第11页替换页中，上述修改后的内容与进入中国国家阶段时提交的国际申请文本的中文译文的说明书第11页相应的表述不一致，也不能从中直接地、毫无疑义地确定。因此上述修改超出了原说明书和权利要求书的范围，不符合专利法第33条的规定。

2007年12月13日，请求人提交了意见陈述书以及说明书第14页的替换页。请求人将说明书第14页第4~5行中的“通过58（筒体7）加入第二次处理填料的加工流体、处理剂、流动促进剂、和反应剂56”改为“通过58（筒体7）加入加工流体、处理剂、流动改良添加剂、和用于第二次处理填料的反应剂56”。请求人认为：（1）实施例1第1~2段中描述的是本发明的装置和方法，在第3段显然描述的是本发明的产品组合物，而不应该再次描述所用的方法，因此修改后的第3段不存在修改超范围的问题。（2）如上所述，实施例第3段描述的是本发明的产品组合物，即硅氧烷组合物并不与被处理的热解法二氧化硅、乙烯基硅氧烷和加工流体溶液混炼。从而，说明书并不存在矛盾之处。（3）请求人之前已经指出，本说明书中，“D4处理的热解法二氧化硅”、“处理的热解法二氧化硅”和“预处理的热解法二氧化硅”是同一物质。说明书第5页第13~26行公开了如何对热解法二氧化硅进行处理，特别是在说明书第5页第22~24行公开了D4是用于硅氧烷填料的处理剂。（4）根据说明书的表述，实施例3中的“流动促进剂”显然就是说明书第4页第5~6行的“流动改良促进剂”，根据说明书第14页第5行的表述，“反应剂56”指的是用于第二次处理填料的反应剂56。

2008年4月18日，专利复审委员会向请求人发出《合议组成员告知通知书》。

2008年11月4日，请求人提交了意见陈述书和说明书第14页的替换页，请求人撤销了前次意见陈述中对说明书第14页的修改，退回到原申请文件的说明书第14页。请求人认为：根据原说明书第14页的内容，完全能够清楚知道术语“流动促进剂”和“反应剂56”的含义，原说明书第14页指出“加入第2次处理填料的加工流体、处理剂、流动促进剂、和反应剂56”，其中“第二次处理填料的”不仅限定加工流体，而且也限定反应剂56，根据说明书上下文可以知道其指的就是用于第二次处理填料的反应剂56。

至此，合议组认为本案事实清楚，可以作出审查决定。

二、决定的理由

1. 关于审查文本

本决定针对的文本如下：请求人于2002年6月18日根据条约41条修改的权利要求书第1~30项，进入中国国家阶段时提交的国际申请文件中的说明书第1~10、12~13、15~19页，说明书附图第1~3页及说明书摘要和摘要附图，2007年6月18日提交的说明书第11页，2008年11月4日提交的说明书第14页。

2. 关于专利法第33条

专利法第33条规定，申请人可以对其专利申请文件进行修改，但是，对发明和实用新型专利申请文件的修改不得超出原说明书和权利要求书记载的范围。

对于PCT国际申请，原始提交的国际申请文件具有法律效力，可以作为申请文件修改的法律依据。如果新提交文本的内容与原申请记载的信息相同，或者是所属领域的技术人员能够从原申请记载的信息中直接地、毫无疑义地确定的，那么应当认为这种修改是允许的，符合专利法第33条的规定。

请求人于2007年6月18日提交了说明书第11页的替换页，将进入中国国家阶段时提交的说明书第11页第27~28行的“将硅氧烷组合物与约21~23重量%被处理的热解法二氧化硅、乙烯基硅氧烷、和加工流体溶液混炼”修改成“硅氧烷组合物是用约21~23重量%被处理的热解法二氧化硅、乙烯基硅氧烷、和加工流体溶液来混炼的”。

对于上述修改，合议组认为：(1) 根据本申请权利要求书以及说明书第2页第21行“本发明提供一种将大量的无机填料、加工流体和硅氧烷聚合物混炼成均匀填充的硅氧烷组合物的方法”可知，本申请的混炼方法得到的最终产品是硅氧烷组合物，即硅氧烷组合物是由无机填料、加工流体、和硅氧烷聚合物混炼而成。说明书第4页第26~30行指出，本申请采用的无机填料可以是热解法二氧化硅或进行表面处理过的二氧化硅；说明书第6页第13~14行指出，“硅氧烷聚合物中乙烯基的含量为硅氧烷聚合物的约0.05重量%至约0.5重量%”，而且根据说明书第6页公开的硅氧烷聚合物的通式I也可以看出，硅氧烷聚合物可以是乙烯基硅氧烷。因此请求人将说明书第11页第27~28行修改成硅氧烷组合物是用被处理的热解法二氧化硅、乙烯基硅氧烷和加工流体溶液来混炼的表述，可以在说明书中找到依据。(2) 根据进入中国国家阶段时提交的说明书第11页，实施例1第1、2段结合图1描述了本申请的设备和方法，根据上下文，本申请要求保护的最终产品是硅氧烷组合物，因此实施例1第3段应当是描述通过前述装置和方法制得的产品，即硅氧烷组合物是用被处理的热解法二氧化硅、乙烯基硅氧烷、和加工流体溶液来混炼；而不会将实施例1第3段理解成将硅氧烷组合物作为原料与被处理的热解法二氧化硅、乙烯基硅氧烷、和加工流体溶液混炼这一含义。(3) 对于PCT国际申请，原始提交的国际申请文件具有法律效力，可以作为申请文件修改的法律依据。从请求人于国际申请日提交的英文原文看，相应部分的记载为“Silicone compositions were compounded with about 21 to 33 weight percent treated fumed silica, a vinylsilicone and a processing fluid solution……”，结合上下文，也应该将其翻译成“硅氧烷组合物是用约21~23重量%被处理的热解法二氧化硅、乙烯基硅氧烷和加工流体溶液来混炼的”，而不应翻译成“将硅氧烷组合物与约21~23重量%被处理的热解法二氧化硅、乙烯基硅氧烷、和加工流体溶液混炼”。因此，请求人于2007年6月18日对说明书第11页的上述修改没有超出原说明书和权利要求书记载的范围，符合专利法第33条的规定。

请求人于2008年11月4日提交了说明书第14页的替换页，撤销了前次意见陈述中对说明书第14页的修改，退回到进入中国国家阶段时提交的说明书第14页的内容，上述修改符合专利法第33条的规定。

3. 关于专利法第26条第3款

专利法第26条第3款规定，说明书应当对发明或者实用新型作出清楚、完整的说明，以所属技术领域的技术人员能够实现为准。

所属技术领域的技术人员能够实现，是指所属技术领域的技术人员按照说明书记载的内容，就能够实现该发明或者实用新型的技术方案，解决其技术问题，并且产生预期的技术效果。

驳回决定认为：(1) 说明书实施例1、2没有具体说明使用的硅氧烷组合物的来源及性能参数，也没有具体说明加工流体中三种组分的性能参数如分子量、聚合度等和来源，也没有具体说明和公开加入各组分如硅氧烷聚合物、处理或预处理的热解法二氧化硅、乙烯基硅氧烷以及加工流体之间的比例关系，使本领域的普通技术人员无法确认该化合物，导致本领域的普通技术人员无法根据说明书记载的内容再现本发明。(2) 说明书第12页表1没有说明热解法二氧化硅处理剂的结构、种类、怎样处理和预处理二氧化硅；说明书第12页第18~20行的“其中填充的硅氧烷组合物在催化剂存在下在高温发生交联”中没有公开使用的催化剂种类、含量以及“多高”的温度下发生交联。(3) 实施例3、4中还没有具体说明使用的乙烯基硅氧烷聚合物的来源及性能参数，也没有具体说明加工流体中三种组分的来源和性能参数如分子量、聚合度等，没有具体说明处理剂、反应剂、流动促进剂、流动助剂的结构、种类、性能参数及其含量。因此，说明书没有清楚、完整地充分公开本发明，不符合专利法第26条第3款的规定。

在《前置审查意见书》中，国家知识产权局原审查部门认为：(1) 说明书第4页第4~5行只是公开了硅氧烷聚合物分子量的范围，并不能确定使用的该硅氧烷聚合物确切性能参数；(2) 说明书第6页只是公开了硅氧烷化合物的通式，并没有定义何种条件下该通式化合物为实施例1中所述的“乙烯基硅氧烷”。

对此，合议组认为：

(1) 通过请求人于2007年6月18日对说明书第11页的修改，实施例1第3段已经具体说明“硅氧烷组合物是用约21~23重量%被处理的热解法二氧化硅、乙烯基硅氧烷和加工流体溶液来混炼的”，“加工流体溶液是将1.21份硅烷醇终止的聚二甲基硅氧烷、1.82份乙烯基终止的二甲基-甲基乙烯基硅氧烷、和0.12份羟基终端的聚二甲基-甲基乙烯基硅氧烷混合制备的（按磅计）”，实施例1已经对于硅氧烷组合物的组成和制备方法、以及加工流体的组分作出了清楚、完整的说明。说明书第4页第3~5行对加工流体的分子量进行了说明“加工流体不包括分子量大于7000的高分子量硅氧烷聚合物”。说明书第3页第4~10行以及权利要求28指出“一种可加工的硅氧烷聚合物组合物，它包括加工流体、填料、和硅氧烷聚合物，其中使所述的加工流体与所述的填料混合，按100重量份的填料计混入约0.1至约100重量份的流体，使所述的填料与所述的硅氧烷聚合物混合，按100重量份的聚合物计混入约5至约200重量份的填料”，在实施例1给出被处理的热解法二氧化硅为21~23重量%的情况下，本领域技术人员根据说明书的上述记载可以清楚地得知处理的热解法二氧化硅、乙烯基硅氧烷以及加工流体之间的比例关系。因此本申请实施例1第3段不存在驳回决定指出的上述缺陷，符合专利法第26条第3款的规定。实施例2与实施例1使用的原料完全相同，同理实施例2也不存在驳回决定指出的上述缺陷，符合专利法第26条第3款的规定。

(2) 实施例1第1段指出“在图1中，在加料漏斗12中装有D4处理的热解法二氧化硅”，说明书第5页第23行记载了D4是“八甲基环四硅氧烷”，因此本领域技术人员根据说明书的上述信息可以确定与实施例1对应的表1中处理的热解法二氧化硅是指用八甲基环四硅氧烷（D4）处理的热解法二氧化硅。说明书第5页第4~26行描述了使用处理剂的原理：填料中高浓度的残留硅烷醇，能引起成品在储存过程中的“结构化”或“皱纹硬化”，加入能与硅烷醇反应的处理剂可将这些基团降低到所要求的浓度，处理剂可以与加工流体一起混入填料中，或作为加工流体加入。权利要求6也记载了“所述的填料包含硅烷醇基团，并在加入所述的混炼设备（10）之前，采用能与硅烷醇反应的处理剂进行预处理”。可见，说明书表1中“处理的热解法二氧化硅”是指将D4和二氧化硅通过加料漏斗12加入到双螺杆挤压机的上游段混炼，由于之后在筒体1还要加入加工流体，所以上述过程也可以称为预处理，因此如请求人所述，表1中“处理的热解法二氧化硅”和“预处理的热解法二氧化硅”是同一物质。此外，驳回决定认为说明书第12页第18~20行提及“其中填充的硅氧烷组合物在催化剂存在下在高温发生交联”公开不充分，对此合议组认为：首先判断说明书是否充分公开要以权利要求保护的内容为准，上述内容在权利要求书中并不涉及；而且本申请的发明在于制备硅氧烷组合物的方法及其产品，并不在于硅氧烷组合物的交联，因此实施例1没有公开催化剂以及催化温度不会导致说明书公开不充分。

(3) 权利要求25以及说明书第6页通式I对硅氧烷聚合物进行了定义，其中就包括乙烯基硅氧烷聚合物，实施例3记载了“加工流体溶液是将1.21份硅烷醇终止的聚二甲基硅氧烷、1.82份乙烯基终止的二甲基-甲基乙烯基硅氧烷、和0.12份羟基终端的聚二甲基-甲基乙烯基硅氧烷混合制备的（按磅计）”，可见实施例3对乙烯基硅氧烷聚合物以及加工流体的组分已经作出了清楚、完整的说明。至于实施例3、4中处理剂、流动促进剂、流动助剂和反应剂的含义，合议组认为：首先，判断说明书是否充分公开要以权利要求保护的内容为准，流动促进剂、流动助剂和反应剂在权利要求书中并不涉及；其次，结合上下文可以清楚理解处理剂、流动促进剂、流动助剂和反应剂的含义：说明书第5页第4~25行对处理剂进行了详细描述，说明书第8页第26行至第9页第5行概述了两段式加工的方案，其中指出“如果在第一段只加入一部分填料、加工流体、和聚合物，则将其余的加入第二段中”，说明书第4页第3~10行记载了“加工流体还可以提供加工作用，它可以是一种液态的处理剂、增塑剂、流动改良添加剂、交联剂……优选的加工流体是一种液态的处理剂如能与硅烷醇反应的处理剂，可在加入填料之前、和在加入填料的同时、或在加入填料之后加入”，综合说明书的上述内容，本领域技术人员可以理解实施例3、4中的“流动促进剂”、“流动助剂”是一种加工流体形式，用于润湿填料，以减少处理剂中的官能团和填料表面上硅烷醇之间的反应总加工时间，“反应剂”是指第二次加入的能与硅烷醇反应的处理剂。

（4）权利要求25以及说明书第6页通式I对硅氧烷聚合物进行了定义，明确给出了硅氧烷聚合物的通式结构、重复单元的结构及排列形式、端基结构、n值范围，所属领域的技术人员能够清楚地确定该硅氧烷聚合物。

（5）如前所述，本申请的权利要求书以及说明书多处表明本发明涉及一种将无机填料、加工流体、和硅氧烷聚合物混炼成均匀填充的硅氧烷组合物的方法，因此本领域技术人员可以直接地、毫无疑义地确定实施例1中被处理的热解法二氧化硅作为无机填料加入、乙烯基硅氧烷作为硅氧烷聚合物加入；而且说明书第6页第9~12行“优选的组合物包括硅氧烷聚合物，其中R^1在每一种情况下独立为CH_3、或$CH=CH_2$；R^2在每一种情况下独立为CH_3、$CH=CH_2$、或$CH_2CH_2CF_3$……”已经给出了硅氧烷聚合物为乙烯基硅氧烷时的结构。

综上所述，本申请的说明书不存在驳回决定、《前置审查意见书》指出的上述缺陷，符合专利法第26条第3款的规定。同理，通过请求人于2007年6月18日对说明书第11页的修改，《复审通知书》以及《第二次复审通知书》指出的缺陷也已经不存在。

基于以上事实和理由，本案合议组作出如下决定。

三、决定

撤销国家知识产权局于2004年12月24日对00817378.8号发明专利申请作出的驳回决定，由国家知识产权局原审查部门以本复审请求审查决定依据的文本为基础继续审批程序。

复审请求人对本决定不服的，可以根据专利法第41条第2款的规定，自收到本决定之日起三个月内向北京市第一中级人民法院起诉。

187

一种竹醋液复合盐防腐保鲜剂生产工艺

复审请求审查决定（第15601号）

决　定　号 第15601号
决　定　日 2008年12月22日
发明创造名称 一种竹醋液复合盐防腐保鲜剂生产工艺
国 际 分 类 号 A01N37/00
复 审 请 求 人 河北科技大学
申　请　号 200510012321.4
申　请　日 2005年1月13日
公　开　日 2005年8月3日
合 议 组 组 长 刘　静
主　审　员 刘　磊
参　审　员 娄　宁

法 律 依 据 专利法第26条第3款
决 定 要 点

在评价说明书是否对发明或者实用新型作出清楚、完整的说明时，应以所属技术领域的技术人员的角度进行判断，对说明书记载的内容进行的解读不应偏离所属技术领域的技术人员的通常理解范围。

一、案由

本复审请求案涉及申请日为2005年1月13日、发明名称为“一种竹醋液复合盐防腐保鲜剂生产工艺”的第200510012321.4号发明专利申请（下称本申请），申请人为河北科技大学，公开日为2005年8月3日。

2007年1月19日，针对申请人于2005年1月13日提交的权利要求第1~8项，说明书第1、2和4页以及说明书摘要，2006年3月24日提交的说明书第3页，国家知识产权局以本申请不符合专利法第26条第3款的规定为由驳回了本申请。

驳回决定认为：（1）说明书未详细描述实现本发明的具体实施方式，没有对关键性步骤如何“调节pH值”进行说明，所属技术领域的技术人员在不需要创造性的劳动的情况下不能够实现该发明，因此本申请说明书的内容公开不充分。（2）申请人在意见陈述书中认为“调节pH值用的组分为生石灰”，但由于调节pH值用的组分为生石灰，而制剂的组分之一也是生石灰，所以无法确定具体实施方式中所述生石灰的含量是否为制剂中的最终含量，因此说明书未详细描述申请人认为实现本发明的具体实施方式。

驳回决定所针对的权利要求书如下：

“1. 一种竹醋液复合盐防腐保鲜剂生产工艺，其特征在于将竹醋原液加热到40~70℃，然后逐渐加入生石灰，不断搅拌并保持20~60分钟，调节pH值为5.0~7.0制成复合盐防腐保鲜剂。

2. 根据权利要求1所述的一种竹醋液复合盐防腐保鲜剂生产工艺，其特征在于采用下列重量份组分：竹醋原液3~9份，生石灰0.2~3份，将竹醋原液加热到40~70℃，然后逐渐加入生石灰，不断搅拌并保持20~60分钟，调节pH值为5.0~7.0制成复合盐防腐保鲜剂。

3. 根据权利要求1或2所述的一种竹醋液复合盐防腐保鲜剂生产工艺，其特征在于所述的竹醋原液是利用封闭窑炉烧制竹炭过程中，竹炭在80~150℃所产生的热解干馏物（烟和水蒸汽）经过冷凝回收，再经过3~12个月以上的闭光静置，除去液面的油膜，去除沉降在底 部的焦油成份得到的淡褐色或棕黄色液体。

4. 根据权利要求1或2所述的一种竹醋液复合盐防腐保鲜剂生产工艺，其特征在于所述的生石灰也可以用石灰乳或石灰膏，所述的生石灰、石灰乳或石灰膏的纯度大于95%。

5. 根据权利要求3所述的一种竹醋液复合盐防腐保鲜剂生产工艺，其特征在于所述的生石灰也可以用石灰乳或石灰膏，所述的生石灰、石灰乳或石灰膏的纯度大于95%。

6. 根据权利要求1或2所述的一种竹醋液复合盐防腐保鲜剂生产工艺，其特征在于所述的竹醋原液也可以用竹醋粉代替，其重量份数比如下：竹醋粉1~3份，生石灰0.2~3份，在竹醋粉中加入其重量的3~10倍的水，搅拌均匀成竹醋液，将竹醋液加热到40~70℃，然后逐渐加入生石灰，不断搅拌并保持20~60分钟，调节pH值为5.0~7.0制成复合盐防腐保鲜剂。

7. 根据权利要求3所述的一种竹醋液复合盐防腐保鲜剂生产工艺，其特征在于所述的竹醋原液也可以用竹醋粉代替，其重量份数比如下：竹醋粉1~3份，生石灰0.2~3份，在竹醋粉中加入其重量的3~5倍的水，搅拌均匀成竹醋液，将竹醋液加热到40~70℃，然后逐渐加入生石灰，不断搅拌并保持20~60分钟，调节pH值为5.0~7.0制成复合盐防腐保鲜剂。

8. 根据权利要求4所述的一种竹醋液复合盐防腐保鲜剂生产工艺，其特征在于所述的竹醋原液也可以用竹醋粉代替，其重量份数比如下：竹醋粉1~3份，生石灰0.2~3份，在竹醋粉中加入其重量的3~5倍的水，搅拌均匀成竹醋液，将竹醋液加热到40~70℃，然后逐渐加入生石灰，不断搅拌并保持20~60分钟，调节pH值为5.0~7.0制成复合盐防腐保鲜剂。”

2007年4月19日，申请人河北科技大学（下称请求人）对上述驳回决定不服，向专利复审委员会提出复审请求并提交了权利要求书的修改替换页，修改后的权利要求书如下：

“1. 一种竹醋液复合盐防腐保鲜剂的生产工艺，该生产工艺包括以下步骤：取按重量份数计的竹醋原液3~9份和生石灰0.2~3份；将竹醋原液加热到40~70℃，逐渐加入生石灰并不断搅拌，保持20~60分钟；得到pH值为5.0~7.0的竹醋液复合盐防腐保鲜剂。

2. 根据权利要求1所述的生产工艺，其特征在于所述的竹醋原液是利用封闭窑炉烧制竹炭过程中，竹炭在80~150℃所产生的热解干馏物经过冷凝回收，再经过3~12个月以上的避光静置，除去液面的油膜，去除沉降在底部的焦油成份得到的淡褐色或棕黄色液体。

3. 根据权利要求1所述的生产工艺，其特征在于所述的生石灰用石灰乳或石灰膏，代替所述的生石灰、石灰乳或石灰膏的纯度大于95%。

4. 根据权利要求1所述的生产工艺，其特征在于所述的竹醋原液用竹醋粉代替，此时的生产工艺包括以下步骤：取按重量份数计的竹醋粉1~3份和生石灰0.2~3份；在竹醋粉中加入其重量的3~10倍的水，搅拌均匀成竹醋液，将竹醋液加热到40~70℃，逐渐加入生石灰并不断搅拌，保持20~60分钟；得到pH值为5.0~7.0的竹醋液复合盐防腐保鲜剂。”

请求人认为：（1）通过将原权利要求1和2合并，使得技术方案的表述更加完善清晰，同时对引用关系进行了调整修改，删除了原引用关系不清楚的权利要求5、7和8。(2) 本申请工艺中的竹醋原液是酸性物质，生石灰是碱性物质，在呈酸性的竹醋原液中逐步加入呈碱性的生石灰时，pH值会逐渐增高，依据本申请所述的竹醋原液和生石灰的重量比例（3~9：0.2~3）混合时，可得到pH值处于5.0~7.0的最终产品，而且，本领域技术人员可以通过pH试纸、pH测量仪器等很容易地测定pH值，同理当用纯度大于95%的石灰乳、石灰膏代替生石灰时，酸碱中和以及pH值变化的原理也是相同的，对本领域技术人员而言，无需创造性劳动即可实现，因此，请求人认为本申请符合专利法第26条第3款的规定。

经形式审查合格后，专利复审委员会受理了该请求，并于2007年6月14日向请求人发出了《复审请求受理通知书》，同时将本申请转送至国家知识产权局原审查部门进行前置审查。

在《前置审查意见书》中，国家知识产权局原审查部门认为：(1) 驳回决定指出的缺陷未涉及权利要求，而请求人却针对权利要求进行了修改，该修改不符合专利法实施细则第60条第1款的规定；(2) 权利要求1和4将原相应权利要求中"……然后逐渐加入生石灰，不断搅拌并保持20~60分钟，调节pH值为5.0~7.0制成复合盐防腐保鲜剂"修改为"……逐渐加入生石灰并不断搅拌，保持20~60分钟；得到pH值为5.0~7.0的竹醋液复合盐防腐保鲜剂"，由于前者需要用其他化合物来调节pH值，而后者不需要，两者的技术方案不同，而且也无法从申请文件的记载内容中直接地、毫无疑义地确定，这样的修改不符合专利法第33条的规定；(3) 坚持驳回理由。此外，尽管申请人提到用生石灰调节pH值，但说明书实施例中未详细描述所述制剂中最终含有的生石灰的量，或者未提供用来调节pH值的生石灰的量。

专利复审委员会组成合议组，对本复审请求案进行了审理。

至此，合议组认为本案事实清楚，可以作出审查决定。

二、决定的理由

1. 关于审查文本

请求人在提出复审请求时，提交了权利要求书的修改替换页，删除了原权利要求1、5、7和8，并对原权利要求2和6中的部分文字进行了修改。修改后的权利要求1~4相应于原权利要求2、3、4和6。

《前置审查意见书》认为将原权利要求2和6中的"调节"修改为"得到"，导致修改前后的技术方案不同，其理由为修改前需要用其他化合物来调节pH值，而修改后则不需要。对此，合议组认为，本申请说明书中对于竹醋原液的来源、组成以及理化性质进行了描述，"其是利用封闭窑炉烧制竹炭过程中，竹炭在80~150℃所产生的热解干馏物经过冷凝回收得到的淡褐色或棕黄色液体"，"竹醋原液是一种组成成分相当复杂的混合物，约含有200多种成分，其中主要成分是水（约占80%），其次是有机酸（醋酸、丙酸、丁酸和苯甲酸等），另外还有酚类（苯酚、2-甲基苯酚和2，6-二甲基苯酚等）、酮类（丙酮和丁酮等）、醇类（甲醇和丙二醇等）、醛类等70多种物质及少量焦油。此混合物的pH值为2.6~3.4，比重约1.020左右"（参见说明书第2页第2段），由此可知，本申请中的竹醋原液是酸性溶液；此外，本领域技术人员公知生石灰是碱性物质，在将碱性的生石灰加入到酸性的竹醋原液中时，必然会发生酸碱中和反应，从而使得竹醋原液的pH值升高。此外，在原申请文件中没有提及除生石灰外的其他碱性物质，本领域技术人员依据申请文件公开的信息，不会理解成需要其他化合物来调节pH值，能够确定本申请的生产工艺就是使用生石灰调节竹醋原液的pH值，因此，修改前后的技术方案没有发生改变，符合专利法第33条的规定。

此外，请求人在提出复审请求时删除了原权利要求1、5、7和8，这样的修改没有导入新内容，符合专利法第33条的规定，也不属于审查指南第四部分第二章第4.2节关于不符合专利法实施细则

第 60 条第 1 款的规定的情形，因此，请求人在提出复审请求时所提交的权利要求书可以作为审查所依据的文本。

综上，本复审请求审查决定所针对的文本是：请求人于 2007 年 4 月 19 日提交的权利要求书第1~4 项，于 2006 年 3 月 24 日提交的说明书第 3 页，于 2005 年 1 月 13 日提交的说明书第 1、2 和 4 页以及说明书摘要。

2. 关于专利法第 26 条第 3 款

专利法第 26 条第 3 款规定：说明书应当对发明或者实用新型作出清楚、完整的说明，以所属技术领域的技术人员能够实现为准。

在评价说明书是否对发明或者实用新型作出清楚、完整的说明时，应以所属技术领域的技术人员的角度进行判断，对说明书记载的内容进行的解读应符合所属技术领域的技术人员的通常理解。

就本申请而言，《驳回决定》认为，说明书未详细描述实现本发明的具体实施方式，没有对关键性步骤如何“调节 pH 值”进行说明，导致本领域技术人员无法实现该发明。请求人对此声称，调节 pH 值的组分是生石灰。

可见，国家知识产权局原审查部门与请求人争辩的焦点在于本申请是否是以生石灰调节 pH 值。

以本申请“具体实施方式”中的实施例 1 为例，实施例 1 描述了复合盐杀菌剂的制备工艺，对于制备复合盐杀菌剂时所用原料、反应温度、反应时间进行了说明，其内容为：“本发明将竹醋原液加热到 40℃，然后逐渐加入生石灰，不断搅拌，保持 60 分钟，调节 pH 值到 7.0 成复合盐杀菌剂。”本申请说明书中公开了竹醋原液的 pH 值为 2.6~3.4，可见，竹醋原液为酸性溶液，此外，本领域技术人员公知生石灰是碱性物质，在将碱性的生石灰加入到酸性的竹醋原液中时，必然会发生酸碱中和反应，从而使得竹醋原液的 pH 值升高，随着生石灰的加入，pH 值将升高到 7.0。

可见，本领域技术人员可以重复实施例 1 的工艺并且会得到 pH 值为 7.0 的复合盐杀菌剂。在没有其他说明的情况下，实施例 1 没有给出需要额外加入其他碱性物质以调节 pH 值的教导，本领域技术人员也不会理解到需加入其他碱性物质以实现实施例 1 的方案。因此，合议组支持请求人关于使用生石灰调节 pH 值的主张，国家知识产权局原审查部门关于说明书没有对如何“调节 pH 值”进行说明导致本领域技术人员无法实现本发明的主张不成立。

此外，驳回决定中认为生石灰是产品的组分之一，由于调节 pH 值用的组份也为生石灰，所以无法确定具体实施方式中所用生石灰的含量是否为制剂中的最终含量。对此，合议组认为：首先，说明书中仅记载了生石灰是制备竹醋液复合盐防腐保鲜剂的原料之一，而没有记载生石灰是产品的组分之一；其次，据申请文件的描述，本申请“竹醋液复合盐防腐保鲜剂”为一种水溶液且其 pH 值为 5.0~7.0，据一般化学原理可知晓，“竹醋液复合盐防腐保鲜剂”不会含有生石灰，在制备过程中加入的生石灰应均已转化为钙盐了。综上，认为生石灰是产品的组分之一的观点与本申请说明书公开的内容不符，且悖于一般的化学原理。据此错误的观点得到的“无法确定具体实施方式中所述生石灰的含量是否为制剂中的最终含量”的结论自然也是不成立的。

基于前面的评述，合议组认为，驳回理由和前置意见均不成立。

根据上述事实和理由，合议组作出如下审查决定。

三、决定

撤销国家知识产权局于 2007 年 1 月 19 日针对 200510012321.4 号发明专利申请作出的驳回决定，由国家知识产权局原审查部门以驳回决定所针对的文本为基础继续审批程序。

复审请求人对本决定不服的，可以根据专利法第 41 条第 2 款的规定，自收到本决定之日起三个月内向北京市第一中级人民法院起诉。

188

一种防治鼠害的药物组合物

复审请求审查决定（第15603号）

决　定　号 第15603号
决　定　日 2008年12月15日
发明创造名称 一种防治鼠害的药物组合物
国际分类号 A01N63/00
复审请求人 连耀林
申　请　号 03123169.1
申　请　日 2003年4月24日
公　开　日 2004年2月4日
合议组组长 刘　静
主　审　员 高胜华
参　审　员 李新芝

法律依据 专利法第33条
决定要点

如果申请的内容通过增加、改变和/或删除其中的一部分，致使所属技术领域的技术人员看到的信息与原申请记载的信息不同，而且又不能从原申请记载的信息中直接地、毫无疑义地确定，那么这种修改就是不允许的。

一、案由

本复审请求案涉及发明名称为“一种防治鼠害的药物组合物”的第03123169.1号发明专利申请（下称本申请），申请人为连耀林，申请日为2003年4月24日，公开日为2004年2月4日。

2005年7月16日，在向国家知识产权局提交本申请的《实质审查请求书》的同时，申请人以“申请日前与本发明有关的参考资料”的形式提交了以下附件：

附件1：题目为“柠檬汁杀毒又避孕”的文章剪报，作者陈爽，《健康报》，中华人民共和国卫生部主办，2002年11月11日出版的第6747期，复印件1页。

附件2：“（+），（-）和（±）棉酚在雌大鼠抗早孕作用的研究”，关慕真、王乃功，《药学学报》，第31卷第1期，第10~12页，1996年，复印件3页。

附件3：分别涉及“马蔺子、番木瓜、土大黄、仙鹤草、蒲黄、花蕊石、紫草、合欢花、芫花”条目的书籍散页，申请人声称出自中国哈尔滨出版社于1998年10月1日出版的《中华药海》，复印件19页。

附件4：涉及“相思子”条目的书籍散页，申请人声称出自中国上海人民出版社于1977年7月出版的江苏新医学院著《中药大辞典》，复印件2页。

附件5：题目为“化腐朽为神奇－虫茶”的文章剪报，作者曹刚，《健康文摘报》，健康报社主办，2002年12月15日出版的第586期，复印件1页。

2006年10月13日，针对申请人于2006年4月24日提交的权利要求第1~2项和说明书第1~4页，以及2003年4月24日提交的说明书摘要，国家知识产权局以权利要求1和说明书的修改不符合专利法第33条的规定为由驳回了本申请。驳回决定针对的权利要求书如下：

“1. 一种防治鼠害的药物组合物，其特征在于，含有诱饵剂、避孕剂、凝血剂和辅料，诱饵剂含有占辅料重量百分比为0.0001%~0.0002%的麝香，0.010%~0.015%的香精，0.004%~0.007%的冰片，0.007%~0.012%的虫茶素，0.002%~0.025%的花生油；避孕剂含有占辅料重量百分比为0.06%~0.12%的棉酚，0.06%~0.40%的柠檬汁，0.018%~0.060%的马蔺子种皮醇浸膏，0.036%~0.180%的木瓜酶；凝血剂含有占辅料重量百分比为0.06%~0.20%的蓖麻蛋白毒凝集素，0.03%~0.18%的土大黄鞣质浸膏，0.12%~0.40%的仙鹤草素，0.018%~0.090%的异鼠李黄素，0.06%~0.20%的戎盐，0.06%~0.18%的紫草醌，0.018%~0.090%的合欢甙。

2. 如权利要求1所述的防治鼠害的药物组合物，其特征在于，所述辅料是谷类粮食的粉状物。”

驳回决定认为：本申请说明书中分别记载了防治鼠害的药物组合物中所含种皮醇浸膏、蛋白毒凝集素和鞣质浸膏的作用，但并未具体公开它们究竟是何种物质，虽然申请人提交的《中华药海》中记载了马蔺子种皮醇浸膏、蓖麻蛋白毒凝集素和土大黄煎剂分别具有本申请说明中所述的作用，但其并没有明确指出这三种具体制剂唯一对应于具有上述作用的制剂。因此，驳回文本中的下述内容：防治鼠害的药物组合物中含有“马蔺子种皮醇浸膏”、“蓖麻蛋白毒凝集素”、“土大黄鞣质浸膏”（见权利要求1，说明书第1页第20、21和34行，第2页第1和10行，第3页第30和31行以及实施例1~3）以及说明书发明内容部分关于本发明与现有技术比较所具有的优点中第7点涉及的实验室试验的有关数据（见说明书第2页第22行至第3页第25行），既未明确地记载在原说明书和权利要求书中，也不能由原说明书和权利要求书所记载的内容直接导出，因此超出了原说明书和权利要求书记载的范围，不符合专利法第33条的规定。

2007年1月5日，申请人连耀林（下称请求人）对上述驳回决定不服，向专利复审委员会提出复审请求，同时提交了权利要求书和说明书替换页。修改后的权利要求书与驳回决定针对的权利要求书内容相同。

请求人认为：判断上述“马蔺子种皮醇浸膏”、“蓖麻蛋白毒凝集素”和“土大黄煎剂”的修改是否具有唯一性，不在于本领域一般技术人员能否知悉和直接推导出来，关键在于本领域一般技术人员对本领域的公知技术是否熟悉。作为防治鼠害领域的技术人员，根据所掌握的本领域常识，能够根据本申请说明书中记载的种皮醇浸膏、蛋白毒凝集素和鞣质浸膏的理化性能，直接获得并知晓其分别是指马蔺子种皮醇浸膏、蓖麻蛋白毒凝集素和土大黄煎剂，在有关防治鼠害的研究领域中，没有其他物质有此作用，相关的现有公开技术资料和文献也多有记载和报道，参见请求人提交的《中华药海》，本领域技术人员无需通过创造性的劳动，根据说明书的记载就能实现本申请。因此，本申请的修改符合专利法第33条的规定并且本申请公开充分。

2007年2月13日，经形式审查合格后，专利复审委员会受理了该请求，并向请求人发出了《复审请求受理通知书》，同时将本申请转送至国家知识产权局原审查部门进行前置审查。

在《前置审查意见书》中，国家知识产权局原审查部门认为，修改后的申请文件中，防治鼠害的药物组合物中含有“马蔺子种皮醇浸膏”、“蓖麻蛋白毒凝集素”、“土大黄鞣质浸膏”（见权利要求1，说明书第1页第20、21和34行，第2页第1、10、26、27、33和34行，第3页第5、6、12和13行）以及“野外实验”（见说明书第2页第15行）超出了原说明书和权利要求书记载的范围，不符合专利法第33条的规定，因此仍坚持驳回决定。

专利复审委员会依法组成合议组，对本复审请求案进行了审理。

2008年4月16日，专利复审委员会本案合议组向请求人发出《复审通知书》，指出：新提交的申请文件中的下述修改内容，防治鼠害的药物组合物中含有“马蔺子种皮醇浸膏”、“蓖麻蛋白毒凝集素”和“土大黄鞣质浸膏”（见修改后的权利要求1，说明书第1页第20、21和34行，第2页第1和10行，第3页第30和31行以及实施例1~3）超出了原说明书和权利要求书记载的范围，本申请因而不符合专利法第33条的规定。

2008年5月14日，请求人针对上述《复审通知书》提交了意见陈述书，同时提交了经修改的权利要求书和说明书的全文替换页。修改后的权利要求书如下：

“1. 一种防治鼠害的药物组合物，其特征在于，含有诱饵剂、避孕剂、凝血剂和辅料，诱饵剂含有占辅料重量百分比为0.0001%~0.0002%麝香，0.010%~0.015%香精，0.004%~0.007%冰片，0.007%~0.012%虫茶素，0.002%~0.025%花生油；避孕剂含有占辅料重量百分比为0.06%~0.12%棉酚，0.060%~0.40%柠檬汁，0.018%~0.06%具有抗着床作用的种皮醇浸膏，0.036%~0.18%木瓜酶；凝血剂含有占辅料重量百分比为0.06%~0.20%能加速红细胞凝集的蛋白毒凝集素，0.03%~0.18%能诱发血液凝固的鞣质浸膏，0.12%~0.4%仙鹤草素，0.018%~0.09%异鼠李黄素，0.06%~0.2%戎盐，0.06%~0.18%紫草醌，0.018%~0.09%合欢甙。

2. 如权利要求1所述的防治鼠害的药物组合物，其特征在于，所述辅料是谷类粮食的粉状物。”

经过上述审查程序，合议组认为本案事实已经清楚，可以依法作出复审决定。

二、决定的理由

1. 决定依据的文本

本复审决定依据的文本是请求人于2008年5月14日提交的权利要求第1~2项和说明书第1~3页，以及2003年4月24日提交的说明书摘要。

2. 关于专利法第33条

专利法第33条规定，申请人可以对其专利申请文件进行修改，但是，对发明和实用新型专利申请文件的修改不得超出原说明书和权利要求书记载的范围。

如果申请的内容通过增加、改变和/或删除其中的一部分，致使所属技术领域的技术人员看到的信息与原申请记载的信息不同，而且又不能从原申请记载的信息中直接地、毫无疑义地确定，那么这种修改就是不允许的。

本案中，请求人在2008年5月14日答复《复审通知书》时提交的文本中，所作的修改包括以下两方面：（1）将《复审通知书》指出的修改超范围的“马蔺子种皮醇浸膏”、“蓖麻蛋白毒凝集素”和“土大黄鞣质浸膏”分别修改为“具有抗着床作用的种皮醇浸膏”、“能加速红细胞凝集的蛋白毒凝集素”和“能诱发血液凝固的鞣质浸膏”（参见修改后的权利要求1，说明书第1页第22~23行，第2页倒数第2行至第3页第1行）；（2）将说明书第2页第20行中灭鼠药物的剂量修改为“0.3%以下”；（3）在说明书第1页背景技术部分增加了“中国国家知识产权局于2002年11月6日公开了公开号为CN1377585的发明专利申请，虽然公开了一种雄性不育的灭鼠剂，但须经常性服食才有效果，仍不能很好的解决防治和灭杀的结合问题，也不能从根本上解决鼠害这一全世界面临的重大难题”，在说明书第3页最后一行增加了“后一种方法更适合工业化生产”的描述。

对于上述修改，合议组认为：（1）根据原申请文件说明书第1页最后1行至第2页第2行以及第

2页第10~11行的记载，蛋白毒凝集素能加速红细胞凝集，小血管栓塞，引起呼吸及血管运动中枢麻痹衰竭；鞣质浸膏使血管通透性降低，变细变窄血黏度增高，诱发血液凝固；种皮醇浸膏对母鼠能抗着床，抗垂体促性腺激素及抗绒毛膜促性腺激素的作用。因此，修改后的“具有抗着床作用的种皮醇浸膏”、“能加速红细胞凝集的蛋白毒凝集素”和“能诱发血液凝固的鞣质浸膏”与原申请文件记载的信息一致，《复审通知书》指出的修改超范围的缺陷已经被克服；（2）但是，根据原申请文件说明书第2页第20行的记载，本发明中的各有效灭鼠药物的剂量都在0.4%以下。因此，请求人将所述剂量修改为“0.3%以下”显然与原申请文件的记载不一致，也不能从原申请文件记载的信息中直接地、毫无疑义地确定；（3）原申请文件中并未明确记载三个实施例中哪一个更适合工业化生产，因此，请求人在说明书最后一行增加的“后一种方法更适合工业化生产”显然在原申请文件中没有记载，也不能从原申请记载的信息中直接地、毫无疑义地确定。因此，答复《复审通知书》时对说明书的修改不符合专利法第33条的规定。

综上所述，请求人于2008年5月14日提交的文本仍然存在修改超范围的问题，不符合专利法第33条的规定。

三、决定

维持国家知识产权局于2006年10月13日针对03123169.1号发明专利申请作出的驳回决定。

复审请求人对本决定不服的，可以根据专利法第41条第2款的规定，自收到本决定之日起三个月内向北京市第一中级人民法院起诉。

北京市第一中级人民法院
行政判决书

（2009）一中行初字第937号

原告连耀林，男，1947年1月21日出生，汉族，住河北省成安县乾侯北街76-21号。

委托代理人项军，十力律师事务所律师。

被告国家知识产权局专利复审委员会，住所地北京市海淀区北四环西路9号银谷大厦。

法定代表人廖涛，副主任。

委托代理人高胜华，男，国家知识产权局专利复审委员会复审员。

委托代理人郭鹏鹏，男，国家知识产权局专利复审委员会复审员。

原告连耀林不服被告国家知识产权局专利复审委员会（以下简称专利复审委）作出的复审请求审查决定，向本院提起行政诉讼。本院受理后，依法组成合议庭，于2009年6月8日公开开庭审理了本案。原告连耀林及其委托代理人项军，被告专利复审委的委托代理人高胜华、郭鹏鹏到庭参加了诉讼。本案现已审理终结。

2008年12月15日，被告依据《中华人民共和国专利法》（以下简称《专利法》）第三十三条的规定，作出第15603号复审请求审查决定（以下简称被诉决定），维持国家知识产权局（以下简称国知局）于2006年10月13日针对第03123169.1号发明专利申请（以下简称本申请）作出的驳回决定。

被告于答辩期内向本院提交了作出被诉具体行政行为证据材料的复印件：

1. 原告于2008年5月14日提交的权利要求第1~2项和说明书第1~3页；

2. 本申请公开说明书；

3. 复审通知书。

以上证据用于证明被诉决定认定事实清楚，适用法律正确，作出程序合法。

原告连耀林诉称：根据《审查指南》第四部分第二章第6.2第（2）、（4）项情形之规定："根据专利法实施细则第六十二条的规定，有下列情形之一的，合议组应当发出复审通知书（包括复审请求口头审理通知书）或者进行口头审理：（2）需要复审请求人依照专利法及其实施细则和审查指南有关规定修改申请文件，才有可能撤销驳回决定。（4）需要引入驳回决定未提出的理由或者证据。"按此规定，被告应当发出"复审通知书"通知原告（复审请求人），给予原告陈述意见和修改的机会，但被告未能按法定的程序通知原告，而直接引入驳回决定未提出的证据作出维持原驳回决定的复审决定书，严重违反了相应的法定程序。被诉决定书所提及的两处缺陷，明显是两处笔误，据此完全可以通过修改予以纠正，但被告竟不告知当事人，而直接作出维持驳回的复审决定，明显显失公正。故被诉决定违反法定程序，显失公正，请求依法撤销被诉决定，责令被告重新作出复审决定，并判令被告承担本案诉讼费用。

原告向法院提交了如下证据的复印件：

1. 2008年5月7日的复审、无效程序中意见陈述书，用于证明原告无意就审查员指出的问题以外的地方作出修改，其他不一致的地方纯属笔误。

2. 2003年4月15日原告电脑留存的申请文件（权利要求书和说明书）的底稿；

3. 第一次审查的意见陈述书；

4. 第二次审查的意见陈述书；

以上证据用于证明被诉决定中所谓修改超范围的问题系笔误。

被告专利复审委辩称：鉴于驳回决定已指出本申请不符合《专利法》第三十三条之规定的理由，且合议组也发出复审通知书将《专利法》第三十三条以及不符合该条款的情形告知，并给予原告陈述意见和修改申请文件的机会，因此不存在原告所称"被告未能按法定的程序通知原告"之情形。对于原告所称"该决定书所提及的两处缺陷，明显是两处笔误"，由于没有事实或证据证明，故不予认可。综上所述被诉决定认定事实清楚，适用法律正确，审理程序合法，原告的诉讼理由不能成立，请求法院依法驳回原告诉讼请求，维持被诉决定。

经庭审质证，原告对被告证据的关联性、合法性、真实性无异议，但对证明作用有异议。被告对原告证据1、3、4的关联性、合法性、真实性无异议，但不同意其证明作用，对证据2的真实性和关联性不予认可。

经审查，被告提交的证据及原告提交的证据1、3、4与本案具有关联性，且合法、真实，能够作为被告认定本案事实的依据，本院予以确认。原告提交的证据2与本案无关联，故本院不予采纳。

经审理查明，本复审请求涉及申请号为03123169.1、名称为"一种防治鼠害的药物组合物"的发明专利申请（即本申请）。申请人为本案原告。本申请的申请日为2003年4月24日，公开日为2004年2月4日。

经实质审查，国知局专利实质审查部门于2006年10月13日以本申请权利要求1和说明书的修改不符合《专利法》第三十三条的规定为由驳回了本申请。驳回决定所依据的文本为：原告于2006年4月24日提交的权利要求第1~2项和说明书第1~4页，以及2003年4月24日提交的说明书摘要。

驳回决定的具体理由是：本申请说明书中分别记载了防治鼠害的药物组合物中所含种皮醇浸膏、蛋白毒凝集素和鞣质浸膏的作用，但并未具体公开它们究竟是何种物质，虽然原告提交的《中华药海》中记载了马蔺子种皮醇浸膏、蓖麻蛋白毒凝集素和土大黄煎剂分别具有本申请说明中所述的作用，但其并没有明确指出这三种具体制剂唯一对应于具有上述作用的制剂。因此，驳回文本中的下述内容：防治鼠害的药物组合物中含有“马蔺子种皮醇浸膏”、“蓖麻蛋白毒凝集素”、“土大黄鞣质浸膏”（见权利要求1，说明书第1页第20、21和34行，第2页第1和10行，第3页第30和31行以及实施例1-3）以及说明书发明内容部分关于本发明与现有技术比较所具有的优点中第7点涉及的实验室试验的有关数据（见说明书第2页第22行至第3页第25行），既未明确地记载在原说明书和权利要求书中，也不能由原说明书和权利要求书所记载的内容直接导出，因此超出了原说明书和权利要求书记载的范围，不符合《专利法》第三十三条的规定。

原告对上述驳回决定不服，于2007年1月5日向被告提出复审请求，同时提交了权利要求书和说明书替换页。修改后的权利要求书与驳回决定针对的权利要求书内容相同。原告认为：判断上述“马蔺子种皮醇浸膏”、“蓖麻蛋白毒凝集素”和“土大黄煎剂”的修改是否具有唯一性，不在于本领域一般技术人员能否知悉和直接推导出来，关键在于本领域一般技术人员对本领域的公知技术是否熟悉。作为防治鼠害领域的技术人员，根据所掌握的本领域常识，能够根据本申请说明书中记载的种皮醇浸膏、蛋白毒凝集素和鞣质浸膏的理化性能，直接获得并知晓其分别是指马蔺子种皮醇浸膏、蓖麻蛋白毒凝集素和土大黄煎剂，在有关防治鼠害的研究领域中，没有其他物质有此作用，相关的现有公开技术资料和文献也多有记载和报道，参见原告提交的《中华药海》，本领域技术人员无需通过创造性的劳动，根据说明书的记载就能实现本申请。因此，本申请的修改符合《专利法》第三十三条的规定并且本申请公开充分。

经形式审查合格，被告于2007年2月13日向原告发出复审请求受理通知书，同时向原实质审查部门发出前置审查通知书。

原实质审查部门在前置审查意见书中坚持原驳回决定。

随后，针对上述复审请求，被告依法成立合议组对本案进行审理。

2008年4月16日，被告向原告发出《复审通知书》，指出：新提交的申请文件中的下述修改内容，防治鼠害的药物组合物中含有“马蔺子种皮醇浸膏”、“蓖麻蛋白毒凝集素”和“土大黄鞣质浸膏”（见修改后的权利要求1，说明书第1页第20、21和34行，第2页第1和10行，第3页第30和31行以及实施例1-3）超出了原说明书和权利要求书记载的范围，本申请因而不符合《专利法》第三十三条的规定。

2008年5月14日，原告针对上述《复审通知书》提交了意见陈述书，同时提交了经修改的权利要求书和说明书的全文替换页。修改后的权利要求书如下：

“1、一种防治鼠害的药物组合物，其特征在于，含有诱饵剂、避孕剂、凝血剂和辅料，诱饵剂含有占辅料重量百分比为0.0001%~0.0002%麝香，0.010%~0.015%香精，0.004%~0.007%冰片，0.007%~0.012%虫茶素，0.002%~0.025%花生油；避孕剂含有占辅料重量百分比为0.06%~0.12%棉酚，0.060%~0.40%柠檬汁，0.018-0.06%具有抗着床作用的种皮醇浸膏，0.036%~0.18%木瓜酶；凝血剂含有占辅料重量百分比为0.06%~0.20%能加速红细胞凝集的蛋白毒凝集素，0.03%~0.18%能诱发血液凝固的鞣质浸膏，0.12%~0.4%仙鹤草素，0.018%~0.09%异鼠李黄素，0.06%~0.2%戎盐，0.06%~0.18%紫草醌，0.018%~0.09%合欢甙。

2. 如权利要求1所述的防治鼠害的药物组合物，其特征在于，所述辅料是谷类粮食的粉状物。”

被告经审查认为：

1. 关于审查文本

被诉决定依据的文本是原告于2008年5月14日提交的权利要求第1~2项和说明书第1~3页，以及2003年4月24日提交的说明书摘要。

2. 关于《专利法》第三十三条

如果申请的内容通过增加、改变和/或删除其中的一部分，致使所属技术领域的技术人员看到的信息与原申请记载的信息不同，而且又不能从原申请记载的信息中直接地、毫无疑义地确定，那么这种修改就是不允许的。

本案中，原告在2008年5月14日答复《复审通知书》时提交的文本中，所作的修改包括以下两方面：（1）将《复审通知书》指出的修改超范围的“马蔺子种皮醇浸膏”“蓖麻蛋白毒凝集素”和“土大黄鞣质浸膏”分别修改为“具有抗着床作用的种皮醇浸膏”“能加速红细胞凝集的蛋白毒凝集素”和“能诱发血液凝固的鞣质浸膏”（参见修改后的权利要求1，说明书第1页第22~23行，第2页倒数第2行至第3页第1行）；（2）将说明书第2页第20行中灭鼠药物的剂量修改为“0.3%以下”；（3）在说明书第1页背景技术部分增加了“中国国家知识产权局于2002年11月6日公开了公开号为CN1377585的发明专利申请，虽然公开了一种雄性不育的灭鼠剂，但须经常性服食才有效果，仍不能很好的解决防治和灭杀的结合问题，也不能从根本上解决鼠害这一全世界面临的重大难题”，在说明书第3页最后一行增加了“后一种方法更适合工业化生产”的描述。

对于上述修改，被告认为：（1）根据原申请文件说明书第1页最后1行至第2页第2行以及第2页第10-11行的记载，蛋白毒凝集素能加速红细胞凝集，小血管栓塞，引起呼吸及血管运动中枢麻痹衰竭；鞣质浸膏使血管通透性降低，变细变窄血黏度增高，诱发血液凝固；种皮醇浸膏对母鼠能抗着床，抗垂体促性腺激素及抗绒毛膜促性腺激素的作用。因此，修改后的“具有抗着床作用的种皮醇浸膏”、“能加速红细胞凝集的蛋白毒凝集素”和“能诱发血液凝固的鞣质浸膏”与原申请文件记载的信息一致，《复审通知书》指出的修改超范围的缺陷已经被克服；（2）但是，根据原申请文件说明书第2页第20行的记载，本发明中的各有效灭鼠药物的剂量都在0.4%以下。因此，原告将所述剂量修改为“0.3%以下”显然与原申请文件的记载不一致，也不能从原申请文件记载的信息中直接地、毫无疑义地确定；（3）原申请文件中并未明确记载三个实施例中哪一个更适合工业化生产，因此，原告在说明书最后一行增加的“后一种方法更适合工业化生产”显然在原申请文件中没有记载，也不能从原申请记载的信息中直接地、毫无疑义地确定。因此，答复《复审通知书》时对说明书的修改不符合《专利法》第三十三条的规定。故原告于2008年5月14日提交的文本仍然存在修改超范围的问题，不符合《专利法》第三十三条的规定。

综上，被告作出被诉决定，原告不服，诉至本院。

本院认为：经审查，被诉决定关于审查文本的认定合法，且原告亦无异议，本院对此予以确认。

本案审查的重点问题是被诉决定的作出程序是否合法以及本申请说明书是否符合《专利法》第三十三条的规定。

《中华人民共和国专利法实施细则》第六十二条规定：专利复审委员会进行复审后，认为复审请求不符合专利法和本细则有关规定的，应当通知复审请求人，要求其在指定期限内陈述意见。期满未答复的，该复审请求视为撤回；经陈述意见或者进行修改后，专利复审委员会认为仍不符合专利法和本细则有关规定的，应当作出维持原驳回决定的复审决定。

本案中，被告在受理复审申请后，已于2008年4月16日向原告发出《复审通知书》，指出其新提交的申请文件中的下述修改内容：防治鼠害的药物组合物中含有“马蔺子种皮醇浸膏”、“蓖麻蛋白毒凝集素”和“土大黄鞣质浸膏”超出了原说明书和权利要求书记载的范围，本申请因而不符合《专利法》第三十三条的规定，并通知其在指定期限内陈述意见。故被告已经履行了相应的程序，并无违法之处，原告认为被诉决定违反法定程序的诉讼主张缺乏事实及法律依据，本院不予支持。

原告在指定期限内进行了修改，提交了新的文本，但是新的文本中“各有效灭鼠药物的剂量都在0.3%以下”及“后一种方法更适合工业化生产”的技术内容在原申请文件中没有记载，也不能从原申请记载的信息中直接地、毫无疑义地确定。故原告修改后的文本仍然存在修改超范围的问题，不符合《专利法》第三十三条的规定，故被告维持原驳回决定的行为符合法律相关规定。

综上，被诉决定认定事实清楚，适用法律正确，行政程序合法，本院应予维持。原告的诉讼主张缺乏事实和法律依据，本院不予支持。据此，依照《中华人民共和国行政诉讼法》第五十四条第（一）项之规定，判决如下：

维持被告国家知识产权局专利复审委员会于二〇〇八年十二月十五日作出的第15603号复审请求审查决定。

案件受理费100元，由原告连耀林负担（已交纳）。

如不服本判决，各方当事人可在本判决书送达之日起15日内，向本院提交上诉状，并按对方当事人人数提出副本，上诉于北京市高级人民法院。上诉人在上诉期满后7日内未提交上诉案件受理费又不提交缓交申请的，按自动撤回上诉处理。

审 判 长 梁 菲

代理审判员 贾志刚

代理审判员 殷 悦

二〇〇九年七月二十八日

书 记 员 曾 谦

北京市高级人民法院
行政判决书

（2009）高行终字第1395号

上诉人（一审原告）连耀林，男，1947年1月21日出生，汉族，住河北省成安县乾侯北街76-21号。

被上诉人（一审被告）国家知识产权局专利复审委员会，住所地北京市海淀区北四环西路9号银谷大厦。

法定代表人张茂于，副主任。

委托代理人高胜华，男，国家知识产权局专利复审委员会复审员。

委托代理人郭鹏鹏，男，国家知识产权局专利复审委员会复审员。

上诉人连耀林因专利复审请求审查决定一案，不服北京市第一中级人民法院（2009）一中行初字第937号行政判决，向本院提起上诉。本院依法组成合议庭审理了本案。本案现已审理终结。

2008年12月15日，国家知识产权局专利复审委员会（以下简称专利复审委员会）依据《中华人民共和国专利法》（以下简称《专利法》）第三十三条的规定，作出第15603号复审请求审查决定（以下简称被诉决定），维持国家知识产权局（以下简称国知局）于2006年10月13日针对第03123169.1号发明专利申请（以下简称本申请）作出的驳回决定。连耀林对被诉决定不服，向北京市第一中级人民法院（以下简称一审法院）提起行政诉讼。

一审法院判决认定，经审查，被诉决定关于审查文本的认定合法，且连耀林亦无异议，对此予以确认。本案审查的重点问题是被诉决定的作出程序是否合法以及本申请说明书是否符合《专利法》第三十三条的规定。《中华人民共和国专利法实施细则》第六十二条规定：专利复审委员会进行复审后，认为复审请求不符合专利法和本细则有关规定的，应当通知复审请求人，要求其在指定期限内陈述意见。期满未答复的，该复审请求视为撤回；经陈述意见或者进行修改后，专利复审委员会认为仍不符合专利法和本细则有关规定的，应当作出维持原驳回决定的复审决定。本案中，专利复审委员会在受理复审申请后，已于2008年4月16日向连耀林发出《复审通知书》，指出其新提交的申请文件中的下述修改内容：防治鼠害的药物组合物中含有“马蔺子种皮醇浸膏”、“蓖麻蛋白毒凝集素”和“土大黄鞣质浸膏”超出了原说明书和权利要求书记载的范围，本申请因而不符合《专利法》第三十三条的规定，并通知其在指定期限内陈述意见。故专利复审委员会已经履行了相应的程序，并无违法之处，连耀林认为被诉决定违反法定程序的诉讼主张缺乏事实及法律依据，不予支持。连耀林在指定期限内进行了修改，提交了新的文本，但是新的文本中“各有效灭鼠药物的剂量都在0.3%以下”及“后一种方法更适合工业化生产”的技术内容在原申请文件中没有记载，也不能从原申请记载的信息中直接地、毫无疑义地确定。故连耀林修改后的文本仍然存在修改超范围的问题，不符合《专利法》第三十三条的规定，故专利复审委员会维持原驳回决定的行为符合法律相关规定。综上，被诉决定认定事实清楚，适用法律正确，行政程序合法，应予维持。连耀林的诉讼主张缺乏事实和法律依据，不予支持。据此，依照《中华人民共和国行政诉讼法》第五十四条第（一）项之规定，判决维持被诉决定。

连耀林不服一审判决，提出上诉。诉称：1. 一审判决对于两处所谓的“修改缺陷”，应当属于作出复审决定所依据的新的证据，不是原驳回决定所依据的证据，一审法院没有作出正确的认定，属于认定事实错误。2. 一审判决简单适用《中华人民共和国专利法实施细则》第六十二条第一款的规定是错误的，应当适用该细则第六十二条第一款的规定。3. 被诉决定违反法定程序，专利复审委员会应当再次发出复审通知书，给予连耀林陈述意见和修改的机会。4. 一审判决回避了被诉决定的合理性问题。故，请求二审法院依法撤销一审判决。

专利复审委员会答辩称，鉴于驳回决定已指出本申请不符合《专利法》第三十三条之规定的理由，且合议组也发出复审通知书将《专利法》第三十三条以及不符合该条款的情形告知，并给予连耀林陈述意见和修改申请文件的机会，因此不存在连耀林所称“专利复审委员会未能按法定的程序通知连耀林”之情形。对于连耀林所称“该决定书所提及的两处缺陷，明显是两处笔误”，由于没有事实或证据证明，故不予认可。综上所述，被诉决定认定事实清楚，适用法律正确，审理程序合法，连耀林的上诉理由不能成立。故，请求二审法院依法驳回上诉，维持一审判决。

一审法院审理期间，专利复审委员会向法院提交了以下证据：1. 连耀林于2008年5月14日提交的权利要求第1~2项和说明书第1~3页；2. 本申请公开说明书；3. 复审通知书。

一审法院审理期间，连耀林向法院提交了以下证据的复印件：1. 2008年5月7日的复审、无效程序中意见陈述书；2. 2003年4月15日连耀林电脑留存的申请文件（权利要求书和说明书）的底稿；3. 第一次审查的意见陈述书；4. 第二次审查的意见陈述书。

一审法院经审查认为，专利复审委员会提交的证据及连耀林提交的证据1、3、4与本案具有关联性，且合法、真实，能够作为专利复审委员会认定本案事实的依据，予以确认。连耀林提交的证据2与本案无关联，不予采纳。

上述证据均随案移送本院，经审查，本院认可一审法院的认证意见。

本院根据合法有效的证据及当事人的有关陈述，确认如下事实：本复审请求涉及申请号为03123169.1，名称为“一种防治鼠害的药物组合物”的发明专利申请（即本申请）。申请人为连耀林。本申请的申请日为2003年4月24日，公开日为2004年2月4日。

经实质审查，国知局专利实质审查部门于2006年10月13日以本申请权利要求1和说明书的修改不符合《专利法》第三十三条的规定为由驳回了本申请。驳回决定所依据的文本为：连耀林于

2006年4月24日提交的权利要求第1~2项和说明书第1~4页，以及2003年4月24日提交的说明书摘要。

驳回决定的具体理由是：本申请说明书中分别记载了防治鼠害的药物组合物中所含种皮醇浸膏、蛋白毒凝集素和鞣质浸膏的作用，但并未具体公开它们究竟是何种物质，虽然连耀林提交的《中华药海》中记载了马蔺子种皮醇浸膏、蓖麻蛋白毒凝集素和土大黄煎剂分别具有本申请说明中所述的作用，但其并没有明确指出这三种具体制剂唯一对应于具有上述作用的制剂。因此，驳回文本中的下述内容：防治鼠害的药物组合物中含有“马蔺子种皮醇浸膏”、“蓖麻蛋白毒凝集素”、“土大黄鞣质浸膏”（见权利要求1，说明书第1页第20、21和34行，第2页第1和10行，第3页第30和31行以及实施例1-3）以及说明书发明内容部分关于本发明与现有技术比较所具有的优点中第7点涉及的实验室试验的有关数据（见说明书第2页第22行至第3页第25行），既未明确地记载在原说明书和权利要求书中，也不能由原说明书和权利要求书所记载的内容直接导出，因此超出了原说明书和权利要求书记载的范围，不符合《专利法》第三十三条的规定。

连耀林对上述驳回决定不服，于2007年1月5日向专利复审委员会提出复审请求，同时提交了权利要求书和说明书替换页。修改后的权利要求书与驳回决定针对的权利要求书内容相同。连耀林认为，判断上述“马蔺子种皮醇浸膏”、“蓖麻蛋白毒凝集素”和“土大黄煎剂”的修改是否具有唯一性，不在于本领域一般技术人员能否知悉和直接推导出来，关键在于本领域一般技术人员对本领域的公知技术是否熟悉。作为防治鼠害领域的技术人员，根据所掌握的本领域常识，能够根据本申请说明书中记载的种皮醇浸膏、蛋白毒凝集素和鞣质浸膏的理化性能，直接获得并知晓其分别是指马蔺子种皮醇浸膏、蓖麻蛋白毒凝集素和土大黄煎剂，在有关防治鼠害的研究领域中，没有其他物质有此作用，相关的现有公开技术资料和文献也多有记载和报道，参见连耀林提交的《中华药海》，本领域技术人员无需通过创造性的劳动，根据说明书的记载就能实现本申请。因此，本申请的修改符合《专利法》第三十三条的规定并且本申请公开充分。

经形式审查合格，专利复审委员会于2007年2月13日向连耀林发出复审请求受理通知书，同时向原实质审查部门发出前置审查通知书。

原实质审查部门在前置审查意见书中坚持原驳回决定。

随后，针对上述复审请求，专利复审委员会依法成立合议组对本案进行审理。

2008年4月16日，专利复审委员会向连耀林发出《复审通知书》，指出：新提交的申请文件中的下述修改内容，防治鼠害的药物组合物中含有“马蔺子种皮醇浸膏”、“蓖麻蛋白毒凝集素”和“土大黄鞣质浸膏”（见修改后的权利要求1，说明书第1页第20、21和34行，第2页第1和10行，第3页第30和31行以及实施例1-3）超出了原说明书和权利要求书记载的范围，本申请因而不符合《专利法》第三十三条的规定。

2008年5月14日，连耀林针对上述《复审通知书》提交了意见陈述书，同时提交了经修改的权利要求书和说明书的全文替换页。修改后的权利要求书如下：

“1. 一种防治鼠害的药物组合物，其特征在于，含有诱饵剂、避孕剂、凝血剂和辅料，诱饵剂含有占辅料重量百分比为0.0001%~0.0002%麝香，0.010%~0.015%香精，0.004%~0.007%冰片，0.007%~0.012%虫茶素，0.002%~0.025%花生油；避孕剂含有占辅料重量百分比为0.06%~0.12%棉酚，0.060%~0.40%柠檬汁，0.018%~0.06%具有抗着床作用的种皮醇浸膏，0.036%~0.18%木瓜酶；凝血剂含有占辅料重量百分比为0.06%~0.20%能加速红细胞凝集的蛋白毒凝集素，0.03%~0.18%能诱发血液凝固的鞣质浸膏，0.12%~0.4%仙鹤草素，0.018%~0.09%异鼠李黄素，0.06%~0.2%戎盐，0.06%~0.18%紫草醌，0.018%~0.09%合欢甙。

2. 如权利要求1所述的防治鼠害的药物组合物，其特征在于，所述辅料是谷类粮食的粉状物。”

专利复审委员会经审查认为：

1. 关于审查文本

被诉决定依据的文本是连耀林于2008年5月14日提交的权利要求第1~2项和说明书第1~3页，以及2003年4月24日提交的说明书摘要。

2. 关于《专利法》第三十三条

如果申请的内容通过增加、改变和/或删除其中的一部分，致使所属技术领域的技术人员看到的信息与原申请记载的信息不同，而且又不能从原申请记载的信息中直接地、毫无疑义地确定，那么这种修改就是不允许的。

本案中，连耀林在2008年5月14日答复《复审通知书》时提交的文本中，所作的修改包括以下两方面：（1）将《复审通知书》指出的修改超范围的“马蔺子种皮醇浸膏”、“蓖麻蛋白毒凝集素”和“土大黄鞣质浸膏”分别修改为“具有抗着床作用的种皮醇浸膏”、“能加速红细胞凝集的蛋白毒凝集素”和“能诱发血液凝固的鞣质浸膏”（参见修改后的权利要求1，说明书第1页第22~23行，第2页倒数第2行至第3页第1行）；（2）将说明书第2页第20行中灭鼠药物的剂量修改为“0.3%以下”；（3）在说明书第1页背景技术部分增加了“中国国家知识产权局于2002年11月6日公开了公开号为CN1377585的发明专利申请，虽然公开了一种雄性不育的灭鼠剂，但须经常性服食才有效果，仍不能很好的解决防治和灭杀的结合问题，也不能从根本上解决鼠害这一全世界面临的重大难题”，在说明书第3页最后一行增加了“后一种方法更适合工业化生产”的描述。

对于上述修改，专利复审委员会认为：（1）根据原申请文件说明书第1页最后1行至第2页第2行以及第2页第10~11行的记载，蛋白毒凝集素能加速红细胞凝集，小血管栓塞，引起呼吸及血管运动中枢麻痹衰竭；鞣质浸膏使血管通透性降低，变细变窄血黏度增高，诱发血液凝固；种皮醇浸膏对母鼠能抗着床，抗垂体促性腺激素及抗绒毛膜促性腺激素的作用。因此，修改后的“具有抗着床作用的种皮醇浸膏”、“能加速红细胞凝集的蛋白毒凝集素”和“能诱发血液凝固的鞣质浸膏”与原申请文件记载的信息一致，《复审通知书》指出的修改超范围的缺陷已经被克服；（2）但是，根据原申请文件说明书第2页第20行的记载，本发明中的各有效灭鼠药物的剂量都在0.4%以下。因此，连耀林将所述剂量修改为“0.3%以下”显然与原申请文件的记载不一致，也不能从原申请文件记载的信息中直接地、毫无疑义地确定；（3）原申请文件中并未明确记载三个实施例中哪一个更适合工业化生产，因此，连耀林在说明书最后一行增加的“后一种方法更适合工业化生产”显然在原申请文件中没有记载，也不能从原申请记载的信息中直接地、毫无疑义地确定。因此，答复《复审通知书》时对说明书的修改不符合《专利法》第三十三条的规定。故连耀林于2008年5月14日提交的文本仍然存在修改超范围的问题，不符合《专利法》第三十三条的规定。综上，专利复审委员会作出被诉决定，连耀林不服，诉至法院。

本院认为，《中华人民共和国专利法实施细则》第六十二条规定：专利复审委员会进行复审后，认为复审请求不符合专利法和本细则有关规定的，应当通知复审请求人，要求其在指定期限内陈述意见。期满未答复的，该复审请求视为撤回；经陈述意见或者进行修改后，专利复审委员会认为仍不符合专利法和本细则有关规定的，应当作出维持原驳回决定的复审决定。本案中，专利复审委员会在受理复审申请后，已于2008年4月16日向连耀林发出《复审通知书》，指出其新提交的申请文件中的下述修改内容：防治鼠害的药物组合物中含有“马蔺子种皮醇浸膏”、“蓖麻蛋白毒凝集素”和“土大黄鞣质浸膏”超出了原说明书和权利要求书记载的范围，本申请因而不符合《专利法》第三十三条的规定，并通知其在指定期限内陈述意见。故专利复审委员会已经履行了相应的程序，并无违法之处。

如果申请的内容通过增加、改变和/或删除其中的一部分，致使所属技术领域的技术人员看到的信息与原申请记载的信息不同，而且又不能从原申请记载的信息中直接地、毫无疑义地确定，那么这种修改就是不允许的。连耀林在指定期限内对其申请文件进行了修改，提交了新的文本，但是新的文本中“各有效灭鼠药物的剂量都在0.3%以下”及“后一种方法更适合工业化生产”的技术内容在原申请文件中没有记载，也不能从原申请记载的信息中直接地、毫无疑义地确定。故连耀林修改后的文本仍然存在修改超范围的问题，不符合《专利法》第三十三条的规定，故专利复审委员会维持原驳回决定的行为符合法律相关规定。综上，专利复审委员会作出被诉决定合法，一审法院判决维持正确，本院应予维持。连耀林的上诉请求缺乏事实和法律依据，本院不予支持。依据《中华人民共和国行政诉讼法》第六十一条第（一）项的规定，判决如下：

驳回上诉，维持一审判决。

二审案件受理费人民币100元，由上诉人连耀林负担（已交纳）。

本判决为终审判决。

审　判　长　景　滔
代理审判员　马　军
代理审判员　刘　行
二〇〇九年十二月十一日
书　记　员　张宏晶

189

不相容的聚合催化剂之间的转换方法

复审请求审查决定（第15604号）

决　定　号　第15604号
决　定　日　2008年12月3日
发明创造名称　不相容的聚合催化剂之间的转换方法
国际分类号　C08F10/00，C08F2/42
复审请求人　埃克森美孚化学专利公司
申　请　号　95192772.8
申　请　日　1995年3月24日
优　先　权　日　1994年3月25日
公　开　日　1997年8月13日
合议组组长　李　越
主　审　员　潘　剑
参　审　员　刘　亚

法律依据　专利法第33条
决定要点

如果申请的内容通过增加、改变和/或删除其中的一部分，致使所属技术领域的技术人员看到的信息与原申请记载的信息不同，而且又不能从原申请记载的信息中直接地、毫无疑义地确定，则这种修改是不允许的。

一、案由

本复审请求案涉及发明名称为“不相容的聚合催化剂之间的转换方法”的第95192772.8号发明专利申请（下称本申请），申请人为埃克森美孚化学专利公司（由埃克森化学专利公司变更为埃克森美孚化学专利公司），申请日为1995年3月24日，优先权日为1994年3月25日，公开日为1997年8月13日。

2007年3月9日，针对申请人于进入中国国家阶段时提交的按原始国际申请文件中文文本的说明书第1～30页、说明书附图第1～4页、摘要和2005年11月18日提交的权利要求第1～14项，国家知识产权局以权利要求1不具有创造性，不符合专利法第22条第3款的规定为由驳回了本申请。

驳回决定针对的权利要求书如下：

“1. 一种由利用第一催化剂催化的聚合反应转换成利用含有一种金属茂催化剂的第二催化剂催化的聚合反应的方法，其中所述第一和第二催化剂是不相容的，所述方法包括下述步骤：

a）停止向反应器中引入第一催化剂；

b）向反应器中引入一种不可逆的催化剂扼杀剂，所述扼杀剂量基于反应器中的第一催化剂的金属总的克原子为大于约 1 摩尔当量；和

c）向反应器中引入第二催化剂。

2. 一种由利用第一催化剂催化的聚合反应转换成用第二催化剂催化的聚合反应的方法，其中所述第一和第二催化剂是不相容的，所述方法包括下述步骤：

a）停止向反应器引入第一催化剂；b）引入一种可逆的催化剂扼杀剂；

c）引入一种不可逆的催化剂扼杀剂；和

d）向反应器中引入第二催化剂。

3. 一种在至少两种不相容的催化剂之间转换的方法，所述催化剂用于在至少一个有流化床的反应器中进行的气相聚合过程中，所述方法包括下述步骤：

a）停止引入第一催化剂；

b）使所述流化床与一种可逆的催化剂扼杀剂接触；

c）使所述流化床与一种不可逆的催化剂扼杀剂接触；

d）用有机金属化合物滴定所述流化床；

e）向所述反应器引入第二催化剂。

4. 按照前述任何一个权利要求的方法，其中第一催化剂包括一种常规齐格勒-纳塔催化剂。

5. 按照权利要求 2、3 或 4 的方法，其中第二催化剂包括一种金属茂催化剂。

6. 按照前述任何一个权利要求的方法，其中不可逆的催化剂扼杀剂的量基于反应器中的第一催化剂的金属总克原子为大于约 2 摩尔当量。

7. 权利要求 1 的方法，其中该方法进一步包括引入一种可逆的催化剂扼杀剂。

8. 权利要求 2、3 或 7 的方法，其中可逆的催化剂扼杀剂的量基于反应器中的第一催化剂的金属总克原子为大于 2 摩尔当量。

9. 权利要求 2、3、7 和 8 的方法，其中可逆的催化剂扼杀剂为由 CO 和 CO_2 组成的组中的至少一种。

10. 按照前述任一权利要求的方法，其中该方法进一步包括在步骤（c）之前引入一种有机金属化合物。11. 权利要求 2 和 3 的方法，其中步骤 b 和 c 在所述反应器外进行或者所述步骤按 a、b、c 然后 d 的顺序进行。

12. 按照前述任一权利要求的方法，其中第一和第二催化剂同时存在会使第一和第二催化剂之一的活性降低 50% 以上。

13. 按照前述任一权利要求的方法，其中第一和第二催化剂中的一种在相同的条件下在共聚用单体掺入方面比另一种相差 30% 以上。

14. 权利要求 3 的方法，其中流化床在所述过程中保持流化状态。”。

驳回决定认为：

对比文件 1（US4460755，公开日为 1984 年 7 月 17 日）公开了一种烯烃聚合方法，其中包括互不相容的 Ziegler 催化剂和铬基催化剂之间的转换方法，该方法包括停止向流化床聚合反应器中加入第一种催化剂——Ziegler 催化剂，采用含羟基化合物（扼杀剂）使所用第一种催化剂不可逆的失活，然后，向反应器中加入第二种催化剂——铬基催化剂。权利要求 1 和对比文件 1 相比，区别仅在于权利要求 1 具体限定了第二种催化剂为金属茂催化剂，扼杀剂的用量与第一催化剂的金属的摩尔比大于 1。在对比文件 1 已经公开上述一般催化剂转换技术手段的前提下，具体使用哪类第二种催化剂仅仅

视需要而定，本领域技术人员不需要创造性劳动即可从已知的烯烃聚合催化剂中选出第二种催化剂，而采用化学反应当量或过量的扼杀剂充分抑制第一种催化剂的作用，使聚合反应充分切换到第二种催化反应方式中，也属于本领域一般常识。因此，权利要求 1 不具有专利法第 22 条第 3 款规定的创造性。

2007 年 6 月 25 日，申请人埃克森美孚化学专利公司（下称请求人）对上述驳回决定不服，向专利复审委员会提出复审请求，请求人在提出复审请求时对权利要求书进行了修改，根据说明书第 11 页倒数第 9~11 行的内容对权利要求 1~3 中的不可逆催化剂扼杀剂进行了限定。修改后的权利要求书包括权利要求第 1~14 项，其中权利要求第 1~3 项为：

“1. 一种由利用第一催化剂催化的聚合反应转换成利用含有一种金属茂催化剂的第二催化剂催化的聚合反应的方法，其中所述第一和第二催化剂是不相容的，所述方法包括下述步骤：

a）停止向反应器中引入第一催化剂；

b）向反应器中引入一种不可逆的催化剂扼杀剂，所述扼杀剂量基于反应器中的第一催化剂的金属总的克原子为大于约 1 摩尔当量；和

c）向反应器中引入第二催化剂；

其中所述不可逆的催化剂扼杀剂选自：氧气、水、醇类、二元醇类、酚类、醚类、羰基化合物类、醛类、羧酸类、酯类、脂肪酸类、炔类、胺类、腈类、亚硝酸化合物、吡啶、吡咯、硫化羰和硫醇。

2. 一种由利用第一催化剂催化的聚合反应转换成用第二催化剂催化的聚合反应的方法，其中所述第一和第二催化剂是不相容的，所述方法包括下述步骤：

a）停止向反应器引入第一催化剂；b）引入一种可逆的催化剂扼杀剂；

c）引入一种不可逆的催化剂扼杀剂；和

d）向反应器中引入第二催化剂，

其中所述不可逆的催化剂扼杀剂选自：氧气、水、醇类、二元醇类、酚类、醚类、羰基化合物类、醛类、羧酸类、酯类、脂肪酸类、炔类、胺类、腈类、亚硝酸化合物、吡啶、吡咯、硫化羰和硫醇。

3. 一种在至少两种不相容的催化剂之间转换的方法，所述催化剂用于在至少一个有流化床的反应器中进行的气相聚合过程中，所述方法包括下述步骤：

a）停止引入第一催化剂；

b）使所述流化床与一种可逆的催化剂扼杀剂接触；

c）使所述流化床与一种不可逆的催化剂扼杀剂接触；

d）用有机金属化合物滴定所述流化床；

e）向所述反应器引入第二催化剂，

其中所述不可逆的催化剂扼杀剂选自：氧气、水、醇类、二元醇类、酚类、醚类、羰基化合物类、醛类、羧酸类、酯类、脂肪酸类、炔类、胺类、腈类、亚硝酸化合物、吡啶、吡咯、硫化羰和硫醇。”。

请求人认为修改后的权利要求 1~14 相对于对比文件 1 具有创造性，理由是：

（1）对比文件 1 第 2 栏第 31~48 行的记载表明将 Ziegler 类催化剂体系的成分键接到含羟基化合物上导致所有成分都无法参与后续的聚合反应，而本申请的不可逆催化剂扼杀剂直接在活性催化剂金属位点上起作用，终止反应并与有机金属活化剂发生反应，因此和对比文件 1 相比，本申请引入不可逆催化剂扼杀剂终止 Ziegler 催化剂反应是显著不同的技术手段。

对比文件1由于引入含羟基化合物导致显著量的产物可能被污染，因此对比文件1的方法要求估计剩余的有机金属活化剂的量，并且优选注入最少量的含羟基化合物来吸收有机金属活化剂。与之不同，本申请的方法不可逆催化剂扼杀剂的用量与催化剂和活化剂中全部金属的摩尔比为0.1~1000，且无需担心产物被污染。另外本发明过量的不可逆催化剂扼杀剂可以通过吹洗反应系统除去，不影响金属茂催化剂体系的成功启动。

进一步地，权利要求1的第二种催化剂含有金属茂催化剂，不同于对比文件1的铬基催化剂。铬基催化剂和金属茂催化剂对氢气的敏感性不同，而且对残余烷基铝的反应也不同，在存在少量烷基铝的情况下，铬基催化剂可以成功使反应物聚合，而即便只存在痕量的烷基铝，也会使金属茂催化剂体系完全失败。因此，对比文件1的技术方案不适用于权利要求1的金属茂体系。因此，权利要求1具备创造性。

（2）权利要求2、3还使用了可逆的催化剂扼杀剂。如本申请说明书所述：使用可逆的催化剂扼杀剂降低了反应器中出现成片和/或堵塞的可能性。现有技术并未教导或暗示从Ziegler催化剂体系转变为金属茂催化剂体系时，先使用可逆的催化剂扼杀剂并将其与不可逆的催化剂扼杀剂联合使用。因此，权利要求2、3具备创造性。

（3）由于权利要求4~14都是上述权利要求的从属权利要求，在权利要求1~3具备创造性的基础上，权利要求4~14也具有创造性。

经形式审查合格后，专利复审委员会受理了该请求，并于2007年7月25日向请求人发出了《复审请求受理通知书》，同时将本申请转送至国家知识产权局原审查部门进行前置审查。

在《前置审查意见书》中，国家知识产权局原审查部门认为，修改后的权利要求1中的催化剂扼杀剂仍然包括了对比文件1所述的醇类化合物，由于修改后的权利要求1所用催化剂扼杀剂和对比文件1的相同或性质类似，两者抑制催化剂的机理也必然相同或相近，请求人有关机理不同，效果不同的争辩及其有关修改后的权利要求1具有创造性的陈述不具有说服力，因此，坚持驳回决定。

专利复审委员会组成合议组，对本复审请求案进行了审理，并于2008年4月21日向请求人发出《复审通知书》（下称第一次《复审通知书》），指出：复审请求时提交的权利要求1~14相对于对比文件1不具备创造性，不符合专利法第22条第3款的规定。理由是：

（1）权利要求1和对比文件1实施例3相比，区别在于：①二者所用的催化剂扼杀剂不同，对比文件1所用的二氧化硅不包括在复审请求时提交的权利要求1所列举的催化剂扼杀剂当中；②二者的第二催化剂不同；③对比文件1未具体限定扼杀剂用量基于第一催化剂的金属总的克原子为大于约1摩尔当量。但是，对比文件1记载了引入含羟基化合物例如聚乙烯醇、二氧化硅等作为扼杀剂使齐格勒催化剂失活，而复审请求时提交的权利要求1的催化剂扼杀剂包括了含羟基化合物，因此，在对比文件1的教导下，引入区别技术特征①不需要花费创造性劳动，同时在对比文件1已经揭示了通过含羟基化合物使第一催化剂不可逆失活的构思的前提下，继续进行的第二催化反应的类型仅仅视实际反应的需要而定，本领域技术人员从实际需要出发从中选取具体的催化剂类型来催化相应的反应，并采用当量或过量的催化剂扼杀剂充分抑制第一种催化剂从而使得聚合反应能充分切换到第二种催化反应是很容易想到的，因此，引入区别技术特征②和③也不需要花费创造性劳动。因此，权利要求1相对于对比文件1不具备创造性。

（2）权利要求2和对比文件1相比，区别在于：①权利要求2首先加入一种可逆的催化剂扼杀剂然后再加入不可逆催化剂扼杀剂，而对比文件1直接加入不可逆的催化剂扼杀剂；②权利要求2和对比文件1所用的催化剂扼杀剂不同。对于上述区别特征①，可逆和不可逆的催化剂扼杀剂都是本领域已知和常用的催化剂扼杀剂，而且本申请说明书中从未记载首先加入可逆催化剂扼杀剂能够解决的技术问题，并且也没有证据可以证明先加入可逆再加入不可逆催化剂扼杀剂相对于直接加入不可逆催化剂扼杀剂具有任何意想不到的技术效果，因此本领域技术人员在对比文件1的技术方案加入不可逆催化剂扼杀剂前先加入已知的可逆催化剂扼杀剂，并预料其具有相同的效果是不需要花费创造性劳动的。对于区别特征②，如评述权利要求1时所述的理由，在对比文件1的基础上本领域技术人员不需要付出创造性劳动就能想到该区别技术特征。因此，权利要求2相对于对比文件1不具备创造性。

（3）权利要求3在权利要求2的基础上进行了限定，在加入第二催化剂前，先用有机金属化合物滴定所述流化床，其目的在于除去过量的催化剂扼杀剂，而对比文件1并未公开该步骤。用滴定的方法除去过量的物质是本领域的常规技术手段，根据具体的第二催化反应的特点，选择用滴定的方法除去过量的催化剂扼杀剂是本领域技术人员很容易想到且经过有限次的试验就能完成的。因此权利要求3相对于对比文件1不具有创造性。

（4）权利要求4~7、9、10的附加技术特征在评述权利要求1~3时已经一一作过分析，因此权利要求4~7、9、10相对于对比文件1不具有创造性。

（5）权利要求8进一步限定可逆催化剂扼杀剂的量，然而，在对比文件1已给出使用不可逆催化剂扼杀剂抑制第一种催化反应而使烯烃聚合切换到第二种催化反应的教导的情况下，想到结合使用本领域常见的可逆催化剂扼杀剂并确定其用量，这对于本领域技术人员来说是显而易见的，因此权利要求8相对于对比文件1不具有创造性。

（6）权利要求11~14对反应的具体工艺条件，第一和第二催化反应本身的性质作了具体限定，但是这些都是本领域常规的选择，因此在其所引用的权利要求不具有创造性的基础上权利要求11~14也不具有创造性。

（7）对于请求人在复审请求书中陈述的意见，合议组认为，①本申请说明书并没有记载本申请催化剂扼杀剂的作用机理，请求人也没有提供任何证据，而且本申请所用的催化剂扼杀剂本身就包含了典型的羟基化合物，因此，请求人有关本申请催化剂扼杀剂和对比文件1含羟基化合物作用机理不同的主张并不能得到支持。②估算催化剂扼杀剂的加入量或通过滴定（吹洗反应）除去多余的量都是本领域常规技术手段。③由说明书记载可知，本申请方法适用于任何不相容的催化剂之间的转换，不限制不相容催化剂之间的转换方向，没有任何证据表明将齐格勒纳塔型催化剂催化的第一催化反应转换为金属茂催化剂催化的第二催化反应存在不可逾越的障碍。而金属茂催化剂本身固有的特征是本领域公知的，在对比文件1提供了使第一催化剂失活从而直接切换到第二催化剂反应的思路后，本领域技术人员根据已知的第二催化反应的具体特征对第一催化反应失活后的反应体系做相应的调整不需要付出创造性劳动，且权利要求1~14并没有任何控制反应体系中氢气含量的技术特征，另外，对比文件1第一催化剂失活后残留烷基铝仅是请求人的猜测，因此，请求人有关本申请和对比文件1第二催化反应不同的主张并不能证明本申请具备创造性。

针对第一次《复审通知书》，请求人于2008年6月6日提交了意见陈述书和经修改的权利要求书，其中，相对于复审请求时提交的权利要求而言，请求人在权利要求1~3中增加了限定“所述第一催化剂是齐格勒-纳塔催化剂和所述第二催化剂是金属茂催化剂”；将权利要求1~3中的“不可逆的催化剂扼杀剂”和“可逆的催化剂扼杀剂”修改为“催化剂扼杀剂”，并将权利要求1~3中催化剂扼杀剂的定义修改为：“所述催化剂扼杀剂选自：氧气、水、一氧化碳、空气和它们的混合物”；删除了权利要求4、5，并对权利要求重新进行编号。修改后的权利要求书包括权利要求第1~12项，其中权利要求第1~3项为：

“1. 一种由利用第一催化剂催化的聚合反应转换成利用第二催化剂催化的聚合反应的方法，其中所述第一和第二催化剂是不相容的，所述方法包括下述步骤：

a）停止向反应器中引入第一催化剂；

b）向反应器中引入催化剂扼杀剂，所述扼杀剂量基于反应器中的第一催化剂的金属总的克原子为大于约1摩尔当量；和

c）向反应器中引入第二催化剂；

其中所述催化剂扼杀剂选自：氧气、水、一氧化碳、空气和它们的混合物；

所述第一催化剂是齐格勒-纳塔催化剂和所述第二催化剂是金属茂催化剂。

2. 一种由利用第一催化剂催化的聚合反应转换成用第二催化剂催化的聚合反应的方法，其中所述第一和第二催化剂是不相容的，所述方法包括下述步骤：

a）停止向反应器引入第一催化剂；

b）引入催化剂扼杀剂；和

c）向反应器中引入第二催化剂。

其中所述催化剂扼杀剂选自：氧气、水、一氧化碳、空气和它们的混合物；

所述第一催化剂是齐格勒-纳塔催化剂和所述第二催化剂是金属茂催化剂。

3. 一种在至少两种不相容的催化剂之间转换的方法，所述催化剂用于在至少一个有流化床的反应器中进行的气相聚合过程中，所述方法包括下述步骤：

a）停止引入第一催化剂；

b）使所述流化床与催化剂扼杀剂接触；

c）用有机金属化合物滴定所述流化床；

d）向所述反应器引入第二催化剂。

其中所述催化剂扼杀剂选自：氧气、水、一氧化碳、空气和它们的混合物；

所述第一催化剂是齐格勒-纳塔催化剂和所述第二催化剂是金属茂催化剂。”

请求人认为，对比文件1既未教导也未暗示本申请选自“氢气、水、一氧化碳、空气和它们的混合物”的催化剂扼杀剂能成功地实施从齐格勒纳塔型催化剂到金属茂催化剂的转换，修改后的新权利要求1~12相对于对比文件1具备创造性。

合议组于2008年8月20日再次向请求人发出的《复审通知书》（下称第二次《复审通知书》），指出：

（1）《驳回决定》和第一次《复审通知书》所针对的权利要求2~3的技术方案均是先加入可逆催化剂扼杀剂，再加入不可逆催化剂扼杀剂，请求人于2008年6月6日提交的权利要求2~3的技术方案不再限定两种催化剂扼杀剂的加入方式，其与《驳回决定》和第一次《复审通知书》所针对的权利要求2~3实质上是完全不同的技术方案，且该修改并不是为了消除《驳回决定》和第一次《复审通知书》所指出的缺陷，因此，权利要求2~3不符合专利法实施细则第60条第1款的规定。

（2）权利要求1修改了催化剂扼杀剂的类型，其中保留了氧气、水，增加了一氧化碳、空气和它们的混合物。首先，原申请仅在实施例技术方案中（例如实施例3、6）记载使用一氧化碳和水、空气和水作为催化剂扼杀剂，并没有记载在如权利要求1所述的技术方案中单独使用一氧化碳或空气，而且，新增加的催化剂类型中一氧化碳属于可逆催化剂扼杀剂，空气属于不可逆催化剂扼杀剂，权利要求1实际上包含了单独使用可逆催化剂扼杀剂一氧化碳或单独使用不可逆催化剂扼杀剂空气的技术方案，但是，原申请记载的使用一氧化碳作为催化剂扼杀剂的技术方案中（例如实施例3、6），其都是和不可逆催化剂联合使用，原申请并没有记载单独使用一氧化碳作为可逆催化剂扼杀剂技术方案，也没有记载单独使用空气作为不可逆催化剂扼杀剂的技术方案，而且又不能从原申请记载的信息中直接地、毫无疑义地确定，因此，增加的催化剂扼杀剂类型：一氧化碳、空气超出了原申请记载的

范围；其次，原申请中并没有记载使用“它们的混合物”作为催化剂扼杀剂的技术方案，而且又不能从原申请记载的信息中直接地、毫无疑义地确定，因此，增加的催化剂扼杀剂类型：“它们的混合物”超出了原申请记载的范围。综上，权利要求1的上述修改超出了原申请记载的范围，不符合专利法第33条的规定。权利要求2~3对催化剂扼杀剂类型的修改和权利要求1相同，因此，基于评述权利要求1的相同理由，权利要求2~3对催化剂扼杀剂类型的修改也不符合专利法第33条的规定。

（3）此外，合议组一并指出，权利要求1~3中包含的符合专利法33条规定的技术方案相对于对比文件1仍然不具备创造性。从属权利要求4~12对应于复审请求时提交的权利要求6~14，由于权利要求4~12相对于复审请求时提交的权利要求6~14并未作实质性修改，因此，在其所引用的权利要求不具备创造性的基础上，基于第一次《复审通知书》中评述权利要求6~14不具备创造性的相同理由，权利要求4~12也不具备创造性。

针对第二次《复审通知书》，请求人于2008年10月6日提交了意见陈述书，但未对申请文本作出修改。请求人认为：①答复第一次《复审通知书》时对权利要求2~3的修改旨在确立权利要求2~3相比于对比文件1的创造性，因此，符合专利法实施细则第60条第1款的规定；②说明书第11页第3段描述了“催化剂扼杀剂为例如但不限于一氧化碳……”，因此，说明书并未排除单独使用一氧化碳作为催化剂扼杀剂的技术方案，因此，增加的催化剂扼杀剂类型“一氧化碳”符合专利法第33条的规定；③由于聚合物催化科学的不可预见性，用于铬基催化剂的技术方案与用于金属茂催化剂的技术方案几乎没有关联，可以用于一种转换方法的催化剂扼杀剂并不一定能够用于另一种转换方法。因此，权利要求1~3相对于对比文件1具备专利法第22条第3款规定的创造性。

经合议，合议组认为本案事实已经清楚，可以作出审查决定。

二、决定的理由

1. 关于文本

本复审请求审查决定针对的文本是：进入中国国家阶段时提交的按原始国际申请文件中文文本的说明书第1~30页、说明书附图第1~4页、摘要和2008年6月6日提交的权利要求第1~12项。

2. 关于专利法第33条

专利法第33条规定：申请人可以对其专利申请文件进行修改，但是，对发明和实用新型专利申请文件的修改不得超出原说明书和权利要求书记载的范围。

如果申请的内容通过增加、改变和/或删除其中的一部分，致使所属技术领域的技术人员看到的信息与原申请记载的信息不同，而且又不能从原申请记载的信息中直接地、毫无疑义地确定，则这种修改是不允许的。

权利要求1修改了催化剂扼杀剂的类型，其中保留了氧气、水，增加了一氧化碳、空气和它们的混合物。首先，原申请仅在实施例3~5和6中记载了一氧化碳和空气作为催化剂扼杀剂的使用方式，其中，实施例3~5记载了使用一氧化碳和水作为催化剂扼杀剂，实施例6记载了使用空气和水作为催化剂扼杀剂，并没有记载在如权利要求1所述的技术方案中单独使用一氧化碳或空气作为催化剂扼杀剂。而且，一氧化碳属于可逆催化剂扼杀剂，空气属于不可逆催化剂扼杀剂，权利要求1实际上包含了单独使用可逆催化剂扼杀剂一氧化碳或单独使用不可逆催化剂扼杀剂空气的技术方案，但是，原申请记载的实施例3~5中仅记载了在特定方式下对一氧化碳的使用，具体来说，一氧化碳都是和不可逆催化剂联合使用，而且，原申请记载的有关可逆催化剂的使用方式都是和不可逆催化剂联合使用并在不可逆催化剂之前加入（参见本申请说明书第12页第2段、第3段）。因此，原申请并没有记载单独使用一氧化碳作为可逆催化剂扼杀剂的技术方案，也没有记载单独使用空气作为不可逆催化剂扼杀剂的技术方案，而且又不能从原申请记载的信息中直接地、毫无疑义地确定，因此，增加的催化剂扼杀剂类型：一氧化碳、空气超出了原申请记载的范围。其次，原申请中并没有记载使用“它们的混合物”作为催化剂扼杀剂的技术方案，而且又不能从原申请记载的信息中直接地、毫无疑义地确定，因此，增加的催化剂扼杀剂类型：“它们的混合物”超出了原申请记载的范围。综上，权利要求1的上述修改超出了原申请记载的范围，不符合专利法第33条的规定。权利要求2~3对催化剂扼杀剂类型的修改和权利要求1相同，因此，基于评述权利要求1的相同理由，权利要求2~3对催化剂扼杀剂类型的修改也不符合专利法第33条的规定。

请求人在2008年10月6日提交的意见陈述中认为，说明书第11页第3段描述了“催化剂扼杀剂为例如但不限于一氧化碳……”，因此，说明书并未排除单独使用一氧化碳作为催化剂扼杀剂的技术方案，因此，增加的催化剂扼杀剂类型“一氧化碳”符合专利法第33条的规定。对此，合议组认为，首先，第二次《复审通知书》所指出的权利要求1~3中不符合专利法第33条规定的内容包括：“一氧化碳、空气和它们的混合物”，请求人并未对“空气和它们的混合物”是否超范围作出陈述，且未作相应修改。其次，说明书第11页第3段的内容仅仅记载了本发明可用的可逆催化剂扼杀剂，并未记载所述的可逆催化剂扼杀剂的使用方式，即：单独使用抑或是和不可逆催化剂扼杀剂联合使用，因此，本领域技术人员不能从说明书第11页第3段记载的信息中直接地、毫无疑义地确定单独使用一氧化碳作为催化剂扼杀剂的技术方案。

鉴于请求人并未能克服本申请权利要求1~3不符合专利法第33条规定的缺陷，导致合议组不能在一个合法有效的文本的基础上对《驳回决定》指出的创造性缺陷继续审查，因此，合议组对本申请权利要求1~12的创造性不作评述。

根据上述事实和理由，合议组作出如下审查决定。

三、决定

维持国家知识产权局于2007年3月9日针对95192772.8号发明专利申请作出的驳回决定。

复审请求人对本决定不服的，可以根据专利法第41条第2款的规定，自收到本决定之日起三个月内向北京市第一中级人民法院起诉。

190

提高纤维素纤维材料防晒因子的方法

复审请求审查决定（第 15659 号）

决　定　号　第 15659 号
决　定　日　2008 年 12 月 23 日
发明创造名称　提高纤维素纤维材料防晒因子的方法
国际分类号　D06M 13/358，C07D251/68，D06L 3/12，C11D 3/28
复审请求人　西巴特殊化学品控股有限公司
申　请　号　03804059. X
优 先 权 日　2002 年 2 月 18 日
申　请　日　2003 年 2 月 11 日
公　开　日　2005 年 6 月 29 日
合议组组长　刘　静
主　审　员　刘　磊
参　审　员　李亚林

法 律 依 据　专利法第 22 条第 3 款
决 定 要 点

在判断一项权利要求的创造性时，在该权利要求的技术方案与最接近的现有技术相比存在区别技术特征的情况下，如果对于本领域的技术人员来讲，在最接近的现有技术中引入上述区别技术特征以得到该权利要求的技术方案是显而易见的，则该权利要求的技术方案不具备创造性。

一、案由

本复审请求案涉及发明名称为“提高纤维素纤维材料防晒因子的方法”的第 03804059. X 号发明专利申请（下称本申请），申请人为西巴特殊化学品控股有限公司，申请日为 2003 年 2 月 11 日，优先权日为 2002 年 2 月 18 日，公开日为 2005 年 6 月 29 日。

国家知识产权局对本申请进行了实质审查，2006 年 12 月 8 日，针对申请人于 2006 年 11 月 3 日提交的权利要求第 1~13 项，以及进入中国国家阶段时提交的国际申请文件的说明书第 1~10 页和说明书摘要，国家知识产权局以“权利要求 1~13 不具备专利法第 22 条第 3 款规定的创造性”为由驳回了本申请。驳回决定针对的权利要求书如下：

“1. 一种提高纤维素纤维材料及其混合物防晒因子的方法，其包括将所述材料与至少一种式（1）的化合物接触

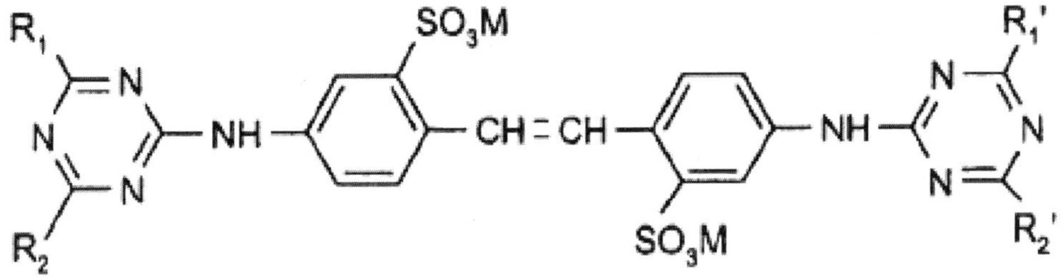

其中 M 为氢、碱金属原子、铵或胺形成的阳离子；

R_1 和 R_1' 彼此独立地为氢、羟基、任选取代的烷基、4-吗啉基、$-NH-R_3$、$-N(R_3)2$ 或 $-O-R_3$，其中 R_3 为任选取代的烷基或任选取代的芳基，

R_2 为下式（2）的基团

（2）

其中 X 为-O-或-NH-，R_4 为具有至少一个亲水取代基的 C_1-C_4 烷基

并且 R_2' 具有 R_1 或 R_2 相同的含义。

2. 根据权利要求 1 所述的方法，其中在式（1）的化合物中，R_1 和 R_1' 相同。

3. 根据权利要求 1 或 2 的方法，其中在式（1）的化合物中，R_1 和 R_1' 为氢、羟基、任选取代的烷基、$-NH-R_3$、$-N(R_3)2$ 或 $-O-R_3$，其中 R_3 为任选取代的烷基或任选取代的芳基。

4. 根据权利要求 1 或 2 的方法，其中在式（1）的化合物中，R_1 和 R_1' 为氢、羟基、未取代的 C_1-C_4 烷基或 C_1-C_4 羟基烷基、4-吗啉基、$-NH-R_3$、$-N(R_3)2$ 或 $-O-R_3$，其中 R_3 为未取代的 C_1-C_4 烷基或 C_1-C_4 羟基烷基、或未取代的苯基或被磺基取代的苯基。

5. 根据权利要求 1 或 2 的方法，其中在式（1）的化合物中，基团 R_4 中的亲水取代基为-OM、-COOM或 SO_3M，其中 M 为氢、碱金属原子、铵或胺形成的阳离子。

6. 根据权利要求 1 或 2 的方法，其中纤维材料另外与至少一种紫外线吸收剂接触。

7. 根据权利要求 1 或 2 的方法，其中纤维材料另外与至少一种式（3）所示的紫外线吸收剂接触，

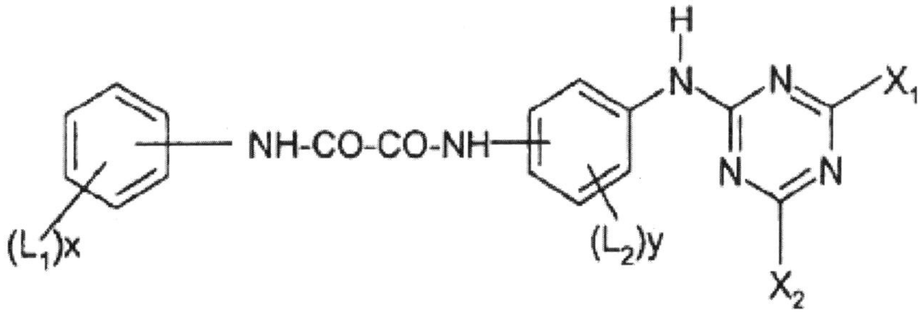

（3），

其中

L_1 和 L_2 彼此独立地是氢、磺基、羟基、C_1-C_4 烷基或 C_1-C_{12} 烷氧基，

x 和 y 彼此独立地为 1，2 或 3，

X_1 为氯或氟，并且

X_2 为式（4）或式（5）的活性基团

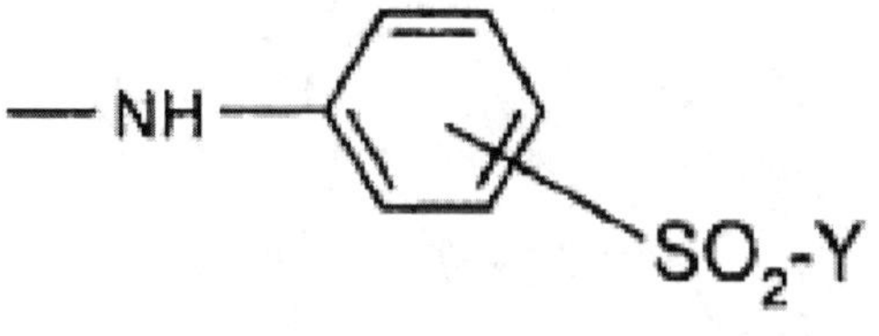

(4)

或

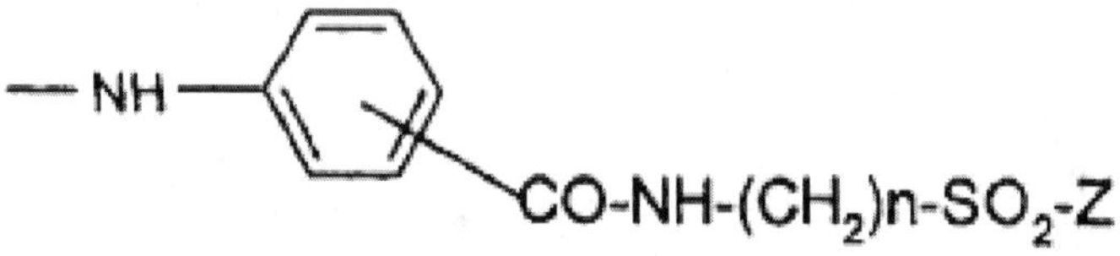

(5)

其中 Y 表示 $-CH_2CH_2OSO_3M$，M 如权利要求 1 所定义，和 Z 为纤维活性基团，并且 n 为 2 或 3。

8. 根据权利要求 1 的方法，其中使用的式（1）化合物的量，基于纤维材料的重量，为 0.005~1 重量%。

9. 根据权利要求 8 的方法，其中使用的式（1）化合物的量，基于纤维材料的重量，为 0.01~0.5 重量%。

10. 根据权利要求 1 的方法，其中使用的纤维素纤维材料具有 $30\sim200g/m^2$ 的密度。

11. 根据权利要求 1 的方法，其中使用的纤维素纤维材料具有 0.1%~3%的孔隙率。

12. 根据权利要求 1 的方法，其中使用的纤维素纤维材料是棉或棉混合物。

13. 按照权利要求 1 的方法处理过的纤维素纤维材料。”

驳回决定认为：

（1）权利要求 1 请求保护一种提高纤维素纤维及其混合物防晒因子的方法。对比文件 1（公开号为 CN1224006A，公开日 1999 年 7 月 28 日）公开了一种提高织物纤维材料 SPF 值的方法（参见说明书第 1~3 页、实施例 1~5），权利要求 1 与对比文件 1 的区别在于基团 R_4 的定义略有不同，权利要求 1 中基团 R_4 为被至少一个亲水取代基取代的 C_{1-4}烷基，而对比文件 1 中相应位置的取代基为氢、甲基。然而，对比文件 1 的权利要求 1 披露了 Ya 和 Yb 为被基团 R_3、R_4 取代的苯氨基，其中 R_4 可以为氢，R_3 可以为 COR_5，R_5 可以为羟基取代的 C_{2-4}烷氧基。基于该技术启示，本领域技术人员通过简单的官能团替换能够容易得到权利要求 1 请求保护的技术方案，而本专利申请的说明书没有提供充分的证据表明权利要求 1 请求保护的技术方案具有意想不到的技术效果，因而权利要求 1 不具备突出的实质性特点和显著的进步，不具备专利法第 22 条第 3 款规定的创造性。

此外，申请人在答复《第一次审查意见通知书》时提交了本申请实施例 1 的化合物（101）和对比文件 1 中实施例 5 化合物的增白作用（Ganz 白度）比较测试报告。但申请人提供的测试数据并不足以表明发明与最接近的现有技术相比具有预料不到的技术效果，无法证明权利要求 1 具备创造性。

（2）权利要求 2~5 和 8~13 进一步限定权利要求 1 所述的技术方案。对比文件 1 均已提供了与所述附加技术特征相应的内容或者启示，因此，在其所引用权利要求相对于比文件 1 不具备创造性的基础上，权利要求 2~5 和 8~12 也不具备专利法第 22 条第 3 款规定的创造性。

（3）权利要求 6 限定了纤维材料另外与至少一种紫外线吸收剂接触。对比文件 1（参见权利要求 22~23）已经公开了织物纤维除了使用式（1）化合物以外还可以使用较少量的一种或者多种辅料，并且对比文件 1 同时披露了其发明目的是为了提高织物纤维材料的防晒系数。本领域的技术人员在对比文件 1 的技术启示下为了进一步提高织物纤维材料的防晒系数很容易想到加入一种紫外线吸收剂从而得到权利要求 6 请求保护的技术方案，而本专利申请的说明书没有提供证据表明该限定给权利要求 6 请求保护的技术方案带来了意想不到的技术效果，因此，当其引用的权利要求 1 或 2 不具备创造性时，权利要求 6 也不具备突出的实质性特点和显著的进步，不符合专利法第 22 条第 3 款的规定。

（4）权利要求 7 进一步限定了紫外线吸收剂的结构。对比文件 2（公开号为 CN1125235A，公开日为 1996 年 6 月 26 日）已经公开了类似结构的紫外线吸收剂（参见说明书第 15 页）。本领域的技术人员在对比文件 2 的技术启示下容易选择适当的紫外线吸收剂从而得到权利要求 7 所请求保护的技术方案，并且本申请说明书没有提供证据表明该限定给权利要求 7 请求保护的技术方案带来了意想不到的技术效果，因此，当其引用的权利要求 1 或 2 不具备创造性时，权利要求 7 也不具备突出的实质性特点和显著的进步，不符合专利法第 22 条第 3 款的规定。

2007 年 3 月 14 日，申请人西巴特殊化学品控股有限公司（下称请求人）对上述驳回决定不服，向专利复审委员会提出复审请求，但未对申请文件进行修改。请求人认为，（1）通过答复《第一次审查意见通知书》时提交的本申请实施例 1 的化合物（101）和对比文件 1 中结构接近的实施例 5 化合物（式 I 化合物）的增白作用（Ganz 白度）的测试报告，可以看出，技术效果产生量的变化，这种量的变化（增强的增白作用）对于本领域技术人员来说事先无法预测或者推理出来，由此，该证据已经足以证明本申请的预料不到的技术效果，进而说明本申请具有显著进步和突出的实质性特点，本申请具备创造性。（2）驳回决定中认为对比文件 1 实施例 2~3 的化合物与本申请请求保护的化合物的结构更为接近，但对比文件 1 实施例 2~3 的化合物与对比文件 1 实施例 5 的化合物的差异不足以说明本申请的效果是可以预期的，或者说明本领域技术人员在现有技术基础上通过合乎逻辑的分析、推理或者有限的试验就能制造或使用本申请的化合物。

2007 年 6 月 11 日，经形式审查合格后，专利复审委员会受理了该请求，并向请求人发出了《复审请求受理通知书》，同时将本申请转送至国家知识产权局原审查部门进行前置审查。

在《前置审查意见书》中，国家知识产权局原审查部门认为，本申请声称要解决的技术问题以及权利要求请求保护的主题均为涉及提高纤维材料及其混合物的防晒因子的方法；权利要求 1 范围内的化合物（101）在现有技术中已知为一种荧光增白剂，其必然具有相应的增白效果；再者，该化合物中引入亲水基团，使其水溶性以及对纤维素纤维的亲合性提高，并由此带来增白效果的增加，是本领域技术人员根据现有技术可以预期的；而增白效果的增加是否必然能够带来意想不到的防晒效果无法获知；因而，测试报告所提供的信息并不能表明本申请具有意料不到的技术效果。因此坚持驳回决定。

专利复审委员会依法组成合议组，对本复审请求案进行了审理。

2008 年 8 月 12 日，专利复审委员会本案合议组向复审请求人发出《复审通知书》，指出：

（1）对比文件 1 实施例 2 的化合物 A 和 B 以及实施例 3 的化合物 A 和 B 相当于本申请式（1）中 R_1、R_1'为 $NH-CH_3$，M 为 Na 的情形，但两者还存在区别对本申请权利要求 1 所述化合物中的 R_4 位置取代基的定义略有不同，权利要求 1 中基团 R_4 为具有至少一个亲水取代基的 C_1-C_4 烷基，而对比文件 1 中上述实施例化合物的相应位置为甲基。然而，对比文件 1 还披露了与本申请中所述基团$-X-R_4$ 位置相应的基团 R_5 可为$-NH_2$ 或$-N(CH_2CH_2OH)_2$（参见对比文件 1 的权利要求 1 对 COR_5 的定义）。也就是说，对比文件 1 给出了所述氨基可以具有被亲水取代基取代的 C_1-C_4 烷基取代基的启示。本领域的技术人员依据上述启示仅需通过简单的官能团替换便可容易地得到本申请权利要求 1 要求保护的技术方案。此外，本申请的说明书中并没有提供充分的证据表明权利要求 1 的技术方案相对于对比文件 1 公开的内容取得了预料不到的技术效果，因此，权利要求 1 不具备突出的实质性特点和显著的进步，不具备专利法第 22 条第 3 款规定的创造性。

对于请求人提交的本发明实施例 1 的化合物（101）和对比文件 1 中实施例 5 化合物的增白作用（Ganz 白度）比较的测试报告，合议组认为首先，请求人没有给出所提交的测试报告中的实验数据的测定方法；并且通过分析所提交的实验数据可知，相对于现有技术，本发明的技术方案也就带来了1~4个单位的白度变化，白度效果改变的比率小于2%，依据请求人目前所提交的测定报告本领域技术人员难于确信本发明的技术方案具有预想不到的技术效果。其次，申请人并未将权利要求1请求保护的化合物与对比文件1公开的结构最接近的化合物进行比较。对比试验数据中，式I或式II化合物的区别不仅在于R_4不同，R_1、R_1'位的取代基也存在区别。本领域技术人员无法确定白度改变了不足2%的效果就是由于R_4为具有至少一个亲水取代的C_1-C_4烷基这一区别技术特征带来的。再者，即使测试报告能够证明本申请实施例1中的化合物能够带来预料不到的技术效果，由于本申请权利要求1中R_1、$R_{1'}$也可以选自氢、羟基和任选取代的烷基等等其他众多不同基团，本领域技术人员基于本申请说明书记载的内容即使结合本领域普通知识无法预期权利要求1所囊括的所有化合物均能获得预料不到的效果和实现本申请声称的技术效果，从而认为权利要求1所述技术方案的所有情形具有创造性。

（2）权利要求2~5和8~12进行进一步限定权利要求1所述的技术方案。对比文件1均已提供了与所述附加技术特征相应的内容或者启示，因此，在其所引用权利要求相对于比文件1不具备创造性的基础上，权利要求2~5和8~12也不具备专利法第22条第3款规定的创造性。

权利要求6限定了所引用的权利要求中的所述纤维材料另外与至少一种紫外线吸收剂接触。而对比文件1（参见权利要求22~23）亦已公开了织物纤维除了使用所述化合物以外还可以使用较少量的一种或者多种辅料，并同时披露了其发明目的是为了提高织物纤维材料的防晒系数。本领域的技术人员在对比文件1的技术启示下为了进一步提高织物纤维材料的防晒系数很容易想到加入一种紫外线吸收剂从而得到权利要求6请求保护的技术方案。此外，本申请说明书中并没有提供证据表明该限定给权利要求6的技术方案带来了预料不到的技术效果。因此，当其引用的权利要求1或2相对于对比文件1不具备创造性时，权利要求6也不具备突出的实质性特点和显著的进步，不具备专利法第22条第3款规定的创造性。

权利要求7限定了所引用的权利要求中的所述纤维材料另外与至少一种具有所述式（3）结构的紫外线吸收剂接触。对比文件2（CN1125235A，公开日1996年6月26日）公开了具有类似结构的紫外线吸收剂（参见说明书第15页）。基于评述权利要求6的意见，本领域的技术人员在对比文件1的基础上结合对比文件2可容易得到权利要求7要求保护的技术方案。此外，本申请说明书中并没有提供证据表明所述具体结构的紫外线吸收剂给权利要求7请求保护的技术方案带来了预料不到的技术效果。因此，在其引用的权利要求相对于对比文件1不具备创造性的情况下，权利要求7也不具备突出的实质性特点和显著的进步，不具备专利法第22条第3款规定的创造性。

（3）权利要求13要求保护按照权利要求1的方法处理的纤维素纤维材料。对比文件1（参见实施例7）已经公开了采用类似方法处理的棉布。也就是说，该权利要求的创造性依赖于所述的权利要求1的方法。因此，在权利要求1所述的方法不具备创造性的情况下，权利要求13也不具备专利法第22条第3款规定的创造性。

2008年11月27日，复审请求人针对上述复审通知书提交了意见陈述书，同时提交了权利要求书的全文替换页，请求人在权利要求1中增加了权利要求7的附加技术特征，删除了权利要求6和7，并增加了新的权利要求9、11和13。修改后的权利要求书如下

“1. 一种提高纤维素纤维材料及其混合物防晒因子的方法，其包括将所述材料与至少一种式（1）的化合物和至少一种式（3）所示的紫外线吸收剂接触

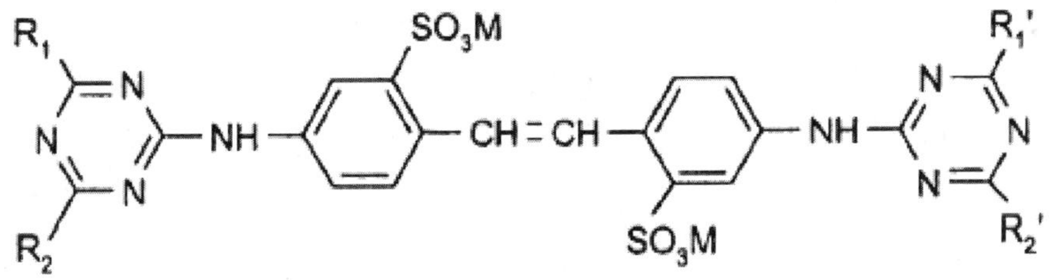
(1)

其中 M 为氢、碱金属原子、铵或胺形成的阳离子；

R_1 和 R_1' 彼此独立地为氢、羟基、任选取代的烷基、4-吗啉基、$-NH-R_3$、$-N(R_3)_2$ 或 $-O-R_3$，其中 R_3 为任选取代的烷基或任选取代的芳基，

R_2 为下式（2）的基团

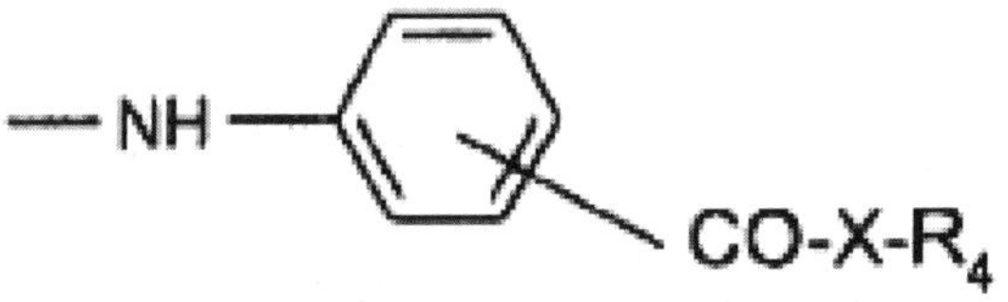
(2)

其中 X 为-O-或-NH-，R_4 为具有至少一个亲水取代基的 C_1-C_4 烷基

并且 R_2' 具有 R_1 或 R_2 相同的含义；

所述紫外线吸收剂为

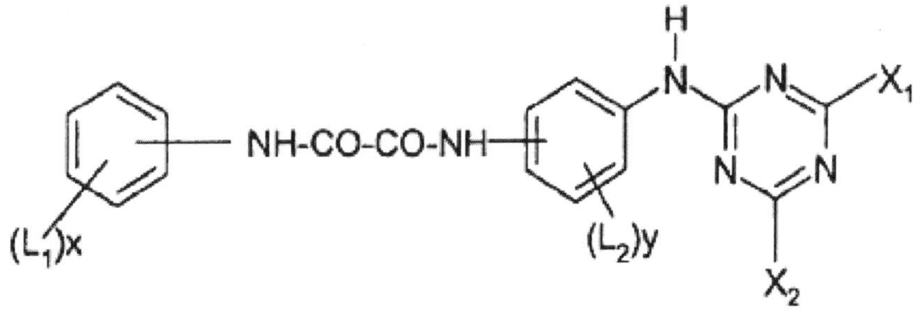
(3)，

其中

L_1 和 L_2 彼此独立地是氢、磺基、羟基、C_1-C_4 烷基或 C_1-C_{12} 烷氧基，

x 和 y 彼此独立地为 1，2 或 3，

X_1 为氯或氟，并且

X_2 为式（4）或式（5）的活性基团

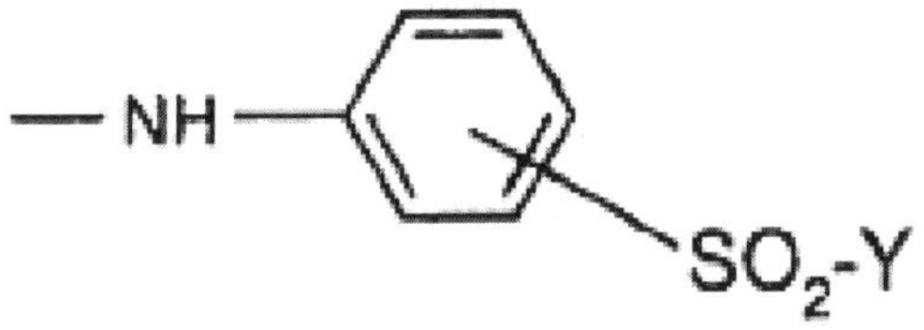
(4)

或

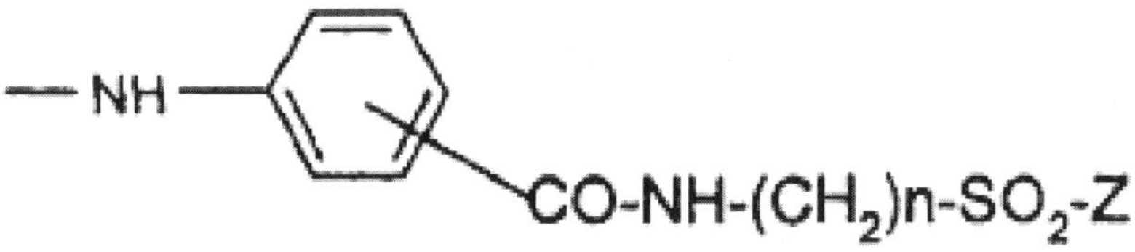
(5)

其中 Y 表示 $-CH_2CH_2OSO_3M$，M 如上所定义，和 Z 为纤维活性基团，并且 n 为 2 或 3。

2. 根据权利要求 1 所述的方法，其中在式（1）的化合物中，R_1 和 R_1' 相同。

3. 根据权利要求1或2的方法，其中在式（1）的化合物中，R_1 和 R_1' 为氢、羟基、任选取代的烷基、-NH-R_3、-N（R_3）2或-O-R_3，其中 R_3 为任选取代的烷基或任选取代的芳基。

4. 根据权利要求1或2的方法，其中在式（1）的化合物中，R_1 和 R_1' 为氢、羟基、未取代的 C_1-C_4 烷基或 C_1-C_4 羟基烷基、4-吗啉基、-NH-R_3、-N（R_3）2或-O-R_3，其中 R_3 为未取代的 C_1-C_4 烷基或 C_1-C_4 羟基烷基、或未取代的苯基或被磺基取代的苯基。

5. 根据权利要求1或2的方法，其中在式（1）的化合物中，基团 $R_2$4 中的亲水取代基为 -OM、-COOM、或 SO_3M，其中M为氢、碱金属原子、铵或胺形成的阳离子。

6. 根据权利要求1的方法，其中使用的式（1）化合物的量，基于纤维材料的重量，为0.005~1重量%。

7. 根据权利要求6的方法，其中使用的式（1）化合物的量，基于纤维材料的重量，为0.01~0.5重量%。

8. 根据权利要求1的方法，其中使用的纤维素纤维材料具有30~200g/m^2 的密度。

9. 根据权利要求8的方法，其中使用的纤维素纤维材料具有100~150g/m^2 的密度。

10. 根据权利要求1的方法，其中使用的纤维素纤维材料具有0.1%~3%的孔隙率。

11. 根据权利要求10的方法，其中使用的纤维素纤维材料具有0.1%~1.5%的孔隙率。

12. 根据权利要求1的方法，其中使用的纤维素纤维材料是棉或棉混合物。

13. 根据权利要求1的方法，其中所述式（1）的化合物是化合物（101）

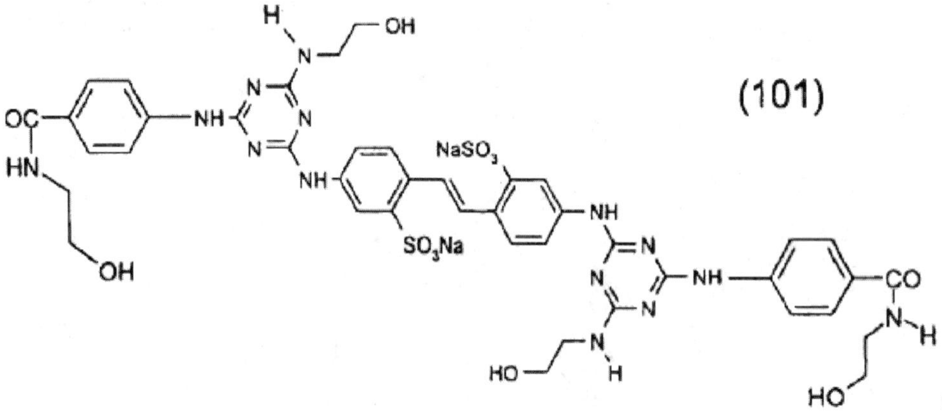

(101)

；

和所述式（3）所示的紫外线吸收剂为

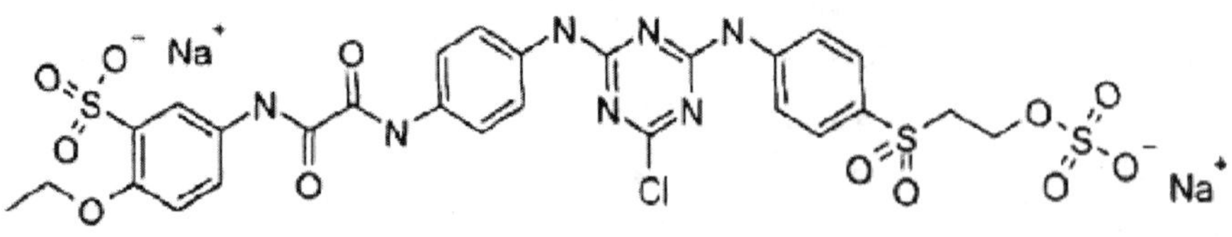

(102)

。

14. 按照权利要求1的方法处理过的纤维素纤维材料。”

请求人认为，本申请通过联合使用式（1）的荧光增白剂和紫外线吸收剂为纤维素材料提供优良的防晒因子，对于处理的材料通常几乎没有或者没有产生可见的白度减少。权利要求1便具有这样的出人意料的效果。所述组合的效果还可参见本申请实施例11，其通过施用化合物（102）和（101），使得“防晒因子有另外的改进（与实施例9和10）相比，然而处理过的纤维的白度并没有显著降低”。由此，与单独施用化合物（101）相比，权利要求1的技术方案组合施用获得更为优异的效果（防晒因子），而且白度没有显著降低。也证明了权利要求1的技术方案相对于对比文件1的仅施用式（1′）化合物也具备显著的效果，因此，权利要求1相对于对比文件1是非显而易见的，具备创造性。相应地，从属权利要求2~13以及权利要求14亦具备创造性，符合专利法第22条第3款的规定。

经合议，合议组认为本案事实已经清楚，可以作出审查决定。

二、决定的理由

1. 关于审查文本

本复审决定针对的文本为：请求人于2008年11月27日提交的权利要求第1~14项，以及进入中国国家阶段时提交的国际申请文件的说明书第1~10页和说明书摘要。

2. 关于专利法第22条第3款

专利法第22条第3款规定，创造性，是指同申请日以前已有的技术相比，该发明有突出的实质性特点和显著的进步。

在判断一项权利要求的创造性时，在该权利要求的技术方案与最接近的现有技术相比存在区别技术特征的情况下，如果对于本领域的技术人员来讲，在最接近现有技术中引入上述区别技术特征以得到该权利要求的技术方案是显而易见的，则该权利要求的技术方案不具备创造性。

（1）就本申请而言，修改后的权利要求1即为《复审通知书》和《驳回决定》针对的权利要求7引用权利要求1时的技术方案，其具体内容参见案由部分。

根据本申请说明书的记载，现有技术中当纤维素纤维用荧光增白剂时，紫外线吸收剂的存在导致增白效果的损失，而本申请通过联合使用式（1）的荧光增白剂和紫外线吸收剂为纤维素材料提供优良的防晒因子，对于处理的材料通常几乎没有或者没有产生可见的白度减少（参见说明书第3页第13~15行）；式（1）化合物与紫外线吸收剂一起施加，给纤维素材料带来优良的防晒因子和高等级的白度（参见说明书第6页第15~16行）。此外，式（1）的化合物可以通过已知的方法制备，式（3）的紫外线吸收剂是已知的，或者可以通过已知的方法制备（参见说明书第6页第9和17行）。

对比文件1（CN1224006A，公开日1999年7月28日）公开了一种提高织物纤维材料（例如棉花）SPF值的方法（参见说明书第1~3页、实施例1~5），其中使用如下的式（1′）化合物作防晒剂，以提高织物纤维材料的防晒系数SPF和白度

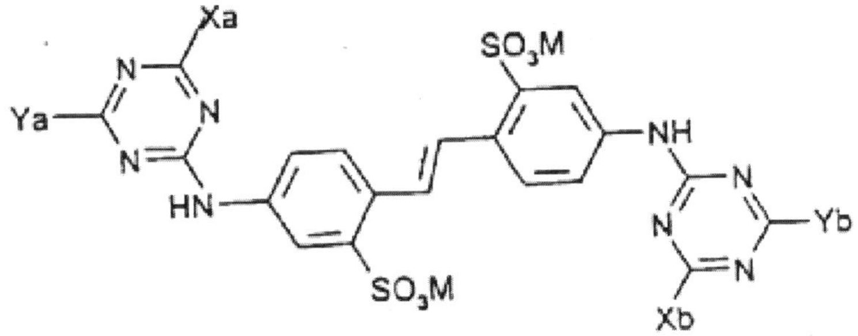

（1′）

其中M是氢、碱金属、铵或由胺形成的阳离子；Xa和Xb是相同或不相同的，各自为NH_2、NH（C_1-C_4烷基）、N（C_1-C_4烷基）$_2$、NH（C_2-C_4烷氧基烷基）、N（CH_2CH_2OH）$_2$、NH-Z-NR_1R_2基团，其中Z是C_2-C_{14}亚烷基或任选地被取代的亚芳基，R_1和R_2是相同或不相同的，各自为C_1-C_{12}烷基或R_1和R_2与它们相连的氮原子一起形成一个吗啉代、哌啶子基或哌嗪子基环；或X_a和X_b各自为氨基酸残基、C_1-C_4烷氧基、羟基取代的C_2-C_4烷氧基、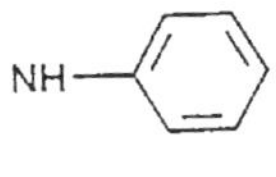

、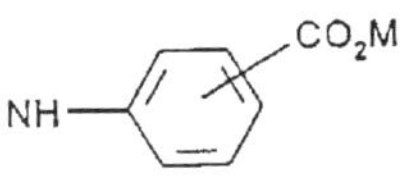

、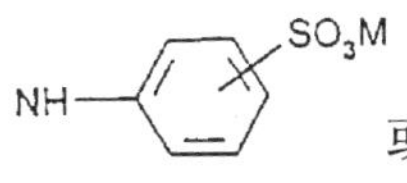

或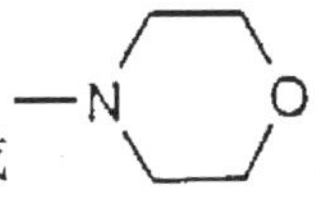

；和Ya和Yb是相同或不相同的，各自为同时具有UVA和UVB吸收性能的取代氨基；其条件为Xa和Xb彼此不相同和/或Ya和Yb彼此不相同，Xa和Xb中的一个与Ya和Yb中的一个可以是相等的，由此确定的Ya和Yb各自是具有下式的基团

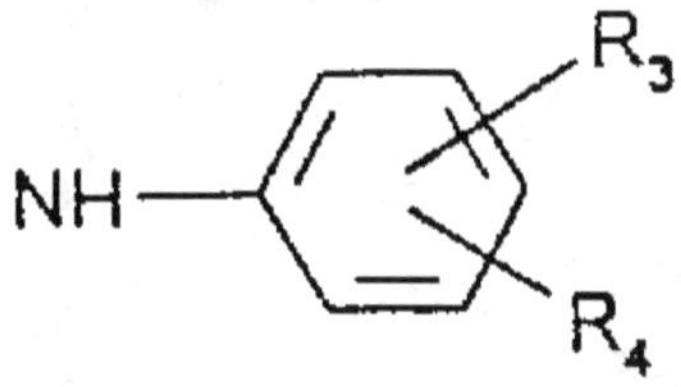

其中 R_3 是 CN、SO_2R_5，其中 R_5 是 C_1-C_{12}烷基、C_1-C_{12}烷氧基、NH_2、NH（C_1-C_4 烷基）、N（C_1-C_4 烷基）2、N（CH_2CH_2OH）$_2$、C_1-C_4 烷氧基或羟基取代的 C_2-C_4 烷氧基；COR_5，其中 R_5 具有上述定义；COOM，其中 M 具有上述定义；或 $NHCOR_5$，其中 R_5 具有上述定义；其中 R_4 具有与 R_3 相同的意义或者是 H、OH、C_1-C_4 烷基、C_1-C_4 烷氧基。此外，对比文件 1 在实施例 2 和 3 中还公开了如下具体化合物

对比文件 1 实施例 2 的化合物 A

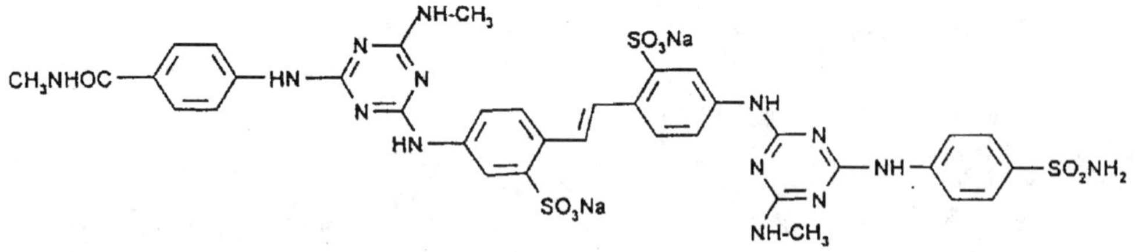

A)

；

对比文件 1 实施例 2 和 3 的化合物 B

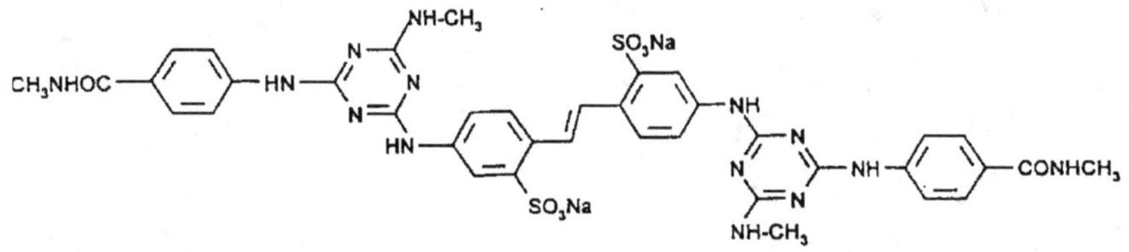

B)

；

对比文件 1 实施例 3 的化合物 A

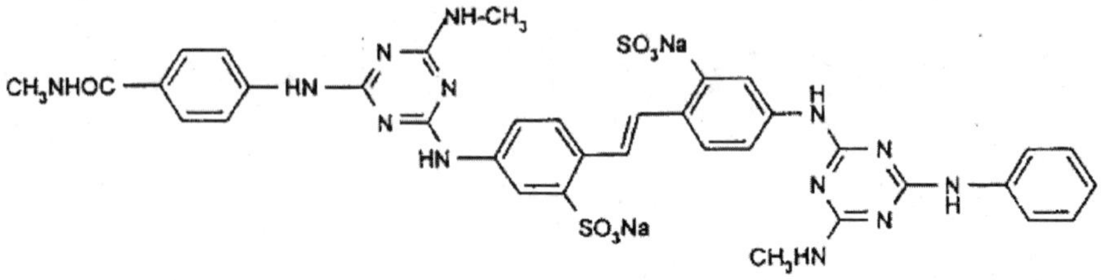

A)

。

对比文件 2（CN1125235A，公开日 1996 年 6 月 26 日）公开了与权利要求 1 中作为紫外线吸收剂的式（3）化合物具有类似结构的一类通式化合物（参见说明书第 15 页），进一步的，对比文件 2 的实施例 4 中使用了属于本申请权利要求 1 的式（3）化合物的下式化合物

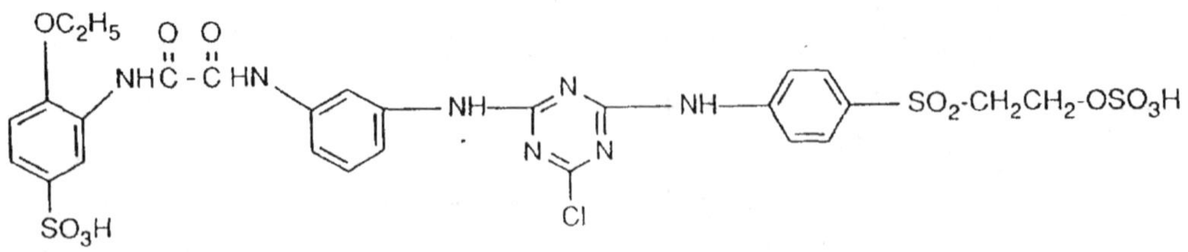

并指出了，将该化合物施用于棉织物上时，可大大提高织物的阳光防护因子。

将权利要求 1 请求保护的技术方案与对比文件 1 公开的内容相比，存在如下区别技术特征①对比文件 1 公开的上述具体化合物相当于本申请式（1）中 R_1、$R_{1'}$为 $NH-CH_3$，M 为 Na 的情形，但两者还存在如下区别对本申请权利要求 1 所述化合物中的 R_4 位置取代基的定义略有不同，权利要求 1 中基团 R_4 为具有至少一个亲水取代基的 C_1-C_4 烷基，而对比文件 1 中上述实施例化合物的相应位置为甲基；②权利要求 1 中还使用了作为紫外线吸收剂的式（3）化合物。

a. 关于区别技术特征①，对比文件 1 还披露了与本申请中所述基团 $-X-R_4$ 位置相应的基团 R_5 可为 $-NH$（C_1-C_4）烷基或 $-N$（CH_2CH_2OH）$_2$（参见对比文件 1 的权利要求 1 对 COR_5 的定义）。也就是说，对比文件 1 给出了所述氨基可以具有被亲水取代基取代的 C_1-C_4 烷基取代基的启示。本领域的技术人员依据上述启示容易想到将对比文件 1 实施例相应的 $-NHCH_3$ 替换成 $-N$（CH_2CH_2OH）$_2$，从而得到本申请权利要求 1 的式（1）化合物，且可预期该化合物具有防晒剂作用。因此，区别技术特征①不能够给式（1）化合物本身以及权利要求 1 的技术方案带来突出的实质性特点和显著的进步。

b. 关于区别技术特征②，如前所述，对比文件 2 已经公开了本申请的权利要求 1 的式（3）化合物；对比文件 1（参见权利要求 22~23）亦已公开了织物纤维除了使用上述化合物以外还可以使用一种或者多种辅料，同时对比文件 1 的说明书披露了其发明目的是为了提高织物纤维材料的防晒系数。本领域技术人员在对比文件 1 的启示下为了进一步提高织物纤维材料的防晒系数很容易想到加入一种对比文件 2 所述的能提高防晒效果的紫外线吸收剂，也就是说，本领域的技术人员在对比文件 1 的基础上结合对比文件 2 引入区别技术特征②是显而易见的。

综上，权利要求 1 相对于对比文件 1 和 2 的结合是显而易见的，因此，权利要求 1 相对于对比文件 1 和 2 的结合不符合专利法第 22 条第 3 款的规定。

（2）请求人在答复《复审通知书》时认为，修改后的权利要求 1 具有出人预料的效果，本申请通过联合使用式（1）的荧光增白剂和紫外线吸收剂为纤维素材料提供了优良的防晒因子，并且对于处理的材料通常几乎没有或者没有产生可见的白度减少。所述组合的效果还可参见本申请实施例 11，其通过施用化合物（102）和（101），使得“防晒因子有另外的改进（与实施例 9 和 10）相比，然而处理过的纤维的白度并没有显著降低”。由此，与单独施用化合物（101）相比，权利要求 1 的技术方案组合施用获得更为优异的效果（防晒因子），而且白度没有显著降低。

对此，合议组认为，根据本申请说明书中实施例 9-11 记载的内容，可得到下表。

实施例		WG(Ganz)	SPF 值	化合物用量	
				式（101）	式（102）
9B）	棉制大花型印花装饰布	222	23.7	0.012%	0
11A）		204	32.7	0.2%	0.01%
10B）	棉府绸	220	46.7	0.012%	0
11B）		205	71.2	0.2%	0.01%

由上表可以看出，实施例 11 中式（101）化合物的用量为实施例 9 或 10 的近 20 倍。在荧光增白剂的用量提高近 20 倍的情况下，本领域技术人员可以预期 Ganz 白度和 SPF 值也应得到相应改善，因此，如果实施例 11 中化合物（101）的用量降至与实施例 9B）和 10B）的相同，则使用化合物（101）和（102）处理纤维材料的实施例 11A）和 11B）与单独使用化合物（101）处理纤维材料的效果相比，Ganz 白度的降低便会远大于上表所示的差值，SPF 值的提高会远小于上表所示的差值，由说明书实施例 9-11 所作的比较不能必然得出“纤维的白度并没有显著地降低”的结论。而且，本领域技术人员知晓，紫外线吸收剂能提高 SPF 值，化合物（101）和（102）组合使用，比单独使用化合物（101）会提高 SPF 值的效果是可以预期的。因此，本申请实施例 11 不能证明权利要求 1 将式（1）的荧光增白剂和式（3）的紫外线吸收剂组合使用的技术方案产生了预料不到的技术效果。

（3）请求人在答复国家知识产权原审查部门的《第一次审查意见通知书》时，提交了本发明实施例 1 的化合物（101）和对比文件 1 中结构接近的实施例 5 化合物的增白作用（Ganz 白度）进行比较的测试报告。请求人认为，该测试报告已经清楚地显示本发明的式（I）化合物明显优胜，尤其是在较低浓度下差异更加明显；2 个单位的 Ganz 白度差异在视觉上已构成明显的分别；由此可知，本发明的式（I）化合物能产生意想不到的作用，因此本发明不能从现有技术中显而易见地得出，因此，本发明具备创造性。

对此，合议组认为：首先，请求人没有给出所提交的测试报告中的实验数据的测定方法；并且通过分析所提交的实验数据可知，本申请实施例 1 的化合物（101）单独使用和对比文件 1 中结构接近的实施例 5 的化合物 A 相比，也就带来了 1~4 个单位的白度变化。可见，一方面，白度效果改变的比率小于 2%，另一方面，对于本领域技术人员而言，本发明带来的效果变化尚处于一般的仪器测量误差范围之内。也就是说，依据请求人目前所提交的测试报告本领域技术人员难于确信本发明的技术方案具有预想不到的技术效果。其次，虽然申请人提供了对比试验数据，但需要指出的是：申请人并未将权利要求 1 请求保护的化合物与对比文件 1 公开的结构最接近的化合物进行比较。对比试验中本申请的化合物是在对比文件 1 实施例 5 化合物 A 的基础上对基团 R_4 进行整体替换，而与对比文件 1 实施例 2~3 的化合物 A、B 相比，仅是将 R_4（甲基）中的一个氢进行部分替换，可以认为，对比文件 1 实施例 2~3 公开的 A、B 化合物与本申请化合物的结构更为接近。并且，对比试验数据中，所述化合物的区别不仅在于 R_4 不同，R_1、R_1'位的取代基也存在区别。测试报告中本申请的化合物（101）R_4、R_1、R_1'位均为-NH-（CH_2）$_2$-OH，对比文件 1 实施例 5 的化合物 A 的 R_4 位为-NH_2，R_1、$R_{1'}$位为-NH-（CH_2）$_2$-OCH_3。在存在上述两处区别的情况下，本领域技术人员无法确定白度改变了不足 2% 的效果就是由于 R_4 为具有至少一个亲水取代的 C_1-C_4 烷基这一区别技术特征带来的。再者，本申请权利要求 1 不仅仅限于实施例 1 的具体化合物（101），其式（1）的通式中 R_1、$R_{1'}$可以选自氢、羟基、任选取代的烷基、4-吗啉基、-NH-R_3、-N（R_3）2 或-O-R_3，本领域技术人员基于上述测试报告以及本申请说明书记载的内容无法预期权利要求 1 所囊括的所有化合物均能产生预料不到的效果。因此，上述测试报告不能证明本申请权利要求 1 中的式（1）化合物能够产生预料不到的技术效果，具备创造性。

根据上述事实和理由，合议组作出如下决定。

三、决定

维持国家知识产权局于 2006 年 12 月 8 日针对 03804059. X 号发明专利申请作出的驳回决定。

复审请求人对本决定不服的，可以根据专利法第 41 条第 2 款的规定，自收到本决定之日起三个月内向北京市第一中级人民法院起诉。

191

无铅有机硅、有机硼聚氯乙烯热稳定剂的制备方法

复审请求审查决定（第 15664 号）

决　定　号　第 15664 号
决　定　日　2008 年 12 月 19 日
发明创造名称　无铅有机硅、有机硼聚氯乙烯热稳定剂的制备方法
国 际 分 类 号　C08K5/55，C08L27/06
复 审 请 求 人　青岛科技大学
申　请　号　200410024262.8
申　请　日　2004 年 6 月 10 日
公　开　日　2005 年 2 月 23 日
合 议 组 组 长　汪送来
主　审　员　高胜华
参　审　员　任晓兰

法 律 依 据　专利法第 33 条
决 定 要 点

如果申请的内容通过增加、改变和/或删除其中的一部分，致使所属技术领域的技术人员看到的信息与原申请记载的信息不同，而且又不能从原申请记载的信息中直接地、毫无疑义地确定，那么这种修改就是不允许的。

一、案由

本复审请求案涉及发明名称为“无铅有机硅、有机硼聚氯乙烯热稳定剂的制备方法”的第200410024262.8 号发明专利申请（下称本申请），申请人为青岛科技大学，申请日为 2004 年 6 月 10 日，公开日为 2005 年 2 月 23 日。

2006 年 11 月 10 日，针对申请人于 2006 年 4 月 17 日提交的权利要求第 1～3 项、说明书第 1～2 页，以及 2005 年 9 月 16 日提交的说明书摘要，国家知识产权局以本申请的修改不符合专利法第 33 条的规定为由驳回了本申请。驳回决定针对的权利要求书如下：

“1. 一种有机硅和有机硼聚氯乙烯热稳定剂的制备方法，其特征是按下列步骤制成：

（1）在反应釜中加入硅酸和硼酸，加入与硅酸和硼酸等当量的三乙醇胺，再加入上述三种原料总质量 1‰的浓硫酸，在 120℃～180℃脱水反应 1～3 小时，完成第一步骤醚化反应，反应阶段不停充二氧化碳；

（2）降温至 150℃以下，加入与三乙醇胺等当量的己二酸，在 150℃～190℃下反应 2～3 小时，完

成第二步骤酯化反应；

（3）再滴加所加总原料质量1‰的磷酸，加入与已二酸等当量的辛二醇，在160℃～200℃反应2～3小时，完成第三步骤酯化反应；

（4）脱水后加入与辛二醇等当量的硬脂酸，在160℃～230℃脱水反应2～3小时，完成第四步骤酯化反应；

（5）降温，加入已反应产物总质量5%的硅烷偶联剂，即得产品。

2. 按照权利要求书1所述的有机硅和有机硼聚氯乙烯热稳定剂的制备方法，其特征是硅酸和硼酸可以单独使用，也可混合使用。

3. 按照权利要求书1所述的有机硅和有机硼聚氯乙烯热稳定剂的制备方法，其特征在于三乙醇胺、已二酸、辛二醇、硬脂酸，可以单独使用，也可混合使用。”

驳回决定认为：申请人在答复《第四次审查意见通知书》时提交的申请文件中，权利要求1中“等当量的三乙醇胺”、“上述三种原料总质量1‰的浓硫酸”、“等当量的已二酸”、“总原料质量1‰的磷酸”、“等当量的辛二酸”、“等当量的硬脂酸”等处对原料用量的限定，以及“加入已反应产物总质量5%的硅烷偶联剂”中的用量计算基准未明确地记载在原说明书和权利要求书中，上述内容也不能由原说明书和权利要求书所记载的内容直接确定，因此超出了原说明书和权利要求书记载的范围。同样的理由，说明书相应部分以及实施例部分中对原料用量的修改也不符合专利法第33条的规定。

2007年1月22日，申请人青岛科技大学（下称请求人）对上述驳回决定不服，向专利复审委员会提出复审请求，请求人在提出复审请求时未对申请文件进行修改，但提交了以下附件：

附件1：教技司［2006］号名称为《关于召开“十一五”国家科技支撑计划重点项目“含有毒有害元素材料的替代技术”课题评审会的通知》的教育部司局函件及其附件，复印件9页。

请求人认为：修改后的具体加入量相对于原始申请文件的“计量”“少量”等均为下位概念，范围没有扩大而是缩小了，因此，没有超出原始申请记载的范围。

经形式审查合格后，专利复审委员会受理了该请求，并2007年3月8日向请求人发出了《复审请求受理通知书》，同时将本申请转送至国家知识产权局原审查部门进行前置审查。

在《前置审查意见书》中，国家知识产权局原审查部门坚持驳回决定。

专利复审委员会依法组成合议组，对本复审请求案进行了审理，并于2008年9月23日向复审请求人发出《复审通知书》，指出：（1）权利要求1中的步骤（1）～（4）中，“三乙醇胺”、“浓硫酸”、“已二酸”、“磷酸”、“辛二醇”和“硬脂酸”的具体用量，以及步骤（5）中“硅烷偶联剂”的用量基准在原申请文件中未记载，也不能直接地、毫无疑义地由原说明书和权利要求书所记载的内容确定，超出了原申请记载的范围；同理，说明书第1页第17～24行的内容也不符合专利法第33条的规定。（2）即使请求人能够克服修改超范围的问题，本申请还存在公开不充分的缺陷，具体理由为：说明书公开了本申请要求保护的稳定剂由硅、硼的氧化物（如硅酸、硼酸）和与之相反应量的有机醇、有机酸（如三乙醇胺、已二酸、辛二醇、硬脂酸）等经逐步醚化、酯化得到，未公开反应原料之间的配比。在其实例1中也仅仅使用“计量”来表示原料的加入量，未公开各原料的具体加入量。由于本申请中参与反应的原料均为多官能团化合物，如多元酸或醇，当这些原料以不同配比加入到反应体系中时，参与反应的官能团的数目将会不同，导致各原料进入到产品主链结构中的比例发生很大变化，从而使产品的结构出现很大差别。因此，合议组认为，对于本申请所要提供的热稳定剂产品来说，制备该产品的原料比例是确定其结构组成的必不可少的特征，在说明书未记载各原料配比的情况下，本领域技术人员无法获知所述热稳定剂的结构，因此，说明书未对发明作出清楚完整的说明，不符合专利法第26条第3款的规定。

2008年11月3日，请求人针对上述《复审通知书》提交了意见陈述书，以及经修改的权利要求书、说明书和说明书摘要的全文替换页，其中修改之处主要包括：将权利要求1中“三乙醇胺”、“己二酸”、“辛二醇”和“硬脂酸”的具体用量改为原料或上一步骤反应产物的“相反应量”，删除了使用“浓硫酸”和“磷酸”的描述以及权利要求1的步骤（5）；将权利要求3的附加技术特征修改为与原始申请文件的权利要求5一致；并对说明书第1页发明内容部分以及实例1和2进行了一致性修改。此外，请求人还提交了以下附件（编号续前）：

附件2：载有“高等学校试用教材，有机化学实验，大连工学院有机化学教研室编，人民教育出版社”字样的书籍封面页以及第132、152页，复印件3页（出版信息不详）；

附件3：载有“高等学校试用教材，高分子化学，潘祖仁主编，化学工业出版社”字样的书籍封面页以及第148页，复印件2页（出版信息不详）；

附件4：分别盖有“青岛宏达塑胶总公司技术中心产品设计部”、“青岛海威集团有限公司”和“青岛昊星塑钢型材有限公司”印章的，由青岛宏达塑胶总公司、青岛海威集团有限公司和青岛昊星塑钢型材有限公司向青岛科技大学出具的用户意见3份，共3页。

修改后的权利要求书如下：

“1. 一种无铅有机硅、有机硼聚氯乙烯热稳定剂的制备方法，其特征按下列步骤完成：

（1）在反应釜中加入一定量的硅酸和硼酸，再加入与之相反应量的三乙醇胺，在120℃～180℃反1～3小时，反应阶段不停充二氧化碳气体，降温至150℃以下；

（2）在步骤（1）反应产物中，加入与步骤（1）反应产物相反应量的己二酸，在150℃～190℃反应2～3小时；

（3）在步骤（2）反应产物中，加入与步骤（2）反应产物相反应量的辛二醇，在160℃～200℃反应2～3小时；

（4）步骤（3）的反应产物脱水后，再加入与步骤（3）反应产物相反应量的硬脂酸，在160℃～230℃脱水反应2～3小时，即得产品。

2. 按照权利要求1所述的无铅有机硅、有机硼聚氯乙烯热稳定剂的制备方法，其特征在于硅酸和硼酸可以单一使用，也可混合使用。

3. 按照权利要求1所述的无铅有机硅、有机硼聚氯乙烯热稳定剂的制备方法，其特征在于可以是一步醚化或酯化的产品，亦可经两步以上的醚化或酯化反应而成的产品。”

请求人认为：修改后的申请文件不仅克服了《复审通知书》指出的修改超范围的缺陷，而且也符合专利法第26条第3款的规定。

经过上述审查程序，合议组认为本案事实已经清楚，可以依法作出复审决定。

二、决定的理由

1. 关于决定依据的文本

本复审决定是以请求人于2008年11月3日提交的权利要求书、说明书及说明书摘要为基础作出的。

2. 关于专利法第33条

专利法第33条规定，申请人可以对其专利申请文件进行修改，但是，对发明专利申请文件的修改不得超出原说明书和权利要求书记载的范围。

如果申请的内容通过增加、改变和/或删除其中的一部分，致使所属技术领域的技术人员看到的信息与原申请记载的信息不同，而且又不能从原申请记载的信息中直接地、毫无疑义地确定，那么这种修改就是不允许的。

合议组在《复审通知书》中已经指出，请求人在提出复审请求时提交的经修改的权利要求书及说明书超出了原申请文件的记载范围，不符合专利法第33条的规定。

请求人在答复《复审通知书》时提交了经修改的申请文件，其中仍然存在以下修改超范围的缺陷。

合议组查明，在请求人答复《复审通知书》时提交的修改文本中，权利要求1与说明书第1页第17~27行的内容基本相同，这些内容在原始申请文件中并不存在一致性表述，与之最相关的内容是原始申请文件的说明书第1页第25~29行和实例1。原说明书第1页第25~29行记载的内容如下：无铅有机硅、有机硼聚氯乙烯热稳定剂可以是一步醚化或酯化的产品，亦可经两步以上的醚化或酯化反应而成的产品上述的逐步醚化、酯化、酰化反应是分步进行的，第一步醚化反应的温度为100~200℃，1~3小时，第二步酯化反应温度为150~200℃，2~3小时，第三步、第四步的酯化反应温度为160~230℃，2~3小时。原说明书实例1记载的内容如下：在反应釜内，加入硼酸80公斤，硅酸20公斤，加入计量的三乙醇胺，加入少量浓硫酸，在120~180℃脱水反应1~3小时，反应阶段不停充二氧化碳气体。降温至150℃以下，加入计量的己二酸，在150~190℃下，反应2~3小时，滴加少许磷酸，再加入计量的辛二醇，在160~200℃反应2~3小时，脱水后再加入计量的硬脂酸，在160~230℃脱水反应2~3小时，降温，加入5%左右的硅烷偶联剂，即得产品1650公斤，产品收率98%以上。

将修改后权利要求1的内容与原申请文件中的上述内容相比，可以发现，修改后的权利要求1中删除了原申请文件的步骤（1）加入三乙醇胺后又“加入少量浓硫酸”、步骤（2）中反应2~3小时后“滴加少许磷酸”以及步骤（4）脱水反应2~3小时后“降温，加入5%左右硅烷偶联剂”的操作步骤。如前所述，原申请文件中仅在原说明书第1页第25~29行简单述及了制备过程包括的四个步骤以及各步骤的温度，并无对制备过程的概括性描述。同时，原说明书实例1中在步骤（1）中要加入少许浓硫酸，在步骤（3）中要加入少许磷酸，在步骤（4）之后要降温加入硅烷偶联剂偶联后才能获得产品，将这些条件和步骤删除后的技术方案将与原说明书实例1记载的信息完全不同，即，以上由说明书实例1中删除若干操作条件及步骤而形成的权利要求1的技术方案不能从原说明书和权利要求书记载的信息中直接地、毫无疑义地确定，因此，合议组认为，权利要求1、说明书第1页第17~27行的修改在原始申请文件中找不到依据，超出了原始申请记载的范围，不符合专利法第33条的规定。

除了以上内容外，请求人对于说明书其他部分的修改也存在超范围的缺陷，具体为：

将原说明书第1页倒数第7行的“产品性能优异，其热稳定性是铅盐和复合铅盐的1.2倍以上”修改为“产品性能优异，其热稳定性是铅盐和复合铅盐的1~2倍以上”；

将原说明书实例1中“即得产品1650公斤”修改为“即得产品1571公斤”；

将原说明书实例2中“滴加少许浓硫酸”和“加入5%左右硅烷偶联剂”删除；

将原说明书实例2中“即得产品950公斤”修改为“即得产品905公斤”。

以上修改后的内容与原申请文件记载的内容不同，也不能从原申请文件记载的信息中直接地、毫无疑义地确定，同样超出了原始申请记载的范围，不符合专利法第33条的规定。

因此，请求人在答复《复审通知书》时提交的修改文本仍然不符合专利法第33条的规定，故此合议组作出下述决定。

三、决定

维持国家知识产权局于2006年11月10日针对200410024262.8号发明专利申请作出的驳回决定。

复审请求人对本决定不服的，可以根据专利法第41条第2款的规定，自收到本决定之日起三个月内向北京市第一中级人民法院起诉。

192

铌铟酸铅钛酸铅固溶体单晶的制备方法

复审请求审查决定（第 15675 号）

决　定　号　第 15675 号
决　定　日　2008 年 12 月 23 日
发明创造名称　铌铟酸铅钛酸铅固溶体单晶的制备方法
国 际 分 类 号　C30B29/22，C30B15/00
复 审 请 求 人　西北工业大学
申　请　号　200410026014.7
申　请　日　2004 年 4 月 7 日
公　开　日　2005 年 1 月 12 日
合 议 组 组 长　汪送来
主　审　员　王　磊
参　审　员　娄　宁

法 律 依 据　专利法第 33 条，专利法第 26 条第 3 款
决 定 要 点

如果根据说明书记载的内容，本领域技术人员能够确定制备方法中所用原料的比例，则基于说明书和权利要求书中未公开所述原料比例而导致说明书公开不充分的理由不成立。

一、案由

本复审请求案涉及发明名称为“铌铟酸铅钛酸铅固溶体单晶的制备方法”的第 200410026014.7 号发明专利申请（下称本申请），申请人为西北工业大学，申请日为 2004 年 4 月 7 日，公开日为 2005 年 1 月 12 日。

国家知识产权局原审查部门对本申请进行了实质审查，于 2005 年 9 月 9 日发出《第一次审查意见通知书》，指出在本申请的权利要求书和说明书中，没有公开采用坩锅加速旋转结合坩锅下降制备铌铟酸铅钛酸铅固溶体单晶的方法中所采用的助熔剂氧化铅的摩尔比例，仅给出“计量比的氧化铅”的笼统概念，而助熔剂的使用量是有一定摩尔比例的，该比例也不能从“计量比的氧化铅”直接推得，最终使得本领域技术人员难以获知所采用的助熔剂摩尔配比，从而导致本制备方法难以实施，因此说明书不符合专利法第 26 条第 3 款的规定。

针对《第一次审查意见通知书》，申请人于 2005 年 10 月 10 日提交了意见陈述书，指出氧化铅并非“助熔剂”，本发明之所以在氧化铟、五氧化二铌和二氧化钛经湿法球磨混合均匀后加入氧化铅，是因为“氧化铅在热处理温度具有较强的挥发性”。氧化铅的加入量可根据铌铟酸铅钛酸铅固溶体晶

体的化学组成（1-x）Pb（$In_{1/2}Nb_{1/2}$）O_3-x$PbTiO_3$ 来确定。申请人还提交了权利要求和说明书及说明书摘要的替换页。

针对上述修改文本，国家知识产权局于2006年4月7日发出《第二次审查意见通知书》，指出：申请人对权利要求1和说明书的修改超出了原说明书和权利要求书的记载范围，不符合专利法第33条的规定。

针对《第二次审查意见通知书》，申请人于2006年5月12日再次提交了权利要求书、说明书和说明书摘要的替换页。

针对上述修改文本，国家知识产权局于2006年7月7日发出《第三次审查意见通知书》，再次指出：权利要求1和说明书的修改超出了原说明书和权利要求书的记载范围，不符合专利法第33条的规定。

针对《第三次审查意见通知书》，申请人于2006年8月4日，又一次提交了权利要求书和说明书的替换页。

2006年9月29日，针对申请人于2006年8月4日提交的权利要求第1项、说明书第1、2页，2005年10月10日提交的说明书第3~5页，2006年5月12日提交的说明书摘要，2004年4月7日提交的附图，国家知识产权局以权利要求1和说明书的修改不符合专利法第33条的规定为由驳回了本申请。

2007年11月18日，申请人西北工业大学（下称请求人）对上述驳回决定不服，向专利复审委员会提出复审请求，请求人在提出复审请求时未修改申请文件。同时提交了以下附件：

附件1：请求人于2004年4月7日（申请日）提交的本申请的说明书，复印件5页。

附件2：请求人于2006年8月4日（答复《第三次审查意见通知书》）提交的权利要求书，复印件1页。

附件3：请求人于2006年8月4日（答复《第三次审查意见通知书》）提交的说明书第1、2页，复印件2页。

附件4：请求人于2005年10月10日（答复《第一次审查意见通知书》）提交的说明书第3~5页，复印件3页。

附件5：西北工业大学凝固技术国家重点实验室的“ACRT-B晶体生长设备使用说明书”，复印件5页。

请求人认为：本发明已公开充分，修改符合专利法第33条的规定。

经形式审查合格后，专利复审委员会受理了该请求，并于2007年2月5日向请求人发出了《复审请求受理通知书》，同时将本申请转送至国家知识产权局原审查部门进行前置审查。

在《前置审查意见书》中，国家知识产权局原审查部门坚持驳回决定。

专利复审委员会组成合议组，对本复审请求案进行了审理。

2008年11月21日，请求人提交了权利要求书和说明书的替换页，将权利要求书和说明书修改为与申请日所提交的文本相一致。修改后的权利要求书为：

“1. 一种铌铟酸铅钛酸铅固溶体单晶的制备方法，其特征在于包括以下方法步骤：

1）按照（1-x）PIN-xPT化学式确定x值后来精确称量以下氧化物原料——分析纯的氧化铟、五氧化二铌、二氧化钛和氧化铅，原料干燥后按照设计的晶体化学组成（1-x）Pb（（In1/2 Nb1/2）O_3-x$PbTiO_3$ 配比，x=0.00~0.70；

2）再将所配原料球磨1~10小时混合成均匀的粉料，经静水压或模压成型作为晶体生长的起始料；

3）将籽晶和晶体生长的起始料装进铂金坩埚并进行焊接密封，置于晶体生长炉中在800~1400℃，反应1~4小时预处理所得产物经细磨、过筛，加入计量比的氧化铅混合均匀，然后置于加盖的铂金坩埚中在600~800℃热处理1~2小时；

4）控制晶体生长炉炉温在1200℃~1400℃范围，沿坩埚下降方向的最大温度梯度为60℃/cm，坩埚以0.5~1.0mm/h速率下降，坩埚的旋转加速度为$\frac{1}{6}-\frac{1}{4}r/s^2$待晶体生长的起始料熔化后，保温5~10小时后，开始生长铌铟酸铅钛酸铅晶体，坩埚旋转下降速率的机械精度一般控制在±0.1%，随着生长的进行，生长炉的炉温按照10℃/h的速率升温，用EUROTHERM 425A精密温度控制仪对生长炉的温度进行控制，控温精度为±0.5℃，稳态生长阶段固液生长界面的温度梯度为40~80℃/cm；

5）晶体生长结束后，对晶体生长炉降温，炉内的坩埚均在700℃保温4~6小时，降温速率为18℃/h，然后晶体生长炉的温度以50~80℃/h的速率降至室温。

2. 根据权利要求1所述的铌铟酸铅钛酸铅固溶体单晶的制备方法，其特征在于：晶体生长炉内可同时放入若干个铂金坩埚，铂金坩埚的形状可与所要生长的铌铟酸铅钛酸铅晶体的形状相同。”

经审查，合议组认为本案事实已经清楚，可以作出复审决定。

二、决定的理由

1. 关于审查文本

本复审决定所针对的审查文本为请求人于2008年11月21日提交的权利要求第1~2项、说明书第1~5页，2006年5月12日提交的说明书摘要，2004年4月7日提交的说明书附图第1页。

2. 关于专利法第33条

专利法第33条规定，申请人可以对其专利申请文件进行修改，但是，对发明和实用新型专利申请文件的修改不得超出原说明书和权利要求书记载的范围。

本案中，请求人将权利要求书和说明书修改为与申请日提交的权利要求书和说明书一致，因此，驳回决定所指出的对权利要求1和说明书的修改超出了原说明书和权利要求书记载的范围的缺陷不再存在，修改后的申请文件符合专利法第33条规定。

3. 关于专利法第26条第3款

专利法第26条第3款规定：说明书应当对发明或者实用新型作出清楚、完整的说明，以所属技术领域的技术人员能够实现为准。

如果根据说明书记载的内容，本领域技术人员能够确定制备方法中所用原料的比例，则基于说明书和权利要求书中未公开所述原料比例而导致说明书公开不充分的理由不成立。

国家知识产权局在《第一次审查意见通知书》中指出：根据说明书所记载的内容，该制备方法采用了坩锅加速旋转结合坩锅下降来制备铌铟酸铅钛酸铅固溶体单晶，但是权利要求书以及说明书中都没有公开所采用的助熔剂氧化铅的摩尔比例，只是给出了“计量比的氧化铅”这样笼统的概念，这样的表述难以使本领域普通技术人员获知所采用的助熔剂摩尔配比从而导致本制备方法难以实施。因此，说明书公开的技术方案不清楚、完整，不符合专利法第26条第3款的规定。

合议组查明，本申请权利要求1要求保护一种铌铟酸铅钛酸铅固溶体单晶的制备方法，其中在步骤1）中记载了“按照（1-x）PIN-xPT化学式确定x值后来精确称量以下氧化物原料——分析纯的氧化铟、五氧化二铌、二氧化钛和氧化铅，原料干燥后按照设计的晶体化学组成（1-x）$Pb((In_{1/2}Nb_{1/2})O_3-xPbTiO_3$配比”，并在步骤3）中记载了“加入计量比的氧化铅混合均匀”。

在本申请的实施例1中，记载了以下步骤：将高纯99.99%的生长原料PbO、In_2O_3、Nb_2O_5、TiO_2按照化学式$0.95Pb(In_{1/2}Nb_{1/2})O_3-0.05PbTiO_3$配比。高纯的氧化铟、五氧化二铌和二氧化钛粉料，用湿法球磨混合均匀，所得粉料干燥后置于加盖的铂金坩埚中，在950℃热处理1.8小时。上述粉料加入计量比的氧化铅，湿法球磨混合均匀……所得原料的主成份为钙钛矿结构的铌铟酸铅钛酸铅固溶体（参见说明书第3页第8~14行）。

合议组认为，基于上述实施例的内容可知，本领域技术人员能够清楚地知道本申请铌铟酸铅钛酸铅固溶体单晶的制备方法中所使用的各原料如氧化铟、五氧化二铌、二氧化钛和氧化铅均是按照设计的晶体化学组成（1-x）Pb（（In1/2 Nb1/2）O_3-x$PbTiO_3$进行配比（实施例1中x=0.05），再将确定了配比的氧化铟、五氧化二铌、二氧化钛通过球磨混合均匀，经过处理后，再向这些原料中加入计量比的氧化铅。也就是说，氧化铅是在将氧化铟、五氧化二铌、二氧化钛混合均匀并处理后再按照计量比加入的。由此可见，本领域技术人员能够确定本发明中氧化铅的使用比例，对于国家知识产权局原审查部门在《第一次审查意见通知书》中指出的本领域技术人员难以获知所采用的助熔剂氧化铅的摩尔配比从而导致本申请制备方法难以实施的主张，合议组不予支持，国家知识产权局原审查部门有关本申请说明书不符合专利法第26条第3款规定的理由不成立。

根据以上事实和理由，本案合议组作出如下审查决定。

三、决定

撤销国家知识产权局于2006年9月29日对200410026014.7号发明专利申请作出的驳回决定。由原审查部门在本复审决定所针对的审查文本的基础上继续进行审查。

复审请求人对本决定不服的，可以根据专利法第41条第2款的规定，自收到本决定之日起三个月内向北京市第一中级人民法院起诉。

无效宣告请求审查决定

001

新型低钙镁橡胶垫

无效宣告请求审查决定（第10791号）

决　定　号　第10791号
决　定　日　2007年12月7日
发明创造名称　新型低钙镁橡胶垫
国际分类号　C25B 13/08
无效宣告请求人　铁岭科拓橡塑有限责任公司
专　利　权　人　江阴市宏泽氯碱设备制造有限公司
专　利　号　02218295.0
申　请　日　2002年1月10日
授权公告日　2002年10月23日
合议组组长　徐洁玲
主　审　员　张家祥
参　审　员　李新芝

法律依据　专利法实施细则第2条第2款，专利法第22条第2款、第3款
决定要点

如果权利要求中既包含形状、构造特征，又包含对材料本身提出的技术方案，则不属于实用新型专利保护的客体。但是，将现有技术中已知的材料应用于具有形状、构造的产品上不属于对材料本身提出的技术方案。

如果实用新型权利要求的技术方案与现有技术相比具有区别特征，但是现有技术中给出了采用该区别特征来解决所述技术问题的技术启示，并且该区别特征的引入也没有带来预料不到的技术效果，则该权利要求不具有实质性特点和进步，不具有创造性。

一、案由

本无效宣告请求案涉及国家知识产权局于2002年10月23日授权公告的、名称为“新型低钙镁橡胶垫”的第02218295.0号实用新型专利权（以下简称本专利），其申请日为2002年1月10日，专利权人为江阴市宏泽氯碱设备制造有限公司。该专利授权公告的权利要求书如下：

“1. 一种新型低钙镁橡胶垫，包括橡胶垫本体（1）和包覆在橡胶垫本体（1）外表面的薄膜层（2），其特征在于薄膜层（2）采用整条角部（3）无接口包覆。

2. 根据权利要求1所述的一种新型低钙镁橡胶垫，其特征在于薄膜层（2）采用四氟乙烯和全氟烷氧基乙烯的共聚物薄膜。

3. 根据权利要求1或2所述的一种新型低钙镁橡胶垫，其特征在于薄膜层（2）包覆在橡胶垫与溶液接触的内侧面及与内侧面相连的上、下表面。

4. 根据权利要求1或2所述的一种新型低钙镁橡胶垫，其特征在于橡胶垫本体（1）靠离子膜一面的密封线条中间（4）高于两边（5）。

5. 根据权利要求3所述的一种新型低钙镁橡胶垫，其特征在于橡胶垫本体（1）靠离子膜一面的密封线条中间（4）高于两边（5）。"

针对上述专利权，铁岭科拓橡塑有限责任公司（以下简称请求人）于2007年1月23日向专利复审委员会提出无效宣告请求（案件编号为5W08523），并提交了下述附件作为证据：

附件1：中国第00210915.8号实用新型专利说明书，申请日为2000年2月25日，授权公告日为2000年12月20日，复印件共4页；

附件2：中国第00221245.5号实用新型专利说明书，申请日为2000年8月2日，授权公告日为2001年12月12日，复印件共5页。

请求人认为，本专利权利要求1与附件1的区别在于：权利要求1中的抗腐蚀薄膜层采用整条角部无接口包覆，而附件1对此没有限定，但是，由"橡胶阳极垫片与电解质接触的内周边包覆抗腐蚀薄膜层并与之成为一体"很容易想到使薄膜层"整条角部无接口包覆"，以避免电解质溶液腐蚀橡胶垫的角部，这对于本领域技术人员来说是显而易见的，因此，该权利要求不具有创造性，不符合专利法第22条第3款的规定。权利要求2中的附加技术特征是对薄膜层所用材料的限定，由于材料不是实用新型专利的保护客体，并且该材料也是现有技术中已知的材料，因此，该权利要求也不具备创造性。权利要求3与附件2权利要求2的区别仅在于薄膜层采用的材料上，由于材料本身不是实用新型专利的保护客体，因此权利要求3与附件2的保护范围相同，不符合专利法第22条第2款的规定。

经形式审查合格后，专利复审委员会受理了上述请求，于2007年1月23日向双方当事人发出《无效宣告请求受理通知书》，并将《专利权无效宣告请求书》及其附件的副本转送给专利权人，要求其在指定的期限内答复，同时成立合议组对本无效宣告请求案进行审理。

专利权人于2007年2月16日针对上述《无效宣告请求受理通知书》作出答复，专利权人认为：本专利权利要求1与附件1的区别技术特征在于：薄膜层采用整条角部无接口包覆，该特征可以达到"以避免电解质溶液腐蚀橡胶垫的角部"的目的，并且本专利说明书第2页第4~5行又描述了"薄膜层采用整条角部无接口包覆，杜绝了氯气和次氯酸钠从角部接口处渗入腐蚀垫片的问题"，因此，该区别技术特征不是显而易见的，该权利要求具有创造性。权利要求2引用权利要求1，也具有创造性。权利要求3引用了权利要求1或2，附件2没有公开权利要求3的全部技术特征，该权利要求具有新颖性。权利要求4和5的附加技术特征为"橡胶垫本体靠离子膜一面的密封线条中间高于两边"，该特征在附件2中没有公开，并可以"加高密封线条，阻断离子膜微孔中的溶液向外渗透，但对电槽压力和极距又没有影响，因此，上述权利要求具有创造性。

2007年4月29日，专利权人提交了意见陈述书，请求尽快进行口头审理，理由一是涉及诉讼，二是请求人大肆仿造，对专利权人的国内外市场影响极大。

2007年5月11日，本案合议组向双方当事人发出《无效宣告请求口头审理通知书》，定于2007年7月3日对该专利权的无效宣告请求进行口头审理。同时将专利权人于2007年2月16日提交的意见陈述书转送给请求人。

2007年6月22日，本案合议组向双方当事人发出《取消口头审理通知书》。

2007年7月6日，专利权人针对上述通知书提交了意见陈述书，请求加快审理，同时提交了下述证据：

证据1：北京市第二中级人民法院（2006）二中民初字第2901号民事判决书，复印件共4页。

2007年8月16日，本案合议组向双方当事人再次发出《无效宣告请求口头审理通知书》，定于2007年9月27日对该专利权的无效宣告请求进行口头审理。同时将专利权人于2007年7月6日提交的意见陈述书及其所附附件转送给请求人。

针对上述同一专利权，请求人于2007年6月27日向专利复审委员会再次提出无效宣告请求（案件编号为5W08929），并提交了上述附件1和2以及下述附件作为证据：

附件3：US4441977及其中文译文，公开日为1984年4月10日，复印件共13页；

附件4：US4892632及其部分中文译文，公开日为1990年1月9日，复印件共12页；

附件5：日本特开平5-9772A及其中文译文，公开日为1993年1月19日，复印件共16页；

附件6：辽宁省铁岭市公证处出具的（2007）铁证民字第1984号公证书，复印件共41页；

附件7：《密封迫紧技术》，近森德重著，赖耿阳议著，复汉出版社，复印件共17页。

请求人认为，（1）附件1公开了一种中单极用包膜橡胶阳极垫片，其中披露了如下技术特征：橡胶阳极垫片与电解质接触的内周边包覆抗腐蚀薄膜并与之成为一体，附件1说明书中还记载抗腐蚀薄膜用冷粘或热压工艺处理，使二者紧密成为一体，附图1明确显示抗腐蚀薄膜层角部无接口，因此，权利要求1相对于附件1不具备新颖性。（2）权利要求1与附件1的区别在于：权利要求1中的抗腐蚀薄膜层采用整条角部无接口包覆，而附件1中则表述为薄膜层用冷粘或热压工艺处理，使二者紧密成为一体。本领域技术人员很容易由“橡胶阳极垫片与电解质接触的内周边包覆抗腐蚀薄膜层并与之成为一体”想到上述薄膜层“整条角部无接口包覆”以避免角部腐蚀问题，因此，权利要求1不具有创造性，不符合专利法第22条第3款的规定。权利要求2中的共聚物薄膜的优良特性在说明书中无实验数据证明，也无法从材料本身来证明，该技术特征与现有技术相比不具有创造性。况且，四氟乙烯和全氟烷氧基乙烯均属于含氟树脂，附件5的中文译文第4页第22行中公开了含氟树脂可选用聚四氟乙烯等耐药品性、耐氯性优良的材料，本领域技术人员可以显而易见的想到薄膜层可采用任何一种耐氯性优良的含氟树脂或两种含氟树脂的共聚物，因此，权利要求2的附加技术特征不具有创造性。在权利要求1不具备创造性的情况下，权利要求2不具备创造性。权利要求3的附加技术特征已经在附件1、2和5等中公开，当其所引用的权利要求1和2不具有创造性时，该权利要求也不具备创造性。权利要求4、5的附加技术特征已经被附件3、4、6、7等所公开，因此，当其所引用的权利要求1~3不具有创造性时，上述权利要求也不具备创造性。（3）权利要求2的附加技术特征为薄膜层所采用的材料，属于对材料本身提出的技术方案，不属于实用新型保护的客体，不符合专利法实施细则第2条第2款的规定，同理，权利要求3~5也不符合专利法实施细则第2条第2款的规定。

经形式审查合格后，专利复审委员会受理了上述请求，于2007年6月28日向双方当事人发出《无效宣告请求受理通知书》，并将《专利权无效宣告请求书》及其附件的副本转送给专利权人，要求其在指定的期限内答复，同时成立合议组对本无效宣告请求案进行审理。

2007年7月26日，请求人提交了补充证据（附件4的中文译文，共14页）和理由，请求人认为，权利要求2中的四氟乙烯和全氟烷氧基乙烯均属于氟塑料（含氟树脂）的一种，两者的共聚物为氟化聚合物，补交的附件4中文译文的“最佳实体详细介绍”部分第11段中揭示了密封垫材料可以是氟化聚合物，本领域技术人员由上述内容可以知道本专利中的薄膜层可采用两种含氟树脂的共聚物做出，因此，在权利要求1不具有创造性的情况下，该权利要求也不具备创造性。

根据审查指南第四部分第三章第4.5节的规定，合议组决定对上述两项无效宣告请求5W08523和5W08929合案进行审查。

2007年8月16日，本案合议组向双方当事人发出《无效宣告请求口头审理通知书》，定于2007

年9月27日对该专利权的无效宣告请求进行口头审理。同时将请求人于2007年7月26日提交的补充证据和理由转送给专利权人。

专利权人于2007年8月10日针对上述《无效宣告请求受理通知书》作出答复，专利权人认为：(1) 附件1中的抗腐蚀薄膜采用的是无接口包覆还是有接口包覆从说明书中无法看出，从附图1可看出“角部有接口包覆”，由附图2可看出抗腐蚀薄膜没有包覆橡胶阳极垫片，是该垫片内周边的延伸，本专利权利要求1相对于附件1具有新颖性。(2) 本专利权利要求1与附件1的区别技术特征在于：薄膜层采用整条角部无接口包覆，该特征可以达到“以避免电解质溶液腐蚀橡胶垫的角部”的目的，并且本专利说明书第2页第4~5行又描述了“薄膜层采用整条角部无接口包覆，杜绝了氯气和次氯酸钠从角部接口处渗入腐蚀垫片的问题”，因此，该区别技术特征不是显而易见的，该权利要求具有创造性。权利要求2中的共聚物薄膜具有优良的耐化学试剂性能和高力学强度，绝对不透氯气，该技术特征与已有技术相比具有创造性，附件5也没有公开该技术特征，权利要求2相对于附件5也具有创造性。在权利要求1和2具有创造性的前提下，权利要求3也具有创造性。权利要求4、5的附加技术特征没有被附件3、4、6、7所公开，附件6中的《研制报告》属于企业内部的技术秘密，不属于现有技术，因此，权利要求4和5具有创造性。(3) 根据审查指南的规定，将现有技术中已知的材料应用于具有形状、构造的产品上，不属于对材料本身提出的技术方案，权利要求2~5属于实用新型保护的客体。

2007年9月27日，口头审理如期进行，双方当事人或其代理人出席了口头审理。口头审理过程中双方当事人充分陈述了各自意见。专利权人对附件1~5的真实性、公开性和关联性以及附件3~5中文译文的准确性均无异议，但对附件6的公开性有异议。请求人确定其无效理由为：权利要求2~5不符合专利法实施细则第2条第2款的规定；权利要求1相对于附件1不具有新颖性，权利要求3相对于附件2不具有新颖性，权利要求1和3不符合专利法第22条第2款的规定；权利要求1、3相对于附件1不具有创造性，权利要求2相对于附件1与附件5或4的结合不具有创造性，权利要求3相对于附件1与附件2或5的结合不具有创造性，权利要求4~5相对于附件1与附件3-7中任一的结合不具有创造性，权利要求1~5不符合专利法第22条第3款的规定。

至此，合议组认为本案的事实清楚，可以作出审查决定。

二、决定的理由

1. 关于文本

本无效宣告请求审查决定是以本专利授权公告的权利要求书和说明书为基础作出的。

2. 关于证据

由于专利权人对附件1~2和5的真实性、公开性和关联性以及附件5中文译文的准确性均无异议，而附件1~2和5的公开日均早于本专利的申请日，因此，合议组认为，附件1~2和5可以作为评价本专利是否具有新颖性和创造性的证据。

3. 关于专利法实施细则第2条第2款

专利法实施细则第2条第2款规定：专利法所称实用新型，是指对产品的形状、构造或者其结合所提出的适于实用的新的技术方案。

如果权利要求中既包含形状、构造特征，又包含对材料本身提出的技术方案，则不属于实用新型专利保护的客体。但是，将现有技术中已知的材料应用于具有形状、构造的产品上不属于对材料本身提出的技术方案。

本专利权利要求2是权利要求1的从属权利要求，其要求保护的技术方案是：一种新型低钙镁橡胶垫，包括橡胶垫本体（1）和包覆在橡胶垫本体（1）外表面的薄膜层（2），其特征在于薄膜层

（2）采用整条角部（3）无接口包覆，薄膜层（2）采用四氟乙烯和全氟烷氧基乙烯的共聚物薄膜。显然，该权利要求中还包含了对材料进行限定的技术特征。但是，四氟乙烯和全氟烷氧基乙烯的共聚物（PFA）在现有技术中是已知的材料，因此，权利要求2没有包含对材料本身提出的技术方案，属于实用新型专利保护的客体，符合专利法实施细则第2条第2款的规定。同理，权利要求3~5也符合专利法实施细则第2条第2款的规定。

4. 关于新颖性

专利法第22条第2款规定：新颖性，是指在申请日以前没有同样的发明或者实用新型在国内外出版物上公开发表过、在国内公开使用过或者以其他方式为公众所知，也没有同样的发明或者实用新型由他人向国务院专利行政部门提出过申请并且记载在申请日以后公布的专利申请文件中。

如果要求保护的实用新型与现有技术公开的内容相比，二者存在区别特征，从而导致技术方案实质上不同，则该实用新型相对于现有技术具有新颖性。

本专利权利要求1要求保护一种新型低钙镁橡胶垫，包括橡胶垫本体（1）和包覆在橡胶垫本体（1）外表面的薄膜层（2），其特征在于薄膜层（2）采用整条角部（3）无接口包覆。

附件1（权利要求1，说明书第1页第18~21行，附图1）公开了一种中单极用包膜橡胶阳极垫片，橡胶阳极垫片（1）与电解质接触的内周边包覆抗腐蚀薄膜（2）并与之成为一体。

将本专利权利要求1所要求保护的技术方案与附件1所公开的内容进行对比，其区别在于：权利要求1的薄膜层采用整条角部无接口包覆，而附件1中的抗腐蚀薄膜与橡胶阳极垫片成为一体。但是，附件1并没有公开抗腐蚀薄膜在阳极垫片的角部有无接口，并且从该垫片的制备方法以及附图1中也不能毫无疑义地得出其角部没有接口。由此可见，二者存在区别特征，从而导致二者的技术方案实质上是不同的，因此，权利要求1相对于附件1具有新颖性，符合专利法第22条第2款的规定。

本专利权利要求3是权利要求1的从属权利要求，其要求保护的技术方案是：一种新型低钙镁橡胶垫，包括橡胶垫本体（1）和包覆在橡胶垫本体（1）外表面的薄膜层（2），其特征在于薄膜层（2）采用整条角部（3）无接口包覆，薄膜层（2）包覆在橡胶垫与溶液接触的内侧面及与内侧面相连的上、下表面。

附件2（权利要求1~2）公开了一种低钙镁橡胶垫，包括橡胶垫本体（1），橡胶垫本体（1）外表面包覆一聚四氟乙烯膜层（2），薄膜层（2）包覆在橡胶垫本体（1）与溶液接触的内侧面及与内侧面相连的上、下表面。

将权利要求3所要求保护的技术方案与附件2所公开的内容进行对比可知，附件2没有公开权利要求3中的技术特征“薄膜层采用整条角部无接口包覆”，因此，本专利权利要求3与附件2存在区别特征，权利要求3相对于附件2具有新颖性，符合专利法第22条第2款的规定。

5. 关于创造性

专利法第22条第3款规定：创造性，是指同申请日以前已有的技术相比，该发明有突出的实质性特点和显著的进步，该实用新型有实质性特点和进步。

如果实用新型权利要求的技术方案与现有技术相比具有区别特征，但是现有技术中给出了采用该区别特征来解决所述技术问题的技术启示，并且该区别特征的引入也没有带来预料不到的技术效果，则该权利要求不具有实质性特点和进步，不具有创造性。

如上文所述，本专利权利要求1所要求保护的技术方案与附件1所公开内容的区别特征仅在于：权利要求1的薄膜层采用整条角部无接口包覆，而附件1中的抗腐蚀薄膜是与橡胶阳极垫片成为一体。因此，权利要求1相对于附件1实际要解决的技术问题是橡胶垫片的角部腐蚀问题。根据附件1说明书的记载，该实用新型的目的是提供一种耐腐蚀、稳定性能好、使用寿命长的中单极用包膜橡胶阳极垫片，所述垫片是通过将抗腐蚀薄膜用冷粘或热压工艺处理，使之与橡胶垫片紧密成为一体来制备的，橡胶阳极垫片1内周边薄膜2的包覆面积上下可延伸成横U形，使上下两边分别被压在离子膜和极板下面，从而保证橡胶阳极垫片1的内周边不与电解槽中电解质直接接触。虽然附件1没有明确指出抗腐蚀薄膜包覆橡胶阳极垫片的角部没有接口，但是，为了达到较佳的耐腐蚀效果，对本领域技术人员而言，选用角部无接口的抗腐蚀薄膜，以最大限度地避免橡胶垫与电解质直接接触，是一种常规的技术选择，也就是说，现有技术中存在将上述区别特征应用于附件1以解决权利要求1所述技术问题的技术启示，并且引入上述区别特征后同样也是解决了橡胶垫片的腐蚀问题，并没有产生预料不到的技术效果，因此，权利要求1相对于附件1不具有实质性特点和进步，不符合专利法第22条第3款的规定。

权利要求2将权利要求1中的薄膜层限定为四氟乙烯和全氟烷氧基乙烯的共聚物薄膜。附件5（说明书第2页第11~15行，第4页第22~28行，附图1~4）公开了一种碱金属氯化物水溶液电解槽，在使用阳离子交换膜对碱金属氯化物水溶液进行电解的电解槽中，设置在阳极室凸缘面和阳离子交换膜之间的垫圈具有橡胶弹性，至少与离子交换膜接触侧的一部分、在电解室内暴露的一部分以及与电解槽框架凸缘接触侧的一部分由含氟树脂板覆盖，含氟树脂可选用聚四氟乙烯、聚偏二氟乙烯、聚氟乙烯等耐药品性、耐氯性优良的材料，含氟树脂板的厚度最好小于1毫米，最佳小于0.5毫米。四氟乙烯和全氟烷氧基乙烯的共聚物（PFA）是现有技术中已知的含氟树脂，本领域技术人员在附件5的基础上将现有技术中已知的性能较好的PFA用于附件1中以解决本专利所述的透氯气问题是显而易见的，因此，在权利要求1相对附件1不具有创造性的情况下，权利要求2相对于附件1和5的结合不具有创造性。

权利要求3将权利要求1或2的薄膜层限定为包覆在橡胶垫与溶液接触的内侧面及与内侧面相连的上、下表面。该附加技术特征已经被附件5的权利要求1和附图1~3所公开，因此，该权利要求相对于附件1和5的结合也不具备创造性。

权利要求4~5的附加技术特征为“橡胶垫本体靠离子膜一面的密封线条中间高于两边”，附件5（说明书第3页第20~21行，第4页第13~21行，附图3）公开了橡胶板与电解槽框架凸缘接触侧以及与离子交换膜接触侧存在凹凸，凹凸的高度为0.1~2毫米，最佳为0.2~1毫米，采用上述凹凸的目的是为了增大密封性。在此基础上，本领域技术人员根据本领域的公知常识可以选用高度不同的凹凸从而获得更佳的密封效果，因此，在其引用的权利要求1~3相对附件1或附件1和5不具有创造性的情况下，权利要求4~5相对于附件1和5的结合也不具有创造性，不符合专利法第22条第3款的规定。

鉴于根据附件1和5已经得出本专利不符合专利法第22条第3款规定的结论，对于请求人提出的其他无效理由和证据在本决定中不再进一步评述。

基于以上事实和理由，本案合议组作出如下审查决定。

三、决定

宣告02218295.0号实用新型专利权全部无效。

当事人对本决定不服的，可以根据专利法第46条第2款的规定，自收到本决定之日起三个月内向北京市第一中级人民法院起诉。根据该款的规定，一方当事人起诉后，另一方当事人应当作为第三人参加诉讼。

002

新型低钙镁橡胶垫

无效宣告请求审查决定（第10792号）

决　　定　　号　第10792号
决　　定　　日　2007年12月7日
发明创造名称　新型低钙镁橡胶垫
国 际 分 类 号　C25B 9/08
无效宣告请求人　铁岭科拓橡塑有限责任公司
专　利　权　人　江阴市宏泽氯碱设备制造有限公司
专　　利　　号　02286476.8
申　　请　　日　2002年11月30日
授 权 公 告 日　2003年10月15日
合 议 组 组 长　徐洁玲
主　　审　　员　张家祥
参　　审　　员　李新芝

法 律 依 据　专利法第22条第3款，专利法实施细则第2条第2款
决 定 要 点

如果权利要求中既包含形状、构造特征，又包含对材料本身提出的技术方案，则不属于实用新型专利保护的客体。但是，将现有技术中已知的材料应用于具有形状、构造的产品上不属于对材料本身提出的技术方案。

如果实用新型权利要求的技术方案与现有技术相比具有区别特征，但是现有技术中给出了采用该区别特征来解决所述技术问题的技术启示，并且该区别特征的引入也没有带来预料不到的技术效果，则该权利要求不具有实质性特点和进步，不具有创造性。

一、案由

本无效宣告请求案涉及国家知识产权局于2003年10月15日授权公告的、名称为“新型低钙镁橡胶垫”的第02286476.8号实用新型专利权（以下简称本专利），其申请日为2002年11月30日，专利权人为江阴市宏泽氯碱设备制造有限公司。该专利授权公告的权利要求书如下：

“1. 一种新型低钙镁橡胶垫，包括橡胶垫本体（1）和包覆在橡胶垫本体（1）外表面的薄膜层（2），薄膜层（2）采用整条角部（3）无接口包覆，其特征在于在橡胶垫本体（1）朝电解槽室框一面的薄膜层（2）表面再披覆一层橡胶层（6）。

2. 根据权利要求1所述的一种新型低钙镁橡胶垫，其特征在于薄膜层（2）包覆在橡胶垫与溶液

接触的内侧面及与内侧面相连的上、下表面。

3. 根据权利要求 1 或 2 所述的一种新型低钙镁橡胶垫，其特征在于橡胶垫本体（1）靠离子膜一面的密封线条中间设置有凸筋（4）。

4. 根据权利要求 1 或 2 所述的一种新型低钙镁橡胶垫，其特征在于薄膜层（2）采用氟塑料或氟塑料的共聚物薄膜。

5. 根据权利要求 3 所述的一种新型低钙镁橡胶垫，其特征在于薄膜层（2）采用氟塑料或氟塑料的共聚物薄膜。"

针对上述专利权，铁岭科拓橡塑有限责任公司（以下简称请求人）于 2007 年 1 月 23 日向专利复审委员会提出无效宣告请求（案件编号为 5W08524），并提交了下述附件作为证据：

附件 1：中国第 02218295.0 号实用新型专利说明书，申请日为 2002 年 1 月 10 日，授权公告日为 2002 年 10 月 23 日，复印件共 5 页。

请求人认为，本专利权利要求 1 与附件 1 的区别在于：权利要求 1 在橡胶本体（1）朝向电解槽室框一面的薄膜层（2）表面多披覆一层橡胶层（6）。根据说明书的描述，橡胶层（6）的作用是将氟塑料和电解槽框隔离开，然而，本领域技术人员都知道选择用橡胶将金属与氟塑料隔离开，并且在氟塑料表面再覆一层橡胶也是极易想到的方法，另外，橡胶层（6）也易于与电解液反应，给电解反应带来负面影响。因此，权利要求 1 不具有创造性。同理，其从属权利要求 2~5 也不具有创造性，不符合专利法第 22 条第 3 款的规定。

经形式审查合格后，专利复审委员会受理了上述请求，于 2007 年 1 月 23 日向双方当事人发出《无效宣告请求受理通知书》，并将《专利权无效宣告请求书》及其附件的副本转送给专利权人，要求其在指定的期限内答复，同时成立合议组对本无效宣告请求案进行审理。

专利权人于 2007 年 2 月 16 日针对上述《无效宣告请求受理通知书》作出答复，专利权人认为：如请求人所述，本专利权利要求 1 与附件 1 的区别技术特征在于："在橡胶本体朝电解槽室框一面的薄膜层表面再披覆一层橡胶层"，该橡胶层的作用是将氟塑料和电解槽室框隔离开。这样，氟塑料不直接接触到电解槽室框表面，杜绝了橡胶垫片对电解槽室框的腐蚀现象，另外，再披覆的橡胶层是在橡胶垫本体朝电解槽室框一面的薄膜层表面，而不是披覆在与电解液相接触的薄膜层表面，不存在请求人所述的负面影响，因此，权利要求 1 符合专利法第 22 条第 3 款的规定。权利要求 2~3 的附加技术特征均没有被附件 1 披露，在权利要求 1 具有创造性的前提下，上述权利要求也具有创造性。权利要求 4 和 5 分别引用了权利要求 1 或 2 和 3，在权利要求 1~3 具有创造性的前提下，权利要求 4~5 也具有创造性。

2007 年 4 月 29 日，专利权人提交了意见陈述书，请求尽快进行口头审理，理由一是涉及诉讼，二是请求人大肆仿造，对专利权人的国内外市场影响极大。

2007 年 5 月 11 日，本案合议组向双方当事人发出《无效宣告请求口头审理通知书》，定于 2007 年 7 月 3 日对该专利权的无效宣告请求进行口头审理。同时将专利权人于 2007 年 2 月 16 日提交的意见陈述书转送给请求人。

2007 年 6 月 22 日，本案合议组向双方当事人发出《取消口头审理通知书》。

2007 年 7 月 6 日，专利权人针对上述通知书提交了意见陈述书，请求加快审理，同时提交了下述证据：

证据 1：北京市第二中级人民法院（2006）二中民初字第 15051 号民事判决书，复印件共 4 页。

2007 年 8 月 16 日，本案合议组向双方当事人再次发出《无效宣告请求口头审理通知书》，定于 2007 年 9 月 27 日对该专利权的无效宣告请求进行口头审理。同时将专利权人于 2007 年 7 月 6 日提交的意见陈述书及其所附附件转送给请求人。

针对上述同一专利权，请求人于 2007 年 6 月 27 日向专利复审委员会再次提出无效宣告请求（案件编号为 5W08928），并提交了包括上述附件 1 在内的下述附件作为证据：

附件 2：日本特开平 5-9772A 及其中文译文，公开日为 1993 年 1 月 19 日，复印件共 16 页。

请求人认为，（1）本专利权利要求 1 与附件 1 的区别在于：权利要求 1 在橡胶本体（1）朝电解槽室框一面的薄膜层（2）表面再披覆一层橡胶层。但该区别特征已被附件 2 所公开，且附件 2 与本专利属于同一领域，均为电解槽和离子膜之间的垫片，因此，权利要求 1 相对于附件 1 和附件 2 的结合不具备创造性。权利要求 2 的附加技术特征在附件 1 的权利要求 3 和说明书以及附件 2 的权利要求和说明书中公开，在权利要求 1 不具备创造性的情况下，该权利要求也不具备创造性。权利要求 3 的附加技术特征在附件 1 的权利要求 4、5 及说明书（即“中间高于两边”）中公开，因此，权利要求 3 也不具备创造性。权利要求 4、5 的附加技术特征在附件 1 的权利要求 2 中已经公开，其中的“四氟乙烯和全氟烷氧基乙烯的共聚物薄膜”即为氟塑料的共聚物薄膜，因此，权利要求 4~5 也不具备创造性。（2）权利要求 4~5 的附加技术特征为薄膜层所采用的材料，属于对材料本身提出的技术方案，不属于实用新型保护的客体，不符合专利法实施细则第 2 条第 2 款的规定。

经形式审查合格后，专利复审委员会受理了上述请求，于 2007 年 6 月 28 日向双方当事人发出《无效宣告请求受理通知书》，并将《专利权无效宣告请求书》及其附件的副本转送给专利权人，要求其在指定的期限内答复，同时成立合议组对本无效宣告请求案进行审理。

2007 年 7 月 26 日，请求人提交了补充证据和理由：

附件 3：US4892632 及其中文译文，公开日为 1990 年 1 月 9 日，复印件共 25 页。

请求人认为，权利要求 4 和 5 的附加技术特征“薄膜层 2 采用氟塑料或氟塑料的共聚物”已经在附件 3 中公开。其中，中文译文的“最佳实体详细介绍”部分第 11 段中揭示了密封垫材料可以是氟化聚合物，本领域技术人员由上述内容可以知道本专利中的薄膜层可采用氟塑料或氟塑料的共聚物做出，因此，在权利要求 1~3 不具有创造性的情况下，权利要求 4 和 5 也不具备创造性。

专利权人于 2007 年 8 月 10 日针对上述《无效宣告请求受理通知书》作出答复，专利权人认为：如请求人所述，本专利权利要求 1 与附件 1 的区别技术特征在于：“在橡胶本体朝电解槽室框一面的薄膜层表面再披覆一层橡胶层”，附件 2 中公开的“含氟树脂板”与本专利中“薄膜层 2”不属于相同或等同的技术特征，权利要求 1 具有创造性。在权利要求 1 具备创造性的前提下，权利要求 2~5 也具有创造性。根据审查指南的规定，将现有技术中已知的材料应用于具有形状、构造的产品上，不属于对材料本身提出的技术方案，权利要求 4~5 属于实用新型保护的客体。

根据审查指南第四部分第三章第 4.5 节的规定，合议组决定对上述两项无效宣告请求 5W08524 和 5W08928 合案进行审查。

2007 年 8 月 16 日，本案合议组向双方当事人发出《无效宣告请求口头审理通知书》，定于 2007 年 9 月 27 日对该专利权的无效宣告请求进行口头审理。同时将请求人于 2007 年 7 月 26 日提交的补充证据和理由转送给专利权人。

2007 年 9 月 27 日，口头审理如期进行，双方当事人或其代理人出席了口头审理。口头审理过程中确认并记录了以下事项：（1）合议组将专利权人于 2007 年 8 月 10 日提交的意见陈述书当庭转送给请求人。（2）专利权人对附件 1~3 的真实性、公开性和关联性以及附件 2~3 中文译文的准确性均无异议。（3）请求人确定其无效理由为：权利要求 4~5 不符合专利法实施细则第 2 条第 2 款的规定；权利要求 1~5 相对于附件 1 和 2 的结合不具有创造性，权利要求 4~5 相对于附件 1、2、3 的结合不具有创造性，权利要求 1~5 不符合专利法第 22 条第 3 款的规定。（4）双方当事人均有和解的愿望，合议组给出双方当事人庭后15天的时间进行和解。

上述期限届满后，合议组没有收到请求人撤回无效宣告请求的书面声明。

至此，合议组认为本案的事实清楚，可以作出审查决定。

二、决定的理由

1. 关于文本

本无效宣告请求审查决定是以本专利授权公告的权利要求书和说明书为基础作出的。

2. 关于证据

由于专利权人对附件1和2的真实性、公开性和关联性以及附件2中文译文的准确性均无异议，而附件1和2的公开日均早于本专利的申请日，因此，合议组认为，上述附件可以作为评价本专利是否具有创造性的证据。

3. 关于专利法实施细则第2条第2款

专利法实施细则第2条第2款规定：专利法所称实用新型，是指对产品的形状、构造或者其结合所提出的适于实用的新的技术方案。

如果权利要求中既包含形状、构造特征，又包含对材料本身提出的技术方案，则不属于实用新型专利保护的客体。但是，将现有技术中已知的材料应用于具有形状、构造的产品上不属于对材料本身提出的技术方案。

本专利权利要求4是权利要求1或2的从属权利要求，权利要求5是权利要求3的从属权利要求。权利要求4~5的附加技术特征为“薄膜层（2）采用氟塑料或氟塑料的共聚物薄膜”，显然，上述权利要求中除形状、构造特征之外还包含了对材料进行限定的技术特征。但是，氟塑料或氟塑料的共聚物在现有技术中是已知的材料，因此，权利要求4~5没有包含对材料本身提出的技术方案，属于实用新型专利保护的客体，符合专利法实施细则第2条第2款的规定。

4. 关于创造性

专利法第22条第3款规定：创造性，是指同申请日以前已有的技术相比，该发明有突出的实质性特点和显著的进步，该实用新型有实质性特点和进步。

如果实用新型权利要求的技术方案与现有技术相比具有区别特征，但是现有技术中给出了采用该区别特征来解决所述技术问题的技术启示，并且该区别特征的引入也没有带来预料不到的技术效果，则该权利要求不具有实质性特点和进步，不具有创造性。

本专利权利要求1要求保护一种新型低钙镁橡胶垫，包括橡胶垫本体（1）和包覆在橡胶垫本体（1）外表面的薄膜层（2），薄膜层（2）采用整条角部（3）无接口包覆，其特征在于在橡胶垫本体（1）朝电解槽室框一面的薄膜层（2）表面再披覆一层橡胶层（6）。

附件1（权利要求1）公开了一种新型低钙镁橡胶垫，包括橡胶垫本体（1）和包覆在橡胶垫本体（1）外表面的薄膜层（2），其特征在于薄膜层（2）采用整条角部（3）无接口包覆。

将权利要求1所要求保护的技术方案与附件1所公开内容进行对比，其区别在于：权利要求1的橡胶垫本体朝电解槽室框一面的薄膜层表面又披覆了一层橡胶层，而附件1的橡胶垫没有公开该橡胶层。因此，权利要求1相对于附件1实际要解决的技术问题是电解槽室框的表面被腐蚀的问题。然而，附件2（说明书第2页第11~15行，第4页第3~6行，第5页第8~10行，附图1~3）公开了一种碱金属氯化物水溶液电解槽，在使用阳离子交换膜对碱金属氯化物水溶液进行电解的电解槽中，设置在阳极室凸缘面和阳离子交换膜之间的垫圈具有橡胶弹性，至少与离子交换膜接触侧的一部分、在电解室内暴露的一部分以及与电解槽框架凸缘接触侧的一部分由含氟树脂板覆盖，而且，在该垫圈上与电解槽框架凸缘面接触侧的含氟树脂板由橡胶进行衬垫。由附件2的附图3也可以看出，与阳极侧电解槽框架凸缘面 5 接触侧的含氟树脂板 2 由衬里橡胶 3 覆盖。该衬里橡胶的作用也是为了防止含氟树脂对电解槽框架接触部分的腐蚀（说明书第 1 页第 23~29 行，第 3 页第 13~15 行），与本专利权利要求 1 实际要解决的技术问题相同，由此可见，附件 2 中已经给出了将上述区别特征应用于附件 1 中以解决其存在的技术问题的启示，并且引入上述区别特征也没有产生预料不到的技术效果，因此，权利要求 1 相对于附件 1 和 2 的结合不具有实质性特点和进步，不符合专利法第 22 条第 3 款的规定。

权利要求 2 将权利要求 1 的薄膜层限定为包覆在橡胶垫与溶液接触的内侧面及与内侧面相连的上、下表面。该附加技术特征已经被附件 1 的权利要求 3 和附图 2 所公开，因此，该权利要求相对于附件 1 和 2 的结合也不具有创造性。

权利要求 3 是权利要求 1 或 2 的从属权利要求，其附加技术特征为“橡胶垫本体（1）靠离子膜一面的密封线条中间设置有凸筋（4）”，而该技术特征已经被附件 2（权利要求 4~5，附图 2）所公开，专利权人也认可这一点，因此，在权利要求 1~2 相对附件 1 和 2 的结合不具有创造性的情况下，该权利要求也不具有创造性。

权利要求 4~5 的附加技术特征为“薄膜层采用氟塑料或氟塑料的共聚物薄膜”。附件 2（权利要求 2）公开了“薄膜层采用四氟乙烯和全氟烷氧基乙烯的共聚物薄膜”。氟塑料在本领域是一上位概念，四氟乙烯和全氟烷氧基乙烯的共聚物是氟塑料的一种，由此可见，附件 2 已经公开了权利要求 4~5 的附加技术特征，并且专利权人也认为该附加技术特征已经被附件 2 所公开，因此，在被引用的权利要求 1~3 相对附件 1 和 2 的结合不具有创造性的情况下，权利要求 4~5 相对于附件 1 和 2 的结合也不具有创造性，不符合专利法第 22 条第 3 款的规定。

鉴于根据附件 1 和 2 已经得出本专利不符合专利法第 22 条第 3 款规定的结论，对于请求人提出的其他无效理由和证据在本决定中不再进一步评述。

基于以上事实和理由，本案合议组作出如下审查决定。

三、决定

宣告 02286476. 8 号实用新型专利权全部无效。

当事人对本决定不服的，可以根据专利法第 46 条第 2 款的规定，自收到本决定之日起三个月内向北京市第一中级人民法院起诉。根据该款的规定，一方当事人起诉后，另一方当事人应当作为第三人参加诉讼。

003

六爪、八爪阳极钢爪校直机顶推装置

无效宣告请求审查决定（第10793号）

决　　定　　号 第10793号
决　　定　　日 2007年12月18日
发明创造名称 六爪、八爪阳极钢爪校直机顶推装置
国 际 分 类 号 C25C3/12，B21D3/00
无效宣告请求人 张先勇
专　利　权　人 韦　力
专　　利　　号 200420041573.0
申　　请　　日 2004年2月25日
授 权 公 告 日 2005年6月22日
合 议 组 组 长 程　强
主　　审　　员 张家祥
参　　审　　员 危　峰

法　律　依　据 专利法第22条第2款、第4款，专利法实施细则第2条第2款
决　定　要　点

专利法第22条第4款规定实用性，是指该发明或者实用新型能够制造或者使用，并且能够产生积极效果。

判断一项实用新型专利是否具有实用性，要以权利要求书和说明书（包括附图）所公开的整体技术内容为依据，而不仅仅局限于权利要求书所记载的内容。如果该实用新型所要求保护的技术方案作为一个整体具有在产业中被制造或使用的可能性，并且产生了本领域技术人员可以预料的积极和有益的效果，则该实用新型具有实用性。

对于产品发明而言，如果该产品在产业上能够被制造或使用，并能产生积极效果，即使该产品的某一部件是多余的或者说没有实际用途，也不能否认该产品发明的实用性。

一、案由

本无效宣告请求涉及国家知识产权局于2005年6月22日授权公告、申请日为2004年2月25日、名称为“六爪、八爪阳极钢爪校直机顶推装置”的第200420041573.0号实用新型专利（以下简称本专利），专利权人为韦力，本专利授权公告的权利要求书如下：

“1. 一种六爪、八爪阳极钢爪校直机顶推装置，它包括油缸（4）、活塞（5）及推动连杆机构，所述该机构由推动连杆（7）、杠杆（8）、杠杆外侧有顶推块（3）连接构成，其特征是在活塞（5）

上端设有顶推分配器（6），在分配器上对称的设置有六或八套推动连杆机构，其中每两套连杆机构间的夹角由阳极钢爪横梁之间的夹角所决定，在顶推块（3）外侧旁的相应处设有与顶推块配合使用的靠背块（9）。

2. 根据权利要求 1 所述的六爪、八爪阳极钢爪校直机顶推装置，其特征是所述顶推块（3）的外侧面为弧面形，靠背块（9）与顶推块弧形面相应的侧面为“V”字形。”

2006 年 12 月 9 日，张先勇（以下简称请求人）针对该专利权向国家知识产权局专利复审委员会提出无效宣告请求，同时提交了以下附件：

附件 3：无效宣告请求的理由、范围及所依据的证据，共 2 页；

附件 4：结合证据对无效宣告理由的具体意见陈述，共 6 页；

附件 5：采用“L”型杠杆引起的技术进步，共 2 页；

附件 6：山东魏桥铝业八爪校直机照片，复印件共 1 页；

附件 7：专利权人的六爪校直机照片，复印件共 1 页；

附件 8：河南伊川铝业视频取证调查光盘；

附件 9：六爪变形实物照片及六八爪弯曲方向示意图，复印件共 1 页；

附件 10：电解铝多种阳极钢爪实际弯曲照片，复印件共 1 页；

附件 11：六爪、八爪与碳块组装照片，复印件共 1 页；

附件 12：对附件 4 的图示解释，共 3 页。

请求人认为，本专利不符合专利法第 22 条和专利法实施细则第 2 条第 2 款的规定。本专利与附件 2 属于相同的技术领域，解决了同一类技术问题，其技术方案的区别仅在于本专利多设了两套或四套校直中间钢爪的连杆杠杆系统，而上述多设的连杆杠杆系统根据附件 6 ~ 8 和 13 的说明根本不需要；本专利的技术方案全部落入了附件 2 的保护范围内，本专利属于重复授权；本专利的杠杆已包含在附件 2 设计时的技术思路特征中，实现基本相同的增力功能，达到挤压弯曲钢爪的相等效果，属于等同技术进步（见附件 5）；本专利中的“连杆机构间的夹角由横梁间的夹角所决定”属于附件 2“一定夹角”的范围中的一种，六爪、八爪型钢爪内弯的方向不是沿横梁方向，本专利权利要求 2 限定的二次校直复位机构不能将钢爪准确校直复位，另外，本专利的先非正向顶推，再靠弧面顶推块与“V”字形靠背块配合再侧推复位，与附件 2 的沿钢爪弯曲方向正推复位的一次准确复位相比，属于完成钢爪校直复位的等同技术特征。

2006 年 12 月 11 日，请求人补交了附件 1 ~ 2，同时提交了附件 5′（用于替换原附件 5）以及附件 4 第 4、6 页的替换页。

附件 1：第 200420041573. 0 号中国实用新型专利说明书，申请日为 2004 年 2 月 25 日，授权公告日为 2005 年 6 月 22 日，复印件共 7 页（即本专利）；

附件 2：第 200420005175. 3 号中国实用新型专利说明书，申请日为 2004 年 2 月 13 日，授权公告日为 2005 年 2 月 9 日，复印件共 5 页；

附件 5′：采用“L”型杠杆引起的技术进步，共 3 页。

2006 年 12 月 16 日，请求人再次补交了附件 13 ~ 14，同时提交了附件 4′和附件 12′，分别替换原附件 4 和附件 12。

附件 4′：结合证据对无效宣告理由的具体意见陈述，共 4 页；

附件 12′：对附件 4 的图示解释，共 1 页；

附件 13：六爪型钢爪中间两爪无须校直的理论分析，共 3 页；

附件 14：对附件 13 的图示解释，共 2 页。

经形式审查合格后，专利复审委员会受理了该无效宣告请求案，于 2006 年 12 月 29 日向双方当事人发出了《无效宣告请求受理通知书》，并将《专利权无效宣告请求书》及其附件清单中所列附件副本以及请求人于 2006 年 12 月 11 日和 12 月 16 日提交的补充意见及其附件清单中所列附件副本转送给专利权人，要求其在指定的期限内答复，同时成立合议组对本无效宣告请求案进行审理。

2007 年 2 月 6 日，专利权人针对上述《无效宣告请求受理通知书》陈述了意见，同时提交了下述的反证：

反证 1：西安西科邦佳电气有限公司与东方希望包头稀土铝业有限责任公司签订的阳极钢爪校直机技术协议，复印件共 8 页；

反证 2：河南伊川铝业公司生成现场六爪阳极钢爪变形照片，复印件共 2 页；

反证 3：第 02262396.5 号中国实用新型专利说明书，申请日为 2002 年 11 月 6 日，授权公告日为 2003 年 10 月 22 日，复印件共 5 页；

反证 4：《多方位阳极钢爪内弯校直装置 200420005175.3》与《阳极钢爪热挤压校直装置 02262396.5》核心技术的比较，共 2 页；

反证 5：六爪、八爪阳极钢爪校直机设计图纸说明，共 1 页；

反证 6：技术发展对照，共 1 页。

专利权人认为，附件 2 的权利要求中未提及 6 个推动连杆、弧面形顶推块及 V 字形靠背块的机构设置的问题；反证 1 和反证 2 可以证明六爪阳极钢爪中间爪头存在变形，需要设置相应校直装置；本专利是在反证 3 的基础上改进而成的，另外，附件 2 中采用的核心技术是对反证 3 中技术基础的仿制和改型；本专利考虑了中间爪头长期积累变形因素和新爪使用时的节能要求，实际实施时加热、校直装置为可拆卸形式，另外还考虑了底部顶推油缸径向受力平衡的因素，防止经长期使用活塞因径向偏心造成的磨损，提高了设备的寿命。

2007 年 3 月 22 日，合议组向请求人发出了《转送文件通知书》，将专利权人于 2007 年 2 月 6 日提交的意见陈述书及其附件清单中所列附件的副本转送给请求人。

2007 年 4 月 25 日，请求人针对《转送文件通知书》提交了意见陈述书，同时提交了附件 15：

附件 15：第 200420041483.1 号中国实用新型专利申请说明书，申请日为 2004 年 2 月 3 日，授权公告日为 2005 年 2 月 16 日，复印件共 5 页。

请求人认为，本专利权利要求书中对六爪中间两爪多设置的连杆杠杆校直系统是根本不需要的虚设机构，对八爪中间四爪的四套校直机构根本无法实现，根据专利法第 22 条第 4 款，专利法实施细则第 2 条第 2 款应宣告无效；反证 5 中只有六套推动连杆机构，而本专利权利要求 1 中对八爪应该是八套推动连杆机构，本专利说明书附图 2 中只有中间两套在同一平面内共轴，其余四套明显地不在同一平面内，不共轴，而反证 5 中却画作共轴，本专利说明书附图 1、2 以及反证 5 中的铰链位置均不相同，本专利六爪校直机中间的两套推动连杆机构采用的是附件 15 的机构形式，专利权人的原方案也是无法实现的，八爪型阳极钢爪中间只有四根横梁，每根大横梁连接一小横梁，八套推动连杆机构之间的夹角无法由横梁间的夹角决定；另外，本专利的说明书不符合专利法第 26 条第 3 款的规定，权利要求 1 不符合专利法实施细则第 20 第 1 款的规定。

2007 年 5 月 11 日，合议组向双方当事人发出《无效宣告请求口头审理通知书》，定于 2007 年 7 月 18 日对该专利权的无效请求进行口头审理。同时把请求人于 2007 年 4 月 25 日提交的意见陈述书及其附件转送给专利权人。

2007 年 7 月 18 日，口头审理如期进行，双方当事人均出席了口头审理。口头审理过程中确认并记录了以下事项：（1）请求人明确其无效理由为本专利不符合专利法第 22 条第 2 款和第 4 款、第 26

条第3款，专利法实施细则第2条第2款、第20条第1款的规定，所使用的证据为附件2、6~9和13~14，放弃附件5，附件10~12和15用于帮助合议组进行理解，不作为证据使用。（2）专利权人放弃将反证1、3~6作为证据使用，对附件2、7的真实性没有异议，但对附件8~9、13~14的真实性有异议，同时表示附件6中的校直机是专利权人采用2002年的专利生产的，不是本专利中的八爪校直机；请求人对反证2的真实性有异议。（3）合议组当庭明确口头审理的范围为：专利法第22条第2、4款和专利法实施细则第2条第2款。

2007年7月23日，专利复审委员会收到了请求人提交的关于本案口头审理的意见陈述书和口头审理录音光盘1张。

至此，合议组认为本案的事实清楚，可以作出审查决定。

二、决定的理由

1. 关于专利法第26条第3款和专利法实施细则第20条第1款

审查指南第四部分第三章第4.2节规定，请求人在提出无效宣告请求之日起一个月后增加无效宣告理由的，专利复审委员会一般不予考虑。

请求人提出无效宣告请求的日期为2006年12月9日，而关于专利法第26条第3款和专利法实施细则第20条第1款的无效宣告理由是在2007年4月25日提出的，显然超出了增加无效宣告理由的一个月的期限，因此，合议组对上述无效宣告理由不予考虑。

2. 关于专利法第22条第4款

专利法第22条第4款规定：实用性，是指该发明或者实用新型能够制造或者使用，并且能够产生积极效果。

判断一项实用新型专利是否具有实用性，要以权利要求书和说明书（包括附图）所公开的整体技术内容为依据，而不仅仅局限于权利要求书所记载的内容。如果该实用新型所要求保护的技术方案作为一个整体具有在产业中被制造或使用的可能性，并且产生了本领域技术人员可以预料的积极和有益的效果，则该实用新型具有实用性。

对于产品发明而言，如果该产品在产业上能够被制造或使用，并能产生积极效果，即使该产品的某一部件是多余的或者说没有实际用途，也不能否认该产品发明的实用性。

本专利要求保护一种六爪、八爪阳极钢爪校直机顶推装置，本专利的说明书记载了所要求保护的技术方案，并在该技术方案的具体实施方式中，结合附图对本专利的整体构造及其工作原理作了详细地说明。本领域技术人员在说明书所公开内容的基础上，完全能够制造并使用所要求保护的校直机顶推装置。并且，说明书中也给出了上述技术方案所达到的技术效果，如："该顶推装置的出现首先解决了六爪、八爪阳极爪头的校直问题，对提高大型预焙槽电解电流效率有一定作用。经一年多时间的现场试用，年产15万吨电解铝厂年节约成本1000余万元。同时改善了工人生产环境，有利于提高标准化生产水平，有利于降低生产成本。使用该装置，阳极钢爪爪头无须切、割、焊、爪头无损伤；保持导电性能；提高电解效率；并延长钢爪使用寿命3倍以上"（参见说明书第2页第6~11行）。因此，在无相反证据的情况下，合议组认为，本专利能够被制造和使用，能够产生积极效果，符合专利法第22条第4款的规定。

请求人利用附件6~9和13~14来评价本专利的实用性，认为本专利的阳极钢爪校直机顶推装置中的中间两爪是两套虚设装置，不能实现校直。

附件6是山东魏桥铝业八爪校直机照片，照片上显示该校直机具有四套连杆机构和两套油缸，显然不是本专利中的八爪校直机顶推装置，并且专利权人声称附件6中的校直机是其采用2002年的专利生产的，因此，合议组对该证据不予采信。附件7是专利权人的六爪校直机照片，请求人认为照片中间横向完全露出的两套连杆机构是完全虚设无用的；附件 8 是河南伊川铝业视频取证调查光盘，录像中的操作工反映，中间两套连杆机构完全“无用”；附件 9 是六爪变形实物照片及六八爪弯曲方向示意图，请求人利用该照片说明本专利对六爪钢爪所设的中间两套连杆机构为无用装置；附件 13～14 是请求人对六爪型钢爪中间两爪无须校直的理论分析以及图示解释。由此可见，附件 7～9 以及13～14 都是用来证明本专利顶推装置中的中间两套连杆机构是无用的。但是，合议组认为，即使本专利顶推装置中的中间两套连杆机构是多余的，上述证据亦不足以证明本专利的顶推装置整体上不能被制造或使用，因而对请求人的主张不予支持。

3. 关于专利法第 22 条第 2 款

专利法第 22 条第 2 款规定：新颖性，是指在申请日以前没有同样的发明或者实用新型在国内外出版物上公开发表过、在国内公开使用过或者以其他方式为公众所知，也没有同样的发明或者实用新型由他人向国务院专利行政部门提出过申请并且记载在申请日以后公布的专利申请文件中。

如果要求保护的实用新型与现有技术公开的内容相比，二者存在区别特征，从而导致技术方案实质上不同，则该实用新型相对于现有技术具有新颖性。

专利权人对附件 2 的真实性没有提出异议，经核实，合议组对其真实性予以认可。附件 2 的申请日为 2004 年 2 月 13 日，早于本专利的申请日，因此，可以作为评价本专利是否具有新颖性的证据。

本专利权利要求 1 要求保护一种六爪、八爪阳极钢爪校直机顶推装置，它包括油缸（4）、活塞（5）及推动连杆机构，所述该机构由推动连杆（7）、杠杆（8）、杠杆外侧有顶推块（3）连接构成，其特征是在活塞（5）上端设有顶推分配器（6），在分配器上对称的设置有六或八套推动连杆机构，其中每两套连杆机构间的夹角由阳极钢爪横梁之间的夹角所决定，在顶推块（3）外侧旁的相应处设有与顶推块配合使用的靠背块（9）。

附件 2 公开了一种多方位阳极钢爪内弯校直装置，由液压油缸和连杆机构组成，其特征是：液压油缸活塞顶部装有顶座，顶座上设有四个互成一定角度轴线对称的铰链，通过铰链分别与四根斜向连杆连接，每根连杆另一端通过铰链连接在一个 L 形杠杆下端，杠杆靠下端部分朝向阳极钢爪一面装有挤压块，杠杆上端铰接固定在机架上。

将权利要求 1 所要求保护的技术方案与附件 2 公开的内容进行对比，其区别在于：权利要求 1 的分配器上设有六或八套推动连杆机构，在顶推块外侧旁的相应处设有与顶推块配合使用的靠背块。而附件 2 的顶座上只有四套上述连杆机构，其中的杠杠呈 L 形，并且没有配合顶推块的靠背块。由此可见，二者存在区别特征，从而导致技术方案实质上是不同的，因此，权利要求 1 相对于附件 2 具有新颖性，符合专利法第 22 条第 2 款的规定。

权利要求 2 是权利要求 1 的从属权利要求，在权利要求 1 具有新颖性的前提下，权利要求 2 也具有新颖性，符合专利法第 22 条第 2 款的规定。

4. 关于专利法实施细则第 2 条第 2 款

专利法实施细则第 2 条第 2 款规定：专利法所称实用新型，是指对产品的形状、构造或者其结合所提出的适于实用的新的技术方案。

由本专利的权利要求书和说明书可知，本专利要求保护的六爪、八爪阳极钢爪校直机顶推装置是对产品的形状和构造提出的技术方案，并且，基于以上对实用性和新颖性的评价，上述技术方案也是具有新颖性和实用性的。因此，本专利要求保护的技术方案是对产品的形状、构造或者其结合所提出的适于实用的新的技术方案，符合专利法实施细则第 2 条第 2 款的规定。

基于以上事实和理由，本案合议组作出如下审查决定。

三、决定

维持200420041573.0号实用新型专利权有效。

当事人对本决定不服的，可以根据专利法第46条第2款的规定，自收到本决定之日起三个月内向北京市第一中级人民法院起诉。根据该款的规定，一方当事人起诉后，另一方当事人应当作为第三人参加诉讼。

北京市第一中级人民法院
行政判决书

（2008）一中行初字第369号

原告张先勇，男，1944年11月1日出生，汉族，住山西省运城市盐湖区解州镇红旗路1号。

委托代理人解盼盼，男，1986年1月23日出生，汉族，运城市海德兴电器有限公司机械部设计师，户籍所在地贵州省凯里市华联路1号。

被告国家知识产权局专利复审委员会，住所地北京市海淀区北四环西路9号银谷大厦10~12层。

法定代表人廖涛，副主任。

委托代理人张家祥，男，国家知识产权局专利复审委员会审查员。

委托代理人程强，男，国家知识产权局专利复审委员会审查员。

第三人韦力，男，1949年9月23日出生，汉族，西安西科邦佳电气有限公司董事长兼总经理，住陕西省西安市雁塔路南段二号南12-451号。

原告张先勇不服被告国家知识产权局专利复审委员会专利无效宣告请求审查决定，于2008年2月27日向本院提起行政诉讼。本院受理后，依法组成合议庭并通知被诉具体行政行为的利害关系人韦力作为第三人参加诉讼。本院于2008年5月8日公开开庭审理了本案。原告张先勇及其委托代理人解盼盼，被告的委托代理人张家祥、程强，第三人韦力到庭参加了诉讼。本案现已审理终结。

2007年12月18日，被告作出第10793号无效宣告请求审查决定（以下简称第10793号决定），维持第200420041573.0号实用新型专利权（以下简称本专利）有效。决定认为：

1. 原告提出无效宣告请求的日期为2006年12月9日，而关于《中华人民共和国专利法》（以下简称《专利法》）第二十六条第三款和《中华人民共和国专利法实施细则》（以下简称《专利法实施细则》）第二十条第一款的无效宣告理由是在2007年4月25日提出的，显然超出了增加无效宣告理由的一个月的期限，因此，被告对上述无效宣告理由不予考虑。

2. 关于《专利法》第二十二条第四款。

本专利要求保护一种六爪、八爪阳极钢爪校直机顶推装置，本专利的说明书记载了所要求保护的技术方案，并在该技术方案的具体实施方式中，结合附图对本专利的整体构造及其工作原理作了详细地说明。本领域技术人员在说明书所公开内容的基础上，完全能够制造并使用所要求保护的校直机顶推装置。并且，说明书中也给出了上述技术方案所达到的技术效果，如："该顶推装置的出现首先解决了六爪、八爪阳极爪头的校直问题，对提高大型预焙槽电解电流效率有一定作用。经一年多时间的现场试用，年产15万吨电解铝厂年节约成本1000余万元。同时改善了工人生产环境，有利于提高标准化生产水平，有利于降低生产成本。使用该装置，阳极钢爪爪头无须切、割、焊、爪头无损伤；保持导电性能；提高电解效率；并延长钢爪使用寿命3倍以上"（参见说明书第2页第6~11行）。因此，在无相反证据的情况下，被告认为，本专利能够被制造和使用，能够产生积极效果，符合《专利法》第二十二条第四款的规定。

原告利用附件 6~9 和 13~14 来评价本专利的实用性，认为本专利的阳极钢爪校直机顶推装置中的中间两爪是两套虚设装置，不能实现校直。

附件 6 是山东魏桥铝业八爪校直机照片，照片上显示该校直机具有四套连杆机构和两套油缸，显然不是本专利中的八爪校直机顶推装置，并且第三人声称附件 6 中的校直机是其采用 2002 年的专利生产的，因此，被告对该证据不予采信。附件 7 是第三人的六爪校直机照片，原告认为照片中间横向完全露出的两套连杆机构是完全虚设无用的；附件 8 是河南伊川铝业视频取证调查光盘，录像中的操作工反映，中间两套连杆机构完全“无用”；附件 9 是六爪变形实物照片及六八爪弯曲方向示意图，原告利用该照片说明本专利对六爪钢爪所设的中间两套连杆机构为无用装置；附件 13~14 是原告对六爪型钢爪中间两爪无须校直的理论分析以及图示解释。由此可见，附件 7~9 以及 13~14 都是用来证明本专利顶推装置中的中间两套连杆机构是无用的。但是，被告认为，即使本专利顶推装置中的中间两套连杆机构是多余的，上述证据亦不足以证明本专利的顶推装置整体上不能被制造或使用，因而对原告的主张不予支持。

3. 关于《专利法》第二十二条第二款。

附件 2 可以作为评价本专利是否具有新颖性的证据。

将本专利权利要求 1 所要求保护的技术方案与附件 2 公开的内容进行对比，其区别在于：权利要求 1 的分配器上设有六或八套推动连杆机构，在顶推块外侧旁的相应处设有与顶推块配合使用的靠背块。而附件 2 的顶座上只有四套上述连杆机构，其中的杠呈 L 形，并且没有配合顶推块的靠背块。由此可见，二者存在区别特征，从而导致技术方案实质上是不同的，因此，权利要求 1 相对于附件 2 具有新颖性。权利要求 2 是权利要求 1 的从属权利要求，在权利要求 1 具有新颖性的前提下，权利要求 2 也具有新颖性。

4. 关于《专利法实施细则》第二条第二款。

由本专利的权利要求书和说明书可知，本专利要求保护的六爪、八爪阳极钢爪校直机顶推装置是对产品的形状和构造提出的技术方案，并且，基于以上对实用性和新颖性的评价，上述技术方案也是具有新颖性和实用性的。因此，本专利要求保护的技术方案是对产品的形状、构造或者其结合所提出的适于实用的新的技术方案，符合《专利法实施细则》第二条第二款的规定。

被告在法定的举证期限内向本院提交了如下证据，用以证明第 10793 号决定认定事实正确、证据充分：1. 第 200420041573.0 号中国实用新型专利说明书（即本专利）；2. 原告结合证据对无效宣告理由的具体意见陈述；3. 山东魏桥铝业八爪校直机照片（即附件 6）；4. 第三人的六爪校直机照片（即附件 7）；5. 六爪型钢爪中间两爪无须校直的理论分析；6. 对附件 13 的图示解释；7. 口头审理记录表。

原告诉称：本专利技术方案违背自然规律，作为整体在产业中不可能制造或者使用，不符合《专利法》第二十二条第四款规定的实用性；附件 6 是原告用以主张本专利方案在产业中不可能被制造或者使用的证据，被告不予采信错误；被告对附件 7 的认定错误，决定中表述的证明内容不是原告在口头审理中明确的内容；本专利的某一部件，可以也只能理解为一套连杆机构，不能是两套或四套连杆机构，决定中将“某一部件”扩大为“几个部件”，导致决定适用法律错误；本专利并非如专利权人所述能够产生积极效果，而只能是产生消极效果。综上，原告认为被告在行政程序中偏袒第三人，请求法院撤销第 10793 号决定。原告在庭审中指出，被告未向法院提交转文通知书和原告于 2007 年 4 月 25 日提交的意见陈述书两份证据材料，而上述证据能够证明被告未接受原告在意见陈述书中提出的理由违反了相关程序规定。

原告向法院提交了如下证据：1. 口审过程录音光盘及相关声音内容的文字记录，用以证明被告在口审过程中有意偏袒第三人；2. 第 200420041573.0 号中国实用新型专利说明书（即本专利），用以证明第三人在说明书中已经公开说明六爪八爪变形方向和横梁有一定的间距，故 2002 年的机器不能用，同时证明本专利说明书及权利要求书不清楚；3. 原告结合证据对无效宣告理由的具体意见陈述；4. 山东魏桥铝业八爪校直机照片（即附件 6）；5. 专利权人的六爪校直机照片（即附件 7）；6. 六爪型钢爪中间两爪无须校直的理论分析；7. 对证据 6 的图示解释；8. 六、八爪阳极钢爪顶推装置不可能造成或使用的理论分析，上述证据 4~8 用以证明本专利不具有实用性；9. 转文通知书；10. 原告于 2007 年 4 月 25 日提交的意见陈述书，上述证据 9、10 用以证明被告隐匿了原告提交的材料。

被告辩称：原告于 2007 年 4 月 25 日提出的无效理由，超出了增加无效宣告理由的一个月的期限，被告对上述无效理由不予考虑符合规定；附件 6 照片上显示的不是本专利中的装置，且专利权人声称是采用 2002 年的专利生产的，故被告对该证据不予采信。被告坚持无效决定中的认定理由，请求法院维持第 10793 号决定。

第三人同意被告的答辩意见，请求法院维持第 10793 号决定。

第三人未向法院提交证据。

经庭审质证，原告对被告提交的证据的关联性、合法性、真实性均无异议，但不同意被告主张的证明作用。第三人对被告提交的证据没有异议。被告及第三人认为原告提交的证据 1 不具有合法性，口头审理时已经明确告知未经许可不得拍照、录音，证据 8 在行政程序中没有提交，与本案无关联性。本院认为，被告提交的证据及原告提交的证据 2-7 与第 10793 号决定具有关联性，且合法、真实，能够作为认定本案的事实证据。依据《最高人民法院关于行政诉讼证据若干问题的规定》第五十九条的规定，被告在行政程序中依照法定程序要求原告提供证据，原告依法应当提供而拒不提供，在诉讼程序中提供的，人民法院一般不予采纳。本案中，原告提交的证据 8 在行政程序中没有提供，不能作为否定被诉具体行政行为合法性的依据，本院不予采纳。原告提交的证据 1 系未经许可采取偷录的手段获得，在被告提交的口头审理记录表中，已经明确记录审议庭规则包括未经许可不得拍照、录音，且原告已经在该口头审理记录表中签字确认，故本院对原告采取偷录的方式取得的视听资料不予采纳。

根据上述有效证据及各方当事人在庭审中无争议的陈述，本院确认如下事实：

本案涉及申请日为 2004 年 2 月 25 日，授权公告日为 2005 年 6 月 22 日，专利号为 200420041573.0，名称为“六爪、八爪阳极钢爪校直机顶推装置”的实用新型专利权（即本专利）。专利权人是韦力（即本案第三人）。该专利授权公告的权利要求书如下：

“1. 一种六爪、八爪阳极钢爪校直机顶推装置，它包括油缸（4）、活塞（5）及推动连杆机构，所述该机构由推动连杆（7）、杠杆（8）、杠杆外侧有顶推块（3）连接构成，其特征是在活塞（5）上端设有顶推分配器（6），在分配器上对称的设置有六或八套推动连杆机构，其中每两套连杆机构间的夹角由阳极钢爪横梁之间的夹角所决定，在顶推块（3）外侧旁的相应处设有与顶推块配合使用的靠背块（9）。

2. 根据权利要求 1 所述的六爪、八爪阳极钢爪校直机顶推装置，其特征是所述顶推块（3）的外侧面为弧面形，靠背块（9）与顶推块弧形面相应的侧面为‘V’字形。”

2006 年 12 月 9 日，原告针对本专利向被告提出无效宣告请求，同时提交了以下附件：

附件 3：无效宣告请求的理由、范围及所依据的证据，共 2 页；

附件 4：结合证据对无效宣告理由的具体意见陈述，共 6 页；

附件5：采用“L”型杠杆引起的技术进步，共2页；

附件6：山东魏桥铝业八爪校直机照片，复印件共1页；

附件7：专利权人的六爪校直机照片，复印件共1页；

附件8：河南伊川铝业视频取证调查光盘；

附件9：六爪变形实物照片及六八爪弯曲方向示意图，复印件共1页；

附件10：电解铝多种阳极钢爪实际弯曲照片，复印件共1页；

附件11：六爪、八爪与碳块组装照片，复印件共1页；

附件12：对附件4的图示解释，共3页。

原告认为，本专利不符合《专利法》第二十二条和《专利法实施细则》第二条第二款的规定。本专利与附件2属于相同的技术领域，解决了同一类技术问题，其技术方案的区别仅在于本专利多设了两套或四套校直中间钢爪的连杆杠杆系统，而上述多设的连杆杠杆系统根据附件6-8和13的说明根本不需要；本专利的技术方案全部落入了附件2的保护范围内，本专利属于重复授权；本专利的杠杆已包含在附件2设计时的技术思路特征中，实现基本相同的增力功能，达到挤压弯曲钢爪的相等效果，属于等同技术进步（见附件5）；本专利中的“连杆机构间的夹角由横梁间的夹角所决定”属于附件2“一定夹角”的范围中的一种，六爪、八爪型钢爪内弯的方向不是沿横梁方向，本专利权利要求2限定的二次校直复位机构不能将钢爪准确校直复位，另外，本专利的先非正向顶推，再靠弧面顶推块与“V”字形靠背块配合再侧推复位，与附件2的沿钢爪弯曲方向正推复位的一次准确复位相比，属于完成钢爪校直复位的等同技术特征。

2006年12月11日，原告补交了附件1~2，同时提交了附件5′（用于替换原附件5）以及附件4第4、6页的替换页。

附件1：本专利说明书；

附件2：第200420005175.3号中国实用新型专利说明书，申请日为2004年2月13日，授权公告日为2005年2月9日，复印件共5页；

附件5′：采用“L”型杠杆引起的技术进步，共3页。

2006年12月16日，原告再次补交了附件13~14，同时提交了附件4′和附件12′，分别替换原附件4和附件12。

附件4′：结合证据对无效宣告理由的具体意见陈述，共4页；

附件12′：对附件4的图示解释，共1页；

附件13：六爪型钢爪中间两爪无须校直的理论分析，共3页；

附件14：对附件13的图示解释，共2页。

被告受理了原告的无效宣告请求，于2006年12月29日向双方当事人发出了《无效宣告请求受理通知书》，并将《专利权无效宣告请求书》及其附件清单中所列附件副本以及原告于2006年12月11日和12月16日提交的补充意见及其附件清单中所列附件副本转送给第三人，要求其在指定的期限内答复，同时成立合议组对本无效宣告请求案进行审理。

2007年2月6日，第三人针对上述《无效宣告请求受理通知书》陈述了意见，同时提交了下述的反证：

反证1：西安西科邦佳电气有限公司与东方希望包头稀土铝业有限责任公司签订的阳极钢爪校直机技术协议，复印件共8页；

反证2：河南伊川铝业公司生成现场六爪阳极钢爪变形照片，复印件共2页；

反证3：第02262396.5号中国实用新型专利说明书，申请日为2002年11月6日，授权公告日为

2003年10月22日，复印件共5页；

反证4：《多方位阳极钢爪内弯校直装置200420005175.3》与《阳极钢爪热挤压校直装置02262396.5》核心技术的比较，共2页；

反证5：六爪、八爪阳极钢爪校直机设计图纸说明，共1页；

反证6：技术发展对照，共1页。

第三人认为，附件2的权利要求中未提及6个推动连杆、弧面形顶推块及V字形靠背块的机构设置的问题；反证1和反证2可以证明六爪阳极钢爪中间爪头存在变形，需要设置相应校直装置；本专利是在反证3的基础上改进而成的，另外，附件2中采用的核心技术是对反证3中技术基础的仿制和改型；本专利考虑了中间爪头长期积累变形因素和新爪使用时的节能要求，实际实施时加热、校直装置为可拆卸形式，另外还考虑了底部顶推油缸径向受力平衡的因素，防止经长期使用活塞因径向偏心造成的磨损，提高了设备的寿命。

2007年3月22日，被告向原告发出了《转送文件通知书》，将第三人于2007年2月6日提交的意见陈述书及其附件清单中所列附件的副本转送给原告。

2007年4月25日，原告针对《转送文件通知书》提交了意见陈述书，同时提交了附件15：

附件15：第200420041483.1号中国实用新型专利申请说明书，申请日为2004年2月3日，授权公告日为2005年2月16日，复印件共5页。

原告认为，本专利权利要求书中对六爪中间两爪多设置的连杆杠杆校直系统是根本不需要的虚设机构，对八爪中间四爪的四套校直机构根本无法实现，根据《专利法》第二十二条第四款，《专利法实施细则》第二条第二款应宣告无效；反证5中只有六套推动连杆机构，而本专利权利要求1中对八爪应该是八套推动连杆机构，本专利说明书附图2中只有中间两套在同一平面内共轴，其余四套明显地不在同一平面内，不共轴，而反证5中却画作共轴，本专利说明书附图1、2以及反证5中的铰链位置均不相同，本专利六爪校直机中间的两套推动连杆机构采用的是附件15的机构形式，第三人的原方案也是无法实现的，八爪型阳极钢爪中间只有四根横梁，每根大横梁连接一小横梁，八套推动连杆机构之间的夹角无法由横梁间的夹角决定；另外，本专利的说明书不符合《专利法》第二十六条第三款的规定，权利要求1不符合《专利法实施细则》第二十第一款的规定。

2007年5月11日，被告向双方当事人发出《无效宣告请求口头审理通知书》，定于2007年7月18日进行口头审理。同时把原告于2007年4月25日提交的意见陈述书及其附件转送给第三人。

2007年7月18日，口头审理如期进行，双方当事人均出席了口头审理。口头审理过程中确认并记录了以下事项：(1) 原告明确其无效理由为本专利不符合《专利法》第二十二条第二款和第四款、第二十六条第三款、《专利法实施细则》第二条第二款、第二十条第一款的规定，所使用的证据为附件2、6~9和13~14，放弃附件5，附件10~12和15用于帮助合议组进行理解，不作为证据使用。(2) 第三人放弃将反证1、3~6作为证据使用，对附件2、7的真实性没有异议，但对附件8~9、13~14的真实性有异议，同时表示附件6中的校直机是第三人采用2002年的专利生产的，不是本专利中的八爪校直机；原告对反证2的真实性有异议。(3) 被告当庭明确口头审理的范围为：《专利法》第二十二条第二、四款和《专利法实施细则》第二条第二款。

2007年7月23日，被告收到了原告提交的关于本案口头审理的意见陈述书和口头审理录音光盘1张。

至此，被告认为本案的事实清楚，作出第10793号决定。原告不服该决定诉至我院。

本院认为，鉴于原告明确表示对于第10793号决定案由部分记载的主要内容、关于新颖性的认定、关于《专利法实施细则》第二条第二款的认定均无异议，本院经审查，对其合法性予以确认。

1. 关于原告于2007年4月25日提出的无效理由被告是否应予接受。

参照《审查指南》第四部分第三章第4.2节规定，请求人在提出无效宣告请求之日起一个月后增加无效宣告理由的，专利复审委员会一般不予考虑。本案中，原告于2006年12月9日提出无效宣告请求，其于2007年4月25日提出的关于《专利法》第二十六条第三款和《专利法实施细则》第二十条第一款的无效理由，属于新增加的无效理由，超出了增加无效宣告理由的一个月的期限，故被告对上述无效宣告理由不予考虑正确，本院予以支持。

2. 关于本专利是否具有实用性。

根据《专利法》第二十二条第四款的规定，实用性是指该发明或者实用新型能够制造或者使用，并且能够产生积极效果。

判断一项实用新型专利是否具有实用性，要以权利要求书和说明书（包括附图）所公开的整体技术内容为依据，而不仅仅局限于权利要求书所记载的内容。如果该实用新型所要求保护的技术方案作为一个整体具有在产业中被制造或使用的可能性，并且产生了本领域技术人员可以预料的积极和有益的效果，则该实用新型具有实用性。

对于产品发明而言，如果该产品在产业上能够被制造或使用，并能产生积极效果，即使该产品的某一部件是多余的或者说没有实际用途，也不能否认该产品发明的实用性。

本案中，本领域技术人员在本专利说明书所公开内容的基础上，能够制造并使用所要求保护的校直机顶推装置。并且，说明书中也给出了上述技术方案所达到的技术效果。因此，在无相反证据的情况下，被告认定本专利能够被制造和使用，能够产生积极效果，符合《专利法》第二十二条第四款的规定正确，本院予以支持。

关于附件6，由于该照片上显示的校直机具有四套连杆机构和两套油缸，不是本专利中的八爪校直机顶推装置，并且原告声称该附件6中的校直机是其采用2002年的专利生产的，因此被告对该证据不予采信正确。原告主张的附件6不可能被制造或使用的理由与本案无关联性，本院不予支持。

关于附件7，根据原告及被告提交的附件7的证据及被告提交的口头审理记录表，被告认定的原告主张的附件7的证明作用并无不当。由于附件7~9以及13~14都是用来证明本专利顶推装置中的中间两套连杆机构是无用的。但是，即使本专利顶推装置中的中间两套连杆机构是多余的，上述证据亦不足以证明本专利的顶推装置整体上不能被制造或使用，故被告对原告的主张不予支持正确，本院予以支持。

综上，被告作出的第10793号决定认定事实清楚、适用法律正确、审查程序合法，本院应予支持。原告的诉讼理由缺乏事实及法律依据，其诉讼请求本院不予支持。据此，依照《中华人民共和国行政诉讼法》第五十四条第（一）项之规定，判决如下：

维持被告国家知识产权局专利复审委员会于二〇〇七年十二月十八日作出的第10793号无效宣告请求审查决定。

案件受理费100元，由原告张先勇负担（已交纳）。

如不服本判决，可在判决书送达之日起15日内，向本院递交上诉状，并按对方当事人的人数提出副本，预交上诉案件受理费100元，上诉于北京市高级人民法院。

审　判　长　齐　莹
代理审判员　乔　军
人民陪审员　原　琪
二〇〇八年八月二十日
书　记　员　李轶萌

北京市高级人民法院
行政判决书

（2009）高行终字第 493 号

上诉人（一审原告）张先勇，男，1944 年 11 月 1 日出生，汉族，住山西省运城市盐湖区解州镇红旗路 1 号。

委托代理人张新定，男，天津市大苏庄劳教所工作，住天津市河东区光华路 1 号门 6-1-403。

委托代理人王兵武，男，山西明迈特实业贸易有限公司工作，住山西省永济市涞水西街 9 号。

被上诉人（一审被告）国家知识产权局专利复审委员会，住所地北京市海淀区北四环西路 9 号银谷大厦 10~12 层。

法定代表人廖涛，副主任。

委托代理人张家祥，男，国家知识产权局专利复审委员会审查员。

委托代理人程强，男，国家知识产权局专利复审委员会审查员。

被上诉人（一审第三人）韦力，男，1949 年 9 月 23 日出生，汉族，西安西科邦佳电气有限公司董事长兼总经理，住陕西省西安市雁塔路南段二号南 12-451 号。

上诉人张先勇因专利无效宣告请求审查决定一案，不服北京市第一中级人民法院（2008）一中行初字第 369 号行政判决，向本院提起上诉。本院受理后依法组成合议庭公开开庭审理了本案。上诉人张先勇及其委托代理人张新定、王兵武；被上诉人国家知识产权局专利复审委员会的委托代理人张家祥、程强出庭参加了诉讼。经本院合法传唤，被上诉人韦力未出庭参加诉讼。本案现已审理终结。

2007 年 12 月 18 日，国家知识产权局专利复审委员会（以下简称专利复审委）作出第 10793 号无效宣告请求审查决定（以下简称第 10793 号决定），维持韦力的第 200420041573.0 号名称为“六爪、八爪阳极钢爪校直机顶推装置”的实用新型专利权（以下简称本专利）有效。张先勇不服，向北京市第一中级人民法院（以下简称一审法院）提起行政诉讼。

一审法院判决认定，参照《审查指南》第四部分第三章第 4.2 节规定，张先勇于 2006 年 12 月 9 日提出无效宣告请求，其于 2007 年 4 月 25 日提出的关于《中华人民共和国专利法》（以下简称《专利法》）第二十六条第三款和《中华人民共和国专利法实施细则》（以下简称《专利法实施细则》）第二十条第一款的无效理由，属于新增加的无效理由，超出了增加无效宣告理由的一个月的期限，专利复审委对上述无效宣告理由不予考虑正确，故予以支持。

本领域技术人员在本专利说明书所公开内容的基础上，能够制造并使用所要求保护的校直机顶推装置。并且，说明书中也给出了上述技术方案所达到的技术效果。因此，在无相反证据的情况下，专利复审委认定本专利能够被制造和使用，能够产生积极效果，符合《专利法》第二十二条第四款的规定正确，故予以支持。

关于附件 6，由于该照片上显示的校直机具有四套连杆机构和两套油缸，不是本专利中的八爪校直机顶推装置，并且原告声称该附件 6 中的校直机是其采用 2002 年的专利生产的，因此专利复审委对该证据不予采信正确。张先勇主张附件 6 不可能被制造或使用的理由与本案无关联性，故不予支持。

关于附件 7，根据张先勇及专利复审委提交的附件 7 的证据及口头审理记录表，专利复审委认定的张先勇主张的附件 7 的证明作用并无不当。由于附件 7~9 以及 13~14 都是用来证明本专利顶推装置中的中间两套连杆机构是无用的。但是，即使本专利顶推装置中的中间两套连杆机构是多余的，上述证据亦不足以证明本专利的顶推装置整体上不能被制造或使用，专利复审委对张先勇的主张不予支持正确，故予以支持。

综上，专利复审委作出的第10793号决定认定事实清楚、适用法律正确、审查程序合法，应予支持。张先勇的诉讼理由缺乏事实及法律依据，对其诉讼请求不予支持。依照《中华人民共和国行政诉讼法》第五十四条第（一）项规定，判决维持第10793号决定。

张先勇不服一审判决，向本院提起上诉，主要理由是：《六、八爪阳极钢爪顶推装置不可能造成或使用的理论分析》是其在行政程序中予以主张的理论分析，不属于在行政程序中未提交的证据。2007年4月25日提交的意见陈述针对的是专利复审委的《转文通知书》，并具体陈述了《专利法》第二十六条第三款和《专利法实施细则》第二十条第一款的无效理由，专利复审委应当予以接受。本专利不符合《专利法》第二十二条第四款规定的实用性；附件6是张先勇用以主张本专利方案在产业中不可能被制造或者使用的证据，专利复审委及一审法院认定错误；专利复审委及一审法院对附件7的认定错误违背事实。《法庭规则》等要求中，只有对“旁听者”未经许可不得拍照、录音，未对当事人有要求，因此，张先勇录音并不违反规定，且该录音资料应当作为有效证据。综上，张先勇请求二审法院撤销第10793号决定，撤销一审判决，并判令由被上诉人承担本案全部诉讼费用。

专利复审委的答辩认为，张先勇2007年4月25日提出的无效理由，超出了法律规定的增加无效宣告理由的一个月的法定期限，专利复审委对其新增无效理由不予考虑符合法律规定。附件6照片所显示的不是本专利中的装置，且韦力称其是采用2002年的专利生产的，因此，附件6能否被制造或使用与本专利没有关联性，故专利复审委对该证据不予采信；附件7是韦力的六爪校直机照片，即使本专利顶推装置中的中间两套连杆机构是多余的，该证据亦不足以证明本专利的顶推装置整体上不能被制造或使用。张先勇向一审法院提交的证据8在行政程序中未提交，因此不能作为本案审理的依据。对于采用偷录方式取得的视听资料应不予采纳。综上，一审判决认定事实清楚，适用法律正确，审理程序合法，请求二审法院维持第10793号决定，维持一审判决。

韦力未向本院提交答辩意见。

一审法院审理期间，专利复审委在法定期限内向法院提交了以下证据：1. 本专利说明书；2. 张先勇结合证据对无效宣告理由的具体意见陈述；3. 山东魏桥铝业八爪校直机照片（即附件6）；4. 韦力的六爪校直机照片（即附件7）；5. 六爪型钢爪中间两爪无须校直的理论分析；6. 对附件13的图示解释；7. 口头审理记录表。

一审法院审理期间，张先勇在法定期限内向法院提交了以下证据：1. 口头审理过程录音光盘及相关声音内容的文字记录；2. 本专利说明书；3. 张先勇结合证据对无效宣告理由的具体意见陈述；4. 山东魏桥铝业八爪校直机照片（即附件6）；5. 韦力的六爪校直机照片（即附件7）；6. 六爪型钢爪中间两爪无须校直的理论分析；7. 对证据6的图示解释；8. 六、八爪阳极钢爪顶推装置不可能造成或使用的理论分析；9. 转文通知书；10. 张先勇于2007年4月25日提交的意见陈述书。

韦力未向一审法院提交证据。

一审法院经审查认为，专利复审委提交的证据及张先勇提交的证据2~7与第10793号决定具有关联性，且合法、真实，能够作为认定本案的事实证据。依据《最高人民法院关于行政诉讼证据若干问题的规定》第五十九条的规定，“被告在行政程序中依照法定程序要求原告提供证据，原告依法应当提供而拒不提供，在诉讼程序中提供的，人民法院一般不予采纳”。本案中，张先勇提交的证据8在行政程序中没有提供，不能作为否定被诉具体行政行为合法性的依据，故不予采纳。张先勇提交的证据1系未经许可采取偷录的手段获得，在专利复审委提交的口头审理记录表中，已经明确记录审议庭规则包括未经许可不得拍照、录音，且张先勇已经在该口头审理记录表中签字确认，故对张先勇采取偷录的方式取得的视听资料不予采纳。

上述证据均已随案移送本院。经庭审质证并审查，本院认为，一审期间当事人提交的合法有效的证据，能够证明本案相关事实。一审法院对张先勇提交的证据 1、证据 8 不予采纳正确，本院予以确认。

根据上述有效证据，本院确认如下事实：

2004 年 2 月 25 日，韦力申请本专利，2005 年 6 月 22 日获得授权。本专利授权公告的权利要求书载明如下：

1. 一种六爪、八爪阳极钢爪校直机顶推装置，它包括油缸（4）、活塞（5）及推动连杆机构，所述该机构由推动连杆（7）、杠杆（8）、杠杆外侧有顶推块（3）连接构成，其特征是在活塞（5）上端设有顶推分配器（6），在分配器上对称的设置有六或八套推动连杆机构，其中每两套连杆机构间的夹角由阳极钢爪横梁之间的夹角所决定，在顶推块（3）外侧旁的相应处设有与顶推块配合使用的靠背块（9）。

2. 根据权利要求 1 所述的六爪、八爪阳极钢爪校直机顶推装置，其特征是所述顶推块（3）的外侧面为弧面形，靠背块（9）与顶推块弧形面相应的侧面为“V”字形。

2006 年 12 月 9 日，张先勇针对本专利向专利复审委提出无效宣告请求，同时提交了以下附件：

附件 3. 无效宣告请求的理由、范围及所依据的证据；

附件 4. 结合证据对无效宣告理由的具体意见陈述；

附件 5. 采用“L”型杠杆引起的技术进步；

附件 6. 山东魏桥铝业八爪校直机照片复印件；

附件 7. 专利权人的六爪校直机照片复印件；

附件 8. 河南伊川铝业视频取证调查光盘；

附件 9. 六爪变形实物照片及六八爪弯曲方向示意图复印件；

附件 10. 电解铝多种阳极钢爪实际弯曲照片复印件；

附件 11. 六爪、八爪与碳块组装照片复印件；

附件 12. 对附件 4 的图示解释。

张先勇认为，本专利不符合《专利法》第二十二条和《专利法实施细则》第二条第二款的规定。本专利与附件 2 属于相同的技术领域，解决了同一类技术问题，其技术方案的区别仅在于本专利多设了两套或四套校直中间钢爪的连杆杠杆系统，而上述多设的连杆杠杆系统根据附件 6~8 和 13 的说明根本不需要；本专利的技术方案全部落入了附件 2 的保护范围内，本专利属于重复授权；本专利的杠杆已包含在附件 2 设计时的技术思路特征中，实现基本相同的增力功能，达到挤压弯曲钢爪的相等效果，属于等同技术进步（见附件 5）；本专利中的“连杆机构间的夹角由横梁问的夹角所决定”属于附件 2“一定夹角”的范围中的一种，六爪、八爪型钢爪内弯的方向不是沿横梁方向，本专利权利要求 2 限定的二次校直复位机构不能将钢爪准确校直复位，另外，本专利的先非正向顶推，再靠弧面顶推块与“V”字形靠背块配合再侧推复位，与附件 2 的沿钢爪弯曲方向正推复位的一次准确复位相比，属于完成钢爪校直复位的等同技术特征。

2006 年 12 月 11 日，张先勇补充提交附件 1~2，同时提交了附件 5′（用于替换原附件 5）以及附件 4 第 4、6 页的替换页。

附件 1. 本专利说明书；

附件 2. 第 200420005175.3 号中国实用新型专利说明书复印件，申请日为 2004 年 2 月 13 日，授权公告日为2005年2月9日；

附件5′. 采用“L”型杠杆引起的技术进步。

2006年12月16日，张先勇再次补交附件13~14，同时提交了附件4′和附件12′，分别替换原附件4和附件12。

附件4′. 结合证据对无效宣告理由的具体意见陈述；

附件12′. 对附件4的图示解释；

附件13. 六爪型钢爪中间两爪无须校直的理论分析；

附件14. 对附件13的图示解释。

2007年2月6日，韦力提交陈述意见，同时提交了以下反证：

反证1. 西安西科邦佳电气有限公司与东方希望包头稀土铝业有限责任公司签订的阳极钢爪校直机技术协议复印件；

反证2. 河南伊川铝业公司生成现场六爪阳极钢爪变形照片复印件；

反证3. 第02262396.5号中国实用新型专利说明书复印件，申请日为2002年11月6日，授权公告日为2003年10月22日；

反证4.《多方位阳极钢爪内弯校直装置200420005175.3》与《阳极钢爪热挤压校直装置02262396.5》核心技术的比较；

反证5. 六爪、八爪阳极钢爪校直机设计图纸说明；

反证6. 技术发展对照。

韦力认为，附件2的权利要求中未提及6个推动连杆、弧面形顶推块及V字形靠背块的机构设置的问题；反证1和反证2可以证明六爪阳极钢爪中间爪头存在变形，需要设置相应校直装置；本专利是在反证3的基础上改进而成的，另外，附件2中采用的核心技术是对反证3中技术基础的仿制和改型；本专利考虑了中间爪头长期积累变形因素和新爪使用时的节能要求，实际实施时加热、校直装置为可拆卸形式，另外还考虑了底部顶推油缸径向受力平衡的因素，防止经长期使用活塞因径向偏心造成的磨损，提高了设备的寿命。

2007年3月22日，专利复审委向张先勇发出了《转送文件通知书》，将韦力于2007年2月6日提交的意见陈述书及其附件清单中所列附件的副本转送给张先勇。

2007年4月25日，张先勇针对《转送文件通知书》提交了意见陈述书，同时提交了附件15：即第200420041483.1号中国实用新型专利申请说明书复印件，申请日为2004年2月3日，授权公告日为2005年2月16日。

张先勇认为，本专利权利要求书中对六爪中间两爪多设置的连杆杠杆校直系统是根本不需要的虚设机构，对八爪中间四爪的四套校直机构根本无法实现，根据《专利法》第二十二条第四款，《专利法实施细则》第二条第二款应宣告无效；反证5中只有六套推动连杆机构，而本专利权利要求1中对八爪应该是八套推动连杆机构，本专利说明书附图2中只有中间两套在同一平面内共轴，其余四套明显地不在同一平面内，不共轴，而反证5中却画作共轴，本专利说明书附图1、2以及反证5中的铰链位置均不相同，本专利六爪校直机中间的两套推动连杆机构采用的是附件15的机构形式，韦力的原方案也是无法实现的，八爪型阳极钢爪中间只有四根横梁，每根大横梁连接一小横梁，八套推动连杆机构之间的夹角无法由横梁间的夹角决定；另外，本专利的说明书不符合《专利法》第二十六条第三款的规定，权利要求1不符合《专利法实施细则》第二十第一款的规定。

2007年7月18日，专利复审委举行口头审理。张先勇以及韦力均出席了口头审理。口头审理过程中确认并记录了以下事项：（1）张先勇明确其无效理由为本专利不符合《专利法》第二十二条第二款和第四款、第二十六条第三款、《专利法实施细则》第二条第二款、第二十条第一款的规定，所使用的证据为附件 2、6~9 和 13~14，放弃附件 5，附件 10-12 和 15 用于帮助合议组进行理解，不作为证据使用；（2）韦力放弃将反证 1、3~6 作为证据使用，对附件 2、7 的真实性没有异议，但对附件 8~9、13~14 的真实性有异议，同时表示附件 6 中的校直机是韦力采用 2002 年的专利生产的，不是本专利中的八爪校直机；张先勇对反证 2 的真实性有异议；（3）专利复审委当庭明确口头审理的范围为：《专利法》第二十二条第二、四款和《专利法实施细则》第二条第二款。

2007 年 7 月 23 日，专利复审委收到张先勇提交的关于本案口头审理的意见陈述书和口头审理录音光盘一张。

2007 年 12 月 18 日，专利复审委作出第 10793 号决定。维持本专利有效。理由如下：

1. 张先勇提出无效宣告请求的日期为 2006 年 12 月 9 日，而关于《专利法》第二十六条第三款和《专利法实施细则》第二十条第一款的无效宣告理由是在 2007 年 4 月 25 日提出的，显然超出了增加无效宣告理由的一个月的期限，故对上述无效宣告理由不予考虑。

2. 关于《专利法》第二十二条第四款。

本专利要求保护一种六爪、八爪阳极钢爪校直机顶推装置，本专利的说明书记载了所要求保护的技术方案，并在该技术方案的具体实施方式中，结合附图对本专利的整体构造及其工作原理作了详细地说明。本领域技术人员在说明书所公开内容的基础上，完全能够制造并使用所要求保护的校直机顶推装置。并且，说明书中也给出了上述技术方案所达到的技术效果，如："该顶推装置的出现首先解决了六爪、八爪阳极爪头的校直问题，对提高大型预焙槽电解电流效率有一定作用。经一年多时间的现场试用，年产 15 万吨电解铝厂年节约成本 1000 余万元。同时改善了工人生产环境，有利于提高标准化生产水平，有利于降低生产成本。使用该装置，阳极钢爪爪头无须切、割、焊、爪头无损伤；保持导电性能；提高电解效率；并延长钢爪使用寿命 3 倍以上"（参见说明书第 2 页第 6~11 行）。因此，在无相反证据的情况下，本专利能够被制造和使用，能够产生积极效果，符合《专利法》第二十二条第四款的规定。

张先勇利用附件 6~9 和 13~14 来评价本专利的实用性，认为本专利的阳极钢爪校直机顶推装置中的中间两爪是两套虚设装置，不能实现校直。

附件 6 是山东魏桥铝业八爪校直机照片，照片上显示该校直机具有四套连杆机构和两套油缸，显然不是本专利中的八爪校直机顶推装置，并且韦力声称附件 6 中的校直机是其采用 2002 年的专利生产的，故对该证据不予采信。附件 7 是韦力的六爪校直机照片，张先勇认为照片中间横向完全露出的两套连杆机构是完全虚设无用的；附件 8 是河南伊川铝业视频取证调查光盘，录像中的操作工反映，中间两套连杆机构完全"无用"；附件 9 是六爪变形实物照片及六八爪弯曲方向示意图，张先勇利用该照片说明本专利对六爪钢爪所设的中间两套连杆机构为无用装置；附件 13~14 是张先勇对六爪型钢爪中间两爪无须校直的理论分析以及图示解释。由此可见，附件 7~9 以及 13~14 都是用来证明本专利顶推装置中的中间两套连杆机构是"无用"的。但是，即使本专利顶推装置中的中间两套连杆机构是多余的，上述证据亦不足以证明本专利的顶推装置整体上不能被制造或使用，因而对张先勇的主张不予支持。

3. 关于《专利法》第二十二条第二款。

附件 2 可以用以评价本专利的新颖性。

将本专利权利要求 1 所要求保护的技术方案与附件 2 公开的内容进行对比，其区别在于：权利要求 1 的分配器上设有六或八套推动连杆机构，在顶推块外侧旁的相应处设有与顶推块配合使用的靠背块。而附件 2 的顶座上只有四套上述连杆机构，其中的杠呈 L 形，并且没有配合顶推块的靠背块。由此可见，二者存在区别特征，从而导致技术方案实质上是不同的。因此，权利要求1相对于附件2具有新颖性。符合《专利法》第二十二条第二款的规定。权利要求2是权利要求1的从属权利要求，在权利要求1具有新颖性的前提下，权利要求2也具有新颖性。

4. 关于《专利法实施细则》第二条第二款。

由本专利的权利要求书和说明书可知，本专利要求保护的六爪、八爪阳极钢爪校直机顶推装置是对产品的形状和构造提出的技术方案，并且，基于以上对实用性和新颖性的评价，上述技术方案也是具有新颖性和实用性的。因此，本专利要求保护的技术方案是对产品的形状、构造或者其结合所提出的适于实用的新的技术方案，符合《专利法实施细则》第二条第二款的规定。

综上，专利复审委决定维持本专利有效。

张先勇不服，遂诉至一审法院。

本院认为，鉴于张先勇以及韦力在一审中明确表示对于专利复审委所作第10793号决定的案由部分记载的主要内容、关于新颖性的认定、关于《专利法实施细则》第二条第二款的认定均无异议，本院经审查，确认其合法性。

本案主要的争议焦点问题是：第一，关于张先勇2007年4月25日所提无效理由应否被接受的问题；第二，关于本专利是否具有实用性的问题。

首先，关于张先勇2007年4月25日所提无效理由应否被接受的问题。《审查指南》第四部分第三章第4.2节规定，“请求人在提出无效宣告请求之日起一个月内增加无效宣告理由的，应当在该期限内对所增加的无效宣告理由具体说明；否则，专利复审委不予考虑。但下列情形除外：（i）针对专利权人以合并方式修改的权利要求，在专利复审委指定期限内增加无效宣告理由的，并在该期限内对所增加的无效宣告理由具体说明的；（ii）对明显与提交的证据不相对应的无效宣告理由进行变更的。”

张先勇于2006年12月9日提出无效宣告请求，其无效请求的理由是：本专利不符合《专利法》第二十二条和《专利法实施细则》第二条第二款的规定。也就是说，如果要增加新的无效理由，则必须在一个月之内提出。2007年4月25日，张先勇提交的意见陈述，不仅针对专利复审委《转文通知书》的内容，同时，其还提出本专利不符合《专利法》第二十六条第三款和《专利法实施细则》第二十条第一款的无效理由，而该理由属于新增加的无效理由，且不属于《审查指南》所规定的“除外”情况，因此，专利复审委不予考虑正确。

其次，关于本专利是否具有实用性的问题。根据《专利法》第二十二条第四款的规定，实用性是指该发明或者实用新型能够制造或者使用，并且能够产生积极效果。对于产品发明而言，如果该产品在产业上能够被制造或使用，并能产生积极效果，即使该产品的某一部件是多余的或者说没有实际用途，也不能否认该产品发明的实用性。

本案中，本领域技术人员根据本专利说明书所公开内容的基础上，能够制造并使用所要求保护的校直机顶推装置，并能实现说明书中给出上述技术方案所达到的技术效果。因此，在无相反证据的情况下，专利复审委认定本专利能够被制造和使用，且能够产生积极效果，符合《专利法》第二十二条第四款的规定正确。

附件6所显示的校直机具有四套连杆机构和两套油缸，并非本专利的八爪校直机顶推装置，并且韦力作为专利权人称附件6中的校直机是其采用2002年的专利生产的。对此，专利复审委不予采信正确。

附件7~9以及13~14都是张先勇用来证明本专利顶推装置中的中间两套连杆机构是无用的。专利复审委认为由于上述证据仍不足以证明本专利的顶推装置整体上不能被制造或使用是正确的。

综上，专利复审委所作第10793号决定合法，一审法院判决维持正确，本院应予维持。张先勇的上诉理由缺乏事实和法律依据，本院不予支持。依照《中华人民共和国行政诉讼法》第六十一条第（一）项的规定，判决如下：

驳回上诉，维持一审判决。

二审案件受理费人民币100元，由上诉人张先勇负担（已交纳）。

本判决为终审判决。

审　判　长　朱世宽
代理审判员　赵宇晖
代理审判员　朱海宏
二〇〇九年六月十八日
书　记　员　张　怡

004

夜光性荧光体

无效宣告请求审查决定（第 11003 号）

决　　定　　号　第 11003 号
决　　定　　日　2008 年 1 月 17 日
发明创造名称　夜光性荧光体
国　际　分　类　号　C09K 11/80
无效宣告请求人　四川新力实业集团有限公司
专　利　权　人　根本路明（香港）有限公司
专　　利　　号　95118116.5
申　　请　　日　1995 年 11 月 1 日
优　先　权　日　1994 年 11 月 1 日
授　权　公　告　日　2004 年 6 月 23 日
合　议　组　组　长　马文霞
主　　审　　员　孙跃飞
参　　审　　员　任晓兰

法　律　依　据　专利法第 22 条第 3 款
决　定　要　点

在判断一项权利要求是否具有创造性时，首先，应当确定与该权利要求的技术方案最接近的现有技术；继而，将该权利要求的技术方案和最接近现有技术中公开的技术方案进行特征分析，确定二者之间的区别技术特征，并客观分析该区别技术特征所能达到的技术效果从而确定发明实际解决的技术问题；然后，从最接近的现有技术和发明实际解决的技术问题出发，判断要求保护的发明对本领域的技术人员来说是否显而易见。

如果权利要求的保护范围内存在不具有创造性的区间，则该权利要求的技术方案整体上不具有创造性，不符合专利法第 22 条第 3 款的规定。

一、案由

本无效宣告请求涉及国家知识产权局于 2004 年 6 月 23 日授权公告的、名称为“夜光性荧光体”的第 95118116.5 号发明专利权（以下简称本专利），其申请日为 1995 年 11 月 1 日，优先权日为 1994 年 11 月 1 日，专利权人为根本路明（香港）有限公司。本专利授权公告时的权利要求书为：

“1. 夜光性荧光体，包括用 $M1-XAl_2O_4-X$ 表示的母体，其中，M 是选自钙、锶、钡中的至少一种金属元素，X 在 $-0.33 \leqslant X \leqslant 0.60$ 的范围内，但是 $X \neq 0$，同时，在该母体中添加相当于用 M 表示的金属元素的0.002%（摩尔）以上20%（摩尔）以下的铕作为活化剂，添加相当于用M表示的金属元素的0.002%（摩尔）以上20%（摩尔）以下的选自镧、铈、镨、钕、钐、钆、铽、镝、钬、铒、铥、镱、镥中至少一种元素作为共活化剂。

2. 根据权利要求1所述的夜光性荧光体，其特征是向M中添加镁。”

2006年9月30日，针对上述专利权，四川新力实业集团有限公司（以下简称请求人）向国家知识产权局专利复审委员会提出无效宣告请求，同时提交了以下证据：

证据1：第91107337.X号中国发明专利申请公开说明书，公开号为CN 1053807 A，公开日为1991年8月14日，共4页；

证据2：“固体发光学”，第10~17页，复印件共8页；

证据3：《发光学报》，第12卷第2期，1991年6月，第144~149页，复印件共6页。

请求人认为本专利权利要求1、2相对于证据1~3的结合没有创造性，不符合专利法第22条第3款的规定。

2006年10月19日，请求人提交了意见陈述书，进一步陈述了本专利权利要求1、2相对于证据1~3的结合不具有创造性的理由。

经形式审查合格后，专利复审委员会受理了上述无效宣告请求，并于2006年11月21日向双方当事人发出了《无效宣告请求受理通知书》，并向专利权人转送了《专利权无效宣告请求书》及其附件清单中所列附件副本以及请求人于2006年10月19日提交的意见陈述书，要求其在指定的期限内答复，同时成立合议组对上述无效宣告请求案进行审理。

2006年10月25日，请求人提交了意见陈述书，同时提交了以下证据：

证据4：《项目报告》，项目名称为“硼元素对稀土长余辉发光材料$SrAl_2O_4$：Eu^{2+}，Dy^{3+}的长余辉发光性能的影响”，委托单位为四川新力实业集团有限公司，承担单位为中国科学院长春应用化学研究所，项目执行人为李成宇，2006年，复印件，共6页；

请求人认为基于本专利的实施例以及证据4可知，硼元素是本专利权利要求1技术方案的必要技术特征，而权利要求1没有记载该特征，因此本专利权利要求1缺少必要技术特征，不符合专利法实施细则第21条第2款的规定。基于相同的理由，权利要求2也不符合专利法实施细则第21条第2款的规定。

2006年12月28日，专利权人针对请求人提出的无效宣告请求提交了意见陈述书，同时提交了以下反证：

反证1：《化学大辞典3》，1963年缩印版第1版，1976年缩印版第19次印刷发行，化学大辞典编集委员会编，共立出版株式会社出版，封面、第300页、封底，复印件共3页，及其部分中文译文1页；

反证2：《化学与教育》第38卷第4期，1990年8月10日印刷，1990年8月20日发行，日本化学会出版，封面、目录、第10~14页、版权页，复印件共8页，及其部分中文译文2页；

反证3：《荧光体手册》，1991年6月20日第1版第2次印刷发行，荧光体同学会编，封面、编集委员会成员页、目录、相关页、版权页，复印件共42页，及其部分中文译文15页；

反证4：《蓄光安全标识板》，JIS Z 9100-1987，1987年2月1日制定，1987年4月30日第1次印刷发行，日本工业标准调查会审议，日本规格协会出版，封面、封二、第1~13、15~18页、版权页、英文版权页，复印件共21页，及其部分中文译文1页；

反证5：《安全标识板》，JIS Z 9107：1998，1998年10月20日改正，1999年3月31日第1次印刷发行，日本工业标准调查会审议，日本规格协会出版，封面、封二、第1~11、13~18页、版权页、英文版权页，复印件共 21 页，及其部分中文译文 4 页；

反证 6：4 份奖状，复印件共 4 页，及其中文译文 4 页；

反证 7：第 3617 号无效宣告请求审查决定，复印件共 5 页。

专利权人首先结合反证介绍了背景技术，进而陈述了本专利权利要求 1、2 相对于证据 1~3 的结合具有创造性的具体理由，并声称本专利的技术方案取得了商业上的成功。

2007 年 1 月 4 日，专利权人提交了意见陈述书，对其于 2006 年 12 月 28 日提交的意见陈述书进行补正，重新提交了意见陈述书的第 28 页，并补充提交了以下反证：

反证 8：《固体发光》，中国科学院吉林物理所、中国科学技术大学《固体发光》编写组，1976 年 3 月，封面、前言、说明页、目录、相关页，复印件共 172 页。

2007 年 2 月 9 日，本案合议组向双方当事人发出《转送文件通知书》，将请求人于 2006 年 10 月 25 日提交的意见陈述书及其附件转送给专利权人，将专利权人分别于 2006 年 12 月 28 日、2007 年 1 月 4 日提交的意见陈述书及其附件转送给请求人，要求双方在指定期限内答复。

2007 年 3 月 22 日，专利权人提交了意见陈述书，补充提交了以下反证：

反证 9：日本平塚公证事务所出具的平成 17 年第 285 号《公证证书》，复印件共 46 页，及其中文译文 29 页；

反证 10：日本食品分析中心出具的第 105123813-001 号《分析试验结果报告》，2006 年（平成 18 年）1 月 12 日，复印件共 1 页，及其中文译文 1 页；

反证 11：东京都立产业技术研究所出具的 17 产技支技光第 485 号《结果报告》，2006 年（平成 18 年）1 月 19 日，复印件共 1 页，及其中文译文 1 页；

反证 12："关于蓄光性荧光体 N 夜光/LumiNova® SG-1000R 的检测及向分析实验机构提交等的事实实验公证证书"，平成 18 年第 12 号，复印件共 16 页，及其中文译文 13 页；

反证 13："公证实物影印件"，复印件共 2 页；

反证 14：JP 10-265775 A，公开日为 1998 年 10 月 6 日，复印件共 13 页，及其部分中文译文 3 页；

反证 15：Journal of the Ceramic Society of Japan，104 [4]，1996 年，第 322~326 页，复印件共 5 页，及其中文译文 3 页。

专利权人认为：（1）虽然专利权人无意质疑证据 4 的真实有效性，但是根据本领域的公知常识（参见反证 8 中关于助熔剂功能的记载以及灼烧的意义和灼烧温度等的教导，如第一编，第一章，12 页等），证据 4 的事实与结论之间并无必然联系；（2）并且本发明的荧光体母体为 $M1-XAl_2O_4-X$，不同于证据 4 中的荧光体母体，证据 4 的结论与本发明没有关系；（3）即便对于以 $SrAl_2O_4$：Eu，Dy 表示的荧光体，反证 9~12 公证了不使用硼酸于 1450℃进行灼烧得到的 $SrAl_2O_4$：Eu，Dy 夜光性荧光体商品 N 夜光 Lumi Nova® SG-1000R 的制造、包装以及检测，结果表明不使用硼酸作助熔剂也能得到长余辉夜光性荧光体；（4）此外，反证 14、15 也表明了不使用硼酸作助熔剂也能得到长余辉夜光性荧光体，因此硼酸作为助熔剂不是本发明的必要技术特征，请求人关于本专利权利要求 1 不符合专利法实施细则第 21 条第 2 款的主张不能成立。

2007 年 7 月 2 日，专利复审委员会本案合议组向双方当事人发出《无效宣告请求口头审理通知书》，拟定于 2007 年 9 月 4 日对本无效宣告请求进行口头审理。同时向请求人转送了专利权人于 2007 年 3 月 22 日提交的意见陈述书及其附件，要求请求人在口头审理时一并答复。

2007 年 9 月 4 日，口头审理如期举行，双方当事人的代理人均参加了口头审理。庭审过程中：

（1）请求人明确表示放弃证据 4，放弃关于专利法实施细则第 21 条第 2 款的无效理由，确认其无效理由为：权利要求1、2相对于证据1~3不具备专利法第22条第3款规定的创造性；

（2）专利权人对证据1~3的真实性没有异议；请求人对反证1~12、14、15的真实性没有异议，对各译文的准确性没有异议；由于反证13缺少必要的认证手续因此请求人对其真实性有异议；

（3）本案合议组对关于创造性的无效理由进行了调查并充分听取了双方的陈述。

经过上述审理程序，合议组认为本案事实已经清楚，可以依法作出审查决定。

二、决定的理由

1. 审查文本

本决定针对2004年6月23日授权公告的文本作出。

2. 证据认定

请求人在举证期限内提交了4份证据：证据1~4，请求人在口头审理时明确表示放弃其中的证据4，因此对该证据不再评述。对于证据1~3的真实性专利权人没有异议，合议组经核实认可它们的真实性。同时，证据1~3分别为本专利优先权日之前公开的专利文献、工具书和非专利文献，因此可以将这些证据用作现有技术来评价本专利的创造性。

专利权人在举证期限内提交了15份证据：反证1~15。请求人对反证1~12、14、15的真实性没有异议，合议组经核实认可它们的真实性。对于反证13，请求人认为其缺少必要的认证手续而对其真实性有异议。对此，合议组认为：反证13为两份日本平塚公证所公证封存的实物证据，其形成地在中华人民共和国领域外，应当履行必要的公证认证手续；由于专利权人没有履行必要的认证手续，因此合议组对反证13的真实性不予认可。

3. 关于创造性

专利法第22条第3款规定：创造性，是指同申请日以前已有的技术相比，发明有突出的实质性特点和显著的进步。

在判断一项权利要求是否具有创造性时，首先，应当确定与该权利要求的技术方案最接近的现有技术；继而，将该权利要求的技术方案和最接近现有技术中公开的技术方案进行特征分析，确定二者之间的区别技术特征，并客观分析该区别技术特征所能达到的技术效果从而确定发明实际解决的技术问题；然后，从最接近的现有技术和发明实际解决的技术问题出发，判断要求保护的发明对本领域的技术人员来说是否显而易见。

如果权利要求的保护范围内存在不具有创造性的区间，则该权利要求的技术方案整体上不具有创造性，不符合专利法第22条第3款的规定。

（1）权利要求1的创造性。

本专利权利要求1保护一种夜光性荧光体，包括：①用$M1-XAl_2O_{4-X}$表示的母体，M是选自钙、锶、钡中的至少一种金属元素，X在$-0.33\leq X\leq 0.60$的范围内，但是$X\neq 0$；②在母体中添加相当于用M表示的金属元素的0.002%（摩尔）以上20%（摩尔）以下的铕作为活化剂；③在母体中添加相当于用M表示的金属元素的0.002%（摩尔）以上20%（摩尔）以下的选自镧、铈、镨、钕、钐、钆、铽、镝、钬、铒、铥、镱、镥中至少一种元素作为共活化剂。

证据1（以下简称对比文件1）公开了一种铕激活的铝酸锶长余辉磷光材料，与本专利的技术领域相同。在对比文件1第3页倒数第11行至倒数第8行具体公开了以下内容：长余辉磷光材料，含有锶、铕、铝等元素组份，此外，还含有氧化硼组份，其化学组成为：$m(SR_1-XEu_x)O\cdot nAl_2O_3\cdot yB_2O_3$，各系数范围为：$1\leq m\leq 5$，$1\leq n\leq 8$，$0.001\leq x\leq 0.1$，$0.005\leq y\leq 0.35$；另外，在对比文件1实施例1中公开了一种具体的长余辉磷光材料，对应于上述化学组成式，各系数为：$m=4$，$n=7$，$x=0.03$，$y=0.15$，即，该材料的化学组成式为：$4(Sr_{0.97}Eu_{0.03})O\cdot 7Al_2O_3\cdot 0.15\,B_2O_3$；实施例2中公开了另一种具体的长余辉磷光材料，对应于上述化学组成式，各系数为：m=1，n=1，x=0.03，y=0.01，即，该材料的化学组成式为：（$Sr_{0.97}Eu_{0.03}$）O·Al_2O_3·0.01 B_2O_3。

以对比文件1实施例2作为最接近的现有技术，将本专利权利要求1的技术方案与其进行对比：

①本专利权利要求1中的母体用M1-XAl_2O_4-X表示，虽然对比文件1对其铝酸锶长余辉磷光材料未采用本专利权利要求1的铝酸盐母体的书写方式，而采用了氧化物的书写方式，但这两种书写方式均为常见的表示各元素比例的化学式，二者可以相互转换。将对比文件1实施例2的化学组成式按照本专利的书写方式转换即为：$Sr_{0.97}Al_2O_4$·$Eu_{0.03}$·0.01 B_2O_3，这就是在$SrAl_2O_4$表示的母体中掺杂铕而得的长余辉磷光材料，母体$SrAl_2O_4$相当于本专利权利要求1中M_1-XAl_2O_4-X表示的母体取X=0的情形。由于本专利权利要求1在限定$-0.33\leq X\leq 0.60$的同时特别排除了X=0的情形，因此其构成了权利要求1相对于对比文件1实施例2的区别技术特征。

②由于本专利权利要求1为开放式权利要求，并不排除其中含有权利要求1没有提及的其他成分，因此对比文件1实施例2中公开的、本专利权利要求1中没有具体限定的B_2O_3成分不能成为区别技术特征。

③对比文件1实施例2中掺入的铕约为锶的3%（摩尔），该数值落在本专利权利要求1相当于用M表示的金属元素的0.002%（摩尔）至20%（摩尔）的范围内，因此对比文件1公开了本专利权利要求1中关于活化剂铕的技术特征。

④对比文件1实施例2没有另外加入相当于用Sr表示的金属元素的0.002%（摩尔）以上20%（摩尔）以下的至少一种选自镧、铈、镨、钕、钐、钆、铽、镝、钬、铒、铥、镱、镥中的元素，因此该技术特征为本专利权利要求1相对于对比文件1实施例2的区别技术特征。

接下来需要通过分析各区别技术特征所能达到的技术效果从而确定发明实际解决的技术问题。

本专利说明书中声称解决的技术问题是“提供比市售的硫化物型荧光体具有更长时间余辉特性、化学性质更稳定，而且长期耐光性优良的夜光性荧光体”（参见本专利说明书第2页第4~6行）。但是，对比文件1公开了其铕激活的铝酸锶长余辉磷光材料“呈黄绿色或兰绿色，在紫外光激发下，发射光谱主峰在500~520nm。这种磷光材料性能稳定，经紫外光或自然光照射后，有很长的余辉时间。一般在自然光中照射几分钟后，其余光辉时间为十几小时至几十小时”（参见对比文件1第4页第1~4行），因此本专利说明书中声称要解决的技术问题在对比文件1中已经通过在铝酸锶中加入3%（摩尔）的铕得到解决，不是成为本专利权利要求1相对于对比文件1实际解决的技术问题。

对于本专利权利要求1的母体M_1-XAl_2O_4-X由于排除了X=0的情形而形成的区别技术特征，专利权人在口头审理中声称：本专利授权公告文本第40页记载了本专利调整母体的Sr/Al比偏离1∶2可以改变发光光谱。对此，合议组认为：本专利授权公告文本第40页仅记载了相关的如下表述：“试样（1）~（5）在约520nm处具有荧光光谱峰，得到发绿色荧光的夜光性荧光体。另一方面，试样（6）~（8）在约490nm处具有荧光光谱峰，得到发蓝绿色荧光的夜光性荧光体。”即：X=-0.33、-0.05、0.05和0.20的试样（1）、（2）、（4）、（5）与X=0的试样（3）都发出绿色荧光，具有同样的约520nm处具有荧光光谱峰。由此可知，荧光光谱的改变与$X\neq 0$的区别技术特征没有直接联系，专利权人声称的上述区别技术特征能达到调整发光光谱效果的论断不能成立。在本专利说明书的其他部分也没有记载上述区别技术特征所能达到的效果，因此，本专利基于该区别技术特征实际解决的技术问题只能是提供可选的$X\neq 0$的技术方案。

对于区别技术特征：添加相当于用Sr表示的金属元素的0.002%（摩尔）以上20%（摩尔）以下的至少一种选自镧、铈、镨、钕、钐、钆、铽、镝、钬、铒、铥、镱、镥中的元素，本专利说明书中仅给出了将X=0的试样1-（1）（$Sr_{0.99}Al_2O_4$·$Eu_{0.01}$·0.04 B_2O_3）、试样5-（4）（$CaAl_2O_4$·

$Eu_{0.01}$）等中的部分 M 分别替换为 Dy、Nd、La、Ce、Pr、Sm、Gd、Tb、Ho、Er、Tm、Yb、Lu 等前后的夜光性荧光体的辉光性能比较数据，而没有给出任何 $X\neq0$ 的添加至少一种选自镧、铈、镨、钕、钐、钆、铽、镝、钬、铒、铥、镱、镥中的元素前后的效果比较数据，因此，本领域技术人员只能认为在 $X\neq0$ 的 $M_1-XAl_2O_4-X\cdot Eu$ 中添加至少一种选自镧、铈、镨、钕、钐、钆、铽、镝、钬、铒、铥、镱、镥中的元素的效果与在 $MAl_2O_4\cdot Eu$ 中添加至少一种选自镧、铈、镨、钕、钐、钆、铽、镝、钬、铒、铥、镱、镥中的元素的效果相同。

本专利说明书中公开了多组实验数据，例如表 4、6、7 记载了将 $Sr_{0.99}Al_2O_4\cdot Eu_{0.01}\cdot 0.04\ B_2O_3$ 表示的夜光性荧光体（试样 1-（1））中的部分 Sr 分别替换为 Dy、Nd、La、Ce、Pr、Sm、Gd、Tb、Ho、Er、Tm、Yb、Lu 等后形成的夜光性荧光体的辉光性能数据。将这些数据与只包括铝酸锶母体与活化剂铕的试样 1-（1）的辉光性能数据对比后发现，在掺入相当于 Sr 的 0.001 %（摩尔）至 10 %（摩尔）的至少一种选自镧、铈、镨、钕、钐、钆、铽、镝、钬、铒、铥、镱、镥中的金属元素后形成夜光性荧光体的辉光性能有些得到了提高（如试样 2-（1）、（4）、（5）、（6）等），而有些发生了猝灭（如试样 2-（2）、（3）、（7），试样 3-（1）、（2）、（7），$SrAl_2O_4$：Eu：Ce、$SrAl_2O_4$：Eu：Er、$SrAl_2O_4$：Eu：Tm、$SrAl_2O_4$：Eu：Yb、$SrAl_2O_4$：Eu：Lu 等）。

因此，上述区别技术特征，即“添加相当于用 Sr 表示的金属元素的 0.002%（摩尔）以上 20%（摩尔）以下的至少一种选自镧、铈、镨、钕、钐、钆、铽、镝、钬、铒、铥、镱、镥中的元素”使得铕激活的铝酸锶荧光体的发光性能有些变优，有些变劣。据此确定的本发明实际解决的技术问题只能是通过掺入上述金属元素以调整铕激活的铝酸锶荧光体的发光性能。

综上，合议组认为，本发明相对于对比文件 1 实际解决的技术问题是：提供一种可选的 $X\neq0$、且在母体中掺杂至少一种上述稀土元素以调整荧光体发光性能的铕激活的铝酸锶荧光体。在此基础上，判断本发明是否具备创造性的焦点在于：现有技术中是否存在使母体中 $X\neq0$ 以及在母体中掺杂上述稀土元素而调整荧光体发光性能的技术启示？

对比文件 1 公开了通式 $m(S_{R1}-XEu_x)O\cdot nAl_2O_3\cdot yB_2O_3$，$1\leqslant m\leqslant5$，$1\leqslant n\leqslant8$，$0.001\leqslant x\leqslant 0.1$，$0.005\leqslant y\leqslant0.35$，其母体的 Sr/Al 比在一定范围内变化，特别是实施例 1 公开的具体的长余辉磷光材料 4（$Sr_{0.97}Eu_{0.03}$）$O\cdot 7Al_2O_3\cdot 0.15\ B_2O_3$，按照本专利的书写方式转换即为：$(Sr_{0.97}\cdot Eu_{0.03})_{(1-0.429)}Al_2O_{(4-0.429)}\cdot 0.02\ B_2O_3$，相当于本专利母体取 $X=0.429$ 的情形，落在 $-0.33\leqslant X\leqslant 0.60$，$X\neq0$ 的范围内，因此对比文件 1 实施例 1 给出了提供可选的 $X\neq0$ 的技术方案的启示。

同时，掺杂上述金属元素可以调整夜光性荧光体的发光性能是本领域的公知常识（参见作为公知常识载体的证据 2 第 11 页：“各种杂质对发光材料的影响不同，同一杂质对不同发光材料的影响也不一样”；“按杂质作用的性质不同，可以把杂质分为：激活剂，敏化剂，猝灭剂和惰性杂质”；“稀土荧光粉的激活剂有 Ce、Pr、Nd、Sm、Eu、Tb、Dy、Ho、Er、Tm 等。一种发光材料可以同时含两种激活剂”）。也就是说，本领域技术人员在对比文件 1 公开的稀土荧光粉的基础上，为了进一步调整其发光性能，在公知常识的教导下很容易想到向其中再掺入铈、镨、钕、钐、铽、镝、钬、铒或铥等第二金属元素，至于第二金属元素的添加量，由于权利要求 1 对该添加量的限定非常宽泛，涵盖了常规添加量，因此现有技术给出了将上述区别技术特征应用到对比文件 1 实施例 2 中以调整其铕激活的铝酸锶荧光体的发光性能的启示。

综上所述，对于本领域技术人员来说，在对比文件 1 和公知常识的基础上得到本专利权利要求 1 的技术方案是显而易见的。

根据上文对权利要求 1 的荧光体的效果数据的介绍，权利要求 1 中的部分荧光体相对于本专利说明书实施例 1 公开的 $Sr_{0.99}Al_2O_4\cdot Eu_{0.01}$荧光体的发光性能变劣，例如在 $Sr_{0.99}Al_2O_4\cdot Eu_{0.01}$荧光体中分别替代 Sr 掺入 Dy、Nd 各 0.001、0.005、10 %（摩尔）的荧光体，以及分别掺入 Ce、Pr、Tm 、Ho、Er、Yb、Lu 的荧光体。而本专利说明书实施例 1 特别是其中试样 1-（5）的荧光体与对比文件 1 实施例 2 公开的荧光体基本上相同，合议组能够合理地认为权利要求 1 上述荧光体的余辉性能相对于对比文件 1 公开的荧光体并未改进，鉴于本专利权利要求 1 中存在相对于对比文件 1 和公知常识的结合是显而易见的技术方案，且相对于对比文件 1 也没有产生有益的技术效果，因此，权利要求 1 整体上不具备创造性，不符合专利法第 22 条第 3 款的规定。

专利权人认为：证据 1 实施例 1、2 的制备工艺与本专利不一样，因此没有可比性。

对此，合议组认为：虽然对比文件 1 实施例 1、2 的铝酸锶长余辉磷光材料与本专利夜光性荧光体的制备方法略有不同，但由于本专利权利要求 1 为产品权利要求，在该权利要求中也没有对其保护的荧光体的制备方法进行限定，因此可以认为在制备方法上的细微差别不会对产品的性能带来显著影响；同时，对比文件 1 实施例 2 的原料配比（$Sr_{0.97}Al_2O_4 \cdot Eu_{0.03} \cdot {}_{0.01}B_2O_3$）与本专利试样 1-（5）（$Sr_{0.97}Al_2O_4 \cdot Eu_{0.03} \cdot {}_{0.04}B_2O_3$）相比仅在硼酸的用量方面略有不同，按照专利权人的意见陈述，原料中添加的硼酸在本发明中用作助熔剂，也不会影响到夜光性荧光体的余辉性能，因此，在对比文件 1 中已经公开了实施例 1、2 的余辉时间分别为 20 小时左右和大于 10 小时的情况下，可以推断对比文件 1 实施例 2 的余辉性能和本专利试样 1-（5）的相当。而且，从本专利说明书表 2 的数据可以看出，试样 1-（1）的 $Sr_{0.99}Al_2O_4 \cdot Eu_{0.01}$相对于试样 1-（5）的 $Sr_{0.97}Al_2O_4 \cdot Eu_{0.03}$的余辉性能略差，也就是说，本专利权利要求 1 中存在的相对于试样 1-（1）余辉性能变劣的荧光体，并不都具有优于对比文件 1 实施例 2 的发光性能。因此，合议组认定权利要求 1 中部分技术方案的余辉性能并不优于对比文件 1 实施例 2 的荧光体的余辉性能是合理的。

专利权人认为：权利要求 1 中加入的至少一种选自镧、铈、镨、钕、钐、钆、铽、镝、钬、铒、铥、镱、镥中的金属元素起共活化剂的作用，提高了余辉特性，具有很好的技术效果，从而导致权利要求 1 具有创造性。

对此，合议组认为：不可否认，从本专利说明书中的实验数据看，本专利权利要求 1 的保护范围中掺杂了至少一种选自镧、铈、镨、钕、钐、钆、铽、镝、钬、铒、铥、镱、镥中的金属元素后的某些技术方案，例如分别掺入 0.25~3.5mol% 镝和钕的荧光体确实提高了余辉特性，从目前的证据出发可以认为这些特定的技术方案具有创造性。但是，无法回避的是，在本专利权利要求 1 的保护范围中还存在很多余辉特性变化不大甚至明显变劣的技术方案。正是这些技术方案的存在导致本专利权利要求 1 整体上没有创造性。

专利权人认为：反证 4、5、6 表明本专利的技术方案取得了商业上的成功，因此具有创造性。

对此，合议组认为：作为判断发明创造性时需要考虑的因素，产品在商业上获得成功必须是由于发明的技术特征直接导致的，如果是由于其他原因所致，则不能作为判断创造性的依据。由于不能从反证 4、5、6 本身看出其与本专利技术方案的直接对应关系，而且专利权人也未能提供足以证明本专利的技术特征直接导致了商业上成功的其他证据，因此专利权人的论述不能成立。

（2）权利要求 2 的创造性。

本专利权利要求 2 引用权利要求 1，进一步限定了“向 M 中添加镁”。该技术特征没有在对比文件 1 中公开，是除了上述区别技术特征之外，权利要求 2 相对于对比文件 1 的又一区别技术特征。由于本专利权利要求 2 未对添加镁的添加量进行限定，并且在说明书中也没有具体描述添加镁所起的技术效果，因此本专利中权利要求 2 的技术方案实际解决的技术问题为得到含镁的夜光性荧光体。

证据 3 涉及铝酸锶铕的合成与发光的研究，与本专利的技术领域相同，具体公开了“在 $BaAl_{12}O_{19}$和 $SrAl1_2O_{19}$中加进了 Eu^{2+}和 Mg^{2+}离子，试制了（BaEu）$Mg_2Al_{16}O_{27}$和（$Sr_5Eu_{0.5}$）$Mg_6Al_{55}O_{94}$有效

磷光体，实际中得到应用”（参见证据3第144页第17~19行）。由此可知证据3通过添加Mg获得了含镁的铝酸盐类稀土磷光体（即夜光性荧光体），因此证据3给出了将上述区别技术特征引入对比文件1中以解决上述技术问题的启示，结合上述关于权利要求1的区别技术特征的评述，权利要求2的技术方案是显而易见的，相对于对比文件1、证据3和公知常识的结合没有创造性，不符合专利法第22条第3款的规定。

对于专利权人提交的其他反证，其中反证1~3和8用来说明本专利的背景技术，反证9~15涉及请求人已经放弃的关于缺少必要技术特征的无效理由，反证7为专利复审委员会的3617号无效宣告请求审查决定，涉及的是93101897.8号发明专利权，与本专利无关，因而这些反证均与上述关于创造性的评述无关，因此合议组对这些反证不再进行评述。

基于上述事实和理由，合议组作出下述决定。

三、决定

宣告95118116.5号发明专利权无效。

当事人对本决定不服的，可以根据专利法第46条第2款的规定，自收到本决定之日起三个月内向北京市第一中级人民法院起诉。根据该款规定，一方当事人起诉后，另一方当事人应当作为第三人参加诉讼。

北京市第一中级人民法院
行政判决书

（2008）一中行初字第680号

原告根本路明（香港）有限公司，住所地中华人民共和国香港特别行政区九龙。

委托代理人龙传红，男，中国国际贸易促进委员会专利商标事务所专利代理人。

委托代理人陈昕，男，中国国际贸易促进委员会专利商标事务所专利代理人。

被告中华人民共和国国家知识产权局专利复审委员会，住所地中华人民共和国北京市海淀区北四环西路9号银谷大厦10~12层。

法定代表人廖涛，副主任。

委托代理人任晓兰，女，中华人民共和国国家知识产权局专利复审委员会审查员。

委托代理人郭鹏鹏，男，中华人民共和国国家知识产权局专利复审委员会审查员。

第三人四川新力实业集团有限公司，住所地中华人民共和国四川省成都市高新区新达路2号。

法定代表人张明，董事长兼总裁。

委托代理人赵昆，男，四川新力实业集团有限公司发光粉厂厂长。

委托代理人武森涛，女，四川省成都市虹桥专利事务所职员。

原告根本路明（香港）有限公司不服被告中华人民共和国国家知识产权局专利复审委员会于2008年1月17日作出的第11003号无效宣告请求审查决定（以下简称第11003号决定），向本院提起行政诉讼。本院于2008年5月15日受理后，依法组成合议庭，于2008年7月29日公开开庭审理了本案。原告的委托代理人龙传红、陈昕，被告的委托代理人任晓兰、郭鹏鹏，第三人的委托代理人赵昆、武森涛到庭参加了诉讼。本案现已审理终结。

2008年1月17日，被告针对第三人对名称为“夜光性荧光体”的发明专利权（专利号为

95118116.5，申请日为1995年11月1日，优先权日为1994年11月1日，授权公告日为2004年6月23日，专利权人为原告，以下简称本专利）提出的无效宣告请求，作出第11003号决定。被告在该决定中认为：对于本领域技术人员来说，在附件1（即第91107337.X号中国发明专利申请公开说明书，共4页，以下简称附件1）和公知常识的基础上得到本专利权利要求1的技术方案是显而易见的。权利要求2的技术方案相对于附件1、附件3（即《发光学报》，第12卷第2期，1991年6月，第144~149页，共6页，以下简称附件3）和公知常识的结合没有创造性。本专利不符合《中华人民共和国专利法》（以下简称《专利法》）第二十二条第三款的规定，因此，宣告本专利权无效。

被告在法定期限内向本院提交了如下证据，用以证明第11003号决定正确：1. 附件1；2. "固体发光"，第10~17页，共8页（以下简称附件2）；3. 附件3；4. 口头审理记录表附页；5. 本专利。

原告诉称：1. 被告对于权利要求1的认定错误。(1) 被告认为"荧光光谱的改变与X≠0的技术特征没有直接联系"错误。通过使X发生变化，发光颜色从（1）~（5）的绿声变成了（6）~（8）的蓝绿色，这显然说明发光光谱发生了改变。另一方面，即使发光颜色如（1）~（5）那样都是绿色或者如（6）~（8）那样都是蓝绿色也不能证明发光光谱没有发生改变。众所周知，可见光谱显示的每种颜色都是具有一定波长范围的，而且一种物质显示的颜色是其发射的所有色光的总体效果，仅仅因为显示颜色保持为绿色或者蓝绿色就断定发光光谱不发生变化，显然是不正确的。(2) 被告认定"在X≠0的技术方案M 1-XAl_2O_{4-X}·Eu中添加至少一种选自镧、铈、镨、钕、钐、钆、铽、镝、钬、铒、铥、镱和镥中的元素与在MAl_2O_4·Eu中添加至少一种选自镧、铈、镨、钕、钐、钆、铽、镝、钬、铒、铥、镱和镥中的元素的效果相同"错误。在本专利授权文本第4~37页所介绍的，是与此前实用的硫化物类荧光体不同的用MAl_2O_4表示的基质结晶中，加入铕活化剂后，再加入共活化剂，可以实现比硫化物类材料更好的余辉性能的一种材料，但这并非本发明的技术方案。本发明通过有意识的调整M（钙、锶或钡）与Al的比例（改变X的值），创造出了以往没有过的新颖的夜光性荧光体。本发明这一技术方案与采用MAl_2O_4表示的基质当然是不同的技术方案，因此被告不考虑以MAl_2O_4（M为Sr）为母体的试样2、3及其效果等与本发明无关，而仅仅因为没有公开不必要的"添加至少一种选自镧、铈、镨、钕、钐、钆、铽、镝、钬、铒、铥、镱和镥中的元素前后的效果比较数据"就认定两者效果相同，逻辑上显然是错误的。(3) 被告所认定的本发明要解决的技术问题与本发明真正解决的技术问题不符。本专利的权利要求1与附件1的实施例2相比，存在的差别是：二者母体不同；权利要求1中加入了特定含量的至少一种选自镧、铈、镨、钕、钐、钆、铽、镝、钬、铒、铥、镱和镥中的第二种元素（共活化剂）；权利要求1的技术方案得到的荧光体的发光光谱与实施例2不同；权利要求1中添加了第二种元素后的发光性能与该实施例2不同。因此权利要求1所保护的夜光性荧光体与该实施例2的荧光体完全不同，其发光性能也不可能相同。由于截至本专利的申请日，公众所能了解的长余辉磷光材料（荧光体），其发光性能尚无能超出硫化锌铜者，因此本发明所要解决的技术课题就是提供比市售的硫化物型荧光体具有更长时间余辉特性，同时与原告在先完成的MAl_2O_4母体的荧光体母体有所不同的荧光体。从说明书所给出的各个实施例的数据来看，本发明中所得到的荧光体，实现了具有与MAl_2O_4母体不同的M、Al、O比例，同时仍然具有长时间余辉性能的目的，因此相对于附件1具有显著的进步。(4) 被告仅仅认定了权利要求1中部分技术方案无创造性，以此认定权利要求1全部无效适用法律错误。5、被告推断附件1实施例2的余辉性能与本专利试样1~5的性能相当属于主观臆断。2. 被告关于权利要求2认定的事实和结论错误。在针对权利要求1的错误结论基础上，被告对于附件3采取了断章取义式的引用，因此权利要求2缺乏创造性的结论也是错误的。因此，被告作出的第11003号决定，事实认定不清、法律运用不准确、决定错误，故请求人民法院应予撤销。

原告在法定期限内向本院提交了如下证据：1. 本专利，用以说明本案案由；2. 附件 1；3. 附件 2；4. 附件 3，上述三份证据用以证明被告引用的文献；5.（2007）沪证字第 12011 号公证书；6. 宋庆梅的身份证明；7.（2007）长证内经字第 8611 号公证书；8. 对比测试报告；9. 重复试验报告，上述四份证据用以证明被告事实认定错误；10. 公证文件、证人证词所涉及的实物；11. 原告 2006 年 12 月 28 日提交的意见陈述书；12. 原告 2007 年 3 月 21 日提交的补充意见陈述；13.《荧光体手册》及其中文译文；14. 可见光谱、CIE1931 色品图、CIE1976UCS 色品图、NCS 色调环和相应解释（自《现代颜色技术原理及应用》北京理工大学出版社，2007），上述五份证据用以证明原告的观点；15. J Elect rochem Soc：SOLID-STATE SCIENCE AND TECHNOLOGY，1974，121，1623-1631（文献 1 和 2 是连续的两篇论文）；16. 译文；17. 李文连著《有机/无机光电功能材料及其应用》第 150、151、166~168、174、175 页，上述三份证据用以证明被告事实认定错误。

被告辩称：1. 本专利中使用发光颜色和波长来表征发光光谱特性。从本专利说明书第 40 页的内容能看出试样 1~5 发光光谱不同，并不能看出试样 1~5 的发光光谱有何差异。另外，试样 1~5 的 X 值不同，分别为-0. 33、-0. 05、0、0. 05、0. 20，由于从该页的内容无法看出这五种荧光体的发光光谱有何差异，因此，也就不能得出 X≠0 与发光光谱改变之间有直接关系的结论。2. 既然专利权人认为 X=0 与 X≠0 是完全不同的技术方案，在说明书中就应当记载 X≠0 的技术方案所产生的技术效果。在说明书中仅给出了 X=0 的技术方案的相应效果，未给出 X≠0 的技术方案的相应效果的情况下，基于本专利中将二者作为可选的并列技术方案，因此，说明书中给本领域技术人员教导的信息只能是：专利权人认为二者的技术效果是相当的。3. 关于发明要解决的技术问题。本案中说明书中以 ZnS：Cu 为最接近的现有技术，无效过程中最接近的现有技术却是附件 1 的实施例 2，根据审查指南的相关规定，发明实际解决的技术问题不再是说明书中声称的技术问题，而是将权利要求与所述实施例 2 进行对比，找出区别技术特征后，根据该区别技术特征所能产生的技术效果而重新确定的技术问题。4. 关于权利要求 1 整体的创造性。本专利权利要求 1 采用了马库什权利要求的撰写方式，这种权利要求实质上保护的是一个技术方案，不能与并列的独立技术方案混淆，不能随意地将其拆分成独立的技术方案。第 11003 号决定先认定了权利要求 1 整体上相对于附件 1 实际解决的技术问题，在论述了权利要求 1 整体上不具备创造性，这种认定是完全正确的。5. 关于附件 1 实施例 2 所公开的材料是否与本专利中的样品 1~（5）性能相当。评价创造性时针对的是本专利权利要求的技术方案，用权利要求中保护的技术方案和对比文件公开的内容相比，本专利权利要求 1 是产品权利要求，没有限定任何工艺特征，也没有限定晶体特征，而原告强调是工艺步骤和晶体生成方面的差异。第 11003 号决定中所述被告依据附件 1 中公开的内容推断附件 1 实施例 2 产物的语汇性能明显优于 ZnS：Cu，进而推断附件 1 的实施例 2 与本专利试样 1~5 性能相当完全正确。6. 关于母体的表达方式。本案中无论是母体还是最终产物都明显不是分子晶体，本专利中的化学式 $M\ 1\text{-}XAl_2O_{4-X}$ 仅能表示出元素的比例，无法表示出微观结构。同时，在本专利的权利要求中也没有母体的微观结构进行限定，第 11003 号决定中对权利要求 1 和附件 1 母体的认定是正确的。7. 原告在行政诉讼中提出了六份新证据，由于这些证据原告在无效程序中没有提交，因此不能影响无效决定的合法性。第 11003 号决定认定事实清楚，说明理由充分，审理程序合法，请求人民法院予以维持。

第三人同意被告意见。

第三人在法定期限内未向本院提交证据。

经庭审质证，原告及第三人对被告证据的关联性、真实性和合法性没有意见，被告及第三人对原告证据 1~4 的关联性、真实性和合法性没有意见。被告及第三人认为原告证据 5~17 在无效程序中没有提交，与本案没有关联性，这些证据中的两本教科书出现于本专利出现以后，不能证明本专利时期的技术状态；公证书只是对邮寄行为的公证；鉴定报告是师范大学的一个研究所，鉴定机构是否具有司法鉴定资质无法证明，测试报告的人员、设备也没有出现过，所以不具备鉴定结论证据的法定形式；证人证言也不符合法定证据的形式；鉴定意见是个人出具的，是个人的书面证言。

经审查，本院认为，被告的证据以及原告的证据1~4能够证明案件事实，符合最高人民法院《关于行政诉讼证据若干问题的规定》中关于证据的规定，本院予以确认。原告的证据5~17与第11003号决定没有关联性，本院不予采纳。

根据上述有效证据及各方当事人在庭审中无争议的陈述，本院确认如下事实：

1995年11月1日，原告向国家知识产权局申请名称为“夜光性荧光体”的发明专利权，于2004年6月23日授权公告。本专利的权利要求书如下：“1. 夜光性荧光体，包括用 $M\,1\text{-}XAl_2O_{4\text{-}X}$ 表示的母体，其中，M是选自钙、锶、钡中的至少一种金属元素，X在 $-0.33\leqslant X\leqslant 0.60$ 的范围内，但是 $X\neq 0$，同时，在该母体中添加相当于用M表示的金属元素的0.002%（摩尔）以上20%（摩尔）以下的铕作为活化剂，添加相当于用M表示的金属元素的0.002%（摩尔）以上20%（摩尔）以下的选自镧、铈、镨、钕、钐、钆、铽、镝、钬、铒、铥、镱、镥中至少一种元素作为共活化剂。2. 根据权利要求1所述的夜光性荧光体，其特征是向M中添加镁。”

2006年9月30日，第三人针对本专利向被告提出无效请求，同时提交了附件1~3作为证据。第三人认为本专利权利要求1、2相对于附件1~3的结合没有创造性，不符合《专利法》第二十二条第三款的规定。被告受理了该无效请求后，成立了合议组，并依法向原告进行了转文。2006年10月25日，第三人向被告提交了意见陈述书，同时提交了附件4：《项目报告》，项目名称为“硼元素对稀土长余辉发光材料 $SrAl_2O_4$：Eu^{2+}，Dy 3+的长余辉发光性能的影响”，委托单位为四川新力实业集团有限公司，承担单位为中国科学院长春应用化学研究所，项目执行人为李成字，2006年，复印件，共6页（以下简称附件4）。第三人认为基于本专利的实施例以及附件4可知，硼元素是本专利权利要求1技术方案的必要技术特征，而权利要求1没有记载该特征，因此本专利权利要求1缺少必要技术特征，不符合《中华人民共和国专利法实施细则》（以下简称《专利法实施细则》）第二十一条第二款的规定。基于相同的理由，权利要求2也不符合《专利法实施细则》第二十一条第二款的规定。原告针对第三人提出的无效宣告请求提交了意见陈述书，同时提交了反证证明其理由。

2007年9月4日，被告进行了口头审理。在口头审理过程中，第三人请求人明确表示放弃附件4，放弃关于《专利法实施细则》第二十一条第二款的无效理由，确认其无效理由为：权利要求1、2相对于附件1~3不具备《专利法》第二十二条第三款规定的创造性。

经过审查，被告作出第11003号决定，该决定认为：

1. 本决定针对2004年6月23日授权公告的文本作出。

2. 附件1~3可以用作现有技术来评价本专利的创造性。

3. 关于创造性。（1）权利要求1的创造性。本专利权利要求1保护一种夜光性荧光体，包括：①用 $M\,1\text{-}XAl_2O_{4\text{-}X}$ 表示的母体，M是选自钙、锶、钡中的至少一种金属元素，X在 $-0.33\leqslant X\leqslant 0.60$ 的范围内，但是 $X\neq 0$；②在母体中添加相当于用M表示的金属元素的0.002%（摩尔）以上20%（摩尔）以下的铕作为活化剂；③在母体中添加相当于用M表示的金属元素的0.002%（摩尔）以上20%（摩尔）以下的选自镧、铈、镨、钕、钐、钆、铽、镝、钬、铒、铥、镱、镥中至少一种元素作为共活化剂。附件1公开了一种铕激活的铝酸锶长余辉磷光材料，与本专利的技术领域相同。在附件1第3页倒数第11行至倒数第8行具体公开了以下内容：长余辉磷光材料，含有锶、铕、铝等元素组份，此外，还含有氧化硼组份，其化学组成为：$m(Sr_{1-X}Eu_X)O\cdot nAl_2O_3\cdot yB_2O_3$，各系数范围为：$1\leqslant m\leqslant 5$，$1\leqslant n\leqslant 8$，$0.001\leqslant x\leqslant 0.1$，$0.005\leqslant y\leqslant 0.35$；另外，在附件1实施例1中公开了一种具体的长余辉磷光材料，对应于上述化学组成式，各系数为：m=4，n=7，x=0.03，y=0.15，即，该材料的化学组成式为：4（$Sr_{0.97}Eu_{0.03}O\cdot 7Al_2O_3\cdot 0.15B_2O_3$；实施例2中公开了另一种具体的长余辉磷光材料，对应于上述化学组成式，各系数为：m=1，n=1，x=0.03，y=0.01,即，该材料的化学组成式为：$Sr_{0.97}Al_2O_4\cdot Eu_{0.03}\cdot 0.01B_2O_3$ 以附件1实施例2作为最接近的现有技术，将本专利权利要求1的技术方案与其进行对比：①本专利权利要求1中的母体用 $M_{1-X}Al_2O_{4-X}$表示，虽然附件1对其铝酸锶长余辉磷光材料未采用本专利权利要求1的铝酸盐母体的书写方式，而采用了氧化物的书写方式，但这两种书写方式均为常见的表示各元素比例的化学式，二者可以相互转换。将附件1实施例2的化学组成式按照本专利的书写方式转换即为：$Sr_{0.97}Al_2O_4\cdot Eu_{0.03}\cdot 0.01B_2O_3$ 这就是在 $SrAl_2O_4$ 表示的母体中掺杂铕而得的长余辉磷光材料，母体 $SrAl_2O_4$ 相当于本专利权利要求1中 $M_{1-X}Al_2O_{4-X}$表示的母体取 X=0 的情形。由于本专利权利要求1在限定 $-0.33\leqslant X\leqslant 0.60$ 的同时特别排除了 X=0 的情形，因此其构成了权利要求1相对于附件1实施例2的区别技术特征；②由于本专利权利要求1为开放式权利要求，并不排除其中含有权利要求1没有提及的其他成份，因此附件1实施例2中公开的、本专利权利要求1中没有具体限定的 B_2O_3 成分不能成为区别技术特征；③附件1实施例2中掺入的铕约为锶的3%（摩尔），该数值落在本专利权利要求1相当于用M表示的金属元素的0.002%（摩尔）至20%（摩尔）的范围内，因此附件1公开了本专利权利要求1中关于活化剂铕的技术特征；④附件1实施例2没有另外加入相当于用Sr表示的金属元素的0.002%（摩尔）以上20%（摩尔）以下的至少一种选自镧、铈、镨、钕、钐、钆、铽、镝、钬、铒、铥、镱、镥中的元素，因此该技术特征为本专利权利要求1相对于附件1实施例2的区别技术特征。本专利说明书中声称解决的技术问题是“提供比市售的硫化物型荧光体具有更长时间余辉特性、化学性质更稳定，而且长期耐光性优良的夜光性荧光体”（参见本专利说明书第2页第4~6行）。但是，附件1公开了其铕激活的铝酸锶长余辉磷光材料“呈黄绿色或兰绿色，在紫外光激发下，发射光谱主峰在500~520nm。这种磷光材料性能稳定，经紫外光或自然光照射后，有很长的余辉时间。一般在自然光中照射几分钟后，其余光辉时间为十几小时至几十小时”（参见附件1第4页第1~4行），因此本专利说明书中声称要解决的技术问题在附件1中已经通过在铝酸锶中加入3%（摩尔）的铕得到解决，不是成为本专利权利要求1相对于附件1实际解决的技术问题。对于本专利权利要求1的母体 $M_{1-X}Al_2O_{4-X}$由于排除了 X=0 的情形而形成的区别技术特征，专利权人在口头审理中声称：本专利授权公告文本第40页记载了本专利调整母体的Sr/Al比偏离1：2可以改变发光光谱。对此，合议组认为：本专利授权公告文本第40页仅记载了相关的如下表述：“试样（1）-（5）在约520nm处具有荧光光谱峰，得到发绿色荧光的夜光性荧光体。另一方面，试样（6）-（8）在约490nm处具有荧光光谱峰，得到发蓝绿色荧光的夜光性荧光体。”即：X=-0.33、-0.05、0.05和0.20的试样（1）、（2）、（4）、（5）与X=0的试样（3）都发出绿色荧光，具有同样的约520nm处具有荧光光谱峰。由此可知，荧光光谱的改变与 $X\neq 0$ 的区别技术特征没有直接联系，原告声称的上述区别技术特征能达到调整发光光谱效果的论断不能成立。在本专利说明书的其他部分也没有记载上述区别技术特征所能达到的效果，因此，本专利基于该区别技术特征实际解决的技术问题只能是提供可选的 $X\neq 0$ 的技术方案。对于区别技术特征：添加相当于用Sr表示的金属元素的0.002%（摩尔）以上20%（摩尔）以下的至少一种选自镧、铈、镨、钕、钐、钆、铽、镝、钬、铒、铥、镱、镥中的元素，本专利说明书中仅给出了将 X=0 的试样1-（1）$Sr_{0.99}Al_2O_3\cdot Eu_{0.01}\cdot 0.04B_2O_3$ 试样5-（4）（$CaAl_2O_3\cdot Eu_{0.01}$）等中的部分M分别替换为Dy、Nd、La、Ce、Pr、Sm、Gd、Tb、Ho、Er、Tm、Yb、Lu等前后的夜光性荧光体的辉光性能比较数据，而没有给出任何 $X\neq 0$ 的添加至少一种选自镧、铈、镨、钕、钐、钆、铽、镝、钬、铒、铥、镱、镥中的元素前后的效果比较数据，因此，本领域技术人员只能认为在 $X\neq 0$ 的 $M_{1-X}Al_2O_{4-X}$中添加至少一种选自镧、铈、镨、钕、钐、钆、铽、镝、钬、铒、铥、镱、镥中的元素的效果与在 $MAl_2O_4 \cdot Eu$ 中添加至少一种选自镧、铈、镨、钕、钐、钆、铽、镝、钬、铒、铥、镱、镥中的元素的效果相同。本专利说明书中公开了多组实验数据，例如表 4、6、7 记载了将 $Sr_{0.99}Al_2O_4 \cdot Eu_{0.01} \cdot 0.01B_2O_2$ 表示的夜光性荧光体（试样 1-（1））中的部分 Sr 分别替换为 Dy、Nd、La、Ce、Pr、Sm、Gd、Tb、Ho、Er、Tm、Yb、Lu 等后形成的夜光性荧光体的辉光性能数据。将这些数据与只包括铝酸锶母体与活化剂铕的试样 1-（1）的辉光性能数据对比后发现，在掺入相当于 S r 的 0.001%（摩尔）至 10%（摩尔）的至少一种选自镧、铈、镨、钕、钐、钆、铽、镝、钬、铒、铥、镱、镥中的金属元素后形成夜光性荧光体的辉光性能有些得到了提高（如试样 2-（1）、（4）、（5）、（6）等），而有些发生了猝灭（如试样 2-（2）、（3）、（7），试样 3-（1）、（2）、（7），$SrAl_2O_4$：Eu：Ce、$SrAl_2O_4$：Eu：Er、Eu：Tm、Eu：Yb、$SrAl_2O_4$：Eu：Lu 等）。因此，上述区别技术特征，即“添加相当于用 Sr 表示的金属元素的 0.002%（摩尔）以上 20%（摩尔）以下的至少一种选自镧、铈、镨、钕、钐、钆、铽、镝、钬、铒、铥、镱、镥中的元素”使得铕激活的铝酸锶荧光体的发光性能有些变优，有些变劣。据此确定的本发明实际解决的技术问题只能是通过掺入上述金属元素以调整铕激活的铝酸锶荧光体的发光性能。综上，本发明相对于附件 1 实际解决的技术问题是：提供一种可选的 $X \neq 0$、且在母体中掺杂至少一种上述稀土元素以调整荧光体发光性能的铕激活的铝酸锶荧光体。在此基础上，判断本发明是否具备创造性的焦点在于：现有技术中是否存在使母体中 $X \neq 0$、以及在母体中掺杂上述稀土元素而调整荧光体发光性能的技术启示。附件 1 公开了通式 m（$Sr_{1-X}Eu_X$）O · $nAl_2O_3 \cdot yB_2O_3$，4（$Sr_{0.97}Eu_{0.03}O \cdot 7Al_2O_3 \cdot 0.15B_2O_3$，$1 \leqslant m \leqslant 5$，$1 \leqslant n \leqslant 8$，$0.001 \leqslant x \leqslant 0.1$，$0.005 \leqslant y \leqslant 0.35$，其母体的 Sr/Al 比在一定范围内变化，特别是实施例 1 公开的具体的长余辉磷光材料 4（$Sr_{0.97}Eu_{0.03}$）O · $7Al_2O_3 \cdot 0.15B_2O_3$，按照本专利的书写方式转换即为：（$Sr_{0.97} \cdot Eu_{0.03}$）（1-0.429）$Al_2O_{(4-0.429} \cdot 0.02B_2O_3$，相当于本专利母体取 X=0.429 的情形，落在 $-0.33 \leqslant X \leqslant 0.60$，$X \neq 0$ 的范围内，因此附件 1 实施例 1 给出了提供可选的 $X \neq 0$ 的技术方案的启示。同时，掺杂上述金属元素可以调整夜光性荧光体的发光性能是本领域的公知常识（参见作为公知常识载体的附件 2 第 11 页：“各种杂质对发光材料的影响不同，同一杂质对不同发光材料的影响也不一样”；“按杂质作用的性质不同，可以把杂质分为：激活剂，敏化剂，猝灭剂和惰性杂质”；“稀土荧光粉的激活剂有 Ce、Pr、Nd、Sm、Eu、Tb、Dy、Ho、Er、Tm 等。一种发光材料可以同时含两种激活剂”）。也就是说，本领域技术人员在附件 1 公开的稀土荧光粉的基础上，为了进一步调整其发光性能，在公知常识的教导下很容易想到向其中再掺入铈、镨、钕、钐、铽、镝、钬、铒或铥等第二金属元素，至于第二金属元素的添加量，由于权利要求 1 对该添加量的限定非常宽泛，涵盖了常规添加量，因此现有技术给出了将上述区别技术特征应用到附件 1 实施例 2 中以调整其铕激活的铝酸锶荧光体的发光性能的启示。根据上述对权利要求 1 的荧光体的效果数据的介绍，权利要求 1 中的部分荧光体相对于本专利说明书实施例 1 公开的 $Sr_{0.99}Al_2O_4 \cdot Eu_{0.01}$ 荧光体的发光性能变劣，例如在 $Sr_{0.99}Al_2O_4 \cdot Eu_{0.01}$ 荧光体中分别替代 Sr 掺入 Dy、Nd 各 0.001、0.005、10%（摩尔）的荧光体，以及分别掺入 Ce、Pr、Tm、Ho、Er、Yb、Lu 的荧光体。而本专利说明书实施例 1 特别是其中试样 1-（5）的荧光体与附件 1 实施例 2 公开的荧光体基本上相同，合议组能够合理地认为权利要求 1 上述荧光体的余辉性能相对于附件 1 公开的荧光体并未改进，鉴于本专利权利要求 1 中存在相对于附件 1 和公知常识的结合是显而易见的技术方案，且相对于附件 1 也没有产生有益的技术效果，因此，权利要求 1 整体上不具备创造性，不符合《专利法》第二十二条第三款的规定。（2）权利要求 2 的创造性。本专利权利要求 2 引用权利要求 1，进一步限定了“向 M 中添加镁”。该技术特征没有在附件 1 中公开，是除了上述区别技术特征之外，权利要求 2 相对于附件 1 的又一区别技术特征。由于本专利权利要求 2 未对添加镁的添加量进行限定，并且在说明书中也没有具体描述添加镁所起的技术效果，因此本专利中权利要求 2 的技术方案实际解决的技术问题为得到含镁的夜光性荧光体。附件 3 涉及铝酸锶铕的合成与发光的研究，与本专利的技术领域相同，具体公开了“在 $BaAl_{12}O_{19}$和 $SrAl_{12}O_{19}$中加进了 Eu^{2+}和 Mg^{2+}离子，试制了（BaEu）$Mg_2Al_{16}O_{27}$和（$Sr_5Eu_{0.5}$）$Mg_6Al_{55}O_{94}$有效磷光体，实际中得到应用”（参见证据 3 第 144 页第 17-19 行）。由此可知附件 3 通过添加 Mg 获得了含镁的铝酸盐类稀土磷光体（即夜光性荧光体），因此附件 3 给出了将上述区别技术特征引入附件 1 中以解决上述技术问题的启示，结合上述关于权利要求 1 的区别技术特征的评述，权利要求 2 的技术方案是显而易见的，相对于附件 1、附件 3 和公知常识的结合没有创造性，不符合《专利法》第二十二条第三款的规定。基于上述理由，被告决定宣告本专利权无效。

原告对第 11003 号决定不服，向本院提起行政诉讼。

另，本院对第 11003 号决定认定的附件 1~3 公开的内容予以确认。

本院认为：根据当事人无争议的陈述，本院经审查，对被告行政程序的合法性以及第 11003 号决定中关于审查文本以及证据的认定的合法性，予以确定。

本案的争议焦点为本专利是否符合《专利法》第二十二条第三款的规定。根据《专利法》第二十二条第三款的规定，发明专利的创造性，是指同申请日以前已有的技术相比，该发明具有突出的实质性特点和显著的进步。《审查指南》在发明创造性的审查判断方法中规定：“审查过程中，由于审查员所认定的最接近的现有技术可能不同于申请人在说明书中所描述的现有技术，因此，基于最接近的现有技术重新确定的该发明实际解决的技术问题，可能不同于说明书中所描述的技术问题；在这种情况下，应当根据审查员所认定的最接近的现有技术重新确定发明实际解决的技术问题。”

本专利是名称为夜光性荧光体的发明专利，其权利要求 1 所要求保护的技术方案是：夜光性荧光体，包括用 $M\,1\text{-}XAl_2O_{4-X}$表示的母体，其中，M 是选自钙、锶、钡中的至少一种金属元素，X 在 $-0.33 \leqslant X \leqslant 0.60$ 的范围内，但是 $X \neq 0$，同时，在该母体中添加相当于用 M 表示的金属元素的 0.002%（摩尔）以上 20%（摩尔）以下的铕作为活化剂，添加相当于用 M 表示的金属元素的 0.002%（摩尔）以上 20%（摩尔）以下的选自镧、铈、镨、钕、钐、钆、铽、镝、钬、铒、铥、镱、镥中至少一种元素作为共活化剂。附件 1 是一种铕激活铝酸锶长余晖磷光材料及其制备，与本专利属于相同的技术领域。附件 1 的实施例 1 中公开了一种具体的长余辉磷光材料，对应于上述化学组成式，各系数为：$m=4$，$n=7$，$x=0.03$，$y=0.15$，即，该材料的化学组成式为：4（$Sr_{0.97}Eu_{0.03}$）O·$7Al_2O_3$·$0.15B_2O_3$ 实施例 2 中公开了另一种具体的长余辉磷光材料，对应于上述化学组成式，各系数为：$m=1$，$n=1$，$x=0.03$，$y=0.01$，即，该材料的化学组成式为：（$Sr_{0.97}$·$Eu_{0.03}$）O·Al_2O_3·$0.15B_2O_3$。附件 1 中公开了本专利权利要求 1 中关于活化剂铕的技术特征。本专利权利要求 1 与附件 1 实施例 2 相比，其区别特征在于：本专利权利要求 1 在限定 $-0.33 \leqslant X \leqslant 0.60$ 的同时特别排出了 $X=0$ 的情形；附件 1 实施例 2 中没有另外加入相当于用 Sr 表示的金属元素的 0.002%（摩尔）以上 20%（摩尔）以下的至少一种选自镧、铈、镨、钕、钐、钆、铽、镝、钬、铒、铥、镱、镥中的元素。被告经审查确定附件 1 实施例 2 是本发明最接近的现有技术，符合法律规定，本院予以确认。被告在审查过程中根据《审查指南》的规定，经过客观分析确定的本发明相对于附件 1 实际解决的技术问题，即：提供一种可选的 $X \neq 0$，且在母体中掺杂至少一种上述稀土元素以调整荧光体发光性能的铕激活的铝酸锶荧光体，符合法律规定，本院亦予以确认。附件 1 实施例 1 已经给出了提供可选的 $X \neq 0$ 的技术启示，而掺杂上述金属元素可以调整夜光性荧光体的发光性能是公知常识。因此，本领域技术人员根据附件 1 公开的内容结合公知常识，无需付出创造性的劳动即可获得本专利权利要求 1 的技术方案。被告认定本专利权利要求 1 整体上不具备创造性，符合法律规定，本院予以支持。原告关于本专利权利要求 1 具有创造性的诉讼理由，缺乏事实和法律依据，本院不予采纳。

本专利权利要求2是权利要求1的从属权利，其附加技术特征为向M中添加镁。本专利权利要求2未对添加镁的添加量进行限定，并且在说明书中也没有具体描述添加镁所起的技术效果，因此本专利中权利要求2的技术方案实际解决的技术问题为得到含镁的夜光性荧光体。附件3是铝酸锶铕的合成与发光的研究，与本专利的技术领域相同。根据附件3的记载，公开了通过添加镁获得了含镁的铝酸盐类稀土磷光体的技术启示。因此，在所引用的本专利权利要求1不具备创造性的前提下，权利要求2相对于附件1、附件3和公知常识的结合不具备创造性。第11003号决定认定权利要求2不符合《专利法》第二十二条第三款的规定，符合法律规定，本院予以支持。原告关于本专利权利要求2具有创造性的诉讼理由，缺乏事实依据，本院不予采纳。

综上，第11003号决定认定事实清楚，适用法律正确，程序合法，本院应予维持。原告要求撤销第11003号决定的诉讼请求，缺乏事实和法律依据，本院不予支持。依照《中华人民共和国行政诉讼法》第五十四条第（一）项之规定，判决如下：

维持被告中华人民共和国国家知识产权局专利复审委员会作出的第11003号无效宣告请求审查决定。

案件受理费人民币100元，由原告根本路明（香港）有限公司负担（已交纳）。

如不服本判决，原告根本路明（香港）有限公司可于本判决书送达之日起30日内、被告中华人民共和国国家知识产权局专利复审委员会和第三人四川新力实业集团有限公司可于本判决书送达之日起15日内，向本院递交上诉状，按对方当事人的人数提交副本并预交上诉费，上诉于中华人民共和国北京市高级人民法院。上诉人在接到人民法院预交诉讼费用的通知后七日内未预交又不提出缓交申请的，按自动撤回上诉处理。

审 判 长 吴 月

审 判 员 李纪红

人民陪审员 欧万雄

二OO八年九月十七日

书 记 员 殷 悦

005

2-甲基-噻吩并苯并二氮杂䓬工艺

无效宣告请求审查决定（第 11065 号）

决　定　号 第 11065 号
决　定　日 2008 年 2 月 2 日
发明创造名称 2-甲基-噻吩并苯并二氮杂䓬工艺
国际分类号 C07D 495/04，C07D 333/38
无效宣告请求人 伊莱利利公司
专　利　权　人 华生制药公司
专　利　号 03136388.1
申　请　日 2003 年 6 月 12 日
优　先　权　日 2003 年 3 月 20 日
授权公告日 2005 年 12 月 28 日
合议组组长 李彦涛
主　审　员 张家祥
参　审　员 汪送来

法律依据 专利法第 22 条第 3 款
决定要点

如果发明的技术方案与最接近的现有技术的区别特征在所属领域是公知常识，在面对发明实际解决的技术问题时，本领域技术人员有动机将所述区别技术特征应用到该最接近的现有技术中以改进该最接近的现有技术，并获得该发明的技术方案，并且，所述区别技术特征也没有使发明具有预料不到的技术效果，则该发明对于本领域技术人员来说是显而易见的。

一、案由

本无效宣告请求案涉及国家知识产权局于 2005 年 12 月 28 日授权公告的、名称为“2-甲基-噻吩并苯并二氮杂䓬工艺”的第 03136388.1 号发明专利（以下简称本专利），其申请日为 2003 年 6 月 12 日，优先权日为 2003 年 3 月 20 日，专利权人为华生制药公司。本专利授权公告的权利要求书如下：

“1. 制备化学式 I 的化合物或其盐的方法，

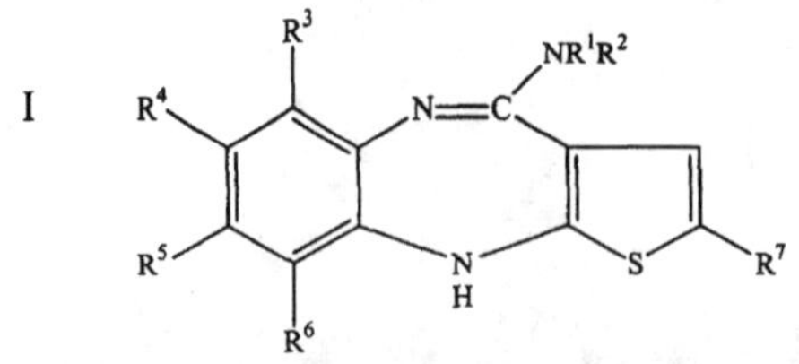

其中

R^1 和 R^2 是取代的烃基或环烃基，或者 R^1 和 R^2 加上相邻的氮原子形成一个取代的 5-至 8-元环，环上一个或多个碳原子能够由选自 O、S 和 N 的杂原子取代，

R^3，R^4，R^5，和 R^6 独立地是氢、烷基、烯基、环烷基、烷氧基、氨基、烷基硫、芳基、磺胺，或者选自 F、Cl、Br 和 I 的卤素，或羟基，

R^7 是烷基、烯基、炔基、烷酰基、芳基、硝基、苯基或选自 F、Cl、Br 和 I 的卤素，

所述方法包括

（1）以化学式 R^8-Y 的保护基保护化学式 II 的化合物

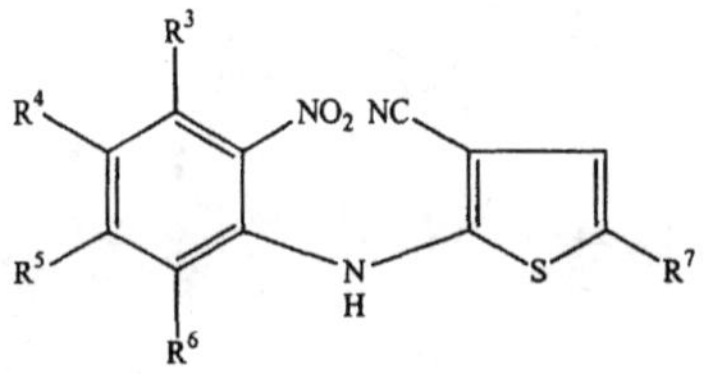

II

其中 R^8 是氮原子保护基，Y 是离去基团，生成化学式 III 的第一中间体化合物

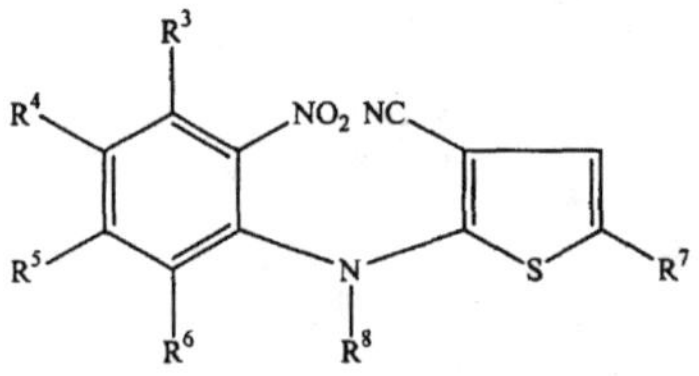

III

或其盐，

（2）以催化剂环化第一中间体化合物，制备化学式 IV 的第二中间体化合物

IV

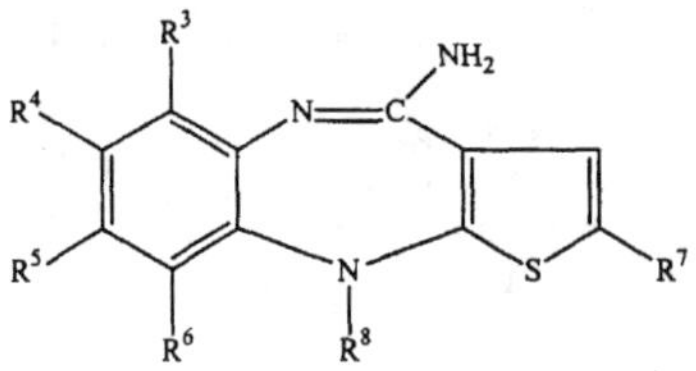

或其盐，

（3）化学式 HNR^1R^2 的胺接触第二中间体化合物，得到化学式 V 的第三中间体化合物

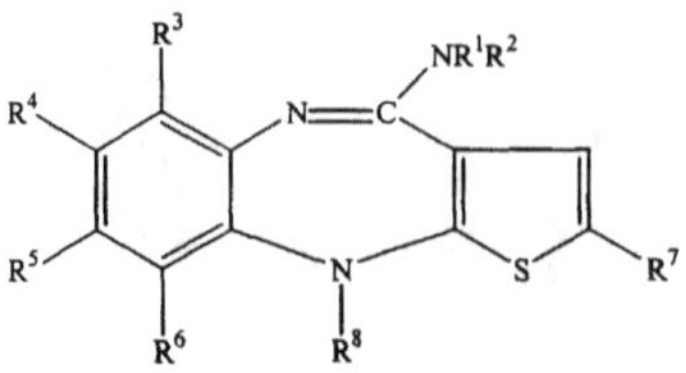

V

其中 R^1 和 R^2 定义如上；或其盐，

（4）去保护第三中间体化合物以获得化学式 I 的化合物。

2. 根据权利要求 1 的方法，它进一步包括通过偶合化学式 VI 的化合物和化学式 VII 的化合物制备化学式 II 的化合物，或者其盐，

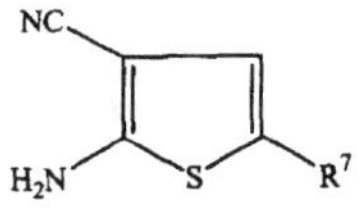

VI

其中 R^7 定义如上，

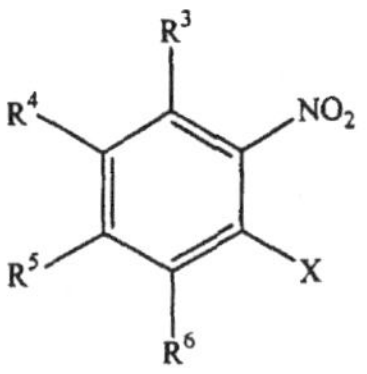

VII

其中 R^3，R^4，R^5，和 R^6 定义如上，并且 X 是离去基团。

3. 根据权利要求 2 的方法，它进一步包括通过反应硫、丙二腈和化学式 VIII 的化合物制备化学式 VI 的化合物，

R^7-CH_2-CHO VIII

其中 R^7 定义如上。

4. 根据权利要求 1 的方法，其中 R^1 和 R^2 加上相邻的氮原子，形成选自吡咯烷、哌啶、吗啉、哌嗪、吡咯、吡啶、吡嗪、噻唑、噁唑、异噁唑和咪唑的 5-至 8-元环，

R^3，R^4，R^5，和 R^6 是氢，

R^7 是烷基，

R^8 选自氨基甲酸烷基酯或氨基甲酸苄酯，或者苄基或苯甲酰苄基，并且 Y 选自 F，Cl，Br，I，和 N_3。

5. 根据权利要求 4 的方法，其中 R^1 和 R^2 加上相邻的氮原子形成以甲基取代的哌嗪环，R^7 是甲基，R^8 是苄基，并且 Y 是 Br。

6. 根据权利要求 2 的方法，其中 X 选自 F，Cl，Br，和 I。

7. 根据权利要求 1 的方法，其中的催化剂是路易斯酸。

8. 根据权利要求 7 的方法，其中路易斯酸是 SnQ_2，其中 Q 是选自 F，Cl，Br，和 I 的卤原子。

9. 根据权利要求 1 的方法，其中化学式 II 的化合物是

IX

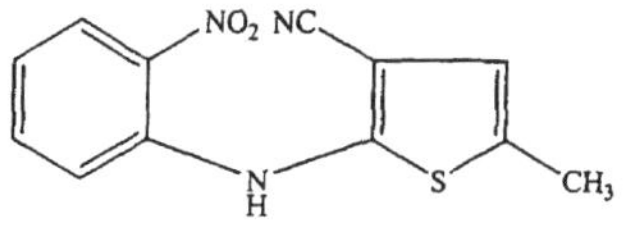

或其盐。

10. 根据权利要求 1 的方法，其中第一中间体化合物是

X

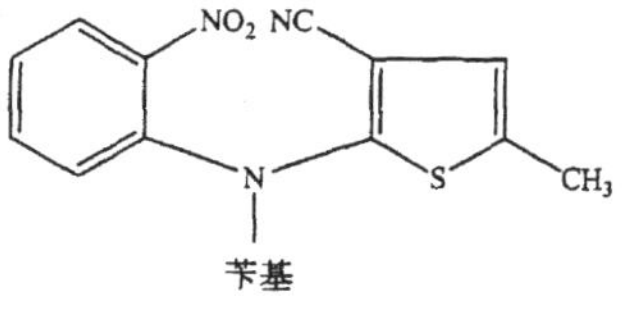

或其盐。

11. 根据权利要求 1 的方法，其中第二中间体化合物是

XI

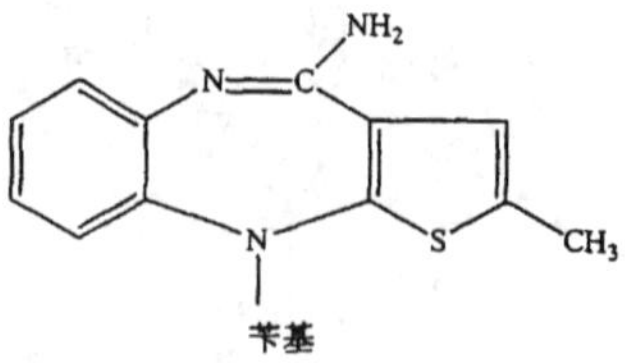

或其盐。

12. 根据权利要求 1 的方法，其中第三中间体化合物是

XII

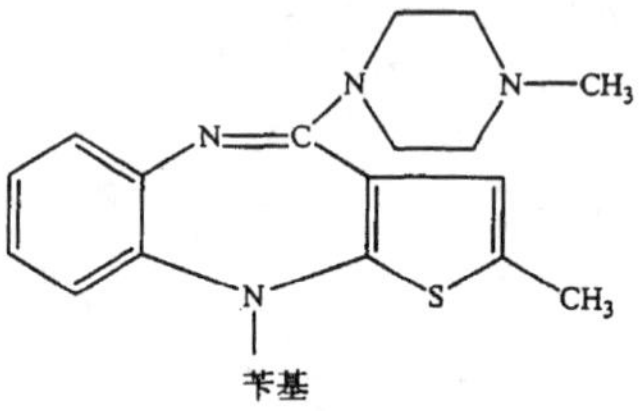

或其盐。

13. 具有下式的化合物或其盐的制备方法

XIII

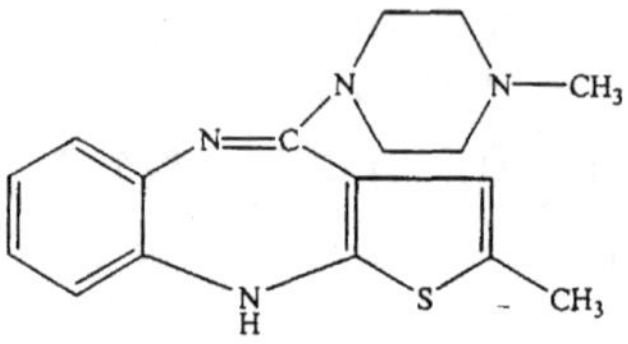

所述的方法包括

（1）以保护基苄基溴保护化学式 IX 的化合物，

IX

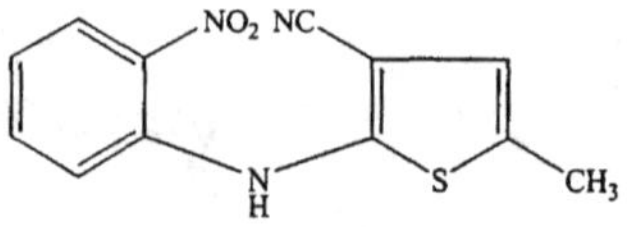

产生化学式 X 的第一中间体化合物或其盐，

X

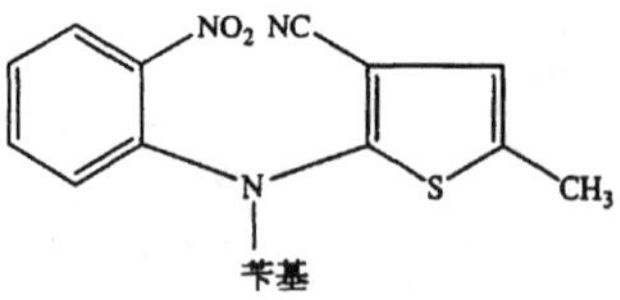

（2）用 $SnCl_2$ 环化第一中间体化合物，以产生化学式 XI 的第二中间体化合物或其盐，

XI

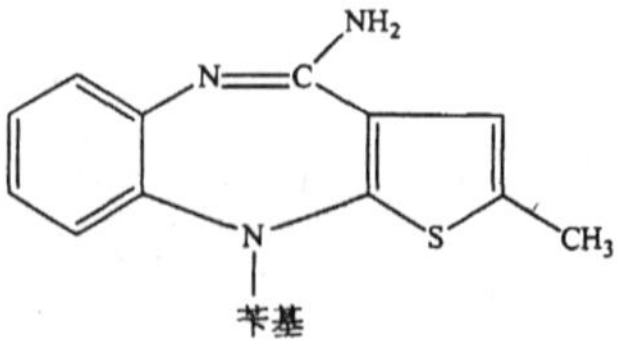

（3）化学式 XIV 的胺

XIV

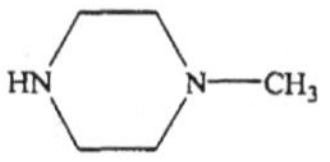

与第二中间体化合物接触，得到化学式 XII 的第三中间体化合物或其盐，

XII

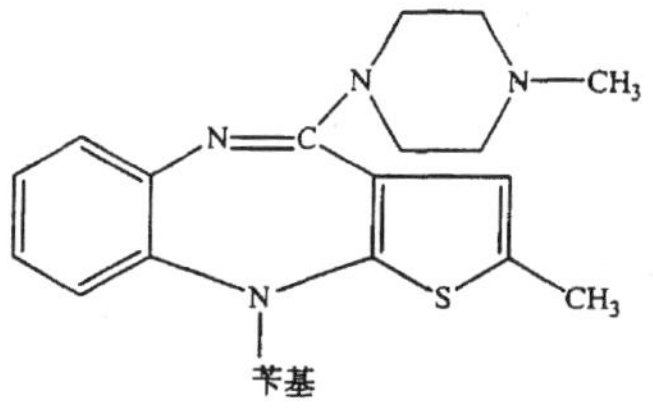

（4）去保护第三中间体化合物，得到化学式 XIII 的化合物。

14. 根据权利要求 13 的方法，其中 $SnCl_2$ 是含水的。

15. 根据权利要求 14 的方法，其中 $SnCl_2$ 是二水合物。

16. 根据权利要求 13 的方法，其中化学式 IX 通过偶合化学式 XV 的化合物

XV

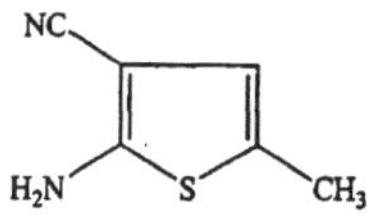

和化学式 XVI 的化合物制备

XVI

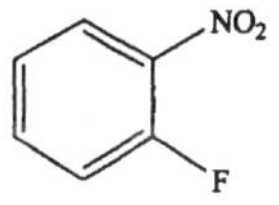

17. 根据权利要求 16 的方法，其中化学式 XV 的化合物由硫、丙二腈和化学式 XVII 的化合物制备

CH_3-CH_2-CHO　　　　　　　　XVII 。”

针对上述专利权，伊莱利利公司（以下简称请求人）于 2007 年 4 月 17 日向专利复审委员会提出无效宣告请求，其理由是：本专利的权利要求 1~17 不符合专利法第 22 条第 3 款的规定，权利要求 1~4 和 6~12 不符合专利法第 26 条第 4 款的规定，权利要求 1~15 不符合专利法实施细则第 20 条第 1 款的规定以及本专利的说明书不符合专利法第 26 条第 3 款的规定，并提交了下述证据：

证据 1：第 03136388.1 号中国发明专利说明书，授权公告日为 2005 年 12 月 28 日，复印件共 22 页（即本专利）；

证据 2：第 91103346.7 号中国发明专利说明书，授权公告日为 1995 年 5 月 17 日，复印件共 8 页。

请求人认为，（1）权利要求 13 与证据 2 的区别特征是：在权利要求 13 的方法中，式 X 的环化反应和产物 XI 参与的偶合反应是在仲胺氮原子被苄基保护的情况下进行的，说明书中指出：“将本发明的生产工艺与现有技术的生产工艺相比，结果显示本发明中还原产物的收率或者说式 III 所示化合物环化反应后的产物更为稳定，并且副产物明显减少”、“从而本发明下一步反应中的产物产率提高，且式 HNR^1R^2 所示胺，如甲基哌嗪的利用率得到改善”，而说明书中没有任何证据证明其取得了上述技术效果，并且上述所谓的效果实际上是不存在的，因此，权利要求 13 没有解决现有技术存在的技术问题，相对于证据 2 没有带来任何有益的技术效果，不符合专利法第 22 条第 3 款的规定。同理，权利要求 14~15 也不具备创造性。权利要求 16 和 17 的附加技术特征在证据 2 的实施例 1 中已经公开，上述权利要求也不具备创造性。权利要求 1 覆盖了权利要求 13 的技术方案，且该权利要求中所增加的涉及物质的特征与说明书中所指出的技术效果没有必然联系，不能使该权利要求具有突出的实质性特点，该权利要求不具备创造性。权利要求 2~3 和 6 的附加技术特征在证据 2 的实施例 1 中已经

公开，因此，上述权利要求也不具备创造性。权利要求4~5、9~12所限定的涉及物质的特征与说明书中所指出的效果没有必然的联系，不能使本发明具有突出的实质性特定和显著的进步，与证据2相比不具有创造性。权利要求7~8对环化反应的催化剂进行了限定，而证据2实施例1的步骤3中使用的是氯化亚锡催化剂，因此，权利要求7~8不具备创造性。（2）权利要求1对R^1和R^2中的“烃基”、“环烃基”和“取代的”没有任何限定，包含了大量推测的内容，如果烃基、环烃基、所述5-至8-元环或这些基团上的取代基过大，可能会使偶合反应无法进行；R^3、R^4、R^5、R^6定义的氨基为伯胺，比本专利认为要求保护的仲胺更为活泼，将使本专利的技术效果无法实现；R^7定义的硝基也参与还原环化反应，将导致产物的杂质增多、收率下降；R^3-R^7均没有对“烷基”等的碳原子数目做任何限定，这些上位概念覆盖了无限宽的范围，本领域技术人员有理由怀疑其中的至少一种下位概念不能解决本发明所述的技术问题并达到相同的技术效果，因此，权利要求1得不到说明书的支持，不符合专利法第26条第4款的规定，同理，权利要求2~3、6~12也存在上述缺陷。权利要求2中R^3至R^6定义的卤素、羟基和氨基会导致式VI化合物与式VII化合物反应得到大量的非式II化合物或者式VII化合物之间也相互反应，因此，权利要求2得不到说明书的支持。同理，权利要求3和6也存在上述缺陷。权利要求4中的R^7和R^8中“烷基”、“氨基甲酸烷基酯”没有限定碳原子的数目，并且说明书中也没有记载或暗示R^8选自“氨基甲酸烷基酯”和“苯甲酰苄基”，因此，权利要求4得不到说明书的支持。（3）权利要求1中R^7的定义中同时出现了“芳基”和“苯基”，限定出了不同的保护范围，R^3至R^6定义的“烷基硫”和“磺胺”不是任何意义上的基团，该权利要求不符合专利法实施细则第20条第1款的规定，同理，权利要求2~3和6~12也不符合专利法实施细则第20条第1款的规定。权利要求5和权利要求4的引用关系不当，不符合专利法实施细则第20条第1款的规定。权利要求5与权利要求13~15的保护范围实质上相同，因此，上述权利要求不符合专利法实施细则第20条第1款的规定。（4）本专利中所声称的技术效果并不存在，本领域技术人员通过实施该发明不能解决任何技术问题，也根本不能产生预期的技术效果；说明书第4页基团R^3至R^6中“磺胺”、“烷基硫”表述不清楚，说明书第12~13页实施例3中关于收率的描述不清楚，因此，本专利的说明书不符合专利法第26条第3款的规定。

经形式审查合格后，专利复审委员会受理了上述请求，于2007年6月4日向双方当事人发出《无效宣告请求受理通知书》，并将《专利权无效宣告请求书》及其附件的副本转送给专利权人，要求其在指定的期限内答复，同时成立合议组对本无效宣告请求案进行审理。

专利权人于2007年7月19日针对上述《无效宣告请求受理通知书》作出答复，同时提交了三份证据：

证据A：孙勇，丁明武，“2-烷硫基-4H-咪唑啉-4-酮杀菌剂的有效合成方法”，《化学世界》，第8期，第424~427页，2004年，复印件共4页；

证据B：《英汉化学化工词汇》，科学出版社名词室编，第4版，科学出版社，2000年1月，出版信息页和第2326页，复印件共2页；

证据C：《英汉化学化工词汇》，化学工业出版社辞书编辑部编，化学工业出版社，2004年9月，出版信息页和第1518~19页，复印件共2页。

专利权人认为，（1）与证据2相比，本专利提供了一种技术构思不同的技术方案，代表了新的技术，请求人没有评价本发明对于本领域技术人员而言是否显而易见，并且对技术效果的否认不符合审查指南的相关规定。（2）请求人所提出的关于专利法第26条第4款的问题仅限于理论，没有任何附加证据能够支持其观点。（3）权利要求1~15中的“芳基”、“苯基”、“烷基硫”、“磺胺”对于本领域技术人员来说是清楚的，“烷基硫”即“烷硫基”，指-SR，其中R代表烷基（以证据A为证），

“磺胺”即“磺酰胺基”，指-SO_2NH_2（以证据B、C为证），“芳基”和“苯基”的并列使用也不是专利法实施细则第20条第1款所禁止的。（4）说明书中“烷基硫”、“磺胺”能够被本领域技术人员理解，实施例3中的结晶产物应该是76g，是一个打字错误，上述笔误不会影响本领域技术人员实施实施例3所述的合成过程，因此，本专利的说明书是清楚的，并且是能够实现的。

2007年8月13日，本案合议组向双方当事人发出《无效宣告请求口头审理通知书》，定于2007年9月24日对该专利权的无效宣告请求案进行口头审理。同时，将专利权人于2007年7月19日提交的意见陈述书及其附件转送给请求人，要求其在口头审理时一并答复。

2007年9月24日，口头审理如期进行，双方当事人或其代理人出席了口头审理。合议组就本案的无效理由及证据逐一进行了调查，双方当事人充分陈述了各自的意见。庭审过程中，合议组记录了如下事实：（1）双方当事人对对方出庭人员的身份和资格无异议，对合议组成员均没有回避请求。（2）专利权人对证据2的真实性和公开性没有异议。（3）请求人对证据B、C的真实性和公开性无异议，但对证据A的真实性和证据A、B、C的关联性有异议。（4）请求人当庭提交了证据3：《化工词典》，王箴主编，2000年8月第4版，封面页、出版信息页、前言页、第398~399页，复印件共3页。专利权人对其真实性和公开性没有异议，但对其关联性有异议；合议组另给予专利权人庭后1星期的期限对该证据进一步提出意见。（5）请求人就权利要求1和13不符合专利法实施细则第20条第1款规定提出了新的事实和具体理由，即权利要求1中“R^8-Y的保护基”和权利要求13中的“保护基苄基溴”不清楚，因为R^8-Y和苄基溴都不是保护基。专利权人指出该具体理由在请求书中没有提出，不是本案的审理范围，且上述问题是清楚的。（6）专利权人当庭提交了证据D：英国专利GB1533235的中文译文复印件共61页，请求人表示不能接受该证据。

2007年9月30日，专利权人提交了书面意见，指出根据专利法实施细则第66条和审查指南的规定，证据3超过了一个月的法定期限，因此不能被接受。并认为证据3中记载的“磺胺”是一种药物，本专利记载的磺胺是可选择基团之一，该证据与本案没有关联性。

2007年10月8日，请求人提交了口头审理代理词。

2007年10月17日，专利权人提交了口头审理代理词以及证据A′和证据E，其中，证据A′用于证明证据A的真实性，证据E用于解释“磺基”、“胺”和“酰基”的字意。

证据A′：国家图书馆科技查新中心出具的文献复制证明，复印文献清单为：《化学世界》，孙勇，丁明武，2-烷硫基-4H-咪唑啉-4-酮杀菌剂的有效合成方法，第8期，2004年，第45卷，封面、版权目录页、424~427页，复制证明、文献清单以及期刊复印件上均盖有骑缝章（红章），共8页；

证据E：《辞海》1999年版普及本，2002年8月第1版，辞海编辑委员会编，上海辞书出版社出版，第60、1553、3970、3971页和版权信息页，复印件共5页。

至此，合议组认为本案的事实清楚，可以作出审查决定。

二、决定的理由

1. 关于审查文本

本无效宣告请求审查决定是以本专利授权公告的权利要求书和说明书为基础作出的。

2. 关于专利法第22条第3款

专利法第22条第3款规定：发明的创造性，是指同申请日以前已有的技术相比，该发明有突出的实质性特点和显著的进步。

如果发明的技术方案与最接近的现有技术的区别特征在所属领域是公知常识，在面对发明实际解决的技术问题时，本领域技术人员有动机将所述区别技术特征应用到该最接近的现有技术中以改进该最接近的现有技术，并获得该发明的技术方案，并且，所述区别技术特征也没有使发明具有预料不到的技术效果，则该发明对于本领域技术人员来说是显而易见的。

在请求人所提交的证据中，用于评价创造性的是证据 2，专利权人对其真实性无异议，经核实，合议组对其真实性予以认可。证据 2 的授权公告日为 1995 年 5 月 17 日，早于本专利的申请日和优先权日，因此，该证据中的技术内容属于本专利的现有技术，可以用于评价本专利的创造性。专利权人先后提交了多份证据，但这些证据均不是用于争辩本专利的创造性。因此，在创造性的判断中不涉及这些证据。

本专利权利要求 13 要求保护一种式 XIII 化合物或其盐的制备方法，所述的方法包括（1）以保护基苄基溴保护化学式 IX 的化合物，产生化学式 X 的第一中间体化合物或其盐，（2）用 $SnCl_2$ 环化第一中间体化合物，以产生化学式 XI 的第二中间体化合物或其盐，（3）化学式 XIV 的胺与第二中间体化合物接触，得到化学式 XII 的第三中间体化合物或其盐，（4）去保护第三中间体化合物，得到化学式 XIII 的化合物。

证据 2（权利要求书，实施例 1）公开了一种制备 2-甲基-10-（4-甲基-1-哌嗪基）-4H-噻吩并［2，3-b］［1，5］苯并二氮杂䓬（奥氮平）的方法，该方法将 2-（2-硝基苯胺基）-5-甲基噻吩-3-腈与无水氯化亚锡的盐酸溶液反应得到 4-氨基-2-甲基-10H-噻吩并［2，3-b］苯并二氮杂䓬氢氯化物，该化合物再与 N-甲基哌嗪反应得到 2-甲基-10-（4-甲基-1-哌嗪基）-4H-噻吩并［2，3-b］［1，5］苯并二氮杂䓬。

将权利要求 13 所要求保护的技术方案与证据 2 所公开的内容进行对比，式 XIII 化合物即为 2-甲基-10-（4-甲基-1-哌嗪基）-4H-噻吩并［2，3-b］［1，5］苯并二氮杂䓬，式 IX 化合物即为 2-（2-硝基苯胺基）-5-甲基噻吩-3-腈，XIV 的胺即为 N-甲基哌嗪，二者的反应起始物、产物和基本步骤均相同，其区别在于：权利要求 13 中还包括用苄基溴对式 IX 化合物中胺进行保护以及将式 XII 化合物去保护的步骤，而证据 2 没有上述步骤。

合议组认为，对胺进行保护和去保护在本领域是一种公知常识，如专利权人在说明书中所述，T. W. Greene 和 G. M. Wuts，Protecting Groups in Organic Synthesis，第二版，Wiley，New York，1991 中描述了适用胺的保护基团以及保护和去保护胺的适当条件。在化学反应中，当胺的存在会导致副反应的发生，从而影响正常反应产物的产率和纯度时，本领域技术人员有动机首先用胺保护基对胺进行保护，以避免由胺导致的副反应的发生，确保正常反应的顺利进行，从而避免其导致目标产物的产率和纯度的降低。由此可见，当证据 2 中 2-（2-硝基苯胺基）-5-甲基噻吩-3-腈化合物中胺的存在会导致副反应发生并影响正常产物的产率和纯度时，本领域技术人员有动机用胺保护基首先将胺进行保护，从而解决产率和纯度降低的技术问题。并且，上述区别特征的引入也没有使本专利权利要求 13 的技术方案产生任何预料不到的技术效果，因此，在证据 2 的基础上结合本领域的公知常识，得到权利要求 13 所要求保护的技术方案对于本领域技术人员来说是显而易见的，权利要求 13 不具备突出的实质性特点和显著的进步，不符合专利法第 22 条第 3 款有关创造性的规定。

专利权人认为，本专利提供了一种技术构思不同的技术方案。对此，合议组认为，权利要求 13 的技术方案与证据 2 的内容相比，二者的起始原料相同，最终产物相同，其区别特征对本领域技术人员来说又是公知的，因此，权利要求 13 的技术方案不能视为技术构思不同的技术方案。

另外，本专利说明书中记载了本专利所达到的技术效果，如：本发明中的还原产物更为稳定，副产物减少，下一步反应中的产物产率提高，甲基哌嗪的利用率得到改善，甲基哌嗪同时作为反应物和溶剂使用，本发明的方法避免使用甲苯、二甲亚砜等溶剂，有利于保护环境。对此，合议组认为，（1）权利要求 13 的技术方案并没有排除使用甲苯、二甲亚砜等有机溶剂，也没有记载利用甲基哌嗪作为溶剂，并且，本专利说明书的实施例中也使用了有机溶剂，如二氯甲烷和甲苯（实施例 3）、丙酮（实施例5）；（2）中间产物稳定并不必然导致最终产物的收率提高，从本专利说明书的实施例4和6可以看出，环化产物的收率为80%，而最终产物的收率却只有20%~30%，而证据2的环化与偶合的总产率达50%，况且权利要求13和证据2的中间产物不同，二者也不存在可比性；（3）专利权人声称本专利的收率稳定，但其仅提供了一组实施例，未能证明这一效果；（4）没有证据表明本专利制备方法的副产物相对于证据2减少了；（5）本专利实施例6同样使用了过量的N-甲基哌嗪，而最终产物的收率仅为20%~30%，因此，大部分含有甲基哌嗪的原料没有进入到最终产物中，从而也未能提高甲基哌嗪的利用率；（6）即使本专利减少了由胺导致的副产物，并由此提高了目标产物的纯度和产率，通过对胺进行保护来解决该技术问题也是本领域技术人员公知常识，不属于预料不到的技术效果。综上所述，权利要求13的技术方案相对于证据2没有取得预料不到的技术效果。

权利要求14将权利要求13中的$SnCl_2$限定为是含水的，权利要求15又进一步将权利要求14中的含水$SnCl_2$限定为二水合物，虽然证据2中使用的是无水氯化亚锡，但是，本领域技术人员在证据2的基础上结合本领域的公知常识选用含水的$SnCl_2$或其二水合物是显而易见的，并且，选用含水的$SnCl_2$或其二水合物也没有产生预料不到的技术效果，因此，权利要求14~15也不具备创造性。

权利要求16是权利要求13的从属权利要求，权利要求17是权利要求16的从属权利要求，分别对式IX化合物的合成方法和式XV的合成方法进行限定，权利要求16和17的附加技术特征已经被证据2实施例1的第2步反应所公开，在权利要求13不具有创造性的情况下，上述权利要求也不具备创造性。

权利要求1和权利要求4~12分别涵盖了权利要求13所要求保护的技术方案，在权利要求13不具有创造性的情况下，基于同样的理由，上述权利要求也不具备创造性。

权利要求2涵盖了权利要求16的技术方案，权利要求3涵盖了权利要求17的技术方案，在权利要求16~17不具有创造性的情况下，同理，上述权利要求也不具备创造性。

鉴于基于证据2已经得出本专利所有权利要求不具有创造性的结论，对于请求人提出的其他无效理由和证据不再进一步评述。

基于以上事实和理由，本案合议组作出如下审查决定。

三、决定

宣告03136388.1号发明专利权全部无效。

当事人对本决定不服的，可以根据专利法第46条第2款的规定，自收到本决定之日起三个月内向北京市第一中级人民法院起诉。根据该款的规定，一方当事人起诉后，另一方当事人应当作为第三人参加诉讼。

北京市第一中级人民法院
行政判决书

（2008）一中行初字第911号

原告华生制药公司，住所地美利坚合众国加利福尼亚州。

法定代表人大卫·A. 布肯（David A. Buchen），高级副 总裁、法律总顾问兼秘书。

委托代理人赵蓉民，北京纪凯知识产权代理有限公司专 利代理人。

委托代理人路小龙，北京纪凯知识产权代理有限公司专 利代理人。

被告中华人民共和国国家知识产权局专利复审委员会，住所地中华人民共和国北京市海淀区北四环西路9号银谷大 厦10~12层。

法定代表人廖涛，副主任。

委托代理人张家祥，男，中华人民共和国国家知识产权 局专利复审委员会审查员。

委托代理人郝兴辉，男，中华人民共和国国家知识产权 局专利复审委员会审查员。

第三人伊莱利利公司，住所地美利坚合众国印第安那 州。

法定代表人韦劳伦（Lawrence T. We1ch），助理首席专 利顾问。

委托代理人林柏楠，北京市中咨律师事务所律师。

委托代理人张雪珍，北京市中咨律师事务所专利代理人。

原告华生制药公司不服被告中华人民共和国国家知识产权局专利复审委员会作出的第11065号无效宣告请求审查决定（以下简称被诉决定），向本院提起行政诉讼。本院受理后，依法组成合议庭，依照《中华人民共和国行政诉讼法》第二十七条的规定，通知与本案有利害关系的伊莱利利公司为本案第三人参加诉讼，并于2008年9月2日公开开庭审理了本案。原告的委托代理人赵蓉民、路小龙，被告的委托代理人张家祥、郝兴辉，第三人的委托代理人林柏楠、张雪珍到庭参加了诉讼。本案现已审理终结。

2008年2月2日，被告作出被诉决定，宣告维持原告所有的专利号为03136388.1、名称为“2-甲基-噻吩并苯并二氮杂䓬工艺”的发明专利权（以下简称本专利）全部无效。

为证明被诉决定合法，被告在法定举证期限内向本院提交了以下证据：1. 中国第03136388.1号发明专利说明书，复印件共22页（同原告诉讼证据2）；2. 中国第91103346.7号发明专利说明书，复印件共8页（同原告诉讼证据4）；3. T. W. Greene 和 G. M. Wuts，Protect ing Groups in OrganicSynthe s i s，第三版，及其中文译文，复印件共158页（同原告诉讼证据6）；4. 本专利的口头审理记录表，复印件共13页。证据1~4证明被诉决定认定事实正确，证据充分。

原告诉称：1. 现有技术的事实不清。本专利提供了合成多种噻吩并苯并二氮杂䓬衍生物的化学合成方案，不是一种化合物的化学合成方案，涉案专利的技术问题在于合成各种各样的噻吩并苯并二氮杂䓬化合物。第三人的证据2（第9110334 6.7号中国发明专利）是一种具体的噻吩并苯并二氮杂䓬化合物的化学合成方案，目的在于提供2-甲基-1 0-（4-甲基-1-哌嗪基）-4H-噻吩并苯并［2，3-b］［1，5］二氮杂䓬化合物。原告提交的证据D（英国专利GB1533235）是多种噻吩并苯并二氮杂䓬化合物的化学合成方案，目的在于提供各种各样的噻吩并苯并二氮杂䓬化合物。证据D与涉案专利所解决的技术问题的广度更为接近，是一个重要的现有技术文件，它和证据2结合起来可以反映出本领域的技术发展历史，显示出本专利申请日的本领域技术人员的技术状况和技术水平，应该用于分析涉案专利的创造性。但是，被告在被诉决定的第9页第2段中明确排除了证据D，导致对现有技术事实认识不清。事实上，证据D（英国专利GB1533235）公开于1978年，其中描述了使用第一反应物N-甲基哌嗪与第二反应物（三环结构，是苯环、二氮杂䓬环、噻吩环）反应制备各种各样的噻吩并苯并二氮杂䓬化合物。证据2公开于1991年12月4日，它仍然采用N-甲基哌嗪作为第一反应物，采用4-氨基-2-甲基-1 0H-噻吩并苯并［2，3-b］［1，5］二氮杂䓬（是一种具体的三环结构，包括苯环、二氮杂䓬环、噻吩环）作为第二反应物，制备2-甲基-1 0-（4-甲基-1-哌嗪基）-4 H-噻吩并苯并［2，3-b］［1，5］二氮杂䓬化合物。证据2没有在化学反应路线上做出贡献，仍然沿袭了证据D在化学合成上所提供的方法，和证据D在噻吩并苯并二氮杂䓬化合物化学合成上处于同一技术水平。两者共同反映出：从1978年起，噻吩并苯并二氮杂䓬化合物化学合成水平一直是保持在一个水平，没有什么发展。为了进一步说明噻吩并苯并二氮杂䓬化合物化学合成领域的技术发展历史脉络，原告在此提交一份出现时间在证据D和证据2之间的技术文献。它是1980年的科学论文（编号为证据F），也是一份关于如何合成噻吩并苯并二氮杂䓬化合物的文件，其中叙述的方法A采用N-甲基哌嗪与具有三环结构的第二化合物反应制备噻吩并苯并二氮杂䓬化合物，可以明显看出，第二反应物的10位均是-NH基团，与第一反应物N-甲基哌嗪的反应方式相同。所以，直到本专利的申请日，本领域普通技术人员只知晓一种反应路线，即N-甲基哌嗪与10位上是-NH基团的第二个反应物进行化学反应。并且，如前所述，在噻吩并苯并二氮杂䓬化合物合成领域中，长期研究了N-甲基哌嗪与多种第二化合物反应形成各种噻吩并苯并二氮杂䓬化合物，时间跨度长达25年（从1978年算起到本专利的申请日）。但是，一直没有技术人员讨论副反应以及副产物问题，也没有技术人员注意第10位的-NH基团的不稳定的事实。即使证据2公开之后，也是在长达12年的时间之后，才有了本专利。所以，第10位的-NH基团的不稳定性在本领域是一个难以觉察到的问题，本领域普通技术人员一直不知道它所带来的问题。至于为什么本领域普通技术人员长期没有注意到第10位的-NH基团的不稳定的事实，其原因可能有两点：首先，第二化合物结构复杂，氮原子又是处于三个稠合环的中间环中，使本领域普通技术人员误以为很稳定；其次，已有的技术文献表明：第二化合物的取代基不同，反应收率不同。事实上，噻吩并苯并二氮杂䓬化合物合成领域的技术人员没有觉察出第10位的-NH基团的不稳定性，自然没有动机对该基团进行保护和去保护。到了2003年，涉案专利的发明人在噻吩并苯并二氮杂䓬化合物合成领域进行了多年研究工作的基础上提出了一套新的合成方案。所以，正是本专利的发明人首次提出了一个显著不同于现有技术中传承长达25年之久的技术方案，是一场技术突破和革新，是一个不同构思的技术方案，代表着新的技术发展趋势。2. 关于本领域公知常识的认定错误。被诉决定错误地认定“对胺进行保护和去保护在本领域是一种公知常识”，依据是涉案专利的说明书的发明内容部分中引用了：有机合成中的保护基（T. W. Gr eene 和 G. M. Wuts，Protecting Groups in Organic Synthesis，第二版，Wiley，New York，1991）一即诉讼证据G。实际上，原告在本专利的专利说明书的发明概述部分中引用该书籍仅仅是为了叙述上的简明。该书籍中的内容不是噻吩并苯并二氮杂䓬化合物合成领域的公知常识。是涉案专利的发明人在做出氮原子不稳定的发明之后，将其创造性地应用到噻吩并苯并二氮杂䓬化合物合成领域中，是构成涉案专利的方法发明的一部分。而且，在噻吩并苯并二氮杂䓬化合物合成领域的研究历史中，普通技术人员长期没有觉察到第1 0位的氮原子的不稳定性，自然不会联想到胺的保护和去保护。胺的保护和去保护不可能是噻吩并苯并二氮杂䓬化合物合成领域的公知常识。再者，证据G的书名是《有机合成中的保护基》，没有关于对含有两种以上不同杂原子的稠合环结构中的氮原子进行保护的技术信息，这些说明它本身缺乏与噻吩并苯并二氮杂䓬化合物合成领域的技术联系，更不能作为噻吩并苯并二氮杂䓬化合物合成领域的公知常识。被告在对比出本专利和证据2的区别之后，没有仔细考虑本领域技术人员的技术水平和知识水平，也没有考虑本领域的技术发展历史，从而低估本发明的科学技术价值，武断认定公知常识，做出了错误的创造性评价结论。3. 关于本专利的技术效果的认定错误。本专利提供的技术效果是多方面的。相对于证据2（第91103346.7号中国发明专利）的质变体现在出现了新的特征，比如避免使用甲苯、二甲基亚砜等有毒有害溶剂，减少了三废排放，有利于环境保护；又比如缩短了工艺操作时间，提高了生产效率（本专利的独立权利要求13的步骤（1）到（3）的总体时间是大约35小时，而证据2的实施例1的第三步和第四步的总体时间是45小时到50小时）。而且，也有量的变化，超出了人们预期的想象，比如环化步骤的收率为75%到95%，且副反应和副产物大幅减少；N-甲基哌嗪利用率提高，有利于降低成本；产物易于通过简单操作获得，最终产品的产品纯度高、质量得到保证。所以，本专利的技术方案相对于证据2具有预料不到的技术效果。4. 被诉决定有关创造性的分析是事后诸葛亮式分析，是错误的。基于以上事实和理由，原告请求法院撤销被诉决定。

原告在法定期限内向本院提交了如下证据：1. 被诉决定；2. 本专利的公告文本复印件；3. 英国专利GB1533235的复印件，即无效宣告程序中原告提交的证据D，用以证明本专利具有创造性；4. 中国专利第91103346.7号的复印件，即无效宣告程序中的请求人所提交的证据2，用以证明本专利具有创造性；5. 1980年出版的第一篇科技论文，与原告以前在无效程序中所交证据进行顺序和一致的编号，称为诉讼证据F，包括其中译文8页，用以证明本专利具有创造性；6. 原告在其本专利的说明书中所引用的书籍，名称为《有机合成的保护基》，称为诉讼证据G，用以证明本专利具有创造性。

被告辩称：1. 关于原告的诉讼证据3~6。证据4是第三人在提出无效宣告请求时指定用于评价创造性的现有技术文件，根据请求原则，我委利用证据4来评价本专利的创造性并无不妥。证据3是原告在口头审理时提交的GB1533235的中文译文，是在提出无效宣告请求之日起一个月之后提交的，超出了举证期限。需要指出的是，第三人并没有主张过使用证据3作为现有技术来评价本专利的创造性。证据5是原告提交的新证据，该证据在被诉决定中没有出现过，故不能成为定案的依据。证据6恰好证明了胺基的保护和去保护在有机合成领域是公知的常识。2. 关于创造性问题。本专利的创造性问题（包括本专利的技术效果的认定）在被诉决定中已有详实的描述。综上所述，被告作出的被诉决定认定事实清楚，适用法律正确、审理程序合法，原告的诉讼理由不能成立，请求人民法院判决驳回原告的诉讼请求，维持被诉决定。

第三人述称：1.《中华人民共和国专利法（以下简称《专利法》第二十二条第三款和《审查指南》第二部分第四章第3.2.1节规定了创造性的判断标准。2. 被告对现有技术的事实认定是清楚和正确的。原告在无效程序中提交证据D超过了规定的期限。原告在2007年7月19日的答复期限届满之前并未向被告提交证据D。事实上，证据D是原告在2007年9月24日的口头审理过程中提交的。因此，被告排除原告在举证期限外提交的证据D是正确的。原告对本专利的基本事实的陈述与事实不符。原告的证据D涉及的是对一大类化合物作为药物活性物质的发现，其中包括对药物化合物的定义、活性研究和对该定义范围内的大量化合物的合成。该英国专利的权利要求也是以化合物权利要求为核心的。本专利根本不涉及对药物活性物质的研究和发现。在本专利的说明书中，也仅仅研究了奥氮平这一种噻吩并苯并二氮杂䓬化合物的制备工艺。原告没有否认证据2为涉案专利最接近的现有技术。本专利权利要求13所要求保护的发明与证据2实施例1所公开的技术方案所涉及的都是由相同的起始化合物（所谓的式IX化合物）制备相同的化合物，即奥氮平（所谓的式XIII化合物）的方法。因此，第三人在无效宣告请求中主张证据2为本专利最接近的现有技术。原告在口头审理中既没有否认证据2是判断本专利创造性的最接近的现有技术，也没有提出任何不同的最接近的现有技术。事实上，原告在本专利说明书第3页的“技术背景”部分所讨论的美国专利5，229，382是证据2在美国的同族专利。这说明原告也认为证据2公开的内容是与涉案专利所要求保护的技术方案最接近的现有技术。而且，原告在口头审理过程中自始至终都在把本专利实施例的技术效果与证据2实施例记载的技术效果进行比较。因此，第三人认为，原告已经默认与本专利最接近的现有技术是证据2。根据《审查指南》第二部分第四章3.2.1.1关于创造性的判断方法，作为“最接近的现有技术”，它只能是一项现有技术。原告在起诉状中所说的证据D和证据2“结合起来可以反映出本领域的技术发展历史，显示出本专利申请日的本领域技术人员的技术状况和技术水平，应该用于分析涉案专利的创造性”反映出原告对创造性的判断标准存有错误认识。另外，原告主张的“证据D与涉案专利所解决的技术问题的广度更为接近……”也不符合上述《审查指南》中关于确定“最接近的现有技术”的规定。3. 原告在证据清单中的标注与事实不符。在本专利的无效程序中，第三人从未提交过证据D。对于原告在口头审理过程中提交的该证据，第三人在口头审理中明确指出：该证据与本案没有关联性，不接受该证据。4. 原告提供的证据F（证据5）与本案无关，也与原告关于被告“事实认识不清”的主张无关，证据F的提交也超过了举证期限。5. 原告主张的对第10位氮原子进行保护的发明任务和技术效果根本不存在。如果原告认为涉案专利所要解决的技术问题是式Ⅸ化合物第10位氮的不稳定所带来的问题，那么该问题是不存在的。根据审查指南第二部分第四章第3.2.1节规定，“发明实际解决的技术问题，是指为获得更好的技术效果而需对最接近的现有技术进行改进的技术任务”。然而，在本专利说明书中没有任何证据证明其说明书中所声称的由对所述N原子进行保护所带来的技术效果。恰恰反证在奥氮平的制备过程中式Ⅸ化合物第10位的氮是比较稳定的，无需进行保护。6. 被告对本专利权利要求定义的发明的技术效果的认定是正确的。本专利说明书中没有任何证据证明对式Ⅸ化合物结构中仲胺上的氮原子采取保护措施给奥氮平的制备工艺取得了其在起诉状中声称的效果，这些所谓的效果实际上是不存在的。由于本专利权利要求13所定义的发明相比最接近的现有技术没有带来任何有益的技术效果，反而带来的是收率下降的负面效果，因此涉案专利权利要求13所定义的发明相比证据2不具有突出的实质性特点，没有取得显著的进步，不具有《专利法》第二十二条第三款规定的创造性。原告通过对两个文件的实施例关于反应时间长短的比较来推导涉案专利的创造性首先是基本概念上的错误，其结论只能是错误的。因此，原告将涉案专利实施例中的反应时间与证据2中的实施例进行比较没有任何实际意义。被告做出的本专利相对于证据2没有取得预料不到的技术效果的结论是完全正确的。7. 被告对公知常识的认定是正确的。有机合成过程中为了避免某些有机基团参与反应，经常需要对有机基团进行保护和脱保护。在有机化学领域，前人对有机基团的保护和脱保护有大量的研究，积累了大量的经验。原告在其专利说明书中引据的证据G对前人的经验和知识做了充分的归纳。正如原告提供的证据6的中文译著的中文版序所指出的，该专著是“在国际化学界很有影响的专著”，“努力做到详尽无遗”。显然，被告将该专著的内容认定为本专利所属技术领域的公知常识完全是正确的，原告故意低估了本领域技术人员的技术水平，高估了涉案专利的创造性。8. 被告在被诉决定中按照《审查指南》第二部分第四章第3节关于发明创造性的审查规定和判断方法，对本专利的创造性进行了分析和判断，并作出决定是正确的。基于以上事实和理由，第三人请求法院驳回原告的诉讼请求，维持被告所作出的被诉决定。

第三人在法定期限内未向本院提交证据。

庭审质证中，各方当事人针对在案证据已经发表了充分的质证意见。本院经审查认为，被告证据及原告证据1~4与本案审查被诉决定的合法性具有关联，且符合真实性、合法性要求，能够证明原告、第三人在行政程序中各自的主张和理由，以及被告宣告本专利全部无效的理由、依据，本院予以确认。原告证据6能够作为被诉决定中所认定的公知常识的事实依据。原告证据5在行政程序中未提交，其无正当理由在诉讼中提交，与审查被诉行为的合法性无关联，本院不予采纳。

根据以上确认的有效证据及各方当事人无争议的事实陈述，本院认定事实如下：

2005 年 12 月 28 日，中华人民共和国国家知识产权局授权公告了本专利，其申请日为 2003 年 6 月 12 日，优先权日为 2003 年 3 月 20 日，专利权人为本案原告。本专利授权公告的权利要求书如下：

“1. 制备化学式 I 的化合物或其盐的方法，

I

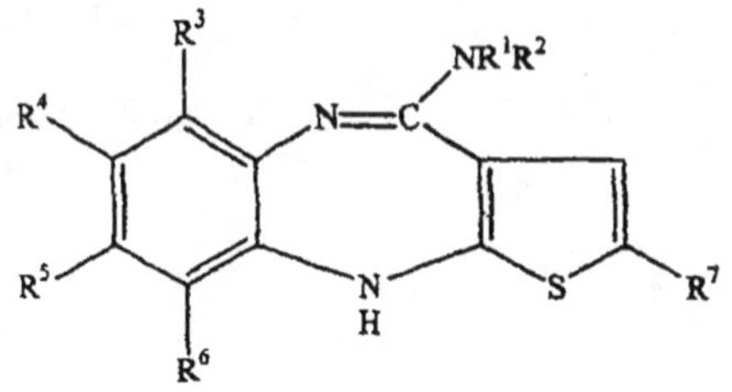

其中

R^1 和 R^2 是取代的烃基或环烃基，或者 R^1 和 R^2 加上相邻的氮原子形成一个取代的 5-至 8-元环，环上一个或多个碳原子能够由选自 O、S 和 N 的杂原子取代，

R^3，R^4，R^5 和 R^6 独立地是氢、烷基、烯基、环烷基、烷氧基、氨基、烷基硫、芳基、磺胺，或者选自 F、Cl、Br 和 I 的卤素，或羟基，

R^2 是烷基、烯基、炔基、烷酰基、芳基、硝基、苯基或选自 F、Cl、Br 和 I 的卤素，

所述方法包括

（1）以化学式 R^8-Y 的保护基保护化学式 II 的化合物

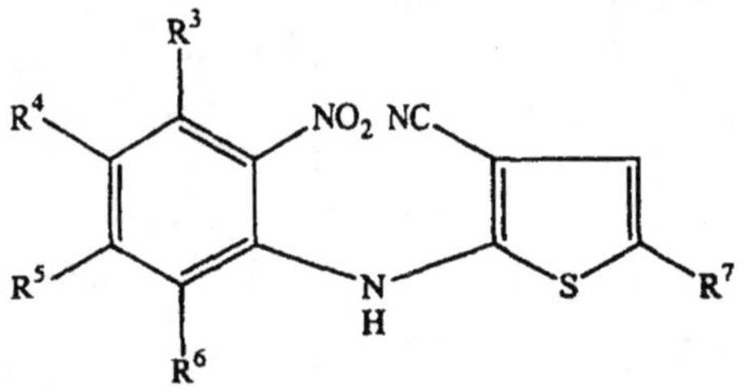

II

其中芝氮 R^8 是氮原子保护基，Y 是离去基团，生成化学式 III 的第一中间体化合物

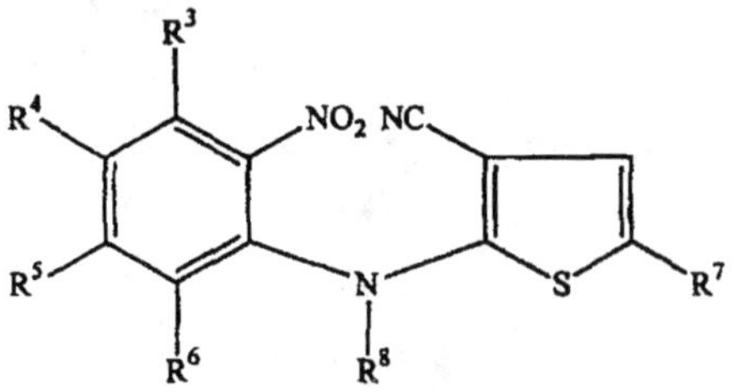

III

或其盐，

（2）以催化剂环化第一中间体化合物，制备化学式 IV 的第二中间体化合物

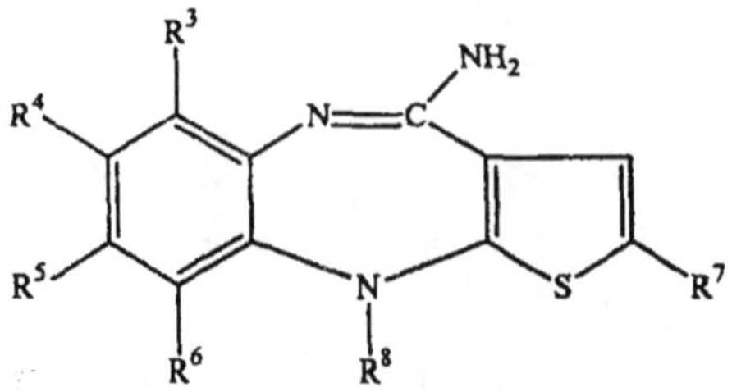

IV

或其盐，

（3）化学式 HNR^1R^2 的胺接触第二中间体化合物，得到化学式 V 的第三中间体化合物

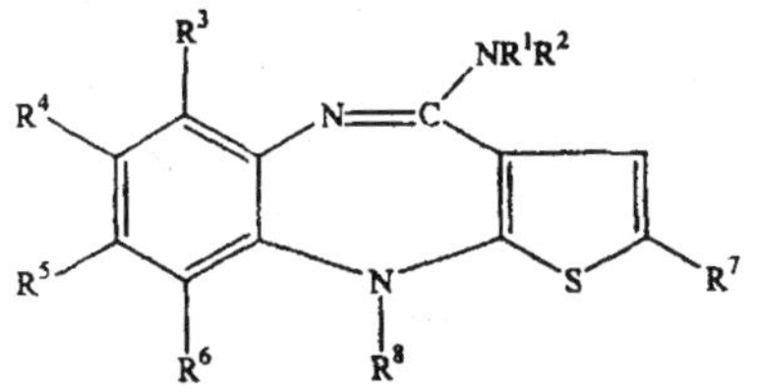

V

其中 R^1 和 R^2 定义如上；或其盐，（4）去保护第三中间体化合物以获得化学式 I 的化合物。

2. 根据权利要求 1 的方法，它进一步包括通过偶合化学式 V I 的化合物和化学式 VII 的化合物制备化学式 II 的化合物，或者其盐，

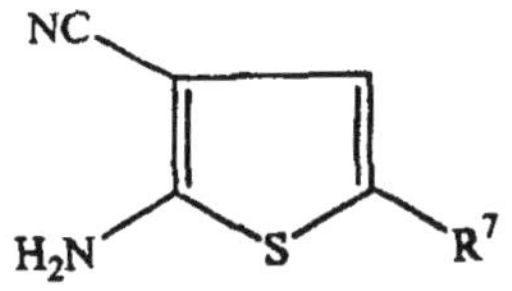

VI

其中 R^2 定义如上，

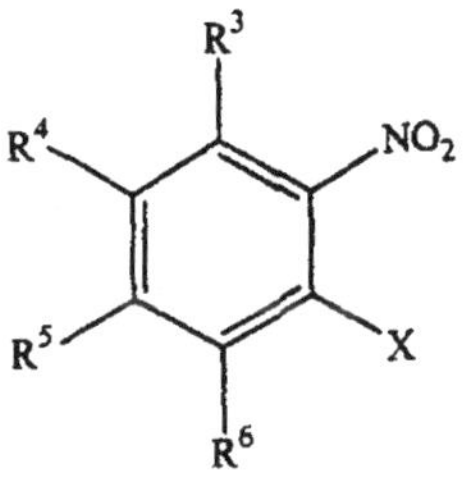

VII

其中 R^3，R^4 和 R^6 定义如上，并且 X 是离去基团。3. 根据权利要求 2 的方法，它进一步包括通过反应硫、丙二腈和化学式 VIII 的化合物制备化学式 VI 的化合物，

$$R^7\text{-}CH_2\text{-}CHO \qquad VIII$$

其中 R^3 定义如上。

4. 根据权利要求 1 的方法，其中 R^1 和 R^2 加上相邻的氮原子，形成选自吡咯烷、哌啶、吗啉、哌嗪、吡咯、吡啶、吡嗪、噻唑、恶唑、异恶唑和咪唑的 5-至 8-元环，

R^3，R^4，R^5 和 R^6 是氢，

R^7 是烷基，

R^8 选自氨基甲酸烷基酯或氨基甲酸苄酯，或者苄基或苯甲酰苄基，并且 Y 选自 F，Cl，Br，I，和 N_3。

5. 根据权利要求 4 的方法，其中 R^1 和 R^2 加上相邻的氮原子形成以甲基取代的哌嗪环，R^7 是甲基，R^8 是苄基，并且是 Br。

6. 根据权利要求 2 的方法，其中 X 选自 F，Cl，Br，和 I。

7. 根据权利要求 1 的方法，其中的催化剂是路易斯酸。

8. 根据权利要求 7 的方法，其中路易斯酸是 SnQ_2 其中 Q 是选自 F，Cl，Br，和 I 的卤原子。

9. 根据权利要求 1 的方法，其中化学式 II 的化合物是

IX

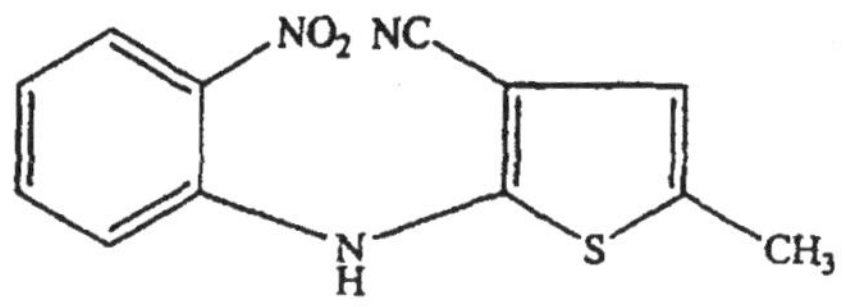

或其盐。

10. 根据权利要求 1 的方法，其中第一中间体化合物是

X

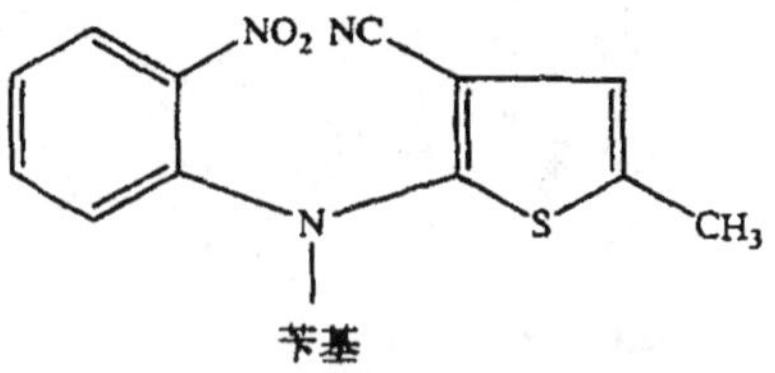

或其盐。

11. 根据权利要求 1 的方法，其中第二中间体化合物是

XI

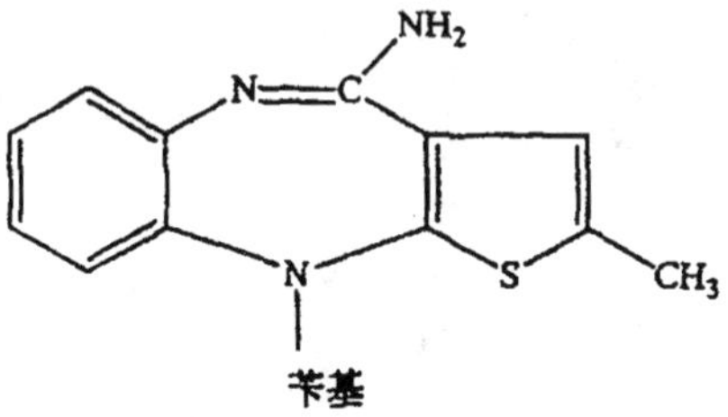

或其盐。

12. 根据权利要求 1 的方法，其中第三中间体化合物是

XII

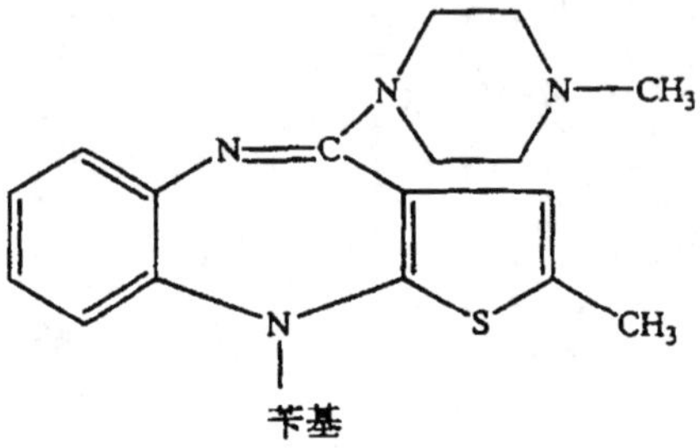

或其盐。13. 具有下式的化合物或其盐的制备方法

XIII

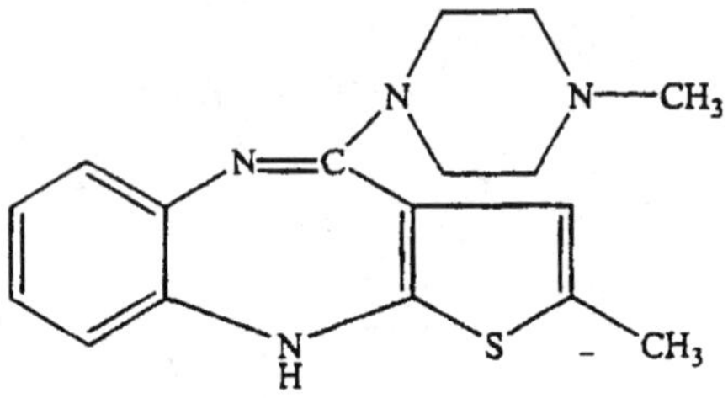

所述的方法包括（1）以保护基苄基溴保护化学式 IX 的化合物，

IX

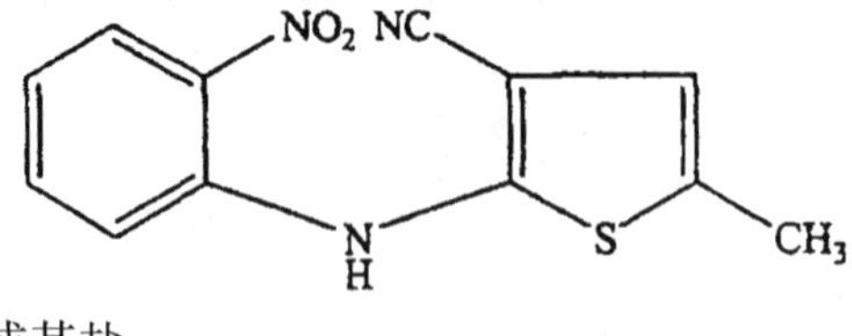

产生化学式 X 的第一中间体化合物或其盐，

X

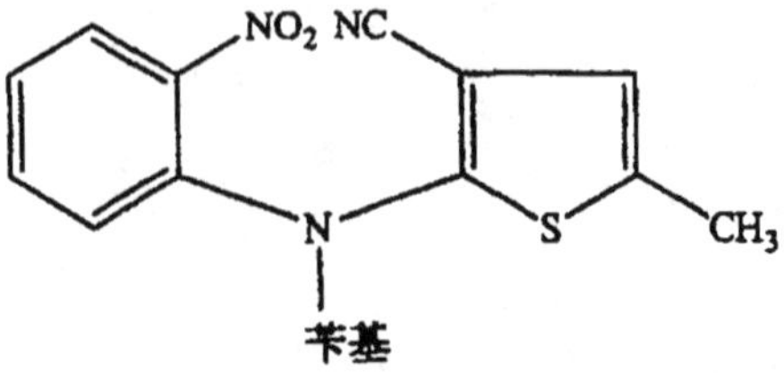

（2）用 $SnCl_2$ 环化第一中间体化合物，以产生化学式 XI 的第二中间体化合物或其盐，

XI

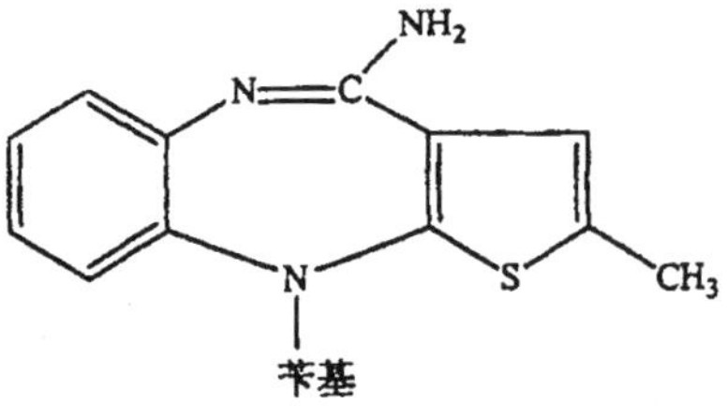

（3）化学式 XIV 的胺

XIV

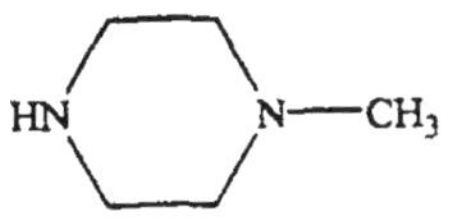

与第二中间体化合物接触，得到化学式 XII 的第三中间体化合物或其盐，

XII

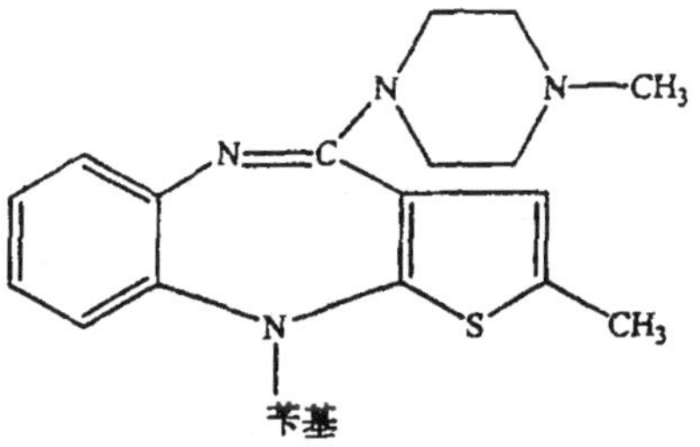

（4）去保护第三中间体化合物，得到化学式 XIII 的化合物。

14. 根据权利要求 13 的方法，其中 $SnCl_2$ 是含水的。

15. 根据权利要求 14 的方法，其中 $SnCl_2$ 是二水合物。

16. 根据权利要求 13 的方法，其中化学式 IX 通过偶合化学式 XV 的化合物

XV

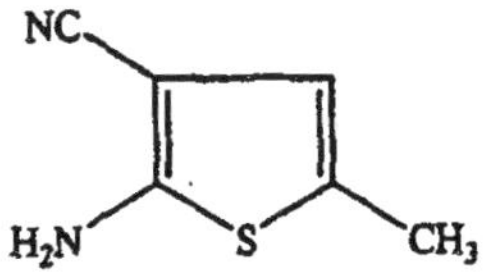

和化学式 XVI 的化合物制备

XVI

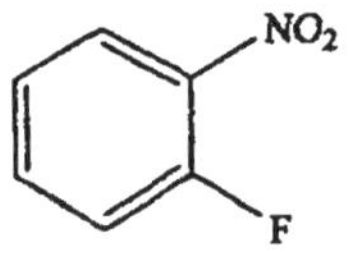

。

17. 根据权利要求 16 的方法，其中化学式 XV 的化合物由硫、丙二腈和化学式 XVII 的化合物制备

CH_2-CH_2-CHO　　VII

针对本专利权，第三人于 2007 年 4 月 17 日向被告提出无效宣告请求，其理由是：本专利的权利要求 1~17 不符合《专利法》第二十二条第三款的规定，权利要求 1~4 和 6-12 不符合《专利法》第二十六条第四款的规定，权利要求 1~15 不符合《中华人民共和国专利法实施细则》（以下简称《专利法实施细则》）第二十条第一款的规定以及本专利的说明书不符合《专利法》第二十六条第三款的规定，并提交了下述证据：证据 1：第 03136388. 1 号中国发明专利说明书，授权公告日为 2005 年 12 月 28 日，复印件共 22 页（即本专利）；证据 2：第 91103346. 7 号中国发明专利说明书，授权公告日为 1995 年 5 月 17 日，复印件共 8 页。

第三人认为，（1）权利要求 1 3 与证据 2 的区别特征是：在权利要求 13 的方法中，式 X 的环化反应和产物 XI 参与的偶合反应是在仲胺氮原子被苄基保护的情况下进行的，说明书中指出："将本发明的生产工艺与现有技术的生产工艺相比，结果显示本发明中还原产物的收率或者说式 III 所示化合物环化反应后的产物更为稳定，并且副产物明显减少"、"从而本发明下一步反应中的产物产率提高，且式 HNR^1R^2 所示胺，如甲基哌嗪的利用率得到改善"，而说明书中没有任何证据证明其取得了上述技术效果，并且上述所谓的效果实际上是不存在的，因此，权利要求 13 没有解决现有技术存在的技术问题，相对于证据 2 没有带来任何有益的技术效果，

不符合《专利法》第二十二条第三款的规定。同理，权利要求 14～15 也不具备创造性。权利要求 16 和 17 的附加技术特征在证据 2 的实施例 1 中已经公开，上述权利要求也不具备创造性。权利要求 1 覆盖了权利要求 13 的技术方案，且该权利要求中所增加的涉及物质的特征与说明书中所指出的技术效果没有必然联系，不能使该权利要求具有突出的实质性特点，该权利要求不具备创造性。权利要求 2～3 和 6 的附加技术特征在证据 2 的实施例 1 中已经公开，因此，上述权利要求也不具备创造性。权利要求 4～5、9～12 所限定的涉及物质的特征与说明书中所指出的效果没有必然的联系，不能使本发明具有突出的实质性特点和显著的进步，与证据 2 相比不具有创造性。权利要求 7～8 对环化反应的催化剂进行了限定，而证据 2 实施例 1 的步骤 3 中使用的是氯化亚锡催化剂，因此，权利要求 7～8 不具备创造性。（2）权利要求 1 对 R^1 和 R^2 护的"烃基"、"环烃基"和"取代的"没有任何限定，包含了大量推测的内容，如果烃基、环烃基、所述 5-至 8-元环或这些基团上的取代基过大，可能会使偶合反应无法进行；R^3、R^4、R^5、R^6 定义的氨基为伯胺，比本专利认为要求保护的仲胺更为活泼，将使本专利的技术效果无法实现；R^7 定义的硝基也参与还原环化反应，将导致产物的杂质增多、收率下降；R^3-R^7 均没有对"烷基"等的碳原子数目做任何限定，这些上位概念覆盖了无限宽的范围，本领域技术人员有

理由怀疑其中的至少一种下位概念不能解决本发明所述的技术问题并达到相同的技术效果，因此，权利要求 1 得不到说明书的支持，不符合《专利法》第二十六条第四款的规定，同理，权利要求 2～3、6～12 也存在上述缺陷。权利要求 2 中 R^7 至 R^8 定义的卤素、羟基和氨基会导致式 VI 化合物与式 VII 化合物反应得到大量的非式 I I 化合物或者式 VII 化合物之间也相互反应，因此，权利要求 2 得不到说明书的支持。同理，权利要求 3 和 6 也存在上述缺陷。权利要求 4 中的 R^7 和 R^8 中"烷基"、"氨基甲酸烷基酯"没有限定碳原子的数目，并且说明书中也没有记载或暗示 R^8 选自"氨基甲酸烷基酯"和"苯甲酰苄基"，因此，权利要求 4 得不到说明书的支持。（3）权利要求 1 中 R^7 的定义中同时出现了"芳基"和"苯基"，限定出了不同的保护范围，R^3 至 R^6 定义的"烷基硫"和"磺胺"不是任何意义上的基团，该权利要求不符合《专利法实施细则》第二十条第一款的规定，同理，权利要求 2～3 和 6～12 也不符合《专利法实施细则》第二十条第一款的规定。权利要求 5 和权利要求 4 的引用关系不当，不符合《专利法实施细则》第二十条第一款的规定。权利要求 5 与权利要求 13～15 的保护范围实质上相同，因此，上述权利要求不符合《专利法实施细则》第二十条第一款的规定。（4）本专利中所声称的技术效果并不存在，本领域技术人员通过实施该发明不能解决任何技术问题，也根本不能产生预期的技术效果；说明书第 4 页基团 R^3 至 R^6 中"磺胺"、"烷基硫"表述不清楚，说明书第 12～13 页实施例 3 中关于收率的描述不清楚，因此，本专利的说明书不符合《专利法》第二十六条第三款的规定。

经形式审查合格后，被告受理了上述请求，于 2007 年 6 月 4 日向双方当事人发出《无效宣告请求受理通知书》，并将《专利权无效宣告请求书》及其附件的副本转送给原告，要求其在指定的期限内答复，同时成立合议组对本无效宣告请求案进行审理。

原告于2007年7月19日针对上述《无效宣告请求受理通知书》作出答复，同时提交了三份证据：

证据A：孙勇，丁明武，“2-烷硫基-4H-咪唑啉-4-酮杀菌剂的有效合成方法”，《化学世界》，第8期，第424~427页，2004年，复印件共4页；

证据B：《英汉化学化工词汇》，科学出版社名词室编，第4版，科学出版社，2000年1月，出版信息页和第2326页，复印件共2页；

证据C：《英汉化学化工词汇》，化学工业出版社辞书编辑部编，化学工业出版社，2004年9月，出版信息页和第1518~19页，复印件共2页。

原告认为，(1) 与证据2相比，本专利提供了一种技术构思不同的技术方案，代表了新的技术，第三人没有评价本发明对于本领域技术人员而言是否显而易见，并且对技术效果的否认不符合审查指南的相关规定。(2) 第三人所提出的关于《专利法》第二十六条第四款的问题仅限于理论，没有任何附加证据能够支持其观点。(3) 权利要求1~15中的“芳基”、“苯基”、“烷基硫”、“磺胺”对于本领域技术人员来说是清楚的，“烷基硫”即“烷硫基”，指-SR，其中R代表烷基（以证据A为证），“磺胺”即“磺酰胺基”，指$-SO_2NH_2$（以证据B、C为证），“芳基”和“苯基”的并列使用也不是《专利法实施细则》第二十条第一款所禁止的。(4) 说明书中“烷基硫”、“磺胺”能够被本领域技术人员理解，实施例3中的结晶产物应该是76g，是一个打字错误，上述笔误不会影响本领域技术人员实施实施例3所述的合成过程，因此，本专利的说明书是清楚的，并且是能够实现的。

2007年8月13日，本案合议组向双方当事人发出《无效宣告请求口头审理通知书》，定于2007年9月24日对该专利权的无效宣告请求案进行口头审理。同时，将原告于2007年7月19日提交的意见陈述书及其附件转送给第三人，要求其在口头审理时一并答复。

2007年9月24日，口头审理如期进行，双方当事人或其代理人出席了口头审理。被告就本案的无效理由及证据逐一进行了调查，双方当事人充分陈述了各自的意见。庭审过程中，被告记录了如下事实：(1) 双方当事人对对方出庭人员的身份和资格无异议，对合议组成员均没有回避请求。(2) 原告对证据2的真实性和公开性没有异议。(3) 第三人对证据B、C的真实性和公开性无异议，但对证据A的真实性和证据A、B、C的关联性有异议。(4) 第三人当庭提交了证据3：《化工词典》，王箴主编，2000年8月第4版，封面页、出版信息页、前言页、第398~399页，复印件共3页。原告人对其真实性和公开性没有异议，但对其关联性有异议；合议组另给予原告庭后1星期的期限对该证据进一步提出意见。(5) 第三人就权利要求1和13不符合《专利法实施细则》第二十条第一款规定提出了新的事实和具体理由，即权利要求1中R^8-Y的保护基”和权利要求13中的“保护基苄基溴”不清楚，因为R^8-Y和苄基溴都不是保护基。原告指出该具体理由在请求书中没有提出，不是本案的审理范围，且上述问题是清楚的。(6) 原告当庭提交了证据D：英国专利GB1533235的中文译文复印件共61页，第三人表示不能接受该证据。

2007年9月30日，原告提交了书面意见，指出根据《专利法实施细则》第六十六条和《审查指南》的规定，证据3超过了一个月的法定期限，因此不能被接受。并认为证据3中记载的“磺胺”是一种药物，本专利记载的磺胺是可选择基团之一，该证据与本案没有关联性。

2007年10月8日，第三人提交了口头审理代理词。

2007年10月17日，原告提交了口头审理代理词以及证据A′和证据E，其中，证据A′用于证明证据A的真实性，证据E用于解释“磺基”、“胺”和“酰基”的字意。

证据A′：国家图书馆科技查新中心出具的文献复制证明，复印文献清单为：《化学世界》，孙勇，丁明武，2-烷硫基-4H-咪唑啉-4-酮杀菌剂的有效合成方法，第8期，2004年，第45卷，封面、版权目录页、424~427页，复制证明、文献清单以及期刊复印件上均盖有骑缝章（红章），共8页；

证据E：《辞海》1999年版普及本，2002年8月第1版，辞海编辑委员会编，上海辞书出版社出版，第60、1553、3970页、3971页和版权信息页，复印件共5页。

被告通过对原告、第三人的主张及各方证据的审查，作出以下认定：

1. 审查文本确定为本专利授权公告的权利要求书和说明书。

2. 关于《专利法》第二十二条第三款。

在第三人所提交的证据中，用于评价创造性的是证据2，原告对其真实性无异议，经核实，被告对其真实性予以认可。证据2的授权公告日为1995年5月17日，早于本专利的申请日和优先权日，因此，该证据中的技术内容属于本专利的现有技术，可以用于评价本专利的创造性。原告先后提交了多份证据，但这些证据均不是用于争辩本专利的创造性。因此，在创造性的判断中不涉及这些证据。

本专利权利要求13要求保护一种式XIII化合物或其盐的制备方法，所述的方法包括（1）以保护基苄基溴保护化学式IX的化合物，产生化学式X的第一中间体化合物或其盐，（2）用$SnCl_2$环化第一中间体化合物，以产生化学式XI的第二中间体化合物或其盐，（3）化学式XIV的胺与第二中间体化合物接触，得到化学式XII的第三中间体化合物或其盐，（4）去保护第三中间体化合物，得到化学式XIII的化合物。

证据2（权利要求书，实施例1）公开了一种制备2-甲基-10-（4-甲基-1-哌嗪基）-4H-噻吩并［2，3-b］［1，5］苯并二氮杂䓬（奥氮平）的方法，该方法将2-（2-硝基苯胺基）-5-甲基噻吩-3-腈与无水氯化亚锡的盐酸溶液反应得到4-氨基-2-甲基-10H-噻吩并［2，3-b］苯并二氮杂䓬氢氯化物，该化合物再与N-甲基哌嗪反应得到2-甲基-10-（4-甲基-1-哌嗪基）-4H-噻吩并［2，3-b］［1，5］苯并二氮杂䓬。

将权利要求1 3所要求保护的技术方案与证据2所公开的内容进行对比，式XIII化合物即为2-甲基-10-（4-甲基-1-哌嗪基）-4 H-噻吩并［2，3-b］［1，5］苯并二氮杂䓬，式IX化合物即为2-（2-硝基苯胺基）-5-甲基噻吩-3-腈，XIV的胺即为N-甲基哌嗪，二者的反应起始物、产物和基本步骤均相同，其区别在于：权利要求13中还包括用苄基溴对式IX化合物中胺进行保护以及将式XII化合物去保护的步骤，而证据2没有上述步骤。

被告认为，对胺进行保护和去保护在本领域是一种公知常识，如原告在说明书中所述，T. W. Gr eene和G. M. Wuts，Protecting Groups in Organic Syn thesis，第二版，Wi1ey，New York，1991中描述了适用胺的保护基团以及保护和去保护胺的适当条件。在化学反应中，当胺的存在会导致副反应的发生，从而影响正常反应产物的产率和纯度时，本领域技术人员有动机首先用胺保护基对胺进行保护，以避免由胺导致的副反应的发生，确保正常反应的顺利进行，从而避免其导致目标产物的产率和纯度的降低。由此可见，当证据2中2-（2-硝基苯胺基）-5-甲基噻吩-3-腈化合物中胺的存在会导致副反应发生并影响正常产物的产率和纯度时，本领域技术人员有动机用胺保护基首先将胺进行保护，从而解决产率和纯度降低的技术问题。并且，上述区别特征的引入也没有使本专利权利要求13的技术方案产生任何预料不到的技术效果，因此，在证据2的基础上结合本领域的公知常识，得到权利要求13所要求保护的技术方案对于本领域技术人员来说是显而易见的，权利要求13不具备突出的实质性特点和显著的进步，不符合《专利法》第二十二条第三款有关创造性的规定。

原告认为，本专利提供了一种技术构思不同的技术方案。对此，被告认为，权利要求13的技术方案与证据2的内容相比，二者的起始原料相同，最终产物相同，其区别特征对本领域技术人员来说又是公知的，因此，权利要求13的技术方案不能视为技术构思不同的技术方案。

另外，本专利说明书中记载了本专利所达到的技术效果，如：本发明中的还原产物更为稳定，副产物减少，下一步反应中的产物产率提高，甲基哌嗪的利用率得到改善，甲基哌嗪同时作为反应物和溶剂使用，本发明的方法避免使用甲苯、二甲亚砜等溶剂，有利于保护环境。对此，被告认为，（1）权利要求13的技术方案并没有排除使用甲苯、二甲亚砜等有机溶剂，也没有记载利用甲基哌嗪作为溶剂，并且，本专利说明书的实施例中也使用了有机溶剂，如二氯甲烷和甲苯（实施例3）、丙酮（实施例5）；（2）中间产物稳定并不必然导致最终产物的收率提高，从本专利说明书的实施例4和6可以看出，环化产物的收率为80%，而最终产物的收率却只有20%~30%，而证据2的环化与偶合的总产率达50%，况且权利要求13和证据2的中间产物不同，二者也不存在可比性；（3）原告声称本专利的收率稳定，但其仅提供了一组实施例，未能证明这一效果；（4）没有证据表明本专利制备方法的副产物相对于证据2减少了；（5）本专利实施例6同样使用了过量的N-甲基哌嗪，而最终产物的收率仅为20%~30%，因此，大部分含有甲基哌嗪的原料没有进入到最终产物中，从而也未能提高甲基哌嗪的利用率；（6）即使本专利减少了由胺导致的副产物，并由此提高了目标产物的纯度和产率，通过对胺进行保护来解决该技术问题也是本领域技术人员公知常识，不属于预料不到的技术效果。综上所述，权利要求13的技术方案相对于证据2没有取得预料不到的技术效果。权利要求14将权利要求13中的$SnCl_2$限定为是含水的，权利要求15又进一步将权利要求14中的含水$SnCl_2$限定为二水合物，虽然证据2中使用的是无水氯化亚锡，但是，本领域技术人员在证据2的基础上结合本领域的公知常识选用含水的$SnCl_2$或其二水合物是显而易见的，并且，选用含水的$SnCl_2$或其二水合物也没有产生预料不到的技术效果，因此，权利要求14~15也不具备创造性。

权利要求16是权利要求13的从属权利要求，权利要求17是权利要求16的从属权利要求，分别对式IX化合物的合成方法和式XV的合成方法进行限定，权利要求16和17的附加技术特征已经被证据2实施例1的第2步反应所公开，在权利要求13不具有创造性的情况下，上述权利要求也不具备创造性。

权利要求1和权利要求4~12分别涵盖了权利要求13所要求保护的技术方案，在权利要求13不具有创造性的情况下，基于同样的理由，上述权利要求也不具备创造性。

权利要求2涵盖了权利要求16的技术方案，权利要求3涵盖了权利要求17的技术方案，在权利要求16~17不具有创造性的情况下，同理，上述权利要求也不具备创造性。

鉴于基于证据2已经得出本专利所有权利要求不具有创造性的结论，对于原告提出的其他无效理由和证据，被告未 进一步评述。

综上，被告作出被诉决定，宣告本专利权全部无效。原告不服，诉至本院。

本案开庭审理中，原告、第三人对被诉决定中“案由”部分记载的内容无争议。

本院认为：针对被诉决定中各方当事人明确表示无争议的内容，经审查，本院对其合法性予以确认。根据各方当事人的诉讼意见能够确定本案的争议焦点为：1. 被告未采纳证据D是否违法；2. 本专利是否具有创造性。

关于焦点问题1，本院认为，参照《审查指南》第四部分第三章第4.3.2规定，专利权人应当在专利复审委员会指定的答辩期限内提交证据，专利权人提交的证据是外文的，提交中文译文的期限适用于该证据的举证期限。本案中，证据D是英国专利GB1533235的中文译文，原告作为本专利的专利权人于口头审理中方向被告提交该证据，超过了上述规定的举证期限，被告在被诉决定中未予采纳正确。

关于焦点问题2，本院认为，《专利法》第二十二条第三款规定：发明的创造性，是指同申请日以前已有的技术相比，该发明有突出的实质性特点和显著的进步。如果发明的技术方案与最接近的现有技术的区别特征在所属领域是公知常识，在面对发明实际解决的技术问题时，本领域技术人员有动机将所述区别技术特征应用到该最接近的现有技术中以改进该最接近的现有技术，并获得该发明的技术方案，并且，所述区别技术特征也没有使发明具有预料不到的技术效果，则该发明对于本领域技术人员来说是显而易见的。本案中，被告将证据2公开的技术方案与本专利权利要求13相比，所认定的区别技术特征正确。由于对胺进行保护和去保护在本领域是一种公知常识，且本专利说明书记载的T. W. Greene和G. M. Wuts，Protecting Groups in OrganicSynthesis，第二版，Wiley，New York，1991中也描述了适用胺的保护基团以及保护和去保护胺的适当条件。在此基础上，被告在被诉决定中认定证据2结合本领域的公知常识，得到权利要求13所要求保护的技术方案对于本领域技术人员来说是显而易见的理由充分，本院予以确认。因此，本专利权利要求13不具备突出的实质性特点和显著的进步，不符合《专利法》第二十二条第三款有关创造性的规定。

针对原告主张的本专利说明书中已经记载的本专利所达到的技术效果，本院通过对本专利说明书的审查，被告关于权利要求13的技术方案相对于证据2没有取得预料不到技术效果的认定事实理由充分，本院予以确认。被告关于本专利其他权利要求不具备创造性的认定正确，本院亦予确认。

综上，被诉决定认定事实清楚，适用法律正确，行政程序合法，本院应予维持。原告的诉讼理由缺乏事实及法律依据，其诉讼请求本院不予支持。依照《中华人民共和国行政诉讼法》第五十四条第（一）项之规定，判决如下：

维持被告中华人民共和国国家知识产权局专利复审委员会于二〇〇八年二月二日作出的第11065号无效宣告请求审查决定。

案件受理费人民币100元，由原告华生制药公司负担（已交纳）。

如不服本判决，原告华生制药公司、第三人伊莱利利公司可在判决书送达之日起30日内，被告中华人民共和国国家知识产权局专利复审委员会可在判决书送达之日起15日内，向本院递交上诉状，并按对方当事人的人数提出副本，预交上诉案件受理费人民币100元，上诉于中华人民共和国北京市高级人民法院。上诉人在上诉期满后7日内未预交上诉费，又不提出缓交申请的，按自动撤回上诉处理。

审　判　长　梁　菲
代理审判员　司品华
人民审判员　付勇军
二〇〇九年三月二十日
书　记　员　王　丽

北京市高级人民法院
行政判决书

（2009）高行终字第836号

上诉人（一审原告）华生制药公司，住所地美利坚合众国加口利福尼亚州。

法定代表人大卫A. 布肯（David A. Buchen），高级副总裁、法律总顾问兼秘书。

委托代理人陈建芳，北京纪凯知识产权代理有限公司专利代理人。

委托代理人陆惠中，北京纪凯知识产权代理有限公司专利代理人。

被上诉人（一审被告）中华人民共和国国家知识产权局专利复审委员会，住所地中华人民共和国北京市海淀区北四环西路9号银谷大厦10~12层。

法定代表人张茂于，副主任。

委托代理人张家祥，中华人民共和国国家知识产权局专利复审委员会审查员。

委托代理人程强，中华人民共和国国家知识产权局专利复审委员会审查员。

被上诉人（一审第三人）伊莱利利公司，住所地美利坚合众国印第安那州。

法定代表人韦劳伦（Lawrence T. Welch），助理首席专利顾问。

委托代理人林柏楠，北京市中咨律师事务所律师。

委托代理人张雪珍，北京市中咨律师事务所专利代理人。

上诉人华生制药公司（以下简称华生公司）因专利无效宣告请求审查决定一案，不服中华人民共和国北京市第一中级人民法院（以下简称一审法院）（2008）一中行初字第911号行政判决，向本院提起上诉。本院受理后，依法组成合议庭，于2009年11月3日公开开庭审理了本案。上诉人华生公司的委托代理人陆惠中、陈建芳，被上诉人中华人民共和国国家知识产权局专利复审委员会（以下简称专利复审委）的委托代理人程强、张家祥，被上诉人伊莱利利公司的委托代理人林柏楠、张雪珍到庭参加了诉讼。本案现已审理终结。

2008年2月2日，专利复审委依据《中华人民共和国专利法》（以下简称《专利法》）第二十二条第三款的规定，针对专利权人为华生公司的第03136388.1号发明专利（以下简称本专利）作出第11 06 5号无效宣告请求审查决定（以下简称第11065号决定），宣告本专利权全部无效。华生公司不服该决定，在法定期限内向一审法院提起行政诉讼。

一审法院经审理认为，第11065号决定认定事实清楚、适用法律正确、审查程序合法。华生公司的诉讼请求缺乏事实和法律依据。依照《中华人民共和国行政诉讼法》第五十四条第（一）项之规定，判决维持了专利复审委作出的第11065号决定。

华生公司不服一审判决，向本院提起上诉。该公司诉称，1. 无效程序中的证据D（英国专利GB1533235）应该予以采纳。在口头审理及第11065号决定中，专利复审委都没有提出因证据D提交程序不合法不予采纳的理由，在诉讼程序中提出该理由，致使该公司失去了陈述意见的机会，违反了听证原则。证据D与本专利所解决的技术问题的广度更为接近，是一个重要的现有技术文件，它和证据2结合起来可以反映出本领域的技术发展历史，显示出本专利申请日前本领域技术人员的技术状况和技术水平，应该用于分析本专利的创造性。2. 第11065号决定和一审判决对本专利与证据2的区别技术特征的认定错误。本专利与证据2的反应路线、所用物质和中间反应物均不同。本专利与证据2和其他相关现有技术相比提供了一种有着不同构思的技术方案，其用到了不同的物质，导致纯化手段和效率方面不同，具有更环保、更经济、更高效和更节能的有益效果，代表了新技术的发展方向。3. 第11065号决定和一审判决对本专利要解决的技术问题的认定错误。本专利除要解决减少副反应，从而改善反应产物的产率和纯度这一技术问题外，还解决了避免使用二甲亚砜、乙腈等有毒有害溶剂，减少三废的排放、有利于保护环境等问题。同时，还改善了甲基哌嗪的利用率，降低了生产成本，具有直接的经济利益。4. 第11065号决定和一审判决就本专利要求保护的技术方案对本领域的技术人员来说是显而易见的认定错误。噻吩并苯并二氮杂䓬化合物合成中第10位的NH基团的不稳定性在本领域是一个难以觉察到的问题，本领域普通技术人员长期以来一直不知道它所带来的问题，自然没有动机对该基团进行保护和去保护。证据2没有提到“副反应”术语，也没有提到纯度不高所带来的技术后果。因此从证据2中，本领域技术人员不会意识到副反应和杂质的问题，也不会想到原材料浪费的问题，也就没有动机对反应中的化合物进行保护和去保护。5. 第11065号决定和一审判决对本专利的技术效果的认定错误。本专利创造性地引入胺的保护，由此获得的副反应减少、产率和纯度提高的技术效果具有显著的进步。故，请求二审法院撤销一审判决和第 11065 号决定。

专利复审委答辩称，1. 在无效程序中，专利复审委已经在转送文件和口头审理时给予了华生公司陈述意见的机会，故不存在违反听证原则的问题。在口头审理过程中，华生公司在评价创造性时没有使用证据 D，只是在调查支持问题时涉及到了该证据；证据 D 是其在口头审理时提交的 GB1533235 的中文译文，超出了举证期限。华生公司向二审法院提交的证据 H-K，未向专利复审委和一审法院提交，不能作为定案的依据。2. 关于本专利的创造性，仍坚持第 11065 号决定中的认定。综上，第 11065 号决定认定事实清楚，适用法律正确、审理程序合法。请求二审法院判决驳回上诉，维持一审判决和第 11065 号决定。

伊莱利利公司答辩称，1. 根据《审查指南》第四部分第三章第 4.3.2 节关于专利权人举证的规定，专利权人应当在专利复审委指定的答复期限内提交证据。本案专利复审委指定的答复期限是 2007 年 7 月 19 日，在该期限之前华生公司未向专利复审委提交证据 D，其在口头审理中提交证据 D 已经超过了规定的期限。且，华生公司提交证据 D 旨在说明本专利说明书引据了证据 D，并不涉及本专利的创造性审查。因此，专利复审委和一审法院不采纳证据 D 正确。2. 华生公司关于本专利具有创造性的上诉理由不能成立。请求二审法院驳回上诉，维持一审判决和第 11065 号决定。

专利复审委在法定举证期限内向一审法院提交了以下证据：1. 本专利说明书；2. 证据 2：中国第 9110334 6.7 号发明专利说明书，共 8 页；3. T. W. Greene 和 G. M. Wuts，Protecting Groups in 0rganic Synthesis，第三版，及其中文译文，复印件共 158 页（同华生公司提交的证据 5）；4. 口头审理记录表。

华生公司向一审法院提交了如下证据：1. 本专利的公告文本复印件；2. 证据 D：英国专利 GB1533235 的中文译文；3. 证据 2；4. 证据 F：1980 年出版的第一篇科技论文，包括其中译文 8 页；5. 证据 G：T. W. Greene 和 G. M. Wuts，Protecting Groups in Organic Synthesis，第三版，及其中文译文，复印件共 158 页。

伊莱利利公司未向一审法院提交证据。

上述证据均已随案移送本院。经审查，专利复审委提交的证据 1~4 以及华生公司提交的证据 2、3、4、6 与本案具有关联性，且合法、真实，能够证明本案的相关事实；其中专利复审委提交的证据 3 同华生公司提交的证据 5，该证据能够证明适用胺的保护基团以及保护和去保护胺的适当条件；华生公司提交的证据 2 为专利复审委在无效程序中未采纳的证据，专利复审委应否采纳见本判决的进一步论述。华生公司提交的证据 4 在无效程序中未向专利复审委提交，且未申明正当理由，一审法院不予采纳正确。

本院审理期间，华生公司向本院提交了《中国医药工业杂志》2008 年第 39 卷第 5 期等四份证据，该部分证据未向专利复审委和一审法院提交，且未申明正当理由，本院不予接纳。

根据对上述证据的审查认定及各方当事人的诉辩意见，本院确认如下事实，本专利是华生公司于 2003 年 6 月 12 日向中华人民共和国国家知识产权局（以下简称国知局）申请的名称为“2-甲基-噻吩并苯并二氮杂䓬工艺”的发明专利，其优先权日为 2003 年 3 月 20 日。2005 年 12 月 28 日，

国知局以公告授予其专利权。授权公告的权利要求书如下：

“1. 制备化学式 I 的化合物或其盐的方法，

I

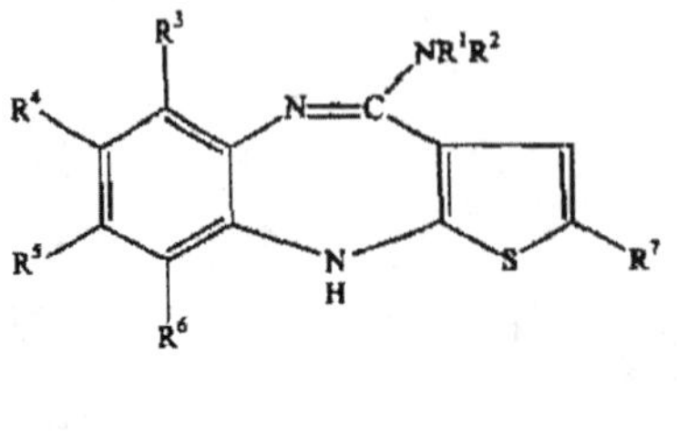

其中

R1 和 R2 是取代的烃基或环烃基，或者 R1 和 R2 加上相邻的氮原子形成一个取代的 5-至 8-元环，环上一个或多个碳原子能够由选自 O、S 和 N 的杂原子取代，

R3，R4，R5，和 R6 独立地是氢、烷基、烯基、环烷基、烷氧基、氨基、烷基硫、芳基、磺胺，或者选自 F、Cl、Br 和 I 的卤素，或羟基，

R7 是烷基、烯基、炔基、烷酰基、芳基、硝基、苯基或选自 F、Cl、Br 和 I 的卤素，所述方法包括（1）以化学式 R8-Y 的保护基保护化学式 I I 的化合物

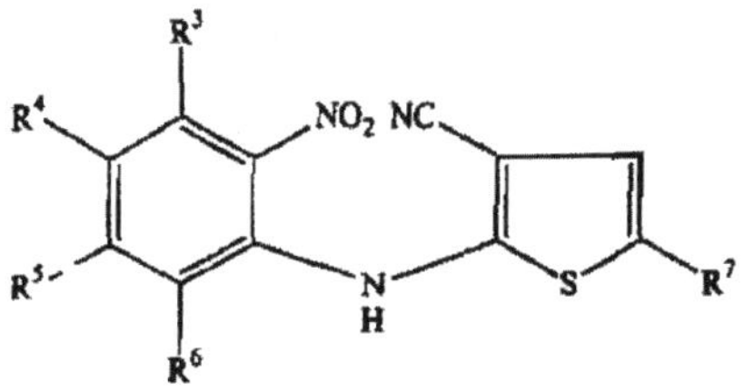

II

其中 R8 是氮原子保护基，Y 是离去基团，生成化学式 I I 的第一中间体化合物

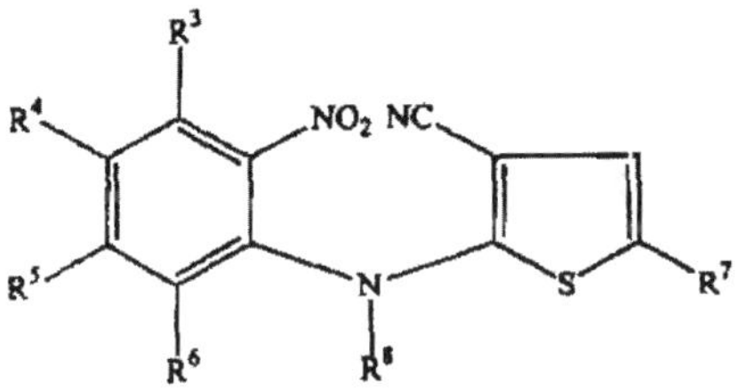

III

或其盐，

（2）以催化剂环化第一中间体化合物，制备化学式 I V 的第二中间体化合物物

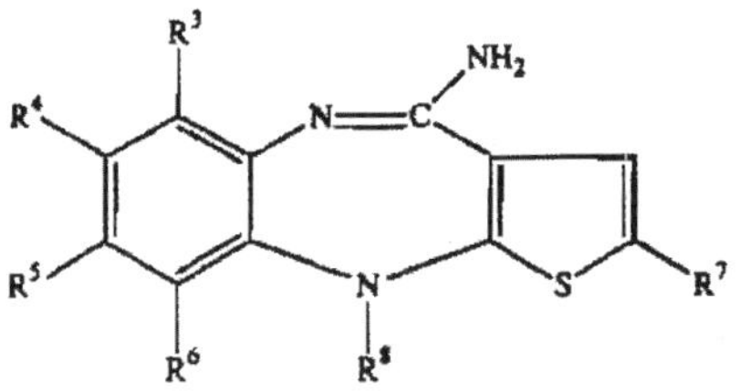

IV

或其盐，

（3）化学式 HNR1R2 的胺接触第二中间体化合物，得到化学式 V 的第三中间体化合物物

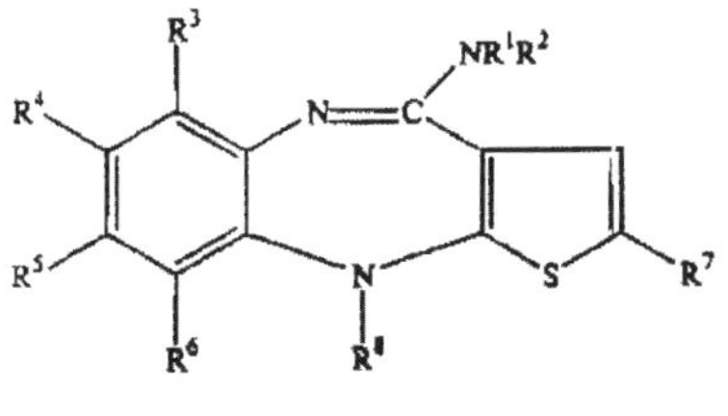

V

其中 R1 和 R2 定义如上；或其盐，

（4）去保护第三中间体化合物以获得化学式 I 的化合物。

2. 根据权利要求 1 的方法，它进一步包括通过偶合化学式 VI 的化合物和化学式 VII 的化合物制备化学式 II 的化合物，或者其盐，

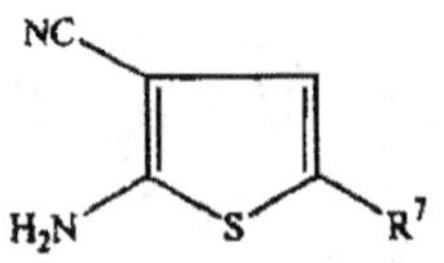

VI

其中 R7 定义如上，

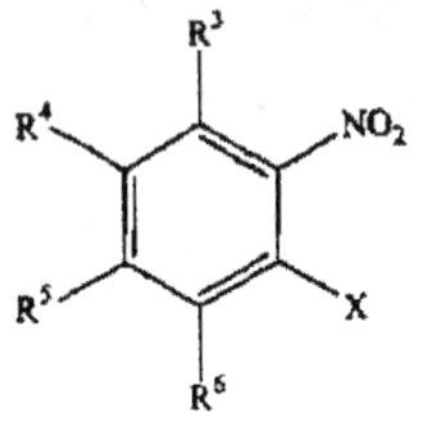

VII

其中 R3，R4，R5，和 R6 定义如上，并且 X 是离去基团。

3. 根据权利要求 2 的方法，它进一步包括通过反应硫、

丙二腈和化学式 VIII 的化合物制备化学式 VI 的化合物，

R7-CH2-CHO　　　　　　VIII

其中 R7 定义如上。

4. 根据权利要求 1 的方法，其中 R 1 和 R 2 加上相邻的氮原子，形成选自吡咯烷、哌啶、吗啉、哌嗪、吡咯、吡啶、吡嗪、噻唑、噁唑、异噁唑和咪唑的 5-至 8-元环，

R3，R4，R5，和 R6 是氢，

R7 是烷基，

R8 选自氨基甲酸烷基酯或氨基甲酸苄酯，或者苄基或苯甲酰苄基，并且 Y 选自 F，Cl，Br，I，和 N_3。

5. 根据权利要求 4 的方法，其中 R1 和 R2 加上相邻的氮原子形成以甲基取代的哌嗪环，R7 是甲基，R8 是苄基，并且 Y 是 B r。

6. 根据权利要求 2 的方法，其中 X 选自 F，Cl，Br，和 I。

7. 根据权利要求 1 的方法，其中的催化剂是路易斯酸。

8. 根据权利要求 7 的方法，其中路易斯酸是 SnQ_2，其中 Q 是选自 F，Cl，Br，和 I 的卤原子。

9. 根据权利要求 1 的方法，其中化学式 II 的化合物是

IX

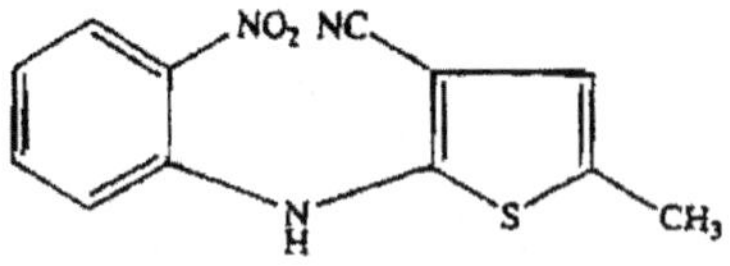

或其盐。

10. 根据权利要求 1 的方法，其中第一中间体化合物是

X

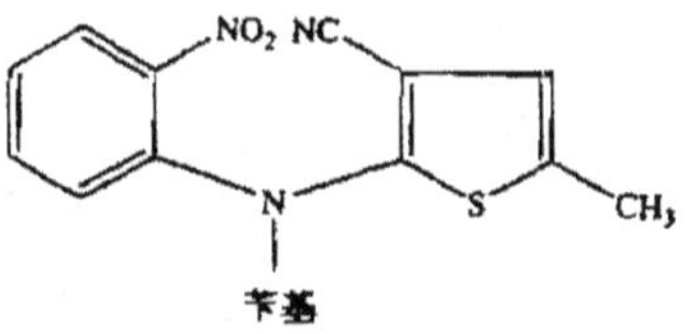

或其盐。

11. 根据权利要求 1 的方法，其中第二中间体化合物是

XI

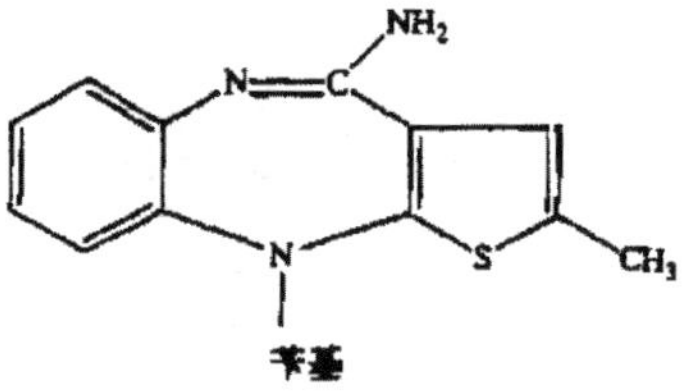

或其盐。

12. 根据权利要求 1 的方法，其中第三中间体化合物是或其盐。

XII

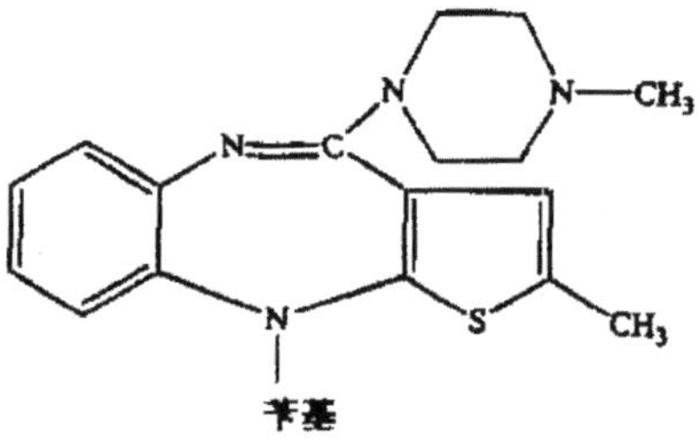

13. 具有下式的化合物或其盐的制备方法

XIII

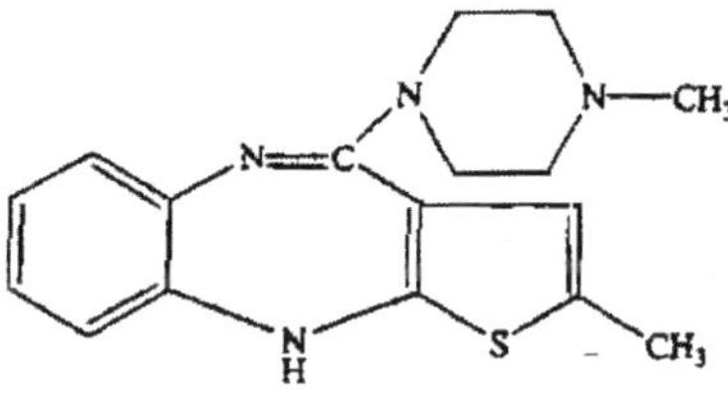

所述的方法包括

（1）以保护基苄基溴保护化学式 IX 的化合物，

IX

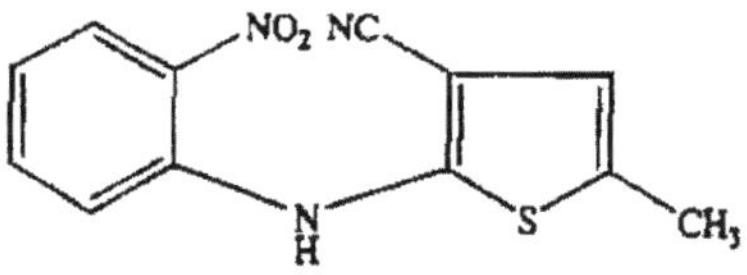

产生化学式 X 的第一中间体化合物或其盐，

X

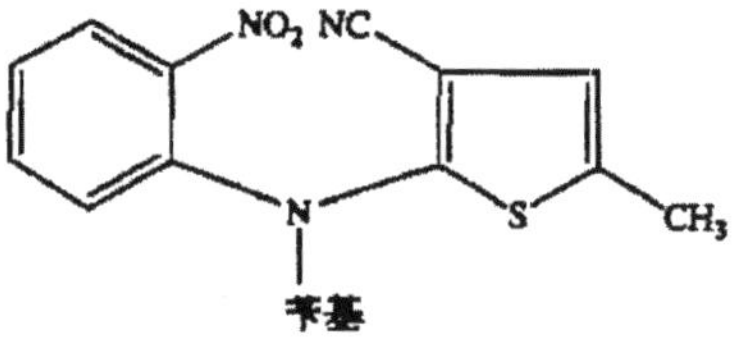

（2）用 $SnCl_2$ 环化第一中间体化合物，以产生化学式 XI 的第二中间体化合物或其盐，

XI

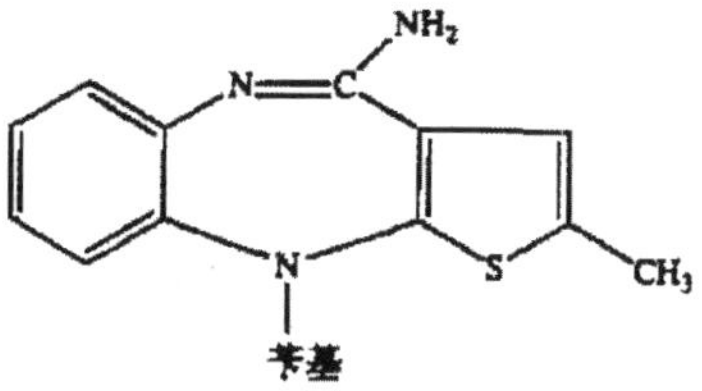

（3）化学式 XIV 的胺

XIV

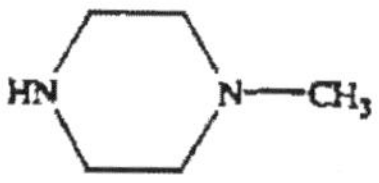

与第二中间体化合物接触，得到化学式 XII 的第三中间体化合物或其盐，

XII

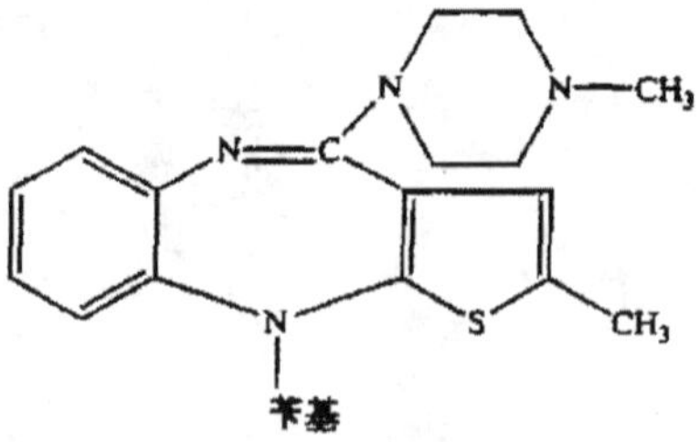

（4）去保护第三中间体化合物，得到化学式 XIII 的化合物。

14. 根据权利要求 1 3 的方法，其中 $SnCl_2$ 是含水的。

15. 根据权利要求 14 的方法，其中 $SnCl_2$ 是二水合物。

16. 根据权利要求 13 的方法，其中化学式 IX 通过偶合化学式 XV 的化合物

XV

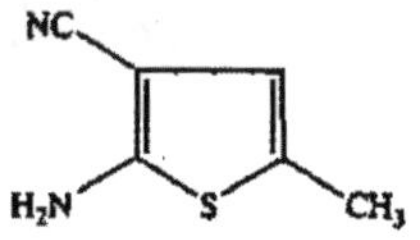

和化学式 XVI 的化合物制备

XVI

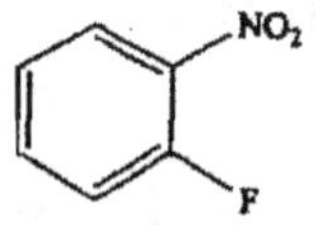

17. 根据权利要求 16 的方法，其中化学式 XV 的化合物由硫、丙二腈和化学式 XVII 的化合物制备

CH3-CH2-CH0　　　　　　VII”

针对本专利，伊莱利利公司以本专利的权利要求 1~17 不符合《专利法》第二十二条第三款的规定，权利要求 1~4 和 6~12 不符合《专利法》第二十六条第四款的规定，权利要求 1~15 不符合《中华人民共和国专利法实施细则》（以下简称《专利法实施细则》）第二十条第一款的规定以及本专利的说明书不符合《专利法》第二十六条第三款的规定为由，于 2007 年 4 月 17 日向专利复审委提出无效宣告请求，并提交了下述证据：证据 1：本专利说明书；证据 2：第 91103346.7 号中国发明专利说明书，授权公告日为 1995 年 5 月 17 日，复印件共 8 页。

伊莱利利公司认为，1. 权利要求 13 与证据 2 的区别特征是：在权利要求 13 的方法中，式 X 的环化反应和产物 XI 参与的偶合反应是在仲胺氮原子被苄基保护的情况下进行的，本专利说明书虽指出“将本发明的生产工艺与现有技术的生产工艺相比，结果显示本发明中还原产物的收率或者说式 III 所示化合物环化反应后的产物更为稳定，并且副产物明显减少”、“从而本发明下一步反应中的产物产率提高，且式 HNR1R2 所示胺，如甲基哌嗪的利用率得到改善”，但说明书中没有证据证明其取得了上述技术效果，并且上述所谓的效果实际上是不存在的，因此，权利要求 13 没有解决现有技术存在的技术问题，相对于证据 2 没有带来任何有益的技术效果，不符合《专利法》第二十二条第三款的规定。同理，权利要求 14~15 也不具备创造性。权利要求 16 和 17 的附加技术特征在证据 2 的实施例 1 中已经公开，上述权利要求也不具备创造性。权利要求 1 覆盖了权利要求 13 的技术方案，且该权利要求中所增加的涉及物质的特征与说明书中所指出的技术效果没有必然联系，不能使该权利要求具有突出的实质性特点，该权利要求不具备创造性。权利要求 2~3 和 6 的附加技术特征在证据 2 的实施例 1 中已经公开，因此，上述权利要求也不具备创造性。权利要求 4~5、9~12 所限定的涉及物质的特征与说明书指出的效果没有必然的联系，不能使本发明具有突出的实质性特点和显著的进步，与证据 2 相比不具有创造性。权利要求 7~8 对环化反应的催化剂进行了限定，而证据 2 实施例 1 的步骤 3 中使用的是氯化亚锡催化剂，因此，权利要求 7~8 不具备创造性。2. 权利要求 1 对 R1 和

R2 中的“烃基”、“环烃基”和“取代的”没有任何限定，包含了大量推测的内容，如果烃基、环烃基、所述 5-至 8-元环或这些基团上的取代基过大，可能会使偶合反应无法进行；R3、R4、R5、R6 定义的氨基为伯胺，比本专利要求保护的仲胺更为活泼，将使本专利的技术效果无法实现；R7 定义的硝基也参与还原环化反应，将导致产物的杂质增多、收率下降；R3~R7 均没有对“烷基”等的碳原子数目做任何限定，这些上位概念覆盖了无限宽的范围，本领域技术人员有理由怀疑其中的至少一种下位概念不能解决本发明所述的技术问题并达到相同的技术效果。因此，权利要求 1 得不到说明书的支持，不符合《专利法》第二十六条第四款的规定。同理，权利要求 2~3、6~12 也存在上述缺陷。权利要求 2 中 R3 至 R6 定义的卤素、羟基和氨基会导致式 VI 化合物与式 V I I 化合物反应得到大量的非式 II 化合物或者式 VII 化合物之间也相互反应，因此，权利要求 2 得不到说明书的支持。同理，权利要求 3 和 6 也存在上述缺陷。权利要求 4 中的 R7 和 R8 中“烷基”、“氨基甲酸烷基酯”没有限定碳原子的数目，并且说明书中也没有记载或暗示 R8 选自“氨基甲酸烷基酯”和“苯甲酰苄基”，因此，权利要求 4 得不到说明书的支持。3. 权利要求 1 中对 R7 的定义同时出现了“芳基”和“苯基”，限定出了不同的保护范围，R3 至 R6 定义的“烷基硫”和“磺胺”不是任何意义上的基团，该权利要求不符合《专利法实施细则》第二十条第一款的规定，同理，权利要求 2~3 和 6~12 也不符合《专利法实施细则》第二十条第一款的规定。权利要求 5 和权利要求 4 的引用关系不当，不符合《专利法实施细则》第二十条第一款的规定。权利要求 5 与权利要求 13~15 的保护范围实质上相同，因此，上述权利要求不符合《专利法实施细则》第二十条第一款的规定。4. 本专利所声称的技术效果并不存在，本领域技术人员通过实施该发明不能解决任何技术问题，也根本不能产生预期的技术效果；说明书第 4 页基团 R3 至 R6 中“磺胺”、“烷基硫”表述不清楚，说明书第 12~13 页实施例 3 中关于收率的描述不清楚，因此，本专利的说明书不符合《专利法》第二十六条第三款的规定。

经形式审查合格后，专利复审委受理了上述请求，于 2007 年 6 月 4 日向双方当事人发出《无效宣告请求受理通知书》，并将《专利权无效宣告请求书》及其附件的副本转送给华生公司，要求其在指定的期限内答复。

华生公司于 2007 年 7 月 19 日针对上述《无效宣告请求书》作出答复，同时提交了三份证据：

证据 A：孙勇，丁明武，“2-烷硫基-4H-咪唑啉-4-酮杀菌剂的有效合成方法”，《化学世界》，第 8 期，第 424~427 页，2004 年，复印件共 4 页；

证据 B：《英汉化学化工词汇》，科学出版社名词室编，第 4 版，科学出版社，2000 年 1 月，出版信息页和第 2326 页，复印件共 2 页；

证据 C：《英汉化学化工词汇》，化学工业出版社辞书编辑部编，化学工业出版社，2004 年 9 月，出版信息页和第 1518-19 页，复印件共 2 页。

华生公司认为，1. 与证据 2 相比，本专利提供了一种技术构思不同的技术方案，代表了新的技术，伊莱利利公司没有评价本发明对于本领域技术人员而言是否显而易见，并且对技术效果的否认不符合审查指南的相关规定。2. 伊莱利利公司所提出的关于《专利法》第二十六条第四款的问题仅限于理论，没有任何附加证据能够支持其观点。3. 权利要求 1~15 中的“芳基”、“苯基”、“烷基硫”、“磺胺”对于本领域技术人员来说是清楚的，“烷基硫”即“烷硫基”，指-SR，其中 R 代表烷基（以证据 A 为证），“磺胺”即“磺酰胺基”，指$-SO_2NH_2$（以证据 B、C 为证），“芳基”和“苯基”的并列使用也不是《专利法实施细则》第二十条第一款所禁止的。四、说明书中“烷基硫”、“磺胺”能够被本领域技术人员理解，实施例 3 中的结晶产物应该是 7 6g 为笔误，但该笔误不会影响本领域技术人员实施实施例 3 所述的合成过程，因此，本专利的说明书是清楚的，并且是能够实现的。

2007 年 8 月 13 日，本案合议组向双方当事人发出口头审理通知书，同时，将华生公司于 2007 年

7月19日提交的意见陈述书及其附件转送给伊莱利利公司，要求其在口头审理时一并答复。

2007年9月24日，专利复审委就本专利进行了口头审理。双方当事人或其代理人出席了口头审理并陈述了各自的意见。其间：1. 双方当事人对对方出庭人员的身份和资格无异议，对合议组成员均没有回避请求。2. 华生公司对证据2的真实性和公开性没有异议。3. 伊莱利利公司对证据B、C的真实性和公开性无异议，但对证据A的真实性和证据A、B、C的关联性有异议。四、伊莱利利公司当庭提交了证据3：《化工词典》，王箴主编，2000年8月第4版，封面页、出版信息页、前言页、第398~399页，复印件共3页。华生公司人对其真实性和公开性没有异议，但对其关联性有异议；专利复审委另给予华生公司庭后一周的期限对该证据进一步提出意见。5. 伊莱利利公司就权利要求1和13不符合《专利法实施细则》第二十条第一款规定提出了新的事实和具体理由，即权利要求1中"R8-Y的保护基"和权利要求13中的"保护基苄基溴"不清楚，因为R8-Y和苄基溴都不是保护基。华生公司指出该具体理由在请求书中没有提出，不是本案的审理范围，且上述问题是清楚的。6. 华生公司在口头审理中提交了证据D：英国专利GB1533235的中文译文复印件共61页，伊莱利利公司表示不能接受该证据。

2007年9月30日，华生公司提交了书面意见，指出根据《专利法实施细则》第六十六条和《审查指南》的规定，证据3超过了一个月的法定期限，因此不能被接受。并认为证据3中记载的"磺胺"是一种药物，本专利记载的磺胺是可选择基团之一，该证据与本案没有关联性。

2007年10月8日，伊莱利利公司提交了口头审理代理词。

2007年10月17日，华生公司提交了口头审理代理词以及证据A′和证据E，其中，证据A′用于证明证据A的真实性，证据E用于解释"磺基"、"胺"和"酰基"的字意。

证据A′：国家图书馆科技查新中心出具的文献复制证明，复印文献清单为：《化学世界》，孙勇，丁明武，2-烷硫

基-4H-咪唑啉-4-酮杀菌剂的有效合成方法，第8期，2004年，第45卷，封面、版权目录页、424~427页，复制证明、文献清单以及期刊复印件上均盖有骑缝章（红章），共8页；

证据E：《辞海》1999年版普及本，2002年8月第1版，辞海编辑委员会编，上海辞书出版社出版，第60、1553、3970页、3971页和版权信息页，复印件共5页。

专利复审委通过对华生公司、伊莱利利公司的主张及各方证据的审查，作出以下认定：

1. 审查文本确定为本专利授权公告的权利要求书和说明书。

2. 关于《专利法》第二十二条第三款。

在伊莱利利公司所提交的证据中，用于评价创造性的是证据2，华生公司对其真实性无异议，经核实，专利复审委对其真实性予以认可。证据2的授权公告日为1995年5月17日，早于本专利的申请日和优先权日，因此，该证据中的技术内容属于本专利的现有技术，可以用于评价本专利的创造性。华生公司先后提交了多份证据，但这些证据均不是用于争辩本专利的创造性。因此，在创造性的判断中不涉及这些证据。

本专利权利要求1 3要求保护一种式XIII化合物或其盐的制备方法，所述的方法包括（1）以保护基苄基溴保护化学式IX的化合物，产生化学式X的第一中间体化合物或其盐，（2）用$SnCl_2$环化第一中间体化合物，以产生化学式XI的第二中间体化合物或其盐，（3）化学式XIV的胺与第二中间体化合物接触，得到化学式XII的第三中间体化合物或其盐，（4）去保护第三中间体化合物，得到化学式XIII的化合物。

证据2（权利要求书，实施例1）公开了一种制备2-甲基-10-（4-甲基-1-哌嗪基）-4H-噻吩并［2，3-b］［1，5］苯并二氮杂䓬（奥氮平）的方法，该方法将2-（2-硝基苯胺基）-5-甲基噻

吩-3-腈与无水氯化亚锡的盐酸溶液反应得到4-氨基-2-甲基-10H-噻吩并［2，3-b］苯并二氮杂䓬氢氯化物，该化合物再与N-甲基哌嗪反应得到2-甲基-1 0-（4-甲基-1-哌嗪基）-4H-噻吩并［2，3-b］川 1，5］苯并二氮杂䓬。

将权利要求13所要求保护的技术方案与证据2所公开的内容进行对比，式XIII化合物即为2-甲基-10-（4-甲基-1-哌嗪基）-4 H-噻吩并［2，3-b］［1，5］苯并二氮杂䓬，式IX化合物即为2-（2-硝基苯胺基）-5-甲基噻吩-3-腈，XIV的胺即为N-甲基哌嗪，二者的反应起始物、产物和基本步骤均相同，其区别在于：权利要求13中还包括用苄基溴对式IX化合物中胺进行保护以及将式XII化合物去保护的步骤，而证据2没有上述步骤。

专利复审委认为，对胺进行保护和去保护在本领域是一种公知常识，如华生公司在说明书中所述，T. W. G reene和G. M. Wuts，Protecting Groups in Organic Synthesis，第二版，Wiley，New York，1991中描述了适用胺的保护基团以及保护和去保护胺的适当条件。在化学反应中，当胺的存在会导致副反应的发生，从而影响正常反应产物的产率和纯度时，本领域技术人员有动机首先用胺保护基对胺进行保护，以避免由胺导致的副反应的发生，确保正常反应的顺利进行，从而避免其导致目标产物的产率和纯度的降低。由此可见，当证据2中2-（2-硝基苯胺基）-5-甲基噻吩-3-腈化合物中胺的存在会导致副反应发生并影响正常产物的产率和纯度时，本领域技术人员有动机用胺保护基首先将胺进行保护，从而解决产率和纯度降低的技术问题。并且，上述区别特征的引入也没有使本专利权利要求13的技术方案产生任何预料不到的技术效果，因此，在证据2的基础上结合本领域的公知常识，得到权利要求13所要求保护的技术方案对于本领域技术人员来说是显而易见的，权利要求13不具备突出的实质性特点和显著的进步，不符合《专利法》第二十二条第三款有关创造性的规定。

关于华生公司提出的本专利提供了一种技术构思不同的技术方案的主张。专利复审委认为，权利要求1 3的技术方案与证据2的内容相比，二者的起始原料相同，最终产物相同，其区别特征对本领域技术人员来说又是公知的，因此，权利要求1 3的技术方案不能视为技术构思不同的技术方案。

另外，本专利说明书中记载了本专利所达到的技术效果，如：本发明中的还原产物更为稳定，副产物减少，下一步反应中的产物产率提高，甲基哌嗪的利用率得到改善，甲基哌嗪同时作为反应物和溶剂使用，本发明的方法避免使用甲苯、二甲亚砜等溶剂，有利于保护环境。对此，专利复审委认为，1. 权利要求13的技术方案并没有排除使用甲苯、二甲亚砜等有机溶剂，也没有记载利用甲基哌嗪作为溶剂，并且，本专利说明书的实施例中也使用了有机溶剂，如二氯甲烷和甲苯（实施例3）、丙酮（实施例5）；2. 中间产物稳定并不必然导致最终产物的收率提高，从本专利说明书的实施例4和6可以看出，环化产物的收率为80%，而最终产物的收率却只有20%~30%，而证据2的环化与偶合的总产率达50%，况且权利要求13和证据2的中间产物不同，二者也不存在可比性；3. 华生公司声称本专利的收率稳定，但其仅提供了一组实施例，未能证明这一效果；4. 没有证据表明本专利制备方法的副产物相对于证据2减少了；5. 本专利实施例6同样使用了过量的N-甲基哌嗪，而最终产物的收率仅为20%~30%，因此，大部分含有甲基哌嗪的原料没有进入到最终产物中，从而也未能提高甲基哌嗪的利用率；六、即使本专利减少了由胺导致的副产物，并由此提高了目标产物的纯度和产率，通过对胺进行保护来解决该技术问题也是本领域技术人员公知常识，不属于预料不到的技术效果。综上所述，权利要求13的技术方案相对于证据2没有取得预料不到的技术效果。

权利要求14将权利要求1 3中的$SnCl_2$限定为是含水的，权利要求15又进一步将权利要求1 4中的含水$SnCl_2$限定为二水合物，虽然证据2中使用的是无水氯化亚锡，但是，本领域技术人员在证据2的基础上结合本领域的公知常识选用含水的$SnCl_2$或其二水合物是显而易见的，并且，选用含水的$SnCl_2$或其二水合物也没有产生预料不到的技术效果，因此，权利要求14-15也不具备创造性。

权利要求 16 是权利要求 13 的从属权利要求，权利要求 17 是权利要求 16 的从属权利要求，分别对式 IX 化合物的合成方法和式XV 的合成方法进行限定，权利要求 16 和 17 的附加技术特征已经被证据 2 实施例 1 的第 2 步反应所公开，在权利要求 13 不具有创造性的情况下，上述权利要求也不具备创造性。

权利要求 1 和权利要求 4~12 分别涵盖了权利要求 13 所要求保护的技术方案，在权利要求 13 不具有创造性的情况下，基于同样的理由，上述权利要求也不具备创造性。

权利要求 2 涵盖了权利要求 16 的技术方案，权利要求 3 涵盖了权利要求 17 的技术方案，在权利要求 16~17 不具有创造性的情况下，同理，上述权利要求也不具备创造性。

鉴于根据证据 2 已经能够得出本专利所有权利要求不具有创造性的结论，故对于华生公司提出的其他无效理由和证据，专利复审委未做进一步评述。

专利复审委据此作出第 11065 号决定。

本院认为，诉讼期间华生公司、伊莱利利公司对第 11065 号决定的作出程序、法律适用以及权利要求 1 和权利要求 4-12 分别涵盖了权利要求 13 所要求保护的技术方案、权利要求 2 涵盖了权利要求 16 的技术方案、权利要求 3 涵盖了权利要求 17 的技术方案，不持异议。华生公司亦认可在权利要求 13 不具有创造性的前提下，其从属权利要求也不具有创造性。经审查，第 11065 号决定的作出程序合法，法律适用正确，对上述事实的认定正确。在此基础上，本院将就专利复审委和一审法院未采纳证据 D 是否正确、本专利权利要求 13 是否具有创造性进行论述。

参照《审查指南》第四部分第三章第4.3.2 规定，专利权人应当在专利复审委员会指定的答辩期限内提交证据，专利权人提交的证据是外文的，提交中文译文的期限适用于该证据的举证期限。本案中，证据 D 是英国专利 GB1533235 的中文译文，华生公司作为本专利的专利权人于口头审理中向专利复审委提交了该证据。因此，华生公司超过了上述规定的举证期限，专利复审委未予采纳该证据正确。证据 2 是本

案无效请求人伊莱利利公司向专利复审委提交的证据，该证据的授权公告日为 1995 年 5 月 17 日，早于本专利的申请日和优先权日，因此，该证据中的技术内容属于本专利的现有技术，专利复审委用证据 2 评价本专利的创造性并无不当。在此，证据 D 不属于本案中本专利的对比文件，不能用来评价本专利的创造性，专利复审委和一审法院未采纳证据 D 正确。

《专利法》第二十二条第三款规定：发明的创造性，是指同申请日以前已有的技术相比，该发明有突出的实质性特点和显著的进步。

本专利权利要求 13 要求保护一种式 XIII 化合物或其盐的制备方法，证据 2 公开了一种制备 2-甲基-10-（4-甲基-1-哌嗪基）-4H-噻吩并［2，3-b］［1，5］苯并二氮杂草（奥氮平）的方法。虽然华生公司认为本专利权利要求 13 与证据 2 两者的反应路线、所用物质和中间反应物均不同，但由于本专利权利要求 1 3 中并不包含“纯化”步骤，因此，专利复审委认定二者的反应起始物、产物和基本步骤均相同正确。在此基础上，二者的区别在于：权利要求 13 中还包括用苄基溴对式 IX 化合物中胺进行保护以及将式 XII 化合物去保护的步骤，而证据 2 没有上述步骤。由于本专利说明书记载的 T. W. G reene 和 G. M. Wuts，Protecting Groups in OrganicSynthesis，第二版，Wiley，New York，1991 中描述了适用胺的保护基团以及保护和去保护胺的适当条件。因此，专利复审委认定对胺进行保护和去保护是本领域的公知常识，并以证据 2 结合该公知常识，得到权利要求 1 3 所要求保护的技术方案对于本领域技术人员来说是显而易见的理由充分，

本专利权利要求 13 不具备突出的实质性特点和显著的进步，不符合《专利法》第二十二条第三款有关创造性的规定。

华生公司关于本专利具有副反应减少、产率和纯度提高 的技术效果的主张，经审查，专利复审委关于权利要求 13 的技术方案相对于证据 2 没有取得预料不到技术效果的认定 事实理由充分，本院在此不再赘述。专利复审委关于本专利 其他权利要求不具备创造性的认定正确。

综上所述，第 11065 号决定认定事实清楚，适用法律正 确，作出程序合法，一审法院予以维持正确。华生公司的上 诉理由缺乏事实及法律依据，本院不予支持。依照《中华人 民共和国行政诉讼法》第六十一条第（一）项之规定，判决 如下：

驳回上诉，维持一审判决。

二审案件受理费人民币 100 元，由上诉人华生制药公司负担（已交纳）。

本判决为终审判决。

审 判 长 郭 宜

代理审判员 朱海宏

代理审判员 刘 行

二〇〇九年十二月十八日

书 记 员 程钰玮

006

四连杆共面阳极钢爪内弯校直装置

无效宣告请求审查决定（第11079号）

决　定　号　第11079号
决　定　日　2008年1月17日
发明创造名称　四连杆共面阳极钢爪内弯校直装置
国际分类号　C25C3/12，B21D3/00
无效宣告请求人　运城市关铝设备材料有限公司
专　利　权　人　张先勇
申　请　号　200420008029.6
申　请　日　2004年2月27日
授权公告日　2005年7月13日
合议组组长　徐洁玲
主　审　员　李亚林
参　审　员　刘　亚

法律依据　专利法第22条第2款，第22条第4款，第26条第3款，专利法实施细则第20条第1款

决定要点

对于申请的主题为产品的实用新型而言，其具备实用性的条件有二：第一，该产品必须在产业中能够制造；第二，能够解决技术问题并能产生积极效果。

一、案由

本无效宣告请求案涉及国家知识产权局于2005年7月13日公告授予的、名称为“四连杆共面阳极钢爪内弯校直装置”的第200420008029.6号实用新型专利权（以下简称本专利），其申请日为2004年2月27日，专利权人为张先勇。该专利授权公告的权利要求如下：

“1. 四连杆共面阳极钢爪内弯校直装置，其特征是：它在油缸的双活塞（1）上设置两顶座（2），在各顶座上分别设置两个铰链（3），再分别连接四根斜向连杆（4），连杆（4）通过铰链（5）连接四根ノ型摇杆（6），各摇杆上设挤压块（7），摇杆另一端通过铰链（8）固定在机架上，各挤压块（7）与支承块（9）配合组成对弯曲钢爪校直的装置。

2. 如权利要求1所述四连杆共面阳极钢爪内弯校直装置，支承块（9）其特征是：劈形滑块（10）燕尾连接支承块（9）和固定块（11）。

3. 如权利要求1所述四连杆共面阳极钢爪内弯校直装置，四根摇杆（6）为“ノ”形状，以适应

摇杆与钢爪垂直转动挤压的要求。”

针对上述专利权，运城市关铝设备材料有限公司（下称请求人）于2007年3月26日向专利复审委员会提出无效宣告请求，认为本专利权利要求1不符合专利法第22条第2款的规定，权利要求1~3不符合专利法第22条第4款的规定，本专利不符合专利法第26条第3款、第4款，专利法实施细则第21条第2款和专利法实施细则第20条第1款的规定，并提交了下述附件：

证据1：第200420041573.0号实用新型专利说明书，复印件，共7页；

证据2：第200420008029.6号实用新型专利不具备实用性的分析及图，共6页；

证据3：针对第200520024630.9号实用新型专利权的无效宣告请求书以及该请求的相关附件，复印件，共4页；

请求人认为：（1）证据1公开了一种六爪、八爪阳极钢爪校直顶推装置，其权利要求1的技术方案公开了本专利（权利要求1）的全部技术特征，导致本专利（权利要求1）不具备专利法第22条第2款规定的新颖性。（2）阳极钢爪无论是六爪或者八爪，其相互间的距离根据电解槽的设定是固定的且非常有限，本专利双活塞的油缸加上顶推方式的连杆装置难以或不能置入其中，造成使用不能的后果；同时，采用顶推结构的连杆在转（传）动时容易产生“死”点，无积极效果；证据2详细描述了所涉专利不能使用的理由；因此，本专利不具备专利法第22条第4款规定的实用性，证据3表明专利权人自认了该观点。（3）说明书中“ノ”型摇杆的图形展示导致专利保护的技术方案不清楚、不完整，不符合专利法第26条第3款的规定，权利要求中“ノ”型摇杆的图形展示导致权利要求不清楚，不符合专利法实施细则第20条第1款的规定。（4）说明书中“四根斜向连杆（4）”的斜向描述不清楚，无法知晓“斜向”是相对竖直方向“斜向”，还是相对水平方向“斜向”，不符合专利法第26条第3款的规定，相应地，权利要求书中的“斜向”导致不符合专利法实施细则第20条第1款的规定。（5）权利要求书中“共面”的描述导致不符合专利法实施细则第20条第1款的规定。

经形式审查合格后，专利复审委员会受理了上述请求，于2007年3月27日向双方当事人发出《无效宣告请求受理通知书》，并将《专利权无效宣告请求书》及其他有关文件的副本转送给专利权人，要求其在指定的期限内答复，同时成立合议组对本无效请求案进行审理。

2007年3月28日，请求人提交了补充意见陈述，更正了无效宣告请求书表格中的错误并再次提交了证据1。

专利权人于2007年4月25日作出答复，认为无效宣告请求的理由不成立，同时提交了意见陈述书及下述反证：

反证1：本专利装置校直六爪、八爪型钢爪的动画光碟，共1张；

反证2：本专利装置校直六爪、八爪型钢爪的工作示意图，共2页；

反证3：泰州力扬机械工具有限公司的液压油缸参数表，复印件，共1页；

反证4：第200420008029.6号实用新型专利检索报告，复印件，共4页；

反证5：第200520024630.9号实用新型专利说明书，复印件，共5页；

反证6：照片，共1页。

2007年6月5日，本案合议组向双方当事人发出《无效宣告请求口头审理通知书》，拟定于2007年8月7日对该专利权的无效请求进行口头审理，同时将请求人于2007年3月28日提交的意见陈述书及相关附件转送给专利权人，将专利权人于2007年4月25日提交的意见陈述书及相关附件转送给请求人。

2007年6月14日，专利权人以书面方式请求合议组全部成员及书记员回避。2007年7月23日，专利复审委员会再次收到专利权人针对合议组成员的书面回避请求。经审查，专利权人无正当理由，专利复审委员会于2007年7月17日发出《关于回避请求的处理决定》，驳回回避请求。

2007年8月7日，口头审理如期进行。双方当事人均出席了口头审理，在口头审理过程中，双方当事人对对方出庭人员的身份和资格无异议；专利权人当庭又一次书面提出回避请求，请求合议组成员徐洁玲和刘亚等回避，并提交了一份录音光盘，经审查，专利权人无正当理由，专利复审委员会当日作出《关于回避请求的处理决定》，驳回了该回避请求并将该处理决定书当庭转交专利权人。口头审理继续进行。在口头审理过程中，合议组就本案的无效理由及证据逐一进行了调查，双方当事人充分陈述了各自的意见。在口头审理中，请求人表示放弃本专利不符合专利法第26条第4款和专利法实施细则第21条第2款的无效宣告理由；专利权人对证据1、3的真实性无异议。

至此，合议组认为本案的事实清楚，可以作出审查决定。

二、决定的理由

1. 关于专利法第26条第3款

专利法第26条第3款规定：说明书应当对发明或者实用新型作出清楚、完整的说明，以所属技术领域的技术人员能够实现为准。

请求人认为说明书中“ﾉ”型摇杆的图形展示导致技术方案不清楚、不完整。专利法规中并未禁止使用图形表示产品某一构件的形状，相反，在使用文字难以描述清楚的情况下，若使用图形可以描述地更加清楚、直观，则应当采用更加清楚的描述方式。本专利中的“ﾉ”型摇杆即属于上述情形，请求人的理由不成立。

请求人认为说明书中“斜向连杆（4）”的“斜向”描述不清楚，没有清楚描述该“斜向”是相对竖直方向“斜向”还是相对水平方向“斜向”。合议组认为，在考查某个技术特征是否清楚时，应当联系上下文、着眼于整个方案进行判断。说明书中的“斜向连杆（4）”记载于具体实施方式中，在该具体实施方式第一段即记载了“整个校直系统，由液压油缸和四套连杆置于同一水平架上，结合四个支撑块组成”，即，连杆与油缸处于同一平面；而且，该具体实施方式明确记载了斜向连杆连接于油缸两端活塞顶座的铰链上，由此可见，描述连杆位置所用的“斜向”是以油缸活塞的运动方向为参照的、且在油缸与连杆的共平面之内，因此，说明书中的“斜向”对于本领域技术人员而言是清楚，请求人的理由不成立。

2. 关于专利法实施细则第20条第1款

专利法实施细则第20条第1款规定：权利要求书应当说明发明或者实用新型的技术特征，清楚、简要地表述请求保护的范围。

请求人认为权利要求1和3中的“ﾉ”型摇杆的图形展示不清楚。由于专利法规并未禁止在权利要求中使用图形表示产品某一构件的形状，而且，就本专利而言，使用图形比使用文字能够更加清楚、直观地表示摇杆的形状，而不会导致请求保护的范围不清楚，因此，请求人的理由不成立。

请求人认为权利要求1~3中的“共面”的描述不清楚，但权利要求1~3中明确记载了“四连杆共面”，其含义即为四根连杆处于同一平面内，也就是说，权利要求1~3中“共面”的含义确切，不会导致请求保护的范围不清楚，因此，请求人的理由不成立。

请求人认为权利要求1中的“斜向”描述不清楚，没有清楚描述该“斜向”是相对竖直方向“斜向”还是相对水平方向“斜向”。据权利要求1的技术方案可知，油缸双活塞顶座的铰链上连接有四根共面的“斜向”连杆，该“斜向”自然是在四根连杆所在的平面内且以油缸活塞的运动方向为参照，其含义确切，不会导致请求保护的范围不清楚，因此，请求人的理由不成立。

3. 专利法第22条第4款

专利法第22条第4款规定，实用性是指发明或实用新型能够制造或者使用，并且能够产生积极效果。

对于申请的主题为产品的实用新型而言，其具备实用性的条件有二：第一，该产品必须在产业中能够制造；第二，能够解决技术问题并能产生积极效果。

（1）本专利要求保护一种四连杆共面阳极钢爪校直装置，其说明书公开了所要求保护装置的构造，并在具体实施方式中，结合附图对该装置的整体构造及其工作原理作出说明。本领域技术人员在本专利公开内容的基础上，完全能够制造出所要求保护的校直装置。对于本专利的装置在产业上能够制造这一点，请求人也没有提出有效的质疑。

（2）基于说明书的内容可见，本专利的装置所能解决的技术问题是校直铝电解槽阳极钢爪。请求人对此提出质疑，认为i. 本专利的装置难以或不能置于六爪或八爪阳极钢爪内，且ii. 连杆的传动时容易产生死点。对于i. 请求人绘制了本专利装置的示意图（参见证据2图II）和油缸的尺寸图，并依此计算了本专利装置所需的长度空间，以证明本专利的装置过长以致无法放置于阳极钢爪内（参见证据2）。请求人进行上述论证时的前提之一就是指定了阳极钢爪内部空间的大小，也就是说，请求人认为本专利不具备实用性的原因在于本专利的装置无法置于请求人所述的阳极钢爪内，但合议组认为，即使请求人所述的阳极钢爪的大小为本行业内通用的标准尺寸且在现有的工业生产也没有更大型号的阳极钢爪，但这不能影响本专利的装置具有校直与之相匹配的阳极钢爪的效果，该效果是本领域技术人员根据本专利的装置的结构可以预期的，因而，本专利的装置能够解决技术问题并产生积极效果。对于ii. 请求人仅从理论上推断本专利的连杆在传动时容易产生死点，并没有证明本专利必然会产生死点从而无法解决其技术问题，因此，请求人关于本专利不具备实用性的理由不成立。

请求人还提供了专利权人在第200520024630.9号实用新型专利权无效宣告请求中的意见陈述（参见证据3），认为其中记载了本专利的装置装不进阳极六爪内，由此可见，专利权人自认了本专利无法解决技术问题。首先，在本案中，专利权人在意见陈述以及口审过程中，从未自认本专利不具备实用性；其次，即便是请求人所提供的证据3所表明的事实，也不能证明本专利的装置不能放入阳极六爪内。综上，专利权人并未自认本专利的装置不具备实用性，请求人的理由不成立。

4. 关于专利法第22条第2款

专利法第22条第2款规定：新颖性，是指在申请日以前没有同样的发明或者实用新型在国内外出版物上公开发表过、在国内公开使用过或者以其他方式为公众所知，也没有同样的发明或者实用新型由他人向国务院专利行政部门提出过申请并且记载在申请日以后公布的专利申请文件中。

如果要求保护的实用新型与由他人向国务院专利行政部门提出过申请并且记载在申请日以后公布的专利申请文件所公开的内容相比，二者存在区别特征，从而导致技术方案实质上不同，则该实用新型相对于该专利申请文件具有新颖性。

专利权人对于证据1的真实性没有提出异议，经核实，合议组对其真实性予以认可。证据1的专利权人为韦力，与本专利的专利权人不同；证据1的申请日为2004年2月25日、公开日为2005年6月22日，其申请日在本专利的申请日（2004年2月27日）之前、公开日在本专利申请日之后；由此，证据1可用于评价本专利的新颖性。

证据1公开了一种六爪、八爪阳极钢爪校直机顶推装置，它包括油缸（4）、活塞（5）及推动连杆机构，所述该机构由推动连杆（7）、杠杆（8）、杠杆外侧有顶推块（3）连接构成，其特征是在活塞（5）上端设有顶推分配器（6），在分配器上对称地设置有六或八套推动连杆机构，其中每两套连杆机构间的夹角由阳极钢爪横梁之间的夹角所决定，在顶推块（3）外侧旁的相应处设有与顶推块配合使用的靠背块（9）。

将权利要求1所要求保护的技术方案与证据1公开的内容进行对比，其区别在于：本专利装置中的油缸为双活塞，而证据1的装置没有公开油缸具有双活塞，据其附图1可见其油缸为单活塞；证据1的装置在分配器上对称地设置有六或八套推动连杆机构，而本专利的装置则设有四根连杆；证据1的装置的连杆不在同一平面内，而本专利的连杆共面。可见，二者存在区别特征，从而导致技术方案实质上是不同的，因此，权利要求1相对于证据1具备新颖性，符合专利法第22条第2款的规定。

权利要求2和3是权利要求1的从属权利要求，在权利要求1具有新颖性的前提下，权利要求2和3也具有新颖性，符合专利法第22条第2款的规定。

基于以上事实和理由，本案合议组作出如下审查决定。

三、决定

维持200420008029.6号发明专利权有效。

当事人对本决定不服的，可以根据专利法第46条第2款的规定，自收到本决定之日起三个月内向北京市第一中级人民法院起诉。根据该款的规定，一方当事人起诉后，另一方当事人应当作为第三人参加诉讼。

北京市第一中级人民法院
行政判决书

（2008）一中行初字第749号

原告运城市关铝设备材料有限公司，住所地山西省运城永济市中山东街26号。

法定代表人贾柏林，总经理。

委托代理人陈景龙，男，1968年3月17日出生，运城市关铝设备材料有限公司总工程师，住山西省运城永济市解州新建路30号。

委托代理人崔红秀，北京市高界律师事务所律师。

被告国家知识产权局专利复审委员会，住所地北京市海淀区北四环西路9号银谷大厦10~12层。

法定代表人廖涛，副主任。

委托代理人李亚林，国家知识产权局专利复审委员会审查员。

委托代理人程强，国家知识产权局专利复审委员会审查员。

第三人张先勇，男，1944年11月1日出生，汉族，解州中学教师，住山西省运城市盐湖区解州镇红旗路1号。

原告运城市关铝设备材料有限公司（简称关铝公司）不服被告国家知识产权局专利复审委员会（简称专利复审委员会）于2008年1月17日作出的第11079号无效宣告请求审查决定（简称第11079号决定），于法定期限内向本院提起诉讼。本院于2008年6月2日受理本案后，依法组成合议庭，并按照法律有关规定通知张先勇作为第三人参加本案诉讼，于2008年7月10日公开开庭进行了审理。原告关铝公司的委托代理人陈景龙、崔红秀，被告专利复审委员会的委托代理人李亚林、程强，第三人张先勇到庭参加了诉讼。本案现已审理终结。

第11079号决定系专利复审委员会就关铝公司对张先勇享有的名称为“四连杆共面阳极钢爪内弯校直装置”的实用新型专利（简称本专利）所提出的无效宣告请求作出的。专利复审委员会在该决定中认定：1. 本专利说明书在使用文字难以描述“↘”型摇杆的情况下，使用图形对该技术特征进行描述和说明的效果更加清楚、直观。说明书中斜向连杆的斜向是相对于油缸活塞的运动方向而言。因此本专利符合《中华人民共和国专利法》（简称《专利法》）第二十六条第三款的规定。2. 由于专利法并未禁止在权利要求中使用图形表示产品某一构件的形状，且就本专利而言，使用图形描述权利要求1和3中的“↘”型摇杆这一必要技术特征比使用文字能够更加清楚、直观，因此不会导致本专利保护的范围不清楚。对于权利要求1~3中的“共面”的描述，在权利要求1~3中明确记载了“四连杆共面”，其含义即为四根连杆处于同一平面内。权利要求1中的“斜向”是在四根连杆所在的平面内且以油缸活塞的运动方向为参照。因此本专利符合《中华人民共和国专利法实施细则》（简称《专利法实施细则》）第二十条第一款规定。3. 本专利具有实用性，符合专利法第二十二条第四款的规定。4. 将专利权利要求1所要求保护的技术方案与证据1公开的内容进行对比，区别特征是本专利装置中的油缸为双活塞，而对比文件1的装置没有公开油缸具有双活塞，据其附图1可见其油缸为单活塞；对比文件1的装置在分配器上对称地设置有六或八套推动连杆机构，而本专利的装置则设有四根连杆；对比文件1的装置的连杆不在同一平面内，而本专利的连杆共面。上述区别特征导致技术方案实质上是不同的，因此，权利要求1相对于证据1具备新颖性，符合《专利法》第二十二条第二款的规定。权利要求2和3是权利要求1的从属权利要求，在权利要求1具有新颖性的前提下，权利要求2和3也具有新颖性，符合《专利法》第二十二条第二款的规定。基于上述理由，专利复审委员会作出第11079号决定，维持本专利有效。

原告关铝公司不服，在法定期限内向本院提起行政诉讼。其诉称：1. 本专利说明书中关于斜向连杆的“斜向”描述不清，不符合《专利法》第二十六条第三款的规定。2. 本专利权利要求1~3中关于“共面”的描述以及权利要求1中关于“斜向”的描述不清楚，不符合《专利法实施细则》第二十条第一款的规定。3. 对比文件1中不仅公开了六爪阳极钢爪校直机顶推装置，还记载有“同样若是八爪阳极钢爪，那么在顶推分配器上安装八套推动连杆机构及相应的V型靠背块，满足实际要求”的内容，由此，本领域技术人员可以直接地、毫无疑义地确定，根据实际需要在分配器上也可以设置四套连杆机构。此外，对比文件1附图也公开了连杆机构共面的技术内容。由本专利所使用的双活塞液压缸改变为对比文件1设置两个单活塞液压缸从而推动两侧的连杆机构对钢爪进行校直，属于惯用手段的直接替换。因此本专利与对比文件1属于抵触申请。因此本专利不符合《专利法》第二十二条第二款的规定。综上，专利复审委员会认定事实和适用法律均有错误，请求法院撤销第11079号决定，重新作出无效宣告请求审查决定。

被告专利复审委员会辩称：本专利说明书及权利要求书中关于斜向连杆和四连杆共面的描述是清楚、明确的，符合《专利法》和《专利法实施细则》的有关规定。本专利与对比文件存在多处区别特征，亦具有新颖性。综上所述，专利复审委员会作出的第11079号决定认定事实清楚、适用法律法规正确、审理程序合法，请求法院维持第11079号决定。

第三人张先勇述称：专利复审委员会作出的第11079号决定，认定事实清楚、适用法律正确、审理程序合法，请求法院维持第11079号决定。

本院经审理查明：

本案涉及的名称为“四连杆共面阳极钢爪内弯校直装置”的实用新型专利（即本专利）由张先勇于2004年2月27日向国家知识产权局提出申请，于2005年7月13日被授权公告，专利号为200420008029.6。本专利授权公告时的权利要求书如下：

“1. 四连杆共面阳极钢爪内弯校直装置，其特征是：它在油缸的双活塞（1）上设置两顶座（2），在各顶座上分别设置两个铰链（3），再分别连接四根斜向连杆（4），连杆（4）通过铰链（5）

连接四根型摇杆（6），各摇杆上设挤压块（7），摇杆另一端通过铰链（8）固定在机架上，各挤压块（7）与支承块（9）配合组成对弯曲钢爪校直的装置。

2. 如权利要求 1 所述四连杆共面阳极钢爪内弯校直装置，支承块（9）其特征是：劈形滑块（10）燕尾连接支承块（9）和固定块（11）。

3. 如权利要求 1 所述四连杆共面阳极钢爪内弯校直装置，四根摇杆（6）为“”形状，以适应摇杆与钢爪垂直转动挤压的要求。”

本专利说明书的发明内容部分载明，为了解决六爪、八爪校直过程中，由于钢爪爪头的反作用力作用于油缸活塞顶座上，会引起顶座转动力矩的转动方向与连杆系统中的铰链允许的转动方向垂直，从而对铰链带来破坏性损伤的技术问题，设计了一种油缸水平放置，四连杆共面的阳极钢爪校直装置。斜向连杆与双活塞油缸顶座铰链连接。四连杆系统所在同一平面与钢爪垂直。这样做的显著效果是，若某个挤压块先接触某根钢爪，其反作用力使油缸微动移位，于是四连杆将自动调节到均匀施力动态平衡状态。由于各铰链转轴为竖直方向，先接触钢爪反作用力引起的对油缸及各铰链的扭转力矩在水平面内与转轴垂直，(与转轴允许的转动方向一致)，所以不会给装置造成任何不良效果。说明书具体实施方式载明，整个校直系统，由液压有关和四套连杆置于同一水平机架上，结合四个支承块组成。说明书附图 1 显示，在本专利校直装置中，四个连杆共处于与钢爪垂直的面内，同时。液压油缸也在该四连杆所在面内。斜向连杆均与油缸活塞顶座铰链连接。斜向连杆与活塞运动方向呈一定的夹角。

关铝公司针对本专利于 2007 年 3 月 26 日向专利复审委员会提出了无效宣告请求，其无效理由为本专利权利要求 1 不符合《专利法》第二十二条第二款的规定，权利要求 1~3 不符合《专利法》第二十二条第四款的规定，本专利不符合《专利法》第二十六条第三、四款，《专利法实施细则》第二十一条第二款和第二十条第一款的规定。在口头审理过程中关铝公司放弃本专利不符合《专利法》第二十六条第四款和《专利法实施细则》第二十一条第二款的无效宣告理由。

对比文件 1 为第 200420041573.0 号实用新型专利说明书及附图，专利名称为“六爪、八爪阳极钢爪校直机顶推装置”，申请日为 2004 年 2 月 25 日，授权公告日为 2005 年 6 月 22 日。该对比文件所解决的技术问题是由于六爪、八爪阳极钢爪的变形方向与钢爪横梁有一定的夹角，所以常规顶推装置无法满足校直其钢爪的要求。该对比文件公开了一种六爪、八爪阳极钢爪校直机顶推装置，它包括油缸（4）、活塞（5）及推动连杆机构，所述该机构由推动连杆（7）、杠杆（8）、杠杆外侧有顶推块（3）连接构成，其特征是在活塞（5）上端设有顶推分配器（6），在分配器上对称地设置有六或八套推动连杆机构，其中每两套连杆机构间的夹角由阳极钢爪横梁之间的夹角所决定。在顶推块（3）外侧旁的相应处设有与顶推块配合使用的靠背块（9）。由于钢爪内弯方向可能偏离钢爪横梁轴线方向，所以顶推块（3）的半圆弧面直径略大于钢爪爪头直径。该对比文件还载明“同样若是八爪阳极钢爪，那么在顶推分配器上安装八套推动连杆机构及相应的 V 型靠背块，满足实际要求”的内容。该对比文件说明书附图 1 和 2 显示，推动连杆机构中的推动连杆（7）和杠杆（8）之间呈一定夹角，各推动连杆机构不在同一平面上，且油缸为单活塞，其运动方向为从下向上。

对于第 11079 号决定将本专利权利要求 1 所要求保护的技术方案与对比文件 1 公开的内容进行对比所确定的区别技术特征，关铝公司认为根据对比文件 1 中载明的“同样若是八爪阳极钢爪，那么在顶推分配器上安装八套推动连杆机构及相应的 V 型靠背块，满足实际要求”内容，本领域技术人员可以直接地、毫无疑义地确定。根据实际需要，在分配器上也可以设置四套连杆机构。

以上事实有第 11079 号决定、本专利授权公告文本、对比文件 1、当事人陈述等证据在案佐证。

本院认为，本案争议焦点在于以下三个方面：

1. 本专利是否符合《专利法》第二十六条第三款的规定。

《专利法》第二十六条第三款规定：说明书应当对发明或者实用新型作出清楚、完整的说明，以所属技术领域的技术人员能够实现为准。本院认为，本专利说明书中斜向连杆这一技术特征描述是否清楚，应当联系描述该技术特征的上下文、附图以及着眼于整个方案进行判断。基于查明的事实，说明书中的“斜向连杆”记载于具体实施方式中，在该具体实施方式第一段即记载了“整个校直系统，由液压油缸和四套连杆置于同一水平架上，结合四个支撑块组成”，即，连杆与油缸处于同一平面；而且，该具体实施方式明确记载了斜向连杆连接于油缸两端活塞顶座的铰链上，由此可见，描述连杆位置所用的“斜向”是以油缸活塞的运动方向为参照的、且在油缸与连杆的共平面之内，因此，说明书中的“斜向”对于本领域技术人员而言是清楚的。关铝公司关于本专利不符合《专利法》第二十六条第三款规定的主张，缺乏事实和法律依据，本院不予支持。

2. 本专利是否符合《专利法实施细则》第二十条第一款的规定。

《专利法实施细则》第二十条第一款规定：权利要求书应当说明发明或者实用新型的技术特征，清楚、简要地表述请求保护的范围。关于本专利权利要求 1~3 中的“共面”的描述，本院认为，基于查明的事实，权利要求 1~3 中记载了“四连杆共面”，其含义应当作通常含义的理解，即四根连杆处于同一平面内，且这一理解也在说明书的对应部分得到了解释和印证。对于权利要求 1 中“斜向连杆”的描述，其具体理由本院已在本专利是否符合《专利法》第二十六条第三款的规定的部分加以认定和分析，在此不再赘述。关铝公司关于本专利不符合《专利法实施细则》第二十条第一款规定的主张，缺乏事实和法律依据，本院不予支持。

3. 本专利是否符合《专利法》第二十二条第二款的规定。

《专利法》第二十二条第二款规定：新颖性，是指在申请日以前没有同样的发明或者实用新型在国内外出版物上公开发表过、在国内公开使用过或者以其他方式为公众所知，也没有同样的发明或者实用新型由他人向国务院专利行政部门提出过申请并且记载在申请日以后公布的专利申请文件中。

根据《审查指南》第二部分第三章规定，所谓抵触申请是指，在本发明或实用新型专利申请日以前向专利局提出并且在本发明或实用新型专利申请日以后（含申请日）公布的，同样的发明或者实用新型专利申请。基于查明的事实，对比文件 1 中所记载的技术方案申请专利的时间在本专利之前，而公开时间在本专利之后，符合抵触申请关于时间的规定。因此本院认为，判断本专利与对比文件 1 是否构成抵触申请的关键在于两者是否属于同样的实用新型专利。根据《审查指南》第二部分第三章中审查原则和审查基准，新颖性中同样的发明或实用新型是指技术领域、所要解决的技术问题和技术方案实质上相同、预期效果相同的发明或实用新型。

在本案中，本专利与对比文件 1 所涉及的技术领域均为阳极钢爪的校直装置。但本专利所要解决的技术问题是克服在钢爪校直过程中对铰链带来的破坏性损伤，而对比文件 1 则是克服由于钢爪的变形方向与钢爪横梁有一定的夹角所造成的常规顶推装置无法满足校直钢爪的困难。因此两者所要解决的技术问题不同。在技术方案方面，对比文件 1 中揭示了设置六或八套推动连杆机构所要考虑的因素为阳极钢爪横梁之间夹角的内容，因此本领域技术人员结合“同样若是八爪阳极钢爪，那么在顶推分配器上安装八套推动连杆机构及相应的 V 型靠背块，满足实际要求”的内容，完全可以直接地、毫无异议的确定在满足这一要素的前提下，对称设置四套推动连杆机构的技术内容。但即便如此，由于本专利仍存在双活塞油缸以及连杆共面设置的两个区别特征，这两个特征均与本专利所解决的技术问题密切相关，因此本院认为本专利与对比文件 1 所解决的技术问题、所确定的技术方案以及所达到的技术效果仍然存在很大差异，两者不属于相同的实用新型，对比文件 1 不构成本专利的抵触申请，本专利具有新颖性。

综上，关铝公司关于本专利不符合《专利法》第二十六条第三款、《专利法实施细则》第二十条第一款、《专利法》第二十二条第二款的主张，均缺乏事实和法律依据，本院不予支持。专利复审委员会作出的第11079号决定程序合法，证据充分，适用法律正确，应予维持。依照《中华人民共和国行政诉讼法》第五十四条第（一）项之规定，本院判决如下：

维持被告国家知识产权局专利复审委员会作出的第11079号无效宣告请求审查决定。

案件受理费100元，由原告运城市关铝设备材料有限公司负担（已交纳）。

如不服本判决，各方当事人可于本判决送达之日起15日内，向本院提交上诉状及其副本，并交纳上诉案件受理费100元人民币，上诉于北京市高级人民法院。

审　判　长　仪　军
代理审判员　侯占恒
代理审判员　王　晫
二〇〇八年八月二十六日
书　记　员　王　溪

北京市高级人民法院
行政判决书

（2009）高行终字第792号

上诉人（原审原告）运城市关铝设备材料有限公司，住所地山西省运城永济市中山东街26号。

法定代表人贾柏林，总经理。

委托代理人崔红秀，北京市高界律师事务所律师。

被上诉人（原审被告）国家知识产权局专利复审委员会，住所地北京市海淀区北四环西路9号银谷大厦10~12层。

法定代表人廖涛，副主任。

委托代理人李亚林，该委员会审查员。

委托代理人程强，该委员会审查员。

原审第三人张先勇，男，汉族，1944年11月1日出生，解州中学教师，住山西省运城市盐湖区解州镇红旗路1号。

上诉人运城市关铝设备材料有限公司（以下简称关铝公司）因实用新型专利权无效行政纠纷一案，不服北京市第一中级人民法院（2008）一中行初字第749号行政判决，向本院提出上诉。本院2009年6月23日受理本案后，依法组成合议庭进行了审理，现已审理终结。

北京市第一中级人民法院认定，本案涉及名称为“四连杆共面阳极钢爪内弯校直装置”实用新型专利（以下简称本专利），张先勇是专利权人。关铝公司针对本专利权于2007年3月26日向国家知识产权局专利复审委员会（以下简称专利复审委员会）提出无效宣告请求。专利复审委员会于2008年1月17日做出第11079号无效宣告请求审查决定（以下简称第11079号决定），维持本专利权有效。

北京市第一中级人民法院认为，本专利说明书中斜向连杆这一技术特征描述是否清楚，应当联系描述该技术特征的上下文、附图以及着眼于整个方案进行判断。说明书中的“斜向连杆”记载于具体实施方式中，对于本领域技术人员而言是清楚的。本专利符合《专利法》第二十六条第三款的规定。本专利权利要求1~3中记载了“四连杆共面”，其含义应当作通常含义的理解，即四根连杆处于同一平面内，本专利符合《专利法实施细则》第二十条第一款的规定。对比文件1中所记载的技术方案申请专利的时间在本专利之前，而公开时间在本专利之后，符合抵触申请关于时间的规定。判断本专利与对比文件1是否构成抵触申请的关键在于两者是否属于同样的实用新型专利。本专利与对比文件1所涉及的技术领域均为阳极钢爪的校直装置，但两者所要解决的技术问题不同，存在双活塞油缸以及连杆共面设置的两个区别特征，两者不属于相同的实用新型，对比文件1不构成本专利的抵触申请，本专利具有新颖性。

北京市第一中级人民法院依照《中华人民共和国行政诉讼法》第五十四条第（一）项之规定，判决：维持专利复审委员会做出的第11079号决定。

关铝公司不服原审判决，向本院提出上诉，请求撤销原审判决及第11079号决定，确认本专利权全部无效，由专利复审委员会承担诉讼费用。其上诉理由是：本专利由于铰链的运动方向是环形的，因此无法确定斜向连杆的“斜向”究竟是相对竖直方向还是水平方向的，说明书中也未能给出明确、清楚的说明，一审法院将“同一水平架”等同于“同一平面”明显与事实不符，因此，本专利不符合《专利法》第二十六条第三款的规定；对比文件1与本专利权利要求1所要解决的技术问题、技术方案及所达到的技术效果没有本质区别，构成本专利的抵触申请，因此，本专利不具有新颖性。专利复审委员会、张先勇服从原审判决。

经审理查明，本专利为“四连杆共面阳极钢爪内弯校直装置”的实用新型专利，申请日是2004年2月27日，申请号为200420008029.6，于2005年7月13日被公告授予专利权。本专利公告授权的权利要求如下：

“1. 四连杆共面阳极钢爪内弯校直装置，其特征是：它在油缸的双活塞（1）上设置两顶座（2），在各顶座上分别设置两个铰链（3），再分别连接四根斜向连杆（4），连杆（4）通过铰链（5）连接四根‘ᒍ>’型摇杆（6），各摇杆上设挤压块（7），摇杆另一端通过铰链（8）固定在机架上，各挤压块（7）与支承块（9）配合组成对弯曲钢爪校直的装置。

2. 如权利要求1所述四连杆共面阳极钢爪内弯校直装置，支承块（9）其特征是：劈形滑块（10）燕尾连接支承块（9）和固定块（11）。

3. 如权利要求1所述四连杆共面阳极钢爪内弯校直装置，四根摇杆（6）为‘ᒍ>’形状，以适应摇杆与钢爪垂直转动挤压的要求。”

本专利说明书的发明内容部分载明，为了解决六爪、八爪校直过程中，由于钢爪爪头的反作用力作用于油缸活塞顶座上，会引起顶座转动力矩的转动方向与连杆系统中的铰链允许的转动方向垂直，从而对铰链带来破坏性损伤的技术问题，设计了一种油缸水平放置，四连杆共面的阳极钢爪校直装置。斜向连杆与双活塞油缸顶座铰链连接。四连杆系统所在同一平面与钢爪垂直。这样做的显著效果是，若某个挤压块先接触某根钢爪，其反作用力使油缸微动移位，于是四连杆将自动调节到均匀施力动态平衡状态。由于各铰链转轴为竖直方向，先接触钢爪反作用力引起的对油缸及各铰链的扭转力矩在水平面内与转轴垂直，（与转轴允许的转动方向一致），所以不会给装置造成任何不良效果。说明书具体实施方式载明，整个校直系统，由液压有关和四套连杆置于同一水平机架上，结合四个支承块组成。说明书附图1显示，在本专利校直装置中，四个连杆共处于与钢爪垂直的面内，同时。液压油缸也在该四连杆所在面内。斜向连杆均与油缸活塞顶座铰链连接。斜向连杆与活塞运动方向呈一定的夹角。

针对本专利权，关铝公司于2007年3月26日向专利复审委员会提出无效宣告请求，其无效理由为本专利权利要求 1 不符合《专利法》第二十二条第二款的规定，权利要求 1~3 不符合《专利法》第二十二条第四款的规定，本专利不符合《专利法》第二十六条第三、四款，《专利法实施细则》第二十一条第二款和第二十条第一款的规定。在口头审理过程中关铝公司放弃本专利不符合《专利法》第二十六条第四款和《专利法实施细则》第二十一条第二款的无效宣告理由。

关铝公司提交的对比文件 1 为 200420041573.0 号实用新型专利说明书及附图，专利名称为“六爪、八爪阳极钢爪校直机顶推装置”，申请日为 2004 年 2 月 25 日，授权公告日为 2005 年 6 月 22 日。该对比文件所解决的技术问题是由于六爪、八爪阳极钢爪的变形方向与钢爪横梁有一定的夹角，所以常规顶推装置无法满足校直其钢爪的要求。该对比文件公开了一种六爪、八爪阳极钢爪校直机顶推装置，它包括油缸（4）、活塞（5）及推动连杆机构，所述该机构由推动连杆（7）、杠杆（8）、杠杆外侧有顶推块（3）连接构成，其特征是在活塞（5）上端设有顶推分配器（6），在分配器上对称地设置有六或八套推动连杆机构，其中每两套连杆机构间的夹角由阳极钢爪横梁之间的夹角所决定。在顶推块（3）外侧旁的相应处设有与顶推块配合使用的靠背块（9）。由于钢爪内弯方向可能偏离钢爪横梁轴线方向，所以顶推块（3）的半圆弧面直径略大于钢爪爪头直径。该对比文件还载明“同样若是八爪阳极钢爪，那么在顶推分配器上安装八套推动连杆机构及相应的 V 型靠背块，满足实际要求”的内容。该对比文件说明书附图 1 和 2 显示，推动连杆机构中的推动连杆（7）和杠杆（8）之间呈一定夹角，各推动连杆机构不在同一平面上，且油缸为单活塞，其运动方向为从下向上。

专利复审委员会于 2008 年 1 月 17 日做出第 11079 号决定，维持本专利权有效。该决定认为：1. 本专利说明书在使用文字难以描述“”型摇杆的情况下，使用图形对该技术特征进行描述和说明的效果更加清楚、直观。说明书中斜向连杆的斜向是相对于油缸活塞的运动方向而言。因此本专利符合《专利法》第二十六条第三款的规定。2. 由于《专利法》并未禁止在权利要求中使用图形表示产品某一构件的形状，且就本专利而言，使用图形描述权利要求 1 和 3 中的“”型摇杆这一必要技术特征比使用文字能够更加清楚、直观，因此不会导致本专利保护的范围不清楚。对于权利要求 1~3 中的“共面”的描述，在权利要求 1~3 中明确记载了“四连杆共面”，其含义即为四根连杆处于同一平面内。权利要求 1 中的“斜向”是在四根连杆所在的平面内且以油缸活塞的运动方向为参照。因此本专利符合《专利法实施细则》第二十条第一款规定。3. 本专利具有实用性，符合《专利法》第二十二条第四款的规定。4. 将专利权利要求 1 所要求保护的技术方案与证据 1 公开的内容进行对比，区别特征是本专利装置中的油缸为双活塞，而对比文件 1 的装置没有公开油缸具有双活塞，据其附图 1 可见其油缸为单活塞；对比文件 1 的装置在分配器上对称地设置有六或八套推动连杆机构，而本专利的装置则设有四根连杆；对比文件 1 的装置的连杆不在同一平面内，而本专利的连杆共面。上述区别特征导致技术方案实质上是不同的，因此，权利要求 1 相对于证据 1 具备新颖性，符合《专利法》第二十二条第二款的规定。权利要求 2 和 3 是权利要求 1 的从属权利要求，在权利要求 1 具有新颖性的前提下，权利要求 2 和 3 也具有新颖性，符合《专利法》第二十二条第二款的规定。

据此，专利复审委员会做出第 11079 号决定。

以上事实有本专利授权公告文本、第 11079 号决定、对比文件 1 以及当事人陈述等证据在案佐证。

本院认为，根据《专利法》第二十六条第三款的规定，说明书应当对发明或者实用新型做出清楚、完整的说明，以所属技术领域的技术人员能够实现为准。根据本专利说明书记载：“整个校直系统，由液压油缸和四套连杆置于同一水平架上，结合四个支撑块组成”，而说明书附图 1 明确地标识了油缸活塞的运动方向，因此，本领域技术人员通过阅读说明书可以清楚地了解到斜向连杆的方向是以油缸活塞的运动方向为参照的；关于“共面”这一技术特征，权利要求书及说明书均明确是“四连杆共面”，说明书还进一步描述了连杆与油缸置于同一水平架上、四连杆系统所在同一平面与钢爪垂直、各主要构件在同一平面内设置等等，因此，本专利说明书对于“共面”的含义做出了清楚、完整的说明。关铝公司关于本专利不符合《专利法》第二十六条第三款规定的上诉主张不能成立。

根据《专利法》第二十二条第二款的规定，发明创造的新颖性是指在申请日以前没有同样的发明或者实用新型在国内外出版物上公开发表过、在国内公开使用过或者以其他方式为公众所知，也没有同样的发明或者实用新型由他人向国务院专利行政部门提出过申请并且记载在申请日以后公布的专利申请文件中。

在本案中，对比文件 1 的申请日早于本专利申请日，公开日晚于本专利申请日，故可以用来评价本专利的新颖性。本专利与对比文件 1 所涉及的技术领域均为阳极钢爪的校直装置，属于相同技术领域，但二者所要解决的技术问题不同，本专利所要解决的技术问题是克服在钢爪校直过程中对铰链带来的破坏性损伤，而对比文件 1 是克服由于钢爪的变形方向与钢爪横梁有一定的夹角所造成的常规顶推装置无法满足校直钢爪的困难。在技术方案方面，对比文件 1 与本专利权利要求 1 的区别有：本专利校直装置中的油缸为双活塞，而对比文件 1 的装置没有公开油缸具有双活塞，从其附图 1 可见油缸为单活塞；对比文件 1 的装置的连杆不在同一平面内，而本专利的连杆共面，上述特征与本专利所解决的技术问题密切相关，未被对比文件 1 公开。因此，本专利与对比文件 1 所解决的技术问题、所确定的技术方案以及产生的技术效果均有所不同，不属于同样的发明创造，对比文件 1 不构成本专利的抵触申请，本专利具有新颖性。

综上所述，关铝公司的上诉理由缺乏事实和法律依据，其上诉请求本院不予支持。原审判决认定事实清楚，适用法律正确。依照《中华人民共和国行政诉讼法》第六十一条第（一）项之规定，判决如下：

驳回上诉，维持原判。

一审案件受理费 100 元，由运城市关铝设备材料有限公司负担（已交纳）。二审案件受理费 100 元，由运城市关铝设备材料有限公司负担（已交纳）。

本判决为终审判决。

审 判 长 刘 辉
代理审判员 岑宏宇
代理审判员 焦 彦
二〇〇九年七月二十二日
书 记 员 耿巍巍
书 记 员 陈 明

007

一种防水胶带

无效宣告请求审查决定（第11097号）

决　　定　　号　第11097号
决　　定　　日　2007年12月19日
发明创造名称　一种防水胶带
国 际 分 类 号　C09J7/02
无效宣告请求人　江门市多快好省机械有限公司
专　利　权　人　劳敬满
专　　利　　号　200420094651.3
申　　请　　日　2004年11月4日
授 权 公 告 日　2006年10月4日
合 议 组 组 长　徐洁玲
主　　审　　员　李新芝
参　　审　　员　刘　亚

法　律　依　据　专利法第22条第3款，专利法实施细则第20条第1款、第2条第2款
决　定　要　点

在判断一项权利要求的技术方案是否具有创造性时，应当首先确定其与现有技术的区别技术特征，然后考查引入这些区别技术特征的该权利要求的技术方案对本领域技术人员来说是否是非显而易见的，同时考察上述区别技术特征的引入是否给该权利要求的技术方案带来了有益的技术效果。

如果一项实用新型专利的权利要求中包含使用方法特征或已知材料特征，但该权利要求要求保护的技术方案实质上仍是具有一定形状和构造的产品，则该权利要求符合专利法实施细则第2条第2款的规定。

一、案由

本无效宣告请求案涉及国家知识产权局于2006年10月4日公告授予的、名称为“一种防水胶带”的第200420094651.3号实用新型专利权（以下简称本专利），其申请日为2004年11月4日，专利权人为劳敬满。本专利授权公告的权利要求书如下：

“1. 一种防水胶带，其特征在于：防水胶带中间部分是纤维制品（1），在其底层是PVC或PU涂层（2），在PVC或PU涂层（2）上是不干胶水涂层（3），（4）是防水材料。

2. 根据权利要求1所述的一种防水胶带，其特征在于：防水胶带置于防水材料（4）的缝接

口处。

3. 根据权利要求1所述的一种防水胶带，其特征在于：所述的不干胶水涂层（3）是高粘度的不干胶水涂层。”

针对上述专利权，江门市多快好省机械有限公司（下称请求人）于2007年5月15日向专利复审委员会提出无效宣告请求，其理由是：（1）权利要求1不具备专利法第22条第3款规定的创造性；（2）权利要求1不具有实用性，不符合专利法第22条第4款的规定；（3）权利要求1的描述不清楚，不符合专利法实施细则第20条第1款的规定；（4）权利要求1缺乏必要技术特征，不符合专利法实施细则第21条第2款的规定；（5）说明书公开不充分，不符合专利法第26条第3款的规定；（6）从属权利要求2、3不属于实用新型保护的客体，不符合专利法实施细则第2条第2款的规定。请求人同时提交了以下证据1~2：

证据1：申请号为97219697.8的实用新型专利说明书，授权公告日为1999年1月6日，复印件共4页；

证据2：申请号为03265515.0的实用新型专利说明书，授权公告日为2004年9月1日，复印件共5页；

请求人认为：（1）证据1是最接近的现有技术，其中具体披露了以下技术内容：“一种防水胶带，其特征在于：中间部分是玻璃纤维布，其上有PVC涂层，其下是不干胶涂层”，其与权利要求1的区别在于对比文件1没有提到防水材料，以及PVC涂层的位置关系不同。证据2具体披露了以下技术内容：“一种新型防水密封胶带，它由粘接胶层、支撑胶层和粘接胶层三层构成……在胶带的中间支撑胶层2内可以嵌入纤维织物3，如玻璃纤维、尼龙纤维”。由证据2的说明书附图可知，粘接胶层相当于本专利的不干胶涂层，支撑胶层相当于本专利的防水材料，纤维织物相当于本专利的纤维制品。同时，PVC涂层的位置关系互换是本领域的公知常识，因此在证据1的基础上结合证据2得到权利要求1的技术方案是显而易见的，权利要求1不具有创造性。（2）从本专利的权利要求书及附图中可以看出防水胶带上包括有防水材料4，而由说明书具体实施方式部分的描述又不能确定防水材料4是防水胶带的一部分还是防水胶带使用时的粘贴对象，因此说明书公开不充分。（3）由本专利说明书附图可以看出，防水材料4分别位于纤维制品1的上方及不干胶涂层3的下方，如按照说明书所述将防水胶带粘贴在防水材料的接口处，即使加热加压，防水胶带上的不干胶涂层也无法穿过防水材料4渗透到缝接口空隙中，因此该设计无法实施并取得相应的效果，权利要求1不具有实用性。（4）在权利要求1中防水材料4位于防水胶带的什么位置没有描述，从而无法确定其保护范围，权利要求1的描述不清楚。（5）防水材料4与防水胶带上纤维制品1、PVC或PU涂层2以及不干胶涂层3的位置关系是实现防水功能的必要技术特征，仅以权利要求1的技术方案不能解决说明书中所描述的技术问题及实现其声称的技术效果，因此权利要求1缺乏必要技术特征。（6）从属权利要求2、3分别以防水胶带的使用方法和不干胶水涂层的材料特征对权利要求1作了进一步的限定，不属于实用新型保护的客体。

形式审查合格后，专利复审委员会受理了上述请求，于2007年6月11日向双方当事人发出《无效宣告请求受理通知书》，并将《专利权无效宣告请求书》及其附件清单中所列附件的副本转送给专利权人，要求其在指定的期限内答复。

针对上述无效宣告请求，专利权人没有提交意见陈述及相关证据。

2007年9月3日，本案合议组向请求人和专利权人发出《无效宣告请求口头审理通知书》，拟定于2007年10月30日对该专利权的无效宣告请求进行口头审理。

2007年10月30日，口头审理如期进行。请求人委托了代理人参加口头审理，专利权人未出席口头审理。庭审过程中，请求人明确其无效宣告的理由为：权利要求 1 不符合专利法实施细则第 20 条第 1 款的规定；权利要求 1 相对于证据 1 不具有创造性，不符合专利法第 22 条第 3 款的规定；权利要求 2 和 3 不属于实用新型保护的客体，不符合专利法实施细则第 2 条第 2 款的规定。请求人放弃了上述理由外的其他理由及证据。合议组就本案的无效理由及证据逐一进行了调查，请求人充分陈述了其无效宣告的理由。

至此，合议组认为本案的事实清楚，可以作出审查决定。

二、决定的理由

1. 关于审查文本

本决定是以本专利授权公告的文本为基础作出的。

2. 关于无效宣告的理由

根据请求人在《专利权无效宣告请求书》和口头审理时的陈述，请求人关于本无效宣告请求的理由为：（1）本专利权利要求 1 不符合专利法实施细则第 20 条第 1 款的规定；（2）本专利权利要求 1 相对于证据 1 不具有创造性，不符合专利法第 22 条第 3 款的规定；（3）本专利权利要求 2 和 3 不属于实用新型保护的客体，不符合专利法实施细则第 2 条第 2 款的规定。

3. 关于证据

对于请求人提交的证据 1，合议组经核实，对其真实性予以认可。证据 1 为申请号为 97219697.8、授权公告日为 1999 年 1 月 6 日的实用新型专利说明书，其公开日早于本专利的申请日，因此可以作为现有技术用于评价本专利。

由于请求人放弃了使用证据 2 评价权利要求 1 创造性的理由，因此合议组对证据 2 不予考虑。

4. 关于创造性

专利法第 22 条第 3 款规定，创造性是指同申请日以前已有的技术相比，该发明有突出的实质性特点和显著的进步。

在判断一项权利要求的技术方案是否具有创造性时，应当首先确定其与现有技术的区别技术特征，然后考查引入这些区别技术特征的该权利要求的技术方案对本领域技术人员来说是否是非显而易见的，同时考察上述区别技术特征的引入是否给该权利要求的技术方案带来了有益的技术效果。

具体到本案而言，权利要求 1 要求保护一种防水胶带，其特征在于：防水胶带中间部分是纤维制品（1），在其底层是 PVC 或 PU 涂层（2），在 PVC 或 PU 涂层（2）上是不干胶水涂层（3），（4）是防水材料。证据 1 公开了如下一种防水胶带，中间部分是玻璃纤维布，其上有 PVC 涂层，其下是不干胶涂层（参见证据 2 权利要求 1）。因此本专利权利要求 1 的防水胶带与证据 1 的防水胶带相比区别在于以下两点：（1）各层位置关系不同：本专利防水胶带中，PVC 或 PU 层的一侧是纤维制品，另一侧是不干胶水涂层，而在证据 1 的防水胶带中，纤维层的一侧是 PVC 层，另一侧是不干胶涂层；（2）在本专利的防水胶带中还有防水材料层。而从解决的技术问题看，本专利与证据 1 中所述的胶带均是用于防水工程技术领域的防水胶带，起到防渗漏的作用，而且本领域技术人员知道，防水胶带中的 PVC 层主要是作为胶带基膜，起到防渗、抗湿、耐磨等作用，纤维制品层则主要是作为胶带的纤维骨架材料，因此将防水胶带中纤维层和 PVC 层之间的位置互换对于胶带的防渗漏功能不会有实质性的影响，而且这种位置关系的互换也是本领域技术人员易于实现的，至于其中的防水材料，由于其在防水胶带中所起的作用与该胶带中的 PVC 层相同，也仅是起到防水的作用，而且从本申请的说明书中也不能看出在胶带中除 PVC 层之外另外增加防水材料层对于胶带的防渗漏功能会产生任何预料不到的技术效果，因此本专利权利要求 1 相对于证据 1 不具有创造性，不符合专利法第 22 条第 3 款的规定。

退一步讲，由于专利权人未出席口头审理，合议组认为，即便根据其说明书的描述来理解该权利要求的技术方案，尤其是根据说明书具体实施方式部分的以下描述“在防水材料4的缝接口处贴上防水胶带”（参见说明书第2页第12行）来理解，该权利要求中的防水材料（4）实质上应该是本专利防水胶带的粘贴对象，并不是其组成部分，在这种情况下，本专利权利要求1的防水胶带与证据1的防水胶带的区别仅在于各层位置关系不同：本专利防水胶带中，PVC或PU层的一侧是纤维制品，另一侧是不干胶水涂层，而在证据1的防水胶带中，纤维层的一侧是PVC层，另一侧是不干胶涂层。因此在前述评述的基础上，权利要求1不包括防水材料层的防水胶带的技术方案也不具有创造性，不符合专利法第22条第3款的规定。

5. 关于实用新型的保护客体

专利法实施细则第2条第2款规定：专利法所称的实用新型是指对产品的形状、构造或者其结合所提出的适于实用的新的技术方案。

如果一项实用新型专利的权利要求中包含使用方法特征或已知材料特征，但该权利要求要求保护的技术方案实质上仍是具有一定形状和构造的产品，则该权利要求符合专利法实施细则第2条第2款的规定。

具体到本案而言，权利要求2用如下附加技术特征对权利要求1的防水胶带作了进一步的限定：“防水胶带置于防水材料（4）的缝接口处”。由于该附加技术特征仅仅是权利要求1所述防水胶带的使用方法特征，其对防水胶带产品的形状、构造并无影响，而且由于其引用的权利要求1是具有特定形状和结构的产品，因此权利要求2要求保护的仍是具有一定形状和构造的产品，属于专利法所称实用新型的保护客体，权利要求2符合专利法实施细则第2条第2款的规定。

权利要求3用如下附加技术特征对权利要求1的防水胶带作了进一步的限定：“所述的不干胶水涂层（3）是高粘度的不干胶水涂层”。由于其引用的权利要求1是具有特定形状和结构的产品，因此权利要求3要求保护的仍是具有一定形状和构造的产品，而且权利要求3仅仅是将现有技术中已知的材料应用于具有特定形状和构造的产品上，并不属于对材料本身提出的技术方案，因此属于专利法所称实用新型的保护客体，符合专利法实施细则第2条第2款的规定。

基于以上事实和理由，本案合议组作出如下审查决定。

三、决定

宣告200420094651.3号实用新型专利权的权利要求1无效，在权利要求2和3的基础上维持该实用新型专利权有效。

当事人对本决定不服的，可以根据专利法第46条第2款的规定，自收到本决定之日起三个月内向北京市第一中级人民法院起诉。根据该款的规定，一方当事人起诉后，另一方当事人应当作为第三人参加诉讼。

008

六爪、八爪阳极钢爪校直机顶推装置

无效宣告请求审查决定（第11151号）

决　定　号　第11151号
决　定　日　2008年2月26日
发明创造名称　六爪、八爪阳极钢爪校直机顶推装置
国际分类号　C25C3/12，B21D3/00
无效宣告请求人　张新昌
专利权人　韦　力
专　利　号　200420041573.0
申　请　日　2004年2月25日
授权公告日　2005年6月22日
合议组组长　程　强
主　审　员　张家祥
参　审　员　危　峰

法律依据　专利法第22条第4款，专利法第26条第3款、第4款，专利法实施细则第2条第2款、第20条第1款

决定要点

如果所属技术领域的技术人员根据说明书记载的内容经过合乎逻辑的推理和计算能够确定所采用的技术方案中的某一技术特征，则说明书对该技术特征的表述是清楚的。

一项实用新型专利的实用性与该实用新型是否已经实施无关。

一、案由

本无效宣告请求涉及国家知识产权局于2005年6月22日授权公告、申请日为2004年2月25日、名称为“六爪、八爪阳极钢爪校直机顶推装置”的第200420041573.0号实用新型专利（以下简称本专利），专利权人为韦力，本专利授权公告的权利要求书如下：

“1. 一种六爪、八爪阳极钢爪校直机顶推装置，它包括油缸（4）、活塞（5）及推动连杆机构，所述该机构由推动连杆（7）、杠杆（8）、杠杆外侧有顶推块（3）连接构成，其特征是在活塞（5）上端设有顶推分配器（6），在分配器上对称的设置有六或八套推动连杆机构，其中每两套连杆机构间的夹角由阳极钢爪横梁之间的夹角所决定，在顶推块（3）外侧旁的相应处设有与顶推块配合使用的靠背块（9）。

2. 根据权利要求1所述的六爪、八爪阳极钢爪校直机顶推装置，其特征是所述顶推块（3）的外

侧面为弧面形，靠背块（9）与顶推块弧形面相应的侧面为‘V’字形。”

2007年7月19日，张新昌（以下简称请求人）针对该专利权向国家知识产权局专利复审委员会提出无效宣告请求，同时提交了以下证据：

证据1：第200420041573.0号中国实用新型专利说明书，申请日为2004年2月25日，授权公告日为2005年6月22日，复印件共7页（即本专利）；

证据2：第200420005175.3号中国实用新型专利说明书，申请日为2004年2月13日，授权公告日为2005年2月9日，复印件共5页，专利权人为张先勇；

证据3：山东魏桥铝业八爪校直机照片，复印件共1页；

证据4：专利权人的六爪校直机照片，复印件共1页；

证据5：八爪、六爪结构图，复印件共1页；

证据6：第200420041483.1号中国实用新型专利说明书，申请日为2004年2月3日，授权公告日为2005年2月16日，复印件共5页。

请求人认为，（1）本专利说明书不符合专利法第26条第3款的规定。对于说明书第2页第2~3行中的“其中每两套连杆机构间的夹角由阳极钢爪横梁之间的夹角所决定”，八爪型钢爪横梁只有四个（见证据5），每两套连杆机构间的夹角无法确定，导致无法实现；说明书附图1的中间两套连杆机构在顶推分配器上的铰链与其他四个铰链位于同一分配器同一平面上，而附图2上中间的这两个铰链却位于分配器之上，本领域技术人员无法确定，导致无法实现；八爪型校直机没有具体实施方案，造成说明书不完整。（2）本专利权利要求书不符合专利法第26条第4款和专利法实施细则第20条第1款的规定。权利要求1中的“其中每两套连杆机构间的夹角由阳极钢爪横梁之间的夹角所决定”八爪型钢爪横梁只有四个，无法确定每两套连杆机构间的夹角，附图1~2表达的顶推分配器上的中间两铰链的位置不一致，造成权利要求保护范围不清楚。（3）本专利不具有实用性，不符合专利法第22条第4款的规定。六爪、八爪阳极钢爪分别固定在两个碳块上，六爪的中间两爪不内弯，八爪的中间四爪稍量外弯，故六爪型校直机中间两套机构和八爪型校直机中间四套机构是不符合实际的错误方案，制造不出来也不能使用；由于受内部空间的限制，上述六爪中间的两套和八爪中间的四套根本制造不出来。（4）本专利不具有新颖性，不符合专利法第22条第2款的规定。证据2与本专利的技术领域、要解决的技术问题、技术方案和预期效果完全一致，二者属于同样的实用新型，六爪中间的两套连杆机构属于虚设的，无须考虑。（5）本实用新型不属于专利法保护的客体，不符合专利法实施细则第2条第2款的规定。

经形式审查合格后，专利复审委员会受理了该无效宣告请求案，于2007年8月23日向双方当事人发出了《无效宣告请求受理通知书》，并将《专利权无效宣告请求书》及其附件清单中所列附件副本转送给专利权人，要求其在指定的期限内答复，同时成立合议组对本无效宣告请求案进行审理。

2007年9月20日，专利权人针对上述《无效宣告请求受理通知书》陈述了意见，同时提交了下述附件：

附件1：第02262396.5号中国实用新型专利说明书，申请日为2002年11月6日，授权公告日为2003年10月22日，复印件共5页；

附件2：《多方位阳极钢爪内弯校直装置200420005175.3》与《阳极钢爪热挤压校直装置02262396.5》核心技术的比较，共2页；

附件3：六爪、八爪阳极钢爪校直机设计图纸说明，共1页；

附件4：《六爪、八爪阳极钢爪校直机顶推装置200420041573.0》与《阳极钢爪热挤压校直装置02262396.5》的技术发展对照，共1页；

附件5：针对请求人各条理由的意见陈述，共2页；

附件6：由横梁确定八套推动连杆之间夹角的计算说明，共1页；

附件7：河南豫港龙泉铝业有限公司提供的六爪钢爪中间两爪内弯证明，复印件共1页；

附件8：西科邦佳电气公司的六爪阳极钢爪校直机录像光盘（内蒙鸿骏铝电有限公司）；

附件9：第200420041573.0号中国实用新型专利说明书，申请日为2004年2月25日，授权公告日为2005年6月22日，复印件共7页（即本专利）。

专利权人认为，（1）八套连杆机构每两套之间夹角的确定方法见附件6，本领域技术人员都能实现；本专利的附图1是原理示意图，附图2是除去外壳后的构造俯视图，说明书中指明“连杆一端由铰链接在盘式分配器上”，附图1和2中连杆的一端都是通过铰链接在盘式分配器上的，不存在无法实现的问题；本领域技术人员通过理解专利内容和结合六爪型机附图，就会产生八爪型校直机的具体实施方案的。（2）附件6已给出了确定八套连杆机构每两套之间的夹角的方法，因此，本专利权利要求的保护范围是清楚的。（3）六爪的中间两爪使用一段时间后产生内弯，必须进行校直（见附件7），说明本专利能被制造和使用。（4）本专利有六或八套顶推连杆机构，对称的设置在分配器上，分力共心，而证据2有四个由L型杠杆组成的连杆机构，分力不共心；本专利是校直六爪或八爪的，而证据2只能校直四爪的；本专利有顶推和靠背块，而证据2是挤压块。（5）本专利具有新颖性和实用性，已经应用于许多铝业公司（见附件8）。

2007年12月11日，合议组向双方当事人发出《无效宣告请求口头审理通知书》，定于2008年1月21日对该专利权的无效宣告请求进行口头审理。同时把专利权人于2007年9月20日提交的意见陈述书及其附件转送给请求人。

2008年1月5日，专利权人提交了口审回执，表示不能参加口头审理，同时提交了如下附件：

附件10：专利权人韦力的身份证明，复印件共1页；

附件11：第10793号无效宣告请求审查决定书，复印件共8页；

附件12：河南豫港龙泉铝业有限公司提供的六爪钢爪中间两爪内弯证明，复印件共1页（同附件7）；

附件13：钢爪校直机用户名录，复印件共3页。

2008年1月21日，口头审理如期进行，请求人委托其代理人出席了口头审理，专利权人没有出席。口头审理过程中确认并记录了以下事项：（1）请求人明确其无效宣告理由为本专利不符合专利法第22条第4款、第26条第3款，专利法实施细则第2条第2款的规定，权利要求1不符合专利法第26条第4款和专利法实施细则第20条第1款的规定，放弃关于新颖性的无效宣告理由。所使用的证据为证据1和3~6，其中，证据3~6用于评价实用性，放弃证据2。（2）请求人对附件7~8的真实性有异议，认可附件1、3和9的真实性。

2008年1月21日，专利权人提交了补充意见陈述书，专利权人认为，六爪或八爪阳极钢爪在生产制造领域有特定的技术指标，钢爪横梁间的夹角是一个固定值；本专利提出根据阳极钢爪横梁的夹角来确定连杆机构之间的夹角是为了和钢爪横梁的角度相适应，以实现对不同方向横梁上的钢爪的校直。

至此，合议组认为本案的事实清楚，可以作出审查决定。

二、决定的理由

1. 关于专利法第26条第3款

专利法第26条第3款规定：说明书应当对发明或者实用新型作出清楚、完整的说明，以所属技术领域的技术人员能够实现为准；必要的时候，应当有附图。

如果所属技术领域的技术人员根据说明书记载的内容经过合乎逻辑的推理和计算能够确定所采用的技术方案中的某一技术特征，则说明书对该技术特征的表述是清楚的。

对于请求人提出的本专利说明书不符合专利法第 26 条第 3 款规定的无效宣告理由，合议组认为，(1) 本专利说明书第 2 页第 2~3 行记载的“其中每两套连杆机构间的夹角由阳极钢爪横梁之间的夹角所决定”就其本身的表述而言没有不清楚之处。此外，虽然八爪阳极钢爪校直机顶推装置的推动连杆机构有八套，而八爪阳极钢爪的横梁只有四个，但是，在八爪阳极钢爪的规格（包括横梁之间的夹角）确定的情况下，本领域技术人员经过合乎逻辑的推理和计算可以确定每两套推动连杆机构之间的夹角，不需要付出创造性的劳动，因此，说明书中的相关描述是清楚的。(2) 根据审查指南第二部分第二章第 2. 3 节的规定，说明书附图的作用在于用图形补充说明书文字部分的描述，以便能够直观地、形象化地理解实用新型的每个技术特征和整体技术方案。在本专利说明书中，关于顶推分配器和铰链连接关系的描述为“每套推动连杆机构由推动连杆 7、杠杆 8 及在杠杆外侧装置的顶推块 3 构成，连杆一端由铰链接在盘式分配器上，另一端与杠杆 8 铰链连接，杠杆 8 的另一端接在固定铰链 1 上”（说明书第 2 页第 24~27 行），也就是说，铰链可以连在盘式分配器的周边上，也可以连在盘式分配器的表面上，因此，附图 1 和 2 与说明书文字部分的描述并不矛盾。此外，由附图 1 可以看出，其不是严格按照正投影规则绘制的机械装配图，而是本专利的结构示意图，本领域技术人员阅读说明书后不会对铰链与顶推分配器的连接关系产生误解，故请求人提出的中间两铰链的位置无法确定，导致无法实现的问题不存在。(3) 在本专利说明书具体实施方式部分，专利权人结合附图对本专利的整体构造及其工作原理作了详细说明，并且特别说明了“同样若是八爪阳极钢爪，那么在顶推分配器上安装八套推动连杆机构及相应的‘V’型靠背块，满足实际要求”，因此，说明书中也给出了八爪阳极钢爪校直机顶推装置的技术方案。至于八爪阳极钢爪校直机顶推装置的推动连杆机构之间的夹角，本领域技术人员根据说明书所公开的内容（包括六爪阳极钢爪校直机顶推装置的技术方案）并结合本领域的公知常识能够推算出来，并不需要付出创造性的劳动。综上所述，请求人提出的本专利不符合专利法第 26 条第 3 款规定的无效宣告理由不成立。

2. 关于专利法第 26 条第 4 款

专利法第 26 条第 4 款规定，权利要求书应当以说明书为依据，说明要求专利保护的范围。

请求人认为，具有八套推动连杆机构的顶推装置在说明书中没有具体实施方案，因此，权利要求 1 得不到说明书的支持，不符合专利法第 26 条第 4 款的规定。

合议组认为，前文已述，由于说明书已经公开了八爪阳极钢爪校直机顶推装置的技术方案，故本专利权利要求 1 能够得到说明书的支持，符合专利法第 26 条第 4 款的规定。

3. 关于专利法实施细则第 20 条第 1 款

专利法实施细则第 20 条第 1 款规定，权利要求书应当说明发明或者实用新型的技术特征，清楚、简要地表述请求保护的范围。

请求人认为，权利要求 1 中的“其中每两套连杆机构间的夹角由阳极钢爪横梁之间的夹角所决定”不清楚，八爪阳极钢爪的横梁只有四个，因此，无法确定每两套连杆机构间的夹角；附图 1~2 表达的顶推分配器上的中间两铰链的位置不一致，造成权利要求的保护范围不清楚。

合议组认为，权利要求 1 中的“其中每两套连杆机构间的夹角由阳极钢爪横梁之间的夹角所决定”就其本身的表述而言没有不清楚之处，并且该技术特征在说明书第 2 页第 2~3 行也有相应记载。根据说明书公开的内容，八爪阳极钢爪校直机顶推装置的推动连杆机构有八套，而八爪阳极钢爪的横梁只有四个，但是，在八爪阳极钢爪的规格（包括横梁之间的夹角）确定的情况下，本领域技术人员经过合乎逻辑的推理和计算可以确定每两套推动连杆机构之间的夹角，不需要付出创造性的劳动，因此，权利要求 1 是清楚的，符合专利法实施细则第 20 条第 1 款的规定。至于请求人认为附图 1~2 表达的顶推分配器的中间两铰链的位置不一致，造成权利要求的保护范围不清楚的问题，合议组认为，铰链的位置并非权利要求 1 的技术特征，与其保护范围无关，因此，不会导致权利要求 1 的保护范围不清楚。

4. 关于专利法第 22 条第 4 款

专利法第 22 条第 4 款规定：实用性，是指该发明或者实用新型能够制造或者使用，并且能够产生积极效果。

一项实用新型专利的实用性与该实用新型是否已经实施无关。

本专利要求保护一种六爪、八爪阳极钢爪校直机顶推装置，本专利的说明书记载了所要求保护的技术方案，并在该技术方案的具体实施方式中，结合附图对本专利的整体构造及其工作原理作了详细地说明。本领域技术人员在说明书所公开内容的基础上，完全能够制造并使用所要求保护的校直机顶推装置。并且，说明书中也给出了上述技术方案所达到的技术效果，如："该顶推装置的出现首先解决了六爪、八爪阳极爪头的校直问题，对提高大型预焙槽电解电流效率有一定作用。经一年多时间的现场试用，年产 15 万吨电解铝厂年节约成本 1000 余万元。同时改善了工人生产环境，有利于提高标准化生产水平，有利于降低生产成本。使用该装置，阳极钢爪爪头无须切、割、焊、爪头无损伤；保持导电性能；提高电解效率；并延长钢爪使用寿命 3 倍以上"（参见说明书第 2 页第 6~11 行）。因此，在无相反证据的情况下，合议组认为，本专利能够被制造和使用，能够产生积极效果，符合专利法第 22 条第 4 款的规定。

请求人利用证据 3~6 来证明本专利不具备实用性。证据 3 是山东魏桥铝业八爪校直机照片，照片上显示该校直机具有四套连杆机构和两套油缸，显然不是本专利中的八爪校直机顶推装置，并且请求人也没有提供该证据的原件，因此，合议组对该证据不予采信。证据 5 是六爪、八爪结构图，不能证明本专利不具有实用性。证据 4 是专利权人的六爪校直机照片，请求人认为，由于空间位置小，中间的两套校直机构采用本专利的技术方案制造不出来，而是采用证据 6 的技术方案制造的。对此，合议组认为，即使证据 4 中的六爪校直机是专利权人自己生产的产品，并且也采用了证据 6 的技术方案，也不能证明本专利的技术方案不具有实用性，因为，专利权人没有实施本专利的技术方案并不等于本实用新型产品制造不出来。综上所述，对于请求人提出的本专利不具有实用性的主张，合议组不予支持。

5. 关于专利法实施细则第 2 条第 2 款

专利法实施细则第 2 条第 2 款规定：专利法所称实用新型，是指对产品的形状、构造或者其结合所提出的适于实用的新的技术方案。

请求人认为，由于本专利不具有实用性，故不符合专利法实施细则第 2 条第 2 款的规定。

前文已述，由于本专利具有实用性，故请求人关于本专利不符合专利法实施细则第 2 条第 2 款规定的无效宣告理由不能成立。

基于以上事实和理由，本案合议组作出如下审查决定。

三、决定

维持 200420041573.0 号实用新型专利权有效。

当事人对本决定不服的，可以根据专利法第 46 条第 2 款的规定，自收到本决定之日起三个月内向北京市第一中级人民法院起诉。根据该款的规定，一方当事人起诉后，另一方当事人应当作为第三人参加诉讼。

009

氨氯地平对映体的拆分

无效宣告请求审查决定（第11178号）

决定号	第11178号
决定日	2008年3月4日
发明创造名称	氨氯地平对映体的拆分
国际分类号	C07D211/90
无效宣告请求人	石家庄制药集团欧意药业有限公司，石药集团中奇制药技术（石家庄）有限公司
专利权人	张喜田
专利号	00102701.8
申请日	2000年2月21日
授权公告日	2003年1月29日
合议组组长	李　越
主审员	汪送来
参审员	吴红权

法律依据　专利法第22条第3款

决定要点

对于化学方法权利要求而言，本领域技术人员通常无须创造性劳动即可想到用结构、物理化学性质相同或相近的试剂替代现有技术中的相应试剂。在创造性判断中，对于用结构、物理化学性质相同或相近的试剂代替现有技术中的试剂的，在二者用途相同的前提下，具有创造性的必要条件是这种替代要产生意料不到的技术效果。

一、案由

本无效宣告请求案涉及国家知识产权局于2003年1月29日授权公告的、名称为“氨氯地平对映体的拆分”的第00102701.8号发明专利权（以下简称本专利），其申请日为2000年2月21日，专利权人为张喜田。本专利授权公告的权利要求如下：

“1. 一种从混合物中分离出氨氯地平的（R）－（+）－和（S）－（－）－异构体的方法。其特征在于：包含下述反应，即在手性助剂六氘代二甲基亚砜（DMSO－d_6）或含DMSO－d_6的有机溶剂中，异构体的混合物同拆分手性试剂D－或L－酒石酸反应，结合一个DMSO－d_6的（S）－（－）－氨氯地平的D－酒石酸盐，或结合一个DMSO－d_6的（R）－（+）－氨氯地平的L－酒石酸盐而分别沉淀，其中氨氯地平与酒石酸的摩尔比约等于0.25。

2. 根据权利要求 1 所述的方法，其特征在于：在 DMSO-d_6/氨氯地平≥1（摩尔比）条件下，所述用含 DMSO-d_6 的有机溶剂是可以使含 DMSO-d_6 配合物发生沉淀差异的溶剂，这些溶剂是水、亚砜类、酮类、酰胺类、酯类、氯代烃以及烃类化合物。

3. 根据上述任一权利要求所述的方法，其特征在于：沉淀的配合物是（S）-（-）-氨氯地平-半-D-酒石酸-单-DMSO-d_6 配合物或（R）-（+）-氨氯地平-半-L-酒石酸-单-DMSO-d_6配合物。”

针对上述专利权，石家庄制药集团欧意药业有限公司（下称请求人 I）于 2005 年 3 月 21 日向专利复审委员会提出无效宣告请求，以本专利权利要求 1~3 不符合专利法第 22 条第 3 款的规定为由，请求宣告本专利全部专利权无效，请求人 I 提交了下述证据：

证据 1：第 95192238.6 号发明专利说明书，授权公告日为 2001 年 6 月 13 日，复印件共 11 页。

针对上述专利权，石药集团中奇制药技术（石家庄）有限公司（下称请求人 II）于 2005 年 3 月 21 日向专利复审委员会提出无效宣告请求，以本专利权利要求 1~3 不符合专利法第 22 条第 3 款的规定为由，请求宣告本专利全部专利权无效，其理由与请求人 I 完全相同，且同样提交了上述证据 1 作为证据。

经形式审查合格后，专利复审委员会受理了上述两个请求，于 2005 年 3 月 21 日向请求人 I 和 II 以及专利权人发出《无效宣告请求受理通知书》，并将《专利权无效宣告请求书》及所附文件的副本转送给专利权人，要求其在指定的期限内答复，同时成立合议组对本无效请求案进行审理。

专利权人于 2005 年 4 月 6 日针对请求人 I 作出答复，认为本专利具备创造性，同时提交了本专利相应的美国申请在美国的授权文本作为反证，即：

反证 1：US6646131 B2 的首页复印件，公开日 2003 年 11 月 11 日。

2005 年 4 月 20 日，请求人 II 提交了补充意见陈述书，增加了本专利不符合专利法第 26 条第 4 款和第 33 条的规定作为无效宣告理由。同时，请求人 II 提交了如下证据：

证据 2：第 00102701.8 号发明专利申请公开说明书（即本专利申请的公开文本）复印件，公开日为 2000 年 9 月 27 日，共 6 页。

专利复审委员会分别向对方当事人转送了上述文件的副本，并于 2005 年 11 月 3 日主持进行了口头审理，在庭审过程中，请求人 I、II 当庭提交了证据 1′：盖有“国家知识产权局专利检索中心副本认证专用章”的第 95192238.6 号发明专利申请公开说明书（即证据 1 所述专利的申请公开文本）复印件 1 份，共 11 页。

专利权人当庭提交了口头审理答辩词，并提交了反证 2：实审程序中对于第一次审查意见通知书的答复的复印件 7 页。

专利复审委员会于 2006 年 4 月 1 日作出第 7955 号无效宣告请求审查决定（以下简称第 7955 号决定），宣告本专利权利要求 1 和权利要求 3 引用权利要求 1 的部分无效，维持权利要求 2 和权利要求 3 引用权利要求 2 的部分有效。

第 7955 号决定认定：

（1）证据 1 是第 95192238.6 号中国专利说明书，其公告日为 2001 年 6 月 13 日，晚于本专利的申请日，本身不能用于评价本专利的创造性；对请求人于口头审理当庭提交的证据 1′的真实性予以确认，并认定其属于证据 1 所述专利的公开文本，不应将其视为新证据，且鉴于其公开日为 1997 年 3 月 5 日，因此，可以用于评价本专利的创造性；对证据 2 的真实性予以确认；反证 1 与本案缺乏关联性；对反证 2 的真实性予以确认。

（2）本专利授权文本的说明书第 1 页最后一段至第 2 页第 1 段中所作的修改符合专利法第 33 条的规定。

（3）①本专利权利要求1中所记载的氨氯地平与酒石酸的摩尔比为0.25属于申请文件修改过程中形成的明显笔误，所属领域技术人员根据说明书的内容可以直接得到其正确含义为1∶0.25；②说明书第1页最后一段以及第2页第2段记载的内容表明，除实施例中明确记载的S-氨氯地平可以与D-酒石酸反应生成沉淀外，R-氨氯地平也可以与L-酒石酸反应生成沉淀，且这些反应可以在DMSO-d_6或含DMSO-d_6的有机溶剂中进行，权利要求1能够得到说明书的支持，符合专利法第26条第4款的规定。

（4）①（a）本专利权利要求1涉及一种氨氯地平对映体拆分的方法，证据1′也公开了一种氨氯地平对映体的拆分方法，二者间的区别技术特征仅在于权利要求1使用的手性助剂为DMSO-d_6或者含有DMSO-d_6的有机溶剂，证据1′使用的手性助剂为DMSO或含有它的溶剂；（b）就所解决的技术问题而言，从本专利说明书以及反证2中可以看出，本专利的技术方案可以达到比证据1′更高的光学纯度和收率；（c）由于本专利权利要求1所述的技术方案中并没有对DMSO-d_6的含量提出要求，而本专利权利要求1相对于现有技术所解决的技术问题要求DMSO-d_6的含量必须达到一定的范围，导致权利要求1实际上包括了不能够解决所述技术问题的技术方案，该部分技术方案相对于现有技术不具备突出实质性特点和显著的进步，因此，权利要求1不符合专利法第22条第3款规定的创造性；②（a）证据1′记载的是使用DMSO作为手性助剂对氨氯地平进行拆分，但是证据1′并没有记载使用DMSO-d_6进行拆分的技术内容，也没有记载用于拆分氨氯地平的DMSO-d_6的用量，更加没有给出采用DMSO-d_6替换DMSO作为手性助剂可以提高拆分对映体的光学纯度的启示，也没有证据证明现有技术中存在这样的启示；（b）请求人没有证据证明本专利与证据1′的纯度及收率差别是测量误差以及对本专利光学纯度可以达到100%所提出的质疑，证据1′的各实施例中，光学纯度多数在97%到98.5%之间，仅实施例9的光学纯度为>99.5%，而本专利的光学纯度多在99.5%以上，反证2进行的对比试验则可以更加清晰地反映出本专利在效果上的优势，从总体上看，本专利的技术方案是有利于提高光学纯度的，因而也是有积极效果的，综上所述，权利要求2符合专利法第22条第3款的规定；③（a）权利要求3引用权利要求1所形成的技术方案也没有对所使用的DMSO-d_6的含量进行限定，同样没有克服导致权利要求1丧失创造性的缺陷，这部分技术方案不具备创造性；（b）其引用权利要求2所形成的技术方案在权利要求2相对于证据1′具备创造性的前提下，这一部分技术方案具备创造性。

专利权人不服专利复审委员会作出的第7955号决定，在法定期限内向北京市第一中级人民法院提起行政诉讼，请求法院撤销第7955号决定。专利权人认为，（1）证据1′是新证据，专利复审委员会采用该证据违反专利法实施细则和审查指南的规定；（2）第7955号决定中仅对说明书“含DMSO-d_6的有机溶剂中”的一个优选方案进行了评述，没有对其他方案进行审理，属于漏审；（3）在无效程序中，请求人I、请求人II及专利权人都没有提及DMSO-d_6/氨氯地平≥1（摩尔比）的条件，专利复审委员会在没有证据的情况下错误地拆解权利要求1，违反了请求原则；（4）权利要求1公开“……或结合一个DMSO-d_6的（R）-（+）-氨氯地平的L-酒石酸盐而分别沉淀”说明反应需要生成沉淀，加入足量的沉淀剂DMSO-d_6是公知常识，DMSO-d_6/氨氯地平≥1（摩尔比）仅仅是优选方案之一而不是全部；（5）权利要求1的创造性的关键不在于DMSO-d_6/氨氯地平的摩尔比，而在于现有技术没有给出用DMSO-d_6作为手性助剂对氨氯地平拆分的启示，故权利要求1具备创造性；（6）权利要求2、3都具备创造性。

北京市第一中级人民法院针对上述诉讼请求于2006年11月23日作出（2006）一中行初字第849号行政判决，判决驳回原告张喜田的诉讼请求。北京市第一中级人民法院认为，（1）证据1′是用来证明其在请求时提出的本专利不具备创造性的理由，且证据1′与证据1属于同一个专利，第7955号决定所采用部分的内容二者一致，因此证据1′与证据1属于相关联证据，不属于专利法实施细则和审查指南规定不予考虑的范围；（2）（a）DMSO-d_6 和 DMSO 的化学性质相同、其他性质相近，在证据1′所公开的使用 DMSO 作为手性助剂拆分氨氯地平对映体的情况下，本领域技术人员容易想到 DMSO-d_6 也能用于拆分氨氯地平对映体，并替代 DMSO 从而得到本专利权利要求1的技术方案；（b）从技术效果来看，本专利权利要求1的技术方案与证据1′实施例9所限定的技术方案之间相同技术特征最多、实验条件最为相近，证据1′实施例9的光学纯度约为99.5%，本专利权利要求1对应的光学纯度约为99.9%，二者的收率基本相同，即使参考不同条件下的实验结果，本专利权利要求1相对于证据1′来说，其光学纯度有一定的提高，但该种进步不是“质”的变化，且没有证据证明其所提高的量超出人们预期的想象，因此本专利并未获得意料不到的技术效果，权利要求1不具备专利法第22条第3款所规定的创造性；专利复审委员会认定权利要求1不具备创造性的结论正确。（3）专利复审委在创造性评价中并没有遗漏权利要求1所包括的技术方案，且也是请求人提出的无效理由，没有违反请求原则。

专利权人不服北京市第一中级人民法院（2006）一中行初字第849号行政判决，向北京市高级人民法院提起上诉，请求撤销原审判决和专利复审委员会第7955号决定，维持本专利权利要求1~3有效，其理由与上述向北京市第一中级人民法院起诉的理由基本相同。

北京市高级人民法院针对该上诉，于2007年6月15日作出（2007）高行终字第70号行政判决，判决驳回上诉，维持原判。北京市高级人民法院认为，（1）DMSO-d_6 和 DMSO 的化学性质相同，在证据1′所公开的使用 DMSO 作为手性助剂拆分氨氯地平对映体的情况下，本领域技术人员容易想到与之性质相近的 DMSO-d_6 也能用于拆分氨氯地平对映体，并替代 DMSO 从而得到本专利权利要求1的技术方案；（2）本专利实施例1和4的实验条件分别与证据1′实施例9和10相同，其效果最具可比性，两者相比可见，用 DMSO-d_6 代替 DMSO 后，收率并没有显著提高，光学纯度部分实施例有一定提高，部分实施例的光学纯度还低于证据1′，该种进步不是“质”的变化，且没有证据证明其所提高的量超出人们预期的想象，因此本专利相对于证据1′并未获得意料不到的技术效果；（3）张喜田关于与证据1′相比，本专利有害杂质含量减小了5倍，具有对水分不敏感的优点，可以使用更大量的有机溶剂的主张在本专利说明书中均没有记载，超出了说明书记载的内容，不予考虑。综上所述，权利要求1不具备创造性。

请求人Ⅰ和请求人Ⅱ不服专利复审委员会作出的第7955号决定，在法定期限内向北京市第一中级人民法院提起行政诉讼，请求撤销第7955号决定，判决宣告本专利全部无效。请求人认为，（1）第7955号决定关于权利要求1无效的结论正确，但认定事实不清，DMSO-d_6 替换 DMSO 是显而易见的，反证2不能用来评价本专利的发明效果，DMSO-d_6：氨氯地平≥1是公知常识，证据1′中也已公开，其不会使本专利具备创造性；（2）对本专利权利要求2的认定错误，DMSO-d_6：氨氯地平≥1是公知常识，最重要的是手性试剂酒石酸的量，将证据1′的非最佳实施例与本专利实施例以及反证2中补充的实施例进行了错误的对比，从而得出错误的结果，权利要求2不具备创造性；（3）本专利权利要求3的技术方案已被证据1′所公开，不具备创造性。

北京市第一中级人民法院针对上述诉讼请求于2006年11月23日作出（2006）一中行初字第810号行政判决，判决撤销第7955号决定，宣告本专利全部无效。该判决认为，（1）（a）DMSO-d_6 和 DMSO 的化学性质相同、其他性质相近，在证据1′所公开的使用 DMSO 作为手性助剂拆分氨氯地平对映体的情况下，本领域技术人员容易想到 DMSO-d_6 也能用于拆分氨氯地平对映体，并替代 DMSO 从而得到本专利权利要求1的技术方案；（b）从技术效果来看，本专利权利要求1的技术方案与证据1′实施例9所限定的技术方案之间相同技术特征最多、实验条件最为相近，证据1′实施例9的光学纯度约为99.5%，本专利权利要求1对应的光学纯度约为99.9%，二者的收率差别不大，即使参考不同条件下的实验结果，本专利权利要求1相对于证据1′来说，其光学纯度有一定的提高，但该种进步不是“质”的变化，且没有证据证明其所提高的量超出人们预期的想象，因此本专利并未获得意料不到的技术效果，权利要求1不具备专利法第22条第3款所规定的创造性。（2）对于权利要求2中溶剂的限定，证据1′已经公开，对于“DMSO-d_6：氨氯地平≥1（摩尔比）”的特征，证据1′已经公开了手性助剂要有足够的量，本领域技术人员容易想到该技术特征，这也得到教科书的引证，在其引用的权利要求1不具备创造性的情况下，权利要求2也不具备创造性。（3）证据1′公开了沉淀生成物，其与权利要求3的区别仅在于DMSO和DMSO-d_6，该区别是由所用手性助剂的不同而直接造成的，如前面分析，权利要求3也不具备创造性。

专利权人、专利复审委员会不服北京市第一中级人民法院（2006）一中行初字第810号行政判决，分别向北京市高级人民法院提起上诉。

专利权人认为，（1）本专利与证据1′相比，具有意料不到的技术效果，现有技术中不存在用DMSO-d_6代替DMSO以获得比证据1′更好的效果的技术启示，权利要求1具备创造性。（2）专利复审委员会认定权利要求1无效的事实认定和法律适用错误，理由是：（a）“……或结合一个DMSO-d_6的（R）-（+）-氨氯地平的L-酒石酸盐而分别沉淀”说明存在至少与所要沉淀的氨氯地平等摩尔量的DMSO-d_6；（b）缺少DMSO-d_6含量的技术特征是认定权利要求缺乏必要技术特征的理由，应适用专利法实施细则第21条。因此请求撤销原审判决和专利复审委员会第7955号决定，维持本专利权利要求1~3有效。

专利复审委员会认为，（1）原审判决用本专利实施例1与证据1′实施例9进行对比的方式没有出现在无效宣告审查程序中，违背了请求原则。（2）本专利实施例1的光学纯度99.9%与证据1′实施例9的99.5%相比，杂质含量从0.5%降低到0.1%，变化显著，因而氨氯地平的用药安全性显著提高，原审判决认定本专利没有意料不到的效果缺乏依据。（3）本领域技术人员不容易想到用DMSO-d_6替换DMSO可以提高氨氯地平的纯度，现有技术中不存在这种启示，原审判决认为用DMSO-d_6代替DMSO是容易想到的缺乏依据。因此请求撤销原审判决，判决维持其第7955号决定。

北京市高级人民法院针对该上诉，于2007年6月15日作出（2007）高行终字第68号行政判决，判决驳回上诉，维持原判。该判决认为，（1）DMSO-d_6和DMSO的化学性质相同，在证据1′所公开的使用DMSO作为手性助剂拆分氨氯地平对映体的情况下，本领域技术人员容易想到与之性质相近的DMSO-d_6也能用于拆分氨氯地平对映体，并替代DMSO从而得到本专利权利要求1的技术方案。（2）本专利实施例1和4的实验条件分别与证据1′实施例9和10相同，其效果最具可比性，两者相比可见，用DMSO-d_6代替DMSO后，收率并没有显著提高，光学纯度部分实施例有一定提高，部分实施例的光学纯度还低于证据1′，该种进步不是“质”的变化，且没有证据证明其所提高的量超出人们预期的想象，因此本专利相对于证据1′并未获得意料不到的技术效果。（3）专利复审委员会关于原审判决用本专利实施例1与证据1′实施例9进行对比不当的上诉主张于法无据。（4）本专利杂质含量减小了5倍、具有对水分不敏感的优点、可以使用更大量的有机溶剂的主张在本专利说明书中均没有记载，超出了说明书记载的内容，不予考虑。综上所述，权利要求1不具备创造性。

2007年7月11日，专利复审委员会重新成立合议组针对上述两无效宣告请求进行审理。

2007年11月23日，合议组向请求人I、请求人II和专利权人发出《无效宣告请求口头审理通知书》，告知各方当事人专利复审委员会拟定于2008年1月7日对上述无效宣告请求案进行口头审理。

2008年1月7日，口头审理如期进行，请求人I的代理人、请求人II的代理人和专利权人出席了口头审理。合议组对两案的无效理由和证据逐一进行调查。请求人II放弃本专利不符合专利法第26

条第 4 款和第 33 条规定的无效理由，除此之外，请求人 I、请求人 II 和专利权人均坚持在 2005 年 11 月 3 日进行的口头审理时陈述的意见，并确定本次口头审理主要是针对专利法第 22 条第 3 款的补充意见进行调查。专利权人不再坚持证据 1′属于新证据，并接受其作为证据评价本专利的创造性。在庭审过程中，各方均充分陈述了各自的意见。

至此，合议组认为本案的事实已经清楚，可以作出审查决定。

二、决定的理由

1. 关于无效宣告请求的范围、理由和证据

请求人 II 放弃了本专利不符合专利法第 26 条第 4 款和第 33 条规定的无效宣告理由，因此，对于这两条理由以及请求人 II 仅在其所提出的本专利不符合专利法第 33 条规定的无效宣告理由中使用的证据 2，合议组不再进行评述。

证据 1 是第 95192238.6 号中国专利说明书，其公告日为 2001 年 6 月 13 日，晚于本专利的申请日，本身不能用于评价本专利的创造性。请求人于 2005 年 11 月 3 日口头审理时提交的证据 1′，经过了国家知识产权局专利检索中心认证，并且专利权人对其真实性明确表示无异议，合议组对其真实性予以确认。同时，证据 1 和证据 1′分别是同一专利申请的公开文本和授权文本，考虑到请求人 I、II 在提出无效宣告请求时已经提交了证据 1，其所使用的内容与证据 1′中一致，且专利权人在 2008 年 1 月 7 日进行的口头审理中明确表示接纳证据 1′作为证据使用，故合议组不将证据 1′视为新证据。鉴于证据 1′是公开日为 1997 年 3 月 5 日的专利申请公开文件，属于本专利的现有技术，故可以用于评价本专利的创造性。

反证 1 为本专利在美国的授权文本的首页复印件，专利权人以此证明本专利在美国获得授权，因本案按照专利法专利法其实施细则进行审查，故反证 1 与本案缺乏关联性；反证 2 为专利权人提交的本专利在实审程序中的审查资料，请求人对其真实性无异议，故合议组对其真实性予以认可。

综上，请求人 I 和请求人 II 的无效宣告请求的范围、理由和证据是：权利要求 1~3 相对于证据 1′不符合专利法第 22 条第 3 款的规定。

2. 关于专利法第 22 条第 3 款

专利法第 22 条第 3 款规定：创造性，是指同申请日以前已有的技术相比，该发明有突出的实质性特点和显著的进步。

对于化学方法权利要求而言，本领域技术人员通常无须创造性劳动即可想到用结构、物理化学性质相同或相近的试剂替代现有技术中的相应试剂。在创造性判断中，对于用结构、物理化学性质相同或相近的试剂代替现有技术中的试剂的，在二者用途相同的前提下，具有创造性的必要条件是这种替代要产生意料不到的技术效果。

本专利权利要求 1 保护一种氨氯地平对映体拆分的方法，其使用了手性助剂 DMSO-d_6 或含 DMSO-d_6 的有机溶剂，证据 1′也公开了一种氨氯地平对映体的拆分方法，其使用的手性助剂为 DMSO 或含有它的有机溶剂。将权利要求 1 与证据 1′进行比较后确认，本专利和证据 1′都涉及氨氯地平对映体的拆分，两者所属的技术领域相同。二者的区别技术特征仅在于所用的手性助剂不同，即权利要求 1 使用的是 DMSO-d_6 或者含 DMSO-d_6 的有机溶剂，而证据 1′使用的是 DMSO 或含 DMSO 的有机溶剂。

（1）DMSO-d_6 是与 DMSO 具有相同化学性质的化合物，在证据 1′所公开的使用 DMSO 作为手性助剂拆分氨氯地平对映体的情况下，本领域技术人员容易想到与之性质相近的 DMSO-d_6 也能用于拆分氨氯地平对映体，并替代 DMSO 从而得到本专利权利要求 1 的技术方案。虽然 DMSO-d_6 主要用于核磁共振领域且价格昂贵，在本专利申请日之前也未公开此种替换，但从现有的证据来看，并不存在

进行这种替换的障碍。本案的关键在于用 DMSO-d_6 代替 DMSO 对于拆分氨氯地平对映体是否存在意料不到的技术效果。(2) 在本案中，对氨氯地平对映体的拆分，其主要的效果体现在光学纯度和收率。本专利实施例 1 和 4 的实验条件分别与证据 1′实施例 9 和 10 相同，在进行效果的比较时最具有可比性。证据 1′实施例 9 和 10 的光学纯度均为 99.5%，而本专利实施例 1 和 4 对应的光学纯度分别为 99.9% 和 99.2%，证据 1′实施例 9 的收率为 67%，而本专利实施例 1 的收率为 68%。由此可见，将 DMSO-d_6 代替 DMSO 后，这种替换对其收率并没有显著提高，光学纯度也基本相同，本专利部分实施例的光学纯度还低于证据 1′，因此，本专利权利要求 1 相对于证据 1′来说，部分实施例的光学纯度有一定的提高，但该种进步并没有产生新的性能，不是一种 '质'的变化，且没有证据证明其所提高的量超出人们预期的想象，因此本专利相对于证据 1′并未取得意料不到的技术效果。该效果的比较也得到反证 2 的证明。(3) 专利权人有关"本专利与证据 1′相比，将有害杂质含量减小了 5 倍"、"具有对水分不敏感的优点"、"可以使用更大量的有机溶剂" 的主张在本专利说明书中均没有记载，超出了说明书记载的内容，因此不予考虑。综上所述，权利要求 1 相对于证据 1′不具备创造性。

口头审理时，专利权人提出 DMSO 和氘代 DMSO 的极性等性质不同的主张，但是没有进一步提供证据证明其主张，也没有证据表明这种不同对氨氯地平对映体的拆分会有何影响。因此，合议组认为在无相应证据的情况下，尚不能推翻上述有关两者"性质相近"认定。

权利要求 2 是权利要求 1 的从属权利要求，其附加技术特征限定了 DMSO-d_6/氨氯地平的摩尔比≥1,并限定了溶剂的种类。权利要求 2 与证据 1′相比，区别技术特征在于二者所使用的手性助剂不同，并且本专利权利要求 2 限定了 DMSO-d_6/氨氯地平的摩尔比≥1。

证据 1′已经公开手性助剂要有足够量，在此基础上，对于本领域技术人员来说，要得到更好的拆分效果，容易想到手性助剂的含量应当大于或者等于被拆分的氨氯地平。因此 DMSO-d_6/氨氯地平≥1（摩尔比）的技术特征是容易想到的。因此在其引用的权利要求 1 不具备创造性的情况下，权利要求 2 也不具备创造性。

权利要求 3 从属于权利要求 1 或 2，其附加技术特征对沉淀所生成的配合物作了限定。证据 1′也公开了沉淀生成物，其与权利要求 3 的区别仅在于 DMSO 和 DMSO-d_6，该区别是由于所使用手性助剂的不同而直接造成的。用 DMSO-d_6 代替 DMSO 作为手性助剂是容易想到的，因此在权利要求 1 和权利要求 2 不具备创造性的情况下，权利要求 3 也不具备创造性。

基于以上事实和理由，本案合议组作出如下审查决定。

三、决定

宣告 00102701.8 号发明专利权全部无效。

当事人对本决定不服的，可以根据专利法第 46 条第 2 款的规定，自收到本决定之日起三个月内向北京市第一中级人民法院起诉。根据该款的规定，一方当事人起诉后，另一方当事人应当作为第三人参加诉讼。

010

去除生物法生产丙烯酰胺产物中的菌体和大分子蛋白质的方法

无效宣告请求审查决定（第 11180 号）

决　　定　　号　第 11180 号
决　　定　　日　2008 年 3 月 18 日
发明创造名称　去除生物法生产丙烯酰胺产物中的菌体和大分子蛋白质的方法
国 际 分 类 号　C07C 233/09，C07C 231/24
无效宣告请求人　清华大学
专　利　权　人　天津膜天膜工程技术有限公司
专　　利　　号　03129828. 1
申　　请　　日　2003 年 5 月 20 日
授 权 公 告 日　2006 年 10 月 11 日
合 议 组 组 长　李　越
主　　审　　员　娄　宁
参　　审　　员　危　峰

法　律　依　据　专利法第 22 条第 2 款
决　定　要　点

如果要求保护的技术方案与对比文件中公开的技术方案相比，采用了两个不同的技术手段，而该手段分别对应的是范围不同的两种概念，且两者之间存在实质差异，则该手段之间不属于惯用手段的直接置换，即要求保护的技术方案具备新颖性。

一、案由

本无效宣告请求涉及国家知识产权局于 2006 年 10 月 11 日授权公告的、名称为“去除生物法生产丙烯酰胺产物中的菌体和大分子蛋白质的方法”的第 03129828. 1 号发明专利权（以下简称本专利），其申请日为 2003 年 5 月 20 日，专利权人为天津膜天膜工程技术有限公司。本专利授权公告的权利要求书为：

“1. 一种去除生物法生产丙烯酰胺产物中的菌体和大分子蛋白质的方法，其特征在于：

将丙烯酰胺水合液供应到膜组件中进行过滤，除去产物中的菌体、蛋白质，其膜组件的处理工艺包括工作状态和对膜组件的清洗状态。

2. 根据权利要求 1 所述的去除生物法生产丙烯酰胺产物中的菌体和大分子蛋白质的方法，其特征在于：

工作状态采用双向流过滤工艺，包括正向工作状态和反向工作状态；

在正向工作状态时，丙烯酰胺水合液在循环泵的作用下，从膜组件的下端口进入纤维膜组件中进行过滤，过滤后的浓缩液从膜组件的上端口排出到循环回流管路，再进入循环罐进行循环，丙烯酰胺溶液通过上侧口排出；

工作一定时间后，使膜组件进行反方向工作，其工作状态是：丙烯酰胺水合液在循环泵的作用下，从膜组件的上端口进入膜组件进行过滤，浓缩液从下端口排入到循环回流回路，丙烯酰胺溶液通过上侧口排出；

正向、反向交替工作，可以高效地同时进行膜分离和清洗工作。

3. 根据权利要求1所述的去除生物法生产丙烯酰胺中产生的菌体和大分子蛋白质的方法，其特征在于：

清洗状态采用对膜组件先反洗再进行等压清洗；

反洗过程是：在反洗泵的作用下，反洗液进入膜组件，对膜进行反洗，水在压力作用下，从膜组件中空纤维膜的外侧进入纤维膜的内侧，使菌体全部冲回到水合罐中；

等压清洗过程是：将丙烯酰胺溶液的出口关闭，使纤维膜内、外侧压力保持一致。

4. 根据权利要求3所述的去除生物法生产丙烯酰胺产物中的菌体和大分子蛋白质的方法，其特征在于：

上述中空纤维膜组件的材质是聚砜、聚醚砜、聚丙烯睛、聚偏氟乙烯、聚乙烯或聚丙烯其中的一种或两种或两种以上的混合物。

5. 根据权利要求4所述的去除生物法生产丙烯酰胺产物中的菌体和大分子蛋白质的方法，其特征在于：

上述中空纤维膜组件的材质是聚偏氟乙烯。

6. 根据权利要求3所述的去除生物法生产丙烯酰胺产物中的菌体和大分子蛋白质的方法，其特征在于：

中空纤维膜是中空纤维微滤膜或中空纤维超滤膜。

7. 根据权利要求3所述的去除生物法生产丙烯酰胺产物中的菌体和大分子蛋白质的方法，其特征在于：

中空纤维膜可以是单层的，也可以是复合中空纤维膜。”

2007年7月26日，针对上述专利权，清华大学（以下简称请求人）向国家知识产权局专利复审委员会提出无效宣告请求，理由是本专利不符合专利法第22条第2款的规定，并提交了以下证据：

证据1：授权公告号为CN1238514C的发明专利说明书，申请日2003年4月11日，公告日2006年1月25日，专利权人为清华大学和江苏南天集团股份有限公司，复印件共7页；

证据2：膜技术在分离纯化生物产品中的应用，《化工进展》，1991年第3期，第15~18页，复印件共4页；

证据3：《膜分离技术及其应用》，科学出版社，1994年4月印刷，封面、出版信息页及第60页，复印件共3页；

证据4：《膜分离技术》，化学工业出版社，1998年8月印刷，封面、出版信息页及第218~221页，复印件共4页；

证据5：《膜工艺-组件和装置设计基础》，化学工业出版社，1998年5月印刷，封面、出版信息页及第216~217页，复印件共3页；

证据6：《膜分离技术应用手册》，化学工业出版社，2001年2月印刷，封面、出版信息页及第

218~221 页，复印件共 4 页；

证据 7：《膜分离方法-超滤和反渗透》，化学工业出版社，1991 年 9 月印刷，封面、出版信息页及第 176~179 页，复印件共 4 页；

证据 8：《膜分离技术基础》，化学工业出版社，2000 年 4 月印刷，封面、出版信息页及第 248~249 页，复印件共 4 页；

证据 9：《膜科学技术》，浙江大学出版社，1992 年 4 月印刷，封面、出版信息页及第 10~19 页，复印件共 7 页；

证据 10-1：游离细胞膜生物反应器法与固定化细胞法在丙烯酰胺微生物转化中的比较，《现代化工》，第 23 卷第 6 期，2003 年 6 月，第 42~44 页，复印件共 3 页；

证据 10-2：Bioconversion of acrylnitrile to acrylamide using hollow-fiber membrane bioreactor system, Biochemical Engineering Journal, 2004 年第 18 期，第 239~243 页，复印件共 5 页；

证据 10-3：三级连续化中空纤维膜生物反应工艺在丙烯酰胺微生物转化中的应用，《化工学报》，第 55 卷第 1 期，2004 年 1 月，第 81~86 页，复印件共 6 页；

请求人认为：证据 1 构成本专利的抵触申请，证据 1 中（权利要求 1、第 3 页倒数第 3 段、实施例一、第 5 页、第 5 页最后一行，第 6 页第 3 行）公开了权利要求 1 的全部技术特征，因此权利要求 1 不具备新颖性；本专利的权利要求 2 的附加技术特征是惯用手段的直接替换，证据 2（第 15~16 页）、证据 3（第 60 页最后一段）、证据 4（第 218、219、220 页）、证据 5（第 216 页最后一段）、证据 6（第 219 页倒数第 10 行）、证据 7（第 178 页第 5 段）中均不同程度的证明了这一点，因此权利要求 2 也不具备新颖性；本专利的权利要求 3 中关于清洗过程的附加技术特征是本领域的标准清洗过程，证据 8（第 248 页第 4 段和倒数第 3 段，第 249 页第 2 段）、证据 1 实施例一中均公开了这样的过程，因此权利要求 3 也不具备新颖性；本专利的权利要求 4、5 的附加技术特征是关于中空纤维膜材料的限定，证据 1（说明书第 1 页倒数第 2 段）中均已公开，因此权利要求 4、5 也不具备新颖性；本专利的权利要求 6 的附加技术特征，在证据 1（权利要求 1、说明书表 1）中也已经公开，因此权利要求 6 也不具备新颖性；本专利的权利要求 7 的附加技术特征对中空纤维膜的限定是公知常识，在证据 9（第 11 页最后一段、第 12 页、第 14 页最后一行到第 15 页第一行、第 15 页、第 18 页）中和证据 2（第 15 页第 1 段第 1 句）均已公开，因此权利要求 7 也不具备新颖性；本专利说明书附图与对比文件 1 的说明书附图的后半部分几乎完全一致；因此，本专利的全部权利要求均不具备新颖性。

经形式审查合格后，专利复审委员会受理了该无效宣告请求，并于 2007 年 9 月 12 日向双方当事人发出了《无效宣告请求受理通知书》，并向专利权人转送了《专利权无效宣告请求书》及其附件清单中所列附件副本，要求其在指定的期限内答复。同时成立合议组对本无效请求案进行审理。

2007 年 10 月 22 日，专利权人针对无效宣告请求提交了意见陈述书，专利权人声称主动放弃权利要求 1，并将原权利要求 2 作为修改后的权利要求 1、原权利要求 3~7 重新编号，但未提交权利要求书修改替换文本。专利权人认为：证据 1 的真实性、合法性可以认可，对于其余证据的真实性、合法性有待证实；证据 10 的三篇文章由于在申请日之后公开，不能用于评价本专利的新颖性；证据 2~9 的内容分别与本专利权利要求书中的任何一项发明不同，均不破坏本专利的新颖性；证据 1 中的工艺是“单向流过滤工艺”（参见证据 1 附图 1），不同于本专利的“双向流过滤工艺”，因此证据 1 不能破坏权利要求 1 的新颖性；在证据 1 不能破坏权利要求 1 新颖性的条件下，本专利从属权利要求 2~6 也具有新颖性；此外，证据 3 第 60 页倒数第 3 行、证据 4 第 218~219 页记载的“错流”，证据 5 第 216 页记载的“横流过滤”不同于本专利权利要求 1 中的“双向流过滤工艺”，虽然其中也包括“错流”手段，但这种双向流过滤并不是也不等于请求人提出的“错流”或“横流过滤”；证据 6 第 219

页倒数第10行记载的流体“倒向”前后下端和上端进料的分别是“料液”和“洗涤剂”，而本专利“倒向”前后下端和上端进料的都是料液；同样，证据7也不不能得出本专利的权利要求1中的“双向流过滤工艺”；综上，本专利符合专利法第22条第2款关于新颖性的规定。

2008年1月16日，专利复审委员会本案合议组向双方当事人发出《无效宣告请求口头审理通知书》，拟定于2008年3月4日对本案进行口头审理，并向请求人转送了专利权人于2007年10月22日提交的意见陈述书，要求其在口头审理时一并答复。

2008年3月4日，口头审理如期举行，专利权人和请求人的代理人均参加了口头审理。庭审过程中，本案合议组对请求人提出的无效理由和证据进行了充分调查并听取了双方当事人的陈述。

在口头审理过程中，专利权人撤回了2007年10月22日意见陈述书中针对权利要求书的修改，并声明放弃权利要求1；专利权人对请求人提交的证据1的真实性、公开性、关联性无异议，请求人放弃证据2~10作为证据使用；请求人确定无效理由为权利要求1、3~7不符合专利法第22条第2款，且放弃针对权利要求2的无效宣告理由；双方当事人共同认定“等压清洗可能是正洗或反洗”、“正洗不一定意味着等压清洗”。在此基础上，合议组对无效的理由和事实进行了调查，并充分听取了双方当事人的意见。

经过上述审理程序，合议组认为本案事实已经清楚，可以依法作出审查决定。

二、决定的理由

1. 审查文本的认定

本决定以本专利授权公告的文本为审查基础。

2. 证据的认定

本案审理过程中，请求人提交了证据1~10作为证据使用，但在口头审理中，请求人放弃了证据2~10。证据1是一份中国专利文献，由于专利权人对证据1的真实性、公开性、关联性均无异议，因此，合议组在依职权核实后，认为证据1可以作为本案有效证据使用。

3. 关于专利法第22条第2款

（1）关于权利要求1。

根据当事人处置原则，在无效宣告程序中，专利权人针对请求人提出的无效宣告请求主动缩小专利权保护范围且相应的修改已被专利复审委员会接受的，视为专利权人承认大于该保护范围的权利要求自始不符合专利法及其实施细则的有关规定，并且承认请求人对该权利要求的无效宣告请求，从而免去请求人对宣告该权利要求无效这一主张的举证责任。

针对请求人关于权利要求1不符合专利法第22条第2款规定的无效宣告理由，专利权人在口头审理中声明放弃权利要求1，这样的放弃属于主动缩小专利权保护范围的情形，且所述放弃式修改没有超出原说明书和权利要求书记载的范围，符合专利法第33条、专利法实施细则第68条和审查指南第四部分第三章第4.6节的规定，合议组认为所述放弃式修改可以接受。

基于此，视为专利权人承认权利要求1自始不符合专利法第22条第2款的规定，并且承认请求人对该权利要求的无效宣告请求，从而免去请求人对宣告该权利要求无效这一主张的举证责任。

（2）关于权利要求3~7。

新颖性，是指在申请日以前没有同样的发明或者实用新型在国内外出版物上公开发表过、在国内公开使用过或者以其他方式为公众所知，也没有同样的发明或者实用新型由他人向国务院专利行政部门提出过申请并且记载在申请日以后公布的专利申请文件中。

如果要求保护的技术方案与对比文件中公开的技术方案相比，采用了两个不同的技术手段，而该手段分别对应的是范围不同的两种概念，且两者之间存在实质差异，则该手段之间不属于惯用手段的直接置换，即要求保护的技术方案具备新颖性。

除上述权利要求1以外，请求人有关本专利不符合专利法第22条第2款规定的无效宣告理由还针对权利要求3~7。

本专利的权利要求3为：

“3. 根据权利要求1所述的去除生物法生产丙烯酰胺中产生的菌体和大分子蛋白质的方法，其特征在于：

清洗状态采用对膜组件先反洗再进行等压清洗；

反洗过程是：在反洗泵的作用下，反洗液进入膜组件，对膜进行反洗，水在压力作用下，从膜组件中空纤维膜的外侧进入纤维膜的内侧，使菌体全部冲回到水合罐中；

等压清洗过程是：将丙烯酰胺溶液的出口关闭，使纤维膜内、外侧压力保持一致。”

权利要求3所引用的权利要求1是：

“1. 一种去除生物法生产丙烯酰胺产物中的菌体和大分子蛋白质的方法，其特征在于：

将丙烯酰胺水合液供应到膜组件中进行过滤，除去产物中的菌体、蛋白质，其膜组件的处理工艺包括工作状态和对膜组件的清洗状态。”

证据1是他人在本专利的申请日以前向专利局提出并且在申请日以后公布的专利申请文件。其中实施例一公开了一种采用膜组件分离产物“丙烯酰胺”中菌体和蛋白的方法，并具体公开了膜组件的工作状态（第5页最后一行）、膜组件的清洗过程，清洗是在膜分离停止后“用去离子水反洗、正洗中空纤维超滤膜”（第6页第3行），即为公开了先反洗、后正洗的操作过程。

通过本专利与证据1实施例技术方案的比较可知，权利要求3与证据1主要存在“等压清洗”与“正洗”的区别。根据口头审理中，双方当事人共同认定的事实“等压清洗可能是正洗或反洗”、“正洗不一定意味着等压清洗”，可知，在本技术领域中，“等压清洗”与“正洗”是以两种不同原理和从不同的角度对清洗过程进行的限定，分别涉及范围不同的两个概念，且二者存在实质上的差异，因此尚不能认为这种区别属于惯用手段的直接置换。并且，由于上述区别技术特征的存在，本专利的权利要求3和证据1中分别公开了实质上不相同的技术方案，因此权利要求3相对于证据1具备新颖性，符合专利法第22条第2款的规定。

此外，请求人还提出了证据1的“权利要求1”和“说明书第3页倒数第3段”也公开了本申请权利要求3技术特征的主张。由于证据1公开的上述内容是对其具体实施例技术方案的概括性描述，其中不仅没有公开“等压清洗”与“正洗”的技术特征，相比实施例1而言更缺少关于膜组件工作状态、膜组件的清洗过程等具体特征的描述。因此，请求人的上述主张不足以证明权利要求3相对于证据1不具备新颖性。

在权利要求3具有新颖性的情况下，直接或间接对其进行引用的权利要求4~7与证据1相比，也属于不相同的技术方案，符合专利法第22条第2款有关新颖性的规定。

基于上述事实和理由，合议组作出下述决定。

三、决定

宣告03129828.1号发明专利权的权利要求1无效，在权利要求2~7的基础上维持本专利有效。

当事人对本决定不服的，可以根据专利法第46条第2款的规定，自收到本决定之日起三个月内向北京市第一中级人民法院起诉。根据该款规定，一方当事人起诉后，另一方当事人应当作为第三人参加诉讼。

011

波轮式全自动“双动力”洗衣机减速离合器

无效宣告请求审查决定（第11186号）

决　　定　　号　第11186号
决　　定　　日　2008年3月19日
发明创造名称　波轮式全自动“双动力”洗衣机减速离合器
国 际 分 类 号　D06F 37/40
无效宣告请求人　宁国聚隆实业有限公司
专　利　权　人　浙江三星机电股份有限公司
专　　利　　号　200420104700.7
申　　请　　日　2004年12月24日
授 权 公 告 日　2006年2月22日
合 议 组 组 长　张　度
主　　审　　员　蔡　萍
参　　审　　员　贾彦飞

法　律　依　据　专利法第22条第3款
决　定　要　点

如果要求保护的实用新型权利要求与最接近证据相比其区别特征被另一份证据所公开，该区别特征在该证据中所起的作用与在要求保护的技术方案中所起的作用相同，那么通常认为现有技术中给出了将该区别技术特征应用到该最接近现有技术中以解决其技术问题的技术启示，则该实用新型是显而易见的，不具有实质性特点，不具备创造性。

当权利要求中出现的术语不是本领域的通用术语，或者其含义与通用术语不一致时，应以说明书对其的解释为准。

一、案由

本无效宣告请求涉及中华人民共和国国家知识产权局于2006年2月22日授权公告的第200420104700.7号实用新型专利（下称本专利），其名称为“波轮式全自动双动力洗衣机减速离合器”，其申请日为2004年12月24日，专利权人为浙江三星机电股份有限公司（下称专利权人）。本专利授权公告的权利要求书如下：

“1. 波轮式全自动“双动力”洗衣机减速离合器，包括皮带轮（1）、离合器（2）、制动轮轴（3）、轴承（4）、单向轴承（5）、制动轮（6）、带式制动器（7）、减速器、脱水轴（12）、输入轴（15）、输出轴（21），制动轮轴（3）与制动轮（6）固联成一刚体，脱水轴（12）与制动轮（6）分离，减速器安装在制动轮（6）内腔，输入轴（15）、制动轮（6）和输出轴（21）与减速器相联接，制动轮轴（3）套装在输入轴（15）上，脱水轴（12）套装在输出轴（21）上，其特征在于：

a. 所说的减速器由行星轮系与定轴轮系组成，行星轮系是输入轴（15）与输出轴（21）间的减速传动链；定轴轮系是输出轴（21）与脱水轴（12）间的减速且转向互为相反的传动链；

b. 在制动轮（6）包容脱水轴（12）的轴颈A处安装有轴承（9）。

2. 根据权利要求1所说的波轮式全自动“双动力”洗衣机减速离合器，其特征在于所说的减速器由复式行星轮系组成，复式行星轮系既是输入轴（15）与输出轴（21）间的减速传动链，又是输出轴（21）与脱水轴（12）间的减速且转向互为相反的传动链；在制动轮（6）包容脱水轴（12）的轴颈A处安装有轴承（9）。

3. 根据权利要求1所说的波轮式全自动“双动力”洗衣机减速离合器，其特征在于所说的行星轮系由齿轮（16）、行星齿轮（17）、内齿轮（18）、行星齿轮轴（19）与行星轮架（20）构成，齿轮（16）固装在输入轴（15）上，行星齿轮（17）均布在行星轮架（20）同一圆周上与内齿轮（18）啮合，内齿轮（18）设置在制动轮（6）内腔，行星齿轮（17）与行星齿轮轴（19）活动配合，行星轮架（20）与输出轴（21）联接。

4. 根据权利要求1所说的波轮式全自动“双动力”洗衣机减速离合器，其特征在于所说的定轴轮系由定轴轮架（8）、齿轮（22）、惰齿轮（23）、惰齿轮轴（24）、内齿轮（25）构成，定轴轮架（8）固装在制动轮（6）内腔，齿轮（22）固装在输出轴（21）上与惰齿轮（23）啮合，惰齿轮轴（23）与惰齿轮轴（24）活动配合，与内齿轮（25）啮合，惰齿轮轴（24）安装在定轴轮架（8）上，惰齿轮（23）与惰齿轮轴（24）均布在定轴轮架（8）同一圆周上，内齿轮（25）联接在脱水轴（12）上。

5. 根据权利要求2所说的波轮式全自动“双动力”洗衣机减速离合器，其特征在于所说的复式行星轮系由齿轮（16）、双联行星齿轮（17）（22）、内齿轮（18）、内齿轮（25）、行星轮轴（19）与行星轮架（20）构成，齿轮（16）与输入轴（15）联接，安装在行星齿轮轴（19）上的双联行星齿轮（17）分别与齿轮（16）、内齿轮（18）啮合，安装在行星齿轮轴（19）上的双联行星齿轮（22）与内齿轮（25）啮合，行星齿轮轴（19）安装在行星轮架（20）上，行星轮架（20）与输出轴（21）联接；内齿轮（18）设置在制动轮（6）内腔上，内齿轮（25）联接在脱水轴（12）上，双联行星齿轮（17）（22）与行星齿轮轴（19）均布在行星轮架（20）同一圆周上。

6. 根据权利要求3所说的波轮式全自动“双动力”洗衣机减速离合器，其特征在于所说的均布在行星轮架（20）同一圆周上的行星齿轮（17）与行星齿轮轴（19）数量均为2~4个。

7. 根据权利要求4所说的波轮式全自动“双动力”洗衣机减速离合器，其特征在于所说的均布在定轴轮架（8）同一圆周上的惰齿轮（23）与惰齿轮轴（24）数量均为2~4个。

8. 根据权利要求5所说的波轮式全自动“双动力”洗衣机减速离合器，其特征在于所说的均布在行星轮架（20）上的双联行星齿轮（17）（22）与行星齿轮轴（19）数量均为2~4个。”

针对本专利，宁国聚隆实业有限公司（下称请求人）于2007年8月3日向国家知识产权局专利复审委员会提出无效宣告请求，同时提交了以下附件作为证据：

证据1：授权公告日为2004年12月8日，授权公告号为CN2661744Y的第03239381.4号中国实用新型专利说明书，共22页；

证据2：授权公告日为2004年7月21日，授权公告号为CN1158422C的第02116376.6号中国发明专利说明书，共5页；

证据3：授权公告日为2003年5月28日，授权公告号为CN2552978Y的第02241941.1号中国实用新型专利说明书，共11页；

证据4:《机械设计师手册(上册)》(吴宗泽 主编,机械工业出版社2002年1月第1版 第1次印刷),封面、出版信息页、第301页、第345~346页的复印件共6页。

请求人的无效理由为:(1)权利要求1的技术方案相对于证据1、2、3或者证据1(或2)与证据3的结合不具备创造性;权利要求3、6相对于证据1结合公知常识(或证据3)不具备创造性;权利要求4、7相对于证据1(或证据2)结合公知常识(或证据3)不具备创造性;权利要求2、5、8相对于证据1结合公知常识不具备创造性;综上所述,权利要求1~8不符合专利法第22条第3款规定的创造性,请求该专利权全部无效。(2)本专利不符合专利法第26条第3款、专利法实施细则第20条第1款、第21条2款的规定,但是请求书没有记载相应的无效理由。

经形式审查合格,专利复审委员会依法受理了上述无效宣告请求,于2007年8月23日向请求人和专利权人发出无效宣告请求受理通知书,并将请求人提交的无效宣告请求书及其附件清单中所列附件的副本转送给专利权人。

请求人另于2007年9月3日向专利复审委员会提交了意见陈述书,请求人在意见陈述书中认为:权利要求1相对于证据1(或2)和证据3或证据5~12中任意一篇或两篇的结合不具备创造性;权利要求1相对于证据1(或2)和证据3及证据5的结合不具备创造性;权利要求3,4,6,7相对于证据1与公知常识或证据3或证据5~12中任意一篇或两篇的结合不具备创造性;权利要求2相对于证据1与证据5或公知常识的结合或者相对于证据3与证据5或者公知常识的结合不具备创造性;权利要求5、8参见权利要求2,6,7的评述理由不具备创造性。请求人同时提交了以下附件作为证据:

证据5:授权公告日为2002年9月11日,授权公告号为CN1090694C的第97110584.7号中国发明专利说明书,共19页;

证据6:《全自动洗衣机故障检修技术》(周德林 张庆双等编著 金盾出版社)封面、前言、第38~48页,共13页;

证据7:授权公告日为2001年11月7日,授权公告号为CN2458326Y的第00260783.2号中国实用新型专利说明书,共11页;

证据8:公开日为1999年1月13日,公开号为CN1204710A的第98104383.6号中国发明专利申请公开说明书,共19页;

证据9:公开日为2002年11月27日,公开号为CN1381634A的第02110425.5号中国发明专利申请公开说明书,共13页;

证据10:公开日为2004年3月24日,公开号为CN1483949A的第03152715.9号中国发明专利申请公开文件,共15页;

证据11:授权公告日为2001年12月26日,授权公告号为CN2467550Y的第01215141.6号中国实用新型专利说明书,共10页;

证据12:授权公告日为2004年12月22日,授权公告号为CN2665184Y的第02213340.2号中国实用新型专利说明书,共8页。

针对请求人2007年8月3日提交的无效宣告请求,专利权人于2007年9月29日提交了无效程序授权委托书、意见陈述书及如下附件作为反证:

反证1:JLX-HDC-4.5有与没有轴承9设置时脱水轴摆幅对比实验,共1页。

专利权人在意见陈述书中认为:权利要求1~8符合专利法第22条第3款关于创造性的规定。与证据1、2或3相比,本专利所解决的技术问题不同,本专利目的在于提高系统刚度、承载力和使用寿命,证据1目的在于减少制动带的摩擦;技术手段不同,证据1、2或3均没有披露与特征a和b相类似的技术特征,本专利的减速器由行星轮系与定轴轮系组成,证据1或3由双套行星齿轮机构组成,且连接关系完全不同，区别特征 b 没有被任何证据披露；技术效果不同，反证 1 是专利权人在申请日前组织的 JLX-HDC-4.5 有与没有轴承 9 设置时洗衣机脱水轴摆幅对比实验，测试数据表明本专利的脱水轴摆幅小，而没有轴承 9 设置的脱水轴摆幅大，从而印证本专利与证据 1~3 的技术方案实质不同。

专利复审委员会于 2007 年 12 月 4 日向双方当事人发出无效宣告请求口头审理通知书，定于 2008 年 1 月 15 日举行口头审理。同时将请求人于 2007 年 9 月 3 日提交意见陈述书及其附件转送给专利权人，将专利权人于 2007 年 9 月 29 日提交的意见陈述书及其附件转送给请求人。

请求人另于 2008 年 1 月 7 日向专利复审委员会提交了意见陈述书，其中对权利要求 1~8 不符合专利法第 26 条第 3 款、专利法实施细则第 20 条第 1 款的规定，以及权利要求 1、2 不符合专利法实施细则第 21 条第 2 款的规定的无效宣告理由进行了说明。

口头审理如期举行，双当事人均参加了口头审理。

在口头审理中，(1) 双方当事人对对方出席口头审理人员身份均无异议，对合议组成员没有回避请求；(2) 请求人当庭明确放弃本专利不符合专利法第 26 条第 3 款、第 4 款、专利法实施细则第 20 条第 1 款、第 21 条第 2 款的无效宣告理由；(3) 请求人当庭提交证据 13 (《全自动洗衣机的维修》复印件，共 8 页)，并提供作为公知常识的证据 4、6、13 的原件；(4) 请求人当庭提交了证据 1、3 结合公知常识或证据 3、5 结合公知常识评价权利要求 1~8 不具备创造性的书面意见，合议组当庭转交给专利权人，根据该书面意见，请求人明确证据的使用方式为：权利要求 1、3、4、6、7 相对于证据 1 和证据 5 及公共知常识的结合或者相对于证据 3 和证据 5 及公知常识的结合不具备创造性；权利要求 2、8 相对于证据 1 或 3 和证据 5 并结合公知常识不具备创造性；(5) 请求人对专利权人提交的反证 1 的真实性有异议；(6) 专利权人当庭明确表示对证据 1~13 的真实性没有异议；(7) 在此基础上，合议组对请求人提出的无效理由、事实进行了调查，并充分听取了双方当事人的意见；(8) 双方当事人当庭已经充分陈述各自意见，合议组当庭告知双方当事人关于专利法第 22 条第 3 款的理由以请求人当庭提交的书面意见为准，专利权人在口审后一周内提交对该书面意见的书面意见答复。

请求人于 2008 年 1 月 22 日再次提交了意见陈述书，其内容与口头审理当庭提交的书面意见基本一致，鉴于合议组在口头审理中已告知其以当庭提交的书面意见为准，因此合议组对该意见陈述书不予考虑。

专利权人于 2008 年 1 月 22 日提交了意见陈述书，针对请求人的无效理由专利权人认为：(1) 权利要求 1 的减速器的主要特征在于：a 采用行星轮系与定轴轮系组合，前者作为输入轴与波轮轴之间减速传动链，后者作为波轮轴与脱水轴之间独立且直接的定转速比且互为相反的传动链；b 在制动轮 (6) 包容脱水轴 A 处安装有轴承 (9)。(2) 权利要求 1 相对于证据 1、5 的结合具有创造性，理由为：①证据 1、5 均未揭示 a 的连结关系；②证据 1 与本专利的输入轴与波轮轴之间的传动比不同；③证据 1、5 均未揭示出 b 特征，证据 5 的轴承 58 的位置和功能不同于本专利的轴承 9。(3) 权利要求 1 相对于证据 3、5 的结合具有创造性，理由为：证据 3、5 没有揭示出特征 a、b。(4) 权利要求 2 相对于证据 4、5 的结合具备创造性。(5) 在权利要求 1 或 2 具备创造性的基础上，其从属权利要求 3~8 均具备创造性。专利权人同时提供如下附件作为反证：

反证 2：《机械设计手册》(机械工业出版社 2004 年 8 月第 3 版,第 1 次印刷)，封面页、出版信息页、"第一章轮系概论" 页等复印件共 9 页。

至此，合议组认为本案事实已经调查清楚，可以依法作出审查决定。

二、决定理由

1. 证据的认定

口头审理中，专利权人对请求人提交的证据 1、3、4、5 的真实性和公开性均无异议，合议组也未发现证据1、3、4、5中存在影响其真实性的瑕疵，因此证据1、3、4、5的真实性予以认可。证据1、3、5是专利公开文献，证据4为技术手册属于公知常识性证据，上述证据的公开日期均早于本专利的申请日，其上记载的内容构成了本专利的现有技术。

2. 专利法第22条第3款的无效理由

专利法第22条第3款：创造性是指同申请日以前已有的技术相比，该发明有突出的实质性特点和显著的进步，该实用新型具有实质性特点和进步。

对本领域的技术人员来说，如果要求保护的实用新型相对于现有技术是显而易见的，则不具有实质性特点。判断要求保护的实用新型相对于现有技术是否显而易见，应当将要求保护的权利要求与最接近的现有技术相比，如果其区别特征为另一份现有技术所披露的相关技术手段，该技术手段在该现有技术中所起的作用与该区别特征在要求保护的权利要求中为解决该重新确定的技术问题所起的作用相同，则可以认为，现有技术给出了将该区别特征应用到该最接近现有技术中以解决存在的技术问题的技术启示，这种启示会使本领域的技术人员在面对所述技术问题时，有动机改进该最接近的现有技术并获得要求保护的权利要求的技术方案。如果现有技术存在这种技术启示，则该权利要求的技术方案是显而易见的，不具有实质性特点，不具备创造性。

（1）关于权利要求1的创造性。

权利要求1的技术方案可划分为以下几组技术特征：❶（权利要求的前序部分）：波轮式全自动“双动力”洗衣机减速离合器，包括皮带轮（1）、离合器（2）、制动轮轴（3）、轴承（4）、单向轴承（5）、制动轮（6）、带式制动器（7）、减速器、脱水轴（12）、输入轴（15）、输出轴（21），制动轮轴（3）与制动轮（6）固联成一刚体，脱水轴（12）与制动轮（6）分离，减速器安装在制动轮（6）内腔，输入轴（15）、制动轮（6）和输出轴（21）与减速器相联接，制动轮轴（3）套装在输入轴（15）上，脱水轴（12）套装在输出轴（21）上；❷（权利要求1的特征a）：所说的减速器由行星轮系与定轴轮系组成，行星轮系是输入轴（15）与输出轴（21）间的减速传动链；定轴轮系是输出轴（21）与脱水轴（12）间的减速且转向互为相反的传动链；❸（权利要求1的特征b）：在制动轮（6）包容脱水轴（12）的轴颈A处装有轴承（9）。

证据1（参见说明书第3~4页，附图2）公开了一种洗衣机全自动减速离合器，其中公开了特征❶的大部分内容，即：输入轴由传动电机带动；离合装置13等同于本专利的离合器（2）；输入轴套8等同于本专利的制动轮轴（3）；制动轮12等同于本专利的制动轮（6）；制动带等同于本专利的带式制动器（7）；双级行星齿轮系构成的双驱动齿轮机构等同于本专利的减速器；输出轴套（7）等同于本专利的脱水轴（12）；输入轴1等同于本专利的输入轴（15）；输出轴6等同于本专利的输出轴（21）；输入轴套固接在制动轮12的下端等同于本专利的制动轮轴（3）与制动轮（6）固联成一刚体；制动轮12的上口与输出轴套7间装有密封圈16，说明脱水轴（12）与制动轮（6）是分离的；如图2所示整个减速离合器被安装在制动轮的内腔；说明书第4页第2段公开的“输入轴（1）与输入轴齿轮（2）相联接、内齿轮（4）与输出轴套（7）相连接、行星架（5）与输出轴（6）及中心齿轮（9）相连接”等同于本专利的输入轴（15）、制动轮（6）和输出轴（21）与减速器相连接；输入轴套8套装在输入轴1上等同于本专利的制动轮轴（3）套装在输入轴（15）上；输出轴6安装在输出轴套7内等同于本专利的脱水轴（12）套装在输出轴（21）上。虽然证据1中没有明确记载与本专利的轴承（4）和单向轴承（5）的对应部件，且本专利说明书对轴承（4）、（5）的功能也没说明，但是合议组认为：轴承以及单向轴承通常用于转动轴上，用于对旋转部件的支承、防止反向旋转，轴承以及单向轴承在洗衣机制动轮上的应用属于本领域技术人员的常用设计手段，也就是洗衣机的离合器必然包含了轴承以及单向轴承，因此该区别特征被隐含公开。证据1还公开了减速器由双级行星齿轮结构构成，该双行星系齿轮机构的上行星齿轮做为输入轴与输出轴间的减速传动链；下行星齿轮在洗涤工况下处于定轴状态，作为输出轴6与轴套7（等同于本专利的脱水轴）间的减速且互为相反的传动链，由此可见，证据1所述的双行星齿轮机构在洗涤工况下实际上为行星轮系和定轴轮系的组合，其组合的功能与权利要求1所述的由行星轮系和定轴轮系所组成的减速器的功能相同，两者都实现了减速传动和制动轮与脱水轴分离做相对反向转动的作用，因此特征❷也被证据1所公开。

将本专利的权利要求1的技术方案与证据1公开的内容相比可知，权利要求1的技术方案与证据1的区别技术特征在于：①皮带轮，作为输入轴的驱动单元；②特征❸“在制动轮包容脱水轴的轴颈A处装有轴承”没有被证据1披露，该区别特征②所要解决的技术问题是获得更好的系统刚度与承载能力，由此提高工作可靠性和使用寿命。

关于区别特征①，证据5（参见说明书第1页第12行）公开了如下内容：动力传输装置5用于通过皮带4获得马达3的驱动力，从而驱动动力传送到旋转甩干桶或波轮7。可见皮带4等同于本专利的皮带轮，作为驱动洗衣机的驱动单元与减速离合器相连，因此区别特征2被证据5所披露。由于证据1中披露了洗衣机的减速离合器受传动电机的驱动，因此本领域技术人员很容易想到采用证据5所述的马达带动皮带轮的方式作为传动电机的驱动方式结合到证据1中，该结合是显而易见的。

关于区别特征②，证据5公开了如下特征（参见说明书第6页第5~29行，附图4，5）：旋转甩干轴91强制插入上转筒73的内侧中间部分，甩干轴套在洗衣轴93外面，在洗衣轴和甩干轴之间安装有不加油轴承55，轴承58装在上转筒73的外侧上周边周围，并装在洗衣桶底部的外罩50内，以使上转筒73平稳的旋转。通过分析可知，所述上转筒73等同于本专利的制动轮（6），甩干轴91等同于本专利的脱水轴（12），从附图中4可以清楚看出上转筒包容甩干轴的轴颈处安装有轴承58，因此，证据5的轴承58与权利要求1的轴承（9）的安装位置相同，轴承58的作用根据轴承的一般性功能可知是加强该部位的承载能力，提高系统刚度的作用。由此可知，证据5已经公开了上述区别技术特征2)，由于证据1和5都涉及洗衣机的减速离合器的传动机构，在证据1的基础上，本领域技术人员为了获得更好的系统刚度和承载能力，很容易从证据5中获得技术启示，将“在制动轮包容脱水轴的轴颈A处装有轴承”的技术特征结合到证据1中，从而得到权利要求1的技术方案，该结合对于本领域技术人员来说是显而易见的，不需要付出创造性的劳动。在证据1结合证据5的基础上，本领域普通技术人员无需花费创造性劳动即可得到权利要求1的技术方案，因此，权利要求1相对于证据1和5的结合不具备实质性特点和进步，不具备专利法第22条第3款规定的创造性。

关于专利权人2008年1月22日提交的意见陈述中所述的意见，合议组认为：①关于专利权人所述的特征a的连结关系，也就是权利要求1的特征❷，证据1披露了减速器由双驱动齿轮结构，实施例1和附图2中披露了：双驱动齿轮结构为双级行星齿轮，在洗涤工况下，上行星齿轮3既作公转又作自转，而下行星齿轮10只作自转，因此下行星齿轮等同于定轴状态，传动电机带动输入轴1双向反复旋转，通过齿轮2、3、4的减速，同时通过9、10、4的分配，使输出轴6及输出轴套7同时被驱动，相互逆向，双向按比例反复旋转。由此可见：证据1的齿轮2、3、4组成的行星轮系与本专利的行星轮系的功能相同，作为输入轴与输出轴的减速传动链；证据1的齿轮4、9、10组成的定轴轮系与本专利的定轴轮系的功能相同，作为输出轴与脱水轴之间的减速互为相反的传动链，此外，本专利的特征a并没有涉及传动比的计算方式，因此，证据1已经完全公开了本专利的特征a的连结关系。②关于特征b，专利权人称本专利的制动轮和脱水轴是分离的，因此轴承（9）作为对脱水轴（12）与制动轮（6）与制动轮轴（3）的组合的必要支承。而证据1（参见说明书附图3）披露了制动轮12的上口与输出轴套7间装有密封圈16，由此说明制动轮12与脱水轴套7是分离的，证据5（参见说明书第6页第12行，第16~17行，附图5）披露了“甩干轴91插入上转筒73的内侧中间部分”、“轴承58装在上转筒73（等同于制动轮）的外侧上周边周围，使得上转筒平稳地旋转”，可见，证据5披露了在制动轮73包容脱水轴91的轴颈处安装有轴承58，该轴承58作为对制动轮的必要支承，因此，本领域技术人员为了解决制动轮轴的承载能力的问题，很容易从证据5中获得启示，从而在证据1所述的制动轮12包容脱水轴7的轴颈处安装轴承，即获得权利要求1的技术方案。因此权利要求1相对于证据1和5的结合对于本领域技术人员来说是显而易见的，也没有取得意料不到的技术效果，因此不具备专利法第22条第3款规定的创造性。

（2）关于权利要求3的创造性。

权利要求3："根据权利要求1所说的波轮式全自动“双动力”洗衣机减速离合器，其特征在于所说的行星轮系由齿轮（16）、行星齿轮（17）、内齿轮（18）、行星齿轮轴（19）与行星轮架（20）构成，齿轮（16）固装在输入轴（15）上，行星齿轮（17）均布在行星轮架（20）同一圆周上与内齿轮（18）啮合，内齿轮（18）设置在制动轮（6）内腔，行星齿轮（17）与行星齿轮轴（19）活动配合，行星轮架（20）与输出轴（21）联接。”

证据1公开了如下技术特征（参见说明书第3~4页，附图2）：洗衣机减速器中的行星轮系由齿轮2（等同于本专利齿轮16）、行星齿轮3（等同于本专利齿轮17）、内齿轮4（等同于本专利内齿轮18）、行星齿轮架5与其行星轮轴（等同于本专利行星轮架20和行星齿轮轴19）构成，齿轮2固装在输入轴1上（等同于本专利齿轮16固装在输入轴15上），行星齿轮3（等同于本专利齿轮17）均布在行星轮架5（等同于本专利行星轮架20）同一圆周上，与内齿轮4（等同于本专利内齿轮18）啮合，内齿轮4设置在制动轮12（等同于本专利制动轮6）内腔，行星齿轮3与行星轮架5上的行星齿轮轴活动配合（本领域技术人员从附图2可毫无疑义地导出），行星轮架5于输出轴6（等同于本专利输出轴21）联接。

由此可见，证据1中的洗衣机减速器中的行星齿轮系的结构与权利要求3所述的行星齿轮系的结构完全相同，两者行星齿轮系的功能相同，均是作为输入轴与输出轴间的减速传动链，因此，权利要求3的附加技术特征也被证据1所公开，当其引用的权利要求1不具备创造性时，权利要求3相对于证据1和5的结合不具备专利法第22条第3款规定的创造性。

（3）关于权利要求4的创造性。

权利要求4："根据权利要求1所说的波轮式全自动‘双动力’洗衣机减速离合器，其特征在于所说的定轴轮系由定轴轮架（8）、齿轮（22）、惰齿轮（23）、惰齿轮轴（24）、内齿轮（25）构成，定轴轮架（8）固装在制动轮（6）内腔，齿轮（22）固装在输出轴（21）上与惰齿轮（23）啮合，惰齿轮轴（23）与惰齿轮轴（24）活动配合，与内齿轮（25）啮合，惰齿轮轴（24）安装在定轴轮架（8）上，惰齿轮（23）与惰齿轮轴（24）均布在定轴轮架（8）同一圆周上，内齿轮（25）联接在脱水轴（12）上。”

证据1公开如下技术特征（参见说明书第3~4页，附图2）：洗衣机全自动减速离合器的双驱动齿轮机构为上行星齿轮传动机构，当处于洗涤工况时制动轮12被完全制动，行星轴11处于定轴状态，通过齿轮2、3、4减速、同时通过齿轮9、10、4分配，使得输出轴6及输出轴套同时被驱动，相互逆向旋转，此时靠近输入轴的下行星齿轮系的作用等同于本专利的定轴轮系，其结构包括，定轴轮架、齿轮9（等同于本专利齿轮22）、齿轮10（等同于本专利惰齿轮23）、轮轴11（等同于本专利惰齿轮轴24）、内齿轮4（等同于本专利齿轮25）构成，齿轮9固装在输入轴与惰齿轮10啮合，惰齿轮10与轮轴11活动配合，与内齿轮4啮合，轮轴11直接安装（省略了定轴轮架）在制动轮12内腔上，齿轮10和轮轴11均布在同一圆周上，内齿轮4联接在脱水轴上。

通过上述内容可知，证据1的双行星齿轮，其中靠近输入轴的下行星齿轮系在洗涤工况下起到了转向相反的作用等同于本专利的定轴齿轮系，本专利权利要求4的定轴轮系的结构与证据1的区别是"齿轮22固装在输出轴21上"。然而，从证据1的附图2中可知，证据1中与区别特征的齿轮22对应的部件为齿轮9，该齿轮9固装在输入轴1上。之所以出现该区别主要是因为证据1中的定轴轮系安装在靠近输入轴的位置，而行星轮系安装在输出轴的位置，其位置关系恰好与本专利的定轴和行星轮系的位置关系上下相反，但是这仅仅是位置关系的颠倒，其定轴轮系和行星轮系各自的传动关系完全相同，具体分析如下：本专利中定轴轮系的齿轮22和惰齿轮23与内齿轮25的啮合起到了对脱水轴的减速作用，并且使得输出轴和脱水轴转向互为相反，而证据1在洗涤工况下起定轴作用的下行星齿轮系通过齿轮9和惰齿轮10以及内齿轮4的啮合起到了对脱水轴的减速并使得脱水轴与输入轴转向互为相反，由于输出轴与上行星齿轮架相连，且输入轴对上行星齿轮架进行减速驱动，从而脱水轴与输出轴也做转向相反的运动，可见，证据1和本专利的定轴齿轮系在减速器中的结构和传动原理完全相同，均起到减速和互为相反传动的作用，两者位置关系的互换对于减速离合器的整体功能没有任何改变，并且这种部件位置方向上的简单互换对于本领域技术人员来说属于常规的设计能力，不需要付出创造性的劳动，因此，当其引用的权利要求1不具备创造性时，权利要求4相对于证据1和5的结合不具备实质性特点和进步，不具备专利法第22条第3款规定的创造性。

（4）关于权利要求6、7的创造性。

权利要求6："根据权利要求3所说的波轮式全自动"双动力"洗衣机减速离合器，其特征在于所说的均布在行星轮架（20）同一圆周上的行星齿轮（17）与行星齿轮轴（19）数量均为2~4个"

权利要求7："根据权利要求4所说的波轮式全自动"双动力"洗衣机减速离合器，其特征在于所说的均布在定轴轮架（8）同一圆周上的惰齿轮（23）与惰齿轮轴（24）数量均为2~4个"

证据1的附图2中可以清楚地看到，在行星轮架5同一圆周上的行星齿轮3和行星齿轮轴的数量至少为2个，由此可见，证据1披露了权利要求6的附加技术特征。证据1的附图2同样披露了作为定轴轮系作用的下行星轮系的同一圆周上均布的惰齿轮和惰齿轮轴的数量至少为2个，因此证据1披露了权利要求7的附加技术特征。因此当其所引用的权利要求1不具备创造性时，权利要求6、7相对于证据1和5的结合不具备专利法第22条第3款规定的创造性。

（5）关于权利要求2的创造性。

权利要求2："根据权利要求1所说的波轮式全自动"双动力"洗衣机减速离合器，其特征在于所说的减速器由复式行星轮系组成，复式行星轮系既是输入轴（15）与输出轴（21）间的减速传动链，又是输出轴（21）与脱水轴（12）间的减速且转向互为相反的传动链；在制动轮（6）包容脱水轴（12）的轴颈A处安装有轴承（9）。"

权利要求2的复式行星轮系不是本领域的通用术语，其含义通过说明书的解释应为双级行星齿轮系（参见本专利第二实施例，附图2），此外，虽然权利要求2从形式上看属于从属权利要求，但其附加技术特征采用了特征替换方式，即特征❷'替换了权利要求1的特征❷，权利要求2的技术方案实际上属于并列于权利要求1的独立权利要求。

证据1（参见说明书第3~4页，附图2）公开了一种洗衣机减速离合器的传动机构，通过对权利要求1的分析可知，证据1披露了权利要求2的特征❶。权利要求2与证据1的区别技术特征在于：❷'"减速器由复式行星轮系组成"；❸"在制动轮包容脱水轴的轴颈处安装有轴承"。上述区别特征带来的技术问题是，提供一种新的复式行星齿轮系，实现减速以及输出与输入做互为相反运动的传动链；并且提高系统的刚度和使用寿命。专利权人强调通过摆幅实验表明，在安装了该轴承的情况下摆幅明显减小，具有提高系统刚度和使用寿命的作用。

对于区别技术特征❷'，双级行星齿轮系属于本领域技术人员在机械设计领域中是一种常用的传动机构，参见作为公知常识的证据4《机械设计师手册》第301页，“常见机构分析”中的3K型双级行星轮系所示，该双级行星齿轮机构本身的功能是输入轴与输出轴间的减速传动链，如果将第二级行星轮架相连做为输出轴，则该二级行星轮架的输出轴与输入轴做互为相反的传动。由于证据1的洗衣机的减速离合器采用了所谓的“双级行星齿轮系”具有输入轴与输出轴之间减速作用和脱水轴与输入轴/输出轴做互为相反传动的作用，本领域技术人员可以很容易想到采用本领域公知的具有同样功能的3K型双级行星轮系来替换证据1的双级行星齿轮系，这种替换是本领域普通技术人员容易做到的，替换前后齿轮机构的传动方式不变，与制动轮和脱水轴的连接关系不需要改变，因此这种替换对本领域技术人员是显而易见的。

对于区别技术特征❸，证据5公开了如下技术特征（参见说明书第6页第12~17行，附图4）：旋转甩干轴91强制插入上转筒73的内侧中间部分，甩干轴91的上部借助于螺栓56固定到旋转甩干桶101上，轴承58装在上转筒73的外侧上周边周围，并装在由多个螺栓53固定在洗衣桶100的底部的外罩50内，以使上转筒平稳地旋转。上述公开的内容可知，上转筒73等同于本专利的制动轮（6），甩干轴91等同于本专利的脱水轴（9），附图显示上转筒包容了甩干轴，在上转筒轴径包容甩干轴的部分安装有轴承58，该轴承58的位置与本专利所述位置相同，且具有相同的作用，起到了加强该部位承载能力的作用，使得上转筒和脱水轴平稳旋转，由此可以提高系统的刚度和使用寿命。对于高速旋转的洗衣机的驱动单元来说，脱水轴、输出轴等与其他部件结合的部位比较薄弱，且承载了巨大压力，直接影响系统的使用寿命，因此本领域技术人员很容易受到证据5的启示，为了进一步提高脱水轴的刚度，即将证据5结合到证据1中，从而在包容脱水轴的制动轮的轴径部位安装轴承，这种结合对于本领域技术人员来说是显而易见的。

综上，在证据1的基础上结合证据5以及公知常识从而得到权利要求2的技术方案对于本领域的技术人员来说是显而易见的，不需要付出创造性的劳动，权利要求2相对于证据1和5以及公知常识的结合不具备突出的实质性特点和显著的进步，不具备专利法第22条第3款规定的创造性。

（6）关于权利要求5的创造性。

权利要求5：“根据权利要求2所说的波轮式全自动‘双动力’洗衣机减速离合器，其特征在于所说的复式行星轮系由齿轮（16）、双联行星齿轮（17）（22）、内齿轮（18）、内齿轮（25）、行星轮轴（19）与行星轮架（20）构成，齿轮（16）与输入轴（15）联接，安装在行星齿轮轴（19）上的双联行星齿轮（17）分别与齿轮（16）、内齿轮（18）啮合，安装在行星齿轮轴（19）上的双联行星齿轮（22）与内齿轮（25）啮合，行星齿轮轴（19）安装在行星轮架（20）上，行星轮架（20）与输出轴（21）联接；内齿轮（18）设置在制动轮（6）内腔上，内齿轮（25）联接在脱水轴（12）上，双联行星齿轮（17）（22）与行星齿轮轴（19）均布在行星轮架（20）同一圆周上。”

权利要求5的附加技术特征描述了双联行星齿轮的结构特征，所述的双联行星齿轮的传动特征以及减速和互为相反传动的功能与本领域公知的双级行星轮系大同小异，例如参见作为公知常识的证据4《机械设计师手册》第301页，“常见机构分析”中的表5-21中的3K型周转轮系所示，其披露了双联行星齿轮系，在输入轴（左侧）与输出轴（右侧）之间有两个行星齿轮系，共用行星齿轮轴（等同于本专利的行星齿轮轴19），双行星齿轮轴与输出轴联接，由左侧的中心齿轮（等同于本专利的齿轮16）、和与其啮合的齿轮（等同于本专利的齿轮17）及内齿轮（等同于本专利的齿轮18）所构成的第一级行星齿轮系组成了输入轴与输出轴间的减速传动链，右侧的行星齿轮系构成了第二级行星轮系，该行星轮架的边缘的内齿轮（等同于本专利的内齿轮25），不难看出该行星轮架相连的输出与输入轴做互为相反的转动。证据4公开了一种在结构和功能上与本专利权利要求5所述的双联行星齿轮完全相同的双行星轮系，由于该双行星轮系是一种常见的传动机构，本领域技术人员很容易想到将公知常识证据 4 所公开的双行星齿轮系结合到证据 1 的洗衣机的减速离合器中，这种常用部件的替换设计是不需要付出创造性劳动的，因此，当其引用的权利要求 2 不具备创造性时，权利要求 5 相对于证据 1 和 5 以及公知常识的结合同样不具备突出的实质性特点和显著的进步，不具备专利法第 22 条第 3 款规定的创造性。

（7）关于权利要求 8 的创造性。

权利要求 8："根据权利要求 5 所说的波轮式全自动'双动力'洗衣机减速离合器，其特征在于所说的均布在行星轮架（20）上的双联行星齿轮（17）（22）与行星齿轮轴（19）数量均为 2~4 个"。

证据 4 参见《机械设计师手册》第 301 页，"常见机构分析"中的表 5-21 中的 3K 型周转轮系所示，双联星行星齿轮与行星齿轮轴的数量至少为 2 个，因此权利要求 8 的附加技术特征被上述公知常识证据所公开。因此，当其引用的权利要求 5 不具备创造性时，权利要求 8 相对于证据 1 和 5 以及公知常识不具备专利法第 22 条第 3 款规定的创造性。

3. 关于请求人的其他证据及其对权利要求 1~8 的创造性无效理由

由于上文中已结合请求人的证据 1、4、5 评述了本专利权利要求 1~8 的创造性，因此，对请求人针对本专利权利要求 1~8 提出的不符合创造性的其他证据组合及其无效理由合议组不再进行评述。

三、决定

宣告 200420104700.7 号实用新型专利权利要求 1~8 全部无效。

当事人对本决定不服的，可以根据专利法第 46 条第 2 款的规定，自收到本决定之日起三个月内向北京市第一中级人民法院起诉。根据该款的规定，一方当事人起诉后，另一方当事人应当做为第三人参加诉讼。

012

八爪型阳极钢爪局部校直机构

无效宣告请求审查决定（第 11261 号）

决　　定　　号　第 11261 号
决　　定　　日　2008 年 2 月 24 日
发明创造名称　八爪型阳极钢爪局部校直机构
国 际 分 类 号　C25C3/12（2006.01）
无效宣告请求人　张先勇
专　利　权　人　运城市关铝设备材料有限公司
专　　利　　号　200520024630.9
申　　请　　日　2005 年 8 月 2 日
授 权 公 告 日　2006 年 11 月 8 日
合 议 组 组 长　徐洁玲
主　　审　　员　刘　亚
参　　审　　员　李亚林

法 律 依 据　专利法第 22 条第 2 款、第 3 款
决 定 要 点

如果一项实用新型专利保护的技术方案与现有技术的技术方案相比，其区别只是在本领域功能或作用相似的常规部件中进行替换，以及将现有技术某些部件的排列形式进行简单改变，且这种常规部件的替换和排列形式的简单改变并未带来任何意外效果，则应当认为该专利保护的技术方案不具备创造性。

一、案由

本无效宣告请求案涉及国家知识产权局于 2006 年 11 月 8 日公告授予的、名称为“八爪型阳极钢爪局部校直机构”的第 200520024630.9 号实用新型专利（以下简称本专利），其申请日为 2005 年 8 月 2 日，专利权人为运城市关铝设备材料有限公司。本专利授权公告的权利要求书如下：

“1. 八爪型阳极钢爪局部校直机构，由液压油缸和连杆机构及机架组成，其特征在于：机架上有两套结构完全对称的四连杆机构，四连杆机构两端与相对的两侧机架相连，两端的两个连杆呈一字排列，中间的两个连杆呈 V 字排列，液压油缸在机架上横向水平排列，两端的活塞杆顶端分别与两个四连杆机构的 V 形中点铰连，四个一字排列的连杆上均有朝向机架外的钢爪校直顶块。

2. 如权利要求 1 所述的八爪型阳极钢爪局部校直机构，其特征在于：液压油缸采用连体式油缸，两侧各有一个活塞顶杆。”

针对上述专利权，张先勇（以下简称请求人）于2006年11月28日向专利复审委员会提出无效宣告请求，其理由是本专利不符合专利法第22条、专利法实施细则第2条第2款和专利法第26条第3款的规定，请求人同时提交了下述附件：

附件1：专利号为200520024630.9的中国实用新型专利说明书，申请日为2005年8月2日，授权公告日为2006年11月8日，复印件共5页（即本专利）；

附件2：专利号为200420008029.6的中国实用新型专利说明书，授权公告日为2005年7月13日，复印件共5页；

附件3：对无效宣告请求的理由、范围和所依据证据的简单说明，共2页；

附件4：结合证据对无效宣告请求理由的具体意见陈述，共5页。

请求人认为：(1) 本专利授权公告的权利要求1虚构产品形状，虚构产品构件结合，纯属不能“适于应用”的虚假技术方案，不符合专利法第20条第1款、第22条，专利法实施细则第2条第2款的规定；(2) 本专利授权公告的权利要求1结合附图2的真实结构，纯属附件2要求保护的权利，不符合专利法第22条、第26条第3款和专利法实施细则第2条的规定；③本专利授权公告的权利要求2在附件2的权利要求1中已要求保护，不符合专利法第22条、专利法实施细则第2条第2款的规定；④将附件2原理结构图一与本专利修正的原理图二（由本专利说明书附图2还原成对应的原理图）进行比较，二者有一处区别：附件2表示通过顶座上链接的双连杆对两摇杆施加“推力”作用，而本专利在该处变为由顶座上链接的双连杆对两摇杆施加“拉力”作用，但这两种不同结合形式应为等同特征；⑤本专利整体结构形式构成对附件2的侵权。

形式审查合格后，专利复审委员会受理了上述请求，于2006年12月29日向双方当事人发出《无效宣告请求受理通知书》，并将《专利权无效宣告请求书》及其附件清单中所列附件的副本转送给专利权人，要求其在指定的期限内答复，同时成立合议组对本无效宣告请求案进行审理。

专利权人于2007年1月29日针对上述受理通知书提交了意见陈述书和修改的权利要求书。修改后的权利要求书如下：

“1. 八爪型阳极钢爪局部校直机构，由液压油缸和连杆机构及机架组成，其特征在于：机架上有两套结构完全对称的四连杆机构，四连杆机构两端与相对的两侧机架相连，两端的两个连杆呈一字排列，中间的两个连杆呈V字排列，液压油缸在机架上横向水平排列，两端的活塞杆顶端分别与两个四连杆机构的V形中点铰连，四个一字排列的连杆上均有朝向机架外的钢爪校直顶块，液压油缸采用连体式油缸，两侧各有一个活塞顶杆。”

专利权人认为：①本专利修改后的权利要求1与附件2相比，两者的初级传力结构不同、工作原理不同，两者的作功机构不同，两者的液压机构也不同，本专利连体式油缸是中间隔开可以分别控制的两个油缸，而附件2是一个单体油缸结构，因此本专利具备新颖性。②阳极钢爪各爪变形量不完全一致，本专利采用两个连体油缸，各缸分别工作，可以根据钢爪的实际形变量调整油缸活塞顶出量，进而拉动连杆校直，附件2的结构效果是“若某个挤压块先接触某根钢爪，其反作用力使油缸微动移位，于是四连杆将自动调节到均匀施力动态平衡状态”（参见附件2说明书第1页倒数第2行至第2页第1行），两者结构不同，原理不同，效果也不同；本专利图中的连杆6在运动过程中其内部受力始终为“拉力”，附件2的斜向连杆4由于设计方向导致在校直过程中其内部的每一点受力均为“推力”，两者结构方向完全相反；此外，附件2的摇杆6是主要受力件，其弯度大、力学及加工性能差，本专利连杆2可做成比较直的形状，其经济性、工艺性、力学性能的优点明显；因此本专利修改后的权利要求1具备创造性。

2007年3月22日，本案合议组向双方当事人发出《无效宣告请求口头审理通知书》，定于2007

年5月14日进行口头审理，同时将专利权人提交的上述意见陈述书和修改的权利要求书转送给请求人。

2007年5月14日，口头审理如期举行，请求人及其代理人和专利权人的代理人到庭参加了口头审理。

请求人明确其无效宣告请求的理由和范围是本专利修改后的权利要求1不符合专利法第22条第2款和第3款的规定，放弃本专利不符合专利法实施细则第2条第2款的无效理由，另外增加专利法实施细则第20条第1款作为无效理由。合议组当庭告知请求人对其当庭增加的本专利不符合专利法实施细则第20条第1款规定的无效理由不予考虑。

请求人认为，本专利与附件2的区别在于本专利是对连杆6产生拉力作用，附件2是对连杆4产生推力作用，但这种区别是惯用手段的直接替换，没有实质区别。本专利的连体式油缸与附件2的双活塞油缸实质相同。因此本专利不具备新颖性。

专利权人认为，本专利修改后的权利要求1的特征部分在附件2中没有文字描述，其与附件2的区别在于：连杆机构排列形式不同，附件2未说明是否一字排列；油缸不同。附件2的推力作用容易产生死点，油缸受到钢爪及连杆4设计方向的限制，制造安装困难，本专利不存在这样的问题；本专利采用两个连体油缸，各缸分别工作，可以根据钢爪的实际形变量调整油缸活塞顶出量。因此本专利具备新颖性和创造性。

2007年7月23日，本案合议组收到了请求人的意见陈述，其内容在于向专利复审委员会相关负责人反映本案审理的情况。

至此，合议组认为本案的事实已经调查清楚，可以依法作出审查决定。

二、决定的理由

1. 文本的认定

专利权人于2007年1月29日提交了权利要求书的修改文本，删除了授权公告的权利要求1，保留了授权公告的权利要求2，并将授权公告的权利要求2重新编号为权利要求1。经审查，合议组认为，专利权人以删除权利要求的方式进行的修改符合专利法实施细则第68条的规定，可以被接受。因而，本无效宣告请求审查决定以专利权人于2007年1月29日提交的权利要求书、授权公告的说明书及其摘要作为审查基础。

2. 无效理由和证据的认定

根据专利法实施细则第64条第1款以及审查指南第四部分第三章第4.1节的规定，请求人在提出无效宣告请求时没有具体说明的无效宣告理由以及没有用于具体说明相关无效宣告理由的证据，且在提出无效宣告请求之日起一个月内也未补充具体说明的，专利复审委员会不予考虑。就本案而言，请求人在无效宣告请求书以及提出无效宣告请求之日起一个月之内均未具体说明本专利不符合专利法第26条第3款和专利法第22条第4款规定的无效理由，合议组对这些无效理由不予考虑。

根据专利法实施细则第66条以及审查指南第四部分第三章第4.2节的规定，请求人在提出无效宣告请求之日起一个月后增加无效宣告理由的，专利复审委员会一般不予考虑，但下列情形除外：(i) 针对专利权人以合并方式修改的权利要求，在专利复审委员会指定期限内增加无效宣告理由，并在该期限内对所增加的无效宣告理由具体说明的；(ii) 对明显与提交的证据不相对应的无效宣告理由进行变更的。就本案而言，请求人当庭增加的本专利不符合专利法实施细则第20条第1款规定的无效理由是在提出无效宣告请求之日起一个月之后提出的，且专利权人实际上是以删除权利要求的方式对权利要求书进行了修改，因而合议组对请求人在口头审理中增加的无效理由不予考虑。

另外，请求人在口头审理中放弃了本专利不符合专利法实施细则第2条第2款的无效理由。鉴于此，合议组审理的针对本专利的无效理由和范围是权利要求1（即授权公告的权利要求2）不符合专利法第22条第2款和第3款的规定。

附件2是一份中国实用新型专利文献，经核实，合议组认可其真实性，又由于附件2的授权公告日为2005年7月13日，在本专利申请日之前，因此附件2可以作为现有技术用于评价本专利。

3. 新颖性和创造性

专利法第22条第2款规定，新颖性，是指在申请日以前没有同样的发明或者实用新型在国内外出版物上公开发表过、在国内公开使用过或者以其他方式为公众所知，也没有同样的发明或者实用新型由他人向国务院专利行政部门提出过申请并且记载在申请日以后公布的专利申请文件中。

专利法第22条第3款规定，创造性，是指同申请日以前已有的技术相比，该发明有突出的实质性特点和显著的进步，该实用新型有实质性特点和进步。

权利要求1（即授权公告的权利要求2）请求保护一种八爪型阳极钢爪局部校直机构。

附件2公开了一种四连杆共面阳极钢爪内弯校直装置，可用于六爪、八爪型阳极钢爪的校直。附件2的说明书附图1和说明书第1页、第2页的相应文字说明具体公开了所述四连杆共面阳极钢爪内弯校直装置由液压油缸和连杆摇杆机构以及机架、支承块组成，机架上设置有两套对称的连杆摇杆机构，连杆摇杆机构两外端与两侧的机架铰接，液压油缸和连杆摇杆机构均置于水平机架上，液压油缸两端活塞1上分别装有顶座2，每个顶座上装有两个铰链3，通过铰链分别连接斜向连杆4，斜向连杆4的另一端铰接摇杆6，每根摇杆上均装有朝向机架外的挤压块7，挤压块7与正对的间接固定于机架上的支承块9配合，摇杆6的另一端铰接固定在机架上。

显然，附件2与本专利属于相同技术领域，经比较可知，附件2的斜向连杆相当于本专利中间的连杆，附件2的摇杆相当于本专利两端的连杆，附件2的挤压块相当于本专利的钢爪校直顶块。至于本专利权利要求1的特征“两端的活塞杆顶端分别与两个四连杆机构的V形中点铰连”，参考本专利说明书附图2结构示意图可以看出，实现该特征所采取的具体手段是使中间的两个连杆分别铰接在活塞杆顶端一侧的两个铰链上而成V形，故该权利要求中的特征与附件2通过活塞顶座上同侧的两个铰链3连接两个斜向连杆4相比并无实质差异。

由此可见，本专利权利要求1限定的技术方案与附件2公开的方案相比区别在于：（1）本专利采用两侧各有一个活塞顶杆的连体式油缸作为液压油缸，参考本专利图1结构原理图和图2结构示意图可以看出，所述连体式油缸实际上是将两个单活塞杆油缸背对串联联结成一体并使两侧各有一个活塞杆，也就是说连体式油缸本质上是两个单活塞杆油缸，而附件2的液压油缸本质上则是一个双作用双活塞油缸，二者实质上不同；（2）本专利两外端的两个连杆呈一字排列，而附件2的附图1中L形摇杆的排列形状不是整齐的一字排列。因此本专利权利要求1具备专利法第22条第2款规定的新颖性。

对于区别特征（1），合议组认为，双作用双活塞油缸、单作用单活塞杆油缸、双作用单活塞杆油缸都是本领域公知的液压油缸，其构造形式、工作方式及其作用也是本领域技术人员熟知的。附件2采用一个双作用双活塞油缸来同时推拉两侧的连杆机构对弯曲钢爪进行校直，在此基础上，当面临阳极钢爪各爪变形量不一致需要独立进行校直的任务时，本领域技术人员很容易想到使用两个单活塞杆油缸替换附件2的双作用双活塞油缸来分别控制两侧的连杆机构并合理布置两个单活塞杆油缸的位置，无需创造性劳动即可做到本专利所述的连体式油缸，而且连体式油缸的两缸分别工作所带来的技术效果也是本领域技术人员完全能够预见的。

对于区别特征（2），在液压油缸推拉两侧的连杆机构对钢爪进行校直的过程中附件2的L形摇杆的排列形状或本专利两外端连杆的排列形状均会发生变化，对于本领域技术人员来说，在附件2的基础上稍稍调整摇杆的排列方式，很容易即可做到本专利所述的两外端连杆呈一字排列，这并不能给本专利带来任何不同于或优于附件2的技术效果。

至于请求人和专利权人所争论的“推力”和“拉力”及其效果，以及专利权人认为本专利连杆2做成比较直的形状而优点明显；合议组认为，这些内容均不能构成本专利权利要求1与附件2的区别特征，也就谈不上是否给本专利带来创造性。

综上，由于本专利权利要求1与附件2技术方案之间的区别特征并未给本专利带来实质性特点和进步，因此本专利权利要求1不具备专利法第22条第3款规定的创造性。

基于以上事实和理由，本案合议组作出如下审查决定。

三、决定

在专利权人于2007年1月29日提交的权利要求书的基础上，宣告200520024630.9号实用新型专利的权利要求1无效。

当事人对本决定不服的，可以根据专利法第46条第2款的规定，自收到本决定之日起三个月内向北京市第一中级人民法院起诉。根据该款的规定，一方当事人起诉后，另一方当事人应当作为第三人参加诉讼。

北京市第一中级人民法院
行政判决书

（2008）一中行初字第995号

原告运城市关铝设备材料有限公司，住所地山西省永济市中山东街26号。

法定代表人贾柏林，总经理。

委托代理人陈景龙，男，运城市关铝设备材料有限公司总工程师。

委托代理人崔红秀，北京市高界律师事务所律师。

被告国家知识产权局专利复审委员会，住所地北京市海淀区北四环西路9号银谷大厦。

法定代表人廖涛，副主任。

委托代理人刘亚，女，国家知识产权局专利复审委员会审查员。

委托代理人郭鹏鹏，男，国家知识产权局专利复审委员会审查员。

第三人张先勇，男，1944年11月1日出生，汉族，盐湖区解州中学教师，住址山西省运城市盐湖区解州镇红旗路1号。

原告运城市关铝设备材料有限公司不服被告国家知识产权局专利复审委员会于2008年2月24日作出，于同年4月9日邮寄送达的第11261号无效宣告请求审查决定（以下简称第11261号决定），于2008年7月8日向本院提起行政诉讼。本院受理后，依法组成合议庭，向被告送达了起诉状副本和应诉通知书，依照《中华人民共和国行政诉讼法》第二十七条之规定，通知张先勇作为本案第三人参加诉讼，于2008年9月4日公开开庭审理了本案。原告的委托代理人陈景龙、崔红秀，被告的委托代理人郭鹏鹏、刘亚，第三人张先勇到庭参加了诉讼。现本案已审理终结。

第11261号决定根据《中华人民共和国专利法》（以下简称《专利法》）第二十二条第二款、第三款的规定，决定：在专利权人（即本案原告）于2007年1月29日提交的权利要求书的基础上，宣告第200520024630.9号实用新型专利（以下简称本专利）的权利要求1无效。理由如下：

1. 关于审查文本的认定。

原告于2007年1月29日提交了权利要求书的修改文本，删除了授权公告的权利要求1，保留了授权公告的权利要求2，并将授权公告的权利要求2重新编号为权利要求1。经审查，被告认为，原告以删除权利要求的方式进行的修改符合《中华人民共和国专利法实施细则》（以下简称《专利法实施细则》）第六十八条的规定，可以被接受。因而，本无效宣告请求审查决定以原告于2007年1月29日提交的权利要求书、授权公告的说明书及其摘要作为审查基础。

2. 关于无效宣告请求理由和证据的认定。

第三人在无效宣告请求书以及提出无效宣告请求之日起一个月之内均未具体说明本专利不符合《专利法》第二十六条第三款和《专利法》第二十二条第四款规定的无效理由，被告对这些无效理由不予考虑。第三人在口头审理中当庭增加的本专利不符合《专利法实施细则》第二十条第一款规定的无效理由是在提出无效宣告请求之日起一个月之后提出的，且原告实际上是以删除权利要求的方式对权利要求书进行了修改，因而被告对第三人在口头审理中增加的无效理由不予考虑。第三人在口头审理中放弃了本专利不符合《专利法实施细则》第二条第二款的无效理由。鉴于此，被告审理的针对本专利的无效理由和范围是权利要求1（即授权公告的权利要求2）不符合《专利法》第二十二条第二款和第三款的规定。第三人提交的附件2（即专利号为200420008029.6的中国实用新型专利说明书复印件共5页）是一份中国实用新型专利文献，经核实，被告认可其真实性，又由于附件2的授权公告日为2005年7月13日，在本专利中请日之前，因此附件2可以作为现有技术用于评价本专利。

3. 关于新颖性和创造性。

权利要求1（即授权公告的权利要求2）请求保护一种八爪型阳极钢爪局部校直机构。附件2公开了一种四连杆共面阳极钢爪内弯校直装置，可用于六爪、八爪型阳极钢爪的校直。附件2的说明书附图1和说明书第1页、第2页的相应文字说明具体公开了所述四连杆共面阳极钢爪内弯校直装置由液压油缸和连杆摇杆机构以及机架、支承块组成，机架上设置有两套对称的连杆摇杆机构，连杆摇杆机构两外端与两侧的机架铰接，液压油缸和连杆摇杆机构均置于水平机架上，液压油缸两端活塞1上分别装有顶座2，每个顶座上装有两个铰链3，通过铰链分别连接斜向连杆4，斜向连杆4的另一端铰接摇杆6，每根摇杆上均装有朝向机架外的挤压块7，挤压块7与正对的间接固定于机架上的支承块9配合，摇杆6的另一端铰接固定在机架上。附件2与本专利显然属于相同技术领域。经比较可知，附件2的斜向连杆相当于本专利中间的连杆，附件2的摇杆相当于本专利两端的连杆，附件2的挤压块相当于本专利的钢爪校直顶块。至于本专利权利要求1的特征“两端的活塞杆顶端分别与两个四连杆机构的V形中点铰连”，参考本专利说明书附图2结构示意图可以看出，实现该特征所采取的具体手段是使中间的两个连杆分别铰接在活塞杆顶端一侧的两个铰链上而成V形，故该权利要求中的特征与附件2通过活塞顶座上同侧的两个铰链3连接两个斜向连杆4相比并无实质差异。

由此可见，本专利权利要求1限定的技术方案与附件2公开的方案相比区别在于：（1）本专利采用两侧各有一个活塞顶杆的连体式油缸作为液压油缸，参考本专利图1结构原理图和图2结构示意图可以看出，所述连体式油缸实际上是将两个单活塞杆油缸背对串联联结成一体并使两侧各有一个活塞杆，也就是说连体式油缸本质上是两个单活塞杆油缸，而附件2的液压油缸本质上则是一个双作用双活塞油缸，二者实质上不同；（2）本专利两外端的两个连杆呈一字排列，而附件2的附图1中L形摇杆的排列形状不是整齐的一字排列。因此本专利权利要求1具备专利法第二十二条第二款规定的新颖性。

对于区别特征（1），被告认为，双作用双活塞油缸、单作用单活塞杆油缸、双作用单活塞杆油缸都是本领域公知的液压油缸，其构造形式、工作方式及其作用也是本领域技术人员熟知的。附件 2 采用一个双作用双活塞油缸来同时推拉两侧的连杆机构对弯曲钢爪进行校直，在此基础上，当面临阳极钢爪各爪变形量不一致需要独立进行校直的任务时，本领域技术人员很容易想到使用两个单活塞杆油缸替换附件 2 的双作用双活塞油缸来分别控制两侧的连杆机构并合理布置两个单活塞杆油缸的位置，无需创造性劳动即可做到本专利所述的连体式油缸，而且连体式油缸的两缸分别工作所带来的技术效果也是本领域技术人员完全能够预见的。

对于区别特征（2），在液压油缸推拉两侧的连杆机构对钢爪进行校直的过程中附件 2 的 L 形摇杆的排列形状或本专利两外端连杆的排列形状均会发生变化，对于本领域技术人员来说，在附件 2 的基础上稍稍调整摇杆的排列方式，很容易即可做到本专利所述的两外端连杆呈一字排列，这并不能给本专利带来任何不同于或优于附件 2 的技术效果。

至于第三人和原告所争论的“推力”和“拉力”及其效果，以及原告认为本专利连杆 2 做成比较直的形状而优点明显；被告认为，这些内容均不能构成本专利权利要求 1 与附件 2 的区别特征，也就谈不上是否给本专利带来创造性。

综上，由于本专利权利要求 1 与附件 2 技术方案之间的区别特征并未给本专利带来实质性特点和进步，因此本专利权利要求 1 不具备《专利法》第二十二条第三款规定的创造性。

在法定的举证期限内，被告向本院提交了如下证据：1. 第 200520024630. 9 号中国实用新型专利说明书；2. 第 200420008029. 6 号中国实用新型专利说明书；3. 第三人于 2006 年 11 月 28 日提交的无效宣告请求书、对无效宣告请求的理由、范围和所依据证据的简单说明、结合证据对无效宣告请求理由的具体意见陈述；4. 原告于 2007 年 1 月 29 日提交的意见陈述书；5. 口头审理记录表附页。上述证据用以证明第 11261 号决定认定事实清楚、适用法律正确、程序合法。

原告诉称：1. 第 11261 号决定适用法律错误，缺乏事实依据。被告以第三人提供的附件 2 否定本专利权利要求 1 具有创造性时，应当遵从“整体看待”这一法定基准，在客观上从本专利的技术方案、所属技术领域、所解决的技术问题、所产生的技术效果等方面出发，具体评述本专利与附件 2 相比是否具有实质性特点和进步，才可能得出是否具备创造性的结论。但是，被告仅在技术方案方面将本专利与附件 2 进行了评述，就径行得出本专利不具备创造性的结论，显然偏离了有关创造性的审查基准。此外，就事实依据而言，被告既没有给出本专利与附件 2 所解决的技术问题如何相同的具体依据，也没有给出本专利与附件 2 所产生的技术效果如何相同的具体依据，就主观得出了“所带来的技术效果是本领域技术人员完全能够预见的，并不能给本专利带来任何不同于或优于附件 2 的技术效果”的结论。2. 被告仅确认了两个区别技术特征，忽略了本专利权利要求 1 中的“中间的两个连杆呈 V 字排列，两端的活塞杆顶端分别与两个四连杆机构的 V 形中点铰连”的区别技术特征。3. 被告割裂各区别技术特征的特定联系进行片面分析，导致决定错误。被告既没有从各区别技术特征所形成技术方案的整体出发，也没有从解决的技术问题、产生的技术效果出发，而是简单地将活塞液压缸、连杆一字排列、L 形摇杆等进行部件对比。诚如被告的认定，双活塞液压缸和单活塞液压缸均是本领域的常规部件，其结构和作用也是本领域技术人员所熟知的，但是，这并不意味着出于解决特定技术问题的考虑，将双活塞液压缸改变为设置两个单活塞液压缸及其设置、连接关系也是显而易见的，同样，也不意味着将四连杆机构中的 L 形摇杆改变为外端连杆一字排列对本领域技术人员是显而易见的。事实上，本专利正是从解决特定的技术问题出发而提出了有关两个单活塞液压油缸的横向水平排列连接在机架上并结合四连杆机构一字排列连杆的技术方案，从而达到了结构紧凑、准确校直、提高工效的发明目的。4. 与附件 2 相比，本专利权利要求 1 具有创造性。在解决的技术问题方面，附件 2 虽然涉及到六爪、八爪校直的问题，但它所解决的是六爪周角四爪内弯的情况下，现有技术的四连杆机构工作时转动力矩转方向与连杆系统铰链的转轴线平行，扭转力矩太大，由此导致的对各铰链的破坏性损伤的问题，而本专利是针对八爪形阳极钢爪的复合斜向弯曲所提出的局部校直又能实现结构紧凑、准确校直、提高工效的技术方案，两者所针对解决的技术问题不同。附件2的技术方案所实际解决的还是四爪头校直中存在的四连杆机构工作扭矩过大、对各铰链处带来的破坏性损伤的技术问题。附件2的油缸是可以微动移位的，在工作中易产生因钢爪腿粗细不一导致的校直不到位或校直过头的现象，无法实现准确校直的目的。本专利以简单的两个单活塞液压油缸的横向水平固定连接在机架上，构成连体式油缸，结合四连杆机构一字排列连杆的结构设计，可以达到根据需要校直的钢爪的图纸设计值，并结合变形量来设置油缸两侧的活塞杆顶出量，从而最终达到准确校直、减少废品、提高工效的发明目的。同时，由于液压油缸两端的活塞杆顶端分别与两个四连杆机构的V形中点铰连所形成的一个铰接点的连接关系，相对于附件2的两个铰接点的连接关系，更有利于校直效果。在技术启示方面，对于本领域技术人员而言，并不能轻易联想到本专利区别技术特征的方案，解决本专利的技术问题。并且第11261号决定中亦认定了本专利和附件2的液压油缸实质上不同。综上，请求人民法院依法撤销第11261号决定，并责令被告重新作出决定。

在法定的举证期限内，原告向本院提交的证据同被告证据1、2。

被告辩称：1. 第11261号决定适用法律正确，原告孤立地、割裂地理解第11261号决定第4~6页对于本专利新颖性和创造性的评价内容。事实上，第11261号决定正是在充分考虑了本专利的技术领域、本专利所解决的技术问题、本专利采取的技术方案以及所产生的技术效果之后得出了本专利相对于附件2具备新颖性但不具备创造性的结论。2. 坚持第11261号决定中关于创造性评价的内容。按照“三步法”，创造性判断中应当根据区别特征所能达到的技术效果确定发明实际解决的技术问题，然后判断发明对于本领域的技术人员来说是否显而易见。不能仅因为本专利声称解决的技术问题与作为现有技术的附件2声称解决的技术问题不同就得出本专利具备创造性的结论。3. 第11261号决定已经认定本专利权利要求1限定的“中间两个连杆呈V字排列”与附件2附图1中L形摇杆的排列形状稍有不同；第11261号决定第5页第3、4段（尤其是第4段第3~7行）已经清楚地说明了本专利权利要求1的特征“两端的活塞杆顶端分别与两个四连杆机构的V形中点铰链”与附件2公开的通过活塞顶座上同侧两个铰链3连接两个斜向连杆4的内容并无实质差异。综上所述，第11261号决定认定事实清楚、适用法律正确、审查程序合法，请求人民法院驳回原告的诉讼请求、维持第11261号决定。

第三人同意被告的第11261号决定，请求法院予以维持；其未向本院提交证据。

经庭审质证，原告和第三人对被告证据的真实性无异议，被告和第三人对原告证据的真实性无异议。本院经审查认为，被告和原告提交的证据与本案有关联，且合法、真实，本院予以采纳。

根据上述有效证据及当事人陈述，本院确认本案事实如下：

2006年11月28日，第三人针对本专利向被告提出无效宣告请求。本专利是名称为“八爪型阳极钢爪局部校直机构”实用新型专利，专利号为200520024630.9号，申请日为2005年8月2日，授权公告日为2006年11月8日，专利权人为原告。本专利授权公告的权利要求书如下：

“1. 八爪型阳极钢爪局部校直机构，由液压油缸和连杆机构及机架组成，其特征在于：机架上有两套结构完全对称的四连杆机构，四连杆机构两端与相对的两侧机架相连，两端的两个连杆呈一字排列，中间的两个连杆呈V字排列，液压油缸在机架上横向水平排列，两端的活塞杆顶端分别与两个四连杆机构的V形中点铰连，四个一字排列的连杆上均有朝向机架外的钢爪校直顶块。

2. 如权利要求1所述的八爪型阳极钢爪局部校直机构，其特征在于：液压油缸采用连体式油缸，两侧各有一个活塞顶杆。”

第三人提出的无效宣告理由是本专利不符合《专利法》第二十二条、《专利法实施细则》第二条第二款和《专利法》第二十六条第三款的规定，同时提交了下列附件：附件1：本专利说明书；附件2：专利号为200420008029.6的中国实用新型专利说明书，授权公告日为2005年7月13日，复印件共5页；附件3：对无效宣告请求的理由、范围和所依据证据的简单说明，共2页；附件4：结合证据对无效宣告请求理由的具体意见陈述，共5页。

被告受理了上述请求并进行了转文。原告于2007年1月29日提交了意见陈述书和修改的权利要求书。修改后的权利要求书为：

"1. 八爪型阳极钢爪局部校直机构，由液压油缸和连杆机构及机架组成，其特征在于：机架上有两套结构完全对称的四连杆机构，四连杆机构两端与相对的两侧机架相连，两端的两个连杆呈一字排列，中间的两个连杆呈V字排列，液压油缸在机架上横向水平排列，两端的活塞杆顶端分别与两个四连杆机构的V形中点铰连，四个一字排列的连杆上均有朝向机架外的钢爪校直顶块，液压油缸采用连体式油缸，两侧各有一个活塞顶杆。"

2007年5月14日，被告举行了口头审理，原告的代理人和第三人及其代理人参加了口头审理。第三人明确其无效宣告请求的理由和范围是本专利修改后的权利要求1不符合《专利法》第二十二条第二款和第三款的规定，放弃本专利不符合《专利法实施细则》第二条第二款的无效理由，另外增加《专利法实施细则》第二十条第一款作为无效理由。被告当庭告知第三人对其当庭增加的本专利不符合《专利法实施细则》第二十条第一款规定的无效理由不予考虑。第三人认为，本专利与附件2的区别在于本专利是对连杆6产生拉力作用，附件2是对连杆4产生推力作用，但这种区别是惯用手段的直接替换，没有实质区别。本专利的连体式油缸与附件2的双活塞油缸实质相同。因此本专利不具备新颖性。原告认为，本专利修改后的权利要求1的特征部分在附件2中没有文字描述，其与附件2的区别在于：连杆机构排列形式不同，附件2未说明是否一字排列；油缸不同。附件2的推力作用容易产生死点，油缸受到钢爪及连杆4设计方向的限制，制造安装困难，本专利不存在这样的问题；本专利采用两个连体油缸，各缸分别工作，可以根据钢爪的实际形变量调整油缸活塞顶出量。因此本专利具备新颖性和创造性。

据此，被告于2008年2月24日作出第11261号决定。

原告和第三人在庭审中确认对被告的行政程序及第11261号决定"案由"部分的记载无异议。

本院认为，当事人对第11261号决定的行政程序、"案由"部分的记载、审查文本的认定、无效宣告理由和证据的认定、本专利新颖性的认定等方面无争议，本院经审查对其合法性予以确认。本案争议的焦点问题为本专利的创造性问题。《专利法》第二十二条第三款规定，创造性，是指同申请日以前已有的技术相比，该发明有突出的实质性特点和显著的进步，该实用新型有实质性特点和进步。

被告认定，本专利权利要求1限定的技术方案与附件2公开的方案相比存在两点区别特征：(1)本专利采用两侧各有一个活塞顶杆的连体式油缸，即两个单活塞杆油缸，而附件2采用一个双作用双活塞油缸；(2)本专利两外端的两个连杆呈一字排列，而附件2的附图1中L形摇杆的排列形状不是整齐的一字排列。该认定具有事实根据，本院予以支持。原告认为被告忽略了本专利权利要求1中"中间的两个连杆呈V字排列，两端的活塞杆顶端分别与两个四连杆机构的V形中点铰链"这一区别技术特征，本院认为对上述技术特征的理解在本专利说明附图1中仅显示了其结构原理，但在本专利说明书附图2结构示意图中却不是所谓的"中点铰链"，而是活塞杆顶端两侧各有一个铰链。因此被告认定该特征与附件2无实质差异，具有事实根据，原告的主张缺乏事实根据。

对双活塞液压缸和单活塞液压缸均是本领域的常规部件，其结构和作用也是本领域技术人员所熟知的事实原告已予以认可，而原告声称的本专利所解决的技术问题、技术方案的实质上的不同以及由此带来的技术效果的非显而易见性，缺乏事实根据。因此，对被告关于这种替换对本领域技术人员来说显而易见，且其技术效果也是本领域技术人员完全能够预见的认定，本院予以支持。附件2的L形摇杆和本专利两外端连杆的形状及排列状态的细微差别，并没有产生意料不到的技术效果，被告认定本领域技术人员做出这种变化无需创造性劳动并无不当。关于作用力的方向问题，在本专利权利要求中没有限定，因此原告在庭审中提出的有关“拉力”与“推力”不同的主张，缺乏事实和法律根据，本院不予支持。

综上，第11261号决定认定事实清楚，适用法律正确，程序合法，本院应予维持。原告的诉讼请求，缺乏事实和法律依据，本院不予支持。依照《中华人民共和国行政诉讼法》第五十四条第（一）项之规定，判决如下：

维持被告国家知识产权局专利复审委员会作出的第11261号无效宣告请求审查决定。

案件受理费100元，由原告运城市关铝设备材料有限公司负担（已交纳）。

如不服本判决，可在本判决书送达之日起15日内，向本院提交上诉状，并按对方当事人的人数提交副本，预交上诉案件受理费100元，上诉于北京市高级人民法院。

审 判 长　吴　月
代理审判员　胡华峰
代理审判员　毛天鹏
二○○年十一月三日
书 记 员　郎莉萍

北京市高级人民法院
行政判决书

（2009）高行终字第357号

上诉人（一审原告）运城市关铝设备材料有限公司，住所地山西省永济市中山东街26号。

法定代表人贾柏林，总经理。

委托代理人陈景龙，男，运城市关铝设备材料有限公司总工程师。

委托代理人崔红秀，北京市高界律师事务所律师。

被上诉人（一审被告）国家知识产权局专利复审委员会，住所地北京市海淀区北四环西路9号银谷大厦。

法定代表人廖涛，副主任。

委托代理人李亚林，男，国家知识产权局专利复审委员会审查员。

委托代理人郭鹏鹏，男，国家知识产权局专利复审委员会审查员。

被上诉人（一审第三人）张先勇，男，1944年11月1日出生，汉族，盐湖区解州中学教师，住址山西省运城市盐湖区解州镇红旗路1号。

上诉人运城市关铝设备材料有限公司（以下简称关铝公司）因专利无效审查决定一案，不服北京市第一中级人民法院（2008）一中行初字第995号行政判决，向本院提起上诉。本院依法组成合议庭进行了审理，本案现已审理终结。

2008年2月24日，国家知识产权局专利复审委员会（以下简称专利复审委）作出第11261号无效宣告请求审查决定（以下简称第11261号决定），根据《中华人民共和国专利法》（以下简称《专利法》）第二十二条第二款、第三款的规定，决定在专利权人（即关铝公司）于 2007 年 1 月 29 日提交的权利要求书的基础上，宣告第 200520024630.9 号实用新型专利（以下简称本专利）的权利要求 1 无效。关铝公司不服专利复审委作出的第 11261 号决定，向北京市第一中级人民法院（以下简称一审法院）提起行政诉讼。

一审法院判决认定，本专利权利要求 1 限定的技术方案与附件 2 公开的方案相比存在两点区别特征：（1）本专利采用两侧各有一个活塞顶杆的连体式油缸，即两个单活塞杆油缸，而附件 2 采用一个双作用双活塞油缸；（2）本专利两外端的两个连杆呈一字排列，而附件 2 的附图 1 中 L 形摇杆的排列形状不是整齐的一字排列。该认定具有事实根据，予以支持。关铝公司认为专利复审委忽略了本专利权利要求 1 中“中间的两个连杆呈 V 字排列，两端的活塞杆顶端分别与两个四连杆机构的 V 形中点铰链”这一区别技术特征，一审法院认为对上述技术特征的理解在本专利说明附图 1 中仅显示了其结构原理，但在本专利说明书附图 2 结构示意图中却不是所谓的“中点铰链”，而是活塞杆顶端两侧各有一个铰链。因此专利复审委认定该特征与附件 2 无实质差异，具有事实根据。

对双活塞液压缸和单活塞液压缸均是本领域的常规部件，其结构和作用也是本领域技术人员所熟知的事实关铝公司已予以认可，而关铝公司声称的本专利所解决的技术问题、技术方案的实质上的不同以及由此带来的技术效果的非显而易见性，缺乏事实根据。因此，对专利复审委关于这种替换对本领域技术人员来说显而易见，且其技术效果也是本领域技术人员完全能够预见的认定，予以支持。附件 2 的 L 形摇杆和本专利两外端连杆的形状及排列状态的细微差别，并没有产生意料不到的技术效果，专利复审委认定本领域技术人员做出这种变化无需创造性劳动并无不当。关于作用力的方向问题，在本专利权利要求中没有限定，因此关铝公司在庭审中提出的有关“拉力”与“推力”不同的主张，缺乏事实和法律根据，不予支持。

综上，第 11261 号决定认定事实清楚，适用法律正确，程序合法。依照《中华人民共和国行政诉讼法》第五十四条第（一）项的规定，判决予以维持。

关铝公司不服一审判决，提出上诉。诉称，1. 第 11261 号决定适用法律错误，缺乏事实依据。专利复审委以张先勇提供的附件 2 否定本专利权利要求 1 具有创造性时，应当遵从“整体看待”这一法定基准，在客观上从本专利的技术方案、所属技术领域、所解决的技术问题、所产生的技术效果等方面出发，具体评述本专利与附件 2 相比是否具有实质性特点和进步，才可能得出是否具备创造性的结论。但是，专利复审委仅在技术方案方面将本专利与附件 2 进行了评述，就迳行得出本专利不具备创造性的结论，显然偏离了有关创造性的审查基准。此外，就事实依据而言，专利复审委既没有给出本专利与附件 2 所解决的技术问题如何相同的具体依据，也没有给出本专利与附件 2 所产生的技术效果如何相同的具体依据，就主观得出了“所带来的技术效果是本领域技术人员完全能够预见的，并不能给本专利带来任何不同于或优于附件 2 的技术效果”的结论。2. 专利复审委仅确认了两个区别技术特征，忽略了本专利权利要求 1 中的“中间的两个连杆呈 V 字排列，两端的活塞杆顶端分别与两个四连杆机构的 V 形中点铰连”的区别技术特征。3. 专利复审委割裂各区别技术特征的特定联系进行片面分析，导致决定错误。专利复审委既没有从各区别技术特征所形成技术方案的整体出发，也没有从解决的技术问题、产生的技术效果出发，而是简单地将活塞液压缸、连杆一字排列、L 形摇杆等进行部件对比。诚如专利复审委的认定，双活塞液压缸和单活塞液压缸均是本领域的常规部件，其结构和作用也是本领域技术人员所熟知的，但是，这并不意味着出于解决特定技术问题的考虑，将双活塞液压缸改变为设置两个单活塞液压缸及其设置、连接关系也是显而易见的，同样，也不意味着将四连杆机构中的 L 形摇杆改变为外端连杆一字排列对本领域技术人员是显而易见的。事实上，本专利正是从解决特定的技术问题出发而提出了有关两个单活塞液压油缸的横向水平排列连接在机架上并结合四连杆机构一字排列连杆的技术方案，从而达到了结构紧凑、准确校直、提高工效的发明目的。4. 与附件 2 相比，本专利权利要求 1 具有创造性。在解决的技术问题方面，附件 2 虽然涉及到六爪、八爪校直的问题，但它所解决的是六爪周角四爪内弯的情况下，现有技术的四连杆机构工作时转动力矩转方向与连杆系统铰链的转轴线平行，扭转力矩太大，由此导致的对各铰链的破坏性损伤的问题，而本专利是针对八爪形阳极钢爪的复合斜向弯曲所提出的局部校直又能实现结构紧凑、准确校直、提高工效的技术方案，两者所针对解决的技术问题不同。附件 2 的技术方案所实际解决的还是四爪头校直中存在的四连杆机构工作扭矩过大、对各铰链处带来的破坏性损伤的技术问题。附件 2 的油缸是可以微动移位的，在工作中易产生因钢爪腿粗细不一导致的校直不到位或校直过头的现象，无法实现准确校直的目的。本专利以简单的两个单活塞液压油缸的横向水平固定连接在机架上，构成连体式油缸，结合四连杆机构一字排列连杆的结构设计，可以达到根据需要校直的钢爪的图纸设计值，并结合变形量来设置油缸两侧的活塞杆顶出量，从而最终达到准确校直、减少废品、提高工效的发明目的。同时，由于液压油缸两端的活塞杆顶端分别与两个四连杆机构的 V 形中点铰连所形成的一个铰接点的连接关系，相对于附件 2 的两个铰接点的连接关系，更有利于校直效果。在技术启示方面，对于本领域技术人员而言，并不能轻易联想到本专利区别技术特征的方案，解决本专利的技术问题。并且第 11261 号决定中亦认定了本专利和附件 2 的液压油缸实质上不同。

综上，一审法院判决认定事实不清，适用法律错误，请求二审法院撤销一审判决，同时撤销专利复审委作出的第 11261 号决定。

被上诉人专利复审委仍持 11261 号决定意见，并认为一审法院判决认定事实清楚，适用法律正确，请求二审法院驳回上诉，维持一审判决。

被上诉人张先勇同意专利复审委的意见。

本案一审审理期间，专利复审委在法定期限内向一审法院提交了以下主要证据：1. 第 200520024630. 9 号中国实用新型专利说明书；2. 第 200420008029. 6 号中国实用新型专利说明书；3. 张先勇于 2006 年 11 月 28 日提交的无效宣告请求书、对无效宣告请求的理由、范围和所依据证据的简单说明、结合证据对无效宣告请求理由的具体意见陈述；4. 关铝公司于 2007 年 1 月 29 日提交的意见陈述书；5. 口头审理记录表附页。

关铝公司向一审法院提交了以下主要证据：1. 第 200520024630. 9 号中国实用新型专利说明书；2. 第200420008029. 6 号中国实用新型专利说明书。

张先勇未向一审法院提交证据。

一审法院经审查认为，专利复审委和关铝公司提交的证据与本案有关联，且合法、真实，予以采纳。

上述证据均已随案移送本院。二审期间，各方当事人没有提交新的证据。经审查核实，本院确认一审法院认证意见正确，并据此认定本案如下事实：

本专利是名称为“八爪型阳极钢爪局部校直机构”的实用新型专利，专利号为 200520024630. 9 号，申请日为 2005 年 8 月 2 日，授权公告日为 2006 年 11 月 8 日，专利权人为关铝公司。本专利授权公告的权利要求书如下：

“1. 八爪型阳极钢爪局部校直机构，由液压油缸和连杆机构及机架组成，其特征在于：机架上有两套结构完全对称的四连杆机构，四连杆机构两端与相对的两侧机架相连，两端的两个连杆呈一字排列，中间的两个连杆呈 V 字排列，液压油缸在机架上横向水平排列，两端的活塞杆顶端分别与两个四连杆机构的 V 形中点铰连，四个一字排列的连杆上均有朝向机架外的钢爪校直顶块。

2. 如权利要求 1 所述的八爪型阳极钢爪局部校直机构，其特征在于：液压油缸采用连体式油缸，两侧各有一个活塞顶杆。”

2006年11月28日，张先勇针对本专利向专利复审委提出无效宣告请求，其理由是本专利不符合《专利法》第二十二条、《中华人民共和国专利法实施细则》（以下简称《专利法实施细则》）第二条第二款和《专利法》第二十六条第三款的规定，同时提交了下列附件：附件1，本专利说明书；附件2，专利号为200420008029.6的中国实用新型专利说明书，授权公告日为2005年7月13日，复印件共5页；附件3，对无效宣告请求的理由、范围和所依据证据的简单说明，共2页；附件4，结合证据对无效宣告请求理由的具体意见陈述，共5页。

专利复审委受理了上述请求并进行了转文。关铝公司于2007年1月29日提交了意见陈述书和修改的权利要求书。修改后的权利要求书为：

“1. 八爪型阳极钢爪局部校直机构，由液压油缸和连杆机构及机架组成，其特征在于：机架上有两套结构完全对称的四连杆机构，四连杆机构两端与相对的两侧机架相连，两端的两个连杆呈一字排列，中间的两个连杆呈V字排列，液压油缸在机架上横向水平排列，两端的活塞杆顶端分别与两个四连杆机构的V形中点铰连，四个一字排列的连杆上均有朝向机架外的钢爪校直顶块，液压油缸采用连体式油缸，两侧各有一个活塞顶杆。”

2007年5月14日，专利复审委举行了口头审理，关铝公司的代理人和张先勇及其代理人参加了口头审理。张先勇明确其无效宣告请求的理由和范围是本专利修改后的权利要求1不符合《专利法》第二十二条第二款和第三款的规定，放弃本专利不符合《专利法实施细则》第二条第二款的无效理由，另外增加《专利法实施细则》第二十条第一款作为无效理由。专利复审委当庭告知张先勇对其当庭增加的本专利不符合《专利法实施细则》第二十条第一款规定的无效理由不予考虑。张先勇认为，本专利与附件2的区别在于本专利是对连杆6产生拉力作用，附件2是对连杆4产生推力作用，但这种区别是惯用手段的直接替换，没有实质区别。本专利的连体式油缸与附件2的双活塞油缸实质相同。因此本专利不具备新颖性。关铝公司认为，本专利修改后的权利要求1的特征部分在附件2中没有文字描述，其与附件2的区别在于：连杆机构排列形式不同，附件2未说明是否一字排列；油缸不同。附件2的推力作用容易产生死点，油缸受到钢爪及连杆4设计方向的限制，制造安装困难，本专利不存在这样的问题；本专利采用两个连体油缸，各缸分别工作，可以根据钢爪的实际形变量调整油缸活塞顶出量。因此本专利具备新颖性和创造性。

2008年2月24日，专利复审委作出第11261号决定，宣告本专利的权利要求1无效。主要理由是：

1. 关于审查文本的认定。

关铝公司于2007年1月29日提交了权利要求书的修改文本，删除了授权公告的权利要求1，保留了授权公告的权利要求2，并将授权公告的权利要求2重新编号为权利要求1。经审查，专利复审委认为，关铝公司以删除权利要求的方式进行的修改符合《专利法实施细则》第六十八条的规定，可以被接受。因而，本无效宣告请求审查决定以关铝公司于2007年1月29日提交的权利要求书、授权公告的说明书及其摘要作为审查基础。

2. 关于无效宣告请求理由和证据的认定。

张先勇在无效宣告请求书以及提出无效宣告请求之日起一个月之内均未具体说明本专利不符合《专利法》第二十六条第三款和《专利法》第二十二条第四款规定的无效理由，专利复审委对这些无效理由不予考虑。张先勇在口头审理中当庭增加的本专利不符合《专利法实施细则》第二十条第一款规定的无效理由是在提出无效宣告请求之日起一个月之后提出的，且关铝公司实际上是以删除权利要求的方式对权利要求书进行了修改，因而专利复审委对张先勇在口头审理中增加的无效理由不予考虑。张先勇在口头审理中放弃了本专利不符合《专利法实施细则》第二条第二款的无效理由。鉴于此，专利复审委审理的针对本专利的无效理由和范围是权利要求1（即授权公告的权利要求2）不符合《专利法》第二十二条第二款和第三款的规定。张先勇提交的附件2（即专利号为200420008029.6的中国实用新型专利说明书复印件共5页）是一份中国实用新型专利文献，经核实，专利复审委认可其真实性，又由于附件2的授权公告日为2005年7月13日，在本专利申请日之前，因此附件2可以作为现有技术用于评价本专利。

3. 关于新颖性和创造性。

本专利权利要求1（即授权公告的权利要求2）请求保护一种八爪型阳极钢爪局部校直机构。附件2公开了一种四连杆共面阳极钢爪内弯校直装置，可用于六爪、八爪型阳极钢爪的校直。附件2的说明书附图1和说明书第1页、第2页的相应文字说明具体公开了所述四连杆共面阳极钢爪内弯校直装置由液压油缸和连杆摇杆机构以及机架、支承块组成，机架上设置有两套对称的连杆摇杆机构，连杆摇杆机构两外端与两侧的机架铰接，液压油缸和连杆摇杆机构均置于水平机架上，液压油缸两端活塞1上分别装有顶座2，每个顶座上装有两个铰链3，通过铰链分别连接斜向连杆4，斜向连杆4的另一端铰接摇杆6，每根摇杆上均装有朝向机架外的挤压块7，挤压块7与正对的间接固定于机架上的支承块9配合，摇杆6的另一端铰接固定在机架上。附件2与本专利显然属于相同技术领域。经比较可知，附件2的斜向连杆相当于本专利中间的连杆，附件2的摇杆相当于本专利两端的连杆，附件2的挤压块相当于本专利的钢爪校直顶块。至于本专利权利要求1的特征“两端的活塞杆顶端分别与两个四连杆机构的V形中点铰连”，参考本专利说明书附图2结构示意图可以看出，实现该特征所采取的具体手段是使中间的两个连杆分别铰接在活塞杆顶端一侧的两个铰链上而成V形，故该权利要求中的特征与附件2通过活塞顶座上同侧的两个铰链3连接两个斜向连杆4相比并无实质差异。

由此可见，本专利权利要求1限定的技术方案与附件2公开的方案相比区别在于：（1）本专利采用两侧各有一个活塞顶杆的连体式油缸作为液压油缸，参考本专利图1结构原理图和图2结构示意图可以看出，所述连体式油缸实际上是将两个单活塞杆油缸背对串联联结成一体并使两侧各有一个活塞杆，也就是说连体式油缸本质上是两个单活塞杆油缸，而附件2的液压油缸本质上则是一个双作用双活塞油缸，二者实质上不同；（2）本专利两外端的两个连杆呈一字排列，而附件2的附图1中L形摇杆的排列形状不是整齐的一字排列。因此本专利权利要求1具备《专利法》第二十二条第二款规定的新颖性。

对于区别特征（1），专利复审委认为，双作用双活塞油缸、单作用单活塞杆油缸、双作用单活塞杆油缸都是本领域公知的液压油缸，其构造形式、工作方式及其作用也是本领域技术人员熟知的。附件2采用一个双作用双活塞油缸来同时推拉两侧的连杆机构对弯曲钢爪进行校直，在此基础上，当面临阳极钢爪各爪变形量不一到需要独立进行校直的任务时，本领域技术人员很容易想到使用两个单活塞杆油缸替换附件2的双作用双活塞油缸来分别控制两侧的连杆机构并合理布置两个单活塞杆油缸的位置，无需创造性劳动即可做到本专利所述的连体式油缸，而且连体式油缸的两缸分别工作所带来的技术效果也是本领域技术人员完全能够预见的。

对于区别特征（2），在液压油缸推拉两侧的连杆机构对钢爪进行校直的过程中附件2的L形摇杆的排列形状或本专利两外端连杆的排列形状均会发生变化，对于本领域技术人员来说，在附件2的基础上稍稍调整摇杆的排列方式，很容易即可做到本专利所述的两外端连杆呈一字排列，这并不能给本专利带来任何不同于或优于附件2的技术效果。

至于张先勇和关铝公司所争论的“推力”和“拉力”及其效果，以及关铝公司认为本专利连杆2做成比较直的形状而优点明显。专利复审委认为，这些内容均不能构成本专利权利要求1与附件2的区别特征，也就谈不上是否给本专利带来创造性。

综上，由于本专利权利要求 1 与附件 2 技术方案之间的区别特征并未给本专利带来实质性特点和进步，因此本专利权利要求 1 不具备《专利法》第二十二条第三款规定的创造性。

关铝公司不服上述决定，向一审法院提起行政诉讼。

本院认为，本案争议的焦点问题为本专利的创造性问题。对于专利技术的创造性问题，《专利法》第二十二条第三款规定，创造性，是指同申请日以前已有的技术相比，该发明有突出的实质性特点和显著的进步，该实用新型有实质性特点和进步。

专利复审委对本专利与附件 2 的区别特征作出如下认定，本利权利要求 1 限定的技术方案与附件 2 公开的方案相比存在两点别特征：（1）本专利采用两侧各有一个活塞顶杆的连体式油缸，即两个单活塞杆油缸，而附件 2 采用一个双作用双活塞油缸；（2）本专利两外端的两个连杆呈一字排列，而附件 2 的附图 1 中 L 形摇杆的排列形状不是整齐的一字排列。专利复审委的上述认定具有事实根据，本院予以支持。关铝公司认为专利复审委忽略了本专利权利要求 1 中“中间的两个连杆呈 V 字排列，两端的活塞杆顶端分别与两个四连杆机构的 V 形中点铰链”这一区别技术特征。本院认为对上述技术特征的理解在本专利说明附图 1 中仅显示了其结构原理，但在本专利说明书附图 2 结构示意图中却不是所谓的“中点铰链”，而是活塞杆顶端两侧各有一个铰链。因此，专利复审委认定该特征与附件 2 无实质差异，具有事实根据。关铝公司的主张缺乏事实根据，本院不予支持。

对于双活塞液压缸和单活塞液压缸均是本领域的常规部件，其结构和作用也是本领域技术人员所熟知的事实，关铝公司已予以认可，而关铝公司提出的本专利所解决的技术问题、技术方案的实质上的不同以及由此带来的技术效果的非显而易见性的主张，缺乏事实根据。因此，对专利复审委关于这种替换对本领域技术人员来说显而易见，且其技术效果也是本领域技术人员完全能够预见的认定，本院予以支持。附件 2 的 L 形摇杆和本专利两外端连杆的形状及排列状态的细微差别，并没有产生意料不到的技术效果，专利复审委认定本领域技术人员做出这种变化无需创造性劳动并无不当。关于作用力的方向问题，在本专利权利要求中没有限定，因此，关铝公司提出的有关“拉力”与“推力”不同的主张，缺乏事实和法律根据，本院亦不予支持。

综上，专利复审委作出的第 11261 号决定宣告第 200520024630. 9 号实用新型专利的权利要求 1 无效合法，一审法院判决维持正确。依据《中华人民共和国行政诉讼法》第六十一条第（一）项的规定，判决如下：

驳回上诉，维持一审判决。

二审案件受理费人民币 100 元，由上诉人运城市关铝设备材料有限公司负担（已交纳）。

本判决为终审判决。

审　判　长　朱世宽
代理审判员　赵宇晖
代理审判员　刘　行
二〇〇九年六月十六日
书　记　员　张　怡

013

压缩染纱管结构

无效宣告请求审查决定（第11316号）

决　　定　　号　第11316号
决　　定　　日　2008年3月10日
发明创造名称　压缩染纱管结构
无效宣告请求人　美国实耐格公司
专　利　权　人　苏彩雪
专　　利　　号　200420012544.1
申　　请　　日　2004年10月8日
授 权 公 告 日　2005年12月28日
合 议 组 组 长　李　越
主　　审　　员　李亚林
参　　审　　员　刘　静

法　律　依　据　专利法第22条第2款、第3款
决　定　要　点

在判断一项权利要求是否具有创造性时，首先，应当确定与该权利要求所述技术方案最接近的现有技术，继而，对该权利要求的技术方案和最接近的现有技术进行特征分析和对比，找出区别技术特征；分析确定本专利实际解决的技术问题，并判断该权利要求的技术方案对本领域技术人员来说是否显而易见。如果所述区别技术特征是本领域技术人员解决该技术问题的惯用手段，由此形成的技术方案的技术效果也在本领域技术人员的预期之内，则该权利要求的技术方案不具备创造性。

一、案由

本无效宣告请求案涉及国家知识产权局于2005年12月28日授权公告的名称为“压缩染纱管结构”的第200420012544.1号实用新型专利权（以下简称本专利），其申请日为2004年10月8日，专利权人为苏彩雪。本专利授权公告的权利要求书如下：

“1. 一种压缩染纱管结构，该纱管的管体等距间隔有数环体，且于相邻环体间连结有数弹性斜柱形成多个透空孔，其特征在于：该管体上方设有收束端，底部则设有与收束端紧密套合的卡合凹槽，两个以上的管体可相互套合堆叠。

2. 根据权利要求1所述的一种压缩染纱管结构，其特征在于：所说的弹性斜柱上下端与环体的连接段厚度略为缩小。

3. 根据权利要求1所述的一种压缩染纱管结构，其特征在于：所说的各弹性斜柱于中间段处每

间隔一或二斜柱，即设有一圆片止挡块。”

针对上述专利，美国实耐格公司（下称请求人）于2007年8月30日向专利复审委员会提出无效宣告请求，其理由是本专利不符合专利法第22条第2款和第3款的规定。请求人同时提交了如下证据：

证据1：专利号为ZL200420012544.1的实用新型专利证书复印件1页，第200420012544.1号实用新型专利说明书复印件7页（本专利）；

证据2：US5，577，677美国专利公告说明书，公告日为1996年11月26日，复印件8页，中文译文11页；

证据3：US4，789，111美国专利公告说明书，公告日为1988年12月6日，复印件5页，中文译文7页；

证据4：US5，820，049美国专利公告说明书，公告日为1998年10月13日，复印件5页，中文译文7页；

证据5：US4，872，621美国专利公告说明书，公告日为1989年10月10日，复印件8页，中文译文8页；

证据6：US4，941，621美国专利公告说明书，公告日为1990年7月17日，复印件7页，中文译文11页。

请求人认为：（1）权利要求1和3的全部技术特征都已在证据2中公开，权利要求1和3的技术方案与证据2属于相同的技术领域，达到了基本相同的效果，因此，权利要求1和3相对于证据2不具备新颖性和创造性。（2）权利要求2的附加技术特征为公知常识，该附加技术特征在证据6第2栏第61~65行中亦有教导，因此，权利要求2相对于证据2和公知常识或者相对于证据2和证据6不具有创造性。（3）权利要求1相对于证据3（图1）和证据4（图1和说明书第2栏第63~67行）不具备创造性。

2007年9月14日，请求人提交意见陈述书，重复提交了上述无效宣告请求书的正文部分。

经形式审查合格后，专利复审委员会受理了上述请求，于2007年10月12日向双方当事人发出《无效宣告请求受理通知书》，并将《专利权无效宣告请求书》及其他有关文件的副本转送给专利权人，要求其在指定的期限内答复，同时成立合议组对本无效请求案进行审理。

2007年11月9日，专利权人针对无效宣告请求提交了意见陈述书。专利权人认为：（1）权利要求1中的收束端与卡合凹槽与证据2不同：收束端如本专利附图2及附图3所述，为在纱管上端一体延伸呈等径状态的直立短柱，而证据2图1所示的相应部位为轴环20和环沟槽22；卡合凹槽，并非管体的内径，而是特异设立以使得与收束端紧密套合的槽孔。（2）证据2所公开的许多结构并没有记载在本专利权利要求1内，因而，证据2的装置的结构不同于本专利。本专利具备新颖性和创造性，应维持本专利全部有效。

2007年12月11日，本案合议组向双方当事人发出《无效宣告请求口头审理通知书》，告知双方当事人专利复审委员会拟定于2008年1月21日对该无效宣告请求案进行口头审理。

2008年1月21日，口头审理如期进行。专利权人没有出席口头审理。合议组在请求人一方出庭的情况下就本无效宣告请求案进行了庭审调查。在口头审理过程中，合议组就本案的无效理由及证据逐一进行了调查，并记录了以下事项：（1）请求人放弃证据5。（2）请求人确认其无效宣告理由为权利要求1和3相对于证据2不符合专利法第22条第2款和第3款的规定；权利要求1相对于证据3和4的结合不符合专利法第22条第3款的规定；权利要求2相对于证据2和公知常识的结合或者证据2和6的结合不符合专利法第22条第3款的规定。

2008 年 2 月 4 日，请求人进一步陈述了意见，同时提交盖有“国家知识产权局专利检索咨询中心副本认证专用章”的证据 2~6，以及如下证据（编号续前）：

证据 7：盖有“国家知识产权局专利检索咨询中心副本认证专用章”的 US5，445，335 美国专利公告说明书，共 11 页；

证据 8：盖有“国家知识产权局专利检索咨询中心副本认证专用章”的 EP0233365 欧洲专利公告说明书，共 15 页；

证据 9：“关于扁担的力学”，张义同等，力学与实践，第 24 卷第 5 期，2002 年，第 76~80 页和第 14 页，以及封面页、中文和英文目录页，复印件，共 9 页；

证据 10：“关于染纱管的工作过程”，共 2 页。

至此，合议组认为本案的事实已经清楚，可以作出审查决定。

二、决定的理由

1. 关于证据

请求人在提出无效宣告请求时提交了证据 2~6，其中证据 5 被请求人在口头审理时放弃。证据 2~4 和 6 均为专利文献，专利权人未质疑其真实性，经合议组依职权核实后对其真实性予以确认，此外，请求人提交了盖有“国家知识产权局专利检索咨询中心副本认证专用章”的证据 2~4 和 6，表明证据 2~4 和 6 经过了国家知识产权局专利检索咨询中心的认证，同样足以证明上述证据的真实性；证据 2~4 和 6 的公开日均早于本专利的申请日，故合议组认为其可以用于评价本专利的新颖性和创造性。此外，对于请求人提交的上述证据 2~4 和 6 的中文译文，专利权人未对其准确性提出异议，合议组经审查后认可上述中文译文的准确性。

请求人于 2008 年 2 月 4 日提交的证据 7~10 是请求人在口头审理结束后补交的新证据，根据审查指南第四部分第三章第 4.3.1 节的规定，对于上述证据，合议组不予考虑。

2. 关于专利法第 22 条第 2 款

专利法第 22 条第 2 款规定：新颖性，是指在申请日以前没有同样的发明或者实用新型在国内外出版物上公开发表过、在国内公开使用过或者以其他方式为公众所知，也没有同样的发明或者实用新型由他人向国务院专利行政部门提出过申请并且记载在申请日以后公布的专利申请文件中。

判断一项权利要求的新颖性，应当将该权利要求与对比文件所公开的技术方案单独地进行对比。经过对比，如果发现区别在于该权利要求采用具体技术手段，而对比文件采用上位的功能性描述限定同类性质的技术特征，则该权利要求具有新颖性。

权利要求 1 要求保护一种压缩染纱管结构，该纱管的管体等距间隔有数环体，且于相邻环体间连结有数弹性斜柱形成多个透空孔，其特征在于：该管体上方设有收束端，底部则设有与收束端紧密套合的卡合凹槽，两个以上的管体可相互套合堆叠。

证据 2 的“优选实施例的详细说明”部分公开了一种用于络纱机的轴向可压缩的线圈托架（参见说明书第 3~4 栏，中文译文第 8 页第 21 行至第 11 页第 7 行，该线圈托架的构造如图 1 所示），在该线圈托架的第一和第二端环 14、16 之间等距离地间隔有多个托架环 12（参见说明书第 3 栏第 50~51 行，中文译文第 8 页第 26~28 行），托架环 12 通过轴向支柱 30 彼此相连、支柱 30 相对于托架环 12 倾斜（参见说明书第 3 栏第 66~67 行，中文译文第 9 页第 26~27 行）、在托架环 12 受到轴向压缩时支柱 30 发生变形（参见说明书第 4 栏第 20~21 行，中文译文第 10 页第 12 行）且托架环 12 与支柱 30 之间形成了多个透空孔（参见图 1），托架端环 16 具有轴环 20 配合装入相邻的同样线圈托架的第一端环 14 上的接收器 26 中（参见说明书第 3 栏第 19~25 行，中文译文第 8 页第 27 行至第 9 页第 1 行）。

将本专利权利要求1与证据2“优选实施例的详细说明”部分公开的线圈托架对比可见：（1）证据2中的轴向可压缩的线圈托架即为本专利权利要求1中的“压缩染纱管”，（2）证据2中的等距离间隔的托架环12相当于本专利权利要求1中的“纱管的管体等距间隔有数环体”，（3）证据2中连接托架环12并相对于托架环12倾斜且在受到轴向压缩时发生变形的支柱30相当于本专利权利要求1中的“相邻环体间连接有数弹性斜柱”，（4）根据证据2图1可见托架环12与支柱30之间形成了“多个透空孔”，（5）证据2中托架端环16的轴环20与另一托架的端环14的接收器26可相互装配相当于权利要求1中的“两个以上的管体可相互套合堆叠”，（6）根据证据2图1可见轴环20的直径小于托架环12的直径，该轴环20相当于本专利权利要求1中的“收束端”。但是，证据2的“优选实施例的详细说明”部分没有公开其托架具有“底部则设有与收束端紧密套合的卡合凹槽”这一特征，虽然证据2的“优选实施例的详细说明”部分记载了“轴环20配合装入相邻的同样线圈托架的第一端环14上的接收器26中”，但这只是描述了线圈托架所能实现的相互连接的功能却未公开实现该功能所采用的具体技术手段，说明书中没有文字描述、附图中也没有描绘“配合装入”的方式或“端环14上的接收器26”的构造，因此，证据2也就没有具体公开“卡合凹槽”的构造，基于上述区别，证据2不能导致本专利权利要求1丧失新颖性。

请求人认为，在证据2“背景技术”部分记载了“一个端环的互锁轴环的外径可以与另一端环的接收器的内径相配”，其内径部分对应于底部的凹槽，因此，有关卡合凹槽的特征不是本专利与证据2之间的区别。合议组认为请求人的上述主张没有依据，因为，证据2“背景技术”部分并没有具体公开“卡合凹槽”这一特征；另外，证据2“背景技术”中关于互锁轴环的技术内容并没有记载在证据2“优选实施例的详细说明”部分的技术方案中，根据证据2的图1也无法看出其线圈托架设有用于互锁的构造，基于单独对比的原则，不得将证据2“背景技术”中的上述技术内容与“优选实施例的详细说明”部分的线圈托架组合后与本专利权利要求1进行对比。

需要指出的是，专利权人主张本专利权利要求1中的“收束端”如附图2和附图3所述为在纱管上端一体延伸呈等径状态的直立短柱，该特征是其与证据2之间的区别技术特征。合议组认为，在权利要求1中并没有限定“收束端”的构造，“收束端”的定义应按照其字面含义理解而不应根据具体实施方式的内容加以限制。证据2公开的线圈托架的顶端具有一轴环20，该轴环20的直径小于托架环体的直径，相对于托架环体而言，托架顶端的轴环在构造上表现出收束的特征，因而，证据2公开的线圈托架实质具有“收束端”，专利权人关于“收束端”构成权利要求1与证据2的区别技术特征的主张不成立。

综上，证据2不能破坏权利要求1的新颖性，在此基础上，证据2也不能破坏权利要求1的从属权利要求2和3的新颖性，即权利要求1和3相对于证据2符合专利法第22条第2款的规定。

3. 关于专利法第22条第3款

专利法第22条第3款规定：创造性是指同申请日以前已有的技术相比，该发明有突出的实质性特点和显著的进步，该实用新型有实质性特点和进步。

在判断一项权利要求是否具有创造性时，首先，应当确定与该权利要求所述技术方案最接近的现有技术，继而，对该权利要求的技术方案和最接近的现有技术进行特征分析和对比，找出区别技术特征；分析确定本专利实际解决的技术问题，并判断该权利要求的技术方案对本领域技术人员来说是否显而易见。如果所述区别技术特征是本领域技术人员解决该技术问题的惯用手段，由此形成的技术方案的技术效果也在本领域技术人员的预期之内，则该权利要求的技术方案不具备创造性。

（1）关于权利要求1、3。

请求人主张本专利权利要求1和3相对于证据2不具备创造性，权利要求1相对于证据3和4不具备创造性。

基于理由部分“关于专利法第22条第2款”中的论述可见，本专利权利要求1与证据2“优选实施例的详细说明”部分公开的线圈托架的区别在于：本专利染纱管的底部设有“卡合凹槽”，证据2的线圈托架则没有具体公开此结构。由权利要求1中描述可知，该“卡合凹槽”的功能是“与收束端紧密套合”，也就是说，本专利实际解决的技术问题是使压缩染纱管相互之间能够紧密连接。

证据2的“优选实施例的详细说明”部分公开了“轴环20配合装入相邻的同样线圈托架的第一端环14上的接收器26中”，而且在“背景技术”部分中也教导了不同的线圈托架通过端环之间互相抵靠或者互锁而连接在一起的内容，本领域技术人员在实施证据2“优选实施例的详细说明”部分公开的技术方案时，显然会据实际需要选择合适的连接装置以实现不同线圈托架相互连接这一功能，而在证据2的线圈托架末端设置例如卡合凹槽等卡合装置以解决紧密连接的问题则在本领域技术人员常规操作的能力之内，且由此所产生的技术效果也是本领域技术人员完全能够预期的，因此，权利要求1不具备创造性。

权利要求3是权利要求1的从属权利要求，其附加技术特征为：“所说的各弹性斜柱于中间段处每间隔一或二斜柱，即设有一圆片止挡块”。由本专利说明书第1页第17~20行的内容可知该圆片止挡块的作用是当染纱管受压时产生限位作用。

据证据2第4栏第33~39行记载的内容可知，在“优选实施例的详细说明”部分公开的线圈托架中，每间隔二斜柱，设有具有中间元件40的斜柱，据图1可见该中间元件40为圆片体，且在第4栏第23~27行记载该中间元件40的作用在于防止进一步的轴向压缩，可见，证据2中的中间元件40即为本专利权利要求1中的弹性斜柱中间段处的“圆片止挡块”。由此，证据2公开了本专利从属权利要求3的附加技术特征。因此，权利要求3与证据2“优选实施例的详细说明”部分公开的线圈托架的区别实质上仅在于上述的权利要求1与证据2“优选实施例的详细说明”部分之间的区别技术特征，如前所述，引入该区别技术特征的技术方案相对于证据2不具备创造性，因而，权利要求3相对于证据2不具备创造性。

综上，本专利权利要求1和3相对于证据2不具备实质性特点和进步，不符合专利法第22条第3款的规定。鉴于此，合议组对于权利要求1相对于证据3和4是否符合专利法第22条第3款的规定在本决定中不作评述。

（2）关于权利要求2。

请求人主张本专利权利要求2相对于证据2和公知常识的结合或者证据2和6的结合不具备创造性。

本专利权利要求2是权利要求1的从属权利要求，其附加技术特征为“所说的弹性斜柱上下端与环体的连接段厚度略为缩小”，该特征未在证据2中公开。根据本专利说明书的记载，该区别技术特征实际上解决的技术问题在于使其达到当染纱管受压缩时，该连接段具有较佳的伸展性及回塑性。

证据6公开了一种轴向可压缩的卷筒，具有间隔部件13，其中每个间隔部件13包括一个粗轴部分13a和另一个较细的倾斜部分13b，后者在卷筒压缩期间可以变形（参见图2和图3，说明书第2栏第61行至第3栏第2行，中文译文第3页第6~10行）。

请求人认为：①对于倾斜的连接件，在连接端部的横截面变小必然会使得结构的弹性回复性能变好，权利要求2的附加技术特征是本领域的惯用手段，②证据6中弹性斜柱的13b部分较薄，由此给出了支柱部分的厚度减小会提高灵活性的启示。

对于请求人的主张，合议组认为：①请求人没有基于科学原理分析也没有提供任何证据证明本领域技术人员能够知晓连接端部横截面缩小这一技术手段将导致伸展性及回塑性的提高，请求人也没能合理地论证本领域技术人员为了实现较好伸展性和回塑性的效果显然会采用连接端部横截面缩小这一技术手段的动机，因此，合议组尚不能认可请求人关于权利要求 2 的附加技术特征是本领域的惯用手段的主张；②证据 6 中较细的倾斜部分 13b 在染纱管轴向压缩时发生变形，该部件 13b 实质上相当于本专利的弹性斜柱。但是，弹性斜柱端部略为缩小与弹性斜柱较细的技术内涵不同，弹性斜柱端部略为缩小是指斜柱与环体的连接处相对于斜柱其他部分而言较细，与斜柱自身的粗细不相关。由于证据 6 中没有记载与环体相连的 13b 的端部略为缩小的技术内容，也没有给予端部略为缩小以提高染纱管伸展性及回塑性的技术启示，因此，合议组不认可请求人关于证据 6 已经给出了将权利要求 2 的附加技术特征引入的技术启示的主张。

综上所述，合议组认为，由于不论是证据 2 本身以及请求人所称的“公知常识”还是证据 6 均没有给出将上述区别技术特征应用于证据 2 所述的线圈托架技术方案以解决上述技术问题的技术启示，因此，请求人关于权利要求 2 相对于证据 2 和公知常识的结合或者证据 2 和 6 的结合不符合专利法第 22 条第 3 款规定的主张不成立。

基于上述事实和理由，合议组作出下述决定。

三、决定

宣告 200420012544.1 号实用新型专利的权利要求 1 和权利要求 3 无效，维持权利要求 2 有效。

当事人对本决定不服的，可以根据专利法第 46 条第 2 款的规定，自收到本决定之日起三个月内向北京市第一中级人民法院起诉。根据该款的规定，一方当事人起诉后，另一方当事人应当作为第三人参加诉讼。

014

铝电解阳极钢爪全自动控制在链校直机

无效宣告请求审查决定（第11355号）

决　　定　　号　第11355号
决　　定　　日　2008年4月18日
发明创造名称　铝电解阳极钢爪全自动控制在链校直机
国 际 分 类 号　C25C3/12
无效宣告请求人　张先勇
专　利　权　人　韦　力，刘雨棣，刘　健
专　　利　　号　200310118902.7
申　　请　　日　2003年12月5日
授 权 公 告 日　2006年10月18日
合 议 组 组 长　李彦涛
主　　审　　员　李亚林
参　　审　　员　田　芳

法　律　依　据　专利法第22条第3款、第4款
决　定　要　点

对于主题为产品的发明而言，其具备实用性的条件有二。第一，该产品必须在产业中能够制造；第二，能够解决技术问题。只要本领域技术人员能够预料到某一技术问题将得以解决即可满足上述的第二个条件，产品在实际应用中的缺陷不能成为否定该产品具备实用性的理由。

如果所有证据的组合仅公开了权利要求的部分技术特征，而且没有证据表明上述证据没有公开的技术特征属于本领域的公知常识或在所组合的证据中存在技术启示，那么该权利要求相对于这些证据来说是非显而易见的，具有创造性。

一、案由

本无效宣告请求案涉及国家知识产权局于2006年10月18日公告授予的、名称为“铝电解阳极钢爪全自动控制在链校直机”的第200310118902.7号发明专利权（以下简称本专利），其申请日为2003年12月5日，专利权人为韦力、刘雨棣和刘健。该专利授权公告的权利要求书如下：

“1. 一种铝电解阳极钢爪全自动控制在链校直机，它包括加热升降台（2）、校直升降台（3），其中加热升降台是由升降台油缸（2-3）、台体内有感应加热线圈（2-2），该加热线圈与台体之外的变频电源（5）相接，在台体顶上两侧有导向定位叉（2-1）所构成；校直升降台（3）包括升降台油缸（3-10）、台体内中部由顶推杠杆（3-4）及顶推油缸（3-5）构成的校直顶推装置，在其两侧

有由楔入式支点（3-2）与推动该支点的汽缸（3-3）构成的校直支撑机构，在台体顶上两侧有导向定位叉（3-1），其特征是在加热升降台与校直升降台的上方设有一个环形的钢爪传送链（4），所述的加热升降台（2）、校直升降台（3）及钢爪传送链（4）分别受工业计算机（1）及可编程控制器-PLC 控制，其中导向定位叉（2-1）、加热线圈（2-2）、升降台油缸（2-3）、导向定位叉（3-1）、校直支撑机构的支点推动汽缸（3-3）、校直顶推油缸（3-5）及校直升降台油缸（3-10）分别通过各自的电磁阀与可编程控制器-PLC 相应的控制端相接，在加热升降台与校直升降台的上方且靠近钢爪传送链处分别设有加热工位传感器（4-1）、校直工位传感器（4-2），该传感器分别与 PLC 相应控制端连接。

2. 根据权利要求 1 所述的铝电解阳极钢爪全自动控制在链校直机，其特征是在加热升降台油缸（2-3）、校直升降台油缸（3-10）及校直顶推油缸（3-5）上分别设置有油缸上升电磁阀与下降电磁阀以及相应的上升限位开关和下降限位开关，它们各自分别与 PLC 相应控制端连接。”

针对上述专利权，张先勇（下称请求人）于 2007 年 7 月 24 日向专利复审委员会提出无效宣告请求，认为本专利权利要求 1~2 不符合专利法第 22 条第 3 款、专利法第 22 条第 4 款以及专利法实施细则第 2 条第 1 款的规定，并同时提交以下证据 1~12：

证据 1：第 02262397.3 号实用新型专利说明书，授权公告日为 2003 年 10 月 22 日，复印件共 7 页；

证据 2：第 200320109645.6 号实用新型专利说明书，授权公告日为 2004 年 10 月 13 日，复印件共 5 页；

证据 3：第 02262396.5 号实用新型专利说明书，授权公告日为 2003 年 10 月 22 日，复印件共 5 页；

证据 4：第 200320109646.0 号实用新型专利说明书，授权公告日为 2004 年 11 月 3 日，复印件共 5 页；

证据 5：《运输机械设计选用手册》下册，《运输机械设计选用手册》编辑委员会编写，化学工业出版社，1999 年 1 月印刷，封面页、版权页、第 604 页和“第二十章 悬挂输送机”第 1 页，复印件共 4 页；

证据 6：工业计算机可编程控制器 PLC 介绍资料，复印件共 9 页；

证据 7：三爪、四爪钢爪内弯照片，共 1 页；

证据 8：山西华泽铝业全自动校直机机械手损伤情况照片，共 1 页；

证据 9：“§10-5 机械运动方案拟定及评价”，复印件共 1 页；

证据 10：在 ZL02262396.5 无效宣告案中“附件 2 结合证据对无效宣告请求理由的具体意见陈述”，复印件共 3 页；

证据 11：本专利专利权人的机械手工作过程录像，光盘 1 个；

证据 12：第 200310118902.7 号发明专利申请公开说明书（即，本专利公开文本），公开日为 2004 年 11 月 17 日，复印件共 10 页。

请求人认为：

（1）本发明设计的过程程序违背自然规律，达不到预期效果，不属于专利法实施细则第 2 条第 1 款规定的保护客体。理由如下：由于实践中，钢爪爪头部分内弯比较厉害且经常附着有坚硬的电解质，致使导向定位叉内两水平轴滚轮无法沿钢爪两侧上滚，或使钢爪倾斜，或把钢爪举起，造成无法工作。

（2）组合成本发明的三个核心实用新型技术方案（即，涉及在链阳极钢爪的导向定位机构的第 200320109645.6 号实用新型专利，涉及用于在链阳极钢爪热挤压校直装置的爪外支撑机构的第

200320109646.0号实用新型专利，涉及阳极钢爪热挤压校直装置的第02262396.5号实用新型专利）均违背自然规律，因此，本专利权利要求1和2都不具备实用性。具体理由如下：①由证据7可见，实践中，内弯钢爪的上部较爪头更宽且上部经常附着有坚硬的电解质，导向定位叉由钢爪爪头向钢爪上部移动过程中将导致定位叉损坏或者钢爪无法插入加热线圈或校直机工位，证据8表明即便是专利权人将定位叉改进为机械手后也不能避免机械手被损坏；②本专利中楔入式支点（3-2）与推动该支点的汽缸（3-3）构成的校直支撑机构即为证据4中的用于在链阳极钢爪热挤压校直装置的爪外支撑机构，证据4中的支撑机构将本应为平动件的两构件（如证据9中所示的平动件）设计为转动件，违背了楔型机构的工作原理；③本专利中的校直顶推装置即为证据3的阳极钢爪热挤压校直装置，证据3中所描述“连杆长度大于杠杆长度”的特征无法实现“可使得油缸推力转化为挤压力得到倍增”。

（3）本发明的技术方案由公知技术、证据1、证据2、证据3、证据4、证据5和证据6组合而成，本领域技术人员完全可以预料到组合后技术方案的效果，因而，本发明不具备创造性。

经形式审查合格后，专利复审委员会受理了上述无效宣告请求，于2007年8月28日向双方当事人发出《无效宣告请求受理通知书》，并将请求人的《专利权无效宣告请求书》及其附件的副本转送给专利权人，要求其在指定的期限内答复，同时成立合议组对本无效宣告请求案进行审理。

2007年9月25日，专利权人针对《无效宣告请求受理通知书》和《专利权无效宣告请求书》作出答复，并提交以下反证1~6：

反证1：第200310118902.7号发明专利申请公开说明书，公开日为2004年11月17日，复印件共10页；

反证2：青铜峡铝业集团有限公司应用铝电解阳极钢爪校直机的应用证明，复印件共1页；

反证3：第200320109645.6号实用新型专利说明书，授权公告日为2004年10月13日，复印件共5页；

反证4：第200320109646.0号实用新型专利说明书，授权公告日为2004年11月3日，复印件共5页；

反证5：第02262397.3号实用新型专利说明书，授权公告日为2003年10月22日，复印件共7页；

反证6：内蒙古包头鸿骏铝电有限公司使用全自动在链校直机的录像，光盘1个。

专利权人认为：

（1）本发明工艺的自然规律和计算机的控制流程是完全吻合的，根本不存在计算机控制流程违背自然规律的事实。

（2）两定位叉的间距略大于钢爪上部外侧间距，钢爪外侧与定位叉之间并非夹紧状态，不会致使钢爪无法进入加热线圈或校直机工位；

（3）本发明组合了加热机、校直机、钢爪传送链、工业控制PLC、计算机软件操作系统及其他辅助设备，形成了铝电解阳极钢爪全自动控制在链校直机系统，由于对现有校直机设备采用了工业计算机及可编程控制器控制，使得设备内部各工序之间及设备与传送机构之间可以互相配合，实现了整个生产过程的自动化，减轻了工人劳动强度，提高了钢爪校直效率及校直精度，达到了更进步的技术水平，因而具备创造性。

2007年9月29日，专利权人补充提交了反证7~14：

反证7：宁夏回族自治区科技厅组织鉴定的关于“铝电解阳极钢爪在链全自动校直机研制开发”的《科学技术成果鉴定证书》，复印件共3页；

反证8：宁夏机械产品质量监督检验站出具的关于“铝电解阳极钢爪全自动在链校直机”的检验

报告，复印件共3页；

反证9：陕西省经济贸易委员会组织鉴定的关于“铝电解阳极钢爪校直机”的“新产品新技术鉴定验收证书”，复印件共2页；

反证10：“铝电解阳极钢爪在链全自动校直机研制开发”获得宁夏回族自治区科技进步三等奖的证书，复印件共1页；

反证11：“阳极钢爪全自动在链校直系统研制及推广”获得陕西省科学技术奖贰等奖证书，获奖者为西安科技大学，复印件共1页；

反证12：“阳极钢爪全自动在链校直系统研制及推广”获得陕西省科学技术奖贰等奖证书，获奖者为韦力，复印件共1页；

反证13：专利号为ZL200320109902.6的专利获得2004-2005年度陕西省专利奖二等奖的奖状，复印件共1页；

反证14：“铝电解阳极钢爪在链全自动校直机研制开发”获得宁夏回族自治区科学技术进步奖三等奖等证书，复印件共1页。

2008年2月13日，合议组向双方当事人发出《无效宣告请求口头审理通知书》，定于2008年3月25日对本案进行口头审理，并将专利权人于2007年9月25日和2007年9月29日提交的意见陈述书及其相关附件的副本转送请求人。

在寄发给专利权人的《无效宣告请求口头审理通知书》中，合议组指出：专利权人于2007年9月25日和2007年9月29日两次提交了意见陈述书，但均无当事人或代理机构的签名或签章。专利法实施细则第118条规定：向国务院专利行政部门提交申请文件或者办理各种手续，应当使用国务院专利行政部门制定的统一格式，由申请人、专利权人、其他厉害关系人或者代表人签字或者签章；委托专利代理机构的，由专利代理机构签章。在与专利代理机构的委托关系依然存续的情况下，专利权人应当在收到本通知书之日起7日内向专利复审委员会补交盖有专利代理机构签章的意见陈述书，补交的意见陈述书的内容应与先前两次提交的内容相同。否则，合议组将不考虑于2007年9月25日和2007年9月29日提交的意见陈述书及其附件。

2008年3月17日，专利复审委员会收到专利权人补交的盖有专利代理机构签章的意见陈述书以及上述反证中的反证1~7和12~14。

2008年3月25日，口头审理如期进行，请求人单方出席了口头审理。请求人对合议组成员均无回避请求。合议组就本无效宣告请求案的无效理由及证据逐一进行了调查，请求人充分陈述了意见，并记录了以下事项：（1）合议组当庭将专利权人于2008年3月17日补交的盖有专利代理机构签章的意见陈述书以及反证1~7和12~14转交给请求人，请求人认可反证1、3~5、7、12~14的真实性，不认可反证2和6的真实性和关联性，不认可反证8~9、10~14的关联性；（2）请求人明确证据10不作为证据使用，其实际上是对于本专利权利要求1和2不具备实用性的分析说明；（3）请求人放弃证据12；（4）请求人放弃关于本专利不符合专利法实施细则第2条第1款的理由；（5）请求人明确关于创造性的理由为本专利权利要求1或2相对于证据1的权利要求书、证据3的权利要求书、证据5的图20-1以及证据6的结合不具备创造性。

至此，合议组认为本案的事实清楚，可以作出审查决定。

二、决定的理由

1. 关于证据

（1）关于请求人提交的证据。

请求人共提交了12份证据，请求人当庭放弃了证据12并明确证据10不作为证据使用，因此，合议组不对这两份证据予以评述。对于另外10份证据，即，证据1~9和11，专利权人对其真实性均未提出质疑。

证据1~4为中国专利文献、证据5为技术手册，由于专利权人未对上述证据真实性提出异议，故合议组对证据1~5的真实性予以认可。请求人在提出无效宣告请求时主张使用证据1~5评价权利要求1或2的创造性，经合议组核实，其中证据1、3和5的公开日在本专利的申请日之前，可以作为现有技术评价本专利权利要求1或2的创造性；证据2的公开日为2004年10月13日，证据4的公开日为2004年11月3日，由于证据2和4的公开日均晚于本专利的申请日，因此，证据2和4不属于本专利的现有技术范畴，不能用于评价本专利权利要求1或2的创造性。

证据6为工业计算机可编程控制器PLC的介绍资料，该证据本身没有记载其来源和公开时间，请求人解释证据6来自网络，但无法清楚说明能够获得证据6的网络地址，证据6的真实性无法确认；请求人使用证据6的目的在于评价权利要求1或2的创造性，请求人没有提供证据6的公开日期，但是，合议组注意到，在证据6的参考文献中记载了一篇2004年的文献——于庆广，“可编程控制器原理及系统设计”，北京：清华大学出版社，由此可合理认定证据6的形成日在2004年之后，晚于本专利的申请日。综上，证据6不能用于评价权利要求1或2的创造性。

证据7为三爪、四爪钢爪内弯照片，专利权人对证据7的真实性未提出质疑，合议组考察证据本身后也未发现有碍其真实性的疑点，而且，合议组在专利权人提交的反证6中观察到与证据7相似的钢爪（例如，参见反证6第3分20秒左右、5分30秒左右的录像），由此，合议组认可证据7的真实性。

证据8为全自动校直机机械手损伤情况照片，专利权人对证据7的真实性未提出质疑，合议组考察证据本身后也未发现有碍其真实性的疑点，由此，合议组认可证据8的真实性。

证据9记载有关于“机械运动方案拟定及评价”的技术内容，请求人使用证据9的目的在于评价权利要求1或2的实用性，请求人当庭提交记载有证据9内容的原件——《机械原理》第二版，高等教育出版社，哈尔滨工业大学编，王知行 邓宗全主编，经合议组核对后，对于证据9的真实性予以认可。

证据11为存有音像资料的光盘，拟用来说明在钢爪插入校直机的过程中定位叉被破坏，由此导致本专利的校直机不具备实用性，请求人还陈述该光盘内的音像资料为专利权人自制的产品说明。合议组注意到，根据请求人所述的定位叉被破坏的约1分45秒-1分50秒之间的录像可见，其机械装置的运动过程不连贯且画面有模糊之处，请求人对此的解释是原音像资料即是如此；此外，请求人称其音像资料来源于专利权人，但从证据11本身无法确认这一来源，请求人也没有提供任何证据证明这一来源。在证据11的来源不明、内容存疑的情况，合议组对于证据11的真实性不予认可。

（2）关于专利权人提交的证据。

专利权人提交了反证1~14，但提交上述反证的文件中既无专利权人签字或签章也无代理机构签章，不符合提交专利相关文件的法定形式，后虽对反证1~7和12~14进行了补正，但仍未补正反证8~11，故对于反证8~11不予考虑。

请求人认可反证1、3~5、7、12~14的真实性，合议组亦认可这些反证的真实性；请求人不认可反证2和6的真实性，合议组认为，反证2为青铜峡铝业集团有限公司应用铝电解阳极钢爪校直机的应用证明的复印件，反证6为存有音像资料的光盘，反证2或6自身无法证明其真实性，而专利权人又没有提供任何其他证据佐证反证2或6的真实性，因此，合议组对于反证2和6的真实性不予认可。

2. 关于专利法第 22 条第 4 款

专利法第 22 条第 4 款规定：实用性，是指该发明或者实用新型能够制造或者使用，并且能够产生积极效果。

对于主题为产品的发明而言，其具备实用性的条件有二：第一，该产品必须在产业中能够制造；第二，能够解决技术问题。只要本领域技术人员能够预料到某一技术问题将得以解决即可满足上述的第二个条件，产品在实际应用中的缺陷不能成为否定该产品具备实用性的理由。

具体到本案，请求人并没有质疑本专利的校直机在产业上能够制造，其认为本专利权利要求 1 或 2 的校直机不具备实用性的理由在于认为该校直机不能解决校直钢爪的技术问题，理由有三：（1）由证据 7 可见，实践中，内弯钢爪的上部较爪头更宽且上部经常附着有坚硬的电解质，导向定位叉由钢爪爪头向钢爪上部移动过程中将导致定位叉损坏或者钢爪无法插入加热线圈或校直机工位，证据 8 表明即便是专利权人将定位叉改进为机械手后也不能避免机械手被损坏；（2）本专利中楔入式支点（3-2）与推动该支点的汽缸（3-3）构成的校直支撑机构即为证据 4 中的用于在链阳极钢爪热挤压校直装置的爪外支撑机构，证据 4 中的支撑机构将本应为平动件的两构件（如证据 9 中所示的平动件）设计为转动件，违背了楔型机构的工作原理；（3）本专利中的校直顶推装置即为证据 3 的阳极钢爪热挤压校直装置，证据 3 中所描述“连杆长度大于杠杆长度”的特征无法实现“可使得油缸推力转化为挤压力得到倍增”，相反，理论计算表明，“连杆长度比杠杆长度越长，提供的挤压力越小”（参见证据 10）。

合议组考察请求人的证据和理由后认为，证据 7、8 只是用于表明校直机的定位叉将在实际操作中被损坏，其理由（1）并未否定本专利校直机能够校直钢爪的能力；理由（2）认为支撑机构的设计违背楔型机构的工作原理，将理应为如证据 9 所示的平动设计的构件设计为转动，其后果是：接触点很快磨损以及校直精度和校直后的一致性很难保证，但也未否定本专利校直机能够校直钢爪的能力；理由（3）认为所述“可使得油缸推力转化为挤压力得到倍增”优越效果无法通过所述装置得以实现，但也未否定本专利校直机能够校直钢爪的能力。

可见，请求人提供的证据及其所述的 3 个理由都没有否定本专利校直机能够实现校直钢爪的效果，也就是说，请求人认为本专利不具备实用性的理由并非是因为本专利校直机本身或其工作过程违背自然规律从而无法解决技术问题、无法实现技术效果，而是认为本专利校直机的某一具体实施方案在实际应用中存在缺陷，其技术方案有待优化、效果可以更加优越。这样的理由显然不能否定本专利的实用性。此外，即使本专利权利要求范围内的某一具体校直机由于自身的缺陷导致无法实现校直钢爪的效果，只要本领域技术人员依然能够根据说明书的描述和其掌握的相关技术手段，获得在本专利权范围内的具有校直效果的校直机，那么，本专利的权利要求就具备实用性。

综上，请求人认为本专利权利要求 1 或 2 不具备实用性的理由不成立。权利要求 1 和 2 符合专利法第 22 条第 4 款的规定。

3. 关于专利法第 22 条第 3 款

专利法第 22 条第 3 款规定：创造性是指同申请日以前已有的技术相比，该发明有突出的实质性特点和显著的进步，该实用新型有实质性特点和进步。

如果所有证据的组合仅公开了权利要求的部分技术特征，而且没有证据表明上述证据没有公开的技术特征属于本领域的公知常识或在所组合的证据中存在技术启示，那么该权利要求相对于这些证据来说是非显而易见的，具有创造性。

在本案中，请求人认为本专利权利要求 1 和 2 是证据 1 的权利要求书、证据 3 的权利要求书、证据 5 的图 20-1 以及证据 6 的组合发明。基于前面“关于证据”部分的评述可见，证据 6 不能用于评价权利要求 1 或 2 的创造性，因此请求人的理由即为权利要求 1 和 2 相对证据 1 的权利要求书、证据 3 的权利要求书和证据 5 的图 20-1 的组合不具备创造性。

本专利权利要求 1 如下：一种铝电解阳极钢爪全自动控制在链校直机，它包括加热升降台（2）、校直升降台（3），其中加热升降台是由升降台油缸（2-3）、台体内有感应加热线圈（2-2），该加热线圈与台体之外的变频电源（5）相接，在台体顶上两侧有导向定位叉（2-1）所构成；校直升降台（3）包括升降台油缸（3-10）、台体内中部由顶推杠杆（3-4）及顶推油缸（3~5）构成的校直顶推装置，在其两侧有由楔入式支点（3-2）与推动该支点的汽缸（3-3）构成的校直支撑机构，在台体顶上两侧有导向定位叉（3-1），其特征是在加热升降台与校直升降台的上方设有一个环形的钢爪传送链（4），所述的加热升降台（2）、校直升降台（3）及钢爪传送链（4）分别受工业计算机（1）及可编程控制器-PLC 控制，其中导向定位叉（2-1）、加热线圈（2-2）、升降台油缸（2-3）、导向定位叉（3-1）、校直支撑机构的支点推动汽缸（3-3）、校直顶推油缸（3~5）及校直升降台油缸（3-10）分别通过各自的电磁阀与可编程控制器-PLC 相应的控制端相接，在加热升降台与校直升降台的上方且靠近钢爪传送链处分别设有加热工位传感器（4-1）、校直工位传感器（4-2），该传感器分别与 PLC 相应控制端连接。

证据 1 的权利要求书公开了一种阳极钢爪热挤压校直机的加热装置，该装置具有逆变电源和两个感应加热线圈；

证据 3 的权利要求书公开了一种阳极钢爪热挤压校直装置，该装置设有顶架和顶推杠杆，据说明书内容可知，该装置的顶架与油缸相连，即，证据 3 中隐含披露了顶推油缸的技术特征；

证据 5 图 20-1 公开了一种通用悬挂输送机结构，其相当于本专利中的“钢爪传送链”；

即使本领域技术人员无需创造性劳动即可将证据 1、3 和 5 组合在一起从而得到具有证据 1、3 和 5 上述全部特征的校直机，本专利权利要求 1 与该组合后的校直机相比还存在如下区别技术特征：加热升降台内的“升降台油缸”、加热升降台顶上的定位叉；校直升降台内的“升降台油缸”、校直升降台顶上的定位叉；以及权利要求 1 特征部分的大部分特征，包括可编程控制器以及可编程控制器与加热升降台、校直升降台、钢爪传送链之间的相互关系。

根据说明书的描述，本专利解决的技术问题是：提供一种自动控制的可校直铝电解阳极钢爪的校直机。然而，请求人没有提供任何证据表明上述区别技术特征均为本领域的通用技术，即没有提供证据表明，现有技术存在将上述区别技术特征应用到证据 1、3 和 5 的组合以解决其技术问题的技术启示，故本专利权利要求 1 相对于证据 1、3 和 5 的结合具备创造性。在此基础上，从属权利要求 2 也具备创造性。

综上，请求人认为本专利权利要求 1 或 2 不具备创造性的主张不成立。权利要求 1 和 2 均符合专利法第 22 条第 3 款的规定。

基于以上事实和理由，本案合议组作出如下审查决定。

三、决定

维持 200310118902.7 号发明专利权有效。

当事人对本决定不服的，可以根据专利法第 46 条第 2 款的规定，自收到本决定之日起三个月内向北京市第一中级人民法院起诉。根据该款的规定，一方当事人起诉后，另一方当事人应当作为第三人参加诉讼。

北京市第一中级人民法院
行政判决书

（2008）一中行初字第996号

原告张先勇，男，1944年11月1日出生，汉族，运城市盐湖区解州中学教师，住址山西省运城市盐湖区解州镇红旗路1号。

被告国家知识产权局专利复审委员会，住所地北京市海淀区北四环西路9号银谷大厦。

法定代表人廖涛，副主任。

委托代理人李亚林，国家知识产权局专利复审委员会审查员。

委托代理人杨存吉，国家知识产权局专利复审委员会审查员。

第三人韦力，男，1949年9月23日出生，汉族，西安科技大学教授，住陕西省西安市雁塔区雁塔路南段2号。

委托代理人方东生，男，1955年12月26日出生，汉族，西安科技大学电气研究所工程师，住址江苏省常州市天宁区宝塔村7幢乙单元204室。

第三人刘雨棣。

第三人刘健。

原告张先勇不服被告国家知识产权局专利复审委员会于2008年4月18日作出、于同年4月29日邮寄送达的第11355号无效宣告请求审查决定（以下简称第11355号决定），于2008年7月10日向本院提起行政诉讼。本院受理后，依法组成合议庭，向被告送达了起诉状副本和应诉通知书，依照《中华人民共和国行政诉讼法》第二十七条之规定，本院通知韦力、刘雨棣、刘健作为本案的第三人参加诉讼。于2008年9月4日公开开庭审理了本案。原告张先勇，被告的委托代理人李亚林、杨存吉，第三人韦力的委托代理人方东生到庭参加了诉讼。经本院依法传唤第三人刘雨棣、第三人刘健未到庭参加诉讼。现本案已审理终结。

2008年4月18日，被告作出第11355号决定，根据《中华人民共和国专利法》（以下简称《专利法》）第二十二条第二款、第三款的规定，决定维持第200310118902.7号发明专利权（以下简称本专利）有效。理由如下：

1. 关于证据。

（1）关于请求人（即原告）提交的证据。

原告共提交了12份证据，即：①第02262397.3号实用新型专利说明书，授权公告日为2003年10月22日，复印件共7页；②第200320109645.6号实用新型专利说明书，授权公告日为2004年10月13日，复印件共5页；③第02262396.5号实用新型专利说明书，授权公告日为2003年10月22日，复印件共5页；④第200320109646.0号实用新型专利说明书，授权公告日为2004年11月3日，复印件共5页；⑤《运输机械设计选用手册》下册，《运输机械设计选用手册》编辑委员会编写，化学工业出版社，1999年1月印刷，封面页、版权页、第604页和“第二十章悬挂输送机”第1页，复印件共4页；⑥工业计算机可编程控制器PLC介绍资料，复印件共9页；⑦三爪、四爪钢爪内弯照片，共1页；⑧山西华泽铝业全自动校直机机械手损伤情况照片，共1页；⑨“§10-5机械运动方案拟定及评价”，复印件共1页；⑩在ZL02262396.5无效宣告案中“附件2结合证据对无效宣告请求理由的具体意见陈述”，复印件共3页；⑪本专利第三人的机械手工作过程录像，光盘1个；⑫第

200310118902.7 号发明专利申请公开说明书（即，本专利公开文本），公开日为 2004 年 11 月 17 日，复印件共 10 页。

原告在口审中当庭放弃了证据 12 并明确证据 10 不作为证据使用，因此，被告不对这两份证据予以评述。对于另外 10 份证据，即，证据 1～9 和 11，专利权人（即第三人）对其真实性均未提出质疑。证据1～4 为中国专利文献、证据 5 为技术手册，由于第三人未对上述证据真实性提出异议，故被告对证据 1～5 的真实性予以认可。原告在提出无效宣告请求时主张使用证据 1～5 评价权利要求 1 或 2 的创造性，经被告核实，其中证据 1、3 和 5 的公开日在本专利的申请日之前，可以作为现有技术评价本专利权利要求 1 或 2 的创造性；证据 2 的公开日为 2004 年 10 月 13 日，证据 4 的公开日为 2004 年 11 月 3 日，由于证据 2 和 4 的公开日均晚于本专利的申请日，因此，证据 2 和 4 不属于本专利的现有技术范畴，不能用于评价本专利权利要求 1 或 2 的创造性。证据 6 为工业计算机可编程控制器 PLC 的介绍资料，该证据本身没有记载其来源和公开时间，原告解释证据 6 来自网络，但无法清楚说明能够获得证据 6 的网络地址，证据 6 的真实性无法确认；原告使用证据 6 的目的在于评价权利要求 1 或 2 的创造性，原告没有提供证据 6 的公开日期，但是，被告注意到，在证据 6 的参考文献中记载了一篇 2004 年的文献——于庆广，“可编程控制器原理及系统设计”，北京：清华大学出版社，由此可合理认定证据 6 的形成日在 2004 年之后，晚于本专利的申请日。综上，证据 6 不能用于评价权利要求 1 或 2 的创造性。证据 7 为三爪、四爪钢爪内弯照片，第三人对证据 7 的真实性未提出质疑，被告考察证据本身后也未发现有碍其真实性的疑点，而且，被告在第三人提交的反证 6 中观察到与证据 7 相似的钢爪（例如，参见反证 6 第 3 分 20 秒左右、5 分 30 秒左右的录像），由此，被告认可证据 7 的真实性。证据 8 为全自动校直机机械手损伤情况照片，第三人对证据 7 的真实性未提出质疑，被告考察证据本身后也未发现有碍其真实性的疑点，由此，被告认可证据 8 的真实性。证据 9 记载有关于“机械运动方案拟定及评价”的技术内容，原告使用证据 9 的目的在于评价权利要求 1 或 2 的实用性，原告当庭提交记载有证据 9 内容的原件——《机械原理》第二版，高等教育出版社，哈尔滨工业大学编，王知行、邓宗全主编，经被告核对后，对于证据 9 的真实性予以认可。证据 11 为存有音像资料的光盘，拟用来说明在钢爪插入校直机的过程中定位叉被破坏，由此导致本专利的校直机不具备实用性，原告还陈述该光盘内的音像资料为第三人自制的产品说明。被告注意到，根据原告所述的定位叉被破坏的约 1 分 45 秒至 1 分 50 秒之间的录像可见，其机械装置的运动过程不连贯且画面有模糊之处，原告对此的解释是原音像资料即是如此；此外，原告称其音像资料来源于第三人，但从证据 11 本身无法确认这一来源，原告也没有提供任何证据证明这一来源。在证据 11 的来源不明、内容存疑的情况，被告对于证据 11 的真实性不予认可。

（2）关于第三人提交的证据。

第三人提交了反证 1～14，即，①第 200310118902.7 号发明专利申请公开说明书，公开日为 2004 年 11 月 17 日，复印件共 10 页；②青铜峡铝业集团有限公司应用铝电解阳极钢爪校直机的应用证明，复印件共 1 页；③第 200320109645.6 号实用新型专利说明书，授权公告日为 2004 年 10 月 13 日，复印件共 5 页；④第 200320109646.0 号实用新型专利说明书，授权公告日为 2004 年 11 月 3 日，复印件共 5 页；⑤第 02262397.3 号实用新型专利说明书，授权公告日为 2003 年 10 月 22 日，复印件共 7 页；⑥内蒙古包头鸿骏铝电有限公司使用全自动在链校直机的录像，光盘 1 个；⑦宁夏回族自治区科技厅组织鉴定的关于“铝电解阳极钢爪在链全自动校直机研制开发”的《科学技术成果鉴定证书》，复印件共 3 页；⑧宁夏机械产品质量监督检验站出具的关于“铝电解阳极钢爪全自动在链校直机”的检验报告，复印件共 3 页；⑨陕西省经济贸易委员会组织鉴定的关于“铝电解阳极钢爪校直机”的“新产品新技术鉴定验收证书”，复印件共 2 页；⑩“铝电解阳极钢爪在链全自动校直机研制开发”

获得宁夏回族自治区科技进步三等奖的证书，复印件共1页；⑪“阳极钢爪全自动在链校直系统研制及推广”获得陕西省科学技术奖贰等奖证书，获奖者为西安科技大学，复印件共1页；⑫“阳极钢爪全自动在链校直系统研制及推广”获得陕西省科学技术奖贰等奖证书，获奖者为韦力，复印件共1页；⑬专利号为ZL200320109902.6的专利获得2004-2005年度陕西省专利奖二等奖的奖状，复印件共1页；⑭“铝电解阳极钢爪在链全自动校直机研制开发”获得宁夏回族自治区科学技术进步奖三等奖等证书，复印件共1页。被告认为，上述反证的文件中既无第三人签字或签章也无代理机构签章，不符合提交专利相关文件的法定形式，第三人对反证1~7和12~14进行了补正，但仍未补正反证8~11，故对于反证8~11不予考虑。原告认可反证1、3~5、7、12~14的真实性，被告亦认可这些反证的真实性；原告不认可反证2和6的真实性，被告认为，反证2为青铜峡铝业集团有限公司应用铝电解阳极钢爪校直机的应用证明的复印件，反证6为存有音像资料的光盘，反证2或6自身无法证明其真实性，而第三人又没有提供任何其他证据佐证反证2或6的真实性，因此，被告对于反证2和6的真实性不予认可。

2. 关于《专利法》第二十二条第四款。

原告并没有质疑本专利的校直机在产业上能够制造，其认为本专利权利要求1或2的校直机不具备实用性的理由在于认为该校直机不能解决校直钢爪的技术问题，理由有三：（1）由证据7可见，实践中，内弯钢爪的上部较爪头更宽且上部经常附着有坚硬的电解质，导向定位叉由钢爪爪头向钢爪上部移动过程中将导致定位叉损坏或者钢爪无法插入加热线圈或校直机工位，证据8表明即便是第三人将定位叉改进为机械手后也不能避免机械手被损坏；（2）本专利中楔入式支点（3-2）与推动该支点的汽缸（3-3）构成的校直支撑机构即为证据4中的用于在链阳极钢爪热挤压校直装置的爪外支撑机构，证据4中的支撑机构将本应为平动件的两构件（如证据9中所示的平动件）设计为转动件，违背了楔型机构的工作原理；（3）本专利中的校直顶推装置即为证据3的阳极钢爪热挤压校直装置，证据3中所描述“连杆长度大于杠杆长度”的特征无法实现“可使得油缸推力转化为挤压力得到倍增”，相反，理论计算表明，“连杆长度比杠杆长度越长，提供的挤压力越小”。被告考察原告的证据和理由后认为，证据7、8只是用于表明校直机的定位叉将在实际操作中被损坏，其理由（1）并未否定本专利校直机能够校直钢爪的能力；理由（2）认为支撑机构的设计违背楔型机构的工作原理，将理应为如证据9所示的平动设计的构件设计为转动，其后果是：接触点很快磨损以及校直精度和校直后的一致性很难保证，但也未否定本专利校直机能够校直钢爪的能力；理由（3）认为所述“可使得油缸推力转化为挤压力得到倍增”优越效果无法通过所述装置得以实现，但也未否定本专利校直机能够校直钢爪的能力。可见，原告提供的证据及其所述的3个理由都没有否定本专利校直机能够实现校直钢爪的效果，也就是说，原告认为本专利不具备实用性的理由并非是因为本专利校直机本身或其工作过程违背自然规律从而无法解决技术问题、无法实现技术效果，而是认为本专利校直机的某一具体实施方案在实际应用中存在缺陷，其技术方案有待优化、效果可以更加优越。这样的理由显然不能否定本专利的实用性。此外，即使本专利权利要求范围内的某一具体校直机由于自身的缺陷导致无法实现校直钢爪的效果，只要本领域技术人员依然能够根据说明书的描述和其掌握的相关技术手段，获得在本专利权范围内的具有校直效果的校直机，那么，本专利的权利要求就具备实用性。综上，原告认为本专利权利要求1或2不具备实用性的理由不成立。权利要求1和2符合《专利法》第二十二条第四款的规定。

3. 关于《专利法》第二十二条第三款。

原告认为本专利权利要求1和2是证据1的权利要求书、证据3的权利要求书、证据5的图20-1以及证据6的组合发明。基于前面“关于证据”部分的评述可见，证据6不能用于评价权利要求1或

2 的创造性，因此原告的理由即为权利要求 1 和 2 相对证据 1 的权利要求书、证据 3 的权利要求书和证据 5 的图 20-1 的组合不具备创造性。证据 1 的权利要求书公开了一种阳极钢爪热挤压校直机的加热装置，该装置具有逆变电源和两个感应加热线圈；证据 3 的权利要求书公开了一种阳极钢爪热挤压校直装置，该装置设有顶架和顶推杠杆，据说明书内容可知，该装置的顶架与油缸相连，即，证据 3 中隐含披露了顶推油缸的技术特征；证据 5 图 20-1 公开了一种通用悬挂输送机结构，其相当于本专利中的“钢爪传送链”。即使本领域技术人员无需创造性劳动即可将证据 1、3 和 5 组合在一起从而得到具有证据 1、3 和 5 上述全部特征的校直机，本专利权利要求 1 与该组合后的校直机相比还存在如下区别技术特征：加热升降台内的“升降台油缸”、加热升降台顶上的定位叉；校直升降台内的“升降台油缸”、校直升降台顶上的定位叉；以及权利要求 1 特征部分的大部分特征，包括可编程控制器以及可编程控制器与加热升降台、校直升降台、钢爪传送链之间的相互关系。根据说明书的描述，本专利解决的技术问题是：提供一种自动控制的可校直铝电解阳极钢爪的校直机。然而，原告没有提供任何证据表明上述区别技术特征均为本领域的通用技术，即没有提供证据表明，现有技术存在将上述区别技术特征应用到证据 1、3 和 5 的组合以解决其技术问题的技术启示，故本专利权利要求 1 相对于证据 1、3 和 5 的结合具备创造性。在此基础上，从属权利要求 2 也具备创造性。综上，原告认为本专利权利要求 1 或 2 不具备创造性的主张不成立。权利要求 1 和 2 均符合《专利法》第二十二条第三款的规定。

在法定的举证期限内，被告向本院提交了如下证据：①200310118902.7 号发明专利公告文本；②原告在无效宣告请求中所提交的无效宣告请求书；③第三人的意见陈述书；④02262397.3 号实用新型专利说明书；⑤02262396.5 号实用新型专利说明书；⑥《运输机械设计选用手册》下册复印件 4 页；⑦口审记录表。上述证据用以证明第 11355 号决定认定事实清楚、适用法律正确，程序合法。

原告诉称：1. 被告非法删除修改专利权人意见陈述，掩盖专利权人自认的事实。被告为专利权人删除了“实际设计中已考虑”八个字；把“当钢爪摆动超限时与滚轮相碰，起到移动导向作用”修改为“不会致使钢爪无法进入加热线圈或校直机工位”。删改后的含义与专利权人本义完全相反。专利权人意见的本义是：请求人提出的问题虽是正确的，但专利权人实际设计中已考虑纠正了说明书记载的错误方案，即把两定位叉从爪头两边进入抱住爪头的错误设计，已改为“两定位叉的间距略大于钢爪上部外侧间距，（因这部分经常附着有坚硬的电解质，所以间距略大），钢爪外侧与定位叉之间并非夹紧状态，”这样“当钢爪摆动超限时与滚轮相碰，起到移动导向作用。”被告删改后的相反含义是：请求人提出的问题是错误的，说明书记载的“两定位叉的间距略大于钢爪上部外侧间距，钢爪外侧与定位叉之间并非夹紧状态”，所以不会出现请求人提出的上述问题，更“不会致使钢爪无法进入加热线圈或校直机工位”。被告非法的删改目的是帮专利权人扭转案情，把不具实用性专利变为具有实用性。专利权人的自认，免除了请求人的举证责任，即使请求人的附件 11 不被认可，也不影响被告的依法确认，被告的非法删改，构成程序违法。2. 被告曲解请求人主张，制造错误事实认定。请求人在意见陈述中指出本专利违背自然规律，不具实用性，而被告却曲解为：“具体到本案，请求人并没有质疑本专利在产业上能够制造”。3. 被告对附件 10 不具再现性内容曲解。附件 10 是请求人针对本专利校直机涉及的《阳极钢爪热挤压校直装置》因重复实施不具再现性，理论计算表明其增力原理违背自然规律而不具实用性，而进行的陈述说明。被告曲解为：请求人未否定本专利校直机能够校直钢爪的能力。4. 被告以“证据来源不明”、“内容存疑”为由，对关键证据 11 的真实性不予认可。附件 11 是专利权人制作的宣传本发明专利产品的音像资料，请求人已说明来源于专利权人在竞标厂家宣传本产品的宣传现场，音像上有专利权人配音员的配音，有西科邦佳及产品标记；有产品使用厂家的操作工人，证据本身完全可以说明它的来源，另外此证据已转送专利权人，专利权人对证据的真实性并未质疑。所以被告认定的“证据来源不明”不成立。另外，证据的来源不影响证据的真实性，更不影响证据的法律效力，被告以“证据来源不明”不认可该证据是非法的。关于“1分45秒至1分50秒之间的录像可见，其机械装置的运动过程不连惯且画面有模糊之处，请求人对此的解释是原音像资料即是如此”，被告认为“内容存疑”。事实上，录像画面的不连惯且画面有模糊之处，正是由于卡死的定位叉被破坏性弹开，钢爪由卡死缓慢上举到突然自由下落这一真实现象的记录。五、被告的决定明显错误。本专利校直机的申请主题是“铝电解阳极钢爪全自动控制在链校直机”，上述计算机控制程序，导向定位机构；用于在链阳极钢爪热挤压校直装置的爪外支撑机构及阳极钢爪热挤压校直装置，每一个环节均违背自然规律，都会使得发明申请主题不可能实施，都会否定本发明全自动控制在链校直机校直钢爪的能力，因而不具实用性。何况本发明几乎所有技术环节都存在违背自然规律在产业上不可能制造或使用的固有缺陷，权利要求保护的几乎全部技术方案都因违背自然规律，无法解决发明宣称的技术问题，无法实现说明书预期的技术效果；而被告决定还维持其专利权有效，使专利权人获得了自己权利要求范围之外的权利，必然侵犯原告及公众的合法权益，所以被告的决定明显错误。根据上述理由和事实，本发明申请涉及的计算机程序解决方案，涉及的导向定位叉、楔形支撑机构技术方案，尤其是涉及的校直机“机械校直力倍增原理”技术方案均违背自然规律，不具有再现性，故不具实用性，应宣告无效，再评价创造性已毫无意义，故原告不再评论创造性。综上，被告行政行为程序非法，适用法规不当，认定事实错误，故形成错误决定，使专利权人获得了本专利权利要求1、2保护范围以外不应获得的权利，必然侵犯了请求人及公众的合法权益。为了维护原告及公众的合法权益，请求法院依法撤销第11355号决定。

在法定的举证期限内，原告向本院提交了如下证据：1. 原告无效请求意见陈述，证明被告曲解原告主张，制造错案；2. 专利权人对请求人的意见陈述的陈述说明，证明专利人自认的事实，及被告删改专利权人意见陈述，掩盖自认，编造专利权人意见，扭转案情的非法行为；3. 本专利说明书，证明计算机控制程序违背自然规律不可能实施；4.《在链阳极钢爪导向定位机构》ZL200320109645.6说明书，证明‘导向定位机构’工作过程违背自然规律不可能实施；5.《用于在链阳极钢爪热挤压校直装置的爪外支撑机构》申请号200320109646.0说明书，证明‘爪外支撑机构’设计原理违背自然规律，平动件设计为转动件，不可能实施；6.《阳极钢爪热挤压校直装置》ZL02262396.5说明书，证明‘由于连杆长度大于杠杆长度可使得油缸推力转化为挤压力时得到倍增，从而使弯曲钢爪被校直’原理错误违背自然规律，不可能实施；7. 三爪、四爪钢爪内弯照片，证明两边爪外侧面间距下小上大，导向定位叉抱住爪头向上滚动，违背自然规律，不可能实施；8. 宁夏科委鉴定，证明《阳极钢爪热挤压校直装置》ZL02262396.5核心技术是“机械校直力倍增原理”，原理违背自然规律，是不能实施的；9. 第11355号决定书，证明决定删改专利权人意见陈述，掩盖“自认”违背法律；曲解请求人意见，制造错误事实认定；10. 意见陈述书，证明《阳极钢爪热挤压校直装置》无再现性，机械校直力倍增原理违背自然规律，不可能实施；以及证据10涉及的理论计算，证明其“由于连杆长度大于杠杆长度可使得油缸推力转化为挤压力时得到倍增，从而使弯曲钢爪被校直”原理违背自然规律，是不能实施的；11. 专利权人宣传其全自动校直机在使用厂家使用情况的录音录相光盘，证明计算机控制程序违背自然规律，定位叉破坏情况，画面显示西科邦佳标记，产品为本发明产品，证明证据的真实性没问题，被告不认可真实性无道理。

被告辩称：1. 在决定中对请求人和权利人的意见陈述进行概括归纳从而凸显双方争辩的焦点是常规的作法，不必要也不可能在决定中全文引用双方的意见陈述。在本案中，被告对专利权人意见陈述的概括是适当的。而且，第11355号决定认为本专利具备实用性，被告作出该结论的基础在于请求人的理由不成立而非专利权人的意见陈述。此外，专利权人在其意见陈述中并没有其专利不具备实用性的意思表示，原告关于专利权人自认的主张没有依据。2. 原告对《专利法》第二十二条第四款的理解存在偏差，没能区分发明的主题"能够在产业上制造或使用，并且能够产生积极效果"与某一具体校直机存在某些缺陷之间的关系。原告的证据和理由与本专利是否具备实用性缺乏关联性，不能否定本专利的实用性。3. 原告未提供任何证据证明其证据 11 的来源，也没有提供任何证据其解释的正确性，也没有证明其所述理由是出现"机械装置的运动过程不连贯且画面模糊"的唯一原因。证据 11 依然存在"来源不清、内容存疑"的情况，无法认可其真实性。四、原告提交的附件 1（即，无效宣告请求书）的附页第 3 页第 4 行增加了手写的内容，该内容未记载于原告向被告提交的无效宣告请求书中；附件 10 第 3 页增加了一段手写内容，该内容未记载于原告在无效宣告请求阶段向被告提交的相应证据中。参见口审记录第 5 页可知，原告放弃了《专利法实施细则》第二条第一款的理由，但未将其修改为《专利法》第二十二条第四款，其具体理由与本专利不具备实用性的理由之一相同，在决定中已予评述。无效宣告程序中原告没有主张计算机程序不具有实用性的观点，在其请求书的第 6 页也无相应记载。原告提交的附件 8 并非无效宣告请求中提交的证据。综上所述，第 11355 号决定认定事实清楚、适用法律正确、审查程序合法，请求法院驳回原告的诉讼请求、维持第 11355 号决定。

第三人韦力同意被告的第 11355 号决定，请求法院予以维持；其未向本院提交证据。

经庭审质证，当事人发表了如下质证意见：原告和第三人韦力对被告的证据无异议；被告不同意原告证据的证明作用，仍坚持其在第 11355 号决定中对原告证据的认证意见，第三人韦力对原告的证据 11 不认可，对真实性有异议。本院审查认为：被告提交的证据与本案具有关联性，且合法、真实，本院予以采纳。原告提供的证据与本案具有关联性，其中证据 11 不能证明其来源及属于有关资料的原始载体，其真实性不能确认，本院不予采纳；原告提供的其他证据真实、合法，但不具有原告所主张的证明作用。

根据上述有效证据及当事人陈述，本院确认本案事实如下：

2007 年 7 月 24 日，原告针对本专利向被告提出无效宣告请求。本专利是名称为"铝电解阳极钢爪全自动控制在链校直机"的发明专利，专利号为 200310118902. 7 号，申请日为 2003 年 12 月 5 日，授权公告日为 2006 年 10 月 18 日，专利权人为韦力、刘雨棣、刘健。本专利授权公告的权利要求书如下：

"1. 一种铝电解阳极钢爪全自动控制在链校直机，它包括加热升降台（2）、校直升降台（3），其中加热升降台是由升降台油缸（2-3）、台体内有感应加热线圈（2-2），该加热线圈与台体之外的变频电源（5）相接，在台体顶上两侧有导向定位叉（2-1）所构成；校直升降台（3）包括升降台油缸（3-10）、台体内中部由顶推杠杆（3-4）及顶推油缸（3-5）构成的校直顶推装置，在其两侧有由楔入式支点（3-2）与推动该支点的汽缸（3-3）构成的校直支撑机构，在台体顶上两侧有导向定位叉（3-1），其特征是在加热升降台与校直升降台的上方设有一个环形的钢爪传送链（4），所述的加热升降台（2）、校直升降台（3）及钢爪传送链（4）分别受工业计算机（1）及可编程控制器-PLC 控制，其中导向定位叉（2-1）、加热线圈（2-2）、升降台油缸（2-3）、导向定位叉（3-1）、校直支撑机构的支点推动汽缸（3-3）、校直顶推油缸（3-5）及校直升降台油缸（3-10）分别通过各自的电磁阀与可编程控制器-PLC 相应的控制端相接，在加热升降台与校直升降台的上方且靠近钢爪传送链处分别设有加热工位传感器（4-1）、校直工位传感器（4-2），该传感器分别与 PLC 相应控制端连接。

2. 根据权利要求 1 所述的铝电解阳极钢爪全自动控制在链校直机，其特征是在加热升降台油缸（2-3）、校直升降台油缸（3-10）及校直顶推油缸（3-5）上分别设置有油缸上升电磁阀与下降电磁阀以及相应的上升限位开关和下降限位开关，它们各自分别与 PLC 相应控制端连接。”

原告提出的理由是：本专利权利要求 1~2 不符合《专利法》第二十二条第三款、第四款，以及《专利法实施细则》第二条第一款的规定，同时提交以下证据：1. 第 02262397.3 号实用新型专利说明书，授权公告日为 2003 年 10 月 22 日；2. 第 200320109645.6 号实用新型专利说明书，授权公告日为 2004 年 10 月 13 日；3. 第 02262396.5 号实用新型专利说明书，授权公告日为 2003 年 10 月 22 日；4. 第 200320109646.0 号实用新型专利说明书，授权公告日为 2004 年 11 月 3 日；5.《运输机械设计选用手册》下册，《运输机械设计选用手册》编辑委员会编写，化学工业出版社，1999 年 1 月印刷，封面页、版权页、第 604 页和“第二十章悬挂输送机”第 1 页；6. 工业计算机可编程控制器 PLC 介绍资料；7. 三爪、四爪钢爪内弯照片；8. 山西华泽铝业全自动校直机机械手损伤情况照片；9. “§10-5 机械运动方案拟定及评价”；10. 在 ZL02262396.5 无效宣告案中“附件 2 结合证据对无效宣告请求理由的具体意见陈述”；11. 本专利的机械手工作过程录像光盘 1 个；12. 本专利公开文本，公开日为 2004 年 11 月 17 日。原告认为：1. 本发明设计的过程程序违背自然规律，达不到预期效果，不属于《专利法实施细则》第二条第一款规定的保护客体。由于实践中，钢爪爪头部分内弯比较厉害且经常附着有坚硬的电解质，致使导向定位叉内两水平轴滚轮无法沿钢爪两侧上滚，或使钢爪倾斜，或把钢爪举起，造成无法工作。2. 组合成本发明的三个核心实用新型技术方案（即，涉及在链阳极钢爪的导向定位机构的第 200320109645.6 号实用新型专利，涉及用于在链阳极钢爪热挤压校直装置的爪外支撑机构的第 200320109646.0 号实用新型专利，涉及阳极钢爪热挤压校直装置的第 02262396.5 号实用新型专利）均违背自然规律，因此，本专利权利要求 1 和 2 都不具备实用性。具体理由如下：(1) 由证据 7 可见，实践中，内弯钢爪的上部较爪头更宽且上部经常附着有坚硬的电解质，导向定位叉由钢爪爪头向钢爪上部移动过程中将导致定位叉损坏或者钢爪无法插入加热线圈或校直机工位，证据 8 表明即便是第三人将定位叉改进为机械手后也不能避免机械手被损坏；(2) 本专利中楔入式支点（3-2）与推动该支点的汽缸（3-3）构成的校直支撑机构即为证据 4 中的用于在链阳极钢爪热挤压校直装置的爪外支撑机构，证据 4 中的支撑机构将本应为平动件的两构件（如证据 9 中所示的平动件）设计为转动件，违背了楔型机构的工作原理；(3) 本专利中的校直顶推装置即为证据 3 的阳极钢爪热挤压校直装置，证据 3 中所描述“连杆长度大于杠杆长度”的特征无法实现“可使得油缸推力转化为挤压力得到倍增”。3. 本发明的技术方案由公知技术、证据 1、证据 2、证据 3、证据 4、证据 5 和证据 6 组合而成，本领域技术人员完全可以预料到组合后技术方案的效果，因而，本发明不具备创造性。

被告受理了上述无效宣告请求，第三人作出答复，并提交以下反证：1. 第 200310118902.7 号发明专利申请公开说明书，公开日为 2004 年 11 月 17 日；2. 青铜峡铝业集团有限公司应用铝电解阳极钢爪校直机的应用证明；3. 第 200320109645.6 号实用新型专利说明书，授权公告日为 2004 年 10 月 13 日；4. 第 200320109646.0 号实用新型专利说明书，授权公告日为 2004 年 11 月 3 日；5. 第 02262397.3 号实用新型专利说明书，授权公告日为 2003 年 10 月 22 日；6. 内蒙古包头鸿骏铝电有限公司使用全自动在链校直机的录像光盘 1 个；7. 宁夏回族自治区科技厅组织鉴定的关于“铝电解阳极钢爪在链全自动校直机研制开发”的《科学技术成果鉴定证书》；8. 宁夏机械产品质量监督检验站出具的关于“铝电解阳极钢爪全自动在链校直机”的检验报告；9. 陕西省经济贸易委员会组织鉴定的关于“铝电解阳极钢爪校直机”的“新产品新技术鉴定验收证书”；10. “铝电解阳极钢爪在链全自动校直机研制开发”获得宁夏回族自治区科技进步三等奖的证书；11. “阳极钢爪全自动在链校直系统研制及推广”获得陕西省科学技术奖贰等奖证书，获奖者为西安科技大学；12. “阳极钢爪全自动在链校直系统研制及推广”获得陕西省科学技术奖贰等奖证书，获奖者为韦力；13. 专利号为

ZL200320109902. 6 的专利获得 2004-2005 年度陕西省专利奖二等奖的奖状；14. “铝电解阳极钢爪在链全自动校直机研制开发”获得宁夏回族自治区科学技术进步奖三等奖等证书。被告向第三人指出：其于 2007 年 9 月 25 日和 2007 年 9 月 29 日两次提交了意见陈述书，但均无当事人或代理机构的签名或签章。2008 年 3 月 17 日，被告收到第三人补交的盖有专利代理机构签章的意见陈述书以及上述反证中的证据 1~7 和 12~14。

第三人的意见陈述要点为：1. 本发明工艺的自然规律和计算机的控制流程是完全吻合的，根本不存在计算机控制流程违背自然规律的事实。2. 实际设计中已考虑两定位叉的间距略大于钢爪上部外侧间距，钢爪外侧与定位叉之间并非夹紧状态，当钢爪摆动超限时与滚轮相碰，起到导向作用。3. 本发明组合了加热机、校直机、钢爪传送链、工业控制 PLC、计算机软件操作系统及其他辅助设备，形成了铝电解阳极钢爪全自动控制在链校直机系统，由于对现有校直机设备采用了工业计算机及可编程控制器控制，使得设备内部各工序之间及设备与传送机构之间可以互相配合，实现了整个生产过程的自动化，减轻了工人劳动强度，提高了钢爪校直效率及校直精度，校直后的钢爪一致性好。与以前的方案相比，已经大不相同，已经不是简单的叠加，更具先进性和创造性。

2008 年 3 月 25 日，被告举行了口头审理，原告单方出席了口头审理。口审记录了以下事项：1. 被告当庭将第三人于 2008 年 3 月 17 日补交的盖有专利代理机构签章的意见陈述书以及反证 1~7 和 12~14 转交给原告，原告认可反证 1、3~5、7、12~14 的真实性，不认可反证 2 和 6 的真实性和关联性，不认可反证 8~9、10~14 的关联性；2. 原告明确证据 10 不作为证据使用，其实际上是对于本专利权利要求 1 和 2 不具备实用性的分析说明；3. 原告放弃证据 12；4. 原告放弃关于本专利不符合《专利法实施细则》第二条第一款的理由；5. 原告明确关于创造性的理由为本专利权利要求 1 或 2 相对于证据 1 的权利要求书、证据 3 的权利要求书、证据 5 的图 20-1 以及证据 6 的结合不具备创造性。

被告经审查，于 2008 年 4 月 18 日作出第 11355 号决定。

本院认为：1. 关于原告诉称被告删改曲解意见陈述的问题。（1）第三人的意见陈述中确有“实际设计中已考虑”的表述，但本专利的权利要求书及说明书中对导向定位叉与钢爪外侧接触的松紧状态并未予以限定，因此被告对上述表述未引用对本案并无实质影响；（2）本专利中导向定位叉的作用就是使钢爪进入加热线圈或校直机工位，因此将“起到移动导向作用”表述为“不会致使钢爪无法进入加热线圈或校直机工位”，意义上并无实质不同；（3）原告虽然提出了本专利因违背自然规律而不具实用性的理由，但并未否认本专利已在实际中得到应用，因此，被告认为“具体到本案，请求人并没有质疑本专利在产业上能够制造”，具有事实根据；（4）原告对作为本专利背景技术及一个部分的 ZL02262396. 5 阳极钢爪热挤压校直装置的“由于连杆长度大于杠杆长度，可使得油缸推力转化为挤压力时得到倍增”的原理进行了理论反驳，但是原告所举的极端状态的例子（没有压力或反向推动）与该专利的附图并不相符，被告认为原告虽然主张了挤压力倍增的优越效果无法实现，但不能据此否定本专利具有校直的能力，被告的认定具有事实根据。综上，被告对第三人意见的归纳及对原告上述意见的理解并无违法之处，原告上述主张缺乏事实和法律根据。

2. 关于原告提供的证据 11 的问题。该证据为一个刻录光盘，原告不能证明其来源及该光盘是否为其中内容的原始载体，其中的内容确有模糊之处且无令人信服的解释，因此被告以该证据“来源不明、内容存疑”为由不予采纳，具有事实和法律根据，本院予以支持。

3. 关于本专利的实用性问题。《专利法》第二十二条第四款规定，实用性，是指该发明或者实用新型能够制造和使用，并且能够产生积极效果。原告对本专利实用性的质疑，即其所谓定位叉夹得过紧、楔形机构接触点磨损及错位、压力不能倍增等问题并非属于因本专利违背自然规律而不能实现的问题，而是认为根据本专利制造的某一具体产品存在某些缺陷的问题，这些缺陷不能否认本专利能够制造和使用并实现校直钢爪的效果。对计算机程序问题，原告也未提出具体的理由。因此被告认定，原告的理由不能否定本专利的实用性，只要本领域技术人员能够根据本专利说明书的描述和其掌握的相关技术手段，获得在本专利权范围内的具有校直效果的校直机，本专利的权利要求就具备实用性，被告该认定具有事实和法律根据，本院予以支持。

关于第 11355 号决定行政程序问题及本专利的创造性问题，各方当事人没有提出其他实质性的争议，本院经审查对其合法性予以确认。

综上，第 11355 号决定认定事实清楚，适用法律正确，程序合法，本院应予维持。原告的诉讼请求，缺乏事实和法律依据，本院不予支持。依照《中华人民共和国行政诉讼法》第五十四条第（一）项之规定，判决如下：

维持被告国家知识产权局专利复审委员会作出的第 11355 号无效宣告请求审查决定。

案件受理费 100 元，由原告张先勇负担（已交纳）。

如不服本判决，可在本判决书送达之日起 15 日内，向本院提交上诉状，并按对方当事人的人数提交副本，预交上诉案件受理费 100 元，上诉于北京市高级人民法院。

审　判　长　吴　月
代理审判员　胡华峰
代理审判员　毛天鹏
二〇〇八年十一月三日
书　记　员　郎莉萍

北京市高级人民法院
行政判决书

（2009）高行终字第 626 号

上诉人（一审原告）张先勇，男，1944 年 11 月 1 日出生，汉族，运城市盐湖区解州中学教师，住址山西省运城市盐湖区解州镇红旗路 1 号。

被上诉人（一审被告）国家知识产权局专利复审委员会，住所地北京市海淀区北四环西路 9 号银谷大厦。

法定代表人张茂于，副主任。

委托代理人李亚林，男，国家知识产权局专利复审委员会审查员。

委托代理人杨存吉，男，国家知识产权局专利复审委员会审查员。

被上诉人（一审第三人）韦力，男，1949 年 9 月 23 日出生，汉族，西安科技大学教授，住陕西省西安市雁塔区雁塔路南段 2 号。

被上诉人（一审第三人）刘雨棣。

被上诉人（一审第三人）刘健。

上诉人张先勇因专利无效宣告请求审查决定一案，不服北京市第一中级人民法院（2008）一中行初字第 996 号行政判决，向本院提起上诉。本院依法组成合议庭审理了本案。本案现已审理终结。

2008 年 4 月 18 日，国家知识产权局专利复审委员会（以下简称专利复审委员会）根据《中华人民共和国专利法》（以下简称《专利法》）第二十二条第二款、第三款的规定，作出第 11355 号无效宣告请求审查决定（以下简称第 11355 号决定），决定维持第 200310118902.7 号发明专利权（以下简称本专利）有效。张先勇对第11355号决定不服，向北京市第一中级人民法院（以下简称一审法院）提起行政诉讼。

一审法院判决认定，1. 关于张先勇诉称专利复审委员会删改曲解意见陈述的问题。（1）专利权人的意见陈述中确有"实际设计中已考虑"的表述，但本专利的权利要求书及说明书中对导向定位叉与钢爪外侧接触的松紧状态并未予以限定，因此专利复审委员会对上述表述未引用对本案并无实质影响；（2）本专利中导向定位叉的作用就是使钢爪进入加热线圈或校直机工位，因此将"起到移动导向作用"表述为"不会致使钢爪无法进入加热线圈或校直机工位"，意义上并无实质不同；（3）张先勇虽然提出了本专利因违背自然规律而不具实用性的理由，但并未否认本专利已在实际中得到应用，因此，专利复审委员会认为"具体到本案，请求人并没有质疑本专利在产业上能够制造"，具有事实根据；（4）张先勇对作为本专利背景技术及一个部分的ZL02262396.5阳极钢爪热挤压校直装置的"由于连杆长度大于杠杆长度，可使得油缸推力转化为挤压力时得到倍增"的原理进行了理论反驳，但是张先勇所举的极端状态的例子（没有压力或反向推动）与该专利的附图并不相符，专利复审委员会认为张先勇虽然主张了挤压力倍增的优越效果无法实现，但不能据此否定本专利具有校直的能力，专利复审委员会的认定具有事实根据。综上，专利复审委员会对专利权人意见的归纳及对张先勇上述意见的理解并无违法之处，张先勇上述主张缺乏事实和法律根据。2. 关于张先勇提供的证据11的问题。该证据为一个刻录光盘，张先勇不能证明其来源及该光盘是否为其中内容的原始载体，其中的内容确有模糊之处且无令人信服的解释，因此专利复审委员会以该证据"来源不明、内容存疑"为由不予采纳，具有事实和法律根据，予以支持。3. 关于本专利的实用性问题。《专利法》第二十二条第四款规定，实用性，是指该发明或者实用新型能够制造和使用，并且能够产生积极效果。张先勇对本专利实用性的质疑，即其所谓定位叉夹得过紧、楔形机构接触点磨损及错位、压力不能倍增等问题并非属于因本专利违背自然规律而不能实现的问题，而是认为根据本专利制造的某一具体产品存在某些缺陷的问题，这些缺陷不能否认本专利能够制造和使用并实现校直钢爪的效果。对计算机程序问题，张先勇也未提出具体的理由。因此专利复审委员会认定，张先勇的理由不能否定本专利的实用性，只要本领域技术人员能够根据本专利说明书的描述和其掌握的相关技术手段，获得在本专利权范围内的具有校直效果的校直机，本专利的权利要求就具备实用性，专利复审委员会该认定具有事实和法律根据，予以支持。关于第11355号决定行政程序问题及本专利的创造性问题，各方当事人没有提出其他实质性的争议，经审查，对其合法性予以确认。综上，第11355号决定认定事实清楚，适用法律正确，程序合法，应予维持。张先勇的诉讼请求，缺乏事实和法律依据，不予支持。依照《中华人民共和国行政诉讼法》第五十四条第（一）项之规定，判决维持第11355号决定。

张先勇不服一审判决，提出上诉。诉称：1. 专利复审委员会非法删除修改专利权人意见陈述，掩盖专利权人自认的事实。2. 专利复审委员会曲解请求人主张，制造错误事实认定。请求人在意见陈述中指出本专利违背自然规律，不具实用性，而专利复审委员会却曲解为："具体到本案，请求人并没有质疑本专利在产业上能够制造"。3. 专利复审委员会以"证据来源不明"、"内容存疑"为由，对关键证据11的真实性不予认可。4. 专利复审委员会的决定明显错误。本专利校直机的申请主题是"铝电解阳极钢爪全自动控制在链校直机"，上述计算机控制程序，导向定位机构；用于在链阳极钢爪热挤压校直装置的爪外支撑机构及阳极钢爪热挤压校直装置，每一个环节均违背自然规律，都会使得发明申请主题不可能实施，都会否定本发明全自动控制在链校直机校直钢爪的能力，因而不具实用性。综上，专利复审委员会行政行为程序非法，适用法规不当，认定事实错误，使专利权人获得了本专利权利要求1、2保护范围以外不应获得的权利，必然侵犯了请求人及公众的合法权益。一审法院判决维持第11355号决定错误，请求二审法院依法撤销一审判决。

专利复审委员会答辩称，1. 关于第 11355 号决定中对于专利权人意见陈述的描述。在决定中对请求人和权利人的意见陈述进行概括归纳从而凸显双方争辩的焦点是常规的作法，不必要也不可能在决定中全文引用双方的意见陈述，专利复审委员会对专利权人意见陈述的概括是适当的。而且，第 11355 号决定认为本专利具备实用性，专利复审委员会作出该结论的基础在于请求人的理由不成立而非专利权人的意见陈述。此外，专利权人在其意见陈述中并没有其专利不具备实用性的意思表示，张先勇关于专利权人自认的主张没有依据。2. 关于第 11355 号决定中对于请求人主张的评述。上诉人没能区分发明的主题“能够在产业上制造或使用，并且能够产生积极效果”与某一具体校直机存在某些缺陷之间的关系。上诉人的证据和理由与本专利是否具备实用性缺乏关联性，不能否定本专利的实用性。3. 上诉人未提供任何证据证明其证据 11 的来源，也没有提供任何证据证明其解释的正确性。综上，请求二审法院驳回上诉，维持一审判决。

韦力、刘雨棣、刘健未向本院提交书面答辩意见。

一审法院审理期间，专利复审委员会向法院提交了以下证据：1. 200310118902. 7 号发明专利公告文本；2. 张先勇在无效宣告请求中所提交的无效宣告请求书；3. 专利权人的意见陈述书；4. 02262397. 3 号实用新型专利说明书；5. 02262396. 5 号实用新型专利说明书；6.《运输机械设计选用手册》下册复印件 4 页；7. 口审记录表。

张先勇向一审法院提交了以下证据：1. 张先勇无效请求意见陈述；2. 专利权人对请求人的意见陈述的陈述说明；3. 本专利说明书；4.《在链阳极钢爪导向定位机构》ZL200320109645. 6 说明书；5.《用于在链阳极钢爪热挤压校直装置的爪外支撑机构》申请号 200320109646. 0 说明书；6.《阳极钢爪热挤压校直装置》ZL02262396. 5 说明书；7. 三爪、四爪钢爪内弯照片；8. 宁夏科委鉴定；9. 第 11355 号决定书；10. 意见陈述书；11. 专利权人宣传其全自动校直机在使用厂家使用情况的录音录相光盘。

韦力、刘雨棣、刘健未向一审法院提交证据。

一审法院经审查认为，专利复审委员会提交的证据与本案具有关联性，且合法、真实，予以采纳。张先勇提供的证据与本案具有关联性，其中证据 11 不能证明其来源及属于有关资料的原始载体，其真实性不能确认，不予采纳；张先勇提供的其他证据真实、合法，但不具有张先勇所主张的证明作用。

上述证据均随案移送本院，经审查，本院认可一审法院的认证意见。

本院根据合法有效的证据及当事人的有关陈述，确认如下事实：2007 年 7 月 24 日，张先勇针对本专利向专利复审委员会提出无效宣告请求。本专利是名称为“铝电解阳极钢爪全自动控制在链校直机”的发明专利，专利号为 200310118902. 7 号，申请日为 2003 年 12 月 5 日，授权公告日为 2006 年 10 月 18 日，专利权人为韦力、刘雨棣、刘健。本专利授权公告的权利要求书如下：

“1. 一种铝电解阳极钢爪全自动控制在链校直机，它包括加热升降台（2）、校直升降台（3），其中加热升降台是由升降台油缸（2-3）、台体内有感应加热线圈（2-2），该加热线圈与台体之外的变频电源（5）相接，在台体顶上两侧有导向定位叉（2-1）所构成；校直升降台（3）包括升降台油缸（3-10）、台体内中部由顶推杠杆（3-4）及顶推油缸（3-5）构成的校直顶推装置，在其两侧有由楔入式支点（3-2）与推动该支点的汽缸（3-3）构成的校直支撑机构，在台体顶上两侧有导向定位叉（3-1），其特征是在加热升降台与校直升降台的上方设有一个环形的钢爪传送链（4），所述的加热升降台（2）、校直升降台（3）及钢爪传送链（4）分别受工业计算机（1）及可编程控制器-PLC 控制，其中导向定位叉（2-1）、加热线圈（2-2）、升降台油缸（2-3）、导向定位叉（3-1）、校直支撑机构的支点推动汽缸（3-3）、校直顶推油缸（3-5）及校直升降台油缸（3-10）分别通过各自的电磁阀与可编程控制器-PLC 相应的控制端相接，在加热升降台与校直升降台的上方且靠近钢爪传送链处分别设有加热工位传感器（4-1）、校直工位传感器（4-2），该传感器分别与 PLC 相应控制端连接。

2. 根据权利要求 1 所述的铝电解阳极钢爪全自动控制在链校直机，其特征是在加热升降台油缸（2-3）、校直升降台油缸（3-10）及校直顶推油缸（3-5）上分别设置有油缸上升电磁阀与下降电磁阀以及相应的上升限位开关和下降限位开关，它们各自分别与 PLC 相应控制端连接。”

张先勇提出的理由是：本专利权利要求 1~2 不符合《专利法》第二十二条第三款、第四款，以及《专利法实施细则》第二条第一款的规定，同时提交以下证据：1. 第 02262397. 3 号实用新型专利说明书，授权公告日为 2003 年 10 月 22 日；2. 第 200320109645. 6 号实用新型专利说明书，授权公告日为 2004 年 10 月 13 日；3. 第 02262396. 5 号实用新型专利说明书，授权公告日为 2003 年 10 月 22 日；4. 第 200320109646. 0 号实用新型专利说明书，授权公告日为 2004 年 11 月 3 日；5.《运输机械设计选用手册》下册，《运输机械设计选用手册》编辑委员会编写，化学工业出版社，1999 年 1 月印刷，封面页、版权页、第 604 页和“第二十章悬挂输送机”第 1 页；6. 工业计算机可编程控制器 PLC 介绍资料；7. 三爪、四爪钢爪内弯照片；8. 山西华泽铝业全自动校直机机械手损伤情况照片；9. “§10-5 机械运动方案拟定及评价”；10. 在 ZL02262396. 5 无效宣告案中“附件 2 结合证据对无效宣告请求理由的具体意见陈述”；11. 本专利的机械手工作过程录像光盘 1 个；12. 本专利公开文本，公开日为 2004 年 11 月 17 日。张先勇认为：1. 本发明设计的过程程序违背自然规律，达不到预期效果，不属于《专利法实施细则》第二条第一款规定的保护客体。由于实践中，钢爪爪头部分内弯比较厉害且经常附着有坚硬的电解质，致使导向定位叉内两水平轴滚轮无法沿钢爪两侧上滚，或使钢爪倾斜，或把钢爪举起，造成无法工作。2. 组合成本发明的三个核心实用新型技术方案（即，涉及在链阳极钢爪的导向定位机构的第 200320109645. 6 号实用新型专利，涉及用于在链阳极钢爪热挤压校直装置的爪外支撑机构的第 200320109646. 0 号实用新型专利，涉及阳极钢爪热挤压校直装置的第 02262396. 5 号实用新型专利）均违背自然规律，因此，本专利权利要求 1 和 2 都不具备实用性。具体理由如下：（1）由证据 7 可见，实践中，内弯钢爪的上部较爪头更宽且上部经常附着有坚硬的电解质，导向定位叉由钢爪爪头向钢爪上部移动过程中将导致定位叉损坏或者钢爪无法插入加热线圈或校直机工位，证据 8 表明即便是专利权人将定位叉改进为机械手后也不能避免机械手被损坏；（2）本专利中楔入式支点（3-2）与推动该支点的汽缸（3-3）构成的校直支撑机构即为证据 4 中的用于在链阳极钢爪热挤压校直装置的爪外支撑机构，证据 4 中的支撑机构将本应为平动件的两构件（如证据 9 中所示的平动件）设计为转动件，违背了楔型机构的工作原理；（3）本专利中的校直顶推装置即为证据 3 的阳极钢爪热挤压校直装置，证据 3 中所描述“连杆长度大于杠杆长度”的特征无法实现“可使得油缸推力转化为挤压力得到倍增”。3. 本发明的技术方案由公知技术、证据 1、证据 2、证据 3、证据 4、证据 5 和证据 6 组合而成，本领域技术人员完全可以预料到组合后技术方案的效果，因而，本发明不具备创造性。

专利复审委员会受理了上述无效宣告请求，专利权人作出答复，并提交以下反证：1. 第 200310118902. 7 号发明专利申请公开说明书，公开日为 2004 年 11 月 17 日；2. 青铜峡铝业集团有限公司应用铝电解阳极钢爪校直机的应用证明；3. 第 200320109645. 6 号实用新型专利说明书，授权公告日为 2004 年 10 月 13 日；4. 第 200320109646. 0 号实用新型专利说明书，授权公告日为 2004 年 11 月 3 日；5. 第 02262397. 3 号实用新型专利说明书，授权公告日为 2003 年 10 月 22 日；6. 内蒙古包头鸿骏铝电有限公司使用全自动在链校直机的录像光盘 1 个；7. 宁夏回族自治区科技厅组织鉴定的关于“铝电解阳极钢爪在链全自动校直机研制开发”的《科学技术成果鉴定证书》；8. 宁夏机械产品质量监督检验站出具的关于“铝电解阳极钢爪全自动在链校直机”的检验报告；9. 陕西省经济贸易委员会组织鉴定的关于“铝电解阳极钢爪校直机”的“新产品新技术鉴定验收证书”；10. “铝电解阳极钢爪在链全自动校直机研制开发”获得宁夏回族自治区科技进步三等奖的证书；11. “阳极钢爪全自动在链校直系统研制及推广”获得陕西省科学技术奖贰等奖证书，获奖者为西安科技大学；12. “阳极钢爪全自动在链校直系统研制及推广”获得陕西省科学技术奖贰等奖证书，获奖者为韦力；13. 专利号为 ZL200320109902.6 的专利获得 2004~2005 年度陕西省专利奖二等奖的奖状；14. “铝电解阳极钢爪在链全自动校直机研制开发”获得宁夏回族自治区科学技术进步奖三等奖等证书。专利复审委员会向专利权人指出：其于 2007 年 9 月 25 日和 2007 年 9 月 29 日两次提交了意见陈述书，但均无当事人或代理机构的签名或签章。2008 年 3 月 17 日，专利复审委员会收到专利权人补交的盖有专利代理机构签章的意见陈述书以及上述反证中的证据 1~7 和 12~14。

专利权人的意见陈述要点为：1. 本发明工艺的自然规律和计算机的控制流程是完全吻合的，根本不存在计算机控制流程违背自然规律的事实。2. 实际设计中已考虑两定位叉的间距略大于钢爪上部外侧间距，钢爪外侧与定位叉之间并非夹紧状态，当钢爪摆动超限时与滚轮相碰，起到导向作用。3. 本发明组合了加热机、校直机、钢爪传送链、工业控制 PLC、计算机软件操作系统及其他辅助设备，形成了铝电解阳极钢爪全自动控制在链校直机系统，由于对现有校直机设备采用了工业计算机及可编程控制器控制，使得设备内部各工序之间及设备与传送机构之间可以互相配合，实现了整个生产过程的自动化，减轻了工人劳动强度，提高了钢爪校直效率及校直精度，校直后的钢爪一致性好。与以前的方案相比，已经大不相同，已经不是简单的叠加，更具先进性和创造性。

2008 年 3 月 25 日，专利复审委员会举行了口头审理，张先勇单方出席了口头审理。口审记录了以下事项：1. 专利复审委员会当庭将专利权人于 2008 年 3 月 17 日补交的盖有专利代理机构签章的意见陈述书以及反证 1~7 和 12~14 转交给张先勇，张先勇认可反证 1、3~5、7、12~14 的真实性，不认可反证 2 和 6 的真实性和关联性，不认可反证 8~9、10~14 的关联性；2. 张先勇明确证据 10 不作为证据使用，其实际上是对于本专利权利要求 1 和 2 不具备实用性的分析说明；3. 张先勇放弃证据 12；4. 张先勇放弃关于本专利不符合《专利法实施细则》第二条第一款的理由；5. 张先勇明确关于创造性的理由为本专利权利要求 1 或 2 相对于证据 1 的权利要求书、证据 3 的权利要求书、证据 5 的图 20-1 以及证据 6 的结合不具备创造性。

专利复审委员会经审查，于 2008 年 4 月 18 日作出第 11355 号决定。理由如下：

1. 关于证据。

（1）关于请求人提交的证据。

张先勇共提交了 12 份证据，即，1. 第 02262397.3 号实用新型专利说明书，授权公告日为 2003 年 10 月 22 日，复印件共 7 页；2. 第 200320109645.6 号实用新型专利说明书，授权公告日为 2004 年 10 月 13 日，复印件共 5 页；3. 第 02262396.5 号实用新型专利说明书，授权公告日为 2003 年 10 月 22 日，复印件共 5 页；4. 第 200320109646.0 号实用新型专利说明书，授权公告日为 2004 年 11 月 3 日，复印件共 5 页；5.《运输机械设计选用手册》下册，《运输机械设计选用手册》编辑委员会编写，化学工业出版社，1999 年 1 月印刷，封面页、版权页、第 604 页和“第二十章悬挂输送机”第 1 页，复印件共 4 页；6. 工业计算机可编程控制器 PLC 介绍资料，复印件共 9 页；7. 三爪、四爪钢爪内弯照片，共 1 页；8. 山西华泽铝业全自动校直机机械手损伤情况照片，共 1 页；9. “§10-5 机械运动方案拟定及评价”，复印件共 1 页；10. 在 ZL02262396.5 无效宣告案中“附件 2 结合证据对无效宣告请求理由的具体意见陈述”，复印件共 3 页；11. 本专利专利权人的机械手工作过程录像，光盘 1 个；12. 第 200310118902.7 号发明专利申请公开说明书（即，本专利公开文本），公开日为 2004 年

11 月 17 日，复印件共 10 页。

张先勇在口审中当庭放弃了证据 12 并明确证据 10 不作为证据使用，因此，专利复审委员会不对这两份证据予以评述。对于另外 10 份证据，即，证据 1～9 和 11，专利权人对其真实性均未提出质疑。证据 1~4 为中国专利文献、证据 5 为技术手册，由于专利权人未对上述证据真实性提出异议，故专利复审委员会对证据 1~5 的真实性予以认可。张先勇在提出无效宣告请求时主张使用证据 1~5 评价权利要求 1 或 2 的创造性，经专利复审委员会核实，其中证据 1、3 和 5 的公开日在本专利的申请日之前，可以作为现有技术评价本专利权利要求 1 或 2 的创造性；证据 2 的公开日为 2004 年 10 月 13 日，证据 4 的公开日为 2004 年 11 月 3 日，由于证据 2 和 4 的公开日均晚于本专利的申请日，因此，证据 2 和 4 不属于本专利的现有技术范畴，不能用于评价本专利权利要求 1 或 2 的创造性。证据 6 为工业计算机可编程控制器 PLC 的介绍资料，该证据本身没有记载其来源和公开时间，张先勇解释证据 6 来自网络，但无法清楚说明能够获得证据 6 的网络地址，证据 6 的真实性无法确认；张先勇使用证据 6 的目的在于评价权利要求 1 或 2 的创造性，张先勇没有提供证据 6 的公开日期，但是，专利复审委员会注意到，在证据 6 的参考文献中记载了一篇 2004 年的文献——于庆广，“可编程控制器原理及系统设计”，北京：清华大学出版社，由此可合理认定证据 6 的形成日在 2004 年之后，晚于本专利的申请日。综上，证据 6 不能用于评价权利要求 1 或 2 的创造性。证据 7 为三爪、四爪钢爪内弯照片，专利权人对证据 7 的真实性未提出质疑，专利复审委员会考察证据本身后也未发现有碍其真实性的疑点，而且，专利复审委员会在专利权人提交的反证 6 中观察到与证据 7 相似的钢爪（例如，参见反证 6 第 3 分 20 秒左右、5 分 30 秒左右的录像），由此，专利复审委员会认可证据 7 的真实性。证据 8 为全自动校直机机械手损伤情况照片，专利权人对证据 7 的真实性未提出质疑，专利复审委员会考察证据本身后也未发现有碍其真实性的疑点，由此，专利复审委员会认可证据 8 的真实性。证据 9 记载有关于“机械运动方案拟定及评价”的技术内容，张先勇使用证据 9 的目的在于评价权利要求 1 或 2 的实用性，张先勇当庭提交记载有证据 9 内容的原件——《机械原理》第二版，高等教育出版社，哈尔滨工业大学编，王知行、邓宗全主编，经专利复审委员会核对后，对于证据 9 的真实性予以认可。证据 11 为存有音像资料的光盘，拟用来说明在钢爪插入校直机的过程中定位叉被破坏，由此导致本专利的校直机不具备实用性，张先勇还陈述该光盘内的音像资料为专利权人自制的产品说明。专利复审委员会注意到，根据张先勇所述的定位叉被破坏的约 1 分 45 秒至 1 分 50 秒之间的录像可见，其机械装置的运动过程不连贯且画面有模糊之处，张先勇对此的解释是原音像资料即是如此；此外，张先勇称其音像资料来源于专利权人，但从证据 11 本身无法确认这一来源，张先勇也没有提供任何证据证明这一来源。在证据 11 的来源不明、内容存疑的情况，专利复审委员会对于证据 11 的真实性不予认可。

（2）关于专利权人提交的证据。

专利权人提交了反证 1-14，即：1. 第 200310118902.7 号发明专利申请公开说明书，公开日为 2004 年 11 月 17 日，复印件共 10 页；2. 青铜峡铝业集团有限公司应用铝电解阳极钢爪校直机的应用证明，复印件共 1 页；3. 第 200320109645.6 号实用新型专利说明书，授权公告日为 2004 年 10 月 13 日，复印件共 5 页；4. 第 200320109646.0 号实用新型专利说明书，授权公告日为 2004 年 11 月 3 日，复印件共 5 页；5. 第 02262397.3 号实用新型专利说明书，授权公告日为 2003 年 10 月 22 日，复印件共 7 页；6. 内蒙古包头鸿骏铝电有限公司使用全自动在链校直机的录像，光盘 1 个；7. 宁夏回族自治区科技厅组织鉴定的关于“铝电解阳极钢爪在链全自动校直机研制开发”的《科学技术成果鉴定证书》，复印件共 3 页；8. 宁夏机械产品质量监督检验站出具的关于“铝电解阳极钢爪全自动在链校直机”的检验报告，复印件共 3 页；9. 陕西省经济贸易委员会组织鉴定的关于“铝电解阳极钢爪校直机”的“新产品新技术鉴定验收证书”，复印件共 2 页；10. “铝电解阳极钢爪在链全自动校直机研制开发”获得宁夏回族自治区科技进步三等奖的证书，复印件共 1 页；11. “阳极钢爪全自动在链校直系统研制及推广”获得陕西省科学技术奖贰等奖证书，获奖者为西安科技大学，复印件共 1 页；12. “阳极钢爪全自动在链校直系统研制及推广”获得陕西省科学技术奖贰等奖证书，获奖者为韦力，复印件共 1 页；13. 专利号为 ZL200320109902.6 的专利获得 2004-2005 年度陕西省专利奖二等奖的奖状，复印件共 1 页；14. “铝电解阳极钢爪在链全自动校直机研制开发”获得宁夏回族自治区科学技术进步奖三等奖等证书，复印件共 1 页。专利复审委员会认为，上述反证的文件中既无专利权人签字或签章也无代理机构签章，不符合提交专利相关文件的法定形式，专利权人对反证 1~7 和 12~14 进行了补正，但仍未补正反证 8~11，故对于反证 8~11 不予考虑。张先勇认可反证 1、3~5、7、12~14 的真实性，专利复审委员会亦认可这些反证的真实性；张先勇不认可反证 2 和 6 的真实性，专利复审委员会认为，反证 2 为青铜峡铝业集团有限公司应用铝电解阳极钢爪校直机的应用证明的复印件，反证 6 为存有音像资料的光盘，反证 2 或 6 自身无法证明其真实性，而专利权人又没有提供任何其他证据佐证反证 2 或 6 的真实性，因此，专利复审委员会对于反证 2 和 6 的真实性不予认可。

2. 关于《专利法》第二十二条第四款。

张先勇并没有质疑本专利的校直机在产业上能够制造，其认为本专利权利要求 1 或 2 的校直机不具备实用性的理由在于认为该校直机不能解决校直钢爪的技术问题，理由有三：（1）由证据 7 可见，实践中，内弯钢爪的上部较爪头更宽且上部经常附着有坚硬的电解质，导向定位叉由钢爪爪头向钢爪上部移动过程中将导致定位叉损坏或者钢爪无法插入加热线圈或校直机工位，证据 8 表明即便是专利权人将定位叉改进为机械手后也不能避免机械手被损坏；（2）本专利中楔入式支点（3-2）与推动该支点的汽缸（3-3）构成的校直支撑机构即为证据 4 中的用于在链阳极钢爪热挤压校直装置的爪外支撑机构，证据 4 中的支撑机构将本应为平动件的两构件（如证据 9 中所示的平动件）设计为转动件，违背了楔型机构的工作原理；（3）本专利中的校直顶推装置即为证据 3 的阳极钢爪热挤压校直装置，证据 3 中所描述“连杆长度大于杠杆长度”的特征无法实现“可使得油缸推力转化为挤压力得到倍增”，相反，理论计算表明，“连杆长度比杠杆长度越长，提供的挤压力越小”。专利复审委员会考察张先勇的证据和理由后认为，证据 7、8 只是用于表明校直机的定位叉将在实际操作中被损坏，其理由（1）并未否定本专利校直机能够校直钢爪的能力；理由（2）认为支撑机构的设计违背楔型机构的工作原理，将理应为如证据 9 所示的平动设计的构件设计为转动，其后果是：接触点很快磨损以及校直精度和校直后的一致性很难保证，但也未否定本专利校直机能够校直钢爪的能力；理由（3）认为所述“可使得油缸推力转化为挤压力得到倍增”优越效果无法通过所述装置得以实现，但也未否定本专利校直机能够校直钢爪的能力。可见，张先勇提供的证据及其所述的 3 个理由都没有否定本专利校直机能够实现校直钢爪的效果，也就是说，张先勇认为本专利不具备实用性的理由并非是因为本专利校直机本身或其工作过程违背自然规律从而无法解决技术问题、无法实现技术效果，而是认为本专利校直机的某一具体实施方案在实际应用中存在缺陷，其技术方案有待优化、效果可以更加优越。这样的理由显然不能否定本专利的实用性。此外，即使本专利权利要求范围内的某一具体校直机由于自身的缺陷导致无法实现校直钢爪的效果，只要本领域技术人员依然能够根据说明书的描述和其掌握的相关技术手段，获得在本专利权范围内的具有校直效果的校直机，那么，本专利的权利要求就具备实用性。综上，张先勇认为本专利权利要求 1 或 2 不具备实用性的理由不成立。权利要求 1 和 2 符合《专利法》第二十二条第四款的规定。

3. 关于《专利法》第二十二条第三款。

张先勇认为本专利权利要求 1 和 2 是证据 1 的权利要求书、证据 3 的权利要求书、证据 5 的图

20-1 以及证据 6 的组合发明。基于前面“关于证据”部分的评述可见，证据 6 不能用于评价权利要求 1 或 2 的创造性，因此张先勇的理由即为权利要求 1 和 2 相对证据 1 的权利要求书、证据 3 的权利要求书和证据 5 的图 20-1 的组合不具备创造性。证据 1 的权利要求书公开了一种阳极钢爪热挤压校直机的加热装置，该装置具有逆变电源和两个感应加热线圈；证据 3 的权利要求书公开了一种阳极钢爪热挤压校直装置，该装置设有顶架和顶推杠杆，据说明书内容可知，该装置的顶架与油缸相连，即，证据 3 中隐含披露了顶推油缸的技术特征；证据 5 图 20-1 公开了一种通用悬挂输送机结构，其相当于本专利中的“钢爪传送链”。即使本领域技术人员无需创造性劳动即可将证据 1、3 和 5 组合在一起从而得到具有证据 1、3 和 5 上述全部特征的校直机，本专利权利要求 1 与该组合后的校直机相比还存在如下区别技术特征：加热升降台内的“升降台油缸”、加热升降台顶上的定位叉；校直升降台内的“升降台油缸”、校直升降台顶上的定位叉；以及权利要求 1 特征部分的大部分特征，包括可编程控制器以及可编程控制器与加热升降台、校直升降台、钢爪传送链之间的相互关系。根据说明书的描述，本专利解决的技术问题是：提供一种自动控制的可校直铝电解阳极钢爪的校直机。然而，张先勇没有提供任何证据表明上述区别技术特征均为本领域的通用技术，即没有提供证据表明，现有技术存在将上述区别技术特征应用到证据 1、3 和 5 的组合以解决其技术问题的技术启示，故本专利权利要求 1 相对于证据 1、3 和 5 的结合具备创造性。在此基础上，从属权利要求 2 也具备创造性。综上，张先勇认为本专利权利要求 1 或 2 不具备创造性的主张不成立。权利要求 1 和 2 均符合《专利法》第二十二条第三款的规定。张先勇不服第 11355 号决定，向一审法院提起行政诉讼。

本院认为,《专利法》第二十二条第四款规定，实用性，是指该发明或者实用新型能够制造和使用，并且能够产生积极效果。张先勇对本专利实用性的质疑，即其所谓定位叉夹得过紧、楔形机构接触点磨损及错位、压力不能倍增等问题并非属于因本专利违背自然规律而不能实现的问题，而是认为根据本专利制造的某一具体产品存在某些缺陷的问题，这些缺陷不能否认本专利能够制造和使用并实现校直钢爪的效果。对计算机程序问题，张先勇也未提出具体的理由。因此专利复审委员会认定，张先勇的理由不能否定本专利的实用性，只要本领域技术人员能够根据本专利说明书的描述和其掌握的相关技术手段，获得在本专利权范围内的具有校直效果的校直机，本专利的权利要求就具备实用性，专利复审委员会该认定具有事实和法律根据。本院亦认可一审法院对其他问题的判决意见，不再赘述。

综上，第 11355 号决定认定事实清楚，适用法律正确，程序合法，一审法院判决维持正确，本院应予维持。张先勇的上诉请求缺乏事实和法律依据，本院不予支持。依据《中华人民共和国行政诉讼法》第六十一条第（一）项的规定，判决如下：

驳回上诉，维持一审判决。

二审案件受理费人民币 100 元，由上诉人张先勇负担（已交纳）。

本判决为终审判决。

审 判 长 景 滔

代理审判员 马 军

代理审判员 刘 行

二〇〇九年十二月十八日

书 记 员 王 芳

015

导风筒密封联结器

无效宣告请求审查决定（第11357号）

决　　定　　号　第11357号
决　　定　　日　2008年4月21日
发明创造名称　导风筒密封联结器
国 际 分 类 号　F16L 21/06
无效宣告请求人　唐山市路南武仪矿用电器厂
专 利 权 人　邵国发
专　　利　　号　200520023712.1
申　　请　　日　2005年3月25日
授 权 公 告 日　2006年6月21日
合 议 组 组 长　任晓兰
主　　审　　员　刘　磊
参　　审　　员　田　芳

法 律 依 据　专利法第22条第2款、第3款
决 定 要 点
无效宣告请求人对自己提出的主张负有举证责任，在无效宣告请求人的主张缺乏证据支持的情况下，应当承担对其不利的后果。

一、案由

本无效宣告请求涉及国家知识产权局于2006年6月21日授权公告的、名称为“导风筒密封联结器”的第200520023712.1号实用新型专利权（以下简称本专利），其申请日为2005年3月25日，专利权人为邵国发。本专利授权公告时的权利要求书为：

“1. 一种导风筒密封联结器，其主体为一个可锁紧的刚性圈，其特征在于该刚性圈的断面呈槽型结构，槽内镶嵌有柔性弹性体内衬，该弹性体内衬所形成的凹形空间恰好能置入并列放置的两个导风筒刚性圈。”

针对上述专利权，唐山市路南武仪矿用电器厂（以下简称请求人）于2007年10月29日向国家知识产权局专利复审委员会提出无效宣告请求，并提交了以下证据：

证据1：据称来自网址1：“http：//www. hardwareinfo. cn/commerce/commercedetail-7/217615. html”、网址2：“http：//tdC2020. applegold. com. cn/virtualexpo/corpbizoffer. aspx？BizInfoDoneID = 22870&corpid = 7030” 和 网 址 3：“ http：//search. china. alibaba. com/search/vespa _offer _detail. htm？ uri = b1665 c5ca801356e&keywords=%B9%E3%D6%DD%BE%AB%CE%C8”的关于“广州精稳卡箍有限公司的快拆卸卡箍”的网页打印件，共1页。

证据2：据称来自网址1：“http：//detail. china. alibaba. com/buyer/offerdetail/50602278. html? keywords=% BA% FE% D6% DD% CA% D0% C4% CF% E4% B1% BF% AD% C0% D6”和网址2：“http：//kailewujing. cn. alib

aba. com/athena/offerdetail/sale/kailewujing-0-50602278. html”的关于“湖州市南浔凯乐五金有限公司的抱箍”的网页打印件，共1页；

证据3：据称来自网址：“http：//chenfeng. b2b. hC360. com/supply/33420196. html”的关于“上海爱帆金属制品有限公司的抱箍”的网页打印件，共1页；

证据4：据称来自网址：“http：//detail. china. alibaba. com/buyer/offerdetail/50640816. html? keywords=% B7% F0% C9% BD% CA% D0% EC% F8% B3% C7% C7% F8% BA% A3% B2% A9% BC% AA% C4% B7% B2% BB% D0% E2% B8% D6% B9% DC% BC% FE% B3% A7”的关于“佛山市禅城区海博吉姆不锈钢管件厂的卡箍”的网页打印件，共1页；

证据5：据称来自网址1：“http：//“http：//detail. china. alibaba. com/buyer/offerdetail/96091509. html? keywords=%C8%F0%B0%B2%CA%D0%BC%CE%B0%EE%C6%FB%C5%E4%B3%A7”和网址2：“http：//

detail. china. alibaba. com/buyer/offerdetail/21339183. html? keywords =% C8% F0% B0% B2% CA% D0%BC%CE%B0%EE%C6%FB%C5%E4%B3%A7”的关于“瑞安市嘉邦汽配厂的产品”的网页打印件，共1页；

证据6：据称来自网址：“http：//www. uvn. cn/business/Opp_ act_ detail_ oid_ 783052. jhtml# infol”的关于“余姚市恒威卡箍有限公司的V形槽卡箍”的网页打印件，共1页；

请求人认为：“该专利要求的特征为通用五金配件类商品中的槽形卡箍。属于通用商品。数十年前已经在社会被广泛使用，已被人们及社会‘公知、公用’。本领域的普通技术人员可以容易地看出权利要求的特征与通用五金配件类商品中的槽形卡箍完全一样，直接使用槽形卡箍不需要付出任何创造性的劳动，并且与本专利具有相同的技术效果。由此，该权利要求所述的技术方案不具有突出的实质性特点和显著的进步，该权利要求不具备新颖性及创造性。”

经形式审查合格后，专利复审委员会受理了该无效宣告请求，并于2007年11月5日向双方当事人发出了《无效宣告请求受理通知书》，并向专利权人转送了《专利权无效宣告请求书》及其附件清单中所列附件的副本，要求其在指定的期限内答复，同时成立合议组对本无效请求案进行审理。

2007年12月4日，专利权人针对上述《无效宣告请求受理通知书》提交了意见陈述书，认为：（1）证据1~6没有公开日期，不能用于评价本专利的新颖性和创造性；（2）本专利与证据1~6相比存在区别，并且能产生有益的效果，因此，具备新颖性和创造性。

2008年1月29日，专利复审委员会本案合议组向双方当事人发出《无效宣告请求口头审理通知书》，拟定于2008年3月26日对本案进行口头审理，并向请求人转送了上述专利权人针对《无效宣告请求受理通知书》提交的意见陈述书，要求其在口头审理时一并答复。

2008年3月26日，口头审理如期举行，双方当事人和/或代理人均参加了口头审理。庭审过程中，本案合议组对请求人提出的无效理由和证据进行了充分调查并听取了双方当事人的陈述，认定并记录了以下事项：（1）专利权人对请求人所提交的证据1~6的真实性有异议，并认为所述证据没有给出公开日期；请求人确认其提交的证据1~6上面没有公开日期；（2）请求人当庭补充提交如下证据（编号续前）：

证据7：申请号为92106535.3的发明专利申请公开说明书，公开日为1993年12月8日，复印件共4页，

证据8：专利号为00258043.8的实用新型专利说明书，授权公告日为2001年11月28日，复印件共8页，

证据9：专利号为00223272.3的实用新型专利说明书，授权公告日为2001年3月14日，复印件共5页，以及

证据10：专利号为97238998.9的实用新型专利说明书，授权公告日为1999年4月28日，复印件共18页，

请求人拟用该证据7~10评述本专利不具备新颖性和创造性；合议组将其当庭转送专利权人，专利权人认为上述证据的提交超过了举证期限，不符合审查指南的规定；合议组当庭告知，证据7~10的提交不符合审查指南第四部分第三章第4.3.1节的规定，不予考虑。

经过上述审理程序，合议组认为本案事实已经清楚，可以依法作出审查决定。

二、决定的理由

1. 关于审查文本

合议组在本专利授权公告文本的基础上作出本无效宣告请求审查决定。

2. 关于举证期限

根据专利法实施细则第66条及审查指南第四部分第三章第4.3.1节的规定，请求人在提出无效宣告请求之日起一个月后补充证据的，专利复审委员会一般不予考虑，除非：（i）针对专利权人以合并方式修改的权利要求或者提交的反证，请求人在专利复审委员会指定的期限内补充证据，并在该期限内结合该证据具体说明相关无效宣告理由的；（ii）在口头审理辩论终结前提交技术词典、技术手册和教科书等所属技术领域中的公知常识性证据或者公证书、原件等用于完善证据法定形式的证据，并在该期限内结合该证据具体说明相关无效宣告理由的。

本案中，请求人于口头审理时当庭提交证据7~10，分别为：申请号为92106535.3的发明专利申请公开说明书、专利号为00258043.8、00223272.3和97238998.9的实用新型专利说明书，请求人拟用这些证据证明本专利不具备新颖性和创造性。专利权人认为所述证据的提交超出举证期限。合议组查明：证据7~10是在提出无效宣告请求之日起一个月后提交的，既不是针对专利权人以合并方式修改的权利要求，也不是针对专利权人提交的反证；同时，所述证据均为专利文献，不属于审查指南规定的公知常识性证据，也非用于完善证据法定形式的证据。因此，合议组认为所述证据7~10的提交超出举证期限，不予考虑。

3. 关于证据的认定

请求人在提出无效宣告请求时提交了证据1~6。专利权人对其真实性提出异议。合议组查明：首先，证据1~6为一些据称来源于网站的网页打印件，虽然在相关图片上方记载有相关网址，但从证据本身无法确认其确实来源于所述网址，请求人也未提供任何证据证明其来源；其次，基于网络内容具有修改随意性大、不留痕迹等特点，在请求人没有提交其他证据佐证证据1~6确实是从所述网站上下载的、证据1~6的内容确实与网站上的内容一致，同时，也无证据证明证据1~6的内容真实可靠的情况下，合议组对证据1~6不予采信。此外，从证据1~6也无法确认其公开日期，因此不能作为本专利的现有技术。

4. 关于专利法第22条第2款和第3款

专利法第22条第2款规定，新颖性是指在申请日以前没有同样的发明或者实用新型在国内外出版物上公开发表过、在国内公开使用过或者以其他方式为公众所知，也没有同样的发明或者实用新型

由他人向国务院专利行政部门提出过申请并且记载在申请日以后公布的专利申请文件中。

专利法第 22 条第 3 款规定，创造性是指同申请日以前已有的技术相比，该实用新型有实质性特点和进步。

无效宣告请求人对自己提出的主张负有举证责任，在无效宣告请求人的主张缺乏证据支持的情况下，则应当承担对其不利的后果。

就本案而言，请求人认为本实用新型专利权不符合专利法第 22 条第 2 款和第 3 款的规定所依据的是证据 1~6。在证据 1~6 不能被采信的情况下，请求人关于本专利不符合专利法第 22 条第 2 款和第 3 款的规定的主张缺乏证据支持，因此，其所提出的无效宣告理由不能成立。

基于上述事实和理由，合议组作出下述审查决定。

三、决定

维持 200520023712.1 号实用新型专利权有效。

当事人对本决定不服的，可以根据专利法第 46 条第 2 款的规定，自收到本决定之日起三个月内向北京市第一中级人民法院起诉。根据该款规定，一方当事人起诉后，另一方当事人应当作为第三人参加诉讼。

016

伸缩晾衣架管

无效宣告请求审查决定（第11361号）

决　　定　　号　第11361号
决　　定　　日　2008年4月10日
发明创造名称　伸缩晾衣架管
国 际 分 类 号　D06F53/02
无效宣告请求人　嘉兴市新丰镇鑫祥钢管厂
专　利　权　人　上海具盛工贸有限公司
专　　利　　号　200620038852.0
申　　请　　日　2006年1月11日
授 权 公 告 日　2007年3月7日
合 议 组 组 长　左　一
主　　审　　员　马桂丽
参　　审　　员　邢文飞

法　律　依　据　专利法第22条第2款
决　定　要　点

如果请求人所提交的由他人在本专利申请日之前提出申请并且在本专利申请日之后公开的在先申请公开了本专利权利要求1的全部技术特征，则本专利相对于该在先申请不具有新颖性。

一、案由

本无效宣告请求涉及国家知识产权局于2007年3月7日授权公告的名称为“伸缩晾衣架管”的实用新型专利（下称本专利），其专利号为200620038852.0，申请日为2006年1月11日，专利权人是上海具盛工贸有限公司。

本专利授权公告的权利要求书的内容如下：

“1. 伸缩晾衣架管，包括内管、外管，其特征在于：内管的轴向接缝为两边U形边相反嵌合构成，内管的轴向接缝处的管壁呈向内凹面；外管的轴向接缝为两边U形边相反嵌合构成，外管的轴向接缝线处的管壁外侧呈圆，外管的两边U形边嵌合条位于外管壁的内侧。”

针对上述专利权，嘉兴市新丰镇鑫祥钢管厂（下称请求人）于2007年6月25日向专利复审委员会提出了无效宣告请求，无效理由是本专利的权利要求1不符合专利法第22条第2款的规定。请求人提供如下附件作为证据：

附件1：授权公告号为CN2878849Y号的中国实用新型专利说明书复印件，共5页，其授权公告日为 2007 年 3 月 14 日，申请日为 2005 年 12 月 30 日，专利权人为王之超。

请求人在无效宣告请求书中指出：附件 1 的申请日早于本专利的申请日，并且附件 1 在本专利的申请日之后公告，附件 1 记载的内容与本专利相同，构成了本专利的抵触申请。具体说明如下：（1）首先，附件 1 涉及一种折边咬口管，属于金属管材领域，本专利涉及一种伸缩式晾衣架管，也属于金属管材领域，两者技术领域相同。（2）其次，附件 1 也是对采用高频焊接工艺制成的现有金属管进行的改进，以达到生产无污染、降低生产成本的目的。（3）附件 1 记载了一种套合管的技术方案，也即为伸缩管，只是它比本专利的伸缩晾衣架管使用范围更广，既能作晾衣架，也能作他用。（4）将本专利的权利要求 1 与附件 1 相比可以看出，两者就是名称不同、描述方式不同但结构完全一样的相同产品，本领域技术人员根据两者的技术方案可以确定，两者能够适用于相同的技术领域（伸缩管和伸缩晾衣架），解决相同的技术问题（现有产品的生产成本较高），并具有相同的预期效果（增加了咬合接口处的厚度而提高其强度）。因此，附件 1 记载了本专利权利要求 1 的所有技术特征，本专利权利要求 1 与附件 1 相比不具备新颖性。

经形式审查合格后，专利复审委员会受理了上述请求，于 2007 年 7 月 23 日向涉及本案的双方当事人发出了无效宣告请求受理通知书，并将无效宣告请求书及其所列附件的副本转送给专利权人，要求其在指定的期限内答复。

2007 年 9 月 25 日，专利权人向专利复审委员会寄交了意见陈述书，同时提交了以下证据：

证据 1：上海具盛工贸有限公司与嘉兴新丰镇鑫祥钢管厂于 2003 年 7 月 27 日签订的《委托加工协议（试制）》复印件，共 1 页，用于证明嘉兴市新丰镇鑫祥钢管厂的"咬口折边"技术属于上海具盛工贸有限公司；

证据 2：收货人为加兴鑫祥钢管厂的送货清单复印件，共 1 页，用于证明生产"咬口折边"技术产品的专用设备材料均由上海具盛工贸有限公司提供；

证据 3：浙江省嘉兴市南湖区人民法院编号为（2006）南民二初字第 201 号的判决书复印件，共 7 页，用于证明嘉兴市新丰镇鑫祥钢管厂的"咬口折边"技术属于上海具盛工贸有限公司，并证明生产"咬口折边"技术产品的专用设备材料均由上海具盛工贸有限公司提供；

证据 4：上海具盛工贸有限公司对嘉兴市新丰镇鑫祥钢管厂提出起诉的起诉状复印件，共 2 页，用于证明上海具盛工贸有限公司已向法院提出"咬口折边"专利权确权请求。

专利权人在意见陈述书中提出，请求人盗用专利权人的技术，欺骗国家专利局取得专利号为 ZL200520134447.4 的实用新型专利权。其中提出请求人的 ZL200520134447.4 的实用新型专利权与本专利属于相同的实用新型的原因是两者出自同一技术——折边咬合，而专利权人才是这项技术的真正拥有者。2007 年，专利权人发现请求人使用专利权人的专有技术和设备生产与销售"折边咬口"产品，向杭州市中级人民法院提起诉讼，要求停止侵犯专利权人 ZL200620038852.0 专利号的"折边咬口管"实用新型专利权。为此，专利权人已向杭州市中级人民法院提起诉讼，要求将请求人的 ZL200520134447.4 的实用新型专利权判归专利权人所有，法院已立案受理。专利权人请求驳回请求人的申请或中止审理。

2007 年 11 月 28 日，本案合议组向请求人和专利权人双方当事人发出口头审理通知书，定于 2008 年 1 月 7 日对本案进行口头审理。并随该口审通知书将专利权人于 2007 年 9 月 25 日提交的意见陈述书及相关证据共 15 页转交请求人。

2008 年 1 月 7 日，针对请求人提出的专利无效请求的口头审理如期举行。请求人委托代理人参加了口头审理，专利权人未参加口头审理。在口头审理中，请求人对合议组成员无回避请求。请求人明确无效理由为本专利权利要求 1 相对于附件 1 不具备专利法第 22 条第 2 款的规定的新颖性，并充分发表意见。

至此，合议组经合议，认为本案事实已经清楚，可以依法作出本审查决定。

二、决定的理由

1. 关于专利权人提出的中止审理的请求以及其相关证据

专利权人在于2007年9月25日向专利复审委员会提出的意见陈述书中，以杭州市中级人民法院已立案受理了专利权人要求将当前专利权属于请求人的ZL200520134447.4的实用新型专利权判归专利权人的诉讼请求为由，请求中止审理。但是，由于专利权人未提交本专利权属纠纷已被相关部门受理的证据。虽然专利权人在意见陈述书中声称其已向杭州市中级人民法院提起权属纠纷，且法院已立案受理，但专利权人仅提供了相关的起诉书（证据4），并未提供法院已立案受理的证据。总之，一方面，没有证据证明该专利权属纠纷已经被地方知识产权管理部门或者人民法院受理，造成专利权人的中止请求不满足审查指南第五部分第七章第7.1节规定的请求中止的条件，另一方面，专利权人也没有履行审查指南第五部分第七章第7.3节规定的请求中止的手续，如提交中止程序请求书并缴纳中止程序请求费，所以，本案合议组按照正常程序对本无效宣告请求进行审理。

2. 关于请求人提出的作为证据的附件1的认定

请求人提交的附件1为授权公告号为CN2878849Y的中国实用新型专利授权公告文本复印件，专利权人对附件1的真实性没有提出异议，经过核实，合议组也对该证据的真实性予以确认。附件1的专利权人为王之超，与本专利专利权人不同，其申请日为2005年12月30日，在本专利的申请日2006年1月11日之前，其授权公告日为2007年3月14日，即附件1（下称对比文件1）相对于本专利来说是一份申请日在前、公开日在后的专利文件，可以用来作为证据评价本专利是否具有新颖性。

3. 关于专利法第22条第2款

专利法第22条第2款规定：新颖性，是指在申请日以前没有同样的发明或者实用新型在国内外出版物上公开发表过、在国内公开使用过或者以其他方式为公众所知，也没有同样的发明或者实用新型由他人向国务院专利行政部门提出过申请并且记载在申请日以后公布的专利申请文件中。

本专利权利要求1请求保护一种伸缩晾衣架管，对比文件1公开了一种折边咬口管，并具体公开了以下内容（参见对比文件1说明书第1页倒数第4行至第2页第3行及说明书附图1、附图2）：该折边咬口管由两个折边咬口管套合在一起连成（相当于包括内管、外管），折边咬口管由两面镀锌的铁板1裁剪后卷折而成，板材1的一个折边2向下向内弯折，另一折边3向上向内弯折，折边2的边沿咬合在折边3的弯折边沿内部（相当于内管的轴向接缝为两边U形边相反嵌合构成，外管的轴向接缝为两边U形边相反嵌合构成），外侧折边咬口管的结构与图1所示的折边咬合管相同，而内部的折边咬口管稍有不同，两个折边2、3在弯折前先于4、5位置处向下弯折一下，整个咬合接口稍稍下凹，正好为外部折边咬口管的咬合接口所限，使其不能自由转动（结合附图2可得出相当于内管的轴向接缝处的管壁呈向内凹面，外管的轴向接缝处的管壁外侧呈圆，外管的两边U形边嵌合条位于外管壁的内侧）。从对比文件1的附图1、2和本专利的附图1、2进行比较可以看出，两者内、外管的结构完全相同。对比文件1属于金属管材领域，而本专利涉及一种伸缩式晾衣架管，其从广义上讲也属于金属管材领域，因此，两者技术领域相同。同时，对比文件1也是对采用高频焊接工艺制成的现有金属管进行的改进，以达到生产无污染、降低生产成本的目的。因此，将本专利的权利要求1与对比文件1公开的技术方案相比较可以看出，对比文件1公开了本专利权利要求1的所有技术特征，两者属于相同的技术领域，解决相同的技术问题，并具有相同的预期效果。

综上所述，对比文件1与本专利申请人不同，对比文件1已经将本专利权利要求1所要求保护的技术方案完全公开，而且对比文件1先于本专利申请，并在本专利申请日之后公开，对比文件1已构成本专利的抵触申请。因此，本专利的权利要求 1 相对于对比文件 1 不具备专利法第 22 条第 2 款规定的新颖性，请求人的无效宣告请求理由成立。

三、决定

宣告 200620038852.0 号实用新型专利权全部无效。

当事人对本决定不服的，可以根据专利法第 46 条第 2 款的规定，自收到本决定之日起三个月内向北京市第一中级人民法院起诉。根据该款的规定，一方当事人起诉后，另一方当事人应当作为第三人参加诉讼。

017

适用于电器设备的高效无腐蚀气溶胶灭火剂

无效宣告请求审查决定（第 11599 号）

决 定 号 第 11599 号
决 定 日 2008 年 5 月 26 日
发明创造名称 适用于电器设备的高效无腐蚀气溶胶灭火剂
国 际 分 类 号
无效宣告请求人 江西三星气龙新材料股份有限公司
专 利 权 人 陕西坚瑞化工有限公司
专 利 号 02119648.6
优 先 权 日 2001 年 5 月 17 日
申 请 日 2002 年 5 月 15 日
授 权 公 告 日 2004 年 5 月 26 日
合 议 组 组 长 任晓兰
主 审 员 李亚林
参 审 员 田 芳

法 律 依 据 专利法第 22 条第 2 款、第 3 款
决 定 要 点

如果请求人提供的证据没有公开能够与权利要求进行对比的技术方案，则该证据不能破坏权利要求的新颖性和创造性。

一、案由

本无效宣告请求案涉及国家知识产权局于 2004 年 5 月 26 日授权公告的名称为“适用于电器设备的高效无腐蚀气溶胶灭火剂”的第 02119648.6 号发明专利权（以下简称本专利），其申请日为 2002 年 5 月 15 日，优先权日为 2001 年 5 月 17 日，专利权人由郭鸿宝变更为陕西坚瑞化工有限公司。本专利授权公告的权利要求 1 如下：

“1. 一种适用于电器设备的无腐蚀气溶胶灭火剂，它包含氧化剂、还原剂和性能改良剂，其特征在于氧化剂为锶的含氧酸盐硝酸锶，还原剂为硝酸胍，性能改良剂为酚醛树脂，该类组合物包含的组份重量百分含量为：

硝酸锶 45% ~ 55%
硝酸胍 40% ~ 50%
酚醛树脂 1% ~ 5%。”

针对上述专利权，江西三星气龙新材料股份有限公司（下称请求人）于2007年9月6日向专利复审委员会提出无效宣告请求，其理由是本专利权利要求1不符合专利法第22条第2款和第3款的规定。请求人同时提交了如下证据：

证据1：江西三星气龙新材料有限公司购买硝酸锶的重庆增值税专用发票，No. 00452694，开票日期为2001年3月1日，复印件共1页；

证据2：国家固定灭火系统和耐火构件质量监督检验中心出具的、编号为2001-0530的、针对“固定式气溶胶自动灭火装置”的检验报告，报告签发日期为2001年6月26日，复印件共9页；

证据3：江西省公安消防总队组织鉴定“QL200型固定式气溶胶自动灭火装置”的江西省新产品技术鉴定证书，鉴定日期为2001年6月15日，复印件共6页；

证据4：国家固定灭火系统和耐火构件质量监督检验中心出具的、编号为2001~2906的、针对“固定式气溶胶自动灭火装置”的试验报告，报告签发日期为2002年1月10日，复印件共8页；

证据5：“QL200洁净型固定式气溶胶自动灭火装置”，《消防技术与产品信息》，2002年第1期，封面页和第78~79页，复印件共3页；

证据6：李凡、任彤，“气龙200洁净型气溶胶自动灭火装置”，《消防技术与产品信息》，2002年第6期，封面页和第73~74页，复印件共3页；

证据7：合同编号分别为cb2001-12-10、Ea2001-12-09的江西三星气龙新材料有限公司气龙产品销售合同，签订日期分别为2001年12月4日和2001年12月6日，复印件共6页。

请求人认为：（1）证据1~6表明请求人于2001年初已成功研制了适合电器设备的气溶胶灭火装置，权利要求1相对于证据1~6不具备新颖性和创造性。（2）权利要求1相对于证据8（“用户使用产品样本”，未提交。）或者证据7和证据8的结合不具备创造性。

经形式审查合格后，专利复审委员会受理了上述请求，于2007年11月15日向双方当事人发出《无效宣告请求受理通知书》，并将《专利权无效宣告请求书》及其他有关文件的副本转送给专利权人，要求其在指定的期限内答复，同时成立合议组对本无效请求案进行审理。

2008年1月3日，原专利权人郭鸿宝针对上述《专利权无效宣告请求书》提交了意见陈述书，同时提交反证1~6：

反证1：“中华人民共和国国家知识产权局”网站关于第02119648.6号专利申请的著录项目信息页的打印件，以及第02119648.6号发明专利授权公告文本首页复印件，共2页；

反证2：第01115259.1号专利申请受理通知书、权利要求书，复印件共2页；

反证3：第01115260.5号专利申请受理通知书、权利要求书、专利申请初步审查合格通知书，复印件共3页；

反证4：国家固定灭火系统和耐火构件质量监督检验中心出具的、编号为2000-1119的、针对“气溶胶自动灭火装置”的检验报告，报告签发日期为2000年8月18日，复印件共3页；

反证5：西安坚瑞化工有限责任公司关于DKL气溶胶自动灭火装置的企业标准，复印件共7页；

反证6：“中华人民共和国公共安全行业标准 气溶胶灭火系统 第1部分：热气溶胶灭火装置”，中华人民共和国公安部发布，发布日为2004年6月4日，共16页。

专利权人认为：证据1为“硝酸锶购买发票”，该证据只能说明请求人在2001年3月1日购买了硝酸锶原材料，并不能说明该硝酸锶原材料的具体实际应用，更不可能涉及本专利保护的技术方案；本专利的优先权日为2001年5月17日，证据2~7的公开日均晚于本专利的优先权日，而且这些证据均没有涉及气溶胶灭火剂的实质性内容。因此，证据1~7无证明力，无效宣告的理由不成立。

2008年4月2日，合议组向双方当事人发出《无效宣告请求口头审理通知书》，拟定于2008年5

月 12 日对该案进行口头审理。

2008 年 4 月 18 日，专利权人由郭鸿宝变更为陕西坚瑞化工有限责任公司。

2008 年 5 月 12 日，口头审理如期进行。请求人江西三星气龙新材料股份有限公司和专利权人陕西坚瑞化工有限责任公司均委托代理人出席了口头审理，对对方出庭人员的身份没有异议，对合议组成员无回避请求，合议组在此情况下就本无效宣告请求案进行了庭审调查：

（1）合议组告知双方当事人专利权人的变更情况，专利权人明确其已收到专利复审委员转送的全部文件，并坚持原专利权人的答复意见。

（2）请求人当庭提交了证据 1、2、3、4 和 7 的原件，放弃证据 8。专利权人认可证据 1 的真实性；认可证据 2、3、4 和 7 复印件与原件一致，但由于没有其他证据佐证证据 2、3、4 和 7 的真实性，因此对证据 2、3、4 和 7 的真实性提出质疑；基于请求人未提交证据 5、6 的原件，因此不认可证据 5 和 6 的真实性。

（3）请求人当庭确定其无效宣告理由为：①证据 1~6 证明本专利权利要求 1 已被使用公开，即权利要求 1 相对于证据 1~6 不符合专利法第 22 条第 2 款有关新颖性的规定。②权利要求 1 相对于证据 1~6 或证据 7 不符合专利法第 22 条第 3 款有关创造性的规定。

（4）专利权人当庭放弃反证 1~6。

至此，合议组认为本案的事实已经清楚，可以作出审查决定。

二、决定的理由

1. 法律依据

基于请求人的无效宣告请求理由，合议组对本专利权利要求 1 相对于证据 1~6 是否符合专利法第 22 条第 2 款、相对于证据 1~6 或证据 7 是否符合专利法第 22 条第 3 款进行审查。

专利法第 22 条第 2 款规定：新颖性，是指在申请日以前没有同样的发明或者实用新型在国内外出版物上公开发表过、在国内公开使用过或者以其他方式为公众所知，也没有同样的发明或者实用新型由他人向国务院专利行政部门提出过申请并且记载在申请日以后公布的专利申请文件中。

专利法第 22 条第 3 款规定：创造性，是指同申请日以前已有的技术相比，该发明有突出的实质性特点和显著的进步，该实用新型有实质性特点和进步。

2. 关于证据的认定和证据链的形成

请求人在无效宣告请求书中提及了名称为“用户使用产品样本”的证据 8，但并未提交，且在口头审理时放弃证据 8，因此，合议组对证据 8 不予评述。

证据 1 为请求人于 2001 年 3 月 1 日购买硝酸锶的增值税专用发票，在专利权人对其真实性未提出异议的情况下，合议组认可该证据的真实性。该证据仅能表明请求人在本专利优先权日前购买过硝酸锶，无法表明所购硝酸锶的用途。

证据 2、4 分别为国家固定灭火系统和耐火构件质量监督检验中心针对 QL200 型固定式气溶胶自动灭火装置出具的检验报告和试验报告，证据 3 为江西省公安消防总队组织鉴定的针对 QL200 型固定式气溶胶自动灭火装置出具的新产品鉴定证书。请求人提供了证据 2~4 的原件。专利权人认可复印件与原件一致，但认为无其他证据佐证证据 2~4 的真实性，从而对其真实性提出质疑。对此，合议组查明，证据 2~4 分别为检验或消防主管部门出具的检验/试验报告和鉴定证书，在证据 2、4 上盖有“国家固定灭火系统和耐火构件质量监督检验中心”的公章（骑缝章），在证据 3 上盖有“江西省公安消防总队”的公章。基于请求人已经提供原件，专利权人经核实也认可复印件与原件一致，在专利权人未提出合理的理由和证据的情况下，仅凭“没有其他证据佐证其真实性”并不能否定证据 2~4 的真实性。但证据 2~4 仅能证明请求人将 QL200 型固定式气溶胶自动灭火装置送有关部门检验、鉴定和试验，其中并没有对 QL200 型固定式气溶胶自动灭火装置中所使用的灭火剂进行任何描述，没有公开灭火剂的组成和/或组分含量，不能说明在 QL200 型固定式气溶胶自动灭火装置中使用了证据 1 中购买的硝酸锶。因此，证据 1 与证据 2~4 无法关联形成证据链。请求人认为根据证据 2 中“绝缘性能”和“腐蚀性能”的检验结果可推测出 QL200 型固定式气溶胶自动灭火装置含有本专利的组分，但请求人没有提供任何证据，也没有给出合理的理由表明这一推测的正确性，因此，对于请求人的这一主张，合议组不予支持。

证据 5 和 6 分别为发表在《消防技术与产品信息》上的文章，请求人没有提交证据 5 和 6 的原件，专利权人对其真实性不予认可。在此情况下，合议组对证据 5 和 6 不予采信。

综上所述，证据 5~6 的真实性不能被认可，证据 1 仅能证明请求人曾购买过硝酸锶，不能证明该硝酸锶被用于证据 2~4 的 QL200 型固定式气溶胶自动灭火装置中，同时，证据 2~4 没有公开 QL200 型固定式气溶胶自动灭火装置中所使用的灭火剂的组成，因此，证据 1~6 无法形成完整的证据链证明在本专利优先权日之前与本专利权利要求 1 相同的气溶胶灭火剂被公开使用过，证据 1~6 不能破坏本专利权利要求 1 的新颖性，同时也不能破坏本专利权利要求 1 的创造性。

证据 7 为请求人与浙江东冠消防工程承装有限公司之间、请求人与甘肃昌泰消防工程有限公司之间签定的气龙产品销售合同。请求人提供了该证据的原件，合议组经核实，认可该证据复印件与原件一致。但该合同是否真实存在、是否真正履行尚存疑。即便该证据的真实性能够得到确认，这两份合同的签定日期也在本专利优先权日之后。而且，仅就该证据中的内容来看，该证据至多只能表明请求人曾销售过气龙 200 灭火装置，从中看不出该气龙 200 灭火装置中所使用的灭火剂的组成和/或组分含量，因此，无法与本专利权利要求 1 的技术方案进行对比，因而不能用于评价本专利权利要求 1 的创造性。

综上，合议组认为，请求人提供的所有证据均不能用于评价本专利权利要求 1 的新颖性或创造性，请求人的无效理由不能成立。

基于上述事实和理由，合议组作出下述决定。

三、决定

维持 02119648.6 号发明专利权有效。

当事人对本决定不服的，可以根据专利法第 46 条第 2 款的规定，自收到本决定之日起三个月内向北京市第一中级人民法院起诉。根据该款的规定，一方当事人起诉后，另一方当事人应当作为第三人参加诉讼。

018

具有干衣装置的房间

无效宣告请求审查决定（第11633号）

决　　定　　号　第11633号
决　　定　　日　2008年6月12日
发明创造名称　具有干衣装置的房间
国　际　分　类　号　D06F 58/00
无效宣告请求人　佛山市顺德区怡辉空调设备有限公司
专　利　权　人　创新建筑有限公司
专　　利　　号　02254654.5
申　　请　　日　2002年9月20日
优　先　权　日　2001年9月21日
授　权　公　告　日　2003年12月17日
合　议　组　组　长　丁惠玲
主　　审　　员　王伟艳
参　　审　　员　郝兴辉

法　律　依　据　专利法第22条第2款、第3款
决　定　要　点

如果权利要求请求保护的技术方案与现有技术相比具有区别技术特征，则该权利要求具有新颖性。

请求人提交的证据无论是单独与各权利要求对比，还是按照请求人提出的组合方式与各权利要求对比，均不能破坏各权利要求的创造性。

一、案由

本无效宣告请求涉及国家知识产权局于2003年12月17日授权公告的、名称为“具有干衣装置的房间”的实用新型专利，其专利号为02254654.5，申请日为2002年9月20日，优先权日为2001年9月21日，专利权人是创新建筑有限公司。该专利授权公告的权利要求书如下：

“1. 一种具有干衣装置的房间，它包括悬挂衣物的房间、在所述房间中的用来悬挂衣物的装置，其特征在于，它还包括置于所述房间内的抽干机，以及通过水管连通到所述抽干机的排水装置。

2. 如权利要求1所述的具有干衣装置的房间，其特征在于，所述的房间可以是浴室、洗衣间或洗手间。

3. 如权利要求1所述的具有干衣装置的房间，其特征在于，所述的房间可以是储物间、工作房。

4. 如权利要求 1 或 2 或 3 所述的具有干衣装置的房间，其特征在于，所述的悬挂衣物的装置为杆状。

5. 如权利要求 1 或 2 或 3 所述的具有干衣装置的房间，其特征在于，所述的悬挂衣物的装置为绳索。

6. 如权利要求 1 或 2 或 3 所述的具有干衣装置的房间，其特征在于，所述的抽干机可以置于上述房间的顶棚之上，所述顶棚上开有通气孔，所述的抽干机的进气口和出气口通过管道和所述的通气孔相连通。

7. 如权利要求 1 或 2 或 3 所述的具有干衣装置的房间，其特征在于，所述的抽干机可以置于上述房间的顶棚之上，所述顶棚上开有通气孔，所述的抽干机的进气口和出气口通过所述的通气孔直接和所述的房间相通。

8. 如权利要求 1 或 2 或 3 所述的具有干衣装置的房间，其特征在于，所述的悬挂衣物的装置可以置于所述的房间中的接水容器之上。

9. 如权利要求 8 所述的具有干衣装置的房间，其特征在于，所述的接水容器是浴缸。

10. 如权利要求 1 或 2 或 3 所述的具有干衣装置的房间，其特征在于，所述的排水装置可以是通过冷凝水的水管、排水管或中央贮水箱。

11. 如权利要求 1 或 2 所述的具有干衣装置的房间，其特征在于，所述的悬挂衣物的装置可以置于所述的房间中的下水道之上。"

上述专利经历了 W508250 号无效宣告请求案的审理，在该案的审理过程中，专利复审委员会于 2006 年 12 月 30 日收到专利权人提交的权利要求书修改替换页，以该修改后的权利要求书为审查基础，专利复审委员会于 2007 年 5 月 23 日作出第 9803 号无效宣告请求审查决定，维持 02254654. 5 号实用新型专利权有效。

已经生效的第 9803 号无效宣告请求审查决定维持有效的权利要求书为：

"1. 一种具有干衣装置的房间，它包括悬挂衣物的房间、在所述房间中的用来悬挂衣物的装置，其特征在于，它还包括置于所述房间的顶棚之上的抽干机，所述顶棚上开有通气孔，所述的抽干机的进气口和出气口通过所述的通气孔直接与所述的房间相通，以及通过水管连通到所述抽干机的排水装置。

2. 如权利要求 1 所述的具有干衣装置的房间，其特征在于，所述的房间可以是浴室、洗衣间或洗手间。

3. 如权利要求 1 所述的具有干衣装置的房间，其特征在于，所述的房间可以是储物间、工作房。

4. 如权利要求 1 或 2 或 3 所述的具有干衣装置的房间，其特征在于，所述的悬挂衣物的装置为杆状。

5. 如权利要求 1 或 2 或 3 所述的具有干衣装置的房间，其特征在于，所述的悬挂衣物的装置为绳索。

6. 如权利要求 1 所述的具有干衣装置的房间，其特征在于，所述的抽干机的进气口和出气口通过管道和所述的通气孔相连通。

7. 如权利要求 1 或 2 或 3 所述的具有干衣装置的房间，其特征在于，所述的排水装置可以是通过冷凝水的水管、排水管或中央贮水箱。"

针对上述修改后的实用新型专利权（下称本专利），佛山市顺德区怡辉空调设备有限公司（下称请求人）于 2007 年 8 月 16 日向专利复审委员会提出了无效宣告请求，其理由是本专利的授权不符合专利法第 22 条第 2 款、第 3 款的规定，请求宣告本专利权全部无效。请求人提交了本专利说明书以及第9803号无效宣告请求审查决定，与此同时提交如下证据：

证据1：日本特开平4-353334号专利公报及其中文译文，授权公告日为1992年12月8日，复印件；

证据2：专利号为94216889.5的实用新型专利说明书，授权公告日为1995年4月26日，复印件；

证据3：申请号为01800348.6的发明专利申请公开说明书，复印件；

证据3.1：证据3的国际申请公开文本，复印件。

经形式审查合格后，专利复审委员会于2007年10月24日依法受理了该无效宣告请求，并将无效宣告请求书及其附件清单中所列附件副本转给了专利权人，要求专利权人在指定期限内进行意见陈述。

针对上述无效宣告请求，专利权人于2007年12月10日提交了意见陈述书，修改了权利要求并陈述了修改后的权利要求相对于请求人提交的证据具有新颖性和创造性的具体理由。修改后的权利要求书如下：

“1. 一种具有干衣装置的房间，它包括悬挂衣物的房间、在所述房间中的用来悬挂衣物的装置，其特征在于，它还包括置于所述房间的顶棚之上的抽干机，所述顶棚上开有通气孔，所述的抽干机的进气口和出气口通过所述的通气孔和所述的房间相通，所述的进气口和出气口通过管道和所述的通气孔相连通，以及通过水管连通到所述抽干机的排水装置。

2. 如权利要求1所述的具有干衣装置的房间，其特征在于，所述的房间可以是浴室、洗衣间或洗手间。

3. 如权利要求1所述的具有干衣装置的房间，其特征在于，所述的房间可以是储物间、工作房。

4. 如权利要求1或2或3所述的具有干衣装置的房间，其特征在于，所述的悬挂衣物的装置为杆状。

5. 如权利要求1或2或3所述的具有干衣装置的房间，其特征在于，所述的悬挂衣物的装置为绳索。

6. 如权利要求1或2或3所述的具有干衣装置的房间，其特征在于，所述的排水装置可以是通过冷凝水的水管、排水管或中央贮水箱。”

专利复审委员会本案合议组于2008年3月18日向双方当事人发出口头审理通知书，定于2008年4月24日举行本案的口头审理。

口头审理如期举行，双方当事人到庭参加了口头审理，并均对合议组成员及书记员无回避请求，对对方当事人的身份及出庭资格无异议。口头审理涉及的主要内容如下：

（1）请求人认为专利权人于2007年12月10日提交的修改的权利要求书符合专利法的规定，以此作为审查基础无异议。

（2）请求人认为权利要求1~4相对于证据1不具有新颖性。权利要求1~6相对于证据1或证据1、2的组合或证据1、3的组合或证据2、3的组合不具有创造性。证据3是证据3.1PCT国际申请的国家阶段，证据3的文字就是证据3.1的中文译文，证据3的国际公布日表示了其于本专利申请日前公开。

（3）专利权人对证据1的真实性以及中文译文的准确性没有异议，对证据2、3的真实性没有异议，但认为证据3只能作为抵触申请评价本专利新颖性，不能用于评价创造性。请求人意见陈述书中没有说明证据3作为证据3.1的中文译文，口审时提出已经超出中文译文提交期限，不应当接受。专利人不再对本专利相对于证据1、3的组合或证据2、3的组合发表意见。专利权人认为权利要求1~4

相对于证据 1 具有新颖性，权利要求 1~6 相对于证据 1 或证据 1、2 的组合具有创造性。

在上述工作的基础上，合议组认为本案事实已经清楚，现依法作出审查决定。

二、决定的理由

1. 审查基础

专利权人于 2007 年 12 月 10 日向专利复审委员会提交权利要求书修改替换页。请求人认为该修改权利要求书符合专利法规定。经审查，上述修改符合专利法第 33 条及审查指南第四部分第三章第 4. 6. 2 节中关于无效宣告程序中专利文件修改的规定，可以接受。故本次审查以专利权人于 2007 年 12 月 10 日提交的权利要求书作为审查基础。

2. 证据认定

证据 1、证据 2 为专利文献，专利权人对证据 1、证据 2 的真实性无异议，合议组经核实后认可证据 1、证据 2 的真实性，且证据 1、2 的授权公告日均在本专利的优先权日之前，因此可以作为现有技术评价本专利的新颖性和创造性。

证据 3 为专利文献，专利权人对证据 3 的真实性无异议，合议组经核实后认可证据 3 的真实性，证据 3 的优先权日为 2000 年 1 月 28 日和 2000 年 2 月 10 日，在本专利的优先权日之前，公开日为 2002 年 8 月 7 日，在本专利的优先权日之后且在申请日之前，为他人向专利局提出的专利申请，因此其仅可以用于评价本专利的新颖性，不能用于评价创造性。请求人认为证据 3 的著录项目部分写明了国际公布 WO01/55649 英 2001. 8. 2，国际公布日在本专利的优先权日之前，因此，可以用来评价本专利的创造性。对此，合议组认为，证据 3 的国际公布文本为外文文本，并非证据 3 所示的中文文本，因此，无效程序中证据 3 的公开时间不应以国际公布日为准，请求人的上述主张合议组不予支持。

请求人口审时提出证据 3 是证据 3. 1 的中文译文。对此，合议组认为，请求人在无效请求时并未提出将证据 3 作为证据 3. 1 的中文译文，在口审时提出已经超过审查指南规定的中文译文提交期限，因此，合议组对请求人的上述主张不予支持。

3. 关于专利法第 22 条第 2 款

专利法第 22 条第 2 款规定：新颖性，是指在申请日之前没有同样的发明或者实用新型在国内外出版物上公开发表过、在国内公开使用过或者以其他方式为公众所知，也没有同样的发明或者实用新型由他人向国务院专利行政部门提出过申请并且记载在申请日以后公布的专利申请文件中。

请求人要求使用证据 1 评价权利要求 1~4 的新颖性，合议组经审理，查明：

证据 1 涉及一种干衣换气空气调节机，其中披露了以下技术特征（参见证据 1 中文译文第 1~11 页、附图 1）：浴室 1 中有晾衣架 19、20（相当于权利要求 1 的悬挂衣物的装置），浴室 1 的天花板 3 的上侧，设置了具有暖气、换气、除湿机能的除湿干燥组合 4（相当于权利要求 1 的抽干机），该除湿干燥组合 4 上装载有冷冻组合。吸入口 5、吹出口 6（相当于权利要求 1 的进气口和出气口）穿过天花板 3 安装在固定于天花板 3 的面罩上，由此，对比文件 1 吸入口、吹出口必然通过通气孔与房间相通。

将本专利权利要求 1 和证据 1 进行比较，二者存在以下区别：本专利权利要求 1 中还包括（1）所述进气口和出气口通过管道和通气孔相连；（2）以及通过水管连通到所述抽干机的排水装置。

可见，权利要求 1 的技术特征在证据 1 中没有全部被公开，权利要求 1 的技术方案与证据 1 的技术方案实质上不相同，因此，权利要求 1 相对于证据 1 具备专利法第 22 条第 2 款规定的新颖性。

在权利要求 1 相对于证据 1 具有新颖性的情况下，直接或间接地引用权利要求 1 的从属权利要求 2~4 相对于证据 1 也具有新颖性。

请求人认为证据 1 仅未公开“以及通过水管连通到所述抽干机的排水装置”，但该技术特征没有主语，从权利要求1的语言连贯角度看，主语应是进气口与出气口，如此则该技术特征违背自然规律。对此，合议组认为，应从本领域技术人员的角度来理解权利要求，权利要求1要求保护的具有干衣装置的房间不仅包括悬挂衣物的装置，还包括抽干机，以及通过水管连通到所述抽干机的排水装置，由此，该技术特征的主语并非进气口与出气口，也并未违背自然规律。因此，合议组对请求人的上述主张不予支持。

请求人认为证据1中标号11的连接导管相当于权利要求1中的连接进、出气口与通气孔的管道。对此，合议组认为，证据1中连接导管11连接除湿干燥组合4与空调组合8，权利要求1中管道连接进、出气口与通气孔，二者连接对象不同，具体作用也不同，因此，证据1未公开“连接进、出气口与通气孔的管道”，合议组对请求人的上述主张不予支持。

4. 关于专利法第22条第3款

专利法第22条第3款规定：创造性，是指同申请日以前已有的技术相比，该发明有突出的实质性特点和显著的进步，该实用新型有实质性特点和进步。

请求人认为权利要求1~6相对于证据1或证据1与证据2的组合或证据1与证据3的组合或证据2与证据3的组合不具有创造性。

经审查，由于证据3只能用于评价本专利的新颖性，证据3.1没有在规定的期限内提交中文译文，因此，证据3以及证据3.1不能用来评价本专利的创造性，从而不能采用证据1与证据3的组合以及证据2与证据3的组合来评述本专利权利要求1~6的创造性。

（1）使用证据1评价权利要求1~6的创造性。

请求人认为除了“以及通过水管连通到所述抽干机的排水装置”技术特征，权利要求1中的其余技术特征均被证据1所公开，并且排水装置是本领域技术人员通过简单推理即可获得的，因此，权利要求1相对于证据1具有创造性。

对此，合议组认为，权利要求1与证据1相比区别之一在于本专利权利要求1中还包括“所述进气口和出气口通过管道和通气孔相连”，该区别技术特征可以使权利要求1的技术方案具有便于选择抽干机最佳位置的有益技术效果，而且请求人没有主张同时也没有证据表明该技术特征为公知常识或本领域技术人员容易想到的技术特征，因此，权利要求1相对于证据1具有创造性。

在权利要求1相对于证据1具有创造性的情况下，直接或间接地引用权利要求1的从属权利要求2~6相对于证据1也具有创造性。

（2）使用证据1和证据2的组合评价权利要求1~6的创造性。

请求人认为证据1为最接近的对比文件，证据1公开了权利要求1中除了“以及通过水管连通到所述抽干机的排水装置”外的其余技术特征，而该区别技术特征被证据2所公开，因此，权利要求1相对于证据1和证据2的组合不具有创造性。

对此，合议组认为，证据2涉及一种干衣/除湿机，具体披露了以下技术特征（参见证据2说明书第1~4页、附图2）：除湿机用于衣物干燥和房间除湿，其具有箱体4及晾衣架19，干衣出风口20和干衣回风口14，在蒸发器34中凝结的水分由排水管7排入接水盘5中。由此，证据2也未公开“所述进气口和出气口通过管道和通气孔相连”，该区别技术特征可以使权利要求1的技术方案具有便于选择抽干机最佳位置的有益技术效果，而且请求人没有主张同时也没有证据表明该技术特征为公知常识或本领域技术人员容易想到的技术特征，因此，权利要求1相对于证据1和证据2的组合具有创造性。

在权利要求1相对于证据1和证据2的组合具有创造性的情况下，直接或间接地引用权利要求1的从属权利要求2~6相对于证据1和证据2的组合也具有创造性。

综上所述，本专利权利要求1~4相对于证据1符合专利法第22条第2款的规定，权利要求1~6相对于证据1或证据1和证据2的组合符合专利法第22条第3款的规定。

基于以上事实和理由，本案合议组作出如下决定。

三、决定

在专利权人于2007年12月10日提交的修改后的权利要求书的基础上，维持02254654.5号实用新型专利权有效。

当事人如对本决定不服，可以根据专利法第46条第2款的规定，自收到本决定之日起三个月内向北京市第一中级人民法院起诉。根据该款的规定，一方当事人起诉后，另一方当事人应当作为第三人参加诉讼。

019

降低杂质的醋酸生产的铑/无机碘化合物催化剂体系

无效宣告请求审查决定（第11650号）

决　定　号　第11650号
决　定　日　2008年5月28日
发明创造名称　降低杂质的醋酸生产的铑/无机碘化合物催化剂体系
国际分类号　C07C51/12，C07C53/08
无效宣告请求人　李　文
专　利　权　人　上海吴泾化工有限公司
专　利　号　03116492.7
申　请　日　2003年4月18日
授权公告日　2006年12月6日
合议组组长　李　越
主　审　员　李新芝
参　审　员　孙跃飞

法律依据　专利法第22条第2款、第3款
决定要点

如果发明是所属技术领域的技术人员在现有技术的基础上仅仅通过合乎逻辑的分析、推理或者有限的试验可以得到，则该发明是显而易见的。

一、案由

本无效宣告请求案涉及国家知识产权局于2006年12月6日公告授予的、名称为“降低杂质的醋酸生产的铑/无机碘化合物催化剂体系”的第03116492.7号发明专利权（以下简称本专利），其申请日为2003年4月18日，专利权人为上海吴泾化工有限公司。本专利授权公告的权利要求书如下：

“1. 降低杂质的醋酸生产的铑/无机碘化合物催化剂体系，醋酸制备采用甲醇与CO在液体反应介质中反应，液体反应介质包括：铑、无机碘化物、甲基碘、水、醋酸、醋酸甲酯，其特征是：所述的无机碘化物为元素周期表IA族和IIA族的其中两种以上无机碘化物的混合物，液体反应介质的介质配比为：催化有效量的铑，碘离子的浓度2wt%～15wt%，水3wt%～7wt%，甲基碘8wt%～15wt%，醋酸甲酯0.5wt%～30wt%，其余为醋酸。

2. 根据权利要求1所述的降低杂质的醋酸生产的铑/无机碘化合物催化剂体系，其特征是，无机碘化物为碘化锂、碘化氢、碘化钠、碘化钾、碘化镁中的两种以上的混合物。

3. 根据权利要求2所述的降低杂质的醋酸生产的铑/无机碘化合物催化剂体系，其特征是，无机

碘化物为：碘化锂、碘化钾或碘化氢两种以上的混合物。

4. 根据权利要求3所述的降低杂质的醋酸生产的铑/无机碘化合物催化剂体系，其特征是，无机碘化物为碘化锂和碘化氢的混合物。”

针对上述专利权，李文（下称请求人）于2007年4月23日向专利复审委员会提出无效宣告请求，其理由是本专利权利要求1~4不具备专利法第22条规定的新颖性和创造性。请求人同时提交了证据1~6：

证据1：美国专利US5，026，908公开文本，公开日为1991年6月25日，复印件共36页，及中译文52页；

证据2：欧洲专利EP0 506 240A2公开文本，公开日为1992年9月30日，复印件共18页，及中译文25页；

证据3：美国专利US5，300，685公开文本，公开日为1994年4月5日，复印件共6页，及中译文（即在中国的同族专利申请，申请号为92113295.6，公开日为1993年6月9日）27页；

证据4：美国专利US5，416，237公开文本，公开日为1995年5月16日，复印件共8页，及中译文（即在中国的同族专利申请，申请号为93108283.8，公开日为1994年4月20日）23页；

证据5：ZL03116492.7的发明专利说明书（即本专利），授权公告日为2006年12月6日，复印件共7页；

证据6：本专利专利权人答复《第二次审查意见通知书》的意见陈述，复印件共3页。

请求人认为：（1）证据1已经完全披露了本专利权利要求1~4的技术方案，因此本专利权利要求1~4不符合专利法第22条第2款有关新颖性的规定（参见证据1权利要求1、2，第16栏41~46行，图6）；（2）证据1是与本专利最接近的现有技术，证据1与本专利权利要求1的区别技术特征是使用了一种碘化物盐还是使用了一种两种以上无机碘化物的混合物。而上述区别技术特征的信息在证据1（第11栏第2~19行；第12栏第62行至第13栏第2行；第17栏第40~54行；第16栏第43~46行）中显而易见的公开，且本专利的权利要求1中关于液体反应介质的介质配比的技术特征实质上已经被现有技术（例如证据1的权利要求1）公开，而降低杂质的技术特征也已在证据1（第13栏第3~12行）中公开，因此本专利权利要求1的技术相对于证据1所公开的信息不具有专利法第22条第3款规定的创造性；此外，证据2（权利要求1；第8栏第54行至第9栏第4行）已经公开了使用两种碘化物的混合物，而且证据3（第1栏第47~51行）和证据4（第5栏第23~36行）已经明确给出了如何结合证据1和2的技术启示，因此本领域技术人员在证据1和2的基础上在证据3和证据4的启示下，完全可以得到本专利权利要求1所要求保护的技术方案，因此本专利权利要求1的技术方案相对于证据1、2、3和4不具有专利法第22条第3款规定的创造性；（3）其余权利要求2~4的附加技术特征都是现有技术，因此在权利要求1不具有创造性的前提下，从属权利要求2~4也不具有创造性，不符合专利法第22条第3款的规定；（4）证据5中的实施例1~12和证据6中提供的对比试验数据，都是在完全不同的试验条件下获得的，如此对比试验数据没有任何的可比性，不能据此得出两种或多种碘化物催化剂体系比单一碘化物催化剂体系具有更多的优势，因此不能作为评价创造性的基础。

形式审查合格后，专利复审委员会受理了上述请求，于2007年7月19日向双方当事人发出《无效宣告请求受理通知书》，并将《专利权无效宣告请求书》及其他有关文件的副本转送给专利权人，要求其在指定的期限内答复。

针对上述无效宣告请求，专利权人于2007年9月3日向专利复审委员会提交了意见陈述书，认为：（1）请求人提交的同族专利申请文本与证据3和4的原文文本内容不相对应，因此不能认为证据

3 和 4 的同族专利申请文本就是证据 3 和 4 的中文译文，请求人并没有按照审查指南的规定提交中文译文，因此对证据 3 和 4 应不予考虑。(2) 就新颖性而言，首先本专利权利要求 1 中的两个含量范围 3wt% ~7wt% 的水和 8wt% ~15wt% 的甲基碘分别窄于证据 1 相应的含量范围约 0.1% ~约 8wt% 的水和约 5wt% ~20wt% 的甲基碘，因此证据 1 的上述含量范围不能破坏本专利权利要求 1 的新颖性；其次，本专利权利要求 1 中限定液体反应介质中碘离子浓度为 2wt% ~15wt%，而证据 1 中的反应介质中保持约 2wt% ~20wt% 的碘化物盐，由证据 1 中的约 2wt% ~20wt% 的碘化物盐无法推知其反应介质中碘离子的浓度为多少，因此证据 1 没有公开本专利权利要求 1 中的碘离子浓度的技术特征；再者，证据 1 的图 6 是为了研究醋酸制备过程中工艺参数的相互作用而做的试验的试验结果，并没有具体描述完整试验条件，例如没有公开图 6 试验并没有给出液体反应介质中甲基碘浓度和醋酸甲酯浓度。因此证据 1 不能破坏本专利权利要求 1 的新颖性。(3) 就创造性而言，(a) 本专利权利要求 1 相对于证据 1 具有创造性：首先，本专利与证据 1 的区别不仅在于使用两种以上的无机碘化物的混合物，而且在于液体反应介质中各个组分及其含量的组合，且在催化剂的研究工作中，各组分的选择和配比的研究是一个关键工作，由本专利说明书可以看出，通过采用具有上述组分及其含量的反应介质，实现了在低水条件下保持高反应速率，提高催化剂选择性和降低杂质生成的目的；其次，证据 1 中的图 6 虽然采用了两种碘化物的混合物，但其中并没有给出反应介质中甲基碘浓度和醋酸甲酯浓度，而且其含水量范围与本专利权利要求 1 的 3wt% ~7wt% 的范围不同，因此由证据 1 的图 6 无法容易地获得本专利权利要求 1 的技术方案；(b) 本专利权利要求 1 相对于证据 2 具有创造性：证据 2 虽然涉及使用元素周期表 IA 和 IIA 族元素的一种或多种碘化物的技术特征，但其解决的技术问题与本专利完全不同，证据 2 是将一种或多种碘化物用于在醋酸制备完成后抑制水相对于醋酸的挥发性，因此证据 2 的引用是不恰当的，且证据 2 中实施例 4 和 5 是分别使用碘化钠和碘化钾，而不是如请求人所述使用碘化钠和碘化钾的混合物，因此证据 2 也不能破坏权利要求 1 的创造性；(c) 本专利权利要求 1 相对于证据 1 和 2 的结合具有创造性：如上所述，证据 2 虽然涉及使用元素周期表 IA 和 IIA 族元素的一种或多种碘化物的技术特征，但其解决的技术问题与本专利完全不同，因此即使将证据 1 和 2 结合，本领域技术人员也无法获得启示而得到本专利权利要求 1 的技术方案。(4) 就试验数据而言，本专利的实施例数据以及补充试验数据均是在连续装置上测定的，由间歇试验无法获得这些数据。实施例 1 ~12 和补充试验显示了一个明显可比的规律：混合催化稳定剂的存在导致一些组成的变化，反应液中水含量降低，催化剂浓度增加、主反应速度增加、STY 增加、杂质减少、选择性提高。

2007 年 5 月 23 日，请求人提交了补充意见陈述和如下证据 7（编号续前）以及证据 3 的中译文 20 页及证据 4 的中译文 23 页。

证据 7："Mixed salts-scaling limits and propensity", Desalination 154 (2003) 第 117 ~127 页，复印件共 11 页，及中译文 1 页。

请求人在补充意见陈述中认为，(1) 本专利没有确切的证据证明其存在有益的技术效果；(2) 申请人答复第二次审查意见通知书时提交的补充数据存在多处疑点和问题：(a) 为基于试验数据获得有用的结论，必须可知除了一个相关变量以外的所有其他变量，而本专利采用了不当的试验方法，所以不能确定哪个变量与控制产物的副产物甲酸的生成有关，本专利的申请人关于使用两种以上碘化物混合物的体系相对于使用单一碘化物的体系所声称的出乎意料的效果不能得到补充数据的支持；(b) 尽管存在氢碘酸，但其浓度不能被随意控制，且在低水浓度（低于 14wt%）下其平衡浓度是非常低的；(c) 请求人进行的部分试验结果表明，使用两种碘化物盐并不能如本专利声称的那样能够比单碘化物盐更能抑制杂质如甲酸的生成。

2007 年 9 月 28 日，本案合议组向请求人和专利权人发出《无效宣告请求口头审理通知书》，告知双方当事人专利复审委员会拟定于2007年11月13日对本专利权的无效请求进行口头审理，同时向请求人转送了专利权人于2007年9月3日提交的意见陈述书的副本，向专利权人转送了请求人于2007年5月23日提交的意见陈述书及其附件的副本。

2007年11月13日，口头审理如期进行，请求人和专利权人均委托代理人参加了口头审理。庭审过程中，合议组就本案的无效理由及证据逐一进行了调查，双方当事人充分陈述了各自的意见。在此基础上，合议组记录了以下重要事项：

（1）请求人放弃使用证据3、4中包含的中国同族专利申请文件。

（2）专利权人当庭提交了意见陈述书，该意见陈述书中指出，本专利提供了一种加入两种无机碘化物作为催化剂稳定剂并具有最佳液体反应介质组成范围的新的技术方案，其优越性主要体现在反应速度提高和杂质降低，而且实验已经证明了本专利技术方案的优越性；此外，请求人曲解了溶解度的定义，其关于催化剂中组成的可控性描述以及实验手段和措施描述均是不完整的，即使将对比文件1、2、3、4结合也无法得到本专利权利要求1的技术方案。合议组当庭将其转交给请求人，并允许请求人在口审之日后7日内进行答复。

（3）请求人当庭提交了盖有“国家知识产权局专利检索咨询中心副本认证专用章”的证据1~4原件和证据7的公证书，专利权人对证据1~7的真实性、合法性、关联性以及证据1~4、7的公开性没有异议；对证据1~4、7的中译文的准确性没有异议。

（4）请求人明确其无效理由为：权利要求1~4相对于证据1不具有新颖性；权利要求1~4相对于证据1或证据1与证据3的结合或证据1、2与证据4的结合不具有创造性。

（5）针对本案碘化物浓度与碘离子浓度的关系问题，请求人认为二者之间的换算是“本领域技术人员的普通常识”；专利权人认为“对于碘盐，可以根据分子量和原子量的比例由碘化物浓度换算出碘离子浓度”。

2007年11月20日，请求人针对专利权人当庭提交的意见陈述书提出如下补充意见：（1）专利权人强调的特征是①所述的无机碘化物为元素周期表IA族和IIA族的其中两种以上无机碘化物的混合物，②液体反应介质的介质配比为：催化有效量的铑，碘离子的浓度为2wt%~15wt%；水3wt%~7wt%；甲基碘8wt%~15wt%；醋酸甲酯0.5wt%~30wt%，其余为醋酸。本专利包括特征①、②的技术方案可以从证据1和3的组合中，或证据1、2和证据4的组合中显而易见地得到，而且这样得到的技术方案的技术效果已经公开在证据1中，因此权利要求1~4不具有创造性；（2）质疑实施例中的无机碘化物含量与权利要求中的碘化物离子含量之间的换算；（3）在Celanese的低水体系发明中，使用碘盐提供碘离子来稳定铑催化剂，尽管存在氢碘酸，但其浓度不能被随便控制，且在低水浓度（低于14wt%）下其平衡浓度是非常低的；（4）专利权人提交的补充试验数据存在问题；（5）不能将证据1、2、3和4割裂开来评价本专利的创造性，本领域技术人员根据证据1和3的结合或者证据1、2和4的结合完全能够得出本专利权利要求1的技术方案；（6）本专利测量的是精制后醋酸中杂质的含量，与现有技术没有可比性；（7）从“高锰酸钾氧化时间均>130分钟”不能得出“还原性杂质”不增加的结论。

至此，合议组认为本案的事实清楚，可以作出审查决定。

二、决定的理由

1. 关于审查文本

本决定是在国家知识产权局于2006年12月6日授权公告的本专利文本的基础上作出的。

2. 无效宣告的理由、范围

根据请求人的陈述，请求人在本无效宣告请求中提出的无效宣告的理由及其所使用的证据为

（1）本专利权利要求 1~4 相对于证据 1 不具有新颖性；（2）本专利权利要求 1~4 相对于证据 1 或证据 1 与证据 3 的结合或证据 1、2 与证据 4 的结合不具有创造性。

3. 关于证据

对于请求人提交的证据 1~7，合议组查明，证据 1~4 为外文专利文献，证据 5 为本专利说明书，证据 6 为专利权人在答复《第二次审查意见通知书》时提交给国家知识产权局的意见陈述书，证据 7 为外文非专利文献。请求人当庭提交了证据 1~4 加盖有认证章的原件，表明证据 1~4 经过了国家知识产权局专利检索咨询中心的认证。此外，请求人当庭提交了证据 7 的公证书，该公证书证明其所附附件与国家工程技术图书馆阅览室查询复印的馆藏原件内容一致，经核对，该附件与证据 7 一致。因此，在专利权人认可了证据 1~7 的真实性、合法性和关联性的情况下，合议组确认证据 1~7 的真实性、合法性和关联性。

鉴于其中证据 1~4 和证据 7 的公开日均在本申请的申请日之前，且专利权人对上述证据的公开性表示认可，因此上述证据可以作为现有技术评价本专利新颖性和创造性。

4. 关于创造性

专利法第 22 条第 3 款规定，创造性是指同申请日以前已有的技术相比，该发明有突出的实质性特点和显著的进步。

如果发明是所属技术领域的技术人员在现有技术的基础上仅仅通过合乎逻辑的分析、推理或者有限的试验可以得到，则该发明是显而易见的。

具体到本案而言，权利要求 1 要求保护降低杂质的醋酸生产的铑/无机碘化物催化剂体系，醋酸制备采用甲醇与 CO 在液体反应介质中反应，液体反应介质包括：铑、无机碘化物、甲基碘、水、醋酸、醋酸甲酯，其特征是：所述的无机碘化物为元素周期表 IA 族和 IIA 族的其中两种以上无机碘化物的混合物，液体反应介质的介质配比为：催化有效量的铑，碘离子的浓度 2wt% ~ 15wt%，水 3wt% ~7wt%，甲基碘 8wt% ~15wt%，醋酸甲酯 0. 5wt% ~30wt%，其余为醋酸。

请求人以证据 1 作为本专利最接近的现有技术。合议组查明，证据 1 涉及一种用于通过在一种含有铑催化剂并包括水、醋酸、甲基碘和醋酸甲酯组成的液体反应介质中使甲醇与一氧化碳进行反应和随后从生成的反应产物中回收醋酸以生产醋酸的方法，与本专利的技术领域相同。其中在证据 1 实施例 1 中公开了一种用于醋酸生产的铑/无机碘化物催化剂体系，醋酸制备也是采用甲醇与 CO 在液体反应介质中反应、该催化剂体系包括：310~335ppm 铑、甲基碘约 13wt% ~16wt%，醋酸甲酯4wt% ~5wt%，碘化锂 19wt% ~19. 5wt%，水 4wt% ~5wt%，余量为醋酸。由此可知，在证据 1 的实施例 1 的催化剂体系中，其中铑、甲基碘、醋酸甲酯、水和醋酸的含量均在本专利权利要求 1 的含量范围内或与其含量范围部分重叠，而且在该制备醋酸的酸性平衡反应体系中，由于反应介质中碘化锂盐的存在，作为本领域技术人员可以确定的是，该酸性反应介质中也就必定会含有碘化氢，即在证据 1 实施例 1 的反应介质中，也含有碘化氢和碘化锂这两种选自 IA 族的无机碘化物的混合物，并且，不论在本专利的说明书中还是口头审理中，专利权人均认可无机碘化物包括碘化氢，因此，证据 1 中的无机碘化物事实上已经包括碘化锂和碘化氢这两种元素周期表 IA 族的无机碘化物的混合物。基于此，本专利权利要求 1 的技术方案与证据 1 实施例 1 技术方案的区别仅在于：在本专利权利要求 1 中明确其碘离子浓度为 2wt% ~ 15wt%，而在证据 1 的实施例 1 中仅公开了其反应介质中碘化锂的浓度为 19wt% ~19. 5wt%，并未明确指出其反应介质中的碘离子浓度。此外，一并提及的是，证据 1 的图 6 中明确记载了采用了上述两种无机碘化物（即碘化氢和碘化锂），并给出了在用于醋酸生产的铑/无机碘化物催化剂体系中同时使用两种无机碘化物以稳定铑催化剂的作用的教导。

从本专利说明书记载的内容的看，本申请所要解决的技术问题是：“提高催化剂的反应速度、在不牺牲催化剂稳定性的前提下，无需附加处理手段，即可减少醋酸产品中甲酸和丙酸的生成”，但是，本专利说明书中同样记载的是，本申请杂质的降低主要依赖于其催化剂体系的低水浓度（参见本专利说明书第 2 页倒数第 1~4 行）。通过上文的对比可以发现，证据 1 的实施例 1 同样采用低水反应系统，即就低水反应系统这一技术手段而言，本专利与证据 1 之间并不存在区别，并且在证据 1 中具体描述了该手段产生了与本专利类似的技术效果，例如在证据 1 的说明书第 15 页第 5 段明确说明了采用该实施例的低水法操作反应系统，大大减少了副产物丙酸的生成速率，而且与水含量高的操作条件相比，氢气和二氧化碳的生成速率也大大减少。也就是说，证据 1 实施例 1 的技术方案同样通过采用低水反应条件实现了降低杂质丙酸生成的目的。至于在降低杂质丙酸的同时降低杂质甲酸生成的效果，由于证据 1 实施例 1 也是低水浓度的操作系统，因此基于与本发明相同的原因，“随着水的浓度降低，甲酸和丙酸等杂质的生产量减少”，证据 1 实施例 1 的技术方案在减少丙酸杂质的量的同时也必然会减少杂质甲酸的生成。因此，即使本发明所称的目的能够实现的话，证据 1 也必然能够实现该目的。

针对前述碘离子浓度的区别特征，（1）口头审理时，双方当事人一致认可本案碘离子浓度可由碘化物浓度直接换算得出。碘离子浓度是所加入的无机碘化物中碘含量的客观反映，二者是对同一技术手段采取了不同的表达方式；此外，由于本专利权利要求 1 中碘离子浓度为 2wt% ~ 15wt%，证据 1 实施例 1 中碘化锂的浓度为 19wt% ~ 19. 5wt%，可见二者的碘离子浓度非常接近（如果根据专利权人所述依据分子量和原子量的比例的换算方法，则发现证据 1 实施例 1 中的碘离子浓度约为 18. 01wt% ~ 18. 49wt%，仅稍高于本专利的碘离子浓度），而在反应体系中其他条件基本确定的情况下，在不大的幅度内调整某一加入料的用量或浓度是本领域技术人员通过有限次试验即可实现的，本领域技术人员通过调整反应中无机碘化物的加入量来略微降低碘离子的浓度通常并不需要付出创造性的劳动；（2）特别是，从技术效果或解决的技术问题看，在本专利的说明书中从未记载将本发明催化剂体系中的碘离子浓度设定为 2wt% ~ 15wt% 使得本专利相对于证据 1 能够解决任何技术问题；（3）从本专利表 1 以及证据 6 来看，专利权人的每一次试验都是在彼此完全不同的试验条件下进行的，即试验中存在多个变量且每次试验均多个变量同时发生改变，由此获得的试验数据并不能够反映其中某一变量所带来的技术效果，因此从专利权人声称的能够反映本专利技术效果的实施例 6~12 的数据来看，由于专利权人并未在其催化剂体系中其他物质如醋酸甲酯、甲基碘等的用量与证据 1 相同的情况下比较本申请与证据 1 由于碘化物加入量或碘离子浓度的不同所带来的效果差异，故本领域技术人员从实验证据中同样无法看出本专利相对于证据 1 实施例 1 的技术方案产生任何预料不到的技术效果。因此，本专利权利要求 1 相对于证据 1 实施例 1 的技术方案不具有创造性，不符合专利法第 22 条第 3 款的规定。

从属权利要求 2~4 对权利要求 1 中的无机碘化物作了进一步的限定，“无机碘化物为碘化锂、碘化氢、碘化钠、碘化钾、碘化镁中的两种以上的混合物”、“无机碘化物为碘化锂、碘化钾或碘化氢两种以上的混合物”、“无机碘化物为碘化锂和碘化氢的混合物”，参见上述对于权利要求 1 的评述，上述附加技术特征已在证据 1 实施例 1 的技术方案中公开，因此在其引用的权利要求 1 不具有创造性的基础上，从属权利要求 2~4 相对于证据 1 也不具有创造性，不符合专利法第 22 条第 3 款的规定。

鉴于已经得出本专利所有权利要求都不具备创造性的结论，合议组对于其他的无效宣告理由和证据不再评述。

基于以上事实和理由，本案合议组作出如下审查决定。

三、决定

宣告 03116492. 7 号发明专利全部无效。

当事人对本决定不服的，可以根据专利法第46条第2款的规定，自收到本决定之日起三个月内向北京市第一中级人民法院起诉。根据该款的规定，一方当事人起诉后，另一方当事人应当作为第三人参加诉讼。

北京市第一中级人民法院
行政判决书

（2008）一中行初字第1466号

原告上海吴泾化工有限公司，住所地上海市闵行区龙吴路4600号。

法定代表人胡永康，董事长。

委托代理人徐国文，北京安博达知识产权代理有限公司专利代理人。

委托代理人毋宗绪，男，1936年8月31日出生，住北京海淀区北三环中路43号。

被告国家知识产权局专利复审委员会，住所地北京市海淀区北四环西路9号银谷大厦10~12层。

法定代表人张茂于，副主任。

委托代理人李新芝，国家知识产权局专利复审委员会审查员。

委托代理人郭鹏鹏，国家知识产权局专利复审委员会审查员。

第三人李文，男，1955年3月20日，汉族，住北京市朝阳区科学园南里六区603号楼1001号。

委托代理人郭国清，男，1967年11月26日出生，住北京市朝阳区北苑家园清友园。

委托代理人韩旭，女，1976年2月7日出生，住北京市崇文区广渠门内大街88号楼。

原告上海吴泾化工有限公司（以下简称吴泾化工公司）不服被告国家知识产权局专利复审委员会（以下简称专利复审委员会）于2008年5月28日作出的第11650号无效宣告请求审查决定（以下简称第11650号决定），在法定期限内向本院提起行政诉讼。本院于2008年10月7日受理后，依法组成合议庭，并通知无效宣告请求人李文作为本案第三人参加诉讼，于2009年1月13日公开开庭进行了审理。原告吴泾化工公司的委托代理人徐国文、毋宗绪，被告专利复审委员会的委托代理人李新芝、郭鹏鹏，第三人李文的委托代理人郭国清、韩旭到庭参加了诉讼。本案现已审理终结。

第11650号决定系专利复审委员会针对李文请求宣告专利权人为吴泾化工公司的第03116492.7号、名称为“降低杂质的醋酸生产的铑/无机碘化合物催化剂体系”的发明专利（以下简称本专利）无效而作出的，其中认定：

第11650号决定是在国家知识产权局于2006年12月6日授权公告的本专利文本的基础上作出的。

李文提出的无效宣告的理由及其所使用的证据为：本专利权利要求1~4相对于证据1不具有新颖性；本专利权利要求1~4相对于证据1或证据1与证据3的结合或证据1、2与证据4的结合不具有创造性。

李文提交的证据1~4为外文专利文献，证据5为本专利说明书，证据6为吴泾化工公司在答复《第二次审查意见通知书》时提交给国家知识产权局的意见陈述书，证据7为外文非专利文献。李文口头审理当庭提交了证据1~4加盖有认证章的原件及证据7的公证书，表明证据1~4经过了国家知识产权局专利检索咨询中心的认证，证据7的公证书证明其所附附件与国家工程技术图书馆阅览室查询复印的馆藏原件内容一致，经核对，该附件与证据7一致。在吴泾化工公司认可了证据1~7的真实性、合法性和关联性的情况下，确认证据1~7的真实性、合法性和关联性。鉴于其中证据1~4、7

的公开日均在申请日之前，且吴泾化工公司对上述证据的公开性表示认可，因此上述证据可以作为现有技术评价本专利新颖性和创造性。

李文以证据 1 作为本专利最接近的现有技术。证据 1 涉及一种用于通过在一种含有铑催化剂并包括水、醋酸、甲基碘和醋酸甲酯组成的液体反应介质中使甲醇与一氧化碳进行反应和随后从生成的反应产物中回收醋酸以生产醋酸的方法，与本专利的技术领域相同。在证据 1 实施例 1 中公开了一种用于醋酸生产的铑/无机碘化物催化剂体系，醋酸制备也是采用甲醇与 CO 在液体反应介质中反应、该催化剂体系包括：310 ~ 335ppm 铑、甲基碘约 13wt% ~ 16wt%，醋酸甲酯 4wt% ~ 5wt%，碘化锂 19wt% ~ 19. 5wt%，水 4wt% ~ 5wt%，余量为醋酸（以下简称证据 1 实施例 1 催化剂体系）。由此可知，在证据 1 实施例 1 催化剂体系中，其中铑、甲基碘、醋酸甲酯、水和醋酸的含量均在本专利权利要求 1 的含量范围内或与其含量范围部分重叠，而且在该制备醋酸的酸性平衡反应体系中，由于反应介质中碘化锂盐的存在，作为本领域技术人员可以确定，该酸性反应介质中也就必定会含有碘化氢，即在证据 1 实施例 1 的反应介质中，也含有碘化氢和碘化锂这两种选自ⅠA 族的无机碘化物的混合物，并且，不论在本专利的说明书中还是口头审理中，吴泾化工公司均认可无机碘化物包括碘化氢，因此，证据 1 中的无机碘化物事实上已经包括碘化锂和碘化氢这两种元素周期表ⅠA 族的无机碘化物的混合物。基于此，本专利权利要求 1 的技术方案与证据 1 实施例 1 技术方案的区别仅在于：在本专利权利要求 1 中明确其碘离子浓度为 2wt% ~ 15wt%，而在证据 1 的实施例 1 中仅公开了其反应介质中碘化锂的浓度为 19wt% ~ 19. 5wt%，并未明确指出其反应介质中的碘离子浓度。此外，证据 1 图 6 中明确记载了采用了上述两种无机碘化物（即碘化氢和碘化锂），并给出了在用于醋酸生产的铑/无机碘化物催化剂体系中同时使用两种无机碘化物以稳定铑催化剂的作用的教导。

从本专利说明书记载的内容看，其所要解决的技术问题是：“提高催化剂的反应速度、在不牺牲催化剂稳定性的前提下，无需附加处理手段，即可减少醋酸产品中甲酸和丙酸的生成”，但是本专利说明书中同样记载本申请杂质的降低主要依赖于其催化剂体系的低水浓度（参见本专利说明书第 2 页倒数第 1~4 行）。通过上文的对比可以发现，证据 1 实施例 1 同样采用低水反应系统，即就低水反应系统这一技术手段而言，本专利与证据 1 之间并不存在区别，并且在证据 1 中具体描述了该手段产生了与本专利类似的技术效果，例如在证据 1 说明书第 15 页第 5 段明确说明了采用该实施例的低水法操作反应系统，大大减少了副产物丙酸的生成速率，而且与水含量高的操作条件相比，氢气和二氧化碳的生成速率也大大减少。也就是说，证据 1 实施例 1 的技术方案同样通过采用低水反应条件实现了降低杂质丙酸生成的目的。至于在降低杂质丙酸的同时降低杂质甲酸生成的效果，由于证据 1 实施例 1 也是低水浓度的操作系统，因此基于与本专利相同的原因，“随着水的浓度降低，甲酸和丙酸等杂质的生产量减少”，证据 1 实施例 1 的技术方案在减少丙酸杂质的量的同时也必然会减少杂质甲酸的生成。因此，即使本专利所称的目的能够实现的话，证据 1 也必然能够实现该目的。

针对前述碘离子浓度的区别特征，口头审理时双方当事人一致认可本案碘离子浓度可由碘化物浓度直接换算得出。碘离子浓度是所加入的无机碘化物中碘含量的客观反映，二者是对同一技术手段采取了不同的表达方式；此外，由于本专利权利要求 1 中碘离子浓度为 2wt% ~ 15wt%，证据 1 实施例 1 中碘化锂的浓度为 19wt% ~ 19. 5wt%，可见二者的碘离子浓度非常接近（如果根据吴泾化工公司所述依据分子量和原子量的比例的换算方法，则发现证据 1 实施例 1 中的碘离子浓度约为 18. 01wt% ~ 18. 49wt%，仅稍高于本专利的碘离子浓度），而在反应体系中其他条件基本确定的情况下，在不大的幅度内调整某一加入料的用量或浓度是本领域技术人员通过有限次试验即可实现的，本领域技术人员通过调整反应中无机碘化物的加入量来略微降低碘离子的浓度通常并不需要付出创造性的劳动；特别是从技术效果或解决的技术问题看，在本专利说明书中从未记载将其催化剂体系中的碘离子浓度设定为 2wt% ~15wt% 使得本专利相对于证据 1 能够解决任何技术问题；从本专利表 1 以及证据 6 来看，吴泾化工公司的每一次试验都是在彼此完全不同的试验条件下进行的，即试验中存在多个变量且每次试验均多个变量同时发生改变，由此获得的试验数据并不能够反映其中某一变量所带来的技术效果，因此从吴泾化工公司声称的能够反映本专利技术效果的实施例 6~12 的数据来看，由于该公司并未在其催化剂体系中其他物质如醋酸甲酯、甲基碘等的用量与证据 1 相同的情况下比较本专利与证据 1 由于碘化物加入量或碘离子浓度的不同所带来的效果差异，故本领域技术人员从实验证据中同样无法看出本专利相对于证据 1 实施例 1 的技术方案产生任何预料不到的技术效果。因此，本专利权利要求 1 相对于证据 1 实施例 1 的技术方案不具有创造性，不符合《中华人民共和国专利法》（以下简称《专利法》）第二十二条第三款的规定。

从属权利要求 2~4 对权利要求 1 中的无机碘化物作了进一步的限定，“无机碘化物为碘化锂、碘化氢、碘化钠、碘化钾、碘化镁中的两种以上的混合物”、“无机碘化物为碘化锂、碘化钾或碘化氢两种以上的混合物”、“无机碘化物为碘化锂和碘化氢的混合物”，参见上述对于权利要求 1 的评述，上述附加技术特征已在证据 1 实施例 1 的技术方案中公开，因此在其引用的权利要求 1 不具有创造性的基础上，从属权利要求 2~4 相对于证据 1 也不具有创造性，不符合《专利法》第二十二条第三款的规定。

鉴于已经得出本专利所有权利要求都不具备创造性的结论，专利复审委员会对于其他无效宣告理由和证据不再评述。

综上，专利复审委员会作出第 11650 号决定，宣告本专利全部无效。

原告吴泾化工公司不服，向本院提起行政诉讼称：1. 无效宣告请求书以证据 1 评定本专利创造性时，所引证的事实与第 11650 号决定用以认定本专利权利要求 1 无效的证据 1 实施例 1，事实不一致，审查程序有误。2. 第 11650 号决定认定事实有误，适用法律不当。证据 1 实施例 1 中醋酸的酸性平衡反应体系中，由于碘化锂的存在，必定有碘化氢存在的认定忽视了醋酸是一个有机弱酸、其“水溶液是一个典型的弱电离酸，其 $Ka=1.75\times10^{-5}$”的基本常识。在 LiI、KI 的水溶液中或 LiI、KI 的醋酸催化体系中的 HI 的含量只能以杂质看待，而且 HI 又是一个强酸，它在水溶液中完全电离为氢离子和碘离子，对醋酸的离解有抑制作用。因此，第 11650 号决定中的“证据 1 实施例 1 的反应介质中，也含有碘化氢和碘化锂这两种选自 1A 族的无机碘化物混合物”的认定有误。证据 1 第 19 页第 1~3 行记载“图表 6 表明，增加反应介质中的水含量会降低铑催化剂的沉淀速率。图 6 还表明，在给定的磺化氢和水的浓度下，通过加入碘化锂增加碘离子含量会降低铑从反应介质中沉淀的速率。”图 6 记载的 130℃ 和证据 1 实施例 1“在操作过程中，反应器的温度保持在 180~190℃ 之间”说明图 6 根本不是一个反应条件，更没有给出反应介质甲基碘的浓度和醋酸甲酯的浓度，所以图 6 中的实验条件并非是生产醋酸的完整工艺条件和催化剂体系。因此，第 11650 号决定认定的“……并给出了在用于醋酸生产铑/无机碘化物催化体系中同时使用两种无机碘化物的稳定铑催化剂的作用的教导”是错误的。本专利说明书记载“……根据本发明，随着水的浓度降低，甲酸和丙酸等杂质生产量减少。”而没有本专利杂质的降低主要依赖其催化剂体系的低水浓度的事实。“主要依靠”不是本专利说明书记载的减少甲酸和丙酸等杂质的手段，技术人员也根本无法从本专利说明书中直接和间接得出。本专利中杂质的降低不是主要依赖于其催化剂体系的低水浓度，低水浓度仅仅是减少杂质生成的一个因素而已。本专利中杂质生成的减少是由于本专利液体的反应介质中各组分及其含量等工艺条件的综合结果。本专利液体反应介质中各组分及其含量与证据 1 实施例 1 存在不同，其效果也不同。而第 11650 号决定中“证据 1 实施例 1 的技术方案在减少丙酸杂质的量的同时必然减少杂质甲酸的生成”的认定没有试验根据。本专利权利要求 1 中的催化剂体系影响因素众多，是液体反应介质中各组份及其含量的综合结果，不是仅仅通过调整反应中无机碘化物的加入量就能实现的，更不是略微降低碘离子浓度就能达到的。关于“……即试验中存在许多变量且每次试验均多个变量同时发生改变，由此获得的试验数据并不能反映其中某一变量所带来的技术效果”的认定同样是一种推测。第11650号决定认定本专利效果“……故本领域技术人员从实验证明中同样无法看出本专利相对于证据1实施例1的技术方案产生任何预料不到的效果”同样是一种缺乏证据的推测。本专利技术方案不但减少丙酸和甲酸杂质，又使催化剂反应速度大大提高且催化剂保持稳定，同时又改善了工厂精馏步骤的负荷和解除了精馏步骤的瓶颈。综上，请求法院撤销第11650号决定。

被告专利复审委员会辩称：1. 李文在其无效宣告请求中明确以证据1权利要求书作为破坏新颖性和创造性的证据；李文在口头审理中明确以证据1实施例1作为破坏本专利新颖性的证据，我委对此进行了调查，吴泾化工公司对此未提异议并充分发表了意见；实施例是权利要求技术方案的细化，能够更好地反映证据1所公开的内容。因此，第11650号决定所涉以证据1实施例1的内容评价本专利创造性并无不妥。2. 本专利权利要求1中并未对其中HI的含量进行限定，不应认为浓度小就不存在；吴泾化工公司已承认醋酸溶液中HI的存在；无论弱酸和强酸，均存在电离平衡，因此存在［H^+］和［I^-］的溶液中必定存在HI。3. 第11650号决定是单独以证据1实施例1评价本专利创造性，而不是通过与证据1图6的结合来评价创造性；证据1图6的部分明确给出了含HI和LiI的反应体系，而且在该体系中Rh催化剂的损失小，因此第11650号决定关于图6部分的论述并无不当。4. 从本专利说明书的相关记载不难看出本专利杂质的降低主要依赖于水浓度的降低，并且对其初步原因进行了分析。5. 证据1与本专利均为低水反应体系，且二者的反应体系中除碘离子浓度稍有区别外，其他组分及其含量均相同，因此在本专利强调其杂质甲酸和丙酸的降低是由于反应系统的低水浓度的情况下，证据1实施例1的技术方案因其低水体系在减少丙酸杂质的同时也必然会减少杂质甲酸的生成。6. 在化学领域，调整反应体系中某一物质的浓度或含量是本领域技术人员的常规技术手段，而且吴泾化工公司在口头审理时明确其权利要求中的碘离子浓度是通过加入量换算得到的，且连续反应中加入量等于平衡量，因此通过调整加入量调整碘离子浓度是易于实现的。7. 吴泾化工公司认为第11650号决定中“试验中存在多个变量且每次试验均多个变量同时发生改变，由此获得的试验数据并不能够反映其中某一变量所带来的技术效果”以及“本领域技术人员从实验证据中同样无法看出本专利相对于证据1实施例1的技术方案产生任何预料不到的技术效果”是一种猜测，对此我委坚持在第11650号决定中的意见。综上，请求法院维持第11650号决定。

第三人李文述称：1. 吴泾化工公司将《审查指南》中的“证据”曲解为我方在无效请求书中以及专利复审委员会所具体引用的某些段落或语句。《审查指南》中所称证据是指一份资料，而不是一份资料中各处引证的具体公开内容。证据1是外文证据，我方向专利复审委员会提交了证据1全文中文译文。从《审查指南》对外文证据提交的特别规定可知，证据1全部可以作为证据使用。因此，第11650号决定完全符合审理程序。2. 吴泾化工公司对反应体系中HI存在的意义认识不足，导致错误判断。其将公知常识中理想的醋酸电离平衡反应式应用于本专利制备醋酸复杂的反应体系中是不正确的。即使如此，吴泾化工公司还是承认反应体系中存在HI。吴泾化工公司针对甲醇羰基化反应体系列出的H^+与CH_3COO^-之间平衡关系式错误，进而在其列举的平衡式基础上得出的其他结论也错误。吴泾化工公司提出“HI的含量只能以杂质看待”错误，体系中存在的HI不是“杂质”。在反应介质中必定会有碘化氢的存在，其浓度由体系中其他组分的浓度确定。在甲醇羰基化反应中，多个组分通过热力学平衡反应来控制。吴泾化工公司没有认识到HI的浓度是由上述以及其他反应平衡共同决定，而非由加入的HI量决定。本领域普通技术人员，从图6明确记载的采用了两种无机碘化物（碘化氢和碘化锂）能够降低铑从反应介质中沉淀的速率，完全能够从中得到这样的技术启示，即在用于醋酸生产的铑/无机碘化物催化剂体系中可同时使用两种无机碘化物以稳定铑催化剂。本领域普通技术人员可以理解，本专利中水含量的作用是主要的影响因素，因为其中没有提供其他任何可解释的影响因素。本专利中实施例和吴泾化工公司在答复第二次审查意见时提供的补充试验，仅能证明杂质的生成与水含量有关以及“应该认识到，在该催化体系中的碘离子浓度是重要的，而不是无机碘化物相关的阳离子。”其所有实施例中记载的数据并不能证明其技术方案相对于现有技术具有任何有益的技术效果。相反，“在甲醇羰基化反应介质中，甲酸和丙酸等杂质的降低主要依赖于水浓度的降低”这一事实从现有技术目前公认的甲醇羰基化反应体系中丙酸和甲酸产生机理得到证实。羰基化反应介质中杂质丙酸和甲酸的降低主要依赖于体系中的水浓度。第11650号决定中关于“本领域普通技术人员通过调整反应中无机碘化物的加入量来略微减低碘离子的浓度，通常并不需要付出创造性的劳动”的认定是正确的。本专利与证据1的发明思想完全一致，本专利公开的试验数据仅仅是对现有技术教导的一次验证，即证明了在低水体系中“应该认识到，在该催化剂体系中的碘离子的浓度是重要的，而不是无机碘化物相关的阳离子。”本专利从采用的技术方案到所举例的实施例，都仅仅是对现有技术证据1中公开发明的重复与验证，相对于证据1并没有产生任何有益的技术效果，所有的技术效果，诸如丙酸、甲酸的杂质减少，催化反应速率的提高，催化剂的稳定，消除瓶颈等都是由于现有技术中所述的低水体系带来的。综上，第11650号决定审理程序正确，认定事实清楚，适用法律适当，请求法院维持第11650号决定。

本院经审理查明：

本专利系国家知识产权局于2006年12月6日授权公告的名称为“降低杂质的醋酸生产的铑/无机碘化合物催化剂体系”的发明专利，其申请日是2003年4月18日，专利号是03116492.7，专利权人是吴泾化工公司。

本专利授权公告的权利要求书如下：

“1. 降低杂质的醋酸生产的铑/无机碘化合物催化剂体系，醋酸制备采用甲醇与CO在液体反应介质中反应，液体反应介质包括：铑、无机碘化物、甲基碘、水、醋酸、醋酸甲酯，其特征是：所述的无机碘化物为元素周期表ⅠA族和ⅡA族的其中两种以上无机碘化物的混合物，液体反应介质的介质配比为：催化有效量的铑，碘离子的浓度2wt%～15wt%，水3wt%～7wt%，甲基碘8wt%～15wt%，醋酸甲酯0.5wt%～30wt%，其余为醋酸。

2. 根据权利要求1所述的降低杂质的醋酸生产的铑/无机碘化合物催化剂体系，其特征是，无机碘化物为碘化锂、碘化氢、碘化钠、碘化钾、碘化镁中的两种以上的混合物。

3. 根据权利要求2所述的降低杂质的醋酸生产的铑/无机碘化合物催化剂体系，其特征是，无机碘化物为：碘化锂、碘化钾或碘化氢两种以上的混合物。

4. 根据权利要求3所述的降低杂质的醋酸生产的铑/无机碘化合物催化剂体系，其特征是，无机碘化物为碘化锂和碘化氢的混合物。”

针对本专利权，李文于2007年4月23日向专利复审委员会提出无效宣告请求，理由为本专利权利要求1～4不具备《专利法》第二十二条规定的新颖性和创造性并提交了如下证据：

1. 美国专利US5，026，908公开文本，公开日为1991年6月25日，复印件共36页及中译文52页；

2. 欧洲专利EP0 506 240A2公开文本，公开日为1992年9月30日，复印件共18页及中译文25页；

3. 美国专利US5，300，685公开文本，公开日为1994年4月5日，复印件共6页及中译文（即在中国的同族专利申请，申请号为92113295.6，公开日为1993年6月9日）27页；

4. 美国专利US5，416，237公开文本，公开日为1995年5月16日，复印件共8页及中译文（即在中国的同族专利申请，申请号为93108283.8，公开日为1994年4月20日）23页；

5. 本专利说明书；

6. 吴泾化工公司答复《第二次审查意见通知书》的意见陈述，复印件共3页。

李文认为：(1) 证据1已经完全披露了本专利权利要求1~4的技术方案，因此本专利权利要求1~4不符合专利法有关新颖性的规定（参见证据1权利要求1、2，第16栏第41~46行，图6）；(2) 证据1是与本专利最接近的现有技术，证据1与本专利权利要求1的区别技术特征是使用了一种碘化物盐还是使用了一种两种以上无机碘化物的混合物。而上述区别技术特征的信息在证据1（第11栏第2~19行；第12栏第62行至第13栏第2行；第17栏第40~54行；第16栏第43~46行）中显而易见的公开，且本专利的权利要求1中关于液体反应介质的介质配比的技术特征实质上已经被现有技术（例如证据1的权利要求1）公开，而降低杂质的技术特征也已在证据1（第13栏第3~12行）中公开，因此本专利权利要求1的技术相对于证据1所公开的信息不具有专利法规定的创造性；此外，证据2（权利要求1；第8栏第54行至第9栏第4行）已经公开了使用两种碘化物的混合物，而且证据3（第1栏第47~51行）和证据4（第5栏第23~36行）已经明确给出了如何结合证据1和2的技术启示，因此本领域技术人员在证据1和2的基础上在证据3和证据4的启示下，完全可以得到本专利权利要求1所要求保护的技术方案，因此本专利权利要求1的技术方案相对于证据1、2、3和4不具有专利法规定的创造性；(3) 其余权利要求2~4的附加技术特征都是现有技术，因此在权利要求1不具有创造性的前提下，从属权利要求2~4也不具有创造性，不符合专利法的规定。

专利复审委员会受理了上述请求。对此，吴泾化工公司于2007年9月3日向专利复审委员会提交了意见陈述。2007年5月23日，李文提交了补充意见陈述和证据7 “Mixedsalts-scaling limits and propensity”，Desalination154（2003）第117~127页，复印件共11页及中译文1页以及证据3的中译文20页及证据4的中译文第23页。

2007年11月13日，专利复审委员会进行口头审理，其间：李文放弃使用证据3、4中包含的中国同族专利申请文件。吴泾化工公司当庭提交意见陈述书指出本专利提供了一种加入两种无机碘化物作为催化剂稳定剂并具有最佳液体反应介质组成范围的新的技术方案，其优越性主要体现在反应速度提高和杂质降低，而且实验已经证明了本专利技术方案的优越性；此外，李文曲解了溶解度的定义，其关于催化剂中组成的可控性描述以及实验手段和措施描述均不完整，即使将对比文件1、2、3、4结合也无法得到本专利权利要求1的技术方案。专利复审委员会当庭将其转交给李文，并允许李文在口头审理之日后7日内进行答复。李文当庭提交了盖有“国家知识产权局专利检索咨询中心副本认证专用章”的证据1~4原件和证据7的公证书，吴泾化工公司对证据1~7的真实性、合法性、关联性以及证据1~4、7的公开性没有异议；对证据1~4、7的中译文的准确性没有异议。李文明确其无效理由为：权利要求1~4相对于证据1不具有新颖性；权利要求1~4相对于证据1或证据1与证据3的结合或证据1、2与证据4的结合不具有创造性。针对本案碘化物浓度与碘离子浓度的关系问题，李文认为二者之间的换算是“本领域技术人员的普通常识”；吴泾化工公司认为“对于碘盐，可以根据分子量和原子量的比例由碘化物浓度换算出碘离子浓度”。

2007年11月20日，李文针对吴泾化工公司口头审理当庭提交的意见陈述书提出如下补充意见：(1) 吴泾化工公司强调的特征是①所述的无机碘化物为元素周期表ⅠA族和ⅡA族的其中两种以上无机碘化物的混合物，②液体反应介质的介质配比为：催化有效量的铑，碘离子的浓度为2wt%~15wt%；水3wt%~7wt%；甲基碘8wt%~15wt%；醋酸甲酯0.5wt%~30wt%，其余为醋酸。上述特征①、②的技术方案可以从证据1和3的组合中，或证据1、2和4的组合中显而易见地得到，而且这样得到的技术方案的技术效果已经公开在证据 1 中，因此权利要求 1~4 不具有创造性；（2）质疑实施例中的无机碘化物含量与权利要求中的碘化物离子含量之间的换算；（3）在 Celanese 的低水体系发明中，使用碘盐提供碘离子来稳定铑催化剂，尽管存在氢碘酸，但其浓度不能被随便控制，且在低水浓度（低于 14wt%）下其平衡浓度是非常低的；（4）吴泾化工公司提交的补充试验数据存在问题；（5）不能将证据 1、2、3 和 4 割裂开来评价本专利的创造性，本领域技术人员根据证据 1 和 3 的结合或者证据 1、2 和 4 的结合完全能够得出本专利权利要求 1 的技术方案；（6）本专利测量的是精制后醋酸中杂质的含量，与现有技术没有可比性；（7）从“高锰酸钾氧化时间均>130 分钟”不能得出“还原性杂质”不增加的结论。

2008 年 5 月 28 日，专利复审委员会作出第 11650 号决定。

另查，李文首次明确提出本专利权利要求 1 中的液体反应介质配比被证据 1 实施例 1 公开的无效宣告理由系于专利复审委员会口头审理当中的本专利新颖性问题审查阶段；专利复审委员会对于将本专利权利要求 1 中的液体反应介质配比与证据 1 实施例 1 进行对比的审查系于口头审理中审查本专利新颖性问题阶段所进行；而在口头审理中对于本专利创造性问题的审查中并未具体针对证据 1 实施例 1。

以上事实有本专利授权公告文本、李文和吴泾化工公司在无效宣告行政审查程序中向专利复审委员会提交的相关证据和陈述、专利复审委员会口头审理记录表、第 11650 号决定及当事人陈述等证据在案佐证。

本院认为：

首先，第 11650 号决定的作出程序是否不当的问题。

《审查指南》第四部分第一章 2. 3 请求原则规定，无效宣告程序应当基于当事人的请求启动；第四部分第三章 4. 1 审查范围中规定，请求人在提出无效宣告请求时没有具体说明的无效宣告理由以及没有用于具体说明相关无效宣告理由的证据，且在提出无效宣告请求之日起一个月内也未补充具体说明的，专利复审委员会不予考虑。《审查指南》第四部分第一章 2. 5 听证原则规定，在作出审查决定之前，应当给予审查决定对其不利的当事人针对决定所依据的理由、证据和认定的事实陈述意见的机会，即审查决定对其不利的当事人已经通过通知书、转送文件或者口头审理被告知过审查所依据的理由、证据和认定的事实，并且具有陈述意见的机会。

本院认为，虽然李文在其无效宣告请求中提出以证据 1 作为破坏本专利新颖性和创造性的证据，但其在相关期限内对于证据 1 如何破坏本专利创造性的具体论述中均未明确涉及证据 1 实施例 1 催化剂体系的技术内容，而且其在口头审理中明确以证据 1 实施例 1 作为破坏本专利新颖性的证据，并未以证据 1 实施例 1 催化剂体系作为破坏本专利创造性的证据。依据上述《审查指南》有关请求原则及审查范围的规定，李文向专利复审委员会提交证据 1 全文译文，并不意味着其明确以证据 1 实施例 1 催化剂体系的技术内容作为破坏本专利创造性的证据。专利复审委员会针对证据 1 实施例 1 催化剂体系所进行的审查，以及吴泾化工公司所发表的针对性意见，均系围绕本专利与之相比是否具备新颖性而进行，而非针对本专利与之相比是否具备创造性而进行。

本专利相对于证据 1 实施例 1 催化剂体系的相关技术内容不具备新颖性或者不具备创造性是两个不同的无效理由。在李文没有明确提出以证据 1 实施例 1 催化剂体系作为破坏本专利创造性的证据和理由之一的前提下，专利复审委员会主动引入证据 1 实施例 1 催化剂体系作为评价本专利创造性的证据，已经违反了上述《审查指南》有关请求原则及审查范围的规定，在审查程序上显属不当。而且，专利复审委员会在此情况下，也没有将这一审查决定所依据的新的事实和理由告知吴泾化工公司，没有给予吴泾化工公司就此陈述意见的机会以及没有听取吴泾化工公司的针对性意见，而直接作出了对吴泾化工公司不利的宣告其专利权无效的决定。专利复审委员会的上述作法同时违反了上述《审查指南》所规定的听证原则，在审查程序上显属不当。

虽然专利复审委员会辩称实施例是权利要求技术方案的细化，但本院认为一项专利相对于已有技术是否具备创造性，在某种意义上是两种技术方案之间的区别程度问题；就本案而言，证据1实施例1催化剂体系对于证据1权利要求的细化部分，有可能就决定着两种技术方案之间的区别是否达到了令本专利具备创造性的程度。因此，专利复审委员会的上述观点，于法无据，本院不予采纳。

其次，关于本专利是否具备创造性的技术问题。

《专利法》第二十二条第三款规定，创造性是指同申请日以前已有的技术相比，该发明有突出的实质性特点和显著的进步。如果发明是所属技术领域的技术人员在现有技术的基础上仅仅通过合乎逻辑的分析、推理或者有限的试验可以得到，则该发明是显而易见的。

1. 关于在证据1实施例1的反应介质中是否含有碘化氢的问题，即本专利权利要求1中的技术特征“所述的无机碘化物为元素周期表ⅠA族和ⅡA族的其中两种以上无机碘化物的混合物”是否被证据1实施例1的技术方案公开的问题。

本院认为，证据1实施例1的反应介质是一个含有碘化锂的酸性平衡反应体系，本领域技术人员公知，在该酸性体系中必然存在［H^+］和［I^-］，并且在平衡反应体系中必然存在分子和离子之间的电离平衡，因此在证据1实施例1的反应介质中也就必然含有碘化氢。由于在本专利权利要求1中并没有限定作为无机碘化物之一的碘化氢的含量，因此可以认定本专利权利要求1的技术特征“所述的无机碘化物为元素周期表ⅠA族和ⅡA族的其中两种以上无机碘化物的混合物”已经被证据1所公开。此外，在证据1实施例1的催化剂体系中，铑、甲基碘、醋酸甲酯、水和醋酸的含量均在本专利权利要求1的含量范围内或与其含量范围部分重叠。因此，本专利权利要求1的技术方案与证据1实施例1的技术方案的区别在于：在本专利权利要求1中明确其碘离子浓度为2wt%～15wt%，而证据1实施例1中仅公开了其反应介质中碘化锂的浓度为19wt%～19.5wt%。

2. 关于证据1实施例1中杂质甲酸生产量是否减少，即上述区别技术特征所能达到技术效果的认定问题。

本院认为，尽管本专利没有明确其杂质的降低主要依赖于其催化剂体系的低水浓度，但是本专利明确记载了“……随着水的浓度降低，甲酸和丙酸等杂质的生产量减少。初步认为由于反应介质中水浓度降低……减少了甲酸和丙酸的生产步骤的量减少”以及“尽管，在反应体系中影响甲酸丙酸等杂质生成是多方位的，其他因素的影响是肯定存在的。但是，本发明发现了甲酸、丙酸杂质的生成有受反应介质中水浓度的影响”，因此本领域技术人员可以确认低水浓度是导致甲酸和丙酸生成减少的原因之一。而本专利从未记载反应体系中碘离子浓度对甲酸和丙酸的生成有影响，证据1实施例1反应体系与本专利的反应体系相比除碘离子的浓度有不同外，其他组分及其含量均相同，特别是证据1实施例1同样采用低水反应系统，二者的反应机理并无不同，因此本领域技术人员不会意识到反应体系中碘离子浓度的差别会对甲酸和丙酸的生成有显著影响，从而使之不存在“随着水的浓度降低，甲酸和丙酸等杂质的生产量减少”的规律，因此得出证据1实施例1的技术方案在减少丙酸杂质生产量的同时必然会减少杂质甲酸生产量的结论是本领域技术人员的正常判断。在此基础上，多因素的试验设计能够得到最好的效果并不能说明本专利权利要求1碘离子浓度相对于证据1实施例1的改变能够带来任何技术效果从而使得本专利相对于证据1实施例1能够解决任何技术问题。

3. 本领域技术人员在一定范围内调整碘化锂的用量或浓度，从而适当降低反应体系中碘离子的浓度是否需要付出创造性劳动的问题。

本院认为，尽管吴泾化工公司称本专利权利要求1中的催化剂体系影响因素众多，它是液体反应介质中各组分及其含量的综合结果，但是本专利权利要求 1 的技术方案与证据 1 实施例 1 技术方案的区别确实仅在于前者明确其碘离子浓度为 2wt% ~ 15wt%，后者仅公开了其反应介质中碘化锂的浓度为 19wt% ~ 19.5wt%。而本专利说明书中从未记载将本发明催化剂体系中的碘离子浓度设定为2wt% ~ 15wt% 能够达到何种技术效果从而使得本专利相对于证据 1 能够解决任何技术问题。在各方一致认可本案碘离子浓度是所加入的无机碘化物中碘含量客观反映的前提下，本领域技术人员在反应体系中其他条件已经基本确定后，具备能力通过有限次的试验在一定范围内适当调整碘化锂的用量或浓度，从而适当降低反应体系中碘离子的浓度而不需要付出创造性的劳动。

综上，专利复审委员会有关本专利权利要求 1 相对于证据 1 实施例 1 的技术方案不具有创造性这一认定本身，并无不当。

本专利从属权利要求 2~4 对权利要求 1 中的无机碘化物作了进一步的限定。但相关限定所附加的技术特征已在证据 1 实施例 1 的技术方案中公开，因此专利复审委员会有关在其引用的权利要求 1 不具有创造性的基础上，本专利从属权利要求 2~4 相对于证据 1 也不具有创造性这一认定本身，并无不当。

综上所述，第 11650 号决定认定事实清楚，但违反法定程序，应予撤销。吴泾化工公司请求撤销第 11650 号决定，于法有据，本院予以支持。依照《中华人民共和国行政诉讼法》第五十四条第（二）项第 3 目之规定，本院判决如下：

撤销被告国家知识产权局专利复审委员会作出的第 11650 号无效宣告请求审查决定。

案件受理费 100 元，由被告国家知识产权局专利复审委员会负担（于本判决生效之日起七日内交纳）。

如不服本判决，各方当事人可在本判决书送达之日起 15 日内向本院提交上诉状，并交纳上诉案件受理费 100 元，上诉于北京市高级人民法院。

审 判 长 赵 静
代理审判员 姜庶伟
人民陪审员 牛艳玲
二○○九年十一月十日
书 记 员 高晓旭

020

晶状取代的苯并［b］噻吩盐酸盐，含有它的药物制剂及其用途

无效宣告请求审查决定（第11858号）

决　定　号　第11858号
决　定　日　2008年7月3日
发明创造名称　晶状取代的苯并［b］噻吩盐酸盐，含有它的药物制剂及其用途
国际分类号　C07D409/10，A61K31/445
无效宣告请求人　江苏恒瑞医药股份有限公司
专　利　权　人　伊莱利利公司
专　利　号　95118449.0
申　请　日　1995年9月18日
最早优先权日　1994年9月19日
授权公告日　2001年7月11日
合议组组长　李　越
主　审　员　侯　曜
参　审　员　刘　亚

法律依据　专利法第22条第2款、第3款
决定要点

如果要求保护的发明与现有技术公开的发明相比存在区别技术特征，导致该发明的技术方案与现有技术公开的技术方案存在实质不同，则认为该要求保护的发明具有新颖性。

当权利要求所保护的化学产品与已知化学产品接近时，该化学产品必须相对于已知化学产品有预料不到的用途或效果，否则应当认为该权利要求不具有创造性。

一、案由

本无效宣告请求案涉及国家知识产权局于2001年7月11日公告授予的、名称为“晶状取代的苯并［b］噻吩盐酸盐，含有它的药物制剂及其用途”的95118449.0号发明专利权（以下简称本专利），其申请日为1995年9月18日，最早的优先权日为1994年9月19日，专利权人为伊莱利利公司（以下简称专利权人）。本专利授权公告的权利要求书如下：

“1. 非溶剂化晶状6-羟基-2-（4-羟基苯基）-3-［4-（2-哌啶子基乙氧基）苯甲酰基］苯并［b］噻吩盐酸盐，基本上展示出用铜幅射获得的如下X射线衍射图

d-线间隔　　　　I/Io

(埃)	(X100)
13. 3864	71. 31
9. 3598	33. 16
8. 4625	2. 08
7. 3888	7. 57
6. 9907	5. 80
6. 6346	51. 04
6. 1717	29. 57
5. 9975	5. 67
5. 9135	9. 87
5. 6467	38. 47
5. 4773	10. 54
5. 2994	4. 74
4. 8680	4. 03
4. 7910	5. 98
4. 6614	57. 50
4. 5052	5. 75
4. 3701	9. 03
4. 2516	69. 99
4. 2059	57. 64
4. 1740	65. 07
4. 0819	12. 44
3. 9673	22. 53
3. 9318	100. 00
d-线间隔	I/Io
(埃)	(X100)
3. 8775	9. 07
3. 7096	33. 38
3. 6561	21. 65
3. 5576	3. 36
3. 5037	7. 97
3. 4522	18. 02
3. 4138	4. 65
3. 2738	10. 23
3. 1857	8. 90
3. 1333	6. 24
3. 0831	9. 43
3. 0025	12. 13
2. 9437	4. 96
2. 8642	7. 70

2.7904	11.95
2.7246	3.05
2.6652	3.32
2.5882	7.30

2. 权利要求 1 的晶状 6-羟基-2-（4-羟苯基）-3-［4-（2-哌啶子基乙氧基）苯甲酰基］苯并［b］噻吩盐酸盐，其中存在的 6-羟基-2-（4-羟苯基）-3-［4-（2-哌啶子基乙氧基）苯甲酰基］苯并［b］噻吩盐酸盐的量至少是 95 重量%。

3. 权利要求 1 的晶状 6-羟基-2-（4-羟苯基）-3-［4-（2-哌啶子基乙氧基）苯甲酰基］苯并［b］噻吩盐酸盐，其中含有少于 5 重量% 的氯苯。

4. 权利要求 1 的晶状 6-羟基-2-（4-羟苯基）-3-［4-（2-哌啶子基乙氧基）苯甲酰基］苯并［b］噻吩盐酸盐，其中含有少于 5 重量% 的铝盐或有机铝杂质。

5. 权利要求 1 的晶状 6-羟基-2-（4-羟苯基）-3-［4-（2-哌啶子基乙氧基）苯甲酰基］苯并［b］噻吩盐酸盐，其中含有少于 3 重量% 的硫醇或硫醚杂质。

6. 权利要求 2 的晶状 6-羟基-2-（4-羟苯基）-3-［4-（2-哌啶子基乙氧基）苯甲酰基］苯并［b］噻吩盐酸盐，其中含有少于 5 重量% 的氯苯。

7. 权利要求 2 的晶状 6-羟基-2-（4-羟苯基）-3-［4-（2-哌啶子基乙氧基）苯甲酰基］苯并［b］噻吩盐酸盐，其中含有少于 5 重量% 的铝盐或有机铝杂质。

8. 权利要求 2 的晶状 6-羟基-2-（4-羟苯基）-3-［4-（2-哌啶子基乙氧基）苯甲酰基］苯并［b］噻吩盐酸盐，其中含有少于 3 重量% 的硫醇或硫醚杂质。

9. 权利要求 3 的晶状 6-羟基-2-（4-羟苯基）-3-［4-（2-哌啶子基乙氧基）苯甲酰基］苯并［b］噻吩盐酸盐，其中含有少于 5 重量% 的铝盐或有机铝杂质。

10. 权利要求 3 的晶状 6-羟基-2-（4-羟苯基）-3-［4-（2-哌啶子基乙氧基）苯甲酰基］苯并［b］噻吩盐酸盐，其中含有少于 3 重量% 的硫醇或硫醚杂质。

11. 权利要求 4 的晶状 6-羟基-2-（4-羟苯基）-3-［4-（2-哌啶子基乙氧基）苯甲酰基］苯并［b］噻吩盐酸盐，其中含有少于 3 重量% 的硫醇或硫醚杂质。

12. 一种药物制剂，其含有权利要求 1 的晶状化合物和一种或多种药学上可接受的载体，稀释剂或赋形剂。

13. 权利要求 12 的一种药物制剂，其含有权利要求 2 的晶状化合物和一种或多种药学上可接受的载体，稀释剂或赋形剂。

14. 权利要求 12 的一种药物制剂，其含有权利要求 3 的晶状化合物和一种或多种药学上可接受的载体，稀释剂或赋形剂。

15. 权利要求 12 的一种药物制剂，其含有权利要求 4 的晶状化合物和一种或多种药学上可接受的载体，稀释剂或赋形剂。

16. 权利要求 12 的一种药物制剂，其含有权利要求 5 的晶状化合物和一种或多种药学上可接受的载体，稀释剂或赋形剂。

17. 权利要求 1 的晶状化合物在制备药物中的应用。

18. 权利要求 17 的用途，其中权利要求 2 的晶状化合物在制备药物中的应用。

19. 权利要求 17 的用途，其中权利要求 3 的晶状化合物在制备药物中的应用。

20. 权利要求 17 的用途，其中权利要求 4 的晶状化合物在制备药物中的应用。

21. 权利要求 17 的用途，其中权利要求 5 的晶状化合物在制备药物中的应用。”

针对上述专利权，江苏恒瑞医药股份有限公司（下称请求人）于 2007 年 7 月 4 日向专利复审委员会提出无效宣告请求，认为本专利权利要求 1~11、17~21 不符合专利法第 22 条第 2 款的规定，权利要求 1~21 不符合专利法第 22 条第 3 款的规定，并同时提交以下证据 1~4：

证据 1："Antiestrogens 2.[1] Structure-Activity Studiesina Seriesof3-Aroyl-2-arylbenzo［b］thiophene Derivatives Leadingto［6-Hyroxy-2-（4-hydroxyphenyl）benzo［b］thien-3-yl］［4-［2-piperidinyl］ethoxy］phenyl］methanone Hydrochloride（LY156758），aRemarkably Effective Estrogen Antagonistwith OnlyMinimalIntrinsic Estrogenicity，" CharlesD. Jonesetal.，Journal of Medicinal Chemistry，第 27 卷，第 8 期，第 1057~1066 页，公开日为 1984 年，复印件 10 页，及其部分中文译文 2 页；

证据 2：盖有"南京大学配位化学国家重点实验室"红章和骑缝章、落款为南京大学配位化学国家重点实验室苟少华教授课题组，时间为 2007 年 4 月 10 日的实验报告，共 4 页；

证据 3：第 4418068 号美国专利，公开日为 1983 年 11 月 29 日，复印件 24 页，及其部分中文译文共 2 页；

证据 4：第 1、2、4~6 页盖有"南京大学配位化学国家重点实验室"印章的 X 射线衍射测试报告，复印件 6 页。

请求人认为：

（1）证据 1 公开了用甲醇水溶液重结晶 6-羟基-2-（4-羟苯基）-3-［4-（2-哌啶子基乙氧基）苯甲酰基］苯并［b］噻吩（以下简称雷洛昔芬）盐酸盐的 THF 溶剂化粗品，得到了纯化的雷洛昔芬盐酸盐，本专利说明书第 1 页第二段也记载了证据 1 制备的化合物是溶剂化物；而根据本专利说明书第 18 页第二段所述，经过甲醇水重结晶方法可得到非溶剂化物，从中可以看出制备本专利权利要求 1 产品的方法与证据 1 描述的方法相同，本专利中重结晶得到非溶剂化物的方法也已经在证据 1 中公开，因此，证据 1 中 THF 溶剂化物粗品在甲醇/水条件下重结晶得到的产品与本专利权利要求 1 要求保护的产品相同，本专利要求保护的非溶剂化晶状物属于证据 1 已经完成的技术方案，权利要求 1 相对于证据 1 不具备新颖性；证据 2 和证据 4 的实验对象中，样品 1~3 是重现证据 1 的方法，将雷洛昔芬盐酸盐的四氢呋喃溶剂化物粗品重结晶得到的雷洛昔芬盐酸盐，样品 4~6 是按照本专利实施例 2 公开的方法制得的非溶剂化晶状雷洛昔芬盐酸盐，实验结果证明，根据证据 1 制得的样品与本专利权利要求 1 要求保护的产品的 X 射线衍射数据一致，二者晶型相同，且在已知的结晶条件下，雷洛昔芬盐酸盐不存在多晶型。

（2）权利要求 2~11 进一步限定权利要求 1 的非溶剂化晶状物的纯度，证据 2 的实验结果证明，根据证据 1 公开的方法制得的产品也具有这些理化特性，因此证据 1 隐含公开了权利要求 2~11 的附加技术特征，这些权利要求也不具备新颖性。

（3）权利要求 17~21 要求保护权利要求 1~5 的晶状化合物在制备药物中的应用，证据 1 公开了雷洛昔芬盐酸盐的抗雌激素活性及其医疗用途，因此，当引用的权利要求 1~5 不具备新颖性时，这些权利要求也不具备新颖性。

（4）即使证据 1 与权利要求 1 有所区别，权利要求 1 相对于证据 1 也不具备创造性；本领域技术人员公知溶剂化物中含有的大量溶剂对人体有害，因此必然会通过本领域的常规纯化方法对其进行加工，在此基础上得到权利要求 1 的技术方案是显而易见的，证据 2 和 4 的上述实验结论也验证了，只要本领域技术人员通过常规方法对雷洛昔芬盐酸盐的溶剂化物进行重结晶处理，就必然会得到本专利权利要求 1 要求保护的产品；此外，采用本领域常用的纯化手段以提高化合物或其晶状物的纯度以提高化合物的质量是本领域技术人员的常识，并且证据 1 隐含公开了权利要求 2~11 的附加技术特征，因此，权利要求 2~11 也不具备创造性。

（5）权利要求 12~16 要求保护含权利要求 1~5 的非溶剂化晶状物的药物制剂，本领域技术人员根据证据 1 已经完成的非溶剂化晶状物及其制备和其医药用途等技术方案，结合药物的制剂需要和临床要求得到所述药物制剂是显而易见的，因此权利要求 12~16 相对于证据 1 也不具备创造性；此外，证据 3 公开了雷洛昔芬盐酸盐的药物组合物，含有雷洛昔芬盐酸盐和一种或多种药学上可接受的载体、稀释剂或赋形剂，因此权利要求 12~16 相对于证据 1 和 3 的结合也不具备创造性。

（6）权利要求 17~21 要求保护晶状化合物在制备药物中的应用，证据 1 公开了非溶剂化晶状物，还公开了其抗激素活性及其医药用途，当引用的权利要求 1~5 不具备创造性时，权利要求 17~21 也不具备创造性。

经形式审查合格后，专利复审委员会受理了上述无效宣告请求，于 2007 年 8 月 13 日向双方当事人发出《无效宣告请求受理通知书》，并将请求人的《专利权无效宣告请求书》及其附件的副本转送给专利权人，要求其在指定的期限内答复，同时成立合议组对本无效宣告请求案进行审理。

2007 年 9 月 28 日，专利权人针对以上《无效宣告请求受理通知书》和《专利权无效宣告请求书》作出答复，并提交以下反证 1~3

反证 1：W. D. 路克的声明，复印件 19 页，其中文译文 16 页；

反证 2：GB2097788A，公开日为 1982 年 11 月 10 日，复印件 36 页，其部分中文译文 2 页；

反证 3：证据 1 第 1065 页第 2 栏最后一段至第 1066 页第 1 栏第 2 段的中文译文 1 页。

专利权人认为：

（1）证据 1 未公开其最终产品的“晶状”和“非溶剂化”特征，也未公开其具有本专利权利要求 1 产品的特征 X 射线衍射谱图，因此，证据 1 未公开权利要求 1 的具有特征 X 射线衍射图的非溶剂化晶状雷洛昔芬盐酸盐；证据 1 是专利权人的研究实验室的早期初步研究结果，并且在本专利说明书中将其作为现有技术引述并指出，“所述合成雷洛昔芬的方法具有严重缺点，它产生一种被已知致癌物氯苯污染的溶剂化物”，即，证据 1 中合成的粗品是混合的氯苯/THF 溶剂化物，而并非证据 1 中所标明和请求人理解的“THF 溶剂化粗品 50”；同时，证据 1 中也没有记载本专利的重结晶方法，只是简单提到用甲醇/水进行重结晶，而本专利记载了用甲醇/水重结晶方法可以从某种结晶的溶剂化物制备其非溶剂化的结晶形式，并且指出简单地由甲醇/水结晶不足以纯化雷洛昔芬盐酸盐的芳族溶剂化物，反证 1 的实验结论证明，雷洛昔芬盐酸盐的氯苯溶剂化物不可能通过甲醇/水的重结晶转化为非溶剂化物；此外，制备本专利要求保护的非溶剂化物过程中尽管也可使用氯苯等芳族溶剂，但本专利具体教导了之后必须进行一个额外的用脂族烃溶剂萃取以将其除去的步骤，证据 1 公开的制备方法中从未提及该萃取步骤；重结晶原料的不同导致了重结晶产物的不同，本专利得到的是雷洛昔芬盐酸盐的非溶剂化物，证据 1 得到的实际上是雷洛昔芬盐酸盐的氯苯溶剂化物或氯苯/THF 溶剂化物。因此，本专利权利要求 1 的产品与证据 1 的产品技术内容不同，具备新颖性。

（2）反证 1 的实验结论证明 熔点可用于区分溶剂化物和非溶剂化物，本专利中雷洛昔芬盐酸盐以晶状非溶剂化物的形式存在，其纯品的熔点为 272℃，显著高于芳族溶剂化物（包括氯苯溶剂化物）的熔点 254~264℃；反证 1 的实验 2 描述了在 0.66 当量氯苯存在下制备氯苯溶剂化物，并且表明已观察到甚至在低至 0.27 当量溶剂存在下，氯苯溶剂化物的形成，基于雷洛昔芬盐酸盐具有与取代苯溶剂形成溶剂化物的所述强趋势，当在含氯苯的反应介质中进行制备时，反应产物是氯苯的溶剂化物；反证 2 是证据 3 的同族专利，反证 2 实施例 18 制备得到的以及实施例 20（即证据 3 的实施例 18）中重结晶得到的均为雷洛昔芬盐酸盐的氯苯溶剂化物，而并非本专利要求保护的非溶剂化物，这也证实了上述雷洛昔芬盐酸盐具有夺取氯苯形成溶剂化物的强趋势；上述关于证据 2 实施例 18 和 20 的结论适用于证据 1 的实验方法，因为其实验步骤中同样使用了大量氯苯。也就是说，由于证据 1 的实验步骤中同样使用了大量氯苯，证据1只记载了“添加50ml新鲜氯苯，并且在此蒸馏以除去残余的$SOCl_2$，将剩余物溶于……”，并未记载完全除去氯苯，氯苯显然残留在除去$SOCl_2$得到的“剩余物”中。

（3）由于权利要求1相对于证据1具备新颖性，引用权利要求1的权利要求2~11及权利要求1所述产品的用途权利要求17~21也具备新颖性。

（4）重结晶产品的种类同时取决于重结晶条件和用于重结晶的粗品，证据2与反证1的实验结论相反，说明证据2并未真正再现证据1中的粗品制备步骤，而是使用了其他一些未公开的方法制备的雷洛昔芬盐酸盐的THF溶剂化物来进行重结晶实验，从而得到本专利要求保护的非溶剂化物；此外，证据2的实验不能证明在已知结晶条件下，所有种类的雷洛昔芬盐酸盐溶剂化物均会重结晶得到非溶剂化物，因此，证据2中的实验1和2作为无效理由的证据是不适当的或不相关的。

（5）证据1并未意识到现有技术中存在的“溶剂化物中含有相对于化合物本身2 1比例的有机溶剂（二氯甲烷）对人体有害”，正是本专利说明书中教导了现有技术中存在的所述问题，因此，本领域技术人员根据证据1的描述不会有动机去解决并未意识到的问题；此外，即使本领域技术人员能够想到用常规方法对证据1中的雷洛昔芬盐酸盐进行纯化处理，也不能获得本专利权利要求1要求保护的产品，因为证据1的溶剂化粗品，是氯苯/THF混合溶剂化物，而不是本专利的二氯甲烷溶剂化物；同时，甲醇/水重结晶不能使证据1中得到的氯苯溶剂化物转化为非溶剂化物，证据1公开的制备方法中也未提及本专利中“额外地用脂族烃溶剂萃取以除去芳族溶剂”的步骤；此外，本专利权利要求1的产品克服了现有技术中的缺点，基本上不含氯苯，产生了有益效果，因此，权利要求1相对于证据1具备创造性。

（6）由于权利要求1相对于证据1具备创造性，而证据3也没有公开损害其创造性的内容，因此，权利要求1相对于证据1和3的结合也具备创造性。

（7）由于权利要求1相对于证据1以及证据1和3的结合具备创造性，权利要求2~21也具备创造性。

2007年11月16日，合议组向双方当事人发出《无效宣告请求口头审理通知书》，定于2008年1月16日对本案进行口头审理，并将专利权人于2007年9月28日提交的意见陈述书及其相关附件的副本转送请求人，要求其在口头审理时一并答复。

原定于2008年1月16日举行的口头审理因故改期，2008年1月2日，合议组再次向双方当事人发出《无效宣告请求口头审理通知书》，定于2008年2月27日对本案进行口头审理。

2008年2月27日，口头审理如期进行，各当事人的代理人均出席了口头审理。合议组就本无效宣告请求案的无效理由及证据逐一进行了调查，双方均充分陈述了各自的意见，并记录了以下事项：

（1）请求人当庭确定其无效宣告的理由为权利要求1~11、17~21相对于证据1不符合专利法第22条第2款有关新颖性的规定；权利要求1~21相对于证据1不符合专利法第22条第3款有关创造性的规定；权利要求12~16相对于证据1和证据3的结合不符合专利法第22条第3款有关创造性的规定，其中证据1是最接近的对比文件。

（2）请求人当庭出示了盖有“上海医药工业研究院图书馆藏书”红章的证据1，以及证据4原件；专利权人对证据1和3的真实性、合法性和关联性没有异议，对证据2和4的真实性和关联性有异议，认为证据2和4的性质属于证人证言，出具该证言的证人与请求人存在利害关系且并未出庭作证，证据2和4中的实验条件不完整，实验程序不清楚，证据4原件第20070322-3的谱图缺少印章。

（3）专利权人当庭提交以下反证（编号续前），以证明出具证据2和4的南京大学、南京大学配位化学国家重点实验室以及荀少华教授本人与请求人之间存在多种形式的合作关系。

反证4：ZL01127213.9号中国发明专利授权公告文本，申请日为2001年9月14日，授权公告日为2004年6月2日，复印件共8页；及由中华人民共和国国家知识产权局网站下载的该专利的检索信息1页；

反证5：中华人民共和国北京市中信公证处出具的（2008）京中信内经证字第01097号公证书8页；

反证6：中华人民共和国北京市中信公证处出具的（2008）京中信内经证字第01095号公证书8页；

反证7：中华人民共和国北京市中信公证处出具的（2008）京中信内经证字第01094号公证书16页；

反证8：中华人民共和国北京市中信公证处出具的（2008）京中信内经证字第01096号公证书13页。

合议组将上述反证5~8的原件保留在案卷中，并将反证4~8的复印件当庭转送给请求人，经请求人核实反证5~8的复印件与原件一致。请求人对反证4的真实性、合法性和关联性无异议，认可上述反证5~8的真实性，并承认南京大学与请求人之间存在合作关系，但认为不一定与本案有关。

（4）专利权人当庭提交了反证1的公证认证原件共20页及其公证书部分的中文译文4页，合议组将原件保留在案卷中，将其复印件连同译文一起转送给请求人，经请求人当庭核实其与原件一致。口头审理过程中，证人W.D.路克出席了本次口头审理，向合议组及对方当事人出示了其护照。证人以发明人的身份围绕反证1的内容以及本专利涉及的一些技术问题接受了合议组及双方当事人的质证，但未对其身份进行公证认证并提交相关证据。证人的主要观点为①在发现氯苯和雷洛昔芬盐酸盐之间紧密的结合趋势的基础上认为，尽管证据1描述了用于重结晶的粗品是THF溶剂化物，但实际上其应当是含有THF和氯苯的复合溶剂化物，因为证据1的实验中使用了大量氯苯，而蒸馏操作不足以将其完全除去，但由于氯苯在其中的含量非常少，因此NMR光谱检测容易将其忽略；②甲醇和水重结晶不足以除去证据1的复合溶剂化物中的氯苯，因此据其经验认为证据1的重结晶产物中仍然含有氯苯。

请求人仅认可反证1公证认证原件在形式上的真实性，但不认可其内容的真实性和客观性，对反证2~3的真实性没有异议。

（5）专利权人当庭提交了以下反证（编号续前）及其复印件作为公知常识性证据

反证9："The Chemist' s Ready Reference Handbook"，GershonJ. Shugar，JohnA. Dean，Mc Graw HillInc. 1990，封面，版权页，序言，第27.1~27.5、27.15-27.16页，复印件10页，部分中文译文3页；

反证10"Chemical Technicians' Ready Reference Handbook"，第三版，Gershon J. Shugar，Jack T Ballinger，Mc Graw HillInc. 1990，封面，版权页，序言，第473~477，486~488页，复印件11页，部分中文译文2页；

合议组将反证9和10的复印件转送给请求人，经请求人当庭核实与原件一致。请求人认可反证9和10的真实性、合法性、关联性以及译文的准确性。

（6）对于请求人提交的译文，专利权人除认为证据1译文的C段中出现的"酸性氯化物"应当译为"酰氯"，"原始化合物50"应当译为"粗品50"之外，认可其他译文的准确性。请求人认可上述更正，也认可专利权人提交的反证3中译文的准确性。

至此，合议组认为本案的事实清楚，可以作出审查决定。

二、决定的理由

1. 关于文本

本无效宣告请求审理的文本为本专利的授权公告文本。

2. 关于证据

（1）请求人提交的证据1是发表在正式出版的学术期刊上的文章，请求人在口头审理时当庭出示了盖有“上海医药工业研究院图书馆藏书”红章的证据1；证据3是一篇美国专利文献；专利权人对证据1和3的真实性没有异议，合议组对证据1和3的真实性予以认可。证据1和3的公开日均在本专利的申请日之前，因此，二者可以作为本专利的现有技术评价其新颖性和创造性。对于请求人提交的上述证据的译文，专利权人除认为证据1译文的C段中出现的“酸性氯化物”应当译为“酰氯”，“原始化合物50”应当译为“粗品50”之外，认可其他译文的准确性，请求人认可上述更正。合议组认可上述更正后的译文的准确性。

（2）请求人声称，证据2和4是其委托南京大学配位化学国家重点实验室根据证据1第1066页第1栏第二段和本专利公开的方法进行重复性实验后出具的试验报告，以及相应的X射线衍射测试报告。证据2和4的实验对象中，样品1~3是重现证据1的方法，样品4~6是按照本专利实施例2公开的方法制得的产品。证据2的实验1对照了本专利要求保护的非溶剂化晶状雷洛昔芬盐酸盐样品与按照证据1第1066页第1栏第二段公开的方法制得的样品的X射线衍射数据，实验2是按照证据1和本专利的重结晶方法各自制得三个样品并比较了所述样品结晶之前的粗品熔点、结晶溶剂的种类和用量、结晶后纯品的熔点、纯度以及其中氯苯、硫醚和硫醇、二氯甲烷的残留量，并得出以下结论，a. 证据1制备得到的雷洛昔芬盐酸盐四氢呋喃溶剂化物与本专利的雷洛昔芬二氯乙烷溶剂化物的组成和熔点存在差别，但二者经重结晶后所得物（即雷洛昔芬盐酸盐纯品）的晶形相同，b. 在已知结晶条件下，雷洛昔芬盐酸盐的纯品不存在多晶型。证据4是所述样品1~6的X射线衍射测试报告。请求人依据该实验结论主张，本专利权利要求1要求保护的产品与证据1方法制得的产品实际上相同。

对于证据2和4，合议组认为：①从形式和内容上来看，证据2是一份由“南京大学配位化学国家重点实验室荀少华教授课题组”受请求人委托，向国家知识产权局专利复审委员会出具的实验报告。尽管加盖了“南京大学配位化学国家重点实验室”的印章，但缺少具体实验者或实验报告撰写者的名字，也无相关自然人签字，而且，作为落款的出证单位，“南京大学配位化学国家重点实验室荀少华教授课题组”没有派任何相关人员出席口头审理，就实验报告的内容和结论接受专利权人质证及合议组询问，使得证据2和4内容的真实性无法查证。

②专利权人在口头审理的过程中当庭提交反证4~8，以证明出具证据2和4的南京大学、南京大学配位化学国家重点实验室以及荀少华教授本人与请求人之间存在多种形式的合作关系，据此不认可证据2和4的真实性。请求人对反证4的真实性、合法性和关联性无异议，并认可反证5~8的真实性。因此，合议组对反证4~8本身的真实性也予以认可。

反证4是ZL01127213.9号中国发明专利授权公告文本，专利权人为南京大学和请求人，发明人为荀少华教授和陈永江；反证5~8是四份由中华人民共和国北京市中信公证处出具的公证书，反证5和6显示反证4的另一发明人，陈永江为请求人公司的高层人员，反证7显示了荀少华教授与请求人的合作项目的获奖情况，反证8显示请求人的董事长孙飘扬为南京大学校董，因此，反证4~8表明了证据2和4的出证人——南京大学和荀少华教授本人与请求人之间存在一定程度的利害关系，且请求人对于存在的合作关系也予以认可。

③此外，证据4原件第20070322-3谱图缺少出证单位的印章，合议组难以确认证据4原件的真

实性；证据 2 第 2 页表 1 中样品 3 的数据与证据 4 第 20070322-3 谱图中标注的数据不能对应，尽管请求人声称这是由于样品 2 和样品 3 的编号混淆所导致的，但由于证据 4 原件的真实性难以核实，请求人的这一更正也无法得到确认；证据 2 的表 1 中，对比了证据 4 的 X 射线衍射谱图的 d 值数据，并在二者数据一致的基础上得出了证据 1 制得的产品与本专利要求保护的产品晶型相同的结论，因此证据 4 是证据 2 的数据来源及结论的重要依据，而本无效宣告请求的请求书是围绕证据 2 和 4 的实验结果，尤其是证据 2 的结论展开的，按照常理推断，这些证据材料完成的先后顺序应当是 X 射线衍射谱图（即证据 4）最早、实验报告（即证据 2）其次、无效宣告请求书最后。但证据 2 第 3 页最后一段却将应当最早完成的 X 射线衍射图谱称为“证据 4”，这与应当最后完成的无效宣告请求书中对该份证据的编号及措辞相同，据此，合议组难以确认证据 2 是一份与本无效宣告请求完全无关的客观的实验报告。

④还有，作为一份实验报告，证据 2 中对实验过程的描述仅仅是照搬了证据 1 第 1066 页第 1 栏第二段的内容，缺少对实验过程的详细记录，例如缺少对所用试剂的来源、测试所用仪器、测试条件等常规实验条件的具体说明，也缺少由实验结果得出上述结论的分析和推理过程，使得本领域技术人员不能明了或完整地再现实验的全过程。

综上所述，合议组对证据 2 和 4 不予采信。

（3）反证 1 是本专利的发明人之一，W. D. 路克的声明，专利权人当庭提交了反证 1 的公证认证原件共 20 页及其公证书部分的中文译文 4 页。请求人认可反证 1 公证认证原件形式上的真实性，但由于证人是本专利发明人，不认可反证 1 内容的真实性和客观性。

对此，合议组认为：①尽管证人 W. D. 路克出席了本次口头审理，出示了护照并就反证 1 的内容接受了质证，但由于反证 1 是以本专利发明人的身份作出的一份证言，而专利权人未提交有关该证人身份的公证认证文件，不能证明出席口头审理的证人就是反证 1 的出证人和本专利的发明人。②反证 1 的出证人是专利权人的雇员，也是本专利的发明人之一，与本案有直接利害关系，因此反证 1 不能单独作为认定其所主张内容真实客观的依据，在无其他证据可以与反证 1 相互印证的前提下，合议组对于其内容的真实性以及客观性不予认可。

（4）反证 2 是证据 3 的同族专利，反证 3 为证据 1 的部分中文译文，请求人对反证 2 和 3 本身的真实性均没有异议，合议组对其真实性予以认可。并且，请求人认可反证 2 和 3 中文译文的准确性，故合议组对其予以认可。

（5）反证 9 和 10 是专利权人当庭提交的记载于教科书上的公知常识证据，请求人认可反证 9 和 10 的真实性、合法性、关联性以及译文的准确性。故合议组对反证 9 和 10 的真实性、合法性、关联性以及译文的准确性予以认可。

3. 关于无效宣告理由及范围

合议组审理的关于本专利权的无效宣告的理由和范围是：权利要求 1~11、17~21 相对于证据 1 不符合专利法第 22 条第 2 款有关新颖性的规定；权利要求 1~21 相对于证据 1 不符合专利法第 22 条第 3 款有关创造性的规定；权利要求 12~16 相对于证据 1 和证据 3 的结合不符合专利法第 22 条第 3 款有关创造性的规定。

4. 关于专利法第 22 条第 2 款

专利法第 22 条第 2 款规定，新颖性，是指在申请日以前没有同样的发明或者实用新型在国内外出版物上公开发表过、在国内公开使用过或者以其他方式为公众所知，也没有同样的发明或者实用新型由他人向国务院专利行政部门提出过申请并且记载在申请日以后公布的专利申请文件中。

如果要求保护的发明与现有技术公开的发明相比存在区别技术特征，导致该发明的技术方案与现有技术公开的技术方案存在实质不同，则认为该要求保护的发明具有新颖性。

本专利的权利要求 1 保护一种非溶剂化晶状雷洛昔芬盐酸盐，其基本上展示出用铜辐射获得的 X 射线衍射图（X 射线衍射数据略）。证据 1 是一份在本专利申请日之前公开的出版物，其公开了如下内容：通过化合物 8 的一锅酰基化-脱甲基作用制得化合物 50。根据化合物 49 的制备方法，将 1. 50g（5. 25mmol）化合物 29 转化成相应的酰氯。酰氯冷却后，加入 30mlCH_2Cl_2、1. 35（5. 0mmol）化合物 8，以及 5. 0g（37. 5mmol）$AlCl_3$。将混合物置于 27～29℃温度下搅拌 1. 5 小时，然后加入 1. 6ml（22. 0mmol）EtSH，然后将反应混合物置于 32～34℃下搅拌半小时。将温度控制在 30℃下，并用 18mlTHF、5ml20% 的 HCl 以及 18ml 水进行稀释。过滤后得到固体反应物，并用水和 Et_2O 冲洗，后在真空状态下干燥，最终得到溶剂化合物为 THF 的粗品 502. 60g，mp217℃ dec。5. 0g 粗品 50 经 MeOH/水重结晶后得到 2. 95g 纯净化合物 50 mp258℃（参见证据 1 的第 1066 页左栏第二段），其中化合物 50 的结构如下：

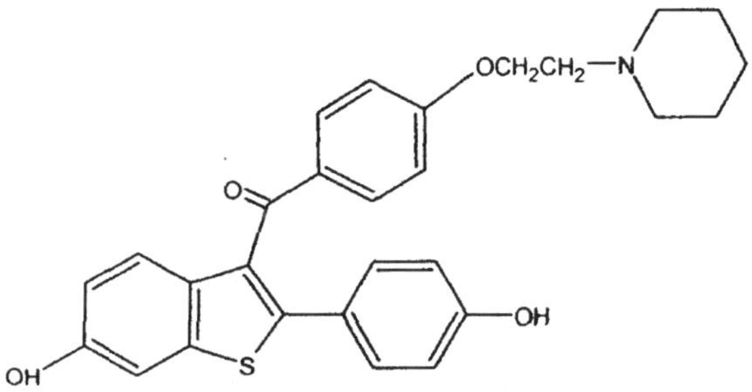

· HCl

由此可见，证据 1 公开雷洛昔芬盐酸盐（即化合物 50）的 THF 溶剂化粗品，以及由该粗品经重结晶后获得的纯品。

将证据 1 公开的内容与权利要求 1 的技术方案相比，两者存在如下区别：权利要求 1 中雷洛昔芬盐酸盐为非溶剂化晶状形式，其具有特定的 X 射线衍射图；证据 1 没有明确所得到的该盐酸盐纯品的形式，也没有公开上述 X 射线衍射图。由于权利要求 1 要求保护的产品与证据 1 公开的产品之间存在上述区别技术特征，且请求人未提供其他证据足以证明二者实质上相同，因此，证据 1 尚不能破坏权利要求 1 的新颖性，即应当认为权利要求 1 的技术方案与证据 1 所公开的技术方案存在实质不同，权利要求 1 符合专利法第 22 条第 2 款关于新颖性的规定。

权利要求 2 的附加技术特征进一步限定了权利要求 1 的晶状化合物中雷洛昔芬盐酸盐的含量，权利要求 3～11 的附加技术特征进一步限定了该晶状化合物中氯苯、铝盐或有机铝杂质，以及硫醇或硫醚杂质的含量，因此，其中雷洛昔芬盐酸盐均为晶状形式，并具有特定的 X 射线衍射图，基于上述同样的理由，这些权利要求保护的发明与证据 1 公开的发明之间存在上述区别技术特征，其与证据 1 所公开的技术方案均属于不同的技术方案，因此权利要求 2～11 符合专利法第 22 条第 2 款关于新颖性的规定。

权利要求 17～21 保护上述具有特定 X 射线衍射图的晶状雷洛昔芬盐酸盐在制备药物中的应用，基于上述同样的理由，权利要求 17～21 相对于证据 1 具备新颖性，符合专利法第 22 条第 2 款关于新颖性的规定。

此外，专利权人在其争辩本专利具备新颖性时使用了反证 3，用以证明证据 2 的实验“非常潦草”以及证据 2 的实验过程中使用过氯苯，由于合议组对证据 2 不予采信，且得出了本专利具备新颖性的审查结论，并且，请求人对于证据 2 实验过程中加入过氯苯并未否认，因此，本决定对于反证 3 不再进行详细的评述。

5. 关于专利法第 22 条第 3 款

专利法第 22 条第 3 款规定：创造性，是指同申请日以前已有的技术相比，该发明有突出的实质性特点和显著的进步，该实用新型有实质性特点和进步。

当权利要求所保护的化学产品与已知化学产品接近时，该化学产品必须相对于已知化学产品有预料不到的用途或效果，否则应当认为该权利要求不具有创造性。

（1）就本案而言，本申请权利要求 1 的技术方案与证据 1 公开的内容相比，二者之间存在的区别技术特征如前所述。本专利说明书中记载，业已证实由于雷洛昔芬盐酸盐特别难以纯化，溶剂污染已成为特别的问题，例如，在 Journal of Medicinal Chemistry，27（8），1057-1066（1984）（注：即证据 1）中所述的雷洛昔芬的合成方法具有严重的缺点，它产生一种被已知致癌物氯苯污染的溶剂化物（参见本专利说明书第 1 页第二段）。可见，相对于证据 1，本专利声称所解决的技术问题是通过形成具有特定 X 射线衍射图的雷洛昔芬盐酸盐的非溶剂化晶体，避免雷洛昔芬盐酸盐溶剂化物中的致癌污染物氯苯，并且在本案的审理过程中，专利权人也坚持了该观点。确定发明所解决的技术问题应当以发明相对于现有技术所产生的技术效果为基础，也就是说，在专利权人主张本专利相对于证据 1 所产生的技术效果是避免因形成雷洛昔芬盐酸盐溶剂化物而使雷洛昔芬盐酸盐产品中含有氯苯，并且证据 1 已经公开雷洛昔芬盐酸盐及其 THF 溶剂化物粗品以及由该粗品经甲醇/水重结晶步骤得到纯品的情况下，本专利权人主张的上述技术效果是否产生成为本专利是否具备创造性的判断依据。基于请求人对此持有的否定态度，本案有关创造性的争议焦点在于，本专利声称的上述技术效果是否存在，或者说，是否通过权利要求的上述区别技术特征的引入产生了上述技术效果。

证据 1 已经明确记载了用于甲醇/水重结晶的原料是雷洛昔芬盐酸盐的 THF 溶剂化物，并给出了使用甲醇/水重结晶来纯化 THF 溶剂化物的教导，并且公开了重结晶产品的 NMR 检测数据。本领域技术人员通过阅读上述内容，既不能从中获得任何有关证据 1 的最终产品含有氯苯的信息，也无法看出残留的氯苯形成了氯苯/THF 溶剂化物。尽管专利权人根据反证 1 的实验结论认为，证据 1 的实验中使用了大量氯苯，由于氯苯和雷洛昔芬盐酸盐之间紧密的结合趋势，证据 1 中用于重结晶的粗品应当是混合的氯苯/THF 溶剂化物，而并非证据 1 中所明示和请求人理解的“THF 溶剂化粗品 50”，且甲醇/水重结晶不足以除去这些残留氯苯，因此证据 1 的最终产物也应当含有氯苯。出庭作证的证人也持相同观点。但反证 1 由于如前所述的原因而不能被单独作为认定其所主张内容真实客观的依据，专利权人也没有提供其他证据证明其主张，因此，没有证据可以表明证据 1 中的最终产品中含有氯苯以及所述氯苯与雷洛昔芬盐酸盐形成了溶剂化物。

另一方面，本专利通过推定证据 1 产物中形成的是氯苯溶剂化物，从而提出其所要解决的技术问题。但是本专利说明书中未记载任何作出如此推定的依据，即不能证明现有技术中存在专利权人所声称的技术问题；相反，本专利说明书虽然强调本专利确实避免了氯苯污染，但在说明书第 3 页第三段却明确记载了本专利得到的非溶剂化晶状雷洛昔芬盐酸盐仍然含有少于 5%，优选 2%，更优选少于 1%，最优选小于 0.6% 的氯苯（并且在本专利的权利要求 3 和 6 中作为本专利的优选技术方案明确要求保护）。而基于专利权人所主张的雷洛昔芬盐酸盐与氯苯形成溶剂化物的强趋势，其认为只要有极其少量的氯苯存在（甚至少至无法从谱图中被识别出来的情况下），该氯苯均会与雷洛昔芬盐酸盐形成溶剂化物，则应当认为，本发明中所述明确允许存在的氯苯与雷洛昔芬盐酸盐同样形成了溶剂化物。由此可见，首先，没有证明可以表明本专利所声称的氯苯残留的技术问题在现有技术中确实存在，并且即使该技术问题存在，实际上也并不能通过本发明的技术方案而得解决。由此可见，本专利相对于证据 1 实际上并未解决氯苯残留的技术问题或产生相应的技术效果。

因此，合议组认为：在证据 1 公开的产品与本专利的产品如此接近的情况下，本专利没有取得预料不到的技术效果，本领域技术人员在证据1公开的相似重结晶原料和相似重结晶方法的基础上获得权利要求1的技术方案无需付出创造性劳动，权利要求1不符合专利法第22条第3款的规定。

退一步讲，即使考虑反证1，如上所述，专利权人依据反证1认为，在反证1的实验4中，以雷洛昔芬盐酸盐的氯苯溶剂化物为原料，按照反证2的实施例20的方法对雷洛昔芬盐酸盐氯苯溶剂化物进行重结晶，由于雷洛昔芬盐酸盐与氯苯形成溶剂化物的强趋势，在氯苯存在下制备雷洛昔芬盐酸盐时，反应产物是氯苯溶剂化物。反证2的实施例18是通过在氯苯中进行的Friedel-Crafts酰化反应生产雷洛昔芬盐酸盐，实施例20以实施例18的产物为原料进行重结晶，因此反应实施例18制备得到的，以及实施例20中重结晶得到的均为雷洛昔芬盐酸盐的氯苯溶剂化物，而并非本专利要求保护的非溶剂化物，该结论适用于证据1的实验方法，因为证据1的实验步骤中同样使用了大量氯苯。

但合议组注意到，在反证2的实施例18的制备过程中，在通过于氯苯溶剂中进行的Friedel-Crafts酰化反应制备雷洛昔芬盐酸盐后，按照实施例10的方式，使用19ml四氢呋喃和水对产物混合物进行后处理，获得所需产物，随后在实施例20中，使用热甲醇/水结晶对实施例18的产物进行提纯（参加反证2的实施例18和20）。而反证1对反证2的实施例20进行的研究（即反证1的实验4）中，并未严格按照实施例18和20的描述，即，使用经四氢呋喃和水后处理的雷洛昔芬盐酸盐，而是直接使用了雷洛昔芬盐酸盐的氯苯溶剂化物进行热甲醇/水结晶，并得出了“实施例20的重结晶工艺没有从氯苯溶剂化物原料中除去氯苯”的结论。对此，反证1中进行了以下说明，基于我对于在氯苯存在下进行制备时雷洛昔芬盐酸盐形成氯苯溶剂化物的强趋势的经验，我确信按实施例18的方法进行的制备工艺的产物是氯苯溶剂化物。构成GB2097788（注：即反证2）的实施例18方法的一部分的后续处理……将不足以除去氯苯（参见反证1第5页第1~2段）。但是，通过阅读反证1全文可以看出，反证1仅仅是对包括氯苯在内的芳族溶剂与雷洛昔芬盐酸盐形成的溶剂化物进行了研究，并得出了雷洛昔芬盐酸盐显示出很强的与多种单取代苯和二取代苯形成溶剂化物的趋势的结论，而对于在使用呋喃和水进行后处理（即反证2实施例18中的后处理方法）的情况下，雷洛昔芬盐酸盐与氯苯之间形成溶剂化物的趋势并未进行任何研究，因而反证1中“构成GB2097788（注：即反证2）的实施例18方法的一部分的后续处理……将不足以除去氯苯”以及在此基础上得出的“实施例20的重结晶工艺没有从氯苯溶剂化物原料中除去氯苯”的结论缺乏依据。

在证据1中，在酰基化-脱甲基作用过程的最后阶段，使用18mlTHF、5ml 20%的HCl以及18ml水对反应混合物进行稀释，过滤得到固体反应物，并用水和Et_2O冲洗……（参见证据1的第1066页左栏第25~28行），由此可见，证据1中使用水和Et_2O对雷洛昔芬盐酸盐进行的后处理与反证2中使用四氢呋喃和水进行的后处理也存在不同之处，而专利权人也没有对证据1中所述后处理对于雷洛昔芬盐酸盐氯苯溶剂化物的影响进行研究，因此，即使专利权人在反证1中有关“反证2实施例20的重结晶工艺没有从氯苯溶剂化物原料中除去氯苯”的结论成立，该结论也不一定适用于证据1，且除反证1之外，专利权人也没有提供其他证据来证明上述观点。尽管证人在其证言中持相同观点，但是证人同时也承认，并未重复证据1的实验，上述结论只是其根据个人经验的推断。因此，合议组对专利权人的上述观点不予支持，反证1和证人出庭所作的证词仍不足以证明证据1的最终产品中含有氯苯，不能证明本专利相对于证据1产生了所主张的技术效果。

此外，专利权人认为：①证据1中只是简单提到用甲醇/水进行重结晶，没有记载本专利的重结晶方法，而本专利记载了用甲醇/水重结晶方法可以从某种结晶的溶剂化物制备其非溶剂化的结晶形式，并指出简单地由甲醇/水结晶不足以纯化雷洛昔芬盐酸盐的芳族溶剂化物；②制备本专利要求保护的非溶剂化物过程中尽管也可使用氯苯等芳族溶剂，但本专利具体教导了之后必须进行一个额外的用脂族烃溶剂萃取以将其除去的步骤，证据1公开的制备方法中从未提及该萃取步骤；③证据1并未意识到现有技术中存在的“溶剂化物中含有相对于化合物本身2∶1比例的有机溶剂（二氯甲烷）对人体有害”，正是本专利说明书中教导了现有技术中存在的所述问题，因此，本领域技术人员根据证据1的描述不会有动机去解决并未意识到的问题；即使本领域技术人员能够想到用常规方法对证据1中的雷洛昔芬盐酸盐进行纯化处理，也不能获得本专利权利要求1保护的产品，因此，权利要求1相对于证据1具备创造性。

对此，合议组认为，①在证据1、本专利和反证2（参见实施例20）中，均记载了使用甲醇/水重结晶，可见，在雷洛昔芬盐酸盐的制备中，甲醇/水重结晶对于本领域技术人员而言是公知且经常使用的纯化方法，同时，也没有证据表明本专利的重结晶方法具有不同于上述常规甲醇/水重结晶方法的特殊之处，或者产生了出人意料的效果，因此，尽管证据1中并未记载更详细的步骤，但该方法的具体过程在本领域技术人员的知识水平和操作范围之内。②尽管如专利权人所述，本专利中明确指出，当酰化/脱烷基化反应在芳族溶剂中进行时，需要增加一个脂族烃溶剂萃取的步骤，以除去残留的溶剂。但即使额外地增加了上述萃取步骤，本专利也未能完全除去氯苯，权利要求1保护的非溶剂化晶状雷洛昔芬盐酸盐中仍然含有氯苯，如果接纳专利权人所主张的雷洛昔芬盐酸盐与氯苯形成溶剂化物的强趋势的观点，则所述氯苯与雷洛昔芬盐酸盐应当同样形成了溶剂化物。③无论是如氯苯的芳族溶剂，还是如二氯甲烷的卤代烷，均是本领域已知的有毒有机溶剂，当本领域技术人员在制备用作药物的雷洛昔芬盐酸盐时，有动机尽可能地将其除去；并且，如前所述，本专利实际上并未完全除去氯苯，所得雷洛昔芬盐酸盐中仍然含有氯苯溶剂化物，而对于如二氯甲烷的卤代烷溶剂，采用证据1中所述的甲醇/水重结晶方法能够将其除去。因此，专利权人的上述观点不具有说服力。

此外，专利权人还陈述了以下观点：①反证1比较了雷洛昔芬盐酸盐溶剂化物和结晶形式的熔点，证明纯净形式的雷洛昔芬盐酸盐非溶剂化结晶的熔点约272℃，芳族溶剂化物的熔点范围约254~264℃，所有溶剂化物均具有远低于非溶剂化物的熔点，因此熔点是区分溶剂化物和非溶剂化物的一个标准，本专利中雷洛昔芬盐酸盐以晶状非溶剂化物的形式存在，其纯品的熔点显著高于芳族溶剂化物；②反证9和10解释了蒸馏“剩余物”的概念，证据9的27.1节指出，在蒸馏中，“未蒸发的液体部分”称为剩余物，并明确教导了“持续蒸馏至只有少量的残余物，不要蒸干”，由此证明证据1的雷洛昔芬盐酸盐的制备中，蒸馏操作除去的只是沸点较低的$SOCl_2$，不足以除去在化合物29转化为酰氯的步骤中大量使用的熔点较高的氯苯溶剂，残留的氯苯溶剂最终与雷洛昔芬盐酸盐形成溶剂化物。请求人不认可专利权人的上述解释，认为只要不涉及易爆化合物的蒸馏都可以蒸干，证据9第27.4节涉及“非挥发性溶解固体的分离”的蒸馏方法才是适用于证据1的分离溶剂和雷洛昔芬的蒸馏方法。

对此，合议组认为：①根据本专利说明书的记载，实施例2、3、4和6的产物及其熔点分别是雷洛昔芬盐酸盐的1，2-二氯乙烷溶剂化物（晶形Ⅰ、熔点255℃）、1，2-二氯甲烷溶剂化物（晶形Ⅰ、熔点261℃）、1，2-二氯乙烷溶剂化物（晶形Ⅱ、熔点225℃）和1，2-二氯乙烷溶剂化物（晶形Ⅰ、熔点273℃）；实施例5、7和8的产物是雷洛昔芬盐酸盐的非溶剂化物，其熔点分别262℃、261℃和275.6℃，通过分析上述产物的熔点可以发现，雷洛昔芬盐酸盐非溶剂化物的熔点在261~275℃的宽范围之间，并非如反证1中所述的是约272℃，并且实施例2溶剂化物产物的熔点与实施例5和7的非溶剂化物产物的熔点非常接近或相同，实施例6所得溶剂化物的熔点为273℃，不仅与反证1中所称的雷洛昔芬盐酸盐非溶剂化纯品的熔点更为接近，而且高于实施例5和7中的非溶剂化物熔点，可见，不是所有非溶剂化物的熔点均高于溶剂化物，熔点也不能用来区分溶剂化物和非溶剂化物。因此，对于专利权人依据反证1主张的“所有溶剂化物均具有远低于非溶剂化物的熔点，熔点是区分溶剂化物和非溶剂化物的一个标准”的观点，合议组不予支持。

②在证据 1 的雷洛昔芬盐酸盐制备过程中，在化合物 29 转化为酰氯的步骤之后，又进行了以下反应和处理，加入 30mlCH_2Cl_2、1.35g（5.0mmol）化合物 8 以及 5.0g$AlCl_3$。将混合物置于 32~34℃的温度下搅拌半小时。将温度控制在 30℃下，并用 18mlTHF、5ml 20%的 HCl 以及 18ml 水进行稀释。过滤后得到固体反应物，并用水和 Et_2O 冲洗……最后得到溶剂化物为 THF 的原始化合物 50……经 MeOH/水重结晶得到 2.95g 纯净化合物 50……（参见证据 1 第 1066 页左栏第三段）。据此，合议组认为，a. 证据 1 已经明确指出，用于 MeOH/水重结晶的原料是雷洛昔芬盐酸盐的 THF 溶剂化物，在无相反证据足以反驳该明示的事实的前提下，应当认为此时氯苯应当已经被之前的操作除去；b. 在转化为酰氯的步骤之后，证据 1 中又使用了包括 CH_2Cl_2、THF、水和 Et_2O 在内的多种溶剂和反应体系进行了后续的反应及后处理，对于这些步骤以及其中使用的溶剂是否对氯苯与雷洛昔芬盐酸盐之间的结合趋势产生影响，专利权人并未进行研究，因此，即使如专利权人所称，化合物 29 转化为酰氯之后的蒸馏步骤不足以完全除去氯苯溶剂，也没有证据表明经历如此多的步骤之后，反应体系中还存在残留氯苯并与雷洛昔芬盐酸盐形成溶剂化物。对专利权人的上述观点，合议组不予支持。

（2）权利要求 2~11 的附加技术特征分别进一步限定了权利要求 1 的非溶剂化晶状雷洛昔芬盐酸盐中雷洛昔芬盐酸盐、氯苯、铝盐或有机铝杂质、硫醇或硫醚杂质的含量，本领域技术人员公知，所得产物中目标化合物的含量越高，有害杂质越少则越为有利，因此，在权利要求 1 不具备创造性的情况下，权利要求 2~11 的技术方案也不具备突出的实质性特点和显著的进步，不符合专利法第 22 条第 3 款的规定。

（3）权利要求 12~16 保护含有权利要求 1~5 所述的晶状化合物和一种或多种药学上可接受的载体、稀释剂或赋形剂的药物制剂，证据 1 已经公开了雷洛昔芬盐酸盐对于大鼠乳房肿瘤生长具有抑制作用，并具体公开了经口腔向大鼠给予含 1mg/kg 化合物 50 的赋形剂［PEG-400：水（1：1）］（参见证据 1 第 1066 页右栏第 2 段），因此，在权利要求 1~5 不具备创造性的情况下，权利要求 12~16 也不符合专利法第 22 条第 3 款的规定。

（4）权利要求 17~21 保护权利要求 1~5 的晶状化合物在制备药物中的应用，而证据 1 的产物同样用于制备药物，基于上述相同理由，在权利要求 1~5 不具备创造性的情况下，权利要求 17~21 也不符合专利法第 22 条第 3 款的规定。

综上所述，本专利的所有权利要求不具备专利法第 22 条第 3 款规定的创造性。鉴于使用证据 1 已经可以得出本专利权利要求 1~21 不具备创造性的结论，合议组不再对请求人提出的其他证据和无效理由进行评述。

基于以上事实和理由，本案合议组作出如下审查决定。

三、决定

宣告 95118449.0 号发明专利权全部无效。

当事人对本决定不服的，可以根据专利法第 46 条第 2 款的规定，自收到本决定之日起三个月内向北京市第一中级人民法院起诉。根据该款的规定，一方当事人起诉后，另一方当事人应当作为第三人参加诉讼。

北京市第一中级人民法院
行政判决书

（2009）一中行初字第122号

原告伊莱利利公司，住所地美利坚合众国印第安纳州印第安纳波利斯利利公司中心。

法定代表人劳伦斯·T·韦尔奇，专利顾问总监助理，全球专利获取政策以及实践主管。

委托代理人程淼，中国专利代理（香港）有限公司专利代理人。

委托代理人周铁，中国专利代理（香港）有限公司专利代理人。

被告中华人民共和国国家知识产权局专利复审委员会，住所地中华人民共和国北京市海淀区北四环西路9号银谷大厦10~12层。

法定代表人张茂于，副主任。

委托代理人侯曜，中华人民共和国国家知识产权局专利复审委员会审查员。

委托代理人郭鹏鹏，中华人民共和国国家知识产权局专利复审委员会审查员。

第三人江苏恒瑞医药股份有限公司，住所地中华人民共和国江苏省连云港市经济开发区黄河路38号。

法定代表人孙飘扬，董事长。

委托代理人蒋洪义，北京市立方律师事务所律师。

委托代理人刘永全，北京市立方律师事务所律师。

原告伊莱利利公司不服被告中华人民共和国国家知识产权局专利复审委员会作出的第11858号无效宣告请求审查决定（以下简称第11858号决定），向本院提起行政诉讼。本院受理后，依法组成合议庭，在法定期限内向被告送达了起诉书副本及应诉通知书。依照《中华人民共和国行政诉讼法》第二十七条的规定，本院通知江苏恒瑞医药股份有限公司作为第三人参加诉讼，并于2009年3月11日公开开庭审理了本案。原告的委托代理人程淼、周铁，被告的委托代理人侯曜、郭鹏鹏，第三人的委托代理人蒋洪义、刘永全到庭参加了诉讼。本案现已审理终结。

2008年7月3日，被告作出第11858号决定。该决定认为，名称为“晶状取代的苯并［b］噻吩盐酸盐，含有它的药物制剂及其用途”的第95118449.0号发明专利权（以下简称本专利）权利要求1~21不具备《中华人民共和国专利法》（以下简称《专利法》）第二十二条第三款规定的创造性。故决定宣告本专利权全部无效。

在法定举证期限内，被告向本院提交了下列证据：1. 本专利授权公告文本；2. 第三人提交的无效宣告请求书；3. 原告在无效宣告程序中提交的意见陈述书以及3份证据。其中证据包括：（1）W. D. 路克的声明复印件19页及其中文译文16页（即第11858号决定中的反证1，以下简称反证1），（2）公开日为1982年11月10日的GB2097788A复印件36页及其部分中文译文2页（即第11858号决定中的反证2，以下简称反证2），（3）公开日为1984年的Journal of MedicinalChemistry第27卷第8期第1057~1066页的Charles D. Joneset al. 的“Antiestrogens 2. 1 Structure－ActivityStudies in a Series of 3－Aroyl－2－arylbenzo［b］thiophene Derivatives Leading to［6－Hyroxy－2－（4－hydroxyphenyl）benzo［b］thien－3－yl］［4－［2－piperidinyl］ethoxy］phenyl］me thanoneHydrochloride（LY156758），a Remarkably EffectiveEstrogen Antagonist with Only Minimal IntrinsicEstrogenicity”复印件及其部分中文译文2页（即第11858号决定中的证据1，以下简称证据1）第1065页第2栏最后一段至第1066页

第1栏第二段的中文译文（即第11858号决定中的反证3，以下简称反证3）；4. 证据1；5. 口头审理记录表。上述证据用以证明被诉决定认定事实清楚、适用法律正确、审理程序合法。

原告诉称：1. 被告对于反证1的认定是错误的。首先，被告不认可反证1的真实性和客观性错误。在口头审理中，证人W. D. 路克出庭作证时，出示了其护照，护照上有W. D. 路克的签名。原告在无效程序中提交的经公证、认证的发明人W. D. 路克的声明（即反证1）中也有W. D. 路克的签名，且反证1确认了出证人W. D. 路克即为本专利发明人之一的事实。通过比对上述护照中的签名和反证1的公证、认证件中的签名，被告完全可以确认出席口头审理的证人W. D. 路克就是反证1的出证人和本专利的发明人W. D. 路克。此外，反证1的出证人是原告的雇员和本专利的发明人之一并不影响反证1作为证据的真实性和客观性。反证1形成于1996年10月，只是在实验事实基础上得出在含氯苯的反应介质中进行制备时，由于雷洛昔芬盐酸盐强的夺取溶剂化物中的氯苯的趋势，制备反应的产物是雷洛昔芬盐酸盐的氯苯溶剂化物，而且雷洛昔芬盐酸盐的氯苯溶剂化物不可能通过甲醇/水的重结晶转化成非溶剂化物的客观结论，该结论是本领域技术人员可以理解并完全可以通过重复实验进行验证的。其次，被告关于反证1中有关事实和结论的认定是错误的。反证2中对实施例10的描述已清楚地表明，使用四氢呋喃和水对合成的溶剂化物粗品进行的所谓后处理只是简单的“洗涤”。“洗涤”只能去除某些松散附着在产品表面的杂质或某些简单混合在产品中的杂质是本领域技术人员的公知常识。本领域技术人员完全可以理解反证1中的结论，即反证2实施例10或18中的后处理，即“洗涤”，不足以从溶剂化物中除去氯苯，因而根本无需针对进行这一简单洗涤后处理的情形进行重复研究。综上所述，反证1中不仅关于雷洛昔芬盐酸盐与氯苯的强结合的实验结论以及关于反证2中的后处理不足以除去氯苯的结论是正确的。2. 本专利的权利要求1~21符合中国《专利法》第二十二条第三款关于创造性的规定。首先，本专利权利要求1的产品是具有特定X射线衍射图的非溶剂化雷洛昔芬盐酸盐晶型，而证据1的产品是雷洛昔芬盐酸盐的溶剂化物，二者是具有实质性区别特征的不同物质。根据本专利说明书记载，本发明通过使用迄今未公开的新的合成方法（包括新的重结晶方法），制得了一种新的非溶剂化雷洛昔芬盐酸盐晶型，其物质更纯，不含芳族溶剂，特别优选用于制备药物组合物。其次，第11858号决定中关于本专利所述的技术效果并不存在的认定是错误的。本领域技术人员在阅读了证据1有关其实验方法记载的相关内容后，均可显而易见地看出证据1的实验过程中使用了大量氯苯，而该氯苯在酰基化开始之前并未被完全除去。本领域技术人员完全能从中了解到其合成的粗品中仍含有氯苯的技术信息。本专利和反证1已清楚地证明了证据1中经重结晶后的最终产品中含有氯苯而且该氯苯与雷洛昔芬盐酸盐形成了溶剂化物。本专利的技术效果正是在于通过本发明的新方法得到了无氯苯污染的雷洛昔芬盐酸盐的非溶剂化物晶型。第三，在本专利说明书的所有制备过程和实施例中根本未使用氯苯。本领域技术人员按照本专利教导的新的合成进行制备时，得到的本专利产品中不会含有任何氯苯。如果本领域技术人员使用现有技术的制备工艺并且按照本专利的教导在重结晶时用脂族烃溶剂进行必要的附加萃取，则会除去绝大部分的残余氯苯并因而获得本专利的产品。3. 第11858号决定关于本专利重结晶方法的结论是错误的。本专利产品的创造性并不在于重结晶方法本身是否具有创造性。本专利的教导和反证1中的实验结论已充分证明，证据1中的热甲醇/水重结晶获得的是雷洛昔芬盐酸盐的氯苯溶剂化物，而不能获得不含氯苯的非溶剂化的结晶雷洛昔芬盐酸盐。而只有本专利教导的两种重结晶方法才获得了具有出人意料技术效果的非溶剂化产品，即不含氯苯。4. 第11858号决定有关证据1中是否有剩余氯苯问题的结论是错误的。本专利说明书和反证1均已明确指出和证明了证据1中用于MeOH/水重结晶的粗品原料是雷洛昔芬盐酸盐的氯苯/THF复合溶剂化物或雷洛昔芬盐酸盐的氯苯溶剂化物，而不是其所标明的雷洛昔芬盐酸盐的THF溶剂化物。本领域技术人员根据公知常识完全可以理解根本无需针对证据1中的所谓后处理情形对氯苯与雷洛昔芬盐酸盐之间的结合趋势的影响进行研究即可认定所述的后处理步骤不足以去除氯苯。无论是根据证据1本身的文字叙述，还是反证9和10关于蒸馏剩余物的教导，均可使本领域技术人员明确得出证据1中的蒸馏未除去全部氯苯的技术信息。综上所述，请求法院判决撤销第11858号决定；并判令被告依法重新作出无效决定。

在法定举证期限内，原告为支持其诉讼主张，向本院提交了与被告证据1~4相同的证据，用以证明被诉决定认定事实和适用法律不正确。

被告辩称：1. 在第11858号决定中对反证1本身及其内容和客观性已进行了全面、充分、合理有据的分析和阐述，在此不再赘述。此外，在缺乏有关域外证人身份的公证、认证手续的情况下，被告不具备仅凭护照和签名即确认其就是反证1的出证人和本专利发明人的技术手段。2. 关于证据1存在并且被本专利实际解决的技术问题是否客观存在的问题，在第11858号决定已经进行了充分阐述，在此亦不再赘述。3. 关于本专利是否产生了其声称的技术效果，我委坚持在第11858号决定中的认定意见。综上所述，第11858号决定认定事实清楚，适用法律正确，审理程序合法，请求法院判决予以维持定。

第三人述称：1. 证人未提交身份的公证、认证文件，不能认定反证1的真实性，且反证1并不能达到原告主张的证明目的。2. 本专利限定的技术方案相对于现有技术未产生任何有益的技术效果。评价权利要求创造性时，应当以权利要求限定的技术方案为准。从本专利权利要求限定的技术方案可以看出，均包含少于5%的氯苯，并未实现原告所主张的避免氯苯污染的技术效果。3. 原告对于本专利相对于现有技术是否具有创造性的问题，未能完成举证责任，应承担对其不利的后果。综上所述，被告作出的第11858号决定认定事实清楚、适用法律正确、审理程序合法，请求法院判决驳回原告的诉讼请求，维持上述决定。

在法定举证期限内，第三人未向本院提交证据。

经庭审质证，各方当事人均充分发表了质证意见。本院经审查认为，原告、被告提交的证据均与第11858号决定有关，且符合证据合法性、真实性的要求，本院均予以采纳。

根据上述经确认的有效证据以及当事人当庭无争议的陈述，本院认定事实如下：

1995年9月18日，原告向中华人民共和国国家知识产权局提出名称为“晶状取代的苯并［b］噻吩盐酸盐，含有它的药物制剂及其用途”的发明专利申请。该申请的优先权日为1994年9月19日。2001年7月11日，中华人民共和国国家知识产权局授予其专利权，即本专利。本专利授权公告的权利要求书如下：

1. 非溶剂化晶状6-羟基-2-（4-羟基苯基）-3-［4-（2-哌啶子基乙氧基）苯甲酰基］苯并［b］噻吩盐酸盐，基本上展示出用铜幅射获得的如下X射线衍射图：

d-线间隔（埃）	I/Io（X100）
13. 3864	71. 31
9. 3598	33. 16
8. 4625	2. 08
7. 3888	7. 57
6. 9907	5. 80
6. 6346	51. 04
6. 1717	29. 57
5. 9975	5. 67

5. 9135	9. 87
5. 6467	38. 47
5. 4773	10. 54
5. 2994	4. 74
4. 8680	4. 03
4. 7910	5. 98
4. 6614	57. 50
4. 5052	5. 75
4. 3701	9. 03
4. 2516	69. 99
4. 2059	57. 64
4. 1740	65. 07
4. 0819	12. 44
3. 9673	22. 53
3. 9318	100. 00
d-线间隔	I/Io
（埃）	（X100）
3. 8775	9. 07
3. 7096	33. 38
3. 6561	21. 65
3. 5576	3. 36
3. 5037	7. 97
3. 4522	18. 02
3. 4138	4. 65
3. 2738	10. 23
3. 1857	8. 90
3. 1333	6. 24
3. 0831	9. 43
3. 0025	12. 13
2. 9437	4. 96
2. 8642	7. 70
2. 7904	11. 95
2. 7246	3. 05
2. 6652	3. 32
2. 5882	7. 30

2. 权利要求 1 的晶状 6-羟基-2-（4-羟苯基）-3-［4-（2-哌啶子基乙氧基）苯甲酰基］苯并［b］噻吩盐酸盐，其中存在的 6-羟基-2-（4-羟苯基）-3-［4-（2-哌啶子基乙氧基）苯甲酰基］苯并［b］噻吩盐酸盐的量至少是 95 重量%。

3. 权利要求 1 的晶状 6-羟基-2-（4-羟苯基）-3-［4-（2-哌啶子基乙氧基）苯甲酰基］苯并［b］噻吩盐酸盐，其中含有少于 5 重量% 的氯苯。

4. 权利要求 1 的晶状 6-羟基-2-（4-羟苯基）-3-［4-（2-哌啶子基乙氧基）苯甲酰基］苯并［b］噻吩盐酸盐，其中含有少于 5 重量% 的铝盐或有机铝杂质。

5. 权利要求 1 的晶状 6-羟基-2-（4-羟苯基）-3-［4-（2-哌啶子基乙氧基）苯甲酰基］苯并［b］噻吩盐酸盐，其中含有少于 3 重量% 的硫醇或硫醚杂质。

6. 权利要求 2 的晶状 6-羟基-2-（4-羟苯基）-3-［4-（2-哌啶子基乙氧基）苯甲酰基］苯并［b］噻吩盐酸盐，其中含有少于 5 重量% 的氯苯。

7. 权利要求 2 的晶状 6-羟基-2-（4-羟苯基）-3-［4-（2-哌啶子基乙氧基）苯甲酰基］苯并［b］噻吩盐酸盐，其中含有少于 5 重量% 的铝盐或有机铝杂质。

8. 权利要求 2 的晶状 6-羟基-2-（4-羟苯基）-3-［4-（2-哌啶子基乙氧基）苯甲酰基］苯并［b］噻吩盐酸盐，其中含有少于 3 重量% 的硫醇或硫醚杂质。

9. 权利要求 3 的晶状 6-羟基-2-（4-羟苯基）-3-［4-（2-哌啶子基乙氧基）苯甲酰基］苯并［b］噻吩盐酸盐，其中含有少于 5 重量% 的铝盐或有机铝杂质。

10. 权利要求 3 的晶状 6-羟基-2-（4-羟苯基）-3-［4-（2-哌啶子基乙氧基）苯甲酰基］苯并［b］噻吩盐酸盐，其中含有少于 3 重量% 的硫醇或硫醚杂质。

11. 权利要求 4 的晶状 6-羟基-2-（4-羟苯基）-3-［4-（2-哌啶子基乙氧基）苯甲酰基］苯并［b］噻吩盐酸盐，其中含有少于 3 重量% 的硫醇或硫醚杂质。

12. 一种药物制剂，其含有权利要求 1 的晶状化合物和一种或多种药学上可接受的载体，稀释剂或赋形剂。

13. 权利要求 12 的一种药物制剂，其含有权利要求 2 的晶状化合物和一种或多种药学上可接受的载体，稀释剂或赋形剂。

14. 权利要求 12 的一种药物制剂，其含有权利要求 3 的晶状化合物和一种或多种药学上可接受的载体，稀释剂或赋形剂。

15. 权利要求 12 的一种药物制剂，其含有权利要求 4 的晶状化合物和一种或多种药学上可接受的载体，稀释剂或赋形剂。

16. 权利要求 12 的一种药物制剂，其含有权利要求 5 的晶状化合物和一种或多种药学上可接受的载体，稀释剂或赋形剂。

17. 权利要求 1 的晶状化合物在制备药物中的应用。

18. 权利要求 17 的用途，其中权利要求 2 的晶状化合物在制备药物中的应用。

19. 权利要求 17 的用途，其中权利要求 3 的晶状化合物在制备药物中的应用。

20. 权利要求 17 的用途，其中权利要求 4 的晶状化合物在制备药物中的应用。

21. 权利要求 17 的用途，其中权利要求 5 的晶状化合物在制备药物中的应用。"

2007 年 7 月 4 日，第三人以本专利权利要求 1~11、17~21 不符合《专利法》第二十二条第二款、权利要求 1~21 不符合《专利法》第二十二条第三款的规定为由，向被告提出无效宣告请求，并同时提交了 4 份证据用以支持其无效主张，即，1. 证据 1；2. 时间为 2007 年 4 月 10 日的盖有"南京大学配位化学国家重点实验室"红章和骑缝章、落款为南京大学配位化学国家重点实验室苟少华教授课题组的实验报告（即第 11858 号决定中的证据 2，以下简称证据 2）；3. 公开日为 1983 年 11 月 29 日的第 4418068 号美国专利及其部分中文译文（即第 11858 号决定中的证据 3，以下简称证据 3）；4. 第 1、2、4~6 页盖有"南京大学配位化学国家重点实验室"印章的 X 射线衍射测试报告（即第 11858 号决定中的证据 4，以下简称证据 4）。

被告受理后，进行了转文。2007 年 9 月 28 日，原告提交了意见陈述，并提交了反证 1-3 作为支持其答辩理由的证据。

被告将原告提交的上述文件转送给第三人。2008 年 2 月 27 日被告举行了口头审理，双方当事人的代理人均出席了口头审理。在口头审理中，被告就本无效宣告请求案的无效理由及证据逐一进行了调查，双方均充分陈述了各自的意见。口头审理记录表记录了以下事项：

（1）第三人当庭确定其无效宣告请求的理由为权利要求 1~11、17~21 相对于证据 1 不符合《专利法》第二十二条第二款有关新颖性的规定；权利要求 1~21 相对于证据 1 不符合《专利法》第二十二条第三款有关创造性的规定；权利要求 12~16 相对于证据 1 和证据 3 的结合不符合《专利法》第二十二条第三款有关创造性的规定，其中证据 1 是最接近的对比文件。

（2）第三人出示了盖有“上海医药工业研究院图书馆藏书”红章的证据 1 以及证据 4 原件；原告对证据 1 和 3 的真实性、合法性和关联性没有异议，对证据 2 和 4 的真实性和关联性有异议，认为证据 2 和 4 的性质属于证人证言，出具该证言的证人与第三人存在利害关系且并未出庭作证，证据 2 和 4 中的实验条件不完整，实验程序不清楚，证据 4 原件第 20070322-3 的谱图缺少印章。

（3）原告为证明出具证据 2 和 4 的南京大学、南京大学配位化学国家重点实验室以及苟少华教授本人与第三人之间存在多种形式的合作关系提交了 5 份反证，即，1. 申请日为 2001 年 9 月 14 日，授权公告日为 2004 年 6 月 2 日的 4ZL01127213. 9 号中国发明专利授权公告文本复印件共 8 页，及由国家知识产权局网站下载的该专利的检索信息 1 页（即第 11858 号决定中的反证 4，以下简称反证 4）；2. 中华人民共和国北京市中信公证处出具的（2008）京中信内经证字第 01097 号公证书 8 页（即第 11858 号决定中的反证 5，以下简称反证 5）；3. 中华人民共和国北京市中信公证处出具的（2008）京中信内经证字第 01095 号公证书 8 页（即第 11858 号决定中的反证 6，以下简称反证 6）；4. 中华人民共和国北京市中信公证处出具的（2008）京中信内经证字第 01094 号公证书 16 页（即第 11858 号决定中的反证 7，以下简称反证 7）；5. 中华人民共和国北京市中信公证处出具的（2008）京中信内经证字第 01096 号公证书 13 页（即第 11858 号决定中的反证 8，以下简称反证 8）。

被告将上述证据的原件保留在案卷中，并将复印件当庭转送给第三人。第三人对上述证据发表了质证意见，并承认南京大学与第三人之间存在合作关系，但认为该问题不一定与本案有关。

（4）原告提交了反证 1 的公证认证原件共 20 页及其公证书部分的中文译文 4 页。证人 W. D. 路克出席了本次口头审理，向被告及第三人出示了其护照。证人以发明人的身份围绕反证 1 的内容以及本专利涉及的一些技术问题接受了被告及双方当事人的质证，但未对其身份进行公证认证并提交相关证据。证人的主要观点为：①在发现氯苯和雷洛昔芬盐酸盐之间紧密的结合趋势的基础上认为，尽管证据 1 描述了用于重结晶的粗品是 THF 溶剂化物，但实际上其应当是含有 THF 和氯苯的复合溶剂化物，因为证据 1 的实验中使用了大量氯苯，而蒸馏操作不足以将其完全除去，但由于氯苯在其中的含量非常少，因此 NMR 光谱检测容易将其忽略；②甲醇和水重结晶不足以除去证据 1 的复合溶剂化物中的氯苯，因此据其经验认为证据 1 的重结晶产物中仍然含有氯苯。

第三人仅认可反证 1 公证认证原件在形式上的真实性，但不认可其内容的真实性和客观性，对反证 2~3 的真实性没有异议。

（5）原告当庭提交了以下反证及其复印件作为公知常识性证据：1、“The Chemist’s Ready ReferenceHandbook”，Gershon J. Shugar，John A. Dean，McGrawHillInc. 1990，封面，版权页，序言，第 27. 1-27. 5、27. 15-27. 16 页，复印件 10 页，部分中文译文 3 页（即第 11858 号决定中的反证 9，以下简称反证 9）；2、“ChemicalTechnicians’ Ready Reference Handbook”，第三版，Gershon J. Shugar，Jack T Ballinger，McGrawHillInc. 1990，封面，版权页，序言，第 473~477，486~488 页，复印件 11 页，部分中文译文 2 页（即第 11858 号决定中的反证 10，以下简称反证 10）。被告将反证 9 和 10 的

复印件转送给第三人，经第三人当庭核实与原件一致。第三人认可反证 9 和 10 的真实性、合法性、关联性以及译文的准确性。

（6）对于第三人提交的译文，原告除认为证据 1 译文的 C 段中出现的“酸性氯化物”应当译为“酰氯”，“原始化合物 50”应当译为“粗品 50”之外，认可其他译文的准确性。第三人认可上述更正，也认可原告提交的反证 3 中译文的准确性。

被告经对原告、第三人提交的证据进行审查后认为，第三人提交的证据 1 是发表在正式出版的学术期刊上的文章，第三人在口头审理时当庭出示了盖有“上海医药工业研究院图书馆藏书”红章的证据 1；证据 3 是一篇美国专利文献；原告对证据 1 和 3 的真实性没有异议，被告对证据 1 和 3 的真实性予以认可。证据 1 和 3 的公开日均在本专利的申请日之前，可以作为本专利的现有技术评价其新颖性和创造性。对于第三人提交的上述证据的译文，原告、第三人就部分译文的更正内容达成一致意见。被告认可上述更正后的译文的准确性。

证据 2 是一份由“南京大学配位化学国家重点实验室苟少华教授课题组”受第三人委托，向国家知识产权局专利复审委员会出具的实验报告。尽管加盖了“南京大学配位化学国家重点实验室”的印章，但缺少具体实验者或实验报告撰写者的名字，也无相关自然人签字，而且，作为落款的出证单位，“南京大学配位化学国家重点实验室苟少华教授课题组”没有派任何相关人员出席口头审理，就实验报告的内容和结论接受原告质证及被告询问，使得证据 2 和 4 内容的真实性无法查证。根据原告在口审中提交的 5 份反证表明了证据 2 和 4 的出证人-南京大学和苟少华教授本人与第三人之间存在一定程度的利害关系，且第三人对于存在的合作关系也予以认可。

证据 4 原件第 20070322-3 谱图缺少出证单位的印章，被告难以确认证据 4 原件的真实性；证据 2 第 2 页表 1 中样品 3 的数据与证据 4 第 20070322-3 谱图中标注的数据不能对应，尽管第三人声称这是由于样品 2 和样品 3 的编号混淆所导致的，但由于证据 4 原件的真实性难以核实，第三人的这一更正也无法得到确认；证据 2 的表 1 中，对比了证据 4 的 X 射线衍射谱图的 d 值数据，并在二者数据一致的基础上得出了证据 1 制得的产品与本专利要求保护的产品晶型相同的结论，因此证据 4 是证据 2 的数据来源及结论的重要依据，而本无效宣告请求的请求书是围绕证据 2 和 4 的实验结果，尤其是证据 2 的结论展开的，按照常理推断，这些证据材料完成的先后顺序应当是 X 射线衍射谱图（即证据 4）最早、实验报告（即证据 2）其次、无效宣告请求书最后。但证据 2 第 3 页最后一段却将应当最早完成的 X 射线衍射图谱称为“证据 4”，这与应当最后完成的无效宣告请求书中对该份证据的编号及措辞相同，据此，被告难以确认证据 2 是一份与本无效宣告请求完全无关的客观的实验报告。此外作为一份实验报告，证据 2 中对实验过程的描述仅仅是照搬了证据 1 第 1066 页第 1 栏第二段的内容，缺少对实验过程的详细记录，例如缺少对所用试剂的来源、测试所用仪器、测试条件等常规实验条件的具体说明，也缺少由实验结果得出上述结论的分析和推理过程，使得本领域技术人员不能明了或完整地再现实验的全过程。综上所述，被告对证据 2 和 4 不予采信。

反证 1 是本专利的发明人之一，W. D. 路克的声明，原告当庭提交了反证 1 的公证认证原件共 20 页及其公证书部分的中文译文 4 页。第三人认可反证 1 公证认证原件形式上的真实性，但由于证人是本专利发明人，不认可反证 1 内容的真实性和客观性。尽管证人 W. D. 路克出席了本次口头审理，出示了护照并就反证 1 的内容接受了质证，但由于反证 1 是以本专利发明人的身份作出的一份证言，而原告未提交有关该证人身份的公证认证文件，不能证明出席口头审理的证人就是反证 1 的出证人和本专利的发明人。反证 1 的出证人是原告的雇员，也是本专利的发明人之一，与本案有直接利害关系，因此反证 1 不能单独作为认定其所主张内容真实客观的依据，在无其他证据可以与反证 1 相互印证的前提下，被告对于其内容的真实性以及客观性不予认可。

反证 2 是证据 3 的同族专利，反证 3 为证据 1 的部分中文译文，第三人对反证 2 和 3 本身的真实性均没有异议，亦认可反证 2 和 3 中文译文的准确性，被告对该两份证据予以认可。

原告在口头审理中提交的两份反证是记载于教科书上的公知常识证据，第三人认可其真实性、合法性、关联性以及译文的准确性。故被告对反证 9 和 10 的真实性、合法性、关联性以及译文的准确性予以认可。

针对第三人提出的本专利不具备新颖性的理由，被告经审查认为，《专利法》第二十二条第二款规定，新颖性，是指在申请日以前没有同样的发明或者实用新型在国内外出版物上公开发表过、在国内公开使用过或者以其他方式为公众所知，也没有同样的发明或者实用新型由他人向国务院专利行政部门提出过申请并且记载在申请日以后公布的专利申请文件中。

如果要求保护的发明与现有技术公开的发明相比存在区别技术特征，导致该发明的技术方案与现有技术公开的技术方案存在实质不同，则认为该要求保护的发明具有新颖性。

本专利的权利要求 1 保护一种非溶剂化晶状雷洛昔芬盐酸盐，其基本上展示出用铜辐射获得的 X 射线衍射图（X 射线衍射数据略）。证据 1 是一份在本专利申请日之前公开的出版物，其公开了如下内容：通过化合物 8 的一锅酰基化-脱甲基作用制得化合物 50。根据化合物 49 的制备方法，将 1. 50g（5. 25mmol）化合物 29 转化成相应的酰氯。酰氯冷却后，加入 30mlCH2Cl2、1. 35（5. 0mmol）化合物 8、以及 5. 0g（37. 5mmol）AlCl3。将混合物置于 27 ~ 29℃ 温度下搅拌 1. 5 小时，然后加入 1. 6ml（22. 0mmol）EtSH，然后将反应混合物置于 32 ~ 34℃ 下搅拌半小时。将温度控制在 30℃ 下，并用 18ml THF、5ml20% 的 HCl 以及 18ml 水进行稀释。过滤后得到固体反应物，并用水和 Et20 中洗，后在真空状态下干燥，最终得到溶剂化合物为 THF 的粗品 50 2. 60g，mp217℃ dec。5. 0g 粗品 50 经 MeOH/水重结晶后得到 2. 95g 纯净化合物 50：mp258℃（参见证据 1 的第 1066 页左栏第二段），其中化合物 50 的结构如下：

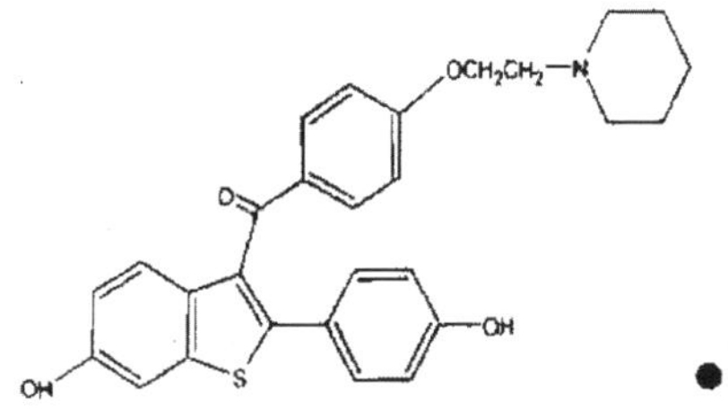

•HCl

由此可见，证据 1 公开雷洛昔芬盐酸盐（即化合物 50）的 THF 溶剂化粗品，以及由该粗品经重结晶后获得的纯品。

将证据 1 公开的内容与权利要求 1 的技术方案相比，两者存在如下区别：权利要求 1 中雷洛昔芬盐酸盐为非溶剂化晶状形式，其具有特定的 X 射线衍射图；证据 1 没有明确所得到的该盐酸盐纯品的形式，也没有公开上述 X 射线衍射图。由于权利要求 1 要求保护的产品与证据 1 公开的产品之间存在上述区别技术特征，且第三人未提供其他证据足以证明二者实质上相同，因此，证据 1 尚不能破坏权利要求 1 的新颖性，即应当认为权利要求 1 的技术方案与证据 1 所公开的技术方案存在实质不同，权利要求 1 符合《专利法》第二十二条第二款关于新颖性的规定。

权利要求 2 的附加技术特征进一步限定了权利要求 1 的晶状化合物中雷洛昔芬盐酸盐的含量，权利要求 3 ~ 11 的附加技术特征进一步限定了该晶状化合物中氯苯、铝盐或有机铝杂质，以及硫醇或硫醚杂质的含量，因此，其中雷洛昔芬盐酸盐均为晶状形式，并具有特定的 X 射线衍射图，基于上述同样的理由，这些权利要求保护的发明与证据 1 公开的发明之间存在上述区别技术特征，其与证据 1 所公开的技术方案均属于不同的技术方案，因此权利要求 2 ~ 11 符合《专利法》第二十二条第二款关于新颖性的规定。

权利要求 17~21 保护上述具有特定 X 射线衍射图的晶状雷洛昔芬盐酸盐在制备药物中的应用，基于上述同样的理由，权利要求 17~21 相对于证据 1 具备新颖性，符合《专利法》第二十二条第二款关于新颖性的规定。

针对第三人提出的本专利不符合《专利法》第二十二条第三款规定的无效理由，被告经审查后认为，《专利法》第二十二条第三款规定：创造性，是指同申请日以前已有的技术相比，该发明有突出的实质性特点和显著的进步，该实用新型有实质性特点和进步。

当权利要求所保护的化学产品与已知化学产品接近时，该化学产品必须相对于已知化学产品有预料不到的用途或效果，否则应当认为该权利要求不具有创造性。

就本案而言，本申请权利要求 1 的技术方案与证据 1 公开的内容相比，二者之间存在的区别技术特征如前所述。本专利说明书中记载，业已证实由于雷洛昔芬盐酸盐特别难以纯化，溶剂污染已成为特别的问题，例如，在证据 1 中所述的雷洛昔芬的合成方法具有严重的缺点，它产生一种被已知致癌物氯苯污染的溶剂化物（参见本专利说明书第 1 页第二段）。可见，相对于证据 1，本专利声称所解决的技术问题是通过形成具有特定 X 射线衍射图的雷洛昔芬盐酸盐的非溶剂化晶体，避免雷洛昔芬盐酸盐溶剂化物中的致癌污染物氯苯，并且在本案的审理过程中，原告也坚持了该观点。确定发明所解决的技术问题应当以发明相对于现有技术所产生的技术效果为基础，也就是说，在原告主张本专利相对于证据 1 所产生的技术效果是避免因形成雷洛昔芬盐酸盐溶剂化物而使雷洛昔芬盐酸盐产品中含有氯苯，并且证据 1 已经公开雷洛昔芬盐酸盐及其 THF 溶剂化物粗品以及由该粗品经甲醇/水重结晶步骤得到纯品的情况下，原告主张的上述技术效果是否产生成为本专利是否具备创造性的判断依据。基于第三人对此持有的否定态度，本案有关创造性的争议焦点在于，本专利声称的上述技术效果是否存在，或者说，是否通过权利要求的上述区别技术特征的引入产生了上述技术效果。

证据 1 已经明确记载了用于甲醇/水重结晶的原料是雷洛昔芬盐酸盐的 THF 溶剂化物，并给出了使用甲醇/水重结晶来纯化 THF 溶剂化物的教导，并且公开了重结晶产品的 NMR 检测数据。本领域技术人员通过阅读上述内容，既不能从中获得任何有关证据 1 的最终产品含有氯苯的信息，也无法看出残留的氯苯形成了氯苯/THF 溶剂化物。尽管原告根据反证 1 的实验结论认为，证据 1 的实验中使用了大量氯苯，由于氯苯和雷洛昔芬盐酸盐之间紧密的结合趋势，证据 1 中用于重结晶的粗品应当是混合的氯苯/THF 溶剂化物，而并非证据 1 中所明示和第三人理解的“THF 溶剂化粗品 50”，且甲醇/水重结晶不足以除去这些残留氯苯，因此证据 1 的最终产物也应当含有氯苯。出庭作证的证人也持相同观点。但反证 1 由于如前所述的原因而不能被单独作为认定其所主张内容真实客观的依据，原告也没有提供其他证据证明其主张，因此，没有证据可以表明证据 1 中的最终产品中含有氯苯以及所述氯苯与雷洛昔芬盐酸盐形成了溶剂化物。

另一方面，本专利通过推定证据 1 产物中形成的是氯苯溶剂化物，从而提出其所要解决的技术问题。但是本专利说明书中未记载任何作出如此推定的依据，即不能证明现有技术中存在原告所声称的技术问题；相反，本专利说明书虽然强调本专利确实避免了氯苯污染，但在说明书第 3 页第三段却明确记载了本专利得到的非溶剂化晶状雷洛昔芬盐酸盐仍然含有少于 5%，优选 2%，更优选少于 1%，最优选小于 0.6% 的氯苯（并且在本专利的权利要求 3 和 6 中作为本专利的优选技术方案明确要求保护）。而基于原告所主张的雷洛昔芬盐酸盐与氯苯形成溶剂化物的强趋势，其认为只要有极其少量的氯苯存在（甚至少至无法从谱图中被识别出来的情况下），该氯苯均会与雷洛昔芬盐酸盐形成溶剂化物，则应当认为，本发明中所述明确允许存在的氯苯与雷洛昔芬盐酸盐同样形成了溶剂化物。由此可见，首先，没有证明可以表明本专利所声称的氯苯残留的技术问题在现有技术中确实存在，并且即使该技术问题存在，实际上也并不能通过本发明的技术方案而得解决。由此可见，本专利相对于证据 1 实际上并未解决氯苯残留的技术问题或产生相应的技术效果。

在证据 1 公开的产品与本专利的产品如此接近的情况下，本专利没有取得预料不到的技术效果，本领域技术人员在证据 1 公开的相似重结晶原料和相似重结晶方法的基础上获得权利要求 1 的技术方案无需付出创造性劳动，权利要求 1 不符合《专利法》第二十二条第三款的规定。

针对原告依据反证提出的主张，被告认为，即使考虑反证 1，在反证 2 的实施例 18 的制备过程中，在通过于氯苯溶剂中进行的 Friedel-Crafts 酰化反应制备雷洛昔芬盐酸盐后，按照实施例 10 的方式，使用 19ml 四氢呋喃和水对产物混合物进行后处理，获得所需产物，随后在实施例 20 中，使用热甲醇/水结晶对实施例 18 的产物进行提纯（参加反证 2 的实施例 18 和 20）。而反证 1 对反证 2 的实施例 20 进行的研究（即反证 1 的实验 4）中，并未严格按照实施例 18 和 20 的描述，即使用经四氢呋喃和水后处理的雷洛昔芬盐酸盐，而是直接使用了雷洛昔芬盐酸盐的氯苯溶剂化物进行热甲醇/水结晶，并得出了“实施例 20 的重结晶工艺没有从氯苯溶剂化物原料中除去氯苯”的结论。对此，反证 1 中进行了以下说明：“基于我对于在氯苯存在下进行制备时雷洛昔芬盐酸盐形成氯苯溶剂化物的强趋势的经验，我确信按实施例 18 的方法进行的制备工艺的产物是氯苯溶剂化物。构成反证 2 的实施例 18 方法的一部分的后续处理……将不足以除去氯苯”（参见反证 1 第 5 页第一至二段）。但是，通过阅读反证 1 全文可以看出，反证 1 仅仅是对包括氯苯在内的芳族溶剂与雷洛昔芬盐酸盐形成的溶剂化物进行了研究，并得出了雷洛昔芬盐酸盐显示出很强的与多种单取代苯和二取代苯形成溶剂化物的趋势的结论，而对于在使用呋喃和水进行后处理（即反证 2 实施例 18 中的后处理方法）的情况下，雷洛昔芬盐酸盐与氯苯之间形成溶剂化物的趋势并未进行任何研究，因而反证 1 中“构成 GB2097788（注：即反证 2）的实施例 18 方法的一部分的后续处理……将不足以除去氯苯”以及在此基础上得出的“实施例 20 的重结晶工艺没有从氯苯溶剂化物原料中除去氯苯”的结论缺乏依据。

在证据 1 中，在酰基化-脱甲基作用过程的最后阶段，使用 18mlTHF、5ml 20% 的 HCl 以及 18ml 水对反应混合物进行稀释，过滤得到固体反应物，并用水和 Et20 冲洗……（参见证据 1 的第 1066 页左栏第 25~28 行），由此可见，证据 1 中使用水和 Et20 对雷洛昔芬盐酸盐进行的后处理与反证 2 中使用四氢呋喃和水进行的后处理也存在不同之处，而原告也没有对证据 1 中所述后处理对于雷洛昔芬盐酸盐氯苯溶剂化物的影响进行研究，因此，即使原告在反证 1 中有关“反证 2 实施例 20 的重结晶工艺没有从氯苯溶剂化物原料中除去氯苯”的结论成立，该结论也不一定适用于证据 1，且除反证 1 之外，原告也没有提供其他证据来证明上述观点。尽管证人在其证言中持相同观点，但是证人同时也承认，并未重复证据 1 的实验，上述结论只是其根据个人经验的推断。因此，反证 1 和证人出庭所作的证词仍不足以证明证据 1 的最终产品中含有氯苯，不能证明本专利相对于证据 1 产生了所主张的技术效果。

针对原告提出的本专利权利要求 1 相对于证据 1 具备创造性的具体理由，被告认为，在证据 1、本专利和反证 2（参见实施例 20）中，均记载了使用甲醇/水重结晶，可见，在雷洛昔芬盐酸盐的制备中，甲醇/水重结晶对于本领域技术人员而言是公知且经常使用的纯化方法，同时，也没有证据表明本专利的重结晶方法具有不同于上述常规甲醇/水重结晶方法的特殊之处，或者产生了出人意料的效果，因此，尽管证据 1 中并未记载更详细的步骤，但该方法的具体过程在本领域技术人员的知识水平和操作范围之内。尽管如原告所述，本专利中明确指出，当酰化/脱烷基化反应在芳族溶剂中进行时，需要增加一个脂族烃溶剂萃取的步骤，以除去残留的溶剂。但即使额外地增加了上述萃取步骤，本专利也未能完全除去氯苯，权利要求 1 保护的非溶剂化晶状雷洛昔芬盐酸盐中仍然含有氯苯，如果接纳原告所主张的雷洛昔芬盐酸盐与氯苯形成溶剂化物的强趋势的观点，则所述氯苯与雷洛昔芬盐酸盐应当同样形成了溶剂化物。无论是如氯苯的芳族溶剂，还是如二氯甲烷的卤代烷，均是本领域已知的有毒有机溶剂，当本领域技术人员在制备用作药物的雷洛昔芬盐酸盐时，有动机尽可能地将其除去；并且，如前所述，本专利实际上并未完全除去氯苯，所得雷洛昔芬盐酸盐中仍然含有氯苯溶剂化物，而对于如二氯甲烷的卤代烷溶剂，采用证据1中所述的甲醇/水重结晶方法能够将其除去。因此，原告的观点不具有说服力。

根据本专利说明书的记载，实施例2、3、4和6的产物及其熔点分别是雷洛昔芬盐酸盐的1，2-二氯乙烷溶剂化物（晶形Ⅰ、熔点255℃）、1，2-二氯甲烷溶剂化物（晶形Ⅰ、熔点261℃）、1，2-二氯乙烷溶剂化物（晶形Ⅱ、熔点225℃）和1，2-二氯乙烷溶剂化物（晶形Ⅰ、熔点273℃）；实施例5、7和8的产物是雷洛昔芬盐酸盐的非溶剂化物，其熔点分别262℃、261℃和275.6℃，通过分析上述产物的熔点可以发现，雷洛昔芬盐酸盐非溶剂化物的熔点在261℃~275℃的宽范围之间，并非如反证1中所述的是约272℃，并且实施例2溶剂化物产物的熔点与实施例5和7的非溶剂化物产物的熔点非常接近或相同，实施例6所得溶剂化物的熔点为273℃，不仅与反证1中所称的雷洛昔芬盐酸盐非溶剂化纯品的熔点更为接近，而且高于实施例5和7中的非溶剂化物熔点，可见，不是所有非溶剂化物的熔点均高于溶剂化物，熔点也不能用来区分溶剂化物和非溶剂化物。因此，对于原告依据反证1主张的“所有溶剂化物均具有远低于非溶剂化物的熔点，熔点是区分溶剂化物和非溶剂化物的一个标准”的观点，被告不予支持。

在证据1的雷洛昔芬盐酸盐制备过程中，在化合物29转化为酰氯的步骤之后，又进行了以下反应和处理，加入30mlCH2Cl2、1.35g（5.0mmol）化合物8以及5.0g$AlCl_3$。将混合物置于32~34℃的温度下搅拌半小时。将温度控制在30℃下，并用18mlTHF、5ml 20%的HCl以及18ml水进行稀释。过滤后得到固体反应物，并用水和Et20冲洗……最后得到溶剂化物为THF的原始化合物50……经MeOH/水重结晶得到2.95g纯净化合物50……（参见证据1第1066页左栏第三段）。据此，证据1已经明确指出，用于MeOH/水重结晶的原料是雷洛昔芬盐酸盐的THF溶剂化物，在无相反证据足以反驳该明示的事实的前提下，应当认为此时氯苯应当已经被之前的操作除去；在转化为酰氯的步骤之后，证据1中又使用了包括CH2Cl2、THF、水和Et20在内的多种溶剂和反应体系进行了后续的反应及后处理，对于这些步骤以及其中使用的溶剂是否对氯苯与雷洛昔芬盐酸盐之间的结合趋势产生影响，原告并未进行研究，因此，即使如原告所称，化合物29转化为酰氯之后的蒸馏步骤不足以完全除去氯苯溶剂，也没有证据表明经历如此多的步骤之后，反应体系中还存在残留氯苯并与雷洛昔芬盐酸盐形成溶剂化物。对原告的上述观点，被告不予支持。

权利要求2~11的附加技术特征分别进一步限定了权利要求1的非溶剂化晶状雷洛昔芬盐酸盐中雷洛昔芬盐酸盐、氯苯、铝盐或有机铝杂质、硫醇或硫醚杂质的含量，本领域技术人员公知，所得产物中目标化合物的含量越高，有害杂质越少则越为有利，因此，在权利要求1不具备创造性的情况下，权利要求2~11的技术方案也不具备突出的实质性特点和显著的进步，不符合《专利法》第二十二条第三款的规定。

权利要求12~16保护含有权利要求1~5所述的晶状化合物和一种或多种药学上可接受的载体、稀释剂或赋形剂的药物制剂，证据1已经公开了雷洛昔芬盐酸盐对于大鼠乳房肿瘤生长具有抑制作用，并具体公开了经口腔向大鼠给予含1mg/kg化合物50的赋形剂［PEG-400：水（1：1）］（参见证据1第1066页右栏第二段），因此，在权利要求1~5不具备创造性的情况下，权利要求12~16也不符合《专利法》第二十二条第三款的规定。

权利要求17~21保护权利要求1~5的晶状化合物在制备药物中的应用，而证据1的产物同样用于制备药物，基于上述相同理由，在权利要求1~5不具备创造性的情况下，权利要求17~21也不符合《专利法》第二十二条第三款的规定。

综上所述，本专利的所有权利要求不具备《专利法》第二十二条第三款规定的创造性。鉴于使用证据 1 已经可以得出本专利权利要求 1~21 不具备创造性的结论，被告不再对第三人提出的其他证据和无效理由进行评述，并于 2008 年 7 月 3 日，被告作出第 11858 号决定，宣告本专利权全部无效。原告不服该决定，向本院提起行政诉讼。

在本院庭审中，原告、第三人明确表示对下列内容不持异议：被告作出被诉无效决定的审查程序、该决定“案由”部分的记载内容、该决定确定的无效宣告请求的理由以及具体证据组合评价方式、确定证据以及外文证据的中文译文、该决定对除反证 1 以外的其他证据的审查认定结论，以及本专利符合《专利法》第二十二条第二款规定的新颖性的审查认定结论。

本院认为，对于原告、第三人在庭审中明确表示没有异议的内容，本院经书面审查，认同被告作出的上述认定结论，并对被告作出第 11858 号决定审查程序的合法性予以确认。

本案中，W. D. 路克是以发明人及证据 1 出证人的身份参加口头审理，就反证 1 的有关技术问题接受质证。因其作证需要依赖于其特定的身份及其具有的专业技能，而 W. D. 路克提交的护照仅能证明其美国公民的身份，不足以确定其为本专利发明人这一特定身份及其具有的技术背景。被告据此认定无法确定参加口头审理证人的身份并无不当。原告关于依据护照以及反证 1 中的签名即可确定证人身份的诉讼理由根据不足，本院不予采信。

反证 1 系本专利发明人就证据 1 的有关技术问题出具的证言，因出证人的特殊身份，其与本案具有利害关系，在无其他证据佐证的情况下，反证 1 不能单独作为认定证据 1 有关技术内容的证据。被告关于反证 1 的认证意见正确。

根据《专利法》第二十二条第三款规定，创造性，是指同申请日以前已有的技术相比，该发明有突出的实质性特点和显著的进步，该实用新型有实质性特点和进步。参照《审查指南》第二部分第十章第 6.1 节的规定，当权利要求所保护的化学产品与已知化学产品接近时，该化学产品必须相对于已知化学产品有预料不到的用途或效果，否则应当认为该权利要求不具有创造性。本专利权利要求 1 与证据 1 相比存在的区别技术特征仅在于本专利所保护的是具有特定的 X 射线衍射图谱的雷洛昔芬盐酸盐非溶剂化物晶体，证据 1 公开的是雷洛昔芬盐酸盐纯品，但未明确其形式及其 X 射线衍射图谱。根据证据 1 公开的有关雷洛昔芬盐酸盐纯品的制备过程，雷洛昔芬盐酸盐的 THF 溶剂化物经过了用甲醇/水重结晶的纯化步骤，本领域技术人员并不能据此得出经过重结晶等步骤处理后得到的产物必然会含有致癌物氯苯等杂质，以及氯苯与盐酸盐形成了溶剂化合物等结论。同时，根据本专利说明书的记载，权利要求 1 所保护的非溶剂化晶状雷洛昔芬盐酸盐仍然可存在少于 5% 的氯苯，由此可以看出本专利权利要求 1 所保护的化学产品中存在氯苯溶剂化物，本领域技术人员亦无法得出本专利权利要求 1 所保护的用特定 X 射线衍射图谱特征限定的非溶剂化物晶体产品能够达到本专利所声称的避免了污染物氯苯存在的技术效果。被告认定本专利权利要求 1 不符合《专利法》第二十三条第三款的规定正确，本院应予支持。原告依据反证推定证据 1 的雷洛昔芬盐酸盐产物中存在氯苯溶剂化物，并以此为由提出权利要求 1 所保护的用特定 X 射线衍射图谱特征限定的非溶剂化物晶体产品能够达到解决现有技术中氯苯残留问题技术效果的诉讼主张，因原告提供的现有证据不足以证明现有技术确实存在氯苯残留的技术问题，且反证 1 或反证 2 所述方法在操作步骤上与证据 1 的方法并不完全相同，故从这些反证无法准确、充分地得出现有技术中存在氯苯残留的技术问题，以及本专利相对于证据 1 的方法和化合物产品产生了本专利所主张的技术效果，本院对原告的该项诉讼主张不予采信。原告关于本专利中采用新的方法制备雷洛昔芬盐酸盐非溶剂化物晶体中无氯苯和铝污染的诉讼理由，因本专利权利要求 1 保护的是具有特定 X 射线衍射图谱的化学产品，其中并未对该产品的制备方法进行限定，因此，本院对原告的该项诉讼意见亦不予采信。

被告在本专利权利要求 1 不具有创造性的认定基础上，对权利要求 2~21 亦不具有创造性的认定正确，本院亦应支持。

综上，第 11858 号决定认定事实清楚，适用法律正确，审理程序合法，本院应予维持。原告要求撤销该决定的诉讼请求依据不充分，本院不予支持。据此，依照《中华人民共和国行政诉讼法》第五十四条第（一）项的规定，判决如下：

维持被告中华人民共和国国家知识产权局专利复审委员会于二〇〇八年七月三日作出的第 11858 号无效宣告请求审查决定。

案件受理费人民币 100 元，由原告伊莱利利公司负担（已交纳）。

如不服本判决，原告伊莱利利公司可在判决书送达之日起 30 日内，被告中华人民共和国国家知识产权局专利复审委员会、第三人江苏恒瑞医药股份有限公司可在判决书送达之日起 15 日内向本院递交上诉状，并按对方当事人的人数提出副本，上诉于中华人民共和国北京市高级人民法院。上诉人在接到人民法院预交诉讼费的通知后 7 日内未预交，又不提出缓交申请的，按自动撤回上诉处理。

审 判 长 张 杰
代理审判员 何君慧
人民陪审员 张燕宾
二〇〇九年十二月十五日
书 记 员 李 智

021

一种除草剂

无效宣告请求审查决定（第 11890 号）

决　定　号 第 11890 号
决　定　日 2008 年 6 月 25 日
发明创造名称 一种除草剂
国际分类号 A01N47/30
无效宣告请求人 苏州富美实植物保护剂有限公司
专　利　权　人 河北宣化农药有限责任公司
申　请　号 01118637.2
申　请　日 2001 年 6 月 6 日
授权公告日 2003 年 10 月 15 日
合议组组长 任晓兰
主　审　员 潘　剑
参　审　员 张家祥

法律依据 专利法第 22 条第 2 款
决定要点

如果权利要求的技术方案与现有技术公开的技术方案实质上相同，所属技术领域的技术人员根据两者的技术方案可以确定两者能适用于相同的技术领域，解决相同的技术问题，并具有相同的预期效果，则该权利要求相对于现有技术不具有新颖性。

一、案由

本无效宣告请求案涉及国家知识产权局于 2003 年 10 月 15 日公告授予的、名称为“一种除草剂”的发明专利权（以下简称本专利），其申请日为 2001 年 6 月 6 日，专利权人为河北宣化农药有限责任公司。本专利授权公告的权利要求书如下：

“1. 一种除草剂，其特征在于所述的活性成份为快灭灵与苯磺隆。

2. 权利要求 1 所述的除草剂，其特征在于快灭灵：苯磺隆 = 0.1～0.619：0.125～0.702。”

针对上述专利权，苏州富美实植物保护剂有限公司（下称请求人）于 2007 年 7 月 30 日向专利复审委员会提出无效宣告请求，认为本专利不符合专利法第 22 条第 2 款的规定，并提交了下述证据：

证据 1：第 93119706.6 号中国发明专利说明书，授权公告日为 2000 年 11 月 8 日，复印件共 43 页；

证据 2：《进口农药应用手册》，王险峰主编，2000 年 3 月印刷，中国农业出版社，出版信息页和第 472 页，复印件共 2 页。

请求人认为：

（1）证据 1 的权利要求 2 要求保护含三唑啉酮与磺酰脲的除草剂组合物，权利要求 10 将权利要求 2 中的三唑啉酮限定为具有以下结构的化合物（在证据 1 说明书第 4 页中称为“化合物 P”），磺酰脲限定为苯磺隆。

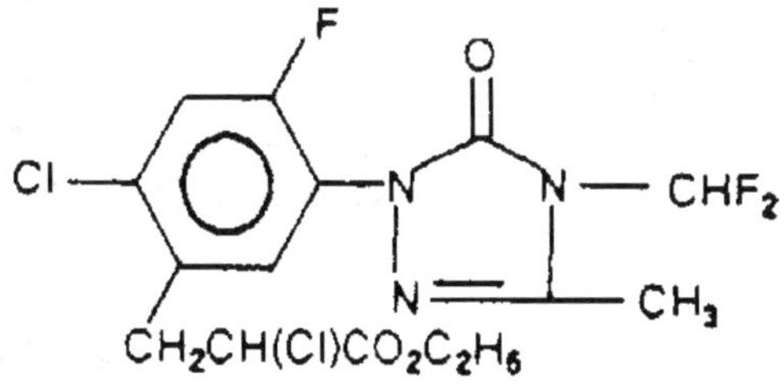

根据证据 2 第 472 页可知，具有以上结构的“化合物 P”后来被正式命名为唑酮草酯，商品名为快灭灵。证据 1 的权利要求 10 和本专利权利要求 1 所要保护的技术方案实质上是相同的，且两者属于相同的技术领域，并能产生相同的技术效果，因此权利要求 1 不具有新颖性。

（2）证据 1 在说明书第 22 页表 I 中公开了化合物 P（即快灭灵）和 Express（即苯磺隆）在四种配比下（0.008：0.004，0.008：0.008，0.015：0.004，0.015：0.008）联合施用对红根黎等 9 种杂草的除治效果。通过数学计算可知，这四个配比数值均落在权利要求 2 的范围内。因此权利要求 2 相对于证据 1 不具有新颖性。

经形式审查合格后，专利复审委员会受理了上述请求，于 2007 年 9 月 13 日向双方当事人发出《无效宣告请求受理通知书》，并将《专利权无效宣告请求书》及其他有关文件的副本转送给专利权人，要求其在指定的期限内答复，同时成立合议组对本无效请求案进行审理。

专利复审委员会于 2007 年 10 月 16 日收到专利权人的答复，专利权人认为其与请求人在 2004 年曾就本专利权订立转让合同，该合同有效期到 2022 年 1 月 23 日止，在合同有效期内，请求人宣告合同的标的 ZL01118637.2 专利权无效，属于违约行为，请求专利复审委员会驳回其无效宣告请求。并提交反证 1：专利权转让合同，复印件共 4 页。

2008 年 4 月 16 日，本案合议组将 2007 年 10 月 16 日收到的专利权人的意见陈述书及其附件转送给请求人，并向双方当事人发出《无效宣告请求口头审理通知书》，定于 2008 年 6 月 10 日对本专利权的无效请求进行口头审理。

2008 年 4 月 29 日，合议组再次向当事双方发出《无效宣告请求口头审理通知书》，将口头审理日期改为 2008 年 6 月 18 日。

2008 年 6 月 18 日，口头审理如期进行，专利权人没有出席，合议组在请求人一方出庭的情况下就本无效宣告请求案进行了审理。口头审理过程中，请求人当庭提交了证据 2 的原件；对专利权人提交的反证 1 的真实性没有异议，但认为其和本案没有关联性；认为表 I 公开的技术方案能够破坏从属权利要求 2 的新颖性，必然破坏权利要求 1 的新颖性。

至此，合议组认为本案的事实已经清楚，可以作出无效宣告请求审查决定。

二、决定的理由

1. 关于审查文本

本无效宣告请求审查决定所针对的文本是本专利授权公告文本。

2. 证据认定

证据 1 是第 93119706.6 号中国发明专利说明书，其授权公告日为 2000 年 11 月 8 日，经核实，合议组对其真实性予以认可，由于其授权公告日早于本专利的申请日，故可以作为现有技术来评述本专利的新颖性。

证据 2 是中国农业出版社于 2000 年 3 月出版印刷的技术手册，请求人当庭提交了该证据的原件，并且专利权人也没有对其真实性提出异议，合议组经核实，对其真实性予以认可，由于其出版日早于本专利的申请日，故可以作为本专利的现有技术使用。

反证 1 是专利权人和 FMC 公司之间的专利权转让合同，虽然专利权人主张该合同是其与请求人之间订立的合同，但未提供相应的证据证明 FMC 公司与本案请求人苏州富美实植物保护剂有限公司为同一法人，而且专利权人依据反证 1 主张的是违约行为，因此反证 1 与本案没有关联性。

3. 关于专利法第 22 条第 2 款

专利法第 22 条第 2 款规定：新颖性，是指在申请日以前没有同样的发明或者实用新型在国内外出版物上公开发表过、在国内公开使用过或者以其他方式为公众所知，也没有同样的发明或者实用新型由他人向国务院专利行政部门提出过申请并且记载在申请日以后公布的专利申请文件中。

如果权利要求的技术方案与现有技术公开的技术方案实质上相同，所属技术领域的技术人员根据两者的技术方案可以确定两者能适用于相同的技术领域，解决相同的技术问题，并具有相同的预期效果，则该权利要求相对于现有技术不具有新颖性。

本专利权利要求 1 要求保护一种除草剂，其中的活性成份为快灭灵与苯磺隆。

证据 1 的说明书第 22 页表 I 中公开了化合物 P 和 Express® 在四种配比下组成的除草剂，并公开了其对红根藜等 9 种杂草的除治效果。其中“化合物 P”指的是“2-氯代-3-［2-氯代-4-氟代-5-(4-二氟甲基-4，5-二氢-3-甲基-5-氧代-（1H）-1，2，4-三唑-1-基）苯基］丙酸乙酯”（参见证据 1 说明书第 19 页倒数第 2~3 行），而该化合物的通用名称为唑酮草酯，商品名称为快灭灵（参见证据 2 第 472 页第 1~7 行）；“Express®”即为苯磺隆（参见证据 1 说明书第 11 页第 9~11 行和第 23 页（a）点的内容）。由此可见，证据 1 已经公开了权利要求 1 所保护的技术方案，并且，基于两者均涉及除草剂，本领域技术人员根据两者的技术方案可以确定两者能解决相同的技术问题，并具有相同的预期效果，因此，权利要求 1 相对于证据 1 不具有新颖性，不符合专利法第 22 条第 2 款的规定。

权利要求 2 是权利要求 1 的从属权利要求，其附加技术特征为“快灭灵：苯磺隆=0.1~0.619：0.125~0.702”，而证据 1 表 I 中快灭灵和苯磺隆的四种配比分别为：LL、LH、HL、HH，结合证据 1 第 23 页的说明，上述组合所对应的具体数值分别是 0.008：0.004、0.008：0.008、0.015：0.004、和 0.015：0.008，经过计算，这 4 个数值均落入权利要求 2 的数值范围“0.1~0.619：0.125~0.702”中，因此，权利要求 2 的附加技术特征已经在证据 1 中公开，在权利要求 1 不具有新颖性的条件下，权利要求 2 也不具有新颖性，不符合专利法第 22 条第 2 款的规定。

基于以上事实和理由，本案合议组作出如下审查决定。

三、决定

宣告 01118637.2 号发明专利权全部无效。

当事人对本决定不服的，可以根据专利法第 46 条第 2 款的规定，自收到本决定之日起三个月内向北京市第一中级人民法院起诉。根据该款的规定，一方当事人起诉后，另一方当事人应当作为第三人参加诉讼。

022

制备 4-氨基二苯胺类的方法

无效宣告请求审查决定（第 11938 号）

决　定　号　第 11938 号
决　定　日　2008 年 5 月 16 日
发明创造名称　制备 4-氨基二苯胺类的方法
国 际 分 类 号　C07C209/36，C07C209/38，C07C209/02
无效宣告请求人　山东圣奥化工股份有限公司
专 利 权 人　弗莱克斯塞思美国有限合伙公司
专　利　号　99807892.1
申　请　日　1999 年 5 月 14 日
最早优先权日　1998 年 5 月 18 日
授权公告日　2004 年 9 月 22 日
合议组组长　李广峰
主　审　员　李彦涛
参　审　员　刘　静

法 律 依 据　专利法第 22 条第 2 款、第 3 款，第 26 条第 3 款、第 4 款，专利法实施细则第 20 条第 1 款

决 定 要 点

对于术语的解释应当按照相关技术领域通常具有的含义来理解，除非说明书中指明了某词具有特定的含义。

权利要求书中不同权利要求中的相同的术语应当具有相同的含义。

重复验证对比文件实施例的实验报告应当忠实于对比文件的实验方法。

一、案由

本无效宣告请求案涉及国家知识产权局于 2004 年 9 月 22 日公告授予的、名称为“制备 4-氨基二苯胺类的方法”的第 99807892.1 号发明专利权（下称本专利），其申请日为 1999 年 5 月 14 日，最早优先权日为 1998 年 5 月 18 日，专利权人为弗莱克斯赛思美国有限合伙公司。该专利授权公告的权利要求如下：

“1. 一种制备任选取代的 4-氨基二苯胺的方法，它包括：

（i）将任选取代的苯胺和任选取代的硝基苯在水和碱存在下反应，同时控制水相对于碱的量以便保证加入的水与碱的摩尔比在偶合反应开始时不小于 4∶1 和在偶合反应结束时不小于 0.6∶1，从而

生产任选取代的4-硝基二苯胺和/或4-亚硝基二苯胺和/或它们的盐，其中所述的任选取代的苯胺包括苯胺、2-甲氧基苯胺、4-甲氧基苯胺、4-氯苯胺、对-甲苯胺、4-硝基苯胺、3-溴苯胺、3-溴-4-氨基甲苯、对-氨基苯甲酸、2，4-二氨基甲苯、2，5-二氯苯胺、1，4-苯二胺、4，4′-二苯氨基甲烷、1，3，5-三氨基苯及其混合物，所述任选取代的硝基苯包括硝基苯、邻-甲基硝基苯和间-甲基硝基苯、邻-乙基硝基苯和间-乙基硝基苯、邻-甲氧基硝基苯和间-甲氧基硝基苯及其混合物；

（ii）在氢化催化剂和添加的水存在下氢化步骤（i）的反应产物，以便保证总的水与碱的摩尔比在氢化结束时至少为4：1；

（iii）从反应混合物分离氢化催化剂；以及

（iv）从反应混合物获得水相和有机相，将有机相与水相分离，再从有机相分离由上述任选取代苯胺和任选取代的硝基苯产生的任选取代的4-氨基二苯胺。

2. 权利要求1的方法，其中，苯胺与硝基苯的摩尔比为1：1~10：1。

3. 权利要求1的方法，其中，碱与硝基苯的摩尔比为0.7：1~4：1。

4. 权利要求1的方法，其中，在步骤（i）中，将任选取代的硝基苯加到任选取代的苯胺、水和碱的混合物中，并且，从开始添加硝基苯到完成步骤（i）中的反应所经历的时间不超过3.5小时。

5. 权利要求1的方法，其中，得自步骤（iv）包含再循环的碱的水相被再用于形成后续步骤（i）的反应混合物。

6. 权利要求1的方法，其中，作为杂质被引入步骤（i）与碱和/或再循环的苯胺反应而形成步骤（i）反应混合物的、任选取代的4-氨基二苯胺被保持在一定的含量，该含量小于0.05的任选取代的4-氨基二苯胺与任选取代的硝基苯的摩尔比。

7. 权利要求1的方法，其中，所述氢化催化剂是载体上的贵金属催化剂，并且，没有催化剂再循环时新的贵金属装料量在每摩尔任选取代的4-硝基二苯胺和/或4-亚硝基二苯胺和/或它们的盐0.01~0.75毫克原子范围内。

8. 权利要求1的方法，其中，所述氢化催化剂包括：披铂碳、披钯碳或披铑碳。

9. 权利要求1的方法，其中，所述氢化催化剂被再循环和再利用于后续步骤（ii）的氢化，根据需要添加新鲜催化剂。

10. 权利要求9的方法，其中，被引入步骤（ii）的反应中的再循环催化剂与新鲜催化剂的重量比是1或更高。

11. 权利要求9的方法，其中，所述氢化催化剂是载体上的贵金属催化剂，并且，被添加到再循环催化剂物料中的新鲜催化剂的量是这样的：每摩尔任选取代的4-硝基二苯胺和/或4-亚硝基二苯胺和/或它们的盐存在0.0~0.4毫克新金属原子。

12. 权利要求1的方法，其中，在所述催化剂从氢化反应混合物分离后，用水洗涤它，洗涤后的催化剂被再利用于后续步骤（ii）的氢化。

13. 权利要求1的方法，其中，应用了摩尔过量的任选取代的苯胺，再从有机相回收过量的任选取代的苯胺并且再利用于形成后续步骤（i）的反应混合物。

14. 权利要求1的方法，其中，从得自步骤（iv）的有机相分离出包含偶氮苯和/或氧化偶氮苯的副产物，将该副产物催化氢化而形成苯胺，再将所述苯胺再利用于形成后续步骤（i）的反应混合物。

15. 一种制备任选取代的4-氨基二苯胺的烷基化衍生物的方法，其中，按权利要求1~14任一项的方法将任选取代的苯胺和任选取代的硝基苯反应并随后将反应产物氢化，其中所述的任选取代的苯胺包括苯胺、2-甲氧基苯胺、4-甲氧基苯胺、4-氯苯胺、对-甲苯胺、4-硝基苯胺、3-溴苯胺、3-溴-4-氨基甲苯、对-氨基苯甲酸、2，4-二氨基甲苯、2，5-二氯苯胺、1，4-苯二胺、4，4′-二苯氨基甲烷、1，3，5-三氨基苯及其混合物，所述任选取代的硝基苯包括邻-甲基硝基苯和间-甲基硝基苯、邻-乙基硝基苯和间-乙基硝基苯、邻-甲氧基硝基苯和间-甲氧基硝基苯及其混合物；然后，将这样获得的任选取代的4-氨基二苯胺还原性地烷基化成为所述任选取代的4-氨基二苯胺的烷基化衍生物。

16. 权利要求1的方法，其中，所述碱是氢氧化四烷基铵。

17. 权利要求9的方法，其中，用使用过的氢化催化剂预处理加到步骤（ii）的物料，即，通过在50℃~150℃的温度和1~25barg的氢压下在氢气氛中将所述物料与所述催化剂接触。

18. 权利要求1的方法，其中，氢化时间小于4小时。

19. 权利要求1的方法，其中，所述催化剂在其从氢化反应混合物分离后，在被再利用于后续步骤（ii）的氢化之前作为浆状物被保存在水中。

20. 权利要求1的方法，其中，苯胺和硝基苯被应用于步骤（i）中，从得自步骤（iv）的有机相蒸馏出偶氮苯和/或氧化偶氮苯后通到独立的反应器，其中，它们在催化剂和中性、弱酸或弱碱助催化剂存在下被氢化而形成苯胺。

21. 权利要求20的方法，其中，所述助催化剂包括：选自乙酸、硬脂酸、辛酸的弱有机酸或者酸性碳。

22. 权利要求21的方法，其中，所述酸性碳具有结合酸度。”

针对上述专利权，山东圣奥化工股份有限公司（下称请求人）于2005年6月10日向专利复审委员会提出无效宣告请求，认为本专利不符合专利法第22条第2款、第3款，第26条第3款、第4款和专利法实施细则第20条第1款的规定，并提交了下述证据：

证据1：US5608111A，1997年3月4日公开，共12页；

证据2：US5739403A，1998年4月14日公开，共3页。

请求人的具体理由是：

（1）依据证据1和2认为本专利不符合专利法第26条第3款的规定。

说明书没有提供数据证明控制水/碱摩尔比不小于0.6：1可以减少碱分解。现有技术中水/碱摩尔比为0.4的碱分解率（见本专利表2）与本专利中水/碱比为0.77的碱分解率差别很小，不构成有益效果；证据1的实施例13的数据和本专利的表2数据表明，需要公开端值0.6的相关实施例本领域普通技术人员才能确认权利要求1的技术效果，而说明书中缺少涉及权利要求1中所述的“在偶合反应结束时水相对于碱的摩尔比”的端值0.6的实施例；证据2实施例1中碱回收率不比本发明差。

（2）依据证据1认为权利要求1不符合专利法第26条第4款的规定。

权利要求1中将偶合反应结束时水/碱摩尔比限定为不小于0.6：1，但是说明书中的实施例中并没有端值0.6的实施例，本领域普通技术人员不能区分0.6的摩尔比与现有技术中的摩尔比有何不同；权利要求1涉及了许多取代苯胺的技术方案，但是说明书中没有关于取代苯胺的实施例，因此，权利要求1中所述的具体的取代苯胺不能得到说明书的支持。

（3）认为权利要求1不符合专利法实施细则第20条第1款的规定。权利要求1中涉及的偶合反应开始时、结束时的水/碱摩尔比，以及氢化反应结束时水/碱摩尔比等数据范围都没有上限导致保护范围不清楚；术语“偶合反应开始时”和“偶合反应结束时”不清楚。

（4）认为权利要求1~5、8、15、16、18相对于证据1，权利要求1相对于证据2不具备专利法第22条第2款所述的新颖性。

证据1的实施例1A、3、8、13、19均分别公开了本专利权利要求1中第（i）、（ii）步骤的技术特征，即具体公开了苯胺和硝基苯在四甲基氢氧化铵（水合物）存在情况下的反应，以及偶合反应前后水与碱的摩尔比和氢化结束后水与碱的摩尔比；另外，证据1还隐含公开了本专利权利要求1的步骤（iii）、（iv）的技术特征，因为这些步骤涉及从反应混合物中分离氢化催化剂以及从反应混合物中分离目标产物，是获得目标产物的必经途径，如本专利说明书第1页对证据1的描述。

证据2明确公开了权利要求1中除偶合反应结束时水/碱摩尔比不小于0.6：1这一技术特征之外的其他技术特征，但实际上这一技术特征也被证据2所公开。由于本专利权利要求1没有规定“偶合反应结束”的标准，可以将证据2实施例1中硝基苯添加结束时作为偶合反应结束时间，那么，本专利的实施例6与证据2的实施例1的偶合条件类似，因此推定证据2实施例1中硝基苯添加结束时水与碱的比例应接近本专利实施例6的0.77：1。

由于证据1和2的公开，导致权利要求1丧失新颖性。

本专利权利要求2~5、8、15、16和18所附加的技术特征分别被证据1的实施例13、10、1A、12等公开，也都不具备新颖性。

（5）认为本专利权利要求1~22相对于证据2不具备专利法第22条第3款规定的创造性。

请求人认为：（1）本专利所要解决的碱分解过多、造成氢化催化剂中毒的技术问题不存在，专利权人对于与证据2的对比只是简单的推测，而缺少可靠的实验证据。（2）本专利实施例6没有说明控制偶合反应结束时水与碱摩尔比不小于0.6有何益处。（3）现有技术证据2已经解决了降低碱分解、提高碱回收率的问题，因此，本专利所解决的技术问题只是简单的提供一种4-ADPA的制造方法。因此权利要求1相对于证据2不具备创造性，其从属权利要求也均不具备创造性。（4）另外本专利的权利要求与证据1和2的结合相比不具有创造性。

2005年6月22日，请求人提交了前述证据1和证据2的中文译文，其中证据1的中文译文共27页，证据2的中文译文共6页。

2005年6月27日，请求人提交了山东省高级人民法院的鲁法协（2005）136号送达函，复印件共20页，内容涉及专利权人与包括本案请求人在内的当事人在美国的专利侵权诉讼。

经形式审查合格后，专利复审委员会受理了上述请求，于2005年6月28日向双方当事人发出《无效宣告请求受理通知书》，并将《专利权无效宣告请求书》及其他有关文件的副本转送给专利权人，要求其在指定的期限内答复，同时成立合议组对本无效请求案进行审理。

2005年7月11日，请求人提交了补充意见陈述，提出了导致本专利不符合专利法第26条第3款、第4款的新的事实，并且补充了如下证据及该证据的中文译文共5页，并依据证据3补充了本专利所有权利要求相对于证据3不具备创造性的理由。

证据3：JP6-306020A，公开日1994年11月1日，共3页，中文译文共5页。

请求人认为：（1）证据3的实施例2中公开了与本专利相同的催化氢化反应，其Pd/C催化剂用量为相当于每摩尔4-亚硝基二苯胺使用16.7mg金属Pd，而本专利实施例1中催化剂用量相当于每摩尔硝基苯化合物/亚硝基笨化合物0.17g金属Pd，本领域普通技术人员不能相信如此低的催化剂用量可以完成氢化反应，因此不符合专利法第26条第3款的规定。由于本专利说明书公开不充分，因此权利要求得不到说明书的支持，不符合专利法第26条第4款的规定。（2）证据3公开了一种将4-亚硝基二苯胺四烷基铵盐的水溶液进行催化氢化制备4-氨基二苯胺的方法，具体公开了该催化氢化反应的具体条件，本专利从属权利要求中关于催化氢化的技术特征也被公开，因此本专利所有权利要求都不具备创造性。

针对请求人于2005年6月10日提交的《专利权无效宣告请求书》，专利权人于2005年8月15日作出答复，包括意见陈述书、权利要求书修改替换页和如下4个反证：

反证1：US5608111（即证据1）的实施例13的水/TMAH摩尔比计算表，共2页；

反证2：Azeotropic Data-III，1973年，复印件3页，中文译文2页；

反证3：VAPOR L QU D EQUIL BRIM DATA COLLECTION，1979年，复印件4页，中文译文3页；

反证4：实验证据及中文译文，共10页，公开日期不详。

专利权人修改了权利要求书，将原权利要求5和6合并，形成新的权利要求1；删除了原权利要求1、5和6，并重新进行编号。修改后的权利要求书如下：

“1. 一种制备任选取代的4-氨基二苯胺的方法，它包括：

(i) 将任选取代的苯胺和任选取代的硝基苯在水和碱存在下反应，同时控制水相对于碱的量以便保证加入的水与碱的摩尔比在偶合反应开始时不小于4：1和在偶合反应结束时不小于0.6：1，从而生产任选取代的4-硝基二苯胺和/或4-亚硝基二苯胺和/或它们的盐，其中所述的任选取代的苯胺包括苯胺、2-甲氧基苯胺、4-甲氧基苯胺、4-氯苯胺、对-甲苯胺、4-硝基苯胺、3-溴苯胺、3-溴-4-氨基甲苯、对-氨基苯甲酸、2，4-二氨基甲苯、2，5-二氯苯胺、1，4-苯二胺、4，4′-二苯氨基甲烷、1，3，5-三氨基苯及其混合物，所述任选取代的硝基苯包括硝基苯、邻-甲基硝基苯和间-甲基硝基苯、邻-乙基硝基苯和间-乙基硝基苯、邻-甲氧基硝基苯和间-甲氧基硝基苯及其混合物；

(ii) 在氢化催化剂和添加的水存在下氢化步骤(i)的反应产物，以便保证总的水与碱的摩尔比在氢化结束时至少为4：1；

(iii) 从反应混合物分离氢化催化剂；以及

(iv) 从反应混合物获得水相和有机相，将有机相与水相分离，再从有机相分离由上述任选取代苯胺和任选取代的硝基苯产生的任选取代的4-氨基二苯胺；

其中得自步骤(iv)包含再循环的碱的水相被再用于形成后续步骤(i)的反应混合物；而且

其中，作为杂质被引入步骤(i)与碱和/或再循环的苯胺反应而形成步骤(i)反应混合物的、任选取代的4-氨基二苯胺被保持在一定的含量，该含量小于0.05的任选取代的4-氨基二苯胺与任选取代的硝基苯的摩尔比。

2. 权利要求1的方法，其中，苯胺与硝基苯的摩尔比为1：1~10：1。

3. 权利要求1的方法，其中，碱与硝基苯的摩尔比为0.7：1~4：1。

4. 权利要求1的方法，其中，在步骤(i)中，将任选取代的硝基苯加到任选取代的苯胺、水和碱的混合物中，并且，从开始添加硝基苯到完成步骤(i)中的反应所经历的时间不超过3.5小时。

5. 权利要求1的方法，其中，所述氢化催化剂是载体上的贵金属催化剂，并且，没有催化剂再循环时新的贵金属装料量在每摩尔任选取代的4-硝基二苯胺和/或4-亚硝基二苯胺和/或它们的盐0.01~0.75毫克原子范围内。

6. 权利要求1的方法，其中，所述氢化催化剂包括：披铂碳、披钯碳或披铑碳。

7. 权利要求1的方法，其中，所述氢化催化剂被再循环和再利用于后续步骤(ii)的氢化，根据需要添加新鲜催化剂。

8. 权利要求7的方法，其中，被引入步骤(ii)的反应中的再循环催化剂与新鲜催化剂的重量比是1或更高。

9. 权利要求7的方法，其中，所述氢化催化剂是载体上的贵金属催化剂，并且，被添加到再循环催化剂物料中的新鲜催化剂的量是这样的：每摩尔任选取代的4-硝基二苯胺和/或4-亚硝基二苯胺和/或它们的盐存在0.0~0.4毫克新金属原子。

10. 权利要求1的方法，其中，在所述催化剂从氢化反应混合物分离后，用水洗涤它，洗涤后的催化剂被再利用于后续步骤(ii)的氢化。

11. 权利要求 1 的方法，其中，应用了摩尔过量的任选取代的苯胺，再从有机相回收过量的任选取代的苯胺并且再利用于形成后续步骤（i）的反应混合物。

12. 权利要求 1 的方法，其中，从得自步骤（iv）的有机相分离出包含偶氮苯和/或氧化偶氮苯的副产物，将该副产物催化氢化而形成苯胺，再将所述苯胺再利用于形成后续步骤（i）的反应混合物。

13. 一种制备任选取代的 4-氨基二苯胺的烷基化衍生物的方法，其中，按权利要求 1~12 任一项的方法将任选取代的苯胺和任选取代的硝基苯反应并随后将反应产物氢化，其中所述的任选取代的苯胺包括苯胺、2-甲氧基苯胺、4-甲氧基苯胺、4-氯苯胺、对-甲苯胺、4-硝基苯胺、3-溴苯胺、3-溴-4-氨基甲苯、对-氨基苯甲酸、2，4-二氨基甲苯、2，5-二氯苯胺、1，4-苯二胺、4，4′-二苯氨基甲烷、1，3，5-三氨基苯及其混合物，所述任选取代的硝基苯包括邻-甲基硝基苯和间-甲基硝基苯、邻-乙基硝基苯和间-乙基硝基苯、邻-甲氧基硝基苯和间-甲氧基硝基苯及其混合物；然后，将这样获得的任选取代的 4-氨基二苯胺还原性地烷基化成为所述任选取代的 4-氨基二苯胺的烷基化衍生物。

14. 权利要求 1 的方法，其中，所述碱是氢氧化四烷基铵。

15. 权利要求 7 的方法，其中，用使用过的氢化催化剂预处理加到步骤（ii）的物料，即，通过在 50℃~150℃的温度和 1~25barg 的氢压下在氢气氛中将所述物料与所述催化剂接触。

16. 权利要求 1 的方法，其中，氢化时间小于 4 小时。

17. 权利要求 1 的方法，其中，所述催化剂在其从氢化反应混合物分离后，在被再利用于后续步骤（ii）的氢化之前作为浆状物被保存在水中。

18. 权利要求 1 的方法，其中，苯胺和硝基苯被应用于步骤（i）中，从得自步骤（iv）的有机相蒸馏出偶氮苯和/或氧化偶氮苯后通到独立的反应器，其中，它们在催化剂和中性、弱酸或弱碱助催化剂存在下被氢化而形成苯胺。

19. 权利要求 18 的方法，其中，所述助催化剂包括：选自乙酸、硬脂酸、辛酸的弱有机酸或者酸性碳。

20. 权利要求 19 的方法，其中，所述酸性碳具有结合酸度。”

专利权人陈述的理由是：

（1）关于专利法第 26 条第 3 款。

本专利的反应往往在进料结束 10~25 分钟的保持期之后结束，比证据 2 的保持期短，可以导致更少的碱分解。专利权人在本发明中认为证据 2 的“99.7% 加入的氢氧化四甲基铵”的总回收率是不实际的，这一论述是基于专利权人的实验及经验。

（2）关于专利法第 26 条第 4 款。

说明书第 19 页实施例 6 中已有多处提到端值 0.6，端值 0.6 是根据本发明的典型操作在一定的假定前提下外推得来的；关于权利要求 1 中具体的取代苯胺，现有技术如证据 2 中就有任选取代的 4-氨基二苯胺等类似的上位概念，本领域普通技术人员对反应机理和现有技术有足够的认识，其可以根据现有技术和说明书公开的内容预见到权利要求 1 中请求保护的众多取代苯胺也可以实现并获得技术效果，从而概括出权利要求 1 的技术方案。

（3）关于专利法实施细则第 20 条第 1 款。

权利要求 1 中水含量范围虽然没有上限，但这不意味着需要将水含量限制到某一上限，因为太多的水只是影响反应的转化率，并不影响本发明目的即不导致碱分解增加。“偶合反应结束时”是指其中 98% 的硝基苯已经反应，说明书第 6 页第 13~15 已经作了描述。

（4）关于专利法第 22 条第 2 款。

证据 1 的实施例 3、8、13 和 19 只涉及本专利权利要求 1 的步骤（i），没有公开步骤（ii）～（iv），更没有公开修改后权利要求 1 中新增的原权利要求 5 和 6 的技术特征。证据 1 中任何部分都没有公开过将实施例 3、8、13 和 19 中获得的含水混合物本身用于氢化步骤，也没有公开和启示过在该步骤中添加水，证据 1 中实施例 20、21 虽然公开了氢化步骤，但是没有用水作为溶剂，并且所使用的 TMA 盐不是水合物形式。实施例 1A）虽然公开了在含水介质中将步骤（1）的反应混合物氢化，但是其反应开始时水/碱摩尔比为 2∶1，远小于本权利要求的 4∶1。虽然本专利中专利权人对于证据 1 有相应的描述，但是该描述是错误的。关于请求人认为证据 2 隐含公开了偶合反应结束时水/碱摩尔比不小于 0.6∶1 的技术特征，这是基于请求人认为"权利要求 1 没有规定'耦合反应结束'的标准"，但是在说明书第 6 页第 13～15 行已经将其定义为 98%的硝基苯已经反应的时刻，这个时间点不大可能是 3 小时反应后的时刻。专利权人经计算，认为证据 1 中实施例 13 中反应结束时水/TMAH 摩尔比为 0.3∶1。

（5）关于专利法第 22 条第 3 款。

请求人虽然怀疑本专利结果的正确性，但是没有提供实验证据证明。并且，专利权人提供了反证 4 证明再循环物流中 4-ADPA/硝基苯摩尔比对偶合反应和氢化反应的影响，所以新独立权利要求 1 具备创造性，其从属权利要求也均具备创造性。

2006 年 1 月 23 日，本案合议组向双方当事人发出《无效宣告请求口头审理通知书》，拟定于 2006 年 3 月 9 日对本专利权的无效宣告请求进行口头审理。并随口头审理通知书向请求人转送专利权人于 2005 年 8 月 15 日提交的意见陈述书及附件清单所列的全部附件，向专利权人转送请求人于 2005 年 7 月 11 日提交的意见陈述书及附件清单所列的全部附件，要求双方在口头审理时一并答复。

2006 年 3 月 9 日，口头审理如期进行，双方当事人均出席了口头审理。庭审过程中，合议组就本案的无效理由及证据逐一进行了调查，双方当事人充分陈述了各自的意见。口头审理过程中，请求人当庭提交了如下证据：

证据 4：验证证据 2 中实施例 1 的实验报告，共 3 页；

证据 5：验证证据 1 实施例 13 的 W. Harris 的专家报告，包括英文原文和翻译文本，其中原文复印件共 14 页，译文 11 页，以及（2006）纽领认字第 0006304 号认证书复印件；

证据 6：Fluid phase equilibria，包括复印件和翻译件，各 15 页，并出示了原件。

专利权人也当庭提交了如下证据：

反证 5：纽领证认证字第 0009228 号认证书及其附件的原件，以及中文译文。

口头审理过程中：（1）专利权人仅对请求人提交的证据 6 的真实性有异议，请求人对专利权人提交的反证的真实性均无异议；请求人、专利权人均认可所有译文的准确性；（2）关于专利法第 26 条第 3 款，请求人确认其仅涉及催化剂用量的问题，放弃其他具体理由；（3）关于专利法第 26 条第 4 款，请求人放弃其他无效理由，确认其具体理由为：①说明书只公开了特定的具体的碱，而权利要求书中请求保护的却是未加限定的碱，②说明书只公开了未取代的硝基苯与未取代的苯胺的反应，而权利要求涉及任选取代的硝基苯与任选取代的苯胺的反应，③本专利应当将其催化剂限定为贵金属催化剂，④修改后的权利要求 1 的最后一段的技术特征在说明书没有记载过，得不到说明书支持，⑤权利要求 5 涉及的催化剂含量得不到说明书的支持；（4）关于专利法实施细则第 20 条第 1 款，请求人增加权利要求 1 的"再循环的苯胺"指代不清楚的理由，同时放弃"偶合反应结束时"不清楚的具体理由；（5）关于专利法第 22 条第 2 款，确认其无效宣告的范围和所用的证据为：仅使用证据 2 的实施例 1 评价本专利权利要求 1 的新颖性；证据 2 实施例 1 的重复实验已经隐含公开了偶合反应结束时的水/碱比；（6）关于专利法第22条第3款，确认其证据的使用方式和无效宣告的范围为：以证据1作为最接近的现有技术，证据1和2相结合评价权利要求1~17的创造性，以及单独使用证据2评价权利要求1的创造性。

为进一步查清事实，合议组当庭告之：请求人可以于口头审理完毕后一星期内提交书面意见，专利权人应面取请求人的书面意见，并且提交：（1）本专利实施例2和5的ADPA/NB计算表，（2）证据1实施例13和证据2实施例1的条件对比表，（3）书面意见，若专利权人需要做实验，还须提供：（4）试验报告。

2006年3月16日，请求人提交了口审代理的书面意见，共27页。

2006年3月17日，专利权人面取了该书面意见。

2006年5月17日，专利权人提交了书面意见陈述书，共24页，并提交了如下附件1~20（为方便论述，使用专利权人此次的附件编号，其中包括部分已经提交过的反证，此次未再提交）：

附件1：Parker, Sybil P., Editor in Chief, McGraw-Hill Concise Encyclopedia of Science & Technology, Third Edition, pp. 915~916（Heterogeneous catalysis）, McGraw-Hill, New York（1994）.（4页）及相关部分的中文译文（3页）；

附件2：Fieser, Louis F. 和 Mary Fieser, Advanced Organic Chemistry, pp. 509~511, Reinhold Publishing Corp., New York（1961）.（5页）及相关部分的中文译文（5页）；

附件3：Dehmlow, E. V. and Dehmlow, S. S., Phase Transfer Catalysis, Second, Revised Edition, Verlag Chemie GmbH, Weinheim, P. 59~60（1983）.（4页）及相关部分的中文译文（4页）；

附件4：Fieser, Louis F. 和 Mary Fieser, Advanced Organic Chemistry, pp. 192-193, Reinhold Publishing Corp., New York（1961）.（4页）及相关部分中文译文（4页）；

附件5：Hughes, R., Deactivation of Catalysts, pp. 7~8, Acadmic Press, London（1984）.（4页）及相关部分的中文译文（4页）；

附件6：Freifelder, Morris, Practical Catalytic Hydrogenation, Techniques and Applications, p. 39, Wiley - Interscience, New York（1971）.（3页）及相关部分的中文译文（3页）；

附件7：Fujii, Seiichi and Kenzo Kobayashi, Amine-type corrosion inhibitors. XVII. Relation between corrosion inhibitors and catalyst poison. 2., Boshoku Gi jutsu（1960）, 9, 241-6.（1页）及相关部分的中文译文（1页）；

附件8：EP1077921 B1（22页），相关部分的中文译文参见本专利；

附件9：Bayer Material Science AG, Opposition to EP 1077921 B1,（17.06.2004）（15页）及相关部分中文译文（15页）；

附件10：Beetz, Tom, Reply to Bayer' s Grounds of Opposition, AkzoNobel, 3rd page, July 20, 2005.（9页）及相关部分的中文译文（9页）；

附件11：Rains, Roger Keranen, 宣誓书（2006年2月13日），（在2006年3月9日口审时提交过，此次未提交，即反证5）；

附件12：Horsley, Lee. H., Azeotrope Data-III, Advances in Chemistry Series 116, p. 28, American Chemistry Society, Washington, D. C.（1973）.（在2006年8月15日提交过，此次未提交，即反证2）；

附件13：Gmehling, J. And U. Onken, Vapor-Liquid Equilibrium Data Collection）, 1, p. 501, DECHEMA, Frankfurt（1977）. Previously submitted at Oral Hearing.（在2006年8月15日提交过，此次未提交，即反证3）；

附件 14：Parker, Sybil P. , Editor in Chief, McGraw-Hill Dictionary of Scientific and Technical Terms, Fifth Edition,（boiling-point elevation）, McGraw-Hill, New York（1994）．封面、版权页及第 249 页，共 3 页，及相关部分的中文译文（3 页）；

附件 15：经过公证认证的 Triplett, Ralph D. II 宣誓书（原件及复印件各 9 页）及中文译文（10 页）；

附件 16：N. V. Sidgwick, The Organic Chemistry of Nitrogen, pg. 436, Oxford at the Clarendon press（1937）．（3 页）及相关部分的中文译文（3 页）；

附件 17：经过公证的 Rains, Roger Keranen 的宣誓书（原件及复印件 3 页）及中文译文（4 页）；

附件 18：《化工辞典》，2000 年第四版，化学工业出版社，封面、出版信息页，pp. 530~533，pp. 658~659（共 6 页）；

附件 19：修改后的权利要求书-1（3 页，共 20 项）

附件 20：修改后的权利要求书-2（3 页，共 19 项，其将权利要求 11 合并到权利要求 1 中作为新的权利要求 1）。

专利权人认为：

（1）毫克金属原子是物质的量的单位，请求人将其含义误解为质量单位，因而请求人对于本专利中催化剂的投料量的计算是错误的，本专利符合专利法第 26 条第 3 款的规定。

（2）关于专利法第 26 条第 4 款：关于“碱”的含义，本专利说明书中指出了碱通常是氢氧化四烷基铵，所提及的无机碱仅仅是与卤化四烷基铵组合的碱金属氢氧化物，生成了相应的氢氧化四烷基铵，不存在相转移催化剂的孤立的无机碱不是本专利的碱。关于本专利中取代的苯胺和取代的硝基苯的适用性，请求人提交的证据 1 和 2 中已有大量实施例证实了大部分取代苯胺和取代的硝基苯的适用性。水/碱=0.6 能够适用于所有取代的苯胺和取代的硝基苯。关于氢化催化剂，虽然说明书使用的是贵金属催化剂，但是附件 5 或附件 7 表明非贵金属催化剂也是中毒敏感的，并且列出了常见的毒物，因此本专利权利要求能够得到说明书支持。

（3）关于专利法实施细则第 20 条第 1 款：关于偶合反应结束时水/碱比没有上限，对于保护碱防止分解来讲，水/碱比没有绝对的上限，而是水越多越好，但本领域技术人员能够把握实际应用中经济上的上限。权利要求 1 的技术特征“作为杂质被引入步骤（i）与碱和/或再循环的苯胺反应而形成步骤（i）反应混合物的，任选取代的 4-氨基二苯胺”是清楚的，本领域技术人员可以将其正确地理解为“再循环形成步骤（i）反应混合物的碱和苯胺中被作为杂质引入步骤（i）反应的，任选取代的 4-氨基二苯胺被保持的一定含量，该含量小于 0.05 的任选取代的 4-氨基二苯胺与任选取代的硝基苯的”。关于“偶合反应开始”在说明书中存在定义即“恰好是苯胺、硝基苯和碱彼此反应性接触的时候”，其中术语“反应性接触”是发生反应的条件，这表明水不可能多得导致反应不能发生。

（4）关于专利法第 22 条第 2 款。

请求人重复验证证据 2 的实验没有忠实于证据 2 实施例 1，其没有说明其固有地公开了水/碱>0.6 或 4-ADPA/NB<0.05，即不论如何重复操作所述实施例，总能获得上述结果。因为该实施例描述了其蒸馏出的是“水、苯胺的共沸物”，而不是“共沸物加额外的苯胺”，而仅仅除去“共沸物”就要求带有回流的蒸馏和/或在反应器上安装一个柱，以便将共沸物与苯胺分离，按照这样的反应条件将获得低得多的水/碱比，并且证据 2 的受让人拜尔重复进行该实施例的实验也表明水/碱比在0.07~1.45 之间。其次，证据 2 并未提供相分离以及可回收的苯胺再循环到偶合反应器的细节，也没有避免水相中高含量的 4-ADPA 的任何建议，差的相分离的结果 4-ADPA/NB> 0.05，而证据 2 没有设计相分离，其水相中的 4-ADPA 的低含量不是固有的。证据 2 实施例 1 没有提及苯胺的再循环，而请求人却将苯胺再循环到偶合反应中了；请求人进行了24批次的反应但仅仅报道了15个批次的结果；添加甲苯的顺序与该实施例不同；请求人利用Pd/C代替Pt/C作氢化催化剂；请求人采用了特定的分离手段；工厂数据（附件11）表明工业设计的相分离和蒸馏中4-ADPA/NB>0.05摩尔，表明请求人的实验范围内4-ADPA/NB>0.05摩尔是可能的。

（5）关于专利法第22条第3款。

①权利要求1相对于证据1和2的结合具备创造性。证据1和2都没有公开苯胺的回收和后续的再循环，或获得4-ADPA/NB<0.05的再循环的碱和苯胺，同时请求人也没有提供证据证明苯胺再循环是常识。请求人的实验没有忠实于证据1和2。关于再循环水相中作为杂质的4-ADPA，由于其导致氢化催化剂中毒所以其引起的产率降低是超出本领域技术人员的预料的，因而权利要求1不是显而易见的。②权利要求1相对于证据2具备创造性。请求人声称证据2公开了至少99%加入的碱得以回收，但本专利实施例6的数据反驳了这一点，现有技术没有引导本领域技术人员关注4-ADPA/NB的比例问题，因此权利要求1相对于证据2具备创造性。③其他权利要求也均具备创造性。

2006年5月25日，合议组将专利权人于2006年5月17日提交的意见陈述书及全部附件转送给请求人，要求其在指定的期限内答复。

2006年7月10日，请求人提交了意见陈述书并提交了如下证据：

证据7：化学与催化反应工程，化学工业出版社，1986年5月第1次印刷，封面、扉页、第320~321页，复印件共4页；

证据8：催化剂与催化作用，大连理工大学出版社，2006年1月第3次印刷，封面、版权页、第83~85页，复印件共5页。

请求人认为：（1）本专利使用“毫克金属原子”概念导致其公开不充分；（2）权利要求中“碱”、“氢氧化四烷基铵”、“苯胺衍生物”、“硝基苯衍生物”、“氢化催化剂”等以及权利要求1中最后一段的技术特征得不到说明书支持；（3）水/碱比缺少上限、权利要求1的特征“作为杂质被引入……任选取代的4-氨基二苯胺”、“再循环的苯胺”、“偶合反应开始时”等导致权利要求保护范围不清楚；（4）关于新颖性：证据1实施例13和证据2实施例1中采用的均应当为简单蒸馏；专利权人的附件8~10真实性难以判断；没有列在表格中的实验批次是由于没有遵守证据2的操作条件，所以没有必要列入；甲苯的加入顺序不影响实验结果；证据4中使用的催化剂与证据2中的相当；证据2未明确其分离方法故本领域技术人员可以理解为重力分离；证据4的实验结果是客观实验误差完全正常；没有证据表明专利权人提交的工厂数据符合证据2的实验条件；权利要求中的4-ADPA/NB<0.05的特征是不清楚的，在评价新颖性中应不予考虑。（5）关于创造性：证据1说明书指出偶合反应可以按照实施例1A进行氢化还原，故教导了将实施例13的偶合反应产物按照实施例1A进行还原，而实施例1A公开了氢化反应开始时水/碱比不小于4的特征；关于“苯胺再循环”，它是本领域的常识，且权利要求1中没有包含这一特征；专利权人歪曲了证据1实施例13的教导，其重复验证的附件15与其根据文献计算的值相矛盾；关于4-ADPA/NB<0.05，该特征不清楚，在创造性评价中应不考虑，并且本领域技术人员能够认识到应当将4-ADPA的含量控制到尽量低。

2007年8月6日，合议组向双方当事人发出无效宣告请求审查通知书，其中确认合议组对请求人于2006年3月9日口头审理当庭提交的证据予以考虑；指出专利权人于2006年5月17日提交了两种权利要求书的修改替换页，不符合审查指南的相关规定；此外要求双方当事人对于证据以及实验报告发表意见。

2007年9月21日，专利权人提交了意见陈述书，其中确认以2006年5月17日提交的附件20的权利要求书（即共19项权利要求的文本）作为继续审查的基础。另外，还陈述了如下意见：（1）证据4不能成立：因为证据2实施例1没有提供足够的细节，不足以证明其内在性地公开了水/碱>0.6和4-ADPA/NB<0.05，附件11的工厂数据表明工业设计的相分离和蒸馏步骤得到4-ADPA/NB>0.5；（2）证据5不能成立，根据附件12和13可以推论出水/苯胺的共沸组成；（3）请求人提供的用于证明水/苯胺体系的盐效应改变共沸组成的证据6不适用于证据1实施例13。

2007年9月21日，请求人提交了意见陈述书，陈述了如下意见：（1）反证4的内容真实性无法确认，其与证据2的实施例1无关；（2）附件15使用了分馏柱，没有忠实于证据1实施例13。

2007年10月29日，合议组向双方当事人发出《无效宣告请求口头审理通知书》，拟定于2007年12月19日对本专利权的无效宣告请求再次进行口头审理。并随口审通知书向专利权人转送请求人于2006年7月10日提交的意见陈述书及附件清单所列的全部附件，向请求人转送专利权人与2007年9月21日提交的意见陈述。

2007年11月15日，本案合议组再次向双方当事人发出《无效宣告请求口头审理通知书》，拟定于2008年1月14日对本专利权的无效宣告请求进行口头审理，原定于2007年12月19日的口头审理取消。

2008年1月14日，口头审理如期进行，双方均出席了口头审理。庭审过程中，合议组就本案的无效理由及证据逐一进行了调查，双方当事人充分陈述了各自的意见。合议组宣布本次口头审理以专利权人提交的附件20的权利要求书作为审查的基础，该权利要求书的内容如下：

“1. 一种制备任选取代的4-氨基二苯胺的方法，它包括：

（i）将任选取代的苯胺和任选取代的硝基苯在水和碱存在下反应，同时控制水相对于碱的量以便保证加入的水与碱的摩尔比在偶合反应开始时不小于4：1和在偶合反应结束时不小于0.6：1，从而生产任选取代的4-硝基二苯胺和/或4-亚硝基二苯胺和/或它们的盐，其中所述的任选取代的苯胺包括苯胺、2-甲氧基苯胺、4-甲氧基苯胺、4-氯苯胺、对-甲苯胺、4-硝基苯胺、3-溴苯胺、3-溴-4-氨基甲苯、对-氨基苯甲酸、2，4-二氨基甲苯、2，5-二氯苯胺、1，4-苯二胺、4，4′-二苯氨基甲烷、1，3，5-三氨基苯及其混合物，所述任选取代的硝基苯包括硝基苯、邻-甲基硝基苯和间-甲基硝基苯、邻-乙基硝基苯和间-乙基硝基苯、邻-甲氧基硝基苯和间-甲氧基硝基苯及其混合物；

（ii）在氢化催化剂和添加的水存在下氢化步骤（i）的反应产物，以便保证总的水与碱的摩尔比在氢化结束时至少为4：1；

（iii）从反应混合物分离氢化催化剂；以及

（iv）从反应混合物获得水相和有机相，将有机相与水相分离，再从有机相分离由上述任选取代苯胺和任选取代的硝基苯产生的任选取代的4-氨基二苯胺；

其中，得自步骤（iv）包含再循环的碱的水相被再用于形成后续步骤（i）的反应混合物；

其中，应用了摩尔过量的任选取代的苯胺，再从有机相回收过量的任选取代的苯胺并且再利用于形成后续步骤（i）的反应混合物；而且

其中，作为杂质被引入步骤（i）与碱和再循环的苯胺反应而形成步骤（i）反应混合物的、任选取代的4-氨基二苯胺被保持在一定的含量，该含量小于0.05的任选取代的4-氨基二苯胺与任选取代的硝基苯的摩尔比。

2. 权利要求1的方法，其中，从得自步骤（iv）的有机相分离出包含偶氮苯和/或氧化偶氮苯的副产物，将该副产物催化氢化而形成苯胺，再将所述苯胺再利用于形成后续步骤（i）的反应混合物。

3. 权利要求1~2任一项的方法，其中，所述碱是氢氧化四烷基铵。

4. 权利要求1~2任一项的方法，其中，所述氢化催化剂被再循环和再利用于后续步骤（ii）的氢化，根据需要添加新鲜催化剂。

5. 权利要求1~2任一项的方法，其中，苯胺与硝基苯的摩尔比为1∶1~10∶1。

6. 权利要求1~2任一项的方法，其中，碱与硝基苯的摩尔比为0.7∶1~4∶1。

7. 权利要求1~2任一项的方法，其中，在步骤（i）中，将任选取代的硝基苯加到任选取代的苯胺、水和碱的混合物中，并且，从开始添加硝基苯到完成步骤（i）中的反应所经历的时间不超过3.5小时。

8. 权利要求1~2任一项的方法，其中，所述氢化催化剂是载体上的贵金属催化剂，并且，没有催化剂再循环时新的贵金属装料量在每摩尔任选取代的4-硝基二苯胺和/或4-亚硝基二苯胺和/或它们的盐0.01~0.75毫克原子范围内。

9. 权利要求1~2任一项的方法，其中，所述氢化催化剂包括：披铂碳、披钯碳或披铑碳。

10. 权利要求4的方法，其中，被引入步骤（ii）的反应中的再循环催化剂与新鲜催化剂的重量比是1或更高。

11. 权利要求4的方法，其中，所述氢化催化剂是载体上的贵金属催化剂，并且，被添加到再循环催化剂物料中的新鲜催化剂的量是这样的：每摩尔任选取代的4-硝基二苯胺和/或4-亚硝基二苯胺和/或它们的盐存在0.0~0.4毫克新金属原子。

12. 权利要求1~2任一项的方法，其中，在所述催化剂从氢化反应混合物分离后，用水洗涤它，洗涤后的催化剂被再利用于后续步骤（ii）的氢化。

13. 权利要求4的方法，其中，用使用过的氢化催化剂预处理加到步骤（ii）的物料，即，通过在50℃~150℃的温度和1~25barg的氢压下在氢气氛中将所述物料与所述催化剂接触。

14. 权利要求1~2任一项的方法，其中，氢化时间小于4小时。

15. 权利要求1~2任一项的方法，其中，所述催化剂在其从氢化反应混合物分离后，在被再利用于后续步骤（ii）的氢化之前作为浆状物被保存在水中。

16. 权利要求1~2任一项的方法，其中，苯胺和硝基苯被应用于步骤（i）中，从得自步骤（iv）的有机相蒸馏出偶氮苯和/或氧化偶氮苯后通到独立的反应器，其中，它们在催化剂和中性、弱酸或弱碱助催化剂存在下被氢化而形成苯胺。

17. 权利要求16的方法，其中，所述助催化剂包括：选自乙酸、硬脂酸、辛酸的弱有机酸或者酸性碳。

18. 权利要求17的方法，其中，所述酸性碳具有结合酸度。

19. 一种制备任选取代的4-氨基二苯胺的烷基化衍生物的方法，其中，按权利要求1~18任一项的方法将任选取代的苯胺和任选取代的硝基苯反应并随后将反应产物氢化，其中所述的任选取代的苯胺包括苯胺、2-甲氧基苯胺、4-甲氧基苯胺、4-氯苯胺、对-甲苯胺、4-硝基苯胺、3-溴苯胺、3-溴-4-氨基甲苯、对-氨基苯甲酸、2，4-二氨基甲苯、2，5-二氯苯胺、1，4-苯二胺、4，4′-二苯氨基甲烷、1，3，5-三氨基苯及其混合物，所述任选取代的硝基苯包括邻-甲基硝基苯和间-甲基硝基苯、邻-乙基硝基苯和间-乙基硝基苯、邻-甲氧基硝基苯和间-甲氧基硝基苯及其混合物；然后，将这样获得的任选取代的4-氨基二苯胺还原性地烷基化成为所述任选取代的4-氨基二苯胺的烷基化衍生物。”

口头审理过程中，请求人提交了如下补充证据：

证据9：有机化学实验，高等教育出版社，1985年9月第1次印刷，封面、版权页、第145~148页，复印件共6页。

口头审理中双方充分陈述了意见，并确认事实如下：（1）确定审查文本为专利权人2006年5月17日提交的附件20（共19项权利要求）；（2）专利权人对请求人提交的证据7~9真实性没有异议，请求人对专利权人提交的附件1、3、7、9、10、16真实性不予认可，认可附件2、4~6、8、14、15、17、18的真实性。

至此，合议组认为本案的事实清楚，可以作出审查决定。

二、决定的理由

1. 关于证据

（1）关于双方提交的各证据是否符合期限规定。

请求人共分4次提交了9份证据，其中

2005年6月10日，提交了证据1、2，并于2005年6月22日提交了相应的中文译文；

2005年7月11日，提交了证据3及其中文译文；

2006年3月9日口头审理中，提交了证据4~6；

2006年7月10日，提交了证据7、8；

2008年1月14日口头审理中提交了证据9。

合议组认为：证据1、2的译文以及证据3及其译文均是在提出无效宣告请求之日起一个月内提交的，故证据1~3应予接受；证据4~6系针对专利权人修改后的权利要求书所提出的补充证据，应予接受；证据7~9均系相关的教科书，请求人用这些证据来证明若干公知常识，由于其均在第二次口头审理之前提交，也应予接受。

专利权人提交了以下证据：

2005年8月15日提交了反证1~4；

2006年3月9日口头审理时提交了反证5；

2006年5月17日，提交了附件1~20（其中附件12、13和11分别就是已提交过的反证2、3、5，专利权人未再次提交仅对其进行了重新编号）。

合议组认为：专利权人提交的各证据均在2006年新版审查指南实施之前，适用2001年版审查指南，其中并未对专利权人举证提出期限要求，故合议组认为均应予以接受。

（2）关于各证据能否作为本案定案的依据。

请求人共提交了9份证据，其中证据6是外文期刊，虽然请求人出示了其原件，但是并未提交相应的公证认证文件，专利权人对其真实性提出了质疑，在此情况下，合议组也不能认可其真实性。

对于专利权人提交的证据，请求人认可反证1~5的真实性，认可附件2、4~6、8、14、15、17、18的真实性，故合议组亦予以认可；请求人不认可附件1、3、7、9、10、16的真实性。合议组认为，专利权人没有提供附件1、3、7、10、16的原件，合议组不认可其真实性；对于附件9，专利权人出示了盖有国家知识产权局检索中心印章的文件，但该文件是德文的，而附件9是英文的，二者并不相同，因此其不能视为附件9的原件，虽然专利权人认为二者的内容是一致的，但是缺少相应的依据，因此，合议组不能认可附件9的真实性。

综上所述，本案中所使用的证据为：证据1~5、7~9，反证1、反证2、3（即附件12、13）、反证4、反证5（即附件11）、反证6、附件2、4~6、8、14、15、17、18。

2. 关于文本

2006年3月9日第一次口头审理中，请求人提交了新证据，即证据4~6，根据审查指南的相关规定，专利权人可以在指定的期限以内合并式修改权利要求书，因此专利权人提交的附件20符合上述的期限规定，并且，该权利要求书中权利要求1是由原权利要求5、6和13合并而来，而权利要求5、6和13都从属于同一个独立权利要求1，符合审查指南中关于权利要求的合并式修改的规定，其他各权利要求也均符合这一规定，因此，2006年5月17日提交的附件20权利要求书修改替换页可以作为本案审查的基础。所以，本无效宣告请求决定书所针对的文本是：2006 年 5 月 17 日提交的权利要求书（共 19 项权利要求），授权公告的说明书。

3. 关于无效宣告的理由

（1）关于专利法第 26 条第 3 款。

专利法第 26 条第 3 款规定：说明书应当对发明或者实用新型作出清楚、完整的说明，以所属技术领域的技术人员能够实现为准。

关于本专利说明书是否公开充分，双方在如下问题上存在争议：①请求人认为本专利没有证明控制水/碱摩尔比不小于 0.6∶1 可以减少碱分解。②关于催化剂的用量单位“毫克金属原子”的含义；请求人认为应当理解为重量单位，由此推算出本专利所使用的催化剂用量远低于现有技术中的常规用量，而本专利并未公开其使用的不同于现有技术的配方或操作方法，因此本专利公开不充分；专利权人认为应当理解为物质的量单位，从而本专利公开是充分的。

合议组认为：

关于上述第 ①点争议，见于请求人 2005 年 6 月 10 日提交的无效宣告请求书的意见陈述书中，但 2006 年 3 月 9 日的口头审理中请求人明确放弃了这一理由，故合议组不再考虑。

关于第②点争议，其焦点实质上在于对“毫克金属原子”这一术语的理解。一般地，对于术语的含义的理解与判断，其主体应当是本领域技术人员，其客体是说明书记载的内容。

具体到本案，“毫克金属原子”是氢化步骤中催化剂的用量，合议组注意到，说明书中多次出现这一术语，例如第 8 页“每摩尔 4-亚硝基二苯胺化合物和/或4-亚硝基二苯胺化合物，存在 0.01~0.5 毫克金属原子”，和“添加……新鲜催化剂的量是这样的：每摩尔 4-亚硝基二苯胺化合物和/或 4-亚硝基二苯胺化合物，存在 0.0~0.4 毫克新金属原子……”，实施例 1~4 中“催化剂进料量是每摩尔硝基化合物/亚硝基化合物 0.17mg Pd 原子”等，每次提及催化剂的用量都是指其相对于每摩尔的硝基化合物/或亚硝基化合物的相对量，而根据一般的化学原理，定义催化剂与反应物的摩尔比是有意义的，而由于本发明可以使用多种金属作为催化剂，那么同摩尔的催化剂将对应不同的重量，故定义它们的摩尔与重量的比并没有特别的价值，所以，按照通常的理解，说明书中记载的应当是物质的量的单位，而不应是重量单位。

其次，将“毫克金属原子”理解为重量单位，即视“毫克金属原子”为“毫克金属”有悖于本领域技术人员的习惯，因为这样的理解中“原子”一词变得纯属多余。

另外，作为 PCT 申请，其国际申请具有原始申请的法律地位，考察其国际申请的原文发现，英文为“milligram atom of metal”，其应译为“毫克原子金属”，现授权文本中的表述显然为翻译失误。

因此，本领域技术人员有理由认为，“毫克金属原子”的含义就是“毫克原子的金属”，不影响本发明的实现。

综上所述，由于应将“毫克金属原子”解释为物质的量单位，请求人基于对该术语的不当理解所提出的本专利投入的催化剂用量远低于证据 1、2 的常规用量的主张不成立，故其主张的本专利不符合专利法第 26 条第 3 款规定的理由不能成立。

（2）关于专利法第 26 条第 4 款。

专利法第 26 条第 4 款规定：权利要求书应当以说明书为依据，说明要求专利保护的范围。

关于本专利是否符合专利法第 26 条第 4 款的规定，双方争议的主要问题在于：

①关于权利要求书中“碱”的含义；请求人认为：说明书只公开了特定的具体的碱，而权利要求书中请求保护的却是未加限定的碱，其中包括了不分解的碱，从而导致权利要求全部无效；专利权人认为：说明书中已指出碱通常是氢氧化四烷基铵，不存在相转移催化剂时孤立的无机碱不是本专利

的碱。②请求人质疑取代的苯胺和取代的硝基苯的适用性，专利权人认为请求人提交的证据 1 和 2 中已有大量实施例证实了大部分取代苯胺和取代的硝基苯的适用性。③请求人质疑本专利使用氢化催化剂能否得到说明书的支持，专利权人认为有证据表明非贵金属催化剂也是中毒敏感的。④请求人认为权利要求 1 的特征“作为杂质被引入步骤（i）与碱和/或再循环的苯胺反应而形成步骤（i）反应混合物的，任选取代的 4-氨基二苯胺”得不到说明书的支持。⑤权利要求 8 使用的催化剂用量得不到说明书支持。

合议组认为：

①双方争议的焦点在于，权利要求中的碱是否仅限于氢氧化四烷基铵。

合议组注意到专利权人的意见为，本专利权利要求中的碱就是氢氧化四烷基铵，无机碱仅提及与卤化四烷基铵组合的碱金属氢氧化物，其现场生成了氢氧化四烷基铵，不存在相转移催化剂时的孤立的无机碱不是本发明的碱。但是，对于术语的解释应当按照相关技术领域通常具有的含义来理解，除非说明书中指明了某词具有特定的含义。

但是，首先，在本发明相关的现有技术领域，即制备 4-氨基二苯胺类化合物的技术领域中，对碱的使用并不限于氢氧化四烷基铵类物质，比如证据 1 中指出可以使用碱金属的醇盐，证据 2 中列举了碱金属、碱金属的氢氧化物等，都可以用于本领域作为碱来使用，包括单独使用的无机碱在内的许多通常的碱都可以用于 4-氨基二苯胺类物质的合成，即本专利的相关技术领域中碱的含义是宽泛的，本领域技术人员在阅读本专利的说明书和权利要求书时不会将“碱”狭窄地理解为氢氧化四烷基铵。

其次，即使考虑说明书对于权利要求的解释作用，说明书中也并未明确指出本专利所述的碱仅限于氢氧化四烷基铵，而仅仅指明“碱通常是氢氧化四烷基铵”，这并不能理解为对本发明中碱这一术语的定义，其未明确限定本专利的碱只能是氢氧化四烷基铵，并且，该段落还写道：“上述任一种的碳酸盐及其混合物”。

再次，作为一个原则，权利要求书中相同的术语应当具有相同的含义，而本专利的从属权利要求 3 中还以进一步限定的方式将碱选择为氢氧化四烷基铵，显然，权利要求中的“碱”所涵盖的范围大于氢氧化四烷基铵，“碱”与“氢氧化四烷基铵”的含义是不同的。

另外，专利权人所述的“不存在相转移催化剂时的孤立的无机碱不是本发明的碱”毫无任何依据，所以，合议组不能同意专利权人的上述答辩意见。

综上所述，本发明的碱的概念涵盖了除氢氧化四烷基铵之外的本领域现有技术中所使用的各种碱。

显然，本发明的“碱”中包括了不分解、或者分解不产生甲醛或甲醛反应物的碱，请求人据此认为本专利的权利要求得不到说明书的支持，但是合议组认为，对于这样的碱，虽然其可能不存在分解的问题，但由于它们均是本领域可以使用的碱，本发明中将这些碱涵盖到权利要求的保护范围之中并不会导致不能实现本发明的技术方案，虽然请求人提出来这些碱由于并不存在分解的问题从而对现有技术并无改进，但根据审查指南的规定，上位概念的概括如果包含了效果难于预先确定和评价的内容，才认为超出了说明书公开的范围，得不到说明书的支持，而本发明中，即使碱这一概念涵盖了不分解的碱，也不足以导致本发明的 4-氨基二苯胺无法合成。

另外，还应当强调的是，本专利的发明目的不仅仅在于通过控制水/碱比来防止碱的分解，根据说明书的描述，本专利的目的还在于促进有机相和水相的分离，再循环氢化催化剂和过量的苯胺，处理副产物的形成等，而请求人并未举证证明由于使用碱这一概念而导致上述发明目的不能实现。实际上，本专利由于发现了再循环苯胺中的关键杂质如 4-氨基二苯胺并将其控制在一定的含量范围内，使得苯胺的再循环可以顺利进行，而相应的这一技术特征明确的记载在权利要求 1 中，本发明的再循环氢化催化剂和过量苯胺这一发明目的可以实现。

权利要求3将所述的碱限定为氢氧化四烷基铵，由于说明书中详细记载了使用TMAH的技术方案，氢氧化四烷基铵是TMAH的同系物，一般来讲，同系物具有类似的化学性质，本领域技术人员根据说明书关于TMAH的记载，能够将其范围概括为氢氧化四烷基铵。

综上所述，所有权利要求并不因所使用的术语“碱”或“氢氧化四烷基铵”导致得不到说明书的支持。

②请求人认为：说明书只公开了未取代的硝基苯与未取代的苯胺的反应，而权利要求涉及任选取代的硝基苯与任选取代的苯胺的反应，从而导致权利要求全部无效。

合议组认为：说明书在具体实施方案部分仅记载了未取代的苯胺和未取代的硝基苯进行反应的技术方案，但是，首先，对于权利要求能否得到说明书的支持进行判断时不能仅限于实施例，而应立足于说明书的全文，而在说明书的发明概述部分中，清楚地记载了取代的硝基苯和苯胺都可以用于本发明；其次，本领域技术人员了解，在这一反应中，发生化学反应的部位在于分子结构中的硝基的对位和氨基，其他部位的基团随反应带入产物的分子结构中，除非另有相反证据，证明反应物苯胺以及硝基苯由于带有取代基对反应的进行发生显著影响从而反应不能进行，而请求人并未提供这样的证据；实际上，包括证据1~3在内的现有技术中，均涉及了某些取代的苯胺和取代的硝基苯的这一反应，所以，将权利要求1的反应物概括为“任选取代的苯胺”和“任选取代的硝基苯”并不会导致权利要求1得不到说明书的支持，同理，其从属权利要求也均不会因此导致得不到说明书支持。

③请求人认为：本专利所使用的催化剂导致权利要求得不到说明书支持。

合议组认为，权利要求中所述的氢化催化剂的作用在于将第一步偶合反应生成的4-硝基二苯胺类化合物氢化为4-氨基二苯胺，虽然催化剂的催化具有特异性，催化剂的中毒往往也具有特异性，但是，本发明的核心并不在于对催化剂的选择，而在于通过其他手段减少对催化剂的不良影响-催化剂中毒，而不论何种氢化催化剂，不论该氢化催化剂是否在反应过程中中毒，以及如何中毒，其均不影响其氢化催化作用，也不对其采用的避免催化剂中毒的技术手段产生任何实质性影响，因此，不能认为其导致权利要求得不到说明书支持。

④修改后的权利要求1的最后一段的技术特征“作为杂质被引入步骤（i）与碱和再循环的苯胺反应而形成步骤（i）反应混合物的，任选取代的4-氨基二苯胺”在说明书没有记载过，得不到说明书支持。

合议组认为：权利要求1的最后一段文字的含义为：引入步骤（i）的碱和再循环的苯胺形成反应混合物，该混合物中含有任选取代的4-氨基二苯胺，而这种任选取代的4-氨基二苯胺是一种杂质，该杂质被保持在一定含量，该含量小于0.05的任选取代的4-氨基二苯胺与任选取代的硝基苯的摩尔比。而说明书第10页第12~18行记载的“含于再循环的苯胺和再循环的碱中的4-ADPA和甲醇是偶合反应的关键杂质……良好地控制再循环的碱与再循环的苯胺中的4-ADPA含量是这样的：在偶合反应器中，4-ADPA/硝基苯的摩尔比小于约0.05”就是这一含义。因此，权利要求1不会因该段文字导致得不到说明书支持。

⑤权利要求8涉及的催化剂含量得不到说明书的支持。

请求人认为权利要求8涉及的催化剂含量得不到说明书支持，其理由在于不应将“毫克金属原子”理解为“毫克原子金属”，前文已经论述了本专利中“毫克金属原子”其含义实际上就是物质的量的单位“毫克原子金属”，因此，请求人的这一主张也不成立。

综上所述，本专利所有权利要求均能得到说明书的支持，符合专利法第26条第4款的规定。

（3）关于专利法实施细则第20条第1款。

专利法实施细则第20条第1款规定：权利要求书应当说明发明或者实用新型的技术特征，清楚、简要地表述请求保护的范围。

关于本专利是否符合专利法实施细则第20条第1款的规定，双方争议的主要问题在于：

①偶合反应结束时水/碱比没有上限是否会导致权利要求不清楚。②权利要求1的技术特征“作为杂质被引入步骤（i）与碱和/或再循环的苯胺反应而形成步骤（i）反应混合物的，任选取代的4-氨基二苯胺”是否清楚。③“偶合反应开始”的定义是否清楚。

合议组认为：

①本专利通过控制偶合反应结束时的水/碱比达到不小于0.6这一手段，获得防止反应过程中的碱分解的效果，并且仅就这一效果而言，反应结束时余下较多的水对减少碱的分解是有利的，并不存在一个上限数值，至于在实际操作过程中本领域技术人员会合理地把握其实际上限值，则完全是出于其他方面的考虑，其与防止碱分解这一效果无关，因而设置水/碱比的上限值是没有必要的，因此，权利要求中不限定偶合反应结束时的水/碱比的上限不会导致权利要求不清楚。

②请求人认为，该段文字关于任选取代的4-氨基二苯胺的来源可以理解为4-氨基二苯胺是与碱和再循环的苯胺反应形成的，又可以理解为它是碱和苯胺中作为杂质引入步骤（i）中的，因此其含义是不清楚的。但合议组认为，对于权利要求文字的理解，应当基于本领域技术人员的能力、经验，请求人所述的第一种理解显然不能成立，因为4-氨基二苯胺不可能通过碱与苯胺反应得到，请求人所陈述的这一理解是完全脱离本领域的技术纯粹从文字上所作的不恰当的断句造成的，本领域技术人员只能作出上述的第二种理解，实际上，对于权利要求的理解，不应当忽视说明书的解释作用，说明书第10页清楚地记载了4-氨基二苯胺是作为碱和苯胺中的杂质存在这一事实，这足以澄清请求人所持的误解，因此，这不会导致权利要求不清楚。

③关于“偶合反应开始”是否清楚，合议组认为：一般来讲，反应物在符合反应条件的状况下进行接触后反应即已开始，并无任何不清楚之处，该反应是在宏观层次上发生的反应，不可能也没有必要关注和了解有多少分子参与反应，因此请求人的关于“偶合反应开始时”不清楚的观点不能成立，因此本专利说明书符合专利法实施细则第20条第1款的规定。

（4）关于专利法第22条第2款。

新颖性，是指在申请日以前没有同样的发明或者实用新型在国内外出版物上公开发表过、在国内公开使用过或者以其他方式为公众所知，也没有同样的发明或者实用新型由他人向国务院专利行政部门提出过申请并且记载在申请日以后公布的专利申请文件中。

①请求人提出无效宣告请求时（即2005年6月10日），针对授权公告的权利要求书提出本专利权利要求1~5、8、15、16、18相对于证据1不具备新颖性，权利要求1相对于证据2不具备新颖性，权利要求1相对于证据3不具备新颖性。

针对上述理由，合议组认为，尽管上述无效宣告理由所针对的文本已经被修改，但合议组仍对修改后的权利要求书是否相对于上述证据具备新颖性作出评价，经查，新的权利要求1是由原权利要求5、6、13合并而来，包括了原权利要求5、6和13的所有技术特征，而请求人所提出的关于新颖性的理由均不涉及原权利要求6，也就自然不涉及原权利要求6的技术特征；并且原权利要求6涉及的是再循环的苯胺中作为杂质的4-氨基二苯胺的含量控制范围，证据1、2和3均不涉及这一再循环步骤，故本专利所有权利要求相对于证据1、2和3具备新颖性。

②关于双方的实验报告。

（I）关于证据1实施例13的实验报告。

2006年3月9日，请求人提交了重复验证证据1实施例13的实验报告（即证据5），针对这一实验报告，专利权人提出了如下质疑：

a. 蒸馏所使用的简单蒸馏装置没有忠实于证据1实施例13；

b. 请求人错误估计了共沸组成；

c. 所报道的硝基苯的产率过分高。

2006年5月17日，专利权人提交了重复验证证据1实施例13的实验报告（即附件15），请求人认为该实验报告除蒸馏部分外，其他部分与请求人提供的实验报告（即证据5）基本相同，但提出了如下质疑：专利权人在蒸馏中使用的Vigreux柱没有忠实于证据1实施例13。

针对双方提交的关于证据1实施例13的实验报告，合议组经研究后认为：

双方争议的焦点在于应当采用简单蒸馏装置还是应当采用例如Vigreux柱的蒸馏装置，正是由于双方采用的蒸馏装置不同而造成相应的水/碱比不同。而双方之所以采用了不同的蒸馏装置原因在于对于证据1中的“共沸蒸馏”的理解不同。

合议组认为：

首先，专利权人并没有证明证据1实施例13中形成了真正的共沸物，根据专利权人的估算，水/苯胺的共沸物中应当含水86.6%，但是该实施例中液相的初始组成显然并不满足这一条件，并且，作为本领域的常识，共沸物在沸时温度应当是保持不变的，而该实施例中反应的温度却持续变化。实际上专利权人的主张具有逻辑上不可克服的缺陷，如果“共沸物”或“共沸蒸馏”就是指从反应体系中将水/苯胺的共沸物蒸出的话，那么原液相体系必然经历一段时间的蒸馏使得其液相组成从不符合变为符合专利权人所主张的“共沸蒸馏”的条件，那么这段时间的蒸馏又不能纳入到专利权人所持有的“共沸蒸馏”的概念之中去，即从专利权人所主张的“共沸物”、“共沸蒸馏”的概念出发，必然得出证据1实施例13的共沸蒸馏不是其所主张的含义。

其次，证据1中对于很多实验装置都有明确的记载，如圆底烧瓶、机械搅拌器、Dean-Stark冷凝器，甚至特氟纶挡板，显然，特氟纶挡板的重要性远不及蒸馏装置，但实施例中却没有明确记载其采用的是什么样的蒸馏装置，如果需要进行特别的选择，证据1没有理由不进行明确的记载，而专利权人仅根据文中措辞“共沸物”从而认为其采用了一种特定的装置即Vigreux柱，这显然远远超出了证据1的文本所能给出的信息的范围，专利权人在这一问题上进行了较大的想象和发挥；并且，请求人于2008年1月14日第二次口头审理中提交的证据9也显示，对于能够形成共沸物的混合物进行的所谓共沸蒸馏采用的是如图所示的简单蒸馏装置。

综上所述，专利权人的主张依据不足。合议组不能认可专利权人所进行的实验（即附件15）结果忠实于证据1实施例13的技术方案。

但是证据1实施例13没有公开氢化反应的步骤及其氢化反应结束时的水/碱摩尔比，没有公开将含碱的水相再循环到步骤（i）的反应中，没有公开将有机相中回收的过量的任选取代的苯胺再循环到步骤（i）中，没有公开再循环的混合物中4-氨基二苯胺的控制含量。

所以，考虑双方的实验报告后，仍不足以用证据1实施例13的技术方案否定本专利权利要求1的新颖性。

（II）关于证据2实施例1的实验报告。

2006年3月9日，请求人还提交了重复验证证据2的实施例1的实验报告（即证据4），针对这一实验报告，专利权人提出了如下质疑：

a. 蒸馏所使用的简单蒸馏装置没有忠实于证据2实施例1；

b. 证据2未提供相分离的细节，没有建议采用如请求人的实验所进行的重力分离；

c. 请求人仅报道了 24 个批次实验中的 15 个批次的结果；

d. 添加甲苯的顺序不同于证据 2；

e. 使用催化剂为 Pd/C 代替 Pt/C 且未公开 Pd 的含量；

合议组认为：

a. 基于与证据 1 实施例 13 类似的理由，认为请求人所采用的简单蒸馏装置符合该实施例的本意，对专利权人的反对意见不予支持。

b. 证据 2 没有提供相分离的细节，应当意味着证据 2 对于相分离的手段未加特别的限制。

c. 证据 2 实施例 1 中并未明确记载过偶合反应结束时的水/碱比，即该实施例主观上没有提出过控制偶合反应结束时水/碱比的要求，故请求人重复验证该实施例的任务就在于证明按照其操作步骤进行实验，虽然不主动地控制其水和碱的含量，但其水/碱比内在地、固有地为不小于 0.6∶1，因此请求人就应当如实地全面地向合议组报道其实验结果，以证明其重复验证的结果不是偶然的落入了不小于 0.6∶1 的范围内，而选择性地提供实验结果不足以证明其所进行的所有实验均能得到一致的结论，因此不能根据不完全的实验结果得出结论认为该实施例内在地、固有地能够获得在偶合反应结束时获得 0.6∶1 的水/碱比。

d. 添加甲苯的顺序不同于证据 2，虽然并无理由表明这会对实验结果造成何种影响，但是从应当忠实于证据 2 的角度考虑，请求人的这一操作显然违反了证据 2 明确记载的技术操作步骤。

e. 基于与 d 类似的理由，合议组认为请求人的这一操作没有忠实于证据 2 明确记载的操作步骤。

综上所述，不能认可请求人的实验是完全忠实于证据 2 实施例 1 的，也不能得出结论认为该实施例内在地、固有地能够获得在偶合反应结束时获得 0.6∶1 的水/碱比。因此，考虑了请求人提供的实验报告（即证据 4）后，合议组依然不能依据证据 2 的实施例 1 否认本专利权利要求 1 的新颖性。

（5）创造性。

创造性，是指同申请日以前已有的技术相比，该发明有突出的实质性特点和显著的进步。

请求人用于否认本专利创造性的理由是本专利相对于证据 2、相对于证据 1 和 2 的结合、相对于证据 3 不具有创造性。

①与证据 2 相比。

权利要求 1 公开了一种制备任选取代的 4-氨基二苯胺的方法，其包括偶合、氢化、分离氢化催化剂，和通过分离有机相和水相获得产物，并将有机相分离得到的任选取代的苯胺和含有碱的水相再循环用于偶合反应等步骤，其中控制偶合反应开始和结束时的水/碱比分别为至少 4：1 和 0.6∶1，控制氢化反应结束时水/碱比至少 4∶1，控制再循环的杂质任选取代的 4-氨基二苯胺的含量小于 0.05 的任选取代的 4-氨基二苯胺/任选取代的硝基苯。

证据 2 公开了一种制备任选取代的 4-氨基二苯胺的方法，该方法也包括偶合、氢化、分离氢化催化剂、从有机相中分离产物、以及将水相再循环到起始反应混合物中的步骤，其实施例 1 公开了一种具体的制备 4-氨基二苯胺的实施方式，其中明确记载了偶合反应开始时水/碱比约 4∶1，催化氢化前向反应混合物中加入水。

权利要求 1 与证据 2 相比，证据 2 没有公开催化氢化结束时保持水/碱比至少 4∶1，没有公开控制再循环的杂质 4-氨基二苯胺的含量控制到 4-ADPA/NB<0.05。

合议组认为：虽然证据 2 没有明确公开控制催化氢化结束时保持水/碱比至少 4∶1，但是证据 2 已经认识到，若水的比例少，加入的碱可能只能不完全地回收（见证据 2 译文第 1 页第 22~23 行），应当保持催化氢化反应混合物中 25%~80% 的水存在，虽然证据 2 对于控制的水的含量采用了与本专利权利要求 1 不同的表示方式（证据 2 采用的是水占反应混合物百分比，本专利采用的是水/碱比），但证据 2 和本专利都是出于防止碱的分解的考虑而将水的含量保持在一定范围内，因此，权利要求 1 的保持水含量至少水/碱为 4：1 并未超出本领域技术人员的预期。

权利要求 1 还公开了控制再循环的杂质 4-氨基二苯胺的含量，请求人认为控制这一杂质是本领域技术人员容易想到的，但根据说明书的记载，虽然 4-ADPA 与苯胺等芳香胺结构接近，但 4-ADPA 却具有不同的性质，再循环的苯胺和再循环的碱中的 4-ADPA 是偶合反应的关键杂质，即使较低含量的 4-ADPA 也会导致偶合反应不可接受的低产率并且使氢化催化剂严重中毒，因此本领域技术人员难以预计到 4-氨基二苯胺会造成严重的后果，本领域技术人员不会有动机格外关注控制再循环的物料中的 4-氨基二苯胺的含量。请求人提供的证据 4 重复验证的实验中虽然显示其得到的 4-ADPA/NB 均小于 0.05，但是由于请求人仅报道了部分实验的结果，不足以证明 4-ADPA/NB 均小于 0.05 的结果是固有的，并且证据 2 并未要求必须控制 4-氨基二苯胺的含量，请求人的验证实验所进行的 4-ADPA 含量的控制与测定并非基于证据 2 公开的信息。综上所述，本专利权利要求 1 相对于证据 2 具备创造性。

②与证据 1 和 2 的结合相比。

证据 1 公开了一种制备 4-氨基二苯胺的方法，其中实施例 13 公开了偶合反应的步骤，其中偶合反应开始时的水/碱比为 4：1；并且说明书中指出可以如实施例 1A 所述还原，而实施例 1A 则公开了偶合反应结束后所进行的催化氢化反应，其中在催化氢化之前向混合物中加入了水。由实施例 13 的偶合步骤和实施例 1A 的氢化步骤构成的技术方案与本专利权利要求 1 相比，其没有公开偶合反应结束时的水/碱比，没有公开催化氢化结束时应控制水/碱比至少 4：1，没有公开将苯胺和含碱的水相再循环到偶合反应物中，以及没有公开控制再循环的杂质 4-氨基二苯胺的含量保持 4-ADPA/NB<0.05。

证据 2 公开也公开了一种制备 4-氨基二苯胺的方法，其具体内容如上文所述。

但合议组认为：无论证据 1 还是证据 2 都没有公开控制再循环的杂质 4-氨基二苯胺的含量的技术特征，基于与上文类似的理由，本专利权利要求 1 相对于证据 1 和 2 的结合具备创造性。

③与证据 1 或 2 结合证据 3 相比。

请求人认为在独立权利要求不具备创造性的前提下，从属权利要求的技术特征在证据 3 中已经公开，故这些从属权利要求也均不具备创造性。

证据 3 公开了一种将 4-亚硝基二苯胺的钠盐水溶液氢化制备 4-氨基二苯胺的方法，证据 3 发现了影响氢化反应的因素即氢气吸收浓度和影响 4-亚硝基二苯胺分解反应的因素即基质浓度，基于这一发现选择了特定的氢气压力以及持续供给 4-亚硝基二苯胺维持低浓度状态。

合议组认为，首先证据 1 或 2 均未公开权利要求 1 的全部技术特征，未能导致本专利权利要求 1 丧失创造性；其次，证据 3 也没有公开权利要求 1 的诸多技术特征，其没有公开其偶合反应步骤、分离氢化催化剂步骤、分离有机相和无机相步骤以及再循环苯胺步骤。

综上所述，将证据 1 或 2 与证据 3 结合尚不能否认独立权利要求 1 的创造性，也就不能否认从属权利要求 2~19 的创造性。

基于以上事实和理由，本案合议组作出如下审查决定。

三、决定

维持 99807892.1 号发明专利权有效。

当事人对本决定不服的，可以根据专利法第 46 条第 2 款的规定，自收到本决定之日起三个月内向北京市第一中级人民法院起诉。根据该款的规定，一方当事人起诉后，另一方当事人应当作为第三人参加诉讼。

北京市第一中级人民法院
行政判决书

（2009）一中行初字第180号

原告山东圣奥化工股份有限公司，住所地中华人民共和国山东省曹县工业北路1号。

法定代表人刘婧，董事长。

委托代理人蒋洪义，北京市立方律师事务所律师。

委托代理人刘永全，北京市联德律师事务所律师。

被告中华人民共和国国家知识产权局专利复审委员会，住所地中华人民共和国北京市海淀区北四环西路9号银谷大厦。

法定代表人张茂于，副主任。

委托代理人李彦涛，中华人民共和国国家知识产权局专利复审委员会审查员。

委托代理人郭鹏鹏，中华人民共和国国家知识产权局专利复审委员会审查员。

第三人弗莱克斯塞思美国有限合伙公司，住所地美利坚合众国特拉华州纽卡斯尔县威尔明顿市奥兰奇街1209号。

法定代表人 Timothy J. Wessel，授权代表。

委托代理人杨璞，女，1982年9月9日出生，住中华人民共和国北京市海淀区颐和园路5号。

委托代理人佘轶峰，男，1981年1月22日出生，住中华人民共和国上海市浦东新区金阳路685弄35号。

原告山东圣奥化工股份有限公司（以下简称山东圣奥公司）不服被告中华人民共和国国家知识产权局专利复审委员会（以下简称专利复审委员会）于2008年5月16日作出的第11938号无效宣告请求审查决定（以下简称第11938号决定），于法定期限内向本院提起行政诉讼。本院于2008年12月29日受理后，依法组成合议庭，并通知弗莱克斯塞思美国有限合伙公司（以下简称弗莱克斯塞思公司）作为第三人参加诉讼，于2009年10月29日对本案公开开庭进行了审理。原告山东圣奥公司的委托代理人刘永全，被告专利复审委员会的委托代理人李彦涛、郭鹏鹏，第三人弗莱克斯塞思公司的委托代理人杨璞、佘轶峰到庭参加了诉讼。本案现已审理终结。

第11938号决定系被告专利复审委员会针对原告山东圣奥公司就专利号为99807892.1、名称为“制备4-氨基二苯胺类的方法”的发明专利权（以下简称本专利）所提无效宣告请求而做出的。专利复审委员会在该决定中认定：

1. 关于文本。

第11938号决定所针对的文本是2006年5月17日提交的权利要求书（共19项权利要求），授权公告的说明书。

2. 关于《专利法》第二十六条第四款。

关于本专利是否符合《专利法》第二十六条第四款的规定，双方争议的主要问题在于：

（1）关于权利要求书中“碱”的含义；山东圣奥公司认为：说明书只公开了特定的具体的碱，而权利要求书中请求保护的却是未加限定的碱，其中包括了不分解的碱，从而导致权利要求全部无效；弗莱克斯塞思公司认为：说明书中已指出碱通常是氢氧化四烷基铵，不存在相转移催化剂时孤立的无机碱不是本专利的碱。（2）山东圣奥公司质疑取代的苯胺和取代的硝基苯的适用性，弗莱克斯塞思公司认为山东圣2奥公司提交的证据1和2中已有大量实施例证实了大部分取代苯胺和取代的硝基苯的适用性。（3）山东圣奥公司质疑本专利使用氢化催化剂能否得到说明书的支持，弗莱克斯塞思公司认为有证据表明非贵金属催化剂也是中毒敏感的。（4）山东圣奥公司认为权利要求1的特征“作为杂质被引入步骤（i）与碱和/或再循环的苯胺反应而形成步骤（i）反应混合物的，任选取代的4-氨基二苯胺”得不到说明书的支持。（5）权利要求8使用的催化剂用量得不到说明书支持。

专利复审委员会认为：

（1）双方争议的焦点在于，权利要求中的碱是否仅限于氢氧化四烷基铵。

专利复审委员会注意到弗莱克斯塞思公司的意见为，本专利权利要求中的碱就是氢氧化四烷基铵，无机碱仅提及与卤化四烷基铵组合的碱金属氢氧化物，其现场生成了氢氧化四烷基铵，不存在相转移催化剂时的孤立的无机碱不是本发明的碱。但是，对于术语的解释应当按照相关技术领域通常具有的含义来理解，除非说明书中指明了某词具有特定的含义。

但是，首先，在本发明相关的现有技术领域，即制备4-氨基二苯胺类化合物的技术领域中，对碱的使用并不限于氢氧化四烷基铵类物质，比如证据1中指出可以使用碱金属的醇盐，证据2中列举了碱金属、碱金属的氢氧化物等，都可以用于本领域作为碱来使用，包括单独使用的无机碱在内的许多通常的碱都可以用于4-氨基二苯胺类物质的合成，即本专利的相关技术领域中碱的含义是宽泛的，本领域技术人员在阅读本专利的说明书和权利要求书时不会将“碱”狭窄地理解为氢氧化四烷基铵。

其次，即使考虑说明书对于权利要求的解释作用，说明书中也并未明确指出本专利所述的碱仅限于氢氧化四烷基铵，而仅仅指明“碱通常是氢氧化四烷基铵”，这并不能理解为对本发明中碱这一术语的定义，其未明确限定本专利的碱只能是氢氧化四烷基铵，并且，该段落还写道：“上述任一种的碳酸盐及其混合物”。

再次，作为一个原则，权利要求书中相同的术语应当具有相同的含义，而本专利的从属权利要求3中还以进一步限定的方式将碱选择为氢氧化四烷基铵，显然，权利要求中的“碱”所涵盖的范围大于氢氧化四烷基铵，“碱”与“氢氧化四烷基铵”的含义是不同的。

另外，弗莱克斯塞思公司所述的“不存在相转移催化剂时的孤立的无机碱不是本发明的碱”毫无任何依据，所以，专利复审委员会不能同意弗莱克斯塞思公司的上述答辩意见。

综上所述，本发明的碱的概念涵盖了除氢氧化四烷基铵之外的本领域现有技术中所使用的各种碱。

显然，本发明的“碱”中包括了不分解、或者分解不产生甲醛或甲醛反应物的碱，山东圣奥公司据此认为本专利的权利要求得不到说明书的支持，但是专利复审委员会认为，对于这样的碱，虽然其可能不存在分解的问题，但由于它们均是本领域可以使用的碱，本发明中将这些碱涵盖到权利要求的保护范围之中并不会导致不能实现本发明的技术方案，虽然山东圣奥公司提出来这些碱由于并不存在分解的问题从而对现有技术并无改进，但根据《审查指南》的规定，上位概念的概括如果包含了效果难于预先确定和评价的内容，才认为超出了说明书公开的范围，得不到说明书的支持，而本发明中，即使碱这一概念涵盖了不分解的碱，也不足以导致本发明的4-氨基二苯胺无法合成。

另外，还应当强调的是，本专利的发明目的不仅仅在于通过控制水/碱比来防止碱的分解，根据说明书的描述，本专利的目的还在于促进有机相和水相的分离，再循环氢化催化剂和过量的苯胺，处理副产物的形成等等，而山东圣奥公司并未举证证明由于使用碱这一概念而导致上述发明目的不能实现。实际上，本专利由于发现了再循环苯胺中的关键杂质如4-氨基二苯胺并将其控制在一定的含量范围内，使得苯胺的再循环可以顺利进行，而相应的这一技术特征明确的记载在权利要求1中，本发明的再循环氢化催化剂和过量苯胺这一发明目的可以实现。

权利要求3将所述的碱限定为氢氧化四烷基铵，由于说明书中详细记载了使用TMAH的技术方案，氢氧化四烷基铵是TMAH的同系物，一般来讲，同系物具有类似的化学性质，本领域技术人员根据说明书关于TMAH的记载，能够将其范围概括为氢氧化四烷基铵。

综上所述，所有权利要求并不因所使用的术语“碱”或“氢氧化四烷基铵”导致得不到说明书的支持。

（2）山东圣奥公司认为：说明书只公开了未取代的硝基苯与未取代的苯胺的反应，而权利要求涉及任选取代的硝基苯与任选取代的苯胺的反应，从而导致权利要求全部无效。

专利复审委员会认为：说明书在具体实施方案部分仅记载了未取代的苯胺和未取代的硝基苯进行反应的技术方案，但是，首先，对于权利要求能否得到说明书的支持进行判断时不能仅限于实施例，而应立足于说明书的全文，而在说明书的发明概述部分中，清楚地记载了取代的硝基苯和苯胺都可以用于本发明；其次，本领域技术人员了解，在这一反应中，发生化学反应的部位在于分子结构中的硝基的对位和氨基，其他部位的基团随反应带入产物的分子结构中，除非另有相反证据，证明反应物苯胺以及硝基苯由于带有取代基对反应的进行发生显著影响从而反应不能进行，而山东圣奥公司并未提供这样的证据；实际上，包括证据1-3在内的现有技术中，均涉及了某些取代的苯胺和取代的硝基苯的这一反应，所以，将权利要求1的反应物概括为“任选取代的苯胺”和“任选取代的硝基苯”并不会导致权利要求1得不到说明书的支持，同理，其从属权利要求也均不会因此导致得不到说明书支持。

（3）山东圣奥公司认为：本专利所使用的催化剂导致权利要求得不到说明书支持。专利复审委员会认为，权利要求中所述的氢化催化剂的作用在于将第一步偶合反应生成的4-硝基二苯胺类化合物氢化为4-氨基二苯胺，虽然催化剂的催化具有特异性，催化剂的中毒往往也具有特异性，但是，本发明的核心并不在于对催化剂的选择，而在于通过其他手段减少对催化剂的不良影响-催化剂中毒，而不论何种氢化催化剂，不论该氢化催化剂是否在反应过程中中毒，以及如何中毒，其均不影响其氢化催化作用，也不对其采用的避免催化剂中毒的技术手段产生任何实质性影响，因此，不能认为其导致权利要求得不到说明书支持。

（4）修改后的权利要求1的最后一段的技术特征“作为杂质被引入步骤（i）与碱和再循环的苯胺反应而形成步骤（i）反应混合物的，任选取代的4-氨基二苯胺”在说明书没有记载过，得不到说明书支持。

专利复审委员会认为：权利要求1的最后一段文字的含义为：引入步骤（i）的碱和再循环的苯胺形成反应混合物，该混合物中含有任选取代的4-氨基二苯胺，而这种任选取代的4-氨基二苯胺是一种杂质，该杂质被保持在一定含量，该含量小于0.05的任选取代的4-氨基二苯胺与任选取代的硝基苯的摩尔比。而说明书第10页第12~18行记载的“含于再循环的苯胺和再循环的碱中的4-ADPA和甲醇是偶合反应的关键杂质……良好地控制再循环的碱与再循环的苯胺中的4-ADPA含量是这样的：在偶合反应器中，4-ADPA/硝基苯的摩尔比小于约0.05”就是这一含义。因此，权利要求1不会因该段文字导致得不到说明书支持。

（5）权利要求8涉及的催化剂含量得不到说明书的支持。

山东圣奥公司认为权利要求8涉及的催化剂含量得不到说明书支持，其理由在于不应将“毫克金属原子”理解为“毫克原子金属”，前文已经论述了本专利中“毫克金属原子”其含义实际上就是物质的量的单位“毫克原子金属”，因此，山东圣奥公司的这一主张也不成立。

综上所述，本专利所有权利要求均能得到说明书的支持，符合《专利法》第二十六条第四款的规定。

此外，专利复审委员会经审理认为，本专利符合《专利法》第二十六条第三款、《专利法实施细则》第二十条第一款、《专利法》第二十二条第二款、第三款的规定，并在此基础上，作出第11938号决定，维持本专利权有效。

原告山东圣奥公司不服，于法定期限内向本院提起诉讼，其诉称：1. 在无效审查程序中，第三人修改的权利要求不符合《审查指南》的规定。（1）修改后的权利要求3~18同原权利要求相比，均增加了原权利要求14这一技术特征。这种修改使得相对于原权利要求，修改后的权利要求增加了引用原权利要求14的技术方案。这一修改不符合《审查指南》中有关以合并方式修改权利要求的规定。（2）修改后的权利要求19对应的原权利要求15系独立权利要求，原权利要求15中并不存在分别以原权利要求16~22所形成的产物为基础制备衍生物的技术方案。但修改后的权利要求19通过增加引用与原权利要求16~22对应的权利要求，将这些在原权利要求中并不存在的技术方案增加进了修改后的权利要求中，这种增加显然是不符合《审查指南》以合并方式修改权利要求的规定。（3）修改后的权利要求3~19的修改亦不符合《审查指南》中有关以删除方式修改权利要求的规定。2. 本专利的权利要求1~2，4~19无法得到说明书的支持。本专利的主要发明目的在于，在回收利用碱的同时，保护催化剂的高活性。由于一些碱的分解产物会导致“氢化催化剂”中毒，因此本专利采取了通过控制水碱比的方式以控制碱的分解的技术方案。由权利要求可知，本专利中限定的“碱”涵盖了本专利现有技术中所使用的各种碱，但本专利中的一些碱（如碱金属的醇盐）遇水即分解，必须采用无水操作，此类碱使用本专利的方法根本无法控制这些碱的分解。因此，使用此类碱根本无法达于本专利的上述发明目的。据此，本专利的权利要求无法得到说明书的支持。3. 本专利权利要求3无法得到说明书支持。证据3和证据6表明在氢氧化四烷基胺中氢氧化四甲基胺的热稳定性最高，因此保持碱所需的水相对碱的准确最小量氢氧化四甲基胺在氢氧化四烷基胺中是最小的，因此根据氢氧化四甲基胺的实验数据推算出来的水相对碱的最小量0.6∶1，并不能适用于那些稳定性比氢氧化四甲基胺稳定性差的、需要更多的水来保护的其他的氢氧化四烷基胺。据此，本专利权利要求3无法得到说明书支持。综上，第11938号决定错误，请求法院依法予以撤销。

被告专利复审委员会认为本专利权利要求的修改符合《审查指南》的相关规定。对于本专利是否符合《专利法》第二十六条第四款的规定，被告仍坚持其在第11938号决定中的意见。在此基础上，被告认为该决定认定事实清楚，适用法律正确，请求法院予以维持。

第三人弗莱克斯塞思公司同意被告的意见，认为第11938号决定认定事实清楚，适用法律正确，请求法院予以维持。

本院经审理查明如下事实：

本专利是专利号为9907892.1、名称为“制备4-氨基二苯胺类的方法”的发明专利权，其申请日为1999年5月14日，最早优先权日为1998年5月18日，授权公告日为2004年9月22日，专利权人为弗莱克斯赛思公司（即本案第三人）。该专利授权公告的权利要求如下：

“1. 一种制备任选取代的4-氨基二苯胺的方法，它包括：

（i）将任选取代的苯胺和任选取代的硝基苯在水和碱存在下反应，同时控制水相对于碱的量以便保证加入的水与碱的摩尔比在偶合反应开始时不小于4∶1和在偶合反应结束时不小于0.6∶1，从而生产任选取代的4-硝基二苯胺和/或4-亚硝基二苯胺和/或它们的盐，其中所述的任选取代的苯胺包括苯胺、2-甲氧基苯胺、4-甲氧基苯胺、4-氯苯胺、对-甲苯胺、4-硝基苯胺、3-溴苯胺、3-溴-4-氨基甲苯、对-氨基苯甲酸、2，4-二氨基甲苯、2，5-二氯苯胺、1，4-苯二胺、4，4′-二苯氨基甲烷、1，3，5-三氨基苯及其混合物，所述任选取代的硝基苯包括硝基苯、邻-甲基硝基苯和间-甲基硝基苯、邻-乙基硝基苯和间-乙基硝基苯、邻-甲氧基硝基苯和间-甲氧基硝基苯及其混合物；

（ii）在氢化催化剂和添加的水存在下氢化步骤（i）的反应产物，以便保证总的水与碱的摩尔比在氢化结束时至少为4：1；

（iii）从反应混合物分离氢化催化剂；以及

（iv）从反应混合物获得水相和有机相，将有机相与水相分离，再从有机相分离由上述任选取代苯胺和任选取代的硝基苯产生的任选取代的4-氨基二苯胺。

2. 权利要求1的方法，其中，苯胺与硝基苯的摩尔比为1：1~10：1。3. 权利要求1的方法，其中，碱与硝基苯的摩尔比为0.7：1~4：1。

4. 权利要求1的方法，其中，在步骤（i）中，将任选取代的硝基苯加到任选取代的苯胺、水和碱的混合物中，并且，从开始添加硝基苯到完成步骤（i）中的反应所经历的时间不超过3.5小时。

5. 权利要求1的方法，其中，得自步骤（iv）包含再循环的碱的水相被再用于形成后续步骤（i）的反应混合物。

6. 权利要求1的方法，其中，作为杂质被引入步骤（i）与碱和/或再循环的苯胺反应而形成步骤（i）反应混合物的、任选取代的4-氨基二苯胺被保持在一定的含量，该含量小于0.05的任选取代的4-氨基二苯胺与任选取代的硝基苯的摩尔比。

7. 权利要求1的方法，其中，所述氢化催化剂是载体上的贵金属催化剂，并且，没有催化剂再循环时新的贵金属装料量在每摩尔任选取代的4-硝基二苯胺和/或4-亚硝基二苯胺和/或它1的盐0.01~0.75毫克原子范围内。

8. 权利要求1的方法，其中，所述氢化催化剂包括：披铂碳、披钯碳或披铑碳。

9. 权利要求1的方法，其中，所述氢化催化剂被再循环和再利用于后续步骤（ii）的氢化，根据需要添加新鲜催化剂。

10. 权利要求9的方法，其中，被引入步骤（ii）的反应中的再循环催化剂与新鲜催化剂的重量比是1或更高。

11. 权利要求9的方法，其中，所述氢化催化剂是载体上的贵金属催化剂，并且，被添加到再循环催化剂物料中的新鲜催化剂的量是这样的：每摩尔任选取代的4-硝基二苯胺和/或4-亚硝基二苯胺和/或它们的盐存在0.0~0.4毫克新金属原子。

12. 权利要求1的方法，其中，在所述催化剂从氢化反应混合物分离后，用水洗涤它，洗涤后的催化剂被再利用于后续步骤（ii）的氢化。

13. 权利要求1的方法，其中，应用了摩尔过量的任选取代的苯胺，再从有机相回收过量的任选取代的苯胺并且再利用于形成后续步骤（i）的反应混合物。

14. 权利要求1的方法，其中，从得自步骤（iv）的有机相分离出包含偶氮苯和/或氧化偶氮苯的副产物，将该副产物催化氢化而形成苯胺，再将所述苯胺再利用于形成后续步骤（i）的反应混合物。

15. 一种制备任选取代的4-氨基二苯胺的烷基化衍生物的方法，其中，按权利要求1~14任一项的方法将任选取代的苯胺和任选取代的硝基苯反应并随后将反应产物氢化，其中所述的任选取代的苯胺包括苯胺、2-甲氧基苯胺、4-甲氧基苯胺、4-氯苯胺、对-甲苯胺、4-硝基苯胺、3-溴苯胺、3-溴-4-氨基甲苯、对-氨基苯甲酸、2，4-二氨基甲苯、2，5-二氯苯胺、1，4-苯二胺、4，4′-二苯氨基甲烷、1，3，5-三氨基苯及其混合物，所述任选取代的硝基苯包括邻-甲基硝基苯和间-甲基硝基苯、邻-乙基硝基苯和间-乙基硝基苯、邻-甲氧基硝基苯和间-甲氧基硝基苯及其混合物；然后，将这样获得的任选取代的4-氨基二苯胺还原性地烷基化成为所述任选取代的4-氨基二苯胺的烷基化衍生物。16. 权利要求1的方法，其中，所述碱是氢氧化四烷基铵。

17. 权利要求9的方法，其中，用使用过的氢化催化剂预处理加到步骤（ii）的物料，即，通过在50℃～150℃的温度和1～25barg的氢压下在氢气氛中将所述物料与所述催化剂接触。

18. 权利要求1的方法，其中，氢化时间小于4小时。

19. 权利要求1的方法，其中，所述催化剂在其从氢化反应混合物分离后，在被再利用于后续步骤（ii）的氢化之前作为浆状物被保存在水中。

20. 权利要求1的方法，其中，苯胺和硝基苯被应用于步骤（i）中，从得自步骤（iv）的有机相蒸馏出偶氮苯和/或氧化偶氮苯后通到独立的反应器，其中，它们在催化剂和中性、弱酸或弱碱助催化剂存在下被氢化而形成苯胺。

21. 权利要求20的方法，其中，所述助催化剂包括：选自乙酸、硬脂酸、辛酸的弱有机酸或者酸性碳。

22. 权利要求21的方法，其中，所述酸性碳具有结合酸度。"

针对本专利，山东圣奥公司于2005年6月10日向专利复审委员会提出无效宣告请求，认为本专利不符合《专利法》第二十二条第二、三款，第二十六条第三、四款和《专利法实施细则》第二十条第一款的规定，并提交了下述证据：

证据1：US5608111A，1997年3月4日公开，共12页；

证据2：US5739403A，1998年4月14日公开，共3页。

针对《专利法》第二十六条第四款，山东圣奥公司的具体理由是：依据证据1可认定权利要求1不符合《专利法》第二十六条第四款的规定。权利要求1中将偶合反应结束时水/碱摩尔比限定为不小于0.6：1，但是说明书中的实施例中并没有端值0.6的实施例，本领域普通技术人员不能区分0.6的摩尔比与现有技术中的摩尔比有何不同；权利要求1涉及了许多取代苯胺的技术方案，但是说明书中没有关于取代苯胺的实施例，因此，权利要求1中所述的具体的取代苯胺不能得到说明书的支持。

经形式审查合格后，专利复审委员会受理了上述请求，同时成立合议组对本无效请求案进行审理。

2005年7月11日，山东圣奥公司提交了补充意见陈述，提出了导致本专利不符合《专利法》第二十六条第三、四款的新的事实，并且补充了提交了证据3，同时依据证据3补充了本专利所有权利要求相对于证据3不具备创造性的理由。

证据3：JP6-306020A，公开日1994年11月1日，共3页，中文译文共5页。证据3译文第4页载明：从季胺氢氧化物分离特定残基的容易程度如下：β-苯乙基>烯丙基>苄基>乙基>丙基>环已基>甲基>异丁基>苯基。

山东圣奥公司认为，证据3的实施例2中公开了与本专利相同的催化氢化反应，其Pd/C催化剂用量为相当于每摩尔4-亚硝基二苯胺使用16.7mg金属Pd，而本专利实施例1中催化剂用量相当于每摩尔硝基苯化合物/亚硝基笨化合物0.17g金属Pd，本领域普通技术人员不能相信如此低的催化剂用量可以完成氢化反应，因此不符合《专利法》第二十六条第三款的规定。由于本专利说明书公开不充分，因此权利要求得不到说明书的支持，不符合《专利法》第二十六条第四款的规定。

在无效审理过程中，弗莱克斯塞思公司修改了权利要求书，将原权利要求5和6合并，形成新的权利要求1；删除了原权利要求1、5和6，并重新进行编号。修改后的权利要求书如下：

"1. 一种制备任选取代的4-氨基二苯胺的方法，它包括：

（i）将任选取代的苯胺和任选取代的硝基苯在水和碱存在下反应，同时控制水相对于碱的量以便保证加入的水与碱的摩尔比在偶合反应开始时不小于4：1和在偶合反应结束时不小于0.6：1，从而生产任选取代的4-硝基二苯胺和/或4-亚硝基二苯胺和/或它们的盐，其中所述的任选取代的苯胺包括苯胺、2-甲氧基苯胺、4-甲氧基苯胺、4-氯苯胺、对-甲苯胺、4-硝基苯胺、3-溴苯胺、3-溴-4-

氨基甲苯、对-氨基苯甲酸、2，4-二氨基甲苯、2，5-二氯苯胺、1，4-苯二胺、4，4′-二苯氨基甲烷、1，3，5-三氨基苯及其混合物，所述任选取代的硝基苯包括硝基苯、邻-甲基硝基苯和间-甲基硝基苯、邻-乙基硝基苯和间-乙基硝基苯、邻-甲氧基硝基苯和间-甲氧基硝基苯及其混合物；

（ii）在氢化催化剂和添加的水存在下氢化步骤（i）的反应产物，以便保证总的水与碱的摩尔比在氢化结束时至少为4：1；

（iii）从反应混合物分离氢化催化剂；以及

（iv）从反应混合物获得水相和有机相，将有机相与水相分离，再从有机相分离由上述任选取代苯胺和任选取代的硝基苯产生的任选取代的4-氨基二苯胺；

其中得自步骤（iv）包含再循环的碱的水相被再用于形成后续步骤（i）的反应混合物；而且

其中，作为杂质被引入步骤（i）与碱和/或再循环的苯胺反应而形成步骤（i）反应混合物的、任选取代的4-氨基二苯胺被保持在一定的含量，该含量小于0.05的任选取代的4-氨基二苯胺与任选取代的硝基苯的摩尔比。

2. 权利要求1的方法，其中，苯胺与硝基苯的摩尔比为1：1~10：1。

3. 权利要求1的方法，其中，碱与硝基苯的摩尔比为0.7：1~4：1。

4. 权利要求1的方法，其中，在步骤（i）中，将任选取代的硝基苯加到任选取代的苯胺、水和碱的混合物中，并且，从开始添加硝基苯到完成步骤（i）中的反应所经历的时间不超过3.5小时。

5. 权利要求1的方法，其中，所述氢化催化剂是载体上的贵金属催化剂，并且，没有催化剂再循环时新的贵金属装料量在每摩尔任选取代的4-硝基二苯胺和/或4-亚硝基二苯胺和/或它们的盐0.01~0.75毫克原子范围内。

6. 权利要求1的方法，其中，所述氢化催化剂包括：披铂碳、披钯碳或披铑碳。

7. 权利要求1的方法，其中，所述氢化催化剂被再循环和再利用于后续步骤（ii）的氢化，根据需要添加新鲜催化剂。

8. 权利要求7的方法，其中，被引入步骤（ii）的反应中的再循环催化剂与新鲜催化剂的重量比是1或更高。

9. 权利要求7的方法，其中，所述氢化催化剂是载体上的贵金属催化剂，并且，被添加到再循环催化剂物料中的新鲜催化剂的量是这样的：每摩尔任选取代的4-硝基二苯胺和/或4-亚硝基二苯胺和/或它们的盐存在0.0~0.4毫克新金属原子。

10. 权利要求1的方法，其中，在所述催化剂从氢化反应混合物分离后，用水洗涤它，洗涤后的催化剂被再利用于后续步骤（ii）的氢化。

11. 权利要求1的方法，其中，应用了摩尔过量的任选取代的苯胺，再从有机相回收过量的任选取代的苯胺并且再利用于形成后续步骤（i）的反应混合物。

12. 权利要求1的方法，其中，从得自步骤（iv）的有机相分离出包含偶氮苯和/或氧化偶氮苯的副产物，将该副产物催化氢化而形成苯胺，再将所述苯胺再利用于形成后续步骤（i）的反应混合物。

13. 一种制备任选取代的4-氨基二苯胺的烷基化衍生物的方法，其中，按权利要求1~12任一项的方法将任选取代的苯胺和任选取代的硝基苯反应并随后将反应产物氢化，其中所述的任选取代的苯胺包括苯胺、2-甲氧基苯胺、4-甲氧基苯胺、4-氯苯胺、对-甲苯胺、4-硝基苯胺、3-溴苯胺、3-溴-4-氨基甲苯、对-氨基苯甲酸、2，4-二氨基甲苯、2，5-二氯苯胺、1，4-苯二胺、4，4′-二苯氨基甲烷、1，3，5-三氨基苯及其混合物，所述任选取代的硝基苯包括邻-甲基硝基苯和间-甲基硝基苯、邻-乙基硝基苯和间-乙基硝基苯、邻-甲氧基硝基苯和间-甲氧基硝基苯及其混合物；然后，将这样获得的任选取代的4-氨基二苯胺还原性地烷基化成为所述任选取代的4-氨基二苯胺的烷基化衍生物。

14. 权利要求1的方法，其中，所述碱是氢氧化四烷基铵。

15. 权利要求7的方法，其中，用使用过的氢化催化剂预处理加到步骤（ii）的物料，即，通过在50℃~150℃的温度和1~25barg的氢压下在氢气氛中将所述物料与所述催化剂接触。

16. 权利要求1的方法，其中，氢化时间小于4小时。

17. 权利要求1的方法，其中，所述催化剂在其从氢化反应混合物分离后，在被再利用于后续步骤（ii）的氢化之前作为浆状物被保存在水中。

18. 权利要求1的方法，其中，苯胺和硝基苯被应用于步骤（i）中，从得自步骤（iv）的有机相蒸馏出偶氮苯和/或氧化偶氮苯后通到独立的反应器，其中，它们在催化剂和中性、弱酸或弱碱助催化剂存在下被氢化而形成苯胺。

19. 权利要求18的方法，其中，所述助催化剂包括：选自乙酸、硬脂酸、辛酸的弱有机酸或者酸性碳。

20. 权利要求19的方法，其中，所述酸性碳具有结合酸度。”

2006年3月9日，专利复审委员会进行了口头审理，双方当事人均出席了口头审理。口头审理过程中，山东圣奥公司当庭提交了证据4~6，其中：

证据6：Fluid phase equilibria，包括原件及翻译件。其第77页载明：从季胺氢氧化物分解出各种基团的难易程度如下：β-苯乙基>烯丙基>苄基>乙基>丙基>环已基>甲基>异丁基>苯基。

在口头审理过程中，针对《专利法》第二十六条第四款，山东圣奥公司放弃其他无效理由，确认其具体理由为：a. 说明书只公开了特定的具体的碱，而权利要求书中请求保护的却是未加限定的碱，b. 说明书只公开了未取代的硝基苯与未取代的苯胺的反应，而权利要求涉及任选取代的硝基苯与任选取代的苯胺的反应，c. 本专利应当将其催化剂限定为贵金属催化剂，d. 修改后的权利要求1的最后一段的技术特征在说明书没有记载过，得不到说明书支持，e. 权利要求5涉及的催化剂含量得不到说明书的支持；

2008年1月14日，专利复审委员会再次举行口头审理，双方均出席了口头审理。庭审过程中，专利复审委员会宣布本次口头审理以弗莱克斯塞思公司提交的附件20的权利要求书作为审查的基础，该权利要求书的内容如下：

“1. 一种制备任选取代的4-氨基二苯胺的方法，它包括：

（i）将任选取代的苯胺和任选取代的硝基苯在水和碱存在下反应，同时控制水相对于碱的量以便保证加入的水与碱的摩尔比在偶合反应开始时不小于4：1和在偶合反应结束时不小于0.6：1，从而生产任选取代的4-硝基二苯胺和/或4-亚硝基二苯胺和/或它们的盐，其中所述的任选取代的苯胺包括苯胺、2-甲氧基苯胺、4-甲氧基苯胺、4-氯苯胺、对-甲苯胺、4-硝基苯胺、3-溴苯胺、3-溴-4-氨基甲苯、对-氨基苯甲酸、2，4-二氨基甲苯、2，5-二氯苯胺、1，4-苯二胺、4，4′-二苯氨基甲烷、1，3，5-三氨基苯及其混合物，所述任选取代的硝基苯包括硝基苯、邻-甲基硝基苯和间-甲基硝基苯、邻-乙基硝基苯和间-乙基硝基苯、邻-甲氧基硝基苯和间-甲氧基硝基苯及其混合物；

（ii）在氢化催化剂和添加的水存在下氢化步骤（i）的反应产物，以便保证总的水与碱的摩尔比在氢化结束时至少为4：1；

（iii）从反应混合物分离氢化催化剂；以及

（iv）从反应混合物获得水相和有机相，将有机相与水相分离，再从有机相分离由上述任选取代苯胺和任选取代的硝基苯产生的任选取代的4-氨基二苯胺；

其中，得自步骤（iv）包含再循环的碱的水相被再用于形成后续步骤（i）的反应混合物；

其中，应用了摩尔过量的任选取代的苯胺，再从有机相回收过量的任选取代的苯胺并且再利用于形成后续步骤（i）的反应混合物；而且

其中，作为杂质被引入步骤（i）与碱和再循环的苯胺反应而形成步骤（i）反应混合物的、任选取代的4-氨基二苯胺被保持在一定的含量，该含量小于0.05的任选取代的4-氨基二苯胺与任选取代的硝基苯的摩尔比。

2. 权利要求1的方法，其中，从得自步骤（iv）的有机相分离出包含偶氮苯和/或氧化偶氮苯的副产物，将该副产物催化氢化而形成苯胺，再将所述苯胺再利用于形成后续步骤（i）的反应混合物。

3. 权利要求1~2任一项的方法，其中，所述碱是氢氧化四烷基铵。

4. 权利要求1~2任一项的方法，其中，所述氢化催化剂被再循环和再利用于后续步骤（ii）的氢化，根据需要添加新鲜催化剂。

5. 权利要求1~2任一项的方法，其中，苯胺与硝基苯的摩尔比为1∶1~10∶1。

6. 权利要求1~2任一项的方法，其中，碱与硝基苯的摩尔比为0.7∶1~4∶1。

7. 权利要求1~2任一项的方法，其中，在步骤（i）中，将任选取代的硝基苯加到任选取代的苯胺、水和碱的混合物中，并且，从开始添加硝基苯到完成步骤（i）中的反应所经历的时间不超过3.5小时。

8. 权利要求1~2任一项的方法，其中，所述氢化催化剂是载体上的贵金属催化剂，并且，没有催化剂再循环时新的贵金属装料量在每摩尔任选取代的4-硝基二苯胺和/或4-亚硝基二苯胺和/或它们的盐0.01~0.75毫克原子范围内。

9. 权利要求1~2任一项的方法，其中，所述氢化催化剂包括：披铂碳、披钯碳或披铑碳。

10. 权利要求4的方法，其中，被引入步骤（ii）的反应中的再循环催化剂与新鲜催化剂的重量比是1或更高。

11. 权利要求4的方法，其中，所述氢化催化剂是载体上的贵金属催化剂，并且，被添加到再循环催化剂物料中的新鲜催化剂的量是这样的：每摩尔任选取代的4-硝基二苯胺和/或4-亚硝基二苯胺和/或它们的盐存在0.0~0.4毫克新金属原子。

12. 权利要求1~2任一项的方法，其中，在所述催化剂从氢化反应混合物分离后，用水洗涤它，洗涤后的催化剂被再利用于后续步骤（ii）的氢化。

13. 权利要求4的方法，其中，用使用过的氢化催化剂预处理加到步骤（ii）的物料，即，通过在50℃~150℃的温度和1~25barg的氢压下在氢气氛中将所述物料与所述催化剂接触。

14. 权利要求1~2任一项的方法，其中，氢化时间小于4小时。

15. 权利要求1~2任一项的方法，其中，所述催化剂在其从氢化反应混合物分离后，在被再利用于后续步骤（ii）的氢化之前作为浆状物被保存在水中。

16. 权利要求1~2任一项的方法，其中，苯胺和硝基苯被应用于步骤（i）中，从得自步骤（iv）的有机相蒸馏出偶氮苯和/或氧化偶氮苯后通到独立的反应器，其中，它们在催化剂和中性、弱酸或弱碱助催化剂存在下被氢化而形成苯胺。

17. 权利要求16的方法，其中，所述助催化剂包括：选自乙酸、硬脂酸、辛酸的弱有机酸或者酸性碳。

18. 权利要求17的方法，其中，所述酸性碳具有结合酸度。

19. 一种制备任选取代的4-氨基二苯胺的烷基化衍生物的方法，其中，按权利要求1~18任一项的方法将任选取代的苯胺和任选取代的硝基苯反应并随后将反应产物氢化，其中所述的任选取代的苯胺包括苯胺、2-甲氧基苯胺、4-甲氧基苯胺、4-氯苯胺、对-甲苯胺、4-硝基苯胺、3-溴苯胺、3-

溴-4-氨基甲苯、对-氨基苯甲酸、2，4-二氨基甲苯、2，5-二氯苯胺、1，4-苯二胺、4，4′-二苯氨基甲烷、1，3，5-三氨基苯及其混合物，所述任选取代的硝基苯包括邻-甲基硝基苯和间-甲基硝基苯、邻-乙基硝基苯和间-乙基硝基苯、邻-甲氧基硝基苯和间-甲氧基硝基苯及其混合物；然后，将这样获得的任选取代的4-氨基二苯胺还原性地烷基化成为所述任选取代的4-氨基二苯胺的烷基化衍生物。”

口头审理中双方充分陈述了意见，并确认审查文本为弗莱克斯塞思公司2006年5月17日提交的附件20（共19项权利要求）。

在此基础上，专利复审委员会作出第11938号决定。

本院另查明：本专利说明书第3页最后1段载明：保护碱所需的水相对于碱的准确最小量取决于应用的实际碱，因为氢氧化四烷基胺和相关的化合物（例如碳酸盐）热稳定性各不相同。另，说明书表2中的水/氢氧化四甲基胺摩尔比分别为0.26、0.4和0.17。

上述事实有第11938号决定、本专利授权公告文本及修改后的文本、证据3、证据6及庭审笔录在案佐证。

本院认为，本案涉及如下焦点：

1. 修改后的权利要求是否符合《审查指南》的规定。

由《审查指南》4、6、2节规定可知，在满足《审查指南》所规定的修改原则的前提下，修改权利要求书的具体方式一般限于权利要求的删除、合并和技术方案的删除。权利要求的删除是指从权利要求书中去掉某项或者某些项权利要求。权利要求的合并是指两项或者两项以上相互无从属关系但在授权公告文本中从属于同一独立权利要求的权利要求的合并。在此情况下，所合并的从属权利要求的技术特征组合在一起形成新的权利要求。该新的权利要求应当包含被合并的从属权利要求中的全部技术特征。

本案中，第三人在无效审查过程中删除了原权利要求1，在此情况下，其可以将从属于原权利要求1的，相互之间无从属关系的其他从属权利要求进行合并。修改后的权利要求1合并的是原权利要求5、13、6，修改后的权利要求2引用的是修改后的权利要求1，合并了原权利要求14。在此基础上，因修改后的权利要求3引用的是权利要求1或权利要求2，故权利要求3包含两种合并方式，即引用权利要求1的技术方案是将原权利要求5、13、6以及16合并，而引用权利要求1的技术方案是将原权利要求5、13、6、16以及14合并。鉴于原权利要求5、13、6、16以及14在原权利要求中均从属于原权利要求1，且相互之间无从属关系，故其相互之间的合并符合《审查指南》的上述规定，故应予准许。鉴于修改后的权利要求4~18均直接或间接地引用修改后的权利要求1或2，故权利要求4~18的合并方式与权利要求3并无不同，权利要求4~18的合并方式亦符合《审查指南》的上述规定，应予准许。

对于原告认为这一合并会增加新的技术方案，故该合并不符合《审查指南》的主张，本院认为，对于权利要求的修改是否符合《审查指南》规定的判断，并不以是否会产生新的技术方案为判断标准。对于从属于同一独立权利要求，但相互之间无从属关系的其他从属权利要求进行合并，合并后所产生的技术方案在很多情况下均不同于原权利要求书中的技术方案。因此，合并后产生新的技术方案并不表示该合并不符合《审查指南》的规定。据此，原告的上述主张不能成立，本院不予支持。

修改后的权利要求19所对应的原权利要求15，其虽然形式上系独立权利要求，但实质上亦以原权利要求1为基础，在此情况下，基于与修改后的权利要求3~18同样的理由，在原独立权利要求1已被删除的情况下，将同样从属于原权利要求1的原权利要求16~22合并到原权利要求15中亦未违反《审查指南》的规定。据此，原告认为权利要求19的修改不符合《审查指南》规定的主张不能成立，本院不予支持。

鉴于本专利对于权利要求的修改并不属于以删除方式修改权利要求的情况，故原告认为本专利权利要求的修改亦不符合《审查指南》中有关以删除方式修改权利要求的规定的主张不能成立，本院不予支持。

2. 本专利的权利要求1~2，4~19是否符合《专利法》第二十六条第四款的规定。

《专利法》第二十六条第四款规定，权利要求书应当以说明书为依据，说明要求专利保护的范围。

原告认为，本专利的主要发明目的在于，在回收利用碱的同时，保护催化剂的高活性。由于一些碱的分解产物会导致“氢化催化剂”中毒，因此本专利采取了通过控制水碱比的方式以控制碱的分解的技术方案。由权利要求可知，本专利中限定的“碱”涵盖了本专利现有技术中所使用的各种碱，但本专利中的一些碱（如碱金属的醇盐）遇水即分解，必须采用无水操作，此类碱使用本专利的方法根本无法控制这些碱的分解。因此，使用此类碱根本无法达到本专利的上述发明目的。据此，本专利的权利要求无法得到说明书的支持。

对此，本院认为，本专利权利要求中虽对“碱”未进行明确限定，但鉴于本专利已明确其具有通过控制水碱比的方式以控制碱的分解，以解决催化剂中毒的问题，而本领域普通技术人员通过对该发明目的的理解，当然不会采用如碱金属的醇盐等遇水即分解的碱，据此，本院认为，本专利权利要求中的“碱”不包括原告所称的遇水即分解的碱。虽然被告在第11938号决定中称，“本发明的碱的概念涵盖了除氢氧化四烷基铵之外的本领域现有技术中所使用的各种碱”，但基于相同的原因，对本领域技术人员而言，“现有技术中所使用的各种碱”亦不包括原告所称的遇水即分解的碱。在此基础上，本院认为，原告认为鉴于本专利的碱中包括遇水即分解的碱，从而导致无法达于本专利的发明目的，故本专利的权利要求1~2，4~19得不到说明书支持的主张不能成立，本院不予支持。

3. 本专利权利要求3是否是否符合《专利法》第二十六条第四款的规定。

原告主张证据3和6表明在氢氧化四烷基胺中氢氧化四甲基胺的热稳定性最高，因此保持碱所需的水相对碱的准确最小量氢氧化四甲基胺在氢氧化四烷基胺中是最小的，因此根据氢氧化四甲基胺的实验数据推算出来的水相对碱的最小量0.6∶1，并不能适用于那些稳定性比氢氧化四甲基胺稳定性差的、需要更多的水来保护的其他的氢氧化四烷基胺。

本院认为，首先，证据3和6没有明确公开在氢氧化四烷基胺中氢氧化四甲基胺的热稳定性最高，且其所记载的从季胺氢氧化物分解出各种基团的容易程度顺序“β-苯乙基>烯丙基>苄基>乙基>丙基>环已基>甲基>异丁基>苯基”中仅涉及了乙基、丙基、甲基和异丁基四种烷基，且这四种烷基的稳定性顺序与碳原子数之间也不存在对应关系，因此本领域技术人员不能够据此预测其他氢氧化四烷基胺的热稳定性与氢氧化四甲基胺的热稳定性之间的关系；其次，尽管实施例6以氢氧化四甲基胺为例，用以说明氢氧化四甲基胺的分解速度与4h保持期结束时水/氢氧化四甲基胺摩尔比之间的关系，但是由表2中的水/氢氧化四甲基胺摩尔比分别为0.26、0.4和0.17，本领域技术人员不能得出0.6∶1即为保持氢氧化四甲基胺稳定所需的水相对碱的准确最小量，故本院对原告的上述主张不予支持。

综上，原告的起诉理由均不能成立，本院不予支持。第11938号决定认定事实清楚，适用法律正确，本院依法予以维持。依照《中华人民共和国行政诉讼法》第五十四条第（一）项之规定，本院判决如下：

维持被告中华人民共和国国家知识产权局专利复审委员会作出的第11938号无效宣告请求审查决定。

案件受理费人民币100元，由原告山东圣奥化工股份有限公司负担（已交纳）。

如不服本判决，原告山东圣奥化工股份有限公司、被告中华人民共和国专利复审委员会可在本判决书送达之日起15日内、第三人弗莱克斯塞思美国有限合伙公司可在本判决书送达之日起30日内向本院提交上诉状及副本并交纳上诉案件受理费人民币100元，上诉于中华人民共和国北京市高级人民法院。

审 判 长　芮松艳
代理审判员　殷　悦
人民陪审员　牛艳玲
二〇一〇年一月十八日
书 记 员　朱　捷

北京市第一中级人民法院
行政裁定书

（2009）一中行初字第1488号

原告山东圣奥化工股份有限公司，住所地中华人民共和国山东省曹县工业北路1号。

法定代表人刘婧，董事长。

委托代理人蒋洪义，北京市立方律师事务所律师。

委托代理人刘永全，北京市联德律师事务所律师。

被告中华人民共和国国家知识产权局专利复审委员会，住所地中华人民共和国北京市海淀区北四环西路9号银谷大厦。

法定代表人张茂于，副主任。

委托代理人李彦涛，中华人民共和国国家知识产权局专利复审委员会审查员。

委托代理人郭鹏鹏，中华人民共和国国家知识产权局专利复审委员会审查员。

第三人弗莱克斯塞思美国有限合伙公司，住所地美利坚合众国特拉华州纽卡斯尔县威尔明顿市奥兰奇街1209号。

法定代表人 Timothy J. Wessel，授权代表。

委托代理人杨璞，女，1982年9月9日出生，住中华人民共和国北京市海淀区颐和园路5号。

委托代理人佘轶峰，男，1981年1月22日出生，住中华人民共和国上海市浦东新区金阳路685弄35号。

原告山东圣奥化工股份有限公司（以下简称山东圣奥公司）不服被告中华人民共和国国家知识产权局专利复审委员会（以下简称专利复审委员会）做出的第11938号无效宣告请求审查决定（以下简称第11938号决定），向本院提起行政诉讼。本院于2009年6月12日受理后，依法组成合议庭，并通知弗莱克斯塞思美国有限合伙公司（以下简称弗莱克斯塞思公司）作为第三人参加诉讼，于2009年10月29日对本案公开开庭进行了审理。原告山东圣奥公司的委托代理人刘永全，被告专利复审委员会的委托代理人李彦涛、郭鹏鹏，第三人弗莱克斯塞思公司的委托代理人杨璞、佘轶峰到庭参加了诉讼。本案现已审理终结。

原告山东圣奥公司诉称：1. 被告未经法定的撤销和重作程序，而以更正文字错误的方式改变原审查决定的结论，存在严重的程序错误。根据被告于2009年2月19日发出的更正处分通知书和更正后的审查决定，可知被告对原审查决定作了以下修改：首先，原审查决定扉页上的选项为“维持专利权有效”，更正后的审查决定扉页上的选项为“宣告专利权部分无效”。其次，原审查决定的结论为“维持第 99807892.1 号发明专利权有效”，更正后的审查决定的结论为“在专利权人于 2006 年 5 月 17 日提交的权利要求书（共 19 项权利要求）的基础上维持第 99807892.1 号专利权有效”。被告上述以更正文字错误的方式改变原审查决定之结论的做法，存在严重的程序错误。2. 第三人所提交的本专利的修改文本不符合《审查指南》的要求，本专利的权利要求无法得到说明书支持，被告认定本专利符合《中华人民共和国专利法》（以下简称《专利法》）第二十六条第四款的规定，该认定错误。综上，被告作出第 11938 号决定的程序违法，第 11938 号决定认定错误，故请求法院依法予以撤销。

被告专利复审委员会认为原审查决定与更正后的审查决定结论完全一致，均是以专利权人修改的权利要求书为基础维持了专利权，仅是文字表述略有不同，被告该行为并未违反法定程序。同时，本专利权利要求的修改符合《审查指南》的相关规定。对于本专利是否符合《专利法》第二十六条第四款的规定，被告仍坚持其在第 11938 号决定中的意见。在此基础上，被告认为该决定认定事实清楚，适用法律正确，请求法院予以维持。

第三人弗莱克斯塞思公司同意被告的意见，认为第 11938 号决定认定事实清楚，适用法律正确，请求法院予以维持。

本院经审理查明如下事实：

本专利是专利号为 99807892.1、名称为“制备 4-氨基二苯胺类的方法”的发明专利权，其申请日为 1999 年 5 月 14 日，最早优先权日为 1998 年 5 月 18 日，授权公告日为 2004 年 9 月 22 日，专利权人为弗莱克斯赛思公司（即本案第三人）。

针对本专利，山东圣奥公司于 2005 年 6 月 10 日向专利复审委员会提出无效宣告请求，认为本专利不符合《专利法》第二十二条第二、三款，第二十六条第三、四款和《中华人民共和国专利法实施细则》第二十条第一款的规定。

针对该请求，专利复审委员会于 2008 年 5 月 16 日作出了第 11938 号决定，该决定包括决定正文及扉页。在其正文中的结论为，“维持第 99807892.1 号发明专利权有效”。该决定的扉页与正文互相独立，扉页上显示有案件的相关信息，包括专利号、专利权人、第 11938 号决定的送达地址及该决定的结论等。扉页中对于该决定的结论部分标有三个选项，分别为：宣告专利权无效；宣告专利权部分有效；维持专利权有效。专利复审委员会在“维持专利权有效”这一选项前做了相应标记。

针对更正前的第 11938 号决定，山东圣奥公司已在法定期限内向本院提起行政诉讼，本院亦于 2008 年 12 月 29 日受理，并于 2009 年 10 月 29 日对本案公开开庭进行了审理，该案案号为（2009）一中行初字第 180 号。

2009 年 2 月 19 日，专利复审委员会向山东圣奥公司发出了更正处分通知书，该通知书的内容为，“本案专利权人在无效阶段进行了合并式修改，决定是在修改文本的基础上作出，因此第 11938 号决定的结论是‘在专利权人于 2006 年 5 月 17 日提交的权利要求书（共 19 项权利要求）的基础上维持第 99807892.1 号专利权有效’，决定的扉页选择‘宣告专利权部份无效’”。

随同该通知书，专利复审委员会向山东圣奥公司发出了更正后的第 11938 号决定，其结论为：“在专利权人于 2006 年 5 月 17 日提交的权利要求书（共 19 项权利要求）的基础上维持第 99807892.1 号专利权有效”。

山东圣奥公司在收到更正后的决定书的三个月期限内，向本院提起本案诉讼。

上述事实有更正前后的第 11938 号决定、更正处分通知书、（2009）一中行初字第 180 号案件的受理通知书、起诉书及庭审笔录在案佐证。

本院认为：

原告主张被告未经法定的撤销和重作程序，而以更正文字错误的方式改变原审查决定的结论，违反法定程序。对此，本院认为，虽然更正前的第11938号决定正文中的结论为“维持第99807892.1号发明专利权有效”，更正后的结论为“在专利权人于2006年5月17日提交的权利要求书（共19项权利要求）的基础上维持第99807892.1号专利权有效”，上述结论在文字表述上有所差别，但鉴于在该无效宣告请求审理过程中，第三人对于本专利的权利要求进行了修改，故更正前决定中的“维持第99807892.1号发明专利权有效”这一结论实际上亦指的是在第三人修改的权利要求的基础上维持本专利权有效。在更正后的决定中将结论变更为“在专利权人于2006年5月17日提交的权利要求书（共19项权利要求）的基础上维持第99807892.1号专利权有效”，仅是使第11938号决定的结论在文字表述上更清楚，并未变更该决定的结论，故原告认为被告更正后的决定系对原决定的结论进行了变更的主张不能成立。鉴于更正前的决定结论系指在第三人修改的权利要求的基础上维持本专利权有效，故其对应的扉页上的结论选项应为“宣告专利权部分无效”，更正前的决定扉页上将结论选择为“维持专利权有效”确存在错误，但在决定正文的结论正确的情况下，应认定该错误为文字错误，对于此种文字错误，专利复审委员会采用更正通知书的方式予以补正并无不当，原告认为被告的该行为程序违法的主张不能成立，本院不予支持。

由《最高人民法院关于执行〈中华人民共和国行政诉讼法〉若干问题的解释》第四十四条第一款第（八）项的规定可知，起诉人重复起诉的，法院应当裁定不予受理。已经受理的，裁定驳回起诉。鉴于针对第11938号决定，原告在提起本案诉讼之前已向本院起诉，且本院亦已立案受理，故原告在本案中的起诉行为属于重复起诉行为，依据上述法律规定，本院应当不予受理。鉴于本院已受理本案，本院现依据上述法律规定驳回原告的起诉。

综上，依照《中华人民共和国行政诉讼法》第四十四条第一款第（四）项之规定，本院裁定如下：

驳回原告山东圣奥化工股份有限公司的起诉。

如不服本裁定，原告山东圣奥化工股份有限公司、被告中华人民共和国专利复审委员会可在本裁定书送达之日起10日内、第三人弗莱克斯塞思美国有限合伙公司可在本裁定书送达之日起30日内向本院提交上诉状及副本，上诉于中华人民共和国北京市高级人民法院。

审　判　长　芮松艳
代理审判员　殷　悦
人民陪审员　牛艳玲
二〇一〇年十一月二十日
书　记　员　牛　捷

023

旋转成型聚乙烯内胆钢混外壳电解槽

无效宣告请求审查决定（第11965号）

决　　定　　号　第11965号
决　　定　　日　2008年7月25日
发明创造名称　旋转成型聚乙烯内胆钢混外壳电解槽
国 际 分 类 号　C25B 9/00
无效宣告请求人　谢晓波
专　利　权　人　中外合资湖南阿立得塑料有限公司
专　　利　　号　99249887.2
申　　请　　日　1999年12月10日
授 权 公 告 日　2001年1月17日
合 议 组 组 长　任晓兰
主　　审　　员　危　峰
参　　审　　员　孙丽芳

法 律 依 据　专利法第22条第3款，专利法第26条第4款，专利法实施细则第20条第1款

决 定 要 点

如果实用新型要求保护的技术方案相对于最接近的现有技术存在区别特征，同时现有技术中没有给出将上述区别特征应用到该最接近现有技术以解决其存在的技术问题的启示，并且要求保护的技术方案能够产生有益的技术效果，则认为该实用新型具有实质性特点和进步，符合专利法第22条第3款关于创造性的规定。

一、案由

本无效宣告请求案涉及国家知识产权局于2001年1月17日公告授予的99249887.2、名称为“旋转成型聚乙烯内胆钢混外壳电解槽”的实用新型专利权（以下简称本专利），其申请日为1999年12月10日，专利权人为中外合资湖南阿立得塑料有限公司。该专利授权公告的权利要求书如下：

“1. 一种旋转成型聚乙烯内胆钢混外壳电解槽，其特征在于由内胆、外支撑体、外防腐层依次连接构成，内胆为一次整体旋转成型聚乙烯内胆，外支撑体为钢筋混凝土，外防腐层由玻璃纤维与树脂构成，外防腐层通过树脂粘附在外支撑体上。

2. 根据权利要求1所述的旋转成型聚乙烯内胆钢混外壳电解槽，其特征在于整体旋转成型聚乙烯内胆上还具有支撑拉环。

3. 根据权利要求1所述的旋转成型聚乙烯内胆钢混外壳电解槽，其特征在于防腐层还可为防腐

涂料。”

针对上述专利权，谢晓波（下称请求人）于2008年2月3日向专利复审委员会提出无效宣告请求，认为本专利不符合专利法第22条第3款和专利法实施细则第20条第1款的规定，并提交了下述证据：

证据1：第99249887.2号中国实用新型专利说明书，复印件共5页（即本专利）；

证据2：第98244456.7号中国实用新型专利说明书，授权公告日为1999年11月3日，复印件共4页。

请求人认为：(1) 证据2公开了一种有色金属电解槽，其与本专利权利要求1的区别仅在于权利要求1中的内胆是旋转成型聚乙烯内胆，证据2中为一次成型的槽体内壁。而证据2中的一次成型的槽体内壁与本专利中的整体旋转成型所起的作用相同，同样能实现本专利的目的。因此，本专利权利要求1不具备创造性。(2) 权利要求2的附加技术特征属于本领域技术人员的惯用手段，权利要求3的附加技术特征已被证据2公开，因此权利要求2和3也不具备创造性。(3) 权利要求3中的用语“还可为”不清楚；且权利要求3引用权利要求1，其限定内容与权利要求1的内容无关，由此导致引用关系不清楚。因此，权利要求3不符合专利法实施细则第20条第1款的规定。

经形式审查合格后，专利复审委员会受理了上述请求，于2008年2月26日向双方当事人发出《无效宣告请求受理通知书》，并将《专利权无效宣告请求书》及其他有关文件的副本转送给专利权人，要求其在指定的期限内答复，同时成立合议组对本无效请求案进行审理。

2008年2月27日，请求人提交了无效宣告请求的补充意见，并提交了下述证据（编号续上）：

证据3：《塑料成型加工丛书-塑料滚塑与搪塑》，陈昌杰等编著，化学工业出版社，1997年6月第1版，1999年10月北京第3次印刷发行，封面、出版信息页、前言及第1~9、12~13页，复印件共8页。

请求人认为，(1) 本专利权利要求1~3相对于证据2和3不具备创造性：证据2和本专利的背景技术都表明，由钢筋混凝土外壳和玻璃钢内胆构成的电解槽属于现有技术，本专利权利要求1的发明点仅在于内胆为一次整体旋转成型聚乙烯内胆，和由玻璃纤维与树脂构成的外防腐层。而在电解槽外侧有防腐层的技术特征已被证据2公开，且证据3中公开了旋转成型工艺（第1页第1段）和旋转成型的聚乙烯贮槽（第4页第1段）及其用作各种液态化学品的贮槽等（第5页）。并且证据2中采用模具一次成型也解决了内衬不光滑、防腐和防渗漏性差的缺陷。因此，权利要求1的技术方案是显而易见的。权利要求2的附加技术特征是本领域技术人员在浇铸钢筋混凝土外壳时增加内胆与外壳之间的粘接力的惯用手段；权利要求3的附加技术特征已在证据2中公开。因此，权利要求2和3也不具备创造性。(2) 权利要求2不符合专利法第26条第4款的规定：本专利说明书及附图仅公开了内胆外侧具有4个支撑拉环；而权利要求2中的概括“内胆上还具有支撑拉环”并未限定支撑拉环的位置和数量。因此，权利要求2得不到说明书支持。

2008年4月3日，专利权人针对专利复审委员会于2008年2月26日发出的《无效宣告请求受理通知书》作出答复，认为：(1) 证据2为玻璃钢电解槽，属于落后技术，而本专利不仅没有玻璃钢结构，而且是一种旋转成型聚乙烯内胆钢筋混凝土外壳的电解槽，二者结构完全不同。(2) 玻璃钢成型工艺为一种手工涂覆工艺，证据2中的一次成型为手工涂覆内壁一次成型，而本专利是内胆整体旋转一次成型，二者本质不同。(3) 作用相同，目的相同，并不表示结构就相同；证据2与本专利形状、结构完全不同。(4) 请求人对证据2的技术特征理解错误，且本专利要求保护的是旋转成型聚乙烯内胆产品，并非聚乙烯材料和旋转成型工艺。(5) 旋转成型聚乙烯内胆作电解槽历史上从来没有过，从属权利要求2不可能属于惯用技术手段。因此，本专利具备创造性。

同时，专利权人对其权利要求3进行了修改，删除了其中的“还可”二字，提交了权利要求书的修改替换页，修改后的权利要求书如下：

“1. 一种旋转成型聚乙烯内胆钢混外壳电解槽，其特征在于由内胆、外支撑体、外防腐层依次连接构成，内胆为一次整体旋转成型聚乙烯内胆，外支撑体为钢筋混凝土，外防腐层由玻璃纤维与树脂构成，外防腐层通过树脂粘附在外支撑体上。

2. 根据权利要求1所述的旋转成型聚乙烯内胆钢混外壳电解槽，其特征在于整体旋转成型聚乙烯内胆上还具有支撑拉环。

3. 根据权利要求1所述的旋转成型聚乙烯内胆钢混外壳电解槽，其特征在于防腐层为防腐涂料。”

2008年4月9日，合议组将专利权人的上述答复及权利要求书修改替换页转送给请求人，同时将请求人于2008年2月27日提交的无效宣告请求的补充意见及其附件转送给专利权人，要求请求人和专利权人在一个月内陈述意见。

2008年5月13日，请求人针对专利复审委员会于2008年4月9日发出的《转送文件通知书》提交了意见陈述书，请求人认为：专利权人对权利要求3的修改不属于对权利要求的删除、合并和技术方案的删除，并且修改后的权利要求3扩大了原权利要求3的保护范围，因此，该修改不符合专利法实施细则和审查指南的规定。

2008年5月20日，专利权人针对专利复审委员会于2008年4月9日发出《转送文件通知书》提交了意见陈述书，专利权人认为：（1）本专利发明特征“由内胆、外支撑体、外防腐层依次连接构成”三者是有机结合的整体，缺一不可。（2）证据3中的“聚乙烯贮槽”是一种独立的全塑制品；而本专利产品是非全塑制品，其特别加了“钢筋混凝土外支撑体”成为复合结构。（3）由于聚乙烯内胆与钢筋混凝土两种材质是不相粘结的，由此本专利在聚乙烯内胆上设计了支撑拉环，以加强二者之间的粘结；本专利附图中的4为标注编号，并非表示4个支撑拉环。（4）证据2并未公开权利要求3中“防腐层为防腐涂料”的内容，其公开的“由防腐树脂和方格布积层构成”不同于权利要求3。（5）专利法实施细则第2条第2款规定“实用新型是指对产品的形状、构造或者其结合所提出的适于实用的新的技术方案”，由此要紧扣“形状、构造或者其结合”这个主题，而不能混同于发明专利的工艺、方法，更不能只片面地对比其中的某一个部件或特征，按照专利法实施细则第2条第2款的规定衡量，本实用新型的专利性完全成立。

2008年5月29日，本案合议组向双方当事人发出《无效宣告请求口头审理通知书》，拟定于2008年7月22日对该专利权的无效请求进行口头审理，同时将请求人于2008年5月13日提交的意见陈述书的副本转送专利权人，将专利权人于2008年5月20日提交的意见陈述书的副本转送请求人。

2008年7月22日，口头审理如期进行，双方当事人均出席了口头审理。庭审过程中，合议组就本案的无效理由及证据逐一进行了调查，双方当事人充分陈述了各自的意见。在此基础上，合议组记录了以下重要事项：

（1）请求人当庭提交了证据3的原件，专利权人对证据1~3的真实性、公开性和关联性均予以认可。

（2）合议组当庭告知，专利权人对权利要求书所作的修改不属于审查指南所规定的修改方式，由此提交的经修改的权利要求书不能被接受。双方当事人均同意在本案授权公告文本的基础上进行审理。

（3）请求人主张其无效宣告请求的理由是：权利要求1~3相对于证据2和3的结合不具备创造

性，放弃其他结合方式的评述；权利要求 2 不符合专利法第 26 条第 4 款的规定；和权利要求 3 不符合专利法实施细则第 20 条第 1 款的规定。

（4）口头审理中，双方当事人达成如下共识：本专利中外防腐层等同于权利要求 3 中的防腐层，且权利要求 3 实质上是用其附加技术特征中的防腐涂料对权利要求 1 中所述的外防腐层进行替换。

（5）关于创造性：

请求人使用证据 2 背景技术中提到的“由钢筋混凝土外壳和玻璃钢内胆构成的电解槽”作为最接近的现有技术，认为权利要求 1 相对于该现有技术的区别在于：①内胆为一次整体旋转成型聚乙烯内胆，②由玻璃纤维与树脂构成的外防腐层。专利权人对此均予认可。

请求人认为，在电解槽外侧有防腐层的技术特征已被证据 2 的说明书第 1 页倒数第 1 段公开。专利权人承认证据 2 中有相应的记载，并且在电解槽外侧涂覆防腐层是一种已知技术。

请求人认为，证据 3 第 1 页第 1 段、第 4 页第 1 段以及第 5 页公开了旋转成型工艺，旋转成型的聚乙烯贮槽及其用作各种液态化学品的贮槽、蓄电池壳体等，且其中蓄电池壳体也是一种电解槽。专利权人则认为，证据 3 中仅记载了旋转成型的聚乙烯贮槽，并未说明该聚乙烯制品能用作电解槽，另外，蓄电池壳体不能被认为是一种电解槽，与本专利的电解槽不同。

此外，双方当事人均认同，证据 2 的背景技术与本专利的背景技术相同，公开了将基体做成玻璃钢的，并与钢骨架形成一体的电解槽。

至此，合议组认为本案的事实已经清楚，可以作出审查决定。

二、决定的理由

1. 关于审查文本

本案中，针对请求人于 2008 年 2 月 3 日提出的《专利权无效宣告请求书》，专利权人于 2008 年 4 月 3 日提交了经修改的权利要求书，其中将权利要求 3 中的“还可”二字予以删除，未对其他权利要求进行修改。请求人认为：专利权人对权利要求 3 的修改不属于对权利要求的删除、合并和技术方案的删除，并且修改后的权利要求 3 扩大了原权利要求 3 的保护范围。专利权人认为：所述修改仅是改正缺陷的正常修改，不认为扩大或者缩小了权利要求的范围，故应当被接受。

对此，合议组认为：根据专利法实施细则第 68 条和审查指南第四部分第三章第 4.6 节的规定，无效宣告程序中对申请文件的修改仅限于权利要求书，且修改权利要求书的具体方式一般仅限于权利要求的删除、合并和技术方案的删除。本案中，专利权人将权利要求 3 中的“还可”二字予以删除，显然所述修改方式并非是对权利要求的删除、合并和技术方案的删除。由此，专利权人对权利要求书所作的修改不能被接受。

因此，本决定是在本专利的授权公告文本的基础上作出的（双方当事人均同意在该文本基础上进行审理）。

2. 关于证据和无效理由

本案中，请求人提交的证据为证据 1~3，其中证据 1 为第 99249887.2 号中国实用新型专利说明书（即本专利），证据 2 为第 98244456.7 号中国实用新型专利说明书，证据 3 为化学工业出版社出版发行的技术手册《塑料成型加工丛书——塑料滚塑与搪塑》；请求人在口头审理时提交了证据 3 的原件。专利权人对证据 1~3 的真实性予以认可。合议组经核实对证据 1~3 的真实性予以确认。

证据 2 的授权公告日为 1999 年 11 月 3 日，证据 3 的印刷日为 1999 年 10 月，均在本专利的申请日之前，故而可以用来评价本专利的创造性。

口头审理过程中，请求人最终确定的无效宣告理由是：权利要求 1~3 相对于证据 2 和 3 的结合不具备创造性，放弃其他结合方式的评述；权利要求 2 不符合专利法第 26 条第 4 款的规定；和权利要求 3 不符合专利法实施细则第 20 条第 1 款的规定。

3. 关于专利法实施细则第 20 条第 1 款

专利法实施细则第 20 条第 1 款规定：权利要求书应当说明发明或者实用新型的技术特征，清楚、简要地表述请求保护的范围。

如果本领域技术人员能够根据说明书记载的内容明白无误地获得权利要求中的用语所表达的含义，则应当认为该权利要求清楚地表述了请求保护的范围。

请求人认为，权利要求 3 中的用语“还可为”不清楚；且权利要求 3 引用权利要求 1，其限定内容与权利要求 1 的内容无关，由此导致引用关系不清楚。因此，权利要求 3 不符合专利法实施细则第 20 条第 1 款的规定。

口头审理中，双方当事人达成如下共识：本专利中外防腐层等同于权利要求 3 中的防腐层，且权利要求 3 实质上是用其附加技术特征中的防腐涂料对权利要求 1 中所述的外防腐层进行替换。

合议组经审查认为，本专利权利要求 1 保护一种旋转成型聚乙烯内胆钢混外壳电解槽，其特征在于由内胆、外支撑体、外防腐层依次连接构成，其中外防腐层由玻璃纤维与树脂构成，外防腐层通过树脂粘附在外支撑体上。权利要求 3 引用权利要求 1，限定了“防腐层还可为防腐涂料”。根据本申请说明书第 2 页第 1 段记载的内容，本领域技术人员知晓所述外防腐层可以由玻璃纤维与树脂构成，也可以为防腐涂料。由此可见，权利要求 3 从表面上看引用了权利要求 1，但其实质上是与权利要求 1 相并列的技术方案，是用“防腐涂料”代替了权利要求 1 中“由玻璃纤维与树脂构成”的外防腐层，即，权利要求 3 中的用语“还可为”清楚地表示了对权利要求 1 中所述外防腐层的替换选择。

因此，权利要求 3 的保护范围是清楚明确的，符合专利法实施细则第 20 条第 1 款的规定。

4. 关于专利法第 26 条第 4 款

专利法第 26 条第 4 款规定：权利要求书应当以说明书为依据，说明要求专利保护的范围。

如果权利要求所要求保护的技术方案是所属技术领域的技术人员能够从说明书充分公开的内容中概括的，且能解决实用新型所要解决的技术问题，并能达到预期的技术效果，则该权利要求得到了说明书的支持。

请求人认为，本专利说明书及附图仅公开了内胆外侧具有 4 个支撑拉环，而权利要求 2 中的概括“内胆上还具有支撑拉环”并未限定支撑拉环的位置和数量，因此，权利要求 2 得不到说明书支持，不符合专利法第 26 条第 4 款的规定。

合议组经审查认为，本专利涉及一种旋转成型聚乙烯内胆钢混外壳电解槽，其特征在于由聚乙烯内胆、钢筋混凝土外支撑体、外防腐层依次连接构成，为了加强聚乙烯内胆与钢筋混凝土两种材质之间的粘结，在聚乙烯内胆外侧设置了支撑拉环，由此在浇铸钢筋混凝土外支撑体时也将支撑拉环浇铸于其中，由此加强了内胆与外支撑体之间的粘结。所述实施方式已在本申请说明书第 2 页第 1 段中公开，并且本申请说明书附图中公开了设置了 4 个支撑拉环的示例性实施方式。由此，本领域技术人员能够清楚地理解在聚乙烯内胆外侧设置支撑拉环的目的是为了加强内胆与外支撑体之间的粘结。在此基础上，本领域技术人员可以根据实际需要合理地选择支撑拉环的位置和数目，并非仅限于作为示例性实施方式在附图中出现的支撑拉环的位置和数目。因此，合议组对请求人的该主张不予支持。

5. 关于专利法第 22 条第 3 款

专利法第 22 条第 3 款规定：创造性，是指同申请日以前已有的技术相比，该发明有突出的实质性特点和显著的进步，该实用新型有实质性特点和进步。

如果实用新型要求保护的技术方案相对于最接近的现有技术存在区别特征，同时现有技术中没有给出将上述区别特征应用到该最接近现有技术以解决其存在的技术问题的启示，并且要求保护的技术方案能够产生有益的技术效果，则认为该实用新型具有实质性特点和进步，符合专利法第 22 条第 3 款关于创造性的规定。

本专利权利要求 1 要求保护一种旋转成型聚乙烯内胆钢混外壳电解槽（具体内容见案由部分）。

根据双方当事人的确认，将证据 2 中说明书第 1 页第 2 段中提到的“以钢筋混凝土为基体、内衬玻璃钢防腐层的电解槽”作为本专利最接近的现有技术。将本专利权利要求 1 与该现有技术进行对比，二者存在区别特征：（1）权利要求 1 中内胆为一次整体旋转成型聚乙烯内胆，而现有技术中采用的是玻璃钢内胆；（2）权利要求 1 中电解槽外侧还有由玻璃纤维与树脂构成的防腐层。

双方当事人均主张区别特征（2）在证据 2 中有记载，并且专利权人还认可在电解槽外侧有防腐层的技术特征是已知技术。为此，合议组查明，证据 2 中确实公开了在电解槽外侧使用由防腐树脂和方格布积层构成的防腐层。因此，判断权利要求 1 是否具备创造性的焦点就落在，判断区别特征 1）是否给本专利的技术方案带来了实质性特点和进步。

根据本专利说明书第 1 页第 5 段记载的内容，本专利由于内胆为一次整体旋转成型聚乙烯内胆，因而壁厚均匀，无内应力等缺陷，内表面光滑美观，不开裂，无渗漏现象，耐化学腐蚀性能好，耐环境应力开裂性能突出，抗老化，具有可焊性，钢筋混凝土外墙体作外支撑体，承载能力强，不变形，玻璃纤维与树脂作为外防腐层防腐性能好，使用寿命长，维护方便，对电镀车间地面无需投入资金作防腐处理，对工厂及周边环境保护好。由此可见，本专利实际解决的技术问题是，通过采用一次整体旋转成型聚乙烯内胆以克服现有技术中玻璃钢内胆的外表粗糙、抗冲击强度差、开裂、渗漏、褪色等缺陷。

请求人使用证据 3 评述在电解槽中使用一次成型的聚乙烯内胆是显而易见的。为此，合议组查明，证据 3 一般性地公开了旋转成型工艺（参见证据 3 的第 1 页第 1 段）和旋转成型的聚乙烯贮槽（参见证据 3 的第 4 页第 1 段），并提及该贮槽可以用作各种液态化学品的贮槽、蓄电池壳体等（参见证据 3 的第 5 页），未明确教导旋转成型的聚乙烯贮槽可以用作电解行业中的电解槽。请求人主张蓄电池壳体也是一种电解槽，专利权人对此持反对意见。对此，合议组认为，虽然在蓄电池壳体中也存在电解反应，但是其实质上是一种小型封闭容器，完全不同于本专利中工业规模的电解槽；此外，请求人也未提交任何证据来证明蓄电池壳体也是一种电解槽。因此，合议组对请求人的该主张不予支持。综上，本领域技术人员在解决现有技术中玻璃钢内胆的诸多缺陷时，并不能从证据 3 中得到启示。

此外，证据 2 与本专利基于相同的背景技术，即，要解决现有技术中由玻璃钢内胆和钢筋混凝土为基体构成的电解槽的诸多缺陷，在该背景技术基础上，证据 2 中将基体做成玻璃钢的，并与钢骨架形成一体来实现上述目的。这从另一侧面证明，当本领域技术人员在面对玻璃钢内胆所具有的诸多缺陷时，不会必然想到要采用一次整体旋转成型聚乙烯内胆来代替现有技术中的玻璃钢内胆。

综上，本领域技术人员在面对本专利要解决的技术问题时，不能从证据 2 和 3 中得到启示，要采用一次整体旋转成型聚乙烯内胆来克服现有技术中玻璃钢内胆的诸多缺陷，因此，合议组认为，仅凭证据 2 和 3 并不足以破坏权利要求 1 的创造性，即，权利要求 1 相对于证据 2 和 3 的结合具备实质性特点和进步，符合专利法第 22 条第 3 款关于创造性的规定。

权利要求 2 进一步限定权利要求 1，在权利要求 1 具备创造性的前提下，权利要求 2 相对于证据 2 和 3 的结合也具备创造性，符合专利法第 22 条第 3 款关于创造性的规定。

权利要求 3 仅是用防腐涂料代替了权利要求 1 中的外防腐层，其中使用的依然是一次整体旋转成型聚乙烯内胆，因此类似于对权利要求 1 的评述，权利要求 3 相对于证据 2 和 3 的结合也具备创造性，符合专利法第 22 条第 3 款关于创造性的规定。

综上所述，请求人的所有无效理由均不成立。

基于以上事实和理由，本案合议组作出如下审查决定。

三、决定

维持 99249887. 2 号实用新型专利权有效。

当事人对本决定不服的，可以根据专利法第 46 条第 2 款的规定，自收到本决定之日起三个月内向北京市第一中级人民法院起诉。根据该款的规定，一方当事人起诉后，另一方当事人应当作为第三人参加诉讼。

024

一种铝电解槽用钢壳铝芯横梁阳极爪

无效宣告请求审查决定（第12053号）

决　定　号 第12053号
决　定　日 2008年7月16日
发明创造名称 一种铝电解槽用钢壳铝芯横梁阳极爪
国际分类号 C25C 3/12
无效宣告请求人 张广超
专　利　权　人 广西壮族自治区农业机械研究院
专　利　号 200420049012.5
申　请　日 2004年4月11日
授权公告日 2005年5月11日
合议组组长 任晓兰
主　审　员 危　峰
参　审　员 潘　剑

法律依据 专利法第22条第3款
决定要点

如果请求人所提供的证据无法构成完整的证据链，不能证明所主张的证据已在本专利的申请日之前公开，那么其依据该证据提出的关于创造性的无效宣告理由不成立。

一、案由

本无效宣告请求案涉及国家知识产权局于2005年5月11日公告授予的第200420049012.5号、名称为“一种铝电解槽用钢壳铝芯横梁阳极爪”的实用新型专利权（下称本专利），其申请日为2004年4月11日，专利权人为广西壮族自治区农业机械研究院。本专利授权公告的权利要求书如下：

“1. 一种铝电解槽用钢壳铝芯横梁阳极爪，由铝芯（6）、铝芯凸台（1）、钢壳体（5）、圆钢（2、4）、筋板（3、7）、钢爪（8）等组成，其特征是钢壳体（5）是由钢板焊接而成的空心长方体结构，钢壳体（5）上面预留铝芯凸台（1）的伸出孔，钢壳体（5）内底部焊接有筋板（7），筋板（7）上方焊接若干条加强用的圆钢（4），两块加强筋板（3）焊接在钢壳体（5）上面预留铝芯凸台（1）伸出孔的两侧，加强用的圆钢（2）焊接在两块加强筋板（3）之间，铝芯（6）、铝芯凸台（1）与钢壳体（5）采用渗铝粘结铸造工艺铸造成钢壳铝芯横梁，铝芯（6）填充在钢壳体（5）内，铝芯凸台（1）将圆钢（2）和筋板（3）包裹，钢壳铝芯横梁铸造件铸成后再与若干条钢爪（8）焊接构成铝电解槽用导电阳极爪。”

针对上述专利权，张广超（下称请求人）于2007年3月9日向专利复审委员会提出无效宣告请求，认为本专利不符合专利法第22条第3款的规定，并提交了下述证据：

证据1：中色协科（鉴）字［2004］016号中国有色金属工业协会文件——“关于召开节能型阳极导电装置科技成果鉴定会的通知”及其附件，复印件共3页；

证据2：中国有色矿业建设集团有限公司签到表，复印件共2页；

证据3：盖有“中国有色金属工业科学成果鉴定专用章”的一组照片，复印件共2页；

证据4：《节能型阳极导电装置》技术资料，复印件共61页；

证据5：中色科鉴字［2004］016号科学技术成果鉴定证书，鉴定日期2004年3月30日，鉴定批准日期2004年4月1日，复印件共22页；

证据6：《中国有色金属报》，2004年4月6日，第2038期，复印件共2页；

证据7：刘永刚等人出具的《对比阅读分析意见》，复印件共2页；

证据8：第200310117269.X号中国发明专利证书及其发明专利申请公开说明书，申请日为2003年12月10日，公开日为2005年6月15日，授权公告日为2007年1月17日，复印件共8页。

请求人认为：（1）证据1~6形成完整的证据链，证明了鉴定会如期举行，且证据6报道中的技术即为证据4所述技术资料中的核心技术，说明证据4为公开的技术资料，所述鉴定会及技术鉴定成果的公布均早于本专利的申请日，因此，证据4中技术资料的公开也早于本专利申请日，证据4可以作为评价本专利创造性的对比文件。（2）本专利相对于证据4不具备创造性。（3）证据7进一步说明本专利中铝芯凸台1将筋板3完全包裹和圆钢4焊接在筋板的上方均是一种变劣发明。

经形式审查合格后，专利复审委员会受理了上述请求，于2007年3月13日向双方当事人发出《无效宣告请求受理通知书》，并将《专利权无效宣告请求书》及其他有关文件的副本转送给专利权人，要求其在指定的期限内答复，同时成立合议组对本无效请求案进行审理。

2007年4月26日，专利权人针对《无效宣告请求受理通知书》提交了意见陈述书，并提交了下述反证：

反证1：1994年10月26日国家科委令第19号发布、1995年1月1日起施行的《科学技术成果鉴定办法》，复印件共4页；

反证2：田应甫签署意见“此件与鉴定会所发原件一致”的《节能型阳极导电装置》技术资料，复印件共59页；

反证3：第03134638.3号中国发明专利证书及其发明专利说明书，复印件共5页；

反证4：据称为“本专利产品渗铝层金相分析”的图片2张，复印件共1页。

专利权人认为，（1）科技成果鉴定会上使用的有关科技成果的技术资料（即证据4）不属于专利法意义上的现有技术，且证据6的报道《节能型阳极导电装置通过鉴定》说明证据4为公开的技术资料也是不能成立。该报道并没有对节能型阳极导电装置的形状、构造及制造方法进行公开。因此，证据4不能用来评价本专利的创造性。（2）本专利与证据4相比在铝芯凸台结构、筋板上方的圆钢和采用渗铝粘结铸造工艺铸造方面具有创造性。

2007年4月28日，专利权人再次提交意见陈述书，并提交了下述反证（编号续前）：

反证5：《节能型阳极导电装置》技术资料，封面页、目录页、会场图片页、幻灯投影图片的复印件，共13页；

反证2′：田应甫签署意见的《节能型阳极导电装置》技术资料封面，复印件共1页。

专利权人认为，专利权人向参加鉴定会的田应甫同志了解，当时鉴定会发放给参会人员的资料（即反证2）与请求人提交的证据4不相同，具体有：封面无协会章、日期及“专利设计人”，有“专利产品资料注意保密”；目录没有盖章；第 22 页第 4 行有“广西农机研究所的同志”等文字，因此对证据 4 的真实性提出质疑。

2008 年 5 月 28 日，本案合议组向双方当事人发出《无效宣告请求口头审理通知书》，拟定于 2008 年 7 月 8 日对本专利权的无效请求进行口头审理，并将专利权人分别于 2007 年 4 月 26 日和 2007 年 4 月 28 日提交的意见陈述书及其各自附件清单中所列的附件转送给请求人。

2008 年 7 月 8 日，口头审理如期进行，双方当事人均出席了口头审理。庭审过程中，合议组就本案的无效理由及证据逐一进行了调查，双方当事人充分陈述了各自的意见。在此基础上，经调查明确了以下事项：

（1）请求人明确其无效宣告请求的理由为本专利相对于证据 4 不具备新颖性和创造性，专利权人认为新颖性的无效理由属于逾期增加的理由，应当不予考虑。合议组当庭告知，新颖性的无效理由由于请求人在提出无效宣告请求时没有结合证据具体说明，且在提出无效宣告请求之日起一个月内也没有具体陈述意见而不予考虑。针对创造性的无效理由，请求人明确其使用证据 1~6，即，证据 1~6 形成完整的证据链，证明证据 4 为已于本专利的申请日之前公开的鉴定会技术资料；放弃使用证据 7 和 8。

（2）请求人当庭提交了证据 1~2 和 4~7 的原件、盖有“中国有色金属工业科学成果鉴定专用章”红章的证据 3 的彩色打印件、证据 8 的复印件。专利权人对证据 1~2、5~6 和 8 的真实性予以认可，不认可证据 3、4 和 7 的真实性，认为证据 4 不属于专利法意义上的现有技术。

（3）专利权人当庭提交了反证 1 的打印件、反证 2 的复印件，出示了反证 3~4 的原件。请求人认可反证 1 和 3 的真实性，不认可反证 4 的真实性；认为反证 2 是鉴定会之前发给参会代表的材料，认为其技术内容与鉴定会材料内容基本一致。请求人认可反证 5 与证据 4 相对应，反证 2′与反证 2 相对应。

（4）专利权人主张反证 2 是参会代表在鉴定会上收到的技术资料，其在内容上与请求人提供的证据 4 多处不一致，且证据 5 第 3 页“主要技术文件目录及来源”一栏中并未记载证据 4。请求人认为证据 4 与反证 2 的不同是由于鉴定材料版本不同造成的。

至此，合议组认为本案的事实清楚，可以作出审查决定。

二、决定的理由

1. 关于审查文本

本决定是在本专利的授权公告文本的基础上作出的。

2. 关于无效理由

请求人当庭陈述其无效宣告请求的理由为本专利相对于证据 4 不具备新颖性和创造性。根据专利法实施细则第 64 条第 1 款、第 66 条及审查指南第四部分第三章第 4.1、4.2 节的规定，请求人在提出无效宣告请求时没有具体说明的无效理由、且在提出无效宣告请求之日起一个月内也未补充具体说明的，专利复审委员会不予考虑；请求人在提出无效宣告请求之日起一个月后增加的无效理由，除了审查指南第 4.2 节规定的两种情形外，专利复审委员会一般不予考虑。本案中，首先，关于本专利相对于证据 4 不具备新颖性的无效理由，请求人在提出无效宣告请求时没有结合证据具体说明，且在提出无效宣告请求之日起一个月内也没有具体陈述意见；其次，请求人当庭提出本专利相对于证据 4 不具备新颖性的无效理由，距离请求人提出本无效宣告请求案之日起已超过了一个月，故属于逾期增加的理由。由于本案中，专利权人未以合并方式修改权利要求，同时，上述理由也非针对与证据不相对应的无效理由进行变更，因此，合议组对新颖性的无效理由不予考虑，仅针对请求人提出的本专利相对于证据 4 不具备创造性的无效理由进行审理。

专利法第22条第3款的规定：创造性，是指同申请日以前已有的技术相比，该发明有突出的实质性特点和显著的进步，该实用新型有实质性特点和进步。

3. 关于证据

本案中，请求人提交了8份证据（证据1~8），专利权人提交6份反证（反证1-5和2′）。请求人在口头审理中放弃证据7和8，故合议组对证据7和8不予评述。请求人认可反证5和证据4相对应，反证2和反证2′相对应，因此，下文中将反证5和证据4统称为证据4，将反证2和反证2′统称为反证2。

（1）反证1、3和4。

专利权人当庭提交了反证1的打印件，出示了反证3和4的原件，请求人认可反证1和3的真实性，合议组经核实，认可反证1和3的真实性。请求人不认可反证4的真实性，合议组经核实认为，反证4为据称为“本专利产品渗铝层金相分析”的图片2张，专利权人并未提交任何证据来证明该反证即为本专利产品的金相分析图片，因此，合议组对反证4不能予以采信。

（2）证据1~2、3和5~6。

请求人提交了证据1~2和5~6的原件，专利权人对证据1~2和5~6的真实性予以认可，合议组经核实，认可证据1~2和5~6的真实性。

证据1为中色协科（鉴）字［2004］016号中国有色金属工业协会文件——“关于召开节能型阳极导电装置科技成果鉴定会的通知”及其邀请专家名单附件，其中载明，鉴定会将于2004年3月30日在中国有色矿业建设集团公司（北京西客站南广场中色建设大厦4层）举行，参会人员有张国成、钮因健等人；证据2为中国有色矿业建设集团有限公司签到表，其中有中国有色金属工业协会钮因健、北京有色金属研究总院张国成、有色报刘京青等的签字；证据5为中色科鉴字［2004］016号科学技术成果鉴定证书，鉴定单位为中国有色金属工业协会，鉴定日期为2004年3月30日，鉴定批准日期为2004年4月1日，第5页为鉴定委员会主任钮因健、副主任张国成的鉴定意见；证据6为《中国有色金属报》，2004年4月6日，第2038期，其中本报讯（记者刘京青）报道了“节能型阳极导电装置通过鉴定”，且该报道中记载了“……经过中国有色金属工业协会钮因健为主任、张国成院士为副主任的专家小组鉴定，认为……”。

上述证据1~2和5~6组合起来可以证明中国有色金属工业协会计划于2004年3月30日组织举行“节能型阳极导电装置”的科学技术成果鉴定会，该鉴定会如期举行，并于2004年4月1日批准了成果名称为《节能型铝电解槽阳极导电装置》的中色科鉴字［2004］016号科学技术成果鉴定证书。

请求人当庭提交了盖有“中国有色金属工业科学成果鉴定专用章”红章的证据3的照片的彩色打印件，认为该证据为证据1~2、5~6所述鉴定会的会场照片，从而与证据1~2、5~6结合起来证明在本专利申请日前曾举行过该鉴定会。专利权人不认可证据3的真实性。对此，合议组认为，证据3为一组照片，从照片看，为钮因健、姚世焕等人参加的“节能型阳极导电装置科技成果鉴定会”的照片，该照片中所示的鉴定会在建银大厦举行。尽管专利权人对其真实性提出质疑，且该证据本身存在一定瑕疵，但其不足以否定证据1~2、5~6共同证实的在本专利申请日前曾举行过“节能型阳极导电装置”科技成果鉴定会的事实。

（3）证据4和反证2。

证据4为盖有“中国有色金属工业科学成果鉴定专用章”红章的《节能型阳极导电装置》技术资料，其为封面标注有“2004年3月”的印刷品。

专利权人对其真实性不予认可，并为此提供了反证2。专利权人对证据4的真实性提出质疑的主要理由包括：①将鉴定会上收到的技术资料（反证 2）与证据 4 进行对比，二者在内容上存在多处不一致，主要有：（a）反证 2 封面未盖章，而证据 4 的技术资料封面盖了章，且该盖章不是 2004 年 3 月盖的；（b）反证 2 封面上注明了“专利产品资料注意保密”的字样，而证据 4 没有这样的字样；（c）反证 2 的第 22 页第 3、4 行有“广西农机所的同志”，但证据 4 相应位置没有这句话。②证据 5 第 3 页的主要技术资料目录中没有提到证据 4 的内容，且其中显示的提交的技术资料页数和证据 4 的页数不一致。

请求人认为：①反证 2 是鉴定会之前发给参会代表的材料的其中一个版本，对其技术内容的真实性予以认可；②证据 4 的骑缝章是在调查取证时盖的章；③证据 4 与反证 2 的不同是由于鉴定技术资料版本不同造成的；④证据 4 中从专利证书开始其后的内容在证据 5 的主要技术资料目录上均有列举。

合议组经核实查明：证据 4 和反证 2 的确存在以上不一致之处。

就证据 4 而言，首先，请求人声称其为与反证 2 版本不同的鉴定材料，但是并不能证明该材料本身就是鉴定会时发给参会人员的材料。其次，证据 5 第 3 页“主要技术文件目录及来源”一栏仅记载了 11 项共 18 页的技术文件，其中包括，例如，“专利证书–专利名称：节能防熔蚀铝电解槽阳极导电装置……”等，并未记载其包括证据 4《节能型阳极导电装置》技术资料（共 61 页）。也就是说，由证据 5 并不能确定在鉴定会上发放的材料是证据 4。再者，虽然证据 4 在封面及其内容中多处盖有“中国有色金属工业科学成果鉴定专用章”，但由于盖章单位未就此行为出具任何意见，所以由此不能确定盖章的真正含义，即，盖章到底是表示该证据 4 的来源，还是表示该证据 4 与存档件一致，或是具有其他的含义。另外，请求人认为证据 4 中从专利证书开始其后的部分都是证据 5 第 3 页目录上所列举的。但是，合议组经核实查明，证据 4 中专利证书之前为“节能型阳极导电装置鉴定资料”目录页，其中列出共 14 项鉴定资料，随后的文件中除了有名称类似于证据 5 中列举的 11 项的鉴定资料之外，还有（i）“节能型阳极钢爪工业试验情况说明”–中铝广西分公司技术开发部 1 页，和（ii）“节能防熔蚀铝电解槽阳极导电装置试验报告–中铝广西分公司技术开发部 4 页”；且证据 4 中名称为“节能型铝电解槽阳极导电装置试验报告–中铝广西分公司技术开发部”的鉴定资料为 11 页，而证据 5 中相同名称的技术文件标记为“1 份 7 页”。在请求人声称的鉴定会材料（证据 4）与相应的鉴定证书（证据 5）对于鉴定会所用材料的说明存在诸多差异的情况下，尽管证据 4 在封面盖有“中国有色金属工业科学成果鉴定专用章”红章且盖有“中国有色金属工业科学成果鉴定专用章”的骑缝红章，其也不足以证明证据 4 即为所述鉴定会时发放的技术资料。基于上述理由，合议组对证据 4 不予采信。

反证 2 为田应甫于 2007 年 4 月 19 日在封面和第 22 页签署意见“此件与鉴定会所发原件一致”的《节能型阳极导电装置》技术资料复印件。请求人在口头审理中承认，“反证 2 是鉴定会前发给参会代表及其他单位的材料，对它技术内容的真实性予以认可。”另外，合议组查明，在请求人提供的证据 2–中国有色矿业建设集团有限公司签到表中，有田应甫参加所述鉴定会的签字，证明有一名叫田应甫的人参加了所述鉴定会，经核实，二者签字基本一致。在此情况下，合议组认可反证 2 为参会代表在参加鉴定会时已经得到的材料。

反证 2 的封面上注明了“专利产品资料注意保密”的字样，由此可见，反证 2 已明确表示了收到该鉴定材料的成员应对该鉴定材料的技术内容负有保密义务；此外，本案中没有进一步的证据表明参加所述鉴定会的成员因违反保密义务规定而在本申请的申请日之前公开了该鉴定材料的技术内容。因此，反证 2 的技术内容在本申请的申请日之前并非处于公开的状态，不属于专利法意义上的现有技术。

请求人认为，鉴定会前发给参会代表的材料中“专利产品资料注意保密”的字样是要告诉其他人不要再申请专利了；且证据5的科技成果登记表上明确表示“无密级”，即参加所述鉴定会的成员对其鉴定材料无保密义务。对此，合议组认为：首先，请求人没有提供任何证据证明鉴定会前发给参会代表的材料中“专利产品资料注意保密”的字样是要告诉其他人不要再申请专利，根据所述字样的字面含义来看，应理解为明示的保密义务。其次，证据5的科技成果登记表上表明所述鉴定成果“无密级”，该科技成果登记表的填写说明第（13）项说明了“成果有无密级是指该成果按照国家有关科技成果保密的规定确定其是否有密级”；根据原国家科学技术委员会、国家保密局于1995年1月6日制定并发布实施的《科学技术保密规定》第11条第（1）项，科技成果产生单位按照该规定第八条的规定及时确定密级，该规定第7条规定了“关系国家的安全和利益，一旦泄露会造成下列后果之一的科学技术，应当列入国家科学技术秘密范围：①削弱国家的防御和治安能力，②影响我国技术在国际上的先进程序，③失去我国技术的独有性，④影响技术的国际竞争能力，⑤损害国家声誉、权益和对外关系。”该规定第八条规定了国家科学技术秘密的密级分为：①绝密级，②机密级，和③秘密级。由此，按照国家有关科技成果保密的规定确定其是否有密级的含义是指该科技成果是否关系国家的安全和利益，在此基础上确定其是否有无密级以及属于何种等级的密级，确定为无密级的科技成果只是说明该科技成果的泄露不会导致如上述规定第七条中所述的后果，并由此关系国家的安全和利益；确定为无密级的科技成果并不表示参加该科技成果鉴定会的成员对其鉴定材料无保密义务。综上，合议组对请求人的上述主张不予支持。

综上所述，虽然证据1~2和5~6能够证明在本专利的申请日前曾经举行过“节能型阳极导电装置”科技成果鉴定会，但没有证据表明所述科技成果鉴定会的技术方案（证据4或反证2的技术方案）曾在本专利的申请日前被公开过，因此，请求人所主张的本专利相对于证据4不具备创造性的无效理由由于缺少证据支持而不能成立。基于此，本决定对专利权人的反证不再进行评述。

基于以上事实和理由，本案合议组作出如下审查决定。

三、决定

维持200420049012.5号实用新型专利权有效。

当事人对本决定不服的，可以根据专利法第46条第2款的规定，自收到本决定之日起三个月内向北京市第一中级人民法院起诉。根据该款的规定，一方当事人起诉后，另一方当事人应当作为第三人参加诉讼。

025

灭火弹改进结构

无效宣告请求审查决定（第12125号）

决　　定　　号　第12125号
决　　定　　日　2008年8月20日
实用新型名称　灭火弹改进结构
国际分类号　A62C19/00，F42B12/46
无效宣告请求人　赛安撤服提波瑞密尔有限公司
专利权人　孙　敏
专　　利　　号　200520018932.5
申　　请　　日　2005年5月16日
授权公告日　2006年6月28日
合议组组长　李　越
主　　审　　员　王　磊
参　　审　　员　李亚林

法律依据　专利法第26条第3款，专利法第22条第3款，专利法实施细则第21条第2款，专利法实施细则第20条第1款

决定要点

权利要求保护的技术方案相对于现有技术存在区别技术特征，且现有技术未给出应用该区别技术特征以解决该技术方案所解决的技术问题的启示，则该技术方案相对于现有技术具有创造性。

一、案由

本无效宣告请求案涉及国家知识产权局于2006年6月28日公告授予的第200520018932.5号、名称为“灭火弹改进结构”的实用新型专利权（以下简称本专利），其申请日为2005年5月16日，专利权人为孙敏。本专利授权公告的权利要求书如下：

“1. 一种灭火弹改进结构，其包括一具有内部腔室的几何形状的壳体；一填充在该内部腔室的灭火材料；一引线通过该内部腔室，并至少一端凸出壳体；其特征在于：至少该引线位于内部腔室的一设定区域形成卷绕组织，以固定一包覆其内的火药。

2. 根据权利要求1所述的灭火弹改进结构，其特征在于该卷绕组织可结合一棉絮单元。

3. 根据权利要求2所述的灭火弹改进结构，其特征在于所述的火药经由卷绕组织与棉絮单元包覆的外部被一薄膜包覆。

4. 根据权利要求1所述的灭火弹改进结构，其特征在于所述的引线的长度大于壳体的直径。

5. 根据权利要求 1 所述的灭火弹改进结构，其特征在于一纸质材料可选择性的包覆在该火药、卷绕组织与棉絮单元之间。

6. 根据权利要求 1 所述的灭火弹改进结构，其特征在于该卷绕组织把其引线被分成复数条支线，使每一支线彼此可相互交错卷绕形成。

7. 根据权利要求 1 所述 1 灭火弹改进结构，其特征在于所述的引线的卷绕组织是位在壳体腔室的中央位置。”

针对上述专利权，赛安撒服提波瑞密尔有限公司（下称请求人）于 2007 年 8 月 24 日向专利复审委员会提出无效宣告请求，认为本专利的说明书不符合专利法第 26 条第 3 款的规定，权利要求 1~7 不符合专利法第 22 条第 3 款的规定，权利要求 1~7 不符合专利法实施细则第 20 条第 1 款的规定，权利要求 1 不符合专利法实施细则第 21 条第 2 款的规定，并提交了下述证据：

证据 1：盖有国家知识产权局专利检索咨询中心副本认证专用章（红章）的第 M256192 号台湾专利公报及新型专利说明书复印件 17 页，公告日为 2005 年 2 月 1 日；

证据 2：US6796382B2 美国专利公告说明书，公告日为 2004 年 9 月 28 日，复印件 11 页，以及相关部分的中文译文 5 页。

请求人认为：（1）本专利说明书第 3 页第 13~16 行对于卷绕组织的结构、包覆棉絮单元的结构以及二者的连接关系没有清楚说明，导致说明书不符合专利法第 26 条第 3 款的规定。（2）权利要求 1 缺少“引线的中央部分卷绕成封闭结构，形成卷绕组织，其内填充火药……”这一使得火药不向外泄漏的必要技术特征，不符合专利法实施细则第 21 条第 2 款的规定。（3）权利要求 1 中描述了“至少该引线位于内部腔室的一设定区域形成卷绕组织，以固定一包覆其内的火药”，该描述中的“至少”、“一设定区域”含义不清楚，卷绕组织如何形成不清楚；权利要求 2 中“可”不清楚；权利要求 3 中“薄膜”的设置位置不清楚；权利要求 4 的引线长度不清楚；权利要求 5 的“可选择性的”不清楚，纸质材料设置位置不清楚；根据权利要求 6 的描述，是由卷绕组织上的引起分成多个分支相互交错，用来捆束棉絮单元。但是棉絮单元本身包覆在卷绕组织外侧，卷绕组织的分支如何捆束棉絮单元，技术方案相矛盾；权利要求 7 是权利要求 1 的从属权利要求，权利要求 1 不清楚，因此权利要求 7 不清楚。因此权利要求 1~7 不符合专利法实施细则第 20 条第 1 款的规定。（4）权利要求 1~7 相对应证据 1、证据 2 及两者结合不符合专利法第 22 条第 3 款的规定。具体理由如下：本专利权利要求 1 所限定的灭火弹改进结构的技术特征“其包括一具有内部腔室的几何形状的壳体；一填充在该内部腔室的灭火材料；一引线通过该内部腔室，并至少一端凸出壳体”已经在证据 1（M256192）和证据 2（US6796382）中均公开了，权利要求 1 和证据 1、2 区别仅在于技术特征“至少该引线位于内部腔室的一设定区域形成卷绕组织，以固定一包覆其内的火药”未在证据 1、2 中公开，因为本发明的卷绕组织和证据 1 中的塑胶管、证据 2 中的纸或纸板均是起包覆火药的作用，本领域技术人员在证据 1 或证据 2 的启示下容易想到使用引线包覆火药，因此权利要求 1 相对于证据 1、证据 2 及其结合不具有创造性。在此基础上，其从属权利要求 2~7 的附加技术特征使得发明的结构更复杂，制造工序更多，而所述技术问题在证据 1、证据 2 中已经得到解决，因此权利要求 2~7 相对于证据 1、证据 2 及其结合不符合专利法第 22 条第 3 款的规定。

经形式审查合格后，专利复审委员会受理了上述请求，于 2008 年 1 月 8 日向双方当事人发出《无效宣告请求受理通知书》，并将《专利权无效宣告请求书》及其他有关文件的副本转送给专利权人，要求其在指定的期限内答复，同时成立合议组对本无效宣告请求案进行审理。

2008 年 5 月 14 日，本案合议组向双方当事人发出《无效宣告请求口头审理通知书》，拟定于 2008 年 7 月 15 日对本无效宣告请求案进行口头审理。

2008年7月15日，口头审理如期进行，双方当事人均出席了口头审理。庭审过程中，合议组就本案的无效宣告理由及证据逐一进行了调查，双方当事人充分陈述了各自的意见。在此基础上，合议组记录了以下重要事项：

（1）请求人当庭确定其无效宣告的理由为：因本专利的说明书不符合专利法第26条第3款的规定，请求宣告权利要求1~7无效；权利要求1~7相对于证据1、证据2及其结合不符合专利法第22条第3款的规定；权利要求1~7不符合专利法实施细则第20条第1款的规定；权利要求1不符合专利法实施细则第21条第2款的规定。

（2）专利权人对请求人提交的证据1和证据2的真实性、合法性和关联性没有异议，对请求人的证据2的中文译文的准确性没有异议。

（3）请求人和专利权人都认为权利要求1和证据1、证据2的区别技术特征在于权利要求1中限定了用卷绕组织包覆火药；专利权人认为权利要求3中所述的“薄膜”包覆在棉絮单元外部。

至此，合议组认为本案的事实清楚，可以作出审查决定。

二、决定的理由

1. 审理的文本基础

本次审理的基础是本专利的授权公告文本。

2. 关于证据

请求人在提出无效宣告请求时提交了证据1和证据2，专利权人对证据1和证据2的真实性没有异议，经合议组依职权核实后，对其真实性予以确认，同时，由于证据1和证据2的公开日均早于本专利的申请日，故可以作为本专利的现有技术证据使用。

3. 关于专利法第26条第3款

专利法第26条第3款规定：说明书应当对发明或者实用新型作出清楚、完整的说明，以所属技术领域的技术人员能够实现为准。

如果所属技术领域的技术人员依据说明书公开的内容，结合其所掌握的现有技术知识，在不付出创造性劳动的情况下能够实现本发明的技术方案，解决其技术问题，并产生预期的技术效果，则说明书对于要求保护的技术方案的描述就是清楚和完整的，符合专利法第26条第3款的规定。

就本案而言，本专利保护一种灭火弹改进结构，旨在提供一种能使灭火材料能够平均泻出、扩散，达到扑灭火势的效果的灭火弹改进结构，在说明书第3页具体实施方式部分还结合附图1~6详细描述了该结构具体部位的构成。本领域技术人员在本专利说明书公开的内容的基础上，无需付出任何创造性劳动即可实现本发明的技术方案，解决其技术问题，并产生预期的技术效果。

请求人提出，本专利说明书第3页第13~16行对于卷绕组织的结构、包覆棉絮单元的结构以及二者的连接关系没有清楚说明，致使卷绕组织的形状、结构不清楚，棉絮单元与卷绕组织、引线的连接关系不清楚，导致本领域技术人员无法实施该技术方案，因此不符合专利法第26条第3款的规定。

对于请求人提出的上述理由，合议组认为，首先，说明书第3页第13~16行记载了“该引线3在一设定区域，较佳的是位于腔室2的中央位置，使引线3的设定区域形成一卷绕组织35，在该卷绕组织35外部进一步包覆一棉絮单元33；详细而言，是使该引线3被分成复数条支线的使彼此可相互交错卷绕，用于拘留或结合该棉絮单元33；所述卷绕组织35和棉絮单元33是用以包覆收容该爆破火药32”。根据上述对卷绕组织和棉絮单元的描述并结合本专利附图3和4可确知，卷绕组织是引线的一部分，其在灭火弹腔室中一设定区域由引线分叉成的支线彼此交错卷绕而形成；棉絮单元以包覆在卷绕组织外部的结构方式而达到防止火药外泄的目的，卷绕组织与棉絮单元之间的关系为卷绕组织的外部包覆棉絮单元，棉絮单元内层与卷绕组织外层相互缠绕在一起，从而使卷绕组织拘留或结合棉絮单元。因此，用以包覆爆破火药的卷绕组织以及包覆该卷绕组织的棉絮单元的结构清楚，二者的位置关系也清楚，本领域技术人员根据说明书记载的内容能够容易地理解和实现本专利的技术方案。因此，对于请求人提出的本专利说明书不符合专利法第 26 条第 3 款的主张，合议组不予支持。

4. 关于专利法实施细则第 21 条第 2 款

专利法实施细则第 21 条第 2 款规定：独立权利要求应当从整体上反映发明或者实用新型的技术方案，记载解决技术问题的必要技术特征。

审查指南第二部分第二章第 3.1.2 节规定：必要技术特征是指，发明或者实用新型为解决其技术问题所不可缺少的技术特征，其总和足以构成发明或者实用新型的技术方案，使之区别于背景技术中所述的其他技术方案。

请求人主张，本专利解决的技术问题是使火药能够被不泄漏地包裹，而根据权利要求 1 记载的技术方案不能使火药被完全包裹，其需要再添加棉絮单元等结构单元才能解决上述问题，因此权利要求 1 因为缺乏上述技术特征而不符合专利法实施细则第 21 条第 2 款的规定。

合议组认为：根据本专利说明书第 1~2 页背景技术中记载的内容可知，本专利所要解决的技术问题是现有技术（即证据 1）中包覆火药的塑料管因没有固接在引线上而导致预设位置偏移，从而引起引爆火药后灭火材料泄漏不均的问题。依据说明书第 3 页第 19 行的内容可知，上述技术问题通过本发明的卷绕组织 35 的设计能够得以解决。本专利权利要求 1 记载了一种灭火弹改进结构，其技术特征包括前序部分的壳体、灭火材料和引线，以及特征部分的“至少该引线位于内部腔室的一设定区域形成卷绕组织，以固定一包覆其内的火药”。可知上述用以解决本发明技术问题的技术特征已经记载在权利要求 1 中，即权利要求 1 记载了解决发明技术问题的必要技术特征。

至于请求人提出的“火药能够被不泄漏地包裹”的问题，首先，本专利并未以火药不泄漏作为发明目的；其次，在权利要求 1 技术方案的基础上，如要达到火药不泄漏的目的，本领域技术人员知道可以采取一些常规或惯用的手段，例如在卷绕组织外部用纸或类似物密封等。综上所述，权利要求 1 符合专利法实施细则第 21 条第 2 款的规定。

5. 关于专利法实施细则第 20 条第 1 款

专利法实施细则第 20 条第 1 款规定：权利要求书应当说明发明或者实用新型的技术特征，清楚、简要地表述请求保护的范围。

请求人主张：（1）权利要求 1 中“至少”、“一设定区域”含义不清楚，卷绕组织如何形成不清楚；（2）权利要求 2 中“可”不清楚；（3）权利要求 3 中“薄膜”的设置位置不清楚；（4）权利要求 4 的引线长度不清楚；（5）权利要求 5 的“可选择性的”不清楚，纸质材料设置位置不清楚；（6）根据权利要求 6 的描述，是由卷绕组织上的引线分成多个分支相互交错，用来捆束棉絮单元。但是棉絮单元本身包覆在卷绕组织外侧，卷绕组织的分支如何捆束棉絮单元，技术方案相矛盾；（7）权利要求 7 是权利要求 1 的从属权利要求，权利要求 1 不清楚，因此权利要求 7 不清楚。

对此，合议组认为：（1）权利要求 1 的“至少该引线位于内部腔室的一设定区域形成卷绕组织，以固定一包覆其内的火药”的描述中，“至少”是和其后的“一设定区域”一起表示一种数量关系的用语，本领域技术人员依据其通常的含义结合上下文能够理解其含义在于卷绕组织设置在内部腔室的一个或一个以上的设定区域，同样“设定区域”应当能理解其表示的是形成卷绕组织的特定位置。卷绕组织的形成在权利要求 1 中已经定义了以引线形成卷绕的组织，且如本决定针对专利法第 26 条第 3 款的评述，结合说明书第 3 页第 13~16 行的内容同样应作此理解。因此权利要求 1 的上述表示均是清楚的；（2）权利要求 2 中的“可”实际上是表示一种选择，即在所引用的权利要求 1 方案的基础上选择在卷绕组织上进一步结合棉絮单元，因此该权利要求的保护范围是清楚的；（3）权利要求 3

的附加技术特征从其字面表达本领域技术人员能够理解为火药由卷绕组织与棉絮单元包覆，再在其外部包覆一薄膜；此外，专利权人在说明书第 3 页第 23 行以及附图 3 中膜体 31 的位置作出与上述相同的意思表示，且在口头审理阶段也明确表示了薄膜包覆在棉絮单元外部。因此权利要求 3 的保护范围是清楚的；（4）根据权利要求 4 的限定能确认引线长度大于壳体直径而有部分外露，其含义清楚，而引线的具体长度可以由本领域技术人员在使用时根据常识具体确定，该权利要求的保护范围是清楚的；（5）对于权利要求 5 的“可选择性的”，本领域技术人员根据其字面表达能够理解所述纸质材料可以选择设置在火药、卷绕组织和棉絮单元任意两者之间，例如根据说明书附图 4 中显示纸质材料 36 位于卷绕组织 35 和棉絮单元 33 之间，上述可选择的情形都是权利要求所要求保护的，因此该权利要求的保护范围是清楚的；（6）对于权利要求 6 不清楚的理由，因为其附加技术特征是“该卷绕组织把其引线被分成复数条支线，使每一支线彼此可相互交错卷绕形成”，该技术特征并不涉及“捆束”棉絮单元，并且根据该特征的描述，本领域技术人员清楚卷绕组织是如何由引线形成的，即其含义是清楚的，因此该权利要求的保护范围是清楚的；（7）对于权利要求 7 不清楚的理由，请求人认为是由于权利要求 1 不清楚，而权利要求 7 是权利要求 1 的从属权利要求造成的。如上所述，由于权利要求 1 是清楚的，故请求人的上述理由不成立。

由此，对请求人提出的权利要求 1~7 不符合专利法实施细则第 20 条第 1 款的规定的主张，合议组不予支持。

6. 关于专利法第 22 条第 3 款

专利法第 22 条第 3 款规定：创造性，是指同申请日以前已有的技术相比，该发明有突出的实质性特点和显著的进步，该实用新型有实质性特点和进步。

权利要求保护的技术方案相对于现有技术存在区别技术特征，且现有技术未给出应用该区别技术特征以解决该技术方案所解决的技术问题的启示，则该技术方案相对于现有技术具有创造性。

就本案而言，权利要求 1 保护一种灭火弹改进结构。证据 1 公开了一种灭火弹，其在说明书中具体公开了一种灭火球，包括壳体 10，壳体 10 可分离制成两个半圆球体 11、12，半圆球体分别呈可相对结合的碗状，其内部可供容置干粉 13，引线 20 由半圆球体外部穿至其内部，于半圆球体内部设有引线塑胶管 21，内部具有爆药剂（见说明书第 5 页倒数第 2 段至第 6 页第 1 段，附图 1、2）。证据 2 公开了一种灭火球，参见图 1 及其他附图，该专利的容纳壳 3 需要半球形状，灭火球的构成部分的组装为把炸药 5 的其中一条熔线 6 穿过壳体 3 中的孔，其端部插入到用于熔线 6 尖端的壳体凹陷处空腔内，从而炸药 5 悬在壳体的近似质量中心，干化学灭火剂经过填充孔 9 填充到壳体内，直到它被填满。其说明书没有主张用纸或者纸板包装烟火炸药是可使用的唯一类型，可选择炸药的包装可以是具有较低的密度和组分质量，从而在炸药爆炸后，能够有效地碎裂成细微、无危险的碎片（见说明书第 5 栏倒数第 3 行至第 6 栏第 60 行，附图 1）。

本案口头审理阶段双方当事人共同认定权利要求 1 分别相对于证据 1、证据 2 技术方案的区别技术特征均为用卷绕组织包覆火药。请求人认为，虽然证据 1、2 中均没有公开上述区别技术特征，但是证据 1 中的塑胶管、证据 2 中的纸或纸板等炸药包装与权利要求 1 中的卷绕组织所起的作用相同，均是为了包覆火药，在证据 1、2 的基础上本领域技术人员能够获得启示而使用引线来包覆火药，从而解决包覆火药的技术问题。因此权利要求 1 的技术方案相对于证据 1、证据 2 及其结合不具有创造性。对此，合议组认为，从本发明说明书背景技术部分的内容可知，现有技术（即证据 1）中所揭露的灭火球，由于包覆爆炸火药的塑胶管并无固接在壳体中央的引线上，在填充灭火材料或配送过程中容易发生沿引线上下方向的位置偏移，会导致引爆火药后填充在壳体内部的灭火材料泄漏不平均，因而在结构上有进一步改进的余地。合议组经审查确认，本发明为了解决上述灭火材料泄漏不平均的技术问题，直接将引线本身形成的卷绕组织作为包覆火药的结构单元，既能将爆炸中心固定在壳体内部的设定区域，避免火药位置发生偏移而导致的灭火材料泄漏不均的问题，又使引线与炸药的接触面积更大，获得更好的引燃效率，从而更好地发挥灭火弹的功能。由此可见，权利要求1中的区别技术特征卷绕组织与证据1中的塑胶管、证据2中的纸或纸板所要解决的技术问题并不相同，其出发点是对证据1的现有结构进行改进以更好的发挥灭火弹的功能，并且证据1、证据2中没有任何关于要解决灭火弹火药泄漏不均问题的启示，本领域技术人员不会从证据1、证据2中获得启示使用引线本身构成的卷绕组织代替塑胶管、纸板来包覆火药以解决上述技术问题，因此，权利要求1相对于证据1、证据2及其结合具有实质性特点和进步，符合专利法第22条第3款的规定。

在权利要求1具有创造性的情况下，其从属权利要求2~7相对于证据1、证据2及其结合也具有实质性特点和进步，符合专利法第22条第3款的规定。

基于以上事实和理由，本案合议组作出如下审查决定。

三、决定

维持200520018932. 5号实用新型专利权有效。

当事人对本决定不服的，可以根据专利法第46条第2款的规定，自收到本决定之日起三个月内向北京市第一中级人民法院起诉。根据该款的规定，一方当事人起诉后，另一方当事人应当作为第三人参加诉讼。

026

一种基于吡咯并［2，3-d］嘧啶的抗叶酸剂的七水合物晶形及其制备方法

无效宣告请求审查决定（第12146号）

决　定　号　第12146号
决　定　日　2008年6月25日
发明创造名称　一种基于吡咯并［2，3-d］嘧啶的抗叶酸剂的七水合物晶形及其制备方法
国际分类号　C07D487/04，A61K31/519，A61P35/00
无效宣告请求人　江苏豪森药业股份有限公司
专利权人　伊莱利利公司
专　利　号　01805627. X
申　请　日　2001年2月12日
优先权日　2000年2月25日
授权公告日　2005年1月5日
合议组组长　李　越
主　审　员　侯　曜
参　审　员　汪送来

法律依据　专利法第22条第3款，专利法实施细则第21条第2款
决定要点

在判断一项权利要求是否具备创造性时，首先要将权利要求所述的技术方案和最接近的现有技术技术方案进行特征对比，确定两者之间的区别技术特征，如果对于所属技术领域的普通技术人员而言，在最接近的现有技术的基础上引入上述区别技术特征从而获得权利要求所要保护的技术方案是非显而易见的，且权利要求的技术方案产生了有益的技术效果，则该权利要求具有创造性。

如果本领域普通技术人员根据独立权利要求记载的技术内容，可以解决发明所要解决的技术问题，独立权利要求的技术特征的总和足以构成发明的技术方案，那么就应当认为该独立权利要求记载了解决技术问题的必要技术特征。

一、案由

本无效宣告请求案涉及国家知识产权局于2005年1月5日公告授予的、名称为“一种基于吡咯并［2，3-d］嘧啶的抗叶酸剂的七水合物晶形及其制备方法”的01805627. X号发明专利权（以下简称本专利），其申请日为2001年2月12日，优先权日为2000年2月25日，专利权人为伊莱利利公司。本专利授权公告的权利要求书如下：

“1. 一种具有一定的X-射线衍射图谱的N-［4-［2-（2-氨基-4，7-二氢-4-氧代-3H-吡咯并［2，3-d］嘧啶-5-基）乙基］苯甲酰基］-L-谷氨酸二钠盐的七水合物晶形，该图谱具有下列对应于d间距的峰：7.78±0.04，在22±2℃和环境%相对湿度下，使用铜射线源进行测定。

2. 一种制备N-［4-［2-（2-氨基-4，7-二氢-4-氧代-3H-吡咯并［2，3-d］嘧啶-5-基）乙基］苯甲酰基］-L-谷氨酸二钠盐的药物制剂的方法，包括使权利要求1的N-［4-［2-（2-氨基-4，7-二氢-4-氧代-3H-吡咯并［2，3-d］嘧啶-5-基）乙基］苯甲酰基］-L-谷氨酸二钠盐的七水合物晶形与一种药用载体混合。

3. 一种包含包装材料和包含权利要求1所说的七水合物晶形的组合物的制品，七水合物晶形包在所说的包装材料中，其中所说的七水合物晶形能有效地治疗癌症，其中所说的包装材料包含一种标签，该标签显示所说的七水合物晶形可用于治疗癌症。

4. 权利要求3中所说的制品，其中癌症是间皮瘤。

5. 权利要求1中所说的N-［4-［2-（2-氨基-4，7-二氢-4-氧代-3H-吡咯并［2，3-d］嘧啶-5-基）乙基］苯甲酰基］-L-谷氨酸二钠盐的七水合物晶形在生产用于治疗癌症的药物中的用途。

6. 权利要求5中所说的用途，其中癌症是间皮瘤。

7. 一种制备权利要求1的N-［4-［2-（2-氨基-4，7-二氢-4-氧代-3H-吡咯并［2，3-d］嘧啶-5-基）乙基］苯甲酰基］-L-谷氨酸二钠盐的七水合物晶形的方法，包括使N-［4-［2-（2-氨基-4，7-二氢-4-氧代-3H-吡咯并［2，3-d］嘧啶-5-基）乙基］苯甲酰基］-L-谷氨酸二钠盐从包含N-［4-［2-（2-氨基-4，7-二氢-4-氧代-3H-吡咯并［2，3-d］嘧啶-5-基）乙基］苯甲酰基］-L-谷氨酸二钠盐、水和丙酮的溶液中结晶出来；然后用湿的氮气干燥N-［4-［2-（2-氨基-4，7-二氢-4-氧代-3H-吡咯并［2，3-d］嘧啶-5-基）乙基］苯甲酰基］-L-谷氨酸二钠盐结晶。”

针对上述专利权，江苏豪森药业股份有限公司（下称请求人）于2007年9月29日向专利复审委员会提出无效宣告请求，认为本专利权利要求1~6不符合专利法第22条第3款的规定、权利要求7不符合专利法实施细则第21条第2款的规定，同时提交了以下证据：

证据1：第6013828号美国专利，公开日为2000年1月11日，复印件10页；

证据2：“Activity of the multitargeted antifolate LY231514 in the human tumor cloning assay”，Carolyn D. Britten等，Cancer Chemother Pharmacol（1999）第44期，第105~110页，复印件6页。

请求人认为：

（1）证据1的说明书实施例8公开了N-（4-［2-（2-氨基-4，7-二氢-4-氧代-1H-吡咯并［2，3-d］嘧啶-5-基）乙基］苯甲酰基）-L-谷氨酸二钠盐（以下简称MTA二钠盐），其可用于治疗肿瘤、癌症如间皮瘤（参见证据2）。权利要求1保护的技术方案与证据1公开的内容相比，区别在于权利要求1中为MTA二钠盐的七水合物晶形，并具有d间距的峰，而证据1为MTA二钠盐。对本领域技术人员而言，对已知的固体物质通过结晶进一步纯化是有机化学领域的常用技术手段。药物的水合物晶形在药物领域中非常常见，相对容易制备，因此本领域技术人员为了制备稳定性更高的药物，通过有限次试验，对反应条件进行选择从而获得权利要求1的技术方案是显而易见的；而且本专利说明书中仅证明MAA二钠盐七水合物相对于2.5水合物具有更好的稳定性，而没有证据证明MTA七水合物的稳定性增加相对于MTA二钠盐产生任何意想不到的效果；另外，通过证据2，请求人验证了七水合物相对于2.5水合物的技术效果，得出二者的稳定性并没有太大差别的结论，因此，权利要求1的技术方案不具备创造性。

（2）权利要求2的技术方案与证据1相比，区别在于权利要求2中将MTA二钠盐七水合物与药用载体混合。本领域技术人员发现化合物具有药学活性后，通常需将其与药用载体混合。在证据 1 的基础上，通过有限次试验，对反应条件进行选择并与药用载体混合而获得权利要求 2 的技术方案是显而易见的，权利要求 2 不具备创造性。

（3）权利要求 3 与证据 1 的区别在于 a. 权利要求 3 中为 MTA 二钠盐的七水合物，证据 1 中为 MTA 二钠盐；b. 权利要求 3 中为含包装材料的组合物制品，且包装含有一种标签，该标签显示所述七水合物可用于治疗癌症。但本领域技术人员在发现化合物具有药理活性并具有临床经验的基础上，容易想到将药理活性成分与包装材料组合，并辅以说明书以形成药用制品，因此在上述意见（1）的基础上，权利要求 3 也不具备创造性；证据 2 公开了权利要求 4 的附加技术特征，即 MTA 二钠盐可用于治疗间皮瘤，因此权利要求 4 也不具备创造性。

（4）由于证据 2 公开了 MTA 可用于治疗癌症，例如间皮瘤，基于上述意见（1），权利要求 5 和 6 也不具备创造性。

（5）权利要求 7 包括结晶和在湿氮气中干燥两个步骤，但没有提供反应条件，如反应温度，溶液中各组分的比例等，而这些条件属于制备七水合物的必要技术特征，因此权利要求 7 不符合专利法实施细则第 21 条第 2 款的规定。

（6）此外，请求人提及“证据 3：请求人提供的培美曲赛水合物的稳定性研究试验数据”，但并未提交。

2007 年 10 月 18 日，请求人重新提交了无效宣告请求书的首页以及补充意见陈述，其中重复了提出无效宣告请求时陈述的意见，同时提交了盖有“江苏省工程技术翻译院有限公司”印章的证据 1 的中文译文 15 页和证据 2 的中文译文 6 页。

经形式审查合格后，专利复审委员会受理了上述无效宣告请求，于 2007 年 11 月 15 日向双方当事人发出《无效宣告请求受理通知书》，并将请求人的《专利权无效宣告请求书》及其附件的副本，以及于 2007 年 10 月 18 日提交的补充意见陈述及其附件的副本转送专利权人，要求其在指定的期限内答复，同时成立合议组对本无效宣告请求案进行审理。

2007 年 12 月 28 日，专利权人针对以上《无效宣告请求受理通知书》作出答复，并提交了本专利的授权公告文本，复印件 16 页，针对证据 1 译文的校订稿 15 页以及证据 2 译文的校订稿 10 页。

专利权人认为：

（1）证据 1 和 2 的译文不准确；请求人没有提供文件来源，因此不能确认证据 2 的真实性；没有收到请求人声称作为证据 3 提供的“培美曲赛水合物稳定性的研究试验数据”的副本，无法判断其真实性、合法性和关联性。

（2）请求人在判断本专利权利要求 1 的技术方案的创造性过程中存在以下不正确之处：a. 证据 2 实际涉及的是 MTA，并非如请求人所称的公开了 MTA 二钠盐可用于治疗诸如间皮瘤的肿瘤、癌症；且请求人在无效理由中没有说明证据 2 公开的上述事实与权利要求 1 的创造性之间的关系，因此，所述事实与本案没有关联性；b. 请求人所称的“对已知固体物质通过结晶进一步纯化是有机化学领域常用的技术手段”这一观点不能成立，并且本申请权利要求 1 涉及的不是“对已知固体的进一步纯化”，因此也不能用“有限次试验”／“选择反应条件”的思路评价其创造性；c. 请求人主张的“药物的水合物晶形在药物领域非常常见，相对容易制备，例如通过吸湿性试验测定稳定的水合物形式”这一观点没有证据支持且存在逻辑错误，因此不能成立；d. 请求人认为“本专利说明书中仅证明七水合物相对于 2.5 水合物具有更好的稳定性，而没有证据证明 MTA 二钠盐七水合物的稳定性增加相对于 MTA 产生任何意想不到的效果”这一观点不正确，因为实际上 2.5 水合物本身即为 MTA 二钠盐；因此，请求人认为权利要求 1 不具备创造性的观点错误。

（3）一种未测定的化合物可能有几种水合物形式，各种水合物的物理性能及其差异是不可预测的，因此可以使一种晶形相对于另一种晶形具有非显而易见性和显著进步；相对于2.5水合物，本专利的七水合物具有更高的稳定性，有利于最终制剂的配制，因此本专利的权利要求1具备创造性。

（4）基于无效权利要求1的理由不能成立，并且请求人也未提供MTA二钠盐和用于治疗间皮瘤和已经在临床中应用的证据，权利要求2~6不具备创造性的无效理由也不能成立。

（5）现有技术中从未有人发现过MTA二钠盐七水合物晶形及其良好的稳定性，为得到二钠盐水合物晶形所用的水/乙醇方法中往往是先生产7.0醇化物，然后蒸去乙醇转变为2.5水合物，为了解决现有技术中存在的“不能从湿饼中成功除去乙醇或异丙醇而不失水”的技术问题，本专利采用丙酮/水方法，通过在湿氮气中干燥除去丙酮获得七水合物晶形，只要满足这两个必要技术特征，即可制得七水合物，因此权利要求7不缺少必要技术特征。

2008年2月13日，合议组向双方当事人发出《无效宣告请求口头审理通知书》，定于2008年3月26日对本案进行口头审理，并将专利权人于2007年12月28日提交的意见陈述书及其相关附件的副本转送请求人，要求其在口头审理时一并答复。

2008年3月26日，口头审理如期进行，双方当事人的代理人均出席了口头审理。合议组就本无效宣告请求案的无效理由及证据逐一进行了调查，双方均充分陈述了各自的意见，并记录了以下事项：

（1）请求人当庭确定其无效宣告理由为：权利要求1~6相对于证据1和证据2的结合不符合专利法第22条第3款的规定，其中证据1是最接近的现有技术；权利要求7不符合专利法实施细则第21条第2款的规定。

（2）专利权人认可证据1的真实性和合法性，对其关联性有异议；请求人当庭出示了盖有“中国科学院上海药物研究院图书情报室”红章和骑缝章的证据2，专利权人认可证据2的真实性和合法性，对其关联性有异议；

（3）请求人当庭放弃在提出无效宣告请求时意见陈述中涉及的证据3。

（4）请求人认可专利权人提交的证据1和2的译文校订稿的准确性，在本次口头审理中使用上述译文。

（5）请求人当庭明确在权利要求1的创造性评价中使用的证据的相关部分为：证据1的实施例8，证据2中文译文的第1页倒数第3行，第2页第2段、第3页最后1行和第8页第1~2行。

2008年4月2日，请求人提交了盖有“中国科学院上海药物研究院图书情报室”红章和骑缝章的证据2，共6页。

2008年4月10日，专利权人针对2008年3月26日进行的口头审理提交了意见陈述书。

至此，合议组认为本案的事实已经清楚，可以依法作出审查决定。

二、决定的理由

1. 关于文本

本无效宣告请求审理所针对的文本为本专利的授权文本。

2. 关于请求的理由和范围

本案无效宣告请求的理由和范围是：权利要求1~6相对于证据1和证据2的结合不符合专利法第22条第3款有关创造性的规定，其中证据1是最接近的现有技术；权利要求7不符合专利法实施细则第21条第2款的规定。

3. 关于证据

证据1是一篇美国专利文献，证据2是发表在正式出版的学术期刊上的文章，请求人在口头审理时当庭出示了盖有“上海医药工业研究院图书馆藏书”红章和骑缝章的证据2，专利权人对证据1和2的真实性没有异议，合议组对证据1和2的真实性予以认可。证据1和2的公开日均在本专利的优先权日之前，二者可以作为本专利的现有技术评价其创造性。请求人认可专利权人提交的证据1和2的译文校订稿的准确性，合议组认可上述译文校订稿的准确性。

专利权人对证据1和2的关联性表示异议，对此，合议组认为：证据1的实施例8涉及N-（4-［2-（2-氨基-4，7-二氢-4-氧代-1H-吡咯并［2，3-d］嘧啶-5-基）乙基］苯甲酰基）-L-谷氨酸二钠盐（以下简称MTA二钠盐）及其制备方法，证据2涉及MTA在抗肿瘤方面的活性研究，二者均涉及MTA或其盐，与本专利所涉及的物质相同，并且其公开日早于本专利的申请日，可以作为本专利的现有技术使用。因此，合议组认为这两个证据与本案相关，专利权人的上述主张不能成立。

4. 关于专利法第22条第3款

专利法第22条第3款规定：创造性，是指同申请日以前已有的技术相比，该发明有突出的实质性特点和显著的进步，该实用新型有实质性特点和进步。

在判断一项权利要求是否具备创造性时，首先要将权利要求所述的技术方案和最接近的现有技术技术方案进行特征对比，确定两者之间的区别技术特征，如果对于所属技术领域的普通技术人员而言，在最接近的现有技术的基础上引入上述区别技术特征从而获得权利要求所要保护的技术方案是非显而易见的，且权利要求的技术方案产生了有益的技术效果，则该权利要求具有创造性。

（1）就本案而言，权利要求1保护的是一种具有一定的X-射线衍射图谱的N-［4-［2-（2-氨基-4，7-二氢-4-氧代-3H-吡咯并［2，3-d］嘧啶-5-基）乙基］苯甲酰基］-L-谷氨酸二钠盐的七水合物晶形，该图谱具有下列对应于d间距的峰：7.78±0.04Å，在22±2℃和环境%相对湿度下，使用铜射线源进行测定。证据1的实施例8公开了MTA二钠盐，并具体公开了由实施例7的产物（即，N-（4-［2-（2-氨基-4，7-二氢-4-氧代-1H-吡咯并［2，3-d］嘧啶-5-基）乙基］苯甲酰基）-L-谷氨酸）制备实施例8的产物（即其二钠盐）的具体步骤。权利要求1保护的技术方案与证据1公开的内容相比，区别在于本专利权利要求1中为MTA二钠盐的七水合物晶形，并且其在22±2℃和环境%相对湿度下，使用铜射线源进行测定的X射线衍射图谱具有对应于d间距的峰：7.78±0.04Å，而证据1仅公开了MTA二钠盐。

根据本专利说明书的描述，哌美特斯能以一种七水合物的形式存在，这种水合物比目前已知的2.5水合物的稳定性高得多。七水合物晶形优于2.5水合物晶形的主要优点在于其针对溶剂含量的稳定性。七水合物晶形就相关物质的生长而言也更为稳定。这些增强的稳定性使得配制药理活性组份（API）的最终制剂更容易，并且将会使API的存储期延长（参见本专利说明书第1页第三段）。并且，本专利的实施例2验证了七水合物的稳定性，包括测定在5℃、25℃/60%相对湿度以及室温/不加控制的湿度条件下储藏的七水合物批次中溶剂（水）和总的相关物质，结果证明，较之2.5水合物，七水合物形式的物质的水含量在5℃，甚至在加速条件都下是稳定的，并且没有明显降解（参见本专利说明书第9~10页）。由此可见，本专利权利要求1的技术方案相对于证据1实际解决的技术问题是提供MTA二钠盐的一种更稳定形式，即具有上述特定X射线衍射图谱的七水合物晶形。判断权利要求1是否具备创造性，关键在于判断现有技术中是否存在技术启示，促使本领域技术人员通过已知的MTA二钠盐，制备具有上述特定X射线衍射图谱的七水合物，从而实现晶体稳定性更高、配制API的最终制剂更容易、API的存储期更长的目的。

证据2主要涉及的是多靶点抗叶酸剂（MTA或LY231514）在抗肿瘤方面的活性研究，具体为MTA抗直接从患者身上采集的广范围人体肿瘤的活性研究，包括其抑制肿瘤细胞生长的机理，其中MTA的化学名称为N-［4-［2-（2-氨基-3，4-二氢-4-氧代-1H-吡咯［2，3-d］嘧啶-5-基）乙基］苯甲酰基］-L-谷氨酸，其结构式见证据 2 中文译文第 2 页，结果证明 MTA 具有抗肿瘤谱的体外活性，包括一般被视为抗化疗的几种肿瘤，例如肾细胞癌、肝细胞癌、间皮瘤和胰腺癌；证据 2 中还对 MTA 的聚谷氨酸盐进行了研究（参见证据 2 中文译文的摘要、第 1 页最后一段、第 2 页第二段、第 3 页最后一段和第 8 页第一段）。但是，证据 2 中并没有公开任何有关 MTA 二钠盐或者 MTA 二钠盐水合物的信息，没有任何涉及其制备方法或以其作为活性成分的药物组合物的相关信息，更没有涉及将 MTA 制备成某种晶形以提高其稳定性和有利于制成制剂的技术启示。

通过上述对证据 1 和 2 的分析可见，当本领域技术人员面对上述本专利实际解决的技术问题时，不会有动机将证据 1 和证据 2 结合，从而获得本专利权利要求 1 的技术方案，并且权利要求 1 保护的发明获得了有益的技术效果。因此，权利要求 1 具有突出的实质性特点和显著的进步，符合专利法第 22 条第 3 款关于创造性的规定。

（2）权利要求 2 保护制备 N-［4-［2-（2-氨基-4，7-二氢-4-氧代-3H-吡咯并［2，3-d］嘧啶-5-基）乙基］苯甲酰基］-L-谷氨酸二钠盐的药物制剂的方法；权利要求 3~4 保护一种包含包装材料和包含权利要求 1 所说的七水合物晶形的组合物的制品；权利要求 5~6 保护权利要求 1 中的 N-［4-［2-（2-氨基-4，7-二氢-4-氧代-3H-吡咯并［2，3-d］嘧啶-5-基）乙基］苯甲酰基］-L-谷氨酸二钠盐的七水合物晶形在生产用于治疗癌症的药物中的用途，所述权利要求包含了权利要求 1 的全部技术特征，因此，在权利要求 1 相对于证据 1 和 2 的结合具备创造性的情况下，权利要求 2~6 的技术方案也具备突出的实质性特点和显著的进步，符合专利法第 22 条第 3 款的规定。

5. 关于专利法实施细则第 21 条第 2 款

专利法实施细则第 21 条第 2 款规定，独立权利要求应当从整体上反映发明或者实用新型的技术方案，记载解决技术问题的必要技术特征。

如果本领域普通技术人员根据独立权利要求记载的技术内容，可以解决发明所要解决的技术问题，独立权利要求的技术特征的总和足以构成发明的技术方案，那么就应当认为该独立权利要求记载了解决技术问题的必要技术特征。

就本案而言，权利要求 7 保护一种制备权利要求 1 的 N-［4-［2-（2-氨基-4，7-二氢-4-氧代-3H-吡咯并［2，3-d］嘧啶-5-基）乙基］苯甲酰基］-L-谷氨酸二钠盐的七水合物晶形的方法，包括使 N-［4-［2-（2-氨基-4，7-二氢-4-氧代-3H-吡咯并［2，3-d］嘧啶-5-基）乙基］苯甲酰基］-L-谷氨酸二钠盐从包含 N-［4-［2-（2-氨基-4，7-二氢-4-氧代-3H-吡咯并［2，3-d］嘧啶-5-基）乙基］苯甲酰基］-L-谷氨酸二钠盐、水和丙酮的溶液中结晶出来；然后用湿的氮气干燥 N-［4-［2-（2-氨基-4，7-二氢-4-氧代-3H-吡咯并［2，3-d］嘧啶-5-基）乙基］苯甲酰基］-L-谷氨酸二钠盐结晶。

根据本专利说明书的记载，本专利解决的技术问题是提供一种较之现有技术具有更高稳定性的 MTA 二钠盐七水合物晶形，从而实现配制 API 的最终制剂更容易、API 的存储期更长的目的。就目前的证据而言，现有技术中没有发现该七水合物及其良好的稳定性。当七水合物经受较高的温度、较低的湿度和/或真空处理时，它通过失水而转变为 2.5 水合物。现有技术的水/乙醇方法的一个缺点是没有能从湿饼中成功地除去乙醇或异丙醇而不失水的已知条件。现有技术的水/乙醇方法先生产 7.0 乙醇化物，然后蒸去乙醇而转变为 2.5 水合物（参见说明书第 1 页第 3 段）。为了解决上述技术问题，在本专利中，采用丙酮/水多大，并通过在湿氮气中干燥，可以除去挥发性的能与水混溶的溶剂-即丙酮，同时保留原有的七水合物晶形。因此，本领域技术人员能够判断出为制得 MTA 二钠盐七水合物晶形，采用丙酮作为溶剂，并在湿氮气中进行干燥的步骤是解决上述技术问题的必要技术特征，且上述技术特征已经明确记载在权利要求 7 中，权利要求 7 中涉及的技术特征足以构成发明的技术方案。

此外，请求人主张的反应温度、溶液中组分的比例等属于权利要求7的制备方法技术方案的具体反应条件，而通过上述论述可见，对于具体反应条件的选择并非本专利所要解决的技术问题。相反，对于本领域技术人员而言，在明确反应的步骤后通常可以对具体反应条件进行选择和确定；并且请求人并未说明或者证明上述具体反应条件的记载对于解决本专利的技术问题是必不可少的，以及本领域技术人员对这些具体条件的选择超出了其能力范围，需要付出创造性劳动。因此，合议组认为，上述具体条件的选择是本领域技术人员根据其掌握的普通知识和常规试验技能可以确定的，在没有反证的情况下，尚不能基于权利要求7中没有限定这些具体条件而认为其中记载的技术方案不能解决其所要解决的技术问题。因此，权利要求7已经从整体上反映了本专利的技术方案，记载了解决技术问题的必要技术特征，符合专利法实施细则第21条第2款的规定。

基于以上事实和理由，本案合议组作出如下审查决定。

三、决定

维持01805627.X号发明专利权有效。

当事人对本决定不服的，可以根据专利法第46条第2款的规定，自收到本决定之日起三个月内向北京市第一中级人民法院起诉。根据该款的规定，一方当事人起诉后，另一方当事人应当作为第三人参加诉讼。

027

结晶单水合物、其制备方法及其在制备药物组合中的用途

无效宣告请求审查决定（第12206号）

决　定　号　第12206号
决　定　日　2008年8月27日
发明创造名称　结晶单水合物、其制备方法及其在制备药物组合中的用途
国际分类号　C07D451/10，A61K31/46，A61P43/00
无效宣告请求人　江苏正大天晴药业股份有限公司
专　利　权　人　贝林格尔英格海姆法玛两合公司
专　利　号　01817143.5
申　请　日　2001年9月28日
优　先　权　日　2000年10月12日
授权公告日　2005年10月5日
合议组组长　李　越
主　审　员　汪送来
参　审　员　李亚林

法律依据　专利法第22条第3款
决定要点

对于结构上与已知化学产品接近的化学产品，必须要有预料不到的用途或效果，否则该化学产品不具备创造性。

从发明专利申请文件和现有技术中均不能得到教导的效果，不能作为认定该发明具备创造性的依据，申请日之后提交的证明该效果的实验数据，在创造性评价中应当不予考虑。

一、案由

本无效宣告请求案涉及国家知识产权局于2005年10月5日授权公告的、名称为"结晶单水合物、其制备方法及其在制备药物组合中的用途"的01817143.5号发明专利权（以下简称本专利），其申请日为2001年9月28日，优先权日为2000年10月12日，专利权人为贝林格尔英格海姆法玛两合公司。该专利授权公告的权利要求书如下：

"1. 式（I）化合物溴化替托品的结晶性单水合物，

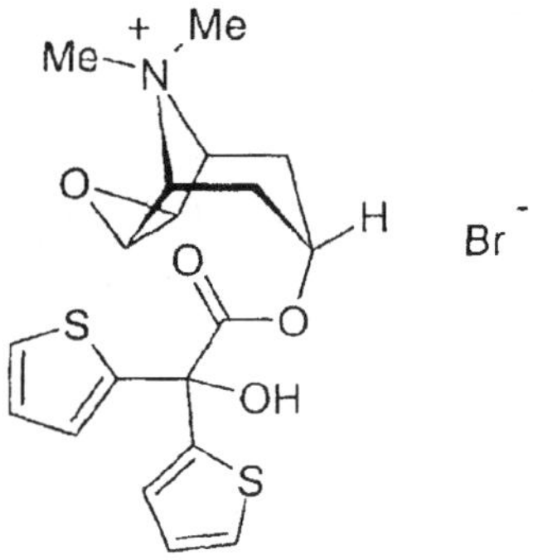

其特征为单一的斜晶体，它具有的量度如下：a = 18. 0774 埃、b = 11. 9711 埃、c = 9. 9321 埃、θ = 102. 691 度、V = 2096. 96 埃^3。

2. 权利要求 1 的溴化替托品的结晶性单水合物，其特征为，在使用 DSC 进行热分析时在 10K/分钟的加热速度下，在 230±5℃出现吸热峰。

3. 如权利要求 1 的结晶性溴化替托品单水合物，其特征为，IR 光谱表明在波数 3570，3410，3105，1730，1260，1035 及 720 厘米$^{-1}$处有吸收带。

4. 如权利要求 1、2 或 3 中任一项的结晶性溴化替托品单水合物的制备方法，其特征在于，

a）溴化替托品置于水中，

b）加热所得混合物，

c）加入活性碳，以及

d）于去除活性碳后，溴化替托品单水合物随着水溶液的缓慢冷却而缓慢结晶。

5. 如权利要求 4 的方法，其特征在于，

a）对每摩尔溴化替托品使用 0. 4～1. 5 千克水，

b）所得混合物加热至高于 50℃，

c）对每摩尔溴化替托品使用 10～50 克活性碳，并且在加入活性碳后连续搅拌 5～60 分钟，

d）过滤所得混合物，所得滤液以每 10～30 分钟 1～10℃的冷却速率冷却至 20～25℃，并由此结晶溴化替托品单水合物。

6. 一种用于治疗气喘或慢性阻塞性肺疾的药物制剂，其特征在于，其含有如权利要求 1～3 中任一项的结晶性溴化替托品单水合物。

7. 如权利要求 6 的药物制剂，其特征在于，其为吸入用粉剂。

8. 如权利要求 1～3 中任一项的结晶性溴化替托品单水合物在制备用于治疗气喘或慢性阻塞性肺疾的药物组合物中的用途。"

2007 年 4 月 11 日，国家知识产权局对本专利进行了更正公告，将授权公告文本中的权利要求 1 中的"……斜晶体……"、"……θ = 102. 691 度"分别更正为"……单斜晶体……"、"……β = 102. 691 度"。

针对上述专利权，江苏正大天晴药业股份有限公司（下称请求人）于 2007 年 10 月 29 日向专利复审委员会提出无效宣告请求，并提交了下述证据：

证据 1：第 5610163 号美国专利，授权公告日为 1997 年 3 月 11 日，复印件共 14 页；

证据 2：华西药学杂志，14（1），1999 年，第 37～39 页，复印件共 3 页；

证据 3：化学试剂与精细化学品合成基础，罗代暄主编，高等教育出版社出版，1991 年 5 月，第 47～49 页，复印件共 3 页；

证据 4：现代有机分析，余仲建著，天津科学技术出版社，1994 年 7 月，第 35～37 页，复印件共

3 页。

请求人认为：（1）本专利权利要求4不符合专利法实施细则第21条第2款的规定。主要理由是：由证据2可知，在重结晶工艺步骤中结晶条件对于得到的晶体类型很重要，而权利要求4没有对结晶条件作限定，缺乏能够得到稳定溴化替托品单水合物单斜晶体所必不可少的技术特征。

（2）本专利说明书不符合专利法第26条第3款的规定。主要理由是：①由证据2可知，结晶形态改变以后其生物活性随之改变。本专利没有公开所保护的晶体的药用效果数据以及本专利晶体满足对药物活性物质苛刻要求的实验数据。专利权人在答复国家知识产权局第一次审查意见通知书所提交的数据，没有证明本专利晶体的治疗效果，并且该数据未包括在原始申请中，不能用来说明说明书对保护的发明的充分公开。因此，本专利说明书没有充分公开权利要求1~3和6~8的技术方案。②权利要求4~5的技术方案的保护范围较宽，而说明书仅给出了一个实施例，本领域技术人员不能确认权利要求4~5的范围都能实施。

（3）本专利权利要求1~8不符合专利法第26条第4款的规定。主要理由是：①说明书中没有给出本专利晶体的用途和效果的数据，也没有制剂有效量的说明，权利要求1~3、6~8得不到说明书支持。②不是任何结晶条件下都可以获得本专利晶体，权利要求4~5得不到说明书支持。

（4）本专利权利要求1~8不符合专利法第22条第3款的规定。主要理由是：①证据1公开了治疗气喘或COPD的系列化合物，其中公开了溴化替托品晶体及其制备方法（实施例4），以及溴化替托品类似物的甲醇结晶（表II中的化合物38，表VII中的化合物2），说明书没有给出本专利晶体与现有技术的溴化替托品晶体相比产生的积极技术效果的证据，权利要求1~3、6~8对于证据1结合公知常识不具备创造性。②由证据3~4第可知，权利要求4中的四个步骤是重结晶领域的公知常识，权利要求5的附件技术特征也是常规技术，权利要求4~5相对于证据1结合公知常识也不具备创造性。

经形式审查合格后，专利复审委员会受理了上述请求，于2007年12月3日向双方当事人发出无效宣告请求受理通知书，并将专利权无效宣告请求书及其附件的副本转送给专利权人，要求其在指定的期限内答复，同时成立合议组对本无效宣告请求案进行审理。

2007年11月29日，请求人补充提交了意见陈述书和证据1的中文译文25页。

请求人认为，（1）权利要求2~3与权利要求1的保护范围实质上相同，权利要求2~3不符合专利法实施细则第20条第1款的规定。（2）权利要求1未给出空间群和Z值，权利要求2~8未给出空间群，因此权利要求1~8缺少必要技术特征，不符合专利法实施细则第21条第2款的规定。（3）单斜晶系共有13中可能的空间群，权利要求1保护的实质上为一类或多个结晶形式，而说明书中仅公开了一种具体的晶体，不符合专利法第26条第3款的规定。（4）基于上述（3）同样的理由，权利要求1~8得不到说明书的支持，不符合专利法第26条第4款的规定。

针对请求人于请求日提交的专利权无效宣告请求书以及专利复审委员会发出的无效宣告请求受理通知书，专利权人于2008年1月18日提交了意见陈述书，并提交了以下反证：

反证1：本专利实质审查阶段专利权人针对第一次审查意见通知书提交的意见陈述书的复印件，共5页。

反证2：Eur Respir J，1995年，第8期，第1506~1513页，复印件8页，及其中文译文10页。

反证3：J. Clin. Invest. 102（6），1998年9月，第1125~1131页，复印件7页，及其部分中文译文2页。

反证4：中国药物化学杂志，第4卷，第2期，第110~117页，1994年6月，复印件共8页。

反证5：Wilson and Gisvold' s textbook of organic medicinal and pharmaceutical chemistry，Robert F.编著，第8版，1982年，封面页，版权信息页，第469~471页，复印件5页，及其部分中文译文

2页。

专利权人认为：

（1）权利要求4足以区别于现有技术，本领域技术人员能够根据权利要求4的条件制备得到溴化替托品单水合物晶体，请求人没有提供证据支持有关权利要求4缺少必要技术特征的主张。

（2）①本发明提供了结晶性溴化替托品单水合物，该水合物是稳定的，说明书中公开了其在230±5℃的吸热峰（DSC数据）；本发明单水合物微粉化以后也是稳定的，反证1说明，本发明单水合物细分颗粒级分在压力条件下基本上不变；本专利的单水合物能形成单晶，说明其比无定形在热力学上更稳定。证据1和反证2公开了溴化替托品为强效、长效抗胆碱能药物，适用于治疗慢性支气管炎和哮喘，反证3表明替托品作用于肺深部区域的组织表面，含替托品的药物必需是能够将活性成分递送到肺深部区域的药物组合物，替托品达到肺深部区域已不再以晶体的形式存在。化合物需要溶解才表现出药效，不同结晶形式如果溶解度没有差异，则疗效不会显示出差异（见反证4），溴化替托品用量非常少，颗粒非常小，所有晶体形式在水性介质中都显示良好的溶解度，因此预期这些晶体形式在疗效上不会表现出差异，反证5也表明溴化替托品具有高的水溶解度。因此，权利要求1~3的单水合物已被充分公开。②本专利说明书对权利要求4、5涉及的单水合物的制备方法进行了详细的描述，包括原料来源、详细的工艺步骤以及反应条件，同时提供了合成实施例，因此，权利要求4~5的制备方法已被充分公开。（c）说明书中限定了本发明药物组合物的活性成分，该组合物的制备方法，本领域技术人员能够预测到权利要求6、7的组合物的用途和使用效果，因此，权利要求6~7的药物组合物已被充分公开。（d）说明书中记载了本发明单水合物作为药物，并记载了作为可吸入粉剂，用于治疗气喘或COPD，因此权利要求8的用途已被充分公开。

（3）如上所述，权利要求1~4、6和8符合专利法第26条第4款的规定，请求人没有提供证据支持其有关本专利权利要求1~4、6和8不符合专利法第26条第4款规定的主张。

（4）本领域技术人员无法预期晶体溴化替托品单水合物，因此晶体溴化替托品单水合物、其制备方法、其组合物及其用途是非显而易见的。本发明得到稳定的结晶性溴化替托品单水合物，其能形成单晶，表明其比无定形热力学上更稳定，反证1表明本发明的结晶性溴化替托品单水合物微粉化后比EP0418716A的无水溴化替托品更稳定，可以保证溴化替托品单水合物的粉末制剂将活性成分带入到肺部。因此，本专利具备创造性。

2008年1月31日，本案合议组向双方发出转送文件通知书，将请求人于2007年11月29日提交的意见陈述书及其所附附件的副本转送给专利权人，将专利权人于2008年1月18日提交的意见陈述书及其所附附件的副本转送给请求人，并要求双方在一个月内针对上述文件进行答复。

2008年3月17日，专利权人提交了意见陈述书和修改的权利要求书替换页，针对授权公告后经更正的权利要求书，删除了其中的权利要求1，并将权利要求2~3合并，修改后的权利要求书如下：

“1. 式（I）化合物溴化替托品的结晶性单水合物，

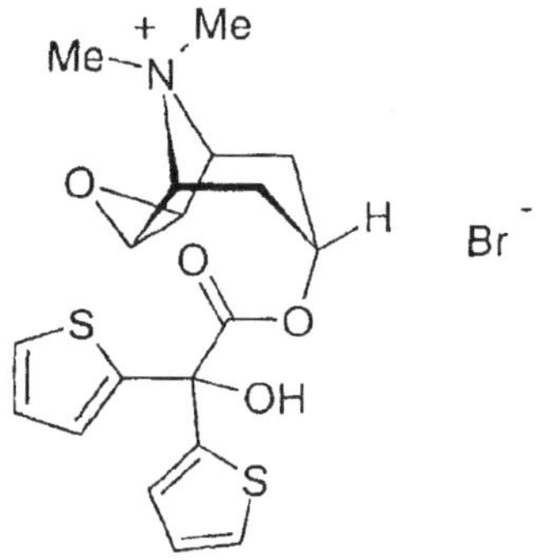

其特征为单一的单斜晶体，它具有的量度如下：a = 18.0774 埃、b = 11.9711 埃、c = 9.9321 埃、β = 102.691 度、V = 2096.96 埃^3；在使用 DSC 进行热分析时在 10K/分钟的加热速度下，在 230±5℃出现吸热峰；IR 光谱表明在波数 3570，3410，3105，1730，1260，1035 及 720 厘米$^{-1}$处有吸收带。

2. 如权利要求 1 的结晶性溴化替托品单水合物的制备方法，其特征在于，

a）溴化替托品置于水中，

b）加热所得混合物，

c）加入活性碳，以及

d）于去除活性碳后，溴化替托品单水合物随着水溶液的缓慢冷却而缓慢结晶。

3. 如权利要求 2 的方法，其特征在于，

a）对每摩尔溴化替托品使用 0.4~1.5 千克水，

b）所得混合物加热至高于 50℃，

c）对每摩尔溴化替托品使用 10~50 克活性碳，并且在加入活性碳后连续搅拌 5~60 分钟，

d）过滤所得混合物，所得滤液以每 10~30 分钟 1~10℃的冷却速率冷却至 20~25℃温度，并由此结晶溴化替托品单水合物。

4. 一种用于治疗气喘或慢性阻塞性肺疾的药物制剂，其特征在于，其含有如权利要求 1 的结晶性溴化替托品单水合物。

5. 如权利要求 4 的药物制剂，其特征在于，其为吸入用粉剂。

6. 如权利要求 1 的结晶性溴化替托品单水合物在制备用于治疗气喘或慢性阻塞性肺疾的药物组合物中的用途。”

专利权人认为，修改后的权利要求 1 清楚地表述了要求保护的范围，符合专利法实施细则第 20 条第 1 款的规定；修改后的权利要求 1~6 的方案足以区别于现有技术，反映了本专利相对于现有技术所做出的贡献，符合专利法实施细则第 21 条第 2 款；本发明说明书公开了溴化替托品单水合物的制备方法、物理表征，符合专利法第 26 条第 3 款的规定，权利要求 1~6 得到了说明书的支持，请求人没有提供证据表明溴化替托品单水合物晶体还可以以不同于本发明的晶体形式存在。

2008 年 3 月 17 日，针对合议组于 2008 年 1 月 31 日发出的转送文件通知书，请求人提交了意见陈述书，请求人认为，(1) 权利要求 4 缺少结晶条件的必要技术特征，不符合专利法实施细则第 21 条第 2 款的规定。(2) ① (a) 反证 5 所列的化合物与本专利权利要求 1 的单水合物不相同也不类似，无法证明本专利单水合物的溶解性。证据 1 和反证 2 涉及的是溴化替托品，本专利涉及的是结晶性溴化替托品单水合物，根据请求人的证据，晶型不同，有的有治疗作用，有的则没有，并且，本领域技术人员无法预测本专利的单水合物能否在肺深部区域溶解及其溶解的量，因而无法预测本专利的单水合物能够用于治疗气喘或 COPD，反证 3 和 4 也不能支持专利权人的主张。(b) 说明书仅公开了本专利单水合物的 DSC 实验，本专利单水合物在 50℃以上时就开始失水，晶型发生转变，其稳定性不如证据 1 中的晶体稳定（熔点 217-8℃）。单晶即稳定的主张没有任何理论依据，原说明书没有公开结晶性溴化替托品单水合物在研磨过程中是否稳定，反证 1 的数据没有包括在原申请中，不能作为其在研磨过程中稳定的证据，吸湿性和结块性更是没有提及。因此，说明书没有充分公开权利要求 1~3 的技术方案。②说明书没有充分公开权利要求 4 和 5 的技术方案，理由同请求书中所述。③本领域技术人员无法预计含结晶性溴化替托品单水合物与任何载体的药物组合物均能被递送到肺深部区域而治疗气喘或 COPD，说明书没有充分公开权利要求 6~8 的技术方案。因此，说明书不符合专利法第 26 条第 3 款的规定。(3) ①由于说明书没有充分公开权利要求 1~3、6~8 的技术方案，因此权利要求 1~3、6~8 得不到说明书的支持。②反证 4 记载了不同的结晶条件导致得到不同晶型的晶体，权利

要求4没有限定结晶的具体条件，权利要求5中溴化替托品和水的相对量的定义较宽，权利要求4~5得不到说明书的支持。因此，权利要求1~8不符合专利法第26条第4款的规定。（4）①本领域技术人员根据证据1可知溴化替托品的各溶剂化物晶体的存在，结合公知常识可以预知溴化替托品倾向于形成含水结晶，权利要求1不具备突出的实质性特点。显著的进步比较的对象应当是溴化替托品类似物的甲醇结晶，即使与溴化替托品粉末相比，本专利单水结晶在加热至50℃以上时就开始失水，晶型发生转变，其稳定性不如证据的晶体。因此，权利要求1不具备创造性。②权利要求2和3与权利要求1保护范围实质上相同，也不具备创造性。③权利要求4相对于证据3结合公知常识或反证4结合公知常识不具备创造性。④证据1公开了溴化替托品在治疗气喘或COPD方面的用途，权利要求6~8也不具备创造性。因此，权利要求1~8不符合专利法第22条第2款的规定。

2008年3月18日，本案合议组向双方当事人发出无效宣告请求口头审理通知书，拟定于2008年5月6日对本专利权的无效宣告请求案进行口头审理，并将专利权人于2008年3月17日提交的意见陈述书及其附件的副本转送给请求人，要求其在口头审理时一并答复。

2008年4月2日，本案合议组向专利权人发出转送文件通知书，将请求人于2008年3月17日提交的意见陈述书的副本转送给专利权人，要求其在口头审理时一并答复。

2008年5月14日，本案合议组向双方发出无效宣告请求口头审理通知书，将原拟定于2008年5月6日进行的口头审理改为2008年7月1日进行。

2008年6月10日，专利权人提交了意见陈述书和下述反证6：

反证6：Physical Characterization of Pharmaceutical Solids，Harry G. Brittain编著，出版日期为1995年，相关页复印件5页，及部分中文译文1页。

专利权人认为，反证6说明，FTIR是表征固体药物的一种有力技术，通常用来评价药物的多晶型，并对含于水合物中的水的研究非常有用，修改后的权利要求1的单水合物不仅用晶胞参数、DSC数据进行表征，还进一步用FTIR数据进行表征，因此，清楚地表述了要求保护的范围，符合专利法实施细则第20条第1款的规定。

2008年6月25日，请求人提交了意见陈述书和下述证据：

证据5：江苏省南京市钟山公证处出具的公证书复印件共14页（其中包括所附的REGISTRY HANDBOOK，1992 SUPPLEMENT，封面页及相关页，复印件共2页（以下简称证据5a）和Drugs of the future，第25卷，第7期，2000年7月，封面页及相关页，复印件共9页（以下简称证据5b））以及证据5a的部分中文译文1页。

2008年6月25日，请求人面取了专利权人于2008年6月10日提交的意见陈述书及其所附的反证6，专利权人面取了请求人于2008年6月25日提交的意见陈述书及其所附的证据5。

2008年7月1日，口头审理如期进行，双方均出席了口头审理。合议组就本案的无效理由及证据逐一进行了调查，双方均充分陈述了各自的意见。庭审过程中，合议组记录了以下事项：

（1）请求人当庭提交了意见陈述书、证据5a有关出版信息内容的中文译文1页以及以下证据6和证据7：

证据6：单晶结构分析原理与实践，陈小明等编著，2003年9月第1版第1次印刷，科学出版社出版，封面页、扉页、出版信息页、第1页、第19~24页、第29~33页、第125~126页，复印件共17页；

证据7：道兰氏英汉医学辞海，Douglas M. Anderson编著，1998年8月第1版第1次印刷，世界图书出版公司出版，书名页、出版信息页、第1203页，复印件共3页。

合议组当庭将上述文件的副本转给专利权人。

（2）专利权人当庭提交了反证3和反证5的有关出版信息内容的中文译文各1页，以及以下反证7：

反证7：中华人民共和国药典，二部，国家药典委员会编著，2000年版，化学工业出版社出版，书名页、出版信息页以及附录第13页，复印件共3页。

合议组当庭将上述文件的副本转给请求人。

（3）请求人对专利权人于2008年3月17日提交的权利要求书中的修改无异议，合议组当庭告知双方，本案审理所针对的权利要求书为专利权人于2008年3月17日提交的权利要求书。

（4）针对专利权人于2008年3月17日提交的权利要求书，请求人明确无效宣告请求的范围、理由和证据是：①权利要求1~6不符合专利法实施细则第21条第2款的规定，使用证据2和证据6；②说明书不符合专利法第26条第3款的规定，涉及权利要求1~6，使用证据2和证据6；③权利要求1~6不符合专利法第26条第4款的规定，使用证据2和证据6；④权利要求1~6不符合专利法第22条第3款的规定，权利要求1使用证据5a与证据1的结合以及证据5b与证据1的结合，分别以证据5a和证据5b为最接近的现有技术；权利要求2使用证据5a与证据1以及公知常识的结合，或者证据5b与证据1以及公知常识的结合，相关公知常识性证据包括证据3和证据4，并且分别以证据5a和证据5b为最接近的现有技术；权利要求3使用证据5a与证据1以及公知常识的结合，或者证据5b与证据1以及公知常识的结合，相关公知常识性证据包括证据3和反证4，并且分别以证据5a和证据5b为最接近的现有技术；权利要求4~6使用证据5a与证据1的结合或者证据5b与证据1的结合，分别以证据5a和证据5b为最接近的现有技术。

专利权人明确反证的使用方式为：反证1用于说明本专利具有创造性，反证2、3、5、7用于说明本专利符合专利法第26条第3款、第4款的规定，反证4、6用于说明本专利符合专利法实施细则第21条第2款的规定。

（5）专利权人认为请求人的证据5超过了举证期限。请求人认为证据5的提交日期符合合议组在口审通知书中指定的期限。合议组当庭告知专利权人，对于证据5是否超出举证期限，合议组将在审查决定中明确。

（6）请求人当庭出示了证据2~4的原件、附有证据5a、5b的证据5的原件以及证据6~7的原件，专利权人对证据1~7的真实性没有异议，对证据1、5a的中文译文的准确性没有异议。但认为证据6的公开日晚于本专利申请日，不能作为证明公知常识的证据。

专利权人当庭出示了反证2~5的公证书原件、反证6的公证认证书原件以及反证7的原件，请求人对反证1~7的真实性没有异议，对反证2~3、5~6的中文译文的准确性没有异议。

（7）专利权人指出证据5b没有中文译文，对其提出异议。合议组当庭宣告：合议组告知了双方在2008年6月25日将口头审理中欲使用的所有证据进行交换，请求人在2008年6月25日提交了证据5，其中包括证据5a和5b，但是没有提交证据5b中文译文。在口头审理过程中，请求人仍然没有提交证据5b的中文译文，因此，合议组不考虑证据5b。

（8）在合议组宣布不考虑证据5b的情况下，请求人将涉及证据5b与证据1结合的方式相应地改为使用证据1的方式评价本专利的创造性。

（9）请求人的无效宣告请求的范围、理由和证据以本次口头审理中表达的为准。对于口头审理中确定的无效宣告请求的范围、理由和证据，给予专利权人7日期限进行补充答复。针对专利权人提交的反证6和反证7，给予请求人7日期限进行补充答复。

2008年7月8日，请求人提交了意见陈述书，针对反证6和反证7陈述了意见，请求人认为，①反证6不能证明给出了IR数据，则对应的晶体具有唯一的晶体结构。证据2表明IR、热分析图谱、熔点不能很好地区分不同晶型。由于权利要求1~6在晶体表征中缺少空间群和Z值，造成权利要求1表征的晶体不唯一以及本领域技术人员无法确证该晶体。②反证7说明可吸入性微粉的粒径需控制在10微米，其中大多数在5微米以下。而反证1表明，证据1的晶体虽然处理前后粒径变化较本专利大，但仍然满足制药过程中对活性物质粒径的要求。并且，反证1的实验条件是40℃，75%相对湿度，而药品不可能储存在该实验条件相似的环境下。因此，反证1的数据证明的是不需要解决的“伪”技术问题，反证7和反证1结合不能证明本专利具备创造性。

2008年7月8日，专利权人提交了意见陈述书和以下证据：

反证8：北京市求是公证处于2008年7月8日出具的公证书原件共12页，其中包括所附的期刊，即，中国乳品工业，1994年2月，第22卷第1期，相关页复印件7页（纸张大小不一）。

反证9：北京市求是公证处于2008年7月8日出具的公证书原件共15页，其中包括所附的期刊，即，饲料研究，2007年第4期，第42~44页复印件3页。

反证10：北京市求是公证处于2008年7月8日出具的公证书原件共11页，其中包括所附的期刊，即，南京大学学报·自然科学，1959年10月第1期，封面页、目录页、第75~78页复印件6页。

反证11：北京市求是公证处于2008年7月8日出具的公证书原件共15页，其中包括所附的期刊，即，轻金属，1996年8月，第8期，相关页复印件10页。

反证12：北京市求是公证处于2008年7月8日出具的公证书原件共18页以及部分中文译文1页，其中包括所附的期刊，即，international journal of pharmaceutics，1998年，第172卷第（1，2）期，相关页复印件13页。

反证13：WO 2004046154A1，公开日为2004年6月3日，封面页1页，及其部分中文译文1页。

专利权人认为，（1）①反证4表明DSC数据、IR光谱数据是表征晶体的重要参数，反证6表明FT-IR是表征固体药物的强有力的工具，权利要求1的限定足以区别于现有技术。证据6公开日晚于本发明优先权日，不是本发明的现有技术，不能认定为本领域的公知常识，并且，证据6第125页涉及的“重要的晶体学参数”仅仅是某些杂志对发表论文的要求，不能等同于专利法意义上的必要技术特征的含义，反证8、反证9限定乳糖晶体、苷氨酸锌晶体时，并没有要求包括空间群和Z值。对于一种具体物质而言，并不存在具有不同空间群、相同晶胞参数的多晶型，并且也没有证据表明存在具有本专利晶胞参数、IR、DSC数据却具有不同空间群和Z值的溴化替托品单水合物晶体形式。因此，权利要求1符合专利法实施细则第21条第2款的规定。②权利要求2清楚地记载了结晶溶剂水、加热混合物的步骤以及加入活性碳并且过滤活性碳后缓慢冷却、缓慢结晶的结晶条件，本领域技术人员能够根据上述条件制备得到溴化替托品单水合物晶体，权利要求2符合专利法实施细则第21条第2款的规定。同理权利要求4、6也满足专利法实施细则第21条第2款的规定。（2）①本领域技术人员可以确定本专利溴化替托品单水合物晶体能够治疗COPD，以及满足对活性物质的苛刻要求，包括活性物质的高纯度、储存稳定性、活性物质晶格稳定、在研磨期间化学性质稳定以避免药物活性物质的分解、药物活性的粒径稳定以保证能够通过吸入而进入肺部，说明书对权利要求1进行了清楚、完整的说明，符合专利法第26条第3款的规定。②本说明书特别是实施例1清楚地表明，根据权利要求2~3的方法可以制备得到本专利所保护的晶体，因此本说明书对权利要求2~3的发明作了清楚、完整的说明，符合专利法第26条第3款的规定。③同理，说明书充分公开了权利要求4~6的技术方案，符合专利法第26条第3款的规定。（3）①如上所述，说明书对本专利的单水合物作了充分公开，本领域技术人员能够预见其用途，权利要求1符合专利法第26条第4款的规定。②权利要求2限定了工艺步骤，说明书提供了实施例说明如何制备本专利的溴化替托品单水合物，本领域技术人员能够实施权利要求 2 的技术方案，权利要求 2 符合专利法第 26 条第 4 款的规定。③说明书中限定了药物组合物的活性成分、制备该组合物的方法，本领域技术人员能够预测溴化替托品单水合物具有抗胆碱能作用，并用于治疗 COPD 和哮喘，权利要求 4 符合专利法第 26 条第 4 款的规定。④说明书记载了溴化替托品作为药物，可用于吸入粉末，治疗哮喘和 COPD，权利要求 6 符合专利法第 26 条第 4 款的规定。⑤请求人没有提供证据证明本专利权利要求 1~6 不符合专利法第 26 条第 4 款的规定。(4) ①权利要求 1 相对于证据 1 具备创造性，符合专利法第 22 条第 3 款的规定。证据 1 实施例 4 涉及溴化替托品无水晶体，权利要求 1 涉及溴化替托品单水合物，二者晶体结构不同。证据 1 中仅公开了化合物 38 和化合物 2 这两种甲醇化物，本领域技术人员会认为大多数化合物包括溴化替托品不能形成任何溶剂化物或水合物，由证据 1 中的化合物 38 和化合物 2 不能预测权利要求 1 的溴化替托品单水合物晶体，证据 1 没有给出溴化替托品单水合物能够形成晶体以及制备该晶体的启示。相对于证据 1 的溴化替托品无水晶体，权利要求 1 的单水合物晶体还能够形成单晶、高度有序、具有高纯度、高化学稳定性、晶体结构稳定性、粒径稳定性。②权利要求 1 相对于证据 1 和证据 5a 的结合具备创造性，符合专利法第 22 条第 3 款的规定。证据 5a 是最接近的现有技术，证据 5a 仅提及了物质名称，没有公开具体物质的信息，例如水合物的制备方法、其相应的表征参数，其中的含水量不确定。反证 10、12~13 表明水合物也可以是无定形，反证 11 表明水含量不确定是不可能形成晶体的，因此证据 5a 的水合物未必是晶体。证据 5a 与权利要求 1 的区别在于证据 5a 仅提及了具有不确定水含量的溴化替托品，本专利权利要求 1 涉及溴化替托品单水合物晶体。本专利单水合物晶体能形成单晶、具有储存稳定性、晶体结构稳定、微粉化以后稳定、适合用于可吸入粉末。本领域技术人员基于证据 1 和证据 5a 的信息不能预测上述信息，因此权利要求 1 相对于证据 1 和 5a 的结合具备创造性。③权利要求 2~3 具备创造性，符合专利法第 22 条第 3 款的规定。证据 3 和证据 4 涉及重结晶步骤，是一种提纯步骤，加入的原料和得到的产物相同，而权利要求 2 和 3 是一种制备方法，得到的产物与原料不同。现有技术中没有公开权利要求 2 和 3 涉及的单元反应的特定组合。反证 4 得到的是 A 型法莫替丁，而不是溶剂合物。因此，权利要求 2 和 3 具备创造性。④由于溴化替托品单水合物晶体具备创造性，因此权利要求 4 和 6 也具备创造性，符合专利法第 22 条第 3 款的规定。

针对专利权人于 2008 年 7 月 8 日提交的意见陈述书和反证 8~13，请求人于 2008 年 7 月 15 日提交了意见陈述书、反证 12 的部分中文译文以及反证 13 第 15~16 页复印件及其部分中文译文，请求人认为，(1) 反证 9 是通过互联网下载所得的证据，在没有其他证据佐证或无原件核实的情况下，请求人对其真实性无法判断。反证 8 和反证 9 虽然没有公开晶体的空间群和 Z 值，但是反证 8 并非是发现了新晶型而对其进行表征，反证 9 主要是通过 X 射线粉末衍射图进行表征。而专利权人试图通过单晶结构参数对保护的全新结构的晶型进行表征，证据 6 表明单晶结构的表征需要包括空间群和 Z 值，IR 和 DSC 无法替代空间群和 Z 值，因此权利要求 1~6 不符合专利法实施细则第 21 条第 2 款的规定。(2) ①虽然证据 1 没有给出更多溶剂化物的信息，但是本领域技术人员可以想到如果在合适的溶剂中进行，这些同类化合物都可能获得溶剂化合物。②溴化替托品单水合物晶体在 50~120℃ 间已经完全失水，230±5℃ 的峰是物质熔化伴以分解的吸热峰，与单水晶体特性无关，50℃ 失水说明单水结晶不稳定。证据 1 的晶体已经满足了制药过程中对活性物质的苛刻要求，反证 1 证明的效果实际上是不需要解决的技术问题，本专利和反证 1 不能证明权利要求 1 的创造性。③证据 5a 中带 x 个水的溴化替托品具有特定的 CAS 号，即 139404-48-1，说明其是一个特定的新物质，x 并不代表不确定，而是某个未知的固定值。证据 1 已经公开了溴化替托品晶体以及同类物的晶体和溶剂化物，本领域技术人员有理由相信证据 5a 中公开的溴化替托品 x 水晶体是可获得和存在的。④无定形物质含一定量的水并非与请求人的主张矛盾，反证 10 没有证明专利权人的观点。反证 11 中的 $Al_2O_3 \cdot nH_2O$ 中，n 并非固定值，与结晶水合物并非同一概念。反证12公开的两种无定形α环糊精D和F分别由含水晶体A和C研磨而得，反证12中没有说明研磨成无定形后含水情况，也没有用α-Cd·xH_2O表示。反证13是本申请日之后公开的专利申请文件，对其不予认可，并且申请人可以自由定义涉及的技术术语，其并不能代表本领域技术人员的认知标准，并且反证13实施例3和4中没有得到纯的产品和对其进行确证（参见反证13的说明书第15~16页及其部分中文译文），因此反证13不能证明专利权人的观点。⑤溴化替托品分子中不存在可以容纳水分子的空腔，其含有结构水的可能性为零，证据5a中公开的溴化替托品单水合物中的水只能是结晶水。因此，证据1公开了溴化替托品晶体以及同类化合物的溶剂化物晶体，证据5a公开了溴化替托品的含x水晶体，两者结合很容易得到权利要求1的溴化替托品单水合物晶体，并且专利权人未能证明权利要求1与证据1相比具有的技术效果，因此权利要求1不具备创造性。在权利要求1不具备创造性的情况下，权利要求4~6也不具备创造性。⑥对于权利要求2~3，重结晶和本专利权利要求2~3都涉及化合物制备领域，主要应考察现有技术是否公开了要求保护的技术特征，专利权人未能证明证据3和4不能与权利要求2~3进行对比的观点。(3)专利权人未能证明本专利可以解决所要解决的技术问题，因此说明书不符合专利法第26条第3款的规定。由此权利要求1~6不符合专利法第26条第4款的规定。

至此，合议组认为本案的事实已经清楚，可以作出审查决定。

二、决定的理由

1. 关于审查文本

专利权人于2008年3月17日提交了权利要求书替换页，其中针对在授权公告后国家知识产权局于2007年4月11日更正的文本，在删除了权利要求1的前提下，将其权利要求2和3进行了合并。请求人对专利权人的修改没有异议，合议组经审查认定，上述修改属于审查指南第四部分第三章第4.6.2节中所述的合并式修改，符合专利法第33条和专利法实施细则第68条的规定。本无效宣告请求审查决定所针对的文本是专利权人于2008年3月17日提交的权利要求书和2005年10月5日授权公告的说明书、说明书附图和说明书摘要。

2. 关于证据

（1）专利权人认为请求人的证据5超过了举证期限，并且证据5所附的证据5b没有中文译文，对其提出异议。

对此，合议组认为，专利权人于2008年3月17日提交了意见陈述书和修改的权利要求书，合议组于2008年3月10日随口头审理通知书一起将其转送给请求人，并要求请求人在口头审理时对其进行答复。之后应双方当事人的请求，合议组将口头审理日期变更为2008年7月1日，因此，该答复日期可顺延至2008年7月1日。2008年6月25日，双方当事人在合议组的组织下对口头审理中欲使用的证据进行了交换，请求人针对修改后的权利要求书于2008年6月25日提交了证据5及其所附的证据5a的部分中文译文，并在口头审理中对如何使用这些证据进行了具体说明，属于在合议组指定的期限内提交的证据，根据审查指南第四部第三章第4.3.1节的规定，应当予以考虑。但是，在口头审理过程中，请求人仍然没有提交证据5所附的证据5b的中文译文，根据审查指南第四部分第八章第2.2.1节的规定，合议组对证据5b不予考虑。

（2）请求人当庭出示了证据2-7的原件，专利权人对证据1~7（包括证据5a）的真实性没有异议，对证据1、5a的中文译文的准确性没有异议。专利权人当庭出示了反证2~5的公证书原件、反证6的公证认证书原件以及反证7的原件，请求人对反证1~7的真实性没有异议，对反证2~3、5~6的中文译文的准确性没有异议。经审查，合议组对请求人提交的证据1~7（包括证据5a）的真实性、证据1、5a的中文译文的准确性、专利权人提交的反证1~7的真实性、反证2~3、5~6的中文译文的准确性均予以确认。

(3) 请求人对专利权人庭后提交的反证8、10~13的真实性、反证12~13的中文译文的准确性没有异议，合议组经审查对这些证据的真实性和中文译文的准确性予以确认。

专利权人认为，请求人提交证据6的公开日晚于本专利申请日，不能作为证明公知常识的证据，因此对其提出异议。合议组查明，证据6的印刷日为2003年9月，请求人使用证据6第125页倒数第6~7行支持其有关空间群和Z值是表征晶体结构的必需参数，权利要求中没有限定空间群和Z值则缺少必要技术特征或者没有被说明书充分公开的主张。合议组认为，首先，请求人通过该证据主张本专利不符合专利法第26条第3款及专利法实施细则第21条第2款的规定，该证据与本案具有关联性，理应纳入本案的审理范围；其次，虽然证据6的公开日晚于本专利优先权日2000年10月12日，但请求人并不是用证据6说明本专利的技术内容在现有技术中已被公开或给出启示，因此，合议组对证据6予以考虑。

(4) 请求人认为，反证9所附的期刊是互联网上下载的证据，在没有其他证据佐证或无原件核实的情况下，请求人对其真实性无法判断。

合议组查明，反证9所附的期刊是专利权人在北京市求是公证处的监督下于2008年7月8日从http：//www.cnki.net即中国知网上下载的期刊文献，中国知网的主管部门是国家教育部，主办单位是清华大学。合议组认为，中国知网是中国知名的正规网站，在没有反证的情况下，由该网站下载的期刊文献的真实性应予以确认。请求人并没有提供证据证明反证9所附的期刊文献不真实，因此，合议组对其真实性予以确认。

(5) 请求人认为，反证13是公开于申请日之后的专利申请文件，对其不予认可。

合议组查明，反证13是2004年6月3日公开的国际专利申请文件，在反驳请求人提出的本专利不符合专利法第22条第3款的无效宣告理由时，专利权人用该证据支持其有关水合物也可以为无定形的形式，并不绝对地形成晶体结构的主张。合议组认为，首先，该证据与本案具有关联性，理应纳入本案的审理范围；其次，虽然反证13的公开日晚于本专利的申请日，但专利权人并不是用反证13说明某技术内容在现有技术或本申请文件中已被公开，因此，合议组对反证13予以考虑。

3. 关于专利法第22条第3款

专利法第22条第3款规定，创造性，是指同申请日以前已有的技术相比，该发明有突出的实质性特点和显著的进步，该实用新型有实质性特点和进步。

对于结构上与已知化学产品接近的化学产品，必须要有预料不到的用途或效果，否则该化学产品不具备创造性。

从发明专利申请文件和现有技术中均不能得到教导的效果，不能作为认定该发明具备创造性的依据，申请日之后提交的证明该效果的实验数据，在创造性评价中应当不予考虑。

本专利权利要求1保护的是式（I）化合物溴化替托品的结晶性单水合物，具体技术方案如案由部分所示。

证据5a中公开了3-氧杂-9-氮鎓三环［3.3.1.02，4］壬烷，7-［（羟基二-2-噻吩基乙酰基）氧］-9，9-二甲基-，溴化物，水合物，（1α，2β，4β，5α，7β），其分子式为$C_{19}H_{22}NO_4S_2Br\cdot xH_2O$（参见证据5a中文译文）。

证据1公开了溴化替托品结晶及其具体制备实施例，并且公开了该溴化替托品晶体适用于治疗COPD和气喘（参见证据1中文译文第13页实施例4，第4页第2段至第6页）。

本专利权利要求1保护的化学产品与证据5a中公开的化学产品的区别在于，权利要求1保护的是溴化替托品单水合物晶体，而证据5a公开的是溴化替托品的x水合物；本专利权利要求1保护的化学产品与证据 1 中公开的化学产品的区别在于，权利要求 1 保护的是溴化替托品单水合物晶体，而证据 1 公开的是溴化替托品晶体。

合议组认为，本专利权利要求 1 的化学产品、证据 5a 及证据 1 中公开的化学产品其主体结构都是溴化替托品，溴化替托品的结构是权利要求 1、证据 5a 以及证据 1 的化学产品的基本核心部分，本专利权利要求 1 的产品与证据 5a 和证据 1 的产品均属于结构上非常接近的化学产品。因此，权利要求 1 的化学产品只有在其具有预料不到的用途或效果的情况下才具备创造性。

专利权人认为，证据 5a 仅提及了物质名称，没有公开具体物质的信息，例如水合物的制备方法、其相应的表征参数，其中的含水量不确定。反证 10、12～13 表明水合物也可以是无定形，反证 11 表明水含量不确定是不可能形成晶体的，因此证据 5a 的水合物未必是晶体。

对此，合议组认为，首先，不管证据 5a 中公开的产品是结晶性的还是非结晶性的，也不管 x 是任何数值，都不可否认本专利权利要求 1 的化学产品与证据 5a 中公开的化学产品是结构非常接近的化学产品的事实，因此，权利要求 1 保护的化学产品只有在其相对于上述现有技术中的化学产品具有预料不到的用途或效果的情况下才具备创造性。此外，虽然证据 5a 中没有公开溴化替托品 x 水合物的制备方法和表征参数，但是在证据 1 公开了溴化替托品晶体的具体制备实施例的情况下，本领域技术人员根据其掌握的常规实验手段，能够获得证据 5a 中公开的溴化替托品 x 水合物及其表征参数。并且，证据 1 已经公开了溴化替托品晶体具有治疗 COPD 和气喘的活性，由此，本领域技术人员可以确定溴化替托品 x 水合物也具有治疗 COPD 和气喘的活性。

对于权利要求 1 保护的化学产品的用途和所产生的技术效果，本专利说明书记载的包括：（1）溴化替托品单水合物用于制备治疗气喘和 COPD 的药物组合物（参见说明书第 8 页最后 1 段至第 9 页第 1 段）；（2）权利要求 1 的溴化替托品结晶性单水合物可满足对药物活性物质的苛刻要求，包括起始物料在多种环境条件作用下的活性稳定性、药物制剂制造过程的稳定性以及最终药物组合物的稳定性，所用药物活性物质应尽可能提纯，并保证其在多种不同环境条件下长期储存的稳定性，活性物质的粒径必须可以通过研磨而缩小至适当程度，要尽可能避免药物活性物质的分解，使活性物质在整个研磨过程中高度稳定，研磨过程中结晶性活性物质的稳定性及性质满足苛刻要求，在不同储存条件下上述药物组合物中的药物的高度稳定，可改良药物组合物的物理及化学稳定性的任何药物组合物的固态变化（参见本专利说明书第 1 页倒数第 1 段至第 3 页第 1 段）。

对于上述（1）的用途和效果，本专利基于其背景技术即证据 1 的同族专利 EP418716A1 中公开的内容确定权利要求 1 的结晶性单水合物具有治疗气喘和 COPD 的活性，专利权人没有主张并且也没有证据表明权利要求 1 的结晶性单水合物在治疗气喘和 COPD 的活性方面相对于证据 5a 或证据 1 的现有技术化学产品具有预料不到的技术效果。对于上述（2）的药物活性物质满足诸多苛刻要求的效果，说明书中仅笼统地提及了上述技术效果，但没有任何证据表明上述技术效果的存在，因此，不能认定在药物活性物质满足上述苛刻要求方面相对于证据 5a 或证据 1 的现有技术化学产品具有预料不到的技术效果。

专利权人还主张，（1）本专利单水合物能够形成单晶，高度有序且具有高纯度，质量优良，更适合药用；（2）在 50℃以前，单水合物晶体甚至不开始脱水，在室温下以及更苛刻的条件下可长期储存。（3）单水合物晶体具有高度化学稳定性，晶体结构稳定，DSC 数据表明单水合物只在 230±5℃才有尖锐的吸热峰，即该晶体只在该温度处才发生熔化分解，高于证据 1 中的分解温度 217～218℃；（4）反证 1 表明，微粉化以后，本发明结晶性单水合物细分颗粒级分在压力条件下基本保持不变，证据 1 中的溴化替托品细分颗粒级分显著下降，而反证 7 表明药物颗粒大小只有保持在一定程度才能达到病灶部位。

合议组认为，对于上述意见（1），本专利权利要求1保护的并不是单晶，并且没有证据表明单水合物能否被制成单晶与该单水合物是否适合药用存在必然联系，也没有任何依据说明其具有高纯度、质量优良。对于上述意见（2），证据1中的无水晶体根本不存在失水的问题，而权利要求1的单水合物在50℃以上会失水，即相对于证据1，本专利的结晶水反而成为导致不稳定的不利因素。对于上述意见（3），由本专利说明书第4页第6段可知，在DSC图谱中，在50~120℃间的吸热信号是由于溴化替托品单水合物脱水成无水形式。也就是说，当温度高于120℃时，已经不再是原来的单水合物晶体了，可见，在稳定性方面，结晶性单水合物与无水晶体相比反而不利。而且，就熔化、分解而言，如本专利说明书第4页第7段所述，物质熔化伴以分解，观察所得的熔点极大程度取决于加热速度，在加热速率为3K/分时，在220±5℃观察到熔化/分解过程，可见与证据1中的217~218℃相当，并没有任何优越性。对于上述意见（4），根据说明书第2页第3~5段描述，可以理解本专利结晶性单水合物要满足的苛刻要求是：活性物质必须能够通过研磨而缩小至适当的程度，为了可被吸入到肺部，应当可以被研磨至粒径处于次微米范围，在研磨中应当避免药物活性物质分解，以及晶格、晶型的改变。但是，说明书中没有公开任何有关“微粉化以后结晶性单水合物的细分颗粒级分在压力条件下基本上不变”的技术效果，也没有提供任何微粉化以后颗粒粒径稳定性方面的实验数据，本领域技术人员根据本专利公开的信息以及现有技术，得不到任何有关溴化替托品结晶性单水合物微粉化以后粒径稳定的教导，因此，这一效果不能作为认定本专利的溴化替托品结晶性单水合物具备创造性的依据，在这种情况下，由于专利权人提交的反证1为其在申请日之后即答复国家知识产权局的第一次审查意见通知书时提交的实验数据，该数据给出的是本专利的结晶性单水合物微粉化以后粒径稳定的教导，由于其所教导的技术效果在本专利申请文件中没有依据，并且在现有技术中也没有教导，故在本案的创造性评价中，合议组对该数据不予考虑。

综上所述，本专利权利要求1的化学产品与证据5a和证据1的化学产品均属于结构上非常接近的化学产品，并且本专利权利要求1保护的化学产品相对于证据5a和证据1中公开的现有技术化学产品也不具备预料不到的用途和效果，因此，权利要求1的化学产品相对于证据1或者证据5a与证据1的结合均不具备创造性，不符合专利法第22条第3款的规定。

本专利权利要求2保护权利要求1的结晶性溴化替托品单水合物的制备方法，其特征在于，（1）溴化替托品置于水中，（2）加热所得混合物，（3）加入活性碳，以及（4）于去除活性碳后，溴化替托品单水合物随着水溶液的缓慢冷却而缓慢结晶。

合议组认为，权利要求2中的制备方法实质上是通过重结晶制备结晶性单水合物的方法，而选择合适的含水溶剂，通过加热溶解、加入活性碳脱色除杂质、过滤除去活性炭、缓慢冷却结晶这种常规的重结晶操作制备水合物晶体是本领域的公知常识（参见证据3第47~48页重结晶操作方法部分，证据4第35~37页第3.2.9节重结晶部分）。专利权人认为，重结晶步骤是改善物质纯度的提纯步骤，加入的原料和得到的产物相同，只是纯度提高了。对此，合议组认为，重结晶操作并不局限于用于物质的提纯，而且还是制备衍生物的最常用的很有效的方法，例如通过选择合适的重结晶溶剂制备不同的晶体或溶剂化物，因此，对于专利权人的上述主张，合议组不予支持。综上所述，在权利要求1不具备创造性的情况下，权利要求2相对于证据1与公知常识的结合或者证据5a与证据1及公知常识的结合也不具备创造性，不符合专利法第22第3款的规定。

权利要求3是权利要求2的从属权利要求，进一步限定了水的用量、加热温度、活性炭的用量、脱色时间、冷却速率、冷却温度这些具体的操作条件。合议组认为，这些具体条件是本领域技术人员根据其掌握的普通知识和常规实验技能可以确定的，因此，在权利要求2不具备创造性的情况下，权利要求3也不具备创造性，不符合专利法第22条第3款的规定。

权利要求4保护一种用于治疗气喘或慢性阻塞性肺疾的药物制剂，其特征在于，其含有如权利要求1的结晶性溴化替托品单水合物。证据1中已经公开了用于治疗气喘或COPD的、包含溴化替托品晶体的药物制剂，例如吸入粉末（参见证据1中文译文第4页第3段至第5页第2段）。在权利要求1不具备创造性的情况下，同理，权利要求4相对于证据1或者证据5a与证据1的结合也不具备创造性，不符合专利法第22条第3款的规定。

权利要求5是权利要求4的从属权利要求，进一步限定药物制剂为吸入用粉剂，与权利要求4同理，权利要求5也不符合专利法第22条第3款的规定。

权利要求6保护权利要求1的结晶性溴化替托品单水合物在制备用于治疗气喘或慢性阻塞性肺疾的药物组合物中的用途，证据1已经公开了溴化替托品晶体可以用于制备治疗哮喘和COPD的制剂，在权利要求1不具备创造性的情况下，同理，权利要求6也不具备创造性，不符合专利法第22条第3款的规定。

基于以上已经得出权利要求1~6不符合专利法第22条第3款的结论，对于请求人的其他无效宣告请求理由和证据以及专利权人针对专利法第22条第3款以外的其他无效宣告理由所提交的反证，合议组不再进行评述。

基于以上事实和理由，本案合议组作出如下审查决定。

三、决定

宣告01817143.5号发明专利权全部无效。

当事人对本决定不服的，可以根据专利法第46条第2款的规定，自收到本决定之日起三个月内向北京市第一中级人民法院起诉。根据该款的规定，一方当事人起诉后，另一方当事人应当作为第三人参加诉讼。

北京市第一中级人民法院
行政判决书

（2009）一中行初字第83号

原告贝林格尔英格海姆法玛两合公司（BoehringerIngelheim Pharma GmbH&CO. KG），住所地德意志联邦共和国莱因河畔英格海姆。

法定代表人海因茨·哈曼（Heinz HAMMANN），授权签署人。

法定代表人米夏埃尔·卡珀特（Michael KOMPTER），授权签署人。

委托代理人李静冰，北京市正见永申律师事务所律师。

委托代理人张平元，北京市柳沈律师事务所律师。

被告中华人民共和国国家知识产权局专利复审委员会，住所地中华人民共和国北京市海淀区北四环西路9号银谷大厦10~12层。

法定代表人张茂于，副主任。

委托代理人汪送来，中华人民共和国国家知识产权局专利复审委员会审查员。

委托代理人程强，中华人民共和国国家知识产权局专利复审委员会审查员。

第三人江苏正大天晴药业股份有限公司，住所地中华人民共和国江苏省连云港市新浦区巨龙北路8号。

法定代表人谢炳，董事长。

委托代理人王达佐，北京英赛嘉华知识产权代理有限责任公司专利代理人。

委托代理人耿文军，女，1971 年 5 月 10 日出生，江苏正大天晴药业股份有限公司职员，住中华人民共和国北京市海淀区中关村 16 楼 420 号。

原告贝林格尔英格海姆法玛两合公司（以下简称贝林格尔公司）不服被告中华人民共和国国家知识产权局专利复审委员会（以下简称专利复审委员会）于 2008 年 9 月 10 日作出的第 12206 号无效宣告请求审查决定（以下简称第 12206 号决定），于法定期限内向本院提起诉讼。本院于 2008 年 12 月 26 日受理本案后，依法组成合议庭，并通知江苏正大天晴药业股份有限公司（以下简称正大天晴公司）作为第三人参加诉讼，于 2009 年 3 月 23 日公开开庭进行了审理。原告贝林格尔公司的委托代理人李静冰、张平元，被告专利复审委员会的委托代理人汪送来、程强，第三人正大天晴公司的委托代理人王达佐、耿文军到庭参加了诉讼。本案现已审理终结。

专利复审委员会针对正大天晴公司就贝林格尔公司的第 01817143.5 号名称为“结晶单水合物、其制备方法及其在制备药物组合中的用途”的发明专利（以下简称本专利）提出的无效宣告请求作出第 12206 号决定，其认定：

1. 对于结构上与已知化学产品接近的化学产品，必须要有预料不到的用途或效果，否则该化学产品不具备创造性。从发明专利申请文件和现有技术中均不能得到教导的效果，不能作为认定该发明具备创造性的依据，申请日之后提交的证明该效果的实验数据，在创造性评价中应当不予考虑。

2. 关于权利要求 1 的创造性：本专利权利要求 1 保护的化学产品与证据 5a 中公开的化学产品的区别在于：权利要求 1 保护的是溴化替托品单水合物晶体，而证据 5a 公开的是溴化替托品的 x 水合物；本专利权利要求 1 保护的化学产品与证据 1 中公开的化学产品的区别在于：权利要求 1 保护的是溴化替托品单水合物晶体，而证据 1 公开的是溴化替托品晶体。本专利权利要求 1 的化学产品、证据 5a 及证据 1 中公开的化学产品其主体结构都是溴化替托品，溴化替托品的结构是权利要求 1、证据 5a 以及证据 1 的化学产品的基本核心部分，本专利权利要求 1 的产品与证据 5a 和证据 1 的产品均属于结构上非常接近的化学产品。不管证据 5a 中公开的产品是结晶性的还是非结晶性的，也不管 x 是任何数值，都不可否认本专利权利要求 1 的化学产品与证据 5a 中公开的化学产品是结构非常接近的化学产品的事实，因此，权利要求 1 保护的化学产品只有在其相对于上述现有技术中的化学产品具有预料不到的用途或效果的情况下才具备创造性。此外，虽然证据 5a 中没有公开溴化替托品 x 水合物的制备方法和表征参数，但是在证据 1 公开了溴化替托品晶体的具体制备实施例的情况下，本领域技术人员根据其掌握的常规实验手段，能够获得证据 5a 中公开的溴化替托品 x 水合物及其表征参数。并且，证据 1 已经公开了溴化替托品晶体具有治疗 COPD 和气喘的活性，由此，本领域技术人员可以确定溴化替托品 x 水合物也具有治疗 COPD 和气喘的活性。

对于权利要求 1 保护的化学产品的用途和所产生的技术效果，贝林格尔公司没有主张并且也没有证据表明权利要求 1 的结晶性单水合物在治疗气喘和 COPD 的活性方面相对于证据 5a 或证据 1 的现有技术化学产品具有预料不到的技术效果；对于本专利说明书所述的药物活性物质满足诸多苛刻要求的效果，说明书中仅笼统地提及了上述技术效果，但没有任何证据表明上述技术效果的存在，因此，不能认定在药物活性物质满足上述苛刻要求方面相对于证据 5a 或证据 1 的现有技术化学产品具有预料不到的技术效果。

贝林格尔公司还主张，(a) 本专利单水合物能够形成单晶，高度有序且具有高纯度，质量优良，更适合药用；(b) 在 50℃以前，单水合物晶体甚至不开始脱水，在室温下以及更苛刻的条件下可长期储存。(c) 单水合物晶体具有高度化学稳定性，晶体结构稳定，DSC 数据表明单水合物只在 230±

5℃才有尖锐的吸热峰，即该晶体只在该温度处才发生熔化分解，高于证据1中的分解温度217~218℃；（d）反证1表明，微粉化以后，本发明结晶性单水合物细分颗粒级分在压力条件下基本保持不变，证据1中的溴化替托品细分颗粒级分显著下降，而反证7表明药物颗粒大小只有保持在一定程度才能达到病灶部位。专利复审委员会认为，对于上述意见（a），本专利权利要求1保护的并不是单晶，并且没有证据表明单水合物能否被制成单晶与该单水合物是否适合药用存在必然联系，也没有任何依据说明其具有高纯度、质量优良；对于上述意见（b），证据1中的无水晶体根本不存在失水的问题，而权利要求1的单水合物在50℃以上会失水，即相对于证据1，本专利的结晶水反而成为导致不稳定的不利因素；对于上述意见（c），由本专利说明书第4页第6段可知，在DSC图谱中，在50~120℃间的吸热信号是由于溴化替托品单水合物脱水成无水形式。也就是说，当温度高于120℃时，已经不再是原来的单水合物晶体了，可见，在稳定性方面，结晶性单水合物与无水晶体相比反而不利。而且，就熔化、分解而言，如本专利说明书第4页第7段所述，物质熔化伴以分解，观察所得的熔点极大程度取决于加热速度，在加热速率为3K/分时，在220±5℃观察到熔化/分解过程，可见与证据1中的217~218℃相当，并没有任何优越性；对于上述意见（d），根据本专利说明书第2页第3~5段描述，可以理解本专利结晶性单水合物要满足的苛刻要求是：活性物质必须能够通过研磨而缩小至适当的程度，为了可被吸入到肺部，应当可以被研磨至粒径处于次微米范围，在研磨中应当避免药物活性物质分解，以及晶格、晶型的改变。但是，说明书中没有公开任何有关“微粉化以后结晶性单水合物的细分颗粒级分在压力条件下基本上不变”的技术效果，也没有提供任何微粉化以后颗粒粒径稳定性方面的实验数据，本领域技术人员根据本专利公开的信息以及现有技术，得不到任何有关溴化替托品结晶性单水合物微粉化以后粒径稳定的教导，因此，这一效果不能作为认定本专利的溴化替托品结晶性单水合物具备创造性的依据。在这种情况下，由于贝林格尔公司提交的反证1为其在申请日之后即答复中华人民共和国国家知识产权局（以下简称国家知识产权局）的第一次审查意见通知书时提交的实验数据，该数据给出的是本专利的结晶性单水合物微粉化以后粒径稳定的教导，由于其所教导的技术效果在本专利申请文件中没有依据，并且在现有技术中也没有教导，故在本案的创造性评价中，专利复审委员会对该数据不予考虑。

综上所述，本专利权利要求1的化学产品与证据5a和证据1的化学产品均属于结构上非常接近的化学产品，并且本专利权利要求1保护的化学产品相对于证据5a和证据1中公开的现有技术化学产品也不具备预料不到的用途和效果，因此，权利要求1的化学产品相对于证据1或者证据5a与证据1的结合均不具备创造性，不符合2001年7月1日施行的《中华人民共和国专利法》（以下简称2001年《专利法》）第二十二条第三款的规定。

3. 关于权利要求2~3：权利要求2中的制备方法实质上是通过重结晶制备结晶性单水合物的方法，而选择合适的含水溶剂，通过加热溶解、加入活性碳脱色除杂质、过滤除去活性炭、缓慢冷却结晶这种常规的重结晶操作制备水合物晶体是本领域的公知常识。贝林格尔公司认为，重结晶步骤是改善物质纯度的提纯步骤，加入的原料和得到的产物相同，只是纯度提高了。专利复审委员会认为，重结晶操作并不局限于用于物质的提纯，而且还是制备衍生物的最常用的很有效的方法，例如通过选择合适的重结晶溶剂制备不同的晶体或溶剂化物，故对于贝林格尔公司的上述主张不予支持。因此，在权利要求1不具备创造性的情况下，权利要求2相对于证据1与公知常识的结合或者证据5a与证据1及公知常识的结合也不具备创造性。

权利要求3是权利要求2的从属权利要求，进一步限定了水的用量、加热温度、活性炭的用量、脱色时间、冷却速率、冷却温度这些具体的操作条件。专利复审委员会认为，这些具体条件是本领域技术人员根据其掌握的普通知识和常规实验技能可以确定的，因此，在权利要求2不具备创造性的情况下，权利要求 3 也不具备创造性。

4. 关于权利要求 4~6：证据 1 中已经公开了用于治疗气喘或 COPD 的、包含溴化替托品晶体的药物制剂，例如吸入粉末。在权利要求 1 不具备创造性的情况下，同理，权利要求 4 相对于证据 1 或者证据 5a 与证据 1 的结合也不具备创造性。

权利要求 5 是权利要求 4 的从属权利要求，进一步限定药物制剂为吸入用粉剂，与权利要求 4 同理，权利要求 5 也不符合 2001 年《专利法》第二十二条第三款的规定。

证据 1 已经公开了溴化替托品晶体可以用于制备治疗哮喘和 COPD 的制剂，在权利要求 1 不具备创造性的情况下，权利要求 6 也不具备创造性。

综上，专利复审委员会作出第 12206 号决定，宣告本专利权全部无效。

原告贝林格尔公司不服该决定，于法定期限内向本院提起诉讼称：

1. 第 12206 号决定事实认定错误。

（1）证据 5a 涉及溴化替托品 x 水合物，其中仅列出了分子式、物质名称，没有提供任何制备方法。从证据 5a 公开的信息，本领域的技术人员不能确认 x 水合物，也不能获知 x 水合物的表征参数，不知道 x 水合物是无定型还是晶体，是溶解在水中还是含水的在另外一种溶剂中的悬浮物，也不知道如何制备该 x 水合物。因此，证据 5a 中没有提供关于 x 水合物的必要的信息，并且这些信息也无法从证据 5a 中推导出来。对证据 5a 的评价应该基于文件本身提供的事实，不能基于推测对公开的信息做任何扩大的解释。

专利复审委员会认为，“不管证据 5a 中公开的产品是晶体还是非晶体，也不管 x 是任何数值，都不可否认本专利权利要求 1 的化学产品与证据 5a 中公开的化学产品是结构上非常接近的化学产品的事实”。由于本专利要求保护的是利用晶胞参数等技术特征限定的单水合物晶体，如果证据 5a 中公开的产品是晶体还是非晶体都无法判断，则无法将本发明的单水合物晶体与证据 5a 中公开的产品进行比较。此外，证据 5a 产品的性质决定了需要提供何种数据用来证实本专利的晶体的预料不到的用途或者效果。如果证据 5 中的晶体显示与证据 1 中的无水晶体类似的性质，那么贝林格尔公司在实质审查期间提供的反证 1 足以清楚地证实本专利相对于证据 5a 中产品的预料不到的性质。

（2）专利复审委员会错误地认定证据 5a 中的 x 水合物、证据 1 的无水晶体以及本发明的单水合物晶体在结构上相近。从权利要求 1 的技术特征可以看出，本发明保护的是重复的结构单元在空间上有序排列的溴化替托品单水合物晶体。权利要求 1 的主题不是溴化替托品单水合物。证据 5a 公开了溴化替托品 x 水合物。其中 x 水合物的化学结构不清楚，没有公开物理形态。同时贝林格尔公司提交的反证证实了水合物也可以是无定型的形式。例如反证 10 以及反证 12~13。反证 11 清楚地表明，水含量不确定不能形成晶体。证据 1 公开了溴化替托品无水晶体，公开了化学结构，但是没有公开表征物理结构特征的晶胞参数。众所周知，晶体中分子、原子或者离子在空间上按照一定的规律排列而形成的固体物质，相应地在外形上表现为一定形状的几何多面体。对晶体而言，关注的是其在三维空间上重复排列的物理结构单元（由晶胞参数构成的几何形状），而不是形成几何形状的化学成分。专利复审委员会认为，“本专利权利要求 1 的化学产品、证据 5a 以及证据 1 中公开的化学产品其主体结构都是溴化替托品，溴化替托品的结构是权利要求 1、证据 5a 以及证据 1 的化学产品的基本核心部分，本专利权利要求 1 的产品与证据 5a 和证据 1 的产品均属于结构上非常接近的化学产品”。专利复审委员会将本发明的要求保护的单水合物晶体、证据 5a 以及证据 1 中产品认定为结构相似的物质，完全没有考虑本发明要求保护“晶体”这一主题以及晶体是重复单元周期性排列而形成的空间结构这一客观事实。

（3）专利复审委员会对本专利的技术效果的认定错误。专利复审委员会错误地认为，“对于（2）

的药物活性物质满足诸多苛刻要求的效果，说明书中仅笼统地提及了上述技术效果，没有任何证据表明上述技术效果的存在”。在本专利说明书第8页最后1段至第9页第1段，明确表明了本发明的溴化替托品结晶性单水合物可满足对药物活性物质的苛刻要求，包括药物活性物质在药物制剂过程中的稳定性，以及保证其在多种不同环境下的长期储存的稳定性等。同时，贝林格尔公司提供了反证1来证实本发明的溴化替托品结晶性单水合物相对于证据1中的无水晶体具有优良的稳定性能，“在微粉化以后结晶性单水合物的细分颗粒级分在压力条件下基本上保持不变，而证据1中的溴化替托品的细分颗粒级分显著下降”。因此，本发明的说明书不仅明确地提及了上述技术效果，而且贝林格尔公司还提供证据进一步证明了上述技术效果。专利复审委员会认为，“说明书中没有公开任何有关在微粉化以后结晶性单水合物的细分颗粒级分在压力条件下基本上不变的技术效果，也没有提供任何微粉化以后颗粒粒径稳定性方面的实验数据，本领域技术人员根据本专利公开的信息以及现有技术，得不到任何有关溴化替托品结晶性单水合物微粉化以后粒径稳定的教导”。实际上，这是专利复审委员会错误地理解了反证1的待证事实。贝林格尔公司提供反证1的目的在于证实本发明的单水合物晶体在药物制剂过程中的稳定性，并且这种稳定性明显优于现有技术EP418716A1中的无水晶体。在本专利的实审过程中，贝林格尔公司提交了反证1用以支持本专利相对于现有技术EP418716A1具有创造性，国家知识产权局采信了反证1，认定本专利相对于证据1具有预料不到的效果。第12206号决定也应当采纳反证1。而且在（2005）一中行初字第538号行政判决书中，已经明确在无效请求审查过程中，可以允许专利权人提交补充数据来证实创造性。

2. 第12206号决定适用法律错误。

（1）专利复审委员会所采用的创造性基准与2001年《专利法》的规定不符。根据2001年《专利法》和《审查指南》的规定，对一项发明创造性的基准是“非显而易性”、“显著的进步”。但是专利复审委员会在本案中却采用了其他标准：“对于结构上与已知化学产品接近的化学产品，必需有预料不到的用途或者效果，否则该化学产品不具备创造性”。“预料不到的用途或者效果”并不是创造性的基准。只有当一项发明不具有“非显而易见性”的情况下，才进一步评价其预料不到的用途或者效果。在未对“非显而易见性”作出评价的情况下，而作出本专利不具有预料不到的效果从而不具有创造性的决定，是错误的。此外，2001年《专利法》规定的“非显而易见性”并不等于“结构上与已知化学产品是否接诉”。

（2）本专利所保护的特定的晶体是非显而易见的。本发明的单水合物晶体与证据5a以及证据1中的化合物在结构上具有重大的差异。本发明的单水合物晶体具有由特定的空间大小的晶胞周期性排列的物理结构；证据5a化学结构尚不清楚，更没有任何物理结构信息；证据1公开的是溴化替托品无水晶体。众所周知，在晶体领域，某种化合物是否存在晶体形式、存在多少种晶体形式以及存在何种晶体形式不具有可预期性，即便是采用精确计算堆积能等方法来进行晶体结构上的预测，也是非常困难的，因此，化合物晶体的发明或者制备带有不可预期性。同时，在目前的审查实践中也采用上述标准。详细说明如下：第一，本专利特定的晶体相对于证据1是非显而易见的。证据1中的实施例4涉及溴化替托品无水晶体。证据1中没有公开本专利的单水合物晶体，也没有公开溴化替托品单水合物晶体的制备方法，没有关于制备溴化替托品单水合物的技术启示。因此，制备本发明的单水合物晶体也不是本领域的技术人员的常规选择。本领域的技术人员根据证据1，无法预测溴化替托品单水合物是否能够形成晶体，溴化替托品单水合物晶体是否稳定，更无法预测溴化替托品单水合物是否能够形成单斜晶体、该单斜晶体是否稳定。相对于证据1，权利要求1的溴化替托品单水合物是非显而易见的。很明显，专利复审委员会是在了解了本发明之后，利用本发明的信息去解释现有技术。这是事后诸葛亮。第二，本专利的特定晶体相对于证据5a是非显而易见的。证据5a公开了溴化替托品x水合物，仅仅提及了物质名称，其中的含水量不确定，证据 5a 甚至没有公开具体的物质所需要公开的信息，也没有公开该物质的物理形态。本领域的技术人员基于证据 1 和 5a 的信息，无法预测是否能够制备单水合物晶体、单水合物晶体是否稳定，更无法预测溴化替托品单水合物是否能够形成单斜晶体、该单斜晶体是否稳定，微粉化后是否稳定、是否适合用于可吸入粉末。第三，基于以上理由，本专利的特定晶体相对于证据 1 与证据 5a 的结合是非显而易见的。溴化替托品首次公开于 1990 年(EP418716A1)，而溴化替托品单水合物直到 2002 年才由本专利权得到。如果真如专利复审委员会所认为那样，为何要等待 12 年后才由贝林格尔公司去制备特定溴化替托品单水合物晶体。

3. 本发明至少提供了一种与现有技术构思不同的技术方案，同时本发明涉及的溴化替托品单水合物晶体高度有序并且具有高纯度，能够形成单晶，适合用于制备可吸入粉末。因此，本发明具有有益的技术效果，具有显著的进步。

4. 第 12206 号决定违反了公正执法原则。2008 年 7 月 8 日，正大天晴公司以及贝林格尔公司分别提交了意见陈述书。针对贝林格尔公司的意见陈述书和反证 8～13，正大天晴公司于 2008 年 7 月 15 日提交了意见陈述书、反证 12 的部分中文译文以及反证 13 第 15～16 页复印件及其部分中文译文。专利复审委员会将贝林格尔公司的意见陈述转交给正大天晴公司，并且给予其再次陈述意见的机会。但并没有将正大天晴公司的意见陈述书转交给贝林格尔公司，剥夺了贝林格尔公司针对正大天晴公司的意见陈述书以陈述意见的机会，违反了公正执法原则。

5. 第 12206 号决定违反了听证原则。正大天晴公司在 2008 年 7 月 15 日提交的意见陈述中认为，“虽然证据 1 没有给出更多溶剂化物的信息，但是本领域技术人员可以想到在合适的溶剂中进行，这些同类化合物都可能获得溶剂化合物”以及“证据 5a 中带有 x 个水的溴化替脱品具有特定的 CAS 号，即 139404-48-1，证据 1 已经公开了溴化替托品晶体以及同类物的晶体和溶剂合物，本领域技术人员有理由相信证据 5a 中公开的溴化替脱品 x 水晶体是可获得的和存在的”。专利复审委员会在决定中采信了正大天晴公司的上述观点：“虽然证据 5a 中没有公开溴化替托品 x 水合物的制备方法和表征参数，但是在证据 1 公开了溴化替托品晶体的具体制备实施例的情况下，本领域的技术人员根据其掌握的常规实验手段，能够获得证据 5a 中公开的溴化替托品 x 水合物及其表征参数”。但是，专利复审委员会并没有给予贝林格尔公司针对决定依据的理由以及认定的事实以陈述意见的机会，因此违反了听证原则。

综上，请求人民法院撤销第 12206 号无效决定。

被告专利复审委员会辩称：

1. 本专利权利要求 1 的化学产品、证据 5a 的化学产品和证据 1 的化学产品其主体结构都是溴化替托品，溴化替托品的结构是其基本核心部分，区别仅在于物理形态，因此，本专利权利要求 1 的产品与证据 5a 的产品、证据 1 的产品均属于结构上非常接近的化学产品。虽然证据 5a 中没有公开溴化替托品 x 水合物的制备方法和表征参数，在没有进行实验的情况下，本领域的技术人员难于预料溴化替托品具有哪几种晶体，但是在证据 1 公开了溴化替托品晶体的具体制备实施例，并且证据 5a 教导了溴化替托品具有 x 水合物的情况下，本领域的技术人员如果需要溴化替托品的晶体水合物，就会有动机去制备溴化替托品的晶体水合物，并且根据其掌握的常规实验手段，就能够获得结晶性溴化替托品 x 水合物及其表征参数，事实上，本专利的结晶性溴化替托品单水合物也是采用常规实验手段制备的。

2.《审查指南》第二部分第十章 6.1 节（2）规定，结构式与已知化合物接近的化合物，必须要有预料不到的用途或效果才具备创造性。第 12206 号决定的标准与此相同，并不与 2001 年《专利法》冲突。本专利的结晶性溴化替托品单水合物与证据 1 的产品、证据 5a 的产品结构非常接近，并且是通过本领域的常规实验手段可以获得的，相对于证据 1、证据 5a 也就是显而易见的。

3. 对于药物活性物质满足诸多苛刻要求的效果，本专利说明书仅笼统地提及了上述技术效果，但没有任何证据表明上述技术效果的存在，因此，不能认定本专利的化学产品在药物活性物质满足上述苛刻要求方面相对于证据 5a 或证据 1 具有预料不到的技术效果。说明书中没有公开任何有关“微粉化以后的结晶性单水合物的细分颗粒级分在压力条件下基本上不变”的技术效果，也没有提供任何微粉化以后颗粒粒径稳定性方面的实验数据，本领域技术人员根据本专利公开的信息以及现有技术，得不到任何有关溴化替托品单水合物微粉化以后粒径稳定的教导，因此，这一效果不能作为认定本专利的溴化替托品结晶性单水合物具有创造性的依据，反证 1 不能考虑。

4. 正大天晴公司在口头审理结束以后于 2008 年 7 月 8 日提交的意见陈述书并没有附带新证据，相当于答辩词，第 12206 号决定中并没有采用正大天晴公司于口头审理结束后提交的证据和新意见，不转送给贝林格尔公司并没有损害贝林格尔公司的权利。

5. 第 12206 号决定正文第 15 页第 2 段第 4~6 行是专利复审委员会针对贝林格尔公司关于“证据 5a 仅提及了物质名称、没有公开具体物质的信息，例如水合物的制备方法、其相应的表征参数，其中的含水量不确定。反证 10、12~13 表明水合物也可以是无定形，反证 11 表明水含量不确定是不可能形成晶体的，因此证据 5a 的水合物未必是晶体”的主张给出的回应，并不存在听证问题。这些回应意见在作出第 12206 号决定之前是不可能告诉贝林格尔公司的。另外，有关这方面的意见正大天晴公司在口头审理过程中就已经发表过，且专利复审委员会给予了贝林格尔公司陈述意见的机会，因此不存在违反听证原则的情形。

综上，第 12206 号决定认定事实清楚、适用法律法规正确、审理程序合法，审查结论正确，请求人民法院依法维持第 12206 号决定。

第三人正大天晴公司述称：

1. 第 12206 号决定认定的事实正确。

（1）证据 5a 中记载了 CAS 登记号为 139404-48-1 的化学物质的相关信息，包括化学名称和分子式，本领域的技术人员看到化学名称和分子式就可以获得该物质的基本信息。“x”在此并不代表不确定，而是代表了某个位置的固定值。在证据 1 中公开了溴化替托品晶体及其溶剂化合物的具体制备实施例的情况下，根据证据 5a 中公开的溴化替托品 x 水合物的提示，本领域普通技术人员完全能够获得溴化替托品一水合物，从而获得溴化替托品结晶性单水合物。

（2）证据 5a 中溴化替托品 x 水合物、证据 1 中溴化替托品晶体、与本专利的权利要求 1 中溴化替托品单水合物是结构上非常接近的化学产品，三者化学结构的核心部分是溴化替托品并且证据 5a 公开了存在含有水的溴化替托品物质，诚然本专利的晶体具有不同的空间结构，但这并不能否认三者是结构上非常接近的化学产品。

（3）关于本专利的技术效果。虽然贝林格尔公司声称本专利的溴化替托品结晶性水合物可满足对药物活性的苛刻要求，从其陈述可以进一步看出，也就是微粉化后结晶性单水合物的细分颗粒级分在压力条件下基本保持不变。但是在本专利说明书中却没有任何数据来支持上述观点。所以“本领域普通技术人员根据本专利公开的信息以及现有技术，得不到任何有关溴化替托品结晶性单水合物微粉化以后粒径稳定的教导”。

（4）关于反证 1 的数据是否应该被采纳。首先，贝林格尔公司并没有证据证明审查员是依据反证 1 作出判断从而授予了专利权；其次，法律、法规或规章没有强制性要求在专利审查过程中被审查员接受的证据在随后的专利无效宣告请求审查程序或相关司法程序必须被接受。此外，关于贝林格尔公司起诉提及的（2005）一中行初字第 538 号判决书，第一，其没有向人民法院提交；第二，上述判决书的内容与本案没有关联性；第三，贝林格尔公司对于补充数据是否在专利审查或无效宣告请求审查过程用于证明创造性的问题理解过于机械。不能简单地认为任何补充实验数据均能用于证明创造性。

2. 关于第12206号决定适用法律是否错误。专利复审委员会将本专利与最接近的现有技术即证据1和证据5a进行了对比，从而认为本专利的晶体是非显而易见的。具体如下：一方面，证据5a公开了溴化替托品x水合物（可能为一水合物），证据1公开了溴化替托品晶体及其类似物的甲醇晶体，而本专利权利要求1要求保护溴化替托品结晶性单水合物，三者的核心物质都是溴化替托品；因为不同领域判断结构是否近似的方法不同，在医药领域需要从构效关系来考虑结构是否相近，从构效关系来分析，贝林格尔公司和正大天晴公司都认为这类化合物起药效的是替托品结构，而替托品结构三者也都有，因此三者在化学结构上是非常接近的，并且都能够治疗气喘或慢性阻塞性肺炎。另一方面，证据1已经公开了溴化替托品无水晶体，证据5a公开了溴化替托品可以以x水合物的形式存在（可能为一水合物），那么本领域的技术人员就可以从证据1和5a中获得启示，认为溴化替托品可以形成晶体。因此溴化替托品结晶性单水合物的存在相对于证据1和证据5a是显而易见的。至于该晶体的具体参数例如晶胞参数、DSC、红外等数据，只是对晶体的表征，对参数的具体数值无法预测并不等于对溴化替托品结晶性单水合物的存在无法预测。贝林格尔公司混淆了物质本身和对物质表达的参数的概念，从而认为参数不可预测即物质不可预测，从而认为溴化替托品结晶性单水合物的发明相对于证据1和证据5a是非显而易见的，这种观点在逻辑上是错误的。鉴于以上事实，正大天晴公司认为贝林格尔公司诉称的“专利复审委员会所采用的创造性的标准与专利法的规定不符”的事实和理由与客观事实不符。

3. 专利复审委员会事实认定正确、法律适用合理。首先，本专利中没有任何数据表明溴化替托品结晶性单水合物具有高纯度、质量优良的；其次，由于证据1公开无水晶体根本不存在失水的问题，而在本专利的溴化替托品结晶性单水合物在50℃即开始失水，二者的熔点都在220℃左右，即在稳定性方面溴化替托品结晶性单水合物相对于证据1晶体并没有预料不到的效果；另外，关于微粉化后是否稳定，本领域普通技术人员根据本专利公开的信息以及现有技术的教导，得不到任何有关溴化替托品结晶性单水合物微粉化以后粒径稳定的教导。综上，本专利权利要求1的溴化替托品结晶性单水合物相对于证据1和证据5a，技术方案是显而易见的，而且也没有显著的进步，不符合2001年《专利法》第二十二条第三款的规定，专利复审委员会的认定事实清楚正确，适用法律正确。

4. 正大天晴公司认为，反证12和反证13均为贝林格尔公司在无效程序中为证明其主张而主动向专利复审委员会提交的外文书证，正大天晴公司于2008年7月15日仅提交了上述证据的相关中文译文，并没有引入任何不同于该外文书证所记载之内容的新内容。贝林格尔公司关于专利复审委员会违反公正执法原则的主张缺乏事实、法律依据。

5. 正大天晴公司于2008年7月15日提交的意见陈述书中所述内容贝林格尔公司早已知晓并被给予了意见陈述的机会。不存在专利复审委员会违反听证原则的情形。

综上，贝林格尔公司的起诉缺乏事实和法律依据，请求人民法院维持第12206号决定。

经审理查明：

贝林格尔公司于2001年9月28日向国家知识产权局申请了名称为“结晶单水合物、其制备方法及其在制备药物组合中的用途”的发明专利（即本专利），2005年10月5日获得授权，专利号为01817143.5，优先权日为2000年10月12日。2008年3月17日，即无效审查期间贝林格尔公司对本专利进行了修改，修改后的权利要求书的内容为：

“1. 式（Ⅰ）化合物溴化替托品的结晶性单水合物，

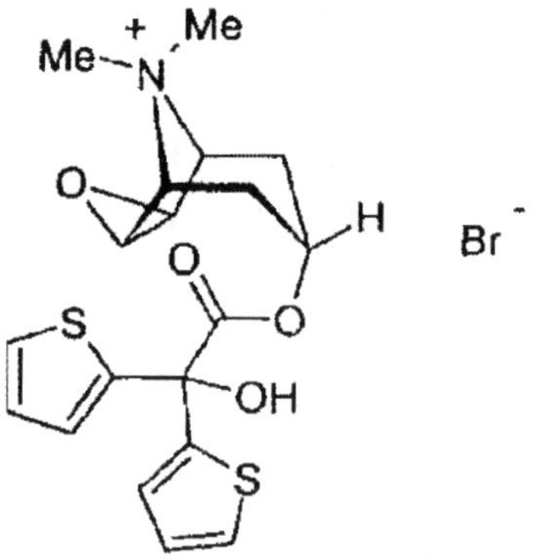

其特征为单一的单斜晶体，它具有的量度如下：a = 18. 0774 埃、b = 11. 9711 埃、c = 9. 9321 埃、β = 102. 691 度、V = 2096. 96 埃^3；在使用 DSC 进行热分析时在 10K/分钟的加热速度下，在 230±5℃出现吸热峰；IR 光谱表明在波数 3570，3410，3105，1730，1260，1035 及 720 厘米$^{-1}$处有吸收带。

2. 如权利要求 1 的结晶性溴化替托品单水合物的制备方法，其特征在于，

a）溴化替托品置于水中，

b）加热所得混合物，

c）加入活性碳，以及

d）于去除活性碳后，溴化替托品单水合物随着水溶液的缓慢冷却而缓慢结晶。

3. 如权利要求 2 的方法，其特征在于，

a）对每摩尔溴化替托品使用 0. 4 至 1. 5 千克水，

b）所得混合物加热至高于 50℃，

c）对每摩尔溴化替托品使用 10 至 50 克活性碳，并且在加入活性碳后连续搅拌 5 至 60 分钟，

d）过滤所得混合物，所得滤液以每 10 至 30 分钟中 1 至 10℃的冷却速率冷却至 20～25℃温度，并由此结晶溴化替托品单水合物。

4. 一种用于治疗气喘或慢性阻塞性肺疾的药物制剂，其特征在于，其含有如权利要求 1 的结晶性溴化替托品单水合物。

5. 如权利要求 4 的药物制剂，其特征在于，其为吸入用粉剂。

6. 如权利要求 1 的结晶性溴化替托品单水合物在制备用于治疗气喘或慢性阻塞性肺疾的药物组合物中的用途。”

本专利说明书第 1 页至第 3 页载明：适合用于通过吸入给予药物活性物质的上述组合物的正确制造方式是基于多种参数，这些参数与药物活性物质本身的性质有关。非为限制性，这些参数例如起始物料在多种环境条件作用下的活性稳定性、药物制剂制造过程的稳定性以及最终药物组合物的稳定性。可用在制备上述药物组合物所用药物活性物质应尽可能提纯，并须保证其在多种不同环境条件下长期储存的稳定性。这是防止药物组合物除了真正活性物质外还含有其分解产物（举例）的重要关键……水分的吸收对因摄取水分而增加重量的药物活性物质而言将降低药物活性物质含量……特别是当药物以低剂量投药时，制剂中的药物均匀分布是关键因素。为了确保分布的均匀，活性物质的粒径必须例如通过研磨而缩小至适当程度。另一方面为活性物质通过吸入投药例如通过粉末给药，为环境所限，因为只有具有某种粒径大小的粒子才可通过吸入而进入肺部。此种肺部可进入的粒子（可吸入部分）的粒径是处于次微米范围。为了获得具有相当粒径的活性物质，有时需要再度研磨过程（所谓的微粉化过程）。由于研磨（或微粉化）伴随的影响因此尽管在处理过程中要求苛刻条件，但要尽可能避免药物活性物质的分解，使活性物质仍然绝对必要在整个研磨过程中高度稳定。唯有活性

物质于研磨过程中有足够稳定性才能以可再现技术和方法制造含有规定用量的活性物质的均质药物制剂。另一项制造所需药物制剂的研磨过程可能发生的问题为这种过程造成的能量输入以及对晶体表面产生应力。这种情况可以导致多晶形变化，导致非晶形形成的改变、或导致结晶晶格的变化。由于药物制剂的药物质量要求活性物质必须具有相同结晶形态，故结晶性活性物质的稳定性及性质也由于这种背景而提出苛刻要求。药物活性物质的稳定性在药物组合物中决定药物特性的有效期限也相当重要；储存时间是可给予药物而无任何风险的时间长度。因此在不同储存条件下上述药物组合物中的药物的高度稳定，为病人及制造商提供了另外的优点……因此本发明的目的是提供可满足上文说明的对药物活性物质的苛刻要求的新颖稳定的化合物溴化替托品结晶形式……出乎意料地发现，通过选择特定反应条件下可以获得结晶形式的溴化替托品单水合物，它符合前述苛刻要求。第 4 页倒数第 4 段载明：第一个在50～120℃间的相对宽广的吸热信号是由于溴化替托品单水合物脱水成为无水形式。第二个在 230±5℃间的相对尖锐的吸热峰是由于物质的熔化。第 4 页倒数第 3 段载明：由于物质熔化伴以分解（=熔化过程的不一致），观察所得的熔点有极大程度取决于加热速度。于较低加热速度时，在显著的较低温例如 220±5℃，加热速率 3K/分时观察到熔化/分解过程。第 5 页第 16～17 行载明：晶体颜色及形状无色，棱晶晶体量度 0. 2×0. 3×0. 3 毫米。第 8 页最后 1 段至第 9 页第 1 段载明：基于溴化替托品单水合物的抗胆碱能效果，本发明的又一方面是有关使用溴化替托品单水合物制备治疗疾病用的药物组合物，其中使用抗胆碱能极具疗效。优选用于制备治疗气喘或 COPD 用的药物组合物。

针对本专利权，正大天晴公司于 2007 年 10 月 29 日向专利复审委员会提出了无效宣告请求，并先后提交了证据，其中：

证据 1 为名称为“噻吩基羧酸酯与氨基醇的酯及其季铵化产物”的美国专利文献，文献号为 US5610163，授权公告日为 1997 年 3 月 11 日，在正大天晴公司于此后提交的译文中记载：本发明化合物是强效并且长效的抗胆碱能药物……由于其抗胆碱能性质，所述新型化合物适用于例如治疗慢性阻塞性肺病和（轻度到中度的）哮喘。实施例 4 二-（2-噻吩基）羟乙酸东莨菪醇酯甲溴化物……得到白色晶体（从甲醇/丙酮得到），熔点 217～8℃（分解）。

证据 5 为江苏省南京市钟山公证处出具的公证书复印件共 14 页，其中包括所附的《REGISTRY HANDBOOK》，1992SUPPLEMENT，封面页及相关页复印件 2 页（即证据 5a），以及证据 5a 的部分中文译文 1 页。证据 5a 的中文译文载明：CA 登记号 139404-48-1：3-氧杂-9-氮三环［3. 3. 1. 02，4］壬烷，7-［（羟基二-2-噻吩基乙酰基）氧］-9，9-二甲基-，溴化物，水合物，（10α，2β，4β，50α，7β）-C19H22N04S2Br·xH_2O。

贝林格尔公司于 2008 年 1 月 18 日提交了意见陈述书以及反证，其中：

反证 1 为在本专利实质审查阶段贝林格尔公司针对第一次审查意见通知书提交的意见陈述书，复印件 5 页。在第 4 页倒数第 3 段载明：本发明的溴化替脱（托）品的细分颗粒级分在压力条件下基本上保持不变，而对比文件的溴化替脱（托）品的细分颗粒级分显著下降。

2008 年 7 月 1 日，专利复审委员会进行了口头审理。在口头审理过程中：

1. 贝林格尔公司提交了反证 7：中华人民共和国药典，二部，国家药典委员会编著，2000 年版，化学工业出版社出版，书名页、出版信息页以及附录第 13 页复印件共 3 页。

2. 正大天晴公司主张：证据 5a 中公开了 x 水的结晶，证据 1 已经公开了无水的结晶化合物，，因此权利要求 1 相对于证据 5a 和证据 1 没有实质性特点，不具有创造性。贝林格尔公司主张：“本发明的噻托溴铵单水合物晶体直到 50 度才可脱水，所以这种晶体它可以在常温的储存过程中可以保持很好的稳定性”；“反证 1 就能证明本专利的噻托溴铵单水合物晶体它的颗粒能够保持长久不变”；“稳定的含义是：1、储存稳定性，表现为脱水温度高。2、有一个晶体结构稳定性。反证 1 证明了粒径的稳定性”；“本发明的噻托溴铵单水合物晶体能够储存、能够满足制剂的要求，这相对于证据5a是明显的一种进步……治疗效果是一样的”。

3. 正大天晴公司主张：“本专利与证据1相比，它发现了一个具体的单水合物。化学组成是一样，晶形不一样”。贝林格尔公司则认为：“本发明的化合物……与实施例4中的结构是一样的”。

2008年7月8日，正大天晴公司提交了意见陈述书。同日，贝林格尔公司公司提交了意见陈述书和反证，其中：

反证8为北京市求是公证处于2008年7月8日出具的公证书原件共12页，其中包括所附的期刊《中国乳品工业》，1994年2月，第22卷第1期，相关页复印件7页；

反证9为北京市求是公证处于2008年7月8日出具的公证书原件共15页，其中包括所附的期刊《饲料研究》，2007年，第4期，第42~44页复印件3页；

反证10为北京市求是公证处于2008年7月8日出具的（2008）京求是内民证字第2357号公证书原件共11页，其中包括所附的期刊《南京大学学报·自然科学》，1959年10月，第1期，封面页、目录页、第75~78页复印件6页；

反证11为北京市求是公证处于2008年7月8日出具的（2008）京求是内民证字第2359号公证书原件共15页，其中包括所附的期刊《轻金属》，1996年8月，第8期，相关页复印件10页；

反证12为北京市求是公证处于2008年7月8日出具的（2008）京求是内民证字第2358号公证书原件共18页以及部分中文译文1页，其中包括所附的期刊《internationaljournal of pharmaceutics》，1998年，第172卷第（1，2）期，相关页复印件13页；

反证13为名称为“头孢菌素抗生素的新颖无定型水合物”的国际申请公开文献，公开号为WO2004046154A1，公开日为2004年6月3日，封面页复印件1页，及其部分中文译文1页。

针对贝林格尔公司于2008年7月8日提交的意见陈述书和反证，正大天晴公司于2008年7月15日提交了意见陈述书、反证12的部分中文译文以及反证13第15~16页复印件及其部分中文译文。第12206号决定对正大天晴公司在该意见陈述书中的意见进行了如下概括：虽然证据1没有给出更多溶剂化物的信息，但是本领域技术人员可以想到在合适的溶剂中进行，这些同类化合物都可能获得溶剂化合物……证据5a中带x个水的溴化替托品具有特定的CAS号，即139404-48-1，说明其是一个特定的新物质，x并不代表不确定，而是某个未知的固定值。证据1已经公开了溴化替托品晶体以及同类物的晶体和溶剂化物，本领域技术人员有理由相信证据5a中公开的溴化替脱品x水晶体是可获得的和存在的。

2008年8月27日，专利复审委员会作出第12206号决定。

在本案审理过程中，贝林格尔公司还提交了如下证据：

证据11为北京市第一中级人民法院（2005）一中行初字第538号行政判决书；

证据12为本专利实质审查阶段第一次审查意见通知书复印件5页；

证据13为本专利实质审查阶段第二次审查意见通知书复印件3页；

证据14为北京市求是公证处于2009年3月20日出具的（2009）京求是内民证字第0853号公证书复印件9页及部分中文译文2页；

证据15为北京市求是公证处于2009年3月20日出具的（2009）京求是内民证字第0852号公证书复印件24页及部分中文译文16页。

在本案庭审过程中，各方当事人陈述了如下意见：1、就程序问题，贝林格尔公司主张，专利复审委员会在口头审理时仅对本专利、证据1和证据5a的化学产品的相同之处进行了比较，而没有对化学产品的不同之处进行比较，因此专利复审委员会就其在第12206号决定中采用的“权利要求1的产品与证据5a和证据1的产品均属于结构上非常接近的化学产品以及权利要求1的化学产品只有在其具有预料不到的用途或效果的情况下才具备创造性”这一理由没有给予贝林格尔公司意见陈述的机会，违反了听证原则。2、就法律使用问题，贝林格尔公司主张，《审查指南》第二部分第十章6.1节记载的是“结构上与已知化合物接近的化合物，必须要有预料不到的用途或者效果”，“化合物”和“化学产品”是两个不同的概念，《审查指南》中举的例子强调的是分子是否接近，而晶体强调的是结构，相同的分子可能具有不同的结构。专利复审委员会主张，权利要求1保护的就是化合物，化合物是化学产品的下位概念。3、就本专利的创造性问题，贝林格尔公司主张，证据14、15表明CA提供的是商业服务，对其所登记化合物的真实性并不审查，具有CAS号并不代表该化合物已实际得到；本专利说明书提供了表明其药物活性物质能够满足诸多苛刻要求的效果的证据，例如说明书第5页第16~17行表明本专利的溴化替托品结晶性单水合物形成了单晶，说明纯度高、稳定；又如附图1表明本专利的溴化替托品结晶性单水合物性质稳定，本领域的技术人员根据现有技术不能推知本专利的溴化替托品结晶性单水合物具有上述稳定性和纯度，因此该技术效果是预料不到的；反证1表明本专利的溴化替托品结晶性单水合物微粉化后粒径基本保持不变，无需再微粉化，说明其稳定性，具有预料不到的技术效果。专利复审委员会认为，贝林格尔公司在无效宣告阶段并未提交证据14、15，因此证据14、15不应被考虑，且客观上本领域的技术人员由证据5a已经能够得到相关教导；对于一个具体化合物来说，其是否存在晶体形式、存在多少种晶体形式以及存在何种晶体形式是确定的；反证1的实验数据表明溴化替托品单水合物晶体在研磨后粒径稳定，而本专利说明书第2页记载的是活性物质在研磨过程中要稳定，二者是不同的。正大天晴公司主张，CA不审查真实性不代表随意创造的化学式均可被登记，也不能据此否认证据5a所公开的内容。4、针对权利要求2~6是否具有创造性，贝林格尔公司表示坚持权利要求2的创造性，认为重结晶得到新的晶体是无法预料的，但表示对权利要求3~6的创造性不再坚持。

上述事实，有第12206号决定，本专利授权公告说明书，无效宣告程序中权利要求书的修改文本，当事人无效宣告程序中和诉讼过程中提交的证据以及当事人陈述等证据在案佐证。

本院认为：

于2008年12月27日修改的《中华人民共和国专利法》（以下简称2009年《专利法》）已于2009年10月1日起施行，因此本案审理涉及2001年《专利法》与2009年专利法之间的选择适用问题。《中华人民共和国立法法》第八十四条规定，法律、行政法规、地方性法规、自治条例和单行条例、规章不溯及既往，但为了更好地保护公民、法人和其他组织的权利和利益而作的特别规定除外。国家知识产权局据此制定了《施行修改后的专利法的过渡办法》，并于2009年10月1日起施行。对于专利权是否有效的审查，根据该过渡办法，申请日在2009年10月1日前的专利申请以及根据该专利申请授予的专利权适用2001年《专利法》的规定；申请日在2009年10月1日以后（含该日）的专利申请以及根据该专利申请授予的专利权适用2009年《专利法》的规定。本案属于专利确权行政纠纷，本专利的申请日在2009年10月1日前，因此依据《中华人民共和国立法法》第八十四条之规定，并参照上述过渡办法的相关规定，本案应适用2001年《专利法》进行审理。

1. 关于专利复审委员会是否违反听证原则和公正执法原则。

《审查指南》第四部分第一章2.2节对于公正执法原则规定：专利复审委员会以客观、公正、准确、及时为原则，坚持以事实为根据，以法律为准绳，独立地履行审查职责，不徇私情，全面、客观、科学地分析判断，作出公正的决定。

《审查指南》第四部分第一章 2.5 节对于听证原则规定：在作出审查决定之前，应当给予审查决定对其不利的当事人针对审查决定所依据的理由、证据和认定的事实陈述意见的机会，即审查决定对其不利的当事人已经通过通知书、转送文件或者口头审理被告知过审查决定所依据的理由、证据和认定的事实，并且具有陈述意见的机会。

就本案而言，在口头审理过程中，专利复审委员会已经就证据 5a 所公开的技术内容，证据 1 特别是其实施例 4 所公开的技术内容以及权利要求 1 相对于证据 5a 与证据 1 的结合是否具有创造性进行了审查，贝林格尔公司与正大天晴公司均充分陈述了意见，正大天晴公司还发表了与其在 2008 年 7 月 15 日提交的意见陈述书中的观点类似的意见，即“证据 1 里面已经给出了一个信息是本领域人员知道，证据 5a 也是可以制备出来的”。因此，在对上述问题双方当事人已经充分陈述了意见的前提下，专利复审委员会认定“虽然证据 5a 中没有公开溴化替托品 x 水合物的制备方法和表征参数，但是在证据 1 公开了溴化替托品晶体的具体制备实施例的情况下，本领域的技术人员根据其掌握的常规实验手段，能够获得证据 5a 中公开的溴化替托品 x 水合物及其表征参数”并不违反听证原则，本院对贝林格尔公司的相关主张不予支持。

在口头审理过程中，专利复审委员会已经就权利要求 1、证据 5a 和证据 1 所涉及的化学产品之间的异同点及其技术效果进行了审查，贝林格尔公司与正大天晴公司均充分陈述了意见，例如，正大天晴公司发表了“化学组成是一样，晶形不一样”的意见；贝林格尔公司发表了“本发明的化合物……与实施例 4 中的结构是一样的意见”；并且贝林格尔公司还就权利要求 1 的化学产品的技术效果包括稳定性和治疗效果等充分陈述了意见。在此情况下，专利复审委员会认定“权利要求 1 的产品与证据 5a 和证据 1 的产品均属于结构上非常接近的化学产品。因此，权利要求 1 的化学产品只有在其具有预料不到的用途或效果的情况下才具备创造性”并不违反听证原则。贝林格尔公司诉称专利复审委员会未告知其的相应问题，只是在创造性评判的过程中所涉及的对法律的理解，无需在作出决定前告知当事人，故本院对贝林格尔公司的相关主张不予支持。

虽然专利复审委员会未将正大天晴公司在 2008 年 7 月 8 日提交的意见陈述书以及在 2008 年 7 月 15 日提交的意见陈述书、反证 12 的部分中文译文和反证 13 第 15~16 页复印件及其部分中文译文转交贝林格尔公司，但是专利复审委员会在作出第 12206 号决定时并未采纳上述意见陈述书中提出的新意见和证据，贝林格尔公司的权利并未因此受到损害，故本院对贝林格尔公司的主张不予支持。

2. 关于本专利的创造性。

2001 年《专利法》第二十二条第三款规定，发明的创造性，是指同申请日以前已有的技术相比，该发明有突出的实质性特点和显著的进步。

《审查指南》第二部分第十章 6.1 节对化合物的创造性审查规定，结构上与已知化合物接近的化合物，必须要有预料不到的用途或者效果。此预料不到的用途或者效果可以是与该已知化合物的已知用途不同的用途；或者是对已知化合物的某一已知效果有实质性的改进或提高；或者是在公知常识中没有明确的或不能由常识推论得到的用途或效果。

（1）关于法律适用问题。本院认为，《审查指南》第二部分第十章是在 2001 年《专利法》和相对应的《中华人民共和国专利法实施细则》（以下简称《专利法实施细则》）的规定的审查原则下，对于如何处理化学发明审查中的某些特殊问题作出的更为细化的规定，故《审查指南》第二部分第十章 6.1 节对化合物的创造性审查的规定“结构上与已知化合物接近的化合物，必须要有预料不到的用途或者效果”，并不与 2001 年《专利法》和《专利法实施细则》相抵触。虽然第 12206 号决定在适用上述规定时使用“化学产品”代替了“化合物”确有表述不准确之处，但是本专利权利要求 1

的溴化替托品结晶性单水合物、证据 5a 公开的溴化替托品 x 水合物和证据 1 公开的溴化替托品晶体均属于化合物，因此上述不当之处并未导致法律适用实质性错误。

（2）关于本专利权利要求 1 保护的溴化替托品结晶性单水合物、证据 5a 公开的溴化替托品 x 水合物和证据 1 公开的溴化替托品晶体是否属于结构上接近的化合物。本院认为：证据 5a 尽管未公开溴化替托品 x 水合物的制备方法，也未公开其表征参数、物理形态，甚至贝林格尔公司依据证据 14～15 主张其可能并未真正得到，但是证据 5a 作为客观存在的对比文件，在没有反证的情况下，对于本领域的技术人员来说，其客观上公开了溴化替托品 x 水合物，结合证据 1 公开的溴化替托品晶体的制备方法及其具有治疗 COPD 和气喘的活性，本领域的技术人员根据其掌握的常规实验手段，通过有限次的试验能够获得该溴化替托品 x 水合物及其表征参数，并能够确定其也具有治疗 COPD 和气喘的活性。由于证据 5a 公开的溴化替托品 x 水合物与本专利权利要求 1 保护的溴化替托品结晶性单水合物都是以溴化替托品为基本核心部分，而该基本核心部分使二者具有了相同的活性，因此无论 x 值是多少，对于本领域的技术人员来说，二者的结构都是接近的，虽然二者的晶体形态有所区别，但是该区别并不足以使二者在结构上不接近。基于类似的理由，权利要求 1 保护的溴化替托品结晶性单水合物与证据 1 公开的溴化替托品晶体也属于结构上接近的化合物。因此，专利复审委员会关于本专利权利要求 1 保护的溴化替托品结晶性单水合物、证据 5a 公开的溴化替托品 x 水合物和证据 1 公开的溴化替托品晶体属于结构接近的化合物，故权利要求 1 的溴化替托品结晶性单水合物只有在其具有预料不到的用途或效果的情况下才具备创造性的认定并无不当。就贝林格尔公司主张某种化合物是否存在晶体形式、存在多少种晶体形式以及存在何种晶体形式不具有可预期性，因此本专利权利要求 1 保护的溴化替托品结晶性单水合物相对于证据 5a 或者证据 1 是非显而易见的，本院认为，虽然某种化合物是否存在晶体形式、存在多少种晶体形式以及存在何种晶体形式是不可预期的，但上述表现形态是客观存在的，且晶体一般是对已知化合物采用公知结晶方法后得到的必然产物，即，只要某种化合物确实存在采用公知结晶方法就能够获得的晶体，本领域的技术人员如果想要获得该化合物的晶体，并不需要创造性的劳动就可以获得。因此，对于某种化合物是否存在晶体形式、存在多少种晶体形式以及存在何种晶体形式的不可预期性并不能等同于创造性审查中的“非显而易见性”。

（3）关于本专利权利要求 1 保护的溴化替托品结晶性单水合物是否具有预料不到的用途或效果。首先，贝林格尔公司对第 12206 号决定中认定本专利权利要求 1 保护的溴化替托品结晶性单水合物并不具有预料不到的用途并不持异议，本院亦予以认可。其次，针对贝林格尔公司主张本专利说明书公开了能够证明其溴化替托品结晶性单水合物满足诸多苛刻要求的证据，具有预料不到的技术效果，本院认为，由于本专利权利要求 1 保护的并不是单晶，因此单晶纯度高、稳定不必然能够表明本专利权利要求 1 保护的溴化替托品结晶性单水合物具有纯度高、稳定的技术效果；本专利附图 1 显示本专利的溴化替托品结晶性单水合物在 50℃开始失水，120℃以上脱水成为无水形式，显然相对于证据 1 的无水晶体并非更稳定；尽管附图 1 显示在加热速率 10K/分时在 230±5℃观察到熔化/分解过程，但是鉴于本专利说明书记载了物质熔化/分解的熔点极大程度取决于加热速度，加之本专利说明书还记载了在加热速率为 3K/分时，本专利的溴化替托品结晶性单水合物在 220±5℃观察到熔化/分解过程，说明附图 1 并不能够表明本专利的溴化替托品结晶性单水合物相对于证据 1 性质更稳定。因此本专利说明书实际上仅断言了本专利的溴化替托品结晶性单水合物满足所述的诸多苛刻要求，但并未给出相应证据。同时贝林格尔公司也认可关于纯度和稳定性等技术效果是本领域的技术人员所无法预期的，故贝林格尔公司的上述主张缺乏事实依据，本院不予支持。再次，针对贝林格尔公司主张反证 1 表明本专利的溴化替托品结晶性单水合物微粉化后粒径基本保持不变，无需再微粉化，说明其稳定性，具有预料不到的技术效果，本院认为，依据本专利说明书第 2 页第 3~5 段的记载可知，本专利的溴化替托品结晶性单水合物要满足的与研磨有关的稳定性要求是在研磨过程中活性物质的化学结构、晶格、晶形稳定，并不涉及活性物质在研磨后颗粒的粒径稳定，因此与反证 1 所证“微粉化以后结晶性单水合物的细分颗粒级分在压力条件下基本上不变”的技术效果并未记载在本专利说明书中，且本领域技术人员根据本专利公开的信息以及现有技术，也得不到任何有关溴化替托品结晶性单水合物具有上述技术效果的教导，因此，这一效果不能作为认定本专利的溴化替托品结晶性单水合物具备创造性的依据，故专利复审委员会对反证 1 不予考虑并无不当。综上，专利复审委员会在第 12206 号决定中认为不能认定本专利权利要求 1 保护的溴化替托品结晶性单水合物在满足上述苛刻要求方面相对于证据 5a 或证据 1 的现有技术化学产品具有预料不到的技术效果并无不当。

（4）关于权利要求 2 的创造性。关于权利要求 2 的创造性，贝林格尔公司对专利复审委员会在第 12206 号决定中认定选择合适的含水溶剂，通过加热溶解、加入活性碳脱色除杂质、过滤除去活性炭、缓慢冷却结晶这种常规的重结晶操作制备水合物晶体是本领域的公知常识并未表示异议，且如前所述，权利要求 2 的方法制备得到的晶体即权利要求 1 要求保护的溴化替托品结晶性单水合物相对于证据 5a 和证据 1 或者相对于证据 1 不具备创造性，故本院认为权利要求 2 相对于证据 5a 和证据 1 或者相对于证据 1 也不具备创造性。鉴于贝林格尔公司明确对权利要求 3~6 的创造性不再坚持，本院对权利要求 3~6 是否具有创造性不予评述。

综上，专利复审委员会在第 12206 号决定中认定事实清楚，适用法律正确，审查程序合法，应予维持。依照《中华人民共和国行政诉讼法》第五十四条第（一）项之规定，本院判决如下：

维持被告中华人民共和国国家知识产权局专利复审委员会作出的第 12206 号无效宣告请求审查决定。

案件受理费人民币 100 元，由原告贝林格尔英格海姆法玛两合公司负担（已交纳）。

如不服本判决，原告贝林格尔英格海姆法码两合公司可在本判决书送达之日起 30 日内，被告中华人民共和国国家知识产权局专利复审委员会、第三人江苏正大天晴药业股份有限公司可在本判决书送达之日起 15 日内，向本院递交上诉状及其副本，并交纳上诉案件受理费人民币 100 元，上诉于中华人民共和国北京市高级人民法院。

审 判 长　仪　军
代理审判员　王　晫
人民陪审员　牛艳玲
二〇〇九年十二月十六日
书 记 员　王东勇

028

具有金属光泽表面的合成皮

无效宣告请求审查决定（第 12235 号）

决　定　号　第 12235 号
决　定　日　2008 年 8 月 7 日
发明创造名称　具有金属光泽表面的合成皮
国 际 分 类 号　D06N3/18
无效宣告请求人　旭登新型材料（深圳）有限公司
专 利 权 人　赵国量
专　利　号　200420067155.9
申　请　日　2004 年 6 月 15 日
授权公告日　2005 年 9 月 14 日
合议组组长　任晓兰
主　审　员　吴红权
参　审　员　侯　曜

法 律 依 据　专利法第 22 条第 2 款、第 3 款
决 定 要 点

如果一项产品权利要求的所有结构和组成特征在对比文件中均未公开，则该对比文件不足以破坏该权利要求的新颖性。

如果本领域技术人员在现有技术的基础上无法得到技术启示以实现要求保护的技术方案，并且所述技术方案能产生有益的技术效果，则要求保护的技术方案具备创造性。

一、案由

本无效宣告请求案涉及国家知识产权局于 2005 年 9 月 14 日授权公告、申请日为 2004 年 6 月 15 日、名称为“具有金属光泽表面的合成皮”的第 200420067155.9 号实用新型专利（以下简称本专利），专利权人为赵国量。

本专利授权公告的权利要求书如下：

“1. 一种具有金属光泽表面的合成皮，其特征在于，它包含有：

一基材，其具有一顶面及一底面；

一涂料层，其涂布在所述基材之顶面；

一金属箔，其具有一表面及一贴合面，所述金属箔以所述贴合面贴合在所述涂料层上。

2. 根据权利要求 1 所述的具有金属光泽表面的合成皮，其特征在于：所述基材包含有一布层及一 PU 层，所述 PU 层位于所述布层之上。

3. 根据权利要求 1 所述的具有金属光泽表面的合成皮，其特征在于：所述基材包含有一布层及二 PU 层，所述布层位于所述二 PU 层之间。

4. 根据权利要求 1 所述的具有金属光泽表面的合成皮，其特征在于：所述涂料层的成分为高固树脂。

5. 根据权利要求 4 所述的具有金属光泽表面的合成皮，其特征在于：所述合成皮金属箔的表面具有细纹。

6. 根据权利要求 1 所述的具有金属光泽表面的合成皮，其特征在于：所述涂料层的成分为变性 PU 树脂。

7. 根据权利要求 6 所述的具有金属光泽表面的合成皮，其特征在于：所述合成皮金属箔的表面具有细致裂纹。

8. 根据权利要求 1 所述的具有金属光泽表面的合成皮，其特征在于：所述金属箔的表面涂布有彩色的擦拭料。”

针对上述专利权，旭登新型材料（深圳）有限公司（以下简称请求人）于 2006 年 6 月 23 日向专利复审委员会提出无效宣告请求，并提交了如下附件：

附件 1：国家知识产权局专利检索咨询中心出具的编号为 G060569 的检索报告，复印件共 4 页；

附件 2：公开号为 CN1079015A、公开日为 1993 年 12 月 1 日的中国发明专利申请公开说明书，复印件共 8 页；

附件 3：公开号为 CN87103024A、公开日为 1988 年 1 月 20 日的中国发明专利申请公开说明书，复印件共 6 页；

附件 4：“聚氨酯合成革产品开发及其技术进展”，沈涛，《中国塑料》，第 12 卷第 6 期，第 6~11 页，1998 年 11 月，复印件共 6 页；

附件 5：《北京皮革》，“1999 年 7 月第 13 期”，封面，广告页，复印件共 3 页；

附件 6：盖有请求人单位公章的证书号为 QHK01522 的评价表及其译文，复印件共 2 页；

附件 7：盖有请求人单位公章的、印有“旭登新型材料（深圳）有限公司”字样的产品“生产流程图”，1 页。

请求人认为：（1）权利要求 1 和 2 的技术方案已经被附件 2 公开，因此权利要求 1 和 2 不具备新颖性；（2）权利要求 4 的附加技术特征是本领域的公知常识，在权利要求 1 不具备新颖性的情况下，权利要求 4 不具备创造性；（3）附件 3、4 在不同程度上也说明了本专利不具备新颖性和创造性；（4）附件 5、6 和 7 也表明本专利缺乏新颖性和创造性。

经形式审查合格后，专利复审委员会受理了上述请求，于 2006 年 11 月 27 日向双方当事人发出了《无效宣告请求受理通知书》，并将《专利权无效宣告请求书》及其附件清单中所列附件的副本转送给专利权人，要求其在指定的期限内答复，同时成立合议组对本无效请求案进行审理。

2006 年 12 月 13 日，专利复审委员会寄送给请求人的《无效宣告请求受理通知书》被邮局退回。专利复审委员会于 2006 年 12 月 21 日作出地址不详公告。

2007 年 1 月 11 日，专利权人针对该无效宣告请求陈述了意见并对其权利要求书进行了修改，删除原权利要求 1、2 和 5，将原从属权利要求 3、4、6 合并组成新的独立权利要求 1，修改原权利要求

7 的引用关系，并将原权利要求 8 修改为独立权利要求 3，修改后的权利要求书（共 3 项）如下：

"1. 一种具有金属光泽表面的合成皮，具有一基材、一涂料层和一金属箔，基材具有一顶面与一底面，涂料层涂布于基材顶面上，金属箔具有一表面及一贴合面，金属箔以贴合面贴合在涂料层上，其特征为所述基材包含有一布层及二 PU 层，布层位于二 PU 层之间；所述涂料层为高固树脂或变性 PU 树脂。

2. 根据权利要求 1 所述的具有金属光泽表面的合成皮，其特征为所述合成皮金属箔的表面具有细致裂纹。

3. 一种具有金属光泽表面的合成皮，具有一基材、一涂料层和一金属箔，基材具有一顶面与一底面，涂料层涂布于基材顶面上，金属箔具有一表面及一贴合面，金属箔以贴合面贴合在涂料层上，其特征为所述金属箔的表面涂布有彩色的擦拭料。"

专利权人认为：

（1）附件 1、3、4、5、6、7 或者不能作为评价本专利新颖性、创造性的依据，或者未公开与本专利具有相同结构的产品，因此，均不能破坏本专利的新颖性；附件 2 仅公开了修改后的权利要求 1 的前序部分特征，没有公开特征部分的技术特征，因此权利要求 1 相对于附件 2 具备新颖性；在此基础上，从属权利要求 2 具备新颖性；同样，权利要求 3 的特征部分未被请求人提供的证据公开，因此权利要求 3 具备新颖性；

（2）请求人所提供的证据及公知技术中均未给出任何技术启示，使得本领域技术人员将权利要求 1 中的区别技术特征应用于现有技术中，并且这些区别技术特征因其各自的特性，加之相结合带来了现有产品中所不具有的效果，因此权利要求 1 具备创造性；在此基础上，从属权利要求 2 也具备创造性；基于相同的理由，权利要求 3 的技术方案是非显而易见的，具备创造性。

2007 年 2 月 25 日，合议组向双方当事人发出《无效宣告请求口头审理通知书》，拟定于 2007 年 4 月 24 日举行口头审理，并将专利权人于 2007 年 1 月 11 日提交的意见陈述书及修改后的权利要求书转送给请求人，要求其在口头审理时答复。

2007 年 4 月 24 日，口头审理如期举行。双方当事人均委托代理人参加了口头审理。在口头审理过程中，合议组就本案的无效理由及证据逐一进行了调查，双方当事人充分陈述了各自的意见，认定并记录了以下事项：

（1）针对专利权人修改后的权利要求书，请求人当庭提交补充意见（共 1 页），合议组将其当庭转送专利权人；专利权人可以在口头审理结束后 7 日内针对该补充意见提交书面意见。

（2）请求人放弃提出无效宣告请求时的理由，明确要求以口头审理时确定的理由为准。针对修改后的权利要求书，请求人确认其无效理由为：权利要求 1 相对于附件 2、5、6、7 不符合专利法第 22 条第 2 款、相对于附件 2 不符合专利法第 22 条第 3 款规定；权利要求 2、3 相对于附件 2 和 4 的结合不符合专利法第 22 条第 3 款的规定；

（3）请求人当庭出示了附件 1~7 的原件，专利权人对附件 1~6 的真实性没有异议，对附件 7 的真实性有异议，对附件 1、4、5~7 的关联性有异议。

请求人在口头审理当庭提交的补充意见如下：

（1）虽然附件 2 中没有限定二 PU 层基材，但是用 PU 层作为基材制造合成皮是本领域的公知常识，无论应用二 PU 层或一 PU 层，对具有金属光泽表面的合成皮没有实质影响，因此使用二 PU 层作为基材没有新颖性和创造性；使用树脂作为涂料层涂布于基材上也是制作合成皮的公知技术（见附件 2），高固树脂与变性 PU 树脂属于树脂的具体种类，因此使用高固树脂与变性 PU 树脂作为涂料层也没有新颖性和创造性；因此权利要求1的技术方案已被附件2所公开，且二者技术领域、技术效果均相同，故而不具有新颖性和创造性。

（2）权利要求2、3对金属箔表面作了进一步限定，但附件2和附件4中对表面处理的方法均进行了描述，将合成皮表面处理成细致裂纹和以擦拭料对皮革表面进行擦拭处理是本领域的公知常识，因此权利要求2、3不具备创造性。

专利权人在指定的期限内并没有针对请求人当庭提交的书面陈述提交书面意见。

2008年2月29日，合议组向请求人发出《无效宣告请求审查通知书》，对权利要求2进行补充调查，要求请求人在自收到通知书之日起一个月内针对上述补充意见中权利要求2不具备创造性的无效理由陈述意见，并且告知请求人，如果其未在指定的答复期限内答复，将视为放弃针对权利要求2的所有无效理由。

2008年4月14日，请求人针对上述《无效宣告请求审查通知书》提交了意见陈述，请求人认为：

（1）附件2中虽然没有明确提到对合成皮进行表面加工，但是在制造方法中公开了“……表面刻画以约定花纹的铝（或铜、镍、锌、金、银等金属）膜压印……”的表面加工方法，可见对附件2中公开的产品进行表面处理是完全可能的。

（2）附件4中公开了多种表面加工方法，其中表面处理、压纹、磨毛、揉纹、转印都是本领域公知且常用的表面加工方法，权利要求2所述的合成皮金属簿表面细致裂纹均可通过转印、镀金方法取得。

（3）在附件2的技术方案中加以附件4中公开的揉纹、压纹、转印等普通的表面加工技术，可以获得完全相同于权利要求2中所述的金属箔的表面具有细致裂纹的特征的合成皮。

合议组因故变更。2008年5月12日，专利复审委员会向双方当事人发出《合议组成员告知通知书》，告知双方当事人如对合议组成员有回避请求，应当自收到通知书之日起7日内提交书面的请求书。在规定的日期内容，合议组没有收到双方当事人的答复。

2008年6月26日，合议组将上述《无效宣告请求审查通知书》和请求人于2008年4月14日针对该《无效宣告请求审查通知书》提交的意见陈述书当面转送专利权人，要求其在7个工作日内提交书面意见陈述，逾期未提交，视为放弃针对上述两份材料陈述意见的机会，不影响本案的审理。

专利权人在指定的期限内未发表任何意见。

至此，合议组认为本案的事实已经调查清楚，可以依法作出审查决定。

二、决定的理由

1. 关于无效审理的文本

2007年1月11日，专利权人提交了权利要求书的修改文本，删除原权利要求1、2和5，将原从属权利要求3、4、6合并组成新的独立权利要求1，修改原权利要求7的引用关系，并将原权利要求8修改为独立权利要求3。经审查，修改后的权利要求1包括两个技术方案，分别相当于将原权利要求3、4合并和将原权利要求3、6合并，修改后的权利要求3相当于原权利要求8，所述修改符合审查指南的相关规定，因此，本决定以专利权人于2007年1月11日提交的权利要求第1~3项以及授权公告的说明书第1~2页、说明书附图第1页和说明书摘要作为审查基础。

2. 关于无效理由和证据

请求人放弃提出无效宣告请求时的理由，明确要求以口头审理时确定的无效理由为准。请求人针对本专利修改后的权利要求书所提出的全部无效理由和范围是：权利要求1相对于附件2、5、6、7

不具备新颖性，权利要求1相对于附件2不具有创造性，权利要求2、3相对于附件2和附件4的结合不具有创造性。

请求人共提交了7份证据，基于上述理由中未使用证据1和3，故本决定对证据1和3不予评述。请求人当庭提交了附件2、4~7的原件，专利权人对附件2、4~6的真实性没有异议，对附件7的真实性有异议，对附件5~7的关联性有异议。合议组经核实，认可附件2、4~6的真实性。

附件2为中国发明专利申请公开说明书，公开日期为1993年12月1日，附件4是发表在国内期刊上的文章，公开日期为1998年11月，均早于本专利的申请日，因此，可以作为本专利的现有技术用于评价本专利的新颖性和创造性。

附件5是1999年7月发表在《北京皮革》杂志上的广告图片，没有任何结构说明，仅由所示图片也不能确定其为具有金属光泽表面的合成皮，因此，无法与本专利进行技术特征对比。

附件6是请求人公司的“以PVC，PU及纺织布为原料作成的具有金属质感和雷射质感的合成皮革的生产制造工艺”通过ISO9001认证的评价表，该证据仅能证明请求人公司生产合成皮革，不能证明其生产什么样的合成皮革。附件7是请求人公司出具的生产皮革的工艺流程图，专利权人对其真实性提出质疑，基于该证据是请求人本人出具的，同时也没有其他客观证据佐证其真实性，因此，合议组对该证据不予采信。在此基础上，附件6和7均无法用于与本专利进行技术特征对比。

因此，合议组审理的关于本专利权的无效理由和范围为：权利要求1相对于附件2不具有新颖性和创造性，权利要求2和3相对于附件2和附件4的结合不具备创造性。

3. 关于专利法第22条第2款

专利法第22条第2款规定，新颖性，是指在申请日以前没有同样的发明或者实用新型在国内外出版物上公开发表过、在国内公开使用过或者以其他方式为公众所知，也没有同样的发明或者实用新型由他人向国务院专利行政部门提出过申请并且记载在申请日以后公布的专利申请文件中。

如果一项产品权利要求的所有结构和组成特征在对比文件中均未公开，则该对比文件不足以破坏该权利要求的新颖性。

本案中，权利要求1保护一种具有金属光泽表面的合成皮，具有一基材、一涂料层和一金属箔，基材具有一顶面与一底面，涂料层涂布于基材顶面上，金属箔具有一表面及一贴合面，金属箔以贴合面贴合在涂料层上，其特征为所述基材包含有一布层及二PU层，布层位于二PU层之间；所述涂料层为高固树脂或变性PU树脂。

附件2公开了一种在聚氨酯或聚氯乙烯塑胶合成皮革表面形成具有可供光线折射花纹的方法，该方法包括在塑胶薄膜表面上真空蒸镀一层金属膜，之后用激光处理上述塑胶薄膜上的表面金属，形成可供光线折射的预定花纹，然后将上述塑胶薄膜以具有所述金属花纹的一面与聚氨酯或聚氯乙烯塑胶合成皮革重叠输入相对转动的加热滚轮与橡胶滚轮间作热滚压，经热滚轮压聚氨酯或聚氯乙烯塑胶合成皮革冷却后，将该聚氨酯（以下简称PU）或聚氯乙烯（以下简称PVC）塑胶合成皮革与上述表面具有金属花纹的塑胶薄膜导出并分离，获得一表面具有可供光线折射花纹的聚氨酯或聚氯乙烯塑胶合成皮革（参见附件2的权利要求1，说明书及其附图）。

将权利要求1的技术方案与附件2公开的内容相比较，发现附件2仅提到如何在PU或PVC合成革表面上压制花纹，未公开有关合成革结构的任何信息，而权利要求1中具有金属光泽表面的合成皮却自上而下具有以下五层结构：金属箔—涂料层—PU层—布层—PU层，并且限定了所述涂料层为高固树脂或变性PU树脂，由此可见，权利要求1的结构和组成在附件2中均未公开，因此权利要求1相对于附件2具备新颖性，符合专利法第22条第2款的规定。

请求人认为：(1) 附件2公开了一种PU合成皮，其表面镀以金属膜，与本专利权利要求1的合成皮一致。(2) 附件2没有限定基材含二PU层，但使用PU层作为基材是本领域的公知常识，且无论是二PU层还是一PU层，对具有金属表面的合成皮均没有实质影响。

对此，合议组认为：(1) 附件2中是利用一个在表面上镀有金属膜、在金属膜上光刻有花纹的塑胶薄膜作为激光纸，通过热滚压而在合成皮表面印制相应的花纹，此时，激光纸上的金属膜不会由于热滚压而转移到合成皮上，因此，附件2中合成皮表面上并未存在金属膜；(2) 请求人也认可附件2没有提到其合成皮基材是二PU层，该特征足以使得权利要求1的技术方案与附件2的技术方案成为两个实质上不相同的技术方案。因此，合议组对请求人的上述主张不予支持。

4. 关于专利法第22条第3款

专利法第22条第3款规定，创造性，是指同申请日以前已有的技术相比，该实用新型有实质性特点和进步。

如果本领域技术人员在现有技术的基础上无法得到技术启示以实现要求保护的技术方案，并且所述技术方案能产生有益的技术效果，则要求保护的技术方案具备创造性。

(1) 关于权利要求1的创造性。

请求人认为：权利要求1相对于附件2不具备创造性，具体理由是：附件2没有限定二PU层的基材，但是用PU层作为基材制造合成皮是本领域的公知常识，无论应用二PU层或一PU层，对具有金属光泽表面的合成皮没有实质影响，因此使用二PU层作为基材没有新颖性和创造性。使用树脂作为涂料层涂布于基材上也是制作合成皮的公知技术（见附件2），高固树脂与变性PU树脂属于树脂的具体种类，因此使用高固树脂与变性PU树脂作为涂料层也没有新颖性和创造性。

对此，合议组认为，如同上面新颖性部分所述，附件2仅教导如何在合成皮的表面上印制花纹，没有教导本专利权利要求1具有金属光泽表面的合成皮，也没有教导权利要求1所述合成皮的具体结构和组成，本领域技术人员在附件2的基础上不可能获得技术启示，要制造一种具有金属光泽表面的合成皮。其次，尽管请求人主张使用二PU层的基材、使用高固树脂和变性PU树脂作为涂料层制备合成皮都属于本领域的公知常识，但是请求人未提供相应的证据证明其主张。另外，本专利权利要求1的技术方案提供了一种具有金属光泽表面的合成皮，产生了有益的技术效果，因此，合议组认为，本专利权利要求1相对于附件2具备创造性，符合专利法第22条第3款的规定。

(2) 关于从属权利要求2的创造性。

从属权利要求2的附加技术特征是所述合成皮金属箔的表面具有细致裂纹。

请求人认为，权利要求2相对于附件2和附件4的结合不具备创造性（具体理由参见上面案由部分第4~5页所述），将合成皮表面处理成细致裂纹是本领域的公知常识。

对此，合议组认为，尽管附件4中公开了对皮革进行表面处理的多种方式，但是，依然没有教导本专利包括五层结构的具有金属光泽表面的合成皮，因此，本领域技术人员没有动机将附件2和4结合，从而获得权利要求2的技术方案，故而，从属权利要求2具备创造性，符合专利法第22条第3款的规定。

(3) 关于权利要求3的创造性。

权利要求3保护一种具有金属光泽表面的合成皮，具有一基材、一涂料层和一金属箔，基材具有一顶面与一底面，涂料层涂布于基材顶面上，金属箔具有一表面及一贴合面，金属箔以贴合面贴合在涂料层上，其特征为所述金属箔的表面涂布有彩色的擦拭料。

请求人认为，权利要求3相对于附件2和4的结合不具备创造性，具体理由是：附件2权利要求中提到了对皮革表面进行处理，而附件4第1.3节对表面处理的方法进行了描述，所述方法包括例如喷涂、涂布等，同时，以擦拭料对皮革表面进行擦拭处理是本领域的公知常识。

如同上面针对权利要求1的新颖性和创造性部分所评述，本领域技术人员在附件2的基础上不可能有动机要制造一种具有金属光泽表面的合成皮，因此，尽管附件2中提及了对皮革表面进行压制花纹的处理，附件4的1.3节描述了多种表面处理方法例如印刷、喷涂、直接涂布、多功能滚筒涂布等，本领域技术人员也不会想到要将附件2和4结合，即使将附件2和4结合，也不会得到权利要求3具有金属光泽表面的合成皮，更谈不上对该金属表面进行擦拭处理了。此外，请求人也没有提供证据表明用彩色擦拭料对金属箔表面进行涂布属于公知常识。基于上述理由，合议组认为，本领域技术人员在附件2的基础上结合附件4得不出权利要求3的技术方案，并且权利要求3的合成皮由于表面有彩色的擦拭料而具有丰富的色彩，故权利要求3相对于附件2和4的结合具备创造性，符合专利法第22条第3款的规定。

根据上述事实和理由，合议组作出如下审查决定。

三、决定

在专利权人于2007年1月11日提交的权利要求1~3的基础上，维持200420067155.9号实用新型专利权有效。

当事人对本决定不服的，可以根据专利法第46条第2款的规定，自收到本决定之日起三个月内向北京市第一中级人民法院起诉。根据该款规定，一方当事人起诉后，另一方当事人应当作为第三人参加诉讼。

029

具有咬合式过滤筒的呼吸保护器

无效宣告请求审查决定（第12256号）

决　　定　　号　第12256号
决　　定　　日　2008年9月19日
发明创造名称　具有咬合式过滤筒的呼吸保护器
国 际 分 类 号　A62B23/02
无效宣告请求人　山东双球防护器材有限公司
专　利　权　人　美国3M公司
申　　请　　号　95197396.7
申　　请　　日　1995年12月22日
优　先　权　日　1995年1月20日
授 权 公 告 日　2000年7月26日
合 议 组 组 长　刘　静
主　　审　　员　孙丽芳
参　　审　　员　李亚林

法　律　依　据　专利法第22条第2款、第3款
决　定　要　点

权利要求保护的技术方案与最接近的现有技术相比具有明显的区别技术特征，同时现有技术中没有给出将上述区别特征应用到该最接近的现有技术以解决其存在的技术问题的启示，则该权利要求的技术方案具有创造性。

一、案由

本无效宣告请求案涉及国家知识产权局于2000年7月26日公告授予的、名称为“具有咬合式过滤筒的呼吸保护器”的95197396.7号发明专利权（下称本专利），其申请日为1995年12月22日，优先权日为1995年1月20日，专利权人为美国3M公司。该专利授权公告的权利要求如下：

“1. 一种呼吸保护器（10），包括：

（a）一面罩（14），其尺寸至少可盖住人的鼻子和嘴；

（b）一位于面罩上的容筒结构（22）；

（c）一过滤筒（12），它具有一容纳过滤元件（16）的外壳（13），能用手将该过滤筒与容筒结

构咬合在一起，并产生一听得见的声音，所述的咬合可以通过朝容筒结构推压过滤筒而很快地实现，无需旋转运动，该过滤筒还能通过用手拉而很快地从容筒结构上分离。

2. 如权利要求 1 所述的呼吸保护器（10），其特征在于，该过滤筒（12）具有一容纳圆柱形过滤元件（16）的圆柱形外壳（13），该圆柱形过滤元件轴向偏心于容筒结构（22），容筒结构具有一开口，其圆周基本小于圆柱形过滤元件的圆周。

3. 如权利要求 1~2 所述的呼吸保护器（10），其特征在于，过滤筒（12）可通过这样的步骤而咬合于面罩（14），它基本包括：在一个垂直于面罩的方向上朝面罩推压过滤筒，过滤筒可通过这样的步骤而从面罩上卸下，它基本包括：抓住过滤筒并沿一个垂直于面罩的方向轴向拉动它。

4. 权利要求 1 所述的呼吸保护器（10）是一种负压呼吸保护器。

5. 如权利要求 1 所述的呼吸保护器（10），其特征在于，容筒结构（22）呈凸缘形式，过滤筒（12）具有一与该凸缘相接合的裙部（24），该凸缘具有一径向外突表面（26），它与裙部上的一径向内突表面（28）相接合。

6. 如权利要求 5 所述的呼吸保护器（10），其特征在于，当过滤筒（12）被压向面罩（14）时，裙部（24）从静止状态径向朝外膨胀，凸缘（22）被径向内压。

7. 如权利要求 5~6 所述的呼吸保护器（10），其特征在于，在裙部（24）与凸缘（22）之间产生一基本上气密的密封的过程中，裙部在凸缘上施加压力。

8. 如权利要求 1 所述的呼吸保护器（10），其特征在于，过滤筒（12）与容筒结构（22）相配合成需要一个 10 到 60 牛顿的力来将过滤筒从容筒结构上拆下。

9. 如权利要求 5~6 所述的呼吸保护器（10），其特征在于，裙部（24）由一种挠曲模量为 2×108 到 30×108Pa 的合成树脂制成，凸缘（22）由一种刚性更强的合成树脂制成，其挠曲模量为 6×108 到 70×108Pa。

10. 如权利要求 1 所述的呼吸保护器（10），具有一咬合式接合机构，它包括一插入件（22）和一包容件（24），其特征在于，在过滤筒（12）接合于容筒结构（22）的过程中，（i）插入件（22）先收缩然后径向朝外扩张，或（ii）包容件（24）先膨胀然后径向朝内收缩，或（i）和（ii）的组合基本同时发生。

11. 如权利要求 1 所述的呼吸保护器（10），其特征在于，还具有一第二接合机构，它位于咬合式接合机构的侧向。

12. 一种适用于过滤污染杂质并可快速装拆于呼吸保护器（10）的面罩（14）上的过滤筒（12），其中杂质通过使用者所戴的呼吸保护器而被吸入，该过滤筒（12）包括一外壳（13）和一过滤元件（16），过滤元件位于外壳中，外壳具有一装置用来通过用手朝面罩上的容筒结构（22）推压过滤筒而将该过滤筒与容筒结构咬合在一起，无需使用旋转动作，并允许通过用手拉而很快地从容筒结构上分离。”

针对上述专利权，山东双球防护器材有限公司（下称请求人）于 2008 年 3 月 28 日向专利复审委员会提出无效宣告请求，认为本专利权利要求 1~12 不符合专利法第 22 条关于新颖性和创造性的规定，并提交了下述证据：

证据 1：第 92212231.8 号中国实用新型专利说明书，公告日为 1992 年 8 月 5 日，共 6 页；

证据 2：第 91230336.0 号中国实用新型专利说明书，公告日为 1992 年 6 月 17 日，共 6 页；

证据 3：第 90218844.5 号中国实用新型专利说明书，公告日为 1991 年 4 月 3 日，共 7 页。

请求人认为：（1）证据 1 公开了一种防尘口罩，其权利要求 1 的描述是：包括壳体、与壳体一端连接的滤体座和滤体盖，在滤体座和滤体盖之间有滤体，参考证据1的附图1可以看出，其中的壳体就是本专利所述的“面罩”，证据1的主题名称就是防尘口罩，其说明书的使用说明中指出“将口罩戴在口鼻位置”，其中描述的滤体座、滤体盖和滤体就是本专利的“过滤筒”，由滤体座、滤体盖和滤体组成的过滤筒也是通过容筒结构与壳体插接在一起，壳体与过滤筒两者同样是可以通过推拉而不用旋转运动就可以实现结合与分离；证据1的附图可以看出滤体座和滤体盖二者通过咬合连接，既然是咬合连接，在咬合过程中同样也会“产生听的见的声音”，本专利的保护范围全部被证据1的权利要求所覆盖，没有新颖性和创造性。(2）证据2公开了一种防氟防尘口罩，证据3公开了一种无憋防尘口罩，证据2和3分别公开了与本专利权利要求相同的技术方案。(3）综上所述，本专利的权利要求1~12所公开的技术特征均被证据1~3所覆盖，本专利的技术内容全部是公知常识，不具备新颖性和创造性。

经形式审查合格后，专利复审委员会受理了上述请求，于2008年3月28日向双方当事人发出《无效宣告请求受理通知书》，并将《专利权无效宣告请求书》及其他有关文件的副本转送给专利权人，要求其在指定的期限内答复，同时成立合议组对本无效请求案进行审理。

2008年5月29日，专利复审委员会收到专利权人的意见陈述书，专利权人认为，(1）本专利提供一种能快速实现过滤筒在呼吸保护器面罩上安装和拆卸、同时又能发出正确安装与否的信号的呼吸保护器，不需要诸如旋转的复杂操作。(2）证据1涉及的防尘口罩中，对于相当于权利要求1的“过滤筒”的滤体座4、滤体盖6和滤体5的组合如何连接到相当于权利要求1中的“面罩”的壳体3只字未提，仅有附图1所示看似该组合是通过形成于滤体座4上的套管套设在壳体3的凸筒上而连接于壳体3的，这种套设显然不能产生听得见的声音咬合；即使证据1揭示了滤体座4与滤体盖6之间的咬合配合，这种咬合配合也不等于本发明的咬合配合，滤体座和滤体盖的咬合配合只能提供滤体座4、滤体盖6和滤体5的组合（滤筒）的快速配合，并不能提供该组合到壳体3（面罩）的快速装配。(3）证据2和证据3均与本专利存在若干区别，例如证据2和证据3均没有公开本专利要求的咬合配合的技术方案。(4）证据1~3均没有明示或暗示如本专利权利要求1所限定的技术方案，从属权利要求分别对独立权利要求1的技术方案进行了限定，也应具有新颖性和创造性。因此，本专利具备新颖性和创造性。

2008年6月26日，本案合议组向双方当事人发出《无效宣告请求口头审理通知书》，拟定于2008年8月26日对该专利权的无效宣告请求进行口头审理，同时将专利权人的上述答复转送给请求人，要求其在口头审理时一并答复。

2008年8月26日，口头审理如期进行，双方当事人均出席了口头审理。庭审过程中，合议组就本案的无效理由及证据逐一进行了调查，双方当事人充分陈述了各自的意见。在此基础上，合议组记录了以下重要事项：

(1）双方当事人对合议组没有回避请求。

(2）专利权人对证据1~3的真实性、公开性和关联性均予以认可。

(3）请求人当庭放弃使用证据2和证据3；确定其无效宣告理由为：权利要求1~12相对于证据1不符合专利法第22条第2款、第3款的规定。

(4）请求人和专利权人都认可证据1的附图1中的气垫（1)、气垫座（2）和壳体（3）相当于本专利权利要求1中的面罩（14)，证据1的附图1中的滤体座（4）和滤体盖（6）相当于本专利权利要求1中过滤筒的外壳（13）和过滤元件（16)，证据1附图1中的壳体（3)、滤体座（4）的结合处相当于本专利权利要求1的容筒结构（22)。

至此，合议组认为本案的事实清楚，可以作出审查决定。

二、决定的理由

1. 关于无效审理的文本

专利权人没有提交修改文本，本决定以本专利的授权公告文本为审查基础。

2. 关于证据

本案中，请求人在提出无效宣告请求时提交了证据 1~3，而在口头审理时请求人放弃了证据 2 和 3。证据 1 为专利文献，专利权人没有质疑其真实性，经合议组依职权核实后，对其真实性予以确认；此外，证据 1 的公开日早于本专利的优先权日，故证据 1 可以作为现有技术用于评价本专利的新颖性和创造性。

3. 关于专利法第 22 条第 2 款

专利法第 22 条第 2 款规定，新颖性，是指在申请日以前没有相同的发明或实用新型在国内外出版物上公开发表过、在国内公开使用过或者以其他方式为公众所知，也没有相同的发明或者实用新型由他人向国务院专利行政部门提出过申请并且记载在申请日以后公布的专利申请文件中。

如果权利要求与对比文件 1 的技术方案相比，存在区别技术特征，导致二者的技术方案实质上不同，则该权利要求具备新颖性。

就本案而言，本专利要求保护一种具有咬合式过滤筒的呼吸保护器，其权利要求 1 为：一种呼吸保护器（10），包括：（a）一面罩（14），其尺寸至少可盖住人的鼻子和嘴；（b）一位于面罩上的容筒结构（22）；（c）一过滤筒（12），它具有一容纳过滤元件（16）的外壳（13），能用手将该过滤筒与容筒结构咬合在一起，并产生一听得见的声音，所述的咬合可以通过朝容筒结构推压过滤筒而很快地实现，无需旋转运动，该过滤筒还能通过用手拉而很快地从容筒结构上分离。

证据 1 公开了一种气垫密封式防尘口罩，包括壳体（3）、与壳体（3）一端连接的滤体座（4）和滤体盖（6），在滤体座和滤体盖（6）之间有滤体（5），在壳体（3）上还连接有呼气阀（7），壳体（3）的另一端边缘上连接有气垫（1），气垫（1）上有气嘴（8）和气阀（9）。

口头审理过程中，请求人和专利权人都认可证据 1 的附图 1 中的气垫（1）、气垫座（2）和壳体（3）相当于本专利权利要求 1 中的面罩（14），证据 1 的附图 1 中的滤体座（4）和滤体盖（6）相当于本专利权利要求 1 中过滤筒的外壳（13）和过滤元件（16），证据 1 附图 1 中的壳体（3）、滤体座（4）的结合处相当于本专利权利要求 1 的容筒结构（22）。由此，判断本专利权利要求 1 是否具备新颖性的焦点在于：权利要求 1 中所述的“能用手将该过滤筒与容筒结构咬合在一起，并产生一听得见的声音，所述的咬合可以通过朝容筒结构推压过滤筒而很快地实现，无需旋转运动，该过滤筒还能通过用手拉而很快地从容筒结构上分离”的技术内容是否在证据 1 中公开。

请求人认为，由证据 1 的附图可以看出，由滤体座（4）、滤体盖（6）和滤体（5）组成的过滤筒也是通过容筒结构与壳体插接在一起，壳体与过滤筒两者同样是可以通过推拉而不用旋转运动就可以实现结合与分离；滤体座和滤体盖二者既然是通过咬合连接，在咬合过程中同样也会“产生听的见的声音”；此外，由证据 1 的附图 1 可以看出壳体（3）和滤体座（4）之间有剖面线，可见二者并非一体，故可分离。因此，权利要求 1 中的上述技术内容已经在证据 1 中公开了，权利要求 1 不具备新颖性。

合议组经审查认为，证据 1 仅在说明书第 1 页第 10 行描述了壳体与滤体座的关系为“与壳体一端连接的滤体座”，本领域技术人员据此无法确定证据 1 中壳体与滤体座的连接方式，即证据 1 中并未公开过滤筒与容筒结构间通过咬合式连接以及可很快分离的技术内容；另外，即使附图中显示壳体

（3）和滤体座（4）之间有剖面线，也仅能说明壳体和滤体座在生产时是以两个部件分别生产的，却不能推定形成连接后可很快分离，因此，证据 1 没有公开权利要求 1 中所述的“能用手将该过滤筒与容筒结构咬合在一起，并产生一听得见的声音，所述的咬合可以通过朝容筒结构推压过滤筒而很快地实现，无需旋转运动，该过滤筒还能通过用手拉而很快地从容筒结构上分离”的技术内容，即证据 1 没有公开过滤筒与容筒结构间通过“咬合式”连接并可快速分离的技术特征，其技术方案与权利要求 1 实质不相同，因此，权利要求 1 相对于证据 1 具备专利法第 22 条第 2 款规定的新颖性。

在权利要求 1 具备新颖性的基础上，其从属权利要求 2~11 相对于证据 1 同样具备新颖性。

权利要求 12 要求保护一种适用于过滤污染杂质并可快速装拆于呼吸保护器（10）的面罩（14）上的过滤筒（12），其中杂质通过使用者所戴的呼吸保护器而被吸入，该过滤筒（12）包括一外壳（13）和一过滤元件（16），过滤元件位于外壳中，外壳具有一装置用来通过用手朝面罩上的容筒结构（22）推压过滤筒而将该过滤筒与容筒结构咬合在一起，无需使用旋转动作，并允许通过用手拉而很快地从容筒结构上分离。由于本专利权利要求 12 与证据 1 相比，同样存在“通过用手朝面罩上的容筒结构（22）推压过滤筒而将该过滤筒与容筒结构咬合在一起，无需使用旋转动作，并允许通过用手拉而很快地从容筒结构上分离”的区别技术特征，因此，证据 1 的技术方案与权利要求 12 实质上并不相同，权利要求 12 相对于证据 1 具备专利法第 22 条第 2 款规定的新颖性。

4. 关于专利法第 22 条第 3 款

专利法第 22 条第 3 款规定，创造性，是指同申请日以前已有的技术相比，该发明有突出的实质性特点和显著的进步，该实用新型有实质性特点和进步。

权利要求保护的技术方案与最接近的现有技术相比具有明显的区别技术特征，同时现有技术中没有给出将上述区别特征应用到该最接近的现有技术以解决其存在的技术问题的启示，则该权利要求技术方案具有创造性。

基于理由部分“关于专利法第 22 条第 2 款”中的论述可知，本专利权利要求 1 与证据 1 的区别在于：证据 1 中没有公开权利要求 1 中的“能用手将该过滤筒与容筒结构咬合在一起，并产生一听得见的声音，所述的咬合可以通过朝容筒结构推压过滤筒而很快地实现，无需旋转运动，该过滤筒还能通过用手拉而很快地从容筒结构上分离”的技术内容，即本专利权利要求 1 的过滤筒与容筒结构通过“咬合式”连接且这种连接是可分离的，而证据 1 中未对过滤筒与容筒的连接方式作出说明。由本专利权利要求 1、说明书第 3 页第 3~7 行的描述以及上述区别技术特征可以确定，本专利实际解决的技术问题是：提供一种经手工即可在面罩上以咬合式快速安装、拆卸过滤筒的呼吸保护器，同时又能发出安装正确与否的信号。

证据 1 仅仅提及滤体座“与壳体一端连接”，并没有给出具体的连接方式，证据 1 的全文也没有给出在呼吸器面罩上安装、拆卸过滤筒的启示，更没有给出将过滤筒与面罩经容筒结构以咬合式连接来解决装卸方便的技术问题的启示，因此，权利要求 1 相对于证据 1 是非显而易见的，符合专利法第 22 条第 3 款的规定。

至于请求人认为本专利中所述的咬合是公知常识，合议组认为，请求人并未能提供专利法意义上的公知常识证据。而在口头审理过程中，请求人所演示的螺纹连接结构的呼吸面罩与权利要求 1 所述的“咬合连接”连接方式不同，而其所演示的口香糖盒、药盒、香料盒的扣装连接应用领域与权利要求 1 的呼吸保护器领域又相去甚远，即使公开了与本专利相同的咬合连接，也不足以使本领域技术人员获得将其用于呼吸保护器领域的技术启示，因此，权利要求 1 请求保护的技术方案是非显而易见的，具备专利法第 22 条第 3 款规定的创造性。

权利要求 2~11 分别从属于权利要求 1，在权利要求 1 相对于证据 1 具有创造性的情况下，其从属权利要求 2~11 也符合专利法第 22 条第 3 款的规定。

权利要求 12 要求保护一种适用于过滤污染杂质并可快速装拆于呼吸保护器的面罩上的过滤筒，基于理由部分“关于专利法第 22 条第 2 款”的论述可知，权利要求 12 与证据 1 的区别在于权利要求 12 的过滤筒通过咬合的方式与容筒结构相连接且这种连接是可分离的，而证据 1 中未公开此技术内容。如前所述，证据 1 中没有给出将上述区别技术特征应用于过滤筒以解决装卸方便的技术问题的启示，而且请求人关于上述区别技术特征是公知常识的主张也不成立，在此基础上，尚不能得出权利要求 12 不具备创造性的结论，因此，权利要求 12 相对于证据 1 符合专利法第 22 条第 3 款的规定。

基于以上事实和理由，本案合议组作出如下审查决定。

三、决定

维持 95197396. 7 号发明专利权有效。

当事人对本决定不服的，可以根据专利法第 46 条第 2 款的规定，自收到本决定之日起三个月内向北京市第一中级人民法院起诉。根据该款的规定，一方当事人起诉后，另一方当事人应当作为第三人参加诉讼。

030

生产乙酸的方法

无效宣告请求审查决定（第12334号）

决 定 号 第12334号
决 定 日 2008年10月14日
发明创造名称 生产乙酸的方法
国际分类号 C07C53/08，C07C51/12
无效宣告请求人 刘桂花
专 利 权 人 英国石油化学品有限公司
专 利 号 94115261.8
申 请 日 1994年9月10日
授权公告日 1999年2月3日
合议组组长 汪送来
主 审 员 娄 宁
参 审 员 潘 剑

法 律 依 据 专利法第26条第3款、第4款，专利法第33条，专利法实施细则第20条第1款，专利法实施细则第21条第2款

决 定 要 点

说明书是否充分公开应以所属技术领域的技术人员能够实现为判断标准。能够实现，是指所属技术领域的技术人员按照说明书记载的内容就能够实现要求保护的发明，解决其技术问题，并且产生预期的技术效果。

对于方法权利要求来说，如果本领域技术人员根据现有技术可以确定方法中所涉及的工艺参数，并且也没有证据表明权利要求中所概括的实施例的等同替换方式不能解决发明所要解决的技术问题，不能因为权利要求中的文字描述与说明书不完全相同而认为该权利要求得不到说明书的支持。

如果修改后本领域技术人员仍能够得到与原申请相同的技术方案，则认为申请文件的修改内容能直接地、毫无疑义地从原说明书和权利要求书确定。

判断某一技术特征是否为必要技术特征，应从所要解决的技术问题出发，并考虑说明书描述的整体内容，不应简单地将实施例中的技术特征直接认定为必要技术特征。

一、案由

本无效宣告请求涉及国家知识产权局于1999年2月3日授权公告的、名称为“生产乙酸的方法”

的94115261.8号发明专利权（以下简称本专利），其申请日为1994年9月10日，专利权人为英国石油化学品有限公司。本专利授权公告的权利要求书为：

“1. 通过甲醇或其活性衍生物的羰基化作用生产乙酸的方法，该方法包括在一个羰基化反应器中使甲醇或其活性衍生物在液体反应组合物中与一氧化碳接触，其特征在于液体反应组合物包括：

（a）乙酸，（b）铱催化剂，（c）甲基碘，（d）至少一定限量的水，（e）乙酸甲酯和（f）作为助催化剂的钌和锇的至少一种。

2. 根据权利要求1的方法，其中在所述反应器中一氧化碳的分压小于15巴。

3. 根据权利要求1或2的方法，其中助催化剂与铱的摩尔比在0.1∶1~15∶1的范围内。

4. 根据权利要求3的方法，其中所用的助催化剂是钌。

5. 根据权利要求1或2的方法，其中该液体反应组合物含有100至6000ppm（重量）的铱。

6. 根据权利要求5的方法，其中助催化剂与铱的摩尔比在0.1∶1至15∶1的范围内。

7. 根据权利要求6的方法，其中该助催化剂是钌。

8. 根据权利要求1或2的方法，其中该液体反应组合物含有0.1至15%（重量）的水。

9. 根据权利要求1或2的方法，其中该液体反应组合物含有1至20%（重量）的甲基碘。

10. 根据权利要求1或2的方法，其中该液体反应组合物含有1至70%（重量）的乙酸甲酯。

11. 根据权利要求1或2的方法，其中该液体反应组合物含有100至6000ppm（重量）的铱，0.1至15%（重量）的水，1至20%（重量）的甲基碘和1至70%（重量）的乙酸甲酯。

12. 根据权利要求11的方法，其中助催化剂与铱的摩尔比在0.1∶1至15∶1的范围内。

13. 根据权利要求12的方法，其中该助催化剂是钌。”

2008年2月22日，针对上述专利权，刘桂花（以下简称请求人）向国家知识产权局专利复审委员会提出无效宣告请求，理由是本专利不符合专利法第26条第3款、第4款和专利法第33条，专利法实施细则第20条第1款和第21条第2款的规定，并提交了本专利的授权文本和证据1：

证据1：94115261.8号中国发明专利申请公开说明书，公开日1995年8月30日，中文共35页；

请求人认为：

（1）本专利权利要求1中包括甲醇或其衍生物的羰基化生产乙酸的方法，说明书中指出可以以间歇或连续方式进行反应，但是，说明书中没有公开以间歇式进行反应时甲醇与液体反应组合物加入量的比例关系；没有给出以连续方式反应时，连续加入液体组合物及甲醇或甲醇衍生物的进料速度、甲醇或甲醇活性衍生物的量与加入液体反应组合物的量的比例关系、将反应后的产物组合物从反应器中移出的速度、从产物组合物中分离出乙酸之后的液体组合物返回到反应器中的循环速度；缺少以甲醇为原料的间歇式生产实施例；缺少以二甲醚为原料的实施例；缺少以甲醇活性衍生物为原料连续方式生产的实施例；以甲醇为原料连续式生产的实施例17、20中没有公开连续加入液体反应组合物的量与加入的甲醇量的比例关系、甲醇加入速度、将产物组合物从反应器中移出速度及分离乙酸后的液体组合物返回到反应器中的循环速度。因此，说明书公开不充分。

（2）权利要求1中的“至少一定限量的水”没有得到说明书“至少一定浓度的水”的支持（说明书第2页倒数第6行）；以甲醇为原料间歇方式生产乙酸的技术方案没有实施例支持；以二甲醚为原料的间歇方式或连续方式生产乙酸的技术方案没有实施例支持；以乙酸甲酯、甲基碘为原料连续生产乙酸的方案没有实施例支持；没有对乙酸的浓度进行限定得不到说明书支持；说明书中记载的是“分压……最优选1~15巴”的支持（说明书第5页第1~2行），实施例的1~17、20中未给出一氧化碳的分压值，实施例18~20给出的分压分别为13.4、13.9、12.6巴，权利要求2中“分压小于15

巴”没有得到说明书的支持；权利要求 8 中“0.1%～15%（重量）的水”、权利要求 9 中“1%～20%（重量）的甲基碘”、权利要求 10 中“1%～70%（重量）的乙酸甲酯”得不到说明书支持，同理，权利要求 11 也得不到说明书支持；权利要求 3～13 由于引用了权利要求 1 或权利要求 2，也得不到说明书支持。

（3）由公开文本的权利要求 1 和说明书中记载的“……（d）至少一定浓度的水……”，不能导出权利要求 1 中“……（d）至少一定限量的水……”的技术特征，因此权利要求 1 修改超出了原始文本；权利要求 2～13 由于引用了权利要求 1，也修改超范围。

（4）权利要求 1 没有明确指出所保护的是间歇式、连续式的或者二者均在保护范围之内，权利要求 1 保护范围不清楚；权利要求 2 中关于一氧化碳的分压大于 0 至小于 1 巴的范围内能否实施难于判断，权利要求 2 没有清楚、简要地表述其请求保护的范围；权利要求 8、11 对浓度的限定与权利要求 1“量”的限定没有关联性，这样的引用构成权利要求书作为一个整体不清楚；权利要求 3～13 由于引用了权利要求 1、2 不清楚；权利要求 3、5、8～11 与权利要求 2 中的技术特征一氧化碳的分压毫无关系，因此他们之间没有关联性，这样的引用构成权利要求书作为一个整体不清楚。

（5）权利要求 1 以间歇方式生产时，缺少反应器总压力、反应温度、甲醇或甲醇衍生物加入量（或反应初时浓度）等工艺参数；权利要求 1 以连续方式生产时，缺少甲醇或甲醇衍生物加入量与其他组分加入量的比例关系、甲醇或甲醇衍生物及液体组合物进料速度，缺少连续引出产物组合物速度和分离出乙酸的组合物的再循环速度，缺少反应容器总压力和温度，因此，权利要求 1 缺少上述必要技术特征。

经形式审查合格后，专利复审委员会受理了该无效宣告请求，并于 2008 年 3 月 10 日向双方当事人发出了《无效宣告请求受理通知书》，并向专利权人转送了《专利权无效宣告请求书》及其附件清单中所列附件的副本。同时成立合议组对本无效请求案进行审理。

2008 年 4 月 25 日，专利权人针对无效宣告请求提交了意见陈述书并提交了以下证据：

反证 1：专利号为 US3772380 的美国专利，复印件 13 页，授权公告日 1973 年 11 月 13 日，及其部分中文译文 26 页。

专利权人认为：

（1）关于专利法第 26 条第 3 款，由说明书公开内容可见，本发明在于对羰基化方法的催化剂体系进行改进，而有关羰基化方法的步骤细节等则属于现有技术的范畴，说明书中对技术方案进行了详细描述，并且提供了 20 多个实施例和测试数据，证明了本发明的技术方案能够产生预期的效果。其中，说明书第 3～6 页中对反应体系中的各组分以及反应条件进行了详细描述，由此本领域技术人员可以理解发明的技术方案，并根据说明书的内容来制备乙酸。

对于请求人提出的具体无效理由，①关于间歇式反应实施例中没有公开醇加入量与液体反应物加入量的关系，由于有关间歇式反应的实施例 1～17 中并未使用甲醇，因此不存在公开不充分问题；②关于连续式反应实施例中没有公开工艺条件的技术细节，由于本发明与现有技术的区别在于催化剂体系，制备乙酸的具体技术可以仍然采用现有技术中的那些；③关于说明书没有以甲醇做原料来间歇制备乙酸的实施例，由于间歇法与连续法的差别仅在于原料加入反应器的方式不同，基于实施例以甲醇为原料的连续式反应，以及实施例中以甲醇活性衍生物为原料的间歇式反应，本领域技术人员可以实施甲醇为原料的间歇式反应；④关于说明书中没有提供所有的具体甲醇活性衍生物实施例，不能仅凭实施例是否举例说明了所有技术方案来判断，同上的理由，根据实施例本领域技术人员完全能够用二甲醚为原料实施本发明；⑤关于说明书没有甲醇活性衍生物做原料连续制备乙酸的实施例，由说明书对连续操作的描述可知实施例18~20使用的是甲醇与乙酸甲酯的混合物作为原料，并且甲醇会与乙酸反应从而生成乙酸甲酯。

（2）关于专利法第26条第4款，从说明书公开的内容，本领域技术人员完全能够合理预见到实施例没有说明的技术方案也能够实施，并获得理想的结果，因此权利要求书能得到说明书的支持，具体而言，①权利要求1中“至少一定限量的水”与“至少一定浓度的水”的表述虽然使用了不同的词语，但具有相同的含义，从而能得到说明书的支持；②不是所有的技术方案均应当提供相应的实施例，根据对技术方案的描述和实施例的举例说明，并结合本领域的公知常识，本领域技术人员完全能够合理预期实施例没有举例说明的技术方案也能实施，因此权利要求1得到了说明书的支持；③虽然权利要求1没有限定乙酸的浓度，但使用乙酸来作反应溶剂已经体现在现有技术的方案中，可以根据本领域的公知常识来确定适用的量，因此权利要求1得到说明书支持；④权利要求2的“一氧化碳的分压小于15巴”完全能够实施，首先分压为负值的情况不符合逻辑，也违反权利要求中隐含限定必须存在一氧化碳的技术特征，另外只要组合物中存在一氧化碳，其分压就大于0，并且其就会与甲醇或甲醇活性衍生物反应生成乙酸，因此可在低CO分压下制备乙酸，因此权利要求2的整个范围内发明都能实施，得到了说明书的支持；⑤虽然实施例中举例说明的一氧化碳分压小于权利要求2请求保护的范围，但本发明不同于现有技术之处在于催化剂体系，制备乙酸的具体技术细节可以采用现有技术中的，权利要求2能得到说明书支持；⑥虽然实施例中举例说明的液体反应组合物各组分的含量范围小于相应权利要求请求保护的范围，但乙酸的制备独立于液体反应组合物中各组分的存在量，因此在相关权利要求请求保护的范围内，本发明都可以实施，从而得到说明书的支持；⑦由于权利要求1和2均得到了说明书的支持，引用权利要求1或2的在后权利要求得不到说明书支持的问题也均不存在。

（3）关于专利法第33条，“至少一定限量的水”与“至少一定浓度的水”均表示在液体反应混合物中必须存在水，从整体考虑权利要求1所限定的技术方案时，完全可以看出，虽然使用了不同的词语，但上述表达具有相同的含义，因此，上述修改可以由原说明书和权利要求书文字记载的内容直接地、毫无疑义地确定。

（4）关于专利法实施细则第20条第1款，①权利要求1中未限定本发明方法的进行方式意味方法对此没有限制，这并不造成权利要求1的范围不清楚；②权利要求1中隐含限定了必须存在一氧化碳，由于权利要求2引用权利要求1从而包括其所有技术特征，而分压为负值不符合逻辑，也违反权利要求1的限定。另外，只要液体反应组合物中存在一氧化碳就会与甲醇或甲醇活性衍生物反应，因此低的一氧化碳分压下也能制备乙酸。因此，权利要求2清楚地限定了请求保护的范围；③同上，“至少一定限量的水”与“至少一定浓度的水”虽然使用了不同的词语，但是它们具有相同的含义，因此，权利要求8是对权利要求1的进一步限定，符合实施细则第20条第1款的规定；④由于权利要求1和2清楚的限定了请求保护的范围，引用权利要求1或2的在后权利要求不清楚的问题也均不存在。

（5）关于专利法实施细则第21条第2款，由于本发明使用的催化剂体系是区别于现有技术的特征，因此，反应方式、反应中的工艺条件等均是本发明方法中的具体技术细节，并不是必要技术特征，因此权利要求1已经记载了实施发明所需的所有必要技术特征。

2008年6月25日，专利复审委员会本案合议组向双方当事人发出《无效宣告请求口头审理通知书》，拟定于2008年8月26日对本案进行口头审理。同时将专利权人于2008年4月25日提交的意见陈述书及所附附件的副本转交给请求人，要求请求人在一个月内答复。

2008年7月25日，请求人提交了意见陈述书，并提交了以下证据（编号续前）：

证据2："现代汉语词典"，版权页、第838~839、1252~1253、1300~1301页，商务印书馆出版，1983年1月第2版，复印件共4页。

请求人认为：

（1）虽然本发明的改进在于催化体系，但由于催化剂体系的改变，其反应所用的原料组合物、反应温度、反应的总压力，一氧化碳的分压等工艺条件一定会发生改变；由反证1译文第3页中关于温度、压力的记载能够证明这一点；虽然说明书中给出了20多个实施例和测试数据，但其大多数实施例是不完整的、公开是不充分的，说明书中也仅给出了部分的工艺参数，根据说明书对发明技术方案的描述，再参考实施例，本领域技术人员不能理解并再现其技术方案，说明书不符合专利法26条第3款；

具体而言，说明书缺少以甲醇为原料的间歇反应生产乙酸的实施例；实施例17、20、21、22和23没有给出甲醇的加入量、甲醇的进料速度、反应产物移出反应器的移出速度等工艺参数；反证1译文的现有技术中也并没有给出本发明所需要的工艺参数；专利权人认为二甲醚能够实施本发明专利制备乙酸、甲醇活性衍生物能够用来连续制备乙酸，但没有给出证据予以证实。

（2）由证据2的内容可以看出"一定限量"和"一定浓度"不是虚词，"限量"和"浓度"也不是虚词，而由说明书第2页倒数第4行和倒数第6行、第3页第9~12行所公开的内容也无法概括得出"至少一定限量的水"的技术特征，乙酸的浓度可以用本领域已知的任何量没有证据支持，权利要求1得不到说明书支持；由于权利要求2要求的小于15巴这一范围是包括负值、1巴以下和所有小于15巴的数值范围，但不包括15巴。尽管本领域技术人员会判断出一氧化碳的压力为负值或零值是不能实施的，但说明书中记载的范围为1~70巴、1~35巴、1~15巴，权利要求2与权利要求1之间存在矛盾，且说明书中记载的范围也不包括小于1巴的情形，权利要求2得不到说明书的支持；其他权利要求由于对权利要求1或2的引用也得不到说明书的支持。

（3）同前述理由，由原说明书和权利要求书文字记载的内容不能直接地毫无疑义地确定出修改的内容"至少一定限量的水"，因此这种修改不符合专利法第33条的规定。

（4）权利要求1中判断不出其要求保护的技术方案中包括了连续生产乙酸的技术方案，没有清楚、简要地表述其要求保护的范围；权利要求2的范围包括小于1且大于0范围的分压能否实施，本领域技术人员难以判断，权利要求2也没有清楚、简要地表述其要求保护的范围；权利要求8中所限定的是水的浓度，权利要求1所限定的是水的数量，浓度和数量没有关联，因此权利要求不清楚；同样权利要求11和权利要求1也存在矛盾。

（5）如果权利要求1所要求保护的范围中包括连续生产乙酸的技术方案，则权利要求1就缺少了连续生产乙酸的技术方案的必要技术特征。

2008年8月15日，合议组将请求人的意见陈述书及所附的附件的副本转交给专利权人。

2008年8月26日，口头审理如期举行，双方当事人的代理人参加了口头审理。庭审过程中，本案合议组就本案的无效理由和证据逐一进行了调查，充分听取了双方的意见。

在口头审理过程中，合议组记录了以下事项，请求人确定无效理由为，依据证据1主张说明书不符合专利法第26条第3款，依据证据1、2主张权利要求1~13不符合专利法第26条第4款、权利要求1~13不符合专利法实施细则第20条第1款、权利要求1~13不符合专利法实施细则第21条第2款，依据证据1、2主张权利要求1不符合专利法第33条。

专利权人当庭提交了反证2（编号续前），专利权人认为反证2是公知常识性证据，由反证2可知甲醇与二甲醚、乙酸和甲醇与乙酸甲酯之间存在平衡，由此证明甲醇与甲醇衍生物是等同反应物，都能实现本发明的技术方案。

反证 2："ADVANCED INORGANIC CHEMISTRY A Comprehensive Text"，F. ALBERT COTTON 和 GEOFFREY WILKINSON，封面页、版权信息页、第 1294 页和第 1295 页，JOHN WILLEY & SONS 出版社，1980 年，英文 4 页，中文译文 2 页。

合议组当庭将反证 2 转交给请求人。

专利权人对请求人提交的证据 1~2 的真实性没有异议，请求人对专利权人提交的反证 1~2 的真实性没有异议。

请求人指出，反证 1 中存在两处译文翻译错误，反证 1 的英文第 11 栏第 63 行、译文的第 12 页倒数第 2 行，译文不应是"液体反应溶液"而是"液体催化剂溶剂"，反证 1 的英文第 17 栏第 67 行、中文译文第 20 页第 6 行分子式中的"P"应为"As"。请求人对反证 1 其他部分中文译文的准确性没有异议。

对于请求人提出异议部分的反证 1 的中文译文，专利权人同意以请求人校正后的中文译文为准。

合议组另给予请求人 7 日期限对反证 2 发表意见，若逾期不发表意见，则视为请求人无进一步的意见。请求人对此表示同意。

双方核对了本专利的原始申请文本和公开文本，双方认可原始申请文本与公开文本是一致的。

2008 年 8 月 27 日，请求人提交了意见陈述书，请求人认为：反证 2 不是教科书，不属于公知常识证据，因此反证 2 的举证超过了法定期限，且其中的催化剂、产物均与本专利的组成不同，对反证 2 中文译文的准确性无异议。

经过上述审理程序，合议组认为本案事实已经清楚，可以依法作出审查决定。

二、决定的理由

1. 关于审查文本

本决定以本专利授权公告的文本为审查基础。

2. 关于证据

证据 1 是本专利的公开文本，专利权人对证据 1 的真实性无异议，且双方均确认原始申请文本和证据 1 的内容是一致的。合议组经审查，对证据 1 的真实性以及本专利原始申请文本与证据 1 的内容的一致性予以确认，因此可以将本专利修改的内容与证据 1 进行对比，以评价修改是否符合专利法第 33 条的规定。

证据 2 是一本词典，专利权人对证据 2 的真实性及公开性无异议，合议组经审查对其真实性、公开性予以确认。证据 2 的公开日期在本专利的申请日前，在本案中可以作为公知常识性证据使用。

反证 1 是一份美国专利，请求人对反证 1 的真实性、公开性均无异议，合议组经审查对反证 1 的真实性、公开性予以确认。反证 1 的公开日期在本专利的申请日前，因此，反证 1 可以作为本专利的现有技术证据使用。此外，请求人提出反证 1 中存在两处译文翻译错误，反证 1 的英文第 11 栏第 63 行、译文的第 12 页倒数第 2 行，译文不应是"液体反应溶液"而是"液体催化剂溶剂"，反证 1 的英文第 17 栏第 67 行、中文译文第 20 页第 6 行分子式中的"P"应为"As"，请求人对反证 1 其他部分中文译文的准确性无异议。专利权人同意以请求人校正后的中文译文为准，合议组经审查，对校正后的反证 1 的中文译文准确性予以确认。

反证 2 是英文版的高等无机化学，请求人对反证 2 的真实性、公开性及中文译文的准确性无异议，但请求人认为反证 2 不是公知常识性证据，其举证超过法定期限。合议组查明，反证 2 的公开日期在本专利的申请日前，并且在反证 2 版权信息页的前言部分，明确表明该书的读者为无机和有机金属领域的学生或其他读者，合议组认为学生用教科书是专利法意义的公知常识性证据，而公知常识性证据可以在口头审理辩论终结前提交，因此反证 2 的举证符合专利法和审查指南的相关规定，应予以考虑。

3. 关于专利法第 26 条第 3 款

专利法第 26 条第 3 款规定，说明书应当对发明或者实用新型作出清楚、完整的说明，以所属技术领域的技术人员能够实现为准。

说明书是否充分公开应以所属技术领域的技术人员能够实现为判断标准。能够实现，是指所属技术领域的技术人员按照说明书记载的内容就能够实现要求保护的发明，解决其技术问题，并且产生预期的技术效果。

本专利权利要求 1 保护由甲醇或其活性衍生物的羰基化作用生产乙酸的方法。由本专利说明书的描述可知，通过醇、卤代物、醚、酯等羰基化制备一元羧酸属于现有技术，反证 1 进一步佐证了这一点。本发明所要解决的技术问题是通过采用钌或锇助催化剂，对在铱催化剂存在下的甲醇或其活性衍生物羰基化反应速度等产生有益的影响，本发明所能够达到的技术效果是提高羰基化反应速度等。本专利说明书第 3 页第 1 段记载了本发明所用的甲醇、甲醇活性衍生物及其用量，说明书第 3 页第 2 段记载了本发明所用的水及其用量，说明书第 3 页第 3~4 段记载了本发明所用的铱催化剂及其用量，说明书第 4 页第 1~4 段记载了本发明所用的钌/锇催化剂及其用量，说明书第 4 页第 5 段记载了本发明的液体反应组合物中甲基碘的浓度，说明书第 5 页第 2 段至第 6 页第 2 段记载了本发明的工艺条件，实施例 1~16 公开了以甲醇活性衍生物为原料以间歇式生产乙酸的方法、实施例 17~23 给出了甲醇作为原料连续式乙酸的生产方法，其中包括本发明的生产方法实施例和用于对比的非本发明的生产方法实施例。这些实施例给出了用乙酸甲酯间歇式生产乙酸的方法的具体工艺，包括乙酸甲酯、水、甲基碘、乙酸、铱催化剂、钌助催化剂、锇助催化剂的用量以及具体操作条件（如实施例 1），并且也给出了用甲醇作为原料连续式生产乙酸的具体工艺条件，包括甲醇的工作质量、压力、装置等。并且，说明书中还给出了检测结果，检测结果表明，使用钌、锇助催化剂有益于提高羰基化速度（参见例如实施例 1、说明书第 31 页最后一段、表 7 等）。

合议组认为，说明书中已经对本专利的方法进行了具体说明，对反应原料组分、催化剂体系、反应条件均进行了详细的描述，并给出了检测数据，表明本专利的方法具有提高羰基化反应速度等技术效果。本领域技术人员在说明书公开的上述内容的基础上，能够实现本专利权利要求 1 保护的生产乙酸的方法，解决其所要解决的技术问题，并达到预期的技术效果。

请求人认为，（1）本专利权利要求 1 中包括甲醇或其活性衍生物的羰基化生产乙酸的方法，说明书中指出可以以间歇或连续方式进行反应，但是，说明书中没有公开以间歇式进行反应时甲醇与液体反应组合物加入量的比例关系；没有给出以连续方式反应时，连续加入液体组合物及甲醇或甲醇活性衍生物的进料速度、甲醇或甲醇活性衍生物的量与加入液体反应组合物的量的比例关系、将反应后的产物组合物从反应器中移出的速度、从产物组合物中分离出乙酸之后的液体组合物返回到反应器中的循环速度、产物组合物中分离出乙酸之后的液体组合物返回到反应器中的循环速度；实施例 17、20 中没有公开连续加入液体反应组合物的量与加入的甲醇量的比例关系、甲醇加入速度、将产物组合物从反应器中移出速度及分离乙酸后的液体组合物返回到反应器中的循环速度。（2）缺少以甲醇为原料的间歇式生产实施例；缺少以二甲醚为原料的实施例；缺少以甲醇活性衍生物为原料连续方式生产实施例。因此，说明书公开不充分，不符合专利法第 26 条第 3 款的规定。

对此，合议组认为，本发明重点在于对催化体系进行改进，具体是使用钌助催化剂或锇助催化剂，以提高在铱催化剂存在下的甲醇及其活性衍生物羰基化生成乙酸的速度等。说明书对原料、催化剂、反应条件等进行了具体描述，并给出了以乙酸甲酯为原料间歇式生产乙酸的实施例以及以甲醇为原料连续式生产乙酸的实施例，并给出了检测结果证实了本专利的方法具有提高反应速度等技术效果，在此基础上，本领域技术人员结合现有技术并通过常规的实验手段即可确定以甲醇或者以乙酸甲酯以外的甲醇活性衍生物为原料间歇式生产乙酸，以及以甲醇活性衍生物为原料连续式生产乙酸的具体条件，并且，能够合理地确定本专利权利要求1所保护的方法能够实现。在这种情况下，说明书中并不是必须给出本专利权利要求所包括的所有可能的技术方案的具体实施例、具体工艺条件才能满足充分公开的要求，并且，请求人也没有证据证明本专利所保护的生产乙酸的方法不能实现。因此，对于请求人的上述主张，合议组不予支持，请求人有关本专利不符合专利法第26条第3款规定的理由不成立。

4. 关于专利法第26条第4款的无效理由

专利法第26条第4款规定，权利要求书应当以说明书为依据，说明要求专利保护的范围。

对于化学方法权利要求来说，根据方法发明要求保护的主题、所解决的技术问题以及发明的实质或者改进不同，权利要求选用工艺、物质以及设备这三种技术特征的重点可以不相同。如果化学方法中的各具体步骤的反应类型是本领域已知的，本领域技术人员根据现有技术和常规的实验手段可以确定该化学方法中所涉及的工艺条件，则权利要求可以选择物质作为重点技术特征进行限定，不能仅因为权利要求没有限定上述工艺条件，或者所限定的工艺条件与说明书中描述的不一致而认为该权利要求得不到说明书的支持。

如果本领域技术人员根据说明书的内容能够合理预测权利要求所概括的技术方案能够实现，则在没有相反证据的情况下，不能仅因为说明书中没有给出权利要求所包含的所有可能的技术方案的实施例而认为权利要求得不到说明书的支持。

本专利的权利要求1要求保护一种通过甲醇或其活性衍生物羰基化作用生产乙酸的方法，该方法包括在一个羰基化反应器中使甲醇或其活性衍生物在液体反应组合物中与一氧化碳接触，其特征在于液体反应组合物包括：(a) 乙酸，(b) 铱催化剂，(c) 甲基碘，(d) 至少一定限量的水，(e) 乙酸甲酯和 (f) 作为助催化剂的钌和锇的至少一种。

请求人认为：证据2证明限量和浓度都不是虚词，权利要求1中“至少一定限量的水”没有得到说明书“至少一定浓度的水”的支持；权利要求1中没有对乙酸的浓度进行限定得不到说明书支持；权利要求1中以甲醇为原料间歇方式生产乙酸的技术方案，以二甲醚为原料的间歇方式或连续方式生产乙酸的技术方案，以及以乙酸甲酯、甲基碘为原料连续生产乙酸的方案没有实施例支持。因此，权利要求1不符合专利法第26条第4款的规定。

对此，合议组认为，如上所述，通过醇、卤代物、醚、酯等羰基化制备一元羧酸属于现有技术，本发明所要解决的技术问题是通过采用钌或锇助催化剂，对在铱催化剂存在下的甲醇或其活性衍生物羰基化反应速度等产生有益的影响，本专利权利要求1中限定了反应组合物中包括作为助催化剂的钌和锇中的至少一种，说明书中也通过实施例验证了钌或锇助催化剂具有提高反应速度等技术效果。在这种情况下，权利要求中可以以钌、锇助催化剂作为重点技术特征进行限定，而其他工艺条件例如水的用量、乙酸的浓度等则是本领域技术人员根据现有技术和常规的实验手段可以确定的，可以根据说明书内容对其工艺条件进行适当的概括，或者不对其进行限定。此时，不能因为权利要求1中的“至少一定限量的水”与说明书“至少一定浓度的水”不一致，或者权利要求1没有对乙酸的浓度进行限定，而认为权利要求 1 得不到说明书的支持。另外，如上所述，本领域技术人员结合现有技术并通过常规的实验手段即可确定以甲醇或者以乙酸甲酯以外的甲醇活性衍生物为原料间歇式生产乙酸，以及以甲醇活性衍生物为原料连续式生产乙酸的具体条件，并且，能够合理地确定本专利权利要求 1 所保护的方法能够实现，在请求人没有反证的情况下，不能仅因为说明书中没有提供以甲醇为原料间歇方式生产乙酸，以二甲醚为原料的间歇方式或连续方式生产乙酸，以及以乙酸甲酯、甲基碘为原料连续生产乙酸的实施例而认为权利要求 1 得不到说明书的支持。

请求人还认为，权利要求 2 中一氧化碳“分压小于 15 巴”、权利要求 8 中“0. 1% ~ 15%（重量）的水”、权利要求 9 中“1% ~ 20%（重量）的甲基碘”、权利要求 10 中“1% ~ 70%（重量）的乙酸甲酯”得不到说明书支持，权利要求 11 也得不到说明书支持；权利要求 3 ~ 13 由于引用了权利要求 1 或权利要求 2，也得不到说明书支持。上述权利要求不符合专利法第 26 条第 4 款的规定。

对此，合议组认为，说明书中记载了一氧化碳的分压适于 1 ~ 70 巴，优选 1 ~ 35 巴，最优选 1 ~ 15 巴，且实施例 18 ~ 20 中给出的一氧化碳分压分别为 13. 4、13. 9、12. 6 巴，均小于 15 巴。可见，小于 15 巴的一氧化碳分压是适用于本发明的。并且，如上所述，本专利权利要求可以以钌、锇助催化剂作为重点技术特征进行限定，而一氧化碳分压的下限则是本领域技术人员根据现有技术和常规的实验手段可以确定的，本专利权利要求中可以不对一氧化碳分压的下限进行限定，此时并不要求只要是小于 15 巴的一氧化碳分压甚至负压都适用于本专利，其具体分压下限可由本领域技术人员根据实际情况确定。此时，不能仅因为权利要求 2 没有对一氧化碳分压的下限进行限定、一氧化碳分压范围与说明书不一致而认为权利要求 2 得不到说明书支持。另外，说明书第 3 页第 2 段记载了水的浓度优选在 0. 1wt% ~ 15wt%，更优选 1wt% ~ 15wt%，最优选 1wt% ~ 10wt%，实施例中使用的浓度为9. 3% ~ 9. 6%（参见说明书第 18 页表 1 实施例 8 ~ 13），甲基碘的浓度优选在 1wt% ~ 20wt% 的范围内，更优选为 2wt% ~ 15wt%，实施例中使用的浓度为 4. 9wt% ~ 5. 1%（参见说明书第 18 页表 1 实施例 8 ~ 13），乙酸甲酯的浓度适于在 1wt% ~ 70wt% 范围内，优选 2wt% ~ 50wt%，最优选 3wt% ~ 35wt%，实施例使用的浓度为 32. 0% ~ 32. 1%（参见说明书第 18 页表 1 实施例 8 ~ 13），由此，本领域技术人员可以合理的确定在权利要求 8 ~ 11 所限定的水、甲基碘、乙酸甲酯的浓度范围内，所保护的方法能够解决其所要解决的技术问题，并达到预期的技术效果，在没有反证的情况下，请求人有关权利要求 8 ~ 11 得不到说明书的支持的理由不能成立。基于上述同样的理由，请求人有关权利要求3 ~ 13 得不到说明书支持的理由也不成立。

综上所述，合议组对于请求人有关本专利权利要求 1 ~ 13 不符合专利法第 26 条第 4 款规定的无效理由不予支持。

5. 关于专利法第 33 条的无效理由

专利法第 33 条规定：申请人可以对其专利申请文件进行修改，但是，对发明和实用新型专利申请文件的修改不得超出原说明书和权利要求书记载的范围。

如果修改后的权利要求的技术方案与原申请文件中记载技术方案相比，仅文字表述不同，而内容实际上相同，则可认为修改后的权利要求可以由原申请文件记载的信息中直接地、毫无疑义地确定。

请求人认为，由公开文本的权利要求 1 和说明书中记载的“……（d）至少一定浓度的水……”，不能导出授权文本的权利要求 1 中“……（d）至少一定限量的水……”的技术特征，因此权利要求 1 的修改超出了原始文本，不符合专利法第 33 条的规定；权利要求 2 ~ 13 由于对权利要求 1 的引用，也超范围。

在口头审理中，双方一致认为本专利原申请文本与证据 1（即本专利申请公开文本）的内容是一致的，因此，在本案中可以将本专利（授权文本）与证据1进行对比，判断本专利的上述修改是否符合专利法第33条的规定。经对比可知，原始申请文件权利要求1中的“（d）至少一定浓度的水”在本专利权利要求1中被修改为“（d）至少一定限量的水”。

合议组认为，原申请文本权利要求1中限定了液体组合物包括“至少一定浓度的水”，即单位量液体组合物中含有至少一定浓度的水，这样，整个液体组合物中也就必定含有一定量的水。本专利权利要求1中限定了液体组合物包括“至少一定限量的水”，这样，单位液体组合物中必定含有一定量的水，即该液体组合物必定含有一定浓度的水。也就是说不管“至少一定浓度的水”还是“至少一定限量的水”，其实际上对浓度和量都有一定的限定作用，而在没有明确“一定浓度”、“一定限量”的具体数值范围的情况下，“至少一定浓度的水”与“至少一定限量的水”虽然文字表述不同，但是所起的限定作用实际上是相同的，不管从量的角度，还是从浓度的角度，都无法将两者区分开，即本专利权利要求1的技术方案与原申请文本中权利要求1的技术方案实际上是相同的。因此，本专利权利要求1可以由原申请文件的内容直接地、毫无疑义的确定，权利要求1的修改没有超出原说明书和权利要求书记载的内容，符合专利法第33条的规定。

6. 关于专利法实施细则第20条第1款的无效理由

专利法实施细则第20条第1款规定：权利要求书应当说明发明或者实用新型的技术特征，清楚、简要地表述请求保护的范围。

请求人认为：(1) 权利要求1没有明确指出所保护的是间歇式、连续式的或者二者均在保护范围之内，权利要求1保护范围不清楚。(2) 权利要求2中关于一氧化碳的分压>0至小于1巴的范围内能否实施难于判断，权利要求2没有清楚、简要地表述其请求保护的范围。(3) 权利要求8、11对浓度的限定与权利要求1“量”的限定没有关联性；权利要求3、5、8~11与权利要求2中的技术特征一氧化碳的分压毫无关系，因此他们之间没有关联性，这样的引用导致权利要求书作为一个整体不清楚。(4) 权利要求3~13由于引用权利要求1、2导致保护范围不清楚。

合议组认为，对于理由（1）~（2）而言，如上所述，通过醇、卤代物、醚、酯等羰基化制备一元羧酸属于现有技术，本发明所要解决的技术问题是通过采用钌或锇助催化剂，对在铱催化剂存在下的甲醇或其活性衍生物羰基化反应速度等产生有益的影响，权利要求中可以以钌、锇助催化剂作为重点技术特征进行限定，而其他工艺条件则是本领域技术人员根据现有技术和常规的实验手段可以确定的，可以不对其进行限定或进行合理的概括。本领域技术人员可以根据需要选择间歇式或者连续式反应，也可以根据需要选择适合的一氧化碳分压，而只要是本领域技术人员能够确定适合于本专利的工艺条件，则均在本专利权利要求1的保护范围之内。因此，本领域技术人员能够确定权利要求1的保护范围；

对于理由（3）和（4）而言，从属权利要求中的附加技术特征，可以是对所引用的权利要求的技术特征作进一步限定的技术特征，也可以是增加的技术特征，因此，即使从属权利要求3、5、8~11中增加了与所引用权利要求中不同的技术特征，也不会导致权利要求书整体上不清楚。由于权利要求1、2不存在不清楚的问题，因此引用权利要求1、2的权利要求3~13也不存在不清楚的问题；

综上所述，合议组对于请求人有关本专利权利要求1~13不符合专利法实施细则第20条第1款规定的理由不予支持。

7. 关于专利法实施细则第21条第2款的无效理由

专利法实施细则第21条第2款规定，独立权利要求应当从整体上反映发明或者实用新型的技术方案，记载解决技术问题的必要技术特征。

判断某一技术特征是否为必要技术特征，应从所要解决的技术问题出发，并考虑说明书描述的整体内容，不应简单地将实施例中的技术特征直接认定为必要技术特征。

请求人认为：权利要求1以间歇方式生产时，缺少反应器总压力、反应温度、甲醇加入量（或反应初时浓度）等工艺参数，以连续方式生产时，缺少甲醇加入量与其他组分加入量的比例关系、进料速度，缺少连续引出组合物速度和分离再循环速度，不符合专利法第21条第2款的规定。

合议组认为，如上所述，由本专利说明书的描述可知，通过醇、卤代物、醚、酯等羰基化制备一元羧酸属于现有技术，本发明所要解决的技术问题是通过采用钌或锇助催化剂，对在铱催化剂存在下的甲醇或其活性衍生物羰基化反应速度等产生有益的影响。本发明的关键在于催化剂的选择，特别是催化剂体系中含有钌或锇助催化剂，而对于本专利方法中的其他具体步骤或工艺条件，则是本领域技术人员根据现有技术可以确定的。本专利权利要求1的制备方法中，限定了在一个羰基化反应器中使甲醇或其活性衍生物在液体反应组合物中与一氧化碳接触，其特征在于液体反应组合物包括：（a）乙酸，（b）铱催化剂，（c）甲基碘，（d）至少一定限量的水，（e）乙酸甲酯和（f）作为助催化剂的钌和锇的至少一种。其中记载了为解决上述技术问题所必不可少的技术特征例如钌和锇助催化剂，其技术特征的总和足以构成本发明的技术方案，并且能够区别于背景技术中所述的其他技术方案。不能仅因为权利要求1中没有限定反应器总压力、反应温度、甲醇加入量、甲醇加入量与其他组分加入量的比例关系、进料速度、连续引出组合物速度、分离再循环速度等这些本领域技术人员根据现有技术可以确定的、实施例中的技术特征而认定权利要求1缺少必要技术特征。总上所述，对于请求人有关本专利权利要求1不符合专利法实施细则第21条第2款规定的理由，合议组不予支持。

在已得出请求人的所有无效理由均不成立的情况下，合议组对专利权人的反证2不再进行评述。

基于上述事实和理由，合议组作出下述决定。

三、决定

维持94115261.8号发明专利权有效。

当事人对本决定不服的，可以根据专利法第46条第2款的规定，自收到本决定之日起三个月内向北京市第一中级人民法院起诉。根据该款规定，一方当事人起诉后，另一方当事人应当作为第三人参加诉讼。

031

转印法中所用图案载体，以及为获得该载体以非晶形糖浆于涂布纸材的分散液中的应用

无效宣告请求审查决定（第12387号）

决　定　号　第12387号
决　定　日　2008年10月24日
发明创造名称　转印法中所用图案载体，以及为获得该载体以非晶形糖浆于涂布纸材的分散液中的应用
国际分类号　D06P 5/24
无效宣告请求人　上海长胜纺织制品有限公司
专　利　权　人　丹麦香港有限公司
专　利　号　99812635.7
优　先　权　日　1998年8月26日
申　请　日　1999年8月16日
授权公告日　2004年2月18日
合议组组长　刘　静
主　审　员　危　峰
参　审　员　潘　剑

法律依据　专利法第22条第3款、第4款
决定要点

如果发明要求保护的技术方案相对于最接近的现有技术存在区别特征，同时现有技术中没有给出将上述区别特征应用到该最接近现有技术以解决其存在的技术问题的启示，并且要求保护的技术方案能够产生有益的技术效果，则认为该发明具有突出的实质性特点和显著的进步，符合专利法第22条第3款关于创造性的规定。

如果一项发明请求保护的产品在产业上能够制造，解决了一定的技术问题，并且所属技术领域的技术人员可以预料到其能够实现一定的目的和产生一定的积极效果，那么该发明具备实用性。

一、案由

本无效宣告请求案涉及国家知识产权局于2004年2月18日公告授予的99812635.7、名称为“转印法中所用图案载体，以及为获得该载体以非晶形糖浆于涂布纸材的分散液中的应用”的发明专利

权（以下简称本专利），其申请日为1999年8月16日，优先权日为1998年8月26日，专利权人为丹麦香港有限公司。该专利授权公告的权利要求书如下：

“1. 有彩色图案印于其上的成卷纸材图案载体，于一对或多对辊筒之间，使该纸材和纺织品施压穿过，而将该纸卷上图案转印于润湿的整卷纺织品上，无需加热，但在使纺织品短暂受压的线性压力下，该织品厚度减小，随之自然胀开，由此彩色图案便从图案载体上被吸收进纺织品上，其特征在于，制成该图案载体的纸，其空气渗透性（Bendtsen孔度），根据标准DIN 53120 T1测定为大于500ml/min，与Cobb数相应的吸水度，根据标准SCAN-P12：64测定（Cobb60）为至少50，所述纸以含有非结晶糖浆的羧甲基纤维素水分散液涂布，此后将单色或多色图案印于该纸上，各色图案含有水溶性或水分散性染料与具暂时性粘合作用的易溶性增稠载体混合。

2. 根据权利要求1的图案载体，其特征在于，所述纸是被含有非结晶糖浆的羧甲基纤维素水分散液以每平方米约涂30g分散液的涂布量涂布的。

3. 根据权利要求1的图案载体，其特征在于，所述的具暂时性粘合作用的易溶性增稠载体是羧甲基纤维素型增稠载体。

4. 根据权利要求1的图案载体，其特征在于，所用糖浆含山梨糖醇作为主要成分。

5. 根据权利要求4的图案载体，其特征在于，所用糖浆除含山梨糖醇外，还含约1.1%的甘露糖醇和约0.1%的还原糖。

6. 根据权利要求5的图案载体，其特征在于，所用糖浆占分散液重量的约20%。

7. 为获得图案载体，以非结晶糖浆用作涂布纸材的水分散液成分的用途，该图案载体用于通过转印法将其上的彩色图案转印至润湿纺织品上，所述应用使该图案载体表面可以立即透过来自印染染料的水分，而所述染料则与羧甲基纤维素一起保留于表面上。”

针对上述专利权，上海长胜纺织制品有限公司（下称请求人）于2008年5月19日向专利复审委员会提出无效宣告请求，认为本专利权利要求1不具备新颖性、创造性和实用性，并提交了下述证据：

证据1：《染料应用手册》下册，纺织工业出版社，1989年9月第1版第1次印刷，封面、出版信息页、第210、222~223页，复印件共5页；

证据2：《印染手册》上册，纺织工业出版社，1978年9月第1版第1次印刷，封面、出版信息页、封底、第237~241页，复印件共8页；

证据3：“糖和糖醇”，梁智、黄国红，《广西轻工业》，1999年第1期，第13~18页，复印件共6页；

证据4：《轻工业科学小品丛书-探索糖的世界》，轻工业出版社，1980年4月第1版第1次印刷，封面、出版信息页、第2~6页，复印件共7页；

证据5：《造纸化学品》，胡惠仁等编著，化学工业出版社-精细化工出版中心，封面、第314~315页，复印件共3页；

证据6：99812635.7号中国发明专利说明书，复印件共12页（即本专利）。

请求人认为：（1）权利要求1的特征部分涉及活性染料二相法印花工艺，该二相法印花工艺已在证据1中公开；权利要求1中提到的羧甲基纤维素（简称CMC）就是二相法印花常用原糊，属本领域技术人员的常用技术手段，已在证据2中公开；以CMC分散液为基体涂布转印纸是已有技术，采用经选择的糖与CMC分散液混合也是已有技术，已在证据5中公开，由此，权利要求1不具备新颖性和创造性。（2）权利要求1不具备实用性，本领域技术人员需经创造性劳动才能实现其无需加热的冷转印技术效果，理由如下：第一，CMC 分散液中含有非结晶糖浆的浓度并不是所有浓度都可适用，且非结晶糖种类众多且带有还原性，而本领域技术人员均知活性染料，尤其 K 型和 KN 型（在其专利技术中使用的染料）在印花时与非结晶糖类的还原基（或其衍生物）作用，通过加成反应生成乙烯砜磺酸盐，失去与纤维的反应能力；第二，非结晶糖是一个上位概念，不同的非结晶糖添加量是不同的，然而，说明书中仅举出了有限的几个实例，通过权利要求 1 的描述本领域技术人员无法实现发明目的，本专利说明书第 2 页描述的日本专利申请 No. 44-16135 说明了需加入经挑选的糖，证据 3 和 4 也说明了这一点。(3) 此外，权利要求 1 保护的主题不清楚，其前序部分是涉及的工艺，而特征部分又涉及的是一种组合物。

经形式审查合格后，专利复审委员会受理了上述请求，于 2008 年 6 月 20 日向双方当事人发出《无效宣告请求受理通知书》，并将《专利权无效宣告请求书》及其他有关文件的副本转送给专利权人，要求其在指定的期限内答复，同时成立合议组对本无效请求案进行审理。

2008 年 8 月 5 日，专利权人针对上述《无效宣告请求受理通知书》提交了意见陈述书，专利权人认为：(1) 本专利涉及使用成卷图案载体的转移印花，而证据 1 和 2 是集中于两相法印花工艺，证据 5 是针对造纸工艺，可见本专利与证据 1、2 和 5 的技术领域不同；证据 1 和 2 涉及的两相印花工艺属于直接印花工艺，其中在印花和轧碱之间的加热烘干步骤是必须的；证据 2 中并未提到 CMC 以及其在转移印花工艺中的使用，且本专利使用 CMC 并非本专利的创造性发明点，而使用非结晶糖作为用于涂布纸材的分散液中的成分才是本专利的创造性发明点；证据 5 仅简略地提到了淀粉和 CMC 作为表面施胶剂以提高造纸工业中的印刷性能，与本发明的教导无关，且在转印纸的生产中，糖的使用迄今仅在日本专利申请 No. 44-16135 中描述过，但是，该申请涉及的是施用于转移彩色图案到瓷器和陶器的转印纸。因此，本专利具备新颖性和创造性。(2) 本专利已在产业上得到了生产和使用；本专利中选择的非结晶糖浆的具体浓度并不是关键的，本领域技术人员在阅读本专利说明书之后，可以通过简单实验或推理就可以容易地选择合适用量的所述糖浆，此外，“非结晶”是一种物理状态，而“还原糖”是与给定糖的具体化学性能相关联的术语，非结晶糖并不等同于还原糖，而且请求人主张的活性染料参与与非结晶糖的还原基团的任何反应，仅仅是其主观推测，并非事实，即便是如果发生了任何请求人所述的反应，其在任何情况下都没有副作用；证据 3 和 4 与本专利的权利要求 1 并不相关，并不能用来论证为何不是所有种类的非结晶糖都能实现本发明目的以及哪些种类的糖不能用于本发明，而且所述非结晶糖的具体种类并非关键，本领域技术人员面临本发明的时候，能够轻易地选择出针对不同目的的合适的糖类。因此，本专利具备实用性。(3) 本专利权利要求 1 的前序部分涉及工艺，特征部分涉及组合物，涉及工艺的前序部分实际上限定了技术领域，而特征部分则详细地限定了由所述经处理的纸所制成的图案载体。因此，权利要求 1 的保护范围在专利法的意义下进行了清楚表达。

2008 年 8 月 15 日，本案合议组向双方当事人发出《无效宣告请求口头审理通知书》，拟定于 2008 年 9 月 23 日对该专利权的无效宣告请求进行口头审理，并将专利权人于 2008 年 8 月 5 日提交的意见陈述书转送给请求人。

2008 年 9 月 23 日，口头审理如期进行，双方当事人均委托代理人出席了口头审理。庭审过程中，合议组就本案的无效理由及证据逐一进行了调查，双方当事人充分陈述了各自的意见，在此基础上，记录了如下事实：

(1) 请求人当庭出示了证据 1~2、4~5 的原件和证据 3 的网络打印件，专利权人对证据 1~2 和 4 的真实性、公开性予以认可；不认可证据 3 的真实性，且认为证据 3 和 5 的公开日晚于本专利的优先权日，不能作为用于评价本专利的证据使用。

（2）请求人放弃新颖性的无效理由，并放弃使用证据5；明确其全部无效理由为：权利要求1相对于证据1和2不具备创造性，证据1为最接近的对比文件；权利要求1不具备实用性，使用证据3和4。

（3）请求人主张在《专利权无效宣告请求书》第2页第⑤栏第三部分实用性中第二点的论述可以看出本申请权利要求得不到说明书的支持，对此，合议组当庭告知，请求人的上述主张属于逾期增加的无效理由，在本无效宣告请求案中不予考虑。

至此，合议组认为本案的事实已经清楚，可以作出审查决定。

二、决定的理由

1. 关于审查文本

本决定是在本专利的授权公告文本的基础上作出的。

2. 关于证据和无效理由

本案中，请求人提交的证据为证据1~6，其中证据5被请求人在口头审理中放弃，故请求人使用的证据为证据1~4和6。请求人在口头审理中出示了证据1~2、4的原件和证据3的网络打印件，专利权人对证据1~2和4的真实性、公开性予以认可；不认可证据3的真实性。合议组经核实对证据1~2和4的真实性、公开性予以确认。证据3为梁智、黄国红在《广西轻工业》1999年第1期第13~18页中发表的“糖和糖醇”文章，其为网络打印件，专利权人不认可证据3的真实性；同时，证据3中显示其公开于1999年，晚于本专利的优先权日（1998年8月26日），请求人并未提供任何证据来说明本专利不能享有该优先权日，故合议组认为证据3不能作为本专利的现有技术使用。证据6为第99812635.7号中国发明专利说明书复印件（即本专利），合议组依职权对其真实性予以确认。

在本案口头审理过程中，请求人主张在《专利权无效宣告请求书》第2页第⑤栏第三部分实用性中第二点的论述可以看出本申请权利要求得不到说明书支持。对此，合议组经审查认为：首先，请求人在《专利权无效宣告请求书》中仅列出了本专利不具备新颖性、创造性和实用性的无效理由，并未明确提到本专利权利要求得不到说明书支持的无效理由，且在提出无效宣告请求之日起一个月内也未增加该无效理由；其次，请求人在《专利权无效宣告请求书》第2页第⑤栏第三部分中主张“权利要求1不具有实用性，理由如下：第一……第二……另外……”可见，请求人在《专利权无效宣告请求书》第2页第⑤栏第三部分实用性中第二点的论述是为了说明本专利不具备实用性的理由；最后，请求人当庭提出本专利权利要求得不到说明书支持的无效理由，距离请求人提出本无效宣告请求案之日起已超过了一个月，故属于逾期增加的理由，合议组不予考虑。综上，合议组对请求人的上述主张不予支持。

此外，口头审理过程中，请求人放弃了新颖性的无效理由。故本案的审理范围为：权利要求1相对于证据1和2不具备创造性；权利要求1不具备实用性，使用证据4。

3. 关于专利法第22条第4款

专利法第22条第4款规定：实用性，是指该发明或者实用新型能够制造或者使用，并且能够产生积极效果。

如果一项发明请求保护的产品在产业上能够制造，解决了一定的技术问题，并且所属技术领域的技术人员可以预料到其能够实现一定的目的和产生一定的积极效果，那么该发明具备实用性。

请求人认为本专利权利要求1不具备实用性，理由如下：第一，CMC分散液中含有非结晶糖浆的浓度并不是所有浓度都可适用；第二，非结晶糖种类众多，并非任意的糖都可适用；第三，糖类带有还原性，而本领域技术人员均知活性染料在印花时与非结晶糖类的还原基或其衍生物作用，失去与纤维的反应能力；第四，权利要求 1 要求保护的主题不清楚。

合议组经审查认为，本专利权利要求 1 要求保护一种有彩色图案印于其上的成卷纸材图案载体，通过选择一定性能的纸，以含有非结晶糖浆的 CMC 水分散液对其涂布，随后将单色或多色图案印于纸上，由此获得所述图案载体。使用时，在一对或多对辊筒之间，使该纸材和纺织品施压穿过，而将该纸卷上图案转印于润湿的整卷纺织品上，无需加热，但在使纺织品短暂受压的线性压力下，该织品厚度减小，随之自然胀开，由此彩色图案便从图案载体上被吸收进纺织品上。根据本专利说明书第 3 页第 1 段的记载内容，在转印法印花工艺中应用该图案载体会导致纸面保持干燥，而各种色彩图案不会变得模糊不清，这些彩色图案可以容易地在随后的转印期间被再次从纸上除去。本专利在说明书实施例部分示例性地描述了以含有非结晶糖浆“Sorbidex 200”（主要含山梨糖醇）的 CMC 分散液处理上光原纸获得的图案载体以及在转印法印花工艺中的应用。由此可见，本专利权利要求 1 要求保护的成卷纸材图案载体在产业上能够制造，解决了一定的技术问题，并且所属技术领域的技术人员可以预料到其能够实现一定的目的和产生一定的积极效果。因此，本专利权利要求 1 具备实用性。

对于请求人的主张，合议组认为：首先，请求人关于非结晶糖的种类和浓度并非任选的主张，与权利要求 1 是否具备实用性的审理无关，证据 4 仅介绍了糖的种类和性能，并不能说明权利要求 1 的技术方案在产业上不可实施，且本领域技术人员在本专利说明书公开的分散液组成（如说明书第 4 页和实施例部分）的基础上，可以通过简单实验或推理选择所需的糖类及其用量；其次，请求人并未提供任何证据来支持在印花时活性染料与非结晶糖类的还原基或其衍生物作用而失去与纤维的反应能力的主张，也没有任何证据表明上述反应会导致权利要求 1 的技术方案在产业上不可实施；最后，请求人关于权利要求 1 要求保护的主题不清楚的主张，也与权利要求 1 是否具备实用性的审理无关，且权利要求 1 主题为一种有彩色图案印于其上的成卷纸材图案载体，其中包含的印花工艺部分（即，“于一对或多对……被吸收进纺织品上”）涉及的是转印法印花工艺，其后记载了制成该图案载体的纸的特性以及采用含有非结晶糖浆的 CMC 水分散液对其进行处理等，可见权利要求 1 已清楚地描述所要求保护的成卷纸材图案载体范围。综上所述，合议组对请求人关于权利要求 1 不具备实用性的主张不予支持。

4. 关于专利法第 22 条第 3 款

专利法第 22 条第 3 款规定：创造性，是指同申请日以前已有的技术相比，该发明有突出的实质性特点和显著的进步，该实用新型有实质性特点和进步。

如果发明要求保护的技术方案相对于最接近的现有技术存在区别特征，同时现有技术中没有给出将上述区别特征应用到该最接近现有技术以解决其存在的技术问题的启示，并且要求保护的技术方案能够产生有益的技术效果，则认为该发明具有突出的实质性特点和显著的进步，符合专利法第 22 条第 3 款关于创造性的规定。

本专利权利要求 1 要求保护一种有彩色图案印于其上的成卷纸材图案载体（具体内容见案由部分），即要求保护一种以含有非结晶糖浆的羧甲基纤维素水分散液涂布的转印纸。该转印纸用于转印印花领域，是将预先印上的图案从转印纸连续转印到成卷湿纺织品上。

请求人主张证据 1 为最接近的对比文件，本专利权利要求 1 相对于证据 1 的区别技术特征为非结晶糖；权利要求 1 中涉及的活性染料二相法印花工艺，已在证据 1 中公开，权利要求 1 中的 CMC 就是二相法印花常用原糊，属本领域技术人员的常用技术手段，已在证据 2 中公开。请求人认可证据 1、2 均没有公开非结晶糖和 CMC，但海藻酸钠与 CMC 是类似的。

专利权人认为本专利权利要求 1 与证据 1、2 的区别技术特征有许多，不单单是非结晶糖，例如本专利是转印法，而证据 1、2 是二相法；且证据 1、2 均未涉及成卷纸材图案载体。

合议组经审查认为，证据 1 仅一般性地公开了活性染料二相法印花工艺，二相法印花是印花色浆中不加碱剂，印花后再进行轧碱固色，其不同于本专利的转印法印花工艺，所使用的海藻酸钠原糊也不同于 CMC 分散液；证据 1 中并未公开转印法印花工艺，且未涉及以含有非结晶糖浆的羧甲基纤维素水分散液涂布的转印纸。将本专利权利要求 1 与证据 1 进行对比，二者的区别特征为权利要求 1 中记载的全部技术特征。

根据本专利说明书第 3 页第 1 段记载的内容，本专利采用含有非结晶糖浆的 CMC 水分散液涂布标准吸收性纸，可由所述纸制得所述的图案载体。该涂料能使来自印染染料的水分立即渗透，而染料浓缩物于 CMC 一起保留于表面。结果纸面保持干燥，而各种色彩图案不会变得模糊不清。这些彩色图案可以容易地在随后的转印期间被再次从纸上除去。由此可见，本专利实际解决的技术问题是，采用含有非结晶糖浆的 CMC 水分散液处理标准吸收性纸以获得具有上述优异性能的用于转印印花工艺的成卷纸材图案载体。

证据 2 也仅一般性地公开了活性染料二相法印花工艺，所使用的海藻酸钠印花糊料不同于 CMC 分散液；证据 2 中也并未公开转印法印花工艺，且未涉及以含有非结晶糖浆的羧甲基纤维素水分散液涂布的转印纸。

由此可见，本领域技术人员在面对本专利实际解决的上述技术问题时，不能从证据 1 或 2 中得到采用含有非结晶糖浆的 CMC 水分散液处理标准吸收性纸来获得用于转印印花工艺的成卷纸材图案载体的启示；进一步也不能将证据 1 和 2 结合来解决上述技术问题。此外，如前所述，本专利的转印纸具有优异的性能，产生了有益的技术效果。因此，合议组认为，仅凭证据 1 和 2 不足以破坏权利要求 1 的创造性，即，权利要求 1 相对于证据 1 和 2 的结合具备突出的实质性特点和显著的进步，符合专利法第 22 条第 3 款关于创造性的规定。

基于以上事实和理由，本案合议组作出如下审查决定。

三、决定

维持 99812635.7 号发明专利权有效。

当事人对本决定不服的，可以根据专利法第 46 条第 2 款的规定，自收到本决定之日起三个月内向北京市第一中级人民法院起诉。根据该款的规定，一方当事人起诉后，另一方当事人应当作为第三人参加诉讼。

032

一种电镀过滤机的溶液浓度检测装置

无效宣告请求审查决定（第 12389 号）

决 定 号 第 12389 号
决 定 日 2008 年 10 月 21 日
发明创造名称 一种电镀过滤机的溶液浓度检测装置
国际分类号 C25D21/14
无效宣告请求人 中山捷高工业自动化设备有限公司
专 利 权 人 郑启修
专 利 号 00250985.7
申 请 日 2000 年 8 月 29 日
授权公告日 2001 年 6 月 13 日
合议组组长 刘 亚
主 审 员 潘 剑
参 审 员 侯 曜

法律依据 专利法第 22 条第 3 款
决定要点

如果请求人提供的证据没有公开一项实用新型专利的权利要求所保护的技术方案，对此也没有给出任何技术启示，并且权利要求的技术方案带来了有益的技术效果，则该权利要求的技术方案相对于该证据具备实质性特点和进步，符合专利法第 22 条第 3 款的规定。

一、案由

本无效宣告请求案涉及国家知识产权局于 2001 年 6 月 13 日公告授予的、名称为“一种电镀过滤机的溶液浓度检测装置”的实用新型专利权（以下简称本专利），其专利号为 00250985.7，申请日为 2000 年 8 月 29 日，专利权人为郑启修。该专利授权公告的权利要求书如下：

“1. 一种电镀过滤机的溶液浓度检测装置，在过滤机该底座的内部上端处组设有一泵，而底座的上端对应组设有一主体座，再在主体座的上端则设置有一过滤筒并盖设有一上盖，其特征在于

该浓度检测装置在该主体座的一侧边对应组设一撑板，该撑板的上端对应组设有一加药槽，该加药槽的上端对应设有一检视循环管，该检视循环管的一端则对应组设在主体座的一侧端，而加药槽的下端部对应组设注入管，另在加药槽的上端部的过滤筒一侧边对应设有一压力检测器，并在压力检测

器的上端处具有一压力表。”

针对上述专利权，中山捷高工业自动化设备有限公司（下称请求人）于2008年6月26日向专利复审委员会提出无效宣告请求，认为本专利权利要求1不具备创造性，不符合专利法第22条第3款的规定，并提交了第00250985.7号中国实用新型专利说明书（即本专利，复印件共10页），以及下述证据1~3：

证据1 公告号为TW243708的台湾新型专利公报，公开日为1995年3月21日，复印件共4页。

证据2 专利号为US5641895的美国专利说明书，公开日为1997年6月24日，复印件共10页。

证据3 国家知识产权局专利信息中心于2008年5月22日对本专利出具的编号为08-194的检索报告，复印件共5页。

请求人认为 权利要求1相对于证据1以及证据1和证据2的结合不具备创造性，不符合专利法第22条第3款的规定。具体理由为：

（1）证据1为最接近的对比文件，其公开了一种电解液过滤机过滤槽之改良装置（参见证据1的权利要求书和图1~5），证据1和权利要求1的技术特征对比具体参见下表：

证据1	权利要求1
其包括一机座40，机座的底端设有一泵30，底座的上端对应组织设有一主体座，主体座的上端设有一过滤筒20并盖设有一上盖201	在过滤机该底座10的内部上端处组设有一泵11，而底座的上端对应组设有一主体座12，再在主体座的上端则设置有一过滤筒13并盖设有一上盖14
主体座的一侧边设有一支撑板	该浓度检测装置在该主体座的一侧边对应组设一撑板20
支撑板的上端设有一加药槽（如图5中A）	该撑板的上端对应组设有一加药槽21
无	该加药槽的上端对应设有一检视循环管22，该检视循环管的一端则对应组设在主体座的一侧端
加药槽的下端部设有注入管（如图1中B）	加药槽的下端部对应组设注入管23
过滤筒的一侧边设有压力检测器34	另在加药槽的上端部的过滤筒一侧边对应设有一压力检测器131
在压力检测器的上端设有一压力表（如图5中C）	并在压力检测器的上端处具有一压力表132

证据1和权利要求1的上述各个部件的连接方式，衔接位置，功能作用都相同，区别仅在于权利要求1的技术方案中增加了“检视循环管22”。从说明书可知，该“检视循环管22”的作用仅仅是作为导管将药液从高位的过滤筒13中导入低位的加药槽21，是本领域技术人员很容易想到的，因此，权利要求1相对于证据1不具备创造性。

（2）证据1和权利要求1的区别如前述第1点中所述，证据2公开了一种化学溶液经过过滤器后进行浓度检测的方法，其作用是检测经过过滤器之后溶液的浓度（参见证据2的图1），而检视循环管属于检测领域常用的元件，本领域技术人员采用检视循环管对混合后的溶液进行浓度检测是很容易想到的，而且本专利权利要求1未限定检视循环管的具体连接方式，仅仅限定其设置在过滤筒的一侧端，而这也是本领域技术人员根据需要很容易想到的，因此，权利要求1相对于证据1和证据2的结合不具备创造性。

（3）根据证据3的检索结论，进一步证明权利要求1不具备创造性。

经形式审查合格后，专利复审委员会受理了上述请求，于2008年6月26日向双方当事人发出《无效宣告请求受理通知书》，并将《专利权无效宣告请求书》及其附件清单中所列附件的副本转送给专利权人，要求其在指定的期限内答复，同时成立合议组对本无效宣告请求案进行审理。

专利权人于2008年8月6日针对上述《无效宣告请求受理通知书》作出答复，专利权人认为权利要求1具备创造性，符合专利法第22条第3款的规定，具体理由为：

（1）首先，证据1仅有权利要求和附图，没有具体的实施例以及能够对本领域技术人员提供技术启示的附图标记说明，本领域技术人员无法了解证据1各部件的连接关系、位置关系以及相应的功能，因而无法将其与本专利权利要求1的技术特征作对比。其次，本专利解决的技术问题是在检测浓度过程中，在出口处释放的待检药剂难以控制释放的容量，造成测量不准确和过滤浓度比不准确的问题。本专利达到的技术效果是通过设置浓度检测装置，使得过滤机的使用过程中，方便检测内部的溶液浓度，并且设备结构简单。证据1的技术效果在于，提高过滤装置各组件的易拆装及易换性。其和本专利所要解决的技术问题和达到的技术效果明显不同，因此不存在结合的启示。最后，证据1仅有的对其技术方案的文字说明——权利要求的内容，其公开了该装置设置在机座上，其是由一底座、一过滤筒、一固定座及数个过滤体组成（参见证据1的权利要求第3~4行）。请求人提到的加药槽A在证据1对技术方案的记载中并未提到，本领域技术人员无法了解该A的结构及功能，且请求人所述的多个等效或相同结构有悖于事实，例如请求人指出的证据1的压力检测器34，从图中看是一个阀门。因此，证据1不能覆盖权利要求1的大部分技术特征，而本专利通过设置浓度检测装置，在过滤机的使用过程中能方便检测内部的溶液浓度，已达到过滤机的作用，并且设备结构简单，效果极佳。因此，权利要求1相对于证据1具备创造性。

（2）如前所述，证据1不能覆盖权利要求1的大部分技术特征，也不存在结合的启示，因此权利要求1和证据1的区别比请求人指出的要多。此外，即使如请求人所述，证据2公开的是一种化学溶液经过过滤器进行浓度检测的方法，其作用是检测经过过滤器之后溶液的浓度，但证据2没有公开任何涉及本专利相关的装置的描述，所述的检视循环管流出待检测溶液的技术启示也是不存在的，本领域技术人员在证据1的基础上，既无法将证据1与权利要求1进行对比，更无法从一份未给出检视循环管的英文文件上得到技术启示，得出权利要求1的技术方案。因此，权利要求1相对于证据1和证据2的结合具备创造性。

（3）证据3为检索报告，其意见实质上就是请求人提出的权利要求1相对于证据1和证据2的结合不具备创造性的理由，因此，基于前述的相同意见，本专利权利要求1相对于证据3具备创造性。并且，检索报告不具备任何决定性的法律意义，其仅是参考性的提示。

2008年8月25日，本案合议组向双方当事人发出《无效宣告请求口头审理通知书》，拟定于2008年10月6日对本专利权的无效宣告请求进行口头审理。同日，合议组向请求人发出《转送文件通知书》，将专利权人于2008年8月6日提交的意见陈述书转送给请求人。

2008年10月6日，口头审理如期进行，双方当事人均委托代理人出席了口头审理。庭审过程中，合议组就本案的无效理由及证据逐一进行了调查，双方当事人充分陈述了各自的意见。请求人当庭提交了合议组发出的《转送文件通知书》的答复意见（共 8 页），其中认为：①虽然证据 1 仅提供了权利要求书和附图，但其在本专利申请日前已经处于公众能够获得的状态，本领域技术人员可以获知证据 1 的全部实质内容；②使用证据 1 的附图部分，而非证据 1 申请保护的发明内容部分来评述权利要求 1 的创造性，且本领域技术人员能够清楚分辨证据 1 的附图为电镀过滤机设备；③证据 1 和权利要求 1 的区别在于权利要求 1 带有标记 22 处的导管，其作用是导出内部液体流入到药槽，供检测者检验溶液浓度，该区别技术特征和实际解决的技术问题对本领域技术人员来说是显而易见的，证据 1 的技术方案存在引入上述区别技术特征的技术启示；④证据 2 的附图 1 公开了检测溶液的流程图，结合证据 1 可以破坏权利要求 1 的创造性；⑤证据 3 为参考性文件。合议组当庭将答复意见的副本转交给专利权人，除当庭陈述的意见之外，专利权人要求庭后补充意见陈述，合议组指定其在 3 日内对该答复意见作出书面意见陈述，逾期不提交，将视为放弃该权利。

在口头审理中，请求人明确使用证据 1 以及证据 1 和证据 2 的结合评价权利要求 1 的创造性，其中证据 1 为最接近现有技术，证据 3 仅用于进一步证明权利要求 1 不具有创造性的结论；专利权人对证据 1~3 的真实性无异议，但认为证据 2 是外文证据却没有中文译文，因此应视为未提交；请求人确认只使用证据 2 中的附图 1，并且不使用图中的英文文字，因此认为无需提交证据 2 的中文译文；专利权人以证据 1 所有附图标记均无文字说明为由，不认可请求人所述的证据 1 附图中部件的名称、结构和连接关系，专利权人认为证据 1 公开的只是一个过滤机；请求人将其在无效宣告请求书中所述的证据 1 中的部件“压力检测器 34”认定为阀门。

在指定期限内，合议组未收到专利权人的意见陈述。

经过上述审查程序，合议组认为本案的事实清楚，可以作出审查决定。

二、决定的理由

1. 决定文本

本无效宣告请求审查决定所针对的文本是本专利的授权公告文本。

2. 无效理由和证据的认定

证据 1~2 是专利文献，证据 3 是检索报告，专利权人对证据 1~3 的真实性无异议，合议组经审查对其真实性予以确认。证据 1~2 的公开日期均早于本专利的申请日，专利权人认为证据 2 是外文证据却没有中文译文，请求人确认只使用证据 2 中的附图 1，且不使用图中的英文文字。证据 3 是国家知识产权局专利信息中心于 2008 年 5 月 22 日针对本专利出具的检索报告，相对于本专利而言，其并不构成专利法意义上的现有技术。因此，合议组认为证据 1 可以作为现有技术评价本专利的创造性，证据 2 在只使用附图 1 且不使用图中的英文文字的情况下，也可以作为现有技术评价本专利的创造性，证据 3 则不能作为现有技术用于评价本专利的创造性。

因此，合议组审理的关于本专利权的无效理由和范围是：权利要求 1 相对于证据 1 不具备专利法第 22 条第 3 款规定的创造性；权利要求 1 相对于证据 1 和证据 2 的结合不具备专利法第 22 条第 3 款规定的创造性，其中证据 1 是最接近的现有技术。

3. 关于创造性

专利法第 22 条第 3 款规定，创造性，是指同申请日以前已有的技术相比，该实用新型有实质性特点和进步。

如果请求人提供的证据没有公开一项实用新型专利的权利要求所保护的技术方案，对此也没有给出任何技术启示，并且权利要求的技术方案带来了有益的技术效果，则该权利要求的技术方案相对于该证据具备实质性特点和进步，符合专利法第 22 条第 3 款的规定。

本实用新型专利的权利要求1保护一种电镀过滤机的溶液浓度检测装置（详见案由部分）。

在无效宣告请求书和口头审理中，请求人认为证据1的权利要求书和附图1~5公开了一种电镀液过滤机的改良装置，其包括一机座40，机座的底端设有一泵30，底座的上端对应组织设有一主体座，主体座的上端设有一过滤筒20并盖设有一上盖201，主体座的一侧边设有一支撑板，支撑板的上端设有一加药槽，加药槽的下端部设有注入管，过滤筒的一侧边设有阀门34，在阀门34的上端设有一压力表。

在意见陈述书和口头审理中，专利权人认为，证据1仅有权利要求和附图，没有具体的实施例以及能够对本领域技术人员提供技术启示的附图标记说明，本领域技术人员无法了解证据1各部件的连接关系、位置关系以及相应的功能，因而无法将其与本专利权利要求1的技术特征作对比。

对此，合议组认为：

审查指南第二部分第三章第2.3节规定，对比文件是客观存在的技术资料。不得随意将对比文件的内容扩大或缩小。在引用附图时，只有能够从附图中直接地、毫无疑义地确定的技术特征才属于公开的内容，由附图中推测的内容，或者无文字说明、仅仅是从附图中测量得出的尺寸及其关系，不应当作为已公开的内容。

请求人提交的证据1共4页，其中第1699页包括著录项目、权利要求书和图示简单说明，第1700~1702页为第一图至第五图（即请求人所述的附图1至附图5）。证据1中的第一图至第三图分别是“习用电镀液过滤机之过滤装置剖视图”、“第一图中之A-A′线剖视图”、“习用电镀液过滤机之实施动作示意图”，专利权人和请求人也都认可第一图至第三图表示的是电镀液过滤机。但是，证据1中没有任何关于第一图至第三图的附图标记的说明或者其他文字说明，因此，本领域技术人员根据电镀液过滤机的常识，可以直接地、毫无疑义地确定的第一图至第三图中的部件、结构和连接关系主要包括：该电镀液过滤机包括一个机座（部件40），该机座中设有一个泵（部件30），该机座上方设有一过滤装置。本领域技术人员无法在没有任何文字说明的情况下，直接地、毫无疑义地确定过滤装置中各部件的名称和功能。证据1中的第四图和第五图分别是“本创作之立体分解图”和“本创作之组装实施例图”，但是，证据1同样没有任何关于第四图和第五图的附图标记说明，因此，本领域普通技术人员仅能根据证据1的权利要求书所记载的关于电镀液过滤机之易拆装过滤装置结构的方案理解第四图和第五图所公开的易拆装过滤装置。根据证据1的权利要求书所记载的文字，本领域技术人员可以直接地、毫无疑义地确定的第四图和第五图中的部件、结构和连接关系主要包括：该电镀液过滤机包括一个底座（部件2），底座上设有一过滤筒（部件3），过滤筒顶端设有一顶盖（部件33）。因此，对于上述请求人在意见陈述书和口头审理中认为的证据1所公开的内容，合议组不予支持。

退一步讲，即使按照上述请求人认为的证据1所公开的内容，证据1也没有公开第一图至第三图或第四图之第五图中的哪一部件或哪些部件的组合能够实现溶液浓度检测的功能，也就是说，证据1的第一图至第五图没有公开权利要求1所要求保护的电镀液过滤机的溶液浓度检测装置，同时，也没有给出电镀液过滤机在使用时需要进行溶液浓度检测以及如何进行溶液浓度检测的技术启示，而本专利权利要求1所保护的浓度检测装置使过滤机在使用过程中得以方便检测内部溶液，带来了有益的技术效果，因此，本专利权利要求1的技术方案相对于证据1具备实质性特点和进步，符合专利法第22条第3款的规定。

本领域普通技术人员不能在没有任何文字说明的情况下理解并确定证据2附图1所示图形中各标记的名称、作用进而无法理解整个附图1所要表达的含义。本领域技术人员在证据1和2的基础上也不能显而易见地获得本专利权利要求 1 的技术方案。因此，权利要求 1 相对于证据 1 和证据 2 的结合而言具备创造性，符合专利法第 22 条第 3 款的规定。

请求人在口头审理时当庭提交的答复意见中主张，虽然仅提供了证据 1 的权利要求书和附图，但其在本专利申请日前已经处于公众能够获得的状态，本领域技术人员可以获知证据 1 的全部实质内容。对此，合议组认为，审查指南第四部分第八章第 2.1 节规定，当事人对自己提出的无效宣告请求所依据的事实或者反驳对方无效宣告请求所依据的事实有责任提供证据加以证明，没有证据或者证据不足以证明当事人的事实主张的，由负有举证责任的当事人承担不利后果。在请求人仅提供的证据 1 仅包括著录项目、权利要求书和附图的情况下，其所能证明的事实仅限于证据 1 上述公开的内容，至于其他请求人没有证据或者证据不足以证明的事实主张，由请求人承担不利后果。因此，请求人的该项主张，合议组不予支持。

基于以上事实和理由，本案合议组作出如下审查决定。

三、决定

维持 00250985.7 号实用新型专利权有效。

当事人对本决定不服的，可以根据专利法第 46 条第 2 款的规定，自收到本决定之日起三个月内向北京市第一中级人民法院起诉。根据该款的规定，一方当事人起诉后，另一方当事人应当作为第三人参加诉讼。

033

蒸汽清洁熨斗

无效宣告请求审查决定（第12405号）

决　　定　　号　第12405号
决　　定　　日　2008年10月24日
发明创造名称　蒸汽清洁熨斗
国 际 分 类 号　D06F 75/16
无效宣告请求人　王　超
专　利　权　人　王　雨
申　　请　　号　03219647.4
申　　请　　日　2003年1月28日
授 权 公 告 日　2004年5月12日
合 议 组 组 长　詹靖康
主　　审　　员　丛　森
参　　审　　员　张媛媛

法　律　依　据　专利法第22条第3款，专利法实施细则第21条第2款、第20条第1款
决　定　要　点

如果一项实用新型专利的权利要求中的某个技术特征在对比文件中没有公开，且对比文件中也没有给出相应的技术启示，并且该区别技术特征使得该权利要求所要求保护的技术方案产生了有益的技术效果，则该权利要求相对于对比文件具有实质性特点和进步，具有创造性。

判断某一技术特征是否为必要技术特征，应当从所要解决的技术问题出发并考虑说明书描述的整体内容，不应当简单地将实施例中的技术特征直接认定为必要技术特征。

对于一项权利要求而言，对其具体用词的理解不应脱离技术领域，如果本领域技术人员能够清楚其应然的含义，则某一用词的细微的瑕疵不会造成该权利要求保护范围的不清楚。

一、案由

本无效宣告请求涉及中华人民共和国国家知识产权局于2004年5月12日授权公告的03219647.4号实用新型专利，其名称为“蒸汽清洁熨斗”，专利权人是王雨。其授权的权利要求如下：

“1. 一种蒸汽清洁熨斗，它包括有把手、壳体、连接在喷汽口上的导汽管及导汽管口上的物体、储汽仓、电极板，其特征在于，它还有挡水板、工作水仓，工作水仓设在壳体下部，工作仓前端为密

封式，后端为敞开式，壳体前端工作水仓和喷汽口之间设有挡水板。

2. 根据权利要求1所述的蒸汽清洁熨斗，其特征在于，工作水仓外表面呈前低后高状，其外表面上还设有前高后低的回水槽。

3. 根据权利要求1所述的蒸汽清洁熨斗，其特征在于，电极板设在工作水仓内，电极板前端延伸至工作水仓的前端。”

针对上述专利权（下称本专利），王超（下称请求人）于2008年7月5日向专利复审委员会寄交无效宣告请求，请求国家知识产权局专利复审委员会宣告本专利全部无效。其中，请求人提交如下附件作为证据：

附件1（下称对比文件1）：授权公告号为CN2467557Y的中国实用新型专利说明书，授权公告日为2001年12月26日，共5页；

附件2（下称对比文件2）：公开号为CN1045826A的中国发明专利申请公开说明书，公开日为1990年10月3日，共5页。

请求人认为：（1）本专利权利要求1~3相对于对比文件1、2的结合不具备专利法第22条第3款规定的创造性；（2）本专利权利要求1缺少技术特征“电极板的前端延伸至工作水仓的前端”，导致蒸汽清洁熨斗前倾时无法正常工作，因此缺少解决其技术问题的必要技术特征，不符合专利法实施细则第21条第2款的规定；（3）本专利权利要求1没有描述把手、壳体、喷气口、导汽管及导汽管上的物体、储汽仓、电极板之间的连接关系，造成权利要求1的保护范围不清楚，此外权利要求1中还出现了“工作仓”与“工作水仓”两个名词，两者的关系表述不清楚，因此权利要求1不符合专利法实施细则第20条第1款的规定；（4）本专利权利要求2中“工作水仓外表面呈前低后高，其外表面上还设有前高后低的回水槽”，所述“前高后低的回水槽”的具体形状、结构、如何实现其回水功能，说明书中都没有清楚、完整的描述，本领域技术人员根据说明书记载的内容无法实现该技术方案，因此权利要求2不符合专利法第26条第3款的规定。

经形式审查合格后，专利复审委员会依法受理了上述请求，于2008年7月30日向双方当事人发出了无效宣告请求受理通知书，并将无效宣告请求书及其附件清单中所列附件的副本转送给专利权人，要求其在指定的期限内答复。

2008年9月3日，专利权人寄交了答复意见，专利权人认为本专利权利要求1~3均具有创造性，理由如下：（A）对于本专利权利要求1的6个特征，即：（1）包括有把手、壳体、连接在喷气口上的导汽管及导汽管上的物体、储汽仓、电极板；（2）还有挡水板；（3）工作水仓；（4）工作水仓设在壳体下部；（5）工作仓前端为封闭式，后端为敞开式；（6）壳体前端工作水仓和喷气口之间设有挡水板，专利权人认为特征（2）、（6）不仅与对比文件1中所述的隔水板名称不同，重要的是形状、位置都不同。而对于请求人认为对比文件2公开了特征（3）、（4）、（5），专利权人认为，特征（5）是对特征（4）所在位置的进一步描述，特征（6）是对特征（5）形状的进一步描述，这与对比文件2中的强调的分隔装置为一个倒置的漏斗是完全不同的。而且对比文件2的喷汽口与对比文件1的喷汽口均设置再壳体的底部，因而其喷气管均垂直于壳体底部，并进一步明确，倒置漏斗的小开口位于靠近储水室上壁处并离开蒸汽管的入口一段距离，其大开口位于靠近储水室的底部，由此可见，本专利的工作水仓与对比文件2倒置的漏斗状的分隔装置形状、结构完全不同。（B）对于权利要求2的附加技术特征，即：（7）工作水仓外表面呈前低后高；（8）其外表面上还设有前高后低的回水槽，专利权人认为：对比文件2的分隔装置为一个倒置的漏斗，宅形状完全不同的情况下，特征（7）与对比文件2比较是没有意义的。而对于特征（8），请求人没有用对比文件来证实其为普遍运用的常见技术特征。(C) 对于权利要求3的附加技术特征，即：(9) 电极板设在工作水仓内；(10) 电极板前端延伸至工作水仓的前端，专利权人认为，特征 (9) 所描述的电极板设在工作水仓内是必然的。而特征 (10)，其与对比文件2的说明书和附图1中体现出的加热元件的位置和结构是不同的。

专利复审委员会依法成立合议组对本案进行审查。

2008年8月14日，专利复审委员会向双方当事人发出了口头审理通知书，定于2008年10月14日对本案进行口头审理。合议组于2008年9月10日向请求人转送了专利权人2008年9月3日提交的答复意见。

因故，本案合议组成员发生了变更。

口头审理如期举行，双方当事人均出席口头审理，双方当事人确认如下事实：

(1) 双方当事人对合议组成员变更没有异议，对合议组成员没有回避请求。

(2) 双方当事人对对方出席人员身份没有异议。

(3) 请求人当庭明确表示将本专利权利要求2及说明书的相应部分不符合专利法第26条第3款的无效理由变更为权利要求2不符合专利法第26条第4款的规定。

(4) 请求人当庭明确其无效理由为：①权利要求1~3相对于对比文件1与对比文件2的结合不符合专利法第22条第3款的规定，具体评述方式如下：对比文件1是最接近的对比文献；权利要求1相对于对比文件1与对比文件2的结合；权利要求2的附加技术特征被对比文件2公开；权利要求3的附加技术特征被对比文件1、2公开。②权利要求1不符合专利法实施细则第21条第2款的规定。③权利要求1不符合专利法实施细则第20条第1款的规定。④权利要求2不符合专利法第26条第4款的规定。

(5) 专利权人当庭明确表示对对比文件1、2的真实性、合法性、关联性没有异议。当庭明确删除权利要求2。

(6) 双方当事人当庭已经充分陈述各自意见，口头审理之后合议组不再接受双方当事人的任何意见和证据。

至此，合议组认为本案事实已经调查清楚，现依法作出审查决定。

二、决定的理由

1. 关于审查基础

鉴于专利权人于2008年10月14日口审当庭明确表示删除原权利要求书中的权利要求2，因此本次审查决定将以授权的权利要求书中的权利要求1、3作为审查基础。

2. 关于证据

对比文件1、2都是专利文献，其公告日或公开日均早于本专利的申请日，因此都构成本专利的现有技术，可以作为评价本专利的创造性的对比文件。其中对比文件1作为最接近的现有技术。

3. 关于专利法实施细则第21条第2款

专利法实施细则第21条第2款规定：独立权利要求应当从整体上反映发明或者实用新型的技术方案，记载解决技术问题的必要技术特征。

审查指南第二部分第二章第3.1.2节规定：判断某一技术特征是否为必要技术特征，应当从所要解决的技术问题出发并考虑说明书描述的整体内容，不应当简单地将实施例中的技术特征直接认定为必要技术特征。

请求人认为本专利权利要求1中不包括技术特征“电极板的前端延伸至工作水仓的前端”，当水容纳在工作水仓的前端容积时，由于电加热部分没有延伸至工作水仓的前端，无法对其继续加热，导致蒸汽清洁熨斗无法正常工作，因此不符合专利法实施细则第 21 条第 2 款的规定。

合议组研究后认为：本专利权利要求 1 所要解决的技术问题是提供一种在前倾角度下也能正常工作的蒸汽清洁熨斗（参见本专利说明书第 1 页第 13、14 行），而本专利能够保证熨斗在前倾角度下也能正常工作是通过设置工作水仓实现汽、水分离来实现的，即当蒸汽清洁熨斗前倾时，由于工作水仓前端是密封的，因此使水在熨斗前倾状态下仍然是保留在工作水仓当中，不会使水从前端流出进而从喷汽口中流出熨斗，而汽体则能够通过储汽仓、喷汽口从熨斗中喷出。由此可见，本专利权利要求 1 通过设置前端密封的工作水仓，已经能够解决保证熨斗在前倾角度下也能正常工作的技术问题。对于技术特征“电极板前端延伸至工作水仓的前端”，合议组认为，该特征是为了保证熨斗在前倾角度下、水位很低的极端情况下也能够实现更好的加热效果而引入的技术特征，而不是保证熨斗在前倾角度也能够正常工作所需的必要技术特征。因此，合议组对于请求人提出的权利要求 1 由于缺少“电极板前端延伸至工作水仓的前端”而不符合专利法实施细则第 21 条第 2 款的理由不予支持。本专利权利要求 1 符合专利法实施细则第 21 条第 2 款的规定。

4. 关于专利法实施细则第 20 条第 1 款

专利法实施细则第 20 条第 1 款规定：权利要求书应当说明发明或者实用新型的技术特征，清楚、简要地表述请求保护的范围。

请求人认为：本专利权利要求 1 中没有描述把手、壳体、喷汽口、导汽管以及导汽管口上的物体、储汽仓、电极板之间的连接关系，造成本专利权利要求 1 的保护范围不清楚，同时本专利权利要求 1 中还出现了“工作水仓”和“工作仓”两个名称，使得二者的关系表述不清楚。因此本专利权利要求 1 不符合专利法实施细则第 20 条第 1 款的规定。

合议组研究后认为：（1）本专利权利要求 1 要求保护的是一种蒸汽清洁熨斗，其所要解决的技术问题是如何保证熨斗在前倾状态下也能正常工作，因此，权利要求 1 中只要清楚、简要地表述解决上述问题所采用的技术手段就符合专利法实施细则第 20 条第 1 款的规定。本专利权利要求 1 中已经记载了“其特征在于，它还有挡水板、工作水仓，工作水仓设在壳体下部，工作仓前端为密封式，后端为敞开式，壳体前端工作水仓和喷汽口之间设有挡水板”，其中已经明确了在壳体下部设置前端密封、后端敞开的工作水仓，并在壳体前端工作水仓和喷汽口之间设置挡水板，本领域技术人员结合说明书特别是说明书附图，已经完全能够清楚地确定本专利权利要求 1 实现汽水分离，即保证熨斗在前倾状态下也能正常工作而采用的技术手段。除此之外，对于把手、壳体、喷汽口、导汽管以及导汽管口上的物体、储汽仓、电极板之间的连接关系，合议组认为，虽然本专利权利要求 1 中未对上述部件的连接关系进行表述，但上述部件均属于蒸汽熨斗领域的常规部件，对于本领域技术人员来说，这些常规部件在蒸汽熨斗中都具有明确的设置方式，即使权利要求 1 中未描述它们之间的连接关系，本领域技术人员也能够清楚它们之间如何具体连接，不会因此造成权利要求 1 的保护范围不清楚的问题。（2）对于本专利权利要求 1 中出现了“工作水仓”和“工作仓”，合议组研究本专利后认为，本专利说明书第 2 页第 14~16 行明确记载了“壳体 1 的下部设有工作水仓 6，工作水仓 6 前端为密封式，可以与壳体 1 前端相密封，其后端为敞开式”，此外，本专利说明书具体实施方案部分都记载的是工作水仓 6，而没有记载工作仓。由此可见，本专利中只有设置工作水仓的技术方案，而不存在既设置工作水仓同时又设置工作仓的技术方案。本领域技术人员从本领域角度出发，很容易理解“工作仓”前端封闭、后端敞开是为了保证熨斗在前倾状态下，水不会流出，并且蒸汽与水可以有效分离，从而保证熨斗正常工作，因此此处的“工作仓”明显是指盛水的“工作水仓”；并且根据本专利权利要求 1 的撰写的前后关系可知，权利要求 1 中在前面的部分记载了工作水仓，后面应该是对已经记载的工作水仓的进一步限定，而不应该是对前面未提及的部件的进一步限定。由此可见，对于本领域技术人员而言，“工作水仓”写作“工作仓”的漏字瑕疵不会造成权利要求 1 保护范围的不清楚。通过以上评述，合议组认为权利要求 1 中的“工作仓”即是“工作水仓”，二者为同一部件。综上，合议组对请求人认为本专利权利要求 1 不符合专利法实施细则第 20 条第 1 款的规定的理由不予支持，本专利权利要求 1 符合专利法实施细则第 20 条第 1 款的规定。

5. 关于专利法第 22 条第 3 款

专利法第 22 条第 3 款规定：创造性，是指同申请日以前已有的技术相比，该发明有突出的实质性特点和显著的进步，该实用新型有实质性特点和进步。

本专利权利要求 1 要求保护一种蒸汽清洁熨斗，包括包括有把手、壳体、连接在喷汽口上的导汽管及导汽管口上的物体、储汽仓、电极板，其特征在于，它还有挡水板、工作水仓，工作水仓设在壳体下部，工作仓前端为密封式，后端为敞开式，壳体前端工作水仓和喷汽口之间设有挡水板。

对比文件 1 公开了一种蒸汽刷，其中（参见说明书第 1 页第 5 段至第 2 页最后一段，说明书附图）具体披露了以下内容：蒸汽刷包括壳体 1、储汽仓 4、喷气管 5、把手 6、电加热器 7 和设置在壳体底部的刷体 8，壳体储汽仓内设置有隔水板 3。其中，壳体 1 相当于本专利权利要求 1 中的壳体，储汽仓 4 相当于本专利权利要求 1 中的储汽仓，喷气管 5 相当于本专利权利要求 1 中的喷汽口 2，把手 6 相当于本专利权利要求 1 中的把手，电加热器 7 相当于本专利权利要求 1 中的电极板，隔水板 3 相当于本专利权利要求 1 中的挡水板。壳体底部的刷体 8 相当于本专利权利要求 1 中的喷汽口上的导汽管及导汽管口上的物体。

本专利权利要求 1 与对比文件 1 的区别在于：本专利权利要求 1 中还包括设在壳体下部的工作水仓，工作水仓前端为密封式，后端为敞开式。由于存在该区别技术特征，即本申请权利要求 1 要求保护的蒸汽清洁熨斗在壳体中专门设置了工作水仓，使得熨斗在前倾角度下，由于工作水仓前端是密封的，使得水在熨斗前倾状态下仍然是保留在工作水仓当中，不会使水从前端流出进而从喷汽口中流出熨斗，而汽体则能够通过储汽仓、喷汽口从熨斗中喷出，即本专利权利要求 1 要求保护得蒸汽清洁熨斗能够保证熨斗在前倾角度下也能正常工作。而对比文件 1 中的蒸汽刷，其壳体本身就是容纳水的容器，设置在壳体中的隔水板只能够实现水汽分离，但不能防止水从隔水板中流出（参见对比文件 1 说明书第 2 页最后一段及说明书附图），因此，当对比文件 1 中的蒸汽刷在前倾状态时，因为缺少防止水外流的装置，会导致水流过隔水板后从喷气管中流出蒸汽刷，可见，对比文件 1 公开的蒸汽刷无法保证在前倾状态下也能正常工作。

对比文件 2 公开了一种带有蒸汽与水的分隔装置的蒸汽熨斗，其中（参见对比文件 2 权利要求书，说明书第 1 页倒数第 2 行至第 2 页最后一行，及说明书附图 1、2）具体披露了以下内容：蒸汽熨斗包括有壳体 1，底板 2，储水室 3，至少一个用于加热底板和储水室的加热元件 4、5，位于底板上的蒸汽孔 6，蒸汽管 7，其入口 8 位于储水室的顶部空间处且其出口 10 与蒸汽孔相连通，和设置在储水室内的蒸汽与水的分隔装置，其特征是，该蒸汽与水的分隔装置为一个倒置的漏斗 11，其小开口 12 位于靠近储水室上壁 13 处并离开蒸汽管 7 的入口 8 一段距离，其大开口 14 位于靠近储水室 3 的底部 15，使储水室的底部上被加热元件 5 加热的部分位于漏斗 11 的大开口 14 的周边范围内。储水室的整个底部 15 都是被加热元件 5 加热的，结果漏斗以外的水将不会沸腾，因此该处就没有蒸汽泡往上升。

合议组研究对比文件 2 后认为：对比文件 2 中实现蒸汽与水分离所采取的方式是在储水室中设置倒置的漏斗 11 作为分隔装置，漏斗的小开口（及漏斗的上开口）离开蒸汽管 7 的入口 8 一段距离，在加热时，蒸汽过程仅仅在漏斗内发生，并且蒸汽泡的破裂在离开蒸汽管 7 的入口 8 一段距离处发生，所以，水面以上的蒸汽中实质不再含有水滴，从而可以使通过蒸汽管到达底板 2 上的蒸汽孔 6 的蒸汽为干蒸汽。但是通过对比文件 2 的记载可知，漏斗的设置所起到的作用包括在储水室中分隔出需要得到加热的区域以及通过将其小开口在离开蒸汽管 7 的入口 8 一段距离处设置使得蒸汽从产生到进入蒸汽管之间有一定的距离。该起到汽水分离作用的漏斗并不具备能够防止熨斗前倾时水从蒸汽管中流出的作用，原因有二：第一，该漏斗与储水室连通，漏斗之外的储水室中仍然存有水，只是漏斗之外的水由于没有受到加热而不会沸腾；第二，由于漏斗具有上面的小开口，因此，当熨斗前倾时，水能够从小开口处流出。由上述两点可知，对比文件 2 中的漏斗不具备防止熨斗前倾时水外流的作用。并且由于对比文件 2 中没有设置其他防止水外流的装置，因此，当对比文件 2 中的蒸汽熨斗前倾时，水可以通过蒸汽管流出，进而导致对比文件 2 中的蒸汽熨斗无法保证在前倾状态下也能正常工作。通过以上分析可知，对比文件 2 同样也没有公开上述区别技术特征，并且也无法给出将该区别技术特征应用到对比文件 1 中从而解决保证熨斗在前倾状态下也能正常工作的技术问题的启示，由此可见，本专利权利要求 1 要求保护的技术方案相对于对比文件 1、2 的结合并不是显而易见的，并且因为本专利权利要求 1 要求保护的技术方案相对于对比文件 1、2 而言，取得了保证熨斗在前倾状态下也能正常工作的有益效果，因此，本专利权利要求 1 相对于对比文件 1、2 具有实质性特点和进步，符合专利法第 22 条第 3 款的规定。

在本专利权利要求 1 相对于对比文件 1、2 具备创造性的情况下，其从属权利要求 3 相对于对比文件 1、2 也符合专利法第 22 条第 3 款关于创造性的规定。

6. 关于专利法第 26 条第 4 款

请求人认为本专利权利要求 2 不符合专利法第 26 条第 4 款的规定。但是鉴于专利权人在口审当庭明确删除权利要求 2，因此已经不存在权利要求 2 不符合专利法第 26 条第 4 款的问题。合议组对此不再评述。

综上所述，本专利权利要求 1、3 符合专利法第 22 条第 3 款关于创造性的规定，权利要求 1 符合专利法实施细则第 20 条第 1 款和第 21 条第 2 款的规定。合议组依此作出决定。

三、决定

在权利要求 1、3 的基础上维持 03219647. 4 号实用新型专利有效。

当事人对本决定不服的，可以根据专利法第 46 条第 2 款的规定，自收到本决定之日起三个月内向北京市第一中级人民法院起诉。根据该款的规定，一方当事人起诉后，另一方当事人应当作为第三人参加诉讼。

034

α-细辛脑原料生产工艺

无效宣告请求审查决定（第 12417 号）

决　定　号　第 12417 号
决　定　日　2008 年 10 月 14 日
发明创造名称　α-细辛脑原料生产工艺
国际分类号　C07C 43/215
无效宣告请求人　广西亿康药业股份有限公司
专 利 权 人　刘博纯
专　利　号　02158881.3
申　请　日　2002 年 12 月 30 日
授权公告日　2006 年 1 月 4 日
合议组组长　李金光
主　审　员　王　冬
参　审　员　孙　俐

法 律 依 据　专利法第 22 条第 3 款、第 4 款
决 定 要 点

若请求人在无效宣告请求中提供的证据的真实性无法确认，则请求人所主张的与该证据相关的无效宣告请求理由不能成立。

实用性是指该发明或者实用新型能够制造或者使用，并且能够产生积极效果。

一、案由

本专利权无效宣告请求案涉及国家知识产权局于 2006 年 1 月 4 日公告授予的、名称为“α-细辛脑原料生产工艺”的 02158881.3 号发明专利权（下称本专利），其申请日为 2002 年 12 月 30 日，专利权人为刘博纯。本专利授权公告的权利要求书如下：

“1. a-细辛脑原料生产工艺，它包括以下几个阶段：

第一阶段是乙酰化反应阶段，在乙酰化反应阶段中：

乙酰化反应的原料按重量份数配比如下：对苯醌：乙酐：硫酸：水=1：3：0.2：8；其中对苯醌的含量≥89%，乙酐的含量≥95%，硫酸的含量≥97%；

乙酰化反应的工艺过程如下：将搪瓷反应罐刷洗干净烘干，检查罐底阀门闭好，真空抽入符合乙

酰化反应原料配比的乙酐，搅拌后加入符合乙酰化反应原料配比的硫酸，调整罐内物料温度为37℃~44℃，然后加入符合乙酰化反应原料配比的对苯醌，控制温度在38℃~50℃，加毕自然降温，加入冷冻水进行水解，物料温度为4℃~10℃，出料，甩干，水洗至pH中性，烘干，即得1.2.4-三乙酰氧基苯，待用；

第二阶段是甲基化反应阶段，在甲基化反应阶段中：

甲基化反应的原料配比如下：1.2.4-三乙酰氧基苯：硫酸二甲酯：氢氧化钠水溶液：甲醇=1∶3.5∶2.2∶6；其中硫酸二甲酯含量≥90%，氢氧化钠水溶液含量34%~50%，甲醇为工业品；

甲基化反应的生产工艺如下：于搪瓷反应釜中加入符合甲基化反应原料配比的1.2.4.三乙酰氧基苯，称取符合甲基化反应原料配比的硫酸二甲酯在搅拌下缓慢加入符合甲基化反应原料配比的甲醇，在搅拌下慢慢加入，搅拌调整罐内温度35℃~45℃时，开始缓慢滴加符合甲基化反应原料配比的氢氧化钠水溶液，温度控制在45℃~50℃之间，加毕，保温成熟反应0.5~2小时，降温加水使其物料分层，分流弃去水层，用乙醚提取，水洗，干燥，减压蒸馏，收集110℃~170℃馏份，真空度为0.08~0.1 MPa，即得浅棕色油状物为成品即1.2.4-三甲氧基苯，待用；

第三阶段是醛基化反应阶段，在醛基化反应阶段中：

醛基化反应的原料配比如下：1.2.4-三甲氧基苯：N.N.-二甲基甲酰胺：三氯氧磷：水=1∶1.7∶1.38∶30；其中N.N.-二甲基甲酰胺为工业级95%，三氯氧磷为工业级95%；

醛基化反应的工艺过程如下：将搪瓷罐烘干，用真空将符合醛基化反应原料配比的N.N.-二甲基甲酰胺抽入罐中，开冷冻盐水降温至3℃~15℃之间，开始将符合醛基化反应原料配比的三氯氧磷缓慢滴加，加毕继续搅拌抽入待用的符合醛基化反应原料配比的1.2.4.-三甲氧基苯，于40℃~80℃保温5~9小时，进行水解，很快析出结晶，冰盐水冷冻下温度在12℃以下，水洗至中性，甩干，入烘即得成品2.4.5-三甲氧基苯甲醛，为浅黄色针状晶体，待用；

第四阶段是乙烯化反应阶段，在乙烯化反应阶段中：

乙烯化反应的原料配比如下：2.4.5-三甲氧基苯甲醛：丙酸酐：丙酸钠=1∶1.75∶0.5；其中丙酸酐为工业级95%以上，丙酸钠为工业级无水；

乙烯化反应的工艺过程如下：在不锈钢反应釜中，加入待用的符合乙烯化反应原料配比的2.4.5-三甲氧基苯甲醛，丙酸酐，丙酸钠，搅拌，升温至140℃~190℃回流反应5~9小时，降温，加水水解，搅拌加Na_2CO_3进行中和，用乙醚分别提取，水层再提取，合并醚层水洗搅拌，静止，分流，干燥，蒸馏，常压蒸去醚回收再利用，减压蒸馏140℃~180℃，真空度为0.08~0.1MPa，收集馏份，得粗a-细辛脑；

第五阶段是重结晶阶段，在重结晶阶段中：

重结晶阶段的原料配比如下：粗细辛脑：乙醇=1∶1.5~1.6；其中乙醇为工业品配制60%~75%；

重结晶阶段工艺过程如下：将已配制好的60%~75%乙醇溶液，投入结晶罐中，将粗α-细辛脑投入结晶罐中，稍加搅拌于3℃~10℃以下，保持20~60分钟，出料，甩干，用乙醇洗一次，出料，烘干，母液回收，乙醇再利用，母液再结晶即得α-细辛脑。

2. 根据权利要求1所述的a-细辛脑原料生产工艺，其特征在于所述甲基化反应的工艺过程还可以采用如下方法：于搪瓷反应釜中抽入定量水，加入符合甲基化反应原料配比1.2.4.三乙酰氧基苯，搅拌，加入碱液，滴加硫酸二甲酯，滴完后调节pH值保持在碱性反应1~4小时，进行萃取，静置分层，分出油层，水层再提取，合并油层加提取层，水洗至中性，弃去水层，回收溶剂，继续蒸馏，收集馏份 110℃~170℃，真空度为 0.08~0.1MPa，得黄色或淡黄色透明液体，即 1.2.4-三甲氧基苯。

3. 根据权利要求 1 所述的 a-细辛脑原料生产工艺，其特征在于所述甲基化反应的工艺过程如下：于搪瓷反应釜中抽入定量的水，加入符合甲基化反应原料配比 1.2.4-三乙酰氧基苯，搅拌，滴加符合甲基化反应原料配比的碱液，滴加符合甲基化反应原料配比的硫酸二甲酯，再滴加碱液，再滴加硫酸二甲酯，再滴加碱液，交替滴加直至反应完全，始终保持稳定的反应温度，稳定的 pH 值状态，成熟反应 1~4 小时，进行萃取，静置分层，分出油层，水层再提取，合并油层加提取层，水洗至中性，弃去水层，回收上述萃取溶剂，继续蒸馏收集馏份 110℃~170℃，真空度为 0.08~0.1MPa，得黄色或淡黄色透明液体，即 1.2.4-三甲氧基苯。

4. 根据权利要求 1 所述的 a-细辛脑原料生产工艺，其特征在于所述乙烯化反应的工艺过程如下：即格氏反应，在干燥、洁净的不锈钢反应釜中，真空抽入四氢呋喃，搅拌下投入干燥的镁粉或镁片，符合乙烯化反应原料配比的溴乙烷，视气温情况加热，然后调整温度平稳，自然升温直至40℃~65℃之间稳定不再继续升温，滴加溴乙烷在 40℃~65℃保持 1.5~3 小时，待镁粉或镁片全部溶化，开始缓慢滴加四氢呋喃溶液，滴加完后，缓慢升温，出现回流现象计时，回流反应 6~10 小时，冷却，加稀醋酸进行中和至中性，蒸去四氢呋喃，罐内物质加水进行水解，分出油层、水层再提取合并，提取物和油层，水洗，碱洗，水洗至中性低温下回收甲苯，进行蒸馏，收集馏份白色或淡黄色物，即粗细辛脑 2.4.5-三甲氧基-1-丙烯基苯。”

针对上述发明专利权（下称本专利），广西亿康药业股份有限公司（下称请求人）于 2008 年 6 月 13 日向专利复审委员会提出无效宣告请求，认为本专利权利要求 1~4 不符合专利法第 22 条第 3 款的规定，权利要求 2~4 不符合专利法第 22 条第 4 款的规定。请求人同时提交了以下证据：

证据 1：“α-细辛醚的化学合成”，程暄生，林树，《江苏化工．市场七日讯》，1983 年第 2 期，摘要以及第 39~43 页（从中国知网 CNKI 打印获得），复印件共 6 页；

证据 2：“Synthesis and Some Pharmacological Actions of Asarone”，P. K Sharma 和 P. C. Dandiya，Indian J. Appl. Chem.，1969 年第 32 卷第 4 期，第 236~238 页，英文复印件共 3 页，中文译文复印件共 6 页；

证据 3：“细辛脑的合成”，藤田治重，山下正太郎，《有机合成化学协会志》，1973 年 10 月，第 31 卷第 10 号，封面页、目录页、第 839~840 页，日文复印件共 4 页，中文译文复印件共 4 页。

依据上述证据，请求人认为：

（1）在权利要求 1 公开的 α-细辛脑原料的化学合成方法中，除第五阶段之外的其他部分已为证据 1 或证据 3 所公开，而第五阶段为化学合成精制领域常用的技术手段，而且该手段在证据 2 中也已经公开，权利要求 1 中公开的对反应过程中各反应物的添加量、添加方法、反应温度和反应速度的控制的主要部分同样被证据 1 和 2 所披露，其他部分对于所属领域的普通技术人员而言是显而易见的，因此，权利要求 1 不具备专利法第 22 条第 3 款规定的创造性。权利要求 2~4 附加技术特征与权利要求 1 的技术特征的结合的实质内容也同样被证据 1 和证据 2 所披露，其他部分对于所属领域的普通技术人员而言是显而易见的，因此权利要求 2~4 不具备专利法第 22 条第 3 款规定的创造性。

（2）权利要求 2 和 3 中附加技术特征与权利要求 1 中甲基化反应阶段中工艺操作和控制方法是不相容的，如权利要求 1 在该阶段得到的产物是浅棕色油状物的 1.2.4-三甲基氧基苯，而权利要求 2 和 3 在该阶段得到的产物是黄色或淡黄色透明的 1.2.4-三甲基氧基苯，因此权利要求 2 和 3 的技术方案是不可以实现的，不具有实用性。

（3）权利要求 4 附加技术特征表明的是一种在格氏化液中的加成反应，它采用的反应物和介质溶液与权利要求 1 的乙烯化反应阶段是不相容的，因此权利要求 4 中的技术方案是不可以实现的，不具有实用性。

经形式审查合格后，专利复审委员会受理了上述请求，于 2008 年 6 月 13 日向请求人以及专利权人发出《无效宣告请求受理通知书》，并将《专利权无效宣告请求书》及其附件的副本转送给专利权人，要求其在指定的期限内答复。

专利权人于 2008 年 7 月 11 日提交了意见陈述书，专利权人认为：

首先，证据 1 是网站的下载资料，此文件的对外公开日不能确定是在本专利申请日前就在网上公开了，《江苏化工．市场七日讯》可能是江苏化工的内部资料，其不能用作无效本专利的证据。

其次，即使证据 1 可以作为有效证据使用，也不能破坏本专利的创造性。由于证据 1 与本专利相比，公开的技术特征最多，暂以证据 1 作为本专利最接近的现有技术与本专利进行对比。①证据 1 与本专利权利要求 1 的技术方案在甲基化反应阶段的区别为：证据 1 在此步反应中用到了氮气保护，这增加了生产成本，操作繁杂，不适宜工业化生产；本专利权利要求 1 中不需使用惰性气体保护即可直接得到目标产物。证据 1 中英国化学会志的报道与权利要求 1 中甲基化反应工艺最接近，它们的区别在于反应温度不同，对于此步反应，必须控制加碱时整个反应器的温度，证据 1 中没有公开加碱时控制温度，只是说明加碱后冷却到 25℃～30℃；本专利明确说明了加碱时控制温度在 35℃～45℃，加碱后温度控制在 45℃～50℃，这样的温度为该步反应的最佳条件。在处理过程中证据 1 采用常压蒸馏，而本专利采用减压蒸馏，采用常压蒸馏操作温度高，产品易破坏，同时不利于节约能源。因此，本专利与证据 1 的技术相比更适合工业化生产。②证据 1 与本专利权利要求 1 的技术方案在醛基化反应阶段的区别为：证据 1 是将三氯氧磷和 N. N. -二甲基甲酰胺（DMF）加入到 1. 2. 4-三甲氧基苯的 DMF 溶液中，本专利是将 1. 2. 4-三甲氧基苯加入到三氯氧磷的 DMF 溶液中，加料顺序不同，影响该步反应的反应程度，本专利的顺序使反应更完全，收率更高。证据 1 的反应温度均为 100℃，而本专利在 55℃～60℃反应 7h，使副产物更少，杂质较少，易后处理，降低了成本。证据 1 采用 Na_2CO_3 中和，乙醚萃取，乙醚为危险品，毒性大；本专利采用直接加水降温析晶的方法，简化了操作，降低了成本。③证据 1 与本专利权利要求 1 的技术方案在乙烯化反应阶段的区别为：证据 1 的方法与本专利完全不同，证据 1 使用熔化的丙酸钠，丙酸钠熔点在 400℃以上，操作难度大，比较危险，本专利采用的丙酸酐为工业级 95% 以上，丙酸钠为工业级无水，丙酸钠溶于丙酸酐中可达到相同的技术效果，简化了操作，降低成本。证据 1 采用先生成羧酸，再脱羧以两步反应得到 α-细辛脑粗品，本专利采用高温延长反应时间通过一步反应直接生成，再以减压蒸馏得到 α-细辛脑粗品。本专利的比证据 1 生产方法简单，降低了生产成本。④本专利与证据 1 相比增加了重结晶步骤，虽然乙醇-水是重结晶的常用溶剂，但二者的配比直接影响成品的纯度，本专利公开了重结晶溶剂的最佳配比为工业品配制的 60%～75%，终产品与重结晶溶剂按重量份数配比为粗细辛脑：乙醇＝1：1. 5～1. 6，同时本专利公布的乙醇还可回收套用，降低了生产成本，提高了含量，生产得到的 α-细辛脑纯度更好。上述区别特征在其他两篇证据中也未见公开。因此，本专利权利要求 1 具备创造性。基于相同的理由，权利要求2～4也具备创造性。

第三，关于本专利权利要求 2～4 的实用性，专利法所规定的实用性是指发明申请的主题必须能够在产业上制造或使用，并且能够产生积极的效果。①权利要求 2 和 3 的附加技术特征是不是对权利要求 1 中技术特征的进一步限定只是专利申请撰写方法的不同，权利要求 2 和 3 中的黄色或淡黄色透明液体 1，2，4-三甲氧基苯与权利要求 1 中的浅棕色油状物 1，2，4-三甲氧基苯之所以不同，是由于采用不同方法导致的，可能纯度不同，导致外观颜色描述不同，但是产物均为 1，2，4-三甲氧基苯，权利要求2和3的产物的纯度更高，为优选的技术方案。用权利要求2和3制得的上述产物继续醛基化反应是完全可以的。因此，权利要求2和3的技术方案具有再现性，产生了积极效果，具备实用性。②权利要求4所引用的附加技术特征是不是对权利要求1技术特征的进一步限定只是专利申请撰写方法的不同，权利要求4的技术能够在产业上制造或使用，并且产生了积极效果，权利要求4具备实用性。

请求人于2008年7月11日向专利复审委员会补充提交了证据4、5、6，并结合证据1~5陈述了认为本专利权利要求1~4不具备创造性和实用性的补充意见。证据4、5和6分别如下：

证据4："顺2，4，5-三甲氧基苯丙烯的合成"，王兴明等，《西南工学院学报》，1999年3月，第14卷第1期，第64~66页，复印件共3页；

证据5："1，2，4-三甲氧基的合成"，陈毅平等，《广西中医学院学报》，1999年5月，第16卷第2期，扉页和第73页，复印件共2页；

证据6：加盖有"复印件广西药检所档案室"章的广西壮族自治区卫生厅文件桂卫药批（85）89号，复印件共6页。

请求人认为：

（1）权利要求1的反应路线为①乙酰化反应、②甲基化反应、③醛基化反应、④乙烯化反应、⑤重结晶，证据1披露了上述①~④阶段的工艺路线，证据2披露了上述全部五个阶段的工艺路线，证据3披露了上述①~④阶段的工艺路线，证据4披露了上述①~③阶段的工艺路线，证据5披露了上述①~②阶段的工艺路线，权利要求1中重结晶为化学工业领域中对化合物精制所采用的已知常规手段，证据2公开了采用乙醇对粗细辛脑进行重结晶的方案，权利要求1的化学合成路线为公知技术。在反应过程的操作控制中，化学反应参加物的用量调整，是化工领域普通技术人员应知应会的技术知识；为了使反应物充分接触反应，在搅拌条件下添加反应物，对于敏感反应采用缓慢滴加加料、控温、降温加料，也是化工领域普通技术人员应知应会的技术知识。由各证据公开的方案可知本专利反应过程的操作控制的实质内容已经被各证据所披露。因此本专利权利要求1不具备专利法第22条第3款规定的创造性，即证据1结合证据2、证据1结合证据3、证据1结合证据4、证据1结合证据5、证据1本身、证据1~4结合、证据1~3与证据5结合均破坏本专利权利要求1的创造性。

（2）权利要求2的附加技术特征主要是控制反应后的pH值在碱性下反应，与权利要求1的其他技术特征结合的实质内容也被证据1、4和5所披露。权利要求3的附加技术特征的特点在于在加料过程中，硫酸二甲酯与碱液交替滴加以控制反应溶液的pH值，但本专利权利要求书和说明书并没有给出应该控制pH值在什么数值范围内，权利要求3附加技术特征与权利要求1其他技术特征的结合的实质内容同样被证据1和证据2披露，其他部分对于所属领域的普通技术人员而言是显而易见的。因此，权利要求2~3不具备专利法第22条第3款规定的创造性。

（3）权利要求4的附加技术特征是对权利要求1中乙烯化反应阶段中工艺操作和控制方法的进一步限定，但其实质内容已被证据1~4任一文献披露，与权利要求1其他技术特征的结合的实质内容也同样被证据1、4披露，其他部分对于所属领域的普通技术人员是显而易见的，权利要求4不具备专利法第22条第3款规定的创造性，即证据1本身、证据1与证据2结合、证据1与证据3结合、证据1与证据4结合能够破坏权利要求4的创造性。

（4）请求人在1982年就试制成功、生产出人工合成α-细辛脑产品，是我国最早人工合成α-细辛脑者，α-细辛脑相对于本专利为老产品，本专利申请日前，据统计人工合成α-细辛脑的工艺方法有32项之多，本专利在答复审查意见通知书时以本专利技术方案在1998~1999年经北京药物研究所的初期研究，在2000年在沈阳医科大做小试后获得生产批文为由证据其具备创造性的意见不能成立。

（5）权利要求2和3中附加技术特征与权利要求1中甲基化反应阶段中工艺操作和控制方法是不相容的，如权利要求1在所述阶段得到的产物是浅棕色油状物的1.2.4-三甲基氧基苯，而权利要求2和3在所述阶段得到的产物是黄色或淡黄色透明的1.2.4-三甲基氧基苯。权利要求3的附加技术特征中硫酸二甲酯与碱液采用交替滴加无法实现，因为按权利要求2所述滴加符合甲基化反应原料配比的碱液和硫酸二甲酯后，就加完了硫酸二甲酯和碱液，无法再滴加硫酸二甲酯和碱液，也就无法进行硫酸二甲酯与碱液交替。权利要求4附加技术特征表明的是一种在格氏化液中的加成反应，它采用的反应物和介质溶液与权利要求1的乙烯化反应阶段是不相容的；权利要求4即使将其附加技术特征替换权利要求1中的乙烯化反应阶段，也是不可实现的，因为权利要求4所描述的附加技术特征中并没有生成α-细辛醚细辛脑必需的中间产物2.4.5-三甲氧基苯甲醛。综上，权利要求2~4的技术方案是不可以实现的，不具有实用性。

请求人于2008年7月13日向专利复审委员会提交了对2008年7月11日提交的意见陈述书的补正，对其中的一些书写错误进行了修改。

2008年8月1日，本案合议组向双方当事人发出《无效宣告请求口头审理通知书》，定于2008年9月16日对本案进行口头审理；同时，将请求人于2008年7月11日提交的意见陈述书及其附件副本、2008年7月13日提交的意见陈述书转送给专利权人，将专利权人于2008年7月11日提交的意见陈述书转送给请求人，并告知双方当事人在口头审理时一并答复。

2008年9月16日口头审理如期进行。双方当事人均委托代理人参加了口头审理。合议组对无效宣告请求理由、事实和证据进行了充分调查，给予了双方当事人充分陈述意见的机会，确认的事实如下：

（1）请求人明确其无效宣告请求的理由为：权利要求1~4不具有专利法第22条第3款规定的创造性；权利要求2~4不符合专利法第22条第4款的规定；权利要求2不符合专利法实施细则第21条第2款的规定，权利要求3不符合专利法第26条第4款的规定，权利要求4不符合专利法第26条第3、4款的规定。专利权人认为权利要求2不符合专利法实施细则第21条第2款的规定和权利要求3不符合专利法第26条第4款的规定以及权利要求4不符合专利法第26条第3、4款的规定的无效宣告请求的理由属于超期提出的理由，不能接受，本专利具有创造性和实用性，应该维持本专利合法有效。

（2）专利权人对证据1~6的真实性均有异议，对证据1、6的公开性有异议，对证据4~5的公开性无异议，对证据2~3的译文准确性无异议。

（3）请求人当庭提交了国家知识产权局检索中心出具的编号为G081018的检索报告的复印件以及三份旁证（以下称为三份旁证）：①盖有“广西化工研究院图书室”章的《中国化工文摘》（1983年第1卷第6期）的扉页、目录页及第65页的复印件共3页；②盖有“广西化工研究院图书室”章的《江苏化工》（1983年第2期）的扉页和目录页的复印件共2页；③广西壮族自治区图书馆报刊部出具的1983年第2期《江苏化工》的公开性证明1份，以此来证明证据1在本专利申请日之前已可以被公众查阅，该证明附盖有该报刊部章的《江苏化工》（1983年第2期）的扉页、目录页和第39页的复印件3页。请求人主张证据6证明本专利产品在申请日前已经被公开使用了。

（4）对于请求人当庭提交的三份旁证，专利权人认为三份旁证已经超过期限，不应该予以接受，所提交的旁证只能证明江苏化工上过架，但是不能证明具体是哪一期上架，也不能证明在本专利申请日之前该文献就可以被公众查阅，而且其印有内部资料的字样，从而看出不是随便可以被公众得到的。化工文摘和江苏化工没有关联性。检索报告没有原件，对其真实性无法进行核实。请求人认为证据 1 本身有年号，旁证的目录和扉页里都可以看出来。1983 年以前许多期刊都是内部刊物，所谓内部刊物的意义就是不出售，这个杂志是化工协会主办的，对每个协会单位都是免费提供的，这是在计划经济时代背景下的情况，这些旁证已经证明在出版的当时，这些文件已经为公众所知。

（5）在主张本专利不具备创造性时，双方认可证据 1 中公开了“减压蒸馏”和“在碱性条件下”。对于权利要求 1，请求人主张证据 1 是最接近的对比文件，将证据 1 与证据 2 结合、证据 1 与公知常识结合来评价权利要求 1 的创造性，证据 3、4、5 是对证据 1 的补充。证据 1 的第 2 到第 5 个部分相当于本专利权利要求 1 的四个阶段，它们之间的区别点不是实质区别，可以忽略不计，而且对于本专利的效果没有影响。证据 1 和本专利之间的区别技术特征就在于本专利有第 5 步重结晶，而证据 1 没有该步骤，但是在证据 2 的第 237 页最后一句和译文第 5 页第 6~9 行对重结晶有描述，而且重结晶是常识性的，不需要强调提出。权利要求 2 的附加技术特征是对工艺过程的调整，这些调整是可以预见的公知技术，权利要求 2 中 pH 值保持在碱性是什么范围根本没有提到，所以该技术特征没有意义，证据 1 也已经公开了权利要求 2 的附加技术特征，在权利要求 1 不具备创造性的前提下，权利要求 2 也不具备创造性。权利要求 3 中的交替加料的方式控制反应的 pH 值是惯用的手段。将证据 1、2 结合、证据 1、3 结合、证据 1、2、3 结合三种方式来评价权利要求 4 的创造性，其中最佳方式是证据 1 与 3 结合。格氏化反应被证据 1 和证据 2 公开了。专利权人主张本专利甲基化反应阶段和证据 1 有很多区别，本专利不需要惰性气体保护的，反应温度也不同，蒸馏压力也不同，反应温度是决定成败的步骤；醛基化反应阶段，加料顺序是不同的，反应温度不同，本专利的顺序更完全收益更高。乙烯化反应阶段，证据 1 和本专利完全不同，没有可比性。本专利和证据 1 相比增加了重结晶阶段，还公开了重结晶中使用的溶剂以及溶剂之间配比等，通过重结晶阶段使 α-细辛脑的纯度更高了。证据 2 里虽然说了重结晶，但是没有公开具体参数，具体操作的不同会直接影响结果，所以证据 1、2 结合也不能推导出本专利。权利要求 2 的附加技术特征没有被证据所公开，在权利要求 1 具备创造性的前提下，从属权利要求也具备创造性。权利要求 3 中的交替加料是特殊的加工方法，任何人在本专利申请之前都没有公开使用过，不是常规方法，是具备创造性。权利要求 4 和证据 1 的区别是操作过程完全不一样，权利要求 4 的所有技术特征都没有被证据 1 公开，和证据 1 相比原料不一样，权利要求 4 具有创造性。

（6）在主张本专利不具备实用性时，请求人主张根据最初的公开文本可以看出权利要求 2 的附加技术特征并不是对权利要求 1 进行限定，权利要求 2 的附加技术特征和权利要求 1 是不能兼容的，不能制造和使用的，所以不具备实用性。权利要求 3 的技术特征和权利要求 1 的技术特征也不能重合在一起，所以是得不到说明书支持的，在工业化上也应用不了。权利要求 4 存在权利要求 3 同样的问题，权利要求 4 和权利要求 1 的特征相互矛盾。专利权人主张实用性和权利要求的撰写方法没有关系，权利要求 2、3 和权利要求 1 相比工艺方法不一样，但是得到的目标产物都是一样的，这是步骤的替换，也是完全可以实现的。

（7）合议组告知双方当事人，请求人当庭提出的新无效宣告请求理由不符合专利法实施细则第 66 条以及审查指南的规定，不予接受，本次口头审理只调查请求人在口头审理前提出无效理由期限内提出的无效理由。

至此，合议组认为本案事实已经清楚，可以依法作出审查决定。

二、决定的理由

1. 无效宣告请求的理由和范围

根据请求人在提出无效宣告请求理由期限内提出的无效宣告请求的理由和口头审理中的确认，本无效宣告请求案审理的理由和范围是：权利要求 1~4 不具有专利法第 22 条第 3 款规定的创造性；权利要求 2~4 不符合专利法第 22 条第 4 款的规定。

2. 关于证据

请求人没有提交证据 1~6 的原件，当庭提交了国家知识产权局检索中心出具的编号为 G081018 的检索报告的复印件以及三份旁证。

专利权人对证据 1~6 的真实性均有异议，对证据 1、6 的公开性有异议，对证据 4~5 的公开性无异议，对证据 2~3 的译文准确性无异议。对于请求人当庭提交的三份旁证，专利权人认为三份旁证已经超过了期限，不应该予以接受，而且所提交的旁证只能证明江苏化工上过架，但是不能证明具体是哪一期上架，也不能证明在本专利申请日之前该文献就可以被公众查阅，而且其印有内部资料的字样，从而看出不是随便可以被公众得到的。化工文摘和江苏化工没有关联性。检索报告没有原件，对其真实性也无法进行核实。

对于证据 1~6，由于请求人没有提交证据 1~6 的原件，也没有提交能够证明证据 1~6 真实性的有效佐证，合议组无法对证据 1~6 的真实性进行核实，故合议组对证据 1~6 的真实性不予确认。

对于请求人当庭提交的检索报告以及三份旁证，合议组认为其提交时间已经超过了自无效宣告请求日之起一个月内补充证据的期限，而且不属于审查指南第四部分第三章第 4. 3. 1 节规定的能够被接受的公知常识性证据或者用于完善证据法定形式的公证书、原件等，因此合议组对请求人当庭提交的检索报告及三份旁证不予接受。

3. 关于专利法第 22 条第 3 款

专利法第 22 条第 3 款规定，创造性是指同申请日以前已有的技术相比，该发明有突出的实质性特点和显著的进步，该实用新型有实质性特点和进步。

若请求人在无效宣告请求中提供的证据的真实性无法确认，则请求人所主张的与该证据相关的无效宣告请求理由不能成立。

如上所述，由于无法确认请求人提交的证据 1~6 的真实性，请求人所提交的证据 1~6 不能支持其无效宣告请求的理由，因此，请求人以证据 1~6 为基础的关于本专利权利要求 1~4 不具有专利法第 22 条第 3 款规定的创造性的无效宣告请求理由不成立。

4. 关于专利法第 22 条第 4 款

专利法第 22 条第 4 款规定，实用性是指该发明或者实用新型能够制造或者使用，并且能够产生积极效果。

请求人主张权利要求 1 甲基化反应产物阶段的产物和权利要求 2 甲基化反应过程最终产物的颜色存在差异，因此导致权利要求 2 的附加技术特征和权利要求 1 不能兼容，权利要求 2 不具备专利法第 22 条第 4 款规定的实用性。对此，合议组认为，首先，根据本专利权利要求书和说明书（参见说明书第 8 页至说明书第 10 页）的记载以及本领域的技术常识可知，权利要求 2 所请求保护的技术方案的实质为在权利要求 1 中其他反应阶段不变的情况下，以权利要求 2 中记载的甲基化反应过程来替换权利要求 1 中的甲基化反应阶段，其中权利要求 2 的甲基化反应过程中所使用的反应物与权利要求 1 甲基化反应阶段的反应物相同，均为 1. 2. 4-三乙酰氧基苯、硫酸二甲酯和碱 NaOH，其比例均符合甲基化反应原料配比；权利要求 2 的甲基化反应过程中与权利要求 1 甲基化反应阶段均获得了相同的产物 1. 2. 4-三甲氧基苯。其次，对于权利要求 1 甲基化反应产物阶段的产物和权利要求 2 甲基化反应过程最终产物的颜色之间的差异，则仅是由于具体实验操作不同而造成的纯度等方面的差别，使最终产物的外观颜色不同，二者的最终产物相同。所以，本领域技术人员根据本专利说明书和权利要求书的记载以及本领域的常识，可获知权利要求 2 的甲基化反应过程是获得 1. 2. 4-三甲氧基苯的另一方法，其能够替换权利要求1中的甲基化反应阶段来制备1.2.4-三甲氧基苯，前者与后者之间为并列选择的关系，二者之间并不存在矛盾。请求人仅是根据最终产物的颜色的差异而主张导致权利要求2的附加技术特征和权利要求1不能兼容而使权利要求2不具备实用性，而并没有提供证据来证明采用权利要求2记载的甲基化反应过程无法获得1.2.4-三甲氧基苯。因此，合议组对请求人的上述主张不予支持，权利要求2的技术方案能够在产业上应用，并能够解决所述的技术问题，符合专利法第22条第4款有关实用性的规定。

请求人主张权利要求1甲基化反应产物阶段的产物和权利要求3甲基化反应过程最终产物的颜色存在差异，权利要求3的附加技术特征和权利要求1不能相容，得不到说明书支持的，在工业化上也应用不了，而且由于按权利要求2加完所述滴加符合甲基化反应原料配比的碱液和硫酸二甲酯后，无法再滴加硫酸二甲酯和碱液，导致权利要求3中硫酸二甲酯与碱液采用交替滴加无法实现，因此权利要求3不具备专利法第22条第4款规定的实用性。对此，合议组认为，首先，对于产物的色泽差异，与评述权利要求2的道理相同。其次，权利要求3与权利要求2均引用了权利要求1，但权利要求3并没有引用权利要求2，因此，权利要求3和权利要求2所请求保护的技术方案为两个并列的技术方案，权利要求2中添加硫酸二甲酯和碱液的特征与权利要求3中交替添加硫酸二甲酯和碱液的特征之间没有任何关联。因此，本领域技术人员根据本专利说明书和权利要求书的记载以及本领域的常识，可获知权利要求3的甲基化反应过程是获得1.2.4-三甲氧基苯的另一方法，其能够替换权利要求1中的甲基化反应阶段来制备1.2.4-三甲氧基苯，前者与后者之间为并列选择的关系，二者之间并不存在矛盾。综上，合议组对请求人的上述主张不予支持，权利要求3的技术方案能够在产业上应用，并能够解决所述的技术问题，符合专利法第22条第4款有关实用性的规定。

针对请求人主张的权利要求4不具有实用性的理由，合议组认为，根据本专利权利要求书和说明书（参见说明书第8页至第10页）的记载以及本领域的技术常识可知，权利要求4所请求保护的技术方案的实质为在权利要求1中其他反应阶段不变的情况下，以权利要求4中记载的乙烯化反应过程来替换权利要求1中的乙烯化反应阶段，权利要求4的乙烯化反应过程与权利要求1乙烯化反应阶段的均获得相同的产物粗细辛脑2.4.5-三甲氧基-1-丙烯基苯。因此，本领域技术人员根据本专利说明书和权利要求书的记载以及本领域的常识，可获知权利要求4的乙烯化反应过程是获得粗细辛脑2.4.5-三甲氧基-1-丙烯基苯的另一方法，其能够替换权利要求1中的乙烯化反应阶段来制备粗细辛脑2.4.5-三甲氧基-1-丙烯基苯，前者与后者之间为并列选择的关系，二者之间并不存在矛盾。请求人仅是主张权利要求4的附加技术特征与权利要求1的特征相互矛盾导致权利要求4不具备实用性，但是并没有提供证据来证明采用权利要求4记载的乙烯化反应过程无法获得粗细辛脑2.4.5-三甲氧基-1-丙烯基苯。综上，合议组对请求人的上述主张不予支持，权利要求4的技术方案能够在产业上应用，并能够解决所述的技术问题，符合专利法第22条第4款有关实用性的规定。

综上所述，合议组对请求人提出的权利要求2~4不具备专利法第22条第4款规定的实用性的主张不予支持。

基于以上事实和理由，本案合议组作出如下审查决定。

三、决定

维持第02158881.3号发明专利权有效。

当事人对本决定不服的，可以根据专利法第46条第2款的规定，自收到本决定之日起三个月内向北京市第一中级人民法院起诉。根据该款的规定，一方当事人起诉后，另一方当事人应当作为第三人参加诉讼。

035

卫生隔离式洗衣机的自动对门检测装置

无效宣告请求审查决定（第12422号）

决　　定　　号　第12422号
决　　定　　日　2008年10月27日
发明创造名称　卫生隔离式洗衣机的自动对门检测装置
国 际 分 类 号　D06F33/02，D06F 37/00，D06F 39/00
无效宣告请求人　上海百瑞洗涤设备有限公司
专　利　权　人　江苏海狮机械集团有限公司
专　　利　　号　200620171064.9
申　　请　　日　2006年12月17日
授 权 公 告 日　2007年12月5日
合 议 组 组 长　翁晓君
主　　审　　员　郭　琼
参　　审　　员　邢文飞

法　律　依　据　专利法第22条第3款
决　定　要　点

当权利要求与现有技术相比有区别技术特征时，如果这种区别技术特征是所属技术领域的公知常识，在现有技术的基础上结合公知常识得出该权利要求所要求保护的技术方案，对所属技术领域的技术人员来说是显而易见的，且并没有产生预料不到的效果，则该权利要求不具备实质性特点和进步，不具备创造性。

一、案由

本复审请求涉及申请号为200620171064.9、名称为“卫生隔离式洗衣机的自动对门检测装置”的实用新型专利（下称本专利），申请日为2006年12月17日、公开日为2007年12月5日、专利权人为江苏海狮机械集团有限公司。

本专利授权公告的权利要求书如下：

“1. 卫生隔离式洗衣机的自动对门检测装置，其特征在于：在洗衣机中的大带轮上固定设置有感应探头，在洗衣机的外壳上固定有两个安装支架，每个安装支架上安装有一只接近开关，并且感应探头和两只接近开关之间的位置关系分别与洗衣机转筒上的内门与机壳上的装衣门和取衣门之间的位置关系相对应。”

针对上述实用新型专利权，上海百瑞洗涤设备有限公司（下称请求人）于 2008 年 2 月 2 日向专利复审委员会提出了无效宣告请求，无效理由是本专利不符合专利法第 26 条第 3 款，实施细则第 20 条第 1 款，专利法第 22 条第 3 款的规定。请求人提交了如下对比文件作为证据：

对比文件 1：美国专利文件 US 3529450 A，该专利授权公开时间是 1970 年 9 月 22 日，及上述美国专利文件的说明书摘要中文翻译 1 页、说明书中文翻译 6 页（下称证据 1）；

对比文件 2：西北工业出版社出版的《传感器应用技术》复印件，出版时间为 1996 年 2 月，共 6 页（下称证据 2）；

对比文件 3：Electrolux（伊莱克斯公司）的产品宣传册英文版复印件，共 7 页，以及上述产品宣传册中文版复印件，共 7 页（下称证据 3）。

请求人认为：（1）本专利对于“感应探头和两只接近开关之间的位置关系分别与洗衣机转筒上的内门与机壳上的装衣门和取衣门之间的位置关系相对应”这一技术特征在说明书中并未作清楚、完整的说明。该说明书中，既没有对感应探头与两只接近开关在结构上是何位置关系作出描述，也没有对所述的位置关系与转筒内门及机壳上的装衣门、取衣门是如何对应作出详细说明，对于本技术领域的技术人员来说，通过说明书的公开的内容，无法理解所述的“位置关系相对应”是何含义，故本专利不符合专利法第 26 条第 3 款之规定。（2）由于权利要求 1 中记载的“感应探头和两只接近开关之间的位置关系分别与洗衣机转筒上的内门与机壳上的装衣门和取衣门之间的位置关系相对应”这一技术措施描述不清楚，说明书对此也不能作出清楚明确的解释和说明，致使该权利要求的保护范围无法确定，不符合专利法实施细则第 20 条第 1 款之规定。（3）本专利权利要求 1 不符合专利法第 22 条第 3 款关于创造性的规定。本专利提供一种洗衣机的自动对门检测装置。其权利要求 1 记载的技术方案，主要是利用感应探头与接近开关的传感作用，以控制洗衣机转筒，实现转筒上内门与机壳上装衣门和取衣门的自动对应。证据 1 公开了一种可实现筒体门与外壳门精确对齐的洗涤机，其基本公开了本专利权利要求 1 记载的技术方案，区别技术特征是：①本专利中利用的传感装置是感应探头和接近开关，证据 1 中利用的是光电元件和灯；②本专利中，感应探头设置于转动的大带轮上，接近开关设置于固定的外壳支架上，证据 1 中光电元件和灯分别设置于静止的盘片 32 和 33 上，借助与洗涤篮一起旋转的凸轮 31 的切口，实现光电元件的激发与否。比较证据 1 中公开的技术内容与本专利采用的技术方案，可以很明显地看出，其所属技术领域及与本专利相同，解决的技术问题中包括洗衣机的自动装载和卸载。证据 1 同样配置了一套电子找准系统，利用光电元件的传感作用，控制洗衣机筒体的转动，实现筒体上滚动门与外壳门的自动精确对齐。本专利将证据 1 中电子找准系统中的光电元件与灯转换成感应探头和接近开关，而这种变化并未产生更好技术效果，对于本领域技术人员来说，不需任何创造性思维；而传感装置设置上的区别，同样是一种简单变化：本专利中利用轴的旋转带动感应探头旋转，控制是否激发静止的接近开关；证据 1 中同样是利用轴的旋转，带动有切口凸轮的旋转，控制是否激发静止的光电元件，这对于本领域的技术人员来说是显而易见的，从证据 1 中完全可以获得本专利所述技术措施的技术启示，不具有实质性特点和进步。另外，从证据 2 可知，传感器技术为公知技术，同时，本领域技术人员可从中获得本发明中设置两个接近开关的技术启示；证据 3 中公开了本专利所述卫生隔离式洗衣机的主要结构，包括大带轮、传感器、内机门、外机门等。本领域技术人员结合证据 1 和证据 2、证据 3，不需创造性劳动，即可得出本专利权利要求 1 所述的技术方案，因而，本专利的权利要求 1 没有创造性。

经形式审查合格，专利复审委员会依法受理了上述无效宣告请求，并于 2008 年 5 月 8 日向双方当事人分别发出无效宣告请求受理通知书，同时将请求人于 2008 年 2 月 2 日提交的无效宣告请求书及其附件清单中所列附件副本转给专利权人，要求其在指定期限内答复。

专利权人于 2008 年 6 月 16 日寄交了意见陈述书，并认为：（1）“感应探头和两只接近开关之间的位置关系分别与洗衣机转筒上的内门与机壳上的装衣门和取衣门之间的位置关系相对应”是指在装衣或取衣时，内门的位置与装衣门或者是取衣门对齐，而感应探头和两只接近开关的位置满足该要求即可。且在本专利说明书及其附图中已经明确说明，可见，在本专利说明书及其附图中已清晰地描述出感应探头与两只接近开关之间应满足的位置关系，本领域的技术人员根据上述描述完全能够实现所述的技术方案；本专利的权利要求 1 及说明书符合专利法第 26 条第 3 款以及实施细则第 20 条第 1 款的规定。（2）从证据 1 中可知，用于发出信号的四只灯 G1、G2、G3、G4 是固定在静止盘片 33 上的，相对应的四个光电元件 P1、P1、P3、P4 是固定在静止盘片 32 上的，中间装有带切口的凸轮 31，凸轮 31 是和转筒同步转动；工作时灯 G 发出信号，当凸轮 31 转到切口对准灯时，光从切口处射向光电元件 P，光电元件接到信号后控制转筒停止（见证据 1 图 6）；本专利中，接近开关 91、92 分别固定在两个安装支架 71、72 上，而感应探头固定在三角大带轮 3 上，和转筒同步转动。工作时当大带轮上的感应探头 8 转动到接近开关位置时，接近开关接收到信号使得转筒停止，完成装衣或取衣动作。本专利结构大大简化，省去了中间凸轮板和静止盘片。这种结构的简化也使得整机的电器结构大大简化，只要给接近开关接线即可，而证据 1 中的灯 G 和光电元件 P 都要接线；可见，本专利权利要求 1 所述的技术方案与证据 1 中的技术方案是完全不同的技术方案，本专利的技术方案更简单，制作成本更低，实用性更强，具有实质性特点和进步，符合专利法第 22 条第 3 款的规定。证据 2 主要描述了传感器的工作原理，证据 3 中公开了卫生隔离式洗衣机的主要结构，并没有提到自动对门的具体方法。权利要求 1 与证据 1、2 和 3 相比具有实质性特点和进步，具有专利法第 22 条第 3 款规定的创造性。

本案合议组于 2008 年 7 月 2 日向双方当事人发出口头审理通知书，定于 2008 年 8 月 27 日对本案进行口头审理，并将专利权人于 2008 年 6 月 16 日寄交的意见陈述书转送给请求人。

口头审理如期举行，双方当事人均出席了口头审理。双方当事人对合议组成员无回避请求。双方当事人对对方出庭人员身份无异议。请求人当庭提交证据 3 的中英文版原件。专利权人对证据 1~3 的真实性、对中文译文的准确性无异议。请求人明确其无效理由为：本专利不符合专利法第 26 条第 3 款，专利实施细则第 20 条第 1 款，专利法第 22 条第 3 款的规定。具体评价方式为：以证据 1 为最接近的对比文件，证据 1 与本专利的区别技术特征被证据 2、3 公开。对于本专利不符合专利法第 26 条第 3 款以及实施细则第 20 条第 1 款的意见，请求人认为：本专利中对感应探头和门是如何对应的具体方式和对应位置关系都没有公开，通过说明书的公开的内容，无法理解所述的“位置关系相对应”是何含义，故本专利不符合专利法第 26 条第 3 款之规定；感应探头和门的位置关系无量化的文字叙述，导致权利要求不清楚。专利权人则坚持其在意见陈述书中的意见，认为本专利说明书和说明书附图 3、4 中对感应探头和门的对应关系和以及位置关系进行了详细的说明。对于专利法第 22 条第 3 款的意见，请求人除其在意见陈述书中的意见外，还补充说明：无论是光电传感器还是接近开关都是传感器，只是在具体的部件中的作用不同，名称不同，最终的目的是相同的。请求人认为本专利的传感器对应于证据 1 的 P1~P4，本专利的接近开关对应于证据 1 的 G1~G4，灯和光电元件的应用原理相同，目的相同。对此专利权人认为：证据 1 的灯是作为光源标杆，产生定位作用的，和本专利的感应探头是两种技术，本专利的技术和证据 1 的技术完全不同；证据 1 凸轮是一个简单的机械结构，本专利的接近开关是一个组合件，使用技术不是同一个领域；此外证据 1 的开门在滚筒是同一侧面，本专利有一个隔离墙，和本专利不同。合议组明确告知双方当事人口审之后不再接受任何书面意见和证据。

经审查，合议组认为本案事实已经清楚，可依法作出无效请求审查决定。

二、决定的理由

1. 证据的认定

请求人提交的证据1为申请号为US 3529450 A的美国发明专利文件，其授权公开时间是1970年9月22日；证据2为西北工业出版社出版的《传感器应用技术》复印件，其印刷日为1996年2月。专利权人未对请求人提交的证据1、证据2的真实性以及证据1中文译文的准确性提出异议，经核实，合议组对证据1、证据2的真实性予以认可，并且证据1文字部分公开的内容以请求人提交的中文译文为准。由于证据1、证据2的公开日均早于本专利申请日，因此可以作为评价本专利是否符合专利法第22条第3款的证据使用。证据3为Electrolux（伊莱克斯）公司的产品宣传册英文版以及上述产品宣传册中文版，专利权人对证据3的真实性没有异议。合议组认为：对于证据3产品宣传册中、英文版，由于它们的原件上没有标识公开时间，且请求人无法证明证据3的公开渠道以及公开日期，因此合议组对证据3的公开日期无法确定，因此对证据3不予采信。

2. 关于专利法第22条第3款

专利法第22条第3款规定：创造性，是指同申请日以前已有的技术相比，该发明有突出的实质性特点和显著的进步，该实用新型有实质性特点和进步。

本专利权利要求1要求保护一种卫生隔离式洗衣机的自动对门检测装置，证据1公开了一种可实现筒体门与外壳门精确对齐的洗涤机（参见证据1中文译文第1页第1~13行，第4页第4行至第6页第5行，证据1附图1、6、8、9、10），其涉及端部装卸的洗衣机，该洗衣机特别适合于允许自动装载和卸载，该洗衣机通常包括一个在外壳内绕一水平轴旋转的筒体，筒体通常沿轴向被至少分成两个隔室，在这种两室洗衣机的情况下通常在筒体的至少一端部装有两扇门，并且外壳端部装有一扇或两扇相应的门，为了实现筒体上滚动门与外壳门的自动精确对齐，配置了一套电子找准系统，并利用光电元件的传感作用，控制洗衣机筒体的转动，实现筒体上滚动门与外壳门的自动精确对齐，四个光电元件P1~P4（相当于权利要求1的感应探头）围绕与凸轮平行的静止盘片32周缘定位。在凸轮的相对一侧是配置有四个灯G1~G4（相当于权利要求1的接近开关）的对准静止盘片33。借助与洗涤篮一起旋转的凸轮31的切口，实现光电元件的激发与否，以实现筒体上滚动门与外壳门的自动精确对齐（相当于权利要求1的自动对门检测装置，其光电元件和灯之间的位置关系分别与洗衣机转筒上的内门与外壳上的门之间的位置关系相对应）。此技术还可以用于“贯通型”洗衣机，这种洗衣机一般用于医院，其设置于两屋之间的墙中，从“脏”的一屋中可向洗衣机的一端投入要洗的脏衣服，从另一“干净”的屋中可从洗衣机的另一端取出衣物。在这种情况下，筒体的两端都需要设置两个门，每个门对于一个隔室，相应的，外壳也需要设置两个门或一个门（相当于权利要求1中的卫生隔离式洗衣机，其机壳上具有装衣门和取衣门）。

将本专利与证据1所公开的内容相比较，可见本专利与证据1两者所属技术领域和解决的技术问题相同，都涉及卫生隔离式洗衣机筒体上滚动门与外壳门的自动精确对齐。两者的区别技术特征在于：（1）本专利中利用的传感装置是感应探头和接近开关，而证据1中利用的是光电元件和灯；本专利中感应探头和两只接近开关之间的位置关系分别与洗衣机转筒上的内门与机壳上的装衣门和取衣门之间的位置关系相对应，而证据1中光电元件和灯之间的位置关系分别与洗衣机滚筒门与外壳门之间的位置关系相对应。（2）本专利中感应探头设置于转动的大带轮上，接近开关设置于固定的两个外壳支架上，而证据1中光电元件和灯分别设置于静止的盘片32和33上，借助与洗涤篮一起旋转的凸轮31的切口，实现光电元件的激发与否。对于上述区别技术特征，合议组认为：首先对于区别技术特征（1），证据2中公开了利用两个传感器测量轴回转精度的技术（参见证据2第133页第19~29行，第114页附图3~42），所属领域技术人员通过阅读证据2的传感器来检测位置对应关系技术后，可以得到技术启示，将证据1中电子找准系统中的光电原件和灯替换为感应探头和接近开关，通过光电原件和灯之间的位置关系分别与洗衣机转筒上的内门与机壳上的装衣门和取衣门之间的位置关系相对应，且采用感应探头和接近开关来检测洗衣机滚筒门与外壳门之间的位置关系与采用光电元件和灯相比并未产生预料不到的技术效果；其次，对于区别技术特征（2），虽然本专利中感应探头和接近开关的设置方式与证据1中光电元件和灯的设置方式不同，但本专利中利用轴的旋转带动感应探头旋转，控制是否激发静止的接近开关，证据1中同样是利用轴的旋转，带动有切口凸轮的旋转，控制是否激发静止的光电元件，这对于所属领域的技术人员来说，从证据1中完全可以获得本专利所述技术方案的技术启示，因此，所属技术领域的技术人员在证据1和证据2的基础上得到权利要求1的技术方案是显而易见的，并且并没有产生预料不到的技术效果，权利要求1的技术方案不具有实质性特点和进步，不具备专利法第22条第3款规定的创造性。

对于专利权人强调的意见：（1）本专利的技术和证据1的技术完全不同，证据1的灯是作为光源标杆，产生定位作用的，和本专利的感应探头是两种技术，且证据1凸轮是一个简单的机械结构，本专利的接近开关是一个组合件，使用技术不是同一个领域，本专利省去了中间凸轮板和静止盘片，使得结构简化。（2）证据1的开门在滚筒是同一侧面，本专利有一个隔离墙。合议组认为：（1）本专利和证据1都涉及都涉及卫生隔离式洗衣机筒体上滚动门与外壳门的自动精确对齐，它们所属技术领域和解决的技术问题相同，无论是证据1中的光电传感器还是本专利的接近开关都是用于检测位置对应关系，本专利中利用轴的旋转带动感应探头旋转，控制是否激发静止的接近开关，证据1中同样是利用轴的旋转，带动有切口凸轮的旋转，控制是否激发静止的光电元件，使用感应探头和接近开关必然可以省去可用于遮挡光源以控制是否激发光电原件的凸轮，但同时需要增加相应的电脑控制器；（2）在证据1中已经公开了“贯通型”洗衣机，这种洗衣机一般用于医院，其设置于两屋之间的墙中，从“脏”的一屋中可向洗衣机的一端投入要洗的脏衣服，从另一“干净”的屋中可从洗衣机的另一端取出衣物，在这种情况下，筒体的两端都需要设置两个门，每个门对于一个隔室，相应的，外壳也需要设置两个门或一个门（参见证据1中文译文说明书第6页第一段）。

鉴于本专利权利要求不符合专利法第22条第3款规定的创造性，可以全部无效，因此对请求人提出的其他无效宣告请求的理由不再予以评述。

三、决定

宣告200620171064.9号实用新型专利权无效。

当事人对本决定不服的，可以根据专利法第46条第2款的规定，自收到本决定之日起三个月内向北京市第一中级人民法院起诉。根据该款的规定，一方当事人起诉后，另一方当事人应当作为第三人参加诉讼。

036

苯乙烯系树脂组成物

无效宣告请求审查决定（第12494号）

决　定　号　第12494号
决　定　日　2008年9月6日
发明创造名称　苯乙烯系树脂组成物
国 际 分 类 号　C08L51/04，C08L25/08
无效宣告请求人　爱立欧开姆公司
专　利　权　人　奇美实业股份有限公司
专　利　号　97112118.4
申　请　日　1997年6月2日
授 权 公 告 日　2000年8月2日
合 议 组 组 长　李　越
主　审　员　李新芝
参　审　员　张家祥

法　律　依　据　专利法第22条第2款、第3款，第26条第3款；专利法实施细则第20条第1款

决　定　要　点

如果所属领域的技术人员根据说明书的记载及其所具有的一般常识能够清楚地理解一项权利要求的技术方案，则该权利要求符合专利法实施细则第20条第1款的规定。

在判断一项权利要求是否具有创造性时，首先，应当确定与该权利要求所述技术方案最接近的现有技术的技术方案；继而，将该权利要求中所述技术方案和现有技术中最接近的技术方案进行特征分析，确定二者之间的区别技术特征，然后，考查由引入这些区别技术特征而得到的技术方案对于本领域技术人员来说是否显而易见，同时考察上述区别技术特征的引入是否给该权利要求技术方案带来了有益的技术效果。

一、案由

本无效宣告请求案涉及申请日为1997年6月2日、授权公告日为2000年8月2日、发明名称为“苯乙烯系树脂组成物”的97112118.4号发明专利（以下简称本专利），专利权人是奇美实业股份有限公司。本专利授权公告时的权利要求书为：

“1. 一种苯乙烯系树脂组成物，其特征在于成份包括：

（1）100 重量份的苯乙烯系树脂，其是由橡胶状接枝共聚物 A 5～100 重量%、苯乙烯系共聚物 B 0～95 重量%所组成；其中，橡胶状接枝共聚物 A 是在二烯系橡胶存在下，与苯乙烯系单体、丙烯腈系单体及 0～40 重量%的可共聚合单体接枝共聚合而得；

（2）0.01～2 重量份由对-甲酚及双环戊二烯经过丁基化反应而得的产物 C；

（3）0.01～0.8 重量份的磷系抗氧化剂 D 及/或硫醚系抗氧化剂 E；

上述苯乙烯系树脂组成物所含的苯乙烯系单体及/或丙烯腈系单体所成的二聚物或三聚物的总含量低于 25000ppm，而残留的苯乙烯系单体在 2000ppm 以下。

2. 根据权利要求 1 所述的苯乙烯系树脂组成物，其特征在于：组成物中苯乙烯系单体及/或丙烯腈系单体所成的二聚物或三聚物总含量在 20000ppm 以下。

3. 根据权利要求 1 所述的苯乙烯系树脂组成物，其特征在于：组成物中所含残留苯乙烯系单体在 1500ppm 以下。

4. 根据权利要求 1 所述的苯乙烯系树脂组成物，其特征在于：组成物由对-甲酚及双环戊二烯经过丁基化反应而得的产物 C 的使用量为 0.02～1 重量份。”

2007 年 5 月 8 日，爱立欧开姆公司（以下简称请求人）针对上述专利权提出无效宣告请求，其理由是：（1）权利要求 1～4 不符合专利法实施细则第 20 条第 1 款的规定；（2）权利要求 1～4 不符合专利法第 22 条第 2 款的规定和专利法第 22 条第 3 款的规定；（3）说明书公开不充分，不符合专利法第 26 条第 3 款的规定。请求人同时提交了以下证据 1～13：

证据 1：中华人民共和国国家知识产权局专利复审委员会第 6075 号无效宣告请求审查决定书，复印件共 12 页；

证据 2，包括如下两部分：

证据 2.1：Goodyear Chemical 公司的宣传册《Antioxidants & antiozonants for rubber and rubber-like products》及其第 19、27 页的中文译文，经公证认证，出版印刷日期不详，请求人声称出版日期为 1997 年 4 月，复印件共 52 页；

证据 2.2：ELIZABETH SHELLER 的宣誓书，落款日期为 2004 年 8 月 12 日，经公证认证，复印件共 4 页；

证据 3：第 95118216.1 号发明专利申请公开说明书，公开日为 1997 年 4 月 16 日，复印件共 31 页；

证据 4：JP 平 2-47146 号公开特许公报，公开日为 1990 年 2 月 16 日，复印件共 7 页；

证据 5，包括如下两部分：

证据 5.1：《对各种树脂类型中聚合物分解和降解的对策以及高级重整和稳定化方法》，请求人声称出版日期为 1981 年 5 月 31 日，复印件共 5 页；

证据 5.2：大澤善次郎の供述書，落款日期为 2006 年 6 月 30 日，经公证认证，复印件共 5 页；

证据 6，包括如下三部分：

证据 6.1：Technical Service Report（英文文本和法文文本），经公证认证，复印件共 8 页；

证据 6.2：Valérie ANDERSON（英文文本和法文文本），经公证认证，复印件共 3 页。

证据 6.3：Ms Valérie ANDERSON 的宣誓书（英文文本和法文文本），经公证认证，复印件共 3 页。

证据 7：JP 特开平 7-188326 号公开特许公报，公开日为 1995 年 7 月 25 日，复印件共 5 页；

证据8：JP 特开平 9-111070 号公开特许公报，公开日为 1997 年 4 月 28 日，复印件共 6 页；

证据9：JP 昭 60-192755 号公开特许公报，公开日为 1985 年 10 月 1 日，复印件共 8 页；

证据10：JP 特开平 9-143320 号公开特许公报，公开日为 1997 年 6 月 3 日，复印件共 7 页；

证据11：第 96109456.7 号发明专利申请公开说明书，公开日为 1997 年 4 月 30 日，复印件共 15 页；

证据12：GoodYear Chemical Europe 的广告册，“WINGSTAY”，出版印刷日期不详，请求人声称为 1996 年 2 月，复印件共 1 页；

证据13：The Goodyear Tire & Rubber Company 的广告册，“WINGSTAY L FOR ABS STABILISATION”，出版印刷日期不详，请求人声称为 1996 年 2 月，复印件共 4 页。

请求人认为：

（1）权利要求 1 的技术方案包含“上述苯乙烯系树脂组成物所含的苯乙烯系单体和/或丙烯腈系单体所成的二聚物或三聚物的总含量低于 25000ppm”的描述，这种表述方式是不清楚的，本领域技术人员从这种表述中并不能了解到，所述的总含量究竟是哪些物质的总含量，也无法了解所谓总含量是表示一个数值还是几个数值，因此，权利要求 1 不符合专利法实施细则第 20 条第 1 款的规定。在此基础上，直接引用权利要求 1 的从属权利要求 2~4 也不符合专利法实施细则第 20 条第 1 款的规定。

（2）权利要求 1~4 相对于证据 2 不具备专利法第 22 条第 2 款所规定的新颖性。如证据 1 所述，专利权人承认本专利的技术核心在于权利要求 1 中组分（2）与组分（3）（即抗氧化剂 D 和/或硫醚系抗氧化剂 E）的并用以及“ppm 特征”。证据 3、6~10 充分说明了苯乙烯单体在成型过程中的产生机理，以及通过限定二聚物的含量来减少苯乙烯单体，因此本领域技术人员早已了解通过降低单体、二聚物和三聚物等挥发份的残留含量来减少臭味的产生，故“ppm 特征”为本领域的公知常识。证据 2 披露了一种多酚抗氧化剂 WINGSTAY L，其为对甲酚与双环戊二烯经过叔丁基化反应而得的产物（见证据 2 第 36 页），并披露了在 ABS 中联合使用 WINGSTAY L 和硫醚系抗氧化剂 E（WINGSTAY SN-1）（见证据 2 第 39 页）。本专利说明书实施例中所采用的产物 C 正是 Goodyear 公司所生产的商品名为 WINGSTAY L 的抗氧化剂；WINGSTAY SN-1 是一种硫酯抗氧化剂，其结构类似本专利说明书中所采用的硫醚系抗氧化剂 E。也就是说，证据 2 披露了权利要求 1 中组分（2）和（3）的并用，因此权利要求 1 相对于证据 2 不具备新颖性。从属权利要求 2 和 3 进一步限定了“ppm 特征”，由于该“ppm 特征”为本领域公知常识，故从属权利要求 2 和 3 也不具备新颖性。从属权利要求 4 进一步限定了组分（2）的用量，证据 2 披露了将 0.5phr WINGSTAY L 或 0.25~0.5phr WINGSTAY L 和 WINGSTAY SN-1 的共混物用于 ABS 中（参见证据 2 第 39 页），故从属权利要求 4 也不具备新颖性。

（3）权利要求 1~4 不具备专利法第 22 条第 3 款所规定的创造性。

权利要求 1 相对于证据 2 和 3 的结合是显而易见的：证据 2 披露了一种多酚抗氧化剂 WINGSTAY L，其为对甲酚与双环戊二烯经过叔丁基化反应而得的产物（见证据 2 第 36 页），并披露了在 ABS 中联合使用 WINGSTAY L 和硫醚系抗氧化剂 E（WINGSTAY SN-1）（见证据 2 第 39 页）。证据 3 披露了一种苯乙烯系树脂组合物（参见第 6 页倒数第 1 段，实施例 8~10，第 21 页和附表四），并披露了联合使用酚系抗氧化剂、磷系抗氧化剂和/或硫醚系抗氧化剂（参见第 11 页倒数第 2 段至第 12 页第 3 段）。由于“ppm 特征”为本领域公知常识，证据 2 和 3 的结合披露了权利要求 1 中的所有技术特征。鉴于 WINGSTAY L 是多酚抗氧化剂的一种，并由于证据 2、3 与本专利属于相同的技术领域，使用证据 2 中的 WINGSTAY L 替换证据 3 中的酚类抗氧剂是本领域技术人员的常规选择，是显而易见的。证据 12 和 13 佐证了这一点：证据 12 说明 WINGSTAY L 和 TNPP（亚磷酸三壬基苯基酯）的组合能够用于稳定 ABS，证据 13 说明 WINGSTAY L 提供了比通常酚类化合物更高的抗氧化性。因此，本领域技术人员容易将上述证据结合得到权利要求 1 的技术方案。此外，组合使用酚类、硫系和磷系抗氧化剂属于本领域的公知常识，证据 4 和 5 佐证了这一点：证据 4 披露了一种树脂组合物，该组合物中联合使用了酚类、硫系和磷系抗氧化剂，证据 5 可以证明酚系抗氧剂可以与硫系抗氧剂联合使用，并具有协同效果，还公开了酚系、磷系和硫系抗氧剂联合使用可以显著改善热稳定性。

权利要求 1 相对于证据 2 和 11 的结合也是显而易见的：证据 2 披露了权利要求 1 中的组分（2）和组分（3），证据 11 披露了权利要求 1 中的组分 1，鉴于“ppm 特征”为本领域公知常识，证据 2 和 11 的结合披露了权利要求 1 的所有技术特征。且证据 2 和 11 属于同一技术领域，因此权利要求 1 相对于证据 2 和 11 的结合不具备创造性。

此外，本专利没有取得令人意料不到的效果。由证据 2 和证据 5 可知，组分（2）和（3）的组合使用是现有技术的常规选择，没有给本专利带来任何预料不到的技术效果；“ppm 特征”本身是本领域公知常识，不可能给该专利带来任何意料不到的效果。因此权利要求 1 无创造性

权利要求 2 和 3 的附加技术特征属于本领域公知常识，权利要求 4 的附加技术特征在证据 2 中公开（参见证据 2 第 39 页）。因此，权利要求 2~4 相对于证据 2 和 3 或相对于证据 2 和 11 不具备创造性。

即使将权利要求 1 中的“ppm 特征”视为特征之一，证据 3 实施例 9 中所得到的组合物“ppm 特征”实际上已经完全满足了本专利的要求，证据 9 也披露了该“ppm 特征”，因此相对于证据 2 和 3 或者相对于证据 2、9 和 11，权利要求 2~4 不具备创造性。

（4）本专利的说明书公开不充分，不符合专利法第 26 条第 3 款的规定。在本专利权利要求 1 的技术方案中包含了“上述苯乙烯系树脂组成物所含的苯乙烯系单体和/或丙烯腈系单体所成的二聚物或三聚物的总含量低于 25000ppm”，本领域技术人员无法了解所述总含量为二聚物还是三聚物含量，及其表示一个数值还是几个数值，在本专利说明书第 6 页、第 11 页以及附表一中都出现了同样不清楚的内容，而且本专利说明书中未对如何控制所述的总含量进行详细和清楚地描述，此外本专利说明书没有完整地公开所谓总含量的实际含义。因此，本领域技术人员无法判断究竟应该控制哪个或哪些含量才能达到本发明的目的，即本领域技术人员根本无法重现本发明。

2007 年 5 月 30 日，请求人提交了证据 4、6.1、7~10、12~13 的中文译文，证据 5.1 封面、第 266、267、863 页和版权页的中文译文。

经形式审查合格后，专利复审委员会于 2007 年 8 月 3 日向双方当事人发出《无效宣告请求受理通知书》，并将《专利权无效宣告请求书》及其他有关文件的副本转送给专利权人，要求其在指定的期限内答复。

针对上述无效宣告请求，专利权人于 2007 年 10 月 24 日提交了意见陈述书和如下证据：

反证 1：请求人爱立欧开姆公司（ELIOKEM）的公司网页所登载的关于请求人的公司介绍，复印件共 1 页；及其部分内容的中文译文 1 页。

专利权人认为：

（1）本专利的技术核心有两点，一是将权利要求 1 中的组分（2）和（3）并用，二是苯乙烯系树脂组成物所含的苯乙烯系单体及/或丙烯腈系单体所成的二聚物或三聚物的总含量低于 25000ppm，而残留的苯乙烯系单体在 2000ppm 以下；（2）本专利所谓的“苯乙烯系单体和/或丙烯腈系单体所成的二聚物或三聚物的总含量”是表示二聚物、三聚物二者的总含量，在说明书第 6 页第 2~5 行对于所述二聚物和三聚物也作了明确定义，因此权利要求 1~4 的保护范围是清楚的；（3）关于新颖性，

除了证据6不具有形式和实质证据力之外，其他证据3、6、7、8、9、10与本专利树脂的成分、构造、制法不同和/或特定的苯乙烯系单体和/或丙烯腈系单体所形成的二聚物或三聚物的成分不同及本专利二聚物或三聚物的总含量低于25000ppm及其所达成的低臭味、烟量少的作用效果也未公开，因此由上述证据难以认定“ppm特征”为本领域的公知常识；此外，由反证1可知，证据2为请求人自身所属固特异集团制作的私文书性质的文件，其内容不具有客观真实性，且证据2未公开本专利的技术核心。因此，本专利权利要求1相对于证据2具备新颖性；（4）关于创造性，证据2、3、9对于本专利第二点核心技术手段及作用效果没有任何公开，且证据3中臭味物质的分子构造与本专利完全不同，产生来源不同，此外，证据11减少臭味的机理在于添加倍半帖烯化合物，与本专利第一点和第二点核心技术手段完全无关，因此本专利权利要求1相对于证据2和3的结合或证据2和11的结合或证据2、9和11的结合具有创造性；（5）本专利所谓的“苯乙烯系单体和/或丙烯腈系单体所成的二聚物或三聚物的总含量”是表示二聚物、三聚物二者的总含量，并且在本专利说明书第11页第7~9行中明确清楚地说明了上述二聚物或三聚物的测定方法，在说明书第6页第2~5行对于所述二聚物和三聚物也作了明确定义，此外，对于如何达成第二点核心技术手段，本专利说明书已举例叙述了由苯乙烯共聚物B的聚合方式调控可达成第二点核心技术手段，其他尚有许多可能方式达成，只要依照本专利精神实施均可完成。因此本专利的说明书已对发明作出了清楚、完整的说明，符合专利法第26条第3款的规定。

2008年3月19日，专利复审委员会本案合议组向双方当事人发出《无效宣告请求口头审理通知书》，拟定于2008年5月14日对本案进行口头审理。同时将专利权人于2007年10月24日提交的意见陈述书及其附件副本转送给了请求人。

随后，专利复审委员会本案合议组向专利权人和请求人先后两次发出《无效宣告请求口头审理通知书》，并最终定于2008年7月3日对本案进行口头审理。

2008年7月3日，口头审理如期进行。请求人和专利权人均委托代理人参加了口头审理，双方当事人对对方出席口头审理人员的资格没有异议。口头审理过程中，合议组就本案的无效宣告理由及证据逐一进行了调查，双方当事人充分陈述了各自的意见。在此基础上，合议组记录了以下事项：

（1）请求人放弃使用证据12、13，并认可反证1的真实性、合法性和关联性及其译文的准确性，专利权人对证据1、3、4、7~11的真实性、合法性和关联性没有异议，但对于证据2、5、6的真实性和公开性提出异议。此外，专利权人认为请求人未在规定期限内提交证据5中涉及证言部分的中文译文，故合议组应对证据5不予考虑；

（2）请求人当庭提交了证据2.1、证据2.2、证据5.2、证据6.1与证据6.3的公证认证件原件，并且请求人主张证据2.1中“4/97”表示证据2.1的出版日，不是印刷日。

（3）合议组将请求人于2008年7月1日提交的证据2.1中“ELIZABETH SHELLER的宣誓书”的中文译文（共1页）和证据6.3中“Ms Valérie ANDERSON的宣誓书”的中文译文（共1页）当庭转交给专利权人，并将请求人当庭提交的证据2.1中第39页公证内容和证据2.2中Kathy Forteny及J. Kenneth Blackwell所做证明的中文译文（共4页），证据5.2中“平成18年登簿第1025号认证书”的中文译文以及证据6.1中公证内容的中文译文（共1页）当庭转交给专利权人，并告知请求人和专利权人合议组将于2008年7月15日对该译文的准确性进行调查；

（4）对于请求人于2007年5月30日提交的中文译文，专利权人认为，除证据7中文译文第2页第13行的“上万ppm至上千ppm”应译为“数千ppm至数百ppm”外，对其他中文译文的准确性予以认可。请求人同意专利权人对于证据7第2页第13行上述内容的翻译；

（5）请求人明确其无效理由为：权利要求 1~4 相对于证据 2 不具有新颖性；权利要求 1~4 相对于证据 2 和 3、证据 2 和 11、证据 2、9 和 11、证据 2、3 和 4 或证据 2、3 和 5 的结合不具有创造性；权利要求 1~4 的保护范围不清楚，不符合实施细则第 20 条第 1 款的规定；说明书公开不充分，不符合专利法第 26 条第 3 款的规定；

（6）请求人明确与本专利最接近的现有技术技术方案是证据 2；并且在新颖性和创造性的评价中，证据 3 使用的是第 10 页倒数第 2~3 段，第 20 页实施例 9；证据 4 使用的是权利要求 1；证据 5 使用的是表 9 及其对表 9 的说明；证据 11 使用的是权利要求 1；证据 9 使用的是权利要求书；证据 6 使用的是实验部分；证据 8 使用的是第 2 页第 2~13 行；第 4 页倒数第 1~2 段，第 5 页第 3 段；证据 9 使用的是权利要求 1；证据 10 使用的是第 2 页第 2 段。

2008 年 7 月 15 日，合议组对请求人于 2008 年 7 月 1 日提交的中文译文以及请求人于 2008 年 7 月 3 日当庭提交的中文译文进行了调查。专利权人当庭提交了意见陈述书和证据 2 第 39 页下方法文的部分中文译文，合议组将其转交给请求人。双方当事人针对上述证据的中文译文的准确性充分发表了意见，在此基础上，合议组记录了以下事实：

（1）专利权人除对证据 2 第 39 页下方的法文的中文译文的准确性有异议外，对请求人提交的其他证据的译文的准确性没有异议；

（2）双方当事人一致同意委托“中国对外翻译出版总公司”对证据 2 第 39 页的公证内容进行翻译，并且一致同意由专利权人于 15 日内将证据 2 第 39 页译文的翻译件提交给专利复审委员会。

2008 年 7 月 23 日，专利权人提交了意见陈述书，认可请求人对于证据 2 中文译文的准确性。

至此，合议组认为本案的事实清楚，可以作出审查决定。

二、决定的理由

1. 关于审查文本

本决定是在本专利授权公告时的文本的基础上作出的。

2. 关于无效宣告请求的理由、范围

根据请求人的陈述，请求人在本无效宣告请求中提出的无效宣告请求的理由及其所使用的证据为：（1）本专利权利要求 1~4 相对于证据 2 不符合专利法第 22 条第 2 款的规定；（2）本专利权利要求 1~4 相对于证据 2 和 3、证据 2 和 11、证据 2、9 和 11、证据 2、3 和 4 或证据 2、3 和 5 的结合不符合专利法第 22 条第 3 款的规定；（3）权利要求 1~4 不符合专利法实施细则第 20 条第 1 款的规定；（4）说明书不符合专利法第 26 条第 3 款的规定。

3. 关于证据

对于请求人提交的证据 1~13，由于请求人已经放弃使用证据 12、13，因此，合议组对证据 12、13 不予考虑。对于证据 1~11，合议组查明，证据 1 为专利复审委员会第 6075 号无效宣告请求审查决定，证据 3、4、7~11 均为专利文献，在专利权人认可证据 1、3、4、7~11 的真实性的情况下，合议组对证据 1、3、4、7~11 的真实性予以确认。鉴于其中证据 3、4、7~11 的公开日均在本申请的申请日之前，因此证据 3、4、7~11 可以作为现有技术评价本专利的新颖性和创造性。

专利权人对证据 2、5 和 6 的真实性、公开性提出异议。对于证据 2 的真实性，合议组认为，由于请求人当庭提交了证据 2. 1 和证据 2. 2 及其公证认证件的原件，因此合议组对上述两份证据的真实性予以确认；但对于证据 2. 1 的公开性，合议组不予认可，主要原因如下：（1）请求人主张“4/97”表示证据 2. 1 的出版日，不是印刷日，但是，在证据 2. 1 的 Goodyear Chemical 公司的上述小册子中既没有出版或印刷信息页，也没有记载其版权信息以及印刷信息，仅凭其背面右下角的标注“936100-

4/97"，合议组无法确定其出版日或印刷日即为1997年4月；（2）虽然请求人提交证据2.2用以证明证据2.1于1997年4月公开，在证据2.2中宣誓人声称其为Presco，Inc.的董事长，Presco公司于1997年4月为Goodyear Chemical分发了小册子《Antioxidants & antiozonants for rubber and rubber-like products》，且在该小册子背面右下角包含的标注"936100-4/97"表示该小册子于1997年4月出版。但合议组认为，由于宣誓人未就其证言内容的真实性出庭接受质证，也没有证据可以证明该宣誓人具有其所声称的身份，并且，口头审理时请求人出示的证据2.2的原件均为单页纸，证据2.1与证据2.2之间为彼此独立的文件，没有证据可以证明证据2.2中所称的小册子即为证据2.1的小册子，在口头审理过程中，当专利权人对证据2.1和证据2.2的原件的形式提出质疑时，请求人仅表达说对美国和法国的公证认证程序不清楚，并未对此进行说明。而且除宣誓书外，请求人也没有提供其他相关的证据可与誓言相互印证从而佐证宣誓人所述的分发行为和出版行为的事实和时间；此外，宣誓人的宣誓时间为2004年8月12日，距离宣誓人所声称的1997年4月的分发和出版时间相距较远，故存在较大的主观随意性，因此合议组尚不能单凭证据2.2中的书面誓言而认定证据2.1于1997年4月公开。综上所述，合议组对证据2的公开性不予认可，因此证据2不能作为现有技术来评价本专利的新颖性和创造性。

对于证据5，合议组认为，（1）对于证据5.2中"大澤善次郎の供述書"，由于请求人未在举证期限内提交其中文译文，根据审查指南第四部分第八章第2.2.1节的规定，合议组对证据5.2不予考虑；（2）对于证据5.1，该证据为域外证据，请求人未提供其原件，也未对该证据进行公证认证，因此合议组对该证据的真实性不予认可。因此，证据5不能作为现有技术来评价本专利的新颖性和创造性。

对于证据6而言，请求人提交证据6.1用以证明在其实验的ABS树脂中，苯乙烯系单体和/或丙烯腈系所成的二聚物的总含量不超过530ppm，三聚物的总含量不大于23100ppm，残留苯乙烯系单体的含量不大于755ppm，证据6.2则用以证明Valérie ANDERSON的身份，证据6.3用以证明Valérie ANDERSON为ELIOKEM的抗氧化剂技术支持部门的领导，证据6.1是在Valérie ANDERSON的领导下进行的实验。合议组认为，对于其中的证据6.2，请求人并没有在举证期限内提交其中文译文，因此根据审查指南第四部分第八章第2.2.1节的规定，合议组对该证据不予考虑；对于其中的证据6.1，合议组认为，该证据是由请求人爱立欧开姆（ELIOKEM）公司自身所出具的实验报告，这点由证据6.3也可以看出；该报告的实验日期为2004年10月，在本申请的申请日之后，且没有证据表明其处于公开状态，因此，本领域技术人员基于申请日前的现有技术对本专利的新颖性和创造性进行判断时不会将该证据的内容考虑在内，即该证据不能作为现有技术或公知常识性证据来评价本专利的新颖性和创造性。

综上所述，在请求人所提交的证据1~13中，只有证据3、4、7~11可以作为现有技术评价本专利的新颖性和创造性。

专利权人提交了反证1用以证明证据2为请求人自身所属固特异集团制作的私文书性质的文件，其内容不具有客观真实性。如前文所述，证据2不能作为现有技术来评价本专利的新颖性和创造性，因此合议组对反证1不再予以评述。

4. 关于专利法实施细则第20条第1款

专利法实施细则第20条第1款规定，权利要求书应当说明发明或者实用新型的技术特征，清楚、简要地表述请求保护的范围。

如果所属领域的技术人员根据说明书的记载及其所具有的一般常识能够清楚地理解一项权利要求

的技术方案，则该权利要求符合专利法实施细则第 20 条第 1 款的规定。

本案中，请求人认为，权利要求 1 的技术方案包含“上述苯乙烯系树脂组成物所含的苯乙烯系单体及/或丙烯腈系单体所成的二聚物或三聚物的总含量低于 25000ppm”的描述，本领域技术人员从这种描述中并不能了解到，所述的总含量为二聚物的总含量还是三聚物的总含量，也无法了解所谓总含量是表示一个数值还是几个数值，从而导致权利要求 1~4 的保护范围不清楚。

对此，合议组认为，对权利要求 1 中上述“总含量”的理解应结合本领域技术人员的一般常识和说明书的记载来进行。本领域技术人员知道，在权利要求 1 接枝共聚物 A 的聚合过程中可能产生苯乙烯系单体和/或丙烯腈系单体的二聚物或三聚物，而根据说明书的记载，本申请的发明目的在于提供一种加工时烟量少、低臭味、且热稳定性良好的苯乙烯系树脂组成物（参见说明书第 1 页第 23~24 行），并且在说明书第 6 页中提到，“本发明的组成物中苯乙烯系单体及/或丙烯腈系单体所成的二聚物或三聚物的总含量低于 25000ppm 以下，并以 20000ppm 以下为佳，而残留的苯乙烯系单体在 2000ppm 以下，又以 1500ppm 以下为较佳，当上述含量高于该范围时，树脂的臭味无法被有效的消除”（参见说明书第 6 页第 7~10 行），也就是说，本申请实现其低臭味发明目的的技术手段之一就是控制苯乙烯系树脂组成物中在聚合过程中所产生的低分子量二聚物或三聚物的含量，因此，权利要求 1 中所述的“二聚物或三聚物的总含量”显然应该包括在苯乙烯系树脂组成物中可能存在的、对臭味有影响的由苯乙烯系单体和/或丙烯腈系单体形成的各种二聚物和三聚物；并且对于具体的苯乙烯系树脂组成物，该总含量应该为一特定的数值；此外，在本申请说明书的第 11 页也给出了树脂组成物中上述总含量的测定方法（参见说明书第 11 页第 7~9 行），因此，该权利要求的表述含义清楚，符合专利法实施细则第 20 条第 1 款的规定。

同理，权利要求 2~4 也符合专利法实施细则第 20 条第 1 款的规定。

5. 关于专利法第 26 条第 3 款

专利法第 26 条第 3 款规定，说明书应当对发明或者实用新型作出清楚、完整的说明，以所属技术领域的技术人员能够实现为准。

请求人认为，本专利的说明书中给出的技术手段是模糊不清的，无法具体实施，表现如下：（1）本专利说明书未对如何控制权利要求 1 中所述的总含量进行详细和清楚的描述；（2）与上述权利要求 1~4 不清楚的理由相同，在本专利说明书中出现了同样不清楚的描述。

对此，合议组认为，请求人关于本专利说明书公开不充分的第（1）点无效宣告理由在请求人提交的第 6075 号无效宣告请求审查决定（证据 1）中已有论述，而且该无效决定基于相同的理由和证据认定该理由不能成立，根据一事不再理的原则，该理由属于在本案中不应审理的情形，故合议组对该无效宣告理由不再予以评述；对于请求人提出的本专利说明书公开不充分的第（2）点无效理由，基于与上述对于权利要求 1 中“总含量”的评述相同的理由，合议组认为，在本申请说明书中出现的“总含量”的表述同样是清楚的，因此，由于该理由致使本专利说明书不符合专利法第 26 条第 3 款规定的理由也不能成立。

6. 关于专利法第 22 条第 2 款

专利法第 22 条第 2 款规定：新颖性，是指在申请日以前没有同样的发明或者实用新型在国内外出版物上公开发表过、在国内公开使用过或者以其他方式为公众所知，也没有同样的发明或者实用新型由他人向国务院专利行政部门提出过申请并且记载在申请日以后公布的专利申请文件中。

请求人认为，本专利权利要求 1~4 相对于证据 2 不符合专利法第 22 条第 2 款的规定。前文已述，证据 2 不能作为现有技术来评价本专利的新颖性和创造性，因此，本专利权利要求 1~4 不符合专利法第 22 条第 2 款规定的理由因缺乏证据支持而不能成立。

7. 关于专利法第 22 条第 3 款

专利法第 22 条第 3 款规定：创造性是指同申请日以前已有的技术相比，该发明有突出的实质性特点和显著的进步。

在判断一项权利要求是否具有创造性时，首先，应当确定与该权利要求所述技术方案最接近的现有技术的技术方案；继而，将该权利要求中所述技术方案和现有技术中最接近的技术方案进行特征分析，确定二者之间的区别技术特征，然后，考查由引入这些区别技术特征而得到的技术方案对于本领域技术人员来说是否显而易见，同时考察上述区别技术特征的引入是否给该权利要求技术方案带来了有益的技术效果。

请求人认为，权利要求 1~4 相对于证据 2 和 3，证据 2 和 11，证据 2、9 和 11，证据 2、3 和 4 或证据 2、3 和 5 的结合不具有创造性。前文已述，证据 2 和 5 不能作为现有技术来评价本专利的新颖性和创造性，因此合议组仅考察本专利权利要求 1~4 相对于证据 3，证据 3 和 4 的结合、证据 11，以及证据 9 和 11 的结合是否具有创造性。

证据 3 公开了一种经橡胶改质的苯乙烯系树脂组合物，在该树脂组合物中，苯乙烯单体残留量在 1500ppm 以下，丁二烯二聚物残留量在 150ppm 以下，此丁二烯二聚物为 4-乙烯基环己烯（参见证据 3 说明书第 2 页倒数第 2~5 行），并在实施例 9 中具体公开了该树脂组合物的制备过程，包括将苯乙烯-丙烯腈树脂和相对在 100wt% 的树脂组合物的 2，6-二叔丁基-4-甲基酚（0.1wt%）、三（壬基苯基）亚磷酸酯（0.1wt%）、乙烯双硬脂酰胺（2.0wt%）等以及接枝共聚物粉末制成总橡胶含量 19wt% 的混合物，以日制 Toshiba TEM-35 型双轴挤出机在 240℃下挤出。由此可知，本专利权利要求 1 的树脂组合物与证据 3 实施例 9 所公开的苯乙烯系树脂组合物相比存在如下区别：（1）证据 3 实施例 9 的酚系抗氧化剂为 2，6-二叔丁基-4-甲基酚，而本专利权利要求 1 使用的酚系抗氧化剂为由对-甲酚及双环戊二烯经过丁基化反应而得的产物 C；（2）本专利权利要求 1 限定了苯乙烯系树脂组成物所含的苯乙烯系单体及/或丙烯腈系单体所成的二聚物或三聚物的总含量，而证据 3 未公开此特征。

根据本专利说明书的记载，本发明的目的就是提供一种加工时烟量少、低臭味、且热稳定性良好的苯乙烯系树脂组合物，其技术核心就是通过产物 C 与磷系及/或硫醚系抗氧化剂的并用，大幅度改善了树脂组成物的热稳定性，同时降低磷系及/或硫醚系抗氧化剂的用量从而改善树脂在加工时所产生烟量和臭味；区别特征特征（2）则使本发明的树脂组合物的臭味进一步降低。考察证据 3 所公开的内容，其并没有记载作为酚系抗氧化剂的产物 C 与磷系及/或硫醚系抗氧化剂的并用，也没有记载苯乙烯系单体及/或丙烯腈系单体所成的二聚物或三聚物的总含量及其对于树脂组合物臭味的影响，因此证据 3 并没有给出任何解决本发明技术问题的技术教导，所以本专利权利要求 1 相对于证据 3 符合专利法第 22 条第 3 款的规定。

此外，证据 4 涉及一种耐热着色性优异的热塑性树脂组合物，其中仅仅披露了酚系抗氧化剂与硫醚类抗氧化剂及磷酸酯抗氧化剂的并用（参见证据 4 的权利要求 1），同样未披露上述区别特征（1）和（2），也没有任何内容教导在苯乙烯树脂中加入上述产物 C 可以改善树脂组成物的热稳定性并同时改善树脂在加工时所产生烟量和臭味，以及通过控制苯乙烯系单体及/或丙烯腈系单体所成的二聚物或三聚物的含量来进一步降低臭味。因此，本领域技术人员在证据 3 和 4 的基础上，不付出创造性劳动也无法得出包含有区别技术特征（1）和（2）的权利要求 1 的技术方案并预见其技术效果，所以权利要求 1 相对于证据 3 和 4 具有创造性。

证据 11 公开了一种低臭味的苯乙烯系树脂组合物，该组合物是由（1）100 份重量的苯乙烯系树脂，由5~100重量%橡胶状接枝共聚物（A）及0~95重量%苯乙烯系共聚物（B）组成，其中，橡胶状接枝共聚物（A）为橡胶状聚合体存在下，与50~90重量%苯乙烯系单体、10~50重量%丙烯腈系单体及0~40重量%的可共聚合单体接枝共聚合而得；及（2）0.005~15份重量的倍半帖烯化合物（C）组合（参见证据11的权利要求1）。由此可知，本专利权利要求1与证据11相比存在如下区别：（1）本专利权利要求1限定了作为酚系抗氧化剂的产物C与磷系及/或硫醚系抗氧化剂的并用，而证据11没有对此进行限定；（2）本专利权利要求1限定了苯乙烯系树脂组成物所含的残留的苯乙烯系单体的含量以及苯乙烯系单体及/或丙烯腈系单体所成的二聚物或三聚物的总含量，而证据11未公开此特征。参见上述对于证据3的评述，由于在证据11中没有记载作为酚系抗氧化剂的产物C与磷系及/或硫醚系抗氧化剂的并用，也没有记载残留苯乙烯单体含量以及苯乙烯系单体及/或丙烯腈系单体所成的二聚物或三聚物的总含量对于树脂组合物臭味的影响，因此证据11并没有给出任何解决本发明技术问题的技术教导，本专利权利要求1相对于证据11具有创造性，符合专利法第22条第3款的规定。

同样，证据9涉及一种制造薄膜成型品的橡胶改性苯乙烯类树脂组合物，在证据9中也未公开本专利权利要求1的上述区别特征（1），因此，本技术领域技术人员在证据11和证据9的基础上不付出创造性劳动也无法得出包含有区别技术特征（1）和（2）的权利要求1的技术方案并预见其技术效果，所以权利要求1相对于证据11和9的结合也具有创造性。

权利要求2、3和4为权利要求1的从属权利要求，在权利要求1具有创造性的基础上，权利要求2、3和4相对于证据3、证据3和4、证据11、以及证据9和11也具有创造性，符合专利法第22条第3款的规定。

基于以上事实和理由，本案合议组作出如下审查决定。

三、决定

维持97112118.4号发明专利权有效。

当事人对本决定不服的，可以根据专利法第46条第2款的规定，自收到本决定之日起三个月内向北京市第一中级人民法院起诉。根据该款的规定，一方当事人起诉后，另一方当事人应当作为第三人参加诉讼。

037

一种电磁屏蔽纺织品及其制备方法

无效宣告请求审查决定（第12574号）

决　定　号　第12574号
决　定　日　2008年11月19日
发明创造名称　一种电磁屏蔽纺织品及其制备方法
国际分类号　D06M 11/83，H05K 9/00
无效宣告请求人　河源市中创实业有限公司
专 利 权 人　东华大学，浙江三元集团有限公司
专　利　号　200410053403.9
申　请　日　2004年8月3日
授权公告日　2006年8月16日
合议组组长　刘　静
主　审　员　张家祥
参　审　员　李亚林

法律依据　专利法第26条第4款
决定要点

权利要求要求保护的技术方案应当是所属技术领域的技术人员能够从说明书充分公开的内容中得到或概括得出的技术方案。如果权利要求中的某个技术特征在说明书中没有记载其具体实施方法，并且也没有证据表明该技术特征为现有技术，从而导致整个技术方案无法实现，则该权利要求由于说明书未充分公开该技术方案而得不到说明书的支持。

一、案由

本无效宣告请求案涉及国家知识产权局于2006年8月16日授权公告的、名称为“一种电磁屏蔽纺织品及其制备方法”的200410053403.9号发明专利（以下简称本专利），其申请日为2004年8月3日，专利权人为东华大学和浙江三元集团有限公司。本专利授权公告的权利要求书如下：

“1. 一种电磁屏蔽纺织品的制备方法，在基材纤维表面先采用化学镀铜，然后电镀镍，在基材表面形成铜镍复合金属导电膜，制备得到电磁屏蔽纺织品，制备步骤如下：

第一步：预处理，采用氢氧化钠溶液降解去除基材纤维表面浆料及纤维表面污物；

第二步：敏化及活化，以重金属盐与树脂配合表面活性剂处理基材纤维，使纤维表面形成极薄的

金属催化层；

第三步：强化，采用35%～45%浓度的甲醛溶液浸洗，强化纤维的表层结构；

第四步：第一次化学镀，采用下列配方配制镀铜液：

硫酸铜 5～100g/L

酒石酸钾钠 10～50g/L

乙二胺四乙酸 10～50g/L

碱剂 2～20g/L

浓度为37～40%甲醛 10～30g/L

氯化镍 0～10g/L

镀铜稳定剂 2～100mg/L

氰化钾 1～15mg/L

渗透剂 0～10g/L

在40～70℃温度下混合搅拌，加入镀铜稳定剂，调整pH值达到10～13，基质材料常温下浸镀至置换反应完成，得到一种镀覆有铜的导电纤维纺织品；

第五步、第二次电镀：采用含硫镍阳极、含炭镍阳极、含氧镍阳极，具体采用下列配方配制镀镍液：

镍盐溶液、硫酸镍铵或氨基磺酸镍 100～500g/L

阳极活化剂 7～20g/L

缓冲剂 25～40g/L

导电盐 30～50g/L

防针孔剂 0.01～2g/L

在温度10～66℃，阴极电流在0.5～5A/dm^2，调节pH达到3～6，加入水或其他导电液体配成总浓度为5%～40%的水溶液，在室温10～50℃温度范围内浸镀由第一次化学镀得到的纤维纺织品至置换反应完成，得到一种镀覆有镍的导电纤维纺织品；

第六步、涂覆保护层，将电镀得到的纤维纺织品经水洗后，涂覆保护树脂，经过烘干后完成。

2. 根据权利要求1所述的电磁屏蔽纺织品制备方法，其特征在于，基材纤维是尼龙、涤纶、腈纶。”

针对上述专利权，河源市中创实业有限公司（以下简称请求人）于2008年4月29日向专利复审委员会提出无效宣告请求，其理由是：本专利的权利要求1不符合专利法第26条第4款的规定，权利要求1～2不符合专利法第22条第3款的规定，并提交了下述附件：

附件1：本专利在实质审查程序中的《第一次审查意见通知书》正文，复印件共1页；

附件2：专利权人答复《第一次审查意见通知书》的意见陈述书，复印件共4页；

附件3：01106925.2号中国发明专利申请公开说明书，公开日为2001年8月1日，复印件共5页；

附件4：00125485.5号中国发明专利申请公开说明书，公开日为2002年4月24日，复印件共7页；

附件5：《现代实用电镀技术》，陈亚主编，国防工业出版社，2004年5月印刷，封面页、出版信息页以及第147～150、305～307、312～324页，复印件共22页；

附件6：00103011.6号中国发明专利申请公开说明书，公开日为2001年1月17日，复印件共

13 页；

附件 7：98101484.4 号中国发明专利申请公开说明书，公开日为 1999 年 12 月 1 日，复印件共 6 页。

请求人认为：(1) 权利要求 1 不符合专利法第 26 条第 4 款的规定。在本专利说明书的实施例第一步中没有关于氢氧化钠溶液浓度的说明，也没有该浓度低至 0.5g/L 的记载，第二步中仅指出“用氯化钯活化液处理后，使纤维表面形成极薄的金属催化层”，并没有“与树脂配合”的说明，因此，权利要求 1 得不到说明书的支持。权利要求 1 的“以重金属盐与树脂配合表面活性剂处理基材纤维”中的重金属盐的数量相当多，而说明书中只给出了氯化钯的实施例，据此无法得出所有的重金属盐都可以实施，并且附件 5 第 38 页第 5 行也记载了“工业生产中大多采用氯化钯、硝酸银等贵金属盐配制活化液”，故权利要求 1 的技术方案得不到说明书的支持。权利要求 1 的第四、五步的化学配方中给出了非常宽泛的数值范围，而具体实施例中只给出了一个或两个数据，本领域技术人员无法判断在上述数值范围内均可以实施并取得所述的效果。(2) 权利要求 1~2 不符合专利法第 22 条第 3 款的规定。权利要求 1 相对于附件 3 和 4 的结合不具备创造性。附件 5 介绍了非金属电镀的一般工艺流程包括除油、粗化、敏化、活化、还原、化学镀铜、电镀镍等步骤以及常用的化学配方和配比，权利要求 1 相对于附件 5 的区别仅在于权利要求 1 中还包括了水洗后涂覆保护树脂的步骤，而该步骤是本领域普遍采用的，因此，权利要求 1 相对于附件 5 与附件 4 或公知常识的结合不具备创造性。附件 6 与权利要求 1 的技术领域相同，二者的区别仅在于附件 6 是化学镀镍，而权利要求 1 是电镀镍，但化学镀镍和电镀镍是两种公知的镀镍方法，因此，权利要求 1 相对于附件 6 不具备创造性。基于相同理由，权利要求 1 相对于附件 7 也不具备创造性。权利要求 2 限定基材为尼龙、涤纶、晴纶，附件 7 涉及的是非金属纤维织物表面形成屏蔽层的方法，并没有排除其他织物材料；附件 5 也介绍了非金属电镀的方法适用于任何非金属材料，因此，权利要求 2 相对于附件 7 或 5 不具备创造性。

经形式审查合格后，专利复审委员会受理了上述请求，于 2008 年 4 月 29 日向双方当事人发出《无效宣告请求受理通知书》，并将《专利权无效宣告请求书》及其附件的副本转送给专利权人，要求其在指定的期限内答复，同时成立合议组对本无效宣告请求案进行审理。

专利权人于 2008 年 6 月 13 日针对上述《无效宣告请求受理通知书》作出答复，同时提交了如下证据：

证据 1：SGS TEST REPORT，复印件共 5 页；

证据 2：中国上海测试中心出具的（2004）无检字第 061038 号检验报告，复印件共 2 页；

证据 3：杭州市 2005 年优秀新产品新技术二等奖证书，复印件共 1 页；

证据 4：高新技术企业认定证书，编号为 0533001B2140，复印件共 1 页；

证据 5：科技型中小企业技术创新基金立项证书，复印件共 1 页；

证据 6：杭州市工商行政管理局萧山分局出具的公司变更登记核准通知，复印件共 1 页。

专利权人认为：(1) 意见陈述书中的“氢氧化钠溶液浓度低”是说明本专利的除油去污步骤只需浓度约 0.5g/L 的氢氧化钠溶液即可，但也可以使用 5g/L 和 15g/L 浓度的氢氧化钠溶液。本专利与现有技术最重要的区别在于敏化、活化阶段，以重金属盐与树脂配合表面活性剂处理基材纤维，经过焙烘使纤维表面形成极薄的金属催化层，并且在第二步中不使用氯化亚锡和硝酸银，氯化亚锡对人体有一定的毒害作用，污染环境。本专利的方法将贵金属包埋在聚合物胶、膜基底中，是结合力强、较为直接、操作稳定的一种固化方法。请求人没有提供证据来证明所述“重金属盐”不可以实施。另外，本专利列举的数值范围内的配方均可实施，并有实施例加以佐证。(2) 对于创造性，首先，本专利是针对非金属纺织品的，而附件5是针对金属构件的，二者不存在对比的基础，并且二者所形成的结构也不同；其次，由于制备方法的不同，从而导致了前处理方式、基材表面结构以及化学镀的对象不同；再次，证据1和2充分证明了本专利的优异性能和技术效果；最后，本专利在商业上的成功（参见证据3~5）也证明了其具备创造性。（3）证据6用于证明本专利的专利权人浙江三元集团有限公司已核准变更为三元控股集团有限公司。

2008年7月2日，本案合议组向双方当事人发出《无效宣告请求口头审理通知书》，定于2008年8月25日对该专利权的无效宣告请求案进行口头审理。同时，将专利权人于2008年6月13日提交的意见陈述书及其附件转送给请求人。

2008年8月25日，口头审理如期进行，双方当事人均委托代理人出席了口头审理。合议组就本案的无效宣告理由及证据逐一进行了调查，双方当事人充分陈述了各自的意见。庭审过程中，合议组记录了如下事实：（1）双方当事人对对方出庭人员的身份和资格无异议，对合议组成员均没有回避请求。（2）专利权人对附件1~7的真实性没有异议，同时认为采用树脂与重金属结合是本专利的创新点。（3）请求人认为证据1是外文证据，没有提交中文译文，故不能作为证据使用，同时，请求人认可证据2和6的真实性，但认为证据2与本案没有关联，另外，由于专利权人没有提供证据3~5的原件，因此对其真实性不予认可。

2008年9月25日，本案合议组向双方当事人发出《无效宣告请求审查通知书》，指出：在基材纤维的敏化及活化步骤中，本专利说明书没有公开实现“以重金属盐与树脂配合表面活性剂处理基材纤维”的技术手段，并且由“经过热定型机MONFORTS 328烘干”也不能推知该步骤中使用了树脂。此外，树脂的种类繁多，在上述步骤中采用何种树脂、如何与重金属盐配合对于本领域技术人员而言均是未知的，从而无法具体实施权利要求1的技术方案，也不能推知该方案能够达到所述效果，更为重要的是，专利权人没有提供证据来证明重金属盐与树脂配合是现有技术，因此，本领域技术人员根据说明书记载的内容无法实现权利要求1的技术方案，该权利要求得不到说明书的支持，不符合专利法第26条第4款的规定。权利要求2是权利要求1的从属权利要求，对其中的基材纤维作了进一步限定，显然，权利要求2也存在相同的上述缺陷，因此，合议组依职权引入了权利要求2不符合专利法第26条第4款规定的无效理由，并在此基础上得出了该权利要求不符合专利法第26条第4款规定的结论。

2008年11月10日，专利权人针对上述《无效宣告请求审查通知书》提交了意见陈述书。专利权人认为，（1）本专利说明书公开了权利要求所要求保护的技术方案，说明书的实施例进一步举例说明上述的技术方案，并不限制其保护范围，况且说明书附图1也证明了本专利方法获得的电磁屏蔽织物导电布的性能，本领域技术人员根据说明书记载的内容能够实现所述技术方案，解决其技术问题，并产生预期效果。（2）在本专利方法的第二步中，重金属盐在基材纤维表面形成具有催化能力的一层金属晶核，作为化学镀中引发金属沉积的活化中心，本专利与现有技术的区别在于，本专利是通过烘焙使重金属盐分解从而在纤维表面形成金属催化层，而现有技术是通过还原剂还原活化液中的金属离子，进而附着在制品表面，成为化学镀的催化中心。（3）本领域技术人员根据说明书的教导结合公知常识能够选择与本专利的重金属盐相容的树脂以及如何将其与本专利的重金属盐配合，本专利中所采用的树脂只起到物理载体的作用，并不参与具体的化学反应，故任何与本专利的重金属盐相容的树脂均能实现所述技术方案。因此，本专利的权利要求符合专利法第26条第4款的规定。

至此，合议组认为本案事实已经清楚，可以作出审查决定。

二、决定的理由

1. 关于审查文本

本无效宣告请求审查决定是以本专利授权公告时的文本为基础作出的。

2. 关于证据

请求人提交了附件1~7，专利权人认可其真实性，合议组经核实后对其真实性也予以认可。专利权人提交了证据1~6，其中证据1是一份外文证据，专利权人未在该证据的举证期限内提交其中文译文，因此，根据审查指南第四部分第八章第2.2.1节的规定，该证据视为未提交。证据2是中国上海测试中心出具的检验报告，请求人认可其真实性，但认为该证据与本案无关联，合议组认为，专利权人提交该证据的目的在于证明本专利方法制备的产品的优异性能和技术效果，但在该证据中并没有记载、也没有其他证据表明所测的产品即为本专利方法制备的产品，因此证据2无法证明本专利方法制备的产品的性能和效果。对于证据3~5，由于专利权人没有提供原件，并且请求人对其真实性持有异议，因此，合议组对其真实性不予认可。证据6是杭州市工商行政管理局萧山分局出具的公司变更登记核准通知，由于请求人对其真实性无异议，并且专利权人在出席口头审理时也提交了盖有三元控股集团有限公司公章（红章）的证据6，故合议组对其真实性予以认可。

3. 关于专利法第26条第4款

专利法第26条第4款规定，权利要求书应当以说明书为依据，说明要求专利保护的范围。

权利要求要求保护的技术方案应当是所属技术领域的技术人员能够从说明书充分公开的内容中得到或概括得出的技术方案。如果权利要求中的某个技术特征在说明书中没有记载其具体实施方法，并且也没有证据表明该技术特征为现有技术，从而导致整个技术方案无法实现，则该权利要求由于说明书未充分公开该技术方案而得不到说明书的支持。

本专利权利要求1要求保护一种电磁屏蔽纺织品的制备方法，制备步骤如下：

第一步、预处理，采用氢氧化钠溶液降解去除基材纤维表面浆料及纤维表面污物；

第二步、敏化及活化，以重金属盐与树脂配合表面活性剂处理基材纤维，使纤维表面形成极薄的金属催化层；

第三步、强化，采用35%~45%浓度的甲醛溶液浸洗，强化纤维的表层结构；

第四步、第一次化学镀；

第五步、第二次电镀；

第六步、涂覆保护层，将电镀得到的纤维纺织品经水洗后，涂覆保护树脂，经过烘干后完成。

在本专利说明书中，与上述制备方法的第二步相对应的更具体的描述仅出现在说明书实施例1：“用氯化钯活化液处理后，使纤维表面形成极薄的金属催化层，经过热定型机MONFORTS 328烘干”。

请求人认为，对于上述方法的第二步，说明书实施例中仅指出“用氯化钯活化液处理后，使纤维表面形成极薄的金属催化层”，并没有“与树脂配合”的说明，因此，权利要求1得不到说明书的支持，不符合专利法第26条第4款的规定。

专利权人在口审调查以及意见陈述书中认为，（1）本专利与现有技术的重要区别在于“以重金属盐与树脂配合表面活性剂处理基材纤维，使纤维表面形成极薄的金属催化层”，采用树脂与重金属结合是本专利的创新点。（2）本专利是通过烘焙使重金属盐分解从而在纤维表面形成金属催化层，而现有技术是通过还原剂还原活化液中的金属离子，进而附着在制品表面，成为化学镀的催化中心。（3）本发明所采用的树脂只是在制备过程中起物理载体的作用，并不参与具体的化学反应，说明书没有必要对该树脂进行更具体的描述和说明，在本专利说明书给出了将重金属盐与树脂配合这种技术手段的前提下，本领域技术人员根据本专利说明书的教导结合公知常识，完全能够实现本专利权利要求的技术方案，并产生本发明的技术效果。

对此，合议组认为：首先，本专利权利要求1~2的技术方案中并没有记载关于“烘焙”的技术特征，其使用的技术特征为“以重金属盐与树脂配合表面活性剂处理基材纤维”，专利权人认可该特征为本专利与现有技术的重要区别和创新点。在这种情况下，说明书的实施例对该特征应当足够详细地描述，以本领域技术人员能够实现为准。其次，在基材纤维的敏化及活化步骤中，本专利说明书没有公开实现权利要求1所述的“以重金属盐与树脂配合表面活性剂处理基材纤维”的具体技术手段，相关内容仅为实施例中记载的“用氯化钯活化液处理后，使纤维表面形成极薄的金属催化层”，其中也没有涉及氯化钯（重金属盐）与树脂配合表面活性剂的内容，并且由“经过热定型机 MONFORTS 328烘干”也不能推知该步骤中使用了树脂。此外，专利权人虽然指出该树脂只起到物理载体的作用，任何与重金属盐相容的树脂均能实现所述技术方案，但是，本专利说明书中并没有记载上述内容，鉴于树脂的种类繁多，在上述的敏化和活化步骤中采用何种树脂、如何将树脂与重金属盐配合从而使金属形成在纤维表面对于本领域技术人员而言均是未知的，因此无法具体实施权利要求1的技术方案，本领域技术人员也不能推知使用任意树脂将重金属盐与树脂随意配合使用后都能够达到本专利说明书所述的电磁屏蔽效果。更为重要的是，专利权人没有提供任何证据来证明重金属盐与树脂配合是现有技术，并一再强调本专利与现有技术最重要的区别就在于重金属盐与树脂的配合，因此，本领域技术人员根据说明书记载的内容无法实现权利要求1的技术方案，在此基础上，权利要求1也得不到说明书的支持，不符合专利法第26条第4款的规定。

另外，专利权人认为，本专利的方法将贵金属包埋在聚合物胶、膜基底中，是结合力强、较为直接、操作稳定的一种固化方法。但是，上述包埋方法并未记载在本专利的说明书中，专利权人也没有提供任何现有技术表明本专利可采用该方法，因此，对于专利权人的上述主张，合议组不予支持。

权利要求2是权利要求1的从属权利要求，对其中的基材纤维作了进一步限定，鉴于前文已经得出由于本领域技术人员无法实现权利要求1的技术方案而导致该权利要求不符合专利法第26条第4款规定的结论，显然权利要求2也存在相同的上述缺陷，不符合专利法第26条第4款的规定。虽然请求人对于权利要求2仅提出不符合专利法第22条第3款规定的无效理由，但是，由于权利要求2的技术方案存在说明书未充分公开该技术方案而得不到说明书支持的实质性缺陷，从而导致无法针对权利要求2是否符合专利法第22条第3款的规定进行审查，因此，根据审查指南第四部分第三章第4.1节的规定，合议组依职权引入了权利要求2不符合专利法第26条第4款规定的无效理由，并在此基础上得出了该权利要求不符合专利法第26条第4款规定的结论。

专利权人提交的证据6是杭州市工商行政管理局萧山分局出具的公司变更登记核准通知，用于证明本专利的专利权人浙江三元集团有限公司已核准变更为三元控股集团有限公司，与本专利是否符合专利法第26条第4款的规定无关，故不再赘述。

鉴于已经得出本专利权利要求1~2不符合专利法第26条第4款规定的结论，合议组对请求人提出的其他无效理由和证据不再进一步评述。

基于以上事实和理由，本案合议组作出如下审查决定。

三、决定

宣告200410053403.9号发明专利权全部无效。

当事人对本决定不服的，可以根据专利法第46条第2款的规定，自收到本决定之日起三个月内向北京市第一中级人民法院起诉。根据该款的规定，一方当事人起诉后，另一方当事人应当作为第三人参加诉讼。

038

轨道式防坠落保护装置

无效宣告请求审查决定（第12585号）

决　　定　　号　第12585号
决　　定　　日　2008年11月12日
发明创造名称　轨道式防坠落保护装置
国 际 分 类 号　A62B35/00
无效宣告请求人　张　辉
专　利　权　人　深圳市视聆通电力设备有限公司
专　　利　　号　200720121503. X
申　　请　　日　2007年7月16日
授 权 公 告 日　2008年5月14日
合 议 组 组 长　汪送来
主　　审　　员　娄　宁
参　　审　　员　张家祥

法 律 依 据　专利法第22条第3款
决 定 要 点

在评价一项实用新型权利要求的创造性时，首先应当从现有技术中确定与该权利要求技术方案最接近的技术方案，将该权利要求与现有技术中最接近的技术方案进行特征分析，如果两者相比，存在区别技术特征，而这些区别特征的引入对本领技术人员而言是容易想到的，那么该权利要求技术方案没有实质性特点和进步，从而不具备创造性。

一、案由

本无效宣告请求案涉及国家知识产权局于2008年5月14日授权公告的、名称为“轨道式防坠落保护装置”的200720121503. X号实用新型专利权（以下简称本专利），其申请日为2007年7月16日，专利权人为深圳市视聆通电力设备有限公司。

本专利授权公告时的权利要求书为：

“1. 一种轨道式防坠落保护装置，包括钢性引导轨道和自锁器，引导轨道固定安装在杆塔上，自锁器可滑动套设在引导轨道上，其特征在于钢性引导轨道（18）呈类‘T’字形，自锁器（19）包括右支块（1）、左支块（2）、上拐臂（11）、下拐臂（12）和连杆（10）；双头螺纹轴（8）穿过上拐臂（11）和下拐臂（12）的下孔连接右支块（1）、左支块（2），由弹簧垫圈（14）、弹簧垫圈（16）、开槽螺母（4）、开槽螺母（5）固定组装，联结轴（7）穿过上拐臂（11）和下拐臂（12）的上孔连接连杆（10），由卡环（15）固定组装；右支块（1）、左支块（2）的内侧中下部分别设有两个横向导轮（6），由四个螺纹轴（3）固定组装；右支块（1）、左支块（2）的内侧下部两端分别设有两个纵向导轮（9），由四个螺纹轴（13）固定组装，各导轮通过各自的圆周面与引导轨道（18）接触。

2. 根据权利要求1所述的轨道式防坠落保护装置，其特征在于所述的上拐臂（11）和下拐臂（12），外形都呈类‘L’字形，下端部为凸起钢性锁合头，其表面设有粗糙钢性平行条纹。

3. 根据权利要求1所述的轨道式防坠落保护装置，其特征在于所述的自锁器（19）上设有回位元件扭簧（17），扭簧（17）穿过双头螺纹轴（8）套接在上拐臂（11）上。”

2008年7月8日，针对上述专利权，张辉（以下简称请求人）向国家知识产权局专利复审委员会提出无效宣告请求，理由是本专利不符合专利法第22条第3款的规定，并提交了本实用新型专利说明书以及以下证据：

证据1：200520023342.1号中国实用新型专利说明书，授权公告日为2006年5月10日，复印件共6页；

证据2：200420037472.6号中国实用新型专利说明书，授权公告日为2005年9月28日，复印件共8页；

证据3：200520024905.9号中国实用新型专利说明书，授权公告日为2006年9月27日，复印件共5页；

请求人认为：（1）证据1说明书公开的防坠安全器与本专利权利要求1的自锁器基本特征完全相同，证据1附图中导轨转向器（12）中的宽底导轨型材、证据2的权利要求2和实施例1附图2的导轨均与本专利中的轨道相同，都是“T”字形轨道，因此根据证据1和证据2结合，权利要求1不具备创造性；（2）本专利权利要求2的附加技术特征在证据1的附图1中已经公开，不同之处“其表面设有粗糙刚性平行条纹”，为了增大摩擦力，本领域技术人员容易想到这一特征，因此由证据1可以判定本专利权利要求2不具备创造性；（3）证据3说明书公开的防坠安全器与本专利权利要求1的自锁器基本特征完全相同，证据2的权利要求2和实施例1附图2的轨道与本专利中的轨道一样，都是“T”字形轨道，因此根据证据3和证据2结合，权利要求1不具备创造性；（4）本专利权利要求2的附加技术特征在证据3的附图1中已经公开，不同之处是“下端部位为凸起刚性锁合头，其表面设有粗糙刚性平行条纹”，而证据3附图1中制动爪7也是“凸起刚性锁合头”，且制动爪7的表面由一条制动条纹形成制动条纹两边两个凸牙，该特征也与“设有粗糙刚性平行条纹”的特征一样，可以增大摩擦力，且本领域技术人员容易想到其可以相互替换，因此由证据3可以判定权利要求2不具备创造性；（5）证据3说明书公开的防坠落安全器与本专利权利要求3所述的自锁器完全相同，因此由证据3可以判定本专利权利要求3不具备创造性。

经形式审查合格后，专利复审委员会受理了该无效宣告请求，并于2008年8月27日向双方当事人发出了《无效宣告请求受理通知书》，并向专利权人转送了《专利权无效宣告请求书》及其附件清单中所列附件副本，要求其在一个月内答复。同时成立合议组对本无效请求案进行审理。

2008年9月17日，专利复审委员会本案合议组向双方当事人发出《无效宣告请求口头审理通知书》，定于2008年10月28日对本案进行口头审理。

2008年9月27日，专利权人提交了意见陈述书，专利权人认为：（1）证据1并未要求完整的防坠安全器的结构方面的专利，且证据1说明书中关于具体实施方式只是很简单的描述，没有支持权利要求书和防坠安全器，因此证据1与本专利不具有可比性；（2）证据2与本专利同属导轨型防坠器，但证据2的防坠器是单制动板的，本专利是双制动板的，证据2说明书中具体实施部分表述结构简单，与本专利完全不同，证据2的防坠器适用于三种型钢（T、工字型和角钢），本专利则是专用于"T"型导轨的；（3）证据3与本专利同为双制动拉臂，但其主权利要求中提到防坠器的结构里没有写明其两片夹板在何位置设侧滚轮、正滚轮以及其连接安装、结构关系，其从属权利要求也仅提到正滚轮经爆炸螺丝安装和爆炸螺丝的组成。证据3的说明书中没有对防坠器结构的完整叙述，从而不能理解防坠器的主结构，并且其发明重点是爆炸螺丝的组成；（4）本专利提供了一个相对于申请日前同类技术产品全新的具有创造性的技术方案，符合专利法的相关规定。

2008年10月14日，合议组将专利权人的意见陈述书转送给请求人，要求请求人在2008年10月28日口头审理时答复。

2008年10月28日，口头审理如期举行，双方当事人均委托代理人参加了口头审理。庭审过程中，本案合议组对本案进行了充分调查，双方均充分陈述了自己的意见，合议组记录了以下事项。

在口头审理过程中，专利权人要求庭后提交修改的权利要求书，将授权公告的权利要求书第2行的"其特征在于"移至第3行"自锁"前面，合议组当庭告知不允许其庭后提交这种修改的权利要求书。

请求人确定其无效理由为：以证据1作为最接近的现有技术，相对于证据1和证据2的结合，权利要求1不具备创造性。以证据3作为最接近的现有技术，相对于证据3和证据2的结合，权利要求1不具备创造性，不符合专利法第22条第3款的规定。在权利要求1不具备创造性的前提下，进一步结合证据3，权利要求2和3也不具备创造性，不符合专利法第22条第3款的规定。

专利权人对证据1~3的真实性、合法性、关联性无异议。

双方共同认定权利要求1的"T"字形刚性引导轨道是公知常识，且"T"字轨道在证据2中也公开了，本专利的特征在于防坠保护装置的自锁器。

2008年10月30日，专利权人提交了意见陈述书，（1）专利权人声称提交权利要求书缩小权利范围的修改要求，将原权利要求书第2行的"其特征在于"移至第3行"自锁"前面，但专利权人并未提交修改的权利要求书。（2）专利权人声称当庭提交了口审陈述，但实际上当庭并未提交口审陈述。（3）专利权人认为，请求人在口头审理过程中并未主要就3件证据的权利要求书或说明书的文字内容来对本专利提出无效意见，主要是依据附图来对本专利创造性提出意见，是有失公允、偏颇的。例如，自锁器主体左、右支块的形状上面的孔、眼、槽与拐臂的连接，与导向轮条、纹轴的连接关系，各位置的确定，以及拐臂的形状，其前端的形状和角度，及其上面的平行条纹和数量都与该产品的性能（锁紧、卡接、效果）有直接的关系。这些正是不同产品的结构不同。

2008年10月31日，专利权人提交了权利要求书修改替换页，其中将授权公告的权利要求书第2行的"其特征在于"移至第3行"自锁器"前面。

经过上述审理程序，合议组认为本案事实已经清楚，可以依法作出审查决定。

二、决定的理由

1. 关于审查文本

2008年10月31日，专利权人提交了修改的权利要求书，其中将授权公告的权利要求书第2行的"其特征在于"移至第3行"自锁器"前面。

根据审查指南第四部分第三章第4.6.2~4.6.3节的规定，修改权利要求书的具体方式一般仅限于权利要求的删除、合并和技术方案的删除；在专利复审委员会作出审查决定之前，专利权人可以删除权利要求或者权利要求中包括的技术方案。仅在下列三种情形的答复期限内，专利权人可以以合并的方式修改权利要求书：（1）针对无效宣告请求书。（2）针对请求人增加的无效宣告理由或者补充的证据。（3）针对专利复审委员会引入的请求人未提及的无效宣告理由或者证据。

根据上述规定，在口头审理结束后，除了删除权利要求或权利要求中包括的技术方案以外，专利权人不得对权利要求作出修改。合议组认为，专利权人将“其特征在于”移至第3行“自锁”前面，这种修改仅是描述方式有差别，其保护范围与原权利要求并无差别，这种修改方式不符合审查指南的上述规定。因此，对于请求人于2008年10月31日提交的权利要求书，合议组不予考虑。

因此，本决定以本专利授权公告的文本作为审查基础。

2. 关于证据

专利权人对证据1~3的真实性、合法性、关联性均无异议，合议组经审查对证据1~3的真实性、合法性、关联性予以确认。证据1~3是中国实用新型专利说明书，属于专利法意义上的公开出版物，证据1~3的公开日期均在本专利的申请日前，因此，可以作为本专利的现有技术证据使用。

3. 关于创造性

创造性，是指同申请日以前已有的技术相比，该发明有突出的实质性特点和显著的进步，该实用新型有实质性特点和进步。

在评价一项实用新型权利要求的创造性时，首先应当从现有技术中确定与该权利要求技术方案最接近的技术方案，将该权利要求与现有技术中最接近的技术方案进行特征分析，如果两者相比，存在区别技术特征，而这些区别特征的引入对本领技术人员而言是容易想到的，那么该权利要求技术方案没有实质性特点和进步，从而不具备创造性。

本专利权利要求1请求保护一种轨道式防坠落保护装置，具体技术方案如案由部分所示。

证据3公开了一种登高作业防坠器，穿置于安装在电力、通信塔、杆或建筑物表面的型材导轨上，其特征在于所说的防坠器由抱夹型材导轨（16）的两片夹板（6）为主体，两夹板（6）上有4个侧滚轮（3）置于型材导轨（16）侧面，有4个正滚轮（5）置于型材导轨（16）导轨面（17）里面，与穿绳拉板（9）相连的两制动拉臂（8）顶端的制动爪（7）在安全拉绳（18）不受力时可在型材导轨（16）的导轨面（17）上滑移，当安全拉绳（18）受力下拉时，制动爪（7）即啮住导轨面（17）。所说的正滚轮（5）经爆炸螺丝（4）安装在夹板（6）上，所说的爆炸螺丝（4）由缺口螺母（1）和顶端有可爆开的止退沿口（15）的爆炸螺栓（2）组成（见权利要求书，说明书第1页，附图）。

证据3中，对称的夹板6相当于本专利的左右支块1、2，两个制动拉臂8相当于本专利的上下拐臂11、12，绳拉板9相当于本专利的连杆10，滚轮5相当于本专利的纵向导轮9，滚轮3相当于本专利的横向导轮6，制动拉臂8靠近制动爪7的位置有圆形连接标识相当于本专利双头螺纹轴8的位置，动臂8远离制动爪7的位置有双圆形连接标识相当于本专利联结轴7的位置，该防坠落器穿置于型材导轨16上相当于本专利刚性引导轨道18，且各滚轮通过各自的圆周面与型材导轨面接触（详见结构示意图1、5和附图说明）。

本专利权利要求1的技术方案和证据3中公开的技术方案相比，两者技术领域相同、技术方案近似，其区别在于：（1）证据3中未公开钢性引导轨道类“T”字形；（2）证据3中未公开轴与导轮的固定组装方式，具体而言，未公开双头螺纹轴由弹簧垫圈、开槽螺母固定组装，联接轴由卡环固定组装，横向导轮、纵向导轮由四个螺纹轴固定组装。

对于区别（1）而言，首先在证据2中公开了导轨为“T”型钢（权利要求2，附图2），并且专利权人也认可权利要求1的“T”字形刚性引导轨道是公知常识，因此，将证据3中的防坠落器用于类“T”字形钢性轨道的方案，对本领域技术人员来说是显而易见的。

对区别（2）而言，由证据3中说明书记载的防坠器工作原理“安全拉绳即下拉防坠器的制动拉臂使制动爪立即啮住型材导轨面”（说明书第1页第3段第10行）可知以下两处连接位置：制动拉臂

8靠近制动爪7的位置圆形连接标识（相当于本专利双头螺纹轴8的位置）、制动臂8远离制动爪7的位置有双圆形连接标识（相当于本专利联结轴7的位置），一定是可以转动的穿转轴结构。虽然证据3中并未公开这两处连接是双头螺纹轴和联结轴，未公开双头螺纹轴由弹簧垫圈、开槽螺母固定组装，联接轴由卡环固定组装。但在防坠器中的相同位置、达到相当功能，根据本领域常规技术手段，选择一种穿转轴结构以实现这种连接，对于所属技术领域的技术人员来说是显而易见的。而双头螺纹轴和联接轴的固定组装方式也是本领域的常规技术手段，选择适当的弹簧垫圈、开槽螺母固定组装或卡环固定组装，对于本领域的技术人员来说是显而易见的；同样，虽然证据3中仅提及了使用爆炸螺丝的固定组装方式（说明书第2页第2段第7~9行），但为了固定所述转轴和滚轮（相当于本专利的导轮），选择适当的螺母、卡环、螺纹轴等部件以完成固定组装也是本领域的常规技术手段，对于本领域的技术人员来说是显而易见的。

综上所述，根据证据3和证据2的结合得到权利要求1的技术方案对于本领域的技术人员来说是显而易见的。因此，权利要求1相对于证据3与证据2的结合不具有实质性特点和进步，不符合专利法第22条第3款有关创造性的规定。

权利要求2的附加技术特征是"所述的上拐臂（11）和下拐臂（12），外形都呈类"L"字形，下端部为凸起钢性锁合头，其表面设有粗糙刚性平行条纹"。

由证据3的附图1公开的防坠器可见，其制动拉臂8也是具有凸起制动爪结构的类"L"形，制动爪7末端相当于本专利的凸起钢性锁合头，有明显凸凹。由证据3的附图2公开的防坠器左视图可见，制动爪7上显示三条平行条纹相当于本专利所述表面设有粗糙刚性平行条纹。

因此，权利要求2的附加技术特征在证据3中已经公开，在其引用的权利要求1不具有创造性的前提下，权利要求2要求保护的技术方案也不符合专利法第22条第3款有关创造性的规定。

权利要求3的附加技术特征是"所述的自锁器（19）上设有回位元件扭簧（17），扭簧（17）穿过双头螺纹轴（8）套接在上拐臂（11）上"。

由证据3的附图1公开的防坠器可见，扭簧11相当于本专利的扭簧17，套接在制动拉臂8上，结合证据3的附图5可知，套接扭簧11的拉臂即为使用状态时的上拉臂相当于本专利的上拐臂。

虽然证据3中并未述及扭簧穿过双头螺纹轴套接在上拐臂上，但如上所述，由于制动拉臂与夹板之间必然存在可以转动的轴连接，因此扭簧也必须穿过该连接轴才能套接在制动拉臂上。因此，在权利要求1不具有创造性的前提下，根据证据3的启示得到权利要求3的技术方案，对于本技术领域的技术人员来说是显而易见的。因此，权利要求3也不符合专利法第22条第3款有关创造性的规定。

此外，专利权人主张请求人主要是依据附图来对本专利创造性提出意见，而自锁器主体左、右支块的形状上面的孔、眼、槽与拐臂的连接，与导向轮条、纹轴的连接关系，各位置的确定，以及拐臂的形状，其前端的形状和角度，及其上面的平行条纹和数量都与该产品的性能（锁紧、卡接、效果）有直接的关系，这些正是不同产品的结构不同。

对此，合议组认为，首先，根据审查指南的相关规定，附图是说明书的一个组成部分，对比文件中包括附图的，能够从附图中直接地、毫无疑义地确定的技术特征属于公开的内容。在本案中，合议组所使用的证据3和2中的附图内容均是能够直接地、毫无疑义地确定的技术特征，属于证据公开的内容，可以用于评价本专利的创造性。其次，对于证据与本专利结构的差别，上文已经评述，在此不再重复。

鉴于已经得出本专利所有权利要求不符合专利法第22条第3款规定的结论，合议组对于请求人所提出的其他创造性评价方式和相关证据不再予以评述。

基于上述事实和理由，合议组作出下述决定。

三、决定

宣告 200720121503. X 号实用新型专利权全部无效。

当事人对本决定不服的，可以根据专利法第 46 条第 2 款的规定，自收到本决定之日起三个月内向北京市第一中级人民法院起诉。根据该款规定，一方当事人起诉后，另一方当事人应当作为第三人参加诉讼。

北京市第一中级人民法院
行政判决书

（2009）一中行初字第 663 号

原告深圳市视聆通电力设备有限公司，住所地深圳市福田区车公庙泰然九路 211 栋 702 室。

法定代表人陈旭，董事长。

委托代理人邢涛，北京市百瑞律师事务所深圳分所律师。

委托代理人田夏，女，深圳市创友专利商标代理有限公司专利代理人。

被告国家知识产权局专利复审委员会，住所地北京市海淀区北四环西路 9 号银谷大厦。

法定代表人廖涛，副主任。

委托代理人娄宁，女，国家知识产权局专利复审委员会审查员。

委托代理人瞿晓峰，男，国家知识产权局专利复审委员会审查员。

第三人张辉，男，1978 年 10 月 4 日出生，汉族，住山西省侯马市浍滨街 20 号。

委托代理人董金国，男，石家庄新世纪专利商标事务所有限公司专利代理人。

原告深圳市视聆通电力设备有限公司不服被告国家知识产权局专利复审委员会作出的无效宣告请求审查决定，向本院提起行政诉讼。本院受理后，依法组成合议庭，并依法通知与被诉具体行政行为有利害关系的张辉作为本案第三人参加诉讼。本院于 2009 年 4 月 21 日公开开庭审理了本案。原告的委托代理人邢涛、田夏，被告的委托代理人娄宁、瞿晓峰，第三人的委托代理人董金国到庭参加了诉讼。本案现已审理终结。

2008 年 11 月 12 日，被告作出第 12585 号无效宣告请求审查决定（以下简称被诉决定），依据《中华人民共和国专利法》（以下简称《专利法》）第二十二条第三款的规定，宣告第 200720121503. X 号实用新型专利权（以下简称本专利）全部无效。

被告于答辩期内向本院提交了作出被诉具体行政行为的证据材料的复印件：

1. 本专利说明书；

2. 中国第 200520024905. 9 号实用新型专利说明书（即被诉决定中的证据 3）；

3. 中国第 200420037472. 6 号实用新型专利说明书（即被诉决定中的证据 2）。

上述证据用于证明被诉决定认定事实清楚、适用法律正确、审理程序合法。

原告诉称：1. 关于权利要求 1。A：双头螺纹轴 8，无效宣告请求审查决定书中第 5 页的最后一段中提出：根据证据 5 中的记载可以推出，制动拉臂 8 靠近制动爪 7 的位置圆形连接标识（相当于本专利双头螺纹轴 8 的位置）处，一定是可以转动的穿转轴结构。关于这一点，原告是认同的。但是，被诉决定认为选择双头螺纹轴作为一种穿转轴结构以实现这种连接，是本领域的常规技术手段，对此，原告不能认同。可以转动的穿转轴结构与本专利的权利要求 1 中公开的双头螺纹轴 8 是不同的，采用双头螺纹轴8将上拐臂和下拐臂的下孔分别固定在左支块和右支块之间，不仅仅能够起到可转动的穿转轴的效果，同时还能对上拐臂和下拐臂进行很好的固定，且方便装卸便于维修。B：联结轴7和卡环15，被诉决定认为，根据证据5中的记载可以推出，制动拉臂8远离制动爪7的位置有双圆型连接标识（相当于本专利联结轴7的位置）处，一定是可以转动的穿转轴结构。关于这一点，原告是认同的。但是，被诉决定认为选择联结轴7作为一种穿转轴结构以实现这种连接，同时联结轴7由卡环15固定组装，是本领域的常规技术手段，对此，原告不能认同：可以转动的穿转轴结构与本专利的权利要求1中公开的联结轴7和卡环15是不同的，采用联结轴7制动拉臂8远离制动爪7的一端固定在连杆上，再通过卡环15对联结轴7进行固定，不仅仅能够起到可转动的穿转轴的效果，同时还能起到装卸方便且便于维修的效果。故双头螺纹轴8及联结轴7和卡环15的选用并不属于本领域的普通技术人员公知的技术手段，是有实质性特点的；而且，由于他们带来的装卸方便且便于维修的效果，具有进步性。

2. 关于权利要求3中的回位元件扭簧17。

证据3中仅仅在附图说明中提及了扭簧11，从附图中，仅能看到附着在制动拉臂8上的扭簧11的一部分，在说明书中没有任何关于此扭簧的位置、形态、功能的说明；而由于扭簧的种类是很多的，其形态、功能也各异，仅仅从图中看到的扭簧11的一段伸直的部分，不仅不能得知扭簧的种类和形态，也不能得知扭簧的安装位置、受力情况，更无从得知此扭簧的功能功用。因此，虽然制动拉臂与夹板之间必然存在可以转动的轴连接，但扭簧是不是套接在制动拉臂上还未可知，更无从得知扭簧是不是会穿过该连接轴后再套接在制动拉臂上了。因此，被告根据证据3推断得出的“此扭簧也必须穿过该连接轴才能套接在制动拉臂上”是没有依据的。综上所述，被诉决定对本专利创造性的判定，尤其是权利要求1中双头螺纹轴8、联结轴7和卡环15的创造性评价，及权利要求3中的回位元件扭簧17的创造性评价是错误的。请求法院判决撤销被诉决定。

原告向本院提交了如下证据：

1. 本专利专利证书及授权文件复印件，用以证明本专利内容；
2. 中国第200520023342.1号实用新型专利说明书（被诉决定中的证据1）；
3. 中国第200420037472.6号实用新型专利说明书（被诉决定中的证据2）；
4. 中国第200520024905.9号实用新型专利说明书（被诉决定中的证据3）。

上述证据用以证明被诉决定认定事实错误。

被告辩称：1. 对“双头螺纹轴”而言，与双头螺栓、双头螺钉、双头螺柱等相同，均为本领域常用的连接件，其结构是两端具有同向或逆向螺纹的轴承，轴实现转轴结构的活连接，而螺纹完成与其他部件的连接固定，日常生活中的自行车车轴就是典型的双头螺纹轴结构，其当然是“便于装卸便于维修”的穿转轴结构。2. 对于卡环而言，与挡圈、卡簧等相同，均为本领域常用的配合轴使用的、对连接轴进行固定的部件。其工作原理为代替轴肩，起到限制轴向位置的作用，使用上述部件可实现穿转轴结构的连接，并便于装配，能提高装配效率是本领域技术人员的公知常识。3. 首先，扭簧的种类、形态并非本专利权利要求3中涉及的技术特征。其次，由证据3中记载的防坠器工作原理“安全拉绳即下拉防坠器的制动拉臂使制动爪立即啮住型材导轨面”可知，制动拉臂与夹板之间是可以转动的轴连接，且扭簧的作用必然是作为回位元件提供轴连接上的扭力，从而使制动爪立即啮住型材导轨面。此时，为了使扭簧起到作用，也必须穿过轴连接才能套接在制动拉臂上。此外，证据3同样记载了在制动爪在安全拉绳不受力时，可在型材导轨面上滑移的技术效果。因此，本专利中受力平衡后的自锁器在导轨上可自行滑动的功能效果也不能给权利要求3带来创造性。

综上，被诉决定认定事实清楚，适用法律正确，行政程序合法，原告的诉讼请求没有事实和法律依据，请求法院判决维持该决定。

第三人同意被告意见，请求法院维持被诉决定。

第三人未向本院提交证据。

经庭审质证，原告对被告提交的证据的关联性、合法性、真实性无异议，但不同意其证明作用；第三人对被告证据无异议。被告及第三人对原告证据的关联性、合法性、真实性无异议，但不同意其证明作用。

经审查，被告及原告提交的证据与本案具有关联性，且合法、真实，本院予以确认。

经审理查明，本无效宣告请求案涉及国家知识产权局于2008年5月14日授权公告的、名称为“轨道式防坠落保护装置”的第200720121503.X号实用新型专利权（即本专利），其申请日为2007年7月16日，专利权人为本案原告。

本专利授权公告时的权利要求书为：

“1. 一种轨道式防坠落保护装置，包括钢性引导轨道和自锁器，引导轨道固定安装在杆塔上，自锁器可滑动套设在引导轨道上，其特征在于钢性引导轨道（18）呈类“T”字形，自锁器（19）包括右支块（1）、左支块（2）、上拐臂（11）、下拐臂（12）和连杆（10）；双头螺纹轴（8）穿过上拐臂（11）和下拐臂（12）的下孔连接右支块（1）、左支块（2），由弹簧垫圈（14）、弹簧垫圈（16）、开槽螺母（4）、开槽螺母（5）固定组装，联结轴（7）穿过上拐臂（11）和下拐臂（12）的上孔连接连杆（10），由卡环（15）固定组装；右支块（1）、左支块（2）的内侧中下部分别设有两个横向导轮（6），由四个螺纹轴（3）固定组装；右支块（1）、左支块（2）的内侧下部两端分别设有两个纵向导轮（9），由四个螺纹轴（13）固定组装，各导轮通过各自的圆周面与引导轨道（18）接触。

2. 根据权利要求1所述的轨道式防坠落保护装置，其特征在于所述的上拐臂（11）和下拐臂（12），外形都呈类“L”字形，下端部为凸起钢性锁合头，其表面设有粗糙钢性平行条纹。

3. 根据权利要求1所述的轨道式防坠落保护装置，其特征在于所述的自锁器（19）上设有回位元件扭簧（17），扭簧（17）穿过双头螺纹轴（8）套接在上拐臂（11）上。

2008年7月8日，针对上述专利权，本案第三人向被告提出无效宣告请求，理由是本专利不符合《专利法》第二十二条第三款的规定，并提交了本实用新型专利说明书以及以下证据：

证据1：第200520023342.1号中国实用新型专利说明书，授权公告日为2006年5月10日，复印件共6页；

证据2：第200420037472.6号中国实用新型专利说明书，授权公告日为2005年9月28日，复印件共8页；

证据3：第200520024905.9号中国实用新型专利说明书，授权公告日为2006年9月27日，复印件共5页；

第三人认为：（1）证据1说明书公开的防坠安全器与本专利权利要求1的自锁器基本特征完全相同，证据1附图中导轨转向器（12）中的宽底导轨型材、证据2的权利要求2和实施例1附图2的导轨均与本专利中的轨道相同，都是“T”字形轨道，因此根据证据1和证据2结合，权利要求1不具备创造性；（2）本专利权利要求2的附加技术特征在证据1的附图1中已经公开，不同之处“其表面设有粗糙刚性平行条纹”，为了增大摩擦力，本领域技术人员容易想到这一特征，因此由证据1可以判定本专利权利要求2不具备创造性；（3）证据3说明书公开的防坠安全器与本专利权利要求1的自锁器基本特征完全相同，证据2的权利要求2和实施例1附图2的轨道与本专利中的轨道一样，都是“T”字形轨道，因此根据证据3和证据2结合，权利要求1不具备创造性；（4）本专利权利要求2

的附加技术特征在证据3的附图1中已经公开，不同之处是“下端部位为凸起刚性锁合头，其表面设有粗糙刚性平行条纹”，而证据3附图1中制动爪7也是“凸起刚性锁合头”，且制动爪7的表面由一条制动条纹形成制动条纹两边两个凸牙，该特征也与“设有粗糙刚性平行条纹”的特征一样，可以增大摩擦力，且本领域技术人员容易想到其可以相互替换，因此由证据3可以判定权利要求2不具备创造性；（5）证据3说明书公开的防坠落安全器与本专利权利要求3所述的白锁器完全相同，因此由证据3可以判定本专利权利要求3不具备创造性。

经形式审查合格后，被告受理了该无效宣告请求，并于2008年8月27日向双方当事人发出了《无效宣告请求受理通知书》，并向原告转送了《专利权无效宣告请求书》及其附件清单中所列附件副本，要求其在一个月内答复。同时成立合议组对本无效请求案进行审理。

2008年9月17日，被告向双方当事人发出《无效宣告请求口头审理通知书》，定于2008年10月28日对本案进行口头审理。

2008年9月27日，原告提交了意见陈述书，原告认为：（1）证据1并未要求完整的防坠安全器的结构方面的专利，且证据1说明书中关于具体实施方式只是很简单的描述，没有支持权利要求书和防坠安全器，因此证据1与本专利不具有可比性；（2）证据2与本专利同属导轨型防坠器，但证据2的防坠器是单制动板的，本专利是双制动板的，证据2说明书中具体实施部分表述结构简单，与本专利完全不同，证据2的防坠器适用于三种型钢（T、工字型和角钢），本专利则是专用于“T”型导轨的；（3）证据3与本专利同为双制动拉臂，但其主权利要求中提到防坠器的结构里没有写明其两片夹板在何位置设侧滚轮、正滚轮以及其连接安装、结构关系，其从属权利要求也仅提到正滚轮经爆炸螺丝安装和爆炸螺丝的组成。证据3的说明书中没有对防坠器结构的完整叙述，从而不能理解防坠器的主结构，并且其发明重点是爆炸螺丝的组成；（4）本专利提供了一个相对于申请日前同类技术产品全新的具有创造性的技术方案，符合专利法的相关规定。

2008年10月14日，被告将原告的意见陈述书转送给第三人，要求第三人在2008年10月28日口头审理时答复。

2008年10月28日，口头审理如期举行，双方当事人均委托代理人参加了口头审理。庭审过程中，被告对本案进行了充分调查，双方均充分陈述了自己的意见，合议组记录了以下事项。

在口头审理过程中，原告要求庭后提交修改的权利要求书，将授权公告的权利要求书第2行的“其特征在于”移至第3行“自锁”前面，被告当庭告知不允许其庭后提交这种修改的权利要求书。

第三人确定其无效理由为：以证据1作为最接近的现有技术，相对于证据1和证据2的结合，权利要求1不具备创造性。以证据3作为最接近的现有技术，相对于证据3和证据2的结合，权利要求1不具备创造性，不符合《专利法》第二十二条第三款的规定。在权利要求1不具备创造性的前提下，进一步结合证据3，权利要求2和3也不具备创造性，不符合《专利法》第二十二条第三款的规定。

原告对证据1~3的真实性、合法性、关联性无异议。

双方共同认定权利要求1的“T”字形刚性引导轨道是公知常识，且“T”字轨道在证据2中也公开了，本专利的特征在于防坠保护装置的自锁器。

2008年10月30日，原告提交了意见陈述书，（1）原告声称提交权利要求书缩小权利范围的修改要求，将原权利要求书第2行的“其特征在于”移至第3行“自锁”前面，但原告并未提交修改的权利要求书。（2）原告声称当庭提交了口审陈述，但实际上当庭并未提交口审陈述。（3）原告认为，第三人在口头审理过程中并未主要就3件证据的权利要求书或说明书的文字内容来对本专利提出无效意见，主要是依据附图来对本专利创造性提出意见，是有失公允、偏颇的。例如，自锁器主体左、右支块的形状上面的孔、眼、槽与拐臂的连接，与导向轮条、纹轴的连接关系，各位置的确定，以及拐臂的形状，其前端的形状和角度，及其上面的平行条纹和数量都与该产品的性能（锁紧、卡接、效果）有直接的关系。这些正是不同产品的结构不同。

2008年10月31日，原告提交了权利要求书修改替换页，其中将授权公告的权利要求书第2行的“其特征在于”移至第3行“自锁器”前面。

被告经审查认为，

1. 关于审查文本。

2008年10月31日，原告提交了修改的权利要求书，其中将授权公告的权利要求书第2行的“其特征在于”移至第3行“自锁器”前面。

根据《审查指南》第四部分第三章4.6.2~4.6.3节的规定，修改权利要求书的具体方式一般仅限于权利要求的删除、合并和技术方案的删除；在被告作出审查决定之前，原告可以删除权利要求或者权利要求中包括的技术方案。仅在下列三种情形的答复期限内，原告可以以合并的方式修改权利要求书：（1）针对无效宣告请求书。（2）针对请求人增加的无效宣告理由或者补充的证据。（3）针对专利复审委员会引入的请求人未提及的无效宣告理由或者证据。

根据上述规定，在口头审理结束后，除了删除权利要求或权利要求中包括的技术方案以外，原告不得对权利要求作出修改。被告认为，原告将“其特征在于”移至第3行“自锁”前面，这种修改仅是描述方式有差别，其保护范围与原权利要求并无差别，这种修改方式不符合《审查指南》的上述规定。因此，对于原告于2008年10月31日提交的权利要求书，被告不予考虑。

因此，本决定以本专利授权公告的文本作为审查基础。

2. 关于证据。

原告对证据1-3的真实性、合法性、关联性均无异议，被告经审查对证据1-3的真实性、合法性、关联性予以确认。证据1-3是中国实用新型专利说明书，属于专利法意义上的公开出版物，证据1-3的公开日期均在本专利的申请日前，因此，可以作为本专利的现有技术证据使用。

3. 关于创造性。

本专利权利要求1请求保护一种轨道式防坠落保护装置，具体技术方案如案由部分所示。

证据3公开了一种登高作业防坠器，穿置于安装在电力、通信塔、杆或建筑物表面的型材导轨上，其特征在于所说的防坠器由抱夹型材导轨（16）的两片夹板（6）为主体，两夹板（6）上有4个侧滚轮（3）置于型材导轨（16）侧面，有4个正滚轮（5）置于型材导轨（16）导轨面（17）里面，与穿绳拉板（9）相连的两制动拉臂（8）顶端的制动爪（7）在安全拉绳（18）不受力时可在型材导轨（16）的导轨面（17）上滑移，当安全拉绳（18）受力下拉时，制动爪（7）即啮住导轨面（17）。所说的正滚轮（5）经爆炸螺丝（4）安装在夹板（6）上，所说的爆炸螺丝（4）由缺口螺母（1）和顶端有可爆开的止退沿口（15）的爆炸螺栓（2）组成。

证据3中，对称的夹板6相当于本专利的左右支块1、2，两个制动拉臂8相当于本专利的上下拐臂11、12，绳拉板9相当于本专利的连杆10，滚轮5相当于本专利的纵向导轮9，滚轮3相当于本专利的横向导轮6，制动拉臂8靠近制动爪7的位置有圆形连接标识相当于本专利双头螺纹轴8的位置，动臂8远离制动爪7的位置有双圆形连接标识相当于本专利联结轴7的位置，该防坠落器穿置于型材导轨16上相当于本专利刚性引导轨道18，且各滚轮通过各自的圆周面与型材导轨面接触。

本专利权利要求1的技术方案和证据3中公开的技术方案相比，两者技术领域相同、技术方案近似，其区别在于：（1）证据3中未公开钢性引导轨道类“T”字形；（2）证据3中未公开轴与导轮的固定组装方式，具体而言，未公开双头螺纹轴由弹簧垫圈、开槽螺母固定组装，联接轴由卡环固定组装，横向导轮、纵向导轮由四个螺纹轴固定组装。

对于区别（1）而言，首先在证据2中公开了导轨为“T”型钢（权利要求2，附图2），并且原告也认可权利要求1的“T”字形刚性引导轨道是公知常识，因此，将证据3中的防坠落器用于类“T”字形钢性轨道的方案，对本领域技术人员来说是显而易见的。

对区别（2）而言，由证据3中说明书记载的防坠器工作原理“安全拉绳即下拉防坠器的制动拉臂使制动爪立即啮住型材导轨面”（说明书第1页第3段第10行）可知以下两处连接位置：制动拉臂8靠近制动爪7的位置圆形连接标识（相当于本专利双头螺纹轴8的位置）、制动臂8远离制动爪7的位置有双圆形连接标识（相当于本专利联结轴7的位置），一定是可以转动的穿转轴结构。虽然证据3中并未公开这两处连接是双头螺纹轴和联结轴，未公开双头螺纹轴由弹簧垫圈、开槽螺母固定组装，联接轴由卡环固定组装。但在防坠器中的相同位置、达到相当功能，根据本领域常规技术手段，选择一种穿转轴结构以实现这种连接，对于所属技术领域的技术人员来说是显而易见的。而双头螺纹轴和联接轴的固定组装方式也是本领域的常规技术手段，选择适当的弹簧垫圈、开槽螺母固定组装或卡环固定组装，对于本领域的技术人员来说是显而易见的；同样，虽然证据3中仅提及了使用爆炸螺丝的固定组装方式（说明书第2页第2段第7~9行），但为了固定所述转轴和滚轮（相当于本专利的导轮），选择适当的螺母、卡环、螺纹轴等部件以完成固定组装也是本领域的常规技术手段，对于本领域的技术人员来说是显而易见的。

综上所述，根据证据3和证据2的结合得到权利要求1的技术方案对于本领域的技术人员来说是显而易见的。因此，权利要求1相对于证据3与证据2的结合不具有实质性特点和进步，不符合《专利法》第二十二条第三款有关创造性的规定。

权利要求2的附加技术特征是“所述的上拐臂（11）和下拐臂（12），外形都呈类“L”字形，下端部为凸起钢性锁合头，其表面设有粗糙刚性平行条纹”。

由证据3的附图1公开的防坠器可见，其制动拉臂8也是具有凸起制动爪结构的类“L”形，制动爪7末端相当于本专利的凸起钢性锁合头，有明显凸凹。由证据3的附图2公开的防坠器左视图可见，制动爪7上显示三条平行条纹相当于本专利所述表面设有粗糙刚性平行条纹。

因此，权利要求2的附加技术特征在证据3中已经公开，在其引用的权利要求1不具有创造性的前提下，权利要求2要求保护的技术方案也不符合《专利法》第二十二条第三款有关创造性的规定。

权利要求3的附加技术特征是“所述的自锁器（19）上设有回位元件扭簧（17），扭簧（17）穿过双头螺纹轴（8）套接在上拐臂（11）上”。

由证据3的附图1公开的防坠器可见，扭簧11相当于本专利的扭簧17，套接在制动拉臂8上，结合证据3的附图5可知，套接扭簧11的拉臂即为使用状态时的上拉臂相当于本专利的上拐臂。

虽然证据3中并未述及扭簧穿过双头螺纹轴套接在上拐臂上，但如上所述，由于制动拉臂与夹板之间必然存在可以转动的轴连接，因此扭簧也必须穿过该连接轴才能套接在制动拉臂上。因此，在权利要求1不具有创造性的前提下，根据证据3的启示得到权利要求3的技术方案，对于本技术领域的技术人员来说是显而易见的。因此，权利要求3也不符合《专利法》第二十二条第三款的规定。

此外，原告主张第三人主要是依据附图来对本专利创造性提出意见，而自锁器主体左、右支块的形状上面的孔、眼、槽与拐臂的连接，与导向轮条、纹轴的连接关系，各位置的确定，以及拐臂的形状，其前端的形状和角度，及其上面的平行条纹和数量都与该产品的性能（锁紧、卡接、效果）有直接的关系，这些正是不同产品的结构不同。

对此，被告认为，首先，根据《审查指南》的相关规定，附图是说明书的一个组成部分，对比文件中包括附图的，能够从附图中直接地、毫无疑义地确定的技术特征属于公开的内容。在本案中，被告所使用的证据3和2中的附图内容均是能够直接地、毫无疑义地确定的技术特征，属于证据公开的内容，可以用于评价本专利的创造性。其次，对于证据与本专利结构的差别，上文已经评述，在此不再重复。

鉴于已经得出本专利所有权利要求不符合《专利法》第二十二条第三款规定的结论，被告对于第三人所提出的其他创造性评价方式和相关证据不再予以评述。

据此，被告作出被诉决定，原告不服，诉至本院。

庭审中，原告明确表示对于被告作出被诉决定的程序、被诉决定中关于审查文本、证据的认定以及关于权利要求2创造性的认定无异议。

本院认为：各方当事人对于被诉决定中无异议的认定，本院经审查，对其合法性予以确认。

本案争议的焦点问题是被告关于本专利权利要求1、3创造性的认定是否正确。

《专利法》第二十二条第三款规定，创造性，是指同申请日以前已有的技术相比，该发明有突出的实质性特点和显著的进步，该实用新型有实质性特点和进步。

证据3公开了一种登高作业防坠器。将本专利权利要求1要求保护的技术方案和证据3中公开的技术方案相比，二者区别在于：（1）证据3中未公开钢性引导轨道类“T”字形；（2）证据3中未公开轴与导轮的固定组装方式，即未公开双头螺纹轴由弹簧垫圈、开槽螺母固定组装，联接轴由卡环固定组装，横向导轮、纵向导轮由四个螺纹轴固定组装。对于上述二区别技术特征，原告在庭审中亦予以认可。

其中，原告对于被诉决定中关于区别技术特征（1）的评述无异议，经本院审查予以确认。

关于区别技术特征（2），虽然证据3中未公开本专利中涉及的双头螺纹轴和联结轴，未公开双头螺纹轴由弹簧垫圈、开槽螺母固定组装，联接轴由卡环固定组装。但在防坠器中，根据本领域常规技术手段，选择一种穿转轴结构以实现连接，对于所属技术领域的技术人员来说是显而易见的。而双头螺纹轴和联接轴的固定组装方式以及选择适当的弹簧垫圈、开槽螺母固定组装或卡环固定组装，亦是本领域的常规技术手段，对于本领域的技术人员来说是显而易见的。

因此，本领域技术人员根据证据3和证据2的结合得到权利要求1的技术方案是显而易见的。被告认定权利要求1相对于证据3与证据2的结合不具有实质性特点和进步，不符合《专利法》第二十二条第三款有关创造性的规定正确。

权利要求3的附加技术特征是“所述的自锁器（19）上设有回位元件扭簧（17），扭簧（17）穿过双头螺纹轴（8）套接在上拐臂（11）上”。

证据3中的扭簧11相当于本专利的扭簧17，套接在制动拉臂8上，套接扭簧11的拉臂相当于本专利的上拐臂。虽然证据3中并未公开扭簧穿过双头螺纹轴套接在上拐臂上，但制动拉臂与夹板之间必然存在可以转动的轴连接，因此扭簧也必须穿过该连接轴才能套接在制动拉臂上。本技术领域的技术人员根据证据3的技术启示得到权利要求3的技术方案是显而易见的。因此，被告认定在权利要求1不具有创造性的前提下，权利要求3也不符合《专利法》第二十二条第三款的规定正确。

综上，被诉决定认定事实清楚，适用法律正确，行政程序合法，本院应予维持。原告的诉讼主张缺乏事实和法律依据，本院不予支持。据此，依照《中华人民共和国行政诉讼法》第五十四条第（一）项之规定，判决如下：

维持被告国家知识产权局专利复审委员会于二〇〇八年十一月十二日作出的第12585号无效宣告请求审查决定。

案件受理费100元，由原告深圳市视聆通电力设备有限公司负担（已交纳）。

如不服本判决，可在本判决书送达之日起15日内，向本院提交上诉状，并按对方当事人人数提出副本，上诉于北京市高级人民法院。上诉人在上诉期满后7日内未预交上诉案件受理费又不提交缓交申请的，按自动撤回上诉处理。

审　判　长　梁　菲
代理审判员　贾志刚
代理审判员　殷　悦
二〇〇九年七月十五日
书　记　员　曾　谦

北京市高级人民法院
行政裁定书

（2009）高行终字第 1374 号

上诉人（一审原告）深圳市视聆通电力设备有限公司，住所地广东省深圳市福田区车公庙泰然九路 211 栋 702 室。

法定代表人陈旭，董事长。

被上诉人（一审被告）国家知识产权局专利复审委员会，住所地北京市海淀区北四环西路 9 号银谷大厦。

法定代表人张茂于，副主任。

委托代理人潘剑，男，国家知识产权局专利复审委员会审查员。

委托代理人齐宏涛，男，国家知识产权局专利复审委员会审查员。

被上诉人（一审第三人）张辉，男，1978 年 10 月 4 日出生，汉族，住山西省侯马市浍滨街 20 号。

委托代理人董金国，男，石家庄新世纪专利商标事务所有限公司专利代理人。

上诉人深圳市视聆通电力设备有限公司（以下简称视聆通公司）因专利无效宣告请求审查决定，不服北京市第一中级人民法院（2009）一中行初字第 663 号行政判决，向本院提起上诉。本院原定于 2009 年 12 月 2 日开庭审理，视聆通公司经本院合法传唤，无正当理由未出庭。经审查，视聆通公司在庭前电话告知本院该公司将不出庭参与庭审，并同意本院按撤回上诉处理。依照《最高人民法院关于执行〈中华人民共和国行政诉讼法〉若干问题的解释》第四十九条的规定，裁定如下：

本案按撤回上诉处理。

二审案件受理费人民币 100 元，由上诉人深圳市视聆通电力设备有限公司负担（已交纳）。

本裁定为终审裁定。

审　判　长　郭　宜
代理审判员　朱海宏
代理审判员　胡浩立
二〇〇九年十二月九日
书　记　员　程钰玮

039

筒子染色机的换向结构

无效宣告请求审查决定（第12628号）

决　　定　　号　第12628号
决　　定　　日　2008年11月24日
发明创造名称　筒子染色机的换向结构
国 际 分 类 号　D06B 23/20，D06B 3/09
无效宣告请求人　科万商标投资有限公司
专　利　权　人　无锡东宝机械制造有限公司
专　　利　　号　200520074155.6
申　　请　　日　2005年7月31日
授 权 公 告 日　2006年9月13日
合 议 组 组 长　汪送来
主　　审　　员　危　峰
参　　审　　员　娄　宁

法 律 依 据　专利法第22条第3款
决 定 要 点

如果实用新型保护的技术方案相对于最接近的现有技术存在区别特征，同时现有技术中没有给出将上述区别特征应用到该最接近现有技术以解决其存在的技术问题的启示，并且要求保护的技术方案能够产生有益的技术效果，则认为该实用新型具有实质性特点和进步，符合专利法第22条第3款关于创造性的规定。

一、案由

本无效宣告请求案涉及国家知识产权局于2006年9月13日公告授予的200520074155.6号、名称为“筒子染色机的换向结构”的实用新型专利权（以下简称本专利），其申请日为2005年7月31日，专利权人为无锡东宝机械制造有限公司。该专利授权公告的权利要求书如下：

“1. 筒子染色机的换向结构，其特征在于：其包括接管（10），接管（10）沿着接管（8）的径向插装于接管（8）并与接管（8）相贯相通，接管（8）沿着接管（7）的径向插装于接管（7），接管（7）沿着接管（6）的径向插装于接管（6），接管（6）的顶部（9）为锥台形网罩，在接管（10）内，沿着接管（10）的轴向安装有转向轴（1），转向轴（1）套装有换向平板（15），换向平板（15）与接管（10）的内壁接触并将接管（10）的左端和右端以及接管（8）的上端和下端隔开，转向轴（1）通过转向驱动结构与接管（6）密封连接。

2. 根据权利要求1所述的换向结构，其特征在于：所述转向驱动结构包括换向端盖（5）、端盖组件（16），之间连接，换向端盖（5）与安装于接管（6）的法兰（17）密封连接，端盖组件（16）套装于转向轴（1），转向轴（1）套装有轴承（18），在轴承（18）的两侧，转向轴（1）分别套装有轴承端盖（3）和轴承座（4），轴承端盖（3）与轴承座（4）之间用螺钉连接，轴承座（4）与端盖组件（16）连接，在转轴（1）的外周套装有汽缸座（2），汽缸座（2）与轴承座（4）连接。”

针对上述专利权，科万商标投资有限公司（下称请求人）于2008年6月26日向专利复审委员会提出无效宣告请求，认为本专利不符合专利法第22条第2款和第3款的规定，并提交了第200520074155.6号中国实用新型专利说明书，复印件共8页（即，本专利授权文本），以及下述证据：

证据1：02121770.X号中国发明专利申请公开说明书，公开日为2003年7月2日，复印件共16页；

证据2：03268051.1号中国实用新型专利说明书，授权公告日为2004年8月11日，复印件6页，以及请求人自行标记了标号的说明书附图第1页；

证据3：96232060.9号中国实用新型专利说明书，授权公告日为1998年10月28日，复印件共7页；

请求人认为：本专利与证据1、2、3涉及的技术领域相同，且本专利与证据1、2所要解决的技术问题也相同。（1）相对于证据1中说明书第8页第2~6段、说明书第12页第1~16行、倒数第3段及附图1公开的液体流动可逆向装置的结构，或者相对于证据2中说明书第2页和附图1所示的椭圆板式换向器2的结构，本专利权利要求1不具备新颖性。（2）证据3中权利要求3和附图1~2公开了操纵机构的结构，由此相对于证据3与证据1或2的结合，本专利权利要求2不具备创造性。

经形式审查合格后，专利复审委员会受理了上述请求，于2008年8月12日向双方当事人发出《无效宣告请求受理通知书》，并将《专利权无效宣告请求书》及其他有关文件的副本转送给专利权人，要求其在指定的期限内答复，同时成立合议组对本无效请求案进行审理。

2008年9月2日，本案合议组向双方当事人发出《无效宣告请求口头审理通知书》，拟定于2008年10月22日对该专利权的无效请求进行口头审理。后因故将口头审理日期改为2008年10月23日，合议组电话告知了双方当事人。

专利权人于2008年9月26日针对上述《无效宣告请求受理通知书》提交了意见陈述书，并提交了经修改的权利要求书，其中在授权公告的权利要求书中，将权利要求2的附加技术特征限定到权利要求1中，并将权利要求2删除。修改后的权利要求书为：

“1. 筒子染色机的换向结构，其包括接管（10），接管（10）沿着接管（8）的径向插装于接管（8）并与接管（8）相贯相通，接管（8）沿着接管（7）的径向插装于接管（7），接管（7）沿着接管（6）的径向插装于接管（6），接管（6）的顶部（9）为锥台形网罩，其特征在于：在接管（10）内，沿着接管（10）的轴向安装有转向轴（1），转向轴（1）套装有换向平板（15），换向平板（15）与接管（10）的内壁接触并将接管（10）的左端和右端以及接管（8）的上端和下端隔开，转向轴（1）通过转向驱动结构与接管（6）密封连接；所述转向驱动结构包括换向端盖（5）、端盖组件（16），之间连接，换向端盖（5）与安装于接管（6）的法兰（17）密封连接，端盖组件（16）套装于转向轴（1），转向轴（1）套装有轴承（18），在轴承（18）的两侧，转向轴（1）分别套装有轴承端盖（3）和轴承座（4），轴承端盖（3）与轴承座（4）之间用螺钉连接，轴承座（4）与端盖组件（16）连接，在转轴（1）的外周套装有汽缸座（2），汽缸座（2）与轴承座（4）连接。”

专利权人认为：相对于新提交的权利要求1，（1）证据1中并未公开权利要求1特征部分的技术特征；特征部分的引入实现了套装在转向轴（1）上的平板的精确换向，从而实现了染色机工作状态的精确改变，证据1中没有给出任何相关教导或启示，由此权利要求1相对于证据1具备新颖性和创造性；（2）证据2仅文字部分记载了由椭圆板式换向器2、夹套式热交换器3、对衡式水泵4组成的一体化装置，未见具体零部件结构组成的文字记载，其结构示意图与本专利说明书附图存在差别，且未公开权利要求1特征部分的技术特征，本专利权利要求1的技术方案还能实现精确转向，由此权利要求1相对于证据2也具备新颖性和创造性；（3）证据3未公开权利要求1的技术方案，与之有较大的差别，更未公开所述筒子染色机的换向结构通过转向轴带动换向平板精确转动，换向平板调整内部流体的流动方向，从而实现精确换向的有益技术效果，权利要求1相对于证据3也具备新颖性；且证据3和1的结合不能破坏权利要求1的创造性，同理，证据2和1的结合也不能破坏权利要求1的创造性。

2008年10月23日，口头审理如期进行，双方当事人均出席了口头审理。庭审过程中，合议组就本案的无效理由及证据逐一进行了调查，双方当事人充分陈述了各自的意见。在此基础上，合议组记录了以下重要事项：

（1）合议组当庭将专利权人于2008年9月26日提交的意见陈述及修改后的权利要求书转送给请求人。请求人对专利权人提交的经修改的权利要求书无异议。合议组当庭告知双方当事人，口头审理以修改后的权利要求书和本实用新型专利授权公告的说明书及附图为基础进行。

（2）请求人当庭提交了证据1相对应的第02121770. X号中国发明专利申请公开说明书（公开日为2003年7月2日，复印件共15页，下称证据1′），用以替换2008年6月26日提出无效宣告请求时提交的证据1，并明确了所使用部分；专利权人对此替换无异议。

（3）请求人当庭出示了盖有“国家知识产权局专利检索咨询中心副本认证专用章”红章的证据1、证据1′、证据2和3；专利权人认可请求人提交的所有证据的真实性、公开性和关联性。

（4）针对专利权人提交的经修改的权利要求书，请求人在口头审理中确认其无效理由为：权利要求1相对于证据1′和3的结合、或者证据2和3的结合不具备创造性。

（5）请求人主张证据3（权利要求3及附图1、2）公开的染色机混流泵的操纵结构等同于权利要求1中的所述转向驱动结构，且其中压盖（13）中的黑点可以看作轴承，故权利要求1相对于证据1′或证据2与证据3的结合不具备创造性。专利权人认为证据3公开的操纵结构与本专利的驱动结构明显不同，且不能确定证据3中压盖内的黑点是轴承。

（6）合议组当庭告知：专利权人可于本案口审结束之日起7天之内针对请求人当庭提交的证据1的相应公开文本和授权文本发表意见，逾期不提交的视为无进一步意见；请求人可于本案口审结束之日起7天之内针对合议组当庭转送的专利权人的意见陈述发表意见，逾期不提交的视为无进一步意见。

本案口审结束之日起7天期满时，专利权人和请求人均未提交进一步的意见陈述。

至此，合议组认为本案的事实已经清楚，可以作出审查决定。

二、决定的理由

1. 关于审查文本

本案中，专利权人针对《无效宣告请求受理通知书》于2008年9月26日提交了经修改的权利要求书，其中在授权公告的权利要求书中，将权利要求2的附加技术特征限定到权利要求1中，并将权利要求2删除。请求人对专利权人提交的经修改的权利要求书无异议。合议组经核实认为，专利权人对权利要求书的修改实质是删除了权利要求1，所述修改并未超出本实用新型专利授权公告的权利要求书记载的范围，故该修改应予以接受。因此，本无效决定是以2008年9月26日提交的权利要求书和2006年9月13日授权公告的说明书及附图为基础作出的。

2. 关于无效宣告请求的理由和证据

针对专利权人提交的经修改的权利要求书，请求人在口头审理中确认其无效理由为：权利要求1相对于证据1′和3的结合、或者证据2和3的结合不符合专利法第22条第3款的规定。合议组经审查，对请求人确定的无效理由予以确认。

证据1扉页标明其为02121770. X号中国发明专利申请公开说明书，但实际的权利要求书和说明书及附图部分均为相应授权公告文本的相关内容。请求人于口头审理时提交了证据1′，专利权人对于使用证据1′进行本专利的新颖性、创造性评价没有异议。经审查，合议组认为，证据1′是证据1所对应的申请公开文本，且所使用的证据1′的内容与证据1中相应内容是一致的（主要为申请公开文本说明书第6页22行至第7页第6段，第2页最后一段至第3页第4段，以及说明书附图；且不使用说明书第3页第2段第2行和第3段的内容），因此证据1′不属于新的证据，应当予以接受。

请求人当庭出示了盖有“国家知识产权局专利检索咨询中心副本认证专用章”红章的证据1′、证据2和证据3，专利权人对证据1′、证据2和证据3的真实性、合法性和关联性没有异议，经合议组核实后对其真实性、合法性和关联性予以确认。证据1′、证据2和证据3均是在本专利申请日之前公开的专利文献，其可以作为本专利的现有技术的证据用于评价本专利的新颖性和创造性。

3. 关于专利法第22条第3款

专利法第22条第3款规定：创造性，是指同申请日以前已有的技术相比，该发明有突出的实质性特点和显著的进步，该实用新型有实质性特点和进步。

如果实用新型保护的技术方案相对于最接近的现有技术存在区别特征，同时现有技术中没有给出将上述区别特征应用到该最接近现有技术以解决其存在的技术问题的启示，并且要求保护的技术方案能够产生有益的技术效果，则认为该实用新型具有实质性特点和进步，符合专利法第22条第3款关于创造性的规定。

本案中，权利要求1要求保护一种筒子染色机的换向结构（具体内容参见案由部分）。

（1）相对于证据1′和3的结合，证据1′的技术方案为最接近的现有技术。

证据1′（说明书第6页22行至第7页第6段，第2页倒数第1段至第3页第4段，以及说明书附图；且不使用说明书第3页第2段第2行和第3段的内容）公开了一种流体流动可逆装置，包括一十字管1，该十字管1包括第一管30及第二管段32、34，并且相连通，十字管1经埠16与外管6联通，外壳7的墙壁在外管6具有弯曲的轮廓，外壳的顶部为锥台形网罩，在十字管1内安装有转向轴3，一封闭构件2可旋转式地安装在一轴上，封闭构件2可以包括一分隔板，最好是圆形或椭圆形的结构，对应于第一导管内部轮廓的形状并将第一管30的左端和右端以及第二管段32、34的上端和下端隔开，转向轴3通过一马达驱动结构与外壳7密封连接。同时参照附图来看，安装有封闭构件2的转向轴3套装在垂直于十字管1第一管30的轴向的方向上，并非套装在第一管30的轴向上。

将权利要求1的技术方案与证据1′相比，二者均是采用套装有换向平板的转向轴来控制筒子染色机的换向，不同之处在于：在权利要求1的换向结构中，在接管（10）内，沿着接管（10）的轴向安装转向轴（1），所述转向驱动结构包括换向端盖（5）、端盖组件（16），之间连接，换向端盖（5）与安装于接管（6）的法兰（17）密封连接，端盖组件（16）套装于转向轴（1），转向轴（1）套装有轴承（18），在轴承（18）的两侧，转向轴（1）分别套装有轴承端盖（3）和轴承座（4），轴承端盖（3）与轴承座（4）之间用螺钉连接，轴承座（4）与端盖组件（16）连接，在转轴（1）的外周套装有汽缸座（2），汽缸座（2）与轴承座（4）连接。即，二者的区别技术特征为本专利权利要求1中所述转向驱动结构的具体结构特征以及在接管内沿着接管的轴向安装转向轴。

证据3（说明书第2页第6段至第3页第1段，附图1、2）公开了一种染色机混流泵，其转轴（8）上伸出泵体（15）外的一端紧固操纵机构；操纵机构为一根操纵手柄；转轴（8）的内端可转动地联接在位于静叶轮（6）中部的内套（21）上，外端可转动地联接在紧固于泵体（15）上的轴套（22）内，并分别在转轴（8）与内套（21）及轴套（22）间设置小套（7）及大套（12），在位于大套内、外端的转轴（8）上分别有紧固在转轴（8）上的止退圈（10）与紧固在大套（12）外端面上的压盖（13），在大套（22）与止退圈（10）间还设置有垫片（11），在转轴（8）的外端面有紧固在转轴端面的压板（14）。

口头审理中，请求人主张证据3公开的染色机混流泵的操纵结构等同于权利要求1中的所述转向驱动结构，且其中压盖（13）中的黑点可以看作轴承，故权利要求1相对于证据1′和3的结合不具备创造性。专利权人认为证据3公开的操纵结构与本专利的驱动结构明显不同，且不能确定证据3中压盖内的黑点是轴承。

合议组认为，证据3中对于压盖（13）内的黑点并无任何文字记载表明其为轴承，且由附图1来看，本领域技术人员也无法确定该压盖内的黑点为轴承。由此可见，证据3中仅公开了采用大套和小套套装于转向轴，设置轴套、止退圈和垫片，并在外端面固定压盖、操纵手柄和压板来组成所述操纵结构，其结构特征与本专利权利要求1中转向驱动结构的结构特征有很大差别；且证据3中也未公开在接管内沿着接管的轴向安装转向轴。也就是说，证据3并未给出将上述区别特征应用到证据1′中以获得本专利权利要求1的技术方案的启示。根据本专利说明书第2~3页的记载，当需要换向时，通过外部的转向汽缸带动转向轴转动180度，转向轴带动换向平板转动，换向平板调整内部流体的流通方向，从而实现转向的功能。因此，请求人主张权利要求1相对于证据1′和3的结合不具备创造性的无效理由不能成立，权利要求1相对于证据1′和3的结合符合专利法第22条第3款的规定。

（2）相对于证据2和3的结合，证据2的技术方案为最接近的现有技术。

证据2（说明书第2页第6~7行和附图1）公开了染色机用的换向水泵一体化装置，其由椭圆板式换向器、夹套式热交换器、对衡式水泵组成，其中关于椭圆板式换向器的具体结构特征并无明确的文字记载。由附图1以及请求人自行对应本专利图1、图3作出标号之后的附图1来看，所述椭圆板式换向器包括接管（10），接管（10）沿着接管（8）的径向插装于接管（8）并于接管（8）相通，接管（8）沿着接管（7）的径向插装于接管（7），接管（7）沿着接管（6）的径向插装于接管（6），接管（6）的顶部（9）为锥台形网罩，在接管（10）的轴向安装有转向轴（1），转向轴（1）套装有换向平板（15），换向平板（15）与接管（10）的内壁接触并将接管（10）的左端和右端以及接管（8）的上端和下端隔开，转向轴（1）通过转向驱动结构与接管（6）密封连接。

将权利要求1的技术方案与证据2的上述技术方案相比，二者均是采用套装有换向平板的转向轴来控制筒子染色机的换向，且均为轴向安装，不同之处在于：在权利要求1的换向结构中，所述转向驱动结构包括换向端盖（5）、端盖组件（16），之间连接，换向端盖（5）与安装于接管（6）的法兰（17）密封连接，端盖组件（16）套装于转向轴（1），转向轴（1）套装有轴承（18），在轴承（18）的两侧，转向轴（1）分别套装有轴承端盖（3）和轴承座（4），轴承端盖（3）与轴承座（4）之间用螺钉连接，轴承座（4）与端盖组件（16）连接，在转轴（1）的外周套装有汽缸座（2），汽缸座（2）与轴承座（4）连接。即二者的区别技术特征为本专利权利要求1中所述转向驱动结构的具体结构特征。

证据3公开的内容如上所述。

请求人主张证据3公开的染色机混流泵的操纵结构等同于权利要求1中的所述转向驱动结构，故权利要求1相对于证据2和3的结合不具备创造性。

对此，合议组认为，如上所述，证据 3 中公开的操纵结构的结构特征与本专利权利要求 1 中转向驱动结构的结构特征有很大差别，并没有给出将上述区别特征应用到证据 2 中以获得本专利权利要求 1 的技术方案的启示。如上所述，本专利已实现了转向的功能。因此，请求人主张权利要求 1 相对于证据 2 和 3 的结合不具备创造性的无效理由不能成立，权利要求 1 相对于证据 2 和 3 的结合符合专利法第 22 条第 3 款的规定。

基于以上事实和理由，本案合议组作出如下审查决定。

三、决定

维持 200520074155.6 号实用新型专利权有效。

当事人对本决定不服的，可以根据专利法第 46 条第 2 款的规定，自收到本决定之日起三个月内向北京市第一中级人民法院起诉。根据该款的规定，一方当事人起诉后，另一方当事人应当作为第三人参加诉讼。

北京市第一中级人民法院
行政判决书

（2009）一中行初字第 813 号

原告科万商标投资有限公司，住所地英属维尔京群岛托士拉岛路镇威克汉岛 I 欧玛荷吉大楼，邮政信箱三六二号。

法定代表人李绮莲，总经理。

委托代理人王雄杰，深圳市雄杰专利商标代理有限公司专利代理人。

被告中华人民共和国国家知识产权局专利复审委员会，住所地中华人民共和国北京市海淀区北四环西路 9 号银谷大厦。

法人代表张茂于，中华人民共和国国家知识产权局专利复审委员会副主任。

委托代理人危峰，中华人民共和国国家知识产权局专利复审委员会审查员。

委托代理人郭鹏鹏，中华人民共和国国家知识产权局专利复审委员会审查员。

第三人无锡东宝机械制造有限公司，住所地中华人民共和国江苏省无锡市惠山区前洲镇。

法定代表人潘加龙，董事长。

委托代理人张宁，江苏钟山明镜律师事务所无锡分所律师。

委托代理人顾吉云，无锡盛阳专利商标事务所所长。

原告科万商标投资有限公司不服被告中华人民共和国国家知识产权局专利复审委员会作出的第 12628 号专利无效宣告请求审查决定（以下简称被诉决定），于 2009 年 3 月 9 日向本院提起行政诉讼。本院受理后，依法组成合议庭，向被告送达了起诉状副本及应诉通知书，并依照《中华人民共和国行政诉讼法》第二十七条的规定通知无锡东宝机械制造有限公司作为本案的第三人参加诉讼。本院于 2009 年 7 月 6 日对本案公开开庭进行了审理。原告的委托代理人王雄杰，被告的委托代理人危峰、郭鹏鹏，第三人的委托代理人张宁、顾吉云到庭参加了诉讼。本案现已审理终结。

2008 年 11 月 24 日，被告作出被诉决定，维持第三人名称为“筒子染色机的换向结构”的第 200520074155.6 号实用新型专利（以下简称本专利）有效。

被告为证明被诉决定的合法性，在法定举证期限内，向本院提交并经当庭质证了如下证据：1.

公开日为2003年7月2日的第02121770.X号中国发明专利申请公开说明书复印件，共15页（即被诉决定中证据1′，以下简称证据1′）；2. 授权公告日为2004年8月11日的第03268051.1号中国实用新型专利说明书复印件，共6页（即被诉决定中的证据2，以下简称证据2），及带有第三人标记的证据2说明书附图第一页；3. 授权公告日为1998年10月28日的第96232060.9号中国实用新型专利说明书复印件，共7页（即被诉决定中的证据3，以下简称证据3）；4. 本专利说明书复印件；5. 无效宣告请求书复印件，共7页；6. 口头审理记录表；7. 第三人于2008年9月26日提交的权利要求书修改替换页，共1页。上述证据用于证明被诉决定认定事实清楚、适用法律正确、审理程序合法。

原告诉称：被诉决定认定事实错误。1. 在关于以证据2和证据3的结合评判本专利创造性的问题上，被诉决定认为证据2的转向驱动结构与本专利转向驱动结构不同。事实上，从证据2的说明书附图1中，清楚地可以看出：证据2不仅具有端盖组件（16），而且端盖组件（16）套装于转向轴（1），转向轴（1）套装有轴承（18），在轴承（18）的两侧，转向轴（1）分别套装有轴承端盖（3）和轴承座（4），轴承座（4）与端盖组件（16）连接。在转轴（1）的外周套装有旋转手柄，旋转手柄与轴承座（4）连接。因此，证据2的转向驱动结构与本专利转向驱动结构基本相同。2. 证据2的转向驱动结构与本专利转向驱动结构区别在于：本专利转向驱动结构还具有换向端盖（5）和汽缸座（2）（证据2采用手柄）。证据3公开了与本专利相对应的换向端盖（5）；用气泵作为动力推动转向轴旋转的汽缸座（2）是本技术领域的公知常识，关于这一点，原告在口审中也确认。3. 被诉决定关于"证据3对于压盖（13）内的黑点并无任何文字记载表明其为轴承，且从附图1来看，本领域技术人员也无法确定该压盖内的黑点为轴承"的认定是错误的。在本领域技术人员来看，为使转轴旋转轻松，在轴套与轴承之间安装轴承是显而易见的公知常识；证据3的附图1中的转轴8两侧具有对称的黑点，该黑点在图中唯一表明是使转轴8产生轻松旋转的轴承。四、附图公开就是技术内容的公开。被告和第三人均以只是附图公开，而没有文字说明为由否定本专利被公开的事实。根据2000年修订的《中华人民共和国专利法》（以下简称《专利法》）的有关规定，说明书附图是说明书的一部分，它是用图形的直观性来表示技术内容的，只要图形的结构示意使本技术领域的普通技术人员能清楚其技术内容，不需要文字说明，就应该视为公开。

因此，原告认为被诉决定认定事实不清，适用法律错误，请求依法撤销，并由被告承担本案诉讼费用。

原告为支持其诉讼主张，在指定期限内向本院提交并经当庭质证了如下证据：1. 授权公告日为2004年8月11日的第03268051.1号中国实用新型专利说明书复印件，共6页（同被告证据2，即证据2）；2. 授权公告日为1998年10月28日的第96232060.9号中国实用新型专利说明书复印件，共7页（同被告证据3，即证据3）；3. 本专利说明书复印件（同被告证据4）。以上证据用以证明被诉决定认定事实不清。

被告辩称：相对于证据2和证据3的结合，原告主张证据2的技术方案为评价本专利最接近的现有技术。1. 关于证据2的转向驱动结构与本专利转向驱动结构。首先，原告在无效宣告请求程序中并未主张过证据2公开了具体的转向驱动结构（参见无效宣告请求书和口头审理记录表）；其次，由原告在无效宣告请求程序中提交的证据2中自行标记了标号的说明书附图第1页（其中原告并未对转向驱动结构的具体结构进行过标记）来看，本领域技术人员也不能确定证据2已公开了本专利权利要求1中所述转向驱动结构的具体结构特征（参见被诉决定第七页倒数第一段），实质上二者结构明显不相同。2. 关于证据1′公开的内容（参见被诉决定第6页第7段至第7页第2段）。证据1′中仅公开了采用大套和小套套装于转向轴，设置轴套、止退圈和垫片，并在外端面固定压盖、操纵手柄和压板来组成所述操纵结构，其结构特征与本专利权利要求1中所述转向驱动结构的结构特征有很大差别；

而且证据1′中对于压盖（13）内的黑点并无任何文字记载表明其为轴承，且由其附图1来看，本领域技术人员也无法确定该压盖内的黑点为轴承。

综上，被诉决定认定事实清楚，适用法律正确，审理程序合法，请求予以维持，并依法判决驳回原告的诉讼请求。

第三人认为：1. 对被告认可原告将本专利权利要求1与证据2的技术方案进行对比从而得到的区别技术特征持保留意见，因为证据2中根本未见有本专利中所描述的具体零部件结构以及连接关系的任何文字记载，因此两者根本没有可比性。2. 本专利转向驱动结构与证据3公开的结构有很大差异，证据3为一手动操纵机构，而本专利权利要求1结构为一精确自动化转向操纵机构，在原告不能证明二者间零部件等同以及原告要么简单推导（如黑点就认为一定是轴承，难道就不可能是油封、垫圈等其他零件吗）、要么简单认为是公知常识（如汽缸座本身是公知常识，但用于驱动转向轴未见有公开，而对于大多数机械结构发明而言，组成结构中的某几个零部件为公知情况下，并不等同于其机械结构为公知现有技术，尤其是大多实现某项功能的机械结构专利而言，出现组成结构中的具体零部件为公知情况是非常普遍的）的情况下，上述相关证据显然未公开本专利的上述区别技术特征；证据3并未给出将上述区别特征应用到证据2中来解决平板工作位置精确改变相关技术问题的启示，此外本专利实现了精确转向的有益技术效果，从而本专利权利要求1具有实质性特点和进步，即便是引用证据3结合上述区别技术特征来评价本专利权利要求1的创造性，本专利也依然符合《专利法》关于创造性的规定。

综上，被诉决定认定事实清楚，审查结论正确，原告的诉讼请求不能成立，请求予以驳回。

第三人在指定期限内未向本院提交证据。

本院经审查认为：被告证据和原告证据与被诉决定的合法性审查相关且合法，各方当事人对其真实性亦无异议，均为有效证据。根据这些证据及各方当事人在庭审中无争议的陈述，本院对本案事实作出如下认定：

中华人民共和国国家知识产权局于2006年9月13日授权公告了本专利，该专利的申请日是2005年7月31日，名称为“筒子染色机的换向结构”，专利号为200520074155.6，专利权人为本案第三人无锡东宝机械制造有限公司。本专利授权公告的权利要求书如下：

1. 筒子染色机的换向结构，其特征在于：其包括接管（10），接管（10）沿着接管（8）的径向插装于接管（8）并与接管（8）相贯相通，接管（8）沿着接管（7）的径向插装于接管（7），接管（7）沿着接管（6）的径向插装于接管（6），接管（6）的顶部（9）为锥台形网罩，在接管（10）内，沿着接管（10）的轴向安装有转向轴（1），转向轴（1）套装有换向平板（15），换向平板（15）与接管（10）的内壁接触并将接管（10）的左端和右端以及接管（8）的上端和下端隔开，转向轴（1）通过转向驱动结构与接管（6）密封连接。

2. 根据权利要求1所述的换向结构，其特征在于：所述转向驱动结构包括换向端盖（5）、端盖组件（16），之间连接，换向端盖（5）与安装于接管（6）的法兰（17）密封连接，端盖组件（16）套装于转向轴（1），转向轴（1）套装有轴承（18），在轴承（18）的两侧，转向轴（1）分别套装有轴承端盖（3）和轴承座（4），轴承端盖（3）与轴承座（4）之间用螺钉连接，轴承座（4）与端盖组件（16）连接，在转轴（1）的外周套装有汽缸座（2），汽缸座（2）与轴承座（4）连接。

2008年6月26日，原告针对本专利向被告提出无效宣告请求，认为本专利不符合《专利法》第二十二条第二款和第三款的规定，并提交了以下证据：

证据1：公开日为2003年7月2日的第02121770.X号中国发明专利申请公开说明书复印件，共16页（以下简称证据1）；

证据2：授权公告日为2004年8月11日的第03268051.1号中国实用新型专利说明书复印件，共6页（即前文证据2），以及原告自行标记了标号的说明书附图第1页；

证据3：授权公告日为1998年10月28日的第96232060.9号中国实用新型专利说明书复印件，共7页（即前文证据3）。

原告认为：本专利与证据1、2、3涉及的技术领域相同，且本专利与证据1、2所要解决的技术问题也相同。（1）相对于证据1中说明书第8页第2~6段、说明书第12页第1~16行、倒数第3段及附图1公开的液体流动可逆向装置的结构，或者相对于证据2中说明书第2页和附图1所示的椭圆板式换向器2的结构，本专利权利要求1不具备新颖性。（2）证据3中权利要求3和附图1-2公开了操纵机构的结构，由此相对于证据3与证据1或2的结合，本专利权利要求2不具备创造性。

被告受理后，于2008年8月12日将《专利权无效宣告请求书》及其他有关文件的副本转送给第三人，要求其在指定的期限内答复。

2008年9月26日，第三人提交了意见陈述书，并提交了经修改的权利要求书，其在授权公告的权利要求书中，将权利要求2的附加技术特征限定到权利要求1中，并将权利要求2删除。修改后的权利要求书为：

1. 筒子染色机的换向结构，其包括接管（10），接管（10）沿着接管（8）的径向插装于接管（8）并与接管（8）相贯相通，接管（8）沿着接管（7）的径向插装于接管（7），接管（7）沿着接管（6）的径向插装于接管（6），接管（6）的顶部（9）为锥台形网罩，其特征在于：在接管（10）内，沿着接管（10）的轴向安装有转向轴（1），转向轴（1）套装有换向平板（15），换向平板（15）与接管（10）的内壁接触并将接管（10）的左端和右端以及接管（8）的上端和下端隔开，转向轴（1）通过转向驱动结构与接管（6）密封连接；所述转向驱动结构包括换向端盖（5）、端盖组件（16），之间连接，换向端盖（5）与安装于接管（6）的法兰（17）密封连接，端盖组件（16）套装于转向轴（1），转向轴（1）套装有轴承（18），在轴承（18）的两侧，转向轴（1）分别套装有轴承端盖（3）和轴承座（4），轴承端盖（3）与轴承座（4）之间用螺钉连接，轴承座（4）与端盖组件（16）连接，在转轴（1）的外周套装有汽缸座（2），汽缸座（2）与轴承座（4）连接。

第三人认为：相对于新提交的权利要求1，第一、证据1中并未公开权利要求1特征部分的技术特征；特征部分的引入实现了套装在转向轴（1）上的平板的精确换向，从而实现了染色机工作状态的精确改变，证据1中没有给出任何相关教导或启示，由此权利要求1相对于证据1具备新颖性和创造性；第二、证据2仅文字部分记载了由椭圆板式换向器2、夹套式热交换器3、对衡式水泵4组成的一体化装置，未见具体零部件结构组成的文字记载，其结构示意图与本专利说明书附图存在差别，且未公开权利要求1特征部分的技术特征，本专利权利要求1的技术方案还能实现精确转向，由此权利要求1相对于证据2也具备新颖性和创造性；第三、证据3未公开权利要求1的技术方案，与之有较大的差别，更未公开所述筒子染色机的换向结构通过转向轴带动换向平板精确转动，换向平板调整内部流体的流动方向，从而实现精确换向的有益技术效果，权利要求1相对于证据3也具备新颖性；且证据3和1的结合不能破坏权利要求1的创造性，同理，证据2和1的结合也不能破坏权利要求1的创造性。

在2008年10月23日举行的口头审理中，被告当场将第三人提交的意见陈述及所附附件转送给原告。原告对第三人提交的经修改的权利要求书无异议；被告当场告知双方当事人，口头审理以修改后的权利要求书和本专利授权公告的说明书及附图为基础进行。同时，原告当场提交了与证据1相对应的公开日为2003年7月2日的第02121770.X号中国发明专利申请公开说明书复印件共15页（即证据1′），用以替换之前提交的证据1，并明确了所使用部分，第三人对此替换无异议。针对第三人提交的经修改的权利要求书，原告在口头审理中确认其无效理由为：权利要求 1 相对于证据 1′和 3 的结合、或者证据 2 和 3 的结合不具备创造性。原告主张证据 3（权利要求 3 及附图 1、2）公开的染色机混流泵的操纵结构等同于权利要求 1 中的所述转向驱动结构，且其中压盖（13）中的黑点可以看作轴承，故权利要求 1 相对于证据 1′或证据 2 与证据 3 的结合不具备创造性。第三人认为证据 3 公开的操纵结构与本专利的驱动结构明显不同，且不能确定证据 3 中压盖内的黑点是轴承。

被告经审查认为：第三人对权利要求书的修改实质是删除了权利要求 1，所述修改并未超出本专利授权公告的权利要求书记载的范围，故该修改应予以接受，且原告对第三人提交的经修改的权利要求书无异议。因此，被诉决定是以第三人于 2008 年 9 月 26 日提交的权利要求书和 2006 年 9 月 13 日授权公告的说明书及附图为基础作出的。

对原告确定的无效理由予以确认。

证据 1′是证据 1 所对应的申请公开文本，且所使用的证据 1′的内容与证据 1 中相应内容是一致的（主要为申请公开文本说明书第 6 页 22 行至第 7 页第 6 段，第 2 页最后一段至第 3 页第 4 段，以及说明书附图；且不使用说明书第 3 页第 2 段第 2 行和第 3 段的内容），因此证据 1′不属于新的证据，应当予以接受。证据 1′、证据 2 和证据 3 均是在本专利申请日之前公开的专利文献，其可以作为本专利的现有技术的证据用于评价本专利的新颖性和创造性。

相对于证据 1′和 3 的结合，证据 1′的技术方案为最接近的现有技术。证据 1′公开了一种流体流动可逆装置，包括一十字管 1，该十字管 1 包括第一管 30 及第二管段 32、34，并且相连通，十字管 1 经埠 16 与外管 6 联通，外壳 7 的墙壁在外管 6 具有弯曲的轮廓，外壳的顶部为锥台形网罩，在十字管 1 内安装有转向轴 3，一封闭构件 2 可旋转式地安装在一轴上，封闭构件 2 可以包括一分隔板，最好是圆形或椭圆形的结构，对应于第一导管内部轮廓的形状并将第一管 30 的左端和右端以及第二管段 32、34 的上端和下端隔开，转向轴 3 通过一马达驱动结构与外壳 7 密封连接。同时参照附图来看，安装有封闭构件 2 的转向轴 3 套装在垂直于十字管 1 第一管 30 的轴向的方向上，并非套装在第一管 30 的轴向上。

将权利要求 1 的技术方案与证据 1′相比，二者均是采用套装有换向平板的转向轴来控制筒子染色机的换向，不同之处在于：在权利要求 1 的换向结构中，在接管（10）内，沿着接管（10）的轴向安装转向轴（1），所述转向驱动结构包括换向端盖（5）、端盖组件（16），之间连接，换向端盖（5）与安装于接管（6）的法兰（17）密封连接，端盖组件（16）套装于转向轴（1），转向轴（1）套装有轴承（18），在轴承（18）的两侧，转向轴（1）分别套装有轴承端盖（3）和轴承座（4），轴承端盖（3）与轴承座（4）之间用螺钉连接，轴承座（4）与端盖组件（16）连接，在转轴（1）的外周套装有汽缸座（2），汽缸座（2）与轴承座（4）连接。即，二者的区别技术特征为本专利权利要求 1 中所述转向驱动结构的具体结构特征以及在接管内沿着接管的轴向安装转向轴。

证据 3（说明书第 2 页第 6 段至第 3 页第 1 段，附图 1、2）公开了一种染色机混流泵，其转轴（8）上伸出泵体（15）外的一端紧固操纵机构；操纵机构为一根操纵手柄；转轴（8）的内端可转动地联接在位于静叶轮（6）中部的内套（21）上，外端可转动地联接在紧固于泵体（15）上的轴套（22）内，并分别在转轴（8）与内套（21）及轴套（22）间设置小套（7）及大套（12），在位于大套内、外端的转轴（8）上分别有紧固在转轴（8）上的止退圈（10）与紧固在大套（12）外端面上的压盖（13），在大套（22）与止退圈（10）间还设置有垫片（11），在转轴（8）的外端面有紧固在转轴端面的压板（14）。

证据 3 对于压盖（13）内的黑点并无任何文字记载表明其为轴承，且由附图 1 来看，本领域技术人员也无法确定该压盖内的黑点为轴承。由此可见，证据 3 中仅公开了采用大套和小套套装于转向轴，设置轴套、止退圈和垫片，并在外端面固定压盖、操纵手柄和压板来组成所述操纵结构，其结构特征与本专利权利要求 1 中转向驱动结构的结构特征有很大差别；且证据 3 中也未公开在接管内沿着接管的轴向安装转向轴。也就是说，证据 3 并未给出将上述区别特征应用到证据 1′中以获得本专利权利要求 1 的技术方案的启示。根据本专利说明书第 2~3 页的记载，当需要换向时，通过外部的转向汽缸带动转向轴转动 180 度，转向轴带动换向平板转动，换向平板调整内部流体的流通方向，从而实现转向的功能。因此，原告主张权利要求 1 相对于证据 1′和 3 的结合不具备创造性的无效理由不能成立，权利要求 1 相对于证据 1′和 3 的结合符合《专利法》第二十二条第三款的规定。

相对于证据 2 和 3 的结合，证据 2 的技术方案为最接近的现有技术。证据 2（说明书第 2 页第 6-7 行和附图 1）公开了染色机用的换向水泵一体化装置，其由椭圆板式换向器、夹套式热交换器、对衡式水泵组成，其中关于椭圆板式换向器的具体结构特征并无明确的文字记载。由附图 1 以及原告自行对应本专利图 1、图 3 作出标号之后的附图 1 来看，所述椭圆板式换向器包括接管（10），接管（10）沿着接管（8）的径向插装于接管（8）并于接管（8）相通，接管（8）沿着接管（7）的径向插装于接管（7），接管（7）沿着接管（6）的径向插装于接管（6），接管（6）的顶部（9）为锥台形网罩，在接管（10）的轴向安装有转向轴（1），转向轴（1）套装有换向平板（15），换向平板（15）与接管（10）的内壁接触并将接管（10）的左端和右端以及接管（8）的上端和下端隔开，转向轴（1）通过转向驱动结构与接管（6）密封连接。

将权利要求 1 的技术方案与证据 2 的上述技术方案相比，二者均是采用套装有换向平板的转向轴来控制筒子染色机的换向，且均为轴向安装，不同之处在于：在权利要求 1 的换向结构中，所述转向驱动结构包括换向端盖（5）、端盖组件（16），之间连接，换向端盖（5）与安装于接管（6）的法兰（17）密封连接，端盖组件（16）套装于转向轴（1），转向轴（1）套装有轴承（18），在轴承（18）的两侧，转向轴（1）分别套装有轴承端盖（3）和轴承座（4），轴承端盖（3）与轴承座（4）之间用螺钉连接，轴承座（4）与端盖组件（16）连接，在转轴（1）的外周套装有汽缸座（2），汽缸座（2）与轴承座（4）连接。即二者的区别技术特征为本专利权利要求 1 中所述转向驱动结构的具体结构特征。

证据 3 中公开的操纵结构的结构特征与本专利权利要求 1 中转向驱动结构的结构特征有很大差别，并没有给出将上述区别特征应用到证据 2 中以获得本专利权利要求 1 的技术方案的启示。如上所述，本专利已实现了转向的功能。因此，原告主张权利要求 1 相对于证据 2 和 3 的结合不具备创造性的无效理由不能成立，权利要求 1 相对于证据 2 和 3 的结合符合《专利法》第二十二条第三款的规定。

据此，被告作出了维持本专利有效的被诉决定。

本院认为，原告和第三人在诉讼中对被告的行政职权、行政程序，被诉决定关于原告所提无效宣告请求的范围、理由，本专利的审查文本和据以评价本专利的现有技术的确定均无异议。本院经审查，对上述部分的合法性及正确性予以确认。

《专利法》第二十二条第三款规定："创造性，是指同申请日以前已有的技术相比，该发明具有突出的实质性特点和显著的进步。"

本案中，原告主张权利要求 1 相对于证据 1′和 3 的结合、或者证据 2 和 3 的结合不具备创造性。

在引用证据 1′和 3 作为现有技术评价本专利的创造性时，证据 1′的技术方案为与本专利最接近的现有技术。对比权利要求 1 和证据 1′的技术方案，二者均采用了套装有换向平板的转向轴来控制筒子染色机的换向的技术；区别技术特征在于：本专利权利要求 1 中所述转向驱动结构的具体结构特征以及在接管内沿着接管的轴向安装转向轴。原告主张证据 3 公开的染色机混流泵的操纵结构等同于权利要求 1 中的所述转向驱动结构，且其中压盖（13）中的黑点可以看作轴承，但证据 3 并无任何文字记载表明压盖（13）内的黑点为轴承，且本领域技术人员也无法确定附图 1 中压盖内的黑点即为轴承。证据 3 中仅公开了采用大套和小套套装于转向轴，设置轴套、止退圈和垫片，并在外端面固定压盖、操纵手柄和压板来组成所述操纵结构，其结构特征与本专利权利要求 1 中转向驱动结构的结构特征有很大差别；且证据 3 也未公开在接管内沿着接管的轴向安装转向轴的技术。也就是说，证据 3 并未给出获得本专利权利要求 1 方案的技术启示。根据本专利说明书第 2~3 页的记载，当需要换向时，通过外部的转向汽缸带动转向轴转动 180 度，转向轴带动换向平板转动，换向平板调整内部流体的流通方向，从而实现转向的功能。因此，原告主张权利要求 1 相对于证据 1′和 3 的结合不具备创造性的无效理由不能成立，权利要求 1 相对于证据 1′和 3 的结合具有《专利法》第二十二条第三款规定的创造性。

证据 2 可以作为现有技术评价本专利的创造性。

在引用证据 2 和 3 作为现有技术评价本专利的创造性时，证据 2 的技术方案为与本专利最接近的技术。对比权利要求 1 和证据 2 的技术方案，二者均采用了套装有换向平板的转向轴来控制筒子染色机的换向的技术，且均为轴向安装；区别技术特征在于：本专利权利要求 1 中所述转向驱动结构的具体结构特征。且原告关于证据 3 公开的染色机混流泵的操纵结构等同于权利要求 1 中的所述转向驱动结构的主张，并无根据。如上所述，证据 3 并没有给出获得本专利权利要求 1 方案的技术启示。因此，原告主张权利要求 1 相对于证据 2 和 3 的结合不具备创造性的无效理由亦不能成立，权利要求 1 相对于证据 2 和 3 的结合具有《专利法》第二十二条第三款规定的创造性。

综上，被诉决定认定事实清楚，适用法律正确，审查程序合法，本院应予维持。原告的诉讼理由不成立，其请求本院不予支持。据此，依照《中华人民共和国行政诉讼法》第五十四条第（一）项之规定，判决如下：

维持被告中华人民共和国国家知识产权局专利复审委员会作出的第 16268 号无效宣告请求审查决定。

案件受理费人民币 100 元，由原告科万商标投资有限公司负担（已交纳）。

如不服本判决，科万商标投资有限公司可在本判决书送达之日起 30 日内，中华人民共和国国家知识产权局专利复审委员会和无锡东宝机械制造有限公司可在本判决书送达之日起 15 日内，向本院递交上诉状，并按照对方当事人的人数提出副本，预交上诉案件受理费人民币 100 元，上诉于中华人民共和国北京市高级人民法院。

审 判 长 吴 月
代理审判员 刘景文
代理审判员 毛大鹏
二〇〇九年十二月三十一日
书 记 员 汪 明

040

筒子染色机的换热结构

无效宣告请求审查决定（第12629号）

决　　定　　号　第12629号
决　　定　　日　2008年11月24日
发明创造名称　筒子染色机的换热结构
国 际 分 类 号　D06B 23/20，D06B 3/09
无效宣告请求人　科万商标投资有限公司
专　利　权　人　无锡东宝机械制造有限公司
专　　利　　号　200520074154.1
申　　请　　日　2005年7月31日
授 权 公 告 日　2006年9月13日
合 议 组 组 长　汪送来
主　　审　　员　危　峰
参　　审　　员　娄　宁

法　律　依　据　专利法第22条第2款、第3款
决　定　要　点

如果实用新型保护的技术方案相对于最接近的现有技术存在区别特征，同时现有技术中没有给出将上述区别特征应用到该最接近现有技术以解决其存在的技术问题的启示，并且要求保护的技术方案能够产生有益的技术效果，则认为该实用新型具有实质性特点和进步，符合专利法第22条第3款关于创造性的规定。

一、案由

本无效宣告请求案涉及国家知识产权局于2006年9月13日公告授予的、名称为“筒子染色机的换热结构”的实用新型专利权（以下简称本专利），其申请日为2005年7月31日，专利权人为无锡东宝机械制造有限公司。本专利授权公告的权利要求书如下：

“1. 筒子染色机的换热结构，其包括热交换器、离心泵，其特征在于：所述热交换器的输入口与所述离心泵的输出口直接密封连接，所述热交换器的回流输出口与所述离心泵的输入口直接密封连接。

2. 根据权利要求1所述换热结构，其特征在于：所述热交换器包括外筒体和内衬筒体，所述外筒体与内衬筒体之间的环形腔内设置有换热管，所述外筒体设置有蒸汽通口和冷却水通孔，所述换热管的输入口与所述离心泵的出口密封链接，所述离心泵的输入口与所述内衬筒体的回流输出口密封

连接。

3. 根据权利要求 2 所述换热结构，其特征在于：在所述换热管的外侧，所述外筒体内安装有内筒体，之间通过钢柱焊接连接，所述外筒体与所述内筒体之间留有夹层，所述蒸汽通孔和冷却水通孔的出口位于所述内筒体的内壁面，所述夹层的输入口与所述离心泵的出口密封连接。”

针对上述专利权，科万商标投资有限公司（下称请求人）于 2008 年 6 月 26 日向专利复审委员会提出无效宣告请求，认为本专利不符合专利法第 22 条第 2 款和第 3 款的规定，并提交了 200520074154.1 号中国实用新型专利说明书，复印件共 8 页（即，本专利授权文本），以及下述证据：

证据 1：02121770.X 号中国发明专利申请公开说明书，公开日为 2003 年 7 月 2 日，复印件共 16 页；

证据 2：03268051.1 号中国实用新型专利说明书，授权公告日为 2004 年 8 月 11 日，复印件共 6 页；

证据 3：200410065977.8 号中国发明专利申请公开说明书，公开日为 2005 年 6 月 29 日，复印件共 6 页；

请求人认为：本专利与证据 1、2、3 涉及的技术领域、所要解决的技术问题相同。（1）相对于证据 1 中说明书第 9~12 页及附图 1 公开的热交换器的结构，或者证据 2 中说明书第 3 页第 4~5 段及附图 1 公开的热交换器的结构，本专利权利要求 1 不具备新颖性。（2）相对于证据 2 中说明书附图 1 公开的热交换器的结构，本专利权利要求 2 和 3 不具备新颖性。（3）相对于证据 2 与证据 1 或 3 的结合，本专利权利要求 2 和 3 不具备创造性。

经形式审查合格后，专利复审委员会受理了上述请求，于 2008 年 8 月 27 日向双方当事人发出《无效宣告请求受理通知书》，并将《专利权无效宣告请求书》及其他有关文件的副本转送给专利权人，要求其在指定的期限内答复，同时成立合议组对本无效请求案进行审理。

2008 年 9 月 8 日，本案合议组向双方当事人发出《无效宣告请求口头审理通知书》，拟定于 2008 年 10 月 23 日对该专利权的无效请求进行口头审理。

专利权人于 2008 年 10 月 13 日针对上述《无效宣告请求受理通知书》提交了意见陈述书，并提交了经修改的权利要求书，其中在授权公告的权利要求书中，将权利要求 2 和 3 的附加技术特征限定到权利要求 1 中，并将权利要求 2 和 3 删除。修改后的权利要求书为：

“1. 筒子染色机的换热结构，其包括热交换器、离心泵，所述热交换器的输入口与所述离心泵的输出口直接密封连接，所述热交换器的回流输出口与所述离心泵的输入口直接密封连接；所述热交换器包括外筒体和内衬筒体，所述外筒体与内衬筒体之间的环形腔内设置有换热管，所述外筒体设置有蒸汽通口和冷却水通孔，所述换热管的输入口与所述离心泵的出口密封链接，所述离心泵的输入口与所述内衬筒体的回流输出口密封连接；其特征在于：在所述换热管的外侧，所述外筒体内安装有内筒体，之间通过钢柱焊接连接，所述外筒体与所述内筒体之间留有夹层，所述蒸汽通孔和冷却水通孔的出口位于所述内筒体的内壁面，所述夹层的输入口与所述离心泵的出口密封连接。”

专利人认为：相对于新提交的权利要求 1，（1）证据 1、2 和 3 中均未公开权利要求 1 特征部分的技术特征，且证据 2 仅文字部分记载了由椭圆板式换向器 2、夹套式热交换器 3、对衡式水泵 4 组成的一体化装置，未见具体零部件结构组成的文字记载，且其结构示意图与本专利说明书附图存在差别，因此证据 1、2 或 3 不能破坏权利要求 1 的新颖性；（2）权利要求 1 中特征部分的引入，一方面让夹层的输入口与所述离心泵的出口密封连接而通上染液，也进入染液的循环回路，增大了染液流量，另一方面让蒸汽通孔和冷却水通孔的出口位于所述内筒体的内比面（即夹层的内壁面），从而加热的蒸汽和冷却的水作用于夹层，起到加热冷却的换热效果，在原来的换热管的基础上，增加了换热面积，进一步提高了换热器的换热效率，证据1、2和3中均未给出解决上述技术问题的相关教导或启示，证据1、2或3或其结合不能破坏权利要求1的创造性。

2008年10月23日，口头审理如期进行，双方当事人均委托代理人出席了口头审理。庭审过程中，合议组就本案的无效理由及证据逐一进行了调查，双方当事人充分陈述了各自的意见。在此基础上，合议组记录了以下重要事项：

（1）合议组当庭将专利权人于2008年10月13日提交的意见陈述及所附附件转送给请求人。

（2）请求人对专利权人提交的经修改的权利要求书无异议；合议组当庭告知双方当事人，本次口头审理以修改后的权利要求书和本实用新型专利授权公告的说明书及附图为基础进行。

（3）请求人当庭提交了证据1相对应的02121770. X号中国发明专利申请公开说明书（公开日为2003年7月2日，复印件共15页，下称证据1′），用以替换2008年6月26日提出无效宣告请求时提交的证据1，并明确了所使用部分；专利权人对此替换无异议。

（4）请求人当庭出示了盖有“国家知识产权局专利检索咨询中心副本认证专用章”红章的证据1、证据1′、证据2和3；专利权人认可请求人提交的所有证据的真实性、公开性和关联性。

（5）针对专利权人提交的经修改的权利要求书，请求人在口头审理中放弃了权利要求1相对于证据2和3不具备创造性的无效理由，确认其无效理由为：权利要求1相对于证据2不具备新颖性；权利要求1相对于证据1′和2的结合不具备创造性。

（6）合议组当庭告知：专利权人可于本案口审结束之日起7天之内针对请求人当庭提交的证据1的相应公开文本和授权文本发表意见，逾期不提交的视为无进一步意见；请求人可于本案口审结束之日起7天之内针对合议组当庭转送的专利权人的意见陈述发表意见，逾期不提交的视为无进一步意见。

本案口审结束之日起7天期满时，专利权人和请求人均未提交进一步的意见陈述。

至此，合议组认为本案的事实已经清楚，可以作出审查决定。

二、决定的理由

1. 关于审查文本

本案中，专利权人针对《无效宣告请求受理通知书》于2008年10月13日提交了经修改的权利要求书，其中在授权公告的权利要求书中，将权利要求2和3的附加技术特征限定到权利要求1中，并将权利要求2和3删除。请求人对专利权人提交的经修改的权利要求书无异议。合议组经核实认为，专利权人对权利要求书的修改实质是删除了权利要求1~2，所述修改并未超出本实用新型专利授权公告的权利要求书记载的范围，故该修改应予以接受。因此，本无效决定是以专利权人于2008年10月13日提交的权利要求书和2006年9月13日授权公告的说明书及附图为基础作出的。

2. 关于无效宣告请求的范围、理由和证据

针对专利权人提交的经修改的权利要求书，请求人确定其无效宣告请求的范围、理由为：权利要求1相对于证据2不具备新颖性；权利要求1相对于证据1′与2的结合以及相对于证据2与3的结合不具备创造性。在口头审理过程中，请求人放弃了权利要求1相对于证据2与3的结合不具备创造性的无效理由。因此，合议组确定本无效宣告请求的范围、理由为：权利要求1相对于证据2不具备新颖性；权利要求1相对于证据1′与2的结合不具备创造性。

证据1扉页标明其为02121770. X号中国发明专利申请公开说明书，但实际的权利要求书和说明书及附图部分均为相应授权公告文本的相关内容。请求人于口头审理时提交了证据1′，专利权人对于使用证据1′进行本专利的新颖性、创造性评价没有异议。经审查，合议组认为，证据1′是证据1所对

应的申请公开文本，且所使用的证据1′的内容与证据1中相应内容是一致的（主要为申请公开文本说明书第4页第2~4段，第5页的第7段，第6页第4段，第7页第2~3段中相对应的内容，以及说明书附图），因此证据1′不属于新的证据，应当予以考虑。

请求人当庭出示了盖有“国家知识产权局专利检索咨询中心副本认证专用章”红章的证据1′和证据2，专利权人对证据1′和证据2的真实性、合法性和关联性没有异议，经合议组核实后对其真实性、合法性和关联性予以确认。证据1′和证据2均是在本专利申请日之前公开的专利文献，其可以作为现有技术用于评价本专利的新颖性和创造性。

3. 关于专利法第22条第2款

专利法第22条第2款规定：新颖性，是指在申请日以前没有同样的发明或者实用新型在国内外出版物上公开发表过、在国内外公开使用过或者以其他方式为公众所知，也没有同样的发明或者实用新型由他人向国务院专利行政部门提出过申请并且记载在申请日以后公布的专利申请文件中。

如果权利要求的技术方案与现有技术公开的技术方案相比存在区别特征，二者实质上为不相同的技术方案，则该权利要求具有新颖性。

本案中，权利要求1要求保护一种筒子染色机的换热结构（具体内容见案由部分）。

证据2（说明书第2页第5~8段及附图1）公开了染色机用的换向水泵一体化装置，其由椭圆板式换向器、夹套式热交换器、对衡式水泵组成，其中夹套式热交换器的内夹层连接在对衡式水泵的吸入口，夹套式热交换器的外夹层连接在对衡式水泵的出口。如附图4所示，夹套式热交换器端面用法兰直接与对衡式水泵连接。同时参照附图1，可以看出该夹套式换热器包括外筒体和内衬筒体，外筒体和内衬筒体之间的环形腔内设置有换热管，且外筒体上设置有蒸汽通孔和冷却水通孔。

将权利要求1的技术方案与证据2中的上述技术方案相比，二者均采用在由外筒体和内衬筒体组成的环形腔内设置换热管来进行换热，不同之处在于：在权利要求1的换热结构之中，除了外筒体与内衬筒体之外，还在所述换热管的外侧，所述外筒体内安装有内筒体，之间通过钢柱焊接连接，所述外筒体与所述内筒体之间留有夹层，所述蒸汽通孔和冷却水通孔的出口位于所述内筒体的内壁面，所述夹层的输入口与所述离心泵的出口密封连接。由此可见，权利要求1的技术方案与证据2公开的技术方案二者实质上为不相同的技术方案，故权利要求1相对于证据2具备新颖性，符合专利法第22条第2款的规定。

口头审理过程中，请求人认可证据2中并未公开内筒体，但主张在证据2中外筒体与热交换管之间的部位即为夹层。对此，合议组经审查认为：由证据2附图来看，在外筒体与热交换管之间确实存在一定空间，但由于证据2公开的夹套式换热器中未在外筒体内安装有内筒体，而热交换管不能等同于内筒体，并且证据2中外筒体与热交换管之间的空间流通的是换热介质，而本专利外筒体与内筒体之间的夹层中流通的是染液，故上述空间并不等同于本专利中所述外筒体与所述内筒体之间留有的夹层。

4. 关于专利法第22条第3款

专利法第22条第3款规定：创造性，是指同申请日以前已有的技术相比，该发明有突出的实质性特点和显著的进步，该实用新型有实质性特点和进步。

如果实用新型保护的技术方案相对于最接近的现有技术存在区别特征，同时现有技术中没有给出将上述区别特征应用到该最接近现有技术以解决其存在的技术问题的启示，并且要求保护的技术方案能够产生有益的技术效果，则认为该实用新型具有实质性特点和进步，符合专利法第22条第3款关于创造性的规定。

本案中，权利要求1要求保护一种筒子染色机的换热结构（具体内容见案由部分）。

在创造性的评价中，请求人以证据2中的技术方案作为最接近的现有技术。如上所述，权利要求1的技术方案与证据2的上述技术方案相比，二者存在如下区别技术特征：在权利要求1的换热结构之中，除了外筒体与内衬筒体之外，还在所述换热管的外侧，所述外筒体内安装有内筒体，之间通过钢柱焊接连接，所述外筒体与所述内筒体之间留有夹层，所述蒸汽通孔和冷却水通孔的出口位于所述内筒体的内壁面，所述夹层的输入口与所述离心泵的出口密封连接。

根据本专利说明书第2页第2段的记载，外筒体与所述内筒体之间留有夹层，夹层内通染液，这样增加了散热面积，进一步提高了换热器的换热效率。由此可见，本专利相对于证据2实际解决的技术问题是：通过在外筒体内设置内筒体，并使外筒体与内筒体之间留有的夹层内通染液，进一步增加染色机换热结构的染液流量并提高了换热结构的换热效率。

证据1′（说明书第4页第2~4段，第5页的第7段，第6页第4段，第7页第2~3段中相对应的内容，以及说明书附图）公开了一热交换器，其连接于离心泵与环状通道之间，热交换器连接离心泵的出口，液体从叶轮排出以流入热交换器中的热交换管，适当的叶轮可以是一离心泵，十字管1的埠12连接到离心泵5的液体入口，外管6具有一内径大于第一管30的外径，外管6的第一端连接热交换器50中的热交换管51之一端。

可见，证据1′中仅公开了在热交换器内设置热交换管进行换热，并未公开通过在外筒体内设置内筒体并使外筒体与内筒体之间留有的夹层内通染液来进行换热。因此，本领域技术人员在面对本专利解决的技术问题时，无法从证据1′中得到启示，要采取在外筒体内设置内筒体并使外筒体与内筒体之间留有的夹层内通染液，以进一步增加染色机换热结构的染液流量并提高了换热结构的换热效率。故证据1′和2的结合不足以破坏权利要求1的创造性。

口头审理中，请求人主张证据1′中在换热管51的外侧，外管6内安装有内筒体52，由此与外管6之间形成夹层。对此，合议组经审查认为：首先，证据1′中对于附图1中标号为“52”的部件并无任何文字记载表明其为内筒体；其次，由证据1′的附图1来看，本领域技术人员并不能确定“52”为内筒体，无法看出其与外管6形成夹层供染液流通。

综上所述，权利要求1相对于证据2与证据1′的结合具有实质性特点和进步，符合专利法第22条第3款的规定。

基于以上事实和理由，本案合议组作出如下审查决定。

三、决定

维持200520074154.1号实用新型专利权有效。

当事人对本决定不服的，可以根据专利法第46条第2款的规定，自收到本决定之日起三个月内向北京市第一中级人民法院起诉。根据该款的规定，一方当事人起诉后，另一方当事人应当作为第三人参加诉讼。

北京市第一中级人民法院
行政判决书

（2009）一中行初字第812号

原告科万商标投资有限公司，住所地英属维尔京群岛托士拉岛路镇威克汉岛Ⅰ欧玛荷吉大楼，邮政信箱三六二号。

法定代表人李绮莲，总经理。

委托代理人王雄杰，深圳市雄杰专利商标代理有限公司专利代理人。

被告中华人民共和国国家知识产权局专利复审委员会，住所地中华人民共和国北京市海淀区北四环西路9号银谷大厦。

法人代表张茂于，中华人民共和国国家知识产权局专利复审委员会副主任。

委托代理人危峰，中华人民共和国国家知识产权局专利复审委员会审查员。

委托代理人郭鹏鹏，中华人民共和国国家知识产权局专利复审委员会审查员。

第三人无锡东宝机械制造有限公司，住所地中华人民共和国江苏省无锡市惠山区前洲镇。

法定代表人潘加龙，董事长。

委托代理人张宁，江苏钟山明镜律师事务所无锡分所律师。

委托代理人顾吉云，无锡盛阳专利商标事务所所长。

原告科万商标投资有限公司不服被告中华人民共和国国家知识产权局专利复审委员会作出的第12629号专利无效宣告请求审查决定（以下简称被诉决定），于2009年3月9日向本院提起行政诉讼。本院受理后，依法组成合议庭，向被告送达了起诉状副本及应诉通知书，并依照《中华人民共和国行政诉讼法》第二十七条的规定通知无锡东宝机械制造有限公司作为本案的第三人参加诉讼。本院于2009年7月6日对本案公开开庭进行了审理。原告的委托代理人王雄杰，被告的委托代理人危峰、郭鹏鹏，第三人的委托代理人张宁、顾吉云到庭参加了诉讼。本案现已审理终结。

2008年11月24日，被告作出被诉决定，维持第三人名称为“筒子染色机的换热结构”的第200520074154.1号实用新型专利（以下简称本专利）有效。

被告为证明被诉决定的合法性，在法定举证期限内，向本院提交并经当庭质证了如下证据：1. 公开日为2003年7月2日的第02121770.X号中国发明专利申请公开说明书复印件，共15页（即被诉决定中证据1′，以下简称证据1′）；2. 授权公告日为2004年8月11日的第03268051.1号中国实用新型专利说明书复印件，共6页（即被诉决定中证据2，以下简称证据2）；3. 本专利说明书复印件；4. 第三人在无效宣告请求程序中提交的权利要求书修改替换页；5. 口头审理记录表。上述证据用于证明被诉决定认定事实清楚、适用法律正确、审理程序合法。

原告诉称：被诉决定认定事实错误。1. 关于以2000年修订的《中华人民共和国专利法》（以下简称《专利法》）第二十二条第三款评判本专利的创造性问题上，被诉决定认为：“证据1′中仅公开了在热交换器内设置热交换管进行换热，并未公开通过在外筒体内设置内筒体并使外筒体与内筒体之间留有的夹层内通染液来进行换热。”事实上，从证据1′的附图1中热交换器的剖面图可以清楚看出：涉及的热交换器的剖面图上部筒体壁由黑体实线表示，下部筒体壁由细框线表示。无论是上部黑体实线，还是下部的细框线，在外筒体与内衬筒体之间，设置有热交换管51，并且在外筒体与热交换管51之间，同样设置有内筒体52，在外筒体与内筒体52之间留有的夹层内通染液来进行换热。因此，由证据1′和证据2的组合已经公开了本专利权利要求1的技术特征。本专利不符合《专利法》第二十二条第三款的规定。2. 本专利权利要求书的技术特征表述为："在换热管的外侧，外筒体内装内筒体，外筒体与内筒体之间留有夹层。"证据1′涉及的热交换器的附图1清楚地表明，在换热管的外侧，外筒体内设置有明显的隔断线条，外筒体与该隔断线条之间留有夹层。因此，证据1′涉及的热交换器的附图1完全公开了本案专利的上述技术特征。3. 附图公开就是技术内容的公开。被告和第三人均以只是附图公开，而没有文字说明为由否定本专利被公开的事实。根据《专利法》的有关规定，说明书附图是说明书的一部分，它是用图形的直观性来表示技术内容的，只要图形的结构示意使本技术领域的普通技术人员能清楚其技术内容，不需要文字说明，就应该视为公开。

因此，原告认为被诉决定认定事实不清，适用法律错误，请求依法撤销，并由被告承担本案诉讼费用。

原告为支持其诉讼主张，在指定期限内向本院提交并经当庭质证了如下证据：1. 公开日为2003年7月2日的第02121770. X号中国发明专利申请公开说明书复印件，共15页（同被告证据1，即证据1′）；2. 授权公告日为2004年8月11日的第03268051. 1号中国实用新型专利说明书复印件，共6页（同被告证据2，即证据2）；3. 本专利说明书复印件（同被告证据3），以上证据用以证明被诉决定认定事实不清。

被告辩称：证据1′仅公开了在热交换器内设置热交换管进行换热，其并未公开通过在外筒体内设置内筒体并使外筒体与内筒体之间留有的夹层内通染液来进行换热。由此，本领域技术人员在面对本专利解决的技术问题时，无法从证据1′中得到启示，要采取在外筒体内设置内筒体并使外筒体与内筒体之间留有的夹层内通染液，以进一步增加染色机换热结构的染液流量并提高了换热结构的换热效率。故证据1′和2的结合不足以破坏权利要求1的创造性。并且，证据1′中对于附图1中标号为"52"的部件并无任何文字记载表明其为内筒体。由证据1′的附图1来看，本领域技术人员并不能确定"52"为内筒体，无法看出其与外管6形成夹层供染液流通。

综上，被诉决定认定事实清楚，适用法律正确，审理程序合法，请求予以维持，并依法判决驳回原告的诉讼请求。

第三人同意被诉决定对于权利要求1的区别技术特征方案未被证据1′所披露的答辩意见，并认为，证据2技术方案作为原告认为的最接近技术，仅文字部分记载了由椭圆板式换向器2、夹套式热交换器3、对衡式水泵4组成的一体化装置，也未见其他具体零部件结构组成的文字记载，与权利要求1的前序部分和特征部分方案都有较大差别；本专利实际解决的技术问题是：进一步增加染液流量和提高换热效率，并能保证其结构简单。通过本专利的权利要求1的技术方案——"除了内衬筒体和换热管通染液之外、还有外筒体与内筒体之间的夹层通过与离心泵的出口密封连接、也进入染液的循环回路"解决了上述技术问题。证据1′并未给出将上述区别技术特征方案应用到证据2中来解决上述技术问题的启示。本专利技术方案能达到增加染液流量、提高换热效率的效果，具有实质性特点和进步，因此相对于证据1′和证据2的结合而言，权利要求1具备创造性，符合《专利法》第二十二条第三款的规定。

综上，被诉决定认定事实清楚，审查结论正确，原告的诉讼请求不能成立，请求予以驳回。

第三人在指定期限内未向本院提交证据。

本院经审查认为：被告证据和原告证据与被诉决定的合法性审查相关且合法，各方当事人对其真实性亦无异议，均为有效证据。根据这些证据及各方当事人在庭审中无争议的陈述，本院对本案事实作出如下认定：

中华人民共和国国家知识产权局于2006年9月13日授权公告了本专利，该专利的申请日为2005

年7月31日，专利号为200520074154.1，名称为“筒子染色机的换热结构”，专利权人为本案第三人无锡东宝机械制造有限公司。本专利授权公告的权利要求书如下：

1. 筒子染色机的换热结构，其包括热交换器、离心泵，其特征在于：所述热交换器的输入口与所述离心泵的输出口直接密封连接，所述热交换器的回流输出口与所述离心泵的输入口直接密封连接。

2. 根据权利要求1所述换热结构，其特征在于：所述热交换器包括外筒体和内衬筒体，所述外筒体与内衬筒体之间的环形腔内设置有换热管，所述外筒体设置有蒸汽通口和冷却水通孔，所述换热管的输入口与所述离心泵的出口密封链接，所述离心泵的输入口与所述内衬筒体的回流输出口密封连接。

3. 根据权利要求2所述换热结构，其特征在于：在所述换热管的外侧，所述外筒体内安装有内筒体，之间通过钢柱焊接连接，所述外筒体与所述内筒体之间留有夹层，所述蒸汽通孔和冷却水通孔的出口位于所述内筒体的内壁面，所述夹层的输入口与所述离心泵的出口密封连接。

2008年6月26日，原告针对本专利向被告提出无效宣告请求，认为本专利不符合《专利法》第二十二条第二款和第三款的规定，并提交以下证据：

证据1：公开日为2003年7月2日的第02121770.X号中国发明专利申请公开说明书复印件，共16页（以下简称证据1）；

证据2：授权公告日为2004年8月11日的第03268051.1号中国实用新型专利说明书复印件，共6页（即前文证据2）；

证据3：公开日为2005年6月29日的第200410065977.8号中国发明专利申请公开说明书复印件，共6页（以下简称证据3）。

原告认为：本专利与证据1、2、3涉及的技术领域、所要解决的技术问题相同。（1）相对于证据1中说明书第9~12页及附图1公开的热交换器的结构，或者证据2中说明书第3页第4-5段及附图1公开的热交换器的结构，本专利权利要求1不具备新颖性。（2）相对于证据2中说明书附图1公开的热交换器的结构，本专利权利要求2和3不具备新颖性。（3）相对于证据2与证据1或3的结合，本专利权利要求2和3不具备创造性。

被告受理后，于2008年8月27日将《专利权无效宣告请求书》及其他有关文件的副本转送给第三人，要求其在指定的期限内答复。

2008年10月13日，第三人提交了意见陈述书，并提交了经修改的权利要求书，其在授权公告的权利要求书中，将权利要求2和3的附加技术特征限定到权利要求1中，并将权利要求2和3删除。修改后的权利要求书为：

1. 筒子染色机的换热结构，其包括热交换器、离心泵，所述热交换器的输入口与所述离心泵的输出口直接密封连接，所述热交换器的回流输出口与所述离心泵的输入口直接密封连接；所述热交换器包括外筒体和内衬筒体，所述外筒体与内衬筒体之间的环形腔内设置有换热管，所述外筒体设置有蒸汽通口和冷却水通孔，所述换热管的输入口与所述离心泵的出口密封链接，所述离心泵的输入口与所述内衬筒体的回流输出口密封连接；其特征在于：在所述换热管的外侧，所述外筒体内安装有内筒体，之间通过钢柱焊接连接，所述外筒体与所述内筒体之间留有夹层，所述蒸汽通孔和冷却水通孔的出口位于所述内筒体的内壁面，所述夹层的输入口与所述离心泵的出口密封连接。

第三人认为：相对于新提交的权利要求1，（1）证据1、2和3中均未公开权利要求1特征部分的技术特征，且证据2仅文字部分记载了由椭圆板式换向器2、夹套式热交换器3、对衡式水泵4组成的一体化装置，未见具体零部件结构组成的文字记载，且其结构示意图与本专利说明书附图存在差别，因此证据 1、2 或 3 不能破坏权利要求 1 的新颖性；（2）权利要求 1 中特征部分的引入，一方面让夹层的输入口与所述离心泵的出口密封连接而通上染液，也进入染液的循环回路，增大了染液流量，另一方面让蒸汽通孔和冷却水通孔的出口位于所述内筒体的内比面（即夹层的内壁面），从而加热的蒸汽和冷却的水作用于夹层，起到加热冷却的换热效果，在原来的换热管的基础上，增加了换热面积，进一步提高了换热器的换热效率，证据 1、2 和 3 中均未给出解决上述技术问题的相关教导或启示，证据 1、2 或 3 或其结合不能破坏权利要求 1 的创造性。

在 2008 年 10 月 23 日举行的口头审理中，被告当场将第三人提交的意见陈述及所附附件转送给原告。原告对第三人提交的经修改的权利要求书无异议；被告当场告知双方当事人，口头审理以修改后的权利要求书和本专利授权公告的说明书及附图为基础进行。同时，原告当场提交了与证据 1 相对应的公开日为 2003 年 7 月 2 日的第 02121770. X 号中国发明专利申请公开说明书复印件共 15 页（即证据1′）,用以替换之前提交的证据 1，并明确了所使用部分，第三人对此替换无异议。针对第三人提交的经修改的权利要求书，原告放弃了权利要求 1 相对于证据 2 和 3 不具备创造性的无效理由，确认其无效理由为：权利要求 1 相对于证据 2 不具备新颖性；权利要求 1 相对于证据 1′和 2 的结合不具备创造性。

被告经审查认为：第三人对权利要求书的修改实质是删除了权利要求 1~2，所述修改并未超出本实用新型专利授权公告的权利要求书记载的范围，故该修改应予以接受，且原告对第三人提交的经修改的权利要求书无异议。因此，被诉决定是以第三人于 2008 年 10 月 13 日提交的权利要求书和 2006 年 9 月 13 日授权公告的说明书及附图为基础作出的。

对原告确定的无效理由予以确认。

证据 1′是证据 1 所对应的申请公开文本，且所使用的证据 1′的内容与证据 1 中相应内容是一致的（主要为申请公开文本说明书第 4 页第 2~4 段，第 5 页的第 7 段，第 6 页第 4 段，第 7 页第 2~3 段中相对应的内容，以及说明书附图），因此证据 1′不属于新的证据，应当予以考虑。证据 1′和证据 2 均是在本专利申请日之前公开的专利文献，其可以作为现有技术用于评价本专利的新颖性和创造性。

证据 2（说明书第 2 页第 5~8 段及附图 1）公开了染色机用的换向水泵一体化装置，其由椭圆板式换向器、夹套式热交换器、对衡式水泵组成，其中夹套式热交换器的内夹层连接在对衡式水泵的吸入口，夹套式热交换器的外夹层连接在对衡式水泵的出口。如附图 4 所示，夹套式热交换器端面用法兰直接与对衡式水泵连接。同时参照附图 1，可以看出该夹套式换热器包括外筒体和内衬筒体，外筒体和内衬筒体之间的环形腔内设置有换热管，且外筒体上设置有蒸汽通孔和冷却水通孔。

将本专利权利要求 1 的技术方案与证据 2 中的上述技术方案相比，二者均采用在由外筒体和内衬筒体组成的环形腔内设置换热管来进行换热，不同之处在于：在权利要求 1 的换热结构之中，除了外筒体与内衬筒体之外，还在所述换热管的外侧，所述外筒体内安装有内筒体，之间通过钢柱焊接连接，所述外筒体与所述内筒体之间留有夹层，所述蒸汽通孔和冷却水通孔的出口位于所述内筒体的内壁面，所述夹层的输入口与所述离心泵的出口密封连接。由此可见，权利要求 1 的技术方案与证据 2 公开的技术方案二者实质上为不相同的技术方案。

原告在口头审理中认可证据 2 中并未公开内筒体，但主张在证据 2 中外筒体与热交换管之间的部位即为夹层。由证据 2 附图来看，在外筒体与热交换管之间确实存在一定空间，但由于证据 2 公开的夹套式换热器中未在外筒体内安装有内筒体，而热交换管不能等同于内筒体，并且证据 2 中外筒体与热交换管之间的空间流通的是换热介质，而本专利外筒体与内筒体之间的夹层中流通的是染液，故证据 2 的上述空间并不等同于本专利中所述外筒体与所述内筒体之间留有的夹层。故权利要求 1 相对于证据 2 具备新颖性，符合《专利法》第二十二条第二款的规定。在创造性的评价中，原告以证据 2 中的技术方案作为最接近的现有技术。对于权利要求1与证据2的上述区别技术特征，根据本专利说明书第2页第2段的记载，外筒体与所述内筒体之间留有夹层，夹层内通染液，这样增加了散热面积，进一步提高了换热器的换热效率。由此可见，本专利相对于证据2实际解决的技术问题是：通过在外筒体内设置内筒体，并使外筒体与内筒体之间留有的夹层内通染液，进一步增加染色机换热结构的染液流量并提高了换热结构的换热效率。

证据1′公开了一热交换器，其连接于离心泵与环状通道之间，热交换器连接离心泵的出口，液体从叶轮排出以流入热交换器中的热交换管，适当的叶轮可以是一离心泵，十字管1的埠12连接到离心泵5的液体入口，外管6具有一内径大于第一管30的外径，外管6的第一端连接热交换器50中的热交换管51之一端。可见，证据1′中仅公开了在热交换器内设置热交换管进行换热，并未公开通过在外筒体内设置内筒体并使外筒体与内筒体之间留有的夹层内通染液来进行换热。因此，本领域技术人员在面对本专利解决的技术问题时，无法从证据1′中得到启示，要采取在外筒体内设置内筒体并使外筒体与内筒体之间留有的夹层内通染液，以进一步增加染色机换热结构的染液流量并提高了换热结构的换热效率。故证据1′和2的结合不足以破坏权利要求1的创造性。

虽然原告在口头审理中主张证据1′中在换热管51的外侧，外管6内安装有内筒体52，由此与外管6之间形成夹层。但，首先，证据1′中对于附图1中标号为“52”的部件并无任何文字记载表明其为内筒体；其次，由证据1′的附图1来看，本领域技术人员并不能确定“52”为内筒体，无法看出其与外管6形成夹层供染液流通。

因此，权利要求1相对于证据2与证据1′的结合具有实质性特点和进步，符合《专利法》第二十二条第三款的规定。

据此，被告作出了维持本专利有效的被诉决定。

本院认为，原告和第三人在诉讼中对被告的行政职权、行政程序，被诉决定关于原告所提无效宣告请求的范围、理由，本专利的审查文本和据以评价本专利的现有技术的确定，以及本专利权利要求1具有新颖性的认定意见均无异议。本院经审查，对上述部分的合法性及正确性予以确认。

《专利法》第二十二条第三款规定：“创造性，是指同申请日以前已有的技术相比，该发明具有突出的实质性特点和显著的进步。”本案中，原告将证据2的技术方案作为评价本专利是否具有创造性的最接近的现有技术。对比权利要求1和证据2的技术方案，二者均采用在由外筒体和内衬筒体组成的环形腔内设置换热管来进行换热的技术，区别技术特征在于：在权利要求1的换热结构之中，除外筒体和内衬筒体外，还在换热管的外侧、外筒体内安装有内筒体，并通过钢柱焊接连接，外筒体与内筒体之间留有夹层，蒸汽通孔和冷却水通孔的出口位于内筒体的内壁面，夹层的输入口与所述离心泵的出口密封连接。

根据体专利说明书的记载，外筒体与内筒体之间留有夹层，夹层内通染液，这样增加了散热面积，进一步提高了换热器的换热效率。由此可见，本专利相对于证据2实际解决的技术问题是：通过在外筒体内设置内筒体，并使外筒体与内筒体之间留有的夹层内通染液，进一步增加染色机换热结构的染液流量并提高了换热结构的换热效率。

证据1′仅公开了在热交换器内设置热交换管进行换热，并未公开通过在外筒体内设置内筒体并使外筒体与内筒体之间留有的夹层内通染液来进行换热。因此，证据1′中并未给出采取在外筒体内设置内筒体并使外筒体与内筒体之间留有的夹层内通染液，以进一步增加染色机换热结构的染液流量并提高了换热结构的换热效率的技术启示。原告关于证据1′在换热管51的外侧，外管6内安装有内筒体52，由此与外管6之间形成夹层的主张，并无根据。故相对于证据2和证据1′的结合，本专利权利要求1具备《专利法》第二十二条第三款规定的创造性。

综上，被诉决定认定事实清楚，适用法律正确，审查程序合法，本院应予维持。原告的诉讼理由不成立，其请求本院不予支持。据此，依照《中华人民共和国行政诉讼法》第五十四条第（一）项之规定，判决如下：

维持被告中华人民共和国国家知识产权局专利复审委员会作出的第16269号无效宣告请求审查决定。

案件受理费人民币100元，由原告科万商标投资有限公司负担（已交纳）。

如不服本判决，科万商标投资有限公司可在本判决书送达之日起30日内，中华人民共和国国家知识产权局专利复审委员会和无锡东宝机械制造有限公司可在本判决书送达之日起15日内，向本院递交上诉状，并按照对方当事人的人数提出副本，预交上诉案件受理费人民币100元，上诉于中华人民共和国北京市高级人民法院。

审 判 长 吴 月

代理审判员 刘景文

代理审判员 毛天鹏

二〇〇九年十二月三十一日

书 记 员 汪 明

041

聚氨酯微孔弹性体生产方法

无效宣告请求审查决定（第12653号）

决　　定　　号　第12653号
决　　定　　日　2008年11月28日
发明创造名称　聚氨酯微孔弹性体生产方法
国 际 分 类 号　C08G 18/10，C08G 18/72，C08G 18/32，C08G 18/24
无效宣告请求人　重庆灵汇聚氨酯有限公司
专　利　权　人　上海凯众聚氨酯有限公司
专　　利　　号　03116062. X
申　　请　　日　2003年3月28日
授 权 公 告 日　2007年5月9日
合 议 组 组 长　李人久
主　　审　　员　张　雷
参　　审　　员　吴文英

法 律 依 据　专利法第22条第3款
决 定 要 点

当要求保护的技术方案相对于最接近的现有技术存在区别技术特征时，应判断现有技术是否给出将上述区别技术特征应用到该最接近现有技术以解决其存在的技术问题的启示，如果存在这种技术启示，则要求保护的技术方案不具有创造性。

一、案由

本无效宣告请求案涉及国家知识产权局于2007年5月9日授予公告的、名称为“聚氨酯微孔弹性体生产方法”的第03116062. X号发明专利权（下称本申请），其申请日为2003年3月28日，专利权人为上海凯众聚氨酯有限公司。

本专利授权公告的权利要求如下：

“1. 一种聚氨酯微孔弹性体的制备方法，其生产步骤依次如下：

（1）预聚体的制备：过量的多异氰酸酯与多元醇树脂反应形成端-NCO基的预聚物，预聚体的端-NCO基含量大于10wt%，并保持预聚体的温度为35℃～60℃；

（2）多元醇树脂混合物的制备：将（1）中的多元醇与二醇扩联剂、水发泡剂、表面活性剂和延迟性叔胺催化剂混合配制成多元醇树脂混合物，其中二醇扩联剂为多元醇的5wt%～30wt%；延迟性叔胺催化剂用量为多元醇树脂混合物的0. 1wt%～2wt%；所述的多元醇是分子量为800～4000的聚醚或聚酯二元醇，所述的二醇扩联剂为乙二醇或二乙二醇或丙三醇或1，4-丁二醇或1，6-己二醇；

（3）浇注：使用低压发泡机将温度为35℃～60℃的预聚体与多元醇树脂混合物按比例混合反应后，注入温度为40℃～80℃模具内，熟化后即制得聚氨酯微孔弹性体。

2. 根据权利要求1所述的聚氨酯微孔弹性体的制备方法，所述多异氰酸酯为二异氰酸酯。

3. 根据权利要求1所述的聚氨酯微孔弹性体的制备方法，所述的预聚体的-NCO基含量大于15wt%。

4. 根据权利要求2所述的聚氨酯微孔弹性体的制备方法，所述的二异氰酸酯为二苯基甲烷二异氰酸酯（MDI），所述的分子量为800～4000的聚醚或聚酯二元醇为聚氧化丙烯二元醇、聚己二酸二乙二醇酯二元醇、聚四亚甲基聚醚二元醇、聚己内酯二元醇或聚醚酯混合二元醇。

5. 根据权利要求1所述的聚氨酯微孔弹性体的制备方法，所述的二醇扩联剂为多元醇的10wt%～25wt%。

6. 根据权利要求1～5所述的聚氨酯微孔弹性体的制备方法，其中所述延迟性叔胺催化剂也可用延迟性叔胺催化剂和有机锡催化剂组成混合催化剂代替。"

针对上述专利权，重庆灵汇聚氨酯有限公司（下称请求人）于2008年3月26日向专利复审委员会提出无效宣告请求，认为本专利权利要求1～6不具备专利法第22条第2款规定的新颖性以及第22条第3款规定的创造性。同时，请求人提交了如下证据：

证据1：《聚氨酯弹性体手册》，封面、版权页和第589～590、610～622页的复印件，共17页，山西省化工研究所编，化学工业出版社出版发行，公开日为2001年1月；

证据2：《聚氨酯材料手册》，封面、版权页和第284～299页的复印件，共18页，徐培林，张淑琴编著，化学工业出版社出版发行，公开日为2002年8月；

证据3：未提交；

证据4：被请求无效专利03116062.X授权文本复印件，共7页。

请求人于2008年4月25日向专利复审委员会提出意见陈述书，指出其进一步完善了证据1、2、3的内容，同时将这些证据引用到无效请求的内容中，重新提交了证据和无效请求书的理由，请求人重新提交的证据如下：

证据1：《聚氨酯弹性体手册》，封面、版权页、第233～239页、第589～622页的复印件，共44页，山西省化工研究所编，化学工业出版社出版发行，公开日为2001年1月；

证据2：《聚氨酯材料手册》，封面、版权页、第93～97、101～104、107～108、268～269、284～299页的复印件，共32页，徐培林，张淑琴编著，化学工业出版社出版发行，公开日为2002年8月；

证据3："聚氨酯的胺类延迟性催化剂"，宣美福，《黎明化工》，1989年第二期，化工部黎明化工研究院出版，第32～39页和版权页复印件，共9页（内部发行全国）。

请求人无效宣告请求的具体理由如下：

（1）本专利的权利要求1不符合专利法第22条第2、3款规定的新颖性和创造性。

本专利权利要求1公开的是生产聚氨酯微孔弹性体材料的三个步骤：预聚体的制备——多元醇树脂混合物的制备——浇注；而证据1中已公开了相应的内容，证据1全书详细阐述了聚氨酯弹性体合成与加工方法、使用的原料和配合剂，并详细说明了各种聚氨酯弹性体的加工方法，特别在第589～622页中详细公开了制备微孔弹性体的原料、配合剂和制备方法。权利要求1公开的方法实质上就是证据1中所公开的制备聚氨酯微孔弹性体通用的方法，具体就是证据1中第237～239页公开的生产聚氨酯常用的半预聚体法。并且证据1在第589～622页中详细介绍了制备聚氨酯微孔弹性体的详细步骤以及采用的具体原料和各种工艺参数，权利要求1相对于证据1，其区别技术特征仅有：①催化剂采用的是延迟性叔胺催化剂；②二醇扩联剂的用量，还选用了丙三醇、1，6-已二醇；③浇注的入注温度为40℃~80℃。但是，上述区别特征①“催化剂采用的是延迟性叔胺催化剂”在证据2和3中均有公开。证据2在说明聚胺酯材料使用的催化剂一节中（第93页）明确公开了“对聚氨酯，尤其是聚氨酯泡沫体合成中的-NCO与水和-NCO与端羟基聚酯、聚醚多元醇的两个主反应，叔胺类催化剂都有很强的催化作用”，同时在第97页的第4段还公开了叔胺催化剂的延迟催化特性，倒数第1段公开了该延迟性叔胺催化剂“能显著改善泡沫在模腔中的流动性，并能缩短固化时间”。并且在第107~108针对RIM微孔弹性泡沫体制备，特别公开了“该工艺要求混合物料必须具备优良的流动性且以及快的速度固化，因此，正确选择催化剂的品种和用量将是顺利实施该种工艺的关键，欧洲普遍使用的是有机锡-叔胺复合催化体系。”证据3中更是详细公开了延迟性叔胺催化剂在聚氨酯弹性体制备中的各种应用情况。因此，证据2和证据3所公开的上述特征对所属领域技术人员都存在明显的技术启示，即将证据2或证据3中公开的上述特征应用于证据1中以解决“产品在模内时间较长、产品工艺及材料性能差”的技术问题是不需要创造性劳动的。本专利权利要求1具有的区别技术特征②也在证据2的第288页的第三段文字中被公开，其公开的二醇扩链剂的用量为“每100质量份聚酯多元醇用10~16质量份”，该用量即在被请求无效专利的权利要求1的步骤②中二醇链剂的用量范围“5wt%~30wt%”的范围之内。另外并公开了二醇扩联剂可选用了丙三醇、1，6-已二醇。本专利的权利要求1具有的区别技术特征③在证据2的第289页的倒数第二段文字中被公开，即“烘道温度大多控制在60℃~80℃”，由于该烘道是对浇注好物料的模具进行加热的，因此该温度即为模温。证据2也公开了用于制备减震缓冲部件的聚氨酯半硬质泡沫塑料的制备方法之一半预聚体法，见第268页最末一段，其明确公开了“半预聚体发泡工艺是将聚脂多元醇或聚醚多元醇的一部分，首先与过量的异氰酸酯进行反应，制备-NCO含量较高、粘度较低的预聚体，然后将它们再与剩余部分聚脂多元醇或聚醚多元醇、发泡剂、催化剂、表面活性剂等一起反应，制备半硬质泡沫塑料”。因此，本领域技术人员结合证据1和2或证据1和3公开的内容，即能得到该被申请无效专利权利要求1的全部技术方案，这种结合对于所属领域技术人员而言是显而易见的，不具有突出的实质性特点和显著的进步，因此不符合专利法第22条第2、3款规定的新颖性和创造性。

（2）本专利的权利要求2~5不符合专利法第22条第2、3款规定的新颖性和创造性。

本专利的权利要求2在权利要求1的基础上进一步将多异氰酸酯限定为二异氰酸酯，而这在证据1的第237页已经明确公开了；权利要求3在权利要求1的基础上对预聚体的-NC0基含量进一步限定，其含量大于15 wt%，证据1在第613页第一段已公开了“游离异氰酸酯基的含量在18%~19%”，显然在大于15wt%的范围内；权利要求4在权利要求2的基础上对二异氰酸酯和聚醚或聚酯二元醇进行了进一步限定，二异氰酸酯为二苯基甲烷二异氰酸酯（MDI），聚醚或聚酯二元醇为聚氧化丙烯二元醇、聚已二酸二乙二醇酯二元醇、聚四亚甲基聚醚二元醇、聚已内酯二元醇或聚醚酯混合二元醇，而在证据1的第239页中已经公开了二异氰酸酯为二苯基甲烷二异氰酸酯（MDI），证据2的第286页公开了聚酯多元醇常用的有聚已二酸二乙二醇酯、聚氧化丙烯二元醇、聚四亚甲基聚醚二元醇、聚已内酯二元醇或聚醚酯混合二元醇；权利要求5在权利要求1的基础上进一步限定了二醇扩联剂为多元醇的10wt%~25 wt%，而如前述在证据2的第288页已公开二醇扩链剂的用量，该用量也在权利要求5公开的范围之内；因此在上述权利要求引用的权利要求没有创造性的前提下，权利要求2~5也不具备突出的实质性特点和显著进步，因此不符合专利法第22条第2、3款规定的新颖性和创造性。

（3）本专利的权利要求6不符合专利法第22条第2、3款规定的新颖性和创造性。

本专利权利要求6在权利要求1~5所述制备方法的基础上进一步限定了延迟性叔胺催化剂采用延迟性叔胺催化剂和有机锡催化剂组成混合催化剂替代，而这一特征已在证据2中明确显示，在其第

107~108页中针对RIM微孔弹性泡沫体制备，特别公开了“该工艺要求混合物料必须具备优良的流动性且以及快的速度固化，因此，正确选择催化剂的品种和用量将是顺利实施该种工艺的关键，欧洲普遍使用的是有机锡一叔胺复合催化体系。”因此在其引用的权利要求没有创造性的前提下，权利要求6也不具备突出的实质性特点和显著进步，因此不符合专利法第22条第2、3款规定的新颖性和创造性。

形式审查合格后，专利复审委员会受理了上述请求，并于2008年6月5日向双方当事人发出《无效宣告请求受理通知书》，并将请求人提交的《无效宣告请求书》及其他有关文件的副本转送给专利权人，要求其在指定的期限内答复，同时成立合议组对本无效请求案进行审理。

专利权人针对请求人提出的无效请求于2008年7月17日提交了意见陈述书。专利权人指出：无效宣告请求人提交的对比文件及其结合方式不能否认被请求专利的新颖性和创造性，该无效宣告请求没有事实依据。专利权人要求同无效宣告请求人当面质证和辩论。

专利复审委员会本案合议组于2008年9月24日向双方当事人发出了《无效宣告请求口头审理通知书》，拟定于2008年10月20日对本专利权的无效宣告请求进行口头审理。同时将专利权人于2008年7月17日提交的意见陈述书转送给请求人，并要求其在口头审理时一并答复。

口头审理于2008年10月20日如期举行。双方当事人参加了口头审理，双方当事人对对方出庭人员的身份和资格均无异议，对合议组无回避请求。口头审理过程中认定的事实如下：

①请求人当庭提交了证据1~3的原件，经核实，专利权人对证据1~3真实性无异议，并认可证据1和2公开于本专利申请日之前，对于证据3，专利权人认可其于1989年出版，但认为证据3属于内部发行的刊物不属于公开出版物。在口头审理过程中，请求人补充提交了证据2第14~15页，合议组将其转送给专利权人。

②请求人当庭放弃了本专利权利要求1~6不具备专利法第22条第2款规定的新颖性的无效理由。

③请求人当庭确认其无效理由为：权利要求1~6不具备专利法第22条第3款规定的创造性，其证据结合方式为，证据1和证据2和证据3结合评价权利要求1~6的创造性。专利权人对上述无效宣告请求理由有异议，认为该无效宣告请求理由没有在请求书中及意见陈述中提出，该无效宣告请求理由是请求人当庭增加的新理由，不符合专利法实施细则第66条规定。

④合议组对请求人提出的无效理由和事实进行了充分调查，并听取了各方当事人的陈述。允许双方当事人在口头审理后10个工作日内提交书面意见陈述书。

请求人于2008年10月28日提交了书面意见陈述，认为：（1）证据1引用的第233~239页和第589~622页虽然是手册的不同部分但上述两部分表达的是同一技术方案；（2）证据1中的聚氨酯鞋底属于本专利所请求保护的制备方法的目的产物；（3）证据1中的“游离异氰酸酯”与本专利权利要求1中的“端-NCO基”是相同的概念；（4）证据3是公开出版物；（5）证据1和3结合，证据2作为技术手册引入，来否定权利要求1~6的创造性，符合专利法和审查指南的规定，不属于新理由；（6）权利要求4中的“聚氧化丙烯二元醇、聚己二酸二乙二醇酯二元醇、聚四亚甲基聚醚二元醇、聚己内酯二元醇或聚醚酯混合二元醇”在证据中的体现。

专利权人在答复期限内未提交书面意见陈述。

至此，合议组认为本案事实已经清楚，可以做出审查决定。

二、决定的理由

1. 关于审查文本

本无效宣告请求审查决定以本专利的授权公告文本为审查基础。

2. 关于无效宣告请求的理由和范围

根据请求人在口头审理中的确认，其放弃本专利权利要求1~6不具备专利法第22条第2款规定的新颖性的无效理由，合议组对该无效理由不再审理。请求人进一步确认其无效请求的理由和范围是：权利要求1~6相对于证据1、证据2和证据3的结合不具备专利法第22条第3款规定的创造性。

专利权人认为权利要求1~6相对于证据1、证据2和证据3的结合不具有创造性的无效宣告请求理由在提出无效宣告请求之日起1个月内未提出，该无效宣告请求理由是请求人当庭增加的新理由，不符合专利法实施细则第66条和审查指南的有关规定。对此，合议组认为：根据审查指南第四部分第三章第4.3.1节规定，请求人在口头审理辩论终结前提交技术词典、技术手册和教科书等所属技术领域中的公知常识性证据或者用于完善证据法定形式的公证书、原件等证据，并在该期限内结合该证据具体说明相关无效宣告理由的，应予以考虑。本案中，由于请求人在请求书及意见陈述中曾提出权利要求1~6相对于证据1和证据3的结合不具有创造性的无效宣告请求理由，并对该无效理由作出了具体说明，而证据2（《聚氨酯材料手册》）为技术手册，属于公知常识性证据。请求人在无效宣告请求时就已经提交了证据2，请求人在口头审理时仅仅结合无效宣告请求时提交的证据2具体说明了权利要求1~6相对于证据1、2和3的结合不具有创造性的无效宣告理由，其符合《审查指南》第四部分第三章第4.3.1节的规定。因此，合议组对权利要求1~6相对于证据1、证据2和证据3的结合不具有创造性的无效宣告请求理由予以考虑。

3. 关于证据

（1）证据1和证据2均为技术手册，请求人当庭提交了原件，专利权人对上述证据的真实性和公开日期均无异议，合议组对其真实性和公开日期也予以认可，可以作为本案的证据使用。

（2）专利权人认为证据3印有"内部发行全国"字样，属于内部资料，不属于公开出版物，不能作为出版物公开的证据。对此，合议组认为：出版物不受地理位置、语言或者获得方式的限制，也不受年代的限制。出版物的出版发行量多少、是否有人阅读过、申请人是否知道是无关紧要的。对于印有"内部资料"、"内部发行"等字样的出版物，确系在特定范围内发行并要求保密的，不属于公开出版物。证据3印有"化工部批准出版"和"内部发行全国"字样，同时还定有标价即"定价：1.25元"，虽然其印有"内部发行全国"字样，但是由于其发行全国并且其定价说明该出版物可以购买，并非特定范围内发行并要求保密的资料。因此，证据3应当视为公开出版物。由于专利权人当庭认可证据3的复印件与原件一致，并认可其公开时间为1989年，所以，在证据3属于公开出版物的情况下，合议组对其真实性和公开日期也予以认可，可以作为本案的证据使用。

4. 关于专利法第22条第3款

专利法第22条第3款规定的创造性，是指同申请日以前已有的技术相比，该发明有突出的实质性特点和显著的进步。

根据该款规定，当要求保护的技术方案相对于最接近的现有技术存在区别技术特征时，应判断现有技术是否给出将上述区别技术特征应用到该最接近现有技术以解决其存在的技术问题的启示，如果存在这种技术启示，则要求保护的技术方案不具有创造性。

本专利权利要求1要求保护一种聚氨酯微孔弹性体的制备方法，其生产步骤依次如下：（1）预聚体的制备：过量的多异氰酸酯与多元醇树脂反应形成端-NCO基的预聚物，预聚体的端-NCO基含量大于10wt%，并保持预聚体的温度为35℃~60℃；（2）多元醇树脂混合物的制备：将（1）中的多元醇与二醇扩联剂、水发泡剂、表面活性剂和延迟性叔胺催化剂混合配制成多元醇树脂混合物，其中二醇扩联剂为多元醇的5wt%~30wt%；延迟性叔胺催化剂用量为多元醇树脂混合物的0.1wt%~2wt%；所述的多元醇是分子量为800~4000的聚醚或聚酯二元醇，所述的二醇扩联剂为乙二醇或二乙二醇或丙三醇或1，4-丁二醇或1，6-己二醇；（3）浇注：使用低压发泡机将温度为35~60℃的预聚体与多元醇树脂混合物按比例混合反应后，注入温度为40℃~80℃模具内，熟化后即制得聚氨酯微孔弹性体。

证据 1 中也公开了一种微孔聚氨酯弹性体的加工方法，更具体的，其公开了一种聚氨酯鞋底的生产工艺，其生产步骤中也包括：（1）预聚体（B 组分）的制备（参见证据 1 第 613 页第 1 段）：部分聚酯多元醇与异氰酸酯反应制得端异氰酸酯低分子物，其中游离异氰酸酯基的含量在 18%～19%，其温度为 35～40℃（参见证据 1 第 620 页表 12-34），由于证据 1 第 237 页半预聚法公开了“在制备预聚物时如果异氰酸酯指数（NCO/OH）大于 2，就会有多余的异氰酸酯存在于预聚体中，如果（NCO/OH）>>2，得到的产物实际上是端异氰酸酯和异氰酸酯的混合物，这种混合物称之为半预聚物，半预聚体常用于 MDI 型 CPU 弹性体制品的生产。”因此，证据 1 中制备 B 组分时形成了端异氰酸酯低分子物说明异氰酸酯必然是过量的；（2）多元醇树脂混合物（A 组分和 C 组分）的制备（参见证据 1 第 613 页第 1 段）：将部分聚酯多元醇与扩链剂、匀泡剂、发泡剂等组分在 40～70℃充分混合后静止脱气，在全水发泡聚脂体系中，发泡剂为水，C 组分为催化剂组分，常用胺和有机金属催化剂或三亚乙基二胺 Dabco-33LV 催化剂（参见证据 1 第 611 页第 12.3.2.4 节），催化剂的用量为每 18kg A 组分加入 C 组分 213、220、240 或 450g 等（参见证据 1 第 620 页表 12-34），合成预聚物的聚酯多元醇是相对分子量为 2000 左右的聚乙二酸乙二醇二乙二醇酯或聚乙二酸乙二醇丁二醇酯，扩链剂为二醇，如乙二醇、二乙二醇、1，4-丁二醇（参见证据 1 第 612 页第 12.3.2.6 节）、丙三醇、1，6-己二醇（参见证据 1 第 595 页第 12.2.4.3 节）；（3）浇注：先将 A 组分与 C 组分混合均匀，再与 B 组分混合，反应温度在 60℃～80℃，保温时间为 2h，浇注设备主要由浇注机、环行或转台烘道等装置组成（参见证据 1 第 613 页第 1 段至第 614 页第 1 段）。

本专利权利要求 1 要求保护的技术方案与证据 1 所公开的方案都是一种微孔聚氨酯弹性体的制备方法，其中都包括了预聚体制备、多元醇树脂混合物制备和浇注步骤，权利要求 1 中的大部分技术特征已被证据 1 所公开。本专利权利要求 1 要求保护的技术方案与证据 1 所公开的技术方案相比，存在的区别技术特征仅为：本专利权利要求 1 具体指出了制备过程中的催化剂为延迟性叔胺催化剂，并限定了二醇扩联剂和延迟性叔胺催化剂的用量，即二醇扩联剂为多元醇的 5wt%～30wt%，延迟性叔胺催化剂为多元醇树脂混合物的 0.1wt%～2wt%；而证据 1 中的催化剂为胺和有机金属或三亚乙基二胺 Dabco-33LV 催化剂，用量为每 18kg A 组分加入 C 组分 213、220、240 或 450g 等，并且未限定二醇扩联剂的用量。

然而证据 2 中已经给出了聚氨酯材料制备中叔胺类催化剂的选择（参见证据 2 第 93 页最后一段），还公开了叔胺类催化剂三亚乙基二胺的“延迟现象”（参见证据 2 第 97 页第四段）；并且还公开了聚氨酯材料制备中扩链剂的用量为多元醇的 10wt%～16wt%（参见证据 2 第 288 页第 3 段）。根据证据 2 的记载，本领域技术人员容易从证据 1 中所使用的催化剂三亚乙基二胺 Dabco-33LV 想到应用延迟性叔胺催化剂，并将扩链剂的用量限定为为多元醇的 10wt%～16wt%。虽然本申请权利要求 1 中叔胺催化剂的用量 0.1wt%～2wt%以多元醇树脂混合物来计算，而证据 1 中记载的催化剂用量为每 18kg A 组分加入 C 组分 213、220、240 或 450g 等，但是将其换算为以多元醇树脂混合物计算的质量百分数，上述催化剂的用量为 C 组分/（A 组分+C 组分）×100%，即 1.17%、1.21%、1.32%或 2.44%等，也就是说，证据 1 中记载的叔胺催化剂的用量存在落入本申请权利要求 1 所限定的用量范围之内的点。另外，证据 3 也公开了多种延迟性叔胺催化剂，如 Toyocat-TF、Toyocat-THN、Toyocat-ETF 催化剂等（参见证据 3 第 34～36 页）。由此可见，本领域技术人员在证据 1 所公开的技术方案的基础上结合证据 2 和证据 3 公开的内容很容易获得本专利权利要求 1 所请求保护的技术方案。因此，本专利权利要求 1 所请求保护的技术方案对本领域技术人员来说是显而易见的，不具备突出的实质性特点和显著的进步，不符合专利法第 22 条第 3 款关于创造性的规定。

专利权人认为：（1）本专利要生产的是一种用作汽车、机械等领域的阻尼元件，主要注重材料的高频高强度动态的压缩变定性能，而证据1中生产的是鞋底，主要解决的是耐磨性的问题，所以本专利和证据1中的产物不同，技术方案也不相同。（2）本专利权利要求1中的“端-NCO基”和证据1中的“游离异氰酸酯基”不同，“游离异氰酸酯基”指的是-NCO基单体，是“端-NCO基”的一部分，即“端-NCO基”包括“游离异氰酸酯基”和其他异氰酸酯基。

对此，合议组认为：（1）关于产物是否相同：首先，本专利权利要求1所请求保护的技术主题是“一种聚氨酯微孔弹性体的制备方法”，权利要求1的产物“聚氨酯微孔弹性体”是专利权人声称的“阻尼元件”和证据1中生产的“聚氨酯鞋底”的上位概念，也就是说，权利要求1的保护范围包括了证据1中所公开的聚氨酯鞋底的制备方法，本专利权利要求1所请求保护的制备方法其产物“聚氨酯微孔弹性体”也包括证据1中的产物“聚氨酯鞋底”。其次，如前所述，本专利权利要求1所请求保护的制备方法其原料、工艺步骤和工艺条件大部分均已被证据1所公开，其区别技术特征仅在于：本专利权利要求1具体指出了制备过程中的催化剂为延迟性叔胺催化剂，并限定了二醇扩联剂和延迟性叔胺催化剂的用量，即二醇扩联剂为多元醇的5wt%~30wt%，延迟性叔胺催化剂为多元醇树脂混合物的0.1wt%~2wt%；而证据1中的催化剂为胺和有机金属或三亚乙基二胺Dabco-33LV催化剂，用量为每18kg A组分加入C组分213g、220g、240g或450g等，并且未限定二醇扩联剂的用量；而上述区别技术特征不足以证明通过本专利权利要求1所述技术方案制备出的聚氨酯微孔弹性体材料具有比证据1中所得产物更优的高频高强度动态压缩变定性能，况且，上述区别技术特征也已经在证据2和证据3中被公开，本领域技术人员为了解决其技术问题能够从证据2和证据3中获得启示将证据1和证据2以及证据3相结合从而得到本专利权利要求1的技术方案。因此，专利权人关于本专利和证据1产物不同技术方案也不相同的观点不能成立。（2）关于“端-NCO基”和“游离异氰酸酯基”是否相同：专利权人在口审过程当中陈述的意见认为，“游离异氰酸酯基”指的是-NCO基单体，是“端-NCO基”的一部分，即“端-NCO基”包括“游离异氰酸酯基”和其他异氰酸酯基。由于证据1中“游离异氰酸酯基”的含量18%~19%已经大于10%，所以即使专利权人的观点成立，两者指代意思不同，根据其意见陈述，证据1中的“端-NCO基”含量也必然大于10%，从而使本专利权利要求1中的“端-NCO基”含量仍然被证据1所公开。因此，“端-NCO基”和“游离异氰酸酯基”相同或者不同都不能证明本专利权利要求1具有创造性。

本专利权利要求2在权利要求1的基础上做了进一步地限定，将所述多异氰酸酯限定为二异氰酸酯。而证据1中已经公开了多异氰酸酯为MDI的技术方案（参见证据1第613页第1段），MDI即为二苯基甲烷二异氰酸酯，其属于二异氰酸酯中的一种，所以权利要求2的上述限定特征也已经被证据1所公开。因此，在本专利权利要求2所引用的权利要求1不具备创造性的情况下，权利要求2也不具备突出的实质性特点和显著的进步，不符合专利法第22条第3款关于创造性的规定。

本专利权利要求3在权利要求1的基础上将预聚体的-NCO基含量限定为大于15wt%。而证据1中已经公开了“游离异氰酸酯基的含量在18%~19%”的技术方案（参见证据1第613页第1段），所以，权利要求3的上述限定特征也已经被证据1所公开。因此，在本专利权利要求3所引用的权利要求1不具备创造性的情况下，权利要求3也不具备突出的实质性特点和显著的进步，不符合专利法第22条第3款关于创造性的规定。

本专利权利要求4在权利要求2的基础上做了进一步地限定，将所述二异氰酸酯限定为MDI，所述聚醚或聚酯二元醇限定为聚氧化丙烯二元醇、聚己二酸二乙二醇酯二元醇、聚四亚甲基聚醚二元醇、聚己内酯二元醇或聚醚酯混合二元醇。而证据1中已经公开了多异氰酸酯为MDI，聚醚或聚酯多元醇为聚己二酸乙二醇二乙二醇酯（参见证据1第234~235页表8-1）、聚四亚甲基二醇（PTMG）

和聚（酯-醚）（参见证据1第590页倒数第2行）的技术方案，而聚氧化丙烯二元醇或聚已内酯二元醇均属于本领域中常见的聚醚多元醇或聚酯多元醇。因此，在本专利权利要求4所引用的权利要求2不具备创造性的情况下，权利要求4也不具备突出的实质性特点和显著的进步，不符合专利法第22条第3款关于创造性的规定。

本专利权利要求5在权利要求1的基础上做了进一步地限定，将二醇扩联剂的含量限定为多元醇的10wt%~25wt%。而证据2中已经公开了“扩链剂用量为10wt%~16wt%”的技术方案（参见证据2第288页第3段），证据2所公开技术方案中“扩链剂用量为10wt%~16wt%”和本专利权利要求5中所述“二醇扩联剂为多元醇的10wt%-25wt%”其数值范围存在了部分重叠，所以，本专利权利要求5中的二醇扩联剂含量已经被证据2所公开。因此，在本专利权利要求5所引用的权利要求1不具备创造性的情况下，权利要求5也不具备突出的实质性特点和显著的进步，不符合专利法第22条第3款关于创造性的规定。

本专利权利要求6请求保护的技术方案是将权利要求1~5所述制备方法中的延迟性叔胺催化剂替代为延迟性叔胺催化剂和有机锡催化剂组成的混合催化剂。而证据2中已经公开了使用“有机锡-叔胺复合催化体系”的技术方案（参见证据2第108页第4~5行），虽然文字表述有所不同，但是证据2中使用的“有机锡-叔胺复合催化体系”就是本专利权利要求6中所述的“延迟性叔胺催化剂和有机锡催化剂组成的混合催化剂”。因此，在本专利权利要求1~5已经不具备创造性的情况下，权利要求6也不具备突出的实质性特点和显著的进步，不符合专利法第22条第3款关于创造性的规定。

根据以上事实和理由，本案合议组作出如下审查决定。

三、决定

宣告第03116062.X号发明专利全部无效。

当事人对本决定不服的，可以根据专利法第46条第2款的规定，自收到本决定之日起三个月内向北京市第一中级人民法院起诉。根据该款的规定，一方当事人起诉后，另一方当事人应当作为第三人参加诉讼。

北京市第一中级人民法院
行政判决书

（2009）一中行初字第807号

原告上海凯众聚氨酯有限公司，住所地上海市浦东新区建业路813号。

法定代表人李志强，董事长。

委托代理人孙振铎，北京金言诚信知识产权代理有限公司专利代理人。

委托代理人杨颖韬，男，1964年1月26日出生，汉族，上海凯众聚氨酯有限公司总经理，住上海市浦东新区龙阳路1880弄。

被告国家知识产权局专利复审委员会，住所地北京市海淀区北四环西路9号银谷大厦10~12层。

法定代表人廖涛，副主任。

委托代理人张雷，国家知识产权局专利复审委员会干部。

委托代理人程强，国家知识产权局专利复审委员会干部。

第三人重庆灵汇聚氨酯有限公司，住所地重庆市九龙坡区九龙工业园区拓展B区。

法定代表人陈正红，董事长。

委托代理人康海燕，重庆华科专利事务所专利代理人。

原告上海凯众聚氨酯有限公司（简称凯众公司）不服被告国家知识产权局专利复审委员会（简称专利复审委员会）于2008年11月28日作出的第12653号无效宣告请求审查决定（简称第12653号决定），于法定期限内向本院提起诉讼。本院于2009年3月9日受理本案后，依法组成合议庭，并通知重庆灵汇聚氨酯有限公司（简称灵汇公司）作为第三人参加诉讼，于2009年5月22日公开开庭进行了审理。原告凯众公司的委托代理人孙振铎、杨颖韬，被告专利复审委员会的委托代理人张雷、程强，第三人灵汇公司的委托代理人康海燕到庭参加了诉讼。本案现已审理终结。

专利复审委员会针对灵汇公司就凯众公司享有的03116062.X号名称为“聚氨酯微孔弹性体生产方法”的发明专利（简称本专利）所提出的无效宣告请求作出第12653号决定，其中认定：

1. 关于权利要求1：证据1中公开了一种微孔聚氨酯弹性体的加工方法，更具体的，其公开了一种聚氨酯鞋底的生产工艺，其生产步骤中包括：（1）预聚体（B组分）的制备（参见证据1第613页第1段）：部分聚酯多元醇与异氰酸酯反应制得端异氰酸酯低分子物，其中游离异氰酸酯基的含量在18%~19%，其温度为35~40℃（参见证据1第620页表12-34），由于证据1第237页半预聚法公开了“在制备预聚物时如果异氰酸酯指数（NCO/OH）大于2，就会有多余的异氰酸酯存在于预聚体中，如果（NCO/OH）>>2，得到的产物实际上是端异氰酸酯和异氰酸酯的混合物，这种混合物称之为半预聚物，半预聚体常用于MDI型CPU弹性体制品的生产。”因此，证据1中制备B组分时形成了端异氰酸酯低分子物说明异氰酸酯必然是过量的；（2）多元醇树脂混合物（A组分和C组分）的制备（参见证据1第613页第1段）：将部分聚酯多元醇与扩链剂、匀泡剂、发泡剂等组分在40~70℃充分混合后静止脱气，在全水发泡聚脂体系中，发泡剂为水，C组分为催化剂组分，常用胺和有机金属催化剂或三亚乙基二胺Dabco-33LV催化剂（参见证据1第611页第12.3.2.4节），催化剂的用量为每18kg A组分加入C组分213、220、240或450g等（参见证据1第620页表12~34），合成预聚物的聚酯多元醇是相对分子量为2000左右的聚乙二酸乙二醇二乙二醇酯或聚乙二酸乙二醇丁二醇酯，扩链剂为二醇，如乙二醇、二乙二醇、1，4-丁二醇（参见证据1第612页第12.3.2.6节）、丙三醇、1，6-己二醇（参见证据1第595页第12.2.4.3节）；（3）浇注：先将A组分与C组分混合均匀，再与B组分混合，反应温度在60~80℃，保温时间为2h，浇注设备主要由浇注机、环行或转台烘道等装置组成（参见证据1第613页第1段至第614页第1段）。本专利权利要求1要求保护的技术方案与证据1所公开的方案都是一种微孔聚氨酯弹性体的制备方法，其中都包括了预聚体制备、多元醇树脂混合物制备和浇注步骤，权利要求1中的大部分技术特征已被证据1所公开。本专利权利要求1要求保护的技术方案与证据1所公开的技术方案相比，存在的区别技术特征仅为：本专利权利要求1具体指出了制备过程中的催化剂为延迟性叔胺催化剂，并限定了二醇扩联剂和延迟性叔胺催化剂的用量，即二醇扩联剂为多元醇的5~30wt%，延迟性叔胺催化剂为多元醇树脂混合物的0.1~2wt%；而证据1中的催化剂为胺和有机金属或三亚乙基二胺Dabco-33LV催化剂，用量为每18kg A组分加入C组分213、220、240或450g等，并且未限定二醇扩联剂的用量。然而证据2中已经给出了聚氨酯材料制备中叔胺类催化剂的选择（参见证据2第93页最后1段），还公开了叔胺类催化剂三亚乙基二胺的“延迟现象”（参见证据2第97页第4段）；并且还公开了聚氨酯材料制备中扩链剂的用量为多元醇的10~16wt%（参见证据2第288页第3段）。根据证据2的记载，本领域技术人员容易从证据1中所使用的催化剂三亚乙基二胺Dabco-33LV想到应用延迟性叔胺催化剂，并将扩链剂的用量限定为多元醇的10~16wt%。虽然本专利权利要求1中叔胺催化剂的用量0.1~2wt%以多元醇树脂混合物来计算，而证据1中记载的催化剂用量为每18kg A组分加入C组分213、220、240或450g

等，但是将其换算为以多元醇树脂混合物计算的质量百分数，上述催化剂的用量为C组分/（A组分+C组分）×100%，即：1.17%、1.21%、1.32%或2.44%等，也就是说，证据1中记载的叔胺催化剂的用量存在落入本申请权利要求1所限定的用量范围之内的点。另外，证据3也公开了多种延迟性叔胺催化剂，如Toyocat-TF、Toyocat-THN、Toyocat-ETF催化剂等（参见证据3第34~36页）。由此可见，本领域技术人员在证据1所公开的技术方案的基础上结合证据2和证据3公开的内容很容易获得本专利权利要求1所要求保护的技术方案。因此，本专利权利要求1所要求保护的技术方案对本领域技术人员来说是显而易见的，不具备突出的实质性特点和显著的进步，不符合《中华人民共和国专利法》（简称《专利法》）第二十二条第三款关于创造性的规定。

凯众公司认为：（1）本专利要生产的是一种用作汽车、机械等领域的阻尼元件，主要注重材料的高频高强度动态的压缩变定性能，而证据1中生产的是鞋底，主要解决的是耐磨性的问题，所以本专利和证据1中的产物不同，技术方案也不相同。（2）本专利权利要求1中的"端-NCO基"和证据1中的"游离异氰酸酯基"不同，"游离异氰酸酯基"指的是-NCO基单体，是"端-NCO基"的一部分，即"端-NCO基"包括"游离异氰酸酯基"和其他异氰酸酯基。对此，我委认为：（1）关于产物是否相同：首先，本专利权利要求1所要求保护的技术主题是"一种聚氨酯微孔弹性体的制备方法"，权利要求1的产物"聚氨酯微孔弹性体"是凯众公司声称的"阻尼元件"和证据1中生产的"聚氨酯鞋底"的上位概念，也就是说，权利要求1的保护范围包括了证据1中所公开的聚氨酯鞋底的制备方法，本专利权利要求1所要求保护的制备方法其产物"聚氨酯微孔弹性体"也包括证据1中的产物"聚氨酯鞋底"。其次，如前所述，本专利权利要求1所要求保护的制备方法其原料、工艺步骤和工艺条件大部分均已被证据1所公开，其区别技术特征仅在于：本专利权利要求1具体指出了制备过程中的催化剂为延迟性叔胺催化剂，并限定了二醇扩联剂和延迟性叔胺催化剂的用量，即二醇扩联剂为多元醇的5~30wt%，延迟性叔胺催化剂为多元醇树脂混合物的0.1~2wt%；而证据1中的催化剂为胺和有机金属或三亚乙基二胺Dabco-33LV催化剂，用量为每18kg A组分加入C组分213、220、240或450g等，并且未限定二醇扩联剂的用量；而上述区别技术特征不足以证明通过本专利权利要求1所述技术方案制备出的聚氨酯微孔弹性体材料具有比证据1中所得产物更优的高频高强度动态压缩变定性能，况且，上述区别技术特征也已经在证据2和证据3中被公开，本领域技术人员为了解决其技术问题能够从证据2和证据3中获得启示将证据1和证据2以及证据3相结合从而得到本专利权利要求1的技术方案。因此，凯众公司关于本专利和证据1产物不同技术方案也不相同的观点不能成立。（2）关于"端-NCO基"和"游离异氰酸酯基"是否相同：凯众公司在口审过程当中陈述的意见认为，"游离异氰酸酯基"指的是-NCO基单体，是"端-NCO基"的一部分，即"端-NCO基"包括"游离异氰酸酯基"和其他异氰酸酯基。由于证据1中"游离异氰酸酯基"的含量18%~19%已经大于10%，所以即使凯众公司的观点成立，两者指代意思不同，根据其意见陈述，证据1中的"端-NCO基"含量也必然大于10%，从而使本专利权利要求1中的"端-NCO基"含量仍然被证据1所公开。因此，"端-NCO基"和"游离异氰酸酯基"相同或者不同都不能证明本专利权利要求1具有创造性。

2. 关于权利要求2：本专利权利要求2在权利要求1的基础上作了进一步的限定，将所述多异氰酸酯限定为二异氰酸酯。而证据1中已经公开了多异氰酸酯为MDI的技术方案（参见证据1第613页第1段），MDI即为二苯基甲烷二异氰酸酯，其属于二异氰酸酯中的一种，所以权利要求2的上述限定特征也已经被证据1所公开。因此，在本专利权利要求2所引用的权利要求1不具备创造性的情况下，权利要求2也不具备突出的实质性特点和显著的进步，不符合《专利法》第二十二条第三款关于创造性的规定。

3. 关于权利要求3：本专利权利要求3在权利要求1的基础上将预聚体的-NCO基含量限定为大于15wt%。而证据1中已经公开了“游离异氰酸酯基的含量在18%~19%”的技术方案（参见证据1第613页第1段），所以，权利要求3的上述限定特征也已经被证据1所公开。因此，在本专利权利要求3所引用的权利要求1不具备创造性的情况下，权利要求3也不具备突出的实质性特点和显著的进步，不符合《专利法》第二十二条第三款关于创造性的规定。

4. 关于权利要求4：本专利权利要求4在权利要求2的基础上作了进一步的限定，将所述二异氰酸酯限定为MDI，所述聚醚或聚酯二元醇限定为聚氧化丙烯二元醇、聚己二酸二乙二醇酯二元醇、聚四亚甲基聚醚二元醇、聚己内酯二元醇或聚醚酯混合二元醇。而证据1中已经公开了多异氰酸酯为MDI，聚醚或聚酯多元醇为聚己二酸乙二醇二乙二醇酯（参见证据1第234~235页表8-1）、聚四亚甲基二醇（PTMG）和聚（酯-醚）（参见证据1第590页倒数第2行）的技术方案，而聚氧化丙烯二元醇或聚己内酯二元醇均属于本领域中常见的聚醚多元醇或聚酯多元醇。因此，在本专利权利要求4所引用的权利要求2不具备创造性的情况下，权利要求4也不具备突出的实质性特点和显著的进步，不符合《专利法》第二十二条第三款关于创造性的规定。

5. 关于权利要求5：本专利权利要求5在权利要求1的基础上作了进一步的限定，将二醇扩联剂的含量限定为多元醇的10~25wt%。而证据2中已经公开了“扩链剂用量为10~16wt%”的技术方案（参见证据2第288页第3段），证据2所公开技术方案中“扩链剂用量为10~16wt%”和本专利权利要求5中所述“二醇扩联剂为多元醇的10~25wt%”其数值范围存在了部分重叠，所以，本专利权利要求5中的二醇扩联剂含量已经被证据2所公开。因此，在本专利权利要求5所引用的权利要求1不具备创造性的情况下，权利要求5也不具备突出的实质性特点和显著的进步，不符合《专利法》第二十二条第三款关于创造性的规定。

6. 关于权利要求6：本专利权利要求6要求保护的技术方案是将权利要求1~5所述制备方法中的延迟性叔胺催化剂替代为延迟性叔胺催化剂和有机锡催化剂组成的混合催化剂。而证据2中已经公开了使用“有机锡-叔胺复合催化体系”的技术方案（参见证据2第108页第4~5行），虽然文字表述有所不同，但是证据2中使用的“有机锡-叔胺复合催化体系”就是本专利权利要求6中所述的“延迟性叔胺催化剂和有机锡催化剂组成的混合催化剂”。因此，在本专利权利要求1~5已经不具备创造性的情况下，权利要求6也不具备突出的实质性特点和显著的进步，不符合《专利法》第二十二条第三款关于创造性的规定。

综上，专利复审委作出第12653号决定：宣告03116062.X号发明专利权全部无效。

原告凯众公司不服该决定，于法定期限内向本院提起诉讼，诉称：第12653号决定存在事实认定错误、适用法律不当。1. 存在如下事实认定错误的问题：（1）将证据1第613页第1段针对聚酯型原液制备的两步法说明套用在证据1第613页第3段的聚醚型一步法原液制备上，因而遗漏了本专利权利要求1相对于该已知方案存在的区别技术特征“所述的多元醇是分子量为800~4000的聚醚或聚酯二元醇”。（2）忽视本专利权利要求1中多元醇树脂混合物无需脱气，而证据1第613页第1段中记载的该已知技术方案中A组分需要脱气的区别技术特征。（3）将证据1第613页第1段关于聚酯型PU鞋底原液制备中合成B组分预聚物的制备条件（反应温度在60~80℃，保温时间为2小时，浇注设备主要由浇注机、环形或转台烘道等装置组成），错误地视为本专利权利要求1中步骤（3）浇注的工艺条件。4. 将证据1第613页6~9行记载的“合成预聚物的聚酯是相对分子质量为2000左右的聚己二酸乙二醇二乙二醇酯，耐寒性鞋底和旅游鞋鞋底原液所用聚酯为相对分子质量2000左右的聚己二酸乙二醇丁二醇酯”，分别窜改成“聚乙二酸乙二醇二乙二醇酯”和“聚乙二酸乙二醇丁二醇酯”。2. 适用法律不当：（1）对专利法第五十六条适用不当，专利复审委员会在本案的审理上没有客观、正确地解释本专利的权利要求，例如没有对本专利发明主题和技术特征作出正确解释。本发明方法的发明主题是“一种聚氨酯微孔弹性体的生产方法”，概括地说，是一种采用半预聚物法、同时适用于聚醚型和聚酯型多元醇的、低压发泡模塑成型的浇注型聚氨酯微孔弹性体生产工艺方法。而证据1记载的聚氨酯鞋底的生产方法，包括PU鞋底原液的生产和鞋底成型工艺两部分，PU鞋底原液可分为聚酯型和聚醚型两种，聚醚和聚酯因性能不同，所以制备方法也不同，其中，聚酯型鞋底原液多采用预聚物法或半预聚物法，聚醚型原液的制备多采用一步法。第12653号决定在对权利要求1的解释中，遗漏了非常重要的技术特征“所述的多元醇是分子量为800~4000的聚醚或聚酯二元醇”，从而没有发现本专利的方法既适用于聚酯型又适用于聚醚型。由此可见，本专利方法所生产的产品与证据1记载方法生产的聚氨酯鞋底，因制造方法不同而不同，是完全不同的两种产品。此外，关于对本专利权利要求1中技术特征的解释，正如上面“一”中第1、3项说明的那样，也不符合本法条的规定。(2) 对《专利法》第二十二条第三款适用不当。①本专利发明具有突出的实质性特点。本专利权利要求1与证据1相比，存在以下四个区别技术特征不能从证据1、2和/或3中导出。区别特征1：所述的多元醇是分子量为800~4000的聚醚或聚酯二元醇。即，本专利权利要求1的原液制备方法是既适合聚醚型又适合聚酯型原液的两步法。区别特征2：本专利权利要求1要求保护的技术中，多元醇树脂混合物不必要脱气；而证据1公布的技术中A组分需要脱气。区别特征3：权利要求1步骤(3)：使用低压发泡机将温度为35~60℃的预聚体与多元醇树脂混合物按比例混合反应后，注入温度为40~80℃模具内，熟化后即得聚氨酯微孔弹性体。与其相比，证据1公布的成型工艺为：PU鞋底一般采用低压浇注成型或高压浇注成型……成型设备为鞋底浇注机。证据2虽然介绍了聚氨酯鞋底的成型工艺（证据2第289页倒数第2段），公开了料温和烘道温度。但是其中所用原液不同于本专利，例如所用的B组分是改性的液化MDI。基于证据2第40~44页对液化改性MDI有详细的描述，可以发现液化改性MDI不同于本专利权利要求1中的预聚体。区别特征4：本专利权利要求1步骤(2)指明本专利方法使用延迟性叔胺催化剂，其用量为多元醇树脂混合物的0.1~2wt%。证据1公开的聚氨酯鞋底生产方法中，虽然提到过“在PU鞋底料中，常用胺和有机锡催化剂”（第611页倒数第3行），和“在聚酯型鞋底生产中，常用三亚乙基二胺Dabco-33LV催化剂”（第611页倒数第1行），但是却没有指出或暗示可以使用延迟性叔胺催化剂。证据2公开的聚氨酯鞋底生产技术中提到“催化剂普遍采用三亚乙基二胺等胺类催化剂和有机锡类催化剂”（第288页第5段）时，也没有指出可使用延迟性叔胺催化剂；证据2第97~101页和证据3虽然提到延迟性叔胺催化剂的延迟催化机理和延迟性叔胺催化剂的制备原理，并在第105~108页以“五、催化剂使用指南”为标题，介绍了在聚氨酯软质块状泡沫、高回弹模塑泡沫、聚氨酯硬质泡沫和RIM聚氨酯等生产技术领域中的催化剂选用方法和技巧，但没有公布延迟性叔胺催化剂的在预聚物法或半预聚物法聚氨酯微孔弹性体中的应用，当然更没有公开或暗示能够适用于本专利采用聚醚的两步法。因此，对于证据1第613页第1段提到的“C组分为催化剂”来说，即使考虑到证据2和/或证据3中的上述公开，依然不能必然而唯一地得出“证据1记载的叔胺催化剂的用量存在落入本申请权利要求1所限定的用量范围之内”的结论。因为“在聚酯型鞋底生产中，常用三亚乙基二胺Dabco-33LV催化剂”的描述仅限定为聚酯型；“C组分为催化剂”也仅指聚酯型；由此只可以得到“对聚酯型，C组分通常是指三三亚乙基二胺Dabco-33LV催化剂”的推论。而且第620页表12-34中所有物质都是一些原液供应厂商的原液牌号，无法推断是有何种物质何种比例配成，当然更无法定量地推断这些与本专利权利要求1指明催化剂类型和用量有何种关联。第12653号决定第9页第2段~第10页第1段，对证据2和3的内容进行了错误和主观的理解，在此基础上事后诸葛亮式地否定了本专利权利要求1中步骤(2)指明的区别特征4。事实上，证据2第97页第4段1~3行的本意是指三亚乙基二胺与某些有机酸反应生成的铵盐，而不是三亚乙基二胺本身具有延迟催化作用。证据 1 和证据 2 在有关聚氨酯鞋底生产技术中均没有公开或暗示可以使用延迟性叔胺催化剂。证据 3 公开了延迟催化剂的作用机理和制备原理，却没有关于延迟性叔胺催化剂在聚氨酯微孔弹性体的预聚物法或半预聚物法中应用的启示。这种情况下，第 12653 号决定却毫无根据和事后诸葛亮式地凭空得出所谓“根据证据 2 的记载，本领域技术人员容易从证据 1 所使用的催化剂三亚乙基二胺 Dabco-33LV 想到应用延迟性叔胺催化剂……”的结论。②本发明有益效果对创造性的贡献。本专利与以证据 1~3 为代表的已有技术相比，由于采用延迟性催化剂，并改进了工艺，所以不管以聚酯多元醇还是聚醚多元醇作原料，都可以采用预聚物法或半预聚物法，混合物流动性好，可制造形状复杂和重量范围宽的微孔聚氨酯弹性体制品。物料固化快，可保证极高的生产效率；模塑制品性能优越，材料强度高，永久变形小（3~5%）优化了制品的物理机械性能，尤其是对缓冲材料至关重要的压缩变定性能和动态疲劳性能有明显的提高，可用作承受动态疲劳的高强度阻尼元件。总之，本专利权利要求 1 相对于最接近的已知技术方案具有的上述四个区别特征，既不能被证据 1~3 中公开的信息覆盖，也不能从中导出，而且具有上述的那些优异有益效果。因而具有突出的实质性特点和显著进步，符合《专利法》第二十二条三款的规定，具有创造性。在本专利权利要求 1 具有创造性的前提下，从属于其的权利要求 2~6 也必然具有创造性。此外，第 12653 号决定第 10 页第 14~15 行所作的断言，即“本领域技术人员为了解决其技术问题能够从证据 2 和证据 3 中获得启示将证据 1 和证据 2 以及证据 3 相结合从而得到本专利权利要求 1 的技术方案”，基于上述的说明显然是错误的。因为几乎所有发明创造都建立在已有知识的基础上，即使发明采用了手册、教科书记载的某些基本的常识和方法，但是只要其中有某个或几个特点属于前人所没有的，而且也是不能从已有技术中导出的，就能构成具有创造性的发明。本专利权利要求的是一种既能生产聚酯型浇注聚氨酯微孔弹性体又能生产聚醚型浇注聚氨酯微孔弹性体的方法，采用的是既能改进压缩变定性能又能适合两类多元醇的延迟性叔胺催化剂。如果没有大量创造性工作仅靠证据 1~3 中的启发和拼凑根本不能得到本专利的生产方法，更不能使依靠此技术制得的产品在市场上拥有 28% 的市场份额、同时成为美国通用汽车的配套商。综上，专利复审委员会作出的第 12653 号决定事实认定有误、适用法律不当，请求人民法院依法撤销第 12653 号决定。

被告专利复审委员会辩称：1. 关于四处事实认定。（1）第 12653 号决定中并未将聚酯型原液的制备与聚醚型原液的制备混淆：本专利权利要求 1 要求保护的方法中对于多元醇树脂混合物的制备并不存在如凯众公司所述的“既适合聚酯型原液又适合聚醚型原液”的技术特征，其特征“所述的多元醇是分子量为 800~4000 的聚醚或聚酯二元醇”中“或”的关系说明在多元醇树脂混合物的制备中无论使用聚醚型多元醇还是聚酯型多元醇都落入了本专利权利要求 1 要求保护的范围之内。并且第 12653 号决定中并未出现任何将聚酯型原液的制备套用在聚醚型原液制备上的意思表示。（2）多元醇树脂混合物是否需要脱气是所属领域技术人员熟知的一般常识，证据 1 中的“静止后脱气”并非指在多元醇与异氰酸酯反应过程中进行脱气，而且脱气步骤在制备多元醇树脂混合物中也并不是必需的。（3）权利要求 1 步骤（3）中的浇注工艺条件属于本领域的公知常识，证据 1 中的 A 组分温度为 40~70℃，B 组分温度为 60~80℃，由于 C 组分为含量极少的催化剂组分，它的加入对于反应体系中的温度影响几乎可以忽略，所以当 A、B、C 三组分混合反应时，其反应温度必然落在 40~80℃的范围之内。而本专利权利要求 1 步骤（3）中的浇注工艺将反应温度也限定在 40~80℃的范围之内。因此凯众公司声称的第 3 个区别技术特征属于本领域的公知常识，而且通过证据 1 中相应部分的公开内容也可以确定出来。（4）将“聚己二酸乙二醇二乙二醇酯”和“聚己二酸乙二醇丁二醇酯”写成“聚乙二酸乙二醇二乙二醇酯”和“聚乙二酸乙二醇丁二醇酯”属于笔误，但不影响决定的结论。2. 关于《专利法》第五十六条。（1）从证据 1 的目录页就能够看出证据 1 中“12.3 聚氨酯鞋底”一节属于“第十二章微孔聚氨酯弹性体”一章。本领域技术人员能够毫无疑义地确定证据 1 中相应部分记载的生产聚氨酯鞋底的方法就属于权利要求 1 所要求保护的主题，即“一种聚氨酯微孔弹性体的制备方法”。(2) 凯众公司声称的“本专利方法生产的产品因制造方法不同而不同”存在逻辑上的错误。首先，同一种产品可以有不同的生产方法，所以并非制造方法不同，生产出的产品就必然不同。其次，证据 1“12.3 聚氨酯鞋底”一节中记载的聚氨酯鞋底本身就是聚氨酯微孔弹性体的下位概念，其制造方法也属于一种聚氨酯微孔弹性体的制备方法，落入到权利要求 1 的保护范围之内，也就是说，权利要求 1 所要求保护的主题包括了证据 1 中所公开的聚氨酯鞋底的生产方法。再次，第 12653 号决定中并未遗漏权利要求 1 中的技术特征“所述的多元醇是分子量为 800~4000 的聚醚或聚酯二元醇”。3. 关于本专利的创造性。(1) 本专利是否具有突出的实质性特点：①凯众公司在关于本专利创造性无效程序的意见陈述和口头审理过程中均未曾提出过其声称的除“延迟性叔胺催化剂及其含量”以外的其他三个区别技术特征。②技术特征“所述的多元醇是分子量为 800~4000 的聚醚或聚酯二元醇”中“或”的关系导致上述技术特征根本无法构成本专利权利要求 1 与证据 1 所公开的技术方案之间的区别技术特征。另外，聚醚型多元醇或是聚酯型多元醇制备多元醇树脂混合物的技术方案在本领域的手册中均有较为详细的记载，对于本领域技术人员来说属于公知常识。③多元醇树脂混合物是否需要脱气也是所属领域技术人员熟知的一般常识，证据 1 第 613 页第 1 段所述的 A 组分制备中最后所述的“静止后脱气”是为了使 A 组分在制备后便于保藏并不是指在多元醇与异氰酸酯反应过程中进行脱气。④权利要求 1 中步骤 (3) 中的浇注工艺条件属于本领域的公知常识。另外，本专利实施例中制备预聚体所用的异氰酸酯就是 MDI，而凯众公司提到的证据 2 中的 B 组分（改性的液化 MDI）同样可以利用预聚物法或半预聚物法。⑤第 12653 号决定中已经就延迟性叔胺催化剂及其含量进行了论述，并通过计算得到了催化剂相对于多元醇树脂混合物的含量。需要强调的是，证据 2 第 97 页~101 页及证据 3 已经公开了延迟性叔胺催化剂的制备，在证据 3 第 37 页右栏第 10~11 行已经指出“Polycat DBU 系列催化剂还可用于聚氨酯微孔泡沫、注塑弹性体、涂料、RIM……”，而证据 2 第 99 页表格中即可查到 Polycat DBU 系列催化剂即属于具有延迟性的胺催化剂。(2) 本专利是否具有显著的进步。第 12653 号决定中已经就凯众公司声称的有益效果进行了论述。需要强调的是，根据本专利权利要求中的特征限定并不能看出所述特征为技术方案带来如凯众公司声称的有益效果，而且权利要求 1 中的生产方法所制备的产品也并非仅仅是凯众公司所述的汽车的配套零件。综上，我委在第 12653 号决定中认定事实清楚、适用法律正确、审理程序合法，请求人民法院依法维持第 12653 号决定。

第三人灵汇公司未提交书面答辩意见。庭审中表示同意专利复审委员会的意见，认为第 12653 号决定认定事实清楚，适用法律正确，请求人民法院依法维持第 12653 号决定。

经审理查明：

凯众公司于 2003 年 3 月 28 日向国家知识产权局申请了名称为“聚氨酯微孔弹性体生产方法”的发明专利（即本专利），2007 年 5 月 9 日获得授权，专利号为 03116062.X，本专利授权公告的权利要求书的内容为：

“1. 一种聚氨酯微孔弹性体的制备方法，其生产步骤依次如下：

（1）预聚体的制备：过量的多异氰酸酯与多元醇树脂反应形成端-NCO 基的预聚物，预聚体的端-NCO 基含量大于 10wt%，并保持预聚体的温度为 35~60℃；

（2）多元醇树脂混合物的制备：将（1）中的多元醇与二醇扩联剂、水发泡剂、表面活性剂和延迟性叔胺催化剂混合配制成多元醇树脂混合物，其中二醇扩联剂为多元醇的 5~30wt%；延迟性叔胺催化剂用量为多元醇树脂混合物的 0.1~2wt%；所述的多元醇是分子量为 800~4000 的聚醚或聚酯二元醇，所述的二醇扩联剂为乙二醇或二乙二醇或丙三醇或 1，4-丁二醇或 1，6-已二醇；

（3）浇注：使用低压发泡机将温度为35~60℃的预聚体与多元醇树脂混合物按比例混合反应后，注入温度为40~80℃模具内，熟化后即制得聚氨酯微孔弹性体。

2. 根据权利要求1所述的聚氨酯微孔弹性体的制备方法，所述多异氰酸酯为二异氰酸酯。

3. 根据权利要求1所述的聚氨酯微孔弹性体的制备方法，所述的预聚体的-NCO基含量大于15wt%。

4. 根据权利要求2所述的聚氨酯微孔弹性体的制备方法，所述的二异氰酸酯为二苯基甲烷二异氰酸酯（MDI），所述的分子量为800~4000的聚醚或聚酯二元醇为聚氧化丙烯二元醇、聚己二酸二乙二醇酯二元醇、聚四亚甲基聚醚二元醇、聚己内酯二元醇或聚醚酯混合二元醇。

5. 根据权利要求1所述的聚氨酯微孔弹性体的制备方法，所述的二醇扩联剂为多元醇的10~25wt%。

6. 根据权利要求1~5所述的聚氨酯微孔弹性体的制备方法，其中所述延迟性叔胺催化剂也可用延迟性叔胺催化剂和有机锡催化剂组成混合催化剂代替。”

针对本专利权，灵汇公司于2008年3月26日向专利复审委员会提出了无效宣告请求，理由包括本专利权利要求1~6不具备《专利法》第二十二条第三款规定的创造性，并提交了如下证据：

证据1为《聚氨酯弹性体手册》，山西省化工研究所编，化学工业出版社材料科学与工程出版中心出版发行，公开日期为2001年1月，包括封面、版权页和第589~590、610~622页的复印件。

证据2：《聚氨酯材料手册》，徐培林，张淑琴编著，化学工业出版社材料科学与工程出版中心出版发行，公开日期为2002年8月，包括封面、版权页和第284~299页的复印件。

灵汇公司还于2008年4月25日向专利复审委员会提出意见陈述书，并重新提交了证据1、2的如下部分，以及补充提交了如下的证据3：

证据1：封面、版权页、第233~239页、第589~622页的复印件。第589~622页记载了“第十二章微孔聚氨酯弹性体”。其中第591~610页记载了“12.2RIM聚氨酯”：在第593-598页“12.2.4原材料及其影响”部分中，载明了“12.2.4.1异氰酸酯”、“12.2.4.2低聚物多元醇”、“12.2.4.3扩链剂”和“12.2.4.4其他PU-RIM所用助剂还有催化剂、发泡剂、匀泡剂、脱模剂、着色剂和增强材料等”；在第595页“12.2.4.3扩链剂”中记载了“RIM常用的扩链剂是低分子量二醇如乙二醇、二乙二醇、丙三醇、1，4-丁二醇、1，6-己二醇”；在第597页“12.2.4.4其他”中记载了“RIM中催化剂的用量比浇注弹性体的多一些，胺催化剂的用量为0.6%~1.0%，金属催化剂为0.01%~0.05%”。第610~622页记载了“12.3聚氨酯鞋底”：在第610~612页“12.3.2原材料”部分中，载明了“12.3.2.1异氰酸酯”、“12.3.2.2低聚物多元醇”、“12.3.2.3发泡剂”、“12.3.2.4催化剂”、“12.3.2.5匀泡剂”和“12.3.2.6扩链剂”；在第611页“12.3.2.4催化剂”中记载了“在PU鞋底料中，常用胺和有机金属催化剂……在聚酯型鞋底生产中，常用三亚乙基二胺Dabco-33LV催化剂”；在第612页“12.3.2.6扩链剂”中记载了“扩链剂多用二醇，如乙二醇、二乙二醇、1，4-丁二醇等”；在第612~614页“12.3.3生产工艺”部分中，载明了“12.3.3.1原液PU鞋底原液的制备，PU鞋底原液可分为聚酯型和聚醚型两种，因聚酯和聚醚的性能不同，所以制备方法也不同（以上记载在第612页最后1段中）。聚酯型PU鞋底原液多采用预聚物法或半预聚物法。一般聚酯型原液制成A、B、C三个组分，A组分由部分聚酯、扩链剂、匀泡剂、发泡剂等组分组成，组分在40~70℃充分混合后，静止脱气而制得……B组分为预聚物组分，即部分聚酯多元醇与异氰酸酯反应制得的端异氰酸酯低分子物。合成预聚物的聚酯是相对分子质量为2000左右的聚己二酸乙二醇二乙二醇酯，耐寒性鞋底和旅游鞋鞋底原液所用聚酯为相对分子质量2000左右的聚己二酸乙二醇丁二醇酯……异氰酸酯中，纯MDI与液化MDI的比例为95%比5%……反应温度在60~80℃，保温时间为2h……C组分为催化剂组分（以上记载在第613页第1段中）。三液体系特别适宜于双色、低硬度的运动鞋和低密度的凉鞋。使用时，先将 A 组分与 C 组分混合均匀，再与 B 组分混合（以上记载在第 613 页第 2 段中）。聚醚型原液的制备多采用一步法（以上记载在第 613 页第 3 段中）。12. 3. 3. 2 成型工艺……PU 鞋底一般采用低压浇注成型或高压浇注成型，少数也用注射模压。成型工艺流程图如图 12–3（以上记载在第 613 页最后 1 段中）。成型设备为鞋底浇注机。用于聚酯型 PU 成形的常压浇注设备主要由浇注机、环形或转台烘道等装置组成（以上记载在第 614 页第 1 段中）。"；在第 614 页"图 12–3PU 鞋底成型工艺示意图"中记载了"模具"和"鞋底后熟化"；在第 614～622 页"12. 3. 4 产品与性能"部分中，载明了"12. 3. 4. 2 国内产品与性能……

表 12–34　国内主要原液供应厂商各牌号的用途物性使用条件对照表

烟台华大公司牌号		A：9305+C B：2580	A：5600+C B：2180	A：5606+C B：2180	A：8801+C B：2580	A：8740+C B：2580	A：2033+C B：2563	A：2004+C B：2580
温州华峰公司牌号		P001+C 1003	P002+C 1001	P003+C 1001	P005+C 1003			
浙江金城聚氨酯有限公司牌号		P9605A+C 12810B	P6500A+C 12810B	P6506A+C 12810B	P8095A+C 12427B		P3320A+C 12653B	P3005A+C 12653B
天津鑫丰合成化工有限公司牌号		TXR904+C TXR601	TXR907+C TXR603	TXR908+C TXR603	TXR901+C TXR601	TXR902+C TXR601	TXR906+C TXR602	TXR903+C TXR601
主要用途		高、中硬度鞋工作鞋	中硬度鞋凉鞋	中、低硬度皮鞋、旅游鞋	旅游鞋外底	旅游鞋内底	耐黄变外底	中硬度耐寒底
使用条件	混合比（质量比）	100/125～121	100/120～101	100/99～126	100/86～87	100/92～93	100/73～74	100/94～95
	C 组分加入量（每 18kgA）	240	213	243	305	310	450	220
	A 组温度/℃	35～40	35～40	45～50	45～50	45～50	45～50	45～50
	B 组温度/℃	35～40	35～40	35～40	35～40	35～40	35～40	35～40

……（以上记载在第 620 页中）"。

证据 2：封面、版权页、第 93～97、101～104、107～108、268～269、284～299 页的复印件。其中，第93～97、101～104、107～108 记载了"第五章主要配合剂第一节催化剂"：在"一、概述"部分于第 93 页载明了"根据聚氨酯制品生产和用途的差异，选择使用催化剂的三种功能……第三，在聚氨酯合成的诸多复杂反应中，通过使用不同类型的催化剂，调节诸多竞争反应间的反应历程和平衡，促进设计的主反应的反应速度，减缓或抑制副反应的发生和进行，借助催化剂的功能，获得最佳分子结构的设计目的。"；在"三、叔胺类催化剂"部分于第 93 页最后 1 段载明了"对聚氨酯……叔胺类催化剂都有很强的催化作用"；于第 97 页第 4 段载明了"在对众多的叔胺催化剂的研究过程中，人们发现：三亚乙基二胺与某些有机酸反应可生成铵盐，使用这些铵盐制备聚氨酯泡沫体时，出现了乳白时间明显延长，而对最终凝胶时间却无明显影响的'延迟现象'。在对这种现象进行深入研究的基础上，开发出新的'延迟性催化剂'。"；在"五催化剂使用指南"部分于第 108 页第 4～5 行载明了在"（六）RIM 微孔弹性泡沫体"中"普遍使用的是有机锡–叔胺复合催化体系，如三亚乙基二胺和二丁基锡二月桂酸酯等"。第 268～269、284～299页记载了"第八章聚氨酯半硬质泡沫塑料"，其中，第 284～289 页记载了"三、微孔弹性体–聚氨酯鞋底"：在"（二）聚氨酯鞋底原料"部分中于第 288 页第 5 段载明了"催化剂普遍使用三亚乙基二胺等胺类催化剂与有机锡类催化剂配合"；在"（三）聚氨酯鞋底的模制生产"部分于第 288 页最后 1 段至第 289 页倒数第 2 段载明了"在模塑生产工艺中，通常采用浇注法和注射成型法，前者多用于鞋品大底的生产，……单色大底的生产流程以……为例进行叙述。目前，制备聚氨酯鞋底的原料大部分由专业工厂配制，将各种多元醇聚合物、发泡剂、催化剂、泡沫稳定剂等配制成适应各种鞋品不同要求规格的A组分；以改性的液化MDI为B组分；有时，为了有利于组合原料的贮存稳定，可将催化剂单独作为第三组分，称为C组分，将各组分输至贮罐内调整至工作所需的温度，然后输入至发泡机的工作罐7中，原料温度分别控制在35~45℃之间。A组分（使用前应将C组分混入并均化）和B组分经发泡机精确计量、混合后在生产线的浇注工位1处浇注至已预热到40℃，并经喷涂脱模剂处理和嵌入某些鞋用木芯等嵌件的金属模具中……然后输送进入加热熟化烘道3……烘道温度大多控制在60~80℃之间。"

证据3："聚氨酯的胺类延迟性催化剂"，宣美福，《黎明化工》，1989年第二期，化工部黎明化工研究院出版，包括版权页和第32~39页复印件。在"三、胺类延迟性催化剂的应用"之"（一）封闭型胺类延迟性催化剂的应用"部分中于第34~35页介绍了"1. Toyocat-TF"、"2. Toyocat-THN"和"3. Toyocat-ETF"；在"（二）热敏性胺类延迟性催化剂的应用"部分之"2、DBU系列催化剂的应用"中于第37页右栏第10~11行载明了"Polycat DBU系列催化剂还可用于聚氨酯微孔泡沫、铸塑弹性体、涂料、RIM……"。

2008年10月20日专利复审委员会对本案进行了口头审理。

2008年11月28日专利复审委员会作出第12653号决定。

凯众公司向本院提交了如上证据1~3，其中证据2还包括第98~100、105~106页的复印件。其中，第99页表中载明Polycat DBU为具有延迟作用的胺催化剂；第105页载明"五、催化剂使用指南"。

凯众公司当庭表示放弃其在起诉状中主张的事实认定错误的第2点以及区别技术特征2。并认为"或"表示了并列的保护关系，并列之一没有创造性不能说明整个权利要求没有创造性，权利要求1保护的是两种技术方案，专利复审委员会只评定了一种技术方案，不能把两种方案都无效掉。对此，专利复审委员会表示"或"是择一的关系，并不是"和"，因此，无论是聚酯还是聚醚的公开都可以使权利要求1不具备创造性。

凯众公司还主张第12653号决定中还存在以下两点事实认定错误：1. 证据1第620页表12-34没有说明其是聚酯型还是聚醚性PU鞋底、是预聚物法还是一步法，由于其中的A、B、C只是代号，因此不清楚其是否就是第613页第1段记载的聚酯型PU鞋底原液制备中的A、B、C，并且在表12-34中与第12653号决定中引用的C组分加入量为213、220、240、450相对应产品的主要用途与第613页第2段记载的"特别适宜于双色、低硬度的运动鞋和低密度的凉鞋"不同，这说明证据1表12-34与第613页第1段记载的聚酯型PU鞋底原液的制备是不同的方法，并非一个技术方案。而专利复审委员会在第12653号决定中主观和错误地将证据1表12-34中的使用条件之"C组分加入量"和"B组温度"与第613页第1段记载的聚酯型PU鞋底原液的制备这两个技术方案组合作为最接近的现有技术用于评价本专利的创造性，并且在证据1表12-34中未指明C组分加入量的单位的情况下，主观将其单位确定为"g"。在上述事实认定错误的基础上专利复审委员会在第12653号决定中遗漏了区别技术特征"保持预聚体的温度为35~60℃"，并且错误地通过换算认为证据1中记载的叔胺催化剂的用量存在落入本申请权利要求1所限定的用量范围之内的点。2. 证据1第595页第12.2.4.3节中记载的扩链剂丙三醇、1，6-己二醇为RIM常用的扩链剂，专利复审委员会在第12653号决定中错误地将其用在本专利权利要求1中的"低压浇注"成型上，从而遗漏了区别技术特征"丙三醇"和"1，6-己二醇"。

针对凯众公司的上述主张，专利复审委员会答辩称：在证据1中表12-34与第613页第1段属于同一章，即微孔聚氨酯弹性体，表12-34中的A、B、C虽然未明确具体是什么组分，但其与第613

页第1段聚酯型PU鞋底原液制备中的A、B、C是对应的，应当是其下位概念，尽管表12-34中的用途与第613页第2段记载的三液体系的用途不完全相同，但是二者有交叉，而且第613页第2段记载的是“特别适宜”，因此并不矛盾，第620页表12-34与第613页第1段记载的聚酯型PU鞋底原液制备就是一个技术方案，第12653号决定并不存在将两个技术方案组合作为最接近的对比文件的情况。对于二醇扩链剂的问题，专利复审委员会表示权利要求1中限定的二醇扩链剂之间是“或”的关系，只要证据1公开了其中的一个或多个就已经落入权利要求1要求保护的范围之内。至于将表12-34中C组分的单位确定为“g”的问题，专利复审委员会答辩称C组分作为催化剂，不会多于反应物，因此不可能是kg，而mg明显不能实现，本领域技术人员能够确定它的数量级只能是g。灵汇公司则表示证据1第597页公开了胺催化剂的用量为0.6%~1.0%，经过计算可知单位应当为g，凯众公司表示证据1第597页第12.2.4.4节公开的胺催化剂的用量是RIM聚氨酯的催化剂的用量，其不必然用于本专利的产品。

凯众公司还主张权利要求1步骤（1）中的技术特征“保持预聚体的温度为35~60℃”是预聚体的制备温度，而证据1表12-34中B组分温度“35~40℃”是B组分的使用温度，用以评价预聚体的制备温度也是错误的。对此，专利复审委员会表示同意凯众公司关于表12-34中B组分温度为使用温度的说法，但是认为权利要求1步骤（1）中的技术特征“保持预聚体的温度为35~60℃”并非预聚体的制备温度。

专利复审委员会当庭表示同意凯众公司关于证据1第613页第1段记载的“反应温度在60~80℃”为B组分的制备温度从而不能用于评价权利要求1步骤（3）中浇注之反应条件的说法，并表示放弃在答辩状中关于权利要求1步骤（3）中的模具温度被证据1公开的意见陈述，但认为证据1表12-34中的B组分温度35~40℃公开了权利要求1步骤（3）中的“温度为35~60℃的预聚体”，在证据2第289页倒数第2段记载的“烘道温度大多控制在60~80℃之间”公开了权利要求1步骤（3）中的“温度为40~80℃模具”。对此，凯众公司表示通道温度和模具温度不是一个温度，在不平衡的时候二者是不一样的。

针对使用延迟性叔胺催化剂在证据1~3中是否有启示的问题，专利复审委员会认为“延迟性叔胺催化剂”中的“延迟性”是功能性限定，是对某些催化剂是否具有延迟性的描述，证据2第97页第4段明确了使用三亚乙基二胺时出现了乳白时间明显延长的“延迟现象”，因此三亚乙基二胺应当就是延迟性叔胺催化剂，尽管证据2中是在产生了铵盐后才产生延迟现象，但是用了三亚乙基二胺后就会产生延迟现象，因此不能说是由铵盐而不是叔胺产生延迟现象。此外，证据3第37页右栏第10~11行公开了延迟性叔胺催化剂PolycatDUB系列可用于RIM，由于RIM也是聚氨酯弹性体，虽然是注射的，但都是ABC反应，与催化剂的选择和制备方法没有关系，因此证据3也给出了使用延迟性叔胺催化剂的启示。凯众公司认为证据3第37页右栏第10~11行公开的RIM是与浇注并列的两种不同的工艺，由于制备方法不同，因此没有启示，并且由证据2第93页记载的“催化剂的三种功能”之“第三”说明聚氨酯生产的催化剂的选择很难通过启示来实现，催化剂的选择体现了本发明的创造性。

对于权利要求2~6的创造性问题，凯众公司主张基于权利要求1具有创造性，权利要求2~6也具有创造性。并且权利要求4中限定的具体的聚醚、权利要求6中限定的组合催化剂在现有技术中均没有启示。对此专利复审委员会答辩称权利要求4中限定的具体的聚醚二元醇或聚酯二元醇之间仍然是“或”的关系，因此只要公开了其中的一个或多个，整个权利要求就不具有创造性。至于权利要求6中的组合催化剂，在证据2第108页第4~5行已经公开。对此凯众公司表示证据2第108页第4~5行公开的是在RIM中使用组合催化剂，与低压浇注完全不同。

上述事实，有第 12653 号决定、本专利授权文本、灵汇公司在无效程序中提交的证据以及当事人陈述等证据在案佐证。

本院认为：

《专利法》第二十二条第三款规定：创造性，是指同申请日以前已有的技术相比，该发明有突出的实质性特点和显著的进步，该实用新型有实质性特点和进步。

《专利法》第五十六条第一款规定：发明或者实用新型专利权的保护范围以其权利要求的内容为准，说明书及附图可以用于解释权利要求。

一、权利要求 1 的创造性。

结合本案而言，就各方当事人的主张，权利要求 1 是否具备创造性的争议焦点集中在以下两个方面：

（一）关于事实的认定和区别技术特征的认定。

1. 凯众公司主张专利复审委员会在第 12653 号决定中错误地将证据 1 第 613 页第 1 段针对聚酯型原液的制备方法套用在聚醚型原液的制备上，从而遗漏了区别技术特征“所述的多元醇是分子量为 800～4000的聚醚或聚酯二元醇”。本院认为，技术特征“所述的多元醇是分子量为 800～4000 的聚醚或聚酯二元醇”中使用“或”字并列了必择其一的“聚醚二元醇”和“聚酯二元醇”，使得在多元醇树脂混合物的制备中无论使用聚醚二元醇还是聚酯二元醇均落入本专利权利要求 1 要求保护的范围之内，均可用于评价本专利权利要求 1 的创造性，该技术特征并非本专利权利要求 1 相对于证据 1 的区别技术特征。因此，凯众公司关于本专利权利要求 1 为“既适合聚醚型又适合聚酯型原液”的制备方法，以及专利复审委员会在第 12653 号决定中错误地将证据 1 中有关聚酯型原液的制备套用在聚醚型原液上从而遗漏了上述区别技术特征的主张与客观事实不符，系其对上述技术特征理解错误所致，故本院对其主张不予支持。

2. 凯众公司主张专利复审委员会在第 12653 号决定中错误地用证据 1 第 595 页第 12. 2. 4. 3 节中记载的 RIM 常用的扩链剂丙三醇和 1，6-己二醇评价本专利权利要求 1 的低压浇注制备方法中使用的扩链剂，从而遗漏了区别技术特征“丙三醇”和“1，6-己二醇”。本院认为，技术特征“所述的二醇扩链剂为乙二醇或二乙二醇或丙三醇或 1，4-丁二醇或 1，6-己二醇”中使用“或”并列了必择其一的“乙二醇”、“二乙二醇”、“丙三醇”、“1，4-丁二醇”和“1，6-己二醇”，同上理，尽管证据 1 未公开在聚氨酯鞋底的制备中使用扩链剂“丙三醇”或“1，6-己二醇”，但“丙三醇”和“1，6-己二醇”并非本专利权利要求 1 相对于证据 1 的区别技术特征。因此，凯众公司关于专利复审委员会在第 12653 号决定中遗漏了上述区别技术特征的主张与客观事实不符，系其对上述技术特征理解错误所致，故本院对其主张不予支持。

3. 凯众公司主张专利复审委员会在第 12653 号决定中错误地将证据 1 第 620 页表 12-34 中的使用条件之“C 组分加入量”和“B 组温度”同与之属于不同技术方案的第 613 页第 1 段组合作为最接近的现有技术；错误地使用证据 1 表 12-34 中为 B 组分使用温度的“B 组温度 35～40℃”评价本专利权利要求 1 步骤（1）中为描述预聚体制备温度的技术特征“保持预聚体的温度为 35～60℃”，从而遗漏了该区别技术特征；以及主观地将表 12-34 中 C 组分加入量的单位确定为“g”。本院认为，（1）证据 1 为介绍聚氨酯弹性体的手册，第 12. 3 具体介绍聚氨酯鞋底，包括“12. 3. 2 原材料”、“12. 3. 3 生产工艺”和“12. 3. 4 产品与性能”，第 613 页第 1 段属于 12. 3. 3，记载了聚酯型原液的制备方法，其涉及 A、B 和 C 三个组分，第 620 页表 12-34 属于 12. 3. 4，记载了国内主要原液供应厂商名牌号的用途物性使用条件，其中也涉及 A、B 和 C 三个组分，由于在 12. 3. 3 中仅记载了聚酯型原液和聚醚型原液两种原液的制备方法，且聚醚型原液仅涉及 A 和 B 两个组分，并不涉及 C 组分，因此，从上下文来看，表 12-34 中记载的 A、B 和 C 组分只能分别对应于第 613 页第 1 段记载的用于制备聚酯型原液的 A、B 和 C 组分。尽管表 12-34 中记载的主要用途与第 613 页第 2 段记载的用途不尽相同，但由于第 613 页第 2 段记载的是“特别适宜于……”，因此二者并不存在矛盾。可见，在证据 1 中第 620 页表 12-34 与第 613 页第 1 段的记载应属于同一个技术方案，第 12653 号决定中并不存在将两个技术方案结合作为最接近的现有技术的情况，故本院对凯众公司相应主张不予支持。(2) 对于证据 1 表 12-34 中记载的“B 组温度 35~40℃”为 B 组分的使用温度各方当事人并无争议，本院予以确认。由于本专利权利要求 1 步骤（1）为“预聚体的制备”，因此其中的技术特征“保持预聚体的温度为 35~60℃”从撰写形式上看应当是预聚体的制备温度。第 12653 号决定中用证据 1 表 12-34 中 B 组分的使用温度来评价本专利权利要求 1 中预聚体的制备温度的确不当，本院予以纠正。但是，证据 1 第 613 页第 1 段公开了 B 组分的制备温度在“60~80℃”，即公开了本专利权利要求 1 中的技术特征“保持预聚体的温度为 35~60℃”。因此本院对凯众公司关于技术特征“保持预聚体的温度为 35~60℃”为本专利权利要求 1 与证据 1 的区别技术特征的主张不予支持。(3) 对于表 12-34 中 C 组分加入量的单位是否为“g”的争议，本院认为，对于本领域技术人员来说，C 组分作为催化剂，其加入量不可能超过作为反应物的 A 组分，因此其单位不可能是“kg”，同时，其加入量亦不可能太少，比如不可能每 18 此的 A 组分中加入不足 1g 的催化剂，因此其单位也不可能是“mg”，因此专利复审委员会将 C 组分加入量的单位确定为“g”并无不当之处；而且，证据 1 第 597 页第 12.2.4.4 节还记载了“RIM 中催化剂的用量比浇注弹性体的多一些，胺催化剂的用量为 0.6%~1.0%”，证据 1 表 12-34 中记载的技术方案即为浇注弹性体，“多一些”显然不可能为一个数量级的差别，据此本领域技术人员也可以通过简单的计算判断出表 12-34 中的 C 组分加入量的单位应为“g”。因此本院对凯众公司的相应主张不予支持。

4. 凯众公司主张专利复审委员会在第 12653 号决定中将证据 1 第 613 页第 1 段中在聚酯型原液制备中合成预聚物（B 组分）的制备条件错误地视为本专利权利要求 1 中步骤（3）浇注的工艺条件从而遗漏了区别技术特征“使用低压发泡机将温度为 35~60℃的预聚体与多元醇树脂混合物按比例混合反应后，注入温度为 40~80℃模具内，熟化后即制得聚氨酯微孔弹性体”。由于证据 1 第 613 页第 1 段记载的“反应温度在 60~80℃”为 B 组分的制备温度各方当事人并无争议，因此专利复审委员会用其评价本专利权利要求 1 步骤（3）浇注的工艺条件的确不当，本院予以纠正。但是，证据 1 第 613 页公开了采用低压浇注成型制备聚氨酯鞋底，表 12-34 中公开了 B 组分的使用温度为 35~40℃，即公开了本专利权利要求 1 步骤（3）中的技术特征“温度为 35~60℃”，第 613 页第 2 段还公开了“使用时先将 A 组分与 C 组分混合均匀，再与 B 组分混合”，第 614 页图 12-3 中公开了熟化步骤和使用模具，可见，本专利权利要求 1 步骤（3）中仅技术特征“低压发泡机”和模具的温度“40~80℃”未被证据 1 所公开，为本专利权利要求 1 与证据 1 的区别技术特征。故本院对凯众公司主张本专利权利要求 1 步骤（3）除上述两个技术特征之外的其他技术特征也是本专利权利要求 1 与证据 1 的区别技术特征不予支持。

5. 凯众公司主张专利复审委员会在第 12653 号决定中将证据 1 第 613 页第 1 段中记载的“聚己二酸乙二醇二乙二醇酯”和“聚己二酸乙二醇丁二醇酯”，分别窜改成“聚乙二酸乙二醇二乙二醇酯”和“聚乙二酸乙二醇丁二醇酯”。本院认为，专利复审委员会在第 12653 号决定中确实存在上述笔误，本院予以纠正，但该笔误并未导致区别技术特征认定有误进而导致第 12653 号决定结论错误，也未导致凯众公司的权利受到任何损害，因此凯众公司与此相关的诉讼理由本院不予支持。

（二）关于法律适用。

1.《专利法》第五十六第一款。

如前所述，本专利权利要求 1 中的技术特征“所述的多元醇是分子量为 800~4000 的聚醚或聚酯二元醇”和“所述的二醇扩链剂为乙二醇或二乙二醇或丙三醇或1，4-丁二醇或1，6-己二醇”并非本专利权利要求1与证据1的区别技术特征，专利复审委员会在对本专利权利要求1进行解释时并未遗漏上述技术特征。至于专利复审委员会在确定本专利权利要求1与证据1的区别技术特征时确实遗漏了技术特征“低压发泡机”和“温度为40~80℃”，但该遗漏是因为其对证据1公开的客观事实认定有误所致，并非因其对权利要求1的保护范围作了违反专利法第五十六条第一款的解释所致。此外，本专利权利要求1的主题名称为“一种聚氨酯微孔弹性体的制备方法”，证据1公开了聚氨酯鞋底的制备方法，聚氨酯鞋底属于聚氨酯微孔弹性体的下位概念，因此专利复审委员会对本专利权利要求1的主题并不存在错误的解释，本院对其关于第12653号决定中存在《专利法》第五十六条适用错误的主张不予支持。

2.《专利法》第二十二条第三款。

（1）关于区别技术特征“低压发泡机”是否有启示的问题，本院认为，在证据1第613页最后1段已经公开了使用低压浇注成型的情况下，选择使用低压发泡机是本领域技术人员的公知常识。此外，证据2第289页倒数第2段公开了使用发泡机制备聚氨酯鞋底，在证据1第613页最后1段已经公开了使用低压浇注成型的情况下，本领域技术人员选择使用低压发泡机也是显而易见的。（2）关于区别技术特征模具的温度“温度为40~80℃”是否有启示的问题，本院认为，模具的温度也是本领域技术人员的公知常识。此外，证据2第289页倒数第2段公开了在制备聚氨酯鞋底时，将各组分混合后浇注至预热到40℃的模具中，再将模具送入烘道，烘道的温度控制在60~80℃，显然模具的温度应高于其预热温度且低于或等于烘道的温度，即应为40~80℃，因此上述区别技术特征也已被证据2所公开，并且该区别技术特征在证据2中和在本专利中所起的作用相同，都是制备聚氨酯鞋底的模具的温度，因此证据2给出了将上述区别技术特征应用到证据1中以确定模具的温度的启示。至于凯众公司强调在证据2第289页倒数第2段公开的制备工艺中B组分为改性的液化MDI，与本专利权利要求1中使用的预聚体不同，本院认为，证据2作为介绍聚氨酯材料的手册，其旨在介绍作为微孔弹性体的聚氨酯鞋底的一般特点，包括以改性的液化MDI为例介绍浇注法的一般生产流程，因此对于本领域技术人员来说，其已经给出了在类似工艺中选择与其相同的模具温度的启示。（3）关于区别技术特征延迟性叔胺催化剂及其用量是否有启示的问题，本院认为，由证据2第97页第4段记载的“使用这些铵盐制备聚氨酯泡沫体时，出现了乳白时间明显延长”可知，该段记载的确实是三亚乙基二胺相应的铵盐而非三亚乙基二胺本身具有延迟现象。证据3第37页右栏第10~11行公开了延迟性叔胺催化剂Polycat DBU系列可用于RIM聚氨酯，对此各方当事人并无争议，本院予以确认。由证据1第593~598页第12.2.4节和第610~612页第12.3.2节记载的内容可知，RIM聚氨酯和聚氨酯鞋底的主要反应原料是相似的，都是异氰酸酯、低聚物多元醇、扩链剂、发泡剂和匀泡剂等，二者的产物也是相似的，都是聚氨酯弹性体，且结合证据1第614页最后1段和证据2第288页最后1段的记载，即聚氨酯鞋底既可以选择浇注法成型，也可以选择注射法成型（即RIM），本领域技术人员可以判断出RIM聚氨酯和浇注型聚氨酯鞋底二者的反应是相似的，只是成型工艺略有不同。由于对于本领域技术人员来说，在化学反应中催化剂的选择关键在于其是否能够催化该反应，即取决于该反应的原料、反应类型以及产物，而并不主要取决于成型工艺，因此，证据3中所公开的在RIM聚氨酯中可以使用延迟性叔胺催化剂给出了在与RIM相似的低压浇注法制备聚氨酯鞋底中也能够使用延迟性叔胺催化剂的启示。至于证据2第93页记载的“催化剂的三种功能”之“第三”记载的只是催化剂的功能，并不能说明催化剂的选择很难通过启示来实现，并且就创造性评述而言，现有技术只要存在启示，发明就应当是显而易见的。由于证据1第613页第1段和表12-34属于一个技术方案，且本领域技术人员可以确定表12-34中C组分的单位为g，凯众公司对第12653号决定中确定证据1中催化剂用量的计算方法本身也无异议，因此，专利复审委员会使用表12-34中公开的C组分加入量计算催化剂的用量并得出证据1中催化剂的用量存在落入本专利权利要求1所限定的用量范围之内的点的结论并无不当之处，本院予以支持。综上，尽管本专利权利要求1和证据1相比具有上述区别技术特征，但是这些区别技术特征均未给权利要求1要求保护的技术方案带来突出的实质性特点，同时本领域技术人员也看不出上述区别特征能够给权利要求1要求保护的技术方案带来如凯众公司所强调的有益效果，例如优化制品的物理机械性能、混合物流动性好、物料固化快、模塑制品的性能优越等。此外，鉴于“所述的多元醇是分子量为800~4000的聚醚或聚酯二元醇”并非本专利权利要求1与证据1的区别技术特征，因此凯众公司强调的与该技术特征有关的有益效果，即与既能制备聚酯型又能制备聚醚性微孔弹性体有关的有益效果本院不予支持。且其所强调的具有优良品质的阻尼元件只是权利要求1要求保护的一部分，该部分具有创造性并不必然导致整个权利要求要求保护的技术方案都具有创造性。至于凯众公司所强调的市场份额，由于没有证据表明其是由于本发明的技术特征所直接导致的，因此也不能说明本专利权利要求1具有创造性。综上，本院对凯众公司关于本专利权利要求1具备突出的实质性特点和显著的进步，因此具备创造性的主张不予支持。

二、权利要求2~6的创造性。

对于权利要求2~6的创造性，凯众公司仅争议权利要求4所进一步限定“分子量为800~4000的聚醚或聚酯二元醇”为具体的聚醚二元醇以及权利要求6中所限定的延迟性叔胺催化剂和有机锡催化剂组成的混合催化剂在现有技术中没有启示。本院认为，在权利要求4中进一步限定的具体的聚醚二元醇与具体的聚酯二元醇之间同样使用了“或”进行并列选择，因此同上理，即使现有技术没有给出使用权利要求4所进一步限定的具体的聚醚二元醇的技术启示，只要证据1第613页第1段公开了部分具体的聚酯二元醇或者部分具体的聚酯二元醇是所属技术领域的公知常识，权利要求4因其引用的权利要求不具备创造性也就不具备创造性。至于使用混合催化剂的问题，证据2第108页第4~5行公开了在RIM中使用叔胺催化剂和有机锡催化剂组成的混合催化剂，同上理，证据2给出了在与RIM相似的低压浇注法制备聚氨酯鞋底中也能够使用叔胺催化剂和有机锡催化剂组成的混合催化剂的启示；另外，实际上证据2第288页第5段也明确公开了在聚氨酯鞋底制备中使用三亚乙基二胺等胺类催化剂与有机锡类催化剂配合，因此进一步结合证据3所给出的使用延迟性叔胺催化剂的启示，本领域技术人员在制备聚氨酯鞋底时选择使用延迟性叔胺催化剂和有机锡催化剂组成的混合催化剂是显而易见的。因此本院对凯众公司的上述主张不予支持，在本专利权利要求1不具备创造性时，权利要求2~6亦不具备创造性。

综上，第12653号决定认定事实基本清楚，适用法律正确，程序合法，应予维持。依照《中华人民共和国行政诉讼法》第五十四条第（一）项之规定，本院判决如下：

维持被告国家知识产权局专利复审委员会作出的第12653号无效宣告请求审查决定。

案件受理费100元，由原告上海凯众聚氨酯有限公司负担（已交纳）。

如不服本判决，各方当事人可在本判决书送达之日起15日内，向本院递交上诉状，并按对方当事人人数提交副本，交纳上诉案件受理费100元，上诉于北京市高级人民法院。

审　判　长　任　进
代理审判员　邢　军
人民陪审员　牛艳玲
二〇〇九年九月四日
书　记　员　陈文煊

042

具纹理表面的合成皮

无效宣告请求审查决定（第12669号）

决　　定　　号　第12669号
决　　定　　日　2008年12月10日
发明创造名称　具纹理表面的合成皮
国 际 分 类 号　D06N7/04
无效宣告请求人　旭登新型材料（深圳）有限公司
专　利　权　人　赵杭特
专　　利　　号　200420008973.1
申　　请　　日　2004年4月16日
授 权 公 告 日　2005年8月17日
合 议 组 组 长　任晓兰
主　　审　　员　吴红权
参　　审　　员　侯　曜

法 律 依 据　专利法第22条第2款、第3款
决 定 要 点

如果一项权利要求所涉及的技术方案与现有技术中所公开的技术方案相比存在区别技术特征，导致二者为实质不同的技术方案，则该权利要求具备新颖性。

在判断一项技术方案相对于某一对比文件是否具备创造性时，如果在现有技术中不存在改进所述对比文件的教导或启示，而且该技术方案具有有益的技术效果，则该技术方案相对于所述对比文件具备创造性。

一、案由

本无效宣告请求案涉及国家知识产权局于2005年8月17日授权公告、申请日为2004年4月16日、名称为“具纹理表面的合成皮”的第200420008973.1号实用新型专利（以下简称本专利），专利权人为赵杭特。

本专利授权公告的权利要求书如下：

“1. 一种具纹理表面的合成皮，其特征在于包含有：

一薄面基材，具有一顶面与一底面；

一纹理层，位于所述基材顶面上，所述纹理层由多数的饰纹及饰块共同构成。

2. 如权利要求1所述具纹理表面的合成皮，其特征在于：所述纹理层为采用表面刻有特定压纹

的辊轮沾附高固成分树脂涂料滚压所述基材顶面后形成的具有凹凸交迭、色彩不同的饰纹及饰块的树脂立体纹理层。

3. 如权利要求2所述具纹理表面的合成皮，其特征在于：所述基材顶面涂覆有一颜料层，所述颜料层对应所述饰纹与所述饰块分别具有不同的色彩。

4. 如权利要求2所述具纹理表面的合成皮，其特征在于：所述纹理层为涂布在所述基材顶面上的变性树脂涂料干固后形成的龟裂的树脂立体纹理层。

5. 如权利要求1所述具纹理表面的合成皮，其特征在于：所述基材由一无纺布底层与一聚胺酯顶层组成，所述无纺布底层相对结合所述聚胺酯顶层的另一面为基材底面，所述聚胺酯顶层表面构成基材顶面。

6. 如权利要求5所述具纹理表面的合成皮，其特征在于：所述纹理层为通过在基材顶面印刷形成的具有特定图样的饰纹与饰块的平面纹理层。

7. 如权利要求5所述具纹理表面的合成皮，其特征在于：所述纹理层为采用网版印刷方式对所述基材顶面进行印刷形成的具有浮凸状的立体纹理层。

8. 如权利要求1所述具纹理表面的合成皮，其特征在于：所述基材为一无纺布，所述无纺布顶面涂布有聚胺酯，所述聚胺酯层经表面刻有特定压纹的辊轮压印后形成具有特定图样的立体纹理层。”

针对上述专利权，旭登新型材料（深圳）有限公司（以下简称请求人）于2006年6月23日向专利复审委员会提出无效宣告请求，并提交了如下附件：

附件1：国家知识产权局专利检索咨询中心出具的编号为G060570的检索报告，复印件共5页；

附件2：公开号为CN1126782A、公开日为1996年7月17日的中国发明专利申请公开说明书，复印件共11页；

附件3：授权公告号为CN1051345C、授权公告日为2000年4月12日的中国发明专利说明书，复印件共28页；

附件4：公开号为CN1346912A、公开日为2002年5月1日的中国发明专利申请公开说明书，复印件共10页；

附件5：“聚氨酯合成革产品开发及其技术进展”，沈涛，《聚氨酯工业》，第13卷第3期，1998年，第1~4页，复印件共4页；

附件6：“聚氨酯合成革产品的开发及其技术进展”，丁海燕等，西北轻工业学院学报，2000年12月，第18卷第4期，第30~32页，复印件共3页；

附件7：“聚氨酯合成革的发展与非织造基布的应用”，李华，纺织学报，1996年10月，第17卷第5期，第289~290页，复印件共2页；

附件8：《北京皮革》，“1999年7月第13期”，封面，广告页，复印件共3页；

附件9：盖有请求人公章的证书号为QHK01522的评价表及其译文，复印件共2页；

附件10：盖有请求人公章的、印有“旭登新型材料（深圳）有限公司”字样的“生产流程图”，1页。

请求人认为：（1）权利要求1相对于附件2不具有新颖性；（2）权利要求2~4、6~8相对于附件2和5的结合不具有创造性；（3）权利要求5相对于附件2不具有创造性；（4）附件3、4、6、7在不同程度上也说明了本专利不具有新颖性和创造性；（5）附件8中所指的产品是采用本专利的生产工艺加工压纹的、附件9和附件10的生产流程所描述的生产工艺与本专利内容基本相同。

经形式审查合格后，专利复审委员会受理了上述请求，于2006年11月15日向双方当事人发出了《无效宣告请求受理通知书》，并将《专利权无效宣告请求书》及其附件清单中所列附件的副本转送给专利权人，要求其在指定的期限内答复，同时成立合议组对本无效请求案进行审理。

2006年12月30日，专利权人针对该无效宣告请求提交了意见陈述，并对权利要求书进行了修改，删除原权利要求1和8，将原权利要求1的从属权利要求2和5合并为新的独立权利要求1，并相应修改原权利要求3、4、6、7的引用关系（均修改为引用新的权利要求1），修改后的权利要求书如下：

“1. 一种具纹理表面的合成皮，具有一薄面基材和一纹理层，基材具有一顶面与一底面，纹理层位于基材顶面上，所述纹理层由多数的饰纹与饰块共同构成，其特征为所述基材由一无纺布底层与一聚氨酯顶层组成，无纺布底层相对结合所述聚氨酯顶层的另一面为基材底面，所述聚氨酯顶层表面构成基材顶面；所述纹理层为采用表面刻有特定压纹的滚轮粘附高固成分树脂涂料滚压所述基材顶面后形成的具有凹凸交叠、色彩不同的饰纹及饰块的树脂立体纹理层。

2. 根据权利要求1所述的具纹理表面的合成皮，其特征为所述基材顶面涂覆有一颜料层，所述颜料层对应所述饰纹与所述饰块分别具有不同的色彩。

3. 根据权利要求1所述的具纹理表面的合成皮，其特征为所述纹理层为涂布在所述基材顶面上的变性树脂涂料干固后形成的龟裂的树脂立体纹理层。

4. 根据权利要求1所述的具纹理表面的合成皮，其特征为所述纹理层为通过在基材顶面印刷形成的具有特定图样的饰纹与饰块的平面纹理层。

5. 根据权利要求1所述的具纹理表面的合成皮，其特征为所述纹理层为采用网版印刷方式对所述基材顶面进行印刷形成的具有浮凸状的立体纹理层。”

专利权人认为：（1）附件2没有公开修改后的权利要求1的特征部分。（2）附件5、6和7是对合成皮处理方法进行描述和评价，没有涉及将修改后的权利要求的区别技术特征应用于任何对比文件的启示。（3）附件8作为外观图片未揭示任何技术特征，不能作为证明公开实用新型技术的证据使用，同时也不能作为评价实用新型新颖性和创造性的证据使用；附件9中未涉及有关本实用新型专利的技术特征，附件10中的工艺流程图，只简单描述了人造革工艺，亦未涉及本实用新型专利中的任何结构特征。（4）请求人所提供的证据及公知技术中均未给出任何技术启示，使本领域技术人员将修改后的权利要求1中的区别技术特征应用于现有技术中，从而达到修改后的权利要求1中所示的技术效果的启示，故修改后的权利要求1具备创造性。

2007年2月25日，合议组向双方当事人发出《无效宣告请求口头审理通知书》，拟定于2007年4月24日举行口头审理，并将专利权人于2006年12月30日提交的意见陈述书及修改后的权利要求书转送给请求人，要求其在口头审理时答复。

2007年4月10日，专利复审委员会收到请求人提交的附件11：

附件11：公开号为CN1654737A、申请日为2004年2月13日、公开日为2005年8月17日的发明专利申请公开说明书一份，复印件共10页。

2007年4月16日，合议组再次向专利权人发出《无效宣告请求口头审理通知书》，定于2007年4月24日举行口头审理。

2007年4月24日，口头审理如期举行。双方当事人均委托代理人参加了口头审理。在口头审理过程中，合议组就本案的无效理由及证据进行了调查，双方当事人陈述了各自的意见，认定并记录了以下事项：

（1）针对专利权人修改后的权利要求书，请求人当庭提交补充意见（共1页），指出：修改后的权利要求1分别相对于附件2和附件11不具备新颖性；权利要求2~5是权利要求1的从属权利要求，分别对合成皮的表面处理作了进一步限定，当权利要求1不具备新颖性时，从属权利要求2~5也不具备新颖性；附件2实施例3中公开了合成皮“经表面加工、染色、砂磨、揉纹等加工处理”，且这些附加技术特征均为本领域表面处理的公知方法，附件5中公开了合成革表面处理的多种方法，这些方法在附件5中所起的作用与其在本专利中为解决其技术问题所起的作用相同，在附件2的基础上，结合附件5得出权利要求2~5保护的技术方案，对本领域技术人员来说是显而易见的，故权利要求2~5相对于附件2和附件5的结合不具备创造性。合议组将其和上述附件11一起当庭转送专利权人；并告知专利权人可以在口头审理结束后7天内针对上述补充证据和意见提交书面意见。

（2）请求人放弃提出无效宣告请求时的理由和证据，认为修改后的权利要求1相对于附件2、附件11不具有新颖性，相对于附件2不具有创造性。

（3）专利权人对附件5的真实性不予认可。

2007年5月8日，专利权人针对附件11提交了答辩意见，专利权人认为，附件11属于申请在先，公开在后的专利文件，只能用于评价新颖性。通过将修改后的权利要求1与附件11公开的内容对比可知，附件11中基材的织物或非织物部分经过在PU涂料中含浸后，必然为PU涂料所包覆和渗入；而本专利的基材具有明显的层状结构，且二者的层次关系完全不同，从基材上看本专利的技术特征相对于附件11是不同的，故权利要求1具备新颖性。

2008年2月29日，合议组向请求人发出《无效宣告请求审查通知书》，根据请求人在口头审理当庭提交的补充意见，对权利要求2~5相对于附件2和5的结合不具备创造性的无效理由进行了补充调查，并且告知请求人，如果其未在收到该通知书之日起一个月内答复，将视为放弃针对修改后的权利要求2~5的所有无效理由及证据。

2008年4月14日，请求人针对《无效宣告请求审查通知书》提交了意见陈述，请求人认为：附件2的实施例3中公开了合成皮“经表面加工、染色、砂磨、揉纹”等加工处理，附件2中虽然没有明确提到使用辊轮滚压、颜料层具有不同色彩等，但这些附加技术特征均为本领域表面处理的公知方法。同时，附件5公开了多种表面处理方法，这些方法在附件5中用于合成皮的表面处理，本领域技术人员将附件2和5结合得出权利要求2~5的技术方案是显而易见的。具体而言：

（1）附件5“1.4表面处理”“1.8转印”中所述的“印刷、直接涂布、喷涂、多功能辊筒涂布、转印”相当于本专利权利要求2中所述的“基材顶面涂覆有一颜料层”。

（2）权利要求3的附加技术特征是对权利要求1中使用的高固成份树脂的简单变更，还是一种表面加工，附件5中“1.4”中提到了网纹辊筒、多功能辊筒，如果使用变性树脂涂料都可以形成龟裂的树脂立体纹理层，附件2中已经对使用聚氨脂弹性树脂液作出说明，而变性树脂干固后的状态为本领域的公知常识，因此权利要求3不具备创造性。

（3）权利要求4中提到“通过印刷形成的……平面纹理层”，附件5在“1.4表面处理”“1.8转印”中已经对印刷和转印作了较详细的说明。

（4）附件5“1.4.1印刷”、“1.5压纹”中提到离型纸转移花纹以及辊筒或平板压纹，其与权利要求5的附加技术特征效果一致，因此，权利要求2~5不具备创造性。

合议组因故变更。2008年5月12日，专利复审委员会向双方当事人发出《合议组成员告知通知书》，告知双方当事人如对变更后的合议组成员有回避请求，应当自收到通知书之日起7日内提交书面请求书。在指定期限内，双方当事人均未答复。

2008年6月26日，合议组将上述《无效宣告请求审查通知书》和请求人于2008年4月14日针对该《无效宣告请求审查通知书》提交的意见陈述书当面转送专利权人，要求其在7个工作日内提交书面意见陈述，逾期未提交，视为放弃针对上述两份材料陈述意见的机会，不影响本案的审理。

专利权人在指定的期限内未发表任何意见。

2008年8月25日，合议组再次向请求人发出《无效宣告请求审查通知书》，对权利要求2~5进行补充调查，要求请求人在自收到通知书之日起7日内针对权利要求2~5相对于附件2、附件11不具备新颖性的无效理由陈述意见，并且告知请求人，如果其未在指定的答复期限内答复，将视为放弃针对权利要求2~5相对于附件2、附件11不具备新颖性的无效理由。

2008年9月10日，请求人针对上述《无效宣告请求审查通知书》提交了意见陈述，请求人认为：

（1）权利要求2中所述的"基材顶面涂覆有一颜料层"与附件2中所述的"表面加工、染色"是一致的，与附件11中"于人工皮革半成品上实施研磨、染色加工"也相同。

（2）权利要求3的附加技术特征是对权利要求1中使用"高固成份树脂"的简单变更，还是一种"表面加工"，并且权利要求3中所述的"变性树脂"仍然是聚氨酯弹性树脂液，附件2的权利要求1、2、4、5、6、7、实施例1、实施例2都对使用聚氨酯树脂液的工艺进行了具体描述，因此权利要求3不具备新颖性。

（3）权利要求4的附加技术特征与附件11的背景技术、比较例1中的离型纸转印是一致的，与附件11的权利要求、发明内容、实施例1、实施例2、比较例2、比较例3是一致的，故权利要求4不具备新颖性。

（4）权利要求5中所述的"网版印刷方式"可由离型纸转印实现，也可用特殊纹路的轮具滚压实现，这与附件11所述的背景技术、比较例1中的离型纸转印是一致的，与附件11的权利要求、发明内容、实施例1、实施例2、比较例2、比较例3是一致的，故权利要求5不具备新颖性。

2008年11月26日，合议组将上述《无效宣告请求审查通知书》和请求人于2008年9月10日针对该《无效宣告请求审查通知书》提交的意见陈述书当面转送专利权人，要求其在7个工作日内提交书面意见陈述，逾期未提交，视为放弃针对上述两份材料陈述意见的机会，不影响本案的审理。

专利权人在指定的期限内未发表任何意见。

至此，合议组认为本案的事实已经调查清楚，可以依法作出审查决定。

二、决定的理由

1. 关于文本

2006年12月30日，专利权人提交了权利要求书的修改文本，删除了原权利要求1和8，将原独立权利要求1的从属权利要求2和5合并，组成新的独立权利要求1，并相应修改原权利要求3、4、6、7的编号和引用关系。经审查，所述修改符合审查指南的相关规定，因此，本决定以专利权人于2006年12月30日提交的权利要求书第1~5项，授权公告的说明书第1~3页、说明书附图第1~3页、说明书摘要及摘要附图作为审查基础。

2. 关于无效理由和证据

请求人放弃提出无效宣告请求时的无效理由和证据，针对专利权人提交的修改的权利要求书，请求人在口头审理当庭提交的无效宣告请求补充意见中提出的全部无效理由和范围是：权利要求1相对于附件2、11不具备新颖性，相对于附件2不具备创造性；在权利要求1不具备新颖性时，从属权利要求2~5也不具备新颖性；以及从属权利要求2~5相对于附件2和附件5的结合不具备创造性。

附件2为中国发明专利申请公开说明书，其公开时间为1996年7月17日，合议组经核实，对附件2的真实性予以认可，并且基于其公开日早于本专利的申请日，因此，可以作为本专利的现有技术。

附件5为国内期刊文献，请求人未提交该附件5的原件，专利权人对附件5的真实性不予认可，在此情况下，合议组无法核实该证据的真实性。

附件11为中国发明专利申请公开说明书，其申请人为三芳化学工业股份有限公司，申请日为2004年2月13日，公开日为2005年8月17日。基于附件11的申请日早于本专利的申请日，公开日晚于本专利的申请日，且附件11的申请人与本专利的申请人不同，故附件11仅可以用于评价本专利的新颖性。

因此，合议组审理的关于本专利权的全部无效理由和范围为：权利要求1~5相对于附件2、11不具备新颖性；权利要求1~5相对于附件2不具备创造性。

3. 关于专利法第22条第2款

专利法第22条第2款规定，新颖性，是指在申请日以前没有同样的发明或者实用新型在国内外出版物上公开发表过、在国内公开使用过或者以其他方式为公众所知，也没有同样的发明或者实用新型由他人向国务院专利行政部门提出过申请并且记载在申请日以后公布的专利申请文件中。

如果一项权利要求所涉及的技术方案与现有技术中所公开的技术方案相比存在区别技术特征，导致二者为实质不同的技术方案，则该权利要求具备新颖性。

（1）关于权利要求1的新颖性。

就本案而言，权利要求1保护一种具纹理表面的合成皮，其具有一薄面基材和一纹理层，基材具有一顶面与一底面，纹理层位于基材顶面上，所述纹理层由多数的饰纹与饰块共同构成，其特征为所述基材由一无纺布底层与一聚氨酯顶层组成，无纺布底层相对结合所述聚氨酯顶层的另一面为基材底面，所述聚氨酯顶层表面构成基材顶面；所述纹理层为采用表面刻有特定压纹的滚轮（授权文本为辊轮）粘附（授权文本为沾附）高固成分树脂涂料滚压所述基材顶面后形成的具有凹凸交叠（授权文本为迭）、色彩不同的饰纹及饰块的树脂立体纹理层。由此可见，权利要求1的合成皮由下而上包括三个层，即无纺布层、聚氨酯层和树脂立体纹理层。

请求人认为附件2的实施例3、附件11的权利要求3公开了与权利要求1相同的合成皮。

（2）关于附件2。

附件2的实施例3公开了一种人造皮革，其公开了如下内容：对由实施例1或实施例2制得的人造皮革基材，再经施涂以聚胺酯弹性体树脂液，此液可为以二甲基甲酰胺溶有皮革粉屑的聚胺酯树脂液，经表面加工，染色、砂磨、揉纹等加工处理成具有真皮纹理、外观手感的透湿性人造皮革。

而从附件2的实施例1和2中可知，附件2采用的是将无纺布浸于聚胺酯含浸液中制备人造皮革基布（参见附件2实施例1第2段及实施例2），由于当将无纺布浸于聚胺酯含浸液中时，无纺布的两面必然均被聚氨酯所包覆，因此，附件2制得的人造皮革基布的两面应该都有聚胺酯层。即，附件2实施例3的人造皮革由下而上将包括四个层，即，聚氨酯层、无纺布层、聚氨酯层、树脂纹理层。

将权利要求1的技术方案与附件2公开的内容相比较，发现二者存在如下区别：

①基材不同。权利要求1的薄面基材由无纺布层和聚胺酯层组成，无纺布层位于聚胺酯层的下面，而附件2中基材包括三层，其中无纺布层介于两层聚氨酯层之间。

②形成纹理层的方法不同。权利要求1的纹理层为采用表面刻有特定压纹的辊轮沾附高固成分树脂涂料滚压所述基材顶面后形成的具有凹凸交叠、色彩不同的饰纹及饰块的树脂立体纹理层，附件2中虽然提及在施涂树脂液后，经表面加工、染色、砂磨、揉纹等加工处理成具有真皮纹理、外观手感的人造皮革（参见附件2实施例3），但请求人仅陈述附件2中公开的这些表面加工方法为本领域的公知方法，并未提供证据证明其与权利要求1的“辊轮滚压”方法能获得相同的纹理层。

因此，合议组认为，权利要求1的技术方案与附件2公开的内容相比存在区别特征，而所述区别特征的存在也使得二者成为实质上不相同的技术方案，因此，请求人提出的关于权利要求1相对于附件1不具备新颖性的无效理由不能成立。

权利要求 2~5 是独立权利要求 1 的从属权利要求，其对具纹理表面的合成皮作出进一步限定，在独立权利要求 1 相对于附件 2 具备新颖性的基础上，从属权利要求 2~5 相对于附件 2 也具备新颖性，符合专利法第 22 条第 2 款的规定。

（3）关于附件 11。

附件 11 公开了一种具有特殊表面纹路的人造皮革，由基材层及特殊纹路层所形成，其中基材层由纤度 0.5d~0.0001d 超细纤维非织物或织物，经含浸以 PU 涂料，水洗，干燥再经减量，研磨而形成超极细纤维人造皮革半成品，作为基材层；该特殊纹路层由以固形分 40% 以上的弹性体树脂溶液与具有深度达 0.06~0.25mm 加深纹路的特殊轮具结合，使与该特殊轮具结合的弹性体树脂形成特殊纹路层，经转移接着至上述基材层上，而得具有特殊表面纹路的人造皮革；所述的特殊纹路层及基材间包含有一层厚度 0.1~0.5mm 的聚胺酯层（参见附件 11 的权利要求 1 和 3）。

将权利要求 1 的技术方案与附件 11 公开的内容相比，发现二者存在以下区别：附件 11 对于形成基材的非织物或织物，首先要在 PU 涂料中含浸，此时其必然被 PU 涂料所包覆和渗入，即，非织物或织物上下将会各具有一层 PU 涂料，而本专利的薄面基材由无纺布层和聚胺酯层组成，无纺布层位于聚胺酯层的下面，无纺布另一面并没有被 PU 涂料所包覆，因此权利要求 1 的合成皮与附件 11 公开的人造皮革在基材上存在不同，而这一区别也使得二者成为实质上不同的技术方案，因此，请求人提出的权利要求 1 相对于附件 11 不具备新颖性的无效理由不能成立。

在独立权利要求 1 相对于附件 11 具备新颖性的基础上，从属权利要求 2~5 相对于附件 11 也具备新颖性，符合专利法第 22 条第 2 款的规定。

4. 关于专利法第 22 条第 3 款

专利法第 22 条第 3 款规定，创造性，是指同申请日以前已有的技术相比，该发明有突出的实质性特点和显著的进步，该实用新型有实质性特点和进步。

在判断一项技术方案相对于某一对比文件是否具备创造性时，如果在现有技术中不存在改进所述对比文件的教导或启示，而且该技术方案具有有益的技术效果，则该技术方案相对于所述对比文件具备创造性。

本案中，请求人主张，权利要求 1 相对于附件 2 不具备创造性，权利要求 2~5 相对于附件 2 和 5 的结合不具备创造性。在附件 5 的真实性不能得到确认的情况下，权利要求 2~5 相对于附件 2 和 5 的结合不具备创造性的无效理由不能成立。合议组只能在附件 2 的基础上考察权利要求 1~5 是否具备创造性。

如上面新颖性部分所述，权利要求 1 的技术方案相对于附件 2 公开的内容存在如新颖性部分所述的两点区别：（1）基材不同；（2）形成纹理层的方法略有差异。

如本专利说明书第 2 页第 6~8 行所述：“必须先声明的是，以下所述第一至第四实施例所应用的基材 10 为由一无纺布底层 11 与一聚胺酯（polyurethane，PU）顶层 12 所构成，其中无纺布底层 11 一面构成基材 10 的底面 10a，聚胺酯顶层 12 表面构成基材 10 的顶面 10b”；如本专利说明书第 2 页第 10~11 行所述：“以下第一至第四实施例的纹理层以附加方式结合于基材 10 顶面 10b 形成，纹理层具有预定饰纹与饰块等元素”；如本专利说明书第 2 页第 13~15 行所述：“如图 1 至图 3 所示的第一实施例，合成皮 1 的纹理层 20 是在合成皮制作过程中利用表面刻有特定压纹的辊轮沾附高固成分树脂涂料（如：环己酮）后滚压基材 10 顶面 10b，并在高固成分树脂经烘干固化后而制得”；“采用上述技术方案，本实用新型通过在基材顶面设置一纹理层，使得合成皮的表面具有变化丰富的饰纹及饰块搭配，饰纹及饰块既可以凹凸的立体图样呈现，也可以细致、复杂的平面图形呈现，因此，本实用新型可以体现出独特的质感与价值”（参见说明书第 1 页第 11 段）。

通过阅读本专利说明书的内容可知，权利要求 1 的技术方案实际解决的技术问题是提供一种基材不同并且具有立体纹理层的合成皮，该技术问题在本专利中是通过应用一种由一无纺布底层与一聚氨酯顶层组成的基材，同时采用表面刻有特定压纹的滚轮沾附高固成分树脂涂料滚压所述基材顶面而形成具有凹凸饰纹和饰块的纹理层而得到解决的。

由于附件 2 中公开的基布（相当于权利要求 1 的基材）是通过将无纺布层含浸在聚氨酯浸液中形成的，因此，所获得的基材将包括三层，即聚氨酯层、无纺布层、聚氨酯层，完全不同于本专利权利要求 1 中仅由无纺布底层与聚氨酯顶层组成的基材，同时，请求人也未主张并提供证据证明本领域中这两种基材可相互替换。因此，从附件 2 公开的内容中尚不能显而易见地获得权利要求 1 的由无纺布底层与聚氨酯顶层组成的基材。此外，附件 2 中虽然提及了用表面加工、染色、砂磨、揉纹等加工处理形成具有真皮纹理、外观手感的人造皮革（参见附件 2 实施例 3），但是并没有公开使用表面刻有特定压纹的辊轮和使用高固成分树脂涂料获得纹理层这两个技术特征，因而，没有教导使用表面刻有特定压纹的辊轮沾附高固成分树脂涂料滚压所述基材顶面后形成的具有凹凸交叠、色彩不同的饰纹及饰块的树脂立体纹理层，同时，请求人也没有提供证据证明使用表面刻有特定压纹的辊轮沾附高固成分树脂涂料滚压基材顶面属于本领域的公知常识，因此本领域技术人员从附件 2 公开的内容尚不能想到使用辊轮沾附高固成分树脂来滚压所述基材顶面。而且，以上两个区别特征使得权利要求 1 的技术方案能够产生具有凹凸立体图样的合成皮，故附件 2 尚不足以破坏权利要求 1 的创造性，即，权利要求 1 相对于附件 2 符合专利法第 22 条第 3 款关于创造性的规定。

在此基础上，从属权利要求 2~5 相对于附件 2 也具备创造性，符合专利法第 22 条第 3 款的规定。

根据上述事实和理由，合议组作出如下审查决定。

三、决定

在专利权人于 2006 年 12 月 30 日提交的权利要求 1~5 的基础上，维持 200420008973. 1 号实用新型专利权有效。

当事人对本决定不服的，可以根据专利法第 46 条第 2 款的规定，自收到本决定之日起三个月内向北京市第一中级人民法院起诉。根据该款规定，一方当事人起诉后，另一方当事人应当作为第三人参加诉讼。

043

中央悬挂式自动扫描灭火器

无效宣告请求审查决定（第12672号）

决　定　号　第12672号
决　定　日　2008年12月12日
发明创造名称　中央悬挂式自动扫描灭火器
国际分类号　A62C 37/40
无效宣告请求人　大连世安科技发展有限公司
专　利　权　人　张维顶
专　利　号　01133468.1
申　请　日　2001年11月20日
授权公告日　2004年12月15日
合议组组长　刘　静
主　审　员　危　峰
参　审　员　吴红权

法律依据　专利法第26条第3款
决定要点

说明书应当对发明或者实用新型作出清楚、完整的说明，以所属技术领域的技术人员能够实现为准。所属技术领域的技术人员能够实现，是指所属技术领域的技术人员按照说明书记载的内容，就能够实现该发明的技术方案，解决其技术问题，并且产生预期的技术效果。

一、案由

本无效宣告请求案涉及国家知识产权局于2004年12月15日公告授予的01133468.1号、名称为“中央悬挂式自动扫描灭火器”的发明专利权（以下简称本专利），其申请日为2001年11月20日，专利权人为张维顶。该专利授权公告的权利要求书如下：

“1. 中央悬挂式自动扫描灭火器包括有立轴（2）、上罩（4）、腔体、横轴（16）、水平步进电机（27）、俯仰步进电机（23），其特征在于：该中央悬挂式自动扫描灭火器上部立轴（2）上罩（4）经轴承（5）与腔体（14）联接，其内部设置有立轴（2），立轴齿轮（7）、立轴下水平凸轮（30）、中间齿轮（29）与水平步进电机（27）、电机齿轮（24）啮合联接，其腔体（14）横向中心设置横轴（16），横轴（16）两端各与轴承（9）左右水封（15）喷头（11）及喷嘴（12）、水平扫描器（6）、俯仰扫描器（20）、横轴凸轮、横轴导线座（10）相互联接，横轴（16）驱动由横轴齿轮（8）、中间齿轮（25）与电机齿轮（24）啮合联接。

2. 如权利要求1所述的灭火器，其特征在于水道（3）由立轴（2）内部通径与腔体（14）空腔经横中心部的开口左右分路与喷头（11）内均压水腔（21）和左右喷嘴（12）水道相互都连通，另外在其喷头（11）后面还设置有一水平扫描器（6），其内部设置有四个热释电红外传感器（17）、其传感器视角是180度上下各自对转前方的立式180度条孔，其条为两个，另外在喷头（11）上与喷嘴（12）同向还设置两组俯仰扫描器（20），其内部都设置有遂道式条孔屏蔽罩（19）及热释电红外传热器（18）。

3. 如权利要求1所述的灭火器，其特征在于腔体（14）前后左右还设置有多个红外光电启动器（22）。

4. 如权利要求1所述的灭火器，其特征在于水平扫描器（6），热释电红外传感器（17）信号输出端与放大器CPU俯仰步进电机（23）控制端相连接，俯仰扫描器（20）的热释电红外传感器（18）信号输出端与放大器CPU电动阀，水泵，报警的输入端相连接控制，多个红外光电启动器（22）与水平步进电机（27）的控制端相连接。"

针对上述专利权，大连世安科技发展有限公司（下称请求人）于2008年1月14日向专利复审委员会提出无效宣告请求，认为本专利权利要求1~4相对于证据1或证据2不符合专利法第22条第2款的规定，相对于证据1~4不符合专利法第22条第3款的规定，说明书不符合第26条第3款的规定，权利要求1和4不符合专利法实施细则第20条第1款的规定，且权利要求1不符合专利法实施细则第21条第2款的规定，并提交了下述证据：

证据1：97203797.7号中国实用新型专利说明书，授权公告日为1998年12月9日，共15页；

证据2：97103217.3号中国发明专利申请公开说明书，公开日为1998年9月23日，共13页；

证据3：99113315.3号中国发明专利申请公开说明书，公开日为2001年4月18日，共12页；

证据4：97230958.6号中国实用新型专利说明书，授权公告日为1999年6月2日，共7页。

请求人认为，（1）相对于证据1说明书第3~7页和权利要求书第1~2页公开的微电脑报警灭火器，或者证据2说明书第1~3页公开的高智能全自动扫描定位报警灭火器，本专利权利要求1~4不具备新颖性。（2）如上新颖性中对证据1和2的评述，结合证据3说明书第1页公开的单电机切换扫描式灭火器和证据4说明书第1页公开的智能型中央悬挂高速喷射灭火装置，本专利权利要求1~4不具备创造性。（3）本专利权利要求1第4、6行所表述水平步进电机的传动关系，横轴的驱动关系，以及水平凸轮、横轴凸轮的位置关系及其连接关系不清楚，导致权利要求1保护范围不清楚；权利要求4所记载的传感器、CPU、电机控制端连接关系表述不清楚，导致权利要求4保护范围不清楚。（4）本专利权利要求1缺少对水平、俯仰步进电机的位置及传动关系，水平凸轮与水平限位开关、横轴凸轮与俯仰限位开关的位置及连接关系的描述，由此完成不了本发明在"大空间发现火灾时无论在装置的上方和下方装置都能有效控制及灭火"和"自动对火点定位"的发明目的，故权利要求1不符合专利法实施细则第21条第2款的规定。（5）说明书中关于权利要求1缺少的必要技术特征也未进行描述；此外也未标明横轴凸轮在附图中的位置，也未描述水平凸轮与水平限位开关、横轴凸轮与俯仰限位开关的位置及连接关系，致使所属技术领域的技术人员无法实现水平凸轮对水平限位开关的控制、横轴凸轮对俯仰限位开关的控制，导致说明书不符合专利法第26条第3款的规定。

经形式审查合格后，专利复审委员会受理了上述请求，于2008年2月4日向双方当事人发出《无效宣告请求受理通知书》，并将《专利权无效宣告请求书》及其他有关文件的副本转送给专利权人，要求其在指定的期限内答复，同时成立合议组对本无效请求案进行审理。

2008年2月13日，请求人提交了意见陈述书，补充了下述无效理由：认为本专利权利要求1~4相对于证据1和2，或者证据1和5或6或7，或者证据2和5或6或7不符合专利法第22条第3款的规定；权利要求1~4不符合专利法第26条第4款、专利法实施细则第20条第1款、第21条第2款的规定；说明书不符合专利法第26条第3款的规定，并提交了下述证据（编号续前）：

证据5：《电气控制技术》，北京工业学院出版社，1985年8月第一版第一次印刷发行，出版信息页、第3页，复印件共2页；

证据6：《机械基础》，北京理工大学出版社，1995年5月第一版第一次印刷发行，出版信息页、第152~153、274页，复印件共4页；

证据7：《机械原理教程》，清华大学出版社，1999年8月第1版，2000年4月第2次印刷发行，出版信息页、第90、92、212页，复印件共4页。

请求人认为，

（1）本专利权利要求1中所描述的“水平凸轮”以及“横轴凸轮”属于机械传动或电气传动所采用的惯用技术手段，无实质性特点，单独的这种特征与其他机械部件的任意组合形成的权利要求1~4没有创造性。

（2）权利要求1第4行“立轴齿轮（7）……电机齿轮（24）啮合联接”所描述的连接关系混乱不清，致使权利要求1的保护范围不清楚，且说明书也未给出这些啮合联接技术说明及实例，得不到说明书的支持；权利要求1第6行“横轴（16）……横轴导线座（10）相互联接”所描述的连接关系混乱，位置关系不明确，致使保护范围不清楚；同时，权利要求2的附加技术特征“另外在其喷头（11）后面还设置有一水平扫描器（6）”、“另外在喷头（11）上与喷嘴（12）同向还设置两组俯仰扫描器（20）”，进一步证明了权利要求1上述内容的不清楚，也导致权利要求2~4的保护范围不清楚。

（3）权利要求1缺少对下列技术特征的描述：①水平凸轮、横轴凸轮的位置，②水平限位开关、俯仰限位开关、水平凸轮与水平限位开关、横轴凸轮与俯仰限位开关位置及连接关系，③水平限位开关与水平步进电机、俯仰步进电机的连接关系，俯仰限位开关与俯仰步进电机的连接关系，④各扫描器、控制电路、各步进电机它们之间的连接控制关系，⑤水封、喷头及喷嘴、水平扫描器、俯仰扫描器、横轴导线座的位置及连接关系，缺少①~③技术特征的描述，则无法实现“立轴”、“横轴”的回转，无法实现说明书第1页第14行所述的“大空间发现火灾时无论在装置的上方和下方装置都能有效控制及灭火”的发明目的；缺少④技术特征的描述，则无法清楚本“中央悬挂式自动扫描灭火器”是通过什么部件来完成自动扫描并控制灭火的，缺少⑤技术特征的描述，则无法知道本灭火器整体机构的零部件分布及相互连接关系，致使整机无法组装，同时，若水平扫描器、俯仰扫描器与横轴任意组合，将使水平扫描器扫描定位后，保证不了被测定的火电就都在俯仰扫描器和喷嘴的旋转平面上；由于权利要求2~4未对上述①~③技术特征进行描述，因此即使将权利要求2~4上升为独立权利要求，同样缺少必要技术特征；同时，权利要求4没有水平扫描器对水平步进电机的连接控制关系，以及俯仰扫描器对俯仰步进电机的连接控制关系，无法实现对起火点定位瞄准。

（4）关于本专利说明书不符合专利法第26条第3款的理由主要有四点：①说明书针对“立轴下水平凸轮（30）与水平步进电机（27）、电机齿轮（24）啮合连接”没有充分公开，没有说明是如何啮合连接及其工作过程及实现的功能，致使本领域技术人员无法实现该联接；②说明书没有对为主的水平扫描器（6）、俯仰扫描器（20）如何与横轴的相互联接作出说明，同时，“另外在其喷头（11）后面还设置有一水平扫描器（6）”、“另外在喷头（11）上与喷嘴（12）同向还设置两组俯仰扫描器（20）”，造成至少有两处带有水平扫描器或俯仰扫描器，两处水平扫描器或俯仰扫描器如何保持一致性，出现扫描冲突如何解决没有说明，致使本领域技术人员不能实现本发明；③说明书未对水平凸轮、横轴凸轮、水平限位开关、俯仰限位开关与其他部件位置或连接关系以及凸轮与限位开关的位置关系进行说明，由此使得本领域技术人员无法实现它们在本发明中特有的功能；另外“上部立轴（2）上罩（4）经轴承（5）与腔体（14）联接”（权利要求1和说明书第1页最后两行），与“立轴经轴承由上罩与腔体形成一个可旋转的装置”（说明书第3页第9~10行），两处描述相互矛盾，导致水平步进电机所处的位置及与其他部件的联接关系不清，无法实现驱动装置转动，无法实现水平凸轮拨动水平限位开关，同样，俯仰步进电机与其他部件的位置及联接关系不清，无法实现驱动横轴相对转动；④本专利说明书中有关实现大空间灭火的技术手段、技术特征没有体现，能实现对装置上方有效控制及灭火的特征及手段也没有体现，同时，说明书第7页第13~14行“与此同时起火点……同时锁定起火点”，可以看出两个限位开关参与锁定起火点的工作，然而没有描述限位开关的工作关系，及如何工作来实现上述过程的，导致本领域技术人员无法实现，说明书第7页倒数第3行“在对准起火点33……防止起火点33的扩大”所要达到的技术效果没有技术方案支持，致使本领域技术人员无法实现。

专利权人于2008年3月19日针对《无效宣告请求受理通知书》提交了意见陈述，认为：（1）请求人针对本专利与证据1和2的对比分析，仅是体现在部件名称和功能的相似而已，对比评价不具说理性；证据1~4所述产品在产品的结构与功能上与本专利不同，且本专利在说明书发明的优点和效果中，强调了立横轴利用滚动轴承转动的结构等构成特点在以往产品中是没有的，这样的设计满足了高空间灭火的技术指标，应用范围更广，适用于多种高空间的场所使用，因此，本专利具备新颖性和创造性。（2）请求人关于本专利权利要求书保护范围不清楚、独立权利要求缺少必要技术特征，说明书公开不清楚、不完整，说明书附图表现不清等的评价缺乏依据，故不予讨论。

2008年10月10日，本案合议组向双方当事人发出《无效宣告请求口头审理通知书》，拟定于2008年11月25日对本专利权的无效请求进行口头审理，并将请求人于2008年2月13日提交的意见陈述及其所附附件转送给专利权人，将专利权人于2008年3月19日提交的意见陈述及其所附附件转送给请求人。

2008年11月25日，口头审理如期进行，双方当事人均委托代理人出席了口头审理。庭审过程中，合议组就本案的无效理由及证据逐一进行了调查，双方当事人充分陈述了各自的意见。在此基础上，合议组记录了以下重要事项：

（1）专利权人认可请求人提交的证据1~7的真实性、公开性、关联性。

（2）专利权人陈述本专利自动扫描灭火器的工作原理是：首先立轴开始360度旋转，此时水平扫描器跟着立轴一起旋转，水平扫描器能收集水平上下180度方向的火点信号，当遇到火点的时候，水平扫描器定位，立轴停止，然后横轴开始带动俯仰扫描器和喷嘴180度往复转动。

（3）请求人认为，横轴凸轮在附图中未表示出来，说明书文字部分也没有说明横轴凸轮与俯仰限位开关的位置关系，致使所属技术领域的技术人员无法实现横轴凸轮对俯仰限位开关的控制。专利权人认为，横轴凸轮与俯仰限位开关的位置关系等同于立轴凸轮与水平限位开关的位置关系；请求人认为，横轴与立轴的转动角度不同，故上述两种位置关系不等同。

（4）请求人认为，说明书没有给出能实现对装置的上方和下方都能有效控制及灭火的技术手段。对此专利权人认为，在水平扫描器定位之后，俯仰扫描器先回到垂直的零位再开始由下向上做180度往复运动；请求人认为，俯仰扫描器先回零位再开始扫描在说明书中没有记载。

至此，合议组认为本案的事实已经清楚，可以作出审查决定。

二、决定的理由

1. 关于审查文本

本无效宣告请求审查决定是在本专利授权公告文本的基础上作出的。

2. 关于证据

本案中，请求人提交了证据1~7。口头审理中，专利权人认可证据1~7的真实性、公开性、关联性。合议组经审查对上述证据的真实性、公开性、关联性予以确认。证据1~4均是在本专利申请日之前公开的专利文献，证据5~7均是在本专利申请日之前公开的教科书，故证据1~7可以作为本专利的现有技术使用。

3. 关于专利法第26条第3款

专利法第26条第3款规定：说明书应当对发明或者实用新型作出清楚、完整的说明，以所属技术领域的技术人员能够实现为准。

所属技术领域的技术人员能够实现，是指所属技术领域的技术人员按照说明书记载的内容，就能够实现该发明的技术方案，解决其技术问题，并且产生预期的技术效果。

本案中，请求人与专利权人关于本专利说明书是否符合专利法第26条第3款的争议点主要在于：(1) 请求人认为，说明书没有给出横轴凸轮与俯仰限位开关的位置关系，致使所属技术领域的技术人员无法实现横轴凸轮对俯仰限位开关的控制；对此专利权人认为，横轴凸轮与俯仰限位开关的位置关系等同于立轴凸轮与水平限位开关的位置关系。(2) 请求人认为，说明书没有给出能实现对装置的上方和下方都能有效控制及灭火的技术手段；对此专利权人认为，根据本专利自动扫描灭火器的工作原理，在水平扫描器定位之后，俯仰扫描器先回到垂直的零位再开始由下向上做180度往复运动，由此实现对装置上方和下方都能有效控制及灭火。

对此，合议组认为：

(1) 本专利权利要求1~4保护一种中央悬挂式自动扫描灭火器（具体内容参见案由部分）。该中央悬挂式自动扫描灭火器主要由水平凸轮、水平限位开关和水平步进电机控制的立轴，以及横轴凸轮、俯仰限位开关和俯仰步进电机控制的横轴组成，并在横轴两端各设置喷头，各个喷头上设置水平扫描器和俯仰扫描器。

根据本专利说明书第1页第3段的记载，本发明的目的在于“提供一种由红外光电启动器及双水平扫描器、和双俯仰扫描器、双大流量灭火喷嘴等传动机构组成的双电机切换扫描式灭火器，当大空间发现火灾时无论在装置的上方和下方都能有效控制及灭火”。本专利说明书第1页第5段至第2页第4段描述了旨在实现上述发明目的的技术措施；并且，在说明书第3页具体实施方式部分，参照说明书附图1~5描述了本专利中央悬挂式自动扫描灭火器的动态工作过程。

说明书第3页第12~13行描述了“水平步进电机27带动整个装置进行360度旋转，在其回转时由水平凸轮拨动水平限位开关，此时水平步进电机27反转带动装置反回到初始位置后停止运动”，同时参照附图2可知，水平凸轮、水平限位开关和水平步进电机相互作用，控制立轴并带动整个装置360度旋转。说明书第3页倒数第4行至倒数第1行描述了“在俯仰转动时是由俯仰步进电机23、电机齿轮24、中间齿轮25、横轴齿轮8它们相互啮合传动，由俯仰限位开关31控制横轴16、180度往复运动的，请参见图3，其横轴6的喷头上还设置由水平扫描器6和俯仰扫描器20”，由此可见，本专利的灭火器在俯仰转动时要求横轴180度往复运动并带动设置在横轴两端喷头上的水平扫描器和俯仰扫描器。如前所述，本发明的发明目的在于对装置的上方和下方都能有效控制及灭火，因此横轴凸轮、俯仰限位开关和俯仰步进电机对横轴往复运动的控制是本专利实现其发明目的的重要手段。本专利说明书第1页背景部分也提到现有技术的俯仰头只能120度扫描，而本专利能实现横轴的180度往复运动，对于如何实现这一重要区别，本专利的说明书应当足够详细地描述，以使所属技术领域的技术人员能够实现为准。然而本专利说明书以及附图中并未给出横轴凸轮的标号及其位置，由说明书的文字部分也不能确定横轴凸轮、俯仰限位开关的相互位置关系，不能得知如何实现横轴 180 度的往复运动。专利权人声称，横轴凸轮与俯仰限位开关的位置关系等同于立轴凸轮与水平限位开关的位置关系。合议组认为，由于横轴是 180 度的往复运动，而立轴是 360 度的旋转，即二者的转动角度和转动方式不同，故横轴凸轮与俯仰限位开关的位置关系必然不等同于立轴凸轮与水平限位开关的位置关系，在此基础上，所属技术领域的技术人员也不能根据本专利说明书及附图 2 中描述的立轴凸轮与水平限位开关的位置关系来确定横轴凸轮与俯仰限位开关的位置关系。综上，本专利说明书未给出横轴凸轮的标号及其位置，使得所属技术领域的技术人员不能实现由横轴凸轮、俯仰限位开关和俯仰步进电机相互作用对横轴 180 度往复运动的控制。

（2）即使本专利说明书公开了横轴凸轮与俯仰限位开关的位置关系，使所属技术领域的技术人员能够实现对横轴 180 度往复运动的控制，其仍然不能实现对装置上方和下方都能有效控制及灭火的发明目的。具体理由如下：

根据本专利说明书第 4 页所描述的本专利中央悬挂式自动扫描灭火器的动态灭火过程："动态灭火的功能示意图如图 3 图 4 来示意说明，参看图 3 此时是单喷头水平位置放置……水平步进电机 27 转动，这时水平扫描器 6 开始水平上下 180 度全方位大空间对起火点 33 进行扫描定位……水平步进电机 27 停止转动，同时俯仰步进电机 23 开始转动带动俯仰扫描器 20 喷头 11 喷嘴 12 由下向上对水平定位的上下线状上的起火点 33 进行扫描判断……在对准起火点 33 喷水介子时水平步进电机 27，俯仰步进电机 23 交换的进行驱动装置及喷嘴不断的改变位置以对起火点 33 的周围全部喷射灭火水介子防止起火点 33 的扩大"。由此可见，本专利中央悬挂式自动扫描灭火器的工作原理是：首先是水平步进电机带动立轴开始 360 度旋转，此时横轴不旋转，水平扫描器跟着立轴一起水平旋转，水平扫描器能收集水平上下 180 度方向的火点信号，当遇到火点的时候，水平扫描器定位，立轴停止，然后俯仰步进电机带动横轴以及设置在横轴两端喷头上的俯仰扫描器和喷嘴 180 度往复转动，俯仰扫描器由下向上对起火点进行扫描判断并定位，横轴停止，喷嘴对准起火点喷水灭火，如此往复。上述工作原理也与专利权人陈述的工作原理相同。

然而，根据本专利说明书第 2 页第 2 段的描述"喷头后面还设置由一水平扫描器……另外在喷头上与喷嘴同向还设置两组俯仰扫描器……"，同时结合说明书附图 1 和 3 来看，本专利说明书中所描述的水平扫描器和俯仰扫描器呈 180 度反向地设置在喷头上。故，在处于水平位置的水平扫描器收集到火点信号并定位之后，俯仰步进电机带动横轴以及设置在横轴两端喷头上且同样处于水平位置的俯仰扫描器和喷嘴 180 度往复转动，无论是逆时针或是顺时针的 180 度往复转动，俯仰扫描器和喷嘴的运动都只能是经过垂直向上位置或是垂直向下位置后再回到水平位置，即俯仰扫描器和喷嘴仅能扫描到水平面以下或是以上的空间，并不能将水平面上下的空间都扫描到。由此，该中央悬挂式自动扫描灭火器仅能对装置的上方或是下方进行喷水灭火，无法实现如说明书第 1 页第 3 段所记载的"当大空间发现火灾时无论在装置的上方和下方都能有效控制及灭火"的发明目的。

口头审理过程中，专利权人主张俯仰扫描器在扫描时先回到垂直的零位后再开始 180 度往复运动。对此，合议组经审查认为，判断说明书是否充分公开，以原说明书和权利要求书记载的内容为准，俯仰扫描器先回零位再 180 度扫描在本专利原说明书和权利要求书中均没有记载；此外，由本专利说明书第 4 页记载的内容"同时俯仰步进电机 23 开始转动带动俯仰扫描器 20 喷头 11 喷嘴 12 由下向上对水平定位的上下线状上的起火点 33 进行扫描判断"来看，并不能确定出俯仰扫描器先回到垂直零位再开始 180 度扫描这一含义。故合议组对专利权人的上述主张不予支持。

综上所述，所属技术领域的技术人员按照本专利说明书记载的内容，并不能使权利要求 1~4 保护的中央悬挂式自动扫描灭火器实现在大空间发现火灾时无论在装置的上方和下方都能有效控制及灭火的目的，解决所述的技术问题，并达到预期的技术效果。因此，本专利说明书对发明未作出清楚、完整的说明，不符合专利法第 26 条第 3 款的规定，应宣告本专利权利要求 1~4 全部无效。

鉴于已经得出本专利权利要求 1~4 全部无效的结论，故本决定对于请求人所提的其他无效理由和事实不再评述。

基于以上事实和理由，本案合议组作出如下审查决定。

三、决定

宣告 01133468.1 号发明专利权全部无效。

当事人对本决定不服的，可以根据专利法第 46 条第 2 款的规定，自收到本决定之日起三个月内向北京市第一中级人民法院起诉。根据该款的规定，一方当事人起诉后，另一方当事人应当作为第三人参加诉讼。

北京市第一中级人民法院
行政判决书

（2009）一中行初字第 865 号

原告张维顶，男，1957 年 11 月 4 日出生，汉族，辽阳天河消防自动设备制造有限公司董事长，住辽宁省沈阳市文圣区文圣路 30 组 174-1-49 号。

委托代理人张志刚，男，沈阳技联专利代理有限公司专利代理人。

委托代理人常玉明，男，北京中知法苑知识产权代理事务所专利代理人。

被告国家知识产权局专利复审委员会，住所地北京市海淀区北四环西路 9 号银谷大厦 10~12 层。

法定代表人张茂于，副主任。

委托代理人危峰，男，国家知识产权局专利复审委员会审查员。

委托代理人程强，男，国家知识产权局专利复审委员会审查员。

第三人大连世安科技发展有限公司，住所地大连市沙河口区西南路 730 号。

法定代表人宗延杰，董事长。

委托代理人赵睿，大连世安科技发展有限公司经理。

委托代理人周志航，大连智慧专利事务所专利代理人。

原告张维顶不服被告国家知识产权局专利复审委员会于 2008 年 12 月 12 日作出的第 12672 号无效宣告请求审查决定（以下简称第 12672 号决定），向本院提起行政诉讼。本院受理后，依法组成合议庭并通知被诉具体行政行为的利害关系人大连世安科技发展有限公司作为第三人参加诉讼。本院于 2009 年 4 月 22 日公开开庭审理了本案。原告的委托代理人张志刚、常玉明，被告的委托代理人危峰、程强，第三人的委托代理人赵睿、周志航到庭参加了诉讼。本案现已审理终结。

2008 年 12 月 12 日，被告作出第 12672 号决定，宣告第 01133468.1 号发明专利权（以下简称本专利）全部无效。被告认为：

1. 本无效宣告请求审查决定的审查文本是本专利授权公告文本。

2. 关于证据：对证据 1~7 的真实性、公开性、关联性予以确认。认为证据 1~7 可以作为本专利的现有技术使用。

3. 关于《中华人民共和国专利法》（以下简称《专利法》）第二十六条第三款。

（1）本专利权利要求1~4保护一种中央悬挂式自动扫描灭火器。该中央悬挂式自动扫描灭火器主要由水平凸轮、水平限位开关和水平步进电机控制的立轴，以及横轴凸轮、俯仰限位开关和俯仰步进电机控制的横轴组成，并在横轴两端各设置喷头，各个喷头上设置水平扫描器和俯仰扫描器。

根据本专利说明书第1页第3段的记载，本发明的目的在于“提供一种由红外光电启动器及双水平扫描器、和双俯仰扫描器、双大流量灭火喷嘴等传动机构组成的双电机切换扫描式灭火器，当大空间发现火灾时无论在装置的上方和下方都能有效控制及灭火”。本专利说明书第1页第5段~第2页第4段描述了旨在实现上述发明目的的技术措施；并且，在说明书第3页具体实施方式部分，参照说明书附图1~5描述了本专利中央悬挂式自动扫描灭火器的动态工作过程。

说明书第3页第12~13行描述了“水平步进电机27带动整个装置进行360度旋转，在其回转时由水平凸轮拨动水平限位开关，此时水平步进电机27反转带动装置反回到初始位置后停止运动”，同时参照附图2可知，水平凸轮、水平限位开关和水平步进电机相互作用，控制立轴并带动整个装置360度旋转。说明书第3页倒数第4行~倒数第1行描述了“在俯仰转动时是由俯仰步进电机23、电机齿轮24、中间齿轮25、横轴齿轮8它们相互啮合传动，由俯仰限位开关31控制横轴16、180度往复运动的，请参见图3，其横轴6的喷头上还设置由水平扫描器6和俯仰扫描器20”，由此可见，本专利的灭火器在俯仰转动时要求横轴180度往复运动并带动设置在横轴两端喷头上的水平扫描器和俯仰扫描器。如前所述，本发明的发明目的在于对装置的上方和下方都能有效控制及灭火，因此横轴凸轮、俯仰限位开关和俯仰步进电机对横轴往复运动的控制是本专利实现其发明目的的重要手段。本专利说明书第1页背景部分也提到现有技术的俯仰头只能120度扫描，而本专利能实现横轴的180度往复运动，对于如何实现这一重要区别，本专利的说明书应当足够详细地描述，以使所属技术领域的技术人员能够实现为准。然而本专利说明书以及附图中并未给出横轴凸轮的标号及其位置，由说明书的文字部分也不能确定横轴凸轮、俯仰限位开关的相互位置关系，不能得知如何实现横轴180度的往复运动。原告声称，横轴凸轮与俯仰限位开关的位置关系等同于立轴凸轮与水平限位开关的位置关系。被告认为，由于横轴是180度的往复运动，而立轴是360度的旋转，即二者的转动角度和转动方式不同，故横轴凸轮与俯仰限位开关的位置关系必然不等同于立轴凸轮与水平限位开关的位置关系，在此基础上，所属技术领域的技术人员也不能根据本专利说明书及附图2中描述的立轴凸轮与水平限位开关的位置关系来确定横轴凸轮与俯仰限位开关的位置关系。综上，本专利说明书未给出横轴凸轮的标号及其位置，使得所属技术领域的技术人员不能实现由横轴凸轮、俯仰限位开关和俯仰步进电机相互作用对横轴180度往复运动的控制。

（2）即使本专利说明书公开了横轴凸轮与俯仰限位开关的位置关系，使所属技术领域的技术人员能够实现对横轴180度往复运动的控制，其仍然不能实现对装置上方和下方都能有效控制及灭火的发明目的。具体理由如下：

根据本专利说明书第4页所描述的本专利中央悬挂式自动扫描灭火器的动态灭火过程：“动态灭火的功能示意图如图3图4来示意说明，参看图3此时是单喷头水平位置放置……水平步进电机27转动，这时水平扫描器6开始水平上下180度全方位大空间对起火点33进行扫描定位……水平步进电机27停止转动，同时俯仰步进电机23开始转动带动俯仰扫描器20喷头11喷嘴12由下向上对水平定位的上下线状上的起火点33进行扫描判断……在对准起火点33喷水介子时水平步进电机27，俯仰步进电机23交换的进行驱动装置及喷嘴不断的改变位置以对起火点33的周围全部喷射灭火水介子防止起火点33的扩大”。由此可见，本专利中央悬挂式自动扫描灭火器的工作原理是：首先是水平步进电机带动立轴开始360度旋转，此时横轴不旋转，水平扫描器跟着立轴一起水平旋转，水平扫描器能收集水平上下180度方向的火点信号，当遇到火点的时候，水平扫描器定位，立轴停止，然后俯仰步进电机带动横轴以及设置在横轴两端喷头上的俯仰扫描器和喷嘴180度往复转动，俯仰扫描器由下向上对起火点进行扫描判断并定位，横轴停止，喷嘴对准起火点喷水灭火，如此往复。上述工作原理也与原告陈述的工作原理相同。

然而，根据本专利说明书第2页第2段的描述“喷头后面还设置由一水平扫描器……另外在喷头上与喷嘴同向还设置两组俯仰扫描器……”，同时结合说明书附图1和3来看，本专利说明书中所描述的水平扫描器和俯仰扫描器呈180度反向地设置在喷头上。故，在处于水平位置的水平扫描器收集到火点信号并定位之后，俯仰步进电机带动横轴以及设置在横轴两端喷头上且同样处于水平位置的俯仰扫描器和喷嘴180度往复转动，无论是逆时针或是顺时针的180度往复转动，俯仰扫描器和喷嘴的运动都只能是经过垂直向上位置或是垂直向下位置后再回到水平位置，即俯仰扫描器和喷嘴仅能扫描到水平面以下或是以上的空间，并不能将水平面上下的空间都扫描到。由此，该中央悬挂式自动扫描灭火器仅能对装置的上方或是下方进行喷水灭火，无法实现如说明书第1页第3段所记载的“当大空间发现火灾时无论在装置的上方和下方都能有效控制及灭火”的发明目的。

口头审理过程中，原告主张俯仰扫描器在扫描时先回到垂直的零位后再开始180度往复运动。对此，被告经审查认为，判断说明书是否充分公开，以原说明书和权利要求书记载的内容为准，俯仰扫描器先回零位再180度扫描在本专利原说明书和权利要求书中均没有记载；此外，由本专利说明书第4页记载的内容“同时俯仰步进电机23开始转动带动俯仰扫描器20喷头11喷嘴12由下向上对水平定位的上下线状上的起火点33进行扫描判断”来看，并不能确定出俯仰扫描器先回到垂直零位再开始180度扫描这一含义。故被告对原告的上述主张不予支持。

综上所述，所属技术领域的技术人员按照本专利说明书记载的内容，并不能使权利要求1~4保护的中央悬挂式自动扫描灭火器实现在大空间发现火灾时无论在装置的上方和下方都能有效控制及灭火的目的，解决所述的技术问题，并达到预期的技术效果。因此，本专利说明书对发明未作出清楚、完整的说明，不符合《专利法》第二十六条第三款的规定，应宣告本专利权利要求1~4全部无效。

被告在法定的举证期限内向本院提交了本专利说明书作为证据，用以证明第12672号决定认定事实清楚、适用法律法规正确、审理程序合法。

原告诉称：1. 由于被告对步进电机驱动立轴和横轴的运动方式上存在重大误解，导致错误的认为所属技术领域的技术人员不能实现对横轴180度往复运动的控制的错误结论。（1）水平步进电机驱动立轴与俯仰步进电机驱动横轴应用了同样的原理，除安装位置一个是水平安装，一个是垂直安装以及往复运动的角度一个是360度，一个是180度之外，二者在结构、传动关系和转动方式上都是相同的；（2）本专利说明书详细描述了水平步进电机驱动立轴的结构、传动关系和运动方式，虽然“横轴凸轮”这一部件没有在图中标注，但由于与其具有完全相同原理和相同机构的水平凸轮和水平限位开关的结构关系已经清楚的展示在附图2中，对于所属技术领域的技术人员来讲，将往复转动的角度由360度改为180度，横向安装改变为垂直安装是完全可以根据简单类推方法得到理解和进行实施的；2. 被告对俯仰扫描器和喷嘴的运动轨迹的解释，脱离了涉案专利说明书内容，没有事实依据。本专利系采用电脑芯片控制电脉冲信号，从而控制步进电机转动角度、速度及起始和停止位置，俯仰扫描器的初始位置可以在电脑中设置，俯仰扫描器的安装位置不能理解为就是扫描的初始位置，更不能理解为只能在装置的上方或下方180度运行，并由此得出不能扫描到装置上下方，进而不能完成发明任务。综上，第12672号决定认定事实不清、适用法律错误，原告请求法院判决撤销第12672号决定。

原告未向法院提交证据。

被告辩称：1. 由本专利说明书可以确定立轴的转动为“360度旋转”，并不能确定立轴也是如横轴一样在作往复运动，由于横轴是作180度往复运动，其运动方式和角度不同于立轴，故横轴凸轮与俯仰限位开关的位置关系不等同于立轴凸轮与水平限位开关的位置关系；2. 本专利说明书背景部分提到了现有技术的俯仰头只能120度扫描，而本专利能实现横轴的180度往复运动，对于如何实现这一重要区别，本专利说明书应当详细描述，以使所属技术领域的技术人员能够实现为准。然而本专利说明书以及附图中并未给出横轴凸轮的标号及其位置，由说明书及附图也不能确定横轴凸轮、俯仰限位开关的相互位置关系，不能得知如何实现横轴180度的往复运动；3. 由本专利说明书不能确定出俯仰扫描器先回到垂直零位再开始180度扫描这一含义。本专利俯仰扫描器和喷嘴仅能扫描到水平面以下或是以上的空间，不能将水平面上下空间都扫描到，无法实现说明书中记载的“当大空间发现火灾时无论在装置的上方和下方都能有效控制及灭火”的发明目的。被告坚持被诉决定中的认定理由，认为第12672号决定认定事实清楚、适用法律正确、审理程序合法，原告的诉讼理由不成立，被告请求法院依法驳回原告的诉讼请求，维持第12672号决定。

第三人述称，被告认定事实清楚，适用法律正确，审查程序合法，第三人请求法院维持第12672号决定。

第三人未向法院提交证据。

经庭审质证，原告对被告提交证据的关联性、合法性、真实性均无异议，但不同意被告主张的证明作用，第三人对被告提交的证据没有异议。本院认为，被告提交的证据与被诉第12672号决定有关，且合法、真实，能够作为认定本案事实的依据。

根据上述有效证据及各方当事人在庭审中无争议的陈述，本院确认如下事实：

本案涉及申请日为2001年11月20日，授权公告日为2004年12月15日，专利号为01133468.1，名称为“中央悬挂式自动扫描灭火器”的发明专利（即本专利）。专利权人是张维顶（即本案原告）。本发明授权公告的权利要求书如下：

1. 中央悬挂式自动扫描灭火器包括有立轴（2）、上罩（4）、腔体、横轴（16）、水平步进电机（27）、俯仰步进电机（23），其特征在于：该中央悬挂式自动扫描灭火器上部立轴（2）上罩（4）经轴承（5）与腔体（14）联接，其内部设置有立轴（2），立轴齿轮（7）、立轴下水平凸轮（30）、中间齿轮（29）与水平步进电机（27）、电机齿轮（24）啮合联接，其腔体（14）横向中心设置横轴（16），横轴（16）两端各与轴承（9）左右水封（15）喷头（11）、及喷嘴（12）、水平扫描器（6）、俯仰扫描器（20）、横轴凸轮、横轴导线座（10）相互联接，横轴（16）驱动由横轴齿轮（8）、中间齿轮（25）与电机齿轮（24）啮合联接。

2. 如权利要求1所述的灭火器，其特征在于水道（3）由立轴（2）内部通径与腔体（14）空腔经横中心部的开口左右分路与喷头（11）内均压水腔（21）和左右喷嘴（12）水道相互都连通，另外在其喷头（11）后面还设置有一水平扫描器（6），其内部设置有四个热释电红外传感器（17）、其传感器视角是180度上下各自对转前方的立式180度条孔，其条为两个，另外在喷头（11）上与喷嘴（12）同向还设置两组俯仰扫描器（20），其内部都设置有遂道式条孔屏蔽罩（19）及热释电红外传热器（18）。

3. 如权利要求1所述的灭火器，其特征在于腔体（14）前后左右还设置有多个红外光电启动器（22）。

4. 如权利要求1所述的灭火器，其特征在于水平扫描器（6），热释电红外传感器（17）信号输出端与放大器CPU俯仰步进电机（23）控制端相连接，俯仰扫描器（20）的热释电红外传感器（18）信号输出端与放大器CPU电动阀，水泵，报警的输入端相连接控制，多个红外光电启动器（22）与水平步进电机（27）的控制端相连接。

针对本专利权，第三人于2008年1月14日向被告提出无效宣告请求，认为本专利权利要求1~4相对于证据1或证据2不符合《专利法》第二十二条第二款的规定，相对于证据1~4不符合《专利法》第二十二条第三款的规定，说明书不符合《专利法》第二十六条第三款的规定，权利要求1和4不符合《中华人民共和国专利法实施细则》（以下简称《专利法实施细则》）第二十条第一款的规定，且权利要求1不符合《专利法实施细则》第二十一条第二款的规定，并提交了下述证据：证据1：第97203797.7号中国实用新型专利说明书，授权公告日为1998年12月9日，共15页；证据2：第97103217.3号中国发明专利申请公开说明书，公开日为1998年9月23日，共13页；证据3：第99113315.3号中国发明专利申请公开说明书，公开日为2001年4月18日，共12页；证据4：第97230958.6号中国实用新型专利说明书，授权公告日为1999年6月2日，共7页。

被告受理了上述无效请求，于2008年2月4日向双方当事人发出《无效宣告请求受理通知书》，并将《专利权无效宣告请求书》及其他有关文件的副本转送给原告。

2008年2月13日，第三人提交了意见陈述书，补充了无效理由并提交了下述证据（编号续前）：证据5：《电气控制技术》，北京工业学院出版社，1985年8月第一版第一次印刷发行，出版信息页、第3页，复印件共2页；证据6：《机械基础》，北京理工大学出版社，1995年5月第一版第一次印刷发行，出版信息页、第152~153、274页，复印件共4页；证据7：《机械原理教程》，清华大学出版社，1999年8月第1版，2000年4月第2次印刷发行，出版信息页、第90、92、212页，复印件共4页。

第三人在其补充无效理由中关于本专利说明书不符合《专利法》第二十六条第三款的理由主要有四点：1. 说明书针对“立轴下水平凸轮（30）与水平步进电机（27）、电机齿轮（24）啮合连接”没有充分公开，没有说明是如何啮合连接及其工作过程及实现的功能，致使本领域技术人员无法实现该联接；2. 说明书没有对为主的水平扫描器（6）、俯仰扫描器（20）如何与横轴的相互联接作出说明，同时，“另外在其喷头（11）后面还设置有一水平扫描器（6）”、“另外在喷头（11）上与喷嘴（12）同向还设置两组俯仰扫描器（20）”，造成至少有两处带有水平扫描器或俯仰扫描器，两处水平扫描器或俯仰扫描器如何保持一致性，出现扫描冲突如何解决没有说明，致使本领域技术人员不能实现本发明；3. 说明书未对水平凸轮、横轴凸轮、水平限位开关、俯仰限位开关与其他部件位置或连接关系以及凸轮与限位开关的位置关系进行说明，由此使得本领域技术人员无法实现它们在本发明中特有的功能；另外“上部立轴（2）上罩（4）经轴承（5）与腔体（14）联接”（权利要求1和说明书第1页最后两行），与“立轴经轴承由上罩与腔体形成一个可旋转的装置”（说明书第3页第9~10行），两处描述相互矛盾，导致水平步进电机所处的位置及与其他部件的联接关系不清，无法实现驱动装置转动，无法实现水平凸轮拨动水平限位开关，同样，俯仰步进电机与其他部件的位置及联接关系不清，无法实现驱动横轴相对转动；4. 本专利说明书中有关实现大空间灭火的技术手段、技术特征没有体现，能实现对装置上方有效控制及灭火的特征及手段也没有体现，同时，说明书第7页第13~14行“与此同时起火点……同时锁定起火点”，可以看出两个限位开关参与锁定起火点的工作，然而没有描述限位开关的工作关系，及如何工作来实现上述过程的，导致本领域技术人员无法实现，说明书第7页倒数第3行“在对准起火点33……防止起火点33的扩大”所要达到的技术效果没有技术方案支持，致使本领域技术人员无法实现。

原告于2008年3月19日针对《无效宣告请求受理通知书》提交了意见陈述，其中认为第三人关于本专利权利要求书保护范围不清楚、独立权利要求缺少必要技术特征，说明书公开不清楚、不完整，说明书附图表现不清等的评价缺乏依据。

2008年10月10日，被告向双方当事人发出《无效宣告请求口头审理通知书》，拟定于2008年

11月25日对本专利权的无效请求进行口头审理，并将第三人于2008年2月13日提交的意见陈述及其所附附件转送给原告，将原告于2008年3月19日提交的意见陈述及其所附附件转送给第三人。口头审理如期进行，双方当事人均委托代理人出席了口头审理。口审中：1. 原告认可第三人提交的证据1~7的真实性、公开性、关联性；2. 原告陈述本专利自动扫描灭火器的工作原理是：首先立轴开始360度旋转，此时水平扫描器跟着立轴一起旋转，水平扫描器能收集水平上下180度方向的火点信号，当遇到火点的时候，水平扫描器定位，立轴停止，然后横轴开始带动俯仰扫描器和喷嘴180度往复转动；3. 第三人认为，横轴凸轮在附图中未表示出来，说明书文字部分也没有说明横轴凸轮与俯仰限位开关的位置关系，致使所属技术领域的技术人员无法实现横轴凸轮对俯仰限位开关的控制。原告认为，横轴凸轮与俯仰限位开关的位置关系等同于立轴凸轮与水平限位开关的位置关系；第三人认为，横轴与立轴的转动角度不同，故上述两种位置关系不等同；4. 第三人认为，说明书没有给出能实现对装置的上方和下方都能有效控制及灭火的技术手段。原告认为，在水平扫描器定位之后，俯仰扫描器先回到垂直的零位再开始由下向上做180度往复运动；第三人认为，俯仰扫描器先回零位再开始扫描在说明书中没有记载。

在上述工作的基础上，被告作出第12672号决定，宣告本专利权全部无效。原告不服该决定诉至我院。

本院认为：鉴于原告及第三人对被告作出第12672号决定的行政程序没有异议，对第12672号决定中案由部分的记载、审查文本及证据的认定均无异议，本院经审查，对被告行政程序的合法性以及上述事实的记载及认定予以确认。本案争议的焦点问题在于被告关于本专利不符合《专利法》第二十六条第三款的认定是否正确。

根据《专利法》第二十六条第三款的规定，说明书应当对发明或者实用新型作出清楚、完整的说明，以所属技术领域的技术人员能够实现为准。

1. 根据本专利说明书的记载，本专利的灭火器在俯仰转动时要求横轴180度往复运动并带动设置在横轴两端喷头上的水平扫描器和俯仰扫描器。而本发明的发明目的在于对装置的上方和下方都能有效控制及灭火，因此横轴凸轮、俯仰限位开关和俯仰步进电机对横轴往复运动的控制是本专利实现其发明目的的重要手段。本专利说明书第1页背景部分也提到现有技术的俯仰头只能120度扫描，而本专利能实现横轴的180度往复运动，对于如何实现这一重要区别，本专利的说明书应当足够详细地描述，以使所属技术领域的技术人员能够实现为准。然而本专利说明书以及附图中并未给出横轴凸轮的标号及其位置，由说明书的文字部分也不能确定横轴凸轮、俯仰限位开关的相互位置关系，不能得知如何实现横轴180度的往复运动。由于横轴是180度的往复运动，而立轴是360度的旋转，即二者的转动角度和转动方式不同，故横轴凸轮与俯仰限位开关的位置关系必然不等同于立轴凸轮与水平限位开关的位置关系，在此基础上，所属技术领域的技术人员也不能根据本专利说明书及附图2中描述的立轴凸轮与水平限位开关的位置关系来确定横轴凸轮与俯仰限位开关的位置关系。被告认定本专利说明书未给出横轴凸轮的标号及其位置，使得所属技术领域的技术人员不能实现由横轴凸轮、俯仰限位开关和俯仰步进电机相互作用对横轴180度往复运动的控制正确，本院应予支持。原告关于立轴的360度旋转与横轴的180度往复运动的运动方式相同，横轴凸轮与俯仰限位开关的位置关系等同于立轴凸轮与水平限位开关的位置关系，虽然横轴凸轮没有在图中标注，但所属技术领域人员完全能够理解和实现的诉讼主张，缺乏事实及法律依据，本院不予支持。

2. 根据本专利说明书的记载，本专利的工作原理为：首先是水平步进电机带动立轴开始360度旋转，此时横轴不旋转，水平扫描器跟着立轴一起水平旋转，水平扫描器能收集水平上下180度方向的火点信号，当遇到火点的时候，水平扫描器定位，立轴停止，然后俯仰步进电机带动横轴以及设置在横轴两端喷头上的俯仰扫描器和喷嘴 180 度往复转动，俯仰扫描器由下向上对起火点进行扫描判断并定位，横轴停止，喷嘴对准起火点喷水灭火，如此往复。

由于本专利说明书中所描述的水平扫描器和俯仰扫描器呈 180 度反向地设置在喷头上。故，在处于水平位置的水平扫描器收集到火点信号并定位之后，俯仰步进电机带动横轴以及设置在横轴两端喷头上且同样处于水平位置的俯仰扫描器和喷嘴 180 度往复转动，无论是逆时针或是顺时针的 180 度往复转动，俯仰扫描器和喷嘴的运动都只能是经过垂直向上位置或是垂直向下位置后再回到水平位置，即俯仰扫描器和喷嘴仅能扫描到水平面以下或是以上的空间，并不能将水平面上下的空间都扫描到。

由此，本专利仅能对装置的上方或是下方进行喷水灭火，无法实现如说明书中所记载的“当大空间发现火灾时无论在装置的上方和下方都能有效控制及灭火”的发明目的。据此，被告认定即使本专利说明书公开了横轴凸轮与俯仰限位开关的位置关系，使所属技术领域的技术人员能够实现对横轴 180 度往复运动的控制，其仍然不能实现对装置上方和下方都能有效控制及灭火的发明目的是正确的，本院应予支持。

原告认为，俯仰扫描器的初始位置可以在电脑中设置为先回到垂直的零位后再开始 180 度往复运动。而判断说明书是否充分公开，以原说明书和权利要求书记载的内容为准，俯仰扫描器先回零位再 180 度扫描在本专利原说明书和权利要求书中均没有记载；且由本专利说明书关于“同时俯仰步进电机 23 开始转动带动俯仰扫描器 20 喷头 11 喷嘴 12 由下向上对水平定位的上下线状上的起火点 33 进行扫描判断”的记载来看，并不能确定出俯仰扫描器先回到垂直零位再开始 180 度扫描这一含义。原告的上述诉讼主张缺乏事实及法律依据，本院不予支持。

综上所述，所属技术领域的技术人员按照本专利说明书记载的内容，并不能使权利要求 1~4 保护的中央悬挂式自动扫描灭火器实现在大空间发现火灾时无论在装置的上方和下方都能有效控制及灭火的目的，解决所述的技术问题，并达到预期的技术效果。本专利说明书对发明未作出清楚、完整的说明，不符合《专利法》第二十六条第三款的规定，被告决定宣告本专利权利要求 1~4 全部无效并据此作出第 12672 号决定，认定事实清楚、适用法律正确、审查程序合法，本院应予支持。原告的诉讼理由缺乏事实及法律依据，其诉讼请求本院不予支持。据此，依照《中华人民共和国行政诉讼法》第五十四条第（一）项之规定，判决如下：

维持被告国家知识产权局专利复审委员会于二〇 〇八年十二月十二日作出的第 12672 号无效宣告请求审查决定。

案件受理费 100 元，由原告张维顶负担（已交纳）。

如不服本判决，各方当事人可在判决书送达之日起 15 日内，向本院递交上诉状，并按对方当事人的人数提出副本，预交上诉案件受理费 100 元，上诉于北京市高级人民法院。

审 判 长 齐 莹
代理审判员 乔 军
人民陪审员 杨 旭
二〇〇九年十一月十日
书 记 员 王 丽

044

一种2-羟基-4-甲硫基-丁酸钙的制备方法

无效宣告请求审查决定（第12678号）

决　　定　　号　第12678号
决　　定　　日　2008年11月27日
发明创造名称　一种2-羟基-4-甲硫基-丁酸钙的制备方法
国 际 分 类 号　C07C323/52，C07C319/20，A61P3/02，A23K1/16，A23L1/304
无效宣告请求人　诺伟司国际有限公司
专 利 权 人　周建康
专　　利　　号　02137790.1
申　　请　　日　2002年10月30日
授 权 公 告 日　2005年12月28日
合 议 组 组 长　任晓兰
主　　审　　员　黄　强
参　　审　　员　危　峰

法 律 依 据　专利法第22条第2款、第3款，第26条第3款
决 定 要 点

在判断一项权利要求的技术方案相对于某一对比文件是否具备新颖性和创造性时，首先要将该权利要求的技术方案和所述对比文件公开的技术方案进行对比，考察二者是否存在区别特征，是否属于实质上相同的技术方案；如果二者存在区别特征，属于实质上不相同的技术方案，则该权利要求具备新颖性；接着，需要确定所述技术方案实际要解决的技术问题，进而考察现有技术中是否存在将该区别特征引入到所述对比文件中以解决上述技术问题的启示。如果存在所述技术启示，则该权利要求不具备创造性。

一、案由

本无效宣告请求案涉及国家知识产权局于2005年12月28日公告授予的、名称为“一种2-羟基-4-甲硫基-丁酸钙的制备方法”的发明专利权（以下简称本专利），其专利号为02137790.1，申请日为2002年10月30日，专利权人为周建康。本专利授权公告的权利要求书如下：

“1. 一种2-羟基-4-甲硫基-丁酸钙的制备方法，其特征是在混合干燥机内加入氧化钙或氢氧化钙，随后采用连续小剂量加入2-羟基-4-甲硫基-丁酸溶液进行生产，边搅拌边反应，使物料保持在气化温度以上，待反应结束，连续干燥60~90分钟，再经过冷却、粉碎、筛分，得到2-羟基-4-甲硫基-丁酸钙。

2. 根据权利要求 1 所述的制备方法，其特征在于所述的反应温度控制在 100~130 度范围。

3. 根据权利要求 2 所述的制备方法，其特征在于所述的反应温度控制在 110~115 度范围。

4. 根据权利要求 3 所述的制备方法，其特征在于所述的 2-羟基-4-甲硫基-丁酸其浓度为80%~90%质量百分比。”

针对上述专利权，诺伟司国际有限公司（下称请求人）于 2008 年 3 月 28 日向专利复审委员会提出无效宣告请求，认为本专利不符合专利法第 22 条第 2 款、第 3 款以及专利法第 26 条第 3 款的规定。同时提交了如下附件：

附件 1：第 02137790.1 号发明专利说明书，复印件 5 页（即，本专利授权公告文本）；

附件 2：美国专利 US4335257，公开日为 1982 年 6 月 15 日，复印件 4 页，其中文译文 7 页（以下简称证据 1）；

附件 3：美国专利 US4855495，公开日为 1989 年 8 月 8 日，复印件 6 页，其中文译文 8 页（以下简称证据 2）。

请求人认为：（1）本专利权利要求 1 的方法与证据 1 公开的方法相比，制备得到的产品相同，产品用途相同，所用的反应原料完全相同，从制备条件来看，两者都是在搅拌条件下进行，证据 1 公开的反应温度范围包含了本专利权利要求 1 限定的温度，反应原料添加完毕后，采取的操作相同，都是为了得到干燥的产品，所使用的反应器功能和作用相同，可以相互替代，因此证据 1 公开了本专利权利要求 1 的所有技术特征，权利要求 1 不具备新颖性；权利要求 2 和 3 进一步限定了反应温度，而证据 1 的反应温度已经包含了其所限定的温度范围，因此权利要求 2 和 3 不具备新颖性；权利要求 4 进一步限定了原料 2-羟基-4-甲硫基-丁酸的浓度，而证据 1 中公开的浓度范围包含了其所限定的浓度范围，因此权利要求 4 不具备新颖性。（2）本专利权利要求 1 的方法与证据 1 公开的方法相比，两者制备得到的产品、所用的反应原料以及制备方法的操作条件均相同，并且从效果数据上也无法得出权利要求 1 保护的技术方案的技术效果优于证据 1 公开的在先技术的技术效果的结论，因此权利要求 1 相对于证据 1 不具备创造性；与前述新颖性的理由类似，由于证据 1 的反应温度已经包含了权利要求 2 和 3 所限定的温度范围，证据 1 中公开的浓度范围包含了权利要求 4 所限定的浓度范围，因此从属权利要求 2~4 相对于证据 1 公开的方法也不具备创造性。（3）说明书中没有说明判断“待反应完善”和“待反应完成”的标准，因此说明书对权利要求 1 涉及的技术方案公开不充分，不符合专利法第 26 条第 3 款的规定。

经形式审查合格后，专利复审委员会受理了上述无效宣告请求，于 2008 年 4 月 21 日向双方当事人发出《无效宣告请求受理通知书》，并将请求人的《专利权无效宣告请求书》及其证据的副本转送给专利权人，要求其在指定的期限内答复，同时成立合议组对本无效宣告请求案进行审理。

2008 年 5 月 20 日，专利权人针对上述《无效宣告请求受理通知书》提交了意见陈述书及反证 1（“DL-蛋氨酸及其衍生物的合成与拆分研究进展”，文健、胡先明，《氨基酸和生物资源》，2000 年第 22 卷第 2 期，第 22~26 页，复印件 5 页）。专利权人认为，（1）相对于证据 1 公开的方法，本专利的权利要求 1 具有以下区别技术特征：（a）混合干燥机；（b）在混合干燥机内加入氧化钙或者氢氧化钙，连续小剂量地加入 2-羟基-4-甲硫基-丁酸溶液；（c）2-羟基-4-甲硫基-丁酸溶液无需加热等预先处理；（d）使物料保持气化温度以上；（e）连续干燥 60~90 分钟。这些区别特征并非本领域的公知常识，因而，本专利具有非显而易见性，并且，本专利具有设备投资少、工艺路线简洁、生产成本低等优点，具有显著的进步，因此权利要求 1 具备新颖性和创造性。（2）对于权利要求 1 中的“待反应结束”，化工技术人员能够理解，无需专门指标来限定和描述，因此说明书符合专利法第 26 条第 3 款的规定。（3）反证 1 是本专利在实质审查过程中审查员引用的对比文件，用于说明本专利授权的背景。

2008年5月30日，专利权人再次提交了意见陈述书及反证2（据称为请求人与专利权人的联系信笺，复印件1页，其中文译文1页），并表示对请求人提交的证据的中文译文有异议，但专利权人没有具体说明异议的理由，也没有具体说明反证2用于证明何种事实。

2008年9月24日，本案合议组向双方当事人发出《无效宣告请求口头审理通知书》，定于2008年11月3日进行口头审理，同时将专利权人于2008年5月20日和5月30日提交的意见陈述书和相关文件的副本转送给请求人。

2008年11月3日，口头审理如期进行，双方当事人均出席了口头审理，并对对方当事人的身份和出庭资格没有异议。双方当事人对合议组成员均无回避请求。合议组在此情况下就本无效宣告请求案进行了庭审调查：

（1）请求人放弃使用证据2，确定其无效宣告的理由是：权利要求1~4相对于证据1不符合专利法第22条第2款和第3款的规定；说明书不符合专利法第26条第3款的规定。

（2）专利权人对证据1的真实性有异议，但对其中文译文的准确性没有异议，请求人表示庭后提交由国家知识产权局检索中心盖章确认的证据1的复印件，专利权人请求合议组对复印件进行核实，并认可合议组的核实意见。

（3）请求人认可反证1和2的真实性，对反证2的中文译文的准确性无异议，认为反证1仅能作为本案的背景技术，反证2与本案无关联。

口头审理结束后，请求人提交了盖有"国家知识产权局检索中心副本认证专用章"的证据1的复印件（共4页）。

至此，合议组认为本案的事实已经清楚，可以作出审查决定。

二、决定的理由

1. 关于审查文本

本无效宣告请求审查决定是在本专利的授权公告文本的基础上作出的。

2. 关于证据和无效理由

请求人共提交了2份证据，其中在口头审理过程中请求人放弃证据2。证据1是美国专利US4335257，请求人提交了盖有"国家知识产权局检索中心副本认证专用章"的证据1的复印件，合议组经核实，对证据1的真实性予以认可。鉴于证据1的公开日为1982年6月15日，早于本专利的申请日2002年10月30日，因此，可以作为本专利的现有技术。

专利权人共提交了两份反证，其中反证1是一篇刊载于《氨基酸和生物资源》上的文章，反证2据称是请求人和专利权人的联系信笺。专利权人仅用反证1证明本专利的授权背景，用反证2证明请求人和专利权人曾存在委托加工合作关系，这与本案的无效理由没有任何关系，因此与本案没有关联性。

根据请求人口头审理中的确认，合议组审理的关于本专利权的无效宣告理由和范围是：本专利的说明书不符合专利法第26条第3款的规定，权利要求1~4相对于证据1不符合专利法第22条第2款和第3款的规定。

3. 关于专利法第22条第2款和第3款

专利法第22条第2款规定，新颖性，是指在申请日以前没有同样的发明或者实用新型在国内外出版物上公开发表过、在国内公开使用过或者以其他方式为公众所知，也没有同样的发明或者实用新型由他人向国务院专利行政部门提出过申请并且记载在申请日以后公布的专利申请文件中。

专利法第22条第3款规定，创造性，是指同申请日以前已有的技术相比，发明具有突出的实质性特点和显著的进步。

在判断一项权利要求的技术方案相对于某一对比文件是否具备新颖性和创造性时，首先要将该权利要求的技术方案和所述对比文件公开的技术方案进行对比，考察二者是否存在区别特征，是否属于实质上相同的技术方案；如果二者存在区别特征，属于实质上不相同的技术方案，则该权利要求具备新颖性；接着，需要确定所述技术方案实际要解决的技术问题，进而考察现有技术中是否存在将该区别特征引入到所述对比文件中以解决上述技术问题的启示。如果存在所述技术启示，则该权利要求不具备创造性。

就本案而言，权利要求 1 保护一种 2-羟基-4-甲硫基-丁酸钙的制备方法，其中在混合干燥机内加入氧化钙或氢氧化钙，随后采用连续小剂量加入 2-羟基-4-甲硫基-丁酸溶液进行生产，边搅拌边反应，使物料保持在气化温度以上，待反应结束，连续干燥 60~90 分钟，再经过冷却、粉碎、筛分，得到 2-羟基-4-甲硫基-丁酸钙。

证据 1 公开了一种 α-羟基-γ-甲硫基丁酸钙（即本专利所述的 2-羟基-4-甲硫基-丁酸钙）的制备方法，该方法通过将液相的 α-羟基-γ-甲硫基丁酸（即本专利所述的 2-羟基-4-甲硫基-丁酸）与固体氧化钙或氢氧化钙接触，在约 45℃至 130℃的温度条件下，搅拌所形成的反应混合物，从而得到 2-羟基-4-甲硫基-丁酸钙（参见证据 1 的权利要求 1）。在所述的方法中，反应容器为固体搅拌器，例如双臂西格马叶片式搅拌器或双转子搅拌器，2-羟基-4-甲硫基-丁酸溶液通过逐滴加入的方式与氧化钙或氢氧化钙接触，在搅拌条件下进行反应，反应温度为约 45℃至 130℃，优选 80℃~120℃，反应结束后可包括干燥步骤（参见证据 1 中文译文的说明书第 2 页第 3 段，说明书第 3 页第 1 段、第 3 段以及实施例 1）。

将权利要求 1 的方法与证据 1 公开的方法相比较可知，两者涉及相同的技术领域（均为 2-羟基-4-甲硫基-丁酸钙的制备方法）；所使用的原料相同（均为 2-羟基-4-甲硫基-丁酸与氧化钙或氢氧化钙）；从具体的制备条件看，两者都是在搅拌条件下进行反应，2-羟基-4-甲硫基-丁酸溶液都是通过连续逐步添加的方式与氧化钙或氢氧化钙接触，反应结束后均有干燥步骤，权利要求 1 的方法中反应温度为气化温度以上，而证据 1 的方法中反应温度为约 45℃至 130℃，根据本专利的权利要求 2 和 3 的内容以及说明书第 2 页第 3 段关于反应温度的记载可知，证据 1 的温度范围与本专利权利要求 1 的温度范围部分重叠。因此，两者的区别特征仅在于：（1）权利要求 1 的反应容器为混合干燥机，而证据 1 中公开的反应容器为固体搅拌器；（2）权利要求 1 中反应结束后产物干燥时间为 60~90 分钟，而证据 1 没有对干燥时间进行明确限定。这两个区别特征使得权利要求 1 的方法与证据 1 公开的方法成为两个不相同的技术方案，即权利要求 1 相对于证据 1 具备新颖性。

专利权人认为，本专利权利要求 1 与证据 1 的区别特征还包括：（1）权利要求 1 中添加的物料是常温的，而证据 1 中的物料经过了预热；（2）权利要求 1 不需要将成品添加到反应器中。对此，合议组认为，本专利的权利要求 1 并未记载上述特征，因此，其不构成本专利与证据 1 的区别。

接下来，需要考察这两个区别特征的引入是否能使权利要求 1 创造性。

根据本专利说明书及专利权人对本专利方法所能达到的技术效果的说明，本专利相对于证据 1 实际要解决的技术问题是提供一种新的制备 2-羟基-4-甲硫基-丁酸钙的方法，从而实现工艺路线简洁、节约成本的目的，这一技术问题的解决是通过对反应容器和产物的干燥时间的选择而实现的。因此，判断本申请是否具有创造性，其焦点在于：现有技术中是否存在对反应容器和产物的干燥时间进行选择的启示。

首先，本专利的方法是一个典型的酸碱中和反应，反应过程中会形成一定量的水。证据 1 中提到，常见的制备 2-羟基-4-甲硫基-丁酸钙盐的方法中，通常先通过水的蒸发然后通过过滤和烘干，使钙盐产品从反应液中离析出来（参见证据1中文译文第2段背景技术部分），而证据1则通过使2-羟基-4-甲硫基-丁酸的溶液与固体氧化钙或氢氧化钙反应而免去蒸发工艺。反应过程中离析出一定比率的水，可以通过在一定温度和驻留期操作而使产品钙盐无需另外烘干（参见证据1中文译文第3页第4段），由此可见，证据1中是在反应结束后在反应器内通过使物料停留而对反应产物进行干燥的，这与本专利中利用混合干燥机在反应结束后随即进行干燥是完全相同的。在证据1中已经明确提及在反应器内即可实现物料先反应后干燥的情况下，本领域技术人员选择兼具搅拌和干燥功能的混合干燥机实现相同的功能并不需要花费创造性劳动，而且其使工艺简化、成本降低的效果也是本领域技术人员可以预期的，本专利说明书也未说明除此之外，反应器的这种变化还产生了其他意料不到的效果。因此，仅仅是反应器的选择尚不足以给本专利权利要求1的技术方案带来创造性。

其次，证据1中已经提到了对产物进行干燥以将水分含量控制到适于商业用途（参见证据1中文译文第3页第4段，实施例1~3），在此情况下，本领域技术人员可根据所得产物的水含量以及产品的质量要求选择适当的干燥时间，这不需要付出创造性的劳动，并且本专利说明书中也没有证据能够表明选择干燥时间为60~90分钟能够给本专利带来任何预料不到的技术效果。

因此，在证据1公开的方法的基础上，本领域技术人员通过选择合适的反应容器和干燥时间，从而得到权利要求1的技术方案是显而易见的。权利要求1的技术方案不具备突出的实质性特点和显著的进步，不符合专利法第22条第3款的规定。

权利要求2进一步限定了权利要求1的方法中反应温度为100~130℃，证据1的方法中反应温度为约45℃至130℃，其中130℃已落入权利要求2所述的温度范围中，因此权利要求2的附加技术特征已被证据1公开。在其引用的权利要求1不具备创造性的前提下，权利要求2也不具备创造性，不符合专利法第22条第3款的规定。

权利要求3进一步限定了权利要求2的方法中反应温度为110~115℃，尽管证据1没有公开如此具体的温度范围，但是对本领域技术人员而言，反应温度的选择可根据具体的反应条件和反应步骤进行适当调节，并且本专利说明书中也没有证据表明权利要求3限定的温度范围能够带来任何预料不到的技术效果，因此在其引用的权利要求2不具备创造性的前提下，权利要求3也不具备创造性，不符合专利法第22条第3款的规定。

权利要求4进一步限定了权利要求3的方法中2-羟基-4-甲硫基-丁酸的浓度为80%~90%质量百分比，而证据1公开的2-羟基-4-甲硫基-丁酸的浓度范围优选85%~90%（参见证据1的中文译文的第2页第7~10行），落入了权利要求4所限定的范围中，因此权利要求4的附加技术特征已被证据1公开。在其引用的权利要求3不具备创造性的前提下，权利要求4也不具备创造性，不符合专利法第22条第3款的规定。

鉴于本专利的权利要求1~4相对于证据1都不具备创造性，本审查决定对其他无效宣告理由不再进行评述。

基于以上事实和理由，本案合议组作出如下审查决定。

三、决定

宣告02137790.1号发明专利权无效。

当事人对本决定不服的，可以根据专利法第46条第2款的规定，自收到本决定之日起三个月内向北京市第一中级人民法院起诉。根据该款的规定，一方当事人起诉后，另一方当事人应当作为第三人参加诉讼。

北京市第一中级人民法院
行政判决书

（2009）一中行初字第1579号

原告周建康，男，1962年4月30日出生，汉族，宁波中牧 进出口有限公司总经理，住中华人民共和国浙江省宁波市海曙 区迎凤街92弄2号603室。

委托代理人徐立华，浙江富林律师事务所律师。

被告中华人民共和国国家知识产权局专利复审委员会，住 所地中华人民共和国北京市海淀区北四环西路9号银谷大厦。

法定代表人张茂于，副主任。

委托代理人危峰，中华人民共和国国家知识产权局专利复 审委员会审查员。

委托代理人程强，中华人民共和国国家知识产权局专利复 审委员会审查员。

第三人诺伟司国际有限公司，住所地美利坚合众国特拉华 州。

法定代表人爱丽丝·V·斯德科，授权代表。

委托代理人刘广新，中国商标专利事务所有限公司专利代 理人。

委托代理人黄泽雄，北京邦信阳专利商标代理有限公司专利代理人。

原告周建康不服被告中华人民共和国国家知识产权局专利复审委员会作出的第12678号无效宣告请求审查决定（以下简称第12678号决定），向本院提起行政诉讼。本院受理后，依法组成合议庭，在法定期限内向被告送达了起诉书副本及应诉通知书。依照《中华人民共和国行政诉讼法》第二十七条的规定，本院通知诺伟司国际有限公司作为第三人参加诉讼，并于2010年3月23日公开开庭审理了本案。原告周建康及其委托代理人徐立华，被告的委托代理人危峰、程强，第三人的委托代理人刘广新、黄泽雄到庭参加了诉讼。本案现已审理终结。

2008年11月27日，被告作出第12678号决定。该决定认为，名称为“一种2-羟基-4-甲硫基-丁酸钙的制备方法”的第02137790.1号发明专利权（以下简称本专利）的权利要求1~4相对于公开日为1982年6月15日的美国专利US4335257（即第12678号决定中的证据1，以下简称证据1）不具备创造性，故依照《中华人民共和国专利法》（以下简称《专利法》）第二十二条第三款的规定，决定宣告本专利权全部无效。

在法定举证期限内，被告向本院提交了下列证据：1. 本专利授权公告文本；2. 证据1的复印件4页及其中文译文7页。上述证据用以证明被诉决定认定事实清楚、适用法律正确、审理程序合法。

原告诉称：1. 被告认定本专利不具备创造性与事实不符。首先，在本发明之前，没有一家企业或个人发明过类似的机器，且本领域技术人员不会想到在干燥机内部进行酸碱中和反应。因此，原告在本专利技术方案中利用混合干燥机进行化学反应是一个创举；其次，本专利中2-羟基-4-甲硫基-丁酸钙溶液没有温度要求，无需进行预热处理，相对于对比文件对温度有前置要求是一个进步；第三，本专利连续干燥60-90分钟；第四，本专利技术方案使物料保持汽化温度以上；第五，本专利技术方案在混合干燥剂内加入氧化钙或氢氧化钙，连续小剂量加入2-羟基-4-甲硫基-丁酸溶液，而对比文件是将成品回填与原有物料一起反应。上述区别技术特征均不是本领域公知常识，具有非显而易见性以及突出的实质性特点，并获得技术效果，符合《专利法》有关创造性的规定。2. 被告在审查中人为分割技术的完整性，未从技术的完整性、全面性来判定两个方案技术特征之间的差别。综上所述，请求法院判决撤销第12678号决定。

在法定举证期限内，原告为支持其诉讼主张，向本院提交了与被告相同的证据，用以证明被诉决定认定事实和适用法律不正确。

被告辩称：我委坚持在第12678号决定中的审查认定意见。对于原告提出的在本专利之前没有企业或个人发明混合干燥机的主张，其未提交证据佐证，且本专利并未对混合干燥机进行定义，依照本领域技术人员的一般理解，“混合干燥机”为功能性限定用语，指的是能够实现物料混合以及干燥功能的设备，本专利说明书中记载的内容与本领域技术人员的上述理解亦相吻合，因此，原告关于本专利之前没有出现混合干燥机的观点是错误的。即便如原告所述，混合干燥机在本发明之前没有被使用，本专利说明书并没有对混合干燥机的来源和制造方法等内容进行具体描述，以至于本领域技术人员无法得到该设备，从而导致权利要求1的技术方案无法实施，这显然与原告的主张相违背。此外，原告关于本专利与证据1还存在其他区别特征的理由，系其对法律和事实的认定错误。综上所述，第12678号决定认定事实清楚，适用法律正确，审理程序合法，请求法院判决予以维持定。

第三人述称：首先，混合干燥机在本专利说明书中没有作清楚、完整的说明，在此情况下，本领域技术人员只能唯一地将“混合”、“干燥”理解为是对生产设备的功能性限定，在对比文件公开内容的基础上，本领域技术人员选择兼具搅拌和干燥功能的混合干燥机实现相同的功能并不需要花费创造性的劳动。同时，在说明书中未说明选择该反应器产生的意料不到效果的情况下，其使工艺简化、成本降低的效果也是本领域技术人员可以预期的。其次，将本专利与对比文件公开的内容进行比较后可以看出，对于本领域技术人员而言，两者没有实质性区别，在相互替代时不存在技术障碍。原告关于本专利存在的其他技术特征给本专利带来创造性的诉讼理由均不能成立。综上所述，被告作出的第12678号决定认定事实清楚、适用法律正确、审理程序合法，请求法院判决驳回原告的诉讼请求，维持上述决定。

在法定举证期限内，第三人向本院提交了下列证据：1. ZL00224650.3中国实用新型专利说明书的复印件；2. 02110925.7中国发明专利申请公开说明书的复印件；3. ZL94227959.X中国实用新型专利说明书的复印件；4. 牟腾的专家证言。

经庭审质证，各方当事人均充分发表了质证意见。本院经审查认为，原告、被告提交的证据均与第12678号决定有关，且符合证据合法性、真实性的要求，本院均予以采纳。第三人提交的证据均未在行政程序中提交，本院不予采纳。根据上述经确认的有效证据以及当事人当庭无争议的陈述，本院认定事实如下：

2002年10月30日，周建康向国家知识产权局提出名称为“一种2-羟基-4-甲硫基-丁酸钙的制备方法”的发明专利申请。2005年12月28日，国家知识产权局授予其专利权，即本专利。本专利授权公告的权利要求书如下：

1. 一种2-羟基-4-甲硫基-丁酸钙的制备方法，其特征是 在混合干燥机内加入氧化钙或氢氧化钙，随后采用连续小剂量 加入2-羟基-4-甲硫基-丁酸溶液进行生产，边搅拌边反应，使 物料保持在气化温度以上，待反应结束，连续干燥60~90分钟，再经过冷却、粉碎、筛分，得到2-羟基-4-甲硫基-丁酸钙。

2. 根据权利要求1所述的制备方法，其特征在于所述的反 应温度控制在100-130度范围。

3. 根据权利要求2所述的制备方法，其特征在于所述的反 应温度控制在110-115度范围。

4. 根据权利要求3所述的制备方法，其特征在于所述的2- 羟基-4-甲硫基-丁酸其浓度为80%~90%质量百分比。

2008年3月28日，第三人以本专利不符合《专利法》第二 十二条第二款、第三款以及《专利法》第二十六条第三款的规 定为由，向被告提出无效宣告请求。同时提交了本专利授权公 告文本；证据1的复印件及其中文译文、公开日为1989年8月8日的美国专利US4855495复印件及其中文译文8页（即第12678号决定中的证据2，以下简称证据2）。

被告受理后，进行了转文。原告先后于同年5月20日、5月30日提交了意见陈述书及《氨基酸和生物资源》2000年第22卷第2期中第22~26页文健、胡先明的《DL-蛋氨酸及其衍生物的合成与拆分研究进展》复印件5页（即第12678号决定中的反证1，以下简称反证1）、据称为第三人与原告的联系信笺的复印件1页及其中文译文1页（即第12678号决定中的反证2，以下简称反证2），但未具体说明反证2用于证明何种事实。同时对第三人提交的证据的中文译文提出异议，但未具体说明异议的理由。

被告将原告的意见陈述以及相关文件副本转送第三人，并于2008年11月3日举行了口头审理。双方当事人均出席了口头审理，对被告成员均无回避请求。在口头审理中，第三人明确其无效宣告的理由为权利要求1~4相对于证据1不符合《专利法》第二十二条第二款和第三款的规定；说明书不符合《专利法》第二十六条第三款的规定，并放弃使用证据2，表示庭后提交由国家知识产权局检索中心盖章确认的证据1复印件。原告对证据1的真实性有异议，但对其中文译文的准确性没有异议，请求被告对复印件进行核实，并认可被告的核实意见。第三人认可反证1和2的真实性，对反证2的中文译文的准确性无异议，认为反证1仅能作为本案的背景技术，反证2与本案无关联。

口头审理结束后，第三人提交了盖有“国家知识产权局检索中心副本认证专用章”的证据1的复印件（共4页）。

被告经过对原告、第三人提交的证据进行审查后认为，第三人提交的证据1是美国专利US4335257，第三人提交了盖有“国家知识产权局检索中心副本认证专用章”的证据1的复印件，经核实，对证据1的真实性予以认可。鉴于证据1的公开日为1982年6月15日，早于本专利的申请日2002年10月30日，因此，可以作为本专利的现有技术。原告提交的反证1是一篇刊载于《氨基酸和生物资源》上的文章，反证2据称是第三人和原告的联系信笺。原告仅用反证1证明本专利的授权背景，用反证2证明第三人和原告曾存在委托加工合作关系，这与本案的无效理由没有任何关系，因此与本案没有关联性。《专利法》第二十二条第二款规定，新颖性，是指在申请日以前没有同样的发明或者实用新型在国内外出版物上公开发表过、在国内公开使用过或者以其他方式为公众所知，也没有同样的发明或者实用新型由他人向国务院专利行政部门提出过申请并且记载在申请日以后公布的专利申请文件中。

《专利法》第二十二条第三款规定，创造性，是指同申请日以前已有的技术相比，发明具有突出的实质性特点和显著的进步。在判断一项权利要求的技术方案相对于某一对比文件是否具备新颖性和创造性时，首先要将该权利要求的技术方案和所述对比文件公开的技术方案进行对比，考察二者是否存在区别特征，是否属于实质上相同的技术方案；如果二者存在区别特征，属于实质上不相同的技术方案，则该权利要求具备新颖性；接着，需要确定所述技术方案实际要解决的技术问题，进而考察现有技术中是否存在将该区别特征引入到所述对比文件中以解决上述技术问题的启示。如果存在所述技术启示，则该权利要求不具备创造性。

就本案而言，权利要求1保护一种2-羟基-4-甲硫基-丁酸钙的制备方法，其中在混合干燥机内加入氧化钙或氢氧化钙，随后采用连续小剂量加入2-羟基-4-甲硫基-丁酸溶液进行生产，边搅拌边反应，使物料保持在气化温度以上，待反应结束，连续干燥60~90分钟，再经过冷却、粉碎、筛分，得到2-羟基-4-甲硫基-丁酸钙。

证据1公开了一种α-羟基-γ-甲硫基丁酸钙（即本专利所述的2-羟基-4-甲硫基-丁酸钙）的制

备方法，该方法通过将液相的α-羟基-γ-甲硫基丁酸（即本专利所述的2-羟基-4-甲硫基-丁酸）与固体氧化钙或氢氧化钙接触，在约45℃至130℃的温度条件下，搅拌所形成的反应混合物，从而得到2-羟基-4-甲硫基-丁酸钙（参见证据1的权利要求1）。在所述的方法中，反应容器为固体搅拌器，例如双臂西格马叶片式搅拌器或双转子搅拌器，2-羟基-4-甲硫基-丁酸溶液通过逐滴加入的方式与氧化钙或氢氧化钙接触，在搅拌条件下进行反应，反应温度为约45℃至130℃，优选80℃-120℃，反应结束后可包括干燥步骤（参见证据1中文译文的说明书第2页第3段，说明书第3页第1段、第3段以及实施例1）。

将权利要求1的方法与证据1公开的方法相比较可知，两者涉及相同的技术领域（均为2-羟基-4-甲硫基-丁酸钙的制备方法）；所使用的原料相同（均为2-羟基-4-甲硫基-丁酸与氧化钙或氢氧化钙）；从具体的制备条件看，两者都是在搅拌条件下进行反应，2-羟基-4-甲硫基-丁酸溶液都是通过连续逐步添加的方式与氧化钙或氢氧化钙接触，反应结束后均有干燥步骤，权利要求1的方法中反应温度为气化温度以上，而证据1的方法中反应温度为约45℃至130℃，根据本专利的权利要求2和3的内容以及说明书第2页第3段关于反应温度的记载可知，证据1的温度范围与本专利权利要求1的温度范围部分重叠。因此，两者的区别特征仅在于：(1) 权利要求1的反应容器为混合干燥机，而证据1中公开的反应容器为固体搅拌器；(2) 权利要求1中反应结束后产物干燥时间为60-90分钟，而证据1没有对干燥时间进行明确限定。这两个区别特征使得权利要求1的方法与证据1公开的方法成为两个不相同的技术方案，即权利要求1相对于证据1具备新颖性。

原告认为，本专利权利要求1与证据1的区别特征还包括：(1) 权利要求1中添加的物料是常温的，而证据1中的物料经 过了预热；(2) 权利要求1不需要将成品添加到反应器中。对此，被告认为，本专利的权利要求1并未记载上述特征，因此，其不构成本专利与证据1的区别。

接下来，需要考察这两个区别特征的引入是否能使权利要求1创造性。

根据本专利说明书及原告对本专利方法所能达到的技术效果的说明，本专利相对于证据1实际要解决的技术问题是提供一种新的制备2-羟基-4-甲硫基-丁酸钙的方法，从而实现工艺路线简洁、节约成本的目的，这一技术问题的解决是通过对反应容器和产物的干燥时间的选择而实现的。因此，判断本申请是否具有创造性，其焦点在于：现有技术中是否存在对反应容器和产物的干燥时间进行选择的启示。

首先，本专利的方法是一个典型的酸碱中和反应，反应过程中会形成一定量的水。证据1中提到，常见的制备2-羟基-4-甲硫基-丁酸钙盐的方法中，通常先通过水的蒸发然后通过过滤和烘干，使钙盐产品从反应液中离析出来（参见证据1中文译文第2段背景技术部分），而证据1则通过使2-羟基-4-甲硫基-丁酸的溶液与固体氧化钙或氢氧化钙反应而免去蒸发工艺。反应过程中离析出一定比率的水，可以通过在一定温度和驻留期操作而使产品钙盐无需另外烘干（参见证据1中文译文第3页第4段），由此可见，证据1中是在反应结束后在反应器内通过使物料停留而对反应产物进行干燥的，这与本专利中利用混合干燥机在反应结束后随即进行干燥是完全相同的。在证据1中已经明确提及在反应器内即可实现物料先反应后干燥的情况下，本领域技术人员选择兼具搅拌和干燥功能的混合干燥机实现相同的功能并不需要花费创造性劳动，而且其使工艺简化、成本降低的效果也是本领域技术人员可以预期的，本专利说明书也未说明除此之外，反应器的这种变化还产生了其他意料不到的效果。因此，仅仅是反应器的选择尚不足以给本专利权利要求1的技术方案带来创造性。

其次，证据1中已经提到了对产物进行干燥以将水分含量控制到适于商业用途（参见证据1中文译文第3页第4段，实施例1-3），在此情况下，本领域技术人员可根据所得产物的水含量以及产品的质量要求选择适当的干燥时间，这不需要付出创造性的劳动，并且本专利说明书中也没有证据能够表明选择干燥时间为60~90分钟能够给本专利带来任何预料不到的技术效果。

因此，在证据1公开的方法的基础上，本领域技术人员通过选择合适的反应容器和干燥时间，从而得到权利要求1的技术方案是显而易见的。权利要求1的技术方案不具备突出的实质性特点和显著的进步，不符合《专利法》第二十二条第三款的规定。

权利要求2进一步限定了权利要求1的方法中反应温度为100~130℃，证据1的方法中反应温度为约45℃至130℃，其中130℃已落入权利要求2所述的温度范围中，因此权利要求2的附加技术特征已被证据1公开。在其引用的权利要求1不具备创造性的前提下，权利要求2也不具备创造性，不符合《专利法》第二十二条第三款的规定。

权利要求3进一步限定了权利要求2的方法中反应温度为110~115℃，尽管证据1没有公开如此具体的温度范围，但是对本领域技术人员而言，反应温度的选择可根据具体的反应条件和反应步骤进行适当调节，并且本专利说明书中也没有证据表明权利要求3限定的温度范围能够带来任何预料不到的技术效果，因此在其引用的权利要求2不具备创造性的前提下，权利要求3也不具备创造性，不符合《专利法》第二十二条第三款的规定。

权利要求4进一步限定了权利要求3的方法中2-羟基-4-甲硫基-丁酸的浓度为80%~90%质量百分比，而证据1公开的2-羟基-4-甲硫基-丁酸的浓度范围优选85%~90%（参见证据1的中文译文的第2页第7~10行），落入了权利要求4所限定的范围中，因此权利要求4的附加技术特征已被证据1公开。在其引用的权利要求3不具备创造性的前提下，权利要求4也不具备创造性，不符合《专利法》第二十二条第三款的规定。

鉴于根据上述分析已经得出本专利的权利要求1~4相对于证据1不具备创造性的结论，被告对第三人的其他无效宣告理由未再进行评述，并于2008年11月27日作出第12678号决定，宣告本专利全部无效。原告不服该决定，向本院提起行政诉讼。

在本院庭审中，原告、第三人对被告作出第12678号决定的审查程序没有异议，对被告关于证据的审查认定意见以及权利要求1相对于证据1具备新颖性的认定结论亦不持异议。原告坚持认为，本专利权利要求1与证据1的区别技术特征，除了被告认定的两点外，还应当包括权利要求1中添加的物料是常温的，而证据1中的物料经过了预热，以及权利要求1不需要将成品添加到反应器中两个特征。对此，被告坚持其在第12678号决定中的认定理由。

本院认为，对于原告、第三人在庭审中明确表示不持异议的内容，本院经审查，同意被告对证据的审查认定意见以及相关认定结论，并对被告作出该决定的程序合法性予以确认。

根据《专利法》第五十六条第一款的规定，发明的保护范围应当以其权利要求内容为准。说明书和附图可以用来解释权利要求。本案中，被告根据权利要求1所保护的技术方案以及证据1所公开的内容，认定的权利要求1与证据1存在的区别技术特征准确。原告关于被告在认定本专利与证据1存在的区别技术特征有遗漏的诉讼理由，因本专利权利要求1并未记载添加的物料系常温、常压以及该技术方案不需要物料回填等技术特征，因此，原告的上述主张缺乏事实和法律依据，本院不予采信。

根据《专利法》第二十二条第三款的规定，发明的创造性是指同申请日以前已有的技术相比，该发明有突出的实质性特点和显著的进步。《审查指南》第二部分第四章第3.2节给出了有关发明专利突出的实质性特点和显著的进步的审查基准。其中对突出的实质性特点的判断，是按照确定最接近的现有技术、确定发明的区别特征及其实际解决的技术问题、判断发明对本领域技术人员来说是否显而易见三个步骤进行。被告根据上述规定，将本专利权利要求1所保护的技术方案与证据1所公开的技术内容进行比较，并经过对这些区别技术特征在本专利中的作用进行分析，认定本领域技术人员在证据 1 公开内容的教导下，通过选择合适的反应器和干燥时间，从而得到权利要求 1 所保护的技术方案是显而易见的，进而得出本专利权利要求 1 相对于证据 1 不具有创造性的结论正确，本院应予支持。原告关于本专利选择混合干燥机能够带来意想不到的技术效果的诉讼理由，因在本专利权利要求以及说明书中，均没有对本专利选择的混合干燥机作出明确定义，根据本领域技术人员的一般性理解、本专利说明书记载的内容以及证据 1 中反应器实现的功能，反应器的选择尚不足以给本专利权利要求 1 带来创造性。本院对原告的上述诉讼理由不予采信。

权利要求 2~4 是从属权利要求，其附加技术特征均已被证据 1 公开。在上述从属权利要求引用的权利要求不具备创造性的前提下，被告认定上述从属权利要求均不具有创造性亦是正确的，本院应予支持。

综上，第 12678 号决定认定事实清楚，适用法律正确，审 理程序合法，本院应予维持。原告诉讼请求缺乏事实和法律依据，本院不予支持。据此，依照《中华人民共和国行政诉讼法》第五十四条第（一）项的规定，判决如下：

维持被告中华人民共和国国家知识产权局专利复审委员会于二〇〇八年十一月二十七日作出的第 12678 号无效宣告请求审查决定。

案件受理费人民币 100 元，由原告周建康负担（已交纳）。

如不服本判决，原告周建康、被告中华人民共和国国家知识产权局专利复审委员会可在判决书送达之日起 15 日内，第三人诺伟司国际有限公司可在判决书送达之日起 30 日内向本院递交上诉状，并按对方当事人的人数提出副本，上诉于中华人民共和国北京市高级人民法院。上诉人在接到人民法院预交诉讼费的通知后 7 日内未预交，又不提出缓交申请的，按自动撤回上诉处理。

审 判 长 张 杰

代理审判员 何君慧

代理审判员 贾志刚

二〇一〇年十月二十六日

书 记 员 郎莉萍

045

头孢类抗生素的制备方法

无效宣告请求审查决定（第12729号）

决　定　号 第12729号
决　定　日 2008年12月10日
发明创造名称 头孢类抗生素的制备方法
国际分类号 C07D501/48，C07D501/24，A61K31/546，A61K31/04
无效宣告请求人 李劭毅
专　利　权　人 浙江震元制药有限公司，上海卢湾区光陆技贸有限公司
专　利　号 200410067367.1
申　请　日 2004年10月22日
授权公告日 2008年1月16日
合议组组长 任晓兰
主　审　员 潘　剑
参　审　员 吴红权

法律依据 专利法实施细则第20条第1款，专利法第22条第2款、第3款
决定要点

如果本领域技术人员能够确定权利要求中出现的错误属于明显书写错误，并能确定其唯一的正确答案，则该明显书写错误不会导致权利要求保护范围不清楚，反之，权利要求将不符合专利法实施细则第20条第1款的规定。

一、案由

本无效宣告请求案涉及国家知识产权局于2008年1月16日公告授予的、名称为“头孢类抗生素的制备方法”的发明专利权（以下简称本专利），其申请日为2004年10月22日，专利权人为浙江震元制药有限公司，上海卢湾区光陆技贸有限公司。该专利授权公告的权利要求书如下：

“1. 一种制备具有下式（I）结构的头孢菌素的方法：

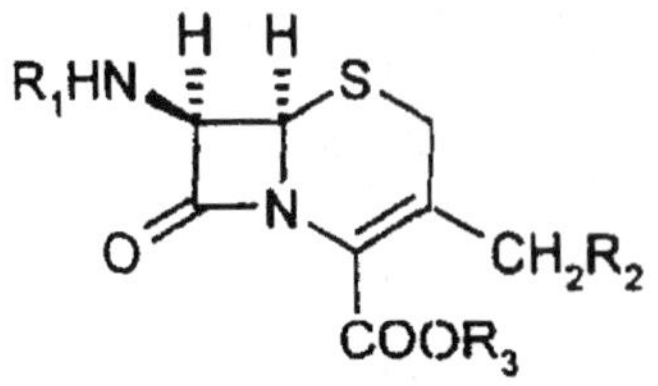

(I)

式中，

R_1 为-C（O）$-CR_4R_5$，其中，R_4、R_5 各自独立选自氨基、=N-O-C（CH_3）$_2$-COOH、=$NOCH_3$、=NOH、=N-O-CH_2-COOH、=$CHCH_2CH_3$，以及6~8元碳环基或含1~3个选自O、S、N的杂环原子的5~7元杂环基，其中，所述碳环基或杂环基可被选自羟基、氨基或卤素的基团取代；

R_2 选自任选取代的5~12元含氮杂环基团，所述取代基选自 C_{1-4}烷基、氨基或羟烷基；

或者 R_2 选自 C_{1-6}烷氧基或氨酰基氧基；

或者式I化合物 C_3 位上的该$-CH_2R_2$ 基团为$-CH=CHR_2'$基团，其中，R_2'选自H、C_{1-4}烷基或任选取代的噻唑基，其中，所述取代基为 C_{1-4}烷基、氨基或卤素；

R_3 选自H或任选取代的 C_{1-4}烷基，所述取代基为-OOC-C_{1-4}烷基或-O-C（O）-O-C_{1-4}烷基；

所述制备方法包括：

（1）在碱性条件下，将式（IIa）化合物

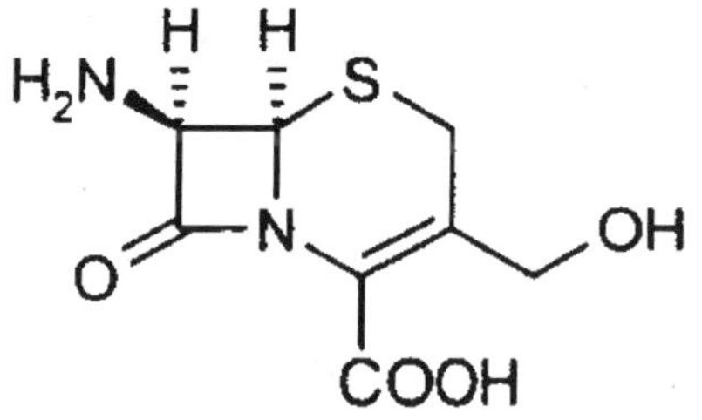
(IIa)

与 R_1COA 反应，将式（IIa）化合物的 C_7 位酰化，得到下式（II）产物，其中，A选自F、Cl、Br、I、-S-苯并噻唑或-O-含氮杂环，所述含氮杂环选自

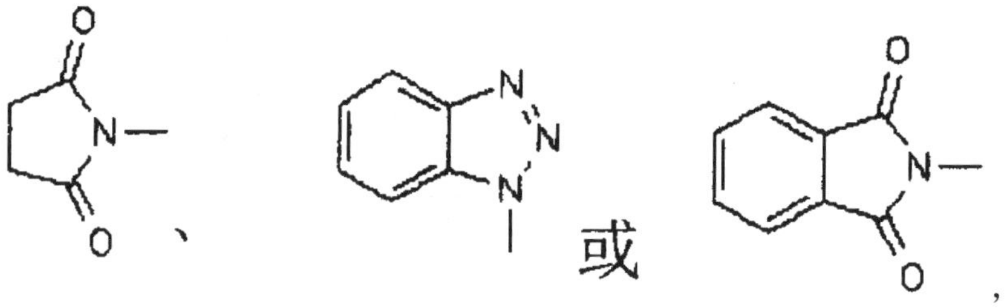

或 M^+为钾离子或钠离子：

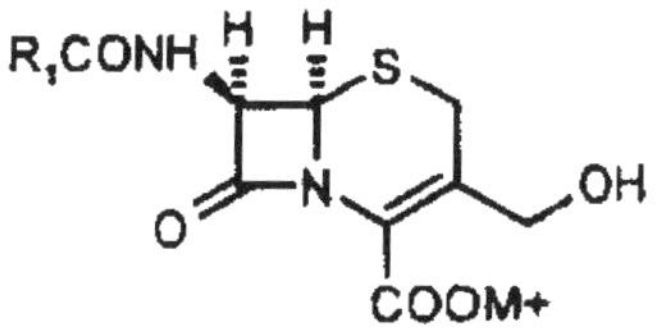
(II)；

（2）将式II化合物与 R_3X 反应，使式II化合物 C_2 位的羧酸基酯化，或当 R_3 为H时，在 C_2 位形成羧基；

（3）通过以下反应，使步骤（2）所得的产物的 C_3 位功能化，从而得到式（I）结构的头孢菌素；

（3-1）将步骤（2）所得的产物与取代异氰酸酯反应；

（3-2）先将步骤（2）所得的产物与卤化剂反应，所得产物再与 $R_2'CHO$ 或 R_2H 反应，其中 R_2

为所述含氮杂环基团；或

（3-3）先将步骤（2）所得的产物与卤化剂反应，所得产物与 R_2H 反应，或将步骤（2）所得的产物在氯化钙催化剂下与 R_2H 反应，其中 R_2 选自所述 C_{1-6} 烷氧基；

其中，X 为卤素，R_1、R_3 和 R_2' 定义同上。

2. 如权利要求 1 所述的方法，其特征在于，所述 R_1 为选自苯基的碳环基，或者为选自噻唑基、呋喃基或噻二唑基的杂环基。

3. 如权利要求 1 或 2 所述的方法，其特征在于，所述 R_2 为选自吡啶基、四氢吡咯基、四唑基、

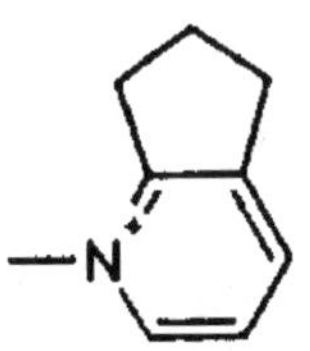 或 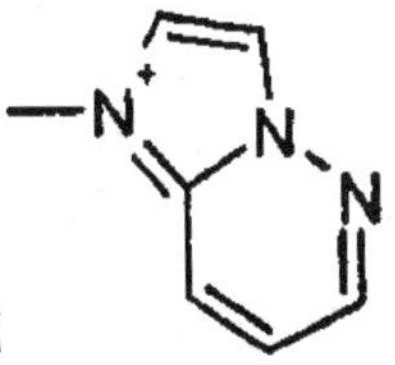

的含氮杂环基团。

4. 如权利要求 1 所述的方法，其特征在于，所制得的化合物为头孢特仑酯，即式 I 化合物中 R_1、R_2 和 R_3 分别为下述结构的化合物：

R_1= 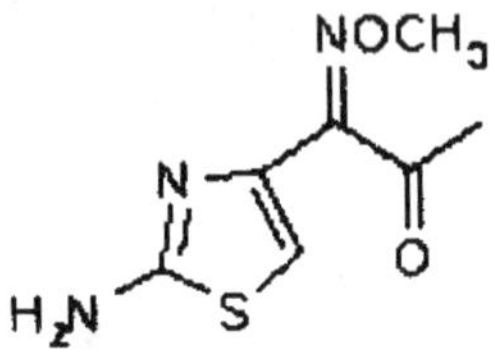 R_2= 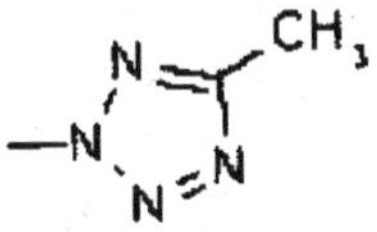 R_3= 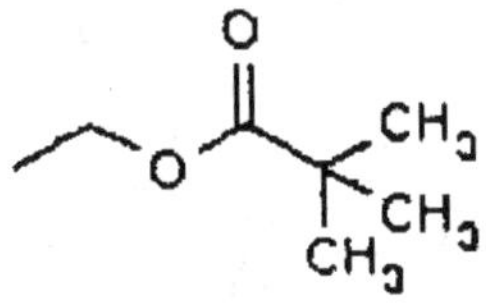。

5. 如权利要求 1 所述的方法，其特征在于，所制得的化合物为头孢泊肟酯，即式 I 化合物中 R_1、R_2 和 R_3 分别为下述结构的化合物：

R_1= 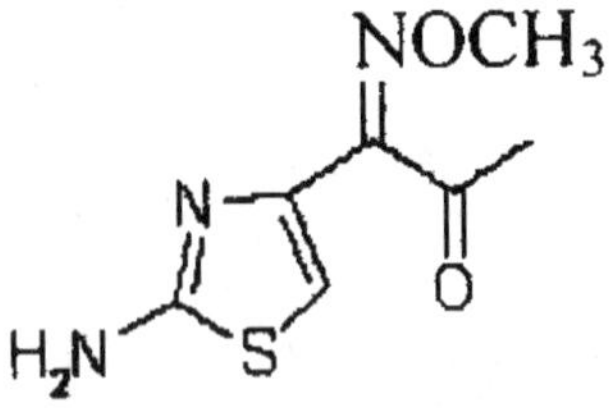 $R_2 = -OCH_3$ R_3= 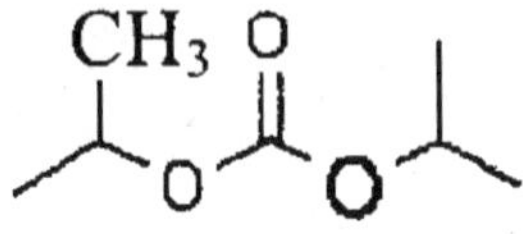

。

6. 如权利要求 1 所述的方法，其特征在于，所制得的化合物为头孢呋辛酯，即式 I 化合物中 R_1、R_2 和 R_3 分别为下述结构的化合物：

R_1= 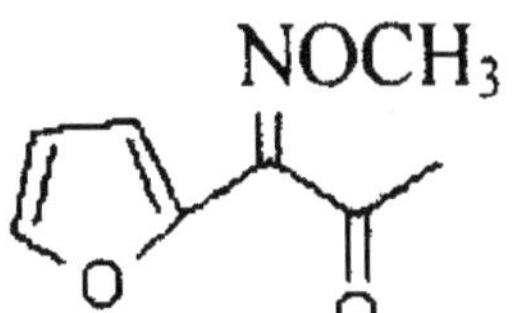 $R_2 = -OCONH_2$ R_3= 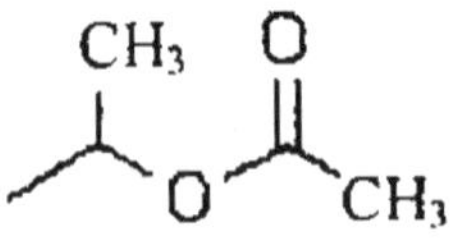

。

7. 如权利要求 1 所述的方法，其特征在于，所制得的化合物为头孢地托仑酯，即式 I 化合物中 R_1、R_3 分别为下述结构，式 I 化合物 C_3 位上的 $-CH_2R_2$ 基团为 $-CH=CHR_2'$、R_2' 为下述结构的化合物：

R_1= 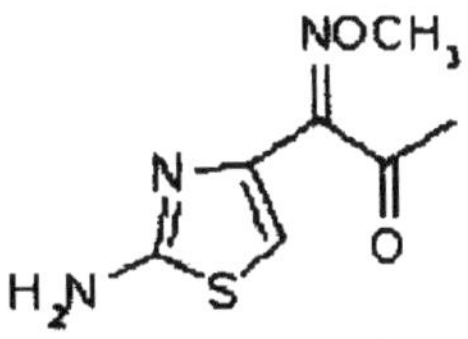 $R_{2'}$= 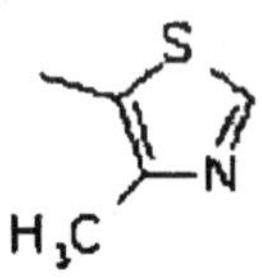 R_3= 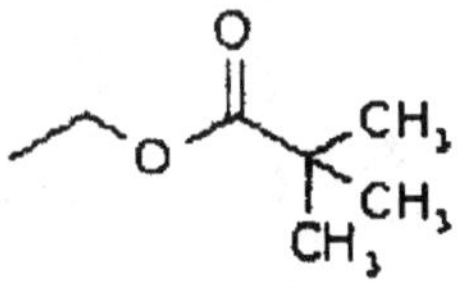。

8. 如权利要求1所述的方法，其特征在于，所制得的化合物为头孢卡品酯，即式I化合物中 R_1、R_2 和 R_3 分别为下述结构的化合物：

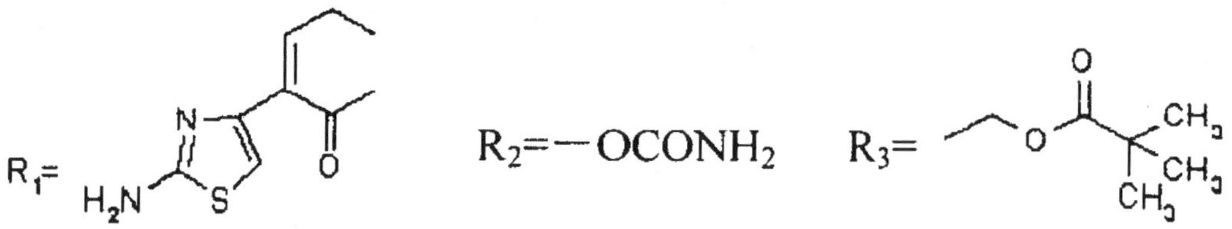

。

9. 7-氨基-3-羟甲基头孢烷酸的用途，其特征在于，作为起始原料制备具有下式（I）结构的头孢菌素，

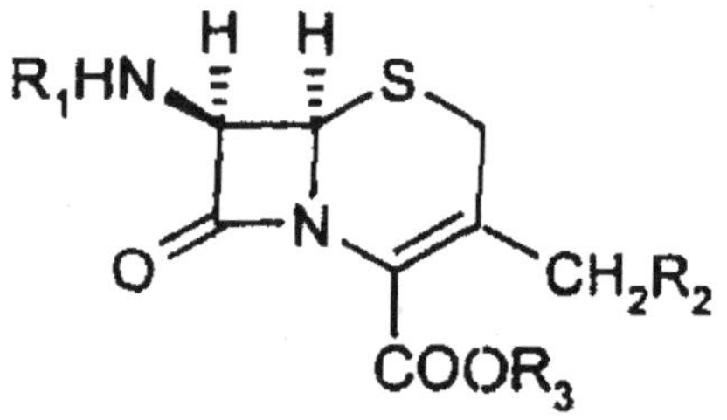

(I)

式中，

R_1 为-C（O）-CR_4R_5，其中，R_4、R_5 各自独立选自氨基、=N-O-C（CH_3）2 -COOH、=$NOCH_3$、=NOH、=N-O-CH_2-COOH，=$CHCH_2CH_3$，以及6~8元碳环基或含1~3个选自O、S、N的杂环原子的5~7元杂环基，其中，所述碳环基或杂环基可被选自羟基、氨基或卤素的基团取代；

R_2 选自任选取代的5~12元含氮杂环基团，所述取代基选自 C_{1-4}烷基、氨基或羟烷基；

或者 R_2 选自 C_{1-6}烷氧基或氨酰基氧基；

或者式I化合物 C_3 位上的该-CH_2R_2 基团为-CH=CHR_2'基团，其中，R_2'选自H、C_{1-4}烷基或任选取代的噻唑基，其中，所述取代基为 C_{1-4}烷基、氨基或卤素；

R_3 选自H或任选取代的 C_{1-4}烷基，所述取代基为-OOC-C_{1-4}烷基或-O-C（O）-O-C_{1-4}烷基。

10. 如权利要求9所述的用途，其特征在于，所述式（I）化合物为头孢特仑酯、头孢泊肟酯、头孢呋辛酯、头孢地托仑酯或头孢卡品酯。”

针对上述专利权，李劭毅（以下简称请求人）于2008年5月5日向专利复审委员会提出无效宣告请求，认为本专利权利要求1~3、6、9~10不符合专利法第22条第2款的规定，权利要求1~10不符合专利法第22条第3款的规定，权利要求1、2不符合专利法实施细则第20条第1款的规定，并提交了下述证据：

证据1：“具有较好市场前景的头孢类抗生素头孢呋辛酯”，王荣耕，《精细化工原料及中间体》，第11期，第15~18、20页，2003年，复印件5页；

证据2：“A Novel and Efficient Synthesis of（6R，7R）-7-Amino-3-hydroxymethyl Cephalosporanic Acid：A Versatile Precursor of Cefuroxime Acid”，Santosh Kumar Singh 等，SYNTHETIC COMMUNIDATIONS，第33卷第14期，第2475-2482页，2003年，复印件5页，及其摘要和第2478页第2段的中文译文，复印件1页；

证据3：EP0640608A1欧洲专利说明书，公开日为1995年3月1日，复印件10页，及说明书第1页最后一段的中文译文，复印件1页；

证据4："An alternative procedure for preparation of cefdinir"，Maritza González 等，IL FARMACO，第58卷，第409~418页，2003年，复印件10页，及第3.3、3.4.2章节的中文译文，复印件1页；

证据5："Studies on Anti-MRSA Parenteral Cephalosporins Ⅰ. Synthesis and Antibacterial Activity of 7β-［2-（5-Amino-1，2，4-thiadiazol-3-yl）-2（Z）-hydroxyiminoacetamido］-3-（substituted imidazo［1，2-b］-pyridazinium-1-yl）methyl-3-cephem-4-carboxylates and Related Compounds"，TOMOYASU ISHIKAWA 等，第53卷第10期，第1053~1070页，2000年10月，复印件18页；

证据6：WO00/68234 PCT专利公开说明书，公开日为2000年11月16日，复印件12页，及其权利要求1的中文译文，复印件1页；

证据7："头孢泊肟酯的制备"，张彦龙、常中，《应用科技》，第29卷第8期，第55~56页，2002年8月，复印件2页；

证据8：EP0649849A1欧洲专利说明书，公开日为1995年4月26日，复印件7页，及其实施例1的中文译文，复印件1页。

请求人认为：

（1）关于权利要求1~3、6不具备新颖性，权利要求1~8不具备创造性，不符合专利法第22条第2款、第3款的规定。

①证据1公开了一种制备头孢呋辛酯的方法：其中使7-氨基-3-羟甲基-3-头孢-4-羧酸（权利要求1式Ⅱa化合物，以下简称"7-AHCA"）与2-呋喃-2-甲氧亚氨基乙酰氯（在权利要求1的R_1COA化合物的范围内）反应，进行C_7位酰化，此时所得产物C_2位为羧基，然后所得产物与氯磺酰异氰酸酯反应，得到头孢呋辛（式Ⅰ化合物范围内），该化合物进一步反应制得头孢呋辛酯（同样在式Ⅰ化合物范围内）。因此，权利要求1不具备新颖性。权利要求2~3、6的附加技术特征已经被证据1公开，因此，权利要求2~3、6也不具备新颖性。

②权利要求1请求保护多种同类化合物的合成方法，它们的原理、合成工艺相同，起始原料和产物相同或类似。证据1已经公开了与权利要求1相同或类似的方法。利用相同的反应原理，从相同的反应起始原料，根据反应最终产物的需要对适当的取代基进行替换，从而制备具有类似结构的化合物对于本领域技术人员是显而易见的，由此权利要求1不具备创造性。权利要求2~8对权利要求1进行了限定，但是基于权利要求1不具备创造性的相同理由，权利要求2~8也不具备创造性。

（2）关于权利要求9、10不具备新颖性和创造性，不符合专利法第22条第2款、第3款的规定。

①相对于证据1~5。

证据1公开了以7-AHCA为起始原料，通过官能团改造最终制备得到头孢呋辛酯的用途；证据2公开了使用已经分离纯化的7-AHCA合成头孢呋辛酸和头孢呋辛钠的方法；证据3公开了7-AHCA是制备高效头孢菌素的有益中间体，将该中间体进行7位酰化、3位羟基和4位羧基功能化能制备一系列衍生物，包括S1108，即，头孢卡平酯；证据4公开了由7-氨基头孢烷酸（以下简称"7-ACA"）水解得到7-AHCA后，以7-AHCA为原料进行官能团改造得到头孢地尼的方法；证据5公开了以化合物38制备化合物44或45的方法，其中起始原料38（7-AHCA）和产物都落入了权利要求9定义的起始原料和产物范围内；因此，权利要求9分别相对于证据1~5不具备新颖性，权利要求10分别相对于证据1~3不具备新颖性。

上述证据1~5分别公开了与权利要求9相同或相似的用途，在此基础上，权利要求9和10不具备创造性。

②相对于证据6~8。

证据6公开了由式Ⅱ的2-氨基噻唑甲氧亚胺乙酸苯病噻唑硫酯与式Ⅲ的3-甲氧甲基-7-氨基头

孢烷酸在有机溶剂和有机碱中反应，调节 pH 值至酸性，分离干燥得到式Ⅰ的头孢泊肟酸；证据 7 公开了用 3-甲氧甲基-7-胺基-3-头孢烯-4-羧酸与二苯并噻唑硫醇活性酯反应得到头孢泊肟，用头孢泊肟与碘乙基异丙基碳酸酯反应得到头孢泊肟酯的方法；证据 8 公开了用 7-氨基-3-羟甲基-3-头孢烷酸制备 3-甲氧甲基-7-氨基头孢烷酸的方法；本领域技术人员根据证据 6 或 7 制备头孢泊肟酯或类似化合物时，根据证据 8 的方法选用 7-氨基-3-羟甲基-3-头孢烷酸为起始原料是显而易见的，因此权利要求 9、10 相对于证据 6 或者 7 和 8 的结合没有创造性。

（3）关于权利要求 1 和 2 保护范围不清楚，不符合专利法实施细则第 20 条第 1 款的规定。

权利要求 1 步骤（1）包括使式（Ⅱa）化合物与 R_1COA 反应制备式（Ⅱ）化合物的步骤，但是起始原料 R_1COA 和产物式（Ⅱ）化合物的结构有误，按照这两个分子式的定义，最终产物并不是式（Ⅰ）化合物，而是头孢 7 位为 R_1CONH-的化合物，因此权利要求 1 保护范围不清楚。权利要求 2 对 R_1 的定义并没有落入权利要求 1 的定义范围内，因此权利要求 2 保护范围也不清楚。

经形式审查合格后，专利复审委员会受理了上述请求，于 2008 年 5 月 22 日向双方当事人发出《无效宣告请求受理通知书》，并将《专利权无效宣告请求书》及其他有关文件的副本转送给专利权人，要求其在指定的期限内答复，同时成立合议组对本无效请求案进行审理。

专利权人于 2008 年 7 月 4 日作出答复，对证据 2~4、8 的中文译文提出了更正意见；提交了证据 2~4 和 6 相应部分的更正译文；并对权利要求 1、9、10 进行了修改，其中将权利要求 1 步骤（1）中的 R_1COA 修改为 R_1A，将式（Ⅱ）7 位的取代基 R_1CONH 修改为 R_1NH，删除了权利要求 9 中 R_2 定义中的“氨酰基氧基”、R_3 定义中的“H”和权利要求 10 中的“头孢呋辛酯”和“头孢卡品酯”。修改后的权利要求 1、9、10 下：

“1. 一种制备具有下式（I）结构的头孢菌素的方法：

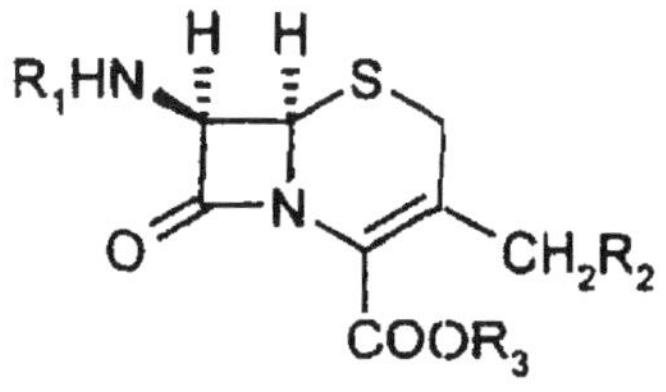

(I)

式中，

R_1 为-C（O）-CR_4R_5，其中，R_4、R_5 各自独立选自氨基、=N-O-C（CH_3）$_2$-COOH、=$NOCH_3$、=NOH、=N-O-CH_2-COOH、=$CHCH_2CH_3$，以及 6~8 元碳环基或含 1~3 个选自 O、S、N 的杂环原子的 5~7 元杂环基，其中，所述碳环基或杂环基可被选自羟基、氨基或卤素的基团取代；

R_2 选自任选取代的 5~12 元含氮杂环基团，所述取代基选自 C_{1-4}烷基、氨基或羟烷基；

或者 R_2 选自 C_{1-6}烷氧基或氨酰基氧基；

或者式Ⅰ化合物 C_3 位上的该-CH_2R_2 基团为-CH=CHR_2'基团，其中，R_2'选自 H、C_{1-4}烷基或任选取代的噻唑基，其中，所述取代基为 C_{1-4}烷基、氨基或卤素；

R_3 选自 H 或任选取代的 C_{1-4}烷基，所述取代基为-OOC-C_{1-4}烷基或-O-C（O）-O-C_{1-4}烷基；

所述制备方法包括：

（1）在碱性条件下，将式（IIa）化合物

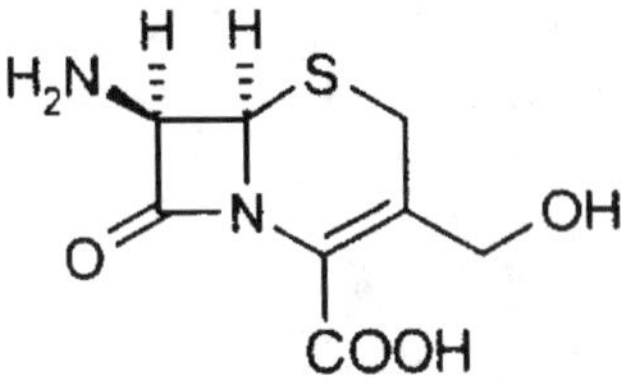

(IIa)

与 R_1A 反应，将式（IIa）化合物的 C_7 位酰化，得到下式（II）产物，其中，A 选自 F、Cl、Br、I、-S-苯并噻唑或-O-含氮杂环，所述含氮杂环选自

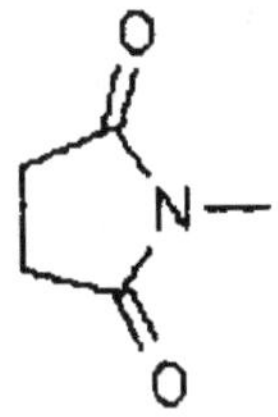、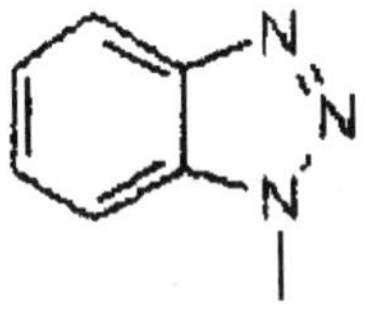或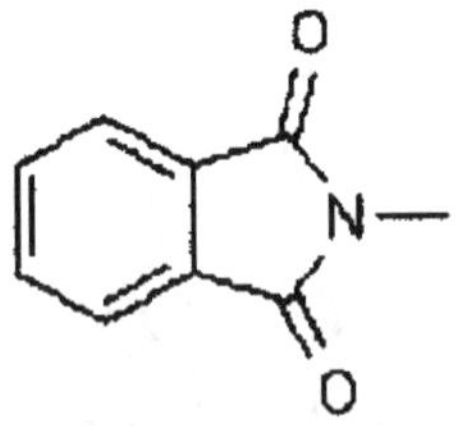，或 M^+ 为钾离子或钠离子：

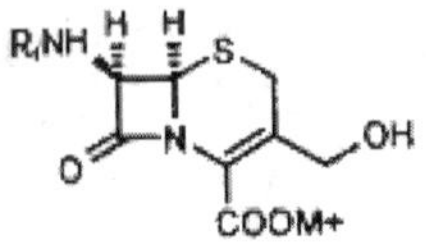

(II)；

（2）将式II化合物与 R_3X 反应，使式II化合物 C_2 位的羧酸基酯化，或当 R_3 为H时，在 C_2 位形成羧基；

（3）通过以下反应，使步骤（2）所得的产物的 C_3 位功能化，从而得到式（I）结构的头孢菌素；

（3-1）将步骤（2）所得的产物与取代异氰酸酯反应；

（3-2）先将步骤（2）所得的产物与卤化剂反应，所得产物再与 $R_2'CHO$ 或 R_2H 反应，其中 R_2 为所述含氮杂环基团；或

（3-3）先将步骤（2）所得的产物与卤化剂反应，所得产物与 R_2H 反应，或将步骤（2）所得的产物在氯化钙催化剂下与 R_2H 反应，其中 R_2 选自所述 C_{1-6}烷氧基；

其中，X为卤素，R_1、R_3 和 R_2'定义同上。

9. 7-氨基-3-羟甲基头孢烷酸的用途，其特征在于，作为起始原料制备具有下式（I）结构的头孢菌素，

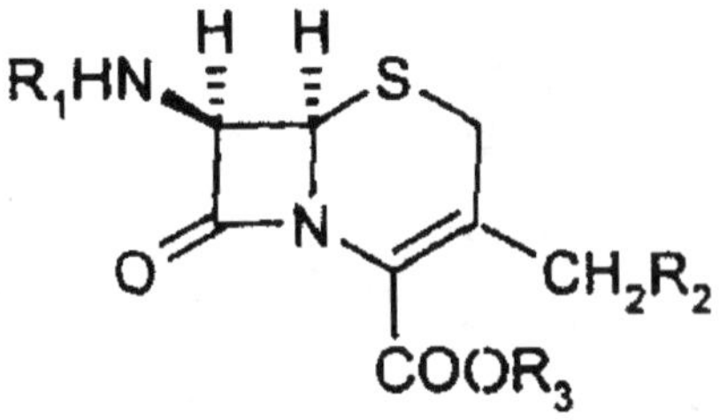

(I)

式中，

R_1 为-C（O）-CR_4R_5，其中，R_4、R_5 各自独立选自氨基、=N-O-C（CH_3）2 -COOH、=$NOCH_3$、=NOH、=N-O-CH_2-COOH、=$CHCH_2CH_3$，以及6~8元碳环基或含1~3个选自O、

S、N 的杂环原子的 5~7 元杂环基，其中，所述碳环基或杂环基可被选自羟基、氨基或卤素的基团取代；

R_2 选自任选取代的 5~12 元含氮杂环基团，所述取代基选自 C_{1-4}烷基、氨基或羟烷基；

或者 R_2 选自 C_{1-6}烷氧基；

或者式 I 化合物 C_3 位上的该$-CH_2R_2$ 基团为$-CH=CHR_2'$基团，其中，R_2'选自 H、C_{1-4}烷基或任选取代的噻唑基，其中，所述取代基为 C_{1-4}烷基、氨基或卤素；

R_3 选自任选取代的 C_{1-4}烷基，所述取代基为$-OOC-C_{1-4}$烷基或$-O-C$（O）$-O-C_{1-4}$烷基。

10. 如权利要求 9 所述的用途，其特征在于，所述式（I）化合物为头孢特仑酯、头孢泊肟酯、头孢地托仑酯。”

对于请求人的无效宣告理由，专利权人认为：

（1）关于权利要求 1~8 的新颖性和创造性。

权利要求 1 的方法功能化的顺序是 C_7 位、C_2 位、C_3 位，证据 1 的方法功能化的顺序是 C_7 位、C_3 位、C_2 位；此外，证据 1 没有公开使用 R_3X（其中 $R_3=H$）实施 C_2 位功能化的技术方案，因此，即便证据 1 的方法 C_7 位酰化后“得到的产物 C_2 位为羧基”，其和权利要求 1 的方案也不相同。因此，权利要求 1~3，6 相对于证据 1 具备新颖性。

权利要求 1 和证据 1 的方案不同，更不相似，而且权利要求 1 的技术方案可以解决如说明书第 7 页第 2 段所述的技术问题，获得说明书第 9 页中间部分所述的技术效果，因此权利要求 1~8 具备创造性。

（2）关于权利要求 9~10 的新颖性和创造性。

①证据 1~5 均没有给出以 7-AHCA 为起始原料，制备相应头孢菌素的技术启示，相反，本领域存在大量启示，使得本领域技术人员不会以 7-AHCA 为起始原料制备相应的头孢菌素，而且，采用 7-AHCA 为起始原料取得了优异的技术效果，因此，权利要求 9、10 相对于证据 1~5 具备新颖性和创造性。

②相对于证据 6~8。

证据 8 实施例 1 所用的 7-AHCA 由 7-ACA 或头孢菌素 C 制得，本领域技术人员即使结合证据 6 和 8 的内容，所得到的技术启示也是由 7-ACA 或头孢菌素 C 制备 7-AHCA，而不是以 7-AHCA 为起始原料。因此，权利要求 9、10 相对于证据 6 和 8 的结合具备创造性，基于相同的理由，权利要求 9、10 相对于证据 7 和 8 的结合也具备创造性。

（3）关于权利要求 1 和 2 不符合专利法实施细则第 20 条第 1 款。

权利要求 1 步骤（1）中的“R_1COA”应为“R_1A”，式（Ⅱ）C_7 位的取代基“R_1CONH-”应为“R_1NH-”，二者均为明显笔误，具体理由为：权利要求 1 中，R_1 定义为“$-C$（O）$-CR_4R_5$”，因此式（Ⅰ）化合物 7 位上的取代基为“$-NHCO-CR_4R_5$”。步骤（1）中与式（Ⅱa）的反应是要用“$-C$（O）$-CR_4R_5$”置换式（Ⅱa）化合物 7 位$-NH_2$ 中的 1 个 H，因此，“R_1COA”应为“R_1A”，获得式（Ⅱ）化合物后，其 C_7 位不再进行改造，因此，式（Ⅱ）C_7 位的取代基“R_1CONH”应为“R_1NH”。

权利要求 2 中的附加技术特征“所述 R_1 为选自苯基的碳环基，或者为选自噻唑基、呋喃基、噻二唑基的杂环基”的确切含义是指权利要求 1 中“所述的碳环基选自苯基，所述杂环基选自噻唑基、呋喃基或噻二唑基”，因此，权利要求 2 的保护范围是清楚的。

2008 年 7 月 17 日，合议组向双方当事人发出《无效宣告请求口头审理通知书》，拟定于 2008 年 9 月 9 日对该专利权的无效宣告请求进行口头审理，并将专利权人的上述答复意见转送给请求人。

2008年9月9日，口头审理如期进行，双方当事人均委托代理人出席了口头审理。合议组对本案的所有无效理由进行了调查，双方当事人均充分陈述了各自的意见，在此基础上，确认并记录了如下事项：

①专利权人基于请求人本人未出席口头审理，从而质疑请求人的民事诉讼主体资格。合议组当庭向专利权人出示了请求人提交的身份证复印件，但是，专利权人认为仅凭身份证复印件不能证明请求人是否具有民事诉讼主体资格或者是否属于限制民事行为能力的人。请求人对此持反对意见。

②请求人认为专利权人提交的修改文本不符合审查指南的相关规定，合议组当庭告知，专利权人于2008年7月4日提交的修改文本中，对权利要求1、9的修改不符合审查指南第四部分第三章第4.6.2节所规定的无效宣告程序中对权利要求修改方式的要求。专利权人当庭放弃所述修改文本，双方当事人一致同意以授权公告文本为基础进行审查。

③请求人当庭提交了盖有国家知识产权局专利检索咨询中心副本认证专用章的证据1~8的复印件，专利权人对证据1~8的真实性、公开性、关联性无异议，对证据2~4、8的中文译文的准确性有异议，并指出相关内容已经在2008年7月4日提交的答复中作出了更正，请求人对于专利权人提交的译文更正没有异议，双方认可以专利权人更正后的译文为准。

④专利权人当庭提交了反证1：《化工百科全书》，第九卷，化学工业出版社，1995年6月第1版第1次印刷，封面页、出版信息页、第728~736页，复印件共11页，并出示了该证据的原件。专利权人认为反证1属于公知常识性证据，用以证明头孢菌素化合物的结构。请求人对反证1的真实性、公开性没有异议，但认为该反证1的提交超过了专利复审委员会指定的答复期限。合议组当庭告知，所述反证1属于公知常识性证据，予以考虑。

⑤请求人放弃权利要求3相对于证据1不具备新颖性的理由，并明确其无效理由、证据和范围是：权利要求1、2保护范围不清楚；权利要求1~2、6相对于证据1不具备新颖性，权利要求9分别相对于证据1~5不具备新颖性，权利要求10分别相对于证据1~3不具备新颖性；权利要求1~8相对于证据1不具备创造性，权利要求9~10分别相对于证据1~5（单独使用）、证据6或者证据7和证据8的结合以及证据6和7和8的结合不具备创造性。专利权人认为，请求人在无效宣告请求书中所述的证据6、7和8的使用方式仅是证据6或者证据7和证据8结合。

⑥专利权人表示在邻位同时具有羧基和羟甲基的化合物在酸性条件下容易形成内酯，碱性条件下次之，但是没有提供相关的证据证明。

2008年9月12日，专利权人再次提交了权利要求书的全文替换页，对授权公告文本的权利要求1和10进行了修改，其中删除了权利要求1的R_3定义中的“H”和步骤（2）中“或当R_3为H时，在C_2位形成羧基”的反应步骤，删除了权利要求10中的“头孢呋辛酯”和“头孢卡平酯”。修改后的权利要求1、10如下：

“1. 一种制备具有下式（I）结构的头孢菌素的方法：

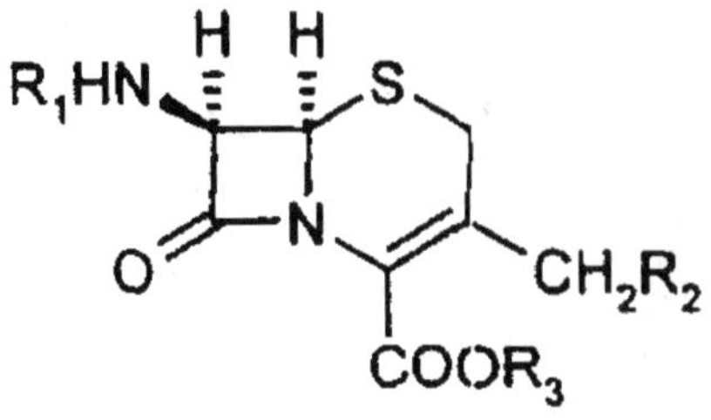

(I)

式中，

R_1为-C（O）-CR_4R_5，其中，R_4、R_5各自独立选自氨基、=N-O-C（CH_3）$_2$-COOH、=$NOCH_3$、=NOH、=N-O-CH_2-COOH、=$CHCH_2CH_3$，以及6~8元碳环基或含1~3个选自O、S、N的杂环原子的5~7元杂环基，其中，所述碳环基或杂环基可被选自羟基、氨基或卤素的基团取代；

R_2选自任选取代的5~12元含氮杂环基团，所述取代基选自C_{1-4}烷基、氨基或羟烷基；

或者R_2选自C_{1-6}烷氧基或氨酰基氧基；

或者式I化合物C_3位上的该-CH_2R_2基团为-CH=CHR_2'基团，其中，R_2'选自H、C_{1-4}烷基或任选取代的噻唑基，其中，所述取代基为C_{1-4}烷基、氨基或卤素；

R_3选自任选取代的C_{1-4}烷基，所述取代基为-OOC-C_{1-4}烷基或-O-C（O）-O-C_{1-4}烷基；

所述制备方法包括：

（1）在碱性条件下，将式（IIa）化合物

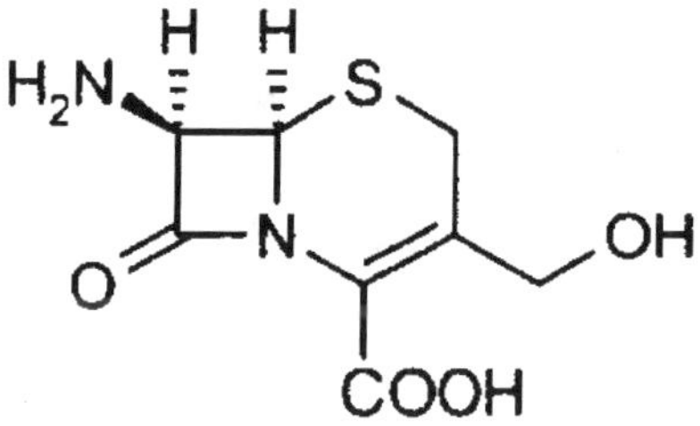

(IIa)

与R_1COA反应，将式（IIa）化合物的C_7位酰化，得到下式（II）产物，其中，A选自F、Cl、Br、I、-S-苯并噻唑或-O-含氮杂环，所述含氮杂环选自

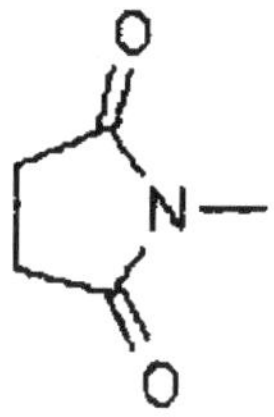

、

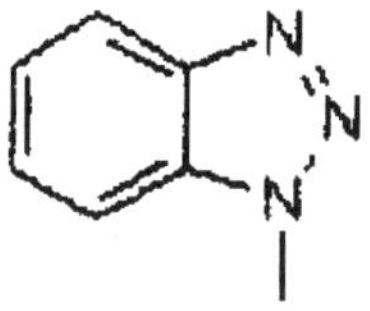

或

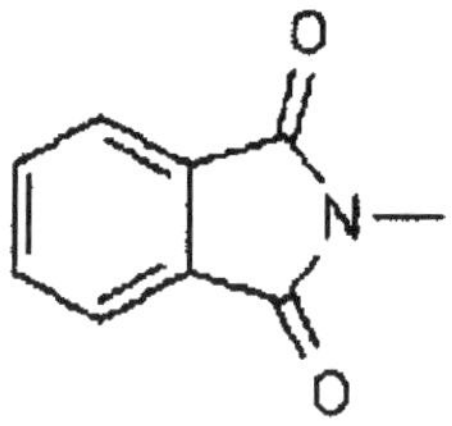

，或M^+为钾离子或钠离子：

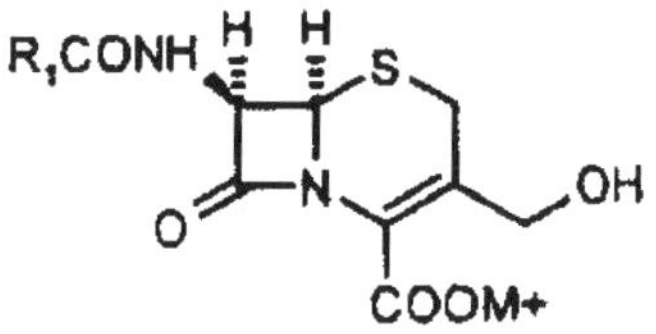

(II)；

（2）将式II化合物与R_3X反应，使式II化合物C_2位的羧酸基酯化；

（3）通过以下反应，使步骤（2）所得的产物的C_3位功能化，从而得到式（I）结构的头孢菌素；

（3-1）将步骤（2）所得的产物与取代异氰酸酯反应；

（3-2）先将步骤（2）所得的产物与卤化剂反应，所得产物再与R_2'CHO或R_2H反应，其中R_2为所述含氮杂环基团；或

（3-3）先将步骤（2）所得的产物与卤化剂反应，所得产物与R_2H反应，或将步骤（2）所得的产物在氯化钙催化剂下与R_2H反应，其中R_2选自所述C_{1-6}烷氧基；

其中，X为卤素，R_1、R_3和R_2'定义同上。

10. 如权利要求9所述的用途，其特征在于，所述式（I）化合物为头孢特仑酯、头孢泊肟酯、头孢地托仑酯。”

针对专利权人于2008年9月12日提交的权利要求书和意见陈述，合议组于2008年10月7日向专利权人发出《无效宣告请求审查通知书》，指出：权利要求1是马库什权利要求，包括多个取代基，每个取代基又包括多个不同的选项，其实质上保护的是一个整体的技术方案，不能也无法随意拆分成独立的并列技术方案，因此，删除其中一个取代基的一个选项并不属于审查指南第四部分第三章第4.6.2节规定的并列技术方案的删除，因此，权利要求1的修改不能接受，并要求专利权人在该通知书指定的期限内提交新的符合审查指南第四部分第三章第4.6节规定的权利要求书替换页，期满未提交的或者新提交的修改文本中依然出现类似的不符合审查指南相关规定的修改，合议组将以本专利的授权公告文本为基础依法作出审查决定。

2008年10月15日，针对上述《无效宣告请求审查通知书》，专利权人提交意见陈述书，表示坚持2008年9月12日提交的权利要求书修改文本。

至此，合议组认为本案的事实已经清楚，可以作出审查决定。

二、决定的理由

1. 关于决定文本

在收到《无效宣告请求受理通知书》后，专利权人于2008年7月4日提交了权利要求书全文替换页，其中的修改包括：①将权利要求1步骤（1）中的R_1COA修改为R_1A，将式（Ⅱ）7位的取代基R_1CONH修改为R_1NH；②删除了权利要求9中R_2定义中的“氨酰基氧基”、R_3定义中的“H”（详见案由部分）。根据审查指南第四部分第三章第4.6.2节的规定，专利权人在无效阶段对权利要求书的修改方式一般仅限于权利要求的删除、合并和技术方案的删除。所谓“技术方案的删除”是指从同一权利要求中并列的两种以上的技术方案中删除一种或一种以上的技术方案。因此，对于以上修改①，专利权人声称是对明显错误的修改，其不属于上述允许的修改方式的任何一种，因此是不允许的。对于以上修改②，由于权利要求9是马库什权利要求，其是由多个变量且每个变量具有多个选项共同组成的一个有机整体，不能也无法随意将其拆分成并列的技术方案。例如，当删除R_2定义中的“氨酰基氧基”和R_3定义中的“H”时，不仅分别删除了（a）R_2为“氨酰基氧基”的技术方案和（b）R_3为“H”的技术方案，而且也删除了（c）R_2为“氨酰基氧基”，同时R_3为“H”的技术方案，而（c）和（a）、（b）同时有交叉，即，（a）、（b）和（c）显然不属于并列的技术方案，因此，这样的修改不符合审查指南的上述规定。

口头审理过程中，合议组当庭告知专利权人提交的上述权利要求修改文本不符审查指南的规定后，专利权人和请求人均同意在授权公告文本的基础上进行审查。

口头审理结束后，专利权人于2008年9月12日再次提交了权利要求书全文替换页，其中的修改包括：删除了权利要求1的R_3定义中的“H”和步骤（2）中“或当R_3为H时，在C_2位形成羧基”的反应步骤（详见案由部分）。对此，合议组于2008年10月7日向专利权人发出上述《无效宣告请求审查通知书》，指出专利权人对权利要求1的上述修改不符合审查指南的规定（具体理由详见案由部分），并指出，如果专利权人未在该通知书指定的期限内提交新的符合审查指南规定的权利要求书替换页或者新提交的修改文本中依然出现类似的不符合审查指南相关规定的修改，合议组将以本专利的授权公告文本为基础作出审查决定。

2008年10月15日，针对上述《无效宣告请求审查通知书》，专利权人提交了意见陈述书，表示坚持2008年9月12日提交的权利要求书修改文本。

由于专利权人并未针对《无效宣告请求审查通知书》提交新的符合审查指南相关规定的权利要

求书替换页，因此，本无效宣告请求审查决定所针对的文本是本专利的授权公告文本。

2. 关于请求人的民事诉讼主体资格

请求人在提出无效宣告请求时提交了由其签名的授权委托书，并提交了其本人的身份证复印件，身份证复印件上载明请求人的出生年月为 1980 年 5 月 24 日，在提出无效宣告请求时请求人已满 18 周岁。专利权人在核实该身份证复印件后认为，仅凭身份证复印件不能确定请求人是否具有民事诉讼主体资格或者是否属于限制民事行为能力的人，但专利权人仅仅是提出怀疑，没有提供相应的证据证明请求人不具有民事诉讼主体资格，在此情况下，对于专利权人提出的对请求人民事诉讼主体资格的质疑，合议组不予支持。

3. 关于证据

请求人共提交了 8 份证据，其中，证据 1~5 和 7 为中文或外文期刊的文章，证据 6、8 为专利文献。对于证据 1~8，请求人都提交了其上盖有国家知识产权局专利检索咨询中心副本认证专用章的复印件，专利权人对证据 1~8 的真实性无异议，合议组经核实，认可证据 1~8 的真实性，并且证据 1~8 的公开日均早于本专利的申请日，故均可作为评价本专利是否具有新颖性和创造性的现有技术。

反证 1 为 1995 年 6 月印刷的《化工百科全书》，请求人对其真实性无异议，但认为该证据的提交超出了举证期限。对此，合议组认为，反证 1 为本领域的技术手册，其公开日期早于本专利的申请日，属于本专利申请日前化工领域的公知常识性证据，根据审查指南第四部分第三章第 4. 3. 2 节的规定，该证据可以在口头审理辩论终结前补充。因此，合议组对该证据予以考虑。

4. 关于专利法实施细则第 20 条第 1 款

专利法实施细则第 20 条第 1 款规定：权利要求书应当说明发明或者实用新型的技术特征，清楚、简要地表达请求保护的范围。

如果本领域技术人员能够确定权利要求中出现的错误属于明显书写错误，并能确定其唯一的正确答案，则该明显书写错误不会导致权利要求保护范围不清楚，反之，权利要求将不符合专利法实施细则第 20 条第 1 款的规定。

（1）关于权利要求 1。

权利要求 1 保护一种制备式Ⅰ化合物的方法，其包括 3 个步骤，即，步骤（1），式（Ⅱa）进行 C_7 位酰化生成式（Ⅱ）；步骤（2），式（Ⅱ）的 C_2 位酯化或羧酸化；步骤（3），步骤（2）产物的 C_3 位功能化（具体技术方案参见案由部分）。

请求人认为，权利要求 1 步骤（1）包括使式（Ⅱa）化合物与 R_1COA 反应制备式（Ⅱ）化合物的步骤，但是原料 R_1COA 和产物式（Ⅱ）化合物的结构有误，按照这两个分子式的定义，最终产物并不是式（Ⅰ）化合物，而是头孢 7 位为 R_1CONH-的化合物，因此权利要求 1 保护范围不清楚。专利权人同意以上两种物质的结构式有误，但认为其属于明显错误，并认为可以由反证 1 的反应过程以及说明书第 2~6 页的表格得到证明。

对此，合议组认为，权利要求 1 保护的是制备式（I）结构的头孢菌素的方法，由反证 1 可知，头孢菌素类化合物的 7 位为“-C（O）-NH-”结构是本领域公知常识（参见反证 1 第 2. 2. 9 节中公开的各种头孢菌素类化合物），而且说明书所制备的产物均符合式（I）的定义（参见说明书第 2~6 页的表格），由此可知，权利要求 1 的式（I）结构中 7 位取代基的定义“R_1NH-”是正确的。权利要求 1 中唯一涉及头孢结构 7 位官能化的是步骤（1），即将式（Ⅱa）化合物 7 位的-NH_2 酰化，因此，本领域技术人员能够确定式（Ⅱa）化合物 7 位官能化后得到的式（Ⅱ）化合物的 7 位结构就应当是式（I）化合物的 7 位结构，即，式（Ⅱ）化合物的 7 位结构应当为“R_1NH-”而不是“R_1CONH-”，从而也可以确定形成该结构的原料化合物必然是“R_1A”而不是“R_1COA”，因此，权利要求1中的酰化原料R_1COA和式（Ⅱ）化合物C_7位取代基的结构存在明显的书写错误，这是本领域技术人员根据说明书的整体及常识能够唯一确定的，因此，尽管权利要求1中存在上述错误，但其尚不足以影响本领域技术人员清楚地理解权利要求1的保护范围。因此，请求人据此认为权利要求1不符合专利法实施细则第20条第1款规定的无效理由不成立。

（2）关于权利要求2。

从属权利要求2的附加技术特征是"所述R_1为选自苯基的碳环基，或者为选自噻唑基、呋喃基或噻二唑基的杂环基"。

请求人认为，权利要求2对R_1的定义并没有落入权利要求1的定义范围内，因此造成权利要求2保护范围不清楚。专利权人认为，权利要求2也是明显的错误，其附加技术特征的确切含义是指权利要求1中所述的碳环基选自苯基，所述杂环基选自噻唑基、呋喃基或噻二唑基。

对此，合议组认为，在权利要求1中，R_1的定义为-C（O）$-CR_4R_5$，该结构并不包含苯基、噻唑基、呋喃基或噻二唑基。由此可见，从属权利要求2的附加技术特征中R_1所限定的范围不在其所引用的独立权利要求1中R_1所限定的范围内。从符合权利要求2定义的式Ⅰ化合物的结构看，其7位C上的取代基是"苯基、噻唑基……"直接连接-NH-形成的胺基。但如前所述，本领域技术人员公知，头孢菌素类化合物的7位C上的取代基是酰胺基，因此，从属权利要求2对R_1的限定实质上使得权利要求2可能保护两种结构完全不同的化合物。由于专利审查实践中也存在假从属的权利要求撰写方式，而从本专利的说明书中无法确定本专利中必然排除了权利要求2为假从属权利要求的可能性，更无法唯一确定权利要求2的附加技术特征一定是专利权人所解释的"权利要求1中所述的碳环基选自苯基，所述杂环基选自噻唑基、呋喃基或噻二唑基"。因此，合议组认为，权利要求2没有清楚地表达请求保护的范围，不符合专利法实施细则第20条第1款的规定。

鉴于权利要求2不符合专利法实施细则第20条第1款的规定，应被宣告无效，故本决定对于请求人提出的涉及权利要求2的其他无效理由不再予以评述。

5. 关于专利法第22条第2款

专利法第22条第2款规定：新颖性，是指在申请日以前没有同样的发明或者实用新型在国内外出版物上公开发表过、在国内公开使用过或者以其他方式为公众所知，也没有同样的发明或者实用新型由他人向国务院专利行政部门提出过申请并且记载在申请日以后公布的专利申请文件中。

如果权利要求的技术方案与现有技术公开的技术方案实质上相同，所属技术领域的技术人员根据两者的技术方案可以确定两者能适用于相同的技术领域，解决相同的技术问题，并具有相同的预期效果，则该权利要求相对于现有技术不具备新颖性，反之，则具备新颖性。

请求人认为权利要求1~2、6相对于证据1不具有新颖性，权利要求9分别相对于证据1~5不具有新颖性，权利要求10分别相对于证据1~3不具有新颖性。其中，如前文所述，本决定不再对权利要求2的其他无效理由予以评述，因此，下文仅对权利要求1、6、9~10的新颖性作出评价。

（1）关于权利要求1和6。

权利要求1保护一种制备具有式（I）结构的头孢菌素的方法（具体内容参见案由部分）。

证据1公开了一种制备头孢呋辛的方法，具体公开了以下技术方案：将7-AHCA与DBU（二氮杂二环）形成澄清溶液，然后在三乙胺中与2-呋喃-2-甲氧亚氨基乙酰氯反应，进行C_7位酰化，加入甲基磺酸，然后所得产物与氯磺酰异氰酸酯反应，加入正丁胺，得到的头孢呋辛以正丁胺盐的形式析出（参见证据1第15页右栏至第16页左栏的合成路线部分的B）节内容），之后，使头孢呋辛的正丁胺盐和乙酰乙基溴（注：应当是乙酰氧乙基溴）反应，进行C_2位的羧酸基酯化，生成头孢呋辛酯（参见证据1第15页右栏至第16页左栏的合成路线部分的C）节内容）。

将权利要求1和证据1公开的内容进行对比可以发现，7-AHCA落入式（Ⅱa）化合物的范围中，2-呋喃-2-甲氧亚氨基乙酰氯落入R_1A的范围中，氯磺酰异氰酸酯落入取代异氰酸酯的范围中，乙酰氧乙基溴落在R_3X范围内，产物头孢呋辛及头孢呋辛酯落入式（I）化合物的范围中，二者的区别在于：①权利要求1在步骤（1）之后，形成的中间体式（Ⅱ）化合物是钾盐或钠盐，而证据1中7-AHCA和DBU成盐之后参与7-位酰化；②对于R_3不为H的技术方案来说，官能化顺序不同：权利要求1相应的官能化顺序是C_7、C_2、C_3位，证据1的官能化顺序是C_7、C_3、C_2位；③对于R_3为H的技术方案来说，证据1分离获得的是头孢呋辛的正丁胺盐，没有分离出相应的酸产物（即，R_3为H的产物）。而这些区别特征的存在导致二者成为不相同的技术方案。

由此可见，权利要求1的技术方案和证据1相比存在实质性区别，因此，权利要求1相对于证据1具备专利法第22条第2款规定的新颖性。

权利要求6是权利要求1的从属权利要求，在权利要求1具备新颖性的情况下，权利要求6也具备新颖性，符合专利法第22条第2款的规定。

（2）关于权利要求9。

权利要求9保护7-氨基-3-羟甲基头孢烷酸的用途，其特征在于，所述7-氨基-3-羟甲基头孢烷酸作为起始原料制备具有式（Ⅰ）结构的头孢菌素。

证据1公开了一种制备头孢呋辛酯的方法（参见证据1的上述内容），其起始原料为7-AHCA，落入了7-氨基-3-羟甲基头孢烷酸的范围内，其产物头孢呋辛酯也落入了式（Ⅰ）结构的范围，因此权利要求9的技术方案与证据1的技术方案实质上相同，所属技术领域的技术人员根据两者的技术方案可以确定两者能适用于相同的技术领域，解决相同的技术问题，并具有相同的预期效果，因此，权利要求9相对于证据1不具备新颖性，不符合专利法第22条第2款的规定。

权利要求10的附加技术特征是对式（Ⅰ）化合物作了限定，其中包括式（Ⅰ）化合物为头孢呋辛酯的技术方案，该附加技术特征已经在证据1中公开，因此基于评述权利要求9不具备新颖性的相同理由，权利要求10相对于证据1也不具备新颖性，不符合专利法第22条第2款的规定。

专利权人认为，证据1中的7-AHCA并非起始原料，因此权利要求9，10相对于证据1具备新颖性。

对此，合议组认为，如上所述，对于证据1步骤B）来说，7-AHCA是作为起始原料参与反应，最后制备得到头孢呋辛酯，因此证据1已经公开了权利要求9的技术方案，故而，对于专利权人有关权利要求9，10具备新颖性的上述主张，合议组不予支持。

6. 关于专利法第22条第3款

专利法第22条第3款规定：创造性，是指同申请日以前已有的技术相比，该发明有突出的实质性特点和显著的进步，该实用新型有实质性特点和进步。

在判断一项权利要求的创造性时，如果该权利要求所述的技术方案和最接近的现有技术相比存在区别技术特征，并且对于本领域的技术人员来讲，该区别技术特征属于常规技术手段的选择，在最接近现有技术的基础上引入上述区别技术特征得到该权利要求的技术方案是显而易见的；同时上述区别技术特征的引入也没有使得该权利要求的技术方案相对于最接近的现有技术产生预料不到的技术效果，则该权利要求的技术方案不具备创造性。

本案中，请求人在口审过程中明确有关创造性的无效理由的范围和证据是：权利要求1~8相对于证据1不具备创造性，权利要求9~10分别相对于证据1~5（单独使用）、证据6或者证据7和证据8的结合以及证据6和7和8的结合不具备创造性。专利权人认为，请求人在无效宣告请求书中所述的证据6、7和8的使用方式仅是证据6或者证据7和证据8结合。合议组经核实，请求人在无效宣告请求书中主张的证据6、7和8的使用方式是证据6或者证据7和证据8结合，从其相关内容来看，也不存在证据6和7和8的结合方式，因此，在口审过程中请求人提出的使用证据6和7和8结合破坏权利要求9~10创造性的理由属于新的理由，因其提出的时间已经超过无效宣告请求之日起一个月，故合议组对请求人的这一理由不予考虑。

（1）关于权利要求1。

如前文第5.1所述，权利要求1和证据1的区别在于：

①权利要求1在步骤（1）之后，形成的中间体式（Ⅱ）化合物是钾盐或钠盐，而证据1中7-AHCA和DBU成盐之后参与7-位酰化；②对于 R_3 不为H的技术方案来说，官能化顺序不同：权利要求1相应的官能化顺序是 C_7、C_2、C_3 位，证据1的官能化顺序是 C_7、C_3、C_2 位；③对于 R_3 为H的技术方案来说，证据1分离获得的是头孢呋辛的正丁胺盐，没有分离出相应的酸产物（即，R_3 为H的产物）。

专利权人在答复《无效宣告请求受理通知书》时提出，权利要求1的技术方案通过以7-AHCA代替7-ACA作为原料，能够解决本专利说明书第7页第2段所述的问题，达到本专利说明书第9页第6段所述的技术效果，但是，如前所述，证据1已经使用7-AHCA作为原料，因而自然也能解决相同的技术问题。因此，说明书第7页第2段所述的技术问题不再是本专利实际解决的技术问题。

专利权人在口头审理过程中提出，权利要求1的技术方案通过改变式（Ⅱ）化合物的M+和调整反应顺序使得反应条件更温和，具体体现在反应温度由-50℃提高到-10℃至-5℃，原因是式（Ⅱ）化合物中的 C_2 位和 C_3 位分别带有羧基和羟基，其在酸性条件下容易形成内酯，在碱性条件下不易形成内酯。

对于专利权人的以上主张，合议组认为：

①专利权人并没有提供证据证明式（Ⅱ）化合物在酸性条件下容易形成内酯，在碱性条件下不易形成内酯。

②专利权人没有明确酸性条件、碱性条件到底是指反应体系为酸性或碱性还是指式（Ⅱ）化合物中 C_2 位的 R_3 为H或M+。如果其指的是反应体系为酸性或碱性，合议组认为，权利要求1中并没有限定在进行 C_2、C_3 官能化（即步骤（2）和（3））时，反应体系为碱性这一条件，这意味着步骤（2）和（3）可以在酸性条件下进行，因此，将不可避免地发生专利权人所述的内酯化。如果将酸性/碱性条件理解成 R_3 为H时为酸性，式（Ⅱ）化合物成M+盐时为碱性，那么，首先当 R_3 为H时，权利要求1和证据1的官能化顺序是相同的，即，先 C_7 位酰化，再 C_2 位羧酸化，之后 C_3 位官能化，因此，权利要求1进行 C_2 和 C_3 位官能化时，也存在专利权人所述的酸性条件下 C_2 位和 C_3 位易形成内酯的缺陷；并且，本专利并未明确记载对于 R_3 为H和 R_3 不为H两种情况下，在反应条件的选择和技术效果上存在何种区别。其次，专利权人认为，证据1中为了避免内酯化必须选择较低的温度，即-50℃下进行 C_3 位官能化，相反本专利实施例1中式（Ⅱ）化合物进行 C_3 位官能化时的温度可以高至-10℃至-5℃。事实上，证据1并不必须在低至-50℃下进行 C_3 位官能化，例如，从证据2公开的制备头孢类化合物的方法来看，其中由化合物6制备化合物1的步骤与证据1中的 C_3 位官能化的步骤完全相同，但是其反应温度是0~5℃（参见其中文译文及相应的第2477页的反应流程图）。由此可见，本案中 C_3 或 C_2 位官能化时反应温度的选择与式（Ⅱ）化合物中M+的变化以及反应顺序的改变没有直接和必然的联系，综上所述，对于专利权人所主张的通过M+的变化和反应顺序的调整能使反应条件更温和也不是本专利实际要解决的技术问题。

基于以上分析，合议组认为，本专利权利要求1相对于证据1实际要解决的技术问题只能是提供一种新的可供选择的式（Ⅰ）化合物的制备方法。这一技术问题是通过选择不同于证据1的反应条件和反应顺序来解决的。因此，评价权利要求1是否具备创造性的关键在于，采用所述不同于证据1的反应条件和反应顺序，即，前文所述的区别技术特征①、②和③对于本领域技术人员来说是否显而易见。

对于区别技术特征①，该区别实质上是由于两个反应体系使用不同的碱性物质而产生的，权利要求1使用的是含钾离子或钠离子的碱性物质，而证据1是与DBU成盐并置于三乙胺中，因此形成的不是钾盐或钠盐。由于含钾离子或钠离子的碱性物质，例如本专利实施例中使用的碳酸钠或碳酸钾和DBU、三乙胺一样，都属于本领域常用的碱性物质，因此，在证据1中已经公开了在碱性条件下进行式（Ⅱa）化合物的C_7位酰化的情况下，本领域技术人员选择适当的碱性物质，例如含钾离子或钠离子的碱性物质是显而易见的，同时，说明书中也没有证据证明使用含钾离子或钠离子的碱性物质会给权利要求1的技术方案带来何种预料不到的技术效果。

对于区别技术特征②，由于使用式（Ⅱa）化合物为原料合成式（Ⅰ）化合物时，只涉及三步反应，即，C_7、C_2和C_3位官能化，采用何种顺序进行这三步反应是本领域技术人员能够根据需要作出选择的，同时，说明书中也没有证据证明采用C_7、C_2、C_3位的官能化顺序产生了何种预料不到的技术效果。

对于区别技术特征③，合议组认为，本领域技术人员在阅读了证据1的技术方案，尤其是第15页的流程图后，可以确定在使用头孢呋辛正丁胺盐参与反应制得头孢呋辛酯之前已经获得了头孢呋辛。至于该物质作为中间体或最终产物以何种形式分离出来，则是本领域技术人员可以根据需要进行选择的。并且，也没有证据表明这一区别产生了何种预料不到的技术效果。

综上所述，本领域技术人员在证据1的基础上，对化合物制备方法过程中某些反应条件和反应顺序进行适当变化，从而得到权利要求1的技术方案是显而易见的，并且这样的变化也没有带来任何预料不到的技术效果，因此，权利要求1相对于证据1不具备创造性，不符合专利法第22条第3款的规定。

需要指出的是，由于式（Ⅰ）化合物取代基R_2的定义导致权利要求1中同时包括了另两种不同的C_3位官能化步骤，即步骤（3-2）或（3-3）。但是步骤（3-2）或（3-3）的方法本身是常规的，其和证据1的区别仅仅是为了得到C_3位取代基不同于证据1的目标产物。本领域技术人员根据目标产物的不同，在C_3位官能化时使用相应的原料物质，用相应的常规方法进行官能化反应是显而易见的，同时，说明书也没有证据证明使用步骤（3-2）或（3-3）所述的方法会给权利要求1的方法带来何种预料不到的技术效果。因此，这两个步骤也未能使权利要求1相对于证据1具备创造性。

（2）关于权利要求3~8。

从属权利要求3~8的附加技术特征均是对基团R_1、R_2、R_3作出限定，这种限定的目的是为了得到具有特定取代基的式（Ⅰ）化合物，这些化合物均为已知化合物（参见本专利背景技术）。在权利要求1技术方案的基础上，本领域技术人员为了得到不同的目标化合物而对起始原料的基团作出相应的选择是显而易见的，因此，在其所引用的权利要求1不具备创造性的基础上，权利要求3~8也不具备创造性，不符合专利法第22条第3款的规定。

（3）关于权利要求9~10。

如上所述，权利要求9~10相对于证据1不具备专利法第22条第2款规定的新颖性，即使仅考虑权利要求9、10中排除了头孢呋辛（酯）的那些化合物，由于头孢菌素类化合物均具有类似的结构，在证据1已经公开了以7-AHCA为原料制备头孢呋辛酯的基础上，本领域技术人员在制备其他头孢菌素类化合物时也选用7-AHCA为原料并不需要花费创造性劳动。因此，权利要求9~10相对于证据1也不具备创造性，不符合专利法第22条第3款的规定。

综上所述，权利要求 2 不符合专利法实施细则第 20 条第 1 款的规定，权利要求 1、3~8 不符合专利法第 22 条第 3 款的规定，权利要求 9、10 既不符合专利法第 22 条第 2 款也不符合专利法第 22 条第 3 款的规定，据此，应当宣告权利要求 1~10 全部无效。

鉴于如上已经得出本专利权利要求 1~10 应被全部无效的结论，故合议组对请求人的其他无效理由和证据不再予以评价。

基于以上事实和理由，本案合议组作出如下审查决定。

三、决定

宣告 200410067367.1 号发明专利权全部无效。

当事人对本决定不服的，可以根据专利法第 46 条第 2 款的规定，自收到本决定之日起三个月内向北京市第一中级人民法院起诉。根据该款的规定，一方当事人起诉后，另一方当事人应当作为第三人参加诉讼。

046

制备 2-乙氧基-1-［［2′-（1H-四唑-5-基）联苯-4-基］甲基］苯并咪唑-7-羧酸 1-（环己基氧基羰基氧基）乙酯的晶体的方法

无效宣告请求审查决定（第 12730 号）

决 定 号 第 12730 号
决 定 日 2008 年 12 月 11 日
发明创造名称 制备 2-乙氧基-1-［［2′-（1H-四唑-5-基）联苯-4-基］甲基］苯并咪唑-7-羧酸 1-（环己基氧基羰基氧基）乙酯的晶体的方法
国际分类号 C07D403/10
无效宣告请求人 威海迪素制药有限公司
专 利 权 人 武田药品工业株式会社
专 利 号 96107765.4
申 请 日 1991 年 4 月 23 日
授权公告日 2000 年 11 月 29 日
合议组组长 任晓兰
主 审 员 黄 强
参 审 员 潘 剑

法 律 依 据 专利法实施细则第 20 条第 1 款，专利法第 25 条第 1 款
决 定 要 点

权利要求的保护范围应当根据其所用词语的含义来理解，如果权利要求中的用词本身含义不确定，并且不属于相关技术领域通常或公认的具有确切含义的用词，且说明书中也未对该用词的特定含义进行具体限定，则该用词的使用将导致权利要求保护范围不清楚。

一、案由

本无效宣告请求案涉及国家知识产权局于 2000 年 11 月 29 日公告授予的、名称为“制备 2-乙氧基-1-［［2′-（1H-四唑-5-基）联苯-4-基］甲基］苯并咪唑-7-羧酸 1-（环己基氧基羰基氧基）乙酯的晶体的方法”的发明专利权（以下简称本专利），其专利号为 96107765.4，申请日为 1991 年 4 月 23 日，专利权人为武田药品工业株式会社。本专利授权公告的权利要求书如下：

“1. 一种制备 2-乙氧基-1-〔〔2′-（1H-四唑-5-基）联苯-4-基〕甲基〕苯并咪唑-7-羧酸 1-（环己基氧基羰基氧基）乙酯的晶体的方法，它包括从在一个溶剂中的 2-乙氧基-1-〔〔2′-（1H-四

唑-5-基）联苯-4-基〕甲基〕苯并咪唑-7-羧酸 1-（环己基氧基羰基氧基）乙酯溶液中分离该晶体。

2. 按照权利要求 1 的方法，其中所述溶剂是一种低级醇，一种低级收醇和水的混合物或一种低级烷基酮和水的混合物。

3. 按照权利要求 1 的方法，其中所述溶剂在-5℃到 40℃的温度范围内被搅拌。

4. 按照权利要求 1 的方法，其中进行结晶的晶种加到所述溶剂中。

5. 按照权利要求 1 的方法，其中晶体为 C-型晶体。

6. 按照权利要求 1 的方法，其中晶体有大致如下的点阵间距：

3.5A；中等
3.7A；弱
3.8A；中等
4.0A；中等
4.1A；弱
4.3A；弱
4.4A；中等
4.6A；中等
4.8A；中等
5.1A；中等
5.2A；弱
6.9A；弱
7.6A；弱
8.8A；中等
9.0A；强
15.9A；弱”

针对上述专利权，威海迪素制药有限公司（下称请求人）于 2008 年 4 月 4 日向专利复审委员会提出无效宣告请求，认为本专利不符合专利法第 22 条第 3 款以及专利法第 26 条第 4 款的规定。同时提交了本专利授权公告文本的扉页和权利要求书（复印件 3 页）。

请求人认为：(1) 本专利权利要求 1 中“溶剂”和“分离”均采用了上位概念，没有对溶剂和分离方法做进一步的限定，其保护范围可以解释为任何有机溶剂或无机溶剂以及任意比例的混合溶剂都可以用来分离所述的晶体，并且可以采用化学领域所有的分离方法进行分离。请求人通过实验证明并不是所有的溶剂和所有的分离方法都能够得到所述的晶体，因此权利要求 1 概括了不能够解决所述技术问题的技术方案，相对于现有技术没有产生有益的效果，更不可能有显著的进步，不符合专利法第 22 条第 3 款有关创造性的规定。(2) 权利要求 1 中“溶剂”和“晶体”均采用了上位概念，而说明书仅公开了 2-乙氧基-1-〔〔2′-（1H-四唑-5-基）联苯-4-基〕甲基〕苯并咪唑-7-羧酸 1-（环己基氧基羰基氧基）乙酯（以下简称化合物 A）的 C 型晶体及其制备方法，没有公开化合物 A 的其他晶型以及制备方法，并且说明书仅披露了低级醇、低级醇与水的混合物、低级烷基酮、乙酸乙酯和乙酸乙酯-苯混合物作为制备目标晶体的溶剂，因此上位概念“溶剂”和“晶体”的概括得不到说明书的支持，不符合专利法第 26 条第 4 款的规定。(3) 权利要求 2 中“低级收醇”非本领域的常用术语，说明书也没有对此进行描述，因此权利要求 2 的技术方案在说明书中没有描述，得不到说明书的支持，不符合专利法第 26 条第 4 款的规定。

经形式审查合格后，专利复审委员会受理了上述无效宣告请求，于2008年4月30日向双方当事人发出《无效宣告请求受理通知书》，并将请求人的《专利权无效宣告请求书》及其附件清单中所列附件的副本转送给专利权人，要求其在指定的期限内答复，同时成立合议组对本无效宣告请求案进行审理。

2008年6月13日，专利权人针对上述《无效宣告请求受理通知书》提交了意见陈述书及权利要求书的全文替换页，其中，删除了原权利要求1，将原权利要求5作为新的独立权利要求1，并相应地调整了其他权利要求的顺序和引用关系。专利权人认为：（1）修改后的权利要求1涉及制备化合物A的C型晶体的方法，现有技术没有公开该化合物A的C型晶体及其制备方法，因此具有创造性，满足专利法第22条第3款的规定；（2）修改后的权利要求1已经将晶体限定为C型晶体，同时根据本发明的教导，本领域的普通技术人员能够选择合适的溶剂来制备C型晶体，因此修改后的权利要求1能够得到说明书的支持，符合专利法第26条第4款的规定；（3）原权利要求2中的术语“低级收醇”为明显的打字错误，应当为“低级醇”，其符合专利法第26条第4款的规定。修改后的权利要求书如下：

“1. 一种制备2-乙氧基-1-〔〔2′-（1H-四唑-5-基）联苯-4-基〕甲基〕苯并咪唑-7-羧酸1-（环己基氧基羰基氧基）乙酯的C-型晶体的方法，它包括从在一个溶剂中的2-乙氧基-1-〔〔2′-（1H-四唑-5-基）联苯-4-基〕甲基〕苯并咪唑-7-羧酸1-（环己基氧基羰基氧基）乙酯溶液中分离该晶体。

2. 按照权利要求1的方法，其中晶体具有大致如下的点阵间距：

3.5Å；中等
3.7Å；弱
3.8Å；中等
4.0Å；中等
4.1Å；弱
4.3Å；弱
4.4Å；中等
4.6Å；中等
4.8Å；中等
5.1Å；中等
5.2Å；弱
6.9Å；弱
7.6Å；弱
8.8Å；中等
9.0Å；强
15.9Å；弱。

3. 按照权利要求1或2的方法，其中所述溶剂是一种低级醇，一种低级醇和水的混合物或一种低级烷基酮和水的混合物。

4. 按照权利要求1或2的方法，其中所述溶剂在-5℃到40℃的温度范围内被搅拌。

5. 按照权利要求3的方法，其中所述溶剂在-5℃到40℃的温度范围内被搅拌。

6. 按照权利要求1或2的方法，其中进行结晶的晶种加到所述溶剂中。

7. 按照权利要求3的方法，其中进行结晶的晶种加到所述溶剂中。

8. 按照权利要求 4 的方法，其中进行结晶的晶种加到所述溶剂中。

9. 按照权利要求 5 的方法，其中进行结晶的晶种加到所述溶剂中。”

2008 年 9 月 24 日，本案合议组将专利权人于 2008 年 6 月 13 日提交的意见陈述书和相关文件的副本转送给请求人。

2008 年 10 月 21 日，请求人针对修改后的权利要求书提交了意见陈述书及如下证据：

证据 1：《有机化学》，廖清江主编，封面及第 228~229 页，人民卫生出版社，复印件 3 页；

证据 2：《有机化学》，汪小兰编，封面及第 103 页，高等教育出版社，复印件 2 页；

证据 3：《有机化学》，胡宏纹主编，封面第 270~272、306、336 页，高等教育出版社，复印件 6 页。

请求人认为：（1）首先，修改后的权利要求 1 保护化合物 A 的 C 型晶体的制备方法，但并非所有的溶剂和分离方法都能得到该晶体，因此，权利要求 1 不符合现行专利法第 22 条第 2 款、第 3 款、第 4 款，第 26 条第 3 款、第 4 款的规定；其次，修改后的权利要求 1 实质上保护的是化合物 A 的 C 型晶体，因此不符合 1985 年专利法第 25 条的规定。（2）修改后的权利要求 2 主题是 C 型晶体的制备方法，但其技术特征却是 C 型晶体的点阵间距，是对 C 型晶体物理性质的科学发现，并且，其主题名称和技术特征不相适应，因此不符合现行专利法第 25 条，1985 年专利法第 25 条以及现行专利法实施细则第 20 条第 1 款的规定。（3）修改后的权利要求 3 中的“低级”含义不清楚，教科书中也找不到其确切的含义，并且涵盖了专利权人在申请日前尚未发现的其他醇类和酮类溶剂，因此不符合专利法第 26 条第 4 款，专利法实施细则第 20 条第 1 款的规定。

2008 年 10 月 27 日，本案合议组向双方当事人发出《无效宣告请求口头审理通知书》，定于 2008 年 12 月 2 日进行口头审理，同时将请求人于 2008 年 10 月 21 日提交的意见陈述书和相关文件的副本转送给请求人。

2008 年 12 月 2 日，口头审理如期进行，双方当事人均委托代理人出席了口头审理，并对对方出庭人员的身份和资格没有异议。双方当事人对合议组成员均无回避请求。合议组在此情况下就本无效宣告请求案进行了庭审调查，并记录了以下事实：

（1）请求人对于专利权人在答复《无效宣告请求受理通知书》时提交的修改文本没有异议，双方一致同意在该文本基础上进行审查。

（2）请求人当庭出示了证据 1~3 的原件，专利权人对证据 1~3 的真实性、公开性和关联性没有异议，请求人使用证据 1~3 作为公知常识证据证明“低级醇”和“低级烷基酮”为不清楚的概念。

（3）专利权人当庭提交了反证 1（《有机溶剂分析手册》，瓦茨拉夫·谢迪维奇、扬·夫列克著，封面、出版信息页、第 22~23、146~147 页，1984 年 6 月，化学工业出版社出版，复印件共 4 页）作为公知常识证据，用于证明“低级醇”和“低级烷基酮”的含义是清楚的。合议组当庭将反证 1 转送给请求人，请求人对反证 1 的真实性和公开性没有异议。

（4）请求人确认其无效理由是：权利要求 1 不符合现行专利法第 22 条第 2~4 款，第 26 条第 3 款、第 4 款以及 1985 年专利法第 25 条的规定；权利要求 2 不符合现行专利法第 25 条，专利法实施细则第 20 条第 1 款以及 1985 年专利法第 25 条的规定；权利要求 3 不符合专利法第 26 条第 4 款，专利法第 22 条第 3 款、第 4 款，专利法实施细则第 20 条第 1 款的规定；由于权利要求 1~3 不能得到授权，因此权利要求 4~9 也不能得到授权。专利权人认为请求人针对权利要求 1 提出的所有无效宣告理由、针对权利要求 3 提出的不符合细则第 20 条第 1 款、专利法第 22 条第 3 款和第 4 款的无效理由是新增的无效理由。合议组当庭宣布，请求人针对权利要求 1 提出的所有无效宣告理由不予审理；针对权利要求 3 提出的涉及专利法实施细则第 20 条第 1 款和专利法第 26 条第 4 款的无效理由予以考虑，针对权利要求 3 提出的涉及专利法第 22 条第 3 款和第 4 款的无效理由为新增的无效理由，不予考虑；根据国家知识产权局第 78 号公告的有关规定，对于权利要求 2 不符合 1985 年专利法的无效理由不予调查。

2008 年 12 月 9 日，请求人提交了意见陈述书以及由国家知识产权局网站下载打印的《专利法第一次修改的说明》（打印件 5 页）。请求人认为，根据《专利法第一次修改的说明》第 3 条关于过渡条款的规定，本案应当适用 1985 年专利法，因此权利要求 2 属于 1985 年专利法第 25 条规定的“药品和用化学方法获得的物质”，不应予以保护。

至此，合议组认为本案的事实已经清楚，可以作出审查决定。

二、决定的理由

1. 关于审查文本

审查指南第四部分第三章第 4.6.2 节规定，在无效宣告程序中，专利权人可以通过权利要求的删除、合并和技术方案的删除这三种方式对发明或者实用新型专利的权利要求书进行修改。专利权人于 2008 年 6 月 13 日提交了修改后的权利要求书，其中删除了原权利要求 1，将原权利要求 5 作为新的独立权利要求 1，并相应地调整了其他权利要求的顺序和引用关系。请求人对该修改无异议。合议组经核实，修改后的权利要求 1 相当于原权利要求 5，修改后的权利要求 2~9 相当于原权利要求 2~6 的相互合并，因此符合审查指南的上述规定。鉴于此，本无效宣告请求审查决定所针对的文本是：专利权人于 2008 年 6 月 13 日提交的权利要求 1~9，本专利授权公告文本的说明书第 1~103 页，说明书附图第 1~3 页和说明书摘要。

2. 关于证据

请求人共提交了 3 份证据。专利权人对证据 1~3 的真实性没有异议，合议组经核实后，对证据 1~3 的真实性予以认可。

专利权人提交了 1 份反证。请求人对反证 1 的真实性没有异议，因此合议组对反证 1 的真实性予以认可。

3. 关于无效理由的增加

请求人在口头审理过程中提出：权利要求 1 不符合现行专利法第 22 条第 2~4 款，第 26 条第 3 款、第 4 款以及 1985 年专利法第 25 条的规定；权利要求 3 不符合专利法第 22 条第 3 款、第 4 款以及专利法实施细则第 20 条第 1 款的规定。专利权人认为，请求人针对权利要求 1 和 3 提出的上述理由属于新增的无效理由，不应予以考虑。

对此，合议组认为：审查指南第四部分第三章第 4.2 节规定：请求人在提出无效宣告请求之日起一个月后增加无效理由的，专利复审委员会一般不予考虑，除非：（1）针对以合并方式修改的权利要求，在专利复审委员会指定的期限内增加无效宣告理由，并在该期限内对所增加的无效宣告理由具体说明的；（2）对明显与提交的证据不相对应的无效宣告理由进行变更的。

本案中，修改后的权利要求 1 即原权利要求 5。请求人提出无效宣告请求时仅请求宣告原权利要求 1 和 2 无效，没有涉及原权利要求 5 的无效宣告理由，因此，请求人在针对专利权人修改后的权利要求书的意见陈述中增加关于修改后的权利要求 1 的无效宣告理由明显不符合上述规定，因此，合议组对权利要求 1 的所有无效宣告理由不予考虑。

修改后的权利要求 3 是原权利要求 2、5 以及原权利要求 2、5、6 的合并。请求人针对修改的权利要求 3，在合议组指定的期限内，仅提出该权利要求不符合专利法第 26 条第 4 款以及实施细则第 20 条第 1 款的规定，从未提及过该权利要求不符合专利法第 22 条第 3 款、第 4 款的规定，因此，请求人在口头审理时提出的权利要求 3 不符合专利法实施细则第 20 条第 1 款的无效理由应予考虑，权利要求 3 不符合专利法第 22 条第 3 款和第 4 款的无效宣告理由属于新增的无效理由，不应予以考虑。

4. 关于权利要求 2 不符合 1985 年专利法第 25 条规定的无效理由

请求人认为，修改后的权利要求 2 实质上要求保护的是化学产品，因此不符合 1985 年专利法第 25 条的规定。

对此，合议组认为：权利要求 2 的附加技术特征尽管是对产品的进一步限定，但其主题是产品的制备方法，其实质上保护的是制备化合物 A 的方法，不属于 1985 年专利法第 25 条规定的不授予专利权的主题，因此，请求人提出的关于权利要求 2 不符合 1985 年专利法第 25 条规定的无效理由不成立。

5. 关于专利法第 25 条

专利法第 25 条第 1 款规定：对下列各项，不授予专利权：（1）科学发现；（2）智力活动的规则和方法；（3）疾病的诊断和治疗方法；（4）动物和植物品种；（5）用原子核变换方法获得的物质。

请求人认为，本专利权利要求 2 中的附加技术特征是 C 型晶体的点阵间距，其是晶体固有的物理性质，属于科学发现，依照专利法第 25 条第 1 款第 1 项的规定不能被授予专利权。

对此，合议组认为，本专利的权利要求 2 保护的是 C 型晶体的制备方法，而非产品本身固有的物理参数，这样的制备方法是发明人在改造客观世界中经过试验和研究探索出来的解决技术问题的技术手段，不是专利法意义上的科学发现。因此，本专利权利要求 2 不属于专利法第 25 条第 1 款第 1 项规定的不予授权的主题。

6. 关于专利法实施细则第 20 条第 1 款

专利法实施细则第 20 条第 1 款规定：权利要求书应当说明发明或者实用新型的技术特征，清楚、简要地表述请求保护的范围。

权利要求的保护范围应当根据其所用词语的含义来理解，如果权利要求中的用词本身含义不确定，并且不属于相关技术领域通常或公认的具有确切含义的用词，且说明书中也未对该用词的特定含义进行具体限定，则该用词的使用将导致权利要求保护范围不清楚。

（1）关于权利要求 2。

请求人认为，权利要求 2 的主题是 C 型晶体的制备方法，但其附加技术特征是 C 型晶体的点阵间距，而点阵间距是晶体固有的物理性质，不属于制备方法特征，因此权利要求 2 的主题名称与技术特征不相适应，导致权利要求 2 的保护范围不清楚。

对此，合议组认为，对于产品的制备方法权利要求而言，产品也是该权利要求的一个技术特征，因此，既可以通过方法特征也可以通过产品特征、产品的相关理化参数对方法权利要求作出进一步的限定。本专利的权利要求 2 保护的是 C 型晶体的制备方法，因此，使用产品的物理参数，即晶体的点阵间距对 C 型晶体的制备方法进行限定不会导致权利要求的范围不清楚。

（2）关于权利要求 3。

请求人认为，权利要求 3 中“低级醇”和“低级烷基酮”在现有的教科书中没有确切的定义，且本专利的说明书也没有给出它们的确切定义，导致权利要求 3 的保护范围不清楚。

专利权人认为，“低级醇”和“低级烷基酮”在现有技术中是清楚的，在请求人的证据 1~3 中均出现了“低级醇”的概念，并且证据 3 中记载了低级醇能以任何比例与水混溶，由此可以判断低级醇就是低级一元烷基醇。在反证 1 中，低级醇明确被定义为 1~3 个碳原子的一元醇，因此低级醇是清楚的。相应地，低级烷基酮指的是 1~3 个碳原子的烷基酮，因此低级烷基酮也是清楚的。

对此，合议组认为，对本领域技术人员而言，“低级”是一个相对的概念。本领域中尽管经常使用“低级醇”，但对于“低级醇”没有一个公认的确切的含义，首先，其所包含的碳原子数没有确定范围，例如其既可以解释为含 1~3 个碳原子的醇，也可以解释为含 1~6 个碳原子的醇；其次，低级醇既可以是一元醇，也可以是多元醇（例如二元醇或三元醇）。本专利的说明书并没有对低级醇进行清楚地定义，仅仅采用列举的方式进行了以下描述：“上述溶剂的实例包括低级醇（如甲醇、乙醇、异丙醇等）……”（参见说明书第 99 页第 17~19 行），由此并不能清楚地确定“低级醇”指的就是 1~3 个碳原子的一元醇。

从反证 1 中提到的“高级脂肪醇（C4 或 C4 以上）”、“同系物中的低级醇（含 1~3 个碳原子）”（参见反证 1 第 23 页倒数第 7 行、第 147 页第 3~4 行）可以理解，醇分为两类：低级醇和高级醇，其中含有 3 个或以下碳原子的醇是低级醇，含有 4 个或以上碳原子的醇属于高级醇。但是，从证据 1 可以看出，醇可以分为三类：低级醇、中级醇和高级醇（参见证据 1 第 228 页中间段、第 229 页中间段），均为本领域常识性证据的证据 1 和反证 1 就相同问题出现了完全不同的结论，这从另一个侧面说明了本领域中“低级”、“中级”以及“高级”之间并没有截然的明确的界线。因此，对于专利权人据反证 1 将“低级醇”定义为含 1~3 个碳原子的一元醇的主张，合议组不予支持。因此“低级醇”不属于本领域通常或公认的具有确切含义的用语，且说明书中也未对其特定含义进行具体限定，导致权利要求 3 保护范围不清楚。

类似地，“低级烷基酮”也不属于本领域通常或公认的具有确切含义的用语，且说明书中也未对其特定含义进行具体限定，同样导致权利要求 3 保护范围不清楚。

鉴于本专利的权利要求 3 不符合专利法实施细则第 20 条第 1 款的规定，应当宣告其无效，本审查决定对权利要求 3 的其他无效宣告理由不再进行评述。

7. 关于权利要求 4~9

对于权利要求 4~9，请求人认为其不能得到授权是基于其引用的权利要求 1~3 不能得到授权。

基于请求人关于权利要求 1~2 的无效理由不能成立，应维持有效，因此，权利要求 4~9 中直接或间接引用权利要求 1~2 的权利要求 4、6 和 8 也应维持有效。

基于权利要求 3 由于措辞“低级醇”和“低级烷基酮”不清楚而不符合专利法实施细则第 20 条第 1 款的规定，引用该权利要求 3 的权利要求 5、7、9 对于所述“低级醇”和“低级酮”也未做出进一步的限定，因此，权利要求 5、7、9 也不清楚，不符合专利法实施细则第 20 条第 1 款的规定。

基于以上事实和理由，本案合议组作出如下审查决定。

三、决定

在专利权人于 2008 年 6 月 13 日提交的修改文本基础上，宣告 96107765.4 号发明专利权的权利要求 3，5，7 和 9 无效，维持权利要求 1~2，4，6，8 有效。

当事人对本决定不服的，可以根据专利法第 46 条第 2 款的规定，自收到本决定之日起三个月内向北京市第一中级人民法院起诉。根据该款的规定，一方当事人起诉后，另一方当事人应当作为第三人参加诉讼。

北京市第一中级人民法院
行政判决书

（2009）一中行初字第948号

原告武田药品工业株式会社，住所地日本国大阪市中央区道修町4丁目1番1号。

授权代表奥村洋一，知识产权部部长。

委托代理人张平元，北京柳沈律师事务所律师。

委托代理人邹宗亮，北京柳沈律师事务所律师。

被告中华人民共和国国家知识产权局专利复审委员会，住所地中华人民共和国北京市海淀区北四环西路9号银谷大厦10~12层。

法定代表人廖涛，副主任。

委托代理人黄强，男，中华人民共和国国家知识产权局专利复审委员会审查员。

委托代理人程强，男，中华人民共和国国家知识产权局专利复审委员会审查员。

第三人威海迪素制药有限公司，住所地中华人民共和国山东省威海火炬高技术产业开发区科技路-196号。

法定代表人王德军，董事长。

委托代理人李宗文，男，威海迪素制药有限公司副总经理。

委托代理人邹元华，女，威海迪素制药有限公司职员。

原告武田药品工业株式会社不服中华人民共和国国家知识产权局专利复审委员会作出的第12730号专利无效宣告请求审查决定（以下简称被诉决定），向本院提起行政诉讼。本院受理后，依法组成合议庭并通知被诉决定的利害关系人威海迪素制药有限公司作为本案第三人参加诉讼。2008年7月2日，本院依法公开开庭进行了审理，原告的委托代理人张平元、邹宗亮，被告的委托代理人黄强、程强，第三人的委托代理人李宗文、邹元华到庭参加了诉讼。现本案已审理终结。

2008年12月24日，被告根据第三人提出的无效宣告请求，对原告的名称为“制备2-乙氧基-1-［［2’-（1H-四唑-5-基）联苯-4-基］甲基］苯并咪唑-7-羧酸1-（环已基氧基羰基氧基）乙酯的晶体的方法”的发明专利权（以下简称本专利）进行审查，依据《中华人民共和国专利法实施细则》（以下简称《专利法实施细则》）第二十五条第一款，《中华人民共和国专利法》（以下简称《专利法》）第二十条第一款的规定，作出被诉决定：在专利权人（即原告）于2008年6月13日提交的修改文本基础上，宣告本专利权的权利要求3，5，7和9无效，维持权利要求1~2，4，6，8有效。

在法定期限内，被告为证明被诉决定合法，向本院提交了以下证据：

1.《有机化学》，廖清江主编，封面及第228~229页，人民卫生出版社，复印件3页（以下简称附件1）；

2.《有机化学》，汪小兰编，封面及第103页，高等教育出版社，复印件2页（以下简称附件2）；

3.《有机化学》，胡宏纹主编，封面第270~272、306、336页，高等教育出版社，复印件6页（以下简称附件3）；

4.《有机溶剂分析手册》，瓦茨拉夫·谢迪维奇、扬·夫列克著，封面、出版信息页、第22~

23、146~147页，1984年6月，化学工业出版社出版，复印件共4页（以下简称反证1）；

5. 本专利授权公告文本；

6. 被诉决定所依据的权利要求书。

原告诉称：被诉决定关于“低级醇”以及“低级烷基酮”的事实认定错误，导致错误的行政决定。本专利权利要求3、5、7、9中的“低级醇”以及“低级烷基酮”对本领域的普通技术人员而言是清楚的。具体理由如下：

1. 从本专利的上下文能够确定权利要求3、5、7和9中的术语“低级醇”和“低级烷基酮”是清楚的。

首先，本专利的权利要求1涉及一种制备2-乙氧基-1-［［2’-（1H-四唑-5-基）联苯-4-基］甲基］苯并咪唑-7-羧酸1-（环已基-氧基羰基氧基）乙酯的C-型晶体的方法，它包括从在一个溶剂中的2-乙氧基-1-［［2’-（1H-四唑-5-基）联苯-4-基］甲基］苯并咪唑-7-羧酸1-（环已基氧基羰基氧基）乙酯溶液中分离该晶体。

权利要求3进一步限定权利要求1中的“溶剂”为“一种低级醇，一种低级收醇和水的混合物或一种低级烷基酮和水的混合物”。很明显，权利要求1是清楚的。从这方面讲，本领域的普通技术人员能够理解作为溶剂的“低级醇”以及“低级烷基酮”所代表的含义。

此外，如《专利法》第五十六条所规定的，“发明或者实用新型专利权的保护范围以其权利要求的内容为准，说明书及附图可以用于解释权利要求”。本发明的说明书在实施例部分用具体的“甲醇”、“乙醇”以及“异丙醇”举例说明了术语“低级醇”，并且用“丙醇”等举例说明了“低级烷基酮”。因此，从本专利说明书的上下文，本领域的普通技术人员能够理解作为溶剂的“低级醇”和“低级烷基酮”的含义。

2. 作为溶剂的“低级醇”和“低级烷基酮”的含义是清楚的。

首先，术语“低级醇”和“低级烷基酮”具有本领域通常具有的含义。根据《审查指南》第二部分第二章第3.2.2节规定，“一般情况下，权利要求中用词应当理解为相关技术领域通常具有的含义”。被告也认为术语“低级醇”广泛地用于本领域的教科书以及手册中。因此，专利中的术语“低级醇”具有其在本领域的通常的含义。相应地，术语“低级烷基酮”也具有其在本领域通常具有的含义。

其次，术语“低级醇”和“低级烷基酮”在本领域中是清楚的。被告认为低级醇所包含的碳原子数没有确定范围，低级醇既可以是一元醇，也可以是多元醇。事实并不是这样。反证1清楚地记载“一元脂族醇是最普通、最常用的一组溶剂。同系物中的低级醇（含1~3个碳原子）为具有醇香味的无色易流动液体，与水完全互溶”。而且该证据的上下文清楚地表明作为溶剂的“低级醇”是一元C_{1-3}烷基醇。类似地，作为溶剂的“低级烷基酮”清楚地指C_{1-3}烷基酮。证据4记载了“十二个碳原子以下的饱和一元醇是无色液体，高级醇是蜡状物质”，进一步支持低级醇是一元醇。所以，本领域的普通技术人员将会意识到“低级醇”和“高级醇”都是指“饱和的一元醇”。

被告还认为反证1和附件1中关于醇的分类不一致，进而认为“低级醇不属于本领域通常或者公认的具有确切含义的用语”为此，原告认为尽管在本领域中关于醇的分类不一致，但是附件1明确记载了“除甲醇、乙醇和丙醇能与水任意混合外，从丁醇开始，直连醇的水溶性就显著降低……低级醇所以能溶于水，是由于水分子与醇分子有相似的羟基……”。附件1中的表7-1提供了醇的在水中的溶解度数据。基于附件1的记载以及表7-1，本领域的普通技术人员将了解低级醇能够与水互溶，并包括甲醇、乙醇、丙醇以及异丙醇。所以，反证1及附件1中关于“低级醇”的含义是一致的。

综上，被诉决定认定事实错误，请求法院依法撤销被诉决定。

在开庭审理前，原告为支持其诉讼主张，向本院提供了以下证据：1. 本专利；2. 修改的权利要求书；证据 3~5 是无效程序中的附件 1~3；6. 无效程序中的反证 1。

被告辩称：首先，被诉决定关于本专利权利要求 3、5、7、9 中的术语“低级醇”和“低级烷基酮”是否清楚的问题进行了详细论述，我委不再赘述。其次，被诉决定是按照《专利法实施细则》第二十条第一款和《审查指南》的相关规定，来判断本申请授权公告的权利要求 3、5、7、9 的保护范围是否清楚的。原告对法律规定的认识错误。第三，被诉决定已经对“低级醇”和“低级烷基酮”的含义是否清楚进行了评述，因此无论是从权利要求书还是从说明书的记载中均不能清楚地确定“低级醇”和“低级烷基酮”的含义。第四，“低级醇”和“低级烷基酮”不属于本领域通常或公认的具有确切含义的用语。第五，需要强调的是，正如被诉决定的决定要点所述，权利要求的保护范围应当根据其所用词语的含义来理解，如果权利要求中的用词本身含义不确定，并且不属于相关技术领域通常或公认的具有确切含义的用词，且说明书中也未对该用词的特定含义进行具体限定，则该用词的使用将导致权利要求保护范围不清楚。

综上所述，我委作出的被诉决定认定事实清楚，适用法律法规正确，审理程序合法，审查结论正确，原告的诉讼理由不能成立，请求法院依法驳回原告的诉讼请求，维持被诉决定。

第三人述称：同意被诉决定。其未向本院提交证据。

在庭审质证中，原告对被告提供的证据没有争议，但不同意被告的举证目的；第三人同意被告的举证。被告和第三人对原告的证据的真实性没有争议。

经审查，上述证据均为无效程序中的有效证据，能够作为认定本案事实的证据，本院予以采纳。

根据上述有效证据，本院确认事实如下：

本专利的申请日为 1991 年 4 月 23 日，授权公告日为 2000 年 11 月 29 日，专利号为 96107765.4，授权公告的权利要求包括权利要求 1~6（内容略）。

2008 年 4 月 4 日，第三人针对上述专利权向被告提出无效宣告请求，认为本专利不符合《专利法》第二十二条第三款、第二十六条第四款的规定。其具体理由是：

1. 本专利权利要求 1 中“溶剂”和“分离”均采用了上位概念，没有对溶剂和分离方法做进一步的限定，其保护范围可以解释为任何有机溶剂或无机溶剂以及任意比例的混合溶剂都可以用来分离所述的晶体，并且可以采用化学领域所有的分离方法进行分离。请求人通过实验证明并不是所有的溶剂和所有的分离方法都能够得到所述的晶体，因此权利要求 1 概括了不能够解决所述技术问题的技术方案，相对于现有技术没有产生有益的效果，更不可能有显著的进步，不符合专利法第 22 条第 3 款有关创造性的规定。

2. 权利要求 1 中“溶剂”和“晶体”均采用了上位概念，而说明书仅公开了 2-乙氧基-1-〔〔2’-（1H-四唑-5-基）联苯-4-基〕甲基〕苯并咪唑-7-羧酸 1-（环已基氧基羰基氧基）乙酯（以下简称化合物 A）的 C 型晶体及其制备方法，没有公开化合物 A 的其他晶型以及制备方法，并且说明书仅披露了低级醇、低级醇与水的混合物、低级烷基酮、乙酸乙酯和乙酸乙酯-苯混合物作为制备目标晶体的溶剂，因此上位概念“溶剂”和“晶体”的概括得不到说明书的支持，不符合《专利法》第二十六条第四款的规定。

3. 权利要求 2 中“低级收醇”非本领域的常用术语，说明书也没有对此进行描述，因此权利要求 2 的技术方案在说明书中没有描述，得不到说明书的支持，不符合《专利法》第二十六条第四款的规定。

经形式审查合格后，被告予以受理并成立合议组，将第三人的请求书及附件副本向原告转送。

2008 年 6 月 13 日，原告向被告提交意见陈述书及权利要求书的全文替换页，删除了原权利要求 1，将原权利要求 5 作为新的独立权利要求 1，并相应地调整了其他权利要求的顺序和引用关系。修改后的权利要求书如下：

“1. 一种制备 2-乙氧基-1-〔〔2’-（1H-四唑-5-基）联苯-4-基〕甲基〕苯并咪唑-7-羧酸 1-（环已基氧基羰基氧基）乙酯的 C-型晶体的方法，它包括从在一个溶剂中的 2-乙氧基-1-〔〔2’-（1 H-四唑-5-基）联苯-4-基〕甲基〕苯并咪唑-7-羧酸 1-（环已基氧基羰基氧基）乙酯溶液中分离该晶体。

2. 按照权利要求 1 的方法，其中晶体具有大致如下的点阵间距：3. 5Å 中等 3. 7Å 弱 3. 8Å 中等 4. 0Å 中等 4. 1Å 弱 4. 3Å 弱 4. 4Å 中等 4. 6Å 中等 4. 8Å 中等 5. 1Å 中等 5. 2Å 弱 6. 9Å 弱 7. 6Å 弱 8. 8Å 中等 9. 0Å 强 15. 9Å 弱。

3. 按照权利要求 1 或 2 的方法，其中所述溶剂是一种低级醇，一种低级醇和水的混合物或一种低级烷基酮和水的混合物。

4. 按照权利要求 1 或 2 的方法，其中所述溶剂在-5℃到 40℃的温度范围内被搅拌。

5. 按照权利要求 3 的方法，其中所述溶剂在-5℃到 40℃的温度范围内被搅拌。

6. 按照权利要求 1 或 2 的方法，其中进行结晶的晶种加到所述溶剂中。

7. 按照权利要求 3 的方法，其中进行结晶的晶种加到所述溶剂中。

8. 按照权利要求 4 的方法，其中进行结晶的晶种加到所述溶剂中。

9. 按照权利要求 5 的方法，其中进行结晶的晶种加到所述溶剂中。”

原告的主张内容如下：

1. 修改后的权利要求 1 涉及制备化合物 A 的 C 型晶体的方法，现有技术没有公开该化合物 A 的 C 型晶体及其制备方法，因此具有创造性，满足《专利法》第二十二条第三款的规定；

2. 修改后的权利要求 1 已经将晶体限定为 C 型晶体，同时根据本发明的教导，本领域的普通技术人员能够选择合适的溶剂来制备 C 型晶体，因此修改后的权利要求 1 能够得到说明书的支持，符合《专利法》第二十六条第四款的规定；

3. 原权利要求 2 中的术语“低级收醇”为明显的打字错误，应当为“低级醇”，其符合《专利法》第二十六条第四款的规定。

2008 年 9 月 24 日，被告将原告的该意见陈述书和相关文件的副本向第三人转送。

2008 年 10 月 21 日，第三人针对原告修改后的权利要求书提交了意见陈述书及附件 1~3。

第三人的意见如下：

1. 修改后的权利要求 1 保护化合物 A 的 C 型晶体的制备方法，但并非所有的溶剂和分离方法都能得到该晶体，因此，权利要求 1 不符合现行《专利法》第二十二条第二款、第三款、第四款，第二十六条第三款、第四款的规定。且，修改后的权利要求 1 实质上保护的是化合物 A 的 C 型晶体，因此不符合 1985 年《专利法》第二十五条的规定；

2. 修改后的权利要求 2 主题是 C 型晶体的制备方法，但其技术特征却是 C 型晶体的点阵间距，是对 C 型晶体物理性质的科学发现，并且，其主题名称和技术特征不相适应，因此不符合现行《专利法》第二十五条，1985 年《专利法》第二十五条，《专利法实施细则》第二十条第一款的规定；

3. 修改后的权利要求 3 中的“低级”含义不清楚，教科书中也找不到其确切的含义，并且涵盖了在申请日前尚未发现的其他醇类和酮类溶剂，因此不符合《专利法》第二十六条第四款，《专利法实施细则》第二十条第一款的规定。后，被告将第三人的意见陈述书和相关文件的副本向原告转送。

2008年12月2日，被告进行口头审理，双方当事人均委托代理人出席了口头审理，并对对方出庭人员的身份和资格没有异议。双方当事人对被告组成的合议组成员均无回避请求。被告进行庭审调查并记录了以下事实：

1. 第三人对于原告提交的修改文本没有异议，双方一致同意在该文本基础上进行审查。

2. 第三人当庭出示了附件1~3的原件，原告对附件1~3的真实性、公开性和关联性没有异议。第三人使用附件1~3作为公知常识证据证明“低级醇”和“低级烷基酮”为不清楚的概念。

3. 原告当庭提交了反证1作为公知常识证据，用于证明“低级醇”和“低级烷基酮”的含义是清楚的。第三人对反证1的真实性和公开性没有异议。

4. 第三人确认其无效理由是：权利要求1不符合现行《专利法》第二十二条第二款、第三款、第四款，第二十六条第三款、第四款以及1985年《专利法》第二十五条的规定；权利要求2不符合现行《专利法》第二十五条，《专利法实施细则》第二十条第一款以及1985年《专利法》第二十五条的规定；权利要求3不符合《专利法》第二十六条第四款，第二十二条第三款、第四款，《专利法实施细则》第二十条第一款的规定；由于权利要求1~3不能得到授权，因此权利要求4~9也不能得到授权。原告认为第三人针对权利要求1提出的所有无效宣告理由、针对权利要求3提出的不符合《专利法实施细则》第二十条第一款、《专利法》第二十二条第三款、第四款的无效理由是新增的无效理由。被告当庭宣布：第三人针对权利要求1提出的所有无效宣告理由不予审理；针对权利要求3提出的涉及《专利法实施细则》第二十条第一款和《专利法》第二十六条第四款的无效理由予以考虑，针对权利要求3提出的涉及《专利法》第二十二条第三款、第四款的无效理由为新增的无效理由，不予考虑；根据国家知识产权局第78号公告的有关规定，对于权利要求2不符合1985年《专利法》的无效理由不予调查。

2008年12月9日，第三人提交了意见陈述书以及由国家知识产权局网站下载打印的《专利法第一次修改的说明》，其认为，根据该说明的第三条关于过渡条款的规定，本案应当适用1985年《专利法》，因此权利要求2属于1985年《专利法》第二十五条规定的“药品和用化学方法获得的物质”，不应予以保护。

至此，被告认定以下内容：

1. 关于审查文本。原告修改后的权利要求1相当于原权利要求5，修改后的权利要求2~9相当于原权利要求2~6的相互合并，符合《审查指南》第四部分第三章第4.6.2节的规定，本案所针对的文本是：原告于2 008年6月13日提交的权利要求1~9，本专利授权公告文本的说明书第1-103页，说明书附图第1-3页和说明书摘要。

2. 关于证据。原告对第三人共提交的附件1~3的真实性没有异议。第三人对原告提交的反证1的真实性没有异议，经核实，被告对附件1~3和原告的反证1的真实性予以认可。

3. 关于无效理由的增加。第三人在针对原告修改后的权利要求书的意见陈述中增加关于修改后的权利要求1的无效宣告理由明显不符合《审查指南》第四部分第三章第4.2节的规定。因此，被告对权利要求1的所有无效宣告理由不予考虑。第三人在口头审理时提出的权利要求3不符合《专利法实施细则》第二十条第一款的无效理由应予考虑，权利要求3不符合《专利法》第二十二条第三款、第四款的无效宣告理由属于新增的无效理由，不应予以考虑。

4. 权利要求2的附加技术特征尽管是对产品的进一步限定，但其主题是产品的制备方法，其实质上保护的是制备化合物A的方法，不属于1985年实施的《专利法》第二十五条规定的不授予专利权的主题。因此，第三人提出的关于权利要求2不符合1985年《专利法》第二十五条规定的无效理由不成立。

5. 本专利的权利要求 2 保护的是 C 型晶体的制备方法，而非产品本身固有的物理参数，这样的制备方法是发明人在改造客观世界中经过试验和研究探索出来的解决技术问题的技术手段，不是《专利法》意义上的科学发现。因此，本专利权利要求 2 不属于《专利法》第二十五条第一款第 1 项规定的不予授权的主题。

6. 关于第三人提出本专利不符合《专利法实施细则》第二十条第一款的问题。(1) 本专利的权利要求 2 保护的是 C 型晶体的制备方法。因此，使用产品的物理参数，即晶体的点阵间距对 C 型晶体的制备方法进行限定不会导致权利要求的范围不清楚。(2) 关于权利要求 3。权利要求 3 中“低级醇”和“低级烷基酮”在现有技术中是清楚的，在附件 1~3 中均出现了“低级醇”的概念，并且证据 3 中记载了低级醇能以任何比例与水混溶，由此可以判断低级醇就是低级一元烷基醇。在反证 1 中，低级醇明确被定义为 1~3 个碳原子的一元醇，因此低级醇是清楚的。相应地，低级烷基酮指的是 1~3 个碳原子的烷基酮。因此，低级烷基酮也是清楚的。对本领域技术人员而言，“低级”是一个相对的概念。本领域中尽管经常使用“低级醇”，但对于“低级醇”没有一个公认的确切的含义。首先，其所包含的碳原子数没有确定范围，例如其既可以解释为含 1~3 个碳原子的醇，也可以解释为含 1~6 个碳原子的醇；其次，低级醇既可以是一元醇，也可以是多元醇（例如二元醇或三元醇）。本专利的说明书并没有对低级醇进行清楚地定义，仅仅采用列举的方式进行了以下描述：“上述溶剂的实例包括低级醇（如甲醇、乙醇、异丙醇等）……”（参见说明书第 99 页第 17~19 行），由此并不能清楚地确定“低级醇”指的就是 1~3 个碳原子的一元醇。

从反证 1 中提到的“高级脂肪醇（C4 或 C4 以上）”、“同系物中的低级醇（含 1~3 个碳原子）”（参见反证 1 第 23 页倒数第 7 行、第 147 页第 3~4 行）可以理解，醇分为两类：低级醇和高级醇，其中含有 3 个或以下碳原子的醇是低级醇，含有 4 个或以上碳原子的醇属于高级醇。但是，从附件 1 可以看出，醇可以分为三类：低级醇、中级醇和高级醇（参见附件 1 第 228 页中间段、第 229 页中间段），均为本领域常识性证据的附件 1 和反证 1 就相同问题出现了完全不同的结论，这从另一个侧面说明了本领域中“低级”、“中级”以及“高级”之间并没有截然的明确的界线。因此，对于原告据反证 1 将“低级醇”定义为含 1-3 个碳原子的一元醇的主张，合议组不予支持。因此“低级醇”不属于本领域通常或公认的具有确切含义的用语，且说明书中也未对其特定含义进行具体限定，导致权利要求 3 保护范围不清楚。

类似地，“低级烷基酮”也不属于本领域通常或公认的具有确切含义的用语，且说明书中也未对其特定含义进行具体限定，同样导致权利要求 3 保护范围不清楚。

鉴于本专利的权利要求 3 不符合《专利法实施细则》第二十条第一款的规定，应当宣告其无效，本审查决定对权利要求 3 的其他无效宣告理由不再进行评述。

7. 关于权利要求 4~9。

基于第三人关于权利要求 1~2 的无效理由不能成立，应维持有效，因此权利要求 4~9 中直接或间接引用权利要求 1~2 的权利要求 4、6 和 8 也应维持有效。

基于权利要求 3 由于措辞“低级醇”和“低级烷基酮”不清楚而不符合《专利法实施细则》第二十条第一款的规定，引用该权利要求 3 的权利要求 5、7、9 对于所述“低级醇”和“低级酮”也未作出进一步的限定。因此，权利要求 5、7、9 也不清楚，不符合《专利法实施细则》第二十条第一款的规定。

据此，被告于 2008 年 12 月 11 日作出被诉决定，于同年 12 月 24 日向原告和第三人邮寄送达。

2009年3月19日，原告向本院起诉。在开庭审理中，原告和第三人对以下内容没有争议：1. 被告的无效审查程序；2. 被诉决定的“案由”部分记载的内容；3. 被诉决定中对证据的真实性予以确认的结论；4. 被诉决定将原告在无效程序中修改的权利要求书和本专利授权公告文本的说明书第1~103页，说明书附图第1~3页和说明书摘要作为审查文本；5. 被诉决定在原告修改权利要求书的基础上维持本专利权利要求1、2、4、6、8有效的部分。

本院认为：根据当事人无争议的陈述，本院经书面审查，对上述无争议的内容予以确认。在此基础上，本院将围绕原告的争议内容对被诉决定进行合法性审查。

本案争议的主要内容是权利要求3的保护范围是否清楚。

根据《专利法实施细则》第二十条第一款的规定，权利要求书应当说明发明或者实用新型的技术特征，清楚、简要地表述请求保护的范围。

本专利权利要求3的内容是“按照权利要求1或2的方法，其中所述溶剂是一种低级醇，一种低级醇和水的混合物或一种低级烷基酮和水的混合物”。本专利的说明书中记载为“上述溶剂的实例包括低级醇（如甲醇、乙醇、丙醇等），低级醇与水的混合物以及低级烷基酮（如丙酮等）与水的混合物，但不限于这些，能够生成C-型晶体的溶剂都可使用”。

附件1~3为教科书，反证1为本领域的技术手册，均早于本专利的申请日，能够作为本专利的对比文件使用。

虽然，在原告提供的反证1中有“低级醇”明确被定义为炭1-炭3为一元醇的内容。但在第三人提供的附件1~3中记载的内容与反证1的内容有差异。

在附件1第228~229页中记载“低级醇和中级醇亦均为无色液体，它们的沸点随分子量增加而增大，自是二醇开始为固体。低级醇的沸点比和它分子量相近的烷烃要高得多”，“除甲醇、乙醇和丙醇能与水任意混合外，从丁醇开始，直链醇的水熔性就显著降低，癸醇以上的高级醇基本上不溶于水。低级醇所以溶于水”。原告也认可从附件1第229页表7-1中可以认定“本领域的普通技术人员将了解低级醇能够与水互溶，并包括甲醇、乙醇、丙醇以及异丙醇”。

在附件2第103页中记载“十二个碳原子以下的饱和一元醇是无色液体，高级醇是蜡状物质”。

在附件3第270页中记载“低级一元醇的性质在很大程度上决定于羟基的极性和生成氢键的能力”，第306页将炭6以上界定为高级醇。

由上述内容可见，上述证据均没有明确记载“低级醇”的具体概念，更没有将低级醇和高级醇进行划分的具体界限。所以，被告认定“低级醇不属于本领域通常或公认的具有确切含义的用语，且说明书中也未对其特定含义进行具体限定，导致权利要求3保护范围不清楚”的主要证据充分。

在此基础上，本院认为被告认定的“低级烷基酮也不属于本领域通常或公认的具有确切含义的用语，且说明书中也未对其特定含义进行具体限定，同样导致权利要求3保护范围不清楚”的结论亦正确。

综上，被诉决定的主要证据充分，审查程序合法，适用法律正确，本院应予维持。故，依照《中华人民共和国行政诉讼法》第五十四条第（一）项之规定，判决如下：

维持中华人民共和国国家知识产权局专利复审委员会于二〇〇八年十二月二十四日作出的第12730号专利无效宣告请求审查决定。

案件受理费人民币100元，由原告武田药品工业株式会社负担（已交纳）。

如不服本判决，原告武田药品工业株式会社可在本判决书送达之日起30日内，被告中华人民共和国国家知识产权局专利复审委员会和第三人威海迪素制药有限公司可在本判决书送达之日起15日内，向本院递交上诉状，并按照对方当事人的人数提出副本，及预交上诉案件受理费人民币 100 元，上诉于中华人民共和国北京市高级人民法院。

审　判　长　饶亚东
审　判　员　刘景文
代理审判员　毛天鹏
二〇〇九年十月二十二日
书　记　员　蒋利玮